법령 색인

※표는 판례를 붙인 것임

판례 소법전 시리즈 I

2025

판례 민법전

김재형 편

박영사

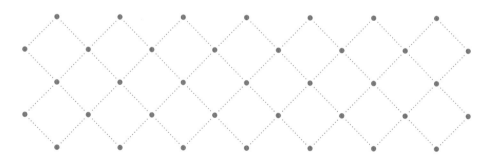

머 리 말

2016년『판례민법전』발간 이후 2018년, 2020년, 2023년에 개정판을 펴냈다. 이 책은 제5판으로서 2022년 9월부터 2024년 8월까지 2년 동안 나온 주요 판례를 추가하고 그동안 개정된 법령을 반영하는 데 중점을 두었다.

우리나라는 2009년 법과대학 체제에서 법학전문대학원 체제로 전환하면서 법학교육의 패러다임을 바꾸고자 하였다. 종전에는 법과대학에서 이론교육을 맡고 사법연수원에서 실무교육을 맡았다. 이와 달리 법학전문대학원에서는 이론과 실무를 함께 가르치고 배우는 이른바 '이론과 실무의 융합교육'을 지향하였다.

최근 법학계에서 판례연구나 판례평석이 급증하였다. 법학에 관한 이론적 논의를 이끌어갈 만큼 심도 있는 판례연구도 나오고 있다. 법학전문대학원 교육에서 실무교육의 비중이 높아졌을 뿐만 아니라, 이론적으로 연구해야 할 중요한 판례가 많이 나왔기 때문이라고 할 수 있다.

법원의 판결은 우리 사회에서 '살아 움직이는 법'을 인식하는 창구이다. 법조문과 판례를 정확하게 이해하는 것은 법 공부의 기초이자 지름길이다. 이 책은 대법원 판결을 조문별로 분류하여 간략하게 정리함으로써 판례를 쉽게 파악할 수 있도록 하였다. 독자가 판례의 전반적인 내용을 개괄적으로 숙지한 다음 대법원 판결 전문을 꼼꼼하게 읽는 일을 반복한다면, 판례의 의미를 심층적으로 이해하는 데 큰 도움이 되리라고 믿는다. 판례에 관한 깊이 있는 학습을 한 다음에는 이 책이 기억을 되새기는 용도로 활용될 수도 있을 것이다.

이 책자를 내는 과정에서 민법 판례를 정리하는 데 도움을 준 고석범 판사, 그리고 부동산등기 판례를 정리하는 데 도움을 준 구연모 박사에게 감사한다. 편집에 심혈을 기울여준 박영사 편집부 이승현 차장에게도 감사한다.

2024년 12월
김 재 형

2023년판 머리말

『판례민법전』 개정판을 펴낸 지 3년이 지났다. 그 사이에 중요한 대법원 판례가 많이 나왔다. 새로 나온 판례를 보완하고 법령 개정을 반영하여 2023년판을 새롭게 펴낸다.

2016년에 기존에 『판례소법전』 민법편을 판례민법전으로 펴내면서 썼던 머리말 앞부분에 다음과 같이 썼다.

> "법전과 판례는 법규범의 핵심이다. 법전이 법을 인식하는 출발점이라면, 판례는 추상적인 법조문을 구체적인 법률관계와 연결시키는 통로이다. 수많은 판결 중에서 판례를 일목요연하게 파악하는 것은 법률가의 제1의 덕목이라고 할 수 있다. 법을 실생활에 적용할 수 있도록 구체적으로 인식하기 위해서는 판례를 이해하는 것이 필수적이기 때문이다. 법을 처음 공부하기 시작하는 사람도 판례를 이해하지 못하고서는 법조문의 의미와 내용을 제대로 파악할 수 없다."

이 책은 법조문과 판례를 한꺼번에 손쉽게 파악할 수 있도록 민사법에 관한 조문에 관련 판례를 일목요연하게 정리한 것이다. 민법 등 35개의 민사 법령을 수록하였으며, 민법, 부동산등기법, 부동산 실권리자명의 등기에 관한 법률, 집합건물의 소유 및 관리에 관한 법률, 주택임대차보호법, 상가건물 임대차보호법 총 6개의 법률에 대하여 판례를 수록하였다. 판례는 2022년 8월 31일까지 선고된 판결과 결정 총 4,284개를 반영하였다. 독자들이 이 책자를 통해 판례에 좀 더 쉽게 접근하여 판례를 이해하고 정리하는 데 도움이 되기를 기대한다.

이 개정판에서는 고석범 판사와 이무룡 판사가 민법 등에 관한 판례를 정리해 주었고 구연모 박사가 부동산등기법 등에 관한 판례를 찾아주었다. 박영사 편집부 이승현 차장은 그동안 개정된 법령을 찾아 보완해주었다. 이들의 도움에 진심으로 감사한다.

2023년 3월

김 재 형

2020년판 머 리 말

2019년 7월까지 나온 판례와 2020년 2월까지 공포된 법령을 반영하여 개정판을 펴낸다. 이 책자가 판례를 친근하게 여기면서 법을 이해하는 데 도움이 되기를 바란다.

이번 개정판을 내기까지 도움을 주신 분들에게 감사한다. 정중원은 법무관으로 근무할 당시 민법 판례를 정리하는 것을 도와주었고, 구연모 박사가 부동산등기법 등에 관한 판례를 찾아주었다. 박영사 편집부 이승현 과장은 최근까지 개정된 법령을 보완하고 세심하게 편집을 해주었다.

2020년 2월
김 재 형

『판례 민법전』 개정판을 내면서

판례민법전 개정판을 펴낸다. 2016년 8월 31일까지 나온 판례를 반영하여 그 이듬해 초에 발간하려고 했는데, 편집이 예상외로 늦어졌다. 그 후에 나온 판례도 포함하여 개정판을 낼 상황은 아니라서 법령은 2018년 6월 30일까지 개정된 내용을 반영하여 출간하기로 하였다. 이번 판에서는 「집합건물의 소유 및 관리에 관한 법률」에도 판례를 붙였다. 민법을 비롯하여 총 6개의 민사법에 판례를 붙인 셈이다. 이 책자가 법전과 판례를 가까이 하는 데 도움이 되기를 바란다.

이 개정판을 내는 데에도 여러 사람의 도움을 받았다. 고석범, 김동호는 법무관으로 근무할 당시 판례 정리를 도와주었고, 구연모 박사는 부동산등기법 등의 판례를 보완해 주었으며, 박영사 편집부의 이승현 대리는 최근까지 개정된 법령을 찾아 보완하고 편집에 온 정성을 다했다.

2018년 7월
김 재 형

『판례 민법전』 머리말

법전과 판례는 법규범의 핵심이다. 법전이 법을 인식하는 출발점이라면, 판례는 추상적인 법조문을 구체적인 법률관계와 연결시키는 통로이다. 수많은 판결 중에서 판례를 일목요연하게 파악하는 것은 법률가의 제1의 덕목이라고 할 수 있다. 법을 실생활에 적용할 수 있도록 구체적으로 인식하기 위해서는 판례를 이해하는 것이 필수적이기 때문이다. 법을 처음 공부하기 시작하는 사람도 판례를 이해하지 못하고서는 법조문의 의미와 내용을 제대로 파악할 수 없다.

성문법 국가에서 판례를 체계적으로 분류하는 가장 좋은 방법은 법조문과 함께 판례를 정리하는 것이다. 이것이 오래 전부터 판례와 법전을 한꺼번에 손쉽게 파악할 수 있도록 『판례 소법전』이 나왔던 까닭이다. 본인은 판례 소법전(편집대표 이시윤) 1994년 개정판에 편집위원으로 참여한 적이 있다. 그 후 2008년부터 새롭게 편집하여 펴내기 시작했던 판례 소법전(대표편집위원 박우동)의 편집위원으로서 전체적인 기획과 민법편의 편집을 맡았다. 실무가와 법학자로 구성된 편집위원들이 열과 성을 다하여 편집을 하였을 뿐만 아니라, 유능한 젊은 법학도들이 편집보조원으로 참여하였다. 판례 소법전은 독자들로부터 호평을 받았으나, 법률서적 출판 사정이 악화되면서 2012년판을 끝으로 종이책으로는 더 이상 나오지 못하게 되었다. 그러나 판례 소법전을 다시 내야 한다는 의견들이 적지 않았다.

종전에는 판례 소법전을 한 권으로 내다가 2011년판부터는 간편하게 판례 소법전을 들고 다니면서 볼 수 있도록 6권으로 분책을 해서 펴냈다. 그러나 한꺼번에 판례 소법전을 편집하는 것이 출판사로서는 큰 부담으로 작용하였다. 그리하여 이번에는 민법 부분을 따로 떼어 먼저 판례 소법전 시리즈의 첫 번째 책자로 『판례 민법전』을 내고, 시리즈 전체를 모으면 판례 소법전과 같은 책자가 될 수 있도록 하였다.

판례 민법전에는 민법뿐만 아니라 부동산등기법 등 35개의 민사 법령을 수록하였으며, 총 5개의 법률에 대하여 판례를 수록하였다. 판례는 2014년 12월 31일까지 선고된 판결을 반영하였다.

이 책은 많은 분들의 도움으로 나오게 되었다. 무엇보다도 박우동 전 대법관님께서 판례 소법전의 중요성을 역설하면서 그 편집을 주도하셨을 뿐만 아니라 출간이 중단된 후에는 판례 소법전의 재출간을 독려하셨기 때문에 이 책자가 나올 수 있었다. 이 판례 민법전의 출간에 즈음해서는 "우리는 학문의 발전을 위해서 열정과 지혜를 쏟아야 할 것"이라며 격려의 말씀을 해주셨다. 또한 판례 소법전의 여러 편집위원님과 편집보조원들의 지원이 없었더라면 이 책은 출간될 수 없었을 것이다. 특히 이번 판례 민법전을 펴내는 데에는 김동호 법무관을 비롯한 편집보조원들의 도움이 매우 컸다.

편집하기 까다로운 이 책의 출판을 맡아준 박영사의 임직원들에게 깊이 감사드린다. 특히 판례 민법전은 판을 새로 짰는데, 이승현 대리는 최근에 개정된 법령까지 꼼꼼하게 대조하여 반영해 주었다.

끝으로 이 책자가 독자들의 법 공부에 도움이 되었다는 이야기에 힘입어 판례 소법전 시리즈의 다른 부분도 순차적으로 조속히 출간될 수 있기를 바란다.

2016년 2월

김 재 형

판례 소법전을 내면서

법원의 재판은 법의 기능을 현실화하고 우리의 생활을 구체적으로 규율하는 역할을 한다. 살아있는 법으로서의 판례는 법학도와 법조실무자뿐만 아니라 모든 국민들에게 그 중요성이 널리 인식되고 있다. 하나의 책이 법전인 동시에 판례집의 역할을 겸하면 법조실무자나 법을 공부하는 사람들에게 편리한 것은 말할 나위도 없다. 이 책은 판례의 이와 같은 이론적 · 현실적 중요성에 착안하였다.

이러한 취지로, 일상생활에 긴요한 중요 법령을 수록하고 그 중에서 선택된 법률의 조항에 중요 판례를 붙여 『판례 소법전』을 펴낸다. 소법전이라는 크기의 제약을 감안하여 어떤 법령에 대한 어떤 판례를 어떤 내용으로 정리할 것인가라는 과제를 푸는 작업은, 법학교수와 법조실무가로 짜여 있는 편집위원들에게도 적지 않은 어려움이었다. 여기서 말하는 판례는 대법원의 판결과 결정, 그리고 헌법재판소의 결정을 의미하며, 60여 년 동안 모든 법률분야에 걸쳐 대법원판례가 상당한 정도로 축적되었기 때문에 굳이 하급심판례나 외국판례를 포함시키지는 않았다.

판례는 법률의 각 조문취지에 해당하는 것을 골라 판시제목, 판시요지, 재판일자와 사건번호의 순으로 정리하였고, 성문법이 없는 행정법총론 부분과 법률의 개별조항이 아닌 일반론에 해당하는 사항에도 판례를 체계화하여 수록하였다. 선택된 판례의 건수는 7천 개가 넘으므로 검색의 편의를 위하여 연도순으로 색인을 만들었다. 그리고 중요법률 조문에 이해를 돕기 위하여 참조조문을 달았다.

서울대학교출판문화원이 법학의 발전에 기여하고자 하는 염원을 담아 이 법전의 출판을 맡아 주었다. 이에 깊은 감사의 말씀을 드린다. 이번에 편집위원으로 참여한 여러 교수님 이외에도 초기에 참여하였던 김성태, 백윤기, 정재황 교수님에게도 감사드린다. 또한 여러 편집보조위원들에게도 고마운 마음을 전한다.

앞으로 부족한 부분이 발견되는 대로 개선해 나갈 것은 물론, 단계적으로 다른 중요한 법률에도 참조조문과 판례를 붙이도록 노력할 것을 약속드린다. 새 출발의 항로에 많은 분들의 성원이 있기를 기대한다.

2010. 1.

대표편집위원 박 우 동

차 례

※표는 판례를 붙인 것임

민사법

일러두기

1. 법령과 판례의 수록범위

법령은 2024년 12월 말까지 공포된 35건의 현행 법령을 수록하였고, 판례는 대법원 판결과 결정, 헌법재판소 결정으로 한정하였다. 2024년 8월 31일까지 나온 판례를 수록하였으며, 대법원판례집, 판례공보, 헌법재판소판례집 등에 등재된 것 중에 선택하였다.

2. 판례의 표시방법

6건의 주요 민사법률 해당 조문에 해당 판례를 수록하였으며, 찾기 쉽게 일련번호를 붙였다. 대법원 판결과 결정은 '대판', '대결'로, 헌법재판소 결정은 '헌재'로, 대법원 전원합의체 판결, 결정의 경우 '대판(全), 대결(全)'으로 약기하였다.

3. 참조조문의 표시 방법

법령 상호간의 관련성을 확인하고, 해석·적용에 참고할 수 있도록 민법을 비롯한 4건의 중요법률조문 아래에 관련법 조문을 표시하였다. 민법 제49조 제2항 제3호의 경우 '민49②ⅲ'로 하되, 해당 법률 자체의 조문, 예컨대 민법에서는 민49로 하지 않고 약어를 생략하여 바로 '49'로 표기하였다.

4. 부칙 처리

제·개정 당시의 부칙: 공포일과 시행일이 같은 경우와 시행일이 문제가 될 염려가 없다고 인정되는 경우에는 원칙적으로 생략하였다.

5. 판례 편집상의 제호 표기 원칙

판례 편집 부분에서는 법령의 제호를 생략하였다. 예를 들어 판례 편집 부분에서 민 27조 1항이라고 하면, 이는 민법 제27조 제1항을 뜻한다.

6. 한글개정 표시 방법

법 문장을 가능하면 한글로 적고, 어려운 용어를 쉬운 용어로 바꾸며, 길고 복잡한 문장은 체계 등을 정비하여 간결하게 하는 목적의 일부개정은 해당 조문에 일일이 변경사항을 기록하지 않고, 법령의 개정 연혁 아래에 (2008.3.14 한글개정)처럼 표시하였다.

민 법

(1958年 2月 22日
法 律 第471號)

改正
1962.12.29法1237號 1962.12.31法1250號
1964.12.31法1668號 1970. 6.18法2200號
1977.12.31法3051號 1984. 4.10法3723號
1990. 1.13法4199號
1997.12.13法5431號(국적)
1997.12.13法5454號(정부부처명)
2001.12.29法6544號 2002. 1.14法6591號
2005. 3.31法7427號
2005. 3.31法7428號(회생파산) 2005.12.29法7765號
2007. 5.17法8435號(가족관계)
2007.12.21法8720號 2009. 5. 8法9650號
2011. 3. 7法10429號 2011. 5.19法10645號
2012. 2.10法11300號 2013. 7. 1法11728號
2014.10.15法12777號 → 2015.10.16 시행
2014.12.30法12881號 → 2014.12.30 시행
2015. 2. 3法13125號 → 2016. 2. 4 시행
2016. 1. 6法13710號
2016.12. 2法14278號 → 2017. 6. 3 시행
2016.12.20法14409號
2017.10.31法14965號 → 2018. 2. 1 시행
2020.10.20.法17503號 2021. 1.26法17905號
2022.12.13.法19069號
2022.12.27.法19098號 → 2023. 6.28 시행
2023. 5.16.法19409號 → 2024. 5.17 시행
2024. 9.20法20432號 → 2025. 1.31 시행
2024. 9.20法20432號 → 2026. 1. 1 시행

第1編 總 則

第1章 通 則

第1條【法源】 民事에 관하여 法律에 規定이 없으면 慣習法에 의하고 慣習法이 없으면 條理에 의한다.

■ 사실인 관습(106), 물권의 종류(185), 민사관습(224 · 229 · 234 · 237 · 242 · 302 · 656), 상사적용법규(상1)

1. 후법의 우선 동일사항에 대하여 법이 상호저촉되는 내용을 규정한 경우에 후법이 선법에 우월한다.(대판 1961.12.28, 4294행상55)

2. 관습법과 사실인 관습, 관습법의 열후적 · 보충적 성격 ① 관습법이란 사회의 거듭된 관행으로 생성한 사회생활규범이 사회의 법적 확신과 인식에 의하여 법적 규범으로 승인 · 강행되기에 이른 것을 말하고, 사실인 관습은 사회의 관행에 의하여 발생한 사회생활규범인 점에서 관습법과 같으나 사회의 법적 확신이나 인식에 의하여 법적 규범으로서 승인된 정도에 이르지 않은 것을 말한다. ② 관습법은 바로 법원으로서 법령과 같은 효력을 갖는 관습으로서 법령에 저촉되지 않는 한 법칙으로서의 효력이 있으며, 이에 반하여 사실인 관습은 법령으로서의 효력이 없는 단순한 관행으로서 법률행위 당사자의 의사를 보충함에 그친다. ③ 가정의례준칙 13조의 규정과 배치되는 관습법의 효력을 인정하는 것은 관습법의 제정법에 대한 열후적, 보충적 성격에 비추어 민 1조의 취지에 어긋나는 것이다.(대판 1983.6.14, 80다3231)

3. 관습법의 요건 사회의 거듭된 관행으로 생성한 어떤 사회생활규범이 법적 규범으로 승인되기에 이르렀다고 하기 위하여는 헌법을 최상위 규범으로 하는 전체 법질서에 반하지 아니하는 것으로서 정당성과 합리성이 있다고 인정될 수 있어야 하고, 그렇지 아니한 사회생활규범은 비록 그것이 사회의 거듭된 관행으로 생성된 것이라고 할지라도 이를 법적 규범으로 삼아 관습법으로서의 효력을 인정할 수 없다.(대판(全) 2003.7.24, 2001다48781)

4. 종중의 구성, 관습법, 조리 ① 사회의 거듭된 관행으로 생성된 사회생활규범이 관습법으로 승인되었다고 하더라도 사회 구성원들이 그러한 관행의 법적 구속력에 대하여 확신을 갖지 않게 되었다거나, 사회를 지배하는 기본적 이념이나 사회질서의 변화로 인하여 그러한 관습법을 적용하여야 할 시점에서의 전체 법질서에 부합하지 않게 되었다면 그러한 관습법은 법적 규범으로서의 효력이 부정될 수밖에 없다. ② 공동선조의 후손 중 성년 남자만을 종중의 구성원으로 하고 여성은 종중의 구성원이 될 수 없다는 종래의 관습은, 공동선조의 분묘수호와 봉제사 등 종중의 활동에 참여할 기회를 출생에서 비롯되는 성별만에 의하여 생래적으로 부여하거나 원천적으로 박탈하는 것으로서, 위와 같이 변화된 우리의 전체 법질서에 부합하지 아니하여 정당성과 합리성이 있다고 할 수 없으므로, 종중 구성원의 자격을 성년 남자만으로 제한하는 종래의 관습법은 이제 더 이상 법적 효력을 가질 수 없게 되었다. ③ 종중이란 공동선조의 분묘수호와 제사 및 종원 상호간의 친목 등을 목적으로 하여 구성되는 자연발생적인 종족집단이므로, 종중의 이러한 목적과 본질에 비추어 볼 때 공동선조와 성과 본을 같이 하는 후손은 성별의 구별 없이 성년이 되면 당연히 그 구성원이 된다고 보는 것이 조리에 합당하다.(대판(全) 2005.7.21, 2002다1178)

5. 헌법재판소의 법률해석에 법원이 구속되는지 여부 합헌적 법률해석을 포함하는 법령의 해석 적용 권한은 대법원을 최고법원으로 하는 법원에 전속한다. 따라서 헌법재판소가 법률의 위헌 여부를 판단하기 위하여 불가피하게 법원의 최

종적인 법률해석에 앞서 법령을 해석하거나 그 적용범위를 판단하더라도 헌법재판소의 법률해석에 대법원이나 각급 법원이 구속되는 것은 아니다.(대판 2008.10.23, 2006다66272)

6. 헌법재판소의 한정위헌결정의 기속력 헌법재판소의 한정위헌결정에 관하여는 헌법재판소법 47조가 규정하는 위헌결정의 효력을 부여할 수 없으며, 그 결과 한정위헌결정은 법원을 기속할 수 없고 재심사유가 될 수 없다. 그 이유는 ① 헌법상 법령의 해석·적용에 관한 권한은 법원에 전속하고, ② 법원에 의해 해석된 법률에 따라 확정된 판결은 기판력이 발생하여 법적 안정성이 확보되며, ③ 헌법재판소는 '법률의 위헌 여부'만을 결정할 뿐 특정한 '법률해석이 위헌인지 여부'는 결정할 권한이 없기 때문이다.(대판 2013.3.28, 2012재두299)

7. 한정위헌청구의 적법성(원칙적 적극), **헌법재판소의 한정위헌결정의 기속력** ① 법률과 법률의 해석을 구분할 수는 없고, 재판의 전제가 된 법률에 대한 규범통제는 해석에 의해 구체화된 법률의 의미와 내용에 대한 헌법적 통제로서 헌법재판소의 고유권한이며, 헌법합치적 법률해석의 원칙상 법률조항 중 위헌성이 있는 부분에 한정하여 위헌결정을 하는 것은 입법권에 대한 자제와 존중으로서 당연하고 불가피한 결론이므로, 이러한 한정위헌결정을 구하는 한정위헌청구는 원칙적으로 적법하다고 보아야 한다. 다만, 재판소원을 금지하는 헌법재판소법 68조 1항의 취지에 비추어, 단지 재판결과를 다투는 헌법소원 심판청구는 여전히 허용되지 않는다. ② 한정위헌 결정은 위헌심사의 한 유형으로 보아야 하며, 한정위헌결정을 헌법재판소의 결정유형에서 배제해야 한다면 합헌적 법률해석방법을 통하여 실현하려는 입법자의 입법형성권에 대한 존중과 헌법재판소의 사법적 자제를 포기하는 것이 되므로 한정위헌결정은 기속력이 있다.(헌재 2012.12.27, 2011헌바117; 헌재 1997.12.24, 96헌마172, 173)

8. 법률해석의 방법과 한계 ① 법해석의 목표는 어디까지나 법적 안정성을 저해하지 않는 범위 내에서 구체적 타당성을 찾는 데 두어야 한다. ② 그 과정에서 가능한 한 법률에 사용된 문언의 통상적인 의미에 충실하게 해석하는 것을 원칙으로 하고, 나아가 법률의 입법 취지와 목적, 그 제·개정 연혁, 법질서 전체와의 조화, 다른 법령과의 관계 등을 고려하는 체계적·논리적 해석방법을 추가적으로 동원함으로써, 앞서 본 법해석의 요청에 부응하는 타당한 해석이 되도록 하여야 한다.(대판 2009.4.23, 2006다81035)

9. 민사법에서 유추적용과 그 한계 민사법의 실정법 조항의 문리해석 또는 논리해석만으로는 현실적인 법적 분쟁을 해결할 수 없거나 사회적 정의관념에 현저히 반하게 되는 결과가 초래되는 경우 법원이 실정법의 입법정신을 살려 법적 분쟁을 합리적으로 해결하고 정의관념에 적합한 결과를 도출할 수 있도록 유추적용을 할 수 있다. 법률의 유추적용은 법률의 흠결을 보충하는 것으로 법적 규율이 없는 사안에 대하여 그와 유사한 사안에 관한 법규범을 적용하는 것이다. 이러한 유추를 위해서는 법적 규율이 없는 사안과 법적 규율이 있는 사안 사이에 공통점 또는 유사점이 있어야 한다. 그러나 이것만으로 유추적용을 긍정할 수는 없다. 법규범의 체계, 입법 의도와 목적 등에 비추어 유추적용이 정당하다고 평가되는 경우에 비로소 유추적용을 인정할 수 있다.(대판 2020.4.29, 2019다226135)

10. 관습상 분묘기지권이 장사법 시행일 이전에 설치된 분묘에 관하여 현재까지 유지되고 있는지 여부(적극) 타인 소유의 토지에 분묘를 설치한 경우에 20년간 평온, 공연하게 분묘의 기지를 점유하면 지상권과 유사한 관습상의 물권인 분묘기지권을 시효로 취득한다는 점은 오랜 세월 동안 지속되어 온 관습 또는 관행으로서 법적 규범으로 승인되어 왔고, 이러한 법적 규범이 장사법 시행일인 2001. 1. 13. 이전에 설치된 분묘에 관하여 현재까지 유지되고 있다고 보아야 한다.(대판(全) 2017.1.19, 2013다17292)

11. 조약의 해석 ① 조약은 전문·부속서를 포함하는 조약문의 문맥 및 조약의 대상과 목적에 비추어 조약의 문언에 부여되는 통상적인 의미에 따라 성실하게 해석되어야 한다. 여기서 문맥은 조약문(전문·부속서 포함) 외에 조약의 체결과 관련하여 당사국 사이에 이루어진 조약에 관한 합의 등을 포함하며, 조약 문언의 의미가 모호하거나 애매한 경우 등에는 조약의 교섭 기록 및 체결 시의 사정 등을 보충적으로 고려하여 의미를 밝혀야 한다. ② 일제강점기에 강제동원되어 기간 군수사업체에서 강제노동에 종사한 갑 등이 위 회사가 해산된 후 새로이 설립된 주식회사를 상대로 위자료 지급을 구한 사안에서, 갑 등이 주장하는 손해배상청구권은 이른바 강제동원 위자료청구권으로서 '대한민국과 일본국 간의 재산 및 청구권에 관한 문제의 해결과 경제협력에 관한 협정(청구권협정)'의 적용대상에 포함되지 않는다.(대판(全) 2018.10.30, 2013다61381)

12. 국가가 당사자인 공공계약에 대한 사법 원리의 적용 여부(원칙적 적극) 국가계약법에 따라 국가가 당사자가 되는 이른바 공공계약은 사경제 주체로서 상대방과 대등한 위치에서 체결하는 사법상 계약으로서 본질적인 내용은 사인 간의 계약과 다를 바가 없으므로, 그에 관한 법령에 특별한 정함이 있는 경우를 제외하고는 사적 자치와 계약자유의 원칙 등 사법의 원리가 그대로 적용된다.(대판 2020.5.14, 2018다298409)

第2條【信義誠實】① 權利의 行使와 義務의 履行은 信義에 좇아 誠實히 하여야 한다.
② 權利는 濫用하지 못한다.

■ 1 재산권행사와 공공복리(헌23②), 기본권 제한(헌37②), 조건과 반신의행위(150), 채무의 이행(390), 양도통지와 금반언(452), 불법행위(750), 민사소송과 신의성실(민소1②), 불공정약관(약관6①), 2 친권의 남용(924)

▸신의성실의 원칙

일 반

1. 신의칙의 의의와 요건 신의성실의 원칙은 법률관계의 당사자는 상대방의 이익을 배려하여 형평에 어긋나거나 신뢰를 저버리는 내용 또는 방법으로 권리를 행사하거나 의무를 이행하여서는 안 된다는 추상적 규범을 말한다. 신의칙에 위배된다는 이유로 그 권리의 행사를 부정하기 위하여는 상대방에게 신의를 주었다거나 객관적으로 보아 상대방이 그러한 신의를 가짐이 정당한 상태에 이르러야 하고, 이와 같은 상대방의 신의에 반하여 권리를 행사하는 것이 정의 관념에 비추어 용인될 수 없는 정도의 상태에 이르러야 한다.(대판 1991.12.10, 91다3802)

2. 신의칙의 적용범위 신의칙은 비단 계약법의 영역에 한정되지 않고 모든 법률관계를 규제, 지배하는 원리로 파악되며 따라서 신의칙에 반하는 소권의 행사 또한 허용될 수 없다.(대판 1983.5.24, 82다카1919)

3. 신의칙 및 권리남용이 직권판단사항인지 여부(적극) 신의칙에 반하는 것 또는 권리남용은 강행규정에 위배되는 것이므로 당사자의 주장이 없더라도 법원은 직권으로 판단할 수 있다.(대판 1989.9.29, 88다카17181)

신의칙상 보호의무

4. 숙박업자가 고객에게 부담하는 보호의무 여관의 객실 및 관련시설, 공간은 오로지 숙박업자의 지배 아래 놓여 있는 것이므로 숙박업자는 통상의 임대차와 같이 단순히 여관의 객실 및 관련시설을 제공하여 고객으로 하여금 이를 사용수익하게 할 의무를 부담하는 것에서 한 걸음 더 나아가 고객에게 위험이 없는 안전하고 편안한 객실 및 관련시설을 제공함으로써 고객의 안전을 배려하여야 할 보호의무를 부담한다. 이러한 의무는 숙박계약의 특수성을 고려하여 신의칙

상 인정되는 부수적 의무이다.(대판 1994.1.28, 93다43590)

5. 사용자가 피용자에게 부담하는 보호의무 사용자는 근로계약에 수반되는 신의칙상의 부수적 의무로서 피용자가 노무를 제공하는 과정에서 생명, 신체, 건강을 해치는 일이 없도록 물적 환경을 정비하는 등 필요한 조치를 강구하여야 할 보호의무를 부담한다.(대판 1999.2.23, 97다12082)

6. 병원이 입원환자에게 부담하는 보호의무 환자가 병원에 입원하여 치료를 받는 경우, 병원은 진료뿐만 아니라 환자에 대한 숙식의 제공을 비롯하여 간호, 보호 등 입원에 따른 포괄적 채무를 진다. 입원환자는 입원 중의 생활을 위하여 필수용품 등을 휴대하지 않을 수 없고 진료를 받기 위하여나 개인 용무를 위하여 병실을 비울 경우에 모든 휴대품을 소지할 수 없는 한편, 병실에는 여러 사람들이 비교적 자유롭게 출입하고 왕왕 병실에서의 도난사고가 발생하는 실정이다. 병원은 병실에의 출입자를 통제·감독하든가 그것이 불가능하다면 최소한 입원환자에게 휴대품을 안전하게 보관할 수 있는 시정장치가 있는 사물함을 제공하는 등으로 입원환자의 휴대품 등의 도난을 방지함에 필요한 적절한 조치를 강구하여 줄 신의칙상 보호의무가 있다.(대판 2003.4.11, 2002다63275)

7. 카지노사업자가 카지노이용자에게 안전배려의무를 부담하는지 여부(원칙적 소극)(대판(全) 2014.8.21, 2010다92438) → 제750조 참조

8. 기획여행업자가 여행자에게 부담하는 안전배려의무 기획여행업자는 여행자의 생명·신체·재산 등의 안전을 확보하기 위하여 여행목적지·여행일정·여행행정·여행서비스기관의 선택 등에 관하여 미리 충분히 조사·검토하여 여행계약 내용의 실시 도중에 여행자가 부딪칠지 모르는 위험을 미리 제거할 수단을 강구하거나, 여행자에게 그 뜻을 고지함으로써 여행자 스스로 위험을 수용할지에 관하여 선택할 기회를 주는 등 합리적 조치를 취할 신의칙상 안전배려의무를 부담한다.(대판 2014.9.25, 2014다213387)

9. 재산적 거래관계에서 신의칙상 고지의무(1) 일반적으로 매매거래에서 매수인은 목적물을 염가로 구입할 것을 희망하고 매도인은 목적물을 고가로 처분하기를 희망하는 이해상반의 지위에 있으며, 각자가 자신의 지식과 경험을 이용하여 최대한으로 자신의 이익을 도모할 것으로 예상되기 때문에, 당사자 일방이 알고 있는 정보를 상대방에게 사실대로 고지하여야 할 신의칙상 의무가 인정된다고 볼만한 특별한 사정이 없는 한, 매수인이 목적물의 시가를 묵비하여 매도인에게 고지하지 않거나 혹은 시가보다 낮은 가액을 시가라고 고지하였다 하더라도, 상대방의 의사결정에 불법적인 간섭을 하였다고 볼 수 없으므로 불법행위가 성립한다고 볼 수 없다.(대판 2014.4.10, 2012다54997)

10. 재산적 거래관계에서의 신의칙상 고지의무(2) 재산적 거래관계에서 계약의 일방 당사자가 상대방에게 계약의 효력에 영향을 미치거나 상대방의 권리 확보에 위험을 가져올 수 있는 구체적 사정을 고지하였다면 상대방이 계약을 체결하지 아니하거나 적어도 그와 같은 내용 또는 조건으로 계약을 체결하지 아니하였을 것임이 경험칙상 명백한 경우 계약 당사자는 신의칙상 상대방에게 미리 그와 같은 사정을 고지할 의무가 있다. 그러나 이때에도 상대방이 고지의무의 대상이 되는 사실을 이미 알고 있거나 스스로 이를 확인할 의무가 있는 경우 또는 거래 관행상 상대방이 당연히 알고 있을 것으로 예상되는 경우 등에는 상대방에게 위와 같은 사정을 알리지 아니하였다고 하여 고지의무를 위반하였다고 볼 수 없다.(대판 2014.7.24, 2013다97076)

11. 계속적 계약의 일방 당사자가 계약을 이행하는 과정에서 상대방의 생명, 신체, 건강 등의 안전에 위해가 발생할 위험이 있는 경우의 고지의무 계약의 일방 당사자는 신의칙상 상대방에게 계약의 효력에 영향을 미치거나 상대방의 권리 확보에 위험을 가져올 수 있는 사정 등을 미리 고지할 의무가 있다. 이러한 의무는 계약을 체결할 때뿐만 아니라 계약 체결 이후 이를 이행하는 과정에서도 유지된다. 당사자 상호 간의 신뢰관계를 기초로 하는 계속적 계약의 일방 당사자가 계약을 이행하는 과정에서 상대방의 생명, 신체, 건강 등의 안전에 위해가 발생할 위험이 있고 계약 당사자에게 그 위험의 발생 방지 등을 위하여 합리적 조치를 할 의무가 있는 경우, 계약 당사자는 그러한 위험이 있음을 상대방에게 미리 고지하여 상대방으로 하여금 그 위험을 회피할 적절한 방법을 선택할 수 있게 하거나 계약 당사자가 위험 발생 방지를 위한 합리적 조치를 함으로써 그 위험을 제거하였는지를 확인할 수 있게 할 의무가 있다. 특히 계속적 계약의 일방 당사자가 고도의 기술이 집약된 제품을 대량으로 생산하는 제조업자이고 상대방이 소비자라면 정보 불균형으로 인한 부작용을 해소하기 위해 제조업자에 대하여 위와 같은 고지의무를 인정할 필요가 더욱 크다.(대판 2022.5.26, 2020다215124)

사정변경의 원칙

12. 화폐가치 변동으로 인한 매매계약 해제 불가 매매계약을 맺은 때와 그 잔대금을 지급할 때와의 사이에 장구한 시일이 지나서 그 동안에 화폐가치의 변동이 극심하였던 탓으로 매수인이 애초에 계약할 당시의 금액표시대로 잔대금을 제공한다면 그 동안에 앙등한 매매목적물의 가격에 비하여 그것이 현저하게 균형을 잃은 이행이 되는 경우라 할지라도 민법상 매도인으로 하여금 사정변경의 원리를 내세워서 그 매매계약을 해제할 수 있는 권리는 생기지 않는다.(대판 1963.9.12, 63다452)

13. 시가 상승으로 인한 매매계약 해제 불가 매매계약이 체결된 후에 9년이 지났고 시가가 올랐다 하더라도 그것만으로는 피고가 이 사건 매매계약을 해제할 만한 사정변경이 있었다고 볼 수 없다.(대판 1991.2.26, 90다19664)

14. 회사 임원으로 있을 때 체결한 계속적 보증계약의 퇴사 후 해지 ① 계속적인 보증계약에서 보증계약 성립 당시의 사정에 현저한 변경이 생긴 경우에는 보증인은 보증계약을 해지할 수 있다. 회사의 임원이나 직원의 지위에 있기 때문에 회사의 요구로 부득이 회사와 제3자 사이의 계속적 거래로 인한 회사의 채무에 대하여 보증인이 된 자가 그 후 회사로부터 퇴사하여 임원이나 직원의 지위를 떠난 때에는 보증계약 성립 당시의 사정에 현저한 변경이 생긴 경우에 해당하므로 사정변경을 이유로 보증계약을 해지할 수 있다. ② 위 계속적 보증계약에서 보증기간을 정하였다고 하더라도 그것이 특히 퇴사후에도 보증채무를 부담키로 특약한 취지라고 인정되지 않는 한 위와 같은 해지권의 발생에 영향이 없다.(대판 1990.2.27, 89다카1381)

15. 사정변경 원칙의 판단기준(1) ① 이른바 사정변경으로 인한 계약해제는, 계약성립 당시 당사자가 예견할 수 없었던 현저한 사정의 변경이 발생하였고 그러한 사정의 변경이 해제권을 취득하는 당사자에게 책임 없는 사유로 생긴 것으로서, 계약내용대로의 구속력을 인정한다면 신의칙에 현저히 반하는 결과가 생기는 경우에 계약준수 원칙의 예외로서 인정된다. ② 여기에서 말하는 사정이라 함은 계약의 기초가 되었던 객관적인 사정으로서, 일방당사자의 주관적 또는 개인적인 사정을 의미하는 것은 아니다. 또한, 계약의 성립에 기초가 되지 아니한 사정이 그 후 변경되어 일방당사자가 계약 당시 의도한 계약목적을 달성할 수 없게 됨으로써 손해를 입게 되었다 하더라도 특별한 사정이 없는 한 그 계약내용의 효력을 그대로 유지하는 것이 신의칙에 반한다고 볼 수도 없다.(대판 2007.3.29, 2004다31302)

16. 사정변경 원칙의 판단기준(2) ① 계약 성립의 기초가 된 사정이 현저히 변경되고 당사자가 계약의 성립 당시 이를 예견할 수 없었으며, 그로 인하여 계약을 그대로 유지하는 것이 당사자의 이해에 중대한 불균형을 초래하거나 계약을 체결한 목적을 달성할 수 없는 경우에는 계약준수 원칙의

예외로서 사정변경을 이유로 계약을 해제하거나 해지할 수 있다. 여기에서 말하는 사정이란 당사자들에게 계약 성립의 기초가 된 사정을 가리키고, 당사자들이 계약의 기초로 삼지 않은 사정이나 어느 일방당사자가 변경에 따른 불이익이나 위험을 떠안기로 한 사정은 포함되지 않는다. ② 경제상황 등의 변동으로 당사자에게 손해가 생기더라도 합리적인 사람의 입장에서 사정변경을 예견할 수 있었다면 사정변경을 이유로 계약을 해제할 수 없다. 특히 계속적 계약에서는 계약의 체결 시와 이행 시 사이에 간극이 크기 때문에 당사자들이 예상할 수 없었던 사정변경이 발생할 가능성이 높지만, 이러한 경우에도 위 계약을 해지하려면 경제적 상황의 변화로 당사자에게 불이익이 발생했다는 것만으로는 부족하고 위에서 본 요건을 충족하여야 한다.(대판 2017.6.8, 2016다249557)

17. 계속적 계약관계와 사정변경의 원칙 계약 성립에 기초가 되지 않는 사정이 그 후 변경되어 일방 당사자가 계약 당시 의도한 계약 목적을 달성할 수 없게 됨으로써 손해를 입은 경우 특별한 사정이 없는 이상, 사정변경을 이유로 한 계약 해제가 인정되지 않는데, 이는 계속적 계약관계에서 사정변경을 이유로 계약의 해지를 주장하는 경우에도 마찬가지로 적용된다.(대판(全) 2013.9.26, 2012다13637)

18. 신뢰관계 파괴를 이유로 한 보험계약의 해지와 그 판단방법 보험계약은 장기간의 보험기간 동안 존속하는 계속적 계약일 뿐만 아니라, 당사자의 윤리성과 선의성이 강하게 요구되는 특성이 있으므로 당사자 사이에 강한 신뢰관계가 있어야 한다. 따라서 보험계약의 존속 중에 당사자 일방의 부당한 행위 등으로 인하여 계약의 기초가 되는 신뢰관계가 파괴되어 계약의 존속을 기대할 수 없는 중대한 사유가 있는 때에는 상대방은 그 계약을 해지함으로써 장래에 향하여 그 효력을 소멸시킬 수 있다. 이러한 해지권은 신의칙을 정한 민 2조에 근거한 것으로서 보험계약 관계에 당연히 전제된 것이므로, 보험자에게 사전에 설명할 의무가 있다거나 보험자가 이러한 해지권을 행사하는 것이 상 663조나 약관 9조 2호를 위반한 것이라고 볼 수 없다. 다만 구체적 사안에서 보험자가 이와 같은 해지권을 행사할 수 있는지는 신중하고 엄격하게 판단하여야 한다.(대판 2020.10.29, 2019다267020)

19. 사정변경의 원칙 ① 판례는 계약을 체결할 때 예견할 수 없었던 사정이 발생함으로써 야기된 불균형을 해소하고자 신의성실 원칙의 파생원칙으로서 사정변경의 원칙을 인정하고 있다. 즉, 계약 성립의 기초가 된 사정이 현저히 변경되고 당사자가 계약의 성립 당시 이를 예견할 수 없었으며, 그로 인하여 계약을 그대로 유지하는 것이 당사자의 이해에 중대한 불균형을 초래하거나 계약을 체결한 목적을 달성할 수 없는 경우에는 계약준수 원칙의 예외로서 사정변경을 이유로 계약을 해제하거나 해지할 수 있다. ② 여기에서 말하는 사정이란 당사자들에게 계약 성립의 기초가 된 사정을 가리키고, 당사자들이 계약의 기초로 삼지 않은 사정이나 어느 일방당사자가 변경에 따른 불이익이나 위험을 떠안기로 한 사정은 포함되지 않는다. 사정변경에 대한 예견가능성이 있었는지는 추상적·일반적으로 판단할 것이 아니라, 구체적인 사안에서 계약의 유형과 내용, 당사자의 지위, 거래경험과 인식가능성, 사정변경의 위험이 크고 구체적인지 등 여러 사정을 종합적으로 고려하여 개별적으로 판단하여야 한다. 이때 합리적인 사람의 입장에서 볼 때 당사자들이 사정변경을 예견했다면 계약을 체결하지 않거나 다른 내용으로 체결했을 것이라고 기대되는 경우 특별한 사정이 없는 한 예견가능성이 없다고 볼 수 있다. ③ 경제상황 등의 변동으로 당사자에게 손해가 생기더라도 합리적인 사람의 입장에서 사정변경을 예견할 수 있었다면 사정변경을 이유로 계약을 해제하거나 해지할 수 없다. 특히 계속적 계약에서는 계약의 체결 시와 이행 시 사이에 간극이 크기 때문에 당사자들이 예상할 수 없었던 사정변경이 발생할 가능성이 높지만, 이러한 경우에도 계약을 해지하려면 경제상황 등의 변동으로 당사자에게 불이익이 발생했다는 것만으로는 부족하고 위에서 본 요건을 충족하여야 한다. ④ 갑 등이 해외이주 알선업체인 을 주식회사와 미국 비숙련 취업이민을 위한 알선업무계약을 체결한 후 이민허가를 받고 이에 따라 을 회사에 국외알선 수수료를 모두 지급하였는데, 주한 미국대사관이 갑 등에 대한 이민비자 인터뷰에서 추가 행정검토 및 이민국 이송 결정을 하여 비자발급 절차가 진행되지 않고 중단된 사안에서, 갑 등은 사정변경을 이유로 위 계약을 해지할 수 있다고 한 사례.(대판 2021.6.30, 2019다276338)

신의칙에 기한 권리행사나 책임의 제한

20. 계속적 보증계약에서 보증인의 책임 제한 ① 채권자와 주채무자 사이의 계속적인 거래관계에서 발생하는 불확정한 채무를 보증하는 이른바 "계속적 보증"의 경우에도 보증인은 주채무자가 이행하지 아니하는 채무를 전부 이행할 의무가 있는 것이 원칙이다. ② 다만 보증인이 보증을 할 당시 주채무의 범위를 예상하였거나 예상할 수 있었는데 주채무가 그 예상범위를 훨씬 초과하여 객관적인 상당성을 잃을 정도로 과다하게 발생하였고, 또 그와 같이 주채무가 과다하게 발생한 원인이 채권자가 주채무자의 자산상태가 현저히 악화된 사정을 잘 알고 있으면서도(중대한 과실로 알지 못한 경우도 마찬가지다) 그와 같은 사정을 알 수 없었던 보증인에게 아무런 통지나 의사타진도 하지 아니한 채 고의로 거래의 규모를 확대하였기 때문인 것으로 인정되는 등 채권자가 보증인에게 주채무의 전부이행을 청구하는 것이 신의칙에 반하는 것으로 판단될 만한 특별한 사정이 있는 경우에 한하여 보증인의 책임을 합리적인 범위 내로 제한할 수 있다.(대판 1991.10.8, 91다14147)

21. 신의칙에 기한 변호사보수 감액 여부(원칙적 긍정) 변호사의 소송위임 사무처리 보수에 관하여 변호사와 의뢰인 사이에 약정이 있는 경우 위임사무를 완료한 변호사는 원칙적으로 약정 보수액 전부를 청구할 수 있다. 다만 의뢰인과의 평소 관계, 사건 수임 경위, 사건처리 경과와 난이도, 노력의 정도, 소송물 가액, 의뢰인이 승소로 인하여 얻게 된 구체적 이익, 그 밖에 변론에 나타난 여러 사정을 고려하여, 약정 보수액이 부당하게 과다하여 신의칙이나 형평의 관념에 반한다고 볼 만한 특별한 사정이 있는 경우에는 예외적으로 적당하다고 인정되는 범위 내의 보수액만을 청구할 수 있다. 그런데 이러한 보수 청구의 제한은 어디까지나 계약자유의 원칙에 대한 예외를 인정하는 것이므로, 법원은 그에 관한 합리적인 근거를 명확히 밝혀야 한다.(대판(全) 2018.5.17, 2016다35833)

22. 권리행사의 제한과 사적 자치의 원칙 채권자의 권리행사가 신의칙에 비추어 용납할 수 없는 것인 때에는 이를 부정하는 것이 예외적으로 허용될 수 있을 것이나, 일단 유효하게 성립한 계약상의 책임을 공평의 이념 및 신의칙과 같은 일반원칙에 의하여 제한하는 것은 자칫하면 사적 자치의 원칙이나 법적 안정성에 대한 중대한 위협이 될 수 있으므로 신중을 기하여 극히 예외적으로 인정하여야 한다.(대판 2015.10.15, 2012다64253)

23. 추가 접속통화료의 지급 청구 이동전화사업자가 유선전화사업자가 요청한 방식의 접속을 제공하여 자신의 접속설비를 최소한도로 이용할 수 있도록 할 의무가 있는데도 이를 거부하여 추가적인 접속설비를 이용하도록 하면서 그로 인한 추가 접속통화료의 지급을 청구한 사안에서, 이동전화사업자가 유선전화사업자를 상대로 위 시점 이후의 접속분에 대하여 추가 접속통화료의 지급을 청구할 수 있다면 유선전화사업자는 다시 이동전화사업자의 거부행위를 이유로 같은 금액 상당의 손해배상청구를 할 수 있는데, 이는 두 회사 사이의 순환소송을 인정하는 결과가 되어 소송경제에 반할 뿐만 아

니라 이동전화사업자는 결국 유선전화사업자에 반환할 것을 청구하는 것이 되어 이를 허용하는 것은 신의칙에 비추어 타당하지 않다.(대판 2017.2.15, 2014다19776, 19783)

24. 손해배상금과 이중지급된 형사보상금에 대한 국가의 부당이득반환청구권 행사 제한 국가는 재심 무죄판결이 확정될 무렵 형사보상청구와 손해배상청구가 있을 것을 예상할 수 있었으므로, 손해배상소송, 형사보상절차가 진행 중인 상황에서는 같은 원인의 다른 절차가 있음을 법원에 알리고, 손해배상금, 형사보상금이 확정되어 이를 지급하는 과정에서는 먼저 지급된 금원을 빼고 지급하는 등 이중지급을 방지할 수 있었다. 형사보상금을 지급할 당시 이미 손해배상금이 지급된 사정을 알고 있었음에도 확정된 전액을 지급하였고, 국가의 위법한 수사와 형의 집행으로 고통과 피해를 입은 사람이 정당한 보상으로 인식하고 지급받은 형사보상금을 이중지급이라는 이유로 반환하여야 한다면 국가의 손해배상 및 형사보상금 지급이 정당한 방식으로 운영된다고 믿은 신뢰를 저버리는 것이 되며, 위와 같이 신뢰한 데에 어떠한 잘못이 있었다고 보기 어려우므로, 부당이득반환청구는 신의칙에 반하는 것으로 허용될 수 없다.(대판 2021.11.25, 2017다258381)

금반언의 원칙

25. 사실행위에 대한 금반언 적용여부(소극) 금반언은 실체법상의 법률효과이므로 종전 소송에서의 증언과 배치되는 소제기와 같은 단순한 사실행위에는 그 법률상 효과가 없다.(대판 1981.10.13, 81다653)

26. 전세금이 없다고 한 이후 이를 내세워 건물 명도를 거부하는 행위 건물에 관하여 전세금을 주고 채권적 전세를 얻어 입주하고 그 주민등록의 전입신고까지 마쳤으면서도 은행 직원에게 임대차계약을 체결하거나 그 보증금을 지급한 바가 없다고 하여 그와 같은 내용의 각서까지 작성해 주었다면 이는 원고은행으로 하여금 부동산에 대한 담보가치를 높게 평가하도록 하여 건물소유자에게 대출하도록 한 것이고, 은행 또한 위 건물에 대한 경매절차가 끝날 때까지도 건물소유자와 전세권자 사이의 채권적 전세관계를 알지 못하였다고 한다면 전세권자가 은행의 명도청구에 즈음하여 이를 번복하면서 위 전세금반환을 내세워 그 명도를 거부하는 것은 특단의 사정이 없는 한 금반언 내지 신의칙에 위반된다.(대판 1987.11.24, 87다카1708)

27. 남자 종중원에게만 소집통지하여 개최된 총회결의의 효력(무효) 공동선조의 자손인 성년 여자도 종중원이므로, 종중 총회 당시 남자 종중원들에게만 소집통지를 하고 여자 종중원들에게 소집통지를 하지 않은 경우 그 종중 총회에서의 결의는 효력이 없다.(대판 2021.11.11, 2021다238902)

28. 대지사용승낙 후 건물 철거 청구 대지소유자가 건물을 신축하게 한 원인행위자라면 그와 같은 대지사용승낙을 신뢰하여 대지매수인과 건물의 신축에 관한 도급계약을 체결하고 적법하게 건축한 제3자 소유의 견고한 건물을, 그것이 적법하게 준공된 후에 대지에 대한 매수인과의 매매계약이 해제되었음을 이유로 철거를 요구하는 것은, 비록 그것이 대지의 소유권에 기한 것이라고 하더라도 사회적, 경제적 측면에서는 물론이고 신의칙에 비추어서도 용인할 만한 것이 못된다.(대판 1991.9.24, 91다9756, 9763)

29. 강행규정 위반과 신의칙 강행규정을 위반한 법률행위를 한 사람이 스스로 그 무효를 주장하는 것이 신의칙에 위배되는 권리의 행사라는 이유로 이를 배척한다면 강행규정의 입법 취지를 몰각시키는 결과가 되므로 그러한 주장은 신의칙에 위배된다고 볼 수 없음이 원칙이다. 다만 신의칙을 적용하기 위한 일반적인 요건을 갖추고 강행규정성에도 불구하고 신의칙을 우선하여 적용할 만한 특별한 사정이 있는 예외적인 경우에는 강행규정을 위반한 법률행위의 무효를 주장하는 것이 신의칙에 위배될 수 있다.(대판 2021.11.25, 2019다277157)

30. 주식회사가 영업의 전부 또는 중요한 일부를 양도한 후 주주총회의 특별결의가 없었다는 이유를 들어 스스로 그 약정의 무효를 주장하는 행위 상 374조 1항 1호는 주식회사가 영업의 전부 또는 중요한 일부의 양도행위를 할 때에는 434조에 따라 출석한 주주의 의결권의 3분의 2 이상의 수와 발행주식총수의 3분의 1 이상의 수로써 결의가 있어야 한다고 정하고 있다. 이는 주식회사가 주주의 이익에 중대한 영향을 미치는 계약을 체결할 때에는 주주총회의 특별결의를 얻도록 하여 그 결정에 주주의 의사를 반영하도록 함으로써 주주의 이익을 보호하려는 강행법규이다. 주식회사가 영업의 전부 또는 중요한 일부를 양도한 후 주주총회의 특별결의가 없었다는 이유를 들어 스스로 그 약정의 무효를 주장하더라도 주주 전원이 그와 같은 약정에 동의한 것으로 볼 수 있는 등 특별한 사정이 인정되지 않는다면 위와 같은 무효 주장이 신의성실 원칙에 반한다고 할 수는 없다.(대판 2018.4.26, 2017다288757)

31. 단체협약 등 노사합의의 내용이 근로기준법 등의 강행규정을 위반하여 무효인 경우에, 그 무효를 주장하는 행위 ① 단체협약 등 노사합의의 내용이 근로기준법 등의 강행규정을 위반하여 무효인 경우에, 그 무효를 주장하는 것이 신의칙에 위배되는 권리의 행사라는 이유로 이를 배척한다면 강행규정으로 정한 입법 취지를 몰각시키는 결과가 되므로, 신의칙을 적용하기 위한 일반적인 요건을 갖춤은 물론 강행규정성에도 불구하고 신의칙을 우선하여 적용하는 것을 수긍할 만한 특별한 사정이 있는 예외적인 경우에 해당하지 않는 한 그러한 주장이 신의칙에 위배된다고 볼 수 없다. ② 택시회사의 택시운전근로자가 회사와 도급제 방식의 근로계약을 체결하였는데, 그 후 택시운전근로자가 근로계약이 최저임금법에 위배된다고 주장하며 회사를 상대로 미지급 최저임금 등의 지급을 구하는 것이 정의관념에 비추어 용인될 수 없는 정도에 해당한다거나 신의칙을 우선하여 적용하는 것을 수긍할 만한 특별한 사정이 있는 경우에 해당한다고 보기 어렵다.(대판 2018.7.11, 2016다9261, 9278)

32. 특허발명의 출원과정에서 특허발명의 청구범위로부터 의식적으로 제외하였다고 볼 수 있는 대상제품이 특허발명의 보호범위에 속한다고 주장하는 것이 허용되는지 여부(소극) 출원인 또는 특허권자가 특허발명의 출원과정에서 특허발명과 대비대상이 되는 제품(이하 '대상제품')을 특허발명의 청구범위로부터 의식적으로 제외하였다고 볼 수 있는 경우, 특허권자가 대상제품을 제조·판매하고 있는 자를 상대로 대상제품이 특허발명의 보호범위에 속한다고 주장하는 것은 금반언의 원칙에 위배되어 허용되지 않는다.(대판 2018.8.1, 2015다244517)

실효의 원칙

33. 실효의 원칙의 의의, 판단방법, 고용관계에 대한 적용 ① 일반적으로 권리의 행사는 신의에 좇아 성실히 하여야 하고 권리는 남용하지 못하는 것이므로, 권리자가 실제로 권리를 행사할 수 있는 기회가 있어서 그 권리행사의 기대가능성이 있었음에도 불구하고 상당한 기간이 경과하도록 권리를 행사하지 아니하여 의무자인 상대방으로서도 이제는 권리자가 권리를 행사하지 아니할 것으로 신뢰할 만한 정당한 기대를 가지게 된 다음에 새삼스럽게 그 권리를 행사하는 것이 법질서 전체를 지배하는 신의칙에 위반하는 것으로 인정되는 결과가 될 때에는 이른바 실효의 원칙에 따라 그 권리의 행사가 허용되지 않는다. ② 실효의 원칙이 적용되기 위하여 필요한 요건으로서의 실효기간(권리를 행사하지 아니한 기간)의 길이와 의무자인 상대방이 권리가 행사되지 아니하리라고 신뢰할 만한 정당한 사유가 있었는지는 일률적으로 판단할 수 있는 것이 아니라 구체적인 경우마다 권리를 행사하지 아니한 기간의 장단과 함께 권리자측과 상대

방측 쌍방의 사정 및 객관적으로 존재한 사정 등을 모두 고려하여 사회통념에 따라 합리적으로 판단하여야 한다. ③ 사용자와 근로자 사이의 고용관계(근로자의 지위)의 존부를 둘러싼 노동분쟁은, 그 당시의 경제적 정세에 대처하여 최선의 설비와 조직으로 기업활동을 전개하여야 하는 사용자의 입장에서는 물론, 근로자로서의 임금수입에 의하여 자신과 가족의 생계를 유지하고 있는 근로자의 입장에서도 신속히 해결되는 것이 바람직하므로, 위와 같은 실효의 원칙이 다른 법률관계에 있어서보다 더욱 적극적으로 적용되어야 할 필요가 있다.(대판 1992.1.21, 91다30118)

34. 해제권 행사 일반적으로 권리의 행사는 신의에 좇아 성실히 하여야 하고 권리는 남용하지 못하는 것이므로, 해제권을 갖는 자가 상당한 기간이 경과하도록 이를 행사하지 아니하여 상대방으로서도 이제는 그 권리가 행사되지 아니할 것이라고 신뢰할 만한 정당한 사유를 갖기에 이르러 그 후 새삼스럽게 이를 행사하는 것이 법질서 전체를 지배하는 신의칙에 위반하는 것으로 인정되는 결과가 될 때에는 이른바 실효의 원칙에 따라 그 해제권의 행사가 허용되지 않는다.(대판 1994.11.25, 94다12234)

35. 소송법상 권리 항소권과 같은 소송법상의 권리에 대하여도 실효의 원칙은 적용될 수 있다.(대판 1996.7.30, 94다51840)

36. 공법관계 실권 또는 실효의 법리는 법의 일반원리인 신의칙에 바탕을 둔 파생원칙인 것이므로 공법관계 가운데 관리관계는 물론이고 권력관계에도 적용된다.(대판 1988.4.27, 87누915)

계약의 해석과 내용통제

37. 리스계약 해석 리스물건 이용자가 정당한 이유 없이 리스 목적물의 검수 및 인수를 거절하고 물건수령증을 발급하지 아니한 경우에는 신의칙상 물건수령증이 발급된 것과 같이 보아 리스물건 공급자로서는 리스회사에 대한 자신의 의무를 모두 이행한 것으로 봄이 상당하므로, 특별한 사정이 없는 한 리스회사는 리스물건의 매매·발주계약에 따라 리스물건 공급자에게 대금을 지급할 의무가 있다.(대판 1999.9.21, 99다24706)

38. 약관의 내용통제 약관의 내용통제원리로 작용하는 신의칙은, 보험약관이 보험사업자에 의하여 일방적으로 작성되고 보험계약자로서는 그 구체적 조항내용을 검토하거나 확인할 충분한 기회가 없이 보험계약을 체결하게 되는 계약성립의 과정에 비추어, 약관작성자는 계약상대방의 정당한 이익과 합리적인 기대 즉 보험의 손해전보에 대한 합리적인 신뢰에 반하지 않고 형평에 맞게끔 약관조항을 작성하여야 한다는 행위원칙을 가리키는 것이다. 보통거래약관의 작성이 아무리 사적자치의 영역에 속하는 것이라고 하여도 위와 같은 행위원칙에 반하는 약관조항은 사적자치의 한계를 벗어나는 것으로서 법원에 의한 내용통제, 즉 수정해석의 대상이 된다.(대판(全) 1991.12.24, 90다카23899)

▸권리남용금지의 원칙

일 반

39. 권리남용의 의의 권리남용이라 함은 권리자가 그 권리를 행사함으로 인하여 사회적·경제적으로 얻는 이익보다 상대방에게 과대한 손해를 입히는 결과가 됨에도 불구하고, 권리자가 권리행사라는 구실로 상대방에게 손해를 가할 것만을 목적으로 하거나 또는 객관적으로 우리의 통념상 도저히 용인될 수 없는 부당한 결과를 자아내는 등 공공복리를 위한 권리의 사회적 기능을 무시하고, 신의칙과 국민의 건전한 권리의식에 반하는 행위를 하는 것을 뜻하므로 어느 권리행사가 권리남용이 되는가는 개별적이고 구체적인 사안에 따라 판단되어야 한다.(대판 1991.10.25, 91다27273)

요 건

40. 권리남용의 요건 권리행사가 권리의 남용에 해당한다고 할 수 있으려면, 주관적으로 그 권리행사의 목적이 오직 상대방에게 고통을 주고 손해를 입히려는 데 있을 뿐 행사하는 사람에게 아무런 이익이 없는 경우이어야 하고, 객관적으로는 그 권리행사가 사회질서에 위반된다고 볼 수 있어야 한다. 이와 같은 경우에 해당하지 않는 한 비록 그 권리의 행사에 의하여 권리행사자가 얻는 이익보다 상대방이 잃을 손해가 현저히 크다 하여도 그러한 사정만으로는 이를 권리남용이라 할 수 없고, 다만 이러한 주관적 요건은 권리자의 정당한 이익을 결여한 권리행사로 보여지는 객관적인 사정에 의하여 추인할 수 있다.(대판 1998.6.26, 97다42823)

적용범위

41. 소멸시효 완성 주장 ① 채무자가 시효완성 전에 채권자의 권리행사나 시효중단을 불가능 또는 현저히 곤란하게 하거나 ② 그러한 조치가 불필요하다고 믿게 하는 행동을 하였거나, ③ 객관적으로 채권자가 권리를 행사할 수 없는 장애사유가 있었거나, 또는 ④ 일단 시효완성 후에 채무자가 시효를 원용하지 아니할 것 같은 태도를 보여 권리자로 하여금 그와 같이 신뢰하게 하였거나, ⑤ 채권자 보호의 필요성이 크고 같은 조건의 다른 채권자가 채무의 변제를 수령하는 등의 사정이 있어 채무 이행의 거절을 인정함이 현저히 부당하거나 불공평하게 되는 등의 특별한 사정이 있는 경우에 한하여 채무자가 소멸시효의 완성을 주장하는 것이 신의칙에 반하여 권리남용으로서 허용될 수 없다.(대판 1999.12.7, 98다42929; 대판 2011.9.8, 2009다66969)

42. 재심절차에서 무죄 확정판결을 받은 자가 국가를 상대로 손해배상을 청구하는 경우에 채무자인 국가의 소멸시효 항변이 권리남용으로 되는 경우 ① 국가기관이 수사과정에서 한 위법행위 등으로 수집한 증거 등에 기초하여 유죄의 확정판결까지 받았으나 재심절차에서 무죄판결이 확정된 후 국가기관의 위법행위 등을 원인으로 국가를 상대로 손해배상을 청구하는 경우, 재심절차에서 무죄판결이 확정될 때까지는 채권자가 손해배상청구를 할 것을 기대할 수 없는 사실상의 장애사유가 있었으므로 이러한 경우 채무자인 국가의 소멸시효 완성의 항변은 권리남용으로 허용될 수 없다. ② 다만 채권자는 특별한 사정이 없는 한 그러한 장애가 해소된 재심무죄판결 확정일로부터 민법상 시효정지의 경우에 준하는 6개월의 기간 내에 권리를 행사하여야 한다. 이때 그 기간 내에 권리행사가 있었는지는 원칙적으로 손해배상을 청구하는 소제기 여부를 기준으로 판단한다. ③ 채권자가 재심무죄판결 확정일로부터 6개월 내에 손해배상청구의 소를 제기하지는 아니하였더라도 그 기간 내에 형사보상법에 따른 형사보상청구를 한 경우에는 소멸시효의 항변을 저지할 수 있는 권리행사의 '상당한 기간'은 이를 연장할 특수한 사정이 있고, 그때는 형사보상결정 확정일로부터 6개월 내에 손해배상청구의 소를 제기하면 상당한 기간 내에 권리를 행사한 것으로 볼 수 있다. 다만 이 경우에도 그 기간은 재심무죄판결 확정일로부터 3년을 넘을 수는 없다.(대판 2013.12.12, 2013다201844)

43. 강제징용으로 인한 손해배상청구 ① 일본의 국가권력이 관여한 반인도적 불법행위나 식민지배와 직결된 불법행위로 인한 손해배상청구권이 청구권협정의 적용대상에 포함되었다고 보기는 어려운 점 등에 비추어 보면, 청구권협정으로 개인청구권이 소멸하지 아니하였음은 물론이고, 대한민국의 외교적 보호권도 포기되지 않았다. ② 적어도 갑 등이 대한민국 법원에 위 소송을 제기할 시점까지는 갑 등이 대한민국에서 객관적으로 권리를 사실상 행사할 수 없는 장애사유가 있었으므로, 미쓰비시가 소멸시효의 완성을 주장하여 갑 등에 대한 불법행위로 인한 손해배상채무 또는 임금지급채무의 이행을 거절하는 것은 신의칙에 반하는 권리남용으로서 허용될 수 없다.(대판 2012.5.24, 2009다22549)

44. 부동산실명법 유예기간 경과 후 명의신탁자의 부당이득 반환청구에 대한 명의수탁자의 소멸시효 항변이 권리남용 해당 여부(소극) 갑 교회가 토지를 매수하면서 을에게 매수인 명의를 신탁하였고 매도인은 이를 알지 못하였는데, 갑 교회가 실명등기를 하지 않고 부동산 실권리자명의 등기에 관한 법률에서 정한 유예기간을 경과한 후 을을 상대로 토지의 부당이득반환을 구하자 을이 소멸시효 항변을 한 사안에서, 갑 교회가 권리를 행사할 수 없는 장애사유가 소멸된 때로부터 민법상 시효정지기간이 지나 을에게 부당이득반환을 구하는 소를 제기하였으므로, 특별한 사정이 없는 한 갑 교회가 상당한 기간 내에 권리행사를 하였다고 볼 수 없고, 을의 소멸시효 항변은 권리남용에 해당하지 아니한다.(대판 2013.12.26, 2011다90194, 90200)

45. 동시이행의 항변권 행사 동시이행의 항변권을 행사하는 자의 상대방이 그 동시이행의 의무를 이행하기 위하여 과다한 비용이 소요되거나 또는 그 의무의 이행이 실제적으로 어려운 반면 그 의무의 이행으로 인하여 항변권자가 얻는 이득은 별달리 크지 아니하여 동시이행의 항변권의 행사가 주로 자기 채무의 이행만을 회피하기 위한 수단이라고 보여지는 경우에는 그 항변권의 행사는 권리남용으로서 배척되어야 한다.(대판 1992.4.28, 91다29972)

46. 상계권 행사 상계권자의 지위가 법률상 보호를 받는 것은, 원래 상계제도가 서로 대립하는 채권, 채무를 간이한 방법에 의하여 결제함으로써 양자의 채권채무관계를 원활하고 공평하게 처리함을 목적으로 하고 있고, 상계권을 행사하려고 하는 자에 대하여는 수동채권의 존재가 사실상 자동채권에 대한 담보로서의 기능을 하는 것이어서 그 담보적 기능에 대한 당사자의 합리적 기대가 법적으로 보호받을 만한 가치가 있음에 근거한다. 당사자가 상계의 대상이 되는 채권이나 채무를 취득하게 된 목적과 경위, 상계권을 행사함에 이른 구체적·개별적 사정에 비추어, 그것이 위와 같은 상계 제도의 목적이나 기능을 일탈하고 법적으로 보호받을 만한 가치가 없는 경우에는 그 상계권의 행사는 신의칙에 반하거나 상계에 관한 권리를 남용하는 것으로서 허용되지 않는다고 봄이 상당하고, 상계권 행사를 제한하는 위와 같은 근거에 비추어 볼 때 일반적인 권리 남용의 경우에 요구되는 주관적 요건을 필요로 하는 것은 아니다.(대판 2003.4.11, 2002다59481)

47. 착오송금으로 수취인이 취득한 예금채권에 대한 수취은행의 상계권 행사 송금의뢰인이 착오송금임을 이유로 거래은행을 통하여 혹은 수취은행에 직접 송금액의 반환을 요청하고, 수취인도 송금의뢰인의 착오송금에 의하여 수취인의 계좌에 금원이 입금된 사실을 인정하여 수취은행에 그 반환을 승낙하고 있는 경우, 수취은행이 수취인에 대한 대출채권 등을 자동채권으로 하여 수취인의 계좌에 착오로 입금된 금원 상당의 예금채권과 상계하는 것은 수취은행이 선의인 상태에서 수취인의 예금채권을 담보로 대출을 하여 그 자동채권을 취득한 것이라거나 그 예금채권이 이미 제3자에 의하여 압류되었다는 등의 특별한 사정이 없는 한, 상계제도의 목적이나 기능을 일탈하고 법적으로 보호받을 만한 가치가 없으므로, 송금의뢰인에 대한 관계에서 신의칙에 반하거나 상계에 관한 권리를 남용하는 것이다. 수취인의 계좌에 착오로 입금된 금원 상당의 예금채권이 이미 제3자에 의하여 압류되었다는 특별한 사정이 있어 수취은행이 수취인에 대한 대출채권 등을 자동채권으로 하여 수취인의 그 예금채권과 상계하는 것이 허용되더라도 이는 피압류채권액의 범위 내에서만 가능하고, 그 범위를 벗어나는 상계는 신의칙에 반하거나 권리를 남용하는 것으로서 허용되지 않는다.(대판 2022.7.14, 2020다212958)

48. 수취은행이 착오송금받은 수취인에 대한 대출채권을 자동채권으로 하여 착오송금된 예금채권과 상계하는 것이 권리남용인지 여부 송금의뢰인이 착오송금임을 이유로 거래은행을 통하여 혹은 수취은행에 직접 송금액의 반환을 요청하고 수취인도 송금의뢰인의 착오송금에 의하여 수취인의 계좌에 금원이 입금된 사실을 인정하고 수취은행에 그 반환을 승낙하고 있는 경우, 수취은행이 수취인에 대한 대출채권 등을 자동채권으로 하여 수취인의 계좌에 착오로 입금된 금원 상당의 예금채권과 상계하는 것은, 수취은행이 선의인 상태에서 수취인의 예금채권을 담보로 대출을 하여 그 자동채권을 취득한 것이라거나 그 예금채권이 이미 제3자에 의하여 압류되었다는 등의 특별한 사정이 없는 한, 공공성을 지닌 자금이체시스템의 운영자가 그 이용자인 송금의뢰인의 실수를 기화로 그의 희생하에 당초 기대하지 않았던 채권회수의 이익을 취하는 행위로서 송금의뢰인에 대한 관계에서 신의칙에 반하거나 상계에 관한 권리를 남용하는 것이다.(대판 2010.5.27, 2007다66088)

49. 확정판결에 의한 집행 확정판결에 의한 권리라 하더라도 신의에 좇아 성실히 행사되어야 하고 판결에 기한 집행이 권리남용이 되는 경우에는 허용되지 않으므로 집행채무자는 청구이의의 소에 의하여 집행의 배제를 구할 수 있다. 확정판결의 내용이 실체적 권리관계에 배치되는 경우 그 판결에 의하여 집행할 수 있는 것으로 확정된 권리의 성질과 그 내용, 판결의 성립 경위 및 판결 성립 후 집행에 이르기까지의 사정, 그 집행이 당사자에게 미치는 영향 등 제반 사정을 종합하여 볼 때, 그 확정판결에 기한 집행이 현저히 부당하고 상대방으로 하여금 그 집행을 수인하도록 하는 것이 정의에 반함이 명백하여 사회생활상 용인할 수 없다고 인정되는 경우에는 그 집행은 권리남용으로서 허용되지 않는다.(대판 1997.9.12, 96다4862; 대판 2014.2.21, 2013다75717)

50. 송전선 철거 청구와 권리남용 송전선이 주송전선으로서 공익성이 강하고, 토지소유자가 토지 상공에 위 송전선이 설치되어 있는 사정을 알면서 위 토지를 취득하였으며, 위 송전선의 철거 및 이전비용이 막대하고 대체부지의 확보가 용이하지 않을 것이라는 등의 사정이 있음을 인정할 수 있으나, 한편 한국전력공사가 위 토지 상공에 당초에 위 송전선을 설치하면서 적법하게 그 상공의 공간 사용권을 취득하거나 그에 따른 손실을 보상하였다는 자료가 전혀 없어 한국전력공사의 위 토지의 상공에 대한 위 송전선의 설치는 그 설치 당시부터 불법 점유라고 볼 수 있는데다가 그 설치 후에도 피고가 적법한 사용권을 취득하려고 노력하였다거나 그 사용에 대한 손실을 보상한 사실이 전혀 없으며, 위 토지가 현재의 지목은 전이나 도시계획상 일반주거지역에 속하고 주변 토지들의 토지이용 상황이 아파트나 빌라 등이 들어서 있는 사실에 비추어 위 토지도 아파트, 빌라 등의 공동주택의 부지로 이용될 가능성이 농후한 점과 한국전력공사로서는 지금이라도 적법한 수용이나 사용 절차에 의하여 위 토지 상공의 사용권을 취득할 수 있다고 보이는 점 등에 비추어, 토지소유자의 위 송전선의 철거청구가 권리남용에 해당한다고는 할 수 없다.(대판 1996.5.16, 94다54283)

51. 변전소 철거 청구와 권리남용 한국전력공사가 정당한 권원에 의하여 토지를 수용하고 그 지상에 변전소를 건설하였으나 토지 소유자에게 그 수용에 따른 손실보상금을 공탁함에 있어서 착오로 부적법한 공탁이 되어 수용재결이 실효됨으로써 결과적으로 그 토지에 대한 점유권원을 상실하게 된 경우, 그 변전소가 철거되면 61,750 가구에 대하여 전력공급이 불가능하고, 더 이상 변전소 부지를 확보하기가 어려울 뿐만 아니라 설령 그 부지를 확보한다고 하더라도 변전소를 신축하는 데는 상당한 기간이 소요되며, 그 토지의 시가는 약 6억 원인데 비하여 위 변전소를 철거하고 같은 규모의 변전소를 신축하는 데에는 약 164억 원이 소요될 것으로 추산되며, 그 토지 소유자는 그 토지를 더 이상 개발·이용하기가 어려운데도 그 토지 또는 그 토지를 포함한 그들 소유의 임야 전부를 시가의 120%에 상당하는 금액으로 매수하겠다는 한국전력공사의 제의를 거절하고 그 변전소의 철거와 토지의 인도만을 요구하고 있는 점에 비추어, 토지소유자가 그 변전소의 철거와 토지의 인도를 청구하는 것은

권리남용에 해당한다.(대판 1999.9.7, 99다27613)

52. 집합건물 대지의 소유자가 대지사용권을 갖지 아니한 구분소유자에 대하여 전유부분의 철거를 구하는 것이 권리남용에 해당하는지 여부(소극) 집합건물 대지의 소유자는 대지사용권을 갖지 아니한 구분소유자에 대하여 전유부분의 철거를 구할 수 있고, 일부 전유부분만의 철거가 사실상 불가능하다고 하더라도 이는 집행개시의 장애요건에 불과할 뿐이어서 대지 소유자의 건물 철거 청구가 권리남용에 해당한다고 볼 수 없다.(대판 2021.7.8, 2017다204247)

53. 취득시효 완성을 원인으로 한 소유권이전등기청구와 권리남용 이미 소유권보존등기가 마쳐진 토지에 중복하여 소유권보존등기를 한 국가가 그 토지를 철도부지 등으로 관리·점유하여 점유취득시효가 완성되었음에도, 그 토지가 철도복선화사업의 부지로 편입되자 보상협의를 요청하는 등 취득시효를 원용하지 않을 것 같은 태도를 보여 선등기의 이전등기 명의자에게 그와 같이 신뢰하게 하고도, 그 등기명의자가 보상협의를 받아들이지 않고 후등기의 말소청구를 하자 반소로 점유취득시효 완성을 원인으로 하여 소유권이전등기청구를 한 경우, 그 반소청구가 신의칙에 반하여 권리남용으로 허용되지 않는다고 볼 여지가 있다.(대판 2009.6.25, 2009다16186, 16193)

54. 특허권에 기초한 청구와 권리남용 특허발명에 대한 무효심결이 확정되기 전이라고 하더라도 특허발명의 진보성이 부정되어 특허가 특허무효심판에 의하여 무효로 될 것임이 명백한 경우에는 특허권에 기초한 침해금지 또는 손해배상 등의 청구는 특별한 사정이 없는 한 권리남용에 해당하여 허용되지 아니하고, 특허권침해소송을 담당하는 법원으로서도 특허권자의 그러한 청구가 권리남용에 해당한다는 항변이 있는 경우 당부를 살피기 위한 전제로서 특허발명의 진보성 여부에 대하여 심리·판단할 수 있다.(대판(全) 2012.1.19, 2010다95390)

55. 토지소유자의 공작물 설치행위와 권리남용 토지 소유자가 자신 소유의 토지 위에 공작물을 설치한 행위가 인근 건물의 소유자에 대한 관계에서 권리남용에 해당하고, 그로 인하여 인근 건물 소유자의 건물 사용수익이 실질적으로 침해되는 결과를 초래하였다면, 인근 건물 소유자는 건물 소유권에 기한 방해제거청구권을 행사하여 토지 소유자를 상대로 공작물의 철거를 구할 수 있다.(대판 2014.10.30, 2014다42967)

56. 유치권행사와 신의칙 유치권제도와 관련하여서는 거래당사자가 유치권을 자신의 이익을 위하여 고의적으로 작출함으로써 유치권의 최우선순위담보권으로서의 지위를 부당하게 이용하고 전체 담보권질서에 관한 법의 구상을 왜곡할 위험이 내재한다. 따라서 개별 사안의 구체적인 사정을 종합적으로 고려할 때 신의칙에 반한다고 평가되는 유치권제도 남용의 유치권 행사는 허용될 수 없다.(대판 2014.12.11, 2014다53462)

57. 등록상표권자의 상표권 행사와 권리남용 상표권의 행사가 등록상표에 관한 권리를 남용하는 것으로서 허용될 수 없다고 하기 위해서는, 상표권자가 당해 상표를 출원·등록하게 된 목적과 경위, 상표권을 행사하기에 이른 구체적·개별적 사정 등에 비추어, 상대방에 대한 상표권의 행사가 상표사용자의 업무상의 신용유지와 수요자의 이익보호를 목적으로 하는 상표제도의 목적이나 기능을 일탈하여 공정한 경쟁질서와 상거래 질서를 어지럽히고 수요자 사이에 혼동을 초래하거나 상대방에 대한 관계에서 신의칙에 위배되는 등 법적으로 보호받을 만한 가치가 없다고 인정되어야 한다.(대판 2014.8.20, 2012다6059)

58. 독립적 은행보증인에 대한 청구와 권리남용 ① 독립적 은행보증의 경우에도 신의성실 원칙이나 권리남용금지 원칙의 적용까지 완전히 배제되는 것은 아니므로, 수익자가 실제로는 보증의뢰인에게 아무런 권리를 가지고 있지 못함에도 불구하고 은행보증의 추상성과 무인성을 악용하여 보증인에게 청구를 하는 것임이 객관적으로 명백할 때에는 권리남용에 해당하여 허용될 수 없고, 이와 같은 경우에는 보증인으로서도 수익자의 청구에 따른 보증금의 지급을 거절할 수 있다. ② 그러나 원인관계와 단절된 추상성 및 무인성이라는 독립적 은행보증의 본질적 특성을 고려하면, 수익자가 보증금을 청구할 당시 보증의뢰인에게 아무런 권리가 없음이 객관적으로 명백하여 수익자의 형식적인 법적 지위의 남용이 별다른 의심 없이 인정될 수 있는 경우가 아닌 한 권리남용을 쉽게 인정하여서는 아니 된다.(대판 2014.8.26, 2013다53700)

59. 공직선거법상 선거소송과 권리남용 ① 재판청구권의 행사도 상대방의 보호 및 사법기능의 확보를 위하여 신의칙에 의하여 제한될 수 있다. ② 선거관리위원회의 특정한 선거사무 집행 방식이 위법함을 들어 선거소송을 제기하는 경우, 이미 법원에서 특정한 선거사무 집행 방식이 위법하지 않다는 분명한 판단이 내려졌음에도 앞서 배척되어 법률상 받아들여질 수 없음이 명백한 이유를 들어 실질적으로 같은 내용의 선거소송을 거듭 제기하는 것은 상대방인 선거관리위원회의 업무를 방해하는 결과가 되고, 나아가 사법자원을 불필요하게 소모시키는 결과로도 되므로, 그러한 제소는 특별한 사정이 없는 한 신의칙을 위반하여 소권을 남용하는 것으로서 허용될 수 없다.(대판 2016.11.24, 2016수64)

60. 공로인 토지의 소유권 행사와 권리남용 어떤 토지가 그 개설경위를 불문하고 일반 공중의 통행에 공용되는 도로, 즉 공로가 되면 그 부지의 소유권 행사는 제약을 받게 되며, 이는 소유자가 수인하여야만 하는 재산권의 사회적 제약에 해당한다. 따라서 공로 부지의 소유자가 이를 점유·관리하는 지방자치단체를 상대로 공로로 제공된 도로의 철거, 점유 이전 또는 통행금지를 청구하는 것은 법질서상 원칙적으로 허용될 수 없는 '권리남용'이라고 보아야 한다.(대판 2021.10.14, 2021다242154)

61. 소유권에 기한 토지인도청구와 권리남용 소유권에 기초를 둔 토지 인도 청구가 권리남용에 해당하는지는 토지 취득 경위와 이용현황 등에 비추어 토지 인도에 따른 소유자의 이익과 상대방의 손해 사이에 얼마나 큰 차이가 있는지, 토지소유자가 인도 청구를 하는 실제 의도와 목적이 무엇인지, 소유자가 적절한 가격으로 토지를 매도해 달라는 상대방의 요구에 정당한 이유 없이 불응하며 상대방에게 부당한 가격으로 토지를 매수할 것을 요구하고 있는지, 토지에 대한 법적 규제나 토지 이용현황 등에 비추어 다른 용도로 사용할 수 있는지, 토지 인도로 말미암아 사회 일반에 중대한 불이익이 발생하는지, 인도 청구 이외에 다른 권리구제수단이 있는지 등 여러 사정을 종합적으로 고려해서 판단해야 한다.(대판 2021.11.11, 2020다254280)

62. 권리자가 회생채무자를 상대로 권리를 행사하는 경우 신의칙 위반 여부 판단기준 권리자가 회생절차 진행 중인 채무자를 상대로 권리를 행사하는 경우 신의칙을 위반하는지는 권리행사 이전에 회생절차에서 보인 태도와 회생절차 내에서 부여받은 지위, 권리행사를 할 당시 회생절차의 진행단계 등에 비추어 권리자의 권리행사가 회생절차 및 그에 참여하는 이해관계인들에게 어떠한 영향을 미치는지, 채무자의 효율적인 회생을 도모하고자 하는 회생절차의 목적에 반하는 결과가 발생할 위험이 있는지, 권리행사를 허용하는 경우 권리자가 이미 회생절차 내에서 부여받은 지위에 비추어 부당하게 이익을 얻게 되는지 등을 종합적으로 고려하여 판단하여야 한다.(대판 2022.10.14, 2018다210690)

第2章　人

第1節　能　力

第3條【權利能力의 存續期間】 사람은 生存한 동

안 權利와 義務의 主體가 된다.

▣ 인간존엄성(헌10), 평등권(헌11), 태아의 권리능력(762·858·1000③·1064, 공연금3③, 군인연금3④), 외국인의 권리능력(헌6②, 외토지3, 저작3, 특허25, 디자인27, 실용3), 출생신고(가족관계44-54), 권리능력소멸(27), 사망신고(가족관계84-92)

1. 태아의 수증능력 부정 조선민사령에 의한 의용 민법이나 구관습 아래에서도 태아에게는 일반적으로 권리능력이 인정되지 아니하고 손해배상청구권 또는 상속 등 특별한 경우에 한하여 제한된 권리능력을 인정하였을 따름이어서 태아의 수증능력을 인정할 구법상 근거가 없다. 증여는 구법하에서도 증여자와 수증자 간의 계약으로서 수증자의 승낙을 요건으로 하는 것이므로 태아의 수증행위가 필요한 것이다. 구법하에서 개별적으로 태아의 권리능력이 인정되는 경우에도 그 권리능력은 태아인 동안에는 없고 살아서 출생하면 문제된 사건의 시기까지 소급하여 그때에 출생한 것과 같이 법률상 간주되었던 것이므로, 태아인 동안에는 법정대리인이 있을 수 없고, 따라서 법정대리인에 의한 수증행위도 불가능한 것이어서 태아의 수증능력을 인정할 수 없다.(대판 1982.2.9, 81다534)

2. 태어나지 않은 태아의 권리능력 특정한 권리에 있어서 태아가 이미 태어난 것으로 본다는 것은 설사 태아가 권리를 취득한다 하더라도 현행법상 이를 대행할 기관이 없으니 태아로 있는 동안은 권리능력을 취득할 수 없으니 살아서 출생한 때에 출생시기가 문제의 사건의 시기까지 소급하여 그 때에 태아가 출생한 것과 같이 법률상 보아준다고 해석함이 상당하므로 태아가 모체와 같이 사망하여 태어나지 않은 이상 손해배상청구권을 논할 여지가 없다.(대판 1976.9.14, 76다1365)

3. 태아에 대한 권리능력을 부여하지 않는 것이 위헌인지 여부(소극) 태아는 형성 중의 인간으로서 생명을 보유하고 있으므로 국가는 태아를 위하여 각종 보호조치들을 마련해야 할 의무가 있다. 하지만 그와 같은 국가의 기본권 보호의무로부터 태아의 출생 전에, 또한 태아가 살아서 출생할 것인가와는 무관하게, 태아를 위하여 민법상 일반적 권리능력까지도 인정하여야 한다는 헌법적 요청이 도출되지는 않는다. 법치국가원리로부터 나오는 법적안정성의 요청은 인간의 권리능력이 언제부터 시작되는가에 관하여 가능한 한 명확하게 그 시점을 확정할 것을 요구한다. 따라서 인간이라는 생명체의 형성이 출생 이전의 그 어느 시점에서 시작됨을 인정하더라도, 법적으로 사람의 시기를 출생의 시점에서 시작되는 것으로 보는 것이 헌법적으로 금지된다고 할 수 없다.(헌재 2008.7.31, 2004헌바81)

제4조【성년】 사람은 19세로 성년에 이르게 된다.
(2011.3.7 본조개정)

▣ 연령계산(158), 혼인성년의제(826의2)

1. 미성년자 행위능력의 판단 미성년자인 자의 법률행위에 대한 민법의 제한 규정은 사실상의 행위능력 등의 유무에 불구하고 형식적으로 적용되는 것이다.(대판 1978.4.11, 78다71)

第5條【未成年者의 能力】 ① 未成年者가 法律行爲를 함에는 法定代理人의 同意를 얻어야 한다. 그러나 權利만을 얻거나 義務만을 免하는 行爲는 그러하지 아니하다.

② 前項의 規定에 違反한 行爲는 取消할 수 있다.

▣ 성년(4·826의2), 법정대리인(909·911·928·938), 미성년자의 신분행위(801·807·808·870·910·948·1061·1062), 미성년자의 기타행위(6·8·112·117·918·920·921·945·949·950, 상6-8, 민소51·55, 근로67·68, 선원90), 취소와 추인(15-17·140-146·950·951)

1. 미성년자가 단독으로 경락인이 될 수 없다고 한 사례 미성년자는 법정대리인의 관여없이 부동산 경매절차에서 경락인이 될 수 없다.(대판 1969.11.19, 69마989)

2. 미성년자의 부양료 단독 청구 부양을 받을 미성년자라 하더라도 부양의무자인 친권자가 그를 부양하고 있지 않은 이상 그 부양료를 부양의무자인 친권자에게 직접 청구할 수 있다.(대판 1972.7.11, 72므5)

3. 미성년자의 임금 단독 청구 미성년자는 원칙적으로 법정대리인에 의하여서만 소송행위를 할 수 있으나 미성년자 자신의 노무제공에 따른 임금의 청구는 근로 54조의 규정에 의하여 미성년자가 독자적으로 할 수 있다.(대판 1981.8.25, 80다3149)

4. 미성년자에게 이전된 등기의 적법추정 미성년자 소유의 토지가 미성년자 명의의 소요문서에 의하여 타에 이전등기된 경우에도 그 등기는 적법히 경료된 것으로 추정된다.(대판 1969.2.4, 68다2147)

第6條【處分을 許諾한 財産】 法定代理人이 範圍를 정하여 處分을 許諾한 財産은 未成年者가 任意로 處分할 수 있다.

▣ 미성년자의 능력(5)

1. 미성년자의 신용구매계약에 대한 법정대리인의 묵시적 처분허락 ① 미성년자가 법률행위를 함에 있어서 요구되는 법정대리인의 동의는 언제나 명시적이어야 하는 것은 아니고 묵시적으로도 가능한 것이다. ② 만 19세가 넘은 미성년자가 경제활동을 통해 일정 소득을 얻고 있었으며, 각 신용구매계약이 일상적 거래행위였을 뿐만 아니라, 대부분 할부구매로 월 소득 범위를 넘지 아니하였으므로, 스스로 얻고 있던 소득에 대하여는 법정대리인의 묵시적 처분허락이 있었고 위 신용구매계약은 처분허락을 받은 재산범위 내의 처분행위에 해당한다.(대판 2007.11.16, 2005다71659, 71666, 71673)

第7條【同意와 許諾의 取消】 法定代理人은 未成年者가 아직 法律行爲를 하기 前에는 前2條의 同意와 許諾을 取消할 수 있다.

第8條【營業의 許諾】 ① 未成年者가 法定代理人으로부터 許諾을 얻은 特定한 營業에 관하여는 成年者와 同一한 行爲能力이 있다.

② 法定代理人은 前項의 許諾을 取消 또는 制限할 수 있다. 그러나 善意의 第三者에게 對抗하지 못한다.

▣ 후견인의 영업허가·취소(945·950), 상법상 영업허가·취소·제한(상6·8), 선원이 되는 동의(선원90)

제9조【성년후견개시의 심판】 ① 가정법원은 질병, 장애, 노령, 그 밖의 사유로 인한 정신적 제약으로 사무를 처리할 능력이 지속적으로 결여된 사람에 대하여 본인, 배우자, 4촌 이내의 친족, 미성년후견인, 미성년후견감독인, 한정후견인, 한정후견감독인, 특정후견인, 특정후견감독인, 검사 또는 지방자치단체의 장의 청구에 의하여 성년후견개시의 심판을 한다.

② 가정법원은 성년후견개시의 심판을 할 때 본인의 의사를 고려하여야 한다.

(2011.3.7 본조개정)

▣ 친족의 범위(767·777), 후견인(929·938), 선고절차(가소2①2.가1), 가소규32-38의6), 선고취소(11)

1. 의사능력의 의미와 판단방법, 증명책임 의사능력이란 자신의 행위의 의미나 결과를 정상적인 인식력과 예기력을 바탕으로 합리적으로 판단할 수 있는 정신적 능력 내지는 지능을 말하는 것으로서, 의사능력의 유무는 구체적인 법률행위와 관련하여 개별적으로 판단되어야 한다.(대판 2002.10.11, 2001다10113) 의사무능력을 이유로 법률행위의 무효

를 주장하는 측은 그에 대하여 증명책임을 부담한다.(대판 2022.12.1, 2022다261237)

2. 지적장애를 가진 사람에게 의사능력이 있는지 판단하는 기준 지적장애를 가진 사람에게 의사능력이 있는지를 판단할 때 단순히 그 외관이나 피상적인 언행만을 근거로 의사능력을 쉽게 인정해서는 안 되고, 의학적 진단이나 감정 등을 통해 확인되는 지적장애의 정도를 고려해서 법률행위의 구체적인 내용과 난이도, 그에 따라 부과되는 책임의 중대성 등에 비추어 볼 때 지적장애를 가진 사람이 과연 법률행위의 일상적 의미뿐만 아니라 법률적인 의미나 효과를 이해할 수 있는지, 법률행위가 이루어지게 된 동기나 경위 등에 비추어 합리적인 의사결정이라고 보기 어려운 사정이 존재하는지 등을 세심하게 살펴보아야 한다.(대판 2022.5.26, 2019다213344)

3. 성년후견과 한정후견의 관계 성년후견이나 한정후견 개시의 청구가 있는 경우 가정법원은 청구 취지와 원인, 본인의 의사, 성년후견 제도와 한정후견 제도의 목적 등을 고려하여 어느 쪽의 보호를 주는 것이 적절한지를 결정하고, 그에 따라 필요하다고 판단하는 절차를 결정해야 한다. 따라서 한정후견의 개시를 청구한 사건에서 의사의 감정 결과 등에 비추어 성년후견 개시의 요건을 충족하고 본인도 성년후견의 개시를 희망한다면 법원이 성년후견을 개시할 수 있고, 성년후견 개시를 청구하고 있더라도 필요하다면 한정후견을 개시할 수 있다.(대결 2021.6.10, 2020스596)

제10조【피성년후견인의 행위와 취소】 ① 피성년후견인의 법률행위는 취소할 수 있다.
② 제1항에도 불구하고 가정법원은 취소할 수 없는 피성년후견인의 법률행위의 범위를 정할 수 있다.
③ 가정법원은 본인, 배우자, 4촌 이내의 친족, 성년후견인, 성년후견감독인, 검사 또는 지방자치단체의 장의 청구에 의하여 제2항의 범위를 변경할 수 있다.
④ 제1항에도 불구하고 일용품의 구입 등 일상생활에 필요하고 그 대가가 과도하지 아니한 법률행위는 성년후견인이 취소할 수 없다.
(2011.3.7 본조개정)

■ 취소와 추인(140-146), 피성년후견인의 신분행위(802 · 808② · 835 · 873 · 902 · 856 · 1062 · 1063), 피성년후견인의 기타행위(112 · 117, 민소51 · 55), 후견인의 피성년후견인대리(938)

제11조【성년후견종료의 심판】 성년후견개시의 원인이 소멸된 경우에는 가정법원은 본인, 배우자, 4촌 이내의 친족, 성년후견인, 성년후견감독인, 검사 또는 지방자치단체의 장의 청구에 의하여 성년후견종료의 심판을 한다.
(2011.3.7 본조개정)

■ 성년후견원인(9), 선고취소절차(가소12, 가소규38), 능력회복과 추인(144)

제12조【한정후견개시의 심판】 ① 가정법원은 질병, 장애, 노령, 그 밖의 사유로 인한 정신적 제약으로 사무를 처리할 능력이 부족한 사람에 대하여 본인, 배우자, 4촌 이내의 친족, 미성년후견인, 미성년후견감독인, 성년후견인, 성년후견감독인, 특정후견인, 특정후견감독인, 검사 또는 지방자치단체의 장의 청구에 의하여 한정후견개시의 심판을 한다.
② 한정후견개시의 경우에 제9조제2항을 준용한다.
(2011.3.7 본조개정)

■ 선고절차(가소2①2.가1), 가소규32-38의6), 후견인(959의2 · 959의4 · 959의6), 한정후견종료의 심판(14)

제13조【피한정후견인의 행위와 동의】 ① 가정법원은 피한정후견인이 한정후견인의 동의를 받아야 하는 행위의 범위를 정할 수 있다.
② 가정법원은 본인, 배우자, 4촌 이내의 친족, 한정후견인, 한정후견감독인, 검사 또는 지방자치단체의 장의 청구에 의하여 제1항에 따른 한정후견인의 동의를 받아야만 할 수 있는 행위의 범위를 변경할 수 있다.
③ 한정후견인의 동의를 필요로 하는 행위에 대하여 한정후견인이 피한정후견인의 이익이 침해될 염려가 있음에도 그 동의를 하지 아니하는 때에는 가정법원은 피한정후견인의 청구에 의하여 한정후견인의 동의를 갈음하는 허가를 할 수 있다.
④ 한정후견인의 동의가 필요한 법률행위를 피한정후견인이 한정후견인의 동의 없이 하였을 때에는 그 법률행위를 취소할 수 있다. 다만, 일용품의 구입 등 일상생활에 필요하고 그 대가가 과도하지 아니한 법률행위에 대하여는 그러하지 아니하다.
(2011.3.7 본조개정)

■ 피한정후견인(12)

제14조【한정후견종료의 심판】 한정후견개시의 원인이 소멸된 경우에는 가정법원은 본인, 배우자, 4촌 이내의 친족, 한정후견인, 한정후견감독인, 검사 또는 지방자치단체의 장의 청구에 의하여 한정후견종료의 심판을 한다.
(2011.3.7 본조개정)

■ 한정후견원인(12)

제14조의2【특정후견의 심판】 ① 가정법원은 질병, 장애, 노령, 그 밖의 사유로 인한 정신적 제약으로 일시적 후원 또는 특정한 사무에 관한 후원이 필요한 사람에 대하여 본인, 배우자, 4촌 이내의 친족, 미성년후견인, 미성년후견감독인, 검사 또는 지방자치단체의 장의 청구에 의하여 특정후견의 심판을 한다.
② 특정후견은 본인의 의사에 반하여 할 수 없다.
③ 특정후견의 심판을 하는 경우에는 특정후견의 기간 또는 사무의 범위를 정하여야 한다.
(2011.3.7 본조신설)

제14조의3【심판 사이의 관계】 ① 가정법원이 피한정후견인 또는 피특정후견인에 대하여 성년후견개시의 심판을 할 때에는 종전의 한정후견 또는 특정후견의 종료 심판을 한다.
② 가정법원이 피성년후견인 또는 피특정후견인에 대하여 한정후견개시의 심판을 할 때에는 종전의 성년후견 또는 특정후견의 종료 심판을 한다.
(2011.3.7 본조신설)

제15조【제한능력자의 상대방의 확답을 촉구할 권리】 ① 제한능력자의 상대방은 제한능력자가 능력자가 된 후에 그에게 1개월 이상의 기간을 정하

여 그 취소할 수 있는 행위를 추인할 것인지 여부의 확답을 촉구할 수 있다. 능력자로 된 사람이 그 기간 내에 확답을 발송하지 아니하면 그 행위를 추인한 것으로 본다.
② 제한능력자가 아직 능력자가 되지 못한 경우에는 그의 법정대리인에게 제1항의 촉구를 할 수 있고, 법정대리인이 그 정하여진 기간 내에 확답을 발송하지 아니한 경우에는 그 행위를 추인한 것으로 본다.
③ 특별한 절차가 필요한 행위는 그 정하여진 기간 내에 그 절차를 밟은 확답을 발송하지 아니하면 취소한 것으로 본다.
(2011.3.7 본조개정)
▣ 본조준용(952), 제한능력자 취소(5 · 10 · 13), 취소와 추인(17 · 140~146), 제한능력자의 의사표시수령(112), 법정대리인(911 · 928 · 931 · 938 · 948)

제16조【제한능력자의 상대방의 철회권과 거절권】 ① 제한능력자가 맺은 계약은 추인이 있을 때까지 상대방이 그 의사표시를 철회할 수 있다. 다만, 상대방이 계약 당시에 제한능력자임을 알았을 경우에는 그러하지 아니하다.
② 제한능력자의 단독행위는 추인이 있을 때까지 상대방이 거절할 수 있다.
③ 제1항의 철회나 제2항의 거절의 의사표시는 제한능력자에게도 할 수 있다.
(2011.3.7 본조개정)
▣ 제한능력자 취소(5 · 10 · 13), 취소와 추인(17 · 140~146), 제한능력자의 의사표시수령(112)

제17조【제한능력자의 속임수】 ① 제한능력자가 속임수로써 자기를 능력자로 믿게 한 경우에는 그 행위를 취소할 수 없다.
② 미성년자나 피한정후견인이 속임수로써 법정대리인의 동의가 있는 것으로 믿게 한 경우에도 제1항과 같다.
(2011.3.7 본조개정)
▣ 제한능력자(5 · 10 · 13), 사기에 의한 의사표시(110)

1. 증명책임, 사술의 의의 ① 상대방이 미성년자의 취소권을 배제하기 위하여 민 17조의 미성년자인 원고가 사술을 썼다고 주장하는 때에는 그 주장자인 상대방측에 그에 대한 입증책임이 있다. ② 이른바 "무능력자가 사술로써 능력자로 믿게 한 때"에 있어서의 사술을 쓴 것이라 함은 적극적으로 사기수단을 쓴 것을 말하는 것이고 단순히 자기가 능력자라 사언함은 사술을 쓴 것이라고 할 수 없다.(대판 1971.12.14, 71다2045)

第2節 住 所

第18條【住所】 ① 生活의 根據되는 곳을 住所로 한다.
② 住所는 同時에 두 곳 以上 있을 수 있다.
▣ 법인의 주소(36, 상171), 각종법률관계와 거소(467② · 473, 어2 · 4 · 21 · 52① · 76, 수2 · 8, 민소3 · 172② · 183, 가소13, 비송2 · 32 · 39 · 68 · 247, 회생파산3, 국적5 · 6 · 7), 공법관계와 주소(주민등록23)

1. 주소와 거소의 판단 방법 주소는 생활의 근거가 되는 곳으로 국내에서 생계를 같이하는 가족 및 국내에 소재하는 자산의 유무 등 생활관계의 객관적 사실에 따라 판정할 것이며, 거소는 주소지 이외의 장소에 상당기간에 걸쳐 거주해도 주소와 같이 밀접한 일반적 생활관계가 발생하지 않는 장소이다.(대판 1984.3.27, 83누548)

第19條【居所】 住所를 알 수 없으면 居所를 住所로 본다.
▣ 주소(18), 준거법(국사3② · 4), 각종법률관계와 거소(민소3단, 형소4①)

第20條【居所】 國內에 住所없는 者에 대하여는 國內에 있는 居所를 住所로 본다.
▣ 주소(18), 국제사법의 특별규정(국사3 · 4 · 14 · 48)

第21條【假住所】 어느 行爲에 있어서 假住所를 정한 때에는 그 行爲에 관하여는 이를 住所로 본다.
▣ 주소(18)

第3節 不在와 失踪

第22條【不在者의 財産의 管理】 ① 從來의 住所나 居所를 떠난 者가 財産管理人을 定하지 아니한 때에는 法院은 利害關係人이나 檢事의 請求에 依하여 財産管理에 關하여 必要한 處分을 命하여야 한다. 本人의 不在 中 財産管理人의 權限이 消滅한 때에도 같다.
② 本人이 그 後에 財産管理人을 定한 때에는 法院은 本人, 財産管理人, 利害關係人 또는 檢事의 請求에 依하여 前項의 命令을 取消하여야 한다.
▣ [1] 주소 · 거소(18~21), 선임관리인(23~26, 가소규41~43), 대리권소멸(127 · 128), 부재자재산관리(가소2①2.가2), 가소규39~52), [2] 처분의 취소(가소규50)

1. 부재자의 의의 부재자는 종래의 주소 또는 거소를 떠난 자이나 부존재자가 아니므로 대리행위에 의하여 권리의무를 취득 또는 상실할 수 있다.(대판 1956.4.12, 4289민상2)

2. 이북에 잔류한 자로서 제적될 자 부재선고 등에 관한 특별 조치법의 규정에 의한 부재자가 아니고 이북에 잔류한자로서 제적될 대상자에 해당한다 할지라도 이 사실만으로 그 자를 부재자로 한 본건 재산관리인 선임을 당연무효라고 할 수 없다.(대판 1971.10.22, 71다1636)

3. 부재자 사망시 재산관리인의 권한 소멸 여부(소극) 부재자재산 관리인 선임결정이 있었던 이상 부재자가 사망한 것이 사실이라 하더라도 그 결정이 취소되지 않는 한 관리인의 권한이 당연히 소멸되는 것은 아니다.(대판 1967.2.21, 66다2352)

第23條【管理人의 改任】 不在者가 財産管理人을 定한 境遇에 不在者의 生死가 分明하지 아니한 때에는 法院은 財産管理人, 利害關係人 또는 檢事의 請求에 依하여 財産管理人을 改任할 수 있다.
▣ 관리인개임(가소규41~43)

第24條【管理人의 職務】 ① 法院이 選任한 財産管理人은 管理할 財産目錄을 作成하여야 한다.
② 法院은 그 選任한 財産管理人에 對하여 不在者의 財産을 保存하기 爲하여 必要한 處分을 命할 수 있다.
③ 不在者의 生死가 分明하지 아니한 境遇에 利害關係人이나 檢事의 請求가 있는 때에는 法院은 不在者가 定한 財産管理人에게 前2項의 處分을 命할 수 있다.
④ 前3項의 境遇에 그 費用은 不在者의 財産으로

써 支給한다.

▣ 본조준용(918④·1023②·1047②·1053②), ① 재산목록작성(가소규47·48), ② 필요한 처분(26①·683, 가소규44-46), ④ 비용(가소규52)

第25條【管理人의 權限】 法院이 選任한 財産管理人이 第118條에 規定한 權限을 넘는 行爲를 함에는 法院의 許可를 얻어야 한다. 不在者의 生死가 分明하지 아니한 境遇에 不在者가 定한 財産管理人이 權限을 넘는 行爲를 할 때에도 같다.

▣ 본조준용(918④·1023②·1047②·1053②), 대리권 범위(118), 표현대리(126)

1. 처분권까지 위임받은 재산관리인 부재자로부터 재산처분권까지 위임받은 재산관리인은 그 재산을 처분함에 있어 법원의 허가를 요하지 않는다.(대판 1973.7.24, 72다2136)

2. 처분허가를 받은 재산관리인의 권한 부재자 재산관리인이 법원의 매각처분허가를 얻었다 하더라도 부재자와 아무런 관계 없는 남의 채무의 담보만을 위하여 부재자 재산에 근저당권을 설정하는 행위는 통상의 경우 객관적으로 부재자를 위한 처분행위로 볼 수 없어 허용된 권한을 넘은 무효의 처분이다.(대결 1976.12.21, 75마551)

3. 부재자로부터 위임된 재산관리인이 법원에 의해 다시 선임된 경우 재산관리인의 권한 부재자가 6.25사변 전부터 가사 일체와 재산의 관리 및 처분의 권한을 그 모에 위임하였다 가정하더라도 모가 부재자의 실종 후 법원에 신청하여 동 부재자의 재산관리인으로 선임된 경우, 부재자의 생사가 분명하지 아니하여 민 23조의 규정에 의한 개임이라고 보지 못 할 바 아니므로 이때부터 부재자의 위임에 의한 모의 재산관리 처분권한은 종료되고, 따라서 그 후 모의 부재자 재산처분에 있어서는 민 25조에 따른 권한 초과 행위 허가를 받아야 하며 그 허가를 받지 아니하고 한 부재자의 재산매각은 무효이다.(대판 1977.3.22, 76다1437)

4. 부재자 실종선고기간 만료 후 재산관리인 선임 취소 결정 전 재산관리인 행위의 효력 부재자재산관리인이 권한초과행위의 허가를 받고 그 선임결정이 취소되기 전에 위 권한에 의하여 이뤄진 행위는 부재자에 대한 실종선고기간의 만료된 후에 이뤄졌다고 하더라도 유효한 것이고 그 재산관리인의 적법한 권한행사의 효과는 이미 사망한 부재자의 재산상속인에게 미친다.(대판 1975.6.10, 73다2023)

5. 법원의 초과행위허가결정에 추인의 효력이 있는지 여부(적극) 법원의 재산관리인의 초과행위허가의 결정은 그 허가받은 재산에 대한 장래의 처분행위를 위한 경우뿐만 아니라 기왕의 처분행위를 추인하는 행위로도 할 수 있으므로 부재자의 재산관리인이 법원의 초과행위허가결정을 받아 그 허가결정등본을 매수인에게 교부한 때에는 그 이전에 한 부재자 소유의 주식매매계약을 추인한 것으로 볼 수 있다.(대판 1982.9.14, 80다3063)

第26條【管理人의 擔保提供, 報酬】 ① 法院은 그 選任한 財産管理人으로 하여금 財産의 管理 및 返還에 關하여 相當한 擔保를 提供하게 할 수 있다.

② 法院은 그 選任한 財産管理人에 對하여 不在者의 財産으로 相當한 報酬를 支給할 수 있다.

③ 前2項의 規定은 不在者의 生死가 分明하지 아니한 境遇에 不在者가 定한 財産管理人에 準用한다.

▣ 본조준용(918④·1047②·1053②), ① 법원이 선임한 관리인(22·23), 담보증감·변경·면제(가소규45), ② 수임인 의무(684·685), 위임과 보수(686), 비용청구(688)

第27條【失踪의 宣告】 ① 不在者의 生死가 5年間 分明하지 아니한 때에는 法院은 利害關係人이나 檢事의 請求에 依하여 失踪宣告를 하여야 한다.

② 戰地에 臨한 者, 沈沒한 船舶 중에 있던 者, 墜落한 航空機 중에 있던 者 기타 死亡의 原因이 될 危難을 당한 者의 生死가 戰爭終止후 또는 船舶의 沈沒, 航空機의 墜落 기타 危難이 終了한 후 1年間 分明하지 아니한 때에도 第1項과 같다. (1984.4.10 본항개정)

▣ 외국인 실종선고(국사12), 실종선고절차(가소2①2.가3), 가소규53-59), 실종선고의 효과(28), 실종선고와 가족등록부(가족관계92), 인정사망(가족관계87·89), 사망추정(30)

1. 이해관계인의 범위 본조 소정의 실종선고를 청구할 수 있는 이해관계인이라 함은 법률상 뿐만 아니라 경제적, 신분적 이해관계인이어야 할 것이므로 부재자의 제1순위 재산상속인이 있는 경우에 제4순위의 재산상속인은 위 부재자에 대한 실종선고를 청구할 이해관계인이 될 수 없다.(대결 1980.9.8, 80스27)

2. 제2순위 상속인이 이해관계인인지 여부(소극) 부재자의 자매로서 제2순위 상속인에 불과한 자는 부재자에 대한 실종선고의 여부에 따라 상속지분에 차이가 생긴다고 하더라도 이는 부재자의 사망 간주시기에 따른 간접적인 영향에 불과하고 부재자의 실종선고 자체를 원인으로 한 직접적인 결과는 아니므로 부재자에 대한 실종선고를 청구할 이해관계인이 될 수 없다.(대결 1986.10.10, 86스20)

3. 호적상 사망기재된 자에 대한 실종선고 가부(구법관계) 호적부의 기재사항은 이를 번복할 만한 명백한 반증이 없는 한 진실에 부합하는 것으로 추정되고, 특히 호적부의 사망기재는 쉽게 번복할 수 있게 해서는 안되므로, 호적상 이미 사망한 것으로 기재되어 있는 자는 그 호적상 사망기재의 추정력을 뒤집을 수 있는 자료가 없는 한 그 생사가 불분명한 자라고 볼 수 없어 실종선고를 할 수 없다.(대결 1997.11.27, 97스4)

4. 사망의 원인이 될 위난의 의미 민 27조의 문언이나 규정의 체계 및 취지 등에 비추어, 그 2항에서 정하는 "사망의 원인이 될 위난"이라고 함은 화재·홍수·지진·화산 폭발 등과 같이 일반적·객관적으로 사람의 생명에 명백한 위험을 야기하여 사망의 결과를 발생시킬 가능성이 현저히 높은 외부적 사태 또는 상황을 가리킨다. 잠수장비를 착용한 채 바다에 입수하였다가 부상하지 아니한 채 행방불명되었다 하더라도, 이는 "사망의 원인이 될 위난"이라고 할 수 없다.(대결 2011.1.31, 2010스165)

第28條【失踪宣告의 效果】 失踪宣告를 받은 者는 前條의 期間이 滿了한 때에 死亡한 것으로 본다.

▣ 사망효과(127·690·717·729·997·1073①), 부재선고의 효과(부재선고4), 신고의 기재사항(가족관계92), 선고효력 발생시기(가소40)

1. 실종선고의 효과 민 28조는 실종선고를 받은 자는 27조 1항 소정의 생사불명기간이 만료된 때에 사망한 것으로 본다고 규정하고 있으므로 실종선고가 취소되지 않는 한 반증을 들어 실종선고의 효과를 다툴 수는 없다.(대판 1995.2.17, 94다52751)

2. 실종기간 만료 전까지 생존 실종선고의 효력이 생기기 전까지는 생존하였던 것으로 보아야 한다.(대판 1977.3.22, 77다81, 82)

3. 실종선고시 부재자재산관리인 지위 종료와 그가 제기한 소송의 중단 부재자의 재산관리인에 의하여 소송절차가 진행되던 중 부재자 본인에 대한 실종선고가 확정되면 그 재산관리인으로서의 지위는 종료되는 것이므로 상속인 등에 의한 적법한 소송수계가 있을 때까지는 소송절차가 중단된다.(대판 1987.3.24, 85다카1151)

4. 실종에 의한 사망간주 시점이 소 제기 전으로 소급하는 경우 확정판결의 효력 실종선고의 효력이 발생하기 전에는 실종기간이 만료된 실종자라 하여도 소송상 당사자능력을 상실하는 것은 아니므로 실종선고 확정 전에는 실종기간이 만료된 실종자를 상대로 하여 제기된 소도 적법하고 실종자

를 당사자로 하여 선고된 판결도 유효하며 그 판결이 확정되면 기판력도 발생하고, 이처럼 판결이 유효하게 확정되어 기판력이 발생한 경우 그 판결이 해제조건부로 선고되었다는 등의 특별한 사정이 없는 한 그 효력이 유지되어 당사자로서는 그 판결이 재심이나 추완항소 등에 의하여 취소되지 않는 한 그 기판력에 반하는 주장을 할 수 없는 것이 원칙이다. 비록 실종자를 당사자로 한 판결이 확정된 후 실종선고가 확정되어 그 사망간주의 시점이 소 제기 전으로 소급하는 경우에도 위 판결 자체가 소급하여 당사자능력이 없는 사망한 사람을 상대로 한 판결로서 무효가 된다고는 볼 수 없다.(대판 1992.7.14, 92다2455)

第29條【失踪宣告의 取消】 ① 失踪者의 生存한 事實 또는 前條의 規定과 相異한 때에 死亡한 事實의 證明이 있으면 法院은 本人, 利害關係人 또는 檢事의 請求에 依하여 失踪宣告를 取消하여야 한다. 그러나 失踪宣告後 그 取消前에 善意로 한 行爲의 效力에 影響을 미치지 아니한다.

② 失踪宣告의 取消가 있을 때에 失踪의 宣告를 直接原因으로 하여 財産을 取得한 者가 善意인 境遇에는 그 받은 利益이 現存하는 限度에서 返還할 義務가 있고 惡意인 境遇에는 그 받은 利益에 利子를 붙여서 返還하고 損害가 있으면 이를 賠償하여야 한다.

▣ ① 실종선고취소절차(가소2①2.가3)·34, 가소규57–59), 선고취소와 가족등록부(가족관계92③), ② 재산반환의무(741), 부재선고취소(부재선고5②)

1. 실종선고 취소 사유의 존재만으로 실종선고의 효력이 번복되는지 여부(소극) 실종선고를 받은 자는 실종기간이 만료한 때에 사망한 것으로 간주되는 것이므로, 실종선고로 인하여 실종기간 만료시를 기준으로 하여 상속이 개시된 이상 설사 이후 실종선고가 취소되어야 할 사유가 생겼다고 하더라도 실제로 실종선고가 취소되지 아니하는 한, 임의로 실종기간이 만료하여 사망한 때로 간주되는 시점과는 달리 사망시점을 정하여 이미 개시된 상속을 부정하고 이와 다른 상속관계를 인정할 수는 없다.(대판 1994.9.27, 94다21542)

第30條【同時死亡】 2人 以上이 同一한 危難으로 死亡한 境遇에는 同時에 死亡한 것으로 推定한다.

▣ 동시사망의 효과(997·999·1001·1089①)

1. 추정의 의미 민 30조의 추정은 법률상 추정으로서 이를 번복하기 위하여는 동일한 위난으로 사망하였다는 전제사실에 대하여 법원의 확신을 흔들리게 하는 반증을 제출하거나 또는 각자 다른 시각에 사망하였다는 점에 대하여 법원에 확신을 줄 수 있는 본증을 제출하여야 하는데, 이 경우 사망의 선후에 의하여 관계인들의 법적 지위에 중대한 영향을 미치는 점을 감안할 때 충분하고도 명백한 입증이 없는 한 위 추정은 깨어지지 아니한다.(대판 1998.8.21, 98다8974)

第3章 法 人

第1節 總 則

第31條【法人成立의 準則】 法人은 法律의 規定에 依함이 아니면 成立하지 못한다.

▣ 법인성립을 인정하는 법률(32, 상169, 지방자치3·159②, 노동조합6, 은행4, 상공2, 중소협동4, 농협4, 변호40·78②, 변리9, 의료28②, 약사11②·12②, 사학2②, 건축사31②, 국민건강15①)

▶비법인사단 일반

1. 비법인사단의 성립요건 종중 또는 문중과 같이 특별한 조직행위 없이도 자연적으로 성립하는 예외적인 사단이 아닌 한 법인 아닌 사단이 성립하려면 사단으로서의 실체를 갖추는 조직행위가 있어야 하는바, 만일 어떤 단체가 외형상 목적, 명칭, 사무소 및 대표자를 정하고 있다고 할지라도 사단의 실체를 인정할 만한 조직, 그 재정적 기초, 총회의 운영, 재산의 관리 기타 단체로서의 활동에 관한 입증이 없는 이상 이를 법인이 아닌 사단으로 볼 수 없다.(대판 1997.9.12, 97다20908)

2. 조합과 비법인사단의 구별기준 민법상의 조합과 법인격은 없으나 사단성이 인정되는 비법인사단을 구별함에 있어서는 일반적으로 그 단체성의 강약을 기준으로 판단하여야 한다. 조합은 어느 정도 단체성에서 오는 제약을 받게 되는 것이지만 구성원의 개인성이 강하게 드러나는 인적 결합체인 데 비하여 비법인사단은 구성원의 개인성과는 별개로 권리의무의 주체가 될 수 있는 독자적 존재로서의 단체적 조직을 가지는 특성이 있다. 민법상 조합의 명칭을 가지고 있는 단체라 하더라도 고유의 목적을 가지고 사단적 성격을 가지는 규약을 만들어 이에 근거하여 의사결정기관 및 집행기관인 대표자를 두는 등의 조직을 갖추고 있고, 기관의 의결이나 업무집행방법이 다수결의 원칙에 의하여 행해지며, 구성원의 가입, 탈퇴 등으로 인한 변경에 관계없이 단체 그 자체가 존속되고, 그 조직에 의하여 대표의 방법, 총회나 이사회 등의 운영, 자본의 구성, 재산의 관리 기타 단체로서의 주요사항이 확정되어 있는 경우에는 비법인사단으로서의 실체를 가진다.(대판 1992.7.10, 92다2431)

3. 사단의 의미 및 사단법인의 하부조직이 비법인사단이 될 수 있는지 여부(적극) 사단이라 함은 일정한 목적을 위하여 조직된 다수인의 결합체로서 대외적으로 사단을 대표할 기관에 관한 정함이 있는 단체를 말한다. 사단법인의 하부조직의 하나라 하더라도 스스로 단체로서의 실체를 갖추고 독자적인 활동을 하고 있다면 사단법인과는 별개의 독립된 비법인사단으로 볼 수 있다.(대판 2009.1.30, 2006다60908)

4. 비법인사단으로서 주택조합 구 주택건설촉진법에 의하여 설립된 주택조합이 비록 조합이라는 명칭을 사용하지만 고유의 목적을 가지고 사단적 성격을 가지는 규약을 만들어 이에 근거하여 의사결정기관인 총회와 운영위원회 및 집행기관인 대표자를 두는 등의 조직을 갖추고 있고, 의결이나 업무집행방법이 다수결의 원칙에 따라 행해지며 조합원의 가입탈퇴에 따른 변경에 관계없이 조합 자체가 존속하는 등 단체로서의 중요사항이 확정되어 있는 점에 비추어 그 명칭에 불구하고 비법인사단에 해당한다.(대판 1997.1.24, 96다39721, 39738) 따라서 민법의 법인 규정 중 법인격을 전제로 하는 조항을 제외한 나머지 조항들이 원칙적으로 준용되므로, 조합이 사업을 수행하면서 부담하게 된 채무를 조합 재산으로 변제할 수 없게 되었더라도 그 채무는 조합에 귀속되고, 정관 기타 규약에 따라 조합원총회 등에서 조합의 자산과 부채를 정산하여 그 채무초과분을 조합원들에게 분담시키는 결의를 하지 않는 한, 조합원이 곧바로 조합에 대하여 그 지분 비율에 따른 분담금 채무를 부담하지 않는다.(대판 2021.12.30, 2017다203299)

5. 비법인사단으로서 자연부락 자연부락이 그 부락주민을 구성원으로 하여 고유목적을 가지고 의사결정기관 및 집행기관인 대표자를 두어 독자적인 활동을 하는 사회조직체라면 비법인사단으로서 당사자능력이 있다.(대판 1987.3.10, 85다카2508)

6. 비법인사단으로서 아파트 부녀회 아파트에 거주하는 부녀를 회원으로 하여 입주자의 복지증진 및 지역사회 발전 등을 목적으로 설립된 아파트 부녀회가 회칙과 임원을 두고

서 주요 업무를 월례회나 임시회를 개최하여 의사결정하여 온 경우 법인 아닌 사단의 실체를 갖추고 있다.(대판 2006.12.21, 2006다52723)

7. 비법인사단으로서 입주자대표회의 공동주택의 입주자대표회의는 동별 세대수에 비례하여 선출되는 동별 대표자를 구성원으로 하는 법인 아닌 사단에 해당한다.(대판 2016.9.8, 2015다39357)

8. 임야의 사정명의인인 동·리의 의미 어떠한 임야가 일정 아래의 임야조사령에 의하여 동이나 이(里)의 명의로 사정되었다면, 그 동·리는 다른 특별한 사정이 없는 한 단순한 행정구역을 가리키는 것이 아니라 그 행정구역 안에 거주하는 주민들로 구성된 법인 아닌 사단으로서 행정구역과 같은 명칭을 사용하는 주민공동체를 가리킨다고 보아야 한다.(대판 2012.10.25, 2010다75723)

9. 비법인사단의 어음금지급책임 비법인사단의 대표자의 위임에 따른 어음행위로 인한 어음금의 지급책임이 독립한 권리의무의 주체인 비법인사단에게 귀속되는 것이지 조합의 구성원들이 어음의 공동발행인의 지위에서 어음의 소지인에게 합동하여 변제할 의무가 있는 것이 아니다.(대판 1992.7.10, 92다2431)

10. 자격없는 자가 참여한 이사회 또는 대의원회 결의의 효력 비법인사단의 이사회 혹은 대의원회의의 결의에 자격 없는 자가 참가한 하자가 있다 하더라도 그 의사의 경과, 자격 없는 자의 표결을 제외하더라도 그 결의가 성립함에 필요한 정족수를 충족하는 점 등 제반 사정에 비추어 그 하자가 결의의 결과에 영향을 미치지 않았다고 인정되는 때에는 그 결의를 무효라고 볼 것은 아니다.(대판 1997.5.30, 96다23375)

11. 비법인사단인 채무자 명의로 제기된 제3채무자를 상대로 한 소가 사원총회 결의가 없었다는 이유로 각하되어 판결이 확정된 경우, 채무자가 스스로 제3채무자에 대한 권리를 행사하였다고 볼 수 있는지 여부(소극) ① 채권자가 대위권을 행사할 당시에 이미 채무자가 그 권리를 재판상 행사하였을 때에는 채권자는 채무자를 대위하여 채무자의 권리를 행사할 수 없다. ② 비법인사단이 사원총회의 결의 없이 제기한 소는 소제기에 관한 특별수권을 결하여 부적법하고, 그 경우 소제기에 관한 비법인사단의 의사결정이 있었다고 할 수 없다. 따라서 비법인사단인 채무자 명의로 제3채무자를 상대로 한 소가 제기되었으나 사원총회의 결의 없이 총유재산에 관한 소가 제기되었다는 이유로 각하판결을 받고 그 판결이 확정된 경우에는 채무자가 스스로 제3채무자에 대한 권리를 행사한 것으로 볼 수 없다.(대판 2018.10.25, 2018다210539)

12. 비법인사단의 명칭에 관한 권리 비법인사단도 인격권의 주체가 되므로 명칭에 관한 권리를 가질 수 있고, 자신의 명칭이 타인에 의해 함부로 사용되지 않도록 보호받을 수 있다. 또한 비법인사단의 명칭이 지리적 명칭이나 보편적 성질을 가리키는 용어 등 일반적인 단어로 이루어졌다고 하더라도 특정 비법인사단이 그 명칭을 상당한 기간 사용하여 활동해 옴으로써 그 명칭이 해당 비법인사단을 표상하는 것으로 널리 알려졌다면 비법인사단은 그 명칭에 관한 권리를 인정받을 수 있다. 다만 특정 비법인사단의 명칭에 관한 권리 보호는 다른 비법인사단 등이 명칭을 선택하고 사용할 자유를 제한할 수 있으므로, 타인이 특정 비법인사단의 명칭과 같거나 유사한 명칭을 사용하는 행위가 비법인사단의 명칭에 관한 권리를 침해하는 것인지 여부는 특정 비법인사단과 그 명칭을 사용하려는 타인의 권리나 이익을 비교·형량하여 신중하게 판단하여야 한다.(대판 2022.11.17, 2018다249995)

▶ **비법인사단에 대한 법인 규정의 유추적용**

13. 당사자능력 소멸 법인 아닌 사단에 대하여는 사단법인에 관한 민법규정 가운데서 법인격을 전제로 하는 것을 제외하고는 이를 유추적용하여야 할 것인바, 사단법인에 있어서는 사원이 없게 된다고 하더라도 이는 해산사유가 될 뿐 막바로 권리능력이 소멸하는 것이 아니므로 법인 아닌 사단에 있어서도 구성원이 없게 되었다 하여 막바로 그 사단이 소멸하여 소송상의 당사자능력을 상실하였다고 할 수는 없고 청산사무가 완료되어야 비로소 그 당사자능력이 소멸한다.(대판 1992.10.9, 92다23087)

14. 이사의 사무집행과 총회 결의 민 40조, 58조, 68조에 의하면 법인의 경우 정관의 규정에 따라 이사의 임면이나 수인의 이사의 사무집행이 이루어지는 것이며 총회의 권한을 정관에 의하여 이사 또는 기타 임원에게 위임할 수 있으므로, 그 실질이 비법인사단인 주택조합에서 최초 임원은 총회에서 선출하되 결원 임원은 임원회의 추천을 받아 조합장이 임명하고, 임원으로 구성된 운영위원회에서의 결의는 총회 결의와 동일한 효력을 가지도록 하는 내용을 규약으로 정한 경우, 그 규약에 정한 바에 따른 조합장에 의한 결원임원의 임명 및 총회권한의 운영위원회에의 위임이 사단의 본질에 반하는 것으로 볼 수 없다.(대판 1997.1.24, 96다39721, 39737)

15. 특정한 행위 대리 민 62조의 규정에 비추어 보면 비법인사단의 대표자는 정관 또는 총회의 결의로 금지하지 아니한 사항에 한하여 타인으로 하여금 특정한 행위를 대리하게 할 수 있을 뿐 비법인사단의 제반 업무처리를 포괄적으로 위임할 수는 없다 할 것이므로, 비법인사단 대표자가 행한 타인에 대한 업무의 포괄적 위임과 그에 따른 포괄적 수임인의 대행행위는 민 62조의 규정에 위반된 것이어서 비법인사단에 대하여는 그 효력이 미치지 아니한다.(대판 1996.9.6, 94다18522)

16. 청산인 비법인사단인 교회의 교인이 존재하지 않게 된 경우 그 교회는 해산하여 청산절차에 들어가서 청산의 목적범위 내에서 권리·의무의 주체가 되며, 이 경우 해산 당시 그 비법인사단의 총회에서 향후 업무를 수행할 자를 선정하였다면 민 82조를 유추하여 그 선임된 자가 청산인으로서 청산 중의 비법인사단을 대표하여 청산업무를 수행하게 된다.(대판 2003.11.14, 2001다32687)

17. 임시이사 선임 민 63조는 법인의 조직과 활동에 관한 것으로서 법인격을 전제로 하는 조항이 아니고, 법인 아닌 사단이나 재단의 경우에도 이사가 없거나 결원이 생길 수 있으며, 통상의 절차에 따른 새로운 이사의 선임이 극히 곤란하고 종전 이사의 긴급처리권도 인정되지 아니하는 경우에는 사단이나 재단 또는 타인에게 손해가 생길 염려가 있을 수 있으므로, 민 63조는 법인 아닌 사단이나 재단에도 유추 적용할 수 있다.(대결(全) 2009.11.19, 2008마699)

▶ **종 중**

18. 종중의 의미 및 종원의 자격(대판(全) 2005.7.21, 2002다1178) → 제1조 참조

19. 고유 의미의 종중이 공동선조의 후손 중 일부를 임의로 종원에서 배제할 수 있는지 여부(소극) 고유 의미의 종중이란 공동선조의 분묘 수호와 제사, 종원 상호 간 친목 등을 목적으로 하는 자연발생적인 관습상 종족집단체로서 특별한 조직행위를 필요로 하는 것이 아니고, 공동선조의 후손은 그 의사와 관계없이 성년이 되면 당연히 그 구성원(종원)이 되는 것이며 그중 일부 종원을 임의로 그 종원에서 배제할 수 없다.(대판 2020.4.9, 2019다216411)

20. 공동선조의 후손들이 종중분열을 할 수 있는지 여부(소극) 종중이 종중원의 자격을 박탈하거나 종중원이 종중을 탈퇴할 수 없는 것이어서 공동선조의 후손들은 종중을 양분하는 것과 같은 종중분열을 할 수 없다.(대판 2023.12.28, 2023다278829)

21. 민 781조 6항에 따라 자녀의 성과 본이 모의 성과 본으로 변경되었을 경우, 성년인 그 자녀는 모가 속한 종중의 구성원이 되는지 여부(적극) 민 781조 6항에 따라 자녀의 복리

를 위하여 자녀의 성과 본을 변경할 필요가 있어 자녀의 성과 본이 모의 성과 본으로 변경되었을 경우 성년인 그 자녀는 모가 속한 종중의 공동선조와 성과 본을 같이 하는 후손으로서 당연히 종중의 구성원이 된다.(대판 2022.5.26, 2017다260940)

22. 종중의 성립요건 종중이라 함은 성립을 위하여 특별한 조직행위를 필요로 하는 것이 아니며 다만 그 목적인 공동선조의 분묘수호, 제사봉행, 종원 상호간의 친목을 규율하기 위하여 규약을 정하는 경우가 있고, 또 대외적인 행위를 할 때에는 대표자를 정할 필요가 있는 것에 지나지 아니하며 반드시 특정한 명칭의 사용 및 서면화된 종중규약이 있어야 하거나 종중의 대표자가 계속하여 선임되어 있는 등 조직을 갖추어야 하는 것은 아니다.(대판 1991.6.14, 91다2946, 2953)

23. 종중의 본질에 반하는 회칙의 무효 고유 의미의 종중이라면 일부 종원의 자격을 임의로 제한하였거나 확장한 종중 회칙은 종중의 본질에 반하여 무효이므로, 그 종중의 회칙 규정이 종중의 본질에 반한다 하여 고유 의미의 종중이 아니라고 추단할 수는 없다.(대판 1996.2.13, 95다34842)

24. 특정지역 제한의 소종중 인정 여부(소극) 고유의미의 종중에 관한 규약을 만들면서 일부 구성원의 자격을 임의로 배제할 수 없는 것이며, 특정지역 내에 거주하는 일부 종중원에 한하여 의결권을 주고 그 밖의 지역에 거주하는 종중원의 의결권을 박탈할 개연성이 많은 종중규약은 종중의 본질에 반하여 무효이다.(대판 1992.9.22, 92다15048)

25. 종손에게 회장후보자 추천권을 부여한 종중회칙의 무효 여부(소극) 종중에 대하여는 가급적 그 독자성과 자율성을 존중해 주는 것이 바람직하고, 따라서 원칙적으로 종중규약은 종원이 가지는 고유하고 기본적인 권리의 본질적인 내용을 침해하는 등 종중의 본질이나 설립 목적에 크게 위배되지 않는 한 그 유효성을 인정하여야 한다. 종중회칙이 종손에게 회장후보자 추천권과 종무위원 선출권을 함께 부여하고 있다는 점만으로 종중의 본질이나 설립 목적에 반하여 무효라고 볼 수 없다.(대판 2008.10.9, 2005다30566)

26. 총회 소집통지의 상대방, 소집절차의 하자와 그 치유, 소집권자 ① 종중의 규약이나 관행에 의하여 매년 일정한 날에 일정한 장소에서 정기적으로 종중원들이 집합하여 종중의 대소사를 처리하기로 되어 있는 경우에는 종중총회 소집절차가 필요하지 아니하나, 그 외에 별도로 종중총회를 소집함에 있어서는 특별한 규약이나 종중관행이 없는 한 종중원 중 통지 가능한 모든 성년 이상의 남자에게 소집통지를 함으로써 각자가 회의와 토의와 의결에 참가할 수 있는 기회를 주어야 하고, 일부 종중원에게 소집통지를 결여한 채 개최된 종중총회의 결의는 효력이 없다. ② 소집절차에 하자가 있어 그 효력을 인정할 수 없는 종중총회의 결의라도 후에 적법하게 소집된 종중총회에서 이를 추인하면 처음부터 유효로 된다. ③ 종중원들이 종중재산의 관리 또는 처분 등을 위하여 종중의 규약에 따른 적법한 소집권자 또는 일반관례에 따른 종중총회의 소집권자인 종중의 연고항존자에게 필요한 종중의 임시총회의 소집을 요구하였으나 그 소집권자가 정당한 이유 없이 이에 응하지 아니하는 경우에는 차석 또는 발기인이 소집권자를 대신하여 그 총회를 소집할 수 있다.(대판 1995.6.16, 94다53563)

27. 여성이 연고항존자가 될 수 있는지 여부(적극) 대표자를 선임하기 위하여 개최되는 종중총회의 소집권을 가지는 연고항존자를 확정함에 있어서 여성을 제외할 아무런 이유가 없으므로, 여성을 포함한 전체 종원 중 항렬이 가장 높고 나이가 가장 많은 사람이 연고항존자가 된다.(대판 2010.12.9, 2009다26596)

28. 총회 소집통지의 방법 종중총회는 소재가 분명한 모든 종중원에게 소집통지를 하여야 하나 그 방법은 반드시 직접 서면으로 하여야만 하는 것은 아니고 구두 또는 전화로 하여도 되고 다른 종중원을 통하여 하여도 무방하다.(대판 1987.6.23, 86다카2654)

29. 종중이 매년 정해진 날에 총회를 여는 경우 별도의 총회 소집절차 요부(소극) 종중의 규약이나 관행에 의하여 매년 일정한 날에 일정한 장소에서 정기적으로 종중원들이 집합하여 종중의 대소사를 처리하기로 되어 있는 경우에는 별도로 종중총회의 소집절차가 필요하지 않고, 종중이 매년 정해진 날짜의 시제에 특별한 소집절차 없이 정기적으로 총회를 열어 종중 재산관리에 관하여 결의를 하여 왔다면 위 결의는 종중의 관례에 따른 것으로서 유효하다.(대판 2011.9.8, 2011다34743)

30. 소집권한 없는 자에 의한 총회 소집 하자의 치유 소집권한 없는 자에 의한 총회소집이라고 하더라도 연고항존자가 소집에 동의하여 그로 하여금 소집하게 한 것이라면 그와 같은 총회소집을 권한 없는 자의 소집이라고 볼 수 없는 것이긴 하나, 소집권한 없는 자에 의한 총회에 연고항존자가 참석하여 총회소집이나 대표자선임에 관하여 이의를 하지 아니하였다고 하여 이것만 가지고 총회가 연고항존자의 동의에 의하여 소집된 것이라거나 총회의 소집절차상의 하자가 치유되어 적법하게 된다고 할 수 없다.(대판 1993.3.9, 92다42439)

31. 소집통지를 받지 않은 종원이 총회 소집을 안 경우 총회 결의의 유효 일부 종원에게 소집통지를 결여한 채 개최된 종중 총회의 결의는 그 효력이 없고, 이는 그 결의가 통지 가능한 종원 중 과반수의 찬성을 얻은 것이라고 하여 달리 볼 것은 아니나, 소집통지를 받지 아니한 종원이 다른 방법에 의하여 이를 알게 된 경우에는 그 종원이 종중 총회에 참석하지 않았다고 하더라도 그 종중 총회의 결의를 무효라고 할 수 없다.(대판 1995.6.9, 94다42389)

32. 총회 소집 통지 기간 10명의 종원이 1991. 9. 3. 연락 가능한 종원들에게 임시총회 소집통지를 한 다음 1991. 9. 8. 13:00경 종중총회를 개최하여 종중의 대표자로 선출하였다면, 그 종중총회의 소집절차는 "총회의 소집은 1주간 전에 통지를 발하고 기타 정관에 정한 방법에 의하여야 한다."고 규정한 민 71조의 규정에 위반되어, 특별한 사정이 없는 한 그 종중총회의 결의는 그 효력이 없다.(대판 1995.11.7, 94다7669)

33. 종중 유사 비법인사단 공동선조의 후손들 중 특정지역 거주자나 특정범위 내의 자들만으로 구성된 종중이란 있을 수 없으나, 특정지역 거주자나 특정범위 내의 자들만으로 분묘수호와 제사 및 친목도모를 위한 조직체를 구성하여 활동하고 있어 그 단체로서의 실체를 인정할 수 있는 경우에는 본래 의미의 종중은 아니나 권리능력 없는 사단으로서의 단체성을 인정할 여지가 있다.(대판 1991.1.29, 90다카22537)

34. 종중 유사 비법인사단의 성립요건과 재산 귀속 ① 종중에 유사한 비법인사단은 반드시 총회를 열어 성문화된 규약을 만들고 정식의 조직체계를 갖추어야만 비로소 단체로서 성립하는 것이 아니고, 실질적으로 공동의 목적을 달성하기 위하여 공동의 재산을 형성하고 일을 주도하는 사람을 중심으로 계속적으로 사회적인 활동을 하여 온 경우 이미 그 무렵부터 단체로서의 실체가 존재한다고 하여야 한다. ② 계속적으로 공동의 일을 수행하여 오던 일단의 사람들이 어느 시점에 이르러 비로소 창립총회를 열어 조직체로서의 실체를 갖추었다면, 그 실체로서의 조직을 갖추기 이전부터 행한 행위나 또는 그 때까지 형성한 재산은 다른 특별한 사정이 없는 한 모두 이 사회적 실체로서의 조직에게 귀속되는 것으로 봄이 타당하다.(대판 1996.3.12, 94다56401)

35. 종중 유사단체로서 권리귀속을 주장하기 위한 증명사항과 판단 시 유의사항 ① 어떠한 단체가 고유 의미의 종중이 아니라 종중 유사단체를 표방하면서 그 단체에 권리가 귀속되어야 한다고 주장하는 경우, 우선 권리 귀속의 근거가 되는 법률행위나 사실관계 등이 발생할 당시 종중 유사단체가 성립하여 존재하는 사실을 증명하여야 하고, 다음으로 당해 종중 유사단체에 권리가 귀속되는 근거가 되는 법률행위 등

법률요건이 갖추어져 있다는 사실을 증명하여야 한다. ② 고유 종중이 아니라 그 구성원 중 일부만으로 범위를 제한한 종중 유사단체의 성립 및 소유권 귀속을 인정하려면, 고유 종중이 소를 제기하는 데 필요한 여러 절차(종중원 확정, 종중 총회 소집, 총회 결의, 대표자 선임 등)를 우회하거나 특정 종중원을 배제하기 위한 목적에서 종중 유사단체를 표방하였다고 볼 여지가 없는지 신중하게 판단하여야 한다.(대판 2020.4.9, 2019다216411)

36. 남성만으로 구성원을 한정하는 종중 유사단체의 회칙의 유효 종중 유사단체는 비록 그 목적이나 기능이 고유한 의미의 종중과 별다른 차이가 없다 하더라도 공동선조의 후손 중 일부에 의하여 인위적인 조직행위를 거쳐 성립된 경우에는 사적 임의단체라는 점에서 자연발생적인 종족집단인 고유한 의미의 종중과 그 성질을 달리한다. 그러한 경우에는 사적 자치의 원칙 내지 결사의 자유에 따라 그 구성원의 자격이나 가입조건을 자유롭게 정할 수 있음이 원칙이다. 따라서 그러한 종중 유사단체의 회칙이나 규약에서 공동선조의 후손 중 남성만으로 그 구성원을 한정하고 있다 하더라도 특별한 사정이 없는 한 이는 사적 자치의 원칙 내지 결사의 자유의 보장범위에 포함되고, 위 사정만으로 그 회칙이나 규약이 양성평등 원칙을 정한 헌 11조 및 민 103조를 위반하여 무효라고 볼 수는 없다.(대판 2011.2.24, 2009다17783)

37. 종중재산의 분배에 관한 종중총회의 결의 내용이 현저하게 불공정하거나 선량한 풍속 기타 사회질서에 반하여 사회적 타당성을 결한 경우 ① 종중재산의 분배에 관한 종중총회의 결의 내용이 현저하게 불공정하거나 선량한 풍속 기타 사회질서에 반하여 사회적 타당성을 결한 경우에 그 결의는 무효이다. ② 종중의 임원 등이 종중재산의 회복에 기여한 부분이 있다고 하더라도 이는 선관주의의무를 부담하는 종중의 임원으로서 당연히 해야 할 업무를 수행한 것에 지나지 않으므로 이들에게 실비를 변상하거나 합리적인 범위 내에서 보수를 지급하는 외에 이를 벗어나 회복한 종중재산의 상당 부분을 종중의 임원 등에게 분배하는 증여결의는 내용이 현저하게 불공정하거나 사회적 타당성을 결하여 무효에 해당한다.(대판 2017.10.26, 2017다231249)

▶교 회

38. 비법인사단인 교회 분열의 인정여부(소극), **교인 탈퇴시 재산관계**(대판(全) 2006.4.20, 2004다37775) → 제275조 참조

39. 교회의 실체와 재산 귀속에 대한 판단 기준, 지교회의 소속 교단 탈퇴 또는 변경을 위한 결의 요건 교회가 법인 아닌 사단으로서 존재하는 이상 그 법률관계를 둘러싼 분쟁을 소송을 통해 해결할 때 법인 아닌 사단에 관한 민법 일반 이론에 따라 교회의 실체를 파악하고 교회의 재산 귀속에 대하여 판단해야 한다. 한편 특정 교단에 가입한 지교회의 소속 교단 탈퇴 또는 변경은 사단법인 정관변경에 준하여 의결권을 가진 교인 2/3 이상의 찬성에 의한 결의를 필요로 하며, 다만 정수에 관하여 지교회의 규약에 다른 규정을 두고 있는 때에는 특별한 사정이 없는 한 그 규정에 의한 결의가 필요하다(민 42조 1항 단서).(대판 2023.11.2, 2023다259316)

40. 장로, 권사, 집사를 교회에서 제적하기로 하는 제적결의의 사법심사 대상성 종교단체의 자율권은 최대한 보장되어야 하므로, 종교단체의 의사결정이 종교상의 교의의 해석에 깊이 관련되어 있다면, 그러한 의사결정이 종교단체 내에서 개인이 누리는 지위에 영향을 미치더라도 그에 대한 사법적 관여는 억제되는 것이 바람직하다. 종교단체가 그 질서 유지를 위해 교인으로서의 비위가 있는 사람을 종교적 방법으로 제재하는 것은 헌법이 보장하는 종교의 자유의 영역에 속하므로, 교인의 구체적인 권리 또는 법률관계에 관한 분쟁이 있어서 그에 관한 청구의 당부를 판단하는 전제로 종교단체의 교인에 대한 징계의 당부를 판단하는 것은 별론으로 하더라도, 법원이 그 징계의 효력 자체를 사법심사의 대상으로 삼아 효력 유무를 판단할 수는 없다.(대판 2011.10.27, 2009다32386)

▶사 찰

41. 권리능력 없는 재단으로서 사찰 종래부터 존재하여 오던 사찰의 재산을 기초로 구 불교재산관리법에 따라 불교단체등록을 한 사찰은 권리능력 없는 재단으로서의 성격을 가지고 있다고 볼 것이므로, 비록 그 신도들이 그 사찰의 재산을 조성하는 데 공헌을 하였다 할지라도 그 사찰의 재산은 신도와 승려의 총유에 속하는 것이 아니라 권리능력 없는 사찰 자체에 속한다.(대판 1994.12.13, 93다43545)

42. 권리능력 없는 사단으로서 사찰, 사찰의 분열 인정여부(소극), **대표자 탈퇴시 재산관계** ① 기존의 사찰에서 이탈한 신도들과 승려가 조계종에 소속될 새로운 사찰의 건립이라는 공동 목적으로 사찰의 대표, 신도회장 등 체계적인 조직을 만들고 그들의 출재와 노력에 의하여 토지를 매수하여 그 지상에 불당을 완공한 경우, 불당의 완공 당시 위 단체는 그 명칭이나 특정 종단의 귀속 여부에 불구하고 독립된 사찰로서의 실체를 갖추게 된 것으로 그 실질은 권리능력 없는 사단이다. ② 사찰은 신도들이 사찰의 운영이나 재산의 관리·처분에 관여하는 정도에 의하여 재단 또는 사단인 사찰로 구분되기는 하지만 일반의 재단 또는 사단과는 달리 이념적 요소로서의 불교 교의, 행위적 요소로서의 법요 집행, 조직적 요소로서의 승려와 신도, 물적 요소로서의 토지, 불당 등 시설이 결합되어 성립하는 것이므로, 일단 사찰이 성립한 이상 그 분열은 인정되지 않고 그 요소의 하나인 신도회도 분열될 수 없는 것이며, 일부 승려나 신도들이 사찰이 내세우는 종지(宗旨) 또는 사찰의 운영에 반대하여 탈종한다거나 신도회에서 탈퇴하였다 하더라도 이를 가리켜 사찰 또는 신도회가 분열되었다고 할 수는 없다.(대판 1997.12.9, 94다41249)

43. 사찰의 종단소속관계 법인격 없는 사단이나 재단으로서 권리의무의 주체가 되는 독립한 사찰은 종교적 이념을 같이하는 상위 종단에 소속되어 존속하기도 하는데, 사찰의 종단소속관계는 사법상 계약의 영역으로서 이에 관한 사찰과 특정 종단 사이의 합의가 전제되어야 한다. 또한 사찰이 특정 종단과 종단소속에 관한 합의를 하게 되면 그때부터는 자체의 지위나 권한에 중대한 변화를 가져오게 되므로 어느 사찰이 특정 종단에 가입하거나 소속 종단을 변경하기 위해서는 사찰 자체의 자율적인 의사결정이 기본적인 전제가 되어야 한다. 한편 사찰의 자율적인 의사결정 방법은 사찰의 법적 성격이 법인격 없는 사단인지 아니면 법인격 없는 재단인지에 따라 달라질 수 있겠지만 적어도 사찰 자체의 규약에서 정하는 방법에 따라야 할 것이다.(대판 2020.12.24, 2015다222920)

▶기 타

44. 학교의 법인격 부정 학교는 영조물로서 법인격이 없는 것이므로 당사자능력이 없다.(대판 1959.10.8, 4291민상776)

45. 지방자치법 실시에 따른 동의 법인격 소멸 지방자치법의 실시에 따라 동이 시의 말단 행정기관이 되어 동으로서의 재산상의 주체로서의 인격이 소멸하고 시가 공법인으로서 재산권의 주체가 된 이상 동 소유의 재산은 응당 시 소유의 재산이 된 것이라 해석할 것이다.(대판 1962.1.31, 4294민상270)

46. 법인 또는 비법인 사단인 어느 단체가 상급단체에 가입되어 있는 경우 가입단체의 조직과 운영에 관하여 상급단체가 제정한 규칙에 따라 규율되는지 여부 법인이거나 비법인 사단인 어느 단체가 상급단체에 가입되어 있는 경우, 상급단체의 지위에서 가입단체에 대하여 업무상 지휘·감독할 수 있는 권한은 인정될 수 있지만 그 권한은 가입단체의 독립성을 침해하지 아니하는 범위 내로 제한되어야 하고, 가입단체가 상급단체의 규칙이나 정관을 자신의 정관으로 받아들인다고 규정하고 있지 아니한 이상 가입단체의 조직과 운영에 관하여 상급단체가 제정한 규칙에 따라 규율된다고 볼

수 없다.(대판 2010.5.27, 2006다72109)

第32條【非營利法人의 設立과 許可】 學術, 宗敎, 慈善, 技藝, 社交 其他 營利아닌 事業을 目的으로 하는 社團 또는 財團은 主務官廳의 許可를 얻어 이를 法人으로 할 수 있다.

▣ 주무관청감독(37·38·42②·45③·46·67iii·80·94), 법인설립방법·절차(상172, 노동조합10, 변호41, 상공7·8, 농협3·15-18, 약사11·12), 설립허가취소(38·77①), 해산명령(상176), 법인과 파산(회생파산314), 공익법인의 설립과 운영(공익법인4)

1. 불교재단으로서 사찰 사찰은 법인격을 가진 불교재단이다.(대판 1970.2.10, 66누120, 121)

2. 건설공제조합의 비영리법인성 부인 건설공제조합이 특별법에 의하여 설립된 법인이기는 하지만 민 32조의 규정에 의한 비영리법인과 유사한 설립목적을 가진 법인이라 볼 수 없다.(대판 1983.12.13, 80누496)

第33條【法人設立의 登記】 法人은 그 主된 事務所의 所在地에서 設立登記를 함으로써 成立한다.

▣ 등기사항(49②, 상317·614②③), 등기기간(49①·부칙6), 등기기간기산(53, 상615), 등기사항공고(54②), 등기해태의 벌칙(97 i), 법인등기절차(비송60-67), 설립등기로써 성립하는 법인(상172, 농협18·90)

1. 멸실회복등기 기간경과로 인하여 새롭게 한 설립등기가 공시하는 법인 대법원이 고시한 멸실회복등기 실시기간의 경과로 이미 존재한 법인등기의 회복등기를 못하게 되어 새로운 설립등기를 하였다 하여도 새로운 법인이 설립된다고 할 수 없고 종전의 법인만이 새로운 등기에 의하여 공시되는 것이다.(대판 1971.1.26, 70다2596)

2. 수임인이 위임 범위를 벗어나 설립한 재단법인의 설립 무효 여부(소극) 공익사업을 목적으로 하는 재단법인을 설립하기 위하여 소유 임야를 출연하고 제3자 등과 합의하여 정관을 작성하고 주무관청의 인가를 받아 법인을 설립하였다면 위 제3자가 설립자의 위임을 받아 설립업무를 수행하는 과정에서 설립목적의 범위를 넓히고 또 임원구성을 함부로 하는 등 배임적인 행위를 하였다 하더라도 이미 재산의 출연과 정당한 절차를 밟아 설립되어 활동중인 재단법인의 설립행위 자체를 무효로 할 사유가 될 수는 없다.(대판 1993.4.13, 91다29064)

第34條【法人의 權利能力】 法人은 法律의 規定에 좇아 定款으로 定한 目的의 範圍內에서 權利와 義務의 主體가 된다.

▣ 정관(40·43), 목적에 의한 권리능력제한(81), 회사의 권리능력제한(상173)

▸의 의

1. 목적범위 내의 의의 목적범위 내의 행위라 함은 정관에 명시된 목적 자체에 국한되는 것이 아니고 그 목적을 수행하는데 있어 직접 또는 간접으로 필요한 행위는 모두 포함되며 목적수행에 필요한지 여부도 행위의 객관적 성질에 따라 추상적으로 판단할 것이지 행위자의 주관적, 구체적 의사에 따라 판단할 것은 아니다.(대판 1987.9.8, 86다카1349)

▸목적범위 내의 행위로 본 사례

2. 지급보증 타인의 채무에 관하여 지급보증을 하는 것은 특단의 사정이 없는 한 은행법 3조에서 말하는 대출행위에 포함되는 것으로서 은행의 권리능력의 범위 내의 행위라고 봄이 상당하다.(대판 1965.5.31, 65다42)

3. 내빈 접대를 위한 외상구입 어업협동조합이 내빈 등의 접대를 위하여 차를 외상으로 구입하는 행위가 그때그때의 목적사업 수행에 직접적으로 관련된 것이었다면 이를 위 조합의 별도의 어떠한 독립된 행위라고 보기보다는 그 목적사업수행에 필요한 부대경비의 일부였던 것이라고 봄이 마땅하므로 외상대금이 위 조합의 사업목적 범위를 벗어난 것이라고 볼 수 없다.(대판 1974.6.25, 74다7)

4. 채권양도에 대한 승낙 특별법에 의하여 사업목적과 권리능력이 한정되어 있는 특수공법인인 조합이라 하더라도 위 조합의 채권양도에 대한 승낙행위는 기존채무에 대한 채권자 교체에 관한 승인행위에 불과하여 조합의 사업목적의 범위나 권리능력의 범위를 일탈한 무효의 행위라고 볼 수 없다.(대판 1976.3.23, 74다2088)

5. 구매자금 선급 및 약속어음 발행 중소기업협동조합법에 의하여 설립된 조합은 생산, 판매, 구매 등의 사업을 행할 수 있으므로 그에 부수되는 구매자금의 선급이나 이를 위한 약속어음의 발행도 그 사업능력 범위 내에 속한다.(대판 1981.3.13, 80다1049, 1050)

6. 어음배서 단기금융업을 영위하는 회사로서 회사의 목적인 어음의 발행, 할인, 매매, 인수, 보증, 어음매매의 중개를 함에 있어서 어음의 배서는 행위의 객관적 성질상 위 목적수행에 직접, 간접으로 필요한 행위라고 하여야 할 것이다.(대판 1987.9.8, 86다카1349)

▸목적범위 외의 행위로 본 사례

7. 조합원 아닌 자에 대한 보증 건설공제조합의 전북출장소장이 조합원도 아닌 자의 금전차용행위에 보증을 한 것은 조합의 목적범위를 일탈한 것으로서 무효이며 또 출장소장으로서의 본래의 직무와 밀접한 행위라고도 볼 수 없다.(대판 1972.7.11, 72다801)

8. 타인 손해배상의무의 연대보증 주식회사 대표이사가 회사를 대표하여 타인의 극장위탁경영으로 인한 손해배상의무를 연대보증한 것은 회사의 사업목적범위에 속하지 아니하는 행위로서 회사를 위하여 효력이 있는 적법한 보증으로 되지 아니하고 주식회사의 주주 및 이사들이 위 보증의 결의를 하였다 하더라도 적법한 보증의 효력이 없다.(대판 1975.12.23, 75다1479)

▸법인격 남용 또는 부인

9. 법인격 남용의 법률관계 기존회사가 채무를 면탈하기 위하여 기업의 형태·내용이 실질적으로 동일한 신설회사를 설립하였다면, 신설회사의 설립은 기존회사의 채무면탈이라는 위법한 목적 달성을 위하여 회사제도를 남용한 것에 해당한다. 이러한 경우에 기존회사의 채권자에 대하여 위 두 회사가 별개의 법인격을 갖고 있음을 주장하는 것은 신의칙상 허용될 수 없으므로, 기존회사의 채권자는 위 두 회사 어느 쪽에 대하여도 채무의 이행을 청구할 수 있다. 여기에서 기존회사의 채무를 면탈할 의도로 신설회사를 설립한 것인지 여부는 기존회사의 폐업 당시 경영상태나 자산상황, 신설회사의 설립시점, 기존회사에서 신설회사로 유용된 자산의 유무와 그 정도, 기존회사에서 신설회사로 이전된 자산이 있는 경우 그 정당한 대가가 지급되었는지 여부 등 제반 사정을 종합적으로 고려하여 판단하여야 한다.(대판 2008.8.21, 2006다24438)

10. 법인격 형해화 또는 법인격 남용을 인정하기 위한 요건 ① 회사가 외형상으로는 법인의 형식을 갖추고 있으나 법인의 형태를 빌리고 있는 것에 지나지 아니하고 실질적으로는 완전히 그 법인격의 배후에 있는 사람의 개인기업에 불과하거나, 그것이 배후자에 대한 법률적용을 회피하기 위한 수단으로 함부로 이용되는 경우에는, 비록 외견상으로는 회사의 행위라 할지라도 회사와 그 배후자가 별개의 인격체임을 내세워 회사에게만 그로 인한 법적 효과가 귀속됨을 주장하면서 배후자의 책임을 부정하는 것은 신의칙에 위배되는 법인격의 남용으로서 심히 정의와 형평에 반하여 허용될 수 없고, 따라서 회사는 물론 그 배후자인 타인에 대하여도 회사의 행위에 관한 책임을 물을 수 있다. ② 여기서 회사가 그 법인격의 배후에 있는 사람의 개인기업에 불과하다고 보려면, 원칙적으로 문제가 되고 있는 법률행위나 사실행위를 한 시점을 기준으로 하여, 회사와 배후자 사이에 재산과 업무가 구분이 어려울 정도로 혼용되었는지 여부, 주주총회나 이사

회를 개최하지 않는 등 법률이나 정관에 규정된 의사결정절차를 밟지 않았는지 여부, 회사 자본의 부실 정도, 영업의 규모 및 직원의 수 등에 비추어 볼 때, 회사가 이름뿐이고 실질적으로는 개인 영업에 지나지 않는 상태로 될 정도로 형해화되어야 한다. ③ 또한, 위와 같이 법인격이 형해화될 정도에 이르지 않더라도 회사의 배후에 있는 자가 회사의 법인격을 남용한 경우, 회사는 물론 그 배후자에 대하여도 회사의 행위에 관한 책임을 물을 수 있으나, 이 경우 채무면탈 등의 남용행위를 한 시점을 기준으로 하여, 회사의 배후에 있는 사람이 회사를 자기 마음대로 이용할 수 있는 지배적 지위에 있고, 그와 같은 지위를 이용하여 법인 제도를 남용하는 행위를 할 것이 요구되며, 위와 같이 배후자가 법인 제도를 남용하였는지 여부는 앞서 본 법인격 형해화의 정도 및 거래 상대방의 인식이나 신뢰 등 제반 사정을 종합적으로 고려하여 개별적으로 판단하여야 한다.(대판 2008.9.11, 2007다90982)

11. 이미 설립된 다른 회사를 이용한 경우에도 법인격 남용 법리가 적용되는지 여부(적극) 기존회사가 채무를 면탈할 목적으로 기업의 형태·내용이 실질적으로 동일한 신설회사를 설립하였다면, 기존회사의 채권자는 위 두 회사 어느 쪽에 대하여서도 채무 이행을 청구할 수 있고, 이와 같은 법리는 어느 회사가 채무를 면탈할 목적으로 기업의 형태·내용이 실질적으로 동일한 이미 설립되어 있는 다른 회사를 이용한 경우에도 적용된다.(대판 2011.5.13, 2010다94472)

12. 이미 설립된 다른 회사의 법인격 남용 기존회사의 채무를 면탈할 의도로 다른 회사의 법인격을 이용하였는지는 기존회사의 폐업 당시 경영상태나 자산상황, 기존회사에서 다른 회사로 유용된 자산의 유무와 정도, 기존회사에서 다른 회사로 자산이 이전된 경우 정당한 대가가 지급되었는지 여부 등 여러 사정을 종합적으로 고려하여 판단하여야 한다. 이때 기존회사의 자산이 기업의 형태·내용이 실질적으로 동일한 다른 회사로 바로 이전되지 않고, 기존회사에 정당한 대가를 지급한 제3자에게 이전되었다가 다시 다른 회사로 이전되었다고 하더라도, 다른 회사가 제3자로부터 자산을 이전받는 대가로 기존회사의 다른 자산을 이용하고도 기존회사에 정당한 대가를 지급하지 않았다면, 이는 기존회사에서 다른 회사로 직접 자산이 유용되거나 정당한 대가 없이 자산이 이전된 경우와 다르지 않다.(대판 2019.12.13, 2017다271643)

13. 채무 면탈 목적의 신설회사 설립과 법인격 남용 기존회사가 채무를 면탈하기 위하여 기업의 형태·내용이 실질적으로 동일한 신설회사를 설립하였다면, 신설회사의 설립은 기존회사의 채무면탈이라는 위법한 목적 달성을 위하여 회사제도를 남용한 것에 해당한다. 이런 경우 기존회사의 채권자에 대하여 위 두 회사가 별개의 법인격을 갖고 있음을 주장하는 것은 신의칙상 허용될 수 없으므로, 기존회사의 채권자는 위 두 회사 어느 쪽에 대하여도 채무의 이행을 청구할 수 있다. 나아가 기존회사에 대한 소멸시효가 완성되지 않은 상태에서 신설회사가 기존회사와 별도로 자신에 대하여 소멸시효가 완성되었다고 주장하는 것 역시 별개의 법인격을 갖고 있음을 전제로 하는 것이어서 신의칙상 허용될 수 없다.(대판 2024.3.28, 2023다265700)

14. 회사 설립 전 개인이 부담한 채무의 이행을 회사에 대하여 청구하는 것이 가능한 경우 개인과 회사의 주주들이 경제적 이해관계를 같이하는 등 개인이 새로 설립한 회사를 실질적으로 운영하면서 자기 마음대로 이용할 수 있는 지배적 지위에 있다고 인정되는 경우로서, 회사 설립과 관련된 개인의 자산 변동 내역, 특히 개인의 자산이 설립된 회사에 이전되었다면 그에 대하여 정당한 대가가 지급되었는지 여부, 개인의 자산이 회사에 유용되었는지 여부와 그 정도 및 제3자에 대한 회사의 채무 부담 여부와 그 부담 경위 등을 종합적으로 살펴보아 회사와 개인이 별개의 인격체임을 내세워 회사설립 전 개인의 채무 부담행위에 대한 회사의 책임을 부인하는 것이 심히 정의와 형평에 반한다고 인정되는 때에는 회사에 대하여 회사 설립 전에 개인이 부담한 채무의 이행을 청구하는 것도 가능하다고 보아야 한다.(대판 2021.4.15, 2019다293449)

第35條【法人의 不法行爲能力】 ① 法人은 理事 其他 代表者가 그 職務에 關하여 他人에게 加한 損害를 賠償할 責任이 있다. 理事 其他 代表者는 이로 因하여 自己의 損害賠償責任을 免하지 못한다.
② 法人의 目的範圍外의 行爲로 因하여 他人에게 損害를 加한 때에는 그 事項의 議決에 贊成하거나 그 議決을 執行한 社員, 理事 및 其他 代表者가 連帶하여 賠償하여야 한다.

▣ 본조준용(사학9), ① 이사 기타 대표자(57·63·64·82), 손해배상의 책임(750, 상210), 사용자의 배상책임(756), ② 연대채무(413-427), 공동불법행위(760)

1. 사용자책임과의 관계 법인의 대표자였던 자에 의한 차용행위가 불법행위가 된다면 이는 민 35조에 의하여 법인 자체의 불법행위가 되는 것으로서, 비록 배상책임이 있다는 점에서는 같다 할지라도 민 756조 소정의 사용자의 배상책임과는 그 성질이 다르다.(대판 1978.3.14, 78다132)

2. 민 35조 1항 '법인의 대표자' '법인의 대표자'에는 그 명칭이나 직위 여하, 또는 대표자로 등기되었는지 여부를 불문하고 당해 법인을 실질적으로 운영하면서 법인을 사실상 대표하여 법인의 사무를 집행하는 사람을 포함한다. 구체적인 사안에서 이러한 사람에 해당하는지는 법인과의 관계에서 그 지위와 역할, 법인의 사무 집행 절차와 방법, 대내적·대외적 명칭을 비롯하여 법인 내부자와 거래 상대방에게 법인의 대표행위로 인식되는지 여부, 공부상 대표자와의 관계 및 공부상 대표자가 법인의 사무를 집행하는지 여부 등 제반 사정을 종합적으로 고려하여 판단하여야 한다. 그리고 이러한 법리는 주택조합과 같은 비법인사단에도 마찬가지로 적용된다.(대판 2011.4.28, 2008다15438)

3. 직무행위의 판단기준 행위의 외형상 법인의 대표자의 직무행위라고 인정할 수 있는 것이라면 설사 그것이 대표자 개인의 사리를 도모하기 위한 것이었거나 혹은 법령의 규정에 위배된 것이었다 하더라도 위의 직무에 관한 행위에 해당한다.(대판 1969.8.26, 68다2320)

4. 통상적 업무와 밀접한 관련을 가지는 행위 전무이사의 행위가 직무 또는 사무집행에 관하여 한 행위로 인정되려면 회사의 통상적 업무행위에 속하거나 또는 통상적 업무행위에 속하지 아니한다 하더라도 회사의 통상적 업무행위와 밀접한 관련을 가지고 있고, 외관상으로도 그 업무행위와 유사하여 그 업무행위의 범위에 속하는 것으로 보여지는 경우에 한한다.(대판 1974.5.28, 73다2014)

5. 대표자의 행위가 직무에 관한 행위에 해당하지 아니함을 피해자가 알았거나 또는 중대한 과실로 알지 못한 경우 법인의 손해배상책임 법인의 대표자의 행위가 직무에 관한 행위에 해당하지 아니함을 피해자 자신이 알았거나 또는 중대한 과실로 인하여 알지 못한 경우에는 법인에게 손해배상책임을 물을 수 없다. 여기서 중대한 과실이라 함은 거래의 상대방이 조금만 주의를 기울였더라면 대표자의 행위가 그 직무권한 내에서 적법하게 행하여진 것이 아니라는 사정을 알 수 있었음에도 만연히 이를 직무권한 내의 행위라고 믿음으로써 일반인에게 요구되는 주의의무에 현저히 위반하는 것으로 거의 고의에 가까운 정도의 주의를 결여하고, 공평의 관점에서 상대방을 구태여 보호할 필요가 없다고 봄이 상당하다고 인정되는 상태를 말한다.(대판 2004.3.26, 2003다34045)

6. 중과실 판단 시 고려 사항 법인 대표자의 행위가 직무에 관한 행위에 해당하지 아니함을 피해자 자신이 알았거나 중

대한 과실로 인하여 알지 못한 경우인지를 판단할 때 그 행위가 법령상 제한을 위반한 것인지에 대한 상대방의 인식가능성, 상대방의 경험이나 지위, 쌍방의 종래의 거래관계, 당해 행위의 성질과 내용 등을 종합적으로 고려하여야 한다.(대판 2024.7.25, 2024다229343)

7. 법의 절차를 밟지 않은 행위 토지개량사업의 조합장이 토지개량사업법 소정 절차를 밟지 않고 제3자로부터 금전차용을 한다 할지라도 이러한 행위는 조합장이 직무에 관하여 한 행위이다.(대판 1968.1.31, 67다2785)

8. 강제집행 방해 행위 회사의 대표이사가 그 회사 소유의 자동차에 대한 집달리(집행관)의 강제집행을 방해하여 압류불능케 하고 이로 말미암아 채권자에게 손해를 입게 하였다면 그 행위는 회사의 재산관리에 관한 직무집행범위 내에 속하는 행위이라고 인정할 수 있으므로 회사가 그 손해를 배상할 책임이 있다.(대판 1959.8.27, 4291민상395)

9. 금전 차용시 차용금의 사용 목적 불문 학교법인의 설립자로서 이사 겸 학교장인 자가 자기 개인의 사업자금으로 사용할 목적으로 학교법인의 명의로 금원을 차용하면서 그 차용을 위하여 학교법인의 이사회결의까지 있었다면 그 차용금의 사용목적이 무엇이던간에 위 학교장의 차용행위는 학교법인의 사무집행 행위라 하지 않을 수 없다.(대판 1987.4.28, 86다카2534)

10. 정당성 없는 쟁의행위에 대한 노동조합의 불법행위 노동쟁의조정법 8조에 의하여 민사상 배상책임이 면제되는 손해는 정당한 쟁의행위로 인한 손해에 국한되는 것으로 정당성이 없는 쟁의행위는 불법행위를 구성한다. 노동조합의 간부들이 불법쟁의행위를 기획, 지시, 지도하는 등으로 주도한 경우에 이와 같은 간부들의 행위는 조합의 집행기관으로서의 행위라 할 것이므로 이러한 경우 민 35조 1항의 유추적용에 의하여 노동조합은 그 불법쟁의행위로 인하여 사용자가 입은 손해를 배상할 책임이 있다.(대판 1994.3.25, 93다32828)

11. 종중의 불법행위 책임 종중의 대표자가 종중 소유의 부동산을 개인 소유라 하여 매도하고 계약금과 중도금을 지급받은 후 잔대금지급 이전에 매수인이 종중 소유임을 알고 항의하자 종중의 결의가 없는데도 종중 대표자로서 그 이전을 약속하고 종중총회 결의서 등을 위조하여 등기이전을 해주고 잔금을 받았는데 그 후 종중이 소송으로 부동산을 되찾아간 경우 종중은 불법행위 책임으로서 매수인이 지급한 잔대금 상당액을 배상할 의무가 있다.(대판 1994.4.12, 92다49300)

12. 구성원이 간접적 손해의 배상을 구할 수 있는지 여부(소극) 재개발조합의 대표기관의 직무상 불법행위로 조합에게 과다한 채무를 부담하게 함으로써 재개발조합이 손해를 입고 결과적으로 조합원의 경제적 이익이 침해되는 손해와 같은 간접적인 손해는 민 35조에서 말하는 손해의 개념에 포함되지 아니하므로 이에 대하여는 위 법 조항에 의하여 손해배상을 청구할 수 없다.(대판 1999.27, 99다19384)

13. 과실상계의 적용 법인 대표기관의 고의적인 불법행위에 해당한다 하더라도 피해자들에게 그 불법행위 내지 손해발생에 과실이 있다면 법원은 과실상계의 법리에 좇아 손해배상의 책임 및 그 금액을 정함에 있어 이를 참작하여야 한다.(대판 1987.11.24, 86다카1834)

第36條【法人의 住所】 法人의 住所는 그 主된 事務所의 所在地에 있는 것으로 한다.

▣ 주소(18, 사학7), 주된 사무소(40iii · 49②iii · 51), 회사의 주소(상171)

第37條【法人의 事務의 檢査, 監督】 法人의 事務는 主務官廳이 檢査, 監督한다.

▣ 주무관청의 감독(32 · 38 · 42② · 45③ · 46 · 67iii · 80 · 94, 사학45-48, 공익법인14 · 17), 법원의 감독(95, 비송33 · 35, 상176 · 277② · 298-300 · 366② · 408① · 467 · 481 · 482 · 483② · 490 · 491③ · 496 · 497 · 531② · 532 · 533② · 536② · 539② · 541② · 542② · 619 · 620), 벌칙(97iii, 공익법인19①)

1. 주무관청의 이사와 감사의 임명에 대한 인가의 법적 성질 재단법인의 이사 및 감사의 임명에 대한 주무관청의 인가 행위는 법인에 대한 주무관청의 감독권에 연유하는 이상 사법상의 법률 행위에 해당하지 아니하고 공법상의 행정처분이라고 해석하는 것이 타당하다. 따라서 그 인가 행위를 취소하는 행위 역시 공법상의 법률행위로 보아야 한다.(대판 1962.1.25, 4292행상90)

2. 이사의 취임에 대한 인가취소의 효력 문교부장관의 인가를 얻어 설립된 재단법인의 정관에 이사의 취임에는 문교부장관의 인가를 요한다라고 규정되어 있는 경우에는 문교부장관은 그 재단법인 설립인가 당시에 그 감독권에 의거하여 그 재단이사의 취임승인을 취소할 수 있다는 전제 하에서 그 원시정관을 포함해서 인가한 것이라고 봄이 옳을 것이므로 문교부장관이 그 정관에 근거하여 재단이사 취임인가를 취소한 것이라면 이를 무효로 볼 수 없다.(대판 1972.4.11, 71다1646)

第38條【法人의 設立許可의 取消】 法人이 目的 以外의 事業을 하거나 設立許可의 條件에 違反하거나 其他 公益을 害하는 行爲를 한 때에는 主務官廳은 그 許可를 取消할 수 있다.

▣ 공익법인의 허가취소(공익법인16), 설립허가(32), 법인감독(37), 학교법인 해산명령(사학47), 회사 해산명령(상176, 비송33②)

1. 설립허가취소 사유의 제한 비영리법인 설립 후의 허가취소는 본조에 해당되는 경우에 국한되는 것이며 그 목적달성이 불능하게 되었다는 것으로는 민 77조 소정의 당연 해산사유에 해당될지 몰라도 그 사유만으로 설립허가를 취소할 사유에 해당된다 할 수 없다.(대판 1968.5.28, 67누55)

2. 민 38조에서 정한 '목적 이외의 사업을 한 때'와, '공익을 해하는 행위를 한 때'의 의미 및 판단 기준(1) ① 비영리법인이 '목적 이외의 사업'을 한 때란 법인의 정관에 명시된 목적사업과 그 목적사업을 수행하는 데 직접 또는 간접으로 필요한 사업 이외의 사업을 한 때를 말하고, 이때 목적사업 수행에 필요한지는 행위자의 주관적 · 구체적 의사가 아닌 사업 자체의 객관적 성질에 따라 판단하여야 한다. ② 민 38조에 정한 '공익을 해하는 행위'를 한 때에 해당된다고 하기 위해서는, 당해 법인의 목적사업 또는 존재 자체가 공익을 해한다고 인정되거나 당해 법인의 행위가 직접적이고도 구체적으로 공익을 침해하는 것이어야 하고, 목적사업의 내용, 행위의 태양 및 위법성의 정도, 공익 침해의 정도와 경위 등을 종합해 볼 때 당해 법인의 소멸을 명하는 것이 그 불법적인 공익 침해 상태를 제거하고 정당한 법질서를 회복하기 위한 제재수단으로서 긴요하게 요청되는 경우이어야 한다.(대판 2014.4.10, 2013다76192)

3. 민 38조에서 정한 '목적 이외의 사업을 한 때'와 '공익을 해하는 행위를 한 때'의 의미 및 판단 기준(2) '법인의 목적사업 또는 존재 자체가 공익을 해한다'고 하려면 해당 법인이 추구하는 목적 내지 법인의 존재로 인하여 법인 또는 구성원이 얻는 이익과 법질서가 추구하고 보호하며 조정해야 할 객관적인 공공의 이익이 서로 충돌하여 양자의 이익을 비교형량하였을 때 공공의 이익을 우선적으로 보호하여야 한다는 점에 의문의 여지가 없어야 하고, 그 경우에도 법인의 해산을 초래하는 설립허가취소는 헌 10조에 내재된 일반적 행동의 자유에 대한 침해 여부와 과잉금지의 원칙 등을 고려하여 엄격하게 판단하여야 한다.(대판 2017.12.22, 2016두49891)

第39條【營利法人】 ① 營利를 目的으로 하는 社團은 商事會社設立의 條件에 좇아 이를 法人으로 할 수 있다.

② 前項의 社團法人에는 모두 商事會社에 關한 規定을 準用한다.

▣ 상사회사(상169), 상사회사의 설립조건(상172)

第2節 設 立

第40條【社團法人의 定款】 社團法人의 設立者는 다음 各號의 事項을 記載한 定款을 作成하여 記名捺印하여야 한다.

1. 目的
2. 名稱
3. 事務所의 所在地
4. 資産에 關한 規定
5. 理事의 任免에 關한 規定
6. 社員資格의 得失에 關한 規定
7. 存立時期나 解散事由를 定하는 때에는 그 時期 또는 事由

▣ 정관의 임의적 기재사항(42①단·58②·59①·60·62·66·68·70②·71-73·75①·77①·78단·80①·82단), 정관변경(42·45), 공익법인의 정관(공익법인3), 회사정관(상179·270·289·543, 보험34)

1. 정관의 법적 성질 및 해석방법 사단법인의 정관은 이를 작성한 사원뿐만 아니라 그 후에 가입한 사원이나 사단법인의 기관 등도 구속하는 점에 비추어 보면 그 법적 성질은 계약이 아니라 자치법규로 보는 것이 타당하므로, 이는 어디까지나 객관적인 기준에 따라 그 규범적인 의미 내용을 확정하는 법규해석의 방법으로 해석되어야 하는 것이지, 작성자의 주관이나 해석 당시의 사원의 다수결에 의한 방법으로 자의적으로 해석될 수는 없다. 어느 시점의 사단법인의 사원들이 정관의 규범적인 의미 내용과 다른 해석을 사원총회의 결의라는 방법으로 표명하였다 하더라도 그 결의에 의한 해석은 그 사단법인의 구성원인 사원들이나 법원을 구속하는 효력이 없다.(대판 2000.11.24, 99다12437)

2. 법인 정관에 이사의 해임사유에 관한 규정이 있는 경우, 정관에서 정하지 아니한 사유로 이사를 해임할 수 있는지 여부(원칙적 소극) ① 법인과 이사의 법률관계는 신뢰를 기초로 한 위임 유사의 관계로 볼 수 있는데, 민 689조 1항에서는 위임계약은 각 당사자가 언제든지 해지할 수 있다고 규정하고 있으므로, 법인은 원칙적으로 이사의 임기 만료 전에도 이사를 해임할 수 있지만, 이러한 민법의 규정은 임의규정에 불과하므로 법인이 자치법규인 정관으로 이사의 해임사유 및 절차 등에 관하여 별도의 규정을 두는 것도 가능하다. ② 그리고 이와 같이 법인이 정관에 이사의 해임사유 및 절차 등을 따로 정한 경우 그 규정은 법인과 이사와의 관계를 명확히 함은 물론 이사의 신분을 보장하는 의미도 아울러 가지고 있어 이를 단순히 주의적 규정으로 볼 수는 없다. 따라서 법인의 정관에 이사의 해임사유에 관한 규정이 있는 경우 법인으로서는 이사의 중대한 의무위반 또는 정상적인 사무집행 불능 등의 특별한 사정이 없는 이상, 정관에서 정하지 아니한 사유로 이사를 해임할 수 없다.(대판 2013.11.28, 2011다41741)

第41條【理事의 代表權에 對한 制限】 理事의 代表權에 對한 制限은 이를 定款에 記載하지 아니하면 그 效力이 없다.

▣ 이사대표권(59), 표현대리(125·126·129), 무권대리인 책임(135), 정관의 필요적 기재사항(40), 대표권 제한 등기(49②ix·60)

第42條【社團法人의 定款의 變更】 ① 社團法人의 定款은 總社員 3分의 2 以上의 同意가 있는 때에 限하여 이를 變更할 수 있다. 그러나 定數에 關하여 定款에 다른 規定이 있는 때에는 그 規定에 依한다.

② 定款의 變更은 主務官廳의 許可를 얻지 아니하면 그 效力이 없다.

▣ 사단법인 정관(40), 사원 결의권(73), 변경등기(52), 공익법인의 정관변경(공익법인11②), 회사 정관변경(상204·269·316①·433①·434·584·585)

1. 종중 본질에 반하는 규약 개정의 무효 종원 일부만이 참석한 종중회합에서 종중원의 일부를 종원으로 취급하지도 않고 또 일부 종원에 대하여는 영원히 종원으로서의 자격을 박탈하는 것으로 규약을 개정한 것은 종중의 원래의 설립목적과 종중으로서의 본질에 반하는 것으로서 그 규약개정의 한계를 넘어 무효이다.(대판 1978.9.26, 78다1435)

第43條【財團法人의 定款】 財團法人의 設立者는 一定한 財産을 出捐하고 第40條第1號 乃至 第5號의 事項을 記載한 定款을 作成하여 記名捺印하여야 한다.

▣ 법인과 허가(32), 법인등기(49), 재단법인 정관의 임의적 기재사항(58②·59·60·62·66·77①·80①·82), 정관의 보충(44), 정관의 변경(45·46), 학교법인의 정관(사학10), 공익법인의 정관(공익법인3)

1. 신탁적 출연행위의 효력 재단법인 설립을 위한 재산의 기증(기부행위)에 있어 재산 기증자가 소유 명의만을 재단법인에 귀속시키고 소유권을 기증자에게 유보하는 따위의 부관을 붙여서 한 기증은 재단법인 설립의 취지에 어긋날 뿐 아니라 이와 같은 신탁계약이 당연히 설립된 재단법인에게 그 효력이 미친다고 할 수도 없다.(대판 1971.8.31, 71다1176)

第44條【財團法人의 定款의 補充】 財團法人의 設立者가 그 名稱, 事務所所在地 또는 理事任免의 方法을 定하지 아니하고 死亡한 때에는 利害關係人 또는 檢事의 請求에 依하여 法院이 이를 定한다.

▣ 학교법인의 정관보충(사학11), 관할(비송32)

第45條【財團法人의 定款變更】 ① 財團法人의 定款은 그 變更方法을 定款에 定한 때에 限하여 變更할 수 있다.

② 財團法人의 目的達成 또는 그 財産의 保全을 爲하여 適當한 때에는 前項의 規定에 不拘하고 名稱 또는 事務所의 所在地를 變更할 수 있다.

③ 第42條第2項의 規定은 前2項의 境遇에 準用한다.

▣ [1] 재단법인정관(43), 공익법인의 정관변경(공익법인11②), 학교법인의 정관변경(사학45), [2] 명칭·사무소 소재지의 변경(40ii·40iii·43)

1. 재단법인 정관변경 허가의 법적 성질 민 45조와 46조에서 말하는 재단법인의 정관변경 "허가"는 법률상의 표현이 허가로 되어 있기는 하나 그 성질에 있어 법률행위의 효력을 보충해 주는 것이지 일반적 금지를 해제하는 것이 아니므로, 그 법적 성격은 인가라고 보아야 한다.(대판(全) 1996.5.16, 95누4810)

2. 기본재산 증가시 인가의 필요 재단법인이 그 기본재산을 증가시키는 경우도 기부행위의 변경으로서 주무관청의 인가를 받아야 효력이 발생한다.(대판 1969.7.22, 67다568)

3. 인가를 정지조건으로 한 기본재산 매매계약의 효력 법인의 기본재산처분에 있어 주무부장관의 인가를 정지조건으로 체결한 매매계약은 유효한 것이다.(대판 1971.6.29, 71도991)

4. 주무부장관 허가 구비 시기 주무부장관의 허가는 반드시 사전에 받아야 하는 것이 아니라 이를 처분할 때까지 받으면 족하므로 이전등기청구 소송의 경우에는 사실심 변론종

결시까지 허가를 받으면 된다.(대판 1974.4.23, 73다544)

5. 물권계약 및 채권계약 무효 재단법인의 기본재산의 처분은 정관변경을 요하는 것이므로 주무관청의 허가가 없으면 그 처분행위는 물권계약으로서 무효일 뿐 아니라 채권계약으로서도 무효이다.(대판 1974.6.11, 73다1975)

6. 기본재산에 편입되었다고 인정하기 위한 주무부장관의 허가 증명 재단법인 명의로 소유권이전등기가 경료된 부동산이 재단법인의 기본재산에 편입되었다고 인정하기 위해서는 그 편입에 관한 주무부장관의 허가가 있었음이 먼저 입증되어야 한다.(대판 1982.9.28, 82다카499)

7. 재단법인의 기본재산에 대한 강제집행의 실시와 저당권 설정 ① 주무관청의 허가를 얻은 정관에 기재된 기본재산의 처분행위로 인하여 재단법인의 정관 기재사항을 변경하여야 하는 경우에는, 그에 관하여 주무관청의 허가를 얻어야 한다. 이는 재단법인의 기본재산에 대하여 강제집행을 실시하는 경우에도 동일하나, 주무관청의 허가는 반드시 사전에 얻어야 하는 것은 아니므로, 재단법인의 정관변경에 대한 주무관청의 허가는, 경매개시요건은 아니고, 경락인의 소유권 취득에 관한 요건이다. 그러므로 집행법원으로서는 그 허가를 얻어 제출할 것을 특별매각조건으로 경매절차를 진행하고, 매각허가결정 시까지 이를 제출하지 못하면 매각불허가 결정을 하면 된다. ② 민법상 재단법인의 기본재산에 관한 저당권 설정행위는 특별한 사정이 없는 한 정관의 기재사항을 변경하여야 하는 경우에 해당하지 않으므로, 그에 관하여는 주무관청의 허가를 얻을 필요가 없다.(대결 2018.7.20, 2017마1565)

第46條【財團法人의 目的 其他의 變更】 財團法人의 目的을 達成할 수 없는 때에는 設立者나 理事는 主務官廳의 許可를 얻어 設立의 趣旨를 參酌하여 그 目的 其他 定款의 規定을 變更할 수 있다.

▣ 재단법인의 정관(43), 재단법인의 정관변경(45)

第47條【贈與, 遺贈에 關한 規定의 準用】 ① 生前處分으로 財團法人을 設立하는 때에는 贈與에 關한 規定을 準用한다.

② 遺言으로 財團法人을 設立하는 때에는 遺贈에 關한 規定을 準用한다.

▣ 본조준용(사학13), 출연재산의 귀속시기(48), ① 증여(554-562), ②유언(1060-1111), 유증(1074-1090)

第48條【出捐財産의 歸屬時期】 ① 生前處分으로 財團法人을 設立하는 때에는 出捐財産은 法人이 成立된 때로부터 法人의 財産이 된다.

② 遺言으로 財團法人을 設立하는 때에는 出捐財産은 遺言의 效力이 發生한 때로부터 法人에 歸屬한 것으로 본다.

▣ 본조준용(사학13), 물권의 이전(186-188), 채권양도(449-452 · 508 · 523), ① 생전처분에 의한 재단법인 설립(47①), 주무관청의 설립허가(32), 법인의 성립(33), ② 유언에 의한 재단법인 설립(47②), 유언의효력발생시기(1073)

1. 부동산인 출연재산의 재단법인 귀속시기 민 48조는 재단법인 성립에 있어서 재산 출연자와 법인과의 관계를 상대적으로 결정하는 기준이 되는 규정으로서 출연재산이 부동산인 경우 당사자 사이에는 법인의 성립 외에 등기를 필요로 하는 것이 아니다. 그러나 제3자에 대한 관계에서는 출연행위가 법률행위이므로 출연재산의 법인에의 귀속에는 부동산의 권리에 관해서는 법인 성립 외에 등기를 필요로 한다.(대판(全) 1979.12.11, 78다481, 482)

2. 채권 평가액이 0인 경우 출연의 효과, 유언으로 재단법인 설립한 경우 상속인의 출연재산 처분의 효력 ① 출연자가 자기의 채권을 재단법인의 목적재산으로 일단 출연한 이상 그 채권은 재단법인에 귀속되는 것이고 그 채권에 대한 당사자의 평가액 여하에 따라 출연의 효과가 좌우되는 것은 아니라고 할 것이며, 다만 그 채권이 변제 기타 사유로 이미 소멸하여 존재하지 아니하거나 회수가 불가능한 것이어서 실질적인 재산가치가 전혀 없는 경우에만 재산의 출연이 있다고 볼 수 없을 것이다. ② 유언으로 재단법인을 설립하는 때에는 출연재산은 출연자가 사망한 때로부터 법인에 귀속한다고 되어 있는데, 이것은 출연자의 재산상속인 등이 출연자 사망 후에 출연자의 의사에 반하여 출연재산을 처분함으로써 법인재산이 일실되는 것을 방지하고자 출연자가 사망한 때로 소급하여 법인에 귀속하도록 한 것이므로 출연재산은 재산상속인의 상속재산에 포함되지 않는 것으로서 재산상속인의 출연재산 처분행위는 무권한자의 행위가 될 수밖에 없다.(대판 1984.9.11, 83누578)

3. 재단법인 출연자가 착오를 이유로 출연의 의사표시를 취소할 수 있는지 여부(적극)**, 출연 재산이 기본재산인지 여부와 관계없이 취소권을 행사할 수 있는지 여부**(적극) ① 민 47조 1항에 의하여 생전처분으로 재단법인을 설립하는 때에 준용되는 민 555조는 서면에 의한 증여(출연)의 해제를 제한하고 있으나, 그 해제는 민법 총칙상의 취소와는 요건과 효과가 다르므로 서면에 의한 출연이더라도 민법 총칙규정에 따라 출연자가 착오에 기한 의사표시라는 이유로 출연의 의사표시를 취소할 수 있고, 상대방 없는 단독행위인 재단법인에 대한 출연행위라고 하여 달리 볼 것은 아니다. ② 재단법인에 대한 출연자와 법인과의 관계에 있어서 그 출연행위에 터잡아 법인이 성립되면 그로써 출연재산은 민 48조에 의하여 법인 성립시에 법인에게 귀속되어 법인의 재산이 되는 것이고, 출연재산이 부동산인 경우에 있어서도 위 양당사자 간의 관계에 있어서는 법인의 성립 외에 등기를 필요로 하는 것은 아니라 할지라도, 재단법인의 출연자가 착오를 원인으로 취소를 한 경우에는 출연자는 재단법인의 성립 여부나 출연된 재산의 기본재산인 여부와 관계없이 그 의사표시를 취소할 수 있다.(대판 1999.7.9, 98다9045)

第49條【法人의 登記事項】 ① 法人設立의 許可가 있는 때에는 3週間內에 主된 事務所所在地에서 設立登記를 하여야 한다.

② 前項의 登記事項은 다음과 같다.

1. 目的
2. 名稱
3. 事務所
4. 設立許可의 年月日
5. 存立時期나 解散理由를 定한 때에는 그 時期 또는 事由
6. 資産의 總額
7. 出資의 方法을 定한 때에는 그 方法
8. 理事의 姓名, 住所
9. 理事의 代表權을 制限한 때에는 그 制限

▣ 설립허가(32), 설립등기(33, 상180 · 271 · 317 · 549), 분사무소 설치등기(50), 사무소 이전등기(51), 이사대표권에 대한 제한(41), 변경등기(52, 상40 · 183 · 317③), 해산등기(85, 비송65), 등기사항 공고(54②), 등기 해태의 벌칙(97ⅰ), 등기기간 계산(53 · 부칙6), 등기절차(비송60-67)

第50條【分事務所設置의 登記】 ① 法人이 分事務所를 設置한 때에는 主事務所所在地에서는 3週間內에 分事務所를 設置한 것을 登記하고 그 分事務所所在地에서는 同期間內에 前條第2項의 事項을 登記하고 다른 分事務所所在地에서는 同期間內에 그 分事務所를 設置한 것을 登記하여야 한다.

② 主事務所 또는 分事務所의 所在地를 管轄하는

登記所의 管轄區域內에 分事務所를 設置한 때에는 前項의 期間內에 그 事務所를 設置한 것을 登記하면 된다.

제50조【분사무소(分事務所) 설치의 등기】 법인이 분사무소를 설치한 경우에는 주사무소(主事務所)의 소재지에서 3주일 내에 분사무소 소재지와 설치 연월일을 등기하여야 한다.
(2024.9.20 본조개정)
(2025.1.31 시행)

■ 본조준용(사학13), 등기사항(49②iii, 상181·269·317③·549③), 등기사항(49②)·지점설치의 등기(상181·269·317③·549③), 등기기간의 기산(53·부칙6), 등기해태의 벌칙(97 i), 사무소이전등기(51), 등기절차(비송64)

第51條【事務所移轉의 登記】 ① 法人이 그 事務所를 移轉하는 때에는 舊所在地에서는 3週間內에 移轉登記를 하고 新所在地에서는 同期間內에 第49條第2項에 揭記한 事項을 登記하여야 한다.
② 同一한 登記所의 管轄區域內에서 事務所를 移轉한 때에는 그 移轉한 것을 登記하면 된다.

제51조【사무소 이전의 등기】 ① 법인이 주사무소를 이전한 경우에는 종전 소재지 또는 새 소재지에서 3주일 내에 새 소재지와 이전 연월일을 등기하여야 한다.
② 법인이 분사무소를 이전한 경우에는 주사무소 소재지에서 3주일 내에 새 소재지와 이전 연월일을 등기하여야 한다.
(2024.9.20 본조개정)
(2025.1.31 시행)

■ 본조준용(사학13), 사무소(40iii·43·45②·49②iii·85①), 본점·지점의 이전등기(상182·269·317③·549③), 등기기간의 기산(53·부칙6), 등기해태의 벌칙(97 i), 분사무소설치등기(50), 등기절차(비송64)

第52條【變更登記】 第49條第2項의 事項 中에 變更이 있는 때에는 3週間內에 變更登記를 하여야 한다.

■ 본조준용(사학13), 등기사항(49②), 등기기간의 기산(53·부칙6), 등기사항공고(54②), 등기의 절차(비송64)

제52조의2【직무집행정지 등 가처분의 등기】 이사의 직무집행을 정지하거나 직무대행자를 선임하는 가처분을 하거나 그 가처분을 변경·취소하는 경우에는 주사무소와 분사무소가 있는 곳의 등기소에서 이를 등기하여야 한다.
(2001.12.29 본조신설)

제52조의2【직무집행정지 등 가처분의 등기】 이사의 직무집행을 정지하거나 직무대행자를 선임하는 가처분을 하거나 그 가처분을 변경·취소하는 경우에는 주사무소가 있는 곳의 등기소에서 이를 등기하여야 한다.
(2024.9.20. 본조개정)
(2025.1.31. 시행)

■ 본조준용(사학13)

. 임시이사 및 특별대리인과 직무대행자 선임 절차의 차이 임시이사와 특별대리인은 비송사건절차법에 의하여, 직무대행자는 민사소송법(민사집행법)상의 가처분 규정을 준용하여 선임하는 것으로 각 그 선임절차와 성질이 서로 다른 것이다.(대결 1961.11.6, 4293민재항431)

第53條【登記期間의 起算】 前3條의 規定에 依하여 登記할 事項으로 官廳의 許可를 要하는 것은 그 許可書가 到着한 날로부터 登記의 期間을 起算한다.

■ 등기사항(49②), 주무관청의 허가(32·42②·46), 등기기간(49①·50·51·52·85), 허가서첨부(비송63②·64①)

第54條【設立登記 以外의 登記의 效力과 登記事項의 公告】 ① 設立登記 以外의 本節의 登記事項은 그 登記後가 아니면 第三者에게 對抗하지 못한다.
② 登記한 事項은 法院이 遲滯없이 公告하여야 한다.

■ 본조준용(사학13), 설립등기사항(49②), 그 외 등기사항(50·51·52), 등기사항공고(비송65의2-65의4), 회사등기(상37)

第55條【財産目錄과 社員名簿】 ① 法人은 成立한 때 및 每年 3月內에 財産目錄을 作成하여 事務所에 備置하여야 한다. 事業年度를 定한 法人은 成立한 때 및 그 年度末에 이를 作成하여야 한다.
② 社團法人은 社員名簿를 備置하고 社員의 變更이 있는 때에는 이를 記載하여야 한다.

■ 본조준용(13), 벌칙(97ii), ① 성립시기(33), 재산목록(상30, 사학32, 공익법인11), ② 주주명부(상352·396·557·566)

第56條【社員權의 讓渡, 相續禁止】 社團法人의 社員의 地位는 讓渡 또는 相續할 수 없다.

■ 조합원 지분양도(273①·704), 합명회사사원 지분양도(상197), 합자회사의 유한책임사원 지분양도(상276), 주식양도(상335), 유한회사사원 지분양도(상556)

1. 규약이나 관행에 의한 사원권의 양도·상속 가부 사단법인의 사원의 지위는 양도 또는 상속할 수 없다고 규정한 민56조의 규정은 강행규정이라고 할 수 없으므로, 비법인사단에서도 사원의 지위는 규약이나 관행에 의하여 양도 또는 상속될 수 있다.(대판 1997.9.26, 95다6205)

第3節 機 關

第57條【理事】 法人은 理事를 두어야 한다.

■ 이사임면(40 v ·43, 상382·385·567, 사학20①, 공익법인5②·14②), 이사등기(49②viii), 이사결격자(형43①iv, 사학21①-③)

第58條【理事의 事務執行】 ① 理事는 法人의 事務를 執行한다.
② 理事가 數人인 境遇에는 定款에 다른 規定이 없으면 法人의 事務執行은 理事의 過半數로써 決定한다.

■ 이사의 대표권(59), 공익법인의 이사회(공익법인6-9)

1. 재단법인 이사 표결권의 법적 성질 재단법인의 의결기관인 이사의 표결권은 이를 위임 또는 포기할 수 없는 인격권이다.(대판 1957.3.22, 4290행상9)

2. 정관에 의하지 않은 이사회 소집의 효력 이사회의 소집에 관하여 정관에 다른 규정이 있는 때에는 그에 의하여야 하고 그에 의하지 아니한 이사회의 소집은 무효이다.(대판 1960.4.25, 4291행상58)

3. 임기만료된 이사의 직무수행 민법상 법인과 그 기관인 이사와의 관계는 위임자와 수임자의 법률관계와 같은 것으로서 이사의 임기가 만료되면 일단 그 위임관계는 종료되는

것이 원칙이나, 그 후임 이사 선임시까지 당장 정상적인 활동을 중단하지 않을 수 없고, 이는 민 691조에 규정된 급박한 사정이 있는 때와 같이 볼 수 있으므로 임기 만료되거나 사임한 이사라고 할지라도 그 임무를 수행함이 부적당하다고 인정할 만한 특별한 사정이 없는 한 신임 이사가 선임될 때까지 이사의 직무를 계속 수행할 수 있다.(대판 1996.1.26, 95다40915)

4. 임기만료된 이사의 당연 퇴임 민법상 법인에 있어서 이사의 전원 또는 일부가 임기가 만료되었는데도 후임 이사의 선임이 없는 경우에는 특별한 사정이 없는 한 신임 이사가 선임될 때까지 구 이사가 종전의 임무를 수행케 하는 것이나, 아직 임기가 만료되지 않은 다른 이사들로서 정상적인 법인의 활동을 할 수 있는 경우에는 구태여 구 이사로 하여금 이사로서의 직무를 계속 행사케 할 필요가 없으므로 임기만료된 이사는 당연히 퇴임하는 것으로 볼 것이다.(대판 1983.9.27, 83다카938)

5. 임기만료된 이사의 직무수행의 한계 임기 만료된 재단법인 이사는 특별한 사정이 없는 한 그 후임자가 선임될 때까지 이사의 직무를 수행할 수 있으나 별다른 급박한 사정도 없이 임기만료 전의 현임 이사를 해임하고 그 후임자를 선임하기 위한 이사 및 평의원 연석회의를 스스로 소집하고 이를 제안하는 것과 같은 일은 임기 만료된 이사장에게 수행케 함이 부적당하다.(대판 1982.3.9, 81다614)

6. 부적법한 소집절차에 의한 이사회 결의의 효력 민법상 비영리법인의 이사회 결의가 법령 또는 정관이 정하는 바에 따른 정당한 소집권자가 아닌 자에 의하여 소집되고 적법한 소집절차도 없이 개최되어 이루어진 것이라면 그 결과가 설사 적법한 소집통지를 받지 못한 이사가 출석하여 반대의 표결을 하였던들 이사회 결의의 성립에 영향이 없었다고 하더라도 그 이사회 결의는 당연 무효라 할 것이다.(대판 1987.3.24, 85누973)

7. 무효인 이사회 결의를 전제로 이루어진 이사회 결의의 효력 이사회의 이사선임결의가 정족수에 달하지 못한 이사들에 의하여 이루어진 것으로서 무효인 경우 위 결의가 유효임을 전제로 하여 이루어진 그 후의 이사회 결의 역시 무효인 것이다.(대판 1961.12.3, 4294민재항500)

8. 정관의 특별한 규정에 근거한 이사회 소집 ① 이사가 수인인 민법상 법인의 정관에 대표권 있는 이사만 이사회를 소집할 수 있다고 규정하고 있다고 하더라도 이는 과반수의 이사가 본래 할 수 있는 이사회 소집에 관한 행위를 대표권 있는 이사로 하여금 하게 한 것에 불과하다. 따라서 정관에 다른 이사가 요건을 갖추어 이사회 소집을 요구하면 대표권 있는 이사가 이에 응하도록 규정하고 있는데도 대표권 있는 이사가 다른 이사의 정당한 이사회 소집을 거절하였다면, 대표권 있는 이사만 이사회를 소집할 수 있는 규정은 적용될 수 없다. 이 경우 이사는 정관의 이사회 소집권한에 관한 규정 또는 민법에 기초하여 법인의 사무를 집행할 권한에 의하여 이사회를 소집할 수 있다. ② 민법상 법인의 과반수에 미치지 못하는 이사는 특별한 사정이 없는 한 민 58조 2항에 반하여 이사회를 소집할 수 없다. 반면 과반수에 미치지 못하는 이사가 정관의 특별한 규정에 근거하여 이사회를 소집하거나 과반수의 이사가 민 58조 2항에 근거하여 이사회를 소집하는 경우에는 법원의 허가를 받을 필요 없이 본래적 사무집행권에 기초하여 이사회를 소집할 수 있다.(대결 2017.12.1, 2017그661)

第59條【理事의 代表權】 ① 理事는 法人의 事務에 關하여 各自 法人을 代表한다. 그러나 定款에 規定한 趣旨에 違反할 수 없고 特히 社團法人은 總會의 議決에 依하여야 한다.

② 法人의 代表에 關하여는 代理에 關한 規定을 準用한다.

■ 이사회의 의결사항(공익법인7), ① 이사의 대표권(41 · 49②ix · 60-62 · 64, 상207-209 · 269 · 278 · 389 · 562 · 567), ② 대리에 관한 규정(114-136), 본조준용(사학27 · 42②)

1. 대표이사 아닌 자에 의한 소 취하의 효력 소의 취하가 재단의 적법한 대표이사가 아닌 자에 의한 것이라면 소 취하의 효력이 없으므로 기일지정신청을 받아들여야 한다.(대판 1969.7.29, 67다1608)

2. 법원의 직권조사사항인 대표권 유무 비법인사단이 당사자인 사건에서 대표자에게 적법한 대표권이 있는지 여부는 소송요건에 관한 것으로서 법원의 직권조사사항이므로, 법원에 판단의 기초자료인 사실과 증거를 직권으로 탐지할 의무까지는 없다 하더라도 이미 제출된 자료에 의하여 대표권의 적법성에 의심이 갈만한 사정이 엿보인다면 그에 관하여 심리 · 조사할 의무가 있다.(대판 2011.7.28, 2010다97044)

3. 적법한 대표자 자격이 없는 비법인 사단의 대표자가 한 소송행위를 적법한 대표자가 상고심에서 추인할 수 있는지 여부(적극) 적법한 대표자 자격이 없는 비법인 사단의 대표자가 한 소송행위는 후에 대표자 자격을 적법하게 취득한 대표자가 그 소송행위를 추인하면 행위시에 소급하여 효력을 갖게 되고, 이러한 추인은 상고심에서도 할 수 있다.(대판 2012.4.13, 2011다70169)

4. 법률상 제한되어 있는 대표이사의 행위에 대한 표현대리 규정 준용 여부(소극) 학교법인을 대표하는 이사장이라 하더라도 이사회의 심의 · 결정을 거쳐야 하는 이와 같은 재산의 처분 등에 관하여는 법률상 그 권한이 제한되어 이사회의 심의 · 결정 없이는 이를 대리하여 결정할 권한이 없으므로 이사장이 한 학교법인의 기본재산 처분행위에 관하여는 민 126조의 표현대리에 관한 규정이 준용되지 아니한다.(대판 1983.12.27, 83다548)

5. 대표권 남용행위의 효력(1) 주식회사의 대표이사가 그 대표권의 범위 내에서 한 행위는 설사 대표이사가 회사의 영리목적과 관계없이 자기 또는 제3자의 이익을 도모할 목적으로 그 권한을 남용한 것이라 할지라도 일응 회사의 행위로서 유효하고 다만 그 행위의 상대방이 그와 같은 정을 알았던 경우에는 그로 인하여 취득한 권리를 회사에 대하여 주장하는 것이 신의칙에 반하므로 회사는 상대방의 악의를 입증하여 그 행위의 효과를 부인할 수 있을 뿐이다.(대판 1987.10.13, 86다카1522)

6. 대표권 남용행위의 효력(2) 주식회사의 대표이사가 그 대표권의 범위 내에서 한 행위는 설사 대표이사가 회사의 영리목적과 관계없이 자기 또는 제3자의 이익을 도모할 목적으로 그 권한을 남용한 것이라 할지라도 일단 회사의 행위로서 유효하고, 다만 그 행위의 상대방이 대표이사의 진의를 알았거나 알 수 있었을 때에는 회사에 대하여 무효가 된다.(대판 2005.7.28, 2005다3649)

7. 대표자 선출결의 무효 · 부존재확인청구의 소에서 법인의 대표자 민법상의 법인이나 법인이 아닌 사단 또는 재단의 대표자를 선출한 결의의 무효 또는 부존재 확인을 구하는 소송에서 그 단체를 대표할 자는 의연히 무효 또는 부존재 확인 청구의 대상이 된 결의에 의해 선출된 대표자이나, 그 대표자에 대해 직무집행정지 및 직무대행자선임 가처분이 이루어진 경우에는 그 가처분에 특별한 정함이 없는 한 그 대표자는 그 본안소송에서 그 단체를 대표하는 것을 포함한 일체의 직무집행에서 배제되고 대표자 직무대행자가 그 단체를 대표한다.(대판 1995.12.12, 95다31348)

第60條【理事의 代表權에 對한 制限의 對抗要件】 理事의 代表權에 對한 制限은 登記하지 아니하면 第三者에게 對抗하지 못한다.

■ 이사의 각자대표권(59), 대표권 제한(41), 대표권 제한등기(49②ix), 표현대리(125 · 126 · 129), 무권대리인 책임(135)

1. **대표권 제한의 대항요건** ① 재단법인의 대표자가 그 법인의 채무를 부담하는 계약을 함에 있어서 이사회의 결의를 거쳐 노회와 설립자의 승인을 얻고 주무관청의 인가를 받도록 정관에 규정되어 있다면 그와 같은 규정은 법인 대표권의 제한에 관한 규정으로서 이러한 제한은 등기하지 아니하면 제3자에게 대항할 수 없다. ② 법인의 정관에 법인 대표권의 제한에 관한 규정이 있으나 그와 같은 취지가 등기되어 있지 않다면 법인은 그와 같은 정관의 규정에 대하여 선의냐 악의냐에 관계없이 제3자에 대하여 대항할 수 없다.(대판 1992.2.14, 91다24564)

제60조의2【직무대행자의 권한】 ① 제52조의2의 직무대행자는 가처분명령에 다른 정함이 있는 경우 외에는 법인의 통상사무에 속하지 아니한 행위를 하지 못한다. 다만, 법원의 허가를 얻은 경우에는 그러하지 아니하다.

② 직무대행자가 제1항의 규정에 위반한 행위를 한 경우에도 법인은 선의의 제3자에 대하여 책임을 진다.

(2001.12.29 본조신설)

1. **가처분결정으로 선임된 이사 직무대행자의 법적 지위 및 권한**(구법관계) 민사소송법 714조 2항의 임시의 지위를 정하는 가처분은 권리관계에 다툼이 있는 경우에 권리자가 당하는 위험을 제거하거나 방지하기 위한 잠정적이고 임시적인 조치로서 그 분쟁의 종국적인 판단을 받을 때까지 잠정적으로 법적 평화를 유지하기 위한 비상수단에 불과한 것으로, 가처분결정에 의하여 재단법인의 이사의 직무를 대행하는 자를 선임한 경우에 그 직무대행자는 단지 피대행자의 직무를 대행할 수 있는 임시의 지위에 놓여 있음에 불과하므로, 그 법인을 종전과 같이 그대로 유지하면서 관리하는 한도 내의 통상업무에 속하는 사무만을 행할 수 있다고 하여야 할 것이고, 그 가처분결정에 다른 정함이 있는 경우 외에는 재단법인의 근간인 이사회의 구성 자체를 변경하는 것과 같은 법인의 통상업무에 속하지 아니한 행위를 하는 것은 이러한 가처분의 본질에 반한다.(대판 2000.2.11, 99다30039)

第61條【理事의 注意義務】 理事는 善良한 管理者의 注意로 그 職務를 行하여야 한다.

■ 본조준용(사학27·42②), 수임인의 선관의무(681), 회사와 이사의 관계(상382②·567), 취임승인의 취소(공익법인14②)

1. **법인과 이사의 신뢰관계 상실 사유** 법인의 이사가 그 법인과의 사이에 신뢰관계가 상실되는 사유는 반드시 그 법인 소유의 재산을 부정관리 내지 처분하였을 때에 한하여 생긴다고 좁게 해석할 이유가 없고 법인의 목적사업에 지장을 주는 부정 또는 불성실한 행위로 말미암아 법인의 목적사업 수행에 현저한 지장을 주는 사유도 역시 법인과 이사와의 신임관계에 지장을 주는 사유라고 볼 것이다.(대결 1969.7.12, 69마305)

2. **감독관청의 틀린 법률해석을 따른 임원의 선관주의의무 위반 여부**(소극) 선량한 관리자의 주의라 함은 보통의 주의력을 가진 행위자가 구체적인 상황에서 통상 가져야 할 주의의 정도를 말하는 것이므로, 관할관청의 지휘감독을 받는 법인의 임원들은 감독관청의 법률해석을 신뢰하여 그 명령에 따를 수밖에 없고, 설사 감독관청의 법률해석이 틀린 것이라 하더라도 그 명령을 거부하거나 적법한 행위로 바꾸어 시행한다는 것은 보통의 주의력을 가진 법인의 임원에게는 기대하기 어려운 일이므로 임원들이 법률해석을 잘못한 감독관청의 명령을 따른 데에 선량한 관리자의 주의의무를 위반한 잘못이 없다.(대판 1986.3.26, 84다카1923)

第62條【理事의 代理人 選任】 理事는 定款 또는 總會의 決議로 禁止하지 아니한 事項에 限하여 他人으로 하여금 特定한 行爲를 代理하게 할 수 있다.

■ 본조준용(사학27·42②), 복대리(120-123)

1. **비법인사단 대표자의 포괄적 위임에 따른 수임인의 행위의 효력**(대판 1996.9.6, 94다18522) → 제31조 참조

第63條【臨時理事의 選任】 理事가 없거나 缺員이 있는 境遇에 이로 因하여 損害가 생길 念慮 있는 때에는 法院은 利害關係人이나 檢事의 請求에 依하여 臨時理事를 選任하여야 한다.

■ 이사(40ⅴ·43·49②ⅷ·57), 임시이사(사학25), 이사결원(상386·570)

1. **법인 아닌 사단 또는 재단에 대한 본조의 유추 적용**(대결(全) 2009.11.19, 2008마699) → 제31조 참조

2. **임시이사의 선임 요건** ① 임시이사의 선임을 신청할 수 있는 '이해관계인'이라 함은 임시이사가 선임되는 것에 관하여 법률상의 이해관계가 있는 사로서 그 법인의 다른 이사, 사원 및 채권자 등을 포함한다. ② 임시이사 선임의 요건으로 정하고 있는 '이사가 없거나 결원이 있는 경우'라 함은 이사가 전혀 없거나 정관에서 정한 인원수에 부족이 있는 경우를 말하고, '이로 인하여 손해가 생길 염려가 있는 때'라 함은 통상의 이사선임절차에 따라 이사가 선임되기를 기다릴 때에 법인이나 제3자에게 손해가 생길 우려가 있는 것을 의미한다. ③ 법원이 종교단체에서 이사의 결원으로 발생하는 장해를 방지하기 위하여 임시이사의 형태로 그 조직과 운영에 관여하게 될 때에도 헌법상 종교단체에 보장되는 종교활동의 자유와 자율성이 침해되지 않도록 그 선임요건과 필요성을 인정함에 신중을 기하여야 하며, 특히 그 선임요건으로 '손해가 생길 염려가 있는 때'를 판단할 때에는, 이사의 결원에 이르게 된 경위와 종교단체가 자율적인 방법으로 그 결원을 해결할 수 있는지 여부를 살피고, 아울러 임시이사의 부재로 인하여 혼란이 초래되어 임시이사를 선임하지 아니하는 것이 현저히 정의관념에 반하고 오히려 자유로운 종교활동을 위한 종교단체의 관리·운영에 심각한 장해를 초래하는지 여부 등의 사정을 종합적으로 참작하여야 한다.(대결(全) 2009.11.19, 2008마699)

3. **임시이사 선임 신청할 수 있는 이해관계인의 범위** 임시이사 선임신청을 할 수 있는 이해관계인이라는 것은 임시이사가 선임되는 것에 관하여 법률상의 이해관계가 있는 자, 즉 사건본인 법인의 다른 이사, 사원, 채권자 등을 포함하므로 사건본인 법인의 정당한 최후의 이사였다가 퇴임한 자이거나 이 사건 신청 당시 사건본인 법인의 등기부상의 이사로서 사건본인 법인의 업무처리를 담당해온 자는 이해관계인에 해당한다.(대결 1976.12.10, 76마394)

4. **임시이사의 권한** 법원이 선임한 임시이사는 특히 법원의 결정에 의하여 그 권한에 제한이 없는 이상 일반 이사와 동일한 결의권이 있다.(대판 1963.3.21, 62다800)

5. **임시이사 선임결정에 대한 불복방법** 임시이사 선임결정에 대하여 불복이 있다면 비송사건절차법의 규정에 의하여 불복을 하여야 하므로 임시이사 선임결정 자체가 부당하다는 이유로 일반 민사소송의 방법으로 임시이사 선임결정의 취소를 구하는 것은 부당하다.(대판 1963.12.12, 63다449)

6. **법원의 임시이사 선임의 취소 가부** 법원은 임시이사 선임결정을 한 후에 그 선임결정이 부당하다고 인정될 때에는 이를 취소 또는 변경할 수 있다.(대결 1968.6.28, 68마597)

7. **학교법인 임시이사 선임의 근거법률** 사립학교법에 의하여 설립된 학교법인은 사립학교의 설치 경영만을 목적으로 하여 설립된 특수법인으로서 다른 법률에 의한 법인과는 구별되므로 학교법인의 임시이사선임에 관하여서는 민법의 규정에 우선하여 사립학교법이 적용되어야 한다.(대결 1986.12.4, 86마879)

8. **법원이 선임한 임시이사의 권한 범위** 민법상의 법인에 대하여 민 63조에 의하여 법원이 선임한 임시이사는 원칙적

으로 정식이사와 동일한 권한을 가진다. 다만 학교법인의 경우와 같이, 다른 재단법인에 비하여 자주성이 보장되어야 할 특수성이 있고 사립학교법 등 관련 법률에서도 이를 특별히 보장하고 있어 임시이사의 권한이 통상적인 업무에 관한 사항에 한정된다고 보아야 하는 경우가 있을 뿐이다.(대판 2013.6.13, 2012다40332)

9. 법원이 선임한 비법인사단 임시이사의 권한 비법인사단에 대하여 민 63조에 의하여 법원이 선임한 임시이사는 원칙적으로 정식이사와 동일한 권한을 가진다.(대판 2019.9.10, 2019다208953)

10. 구 사학법 25조 1항에 따라 교육인적자원부장관이 선임한 임시이사에게 정식이사를 선임할 권한이 있는지 여부(소극) ① 구 사학법(2005. 12. 29. 법률 제7802호로 개정되기 전의 것) 25조가 민 63조에 대한 특칙으로서 임시이사의 선임사유, 임무, 재임기간 그리고 정식이사로의 선임제한 등에 관한 별도의 규정을 두고 있는 점 등에 비추어 살펴보면, 구 사학법 25조 1항에 의하여 교육인적자원부 장관이 선임한 임시이사는 이사의 결원으로 인하여 학교법인의 목적을 달성할 수 없거나 손해가 생길 염려가 있는 경우에 임시적으로 그 운영을 담당하는 위기관리자로서, 민법상의 임시이사와는 달리 일반적인 학교법인의 운영에 관한 행위에 한하여 정식이사와 동일한 권한을 가지는 것으로 제한적으로 해석하여야 하고, 따라서 정식이사를 선임할 권한은 없다. ② 한편 학교법인에서 임시이사 선임사유가 해소된 경우의 정상화 방법에 관하여 아무런 규정을 두고 있지 않던 구 사학법 하에서는 민법의 일반 원칙으로 돌아와 해결함이 상당하고, 이는 민 63조에 따라 법원이 정식이사를 선임할 권한이 있는 임시이사를 선임한 후 그 임시이사들이 정식이사를 선임하는 방법 등을 의미한다.(대판 2016.8.29, 2013다204287)

11. 법원이 선임한 임시이사가 도시정비법 85조 5호에서 정한 '조합의 임원'에 해당하는지 여부(적극) 도시정비법 85조 5호는 '제24조의 규정에 의한 총회의 의결을 거치지 아니하고 동조 3항 각 호의 사업을 임의로 추진하는 조합의 임원'을 처벌하도록 정하고 있고, 도시정비법 21조 1항은 조합장 1인과 이사, 감사를 조합의 임원으로 정하고 있는데, 조합에 관하여는 도시정비법에 규정된 것을 제외하고는 민법 중 사단법인에 관한 규정을 준용하도록 하고 있으므로(27조), 조합의 임원인 이사가 없거나 도시정비법과 정관이 정한 이사 수에 부족이 있는 때에는 민 63조의 규정이 준용되어 법원이 임시이사를 선임할 수 있다. 그런데 법원에 의하여 선임된 임시이사는 원칙적으로 정식이사와 동일한 권한을 가지고, 도시정비법이 조합 총회에서 선임된 이사와 임시이사의 권한을 특별히 달리 정한 규정을 두고 있지도 않다. 이러한 점과 더불어 총회의결사항에 관하여 의결을 거치지 않고 임의로 추진한 조합 임원을 처벌하는 규정을 둔 도시정비법의 취지를 함께 살펴보면, 법원이 선임한 임시이사도 도시정비법 85조 5호에서 정한 '조합의 임원'에 해당한다.(대판 2016.10.27, 2016도138)

12. 대표권이 전속된 이사장이나 그 직무대행자로 정한 부이사장이 없거나 결원이 있어 법인이나 제3자에게 손해가 생길 염려가 있는 경우, 법원이 민 63조에 따라 대표권이 전속된 임시 이사장이나 그 직무대행자인 임시 부이사장을 선임할 수 있는지 여부(적극) ① 대표권이 전속된 이사장이나 그 직무대행자로 정한 부이사장이 없거나 결원이 있으며, 이로 인하여 손해가 생길 염려가 있는 때에는 법원은 민 63조에 따라 법인의 대표권이 전속된 임시 이사장이나 그 직무대행자인 임시 부이사장을 선임할 수 있다. ② 이 경우 법원은 대표권이 전속된 이사장이나 그 직무대행자가 없거나 결원에 이르게 된 경위, 대표권 행사에 관한 정관의 규정 내용, 정관에서 정한 적법한 직무대행자의 존재 여부, 종전 대표자나 그 직무대행자가 그 임기 만료 후 직무를 계속 수행함이 부적당하다고 인정할 만한 사정이 있는지 여부 등을 살피고, 아울러 정관에서 정한 통상적인 선임절차인 총회를 통해 법인이 자율적인 방법으로 그 결원을 해결할 수 있는지, 대표권이 전속된 이사장이나 그 직무대행자의 부재로 인하여 법인의 관리·운영에 혼란이나 장해가 있는지 여부 등의 사정을 종합적으로 참작하여 위 임시 이사장 등의 선임 요건과 필요성을 판단해야 한다.(대결 2018.11.20, 2018마5471)

第64條【特別代理人의 選任】 法人과 理事의 利益이 相反하는 事項에 關하여는 理事는 代表權이 없다. 이 境遇에는 前條의 規定에 依하여 特別代理人을 選任하여야 한다.

▣ 본조준용(사학27·42②), 이사대표권(59), 쌍방대리(124, 상398·564③), 이사에 대한 소(상394)

1. 상법상 회사에 적용 여부(소극) 본조의 규정은 상법상 회사에 적용된다 할 수 없다.(대판 1962.1.11, 4294민상558)

2. 사단법인의 이사장 직무대행자가 개인의 입장에서 그 사단법인을 상대로 소송을 하는 행위 이사장등직무집행정지가처분에 의하여 선임된 사단법인의 이사장 직무대행자는 위 법인에 대하여 이사와 유사한 권리의무와 책임을 부담하므로, 위 법인과의 사이에 이익이 상반하는 사항에 관하여는 민 64조가 준용되고, 위 법인의 이사장 직무대행자가 개인의 입장에서 원고가 되어 법인을 상대로 소송을 하는 경우에는 민 64조가 규정하는 이익상반 사항에 해당한다.(대판 2003.5.27, 2002다69211)

第65條【理事의 任務懈怠】 理事가 그 任務를 懈怠한 때에는 그 理事는 法人에 對하여 連帶하여 損害賠償의 責任이 있다.

▣ 본조준용(사학27·42②), 이사임무(58·59·61), 연대채무(413-427), 손해배상책임(750), 취임승인의 취소(공익법인14②)

第66條【監事】 法人은 定款 또는 總會의 決議로 監事를 둘 수 있다.

▣ 감사제의 강제(공익법인5①), 감사직무(67, 상409-415의2·568-570, 공익법인10), 감사결격자(형43①iv, 사학21④)

第67條【監事의 職務】 監事의 職務는 다음과 같다.

1. 法人의 財産狀況을 監査하는 일
2. 理事의 業務執行의 狀況을 監査하는 일
3. 財産狀況 또는 業務執行에 關하여 不正, 不備한 것이 있음을 發見한 때에는 이를 總會 또는 主務官廳에 報告하는 일
4. 前號의 報告를 하기 爲하여 必要있는 때에는 總會를 召集하는 일

▣ 감사(66), 벌칙(97iv), 감사직무(사학19④, 공익법인10), 감사권한(상412·413·569·570)

第68條【總會의 權限】 社團法人의 事務는 定款으로 理事 또는 其他 任員에게 委任한 事項外에는 總會의 決議에 依하여야 한다.

▣ 이사대표권과 총회의결(59①), 총회(67iv·69·70), 총회결의(72·73·75), 의사록(76)

1. 사단법인의 재산처분시 사원총회의 결의 필요 여부(소극) 민법상의 사단법인에 있어서는 비록 그 재산이 중요하고 유일한 것이라 하여도 그 처분에 있어 반드시 사원총회의 결의를 필요로 하는 것은 아니고 법인의 정관에 그와 같은 취지의 기재가 있다 하여도 그것은 내부관계에서 효력을 가지는데 불과하다. 재산의 처분에 총회의 결의가 있어야 유효하다는 것을 대외적으로 주장하려면 법인대표자의 대표권을 제한하여 총회의 결의를 필요로 하는 취지의 대표권 제한을 등기함으로써만 가능하다.(대판 1975.4.22, 74다410)

2. 교인 일부에 의한 결의의 효력 교인 일부의 탈퇴 및 타

파에의 가입결의는 그 결의에 찬동한 교인 개개인의 탈퇴 내지는 타파 가입으로서는 효력이 있다 할지라도 이 결의에 가담하지 아니한 교인에까지 효력이 있다 할 수 없고 따라서 교회의 총의라고도 할 수 없다.(대판 1978.10.10, 78다716)

3. 일반 사찰의 의사결정방법 일반적인 사찰은 사설 사찰과는 달리 법인격 없는 사단이나 재단으로서 사찰과 소속종단, 종파와의 법률관계는 그 형성시에 있어서는 물론이고 그 단절을 의미하는 탈퇴시에 있어서도 당해 사찰의 적법한 의사결정방법에 의해서만 가능한 것이지 주지 한 사람만의 의사결정에 의하여 좌우될 수 없다.(대판 1989.10.10, 89다카2902)

4. 비법인사단이 사원총회 결의 없이 제기한 소송의 적법 여부 비법인사단이 총유재산에 관한 소송을 제기할 때에는 정관에 다른 정함이 있다는 등의 특별한 사정이 없는 한 사원총회 결의를 거쳐야 하는 것이므로, 비법인사단이 이러한 사원총회 결의 없이 그 명의로 제기한 소송은 소송요건이 흠결된 것으로서 부적법하다.(대판 2011.7.28, 2010다97044)

5. 종중이 총회결의에 의하지 않고 타인에게 기한을 정하지 않은 채 건축물을 목적으로 하는 토지의 사용권을 부여한 경우 ① 총유물의 처분이라 함은 '총유물을 양도하거나 그 위에 물권을 설정하는 등의 행위'를 말하므로, 그에 이르지 않은 단순히 '총유물의 사용권을 타인에게 부여하거나 임대하는 행위'는 원칙적으로 총유물의 처분이 아닌 관리행위에 해당한다고 보아야 한다. ② 한편 민 619조에 의하면 일정 기한의 범위 안에서 다른 사람에게 토지를 임대할 수 있으므로, 종중이 종중총회의 결의에 의하지 않고 타인에게 기한을 정하지 않은 채 건축물을 목적으로 하는 토지의 사용권을 부여하였다고 하더라도 이를 곧 처분행위로 단정하여 전체가 무효라고 볼 것이 아니라 관리권한에 기하여 사용권의 부여가 가능한 범위 내에서는 관리행위로서 유효할 여지가 있다고 봄이 타당하다.(대판 2012.10.25, 2010다56586)

6. 종중의 토지에 대한 수용보상금을 종중총회의 결의에 의하여 분배할 수 있는지 여부(적극) ① 비법인사단인 종중의 토지에 대한 수용보상금은 종원의 총유에 속하고, 그 수용보상금의 분배는 총유물의 처분에 해당하므로, 정관 기타 규약에 달리 정함이 없는 한 종중총회의 결의에 의하여 그 수용보상금을 분배할 수 있고, 그 분배 비율, 방법, 내용 역시 결의에 의하여 자율적으로 결정할 수 있다. ② 그러나 종중재산을 분배함에 있어 단순히 남녀 성별의 구분에 따라 그 분배 비율, 방법, 내용에 차이를 두는 것은 남녀평등을 실현할 것을 요구하는 우리의 전체 법질서에 부합하지 아니한 것으로 정당성과 합리성이 없어 무효라고 할 것이다.(대판 2010.9.30, 2007다74775)

第69條【通常總會】 社團法人의 理事는 每年 1回 以上 通常總會를 召集하여야 한다.

▣ 총회(68·71-76), 회사 통상총회(상365①②·571·576)

第70條【臨時總會】 ① 社團法人의 理事는 必要하다고 認定한 때에는 臨時總會를 召集할 수 있다.

② 總社員의 5分의 1 以上으로부터 會議의 目的事項을 提示하여 請求한 때에는 理事는 臨時總會를 召集하여야 한다. 이 定數는 定款으로 增減할 수 있다.

③ 前項의 請求있는 後 2週間內에 理事가 總會召集의 節次를 밟지 아니한 때에는 請求한 社員은 法院의 許可를 얻어 이를 召集할 수 있다.

▣ 총회(68·71-76), 감사의 총회소집(67ⅳ), 회사의 임시총회(상365③·71단·578), 소수 주주에 의한 총회소집청구(상366·572), 법원의 허가(상366②·572③)

1. 종중대표자 아닌 자에 의한 종중회의의 적법 여부(소극) 정당한 종중총회 산회 이후의 종중대표자 아닌 자에 의한 같은 일시의 종중회의의 개최진행은 종중의 정기총회 또는 임시총회로서 적법한 것이라고 볼 수 없다.(대판 1979.4.24, 77다1173)

2. 선정당사자 선정이 무효인 경우 선정된 자에 의한 임시총회 소집허가신청의 적법여부(소극)(구법관계) 토지구획정리조합의 조합원 2분의 1 이상이 선정한 선정당사자가 민 70조 2항, 3항과 위 토지구획정리조합의 정관 20조 3항에 따라 조합원임시총회 소집허가신청을 한 경우, 선정당사자에 관한 민소 49조의 규정은 비송사건절차법이 적용되는 비송사건에는 준용되거나 유추적용되지 않으므로 위 조합원들이 선정당사자를 선정한 행위는 효력이 없고, 따라서 위 신청은 선정된 자가 단독으로 한 것에 불과하여 임시총회 소집허가신청의 정수에 미달하므로 부적법하다.(대결 1990.12.7, 90마674, 90마카11)

3. 법원의 소집허가에 의하여 개최된 종중 임시총회에서 결의할 수 있는 사항의 범위 법원의 소집허가에 의하여 개최된 종중 임시총회에서는 법원의 소집허가결정 및 소집통지서에 기재된 회의목적사항과 이에 관련된 사항에 관하여 결의할 수 있다.(대판 1993.10.12, 92다50799)

4. 민 70조 3항을 민법상 법인의 이사회 소집에 유추적용할 수 있는지(소극) 민 70조 3항은, 사단법인의 최고의결기관인 사원총회의 구성원들이 사원권에 기초하여 일정한 요건을 갖추어 최고의결기관의 의사를 결정하기 위한 회의의 개최를 요구하였는데도 집행기관인 이사가 절차를 밟지 않는 경우에 법원이 후견적 지위에서 소수사원의 임시총회 소집권을 인정한 법률의 취지를 실효성 있게 보장하기 위한 규정이다. 따라서 위 규정을 구성과 운영의 원리가 다르고 법원이 후견적 지위에서 관여하여야 할 필요성을 달리하는 민법상 법인의 집행기관인 이사회 소집에 유추적용할 수 없다.(대결 2017.12.1, 2017그661)

第71條【總會의 召集】 總會의 召集은 1週間前에 그 會議의 目的事項을 記載한 通知를 發하고 其他 定款에 定한 方法에 依하여야 한다.

▣ 회의의 목적사항과 결의(72)

1. 회합일과 장소가 미리 약정된 경우 소집통지 없는 의결의 효력 문중원이 매년 1회씩 일정한 일시에 일정한 장소에서 정기적으로 회합하여 문중일을 처리키로 미리 약정이 되어 있는 경우에는 따로 소집통지나 의결사항을 통지하지 않더라도 그 회의 의결을 무효라 할 수 없다.(대판 1970.2.24, 69다1774)

2. 서면에 의하지 않은 소집통지의 효력 사단법인의 신임회장을 조속히 선임하여 실추된 명예를 회복하고 업무의 공백을 메워야 할 형편에 있어 정관 소정의 기한 내에 전화로 안건을 명시하여 총회 소집통보를 하였으며 또한 총회구성원들 모두가 총회결의에 관하여 아무런 이의를 제기하지 아니하였다면 총회 소집통지를 서면에 의하지 아니하고 전화로 하였다는 경미한 하자만으로는 총회의 결의를 무효라고 할 수 없다.(대판 1987.5.12, 86다카2705)

3. 법원의 소집허가에 의하여 개최된 종중 임시총회에서 결의할 수 있는 사항의 범위(대판 1993.10.12, 92다50799) → 제70조 참조

4. 종중 총회의 소집에서 회의의 목적사항 기재의 정도 종중 총회를 소집함에 있어 회의의 목적사항을 기재하도록 하는 취지는 종중원이 결의를 할 사항이 사전에 무엇인가를 알아 회의에의 참석 여부나 결의사항에 대한 찬반의사를 미리 준비하게 하는 데 있으므로 회의의 목적사항은 종중원이 의안이 무엇인가를 알기에 족한 정도로 구체적으로 기재하면 족하다.(대판 1993.10.12, 92다50799)

5. 종중총회 소집통지의 방법 및 일부 종중원에 대한 소집통지를 결여한 종중총회 결의의 효력(무효) 종중총회는 특별

한 사정이 없는 한 족보에 의하여 소집통지 대상이 되는 종중원의 범위를 확정한 후 국내에 거주하여 소재가 분명하여 연락통지가 가능한 모든 종중원에게 개별적으로 소집통지를 함으로써 각자가 회의와 토의와 의결에 참가할 수 있는 기회를 주어야 하고, 일부 종중원에게 소집통지를 결여한 채 개최된 종중총회의 결의는 효력이 없다. 그러나 그 소집통지의 방법은 반드시 직접 서면으로 하여야만 하는 것은 아니고 구두 또는 전화로 하여도 되고 다른 종중원이나 세대주를 통하여 하여도 무방하다.(대판 2000.2.25, 99다20155)

6. 사단법인에서 소집·개최 절차 없이 서면만으로 한 총회 결의의 효력 사단법인의 총회 결의는 소집·개최 절차가 이루어진 총회에 사원들이 참석하여 결의하는 것을 원칙적인 방법으로 한다. 총회의 소집·개최 절차를 진행하지 않은 채 목적사항을 서면통지하고 그에 대한 단순한 찬반투표만을 서면으로 받아 다수를 얻는 쪽으로 의사를 결정하는 방식으로 이루어지는 서면결의는 총회에 참석하여 목적사항을 적극적으로 토론하고 결의함으로써 사단법인 사무 운영에 자신의 의사를 반영하도록 하는 사원권의 행사를 제한할 수 있다. 민법상 사단법인에서 법률이나 정관에 정함이 없는데도 소집·개최 절차 없이 서면만으로 총회 결의를 한 경우에는 특별한 사정이 없는 한 결의에 중대한 하자가 있다고 보아야 한다.(대판 2024.6.27, 2023다254984)

第72條【總會의 決議事項】 總會는 前條의 規定에 依하여 通知한 事項에 關하여서만 決議할 수 있다. 그러나 定款에 다른 規定이 있는 때에는 그 規定에 依한다.

■ 소집방법(71)

1. 해임결의요구 없이 이루어진 해임결의의 효력 정관상 요구되는 평의원 재적 3분의 2 이상의 임원 해임결의요구가 없었음에도 이사 및 평의원 연석회의에서 이루어진 그 해임결의는 무효이고, 그 해임결의를 가지고 위 해임결의 요구의 의사가 있었던 것과 같이 간주하거나 또는 그 요구흠결의 하자가 치유된 것으로 볼 수 없다.(대판 1982.3.9, 81다614)

第73條【社員의 決議權】 ① 各 社員의 決議權은 平等으로 한다.

② 社員은 書面이나 代理人으로 決議權을 行使할 수 있다.

③ 前2項의 規定은 定款에 다른 規定이 있는 때에는 適用하지 아니한다.

■ 결의권(74), 주주의결권(상369), 유한회사사원의 의결권(상575), 의결권행사(상368③·578)

1. 종중총회의 결의방법에 있어 위임장 제출방식에 의한 결의권 행사 종중총회의 결의방법에 있어 종중규약에 다른 규정이 없는 이상 종원은 서면이나 대리인으로 결의권을 행사할 수 있으므로 일부 종원이 총회에 직접출석하지 아니하고 다른 출석종원에 대한 위임장 제출방식에 의하여 종중의 대표자선임 등에 관한 결의권을 행사하는 것도 허용된다.(대판 1993.1.26, 91다44902)

第74條【社員이 決議權없는 境遇】 社團法人과 어느 社員과의 關係事項을 議決하는 境遇에는 그 社員은 決議權이 없다.

■ 주주총회의 경우(상368④), 유한회사사원 총회의 경우(상578)

1. 법인과 이사와의 관계사항 의결시 이사의 의결권 존부(소극) 민 74조의 유추해석상 민법상 법인의 이사회에서 법인과 어느 이사와의 관계사항을 의결하는 경우에는 그 이사는 의결권이 없다.(대판 2009.4.9, 2008다1521)

第75條【總會의 決議方法】 ① 總會의 決議는 本法 또는 定款에 다른 規定이 없으면 社員 過半數의 出席과 出席社員의 決議權의 過半數로써 한다.

② 第73條第2項의 境遇에는 當該社員은 出席한 것으로 한다.

■ 결의권(73), 본법의 다른 규정(42①·78), 주주총회 결의방법(상368), 유한회사 결의방법(상574)

1. 종원 과반수에 미치지 않으나 관례에 따른 결의의 효력 종중총회의 참석자가 전체 종원의 과반수에 미치지 못했다 하더라도 그 총회가 종중의 관례에 따라 결의한 것이 분명한 이상 그 총회의 소집결의는 적법하다.(대판 1978.7.25, 78다1045)

2. 민법상 사단법인 총회의 표결 및 집계방법 민법상 사단법인 총회의 표결 및 집계방법에 관하여는 법령에 특별한 규정이 없으므로, 정관에 다른 정함이 없으면 개별 의안마다 표결에 참석한 사원의 성명을 특정할 필요는 없고, 표결에 참석한 사원의 수를 확인한 다음 찬성·반대·기권의 의사표시를 거수, 기립, 투표 기타 적절한 방법으로 하여 집계하면 된다.(대판 2011.10.27, 2010다88682)

第76條【總會의 議事錄】 ① 總會의 議事에 關하여는 議事錄을 作成하여야 한다.

② 議事錄에는 議事의 經過, 要領 및 結果를 記載하고 議長 및 出席한 理事가 記名捺印하여야 한다.

③ 理事는 議事錄을 主된 事務所에 備置하여야 한다.

■ 통상총회(69), 임시총회(67ⅳ·70), 벌칙(97ⅴ), 주주총회 의사록(상373), 유한회사 사원총회 의사록(상578), 주된 사무소(49②3)

1. 의사록에 의한 의사의 결과, 요령, 결과의 증명 법인의 총회 또는 이사회 등의 의사에는 의사록을 작성하여야 하고 의사록에는 의사의 경과, 요령 및 결과 등을 기재하고 이와 같은 의사의 경과, 요령 및 결과 등은 의사록을 작성하지 못하였다던가 또는 이를 분실하였다는 등의 특단의 사정이 없는 한 이 의사록에 의하여서만 증명된다.(대판 1984.5.15, 83다카1565)

第4節 解 散

第77條【解散事由】 ① 法人은 存立期間의 滿了, 法人의 目的의 達成 또는 達成의 不能 其他 定款에 定한 解散事由의 發生, 破産 또는 設立許可의 取消로 解散한다.

② 社團法人은 社員이 없게 되거나 總會의 決議로도 解散한다.

■ 해산사유(상227·269·285①·517·609①, 사학34), 해산과 청산(81), 해산감독(95), 해산등기(85, 비송65), 해산신고(86), 1 존립시기 기타 해산사유(40ⅶ·49②ⅴ), 법인의 파산(79·93·97ⅵ, 회생파산306), 설립허가취소(38, 공익법인16), 해산명령(상176, 비송33②, 사학34①ⅴ·47), 2 해산결의(78)

第78條【社團法人의 解散決議】 社團法人은 總社員 4分의 3 以上의 同意가 없으면 解散을 決議하지 못한다. 그러나 定款에 다른 規定이 있는 때에는 그 規定에 依한다.

■ 결의로 인한 해산(77②, 상227ⅱ·269·517ⅱ·609①ⅱ)

第79條【破産申請】 法人이 債務를 完濟하지 못하게 된 때에는 理事는 遲滯없이 破産申請을 하여야 한다.

■ 본조준용(사학42①), 파산과 해산(77①), 청산법인 파산(93), 벌칙(97ⅵ), 신청권자(회생파산295), 파산선고절차(회생파산306·310-314)

第80條【殘餘財産의 歸屬】 ① 解散한 法人의 財産은 定款으로 指定한 者에게 歸屬한다.

② 定款으로 歸屬權利者를 指定하지 아니하거나 이를 指定하는 方法을 定하지 아니한 때에는 理事 또는 淸算人은 主務官廳의 許可를 얻어 그 法人의 目的에 類似한 目的을 爲하여 그 財産을 處分할 수 있다. 그러나 社團法人에 있어서는 總會의 決議가 있어야 한다.
③ 前2項의 規定에 依하여 處分되지 아니한 財産은 國庫에 歸屬한다.

▣ 특별규정(사학35, 공익법인13), 청산인 업무(87①iii), ① 조합·회사의 경우(724②, 상247①·269·538·612), ② 총회결의(72-75), ③ 상속재산의 국가귀속(1058)

1. 법인 해산시 잔여재산의 귀속권리자 본조 1항과 2항의 각 규정 내용을 대비하여 보면, 법인 해산시 잔여재산의 귀속권리자를 직접 지정하지 아니하고 사원총회나 이사회의 결의에 따라 이를 정하도록 하는 등 간접적으로 그 귀속권리자의 지정방법을 정해 놓은 정관 규정도 유효하다.(대판 1995.2.10, 94다13473)

第81條【淸算法人】 解散한 法人은 淸算의 目的範圍內에서만 權利가 있고 義務를 負擔한다.

▣ 본조준용(사학42①), 해산과 청산(77·82), 청산종결등기와 신고(94, 사학42①)

1. 청산에 관한 규정의 법적 성질 민 80조, 81조, 87조와 같은 청산절차에 관한 규정은 모두 제3자의 이해관계에 중대한 영향을 미치기 때문에 소위 강행규정이라고 해석되므로 만일 청산법인이나 그 청산인이 청산법인의 목적범위 외의 행위를 한 때는 무효이다.(대판 1980.4.8, 79다2036)

2. 청산 중의 비법인사단의 성격 및 권리능력 비법인사단에 해산사유가 발생하였다고 하더라도 곧바로 당사자능력이 소멸하는 것이 아니라 청산사무가 완료될 때까지 청산의 목적범위 내에서 권리·의무의 주체가 되고, 이 경우 청산 중의 비법인사단은 해산 전의 비법인사단과 동일한 사단이고 다만 그 목적이 청산 범위 내로 축소된 데 지나지 않는다.(대판 2007.11.16, 2006다41297)

3. 부당하게 박탈된 임차권 회복이 청산 목적 범위 내인지 여부(적극) 해산된 법인이 부당하게 박탈된 귀속재산의 임차권을 회복하여 관리당국과 다시 임대차계약을 체결하는 것은 그 청산의 목적 범위를 일탈하는 것이 아니다.(대판 1957.1.11, 4289행상70)

4. 청산중인 법인이 경락인이 될 수 있는지 여부(소극) 청산중에 있는 법인은 부동산경매에 있어서 경락인이 될 수 없다.(대결 1959.5.6, 4292민재항8)

5. 청산절차가 종료되지 않은 구법인과 신법인의 관계 사단법인의 구성원들이 그 법인을 해산하고 신법인을 결성한 경우 구법인과 신법인의 구성원이 동일하고 그 두 법인의 임원과 대표자가 일시 부분적으로 중복된 때가 있었으며 두 법인의 설립목적이 같고 구법인이 해산하면서 그 재산을 신법인에 승계시키기로 결의하고 신법인이 구법인의 재산을 사실상 인수하여 관리한 바 있더라도 구법인이 그 청산절차를 종료하지 않은 이상 의연히 법인으로 존속하므로 구법인과 신법인과는 별개의 법인으로 보아야 한다.(대판 1989.8.8, 88다카26123)

6. 파산절차 종료 후 적극재산이 잔존하는 경우 법인의 존속 법인에 대한 파산절차가 잔여 재산없이 종료되면 청산종결의 경우와 마찬가지로 그 인격이 소멸한다고 할 것이나, 아직도 적극재산이 잔존하고 있다면 법인은 그 재산에 관한 청산목적의 범위 내에서는 존속한다.(대판 1989.11.24, 89다카2483)

第82條【淸算人】 法人이 解散한 때에는 破産의 境遇를 除하고는 理事가 淸算人이 된다. 그러나 定款 또는 總會의 決議로 달리 定한 바가 있으면 그에 依한다.

▣ 본조준용(사학42①), 청산인(상251·287·531①·613), 법인의 파산(79·93), 법원에 의한 청산인 선임(83), 청산인 결격(형43①iv), 청산절차등(비송117-128)

第83條【法院에 의한 淸算人의 選任】 前條의 規定에 의하여 淸算人이 될 者가 없거나 淸算人의 缺員으로 인하여 損害가 생길 念慮가 있는 때에는 法院은 職權 또는 利害關係人이나 檢事의 請求에 의하여 淸算人을 選任할 수 있다.

▣ 본조준용(사학42①), 통상시의 청산인(82), 청산인(상252·269·531②·613①), 선임절차(비송36·119·121), 청산인 결격(형43①iv)

第84條【法院에 依한 淸算人의 解任】 重要한 事由가 있는 때에는 法院은 職權 또는 利害關係人이나 檢事의 請求에 依하여 淸算人을 解任할 수 있다.

▣ 본조준용(사학42①), 청산인(82·83), 해산·청산과 법원의 감독(95), 청산인해임(비송36·119·121, 상261·262·269·539·613②)

第85條【解散登記】 ① 淸算人은 破産의 境遇를 除하고는 그 就任後 3週間內에 解散의 事由 및 年月日, 淸算人의 姓名 및 住所와 淸算人의 代表權을 制限한 때에는 그 制限을 主된 事務所 및 分事務所所在地에서 登記하여야 한다.
② 第52條의 規定은 前項의 登記에 準用한다.

> **제85조【해산등기】** ① 청산인은 법인이 파산으로 해산한 경우가 아니면 취임 후 3주일 내에 다음 각 호의 사항을 주사무소 소재지에서 등기하여야 한다.
> 1. 해산 사유와 해산 연월일
> 2. 청산인의 성명과 주소
> 3. 청산인의 대표권을 제한한 경우에는 그 제한
>
> ② 제1항의 등기에 관하여는 제52조를 준용한다.
> (2024.9.20. 본조개정)
> (2025.1.31. 시행)

▣ 본조준용(사학42①), ① 법인파산(79·93), 해산신고(86), 해산원인(77), 등기해태와 벌칙(97 i), 해산등기(비송65), 회사의 경우(상228·233·253·269·285③·530①·542①·613①), ② 변경등기(52)

1. 청산사무를 종결하였으나 해산등기를 안 한 경우 제3자에게 법인 소멸 주장 가부 법인이 해산결의를 하고 청산사무를 종결하였다고 하여도 해산등기를 마친 바 없는 이상 제3자에 대하여 법인의 소멸을 주장할 수 없다.(대판 1984.9.25, 84다카493)

第86條【解散申告】 ① 淸算人은 破産의 境遇를 除하고는 그 就任後 3週間內에 前條第1項의 事項을 主務官廳에 申告하여야 한다.
② 淸算中에 就任한 淸算人은 그 姓名 및 住所를 申告하면 된다.

▣ 본조준용(사학42①), 청산인(82·83), 해산원인(77), 등기해태와 벌칙(97 i), 해산등기(상228·233·238·243·285·528·530·603·613)

第87條【淸算人의 職務】 ① 淸算人의 職務는 다음과 같다.
1. 現存事務의 終結
2. 債權의 推尋 및 債務의 辨濟
3. 殘餘財産의 引渡

② 淸算人은 前項의 職務를 行하기 爲하여 必要한

모든 行爲를 할 수 있다.

■ 본조준용(사학42①), 청산인(82·83), 잔여재산(80·92), 청산법인능력(81), 조합의 청산(724), 회사의 경우(상254·269·542·613)

第88條【債權申告의 公告】 ① 淸算人은 就任한 날로부터 2月內에 3回 以上의 公告로 債權者에 對하여 一定한 期間內에 그 債權을 申告할 것을 催告하여야 한다. 그 期間은 2月 以上이어야 한다.

② 前項의 公告에는 債權者가 期間內에 申告하지 아니하면 淸算으로부터 除外될 것을 表示하여야 한다.

③ 第1項의 公告는 法院의 登記事項의 公告와 同一한 方法으로 하여야 한다.

■ 본조준용(1032②·1040③·1046②, 사학42①), 벌칙(97vii), 청산으로부터 제외된 채권(92), 공고(54②)

第89條【債權申告의 催告】 淸算人은 알고 있는 債權者에게 對하여는 各各 그 債權申告를 催告하여야 한다. 알고 있는 債權者는 淸算으로부터 除外하지 못한다.

■ 본조준용(1032②·1040③·1046②, 사학42①), 공고(88), 벌칙(97vii), 회사의 경우(상535·613)

1. 채무자가 알고 있는 채권자 손해배상채권자가 채무자인 법인 해산결의이전에 손해배상청구의 소송을 제기한 이상 민 89조에서 말하는 채무자가 알고 있는 채권자에 해당한다.(대판 1964.6.16, 64다5)

第90條【債權申告期間內의 辨濟禁止】 淸算人은 第88條第1項의 債權申告期間內에는 債權者에 對하여 辨濟하지 못한다. 그러나 法人은 債權者에 對한 遲延損害賠償의 義務를 免하지 못한다.

■ 본조준용(사학42①), 벌칙(97v), 채권신고기간(88①), 이행기와 이행지체(387), 회사의 경우(상536·613)

第91條【債權辨濟의 特例】 ① 淸算 中의 法人은 辨濟期에 이르지 아니한 債權에 對하여도 辨濟할 수 있다.

② 前項의 境遇에는 條件있는 債權, 存續期間의 不確定한 債權 其他 價額의 不確定한 債權에 關하여는 法院이 選任한 鑑定人의 評價에 依하여 辨濟하여야 한다.

■ 본조준용(사학42①), [1] 기한의 이익(153①), [2] 조건부권리(148·149), 이자계산(379, 상259②③·269·542①·613①)

第92條【淸算으로부터 除外된 債權】 淸算으로부터 除外된 債權者는 法人의 債務를 完濟한 後 歸屬權利者에게 引渡하지 아니한 財産에 對하여서만 辨濟를 請求할 수 있다.

■ 본조준용(사학42①), 잔여재산귀속 및 인도(80·87①iii), 회사의 경우(상267②·269·537·613①)

第93條【淸算中의 破産】 ① 淸算中 法人의 財産이 그 債務를 完濟하기에 不足한 것이 分明하게 된 때에는 淸算人은 遲滯없이 破産宣告를 申請하고 이를 公告하여야 한다.

② 淸算人은 破産管財人에게 그 事務를 引繼함으로써 그 任務가 終了한다.

③ 第88條第3項의 規定은 第1項의 公告에 準用한다.

■ 본조준용(사학42①), 벌칙(97vi·97vii), 법인채무 초과와 파산(79), 파산신청권자(회생파산295), 법인해산 후의 파산신청(회생파산298)

第94條【淸算終結의 登記와 申告】 淸算이 終結한 때에는 淸算人은 3週間內에 이를 登記하고 主務官廳에 申告하여야 한다.

■ 본조준용(사학42①), 청산인(82·83), 청산종결과 법인격 소멸(81), 회사의 청산종결(상264·269·540·542①·613①)

1. 청산종결 등기 후에도 법인이 소멸되지 않았다고 보는 경우 법인이 해산하고 그 청산종결로 인한 등기를 마쳤다 할지라도 타인 소유의 부동산이 그 법인 명의로 원인흠결의 소유권이전등기가 경료되어 있고 그 등기의 말소를 구하는 소가 계속중인 이상 그 말소의무의 존부에 관한 한 법인은 아직 소멸되지 않는다.(대판 1969.11.25, 69다1432; 대판 1980.4.8, 79다2036)

2. 법인의 권리능력 소멸시기 회사가 부채과다로 사실상 파산지경에 있어 업무도 수행하지 아니하고 대표이사나 그 외의 이사도 없는 상태에 있다고 하여도 적법한 해산절차를 거쳐 청산을 종결하기까지는 법인의 권리능력이 소멸한 것으로 볼 수 없다.(대판 1985.6.25, 84다카1954)

第95條【解散, 淸算의 檢査, 監督】 法人의 解散 및 淸算은 法院이 檢査, 監督한다.

■ 본조준용(사학42①), 주무관청감독(32·37·38·42②·45③·46·80·94), 법원감독(83·84, 비송33), 벌칙(97iii), 법원의 검사(비송35)

第96條【準用規定】 第58條第2項, 第59條 乃至 第62條, 第64條, 第65條 및 第70條의 規定은 淸算人에 이를 準用한다.

■ 이사의 사무집행(58②), 이사의 대표권(59·60), 직무대행자(60의2), 이사의 주의의무(61), 대리인 선임(62), 특별대리인 선임(64), 이사의 임무해태(65), 임시총회의 소집방식(70)

1. 청산인의 대표권에 대한 제한 이사 전원의 의결에 의하여 잔여재산을 처분하도록 한 정관 규정은 성질상 등기하여야만 제3자에게 대항할 수 있는 청산인의 대표권에 관한 제한이라고 볼 수 없다.(대판 1995.2.10, 94다13473)

第5節 罰 則

第97條【罰則】 法人의 理事, 監事 또는 淸算人은 다음 各號의 境遇에는 500만원 이하의 過怠料에 處한다. (2007.12.21 본문개정)

1. 本章에 規定한 登記를 懈怠한 때
2. 第55條의 規定에 違反하거나 財産目錄 또는 社員名簿에 不正記載를 한 때
3. 第37條, 第95條에 規定한 檢査, 監督을 妨害한 때
4. 主務官廳 또는 總會에 對하여 事實아닌 申告를 하거나 事實을 隱蔽한 때
5. 第76條와 第90條의 規定에 違反한 때
6. 第79條, 第93條의 規定에 違反하여 破産宣告의 申請을 懈怠한 때
7. 第88條, 第93條에 定한 公告를 懈怠하거나 不正한 公告를 한 때

〔개정전〕 **第97條【罰則】** 法人의 理事, 監事 또는 淸算人은 다음 各號의 경우에는 "5萬圜以下"의 過怠料에 처한다.

■ 재산목록과 사원명부(55), 주무관청과 법원의 검사·감독(37·95), 의사록작성(76), 채권신고기간 내 변제금지(90), 파산신청(79·93), 파산공고(88·93)

第4章 物 件

第98條【物件의 定義】 本法에서 物件이라 함은 有體物 및 電氣 其他 管理할 수 있는 自然力을 말한다.

▣ 물건(99), 재물간주(형346)

1. 자연석을 조각한 석불이 독립한 소유권 대상인지 여부(적극) 임야에 있는 자연석을 조각하여 제작한 석불이라도 그 임야의 일부분을 구성하는 것이라고는 할 수 없고 임야와 독립된 소유권의 대상이 된다.(대판 1970.9.22, 70다1494)

2. 제방유실로 토지가 해면이 된 경우 소유권 대상인지 여부(소극) 해변에 있는 토지가 태풍으로 인하여 제방이 유실된 후 계속하여 간조시는 사장이고 만조시는 해면 하에 있게 되어 그 소유자들의 재력으로는 감히 복구할 수 없을 정도이고 경제적 가치로 보아 제방축조를 할 수 없는 것이라면 이는 해면으로 되어 토지의 소유권이 소멸된다.(대판 1971.3.9, 70다2756)

3. 집합물이 하나의 재산권으로서 담보권이 설정되기 위한 요건 제강회사가 제품생산에 필요하여 반입하는 원자재를 일정기간 계속하여 채권담보의 목적으로 삼으려는 소위 집합물 양도담보권 설정계약에 있어서는 목적동산의 종류와 수량의 범위가 지정되고 그 소재장소가 특정되어 있으면 그 전부를 하나의 재산권으로 보아 담보권의 설정이 가능하다.(대판 1988.10.25, 85누941)

第99條【不動産, 動産】 ① 土地 및 그 定着物은 不動産이다.

② 不動産 以外의 物件은 動産이다.

▣ ① 부동산물권과 공시방법(186, 등기, 입목12), 부동산 간주(공저당12①, 입목3①), 토지규정 준용(수산16②), ② 동산물권과 공시방법(188, 자저당4①, 선박8의2, 상743·745·871), 동산에 대한 강제집행(민집188-191)

1. 토지상 식재된 수목이 거래 내지 처분 대상이 되기 위한 요건 토지상에 식재되어 있는 하나 하나의 수목은 독립의 거래 내지 처분의 대상으로 하기 위하여 특별한 방법을 강구하거나 특단의 의사표시가 없는 이상 그가 생립되어 있는 토지와 일체가 되어 거래 내지 처분되는 것이므로 본건 수목이 생립되어 있는 토지가 원고에게 환수된 것인 이상 본건 수목도 원고에게 환수된 것이다.(대판 1967.3.7, 66다353, 354)

2. 타인 임야에 권한없이 식부한 임목의 소유권자 타인의 임야에 권한없이 식부한 임목의 소유권은 임야소유자에게 귀속한다.(대판 1970.11.30, 68다1995)

3. 타인 토지에 권한없이 경작한 농작물의 소유권자와 농작물 인정 기준 남의 땅에 권한없이 경작 재배한 농작물의 소유권은 그 경작자에게 있고 길이 4, 5cm에 불과한 모지리도 농작물에 해당한다.(대판 1969.2.18, 68도906)

4. 논에 필요불가결한 둑이 논의 구성부분인지 여부(적극) 논의 유지 보호상 절대적으로 필요불가결한 둑과 같은 것은 그 논의 구성부분이라 할 수 있는 것이므로 매매하는 논의 평수에 포함시켜서 거래하는 것이 일반적 상례라 할 것이다.(대판 1964.6.23, 64다120)

5. 건물을 독립 부동산으로 인정하기 위한 요건 건축중의 건물이 어느 정도에 이르렀을 때에 독립 부동산으로 볼 것인가는 획일적으로 결정할 수 없고, 건물의 기능과 효용에 비추어 판단하여야 하지만, 적어도 기둥·지붕·주벽만이라도 이루어져 있어야 한다.(대판 1977.4.26, 76다1677)

6. 독립된 부동산이라고 볼 수 없는 경우 4개의 나무기둥을 세우고 유지로 만든 지붕을 얹고 벽이라고 볼만한 시설이 되어 있지 아니한 물건은 이를 건물이라고 할 수 없다.(대판 1966.5.31, 66다551)

7. 독립된 부동산이라고 볼 수 있는 경우 공장 울 안에 공장건물과 인접하여 설치된 둥근 콘크리트 및 철판 벽면과 삿갓모양의 지붕을 갖춘 저유조는 유류창고로서의 기능을 가진 독립된 건물로 보아야 한다.(대판 1990.7.27, 90다카6160)

8. 건축중인 건물의 소유권 취득시기 미완성의 아파트를 인도받아 건축함에 그 소유권을 원시취득한 것이라고 하기 위하여는 아직 사회통념상 건물이라고 볼 수 있는 형태와 구조를 갖추지 못한 정도의 아파트를 넘겨받아 이를 건물로 완성하였음을 필요로 한다.(대판 1984.9.25, 83다카1858)

9. 건물의 개수를 정할 때 고려할 사항 건물의 개수를 정함에 있어서는 물리적 구조와 같은 객관적 사정을 참작할 것은 물론 건축하여 소유하는 자의 의사도 고찰할 필요가 있다.(대판 1964.11.28, 64다678)

10. 구분소유의 객체가 되기 위한 요건 법률상 1개의 부동산으로 등기된 기존 건물이 증축되어 증축 부분이 구분소유의 객체가 될 수 있는 구조상 및 이용상의 독립성을 갖추었다고 하더라도 이로써 곧바로 그 증축 부분이 법률상 기존 건물과 별개인 구분건물로 되는 것은 아니고, 구분건물이 되기 위하여는 증축 부분의 소유자의 구분소유의사가 객관적으로 표시된 구분행위가 있어야 할 것인바, 기존 건물에 관하여 증축 후의 현존 건물의 현황에 맞추어 증축으로 인한 건물 표시변경등기가 경료된 경우에는 특별한 사정이 없는 한 그 소유자는 증축 부분을 구분건물로 하지 않고 증축 후의 현존 건물 전체를 1개의 건물로 하려는 의사이다.(대판 1999.7.27, 98다32540)

11. 특정되지 않은 입목이 독립한 부동산인지 여부(소극) 특정이 되지 않은 입목에 대하여 명인방법을 취하였다 하더라도 그 효력이 발생하지 않는다.(대판 1972.12.12, 72다1351)

第100條【主物, 從物】 ① 物件의 所有者가 그 物件의 常用에 供하기 爲하여 自己所有인 다른 物件을 이에 附屬하게 한 때에는 그 附屬物은 從物이다.

② 從物은 主物의 處分에 따른다.

▣ ① 종물추정(상742), 부가물과 저당권의 효력(358), ② 종물에 대한 효력(상871②)

1. 상용에 이바지함의 의미 종물은 주물의 상용에 이바지하는 관계에 있어야 하고, 주물의 상용에 이바지한다 함은 주물 그 자체의 경제적 효용을 다하게 하는 것을 말하는 것으로서 주물의 소유자나 이용자의 상용에 공여되고 있더라도 주물 그 자체의 효용과 직접 관계가 없는 물건은 종물이 아니다.(대판 1997.10.10, 97다3750)

2. 종물과 주물의 관계에 관한 법리가 권리 상호 간에도 적용되는지 여부(적극) 민 100조 2항은 "종물은 주물의 처분에 따른다."라고 규정하고 있는바, 위 종물과 주물의 관계에 관한 법리는 물건 상호 간의 관계뿐 아니라, 권리 상호 간에도 적용되는 것이지만, 어떤 권리를 다른 권리에 대하여 종된 권리라고 할 수 있으려면 종물과 마찬가지로 다른 권리의 경제적 효용에 이바지하는 관계에 있어야 한다.(대판 2014.6.12, 2012다92159, 92166)

3. 주물을 처분할 때에 특약으로 종물을 제외하거나 종물만을 별도로 처분할 수 있는지 여부(적극) 종물은 주물의 처분에 수반된다는 민 100조 2항은 임의규정이므로, 당사자는 주물을 처분할 때에 특약으로 종물을 제외할 수 있고 종물만을 별도로 처분할 수도 있다.(대판 2012.1.26, 2009다76546)

4. 주물의 소유자가 아닌 사람 소유인 물건이 종물이 될 수 있는지 여부(소극) 종물은 물건의 소유자가 그 물건의 상용에 공하기 위하여 자기 소유인 다른 물건을 이에 부속하게 한 것을 말하므로 주물과 다른 사람의 소유에 속하는 물건

은 종물이 될 수 없다.(대판 2008.5.8, 2007다36933)

第101條【天然果實, 法定果實】 ① 物件의 用法에 依하여 收取하는 産出物은 天然果實이다.

② 物件의 使用對價로 받는 金錢 其他의 物件은 法定果實로 한다.

■ ① 천연과실귀속(102①), ② 법정과실취득(102②)

1. 국립공원 입장료가 토지로부터 나오는 과실인지 여부(소극) 국립공원의 입장료는 수익자 부담의 원칙에 따라 국립공원에 입장하는 자에게 국립공원의 유지·관리비의 일부를 징수하는 것이며, 공원의 관리와 공원 안에 있는 문화재의 관리·보수를 위한 비용에만 사용하여야 하는 것이므로, 민법상 과실이라고 볼 여지가 없으므로, 국립공원의 입장료를 국가 내지 국립공원관리공단의 수입으로 하도록 한 규정이 국립공원 내 토지의 소유자의 재산권을 침해하는 것이라 할 수 없다.(헌재 2001.6.28, 2000헌바44)

第102條【果實의 取得】 ① 天然果實은 그 元物로부터 分離하는 때에 이를 收取할 權利者에게 屬한다.

② 法定果實은 收取할 權利의 存續期間日數의 比率로 取得한다.

■ ① 천연과실(101①), 수취권자(201①·211·279·303·587·609·618·923②·1079), 미분리과실의 압류(민집189②ii), 천연과실과압류효력(민집194), ② 법정과실(101②)

1. 양도담보 목적물로 제공된 돼지가 출산한 새끼 돼지의 수취권자 양도담보 목적물로서 원물인 돼지가 출산한 새끼 돼지는 천연과실에 해당하고 그 천연과실의 수취권은 원물인 돼지의 사용수익권을 가지는 양도담보설정자에게 귀속되는 것이므로, 특별한 약정이 없는 한 천연과실인 위 새끼 돼지에 대하여는 양도담보의 효력이 미치는 것이라고 할 수 없다.(대판 1996.9.10, 96다25463)

2. 제3자 대지 불법점유시 지상권설정자의 임료 상당의 손해 부정 건물소유를 목적으로 지상권이 설정되어 그것이 존속하는 한 지상권설정자는 그 대지소유자라 하여도 그 소유권 행사에 제한을 받아 그 대지를 사용·수익할 수 없으므로 특별한 사정이 없는 한 지상권설정자는 임료 상당의 손해배상을 청구할 수 없다.(대판 1974.11.12, 74다1150)

3. 제3자 담보목적 부동산 불법점유시 양도담보권자의 차임 상당의 손해 부정 양도담보권자는 담보권의 실행으로 제3자에 대하여도 담보물의 명도를 구할 수 있고 또한 명도를 거부하는 경우에는 담보권 실행이 방해된 것을 이유로 하는 손해배상청구를 할 수 있으나, 그러한 경우에도 양도담보권자에게는 목적 부동산에 대한 사용수익권이 없으므로 차임 상당의 손해배상을 구할 수는 없다.(대판 1979.10.30, 79다1545)

4. 제3자 명의신탁 부동산 불법점유시 명의신탁자의 임료 상당의 손실 부정 부동산의 명의신탁자는 제3자에 대하여 직접 그 소유권 및 이에 따른 점유사용권을 주장할 수 없고, 제3자가 법률상 원인 없이 점유함으로 인한 임료 상당의 부당이득반환청구권을 수탁자를 대위하여서도 주장할 수 없다.(대판 1991.10.22, 91다17207)

第5章 法律行爲

第1節 總 則

▶ **법률행위 내용의 확정**

1. 계약 및 청약의 내용 확정 정도 계약이 성립하기 위하여는 당사자의 서로 대립하는 수개의 의사표시의 객관적 합치가 필요하고 객관적 합치가 있다고 하기 위하여는 당사자의 의사표시에 나타나 있는 사항에 관하여는 모두 일치하고 있어야 하는 한편, 계약 내용의 '중요한 점' 및 계약의 객관적 요소는 아니더라도 특히 당사자가 그것에 중대한 의의를 두고 계약성립의 요건으로 할 의사를 표시한 때에는 이에 관하여 합치가 있어야 계약이 적법·유효하게 성립하는 것이다. 계약이 성립하기 위한 법률요건인 청약은 그에 응하는 승낙만 있으면 곧 계약이 성립하는 구체적, 확정적 의사표시여야 하므로, 청약은 계약의 내용을 결정할 수 있을 정도의 사항을 포함시키는 것이 필요하다.(대판 2003.4.11, 2001다53059)

2. 매매계약 성립을 위한 목적물, 대금의 특정 매매목적물과 대금은 반드시 계약 체결 당시에 구체적으로 특정할 필요는 없고, 이를 나중에라도 구체적으로 특정할 수 있는 방법과 기준이 정해져 있으면 충분하다.(대판 2020.4.9, 2017다20371)

3. 매매계약과 매매예약의 성립 여부 판단기준 계약이 성립하기 위하여는 당사자 사이에 의사의 합치가 있을 것이 요구되는데 이러한 의사의 합치는 당해 계약의 내용을 이루는 모든 사항에 관하여 있어야 하는 것은 아니고 그 본질적 사항이나 중요 사항에 관하여 구체적으로 의사의 합치가 있거나 적어도 장래 구체적으로 특정할 수 있는 기준과 방법 등에 관한 합의가 있으면 된다. 따라서 당사자 사이에 체결된 계약과 이에 따라 장래 체결할 본계약을 구별하고자 하는 의사가 명확하거나 일정한 형식을 갖춘 본계약 체결이 별도로 요구되는 경우 등의 특별한 사정이 없다면, 매매계약이 성립하였다고 보기에 충분한 합의가 있었음에도 법원이 매매계약 성립을 부정하고 별도의 본계약이 체결되어야 하는 매매예약에 불과하다고 단정할 것은 아니다.(대판 2022.7.14, 2022다225767, 225774)

4. 매매대금을 시가에 의하여 정하기로 한 경우 매매계약 성립 여부 매매대금 액수를 일정기간 후 시가에 의하여 정하기로 하였다는 사유만을 들어 매매계약이 아닌 매매예약이라고 단정할 것은 아니다. 그 밖에 특별한 사정이 없는 한 이행시기, 이행장소, 담보책임 등에 관한 합의가 없었더라도 매매계약이 성립하는 데에 지장이 없다.(대판 2023.9.14, 2023다227500)

5. 매매계약 성립을 위한 매도인과 매수인의 특정 매매계약 체결 당시에 반드시 매매목적물과 대금을 구체적으로 특정할 필요는 없지만, 적어도 매매계약의 당사자인 매도인과 매수인이 누구인지는 구체적으로 특정되어 있어야만 매매계약이 성립할 수 있다.(대판 2021.1.14, 2018다223054)

6. 장래의 합의가 유보된 계약의 내용을 정하는 방법 당사자 사이에 계약을 체결하면서 일정한 사항에 관하여 장래의 합의를 유보한 경우에 당사자에게 계약에 구속되려는 의사가 있고 계약 내용을 나중에라도 구체적으로 특정할 수 있는 방법과 기준이 있다면 계약 체결 경위, 당사자의 인식, 조리, 경험칙 등에 비추어 당사자의 의사를 탐구하여 계약 내용을 정해야 한다. 매매대금의 확정을 장래에 유보하고 매매계약을 체결한 경우에도 이러한 법리가 적용된다.(대판 2020.4.9, 2017다20371)

▶ **법률행위 해석**

7. 법률행위 해석의 권한 매매계약서에 계약사항에 대한 이의가 생겼을 때에는 매도인의 해석에 따른다는 조항은 법원의 법률행위 해석권을 구속하는 조항이라고 볼 수 없다.(대판 1974.9.24, 74다1057)

8. 처분문서에 근거한 계약의 해석 방법 계약당사자간에 어떠한 계약내용을 처분문서인 서면으로 작성한 경우 그 문언의 객관적인 의미가 명확하다면 특별한 사정이 없는 한 그 문언대로의 의사표시의 존재와 내용을 인정하여야 할 것이지만, 그 문언의 객관적인 의미가 명확하게 드러나지 않는

경우에는 당사자의 내심적 의사의 여하에 관계없이 그 문언의 내용과 그 계약이 이루어지게 된 동기 및 경위, 당사자가 그 계약에 의하여 달성하려고 하는 목적과 진정한 의사, 거래의 관행 등을 종합적으로 고찰하여 사회정의와 형평의 이념에 맞도록 논리와 경험의 법칙, 그리고 사회일반의 상식과 거래의 통념에 따라 당사자 사이의 계약의 내용을 합리적으로 해석하여야 하는 것이고 특히 당사자 일방이 주장하는 계약의 내용이 상대방에게 중대한 책임을 부과하게 되는 경우에는 그 문언의 내용을 더욱 엄격하게 해석하여야 한다.(대판 1993.10.26, 93다3103) 문언의 객관적인 의미와 다르게 해석함으로써 당사자 사이의 법률관계에 중대한 영향을 초래하는 경우에는 문언의 내용을 더욱 엄격하게 해석해야 한다.(대판 2022.2.10, 2020다279951)

9. 타인 또는 허무인 명의로 계약을 체결한 경우 계약당사자의 확정 방법 ① 타인의 이름을 임의로 사용하여 계약을 체결한 경우에는 누가 계약의 당사자인가를 먼저 확정하여야 하는데, 행위자 또는 명의자 가운데 누구를 당사자로 할 것인지에 관하여 행위자와 상대방의 의사가 일치한 경우에는 일치하는 의사대로 행위자의 행위 또는 명의자의 행위로서 확정하여야 하지만, 그러한 일치하는 의사를 확정할 수 없을 경우에는 계약의 성질, 내용, 목적, 체결경위 및 계약체결을 전후한 구체적인 제반 사정을 토대로 상대방이 합리적인 인간이라면 행위자와 명의자 중 누구를 계약당사자로 이해할 것인가에 의하여 당사자를 결정하고, 이에 터 잡아 계약의 성립 여부와 효력을 판단하여야 한다. ② 이는 그 타인이 허무인인 경우에도 마찬가지이다.(대판 2012.10.11, 2011다12842)

10. 일방 당사자가 대리인을 통하여 계약을 체결하는 경우, 계약당사자의 확정 일방 당사자가 대리인을 통하여 계약을 체결하는 경우에 있어서 계약의 상대방이 대리인을 통하여 본인과 사이에 계약을 체결하려는 데 의사가 일치하였다면 대리인의 대리권 존부 문제와는 무관하게 상대방과 본인이 그 계약의 당사자라고 할 것이다.(대판 2022.12.16, 2022다245129)

11. 예금계약의 당사자 확정 방법 ① 금융실명법에 따라 실명확인 절차를 거쳐 예금계약을 체결하고 그 실명확인 사실이 예금계약서 등에 명확히 기재되어 있는 경우에는, 일반적으로 그 예금계약서에 예금주로 기재된 예금명의자나 그를 대리한 행위자 및 금융기관의 의사는 예금명의자를 예금계약의 당사자로 보려는 것이라고 해석하는 것이 경험법칙에 합당하고, 예금계약의 당사자에 관한 법률관계를 명확히 할 수 있어 합리적이다. 그리고 이와 같은 예금계약 당사자의 해석에 관한 법리는, 예금명의자 본인이 금융기관에 출석하여 예금계약을 체결한 경우나 예금명의자의 위임에 의하여 자금 출연자 등의 제3자가 대리인으로서 예금계약을 체결한 경우 모두 마찬가지로 적용된다. ② 따라서 본인인 예금명의자의 의사에 따라 예금명의자의 실명확인 절차가 이루어지고 예금명의자를 예금주로 하여 예금계약서를 작성하였음에도 불구하고, 예금명의자가 아닌 출연자 등을 예금계약의 당사자라고 볼 수 있으려면, 금융기관과 출연자 등과 사이에서 실명확인 절차를 거쳐 서면으로 이루어진 예금명의자와의 예금계약을 부정하여 예금명의자의 예금반환청구권을 배제하고 출연자 등과 예금계약을 체결하여 출연자 등에게 예금반환청구권을 귀속시키겠다는 명확한 의사의 합치가 있는 극히 예외적인 경우로 제한되어야 한다. 그리고 이러한 의사의 합치는 금융실명법에 따라 실명확인 절차를 거쳐 작성된 예금계약서 등의 증명력을 번복하기에 충분할 정도의 명확한 증명력을 가진 구체적이고 객관적인 증거에 의하여 매우 엄격하게 인정하여야 한다.(대판(全) 2009.3.19, 2008다45828)

12. 금융기관과 예금명의자의 관계 금융실명제하의 위와 같은 예금주 확정 원칙에 비추어 보면, 금융기관은 예금명의자와 출연자 등 사이에 예금반환청구권의 귀속을 둘러싼 분쟁이 발생한 경우에 그들 사이의 내부적 법률관계를 알았는지에 관계없이 일단 예금명의자를 예금주로 전제하여 예금거래를 처리하면 되고, 이러한 금융기관의 행위는 특별한 사정이 없는 한 적법한 것으로서 보호되어야 할 것이다.(대판 2013.9.26, 2013다2504)

13. 비법인 단체와 금융거래계약의 당사자 금융실명법령을 종합하면, 부가가치세법에 따른 고유번호나 소득세법에 따른 납세번호를 부여받지 않은 비법인 단체의 경우 그 대표자가 단체를 계약의 당사자로 할 의사를 밝히면서 대표자인 자신의 실명으로 예금계약 등 금융거래계약을 체결하고, 금융기관이 그 사람이 비법인 단체의 대표자인 것과 그의 실명을 확인하였다면, 특별한 사정이 없는 한 당사자 사이에 단체를 계약의 당사자로 하는 의사가 일치되었다고 할 수 있어 금융거래계약의 당사자는 비법인 단체라고 보아야 한다.(대판 2020.12.10, 2019다267204)

14. '외 ○인'이라는 표시와 계약당사자의 확정 실제 계약을 체결한 행위자가 자신의 이름은 특정하여 기재하되 불특정인을 추가하는 방식으로 계약서상 당사자를 표시한 경우(즉, 실제 계약체결자의 이름에 '외 ○인'을 부가하는 형태), 계약서 자체에서 당사자로 특정할 수 있거나 상대방의 입장에서도 특정할 수 있는 특별한 사정이 인정될 수 있는 당사자만 계약당사자 지위를 인정할 수 있다. 계약당사자가 되면 계약으로 발생하는 권리·의무의 주체가 될 수 있다는 점에서 당사자 사이의 법률관계에 중대한 영향을 초래하는 것이고, 때로는 강행규정 등 법률상 제한규정의 적용을 잠탈하려는 탈법적 의도에 따른 법률효과가 부여될 수도 있음을 고려하여, 위 특별한 사정의 인정 여부는 신중하게 판단하여야 한다.(대판 2023.6.15, 2022다247422)

15. 진정한 의사를 알 수 없는 경우 의사표시 해석의 방법 당사자의 진정한 의사를 알 수 없다고 한다면 의사표시의 요소가 되는 것은 표시행위로부터 추단되는 효과의사, 즉 표시상의 효과의사이고 표의자가 가지고 있던 내심적 효과의사가 아니므로, 의사표시 해석에 있어서도 당사자의 내심의 의사보다는 외부로 표시된 행위에 의하여 추단된 의사를 가지고 해석함이 상당하다.(대판 1996.4.9, 96다1320)

16. 오표시무해 원칙과 의사해석의 방법 일반적으로 계약을 해석할 때에는 형식적인 문구에만 얽매여서는 안 되고 당사자 사이의 진정한 의사가 무엇인가를 탐구해야 한다. 계약 내용이 명확하지 않은 경우 계약서의 문언이 계약 해석의 출발점이지만, 당사자 사이에 계약서의 문언과 다른 내용으로 의사가 합치된 경우 그 의사에 따라 계약이 성립한 것으로 해석해야 한다. 당사자 사이에 계약의 해석을 둘러싸고 이견이 있어 당사자의 의사 해석이 문제 되는 경우에는 계약의 형식과 내용, 계약이 체결된 동기와 경위, 계약으로 달성하려는 목적, 당사자의 진정한 의사, 거래 관행 등을 종합적으로 고려해서 논리와 경험의 법칙, 그리고 사회일반의 상식과 거래의 통념에 따라 합리적으로 해석해야 한다.(대판 2021.11.25, 2018다260299)

17. 계약당사자 쌍방이 계약의 전제나 기초가 되는 사항에 관하여 같은 내용으로 착오가 있는 경우 계약의 해석 방법(보충적 해석) 계약당사자 쌍방이 계약의 전제나 기초가 되는 사항에 관하여 같은 내용으로 착오가 있고 이로 인하여 그에 관한 구체적 약정을 하지 아니하였다면, 당사자가 그러한 착오가 없을 때에 약정하였을 것으로 보이는 내용으로 당사자의 의사를 보충하여 계약을 해석할 수 있는바, 여기서 보충되는 당사자의 의사는 당사자의 실제 의사 또는 주관적 의사가 아니라 계약의 목적, 거래관행, 적용법규, 신의칙 등에 비추어 객관적으로 추인되는 정당한 이익조정 의사를 말한다.(대판 2006.11.23, 2005다13288)

18. 예문해석 처분문서의 기재 내용이 부동문자로 인쇄되어 있다면 인쇄된 예문에 지나지 아니하여 그 기재를 합의의 내용이라고 볼 수 없는 경우도 있으므로 처분문서라 하여 곧바로 당사자의 합의의 내용이라고 단정할 수는 없고 구체

적 사안에 따라 당사자의 의사를 고려하여 그 계약 내용의 의미를 파악하고 그것이 예문에 불과한 것인지를 판단하여야 한다.(대판 1992.2.11, 91다21954)

19. 약관의 해석 보통거래약관 및 보험제도의 특성에 비추어 볼 때 약관의 해석은 일반 법률행위와는 달리 개개 계약 당사자가 기도한 목적이나 의사를 기준으로 하지 않고 평균적 고객의 이해가능성을 기준으로 하되 보험단체 전체의 이해관계를 고려하여 객관적 획일적으로 해석하여야 할 것이므로 위 가족운전자 한정운전 특별약관 소정의 배우자에 부첩관계의 일방에서 본 타방은 포함되지 아니한다고 해석함이 상당하다.(대판 1995.5.26, 94다36704)

20. 계약에서 어느 당사자에게 여러 가지 권리행사 방법 중 하나를 선택할 수 있는 권한을 부여한 경우, 권한을 부여받은 자가 그중 어느 권리를 행사할지를 선택할 수 있는지 여부(원칙적 적극) 계약에서 요구되는 일정한 요건을 갖춘 경우 어느 당사자에게 여러 가지 권리행사 방법 중 하나를 선택할 수 있는 권한이 부여되어 있다면, 계약의 해석상 그 선택의 순서가 정해져 있다는 등 특별한 사정이 없는 한 그 권한을 부여받은 자가 그중 어느 권리를 행사할지를 선택할 수 있고 다른 당사자로서는 그와 같이 선택된 권리행사를 존중하고 이에 협력하여야 한다.(대판 2022.3.17, 2021다231598)

21. 채무와 관련하여 마친 소유권이전등기의 성격 구별 방법 채무와 관련하여 소유권이전등기가 마쳐진 경우, 그것이 대물변제조로 이전된 것인가, 아니면 종전채무의 담보를 위하여 이전된 것인가 하는 점이 명확히 밝혀지지 아니한 경우에는 소유권이전 당시 채무액과 부동산 가액, 채무를 지게 된 경위와 그 후의 과정, 소유권이전 당시 상황, 그 이후 부동산 지배 및 처분관계 등 제반 사정을 종합하여 어느 쪽인지를 가려야 한다.(대판 2012.6.14, 2010다94410, 94427)

22. "최대한 노력하겠습니다"의 해석(1) 어떠한 의무를 부담하는 내용의 기재가 있는 문면에 "최대 노력하겠습니다"라고 기재되어 있는 경우, 특별한 사정이 없는 한 당사자가 위와 같은 문구를 기재한 객관적인 의미는 문면 그 자체로 볼 때 그러한 의무를 법적으로는 부담할 수 없지만 사정이 허락하는 한 그 이행을 사실상 하겠다는 취지로 해석함이 상당하다.(대판 1994.3.25, 93다32668)

23. "최대한 노력하겠습니다"의 해석(2) 어떠한 의무를 부담하는 내용의 기재가 있는 문면에 '최대한 노력하겠습니다.', '최대한 협조한다.' 또는 '노력하여야 한다.'고 기재되어 있는 경우, 특별한 사정이 없는 한 당사자가 위와 같은 문구를 기재한 의미는 문면 그 자체로 볼 때 그러한 의무를 법적으로는 부담할 수 없지만 사정이 허락하는 한 그 이행을 사실상 하겠다는 취지로 해석함이 타당하다. 다만 계약서의 전체적인 문구 내용, 계약의 체결 경위, 당사자가 계약을 체결함으로써 달성하려는 목적과 진정한 의사, 당사자에게 의무가 부과되었다고 볼 경우 이행가능성이 있는 것인지 여부 등을 종합적으로 고려하여 당사자가 그러한 의무를 법률상 부담할 의사였다고 볼 만한 특별한 사정이 인정되는 경우에는 위와 같은 문구에도 불구하고 법적으로 구속력이 있는 의무로 보아야 한다.(대판 2021.1.14, 2018다223054)

24. 계약에 포함된 개별 약정이 다수의 법률행위로 분리된 것인지 판단방법 하나의 계약에 포함되어 있는 개별 약정이 다수의 법률행위로 분리된 것으로 보아야 하는지는 당사자에게 주관적으로 이러한 약정을 다수의 법률행위로 분리할 수 있는 것으로 하겠다는 의사의 합치가 있는지, 이러한 약정이 객관적으로 다수의 법률행위로 분리될 수 있는지 여부 등을 종합적으로 고려하여 결정하여야 한다.(대판 2020.5.14, 2016다12175)

25. 선급금 정산방식에 관한 의사해석 방법과 특히 고려할 사항 공사도급계약에서 도급인이 수급인에게 지급하는 선급금의 반환에 관하여 수급인이 보증계약을 체결한 경우, 보증금 지급사유의 발생 및 범위는 당해 보증의 대상이 된 공사도급계약의 내용에 따라 판단하여야 한다. 공사도급계약의 종료에 따른 정산관계에 있어서는 각 미정산 선급금반환채권 및 기성공사대금채권에 대한 상호 대립하는 이해관계인들이 다수 존재하는 것이 보통이므로, 위와 같은 선급금의 정산방식에 관한 공사도급계약을 해석함에 있어 그들의 이해관계를 고려하여 신중을 기하여야 한다.(대판 2020.5.14, 2016다218379)

26. 연명치료 중단의 허용요건 ① 의학적으로 환자가 의식의 회복가능성이 없고 생명과 관련된 중요한 생체기능의 상실을 회복할 수 없으며 환자의 신체상태에 비추어 짧은 시간 내에 사망에 이를 수 있음이 명백한 경우('회복불가능한 사망의 단계')에 미리 의료인에게 자신의 연명치료 거부 내지 중단에 관한 의사를 밝혔으면('사전의료지시') 연명치료를 중단할 수 있다. ② 환자의 사전의료지시가 없는 상태에서 회복불가능한 사망의 단계에 진입한 경우에는 환자의 평소 가치관이나 신념 등에 비추어 연명치료를 중단하는 것이 객관적으로 환자의 최선의 이익에 부합한다고 인정되어 환자에게 자기결정권을 행사할 수 있는 기회가 주어지더라도 연명치료의 중단을 선택하였을 것이라고 볼 수 있으면 그 연명치료 중단에 관한 환자의 의사를 추정할 수 있다고 인정하는 것이 합리적이고 사회상규에 부합된다.(대판(全) 2009.5.21, 2009다17417)

27. 연명치료 중단을 명하는 판결이 확정된 경우, 기존 의료계약이 판결 주문에서 중단을 명한 연명치료를 제외한 나머지 범위 내에서 유효하게 존속하는지 여부(원칙적 적극) 환자가 의료인과 의료계약을 체결하고 진료를 받다가 미리 의료인에게 자신의 연명치료 거부 내지 중단에 관한 의사를 밝히지 않은 상태에서 회복불가능한 사망의 단계에 진입을 하였고, 환자 측이 직접 법원에 연명치료 중단을 구하는 소를 제기한 경우에는, 특별한 사정이 없는 한, 연명치료 중단을 명하는 판결이 확정됨으로써 판결 주문에서 중단을 명한 연명치료는 더 이상 허용되지 않지만, 환자와 의료인 사이의 기존 의료계약은 판결 주문에서 중단을 명한 연명치료를 제외한 나머지 범위 내에서는 유효하게 존속한다.(대판 2016.1.28, 2015다9769)

28. 근저당권자와 근저당권설정자 사이에 형성된 법률관계의 실체를 밝히는 것이 의사표시 해석의 문제인지 여부(적극) **및 그 해석 방법** 근저당권자와 근저당권설정자의 행위가 가지는 법적 의미가 분명하지 않은 경우 근저당권자와 근저당권설정자 사이에 형성된 법률관계의 실체를 밝히는 것은 단순한 사실인정 문제가 아니라 의사표시 해석의 영역에 속한다. 그 행위가 가지는 법적 의미는 근저당권자와 근저당권설정자의 관계, 근저당권설정의 동기와 경위, 당사자의 진정한 의사와 목적 등을 종합적으로 고찰하여 논리와 경험의 법칙에 따라 합리적으로 해석해야 한다.(대판 2020.8.20, 2020다227356)

29. 단체협약이나 취업규칙에서 금지하는 '차별적 처우'의 의미 단체협약과 같은 처분문서를 해석할 때에는 단체협약이 근로자의 근로조건을 유지·개선하고 복지를 증진하여 경제적·사회적 지위를 향상시킬 목적으로 근로자의 자주적 단체인 노동조합과 사용자 사이에 단체교섭을 통하여 이루어지는 것이므로, 명문의 규정을 근로자에게 불리하게 변형 해석해서는 안 된다. 단체협약이나 취업규칙에서 근로관계에서의 차별적 처우를 금지하고 있는 경우 '차별적 처우'란 사용자가 근로자를 임금 그 밖의 근로조건 등에서 합리적인 이유 없이 불리하게 처우하는 것을 가리킨다. '합리적인 이유가 없는 경우'란 근로자가 제공하는 근로의 내용을 종합적으로 고려하여 달리 처우할 필요성이 인정되지 않거나 달리 처우하는 경우에도 그 방법·정도 등이 적정하지 않은 경우를 말한다.(대판 2020.11.26, 2019다262193)

30. 하나의 법률관계를 둘러싼 복수의 처분문서의 해석 하나의 법률관계를 둘러싸고 각기 다른 내용을 정한 여러 개

의 계약서가 순차로 작성되어 있는 경우 당사자가 그러한 계약서에 따른 법률관계나 우열관계를 명확하게 정하고 있다면 그와 같은 내용대로 효력이 발생한다. 그러나 여러 개의 계약서에 따른 법률관계 등이 명확히 정해져 있지 않다면 각각의 계약서에 정해져 있는 내용 중 서로 양립할 수 없는 부분에 관해서는 원칙적으로 나중에 작성된 계약서에서 정한 대로 계약 내용이 변경되었다고 해석하는 것이 합리적이다.(대판 2020.12.30, 2017다17603)

31. 계약서가 두 개의 언어본으로 작성된 경우, 계약 해석의 방법 당사자들 사이에 계약서의 문언과 다른 내용으로 의사가 합치된 경우 그 의사에 따라 계약이 성립한 것으로 해석하여야 한다. 당사자 사이에 계약의 해석을 둘러싸고 이견이 있어 당사자의 의사 해석이 문제 되는 경우에는 계약의 형식과 내용, 계약이 체결된 동기와 경위, 계약으로 달성하려는 목적, 당사자의 진정한 의사, 거래 관행 등을 종합적으로 고려하여 논리와 경험의 법칙, 그리고 사회일반의 상식과 거래의 동념에 따라 합리적으로 해석하여야 한다. 이러한 법리는 계약서가 두 개의 언어본으로 작성된 경우에도 적용될 수 있다. 두 언어본이 일치하지 않는 경우 당사자의 의사가 어느 한쪽을 따르기로 일치한 때에는 그에 따르고, 그렇지 않은 때에는 위에서 본 계약 해석 방법에 따라 그 내용을 확정해야 한다.(대판 2021.3.25, 2018다275017)

32. 투자 관련 계약에서 주식매수청구권 및 그 행사기간의 법적 성질과 기준 투자 관련 계약에서 당사자 일방이 상대방에게 자신이 보유한 주식의 매수를 청구하면 주식에 관한 매매계약이 체결되는 것으로 정한 경우 이러한 주식매수청구권은 일방의 의사표시에 따라 매매계약이라는 새로운 법률관계를 형성하는 권리로서 일종의 형성권에 해당한다. 이와 같이 계약에 따라 발생하는 형성권인 주식매수청구권의 행사기간은 제척기간이다. 우선 계약에서 주식매수청구권의 행사기간을 약정한 때에는 주식매수청구권은 그 기간 내에 행사되지 않으면 제척기간의 경과로 소멸한다. 반면 주식매수청구권의 행사기간에 관한 약정이 없는 때에는 그 기초가 되는 계약의 성격, 주식매수청구권을 부여한 동기나 그로 말미암아 달성하고자 하는 목적, 주식매수청구권 행사로 발생하는 채권의 행사기간 등을 고려하여 주식매수청구권의 행사기간을 정해야 한다.(대판 2022.7.14, 2019다271661)

第103條【反社會秩序의 法律行爲】 善良한 風俗 其他 社會秩序에 違反한 事項을 內容으로 하는 法律行爲는 無效로 한다.

▣ 재산권행사와 공공복리(헌23②), 기본권제한(헌37②), 선량한 풍속등(105·106·151①), 법률행위무효(137-139), 불법원인급여(746), 불공정약관조항의 사용금지(약관 17), 법률행위 준거법(국사6·8·9), 불공정거래의 금지(독점규제23·24·24의2)

▶반사회질서 법률행위 일반

1. 반사회질서행위의 의의 민 103조에 의하여 무효로 되는 반사회질서행위는 법률행위의 목적인 권리의무내용이 선량한 풍속 기타 사회질서에 위반되는 경우뿐만 아니라 그 내용자체는 반사회질서적인 것이 아니라고 하여도 법률적으로 이를 강제하거나 그 법률행위에 반사회질서적인 조건 또는 금전적 대가가 결부됨으로써 반사회질서적 성질을 띠게 되는 경우 및 표시되거나 상대방에게 알려진 법률행위의 동기가 반사회질서적인 경우를 포함한다.(대판 1984.12.11, 84다카1402)

2. 반사회질서행위가 범죄행위에 국한되는지 여부(소극) 반사회 질서의 법률행위는 반드시 형사법규에 저촉되는 범죄행위에 국한되지 아니한다.(대판 1972.10.31, 72다1455, 1456)

▶부정행위에 적극 가담

3. 이중매매에 적극 가담 부동산의 이중매매가 반사회적 법률행위로서 무효가 되기 위하여는 매도인의 배임행위와 매수인이 매도인의 배임행위에 적극 가담한 행위로 이루어진 매매로서, 그 적극가담하는 행위는 매수인이 다른 사람에게 매매목적물이 매도된 것을 안다는 것만으로는 부족하고, 적어도 그 매도사실을 알고도 매도를 요청하여 매매계약에 이르는 정도가 되어야 한다.(대판 1994.3.11, 93다55289)

4. 이중임대차 계약 이중양도에 관한 법리는 이중으로 임대차계약을 체결한 경우에도 그대로 적용될 수 있다.(대판 2013.6.27, 2011다5813)

5. 매매계약체결 대신 가장채권에 기한 강제경매절차에 적극 가담 이중매매의 매수인이 매도인과 직접 매매계약을 체결하는 대신 매도인이 채무를 부담하고 있는 것처럼 거짓으로 꾸며 가장채권에 기한 채무명의를 만들고 그에 따른 강제경매절차에서 매수인이 경락취득하는 방법을 취한 경우, 이는 이중매매의 매수인이 매도인의 배임행위에 적극 가담하여 이루어진 반사회적 법률행위로서 민 103조에 의하여 무효라 할 것이고 이는 무효의 채무명의에 기한 집행의 효과도 유효하다는 논리와 모순되는 것은 아니다.(대판 1985.11.26, 85다카1580)

6. 이중매매의 절대적 무효의 효과 부동산의 제2매수인이 매도인의 배임행위에 적극 가담하여 제2매매계약이 반사회적 법률행위에 해당하는 경우에는 제2매매계약은 절대적으로 무효이므로, 당해 부동산을 제2매수인으로부터 다시 취득한 제3자는 설사 제2매수인이 당해 부동산의 소유권을 유효하게 취득한 것으로 믿었다고 하더라도 제2매매계약이 유효하다고 주장할 수 없다.(대판 1996.10.25, 96다29151)

7. 부동산 매도 후 저당권 설정에의 적극 가담 이미 매도된 부동산에 관하여 체결한 저당권설정계약이 반사회적 법률행위로 무효가 되기 위하여는 매도인의 배임행위와 저당권자가 매도인의 배임행위에 적극 가담한 행위로 이루어진 것으로서, 그 적극 가담하는 행위는 저당권자가 다른 사람에게 목적물이 매도된 것을 안다는 것만으로는 부족하고, 적어도 매도사실을 알고도 저당권설정을 요청하거나 유도하여 계약에 이르는 정도가 되어야 한다.(대판 1997.7.25, 97다362)

8. 명의신탁 해지 후 이전등기 전에 수탁자가 스스로 주지로 있는 사찰에 재산을 증여한 행위 부동산의 명의수탁자가 그 명의신탁이 해지된 후 그 해지로 인한 소유권이전등기소송의 진행도중에 그 스스로가 주지로 있는 사찰에게 증여를 원인으로 소유권이전등기를 마친 것이고, 더욱이 위 사찰은 수탁자가 스스로 창종한 사찰로서 그의 단독지배하에 있으면서 종교단체의 명의만을 빌린 것이라면 사회질서에 반하는 행위라고 할 것이다.(대판 1989.10.24, 88다카22299)

9. 극히 저렴한 가격으로 양도목적물을 처분한 행위에 적극 가담 건물에 대한 양도담보권을 가진 자가 그 건물을 적정한 시가에 처분하여 채권의 만족을 얻지 아니하고 그 매수인과 짜고 극히 저렴한 가격으로 매수시켜 부당이득을 취하려한 것은 일종의 배임행위이고, 매수인이 양도담보권자의 이러한 배임행위에 적극 가담하여 위 건물을 취득한 경우에는 반사회적 법률행위로서 무효이다.(대판 1979.7.24, 79다942)

10. 수임인의 배임행위에 적극 가담(1) 아파트 분양위임계약에 의하여 분양자로부터 부여받은 대리권의 범위가 한정되어 있음에도, 수임인이 제3자와 통모하여 그에게 아파트를 외상으로 분양하면서 그 분양대금이 완납된 것처럼 분양계약서, 영수증 등을 교부해 준 경우, 이러한 수임인의 행위는 분양자의 위임 취지에 반하는 배임행위에 해당하고, 제3자는 그에 적극 가담한 공범임이 명백하여, 그 두 사람 사이의 아파트 외상분양은 사회질서에 반하는 법률행위로서 무효다.(대판 1999.9.3, 97다56099)

11. 수임인의 배임행위에 적극 가담(2) 배임행위의 실행행위자와 거래하는 상대방으로서는 기본적으로 그 실행행위자와는 별개의 이해관계를 가지고 반대편에서 독자적으로 거래에 임하는 것이므로, 거래 상대방이 배임행위를 유인·교사하거나 배임행위의 전 과정에 관여하는 등 배임행위에 적극

가담하는 경우에는 그 실행행위자와 체결한 계약이 반사회적 법률행위에 해당하여 무효로 될 수 있지만, 관여의 정도가 거기에까지 이르지 아니하고 법질서 전체적인 관점에서 볼 때 거래 상대방이 반대편에서 독자적으로 거래에 따르는 위험을 피하고 합리적인 이익을 보호하기 위하여 필요한 조치를 요구하는 등 그 계약의 동기, 목적 및 의도, 그 계약의 내용 및 요구된 조치의 필요성 내지 관련성, 거래 상대방과 배임행위의 실행행위자와 관계 등을 종합할 때 사회적 상당성을 갖추고 있다고 평가할 수 있는 경우에는 비록 거래 상대방이 그 계약의 체결에 임하는 실행행위자의 행위가 배임행위에 해당할 수 있음을 알거나 알 수 있었다 하더라도 그러한 사정만으로 그 계약을 반사회적 법률행위에 해당한다고 보아 무효라고 할 수는 없다.(대판 2016.12.29, 2016다242273)

12. 부동산 이중양도에서 제2양수인의 행위가 공서양속에 반한다고 하기 위한 판단 기준 소유자의 그러한 제2의 소유권양도의무를 발생시키는 원인이 되는 매매 등의 계약이 소유자의 위와 같은 의무위반행위를 유발시키는 계기가 된다는 것만을 이유로 이를 공서양속에 반하여 무효라고 할 수는 없고, 그것이 공서양속에 반한다고 하려면, 다른 특별한 사정이 없는 한 상대방에게도 그러한 무효의 제재, 보다 실질적으로 말하면 나아가 그가 의도한 권리취득 자체의 좌절을 정당화할 만한 책임귀속사유가 있어야 한다. 제2의 양도채권자에게 그와 같은 사유가 있는지를 판단함에 있어서는, 그가 당해 계약의 성립과 내용에 어떠한 방식으로 관여하였는지(소유자의 배임행위에 적극 가담하였는지)를 일차적으로 고려할 것이고, 나아가 계약에 이른 경위, 약정된 대가 등 계약내용의 상당성 또는 특수성, 그와 소유자의 인적 관계 또는 종전의 거래상태, 부동산의 종류 및 용도, 제1양도채권자의 점유 여부 및 그 기간의 장단과 같은 이용현황, 관련 법규정의 취지·내용 등과 같이 법률행위가 공서양속에 반하는지 여부의 판단에서 일반적으로 참작되는 제반 사정을 여기서도 종합적으로 살펴보아야 한다.(대판 2013.10.11, 2013다52622)

▶ **부당한 대가 지급**

13. 공무원의 직무에 관한 청탁에 대한 대가 지급 약정 당사자 일방이 상대방에게 공무원의 직무에 관한 사항에 관하여 특별한 청탁을 하게 하고 그에 대한 보수로 돈을 지급할 것을 내용으로 한 약정은 사회질서에 반하는 무효의 계약이라고 할 것이다.(대판 1971.10.11, 71다1645)

14. 증언의 대가 지급 약정(1) 소송사건에서 일방 당사자를 위하여 증인으로 출석하여 증언하였거나 증언할 것을 조건으로 어떤 대가를 받을 것을 약정한 경우, 증인은 법률에 의하여 증언거부권이 인정되지 않은 한 진실을 진술할 의무가 있는 것이므로 그 대가의 내용이 통상적으로 용인될 수 있는 수준(예컨대 증인에게 일당과 여비가 지급되기는 하지만 증인이 법원에 출석함으로써 입게 되는 손해에는 미치지 못하는 경우 그러한 손해를 전보해 주는 정도)을 초과하는 경우에는 그와 같은 약정은 금전적 대가가 결부됨으로써 선량한 풍속 기타 사회질서에 반하는 법률행위가 되어 민 103조에 따라 효력이 없다.(대판 1999.4.13, 98다52483)

15. 증언의 대가 지급 약정(2) 소송사건에 증인으로 출석하여 증언하는 것과 연계하여 어떤 급부를 하기로 약정한 경우 급부의 내용에 기존 채무의 변제를 위한 부분이 포함되어 있더라도, 전체적으로 통상 용인될 수 있는 수준을 넘는 급부를 하기로 한 것이라면, 약정은 민 103조가 규정한 반사회질서행위에 해당하여 전부가 무효이다.(대판 2016.10.27, 2016다25140)

16. 진정 취하를 조건으로 한 금원 지급 약정 청원권 행사의 일환으로 이루어진 진정을 이용하여 원고가 피고를 궁지에 빠뜨린 다음 이를 취하하는 것을 조건으로 거액의 급부를 제공받기로 한 약정은 반사회질서적인 조건 또는 금전적 대가가 결부됨으로써 반사회질서적 성질을 띠게 되는 경우에 해당한다.(대판 2000.2.11, 99다56833)

17. 과도한 지체상금 약정 도급인의 지위에 있는 행정기관이 당초의 입찰이나 계약체결시에 약정한 공사기간을 그 후 행정상의 이유로 일방적으로, 수급인이 당초 전혀 예상하지 못했을 정도로 상당한 기간의 단축을 요구하여 수급인으로 하여금 이에 부득이 응하게 한 경우, 공사기간을 단축할 당시에 있어서의 기성공정률과 그 공사의 완공에 필요한 총기간 및 남은 공사기간 등을 참작하여 그 단축된 기간 내에 공사를 준공하는 것이 물리적으로 불가능하거나 총체적으로 부실공사를 강요하는 것이 될 수밖에 없다면, 당초의 지체상금에 관한 약정을 그대로 적용하여 그와 같이 준공이 불가능할 정도로 단축된 준공기한을 기준으로 일률적으로 계산한 지체 일수 전부에 대하여 당초의 약정에 의한 지체상금의 배상을 그대로 물게 하는 것은 선량한 풍속 기타 사회질서에 비추어 허용할 수 없으므로, 준공기한을 앞당기기로 하는 그 합의는 준공에 절대적으로 필요한 최소한의 기간에 해당하는 지체상금 부분에 한하여 무효이다.(대판 1997.6.24, 97다2221)

18. 위약벌 약정의 제한해석 위약벌 약정과 같은 사적 자치의 영역을 일반조항인 공서양속을 통하여 제한적으로 해석할 때에는 계약의 체결 경위와 내용을 종합적으로 검토하는 등 매우 신중을 기하여야 한다. 그리고 위약벌 약정이 공서양속에 반하는지를 판단할 때에는, 당사자 일방이 독점적 지위나 우월한 지위를 이용하여 체결한 것인지 등 당사자의 지위, 계약의 체결 경위와 내용, 위약벌 약정을 하게 된 동기와 경위, 계약 위반 과정 등을 고려하는 등 신중을 기하여야 하고, 단순히 위약벌 액수가 많다는 이유만으로 선불리 무효라고 판단할 일은 아니다.(대판 2016.1.28, 2015다239324)

19. 고율의 이자 약정의 효력(무효) 금전 소비대차계약과 함께 이자의 약정을 하는 경우, 양쪽 당사자 사이의 경제력의 차이로 인하여 그 이율이 당시의 경제적·사회적 여건에 비추어 사회통념상 허용되는 한도를 초과하여 현저하게 고율로 정하여졌다면, 그와 같이 허용할 수 있는 한도를 초과하는 부분의 이자 약정은 대주가 그의 우월한 지위를 이용하여 부당한 이득을 얻고 차주에게는 과도한 반대급부 또는 기타의 부당한 부담을 지우는 것이므로 선량한 풍속 기타 사회질서에 위반한 사항을 내용으로 하는 법률행위로서 무효이다.(대판(全) 2007.2.15, 2004다50426)

20. 형사사건에 관한 성공보수약정이 선량한 풍속 기타 사회질서에 위배되는 것으로 평가할 수 있는지 여부(적극) ① 형사사건에 관하여 체결된 성공보수약정이 가져오는 여러 가지 사회적 폐단과 부작용 등을 고려하면, 형사사건에서의 성공보수약정은 수사·재판의 결과를 금전적인 대가와 결부시킴으로써, 기본적 인권의 옹호와 사회정의의 실현을 사명으로 하는 변호사 직무의 공공성을 저해하고, 의뢰인과 일반 국민의 사법제도에 대한 신뢰를 현저히 떨어뜨릴 위험이 있으므로, 선량한 풍속 기타 사회질서에 위배되는 것으로 평가할 수 있다. ② 그런데 그동안 대법원은 수임한 사건의 종류나 특성에 관한 구별 없이 성공보수약정이 원칙적으로 유효하다는 입장을 취해 왔고, 대한변호사협회도 1983년에 제정한 '변호사보수기준에 관한 규칙'에서 형사사건의 수임료를 착수금과 성공보수금으로 나누어 규정하였으며, 위 규칙이 폐지된 후에 권고양식으로 만들어 제공한 형사사건의 수임약정서에도 성과보수에 관한 규정을 마련하여 놓고 있었다. 이에 따라 변호사나 의뢰인은 형사사건에서의 성공보수약정이 안고 있는 문제점 내지 그 문제점이 약정의 효력에 미칠 수 있는 영향을 제대로 인식하지 못한 것이 현실이고, 그 결과 당사자 사이에 당연히 지급되어야 할 정상적인 보수까지도 성공보수의 방식으로 약정하는 경우가 많았던 것으로 보인다. ③ 이러한 사정들을 종합하여 보면, 종래 이루어진 보수약정의 경우에는 보수약정이 성공보수라는 명목으로 되어 있다는 이유만으로 민 103조에 의하여 무효라고 단정하기는

어렵다. 그러나 대법원이 이 판결을 통하여 형사사건에 관한 성공보수약정이 선량한 풍속 기타 사회질서에 위배되는 것으로 평가할 수 있음을 명확히 밝혔음에도 불구하고 향후에도 성공보수약정이 체결된다면 이는 민 103조에 의하여 무효로 보아야 한다.(대판(全) 2015.7.23, 2015다200111)

21. 민 103조에 의해 단체협약이 무효인지를 판단할 때 고려하여야 할 사정 및 업무상 재해로 사망한 근로자의 직계가족 등을 채용하기로 하는 단체협약의 무효 여부 판단기준 ① 단체협약이 선량한 풍속 기타 사회질서에 위배되는지를 판단할 때에는 단체협약이 헌법이 직접 보장하는 기본권인 단체교섭권의 행사에 따른 것이자 헌법이 제도적으로 보장한 노사의 협약자치의 결과물이라는 점 및 노동조합법에 의해 이행이 특별히 강제되는 점 등을 고려하여 법원의 후견적 개입에 보다 신중할 필요가 있다. ② 사용자가 노동조합과의 단체교섭에 따라 업무상 재해로 인한 사망 등 일정한 사유가 발생하는 경우 조합원의 직계가족 등을 채용하기로 하는 내용의 단체협약을 체결하였다면, 그와 같은 단체협약이 사용자의 채용의 자유를 과도하게 제한하는 정도에 이르거나 채용 기회의 공정성을 현저히 해하는 결과를 초래하는 등의 특별한 사정이 없는 한 선량한 풍속 기타 사회질서에 반한다고 단정할 수 없다. ③ 이러한 단체협약이 사용자의 채용의 자유를 과도하게 제한하는 정도에 이르거나 채용 기회의 공정성을 현저히 해하는 결과를 초래하는지는 단체협약을 체결한 이유나 경위, 그와 같은 단체협약을 통해 달성하고자 하는 목적과 수단의 적합성, 채용대상자가 갖추어야 할 요건의 유무와 내용, 사업장 내 동종 취업규칙 유무, 단체협약의 유지 기간과 준수 여부, 단체협약이 규정한 채용의 형태와 단체협약에 따라 채용되는 근로자의 수 등을 통해 알 수 있는 사용자의 일반 채용에 미치는 영향과 구직희망자들에 미치는 불이익 정도 등 여러 사정을 종합하여 판단하여야 한다.(대판(全) 2020.8.27, 2016다248998)

▸반윤리

22. 처의 사망 또는 이혼을 조건으로 한 첩과의 혼인약정 부첩관계를 맺음에 처의 사망 또는 이혼이 있을 경우에 첩과 혼인신고를 하여 입적하게 한다는 부수적 약정도 공서양속에 위반한 무효한 행위이다.(대판 1955.7.14, 4288민상156)

23. 첩계약의 효력이 전처의 동의 유무에 좌우되는지 여부 (소극) 첩계약은 전처의 동의유무를 불문하고 공서양속에 반한 무효의 법률행위로서 축첩한 자와 이를 교사방조한 자는 전처에 대하여 공동불법행위가 성립된다.(대판 1960.9.29, 4293민상302)

24. 혼인계약 후 동거 거부시 금원을 지급하기로 한 약정 남녀가 혼인계약을 한 뒤에 어느 일방이 타방과의 동거를 거부할 때에는 그 타방에게 금 45,000원을 지급하기로 한 약정은, 금원을 지급하기로 약정한 자는 상대방에게 금원을 지급함으로써 법률상 보호를 받아야 할 쌍방간의 사실상 혼인관계를 파기할 수도 있는 반면 계속 동거할 의무를 상대방에게만 지우는 것이므로 분명히 사회의 질서와 선량한 풍속에 반하는 사항을 내용으로 한 계약이다.(대판 1963.11.7, 63다587)

25. 장래 부첩관계의 사전 승인이 선량한 풍속에 위배되는지 여부 부가 첩을 두어 처와 협의 이혼을 하기로 하고 그 위자료조로 거액의 재산을 처에게 교부한 바가 있다고 하더라도, 부가 후에 이혼의사를 철회하고 처 역시 이를 승낙하여 이혼의사가 쌍방간에 철회된 이상, 부의 처에 대한 재산 급부행위가 첩의 그때까지의 처에 대한 위자료 지급의무의 면제가 암묵리에 합의되었다고 하더라도, 장래에 있어서의 부첩행위의 계속을 용인하기로 합의되었다고 보기에는 특단의 사정이 없는 한 어렵다 할 것이고, 가사 그와 같은 합의가 있었다고 하더라도 장래의 부첩관계의 사전 승인이라는 것은 선량한 풍속에 위배되는 행위이므로 당연무효의 행위라고 할 것이다.(대판 1967.10.6, 67다1134)

▸생존박탈

26. 사찰의 존재의의를 박탈하는 증여 사찰의 존립과 존재의의를 상실케 하는 증여행위는 공서양속에 위반되는 무효의 행위다.(대판 1970.3.31, 69다2293)

▸자유제한

27. 절대 이혼하지 않겠다는 의사표시 어떠한 일이 있어도 이혼하지 아니하겠다는 각서를 써 주었다 하더라도 그와 같은 의사표시는 신분행위의 의사결정을 구속하는 것으로서 공서양속에 위배하여 무효이다.(대판 1969.8.19, 69므18)

28. 친권상실 및 대리권 · 관리권 상실 청구권 포기 약정 민 924조나 925조의 규정에 의한 친권상실이나 대리권관리권상실을 청구할 수 있는 자가 그런 청구권을 포기하는 것을 내용으로 하는 계약은 공서양속에 반하여 무효이다.(대판 1977.6.7, 76므34)

29. 도박으로 잃은 돈을 회복하기 위해 경찰관과 함께 협박 · 폭행하여 제공받은 부동산 등기 피고 명의의 가등기와 그에 따른 본등기가 그 원인에 있어 피고가 도박으로 잃은 돈을 회복하려고 소외인 등을 유인한 다음 수사경찰관과 짜고 소외인 등을 도박 현행범으로 감금하고 협박과 폭행으로 그들로 하여금 어쩔 수 없이 피고가 잃은 돈의 변상명목으로 잃은 돈의 9배에 달하는 부동산을 제공받은 것이라면 이는 선량한 풍속과 정의의 관념에 반하여 이루어진 당연무효의 등기라 할 것이다.(대판 1974.7.23, 74다157)

▸사 행

30. 도박 채무의 변제로서 토지 양도계약 도박으로 인한 채무의 변제방법으로서 토지를 양도하는 계약은 무효이다.(대판 1959.10.15, 4291민상262)

31. 도박자금 제공 목적의 금전대차계약 도박자금에 제공할 목적으로 금전의 대차를 한 때에는 그 대차계약은 민 103조의 반사회질서의 법률행위여서 무효이다.(대판 1973.5.22, 72다2249)

32. '보험계약자'의 보험계약 체결이 '사회질서에 반하는 행위'로서 무효가 되는 경우 보험계약자가 다수의 보험계약을 통하여 보험금을 부정취득할 목적으로 보험계약을 체결한 경우, 이러한 목적으로 체결된 보험계약에 의하여 보험금을 지급하게 하는 것은 보험계약을 악용하여 부정한 이득을 얻고자 하는 사행심을 조장함으로써 사회적 상당성을 일탈하게 될 뿐만 아니라, 합리적인 위험의 분산이라는 보험제도의 목적을 해치고 위험발생의 우발성을 파괴하며 다수의 선량한 보험가입자들의 희생을 초래하여 보험제도의 근간을 해치게 되므로, 이와 같은 보험계약은 민 103조 소정의 선량한 풍속 기타 사회질서에 반하여 무효라고 할 것이다. 그리고 보험계약자가 보험금을 부정취득할 목적으로 다수의 보험계약을 체결하였는지에 관하여는, 이를 직접적으로 인정할 증거가 없더라도 보험계약자의 직업 및 재산상태, 다수 보험계약의 체결 시기와 경위, 보험계약의 규모와 성질, 보험계약 체결 후의 정황 등 제반 사정에 기하여 그와 같은 목적을 추인할 수 있다.(대판 2014.4.30, 2013다69170)

▸반사회질서행위의 부정

33. 매매가격과 목적물의 현저한 차이 매매가격과 매매목적물과 현저히 차이가 있다는 사실만으로 공서양속위반이라 할 수 없다.(대판 1956.2.16, 4288민상401)

34. 불가항력으로 인한 손해를 일방에게 부담시키는 특약 계약당사자의 자유의사에 의하여 불가항력으로 인한 손해를 계약당사자의 일방만이 부담한다는 내용의 특약을 하였다 하더라도 이를 당연무효라고 할 수 없다.(대판 1963.5.15, 63다111)

35. 강박에 의한 의사표시와 반사회질서 행위 상대방 또는 제3자의 강박에 의하여 의사결정의 자유가 완전히 박탈된

상태에서 이루어진 의사표시는 효과의사에 대응하는 내심의 의사가 결여된 것이므로 무효라고 볼 수 밖에 없으나, 강박이 의사결정의 자유를 완전히 박탈하는 정도에 이르지 아니하고 이를 제한하는 정도에 그친 경우에는 그 의사표시는 취소할 수 있음에 그치고 무효라고까지 볼 수 없다.(대판 1984.12.11, 84다카1402)

36. 국민의 기본권 침해의 경우 항상 반사회성이 인정되는지 여부(소극) 국가기관이 헌법상 보장된 국민의 기본권을 침해하는 위헌적인 공권력을 행사한 결과 국민이 그 공권력의 행사에 외포되어 자유롭지 못한 의사표시를 하였다고 하더라도 그 의사표시의 효력은 의사표시의 하자에 관한 민법의 일반원리에 의하여 판단되어야 한다. 그 강박행위의 주체가 국가 공권력이고 그 공권력 행사의 내용이 기본권을 침해하는 것이라고 하여 그 강박에 의한 의사표시가 항상 반사회성을 띠게 되어 당연히 무효로 된다고는 볼 수 없다.(대판 1996.12.23, 95다40038)

37. 부첩계약 해소시 첩에 대한 금전지급약정 본처의 동석하에 금원의 지급약정이 비교적 자유롭게 서로 상의하여 자의에 의해서 이루어지고, 그 간에 첩이 부를 위하여 바친 노력과 비용 등 희생을 배상 내지 위자하고 또 첩이 어려운 생활에서 홀로 두 딸을 키우고 지내야 하는 장래의 생활대책을 마련해 준다고 하는 뜻에서 금원을 지급하기로 약정한 것인 경우 부첩관계를 해소하는 마당에 위와 같은 의미의 금전지급약정은 공서양속에 반하지 않는다.(대판 1980.6.24, 80다458)

38. 귀국 후 일정기간 근무 약정 해외파견된 근로자가 귀국일로부터 일정기간 소속회사에 근무하여야 한다는 사규나 약정은 민 103조 또는 104조에 위반된다고 할 수 없다. 일정기간 근무하지 않으면 해외 파견 소요경비를 배상한다는 사규나 약정은 근로계약기간이 아니라 경비반환채무의 면제기간을 정한 것이므로 근로 21조에 위배하는 것도 아니다.(대판 1982.6.22, 82다카90)

39. 과도한 위약벌 약정 위약벌의 약정은 채무의 이행을 확보하기 위하여 정해지는 것으로서 손해배상의 예정과는 그 내용이 다르므로 손해배상의 예정에 관한 민 398조 2항을 유추적용하여 그 액을 감액할 수는 없고 다만 그 의무의 강제에 의하여 얻어지는 채권자의 이익에 비하여 약정된 벌이 과도하게 무거울 때에는 그 일부 또는 전부가 공서양속에 반하여 무효로 된다. 백화점 수수료위탁판매매장계약에서 임차인이 매출신고를 누락하는 경우 판매수수료의 100배에 해당하고 매출신고누락분의 10배에 해당하는 벌칙금을 임대인에게 배상하기로 한 위약벌의 약정은 공서양속에 반하지 않는다.(대판 1993.3.23, 92다46905)

40. 투기 목적으로 이루어진 세입자입주권 매매계약과 거주조건 ① 주택개량사업구역 내의 주택에 거주하는 세입자가 주택개량재개발조합으로부터 장차 신축될 아파트의 방 1간을 분양받을 수 있는 피분양권(이른바 세입자입주권)을 15매나 매수하였고 또 그것이 투기의 목적으로 행하여진 것이라 하여 그것만으로 그 피분양권매매계약이 사회질서에 반하는 법률행위로서 무효로 된다고 할 수 없다. ② 위 세입자입주권의 매매계약에 있어 매도자는 어떠한 경우에도 현 거주지에서 세입자카드가 발급될 때까지 살아야 한다는 조건을 붙였다고 하더라도 그 계약상의 조건이 계약당사자의 자유로운 의사에 기하여 약정된 것인 이상 그러한 조건이 거주이전의 자유를 제한하는 약정으로서 헌법에 위반되고 사회질서에 반하는 약정으로서 무효로 된다고 할 수 없다.(대판 1991.5.28, 90다19770)

41. 양도소득세를 회피하기 위한 매매계약 양도소득세를 회피하기 위한 방법으로 매매계약을 체결하였더라도 그 때문에 매매계약이 민 103조의 반사회적 법률행위로서 무효라고 할 수 없다.(대판 1992.12.22, 91다35540, 35557)

42. 상속세 면탈을 위한 소유권이전등기 상속세 면탈의 목적으로 피상속인이 사망한 후 피상속인 명의로부터 타인에게 소유권이전등기를 경료하였다 하여도 상속세가 면제되는 것은 아니므로 이를 지목하여 공익적이며 강행법규인 본법에 위반한 사항을 목적으로 하는 사회질서에 위반한 사항을 내용으로 하는 무효의 행위라고는 볼 수 없다.(대판 1964.7.22, 64다554)

▶기 타

43. 법률행위의 무효를 주장할 수 있는 자 법률행위의 무효는 이를 주장할 이익이 있는 자는 누구든지 무효를 주장할 수 있다. 따라서 반사회질서 법률행위를 원인으로 하여 부동산에 관한 소유권이전등기를 마쳤더라도 그 등기는 원인무효로서 말소될 운명에 있으므로 등기명의자가 소유권에 기한 물권적 청구권을 행사하는 경우에, 권리 행사의 상대방은 법률행위의 무효를 항변으로서 주장할 수 있다.(대판 2016.3.24, 2015다11281)

44. 반사회질서 행위에 따른 급부를 불법원인급여로 보는 취지(대판(全) 1979.11.13, 79다483) → 제746조 참조

45. 공서양속의 원칙이 경매절차에 적용되는지 여부(소극) 공서양속의 원칙은 사적 자치를 규율하는 경매절차에는 적용될 수 없다.(대결 1980.2.4, 80마2)

46. 강제집행이 반사회질서 행위인 경우 집행의 배제를 구할 수 있는지 여부(적극) 가압류집행이 형식적으로는 채권 확보를 위한 집행절차라고 하더라도 그 자체가 법이 보호할 수 없는 반사회적 행위에 의하여 이루어진 것임이 분명한 경우 그 집행의 효력을 그대로 인정할 수 없으므로, 가압류집행 후 본집행으로 이행하기 전에 가압류 목적물의 소유권을 취득한 자는 그 가압류집행에 터잡은 강제집행절차에서 그 집행의 배제를 구할 수 있다.(대판 1997.8.29, 96다14470)

47. 행정처분의 부관의 이행으로 사법상 법률행위를 한 경우의 판단기준 행정처분에 부담인 부관을 붙인 경우 부관의 무효화에 의하여 본체인 행정처분 자체의 효력에도 영향이 있게 될 수는 있지만, 그 처분을 받은 사람이 부담의 이행으로 사법상 매매 등의 법률행위를 한 경우에는 그 부관은 특별한 사정이 없는 한 법률행위를 하게 된 동기 내지 연유로 작용하였을 뿐이므로 이는 법률행위의 취소사유가 될 수 있음은 별론으로 하고 그 법률행위 자체를 당연히 무효화하는 것은 아니다. 이에 더해, 부담의 이행으로서 하게 된 사법상 매매 등의 법률행위는 부담을 붙인 행정처분과는 어디까지나 별개의 법률행위이므로 그 부담의 불가쟁력의 문제와는 별도로 법률행위가 사회질서 위반이나 강행규정에 위반되는지 여부 등을 따져보아 그 법률행위의 유효 여부를 판단하여야 한다.(대판 2009.6.25, 2006다18174)

48. 무효인 약정에 기한 급부의 내용을 일부 변경한 급부의 이행 청구(부정) 무효인 약정에 기한 급부의 이행 청구는 허용되지 않고, 그 급부의 내용을 새로운 약정의 형식을 통해 일부 가감하였다 하더라도 그 급부의 이행 청구 역시 허용되지 않으며, 다만 그 무효인 약정으로 인해 취득하게 된 이득의 부당이득 반환 문제만 남게 된다.(대판 2011.1.13, 2010다67890)

49. 변호사법 109조 1호를 위반하여 소송 사건을 대리하는 자가 대납한 소송비용을 소송 종료 후에 반환받기로 하는 약정의 효력(원칙적 무효) 변호사법 109조 1호는 강행법규로서 같은 법조에서 규정하고 있는 이익취득을 목적으로 하는 법률행위는 그 자체가 반사회적 성질을 띠게 되어 사법적 효력도 부정된다. 그리고 변호사법 109조 1호를 위반하여 소송 사건을 대리하는 자가 소송비용을 대납한 행위는 성격상 대리를 통한 이익취득 행위에 불가결하게 수반되는 부수적 행위에 불과하므로, 위와 같이 대납하는 소송비용을 소송 종료 후에 반환받기로 하는 약정은 특별한 사정이 없는 한, 이익취득 약정과 일체로서 반사회질서의 법률행위에 해당하여 무효라고 보아야 하고 이 부분만을 따로 떼어 효

력을 달리한다고 볼 것은 아니다.(대판 2014.7.24, 2013다28728)

50. 윤락행위를 할 사람을 고용할 때의 선불금 대여행위 이른바 '티켓다방'을 운영하는 갑이 을 등을 종업원으로 고용하면서 대여한 선불금이 불법원인급여에 해당하는지가 문제된 사안에서, 제반 사정에 비추어 을 등으로서는 선불금반환채무와 여러 명목의 경제적 부담이 더해지는 불리한 고용조건 탓에 윤락행위를 선택하지 않을 수 없었고, 갑은 이를 알았을 뿐 아니라 유인, 조장하는 위치에 있었다고 보이므로, 위 선불금은 을 등의 윤락행위를 전제로 한 것이거나 그와 관련성이 있는 경제적 이익으로서 그 대여행위는 민 103조에서 정하는 반사회질서의 법률행위에 해당한다.(대판 2013.6.14, 2011다65174)

51. 계약담당 공무원이 입찰절차에서 지방계약법 및 그 시행령이나 세부심사기준에 어긋나게 적격심사를 한 경우, 낙찰자 결정이나 이에 따른 계약이 무효가 되는지 여부(한정 적극) 계약담당 공무원이 입찰절차에서 지방계약법 및 그 시행령이나 세부심사기준에 어긋나게 적격심사를 하였다고 하더라도 그 사유만으로 당연히 낙찰자 결정이나 그에 따른 계약이 무효가 되는 것은 아니고, 이를 위반한 하자가 입찰절차의 공공성과 공정성이 현저히 침해될 정도로 중대할 뿐 아니라 상대방도 이러한 사정을 알았거나 알 수 있었을 경우 또는 누가 보더라도 낙찰자 결정 및 계약체결이 선량한 풍속 기타 사회질서에 반하는 행위에 의하여 이루어진 것임이 분명한 경우 등 이를 무효로 하지 않으면 그 절차에 관하여 규정한 위 법률의 취지를 몰각하는 결과가 되는 특별한 사정이 있는 경우에 한하여 무효가 된다.(대판 2022.6.30, 2022다209383)

52. 경제적 지위에서 우위에 있는 당사자와의 관계에서 상대방에게 계약상 책임의 요건과 범위 및 절차를 초과한 책임을 추궁하는 경우 계약 등 법률행위의 내용이 민 103조에서 정한 선량한 풍속 기타 사회질서에 위반한 법률행위로서 무효인지 여부는 계약 등의 실질을 살펴 판단하여야 하는데, 경제적 지위에서 우위에 있는 당사자와의 관계에서 상대방의 계약상 의무와 그 위반에 따른 손해배상책임에 관하여 구체적이고 상세한 규정을 두는 등 계약상 책임의 요건과 범위 및 절차 등을 정한 경우, 그 취지는 계약상 책임의 부과 절차의 객관성·공정성을 확보하기 위한 것이므로, 이러한 요건과 절차에 따르지 않은 채 상대방에게 이를 초과하는 책임을 추궁하는 것은 비록 그것이 계약상 별도의 약정에 기한 것이더라도 달리 그 합리성·필요성을 인정할 만한 사유가 존재하지 않는 한 경제적 지위의 남용에 따른 부당한 이익의 취득 및 부담의 강요로서 민 103조에 위반되어 무효로 볼 여지가 있다.(대판 2023.2.23, 2022다287383)

第104條【不公正한 法律行爲】

當事者의 窮迫, 輕率 또는 無經驗으로 因하여 顯著하게 公正을 잃은 法律行爲는 無效로 한다.

■ 법률행위 무효(137-139, 근로22)

▶ 요 건

1. 불공정행위 요건 ① 민 104조의 불공정한 법률행위가 성립하기 위하여는 법률행위의 당사자 일방이 궁박, 경솔 또는 무경험의 상태에 있고, 상대방이 이러한 사정을 알고서 이를 이용하려는 의사가 있어야 하며, 나아가 급부와 반대급부 사이에 현저한 불균형이 있어야 하는바, 위 당사자 일방의 궁박, 경솔, 무경험은 모두 구비하여야 하는 요건이 아니고 그 중 어느 하나만 갖추어져도 충분하다. ② 한편 피해 당사자가 궁박, 경솔 또는 무경험의 상태에 있었다고 하더라도 그 상대방 당사자에게 그와 같은 피해 당사자측의 사정을 알면서 이를 이용하려는 의사, 즉 폭리행위의 악의가 없었다거나 또는 객관적으로 급부와 반대급부 사이에 현저한 불균형이 존재하지 아니한다면 불공정 법률행위는 성립하지 않는다.(대판 2002.10.22, 2002다38927)

2. 궁박의 의의와 판단기준 '궁박'이란 '급박한 곤궁'을 의미하는 것으로서 경제적 원인에 기인할 수도 있고, 정신적 또는 심리적 원인에 기인할 수도 있다. 당사자가 궁박의 상태에 있었는지는 그의 신분과 재산상태 및 그가 처한 상황의 절박성의 정도 등 제반 상황을 종합하여 구체적으로 판단해야 한다.(대판 1996.6.14, 94다46374) 한편 당사자가 계약을 지키지 않는 경우 얻을 이익이 이로 인해 입을 불이익보다 크다고 판단하여, 그 불이익의 발생을 예측하면서도 이를 감수할 생각으로 계약에 반하는 행위를 함으로써 계약 상대방과의 관계에서 그가 주장하는 급박한 곤궁 상태에 이르렀다면, 이와 같이 그가 자초한 상태를 법 104조의 궁박이라고 인정하는 것은 엄격하고 신중하게 이루어져야 한다.(대판 2024.3.12, 2023다301712)

3. 재산관리인이 법률행위를 하는 경우 경솔·무경험·궁박 상태 판단의 객체 매도인이 부재자이어서 그 재산관리인이 매매를 하는 경우에 있어서는 매도인의 경솔 무경험은 부재자 재산관리인의 입장에서 판단할 것이지만, 궁박 상태에 있었는지는 부재자 본인의 입장에서 판단되어야 한다.(대판 1969.1.21, 68다1889)

4. 대리행위에 있어 경솔·무경험·궁박 상태 판단의 객체 매도인의 대리인이 매매한 경우에 있어서 그 매매가 불공정한 법률행위인가를 판단함에는 매도인의 경솔, 무경험은 그 대리인을 기준으로 하여 판단하여야 하고 궁박 상태에 있었는지는 매도인 본인의 입장에서 판단되어야 한다.(대판 1972.4.25, 71다2255)

5. 급부와 반대급부 사이의 현저한 불균형 판단 시점 대물변제예약이 불공정한 법률행위가 되는 요건의 하나인 대차의 목적물 가격과 대물변제의 목적물 가격에 있어서의 불균형이 있느냐 여부를 결정할 시점은 대물변제의 효력이 발생할 변제기 당시를 표준으로 하여야 할 것이다.(대판 1965.6.15, 65다610)

6. 현저한 불공정이 있는 경우 궁박·경솔·무경험이 추정되는지 여부(소극) 민 104조의 불공정한 법률행위의 법리가 적용되려면 그 주장하는 측에서 궁박, 경솔 또는 무경험으로 인하였음을 증명하여야 되며 법률행위가 현저하게 공정을 잃었다 하여 곧 그것이 궁박, 경솔 또는 무경험으로 이루어진 것이라고 추정되는 것이 아니다.(대판 1976.4.13, 75다705)

7. 불공정 법률행위 해당 여부 판단 기준 불공정 법률행위에 해당하는지는 법률행위가 이루어진 시점을 기준으로 약속된 급부와 반대급부 사이의 객관적 가치를 비교 평가하여 판단하여야 할 문제이고, 당초의 약정대로 계약이 이행되지 아니할 경우에 발생할 수 있는 문제는 달리 특별한 사정이 없는 한 채무의 불이행에 따른 효과로서 다루어지는 것이 원칙이다.(대판 2013.9.26, 2010다42075)

8. 불공정한 법률행위에 해당하는지 판단하는 기준 시기(=법률행위 시), **키코(KIKO) 통화옵션계약이 불공정계약인지 여부**(소극) ① 어떠한 법률행위가 불공정한 법률행위에 해당하는지는 법률행위 시를 기준으로 판단하여야 한다. 따라서 계약 체결 당시를 기준으로 전체적인 계약 내용에 따른 권리의무관계를 종합적으로 고려한 결과 불공정한 것이 아니라면, 사후에 외부적 환경의 급격한 변화에 따라 계약당사자 일방에게 큰 손실이 발생하고 상대방에게는 그에 상응하는 큰 이익이 발생할 수 있는 구조라고 하여 그 계약이 불공정한 계약에 해당한다고 할 수 없다. ② 갑 주식회사가 을 은행 등과 체결한 키코 통화옵션계약이 불공정한 행위인지 문제 된 사안에서, 키코 통화옵션계약의 구조가 환율 변동이 클수록, 그리고 급격하게 발생할수록 은행의 손실은 제한적인 반면 이익은 기하급수적으로 늘어나는 구조라서 불공정하다고 하는 것은 계약 체결 당시 시장환율 추이와 대다수 국내외 연구소 및 금융기관 등의 환율 전망에 비추어 시장

환율이 상승할 확률이 높지 않으리라고 예상하였다가 사후에 시장환율이 급상승한 결과를 놓고 계약을 불공정한 법률행위라고 하는 것과 다름없으므로 받아들이기 어렵다.(대판(全) 2013.9.26, 2011다53683, 53690)

▶효 과

9. 불공정행위로 무효인 경우 등기를 이전받은 제3자에게 대항할 수 있는지 여부(적극) 대물변제계약이 불공정한 법률행위로서 무효인 경우에는 목적부동산이 제3자에 소유권이 전등기가 된 여부에 불구하고 누구에 대하여서도 무효를 주장할 수 있다.(대판 1963.11.7, 63다479)

▶적용범위

10. 경매에 본조가 적용되는지 여부(소극) 경매에 있어서는 불공정한 법률행위 또는 채무자에게 불리한 약정에 관한 것으로서 효력이 없다는 민 104조, 608조는 적용될 여지가 없다.(대결 1980.3.21, 80마77)

11. 증여가 불공정행위가 될 수 있는지 여부 민 104조가 규정하는 현저히 공정을 잃은 법률행위라 함은 자기의 급부에 비하여 현저하게 균형을 잃은 반대급부를 하게 하여 부당한 재산적 이익을 얻는 행위를 의미하는 것이므로 증여와 같이 아무런 대가관계 없이 당사자 일방이 상대방에게 일방적인 급부를 하는 법률행위는 그 공정성 여부를 논의할 수 있는 성질의 법률행위가 아니다.(대판 2000.2.11, 99다56833)

▶불공정행위에 해당하는 경우

12. 생업 중단의 궁박한 상태에서 이루어진 매매 건물의 매도인이 건물철거소송의 패소확정에 의하여 건물을 철거당함으로써 생업을 중단하게 될 궁박한 상태를 매수인이 이용하고 또 위 소송의 패소로써 위 궁박한 상태에 이를 것으로 속단한 매도인의 경솔로 인하여 시가의 3분의 1에 미달하는 금액을 대금으로 하여 이루어진 건물의 매매는 불공정한 법률행위로서 무효이다.(대판 1973.5.22, 73다231)

13. 사정가격의 오기로 인한 매매가격 책정과 계약 체결 원고 소속 공무원들이 사유재산심의회의 결의에 의하여 사정 확정된 본건 토지의 평당 단가 금 2,100원을 그 10배인 21,000원으로 오기한 것은 경솔로 인한 것이고 매매계약체결 당사자도 계약체결함에 있어서 사정가격을 오기한 것을 발견치 못하고 그냥 오기 내용대로 사정가격으로 하여 결국 시가의 4배 이상의 가액으로 매매계약을 체결하였음은 원고의 경솔로 인한 불공정한 법률행위로 볼 수 있다.(대판 1977.5.10, 76다2953)

14. 무경험자인 농민이 적은 액수를 합의금으로 받기로 한 화해계약 농촌에서 농사만 짓고 처음 사고를 당하는 무경험자인 유족이 가장을 잃고 경제적·정신적으로 경황이 없는 궁박한 상태에서 사고 1주일 후 손해배상을 받을 수 있는 액수도 모르고서 받을 수 있는 액수의 8분의 1밖에 되지 않는 합의금을 받기로 하고 가해자나 사용자에 대하여 민·형사상 책임을 더 묻지 아니하기로 하는 합의는 유족의 경솔, 무경험과 유족의 궁박한 상태 아래에서 이루어진 현저하게 공정을 잃은 법률행위로서 무효이다.(대판 1979.4.10, 78다2457)

15. 질병을 앓고 있는 무학문맹의 노인이 유일한 생활근거인 가옥을 매도한 계약 무학문맹으로 나이 어린 외손녀 하나만을 데리고 가옥일부를 임대한 수입으로 생계를 이어오며 고혈압으로 보행이 자유롭지 못하고 동맥경화성 정신증의 증세로 때로는 정신이 혼미하게도 되지만 빈한하여 치료조차 제대로 받지 못하고 있던 67세의 노파가 인근에 거주하여 위의 사정을 잘 알고 있는 사람에게 다른 생활대책도 강구함이 없이 유일한 생활근거인 가옥을 매도한 계약이 시가와 매매가액 사이에 현저한 차이가 있다면, 민 104조 소정의 불공정한 법률행위에 해당한다고 볼 수 있다.(대판 1979.4.10, 79다275)

16. 무경험 및 궁박 상태에서 구속된 남편을 석방시키기 위한 채권포기 채무자인 회사가 남편의 징역을 면하기 위하여 부정수표를 회수하려면 물품 외상대금 중 금 100만원을 초과하는 채권에 대한 포기서를 써야된다는 강압적인 요구를 하므로 사회적 경험이 부족한 가정부인이 경제적 정신적 궁박상태 하에서 구속된 자기남편을 석방 구제하는 데에는 위 수표의 회수가 필요할 것이라는 일념에서 회사에 대한 물품 잔대금 채권이 얼마인지조차 확실히 모르면서 보관중이던 남편의 인감을 이용하여 남편을 대리하여 위임장과 포기서를 작성하여 준 채권 포기행위는 거래관계에 있어서 현저하게 균형을 잃은 행위로서 사회적 정의에 반하는 불공정한 불법행위로 보는 것이 상당하다.(대판 1975.5.13, 75다92)

17. 궁박한 상태를 이용한 체납전기요금 승계 약정 원고가 부동산을 공장으로 사용하기 위하여 취득하였고 많은 비용을 들였으므로 만약 전기공급을 받지 못하여 공장을 운영할 수 없게 된다면 커다란 손해를 입게 될 형편이어서 할 수 없이 한국전력공사의 요구대로 전수용가의 체납전기요금을 지급하기로 약정한 경우 이는 원고의 궁박을 이용하여서 한 현저하게 공정을 잃은 법률행위로서 무효이다.(대판 1987.2.10, 86다카2094)

18. 궁박 상태에서 고소를 취하시키기 위한 채권포기 계와 관련되어 사문서변조죄로 고소되어 수사를 받다가 15일 간 삼청교육대의 교육을 받고 퇴소한 후 다시 계 관계로 고소되어 경찰서로부터 조사를 위한 소환을 받게 되었다면 또 다시 삼청교육대에 갈지 모른다는 급박한 정신적 압박을 받고 있었을 것이고 따라서 이러한 궁박 상태 아래에서 고소를 취하시켜서 삼청교육대에 가는 것을 회피할 생각으로 경솔하게 청산합의에 응하였을 것으로 보지 못할 바 아니며, 또 상대방에게 금 1,300만원 이상의 채권이 있었음에도 이것과 현금 45만원 및 부채 216만원을 인수시키고 그 나머지 금 1,000만원 이상의 채권을 포기하는 약정을 맺은 것은 일방적으로 불리한 것이어서 현저히 불공정한 법률행위에 해당된다.(대판 1992.4.14, 91다23660)

19. 불법구금에 따른 손해배상의 추가지급 일반인이 수사기관에서 법관의 영장에 의하지 않고 30시간 이상 불법구금된 상태에서 구속을 면하고자 하는 상황에 처해 있었다면, 특별한 사정이 없는 한 정신적 또는 심리적 원인에 기인한 급박한 곤궁의 상태에 있었고, 토지지분을 편취한 데에 따른 손해배상으로 그 지분을 반환하는 외에 거액을 추가로 지급하기로 한 것은 특별한 사정이 없는 한 급부와 반대급부 사이에 현저한 불균형이 있다.(대판 1996.6.14, 94다46374)

20. 채권채무관계 인정 횡령죄가 성립될 수 없음에도 불구하고 상대방의 고소에 의하여 구속되어 있었고, 시부모와 남편 및 원고 본인까지도 병중에 있었으며, 경영하던 회사는 부도 위기에 처하는 등 정신적, 경제적으로 궁박한 상태에 있었고, 그 합의의 내용도 이 사건 부동산의 2분의 1 지분이 실질적으로 상대방 소유라는 피고의 주장 등을 그대로 인정하고 이루어진 것으로서 현저히 공정을 잃은 것이므로, 결국 위 합의는 불공정한 법률행위로서 무효이다.(대판 1998.3.13, 97다51506)

21. 최소금액의 손해배상과 부제소합의 교통사고로 스포츠용품 대리점과 실내골프연습장을 운영하던 피해자가 사망한 후 망인의 채권자들이 그 손해배상청구권에 대하여 법적 조치를 취할 움직임을 보이자 전업주부로 가사를 전담하던 망인의 처가 망인의 사망 후 5일만에 친지와 보험회사 담당자의 권유에 따라 보험회사와 사이에 보험약관상 인정되는 최소금액의 손해배상금만을 받기로 하고 부제소 합의를 한 경우, 그 합의는 불공정한 법률행위에 해당한다.(대판 1999.5.28, 98다58825)

▶불공정행위에 해당하지 않는 경우

22. 현저한 가격차이가 나는 매도담보 채무자가 돈 50만원을

빌리는데 시가 1,000만원이 넘는 부동산을 담보로 하여 매매형식으로 채권자 명의로 소유권이전등기를 하게 한 약정 또는 채권자의 형편에 따라 권리를 제3자에게 양도할 수 있다는 약정을 하였다고 하여 이러한 계약이 민 103조 또는 104조에 위반되는 무효의 계약이라고 할 수 없다.(대판 1970.7.21, 70다964)

23. 변호사 보수금 계약 상고심과 파기환송 후의 각 심급에서 착수금으로 각 100만원을 지급하고 또 사례금조로 1,000만원을 지급하고 승소확정될 경우에 최종적 보수로서 소송목적물인 부동산중 1,000평을 양도한다는 보수금계약은 당사자의 궁박과 무지를 악용한 불공정한 법률행위가 아니고 변호사윤리강령에 위배되는 무효인 계약이 아니다.(대판 1971.7.6, 71다960)

24. 위약시 지불금 포기 약정 피고가 위약한 경우에는 원고의 지불금 잔액 전부를 포기한다라고 약정한 것이 민 104조에 위반한 것이라 할 수 없다.(대판 1973.7.24, 73다626)

25. 경솔 · 무경험의 판단기준, 거래 경험이 있는 대학 졸업자의 매매계약 매도인이 정규 4년제 대학교를 졸업한 사람으로서 매매계약체결 당시의 나이가 만 32세 6개월이나 되며 직장생활을 한 경험도 있고 이 사건 부동산매매계약을 전후한 토지담보 등 거래경험 및 소송수행한 사실과 인감에 관하여 4차례나 개인신고를 낸 사실 등이 인정되는 경우이면, 동인은 매매계약체결 당시 그 법률행위가 자기에게 미치게 될 이해득실을 충분히 가릴 수 있는 사리판단능력을 갖추고 있었고 경솔 · 무경험의 상태에 있었다고 보기 어렵다.(대판 1983.4.26, 81다289)

26. 체납전기요금 존재 사실을 알고 경락받은 자가 맺은 체납전기요금 납부약정 공장 경락인이 공장을 경락취득함에 있어 전 소유자의 체납전기요금이 있는 것을 알고 경락한 것이라면 공장을 가동하기 위하여는 그 전기요금의 승계납부가 불가피하다는 것도 알고 경락한 것이라고 보아야 할 것이고 경락 후 체납전기요금 납부약정을 하고 이를 납부하였다면 다른 특단의 사정이 없는 한 그 납부약정을 궁박한 상태를 이용한 불공정행위이거나 강박에 의한 행위라 할 수는 없다.(대판 1991.3.27, 90다카26560)

27. 저가의 주식 매수 주식매매 가계약 체결 전 증권거래소에서의 거래정지 당시의 주식 1주당 종가가 금 160원이었고 거래정지 후 장외에서 1주당 금 100원 내지 금 200원에 거래되고 있었으나, 주식 1주의 객관적 가치가 부(負)였는데다가 주식 매수인이 위 주식 매수로 인하여 1주당 금 4,161원의 부채까지 부담하게 되었으므로 주식 1주당 가격을 1원으로 정하여 매매계약을 체결하였다고 하여 대가의 현저한 불균형이 있다고 할 수 없어 주식 매매계약이 불공정행위라고 말할 수는 없다.(대판 1996.4.26, 94다34432)

28. 간통죄에 대해 고소하지 않기로 하면서 금전을 지급받기로 하는 합의 지역사회에서 상당한 사회적 지위와 명망을 가지고 있는 자가 유부녀와 통정한 후 상간자의 배우자로부터 고소를 당하게 되면 자신의 사회적 명예가 실추되고 구속될 여지도 있어 다소 궁박한 상태에 있었다고 볼 수는 있으나 상간자의 배우자가 상대방의 그와 같은 처지를 적극적으로 이용하여 폭리를 취하려 하였다고 볼 수 없는 경우, 고소를 하지 않기로 합의하면서 금 170,000,000원의 약속어음 공정증서를 작성한 행위가 불공정한 법률행위에 해당한다고 볼 수 없다.(대판 1997.3.25, 96다47951)

第105條【任意規定】 法律行爲의 當事者가 法令 中의 善良한 風俗 其他 社會秩序에 關係없는 規定과 다른 意思를 表示한 때에는 그 意思에 依한다.

■ 임의규정과 관습(106)

▶ 강행법규

1. 증권거래법상 투자수익보장약정 금지 규정 증권 52조 1호는 공정한 증권거래질서의 확보를 위하여 제정된 강행법규로서 이에 위배되는 주식거래에 관한 원심 인정과 같은 투자수익보장약정은 무효라고 할 것이다.(대판 1980.12.23, 79다2156)

2. 부동산중개업법상 한도액을 초과하는 수수료 약정 금지 규정 부동산중개업법이 '부동산중개업자의 공신력을 높이고 공정한 부동산 거래질서를 확립하여 국민의 재산권 보호에 기여함'을 목적으로 하고 있는 점, 위 규정들이 위와 같은 금지행위의 결과에 의하여 경제적 이익이 귀속되는 것을 방지하려는 데에도 그 입법 취지가 있다고 보이는 점, 그와 같은 위반행위에 대한 일반사회의 평가를 감안할 때 위와 같은 금지행위 위반은 반사회적이거나 반도덕적으로 보아야 할 것인 점, 위반행위에 대한 처벌만으로는 부동산중개업법의 실효를 거둘 수 없다고 보이는 점 등을 종합하여 보면, 위와 같은 규정들은 부동산중개의 수수료 약정 중 소정의 한도액을 초과하는 부분에 대한 사법상의 효력을 제한함으로써 국민생활의 편의를 증진하고자 함에 그 목적이 있는 것이므로 이른바 강행법규에 속하는 것으로서 그 한도액을 초과하는 부분은 무효라고 보아야 한다.(대판 2002.9.4, 2000다54406, 54413; 대판(全) 2007.12.20, 2005다32159) 그리고 부동산 중개보수 제한에 관한 규정들은 국세징법상 공매 대상 부동산 취득의 알선에 대해서도 적용된다고 봄이 타당하다.(대판 2021.7.29, 2017다243723)

3. 의료법상 의료인 및 비영리법인 이외의 의료기관 개설 금지 규정 의료법이 의료인이나 의료법인 등 비영리법인이 아닌 자의 의료기관 개설을 원천적으로 금지하고(33조 2항), 이를 위반하는 경우 처벌하는 규정(87조 1항 2호)을 둔 취지는 의료기관 개설자격을 의료전문성을 가진 의료인이나 공적인 성격을 가진 자로 엄격히 제한함으로써 건전한 의료질서를 확립하고, 영리 목적으로 의료기관을 개설하는 경우에 발생할지도 모르는 국민 건강상의 위험을 미리 방지하고자 하는 데에 있다. 위 33조 제2항은 의료인이나 의료법인 등이 아닌 자가 의료기관을 개설하여 운영하는 경우에 초래될 국민 보건위생상의 중대한 위험을 방지하기 위하여 제정된 이른바 강행법규에 속하는 것으로서 이에 위반하여 이루어진 약정은 무효이다.(대판 2022.4.14, 2019다299423)

4. 의료법 33조 2항을 위반하는 동업약정의 효력(무효) **및 의료기관 운영과 관련하여 얻은 이익이나 취득한 재산 등의 귀속주체** 의사나 의사 아닌 자가 각 그 재산을 출자하여 함께 의료기관을 개설하여 운영하고, 의료기관의 운영 및 손익 등이 의료인 아닌 자에게 귀속되도록 하는 내용의 동업약정은 강행법규인 의료법 33조 2항에 위배되어 무효이므로, 의료기관 운영과 관련하여 얻은 이익이나 취득한 재산, 부담하게 된 채무 등은 모두 의사 개인에게 귀속된다고 할 것이다.(대판 2014.9.26, 2014다30568)

5. 공인중개사 자격 없는 자가 체결한 중개수수료 지급약정의 효력(무효) 중개사무소 개설등록에 관한 구 부동산중개업법(2005. 7. 29. 법률 제7638호 공인중개사의 업무 및 부동산 거래신고에 관한 법률로 전부 개정되기 전의 것) 관련 규정들은 공인중개사 자격이 없는 자가 중개사무소 개설등록을 하지 아니한 채 부동산중개업을 하면서 체결한 중개수수료 지급약정의 효력을 제한하는 이른바 강행법규에 해당한다.(대판 2010.12.23, 2008다75119)

6. 구 임대주택법상 분양전환가격 산정기준에 의한 금액을 초과한 분양계약의 효력 분양전환가격 산정기준에 관한 구 임대주택법 등 관련 법령의 규정들은 강행법규에 해당한다고 보아야 하고, 그 규정들에서 정한 산정기준에 의한 금액을 초과한 분양전환가격으로 체결된 분양계약은 초과하는 범위 내에서 무효이다.(대판(全) 2011.4.21, 2009다97079)

7. 의료인의 자격이 없이 의료기관을 개설하는 약정의 효력 의료인의 자격이 없는 일반인이 필요한 자금을 투자하여 시설을 갖추고 유자격 의료인을 고용하여 그 명의로 의료기관

개설신고를 하고, 의료기관의 운영 및 손익 등이 그 일반인에게 귀속되도록 하는 내용의 약정은 강행법규인 의료법 33조 2항에 위배되어 무효이다.(대판 2011.1.13, 2010다67890)

8. 정비사업의 시공자를 조합총회에서 국토해양부장관이 정하는 경쟁입찰의 방법으로 선정하도록 규정한 구 도시정비법 11조 1항 본문의 법적 성격 구 도시정비법 11조 1항 본문의 내용과 입법 취지, 이 규정을 위반한 행위를 유효로 한다면 정비사업의 핵심적 절차인 시공자 선정에 관한 조합원 간의 분쟁을 유발하고 그 선정과정의 투명성·공정성이 침해됨으로써 조합원들의 이익을 심각하게 침해할 것으로 보이는 점, 구 도시정비법 84조의3 1호에서 위 규정을 위반한 경우에 형사처벌을 하고 있는 점 등을 종합하면, 구 도시정비법 11조 1항 본문은 강행규정으로서 이를 위반하여 경쟁입찰의 방법이 아닌 방법으로 이루어진 입찰과 시공자 선정결의는 당연히 무효라고 보아야 한다.(대판 2017.5.30, 2014다61340)

9. 농지의 임대를 금지한 구 농지 22조의 법적 성격 구 농지법은 부득이한 사유로 인하여 일시적으로 농업경영에 종사하지 않게 된 사람이 소유하고 있는 농지를 임대하는 경우 등과 같은 예외사유에 해당하지 아니하는 한 농지를 임대할 수 없고, 이를 위반하여 소유농지를 임대한 사람은 벌금에 처하도록 규정하고 있다. 이러한 구 농지법 규정과 그 입법 취지에 비추어 보면, 농지의 임대를 금지한 구 농지 22조는 강행규정으로 보아야 한다.(대판 2017.4.13, 2016다261274)

10. 퇴직금청구권을 미리 포기하기로 하는 약정의 효력 ① 퇴직금은 사용자가 일정 기간을 계속근로하고 퇴직하는 근로자에게 계속근로에 대한 대가로서 지급하는 후불적 임금의 성질을 띤 금원으로서 구체적인 퇴직금청구권은 근로관계가 끝나는 퇴직이라는 사실을 요건으로 발생한다. 최종 퇴직 시 발생하는 퇴직금청구권을 미리 포기하는 것은 강행법규인 근로기준법, 근로자퇴직급여 보장법에 위반되어 무효이다. ② 그러나 근로자가 퇴직하여 더 이상 근로계약관계에 있지 않은 상황에서 퇴직 시 발생한 퇴직금청구권을 나중에 포기하는 것은 허용되고, 이러한 약정이 강행법규에 위반된다고 볼 수 없다.(대판 2018.7.12, 2018다21821, 25502)

11. 임금지급약정에 붙은 부관이 근로 43조에 반하는 경우, 부관의 효력(=무효) **및 이때 나머지 임금지급약정이 유효한지 여부**(적극) 근로 43조에 의하면, 임금은 통화로 직접 근로자에게 그 전액을 지급하여야 하고(1항), 매월 1회 이상 일정한 날짜를 정하여 지급하여야 한다(2항). 이는 사용자로 하여금 매월 일정하게 정해진 기일에 근로자에게 근로의 대가 전부를 직접 지급하게 강제함으로써 근로자의 생활안정을 도모하려는 데에 그 입법 취지가 있다. 한편 근로 15조 1항은 근로법에서 정하는 기준에 미치지 못하는 근로조건을 정한 근로계약은 그 부분에 한하여 무효로 한다고 정하고 있으므로, 임금지급약정에 붙은 부관이 근로 43조에 반하여 허용될 수 없다면 그 부관만 무효이고, 나머지 임금지급약정은 유효하다고 보아야 한다.(대판 2020.12.24, 2019다293098)

12. 근로 44조의2가 강행규정인지 여부(적극) 직상수급인의 근로자에 대한 임금지급의무의 연대책임을 규정한 근로 44조의2는 건설 하도급 관계에서 발생하는 임금지급방식을 개선하여 건설근로자의 권리를 보장할 수 있도록 하는 데 그 입법 취지를 두고 있다. 이와 같은 입법 취지 등을 종합하여 보면 근로 44조의2는 개인의 의사에 의하여 그 적용을 배제할 수 없는 강행규정으로 봄이 타당하고 따라서 이를 배제하거나 잠탈하는 약정을 하였더라도 그 약정은 효력이 없다.(대판 2021.6.10, 2021다217370)

13. 공공계약에 적용되는 대가지급지연에 대한 이자의 비율을 정하는 규정 국가계약법 15조 2항 및 그 위임에 따른 국가계약법 시행령 59조는 대가지급지연에 대한 이자의 비율을 구체적으로 정하고 있는데, 원래 '금융기관의 일반자금 대출 시 적용되는 연체이자율'을 적용하여야 한다고 되어 있었으나, 2006. 5. 25. 개정할 당시 '금융기관 대출평균금리'를 적용한 이자를 지급하여야 한다고 변경되었다. 특히 2006. 5. 25. 개정된 국가계약법 시행령 부칙 4조는 "이 영 시행 전에 체결된 계약에 대한 대가지급지연에 대한 이자의 지급에 관하여는 제59조의 개정규정에 불구하고 종전의 규정에 의한다."라고 정하고 있다. 위와 같은 국가계약법 15조와 그 시행령 59조 개정 전후의 문언과 내용, 공공계약의 성격, 국가계약법령의 체계와 목적 등을 종합하면 대가지급지연에 대한 이자에 관한 위 규정은 모든 공공계약에 적용되는 효력규정으로 보아야 한다.(대판 2018.10.12, 2015다256794)

14. 문화재수리법상 문화재수리업자의 명의대여 행위 금지 규정 문화재수리법의 입법 목적, 문화재수리업 등록제도의 취지, 무등록 문화재수리업이나 문화재수리업자의 명의대여 행위에 대해 행정적 제재나 형사처벌하도록 정한 문화재수리법의 내용, 한번 훼손되면 회복하기 어려운 문화재의 특성, 명의대여 계약 당사자에게 경제적 이익이 귀속되는 것을 방지할 필요성 등에 비추어 보면, 문화재수리법에 위반한 명의대여 계약이나 이에 기초하여 대가를 정산하여 받기로 하는 이 사건 정산금 약정은 모두 무효라고 보아야 한다.(대판 2020.11.12, 2017다228236)

15. 이사의 보수결정에 관한 상 388조 상 388조는 "이사의 보수는 정관에 그 액을 정하지 아니한 때에는 주주총회의 결의로 이를 정한다."라고 규정하고 있고, 위 규정의 보수에는 연봉, 수당, 상여금 등 명칭을 불문하고 이사의 직무수행에 대한 보상으로 지급되는 모든 대가가 포함된다. 이는 이사가 자신의 보수와 관련하여 개인적 이익을 도모하는 폐해를 방지하여 회사와 주주 및 회사채권자의 이익을 보호하기 위한 강행규정이다.(대판 2020.6.4, 2016다241515, 241522)

16. 상 542조의9 1항을 위반하여 이루어진 신용공여의 효력 및 선의·무중과실의 제3자에게 무효를 주장할 수 있는지 여부(소극) ① 상 542조의9 1항의 입법 목적과 내용, 위반행위에 대해 형사처벌이 이루어지는 점 등을 살펴보면, 위 조항은 강행규정에 해당하므로 위 조항에 위반하여 이루어진 신용공여는 허용될 수 없는 것으로서 사법상 무효이고, 누구나 그 무효를 주장할 수 있다. ② 다만 상 542조의9는 1항에서 신용공여를 원칙적으로 금지하면서도 제2항에서는 일부 신용공여를 허용하고 있는데, 제3자로 하여금 상장회사와 거래를 할 때마다 일일이 상 542조의9 위반 여부를 조사·확인할 의무를 부담시키는 것은 상거래의 신속성이나 거래의 안전을 해친다. 따라서 상 542조의9 1항을 위반한 신용공여라고 하더라도 제3자가 그에 대해 알지 못하였고 알지 못한 데에 중대한 과실이 없는 경우에는 그 제3자에 대하여는 무효를 주장할 수 없다고 보아야 한다.(대판 2021.4.29, 2017다261943)

17. 공공건설임대주택의 임대보증금과 임대료의 상한을 정한 구 임대주택법령의 규정이 효력규정인지 여부(적극) 공공건설임대주택의 임대보증금과 임대료의 상한을 정한 구 임대주택법령의 규정은 임대주택의 임대보증금 및 임대료 약정 중 소정의 한도액을 초과하는 부분에 대한 사법상의 효력을 제한함으로써 국민의 주거생활의 안정을 증진하고자 함에 그 목적이 있는 것이므로 효력규정에 속하는 것으로서 그 한도액을 초과하는 부분은 무효이다.(대판 2022.5.26, 2020다253515)

18. 택시운송사업자의 운송비용 전가를 금지하는 구 택시발전 12조 1항이 강행규정인지 여부(적극) 택시운송사업자의 운송비용 전가를 금지하는 위 규정은 강행규정으로 보아야 한다. 따라서 택시운송사업자와 택시운전근로자 노동조합 사이의 합의로 이 사건 규정의 적용을 배제하거나 유류비를 택시운전근로자들이 부담하기로 약정하는 것은 무효이다. 나아가 택시운송사업자가 유류비를 부담하는 것을 회피할 의도로 노동조합과 사이에 외형상 유류비를 택시운송사업자가 부담하기로 정하되, 실질적으로는 유류비를 택시운전근로자에게 부담시키기 위해 택시운전근로자가 납부할 사납금

을 인상하는 합의를 하는 것과 같이 강행규정인 이 사건 규정의 적용을 잠탈하기 위한 탈법적인 행위 역시 무효라고 보아야 한다.(대판 2023.4.27, 2022다307003)

19. 지방의회 의결을 받지 않은 중요 재산에 관한 매매계약의 효력 지방의회 의결을 받아야 하는 중요 재산의 취득·처분에 해당함에도 지방의회의 의결을 받지 아니한 채 중요 재산에 관한 매매계약을 체결하였다면 이는 강행규정인 지방자치법령에 위반된 계약으로서 무효가 된다.(대판 2024.7.11, 2024다211762)

▶ **단속법규**

20. 외국환관리법의 비거주자에 대한 제한 규정 외국환관리법 21조와 23조의 규정들은 원래 자유로이 할 수 있었어야 할 대외거래를 국민경제의 발전을 도모하기 위하여 과도적으로 제한하는 규정들로서 단속법규라고 해석함이 타당하고 따라서 위 제한규정들에 저촉되는 행위라 할지라도 그 행위의 사법상의 효력에는 아무런 영향이 없다.(대판(全) 1975.4.22, 72다2161)

21. 증권거래법상 일임매매 제한 규정 일임매매의 제한에 관한 증권 107조는 고객을 보호하기 위한 규정으로서 증권거래에 관한 절차를 규정하여 거래질서를 확립하려는 데 그 목적이 있는 것이므로, 고객에 의하여 매매를 위임하는 의사표시가 된 것임이 분명한 이상 그 사법상 효력을 부인할 이유가 없고, 그 효력을 부인할 경우 거래 상대방과의 사이에서 법적 안정성을 심히 해하게 되는 부당한 결과가 초래되므로, 일임매매에 관한 증권 107조 위반의 약정도 사법상으로는 유효하다.(대판 1996.8.23, 94다38199)

22. 금융실명거래 및 비밀보장에 관한 법률 금융실명거래 및 비밀보장에 관한 긴급재정경제명령이 시행된 후에는 금융기관에 예금을 하고자 하는 자는 원칙적으로 직접 주민등록증과 인감을 지참하고 금융기관에 나가 자기 이름으로 예금을 하여야 하는 것이므로, 예금명의자를 예금주로 보아야 할 것이나, 특별한 사정으로 출연자와 금융기관 사이에 예금명의인이 아닌 출연자에게 예금반환채권을 귀속시키기로 하는 명시적 또는 묵시적 약정이 있는 경우에는 출연자를 예금주로 하는 금융거래계약이 성립하는 것이고, 위 긴급재정경제명령이나 금융실명거래 및 비밀보장에 관한 법률에서 비실명거래행위를 금지하고, 비실명거래자에게 실명전환의무를 부과하며, 이를 위반하는 경우 금융기관의 임원 또는 직원에 대하여 과태료 부과처분을 하고, 실명전환의무위반자에게 과징금 부과처분을 하도록 규정하고 있더라도 비실명금융거래계약의 사법상 효력에는 영향이 없다.(대판 2001.12.28, 2001다17565)

23. 하도급대금의 감액약정에 관한 규정의 효력 하도급 11조는 그 규정에 위반된 대금감액 약정의 효력에 관하여는 아무런 규정을 두지 않는 반면 그 규정을 위반한 원사업자를 벌금형에 처하도록 하면서 그 규정 위반행위 중 일정한 경우만을 공정거래위원회에서 조사하게 하여 그 위원회로 하여금 그 결과에 따라 원사업자에게 시정조치를 명하거나 과징금을 부과하도록 규정하고 있을 뿐이므로, 위 규정은 그에 위배한 원사업자와 수급사업자 간의 계약의 사법상의 효력을 부인하는 조항이라고 볼 것은 아니다.(대판 2011.1.27, 2010다53457)

24. 체육시설업자의 관할청 미보고와 회원계약의 효력 체육시설법 17조를 비롯한 회원모집절차에 관한 체육시설법과 체육시설법 시행령의 관련 규정들은 체육시설업자가 시설도 갖추지 아니한 채 회원을 모집하거나 회원권을 남발함으로써 발생할 수 있는 폐해를 막고 바람직한 회원모집질서를 확립함으로써 체육시설업의 건전한 육성·발전을 도모하려는 데에 그 목적이 있다고 할 것이므로, 회원모집계획서를 제출하고 그에 따라 회원을 모집하면서도 회원모집계획서와 모집방법을 달리하거나 모집상황을 관할 행정청에 보고하지 아니하였다고 하더라도 체육시설업자와 회원 사이에 체결된 회원계약의 효력에는 영향이 없다고 봄이 상당하다.(대판 2014.8.28, 2014다23508)

25. 대규모유통업법의 대금지급 관련 규정 대규모유통업 8조는 납품업자에 대하여 거래상 우월적 지위를 가진 대규모유통업자가 그 지위를 남용하여 대금 지급을 지연함으로써 납품업자에게 부당한 피해를 야기하는 것을 방지하기 위하여 마련된 규정이다. 위 8조는 그 규정에 위반된 약정의 효력에 관하여는 아무런 규정을 두지 않는 반면 그 규정을 위반한 원사업자를 벌금형에 처하도록 하면서 그 규정 위반행위 중 일정한 경우만을 공정거래위원회에서 조사하게 하여 그 위원회로 하여금 그 결과에 따라 원사업자에게 시정조치를 명하거나 과징금을 부과하도록 규정하고 있을 뿐이므로, 위 규정은 그에 위배한 대규모유통업자와 납품업자 간의 약정의 효력을 반드시 부인하여야 할 것은 아니다.(대판 2020.6.25, 2016두55896)

26. 계약 등 법률행위의 당사자에게 일정한 행위를 금지하는 법규에서 이를 위반한 법률행위의 효력에 관하여 명확하게 정하지 않은 경우, 금지규정을 위반한 법률행위의 효력 계약 등 법률행위의 당사자에게 일정한 의무를 부과하거나 일정한 행위를 금지하는 법규에서 이를 위반한 법률행위의 효력을 명시적으로 정하고 있는 경우에는 그 규정에 따라 법률행위의 유·무효를 판단하면 된다. 이와 달리 금지규정을 위반한 법률행위의 효력에 관하여 명확하게 정하지 않은 경우에는 규정의 입법 배경과 취지, 보호법익과 규율대상, 위반의 중대성, 당사자에게 법규정을 위반하려는 의도가 있었는지 여부, 규정 위반이 법률행위의 당사자나 제3자에게 미치는 영향, 위반행위에 대한 사회적·경제적·윤리적 가치평가, 이와 유사하거나 밀접한 관련이 있는 행위에 대한 법의 태도 등 여러 사정을 종합적으로 고려해서 효력을 판단해야 한다.(대판 2020.11.12, 2017다228236)

27. 행정법상 금지규정 위반행위의 효력에 대한 판단 기준 행정법상 금지규정을 위반한 행위의 효력의 유무나 제한 또는 법원이 그 행위에 따른 법률효과의 실현에 대한 조력을 거부할 것인지는 해당 법규정이 가지는 넓은 의미에서의 법률효과에 관한 문제로서, 법규정의 해석에 의하여 정하여진다. 따라서 명문의 정함이 있다면 당연히 이에 따라야 할 것이고, 정함이 없는 때에는 종국적으로 금지규정의 목적과 의미에 비추어 그에 반하는 행위의 무효 기타 효력 제한이 요구되는지를 검토하여 정할 것이다.(대판 2020.4.9, 2019다294824)

28. 지역주택조합의 조합원 자격에 관한 규정의 효력 지역주택조합의 조합원 자격에 관한 구 주택 32조 5항 및 구 주택 시행령 38조 1항은 단순한 단속규정에 불과할 뿐 효력규정이라고 할 수 없어 당사자 사이에 이를 위반한 약정을 하였다고 하더라도 그 약정이 당연히 무효라고 할 수는 없다. 다만 당사자가 통정하여 위와 같은 단속규정을 위반하는 법률행위를 한 경우에 비로소 선량한 풍속 기타 사회질서에 위반한 사항을 내용으로 하는 법률행위에 해당하게 된다.(대판 2022.7.14, 2021다281999, 282008)

29. 의료법인과 의사 사이에 체결된 경영위탁계약의 효력 의사인 갑이 을 재단법인과 을 법인이 개설한 병원에 관해 경영위탁계약을 체결한 후 직접 진료도 하면서 병원을 운영하였는데, 위 계약이 의료법인 등이 다른 자에게 그 법인의 명의를 빌려주는 것을 금지하는 의료 33조 10항에 위반되어 무효인지 문제 된 사안에서, 위 경영위탁계약은 그 실질이 의료법인 등이 다른 의료인에게 명의를 대여하는 것으로서 의료 33조 10항에 위반되기는 하나, 특별한 사정이 없는 한 의료인이 병원을 운영하고 질병 치료를 위한 진료행위를 한다는 사실에서 정상적인 의료기관과 본질적인 차이가 있다고 보기 어렵고, 반대로 비의료인의 의료기관 개설행위 금지규정 등과 비교하면 국민보건상 위험성에 영향을 미치는 정도가 달라 불법성 측면에서 본질적인 차이가 존재하는 점

등을 종합하면, 을 법인이 의료 33조 10항을 위반하여 의사인 갑에게 명의를 대여한 행위가 그 사법상 효력까지 부정해야 할 정도로 현저히 반사회성을 지닌 것이라고 단정할 수 없으므로, 위 경영위탁계약이 무효라고 볼 수 없다고 한 사례.(대판 2022.7.28, 2021다235132)

30. 유사수신행위로 체결된 계약의 효력 "누구든지 유사수신행위를 하여서는 아니 된다."라고 정한 유사수신행위 3조는 효력규정 또는 강행규정이 아니라 단속규정에 불과하므로 유사수신행위로 체결된 계약은 특별한 사정이 없는 한 사법상 효력을 가진다.(대판 2024.4.25, 2023다310471)

31. 무등록 투자자문업 또는 투자일임업 금지 규정의 효력 "누구든지 이 법에 따른 금융투자업 등록을 하지 아니하고는 투자자문업 또는 투자일임업을 영위하여서는 아니 된다."라고 정한 자본시장 17조를 위반하여 체결한 투자일임계약 또는 투자자문계약 자체가 그 사법상 효력까지도 부인하지 않으면 안 될 정도로 현저히 반사회성, 반도덕성을 지닌 것이라고 할 수 없고, 그 행위의 사법상 효력을 부인하여야만 비로소 입법 목적을 달성할 수 있다고 볼 수 없으므로, 위 규정은 효력규정이 아니라 단속규정에 해당한다.(대판 2024.5.9, 2023다311665)

▸임의규정

32. 개업공인중개사 등이 중개의뢰인과 직접 거래 하는 행위를 금지하는 규정 개업공인중개사 등이 중개의뢰인과 직접 거래를 하는 행위를 금지하는 공인중개사법 33조 6호의 규정 취지는 개업공인중개사 등이 거래상 알게 된 정보를 자신의 이익을 꾀하는데 이용하여 중개의뢰인의 이익을 해하는 경우가 있으므로 이를 방지하여 중개의뢰인을 보호하고자 함에 있다. 위 규정을 위반하여 한 거래행위가 사법상의 효력까지도 부인하지 않으면 안 될 정도로 현저히 반사회성, 반도덕성을 지닌 것이라고 할 수 없을 뿐만 아니라 행위의 사법상의 효력을 부인하여야만 비로소 입법 목적을 달성할 수 있다고 볼 수 없고, 위 규정을 효력규정으로 보아 이에 위반한 거래행위를 일률적으로 무효라고 할 경우 중개의뢰인이 직접 거래임을 알면서도 자신의 이익을 위해 한 거래도 단지 직접 거래라는 이유로 효력이 부인되어 거래의 안전을 해칠 우려가 있으므로, 위 규정은 강행규정이 아니라 단속규정이다.(대판 2017.2.3, 2016다259677)

33. 물가변동으로 인한 계약금액 조정 규정이 강행규정인지 여부(소극) ① 공공계약은 국가 또는 공기업이 사경제의 주체로서 상대방과 대등한 지위에서 체결하는 사법상의 계약으로서 본질적인 내용은 사인 간의 계약과 다를 바가 없으므로, 법령에 특별한 정함이 있는 경우를 제외하고는 서로 대등한 입장에서 당사자의 합의에 따라 계약을 체결하여야 하고 당사자는 계약의 내용을 신의칙에 따라 이행하여야 하는 등 사적 자치와 계약자유의 원칙을 비롯한 사법의 원리가 원칙적으로 적용된다. ② 국가계약법상 물가의 변동으로 인한 계약금액 조정 규정은 계약상대자가 계약 당시에 예측하지 못한 물가의 변동으로 계약이행을 포기하거나 그 내용에 따른 의무를 제대로 이행하지 못하여 공공계약의 목적 달성에 지장이 초래되는 것을 막기 위한 것이다. 계약담당자 등이 계약상대자와 물가변동에 따른 계약금액 조정 조항의 적용을 배제하는 합의를 하는 경우가 있는데, 위 규정은 국가 등이 사인과의 계약관계를 공정하고 합리적·효율적으로 처리할 수 있도록 계약담당자 등이 지켜야 할 사항을 규정한 데에 그칠 뿐이고, 국가 등이 계약상대자와의 합의에 기초하여 계약당사자 사이에만 효력이 있는 특수조건 등을 부가하는 것을 금지하거나 제한하는 것이라고 할 수 없으며, 사적 자치와 계약자유의 원칙상 그러한 계약 내용이나 조치의 효력을 함부로 부인할 것이 아니다. ③ 다만 국가계약법 시행령 4조는 '계약담당공무원은 계약을 체결함에 있어서 국가계약법령 및 관계 법령에 규정된 계약상대자의 계약상 이익을 부당하게 제한하는 특약 또는 조건을 정하여서는 아니 된다'고 정하고 있으므로, 공공계약에서 계약상대자의 계약상 이익을 부당하게 제한하는 특약은 효력이 없다. 여기서 어떠한 특약이 계약상대자의 계약상 이익을 부당하게 제한하는 것으로서 국가계약법 시행령 4조에 위배되어 효력이 없다고 하기 위해서는 그 특약이 계약상대자에게 다소 불이익하다는 점만으로는 부족하고, 국가 등이 계약상대자의 정당한 이익과 합리적인 기대에 반하여 형평에 어긋나는 특약을 정함으로써 계약상대자에게 부당하게 불이익을 주었다는 점이 인정되어야 한다. 그리고 계약상대자의 계약상 이익을 부당하게 제한하는 특약인지는 그 특약에 의하여 계약상대자에게 생길 수 있는 불이익의 내용과 정도, 불이익 발생의 가능성, 전체 계약에 미치는 영향, 당사자들 사이의 계약체결과정, 관계 법령의 규정 등 모든 사정을 종합하여 판단하여야 한다.(대판(全) 2017.12.21, 2012다74076)

34. 부가가치세 부담에 관한 약정의 해석 거래당사자 사이에 부가가치세를 부담하기로 하는 약정이 따로 있는 경우 사업자는 그 약정에 기하여 공급을 받는 자에게 부가가치세 상당액의 지급을 청구할 수 있다. 이때 부가가치세 부담에 관한 약정이 '부가가치세 별도'의 형식으로 이루어진 경우에 사업자가 공급을 받는 자에게 청구할 수 있는 구체적인 부가가치세 상당액은, 거래당사자 사이에 명시적 또는 묵시적 형태의 약정이나 거래관행이 존재하는 때에는 그에 따른 금액을 의미하고, 그러한 약정이나 거래관행이 존재하지 않는 때에는 해당 거래에 적용되는 부가가치세법령에 따라 계산한 금액을 의미한다.(대판 2024.3.12, 2023다290485)

35. 여객자동차 운송사업자의 명의이용 금지규정 명의이용 금지규정을 위반하여, 자동차 소유자와 전세버스 운송사업자 사이에, 대외적으로는 자동차 소유자가 그 소유의 차량 명의를 전세버스 운송사업자에게 신탁하여 그 소유권과 운행관리권을 지입회사에 귀속시키되, 대내적으로는 위 지입차량의 운행관리권을 위탁받아 자신의 독자적인 계산 아래 운행하면서 지입회사에 일정액의 관리비를 지급하기로 하는 내용의 이른바 '지입계약'이 체결된 경우, 그 지입계약 자체가 사법상의 효력이 부인되어야 할 정도로 현저히 반사회성, 반도덕성을 지닌 것이라고 볼 수는 없다.(대판 2018.7.11, 2017다274758)

36. 노인의료복지시설이 설치된 부동산에 대한 저당권 설정을 금지하는 규정 노인의료복지시설이 설치된 부동산에 대한 저당권 설정을 금지하고 있는 구 노인복지법 시행규칙 조항은 모법 조항의 위임에 따른 시행규칙 중 별표의 형식으로 규정되어 있는데, 시행규칙 조항이 금지하는 행위와 유사한 행위를 금지하는 사립학교법, 사회복지사업법 등은 당해 법률에 금지규정을 두고 있는 점, 모법 조항에서 시행규칙에 정하도록 위임한 것은 '시설, 인력 및 운영에 관한 기준에 관하여 필요한 사항'이고, 모법 조항의 위임에 따라 시설기준으로서 규정될 것으로 예측되는 내용은 문언 및 규정 취지상 시설의 규모나 구조 등 노인의료복지시설이 갖추어야 할 물적 설비 기준을 의미한다고 볼 수 있고, 시행규칙 조항으로 금지하는 행위의 효력까지 규정될 것으로 예측하기는 어려우므로, 이를 강행규정으로 해석할 경우 모법의 위임범위를 벗어난 규정이 될 우려도 있는 점 등에 비추어, 시행규칙 조항은 강행규정이 아니고 근저당권설정계약의 효력에 영향이 없다.(대판 2018.10.12, 2015다219528)

37. 계약 해제권에 관한 민법 규정 계약의 해제권에 대한 민법의 규정은 임의규정이다.(대판 1959.6.18, 4291민상388)

38. 건축시 법정거리에 관한 민법 규정 민 242조 규정은 서로 인접하여 있는 소유자의 합의에 의하여 법정거리를 두지 않게 하는 것을 금지한다고는 해석할 수 없고, 당사자간의 합의가 있었다면 그것이 명시 또는 묵시라 하더라도 인접지에 건물을 축조하는 자에 대하여 법정거리를 두지 않았다고 하여 그 건축을 폐지시키거나 변경시킬 수 없다.(대판 1962.11.1, 62

다567)

39. 조합의 해산과 청산에 관한 민법 규정 민법의 조합의 해산사유와 청산에 관한 규정은 그와 내용을 달리하는 당사자의 특약까지 배제하는 강행규정이 아니므로 당사자가 그 규정과 다른 내용의 특약을 한 경우 그 특약은 유효하다.(대판 1985.2.26, 84다카1921)

第106條【事實인 慣習】 法令 中의 善良한 風俗 其他 社會秩序에 關係없는 規定과 다른 慣習이 있는 境遇에 當事者의 意思가 明確하지 아니한 때에는 그 慣習에 依한다.

▣ 임의규정과 의사표시(105), 관습법(1 · 185), 민법상 관습에 의할 경우(224 · 229 · 234 · 237③ · 242 · 290 · 302 · 319)

1. 사실인 관습의 유무 판단이 당사자의 주장 · 증명에 구애되는지 여부(소극) 사실인 관습은 일반 생활에 있어서의 일종의 경험칙에 속한다 할 것이고 경험칙은 일종의 법칙인 것이므로 법관이 어떠한 경험칙의 유무를 판단함에 있어서는 당사자의 주장이나 입증에 구애됨이 없이 법관 스스로 직권에 의하여 이를 판단할 수 있다.(대판 1976.7.13, 76다983)

2. 관습법과 사실인 관습의 증명책임, 사실인 관습의 효력범위, 가정의례준칙에 위반하는 사실인 관습의 효력 인정요건 ① 법령과 같은 효력을 갖는 관습법은 당사자의 주장 입증을 기다림이 없이 법원이 직권으로 이를 확정하여야 하고 사실인 관습은 그 존재를 당사자가 주장 입증하여야 하나, 관습은 그 존부자체도 명확하지 않을 뿐만 아니라 그 관습이 사회의 법적 확신이나 법적 인식에 의하여 법적 규범으로까지 승인되었는지를 가리기는 더욱 어려운 일이므로, 법원이 이를 알 수 없는 경우 결국은 당사자가 이를 주장입증할 필요가 있다. ② 사실인 관습은 사적 자치가 인정되는 분야 즉 그 분야의 제정법이 주로 임의규정일 경우에는 법률행위의 해석기준으로서 또는 의사를 보충하는 기능으로서 이를 재판의 자료로 할 수 있을 것이나 이 이외의 분야 즉 그 분야의 제정법이 주로 강행규정일 경우에는 그 강행규정 자체에 결함이 있거나 강행규정 스스로가 관습에 따르도록 위임한 경우 이외에는 법적 효력을 부여할 수 없다. ③ 가정의례준칙 13조의 규정과 배치되는 사실인 관습의 효력을 인정하려면 그와 같은 관습을 인정할 수 있는 당사자의 주장과 입증이 있어야 할 뿐만 아니라 이 관습이 사적 자치가 인정되는 임의규정에 관한 것인지 여부를 심리판단하여야 한다.(대판 1983.6.14, 80다3231)

3. 파계되지 않은 채 계에 관한 거래관계가 종료된 경우 청산에 관한 관습 파계되지 않은 채 계에 관한 거래관계가 종료되었다면 계금 또는 급부금의 청산에 관하여 계주와 계원 사이에 특약이 없는 한 계원으로서는 그가 급부금을 탄 뒤에 아직 물지 못한 계금을 지급하여야 될 것은 당연한 법리에 속할 것이나 계주로서는 그 계원으로부터 급부금을 탈 차례가 오기까지 지급받은 계금을 이자 없이 그 계원에게 돌려주는 것이 계를 하는 당사자들이 따르고자 하는 사실인 관습이다.(대판 1962.11.15, 62다240)

4. 주택자금 융자를 위해 담보로 제공한 부동산 매매의 대금지급에 관한 관행 은행에 부동산을 담보로 제공하고 주택자금을 융자받아 주택부금의 원리금을 변제중인 동안에 그 부동산을 매매하는 경우 통상 당해 부동산의 매매대금을 확정하고 주택부금 중 아직 변제되지 아니하고 있는 원금을 매수인이 인수하여 매매대금을 지급할 때에 이를 대금에서 공제하고 매도인이 지급한 원금은 매매대금에 포함하여 결제하는 방법으로 하는 것이 거래의 관행이라고 보아야 할 것이다.(대판 1989.11.14, 89다카227)

5. 기업 내부에 존재하는 특정 관행이 근로계약의 내용을 이루고 있다고 인정하기 위한 요건 기업 내부에 존재하는 특정 관행이 근로계약의 내용을 이루고 있다고 하기 위하여는 그러한 관행이 기업 사회에서 일반적으로 근로관계를 규율하는 규범적인 사실로서 명확히 승인되거나 기업의 구성원에 의하여 일반적으로 아무도 이의를 제기하지 아니한 채 당연한 것으로 받아들여져서 기업 내에서 사실상의 제도로서 확립되어 있다고 할 수 있을 정도의 규범의식에 의하여 지지되고 있어야 한다.(대판 2014.2.27, 2011다109531)

第2節 意思表示

第107條【眞意 아닌 意思表示】 ① 意思表示는 表意者가 眞意아님을 알고 한 것이라도 그 效力이 있다. 그러나 相對方이 表意者의 眞意아님을 알았거나 이를 알 수 있었을 境遇에는 無效로 한다.
② 前項의 意思表示의 無效는 善意의 第三者에게 對抗하지 못한다.

▣ 신분행위와 비진의표시(815 i · 883 i), 대리행위와 비진의표시(116①), 법률행위의 무효(137-139), 인적항변(515 · 524, 어17 · 77①, 수22), 예외(상302③ · 425①)

1. 비진의표시 규정의 취지 민 107조 1항의 뜻은 표의자의 내심의 의사와 표시된 의사가 일치하지 아니한 경우에는 표의자의 진의가 어떠한 것이든 표시된 대로의 효력을 생기게 하여 거짓의 표의자를 보호하지 아니하는 반면에 만약 그 표의자의 상대방이 표의자의 진의 아님에 대하여 악의 또는 과실이 있는 경우라면 이 때에는 그 상대방을 보호할 필요가 없이 표의자의 진의를 존중하여 그 진의 아닌 의사표시를 무효로 돌려버리려는데 있다.(대판 1987.7.7, 86다카1004)

2. 진의의 의미 비진의 의사표시에 있어서의 진의란 특정한 내용의 의사표시를 하고자 하는 표의자의 생각을 말하는 것이지 표의자가 진정으로 마음 속에서 바라는 사항을 뜻하는 것은 아니므로, 표의자가 의사표시의 내용을 진정으로 마음속에서 바라지는 아니하였다고 하더라도 당시의 상황에서는 그것을 최선이라고 판단하여 그 의사표시를 하였을 경우에는 이를 내심의 효과의사가 결여된 비진의 의사표시라고 할 수 없다.(대판 1996.12.20, 95누16059)

3. 배임적 대리행위에 대한 민 107조 1항 단서의 유추적용 여부(적극) 진의 아닌 의사표시가 대리인에 의하여 이루어지고 그 대리인의 진의가 본인의 이익이나 의사에 반하여 자기 또는 제3자의 이익을 위한 배임적인 것임을 그 상대방이 알았거나 알 수 있었을 경우에도 민 107조 1항 단서의 유추해석상 그 대리인의 행위에 대하여 본인은 아무런 책임을 지지 않는다고 보아야 하고, 그 상대방이 대리인의 표시의사가 진의 아님을 알았거나 알 수 있었는가는 표의자인 대리인과 상대방 사이에 있었던 의사표시 형성 과정과 그 내용 및 그로 인하여 나타나는 효과 등을 객관적인 사정에 따라 합리적으로 판단하여야 한다.(대판 2009.6.25, 2008다13838)

4. 부분적 포괄대리권을 가진 상업사용인의 배임적 대리행위에 대한 민 107조 1항의 유추적용 여부(적극) 부분적 포괄대리권을 가진 상업사용인이 그 범위 내에서 한 행위는 설사 상업사용인이 영업주 본인의 이익이나 의사에 반하여 자기 또는 제3자의 이익을 도모할 목적으로 그 권한을 남용한 것이라 할지라도 일단 영업주 본인의 행위로서 유효하나, 그 행위의 상대방이 상업사용인의 진의를 알았거나 알 수 있었을 때에는 민 107조 1항 단서의 유추해석상 그 행위에 대하여 영업주 본인에 대하여 무효가 되고, 그 상대방이 상업사용인의 표시된 의사가 진의 아님을 알았거나 알 수 있었는가는 표의자인 상업사용인과 상대방 사이에 있었던 의사표시 형성 과정과 그 내용 및 그로 인하여 나타나는 효과 등을 객관적인 사정에 따라 합리적으로 판단하여야 한다.(대판 2008.7.10, 2006다43767)

5. 강박에 의한 의사표시에서 내심의 의사 존부 비록 재산

을 강제로 빼긴다는 것이 원고의 본심으로 잠재되어 있었다 하여도 원고가 강박에 의하여서나마 이 사건 증여를 하기로 하고 그에 따른 증여의 의사표시를 한 이상 증여의 내심의 효과의사가 결여된 것이라고 할 수 없다.(대판 1993.7.16, 92다41528, 41535)

6. 사태 수습을 위한 사직원 제출의 효력 물의를 일으킨 사립대학교 조교수가 사직원이 수리되지 않을 것이라고 믿고 사태수습을 위하여 형식상 이사장 앞으로 사직원을 제출하였던 바 의외로 이사회에서 "본인의 의사이니 하는 수 없다"고 하여 사직원이 수리된 경우 위 조교수의 사직원이 설사 진의에 이르지 아니한 비진의 의사표시라 하더라도 학교법인이나 그 이사회에서 그러한 사실을 알았거나 알 수 있었을 경우가 아니라면 그 의사표시에 따라 효력을 발생한다.(대판 1980.10.14, 79다2168)

7. 사직서 제출행위에서 내심의 의사가 있는지 여부 진의 아닌 의사표시인지는 효과의사에 대응하는 내심의 의사가 있는지 여부에 따라 결정되는 것인바, 근로자가 사용자의 지시에 좇아 일괄하여 사직서를 작성 제출할 당시 그 사직서에 기하여 의원면직처리될지 모른다는 점을 인식하였다고 하더라도 이것만으로 그의 내심에 사직의 의사가 있는 것이라고 할 수 없다.(대판 1991.7.12, 90다11554)

8. 중간퇴직하고 재입사한 경우 퇴직의 의사표시가 비진의 표시라고 한 사례 근로자의 사직서 제출행위가 회사에서 근속년수의 기산점은 원래대로 놓아둔 채 재입사조치 후의 퇴직금지급율을 누진제에서 단수제로 변경하려는 방침 하에 중간퇴직금을 지급하는 제도가 있으니 그 제도에 의하여 중간퇴직금을 받겠다고 하는 내심의 의사에 기한 것이지 나아가서 기존의 근로계약관계를 해지하려거나 근속년수를 제한하려는 내심의 의사에 기한 것이라고는 보기 어렵다.(대판 1991.5.24, 90다13222)

9. 중간퇴직하고 재입사한 경우 퇴직의 의사표시가 비진의 표시가 아니라고 한 사례 근로자들이 노사합의에 의하여 회사의 퇴직금지급률 제도가 근로자들의 퇴직과는 관계없이 누진제에서 단순제로 변경됨으로써 누진율의 상승에 의한 퇴직금의 상승을 기대할 수 없게 되자 자유로운 의사에 기한 선택에 따라 중간퇴직을 하고 퇴직금을 수령한 경우 근로자들과 회사 사이의 근로계약관계는 위 각 중간퇴직에 의하여 일단 종료되었다고 봄이 상당하고, 근로자들의 퇴직의 의사표시를 통정허위표시 또는 비진의표시로서 무효라고 볼 수는 없다.(대판 1996.4.26, 95다2562)

10. 학교법인이 교직원의 명의를 빌려 한 대출이 비진의표시인지 여부(소극) 학교법인이 사립학교법상의 제한규정 때문에 그 학교의 교직원들인 제3자의 명의를 빌려서 은행으로부터 금원을 차용한 경우에 은행 역시 그러한 사정을 알고 있었다고 하더라도 위 제3자의 의사는 위 금전의 대차에 관하여 그들이 주채무자로서 채무를 부담하겠다는 뜻이라고 해석함이 상당하므로 이를 진의 아닌 의사표시라고 볼 수 없다.(대판 1980.7.8, 80다639)

11. 채무자가 제3자를 대리하여 대출한 후 대출금을 사용한 경우 비진의표시인지 여부 제3자가 채무자로 하여금 제3자를 대리하여 금융기관으로부터 대출을 받도록 하여 그 대출금을 채무자가 부동산의 매수자금으로 사용하는 것을 승낙하였을 뿐이라고 볼 수 있는 경우, 제3자의 의사는 특별한 사정이 없는 한 대출에 따른 경제적인 효과는 채무자에게 귀속시킬지라도 법률상의 효과는 자신에게 귀속시킴으로써 대출금채무에 대한 주채무자로서의 책임을 지겠다는 것으로 보아야 할 것이므로, 제3자가 대출을 받음에 있어서 한 표시행위의 의미가 제3자의 진의와는 다르다고 할 수 없다. 가사 제3자의 내심의 의사가 대출에 따른 법률상의 효과마저도 채무자에게 귀속시키고 자신은 책임을 지지 않을 의사였다고 하여도, 상대방인 금융기관이 제3자의 이와 같은 의사를 알았거나 알 수 있었을 경우라야 비로소 그 의사표시는 무효로 되는 것인데, 채무자의 금융기관에 대한 개인대출한도가 초과되어 채무자 명의로는 대출이 되지 않아 금융기관의 감사의 권유로 제3자의 명의로 대출신청을 하고 그 대출금은 제3자가 아니라 채무자가 사용하기로 하였다고 하여도 금융기관이 제3자의 내심의 의사마저 알았거나 알 수 있었다고 볼 수는 없다.(대판 1997.7.25, 97다8403)

12. 비진의표시 규정이 사인의 공법행위에 적용되는지 여부(소극) 공무원이 사직의 의사표시를 하여 의원면직처분을 하는 경우 그 사직의 의사표시는 그 법률관계의 특수성에 비추어 외부적·객관적으로 표시된 바를 존중하여야 할 것이므로, 비록 사직원제출자의 내심의 의사가 사직할 뜻이 아니었다고 하더라도 진의 아닌 의사표시에 관한 민 107조는 그 성질상 사직의 의사표시와 같은 사인의 공법행위에는 준용되지 아니하므로 그 의사가 외부에 표시된 이상 그 의사는 표시된 대로 효력을 발한다.(대판 1997.12.12, 97누13962)

13. 친권자의 대리행위에 민 107조 1항 단서 유추 적용 법정대리인인 친권자의 대리행위가 객관적으로 볼 때 미성년자 본인에게는 경제적인 손실만을 초래하는 반면, 친권자나 제3자에게는 경제적인 이익을 가져오는 행위이고, 그 행위의 상대방이 이러한 사실을 알았거나 알 수 있었을 때에는, 민 107조 1항 단서의 규정을 유추 적용하여 그 행위의 효과는 자(子)에게는 미치지 않는다.(대판 2011.12.22, 2011다64669)

14. 관계인집회에서의 회생계획안에 대한 의사표시에 민 107조 이하 의사표시의 하자 규정 적용 여부(소극) 관계인집회에서의 회생계획안에 대한 동의 또는 부동의의 의사표시는 조(회생담보권자조, 회생채권자조 등)를 단위로 하는 일종의 집단적 화해의 의사표시로서 재판절차상의 행위이고 관계인 사이에 일체 불가분적으로 형성되는 집단적 법률관계의 기초가 되는 것이어서 내심의 의사보다 표시를 기준으로 하여 효력 유무를 판정하여야 한다. 따라서 거기에 민 107조 이하 의사표시의 하자에 관한 규정은 적용 또는 유추적용될 수 없다.(대결 2014.3.18, 2013마2488)

15. 강행법규에 위반한 무효인 계약에 비진의표시의 법리 또는 표현대리 법리 적용 가부(소극) 계약체결의 요건을 규정하고 있는 강행법규에 위반한 계약은 무효이므로 그 경우에 계약상대방이 선의·무과실이더라도 민 107조의 비진의표시의 법리 또는 표현대리 법리가 적용될 여지는 없다.(대판 2016.5.12, 2013다49381)

第108條【通情한 虛僞의 意思表示】 ① 相對方과 通情한 虛僞의 意思表示는 無效로 한다.
② 前項의 意思表示의 無效는 善意의 第三者에게 對抗하지 못한다.

■ 신분행위와 허위표시(815 i · 883 i), 대리행위와 허위표시(116①), 법률행위의 무효(137-139)

▶ **일 반**

1. 본조의 취지 민 108조 1항은 진의 아닌 의사표시를 한 자가 스스로 그 사정을 인식하면서 그 상대방과 진의 아닌 의사표시를 하는데 대한 양해 하에 한 의사표시는 그 표시된 바와 같은 효력을 발생할 수 없다는 취지이다.(대판 1972.12.26, 72다1776)

2. 은닉행위의 효력 매도인이 경영하던 기업이 부도가 나서 그가 주식을 매도할 경우 매매대금이 모두 채권자은행에 귀속될 상황에 처하자 이러한 사정을 잘 아는 매수인이 매매계약서상의 매매대금은 형식상 금 8,000원으로 하고 나머지 실질적인 매매대금은 매도인의 처와 상의하여 그에게 적절히 지급하겠다고 하여 매도인이 그와 같은 주식매매계약을 체결한 경우, 매매계약상의 대금 8,000원이 적극적 은닉행위를 수반하는 허위표시라 하더라도 실지 지급하여야 할 매매대금의 약정이 있는 이상 위 매매대금에 관한 외형행위가 아닌 내면적 은닉행위는 유효하고 따라서 실지매매대금에

의한 위 매매계약은 유효하다.(대판 1993.8.28, 93다12930)

3. 가장매매도 채권자취소의 대상인지 여부(적극) 가장매매 행위도 채권자 취소권의 대상이 될 수 있다.(대판 1961.11.9, 4293민상263)

4. 가장채권에 기한 경락의 효력 통모한 가장채권에 기초한 가집행선고부 지급명령을 채무명의로 한 부동산경락도 유효하다.(대판 1968.11.19, 68다1624)

5. 허위의 외관형성에 대한 본조 유추적용 여부(소극) 을이 갑으로부터 부동산에 관한 담보권설정의 대리권만 수여받고도 그 부동산에 관하여 자기 앞으로 소유권이전등기를 하고 이어서 병에게 그 소유권이전등기를 경료한 경우 갑이 을 명의의 소유권이전등기가 경료된 데 대하여 이를 통정·용인하였거나 이를 알면서 방치하였다고 볼 수 없다면 이에 108조 2항을 유추할 수는 없다.(대판 1991.12.27, 91다3208)

▶ **통정허위표시 인정**

6. 당사자 쌍방이 통정하여 한 환매특약 사업에 실패하여 토지를 방매하게 되었으나, 이는 가족의 생활 수단이었으므로 생존한 노부모와 가족들에게 많은 실망을 주게 되니 이들을 위로하기 위하여서는 거짓으로라도 3년 내에 환매할 수 있다는 조항을 넣어달라는 요청으로 형식만을 그와 같이 기재한 것이라면 위 환매특약은 당사자 쌍방이 통정하여 한 허위의 것이므로 아무런 효력이 없다.(대판 1968.4.23, 68다329)

7. 영수증도 작성하지 아니한 채 구두 계약하고 즉석에서 대금전액을 지급한 경우 매매계약 당시 계약서나 영수증도 작성하지 아니한 채 구두 계약하고 동일 즉석에서 대금전액을 지급하였다는 사실이라든가 당사자간의 관계 등을 볼 때 일반 통상적인 매매라고 볼 수 없다.(대판 1975.11.25, 75다1142)

8. 부부간 매매에 대한 가장매매 추정 특별한 사정없이 동거하는 부부간에 있어 남편이 처에게 토지를 매도하고 그 소유권이전등기까지 경료한다 함은 이례에 속하는 일로서 가장매매라고 추정하는 것이 경험칙에 비추어 타당하다.(대판 1978.4.25, 78다226)

9. 토지 매도 후에도 계속 수익·관리·처분하는 경우 토지를 매도하여 등기까지 넘겨준 훨씬 후에도 매도인이 그 토지에 대한 임료를 수령하고 관리인을 임명하여 그 관리인으로부터 위 토지로부터 나오는 수익을 직접 받을 뿐 아니라 소외인에게 위 토지의 매각의뢰까지 한 사실이 있다면 위 매매는 가장매매로 볼 여지가 있다.(대판 1984.9.25, 84다카641)

10. 형식상 퇴직한 후 임용한 경우 퇴직의 의사표시 근로자가 실제로는 동일한 사업주를 위하여 계속 근무하면서 일정 기간 동안 특별히 고액의 임금이 지급되는 사업을 담당하기 위하여 형식상 일단 퇴직한 것으로 처리하고 다시 임용되는 형식을 취하였다 하더라도 그 퇴직의 의사표시는 통정한 허위표시로서 무효라 할 것이다.(대판 1988.4.25, 86다카1124)

11. 금융기관의 여신제한 등의 규정을 회피하기 위한 제3자의 금전소비대차계약이 통정허위표시로서 무효인지 여부(원칙적 소극) **및 위 소비대차계약을 통정허위표시로 보기 위한 요건** ① 제3자가 금전소비대차약정서 등 대출관련 서류에 주채무자 또는 연대보증인으로서 직접 서명·날인하였다면 제3자는 자신이 그 소비대차계약의 채무자임을 금융기관에 대하여 표시한 셈이고, 제3자가 금융기관이 정한 여신제한 등의 규정을 회피하여 타인으로 하여금 제3자 명의로 대출을 받아 이를 사용하도록 할 의사가 있었다거나 그 원리금을 타인의 부담으로 상환하기로 하였더라도, 특별한 사정이 없는 한 이는 소비대차계약에 따른 경제적 효과를 타인에게 귀속시키려는 의사에 불과할 뿐, 그 법률상의 효과까지도 타인에게 귀속시키려는 의사로 볼 수는 없으므로 제3자의 진의와 표시에 불일치가 있다고 보기는 어렵다. ② 구체적 사안에서 위와 같은 특별한 사정의 존재를 인정하기 위해서는, 금융기관이 명의대여자와 사이에 당해 대출에 따르는 법률상의 효과까지 실제 차주에게 귀속시키고 명의대여자에게는 그 채무부담을 지우지 않기로 약정 내지 양해하였음이 적극적으로 입증되어야 할 것이다.(대판 2014.9.4, 2014다207092)

12. 통정허위표시에 의한 증여계약의 요건과 증명책임 ① 채무자가 다른 사람의 예금계좌로 송금한 금전에 관하여 통정허위표시에 의한 증여계약이 성립하였다고 하려면, 무엇보다도 우선 객관적으로 채무자와 다른 사람 사이에서 그와 같이 송금한 금전을 다른 사람에게 종국적으로 귀속되도록 '증여'하여 무상 공여한다는 데에 관한 의사 합치가 있는 것으로 해석되어야 한다. ② 그리고 그에 관한 증명책임은 위와 같은 송금행위가 채권자취소권의 대상이 되는 사해행위임을 주장하는 채권자에게 있다.(대판 2012.7.26, 2012다30861)

13. 임대차보증금 담보 목적 전세권설정계약이 임대차계약과 양립할 수 없는 범위에서 통정허위표시로서 무효인지 여부(적극)(대판 2021.12.30, 2018다268538) → 제303조 참조

▶ **통정허위표시 부정**

14. 양도담보 채권담보의 목적으로 부동산에 관하여 매매형식을 취하여 채권자에게 인도 내지 소유권이전등기를 하여 주는 법률행위는 허위표시로서 무효가 아니다.(대판 1964.6.16, 64다138)

15. 표의자가 권리관계 서류를 소지하는 경우 채무자가 금전채무를 부담하고 있는 채권자에게 채무자 소유의 부동산에 대하여 소유권이전등기를 경료한 경우에 이러한 것이 그들 사이의 채권채무관계와는 아무런 관계없이 단지 다른 채권자들의 채무자 소유의 부동산에 대한 강제집행을 면탈할 목적만으로 통정한 허위의 의사표시로써 이루어진다는 것은 극히 이례에 속한다. 일반적으로 통정허위표시로서 부동산의 소유명의만을 다른 사람에게 이전한 경우에 등기필증과 같은 권리관계를 증명하는 서류는 표의자가 소지하는 것이 상례라 할 것이므로, 표의자의 상대방이 이러한 권리관계 서류를 소지하고 있다면 그 소지 경위 등에 관하여 납득할 만한 설명이 없는 한 이는 통정허위표시의 인정에 방해가 된다.(대판 1994.12.13, 94다31006)

16. 소유권보전을 위한 명의신탁 부동산에 대한 가등기 명의신탁자의 채권자들이 명의신탁 토지에 대하여 강제집행을 하거나 명의수탁자가 임의로 처분해 버릴 경우의 위험에 대비하기 위하여 명의신탁자 명의로 소유권이전등기청구권 보전을 위한 가등기를 경료한 경우, 위 가등기를 경료하기로 하는 명의신탁자와 명의수탁자 사이의 약정이 통정허위표시로서 무효라고 할 수는 없고, 나아가 원·피고 사이에 실제로 매매예약의 사실이 없었다고 하여 위 가등기가 무효가 되는 것도 아니다.(대판 1995.12.26, 95다29888)

▶ **선의의 제3자**

17. 제3자의 선의 추정, 제3자의 무과실 요부(소극) ① 민 108조 2항에서 제3자는 특별한 사정이 없는 한 선의로 추정할 것이므로, 제3자가 악의라는 사실에 관한 주장·입증책임은 그 허위표시의 무효를 주장하는 자에게 있다. ② 통정허위표시에서 제3자는 그 선의 여부가 문제이지 이에 관한 과실 유무를 따질 것이 아니다.(대판 2006.3.10, 2002다1321)

18. 제3자의 선의 추정 허위의 매매에 의한 매수인으로부터 부동산 위의 권리를 취득한 제3자는 특별한 사정이 없는 한 선의로 추인할 것이므로 허위표시를 한 부동산의 양도인이 제3자에 대하여 그 소유권을 주장하려면 제3자의 악의를 입증하여야 된다.(대판 1970.9.29, 70다466)

19. 제3자의 범위, 매매 부동산에 대한 가등기를 전제로 매매대금을 대여해준 이후 이루어진 부동산 가장양도에 터잡아 가등기를 경료한 자가 제3자인지 여부 ① 통정허위표시의 무효를 대항할 수 없는 제3자란 허위표시의 당사자 및

포괄승계인 이외의 자로서 허위표시에 의하여 외형상 형성된 법률관계를 토대로 새로운 법률원인으로써 이해관계를 갖게 된 자를 말한다. ② 갑이 부동산의 매수자금을 피고로부터 차용하고 그 담보로 피고에게 가등기를 경료하기로 약정한 후 부동산에 대한 채권자들의 강제집행을 우려하여 을에게 담보로 제공하는 것처럼 가장하여 을 명의로 부동산 소유권이전등기를 하고 다시 피고 앞으로 가등기를 경료케 한 경우 피고는 형식상은 가장 양수인으로부터 가등기를 경료받은 것으로 되어 있으나 실질적인 새로운 법률원인에 의한 것이 아니므로 통정허위표시에서의 제3자로 볼 수 없다.(대판 1982.5.25, 80다1403)

20. 통정허위표시로 생긴 채권을 가압류한 자가 제3자인지 여부(적극) 통정한 허위표시에 의하여 외형상 형성된 법률관계로 생긴 채권을 가압류한 경우, 그 가압류권자는 허위표시에 기초하여 새로운 법률상 이해관계를 가지게 되므로 민 108조 2항의 제3자에 해당한다.(대판 2004.5.28, 2003다70041)

21. 통정허위표시로 생긴 채권의 선의의 양수인이 채권을 행사하기 위하여 민 450조의 대항요건을 갖추어야 하는지 여부(적극) 채권양수인이 채권양도인으로부터 지명채권을 양도받았음을 이유로 채무자에 대하여 그 채권을 행사하기 위하여는 지명채권 양도에 관한 합의 이외에 양도받은 당해 채권에 관하여 민 450조 소정의 대항요건을 갖추어야 하는 것이고, 이러한 법리는 채권양도인과 채무자 사이의 법률행위가 허위표시인 경우에도 마찬가지로 적용된다.(대판 2011.4.28, 2010다100315)

22. 선의의 제3자 판단 방법, 채무를 이행한 보증인이 제3자인지 여부(적극) ① 허위표시를 선의의 제3자에게 대항하지 못하게 한 취지는 이를 기초로 하여 별개의 법률원인에 의하여 고유한 법률상의 이익을 갖는 법률관계에 들어간 자를 보호하기 위한 것이므로 제3자의 범위는 권리관계에 기초하여 형식적으로만 파악할 것이 아니라 허위표시행위를 기초로 하여 새로운 법률상 이해관계를 맺었는지 여부에 따라 실질적으로 파악하여야 한다. ② 보증인이 주채무자의 기망행위에 의하여 주채무가 있는 것으로 믿고 주채무자와 보증계약을 체결한 다음 그에 따라 보증채무자로서 그 채무까지 이행한 경우, 그 보증인은 주채무자의 채권자에 대한 채무 부담행위라는 허위표시에 기초하여 구상권 취득에 관한 법률상 이해관계를 가지게 되었으므로 민 108조 2항 소정의 '제3자'에 해당한다.(대판 2000.7.6, 99다51258)

23. 채무자가 선의의 제3자임을 내세워 허위로 양도된 채권의 지급을 거절할 수 있는지 여부(소극) 퇴직금 채무자는 원 채권자가 퇴직금채권을 양도했다고 하더라도 그 퇴직금을 양수인에게 지급하지 않고 있는 동안에 위 양도계약이 허위표시란 것이 밝혀진 이상 위 허위표시의 선의의 제3자임을 내세워 진정한 퇴직금 전부채권자에게 그 지급을 거절할 수 없다.(대판 1983.1.18, 82다594)

24. 파산관재인이 제3자인지 여부(적극) 파산자가 파산선고시에 가진 모든 재산은 파산재단을 구성하고 그 파산재단을 관리 및 처분할 권리는 파산관재인에게 속하므로 파산관재인은 파산자의 포괄승계인과 같은 지위를 가지게 되지만, 파산이 선고되면 파산채권자는 파산절차에 의하지 아니하고는 파산채권을 행사할 수 없고 파산관재인이 파산채권자 전체의 공동의 이익을 위하여 선량한 관리자의 주의로써 그 직무를 행하므로 파산관재인은 파산선고에 따라 파산자와 독립하여 그 재산에 관하여 이해관계를 가지게 된 제3자로서의 지위도 가지게 되며, 따라서 파산관재인은 그 허위표시에 따라 외형상 형성된 법률관계를 토대로 실질적으로 새로운 법률상 이해관계를 가지게 된 민 108조 2항의 제3자에 해당한다.(대판 2003.6.24, 2002다48214)

25. 선의의 제3자에게 대항할 수 없는 자의 범위 ① 허위표시의 당사자 및 포괄승계인 이외의 자로서 허위표시에 의하여 외형상 형성된 법률관계를 토대로 실질적으로 새로운 법률상 이해관계를 맺은 선의의 제3자에 대하여는 허위표시의 당사자뿐만 아니라 그 누구도 허위표시의 무효를 대항하지 못하고, 따라서 선의의 제3자에 대한 관계에 있어서는 허위표시도 그 표시된 대로 효력이 있다. ② 통정 허위표시를 원인으로 한 부동산에 관한 가등기 및 그 가등기에 기한 본등기로 인하여 갑의 소유권이전등기가 말소된 후 다시 그 본등기에 터잡아 을이 부동산을 양수하여 소유권이전등기를 마친 경우, 을이 통정 허위표시자로부터 실질적으로 부동산을 양수하고 또 이를 양수함에 있어 통정 허위표시자 명의의 각 가등기 및 이에 기한 본등기의 원인이 된 각 의사표시가 허위표시임을 알지 못하였다면, 갑은 선의의 제3자인 을에 대하여는 그 각 가등기 및 본등기의 원인이 된 각 허위표시가 무효임을 주장할 수 없고, 따라서 을에 대한 관계에서는 그 각 허위표시가 유효한 것이 되므로 그 각 허위표시를 원인으로 한 각 가등기 및 본등기와 이를 바탕으로 그 후에 이루어진 을 명의의 소유권이전등기도 유효하다.(대판 1996.4.26, 94다12074)

26. 실제로는 전세권설정계약을 체결하지 아니하였으면서 담보의 목적으로 전세권설정등기를 마친 경우 전세권부채권의 가압류권자가 선의의 제3자인지 여부(적극) 실제로는 전세권설정계약을 체결하지 아니하였으면서도 임대차계약에 기한 임차보증금반환채권을 담보할 목적 또는 금융기관으로부터 자금을 융통할 목적으로 임차인과 임대인 사이의 합의에 따라 임차인 명의로 전세권설정등기를 경료한 경우, 위 전세권설정계약이 통정허위표시에 해당하여 무효라 하더라도 위 전세권설정계약에 의하여 형성된 법률관계로 생긴 채권을 가압류한 경우 그 가압류권자는 허위표시에 기초하여 새로이 법률상 이해관계를 가지게 된 제3자에 해당하므로, 그가 선의인 이상 위 통정허위표시의 무효를 그에 대하여 주장할 수 없다.(대판 2010.3.25, 2009다35743)

27. 전세권설정계약과 허위표시에서의 제3자 ① 실제로는 전세권설정계약을 체결하지 아니하였으면서도 임대차계약에 기한 임차보증금반환채권을 담보할 목적 또는 금융기관으로부터 자금을 융통할 목적으로 임차인과 임대인 사이의 합의에 따라 임차인 명의로 전세권설정등기를 경료한 경우에, 위 전세권설정계약이 통정허위표시에 해당하여 무효라 하더라도 위 전세권설정계약에 의하여 형성된 법률관계에 기초하여 새로이 법률상 이해관계를 가지게 된 제3자에 대하여는 그 제3자가 그와 같은 사정을 알고 있었던 경우에만 그 무효를 주장할 수 있다. 그리고 여기에서 선의의 제3자가 보호될 수 있는 법률상 이해관계는 위 전세권설정계약의 당사자를 상대로 하여 직접 법률상 이해관계를 가지는 경우 외에도 그 법률상 이해관계를 바탕으로 하여 다시 위 전세권설정계약에 의하여 형성된 법률관계와 새로이 법률상 이해관계를 가지게 되는 경우도 포함된다. ② 갑이 을의 임차보증금반환채권을 담보하기 위하여 통정허위표시로 을에게 전세권설정등기를 마친 후 병이 이러한 사정을 알면서도 을에 대한 채권을 담보하기 위하여 위 전세권에 대하여 전세권근저당권설정등기를 마쳤는데, 그 후 정이 병의 전세권근저당권부 채권을 가압류하고 압류명령을 받은 사안에서, 정이 통정허위표시에 관하여 선의라면 비록 병이 악의라 하더라도 허위표시자는 그에 대하여 전세권이 통정허위표시에 의한 것이라는 이유로 대항할 수 없다.(대판 2013.2.15, 2012다49292)

28. 양도인과 양수인의 채권양도계약이 통정허위표시인 경우 양도대상 채권에 대하여 압류 및 추심명령을 받은 양수인의 채권자가 제3자인지 여부(적극) 제3자의 범위는 권리관계에 기초하여 형식적으로만 파악할 것이 아니라 허위표시행위를 기초로 하여 새로운 법률상 이해관계를 맺었는지 여부에 따라 실질적으로 파악하여야 할 것이다. 따라서 임대차보증금반환채권이 양도된 후 그 양수인의 채권자가 임대차보증금 반환채권에 대하여 채권압류 및 추심명령을 받았

는데 그 임대차보증금반환채권 양도계약이 허위표시로서 무효인 경우 그 채권자는 그로 인해 외형상 형성된 법률관계를 기초로 실질적으로 새로운 법률상 이해관계를 맺은 제3자에 해당한다고 보아야 한다.(대판 2014.4.10, 2013다59753)

29. 통정허위표시에 기한 가등기명의자가 일방적으로 본등기를 마친 뒤 순차 지분이전등기가 이루어진 경우 최종 등기명의인의 제3자 여부(소극) 갑이 부동산 관리를 위해 을에게 매매예약을 원인으로 소유권이전등기청구권 가등기를 마쳐주었고, 그 후 을이 제기한 가등기에 기한 본등기 이행청구 소송이 공시송달로 진행되어 을의 승소판결이 선고·확정되었으나, 갑이 추완항소를 제기하여 위 매매예약이 갑, 을의 통정허위표시에 의한 것으로 무효라는 이유로 제1심판결을 취소하고 을의 청구를 기각하는 판결이 선고·확정되었는데, 을이 추완항소 이전에 발급받았던 송달, 확정증명원을 가지고 확정판결을 원인으로 지분소유권이전등기를 마쳤고, 그 후 병, 정, 무가 재산분할 또는 매매를 원인으로 지분소유권이전등기를 순차로 마친 사안에서, 을 명의 본등기는 갑, 을 사이의 허위 가등기 설정이라는 통정허위표시 자체에 기한 것이 아니라, 통정허위표시가 철회된 이후에 을이 소급적으로 무효가 된 제1심판결에 기초하여 일방적으로 마친 원인무효 등기라고 봄이 타당하고, 이에 따라 을 명의 본등기를 비롯하여 무에 이르기까지 순차적으로 마쳐진 각 지분소유권이전등기는 특별한 사정이 없는 한 무효임을 면할 수 없으며, 나아가 이를 기초로 마쳐진 병 명의 지분소유권이전등기는 을 명의 가등기와는 서로 단절된 것으로 평가되고, 가등기 설정행위와 본등기 설정행위는 엄연히 구분되는 것으로서 병 내지 그 후 지분소유권이전등기를 마친 자들에게 신뢰의 대상이 될 수 있는 '외관'은 을 명의 가등기가 아니라 을 명의 본등기일 뿐이라는 점에서도 이들은 을 명의 허위 가등기 자체를 기초로 하여 새로운 법률상 이해관계를 맺은 제3자의 지위에 있다고 볼 수 없다.(대판 2020.1.30, 2019다280375)

第109條【錯誤로 因한 意思表示】

① 意思表示는 法律行爲의 內容의 重要部分에 錯誤가 있는 때에는 取消할 수 있다. 그러나 그 錯誤가 表意者의 重大한 過失로 因한 때에는 取消하지 못한다.

② 前項의 意思表示의 取消는 善意의 第三者에게 對抗하지 못한다.

▣ 대리행위와 착오(116①), 취소와 추인(140-146), 변제와 착오(743-745), 매매목적물에 숨어있는 하자(580), 화해와 착오(733), 주식인수와 착오의 제한(상320), 상호계산과 착오(상75), 보험과 고지의무(상651)

▸일 반

1. 착오의 의미 ① 민 109조에 따라 의사표시에 착오가 있다고 하려면 법률행위를 할 당시에 실제로 없는 사실을 있는 사실로 잘못 깨닫거나 아니면 실제로 있는 사실을 없는 것으로 잘못 생각하듯이 의사표시자의 인식과 그러한 사실이 어긋나는 경우라야 한다. ② 의사표시자가 행위를 할 당시 장래에 있을 어떤 사항의 발생을 예측한 데 지나지 않는 경우는 의사표시자의 심리상태에 인식과 대조사실의 불일치가 있다고 할 수 없어 이를 착오로 다룰 수 없다. 장래에 발생할 막연한 사정을 예측하거나 기대하고 법률행위를 한 경우 그러한 예측이나 기대와 다른 사정이 발생하였다고 하더라도 그로 인한 위험은 원칙적으로 법률행위를 한 사람이 스스로 감수하여야 하고 상대방에게 전가해서는 안 되므로 착오를 이유로 취소를 구할 수 없다.(대판 2020.5.14, 2016다12175)

2. 법률에 관한 착오시 의사표시의 취소 가부 법률에 관한 착오라도 그것이 법률행위의 내용의 중요부분에 관한 것인 때에는 표의자는 그 의사표시를 취소할 수 있다.(대판 1981.11.10, 80다2475)

3. 계약서에 의해 계약을 체결하였으나 계약으로 인한 법률효과를 제대로 알지 못한 경우 계약의 효력 계약의 성립을 위한 의사표시의 객관적 합치 여부를 판단함에 있어, 처분문서인 계약서가 있는 경우에는 특별한 사정이 없는 한 계약서에 기재된 대로의 의사표시의 존재 및 내용을 인정하여야 하고, 계약을 체결함에 있어 당해 계약으로 인한 법률효과에 관하여 제대로 알지 못하였다 하더라도 이는 계약체결에 관한 의사표시의 착오 문제가 될 뿐이다.(대판 2013.9.26, 2013다40353, 40360)

4. 화해계약을 착오를 이유로 취소할 수 있는지 여부 화해는 당사자가 상호양보하여 당사자간의 분쟁을 종지할 것을 약정함으로써 그 효력이 생기는 계약이므로, 화해계약의 의사표시에 착오가 있다 하더라도 그것이 당사자가 다툼의 대상으로 하여 상호양보에 의하여 결정한 사항 자체에 관한 것인 때에는 착오를 이유로 취소할 수 없는 것이 당연하고, 반면에 그것이 당사자간의 다툼의 대상으로 되지 아니하고 다툼의 대상인 사항의 전제 내지 기초로서 양당사자가 예정한 것이어서 상호양보의 내용으로 되지 아니하고 다툼도 의심도 없는 사실로서 양해된 사항에 관한 것인 때에는 이는 민 733조 단서 소정의 화해의 목적인 분쟁 이외의 사항에 관한 것이므로 다른 특별한 사정이 없는 한 당사자는 착오를 이유로 위 화해계약을 취소할 수 있다.(대판 1989.8.8, 88다카15413)

5. 화해계약을 착오를 이유로 취소한 사례 교통사고에 가해자의 과실이 경합되어 있는데도 오로지 피해자의 과실로 인하여 발생한 것으로 착각하고 치료비를 포함한 합의금으로 실제 입은 손해액보다 훨씬 적은 금원만을 받고 일체의 손해배상청구권을 포기하기로 합의한 경우, 그 사고가 피해자의 전적인 과실로 인하여 발생하였다는 사실은 쌍방 당사자 사이에 다툼이 없어 양보의 대상이 되지 않았던 사실로서 화해의 목적인 분쟁의 대상이 아니라 그 분쟁의 전제가 되는 사항에 해당하는 것이므로 피해자측은 착오를 이유로 화해계약을 취소할 수 있다.(대판 1997.4.11, 95다48414)

6. 상대방이 적법하게 해제한 계약을 취소권 행사하여 무효로 돌릴 수 있는지 여부(적극) 매도인이 매수인의 중도금 지급채무불이행을 이유로 매매계약을 적법하게 해제한 후라도 매수인으로서는 상대방이 한 계약해제의 효과로서 발생하는 손해배상책임을 지거나 매매계약에 따른 계약금의 반환을 받을 수 없는 불이익을 면하기 위하여 착오를 이유로 한 취소권을 행사하여 위 매매계약 전체를 무효로 할 수 있다.(대판 1991.8.27, 91다11308)

7. 착오 취소에 대해 위법성이 있어 손해배상책임이 인정되는지 여부 불법행위로 인한 손해배상책임이 성립하기 위하여는 가해자의 고의 또는 과실 이외에 행위의 위법성이 요구되므로, 전문건설공제조합이 계약보증서를 발급하면서 조합원이 수급할 공사의 실제 도급금액을 확인하지 아니한 과실이 있다고 하더라도 민 109조에서 중과실이 없는 착오자의 착오를 이유로 한 의사표시의 취소를 허용하고 있는 이상, 전문건설공제조합이 과실로 인하여 착오에 빠져 계약보증서를 발급한 것이나 그 착오를 이유로 보증계약을 취소한 것이 위법하다고 할 수는 없다.(대판 1997.8.22, 97다13023)

8. 법률행위의 일부취소 하나의 법률행위의 일부분에만 취소사유가 있다고 하더라도 그 법률행위가 가분적이거나 그 목적물의 일부가 특정될 수 있다면, 그 나머지 부분이라도 이를 유지하려는 당사자의 가정적 의사가 인정되는 경우 그 일부만의 취소도 가능하다 할 것이고, 그 일부의 취소는 법률행위의 일부에 관하여 효력이 생긴다.(대판 1998.2.10, 97다44737)

9. 재단설립행위가 착오를 이유로 취소될 수 있는지 여부 민 47조 1항에 의하여 생전처분으로 재단법인을 설립하는 때에 준용되는 민 555조는 "증여의 의사가 서면으로 표시되지 아니한 경우에는 각 당사자는 이를 해제할 수 있다."고

함으로써 서면에 의한 증여(출연)의 해제를 제한하고 있으나, 그 해제는 민법 총칙상의 취소와는 요건과 효과가 다르므로 서면에 의한 출연이더라도 민법 총칙규정에 따라 출연자가 착오에 기한 의사표시라는 이유로 출연의 의사표시를 취소할 수 있고, 상대방 없는 단독행위인 재단법인에 대한 출연행위라고 하여 달리 볼 것은 아니다.(대판 1999.7.9, 98다9045)

10. 소취하합의의 의사표시가 착오를 이유로 취소될 수 있는지 여부(적극) 소취하합의의 의사표시 역시 민 109조에 따라 법률행위의 내용의 중요 부분에 착오가 있는 때에는 취소할 수 있을 것이다. 이때 착오를 이유로 의사표시를 취소하는 자는 법률행위의 내용에 착오가 있었다는 사실과 함께 착오가 의사표시에 결정적인 영향을 미쳤다는 점, 즉 만일 착오가 없었더라면 의사표시를 하지 않았을 것이라는 점을 증명하여야 한다.(대판 2020.10.15, 2020다227523, 227530)

11. 착오에 의한 의사표시와 사기에 의한 의사표시의 구분 ① 사기에 의한 의사표시란 타인의 기망행위로 말미암아 착오에 빠지게 된 결과 어떠한 의사표시를 하게 되는 경우이므로 거기에는 의사와 표시의 불일치가 있을 수 없고, 단지 의사의 형성과정 즉 의사표시의 동기에 착오가 있는 것에 불과하며, 이 점에서 고유한 의미의 착오에 의한 의사표시와 구분된다. ② 신원보증서류에 서명날인한다는 착각에 빠진 상태로 연대보증의 서면에 서명날인한 경우 이런 행위는 강학상 기명날인의 착오(또는 서명의 착오), 즉 어떤 사람이 자신의 의사와 다른 법률효과를 발생시키는 내용의 서면에 그것을 읽지 않거나 올바르게 이해하지 못한 채 기명날인을 하는 이른바 표시상의 착오에 해당하므로, 비록 위와 같은 착오가 제3자의 기망행위에 의하여 일어난 것이라 하더라도 그에 관하여는 사기에 의한 의사표시에 관한 법리, 특히 상대방이 그러한 제3자의 기망행위 사실을 알았거나 알 수 있었을 경우가 아닌 한 의사표시자가 취소권을 행사할 수 없다는 민 110조 2항의 규정을 적용할 것이 아니라, 착오에 의한 의사표시에 관한 법리만을 적용하여 취소권 행사의 가부를 가려야 한다.(대판 2005.5.27, 2004다43824)

▶중요부분의 착오를 인정한 경우

12. 법률행위 중요부분 착오의 의미와 그 예로서 토지 현황, 경계 착오 법률행위 중요부분의 착오란 표의자가 그러한 착오가 없었더라면 그 의사표시를 하지 않았으리라고 생각될 정도로 중요한 것이어야 하고 보통 일반인도 표의자의 처지에 있었더라면 그러한 의사표시를 하지 않았으리라고 생각될 정도로 중요한 것이어야 한다. 가령 토지의 현황과 경계에 착오가 있어 계약을 체결하기 전에 이를 알았다면 계약의 목적을 달성할 수 없음이 명백하여 계약을 체결하지 않았을 것으로 평가할 수 있을 경우에 계약의 중요부분에 관한 착오가 인정된다.(대판 2020.3.26, 2019다288232)

13. 상해의 정도·결과 및 치료기간을 잘못 알고 한 합의 약 10주면 완치된다는 담당의사의 말과 가해자인 피고측의 간청으로 피고로부터 금 70만원을 받고 이후 사고로 인한 손해배상청구 등 행위를 않겠다는 내용의 합의서를 작성하였다 하더라도 그 후 치료기간이 무려 9개월이라는 장기간이 소요되고 더구나 완치치 못하고 불구자가 되었다면 위 합의서는 원고가 그 상해의 정도, 결과 및 그 치료기간 등을 잘못 알고 피고측의 주장에 넘어가 착오에 의하여 한 의사표시라 할 것이니 이를 이유로 한 취소는 유효하다.(대판 1981.4.14, 80다2452)

14. 저당권설정계약 또는 보증계약에서 채무자의 동일성에 관한 착오 일반적으로 근저당권설정계약 또는 보증계약을 맺음에 있어서 채무자가 누구인가에 관한 착오는 일응 의사표시의 중요부분에 관한 착오라고 못 볼 바 아니나 그렇다 하더라도 근저당권설정자 또는 보증인이 그 계약서에 나타난 채무자가 마음속으로 채무자라고 본 사람의 이름을 빌린 것에 불과하여 그 계약 당시에 원고가 위 두 사람이 같은 사람이 아닌 것을 알았더라도 그 계약을 맺을 것이라고 보여지는 등 특별한 사정이 있는 경우에는 형식상 사람의 동일성에 관한 착오가 있는 것처럼 보이더라도 이를 가지고 법률행위의 중요부분에 관한 착오라고는 볼 수 없다.(대판 1986.8.19, 86다카448)

15. 신용보증에서 피보증인의 연체사실에 관한 착오 신용보증기금의 신용보증에 있어서 기업의 신용유무는 그 절대적 전제사유가 되며 신용보증기금의 보증의사표시의 중요부분을 구성한다고 할 것이므로 농협중앙회가 갑에게 금원을 대출해 주고서 연체이자를 받은 사실이 있음에도 불구하고 아무런 연체가 없는 것처럼 작성된 거래상황확인서를 갑에게 교부하고 갑은 이를 위 신용보증기금에 제출하여 이를 믿은 신용보증기금이 갑이 신용있는 중소기업인 것으로 착각하여 갑의 위 농협중앙회로부터의 새로운 대출에 대하여 신용보증을 하게 되었다면 그 법률행위의 중요부분에 착오가 있는 경우에 해당한다.(대판 1987.7.21, 85다카2339)

16. 매매계약 내용의 중요 부분에 착오가 있는 경우, 매수인이 매도인의 하자담보책임이 성립하는지와 상관없이 착오를 이유로 매매계약을 취소할 수 있는지 여부(적극) 법률행위 내용의 중요 부분에 착오가 있는 경우 그 착오에 중대한 과실이 없는 표의자는 그 법률행위를 취소할 수 있고, 매매의 목적물에 하자가 있는 경우 하자가 있는 사실을 과실 없이 알지 못한 매수인은 매도인에 대하여 하자담보책임을 물어 계약을 해제하거나 손해배상을 청구할 수 있다. 착오로 인한 취소 제도와 매도인의 하자담보책임 제도는 그 취지가 서로 다르고, 그 요건과 효과도 구별된다. 따라서 매매계약 내용의 중요 부분에 착오가 있는 경우 매수인은 매도인의 하자담보책임이 성립하는지와 상관없이 착오를 이유로 그 매매계약을 취소할 수 있다.(대판 2018.9.13, 2015다78703)

17. 특정한 목적을 위한 기부 또는 후원을 내용으로 하는 증여계약에서 그 목적이 계약 내용의 중요 부분에 관한 것인지에 대한 판단기준 착오를 이유로 법률행위를 취소하려면 그 착오는 법률행위 내용의 중요 부분에 관한 것이라야 한다. 특정한 목적을 위한 기부 또는 후원을 내용으로 하는 증여계약에서 그 목적이 계약 내용의 중요 부분에 관한 것인지는, 이러한 형태의 계약에서는 재산권의 무상 이전뿐만 아니라 그 이전의 목적이 중요하다는 특수성을 염두에 두면서, 목적의 표시 여부, 표시 주체와 방법, 쌍방의 목적 인식 여부, 목적의 구체성, 목적이 증여의 불가결한 기초 사정이 되었는지 여부 등을 고려하여 판단하여야 한다.(대판 2024.8.1, 2024다206760)

▶중요부분의 착오를 인정하지 않은 경우

18. 매매목적물의 소유자에 관한 착오 타인의 소유일지라도 매매의 목적물로 할 수 있는 것이므로 매매의 목적물이 어떤 사람의 소유에 귀속하느냐는 당연히 매매계약의 요소가 되는 것이 아니므로 매매목적물이 타인의 소유임을 알지 못하였다하더라도 매매계약이 그 요소에 착오가 있어 무효라 할 수 없다.(대판 1959.9.24, 4290민상627)

19. 지적에 관한 착오 특정된 지번의 임야 번부에 관한 매매계약서에 표시된 지적이 실지면적보다 적은 경우라도 위 계약이 법률행위의 요소에 착오가 있는 것이라 할 수 없다.(대판 1969.5.13, 69다196)

20. 임대목적물의 소유자에 관한 착오 타인 소유의 부동산을 임대한 것이 임대차계약을 해지할 사유는 될 수 없고 목적물이 반드시 임대인의 소유일 것을 특히 계약의 내용으로 삼은 경우라야 착오를 이유로 임차인이 임대차계약을 취소할 수 있다.(대판 1975.1.28, 74다2069)

21. 합의금 약정에서 강제추행을 강간치상으로 오인 부녀를 강간하여 처녀막파열상을 입게 하였다는 혐의로 구속된 자에 대한 고소를 취하하는 대가로 금원을 지급하기로 한 약

정에서 의사의 오진으로 강제추행을 강간치상으로 다소 오인한 바 있더라도 그것만으로는 법률행위의 내용의 중요부분에 착오가 있었다고 볼 수 없다.(대판 1977.10.31, 77다1562)

22. 토지 매매에서 시가에 관한 착오 의사표시의 착오가 법률행위의 내용의 중요부분에 착오가 있는 이른바 요소의 착오이냐는 그 각 행위에 관하여 주관적, 객관적 표준에 좇아 구체적 사정에 따라 가려져야 할 것이고 추상적, 일률적으로 이를 가릴 수는 없다고 할 것인 바, 토지매매에 있어서 시가에 관한 착오는 토지를 매수하려는 의사를 결정함에 있어 그 동기의 착오에 불과할 뿐 법률행위의 중요부분에 관한 착오라 할 수 없다.(대판 1985.4.23, 84다카890)

23. 신용보증에 있어서 피보증인의 연체사실에 관한 착오(2) 신용보증기금이 은행의 착오로 피보증인이 연체채무가 없다고 잘못 기재하여 발급한 거래상황확인서의 기재를 믿고 이 사건 신용보증을 하였다 하더라도, 신용보증기금이 신용보증을 한 때에는 피보증인의 연체대출금은 존재하지 않았던 사실, 피고의 신용보증 여부의 결정에 있어서 대출금 연체사실이 거래신뢰도를 측정하기 위한 사항의 하나로서 전체 배점중의 낮은 비율로 배점되어 있는 사실 등에 비추어 볼 때 그것이 법률행위의 내용의 중요부분에 착오가 있었다고 보기는 어렵다.(대판 1987.11.10, 87다카192)

24. 착오로 인하여 표의자가 경제적 불이익을 입지 아니한 경우, 법률행위 내용의 중요 부분의 착오라고 볼 수 있는지 여부(소극) 착오가 법률행위 내용의 중요 부분에 있다고 하기 위하여는 표의자에 의하여 추구된 목적을 고려하여 합리적으로 판단하여 볼 때 표시와 의사의 불일치가 객관적으로 현저하여야 하고, 만일 그 착오로 인하여 표의자가 무슨 경제적인 불이익을 입은 것이 아니라면 이를 법률행위 내용의 중요 부분의 착오라고 할 수 없다.(대판 2006.12.7, 2006다41457)

▸ 동기의 착오

25. 목적물 시가에 관한 착오가 동기의 착오일 뿐 내용의 착오가 아니라고 한 사례 매매계약체결 당시 목적물의 시가를 알지 못하였기 때문에 대금에 대한 관념과 현실의 시가간에 차이가 있었을지라도 이는 단순히 의사결정의 사정 즉 연유의 착오가 있을 뿐 의사표시의 내용에 착오가 있는 것이 아니므로 법률행위의 요건에 착오가 있다고 할 수 없다.(대판 1955.7.7, 4288민상66)

26. 상대방에 의해 유발된 동기의 착오 취소 귀속해제된 토지인데도 귀속재산인 줄로 잘못 알고 국가에 증여를 한 경우 이러한 착오는 일종의 동기의 착오라 할 것이나 그 동기를 제공한 것이 관계 공무원이었고 그러한 동기의 제공이 없었더라면 위 토지를 선뜻 국가에게 증여하지는 않았을 것이라면 그 동기는 증여행위의 중요부분을 이룬다고 할 것이므로 뒤늦게 그 착오를 알아차리고 증여계약을 취소했다면 그 취소는 적법하다.(대판 1978.7.11, 78다719)

27. 손해배상지급 의무가 있다고 알고 보증계약 체결한 경우 동기의 착오라 한 사례 회사에 손해배상책임이 돌아올 수 없는 것임에도 불구하고 회사 사고담당직원이 회사 운전수에게 잘못이 있는 것으로 착각하고 회사를 대리하여 병원경영자와 간에 환자의 입원치료비의 지급을 연대보증하기로 계약한 경우는, 의사표시의 동기에 착오가 있는 것에 불과하므로, 특히 그 동기를 계약내용으로 하는 의사를 표시하지 아니한 이상, 착오를 이유로 계약을 취소할 수 없다.(대판 1979.3.27, 78다2493)

28. 동기의 착오를 이유로 한 의사표시 취소 요건 의사표시의 동기에 착오가 있었음을 이유로 표의자가 이를 취소하기 위하여는 그 동기가 상대방에 표시되고 의사표시 내용의 중요부분의 착오로 인정된 경우이어야 한다.(대결 1990.5.22, 90다카7026)

29. 동기의 착오가 내용의 착오가 되기 위한 요건 동기의 착오가 법률행위의 중요부분의 착오가 되려면 표의자가 그 동기를 당해 의사표시의 내용으로 삼을 것을 상대방에게 표시하고 의사표시의 해석상 법률행위의 내용으로 되어 있다고 인정되면 충분하고 당사자들 사이에 별도로 그 동기를 의사표시의 내용으로 삼기로 하는 합의까지 이루어질 필요는 없다.(대판 1989.12.26, 88다카31507)

30. 상대방에 의해 유발된 동기의 착오와 일부 취소 시로부터 공원휴게소 설치 시행허가를 받음에 있어 담당공무원이 법규오해로 인하여 잘못 회시한 공문에 따라 동기의 착오를 일으켜 법률상 기부채납 의무가 없는 휴게소 부지의 16배나 되는 토지 전부와 휴게소 시설을 시에 기부채납한 경우 휴게소 부지와 그 지상 시설물에 관한 부분을 제외한 나머지 토지에 관해서만 법률행위의 중요부분에 관한 착오가 있었다.(대판 1990.7.10, 90다카7460)

31. 공통된 동기의 착오(1)(대판 2006.11.23, 2005다13288) → 제5장 제1절 참조

32. 공통의 동기의 착오(2) 매도인의 대리인이, 매도인이 납부하여야 할 양도소득세 등의 세액이 매수인이 부담하기로 한 금액뿐이므로 매도인의 부담은 없을 것이라는 착오를 일으키지 않았더라면 매수인과 매매계약을 체결하지 않았거나 아니면 적어도 동일한 내용으로 계약을 체결하지는 않았을 것임이 명백하고, 나아가 매도인이 그와 같이 착오를 일으키게 된 계기를 제공한 원인이 매수인측에 있을 뿐만 아니라 매수인도 매도인이 납부하여야 할 세액에 관하여 매도인과 동일한 착오에 빠져 있었다면, 매도인의 위와 같은 착오는 매매계약의 내용의 중요부분에 관한 것에 해당한다. 이 경우 매도인이 부담하여야 할 세금의 액수가 예상액을 초과한다는 사실을 알았더라면 매수인이 초과세액까지도 부담하기로 약정하였으리라는 특별한 사정이 인정될 수 있을 때에는 매도인으로서는 매수인에게 초과세액 상당의 청구를 할 수 있다고 해석함이 당사자의 진정한 의사에 합치할 것이므로 매도인에게 위와 같은 세액에 관한 착오가 있었다는 이유만으로 매매계약을 취소하는 것은 허용되지 않는다.(대판 1994.6.10, 93다24810)

33. 동기에 관하여 매도인의 말을 믿고 계약 체결한 경우 내용의 착오가 있다는 사례 건물에 대한 매매계약 체결 직후 건물이 건축선을 침범하여 건축된 사실을 알았으나 매도인이 법률전문가의 자문에 의하면 준공검사가 난 건물이므로 행정소송을 통해 구청장의 철거 지시를 취소할 수 있다고 하여 매수인이 그 말을 믿고 매매계약을 해제하지 않고 대금지급의무를 이행한 경우라면 매수인이 건물이 철거되지 않으리라고 믿은 것은 매매계약과 관련하여 동기의 착오라고 할 것이지만, 매수인과 매도인 사이에 매매계약의 내용으로 표시되었다고 볼 것이고, 나아가 매수인뿐만 아니라 일반인이면 누구라도 건물 중 건축선을 침범한 부분이 철거되는 것을 알았더라면 그 대지 및 건물을 매수하지 아니하였으리라는 사정이 엿보이므로, 그 내용의 중요 부분에 착오가 있는 때에 해당한다.(대판 1997.9.30, 97다26210)

34. 보험회사 측의 설명의무 위반으로 보험계약의 중요사항에 관한 착오로 체결한 보험계약 보험회사 또는 보험모집종사자가 설명의무를 위반하여 고객이 보험계약의 중요사항에 관하여 제대로 이해하지 못한 채 착오에 빠져 보험계약을 체결한 경우, 그러한 착오가 동기의 착오에 불과하다고 하더라도 그러한 착오를 일으키지 않았더라면 보험계약을 체결하지 않았거나 아니면 적어도 동일한 내용으로 보험계약을 체결하지 않았을 것이 명백하다면, 위와 같은 착오는 보험계약 내용의 중요부분에 관한 것에 해당하므로 이를 이유로 보험계약을 취소할 수 있다.(대판 2018.4.12, 2017다229536)

35. 한국거래소가 설치한 파생상품시장에서 이루어지는 파생상품거래와 관련하여 상대방이 표의자의 착오를 알고 이용하였는지 판단하는 방법 한국거래소가 설치한 파생상품

시장에서 이루어지는 파생상품거래와 관련하여 상대방 투자중개업자나 그 위탁자가 표의자의 착오를 알고 이용했는지 여부를 판단할 때에는 파생상품시장에서 가격이 결정되고 계약이 체결되는 방식, 당시의 시장 상황이나 거래관행, 거래량, 관련 당사자 사이의 구체적인 거래형태와 호가 제출의 선후 등을 종합적으로 고려하여야 하고, 단순히 표의자가 제출한 호가가 당시 시장가격에 비추어 이례적이라는 사정만으로 표의자의 착오를 알고 이용하였다고 단정할 수 없다.(대판 2023.4.27, 2017다227264)

▸중대한 과실

36. 중대한 과실의 의의 민 109조 1항 단서에서 규정하고 있는 "중대한 과실"이라 함은 표의자의 직업, 행위의 종류, 목적 등에 비추어 보통 요구되는 주의를 현저하게 결여한 것을 말한다.(대판 1992.11.24, 92다25830, 25847)

37. 공장신설허가가 가능한지 여부를 조사하지 않은 임차인 건물에 씨비닐생산공장의 설치허가를 받아 공장을 경영할 동기에서 위 건물을 임차하려고 하였다면, 임차인으로서는 먼저 위 건물에 그가 경영하고자 하는 공장의 신설이 가능한지를 관할관청에 알아보아야 할 주의의무가 있고 또 이와 같이 알아보았다면 쉽게 위 건물에 대한 공장신설허가가 불가능하다는 사실을 알 수 있었다고 보이므로, 이러한 주의의무를 다하지 아니한 채 이 사건 임대차계약을 체결한 것에는 중대한 과실이 있다.(대판 1992.11.24, 92다25830, 25847)

38. 도자기의 진품 여부에 대한 감정인의 감정을 거치지 않은 매수인 도자기 매매계약을 체결하면서 자신의 식별 능력과 매매를 소개한 자를 과신한 나머지 도자기가 고려청자 진품이라고 믿고 소장자를 만나 그 출처를 물어 보지 아니하고 전문적 감정인의 감정을 거치지 아니한 채 도자기를 고가로 매수하고 도자기가 고려청자가 아닐 경우를 대비하여 필요한 조치를 강구하지 아니한 잘못이 있다고 하더라도 그와 같은 사정만으로는 매수인이 매매계약 체결시 요구되는 통상의 주의의무를 현저하게 결여하였다고 보기는 어렵다.(대판 1997.8.22, 96다26657)

39. 공인중개사를 통하지 않고 개인적으로 토지 거래를 하는 경우 민 109조 1항 단서에서 규정하고 있는 '중대한 과실'이라 함은 표의자의 직업, 행위의 종류, 목적 등에 비추어 보통 요구되는 주의를 현저히 결여한 것을 말하고, 공인된 중개사나 신뢰성 있는 중개기관을 통하지 않고 개인적으로 토지 거래를 하는 경우, 매매계약 목적물의 특정에 대하여는 스스로의 책임으로 토지대장, 임야도 등의 공적인 자료 기타 공신력 있는 객관적인 자료에 의하여 그 토지가 과연 그가 매수하기 원하는 토지인지를 확인하여야 할 최소한의 주의의무가 있다.(대판 2009.9.24, 2009다40356, 40363)

40. 목적물과 지적도의 일치를 확인할 토지매수인의 주의의무 유무(원칙적 소극) 토지매매에서 특별한 사정이 없는 한 매수인에게 측량을 하거나 지적도와 대조하는 등의 방법으로 매매목적물이 지적도상의 그것과 정확히 일치하는지 여부를 미리 확인하여야 할 주의의무가 있다고 볼 수 없다.(대판 2020.3.26, 2019다288232)

▸적용범위

41. 행정처분에 비적용 행정처분에는 민법상의 착오에 관한 규정이 적용되지 아니한다.(대판 1956.3.29, 4288민상448)

42. 소송행위에 비적용 민법상의 법률행위에 관한 규정은 민사소송법상의 소송행위에는 특별한 규정 또는 특별한 사정이 없는 한 적용이 없으므로 사기 또는 착오를 원인으로 하여 소취하 등 소송행위를 취소할 수 없다.(대판 1964.9.15, 64다92)

▸법원의 석명의무

43. 해제를 주장하다가 무효를 주장한 경우 법원의 착오 취소 석명의무 원고가 피고로부터 논을 매수하여 대금을 다 치르고 그 소유권이전등기까지 마치고 알아보았더니 그중의 일부는 하천으로 되어 있어서 경작할 수 없는 땅인데다가 나머지 땅은 이미 농지개혁법 시행 이전부터 소외인이 경작하고 있었으므로 그 소유자가 자경하지 아니하는 농지, 즉 국가에 매수된 농지라는 사실을 알았기 때문에 피고의 사기에 의하여 금원을 편취한 것이므로 원고가 계약을 해제하였다고 주장하였다가 나중에 와서 무슨 취지인지 본건 계약은 무효라고 주장하였다면 본건 법률행위의 내용의 중요부분에 착오가 있으니 취소하였다는 취지로도 보지 못할 바 아니므로 이러한 점을 석명시켜 원고의 주장을 정리하고 심판하였어야 할 것이다.(대판 1966.9.20, 66다1289)

▸증명책임

44. 착오취소시 증명책임 착오를 이유로 의사표시를 취소하는 자는 법률행위의 내용에 착오가 있었다는 사실과 함께 그 착오가 의사표시에 결정적인 영향을 미쳤다는 점, 즉 만약 그 착오가 없었더라면 의사표시를 하지 않았을 것이라는 점을 증명하여야 한다.(대판 2008.1.17, 2007다74188)

第110條【詐欺, 强迫에 依한 意思表示】 ① 詐欺나 强迫에 依한 意思表示는 取消할 수 있다.

② 相對方있는 意思表示에 關하여 第三者가 詐欺나 强迫을 行한 境遇에는 相對方이 그 事實을 알았거나 알 수 있었을 境遇에 限하여 그 意思表示를 取消할 수 있다.

③ 前2項의 意思表示의 取消는 善意의 第三者에게 對抗하지 못한다.

▣ 대리행위와 사기·강박(116①), 취소와 추인(140-146), 사기·강박으로 인한 혼인·입양의 취소(816iii·884iii), 상속결격사유(1004), 불법행위(750), 형사처벌(형347·350), 주식인수와 사기·강박(상320), 보험과 고지의무(상651), 어음행위와 인적항변(어17·77①, 수22)

▸사기에 의한 의사표시

1. 조합이 제3자와 거래관계를 맺은 후 조합계약체결의 의사표시를 취소할 수 있는지 여부(소극) 본래의 광업권자와 공동 광업권자로 등록하여 광업을 공동으로 관리 경영하기로 한 계약은 유효하고 공동 광업권자는 조합계약을 한 것으로 간주되며 그 조합이 사업을 개시하여 제3자와의 사이에 거래관계가 이루어지고 난 다음에는 조합계약체결 당시의 의사표시의 하자를 이유로 취소하여 조합 성립 전으로 환원시킬 수 없다.(대판 1972.4.25, 71다1833)

2. 타인 권리의 매매에서 기망에 의한 의사표시 취소 가부 민 569조가 타인의 권리의 매매를 유효로 규정한 것은 선의의 매수인의 신뢰 이익을 보호하기 위한 것이므로, 매수인이 매도인의 기망에 의하여 타인의 물건을 매도인의 것으로 알고 매수한다는 의사표시를 한 것은, 만일 타인의 물건인줄 알았더라면 매수하지 아니하였을 사정이 있는 경우에는 매수인은 민 110조에 의하여 매수의 의사표시를 취소할 수 있다고 해석해야 할 것이다.(대판 1973.10.23, 73다268)

3. 환매권 양도계약시 부동산이 환매수속 상신중에 있다는 사실을 고지할 의무가 있는지 여부(소극) 환매권 양도계약체결당시 국가가 본건 부동산을 원소유자에게 환매하기로 결정하여 환매수속 상신중에 있다는 사실을 양수인이 알고 있었다 하더라도 양수인이 그 사실을 양도인인 환매권자에게 고지하여 주었어야만 할 의무는 없다 할 것이므로 이를 고지하지 않았다 하여 기망행위가 있었다고 볼 수 없다.(대판 1984.4.10, 81다239)

4. 기망행위로 의사결정의 동기의 착오를 일으킨 경우 사기에 의한 취소 가부 기망행위로 인하여 법률행위의 중요부분에 관하여 착오를 일으킨 경우뿐만 아니라 법률행위의 내용으로 표시되지 아니한 의사결정의 동기에 관하여 착오를

일으킨 경우에도 표의자는 그 법률행위를 사기에 의한 의사표시로서 취소할 수 있다.(대판 1985.4.9, 85도167)

5. 상품의 허위광고가 기망행위인지 여부 상품의 선전, 광고에 있어 다소의 과장이나 허위가 수반되는 것은 그것이 일반 상거래의 관행과 신의칙에 비추어 시인될 수 있는 한 기망성이 결여된다고 하겠으나, 거래에 있어서 중요한 사항에 관하여 구체적 사실을 신의성실의 의무에 비추어 비난받을 정도의 방법으로 허위로 고지한 경우에는 기망행위에 해당한다.(대판 1993.8.13, 92다52665)

6. 사기를 이유로 손해배상을 청구하는 경우 의사표시 취소의 필요 여부(소극) 제3자의 사기행위로 인하여 피해자가 주택건설사와 사이에 주택에 관한 분양계약을 체결하였다고 하더라도 제3자의 사기행위 자체가 불법행위를 구성하는 이상 제3자로서는 그 불법행위로 인하여 피해자가 입은 손해를 배상할 책임을 부담하는 것이므로, 피해자가 제3자를 상대로 손해배상청구를 하기 위하여 반드시 그 분양계약을 취소할 필요는 없다.(대판 1998.3.10, 97다55829)

7. 상대방의 피용자가 제3자에 의한 기망에서 제3자인지 여부(적극) 의사표시의 상대방이 아닌 자로서 기망행위를 하였으나 민 110조 2항에서 정한 제3자에 해당되지 아니한다고 볼 수 있는 자란 그 의사표시에 관한 상대방의 대리인 등 상대방과 동일시할 수 있는 자만을 의미하고, 단순히 상대방의 피용자이거나 상대방이 사용자책임을 져야 할 관계에 있는 피용자에 지나지 않는 자는 상대방과 동일시할 수는 없어 이 규정에서 말하는 제3자에 해당한다.(대판 1998.1.23, 96다41496)

8. 재산적 거래관계에서의 신의칙상 고지의무(대판 2014.4.10, 2012다54997; 대판 2014.7.24, 2013다97076) → 제2조 참조

▶ **강박에 의한 의사표시**

9. 고소 취소를 대가로 체결된 임대차계약의 취소 갑이 조합의 경비를 횡령하였다는 사실로 고소를 제기하여 궁지에 빠뜨리게 한 후 신축될 점포 8동중 6동을 을에게 배정하는 계약을 체결하면 고소를 취소하겠으나 만일 이에 응하지 않을 때에는 고소를 취소하지 않음으로써 형사책임은 물론 사회적으로도 상당한 지장이 있을 것이라는 암묵의 표시를 하여 조합이 신축한 점포 6동이 을의 소유인 것을 전제로 하여 을과 조합 사이에 임대차 계약서가 작성되었다면 이는 강박에 의하여 작성된 것이다.(대판 1964.3.31, 63다214)

10. 화해계약의 사기취소 화해계약이 사기로 인하여 이루어진 경우에는 민 733조에 불구하고 화해의 목적인 분쟁에 관한 사항에 착오가 있는 때에도 민 110조에 따라 이를 취소할 수 있다.(대판 2008.9.11, 2008다15278)

11. 채권자의 고소로 소환 조사받은 것이 강박행위인지 여부(소극) 채권자의 고소로 채무자가 경찰서에 소환 조사를 받은 것을 가지고 채권자의 강박행위가 있었다 할 수 없다.(대판 1972.11.14, 72다1127)

12. 피의자신문조서의 진술이 의사표시인지 여부(소극) 피의자신문조서의 각 진술은 사실의 진술이고 의사표시가 아니므로 강박에 의한 진술이라 하여 취소할 수 없다.(대판 1973.3.13, 72다963)

13. 끈질긴 수사를 받은 것이 강박인지 여부(소극) 원고가 피고의 해악고지로서 주관적으로 공포를 느꼈다고 할지라도 원고가 수사관들의 끈질긴 수사를 받다가 형사고소취하 조건으로 밭에 관한 소유권이전등기 소요서류를 피고에게 작성 교부한 사실만으로는 피고에게 고의에 인한 위법의 해악고지 사실이 추정될 수는 없다.(대판 1975.3.25, 73다1048)

14. 의사에 반한 보호실 유치만으로 강박이라 볼 수 있는지 여부(소극) 원고의 고소에 의하여 피고가 경찰서에서 조사받은 과정에서 그 의사에 반하여 경찰서 보호실에서 하룻밤을 지낸 다음 원·피고간 그들 사이에 체결한 매매계약을 합의해제하기로 약정하였고, 그 당시 합의하지 않으면 구속영장을 신청한다는 뜻의 말이 있었으나 이것만으로는 제반 사정에 비추어 강박에 의하여 이루어진 것이라고 인정하기에 부족하다.(대판 1981.12.8, 80다863)

15. 국군보안부대의 위법한 공권력 행사로 인한 의사표시 취소 국군보안부대에서 원고를 적법절차에 의하지 아니한 채 강제로 연행하여 지하조사실에 감금하고 토지의 매매차익을 기부금의 형식으로 피고에게 자진납부할 것을 종용하면서 이에 불응하면 계속 감금하고 공권력을 통하여 사회적·경제적 활동에 대한 제재를 가하거나 신체적인 위해를 가할 듯한 태도를 보여 원고가 피고에게 금원을 기부하고 근저당권을 설정해준 행위는 제3자인 보안부대의 강박으로 인한 것이고, 상대방인 피고도 위 강박사실을 알았거나 알 수 있었으므로 취소할 수 있는 법률행위에 해당한다.(대판 1991.9.10, 91다18989)

16. 강박행위의 요건, 부정행위에 대한 고소·고발이 위법한 강박행위가 되기 위한 요건 ① 법률행위 취소의 원인이 될 강박이 있다고 하기 위하여서는 표의자로 하여금 외포심을 생기게 하고 이로 인하여 법률행위 의사를 결정하게 할 고의로써 불법으로 장래의 해악을 통고할 경우라야 한다. ② 일반적으로 부정행위에 대한 고소, 고발은 그것이 부정한 이익을 목적으로 하는 것이 아닌 때에는 정당한 권리행사가 되어 위법하다고 할 수 없으나, 부정한 이익의 취득을 목적으로 하는 경우에는 위법한 강박행위가 되는 경우가 있고 목적이 정당하다 하더라도 행위나 수단 등이 부당한 때에는 위법성이 있는 경우가 있을 수 있다.(대판 1992.12.24, 92다25120)

17. 간통에 대해 고소하지 않는 대가를 받은 경우 위법한 강박행위가 아니라고 한 사례 간통으로 고소하지 않기로 하는 등의 대가로 금 170,000,000원의 합의금을 받게 된 경우, 상간자의 배우자가 부정한 이익을 목적으로 위법한 강박행위를 한 것으로 볼 수 없다.(대판 1997.3.25, 96다47951)

18. 강박행위의 위법성 유형 강박에 의한 의사표시라고 하려면 상대방이 불법으로 어떤 해악을 고지함으로 말미암아 공포를 느끼고 의사표시를 한 것이어야 하는바, 여기서 어떤 해악을 고지하는 강박행위가 위법하다고 하기 위하여는 강박행위 당시의 거래관념과 제반 사정에 비추어 해악의 고지로써 추구하는 이익이 정당하지 아니하거나 강박의 수단으로 상대방에게 고지하는 해악의 내용이 법질서에 위배된 경우 또는 어떤 해악의 고지가 거래관념상 그 해악의 고지로써 추구하는 이익의 달성을 위한 수단으로 부적당한 경우 등에 해당하여야 한다.(대판 2000.3.23, 99다64049)

▶ **선의의 제3자**

19. 잡종재산 매각행위를 취소할 때 선의의 제3자 대항 가부 국가 소유의 잡종재산을 구 국유재산법과 본법시행령에 의하여 매각하는 행위는 그 성질이 사법상의 행위에 지나지 아니하므로 구 국유재산법 27조 1항에 의한 그 매각행위의 취소의 효력은 민 110조 3항의 규정상 제3자에게는 미치지 않는다.(대판 1970.6.30, 70다708)

20. 보호받는 제3자가 취소 이전에 법률관계를 가진 자에 한하는지 여부(1)(소극) 사기의 의사표시로 인한 매수인으로부터 부동산의 권리를 취득한 제3자는 특별한 사정이 없는 한 선의로 추정할 것이므로 사기로 인하여 의사표시를 한 부동산의 양도인이 제3자에 대하여 사기에 의한 의사표시의 취소를 주장하려면 제3자의 악의를 입증할 필요가 있다.(대판 1970.11.24, 70다2155)

21. 보호받는 제3자가 취소 이전에 법률관계를 가진 자에 한하는지 여부(2) 사기에 의한 법률행위의 의사표시를 취소하면 취소의 소급효로 인하여 그 행위의 시초부터 무효인 것으로 되는 것이므로 취소를 주장하는 자와 양립되지 아니하는 법률관계를 가졌던 것이 취소 이전에 있었던가 이후에 있었던가는 가릴 필요없이 사기에 의한 의사표시 및 그 취

소사실을 몰랐던 모든 제3자에 대하여는 의사표시의 취소를 대항하지 못하고 이는 거래안전의 보호를 목적으로 하는 민110조 3항의 취지에도 합당한 해석이다.(대판 1975.12.23, 75다533)

22. 계약이행보증계약에서 보증채권자 계약이행보증계약의 경우 채무자가 보증계약 체결 당시 보증인을 기망하였고 보증인은 그로 인하여 착오를 일으켜 보증계약을 체결하였다는 이유로 보증계약 체결의 의사표시를 취소하였더라도 보증채권자가 보증계약이 체결되는 것을 전제로 채무자와 계약을 체결하거나, 보증인이 이미 보증서를 교부하여 보증채권자가 그 보증서를 수령한 후 이에 터 잡아 새로운 계약을 체결하거나, 이미 체결한 계약에 따른 의무를 이행하는 등으로 보증계약의 채권담보적 기능을 신뢰하여 새로운 이해관계를 가지게 되었다면 그와 같은 보증채권자의 신뢰를 보호할 필요가 있다.(대판 2013.7.11, 2012다36760)

▸적용범위

23. 사기, 강박에 의한 소송행위 효력 부인 방법 민법상의 법률행위에 관한 규정은 민사소송법상 소송행위에는 특별한 규정 기타 특별한 사정이 없는 한 적용이 없으므로 소송행위가 착오 또는 기망에 의하여 이루어진 것임을 이유로 취소할 수는 없고, 소송행위가 사기·강박 등 형사처벌을 받을 타인의 행위로 인하여 이루어졌다고 하여도 그 타인의 행위에 대해 유죄판결이 확정되고 또 그 소송행위가 그에 부합되는 의사 없이 외형적으로만 존재할 때에 한하여 민소 451조 1항 5호 및 2항의 규정을 유추해석하여 그 효력을 부인할 수 있다.(대판 2001.1.30, 2000다42939, 42946)

제111조 【의사표시의 효력발생시기】

① 상대방이 있는 의사표시는 상대방에게 도달한 때에 그 효력이 생긴다.

② 의사표시자가 그 통지를 발송한 후 사망하거나 제한능력자가 되어도 의사표시의 효력에 영향을 미치지 아니한다.

(2011.3.7 본조개정)

▣ ① 계약성립에 관한 특칙(531, 상53), 송달효력 발생시기(민소189·196), 전자문서의 수신(전자거래6), ② 수표의 경우(수33)

1. 같은 시내로 우편발송시 수일이면 도달한다는 경험칙 인정 여부 우편에 의한 발송사실이 있다 하여도 같은 시내이니 도달이 수일이면 족하다고 인정할 경험칙이 있다고 할 수 없다.(대판 1979.10.10, 79누192)

2. 내용증명우편물의 도달 내용증명우편물이 발송되고 반송되지 아니하면 특단의 사정이 없는 한 그 무렵에 송달되었다고 볼 것이다.(대판 1980.1.15, 79다1498)

3. 이행최고서 및 해제통고서 도달 추정 번복 매도인이 잔대금지급채무를 이행하지 아니하는 매수인을 계약서상에 기재된 주소지로 찾아가 보았으나 그곳에는 그러한 번지가 없었고 달리 매수인을 만날 길도 없어 계약서상의 매수인의 주소지로 이행최고 및 해제통고서를 발송하였다면 위 이행최고서 및 해제통고서가 그 시경 매수인에게 도달되었으리라는 추정은 번복된다.(대판 1980.12.23, 80다2003)

4. 채권양도 통지 도달의 의미, 채권양도 통지서를 채권자가 바로 회수한 경우 채권양도 통지의 도달유무 ① 채권양도의 통지와 같은 준법률행위의 도달은 의사표시와 마찬가지로 사회관념상 채무자가 통지의 내용을 알 수 있는 객관적 상태에 놓여졌을 때를 지칭하고, 그 통지를 채무자가 현실적으로 수령하였거나 그 통지의 내용을 알았을 것까지는 필요하지 않다. ② 채권양도의 통지서가 들어 있는 우편물을 채무자의 가정부가 수령한 직후 한 집에 거주하고 있는 통지인인 채권자가 그 우편물을 바로 회수해 버렸다면 우편물의 내용을 가정부가 알고 있었다는 등의 특별한 사정이 없었던 이상 그 채권양도의 통지는 사회관념상 채무자가 그 통지내용을 알 수 있는 객관적 상태에 놓여 있는 것이라고 볼 수 없으므로 그 통지는 채무자에게 도달되었다고 볼 수 없다.(대판 1983.8.23, 82다카439)

5. 등기취급 우편물의 도달 우편법 등 관계 규정의 취지에 비추어 볼 때 우편물이 등기취급의 방법으로 발송된 경우 반송되는 등의 특별한 사정이 없는 한 그 무렵 수취인에게 배달되었다고 보아야 한다.(대판 1992.3.27, 91누3819)

6. 등기취급 우편물의 도달 추정 번복 수취인이나 그 가족이 주민등록지에 실제로 거주하고 있지 아니하면서 전입신고만을 해 둔 경우에는 그 사실만으로 주민등록지 거주자에게 송달수령의 권한을 위임하였다고 보기는 어려울 뿐 아니라 수취인이 주민등록지에 실제로 거주하지 아니하는 경우에도 우편물이 수취인에게 도달하였다고 추정할 수는 없다. 따라서 이러한 경우에는 우편물의 도달사실을 과세관청이 입증해야 할 것이다.(대판 1998.2.13, 97누8977)

7. 우편법 규정에 따른 우편물 배달시 의사표시의 통지 도달 여부 우편법 소정의 규정에 따라 우편물이 배달되었다고 하여 언제나 상대방 있는 의사표시의 통지가 상대방에게 도달하였다고 볼 수는 없으므로 사무소에서 본인의 사무원임을 확인한 후 우편물을 교부하였다는 우편집배원의 진술이나 우편법 등의 규정을 들어 우편물의 수령인을 본인의 사무원 또는 고용인으로 추정할 수는 없다. 그렇다면 우편물이 피고의 주소나 사무소가 아닌 동업자의 사무소에서 그 신원이 분명치 않은 자에게 송달되었다는 사정만으로는 사회관념상 피고가 통지의 내용을 알 수 있는 객관적 상태에 놓여졌다고 인정할 수 없다.(대판 1997.11.25, 97다31281)

8. 일간지 공고로 의사표시의 도달 여부 일간지에 대차대조표를 공고하였다는 사정만으로 채권포기의 의사표시가 채무자에게 요지될 수 있는 상태에 있었다고 볼 수 없다.(대판 1989.1.31, 87누760)

9. 채권양도의 통지 도달 여부에 민소법의 송달에 관한 규정을 유추적용 가부(소극) ① 민소법상의 송달은 당사자나 그 밖의 소송관계인에게 소송상 서류의 내용을 알 기회를 주기 위하여 법정의 방식에 좇아 행하여지는 통지행위로서, 송달장소와 송달을 받을 사람 등에 관하여 구체적으로 법이 정하는 바에 따라 행하여지지 아니하면 부적법하여 송달로서의 효력이 발생하지 아니한다. 한편 채권양도의 통지는 채무자에게 도달됨으로써 효력이 발생하는 것이고, 여기서 도달이라 함은 사회통념상 상대방이 통지의 내용을 알 수 있는 객관적 상태에 놓여졌다고 인정되는 상태를 가리킨다. ② 이와 같이 도달은 보다 탄력적인 개념으로서 송달장소나 수송달자 등의 면에서 위에서 본 송달에서와 같은 엄격함은 요구되지 아니하며, 이에 송달장소 등에 관한 민소법의 규정을 유추적용할 것이 아니다. 따라서 채권양도의 통지는 민소법상의 송달에 관한 규정에서 송달장소로 정하는 채무자의 주소·거소·영업소 또는 사무소 등에 해당하지 아니하는 장소에서라도 채무자가 사회통념상 그 통지의 내용을 알 수 있는 객관적 상태에 놓여졌다고 인정됨으로써 족하다.(대판 2010.4.15, 2010다57)

10. 의사표시에 대한 상대방의 수령거절과 의사표시의 도달 여부 계약의 해제와 같은 상대방 있는 의사표시는 그 통지가 상대방에게 도달한 때 효력이 생기는 것이고, 여기서 도달이라 함은 사회통념상 상대방이 통지의 내용을 알 수 있는 객관적 상태에 놓여 있는 경우를 가리키는 것으로서, 상대방이 통지를 현실적으로 수령하거나 통지의 내용을 알 것까지는 필요로 하지 않는 것이므로, 상대방이 정당한 사유 없이 통지의 수령을 거절한 경우에는 상대방이 그 통지의 내용을 알 수 있는 객관적 상태에 놓여 있는 때에 의사표시의 효력이 생기는 것으로 보아야 한다.(대판 2008.6.12, 2008다19973)

11. 질권설정계약의 해지 통지 ① 제3채무자가 질권설정 사실을 승낙한 후 질권설정계약이 합의해지된 경우 질권설정

자가 해지를 이유로 제3채무자에게 원래의 채권으로 대항하려면 질권자가 제3채무자에게 해지 사실을 통지하여야 하고, 만일 질권자가 제3채무자에게 질권설정계약의 해지 사실을 통지하였다면, 설사 아직 해지가 되지 아니하였다고 하더라도 선의인 제3채무자는 질권설정자에게 대항할 수 있는 사유로 질권자에게 대항할 수 있다고 봄이 타당하다. ② 그리고 위와 같은 해지 통지가 있었다면 해지 사실은 추정되고, 그렇다면 해지 통지를 믿은 제3채무자의 선의 또한 추정된다고 볼 것이어서 제3채무자가 악의라는 점은 선의를 다투는 질권자가 증명할 책임이 있다. ③ 위와 같은 해지 사실의 통지는 질권자가 질권설정계약이 해제되었다는 사실을 제3채무자에게 알리는 이른바 관념의 통지로서, 통지는 제3채무자에게 도달됨으로써 효력이 발생하고, 통지에 특별한 방식이 필요하지는 않다.(대판 2014.4.10, 2013다76192)

제112조【제한능력자에 대한 의사표시의 효력】 의사표시의 상대방이 의사표시를 받은 때에 제한능력자인 경우에는 의사표시자는 그 의사표시로써 대항할 수 없다. 다만, 그 상대방의 법정대리인이 의사표시가 도달한 사실을 안 후에는 그러하지 아니하다.

(2011.3.7 본조개정)

■ 미성년자(4·5), 피한정후견인(12-14), 피성년후견인(9-11·929), 법정대리인(911·938)

第113條【意思表示의 公示送達】 表意者가 過失없이 相對方을 알지 못하거나 相對方의 所在를 알지 못하는 境遇에는 意思表示는 民事訴訟法 公示送達의 規定에 依하여 送達할 수 있다.

■ 공시송달(민소194-196)

第3節 代 理

第114條【代理行爲의 效力】 ① 代理人이 그 權限內에서 本人을 爲한 것임을 表示한 意思表示는 直接 本人에게 對하여 效力이 생긴다.

② 前項의 規定은 代理人에게 對한 第三者의 意思表示에 準用한다.

■ 법정대리인(22-26·911·920·931·936·949·1047②·1053), 임의대리인(120·128, 상11·761·773, 특허6-10), 법인과 대표(59, 상207-209·269·278·389·567), 대리인 능력(117), 대리권 범위(118, 특허6), 표현대리(125·126·129), 무권대리(130·136), 대리권 소멸(127·128, 상403), 현명(115, 상48), 소송과 대리(민소51·87, 형소26-28), 대리상(상87-92)

▸**대리와 다른 제도**

1. 위임과 대리권 수여의 관계 위임과 대리권수여는 별개의 독립된 행위로서 위임은 위임자와 수임자간의 내부적인 채권채무관계를 말하고 대리권은 대리인의 행위의 효과가 본인에게 미치는 대외적 자격을 말하는 것이다.(대판 1962.5.24, 4294민상251, 252)

2. 사자에 의한 의사표시와 대리행위 사자에 의한 의사표시와 본인이 결정한 의사를 대리인으로 하여금 표시케 하는 것은 대리행위가 아니다.(대판 1967.4.18, 66다661)

3. 대리인과 사자를 구별하는 기준 ① 본인에게 효력이 발생할 의사표시의 내용을 스스로 결정하여 상대방과의 관계에서 자신의 이름으로 법률행위를 하는 대리인과 달리 '사자'는 본인이 완성해 둔 의사표시의 단순한 전달자에 불과하지만, 대리인도 본인의 지시에 따라 행위를 하여야 하는 이상(민 116조 2항), 법률행위의 체결 및 성립 여부에 관한 최종적인 결정권한이 본인에게 유보되어 있다는 사정이 대리와 사자를 구별하는 결정적 기준이나 징표가 될 수는 없다. ② 그 구별은 의사표시 해석과 관련된 문제로서, 상대방의 합리적 시각, 즉 본인을 대신하여 행위하는 자가 상대방과의 외부적 관계에서 어떠한 모습으로 보이는지를 중심으로 살펴보아야 하고, 이러한 사정과 더불어 행위자가 지칭한 자격·지위·역할에 관한 표시 내용, 행위자의 구체적 역할, 행위자에게 일정한 범위의 권한이나 재량이 부여되었는지, 행위자가 그 역할을 수행함에 필요한 전문적인 지식이나 자격의 필요 여부, 행위자에게 지급할 보수나 비용의 규모 등을 종합적으로 고려하여 합리적으로 판단하여야 한다.(대판 2024.1.4, 2023다225580)

4. 상무이사의 자기명의로 한 행위와 대표이사를 대리한 행위 상무이사 기타 회사를 대표할 권한이 있는 것으로 인정될만한 명칭을 사용한 이사가 자기명의로 한 행위에 대하여는 그 이사가 회사를 대표할 권한이 없는 경우에도 상 395조에 의하여 회사는 선의의 제3자에 대하여 책임을 지나 상무이사가 대표이사를 대리하여 법률행위를 한 경우에는 대리에 관한 규정이 적용되고 그 행위가 민 126조의 요건을 구비한 경우에는 그 조문이 적용된다.(대판 1968.7.16, 68다334, 335)

▸**대리권 수여로 볼 수 있는 경우**

5. 대차계약체결 대리권과 기한의 연기 및 대금 수령 소비대차계약체결의 대리권을 위임받은 자는 기한의 연기, 대금 및 이자의 수령 행위도 할 수 있다.(대판 1948.2.17, 4280민상236)

6. 상대방 지정 없는 부동산처분 관계서류 교부와 부동산 처분 부동산처분에 관한 소요서류를 구비하여 타인에게 교부한 경우에 상대방을 특정하지 않았을 때에는 타인에게 부동산처분에 관하여 대리권을 수여한 취지를 표시한 것이라 해석함이 타당하다.(대판 1959.7.2, 4291민상329)

7. 부동산 등기명의인이 학생인 경우 학생 출국시 아버지의 부동산 관리 부동산이 등기부상 원고명의로 있다 하여도 원고가 학생의 신분이라면 부동산은 아버지가 매수하여 그 등기만을 원고명의로 하였거나 이를 원고에게 증여하였다고 보는 것이 보통일 것이므로 특별한 사정이 없는 한 원고가 출국시에는 그 부동산에 관한 관리권한을 아버지에게 묵시적으로 위임하였다고 추정하여도 무방하다.(대판 1970.10.30, 70다1177)

8. 묵시적인 대리권수여(1) 명시적인 대리권수여의 의사표시가 없는 경우라도 일정한 지위에 있는 자들 간에 일정한 상황이 있는 경우라면 일정한 내용의 법률행위에 대해서 묵시적인 대리권수여의 의사표시가 있었다고 볼 수 있다.(대판 1972.1.31, 71다2429)

9. 묵시적인 대리권수여(2) 대리권을 수여하는 수권행위는 불요식의 행위로서 명시적인 의사표시에 의함이 없이 묵시적인 의사표시에 의하여 할 수도 있으며, 어떤 사람이 대리인의 외양을 가지고 행위하는 것을 본인이 알면서도 이의를 하지 아니하고 방임하는 등 사실상의 용태에 의하여 대리권의 수여가 추단되는 경우도 있다.(대판 2016.5.26, 2016다203315)

10. 제소전화해를 위한 백지소송위임장 교부와 대리인 선임 피신청인이 제소전화해를 위한 대리인을 선임하기 위하여 그 대리인을 공란으로 한 백지소송위임장을 작성한 후 이를 신청인에게 교부한 경우에는 신청인에게 피신청인의 대리인을 선임할 권한을 수여한 것으로 볼 것이다.(대판 1979.12.26, 79다1851)

11. 오퍼상의 오퍼장 교부를 수출상을 대리한 것으로 볼 수 있는지 여부(적극) 오퍼상은 물품공급자를 대리하여 국내에서 물품매도확약서를 발행함을 업으로 하는 자이므로 다른 사정이 없는 한 오퍼장을 발행 교부한 것은 물품공급자인 수출상을 대리하여 한 것이므로 오퍼상이 체결한 수입계약의 효력은 본인인 수출상에게 미친다.(대판 1980.2.26, 76

다515)

12. 사채알선업자의 변제수령을 채권자의 대리로 볼 수 있는지 여부(적극) 사채알선업자는 채권자측에 대하여는 채무자의 대리인이 되고 채무자측에 대하여는 채권자측의 대리인이 되는 것이므로 사채알선업자에 대한 채무변제는 채권자 대리인에 대한 변제로서 유효하다.(대판 1981.2.24, 80다1756)

13. 집을 팔라는 아내의 서신과 가옥 처분 아내가 미국에서 병을 얻어 치료하는데 필요하니 돈을 만들어 인편으로 보내주도록 부탁하고 아파트를 구하는데도 금원이 필요하니 편지받는 즉시로 집을 복덕방에 내놓아 시세보다 싸게 팔도록 촉구하는 내용의 서신을 한국에 있는 남편에게 보내왔다면 이는 아내가 그 남편에게 가옥의 매각처분을 위임한 것으로 봄이 경험칙에 합당하다.(대판 1982.9.28, 82다카177)

14. 지입차주와 제3자 간 중기운행을 위한 물품거래를 중기대여회사의 대리로 볼 수 있는지 여부(적극) 중기대여회사에 지입된 중기는 대외적으로는 그 회사의 소유이고 지입차주들은 회사와의 수탁관리운영계약에 의하여 그 중기의 운행관리를 위임받은 것이므로 지입차주들이 그 중기를 운행하기 위한 필요에 의하여 제3자로부터 타이어, 튜브 등의 공급을 받는 거래를 하였다면, 그것은 회사의 위임에 의하여 회사를 대리하여 한 것이고 그 거래에서 물품대금을 회사에 대하여 청구하지 않고 지입차주 본인이 책임지기로 특약한 사실이 없다면 회사는 그 거래의 본인으로서 대금지급의 책임을 면할 수 없다.(대판 1989.7.25, 88다카17273)

15. 대출 대리권 수여받은 후 초과금액 보증을 한 경우 대리권의 범위 딸이 아버지에게 은행으로부터 300만원을 대부받는데 필요하다고 하여 받은 인감도장과 대부용 인감증명서를 이용하여 다른 사람으로부터 1천만원을 차용하여 차용증서의 보증인란을 아버지 이름으로 작성하고 인감증명서도 대주에게 교부한 경우, 아버지는 300만원 범위 내의 채무에 관하여는 자기가 주채무자로 되는 것이든 보증인으로 되는 것이든 간에 책임을 질 의사로써 자기의 딸에게 그에 해당하는 대리권까지 준 것으로 보는 것이 마땅하다.(대판 1991.1.15, 90다10605)

16. 매매계약체결에 관한 포괄적 대리권과 대금지급기일 연기 매매계약의 체결과 이행에 관하여 포괄적으로 대리권을 수여받은 대리인은 특별한 사정이 없는 한 상대방에 대하여 약정된 매매대금 지급기일을 연기하여 줄 권한도 가진다.(대판 1992.4.14, 91다43107)

17. 대리권의 범위 판단 방법과 통상의 임의대리권 내에 수령대리권이 포함되는지 여부(적극), **매매계약체결 대리권과 중도금 및 잔금 수령 권한** ① 임의대리에 있어서 대리권의 범위는 수권행위에 의하여 정하여지는 것이므로 어느 행위가 대리권의 범위 내의 행위인지는 개별적인 수권행위의 내용이나 그 해석에 의하여 판단할 것이나 일반적으로 말하면 수권행위의 통상의 내용으로서의 임의대리권은 그 권한에 부수하여 필요한 한도에서 상대방의 의사표시를 수령하는 이른바 수령대리권을 포함한다. ② 부동산의 소유자로부터 매매계약을 체결할 대리권을 수여받은 대리인은 특별한 사정이 없는 한 그 매매계약에서 약정한 바에 따라 중도금이나 잔금을 수령할 권한도 있다.(대판 1994.2.8, 93다39379)

18. 소송상 화해나 청구의 포기에 관한 특별수권에 소송물인 권리의 처분 및 포기 권한이 포함되는지 여부(적극), **소송대리권이 당해 심급에 한정되는지 여부**(적극) ① 소송상 화해나 청구의 포기에 관한 특별수권이 되어 있다면 특별한 사정이 없는 한 그러한 소송행위에 대한 수권만이 아니라 그러한 소송행위의 전제가 되는 당해 소송물인 권리의 처분이나 포기에 대한 권한도 수여되어 있다. ② 위임받은 소송대리권의 범위는 특별한 사정이 없는 한 당해 심급에 한정된다.(대판 1994.3.8, 93다52105)

19. 미성년자 법정대리인의 행위 미성년자의 법정대리인의 법률행위는 미성년자를 위하여 한 행위로 추정되므로 후견인의 피후견인 재산에 관한 처분행위는 피후견인인 미성년자를 대리하여 한 행위로서 미성년자에 대하여 그 효과가 발생한다.(대판 1994.4.29, 94다1302)

▶ **대리권 수여로 볼 수 없는 경우**

20. 여관업 상업사용인의 어음행위 대리권 부인 여관업의 영업과 어음행위는 연관성이 희박하므로 여관업에 관한 상업사용인은 특별한 수권이 없는 한 주인을 대리하여 어음행위를 할 권한이 없음이 상례이다.(대판 1960.12.8, 4293민상22)

21. 융자 목적의 부동산 관계서류 교부와 부동산 처분 대리권 부인 부동산의 소유자가 부동산을 담보로 하여 은행으로부터 융자를 얻기 위하여 제3자에게 그 부동산의 등기권리증과 인감증명서를 주었다고 하여 그 부동산에 관한 처분의 대리권을 주었다고 할 수 없는 것이다.(대판 1962.10.11, 62다436)

22. 담보목적의 부동산 매도증서 교부와 매매 대리권 부인 채권담보의 목적으로 채무불이행시에 대물변제로 충당하기 위하여 부동산의 매도증서를 매수인의 이름없이 작성하여 채권자에게 교부하였다 하더라도 대물변제로 충당하기 이전에 있어서는 그 채권자에게 그 부동산을 매도할 수 있는 대리권을 수여한 것이라고는 볼 수 없다.(대판 1963.2.28, 62다910)

23. 매매알선 목적의 아파트 분양권 관계서류 교부와 처분 권한 부인 원고가 부동산소개업자인 소외인에게 아파트분양계약서, 입주확인증, 할부금영수증, 호수결정확인증 등을 교부하면서 미등기인 이 건 아파트 분양권의 매매알선을 부탁한 사실만으로는 동 소외인에게 특별한 사정이 없는 한 매매 등 처분권한까지 수여한 것으로 보기 어렵다.(대판 1981.6.9, 80다2690)

24. 대여금 영수권한과 채무 면제 권한 부인 대여금의 영수권한만을 위임받은 대리인이 그 대여금 채무의 일부를 면제하기 위하여는 본인의 특별수권이 필요하다.(대판 1981.6.23, 80다3221)

25. 가옥이동용 인감증명 교부와 처분 권한 부인 원고가 부동산 소개업자인 소외인에게 "가옥이동용" 인감증명만을 교부하여 부동산매매의 알선을 부탁한데 그치고 원고의 인감은 위 소외인이 사위의 방법으로 이를 교부받은 것이라면 원고가 동 소외인에게 매매 기타 처분의 권한까지 수여한 것이라고 보기 어렵다.(대판 1982.4.13, 81다408)

26. 배우자의 인감도장 보관과 인감도장 사용에 관한 포괄적 대리권 부인 남편이 아내의 인감도장을 보관하고 있었다는 사실만으로 이 인감도장의 사용에 관하여 포괄적 대리권을 위임받은 것이라 볼 수 없다.(대판 1984.7.24, 84도1098)

27. 사망한 자의 대리인으로서 문서 작성과 적법한 대리권 부인 특단의 사정이 없는 한 이미 사망한 자의 대리인으로서 작성한 문서를 적법한 대리권에 기하여 작성된 것이라고 보기는 어렵다.(대판 1984.11.13, 84다284)

28. 채권자단 대표와 채무자 간 약정의 효력이 특정채권자에게 미치기 위한 요건 채권자단의 대표자와 채무자 사이의 약정이 특정채권자를 구속하려면 그 채권자가 채권자단의 구성원으로 가입하여 대표자를 선임하고 동인에게 채권회수를 위한 일체의 권한을 부여하는 결의에 참여하였거나 그 결의에 따르기로 하는 의사를 표시한 바가 있어서 위 결의가 그 채권자의 의사에 기한 것임이 전제되어야 한다.(대판 1986.11.25, 86다카1209)

29. 매매계약 소개 및 체결 권한 수여와 계약해제 및 의사수령 권한 부인 매매계약을 소개하고 매수인을 대리하여 매매계약을 체결하였다 하여 곧바로 그 제3자가 매수인을 대리하여 매매계약의 해제 등 일체의 처분권과 상대방의 의사를 수령할 권한까지 가지고 있다고 볼 수는 없다.(대판 1987.4.28, 85다카971)

30. 담보권자 명의를 제3자로 한 경우 제3자의 담보계약 해제 및 피담보채권 포기 권리 부인 제3자를 담보권자로 담보계약을 체결한 경우에 그 담보권명의자는 피담보채권을 수령하고 담보권을 실행하는 등의 권한을 가지는 것이지만 특별한 수권이 없는 한 그 담보계약 자체의 합의해제나 그 피담보채권의 포기와 같이 담보계약상의 권리가 아닌 기존의 채권을 포기할 권리는 갖지 않는다고 해석함이 상당하다.(대판 1994.2.8, 93다19153, 19160)

31. 예금계약 체결 위임과 예금 담보 대출 등의 처분 대리권 부인 예금계약의 체결을 위임받은 자가 가지는 대리권에 당연히 그 예금을 담보로 하여 대출을 받거나 이를 처분할 수 있는 대리권이 포함되어 있는 것은 아니다.(대판 1995.8.22, 94다59042)

32. 금전소비대차계약과 담보권설정계약 체결 대리권과 계약 해제 권한 부인 통상 대부중개업자가 전주를 위하여 금전소비대차계약과 그 담보를 위한 담보권설정계약을 체결할 대리권을 수여받은 것으로 인정되는 경우라 하더라도 특별한 사정이 없는 한 일단 금전소비대차계약과 그 담보를 위한 담보권설정계약이 체결된 후에 이를 해제할 권한까지 당연히 가지고 있다고 볼 수는 없다.(대판 2021.10.14, 2021다243430)

33. 사업자등록 명의와 통장을 빌려준 경우 거액의 차용행위에 대한 대리권 부인 임의대리권은 그것을 수여하는 본인의 행위, 즉 수권행위에 의하여 발생하는 것이므로 어느 행위가 대리권 범위 내의 행위인지 여부는 개별적인 수권행위의 내용이나 그 해석에 의하여 판단하여야 할 것인바, 사업자등록 명의와 통장을 빌려준 등의 사정이 있다 하여 당연히 거액의 차용행위까지 할 수 있는 포괄적인 대리권을 수여한 것으로 볼 수는 없다.(대판 2009.5.28, 2009다7779)

34. 대리인의 권한 범위 계약을 대리하여 체결하였다 하여 곧바로 대리인이 체결된 계약의 해제 등 일체의 처분권과 상대방의 의사를 수령할 권한까지 가지고 있다고 볼 수는 없다.(대판 2008.1.31, 2007다74713)

35. 검사가 반환 각서를 받은 경우 대검찰청 중앙수사부 소속 검사 갑이 사건 조사를 위하여 을을 참고인 자격으로 소환한 다음 병을 대리한 을로부터 '병이 정 주식회사에서 급여 명목으로 부당하게 수령한 금액을 무 저축은행에 반환할 것을 서약한다'라는 취지의 각서를 징구한 사안에서, 여러 사정에 비추어 무 은행이 갑에게 각서 징구에 관한 대리권을 수여하였다거나 갑이 각서 징구와 관련하여 무 은행 사자의 지위에 있었다고 인정하기 어렵고, 병 또는 대리인인 을이 수사기관에 대하여 단순히 부당 수령 급여를 장차 무 은행에 반환할 것을 다짐한다는 의미로 각서를 작성·교부한 것으로 보이므로 각서의 효력이 무 은행에 미치지 않는다.(대판 2013.8.22, 2013다203369)

▸ **현명주의**

36. 현명의 방식 현명주의의 표시방식에는 제한이 없다.(대판 1946.2.1, 4278민상205)

37. 회사의 어음행위 대리에서의 현명 방법 상사회사의 어음행위에 있어 그 대표자 또는 대리인의 표시방법에는 특별한 규정이 없으므로 어음상 대표자 또는 대리인 자신을 위한 어음행위가 아니고 본인을 위하여 어음행위를 한다는 취지를 인식할 수 있을 정도의 표시가 있음으로 족하다.(대판 1978.12.13, 78다1567)

38. 조합의 경우 현명 방법 민법상 조합의 경우 법인격이 없어 조합 자체가 본인이 될 수 없으므로, 이른바 조합대리에 있어서는 본인에 해당하는 모든 조합원을 위한 것임을 표시하여야 하나, 반드시 조합원 전원의 성명을 제시할 필요는 없고, 상대방이 알 수 있을 정도로 조합을 표시하는 것으로 충분하다. 그리고 상 48조는 "상행위의 대리인이 본인을 위한 것임을 표시하지 아니하여도 그 행위는 본인에 대하여 효력이 있다. 그러나 상대방이 본인을 위한 것임을 알지 못한 때에는 대리인에 대하여도 이행의 청구를 할 수 있다"고 규정하고 있으므로, 조합대리에 있어서도 그 법률행위가 조합에게 상행위가 되는 경우에는 조합을 위한 것임을 표시하지 않았다고 하더라도 그 법률행위의 효력은 본인인 조합원 전원에게 미친다.(대판 2009.1.30, 2008다79340)

39. 법정대리인이 유아명의로 어음을 배서양도 받은 행위의 효력 의사능력이 없는 미성년자는 그 법정대리인이 당연히 이를 대리하여 법률행위를 할 수 있으므로 법정대리인인 아버지가 유아를 대리하여 유아의 이름으로 어음을 배서 양도받았다 해서 유아 앞으로의 어음취득이 무효라고 할 수 없고 이 사건 어음상에 법정대리인의 표시가 없다고 하여 결론을 달리할 바 되지 못한다.(대판 1976.12.14, 76다2191)

40. 양도인을 대리한 양수인의 채권양도통지에서의 현명(대판 2011.2.24, 2010다96911) → 제450조 참조

▸ **대리의사**

41. 표시행위에 의한 대리의사의 판단 국고의 지출관이 원인행위 없이 국고수표를 발행한 경우 대리의사의 유무는 전시 지출관의 표시행위에 의하여 판단할 것이며 각 표시행위가 있는 이상 설사 동인의 내심의 의사는 국고를 대리할 의사가 없었다 하더라도 대리의사가 있었다고 하지 않을 수 없다.(대판 1959.1.9, 4291형상514)

▸ **본인에의 효과 귀속**

42. 대체물취득을 내용으로 하는 대리의 효과 대체물취득을 위탁받은 대리인은 특별한 사정이 없는 한 취득한 대체물의 소유권을 취득하고 이와 동종 동량의 물을 인도함으로써 족하다.(대판 1956.2.25, 4288민상216)

43. 대리인에 대한 부동산 매수인의 변제제공 및 최고의 효과 귀속 부동산의 매수인이 본인을 대리하여 그 부동산을 매각할 권한이 있는 자에 대하여 잔대금의 변제의 제공을 하고 그 부동산의 명도 및 소유권이전등기 의무이행의 최고를 하였음은 본인에 대하여 변제의 제공을 하고 의무이행을 최고한 것과 동일한 효력이 있다.(대판 1958.3.27, 4290민상840)

44. 지입차주의 차량 수리계약의 효과 귀속 지입차주가 차량을 수리한 경우 이는 회사를 대리한 행위라고 보아야 할 것이므로 피고회사는 그 수리비의 부담책임을 면할 수 없다.(대판 1973.5.22, 72다2572)

45. 대리인에 의해 체결된 계약이 해제된 경우 원상회복의무의 부담자 ① 계약이 적법한 대리인에 의하여 체결된 경우에 대리인은 다른 특별한 사정이 없는 한 본인을 위하여 계약상 급부를 변제로서 수령할 권한도 가진다. 그리고 대리인이 그 권한에 기하여 계약상 급부를 수령한 경우에, 그 법률효과는 계약 자체에서와 마찬가지로 직접 본인에게 귀속되고 대리인에게 돌아가지 아니한다. 따라서 계약상 채무의 불이행을 이유로 계약이 상대방 당사자에 의하여 유효하게 해제되었다면, 해제로 인한 원상회복의무는 대리인이 아니라 계약의 당사자인 본인이 부담한다. ② 이는 본인이 대리인으로부터 그 수령한 급부를 현실적으로 인도받지 못하였다거나 해제의 원인이 된 계약상 채무의 불이행에 관하여 대리인에게 책임 있는 사유가 있다고 하여도 다른 특별한 사정이 없는 한 마찬가지라고 할 것이다.(대판 2011.8.18, 2011다30871)

▸ **기 타**

46. 대리주장 속에 대행이 포함되는지 여부(적극) 갑이 을을 대리하여 토지를 매도하였다는 주장에는 갑이 을을 이른바 대행적으로 대리하여 자신의 명의로 토지를 매도하였다는 주장도 포함되어 있다.(대판 1995.2.28, 94다19341)

47. 대리권 수여받은 자가 대리인 이외의 지위를 가질 수 있는지 여부(적극) 부동산의 분양에 관한 대리권을 부여받은 자라고 하여 반드시 본인의 대리인 이외의 지위를 가질 수

없는 것은 아니고 거래의 실질적 목적과 내용 등에 따라 적합한 다른 지위를 아울러 가질 수도 있다.(대판 1996.10.25, 94다41935, 41942)

48. 대리권 남용의 효과와 상대방의 악의 또는 과실의 판단방법(대판 1998.2.27, 97다24382) → 제107조 참조

49. 대리인을 통하여 계약을 체결하는 경우 계약당사자의 확정 일방 당사자가 대리인을 통하여 계약을 체결하는 경우에 있어서 계약의 상대방이 대리인을 통하여 본인과 사이에 계약을 체결하려는 데 의사가 일치하였다면 대리인의 대리권 존부 문제와는 무관하게 상대방과 본인이 그 계약의 당사자라고 할 것이다.(대판 2009.12.10, 2009다27513)

第115條【本人을 爲한 것임을 表示하지 아니한 行爲】 代理人이 本人을 爲한 것임을 表示하지 아니한 때에는 그 意思表示는 自己를 爲한 것으로 본다. 그러나 相對方이 代理人으로서 한 것임을 알았거나 알 수 있었을 때에는 前條第1項의 規定을 準用한다.

▣ 현명주의(114), 특칙(상48)

1. 본인명의의 대리행위 대리인은 반드시 대리인임을 표시하여 의사표시를 하여야 하는 것이 아니고 본인명의로도 할 수 있다.(대판 1963.5.9, 63다67)

2. 타인이 본인명의로 한 행위의 효력이 본인에게 미치지 않는 경우 갑이 을인 것 같이 행세하여 임대차계약을 체결함으로써 임대인이 갑과 을이 동일인인 것으로 알고 계약을 맺게 되었다면 설사 갑이 을을 위하여 하는 의사로서 위 계약을 체결하였다 하더라도 위 계약의 효력은 을에게 미치지 않는다.(대판 1974.6.11, 74다165)

3. 타인이 본인명의로 한 행위의 효력이 본인에게 미치는 경우 갑이 부동산을 농업협동조합중앙회에 담보로 제공함에 있어 을에게 그에 관한 대리권을 주었다면 을이 근저당권설정계약을 체결함에 있어 그 피담보채무를 동업관계의 채무로 특정하지 아니하고 또 대리관계를 표시함이 없이 마치 자신이 갑 본인인 양 행세하였다 하더라도 위 근저당권설정계약은 대리인인 을이 그의 권한범위 안에서 한 것인 이상 그 효력은 본인인 갑에게 미친다.(대판 1987.6.23, 86다카1411)

4. 대리관계 표시없이 매매위임장을 제시하여 매매계약 체결한 경우 대리행위인지 여부(적극) 대리매매위임장을 제시하고 매매계약을 체결하는 자는 특단의 사정이 없는 한 소유자를 대리하여 매매행위하는 것이라고 보아야 하고 매매계약서에 대리관계의 표시없이 그 자신의 이름을 기재하였다고 해서 그것만으로 그 자신이 매도인으로서 타인물을 매매한 것이라고 볼 수는 없다.(대판 1982.5.25, 81다1349, 81다카1209)

第116條【代理行爲의 瑕疵】 ① 意思表示의 效力이 意思의 欠缺, 詐欺, 强迫 또는 어느 事情을 알았거나 過失로 알지 못한 것으로 因하여 影響을 받을 境遇에 그 事實의 有無는 代理人을 標準하여 決定한다.

② 特定한 法律行爲를 委任한 境遇에 代理人이 本人의 指示에 좇아 그 行爲를 한 때에는 本人은 自己가 안 事情 또는 過失로 因하여 알지 못한 事情에 關하여 代理人의 不知를 主張하지 못한다.

▣ 의사의 흠결(107-109), 사기·강박에 의한 의사표시(110)

1. 대리인의 사기에 의한 의사표시의 취소(구법관계) 민 101조 1항의 대리인의 사기에 의하여 상대방이 의사표시를 하였을 경우에 상대방이 기망에 인한 의사표시를 취소할 수 있음은 재론의 여지가 없다.(대판 1959.6.18, 4291민상101)

2. 합명회사에서 부실등기에 대한 고의 또는 과실의 판단 객체 합명회사에 있어서는 사실과 상위한 등기를 하였거나 이를 방치하였다는 것은 회사의 대외적 관계에 있어서의 문제이므로 그 불실등기를 한 사실이나 그를 방치한 사실에 대한 고의 또는 과실의 유무는 어디까지나 그 회사를 대표할 수 있는 업무집행 사원을 표준으로 하여 결정할 것이다.(대판 1971.2.23, 70다1361, 1362)

3. 대리인의 배임행위 가담시 본인의 선의로 인해 매매계약의 반사회성이 부정되는지 여부(소극) 대리인이 본인을 대리하여 매매계약을 체결함에 있어서 매매대상 토지에 관한 사정을 잘 알고 그 배임행위에 가담하였다면, 대리행위의 하자 유무는 대리인을 표준으로 판단하여야 하므로, 설사 본인이 미리 그러한 사정을 몰랐거나 반사회성을 야기한 것이 아니라고 할지라도 그로 인하여 매매계약이 가지는 사회질서에 반한다는 장애사유가 부정되는 것은 아니다.(대판 1998.2.27, 97다45532)

第117條【代理人의 行爲能力】 代理人은 行爲能力者임을 要하지 아니한다.

▣ 제한능력자(5·10·13)

第118條【代理權의 範圍】 權限을 定하지 아니한 代理人은 다음 各號의 行爲만을 할 수 있다.

1. 保存行爲
2. 代理의 目的인 物件이나 權利의 性質을 變하지 아니하는 範圍에서 그 利用 또는 改良하는 行爲

▣ 대리행위(114), 권한을 넘는 행위의 예(25·1023②·1047②·1053②), 대리권·대표권(59·60·62-64·916·918-920의2, 상11·87·207-209·254·269·273·278·389·394·562·567·570·761·762·773-775)

1. 소송행위의 추완신청이 재산관리인 대리권 범위 내인지 여부(적극)(구법관계) 재산관리인의 부재자재산에 대한 소송상의 보존행위를 하기 위한 소송행위의 추완신청은 구 민 103조 소정의 보존행위에 포함된다.(대판 1960.9.8, 4292민상885)

2. 본조의 적용범위 민 118조는 대리권의 범위가 분명한 경우나 표현대리가 성립하는 경우에는 적용되지 않는다.(대판 1964.12.8, 64다968)

3. 경매입찰에 임하는 대리권의 범위에 경매신청취하에 동의할 권한이 포함되는지 여부(소극) 대리권의 내용이 강제경매절차에서 본인을 대리하여 경매입찰에 임하는 행위와 그에 부수된 권한이라고 되어 있다면 그 대리권의 범위는 본인을 대리하여 경매신청을 하는 행위와 그 밖에 본인이 경매신청인의 지위에서 할 수 있는 행위에 한정되므로, 대리권의 범위가 경락허가결정이 있은 후 경락인이 된 본인을 대리하여 채권자의 강제경매신청취하에 동의할 권한에까지 미치는 것으로 볼 수는 없다.(대결 1983.12.2, 83마201)

第119條【各自代理】 代理人이 數人인 때에는 各自가 本人을 代理한다. 그러나 法律 또는 授權行爲에 다른 定한 바가 있는 때에는 그러하지 아니하다.

▣ 각자 대표(상208②·269·389③·562④, 형소27②)

第120條【任意代理人의 復任權】 代理權이 法律行爲에 依하여 付與된 境遇에는 代理人은 本人의 承諾이 있거나 不得已한 事由있는 때가 아니면 復代理人을 選任하지 못한다.

▣ 복대리(121·123, 상11②), 법정대리와 복대리(122), 복임권의 제한(682·701·1103②), 소송과 복대리(민소90②iv·92)

1. 복대리인 선임의 묵시적 승낙 인정 요건, 오피스텔 분양업무 대리에서 묵시적 승낙이 있는지 여부(소극) ① 대리의 목적인 법률행위의 성질상 대리인 자신에 의한 처리가 필요하지 아니한 경우에는 본인이 복대리 금지의 의사를 명시하지 아니하는 한 복대리인의 선임에 관하여 묵시적인 승낙이

있는 것으로 보는 것이 타당하다. ② 오피스텔의 분양업무는 그 성질상 분양을 위임받은 대리인이 분양사실을 널리 알리고, 사람들에게 청약을 유인함으로써 분양계약을 성사시키는 것으로서 대리인의 능력에 따라 본인의 분양사업의 성공여부가 결정되는 것이므로, 사무처리의 주체가 별로 중요하지 아니한 경우에 해당한다고 보기 어렵다.(대판 1996.1.26, 94다30690)

2. 채권자를 특정하지 않은 금전차용 수권행위에 복대리인 선임 승낙이 포함되었다고 본 사례 갑이 채권자를 특정하지 아니한 채 부동산을 담보로 제공하여 금원을 차용해 줄 것을 을에게 위임하였고, 을은 이를 다시 병에게 위임하였으며, 병은 정에게 위 부동산을 담보로 제공하고 금원을 차용하여 을에게 교부하였다면, 을에게 위 사무를 위임한 갑의 의사에는 '복대리인 선임에 관한 승낙'이 포함되어 있다.(대판 1993.8.27, 93다21156)

第121條【任意代理人의 復代理人選任의 責任】 ① 前條의 規定에 依하여 代理人이 復代理人을 選任한 때에는 本人에게 對하여 그 選任監督에 關한 責任이 있다.

② 代理人이 本人의 指名에 依하여 復代理人을 選任한 境遇에는 그 不適任 또는 不誠實함을 알고 本人에게 對한 通知나 그 解任을 怠慢한 때가 아니면 責任이 없다.

■ 본조준용(682②·701·1103②), 해임(689·692), 법정대리의 경우(122)

第122條【法定代理人의 復任權과 그 責任】 法定代理人은 그 責任으로 復代理人을 選任할 수 있다. 그러나 不得已한 事由로 因한 때에는 前條第1項에 定한 責任만이 있다.

■ 임의대리의 경우(120·121)

第123條【復代理人의 權限】 ① 復代理人은 그 權限內에서 本人을 代理한다.

② 復代理人은 本人이나 第三者에 對하여 代理人과 同一한 權利義務가 있다.

■ 복대리(120-122), 대리인의 권리의무(114-118)

1. 복대리에도 표현대리가 인정되는지 여부(적극) 민법상 표현대리에 관한 법리는 대리의 경우와 복대리의 경우 사이에 차이가 있는 것이 아니다.(대판 1979.11.27, 79다1193)

第124條【自己契約, 雙方代理】 代理人은 本人의 許諾이 없으면 本人을 爲하여 自己와 法律行爲를 하거나 同一한 法律行爲에 關하여 當事者雙方을 代理하지 못한다. 그러나 債務의 履行은 할 수 있다.

■ 이익상반행위특칙(64·921·951, 상211·269·394·563), 유사규정 법무사20②, 공인중개33vi), 사원 또는 이사의 자기거래(상199·269·398·613②)

1. 권한을 넘는 법률행위를 자기의 법률행위로 한 경우 자기계약인지 여부(소극) 대리인이 본인으로부터 수임한 권한을 넘는 법률행위를 자기의 법률행위와 같이 하였다고 하더라도 민 124조 소정의 자기계약이라고 할 수 없다.(대판 1971.12.28, 71다2303)

2. 상대방의 위임에 의한 상대방 소송대리인 선임이 쌍방대리인지 여부(소극) 제소전화해의 신청인이 피신청인의 소송대리인을 선임한 것이 피신청인의 위임에 의하여 이루어진 것이라면 그것은 유효한 것이고 쌍방대리의 원칙에 따라 무효한 행위였다고 할 수 없다.(대판 1990.12.11, 90다카27853)

3. 원고의 대리인이 소송참가인을 대리하는 경우 쌍방대리금지 위반 여부(소극) 원고의 소송대리인이 원고승계참가인의 소송행위를 대리하였다 하여 쌍방대리금지의 원칙에 저촉되지 않는다.(대판 1991.1.29, 90다9520, 9537)

4. 원고 소송복대리인이 피고 소송복대리인으로 출석한 경우 소송행위의 효력 원고 소송복대리인으로서 변론기일에 출석하여 소송행위를 하였던 변호사가 피고 소송복대리인으로도 출석하여 변론한 경우라도, 당사자가 그에 대하여 아무런 이의를 제기하지 않았다면 그 소송행위는 소송법상 완전한 효력이 생긴다.(대판 1995.7.28, 94다44903)

5. 영농조합법인과 그 대표이사의 이익이 상반하는 사항 민 124조는, 대리인은 본인의 허락이 없으면 본인을 위하여 자기와 법률행위를 하지 못한다고 규정하고 있는데, 본인과 대리인 간의 이해의 충돌이 있는 때에도 위 규정이 적용된다. 이러한 규정에 비추어 보면, 영농조합법인과 대표이사의 이익이 상반하는 사항에 관하여 대표이사는 대리권이 없다. 그럼에도 대표이사가 민 124조를 위반하여 영농조합법인을 대리한 경우에 그 행위는 무권대리행위로서 영농조합법인에 대하여 효력이 없다.(대판 2018.4.12, 2017다271070)

第125條【代理權授與의 表示에 依한 表見代理】 第三者에 對하여 他人에게 代理權을 授與함을 表示한 者는 그 代理權의 範圍內에서 行한 그 他人과 그 第三者間의 法律行爲에 對하여 責任이 있다. 그러나 第三者가 代理權없음을 알았거나 알 수 있었을 때에는 그러하지 아니하다.

■ 기타 표현대리(126·129, 상14-16), 표현대표(상395·567)

▶ **대리권수여의 표시**

1. 매도증서, 인감증명서, 위임장을 교부한 경우 125조의 표현대리 심리 필요 부동산에 대한 매도증서, 인감증명서, 위임장을 교부받은 것이 명백한 경우 그 소지자의 매매행위에 관한 표현대리 주장에 대하여 민 126조의 표현대리로만 해석하고 민 125조의 표현대리의 점에 대하여 심리판단이 없음은 위법이다.(대판 1963.6.13, 63다191)

2. 명의대여의 법률효과 타인에 대하여 어느 사업에 관하여 자기 사업을 자기이름으로 대행할 것을 허용한 사람은 그 사업에 관하여 자기가 책임을 부담할 지위에 있음을 표시한 것이고 그 사업을 대행한 사람 또는 그 피용자가 그 사업에 관하여서 한 법률행위에 대하여 제3자에게 책임이 있다.(대판 1964.4.7, 63다638)

3. 회사의 일반 이사에 불과한 자의 법률행위에 대한 표현대리 부인 회사의 이사이나 명목상 회사로서의 법정요건인 기관임을 갖추기 위하여 등기되어 있는 자들에 불과할 뿐 회사의 대표이사 또는 전무이사가 아니며 회사에서 이들에게 회사를 대리케하였거나 회사의 대표이사 또는 전무이사의 명칭을 사용케 하지 않았다면 이들이 금원을 차용한 경우 표현대리의 법리가 적용될 수 없다.(대판 1974.11.24, 74다1091)

4. 영업양도 후 자기 당좌거래 이용허락이 대리권수여표시인지 여부(적극) 갑이 자기의 사위인 을에게 상호를 포함한 영업일체를 양도하여서 동일상호를 사용하여 영업을 계속하게 하는 동안 자기의 당좌거래를 이용하여 대금결제를 하도록 하였고 또 영업을 을에게 양도한 이후에도 자기명의의 당좌수표 및 약속어음 20여 장이 을로부터 병에게 물품대금으로 교부되어 대부분 결제되었다면 갑이 병으로 하여금 을이 갑 명의의 수표를 사용할 권한이 있다고 믿게 할 만한 외관을 조성하였다 할 것이고 이와 같은 외관을 가지고서 을이 갑의 인장을 남용하여 수표를 위조한 행위는 대리권수여표시에 의한 표현대리에 해당한다.(대판 1987.3.24, 86다카1348)

5. 대리권수여표시에 의한 표현대리 성립요건 ① 민 125조가 규정하는 대리권 수여의 표시에 의한 표현대리는 본인과 대리행위를 한 자 사이의 기본적인 법률관계의 성질이나 그

효력의 유무와는 직접적인 관계가 없이 어떤 자가 본인을 대리하여 제3자와 법률행위를 함에 있어 본인이 그 자에게 대리권을 수여하였다는 표시를 제3자에게 한 경우에는 성립될 수가 있고, 또 본인에 의한 대리권 수여의 표시는 반드시 대리권 또는 대리인이라는 말을 사용하여야 하는 것이 아니라 사회통념상 대리권을 추단할 수 있는 직함이나 명칭 등의 사용을 승낙 또는 묵인한 경우에도 대리권 수여의 표시가 있은 것으로 볼 수 있다. ② 호텔 등의 시설이용 우대회원 모집계약을 체결하면서 자신의 판매점, 총대리점 또는 연락사무소 등의 명칭을 사용하여 회원모집 안내를 하거나 입회계약을 체결하는 것을 승낙 또는 묵인하였다면 민 125조의 표현대리가 성립할 여지가 있다.(대판 1998.6.12, 97다53762)

6. 도장과 보증용 과세증명서 소지가 대리권 수여의 표시인지 여부와 이를 믿은 상대방에게 과실이 있는지 여부 갑이 주채무액을 알지 못한 상태에서 주채무자의 부탁으로 채권자와 보증계약 체결 여부를 교섭하는 과정에서 채권자에게 보증의사를 표시한 후 주채무가 거액인 사실을 알고서 보증계약 체결을 단념하였으나 갑의 도장과 보증용 과세증명서를 소지하게 된 주채무자가 임의로 갑을 대위하여 채권자와 사이에 보증계약을 체결한 경우, 갑이 채권자에 대하여 주채무자에게 보증계약 체결의 대리권을 수여하는 표시를 한 것이라 단정할 수 없고, 대리권 수여의 표시를 한 것으로 본다 하더라도 채권자에게는 주채무자의 대리권 없음을 알지 못한 데 과실이 있다.(대판 2000.5.30, 2000다2566)

▶ 선의 · 무과실

7. 등기권리증 미소지자에 대해 대리권 존부를 조사하지 아니한 과실 인정 저당권설정계약 당시 소외인이 원고의 인감증명서와 인감도장만을 소지하였을 뿐 대리인으로서는 의당 제시될 것이 통상적으로 기대되는 원고명의의 등기권리증을 소지하지 않았고 또 피고는 원고가 같은 시내의 국민학교 교장으로 재직하고 있는 것을 알고 있었으므로 피고로서는 위 소외인의 대리권에 대하여 의심을 가지고 직접 원고본인에게 상대방의 대리권 존부를 확인하는 좀더 적절한 조사를 하였어야 할 것임에도 막연히 소외인 등의 말만 믿고 저당권설정계약을 체결하였다면 피고는 대리인을 상대로 저당권을 설정함에 있어 마땅히 하여야 할 주의를 다하지 못한 과실이 있다.(대판 1984.11.13, 84다카1204)

8. 인감도장, 등기권리증, 인감증명서 소지자를 믿은 것에 대한 무과실 인정 갑이 해외체류 중인 남편 을의 대리인으로 부동산을 매수하여 을 이름으로 소유권이전등기를 하였다가 을의 인감도장과 그 부동산의 등기권리증 및 부동산명의 변경용 인감증명서를 병에게 교부하여 병이 그 명의로 소유권이전등기를 마친 것이라면 위 병으로서는 갑에게 부동산에 관하여 을을 대리할 대리권이 있다고 믿을 만한 정당한 이유가 있었다.(대판 1984.11.27, 84다310, 84다카1283)

9. 오피스텔 분양 중개인이 중개업무만 담당한 경우 대리권 여부를 확인하지 아니한 과실 인정 중개인이 본인인 회사에게 오피스텔의 분양 희망자를 중개하여 주고 그 대가로 회사로부터 수수료만을 지급받기로 하였고, 분양계약서의 작성 및 분양대금 수납은 회사에서 직접 관리하였으며, 중개인은 오피스텔을 분양받고자 하는 자가 있으면 그를 오피스텔 내에 있는 회사 분양사무소에 데리고 가서 분양대금을 지급하고 회사 명의의 계약서를 작성하여 받아오는 방식을 취하였고, 상대방의 매매계약서도 그러한 방식에 의하여 작성되었다면, 상대방이 중개인에게 지급한 매매대금에 대한 영수증이 회사의 명의로 발행되지 아니하고 중개인 명의로 발행된 경우 오피스텔을 분양받으려는 상대방으로서는 본인에게 중개인의 대리권 유무를 확인하여 보았더라면 그가 단순한 중개인에 불과하고 오피스텔의 매매대금을 수령할 대리권이 없다는 점을 쉽게 알 수 있었을 것임에도 이를 게을리한 과실이 있다.(대판 1997.3.25, 96다51271)

▶ 적용범위

10. 복대리에서 표현대리를 인정한 경우 원고가 그 소유토지를 타인에게 매도한 후 그 매수인이 소외인 을과 같이 원고의 대리인 갑에게 와서 소유권이전등기를 할 수 있는 서류를 해주면 딴데 융통하여서 잔대금을 갚겠다고 청함에 원고의 대리인 갑이 그들에게 등기권리증, 원고의 인감증명, 주민등록표, 근저당권설정계약서 등의 서류를 해 주어 동소외인 을이 위 토지에 대하여 피고명의로 근저당권설정등기를 경료한 경우, 피고가 위 을을 원고의 대리인으로 믿은데 정당한 사유가 있다.(대판 1979.11.27, 79다1193)

11. 소송행위에 표현대리 적용 여부(소극) 이행지체가 있으면 즉시 강제집행을 하여도 이의가 없다는 강제집행 수락의 사표시는 소송행위라 할 것이고, 이러한 소송행위에는 민법상의 표현대리규정이 적용 또는 유추적용될 수는 없다.(대판 1983.2.8, 81다카621)

第126條【權限을 넘은 表見代理】 代理人이 그 權限外의 法律行爲를 한 境遇에 第三者가 그 權限이 있다고 믿을 만한 正當한 理由가 있는 때에는 本人은 그 行爲에 對하여 責任이 있다.

▣ 대리권 제한과 선의 제3자(41 · 49② · 60, 상8② · 11③ · 209② · 269 · 389③ · 567 · 775, 민소91~93)

▶ 기본대리권의 존재

1. 기본대리권이 법률행위 상대방에 대한 대리권임을 요하는지 여부(소극) 표현대리에 있어서 대리인에게 수여된 대리권은 문제된 법률행위의 상대방에 대한 대리권임을 요하지 아니한다.(대판 1965.8.24, 64다1821)

2. 권한유월의 표현대리 성립을 위한 기본대리권의 필요 기본적인 어떠한 대리권이 없는 자에 대하여는 대리권한의 유월 또는 소멸 후의 표현대리관계는 성립할 여지가 없다.(대판 1974.5.14, 73다148)

3. 대리인이 원시대리인에 한하는지 여부(소극) 본조에서 말하는 대리인은 그 대리권의 수여에 관한 경위사실의 여하를 막론하고 본인을 위하여 어떠한 법률행위를 적법히 대리할 수 있는 자를 총칭하는 것이라 할 것이므로 본인으로부터 직접 대리권을 수여받은 자(원시대리인)에 한하는 것은 아니다.(대판 1970.6.30, 70다908)

4. 126조와 129조의 표현대리 현재에 아무런 대리권도 가지지 않은 자가 직접 민 126조를 원용할 수는 없고, 과거에 가졌던 대리권이 소멸되어 민 129조에 의하여 표현대리로 인정되는 경우에 그 표현대리의 권한을 넘는 대리행위가 있을 때에는 민 126조에 의한 표현대리가 성립할 수 있다.(대판 2008.1.31, 2007다74713)

▶ 기본대리권의 존재를 긍정한 경우

5. 사실행위를 위한 사자의 행위 대리인이 아니고 사실행위를 위한 사자라 하더라도 외견상 그에게 어떠한 권한이 있는 것의 표시 내지 행동이 있어 상대방이 그를 믿었고 또 그를 믿음에 있어 정당한 사유가 있다면 표현대리의 법리에 의하여 본인에게 책임이 있다.(대판 1962.2.8, 4294민상192)

6. 영업허가를 부탁한 후 인감도장 교부 자기명의의 영업허가를 구청에서 내달라고 부탁한 후 거기에 사용하라고 자기의 인감도장을 내어 준 경우는 이 인감도장을 이용하여 본인소유의 부동산에 관한 이전등기에 필요한 모든 서류를 위조하여 소유권이전등기를 한 행위에 관한 기본대리권이 된다.(대판 1965.3.30, 65다44)

7. 처가 남편에게 실인 교부 처가 남편에게 그의 실인을 교부하여 보관시키었다면 일응 일정한 대리권을 부여한 것이라 추측될 수 있으므로 원심이 실인을 보관시킨 사실만으로는 권한을 넘은 표현대리가 성립될 수 없다고 판단하였음은

위법이다.(대판 1967.3.28, 64다1798)

8. 기망에 의한 인장 및 인감증명의 교부 대리인이 본인에게 자기가 일류회사에 취직하는데 보증인을 세움에 필요하다고 속여서 그로부터 인장과 인감증명을 받아내는 한편 본인 모르게 등기필증을 훔쳐내어 그 정을 모르는 타인과 근저당권을 설정하고 그로부터 돈을 차용하였다면 본인이 대리인으로부터 기망당하여 인장과 인감증명서를 동인에게 교부하였다 하여도 본인은 동인에게 자기의 대리로 신원보증서를 작성하라고 교부한 것으로서 대리권을 수여한 것이라고 보아야 할 것이고 동인이 그 대리권의 권한외의 법률행위를 한 경우에 해당한다.(대판 1967.5.23, 67다621, 622)

9. 회사업무처리상 인장 교부 회사업무처리상 필요로 인장을 교부받은 자가 그 인장을 사용하여 개인명의로 약속어음의 연대보증을 한 경우에는 권한유월의 표현대리가 성립한다.(대판 1968.11.5, 68다1501)

10. 현장대리인 지정 후 도급인에 대한 신고 건축공사수급인이 현장대리인을 정하여 도급인에게 그 취지를 신고하고 지정된 현장대리인이 공장현장에서 그 공사에 관하여 대리인으로 행세하였다면 동인은 수급인으로부터 그 공사에 관하여 대리권을 수여받았다.(대판 1971.5.31, 71다847)

11. 복대리인 선임 원고가 갑으로부터 교부받은 관계서류를 을에게 교부하면서 지상권설정을 의뢰하였다면 이는 복대리인을 선임한 것이므로 을은 갑의 복대리인으로서 기본적 대리권이 있다.(대판 1975.2.25, 74다1745)

12. 사실상 부부의 일상가사대리권 동거를 하면서 사실상의 부부관계를 맺고 실질적인 가정을 이루어 대외적으로도 부부로 행세하여 왔다면 일상가사에 관한 사항에 관하여 상호대리권이 인정되므로 권한유월의 표현대리의 법리가 적용된다.(대판 1980.12.23, 80다2077)

13. 대리인이 사자 또는 임의로 선임한 복대리인을 통해 법률행위를 한 경우 대리인이 사자 내지 임의로 선임한 복대리인을 통하여 권한 외의 법률행위를 한 경우, 상대방이 그 행위자를 대리권을 가진 대리인으로 믿었고 또한 그렇게 믿는 데에 정당한 이유가 있는 때에는, 복대리인 선임권이 없는 대리인에 의하여 선임된 복대리인의 권한도 기본대리권이 될 수 있을 뿐만 아니라, 그 행위자가 사자라고 하더라도 대리행위의 주체가 되는 대리인이 별도로 있고 그들에게 본인으로부터 기본대리권이 수여된 이상, 민 126조를 적용함에 있어서 기본대리권의 흠결 문제는 생기지 않는다.(대판 1998.3.27, 97다48982)

▸기본대리권의 존재를 부정한 경우

14. 공장의 관리운영 원고소유인 토지 및 건물과 여기에 시설된 원고의 아버지 소유인 양조장을 원고의 동생이 관리 운영하여 오다가 이를 처분한 경우에 이를 관리 운영하여 왔다하여도 그 관리 운영권한에 처분권한이 포함되지 아니하다.(대판 1965.8.24, 65다981)

15. 매매중개부탁 단순히 매매의 중개를 부탁한 사실을 들어 그 매매에 있어 대리권을 수수한 취지로 단정하고 권한유월의 표현대리를 인정하는 것은 위법하다.(대판 1970.2.24, 69다2011)

16. 자의 재산관리에 관한 포괄적 위임 자가 부에게 그의 재산관리에 관한 포괄적 위임을 한 행위는 부가 그 자신의 제3자에 대한 채무지급을 위하여 발행하는 어음에 자를 공동발행인으로 기명날인하는 행위에 대한 기본대리권이 아니다.(대판 1971.2.3, 70다2916)

17. 남편의 승낙 없는 등기권리증, 인감도장, 인감증명 교부 처가 남편의 승낙 없이 몰래 남편소유 부동산에 관한 등기권리증, 인감도장 및 인감증명등을 교부하여 그 부동산에 관한 소유권이전등기를 마쳤다면 위의 처의 행위는 표현대리에 해당한다고 할 수 없다.(대판 1971.10.12, 71다1763)

18. 대리권 수여 없는 단순한 이사의 인장 보관 소외회사는 과거 피고가 이사로 있을 당시부터 이사들의 등록된 인장을 보관한 바는 있으나 그것이 필요할 때는 그때마다 개별적으로 각 이사의 승낙을 얻어서 사용하였을뿐 인장보관과 동시에 포괄적인 대리권을 수여받은 바 없다면 그와 같은 포괄적인 대리권을 수여한바 있었음을 전제로 한 본건 연대보증행위에 대해 대리권소멸후의 표현대리 또는 권한유월로 인한 표현대리가 성립될 여지가 없다.(대판 1977.5.24, 76다293)

19. 인감증명서 교부 인감증명서는 인장사용에 부수해서 그 확인방법으로 사용되며 인장사용과 분리해서 그것만으로 어떤 증명방법으로 사용되는 것이 아니므로 인감증명서만의 교부는 일반적으로 어떤 대리권을 부여하기 위한 행위라고 볼 수 없다.(대판 1978.10.10, 78다75)

20. 과거에 가졌던 대리권 민 126조의 표현대리는 현재에 대리권을 가진 자가 그 권한을 넘는 경우에 성립되고 과거에 가졌던 대리권을 넘는 경우에는 적용이 없으며, 민 129조의 대리권 소멸 후의 표현대리로 인정되는 경우, 그 표현대리의 권한을 넘는 대리행위가 있을 때에는 민 126조의 표현대리가 성립될 수 있다.(대판 1979.3.27, 79다234)

21. 재정보증에 필요한 재정보증서, 인감증명서, 납세증명서 교부 피고가 소외 갑의 원고와의 상거래에 대한 재정보증서와 그에 필요한 인감증명서 및 납세증명서를 갑의 언니인 소외 을에게 우송하였음에 지나지 아니한 것이라면 을이 자기가 갑이라고 참칭하고 원고와 상거래를 함에 있어 위 재정보증서 등을 사용하였다는 사실만으로서는 위 을이 피고로부터 표현대리를 인정할 기본적 대리권을 수여받은 것이라고 볼 수 없다.(대판 1984.10.10, 84다카780)

22. 고객유치, 투자상담 및 권유, 실적의 제고 등 사실행위 민 126조의 표현대리가 성립하기 위하여는 무권대리인에게 법률행위에 관한 기본대리권이 있어야 하는바, 증권회사로부터 위임받은 고객의 유치, 투자상담 및 권유, 위탁매매약정실적의 제고 등의 업무는 사실행위에 불과하므로 이를 기본대리권으로 하여서는 권한초과의 표현대리가 성립할 수 없다.(대판 1992.5.26, 91다32190)

▸성명모용

23. 어음행위 다른 사람이 권한없이 직접 본인 명의로 기명날인을 하여 어음행위를 한 경우에도 제3자가 그 타인에게 그와 같은 어음행위를 할 수 있는 권한이 있는 것이라고 믿을 만한 사유가 있고 본인에게 책임을 질만한 사유가 있는 경우에는 거래안전을 위하여 표현대리에 있어서와 같이 본인에게 책임이 있다고 해석하여야 할 것이다.(대판 1969.9.30, 69다964)

24. 근저당권설정 대리인이 본인임을 사칭하고 본인을 가장하여 은행과 근저당권설정계약을 체결한 행위에 대해 권한을 넘은 표현대리의 법리를 유추적용할 수 있다.(대판 1988.2.9, 87다카273)

25. 매매 본인으로부터 아파트에 관한 임대 등 일체의 관리권한을 위임받아 자신을 본인으로 가장하여 아파트를 임대한 바 있는 대리인이 다시 자신을 본인으로 가장하여 임차인에게 아파트를 매도하는 법률행위를 한 경우에는 권한을 넘은 표현대리의 법리를 유추적용하여 본인에 대하여 그 행위의 효력이 미친다.(대판 1993.2.23, 92다52436)

26. 성명모용에 대해 표현대리 법리가 유추적용되는 경우 민 126조의 표현대리는 대리인이 본인을 위한다는 의사를 명시 혹은 묵시적으로 표시하거나 대리의사를 가지고 권한 외의 행위를 하는 경우에 성립하고, 사술을 써서 위와 같은 대리행위의 표시를 하지 아니하고 단지 본인의 성명을 모용하여 자기가 마치 본인인 것처럼 기망하여 본인 명의로 직접 법률행위를 한 경우에는 특별한 사정이 없는 한 위 법조 소정의 표현대리는 성립될 수 없는 것이나, 특별한 사정이 있는 경우에 한하여 민 126조 소정의 표현대리의 법리를 유추적용할 수 있다고 할 것인데, 여기서 특별한 사정이란 본

인을 모용한 사람에게 본인을 대리할 기본대리권이 있었고, 상대방으로서는 위 모용자가 본인 자신으로서 본인의 권한을 행사하는 것으로 믿은 데 정당한 사유가 있었던 사정을 의미한다.(대판 2002.6.28, 2001다49814)

▸권한 외의 대리행위

27. 법률행위와 대리권 내용의 불일치 채무담보를 위하여 권리증, 인감증명서, 인장들을 교부한 이상 저당권자나 채무자 또는 채무내용이 사실과 다르다하더라도 표현대리성립에 영향이 없다.(대판 1962.7.26, 62다243)

28. 권한외 법률행위와 기본대리권의 동종 요부 권한을 넘을 행위는 그 권한 외 행위를 한 자가 가지고 있는 진실한 대리권과 동종임을 필요로 하지 아니하고 그 권한의 행위가 본인과 상대방과의 관계에 있어서 처음 있는 법률행위라 하여도 표현대리의 법리가 적용된다.(대판 1963.8.31, 63다326)

29. 권한외 법률행위가 범죄행위인 경우 표현대리 성부 대리인이 본인의 인장을 위조하여 범죄행위가 된다 하여도 권한을 넘는 표현대리를 인정할 수 있다.(대판 1966.6.28, 66다845)

30. 매도위임에서 저렴한 가격의 매도 부동산의 매도위임을 받은 대리인이 본인이 지시한 금액보다 저렴한 가격으로 매도했다 하더라도 이는 권한을 넘은 행위로서 특별한 사정이 없는 한 상대방은 위 가격에 매도할 수 있는 권한이 있는 것으로 믿을 만한 정당한 이유가 있다.(대판 1971.10.22, 71다1921)

31. 친족회의 동의를 얻지 않은 후견인의 행위(대판 1997.6.27, 97다3828) → 제950조 참조

▸대리행위가 아닌 경우

32. 대리인이 본인의 부동산 등기를 먼저 자기 앞으로 경료하고 제3자에게 경료한 경우 을이 갑으로부터 부동산에 관한 담보권설정의 대리권만 수여받고도 그 부동산에 관하여 자기 앞으로 소유권이전등기를 하고 이어서 병에게 그 소유권이전등기를 경료한 경우, 병은 을을 갑의 대리인으로 믿고서 위 등기의 원인행위를 한 것이 아니므로 이에 민 126조를 유추할 수는 없다.(대판 1991.12.27, 91다3208)

33. 계약당사자가 본인이 아닌 경우 갑이 을의 대리인으로서 매매계약을 체결하였다면 표현대리 문제가 나올는지 몰라도 갑이 을로부터 매수한 임야를 자기 소유라 하여 매도한 이상 매매계약의 당사자는 갑이고 을은 당사자가 아니므로 권한을 넘은 표현대리 이론을 여기에 적용할 수 없다.(대판 1992.11.13, 92다33329)

▸제3자

34. 약속어음의 보증이 표현대리인 경우 어음을 배서 · 양도받은 자가 표현대리규정에서 제3자인지 여부(소극) 표현대리에 관한 민 126조의 규정에서 제3자라 함은 당해 표현대리행위의 직접 상대방이 된 자만을 지칭하는 것이고, 약속어음의 보증의 구체적, 실질적인 상대방은 어음의 제3취득자가 아니라 발행인이라 할 것이어서 약속어음의 보증 부분이 위조된 경우, 동 약속어음을 배서, 양도받는 제3취득자는 위 보증행위가 민 126조 소정의 표현대리행위로서 보증인에게 그 효력이 미친다고 주장할 수 있는 제3자에 해당하지 않는다.(대판 2002.12.10, 2001다58443)

▸정당한 이유

35. 정당한 이유 내에 무과실이 포함되는지 여부(적극) 표현대리에 있어서 제3자에게 대리권이 있다고 믿은데 정당한 이유가 있다함은 제3자에 과실이 없다는 뜻도 포함되었기 때문에 제3자의 무과실까지 판단할 필요는 없다.(대판 1963.9.12, 63다428)

36. 정당한 이유의 판단 방법 표현대리에 있어 상대방의 과실유무는 그것이 거래의 안전을 위하여 인정된 제도임을 감안하여 계약성립 당시의 제반사정을 객관적으로 판단하여 결정해야 한다.(대판 1974.7.9, 73다1804)

37. 정당한 이유 존부 판단시 대리행위 이후의 사정을 고려하는지 여부(소극) 권한을 넘은 표현대리에 있어서 무권대리인에게 그 권한이 있다고 믿을 만한 정당한 이유가 있는가는 대리행위(매매계약) 당시를 기준으로 결정하여야 하고 매매계약 성립 이후의 사정은 고려할 것이 아니므로, 무권대리인이 매매계약 후 그 이행단계에서서야 비로소 본인의 인감증명과 위임장을 상대방에게 교부한 사정만으로는 상대방이 무권대리인에게 그 권한이 있다고 믿을 만한 정당한 이유가 있었다고 단정할 수 없다.(대판 1981.12.8, 81다322)

▸정당한 이유를 긍정한 경우

38. 사업의 공동경영과 빈번한 유사행위 을이 자기가 보관하고 있던 갑의 도장을 모용하여 제멋대로 갑명의의 약속어음을 제3자에게 발행한 경우 갑과 을이 물품판매업을 공동으로 경영하고 을이 갑명의 수표를 빈번히 발행한 사정이 있다면 제3자가 을이 약속어음을 발행할 권한이 있다고 믿을 정당한 사유에 해당한다.(대판 1962.7.12, 62다255)

39. 초과 차용에서 본인의 인감과 인감증명서 제시 대리인이 본인으로부터 지시를 받은 한도의 금액을 넘어선 다액의 금전을 차용할 권한이 있다고 주장하고 그 표시로서 대리인이 본인의 인감과 인감증명서를 제시하였을 경우 상대방인 제3자는 그 대리인에게 그러한 권한까지 있다고 믿을 만한 정당한 이유가 있다.(대판 1962.8.30, 62다400)

40. 적법한 등기신청에 필요한 서류 소지 정당한 권원에 의하여 작성된 매도증서, 위임장, 인감증명서등 등기신청에 필요한 모든 서류를 구비하여 소지하고 있다면 특별한 사유가 없는 한 대리권이 있다고 믿을만한 정당한 사유가 있다.(대판 1962.10.18, 62다535)

41. 본인의 협력 위임을 벗어난 근저당권 설정행위에 대하여 위임인이 협력하였다면 제3자는 적법한 대리라 믿을만한 정당한 사유가 있다.(대판 1966.11.22, 66다1736)

42. 친척관계와 인장 및 인감증명 제시 경락대금잔액의 수령에 관한 대리권을 주면서 인장과 인감증명서를 교부하였는바 그 인장 등을 악용하여 부동산을 매도한 경우 대리인이라고 표시하는 자가 소유자의 생질이고 인장과 인감증명을 제시하며 대리인이라고 칭한 사실 등이 있는 때에는 이를 대리인으로 믿는데 정당한 이유가 있다.(대판 1969.10.11, 69다1213)

43. 이장 겸 농협조합장의 부락민 인장 보관 이장인 동시에 농협조합장이 군농협으로부터 비료, 농약, 영농자금을 배정받기 위하여 부락민이 맡긴 인장을 이용하여 비료외상판매증서를 작성하였다면 표현대리가 성립된다.(대판 1971.11.30, 71다2166)

44. 보험금 수령에 있어서 인감소지 보험금의 수령권을 수여하면서 인감을 교부하였고 그 대리인으로서 보험금을 수령하고 나머지 청구권을 포기하는 합의를 하여 그 합의서를 작성하였다면 보험회사가 합의할 수 있는 권한이 있는 것으로 믿은 것은 정당하다.(대판 1982.4.27, 81다983)

45. 임차건물을 관리해온 경우 임대차계약 해지 및 임차보증금 수령 임차건물을 전대하는 법률행위를 할 수 있는 기본적 대리권을 수여받은 자가 실제로 임차건물을 관리해온 점등의 사정이 있을 때에는 그에게 임대차계약의 해지와 임차보증금 수령에 관한 대리권도 있다고 믿은데 정당한 이유가 있다.(대판 1987.5.12, 86다카2849)

46. 일반행정사무와 관리업무수행 직원의 회사 직인 보관 건설회사직원이 회사로부터 공사현장에서 공사수행에 필요한 일반행정사무와 관리업무수행에 대한 대리권을 수여받고 대표이사의 직인을 보관하면서 위 업무를 처리하여 왔다면, 그 권한을 넘어서 토지의 처분행위를 한 경우 상대방으로서는 그에게 회사를 대리하여 토지를 처분할 권한이 있는 것

으로 믿었고 이와 같이 믿는데 정당한 이유가 있었다.(대판 1990.10.23, 90다카13212)

▶ 정당한 이유를 부정한 경우

47. 연대보증에서 이전에 거래증서를 전달하고 본인 인감증명을 제시한 경우 농업협동조합의 서기가 그 조합장이 구속 부재시에 사무실 서랍에 있던 조합장의 인장을 마음대로 사용하여 조합에서 금원을 타인으로부터 차용함에 있어서 조합장을 연대보증인으로 한 것이라면 서기가 종전에 조합장의 명에 의하여 비료외상대금상환증서를 그 타인에게 전달하고 그 외상비료를 그로부터 수령하여 조합원에게 배급한 사실이 있고 조합장의 인감증명이 이전에 그 타인에게 제출된 일이 있었다는 사실만으로서는 위 서기의 행위가 조합장 개인의 표현대리인으로서의 행위라고 단정할 수 없다. (대판 1965.1.19, 64다1138)

48. 부동산매매에서 자칭대리인이 등기필증과 인장 미소지 본인의 인감증명과 위임장 및 매도증서만을 제시할 뿐 등기필권리증을 제시하지 못하고 실인(인감도장)을 소지 못하였다면 적지 않은 값어치의 부동산을 매수하는 자로서는 의당 상대방의 대리권에 대하여 의심을 갖고 그의 존부에 대하여 확인조치를 취하여야 하고 막연히 소개인과 자칭 대리인의 말만 맹신하고 아무런 조치를 취하지 않고 계약을 체결하였다면 대리인을 상대로 거래하는 매주측으로서 의당 하여야 할 주의를 다하지 못한 과실이 있다.(대판 1976.3.23, 73다1549)

49. 연대보증에서 기망에 의한 인감증명과 인감도장 교부 은행에 대한 과거의 차용금 채무를 연대보증한 갑이 동 채무의 변제기일연장에 필요하다는 요청에 따라 인감증명과 인감도장을 교부하였을 뿐 새로운 채무부담을 위한 근저당권설정이나 다른 새로운 채무까지 연대보증할 것을 승낙한 바 없었는데 채무자가 임의로 위 인감도장을 사용하여 새로이 은행으로부터 금원을 차용하면서 갑을 대리하여 연대보증계약을 체결하고 은행도 채무자에게 갑을 대리할 권한이 있는지 전혀 조사하지 않았다면 표현대리가 성립되지 아니한다.(대판 1976.7.13, 76다1155)

50. 영업범위 외의 행위에서 상업사용인이라는 사실 일반적으로 상업사용인은 상인의 영업범위내에 속하는 일에 관하여 그 상인을 대리할 수 있고 영업과 관계없는 일에 관하여는 특별한 수권이 없는한 대리권이 없는 것이므로 상업사용인이 권한없이 상인의 영업과 관계없는 일에 관하여 상인의 행위를 대행한 경우에 특별한 수권이 있다고 믿을 만한 사정이 없는 한 상업사용인이라는 이유만으로 그 대리권이 있는 것으로 믿을 만한 정당한 이유가 있다고 보기 어렵다.(대판 1984.7.10, 84다카424, 425)

51. 종중토지 매수에서 종중 규약 및 처분관계서류 미확인 종중규약에 종중재산의 취득 및 처분에 관하여 일정한 절차를 거치도록 규정되어 있어 거액의 종중재산인 토지를 매수하는 자들이 그 기대되는 약간의 주의를 기울여 위 규약과 처분관계서류를 대조, 조사했더라면 서류 자체로서도 위 처분에 관한 소정의 절차가 없었음을 쉽게 알 수 있는 경우, 위 매수인들로서는 종중의 대표자가 위 토지를 처분할 권한이 있다고 믿은데에 아무런 과실이 없었다고 볼 수 없다.(대판 1985.7.23, 83다419)

52. 연대보증에서 본인과 형제관계, 본인 인장 소지, 이전의 동일 거래사실 피고 은행의 대출사무처리규정에 위배하여 연대보증인인 원고 갑, 을을 면접하여 본인임과 담보제공의 사를 확인하거나 이들로부터 직접 서명날인을 받음이 없이 원고 갑과 형제간인 소외 병이 소지한 인장을 이용하여 근저당권설정 계약서를 작성한 것이라면, 소외 병이 원고 갑과 형제간으로서 출판사를 공동경영하며 과거에 피고 은행으로부터 금원을 대출받을 때에 원고 갑, 을이 연대보증 및 물상보증인이 된 일이 한번 있었고 위 근저당권설정당시 소외 병이 원고 갑, 을의 인장을 소지하고 있었다고 하여도 이러한 사유만으로 피고 은행이 소외 병을 원고 갑, 을의 정당한 대리인이라고 믿을 만한 정당한 이유가 있다고 보기 어렵다.(대판 1982.7.13, 82다카19)

53. 담보물 물적 책임 감경에 관한 권한에 대한 신뢰와 정당한 이유 은행거래의 관행상 다른 담보를 제공하는 등의 특별한 사정없이 담보물의 물적 책임을 감경시켜 준다는 것은 이례적이고 또 은행지점장과의 면담을 통해서 은행대리가 저당부동산의 담보책임을 금 2억원의 한도내로 제한하여 주기로 한 약정이 은행의 방침으로 확정된 것인지 등 여부를 쉽게 확인할 수 있는 점에 비추어 볼 때 위 담보부동산을 매수한 자가 은행대리가 위 담보부동산 소유회사에 대한 대출관련업무를 취급하고 있었다는 사유만으로 그에게 담보책임을 경감시킬 권한이 있었다고 믿을 만한 정당한 이유가 있다고 할 수 없다.(대판 1989.9.12, 88다카28228)

54. 대출에서 은행 직원의 적법한 대출절차 미이행 원고은행의 직원이 대부담당 사무계통을 통하여 적법한 피고 회사의 차금요청이 있었는가를 확인하는 등 원고은행 소정의 대출절차를 밟았더라면 피고 회사의 경리부장에게 대리권이 있는지를 알 수 있었던 경우에는 비록 위 은행직원이 피고 회사의 경리부장에게 자금차용에 관한 대리권이 있었다고 믿었더라도 거기에는 위와 같은 주의를 다하지 아니한 과실이 있었다고 할 것이어서 결국 원고은행으로서는 피고 회사에게 표현대리 책임을 물을 수 없다.(대판 1990.1.23, 88다카3250)

55. 매수 대리인이 장기간이 지난 후 저렴한 가격으로 매도시 대리권 미확인 부동산을 매수할 대리권만을 수여받은 대리인이 부동산을 매수함으로써 그 대리권은 이미 소멸하였다고 할 것이므로, 본인을 대리하여 부동산을 매수한 대리인으로부터 3년 이상이나 지난 뒤에 이 부동산을 다시 매수하게 된 매수인으로서는, 대리인에게 본인을 대리하여 이 사건 부동산을 처분할 권한까지 있는지에 대하여 관심을 가지고 조금 더 확실한 방법으로 확인하고 조사하여 보았어야 할 것임에도 불구하고 아무런 확인조사도 하여 보지 아니한 채, 3년 이상 전의 매매대금의 6할도 못되는 금액에 매수하기로 매매계약을 체결하였으니, 매수인으로서는 타인의 대리인으로부터 부동산을 매수하는 사람으로서 일반적으로 기울여야 할 주의의무를 게을리한 잘못이 있고, 따라서 매수인이 대리인에게 본인을 대리하여 부동산을 매도할 권한까지 있다고 믿을 만한 정당한 이유가 있었다고 볼 수 없다.(대판 1991.2.12, 90다7364)

56. 연대보증에서 보증용 인감증명서와 납세증명서의 소지 물품공급계약에 따른 거래로 말미암아 갑이 부담하게 될 채무에 관하여 을의 대리인이라는 갑과 사이에 그 연대보증계약을 체결하면서 을이 대리권을 수여하였는지를 확인하지 아니한 가운데 을이 직접 발급받은 보증용 인감증명서와 재산세 납부증명서를 갑이 소지하고 있었다는 사실만으로는 갑에게 을을 대리하여 연대보증계약을 체결할 권한이 있었다고 믿을 만한 정당한 이유가 있다고 볼 수 없다.(대판 1992.2.25, 91다490)

57. 소유자 아닌 제3자로부터 근저당권을 취득하려는 자가 대리권수여 미확인 일반적으로 부동산의 소유자가 아닌 제3자로부터 근저당권을 취득하려는 자로서는 근저당권설정계약을 함에 있어 그 소유자에게 과연 담보제공의 의사가 있는지 여부 및 그 제3자가 소유자로부터 담보제공에 관한 위임을 받았는지 여부를 서류상 또는 기타의 방법으로 소유자에게 확인하여 보는 것이 보통이라 할 것이므로, 만약 그러한 조사를 하지 아니하였다면 그 제3자에게 소유자를 대리할 권한이 있다고 믿은 데에 과실이 있다.(대판 1994.11.8, 94다29560)

58. 하수급인이 공사대금 담보를 위해 완공될 주택에 대한 전세계약 체결시 대리권수여 미확인 공사를 도급받은 자가

그 공사에 의하여 완성될 다가구주택 전부 또는 일부를 도급인을 대리하여 임대하는 방법으로 공사대금에 충당하는 것이 통상적으로 행하여지는 거래형태라고는 볼 수 없을 것이므로, 하수급인이 공사대금 채권을 담보하기 위하여 하도급인과 사이에 장차 완공될 다가구주택의 일부에 대한 전세계약을 체결함에 있어서는 건축주에게 직접 확인할 수 없는 부득이한 사정이 있는 경우를 제외하고는 직접 건축주에게 과연 당해 다가구주택을 담보로 제공할 의사를 가지고 있는지를 확인하여 보는 것이 보통인바, 하수급인이 아무런 조사도 하지 아니한 채 건축주의 인감증명서 1통만으로 그 대리권이 있는 것으로 믿었다면 그에게 과실이 있다.(대판 1995.9.26, 95다23743)

59. 관련 서류를 사후에 지급받은 경우 부동산 매도를 위임받은 대리인이 자신의 채무 지급에 갈음하여 그 부동산에 관하여 대물변제계약을 체결한 사안에서, 그 계약 체결 이후에 비로소 본인으로부터 소유권이전등기에 필요한 서류와 인감도장을 교부받았다면 상대방이 대리인에게 위 부동산을 대물변제로 제공할 대리권이 있다고 믿은 데에 정당한 이유가 있다고 할 수 없다.(대판 2009.11.12, 2009다46828)

60. 처가 북한으로 피랍된 남편을 대리하여 토지를 매도한 사안 처가 북한으로 피랍된 남편을 대리하여 토지를 매도한 사안에서, 남편이 피랍된 후 매매계약 당시까지 연락이 두절되어 처에게 매매계약에 관한 대리권을 수여할 수 없었고, 당시 남편이 처에게 위 매매계약에 관한 대리권을 주었다고 매수인이 믿었음을 정당화할 만한 객관적 사정이 존재하였다고 볼 수 없어, 민 126조의 표현대리가 성립하지 않는다.(대판 2009.4.23, 2008다95861)

▸ 일상가사대리에서 정당한 이유 판단

61. 부동산에 관한 법률행위에서 표현대리 성립요건 일반사회 통념상 남편이 아내에게 자기소유의 부동산을 타인에게 근저당권설정 또는 소유권이전에 관한 등기절차를 이행케 하거나 각 등기의 원인되는 법률행위를 함에 필요한 대리권을 수여하는 것은 이례에 속하는 것이니 만큼, 아내가 특별한 수권 없이 남편소유 부동산에 관하여 위와 같은 행위를 하였을 경우에 그것이 민 126조 소정의 표현대리가 되려면 그 아내에게 가사대리권이 있었다는 것 뿐만 아니라 상대방이 남편이 그 아내에게 대리권을 주었다고 믿었음을 정당화 할만한 객관적인 사정이 있어야 하는 것이다.(대판 1968.11.26, 68다1727, 1728)

62. 남편의 장기간 입원과 의료비 및 생활비 마련을 위한 매매행위 남편이 정신병으로 장기간 병원에 입원함에 있어서, 입원비 생활비, 자녀교육비 등을 준비하여 두지 않은 경우에 그 아내에게 가사대리권이 있었고 남편 소유의 가대를 적정가격으로 매도하여 그로서 위 비용에 충당하고 나머지로서 대신 들어가 살 집을 매수하였다면 매수인이 이러한 사유를 알았건 몰랐건 간에 객관적으로 보아서 그 아내에게 남편의 대리권이 있다고 믿을 만한 정당한 사유가 된다.(대판 1970.10.30, 70다1812)

63. 부부간 원만한 관계에 대한 소문이 있고 적법한 인감증명서 외관을 가진 경우 가등기경료 처의 인척으로부터 집안이 경제적으로 여유있을 뿐 아니라 완고하고 보수적인 가풍이며, 처 역시 검소하고 알뜰하여 남편과 사이도 원만하다는 소문이 나 있는데다가 집안에 일시적으로 돈 쓸 일이 생겨서 남편이 그 처를 통하여 돈을 빌리고자 한다는 말을 듣고 있던 중, 그 인감증명서의 뒷쪽이 백지로 되어 있어 현행 인감증명 발급절차에 비추어 이를 남편이 직접 발급받은 것이라고 믿은 것이라면 제3자로서는 처가 가등기경료에 관하여 남편을 대리할 권한이 있다고 믿음에 정당한 사유가 있다.(대판 1981.6.23, 80다609)

64. 내연의 처의 본처 자식 결혼비용을 위한 차용 및 기존채무를 위한 담보제공 내연의 처에게 일상가사대리권이 수여된 경우라 하더라도 남편이 본처 소생의 장남 결혼비용을 내연의 처에게 차용토록 위임하면서 이와 아울러 거액의 기존채무를 위하여 그 소유 부동산을 담보로 제공함에 필요한 대리권을 수여한다는 것은 이례에 속한다 할 것이고, 또 내연의 처가 남편의 인감도장이나 등기필증 등을 용이하게 입수할 수 있는 사정을 근저당설정계약의 상대방이 쉽게 알아차릴 수 있었다면, 내연의 처에게 일상가사대리권이 수여되었고 남편의 인감증명, 인감도장, 위임장, 일부 등기필증 등을 지참하고 있었다는 점 등은 피고가 내연의 처에게 근저당권설정 대리권이 있다고 믿은 정당한 이유가 될 수 없다.(대판 1984.6.26, 81다524)

65. 임의로 작성된 차용증서를 교부하면서 한 자가용차 구입대금 차용 처가 부의 자가용차 구입대금을 차용하는 행위는 부부간 일상가사대리권의 범위에 속하지 않으며 처가 임의로 작성한 부명의의 차용증서를 상대방에게 교부하면서 자기에게 대리권이 있다고 말하였다는 사정만으로 상대방이 처를 부의 대리인으로 믿을만한 정당한 사유가 있다고 할 수 없다.(대판 1985.3.26, 84다카1621)

66. 쉽게 입수할 수 있는 처의 도장을 사용한 남편의 채무연대부담 부부간에 서로 일상가사대리권이 있다고 하더라도, 일반적으로 처가 남편이 부담하는 사업상의 채무를 남편과 연대하여 부담하기 위하여 남편에게 채권자와의 채무부담약정에 관한 대리권을 수여한다는 것은 극히 이례적인 일이라 할 것이고, 채무자가 남편으로서 처의 도장을 쉽사리 입수할 수 있었으며 채권자도 이러한 사정을 쉽게 알 수 있었던 점에 비추어 보면, 채무자가 채권자를 자신의 집 부근으로 오게 한 후 처로부터 위임을 받았다고 하여 처 명의의 채무부담약정을 한 사실만으로는 채권자가 남편에게 처를 대리하여 채무부담약정을 할 대리권이 있다고 믿은 점을 정당화할 수 있는 객관적인 사정이 있다고 할 수 없다.(대판 1997.4.8, 96다54942)

▸ 표현대리의 효과

67. 근저당권 설정에 있어서 표현대리의 효과가 기존채무에도 미치는지 여부(적극) 대리인이 권한을 넘어 본인을 채무자겸 물상보증인으로 하여 근저당권 설정을 함에 있어 대리인의 제3자에 대한 기존채무와 위 근저당권설정 무렵 추가로 차용하는 채무의 합산액을 피담보채무로 정한 경우에 표현대리의 효과는 위 기존채무에도 미친다.(대판 1980.12.23, 80다1416)

68. 수표발행이 표현대리로 유효한 경우 전전양수인에 대한 효력 수표발행의 직접 상대방에게 표현대리의 요건이 갖추어져 있는 이상 그로부터 수표를 전전양수한 소지인으로서는 표현대리에 의한 위 수표행위의 효력을 주장할 수 있으므로 본인은 그 책임을 부담한다.(대판 1991.6.11, 91다3994)

69. 표현대리가 성립하는 경우 과실상계법리 유추적용 가부 표현대리행위가 성립하는 경우에 본인은 표현대리행위에 기하여 전적인 책임을 져야 하는 것이고 상대방에게 과실이 있다고 하더라도 과실상계의 법리를 유추적용하여 본인의 책임을 감경할 수 없다.(대판 1994.12.22, 94다24985)

▸ 적용범위

70. 농업협동조합법에 위반하여 절대무효인 행위에 대한 표현대리 비적용 농업협동조합은 농업협동조합법에 의하여 설립되는 특수법인으로서 그 사업능력은 같은 법에서 정한 범위 내에 국한된다 할 것이니 사업능력 범위를 벗어난 개인으로부터의 자금 차입을 위한 약속어음 발행행위는 절대무효이고 표현대리에 관한 법리를 적용할 여지가 없다.(대판 1963.1.17, 62다775)

71. 법인관리인 임명이 당연무효인 경우 관리인의 행위에 대한 표현대리 비적용 귀속재산이 아닌 국내법인에 대하여 재무부장관이 관리인을 임명할 수 있는 아무런 근거가 없으므로 재무부장관이 국내법인의 관리인을 임명한 행위는 당

연무효인 것이고 따라서 재무부장관의 관리인 임명행위가 당연무효인 이상 위 관리인의 행위에 관하여 민법상 표현대리의 법리를 적용할 수 없다.(대판 1963.2.14, 62다887)

72. 상무이사의 행위에 대한 상 395조와 민 126조의 적용범위 상무이사 기타 회사를 대표할 권한이 있는 것으로 인정될 만한 명칭을 사용한 이사가 자기명의로 한 행위에 대하여는 그 이사가 회사를 대표할 권한이 없는 경우에도 상 395조에 의하여 회사는 선의의 제3자에 대하여 책임을 지나 상무이사가 대표이사를 대리하여 법률행위를 한 경우에는 대리에 관한 규정이 적용되고 그 행위가 민 126조의 요건을 구비한 경우에는 그 조문이 적용된다.(대판 1968.7.16, 68다334, 335)

73. 어음행위에 대한 적용 어음행위를 함에 있어 대리의 형식에 의하건 서명대리의 방식에 의하건 제3자가 이러한 방식에 의하여 어음행위를 실지로 한 자에게 그러한 어음행위를 할 수 있는 권한이 있다고 믿을 만한 사유가 있고 본인에게 책임을 질 만한 사유가 있는 경우에는 거래안전을 위하여 표현대리에 있어서와 같이 본인에게 책임이 있다.(대판 1971.5.24, 71다471)

74. 129조와의 경합 대리행위가 소멸된 대리권의 내용과 다른 종류의 행위인 경우에도 표현대리가 성립될 수 있으니 129조와 126조는 경합될 수 있는 법리이다.(대판 1971.12.21, 71다2024)

75. 기본대리권이 공법행위인 경우 표현대리 적용 기본대리권이 등기신청행위라 할지라도 표현대리인이 그 권한을 유월하여 대물변제라는 사법행위를 한 경우에는 표현대리의 법리가 적용된다.(대판 1978.3.28, 78다282, 283)

76. 사립학교법에 의하여 권한이 제한된 법률행위에 대한 표현대리 규정 비적용 사립학교법에 의하여 학교법인을 대표하는 이사장이라 하더라도 이사회의 심의·결정을 거쳐야하는 재산의 처분 등에 관하여는 법률상 그 권한이 제한되어 이사회의 심의·결정없이는 이를 대리하여 결정할 권한이 없는 것이라 할 것이므로 이사장이 한 학교법인의 기본재산 처분행위에 관하여는 민 126조의 표현대리에 관한 규정이 준용되지 아니한다.(대판 1983.12.27, 83다548)

77. 대리행위가 소송행위인 경우 표현대리 비적용 집행인락 표시는 합동법률사무소 또는 공증인에 대한 소송행위이고 이러한 소송행위에는 민법상의 표현대리규정이 적용 또는 준용될 수 없다.(대판 1984.6.26, 82다카1758)

78. 총회 결의 없이 대표자가 한 교회재산 처분행위에 표현대리 비적용 비법인사단인 교회의 대표자는 총유물인 교회 재산의 처분에 관하여 교인총회의 결의를 거치지 아니하고는 이를 대표하여 행할 권한이 없다. 그리고 교회의 대표자가 권한 없이 행한 교회 재산의 처분행위에 대하여는 민 126조의 표견대리에 관한 규정이 준용되지 아니한다.(대판 2009.2.12, 2006다23312)

79. 강행법규 위반 행위에 대한 표현대리 법리 비적용 증권회사 또는 그 임·직원의 부당권유행위를 금지하는 증권 52조 1호는 공정한 증권거래질서의 확보를 위하여 제정된 강행법규로서 이에 위배되는 주식거래에 관한 투자수익보장약정은 무효이고, 투자수익보장이 강행법규에 위반되어 무효인 이상 증권회사의 지점장에게 그와 같은 약정을 체결할 권한이 수여되었는지 여부에 불구하고 그 약정은 여전히 무효이므로 표현대리의 법리가 준용될 여지가 없다.(대판 1996.8.23, 94다38199)

▶기 타

80. 유권대리 주장 속에 표현대리 주장이 포함되어 있는지 여부(소극) 유권대리에 있어서는 본인이 대리인에게 수여한 대리권의 효력에 의하여 법률효과가 발생하는 반면 표현대리에 있어서는 대리권이 없음에도 불구하고 법률이 특히 거래상대방 보호와 거래안전유지를 위하여 본래 무효인 무권대리행위의 효과를 본인에게 미치게 한 것으로서 표현대리가 성립된다고 하여 무권대리의 성질이 유권대리로 전환되는 것은 아니므로, 양자의 구성요건 해당사실, 즉 주요사실은 다르다고 볼 수 밖에 없으니 유권대리에 관한 주장 속에 무권대리에 속하는 표현대리의 주장이 포함되어 있다고 볼 수 없다.(대판(全) 1983.12.13, 83다카1489)

81. 증명책임 본조에 의한 표현대리 행위로 인정된다는 점의 주장 및 입증책임은 그것을 유효하다고 주장하는 자에게 있는 것이다.(대판 1968.6.18, 68다694)

제127조【대리권의 소멸사유】
대리권은 다음 각 호의 어느 하나에 해당하는 사유가 있으면 소멸된다.
1. 본인의 사망
2. 대리인의 사망, 성년후견의 개시 또는 파산

(2011.3.7 본조개정)

▣ 사망(28), 법정대리인 특유의 소멸사유(23·84·924-927·939·940), 대리권 소멸과 대항(129·692·919·959, 상13), 상사대리와 본인 사망(상50), 소송에서의 대리권 소멸(민소63·95-97), 산업재산권상 특칙(특허8, 실용3, 디자인10)

1. 부재자 사망시 법원이 선임한 부재자재산관리인의 권한 소멸 여부(소극)(대판 1971.3.23, 71다189) → 제22조 참조

第128條【任意代理의 終了】
法律行爲에 依하여 授與된 代理權은 前條의 境遇外에 그 原因된 法律關係의 終了에 依하여 消滅한다. 法律關係의 終了前에 本人이 授權行爲를 撤回한 境遇에도 같다.

▣ 위임종료(689-692)

第129條【代理權消滅後의 表見代理】
代理權의 消滅은 善意의 第三者에게 對抗하지 못한다. 그러나 第三者가 過失로 因하여 그 事實을 알지 못한 때에는 그러하지 아니하다.

▣ 대리권 소멸(127·128), 대리권 소멸과 선의의 상대방에 대한 대항불능(692·919·959), 대리권·대표권 소멸과 등기(상13·37·180ⅳ·180ⅴ·183·317②ⅷ-317②ⅹ③·760②), 소송과 대리권 소멸(민소63·97)

1. 관리권 없는 자의 위임에 의한 행위로서 절대무효인 경우 본조 적용 여부(소극) 당초부터 관리권이 없는 재무부장관의 위임에 의하여 재무국장이 한 국유임야의 매각처분은 절대무효로서 이에 대하여는 민 129조가 적용될 수 없다.(대판 1969.6.10, 68다2146)

2. 대리권 소멸 후 보관중인 도장으로 관계문서 위조하여 금원 차용한 경우 피고로부터 외상비료의 구입과 대여양곡의 차용권한을 수임한 이장이 대리권소멸후에도 보관중인 피고의 도장으로 관계문서를 위조하여 농협조합으로부터 피고명의로 금원을 차용하였다면 피고는 표현대리의 책임을 면치 못한다.(대판 1970.3.10, 70다83)

3. 물건판매점포 사용인이었던 자의 점포 외의 행위에 대한 본조 적용 여부(소극) 상 16조의 물건판매점포의 사용인은 특별한 수권사실이 없는 한 그 점포 외에서의 대금 수령권한이 있다고는 볼 수 없으므로 그의 퇴직사실을 모르고 점포외에서 그에게 외상대금을 지급하였다 하여도 민 129조의 표현대리가 성립할 수는 없다.(대판 1971.3.30, 71다65)

4. 내부적인 대리권수여의 철회가 있는 경우 본조 적용 본인으로부터 처분권한을 수여받은 대리인이 사자를 시켜 매매계약을 체결한 매수인으로부터 대금일부를 수령한 후에 본인과 대리인간에 내부적으로 대리권수여의 철회가 있었을 뿐 그 사실을 매수인에게 알리지 아니하였고 사자가 대리권 소멸을 숨기고 잔금을 매수인으로부터 수령하였다면 그 수령행위의 효과는 표현대리에 해당되어 본인에게 귀속한다.(대판 1971.9.28, 71다1428)

5. 법정대리인의 대리권 소멸에 본조 적용 여부(적극) 대리권소멸후의 표현대리에 관한 민 129조는 법정대리인의 대리권 소멸에 관하여도 그 적용이 있다.(대판 1975.1.28, 74다1199)

6. 본인이 대리권소멸을 상대방에게 알리지 않고 방치한 경우 상대방의 무과실 인정 원고가 피고 상호신용금고의 차장으로 있던 소외인의 권유에 따라 피고와 신용부금계약을 맺고 1회 불입금을 불입하자 소외인이 위 1회 불입금은 피고금고에 입금하였으나 그 후 동인은 피고금고를 사직하고서도 위 신용부금계약증서를 원고가 동인에게 맡겨두고 있음을 기화로 그 후에도 7회에 걸쳐 계속 원고로부터 원고의 사무실 등에서 위 불입금을 교부받아 피고금고에 입금치 않고 이를 횡령한 경우, 피고금고로서도 그 사이 원고에 대하여 위 불입금의 지급독촉이나 약관에 따른 부금계약의 해제조치도 없이 그대로 방치해두었고 위 소외인이 원고에게 한 것과 같이 고객에게 부금가입을 권유하거나 수금을 하기 위하여 자주 자리를 비우는 자였다면 비록 원고가 다른 거래관계로 피고금고 사무실에 자주 드나들었고 그때마다 위 소외인이 그 자리에 없었다 하더라도 원고로서는 위 소외인이 피고 금고를 사직한 사실을 모른데 대해 어떤 과실이 있었다고 보기 어렵다.(대판 1986.8.19, 86다카529)

7. 대리권 소멸 후 선임된 복대리인의 대리행위에 대한 표현대리 성립 여부(적극) 표현대리의 법리는 거래의 안전을 위하여 어떠한 외관적 사실을 야기한 데 원인을 준 자는 그 외관적 사실을 믿음에 정당한 사유가 있다고 인정되는 자에 대하여는 책임이 있다는 일반적인 권리외관 이론에 그 기초를 두고 있는 것인 점에 비추어 볼 때, 대리인이 대리권 소멸 후 직접 상대방과 사이에 대리행위를 하는 경우는 물론 대리인이 대리권 소멸 후 복대리인을 선임하여 복대리인으로 하여금 상대방과 사이에 대리행위를 하도록 한 경우에도, 상대방이 대리권 소멸 사실을 알지 못하여 복대리인에게 적법한 대리권이 있는 것으로 믿었고 그와 같이 믿은 데 과실이 없다면 민 129조에 의한 표현대리가 성립할 수 있다.(대판 1998.5.29, 97다55317)

8. 대표이사의 퇴임등기가 된 경우에 대하여 민 129조를 적용할 수 있는지 여부(소극) 상법에 의하여 등기할 사항은 이를 등기하지 아니하면 선의의 제3자에게 대항하지 못하나, 이를 등기한 경우에는 제3자가 등기된 사실을 알지 못한 데에 정당한 사유가 없는 한 선의의 제3자에게도 대항할 수 있는 점 등에 비추어, 대표이사의 퇴임등기가 된 경우에 대하여 민 129조의 적용 내지 유추적용이 있다고 한다면 상업등기에 공시력을 인정한 의의가 상실될 것이어서, 이 경우에는 민 129조의 적용 또는 유추적용을 부정할 것이다.(대판 2009.12.24, 2009다60244)

第130條【無權代理】 代理權없는 者가 他人의 代理人으로 한 契約은 本人이 이를 追認하지 아니하면 本人에 對하여 效力이 없다.

▣ 상대방의 최고권·철회권(131·134), 추인(132·133), 무권대리인의 책임(135), 단독행위와 무권대리(136), 어음행위와 무권대리(어8③·77②, 수11)

▸무권대리의 효력

1. 미성년자가 성년자가 된 경우 법정대리인 대리행위의 효력 부정 피고의 모가 1935. 5. 2.생인 피고의 법정대리인의 자격으로 피고 소유의 본건 토지를 소외회사에 매도한 1956. 11. 9.에는 피고가 이미 성년이었으므로 위 매매계약은 무권대리행위에 불과하고, 그 효력이 당연히 피고에게 미친다고 할 수 없다.(대판 1984.6.12, 83다카1409)

2. 무권대리행위라도 대리권 범위 내에서는 본인에게 효력 인정 갑이 을에게 자기의 부동산을 담보로 금 2,000만원의 차용을 부탁하면서 담보설정용인감증명서, 등기필증, 인감인장 등을 교부하였다면, 을이 위 수권의 범위를 넘어 위 담보부동산에 관하여 병을 채무자로, 갑을 물상보증인으로 하고 그 피담보최고액을 금 1억 3,000만원으로 하여 근저당권설정계약을 체결한 경우 위 근저당권설정행위가 무권대리행위에 해당한다 할지라도 갑이 차용을 부탁한 금 2,000만원의 한도내에서는 을이 수여받은 대리권의 범위내에 속하는 것이므로 위 근저당권설정계약은 위 금 2,000만원을 담보하는 범위 내에서는 을의 대리행위에 의하여 본인인 갑에게 그 효력을 미치는 유효한 것이다.(대판 1987.9.8, 86다카754)

▸추인의 방법 및 성질

3. 무권대리 행위의 추인이 묵시적으로 가능한지 여부(적극) **및 그 요건** 무효행위 또는 무권대리 행위의 추인은 무효행위 등이 있음을 알고 행위의 효과를 자기에게 귀속시키도록 하는 단독행위로서 의사표시의 방법에 관하여 일정한 방식이 요구되는 것이 아니므로 묵시적인 방법으로도 할 수 있지만, 묵시적 추인을 인정하기 위해서는 본인이 그 행위로 처하게 된 법적 지위를 충분히 이해하고 그럼에도 진의에 기하여 행위의 결과가 자기에게 귀속된다는 것을 승인한 것으로 볼 만한 사정이 있어야 할 것이다.(대판 2014.2.13, 2012다112299, 112305)

4. 추인이 유효하기 위한 요건 무권대리행위의 추인은 의사표시의 전부에 대하여 행하여져야 하고, 그 일부에 대하여 추인을 하거나 그 내용을 변경하여 추인을 하였을 경우에는 상대방의 동의를 얻지 못하는 한 무효이다.(대판 1982.1.26, 81다카549)

5. 성규의 방식에 따른 집행인낙의 의사표시를 추인하는 방법 공정증서상의 집행인낙의 의사표시는 공증인가 합동법률사무소 또는 공증인에 대한 채무자의 단독 의사표시로서 성규의 방식에 따라 작성된 증서에 의한 소송행위이어서, 대리권 흠결이 있는 공정증서 중 집행인낙에 대한 추인의 의사표시 또한 당해 공정증서를 작성한 공증인가 합동법률사무소 또는 공증인에 대하여 그 의사표시를 공증하는 방식으로 하여야 한다.(대판 1991.4.26, 90다20473)

6. 추인의 법적 성질 무권대리행위는 그 효력이 불확정 상태에 있다가 본인의 추인 유무에 따라 본인에 대한 효력발생 여부가 결정되는 것인바, 그 추인은 무권대리행위가 있음을 알고 그 행위의 효과를 자기에게 귀속시키도록 하는 단독행위이다.(대판 1995.11.14, 95다28090)

7. 무권대리인의 소송행위 일부추인 무권대리인이 행한 소송행위의 추인은 특별한 사정이 없는 한 소송행위의 전체를 대상으로 하여야 하고, 그중 일부의 소송행위만을 추인하는 것은 허용되지 아니한다.(대판 2008.8.21, 2007다79480)

▸추인을 인정한 경우

8. 매매에서 본인의 무권대리인으로부터 매매대금 수령 본인이 매매계약을 체결한 무권대리인으로부터 매매대금의 전부 또는 일부를 받았다면 특단의 사유가 없는 한 무권대리인의 매매계약을 추인하였다고 봄이 타당하다.(대판 1963.4.11, 63다64)

9. 금원차용에서 본인의 변제 유예 요청 무권대리인이 차용금중의 일부로 본인 소유의 부동산에 가등기로 담보하고 있던 소외인에 대한 본인의 채무를 변제하고 그 가등기를 말소하고 무권대리인이 차용한 금원의 변제기일에 채권자가 본인에게 그 변제를 독촉하자 그 유예를 요청하였다면 무권대리인의 행위를 추인하였다고 볼 것이다.(대판 1973.1.30, 72다2309, 2310)

10. 무권대리인의 해제로 반환받은 금원으로 본인이 다른 토지 매수 원고와 피고사이의 매매계약을 소외인이 자의로 해제한 후 반환받은 금원으로 매수한 대지의 등기관계서류를 원고가 위 소외인으로부터 교부받아 자기 남편명의로 소유권이전등기를 경료한 경우 원고가 소외인이 한 매매계약의 해제행위를 추인한 것으로 볼 것이다.(대판 1979.12.28, 79다1824)

11. 매매에서 적법한 대리인의 소유권이전등기를 위한 인감증명서 교부 부재자의 모가 적법한 권한없이 부재자 소유 부동산에 관한 매매계약을 체결하였으나, 그 후 선임된 부재자 재산관리인이 매매계약에 기한 소유권이전등기를 위하여

자기의 인감증명서를 계약 상대방에게 교부하였다면 위 매매계약을 추인한 것으로 볼 것이다.(대판 1982.12.14, 80다1872, 1873)

12. 신용카드계약체결 대리인의 카드 무단사용의 방치 갑이 신용카드의 발행을 을에게 위임하여 카드 회원가입 계약이 이루어졌음에도 갑 자신이 카드에 직접 서명을 하고 곧 교부받아야하는데도 을의 말만 믿고 그대로 을에게 맡겨 두었다가 은행으로부터 을이 사용한 카드사용 대금의 지급청구를 받고서도 카드를 회수하거나, 은행 또는 가맹점에 신고하는 등 적절한 조치를 취함이 없이 그대로 두었다면 갑은 을의 위 카드사용을 승낙 또는 묵인하였다고 보아야 할 것이므로 갑은 위 회원가입규약에 따라 을의 위 카드거래로 인한 대금지급 의무를 진다.(대판 1987.4.14, 86다카2673)

13. 대출에서 이의 미제기, 지급연기요구, 채무일부변제 무권대리인이 상호신용금고로부터 금원을 대출받은 사실을 그 직후에 알고도 그로부터 3년이 지나도록 상호신용금고에 아무런 이의를 제기하지 아니하였으며, 그 동안 4회에 걸쳐 어음을 개서하여 지급의 연기를 구하고, 자신의 이익을 위하여 직접 채무의 일부를 변제하기까지 하였다면 무권대리인에 대한 상호신용금고의 대출을 그 근저당권에 대한 피담보채무로 추인한 것으로 보아야 한다.(대판 1991.1.25, 90다카26812)

14. 무권대리인 행위에 대해 책임지기로 합의하였으나 세부사항의 합의가 결렬된 경우 처가 타인으로부터 금원을 차용하면서 승낙 없이 남편 소유 부동산에 근저당권을 설정한 것을 알게 된 남편이, 처의 채무 변제에 갈음하여 아파트와 토지를 처가 금전을 차용한 자에게 이전하고 그 토지의 시가에 따라 사후에 정산하기로 합의한 후 시가 산정에 관한 의견차이로 그 합의가 결렬되어 이행되지 않았다고 하더라도, 일단 처가 차용한 사채를 책임지기로 한 이상 남편은 처의 근저당권 설정 및 금원 차용의 무권대리 행위를 추인한 것이다.(대판 1995.12.22, 94다45098)

15. 무권대리인의 가압류신청 취하에 관한 합의를 전제로 소를 제기한 경우 갑이 을 등을 대리할 적법한 권한이 없는 상태에서 을 등을 포함한 구분소유자들 전원을 대리하여 병 공사와 가압류신청 취하 등에 관한 합의를 한 사안에서, 을 등이 위 합의의 효력이 자신들에게 미친다고 주장하며 병 공사를 상대로 소를 제기한 것은 갑의 무권대리행위에 대한 묵시적 추인으로 볼 수 있어 위 합의의 효력이 을 등에 미친다.(대판 2013.5.9, 2012다118976)

▶추인을 부정한 경우

16. 변론기일에서의 의제자백 당사자가 변론기일에 불출석하여 매매사실에 관하여 의제자백한 것으로 간주되었다 하여도 그로써 그 당사자가 소외인의 무권대리매매를 추인한 것이라고 볼 수 없다.(대판 1982.7.13, 81다648)

17. 무권대리인의 매매에 대한 해약 요청과 대금반환기일 연기 요청 부가 자의 무권대리로 인한 매매의 대금을 반환해 주겠다고 하면서 그 매매계약을 해약해 달라고 요청하고 또 그 금원반환기일에 금원을 반환하지 못하게 되자 그 기일의 연기를 구하였다는 사실만으로는 부가 자의 무권대리 행위를 추인한 것이라고 단정할 수 없다.(대판 1986.3.11, 85다카2317)

18. 무권대리행위에 대한 이의제기 없이 장기간 방치 무권대리행위에 대하여 본인이 그 직후에 그것이 자기에게 효력이 없다고 이의를 제기하지 아니하고 장시간에 걸쳐 방치하였다고 하여 이를 추인하였다고 볼 수 없다.(대판 1990.3.27, 88다카181)

19. 범죄인 무권대리에 대해 형사고소를 하지 않은 사실 무권대리가 범죄가 되는 경우 이를 알고도 장기간 형사고소를 하지 아니하였다 하더라도 그 사실만으로 묵시적인 추인이 있었다고 할 수는 없다.(대판 1998.2.10, 97다31113)

▶무권대리 추인 법리의 준용

20. 무권리자 처분의 인정 타인의 권리를 자기의 이름으로 또는 자기의 권리로 처분한 후에 본인이 그 처분을 인정하였다면 특별한 사정이 없는 한 무권대리에 있어서 본인의 추인의 경우와 같이 그 처분은 본인에 대하여 효력을 발생한다.(대판 1981.1.13, 79다2151)

21. 타인 명의 모용 타인의 명의를 모용하여 금원을 차용한 경우에는 피모용자를 위한 의사가 전연 없고 자기를 위한 행위이므로 대리권과는 관계가 없는 문제이나 피모용자가 사후에 추인하면 거래의 안전과 선의의 제3자를 보호하기 위하여 무권대리의 추인에 관한 규정을 준용하여 효력을 인정함이 상당하다.(대판 1979.11.27, 79다1622)

▶무권대리 및 무권리자 처분과 상속

22. 무권대리인이 본인을 상속한 경우 무권대리 무효 주장의 불허 갑이 대리권 없이 을 소유 부동산을 병에게 매도하여 소유권이전등기를 마쳐주었다면 그 매매계약과 이에 터잡은 이전등기 역시 무효가 되나, 갑이 을로부터 부동산을 상속받아 그 소유자가 되어 소유권이전등기이행의무를 이행하는 것이 가능하게 된 시점에서 자신이 소유자라고 하여 자신으로부터 부동산을 전전매수한 정에게 원래 자신의 매매행위가 무권대리행위여서 무효였다는 이유로 정 앞으로 경료된 소유권이전등기가 무효의 등기라고 주장하여 그 등기의 말소를 청구하거나 부동산의 점유로 인한 부당이득금의 반환을 구하는 것은 금반언의 원칙이나 신의칙에 반하여 허용될 수 없다.(대판 1994.9.27, 94다20617)

23. 무권리자의 처분행위에 대하여 소유자가 무권리자를 상속한 이후 이행을 거절할 수 있는지 여부 ① 갑이 을 명의의 주식에 관하여 처분권한 없이 은행과 담보설정계약을 체결하였다 하더라도 이는 일종의 타인의 권리의 처분행위로서 유효하다 할 것이므로 갑은 을로부터 그 주식을 취득하여 이를 은행에게 인도하여야 할 의무를 부담한다 할 것인데, 갑의 사망으로 인하여 을이 갑을 상속한 경우 을은 원래 그 주식의 주주로서 타인의 권리에 대한 담보설정계약을 체결한 은행에 대하여 그 이행에 관한 아무런 의무가 없고 이행을 거절할 수 있는 자유가 있었던 것이므로, 을은 신의칙에 반하는 것으로 인정할 특별한 사정이 없는 한 원칙적으로는 위 계약에 따른 의무의 이행을 거절할 수 있다. ② 회사의 경영주인 갑과 가족관계에 있는 을이 자신의 주식을 담보로 제공하는 데 아무런 이의를 제기할 여지가 없었으며, 을은 자신들의 주식이 담보로 제공된 것을 알고 있었을 것으로 보이는데도 불구하고 갑의 사망 이후 상당기간 동안 아무런 이의를 제기하지 아니함으로써 은행으로 하여금 계약이 그대로 이행될 것이라고 신뢰하게 하였던 사정이 있었던 점에 비추어 보면, 을이 이제 와서 은행의 위와 같은 신뢰에 반하여 자신들 명의의 주식은 물론 당연히 계약 내용에 따라 인도해 주어야 할 갑 명의의 주식까지도 인도를 거절하고 있는 것은 신의칙에 어긋난다.(대판 1994.8.26, 93다20191)

第131條【相對方의 催告權】 代理權없는 者가 他人의 代理人으로 契約을 한 境遇에 相對方은 相當한 期間을 定하여 本人에게 그 追認與否의 確答을 催告할 수 있다. 本人이 그 期間內에 確答을 發하지 아니한 때에는 追認을 拒絶한 것으로 본다.

■ 추인(133), 단독행위와 무권대리(136)

第132條【追認, 拒絶의 相對方】 追認 또는 拒絶의 意思表示는 相對方에 對하여 하지 아니하면 그 相對方에 對抗하지 못한다. 그러나 相對方이 그 事實을 안 때에는 그러하지 아니하다.

■ 법률행위 취소·추인(142·143)

1. 추인의 상대방과 본조의 취지 무권대리행위의 추인은 무권대리인, 무권대리행위의 직접의 상대방 및 그 무권대리행위로 인한 권리 또는 법률관계의 승계인에 대하여도 할 수 있으며, 민 132조는 본인이 무권대리인에게 무권대리행위를 추인한 경우에 상대방이 이를 알지 못하는 동안에는 본인은 상대방에게 추인의 효과를 주장하지 못한다는 취지이므로 상대방은 그때까지 민 134조에 의한 철회를 하거나 무권대리인에의 추인이 있었음을 주장할 수 있다.(대판 1981.4.14, 80다2314)

第133條【追認의 效力】 追認은 다른 意思表示가 없는 때에는 契約時에 遡及하여 그 效力이 생긴다. 그러나 第三者의 權利를 害하지 못한다.

▣ 무권대리(130), 추인방법(132 · 142 · 143), 단독행위와 무권대리(136)

1. 제3자의 범위 본조 단서의 제3자라 함은 등기부상 권리를 주장할 수 있는 제3자를 지칭한다.(대판 1963.4.18, 62다223)

第134條【相對方의 撤回權】 代理權없는 者가 한 契約은 本人의 追認이 있을 때까지 相對方은 本人이나 그 代理人에 對하여 이를 撤回할 수 있다. 그러나 契約當時에 相對方이 代理權 없음을 안 때에는 그러하지 아니하다.

▣ 무권대리(130), 무권대리의 효력(130 · 136), 추인(133)

1. 상대방이 유효한 철회를 한 경우, 나중에 본인이 무권대리행위를 추인할 수 있는지 여부(소극) ① 민 134조에서 정한 상대방의 철회권은, 무권대리행위가 본인의 추인에 따라 효력이 좌우되어 상대방이 불안정한 지위에 놓이게 됨을 고려하여 대리권이 없었음을 알지 못한 상대방을 보호하기 위하여 상대방에게 부여된 권리로서, 상대방이 유효한 철회를 하면 무권대리행위는 확정적으로 무효가 되어 그 후에는 본인이 무권대리행위를 추인할 수 없다. ② 상대방이 대리인에게 대리권이 없음을 알았다는 점에 대한 주장 · 입증책임은 철회의 효과를 다투는 본인에게 있다.(대판 2017.6.29, 2017다213838)

第135조【상대방에 대한 무권대리인의 책임】 ① 다른 자의 대리인으로서 계약을 맺은 자가 그 대리권을 증명하지 못하고 또 본인의 추인을 받지 못한 경우에는 그는 상대방의 선택에 따라 계약을 이행할 책임 또는 손해를 배상할 책임이 있다.

② 대리인으로서 계약을 맺은 자에게 대리권이 없다는 사실을 상대방이 알았거나 알 수 있었을 때 또는 대리인으로서 계약을 맺은 사람이 제한능력자일 때에는 제1항을 적용하지 아니한다.

(2011.3.7 본조개정)

▣ 무권대리(130), 추인(133), 단독행위와 무권대리(136), 어음행위의 경우(어8 · 77②, 수11), 자칭사원책임(상215 · 281)

1. 상대방의 악의 · 과실에 대한 증명책임 본조 2항의 규정은 무권대리인의 무과실책임원칙에 관한 규정인 1항의 예외적 규정이라고 할 것이므로 상대방이 대리권이 없음을 알았다는 사실 또는 알 수 있었음에도 불구하고 알지 못하였다는 사실에 관한 입증책임은 무권대리인 자신에게 있다.(대판 1962.4.12, 4294민상1021)

2. 계약이행 또는 손해배상청구권 소멸시효의 기산점 타인의 대리인으로 계약을 한 자가 그 대리권을 증명하지 못하고 또 본인의 추인을 얻지 못한 때에는 상대방의 선택에 좇아 계약의 이행 또는 손해배상의 책임이 있는 것인바 이 상대방이 가지는 계약이행 또는 손해배상청구권의 소멸시효는 그 선택권을 행사할 수 있는 때로부터 진행한다 할 것이고 또 선택권을 행사할 수 있는 때라고 함은 대리권의 증명 또는 본인의 추인을 얻지 못한 때라고 할 것이다.(대판 1965.8.24, 64다1156)

3. 상대방이 대리권 없음을 안 경우 무권대리행위로 인한 상대방 명의 소유권이전등기의 무효 갑이 을과 상의하여 부 소유의 부동산에 관하여 부의 인감도장을 가지고 나와 을 명의로 소유권이전등기를 마쳤는데, 을이 이를 기화로 다시 병 명의로 소유권이전등기를 하여 준 경우 갑이 부 몰래 을에게 소유권이전등기를 하여 준 행위가 명의신탁계약의 무권대리행위로 법률상 평가될 수 있더라도 을이 그 대리권 없음을 알았다고 보여 위 명의신탁계약은 갑의 부에 대한 관계에서 뿐만 아니라 갑에 대한 관계에서도 아무런 효력을 발생할 수 없는 것임이 명백하므로 갑이 그 후 부의 권리의무를 상속받았다고 하여 을 명의의 위 소유권이전등기가 갑의 상속분 범위 내에서 실체적 권리관계에 부합하는 유효한 등기로 전환되는 것은 아니다.(대판 1992.4.28, 91다30941)

4. 민 135조 책임의 성질(=무과실책임) **및 제3자의 위법행위가 개입된 경우의 면책 여부**(소극) 무권대리인의 상대방에 대한 책임은 무과실책임으로서 대리권의 흠결에 관하여 대리인에게 과실 등의 귀책사유가 있어야만 인정되는 것이 아니고, 무권대리행위가 제3자의 기망이나 문서위조 등 위법행위로 야기되었다고 하더라도 책임은 부정되지 아니한다.(대판 2014.2.27, 2013다213038)

5. 무권대리인의 채무불이행에 따른 손해배상책임과 손해배상액의 예정 무권대리인이 계약에서 정한 채무를 이행하지 않으면 상대방에게 채무불이행에 따른 손해를 배상할 책임을 진다. 위 계약에서 채무불이행에 대비하여 손해배상액의 예정에 관한 조항을 둔 때에는 특별한 사정이 없는 한 무권대리인은 조항에서 정한 바에 따라 산정한 손해액을 지급하여야 한다. 이 경우에도 손해배상액의 예정에 관한 민 398조가 적용됨은 물론이다.(대판 2018.6.28, 2018다210775)

第136條【單獨行爲와 無權代理】 單獨行爲에는 그 行爲當時에 相對方이 代理人이라 稱하는 者의 代理權없는 行爲에 同意하거나 그 代理權을 다투지 아니한 때에 限하여 前6條의 規定을 準用한다. 代理權없는 者에 對하여 그 同意를 얻어 單獨行爲를 한 때에도 같다.

▣ 무권대리인의 책임(135)

第4節 無效와 取消

▶ 유동적 무효

1. 허가받을 것을 전제로 한 규제구역 내 토지계약의 효력, 협력의무의 인정(구법관계) ① 국토이용관리법상의 규제구역 내의 '토지등의 거래계약' 허가에 관한 관계규정의 내용과 그 입법취지에 비추어 볼 때 토지의 소유권 등 권리를 이전 또는 설정하는 내용의 거래계약은 관할 관청의 허가를 받아야만 그 효력이 발생하고 허가를 받기 전에는 물권적 효력은 물론 채권적 효력도 발생하지 아니하여 무효라고 보아야 한다. 다만 허가를 받기 전의 거래계약이 처음부터 허가를 배제하거나 잠탈하는 내용의 계약일 경우에는 확정적으로 무효로서 유효화될 여지가 없다. 그러나 이와 달리 허가받을 것을 전제로 한 거래계약일 경우에는 허가를 받을 때까지는 법률상 미완성의 법률행위로서 소유권 등 권리의 이전 또는 설정에 관한 거래의 효력이 전혀 발생하지 않음은 위의 확정적 무효의 경우와 다를 바 없지만, 일단 허가를 받으면 그 계약은 소급하여 유효한 계약이 되고 이와 달리 불허가가 된 때에는 무효로 확정되므로 허가를 받기까지는 유동적 무효의 상태에 있다. 허가받을 것을 전제로 한 거래계약은 허가받기 전에서는 거래계약의 채권적 효력도 전혀

발생하지 않으므로 권리의 이전 또는 설정에 관한 어떠한 내용의 이행청구도 할 수 없으나 일단 허가를 받으면 그 계약은 소급해서 유효화되므로 허가 후에 새로이 거래계약을 체결할 필요는 없다. ② 규제지역 내의 토지에 대하여 거래계약이 체결된 경우에 계약을 체결한 당사자 사이에 있어서는 그 계약이 효력 있는 것으로 완성될 수 있도록 서로 협력할 의무가 있으므로, 이러한 의무에 위배하여 허가신청절차에 협력하지 않는 당사자에 대하여 상대방은 협력의무의 이행을 소송으로써 구할 이익이 있다.(대판(全) 1991.12.24, 90다12243)

2. 토지와 건물 일괄매매시 토지거래허가 전 건물에 대한 계약이행 청구 가부 일반적으로 토지와 그 지상의 건물은 법률적인 운명을 같이 하게 하는 것이 거래의 관행이고 당사자의 의사나 경제의 관념에도 합치되므로 토지거래규제구역 내의 토지와 지상건물을 일괄하여 매매한 경우 매수인이 토지에 관한 당국의 거래허가가 없으면 건물만이라도 매수하였을 것이라고 볼 수 있는 특별한 사정이 인정되는 경우를 제외하고는 토지에 대한 매매거래허가를 받기 전의 상태에서는 지상건물에 대하여도 그 거래계약 내용에 따른 이행청구 내지 채무불이행으로 인한 손해배상청구를 할 수 없다.(대판 1994.1.11, 93다22043)

3. 협력의무 불이행으로 인한 손해배상청구 가부 매매계약 자체는 유동적 무효 상태에 있으나 협력의무를 부담하는 한도 내에서의 당사자의 의사표시까지 무효 상태에 있는 것이 아니므로, 협력의무를 이행하지 아니하고 매수인이 그 매매계약을 일방적으로 철회함으로써 매도인이 손해를 입은 경우에 매수인은 이 협력의무 불이행과 인과관계가 있는 손해는 이를 배상하여야 할 의무가 있다.(대판 1995.4.28, 93다26397)

4. 유동적 무효인 계약의 매수인 지위 이전 합의의 효력 유동적 무효상태에 있는 매매계약상의 매수인의 지위에 관하여 매도인과 매수인 및 제3자 사이에 제3자가 그와 같은 매수인의 지위를 매수인으로부터 이전받는다는 취지의 합의를 한 경우, 국토이용관리법상 토지거래허가 제도의 입법취지에 비추어 볼 때, 그와 같은 합의는 매도인과 매수인 사이의 매매계약에 대한 관할 관청의 허가가 있어야 비로소 효력이 발생하고, 그 허가가 없는 이상 그 3 당사자 사이의 합의만으로 유동적 무효상태의 매매계약의 매수인 지위가 매수인으로부터 제3자에게 이전하고 제3자가 매도인에 대하여 직접 토지거래허가 신청절차 협력의무의 이행을 구할 수 없다.(대판 1996.7.26, 96다7762)

5. 계약상의 의무를 들어 협력의무의 동시이행항변권 행사 가부, 협력의무가 채권자대위권의 객체가 되는지 여부(적극) ① 매도인의 토지거래계약허가 신청절차에 협력할 의무와 토지거래허가를 받으면 매매계약 내용에 따라 매수인이 이행하여야 할 의무 사이에는 상호 이행상의 견련성이 없으므로, 매도인으로서는 그러한 의무이행의 제공이 있을 때까지 그 협력의무의 이행을 거절할 수 있는 것은 아니다. ② 토지거래규제구역 내의 토지에 대하여 갑과 을 사이에 권리이전약정을 포함한 토지매수 위임계약이 이루어지고 그 수임인인 을과 토지 소유자 병 사이에 매수인을 을로 한 토지 매매계약이 체결된 경우, 갑은 을에 대하여 그 위임계약이 효력이 있는 것으로 완성될 수 있도록 토지거래허가 신청절차에 협력할 것을 청구할 권리가 있고 그와 같은 토지거래허가 신청절차의 협력의무 이행청구권을 보전하기 위하여 을을 대위하여 그에게 토지를 매도한 병을 상대로 을과 병 사이의 토지 매매에 대한 토지거래허가 신청절차에 협력할 것을 청구할 수 있다.(대판 1996.10.25, 96다23825)

6. 손해배상액약정의 효력 및 범위 국토이용관리법상 유동적 무효 상태에 있는 계약을 체결한 당사자는 토지거래허가 신청절차 협력의무가 있는 것이므로, 당사자 일방이 토지거래허가를 받기 위한 협력 자체를 이행하지 아니하거나 허가신청에 이르기 전에 매매계약을 철회하는 경우 상대방에게 일정한 손해액을 배상하기로 하는 약정을 유효하게 할 수 있으며, 토지거래허가를 받을 수 없는 경우 이외에 당사자 일방의 계약 위반으로 계약이 해제된 경우에 대한 손해배상액의 약정은 당사자 일방이 협력의무를 이행하지 아니하거나 매매계약을 일방적으로 철회하여 그 매매계약이 확정적으로 무효가 된 경우를 포함한다.(대판 1997.2.28, 96다49933)

7. 토지거래허가구역 내에서의 중간생략등기의 효력 최초 매도인이 중간 매수인에게 매도하고 이어 중간 매수인이 최종 매수인에게 순차 매도하였다면 각 매매계약의 당사자는 각각의 매매계약에 관하여 토지거래허가를 받아야 한다. 당사자들 사이에 중간생략등기의 합의가 있었다고 하더라도 이러한 중간생략등기의 합의란 부동산이 전전 매도된 경우 각각의 매매계약이 유효하게 성립함을 전제로 그 이행의 편의상 최초의 매도인으로부터 최종의 매수인 앞으로 소유권이전등기를 경료하기로 한다는 당사자 사이의 합의에 불과할 뿐, 최초의 매도인과 최종의 매수인 사이에 매매계약이 체결되었다는 것을 의미하는 것은 아니다. 설사 최종 매수인이 자신과 최초 매도인을 매매당사자로 하는 토지거래허가를 받아 자신 앞으로 소유권이전등기를 경료하였더라도 그러한 최종 매수인 명의의 소유권이전등기는 적법한 토지거래허가 없이 경료된 등기로서 무효이다.(대판 1997.3.14, 96다22464)

8. 해약금의 효력 특별한 사정이 없는 한 국토이용관리법상의 토지거래허가를 받지 않아 유동적 무효 상태인 매매계약에 있어서도 당사자 사이의 매매계약은 매도인이 계약금의 배액을 상환하고 계약을 해제함으로써 적법하게 해제된다.(대판 1997.6.27, 97다9369)

9. 토지거래허가구역 내 토지에 관한 매매계약을 체결하고 계약금만 주고받은 상태에서 그 허가를 받은 경우 민 565조에 의한 계약 해제의 가부(적극) 국토의 계획 및 이용에 관한 법률에 정한 토지거래계약에 관한 허가구역으로 지정된 구역 안에 위치한 토지에 관하여 매매계약이 체결된 경우 당사자는 그 매매계약이 효력이 있는 것으로 완성될 수 있도록 서로 협력할 의무가 있다. 그러나 이러한 의무는 그 매매계약의 효력으로서 발생하는 매도인의 재산권이전의무나 매수인의 대금지급의무와는 달리 신의칙상의 의무에 해당하는 것이어서 당사자 쌍방이 위 협력의무에 기초해 토지거래허가신청을 하고 이에 따라 관할관청으로부터 그 허가를 받았다 하더라도, 아직 그 단계에서는 당사자 쌍방 모두 매매계약의 효력으로서 발생하는 의무를 이행하였거나 이행에 착수하였다고 할 수 없다. 뿐만 아니라, 그 단계에서 매매계약에 대한 이행의 착수가 있다고 보아 민 565조의 규정에 의한 해제권 행사를 부정하게 되면 당사자 쌍방 모두에게 해제권의 행사 기한을 부당하게 단축시키는 결과를 가져올 수도 있다. 그러므로 국토의 계획 및 이용에 관한 법률에 정한 토지거래계약에 관한 허가구역으로 지정된 구역 안의 토지에 관하여 매매계약이 체결된 후 계약금만 수수한 상태에서 당사자가 토지거래허가신청을 하고 이에 따라 관할관청으로부터 그 허가를 받았다 하더라도, 그러한 사정만으로는 아직 이행의 착수가 있다고 볼 수 없어 매도인으로서는 민 565조에 의하여 계약금의 배액을 상환하여 매매계약을 해제할 수 있다.(대판 2009.4.23, 2008다62427)

10. 허가 전 채무불이행을 이유로 한 해제 및 손해배상청구 가부, 확정적 무효로 전환되는 경우 귀책사유 있는 자의 무효 주장 가부 ① 허가를 받을 것을 전제로 한 거래계약은 허가받기 전의 상태에서는 거래계약의 채권적 효력도 전혀 발생하지 않으므로 권리의 이전 또는 설정에 관한 어떠한 내용의 이행청구도 할 수 없고, 그러한 거래계약의 당사자로서는 허가받기 전의 상태에서 상대방의 거래계약상 채무불이행을 이유로 거래계약을 해제하거나 그로 인한 손해배상을 청구할 수 없다. ② 유동적 무효 상태의 계약은 관할 관

청의 불허가처분이 있을 때뿐만 아니라 당사자 쌍방이 허가신청협력의무의 이행거절 의사를 명백히 표시한 경우 계약의 유동적 무효 상태가 더 이상 지속되지 않고 확정적으로 무효가 되고, 그와 같은 법리는 거래계약상 일방의 채무가 이행불능임이 명백하고 나아가 상대방이 거래계약의 존속을 더 이상 바라지 않고 있는 경우에도 마찬가지이며, 거래계약이 확정적으로 무효가 된 경우에는 거래계약이 확정적으로 무효로 됨에 있어서 귀책사유가 있는 자라고 하더라도 그 계약의 무효를 주장할 수 있다.(대판 1997.7.25, 97다4357, 4364)

11. 유동적 무효 상태에서 계약금의 부당이득반환청구 가부, 불허가로 확정적 무효가 되기 위한 요건(구법관계) ① 허가를 배제하거나 잠탈하는 내용이 아닌 유동적 무효 상태의 매매계약을 체결하고 그에 기하여 임의로 지급한 계약금 등은 그 계약이 유동적 무효 상태로 있는 한 그를 부당이득으로서 반환을 구할 수 없고 유동적 무효 상태가 확정적으로 무효가 되었을 때 비로소 부당이득으로 그 반환을 구할 수 있다. ② 토지거래허가신청에 대한 관할 시장, 군수 또는 구청장의 불허가처분으로 인하여 매매계약이 확정적으로 무효상태에 이르게 되려면 매도인과 매수인의 진실된 허가신청서의 기재에도 불구하고 그 허가신청이 허가 기준에 적합하지 아니하다고 판단되는 경우를 전제로 하는 것이므로, 단지 매매계약의 일방 당사자만이 임의로 토지거래허가신청에 대한 불허가처분을 유도할 의도로 허가신청서에 기재하도록 되어 있는 계약 내용과 토지의 이용 계획 등에 관하여 사실과 다르게 또는 불성실하게 기재한 경우라면 실제로 토지거래허가신청에 대한 불허가처분이 있었다는 사유만으로 곧바로 매매계약이 확정적인 무효 상태에 이르렀다고 할 수 없다.(대판 1997.11.11, 97다36965, 36972)

12. 의사표시의 불일치·하자를 이유로 계약을 확정적으로 무효화시킬 수 있는지 여부(적극) 유동적 무효 상태의 토지거래계약에서 그 토지거래가 계약 당사자의 표시와 불일치한 의사(비진의표시, 허위표시 또는 착오) 또는 사기, 강박과 같은 하자 있는 의사에 의하여 이루어진 경우에는, 이들 사유에 의하여 그 거래의 무효 또는 취소를 주장할 수 있는 당사자는 그러한 거래허가를 신청하기 전 단계에서 이러한 사유를 주장하여 거래허가신청 협력에 대한 거절의사를 일방적으로 명백히 함으로써 그 계약을 확정적으로 무효화시키고 자신의 거래허가절차에 협력할 의무를 면할 수 있다.(대판 1997.11.14, 97다36118)

13. 확정적 무효 사유로서 정지조건 불성취 국토이용관리법상 토지거래허가를 받지 않아 거래계약이 유동적 무효의 상태에 있는 경우 그와 같은 유동적 무효 상태의 계약은 관할 관청의 불허가처분이 있을 때뿐만 아니라 당사자 쌍방이 허가신청협력의무의 이행거절 의사를 명백히 표시한 경우 그 계약관계는 확정적으로 무효가 되고, 토지거래허가 전의 거래계약이 정지조건부 계약인 경우에 있어서 그 정지조건이 토지거래허가를 받기 전에 이미 불성취로 확정되었다면 장차 토지거래허가를 받는다고 하더라도 그 거래계약의 효력이 발생될 여지는 없으므로, 이와 같은 경우에도 그 계약관계는 확정적으로 무효가 된다.(대판 1998.3.27, 97다36996)

14. 토지거래허가신청절차청구권을 보전하기 위한 처분금지가처분 가부, 미비요건 보정을 이유로 불허된 경우 계약의 효력 ① 허가신청절차에 협력하지 않는 당사자에 대하여 상대방은 협력의무의 이행을 구할 수 있는 것이므로, 허가를 받을 것을 전제로 하여 체결된 매매계약의 매수인은 이와 같은 토지거래허가신청절차청구권을 피보전권리로 하여 매매목적물의 처분을 금하는 가처분을 구할 수 있고, 매도인이 그 매매계약을 다투는 경우 그 보전의 필요성도 있다고 보아야 할 것이며, 이러한 가처분이 집행된 후에 진행된 강제경매절차에서 당해 토지를 낙찰받은 제3자는 특별한 사정이 없는 한 이로써 가처분채권자인 매수인의 권리보전에 대항할 수 없다. ② 토지거래허가를 받지 아니하여 유동적 무효 상태에 있는 계약이라고 하더라도 일단 거래허가신청을 하여 불허되었다면 특별한 사정이 없는 한 불허가된 때로부터 그 거래계약은 확정적으로 무효로 되겠지만, 그 불허가의 취지가 미비된 요건의 보정을 명하는 데에 있고 그러한 흠결된 요건을 보정하는 것이 객관적으로 불가능하지도 아니한 경우라면 그 불허가로 인하여 거래계약이 확정적으로 무효가 되는 것은 아니다.(대판 1998.12.22, 98다44376)

15. 허가구역 지정된 토지거래 후 허가구역 지정해제시 계약의 효력, 협력의무위반을 이유로 한 계약 해제 가부 ① 토지거래허가구역으로 지정된 토지에 관하여 건설교통부장관이 허가구역 지정을 해제하거나 허가구역 지정기간이 만료되었음에도 허가구역 재지정을 하지 아니한(이하 '허가구역 지정해제 등'이라고 한다) 취지는 당해 구역 안에서의 개별적인 토지거래에 관하여 더 이상 허가를 받지 않도록 하더라도 투기적 토지거래의 성행과 이로 인한 지가의 급격한 상승의 방지라는 토지거래허가제도가 달성하려고 하는 공공의 이익에 아무런 지장이 없게 되었고 허가의 필요성도 소멸되었으므로 허가구역 안의 토지에 대한 거래계약에 대하여 허가를 받은 것과 마찬가지로 취급함으로써 사적자치에 대한 공법적인 규제를 해제하여 거래 당사자들이 당해 토지거래계약으로 달성하고자 한 사적자치를 실현할 수 있도록 함에 있다. 허가구역 지정기간 중에 허가구역 안의 토지에 대하여 토지거래허가를 받지 아니하고 토지거래계약을 체결한 후 허가구역 지정해제 등이 된 때에는 그 토지거래계약이 허가구역 지정이 해제되기 전에 확정적으로 무효로 된 경우를 제외하고는 더 이상 관할 행정청으로부터 토지거래허가를 받을 필요가 없이 확정적으로 유효로 된다. ② 유동적 무효의 상태에 있는 거래계약의 당사자는 상대방이 그 거래계약의 효력이 완성되도록 협력할 의무를 이행하지 아니하였음을 들어 일방적으로 유동적 무효의 상태에 있는 거래계약 자체를 해제할 수 없다.(대판(全) 1999.6.17, 98다40459)

16. 토지거래허가구역 내 토지에 관한 매매계약 체결 당시 일정한 기간 안에 토지거래허가를 받기로 약정한 경우 그 약정기간이 경과하였다는 사정만으로 곧바로 매매계약이 확정적으로 무효가 되는지 여부(원칙적 소극) 토지거래허가구역 내 토지에 관한 매매계약에서 계약의 쌍방 당사자는 공동허가신청절차에 협력할 의무가 있고, 이러한 의무에 위배하여 허가신청절차에 협력하지 않는 당사자에 대하여 상대방은 협력의무의 이행을 소구할 수도 있다. 그러므로 매매계약 체결 당시 일정한 기간 안에 토지거래허가를 받기로 약정하였다고 하더라도, 그 약정된 기간 내에 토지거래허가를 받지 못할 경우 계약해제 등의 절차 없이 곧바로 매매계약을 무효로 하기로 약정한 취지라는 등의 특별한 사정이 없는 한, 이를 쌍무계약에서 이행기를 정한 것과 달리 볼 것이 아니므로 위 약정기간이 경과하였다는 사정만으로 곧바로 매매계약이 확정적으로 무효가 된다고 할 수 없다.(대판 2009.4.23, 2008다50615)

第137條【法律行爲의 一部無效】 法律行爲의 一部分이 無效인 때에는 그 全部를 無效로 한다. 그러나 그 無效部分이 없더라도 法律行爲를 하였을 것이라고 認定될 때에는 나머지 部分은 無效가 되지 아니한다.

■ 무효행위(103·107·108·151·815·883)

1. 양도담보에서 채권이 일부무효인 경우 말소등기청구 가부 채권담보의 목적으로 소유권이전등기를 한 경우에는 그 채권의 일부가 무효라고 하더라도 나머지 채권이 유효인 이상 채무자는 그 채무를 변제함이 없이 말소등기절차를 구할 수 없다.(대판 1970.9.17, 70다1250)

2. 변호사보수약정 부분의 무효가 소송대리인 선임권한위임까지 무효로 하는지 여부(소극) 변호사 아닌 자가 소송당사

자로부터 소송사건을 떠맡아 자신의 비용과 책임하에 소송대리인을 선임하는 등의 일체의 소송수행을 하여 승소시켜 주고 그 대가로서 소송물의 일부를 양도받기로 하는 내용의 양도약정이 변호사법에 저촉되어 무효라 하더라도 소송대리인 선임권한위임 부분까지 무효로 볼 수는 없다.(대판 1987.4.28, 86다카1802)

3. 일부무효의 요건으로서 법률행위 내용의 분할가능성 법률행위의 내용이 불가분인 경우에는 그 일부분이 무효일 때에도 일부 무효의 문제는 생기지 아니하나, 분할이 가능한 경우에는 민 137조의 규정에 따라 그 전부가 무효로 될 때도 있고, 그 일부만 무효로 될 때도 있다.(대판 1994.5.24, 93다58332)

4. 경제적 · 사실적으로 일체로 행해진 법률행위의 일부취소 법리 근저당권설정계약이 그 자체로서 독자적으로 존재하는 것이 아니라 그 피담보채권의 발생원인이 된 금전소비대차계약과 결합하여 그 전체가 경제적, 사실적으로 일체로서 행하여진 것으로 그 하나가 다른 하나의 조건이 되어 어느 하나의 존재없이는 당사자가 다른 하나를 의욕하지 않았을 것으로 보이고, 더욱이 근저당권설정계약의 체결원인이 되었던 기망행위가 금전소비대차계약에도 미친 경우 근저당권설정계약에 대한 취소의 의사표시는 법률행위의 일부무효이론과 궤를 같이 하는 법률행위 일부취소의 법리에 따라 소비대차계약을 포함하는 전체에 대한 취소의 효력이 있다.(대판 1994.9.9, 93다31191)

5. 무효부분이 없었더라도 법률행위를 했을 것이라는 의사의 의미 민 137조에서 말하는 당사자가 그 무효 부분이 없더라도 법률행위를 하였을 것이라는 의사는 실재하는 의사가 아니라 법률행위의 일부분이 무효임을 법률행위 당시에 알았다면 당사자 쌍방이 이에 대비하여 의욕하였을 가정적 의사를 말한다.(대판 1996.2.27, 95다38875)

6. 일부무효 규정의 적용범위와 상호신용금고의 담보제공약정이 무효인 경우 대출약정까지 무효인지 여부(소극) 구 상호신용금고법 18조의2 4호는 거래 당사자의 일방인 상호신용금고를 보호하기 위한 구 상호신용금고법의 입법 목적을 달성하기 위하여 둔 효력규정으로서, 실질적 보증 또는 담보제공에 해당하는 이 사건 합의가 위 규정에 저촉되어 무효라고 하여 이 사건 대출약정까지 무효가 된다고 본다면, 이는 서민과 소규모 기업의 금융편의를 도모하고 거래자를 보호하며 신용질서를 유지함으로써 국민경제의 발전에 이바지하고자 하는 구 상호신용금고법의 입법 목적과 경영자의 무분별하고 방만한 채무부담행위로 인한 자본구조의 악화 및 부실화를 방지하려는 동법 18조의2 4호의 취지에 명백히 반하는 결과가 초래되므로 이 사건 합의가 구 상호신용금고법 18조의2 4호의 규정에 위반되어 무효라고 하더라도 나머지 부분인 이 사건 대출약정까지 무효가 된다고 할 수는 없다.(대판 2004.6.25, 2004다2199)

7. 민 137조의 적용 범위 ① 법률행위의 일부가 강행법규인 효력규정에 위반되어 무효가 되는 경우 그 부분의 무효가 나머지 부분의 유효·무효에 영향을 미치는가를 판단함에 있어서는, 개별 법령이 일부 무효의 효력에 관한 규정을 두고 있는 경우에는 그에 따르고, 그러한 규정이 없다면 137조 본문에 따라 원칙적으로 법률행위의 전부가 무효가 된다. ② 당해 효력규정을 둔 입법 취지 등을 고려할 때 법률행위 전부가 무효로 된다면 그 입법 취지에 반하는 결과가 되는 등의 경우에는 같은 조 단서에서의 당사자의 가정적 의사는 다른 특별한 사정이 없는 한 무효의 부분이 없더라도 그 법률행위를 하였을 것으로 인정되어야 한다.(대판 2013.4.26, 2011다9068)

8. 여러 개의 계약이 체결된 경우, 하나의 계약에 대한 기망 취소의 의사표시가 전체 계약에 대한 취소의 효력이 있는지 판단 기준 ① 여러 개의 계약이 체결된 경우에 각 계약이 전체적으로 경제적, 사실적으로 일체로서 행하여진 것으로 그 하나가 다른 하나의 조건이 되어 어느 하나의 존재 없이는 당사자가 다른 하나를 의욕하지 않았을 것으로 보이는 경우 등에는, 하나의 계약에 대한 기망 취소의 의사표시는 법률행위 일부취소의 법리에 따라 전체 계약에 대한 취소의 효력이 있다. ② 권리금계약은 임대차계약이나 임차권양도계약 등과는 별개의 계약이나, 임차권양도계약과 권리금계약의 체결 경위와 계약 내용 등에 비추어 볼 때, 위 권리금계약이 임차권양도계약과 결합하여 어느 하나의 존재 없이는 당사자가 다른 하나를 의욕하지 않았을 것으로 보이는 경우에는 권리금계약 부분만을 따로 떼어 취소할 수 없다.(대판 2013.5.9, 2012다115120)

9. 여러 개의 계약 전부가 경제적, 사실적으로 일체로서 행하여져 하나의 계약인 것과 같은 관계에 있는 경우, 법률행위의 일부무효 법리가 적용되는지 여부(적극) **및 이때 계약 전부가 일체로서 하나의 계약인 것과 같은 관계에 있는지 판단하는 방법** 법률행위의 일부분이 무효인 때에는 그 전부를 무효로 하나, 그 무효 부분이 없더라도 법률행위를 하였을 것이라고 인정될 때에는 나머지 부분은 무효가 되지 아니한다(민 137조). 이와 같은 법률행위의 일부무효 법리는 여러 개의 계약이 체결된 경우에 그 계약 전부가 경제적, 사실적으로 일체로서 행하여져서 하나의 계약인 것과 같은 관계에 있는 경우에도 적용된다. 이때 그 계약 전부가 일체로서 하나의 계약인 것과 같은 관계에 있는 것인지는 계약 체결의 경위와 목적 및 당사자의 의사 등을 종합적으로 고려하여 판단해야 한다.(대판 2022.3.17, 2020다288375)

第138條【無效行爲의 轉換】 無效인 法律行爲가 다른 法律行爲의 要件을 具備하고 當事者가 그 無效를 알았더라면 다른 法律行爲를 하는 것을 意慾하였으리라고 認定될 때에는 다른 法律行爲로서 效力을 가진다.

▣ 무효행위(103·107·108·151·815·883), 유언 전환(1071)

1. 혼외자 출생신고에 대한 인지신고의 효력 인정 혼인외의 출생자를 혼인중의 출생자로 출생신고를 한 경우에는 그 출생신고는 무효이지만 인지신고로서는 효력이 있다.(대판 1971.11.15, 71다1983)

2. 친생자출생신고에 대한 입양의 효력 인정 당사자 사이에 양친자 관계를 창설하려는 명백한 의사가 있고 기타 입양의 성립요건이 모두 구비된 경우에는 요식성을 갖춘 입양신고 대신 친생자 출생신고가 있다 하더라도 입양의 효력이 있다.(대판(全) 1977.7.26, 77다492)

3. 매매계약이 '불공정한 법률행위'에 해당하여 무효인 경우 그 계약에 관한 부제소합의의 효력(무효) **및 매매대금의 과다로 '불공정한 법률행위'에 해당하여 무효인 경우 민 138조의 적용여부**(적극) ① 매매계약과 같은 쌍무계약이 급부와 반대급부와의 불균형으로 말미암아 민 104조에서 정하는 '불공정한 법률행위'에 해당하여 무효라고 한다면, 그 계약으로 인하여 불이익을 입는 당사자로 하여금 위와 같은 불공정성을 소송 등 사법적 구제수단을 통하여 주장하지 못하도록 하는 부제소합의 역시 다른 특별한 사정이 없는 한 무효이다. ② 매매계약이 약정된 매매대금의 과다로 말미암아 민 104조에서 정하는 '불공정한 법률행위'에 해당하여 무효인 경우에도 무효행위의 전환에 관한 민 138조가 적용될 수 있다. 따라서 당사자 쌍방이 위와 같은 무효를 알았더라면 대금을 다른 액으로 정하여 매매계약에 합의하였을 것이라고 예외적으로 인정되는 경우에는, 그 대금액을 내용으로 하는 매매계약이 유효하게 성립한다.(대판 2010.7.15, 2009다50308)

4. 무효행위의 전환에 관한 판단 기준 법률행위가 강행법규에 위반되어 무효가 되는 경우에 그 법률행위가 다른 법률행위의 요건을 구비하고 당사자 쌍방이 위와 같은 무효를 알았더라면 다른 법률행위를 하는 것을 의욕하였으리라고 인정될 때에는 138조에 따라 다른 법률행위로서 효력을 가

진다. 이때 다른 법률행위를 하였을 것인지에 관한 당사자의 의사는 법률행위 당시에 무효임을 알았다면 의욕하였을 가정적 효과의사로서, 당사자가 법률행위 당시와 같은 구체적 사정 아래 있다고 상정하는 경우에 거래관행을 고려하여 신의칙에 비추어 결단하였을 바를 의미한다. 이는 그 법률행위의 경위, 목적과 내용, 무효의 사유 및 강행법규의 입법 취지 등을 두루 고려하여 판단할 것이나, 그 결과가 한쪽 당사자에게 일방적인 불이익을 주거나 거래관념과 형평에 반하는 것이어서는 안 된다.(대판(全) 2016.11.18, 2013다42236)

5. 임금 지급에 갈음하여 사용자가 채권을 근로자에게 양도하는 약정의 효력(원칙적 무효) 임금은 법령 또는 단체협약에 특별한 규정이 있는 경우를 제외하고는 통화로 직접 근로자에게 전액을 지급하여야 한다(근로 43조 1항). 따라서 사용자가 근로자의 임금 지급에 갈음하여 사용자가 제3자에 대하여 가지는 채권을 근로자에게 양도하기로 하는 약정은 전부 무효임이 원칙이다. 다만 당사자 쌍방이 위와 같은 무효를 알았더라면 임금의 지급에 갈음하는 것이 아니라 지급을 위하여 채권을 양도하는 것을 의욕하였으리라고 인정될 때에는 무효행위 전환의 법리(민 138조)에 따라 그 채권양도 약정은 '임금의 지급을 위하여 한 것'으로서 효력을 가질 수 있다.(대판 2012.3.29, 2011다101308)

6. 법률행위의 일부가 강행법규에 위반되어 무효가 되는 경우 무효행위의 전환 건설교통부 고시에 의하여 산출되는 임대보증금과 임대료의 상한액인 표준임대보증금과 표준임대료를 기준으로 계약상 임대보증금과 임대료를 산정하여 임대보증금과 임대료 사이에 상호전환을 하였으나 절차상 위법이 있어 강행법규 위반으로 무효가 되는 경우에는 특별한 사정이 없는 한 임대사업자와 임차인이 임대보증금과 임대료의 상호전환을 하지 않은 원래의 임대 조건, 즉 표준임대보증금과 표준임대료에 의한 임대 조건으로 임대차계약을 체결할 것을 의욕하였으리라고 봄이 타당하다. 그러므로 임대차계약은 민 138조에 따라 표준임대보증금과 표준임대료를 임대 조건으로 하는 임대차계약으로서 유효하게 존속한다.(대판(全) 2016.11.18, 2013다42236)

第139條【無效行爲의 追認】 無效인 法律行爲는 追認하여도 그 效力이 생기지 아니한다. 그러나 當事者가 그 無效임을 알고 追認한 때에는 새로운 法律行爲로 본다.

▣ 무효행위(103·107·108·151·815·883), 추인(143-146), 유언전환(1071)

▸일 반

1. 반사회질서행위가 추인으로 유효가 될 수 있는지 여부(소극) 도박자금에 제공할 목적으로 금전 대차를 한 때에는 그 대차계약은 민 103조의 반사회질서의 법률행위이여서 무효라 할 것이니 당사자가 이를 추인하여도 추인의 효력이 생기지 아니할 것이며, 당사자가 그 무효임을 알고 추인하여도 새로운 법률행위를 한 효과마저 생길 수 없는 것이라고 보아야 한다.(대판 1973.5.22, 72다2249)

2. 불공정행위가 추인으로 유효로 될 수 있는지 여부(소극) 불공정한 법률행위로서 무효인 경우에는 추인에 의하여 무효인 법률행위가 유효로 될 수 없다.(대판 1994.6.24, 94다10900)

3. 취소한 의사표시를 다시 추인할 수 있는지 여부 취소한 법률행위는 처음부터 무효인 것으로 간주되므로 취소할 수 있는 법률행위가 일단 취소된 이상 그 후에는 취소할 수 있는 법률행위의 추인에 의하여 이미 취소되어 무효인 것으로 간주된 당초의 의사표시를 다시 확정적으로 유효하게 할 수는 없고, 다만 무효인 법률행위의 추인의 요건과 효력으로서 추인할 수는 있으나, 무효행위의 추인은 그 무효 원인이 소멸한 후에 하여야 그 효력이 있는 것이고, 그 무효 원인이란 바로 위 증여의 의사표시의 취소사유라고 할 것이므로, 결국 무효 원인이 소멸한 후란 것은 당초의 증여의 의사표시의 성립 과정에 존재하였던 취소의 원인이 종료된 후, 즉 강박 상태에서 벗어난 후라고 보아야 할 것이다.(대판 1997.12.12, 95다38240)

4. 무효행위의 유효를 전제로 후속행위를 한 경우에 이를 묵시적 추인으로 인정하기 위한 요건 당사자가 이전의 법률행위가 존재함을 알고 그 유효함을 전제로 하여 이에 터 잡은 후속행위를 하였다고 해서 그것만으로 이전의 법률행위를 묵시적으로 추인하였다고 단정할 수는 없고, 묵시적 추인을 인정하기 위해서는 이전의 법률행위가 무효임을 알거나 적어도 무효임을 의심하면서도 그 행위의 효과를 자기에게 귀속시키도록 하는 의사로 후속행위를 하였음이 인정되어야 할 것이다.(대판 2014.3.27, 2012다106607)

▸추인의 소급효

5. 무효인 법률행위의 소급 추인이 인정되기 위한 요건 불법행위의 내용이 일부 또는 전부가 법률행위인 경우에 그 법률행위가 공서양속 또는 강행법규에 위반되지 않고 오직 당사자의 의사결여로 인하여 법률상 무효인 때에는 제3자의 이익을 해하지 않는 한 당사자간의 합의로써 이를 소급하여 추인할 수 있다.(대판 1956.3.31, 4288민상544)

6. 무효인 가등기를 유효한 가등기로 전용하는 경우 소급효 인정 여부(소극) 무효인 법률행위는 당사자가 무효임을 알고 추인할 경우 새로운 법률행위를 한 것으로 간주할 뿐이고 소급효가 없는 것이므로 무효인 위 가등기를 유효한 등기로 전용키로 한 위 약정은 그때부터 유효하고 이로써 위 가등기가 소급하여 유효한 등기로 전환될 수 없다.(대판 1992.5.12, 91다26546)

▸추인을 인정한 경우

7. 위약으로 인해 실효된 계약의 이행 쌍무계약에 있어 당사자의 일방의 위약이 있는 때에는 그 계약은 당연히 실효된다는 약정이 있는 경우 어느 당사자의 위약이 있음에도 불구하고 당사자간에 계약의 이행이 완료된 경우에는 특단의 사정이 없는 한 당사자가 그 계약의 실효되었음을 알고 그 유효함을 추인하였다고 봄이 타당하다.(대판 1962.8.2, 62다268)

8. 일방적인 혼인신고 후 부부생활의 계속 본조는 재산법에 관한 총칙규정이며 신분법에 관하여 그대로 적용될 수 없는 것인바 혼인신고가 한쪽 당사자의 모르는 사이에 이루어짐으로서 그것이 무효라 할지라도 그 후 양쪽 당사자가 그 혼인에 만족하고 그대로 부부생활을 계속한 경우에는 그 혼인을 무효로 할 것이 아니다.(대판 1965.12.28, 65므61)

9. 미상환농지의 매도인이 매수인의 점유·경작 인정 분배농지에 관하여 그 상환이 완료되기 이전에 이를 매도하고 현실적으로 인도까지 하였다면 무효라고 할 것이나 상환완료후 상당기간 내에 매도인이 매수인의 점유 경작에 대하여 아무런 이의를 하지 않았다면 특별한 사정이 없는 한 상환완료 후에 상환미료 중의 농지매매를 추인한 것이라고 봄이 상당하다.(대판 1980.1.15, 79다1400, 1401)

10. 무효인 입양에 대해 이의 제기를 하지 않은 경우(대판 1990.3.9, 89므389) → 제869조 참조

11. 양도금지특약에 위반한 채권양도의 승낙 양도금지의 특약에 위반해서 채권을 양수받은 악의 또는 중과실의 채권양수인에게는 채권이전의 효과가 생기지 아니하나, 악의 또는 중과실로 채권양수를 받은 후 채무자가 그 양도에 대하여 승낙을 한 때에는 채무자의 사후승낙에 의하여 무효인 채권양도행위가 추인되어 유효하게 되며, 이 경우 다른 약정이 없는 한 소급효가 인정되지 아니하고 양도의 효과는 승낙시부터 발생한다.(대판 2000.4.7, 99다52817)

▸추인을 부정한 경우

12. 관계장관의 인계절차를 밟지 않은 국유농지분배처분에

서의 관계장관의 사후 합의 농지개혁법시행령 10조 소정의 재무부장관의 농림부장관에 대한 인계절차를 밟지 아니하고 한 국유농지분배처분은 당연무효이며, 그 분배후 관계 장관의 합의가 있었다 하여 무효처분이 유효로 전환될 수 없고, 또 분배후 체납처분에 의한 절차에서 개인이 그 부동산을 매수하였다 하여 그 개인이 소유권을 취득할 수도 없다.(대판 1979.5.15, 78다1891)

13. 무효인 혼인에서 몇 차례 육체관계를 가진 경우 피청구인이 청구인의 직장에 찾아와 본처라면서 소동을 피우므로 피청구인을 달래고 무마라는 과정에서 피청구인과 몇차례 육체관계를 가졌다 하더라도 이로써 곧 청구인이 그 이전에 피청구인이 혼인신고서를 위조해서 신고한 무효인 혼인을 추인한 것이라고 보기 어렵다.(대판 1983.9.27, 83므22)

14. 일방적인 소유권이전등기를 시정하기 위한 인감증명 교부 을이 갑과는 아무런 합의 또는 의사연락없이 자기가 분양받은 아파트에 관하여 평소 전혀 일지 못하고 있었던 갑 앞으로 소유권이전등기를 경료하여 둔 사실을 갑이 사후에 알고서 그 소유권이전등기를 을 앞으로 경유하여 주기 위하여 자기 인감증명을 을에게 교부한 경우 이는 갑이 자기의 의사와 관계없이 을의 일방적 행위에 의하여 자기 앞으로 경료된 위 소유권이전등기를 당초부터 소급하여 또는 그 때부터 합의 또는 의사연락에 의하여 경료된 것으로 인정하고 이를 추인하였다고 단정할 수는 없다.(대판 1987.10.26, 87누384)

15. 교육법상 학생에 대한 자격요건 위반행위에 대한 학교법인의 추인 학생에 대한 학교의 편입학허가, 대학교졸업인정, 대학원입학, 공학석사학위 수여 등이 그 자격요건을 규정한 교육법에 위반되어 무효라면 그와 같은 자격요건에 관한 흠은 학교법인이나 학생 또는 일반인들에 의하여 치유되거나 정당한 것으로 추인될 수 있는 성질의 것도 아니다.(대판 1989.4.11, 87다카131)

16. 정리해고 통보 후 사직서 제출 및 퇴직금 수령 근로자가 회사로부터 해고통보를 받은 다음, 다시 사직서를 제출하지 아니하면 타회사에 취업하는 데에 지장이 있을 것이니 사직서를 제출하라는 취지의 종용을 받고 사직서를 제출한 후, 퇴직금, 해고수당 등을 수령한 경우 위 근로자는 정리해고가 유효한 것임을 전제로 하여 그 사무처리 과정의 하나로서 회사의 요구에 따라 사직서를 제출하고 퇴직금을 수령하였음에 불과하여 위 정리해고와 무관하게 별도로 사직의 의사를 표시한 것으로 볼 수 없으므로 근로자가 위 정리해고처분의 무효임을 알고 이를 추인하였다거나 그 위법에 대한 불복을 포기하였다고 볼 수 없다.(대판 1990.3.13, 89다카24445)

제140조【법률행위의 취소권자】 취소할 수 있는 법률행위는 제한능력자, 착오로 인하거나 사기·강박에 의하여 의사표시를 한 자, 그의 대리인 또는 승계인만이 취소할 수 있다.

(2011.3.7 본조개정)

■ 취소할 수 있는 행위(5②·10·13·109·110), 취소(141-146)

제141조【취소의 효과】 취소된 법률행위는 처음부터 무효인 것으로 본다. 다만, 제한능력자는 그 행위로 인하여 받은 이익이 현존하는 한도에서 상환(償還)할 책임이 있다.

(2011.3.7 본조개정)

■ 취소방법(142), 취소한 것으로 보는 경우(15③), 취소효과의 제한(109②·110③), 혼인·입양취소(816-825·884·896), 상환범위(741·748②)

1. 합의 쌍방이 모두 취소를 주장하였으나 취소사유가 없는 경우 합의의 효력 일방은 합의가 강박에 의하여 이루어졌다는 이유를 들어, 타방은 착오에 의하여 합의를 하였다는 이유를 들어 각기 위 합의를 취소하는 의사표시를 하였으나, 각각 주장하는 바와 같은 취소사유가 있다고 인정되지 아니하는 이상, 쌍방이 모두 위 합의를 취소하는 의사표시를 하였다는 사정만으로는 위 합의가 취소되어 그 효력이 상실되는 것은 아니다.(대판 1994.7.29, 93다58431)

2. 의사능력 판단방법, 민 141조 단서가 의사능력 흠결로 인한 무효에도 적용되는지 여부(적극), **의사무능력자가 자기 소유 부동산에 근저당권을 설정하여 금융기관으로부터 대출을 받아 제3자에게 대여한 경우 금융기관이 대출을 취소하고 반환받을 대상** ① 의사능력이란 자신의 행위의 의미나 결과를 정상적인 인식력과 예기력을 바탕으로 합리적으로 판단할 수 있는 정신적 능력 내지는 지능을 말하는 것으로서, 의사능력의 유무는 구체적인 법률행위와 관련하여 개별적으로 판단되어야 하므로, 특히 어떤 법률행위가 그 일상적인 의미만을 이해하여서는 알기 어려운 특별한 법률적인 의미나 효과가 부여되어 있는 경우 의사능력이 인정되기 위하여는 그 행위의 일상적인 의미뿐만 아니라 법률적인 의미나 효과에 대하여도 이해할 수 있을 것을 요한다. ② 무능력자의 책임을 제한하는 민 141조 단서는 부당이득에 있어 수익자의 반환범위를 정한 민 748조의 특칙으로서 무능력자의 보호를 위해 그 선의·악의를 묻지 아니하고 반환범위를 현존 이익에 한정시키려는 데 그 취지가 있으므로, 의사능력의 흠결을 이유로 법률행위가 무효가 되는 경우에도 유추적용되어야 할 것이나, 법률상 원인 없이 취득한 것이 금전상의 이득인 때에는 그 금전은 이를 취득한 자가 소비하였는가를 불문하고 현존하는 것으로 추정되므로, 위 이익이 현존하지 아니함은 이를 주장하는 자, 즉 의사무능력자 측에 입증책임이 있다. ③ 의사무능력자가 자신이 소유하는 부동산에 근저당권을 설정해 주고 금융기관으로부터 금원을 대출받아 이를 제3자에게 대여한 경우 대출로써 받은 이익이 위 제3자에 대한 대여금채권 또는 부당이득반환채권의 형태로 현존하므로, 금융기관은 대출거래약정 등의 무효에 따른 원상회복으로서 위 대출금 자체의 반환을 구할 수는 없더라도 현존 이익인 위 채권의 양도를 구할 수 있다.(대판 2009.1.15, 2008다58367)

3. 신용카드 이용계약 취소시 미성년자가 반환할 이익 미성년자가 신용카드발행인과 사이에 신용카드 이용계약을 체결하여 신용카드거래를 하다가 신용카드 이용계약을 취소하는 경우, 신용카드 이용계약이 취소됨에도 불구하고 신용카드 회원과 해당 가맹점 사이에 체결된 개별적인 매매계약과 신용카드발행인과 가맹점 사이에 체결된 가맹점 계약은 특별한 사정이 없는 한 신용카드 이용계약취소와 무관하게 유효하므로, 신용카드발행인의 가맹점에 대한 신용카드이용대금의 지급으로써 신용카드회원은 자신의 가맹점에 대한 매매대금 지급채무를 법률상 원인 없이 면제받는 이익을 얻었으며, 이러한 이익은 금전상의 이득으로서 특별한 사정이 없는 한 현존하는 것으로 추정된다.(대판 2005.4.15, 2003다60297, 60303, 60310, 60327)

4. 근로계약 취소의 소급효가 인정되는지 여부(소극) 근로계약은 기본적으로 그 법적 성질이 사법상 계약이므로 계약 체결에 관한 당사자들의 의사표시에 무효 또는 취소의 사유가 있으면 상대방은 이를 이유로 근로계약의 무효 또는 취소를 주장하여 그에 따른 법률효과의 발생을 부정하거나 소멸시킬 수 있다. 다만 그와 같이 근로계약의 무효 또는 취소를 주장할 수 있다 하더라도 근로계약에 따라 그동안 행하여진 근로자의 노무 제공의 효과를 소급하여 부정하는 것은 타당하지 않으므로 이미 제공된 근로자의 노무를 기초로 형성된 취소 이전의 법률관계까지 효력을 잃는다고 보아서는 안 되고, 취소의 의사표시 이후 장래에 관하여만 근로계약의 효력이 소멸된다고 보아야 한다.(대판 2017.12.22, 2013다25194, 25200)

第142條【取消의 相對方】 取消할 수 있는 法律行爲의 相對方이 確定한 境遇에는 그 取消는 그

相對方에 對한 意思表示로 하여야 한다.

■ 취소(140·141·143)

1. 취소의 의사표시를 변론으로 할 수 있는지 여부(적극) 강박에 의한 의사표시는 취소할 수 있는 것으로서 취소의 의사표시는 직접 상대방에 대하여 하거나 구두변론기일에 변론으로 할 수 있다.(대판 1961.11.9, 4293민상883)

2. 취소를 전제로 한 소송상 이행청구나 이행거절 내에 취소의 의사표시 포함 여부(적극) 법률행위의 취소는 상대방에 대한 의사표시로 하여야 하나 그 취소의 의사표시는 특별히 재판상 행하여짐이 요구되는 경우 이외에는 특정한 방식이 요구되는 것이 아니고, 취소의 의사가 상대방에 의하여 인식될 수 있다면 어떠한 방법에 의하더라도 무방하고, 법률행위의 취소를 당연한 전제로 한 소송상의 이행청구나 이를 전제로 한 이행거절 가운데는 취소의 의사표시가 포함되어 있다고 볼 수 있다.(대판 1993.9.14, 93다13162)

第143條【追認의 方法, 效果】 ① 取消할 수 있는 法律行爲는 第140條에 規定한 者가 追認할 수 있고 追認後에는 取消하지 못한다.

② 前條의 規定은 前項의 境遇에 準用한다.

■ 추인방법(142), 추인시기(144), 추인한 것으로 보는 경우(15①②·145), 무효행위 추인(139), 무권대리행위 추인(130-133)

1. 미성년자 소송행위의 묵시적 추인 당사자가 소송행위 당시 또는 변호사를 선임할 당시에 미성년자였다고 하더라도 성년이 된 후에 묵시적으로 추인하였다고 보여지는 경우에는 소송능력의 흠결은 없어졌다.(대판 1970.12.22, 70다2297)

2. 추인의 전제로서 하자있는 법률행위 추인은 무효행위의 추인이거나 취소할 수 있는 행위의 추인이거나 그 하자있는 법률행위의 존재가 전제가 되는 것이다.(대판 1982.5.25, 81다카935)

3. 수사기관에 대한 고소취소장 작성이 취소권 포기인지 여부(소극)(구법관계) 한정치산자가 '횡령혐의로 고소한 바 있으나 쌍방 원만히 합의하였을 뿐만 아니라 피고소인이 범행에 대하여 깊이 반성하고 있으므로 고소 취소한다'는 내용의 고소취소장을 작성하여 제출할 때에도 아직 한정치산선고를 취소받기 전이므로 여전히 한정치산자로서 독립하여 추인할 수 있는 행위능력을 가지고 있지 못하였을 뿐더러, 고소 취소는 어디까지나 수사기관 또는 법원에 대하여 고소를 철회하는 의사표시에 지나지 아니하고 또 고소취소장에 기재된 문면의 내용상으로도 고소인이 매수인에 대하여 가지는 매매의 취소권을 포기한 것으로 보기 어렵다.(대판 1997.6.27, 97다3828)

4. 증언에서 추인한 경우 추인의 효력 증인이 추인한다고 증언하여도 이는 무효행위의 상대방에 대하여 한 의사표시가 아니므로 추인의 효력이 없다.(대판 1976.3.23, 75다2083)

제144조【추인의 요건】 ①추인은 취소의 원인이 소멸된 후에 하여야만 효력이 있다.

② 제1항은 법정대리인 또는 후견인이 추인하는 경우에는 적용하지 아니한다.

(2011.3.7 본조개정)

■ 추인(142·143), 취소원인(5②·10·13·109·110), 법정대리인(911·938), 법정대리인의 추인(140)

1. 강박상태에서 벗어나지 않은 상태에서 한 추인의 효력 강박에 의하여 채무인수의 의사표시를 하고 그 상태를 벗어나지 못한 상태에서 한 근저당권설정 계약서작성 및 교부행위는 취소의 원인이 종료되기 전에 한 추인에 불과하여 추인으로서의 효력이 없다.(대판 1982.6.8, 81다107)

第145條【法定追認】 取消할 수 있는 法律行爲에 關하여 前條의 規定에 依하여 追認할 수 있는 後에 다음 各號의 事由가 있으면 追認한 것으로 본다. 그러나 異議를 保留한 때에는 그러하지 아니하다.

1. 全部나 一部의 履行
2. 履行의 請求
3. 更改
4. 擔保의 提供
5. 取消할 수 있는 行爲로 取得한 權利의 全部나 一部의 讓渡
6. 强制執行

■ 추인(142-144), 경개(500), 강제집행(민집24-60)

1. 취소할 수 있는 법률행위로부터 발생한 채무의 의미와 당좌수표 발행행위에서 매수표의 발행행위를 독립된 별개의 법률행위로 볼 것인지 여부(적극) 취소권자가 상대방에게 취소할 수 있는 법률행위로부터 생긴 채무의 전부 또는 일부를 이행한 것은 민 145조 1호 소정의 법정추인 사유에 해당하여 취소할 수 없게 되는 것이나, 여기서 말하는 취소할 수 있는 법률행위로부터 생긴 채무란 취소권자가 취소권을 행사한 채무 그 자체를 말하는 것이다. 일시에 여러 장의 당좌수표를 발행하는 경우 매수표의 발행행위는 각각 독립된 별개의 법률행위이고 수표마다 별개의 채무가 되는 것이므로, 발행·교부한 당좌수표 중 일부가 거래은행에서 지급되게 하였다고 하여 나머지 당좌수표의 발행행위를 추인하였다거나 법정추인 사유에 해당한다고 볼 수 없다.(대판 1996.2.23, 94다58438)

第146條【取消權의 消滅】 取消權은 追認할 수 있는 날로부터 3年內에 法律行爲를 한 날로부터 10年內에 行使하여야 한다.

■ 추인할 수 있는 시기(144), 소멸시효(162-184)

1. 취소권행사 기간의 성질 변화시 법적용 취소권행사의 기간에 대한 성질이 민법을 통하여 서로 바뀌었을 때에는 신민법이 시행되면서 소멸시효의 기간은 거기서 그쳐 버리고 그 때부터 새로이 제척기간이 진행된다.(대판 1964.3.31, 63다214)

2. 귀속재산 매각처분에 본조 적용 여부(소극) 귀속재산의 매각처분을 취소하는 행정처분에 관하여 민 146조가 당연히 적용되는 것은 아니다.(대판 1969.10.23, 69다1446)

3. 친족회가 추인할 수 있는 날의 의미(구법관계) 친족회가 추인할 수 있는 날이란 친족회원이 매매사실을 안 날이 아니고 동인이 매매사실을 들은 후 지체없이 친족회 소집절차를 밟았더라면 친족회 소집이 가능한 날이라고 보아야 하며 또한 친족회가 실제로 소집된 날로 볼 것도 아니다.(대판 1979.11.27, 79다396)

4. 한정치산자 후견인의 친족회 동의없는 처분에 있어서 취소기간 진행의 기산점 한정치산자의 후견인이 친족회의 동의 없이 피후견인인 한정치산자의 부동산을 처분한 경우에 발생하는 취소권에 있어서 민 146조에 의하여 추인할 수 있는 날, 즉 취소의 원인이 종료한 후로부터 3년 내에 행사하여야 하므로, 피후견인이 스스로 법률행위를 취소함에 있어서는 한정치산선고가 취소되어 피후견인이 능력자로 복귀한 날로부터 3년 내에 그 취소권을 행사하여야 한다.(대판 1997.6.27, 97다3828)

5. 국군보안사령부의 강박이 제6공화국 출범시까지 계속되었는지 여부(소극) 원고의 금원기부행위나 근저당권설정행위가 국군보안부대의 위법한 공권력의 행사에 의하여 강요된 것이어서 그 행위를 전후한 무렵 사회적인 분위기에 비추어 원고의 외포상태가 존속하고 있었다고 볼 여지도 있지만, 국군보안사령부가 제5공화국의 출범과 그 이후 권력유지에 중추적인 역할을 담당하였다는 사정만으로는 원고가 강박에 의한 의사표시를 취소하는 것이 기대할 수 없었다거

나 당초 보안부대의 강박으로 인하여 생긴 원고의 외포상태가 제6공화국이 출범한 1988.2.25. 경까지 그대로 지속되었다고 단정할 수는 없다.(대판 1991.9.10, 91다18989)

6. 취소권 존속기간의 법적성질 미성년자 또는 친족회가 민 950조 2항에 따라 1항의 규정에 위반한 법률행위를 취소할 수 있는 권리는 형성권으로서 민 146조에 규정된 취소권의 존속기간은 제척기간이라고 보아야 할 것이다.(대판 1993.7.27, 92다52795)

7. 기간 도과 여부가 법원의 직권조사사항인지 여부(적극) 제척기간이 도과하였는지 여부는 당사자의 주장에 관계없이 법원이 당연히 조사하여 고려하여야 할 사항이다.(대판 1996.9.20, 96다25371)

8. 비상계엄하 강박상태가 종료된 시점 1980. 5. 실시된 비상계엄하의 합동수사단 수사관 등의 강박에 의하여 국가에 대하여 재산 양도의 의사표시를 한 자에 대한 강박의 상태가 종료한 시점은 전국적으로 실시되고 있었던 비상계엄이 해제되어 헌정질서가 회복된 1981. 1. 21. 이후라고 할 것이다.(대판 1997.12.12, 95다38240)

9. 취소할 수 있는 법률행위에 대해 제소전화해가 존재하는 경우 취소기간 진행의 기산점 계엄사령부 합동조사본부 수사관들의 강박에 의하여 부동산에 관한 증여계약이 이루어진 후 증여를 원인으로 한 소유권이전등기를 하기로 제소전화해를 하여 그 화해조서에 기하여 소유권이전등기가 경료된 경우, 비상계엄령의 해제로 강박 상태에서 벗어난 후 위 증여계약을 취소한다 하더라도 위 제소전화해조서의 기판력이 존속하는 동안에는 재산권을 원상회복하는 실효를 거둘 수 없어 강박에 의하여 이루어진 부동산에 관한 증여계약을 취소하는 데 법률상 장애가 존속되고 있다고 보아야 하고, 따라서 제소전화해조서를 취소하는 준재심사건 판결이 확정되어 위 제소전화해조서의 기판력이 소멸된 때부터 민 146조 전단에 규정한 3년의 취소기간이 진행된다.(대판 1998.11.27, 98다7421)

第5節 條件과 期限

第147條【條件成就의 效果】 ① 停止條件있는 法律行爲는 條件이 成就한 때로부터 그 效力이 생긴다.

② 解除條件있는 法律行爲는 條件이 成就한 때로부터 그 效力을 잃는다.

③ 當事者가 條件成就의 效力을 그 成就前에 遡及하게 할 意思를 表示한 때에는 그 意思에 依한다.

■ 조건불허(493①, 어1 ii · 12① · 26① · 75 ii · 77①, 수1 ii · 15①), 조건부 법률행위(148-151), 정지조건부 유언(1073②)

▶ **일 반**

1. 민법조건에 관한 규정의 법정조건에 유추적용 농지개혁법소정의 소재지관서의 증명은 민법 소정 조건이 아니나 민법 소정 조건에 관한 규정을 유추적용되어야 할 법정조건이라고 할 것이다.(대판 1962.4.18, 4294민상1603)

2. 조건에 의해 실효된 채무의 불이행에 대한 손해배상책임 유무 피고가 원고에게 수출한 제품에 하자가 있어 이에 대한 손해배상의 약정을 함에 있어서 원고가 앞으로 피고와 거래를 계속한다는 것을 조건으로 피고가 일정량의 제품을 원고에게 무상지급하기로 하였다면 그 후 원고가 임의로 피고와의 거래를 중단하여 위 약정을 위배한 이상 무상지급의 손해배상책임의무를 피고에게 문의할 수 없다.(대판 1978.2.28, 77다2209)

3. 정지조건부채권에 대한 전부명령의 효력 피전부채권이 정지조건부채권인 경우에는 전부명령도 정지조건이 성취한 때에 효력이 생기므로 위 전부명령을 받아 집행된 것만으로는 곧 채무자의 채무변제가 있는 것으로 되어 확정적으로 채권자의 채권이 소멸된 것으로 간주할 수 없다.(대판 1978.5.23, 78다441)

4. 정지조건부 법률행위에서 조건성취의 증명책임자 정지조건부 법률행위에 있어서 조건이 성취되었다는 사실은 이에 의하여 권리를 취득하고자 하는 측에서 그 입증책임이 있다 할 것이므로, 정지조건부 채권양도에 있어서 정지조건이 성취되었다는 사실은 채권양도의 효력을 주장하는 자에게 그 입증책임이 있다.(대판 1983.4.12, 81다카692)

5. 정지조건부 법률행위라는 사실의 증명책임자 어떠한 법률행위가 정지조건부 법률행위에 해당한다는 사실은 그 법률행위로 인한 법률효과의 발생을 저지하는 사유로서 그 법률효과의 발생을 다투려는 자에게 주장, 입증책임이 있다.(대판 1993.9.28, 93다20832)

6. 조건부채권의 의미와 그 조건의 범위(구법관계) 회사정리법의 정리채권에는 조건부채권도 포함되는데, 여기에서 조건부채권이라 함은 채권의 전부 또는 일부의 성립 또는 소멸이 장래의 불확정한 사실인 조건에 의존하는 채권을 말하고, 위 조건은 채권의 발생원인인 법률행위에 붙은 의사표시의 내용인 부관에 한정되지 아니하므로, 가집행선고의 실효를 조건으로 하는 가지급물의 원상회복 및 손해배상 채권은 그 채권 발생의 원인인 가지급물의 지급이 정리절차개시 전에 이루어진 것이라면 조건부채권으로서 정리채권에 해당한다.(대판 2002.12.10, 2002다57102)

7. 법률행위에 붙은 부관이 정지조건인지 불확정기한인지를 판단하는 기준 부관이 붙은 법률행위에 있어서 부관에 표시된 사실이 발생하지 아니하면 채무를 이행하지 아니하여도 된다고 보는 것이 상당한 경우에는 조건으로 보아야 하고, 표시된 사실이 발생한 때에는 물론이고 반대로 발생하지 아니하는 것이 확정된 때에도 그 채무를 이행하여야 한다고 보는 것이 상당한 경우에는 표시된 사실의 발생 여부가 확정되는 것을 불확정기한으로 정한 것으로 보아야 한다.(대판 2013.8.22, 2013다26128)

▶ **정지조건부 법률행위**

8. 조건을 붙이고자 하는 의사표시를 묵시적으로 할 수 있는지 여부(적극) 조건을 붙이고자 하는 의사의 표시는 그 방법에 관하여 일정한 방식이 요구되지 않으므로 묵시적 의사표시나 묵시적 약정으로도 할 수 있다. 이를 인정하려면, 법률행위가 이루어진 동기와 경위, 법률행위에 의하여 달성하려는 목적, 거래의 관행 등을 종합적으로 고려하여 법률행위 효력의 발생 또는 소멸을 장래의 불확실한 사실의 발생 여부에 따라 좌우되게 하려는 의사가 인정되어야 한다.(대판 2018.6.28, 2016다221368)

9. 도급계약에서 보수지급에 관한 '검사 합격' 규정의 법적 성질(=불확정기한) **및 보수지급청구권의 기한도래 시기** 민 665조 1항은 도급계약에서 보수는 완성된 목적물의 인도와 동시에 지급해야 한다고 정하고 있다. 이때 목적물의 인도는 단순한 점유의 이전만을 의미하는 것이 아니라 도급인이 목적물을 검사한 후 목적물이 계약 내용대로 완성되었음을 명시적 또는 묵시적으로 시인하는 것까지 포함하는 의미이다. 도급계약의 당사자들이 '수급인이 공급한 목적물을 도급인이 검사하여 합격하면, 도급인은 수급인에게 보수를 지급한다.'고 정한 경우 도급인의 수급인에 대한 보수지급의무와 동시이행관계에 있는 수급인의 목적물 인도의무를 확인한 것에 불과하고 '검사 합격'은 법률행위의 효력 발생을 좌우하는 조건이 아니라 보수지급시기에 관한 불확정기한이다. 따라서 수급인이 도급계약에서 정한 일을 완성한 다음 검사에 합격한 때 또는 검사 합격이 불가능한 것으로 확정된 때 보수지급청구권의 기한이 도래한다.(대판 2019.9.10, 2017다272486, 272493)

10. 조건을 정한 것인지 문제된 사례 갑과 을이 빌라 분양

을 갑이 대행하고 수수료를 받기로 하는 내용의 분양전속계약을 체결하면서, 특약사항으로 "분양계약기간 완료 후 미분양 물건은 갑이 모두 인수하는 조건으로 한다."라고 정한 사안에서, 위 특약사항은 갑이 분양계약기간 만료 후 미분양 세대를 인수할 의무를 부담한다는 계약의 내용을 정한 것에 불과하고, 이와 달리 계약의 효력발생이 좌우되게 하려는 법률행위의 부관으로서 조건을 정한 것이라고 보기 어렵다.(대판 2020.7.9, 2020다202821)

11. 기한을 정하지 않은 채무에 정지조건이 있는 경우 지체책임의 발생 시기 기한을 정하지 않은 채무에 정지조건이 있는 경우, 정지조건이 객관적으로 성취되고 그 후에 채권자가 이행을 청구하면 바로 지체책임이 발생한다. 조건과 기한은 하나의 법률행위에 독립적으로 작용하는 부관이므로, '조건의 성취'는 '기한이 없는 채무에서 이행기의 도래'와는 별개의 문제이기 때문이다.(대판 2018.7.20, 2015다207044)

12. 법인의 기본재산 처분에 있어서 인가를 조건으로 한 매매 법인의 기본재산의 처분에 있어서 주무부장관의 인가를 요한다 하여도 위 인가를 얻는 것을 정지조건으로 체결된 매매계약은 유효하다.(대판 1971.6.29, 71도991)

13. 매수인이 매도인의 채무를 인수하고 잔금지급기일과 인수채무의 기일이 같은 경우 채무인수 피고가 소외 갑으로부터 부동산을 매수하면서 그 매매대금지급의 일환으로 갑의 원고에 대한 채무를 인수한 경우 매매계약서에 갑의 등기이전의무와 피고의 잔금지급의무를 동시이행으로 한다는 기재가 있고 그 잔금지급기일과 인수채무의 변제기가 같은 날로 정해져 있다면 위 채무인수의 약정이 피고가 갑으로부터 등기이전받는 것을 정지조건으로 한 것이라는 증언은 신빙성이 있다.(대판 1984.10.23, 84다카1063)

14. 소유권유보약정이 있는 동산 매매계약의 매수인이 대금을 모두 지급하지 않은 상태에서 목적물을 다른 사람에게 양도한 경우 그 양도의 효력 동산의 매매에서 그 대금을 모두 지급할 때까지는 목적물의 소유권을 매도인이 그대로 보유하기로 하면서 목적물을 미리 매수인에게 인도하는 이른바 소유권유보약정이 있는 경우 다른 특별한 사정이 없는 한 매수인 앞으로의 소유권 이전에 관한 당사자 사이의 물권적 합의는 대금이 모두 지급되는 것을 정지조건으로 하여 행하여진다고 해석된다. 따라서 그 대금이 모두 지급되지 아니하고 있는 동안에는 비록 매수인이 목적물을 인도받았어도 목적물의 소유권은 여전히 매도인이 가지고, 대금이 모두 지급됨으로써 그 정지조건이 완성되어 별도의 의사표시 없이 바로 목적물의 소유권이 매수인에게 이전된다. 그리고 이는 매수인이 매매대금의 상당 부분을 지급하였다고 하여도 다를 바 없다. 그러므로 대금이 모두 지급되지 아니한 상태에서 매수인이 목적물을 다른 사람에게 양도하더라도, 양수인이 선의취득의 요건을 갖추거나 소유자인 소유권유보매도인이 후에 처분을 추인하는 등의 특별한 사정이 없는 한 그 양도는 목적물의 소유자가 아닌 사람이 행한 것으로서 효력이 없어서, 그 양도로써 목적물의 소유권이 매수인에게 이전되지 아니한다.(대판 2010.2.11, 2009다93671)

15. 기한이익 상실의 특약의 유형 기한이익 상실의 특약은 그 내용에 의하여 일정한 사유가 발생하면 채권자의 청구 등을 요함이 없이 당연히 기한의 이익이 상실되어 이행기가 도래하는 것으로 하는 정지조건부 기한이익 상실의 특약과 일정한 사유가 발생한 후 채권자의 통지나 청구 등 채권자의 의사행위를 기다려 비로소 이행기가 도래하는 것으로 하는 형성권적 기한이익 상실의 특약의 두 가지로 대별할 수 있고, 기한이익 상실의 특약이 위의 양자 중 어느 것에 해당하느냐는 당사자의 의사해석의 문제이지만 일반적으로 기한이익 상실의 특약이 채권자를 위하여 둔 것인 점에 비추어 명백히 정지조건부 기한이익 상실의 특약이라고 볼 만한 특별한 사정이 없는 이상 형성권적 기한이익 상실의 특약으로 추정하는 것이 타당하다.(대판 2002.9.4, 2002다28340)

▶해제조건부 법률행위

16. 건축허가를 조건으로 한 매매계약의 법적 성질 주택건설을 위한 원·피고간의 토지매매계약에 앞서 양자간의 협의에 의하여 건축허가를 필할 때 매매계약이 성립하고 건축허가 신청이 불허되었을 때에는 이를 무효로 한다는 약정 아래 이루어진 본건 계약은 해제조건부계약이다.(대판 1983.8.23, 83다카552)

17. 토지매매시 부지에 편입되지 않는 부분의 원가반환약정 토지를 매매하면서 그 토지중 공장부지 및 도로부지에 편입되지 아니할 부분은 원가로 반환한다는 약정은 조건부환매계약이 아니라 해제조건부매매라고 봄이 상당하다.(대판 1981.6.9, 80다3195)

18. 해면매립면허에서 외항계획에 저촉되는 부분을 국유화한다는 조건 해면매립면허를 하면서 면허청이 "장차 확정될 외항계획 및 도시계획과 저촉되는 부분을 국유화한다"는 조건을 붙인 경우, 어떤 사정으로 위 외항계획 등이 확정되기 전에 미리 국유화조치가 행해지고 나라 앞으로 등기까지 마쳐졌다하더라도 그 국유화는 추후 위 계획 등이 확정되었을 때 그 계획에 저촉되지 않는 것을 해제조건으로 한 것이라고 해석해야 한다.(대판 1985.5.28, 81다카490)

▶조건의 불성취

19. 승인이 조건인 경우 조건부승인의 효력 농업은행 관리의 전분에 관하여 농업은행 총재의 승인을 조건으로 매매계약이 성립되었으나 농업은행총재가 수정조건을 붙여서 승인한 경우 위와 같은 조건부승인으로서는 당사자가 그 조건을 받아들인 사실이 없는 한 위의 매매계약은 그 효력을 발생하였다고 볼 수 없다.(대판 1962.6.14, 4294민상1359)

20. 약혼예물 수수 약혼예물의 수수는 약혼의 성립을 증명하고 혼인이 성립한 경우 당사자 내지 양가의 정리를 두텁게 할 목적으로 수수되는 것으로 혼인의 불성립을 해제조건으로 하는 증여와 유사한 성질을 가지므로, 예물의 수령자측이 혼인 당초부터 성실히 혼인을 계속할 의사가 없고 그로 인하여 혼인의 파국을 초래하였다고 인정되는 등 특별한 사정이 있는 경우에는 신의칙 내지 형평의 원칙에 비추어 혼인 불성립의 경우에 준하여 예물반환의무를 인정함이 상당하나, 그러한 특별한 사정이 없는 한 일단 부부관계가 성립하고 그 혼인이 상당 기간 지속된 이상 후일 혼인이 해소되어도 그 반환을 구할 수는 없으므로, 비록 혼인 파탄의 원인이 며느리에게 있더라도 혼인이 상당 기간 계속된 이상 약혼예물의 소유권은 며느리에게 있다.(대판 1996.5.14, 96다5506)

21. 협의이혼조건부 재산분할 후 재판상 이혼을 한 경우 재산분할의 효력(대판 2003.8.19, 2001다14061) → 제839조의2 참조

第148條【條件附權利의 侵害禁止】

條件있는 法律行爲의 當事者는 條件의 成否가 未定한 동안에 條件의 成就로 因하여 생길 相對方의 利益을 害하지 못한다.

▣ 조건부권리의 효력(149·150)

1. 정지조건부 매매에서 미리 채무이행한 경우 상대방 이익을 해한 것인지 여부(소극) 당사자가 조건성취전에 조건이 성취될 것을 예견하고 미리 채무이행에 해당하는 행위를 하였다고 해서 정지조건이 붙은 매매계약의 성립을 해치는 사유가 되지 아니한다.(대판 1969.11.25, 66다1565)

2. 정지조건부채권을 피보전채권으로 하여 채권자취소권을 행사할 수 있는지 여부(원칙적 적극) 채권자취소권 행사는 채무 이행을 구하는 것이 아니라 총채권자를 위하여 이행기에 채무 이행을 위태롭게 하는 채무자의 자력 감소를 방지하는 데 목적이 있는 점과 민법이 148조, 149조에서 조건부권리의 보호에 관한 규정을 두고 있는 점을 종합해 볼 때, 취소채권자의 채권이 정지조건부채권이라 하더라도 장래에

정지조건이 성취되기 어려울 것으로 보이는 등 특별한 사정이 없는 한, 이를 피보전채권으로 하여 채권자취소권을 행사할 수 있다.(대판 2011.12.8, 2011다55542)

第149條【條件附權利의 處分 等】 條件의 成就가 未定한 權利義務는 一般規定에 依하여 處分, 相續, 保存 또는 擔保로 할 수 있다.

▣ 조건부권리의 처분등(91②·1035②, 상259②, 회생파산417-419·427·516·519iv·519v·523·524), 정지조건부 유증과 상속성(1089②), 보존(등기3)

第150條【條件成就, 不成就에 對한 反信義行爲】 ① 條件의 成就로 因하여 不利益을 받을 當事者가 信義誠實에 反하여 條件의 成就를 妨害한 때에는 相對方은 그 條件이 成就한 것으로 主張할 수 있다.

② 條件의 成就로 因하여 利益을 받을 當事者가 信義誠實에 反하여 條件을 成就시킨 때에는 相對方은 그 條件이 成就하지 아니한 것으로 主張할 수 있다.

▣ 신의성실원칙(2), 조건부권리 불가침(148)

1. 소취하시 승소간주하여 사금을 지급한다는 특약의 해석 소취하시는 승소로 간주하여 사금을 지급한다는 특약은 사건의뢰인의 반신의행위를 제재하기 위한 것이므로 승소의 가능성이 있는 소송을 부당하게 취하하여 변호사의 조건부권리를 침해하는 경우에 한하여 적용된다.(대판 1979.6.26, 77다209)

2. 조건성취의제 시점 조건의 성취로 인하여 불이익을 받을 당사자가 신의성실에 반하여 조건의 성취를 방해한 경우, 조건이 성취된 것으로 의제되는 시점은 이러한 신의성실에 반하는 행위가 없었더라면 조건이 성취되었으리라고 추산되는 시점이다.(대판 1998.12.22, 98다42356)

3. 민 150조 1항의 규정 취지 및 유추적용 민 150조 1항은 권리의 행사와 의무의 이행은 신의에 좇아 성실히 하여야 한다는 법질서의 기본원리가 발현된 것으로서, 누구도 신의성실에 반하는 행태를 통해 이익을 얻어서는 안 된다는 사상을 포함하고 있다. 민 150조 1항은 계약 당사자 사이에서 정당하게 기대되는 협력을 신의성실에 반하여 거부함으로써 계약에서 정한 사항을 이행할 수 없게 된 경우에 유추적용될 수 있다. 그러나 민 150조 1항이 방해행위로 조건이 성취되지 않을 것을 요구하는 것과 마찬가지로, 위와 같이 유추적용되는 경우에도 단순한 협력 거부만으로는 부족하고 이 조항에서 정한 방해행위에 준할 정도로 신의성실에 반하여 협력을 거부함으로써 계약에서 정한 사항을 이행할 수 없는 상태가 되어야 한다. 또한 민 150조는 사실관계의 진행이 달라졌더라면 발생하리라고 희망했던 결과를 의제하는 것은 아니므로, 이 조항을 유추적용할 때에도 조건 성취 의제와 직접적인 관련이 없는 사실관계를 의제하거나 계약에서 정하지 않은 법률효과를 인정해서는 안 된다.(대판 2021.1.14, 2018다223054)

4. '조건의 성취를 방해한 때'에 방해행위가 없었더라도 조건의 성취가능성이 현저히 낮은 경우가 이에 포함되는지 여부(소극), 조건 성취 방해의 판단 기준 '조건의 성취를 방해한 때'란 사회통념상 일방 당사자의 방해행위가 없었더라면 조건이 성취되었을 것으로 볼 수 있음에도 방해행위로 인하여 조건이 성취되지 못한 정도에 이르러야 하고, 방해행위가 없었더라도 조건의 성취가능성이 현저히 낮은 경우까지 포함되는 것은 아니다. 만일 위와 같은 경우까지 조건의 성취를 의제한다면 단지 일방 당사자의 부당한 개입이 있었다는 사정만으로 곧바로 조건 성취로 인한 법적 효과를 인정하는 것이 되고 이는 상대방으로 하여금 공평·타당한 결과를 초과하여 부당한 이득을 얻게 하는 결과를 초래할 수 있기 때문이다. 한편 일방 당사자가 신의성실에 반하여 조건의 성취를 방해하였는지 여부는 당사자들이 조건부 법률행위 등을 하게 된 경위나 의사, 조건부 법률행위의 목적과 내용, 방해행위의 태양, 해당 조건의 성취가능성 및 방해행위가 조건의 성취에 미친 영향, 조건의 성취에 영향을 미치는 다른 요인의 존재 여부 등 여러 사정을 고려하여 개별적·구체적으로 판단하여야 한다.(대판 2022.12.29, 2022다266645)

5. 민 150조 2항의 규정 취지 및 신의성실에 반하여 조건을 성취시킨 것으로 볼 수 있는 경우 민 150조 2항은 권리의 행사와 의무의 이행은 신의에 좇아 성실히 하여야 한다는 법질서의 기본원리가 발현된 것으로서, 누구도 신의성실에 반하는 행태를 통해 이익을 얻어서는 안 된다는 사상을 포함하고 있다. 당사자들이 조건을 약정할 당시에 미처 예견하지 못했던 우발적인 상황에서 상대방의 이익에 대해 적절히 배려하지 않거나 상대방이 합리적으로 신뢰한 선행 행위와 모순된 태도를 취함으로써 형평에 어긋나거나 정의관념에 비추어 용인될 수 없는 결과를 초래하는 경우 신의성실에 반한다고 볼 수 있다.(대판 2021.3.11, 2020다253430)

第151條【不法條件, 旣成條件】 ① 條件이 善良한 風俗 其他 社會秩序에 違反한 것인 때에는 그 法律行爲는 無效로 한다.

② 條件이 法律行爲의 當時 이미 成就한 것인 境遇에는 그 條件이 停止條件이면 條件없는 法律行爲로 하고 解除條件이면 그 法律行爲는 無效로 한다.

③ 條件이 法律行爲의 當時에 이미 成就할 수 없는 것인 境遇에는 그 條件이 解除條件이면 條件없는 法律行爲로 하고 停止條件이면 그 法律行爲는 無效로 한다.

▣ 반사회질서행위(103), 조건성취효과(147)

1. 부부관계종료를 해제조건으로 하는 증여의 효력 부부관계의 종료를 해제조건으로 하는 증여계약은 그 조건만이 무효인 것이 아니라 증여계약 자체가 무효이다.(대판 1966.6.21, 66다530)

第152條【期限到來의 效果】 ① 始期있는 法律行爲는 期限이 到來한 때로부터 그 效力이 생긴다.

② 終期있는 法律行爲는 期限이 到來한 때로부터 그 效力을 잃는다.

▣ 기한(153·388), 기한불허(493①), 이행기(387·585)

1. 임대기간을 "임차인에게 매도할 때까지"로 한 약정의 해석 임대차계약을 체결함에 있어서 임대기한을 "본건 토지를 임차인에게 매도할 때까지"로 정하였다면 별다른 사정이 없는한 그것은 도래할지가 불확실한 것이므로 기한을 정한 것이라고 볼 수 없으니 위 임대차계약은 기간의 약정이 없는 것이라고 해석함이 상당하다.(대판 1974.5.14, 73다631)

2. 불확정한 사실발생을 기한으로 한 경우 사실 발생이 불가능하게 된 경우 해석(1) 당사자가 불확정한 사실이 발생한 때를 이행기한으로 정한 경우에 있어서 그 사실이 발생한 때는 물론 그 사실의 발생이 불가능하게 된 때에도 이행기한은 도래한 것으로 보아야 한다.(대판 1989.6.27, 88다카10579)

3. 불확정한 사실발생을 기한으로 한 경우 사실 발생이 불가능하게 된 경우 해석(2) 부관으로 정한 사실의 실현이 주로 채무를 변제하는 사람의 성의나 노력에 따라 좌우되고, 채권자가 사실의 실현에 영향을 줄 수 없는 경우에는 사실이 발생하는 때는 물론이고 사실의 발생이 불가능한 것으로 확정되지는 않았더라도 합리적인 기간 내에 사실이 발생하지 않는 때에도 채무의 이행기한은 도래한다고 보아야 한다.(대판 2018.4.24, 2017다205127)

第153條【期限의 利益과 그 抛棄】 ① 期限은 債

務者의 利益을 爲한 것으로 推定한다.
② 期限의 利益은 이를 抛棄할 수 있다. 그러나 相對方의 利益을 害하지 못한다.

▣ 기한의 이익(468·603②·661·689·698, 상259·269·542①·613①, 어40②), 기한이익의 상실(388)

1. 지급기일에 지급불능이 예상되는 경우 지급기일 전에 최고 후 해제 가부 채무이행의 방법으로 교부한 어음이 지급기일에 지급불능이 예상된다 하더라도 잔대금의 이행기일이 경과하지 않은 이상 기한의 이익을 보유하고 있다고 할 것이므로 바로 잔대금지급을 최고하고 계약을 해제할 수 없다.(대판 1982.12.14, 82다카861)

第154條【期限附權利와 準用規定】 第148條와 第149條의 規定은 期限있는 法律行爲에 準用한다.

▣ 권리침해와 손해배상(750)

第6章 期 間

第155條【本章의 適用範圍】 期間의 計算은 法令, 裁判上의 處分 또는 法律行爲에 다른 定한 바가 없으면 本章의 規定에 依한다.

▣ 타규정(상63, 어36·37·72-74·77①ix, 수30·60-62, 민소170-173, 비송10, 형83-86, 형소66·67, 특허14, 실용3, 디자인16, 국회168)

第156條【期間의 起算點】 期間을 時, 分, 秒로 定한 때에는 卽時로부터 起算한다.

▣ 기산점(157·158, 형소66①)

第157條【期間의 起算點】 期間을 日, 週, 月 또는 年으로 定한 때에는 期間의 初日은 算入하지 아니한다. 그러나 그 期間이 午前 零時로부터 始作하는 때에는 그러하지 아니하다.

▣ 기산점(156·158, 어73·77①ix, 수61, 형소66①)

1. 즉시항고기간의 초일과 기간만료일 산정 즉시항고기간의 초일은 산입하지 아니하고 최종일이 공휴일이면 그 다음 날이 기간만료일이 된다.(대결 1964.11.13, 64마439)

2. 선거일 공시일의 의미 국회의원선거법상 "선거일 공시일로부터"라 함은 "선거일을 공고한 날의 오전영시로부터"를 의미하는 것으로 해석되므로 민 157조 단서에 해당되어 초일불산입을 규정한 같은 조 본문은 적용되지 않는다.(대판 1989.3.10, 88수85)

3. 근로기준법 평균임금 산정시 초일산입 여부(소극) 근로 19조 1항 소정의 평균임금을 산정하여야 할 사유가 발생한 날 이전 3월간의 기산에 있어서 사유가 발생한 날인 초일은 산입하지 않아야 한다.(대판 1989.4.11, 87다카2901)

4. 회생절차에서 민법 기간규정의 준용례 회생파산 33조는 회생절차에 관하여 회생파산법에 규정이 없는 때에는 민소와 민집을 준용하도록 정하고, 민소 170조는 기간의 계산을 민법에 따르도록 정하고 있다. 한편 회생파산법은 '회생절차개시신청 전 20일 이내에 채무자가 계속적이고 정상적인 영업활동으로 공급받은 물건에 대한 대금청구권'은 공익채권으로 정하고 있는데(179조 1항 8호의2), 그 기간 계산에 관해서는 특별한 규정을 두고 있지 않다. 따라서 위 조항에서 정한 '회생절차개시신청 전 20일 이내'라는 기간을 계산할 때는, 민 157조 본문에 따라 회생절차개시신청일인 초일은 산입하지 않고, 민 159조에 따라 기간 말일의 종료로 기간이 만료한다고 보아야 한다.(대판 2020.3.2, 2019다243420)

제158조【나이의 계산과 표시】 나이는 출생일을 산입하여 만(滿) 나이로 계산하고, 연수(年數)로 표시한다. 다만, 1세에 이르지 아니한 경우에는 월수(月數)로 표시할 수 있다.
(2022.12.27 전문개정)
(2023.6.28. 시행)

▣ 성년(4), 기산점(156·157·부칙27 i)

第159條【期間의 滿了點】 期間을 日, 週, 月 또는 年으로 定한 때에는 期間末日의 終了로 期間이 滿了한다.

▣ 기간만료(160②③·161, 상63)

1. 정년 53세의 의미 정년이 53세라 함은 만 53세에 도달하는 날을 말하는 것이다.(대판 1973.6.12, 71다2669)

第160條【曆에 依한 計算】 ① 期間을 週, 月 또는 年으로 定한 때에는 曆에 依하여 計算한다.
② 週, 月 또는 年의 처음으로부터 期間을 起算하지 아니하는 때에는 最後의 週, 月 또는 年에서 그 起算日에 該當한 날의 前日로 期間이 滿了한다.
③ 月 또는 年으로 定한 境遇에 最終의 月에 該當日이 없는 때에는 그 月의 末日로 期間이 滿了한다.

▣ 기간계산(157-159·161·부칙27 i, 어36, 민소170-172, 형소66②)

1. 양력·음력 일자기재방식 일자기재에 있어서 일반통례대로 양력을 좇을 경우에는 양력인 표시를 요하지 않고 음력을 좇을 경우에는 특히 음자를 표시 구별하여야 한다.(대판 1948.3.4, 4280민상238)

2. 행정소송법상 출소기간의 만료일(구법관계) 1975. 5. 30. 심사청구 기각통지를 받았다면 구 행소(1984. 12. 15. 법률 제3754호로 개정되기 전의 것) 5조 1항 소정의 출소기간인 1월 이내는 본조에 의하여 동년 5. 31.까지가 된다.(대판 1976.10.12, 76누170)

第161條【공휴일 등과 期間의 滿了點】 期間의 末日이 토요일 또는 공휴일에 該當한 때에는 期間은 그 翌日로 滿了한다. (2007.12.21 본조개정)

〔개정전〕 **第161條【"公休日"과 期間의 滿了點】** 期間의 末日이 "公休日"에 해당한 때에는 期間은 그 翌日로 滿了한다.

▣ 공휴일(민소166), 특별규정(상63, 어72·77①ix, 수60, 민소166, 형소66③)

1. 기간 초일이 공휴일인 경우 기산점 기간의 초일이 공휴일이라 하더라도 기간은 초일부터 기산한다.(대판 1982.2.23, 81누204)

2. 국세기본법상 이의신청기간의 말일이 공휴일인 경우 본조 적용 국세기본법상 이의신청에 대한 결정기간 말일이 공휴일에 해당한 때에는 기간은 그 익일로 만료한다.(대판 1987.10.13, 87누53)

第7章 消滅時效

第162條【債權, 財産權의 消滅時效】 ① 債權은 10年間 行使하지 아니하면 消滅時效가 完成한다.
② 債權 및 所有權 以外의 財産權은 20年間 行使하지 아니하면 消滅時效가 完成한다.

▣ [1] 기타 소멸시효(163-165·766, 상64, 어70·77①viii, 수51, 국세기27, 지방세기본법39, 지방재정82), [2] 지역권소멸시효(296), 부인권행사기간(회생파산112·405)

▸제도의 취지

1. 소멸시효의 존재이유 시효제도의 존재이유는 영속된 사실상태를 존중하고 권리 위에 잠자는 자를 보호하지 않는다는 데에 있고 특히 소멸시효에 있어서는 후자의 의미가 강

하다.(대판(全) 1992.3.31, 91다32053)

▶ 유사제도와의 관계

2. 시효취득 주장 속에 시효소멸 주장 포함 여부(소극) 증여를 원인으로 한 부동산소유권이전등기청구에 대하여 피고가 시효취득을 주장하였다고 하여도 그 주장속에 원고의 위 이전등기청구권이 시효소멸하였다는 주장까지 포함되었다고 할 수 없다.(대판 1982.2.9, 81다534)

3. 신의칙에 의한 실효 주장 속에 시효소멸 주장 포함 여부(소극) 조건부징계해임처분에 승복하여 그 효력을 다투지 아니한 채 약 10년이 경과한 뒤에 새삼스럽게 소를 제기하여 징계처분의 효력을 다투는 것은 신의칙에 반하여 허용될 수 없다는 주장에는 소멸시효의 주장도 포함된 것으로 볼 수 없다.(대판 1990.8.28, 90다카9619)

4. 제척기간과 소멸시효의 차이 제척기간은 권리자로 하여금 당해 권리를 신속하게 행사하도록 함으로써 법률관계를 조속히 확정시키려는 데 그 제도의 취지가 있는 것으로서, 소멸시효가 일정한 기간의 경과와 권리의 불행사라는 사정에 의하여 권리 소멸의 효과를 가져오는 것과는 달리 그 기간의 경과 자체만으로 곧 권리 소멸의 효과를 가져오게 하는 것이므로 그 기산점은 원칙적으로 권리가 발생한 때이다.(대판 1995.11.10, 94다22682, 22699)

5. 상행위인 투자 관련 계약에서 주식매수청구권의 행사기간 및 기산점 상행위인 투자 관련 계약에서 투자자가 약정에 따라 투자를 실행하여 주식을 취득한 후 투자대상회사 등의 의무불이행이 있는 때에 투자자에게 다른 주주 등을 상대로 한 주식매수청구권을 부여하는 경우가 있다. ① 이러한 주식매수청구권은 상행위인 투자 관련 계약을 체결한 당사자가 달성하고자 하는 목적과 밀접한 관련이 있고, 그 행사로 성립하는 매매계약 또한 상행위에 해당하므로, 이때 주식매수청구권은 상사소멸시효에 관한 상 64조를 유추적용하여 5년의 제척기간이 지나면 소멸한다고 보아야 한다. ② 한편 투자 관련 계약에서 투자대상회사 등의 의무불이행이 있는 때에 투자자가 형성권인 주식매수청구권을 행사할 수 있다고 정한 경우 특별한 사정이 없는 한 그 행사기간은 투자대상회사 등의 의무불이행이 있는 때부터 기산한다고 보아야 한다. 그렇지 않으면 행사기간이 지난 다음에 비로소 투자대상회사 등의 의무불이행이 있는 경우에 투자자가 주식매수청구권을 행사할 수 없게 되어 불합리하다.(대판 2022.7.14, 2019다271661)

▶ 소멸시효 대상 권리

6. 부동산중개소개료 부동산매매중개에 관한 소개료는 위임사무처리로 인한 약정보수금에 해당하며 10년의 소멸시효가 적용될 민법상의 일반채권이다.(대판 1971.2.23, 70다2931)

7. 명의신탁 해제로 인한 소유권이전등기청구권 명의신탁자의 신탁계약해제로 인한 소유권이전등기 청구권은 신탁계약을 해제하였을 때 비로소 그 권리를 행사할 수 있으므로 그 해제시부터 소유권이전등기 청구권의 소멸시효기간이 진행되고 그 소멸시효기간은 신탁계약해제시부터 10년이다.(대판 1975.8.19, 75다273)

8. 공동불법행위자의 구상권 공동불법행위자의 1인의 다른 공동불법행위자에 대한 구상금 채권은 일반채권과 같이 구상권자가 현실로 피해자에게 손해금을 지급한 때로부터 10년간 이를 행사하지 아니하면 시효소멸한다.(대판 1979.5.15, 78다528)

9. 주식회사 이사·감사의 임무해태로 인한 손해배상청구권 주식회사의 이사 또는 감사의 회사에 대한 임무해태로 인한 손해배상책임은 일반불법행위 책임이 아니라 위임관계로 인한 채무불이행 책임이므로 그 소멸시효기간은 일반채무의 경우와 같이 10년이라고 보아야 한다.(대판 1985.6.25, 84다카1954)

10. 상 401조의 손해배상채무 상 401조에 기한 이사의 제3자에 대한 손해배상책임이 상법이 인정하는 특수한 책임이라는 점을 감안할 때 일반 불법행위책임의 단기소멸시효를 규정한 민 766조 1항은 적용될 여지가 없고, 일반 채권으로서 민 162조 1항에 따라 그 소멸시효기간은 10년이다.(대판 2008.2.14, 2006다82601)

11. 형성권 행사에 의하여 발생한 청구권 환매권은 일종의 형성권으로서 그 존속기간은 제척기간으로 보아야 할 것이나 환매권의 행사로 발생한 소유권이전등기청구권은 위 기간 제한과는 별도로 환매권을 행사한 때로부터 일반채권과 같이 민 162조 소정의 10년의 소멸시효 기간이 진행되는 것이지 위 제척기간 내에 이를 행사하여야 하는 것은 아니다.(대판 1991.2.22, 90다13420)

12. 점유취득시효 완성 후 점유를 상실한 경우 소유권이전등기청구권 토지에 대한 취득시효 완성으로 인한 소유권이전등기청구권은 그 토지에 대한 점유가 계속되는 한 시효로 소멸하지 아니하고, 그 후 점유를 상실하였다고 하더라도 이를 시효이익의 포기로 볼 수 있는 경우가 아닌 한 이미 취득한 소유권이전등기청구권은 바로 소멸되지 아니하나, 취득시효가 완성된 점유자가 점유를 상실한 경우 취득시효 완성으로 인한 소유권이전등기청구권의 소멸시효는 점유자가 그 부동산에 대한 점유를 상실한 때로부터 10년간 등기청구권을 행사하지 않으면 소멸시효가 완성한다.(대판 1996.3.8, 95다34866, 34873)

13. 상행위인 매매의 무효로 발생하는 부당이득반환청구권 주식회사인 부동산 매수인이 의료법인인 매도인과의 부동산 매매계약의 이행으로서 그 매매대금을 매도인에게 지급하였으나, 매도인 법인을 대표하여 위 매매계약을 체결한 대표자의 선임에 관한 이사회결의가 부존재하는 것으로 확정됨에 따라 위 매매계약이 무효로 되었음을 이유로 민법의 규정에 따라 매도인에게 이미 지급하였던 매매대금 상당액의 반환을 구하는 부당이득반환청구의 경우, 거기에 상거래 관계와 같은 정도로 신속하게 해결할 필요성이 있다고 볼 만한 합리적인 근거도 없으므로 위 부당이득반환청구권에는 상 64조가 적용되지 아니하고, 그 소멸시효기간은 민 162조 1항에 따라 10년이다.(대판 2003.4.8, 2002다64957, 64964)

14. 상행위인 외국환거래약정에 따른 손해배상의 부당이득반환청구권 외국환거래약정을 체결하면서 손해배상금의 지급약정을 하고 이에 따라 손해배상금을 지급하였지만 그 지급약정이 약관의규제에관한법률에 의해 무효로 될 경우, 피고인 금융기관에 이미 손해배상금을 지급했던 원고가 갖는 부당이득반환채권은 상행위인 계약에 기하여 급부가 이루어짐으로써 발생한 것으로서 근본적으로 상행위에 해당하고 그 채권발생의 경위나 원인 등에 비추어 그로 인한 거래관계를 신속하게 해결할 필요가 있으므로 그 소멸시효기간에는 상 64조가 적용되어 5년의 소멸시효에 걸린다고 봐야 한다.(대판 2002.6.14, 2001다47825)

15. 명의신탁자가 신탁 부동산을 점유 사용한 경우 부당이득반환청구권에 기한 등기청구권 명의신탁계약 및 그에 기한 등기를 무효로 하고 그 위반행위에 대하여 형사처벌까지 규정한 부동산실명법의 시행에 따라 그 권리를 상실하게 된 위 법률 시행 이전의 명의신탁자가 그 대신에 부당이득의 법리에 따라 법률상 취득하게 된 명의신탁 부동산에 대한 부당이득반환청구권의 경우, 무효로 된 명의신탁 약정에 기하여 처음부터 명의신탁자가 그 부동산의 점유 및 사용 등 권리를 행사하고 있다 하여 위 부당이득반환청구권 자체의 실질적 행사가 있다고 볼 수 없을 뿐만 아니라, 관련 법률의 취지상 법률을 위반한 명의신탁자에게 소멸시효기간이 진행하지 않는다고 볼 수는 없다. 이 청구권은 162조 1항에 의해 10년의 소멸시효기간을 갖는다.(대판 2009.7.9, 2009다23313)

16. 사채(社債)의 상환청구권에 대한 지연손해금의 소멸시효기간(=10년) **및 사채의 이자에 대한 지연손해금의 소멸시효기간**(=5년) 금전채무에 대한 변제기 이후의 지연손해금은

금전채무의 이행을 지체함으로 인한 손해의 배상으로 지급되는 것이므로, 그 소멸시효기간은 원본채권의 그것과 같다. 한편, 상 487조 1항에 "사채의 상환청구권은 10년간 행사하지 아니하면 소멸시효가 완성한다.", 같은 조 3항에 "사채의 이자와 전조 2항의 청구권은 5년간 행사하지 아니하면 소멸시효가 완성한다."고 규정하고 있고, 이미 발생한 이자에 관하여 채무자가 이행을 지체한 경우에는 그 이자에 대한 지연손해금을 청구할 수 있으므로, 사채의 상환청구권에 대한 지연손해금은 사채의 상환청구권과 마찬가지로 10년간 행사하지 아니하면 소멸시효가 완성하고, 사채의 이자에 대한 지연손해금은 사채의 이자와 마찬가지로 5년간 행사하지 아니하면 소멸시효가 완성한다.(대판 2010.9.9, 2010다28031)

17. 보험회사가 보험계약의 무효를 이유로 보험계약자 등을 상대로 이미 지급한 보험금의 반환을 구하는 청구권 보험계약자가 다수의 계약을 통하여 보험금을 부정 취득할 목적으로 보험계약을 체결하여 그것이 민 103조에 따라 선량한 풍속 기타 사회질서에 반하여 무효인 경우 보험자의 보험금에 대한 부당이득반환청구권은 상 64조를 유추적용하여 5년의 상사 소멸시효기간이 적용된다고 봄이 타당하다.(대판(全) 2021.7.22, 2019다277812)

18. 보험회사가 보험수익자를 상대로 보험계약자 겸 피보험자의 과잉입원을 원인으로 수령한 보험금에 대한 부당이득반환청구권 보험회사가 보험수익자인 피고를 상대로 보험계약자 겸 피보험자인 갑의 과잉입원을 원인으로 수령한 보험금에 대한 부당이득반환을 구하는 사안에서, 보험회사의 피고에 대한 부당이득반환청구권은 상행위에 해당하는 보험계약에 기초한 급부가 이루어짐에 따라 발생한 것일 뿐만 아니라, 상법이 보험금청구권의 소멸시효를 3년이라는 단기로 규정한 취지 등에 비추어 볼 때 지급한 보험금에 대한 부당이득반환청구권을 둘러싼 분쟁도 상거래 관계와 같은 정도로 신속하게 해결할 필요성이 있으므로 5년의 상사 소멸시효기간에 걸린다.(대판 2021.8.19, 2018다258074)

19. 근로계약상 보호의무 위반하여 근로자에게 손해를 입힌 경우 손해배상청구권의 소멸시효 사용자가 상인으로서 영업을 위하여 근로자와 체결하는 근로계약이 보조적 상행위에 해당하더라도 사용자가 근로계약에 수반되는 신의칙상의 부수적 의무인 보호의무를 위반하여 근로자에게 손해를 입힘으로써 발생한 근로자의 손해배상청구와 관련된 법률관계는 근로자의 생명, 신체, 건강 침해 등으로 인한 손해의 전보에 관한 것으로서 그 성질상 정형적이고 신속하게 해결할 필요가 있다고 보기 어렵다. 따라서 근로계약상 보호의무 위반에 따른 근로자의 손해배상청구권은 특별한 사정이 없는 한 10년의 민사 소멸시효기간이 적용된다고 봄이 타당하다.(대판 2021.8.19, 2018다270876)

20. 상표를 실제로 사용하고 있다는 것만으로 상표권이전등록청구권의 소멸시효가 진행되지 않는지 여부(소극) 상표권자에 대하여 상표권에 관한 이전약정에 기하여 이전등록을 청구할 권리를 가지는 사람이 이미 그 상표를 실제로 사용하고 있다는 것만으로 상표권이전등록청구권의 소멸시효가 진행되지 아니한다고 할 수는 없다. 이는 그가 상표를 당해 상표권의 지정상품에 사용하여 주지상표가 되는 등으로 별도의 법적 보호를 받을 수 있다고 하더라도 마찬가지이다.(대판 2013.5.9, 2011다71964)

21. 이주대책대상자들이 사업시행자에게 강행규정에 위배되는 분양대금 부분의 반환을 구하는 부당이득반환청구권 사업시행자가 강행규정인 공익사업법에 위배하여 생활기본시설 설치비용을 분양대금에 포함시킴으로써 그 부분이 무효가 되었음을 이유로 이주대책대상자들이 사업시행자에게 이미 지급하였던 분양대금 중 그 부분에 해당하는 금액의 반환을 구하는 부당이득반환청구의 경우에도 상거래 관계와 같은 정도로 거래관계를 신속하게 해결할 필요성이 있다고 볼 수 없으므로 위 부당이득반환청구권에는 상 64조가 적용되지 않고, 소멸시효기간은 민 162조 1항에 따라 10년으로 보아야 한다.(대판 2016.9.28, 2016다20244)

22. 위법배당에 따른 부당이득반환청구권의 소멸시효기간(=10년) 이익의 배당이나 중간배당은 회사가 획득한 이익을 내부적으로 주주에게 분배하는 행위로서 회사가 영업으로 또는 영업을 위하여 하는 상행위가 아니므로 배당금지급청구권은 상 64조가 적용되는 상행위로 인한 채권이라고 볼 수 없다. 따라서 위법배당에 따른 부당이득반환청구권은 민 162조 1항이 적용되어 10년의 민사소멸시효에 걸린다고 보아야 한다.(대판 2021.6.24, 2020다208621)

23. 의사가 의료기관에 대하여 갖는 급여, 수당, 퇴직금 등 채권이 상사채권에 해당하는지 여부(소극) 의사의 영리추구 활동을 제한하고 직무에 관하여 고도의 공공성과 윤리성을 강조하며 의료행위를 보호하는 의료법의 여러 규정에 비추어 보면, 개별 사안에 따라 전문적인 의료지식을 활용하여 진료 등을 행하는 의사의 활동은 최대한의 효율적인 영리추구 허용 등을 특징으로 하는 상인의 영업활동과는 본질적으로 차이가 있다. 따라서 의료법의 여러 규정과 제반 사정을 참작하면 의사나 의료기관을 상 4조 또는 5조 1항이 규정하는 상인이라고 볼 수는 없고, 의사가 의료기관에 대하여 갖는 급여, 수당, 퇴직금 등 채권은 상사채권에 해당한다고 할 수 없다.(대판 2022.5.26, 2022다200249)

24. 세무사를 상인이라고 볼 수 있는지 여부(소극) **및 세무사의 직무에 관한 채권의 소멸시효기간**(=10년) 세무사의 직무에 관하여 고도의 공공성과 윤리성을 강조하고 있는 세무사법의 여러 규정에 비추어 보면, 개별 사안에 따라 전문적인 세무지식을 활용하여 직무를 수행하는 세무사의 활동은 최대한의 효율적인 영리 추구 허용 등을 특징으로 하는 상인의 영업활동과는 본질적으로 차이가 있다. 따라서 세무사를 상 4조 또는 5조 1항이 규정하는 상인이라고 볼 수 없고, 세무사의 직무에 관한 채권이 상사채권에 해당한다고 볼 수 없으므로, 세무사의 직무에 관한 채권에 대하여는 민 162조 1항에 따라 10년의 소멸시효가 적용된다.(대판 2022.8.25, 2021다311111)

▶ **소멸시효의 대상이 아닌 권리**

25. 양도담보설정자가 피담보채무 변제 후 행사하는 등기청구권 부동산 양도담보의 경우에 피담보채무가 변제된 이후에 양도담보권설정자가 행사하는 등기청구권은 양도담보권설정자의 실질적 소유권에 기한 물권적 청구권이므로 따로이 시효소멸되지 아니한다.(대판 1979.2.13, 78다2412)

26. 신탁종료로 인한 말소등기청구권 신탁종료로 인하여 가지는 신탁등기의 말소등기청구권은 소멸시효의 대상이 될 수 없다.(대판 1980.4.8, 80다173)

27. 공유물분할청구권 공유물분할청구권은 공유관계에서 수반되는 형성권이므로 공유관계가 존속하는 한 그 분할청구권만이 독립하여 시효소멸될 수 없다.(대판 1981.3.24, 80다1888, 1889)

28. 합의해제에 따른 매도인의 원상회복청구권 합의해제에 따른 매도인의 원상회복청구권은 소유권에 기한 물권적 청구권이라고 할 것이고 이는 소멸시효의 대상이 되지 아니한다.(대판 1982.7.27, 80다2968)

29. 고용관계 자체 사원임의 확인을 구하는 청구는 개별적으로 구체화되어 존재하는 고용계약상의 권리의무들의 확인을 구하는 것이 아니라 이들 권리의무의 전제가 되고 또한 이들이 파생되어 나온 기본적인 고용에 관한 법률관계 그 자체의 확인을 구하는 취지여서 이러한 법률관계는 민 162조 1항이 규정하는 채권관계가 될 수 없다.(대판 1990.8.28, 90다카9619)

30. 명의신탁 해지 후 소유권에 기한 소유권이전등기청구권 부동산의 소유자명의를 신탁한 자는 특별한 사정이 없는 한 언제든지 명의신탁을 해지하고 소유권에 기하여 신탁해지를

원인으로 한 소유권이전등기절차의 이행을 청구할 수 있는 것으로서, 이와 같은 등기청구권은 소멸시효의 대상이 되지 않는다.(대판 1991.11.26, 91다34387)

31. 진정명의회복을 위한 소유권이전등기청구권 진정한 명의의 회복을 구하는 소유권이전등기청구권은 시효로 인하여 소멸하는 권리가 아니라 할 것이다.(대판 1993.8.24, 92다43975)

32. 3자간 등기명의신탁에서 목적 부동산을 인도받아 점유하고 있는 명의신탁자의 매도인에 대한 소유권이전등기청구권의 소멸시효 진행 여부(소극) 부동산의 매수인이 목적물을 인도받아 계속 점유하는 경우에는 매도인에 대한 소유권이전등기청구권은 소멸시효가 진행되지 않고, 이러한 법리는 3자간 등기명의신탁에 의한 등기가 유효기간의 경과로 무효로 된 경우에도 마찬가지로 적용된다. 따라서 그 경우 목적 부동산을 인도받아 점유하고 있는 명의신탁자의 매도인에 대한 소유권이전등기청구권 역시 소멸시효가 진행되지 않는다.(대판 2013.12.12, 2013다26647)

▶ **권리의 불행사**

33. 시효제도의 취지, 매수 부동산을 인도받아 점유하고 나아가 점유를 승계해준 경우 소유권이전등기청구권 소멸시효 진행 여부(소극) ① 시효제도는 일정 기간 계속된 사회질서를 유지하고 시간의 경과로 인하여 곤란해지는 증거보전으로부터의 구제를 꾀하며 자기 권리를 행사하지 않고 소위 권리 위에 잠자는 자는 법적 보호에서 이를 제외하기 위하여 규정된 제도라 할 것인바, 부동산에 관하여 인도, 등기 등의 어느 한 쪽만에 대하여서라도 권리를 행사하는 자는 전체적으로 보아 그 부동산에 관하여 권리 위에 잠자는 자라고 할 수 없다 할 것이므로, 매수인이 목적 부동산을 인도받아 계속 점유하는 경우에는 그 소유권이전등기청구권의 소멸시효가 진행하지 않는다. ② 부동산의 매수인이 그 부동산을 인도받은 이상 이를 사용·수익하다가 그 부동산에 대한 보다 적극적인 권리 행사의 일환으로 다른 사람에게 그 부동산을 처분하고 그 점유를 승계하여 준 경우에도 그 이전등기청구권의 행사 여부에 관하여 그가 그 부동산을 스스로 계속 사용·수익만 하고 있는 경우와 특별히 다를 바 없으므로 위 두 어느 경우에나 이전등기청구권의 소멸시효는 진행되지 않는다.(대판(全) 1999.3.18, 98다32175)

▶ **시효완성의 효과**

34. 수표상의 권리와 원인관계 채권의 관계 수표상의 권리가 시효 따위로 인하여 소멸하였다 하여 다른 일반채권도 당연히 소멸하는 것이 아니다.(대판 1976.11.23, 76다1391)

35. 시효완성으로 인한 채무 소멸 여부와 재판에서의 항변 요부(적극) 신민법상 당사자의 원용이 없어도 시효완성의 사실로서 채무는 당연히 소멸하고, 다만 소멸시효의 이익을 받는 자가 소멸시효 이익을 받겠다는 뜻을 항변하지 않는 이상 그 의사에 반하여 재판할 수 없을 뿐이다.(대판 1979.2.13, 78다2157)

36. 담보가등기 경료된 부동산 양수자가 시효완성을 주장할 수 있는 자인지 여부(적극) 채권담보의 목적으로 매매예약의 형식을 빌어 소유권이전청구권 보전을 위한 가등기가 경료된 부동산을 양수하여 소유권이전등기를 마친 제3자는 당해 가등기담보권의 피담보채권의 소멸에 의하여 직접 이익을 받는 자이므로, 가등기담보권에 의하여 담보된 채권의 채무자를 대위하지 아니하고 독자적으로 피담보채권에 관한 소멸시효를 원용할 수 있다.(대판 1995.7.11, 95다12446)

37. 동일한 목적을 달성하기 위한 복수의 채권 중 어느 하나를 행사하는 경우 및 소멸시효기간에 관한 주장에 변론주의가 적용되는지 여부(소극) ① 채권자가 동일한 목적을 달성하기 위하여 복수의 채권을 가지고 이를 행사하는 경우 각 채권이 발생시기와 발생원인 등을 달리하는 별개의 채권인 이상 별개의 소송물에 해당하므로, 이에 대하여 채무자가 소멸시효 완성의 항변을 하는 경우에 그 항변에 의하여 어떠한 채권을 다투는 것인지 특정하여야 하고 그와 같이 특정된 항변에는 특별한 사정이 없는 한 청구원인을 달리하는 채권에 대한 소멸시효 완성의 항변까지 포함된 것으로 볼 수는 없다. 그러나 채권자가 동일한 목적을 달성하기 위하여 복수의 채권을 가지고 있더라도 선택에 따라 어느 하나의 채권만을 행사하는 것이 명백한 경우라면 채무자의 소멸시효 완성의 항변은 채권자가 행사하는 당해 채권에 대한 항변으로 봄이 타당하다. ② 어떤 권리의 소멸시효기간이 얼마나 되는지에 관한 주장은 단순한 법률상의 주장에 불과하므로 변론주의의 적용대상이 되지 않고 법원이 직권으로 판단할 수 있다.(대판 2013.2.15, 2012다68217)

38. 채무자가 소멸시효의 이익을 받을 수 있는 권리를 이미 처분한 경우, 채무자의 일반채권자가 채권자대위에 의해 시효이익을 원용할 수 있는지 여부(소극) 소멸시효가 완성된 경우에, 채무자에 대한 일반 채권자는 자기의 채권을 보전하기 위하여 필요한 한도 내에서 채무자를 대위하여 소멸시효 주장을 할 수 있을 뿐, 채권자의 지위에서 독자적으로 소멸시효의 주장을 할 수 없으므로, 채무자가 소멸시효의 이익을 받을 수 있는 권리를 이미 처분하여 대위권행사의 대상이 존재하지 않는 경우에는 채권자는 채권자대위에 의하여 시효이익을 원용할 수 없다.(대판 2014.5.16, 2012다20604)

39. 후순위 담보권자가 선순위 담보권의 피담보채권 소멸로 직접 이익을 받는 사람에 해당하는지 여부(소극) 소멸시효가 완성된 경우 이를 주장할 수 있는 사람은 시효로 채무가 소멸되는 결과 직접적인 이익을 받는 사람에 한정된다. 후순위 담보권자의 배당액 증가에 대한 기대는 담보권의 순위 상승에 따른 반사적 이익에 지나지 않는다. 후순위 담보권자는 선순위 담보권의 피담보채권 소멸로 직접 이익을 받는 자에 해당하지 않아 선순위 담보권의 피담보채권에 관한 소멸시효가 완성되었다고 주장할 수 없다고 보아야 한다.(대판 2021.2.25, 2016다232597)

40. 채무자의 소멸시효 완성 항변이 권리남용이 되는 경우 ① 채무자가 소멸시효 완성 후 시효를 원용하지 아니할 것 같은 태도를 보여 권리자로 하여금 이를 신뢰하게 하였고, 권리자가 그로부터 권리행사를 기대할 수 있는 상당한 기간 내에 자신의 권리를 행사하였다면, 채무자의 소멸시효 완성 항변은 권리남용으로 허용될 수 없다. ② 여기에서 '상당한 기간' 내에 권리행사가 있었는지는 채권자와 채무자 사이의 관계, 신뢰를 부여하게 된 채무자의 행위 등의 내용과 동기 및 경위, 채무자가 그 행위 등에 의하여 달성하려고 한 목적과 진정한 의도, 채권자의 권리행사가 지연될 수밖에 없었던 특별한 사정이 있었는지 여부 등을 종합적으로 고려하여 판단한다. 다만 위 권리행사의 '상당한 기간'은 특별한 사정이 없는 한 민법상 시효정지의 경우에 준하여 단기간으로 제한되어야 하므로, 불법행위로 인한 손해배상청구의 경우 그 기간은 민 766조 1항이 규정한 단기소멸시효기간인 3년을 넘을 수는 없다.(대판(全) 2013.5.16, 2012다202819)

第163條【3年의 短期消滅時效】 다음 各號의 債權은 3年間 行使하지 아니하면 消滅時效가 完成한다.

1. 利子, 扶養料, 給料, 使用料 其他 1年 以內의 期間으로 定한 金錢 또는 物件의 支給을 目的으로 한 債權
2. 醫師, 助産師, 看護師 및 藥師의 治療, 勤勞 및 調劑에 關한 債權 (1997.12.13 본호개정)
3. 都給받은 者, 技師 其他 工事의 設計 또는 監督에 從事하는 者의 工事에 關한 債權
4. 辯護士, 辨理士, 公證人, 公認會計士 및 法務士

에 對한 職務上 保管한 書類의 返還을 請求하는 債權 (1997.12.13 본호개정)
5. 辯護士, 辨理士, 公證人, 公認會計士 및 法務士의 職務에 關한 債權 (1997.12.13 본호개정)
6. 生産者 및 商人이 販賣한 生産物 및 商品의 代價
7. 手工業者 및 製造者의 業務에 關한 債權

▣ 일반채권소멸시효(162), 판결 등에 의하여 확정된 채권소멸시효(165)

1. 수급인의 공사에 관한 채권에 수급인이 채무자인 경우도 포함되는지 여부(소극) 구 민 170조 2호(현 민 163조 3호)에 규정된 수급인의 공사에 관한 채권은 어디까지나 수급인이 채권자로서 나설 경우의 채권만을 가리키는 것이지 수급인을 상대로 그 공사의 과급금의 반환을 청구하는 채권을 포함하지 않는다.(대판 1963.4.18, 63다92)

2. 도급받은 자의 공사에 관한 채권의 범위 민 163조 3호에서는 3년의 단기소멸시효의 적용 대상으로 '도급받은 자의 공사에 관한 채권'을 규정하고 있는데, 여기서 '도급받은 자의 공사에 관한 채권'이라 함은 공사채권뿐만 아니라 그 공사에 부수되는 채권도 포함한다.(대판 2010.11.25, 2010다56685)

3. 상인이 전매하는 자에게 판매하는 물품의 대가도 포함되는지 여부(적극) 민 163조 6호의 단기소멸시효의 규정은 생산자 및 도매상인이 소비자뿐 아니라 전매를 목적으로 하는 자에 대하여 판매한 산물 및 상품의 대가에 대하여도 적용된다.(대판 1964.8.31, 64다35)

4. 근로자 퇴직금 등의 적용법률(구법관계) 근로자의 퇴직금 및 무예고 해고보상청구권은 구 근로 41조에서 말하는 대금채권에 해당하므로 2년간 행사하지 않으면 소멸시효가 완성한다.(대판 1965.7.6, 65다877)

5. 국회의원의 보수금이 사법상의 급료채권인지 여부(적극) 국회의원이 재직중 국가로부터 받게 될 세비, 차마비, 체류비, 보수금 등을 의원직을 그만 둔 후에 국고에 대하여 청구하는 법률관계는 국고에 대한 사법상의 금전채권을 청구하는 경우로서 163조 1호의 급료채권에 해당한다.(대판 1966.9.20, 65다2506)

6. 지료가 확정되지 않은 경우 소멸시효 인정 여부(소극) 지료가 확정되지 않았다면 지료청구권의 소멸을 논할 수 없으므로 단기소멸시효를 인정할 여지가 없다.(대판 1969.5.27, 69다353)

7. 민법의 시효기간이 예산회계법의 시효기간보다 짧을 경우 적용법률 국가에 대한 또는 대하여 가지는 권리인 차임청구권이 민법상 3년의 소멸시효와 예산회계법상 5년의 소멸시효의 양법에 해당되는 때에는 민법의 소멸시효기간이 단기이므로 민법의 규정에 따라 소멸시효가 완성한다.(대판 1971.7.27, 71다494)

8. 도급받은 자의 공사에 관한 채권의 의미, 공사비채권이 시효소멸한 경우 그 채권의 이행불능으로 인한 손해배상청구 가부(소극) ① 도급을 받은 자의 공사에 관한 채권이라고 규정하여 도급받은 공사채권 뿐만 아니라 그 공사에 부수되는 채권도 포함하고 있고 원래 도급은 거래관행상 위임적인 요소를 포함시키는 경우가 많음에 비추어 반드시 민법상의 계약유형의 하나인 도급계약만을 뜻하는 것이 아니고 광범위하게 공사의 완성을 맡은 것으로 볼 수 있는 경우까지도 포함된다. ② 본래의 공사비채권이 시효소멸되었다면 그 채권이 이행불능이 되었음을 이유로 하는 손해배상청구권 역시 허용될 수 없다.(대판 1987.6.23, 86다카2549)

9. 공사에 관한 채권을 약정에 관한 채권이라고 주장하는 경우 소멸시효기간 당사자가 공사에 관한 채권을 약정에 기한 채권이라고 주장한다고 하더라도 그 채권의 성질이 변경되지 아니한 이상 단기소멸시효에 관한 민 163조 3호의 적용을 배제할 수는 없다.(대판 1994.10.14, 94다17185)

10. 상인이 판매한 상품의 대가의 의미 '상인이 판매한 상품의 대가'란 상품의 매매로 인한 대금 그 자체의 채권만을 말하는 것으로서, 상품의 공급 자체와 등가성 있는 청구권에 한한다.(대판 1996.1.23, 95다39854)

11. 지연손해금이 이자나 1년 이내의 기간으로 정한 채권에 해당하는지 여부(소극) 변제기 이후에 지급하는 지연이자는 금전채무의 이행을 지체함으로 인한 손해배상금이지 이자가 아니고 또 민 163조 1호 소정의 1년 이내의 기간으로 정한 채권도 아니므로 단기소멸시효의 대상이 되는 것도 아니다.(대판 1989.2.28, 88다카214)

12. 1년 이내의 기간으로 정한 채권의 의미(1) '1년 이내의 기간으로 정한 금전 또는 물건의 지급을 목적으로 하는 채권'이란 1년 이내의 정기에 지급되는 채권을 의미하는 것이지, 변제기가 1년 이내의 채권을 말하는 것이 아니므로, 이자채권이라고 하더라도 1년 이내의 정기에 지급하기로 한 것이 아닌 이상 위 규정 소정의 3년의 단기소멸시효에 걸리는 것이 아니다.(대판 1996.9.20, 96다25302)

13. 1년 이내의 기간으로 정한 채권의 의미(2) ① 3년의 단기소멸시효에 걸리는 것으로 규정한 '1년 이내의 기간으로 정한 채권'이란 1년 이내의 정기로 지급되는 채권을 말한다. ② 갑과 을이 체결한 정수기 대여계약의 본질이 리스물건의 취득 자금에 대한 금융 편의 제공이 아니라 리스물건의 사용 기회 제공에 있고, 위 대여계약에서 월 대여료는 갑이 을에게 제공하는 취득 자금의 금융 편의에 대한 변제 성격을 가지는 것이 아니라 정수기의 사용 대가인 점 등에 비추어 위 대여계약은 금융리스에 해당한다고 볼 수 없으므로, 위 대여계약에 기한 월 대여료 채권은 '사용료 기타 1년 이내의 기간으로 정한 금전의 지급을 목적으로 한 채권'으로서 소멸시효 기간은 3년이다.(대판 2013.7.12, 2013다20571)

14. 전기업자가 공급하는 전력의 대가인 전기요금채권 전기업자가 공급하는 전력의 대가인 전기요금채권은 민 163조 6호의 '생산자 및 상인이 판매한 생산물 및 상품의 대가'에 해당하므로, 3년간 이를 행사하지 아니하면 소멸시효가 완성된다.(대판 2014.10.6, 2013다84940)

15. 수급인의 목적부동산에 대한 저당권설정청구권 도급받은 공사의 공사대금채권은 민 163조 3호에 따라 3년의 단기소멸시효가 적용되고, 공사에 부수되는 채권도 마찬가지인데, 민 666조에 따른 저당권설정청구권은 공사대금채권을 담보하기 위하여 저당권설정등기절차의 이행을 구하는 채권적 청구권으로서 공사에 부수되는 채권에 해당하므로 소멸시효기간 역시 3년이다.(대판 2016.10.27, 2014다211978)

16. 163조 5호가 세무사 등 유사한 직무를 수행하는 다른 자격사의 직무에 관한 채권에 유추적용되는지 여부(소극) 민 163조 5호에서 정하고 있는 '변호사, 변리사, 공증인, 공인회계사 및 법무사의 직무에 관한 채권'에만 3년의 단기 소멸시효가 적용되고, 세무사와 같이 그들의 직무와 유사한 직무를 수행하는 다른 자격사의 직무에 관한 채권에 대하여는 민 163조 5호가 유추적용된다고 볼 수 없다.(대판 2022.8.25, 2021다311111)

第164條【1年의 短期消滅時效】 다음 各號의 債權은 1年間 行使하지 아니하면 消滅時效가 完成한다.
1. 旅館, 飮食店, 貸席, 娛樂場의 宿泊料, 飮食料, 貸席料, 入場料, 消費物의 代價 및 替當金의 債權
2. 衣服, 寢具, 葬具 其他 動産의 使用料의 債權
3. 勞役人, 演藝人의 賃金 및 그에 供給한 物件의 代金債權
4. 學生 및 修業者의 敎育, 衣食 및 留宿에 關한 校主, 塾主, 敎師의 債權

▣ 일반채권소멸시효(162), 판결등에 의하여 확정된 채권소멸시효(165)

1. 상행위로 인한 채권이 민법상 단기시효의 적용을 받는 경

우의 적용법률 상행위로 인한 채권의 소멸시효에 관하여도 다른 법령에 상사시효보다 단기의 시효의 규정이 있는 때에는 그 규정에 의하는 것이므로 본건 채권이 1년 단기시효에 의하여 소멸되는 것이라면 상사시효에 관한 규정을 적용할 것이 아니라 민법상 1년의 단기시효의 규정을 적용하여야 한다.(대판 1966.6.28, 66다790)

2. 영화필름 사용료 채권이 동산의 사용료 채권인지 여부(적극) 영화필름 사용료채권은 동산인 필름의 사용료채권으로서 민 164조 2호에 이른바 기타동산의 사용료채권으로 볼 수 있다.(대판 1967.6.27, 67다767)

3. 노임채권에 관하여 상행위인 준소비대차 약정이 있는 경우 소멸시효 노임채권이라도 채권자인 원고와 채무자인 피고 회사사이에 위 노임채권에 관하여 준소비대차의 약정이 있었다면 동 준소비대차계약은 상인인 피고 회사가 영업을 위하여 한 상행위로 추정함이 상당하고, 이에 의하여 새로이 발생한 채권은 상사채권으로서 5년의 상사시효의 적용을 받게 된다.(대판 1981.12.22, 80다1363)

4. 민 164조 각 호 채권의 채권자가 그 채권의 발생원인이 된 계약에 기하여 상대방에 대하여 부담하는 반대채무의 소멸시효기간도 1년인지 여부(소극) 164조는 그 각 호에서 개별적으로 정하여진 채권의 채권자가 그 채권의 발생원인이 된 계약에 기하여 상대방에 대하여 부담하는 반대채무에 대하여는 적용되지 아니한다. 따라서 그 채권의 상대방이 그 계약에 기하여 가지는 반대채권은 원칙으로 돌아가, 다른 특별한 사정이 없는 한 민 162조 1항에서 정하는 10년의 일반소멸시효기간의 적용을 받는다.(대판 2013.11.14, 2013다65178)

5. 매월 말 지급하기로 한 숙박료, 음식료로 구성된 리조트 사용료 채권의 소멸시효기간(=1년) 건설업을 하는 갑 주식회사가 공사에 투입한 인원이 공사 기간 중에 리조트의 객실과 식당을 사용한 데에 대한 사용료를 을에게 매월 말 지급하기로 약정하였는데, 숙박료와 음식료로 구성되어 있는 위 리조트 사용료 채권의 소멸시효기간이 문제 된 사안에서, 민 164조 1호는 여관, 음식점, 대석, 오락장의 숙박료, 음식료, 대석료, 입장료, 소비물의 대가 및 체당금의 채권은 1년간 행사하지 아니하면 소멸시효가 완성한다고 특별히 규정하고 있으므로, 갑이 리조트 사용료를 월 단위로 지급하기로 약정하였더라도, 리조트 사용료 채권은 민 163조 1호의 '사용료 기타 1년 이내의 기간으로 정한 금전의 지급을 목적으로 한 채권'이 아니라 민 164조 1호에 정한 '숙박료 및 음식료 채권'으로서 소멸시효기간은 3년이 아닌 1년이다.(대판 2020.2.13, 2019다271012)

第165條【判決 等에 依하여 確定된 債權의 消滅時效】

① 判決에 依하여 確定된 債權은 短期의 消滅時效에 該當한 것이라도 그 消滅時效는 10年으로 한다.

② 破産節次에 依하여 確定된 債權 및 裁判上의 和解, 調停 其他 判決과 同一한 效力이 있는 것에 依하여 確定된 債權도 前項과 같다.

③ 前2項의 規定은 判決確定當時에 辨濟期가 到來하지 아니한 債權에 適用하지 아니한다.

■ 단기시효기간(163 · 164, 상64, 어70 · 77①viii, 수51), 확정판결 및 이와 동일한 효력(민소216 · 218 · 220 · 231 · 474, 가소12 · 59②, 민조정29, 회생파산117 · 168 · 255 · 354 · 460 · 535 · 603③)

1. 본조의 해석 민 165조의 규정은 단기의 소멸시효에 걸리는 것이라도 확정판결을 받은 권리의 소멸시효는 10년으로 한다는 뜻일 뿐 10년보다 장기의 소멸시효를 10년으로 단축한다는 의미도 아니고 본래 소멸시효의 대상이 아닌 권리가 확정판결을 받음으로써 10년의 소멸시효에 걸린다는 뜻도 아니다.(대판 1981.3.24, 80다1888, 1889)

2. 채권자와 주채무자간 판결의 효력이 채권자와 보증인간 채권에도 미치는지 여부(소극) 본조는 당해 판결등의 당사자 사이에 한하여 발생하는 효력에 관한 것이고 채권자와 주채무자 사이의 판결등에 의해 채권이 확정되어 그 소멸시효가 10년으로 되었다 할지라도 위 당사자 이외의 채권자와 연대보증인 사이에 있어서는 위 확정판결등은 그 시효기간에 대하여는 아무런 영향도 없고 채권자의 연대보증인의 연대보증채권의 소멸시효기간은 여전히 종전의 소멸시효기간에 따른다.(대판 1986.11.25, 86다카1569)

3. 주채무자에 대한 확정판결에 의하여 단기소멸시효에 해당하는 주채무의 소멸시효기간이 10년으로 연장된 상태에서 주채무를 보증한 경우, 보증채무의 소멸시효기간 보증채무는 주채무와는 별개의 독립한 채무이므로 보증채무와 주채무의 소멸시효기간은 채무의 성질에 따라 각각 별개로 정해진다. 그리고 주채무자에 대한 확정판결에 의하여 민 163조 각 호의 단기소멸시효에 해당하는 주채무의 소멸시효기간이 10년으로 연장된 상태에서 주채무를 보증한 경우, 특별한 사정이 없는 한 보증채무에 대하여는 민 163조 각 호의 단기소멸시효가 적용될 여지가 없고, 성질에 따라 보증인에 대한 채권이 민사채권인 경우에는 10년, 상사채권인 경우에는 5년의 소멸시효기간이 적용된다.(대판 2014.6.12, 2011다76105)

4. 주채무의 시효완성으로 보증채무가 소멸된 상태에서 보증인이 보증채무를 이행하거나 승인한 경우, 보증인이 주채무의 시효소멸을 이유로 보증채무의 소멸을 주장할 수 있는지 여부(원칙적 적극) 보증채무에 대한 소멸시효가 중단되는 등의 사유로 완성되지 아니하였다고 하더라도 주채무에 대한 소멸시효가 완성된 경우에는 시효완성 사실로써 주채무가 당연히 소멸되므로 보증채무의 부종성에 따라 보증채무 역시 당연히 소멸된다. 그리고 주채무에 대한 소멸시효가 완성되어 보증채무가 소멸된 상태에서 보증인이 보증채무를 이행하거나 승인하였다고 하더라도, 주채무자가 아닌 보증인의 행위에 의하여 주채무에 대한 소멸시효 이익의 포기 효과가 발생된다고 할 수 없으며, 주채무의 시효소멸에도 불구하고 보증채무를 이행하겠다는 의사를 표시한 경우 등과 같이 부종성을 부정하여야 할 다른 특별한 사정이 없는 한 보증인은 여전히 주채무의 시효소멸을 이유로 보증채무의 소멸을 주장할 수 있다고 보아야 한다.(대판 2012.7.12, 2010다51192)

5. 소송비용상환청구권의 소멸시효 법원이 판결로 소송비용의 부담을 정하는 재판을 하면서 그 액수를 정하지 않은 경우 소송비용부담의 재판이 확정됨으로써 소송비용상환의무의 존재가 확정되지만, 당사자의 신청에 따라 별도로 민소 110조에서 정한 소송비용액확정결정으로 구체적인 소송비용 액수가 정해지기 전까지는 그 의무의 이행기가 도래한다고 볼 수 없고 이행기의 정함이 없는 상태로 유지된다. 위와 같이 발생한 소송비용상환청구권은 소송비용부담의 재판에 해당하는 판결 확정 시 발생하여 그때부터 소멸시효가 진행하지만, 민 165조 3항에 따라 민 165조 1항에서 정한 10년의 소멸시효는 적용되지 않는다. 따라서 국가의 소송비용상환청구권은 금전의 급부를 목적으로 하는 국가의 권리로서 국가재정 96조 1항에 따라 5년 동안 행사하지 않으면 소멸시효가 완성된다고 보아야 한다.(대결 2021.7.29, 2019마6152)

第166條【消滅時效의 起算點】

① 消滅時效는 權利를 行使할 수 있는 때로부터 進行한다.

② 不作爲를 目的으로 하는 債權의 消滅時效는 違反行爲를 한 때로부터 進行한다.

■ 권리행사할 수 있는 때(147① · 152①), 소유권과 소멸시효(162②), 시효기산일과 시효소급효(167 · 247①), 유치권행사와 채권소멸시효(326)

1. 공고를 한 징발보상청구권 소멸시효의 기산점 징발보상청구권의 소멸시효의 기간은 국방부장관이 징발보상을 시행하겠다는 공고를 하여 그 공고기간이 만료된 때부터 5년간이라 할 것이다.(대판 1970.3.10, 69다2014)

2. 위법한 농지분배로 인한 손해배상책임 시효의 기산점 위법한 농지분배로 인한 손해배상책임의 시효는 상환완료시부터 진행한다.(대판 1974.11.1, 74다632)

3. 무상토지통행 채무불이행으로 인한 손해배상청구권 소멸시효의 기산점 인접 토지소유권자에 대하여 통로를 무상으로 통행할 수 있도록 하여 줄 책임을 이행치 못한 채무불이행으로 인한 채권자의 손해배상청구채권의 소멸시효는 통로로 제공된 대지의 소유권을 전전 취득한 자가 채권자를 상대로 통로의 불법점거를 내세워 제소하여 승소판결이 확정됨으로써 채권자가 무상으로 그 통로를 통행할 수 없게 된 판결확정일 이후부터 진행한다.(대판 1975.8.29, 75다740)

4. 판례변경이 있는 경우 기산점 일반당사자는 특별한 사정이 없는한 판례변경으로 인하여 그때에 비로소 민 766조의 적용을 받는 불법행위로 인한 손해배상청구권이 있는 것으로 알았다고 보아야 하고 따라서 그 기산점도 판결선고의 다음날부터 진행한다.(대판 1977.4.26, 76다2245)

5. 판례의 변경과 법률상 장애의 존부 대법원 전원합의체판결에서 무면허운전에 관한 종전의 견해를 변경한 바 있다 하여 이로써 피해자가 보험회사에 대하여 보험금액 직접청구권을 행사함에 있어 법률상 장애가 있었다 할 수 없으므로 그 소멸시효가 위 대법원 판결이 있은 때로부터 기산된다 할 수 없다.(대판 1993.4.13, 93다3622)

6. 권리행사가 가능하다는 대법원의 법률적 판단과 장애사유의 해소 채권자에게 권리의 행사를 기대할 수 없는 객관적인 사실상의 장애사유가 있었던 경우에도 대법원이 이에 관하여 채권자의 권리행사가 가능하다는 법률적 판단을 내렸다면 특별한 사정이 없는 한 그 시점 이후에는 그러한 장애사유가 해소되었다고 볼 수 있다.(대판 2023.12.21, 2018다303653)

7. 위헌 법률에 의한 법률상 장애의 존부 헌법재판소에 의하여 면직처분의 근거가 된 법률 규정이 위헌으로 결정되어 위헌결정의 소급효로 인하여 면직처분이 당연무효가 되고 그 면직처분이 불법행위에 해당되는 경우라도, 그 손해배상청구권은 위헌결정이 있기 전까지는 법률 규정의 존재라는 법률상 장애로 인하여 행사할 수 없으므로 소멸시효의 기산점은 위헌결정일로부터 진행되는 것이고, 이러한 법리는 그 법률이 위헌결정 당시에는 실효되었다 할지라도 그 법률 규정으로 인한 면직처분의 효력이 그대로 지속되는 경우에도 마찬가지이다.(대판 1996.7.12, 94다52195)

8. 계속적 거래관계로 발생한 채권 소멸시효의 기산점 계속적인 거래관계로 인하여 발생한 채권인 경우 단기소멸시효의 기산점은 변제기에 관한 특약이 없는 한 각 외상대금 채권이 발생한 때로부터 개별적으로 진행한다.(대판 1978.3.28, 77다2463)

9. 보증인의 사후구상권과 사전구상권 소멸시효의 진행 보증인의 주채무자에 대한 사후구상권과 사전구상권은 그 발생원인을 서로 달리하는 별개의 독립된 권리라 할 것이므로 그 소멸시효는 각각 그 권리가 발생되어 이를 행사할 수 있는 때부터 각별로 진행한다.(대판 1981.10.6, 80다2699)

10. 권리를 행사할 수 있는 때의 의미 소멸시효의 기산점인 "권리를 행사할 수 있는 때"라 함은 권리를 행사함에 있어서 법률상의 장애(이행기 미도래, 정지조건 미성취)가 없는 경우를 말하며, 권리자의 개인적 사정이나 법률지식의 부족, 권리존재의 부지 또는 채무자의 부재 등 사실상 장애로 권리를 행사하지 못하였다 하여 시효가 진행하지 아니하는 것이 아니며, 이행기가 정해진 채권은 그 기한이 도래한 때부터 소멸시효가 진행한다.(대판 1982.1.19, 80다2626)

11. 매매로 인한 소유권이전등기청구권과 법률상 장애의 존부 건물에 관한 소유권이전등기청구권에 있어서 매매계약 당시 신축 중이었고 그 목적물인 건물이 완공되지 아니하여 이를 행사할 수 없었다는 사유는 법률상의 장애사유에 해당한다.(대판 2007.8.23, 2007다28024)

12. 사실상 권리의 존재나 권리행사가능성을 알지 못하고 과실이 없는 경우 시효진행 여부(적극) 매매로 인한 부동산소유권이전채무가 이행불능됨으로써 매수인이 매도인에 대하여 갖게 되는 손해배상채권은 그 부동산소유권의 이전채무가 이행불능된 때에 발생하는 것이고 그 계약체결일에 생기는 것은 아니므로 위 손해배상채권의 소멸시효는 계약체결일 아닌 소유권이전채무가 이행불능된 때부터 진행한다.(대판 1990.11.9, 90다카22513)

13. 채무자가 경매절차에서의 잉여금 존재를 사실상 알지 못한 경우 소멸시효기간 진행 여부(적극) 부동산경매절차에서 채무자에 대한 송달이 공시송달의 방법으로 이루어짐으로써 채무자가 경매진행 사실 및 잉여금의 존재에 관하여 사실상 알지 못하였다고 하더라도 소멸시효기간이 진행한다.(대결 2024.4.30, 2023그887)

14. 행정처분의 취소로 발생하는 채권 소멸시효의 기산점 행정행위는 이를 취소하는 행정소송의 판결이 확정됨으로써 그 효력을 잃고 그 반환청구채권이 발생하여 이때부터 그 소멸시효가 진행된다.(대판 1986.3.25, 85다카748)

15. 행정처분의 무효로 발생하는 채권 소멸시효의 기산점 과세처분이 부존재하거나 당연무효인 경우에 오납금에 대한 납세의무자의 부당이득반환청구권은 처음부터 법률상 원인이 없이 납부 또는 징수된 것이어서 납부 또는 징수시에 발생하여 확정된 것이므로 이때부터 소멸시효가 진행된다.(대판 1992.3.31, 91다32053)

16. 채무불이행 손해배상채권 소멸시효의 기산점 채무불이행으로 인한 손해배상청구권은 현실적으로 손해가 발생한 때에 성립하고, 현실적으로 손해가 발생하였는지 여부는 사회통념에 비추어 객관적이고 합리적으로 판단하여야 한다.(대판 2020.6.11, 2020다201156)

17. 이행불능으로 인한 손해배상채권 소멸시효의 기산점 매매로 인한 소유권이전채무가 이행불능됨으로써 발생하는 손해배상채권은 소유권이전채무가 이행불능된 때에 발생하는 것이고 그 계약체결일에 생기는 것은 아니므로 그 소멸시효는 이행불능된 때부터 진행한다.(대판 1990.11.9, 90다카22513)

18. 매매대금채권이 소유권이전등기의무와 동시이행관계에 있는 경우 소멸시효의 기산점 부동산 매매대금 채권이 소유권이전등기청구권과 동시이행의 관계에 있다고 할지라도 매도인은 매매대금의 지급기일 이후 언제라도 그 대금의 지급을 청구할 수 있는 것이며, 다만 매수인은 이행의 제공을 받기까지 그 지급을 거절할 수 있는 데 지나지 아니하므로 매매대금 청구권은 그 지급기일 이후 시효의 진행에 걸린다.(대판 1991.3.22, 90다9797)

19. 채무이행기한을 유예받은 경우 기산점 채권의 소멸시효는 이행기가 도래한 때로부터 진행되지만 이행기일이 도래한 후에 채권자가 채무자에 대하여 기한을 유예한 경우에는 유예시까지 진행된 시효는 포기한 것으로서 유예한 이행기일로부터 다시 시효가 진행된다.(대판 1992.12.22, 92다40211)

20. 양도담보설정자의 정산금청구권 소멸시효의 기산점 양도담보설정자의 정산금청구는 처분정산의 경우에는 담보부동산이 환가되어야 비로소 그 권리행사가 가능한 것이므로 정산금청구권은 담보부동산의 환가시를 시점으로 하여 소멸시효가 진행된다.(대판 1994.5.24, 93다44975)

21. 부정경쟁방지법상 영업비밀침해금지·예방청구권 소멸시효의 기산점 부정경쟁 10조 1항이 정한 영업비밀 침해행위의 금지 또는 예방을 청구할 수 있는 권리의 소멸시효가 진행하기 위하여는 일단 침해행위가 개시되어야 하고, 나아가 영업비밀 보유자가 그 침해행위에 의하여 자기의 영업상의 이익이 침해되거나 또는 침해될 우려가 있는 사실 및 침해행위자를 알아야 한다.(대결 1996.2.13, 95마594)

22. 공익사업법에 따른 협의취득으로 체결된 부동산 매매계약에서 당사자 일방이 상인인 경우, 매도인의 채무불이행책임이나 하자담보책임에 따른 매수인의 손해배상채권에 대하

여 상사소멸시효가 적용되는지 여부(적극) 상인이 그 소유 부동산을 매도하기 위해 체결한 매매계약은 영업을 위하여 한 것으로 추정되고, 그와 같은 추정은 매매계약이 공익사업법에 의한 협의취득이라는 사정만으로 번복되지 않는다. 결국 당사자 일방이 상인인 경우에는 공익사업법에 의한 협의취득으로 체결된 부동산 매매계약이라고 하더라도 다른 사정이 없는 한 보조적 상행위에 해당하므로, 매도인의 채무불이행책임이나 하자담보책임에 기한 매수인의 손해배상채권에 대해서는 상사소멸시효가 적용된다.(대판 2022.7.14, 2017다242232)

23. 보험금청구권 소멸시효의 기산점 보험사고가 발생한 것인지가 객관적으로 분명하지 아니하여 보험금청구권자가 과실 없이 보험사고의 발생을 알 수 없었던 사정이 있는 경우에는 보험사고의 발생을 알았거나 알 수 있었을 때부터 보험금청구권의 소멸시효가 진행하지만, 그러한 특별한 사정이 없는 한 보험금청구권의 소멸시효는 원칙적으로 보험사고가 발생한 때부터 진행한다.(대판 1997.11.11, 97다36521)

24. 형성권적 기한이익상실의 특약이 있는 할부채무 소멸시효의 기산점 형성권적 기한이익 상실의 특약은 채권자의 이익을 위한 것으로서 기한이익의 상실 사유가 발생하였다고 하더라도 채권자가 나머지 전액을 일시에 청구할 것인가 또는 종래대로 할부변제를 청구할 것인가를 자유로이 선택할 수 있으므로, 이런 채무에서 1회의 불이행이 있더라도 각 할부금에 대해 그 각 변제기의 도래시마다 그 때부터 순차로 소멸시효가 진행하고 채권자가 특히 잔존 채무 전액의 변제를 구하는 취지의 의사를 표시한 경우에 한하여 전액에 대하여 그 때부터 소멸시효가 진행한다.(대판 1997.8.29, 97다12990)

25. 의사의 치료에 관한 채권 소멸시효의 기산점 민 163조 2호 소정의 '의사의 치료에 관한 채권'에 있어서는, 특약이 없는 한 그 개개의 진료가 종료될 때마다 각각의 당해 진료에 필요한 비용의 이행기가 도래하여 그에 대한 소멸시효가 진행된다고 해석함이 상당하고, 장기간 입원 치료를 받는 경우라 하더라도 다른 특약이 없는 한 입원 치료 중에 환자에 대하여 치료비를 청구함에 아무런 장애가 없으므로 퇴원시부터 소멸시효가 진행된다고 볼 수는 없고, 환자가 수술 후 후유증으로 장기간 입원 치료를 받으면서 병원을 상대로 의료과오를 원인으로 한 손해배상청구 소송을 제기하였다 하더라도 그러한 사정만으로는 환자를 상대로 치료비를 청구하는 데 법률상으로 아무런 장애가 되지 아니하므로 치료비 채권의 소멸시효가 손해배상청구 소송이 종결된 날로부터 진행한다고 볼 수는 없다.(대판 2001.11.9, 2001다52568)

26. 법인의 내부적인 법률관계가 개입된 권리의 소멸시효 기산점 소멸시효의 진행은 당해 청구권이 성립한 때로부터 발생하고 원칙적으로 권리의 존재나 발생을 알지 못하였다고 하더라도 소멸시효의 진행에 장애가 되지 않지만, 법인의 이사회결의가 부존재함에 따라 발생하는 제3자의 부당이득반환청구권처럼 법인이나 회사의 내부적인 법률관계가 개입되어 있어 청구권자가 권리의 발생 여부를 객관적으로 알기 어려운 상황에 있고 청구권자가 과실 없이 이를 알지 못한 경우에는 이사회결의부존재확인판결의 확정과 같이 객관적으로 청구권의 발생을 알 수 있게 된 때로부터 소멸시효가 진행된다고 보는 것이 타당하다.(대판 2003.4.8, 2002다64957, 64964)

27. 하자보수에 갈음한 손해배상청구권의 기산점 집합건물의 하자보수에 갈음한 손해배상청구권의 소멸시효기간은 각 하자가 발생한 시점부터 별도로 진행한다.(대판 2009.2.26, 2007다83908)

28. 건설공사에 관한 도급계약이 상행위에 해당하는 경우, 수급인의 하자담보책임의 소멸시효기간(=5년) 및 그 기산점 건설공사에 관한 도급계약이 상행위에 해당하는 경우 그 도급계약에 근거한 수급인의 하자담보책임은 상 64조 본문에 의하여 원칙적으로 5년의 소멸시효에 걸리고, 그 소멸시효 기간은 민 166조 1항에 따라 그 권리를 행사할 수 있는 때인 하자가 발생한 시점부터 진행하는 것이 원칙이나, 그 하자가 건물의 인도 당시부터 이미 존재하고 있는 경우에는 이와 관련한 하자보수를 갈음하는 손해배상채권의 소멸시효 기간은 건물을 인도한 날부터 진행한다.(대판 2021.8.12, 2021다210195)

29. 매도인 하자담보책임에 따른 손해배상청구권의 기산점 (대판 2020.5.28, 2017다265389) → 제580조 참조

30. 기산일의 법적 성질과 변론주의의 적용 소멸시효의 기산일은 채무의 소멸이라고 하는 법률효과 발생의 요건에 해당하는 소멸시효 기간 계산의 시발점으로서 소멸시효 항변의 법률요건을 구성하는 구체적인 사실에 해당하므로 이는 변론주의의 적용 대상이고, 따라서 본래의 소멸시효 기산일과 당사자가 주장하는 기산일이 서로 다른 경우에는 변론주의의 원칙상 법원은 당사자가 주장하는 기산일을 기준으로 소멸시효를 계산하여야 하는데, 이는 당사자가 본래의 기산일보다 뒤의 날짜를 기산일로 하여 주장하는 경우는 물론이고 특별한 사정이 없는 한 그 반대의 경우에 있어서도 마찬가지이다.(대판 1995.8.25, 94다35886)

31. 시효이익 포기시 소멸시효 재기산점 채무자가 소멸시효 완성 후에 채권자에 대하여 채무를 승인함으로써 그 시효의 이익을 포기한 경우에는 그때부터 새로이 소멸시효가 진행한다.(대판 2009.7.9, 2009다14340)

32. 당연 퇴직사실을 알지 못한 채 계속 근무한 경우 퇴직급여지급청구권의 소멸시효 공무원이 형의 선고를 받아 당연퇴직할 당시 발생한 공무원연금법상의 퇴직급여 지급청구권은 당연퇴직시부터 소멸시효가 진행하고, 피고의 채무이행의 거절을 인정함이 현저히 부당하거나 불공평하게 되는 등의 특별한 사정에 해당한다고 보기 어려우므로, 당연퇴직사유가 발생되기 이전의 근무기간에 대한 퇴직급여청구권에 대하여 시효소멸을 주장하는 것이 권리남용에 해당하지 않는다.(대판 2011.5.26, 2011두242)

33. 군 내부의 불법행위로 인해 사망한 군인의 유족들의 손해배상청구에 대한 국가의 소멸시효완성 항변과 권리남용 군인이 복무 중에 군 내부의 불법행위로 인하여 사망한 경우, 군의문사진상규명위원회의 진상규명결정이 내려지기 전까지는 유족들의 손해배상청구권 행사에 군 당국의 사고원인 은폐 내지는 부실한 사고원인 조사에 기인하는 권리행사의 객관적 장애가 있었다고 보아야 하며, 이 경우 소멸시효 완성을 이유로 국가가 손해배상책임을 면한다고 봄은 현저히 정의와 공평의 관념에 반하므로 국가의 소멸시효 항변은 권리남용에 해당한다.(대판 2011.10.13, 2011다36091)

34. 국가의 소멸시효 완성 주장이 권리남용인 경우 국가의 공무원에 대한 구상권 행사의 제한 공무원의 불법행위로 손해를 입은 피해자의 국가배상청구권의 소멸시효 기간이 지났으나 국가가 소멸시효 완성을 주장하는 것이 신의칙에 반하는 권리남용으로 허용될 수 없어 배상책임을 이행한 경우에는, 소멸시효 완성 주장이 권리남용에 해당하게 된 원인행위와 관련하여 공무원이 원인이 되는 행위를 적극적으로 주도하였다는 등의 특별한 사정이 없는 한, 국가가 공무원에게 구상권을 행사하는 것은 신의칙상 허용되지 않는다.(대판 2016.6.10, 2015다217843)

35. 하수급인의 수급인에 대한 민 666조에 따른 저당권설정청구권의 소멸시효 기산점 하수급인의 수급인에 대한 민 666조에 따른 저당권설정청구권은 수급인이 건물의 소유권을 취득하면 성립하고 특별한 사정이 없는 한 그때부터 권리를 행사할 수 있지만, 건물 소유권의 귀속주체는 하수급인의 관여 없이 도급인과 수급인 사이에 체결된 도급계약의 내용에 따라 결정되고, 더구나 건물이 완성된 이후 소유권 귀속에 관한 법적 분쟁이 계속되는 등으로 하수급인이 수급인을 상대로 저당권설정청구권을 행사할 수 있는지를 객관적으로 알기 어려운 상황에 있어 과실 없이 이를 알지 못한

경우에도 청구권이 성립한 때부터 소멸시효가 진행한다고 보는 것은 정의와 형평에 맞지 않을 뿐만 아니라 소멸시효 제도의 존재이유에도 부합한다고 볼 수 없다. 그러므로 이러한 경우에는 객관적으로 하수급인이 저당권설정청구권을 행사할 수 있음을 알 수 있게 된 때부터 소멸시효가 진행한다.(대판 2016.10.27, 2014다211978)

36. 분할 또는 분할합병으로 인하여 설립되는 회사 또는 존속하는 회사가 채권자에게 부담하는 연대채무의 소멸시효 기간과 기산점 분할 또는 분할합병으로 인하여 설립되는 회사 또는 존속하는 회사가 채권자에게 연대하여 변제할 책임을 부담하는 채무는 분할 또는 분할합병 전의 회사가 채권자에게 부담하는 채무와 동일한 채무이다. 따라서 분할 또는 분할합병으로 인하여 설립되는 회사 또는 존속하는 회사가 채권자에게 부담하는 연대채무의 소멸시효 기간과 기산점은 분할 또는 분할합병 전의 회사가 채권자에게 부담하는 채무와 동일한 것으로 봄이 타당하다.(대판 2017.5.30, 2016다34687)

37. 임치계약 해지에 따른 임치물 반환청구권의 소멸시효 기산점 임치계약 해지에 따른 임치물 반환청구는 임치계약 성립 시부터 당연히 예정된 것이고, 임치계약에서 임치인은 언제든지 계약을 해지하고 임치물의 반환을 구할 수 있는 것이므로, 특별한 사정이 없는 한 임치물 반환청구권의 소멸시효는 임치계약이 성립하여 임치물이 수치인에게 인도된 때부터 진행하는 것이지, 임치인이 임치계약을 해지한 때부터 진행한다고 볼 수 없다.(대판 2022.8.19, 2020다220140)

38. 주택임대법에 따른 임대차에서 임차인이 임대차 종료 후 동시이행항변권을 근거로 임차목적물을 계속 점유하고 있는 경우, 보증금반환채권에 대한 소멸시효 진행 여부(소극) 소멸시효 제도의 존재 이유와 취지, 임대차기간이 끝난 후 보증금반환채권에 관계되는 당사자 사이의 이익형량, 주택임대 4조 2항의 입법 취지 등을 종합하면, 주택임대법에 따른 임대차에서 그 기간이 끝난 후 임차인이 보증금을 반환받기 위해 목적물을 점유하고 있는 경우 보증금반환채권에 대한 소멸시효는 진행하지 않는다고 보아야 한다.(대판 2020.7.9, 2016다244224, 244231)

39. 이혼한 부부 사이에서 과거 양육비의 소멸시효 기산점 이혼한 부부 사이에서 어느 일방이 과거에 미성년 자녀를 양육하면서 생긴 비용의 상환을 상대방에게 청구하는 경우, 자녀의 복리를 위해 실현되어야 하는 과거 양육비에 관한 권리의 성질상 그 권리의 소멸시효는 자녀가 미성년이어서 양육의무가 계속되는 동안에는 진행하지 않고 자녀가 성년이 되어 양육의무가 종료된 때부터 진행한다.(대결(全) 2024.7.18, 2018스724)

第167條【消滅時效의 遡及效】 消滅時效는 그 起算日에 遡及하여 效力이 생긴다.

▣ 시효가 완성된 채권과 상계(495), 기산일(166), 취득시효소급효(247①)

1. 채무불이행에 따른 해제 의사표시 당시 이미 채무불이행의 대상이 되는 본래 채권이 시효가 완성되어 소멸한 경우, 채권자가 채무불이행을 이유로 한 해제권 및 이에 기한 원상회복청구권을 행사할 수 있는지 여부(원칙적 소극) 이행불능 또는 이행지체를 이유로 한 법정해제권은 채무자의 채무불이행에 대한 구제수단으로 인정되는 권리이다. 따라서 채무자가 이행해야 할 본래 채무가 이행불능이라는 이유로 계약을 해제하려면 그 이행불능의 대상이 되는 채무자의 본래 채무가 유효하게 존속하고 있어야 한다. 본래 채권이 시효로 인하여 소멸하였다면 그 채권은 그 기산일에 소급하여 더는 존재하지 않는 것이 되어 채권자는 그 권리의 이행을 구할 수 없는 것이고, 이와 같이 본래 채권이 유효하게 존속하지 않는 이상 본래 채무의 불이행을 이유로 계약을 해제할 수 없다고 보아야 한다. 결국 채무불이행에 따른 해제의 의사표시 당시에 이미 채무불이행의 대상이 되는 본래 채권이 시효가 완성되어 소멸하였다면, 채무자가 소멸시효의 완성을 주장하는 것이 신의칙에 반하여 허용될 수 없다는 등의 특별한 사정이 없는 한, 채권자는 채무불이행 시점이 본래 채권의 시효 완성 전인지 후인지를 불문하고 그 채무불이행을 이유로 한 해제권 및 이에 기한 원상회복청구권을 행사할 수 없다.(대판 2022.9.29, 2019다204593)

第168條【消滅時效의 中斷事由】 消滅時效는 다음 各號의 事由로 因하여 中斷된다.

1. 請求
2. 押留 또는 假押留, 假處分
3. 承認

▣ 본조준용(247②, 지방재정83), 기타시효중단사유(어80①, 수64①, 국세기28①, 지방세기본법40, 지방재정84, 회생파산32), 중단효력(169), 중단 후 시효진행(178), 청구(170-174 · 178② · 416 · 440, 민소265), 압류 · 가압류 · 가처분(175 · 176), 승인(177)

▸**재판상 청구의 범위**

1. 재판상 청구로 시효를 중단시킬 수 있는 자의 범위 재판상 청구가 시효의 중단사유가 되려면 그 청구가 채권자 또는 그 채권을 행사할 권능을 가진 자에 의하여 이루어졌어야 한다.(대판 1963.11.28, 63다654)

2. 행정소송이 시효중단사유로서 재판상 청구에 포함되는지 여부(소극) 본조에 규정된 시효중단사유인 청구라 함은 시효의 목적인 사법상의 권리를 재판상 및 재판외에서 실행하는 행위이고 재판상의 청구는 그 권리를 민사소송의 절차에 의하여 주장하는 것을 뜻하므로 공법상의 구제수단으로서의 행정소송은 위의 재판상의 청구라 할 수 없다.(대판 1979.2.13, 78다1500, 1501)

3. 확정판결을 받은 채권의 시효중단을 위한 소 제기가 시효중단사유인지 여부(적극) 확정판결에 기한 채권의 소멸시효기간인 10년의 도과가 임박하여서 강제집행의 실시가 현실적으로 어렵게 되었다면, 그 이전에 강제집행의 실시가 가능하였던가에 관계없이 시효중단을 위하여는 동일내용의 재판상 청구가 불가피하다고 할 것이므로 확정판결이 있었다고 하더라도 시효중단을 위한 동일내용의 소에 대하여 소멸시효완성 내지 중복제소금지 규정에 위반한 것이라고는 할 수 없다.(대판 1987.11.10, 87다카1761)

4. 재판상 청구에 권리가 발생한 기본적 법률관계 확인청구도 포함되는지 여부(적극), **과세처분의 취소를 구하는 소 제기가 시효중단사유인지 여부**(적극) ① 권리자가 재판상 그 권리를 주장하여 권리 위에 잠자는 것이 아님을 표명한 때에는 시효중단사유가 되는바, 이러한 시효중단사유로서의 재판상의 청구에는 그 권리 자체의 이행청구나 확인청구를 하는 경우만이 아니라, 그 권리가 발생한 기본적 법률관계에 관한 확인청구를 하는 경우에도 그 법률관계의 확인청구가 이로부터 발생한 권리의 실현수단이 될 수 있어 권리 위에 잠자는 것이 아님을 표명한 것으로 볼 수 있을 때에는 그 기본적 법률관계에 관한 확인청구도 이에 포함된다고 보는 것이 타당하다. ② 일반적으로 위법한 행정처분의 취소, 변경을 구하는 행정소송은 사권을 행사하는 것이 아니므로 사권에 대한 시효중단사유가 되지 못하나, 다만 과세처분의 취소 또는 무효확인의 소는 그 소송물이 객관적인 조세채무의 존부확인으로서 실질적으로 민사소송인 채무부존재확인의 소와 유사할 뿐 아니라, 과세처분의 유효 여부는 그 과세처분으로 납부한 조세에 대한 환급청구권의 존부와 표리관계에 있어 실질적으로 동일당사자 사이의 양면적 법률관계라고 볼 수 있으므로, 위와 같은 경우에는 과세처분의 취소 또는 무효확인청구의 소가 비록 행정소송이라고 할지라도 조세환급을 구하는 부당이득반환청구권의 소멸시효중단사유인 재판상 청구에 해당한다.(대판(全) 1992.3.31, 91다32053)

5. 권리가 발생한 기본적 법률관계를 기초로 하여 소를 제기

한 경우 시효중단 여부(적극) 시효중단 사유로서의 재판상의 청구에는 소멸시효 대상인 그 권리 자체의 이행청구나 확인청구를 하는 경우만이 아니라, 그 권리가 발생한 기본적 법률관계를 기초로 하여 소의 형식으로 주장하는 경우도 포함된다. 소유권이전등기청구권이 발생한 기본적 법률관계에 해당하는 매매계약을 기초로 하여 건축주명의변경을 구하는 소는 소유권이전등기청구권의 소멸시효를 중단시키는 재판상 청구에 포함된다.(대판 2011.7.14, 2011다19737)

6. 소멸 대상인 권리가 발생한 기본적 법률관계 또는 후속 법률관계에 관한 청구로써 권리 실행의 의사를 표명한 경우 기존 채권의 소멸시효 중단 시점 소멸시효의 중단과 관련하여 소멸 대상인 권리가 발생한 기본적 법률관계에 관한 청구를 하는 경우 또는 그 권리를 기초로 하거나 그것을 포함하여 형성된 후속 법률관계에 관한 청구를 하는 경우에도 그로써 권리 실행의 의사를 표명한 것으로 볼 수 있을 때에는 시효중단 사유인 재판상의 청구에 포함된다고 보는 것이 타당하다. 따라서 기존 채권의 존재를 전제로 하여 이를 포함하는 새로운 약정을 하고 그에 따른 권리를 재판상 청구의 방법으로 행사한 경우에는 기존 채권을 실현하고자 하는 뜻까지 포함하여 객관적으로 표명한 것이므로, 새로운 약정이 무효로 되는 등의 사정으로 그에 근거한 권리행사가 저지됨에 따라 다시 기존 채권을 행사하게 되었다면, 기존 채권의 소멸시효는 새로운 약정에 의한 권리를 행사한 때에 중단되었다고 보아야 한다.(대판 2016.10.27, 2016다25140)

7. 시효중단 사유인 재판상 청구의 범위 소유권의 시효취득에 준용되는 시효중단 사유인 민 168조, 170조에 규정된 재판상의 청구라 함은 시효취득의 대상인 목적물의 인도 내지는 소유권존부 확인이나 소유권에 관한 등기청구 소송은 말할 것도 없고, 소유권 침해의 경우에 그 소유권을 기초로 하는 방해배제 및 손해배상 혹은 부당이득반환 청구 소송도 이에 포함된다.(대판 1995.10.13, 95다33047)

8. 응소 및 재심청구가 재판상 청구에 포함되는지 여부(적극) 시효중단사유의 하나로 규정하고 있는 재판상의 청구에는 시효의 이익을 받는 자가 원고가 되어 소를 제기한 데 대하여 피고로서 응소하여 그 소송에서 적극적으로 권리를 주장하고 그것이 받아들여진 경우도 마찬가지로 이에 포함되고, 나아가 응소행위를 한 피고에 대하여 패소판결이 확정되었더라도 그 판결에 재심사유가 있음을 이유로 재심청구를 하여 권리를 주장하고 그것이 받아들여진 경우도 취득시효의 중단사유가 되는 재판상의 청구에 준하는 것으로 보아야 한다.(대판 1997.11.11, 96다28196)

9. 매매를 청구원인으로 한 소송의 응소가 취득시효 중단으로서 재판상 청구인지 여부(소극)(대판 1997.12.12, 97다30288) → 제247조 참조

10. 형사소송이 시효중단사유로서 재판상 청구에 포함되는지 여부(소극) 형사소송은 피고인에 대한 국가형벌권의 행사를 그 목적으로 하는 것이므로 피해자가 형사소송에서 소송촉진등에관한특례법에서 정한 배상명령을 신청한 경우를 제외하고는 단지 고소하거나 형사재판이 개시되어도 소멸시효의 중단사유인 재판상의 청구로 볼 수 없다.(대판 1999.3.12, 98다18124)

11. 채권자의 파산신청이 재판상 청구에 포함되는지 여부(적극) 채무자에게 파산원인이 있는 경우 채권자는 채무자회생 294조에 따라 채무자에 대한 파산신청을 할 수 있다. 이는 파산채무자의 재산을 보전하여 공평하게 채권의 변제를 받는 재판절차를 실시하여 달라는 것으로서 채무자회생 32조에서 규정하고 있는 파산채권신고 등에 의한 파산절차참가와 유사한 재판상 권리 실행방법에 해당한다. 따라서 채무자회생 294조에 따른 채권자의 파산신청은 시효중단 사유인 재판상의 '청구'에 해당한다.(대결 2023.11.9, 2023마6582)

12. 원고가 채권자대위권에 기해 청구를 하다가 당해 피대위채권 자체를 양수하여 양수금청구로 소를 변경한 경우 당초의 채권자대위소송으로 인한 시효중단의 효력이 소멸하는지 여부(소극) 원고가 채권자대위권에 기해 청구를 하다가 당해 피대위채권 자체를 양수하여 양수금청구로 소를 변경한 경우 이는 청구원인의 교환적 변경으로서 채권자대위권에 기한 구 청구는 취하된 것으로 보아야 하나, 양 청구는 동일한 소송물에 관한 권리의무의 특정승계가 있을 뿐 그 소송물은 동일한 점, 시효중단의 효력은 특정승계인에게도 미치는 점, 계속 중인 소송에 소송목적인 권리 또는 의무의 전부나 일부를 승계한 특정승계인이 소송참가하거나 소송인수한 경우에는 소송이 법원에 처음 계속된 때에 소급하여 시효중단의 효력이 생기는 점, 원고는 위 계약금반환채권을 채권자대위권에 기해 행사하다 다시 이를 양수받아 직접 행사한 것이어서 위 계약금반환채권과 관련하여 원고를 '권리 위에 잠자는 자'로 볼 수 없는 점 등에 비추어 볼 때 당초의 채권자대위소송으로 인한 시효중단의 효력이 소멸하지 않는다.(대판 2010.6.24, 2010다17284)

▶**재판상 청구에 의한 시효중단 범위**

13. 시효중단을 위한 후소로서 이행소송 외에 전소 판결로 확정된 채권의 시효를 중단시키기 위한 재판상의 청구가 있다는 점에 대하여만 확인을 구하는 형태의 '새로운 방식의 확인소송'이 허용되는지 여부(적극) ① 종래 대법원은 시효중단사유로서 재판상의 청구에 관하여 반드시 권리 자체의 이행청구나 확인청구로 제한하지 않을 뿐만 아니라, 권리자가 재판상 그 권리를 주장하여 권리 위에 잠자는 것이 아님을 표명한 것으로 볼 수 있는 때에는 널리 시효중단사유로서 재판상의 청구에 해당하는 것으로 해석하여 왔다. 이와 같은 법리는 이미 승소 확정판결을 받은 채권자가 그 판결상 채권의 시효중단을 위해 후소를 제기하는 경우에도 동일하게 적용된다. ② 시효중단을 위한 후소의 형태로 전소와 소송물이 동일한 이행소송이 제기되면 채권자가 실제로 의도하지도 않은 청구권의 존부에 관한 실체 심리가 진행되는 문제가 있다. 채무자는 전소 판결에 대한 청구이의사유를 조기에 제출하도록 강요되고 법원은 불필요한 심리를 해야 한다. 채무자는 이중집행의 위험에 노출되고, 실질적인 채권의 관리·보전비용을 추가로 부담하게 된다. 채권자 또한 자신이 제기한 후소의 적법성이 10년의 경과가 임박하였는지 여부라는 불명확한 기준에 의해 좌우되는 불안정한 지위에 놓이게 된다. ③ 위와 같은 문제점을 해결하기 위해서, 시효중단을 위한 후소로서 이행소송 외에 전소 판결로 확정된 채권의 시효를 중단시키기 위한 조치, 즉 '재판상의 청구'가 있다는 점에 대하여만 확인을 구하는 형태의 '새로운 방식의 확인소송'이 허용되고, 채권자는 두 가지 형태의 소송 중 자신의 상황과 필요에 보다 적합한 것을 선택하여 제기할 수 있다고 보아야 한다.(대판(全) 2018.10.18, 2015다232316)

14. 확정판결에 의한 채권의 소멸시효기간인 10년의 경과가 임박한 경우, 시효중단을 위한 재소(1) 확정된 승소판결에는 기판력이 있으므로 승소 확정판결을 받은 당사자가 전소의 상대방을 상대로 다시 승소 확정판결의 전소(前訴)와 동일한 청구의 소를 제기하는 경우, 특별한 사정이 없는 한 후소(後訴)는 권리보호의 이익이 없어 부적법하다. 하지만 예외적으로 확정판결에 의한 채권의 소멸시효기간인 10년의 경과가 임박한 경우에는 그 시효중단을 위한 소는 소의 이익이 있다. 한편 시효중단을 위한 후소의 판결은 전소의 승소 확정판결의 내용에 저촉되어서는 안 되므로, 후소 법원으로서는 그 확정된 권리를 주장할 수 있는 모든 요건이 구비되어 있는지에 관하여 다시 심리할 수 없으나, 위 후소 판결의 기판력은 후소의 변론종결 시를 기준으로 발생하므로, 전소의 변론종결 후에 발생한 변제, 상계, 면제 등과 같은 채권소멸사유는 후소의 심리대상이 된다. 따라서 채무자인 피고는 후소 절차에서 위와 같은 사유를 들어 항변할 수 있고 심리 결과 그 주장이 인정되면 법원은 원고의 청구를 기각하여야

한다. 이는 채권의 소멸사유 중 하나인 소멸시효 완성의 경우에도 마찬가지이다. 이처럼 판결이 확정된 채권의 소멸시효기간의 경과가 임박하였는지 여부에 따라 시효중단을 위한 후소의 권리보호이익을 달리 보는 취지와 채권의 소멸시효 완성이 갖는 효과 등을 고려해 보면, 시효중단을 위한 후소를 심리하는 법원으로서는 전소 판결이 확정된 후 소멸시효가 중단된 적이 있어 그 중단사유가 종료한 때부터 새로이 진행된 소멸시효기간의 경과가 임박하지 않아 시효중단을 위한 재소(再訴)의 이익을 인정할 수 없다는 등의 특별한 사정이 없는 한, 후소가 전소 판결이 확정된 후 10년이 지나 제기되었다 하더라도 곧바로 소의 이익이 없다고 하여 소를 각하해서는 안 되고, 채무자인 피고의 항변에 따라 원고의 채권이 소멸시효 완성으로 소멸하였는지에 관한 본안판단을 하여야 한다.(대판 2019.1.17, 2018다24349)

15. 확정판결에 의한 채권의 소멸시효기간인 10년의 경과가 임박한 경우, 시효중단을 위한 재소(2) 법률이나 판례의 변경은 시효중단을 위한 후소에서 심리대상이 되는 전소 변론종결 후에 발생한 새로운 사유에 해당한다고 할 수 없다. 따라서 승소판결이 확정된 후 소송촉진법의 변경으로 동법 소정의 지연손해금 이율이 달라졌다고 하더라도 그로 인하여 선행 승소확정판결의 효력이 달라지는 것은 아니고, 확정된 선행판결과 달리 변경된 소송촉진법상의 이율을 적용하여 선행판결과 다른 금액을 원고의 채권액으로 인정할 수 있는 것도 아니다.(대판 2019.8.29, 2019다215272)

16. 수표채권에 관한 소 제기가 원인채권의 시효중단사유인지 여부(적극) 기존 채권의 지불확보의 방법으로 수표가 수수되었을 경우에는 수표금 채권과 기존채권은 표리의 관계에 있어 전자 권리의 소송상 청구는 후자권리의 소멸시효의 중단의 효력이 있다.(대판 1961.11.9, 4293민상748)

17. 원인채권에 관한 소 제기가 어음채권의 시효중단사유인지 여부(소극) 어음할인의 원인채권에 관하여 소를 제기한 것만으로는 그 할인된 어음상의 채권 그 자체를 행사한 것으로 볼 수 없어 이는 어음채권에 관한 소멸시효 중단사유인 재판상 청구에 해당하지 않는다.(대판 1994.12.2, 93다59922)

18. 공동상속인 중 1인의 재판상 청구가 다른 상속인의 시효중단사유인지 여부(소극) 재산상 손해배상청구권의 공동상속인 중 1인이 자기의 상속분을 행사하여 승소판결을 얻었다 하여 타인이 상속한 권리부분에 관하여서까지 시효중단의 효력은 없다.(대판 1967.1.24, 66다2279)

19. 파면처분무효확인의 소 제기가 보수금채권에 대한 시효중단사유인지 여부(적극) 파면처분무효확인의 소는 보수금채권을 실현하는 수단이라는 성질을 가지고 있으므로 보수금채권 자체에 관한 이행소송을 제기하지 않았다 하더라도 위 소의 제기에 의하여 보수금채권에 대한 시효는 중단된다.(대판 1978.4.11, 77다2509)

20. 한 개 채권의 일부청구의 시효중단의 범위 한 개의 채권 중 일부에 관하여만 판결을 구한다는 취지를 명백히 하여 소송을 제기한 경우에는 소제기에 의한 소멸시효중단의 효력이 그 일부에 관하여만 발생하고 나머지 부분에는 발생하지 아니하지만, 비록 일부만을 청구한 경우에도 그 취지로 보아 채권 전부에 관하여 판결을 구하는 것으로 해석된다면 그 채권의 동일성의 범위 내에서 그 전부에 관하여 시효중단의 효력이 발생한다.(대판 1992.4.10, 91다43695)

21. 장차 청구금액을 확장할 것을 전제로 한 일부청구 시효중단의 범위 원고의 청구가 장차 신체감정결과에 따라 청구금액을 확장할 것을 전제로 우선 재산상 및 정신상 손해금 중 일부를 청구한다는 뜻이라면 채권의 일부에 대해서만 판결을 구하는 취지의 일부청구는 아님이 분명하여 소제기로 인한 시효중단의 효력은 소장에서 주장한 손해배상채권의 동일성의 범위 내에서 채권 전부에 대하여 미친다.(대판 1992.12.8, 92다29924)

22. 소송 종료 시까지 청구를 확장하지 않은 경우 나머지 부분의 시효중단(소극) 소장에서 청구의 대상으로 삼은 채권 중 일부만을 청구하면서 소송의 진행경과에 따라 장차 청구금액을 확장할 뜻을 표시하였으나 당해 소송이 종료될 때까지 실제로 청구금액을 확장하지 않은 경우에는 소송의 경과에 비추어 볼 때 채권 전부에 관하여 판결을 구한 것으로 볼 수 없으므로, 나머지 부분에 대하여는 재판상 청구로 인한 시효중단의 효력이 발생하지 아니한다.(대판 2020.2.6, 2019다223723)

23. 소장에 장차 청구금액을 확장할 뜻을 표시하였으나 그 후 채권의 특정 부분을 청구범위에서 명시적으로 제외한 경우 시효중단의 범위 소장에서 청구의 대상으로 삼은 채권 중 일부만을 청구하면서 소송의 진행경과에 따라 장차 청구금액을 확장할 뜻을 표시하였더라도 그 후 채권의 특정 부분을 청구범위에서 명시적으로 제외하였다면, 그 부분에 대하여는 애초부터 소의 제기가 없었던 것과 마찬가지이므로 재판상 청구로 인한 시효중단의 효력이 발생하지 않는다.(대판 2021.6.10, 2018다44114)

24. 동일 목적을 달성하기 위한 수개의 채권 중 일부 행사의 시효중단의 범위 채권자가 동일한 목적을 달성하기 위하여 복수의 채권을 갖고 있는 경우, 채권자로서는 그 선택에 따라 권리를 행사할 수 있되, 그중 어느 하나의 청구를 한 것만으로는 다른 채권 그 자체를 행사한 것으로 볼 수는 없으므로, 특별한 사정이 없는 한 그 다른 채권에 대한 소멸시효 중단의 효력은 없는 것이고, 채권자가 채무자를 상대로 공동불법행위자에 대한 구상금 청구의 소를 제기하였다고 하여 이로써 채권자의 사무관리로 인한 비용상환청구권의 소멸시효가 중단될 수는 없다.(대판 2001.3.23, 2001다6145)

▶ **압류 · 가압류 · 가처분**

25. 채권 일부를 피보전채권으로 한 가압류의 시효중단 범위, 신청당시 생존하고 있던 채무자가 가압류결정 당시 사망한 경우 가압류의 효력 ① 채권자가 가분채권의 일부분을 피보전채권으로 주장하여 채무자 소유의 재산에 대하여 가압류를 한 경우 가압류에 의한 보전채권에 포함되지 아니한 나머지 채권에 대하여는 시효중단의 효력이 발생할 수 없다. ② 당사자 쌍방을 소환하여 심문절차를 거치거나 변론절차를 거침이 없이 채권자 일방만의 신청에 의하여 바로 보전명령을 한 가압류 결정에 있어서 신청 당시 생존하고 있던 채무자가 결정직전에 사망하였다거나 수계절차를 밟음이 없이 채무자명의의 결정이 이루어졌다고 하여 그 가압류 결정이 당연무효라고는 할 수 없다.(대판 1976.2.24, 75다1240)

26. 원인채권의 지급을 확보하기 위하여 어음이 수수된 경우 시효로 소멸된 어음채권을 청구채권으로 하여 채무자의 재산을 압류함으로써 그 원인채권의 소멸시효가 중단되는지 여부(소극) 원인채권의 지급을 확보하기 위하여 어음이 수수된 당사자 사이에서 채권자가 어음채권을 청구채권으로 하여 채무자의 재산을 압류함으로써 그 권리를 행사한 경우에는 그 원인채권의 소멸시효를 중단시키는 효력이 있다. 그러나 이미 어음채권의 소멸시효가 완성된 후에는 그 채권이 소멸되고 시효중단을 인정할 여지가 없으므로, 시효로 소멸된 어음채권을 청구채권으로 하여 채무자의 재산을 압류한다 하더라도 이를 어음채권 내지는 원인채권을 실현하기 위한 적법한 권리행사로 볼 수 없어, 그 압류에 의하여 그 원인채권의 소멸시효가 중단된다고 볼 수 없다.(대판 2010.5.13, 2010다6345)

27. 유체동산에 대한 가압류 집행절차에 착수하지 않은 경우에 가압류에 의한 시효중단 효력의 존부(소극) 유체동산에 대한 가압류결정을 집행한 경우 가압류에 의한 시효중단 효력은 가압류 집행보전의 효력이 존속하는 동안 계속된다. 그러나 유체동산에 대한 가압류 집행절차에 착수하지 않은 경우에는 시효중단 효력이 없고, 집행절차를 개시하였으나 가압류할 동산이 없기 때문에 집행불능이 된 경우에는 집행절차가 종료된 때로부터 시효가 새로이 진행된다.(대판 2011.5.13, 2011다

10044)

28. 경매절차에서 근저당권자의 채권신고가 소멸시효 중단사유에 해당하는지 여부(적극) 저당권으로서 첫 경매개시결정등기 전에 등기되었고 매각으로 소멸하는 것을 가진 채권자는 담보권을 실행하기 위한 경매신청을 할 수 있을뿐더러 다른 채권자의 신청에 의하여 개시된 경매절차에서 배당요구를 하지 않아도 당연히 배당에 참가할 수 있는데, 이러한 채권자가 채권의 유무, 그 원인 및 액수를 법원에 신고하여 권리를 행사하였다면 그 채권신고는 민 168조 2호의 압류에 준하는 것으로서 신고된 채권에 관하여 소멸시효를 중단하는 효력이 생긴다. 그러나 경매신청이 취하되면 특별한 사정이 없는 한 압류로 인한 소멸시효 중단의 효력이 소멸하는 것과 마찬가지로 위와 같이 첫 경매개시결정등기 전에 등기되었고 매각으로 소멸하는 저당권을 가진 채권자의 채권신고로 인한 소멸시효 중단의 효력도 소멸한다.(대판 2010.9.9, 2010다28031)

29. 경매절차에서 부동산이 매각되어 가압류등기가 말소된 경우, 그때부터 새로 소멸시효가 진행하는지 여부(원칙적 적극) 가압류에 의한 시효중단은 경매절차에서 부동산이 매각되어 가압류등기가 말소되기 전에 배당절차가 진행되어 가압류채권자에 대한 배당표가 확정되는 등의 특별한 사정이 없는 한, 채권자가 가압류집행에 의하여 권리행사를 계속하고 있다고 볼 수 있는 가압류등기가 말소된 때 그 중단사유가 종료되어, 그때부터 새로 소멸시효가 진행한다(매각대금 납부 후의 배당절차에서 가압류채권자의 채권에 대하여 배당이 이루어지고 배당액이 공탁되었다고 하여 가압류에 의한 시효중단의 효력이 계속된다고 할 수 없다).(대판 2013.11.14, 2013다18622, 18639)

30. 채권 일부에 대한 가압류와 소멸시효 중단의 범위 1개의 채권 중 일부에 대하여 가압류·압류를 하였는데, 채권의 일부에 대하여만 소멸시효가 중단되고 나머지 부분은 이미 시효로 소멸한 경우, 가압류·압류의 효력은 시효로 소멸하지 않고 잔존하는 채권 부분에 계속 미친다.(대판 2016.3.24, 2014다13280, 13297)

31. 가압류에 의한 시효중단 효력의 발생시기 민소 265조에 의하면, 시효중단사유 중 하나인 재판상의 청구는 소를 제기한 때 시효중단의 효력이 발생한다. 가압류에 관해서도 위 민사소송법 규정을 유추적용하여 재판상의 청구와 유사하게 가압류를 신청한 때 시효중단의 효력이 생긴다고 보아야 한다. 가압류는 법원의 가압류명령을 얻기 위한 재판절차와 가압류명령의 집행절차를 포함하는데, 가압류도 재판상의 청구와 마찬가지로 법원에 신청을 함으로써 이루어지고(민집 279조), 가압류명령에 따른 집행이나 가압류명령의 송달을 통해서 채무자에게 고지가 이루어지기 때문이다. 가압류를 시효중단사유로 규정한 이유는 가압류에 의하여 채권자가 권리를 행사하였다고 할 수 있기 때문이다. 가압류채권자의 권리행사는 가압류를 신청한 때에 시작되므로, 이 점에서도 가압류에 의한 시효중단의 효력은 가압류신청을 한 때에 소급한다고 볼 수 있다.(대판 2017.4.7, 2016다35451)

32. 임차권등기명령에 따른 임차권등기에 소멸시효 중단사유인 압류 또는 가압류, 가처분에 준하는 효력이 있는지 여부(소극) 주택임대 3조의3에서 정한 임차권등기명령에 따른 임차권등기는 특정 목적물에 대한 구체적 집행행위나 보전처분의 실행을 내용으로 하는 압류 또는 가압류, 가처분과 달리 어디까지나 주택임차인이 주택임대차보호법에 따른 대항력이나 우선변제권을 취득하거나 이미 취득한 대항력이나 우선변제권을 유지하도록 해주는 담보적 기능을 주목적으로 한다. 임차권등기명령에 따른 임차권등기에는 소멸시효 중단사유인 압류 또는 가압류, 가처분에 준하는 효력이 있다고 볼 수 없다.(대판 2019.5.16, 2017다226629)

33. 가압류채권자에 대한 배당액을 공탁한 뒤 공탁금을 가압류채권자에게 전액 지급할 수 없어서 추가배당이 실시됨에 따라 배당표가 변경되는 경우, 배당요구에 의한 소멸시효 중단의 효력이 추가배당표가 확정될 때까지 계속되는지 여부(적극) 채권자가 배당요구의 방법으로 권리를 행사하여 경매절차에 참가하였다면 그 배당요구는 민 168조 2호의 압류에 준하는 것으로서 배당요구에 관련된 채권에 관하여 소멸시효를 중단하는 효력이 생긴다. 배당을 받아야 할 채권자 중 가압류채권자가 있어 그에 대한 배당액이 공탁된 경우 공탁된 배당금이 가압류채권자에게 지급될 때까지 배당절차가 종료되었다고 단정할 수 없다. 따라서 가압류채권자에 대한 배당액을 공탁한 뒤 그 공탁금을 가압류채권자에게 전액 지급할 수 없어서 추가배당이 실시됨에 따라 배당표가 변경되는 경우에는 추가배당표가 확정되는 시점까지 배당요구에 의한 권리행사가 계속된다고 볼 수 있으므로, 그 권리행사로 인한 소멸시효 중단의 효력은 추가배당표가 확정될 때까지 계속된다.(대판 2022.5.12, 2021다280026)

▶승 인

34. 회사의 경리과장, 총무과장, 출장소장의 회사 채무 승인 가부(소극) 일반적으로는 회사의 경리과장, 총무과장 또는 출장소장은 다른 특별한 사정이 없는 한 회사가 부담하고 있는 채무에 관하여 소멸시효의 중단사유가 되는 승인을 할 수 없다.(대판 1965.12.28, 65다2133)

35. 국가 채무를 승인할 수 있는 자 국가의 채무에 대하여 소멸시효의 중단사유인 승인은 이를 할 권한 있는 자가 적법한 절차에 의하여 하는 것이 아니면 효력이 없다.(대판 1970.3.10, 69다401)

36. 분쟁해결을 위한 헐값 매수의사를 보인 것이 승인인지 여부(소극) 분쟁해결의 뜻으로 대금이라고 할 수 없는 아주 헐값으로 매수하겠다는 의사를 비친 사실만으로는 시효중단은 물론 시효이익의 포기가 있었다고 할 수 없다.(대판 1979.11.27, 78다569)

37. 어음의 승인에 개서, 새로운 어음 발행, 문서 작성이 필요한지 여부(소극) 어음시효 중단사유로서의 승인은 반드시 기존 어음에 개서하거나 새로운 어음을 발행, 교부함을 요하지 아니하며, 또 채무승인에 관한 문서가 작성되어 있지 않다고 하여 채무승인을 인정할 수 없는 것은 아니다.(대판 1990.11.27, 90다카21541)

38. 승인의 요건, 방법, 효력발생시기 승인은 시효이익을 받을 당사자인 채무자가 그 시효의 완성으로 권리를 상실하게 될 자 또는 그 대리인에 대하여 그 권리가 존재함을 인식하고 있다는 뜻을 표시함으로써 성립한다고 할 것이며, 이 때 그 표시의 방법은 아무런 형식을 요구하지 아니하고, 또한 명시적이건 묵시적이건 불문한다 할 것이나, 승인으로 인한 시효중단의 효력은 그 승인의 통지가 상대방에게 도달하는 때에 발생한다.(대판 1995.9.29, 95다30178)

39. 일부변제에 대해 전체채무에 대한 승인 인정 여부(적극) 시효완성 전에 채무의 일부를 변제한 경우 그 수액에 관하여 다툼이 없는 한 채무승인으로서의 효력이 있어 시효중단의 효과가 발생한다.(대판 1996.1.23, 95다39854)

40. 피의자신문조서의 기재를 승인으로 볼 것인지 여부(소극) 승인은 채무자가 소멸시효의 완성으로 권리를 상실하게 될 자 또는 그 대리인에 대하여 그 권리가 존재함을 인식하고 있다는 뜻을 표시하는 것이므로 피의자의 진술은 어디까지나 검사를 상대로 이루어지는 것이어서 그 진술기재 가운데 채무의 일부를 승인하는 의사가 표시되어 있다고 하더라도 그 기재 부분만으로 곧바로 소멸시효 중단사유로서 승인의 의사표시가 있다고 볼 수 없다.(대판 1999.3.12, 98다18124)

41. 면책적 채무인수가 승인인지 여부(적극) 면책적 채무인수가 있은 경우, 인수채무의 소멸시효기간은 채무인수와 동시에 이루어진 채무승인에 따라 채무인수일로부터 새로이 진행된다.(대판 1999.7.9, 99다12376)

42. 장래 채권 승인의 가부 소멸시효의 중단사유로서의 승인은 시효이익을 받을 당사자인 채무자가 그 권리의 존재를 인식하고 있다는 뜻을 표시함으로써 성립하는 것이므로 이는 소멸시효의 진행이 개시된 이후에만 가능하고 그 이전에 승인을 하더라도 시효가 중단되지는 않고, 또한 현존하지 아니하는 장래의 채권을 미리 승인하는 것은 채무자가 그 권리의 존재를 인식하고서 한 것이라고 볼 수 없어 허용되지 않는다.(대판 2001.11.9, 2001다52568)

43. 비법인사단 대표자가 총유물의 매수인과 함께 법무사 사무실에 방문한 행위가 승인인지 여부(적극) 비법인사단의 대표자가 총유물의 매수인에게 소유권이전등기를 해주기 위하여 매수인과 함께 법무사 사무실을 방문한 행위는 소유권이전등기청구권의 승인에 해당한다.(대판 2009.11.26, 2009다64383)

44. 부동산실명법과 시효중단 갑이 을의 명의로 부동산을 매수하고 등기명의를 신탁하였으나 부동산실명 11조에서 정한 유예기간이 경과할 때까지 실명등기를 하지 않았는데, 그로부터 10년이 경과한 후에 위 부동산에 관한 소유권이전등기절차 이행을 구하는 소를 제기한 사안에서, 을이 명의신탁받은 부동산에 관한 세금의 납부를 요구하는 등 갑의 대내적 소유권을 인정하는 행태를 보인 데에는 갑에 대하여 소유권등기를 이전·회복하여 줄 의무를 부담함을 알고 있다는 뜻이 묵시적으로 포함되어 표현되었다고 봄이 타당하므로 그 후 을이 갑의 반환요구를 거부하기 시작한 때까지는 위 부동산에 관한 소유권이전등기의무를 승인하였다고 할 것이어서 그 무렵까지 갑의 위 부동산에 관한 소유권이전등기청구권의 소멸시효는 중단되었다.(대판 2012.10.25, 2012다45566)

45. 다수 채무 중 일부 채무 변제가 나머지 채무에 대한 승인이 되는지 여부(원칙적 적극) 동일한 채권자와 채무자 사이에 다수의 채권이 존재하는 경우 채무자가 변제를 충당하여야 할 채무를 지정하지 않고 모든 채무를 변제하기에 부족한 금액을 변제한 때에는 특별한 사정이 없는 한 그 변제는 모든 채무에 대한 승인으로서 소멸시효를 중단하는 효력을 가진다. 채무자는 자신이 계약당사자로 있는 다수의 계약에 기초를 둔 채무들이 존재한다는 사실을 인식하고 있는 것이 통상적이므로, 변제 시에 충당할 채무를 지정하지 않고 변제를 하였으면 특별한 사정이 없는 한 다수의 채무 전부에 대하여 그 존재를 알고 있다는 것을 표시했다고 볼 수 있기 때문이다.(대판 2021.9.30, 2021다239745)

46. 이행인수인이 채권자에 대하여 채무자의 채무를 승인한 경우, 채무승인의 효력이 발생하는지 여부 이행인수인은 채무자의 채무를 변제하는 등으로 면책시킬 의무를 부담하지만 채권자에 대한 관계에서 직접 이행의무를 부담하게 되는 것은 아니다. 한편 소멸시효 중단사유인 채무의 승인은 시효이익을 받을 당사자나 그 대리인만이 할 수 있는 것이므로 이행인수인이 채권자에 대하여 채무자의 채무를 승인하더라도 다른 특별한 사정이 없는 한 시효중단 사유가 되는 채무승인의 효력은 발생하지 않는다.(대판 2016.10.27, 2015다239744)

47. 수탁자의 파산관재인이 신탁재산에 관한 채무에 관하여 시효중단의 효력이 있는 승인을 할 수 있는지 여부(소극) 구 신탁 11조 1항, 2항은 수탁자가 파산선고를 받아 임무가 종료된 경우 신수탁자가 신탁사무를 처리할 수 있게 될 때까지 파산관재인이 신탁재산을 보관하고 신탁사무인계에 필요한 행위를 하여야 한다고 규정하고 있다. 위 규정은 수탁자의 임무 종료에 따른 잠정적 조치로서 파산관재인에게 신탁재산에 대한 임시적인 사무처리의무를 부담시킨 것일 뿐이다. 따라서 수탁자의 파산관재인이 신탁재산에 관한 채무에 관하여 시효중단의 효력이 있는 승인을 할 수는 없다.(대판 2018.2.28, 2013다63950)

48. 영업양도인에 대한 확정판결과 소멸시효 중단 또는 연장 영업양도인의 영업으로 인한 채무와 상호를 속용하는 영업양수인의 상 42조 1항에 따른 채무는 부진정연대의 관계에 있다. 따라서 채권자가 영업양도인을 상대로 소를 제기하여 확정판결을 받아 소멸시효가 중단되거나 소멸시효 기간이 연장된 뒤 영업양도가 이루어졌다면 그와 같은 소멸시효 중단이나 소멸시효 연장의 효과는 상호를 속용하는 영업양수인에게 미치지만, 채권자가 영업양도가 이루어진 뒤 영업양도인을 상대로 소를 제기하여 확정판결을 받았다면 영업양도인에 대한 관계에서 소멸시효가 중단되거나 소멸시효 기간이 연장된다고 하더라도 그와 같은 소멸시효 중단이나 소멸시효 연장의 효과는 상호를 속용하는 영업양수인에게 미치지 않는다.(대판 2023.12.7, 2020다225138)

▶기 타

49. 납세고지에 의한 시효중단의 효력이 부과처분 취소로 소멸하는지 여부(소극) 납세고지에 의한 국세징수권자의 권리행사에 의하여 이미 발생한 소멸시효중단의 효력은 그 부과처분이 취소되었다 하더라도 사라지지 않는다.(대판 1986.11.11, 85누797)

50. 민 168조 1호의 '청구'가 국세징수권의 소멸시효 중단사유가 될 수 있는지 여부(한정 적극) **및 소의 이익이 인정되는 경우** ① 구 국세기본법은 민법에 따른 국세징수권 소멸시효 중단사유의 준용을 배제한다는 규정을 두지 않고 있고, 준용을 배제할 이유도 없다. 이와 같은 관련 규정에 비추어, 민 168조 1호가 소멸시효의 중단사유로 규정하고 있는 '청구'도 그것이 허용될 수 있는 경우라면 구 국세기 27조 2항에 따라 국세징수권의 소멸시효 중단사유가 될 수 있다고 봄이 타당하다. ② 조세채권자는 세법이 부여한 부과권 및 자력집행권 등에 기하여 조세채권을 실현할 수 있어 특별한 사정이 없는 한 납세자를 상대로 소를 제기할 이익을 인정하기 어렵다. 다만 납세의무자가 무자력이거나 소재불명이어서 체납처분 등의 자력집행권을 행사할 수 없는 등 구 국세기 28조 1항이 규정한 사유들에 의해서는 조세채권의 소멸시효 중단이 불가능하고 조세채권자가 조세채권의 징수를 위하여 가능한 모든 조치를 충실히 취하여 왔음에도 조세채권이 실현되지 않은 채 소멸시효기간의 경과가 임박하는 등의 특별한 사정이 있는 경우에는, 그 시효중단을 위한 재판상 청구는 예외적으로 소의 이익이 있다고 봄이 타당하다.(대판 2020.3.2, 2017두41771)

51. 한국자산관리공사가 국유재산의 무단점유자에 대하여 변상금 부과·징수권을 행사한 경우 민사상 부당이득반환청구권의 소멸시효가 중단되는지 여부(소극) 국유재산법 72조 1항, 73조 2항에 의한 변상금 부과·징수권이 민사상 부당이득반환청구권과 법적 성질을 달리하는 별개의 권리인 이상 한국자산관리공사가 변상금 부과·징수권을 행사하였다 하더라도 이로써 민사상 부당이득반환청구권의 소멸시효가 중단된다고 할 수 없다.(대판 2014.9.4, 2013다3576)

52. 채무자가 근저당권부 피담보채권의 채권자에게 이자 또는 지연손해금의 지급에 갈음하여 부동산을 사용·수익할 수 있도록 한 경우 채무의 일부를 변제하는 경우에는 채무 전부에 관하여 시효중단의 효력이 발생한다. 그리고 채무자가 채권자에게 부동산에 관한 근저당권을 설정하고 그 부동산을 인도하여 준 다음 피담보채권에 대한 이자 또는 지연손해금의 지급에 갈음하여 채권자로 하여금 그 부동산을 사용수익할 수 있도록 한 경우라면, 채권자가 그 부동산을 사용수익하는 동안에는 채무자가 계속하여 이자 또는 지연손해금을 채권자에게 변제하고 있는 것으로 볼 수 있으므로, 피담보채권의 소멸시효가 중단된다고 보아야 한다.(대판 2014.5.16, 2012다20604)

53. 채권자가 피담보채권에 대한 이자 등 지급에 갈음하여 담보가등기를 경료한 부동산을 점유·사용하는 경우 피담보채권의 시효중단 담보가등기를 경료한 부동산을 인도받아 점유하더라도 담보가등기의 피담보채권의 소멸시효가 중단되

는 것은 아니지만, 채무자가 채권자에게 담보가등기를 경료하고 부동산을 인도하여 준 다음 피담보채권에 대한 이자 또는 지연손해금의 지급에 갈음하여 채권자로 하여금 부동산을 사용수익할 수 있도록 한 경우라면, 채권자가 부동산을 사용수익하는 동안에는 채무자가 계속하여 이자 또는 지연손해금을 채권자에게 변제하고 있는 것으로 볼 수 있으므로 피담보채권의 소멸시효가 중단된다고 보아야 한다.(대판 2009.11.12, 2009다51028)

54. 시효중단과 변론주의 시효를 주장하는 자가 원고가 되어 소를 제기한 경우에 피고가 응소행위가 있었다는 사정만으로 바로 시효중단의 효과가 발생하는 것은 아니고 변론주의 원칙상 시효중단의 효과를 원하는 피고로서는 당해 소송 또는 다른 소송에서의 응소행위로서 시효가 중단되었다고 주장하지 않으면 아니된다.(대판 1997.2.28, 96다26190)

55. 시효중단사유의 주장·증명책임 시효중단사유의 주장·입증책임은 시효완성을 다투는 당사자가 지며, 그 주장책임의 정도는 취득시효가 중단되었다는 명시적인 주장을 필요로 하는 것이 아니라 중단사유에 속하는 사실만 주장하면 주장책임을 다한 것으로 보아야 한다.(대판 1997.4.25, 96다46484)

第169條【時效中斷의 效力】 時效의 中斷은 當事者 및 그 承繼人間에만 效力이 있다.

■ 압류등의시효중단(176), 지역권시효중단(295·296), 연대채무자의 시효중단(416), 주채무시효중단과보증인(440), 어음시효중단(어71·77①viii), 수표시효중단(수52)

1. 공유자 일인의 재판상 청구로 인한 시효중단의 범위 공유자의 한 사람이 공유물의 보존행위로서 제소한 경우라도, 동 제소로 인한 시효중단의 효력은 재판상의 청구를 한 그 공유자에 한하여 발생하고, 다른 공유자에게는 미치지 아니한다.(대판 1979.6.26, 79다639)

2. 준합유재산에 대한 재판상 청구로 인한 시효중단의 범위 기존의 공동광업권자가 광업권 침해로 인한 손해배상청구소송을 제기하였다면 준합유재산인 그 손해배상청구권 전부에 대하여 소멸시효가 중단되는 것이고 그 후에 광업권의 지분을 양수한 공동광업권자는 조합원의 지위에서 기존의 공동광업권자와 함께 소멸시효가 중단된 손해배상청구권을 준합유하므로, 새로 공동광업권자가 된 자의 지분만 따로 소멸시효가 중단됨이 없이 진행되는 것은 아니다.(대판 1997.2.11, 96다1733)

3. 당사자 및 승계인의 의미 여기서 당사자라 함은 중단행위에 관여한 당사자를 가리키고 시효의 대상인 권리 또는 청구권의 당사자는 아니며, 승계인이라 함은 '시효중단에 관여한 당사자로부터 중단의 효과를 받는 권리를 그 중단효과 발생 이후에 승계한 자'를 뜻하고, 포괄승계인은 물론 특정승계인도 이에 포함된다.(대판 1997.4.25, 96다46484)

4. 부진정연대채무자 1인에 대한 이행청구로 인한 시효중단 범위 부진정연대채무에 있어 채무자 1인에 대한 이행의 청구는 타 채무자에 대하여 그 효력이 미치지 않으므로 시효중단의 효과가 발생한다고 할 수 없다.(대판 1997.9.12, 95다42027)

5. 채권자대위소송으로 인한 시효중단의 효력이 미치는 범위 채권자대위권 행사의 효과는 채무자에게 귀속되는 것이므로 채권자대위소송의 제기로 인한 소멸시효 중단의 효과 역시 채무자에게 생긴다.(대판 2011.10.13, 2010다80930)

第170條【裁判上의 請求와 時效中斷】 ① 裁判上의 請求는 訴訟의 却下, 棄却 또는 取下의 境遇에는 時效中斷의 效力이 없다.

② 前項의 境遇에 6月內에 裁判上의 請求, 破産節次參加, 押留 또는 假押留, 假處分을 한 때에는 時效는 最初의 裁判上 請求로 因하여 中斷된 것으로 본다.

■ 청구(168ⅰ), 시효재진행(165·178②), 시효중단의 효력발생시기(민소81·265), 조정신청과 시효(민조정35·36, 가소12·60), 재판상청구(민소248, 어80, 수64), 소각하(민소219), 소취하(민소266-268)

1. 소송종결판결의 경우 소멸시효의 기산점 소송종결 판결은 기일지정신청에 대하여 소송이 이미 종결되었음을 확인하는 것에 불과하므로 본조 2항의 규정에 따라 기간의 기산점을 그 판결이 있었던 날로 할 수 없다.(대판 1969.9.30, 69다1161)

2. 청구기각판결 확정 후 재심청구시 시효중단 여부(소극) 재판상 청구는 소송의 각하, 기각, 취하의 경우에는 시효중단의 효력이 없고 다만 각하 또는 취하되었다가 6월 내에 다시 재판상 청구를 하면 시효는 중단되나 기각판결이 확정된 경우에는 청구권의 부존재가 확정됨으로써 중단의 효력이 생길 수 없으므로 청구기각판결의 확정 후 재심을 청구하였더 하더라도 시효의 진행이 중단된다고 할 수 없다.(대판 1992.4.24, 92다6983)

3. 응소하여 권리를 주장하였으나 본안 판단 없이 소송종료된 경우 170조 2항 유추적용 여부(적극) 권리자인 피고가 응소하여 권리를 주장하였으나 그 소가 각하되거나 취하되는 등의 사유로 본안에서 그 권리주장에 관한 판단 없이 소송이 종료된 경우에도 민 170조 2항을 유추적용하여 그 때부터 6월 이내에 재판상의 청구 등 다른 시효중단조치를 취하면 응소시에 소급하여 시효중단의 효력이 있다.(대판 2010.8.26, 2008다42416, 42423)

4. 지급명령 신청 각하 후 6월내에 다시 소를 제기한 경우 소멸시효의 중단 시점 170조 1항의 '재판상의 청구'는 종국판결을 받기 위한 '소의 제기'에 한정되지 않고, 지급명령의 신청도 포함한다. 따라서 특별한 사정이 없는 한 지급명령 신청 각하 후 6월내에 다시 소를 제기한 경우라면 170조 2항에 의하여 그 시효는 당초 지급명령 신청이 있었던 때에 중단된다.(대판 2011.11.10, 2011다54686)

5. 이미 사망한 자를 피고로 하여 제기된 소에 대한 승소판결이 확정된 경우에도 민 170조 2항이 적용되는지 여부(원칙적 소극) 이미 사망한 자를 피고로 하여 제기된 소는 부적법하여 이를 간과한 채 본안 판단에 나아간 판결은 당연무효로서 그 효력이 상속인에게 미치지 않고, 채권자의 이러한 제소는 권리자의 의무자에 대한 권리행사에 해당하지 않으므로, 상속인을 피고로 하는 당사자표시정정이 이루어진 경우와 같은 특별한 사정이 없는 한, 거기에는 애초부터 시효중단 효력이 없어 민 170조 2항이 적용되지 않는다고 봄이 타당하고, 법원이 이를 간과하여 본안에 나아가 판결을 내린 경우에도 마찬가지라고 보아야 한다.(대판 2014.2.27, 2013다94312)

6. 소송인수 후 탈퇴한 원고가 탈퇴 전에 제기한 재판상의 청구로 인한 시효중단의 효력 소송목적인 권리를 양도한 원고는 법원이 소송인수 결정을 한 후 피고의 승낙을 받아 소송에서 탈퇴할 수 있는데, 그 후 법원이 인수참가인의 청구의 당부에 관하여 심리한 결과 인수참가인의 청구를 기각하거나 소를 각하하는 판결을 선고하여 그 판결이 확정된 경우에는 원고가 제기한 최초의 재판상 청구로 인한 시효중단의 효력은 소멸한다. 다만 소송탈퇴는 소취하와는 그 성질이 다르며, 탈퇴 후 잔존하는 소송에서 내린 판결은 탈퇴자에 대하여도 그 효력이 미친다. 이에 비추어 보면 인수참가인의 소송목적 양수 효력이 부정되어 인수참가인에 대한 청구기각 또는 소각하 판결이 확정된 날부터 6개월 내에 탈퇴한 원고가 다시 탈퇴 전과 같은 재판상의 청구 등을 한 때에는, 탈퇴 전에 원고가 제기한 재판상의 청구로 발생한 시효중단의 효력은 그대로 유지된다.(대판 2017.7.18, 2016다35789)

第171條【破産節次參加와 時效中斷】 破産節次

參加는 債權者가 이를 取消하거나 그 請求가 却下된 때에는 時效中斷의 效力이 없다.

▣ 청구(168), 파산절차참가(회생파산424·447-472), 동종의 시효중단사유(회생파산32)

第172條【支給命令과 時效中斷】 支給命令은 債權者가 法定期間內에 假執行申請을 하지 아니함으로 因하여 그 效力을 잃은 때에는 時效中斷의 效力이 없다.

▣ 청구(168 i), 지급명령(민소462)

第173條【和解를 爲한 召喚, 任意出席과 時效中斷】 和解를 爲한 召喚은 相對方이 出席하지 아니하거나 和解가 成立되지 아니한 때에는 1月內에 訴를 提起하지 아니하면 時效中斷의 效力이 없다. 任意出席의 境遇에 和解가 成立되지 아니한 때에도 그러하다.

▣ 청구(168 i), 화해를 위한 소환(민소385), 조정신청(민조정5, 가소12·55)

第174條【催告와 時效中斷】 催告는 6月內에 裁判上의 請求, 破産節次參加, 和解를 爲한 召喚, 任意出席, 押留 또는 假押留, 假處分을 하지 아니하면 時效中斷의 效力이 없다.

▣ 청구(168 i ·170-173·175·176), 납세고지와시효중단(국세기28①)

1. 국가배상심의회에 대한 손해배상신청의 시효중단 효력 피해자가 국가배상심의회에 손해배상을 신청한 것은 채무자에 대하여 손해배상채무이행을 최고한 것에 해당하고 배상심의회가 위 신청에 대하여 심의하여 결정할 때까지는 국가는 그 이행의 유예를 구한 것에 해당하므로 이 경우 민 174조 소정 6개월의 기간은 위 배상심의회의 결정이 있을 때까지 진행하지 아니한다.(대판 1975.7.8, 74다178)

2. 최고를 여러번 한 경우 시효중단 효력이 발생하는 시점, 취하된 재판상 청구의 효력 ① 최고를 여러번 거듭하다가 재판상 청구 등을 한 경우에 있어서의 시효중단의 효력은 항상 최초의 최고시에 발생하는 것이 아니라 재판상 청구 등을 한 시점을 기준으로 하여 이로부터 소급하여 6월 이내에 한 최고시에 발생한다. ② 민 170조의 해석상, 재판상의 청구는 그 소송이 취하된 경우에는 그로부터 6월내에 다시 재판상의 청구를 하지 않는 한 시효중단의 효력이 없고 다만 재판외의 최고의 효력만 있다.(대판 1987.12.22, 87다카2337)

3. 일부청구에서 소송 종료 시까지 청구금액이 확장되지 않은 경우 나머지 부분에 대한 효력(=최고) 소를 제기하면서 장차 청구금액을 확장할 뜻을 표시한 채권자로서는 장래에 나머지 부분을 청구할 의사를 가지고 있는 것이 일반적이라고 할 것이므로, 다른 특별한 사정이 없는 한 당해 소송이 계속 중인 동안에는 나머지 부분에 대하여 권리를 행사하겠다는 의사가 표명되어 최고에 의해 권리를 행사하고 있는 상태가 지속되고 있는 것으로 보아야 하고, 채권자는 당해 소송이 종료된 때부터 6월 내에 민 174조에서 정한 조치를 취함으로써 나머지 부분에 대한 소멸시효를 중단시킬 수 있다.(대판 2020.2.6, 2019다223723)

4. 최고에 대해 채무자가 이행의 유예를 구한 경우 6월 기간의 기산점 최고도 채무이행을 최고받은 채무자가 그 이행의무의 존부 등에 대하여 조사를 해 볼 필요가 있다는 이유로 채권자에 대하여 그 이행의 유예를 구한 경우에는 채권자가 그 회답을 받을 때까지는 최고의 효력이 계속된다고 보아야 하고 따라서 같은 조 소정의 6월의 기간은 채권자가 채무자로부터 회답을 받은 때로부터 기산되는 것이라고 해석하여야 한다.(대판 1995.5.12, 94다24336)

5. 재산명시결정에 의한 시효중단의 효력 채권자가 확정판결에 기한 채권의 실현을 위하여 채무자에 대하여 민사집행법상 재산명시신청을 하고 그 결정이 채무자에게 송달되었다면 거기에 소멸시효 중단사유인 '최고'로서의 효력만이 인정되므로, 재산명시결정에 의한 소멸시효 중단의 효력은, 그로부터 6월 내에 다시 소를 제기하거나 압류 또는 가압류, 가처분을 하는 등 민 174조에 규정된 절차를 속행하지 아니하는 한, 상실된다.(대판 2012.1.12, 2011다78606)

6. 압류·추심명령의 송달에 최고로서의 효력 인정 여부(적극) 최고는 채무자에 대하여 채무이행을 구한다는 채권자의 의사통지(준법률행위)로서, 이에는 특별한 형식이 요구되지 아니할 뿐 아니라 행위 당시 당사자가 시효중단의 효과를 발생시킨다는 점을 알거나 의욕하지 않았다 하더라도 권리 행사의 주장을 하는 취지임이 명백하다면 최고에 해당하므로, 채권자가 확정판결에 기한 채권의 실현을 위하여 채무자의 제3채무자에 대한 채권에 관하여 압류 및 추심명령을 받아 그 결정이 제3채무자에게 송달이 되었다면 거기에 소멸시효 중단사유인 최고로서의 효력을 인정하여야 한다.(대판 2003.5.13, 2003다16238)

7. 소송고지서의 시효중단사유로서의 효력 소송고지의 요건이 갖추어진 경우에 그 소송고지서에 고지자가 피고지자에 대하여 채무의 이행을 청구하는 의사가 표명되어 있으면 민 174조에 정한 시효중단사유로서의 최고의 효력이 인정된다. 고지자로서는 소송고지를 통하여 당해 소송의 결과에 따라 피고지자에게 권리를 행사하겠다는 취지의 의사를 표명한 것으로 볼 것이므로, 당해 소송이 계속중인 동안은 최고에 의하여 권리를 행사하고 있는 상태가 지속되는 것으로 보아 민 174조에 규정된 6월의 기간은 당해 소송이 종료된 때로부터 기산되는 것으로 해석하여야 한다.(대판 2009.7.9, 2009다14340)

8. 산업재해보상보험법에 따른 보험급여 청구에 대하여 최고의 시효중단 효력에 관한 민 174조가 적용 내지 준용되는 것으로 해석할 수 있는지 여부(소극) 산업재해보상보험법은 위 법에 따른 보험급여를 받을 권리의 소멸시효는 수급권자의 보험급여 청구로 중단된다고 정하고 있다. 또한 산업재해보상보험법이 규정한 보험급여 지급요건에 해당하는 것만으로 바로 구체적인 급여청구권이 발생하는 것이 아니라, 수급권자의 보험급여 청구에 따라 근로복지공단이 보험급여에 관한 결정을 함으로써 비로소 구체적인 급여청구권이 발생한다. 이러한 점에서 산업재해보상보험법에 따른 보험급여 청구는 행정청인 근로복지공단을 상대로 보험급여 지급결정을 구하는 공법상 의사표시로 볼 수 있어 민법상 최고와는 법적 성격이 다르고 민법상의 시효중단 사유와는 별도의 고유한 시효중단 사유로 규정된 것으로 볼 수 있다. 따라서 산업재해보상보험법에 따른 보험급여 청구에 대하여 최고의 시효중단 효력에 관한 민 174조까지 적용 내지 준용되는 것으로 해석하여 수급권자의 보험급여를 받을 권리를 제한할 수는 없다.(대판 2018.6.15, 2017두49119)

第175條【押留, 假押留, 假處分과 時效中斷】 押留, 假押留 및 假處分은 權利者의 請求에 依하여 또는 法律의 規定에 따르지 아니함으로 因하여 取消된 때에는 時效中斷의 效力이 없다.

▣ 압류(민집78·83·163·172·188·223), 가압류·가처분(민집276·301), 압류등 취소(민집50·299·307)

1. 가압류가 행하여진 후 채권자의 신청에 의하여 집행 취소된 경우 소멸시효 중단의 효과 금전채권의 보전을 위하여 채무자의 금전채권에 대하여 가압류가 행하여진 경우에 그 후 채권자의 신청에 의하여 그 집행이 취소되었다면, 다른 특별한 사정이 없는 한 가압류에 의한 소멸시효 중단의 효과는 소급적으로 소멸된다. 가압류의 집행 후에 행하여진 채권자의 집행취소 또는 집행해제의 신청은 실질적으로 집행신청의 취하에 해당하고, 이는 다른 특별한 사정이 없는 한

가압류 자체의 신청을 취하하는 것과 마찬가지로 그에게 권리행사의 의사가 없음을 객관적으로 표명하는 행위로서 위법 규정에 의하여 시효중단의 효력이 소멸한다.(대판 2010.10.14, 2010다53273)

2. 민 175조의 의미와 추심권의 포기만으로 압류로 인한 시효중단의 효력이 상실되는지 여부(소극) ① 민 175조에서 '권리자의 청구에 의하여 취소된 때'라고 함은 권리자가 압류, 가압류 및 가처분의 신청을 취하한 경우를 말하고, '시효중단의 효력이 없다'라고 함은 소멸시효 중단의 효력이 소급적으로 상실된다는 것을 말한다. ② 한편 금전채권에 대한 압류명령과 추심명령은 별개로서 그 적부는 각각 판단하여야 하고, 그 신청의 취하 역시 별도로 판단하여야 한다. 채권자는 추심명령에 따라 얻은 권리를 포기할 수 있지만 추심권의 포기는 압류의 효력에는 영향을 미치지 아니하므로, 추심권의 포기만으로는 압류로 인한 소멸시효 중단의 효력은 상실되지 아니하고 압류명령의 신청을 취하하면 비로소 소멸시효 중단의 효력이 소급하여 상실된다.(대판 2014.11.13, 2010다63591)

第176條【押留, 假押留, 假處分과 時效中斷】

押留, 假押留 및 假處分은 時效의 利益을 받은 者에 對하여 하지 아니한 때에는 이를 그에게 通知한 後가 아니면 時效中斷의 效力이 없다.

▣ 시효중단의 당사자(169)

1. 본조의 취지, 통지의 의미 채무자가 시효의 중단으로 인하여 예측하지 못한 불이익을 입게 되는 것을 막아주기 위하여 채무자에게 압류사실이 통지되어야만 시효중단의 효력이 미치게 함으로써 채권자와 채무자간에 이익을 조화시키려는 것이 민 176조의 취지라고 해석되는 만큼, 압류사실을 채무자가 알 수 있도록 경매개시결정이나 경매기일통지서가 우편송달(발송송달)이나 공시송달의 방법이 아닌 교부송달의 방법으로 채무자에게 송달되어야만 압류사실이 통지된 것으로 볼 수 있는 것이다.(대판 1990.1.12, 89다카4946)

2. 도달간주조항에 의하여 통지가 되었는지 여부(소극) 경매개시결정상의 압류사실에 관한 통지에는 은행여신거래기본약관에서 정한 도달간주조항이 적용된다고 할 수 없어 압류사실의 통지가 있었다고 볼 수 없다.(대판 2010.2.25, 2009다69456)

第177條【承認과 時效中斷】

時效中斷의 效力있는 承認에는 相對方의 權利에 關한 處分의 能力이나 權限있음을 要하지 아니한다.

▣ 승인(168iii)

1. 노동능력을 상실하였으나 의사능력이 있는 자의 승인의 효력 피해자가 뇌의 손상으로 도시일용노동자로서의 노동능력을 100% 상실하였다 하더라도 치료비채권자에 대하여 치료비채무를 승인하거나 소멸시효의 이익을 포기할 의사능력까지 상실한 것은 아니므로 피해자의 승인 및 포기는 유효하다.(대판 1977.6.28, 77다347)

2. 포괄적 대리권을 가진 자의 승인의 효력 보험가입자를 위한 포괄적 대리권이 있는 보험회사가 입원비와 수술비, 통원치료비 등을 피해자에게 지급하고 또 보험가입자에게 손해배상책임이 있음을 전제로 하여 손해배상금을 제시하는 등 합의를 시도하였다면 보험회사는 그때마다 손해배상채무를 승인하였다 할 것이므로 그 승인의 효과는 보험가입자에게 미친다.(대판 1993.6.22, 93다18945)

3. 주식회사인 채권자의 외부감사인이 채무승인의 통지를 수령할 대리권을 갖는지 여부(원칙적 적극) 주식회사인 채권자의 외부감사인이 채권자에 대한 회계감사를 위하여 채권자의 재무제표에 기재된 매출채권 등 채권의 실재 여부를 확인함에 있어서 채권자가 외부감사인으로 하여금 해당 채권의 채무자에 대하여 채권 존부 확인을 하지 못하도록 하였다거나 해당 채무자로부터의 채무승인의 통지를 수령할 권한을 배제하겠다고 하는 등의 특별한 사정이 없는 한, 외부감사인은 피감 주식회사가 가지는 재무제표상 매출채권, 대여금채권 등의 채권과 관련하여 그 채무자로부터 적법한 감사활동의 일환으로 행하여지는 채무 확인 등의 절차를 통하여 소멸시효중단사유로서 채무승인의 통지를 수령할 대리권을 가진다.(대판 2013.11.14, 2013다56310)

第178條【中斷後에 時效進行】

① 時效가 中斷된 때에는 中斷까지에 經過한 時效期間은 이를 算入하지 아니하고 中斷事由가 終了한 때로부터 새로이 進行한다.

② 裁判上의 請求로 因하여 中斷한 時效는 前項의 規定에 依하여 裁判이 確定된 때로부터 새로이 進行한다.

▣ 시효중단(168·169), 재판상 청구(170-173), 유사규정(어80②, 수64②), 특칙(국세기28②)

1. 회사정리절차참가로 인한 시효중단의 종료시점 회사정리절차참가에 인정되는 시효중단의 효력은 참가라는 권리행사가 계속되는 한 그대로 유지된다고 할 것이므로 정리계획이 인가되었다가 결국 그 계획수행의 가망이 없음이 명백하여 정리절차폐지 결정이 내려진 경우에는 그 폐지결정확정시에 채권자의 정리절차에 있어서의 권리행사가 종료되는 것이므로 소멸시효는 그때부터 다시 진행을 개시한다.(대판 1988.2.23, 87다카2055)

2. 가압류로 인한 시효중단의 종료시점, 본안에 관한 재판확정시 가압류에 의한 시효중단 효력 소멸 여부(소극) ① 민 168조에서 가압류를 시효중단사유로 정하고 있는 것은 가압류에 의하여 채권자가 권리를 행사하였다고 할 수 있기 때문인데 가압류에 의한 집행보전의 효력이 존속하는 동안은 가압류채권자에 의한 권리행사가 계속되고 있으므로 가압류에 의한 시효중단의 효력은 가압류의 집행보전의 효력이 존속하는 동안은 계속된다. ② 민 168조에서 가압류와 재판상의 청구를 별도의 시효중단사유로 규정하고 있는데 비추어 보면, 가압류의 피보전채권에 관하여 본안의 승소판결이 확정되었다고 하더라도 가압류에 의한 시효중단의 효력이 이에 흡수되어 소멸된다고 할 수 없다.(대판 2000.4.25, 2000다11102)

3. 경매절차 참가로 인한 시효중단의 종료시점 채권자가 배당요구 또는 채권신고 등의 방법으로 권리를 행사하여 강제경매절차에 참가하고, 그 권리행사로 인하여 소멸시효가 중단된 채권에 대하여 일부만 배당하는 것으로 배당표가 작성되고 다시 그 배당액 중 일부에 대하여만 배당이의가 있어 그 이의의 대상이 된 부분을 제외한 나머지 부분, 즉 배당액 중 이의가 없는 부분과 배당받지 못한 부분의 배당표가 확정이 되었다면, 이로써 그와 같이 배당표가 확정된 부분에 관한 권리행사는 종료되고 그 부분에 대하여 중단된 소멸시효는 위 종료 시점부터 다시 진행된다. 그리고 위 채권 중 배당이의의 대상이 된 부분은 그에 관하여 적법하게 배당이의의 소가 제기되고 그 소송이 완결된 후 그 결과에 따라 종전의 배당표가 그대로 확정 또는 경정되거나 새로 작성된 배당표가 확정되면 그 시점에서 권리행사가 종료되고 그때부터 다시 소멸시효가 진행한다.(대판 2009.3.26, 2008다89880)

4. 피압류채권이 기본계약관계의 해지·실효 또는 소멸시효 완성 등으로 소멸함으로써 압류 자체가 실효된 경우, 시효중단사유가 종료하는지 여부(적극) 체납처분에 의한 채권압류로 인하여 채권자의 채무자에 대한 채권의 시효가 중단된 경우에 그 압류에 의한 체납처분 절차가 채권추심 등으로 종료된 때뿐만 아니라, 피압류채권이 그 기본계약관계의 해지·실효 또는 소멸시효 완성 등으로 인하여 소멸함으로써 압류의 대상이 존재하지 않게 되어 압류 자체가 실효된

경우에도 체납처분 절차는 더 이상 진행될 수 없으므로 시효중단사유가 종료한 것으로 보아야 하고, 그때부터 시효가 새로이 진행한다.(대판 2017.4.28, 2016다239840)

제179조【제한능력자의 시효정지】 소멸시효의 기간만료 전 6개월 내에 제한능력자에게 법정대리인이 없는 경우에는 그가 능력자가 되거나 법정대리인이 취임한 때부터 6개월 내에는 시효가 완성되지 아니한다.
(2011.3.7 본조개정)

▣ 제한능력자(5 · 10 · 13), 법정대리인(911 · 938)

제180조【재산관리자에 대한 제한능력자의 권리, 부부 사이의 권리와 시효정지】 ① 재산을 관리하는 아버지, 어머니 또는 후견인에 대한 제한능력자의 권리는 그가 능력자가 되거나 후임 법정대리인이 취임한 때부터 6개월 내에는 소멸시효가 완성되지 아니한다.

② 부부 중 한쪽이 다른 쪽에 대하여 가지는 권리는 혼인관계가 종료된 때부터 6개월 내에는 소멸시효가 완성되지 아니한다.
(2011.3.7 본조개정)

▣ [1] 제한능력자의 재산관리(909 · 916 · 920 · 920의2 · 924–927 · 946 · 949), [2] 부부간의 재산관계(829–833), 혼인해소(834 · 840)

第181條【相續財産에 關한 權利와 時效停止】 相續財産에 屬한 權利나 相續財産에 對한 權利는 相續人의 確定, 管理人의 選任 또는 破産宣告가 있는 때로부터 6月內에는 消滅時效가 完成하지 아니한다.

▣ 상속인 확정(1019 · 1025 · 1028), 파산선고(회생파산294 · 299 · 300 · 307 · 308)

第182條【天災 其他 事變과 時效停止】 天災 其他 事變으로 因하여 消滅時效를 中斷할 수 없을 때에는 그 事由가 終了한 때로부터 1月內에는 時效가 完成하지 아니한다.

第183條【從屬된 權利에 對한 消滅時效의 效力】 主된 權利의 消滅時效가 完成한 때에는 從屬된 權利에 그 效力이 미친다.

▣ 저당권의 부종성(369), 보증인에 대한 부종성(440)

1. 공동불법행위자 1인의 손해배상채무 시효완성의 효력이 다른 공동불법행위자의 구상권에도 미치는지 여부(소극) 공동불법행위자의 다른 공동불법행위자에 대한 구상권은 피해자의 다른 공동불법행위자에 대한 손해배상채권과는 그 발생원인 및 성질을 달리하는 별개의 권리이므로, 공동불법행위자 중 1인의 손해배상채무가 시효로 소멸한 후에 다른 공동불법행위자 1인이 피해자에게 자기의 부담 부분을 넘는 손해를 배상하였을 경우에도 그 공동불법행위자는 다른 공동불법행위자에게 구상권을 행사할 수 있다.(대판 1997.12.23, 97다42830)

第184條【時效의 利益의 抛棄 其他】 ① 消滅時效의 利益은 미리 抛棄하지 못한다.

② 消滅時效는 法律行爲에 依하여 이를 排除, 延長 또는 加重할 수 없으나 이를 短縮 또는 輕減할 수 있다.

▣ 시효완성(162–165)

1. 시효완성 후 기한유예의 요청이 시효이익 포기인지 여부(적극) 채권의 소멸시효가 완성된 후에 채무자가 그 기한의 유예를 요청하였다면 그때에 소멸시효의 이익을 포기한 것으로 보아야 한다.(대판 1965.12.28, 65다2133)

2. 제척기간 경과로 인한 이익의 포기 상 814조 1항은 "운송인의 송하인 또는 수하인에 대한 채권 및 채무는 그 청구원인의 여하에 불구하고 운송인이 수하인에게 운송물을 인도한 날 또는 인도할 날부터 1년 이내에 재판상 청구가 없으면 소멸한다. 다만 이 기간은 당사자의 합의에 의하여 연장할 수 있다."라고 정하고 있다. 이러한 해상운송인의 송하인이나 수하인에 대한 권리·의무에 관한 소멸기간은 제척기간에 해당한다. 상 814조 1항에서 정한 제척기간이 지난 뒤에 그 기간 경과의 이익을 받는 당사자가 기간이 지난 사실을 알면서도 기간 경과로 인한 법적 이익을 받지 않겠다는 의사를 명확히 표시한 경우에는, 소멸시효 완성 후 이익의 포기에 관한 민 184조 1항을 유추적용하여 제척기간 경과로 인한 권리소멸의 이익을 포기하였다고 인정할 수 있다.(대판 2022.6.9, 2017다247848)

3. 소유권이전등기청구소송에서 상대방 소유를 인정하고 취하한 것이 시효이익 포기인지 여부(적극) 취득시효 완성을 원인으로 한 소유권이전등기절차이행청구의 소에서 소송계속 중 원고가 토지의 피고 소유를 인정하여 피고와 합의하여 위 소송을 취하한 것이라면 특별한 사정이 없는한 이는 원고가 그 취득시효의 완성을 알면서 그 시효의 이익을 피고에게 포기하는 의사표시를 한 것으로 봄이 상당하다.(대판 1973.9.29, 73다762)

4. 당사자간 약정으로 소멸시효에 관한 규정 배제 가부(소극), **제소기간연장요청에 대한 승인이 소멸시효이익의 포기인지 여부**(소극) ① 당사자간의 해상운송인의 책임에 관한 제소기간의 약정으로 소멸시효에 관한 상법이나 민법의 규정의 적용을 배제할 수 없다. ② 소멸시효완성후의 채권자의 제소기간연장요청에 대한 채무자의 승인을 소멸시효이익의 포기로 볼 수 없다.(대판 1987.6.23, 86다카2107)

5. 시효완성 후 조세납부가 시효이익 포기인지 여부(소극) 소멸시효완성 이후에 있은 과세처분에 기하여 세액을 납부하였다 하더라도 이를 들어 바로 소멸시효의 이익을 포기한 것으로 볼 수 없다.(대판 1988.1.19, 87다카70)

6. 점유자의 매수제의가 취득시효완성의 이익 포기인지 여부(소극) 점유자가 취득시효기간 경과 후 상대방에게 토지의 매수제의를 한 일이 있다고 하더라도 일반적으로 점유자는 취득시효완성 후에도 분쟁을 간편히 해결하기 위하여 매수를 시도하는 사례가 허다함에 비추어 매수제의사실을 가지고 점유자가 시효의 이익을 포기한다는 의사표시로 볼 수 없다.(대판 1989.4.11, 88다카5843)

7. 시효완성 후 채무이행 약정이 시효이익 포기인지 여부(적극) 소유권이전등기청구권의 소멸시효기간이 지난 후에 등기의무자가 소유권이전등기를 해 주기로 약정한 바 있다면 다른 특단의 사정이 없는 한 이는 시효이익을 포기한 것으로 보아야 할 것이다.(대판 1993.5.11, 93다12824)

8. 시효이익 포기의 상대적 효과 채무자가 시효이익을 포기한 것으로 볼 수 있다고 하더라도 그 시효이익의 포기는 상대적 효과가 있음에 지나지 아니하므로 채무자 이외의 이해관계자는 여전히 독자적으로 소멸시효를 원용할 수 있다.(대판 1995.7.11, 95다12446)

9. 시효이익을 이미 포기한 자와의 법률관계를 통하여 비로소 시효이익을 원용할 이해관계를 형성한 자가 이미 이루어진 시효이익 포기의 효력을 부정할 수 있는지 여부(소극) 소멸시효 이익의 포기는 상대적 효과가 있을 뿐이어서 다른 사람에게는 영향을 미치지 않음이 원칙이나, 소멸시효 이익의 포기 당시에는 권리의 소멸에 의하여 직접 이익을 받을 수 있는 이해관계를 맺은 적이 없다가 나중에 시효이익을 이미 포기한 자와의 법률관계를 통하여 비로소 시효이익을 원용할 이해관계를 형성한 자는 이미 이루어진 시효이익 포기의 효력을 부정할 수 없다.(대판 2015.6.11, 2015다200227)

10. 시효완성 후 채무 일부변제의 시효이익 포기 추정 채무

자가 소멸시효 완성 후 채무를 일부 변제한 때에는 그 액수에 관하여 다툼이 없는 한 그 채무 전체를 묵시적으로 승인한 것으로 보아야 하고, 이 경우 시효완성의 사실을 알고 그 이익을 포기한 것으로 추정되므로, 소멸시효가 완성된 채무를 피담보채무로 하는 근저당권이 실행되어 채무의 일부 변제에 충당될 때까지 채무자가 아무런 이의를 제기하지 아니하였다면, 경매절차의 진행을 채무자가 알지 못하였다는 등 다른 특별한 사정이 없는 한, 채무자는 시효의 이익을 포기한 것으로 보아야 한다.(대판 2001.6.12, 2001다3580)

11. 시효이익을 포기한 경우 그때부터 새로이 소멸시효가 진행하는지 여부(적극) 채무자가 소멸시효 완성 후에 채권자에 대하여 채무를 승인함으로써 그 시효의 이익을 포기한 경우에는 그때부터 새로이 소멸시효가 진행한다.(대판 2009.7.9, 2009다14340)

12. 원금채무는 소멸시효가 완성되지 않았으나 이자채무의 소멸시효가 완성된 상태에서 채무자의 채무 일부 변제의 효과 원금채무에 관하여는 소멸시효가 완성되지 아니하였으나 이자채무에 관하여는 소멸시효가 완성된 상태에서 채무자가 채무를 일부 변제한 때에는 액수에 관하여 다툼이 없는 한 원금채무에 관하여 묵시적으로 승인하는 한편 이자채무에 관하여 시효완성의 사실을 알고 그 이익을 포기한 것으로 추정된다.(대판 2013.5.23, 2013다12464)

13. 시효이익 포기의 의사표시 존재여부 판단 방법 시효이익 포기의 의사표시가 존재하는지의 판단은 표시된 행위 내지 의사표시의 내용과 동기 및 경위, 당사자가 의사표시 등에 의하여 달성하려고 하는 목적과 진정한 의도 등을 종합적으로 고찰하여 사회정의와 형평의 이념에 맞도록 논리와 경험의 법칙, 그리고 사회일반의 상식에 따라 객관적이고 합리적으로 이루어져야 한다.(대판 2013.7.25, 2011다56187, 56194)

14. 부동산 경매절차에서 시효가 완성된 근저당권부 채권자가 배당받는 데 이의를 제기하지 않은 경우 시효이익 포기 여부(원칙적 적극) 다른 채권자가 신청한 부동산경매절차에서 채무자 소유 부동산이 매각되고 그 대금이 이미 소멸시효가 완성된 채무를 피담보채무로 하는 근저당권을 가진 채권자에게 배당되어 채무 변제에 충당될 때까지 채무자가 아무런 이의를 제기하지 아니하였다면, 경매절차 진행을 채무자가 알지 못하였다는 등 다른 특별한 사정이 없는 한 채무자는 채권에 대한 소멸시효 이익을 포기한 것으로 볼 수 있고, 한편 소멸시효 이익의 포기는 가분채무 일부에 대하여도 가능하다.(대판 2012.5.10, 2011다109500)

15. 상계항변이 먼저 이루어지고 그 후 대여금채권의 소멸을 주장하는 소멸시효항변이 있는 경우, 상계항변 당시 채무자에게 수동채권인 대여금채권의 시효이익 포기의 효과의사가 있었다고 할 수 있는지 여부(소극) 소송에서의 상계항변은 일반적으로 소송상의 공격방어방법으로 피고의 금전지급의무가 인정되는 경우 자동채권으로 상계를 한다는 예비적 항변의 성격을 갖는다. 따라서 상계항변이 먼저 이루어지고 그 후 대여금채권의 소멸을 주장하는 소멸시효항변이 있었던 경우에, 상계항변 당시 채무자인 피고에게 수동채권인 대여금채권의 시효이익을 포기하려는 효과의사가 있었다고 단정할 수 없다.(대판 2013.2.28, 2011다21556)

16. 채무자가 소멸시효 완성 후에 한 소멸시효이익의 포기행위가 채권자취소권의 대상인 사해행위가 될 수 있는지 여부(적극) 채무자가 소멸시효 완성 후에 한 소멸시효이익의 포기행위는 소멸하였던 채무가 소멸하지 않았던 것으로 되어 결과적으로 채무자가 부담하지 않아도 되는 채무를 새롭게 부담하게 되는 것이므로 채권자취소권의 대상인 사해행위가 될 수 있다.(대결 2013.5.31, 2012마712)

第2編 物 權

第1章 總 則

第185條【物權의 種類】 物權은 法律 또는 慣習法에 依하는 外에는 任意로 創設하지 못한다.

▣ 본법에 정한 물권(192 · 211 · 279 · 291 · 303 · 320 · 329 · 345 · 356), 다른 법률에 정한 물권(상91 · 111 · 120 · 147 · 800 · 861 · 871, 공저당4-11, 광재단2-5, 자저당3, 항공저당3, 건저당3, 광업10 · 47, 수산18)

▶ **물권법정주의**

1. 관습상의 사도통행권의 인정여부(소극) 민 185조는 이른바 물권법정주의를 선언하고 있고, 물권법의 강행법규성은 이를 중핵으로 하고 있으므로, 법률(성문법과 관습법)이 인정하지 않는 새로운 종류의 물권을 창설하는 것은 허용되지 아니한다. 따라서 관습상의 사도통행권 인정은 물권법정주의에 위배된다.(대판 2002.2.26, 2001다64165)

2. 소유자에게 배타적 사용 · 수익 권능이 존재하지 않는 소유권의 허용 여부(소극) 소유자가 채권적으로 상대방에 대하여 사용 · 수익의 권능을 포기하거나 사용 · 수익권 행사에 제한을 설정하는 것 외에 소유권의 핵심적 권능에 속하는 배타적인 사용 · 수익 권능이 소유자에게 존재하지 아니한다고 하는 것은 물권법정주의에 반하여 특별한 사정이 없는 한 허용될 수 없다.(대판 2012.6.28, 2010다81049)

▶ **관습법에 의한 물권**

3. 미등기 무허가건물의 양수인에게 소유권 내지는 소유권에 준하는 관습상 물권이나 사실상의 소유권이 인정되는지 여부(소극) 미등기 무허가건물의 양수인이라도 그 소유권 이전등기를 경료받지 않는 한 그 건물에 대한 소유권을 취득할 수 없고, 소유권에 준하는 관습상의 물권이 있다고도 할 수 없으며, 현행법상 사실상의 소유권이라고 하는 어떤 포괄적인 권리 또는 법률상의 지위를 인정하기도 어렵다.(대판 2006.10.27, 2006다49000)

4. 관습상의 법정지상권이 현재에도 여전히 법적 규범으로서 효력을 가지는지 여부 동일인 소유이던 토지와 그 지상 건물이 매매 등으로 인하여 각각 소유자를 달리하게 되었을 때 그 건물 철거 특약이 없는 한 건물 소유자가 법정지상권을 취득한다는 관습법은 현재에도 그 법적 규범으로서의 효력을 여전히 유지하고 있다고 보아야 한다. 구체적인 이유는 아래와 같다. ① 관습법에 의하여 법정지상권이라는 제한물권을 인정하는 이상 토지 소유자는 건물을 사용하는 데 일반적으로 필요하다고 인정되는 범위에서 소유권 행사를 제한받을 수밖에 없다. ② 동일인 소유이던 토지와 지상 건물이 매매 등으로 각각 소유자를 달리하게 되었을 때 건물의 철거로 인한 사회경제적 손실을 방지할 공익상의 필요가 있다. ③ 관습법상 법정지상권은 민법상 지상권에 관한 규정이 준용하여 일정한 기간 동안만 존속하고, 토지 소유자는 건물 소유자에 대하여 지료를 청구할 수 있는 등 토지 소유자를 보호하고 배려하는 장치도 함께 마련되어 있다. ④ 관습법상 법정지상권에 관한 관습에 대하여 사회 구성원들의 법적 구속력에 대한 확신이 소멸하였다거나 그러한 관행이 본질적으로 변경되었다고 인정할 수 있는 자료도 찾아볼 수 없다.(대판(全) 2022.7.21, 2017다236749)

5. 관습상의 법정지상권의 성립요건 토지와 건물이 동일한 소유자에게 속하였다가 건물 또는 토지가 매매 기타의 원인으로 양자의 소유자가 다르게 될 때에 특히 그 건물을 철거한다는 조건이 없는 이상 건물소유자는 토지소유자에 대하여 그 건물을 위한 관습상의 법정지상권을 취득하는 것이므로 타인 소유 대지위에 건물을 신축한 경우에는 관습에 의한 법정지상권이 생기지 아니한다.(대판 1980.7.8, 79다2000)

6. 온천에 관한 권리 온천에 관한 권리를 관습법상의 물권

이라고 볼 수 없고 또한 온천수는 민 235조, 236조 소정의 공용수 또는 생활상 필요한 용수에 해당하지 아니한다.(대판 1970.5.26, 69다1239)

▶ 분묘기지권

7. 분묘기지권의 설정 분묘의 기지인 토지가 분묘소유권자 아닌 다른 사람의 소유인 경우에 그 토지 소유자가 분묘소유자에 대하여 분묘의 설치를 승낙한 때에는 그 분묘의 기지에 대하여 분묘소유자를 위한 지상권에 유사한 물권(분묘기지권)을 설정한 것으로 보아야 하므로, 이러한 경우 그 토지소유자는 분묘의 수호·관리에 필요한 상당한 범위 내에서는 분묘기지가 된 토지부분에 대한 소유권의 행사가 제한될 수밖에 없다.(대판 2000.9.26, 99다14006)

▶ 명의신탁

8. 3자간 등기명의신탁의 명의신탁자가 제3자와 부동산 처분에 관한 약정을 맺고 그 약정에 따라 명의수탁자에서 제3자 앞으로 소유권이전등기를 마쳐준 경우, 그 등기가 실체관계에 부합하는 등기로서 유효한지 여부(원칙적 적극) 이른바 3자간 등기명의신탁의 경우, 매도인과 명의신탁자 사이의 매매계약은 여전히 유효하고, 명의신탁자는 매도인에 대하여 매매계약에 기한 소유권이전등기를 청구하거나 그 소유권이전등기청구권을 보전하기 위하여 매도인을 대위하여 명의수탁자에게 무효인 그 명의 등기의 말소를 구할 수 있으므로, 명의신탁자가 제3자와 사이에 부동산 처분에 관한 약정을 맺고 그 약정에 기하여 명의수탁자에서 제3자 앞으로 마쳐준 소유권이전등기는 특별한 사정이 없는 한 실체관계에 부합하는 등기로서 유효하다고 보아야 한다.(대판 2022.9.29, 2022다228933)

第186條【不動産物權變動의 效力】 不動産에 關한 法律行爲로 因한 物權의 得失變更은 登記하여야 그 效力이 생긴다.

▣ 부동산(99), 등기를 요하지 않는 권리(187·192·302·320), 공익사업(45)

▶ 일반론

1. 민 186조의 물권변동 요건으로서의 등기와 보존등기 본조에서 말하는 "등기"에는 소유권보존등기도 포함되므로 미등기부동산을 적법히 매수한 자가 자기명의로 소유권보존등기를 하였을 경우에도 그 보존등기는 본조의 등기에 해당되어 소유권취득의 효력이 발생한다.(대판 1963.4.25, 62아19)

2. 부동산매매에 기한 소유권이전등기청구권의 양도성(대판 2001.10.9, 2000다51216) → 제449조 참조

3. 근저당권등기의 당사자를 협의로 변경한 경우 등기의 유효성(대판(全) 2001.3.15, 99다48948) → 제356조 참조

4. 물권에 관한 등기가 원인 없이 말소된 경우 그 물권의 효력 등기는 물권의 효력발생요건이고, 그 존속요건은 아니므로 물권에 관한 등기가 원인없이 말소된 경우에도 그 물권의 효력에는 아무런 변동이 없다.(대판 1988.12.27, 87다카2431)

5. 소유권보존등기 중 일부분에 관한 등기를 경료하거나 말소하는 것이 허용되는지 여부(소극) 일물일권주의의 원칙상, 물건의 일부분, 구성부분에는 물권이 성립할 수 없는 것이어서 구분 또는 분할의 절차를 거치지 아니한 채 하나의 부동산 중 일부분만에 관하여 따로 소유권보존등기를 경료하거나, 하나의 부동산에 관하여 경료된 소유권보존등기 중 일부분에 관한 등기만을 따로 말소하는 것은 허용되지 아니한다.(대판 2000.10.27, 2000다39582)

6. 등기가 실체관계에 부합한다는 것의 의미 등기가 실체관계에 부합한다고 하는 것은 그 등기절차에 어떤 하자가 있다고 하더라도 진실한 권리관계와 합치한다는 것을 말하며, 그 등기원인이 매매로서 매매대금이 전부 지급되지 않았다면, 그 대금완불 전에 미리 소유권이전등기를 하기로 하는 특약이 없는 한, 그 등기로써 실체관계에 부합한다고 할 수는 없다.(대판 1994.6.28, 93다55777)

7. 위조된 문서에 의하여 이루어졌지만 실체관계에 부합하는 소유권이전등기의 효력 대지를 매수한 사실이 인정되는 이상 소유권이전등기가 위조된 문서로써 이루어졌다 하더라도 그 등기는 유효하다.(대판 1980.6.10, 79다1212)

8. 관습에 의한 법정 지상권의 승계취득시 등기 요부(적극) 토지와 그 지상건물이 같은 소유자의 소유에 속하였다가 그 건물 또는 토지가 매매되어 양자의 소유자가 다르게 될 때에는 특히 그 건물을 철거한다는 조건이 없는 한, 당연히 건물소유자는 그 토지위에 소위 관습에 의한 법정지상권을 취득하게 되나 위 지상권양도에 있어서는 등기를 요한다.(대판 1968.7.31, 67다1759)

9. 조합원 탈퇴나 조합원 해산시 조합재산의 물권변동 2인 조합에서 조합원 1인이 탈퇴하면 조합관계는 종료되고, 조합재산은 남은 조합원의 단독 소유에 속하게 되지만, 잔존 조합원의 단독 소유로 하는 등기를 하여야 비로소 그의 단독소유로 물권변동이 되는 효력이 발생한다. 조합해산의 경우에도 마찬가지로 조합재산은 조합원에게 분배되어 그에 따른 등기가 되기 전까지는 계속하여 조합원의 합유로 남아 있게 된다.(대판 2011.1.27, 2008다2807)

▶ 중간생략등기

10. 등기가 이미 경료된 경우 이미 중간생략등기가 경유되어 버린 경우에 있어서는 관계 양도계약당사자들 사이에 양도계약이 적법하게 성립되어 이행된 이상 중간생략등기에 관한 합의가 없었다는 사실만으로서는 그 등기를 무효라 할 수 없다.(대판 1969.7.8, 69다648)

11. 토지거래허가구역 내에서의 중간생략등기의 효력(대판 1997.3.14, 96다22464) → 유동적 무효 부분 참조

12. 미등기건물의 원시취득자와 그 승계취득자 사이의 합의에 의하여 직접 승계취득자 명의로 한 소유권보존등기의 효력 미등기건물을 등기할 때에는 소유권을 원시취득한 자 앞으로 소유권보존등기를 한 다음 이를 양수한 자 앞으로 이전등기를 함이 원칙이라 할 것이나, 원시취득자와 승계취득자 사이의 합치된 의사에 따라 그 주차장에 관하여 승계취득자 앞으로 직접 소유권보존등기를 경료하게 되었다면, 그 소유권보존등기는 실체적 권리관계에 부합되어 적법한 등기로서의 효력을 가진다.(대판 1995.12.26, 94다44675)

13. 최종 양수인이 중간생략등기의 합의를 이유로 최초 양도인에게 직접 소유권이전등기청구권을 행사하기 위한 요건 부동산의 양도계약이 순차 이루어져 최종 양수인이 중간생략등기의 합의를 이유로 최초 양도인에게 직접 그 소유권이전등기청구권을 행사하기 위하여는 관계당사자 전원의 의사합치, 즉 중간생략등기에 대한 최초 양도인과 중간자의 동의가 있는 외에 최초의 양도인과 최종의 양수인 사이에도 그 중간등기생략의 합의가 있었음이 요구된다.(대판 1994.5.24, 93다47738)

14. 중간생략등기의 합의가 있게 되면 중간매수인의 첫 매도인에 대한 소유권이전등기청구권이 소멸되는지 여부(소극) 중간생략등기의 합의가 있었다 하더라도 이러한 합의는 중간등기를 생략하여도 당사자 사이에 이의가 없겠고 또 그 등기의 효력에 영향을 미치지 않겠다는 의미가 있을 뿐이지 그러한 합의가 있었다 하여 중간매수인의 소유권이전등기청구권이 소멸된다거나 첫 매도인의 그 매수인에 대한 소유권이전등기의무가 소멸되는 것은 아니다.(대판 1991.12.13, 91다18316)

15. 최초의 매도인이 중간 매수인에 대하여 갖고 있는 매매대금청구권의 행사가 제한되는지 여부(소극) 중간생략등기의 합의란 부동산이 전전 매도된 경우 각 매매계약이 유효하게 성립함을 전제로 그 이행의 편의상 최초의 매도인으로부터 최종의 매수인 앞으로 소유권이전등기를 경료하기로

한다는 당사자 사이의 합의에 불과할 뿐이므로, 이러한 합의가 있다고 하여 최초의 매도인이 자신이 당사자가 된 매매계약상의 매수인인 중간자에 대하여 갖고 있는 매매대금청구권의 행사가 제한되는 것은 아니다.(대판 2005.4.29, 2003다66431)

▸진정명의회복을 위한 소유권이전등기

16. 진정명의회복을 위한 소유권이전등기가 허용되는지 여부(적극) 자기 또는 피상속인 명의로 소유권을 표상하는 등기가 되어 있었거나 법률에 의하여 소유권을 취득한 진정한 소유자가 그 등기명의를 회복하기 위한 방법으로 그 소유권에 기하여 현재의 등기명의인을 상대로 그 등기의 말소를 구하는 외에 진정한 등기명의의 회복을 원인으로 한 소유권이전등기절차의 이행을 직접 구하는 것도 허용된다.(대판(全) 1990.11.27, 89다카12398)

17. 진정명의회복을 위한 소유권이전등기청구의 요건 자기 앞으로 소유권의 등기가 되어 있지 않았고 법률에 의하여 소유권을 취득하지도 않은 사람이 소유권자를 대위하여 현재의 등기명의인을 상대로 그 등기의 말소를 청구할 수 있을 뿐인 경우에는 진정한 등기명의의 회복을 위한 소유권이전등기청구를 할 수 없다.(대판 2003.5.13, 2002다64148)

18. 사해행위 취소소송에서 수익자 상대로 채무자 앞으로 소유권이전등기청구 가부(대판 2000.2.25, 99다53704) → 제406조 참조

19. 명의신탁자의 제3자에 대한 소유권이전등기청구 가부(소극) 명의신탁에 있어서 대외적으로는 수탁자가 소유자라고 할 것이고, 명의신탁재산에 대한 침해배제를 구하는 것은 대외적 소유권자인 수탁자만이 가능한 것이며, 신탁자는 수탁자를 대위하여 그 침해에 대한 배제를 구할 수 있을 뿐이므로, 명의신탁사실이 인정된다고 할지라도 신탁자는 제3자에 대하여 진정한 등기명의의 회복을 원인으로 한 소유권이전등기청구를 할 수 있는 진정한 소유자의 지위에 있다고 볼 수 없다.(대판 2001.8.21, 2000다36484)

20. 전소인 소유권이전등기말소청구소송의 확정판결의 기판력이 후소인 진정명의회복을 원인으로 한 소유권이전등기청구소송에 미치는지 여부(적극) 말소등기에 갈음하여 허용되는 진정명의회복을 원인으로 한 소유권이전등기청구권과 무효등기의 말소청구권은 어느 것이나 진정한 소유자의 등기명의를 회복하기 위한 것으로서 실질적으로 그 목적이 동일하고, 두 청구권 모두 소유권에 기한 방해배제청구권으로서 그 법적 근거와 성질이 동일하다. 비록 전자는 이전등기, 후자는 말소등기의 형식을 취하고 있다고 하더라도 그 소송물은 실질상 동일한 것으로 보아야 하고, 따라서 소유권이전등기말소청구소송에서 패소확정판결을 받았다면 그 기판력은 그 후 제기된 진정명의회복을 원인으로 한 소유권이전등기청구소송에도 미친다.(대판(全) 2001.9.20, 99다37894)

21. 진정한 등기명의의 회복을 위한 소유권이전등기청구의 피고적격 진정한 등기명의의 회복을 위한 소유권이전등기청구는 이미 자기 앞으로 소유권을 표상하는 등기가 되어 있었거나 법률에 따라 소유권을 취득한 자가 진정한 등기명의를 회복하기 위한 방법으로서, 현재의 등기명의인을 상대로 하여야 하고 현재의 등기명의인이 아닌 자는 피고적격이 없다.(대판 2017.12.5, 2015다240645)

22. 소유권이전등기말소청구소송의 확정판결의 기판력이 이를 선결문제로 하는 근저당권설정등기의 말소청구소송에 미친다고 한 사례 소유권이전등기말소소송의 승소 확정판결에 기하여 소유권이전등기가 말소된 후 순차 제3자 명의로 소유권이전등기 및 근저당권설정등기 등이 마쳐졌는데 위 말소된 등기의 명의자가 현재의 등기명의인을 상대로 진정한 등기명의의 회복을 위한 소유권이전등기청구와 근저당권자 등을 상대로 그 근저당권설정등기 등의 말소등기청구 등을 하는 경우 현재의 등기명의인 및 근저당권자 등은 모두 위 확정된 전 소송의 사실심 변론종결 후의 승계인으로서 위 확정판결의 기판력은 그와 실질적으로 동일한 소송물인 진정한 등기명의의 회복을 위한 소유권이전등기청구 및 위 확정된 전소의 말소등기청구권의 존재여부를 선결문제로 하는 근저당권설정등기 등의 말소등기청구에 모두 미친다.(대판 2003.3.28, 2000다24856)

第2編 物權

▸중복보존등기

23. 동일 부동산에 대하여 중복 경료된 소유권보존등기의 효력 동일부동산에 관하여 등기명의인을 달리하여 중복된 소유권보존등기가 경료된 경우에는 먼저 이루어진 소유권보존등기가 원인무효가 되지 아니하는 한 뒤에 된 소유권보존등기는 비록 그 부동산의 매수인에 의하여 이루어진 경우에도 1부동산1용지주의를 채택하고 있는 부동산등기법 아래에서는 무효라고 해석함이 상당하다 할 것이다.(대판(全) 1990.11.27, 87다카2961, 87다453)

24. 동일 부동산에 관하여 등기명의인을 달리하여 멸실회복에 의한 각 소유권이전등기가 중복 등재된 경우, 각 회복등기 간의 우열을 가리는 기준 ① 동일 부동산에 관하여 중복된 소유권보존등기에 터잡아 등기명의인을 달리하는 각 소유권이전등기가 경료된 경우에 등기의 효력은 소유권이전등기의 선후에 의하여 판단할 것이 아니고 각 소유권이전등기의 바탕이 된 소유권보존등기의 선후를 기준으로 판단하여야 하며, 그 이전등기가 멸실회복으로 인한 이전등기라 하여 달리 볼 것은 아니다. ② 한편 동일 부동산에 관하여 하나의 소유권보존등기가 경료된 후 이를 바탕으로 순차로 소유권이전등기가 경료되었다가 그 등기부가 멸실된 후 등기명의인을 달리하는 소유권이전등기의 각 회복등기가 중복하여 이루어진 경우에는 중복등기의 문제는 생겨나지 않고 멸실 전 먼저 된 소유권이전등기가 잘못 회복등재된 것이므로 그 회복등기 때문에 나중 된 소유권이전등기의 회복등기가 무효로 되지 않는다. ③ 그러나 동일 부동산에 관하여 등기명의인을 달리하여 멸실회복에 의한 각 소유권이전등기가 중복등재되고 각 그 바탕이 된 소유권보존등기가 동일등기인지 중복등기인지, 중복등기라면 각 소유권보존등기가 언제 이루어졌는지가 불명인 경우에는 위 법리로는 중복등기의 해소가 불가능하므로 이러한 경우에는 적법하게 경료된 것으로 추정되는 각 회복등기 상호간에는 각 회복등기일자의 선후를 기준으로 우열을 가려야 한다.(대판(全) 2001.2.15, 99다66915)

25. 중복소유권등기의 효력 ① 동일 부동산에 관하여 등기명의인을 달리하여 중복된 소유권보존등기가 경료된 경우에는 먼저 이루어진 소유권보존등기가 원인무효가 아닌 한 뒤에 된 소유권보존등기는 실체관계에 부합한다고 하더라도 1부동산 1등기용지주의의 법리에 비추어 무효이고, 이러한 법리는 뒤에 된 소유권보존등기의 명의인이 당해 부동산의 소유권을 원시취득한 경우에도 그대로 적용된다. ② 중복소유권등기경료자가 점유취득시효를 완성하였더라도 선등기인 소유권이전등기의 토대가 된 소유권보존등기가 원인무효라고 볼 아무런 주장 입증이 없는 이상 뒤에 된 소유권보존등기의 말소를 구하는 것이 신의칙위반이나 권리남용에 해당한다고 할 수 없다.(대판 2008.2.14, 2007다63690)

26. 동일 부동산에 등기명의인을 달리하여 중복된 소유권보존등기가 마쳐진 경우의 법률관계 ① 원인무효가 아닌 선행 보존등기로부터 소유권을 이전받은 소유자의 상속인이 후행 보존등기나 그에 기한 후속등기가 무효라는 이유로 한 등기말소청구는 상속회복청구의 소에 해당하지 않는다. ② 후행 보존등기에 기하여 소유권이전등기를 마친 사람의 점유취득시효가 완성된 경우, 원인무효가 아닌 선행 보존등기에 기한 소유권등기명의인의 후행 보존등기에 기한 소유권등기명의인을 상대로 한 등기말소청구는 실체적 권리 없는 말소청구에 해당하지 않는다.(대판 2011.7.14, 2010다107064)

▶ 명의신탁

27. 신탁의 해지 등 신탁종료사유의 발생으로 신탁재산이 수익자나 위탁자에게 당연히 복귀되거나 승계되는지 여부(소극) 신탁은 위탁자가 수탁자에게 재산권을 이전하거나 기타의 처분을 하여 수탁자로 하여금 신탁의 목적을 위하여 재산의 관리 또는 처분을 하도록 하는 것이어서 부동산의 신탁에 있어서 신탁자의 위탁에 의하여 수탁자 앞으로 그 소유권이전등기를 마치게 되면 대내외적으로 소유권이 수탁자에게 완전히 이전되고, 위탁자와의 내부관계에 있어서 소유권이 위탁자에게 유보되어 있는 것은 아니므로 신탁의 해지 등 신탁종료의 사유가 발생하더라도 수탁자가 신탁재산의 귀속권리자인 수익자나 위탁자 등에게 새로이 목적부동산의 소유권 등 신탁재산을 이전할 의무를 부담하게 될 뿐, 신탁재산이 수익자나 위탁자 등에게 당연히 복귀되거나 승계된다고 할 수 없다.(대판 1994.10.14, 93다62119)

28. 동산에 관하여도 명의신탁관계가 성립하는지 여부(소극) 동산에 관하여는 공부상 그 소유관계가 공시될 수 없는 것이기 때문에 명의신탁이 성립할 여지가 없고, 다만 동산을 점유하고 있다는 외관을 신뢰하고 그 점유자로부터 이를 매수하여 점유한 경우에는 동산의 선의취득이 문제될 뿐이다.(대판 1994.10.11, 94다16175)

29. 신탁자의 방해배제청구 가부(소극) 재산을 타인에게 신탁한 경우 대외적인 관계에 있어서는 수탁자만이 소유권자로서 그 재산에 대한 제3자의 침해에 대하여 배제를 구할 수 있으며, 신탁자는 수탁자를 대위하여 수탁자의 권리를 행사할 수 있을 뿐 직접 제3자에게 신탁재산에 대한 침해의 배제를 구할 수 없다.(대판(全) 1979.9.25, 77다1079)

30. 부동산실명 11조의 유예기간이 경과한 후에도 실명화조치를 취하지 않은 경우 명의신탁자의 명의수탁자에 대한 소유권이전등기청구권의 소멸시효 ① 부동산실명법 시행 전에 명의수탁자가 명의신탁 약정에 따라 부동산에 관한 소유명의를 취득한 경우 위 법률의 시행 후 11조의 유예기간이 경과하기 전까지 명의신탁자는 언제라도 명의신탁 약정을 해지하고 당해 부동산에 관한 소유권을 취득할 수 있었던 것으로, 실명화 등의 조치 없이 위 유예기간이 경과함으로써 12조 1항, 4조에 의해 명의신탁 약정은 무효로 되는 한편, 명의수탁자가 당해 부동산에 관한 완전한 소유권을 취득하게 된다. 3조 및 4조가 명의신탁자에게 소유권이 귀속되는 것을 막는 취지의 규정은 아니므로 명의수탁자는 명의신탁자에게 자신이 취득한 당해 부동산을 부당이득으로 반환할 의무가 있다. 이와 같은 경위로 명의신탁자가 당해 부동산의 회복을 위해 명의수탁자에 대해 가지는 소유권이전등기청구권은 그 성질상 법률의 규정에 의한 부당이득반환청구권으로서 민 162조 1항에 따라 10년의 기간이 경과함으로써 시효로 소멸한다. ② 명의신탁계약 및 그에 기한 등기를 무효로 하고 그 위반행위에 대하여 형사처벌까지 규정한 부동산실명법의 시행에 따라 그 권리를 상실하게 된 위 법률 시행 이전의 명의신탁자가 그 대신에 부당이득의 법리에 따라 법률상 취득하게 된 명의신탁 부동산에 대한 부당이득반환청구권의 경우, 무효로 된 명의신탁 약정에 기하여 처음부터 명의신탁자가 그 부동산의 점유 및 사용 등 권리를 행사하고 있다 하여 위 부당이득반환청구권 자체의 실질적 행사가 있다고 볼 수 없다. 명의신탁자가 그 부동산을 점유·사용하여 온 경우에는 명의신탁자의 명의수탁자에 대한 부당이득반환청구권에 기한 등기청구권의 소멸시효가 진행되지 않는다고 보아야 한다면, 이는 명의신탁자가 부동산실명법의 유예기간 및 시효기간 경과 후 여전히 실명전환을 하지 않아 위 법률을 위반한 경우임에도 그 권리를 보호하여 주는 결과로 되어 부동산 거래의 실정 및 부동산실명법 등 관련 법률의 취지에도 맞지 않는다.(대판 2009.7.9, 2009다23313)

31. 계약명의신탁에서 명의신탁자가 매도인에 대하여 소유권이전등기청구권을 가지는지 여부(한정적극) 어떤 사람이 타인을 통하여 부동산을 매수함에 있어 매수인 명의 및 소유권이전등기 명의를 타인 명의로 하기로 약정하였고 매도인도 그 사실을 알고 있어서 그 약정이 부동산실명 4조의 규정에 의하여 무효로 되고 이에 따라 매매계약도 무효로 되는 경우에, 매매계약상의 매수인의 지위가 당연히 명의신탁자에게 귀속되는 것은 아니지만, 그 무효사실이 밝혀진 후에 계약상대방인 매도인이 계약명의자인 명의수탁자 대신 명의신탁자가 그 계약의 매수인으로 되는 것에 대하여 동의 내지 승낙을 함으로써 부동산을 명의신탁자에게 양도할 의사를 표시하였다면, 명의신탁약정이 무효로 됨으로써 매수인의 지위를 상실한 명의수탁자의 의사에 관계없이 매도인과 명의신탁자 사이에는 종전의 매매계약과 같은 내용의 양도약정이 따로 체결된 것으로 봄이 상당하고, 따라서 이 경우 명의신탁자는 당초의 매수인이 아니라고 하더라도 매도인에 대하여 별도의 양도약정을 원인으로 하는 소유권이전등기청구를 할 수 있다.(대판 2003.9.5, 2001다32120)

32. 부동산실명법 시행 전에 명의신탁약정과 정산약정이 체결되었는데 위 법 시행으로 명의신탁약정이 무효가 된 경우 정산약정도 무효가 되는지 여부(소극) 부동산실명법이 시행되기 전에 명의신탁자와 명의수탁자가 명의신탁 약정을 맺고 이에 따라 명의수탁자가 당사자가 되어 명의신탁 약정이 있다는 사실을 알지 못하는 소유자와 부동산에 관한 매매계약을 체결한 후 그 매매계약에 기하여 당해 부동산의 소유권이전등기를 자신의 명의로 마치는 한편, 장차 위 부동산의 처분대가를 명의신탁자에게 지급하기로 하는 정산약정을 한 경우, 그러한 약정 이후에 부동산실명법이 시행되었다거나 그 부동산의 처분이 부동산실명법 시행 이후에 이루어졌다고 하더라도 그러한 사정만으로 위 정산약정까지 당연히 무효로 된다고 볼 수 없다.(대판 2021.7.21, 2019다266751)

▶ 무효등기의 유용

33. 무효등기의 유용의 효력 당사자가 무효로 된 처음의 근저당권설정등기를 유용하기로 합의하고 새로 거래를 계속하는 경우 유용합의 이전에 등기부상 이해관계 있는 제3자가 없는 때에는 그 근저당권설정등기는 유효하다.(대판 1963.10.10, 63다583)

34. 무효인 소유권이전등기청구권 가등기의 유용 합의에 따라 그 가등기 이전의 부기등기가 마쳐진 경우의 법률관계 부동산의 매매예약에 기하여 소유권이전등기청구권의 보전을 위한 가등기가 마쳐진 경우에 그 매매예약완결권이 소멸하였다면 그 가등기 또한 효력을 상실하여 말소되어야 할 것이나, 그 부동산의 소유자가 제3자와 사이에 새로운 매매예약을 체결하고 그에 기한 소유권이전등기청구권의 보전을 위하여 이미 효력이 상실된 가등기를 유용하기로 합의하고 실제로 그 가등기 이전의 부기등기를 마쳤다면, 그 가등기 이전의 부기등기를 마친 제3자로서는 언제든지 부동산의 소유자에 대하여 위 가등기 유용의 합의를 주장하여 가등기의 말소청구에 대항할 수 있고, 다만 그 가등기 이전의 부기등기 전에 등기부상 이해관계를 가지게 된 자에 대하여는 위 가등기 유용의 합의 사실을 들어 그 가등기의 유효를 주장할 수는 없다.(대판 2009.5.28, 2009다4787)

35. 저당권등기 유용의 합의는 있었으나 저당권 이전의 부기등기를 경료하지 못한 경우의 법률관계 부동산 소유자와 종전의 채권자 그리고 새로운 제3의 채권자 등 3자가 합의하여 저당권설정등기를 유용하기로 합의한 경우, 종전의 채권자는 부동산 소유자의 저당권설정등기 말소청구에 대하여 3자 사이의 등기 유용의 합의 사실을 들어 대항할 수 있다.(대판 1998.3.24, 97다56242)

36. 멸실건물의 등기부에 신축건물에 관한 등기를 등재한 경우의 그 등기의 효력 멸실된 건물과 신축된 건물이 위치나 기타 여러가지 면에서 서로 같다고 하더라도 그 두 건물이

동일한 건물이라고는 할 수 없으므로 신축건물의 물권변동에 관한 등기를 멸실건물의 등기부에 등재하여도 그 등기는 무효이고 가사 신축건물의 소유자가 멸실건물의 등기를 신축건물의 등기로 전용할 의사로써 멸실건물의 등기부상 표시를 신축건물의 내용으로 표시 변경 등기를 하였다고 하더라도 그 등기가 무효임에는 변함이 없다.(대판 1980.11.11, 80다441)

▶등기의 추정력

37. 등기명의자가 등기원인 행위의 태양이나 과정을 다소 다르게 주장한다고 하여 그 추정력이 깨어지는지 여부(소극) 등기명의자가 전 소유자로부터 부동산을 취득함에 있어 등기부상 기재된 등기원인에 의하지 아니하고 다른 원인으로 적법하게 취득하였다고 하면서 등기원인 행위의 태양이나 과정을 다소 다르게 주장한다고 하여 이러한 주장만 가지고 그 등기의 추정력이 깨어진다고 할 수는 없을 것이다.(대판 2000.3.10, 99다65462)

38. 소유권보존등기의 추정력 부동산 소유권보존등기가 경료되어 있는 이상 그 보존등기 명의자에게 소유권이 있음이 추정된다 하더라도 그 보존등기 명의자가 보존등기하기 이전의 소유자로부터 부동산을 양수한 것이라고 주장하고 전 소유자는 양도사실을 부인하는 경우에는 그 보존등기의 추정력은 깨어지고 그 보존등기 명의자 측에서 그 양수사실을 입증할 책임이 있다.(대판 1982.9.14, 82다카707)

39. 소유권이전등기의 추정력이 전 소유자에 대하여도 미치는지 여부(적극) 부동산에 관하여 소유권이전등기가 마쳐져 있는 경우 그 등기명의자는 제3자에 대하여서 뿐만 아니라, 그 전 소유자에 대하여서도 적법한 등기원인에 의하여 소유권을 취득한 것으로 추정된다.(대판 2000.3.10, 99다65462)

40. 부동산소유권이전등기의 추정력 부동산에 관한 등기부상 소유권이전등기가 경료되어 있는 이상 일응 그 절차 및 원인이 정당한 것이라는 추정을 받게 되고 그 절차 및 원인의 부당을 주장하는 당사자에게 이를 입증할 책임이 있는 것이나, 등기절차가 적법하게 진행되지 아니한 것으로 볼만한 의심스러운 사정이 있음이 입증되는 경우에는 그 추정력은 깨어진다.(대판 2003.2.28, 2002다46256)

41. 전 소유자의 사망 이후에 그 명의로 신청되어 경료된 소유권이전등기의 추정력 전 소유자가 사망한 이후에 그 명의로 신청되어 경료된 소유권이전등기는, 그 등기원인이 이미 존재하고 있으나 아직 등기신청을 하지 않고 있는 동안에 등기의무자에 대하여 상속이 개시된 경우에 피상속인이 살아 있다면 그가 신청하였을 등기를 상속인이 신청한 경우 또는 등기신청을 등기공무원이 접수한 후 등기를 완료하기 전에 본인이나 그 대리인이 사망한 경우와 같은 특별한 사정이 인정되는 경우를 제외하고는, 원인무효의 등기라고 볼 것이어서 그 등기의 추정력을 인정할 여지가 없다.(대판 2004.9.3, 2003다3157)

42. 사망자 명의의 신청으로 이루어진 이전등기의 효력 사망자 명의의 신청으로 이루어진 이전등기는 원인무효의 등기로서 등기의 추정력을 인정할 여지가 없으므로 등기의 유효를 주장하는 자가 현재의 실체관계와 부합함을 증명할 책임이 있다.(대판 2017.12.22, 2017다360, 377)

43. 부동산소유권이전등기등에 관한 특별조치법에 따라 마친 경료된 소유권이전등기의 추정력 부동산소유권이전등기등에 관한 특별조치법에 의하여 소유권이전등기가 경료된 경우 그 등기는 일반적으로는 그 법에 규정된 절차에 따라 적법하게 된 것으로서 실체적 권리관계에도 부합하는 등기로 추정되는 것이나, 그 등기의 기초가 된 위 특별조치법상의 보증서나 확인서가 위조되었거나 허위로 작성된 것이라든지 그 밖의 다른 어떤 사유로 인하여 그 등기가 위 특별조치법에 따라 적법하게 된 것이 아니라는 점이 주장·입증되면 그와 같은 추정은 번복된다.(대판 1993.9.14, 93다12268)

44. 구 임야소유권이전등기등에 관한 특별조치법에 따라 마친 등기의 추정력(구법관계) 구 임야소유권이전등기 등에 관한 특별조치법(이하 '특별조치법')에 따라 등기를 마친 자가 보증서나 확인서에 기재된 취득원인이 사실과 다름을 인정하더라도 그가 다른 취득원인에 따라 권리를 취득하였음을 주장하는 때에는, 특별조치법의 적용을 받을 수 없는 시점의 취득원인 일자를 내세우는 경우와 같이 그 주장 자체에서 특별조치법에 따른 등기를 마칠 수 없음이 명백하거나 그 주장하는 내용이 구체성이 전혀 없다든지 그 자체로서 허구임이 명백한 경우 등의 특별한 사정이 없는 한 위의 사유만으로 특별조치법에 따라 마쳐진 등기의 추정력이 깨어진다고 볼 수는 없으며, 그 밖의 자료에 의하여 새로이 주장된 취득원인 사실에 관하여도 진실이 아님을 의심할 만큼 증명되어야 그 등기의 추정력이 깨어진다.(대판(全) 2001.11.22, 2000다71388, 71395)

45. 구 임야대장상 소유자란 기재의 추정력 구 임야대장규칙(1920. 8. 23. 조선총독부령 113호) 2조에 의하여 준용되던 구 토지대장규칙(1914. 4. 25. 조선총독부령 45호) 2조는 소유권 이전에 관해서는 등기공무원의 통지가 없으면 임야대장에 등록할 수 없도록 정하고 있다. 당시의 임야대장에 누군가에게 소유권이 이전된 것으로 등재되어 있다면 임야에 관해 이미 그 명의로 이전등기가 마쳐져 있었고 등기공무원의 통지에 의하여 임야대장에 등재된 것으로 보아야 한다.(대판 2019. 12. 13, 2018다290825)

46. 토지대장의 소유자에 관한 기재의 권리추정력이 인정되지 않는 경우 국가를 상대로 소유권확인청구를 하여야 하는지 여부(적극) ① 어느 토지에 관하여 등기부나 토지대장 또는 임야대장상 소유자로 등기 또는 등록되어 있는 자가 있는 경우에는 그 명의자를 상대로 한 소송에서 당해 부동산이 보존등기신청인의 소유임을 확인하는 내용의 확정판결을 받으면 소유권보존등기를 신청할 수 있는 것이므로, 그 명의자를 상대로 한 소유권확인청구에 확인의 이익이 있는 것이 원칙이지만, 토지대장 또는 임야대장의 소유자에 관한 기재의 권리추정력이 인정되지 아니하는 경우에는 국가를 상대로 소유권확인청구를 할 수밖에 없다. ② 지적법이 시행되기 이전에 소관청이 아무런 법적 근거 없이 행정의 편의를 위하여 임의로 복구한 구 토지대장에 소유자 이름이 기재되어 있다고 하더라도 그 소유자에 관한 사항에는 그 권리추정력이 인정되지 않는다.(대판 2010.7.8, 2010다21757)

47. 점유의 추정력과의 관계 점유자의 권리추정의 규정은 특별한 사정이 없는 한 부동산 물권에 대하여는 적용되지 아니하고 다만 그 등기에 대하여서만 추정력이 부여된다.(대판 1982.4.13, 81다780)

▶이중매매

48. 이중매매의 효력(1) 부동산의 제2매수인이 매도인의 배임행위에 적극 가담한 결과 제2매매계약이 반사회적 법률행위에 해당하여 무효인 경우에, 그 무효인 제2매매계약을 원인으로 하는 제2매수인 앞으로의 소유권이전등기가 확정판결에 따라 마쳐졌다 하더라도, 그 확정판결의 기판력에 저촉되지 않는 범위에서는 제1매수인이 위 소유권이전등기의 무효를 주장할 수 있다.(대판 2002.4.26, 2001다8097, 8103)

49. 이중매매의 효력(2)(대판 1996.10.25, 96다29151) → 제103조 참조

▶가등기

50. 가등기의 효력(1) 가등기 권리자는 가등기만으로서는 물건 취득의 효력을 주장할 수 없다.(대판 1970.3.10, 69다1669)

51. 가등기의 효력(2) 가등기는 그 성질상 본등기의 순위보전에 효력만이 있고 후일 본등기가 경료된 때에는 본등기의 순위가 가등기한 때로 소급함으로써 가등기후 본등기 전에

이루어진 중간처분이 본등기보다 후순위로 되어 실효될 뿐이고 본등기에 의한 물권변동의 효력이 가등기한 때로 소급하여 발생하는 것은 아니다.(대판 1982.6.22, 81다1298)

52. 가등기의 부기등기 가부(적극) 가등기는 원래 순위를 확보하는 데에 그 목적이 있으나, 순위 보전의 대상이 되는 물권변동의 청구권은 그 성질상 양도될 수 있는 재산권일 뿐만 아니라 가등기로 인하여 그 권리가 공시되어 결과적으로 공시방법까지 마련된 셈이므로, 이를 양도한 경우에는 양도인과 양수인의 공동신청으로 그 가등기상의 권리의 이전등기를 가등기에 대한 부기등기의 형식으로 경료할 수 있다.(대판(全) 1998.11.19, 98다24105)

53. 가등기에 기한 본등기를 하는 것을 금하는 가처분의 가부(소극) 가등기에 터잡아 본등기를 하는 것은 그 가등기에 기하여 순위보전된 권리의 취득(권리의 증대 내지 부가)이지 가등기상의 권리 자체의 처분(권리의 감소 내지 소멸)이라고는 볼 수 없으므로 가등기에 기한 본등기를 금지한다는 취지의 가처분은 등기 2조에 규정된 등기할 사항에 해당하지 않는다. 그러한 본등기금지가처분이 잘못으로 기입등기되었다 하더라도 그 기재사항은 아무런 효력을 발생할 수 없으므로, 가처분권자는 이러한 무효한 가처분결정의 기입등기로써 부동산의 적법한 전득자에게 대항할 수 없다.(대판 1992.9.25, 92다21258)

54. 가등기권리자가 본등기를 마친 경우 중간처분등기의 처리 가등기권자가 소유권이전의 본등기를 한 경우에는 등기공무원은 등기 175조 1항, 55조 2호에 의하여 가등기 이후에 한 제3자의 본등기를 직권말소할 수 있다.(대결(全) 1962.12.24, 4294민재항675)

55. 별도로 등기를 이전받은 가등기권리자의 본등기 가부(소극) 가등기권자가 별도의 소유권이전등기를 경료받았다 하더라도, 가등기 경료 이후에 가등기된 목적물에 관하여 제3자 앞으로 처분제한의 등기가 되어 있거나 중간처분의 등기가 되어 있지 않고 가등기와 소유권이전등기의 등기원인도 실질상 동일하다면, 가등기의 원인이 된 가등기의무자의 소유권이전등기의무는 그 내용에 좇은 의무이행이 완료되었다 할 것이어서 가등기에 의하여 보전될 소유권이전등기청구권은 소멸되었다고 보아야 하므로, 가등기권자는 가등기의무자에 대하여 더 이상 그 가등기에 기한 본등기절차의 이행을 구할 수 없다.(대판 2007.2.22, 2004다59546)

56. 명의신탁약정과는 별개로 적법한 원인에 기한 명의신탁자의 명의수탁자에 대한 소유권이전등기청구권을 보전하기 위하여 제3자 명의로 마친 가등기의 효력(무효) 명의신탁자가 명의신탁약정과는 별개의 적법한 원인에 기하여 명의수탁자에 대하여 소유권이전등기청구권을 가지게 되었다 하더라도, 이를 보전하기 위하여 자신의 명의가 아닌 제3자 명의로 가등기를 마친 경우 위 가등기는 명의신탁자와 제3자 사이의 명의신탁약정에 기하여 마쳐진 것으로서 약정의 무효로 말미암아 효력이 없다.(대판 2015.2.26, 2014다63315)

第187條【登記를 要하지 아니하는 不動産物權取得】

相續, 公用徵收, 判決, 競賣 其他 法律의 規定에 依한 不動産에 關한 物權의 取得은 登記를 要하지 아니한다. 그러나 登記를 하지 아니하면 이를 處分하지 못한다.

▣ 상속(997 · 1005), 공용징수(공익사업45), 판결(269 · 406 · 1013), 경매(민집135), 기타 법률에 의한 취득(305 · 320 · 366 · 649)

▸상 속

1. 특정유증을 받은 자가 유증 받은 부동산에 대하여 직접 진정한 등기명의의 회복을 원인으로 한 소유권이전등기청구권을 행사할 수 있는지 여부(소극) 포괄적 유증을 받은 자는 민 187조에 의하여 법률상 당연히 유증 받은 부동산의 소유권을 취득하게 되나, 특정유증을 받은 자는 유증의무자에게 유증을 이행할 것을 청구할 수 있는 채권을 취득할 뿐이므로, 특정유증을 받은 자는 유증 받은 부동산의 소유권자가 아니어서 직접 진정한 등기명의의 회복을 원인으로 한 소유권이전등기를 구할 수 없다.(대판 2003.5.27, 2000다73445)

2. 공동상속한 부동산을 불법으로 단독명의로 소유권이전등기를 경료한 경우 등기의 유효성 공동상속한 부동산에 대하여 공동상속인의 한 사람이 불법으로 그 단독명의로 소유권이전등기를 경료한 경우 그 부동산에 대한 다른 상속인들의 각 상속분에 관한 위 등기는 그 원인을 흠결한 무효의 등기임이 명백하나 위의 등기를 경료한 상속인 자신의 상속분에 관한 위 등기는 그것이 불법한 방법으로 경료된 것이라 하여도 이를 무효의 등기라고 할 수 없다.(대판 1967.9.5, 67다1347)

▸공용징수

3. 토지수용으로 인한 가압류의 효력 토지수용법 67조 1항에 의하면, 기업자는 토지를 수용한 날에 그 소유권을 취득하며 그 토지에 관한 다른 권리는 소멸하는 것인바, 수용되는 토지에 대하여 가압류가 집행되어 있어도 토지의 수용으로 기업자가 그 소유권을 원시취득함으로써 가압류의 효력은 소멸되는 것이고, 토지에 대한 가압류가 그 수용 보상금 청구권에 당연히 전이되어 그 효력이 미치게 된다고는 볼 수 없다.(대판 2000.7.4, 98다62961)

4. 기업자가 과실 없이 등기부상 소유명의자를 피수용자로 하여 한 토지수용의 효력 토지수용의 경우 기업자가 과실 없이 진정한 토지소유자를 알지 못하여 등기부상 소유명의의 자를 토지소유자로 보고 그를 피수용자로 하여 매수협의에 따른 수용절차를 마쳤다면, 그 수용의 효과를 부인할 수 없게 되어 수용목적물의 소유자가 누구임을 막론하고 이미 가지고 있던 소유권은 소멸함과 동시에 기업자가 완전하고 확실하게 그 권리를 취득하게 된다.(대판 1993.11.12, 93다34756)

5. 귀속재산의 매수를 원인으로 한 소유권취득에도 등기를 필요로 하는지 여부(소극) 귀속재산처리법에 의한 관재기관의 매각행위는 행정처분으로서 같은 법 22조의 규정취지에 비추어 매수자가 그 매수대금을 완납하면 그 소유권은 등기를 필요로 하지 아니하고 자동적으로 매수자에게 이전된다.(대판(全) 1984.12.11, 84다카557)

6. 구 민법 시행당시 공용징수등 법률의 규정에 의하여 취득한 소유권의 효력 민법 시행 전에 공용징수에 의하여 취득한 소유권은 등기를 하지 아니하였어도 민법 시행 후에도 그 효력을 보유하고, 이로써 제3자에 대하여 소유권자로서의 권리를 주장할 수 있다.(대판 1981.6.9, 80다862)

▸판 결

7. 매매를 원인으로 한 소유권이전등기절차이행 판결 매매등 법률행위를 원인으로 한 소유권이전등기절차 이행의 소에서의 원고 승소판결은 부동산물권취득이라는 형성적 효력이 없어 민 187조 소정의 판결에 해당하지 않으므로 승소판결에 따른 소유권이전등기 경료시까지는 부동산의 소유권을 취득한다고 볼 수 없다.(대판 1982.10.12, 82다129)

8. 판결의 의미 판결에 의한 부동산 물권취득은 등기할 필요가 없으나 이 때의 판결이란 판결 자체에 의하여 부동산물권취득의 형성적 효력이 생하는 경우를 말하는 것이고, 당사자 사이에 이루어진 어떠한 법률행위를 원인으로 하여 부동산 소유권이전등기절차의 이행을 명하는 것과 같은 내용의 판결은 이에 포함되지 아니한다.(대판 1970.6.30, 70다568)

▸경 매

9. 중복된 후순위 소유권보존등기에 의거하여 강제경매가 진행되고 경락이 된 때 경락인의 소유권취득 여부(적극) 중복된 후순위 소유권보존등기에 의거하여 강제경매가 진행되어 경락허가결정이 확정되고 그 대금을 완납하였다면 경락인

은 민 187조에 의하여 경락으로 인한 소유권이전등기 여부에 관계없이 소유권을 취득한다.(대판 1974.7.26, 73다1128)

10. 기존건물에 부합된 증축 부분이 기존건물에 대한 경매절차에서 경매목적물로 평가되지 아니한 경우 경락인이 증축부분의 소유권을 취득하는지 여부 건물의 증축 부분이 기존건물에 부합하여 기존건물과 분리하여서는 별개의 독립물로서의 효용을 갖지 못하는 이상 기존건물에 대한 근저당권은 민 358조에 의하여 부합된 증축 부분에도 효력이 미치는 것이므로 기존건물에 대한 경매절차에서 경매목적물로 평가되지 아니하였다고 할지라도 경락인은 부합된 증축 부분의 소유권을 취득한다.(대판 2002.10.25, 2000다63110)

11. 건물에 대한 저당권이 실행되어 경락인이 건물 소유권을 취득한 경우 건물 소유를 위한 지상권도 당연히 취득하는지 여부(적극) 저당권의 효력이 저당부동산에 부합된 물건과 종물에 미친다는 민 358조 본문을 유추하여 보면 건물에 대한 저당권의 효력은 그 건물에 종된 권리인 건물의 소유를 목적으로 하는 지상권에도 미치게 되므로, 건물에 대한 저당권이 실행되어 경락인이 그 건물의 소유권을 취득하였다면 경락 후 건물을 철거한다는 등의 매각조건에서 경매되었다는 등 특별한 사정이 없는 한, 경락인은 건물 소유를 위한 지상권도 민 187조의 규정에 따라 등기 없이 당연히 취득하게 되고, 한편 이 경우에 경락인이 건물을 제3자에게 양도한 때에는, 특별한 사정이 없는 한 민 100조 2항의 유추적용에 의하여 건물과 함께 종된 권리인 지상권도 양도하기로 한 것으로 봄이 상당하다.(대판 1996.4.26, 95다52864)

12. 실체상 소멸된 저당권에 기한 경매절차가 완료된 후의 경락인의 지위 경매절차 진행중 경락허가결정 확정 전에 저당채무가 완전히 변제되어 저당권이 소멸되었다면 이 소멸된 저당권에 기하여 경락허가결정이 확정되고 경락인이 대금을 완납한 후 소유권이전등기를 하여도 경락인은 저당부동산의 소유권을 취득하지 못하므로 소유자는 경락허가결정전에 이의신청 기타의 방법으로 경매절차의 진행을 저지하지 않았다 하더라도 소유권의 회복을 소구할 수 있다.(대판(全) 1963.11.28, 63다633)

▸기타 법률의 규정

13. 농지개혁법에 의한 국가의 농지소유권취득에 대항요건으로서의 등기가 필요한지 여부(소극) 국유 또는 농지개혁법 6조 소정의 것을 제외한 농지는 농지개혁법의 공포와 동시에 당연히 정부가 매수하여 소유권을 취득하는 것이고 국가의 소유권취득은 원시취득으로서 대항요건으로서의 등기를 필요로 하지 아니한다.(대판 1993.2.12, 92다28297)

14. 재단법인의 설립에 있어서 출연재산의 귀속시기(대판(全) 1979.12.11, 78다481, 482) → 제48조 참조

15. 토지조사와 소유권의 원시취득 토지조사령에 의한 토지사정을 받은 자는 그 토지를 원시적으로 취득한다.(대판 1984.1.24, 83다카1152)

16. 토지 사정명의인과의 동일성 사정명의인의 후손으로서 상속에 의하여 그의 소유권을 승계취득하였음을 소송상 주장하는 경우에 그의 선대와 사정명의인의 동일성은 엄격하게 증명되어서 법관이 그에 관하여 확신을 가질 수 있어야 하고, 그 점에 관하여 의심을 제기할 만한 사정이 엿보임에도 함부로 이를 추단하여서는 안 된다. 한편 토지조사부에 사정받은 것으로 기재된 사람의 이름이 당사자가 내세우는 사람의 이름과 다름에도 그들을 동일인이라고 인정하기 위하여는 합리적이고 납득할 만한 근거가 제시되어야 한다.(대판 2011.11.24, 2011다56972)

▸건축물의 원시취득 문제

17. 미완성 건물을 인도받아 나머지 공사를 한 경우, 그 건물의 원시취득자 자기의 비용과 노력으로 건물을 신축한 자는 그 건축허가가 타인의 명의로 되었는지 여부에 관계없이 그 소유권을 원시취득하게 되는바, 따라서 건축주의 사정으로 건축공사가 중단된 미완성의 건물을 인도받아 나머지 공사를 하게 된 경우에는 그 공사의 중단 시점에 이미 사회통념상 독립한 건물이라고 볼 수 있는 정도의 형태와 구조를 갖춘 경우가 아닌 한 이를 인도받아 자기의 비용과 노력으로 완공한 자가 그 건물의 원시취득자가 된다.(대판 2006.5.12, 2005다68783)

18. 건물건축 도급계약에 의하여 신축된 건물 소유권의 귀속 일반적으로 자기의 노력과 재료를 들여 건물을 건축한 사람은 그 건물의 소유권을 원시취득하고, 다만 도급계약에 있어서는 수급인이 자기의 노력과 재료를 들여 건물을 완성하더라도 도급인과 수급인 사이에 도급인 명의로 건축허가를 받아 소유권보존등기를 하기로 하는 등 완성된 건물의 소유권을 도급인에게 귀속시키기로 합의한 것으로 보여질 경우에는 그 건물의 소유권은 도급인에게 원시적으로 귀속된다.(대판 1996.9.20, 96다24804)

19. 건축허가가 타인의 명의로 된 경우 건물 소유권의 귀속 건축허가는 행정관청이 건축행정상 목적을 수행하기 위하여 수허가자에게 일반적으로 행정관청의 허가 없이는 건축행위를 하여서는 안된다는 상대적 금지를 관계 법규에 적합한 일정한 경우에 해제하여 줌으로써 일정한 건축행위를 하여도 좋다는 자유를 회복시켜 주는 행정처분일 뿐 수허가자에게 어떤 새로운 권리나 능력을 부여하는 것이 아니고, 건축허가서는 허가된 건물에 관한 실체적 권리의 득실변경의 공시방법이 아니며 추정력도 없으므로 건축허가서에 건축주로 기재된 자가 건물의 소유권을 취득하는 것은 아니므로, 자기 비용과 노력으로 건물을 신축한 자는 그 건축허가가 타인의 명의로 되었는지 여부에 관계없이 그 소유권을 원시취득한다.(대판 2002.4.26, 2000다16350)

20. 건축업자가 대지소유자 명의로 건축허가를 받은 경우 소유권 귀속 건축업자가 타인의 대지를 매수하여 계약금만 지급하거나 대금을 전혀 지급하지 아니한 채 그 지상에 자기의 노력과 비용으로 건물을 건축하면서 그 건물의 건축허가 명의를 대지소유자로 하는 경우에는 그 목적이 대지 대금채무를 담보하기 위한 경우가 일반적이고, 채무의 담보를 위하여 채무자가 자기의 비용과 노력으로 신축하는 건물의 건축허가 명의를 채권자 명의로 하였다면 이는 완성될 건물을 담보로 제공하기로 하는 합의로서 법률행위에 의한 담보물권의 설정이라고 할 것이므로, 완성된 건물의 소유권은 일단 이를 건축한 채무자가 원시적으로 취득한 후 채권자 명의로 소유권보존등기를 마침으로써 담보목적의 범위 안에서 채권자에게 그 소유권이 이전된다.(대판 2001.6.26, 99다47501)

21. 신축 중 건물에 대한 소유권을 상실한 자가 원시취득자에 대하여 그 보상을 청구할 수 있는지 여부(적극)(대판 2010.2.25, 2009다83933) → 제261조 참조

22. 건물을 신축한 자가 아닌 자의 명의로 경료된 소유권보존등기의 추정력 신축된 건물의 소유권은 이를 건축한 사람이 원시취득하는 것이므로, 건물 소유권보존등기의 명의자가 이를 신축한 것이 아니라면 그 등기의 권리 추정력은 깨어지고, 등기 명의자가 스스로 적법하게 그 소유권을 취득한 사실을 입증하여야 한다.(대판 1996.7.30, 95다30734)

23. 미완성 아파트를 넘겨받아 완공한 자가 그 아파트의 소유권을 원시 취득하기 위한 미완성 아파트의 건축정도 미완성의 아파트를 인도받아 건축함에 의하여 그 소유권을 원시취득한 것이라고 하기 위하여는 아직 사회통념상 건물이라고 볼 수 있는 형태와 구조를 갖추지 못한 정도의 아파트를 넘겨 받아 이를 건물로 완성하였음을 필요로 한다.(대판 1984.9.25, 83다카1858)

▸187조 단서

24. 무허가건물의 물권변동 방법과 무허가건물이 등기절차 없이 이중양도된 경우 선매수인이 무허가건물대장상 소유명의자로 등재되어 있는 후매수인을 상대로 명의변경청구를

할 수 있는지 여부(소극) 무허가건물의 신축은 법률행위에 의하지 아니한 물권의 취득이므로 신축자가 등기 없이 소유권을 원시취득한다고 할 것이지만, 이를 양도하는 경우에는 등기 없이 물권행위 및 인도에 의하여 소유권을 이전할 수 없다 할 것인바, 점유자가 무허가건물의 신축자로부터 이를 매수하여 인도받아 점유하고 있다고 하더라도 그 소유권을 취득할 수 없고, 신축자가 법률상의 처분권한을 상실하였다고 할 수 없으므로, 무허가건물대장상의 소유명의자가 그 후 무허가건물을 신축자로부터 제3자를 거쳐 이중으로 매수하여 무허가건물대장에 소유자명의를 등재하였다 하여 점유자가 직접 소유명의자에 대하여 방해배제의 방법으로서 무허가건물대장상의 명의변경을 청구할 권한이 있다고 할 수 없다.(대판 1997.11.28, 95다43594)

25. 법정지상권이 부착된 건물의 전득자 같은 사람 소유에 있던 대지와 그 지상건물 중 건물만을 양수한 사람은 다른 특별한 사정이 없는 한 대지 소유자에 대하여 이른바 관습에 의한 지상권을 취득하고 그에 관한 등기가 없다하여도 이를 주장할 수 있으나, 그 건물의 전득자는 그에 관한 등기가 되어있지 않는 한 이를 주장할 수 없다.(대판 1970.7.24, 70다729)

26. 관습상 법정지상권이 성립된 건물이 지상권등기 경료 전에 양도된 경우 건물 소유자가 건물의 소유를 위한 법정지상권을 취득하기에 앞서 건물을 양도한 경우에도 특별한 사정이 없는 한 건물과 함께 장차 취득하게 될 법정지상권도 함께 양도하기로 하였다고 보지 못할 바 아니므로, 건물 양수인은 채권자대위의 법리에 따라 양도인 및 그로부터 그 토지를 매수한 대지 소유자에 대하여 차례로 지상권설정등기 및 그 이전등기절차의 이행을 구할 수 있고, 법정지상권을 취득할 지위에 있는 건물 양수인에 대하여 대지 소유자가 건물의 철거를 구하는 것은 지상권의 부담을 용인하고 지상권설정등기절차를 이행할 의무가 있는 자가 그 권리자를 상대로 한 것이어서 신의칙상 허용될 수 없다.(대판 1996.3.26, 95다45545, 45552, 45569)

27. 처분의 채권적 효력 민 187조 단서가 등기 없이 취득한 부동산물권은 등기를 하지 않으면 이를 처분하지 못한다고 규정하고 있는 취지는, 같은 조 본문에 의하여 부동산 물권을 등기 없이 취득하였더라도 그 권리자가 이를 법률행위에 의하여 처분하려면 미리 물권의 취득을 등기하고 그 후에 그 법률행위를 원인으로 하는 등기를 경료하여야 한다는 당연한 원칙을 선언한 것에 불과하고, 따라서 부동산물권을 등기 없이 취득한 자가 자기 명의의 등기 없이 이를 처분한 경우 그 처분의 상대방은 부동산물권을 취득하지 못한다는 것일 뿐, 그 처분행위의 채권적 효력까지 부인할 수는 없다.(대판 1994.10.21, 93다12176)

28. 실체관계에 부합하는 처분등기 본조 단서는 동조 본문에 의하여 등기 없이 취득한 부동산 물권을 처분하려면 새로운 취득자 명의로 등기하기 위하여 우선 자기 명의의 등기를 경료해야 한다는 원칙을 규정한 것이고 이미 새로운 취득자 명의로 등기가 경료되고 그 등기가 현존의 진실한 권리 상태와 합치하는 이상 그 등기에 절차상 흠결이 있어 민 187조 단서에 어긋났다 하여 이를 무효라 할 수 없다.(대판 1972.2.22, 71다2687)

第188條【動產物權讓渡의 效力, 簡易引渡】 ① 動產에 關한 物權의 讓渡는 그 動產을 引渡하여야 效力이 생긴다.

② 讓受人이 이미 그 動產을 占有한 때에는 當事者의 意思表示만으로 그 效力이 생긴다.

■ 동산(99), 인도(188·189·190), 선박과 등기(상743·849·787), 인도와 효력발생요건(330), 특별한 경우(상133·157·861), 본조준용(196), 점유권의 취득(192), 의사표시(107-113)

1. 동산의 인도가 이루어졌는지 여부에 대한 판단기준 동산의 인도가 이루어졌는지 여부는 사회관념상 목적물에 대한 양도인의 사실상의 지배인 점유가 동일성을 유지하면서 양수인의 지배로 이전되었다고 평가할 수 있는지 여부에 달려 있다. 현실의 인도가 있었다고 하려면 양도인의 동산에 대한 사실상의 지배가 동일성을 유지한 채 양수인에게 완전히 이전되어 양수인은 목적물에 대한 지배를 계속적으로 확고하게 취득하여야 하고, 양도인은 동산에 대한 점유를 완전히 종결하여야 한다.(대판 2003.2.11, 2000다66454)

2. 입목에 대한 소유권의 취득 방법 입목에 대한 매매계약을 체결함에 있어서 매도인이 그 입목에 대한 소유권을 매매계약과 동시에 매수인에게 이전하여 준다는 의사표시를 한 것으로 볼 수 있다면 잔대금지급 전이라 할지라도 매수인이 명인방법을 실시하면 다른 특별한 사정이 없는 한 매수인은 그 입목의 소유권을 취득하는 것이다.(대판 1969.11.25, 69다1346)

3. 입목과 토지를 분리하여 토지만 양도하기 위해 명인방법이 필요한지(적극) 토지 위에 식재된 입목을 그 토지와 독립하여 거래의 객체로 하기 위해서는 입목법에 따라 입목을 등기하거나 명인방법을 갖추어야 한다. 물권변동에 관한 성립요건주의를 채택하고 있는 민법에서 명인방법은 부동산의 등기 또는 동산의 인도와 같이 입목에 대하여 물권변동의 성립요건 또는 효력발생요건에 해당하므로 식재된 입목에 대하여 명인방법을 실시해야 그 토지와 독립하여 소유권을 취득한다. 이는 토지와 분리하여 입목을 처분하는 경우뿐만 아니라, 입목의 소유권을 유보한 채 입목이 식재된 토지의 소유권을 이전하는 경우에도 마찬가지이다.(대판 2021.8.19, 2020다266375)

4. 선하증권에 의한 거래와 운송물에 대한 소유권의 귀속 소위 스테일 비엘(STALE B/L)조건 아래 무역매매를 함에 있어 그 운송물이 양육항에 도착할 때까지도 신용장을 개설한 바 없고 매도인이 지시식 선하증권을 매수인에게 인도하지 않고 소지하고 있다면 그 운송물의 소유권은 매도인에게 유보되어 있다고 해석함이 상당하다.(대판 1982.2.23, 80다2943)

5. 점유개정의 방법으로 동산이 이중양도된 경우 양수인 중 1인이 현실의 인도를 받았을 때 그 동산의 소유권 귀속 동산의 소유자가 이를 이중으로 양도하고 각 점유개정의 방법으로 양도인이 점유를 계속하는 경우 양수인들 사이에서는 먼저 현실의 인도를 받아 점유를 해온 자가 소유권을 취득한다. 그러나 양수인 중 한 사람이 처분금지가처분집행을 하고 그 동산의 인도를 명하는 판결을 받은 경우에는 다른 양수인이 위 가처분집행 후에 양도인으로부터 그 동산을 현실로 인도받아 점유를 승계하였더라도 그 동산을 선의 취득한 것이 아닌 한 이와 같은 양수인은 가처분채권자가 본안소송에서의 승소판결에 따른 채무명의에 터잡아 강제집행을 하는 경우 이를 수인하여야 하는 지위에 있으므로 가처분채권자와의 사이에서는 그 동산의 소유권을 취득하였다고 주장할 수 없다.(대판 1989.10.24, 88다카26802)

6. 소유권 유보부 매매 동산의 매매계약을 체결하면서, 매도인이 대금을 모두 지급받기 전에 목적물을 매수인에게 인도하지만 대금이 모두 지급될 때까지는 목적물의 소유권은 매도인에게 유보되며 대금이 모두 지급된 때에 그 소유권이 매수인에게 이전된다는 내용의 소위 소유권유보의 특약을 한 경우, 목적물의 소유권을 이전한다는 당사자 사이의 물권적 합의는 매매계약을 체결하고 목적물을 인도한 때 이미 성립하지만 대금이 모두 지급되는 것을 정지조건으로 하므로, 목적물이 매수인에게 인도되었다고 하더라도 특별한 사정이 없는 한 매도인은 대금이 모두 지급될 때까지 매수인뿐만 아니라 제3자에 대하여도 유보된 목적물의 소유권을 주장할 수 있다. 다만 대금이 모두 지급되었을 때에는 그 정지조건이 완성되어 별도의 의사표시 없이 목적물의 소유권이 매수인에게 이전된다.(대판 1996.6.28, 96다14807)

7. 자동차관리법이 적용되는 자동차의 소유권 취득을 '인도'에 의할 수 있는 경우 자동차관리법이 적용되는 자동차에

해당하더라도 그 구조와 장치가 제작 당시부터 자동차관리법령이 정한 자동차안전기준에 적합하지 않아 행정상의 특례조치에 의하지 않고는 적법하게 등록할 수 없어서 등록하지 않은 상태에 있고 통상적인 용도가 도로 외의 장소에서만 사용하는 것이라는 등의 특별한 사정이 있다면 그러한 자동차에 대하여 자동차관리법이 정한 공시방법인 '등록'에 의하여만 그 소유권 변동을 공시할 것을 기대하기는 어려우므로, 그 소유권을 취득함에는 민법상 공시방법인 '인도'에 의할 수도 있다. 그리고 이때는 민 249조의 선의취득 규정이 적용될 수 있다.(대판 2016.12.15, 2016다205373)

第189條【占有改定】 動産에 關한 物權을 讓渡하는 境遇에 當事者의 契約으로 讓渡人이 그 動産의 占有를 繼續하는 때에는 讓受人이 引渡받은 것으로 본다.

▣ 본조준용(196)

1. 집합물 양도담보권의 설정과 점유개정 집합물에 대한 양도담보권설정계약이 이루어지면 그 집합물을 구성하는 개개의 물건이 변동되거나 변형되더라도 한 개의 물건으로서의 동일성을 잃지 아니한 채 양도담보권의 효력은 항상 현재의 집합물 위에 미친다. 따라서 그러한 경우에 양도담보권자가 담보권설정계약당시 존재하는 집합물을 점유개정의 방법으로 그 점유를 취득하면 그 후 양도담보설정자가 그 집합물을 이루는 개개의 물건을 반입하였다 하더라도 그때마다 별도의 양도담보권설정계약을 맺거나 점유개정의 표시를 하여야 하는 것은 아니다.(대판 1988.12.27, 87누1043)

2. 집합물에 대한 양도담보권의 효력이 제3자 소유물에 미치는지 여부(소극) 양도담보권설정자가 집합물을 이루는 개개의 물건을 반입하였더라도 별도의 양도담보권설정계약을 맺거나 점유개정의 표시를 하지 않더라도 양도담보권의 효력이 나중에 반입된 물건에도 미친다. 다만 양도담보권설정자가 양도담보권설정계약에서 정한 종류·수량에 포함되는 물건을 계약에서 정한 장소에 반입하였더라도 그 물건이 제3자의 소유라면 담보목적인 집합물의 구성부분이 될 수 없고 따라서 그 물건에는 양도담보권의 효력이 미치지 않는다.(대판 2016.4.28, 2012다19659)

3. 동산에 대하여 이중양도담보를 설정시 처음의 양도담보권자가 배타적으로 담보권을 주장할 수 있는지 여부(적극) 동산에 대하여 점유개정의 방법으로 이중양도담보를 설정한 경우 원래의 양도담보권자는 뒤의 양도담보권자에 대하여 배타적으로 자기의 담보권을 주장할 수 있다.(대판 2000.6.23, 99다65066)

4. 점유개정의 방법으로 동산에 대한 이중의 양도담보 설정계약이 체결된 경우, 후순위 채권자가 양도담보권을 취득할 수 있는지 여부(소극) 금전채무를 담보하기 위하여 채무자가 그 소유의 동산을 채권자에게 양도하되 점유개정에 의하여 채무자가 이를 계속 점유하기로 한 경우 특별한 사정이 없는 한 동산의 소유권은 신탁적으로 이전됨에 불과하여 채권자와 채무자 사이의 대내적 관계에서 채무자는 의연히 소유권을 보유하나 대외적인 관계에 있어서 채무자는 동산의 소유권을 이미 채권자에게 양도한 무권리자가 되는 것이어서 다시 다른 채권자와의 사이에 양도담보 설정계약을 체결하고 점유개정의 방법으로 인도를 하더라도 선의취득이 인정되지 않는 한 나중에 설정계약을 체결한 채권자는 양도담보권을 취득할 수 없는데, 현실의 인도가 아닌 점유개정으로는 선의취득이 인정되지 아니하므로, 결국 뒤의 채권자는 양도담보권을 취득할 수 없다.(대판 2004.10.28, 2003다30463)

5. 공장저당법에 의한 저당권의 효력 공장저당법의 규정에 의하여 저당권의 목적이 되는 것으로 목록에 기재되어 있는 동산이라고 하더라도 그것이 저당권설정자가 아닌 제3자의 소유인 경우에는 위 저당권의 효력이 미칠 수 없고, 그 목록에 기재되어 있는 동산이 점유개정의 방법에 의하여 이미 양도담보에 제공되어 있는 것인 경우에도 그 동산은 제3자인 저당권자와의 관계에 있어서는 양도담보권자의 소유에 속하므로, 마찬가지로 공장저당법에 의한 저당권의 효력이 미칠 수 없다.(대판 2003.9.26, 2003다29036)

第190條【目的物返還請求權의 讓渡】 第三者가 占有하고 있는 動産에 關한 物權을 讓渡하는 境遇에는 讓渡人이 그 第三者에 對한 返還請求權을 讓受人에게 讓渡함으로써 動産을 引渡한 것으로 본다.

▣ 본조준용(196)

1. 항공운송인이 운송물을 보세창고에 반입한 후 반출에 필요한 서류를 화주에게 교부한 경우, 운송물의 인도 여부(적극) 수입화물을 운송한 운송인이 그 운송을 자신이 지정한 보세창고에 반입한 후 그 반출에 필요한 서류를 화주에게 교부하였다면 운송인은 이로써 목적물반환청구권의 양도에 의한 인도를 완료한 것으로 보아야 한다.(대판 1986.7.22, 82다카1372)

2. 주권에 관하여 중첩적 점유매개관계가 이루어진 경우, 최상위 간접점유자의 반환청구권 양도에 의한 질권설정방법 및 그 대항요건 최상위 간접점유자인 질권설정자는 질권자에게 자신의 점유매개자인 제3자에 대한 반환청구권을 양도하고 대항요건으로서 제3자의 승낙 또는 제3자에 대한 통지를 갖추면 충분하며, 직접점유자인 타인의 승낙이나 그에 대한 질권설정자 또는 제3자의 통지까지 갖출 필요는 없다.(대판 2012.8.23, 2012다34764)

第191條【混同으로 因한 物權의 消滅】 ① 同一한 物件에 對한 所有權과 다른 物權이 同一한 사람에게 歸屬한 때에는 다른 物權은 消滅한다. 그러나 그 物權이 第三者의 權利의 目的이 된 때에는 消滅하지 아니한다.

② 前項의 規定은 所有權以外의 物權과 그를 目的으로 하는 다른 權利가 同一한 사람에게 歸屬한 境遇에 準用한다.

③ 占有權에 關하여는 前2項의 規定을 適用하지 아니한다.

▣ 채권의 혼동(507)

1. 소유권취득이 무효인 경우 혼동으로 소멸한 근저당권 부활 근저당권자가 소유권을 취득하면 그 근저당권은 혼동에 의하여 소멸하지만 그 뒤 그 소유권취득이 무효인 것이 밝혀지면 소멸하였던 근저당권은 당연히 부활한다.(대판 1971.8.31, 71다1386)

2. 명의신탁자가 장차 소유권이전등기청구권 보전을 위한 가등기를 경료한 후 가등기와는 상관없이 소유권이전등기를 넘겨받은 경우 가등기에 기한 본등기청구권이 혼동으로 소멸되는지 여부(소극) 채권은 채권과 채무가 동일한 주체에 귀속한 때에 한하여 혼동으로 소멸하는 것이 원칙이므로, 어느 특정의 물건에 관한 채권을 가지는 자가 그 물건의 소유자가 되었다는 사정만으로는 채권과 채무가 동일한 주체에 귀속한 경우에 해당한다고 할 수 없어 그 물건에 관한 채권이 혼동으로 소멸하는 것은 아닌바, 토지를 을에게 명의신탁하고 장차의 소유권이전의 청구권 보전을 위하여 자신의 명의로 가등기를 경료한 갑이, 을에 대하여 가지는 가등기에 기한 본등기청구권은 채권으로서, 갑이 을을 상속하거나 을의 가등기에 기한 본등기 절차 이행의 의무를 인수하지 아니하는 이상, 갑이 가등기에 기한 본등기 절차에 의하지 아니하고 을로부터 별도의 소유권이전등기를 경료받았다고 하여 혼동의 법리에 의하여 갑의 가등기에 기한 본등기청구권이 소멸하는 것은 아니다.(대판 1995.12.26, 95다29888)

3. 제한물권이 혼동에 의하여 소멸하지 않는 경우 한 물건

에 대한 소유권과 제한물권이 한 사람에게 돌아갔을 때는 제한물권은 소멸하는 것이 원칙이나 그 물건이 제3자의 권리 목적으로 되어 있고 또한 제3자의 권리가 혼동된 제한물권보다 아래순위에 있을 때에는 혼동된 제한물권이 소멸하지 아니한다.(대결 2013.11.19, 2012마745)

4. 부동산에 대한 소유권과 임차권이 동일인에게 귀속하더라도 임차권이 혼동에 의하여 소멸하지 않는 경우 부동산에 대한 소유권과 임차권이 동일인에게 귀속하게 되는 경우 임차권은 혼동에 의하여 소멸하는 것이 원칙이지만, 그 임차권이 대항요건을 갖추고 있고 또한 그 대항요건을 갖춘 후에 저당권이 설정된 때에는 혼동으로 인한 물권소멸 원칙의 예외 규정인 민 191조 1항 단서를 준용하여 임차권은 소멸하지 않는다.(대판 2001.5.15, 2000다12693)

第2章 占有權

第192條【占有權의 取得과 消滅】 ① 物件을 事實上 支配하는 者는 占有權이 있다.

② 占有者가 物件에 對한 事實上의 支配를 喪失한 때에는 占有權이 消滅한다. 그러나 第204條의 規定에 依하여 占有를 回收한 때에는 그러하지 아니하다.

▣ 물건(98), 점유의 회수(204), 점유상실과 유치권소멸(328)

1. 건물 부지의 점유자 사회통념상 건물은 그 부지를 떠나서는 존재할 수 없으므로 건물의 부지가 된 토지는 그 건물의 소유자가 이를 점유하는 것이다.(대판 1981.9.22, 80다2718)

2. 건물소유권보존등기의 명의수탁자의 건물부지에 대한 점유관계 소유권보존등기가 신탁적으로 이루어진 것이라 하더라도 제3자에 대한 관계에 있어서는 수탁자는 그 수탁재산을 유효하게 처분할 수 있는 완전한 권리를 취득함과 동시에 수탁재산의 소유에 따르는 의무까지도 함께 부담한다 할 것이므로 그 수탁자가 그 앞으로 등기되어 있는 건물을 현실적으로 점유하지 않고 있다 하더라도 그 건물의 소유를 위하여 그 부지를 점유한다고 보아야 한다.(대판 1986.7.8, 84누763)

3. 국가나 지방자치단체가 도로를 점유하는 두 가지 형태 국가나 지방자치단체가 도로를 점유하는 형태는 도로관리청으로서의 점유와 사실상 지배주체로서의 점유로 나누어 볼 수 있다. 기존의 사실상 도로에 대하여 도로법에 의한 도로구역결정이 있거나 도시계획법에 의한 도시계획사업의 시행으로 도로설정이 된 때에는 이때부터 도로관리청으로서의 점유를 인정할 수 있으나, 이러한 도로법 등에 의한 도로설정행위가 없더라도 국가나 지방자치단체가 기존의 사실상 도로에 대하여 확장, 도로포장 또는 하수도설치 등 도로의 개축 또는 유지 보수공사를 시행하여 일반공중의 교통에 공용한 때에는 이때부터 그 도로는 국가나 지방자치단체의 사실상 지배하에 있는 것으로 보아 사실상 지배주체로서의 점유를 인정할 수 있는 것이다.(대판 1991.9.24, 91다21206)

4. 물건에 대한 점유의 의미와 판단기준 물건에 대한 점유란 사회관념상 어떤사람의 사실적 지배에 있다고 보이는 객관적 관계를 말하는 것으로서 사실상 지배가 있다고 하기 위하여는 반드시 물건을 물리적, 현실적으로 지배하는 것만을 의미하는 것이 아니고, 물건과 사람과의 시간적, 공간적 관계와 본권관계, 타인 지배의 가능성 등을 고려하여 사회관념에 따라 합목적적으로 판단하여야 한다.(대판 1992.11.10, 92다37710)

5. 대지의 소유자로 등기한 사실이 인정되는 경우 점유사실 인정 여부(원칙적 적극) ① 임야에 대한 점유의 이전이나 점유의 계속은 반드시 물리적이고 현실적인 지배를 요한다고 볼 것은 아니고, 관리나 이용의 이전이 있으면 인도가 있었다고 보아야 한다. ② 대지의 소유자로 등기한 자는 보통의 경우 등기할 때에 대지를 인도받아 점유를 얻은 것으로 보아야 한다. 그러나 소유권보존등기는 이전등기와 달리 해당 토지의 양도를 전제로 하는 것이 아니어서, 보존등기를 마쳤다고 하여 일반적으로 등기명의자가 그 무렵 다른 사람으로부터 점유를 이전받는다고 볼 수는 없다. (대판 2013.7.11, 2012다201410)

第193條【相續으로 因한 占有權의 移轉】 占有權은 相續人에 移轉한다.

▣ 상속인(1000), 상속의 효력(997 · 1005)

1. 점유자의 상속인이 미성년자인 경우 점유의 계속 여부(적극) 점유권은 점유권자의 사망으로 인하여 상속인에게 이전(승계)하는 것이고 상속인이 미성년자인 경우에는 그 법정대리인을 통하여 점유권을 승계 받아 점유를 계속할 수 있는 것이며 점유의 계속은 추정된다.(대판 1989.4.11, 88다카8217)

2. 상속에 의한 점유권 취득권자의 점유 주장 상속에 의하여 점유권을 취득한 경우에는 상속인은 새로운 권원에 의하여 자기 고유의 점유를 개시하지 않는 한 피상속인의 점유를 떠나 자기만의 점유를 주장할 수 없다.(대판 1992.9.22, 92다22602, 22619)

3. 상속에 의한 점유 승계시 점유태양의 승계 상속에 의하여 점유권을 취득한 경우에는 상속인은 새로운 권원에 의하여 자기 고유의 점유를 개시하지 않는 한 피상속인의 점유를 떠나 자기만의 점유를 주장할 수 없고, 또 선대의 점유가 타주점유인 경우 선대로부터 상속에 의하여 점유를 승계한 자의 점유도 상속 전과 그 성질 내지 태양을 달리 하는 것이 아니어서, 특별한 사정이 없는 한 그 점유가 자주점유로는 될 수 없고, 그 점유가 자주점유가 되기 위하여는 점유자가 소유자에 대하여 소유의 의사가 있는 것을 표시하거나 새로운 권원에 의하여 다시 소유의 의사로써 점유를 시작하여야만 한다.(대판 1997.5.30, 97다2344)

第194條【間接占有】 地上權, 傳貰權, 質權, 使用貸借, 賃貸借, 任置 其他의 關係로 他人으로 하여금 物件을 占有하게 한 者는 間接으로 占有權이 있다.

▣ 간접점유의 보호(207)

1. 불법점유를 이유로 한 명도 청구의 상대방과 간접점유자에 대한 건물명도청구 불법점유를 이유로 한 건물명도청구를 하려면 현실적으로 불법점유하고 있는 사람을 상대로 하여야 할 것이나 그렇지 않는 경우에는 간접점유자를 상대로 명도를 청구할 수 있다.(대판 1983.5.10, 81다187)

2. 가처분의 간접점유자에 대한 시효중단의 효력 민 176조에 의하면 가처분은 시효의 이익을 받은 자에 대하여 하지 아니한 때에는 이를 그에게 통지한 후가 아니면 시효중단의 효력이 없다고 되어 있어 직접점유자를 상대로 점유이전금지가처분을 한 뜻을 간접점유자에게 통지한 바가 없다면 가처분은 간접점유자에 대하여 시효중단의 효력을 발생할 수 없다.(대판 1992.10.27, 91다41064, 41071)

3. 취득시효완성으로 인한 소유권이전등기청구권의 소멸 여부(소극) 토지에 대한 취득시효완성으로 인한 소유권이전등기청구권은 그 토지에 대한 점유가 계속되는 한 시효로 소멸하지 아니하고, 여기서 말하는 점유에는 직접점유뿐만 아니라 간접점유도 포함한다고 해석하여야 한다.(대판 1995.2.10, 94다28468)

4. 종중이 임대차를 점유매개관계로 하여 간접점유를 취득하기 위한 요건 종중은 공동선조의 봉제사, 분묘의 수호 및 종원 상호간의 친목도모를 목적으로 하는 종족의 자연적 집단으로서 민법상 인격 없는 사단이므로, 종중이 어떤 부동산에 관하여 임대차를 점유매개관계로 하여 간접점유를 취득

하였다고 하기 위하여는 그 임대차관계를 성립시킨 자가 사실상으로나마 종중의 대표기관 내지는 집행기관이거나 그 대리인이어야 하고, 종원이 단지 종중과 무관하게 사인의 자격에서 임대한 것에 불과하다면 그 간접점유의 귀속주체는 어디까지나 그 개인일 뿐 종중이 그를 통하여 당해 부동산을 간접점유하였다고 볼 수 없다.(대판 1999.2.23, 98다50593)

5. 간접점유자인 소유자가 제3자이의의 소를 제기할 수 있는지 여부(소극) 점유이전금지가처분의 대상이 된 목적물의 소유자가 그 의사에 기하여 가처분채무자에게 직접점유를 하게 한 경우에는 그 점유에 관한 현상을 고정시키는 것만으로 소유권이 침해되거나 침해될 우려가 있다고 할 수는 없고 소유자의 간접점유권이 침해되는 것도 아니라고 할 것이며, 따라서 간접점유자에 불과한 소유자는 직접점유자를 가처분채무자로 하는 점유이전금지가처분의 집행에 대하여 제3자이의의 소를 제기할 수 없다.(대판 2002.3.29, 2000다33010)

6. 국가 또는 상위 지방자치단체가 위임조례에 의하여 그 권한의 일부를 하위 지방자치단체의 장에게 기관위임을 하여 수임관청이 그 사무처리를 위하여 토지를 점유하는 경우 위임관청이 그 토지를 간접점유하는지 여부(적극) 국가 또는 상위 지방자치단체 등 위임관청이 위임조례 등에 의하여 그 권한의 일부를 하위 지방자치단체의 장 등 수임관청에게 기관위임을 하여 수임관청이 그 사무처리를 위하여 공원 등의 부지가 된 토지를 점유하는 경우, 간접점유의 요건이 되는 점유매개관계는 법률행위뿐만 아니라 법률의 규정, 국가행위 등에도 설정될 수 있으므로 이러한 위임조례 등을 점유매개관계로 볼 수 있는 점, 사무귀속의 주체인 위임관청은 위임조례의 개정 등에 의한 기관위임의 종결로 법령상의 관리청으로 복귀하며 수임관청에게 그 점유의 반환을 요구할 수 있는 지위에 있는 점 등에 비추어 보면, 위임관청은 위임조례 등을 점유매개관계로 하여 법령상 관리청인 수임관청 또는 그가 속하는 지방자치단체가 직접점유하는 공원 등의 부지가 된 토지를 간접점유한다고 보아야 하므로, 위임관청은 공원 부지의 소유자에게 그 점유·사용으로 인한 부당이득을 반환할 의무가 있다.(대판 2010.3.25, 2007다22897)

7. 직접점유자와 간접점유자가 점유·사용으로 부담하는 부당이득반환의무의 법적 성질 어떤 물건에 대하여 직접점유자와 간접점유자가 있는 경우, 그에 대한 점유·사용으로 인한 부당이득의 반환의무는 동일한 경제적 목적을 가진 채무로서 서로 중첩되는 부분에 관하여는 일방의 채무가 변제 등으로 소멸하면 타방의 채무도 소멸하는 이른바 부진정연대채무의 관계에 있다.(대판 2012.9.27, 2011다76747)

8. 점유매개관계 종료 이후 직접점유자가 계속 점유하는 경우 점유매개관계의 단절 여부(소극) 유치권의 성립요건인 유치권자의 점유는 직접점유이든 간접점유이든 관계없다. 간접점유를 인정하기 위해서는 간접점유자와 직접점유를 하는 자 사이에 일정한 법률관계, 즉 점유매개관계가 필요한데, 간접점유에서 점유매개관계를 이루는 임대차계약 등이 해지 등의 사유로 종료되더라도 직접점유자가 목적물을 반환하기 전까지는 간접점유자의 직접점유자에 대한 반환청구권이 소멸하지 않는다. 따라서 점유매개관계를 이루는 임대차계약 등이 종료된 이후에도 직접점유자가 목적물을 점유한 채 이를 반환하지 않고 있는 경우에는, 간접점유자의 반환청구권이 소멸한 것이 아니므로 간접점유의 점유매개관계가 단절된다고 할 수 없다.(대판 2019.8.14, 2019다205329)

第195條【占有補助者】 家事上, 營業上 其他 類似한 關係에 依하여 他人의 指示를 받어 物件에 對한 事實上의 支配를 하는 때에는 그 他人만을 占有者로 한다.

1. 부와 공동으로 토지 및 건물을 점유하는 처가 점유보조자인지 여부(소극) 처가 아무런 권원 없이 토지와 건물을 주거 및 축사 등으로 계속 점유·사용하여 오고 있으면서 소유자의 명도요구를 거부하고 있다면 비록 그 시부모 및 부(夫)와 함께 이를 점유하고 있다고 하더라도 처는 소유자에 대한 관계에서 단순한 점유보조자에 불과한 것이 아니라 공동점유자로서 이를 불법점유하고 있다.(대판 1998.6.26, 98다16456, 16463)

2. 위임을 받아 도로를 유지·관리하는 하위 지방자치단체가 점유보조자인지 여부 도로의 유지·관리에 관한 상위 지방자치단체장의 행정권한이 행정권한위임조례에 의하여 하위 지방자치단체장에게 위임되었다면 사무귀속의 주체는 상위 지방자치단체장이라 하더라도 권한을 위임받은 하위 지방자치단체장이 도로의 관리청이 되고 위임관청은 사무처리의 권한을 잃는 것이므로, 권한을 위임받은 도로의 관리청이 속하는 지방자치단체가 그 도로의 관리·유지를 위하여 하는 점유가 점유보조자의 지위에서 하는 점유라고 할 수 없다.(대판 1999.4.23, 98다61562)

3. 동거가족을 불법점유자로 본 사례 건물을 원시취득한 소외인의 동거가족들은 그 점유보조자에 불과하지만 소외인이 건물을 매도하고 퇴거하였음에도 불구하고 그 동거가족인 피고들이 그 건물이 소외인의 소유가 아니라고 주장하면서 소외인의 의사에 반하여 건물부분을 점유하고 있다면 피고들은 소외인에 대한 관계에서 불법점유자이다.(대판 1980.7.8, 79다1928)

4. 점유보조자에 관한 민 195조에서 정한 '기타 유사한 관계'의 의미 점유보조자는 가사상, 영업상 기타 유사한 관계에 의하여 타인의 지시를 받아 물건에 대한 사실상의 지배를 하는 사람으로서 타인의 지시를 받지 않고 물건을 사실상 지배하는 점유자(민 192조)와 구별되며, 여기서 점유보조자에 관한 '기타 유사한 관계'는 타인의 지시를 받고 이에 따라야 할 관계로서 사회관념상 점유를 보조한다고 인정되는 경우를 말한다.(대결 2017.2.8, 2015마2025)

第196條【占有權의 讓渡】 ① 占有權의 讓渡는 占有物의 引渡로 그 效力이 생긴다.

② 前項의 占有權의 讓渡에는 第188條第2項, 第189條, 第190條의 規定을 準用한다.

1. 건물 부지의 점유자와 양도 문제 사회통념상 건물은 그 부지를 떠나서는 존재할 수 없는 것이므로 건물의 부지가 된 토지는 그 건물의 소유자가 이를 점유하는 것으로 볼 것이고, 건물소유자가 그 건물소유권을 타에 넘겨 주었을 때에는 다른 특별한 사정이 없는 한 그 부지에 대한 점유도 함께 넘겨주었다. 따라서 갑이 토지를 매수하여 소유권이전등기를 하지 않고 그 지상에 건물을 신축하여 거주하다가 동 건물만을 타에 양도한 경우에 갑은 그 건물부지를 점유하지 아니하게 되었다고 할 것이니, 갑이 동 건물양도 후에도 동 부지를 계속 점유함을 전제로 하는 시효취득의 항변은 이유가 없다.(대판 1981.9.22, 80다2718)

2. 임야에 대한 점유의 이전과 계속의 판단기준 임야에 대한 점유의 이전이나 점유의 계속은 반드시 물리적이고 현실적인 지배를 요한다고 볼 것은 아니고 관리나 이용의 이전이 있으면 인도가 있었다고 보아야 하고, 임야에 대한 소유권을 양도하는 경우라면 그에 대한 지배권도 넘겨지는 것이 거래에 있어서 통상적인 형태라고 할 것이며, 점유의 계속은 추정되는 것이고, 임야를 매수하여 그 전부에 대한 이전등기를 마치고 인도받았다면 특별한 사정이 없는 한 그 임야 전부에 대한 인도와 점유가 있었다고 보는 것이 상당하다.(대판 1996.9.10, 96다19512)

第197條【占有의 態樣】 ① 占有者는 所有의 意思로 善意, 平穩 및 公然하게 占有한 것으로 推定한다.

② 善意의 占有者라도 本權에 關한 訴에 敗訴한 때에는 그 訴가 提起된 때로부터 惡意의 占有者로

본다.

▣ 점유물에 대한 적법권리의 추정(200), 소유의 의사(202·245·246·252), 선의, 평온, 공연한 점유(249), 본권의 소(208), 악의의 점유자 책임(201·202)

▸1항

1. 취득시효에서 자주점유의 의미 취득시효에 있어서 자주점유라 함은 소유자와 동일한 지배를 하려는 의사를 가지고 하는 점유를 의미하는 것이지 법률상 그러한 지배를 할 수 있는 권원 즉 소유권을 가지고 있거나 또는 소유권이 있다고 믿고서 하는 점유를 의미하는 것은 아니다.(대판 1994.11.8, 94다36438, 36445)

2. 자주점유의 증명책임(대판(全) 1983.7.12, 82다708, 709, 82다카1792, 1793) → 제245조 참조

3. 매수한 인접 대지의 일부로 믿고 점유한 경우의 소유의사의 추정 매수한 인접 대지의 일부로 믿고 점유한 경우 인접한 대지를 매수하면서 그 대지의 일부인 것으로 알고 점유하였다고 주장하더라도 그 대지를 매수한 사실이 없으면 권원의 성질상 자주점유라고 추정될 수 없다.(대판 1977.10.11, 77다1381)

4. 타주점유자가 그 명의로 소유권보존등기를 경료한 것만으로 자주점유로 전환되는지 여부(소극) 타주점유자가 그 명의로 소유권보존등기를 경료한 것만으로는 소유자에 대하여 소유의 의사를 표시하여 자주점유로 전환되었다고 볼 수 없다.(대판 1997.5.30, 97다2344)

5. 매매나 증여 대상 토지의 실제 면적이 공부상 면적을 상당히 초과하는 경우, 그 초과 부분에 대한 점유의 성질 통상 부동산을 매수하려는 사람은 매매계약을 체결하기 전에 그 등기부등본이나 지적공부 등에 의하여 소유관계 및 면적 등을 확인한 다음 매매계약을 체결하므로 매매 대상 토지의 면적이 공부상 면적을 상당히 초과하는 경우에는 계약 당사자들이 이러한 사실을 알고 있었다고 보는 것이 상당하며, 그러한 경우에는 매도인이 그 초과 부분에 대한 소유권을 취득하여 이전하여 주기로 약정하는 등의 특별한 사정이 없는 한 그 초과 부분은 단순한 점용권의 매매로 보아야 할 것이므로 그 점유는 권원의 성질상 타주점유에 해당하고, 매매가 아닌 증여라고 하여 이를 달리 볼 것은 아니다.(대판 2004.5.14, 2003다61054)

6. 구분소유적 공유관계에서 등기부상 지분비율에 따라 환산한 면적을 상당히 초과하는 부분에 대한 점유의 성질(타주점유) 통상 부동산을 매수하려는 자는 계약 체결 전 그 등기부등본이나 지적공부 등에 의해 소유관계 및 면적 등을 확인하므로, 매매대상 토지의 면적이 공부상 면적을 상당히 초과하는 경우에는 계약 당사자들이 이러한 사실을 알고 있었다고 보아야 한다. 이 경우 매도인이 그 초과 부분에 대한 소유권을 취득하여 이전하여 주기로 약정하는 등의 특별한 사정이 없는 한 그 초과 부분은 단순한 점용권의 매매로 보아야 할 것이므로 그 점유는 권원의 성질상 타주점유에 해당하고, 이러한 법리는 구분소유적 공유관계에 있어 그 실제 점유 면적이 등기부상 지분비율에 따라 환산한 면적을 상당히 초과하는 경우에도 마찬가지로 적용된다.(대판 2011.9.8, 2010다35367)

7. 점유자가 취득시효기간 경과 후 매수 제의한 경우 타주점유로 볼 수 있는지 여부(소극) 점유자가 취득시효기간이 경과한 후에 상대방에게 토지의 매수를 제의한 일이 있다고 하여도 일반적으로 점유자는 취득시효가 완성된 후에도 소유권자와의 분쟁을 간편히 해결하기 위하여 매수를 시도하는 사례가 허다함에 비추어 이와 같은 매수 제의를 하였다는 사실을 가지고는 위 점유자의 점유를 타주점유라고 볼 수 없다.(대판 1997.4.11, 96다50520)

▸추정의 번복 긍정례

8. 자주점유와 타주점유의 증명책임 점유자의 점유가 소유의 의사 있는 자주점유인지 아니면 소유의 의사 없는 타주점유인지는 점유자의 내심의 의사에 의하여 결정되는 것이 아니라 점유 취득의 원인이 된 권원의 성질이나 점유와 관계가 있는 모든 사정에 의하여 외형적·객관적으로 결정되어야 하는 것이기 때문에 점유자가 성질상 소유의 의사가 없는 것으로 보이는 권원에 바탕을 두고 점유를 취득한 사실이 증명되었거나, 점유자가 타인의 소유권을 배제하여 자기의 소유물처럼 배타적 지배를 행사하는 의사를 가지고 점유하는 것으로 볼 수 없는 객관적 사정, 즉 점유자가 진정한 소유자라면 통상 취하지 아니할 태도를 나타내거나 소유자라면 당연히 취했을 것으로 보이는 행동을 취하지 아니한 경우 등 외형적·객관적으로 보아 점유자가 타인의 소유권을 배척하고 점유할 의사를 갖고 있지 아니하였던 것이라고 볼 만한 사정이 증명된 경우에도 그 추정은 깨어진다.(대판(全) 1997.8.21, 95다28625)

9. 법률요건이 없다는 사실을 알면서 타인 소유의 부동산을 무단점유한 경우(대판(全) 1997.8.21, 95다28625) → 제245조 참조

10. 등기의 기회가 있었음에도 불구하고 소유권이전등기를 하지 않은 경우 토지 점유자가 점유기간 동안 여러 차례 부동산소유권이전등기등에관한특별조치법이 시행됨에 따라 등기의 기회가 있었음에도 불구하고 소유권이전등기를 하지 않았고 오히려 소유자가 같은 법에 의하여 소유권보존등기를 마친 후에도 별다른 이의를 하지 않은 경우, 자주점유의 추정이 번복될 수 있다.(대판 2000.3.24, 99다56765)

11. 지방자치단체나 국가가 권원 없이 사유토지를 도로부지에 편입시킨 경우 지방자치단체나 국가가 자신의 부담이나 기부의 채납 등 지방재정법 또는 국유재산법 등에 정한 공공용 재산의 취득절차를 밟거나 그 소유자들의 사용승낙을 받는 등 토지를 점유할 수 있는 일정한 권원 없이 사유토지를 도로부지에 편입시킨 경우에도 자주점유의 추정은 깨어진다.(대판 2001.3.27, 2000다64472)

12. 국가가 토지의 취득에 관한 자료를 제출하지 못하는 경우 자주점유 추정의 번복 여부 국가나 지방자치단체가 해당 토지의 취득절차를 밟았다는 점에 관한 서류를 제출하지 못하고 있다고 하더라도, 그 토지에 관한 국가 등의 자주점유의 추정이 번복된다고 할 수는 없다. 그러나 국가 등이 해당 토지의 점유·사용 개시 당시의 지적공부 등이 멸실된 바 없이 보존되어 있고 거기에 국가 등의 소유권 취득을 뒷받침하는 어떠한 기재도 없는 경우까지 함부로 적법절차에 따른 소유권취득 가능성을 수긍해서는 안 된다.(대판 2011.11.24, 2009다99143)

13. 계약명의신탁에서 명의신탁자가 명의신탁약정에 따라 부동산을 점유하는 경우, 자주점유의 추정이 깨어지는지 여부(원칙적 적극) 계약명의신탁에서 명의신탁자는 부동산의 소유자가 명의신탁약정을 알았는지 여부와 관계없이 부동산의 소유권을 갖지 못할 뿐만 아니라 매매계약의 당사자도 아니어서 소유자를 상대로 소유권이전등기청구를 할 수 없고, 이는 명의신탁자도 잘 알고 있다고 보아야 한다. 명의신탁자가 명의신탁약정에 따라 부동산을 점유한다면 명의신탁자에게 점유할 다른 권원이 인정되는 등의 특별한 사정이 없는 한 명의신탁자는 소유권 취득의 원인이 되는 법률요건이 없이 그와 같은 사실을 잘 알면서 타인의 부동산을 점유한 것이다. 이러한 명의신탁자는 타인의 소유권을 배척하고 점유할 의사를 가지지 않았다고 할 것이므로 소유의 의사로 점유한다는 추정은 깨어진다.(대판 2022.5.12, 2019다249428)

▸추정의 번복 부정례

14. 점유자가 주장한 자주점유의 권원이 부인된 경우(대판(全) 1983.7.12, 82다708, 709, 82다카1792, 1793) → 제245조 참조

15. 타인의 토지의 매매와 자주점유(대판(全) 2000.3.16, 97

다37661) → 제245조 참조

16. 사후적으로 자신의 소유가 아님을 알게 된 경우 점유의 시초에 자신의 토지에 인접한 타인 소유의 토지를 자신 소유 토지의 일부로 알고서 점유하게 된 자는 나중에 그 토지가 자신 소유의 토지가 아니라는 점을 알게 되었다거나 지적측량 결과 경계 침범 사실이 밝혀지고 그로 인해 상호분쟁이 있었다고 하더라도 그러한 사정만으로 그 점유가 타주점유로 전환되는 것은 아니다.(대판 2013.9.13, 2013다43666, 43673)

17. 구분소유적 공유관계와 자주점유 구분소유적 공유관계에서 어느 특정된 부분만을 소유·점유하고 있는 공유자가 매매 등과 같이 종전의 공유지분권과는 별도의 자주점유가 가능한 권원에 의하여 다른 공유자가 소유·점유하는 특정된 부분을 취득하여 점유를 개시하였다고 주장하는 경우에는 타인 소유의 부동산을 매수·점유하였다고 주장하는 경우와 달리 볼 필요가 없으므로, 취득 권원이 인정되지 않는다고 하더라도 그 사유만으로 자주점유의 추정이 번복된다거나 점유권원의 성질상 타주점유라고 할 수 없고, 상대방에게 타주점유에 대하여 증명할 책임이 있다.(대판 2013.3.28, 2012다68750)

▸2항

18. 민 197조 2항 소정의 '본권에 관한 소'에 소유권 침해를 이유로 한 부당이득반환청구소송이 포함되는지 여부(적극) 민 197조 2항의 취지와 부당이득반환에 관한 민 749조 2항의 취지 등에 비추어 볼 때, 여기서의 본권에 관한 소에는 소유권에 기하여 점유물의 인도나 명도를 구하는 소송은 물론 부당점유자를 상대로 점유로 인한 부당이득의 반환을 구하는 소송도 포함된다.(대판 2002.11.22, 2001다6213)

19. 민 197조 2항의 본권에 관한 소에 패소한 때의 의미 민 197조 2항의 이른바 본권에 관한 소에 패소한 때라 함은 종국판결에 의하여 패소로 확정된 경우를 말하는 것이다.(대판 1974.6.25, 74다128)

第198條【占有繼續의 推定】 前後兩時에 占有한 事實이 있는 때에는 그 占有는 繼續한 것으로 推定한다.

■ 점유계속과 취득시효(245·246)

1. 점유계속추정이 전후 양 시점의 점유자가 다른 경우에도 적용될 수 있는지 여부(한정적극) 민 198조 소정의 점유계속추정은 동일인이 전후 양 시점에 점유한 것이 증명된 때에만 적용되는 것이 아니고 전후 양 시점의 점유자가 다른 경우에도 점유의 승계가 입증되는 한 점유계속은 추정된다.(대판 1996.9.20, 96다24279, 24286)

第199條【占有의 承繼의 主張과 그 效果】 ① 占有者의 承繼人은 自己의 占有만을 主張하거나 自己의 占有와 前占有者의 占有를 아울러 主張할 수 있다.

② 前占有者의 占有를 아울러 主張하는 境遇에는 그 瑕疵도 繼承한다.

■ 점유의 승계(196), 점유의 하자(197)

1. 점유자의 승계인이 승계주장 할 수 있는 전 점유자의 범위 점유자의 승계인이 자기의 전 점유자의 점유를 아울러 주장할 때 그 직전의 점유만을 주장할 것인가, 그 전 점유자의 것을 아울러 주장할 것인가는 그 주장하는 사람의 임의에 속하나 그 점유시초를 전 점유자의 점유기간중의 임의시점을 택하여 주장할 수 없다.(대판 1981.4.14, 80다2614)

2. 현 점유자가 자신의 점유만을 주장한 경우 점유의 승계가 있는 경우 전 점유자의 점유가 타주점유라 하여도 점유자의 승계인이 자기의 점유만을 주장하는 경우에는 현 점유자의 점유는 자주점유로 추정되며, 점유자가 스스로 매매 또는 증여와 같이 자주점유의 권원을 주장하였으나 이것이 인정되지 않는 경우에도, 원래 자주점유의 권원에 관한 입증책임이 점유자에게 있지 아니한 이상 그 주장의 점유권원이 인정되지 않는다는 사유만으로 자주점유의 추정이 번복된다거나 또는 점유권원의 성질상 타주점유라고 볼 수는 없다.(대판 2008.7.10, 2006다82540)

3. 점유승계의 경우 취득시효 기산점의 선택 점유가 순차 승계된 경우에 취득시효의 완성을 주장하는 자는 자기의 점유만을 주장하거나 또는 자기의 점유와 전 점유자의 점유를 아울러 주장할 수 있는 선택권이 있는 것이고, 전 점유자의 점유를 아울러 주장하는 경우에도 어느 단계의 점유자의 점유까지를 아울러 주장할 것인가도 이를 주장하는 사람에게 선택권이 있다.(대판 1991.10.22, 91다26577, 26584)

4. 타주점유를 상속승계한 자의 점유의 성질 선대의 점유가 타주점유인 경우 선대로부터 상속에 의하여 점유를 승계한 자의 점유도 상속전과 그 성질 내지 태양을 달리하는 것이 아니어서 특단의 사정이 없는 한 그 점유가 자주점유로는 될 수 없고 그 점유가 자주점유로 되기 위하여서는 점유자가 점유를 시킨 자에게 소유의 의사가 있는 것을 표시하거나 또는 신 권원에 의하여 다시 소유의 의사로써 점유를 시작하여야 한다.(대판 1987.2.10, 86다카550)

5. 상속에 의하여 점유권을 취득한 자의 점유(대판 1992.9.22, 92다22602, 22619) → 제193조 참조

6. 취득시효기간 만료 당시의 점유자로부터 점유를 승계한 현 점유자가 전 점유자의 취득시효 완성의 효과를 주장하여 직접 자기에게 소유권이전등기를 청구할 권원이 있는지 여부(소극)(대판 1995.3.28, 93다47745) → 제245조 참조

7. 점유자의 상속인이 미성년자인 경우 점유의 계속 여부(적극)(대판 1989.4.11, 88다카8217) → 제193조 참조

第200條【權利의 適法의 推定】 占有者가 占有物에 對하여 行使하는 權利는 適法하게 保有한 것으로 推定한다.

■ 점유의 태양에 관한 추정(197·198)

1. 유치권 주장의 배척을 위한 증명 점유자가 점유물에 대하여 행사하는 권리는 적법하게 보유하는 것으로 추정되므로 점유물에 대한 유익비상환청구권을 기초로 하는 유치권의 주장을 배척하려면 적어도 그 점유가 불법행위로 인하여 개시되었거나 유익비 지출 당시 이를 점유할 권원이 없음을 알았거나 이를 알지 못함이 중대한 과실에 기인하였다고 인정할 만한 사유에 대한 상대방 당사자의 주장·입증이 있어야 한다.(대판 1966.6.7, 66다600, 601)

2. 부동산 물권에 적용되는지 여부(소극) 점유자의 권리추정의 규정은 등기에 표창되어 있는 부동산 물권에 대하여는 특별한 사정이 없는 한 적용되지 아니한다.(대판 1969.1.21, 68다1864)

第201條【占有者와 果實】 ① 善意의 占有者는 占有物의 果實을 取得한다.

② 惡意의 占有者는 收取한 果實을 返還하여야 하며 消費하였거나 過失로 因하여 毁損 또는 收取하지 못한 境遇에는 그 果實의 代價를 補償하여야 한다.

③ 前項의 規定은 暴力 또는 隱秘에 依한 占有者에 準用한다.

■ 선의의 추정(197), 과실(101·102), 악의, 폭력, 은비에 관한 추정(197), 악의의 점유자(197·202·203), 악의점유와 불법행위(750)

1. 권한없이 경작 재배한 농작물의 소유권 남의 땅에 권한 없이 경작 재배한 농작물의 소유권은 그 경작자에게 있고 길이 4, 5cm에 불과한 모자리도 농작물에 해당한다.(대판 1969.2.18, 68도906)

2. 부당이득반환의무와의 관계 선의의 점유자가 악의의 점

유자로 변하지 아니하고 선의의 점유자로 남아있는 동안에는 비록 그 과실수취가 법률상 원인없이 이루어지고 이로 말미암아 타인에게 손해를 입혔다 할지라도 그 과실취득으로 인한 이득을 그 타인에게 반환할 의무가 없다.(대판 1967.11.28, 67다2272)

3. 선의의 점유자의 의미 민 201조 1항에 의하여 과실취득권이 있는 선의의 점유자란 과실취득권을 포함하는 권원(소유권, 지상권, 임차권 등)이 있다고 오신한 점유자를 말하고, 그와 같은 오신을 함에는 오신할 만한 근거가 있어야 한다.(대판 1981.8.20, 80다2587)

4. 오신에 대한 정당한 근거 존부 보상 관련 법규가 존재한다는 사실만으로 구체적인 개개의 송전선 설치 당시 적정한 보상이 이루어졌다고 볼 수 없고, 또한 토지 소유자들이 이의를 제기하지 않았다는 사정은 점유자가 그 토지를 사용할 권원이 있다고 오신한 데 정당한 근거가 될 수 없다.(대판 1995.8.25, 94다27069)

5. 민 748조 2항과 201조 2항의 반환범위의 관계 타인 소유물을 권원 없이 점유함으로써 얻은 사용이익을 반환하는 경우 민법은 선의 점유자를 보호하기 위하여 201조 1항을 두어 선의 점유자에게 과실수취권을 인정함에 대하여, 이러한 보호의 필요성이 없는 악의 점유자에 관하여는 민 201조 2항을 두어 과실수취권이 인정되지 않는다는 취지를 규정하는 것으로 해석된다. 따라서 악의 수익자가 반환하여야 할 범위는 민 748조 2항에 따라 정하여지는 결과 그는 받은 이익에 이자를 붙여 반환하여야 하며, 위 이자의 이행지체로 인한 지연손해금도 지급하여야 한다.(대판 2003.11.14, 2001다61869)

第202條【占有者의 回復者에 對한 責任】 占有物이 占有者의 責任있는 事由로 因하여 滅失 또는 毁損한 때에는 惡意의 占有者는 그 損害의 全部를 賠償하여야 하며 善意의 占有者는 利益이 現存하는 限度에서 賠償하여야 한다. 所有의 意思가 없는 占有者는 善意인 境遇에도 損害의 全部를 賠償하여야 한다.

▣ 선의의 추정(197)

第203條【占有者의 償還請求權】 ① 占有者가 占有物을 返還할 때에는 回復者에 對하여 占有物을 保存하기 爲하여 支出한 金額 其他 必要費의 償還을 請求할 수 있다. 그러나 占有者가 果實을 取得한 境遇에는 通常의 必要費는 請求하지 못한다.

② 占有者가 占有物을 改良하기 爲하여 支出한 金額 其他 有益費에 關하여는 그 價額의 增加가 現存한 境遇에 限하여 回復者의 選擇에 좇아 그 支出金額이나 增加額의 償還을 請求할 수 있다.

③ 前項의 境遇에 法院은 回復者의 請求에 依하여 相當한 償還期間을 許與할 수 있다.

▣ 과실의 취득(201 · 197), 본권관계에 기한 비용의 상환(325 · 594 · 617 · 626 · 654 · 688 · 701 · 739 · 1081)

▶필요비 상환청구권

1. 점유자가 점유물을 이용한 경우 점유자가 점유물을 이용한 경우에는 본조 1항 후단 규정의 정신에 비추어 점유자는 회복자에 대하여 통상의 필요비를 청구하지 못한다 할 것이다.(대판 1964.7.14, 63다1119)

2. 수리비의 경우 기계의 점유자가 그 기계장치를 계속 사용함에 따라 마모되거나 손상된 부품을 교체하거나 수리하는 데에 소요된 비용은 통상의 필요비에 해당한다.(대판 1996.7.12, 95다41161, 41178)

3. 점유자의 필요비 · 유익비 상환청구권 행사 가능 시점 민 203조 1항, 2항에 의한 점유자의 필요비 또는 유익비상환청구권은 점유자가 회복자로부터 점유물의 반환을 청구받거나 회복자에게 점유물을 반환한 때에 비로소 회복자에 대하여 행사할 수 있다.(대판 1994.9.9, 94다4592)

▶유익비 상환청구권

4. 현존증가액 이외에 실제 지출비용도 산정하여야 할지 여부(적극) 유익비 상환의 범위는 점유자가 사실상 점유물을 개량하기 위하여 지출한 비용과 그 가액의 증가를 현존하는 가액중 회복자가 선택하는 바에 따라 정하여지므로 유익비 상환의무자인 회복자의 선택권을 위하여 그 유익비는 실제로 지출한 비용과 현존하는 증가액을 모두 산정하여야 할 것이다.(대판 1987.4.14, 86다카2342)

5. 상환액에 대한 증명부족 시 법원의 조치 점유자의 회복자에 대한 유익비상환청구권이 인정된다면 그 상환액에 관한 점유자의 입증이 없더라도 법원은 이를 이유로 유익비상환청구를 배척할 것이 아니라 석명권을 행사하여 점유자에 대하여 상환액에 관한 입증을 촉구하는 등 상환액에 관하여 심리 · 판단하여야 한다.(대판 1993.12.28, 93다30471, 30488)

6. 도급관계에서 비용지출자 유효한 도급계약에 기하여 수급인이 도급인으로부터 제3자 소유 물건의 점유를 이전받아 이를 수리한 결과 그 물건의 가치가 증가한 경우, 도급인이 그 물건을 간접점유하면서 궁극적으로 자신의 계산으로 비용지출과정을 관리한 것이므로, 도급인만이 소유자에 대한 관계에 있어서 민 203조에 의한 비용상환청구권을 행사할 수 있는 비용지출자라고 할 것이고, 수급인은 그러한 비용지출자에 해당하지 않는다.(대판 2002.8.23, 99다66564, 66571)

7. 유익비를 지출할 당시 계약관계 등 적법한 점유의 권원을 가진 경우 점유자가 유익비를 지출할 당시 계약관계 등 적법한 점유의 권원을 가진 경우에 그 지출비용의 상환에 관하여는 그 계약관계를 규율하는 법조항이나 법리 등이 적용되는 것이어서, 점유자는 그 계약관계 등의 상대방에 대하여 해당 법조항이나 법리에 따른 비용상환청구권을 행사할 수 있을 뿐 계약관계 등의 상대방이 아닌 점유회복 당시의 소유자에 대하여 민 203조 2항에 따른 지출비용의 상환을 구할 수는 없다.(대판 2003.7.25, 2001다64752)

8. 유익비 상환청구권의 이행기 점유자의 상환청구권은 점유자가 회복자에게서 점유물 반환을 청구받은 때에 비로소 이를 행사할 수 있는 상태가 되고 이행기가 도래한다.(대판 2011.12.13, 2009다5162)

9. 민 203조 2항에서 정한 '지출금액'의 의미 및 실제 지출한 금액에 대한 증명이 불가능한 경우의 산정 방법 민 203조 2항에서 정한 점유자의 지출금액은 점유자가 실제 지출한 금액을 의미한다. 비용을 지출한 것은 명백하나 유익비를 지출한 때부터 오랜 시간이 지나 자료가 없어졌다는 이유로 실제 지출한 금액에 대한 증명이 불가능하여 가치 증가에 드는 비용을 추정하는 방법으로 지출금액을 인정해야 하는 경우 실제 비용을 지출한 날을 기준시점으로 하여 가치 증가에 드는 금액을 산정한 다음 그 금액에 대하여 물가상승률을 반영하는 등의 방법으로 현가한 금액을 지출금액으로 인정해야 한다.(대판 2018.3.27, 2015다3914, 3921, 3938)

10. 점유자의 증명을 통해 실제 지출금액 및 현존 증가액이 모두 산정되지 않은 상태에서 적은 금액을 선택하겠다는 의사표시 점유자의 증명을 통해 실제 지출금액 및 현존 증가액이 모두 산정되지 않은 상태에서 회복자가 '점유자가 주장하는 지출금액과 감정 결과에 나타난 현존 증가액 중 적은 금액인 현존 증가액을 선택한다'는 취지의 의사표시를 하였다고 하더라도, 특별한 사정이 없는 한 이를 곧바로 '실제 증명된 지출금액이 현존 증가액보다 적은 금액인 경우에도 현존 증가액을 선택한다'는 뜻까지 담긴 것으로 해석하여서는 안 된다. 일반적으로 회복자의 의사는 실제 지출금액과 현존

증가액 중 적은 금액을 선택하겠다는 것으로 보아야 하기 때문이다.(대판 2018.6.15, 2018다206707)

11. 악의의 점유자에 대하여 민 203조 1항 단서 규정이 적용되는지 여부(소극) 민 201조 1항 및 203조 1항의 규정을 체계적으로 해석하면, 민 203조 1항 단서에서 말하는 '점유자가 과실을 취득한 경우'란 점유자가 선의의 점유자로서 민 201조 1항에 따라 과실수취권을 보유하고 있는 경우를 뜻한다고 보아야 한다. 선의의 점유자는 과실을 수취하므로 물건의 용익과 밀접한 관련을 가지는 비용인 통상의 필요비를 스스로 부담하는 것이 타당하기 때문이다. 따라서 과실수취권이 없는 악의의 점유자에 대해서는 위 단서 규정이 적용되지 않는다.(대판 2021.4.29, 2018다261889)

12. 점유자가 점유물 반환 이외의 원인으로 물건의 점유자 지위를 잃어 소유자가 그를 상대로 물권적 청구권을 행사할 수 없게 된 경우, 점유자가 민 203조를 근거로 비용상환청구권을 행사할 수 있는지 여부(소극) 점유자가 점유물 반환 이외의 원인으로 물건의 점유자 지위를 잃어 소유자가 그를 상대로 물권적 청구권을 행사할 수 없게 되었다면, 그들은 더 이상 민 203조가 규율하는 점유자와 회복자의 관계에 있지 않으므로, 점유자는 위 조항을 근거로 비용상환청구권을 행사할 수 없고, 다만 비용 지출이 사무관리에 해당할 경우 그 상환을 청구하거나(민 739조), 자기가 지출한 비용으로 물건 소유자가 얻은 이득의 존재와 범위를 증명하여 반환청구권(민 741조)을 행사할 수 있을 뿐이다.(대판 2022.6.30, 2020다209815)

第204條【占有의 回收】 ① 占有者가 占有의 侵奪을 當한 때에는 그 物件의 返還 및 損害의 賠償을 請求할 수 있다.

② 前項의 請求權은 侵奪者의 特別承繼人에 對하여는 行使하지 못한다. 그러나 承繼人이 惡意인 때에는 그러하지 아니하다.

③ 第1項의 請求權은 侵奪을 當한 날로부터 1年內에 行使하여야 한다.

▣ 본권의 소와의 관계(208), 점유회수의 소의 제기와 점유권의 계속(192), 손해배상청구(750)

1. 점유자의 선의 및 정당한 권원 요부 점유의 소에 있어서는 원고의 점유가 선의이거나 악의이거나를 불문하고 또 그 점유가 정당한 권원에 의한 것인지 여부를 불문하는 것이다.(대판 1960.2.4, 4291민상596)

2. 점유회수의 소의 시한 점유를 침탈당한 자가 점유에 관한 소 이외의 소송에서 원래 계속된 본권의 소와 교환적으로 점유회수의 소로 변경한 경우에도 그 변경할 당시가 침탈시부터 1년이 경과한 때에는 허용될 수 없다.(대판 1972.2.22, 71다2641)

3. 사기의 의사표시에 의해 건물을 명도하여 준 경우 사기의 의사표시에 의해 건물을 명도해 준 것이라면 건물의 점유를 침탈당한 것이 아니므로 피해자는 점유회수의 소권을 가진다고 할 수 없다.(대판 1992.2.28, 91다17443)

4. 채무자인 처에 대한 부동산 인도명령의 집행으로 그 부동산의 공동점유자인 남편의 점유를 배제한 것이 위법한 점유침탈이 되는지 여부(소극) 근저당권의 채무자인 처에 대한 적법한 부동산 인도명령의 집행 당시 대항력을 갖춘 임차권자가 아니고 또한 처와 같은 세대를 구성하면서 그 부동산을 공동점유하고 있었던 남편의 공동점유를 본인의 의사에 반하여 배제하였다고 하여 이를 곧 점유의 위법한 침탈이라고 할 수는 없다.(대판 1998.4.24, 96다30786)

5. 점유보호청구권 행사기간이 출소기간인지 여부(적극) 민 204조 3항과 205조 2항에 의하면 점유를 침탈당하거나 방해를 받은 자의 침탈자 또는 방해자에 대한 청구권은 그 점유를 침탈당한 날 또는 점유의 방해행위가 종료된 날로부터 1년 내에 행사하여야 하는 것으로 규정되어 있다. 여기에서 제척기간의 대상이 되는 권리는 형성권이 아니라 통상의 청구권인 점과 점유의 침탈 또는 방해의 상태가 일정한 기간을 지나게 되면 그대로 사회의 평온한 상태가 되고 이를 복구하는 것이 오히려 평화질서의 교란으로 볼 수 있게 되므로 일정한 기간을 지난 후에는 원상회복을 허용하지 않는 것이 점유제도의 이상에 맞고 여기에 점유의 회수 또는 방해제거 등의 청구권에 단기의 제척기간을 두는 이유가 있는 점 등에 비추어 볼 때, 위의 제척기간은 재판 외에서 권리행사하는 것으로 족한 기간이 아니라 반드시 그 기간 내에 소를 제기하여야 하는 이른바 출소기간으로 해석함이 상당하다.(대판 2002.4.26, 2001다8097, 8103)

6. 점유회수의 소에서 말하는 '점유'의 의미 점유회수의 소는 점유를 침탈당하였다고 주장하는 당시에 점유하고 있었는지만을 살피면 되는 것이고, 점유회수의 소의 점유에는 직접점유뿐만 아니라 간접점유도 포함되나, 간접점유를 인정하기 위해서는 간접점유자와 직접점유를 하는 자 사이에 일정한 법률관계, 즉 점유매개관계가 필요하다. 이러한 점유매개관계는 직접점유자가 자신의 점유를 간접점유자의 반환청구권을 승인하면서 행사하는 경우에 인정된다.(대판 2012.2.23, 2011다61424, 61431)

7. 본권 침해로 발생한 손해배상청구권을 행사하는 경우에도 민 204조 3항에서 정한 1년의 제척기간이 적용되는지 여부(소극) 민 204조 3항은 본권 침해로 발생한 손해배상청구권의 행사에는 적용되지 않으므로 점유를 침탈당한 자가 본권인 유치권 소멸에 따른 손해배상청구권을 행사하는 때에는 민 204조 3항이 적용되지 아니하고, 점유를 침탈당한 날부터 1년내에 행사할 것을 요하지 않는다.(대판 2021.8.19, 2021다213866)

8. 점유의 상호침탈과 점유회수청구 상대방으로부터 점유를 위법하게 침탈당한 점유자가 상대방으로부터 점유를 탈환하였을 경우(이른바 '점유의 상호침탈'), 상대방의 점유회수청구가 받아들여지더라도 점유자가 상대방의 점유침탈을 문제 삼아 점유회수청구권을 행사함으로써 다시 자신의 점유를 회복할 수 있다면 상대방의 점유회수청구를 인정하는 것이 무용할 수 있다. 따라서 이러한 경우 점유자의 점유탈환행위가 민 209조 2항의 자력구제에 해당하지 않는다고 하더라도 특별한 사정이 없는 한 상대방은 자신의 점유가 침탈당하였음을 이유로 점유자를 상대로 민 204조 1항에 따른 점유의 회수를 청구할 수 없다.(대판 2023.8.18, 2022다269675)

第205條【占有의 保有】 ① 占有者가 占有의 妨害를 받은 때에는 그 妨害의 除去 및 損害의 賠償을 請求할 수 있다.

② 前項의 請求權은 妨害가 終了한 날로부터 1年內에 行使하여야 한다.

③ 工事로 因하여 占有의 妨害를 받은 境遇에는 工事着手後 1年을 經過하거나 그 工事가 完成한 때에는 妨害의 除去를 請求하지 못한다.

▣ 본권의 소와의 관계(208)

1. 점유를 정당화할 권원의 요부(소극) 점유권에 의한 방해배제청구권은 물권에 대한 사실상의 지배상태(점유권)에 대한 방해행위가 있으면 성립되고 점유를 정당화할 권원이 있음을 요하지 아니한다.(대판 1970.6.30, 68다1416)

2. 점유권에 기한 방해배제청구권의 성립요건 점유권에 의한 방해배제청구권(점유보유청구권)은 물건 자체에 대한 사실상의 지배상태를 점유침탈 이외의 방법으로 침해하는 방해행위가 있을 때 성립된다.(대판 1987.6.9, 86다카2942)

3. 점유를 방해할 염려나 위험성 유무의 판단기준 방해예방청구권(점유보전청구권)에 있어서 점유를 방해할 염려나 위

험성이 있는지는 구체적인 사정하에 일반경험법칙에 따라 객관적으로 판정되어야 할 것이다.(대판 1987.6.9, 86다카2942)

第206條【占有의 保全】 ① 占有者가 占有의 妨害를 받을 念慮가 있는 때에는 그 妨害의 豫防 또는 損害賠償의 擔保를 請求할 수 있다.

② 工事로 因하여 占有의 妨害를 받을 念慮가 있는 境遇에는 前條第3項의 規定을 準用한다.

▣ 본권의 소와의 관계(208), 부작위를 목적으로 하는 채무(398), 손해배상청구(750)

第207條【間接占有의 保護】 ① 前3條의 請求權은 第194條의 規定에 依한 間接占有者도 이를 行使할 수 있다.

② 占有者가 占有의 侵奪을 當한 境遇에 間接占有者는 그 物件을 占有者에게 返還할 것을 請求할 수 있고 占有者가 그 物件의 返還을 받을 수 없거나 이를 願하지 아니하는 때에는 自己에게 返還할 것을 請求할 수 있다.

1. 직접점유자와 간접점유자의 관계 직접점유자가 임의로 점유를 타에 양도한 경우에는 점유이전이 간접점유자의 의사에 반한다 하더라도 간접점유자의 점유가 침탈된 경우에 해당하지 않는다.(대판 1993.3.9, 92다5300)

第208條【占有의 訴와 本權의 訴와의 關係】 ① 占有權에 基因한 訴와 本權에 基因한 訴는 서로 影響을 미치지 아니한다.

② 占有權에 基因한 訴는 本權에 關한 理由로 裁判하지 못한다.

▣ 점유권에 기인한 소(204-206)

1. 본권의 주장과 점유회수의 청구 점유회수의 청구에 대하여 점유침탈자가 점유물에 대한 본권이 있다는 주장으로 점유회수를 배척할 수 없음은 민 208조의 규정 취지에 비추어 명백하다.(대판 1967.6.20, 67다479)

2. 점유권에 기한 본소에 대하여 본권자가 본권에 기한 예비적 반소 또는 별소를 제기하고, 양 청구가 모두 이유 있는 경우 ① 민 208조에 의할 때 점유권에 기한 본소에 대하여 본권자가 본소청구 인용에 대비하여 본권에 기한 예비적 반소를 제기하고 양 청구가 모두 이유 있는 경우, 법원은 점유권에 기한 본소와 본권에 기한 예비적 반소를 모두 인용해야 하고 점유권에 기한 본소를 본권에 관한 이유로 배척할 수 없다. ② 점유회수의 본소에 대하여 본권자가 소유권에 기한 인도를 구하는 반소를 제기하여 본소청구와 예비적 반소청구가 모두 인용되어 확정되면, 점유자가 본소 확정판결에 의하여 집행문을 부여받아 강제집행으로 물건의 점유를 회복할 수 있다. 본권자의 소유권에 기한 반소청구는 본소의 의무 실현을 정지조건으로 하므로, 본권자는 위 본소 집행 후 집행문을 부여받아 비로소 반소 확정판결에 따른 강제집행으로 물건의 점유를 회복할 수 있다. 다만 점유자의 점유회수의 집행이 무의미한 점유상태의 변경을 반복하는 것에 불과할 뿐 아무런 실익이 없거나 본권자로 하여금 점유회수의 집행을 수인하도록 하는 것이 명백히 정의에 반하여 사회생활상 용인할 수 없다고 인정되는 경우, 또는 점유자가 점유권에 기한 본소 승소 확정판결을 장기간 강제집행하지 않음으로써 본권자의 예비적 반소 승소 확정판결까지 조건불성취로 강제집행에 나아갈 수 없게 되는 등 특별한 사정이 있다면 본권자는 점유자가 제기하여 승소한 본소 확정판결에 대한 청구이의의 소를 통해서 점유권에 기한 강제집행을 저지할 수 있다.(대판 2021.2.4, 2019다202795, 202801) ③ 이러한 법리는 점유를 침탈당한 자가 점유권에 기한 점유회수의 소를 제기하고, 본권자가 그 점유회수의 소가 인용될 것에 대비하여 본권에 기초한 장래이행의 소로서 별소를 제기한 경우에도 마찬가지로 적용된다.(대판 2021.3.25, 2019다208441)

第209條【自力救濟】 ① 占有者는 그 占有를 不正히 侵奪 또는 妨害하는 行爲에 對하여 自力으로써 이를 防衛할 수 있다.

② 占有物이 侵奪되었을 境遇에 不動産일 때에는 占有者는 侵奪後 直時 加害者를 排除하여 이를 奪還할 수 있고 動産일 때에는 占有者는 現場에서 또는 追跡하여 加害者로부터 이를 奪還할 수 있다.

▣ 점유자(192)

1. 직시의 의미 민 209조 1항에 규정된 점유자의 자력방위권은 점유의 침탈 또는 방해의 위험이 있는 때에 인정되는 것인 한편, 2항에 규정된 점유자의 자력탈환권은 점유가 침탈되었을 때 시간적으로 좁게 제한된 범위 내에서 자력으로 점유를 회복할 수 있다는 것으로서, 위 규정에서 말하는 "직시"란 "객관적으로 가능한 한 신속히" 또는 "사회관념상 가해자를 배제하여 점유를 회복하는 데 필요하다고 인정되는 범위 안에서 되도록 속히"라는 뜻으로 해석할 것이다.(대판 1993.3.26, 91다14116)

2. 점유침탈 후 상당 시간이 흐른 경우 점유자가 침탈 사실을 몰랐다면 자력탈환권을 행사할 수 있는지 여부(소극) 점유자가 침탈사실을 알고 모르고와는 관계없이 침탈을 당한 후 상당한 시간이 흘렀다면 자력탈환권을 행사할 수 없다.(대판 1993.3.26, 91다14116)

第210條【準占有】 本章의 規定은 財産權을 事實上 行使하는 境遇에 準用한다.

▣ 채권의 준점유(470)

1. 예금채권의 준점유자로 보기 위한 요건 채권의 준점유자라고 하려면 채권의 사실상 귀속자와 같은 외형을 갖추어야 하므로 예금채권의 준점유자는 예금통장과 그에 찍힌 인영과 같은 인장을 소지하여야 한다.(대판 1985.12.24, 85다카880)

第3章 所有權

第1節 所有權의 限界

第211條【所有權의 內容】 所有者는 法律의 範圍內에서 그 所有物을 使用, 收益, 處分할 權利가 있다.

▣ 재산권의 보장(헌23), 재산권의 공공성(헌23), 소유권의 제한, 통제의 인용의 의무(헌23)

1. 포락한 토지의 성토화와 소유권 부활 여부(소극) 토지가 포락되어 하천부지화하여 항시 그 위로 물이 흐르고 있어 그 복구가 어려워 토지로서의 효용을 상실하였을 때에는 그 토지에 관한 사권은 포락으로 인하여 영구히 소멸된 것이고 그후 포락된 토지가 다시 성토화되었다고 할지라도 종전의 사권이 다시 되살아나 종전의 소유권자가 다시 소유권을 취득할 수는 없는 것이다.(대판 1983.12.27, 83다카1561)

2. 토지소유권의 상실 원인이 되는 포락의 의미 토지소유권의 상실원인이 되는 포락은 토지가 바닷물이나 하천법상 적용하천의 물에 개먹어 무너져 바다나 적용하천에 떨어져 그 원상복구가 사회통념상 불가능한 상태에 이르렀을 때를 일컫는 것이지 바닷물이나 적용하천의 유수가 아닌 사실상의 하천(보통하천)이나 준용하천의 물에 무너져 내려 사실상의 하상이 되어 그 원상복구가 어렵게 된 때까지를 포함하는 것은 아니다.(대판 1989.2.28, 88다1295, 88다카8743)

3. 건물의 일부분이 구분소유권의 객체가 되기 위한 요건

건물의 일부분이 구분소유권의 객체로 될 수 있으려면 그 부분이 구조상으로나 이용상으로 다른 부분과 구분되는 독립성이 있어야 한다.(대판 1995.9.29, 94다53587, 53594)

4. 토지에 대한 사용 · 수익권을 포기한 예 토지 소유자들이 시의 도로 확장사업에 자발적으로 참가하여 각 소유 토지를 도로로 사용하는 데 동의하는 동의서를 제출하였고, 그 사용승낙을 함에 있어 사용료를 정하지 않았고, 약 13년 동안 보상금이나 사용료의 지급을 요구한 바도 없는 점 등 도로 확장사업 전후의 여러 사정에 비추어 그 토지에 대한 사용 · 수익권을 포기한 것으로 볼 수 있다.(대판 1997.1.24, 96다42529)

5. 토지에 관한 부당이득 반환청구에서 해당 토지의 현황이나 지목이 '도로'라는 이유만으로 부당이득의 성립이 부정되는지 여부(소극) 물건의 소유자가 물건에 관한 어떠한 이익을 상대방이 권원 없이 취득하고 있다고 주장하여 그 이익을 부당이득으로 반환청구하는 경우 상대방은 그러한 이익을 보유할 권원이 있음을 주장·증명하지 않는 한 소유자에게 이를 부당이득으로 반환할 의무가 있다. 이때 해당 토지의 현황이나 지목이 '도로'라는 이유만으로 부당이득의 성립이 부정되지 않으며, 도로로 이용되고 있는 사정을 감안하여 부당이득의 액수를 산정하면 된다.(대판 2020.10.29, 2018다228868)

6. 소유권의 사용 · 수익 권능을 대세적으로 포기할 수 있는지 여부(소극) **및 토지에 관한 사용수익권의 채권적 포기를 이유로 그 토지의 반환청구를 배척하기 위한 요건** ① 소유권은 외계 물자의 배타적 지배를 규율하는 기본적 법질서에서 그 기초를 이루는 권리로서 대세적 효력이 있으므로, 그에 관한 법률관계는 이해당사자들이 이를 쉽사리 인식할 수 있도록 명확하게 정하여져야 한다. 그런데 소유권의 핵심적 권능에 속하는 사용 · 수익의 권능이 소유자에 의하여 대세적으로 유효하게 포기될 수 있다고 하면, 이는 결국 처분권능만이 남는 민법이 알지 못하는 새로운 유형의 소유권을 창출하는 것으로서, 객체에 대한 전면적 지배권인 소유권을 핵심으로 하여 구축된 물권법의 체계를 현저히 교란하게 된다. 종전의 재판례 중에는 타인의 토지를 도로 등으로 무단점용하는 자에 대하여 소유자가 그 사용이득의 반환을 사후적으로 청구하는 사안에서, 이른바 공평을 이념으로 한다는 부당이득법상의 구제와 관련하여 그 청구를 부인하면서 소유자의 '사용수익권 포기' 등을 이유로 든 예가 없지 않다. 그러나 그 당부는 별론으로 하고, 그 논리는 소유권의 내용을 장래를 향하여 원만하게 실현하는 것을 내용으로 하여 소유권의 보호를 위한 원초적 구제수단인 소유물반환청구권 등의 물권적 청구권과는 무관한 것으로 이해되어야 한다. ② 토지의 소유권자가 그 토지에 관한 사용수익권을 점유자에 대한 관계에서 채권적으로 '포기'하였다고 하여도, 그것이 점유자의 사용 · 수익을 일시적으로 인정하는 취지라면, 이는 사용대차의 계약관계에 다름 아니다. 그렇다면 사용대주인 소유권자는 계약관계의 해지 기타 그 종료를 내세워 토지의 반환 및 그 원상회복으로서의 건물의 철거를 청구할 수 있다. 그러므로 사용수익권의 채권적 포기를 이유로 위 청구들이 배척되려면, 그 포기가 일시적인 것이 아닌 영구적인 것이어야 한다.(대판 2009.3.26, 2009다228, 235)

7. 소유자가 사용 · 수익의 권능 포기 여부(원칙적 소극)**와 그 판단 기준** ① 소유자가 소유권의 핵심적 권능에 속하는 사용 · 수익의 권능을 대세적으로 포기하는 것은 특별한 사정이 없는 한 허용되지 않는다. 이를 허용하면 결국 처분권능만이 남는 새로운 유형의 소유권을 창출하는 것이어서 민법이 정한 물권법정주의에 반하기 때문이다. ② 사유지가 일반 공중의 교통을 위한 도로로 사용되고 있는 경우, 토지 소유자가 스스로 토지의 일부를 도로 부지로 무상 제공하더라도 특별한 사정이 없는 한 이는 대세적으로 사용 · 수익권을 포기한 것이라기보다는 토지 소유자가 도로 부지로 무상 제공받은 사람들에 대한 관계에서 채권적으로 사용 · 수익권을 포기하거나 일시적으로 소유권을 행사하지 않겠다고 양해한 것이라고 보아야 한다. ③ 토지 소유자가 사용 · 수익권을 포기한 것으로 의사해석을 하는 데에는, 그가 토지를 소유하게 된 경위와 보유기간, 나머지 토지들을 분할하여 매도한 경위와 규모, 도로로 사용되는 토지 부분의 위치나 성상, 인근 토지들과의 관계, 주위 환경 등 여러 사정과 아울러 분할 · 매도된 나머지 토지들의 효과적인 사용 · 수익을 위하여 토지가 기여하고 있는 정도 등을 종합적으로 고찰하여 신중하게 판단해야 한다.(대판 2017.6.19, 2017다211528, 211535)

8. 토지 소유자가 그 소유의 토지를 일반 공중을 위한 용도로 제공한 경우 소유자의 독점적이고 배타적인 사용 · 수익권 포기 법리 ① 소유자 스스로 그 소유의 토지를 일반 공중을 위한 용도로 제공한 경우에 그 토지에 대한 소유자의 독점적이고 배타적인 사용 · 수익권의 행사가 제한된다. 다만 토지 소유자의 독점적이고 배타적인 사용 · 수익권 행사의 제한 여부를 판단하기 위해서는 토지 소유자의 소유권 보장과 공공의 이익 사이의 비교형량을 하여야 하고, 원소유자의 독점적 · 배타적인 사용 · 수익권 행사가 제한되는 경우에도 특별한 사정이 있다면 특정승계인의 독점적 · 배타적인 사용 · 수익권 행사가 허용될 수 있다. 또한, 토지 소유자의 독점적 · 배타적인 사용 · 수익권 행사가 제한되는 경우에도 일정한 요건을 갖춘 때에는 사정변경의 원칙이 적용되어 소유자가 다시 독점적 · 배타적인 사용 · 수익권을 행사할 수 있다. ② 토지 소유자가 그 소유의 토지를 도로, 수도시설의 매설 부지 등 일반 공중을 위한 용도로 제공한 경우에 소유자가 그 토지에 대한 독점적 · 배타적인 사용 · 수익권을 포기한 것으로 볼 수 있다면, 타인(사인뿐만 아니라 국가, 지방자치단체도 해당할 수 있다)이 그 토지를 점유 · 사용하고 있다 하더라도 특별한 사정이 없는 한 그로 인해 토지 소유자에게 어떤 손해가 생긴다고 볼 수 없으므로, 토지 소유자는 그 타인을 상대로 부당이득반환을 청구할 수 없고, 토지의 인도 등을 구할 수도 없다. 다만 토지 소유자의 독점적 · 배타적인 사용 · 수익권의 행사가 제한되는 것으로 보는 경우에도, 일반 공중의 무상 이용이라는 토지이용현황과 양립 또는 병존하기 어려운 토지 소유자의 독점적이고 배타적인 사용 · 수익만이 제한될 뿐이고, 토지 소유자는 일반 공중의 통행 등 이용을 방해하지 않는 범위 내에서는 그 토지를 처분하거나 사용 · 수익할 권능을 상실하지 않는다. ③ 원소유자의 독점적 · 배타적인 사용 · 수익권의 행사가 제한되는 토지의 소유권을 경매, 매매, 대물변제 등에 의하여 특정승계한 자는, 특별한 사정이 없는 한 그와 같은 사용 · 수익의 제한이라는 부담이 있다는 사정을 용인하거나 적어도 그러한 사정이 있음을 알고서 그 토지의 소유권을 취득하였다고 봄이 타당하므로, 그러한 특정승계인은 그 토지 부분에 대하여 독점적이고 배타적인 사용 · 수익권을 행사할 수 없다. ④ 토지 소유자가 그 소유 토지를 일반 공중의 이용에 제공함으로써 자신의 의사에 부합하는 토지이용상태가 형성되어 그에 대한 독점적 · 배타적인 사용 · 수익권의 행사가 제한된다고 하더라도, 그 후 토지이용상태에 중대한 변화가 생기는 등으로 독점적 · 배타적인 사용 · 수익권의 행사를 제한하는 기초가 된 객관적인 사정이 현저히 변경되고, 소유자가 일반 공중의 사용을 위하여 그 토지를 제공할 당시 이러한 변화를 예견할 수 없었으며, 사용 · 수익권 행사가 계속하여 제한된다고 보는 것이 당사자의 이해에 중대한 불균형을 초래하는 경우에는, 토지 소유자는 그와 같은 사정변경이 있은 때부터는 다시 사용 · 수익 권능을 포함한 완전한 소유권에 기한 권리를 주장할 수 있다고 보아야 한다.(대판(全) 2019.1.24, 2016다264556)

9. 독점적 · 배타적 사용수익권의 회복 토지소유자가 그 소유 토지에 대한 독점적 · 배타적 사용 · 수익권이 인정되지 않는다고 보는 경우에도, 토지이용상태에 중대한 변화가 생

기는 등으로 배타적 사용·수익권을 배제하는 기초가 된 객관적인 사정이 현저히 변경된 경우에는, 토지소유자는 그와 같은 사정변경이 있은 때부터는 다시 사용·수익권능을 포함한 완전한 소유권에 기한 권리주장을 할 수 있다고 보아야 한다. 이때 그러한 사정변경이 있는지는 당해 토지의 위치와 물리적 성상, 토지소유자가 토지를 일반 공중의 통행에 제공하게 된 동기와 경위, 당해 토지와 인근 다른 토지들과의 관계, 토지이용 상태가 바뀐 경위 및 종전 이용상태와의 동일성 여부 등 전후 여러 사정을 종합적으로 고려하여 판단할 것이다.(대판 2013.8.22, 2012다54133)

10. 독점적·배타적 사용수익권을 포기한 소유자로부터 특정승계받은 자의 토지 점유자에 대한 부당이득반환청구(부정) 토지의 원소유자가 토지 일부를 도로 부지로 무상 제공함으로써 이에 대한 독점적이고 배타적인 사용수익권을 포기하고 이에 따라 주민이 그 토지를 무상으로 통행하게 된 이후에 그 토지의 소유권을 경매, 매매, 대물변제 등에 의하여 특정승계한 자는 그와 같은 사용·수익의 제한이라는 부담이 있다는 사정을 용인하거나 적어도 그러한 사정이 있음을 알고서 그 토지의 소유권을 취득하였다고 보는 것이 타당하므로 도로로 제공된 토지 부분에 대하여 독점적이고 배타적인 사용수익권을 행사할 수 없다.(대판 2012.7.12, 2012다26411)

11. 지상 건물 소유자들만을 위해 제공된 토지에 대한 배타적 사용수익권 법리 적용 여부(소극) **및 토지 특정승계인의 소유권 행사 제한 여부**(원칙적 소극) 토지소유자의 독점적·배타적 사용·수익권 행사 제한의 법리는 토지가 도로, 수도시설의 매설 부지 등 일반 공중을 위한 용도로 제공된 경우에 적용되는 것이어서, 토지가 건물의 부지 등 지상 건물의 소유자들만을 위한 용도로 제공된 경우에는 적용되지 않는다. 따라서 토지소유자가 그 소유 토지를 건물의 부지로 제공하여 지상 건물소유자들이 이를 무상으로 사용하도록 허락하였다고 하더라도, 특별한 사정이 없는 한 특정승계인의 그 토지에 대한 소유권 행사가 제한된다고 볼 수 없다.(대판 2019.11.14, 2015다211685)

12. 소유자에게 배타적 사용·수익 권능이 존재하지 않는다는 확인의 소의 허용여부(원칙적 소극) 일반적으로 토지소유자에 대하여 '배타적 사용수익권이 존재하지 않는다'는 취지의 확인을 구하는 것은 특별한 사정이 없는 한 확인의 이익이 없다.(대판 2012.6.28, 2010다81049)

13. '소유자'가 '제3자'에게 '소유물의 처분권한'을 수여하였고, 그 권한을 위임받은 '제3자'의 '처분행위'가 이루어졌으나 그 대외적 효력은 발생하지 아니한 경우, '소유자'가 '소유물'을 '처분'할 수 있는지 여부(적극) 소유자는 제3자에게 그 물건을 제3자의 소유물로 처분할 수 있는 권한을 유효하게 수여할 수 있다고 할 것인데, 그와 같은 이른바 '처분수권'의 경우에도 그 수권에 기하여 행하여진 제3자의 처분행위가 대세적으로 효력을 가지게 되고 그로 말미암아 소유자가 소유권을 상실하거나 제한받게 될 수는 있다고 하더라도, 그러한 제3자의 처분이 실제로 유효하게 행하여지지 아니하고 있는 동안에는 소유자는 처분수권이 제3자에게 행하여졌다는 것만으로 그가 원래 가지는 처분권능에 제한을 받지 아니한다. 따라서 그는, 처분권한을 수여받은 제3자와의 관계에서 처분수권의 원인이 된 채권적 계약관계 등에 기하여 채권적인 책임을 져야 하는 것을 별론으로 하고, 자신의 소유물을 여전히 유효하게 처분할 수 있고, 또한 소유권에 기하여 소유물에 대한 방해 등을 배제할 수 있는 민 213조, 214조의 물권적 청구권을 가진다.(대판 2014.3.13, 2009다105215)

第212條【土地所有權의 範圍】 土地의 所有權은 正當한 利益있는 範圍內에서 土地의 上下에 미친다.

■ 제한(광업2·5)

1. 토지가 사실상 분할된 경우 부분 양도의 효력과 방법 토지가 사실상 분할되어 독립된 권리의 목적물이 될 수 있는 상태에 있는 경우에는 당사자간에 있어서 그 양도의 효력이 있다 할 것이므로 매수인은 매도인에게 그 토지를 분필하여 이전등기를 하라고 청구할 수 있다.(대판 1960.7.21, 4290민상683)

2. 예외적으로 토지 경계가 실제 경계에 의하는 경우 지적도를 작성함에 있어서 그 기점을 잘못 선택하는 등 기술적인 착오로 말미암아 지적도상의 경계선이 진실한 경계선과 다르게 작성되었다든가 또는 1필지의 토지 위에 수 동의 건물을 짓고 건물의 경계에 담장을 설치하여 각 건물의 부지로 사실상 구획지워 어림잡아 매도한 후 그 분필등기를 하였기 때문에 그 경계와 지적이 실제의 것과 일치하지 않게 되었고, 그 부지들이 전전매도 되면서도 당사자들이 사실상의 경계대로의 토지를 매매할 의사를 가지고 거래를 한 경우 등과 같은 특별한 사정이 있는 경우에 한하여 그 토지의 경계는 실제의 경계에 의하여야 한다.(대판 1986.10.14, 84다카490)

3. 지적공부에 등록된 토지 소유권의 범위 어떤 토지가 지적공부에 1필지의 토지로 등록되면 토지의 소재, 지번, 지목, 지적 및 경계는 특별한 사정이 없는 한 등록으로써 특정되고 소유권의 범위는 현실의 경계와 관계없이 공부상의 경계에 따라 확정되는 것이 원칙이다. 다만 지적도를 작성할 때 기점을 잘못 선택하는 등 기술적인 착오로 지적도상의 경계선이 진실한 경계선과 다르게 작성되었다거나 당사자들이 사실상의 경계대로 토지를 매매할 의사를 가지고 거래를 한 경우 등과 같은 특별한 사정이 있는 경우에 한하여 토지의 경계는 실제의 경계에 의하여야 한다.(대판 2016.6.28, 2016다1793)

4. 소유권이 미치는 범위 임야에 있는 자연석을 조각하여 제작한 석불이라도 그 임야의 일부분을 구성하는 것이라고는 할 수 없고 임야와 독립된 소유권의 대상이 된다.(대판 1970.9.22, 70다1494)

5. 지적도의 오류를 이유로 인접 토지 소유자에게 토지경계확정의 소를 제기할 수 있는지(적극), **경계확정의 소에서 기각 주문을 낼 수 있는지**(소극) 토지경계확정의 소는 인접한 토지의 경계가 사실상 불분명하여 다툼이 있는 경우 재판으로 그 경계를 확정해 줄 것을 구하는 소로서, 토지소유권의 범위의 확인을 목적으로 하는 소와는 달리, 인접한 토지의 경계가 불분명하여 그 소유자들 사이에 다툼이 있다는 것만으로 권리보호이익이 인정된다. 여기서 '인접한 토지의 경계가 사실상 불분명하여 다툼이 있는 경우'에는 지적도를 작성하면서 기점을 잘못 선택하는 등 기술적인 착오로 지적도상 경계가 진실한 경계선과 다르게 잘못 작성되었다고 인접토지 소유자 사이에 다툼이 있는 경우를 포함한다. 토지경계확정의 소가 제기되면 법원은 당사자 쌍방이 주장하는 경계선에 구속되지 않고 어떠한 형식으로든 스스로 진실하다고 인정되는 바에 따라 경계를 확정해야 한다. 따라서 토지경계확정의 소에서는 특별한 사정이 없는 한 원고가 주장하는 경계가 인정되지 않더라도 청구의 전부 또는 일부를 기각할 수 없다.(대판 2021.8.19, 2018다207830)

第213條【所有物返還請求權】 所有者는 그 所有에 屬한 物件을 占有한 者에 對하여 返還을 請求할 수 있다. 그러나 占有者가 그 物件을 占有할 權利가 있는 때에는 返還을 拒否할 수 있다.

■ 본조준용(290·319), 소유권(211), 점유물 반환청구권(204), 점유할 권리(279·303·320·329·609·618)

1. 소유권과 소유권에 기한 물권적 청구권의 분리 가부(소극) 소유권을 양도함에 있어 소유권에 의하여 발생되는 물상청구권을 소유권과 분리, 소유권 없는 전소유자에게 유보하여 제3자에게 대하여 이를 행사케 한다는 것은 소유권이

절대적 권리인 점에 비추어 허용될 수 없는 것이다. 이는 양도인인 전소유자가 그 목적물을 양수인에게 인도할 의무가 있고 그 의무이행이 매매대금 잔액의 지급과 동시이행관계에 있다거나 그 소유권의 양도가 소송계속중에 있었다 하여 다를 리 없고 일단 소유권을 상실한 전소유자는 제3자인 불법점유자에 대하여 물권적 청구권에 의한 방해배제를 청구할 수 없다.(대판(全) 1969.5.27, 68다725)

2. 인도청구의 상대방 불법점유를 이유로 하여 그 명도 또는 인도를 청구하려면 현실적으로 그 목적물을 점유하고 있는 자를 상대로 하여야 하고 불법점유자라 하여도 그 물건을 다른 사람에게 인도하여 현실적으로 점유를 하고 있지 않은 이상 그 자를 상대로 한 인도 또는 명도청구는 부당하다.(대판 1970.9.29, 70다1508)

3. 간접점유자를 상대로 한 명도청구 소유물을 불법점거하고 있는 자에 대하여는 그 불법점거의 형태가 어떠하든 즉 대리로서 점유히든 사실상의 지배를 하고 있는 한 그 사실상의 지배자를 상대로 소유자는 불법점거물의 물권적 반환청구를 할 수 있다.(대판 1962.4.18, 4294민상1300)

4. 불법점유를 이유로 한 명도 청구의 상대방과 간접점유자에 대한 건물명도청구(대판 1983.5.10, 81다187) → 제194조 참조

5. 토지 소유자의 건물 소유자에 대한 건물 퇴거청구 가부(소극) 건물의 소유자가 그 건물의 소유를 통하여 타인 소유의 토지를 점유하고 있다고 하더라도 그 토지 소유자로서는 그 건물의 철거와 그 대지 부분의 인도를 청구할 수 있을 뿐, 자기 소유의 건물을 점유하고 있는 자에 대하여 그 건물에서 퇴거할 것을 청구할 수는 없다.(대판 1999.7.9, 98다57457, 57464)

6. 건물의 '인도'와 건물에서의 '퇴거'의 구별 건물의 '인도'는 건물에 대한 현실적·사실적 지배를 완전히 이전하는 것을 의미하고, 민사집행법상 인도 청구의 집행은 집행관이 채무자로부터 물건의 점유를 빼앗아 이를 채권자에게 인도하는 방법으로 한다. 한편 건물에서의 '퇴거'는 건물에 대한 채무자의 점유를 해제하는 것을 의미할 뿐, 더 나아가 채권자에게 점유를 이전할 것까지 의미하지는 않는다는 점에서 건물의 '인도'와 구별된다.(대판 2024.6.13, 2024다213157)

7. 불법원인급여와 물권적 청구권의 행사(대판 1979.11.13, 79다483) → 제746조 참조

8. 소유권보존등기 말소청구의 청구인 자격 소유권보존등기의 말소를 구하려면 먼저 그 말소를 구하는 사람이 말소를 청구할 수 있는 권원이 있음을 적극적으로 주장 입증하여야 하며, 만일 이러한 권원이 있음이 인정되지 않는다면 설사 소유권보존등기가 말소되어야 할 무효의 등기라고 하더라도 그 말소 청구를 인용할 수 없다.(대판 2008.10.9, 2008다35128)

9. 물권적 청구권의 이행불능으로 인한 전보배상청구권 인정 여부(소극) 소유자가 소유권을 상실함으로써 이제 등기말소 등을 청구할 수 없게 된 경우에, 등기말소 등 의무자에 대하여 그 권리의 이행불능을 이유로 민 390조상의 손해배상을 청구할 수 없다. 등기말소청구권 등의 물권적 청구권은 그 권리자인 소유자가 소유권을 상실하면 이제 그 발생의 기반이 아예 없게 되어 더 이상 그 존재 자체가 인정되지 아니하기 때문이다. 그리고 이러한 법리는 선행소송에서 소유권보존등기의 말소등기청구가 확정되었다고 하더라도 그 청구권의 법적 성질이 채권적 청구권으로 바뀌지 아니하므로 마찬가지이다.(대판(全) 2012.5.17, 2010다28604)

10. 유치물의 점유나 보관을 위탁받은 자가 소유물 반환청구를 거부할 수 있는지 여부(원칙적 적극) 민 213조에서 반환을 거부할 수 있는 점유할 권리에는 유치권도 포함되고, 유치권자로부터 유치물을 유치하기 위한 방법으로 유치물의 점유 내지 보관을 위탁받은 자는 특별한 사정이 없는 한 점유할 권리가 있음을 들어 소유자의 소유물반환청구를 거부할 수 있다.(대판 2014.12.24, 2011다62618)

11. 유치권자로부터 유치권 목적물을 임차한 사람의 점유가 소유자에게 대항할 수 있는지 여부(소극) 유치권의 목적물인 건물의 소유자가 유치권자에게서 그 건물을 임차한 자를 상대로 건물의 인도청구를 한 사안에서, 유치권자에 대한 채무자의 동의만으로는 민 324조 2항에 따른 동의가 있었다고 볼 수 없어 임차인은 위 건물 인도청구를 거절할 수 없다.(대판 2011.2.10, 2010다94700)

第2編 物權

第214條【所有物妨害除去, 妨害豫防請求權】

所有者는 所有權을 妨害하는 者에 對하여 妨害의 除去를 請求할 수 있고 所有權을 妨害할 念慮있는 行爲를 하는 者에 對하여 그 豫防이나 損害賠償의 擔保를 請求할 수 있다.

■ 본조준용(290·301·307·319·370), 소유권(211), 점유물 방해 제거, 예방 청구권(205·206)

▸소유물 방해배제청구권

1. 건물철거청구의 상대방 건물철거는 그 소유권의 종국적 처분에 해당하는 사실행위이므로 원칙으로는 그 소유자에게만 그 철거처분권이 있다고 할 것이나 그 건물을 매수하여 점유하고 있는 자는 등기부상 아직 소유자로서의 등기명의가 없다 하더라도 그 권리의 범위내에서 그 점유중인 건물에 대하여 법률상 또는 사실상 처분을 할 수 있는 지위에 있고 그 건물이 건립되어 있어 불법으로 점유를 당하고 있는 토지소유자는 위와 같은 지위에 있는 건물점유자에게 그 철거를 구할 수 있다.(대판 1986.12.23, 86다카1751)

2. 토지매도인이 매매목적 토지위에 매수인이 건축한 건물을 취득한 자에 대하여 방해배제청구 가부(소극) 토지의 매수인이 아직 소유권이전등기를 경료 받지 아니하였다 하여도 매매계약의 이행으로 그 토지를 인도받은 때에는 매매계약의 효력으로서 이를 점유사용할 권리가 생기게 된 것으로 보아야 하고 또 매수인이 그 토지 위에 건축한 건물을 취득한 자는 그 토지에 대한 매수인의 위와 같은 점유사용권까지 아울러 취득한 것으로 봄이 상당하므로 매도인은 매매계약의 이행으로서 인도한 토지 위에 매수인이 건축한 건물을 취득한 자에 대하여 토지소유권에 기한 물권적 청구권을 행사할 수 없다.(대판 1988.4.25, 87다카1682)

3. 허무인 명의 등기의 말소 청구 등기부상 진실한 소유자의 소유권에 방해가 되는 불실등기가 존재하는 경우에 그 등기명의인이 허무인인 때에는 소유자는 그와 같은 허무인 명의로 등기행위를 한 자에 대하여 소유권에 기한 방해배제로서 등기행위자를 표상하는 허무인 명의 등기의 말소를 구할 수 있다.(대판 1990.5.8, 90다684, 90다카3307)

4. 진실한 소유자가 표시상의 소유명의자를 상대로 실지 소유관계와 부합하지 않는 등기명의인의 표시변경 또는 경정의 부기등기의 말소등기절차 이행을 청구할 수 있는지 여부(적극) **및 위 청구를 하려는 자가 증명하여야 할 사항** 등기명의인의 표시변경 또는 경정의 부기등기가 등기명의인의 동일성을 해치는 방법으로 행하여져서 부동산등기사항증명서상의 표시가 실지 소유관계를 표상하고 있는 것이 아니라면 진실한 소유자는 그 소유권의 내용인 침해배제청구권의 정당한 행사로써 그 표시상의 소유명의자를 상대로 그 소유권에 장애가 되는 부기등기인 표시변경 또는 경정등기의 말소등기절차의 이행을 청구할 수 있으므로, 이와 같이 부동산의 등기명의인의 표시변경 또는 경정등기의 말소등기절차의 이행을 청구하려는 자는 자신이 부동산의 원래의 등기명의인에 해당하는 자로서 진실한 소유자라는 사실을 증명하여야 한다.(대판 2021.5.7, 2020다299214)

5. 명의신탁이 해지된 경우 소유권에 기한 말소등기청구의 가부(적극) 명의신탁이 해지된 경우 신탁자는 수탁자에 대하여 소유권에 기하여 등기관계를 실체적 권리관계에 부합

하도록 하기 위하여 수탁자 명의의 등기말소를 청구할 수 있는 것이며, 반드시 소유권이전등기만을 청구할 수 있는 것은 아니다.(대판 1998.4.24, 97다44416)

6. 토지 소유자의 건물 공유자에 대한 건물 퇴거청구 가부(소극) 건물 소유자가 건물의 소유를 통하여 타인 소유의 토지를 점유하고 있다고 하더라도 토지 소유자로서는 건물의 철거와 대지 부분의 인도를 청구할 수 있을 뿐, 자기 소유의 건물을 점유하고 있는 사람에 대하여 건물에서 퇴거할 것을 청구할 수 없다. 이러한 법리는 건물이 공유관계에 있는 경우에 건물의 공유자에 대해서도 마찬가지로 적용된다. 그 이유는 다음과 같다. ① 공유자가 건물을 점유하는 것은 그 소유 지분과 관계없이 자기 소유의 건물에 대한 점유로 보아야 하고, 소유 지분을 넘는 부분을 관념적으로 분리하여 그 부분을 타인의 점유라고 볼 수 없다. ② 토지 소유자는 토지 소유권에 기한 방해배제청구권의 행사로써 그 지상 건물의 철거와 해당 토지의 인도를 구할 수 있을 뿐이고 건물의 점유 자체를 회복하거나 건물에 관한 공유자의 사용관계를 정할 권한이 없다. ③ 소유 지분의 범위에서 철거를 명하는 확정판결을 받은 공유자가 계속하여 건물을 점유하는 것은 토지 소유자가 건물 전체의 철거를 명하는 확정판결을 받지 못하여 철거집행이 불가능한 상황에 따른 반사적 효과에 지나지 않는다.(대판 2022.6.30, 2021다276256)

7. 착오로 작성된 지적도에 기초한 등기말소청구의 가부(소극) 토지 소유자는 착오로 자기 소유의 토지를 포함하는 것으로 작성된 지적도에 기초하여 경료된 타인 명의의 소유권이전등기가 있다고 하여 그 부분 토지에 대한 권리행사에 어떤 방해를 받고 있거나 받을 우려가 있다고 할 수 없고, 또한 물권적 청구권으로서의 말소등기청구권은 실질상의 권리관계와 등기가 일치하지 아니함을 전제로 하는 것인데, 토지 소유자가 이미 자신 명의의 유효한 등기를 보유하고 있는 경우에는 착오로 작성된 지적도에 기초하여 경료된 등기가 있다고 하여 실질상의 권리와 등기가 일치하지 않게 되었다고 할 수도 없으므로 물권적 청구권에 기한 말소등기청구를 할 수 없다.(대판 1998.6.26, 97다42823)

8. 진정명의 회복을 위한 소유권이전등기청구의 요건 진정한 등기명의의 회복을 위한 소유권이전등기청구는 자기 명의로 소유권을 표상하는 등기가 되어 있었거나 법률에 의하여 소유권을 취득한 진정한 소유자가 그 등기명의를 회복하기 위한 방법으로 그 소유권에 기하여 현재의 등기명의인을 상대로 진정한 등기명의의 회복을 원인으로 한 소유권이전등기절차의 이행을 구하는 것이다.(대판 2001.8.21, 2000다36484)

9. 화해권고결정과 물권적 방해배제청구권의 법적 성질 소유권에 기한 물권적 방해배제청구로서 소유권등기의 말소를 구하는 소송이나 진정명의 회복을 원인으로 한 소유권이전등기절차의 이행을 구하는 소송 중에 그 소송물에 대하여 화해권고결정이 확정되면 상대방은 여전히 물권적인 방해배제의무를 지는 것이고, 화해권고결정에 창설적 효력이 있다고 하여 그 청구권의 법적 성질이 채권적 청구권으로 바뀌지 아니한다.(대판 2012.5.10, 2010다2558)

10. 방해배제 비용 또는 방해예방 비용의 청구 가부(소극) 소유자가 침해자에 대하여 방해제거 행위 또는 방해예방 행위를 하는 데 드는 비용을 청구할 수 있는 권리는 민 214조의 규정에 포함되어 있지 않으므로, 소유자가 민 214조에 기하여 방해배제 비용 또는 방해예방 비용을 청구할 수는 없다.(대판 2014.11.27, 2014다52612)

11. 토지 인근 건물 소유자가 소유권에 기한 방해제거청구권을 행사하여 토지 소유자를 상대로 공작물의 철거를 구할 수 있는 경우(대판 2014.10.30, 2014다42967) → 제2조 참조

12. 건물점유자에 대한 퇴거청구 건물이 그 존립을 위한 토지사용권을 갖추지 못하여 토지의 소유자가 건물의 소유자에 대하여 당해 건물의 철거 및 그 대지의 인도를 청구할 수 있는 경우에라도 건물소유자가 아닌 사람이 건물을 점유하고 있다면 토지소유자는 그 건물 점유를 제거하지 아니하는 한 위의 건물 철거 등을 실행할 수 없다. 따라서 그때 토지소유권은 위와 같은 점유에 의하여 그 원만한 실현을 방해당하고 있다고 할 것이므로, 토지소유자는 자신의 소유권에 기한 방해배제로서 건물점유자에 대하여 건물로부터의 퇴출을 청구할 수 있다. 그리고 이는 건물점유자가 건물소유자로부터의 임차인으로서 그 건물임차권이 이른바 대항력을 가진다고 해서 달라지지 아니한다.(대판 2010.8.19, 2010다43801)

13. 집합건물 대지의 소유자가 대지사용권 없이 전유부분을 소유하는 구분소유자에 대하여 전유부분의 철거를 구할 수 있는지 여부(적극) 1동의 집합건물의 구분소유자들은 그 전유부분을 구분소유하면서 건물의 대지 전체를 공동으로 점유·사용하는 것이므로, 대지 소유자는 대지사용권 없이 전유부분을 소유하면서 대지를 무단 점유하는 구분소유자에 대하여 그 전유부분의 철거를 구할 수 있다. 1동의 집합건물 자체는 일체로서 건축되어 전체 건물이 존립과 유지에 있어 불가분의 일체를 이루는 것이므로, 1동의 집합건물 중 일부 전유부분만을 떼어내거나 철거하는 것은 사실상 불가능하다. 그러나 구분소유자 전체를 상대로 각 전유부분과 공용부분의 철거 판결을 받거나 동의를 얻는 등으로 집합건물 전체를 철거하는 것은 가능하고 이와 같은 철거 청구가 구분소유자 전원을 공동피고로 해야 하는 필수적 공동소송이라고 할 수 없으므로, 일부 전유부분만을 철거하는 것이 사실상 불가능하다는 사정은 집행개시의 장애요건에 불과할 뿐 철거 청구를 기각할 사유에 해당하지 않는다.(대판 2021.7.8, 2017다204247)

▶ **소유물 방해예방청구권**

14. 소유물방해예방청구권을 행사하기 위한 요건 소유물방해예방청구권은 방해의 발생을 기다리지 않고 현재 예방수단을 취할 것을 인정하는 것이므로, 그 방해의 염려가 있다고 하기 위하여는 방해예방의 소에 의하여 미리 보호받을 만한 가치가 있는 것으로서 객관적으로 근거 있는 상당한 개연성을 가져야 할 것이고 관념적인 가능성만으로는 이를 인정할 수 없다.(대판 1995.7.14, 94다50533)

▶ **인격권**

15. 인격권 침해에 대한 사전 구제수단으로서 침해행위 중지 청구 인격권은 그 성질상 일단 침해된 후의 구제수단(금전배상이나 명예회복 처분 등)만으로는 그 피해의 완전한 회복이 어렵고 손해전보의 실효성을 기대하기 어려우므로, 인격권 침해에 대하여는 사전(예방적) 구제수단으로 침해행위 정지·방지 등의 금지청구권도 인정된다.(대판 1996.4.12, 93다40614, 40621)

第215條【建物의 區分所有】 ① 數人이 한 채의 建物을 區分하여 各各 그 一部分을 所有한 때에는 建物과 그 附屬物中 共用하는 部分은 그의 共有로 推定한다.

② 共用部分의 保存에 關한 費用 其他의 負擔은 各者의 所有部分의 價額에 比例하여 分擔한다.

▣ 공유(262-270), 분할 청구의 금지(268), 구분의 등기(등기46)

1. 구분소유가 가능한 1동의 현존건물에 관하여 2동의 건물로 나뉘어져 된 등기의 효력 외관상 1동으로 보이는 건물의 중간에 원래 통로를 두고 그 양쪽 건물이 그 이용면과 구조면에서 독립성을 가질 수 있도록 건축된 것이 현재 그 통로의 양쪽 입구를 막아 놓았다 하여도 그 통로부분의 일부가 계단과 변소로 사용되고 있어 이 통로를 중심으로 구분할 수 있는 형태로 구획되어 구분소유가 가능한 이상, 이 건물을 2동의 건물로 나누어 등기하였지만 각 등기가 현존건물중 어느 부분에 관한 것인가를 특정할 수 있다면, 그 등기의 효력

을 인정한다 하더라도 공시기능에는 아무런 지장이 없을 것이므로 그 각 등기는 현존건물중 특정되는 부분에 관한 법률관계를 공시하는 등기로서 유효하다.(대판 1983.6.4, 81다317)

2. 아파트 지하층이 독립된 구분소유의 대상이 될 수 있는 경우 본건 아파트(집합건물)의 지하층이 완공당시부터 이미 구조상으로나 이용상으로나 지하층인 주택부분과는 하등 현실적이며 실용적인 연관관계 없이 독립한 건물로 인정되고 또한 이용되어 왔고, 그 매매에 있어서도 건축당시의 소유자들이 지하층을 지상층과 분리하여 매매처분하였고, 매수인이 위 매도인들의 협력을 거쳐 지하층에 관한 지분소유권이전등기를 경료하였고 더욱이 객관적으로 인식할 수 있도록 샷시 제조작업장 또는 침구류 보관장소로 계속 상용해 왔다면 위와 같은 상황하에서라면 본건 아파트 지하층은 독립하여 구분소유의 대상이 될 수 있다.(대판 1984.2.14, 82다카1014)

3. 건물의 일부분이 구분소유권의 객체가 되기 위한 요건(1) 건물의 일부분이 구분소유권의 객체가 될 수 있으려면 그 부분이 구조상으로나 이용상으로 다른 부분과 구분되는 독립성이 있어야 하고, 건물의 주택, 점포, 차고 등으로의 이용상황 내지 이용형태에 따라 구조상의 독립성 판단의 엄격성에 차이가 있을 수 있으나 구조상의 독립성은 주로 소유권의 목적이 되는 객체에 대한 물적 지배의 범위를 명확히 할 필요성 때문에 요구된다고 할 것이므로 구조상의 구분에 의하여 구분소유권의 객체범위를 확정할 수 없는 경우에는 구조상의 독립성이 있다고 할 수 없다.(대판 1993.3.9, 92다41214)

4. 건물의 일부분이 구분소유권의 객체가 되기 위한 요건(2) ① 일정한 범위의 상가건물에 관하여는 구조상 독립성 요건을 완화한 집합건물 1조의2에 따라 경계를 명확하게 식별할 수 있는 표지를 바닥에 견고하게 설치하고 구분점포별로 부여된 건물번호표지를 견고하게 부착함으로써 구분소유권의 객체가 될 수 있다. ② 이용상 독립성이란 구분소유권의 대상이 되는 해당 건물부분이 그 자체만으로 독립하여 하나의 건물로서의 기능과 효용을 갖춘 것을 말하는데, 이와 같은 의미의 이용상 독립성이 인정되는지는 해당 부분의 효용가치, 외부로 직접 통행할 수 있는지 여부 등을 고려하여 판단하여야 한다. 특히 해당 건물부분이 위 '구분점포'인 경우에는 그러한 구분점포의 특성을 고려하여야 한다.(대판 2019.11.15, 2019두46763)

5. 집합건물의 구분소유자들이 공유지분의 비율에 관계없이 대지사용권의 목적인 토지 전부를 사용할 수 있는지 여부 (적극) 집합건물의 구분소유자들이 그 부지를 대지 사용권의 목적으로 공유하고 있는 경우에 각 구분소유자는 별도의 규약이 존재하는 등의 특별한 사정이 없는 한 그 부지에 대한 공유지분의 비율에 관계없이 부지 전부를 구분소유를 위하여 용도에 따라 사용할 수 있는 적법한 권원을 가진다.(대판 2011.6.9, 2008다73755)

6. 집합건물의 구분소유자와 대지소유자 간의 대지 사용·수익관계 1동의 건물의 구분소유자들이 당초 건물을 분양받을 당시의 대지 공유지분 비율대로 건물 대지를 공유하고 있는 경우 구분소유자들 상호 간에는 대지 공유지분 비율의 차이를 이유로 부당이득반환을 구할 수 없으나, 건물의 구분소유자 아닌 자가 경매절차 등에서 대지의 공유지분만을 취득하게 되어 대지에 대한 공유지분은 있으나 대지를 전혀 사용·수익하지 못하고 있는 경우에는 다른 특별한 사정이 없는 한 대지 공유지분권에 기한 부당이득반환청구를 할 수 있다.(대판 2012.5.24, 2010다108210)

7. 구분소유의 성립을 인정하기 위하여 반드시 집합건축물대장의 등록이나 구분건물의 표시에 관한 등기가 필요한지 여부(소극) 1동의 건물에 대하여 구분소유가 성립하기 위해서는 객관적·물리적인 측면에서 1동의 건물이 존재하고, 구분된 건물부분이 구조상·이용상 독립성을 갖추어야 할 뿐 아니라, 1동의 건물 중 물리적으로 구획된 건물부분을 각각 구분소유권의 객체로 하려는 구분행위가 있어야 한다. 여기서 구분행위는 건물의 물리적 형질에 변경을 가함이 없이 법률관념상 건물의 특정 부분을 구분하여 별개의 소유권의 객체로 하려는 일종의 법률행위로서, 그 시기나 방식에 특별한 제한이 있는 것은 아니고 처분권자의 구분의사가 객관적으로 외부에 표시되면 인정된다. 따라서 구분건물이 물리적으로 완성되기 전에도 건축허가신청이나 분양계약 등을 통하여 장래 신축되는 건물을 구분건물로 하겠다는 구분의사가 객관적으로 표시되면 구분행위의 존재를 인정할 수 있고, 이후 1동의 건물 및 그 구분행위에 상응하는 구분건물이 객관적·물리적으로 완성되면 아직 그 건물이 집합건축물대장에 등록되거나 구분건물로서 등기부에 등기되지 않았더라도 그 시점에서 구분소유가 성립한다.(대판(全) 2013.1.17, 2010다71578)

8. 구분소유 성립 이후 집합건축물대장 등록이나 등기부 등재의 법적 의미 구분소유가 성립하는 이상 구분행위에 상응하여 객관적·물리적으로 완성된 구분건물이 구분소유권의 객체가 되고, 구분건물에 관하여 집합건축물대장에 등록하거나 등기부에 등재하는 것은 구분소유권의 내용을 공시하는 사후적 절차일 뿐이다.(대판 2019.10.17, 2017다286485)

9. 구분소유 대상 건물 내 경계벽 제거에 따른 기존 구분등기의 효력 인접한 구분건물 사이에 설치된 경계벽이 일정한 사유로 제거됨으로써 각 구분건물이 구분건물로서의 구조상 및 이용상의 독립성을 상실하게 되었다고 하더라도, 각 구분건물의 위치와 면적 등을 특정할 수 있고 사회통념상 그것이 구분건물로서의 복원을 전제로 한 일시적인 것일 뿐만 아니라 그 복원이 용이한 것이라면, 각 구분건물은 구분건물로서의 실체를 상실한다고 쉽게 단정할 수는 없고, 아직도 그 등기는 구분건물을 표상하는 등기로서 유효하지만, 구조상의 구분에 의하여 구분소유권의 객체 범위를 확정할 수 없는 경우에는 구조상의 독립성이 있다고 할 수 없고, 구분소유권의 객체로서 적합한 요건을 갖추지 못한 건물의 일부는 그에 관한 구분소유권이 성립할 수 없으므로, 건축물관리대장상 독립한 별개의 구분건물로 등재되고 등기부상에도 구분소유권의 목적으로 등기되어 있더라도, 그 등기는 그 자체로 무효이다.(대판 2020.2.27, 2018다232898)

10. 구분건물로 등기된 1동의 건물 중 일부에 해당하는 구분건물들 사이에서 구조상의 구분이 소멸되는 경우의 소유관계 구분건물로 등기된 1동의 건물 중 일부에 해당하는 구분건물들 사이에서 구조상의 구분이 소멸되는 경우에 그 구분건물에 해당하는 일부 건물 부분은 종전 구분건물 등기명의자의 공유로 된다. 구조상의 독립성이 상실되지 아니한 나머지 구분건물들의 구분소유권은 그대로 유지됨에 따라 그 일부 건물 부분은 나머지 구분건물들과 독립되는 구조를 이룬다고 할 것이고, 또한 집합건물 중 일부 구분건물에 대한 공유도 당연히 허용되므로 그 일부 건물 부분과 나머지 구분건물들로 구성된 1동의 건물 전체는 집합건물법의 적용을 받는다.(대판 2020.9.7, 2017다204810)

11. 일부 구분소유자나 제3자의 배타적 공용부분 점유·사용에 따른 부당이득반환의무의 성부(원칙적 적극), **구조상 별개 용도로 사용하거나 다른 목적으로 임대할 수 없는 부분도 그러한지 여부**(적극) 구분소유자 중 일부가 정당한 권원 없이 집합건물의 복도, 계단 등과 같은 공용부분을 배타적으로 점유·사용함으로써 이익을 얻고, 그로 인하여 다른 구분소유자들이 해당 공용부분을 사용할 수 없게 되었다면, 공용부분을 무단점유한 구분소유자는 특별한 사정이 없는 한 해당 공용부분을 점유·사용함으로써 얻은 이익을 부당이득으로 반환할 의무가 있다. 해당 공용부분이 구조상 이를 별개 용도로 사용하거나 다른 목적으로 임대할 수 있는 대상이 아니더라도, 무단점유로 인하여 다른 구분소유자들이 해당 공용부분을 사용·수익할 권리가 침해되었고 이는 그

자체로 민 741조에서 정한 손해로 볼 수 있다. 이러한 법리는 구분소유자가 아닌 제3자가 집합건물의 공용부분을 정당한 권원 없이 배타적으로 점유·사용하는 경우에도 마찬가지로 적용된다.(대판(全) 2020.5.21, 2017다220744)

第216條【隣地使用請求權】 ① 土地所有者는 境界나 그 近傍에서 담 또는 建物을 築造하거나 修繕하기 爲하여 必要한 範圍內에서 이웃 土地의 使用을 請求할 수 있다. 그러나 이웃 사람의 承諾이 없으면 그 住居에 들어가지 못한다.

② 前項의 境遇에 이웃 사람이 損害를 받은 때에는 補償을 請求할 수 있다.

▣ 본조준용(290·319), 주거침입죄(형319)

第217條【煤煙 等에 依한 隣地에 對한 妨害禁止】 ① 土地所有者는 煤煙, 熱氣體, 液體, 音響, 振動 其他 이에 類似한 것으로 이웃 土地의 使用을 妨害하거나 이웃 居住者의 生活에 苦痛을 주지 아니하도록 適當한 措處를 할 義務가 있다.

② 이웃 居住者는 前項의 事態가 이웃 土地의 通常의 用途에 適當한 것인 때에는 이를 忍容할 義務가 있다.

▣ 본조준용(290·319), 불법행위(750), 소유물방해제거청구권(214)

1. 병원의 시체실 설치에 대한 방해금지청구 피고 경영의 한일병원과 같은 종합병원의 경우에 시체실의 설치는 필요불가결한 것이라 할 것이고, 또 그 인접지 거주자인 원고가 그로 인하여 불쾌감 등 고통을 받게 될지라도 그 정도가 사회관념상 일반적으로 수인하여야 할 정도의 것일 때에는 원고로서는 이를 수인함으로써 종합병원의 사회적인 기능과 일반시민의 보건생활에 지장이 없도록 하여야 할 것임은 당연한 사리라 할 것이다. 그러나 만일 원고가 입는 고통이 위 정도를 초과할 때에는 그 수인의무가 없고 오히려 그 방해사유의 제거 내지 예방을 청구할 수 있으며, 따라서 피고는 그 방해사유의 제거 내지 예방을 위하여 적당한 조치를 할 의무가 있음은 민 217조에 비추어 분명하다.(대판 1974.12.24, 68다1489)

2. 헌법상의 환경권 규정에 의하여 사법상 권리로서 환경권이 인정될 수 있는지 여부(소극) 헌 35조 1항은 환경권을 기본권의 하나로 승인하고 있으므로, 사법의 해석과 적용에 있어서도 이러한 기본권이 충분히 보장되도록 배려하여야 하나, 헌법상의 기본권으로서의 환경권에 관한 위 규정만으로서는 그 보호대상인 환경의 내용과 범위, 권리의 주체가 되는 권리자의 범위 등이 명확하지 못하여 이 규정이 개개의 국민에게 직접으로 구체적인 사법상의 권리를 부여한 것이라고 보기는 어렵고, 사법적 권리인 환경권을 인정하면 그 상대방의 활동의 자유와 권리를 불가피하게 제약할 수밖에 없으므로, 사법상의 권리로서의 환경권이 인정되려면 그에 관한 명문의 법률규정이 있거나 관계 법령의 규정취지나 조리에 비추어 권리의 주체, 대상, 내용, 행사방법 등이 구체적으로 정립될 수 있어야 한다.(대결 1995.5.23, 94마2218)

3. 대학교 교육환경 저해를 이유로 한 고층 아파트에 대한 공사중지청구 인접 대지 위에 건축중인 아파트가 24층까지 완공되는 경우, 대학교 구내의 첨단과학관에서의 교육 및 연구 활동에 커다란 지장이 초래되고 첨단과학관 옥상에 설치된 자동기상관측장비 등의 본래의 기능 및 활용성이 극도로 저하되며 대학교로서의 경관·조망이 훼손되고 조용하고 쾌적한 교육환경이 저해되며 소음의 증가 등으로 교육 및 연구 활동이 방해받게 된다면, 대학교측으로서는 그 방해가 사회통념상 일반적으로 수인할 정도를 넘어선다고 인정되는 한 그것이 민 217조 1항 소정의 매연, 열기체, 액체, 음향, 진동 기타 이에 유사한 것에 해당하는지 여부를 떠나 그 소유권에 기하여 그 방해의 제거나 예방을 청구할 수 있다.(대판 1995.9.15, 95다23378)

4. 인접 대지의 건물신축으로 인한 환경 등 생활이익 침해의 수인한도 인정기준 인접 대지에 건물이 건축됨으로 인하여 입는 환경 등 생활이익의 침해를 이유로 건축공사의 금지를 청구하는 경우, 그 침해가 사회통념상 일반적으로 수인할 정도를 넘어서는지는 피해의 성질 및 정도, 피해이익의 공공성, 가해행위의 태양, 가해행위의 공공성, 가해자의 방지조치 또는 손해회피의 가능성, 인·허가관계 등 공법상 기준에의 적합 여부, 지역성, 토지이용의 선후관계 등 모든 사정을 종합적으로 고려하여 판단하여야 한다.(대판 1997.7.22, 96다56153)

5. 도로소음에 따른 생활방해 정도의 판단기준(1) 도로소음에 따른 생활방해의 정도가 사회통념상 일반적으로 참아내야 할 정도를 넘는지 여부는 피해의 성질과 정도, 피해이익의 공공성, 가해행위의 태양, 가해행위의 공공성, 가해자의 방지조치 또는 손해 회피의 가능성, 공법상 규제기준의 위반 여부, 지역성, 토지이용의 선후관계 등 모든 사정을 종합적으로 고려하여 판단하여야 한다.(대판 2015.9.24, 2011다91784)

6. 도로소음에 따른 생활방해 정도의 판단기준(2) 도로소음을 규제하는 행정법규는 인근 주민을 소음으로부터 보호하는 데 주요한 목적이 있기 때문에 도로소음이 이 기준을 넘는지 여부는 참을 한도를 정하는 데 중요하게 고려해야 한다. 그러나 도로변 지역의 소음에 관한 환경정책기본법의 소음환경기준을 넘는 도로소음이 있다고 하여 바로 참을 한도를 넘는 위법한 침해행위가 있어 민사책임이 성립한다고 단정할 수 없다.(대판 2016.11.25, 2014다57846)

第218條【水道 等 施設權】 ① 土地所有者는 他人의 土地를 通過하지 아니하면 必要한 水道, 疏水管, 까스管, 電線 等을 施設할 수 없거나 過多한 費用을 要하는 境遇에는 他人의 土地를 通過하여 이를 施設할 수 있다. 그러나 이로 因한 損害가 가장 적은 場所와 方法을 選擇하여 이를 施設할 것이며 他土地의 所有者의 要請에 依하여 損害를 補償하여야 한다.

② 前項에 依한 施設을 한 後 事情의 變更이 있는 때에는 他土地의 所有者는 그 施設의 變更을 請求할 수 있다. 施設變更의 費用은 土地所有者가 負擔한다.

▣ 본조준용(290·319)

1. 시설변경청구권의 발생요건인 사정변경유무의 판단기준 시설변경청구는 당초에는 적법한 권원에 의하여 시설된 소수관 등을 사후에 발생한 시설통과지 소유자의 사정변경 때문에 시설통과권자의 비용으로 변경시설토록 하는 것이므로 그 같은 사정변경 유무는 시설통과지 소유자의 주관적 의사에 따라 결정할 것이 아니라 객관적으로 시설을 변경하는 것이 타당한지에 의하여 결정할 것이다.(대판 1982.5.25, 81다1, 2, 3)

2. 주위토지 등을 통행하기 위한 시설등을 하는 경우에 있어서 손해가 가장 적은 장소와 방법의 선택기준 주위토지를 통행하기 위한 시설이나 타인의 토지를 통과하는 수도등 시설을 하는 경우, 그로 인한 손해가 가장 적은 장소와 방법을 선택하여야 한다. 손해가 가장 적은 장소와 방법이 선택된 것인지는 사회통념에 비추어 부근의 지리상황, 상린지 이용자의 이해득실 기타 제반사정을 참작한 뒤 구체적 사례에 응하여 판단하여야 한다.(대판 1985.10.22, 85다카129)

3. 통행지 소유자가 민 218조 소정의 시설의 철거를 청구할 수 있는지 여부(소극) 토지소유자는 타인의 토지를 통과하지 아니하면 필요한 수도, 유수관, 가스관, 전선 등을 시설할

수 없거나 과다한 비용을 요하는 경우에는 타인의 토지를 통과하여 이를 시설할 수 있으므로 통행지 소유자는 위와 같은 요건이 갖추어진 수도 등 시설에 대하여 그 철거를 구할 수 없다.(대판 2003.8.19, 2002다53469)

4. 수도 등 시설권에 근거하여 시설공사를 시행하는 경우, 수도 등이 통과하는 토지 소유자의 동의나 승낙을 받아야 하는지 여부(소극) 민 218조 1항 본문의 수도 등 시설권은 법정의 요건을 갖추면 당연히 인정되는 것이고, 시설권에 근거하여 수도 등 시설공사를 시행하기 위해 따로 수도 등이 통과하는 토지 소유자의 동의나 승낙을 받아야 하는 것이 아니다. 따라서 토지 소유자의 동의나 승낙은 민 218조에 기초한 수도 등 시설권의 성립이나 효력 등에 어떠한 영향을 미치는 법률행위나 준법률행위라고 볼 수 없다.(대판 2016.12.15, 2015다247325)

第219條【周圍土地通行權】 ① 어느 土地와 公路사이에 그 土地의 用途에 必要한 通路가 없는 境遇에 그 土地所有者는 周圍의 土地를 通行 또는 通路로 하지 아니하면 公路에 出入할 수 없거나 過多한 費用을 要하는 때에는 그 周圍의 土地를 通行할 수 있고 必要한 境遇에는 通路를 開設할 수 있다. 그러나 이로 因한 損害가 가장 적은 場所와 方法을 選擇하여야 한다.

② 前項의 通行權者는 通行地所有者의 損害를 補償하여야 한다.

■ 본조준용(290 · 319), 분할, 일부 양도와 주위토지 통행권(220)

▶1항

1. 주위토지통행권 범위의 결정 기준 및 이를 정함에 있어 장래의 이용상황까지 고려해야 하는지 여부(소극) 주위토지통행권의 범위는 통행권을 가진 자에게 필요할 뿐 아니라 이로 인한 주위토지 소유자의 손해가 가장 적은 장소와 방법의 범위 내에서 인정되어야 하며, 그 범위는 결국 사회통념에 비추어 쌍방 토지의 지형적, 위치적 형상 및 이용관계, 부근의 지리상황, 상린지 이용자의 이해득실 기타 제반 사정을 참작한 뒤 구체적 사례에 응하여 판단하여야 하는 것인바, 통상적으로는 사람이 주택에 출입하여 다소의 물건을 공로로 운반하는 등의 일상생활을 영위하는 데 필요한 범위의 노폭까지 인정되고, 또 현재의 토지의 용법에 따른 이용의 범위에서 인정되는 것이지 더 나아가 장차의 이용상황까지 미리 대비하여 통행로를 정할 것은 아니다.(대판 1996.11.29, 96다33433, 33440)

2. 주위토지통행권의 성립 및 소멸 주위토지통행권은 법정의 요건을 충족하면 당연히 성립하고 요건이 없어지게 되면 당연히 소멸한다. 따라서 포위된 토지가 사정변경에 의하여 공로에 접하게 되거나 포위된 토지의 소유자가 주위의 토지를 취득함으로써 주위토지통행권을 인정할 필요성이 없어지게 된 경우에는 통행권은 소멸한다.(대판 2014.12.24, 2013다11669)

3. 주위토지통행권의 한계(1) 토지소유자는 민 219조에 의하여 그 토지의 용도에 필요한 통로가 없는 경우에만 그 주위 토지를 통행 또는 필요에 따라서 통로를 개설할 수 있을 뿐이므로 타에 기히 위의 필요한 도로가 있는 경우에 그 통로를 사용하지 않고 더 편리하다는 이유만으로 타장소를 통행한다든가 또는 통행권이 있어서 통행을 하는 경우에도 가장 손해가 적은 장소와 방법을 가려 통행할 수 있을 뿐 그에 제공되는 장소를 점유하고 그 소유자의 명도를 거부할 권리까지는 없는 것이다.(대판 1976.5.11, 75다2338)

4. 주위토지통행권의 한계(2) 공로에 통할 수 있는 자기의 공유토지를 두고 공로에의 통로라 하여 남의 토지를 통행한다는 것은 민 219조, 220조에 비추어 허용될 수 없다. 설령 위 공유토지가 구분소유적 공유관계에 있고 공로에 접하는 공유 부분을 다른 공유자가 배타적으로 사용, 수익하고 있다고 하더라도 마찬가지이다.(대판 2021.9.30, 2021다245443, 245450)

5. 통행지 소유자가 그 통행지를 전적으로 점유하고 있는 통행권자에 대하여 그 인도를 구할 수 있는지 여부(적극) 다른 사람의 소유토지에 대하여 상린관계로 인한 통행권을 가지고 있는 사람은 그 통행권의 범위 내에서 그 토지를 사용할 수 있을 뿐이고 그 통행지에 대한 통행지소유자의 점유를 배제할 권능까지 있는 것은 아니라고 할 것이므로 통행지를 전적으로 점유하고 있는 피고에 대하여 동 토지의 인도를 구하는 원고의 청구는 인용되어야 한다.(대판 1977.4.26, 76다2823)

6. 주위토지통행권자의 범위 주위토지통행권은 토지의 소유자 또는 지상권자, 전세권자 등 토지사용권을 가진 자에게 인정되는 권리로, 명의신탁자에게는 인정되지 아니한다.(대판 2008.2.5, 2007다22767)

7. 주위토지통행권의 설정범위 주위토지통행권은 통행을 위한 지역권과는 달리 그 통행로가 항상 특정한 장소로 고정되어 있는 것은 아니고, 주위토지통행권확인청구는 변론종결시에 민 219조에 정해진 요건에 해당하는 토지가 어느 토지인가를 확정하는 것이므로, 주위토지 소유자가 그 용법에 따라 기존 통행로로 이용되던 토지의 사용방법을 바꾸었을 때에는 대지 소유자는 그 주위토지 소유자를 위하여 보다 손해가 적은 다른 장소로 옮겨 통행할 수밖에 없는 경우도 있다. 주위토지통행권은 공로와의 사이에 그 용도에 필요한 통로가 없는 토지의 이용이라는 공익목적을 위하여 피통행지 소유자의 손해를 무릅쓰고 특별히 인정되는 것이므로, 그 통행로의 폭이나 위치 등을 정함에 있어서는 피통행지의 소유자에게 가장 손해가 적게 되는 방법이 고려되어야 하고, 어느 정도를 필요한 범위로 볼 것인가는 구체적인 사안에서 사회통념에 따라 쌍방 토지의 지형적 · 위치적 형상과 이용관계, 부근의 지리상황, 상린지 이용자의 이해득실 기타 제반 사정을 기초로 판단하여야 한다.(대판 2009.6.11, 2008다75300, 75317, 75324)

▶2항

8. 손해액의 산정방법 주위토지통행권자가 통행지 소유자에게 보상해야 할 손해액은 주위토지통행권이 인정되는 당시의 현실적 이용 상태에 따른 통행지의 임료 상당액을 기준으로 하여, 구체적인 사안에서 사회통념에 따라 쌍방 토지의 토지소유권 취득 시기와 가격, 통행지에 부과되는 재산세, 본래 용도에의 사용 가능성, 통행지를 공동으로 이용하는 사람이 있는지를 비롯하여 통행 횟수 · 방법 등의 이용태양, 쌍방 토지의 지형적 · 위치적 형상과 이용관계, 부근의 환경, 상린지 이용자의 이해득실 기타 제반 사정을 고려하여 이를 감경할 수 있고, 단지 주위토지통행권이 인정되어 통행하고 있다는 사정만으로 통행지를 '도로'로 평가하여 산정한 임료 상당액이 통행지 소유자의 손해액이 된다고 볼 수 없다.(대판 2014.12.24, 2013다11669)

第220條【分割, 一部讓渡와 周圍通行權】 ① 分割로 因하여 公路에 通하지 못하는 土地가 있는 때에는 그 土地所有者는 公路에 出入하기 爲하여 다른 分割者의 土地를 通行할 수 있다. 이 境遇에는 補償의 義務가 없다.

② 前項의 規定은 土地所有者가 그 土地의 一部를 讓渡한 境遇에 準用한다.

■ 본조준용(290 · 319), 주위토지통행권(219)

1. 무상 주위토지통행권이 특정승계인에게도 인정되는지 여부(소극) 분할 또는 토지의 일부 양도로 인하여 공로에 통하지 못하는 토지가 생긴 경우에 그 포위된 토지를 위한 통

행권은 분할 또는 일부 양도 전의 종전 토지에만 있고 그 경우 통행에 대한 보상의 의무가 없다고 하는 민 220조의 규정은 직접분할자 또는 일부 양도의 당사자 사이에만 적용되고 포위된 토지 또는 피통행지의 특정승계인에게는 적용되지 않는다.(대판 1994.12.2, 93다45268)

2. 무상 주위토지통행권이 이미 통로를 개설해 놓은 후 특정승계한 자에게 인정되는지 여부(소극) 무상주위통행권에 관한 민 220조의 규정은 토지의 직접 분할자 또는 일부 양도의 당사자 사이에만 적용되고 포위된 토지 또는 피통행지의 특정승계인에게는 적용되지 않는바, 이러한 법리는 분할자 또는 일부 양도의 당사자가 무상주위통행권에 기하여 이미 통로를 개설해 놓은 다음 특정승계가 이루어진 경우라 하더라도 마찬가지이다.(대판 2002.5.31, 2002다9202)

3. 무상 주위토지통행권이 동일인 소유의 수필의 토지 중 일부가 양도된 경우에도 인정되는 여부(적극) 동일인 소유의 토지의 일부가 양도되어 공로에 통하지 못하는 토지가 생긴 경우에 포위된 토지를 위한 주위토지통행권은 일부 양도 전의 양도인 소유의 종전 토지에 대하여만 생기고 다른 사람 소유의 토지에 대하여는 인정되지 아니하며, 또 무상의 주위토지통행권이 발생하는 토지의 일부 양도라 함은 1필의 토지의 일부가 양도된 경우뿐만 아니라 일단으로 되어 있던 동일인 소유의 수필의 토지 중 일부가 양도된 경우도 포함된다.(대판 2005.3.10, 2004다65589, 65596)

第221條【自然流水의 承水義務와 權利】 ① 土地所有者는 이웃 土地로부터 自然히 흘러오는 물을 막지 못한다.

② 高地所有者는 이웃 低地에 自然히 흘러 내리는 이웃 低地에서 必要한 물을 自己의 正當한 使用範圍를 넘어서 이를 막지 못한다.

■ 본조준용(290 · 319)

1. 자연유수의 승수의무의 범위 민 221조 1항 소정의 자연유수의 승수의무란 토지소유자는 다만 소극적으로 이웃 토지로부터 자연히 흘러오는 물을 막지 못한다는 것 뿐이지 적극적으로 그 자연유수의 소통을 유지할 의무까지 토지소유자로 하여금 부담하게 하려는 것은 아니다.(대판 1977.11.22, 77다1588)

2. '자연히 흘러오는 물'의 의미 민 221조 1항 소정의 '자연히 흘러오는 물'이라 함은 인공(人工)에 의하여 지상에 떨어지거나 지상으로 분출되는 물이 아닌 우수도 여기에 포함된다.(대판 1995.10.13, 94다31488)

第222條【疏通工事權】 흐르는 물이 低地에서 閉塞된 때에는 高地所有者는 自費로 疏通에 必要한 工事를 할 수 있다.

■ 본조준용(290 · 319)

第223條【貯水, 排水, 引水를 爲한 工作物에 對한 工事請求權】 土地所有者가 貯水, 排水 또는 引水하기 爲하여 工作物을 設置한 境遇에 工作物의 破損 또는 閉塞으로 他人의 土地에 損害를 加하거나 加할 念慮가 있는 때에는 他人은 그 工作物의 補修, 閉塞의 疏通 또는 豫防에 必要한 請求를 할 수 있다.

■ 본조준용(290 · 319)

第224條【慣習에 依한 費用負擔】 前2條의 境遇에 費用負擔에 關한 慣習이 있으면 그 慣習에 依한다.

■ 본조준용(290 · 319)

第225條【처마물에 對한 施設義務】 土地所有者는 처마물이 이웃에 直接 落下하지 아니하도록 適當한 施設을 하여야 한다.

■ 본조준용(290 · 319), 자연배수의 수인(221)

第226條【餘水疏通權】 ① 高地所有者는 浸水地를 乾燥하기 爲하여 또는 家用이나 農, 工業用의 餘水를 疏通하기 爲하여 公路, 公流 또는 下水道에 達하기까지 低地에 물을 通過하게 할 수 있다.

② 前項의 境遇에는 低地의 損害가 가장 적은 場所와 方法을 選擇하여야 하며 損害를 補償하여야 한다.

■ 본조준용(290 · 319)

1. 여수소통권의 내용 자연히 흘러내리는 물이 어떤 사정으로 낮은 곳에서 막힌 때에는 높은 토지의 소유자는 그 소통에 필요한 공사를 할 수 있는 소통공사권이 있는 것이나 자연적으로 흘러내리는 물과 인위적인 물이 함께 배수관을 통하여 흘러내리는 경우는 민 226조 소정의 여수소통권의 경우로 보는 것이 타당하므로 소통권자는 낮은 땅을 위하여 손해가 가장 적은 장소 및 방법을 선택하여야 하고 낮은 토지소유자의 손해가 인정될 경우에는 이를 보상하여야 한다.(대판 1976.7.13, 75다2193)

2. 여수소통권의 적용 요건 민 226조는 고지소유자에게 여수소통을 위하여 공로, 공류 또는 하수도에 달하기까지의 저지에 물을 소통할 권리를 인정하면서 동시에 고지소유자에게 그에 따른 저지소유자의 손해를 보상할 의무가 있음을 정하고 있는 규정이므로, 그 규정이 적용되기 위하여는 고지소유자가 여수소통을 위하여 저지소유자의 토지를 통과하여 사용할 것이 요구된다.(대판 2003.4.11, 2000다11645)

第227條【流水用工作物의 使用權】 ① 土地所有者는 그 所有地의 물을 疏通하기 爲하여 이웃 土地所有者의 施設한 工作物을 使用할 수 있다.

② 前項의 工作物을 使用하는 者는 그 利益을 받는 比率로 工作物의 設置와 保存의 費用을 分擔하여야 한다.

■ 본조준용(290 · 319)

1. 공작물의 시설자의 의미 토지소유자가 소유지 상의 물을 소통하기 위하여 이웃 토지소유자 시설의 공작물을 사용할 수 있고 그 경우 토지소유자는 이웃 토지소유자에 대하여 그 이익을 받는 비율로 공작물의 설치보존 비용을 분담하여야 한다고 규정하고 있는바, 여기서 말하는 공작물의 시설자는 이웃 토지소유자로 한정되지는 않으나 단순히 공작물을 시설한 것만으로는 부족하고 이에 대한 정당한 권리를 갖는 자를 의미한다.(대판 2003.4.11, 2000다11645)

第228條【餘水給與請求權】 土地所有者는 過多한 費用이나 勞力을 要하지 아니하고는 家用이나 土地利用에 必要한 물을 얻기 困難한 때에는 이웃 土地所有者에게 補償하고 餘水의 給與를 請求할 수 있다.

■ 본조준용(290 · 319)

第229條【水流의 變更】 ① 溝渠 其他 水流地의 所有者는 對岸의 土地가 他人의 所有인 때에는 그 水路나 水流의 幅을 變更하지 못한다.

② 兩岸의 土地가 水流地所有者의 所有인 때에는 所有者는 水路와 水流의 幅을 變更할 수 있다. 그러나 下流는 自然의 水路와 一致하도록 하여야 한다.

③ 前2項의 規定은 다른 慣習이 있으면 그 慣習에 依한다.

▣ 본조준용(290 · 319), 관습법(1 · 185), 사실인 관습(106)

1. 민 229조 2항의 취지 민 229조 2항은 대안(對岸)의 수류지 소유자 관계에서 수류이용권(水流利用權)을 규정한 것으로서, 이는 수류지 소유자가 수로와 수류의 폭을 변경하여 물을 가용 또는 농·공업용 등에 이용할 권리가 있다는 것을 의미함에 그치고, 더 나아가 수로와 수류의 폭을 임의로 변경하여 범람을 일으킴으로써 인지(隣地) 소유자에게 손해를 발생시킨 경우에도 면책된다는 취지를 규정한 것이라고 볼 수는 없다.(대판 2012.4.13, 2010다9320)

第230條【堰의 設置, 利用權】 ① 水流地의 所有者가 堰을 設置할 必要가 있는 때에는 그 堰을 對岸에 接觸하게 할 수 있다. 그러나 이로 因한 損害를 補償하여야 한다.

② 對岸의 所有者는 水流地의 一部가 自己所有인 때에는 그 堰을 使用할 수 있다. 그러나 그 利益을 받는 比率로 堰의 設置, 保存의 費用을 分擔하여야 한다.

▣ 본조준용(290 · 319)

第231條【公有河川用水權】 ① 公有河川의 沿岸에서 農, 工業을 經營하는 者는 이에 利用하기 爲하여 他人의 用水를 妨害하지 아니하는 範圍內에서 必要한 引水를 할 수 있다.

② 前項의 引水를 하기 爲하여 必要한 工作物을 設置할 수 있다.

▣ 본조준용(290 · 319)

1. 관행에 의한 용수권과 인수범위 공유하천에 보를 설치하여 그 지역의 경작자들이 위 보로부터 인수하여 답을 경작하여 온 관행이 있었다면 그 농지의 소유자는 농지의 관개에 필요한 한도 내에서 용수권이 있다 할 것이다.(대판 1977.7.12, 76다527)

2. 용수권의 시효에 인한 취득 여부(소극) 가사 장구한 시간 동안 평온, 공연하게 지소로부터 관개용의 물을 대어 써왔다 할지라도 이 지소가 사유지에 속하여 있는 이상 그러한 사실만으로서는 곧 위의 지소의 물을 사용할 수 있는 용수권을 법률상 취득한다고는 볼 수 없고 또 그러한 한국의 관습법도 없다.(대판 1967.5.30, 66다1382)

第232條【下流 沿岸의 用水權保護】 前條의 引水나 工作物로 因하여 下流沿岸의 用水權을 妨害하는 때에는 그 用水權者는 妨害의 除去 및 損害의 賠償을 請求할 수 있다.

▣ 본조준용(290 · 319)

1. 공유하천의 상류에서의 인수자와 하류에서의 인수자의 용수권 공유하천 상류에서 종전관례에 따라 인수하던 자의 인수로 인하여 그 하류에서 인수하는 자의 관개용수에 부족이 생겼다 하더라도 하류인수자의 용수권을 침해하였다고 할 수 없다.(대판 1977.11.8, 77다1064)

2. 기득 용수권의 범위내의 인수로 인한 손해와 그 배상청구의 당부(소극) 기득의 용수권의 범위내의 인수행위는 정당한 권리의 행사로서 위법성이 있을 수 없고, 그 과정에서 비록 타인이 손해를 받게 될 우려가 있다 하더라도 이를 예방하는 일은 그 타인의 일일뿐 아니라 설사 그 타인이 손해를 입았다 하더라도 용수권자에게 그 손해의 배상을 구할 수 없다.(대판 1983.3.8, 80다2658)

第233條【用水權의 承繼】 農, 工業의 經營에 利用하는 水路 其他 工作物의 所有者나 蒙利者의 特別承繼人은 그 用水에 關한 前所有者나 蒙利者의 權利義務를 承繼한다.

▣ 본조준용(290 · 319)

第234條【用水權에 關한 다른 慣習】 前3條의 規定은 다른 慣習이 있으면 그 慣習에 依한다.

▣ 본조준용(290 · 319)

第235條【共用水의 用水權】 相隣者는 그 共用에 屬하는 源泉이나 水道를 各 需要의 程度에 應하여 他人의 用水를 妨害하지 아니하는 範圍內에서 各各 用水할 權利가 있다.

▣ 본조준용(290 · 319)

1. 민 235조의 용수권자의 원천기지와 그 위요토지에 대한 점유사용권 본조는 상린자의 용수권을 규정하였을 뿐이요 원천기지와 그 위요토지의 점유사용권을 용수권자에게 인정한 취지가 아니다.(대판 1967.5.16, 67다435)

2. 온천에 관한 권리(대판 1970.5.26, 69다1239) → 제185조 참조

第236條【用水障害의 工事와 損害賠償, 原狀回復】 ① 必要한 用途나 收益이 있는 源泉이나 水道가 他人의 建築 其他 工事로 因하여 斷水, 減水 其他 用途에 障害가 생긴 때에는 用水權者는 損害賠償을 請求할 수 있다.

② 前項의 工事로 因하여 飮料水 其他 生活上 必要한 用水에 障害가 있을 때에는 原狀回復을 請求할 수 있다.

▣ 본조준용(290 · 319)

1. 지하수 개발 및 취수로 인하여 인근 토지 소유자의 기존 생활용수에 장해가 생기거나 장해의 염려가 있는 경우 토지 소유자의 생활용수 방해제거 및 예방청구권의 유무(적극) 토지의 소유권은 정당한 이익이 있는 범위 내에서 토지의 상하에 미치므로 토지 소유자는 법률의 제한 범위 내에서 그 소유 토지의 지표면 아래에 있는 지하수를 개발하여 이용할 수 있다. 그러나 소유권 방해제거·예방청구권에 관한 민 214조의 규정과 용수장해로 인한 용수권자의 손해배상청구권 및 원상회복청구권에 관한 민 236조의 규정을 종합하여 보면, 어느 토지 소유자가 새로이 지하수 개발공사를 시행하여 설치한 취수공 등을 통하여 지하수를 취수함으로 말미암아 그 이전부터 인근 토지 내의 원천에서 나오는 지하수를 이용하고 있는 인근 토지 소유자의 음료수 기타 생활상 필요한 용수에 장해가 생기거나 그 장해의 염려가 있는 때에는, 생활용수 방해를 정당화하는 사유가 없는 한 인근 토지 소유자는 그 생활용수 방해의 제거(원상회복)나 예방을 청구할 수 있다.(대판 1998.4.28, 97다48913)

第237條【境界標, 담의 設置權】 ① 隣接하여 土地를 所有한 者는 共同費用으로 通常의 境界標나 담을 設置할 수 있다.

② 前項의 費用은 雙方이 折半하여 負擔한다. 그러나 測量費用은 土地의 面積에 比例하여 負擔한다.

③ 前2項의 規定은 다른 慣習이 있으면 그 慣習에 依한다.

▣ 본조준용(290 · 319), 경계표, 담의 공유 추정(239), 관습법(1 · 185)

1. 민 237조의 적용범위 민 237조는 상린자간의 굴지공사에 관한 제한규정이므로 상린자의 지반에 손해를 끼치는 염려없는 매축 또는 균지공사에는 이를 유추 적용할 수 없는 것이다.(대판 1956.9.13, 4289민상164)

2. 상린관계에 있는 토지 소유자 일방의 경계표 또는 담장 설치 요구에 인접 토지 소유자가 응하지 않는 경우 그 협력 의무의 이행을 소구할 수 있는지 여부(적극) 토지의 경계에 경계표나 담이 설치되어 있지 아니하다면 특별한 사정이 없

第2編 物權

는 한 어느 한쪽 토지의 소유자는 인접한 토지의 소유자에 대하여 공동비용으로 통상의 경계표나 담을 설치하는 데에 협력할 것을 요구할 수 있고, 인접 토지 소유자는 그에 협력할 의무가 있다고 보아야 하므로, 한쪽 토지 소유자의 요구에 대하여 인접 토지 소유자가 응하지 아니하는 경우에는 한쪽 토지 소유자는 민사소송으로 인접 토지 소유자에 대하여 그 협력 의무의 이행을 구할 수 있으며, 법원은 당해 토지들의 이용 상황, 그 소재 지역의 일반적인 관행, 설치 비용 등을 고려하여 새로 설치할 경계표나 담장의 위치(특별한 사정이 없는 한 원칙적으로 새로 설치할 경계표나 담장의 중심 또는 중심선이 양 토지의 경계선 상에 위치하도록 해야 한다), 재질, 모양, 크기 등 필요한 사항을 심리하여 인접 토지 소유자에 대하여 협력 의무의 이행을 명할 수 있다.(대판 1997.8.26, 97다6063)

3. 상린관계에 있는 토지 소유자 일방이 기존의 담장을 철거하고 새로운 담장의 설치를 요구하는 경우에도 인접 토지 소유자에게 이에 협력할 의무가 있는지 여부(한정 적극) 기존의 경계표나 담장에 대하여 어느 쪽 토지 소유자도 일방적으로 처분할 권한을 가지고 있지 않다면 한쪽 토지 소유자가 인접 토지 소유자의 동의 없이 기존의 경계표나 담장을 제거하는 것은 허용되지 않고, 그와 같은 경우라면 한쪽 토지 소유자의 의사만으로 새로운 경계표나 담장을 설치하도록 강제할 수는 없으나, 기존의 경계표나 담장에 대하여 한쪽 토지 소유자가 처분권한을 가지고 있으면서 기존의 경계표나 담장을 제거할 의사를 분명하게 나타내고 있는 경우라면 한쪽 토지 소유자는 인접 토지 소유자에 대하여 새로운 경계표나 담장의 설치에 협력할 것을 소구할 수 있다.(대판 1997.8.26, 97다6063) 담장의 처분권한이 없는 토지 소유자가 그 처분권한이 있는 인접 토지 소유자를 상대로 기존 담장의 철거를 명하는 판결을 받아 그 담장이 적법하게 철거되어야 하는 경우에도 인접 토지 사이에 경계를 표시할 통상의 담장이 설치되지 않은 상태와 마찬가지로 볼 수 있으므로, 이와 같은 법리가 그대로 적용된다.(대판 2023. 4.13, 2021다271725)

第238條【담의 特殊施設權】 隣地所有者는 自己의 費用으로 담의 材料를 通常보다 良好한 것으로 할 수 있으며 그 높이를 通常보다 높게 할 수 있고 또는 防火壁 其他 特殊施設을 할 수 있다.

▣ 본조준용(290·319)

第239條【境界標 等의 共有推定】 境界에 設置된 境界標, 담, 溝渠 等은 相隣者의 共有로 推定한다. 그러나 境界標, 담, 溝渠 等이 相隣者一方의 單獨費用으로 設置되었거나 담이 建物의 一部인 境遇에는 그러하지 아니하다.

▣ 본조준용(290·319), 공유(262-270), 분할금지의 청구(268)

第240條【樹枝, 木根의 除去權】 ① 隣接地의 樹木가지가 境界를 넘은 때에는 그 所有者에 對하여 가지의 除去를 請求할 수 있다.

② 前項의 請求에 應하지 아니한 때에는 請求者가 그 가지를 除去할 수 있다.

③ 隣接地의 樹木뿌리가 境界를 넘은 때에는 任意로 除去할 수 있다.

▣ 본조준용(290·319)

第241條【土地의 深掘禁止】 土地所有者는 隣接地의 地盤이 崩壞할 程度로 自己의 土地를 深掘하지 못한다. 그러나 充分한 防禦工事를 한 때에는 그러하지 아니하다.

▣ 본조준용(290·319)

1. 건물 축조를 위한 심굴굴착공사가 종료되고 침하와 균열이 확대되지 않는 경우 심굴굴착금지청구권에 기한 공사중지가처분 가부(소극) 토지의 소유자가 충분한 예방공사를 하지 아니한 채 건물의 건축을 위한 심굴굴착공사를 함으로써 인접대지의 일부 침하와 건물 균열등의 위험이 발생하였다고 하더라도 나머지 공사의 대부분이 지상건물의 축조이어서 더 이상의 심굴굴착공사의 필요성이 없다고 보여지고 침하와 균열이 더 이상 확대된다고 볼 사정이 없다면 토지심굴굴착금지청구권과 소유물방해예방 또는 방해제거청구권에 기한 공사중지가처분을 허용하여서는 아니된다.(대판 1981.3.10, 80다2832)

第242條【境界線附近의 建築】 ① 建物을 築造함에는 特別한 慣習이 없으면 境界로부터 半미터 以上의 距離를 두어야 한다.

② 隣接地所有者는 前項의 規定에 違反한 者에 對하여 建物의 變更이나 撤去를 請求할 수 있다. 그러나 建築에 着手한 後 1年을 經過하거나 建物이 完成된 後에는 損害賠償만을 請求할 수 있다.

▣ 본조준용(290·319)

1. 임의규정인지 여부 민 242조의 규정은 임의규정으로 보아야 한다.(대판 1962.11.1, 62다567)

2. 건물의 변경이나 철거의 청구 민 242조 2항에 의한 건물의 변경이나 철거의 청구는 재판외에서 하더라도 상관없는 것이다.(대판 1969.2.4, 68다2339)

3. 경계로부터 법정거리를 두지 않고 세워진 건물의 철거청구는 건축허가처분에 대한 이의로써도 가능한지 여부(적극) 경계로부터 민 242조, 244조에 따른 법정거리를 두지 않고 세워진 건물의 철거 등을 구하는 이 사건 청구에 관하여 피고가 이 사건 소는 건물이 완성된 후에 제기된 것이므로 부적법하다는 항변을 하였는바, 원심이 원고가 법정제척기간내에 소제기의 방법이 아닌 건축허가처분에 대한 이의를 함으로써 이 사건과 같은 주장을 한 사실을 확정하고 위 피고의 항변을 배척하였음은 정당하다.(대판 1982.9.14, 80다2859)

4. 상업지역에서 본조 적용 여부(소극) 건축법 50조의2 1항 1호에서 말하는 '맞벽으로 하여 건축하는 경우'라 함은 서로 마주 보는 건축물의 벽이 존재하는 경우뿐만 아니라, 이 사건과 같이 상업지역에서 어느 일방 토지소유자가 나대지인 인접토지와의 경계선으로부터 50cm의 이격거리를 두지 아니하고 건축물을 건축하는 경우도 포함된다고 봄이 합목적적이라고 할 것이고, 토지소유자는 그 소유권이 미치는 토지 전부를 사용할 수 있음이 원칙이나 상린관계로 인하여 민 242조의 제한을 받게 된 것이므로 국민의 재산권 보장이라는 관점에서도 상업지역에서는 민 242조가 적용되지 아니한다고 해석함이 상당하다.(대판 2001.10.23, 2001다45195)

5. '경계로부터 반 미터 이상의 거리' 측정의 기준(=건물의 가장 돌출된 부분)**과 '건축의 착수' 및 '건물의 완성'의 의미** 1항은 서로 인접한 대지에 건물을 축조하는 경우에 각 건물의 통풍, 채광, 재해방지 등을 위한 것이므로, '경계로부터 반 미터'는 경계로부터 건물의 가장 돌출된 부분까지의 거리를 말한다. 2항의 '건축의 착수'는 인접지의 소유자가 건축공사의 개시 사실을 객관적으로 인식할 수 있는 상태에 이른 것이고, '건물의 완성'은 사회통념상 독립한 건물로 인정될 수 있는 정도로 건축된 것을 말하며, 건축 관계 법령에 따른 건축허가나 착공신고 또는 사용승인 등의 적법한 절차 준수 여부는 문제되지 않는다.(대판 2011.7.28, 2010다108883)

第243條【遮面施設義務】 境界로부터 2미터 以內의 距離에서 이웃 住宅의 內部를 觀望할 수 있는 窓이나 마루를 設置하는 境遇에는 適當한 遮面施設을 하여야 한다.

▣ 본조준용(290·319)

第244條【地下施設 等에 對한 制限】 ① 우물을 파거나 用水, 下水 또는 汚物 等을 貯置할 地下施設을 하는 때에는 境界로부터 2미터 以上의 距離를 두어야 하며 貯水池, 溝渠 또는 地下室工事에는 境界로부터 그 깊이의 半 以上의 距離를 두어야 한다.

② 前項의 工事를 함에는 土砂가 崩壞하거나 下水 또는 汚液이 이웃에 흐르지 아니하도록 適當한 措處를 하여야 한다.

▣ 본조준용(290·319)

1. 우물중의 일부분만이 토지경계로부터 2미터 안에 설치되어 있는 경우 피고 소유의 한개의 우물중 그 일부분은 경계에서 2미터안에 시설되어 있고 그 나머지 부분은 2미터 밖에 설치되어 있다면 특별한 사정이 없는 한 피고는 경계로부터 2미터 밖의 우물부분은 매몰할 의무가 없다.(대판 1980.10.27, 80다745)

2. 강행규정인지 여부(소극) 지하시설을 하는 경우에 있어서 경계로부터 두어야 할 거리에 관한 사항 등을 규정한 민 244조는 강행규정이라고는 볼 수 없으므로 이와 다른 내용의 당사자간의 특약을 무효라고 할 수 없다.(대판 1982.10.26, 80다1634)

第2節 所有權의 取得

第245條【占有로 因한 不動産所有權의 取得期間】 ① 20年間 所有의 意思로 平穩, 公然하게 不動産을 占有하는 者는 登記함으로써 그 所有權을 取得한다.

② 不動産의 所有者로 登記한 者가 10年間 所有의 意思로 平穩, 公然하게 善意이며 過失없이 그 不動産을 占有한 때에는 所有權을 取得한다.

▣ 본조준용(294), 점유(192), 점유의 평온, 공연, 선의의 추정(197), 소유권 이외의 재산권의 취득(248)

▸ 시효취득의 대상

1. 간척에 의하여 사실상 빈지로서의 성질을 상실한 토지가 시효취득의 대상이 되는지 여부 공유수면인 빈지는 자연의 상태 그대로 공공용에 제공될 수 있는 실체를 갖추고 있는 이른바 자연공물로서, 간척에 의하여 사실상 빈지로서의 성질을 상실하였더라도 당시 시행되던 국유재산법령에 의한 용도폐지를 하지 않은 이상 당연히 시효취득의 대상인 잡종재산으로 된다고는 할 수 없다.(대판 1996.3.22, 96다3890)

2. 토지의 일부에 대한 시효취득의 요건 일필의 토지의 일부에 대한 시효취득을 인정하기 위하여는 그 부분이 다른 부분과 구분되어 시효취득자의 점유에 속한다는 것을 인식하기에 족한 객관적 징표가 계속하여 존재할 것을 요한다.(대판 1989.4.25, 88다카9494)

3. 자기 소유의 부동산에 대하여 시효취득이 가능한지 여부(적극) 취득시효는 당해 부동산을 오랫동안 계속하여 점유한다는 사실상태를 일정한 경우에 권리관계로 높이려고 하는 데에 그 존재이유가 있는 점에 비추어 보면, 시효취득의 목적물은 타인의 부동산임을 요하지 않고 자기 소유의 부동산이라도 시효취득의 목적물이 될 수 있고, 취득시효를 규정한 민 245조가 '타인의 물건인 점'을 규정에서 빼놓은 것도 같은 취지에서라고 할 것이다.(대판 2001.7.13, 2001다17572)

4. 자기 소유 부동산에 대한 점유를 취득시효의 기초가 되는 점유로 볼 수 있는 예외적인 경우 소유권에 기초하여 부동산을 점유하는 사람이더라도 그 등기를 하고 있지 않아 자신의 소유권을 증명하기 어렵거나 소유권을 제3자에게 대항할 수 없는 등으로 점유의 사실 상태를 권리관계로 높여 보호하고 증명곤란을 구제할 필요가 있는 예외적인 경우에는, 자기 소유 부동산에 대한 점유도 취득시효를 인정하기 위해 기초가 되는 점유로 볼 수 있다.(대판 2022.7.28, 2017다204629)

5. 구분소유적 공유관계에 있는 토지에 대한 시효취득 여부(적극) 여러 명이 각기 공유지분 비율에 따라 특정 부분을 독점적으로 소유하고 있는 토지 중 공유자 1인이 독점적으로 소유하고 있는 부분에 대하여 취득시효가 완성된 경우, 공유자 사이에 그와 같은 구분소유적 공유관계가 형성되어 있다 하더라도 이로써 제3자인 시효취득자에게 대항할 수는 없는 법리이므로, 그 토지 부분과 무관한 다른 공유자들도 그 토지 부분에 관한 각각의 공유지분에 대하여 취득시효완성을 원인으로 한 소유권이전등기절차를 이행할 의무가 있다.(대판 1997.6.13, 97다1730)

6. 집합건물의 공용부분이 취득시효에 의한 소유권 취득의 대상이 되는지 여부(소극) 공용부분에 대하여 취득시효의 완성을 인정하여 그 부분에 대한 소유권취득을 인정한다면 전유부분과 분리하여 공용부분의 처분을 허용하고 일정 기간의 점유로 인하여 공용부분이 전유부분으로 변경되는 결과가 되어 집합건물법의 취지에 어긋나게 된다. 따라서 집합건물의 공용부분은 취득시효에 의한 소유권 취득의 대상이 될 수 없다.(대판 2013.12.12, 2011다78200, 78217)

7. 20년간 소유의 의사로 평온, 공연하게 집합건물을 구분소유한 사람은 등기함으로써 대지의 소유권을 취득할 수 있는지 여부(적극) ① 1동의 건물의 구분소유자들은 전유부분을 구분소유하면서 공용부분을 공유하므로 특별한 사정이 없는 한 건물의 대지 전체를 공동으로 점유한다. 이는 집합건물의 대지에 관한 점유취득시효에서 말하는 '점유'에도 적용되므로, 20년간 소유의 의사로 평온, 공연하게 집합건물을 구분소유한 사람은 등기함으로써 대지의 소유권을 취득할 수 있다. 이와 같이 점유취득시효가 완성된 경우에 집합건물의 구분소유자들이 취득하는 대지의 소유권은 전유부분을 소유하기 위한 대지사용권에 해당한다. ② 집합건물의 구분소유자들이 대지 전체를 공동점유하여 그에 대한 점유취득시효가 완성된 경우에도 구분소유자들은 대지사용권으로 전유부분의 면적 비율에 따른 대지 지분을 보유한다고 보아야 한다. 집합건물의 대지 일부에 관한 점유취득시효의 완성 당시 구분소유자들 중 일부만 대지권등기나 지분이전등기를 마치고 다른 일부 구분소유자들은 이러한 등기를 마치지 않았다면, 특별한 사정이 없는 한 구분소유자들은 각 전유부분의 면적 비율에 따라 대지권으로 등기되어야 할 지분에서 부족한 지분에 관하여 등기명의인을 상대로 점유취득시효 완성을 원인으로 한 지분이전등기를 청구할 수 있다.(대판 2017.1.25, 2012다72469)

▸ 소유의 의사

8. 취득시효의 요건인 소유의 의사의 인정방법 취득시효의 요건이 되는 자주점유의 내용인 소유의 의사는 점유의 권원의 성질에 의하여 결정하거나 또는 점유자가 소유자에 대하여 소유의 의사가 있다는 것을 표시한 경우에 한하여 인정할 수 있다 할 것이므로 만연히 소유의 의사로 점유한 것이 추정된다고 판단할 것이 아니라 어떠한 권원에 의하여 점유를 개시하였는지를 심리판단하여야 한다.(대판 1974.8.30, 74다945)

9. 자주점유의 증명책임과 자주점유 권원 주장이 받아들여지지 않은 경우 자주점유추정 번복 여부(소극) 취득시효에 있어서 자주점유의 요건인 소유의 의사는 객관적으로 점유취득의 원인이 된 점유권원의 성질에 의하여 그 존부를 결정하여야 할 것이나, 점유권원의 성질이 분명하지 아니한 때

에는 민 197조 1항에 의하여 점유자는 소유의 의사로 점유한 것으로 추정되므로 점유자가 스스로 그 점유권원의 성질에 의하여 자주점유임을 입증할 책임이 없고, 점유자의 점유가 소유의 의사 없는 타주점유임을 주장하는 상대방에게 타주점유에 대한 입증책임이 있으며, 점유자가 스스로 매매 또는 증여와 같은 자주점유의 권원을 주장하였으나 이것이 인정되지 않는 경우에도 원래 이와 같은 자주점유의 권원에 관한 입증책임이 점유자에게 있지 아니한 이상 그 점유권원이 인정되지 않는다는 사유만으로 자주점유의 추정이 번복된다거나 또는 점유권원의 성질상 타주점유라고는 볼 수 없다.(대판(全) 1983.7.12, 82다708, 709, 82다카1792, 1793)

10. 자주점유 추정 번복 소유의 의사라고 함은 타인의 소유권을 배제하여 자기의 소유물처럼 배타적 지배를 행사하는 의사를 말하므로 지상권, 전세권, 임차권 등과 같은 전형적인 타주점유의 권원에 의하여 점유함이 증명된 경우는 물론이거니와 이러한 전형적인 타주점유의 권원에 의한 점유가 아니라도 타인의 소유권을 배제하여 자기의 소유물처럼 배타적 지배를 행사하는 의사를 가지고 점유하는 것으로 볼 수 없는 객관적 사정이 인정되는 때에도 자주점유의 추정은 번복된다.(대판 1990.11.13, 90다카21381, 21398)

11. 타주점유의 권원에 의한 점유가 아니라도 자주점유의 추정이 번복될 수 있는 객관적 사정 타주점유의 권원에 의한 점유가 아니라도 타인의 소유권을 배제하여 자기의 소유물처럼 배타적 지배를 행사하는 의사를 가지고 점유하는 것으로 볼 수 없는 객관적인 사정 즉 점유자가 진정한 소유자라면 통상 취하지 아니할 태도를 나타내거나 소유자라면 당연히 취했을 것으로 보이는 행동을 취하지 아니한 경우 등 외형적 객관적으로 보아 점유자가 타인의 소유권을 배척하여 점유할 의사를 갖지 아니하였던 것으로 볼 사정이 증명된 때에는 자주점유의 추정이 번복된다.(대판 1993.4.9, 92다40914, 40921)

12. 토지 소유권이전등기 말소청구소송에서 패소한 경우 악의점유 간주 및 타주점유 전환 여부(적극) 진정 소유자가 자신의 소유권을 주장하며 점유자 명의의 소유권이전등기는 원인무효의 등기라 하여 점유자를 상대로 토지에 관한 점유자 명의의 소유권이전등기의 말소등기청구소송을 제기하여 그 소송사건이 점유자의 패소로 확정되었다면, 점유자는 민 197조 2항의 규정에 의하여 그 소유권이전등기말소등기청구소송의 제기시부터는 토지에 대한 악의의 점유자로 간주되며, 이 경우 토지 점유자가 소유권이전등기말소등기청구소송의 직접 당사자가 되어 소송을 수행하였고 결국 그 소송을 통해 대지의 정당한 소유자를 알게 되었으며, 나아가 패소판결의 확정으로 점유자로서는 토지에 관한 점유자 명의의 소유권이전등기에 관하여 정당한 소유자에 대하여 말소등기의무를 부담하게 되었음이 확정되었으므로, 단순한 악의점유의 상태와는 달리 객관적으로 그와 같은 의무를 부담하고 있는 점유자로 변한 것이어서 점유자의 토지에 대한 점유는 패소판결 확정 후부터는 타주점유로 전환되었다고 보아야 한다.(대판 1996.10.11, 96다19857)

13. 악의의 무단점유의 경우 자주점유의 추정이 깨지는지 여부(적극) 점유자가 점유 개시 당시에 소유권 취득의 원인이 될 수 있는 법률행위 기타 법률요건이 없이 그와 같은 법률요건이 없다는 사실을 잘 알면서 타인 소유의 부동산을 무단점유한 것임이 입증된 경우, 특별한 사정이 없는 한 점유자는 타인의 소유권을 배척하고 점유할 의사를 갖고 있지 않다고 보아야 할 것이므로 이로써 소유의 의사가 있는 점유라는 추정은 깨어졌다.(대판(全) 1997.8.21, 95다28625)

14. 점유취득시효에서 지방자치단체나 국가의 무단점유 점유자가 점유 개시 당시에 소유권 취득의 원인이 될 수 있는 법률행위 기타 법률요건이 없이 그와 같은 법률요건이 없다는 사실을 잘 알면서 타인 소유 부동산을 무단점유한 것임이 증명된 경우, 특별한 사정이 없는 한 점유자는 타인의 소유권을 배척하고 점유할 의사를 갖고 있지 않다고 보아야 하므로, 이로써 소유의 의사가 있는 점유라는 추정은 깨어지는 것이다. 그리고 이는 지방자치단체나 국가가 적법한 공공용 재산의 취득절차를 밟는 등 토지를 점유할 수 있는 일정한 권원 없이 사유토지를 도로부지에 편입시킨 경우에도 마찬가지이다.(대판 2012.5.10, 2011다52017)

15. '국가'나 '지방자치단체'가 자신의 취득시효 완성을 주장하는 토지에 대한 '취득절차 관련 서류'를 제출하지 못하고 있다는 사정만으로 그 '자주점유'의 추정이 번복되는지 여부(원칙적 소극) 국가 등이 취득시효의 완성을 주장하는 토지의 취득절차에 관한 서류를 제출하지 못하고 있다고 하더라도, 점유의 경위와 용도, 국가 등이 점유를 개시한 후에 지적공부 등에 토지의 소유자로 등재된 자가 소유권을 행사하려고 노력하였는지 여부, 함께 분할된 다른 토지의 이용 또는 처분관계 등 여러 가지 사정을 감안할 때 국가 등이 점유 개시 당시 공공용 재산의 취득절차를 거쳐서 소유권을 적법하게 취득하였을 가능성을 배제할 수 없는 경우에는, 국가의 자주점유의 추정을 부정하여 무단점유로 인정할 것이 아니다.(대판 2014.3.27, 2010다94731, 94748)

16. 귀속재산 매수와 자주점유 추정 점유자가 점유개시 당시에 소유권 취득 원인이 될 수 있는 법률행위 기타 법률요건이 없이 그와 같은 법률요건이 없다는 사실을 잘 알면서 타인 소유 부동산을 무단점유한 것이 증명된 경우에는 특별한 사정이 없는 한 자주점유의 추정이 번복되며, 시효취득을 주장하는 점유자가 사인(私人)에게는 처분권한이 없는 귀속재산이라는 사실을 알면서 이를 매수하여 점유를 개시한 경우에도 위 법리에 비추어 자주점유의 추정이 번복된다.(대판 2012.4.26, 2012다2187)

17. 타인의 토지의 매매와 자주점유 현행 우리 민법은 법률행위로 인한 부동산 물권의 득실변경에 관하여 등기라는 공시방법을 갖추어야만 비로소 그 효력이 생긴다는 형식주의를 채택하고 있음에도 불구하고 등기에 공신력이 인정되지 아니하고, 또 현행 민법의 시행 이후에도 법생활의 실태에 있어서는 상당기간 동안 의사주의를 채택한 구 민법에 따른 부동산 거래의 관행이 잔존하고 있었던 점 등에 비추어 보면, 토지의 매수인이 매매계약에 의하여 목적 토지의 점유를 취득한 경우 설사 그것이 타인의 토지의 매매에 해당하여 그에 의하여 곧바로 소유권을 취득할 수 없다고 하더라도 그것만으로 매수인이 점유권원의 성질상 소유의 의사가 없는 것으로 보이는 권원에 바탕을 두고 점유를 취득한 사실이 증명되었다고 단정할 수 없을 뿐만 아니라, 매도인에게 처분권한이 없다는 것을 잘 알면서 이를 매수하였다는 등의 다른 특별한 사정이 입증되지 않는 한, 그 사실만으로 바로 그 매수인의 점유가 소유의 의사가 있는 점유라는 추정이 깨어지는 것이라고 할 수 없고, 민 197조 1항이 규정하고 있는 점유자에게 추정되는 소유의 의사는 사실상 소유할 의사가 있는 것으로 충분한 것이지 반드시 등기를 수반하여야 하는 것은 아니므로 등기를 수반하지 아니한 점유임이 밝혀졌다고 하여 이 사실만 가지고 바로 점유권원의 성질상 소유의 의사가 결여된 타주점유라고 할 수 없다.(대판(全) 2000.3.16, 97다37661)

18. 건물과 함께 그 대지를 매수하여 점유를 개시함에 있어 착오로 인접 토지 일부를 매수한 대지에 속한 것으로 믿고 점유한 경우 자주점유인지 여부(적극) **및 매매 대상 토지의 실제 면적이 등기부상 면적을 상당히 초과하는 경우 초과 부분에 대한 점유의 성질** 지상 건물과 함께 그 대지를 매수·취득하여 점유를 개시함에 있어서 매수인이 인접 토지와의 경계선을 정확하게 확인하여 보지 아니하여 착오로 인접 토지의 일부를 그가 매수·취득한 대지에 속하는 것으로 믿고 점유를 하여 왔다고 하더라도 위 인접 토지의 일부를 현실적으로 인도받아 점유하고 있는 이상 인접 토지에 대한 점유 역시 소유의 의사에 기한 것이라고 보아야 하나, 부동

산을 매수하려는 사람은 통상 매매계약을 체결하기 전에 그 등기부등본이나 지적공부 등에 의하여 소유관계 및 면적 등을 확인한 다음 매매계약을 체결하므로, 매매대상 대지의 면적이 등기부상의 면적을 상당히 초과하는 경우에는 특별한 사정이 없는 한 계약 당사자들이 이러한 사실을 알고 있었다고 보는 것이 상당하며, 그러한 경우에는 매도인이 그 초과 부분에 대한 소유권을 취득하여 이전하여 주기로 약정하는 등의 특별한 사정이 없는 한, 그 초과 부분은 단순한 점용권의 매매로 보아야 하고 따라서 그 점유는 권원의 성질상 타주점유에 해당한다.(대판 1998.11.10, 98다32878)

▸ **평온, 공연**

19. 토지소유권에 관한 분쟁과 점유의 평온·공연성의 상실 여부(소극) 소위 평온한 점유라 함은 점유자가 그 점유를 취득 또는 보유하는데 법률상 용인할 수 없는 강폭행위를 쓰지 아니하는 점유이고, 공연한 점유라 함은 은비의 점유가 아닌 점유를 말하는 것이므로 그 점유가 불법이라고 주장하는 자로부터 이의를 받은 사실이 있거나 점유물의 소유권을 위요하여 당사자 사이에 분쟁이 있었다 하더라도 그러한 사실만으로 곧 점유의 평온·공연성이 상실된다고 할 수는 없다.(대판(全) 1982.9.28, 81사9)

▸ **시효기간 및 기산점**

20. 점유개시의 기산점 점유로 인한 소유권 취득에 있어서의 점유개시의 기산점은 그 주장자가 임의로 선택할 수 없다.(대판 1969.9.30, 69다764)

21. 소유권변동이 없는 토지에 대해 취득시효 기산점의 임의선택 가능성 취득시효를 주장하는 자는 소유자의 변동이 없는 토지에 관하여는 취득시효의 기산점을 임의로 선택할 수 있고, 취득시효를 주장하는 날로부터 역산하여 20년 이상의 점유사실이 인정되고 그 점유가 자주점유가 아닌 것으로 밝혀지지 않는 한 취득시효를 인정할 수 있다.(대판 1993.11.26, 93다30013)

22. 점유취득시효 완성 후 제3자 명의의 소유권이전등기가 마쳐진 경우 그 소유권 변동시를 새로운 기산점으로 삼아 2차 취득시효 완성을 주장할 수 있는지 여부(적극), **새로이 2차 점유취득시효가 개시되어 그 취득시효기간이 경과하기 전에 등기부상 소유명의자가 변경된 경우 그 취득시효 완성 당시의 등기부상 소유명의자에게 시효취득을 주장할 수 있는지 여부**(적극) ① 부동산에 대한 점유취득시효가 완성된 후 취득시효 완성을 원인으로 한 소유권이전등기를 하지 않고 있는 사이에 그 부동산에 관하여 제3자 명의의 소유권이전등기가 경료된 경우라 하더라도 당초의 점유자가 계속 점유하고 있고 소유자가 변동된 시점을 기산점으로 삼아도 다시 취득시효의 점유기간이 경과한 경우에는 점유자로서는 제3자 앞으로의 소유권 변동시를 새로운 점유취득시효의 기산점으로 삼아 2차의 취득시효의 완성을 주장할 수 있다. ② 취득시효기간이 경과하기 전에 등기부상의 소유명의자가 변경된다고 하더라도 그 사유만으로는 점유자의 종래의 사실상태의 계속을 파괴한 것이라고 볼 수 없어 취득시효를 중단할 사유가 되지 못하므로, 새로운 소유명의자는 취득시효 완성 당시 권리의무 변동의 당사자로서 취득시효 완성으로 인한 불이익을 받게 된다 할 것이어서 시효완성자는 그 소유명의자에게 시효취득을 주장할 수 있다. 이러한 법리는 새로이 2차의 취득시효가 개시되어 그 취득시효기간이 경과하기 전에 등기부상의 소유명의자가 다시 변경된 경우에도 마찬가지로 적용된다.(대판(全) 2009.7.16, 2007다15172)

23. 시효취득에서 전 점유자의 점유를 원용하는 경우 원용점유의 선택 가능성 및 기산점 임의선택 가능성 취득시효의 기초가 되는 점유가 법정기간 이상으로 계속되는 경우, 취득시효는 그 기초가 되는 점유가 개시된 때를 기산점으로 하여야 하고 취득시효를 주장하는 사람이 임의로 기산일을 선택할 수는 없으나, 점유가 순차 승계된 경우에 있어서는 취득시효의 완성을 주장하는 자는 자기의 점유만을 주장하거나 또는 자기의 점유와 전 점유자의 점유를 아울러 주장할 수 있는 선택권이 있으며, 전 점유자의 점유를 아울러 주장하는 경우에도 어느 단계의 점유자의 점유까지를 아울러 주장할 것인가도 이를 주장하는 사람에게 선택권이 있고, 다만 전 점유자의 점유를 아울러 주장하는 경우에는 그 점유의 개시 시기를 어느 점유자의 점유기간 중의 임의의 시점으로 선택할 수 없는 것인바, 이와 같은 법리는 반드시 소유자의 변동이 없는 경우에만 적용되는 것으로 볼 수 없다.(대판 1998.4.10, 97다56822)

24. 자기 소유의 부동산을 점유하고 있는 상태에서 다른 사람 명의로 소유권이전등기가 경료된 경우 취득시효의 기산점 자기 소유의 부동산을 점유하고 있는 상태에서 다른 사람 명의로 소유권이전등기가 된 경우 자기 소유 부동산을 점유하는 것은 취득시효의 기초로서의 점유라고 할 수 없고, 그 소유권의 변동이 있는 경우에 비로소 취득시효의 기초로서의 점유가 개시되는 것이므로, 취득시효의 기산점은 소유권의 변동일, 즉 소유권이전등기가 경료된 날이다.(대판 1997.3.14, 96다55860)

▸ **효 과**

25. 취득시효완성으로 인한 소유권이전등기청구권의 상대방 점유취득시효가 완성된 경우에 그 효력으로 시효완성점유자는 당해 부동산의 시효완성 당시의 소유자에 대하여 소유권이전등기청구권을 취득하고, 비록 등기부상 소유자 또는 공유자로 등기되어 있는 사람이라고 하더라도 그가 진정한 소유자가 아닌 이상 그를 상대로 취득시효의 완성을 원인으로 소유권이전등기를 청구할 수 없다.(대판 2009.12.24, 2008다71858)

26. 점유취득시효 완성으로 인한 소유권이전등기청구권의 성질 및 소멸시효기간 부동산에 대한 점유취득시효 완성을 원인으로 하는 소유권이전등기청구권은 채권적 청구권으로서, 취득시효가 완성된 점유자가 그 부동산에 대한 점유를 상실한 때로부터 10년간 이를 행사하지 아니하면 소멸시효가 완성한다.(대판 1995.12.5, 95다24241)

27. 점유자의 점유상실시 소유권이전등기청구권 상실 여부(소극) **및 점유승계인이 전 점유자의 취득시효 완성 효과를 주장하며 자기에게 소유권이전등기청구 가부**(소극) 원래 취득시효제도는 일정한 기간 점유를 계속한 자를 보호하여 그에게 실체법상의 권리를 부여하는 제도이므로, 부동산을 20년간 소유의 의사로 평온·공연하게 점유한 자는 민 245조 1항에 의하여 점유부동산에 관하여 소유자에 대한 소유권이전등기청구권을 취득하게 되며, 점유자가 취득시효기간의 만료로 일단 소유권이전등기청구권을 취득한 이상, 그 후 점유를 상실하였다고 하더라도 이를 시효이익의 포기로 볼 수 있는 경우가 아닌 한, 이미 취득한 소유권이전등기청구권은 소멸되지 아니하나, 전 점유자의 점유를 승계한 자는 그 점유 자체와 하자만을 승계하는 것이지 그 점유로 인한 법률효과까지 승계하는 것은 아니므로 부동산을 취득시효기간 만료 당시의 점유자로부터 양수하여 점유를 승계한 현 점유자는 자신의 전 점유자에 대한 소유권이전등기청구권을 보전하기 위하여 전 점유자의 소유자에 대한 소유권이전등기청구권을 대위행사할 수 있을 뿐, 전 점유자의 취득시효 완성의 효과를 주장하여 직접 자기에게 소유권이전등기를 청구할 권원은 없다.(대판(全) 1995.3.28, 93다47745)

28. 취득시효완성을 알고 있는 전소유자가 부동산을 처분한 경우 불법행위의 성립 가능성 부동산의 시효취득자가 취득시효완성을 주장하고 이전등기청구소송을 제기하여 제1심에서 승소까지 하였다면 종전 소유자로서는 시효완성을 주장하는 권리자와 그 경위를 알고 있는 터이므로 그 부동산을 제3자에게 처분하여 가등기나 본등기를 해주는 것은 시효취득자에 대한 이전등기의무를 면탈하기 위한 것으로서 위법

이고 이로 인하여 시효취득자가 손해를 입었다면 종전 소유자에게 불법행위책임이 있으며, 취득시효가 완성된 부동산에 대하여 제3자 명의로 가등기만 경료한 경우 시효취득자 명의의 소유권이전등기 자체는 불가능하지 않다고 하더라도 시효취득자는 특별한 사정이 없는 한 그가 이전받을 부동산에 대하여 가등기를 부담하게 됨으로 인한 손해를 입은 것이라고 보아야 한다.(대판 1989.4.11, 88다카8217)

29. 점유취득시효가 완성된 자에 대한 부동산 소유명의자의 의무 범위 부동산의 소유명의자는 그 부동산에 대해 점유취득시효가 완성된 자에게 소유권이전등기를 하여 줄 의무를 부담하지만 그 시효가 완성된 자가 시효완성 후에 어떤 사정에 의하여 그 점유를 잃었다고 해서 그 점유자로부터 점유를 회수하여 다시 이를 시효가 완성된 자에게 돌려 줄 의무까지 부담한다고 할 수 없다.(대판 1997.3.28, 96다10638)

30. 취득시효 완성 후 소유권을 취득한 제3자에 대한 시효취득 주장 가능성 부동산에 대한 점유취득시효가 완성되었다고 하더라도 이를 등기하지 아니하고 있는 사이에 그 부동산에 관하여 제3자에게 소유권이전등기가 마쳐지면 점유자는 그 제3자에게 대항할 수 없다.(대판 1998.4.10, 97다56495)

31. 점유취득시효자가 파산관재인을 상대로 소유권이전등기 신청 가부 파산선고 전에 부동산에 대한 점유취득시효가 완성되었으나 파산선고시까지 이를 원인으로 한 소유권 이전등기를 마치지 아니한 자는, 이해관계를 갖는 제3자의 지위에 있는 파산관재인이 선임된 이상 그를 상대로 소유권이전등기절차의 이행을 청구할 수 없다. 기산점을 임의로 선택하여 파산선고 후에 점유취득시효가 완성된 것으로 주장하는 것 또한 불가능하다. 점유취득시효자의 권리는 파산절차에 의하여서만 행사할 수 있다.(대판 2008.2.1, 2006다32187)

32. 신탁등기와 점유취득시효 완성의 주장 점유취득시효 완성 당시 부동산이 구 신탁법상 신탁계약에 따라 수탁자 명의로 소유권이전등기와 신탁등기가 되어 있었는데 등기하지 않고 있는 사이에 제3자에게 처분되어 제3자 명의로 소유권이전등기가 마쳐졌다가 다시 별개의 신탁계약에 의해 동일한 수탁자 명의로 소유권이전등기와 신탁등기가 마쳐진 경우, 신탁재산 독립의 원칙의 취지에 비추어 점유자가 수탁자에 대하여 취득시효 완성을 주장할 수 없다.(대판 2016.2.18, 2014다61814)

33. 점유자의 점유취득시효 기간이 경과된 후 증여를 원인으로 한 소유권이전등기를 마친 수증자가 취득시효 완성 후의 새로운 이해관계인에 해당하는지 여부(적극) 부동산을 증여받았으나 소유권이전등기를 하지 않고 있던 중에 그 부동산 소유자가 사망하여 상속이 개시되고 그 후에 그 부동산 점유자의 점유취득시효 기간이 경과된 경우에는 점유자는 상속인들에 대하여 각자의 상속지분에 따라 취득시효 완성을 원인으로 한 소유권이전등기청구권을 취득하게 된다. 그러나 그 점유취득시효 기간이 경과된 다음에 수증자 앞으로 위 증여를 원인으로 한 소유권이전등기가 되었다면, 그 등기명의자는 특별한 사정이 없는 한 취득시효 완성 후의 새로운 이해관계인이라 할 것이므로 점유자는 그에 대하여 취득시효 완성으로 대항할 수 없다.(대판 2012.3.15, 2011다59445)

34. 민법 시행일 전에 부동산을 시효취득하였으나 민법 시행일로부터 6년 이내에 그 등기를 하지 않은 경우, 소유권의 상실 여부(적극) 민법(1958. 2. 22. 법률 제471호로 제정)의 부칙 10조 1항은 "본 법 시행일 전의 법률행위로 인한 부동산에 관한 물권의 득실변경은 이 법 시행일로부터 6년 내에 등기하지 아니하면 그 효력을 잃는다"라고 규정하고 있고, 같은 조 3항은 "본 법 시행일 전의 시효완성으로 인하여 물권을 취득한 경우에도 1항과 같다"라고 규정하고 있으므로, 민법 시행일 전 부동산에 관하여 취득시효 완성으로 인하여 소유권을 취득하였다 하더라도 민법 시행일로부터 6년 이내에 그 등기를 하지 아니한 이상 소유권취득의 효력을 잃게 된다.(대판 2001.9.4, 2000다44379)

35. 시효취득자가 토지에 설정된 근저당권의 피담보채무를 변제한 후 원소유자에게 구상권 또는 부당이득반환청구권을 행사할 수 있는지 여부(소극) 원소유자가 취득시효의 완성 이후 그 등기가 있기 전에 그 토지를 제3자에게 처분하거나 제한물권의 설정, 토지의 현상 변경 등 소유자로서의 권리를 행사하였다 하여 시효취득자에 대한 관계에서 불법행위가 성립하는 것이 아님은 물론 위 처분행위를 통하여 그 토지의 소유권이나 제한물권 등을 취득한 제3자에 대하여 취득시효의 완성 및 그 권리취득의 소급효를 들어 대항할 수도 없다. 이 경우 시효취득자로서는 원소유자의 적법한 권리행사로 인한 현상의 변경이나 제한물권의 설정 등이 이루어진 그 토지의 사실상 혹은 법률상 현상 그대로의 상태에서 등기에 의하여 그 소유권을 취득하게 된다. 따라서 시효취득자가 원소유자에 의하여 그 토지에 설정된 근저당권의 피담보채무를 변제하는 것은 시효취득자가 용인하여야 할 그 토지상의 부담을 제거하여 완전한 소유권을 확보하기 위한 것으로서 그 자신의 이익을 위한 행위라 할 것이니, 위 변제액 상당에 대하여 원소유자에게 대위변제를 이유로 구상권을 행사하거나 부당이득을 이유로 그 반환청구권을 행사할 수는 없다.(대판 2006.5.12, 2005다75910)

36. 진정한 권리자가 아니었던 채무자 또는 물상보증인이 채권자에게 부동산에 저당권설정등기를 해준 후 그 부동산을 시효취득하는 경우, 저당권자의 권리가 소멸하는지 여부(소극) 부동산점유취득시효는 원시취득에 해당하므로 특별한 사정이 없는 한 원소유자의 소유권에 가하여진 각종 제한에 의하여 영향을 받지 않는 완전한 내용의 소유권을 취득하는 것이지만, 진정한 권리자가 아니었던 채무자 또는 물상보증인이 채무담보의 목적으로 채권자에게 부동산에 관하여 저당권설정등기를 경료해 준 후 그 부동산을 시효취득하는 경우에는, 채무자 또는 물상보증인은 피담보채권의 변제의무 내지 책임이 있는 사람으로서 이미 저당권의 존재를 용인하고 점유하여 온 것이므로, 저당목적물의 시효취득으로 저당권자의 권리는 소멸하지 않는다.(대판 2015.2.26, 2014다21649)

37. 양도담보권설정자가 양도담보권자를 상대로 점유취득시효를 원인으로 하여 담보 목적으로 경료된 소유권이전등기의 말소 또는 양도담보권설정자 명의로의 소유권이전등기를 구할 수 있는지 여부(소극) 양도담보권설정자가 양도담보부동산을 20년간 소유의 의사로 평온, 공연하게 점유하였다고 하더라도, 점유취득시효를 원인으로 하여 담보 목적으로 경료된 소유권이전등기의 말소를 구할 수 없고, 이와 같은 효과가 있는 양도담보권설정자 명의로의 소유권이전등기를 구할 수도 없다.(대판 2015.2.26, 2014다21649)

38. 점유취득시효에서의 선의·무과실의 존재시점(구법관계) 10년간 구 민법 소정의 부동산취득 시효기간 만료에 있어 요구되는 선의 무과실은 그동안 점유의 승계가 있었더라도 점유의 시초에 그것이 인정되면 족하다.(대판 1970.3.10, 69다2115, 2116)

▸등기부취득시효

39. 무효인 등기를 근거로 한 등기부취득시효의 주장 가부(소극) 동일 부동산에 관하여 등기명의인을 달리하여 중복된 소유권보존등기가 경료된 경우에는, 먼저 이루어진 소유권보존등기가 원인무효가 되지 아니하는 한, 뒤에 된 소유권보존등기는 실체권리관계에 부합되는지를 따질 필요도 없이 무효이며, 민 245조 2항은 부동산의 소유자로 등기한 자가 10년간 소유의 의사로 평온·공연하게 선의이며 과실 없이 그 부동산을 점유한 때에는 소유권을 취득한다고 규정하고 있는바, 위 법 조항의 '등기'는 부동산등기법 15조가 규정한 1부동산 1용지주의에 위배되지 아니한 등기를 말하므로, 어느 부동산에 관하여 등기명의인을 달리하여 소유권보존등기

가 2중으로 경료된 경우 먼저 이루어진 소유권보존등기가 원인무효가 아니어서 뒤에 된 소유권보존등기가 무효로 되는 때에는, 뒤에 된 소유권보존등기나 이에 터잡은 소유권이전등기를 근거로 하여서는 등기부취득시효의 완성을 주장할 수 없다.(대판(全) 1996.10.17, 96다12511)

40. 부동산의 점유자가 전점유자의 등기기간을 합하여 10년간 그 부동산의 소유자로 등기되어 있는 경우 등기부취득시효의 완성 여부(적극) 등기부취득시효에 관한 민 245조 2항의 규정에 위하여 소유권을 취득하는 자는 10년간 반드시 그의 명의로 등기되어 있어야 하는 것은 아니고 앞 사람의 등기까지 아울러 그 기간 동안 부동산의 소유자로 등기되어 있으면 된다.(대판(全) 1989.12.26, 87다카2176)

41. 부동산 소유권이전의 원인행위가 사해행위로 인정되어 취소되는 경우, 수익자의 등기부취득시효 ① 부동산 소유권이전의 원인행위가 사해행위로 인정되어 취소되더라도, 그 사해행위취소의 효과는 채권자와 수익자 사이에서 상대적으로 생길 뿐이다. 따라서 사해행위가 취소되더라도 부동산은 여전히 수익자의 소유이다. ② 수익자의 등기부취득시효가 인정되려면, 자기 소유 부동산에 대한 취득시효가 인정될 수 있다는 것이 전제되어야 한다. 그러나 부동산에 관하여 적법·유효한 등기를 하여 소유권을 취득한 사람이 당해 부동산을 점유하는 경우에는 특별한 사정이 없는 한 사실상태를 권리관계로 높여 보호할 필요가 없고, 부동산의 소유명의자는 부동산에 대한 소유권을 적법하게 보유하는 것으로 추정되어 소유권에 대한 증명의 곤란을 구제할 필요 역시 없으므로, 그러한 점유는 취득시효의 기초가 되는 점유라고 할 수 없다.(대판 2016.11.25, 2013다206313)

42. 매도인이 소유자로 기재된 등기부를 신뢰한 부동산 매수인의 과실 유무(소극) **및 매수인이 국가, 지방자치단체인 경우에도 마찬가지인지**(적극) 부동산을 매수하는 사람은 매도인에게 그 부동산을 처분할 권한이 있는지 여부를 알아보아야 하는 것이 원칙이고, 이를 알아보았더라면 무권리자임을 알 수 있었을 때에는 과실이 있다고 보아야 할 것이나, 매도인이 등기부상의 소유명의자와 동일인인 경우에는 그 등기부나 다른 사정에 의하여 매도인의 소유권을 의심할 수 있는 여지가 엿보인다면 몰라도 그렇지 않은 경우에는 등기부의 기재가 유효한 것으로 믿고 매수한 사람에게 과실이 있다고 말할 수는 없는 것이다. 이러한 법리는 매수인이 지적공부 등의 관리주체인 국가나 지방자치단체라고 하여 달리 볼 것은 아니다.(대판 2019.12.13, 2019다267464)

第246條【占有로 因한 動産所有權의 取得期間】 ① 10年間 所有의 意思로 平穩, 公然하게 動産을 占有한 者는 그 所有權을 取得한다.

② 前項의 占有가 善意이며 過失없이 開始된 境遇에는 5年을 經過함으로써 그 所有權을 取得한다.

■ 선의취득(249)

第247條【所有權取得의 遡及效, 中斷事由】 ① 前2條의 規定에 依한 所有權取得의 效力은 占有를 開始한 때에 遡及한다.

② 消滅時效의 中斷에 關한 規定은 前2條의 所有權取得期間에 準用한다.

■ 점유의 개시(192), 소멸시효의 소급효(167), 시효의 중단(168-178), 시효의 정지(179-182)

1. 시효완성 후 매수의사 표시가 시효중단사유 또는 시효이익 포기 여부(소극) 점유자가 시효완성기간 경과 후에 매수의사를 표시하였다고 하더라도 달리 적극적인 의사표시가 있었다고 볼 수 없다면 이로써 승인에 의한 취득시효의 중단 또는 시효취득의 이익을 포기하였다고 볼 수 없다.(대판 1980.8.26, 79다1)

2. 점유취득시효의 중단 토지의 점유자와 등기부상 소유자 사이에 후자의 건물준공허가를 얻기 위한 방편으로 그 토지를 사용하도록 하는 점유매개관계(사용대차)가 성립되어 전자는 간접점유자로서 후자는 직접점유자이기는 하나 타주점유자로서 잠시 점유했다가 다시 전자의 직접점유로 회복되었다면 이를 취득시효의 중단이라고 할 수 없다.(대판 1989.5.23, 88다카17785, 17792)

3. 부동산의 소유자가 시효취득을 저지하기 위하여 취하여야 할 조치 부동산의 소유자는 그 소유권을 주장하거나 다른 사람이 소유권을 주장하는 것을 방어하는 것만으로는 그 권리행사를 다하였다고 할 수 없고, 그 점유자의 점유를 배제하거나 그 점유의 태양을 변경시킴으로써 그 소유권취득기간의 진행을 막아야 할 것이며, 그렇지 않으면 그 시효의 진행을 중단시켜야 한다.(대판 1992.6.23, 92다12698, 12704)

4. 등기부상 소유명의의 변경이 점유취득시효의 중단사유가 되는지 여부(소극) 점유로 인한 부동산소유권의 시효취득에 있어 취득시효의 중단사유는 종래의 점유상태의 계속을 파괴하는 것으로 인정될 수 있는 사유라야 할 것인바, 취득시효기간의 완성 전에 등기부상의 소유명의가 변경되었다 하더라도 이로써 종래의 점유상태의 계속이 파괴되었다고 할 수 없으므로 이는 취득시효의 중단사유가 될 수 없다.(대판 1993.5.25, 92다52764, 52771)

5. 국·공유지 점유자에 대한 사용료 부과가 시효중단사유인지 여부 국가나 지방자치단체가 국·공유 토지의 점유자에 대하여 그 사용료를 부과·고지하는 것만으로는 바로 점유자의 점유취득시효가 중단된다고 할 수 없다.(대판 1995.11.7, 95다33948)

6. 취득시효 완성 후 소유자가 제기한 소송에서 점유자가 시효취득 주장을 하지 않은 경우 시효가 중단되거나 시효이익을 포기한 것인지 여부(소극) 점유자의 취득시효 완성 후 소유자가 토지에 대한 권리를 주장하는 소를 제기하여 승소판결을 받은 사실이 있다고 하더라도 그 판결에 의하여 시효중단의 효력이 발생할 여지는 없고, 점유자가 그 소송에서 그 토지에 대한 시효취득을 주장하지 않았다고 하여 시효이익을 포기한 것이라고도 볼 수 없으며 그 토지에 대한 점유자의 점유가 평온·공연한 점유가 아니게 되는 것도 아니다.(대판 1996.10.29, 96다23573, 23580)

7. 취득시효가 아닌 매매를 원인으로 한 소유권이전등기청구에 대하여 응소한 경우 시효중단이 되는지 여부(소극) 권리자가 시효를 주장하는 자로부터 제소당하여 직접 응소행위로서 상대방의 청구를 적극적으로 다투면서 자신의 권리를 주장하여 그것이 받아들여진 경우에는 민 247조 2항에 의하여 취득시효기간에 준용되는 민 168조 1호, 170조 1항에서 시효중단사유의 하나로 규정하고 있는 재판상의 청구에 포함되는 것으로 해석함이 상당하다. 그러나 점유자가 소유자를 상대로 소유권이전등기 청구소송을 제기하면서 그 청구원인으로 '취득시효 완성'이 아닌 '매매'를 주장함에 대하여, 소유자가 이에 응소하여 원고 청구기각의 판결을 구하면서 원고의 주장 사실을 부인하는 경우에는, 이는 원고 주장의 매매 사실을 부인하여 원고에게 그 매매로 인한 소유권이전등기청구권이 없음을 주장함에 불과한 것이고 소유자가 자신의 소유권을 적극적으로 주장한 것이라 볼 수 없으므로 시효중단사유의 하나인 재판상의 청구에 해당한다고 할 수 없다.(대판 1997.12.12, 97다30288)

8. 점유로 인한 부동산소유권의 시효취득에서 부동산에 대한 압류 또는 가압류가 취득시효의 중단사유가 되는지 여부(소극) 민 247조 2항은 '소멸시효의 중단에 관한 규정은 점유로 인한 부동산소유권의 시효취득기간에 준용한다.'고 규정하고, 민 168조 2호는 소멸시효 중단사유로 '압류 또는 가압류, 가처분'을 규정하고 있다. 점유로 인한 부동산소유권의 시효취득에 있어 취득시효의 중단사유는 종래의 점유상태의 계속을 파괴하는 것으로 인정될 수 있는 사유이어야 하는데, 민 168조 2호에서 정하는 '압류 또는 가압류'는 금전채권의

강제집행을 위한 수단이거나 그 보전수단에 불과하여 취득시효기간의 완성 전에 부동산에 압류 또는 가압류 조치가 이루어졌다고 하더라도 이로써 종래의 점유상태의 계속이 파괴되었다고는 할 수 없으므로 이는 취득시효의 중단사유가 될 수 없다.(대판 2019.4.3, 2018다296878)

第248條【所有權 以外의 財産權의 取得時效】 前3條의 規定은 所有權 以外의 財産權의 取得에 準用한다.

▣ 지역권의 시효취득(294)

1. 지상권의 점유취득시효의 요건과 그 증명책임 타인의 토지에 관하여 그 지상 건물의 소유를 위한 지상권의 점유취득시효가 인정되려면, 그 토지의 점유사실 외에도 그것이 임대차나 사용대차관계에 기한 것이 아니고 지상권자로서의 점유에 해당함이 객관적으로 표시되고 계속되어야 하고, 그 입증책임은 시효취득을 주장하는 자에게 있으며, 그와 같은 요건이 존재하는가는 개별사건에서 문제된 점유개시와 건물 등의 건립경위, 대가관계, 건물의 종류와 구조, 그 후의 당사자간의 관계, 토지의 이용상태 등을 종합하여 그 점유가 지상권자로서의 점유에 해당한다고 볼 만한 실질이 있는지에 의하여 판단하여야 한다.(대판 1993.9.28, 92다50904)

2. 분묘기지권의 시효취득(대판 1996.6.14, 96다14036) → 제279조 참조

3. 분묘기지에 대한 시효취득 타인소유의 토지 위에 그 소유자의 승낙 없이 분묘를 설치한 자가 20년간 평온 공연히 그 분묘의 묘지를 점유한 때에는 그 점유자는 시효에 의하여 그 토지위에 지상권에 유사한 물권을 취득하고 이에 대한 소유권을 취득하는 것은 아니다.(대판 1969.1.28, 68다1927, 1928)

第249條【善意取得】 平穩, 公然하게 動産을 讓受한 者가 善意이며 過失없이 그 動産을 占有한 境遇에는 讓渡人이 正當한 所有者가 아닌 때에도 卽時 그 動産의 所有權을 取得한다.

▣ 본조준용(343), 동산(99), 점유(192), 평온, 공연, 선의(197), 예외(250・251), 유가증권의 선의취득(514・524)

1. 동산 선의취득제도의 취지 및 선의취득자가 임의로 선의취득효과를 거부할 수 있는지 여부(소극) 민 249조의 동산 선의취득제도는 동산을 점유하는 자의 권리외관을 중시하여 이를 신뢰한 자의 소유권 취득을 인정하고 진정한 소유자의 추급을 방지함으로써 거래의 안전을 확보하기 위하여 법이 마련한 제도이므로, 위 법조 소정의 요건이 구비되어 동산을 선의취득한 자는 권리를 취득하는 반면 종전 소유자는 소유권을 상실하게 되는 법률효과가 법률의 규정에 의하여 발생되므로, 선의취득자가 임의로 이와 같은 선의취득 효과를 거부하고 종전 소유자에게 동산을 반환받아 갈 것을 요구할 수 없다.(대판 1998.6.12, 98다6800)

2. 동산의 선의취득 요건 동산의 선의취득은 양도인이 무권리자라고 하는 점을 제외하고는 아무런 흠이 없는 거래행위이어야 성립한다.(대판 1995.6.29, 94다22071)

3. 증명책임 즉시취득에 있어 무과실의 입증책임은 점유한 자에게 있다.(대판 1962.3.22, 4294민상1174, 1175)

4. 점유개정에 의한 선의취득 가부(소극) 동산의 선의취득에 필요한 점유의 취득은 현실적 인도가 있어야 하고 점유개정에 의한 점유취득만으로서는 그 요건을 충족할 수 없다.(대판 1978.1.17, 77다1872)

5. 간이인도에 의한 선의취득 가부(적극) 동산의 선의취득에 필요한 점유의 취득은 이미 현실적인 점유를 하고 있는 양수인에게는 간이인도에 의한 점유취득으로 그 요건은 충족된다.(대판 1981.8.20, 80다2530)

6. 소유권유보약정이 있는 동산 매매계약의 매수인이 대금을 모두 지급하지 않은 상태에서 목적물을 다른 사람에게 양도한 경우, 그 양도의 효력(원칙적 무효)(대판 2010.2.11, 2009다93671) → 제147조 참조

7. 동산질권의 선의취득 요건(대판 1981.12.22, 80다2910) → 제343조 참조

8. 선의, 무과실의 기준시점 민 249조가 규정하는 선의 무과실의 기준시점은 물권행위가 완성되는 때인 것이므로 물권적 합의가 동산의 인도보다 먼저 행하여 지면 인도된 때를, 인도가 물권적 합의보다 먼저 행하여지면 물권적 합의가 이루어진 때를 기준으로 해야 한다.(대판 1991.3.22, 91다70)

第250條【盜品, 遺失物에 對한 特例】 前條의 境遇에 그 動産이 盜品이나 遺失物인 때에는 被害者 또는 遺失者는 盜難 또는 遺失한 날로부터 2年內에 그 物件의 返還을 請求할 수 있다. 그러나 盜品이나 遺失物이 金錢인 때에는 그러하지 아니하다.

▣ 본조준용(343), 유실물(253)

1. 횡령한 물건이 도품인지 여부(소극) 민 250조, 251조 소정의 도품, 유실물이란 원권리자로부터 점유를 수탁한 사람이 적극적으로 제3자에게 부정 처분한 경우와 같은 위탁물 횡령의 경우는 포함되지 아니하고 또한 점유보조자 내지 소지기관의 횡령처럼 형사법상 절도죄가 되는 경우도 형사법과 민사법의 경우를 동일시 해야 하는 것은 아닐 뿐만 아니라 진정한 권리자와 선의의 거래 상대방간의 이익형량의 필요성에 있어서 위탁물 횡령의 경우와 다를 바 없으므로 이 역시 민 250조의 도품・유실물에 해당되지 않는다.(대판 1991.3.22, 91다70)

第251條【盜品, 遺失物에 對한 特例】 讓受人이 盜品 또는 遺失物을 競賣나 公開市場에서 또는 同種類의 物件을 販賣하는 商人에게서 善意로 買受한 때에는 被害者 또는 遺失者는 讓受人이 支給한 代價를 辨償하고 그 物件의 返還을 請求할 수 있다.

▣ 본조준용(343)

1. 대가변상의 청구권 민 251조의 규정은 선의취득자에게 그가 지급한 대가의 변상을 받을 때까지는 그 물건의 반환청구를 거부할 수 있는 항변권만을 인정한 것이 아니고 피해자가 그 물건의 반환을 청구하거나 어떠한 원인으로 반환을 받은 경우에는 그 대가변상의 청구권이 있다는 취지이다.(대판 1972.5.23, 72다115)

2. 무과실 민 251조는 민 249조와 250조를 전제로 하고 있는 규정이므로 무과실도 당연한 요건이라고 해석하여야 한다.(대판 1991.3.22, 91다70)

第252條【無主物의 歸屬】 ① 無主의 動産을 所有의 意思로 占有한 者는 그 所有權을 取得한다.

② 無主의 不動産은 國有로 한다.

③ 野生하는 動物은 無主物로 하고 飼養하는 野生動物도 다시 野生狀態로 돌아가면 無主物로 한다.

▣ 무주의 상속재산(1058), 미채굴의 광물(212), 동산(99), 소유의 의사추정(197), 점유권의 취득(192), 부동산(99)

1. 사정명의자의 상속인 존부가 불명확한 경우 소유권 귀속 어느 부동산에 대하여 특정인 명의로 사정된 경우, 특별한 사정이 없는 한 그 부동산의 소유자는 사정명의자이고, 그가 사망한 경우에는 상속인이 그 소유자라 할 것인바, 상속인의 존부를 알 수 없는 때에는 민 1057조의 공고절차를 거쳐 같은 법 1058조에 의하여 비로소 국가에 귀속된다.(대판 1997.4.25, 96다53420)

2. 지번이 부여되지 않은 미등록의 토지가 무주의 토지인지 여부(적극) 토지 부분에 지번이 부여되지 아니한 미등록의 토지라면, 특별한 사정이 없는 한 무주의 토지에 해당한다.(대판 1997.11.28, 96다30199)

3. 부동산 소유자가 행방불명된 경우 소유권 귀속 특정인 명의로 사정된 토지는 특별한 사정이 없는 한 사정명의자나

그 상속인의 소유로 추정되고, 토지의 소유자가 행방불명되어 생사 여부를 알 수 없다 하더라도 그가 사망하고 상속인도 없다는 점이 입증되거나 그 토지에 대하여 민 1053조 내지 1058조에 의한 국가귀속 절차가 이루어지지 아니한 이상 그 토지가 바로 무주부동산이 되어 국가 소유로 귀속되는 것이 아니며, 무주부동산이 아닌 한 국유재 8조에 의한 무주부동산의 처리절차를 밟아 국유재산으로 등록되었다 하여 국가 소유로 되는 것도 아니다.(대판 1999.2.23, 98다59132)

4. 토지가 사정된 경우 국유재산법 절차를 거쳐 국유재산으로 등기를 마친 경우 소유권 귀속 구 토지조사령(1912. 8. 13. 제령 제2호)에 의한 토지의 사정명의인은 당해 토지를 원시취득하므로 적어도 구 토지조사령에 따라 토지조사부가 작성되어 누군가에게 사정되었다면 그 사정명의인 또는 그의 상속인이 토지의 소유자가 되고, 따라서 설령 국가가 이를 무주부동산으로 취급하여 국유재산법령의 절차를 거쳐 국유재산으로 등기를 마치더라도 국가에게 소유권이 귀속되지 않는다.(대판 2005.5.26, 2002다43417)

第253條【遺失物의 所有權取得】 遺失物은 法律에 定한 바에 依하여 公告한 後 6개월 내에 그 所有者가 權利를 主張하지 아니하면 拾得者가 그 所有權을 取得한다. (2013.4.5 본조개정)

▣ 습득물의 조치(유실1-4), 문화재에 대한 특칙(255)

第254條【埋藏物의 所有權取得】 埋藏物은 法律에 定한 바에 依하여 公告한 後 1年內에 그 所有者가 權利를 主張하지 아니하면 發見者가 그 所有權을 取得한다. 그러나 他人의 土地 其他 物件으로부터 發見한 埋藏物은 그 土地 其他 物件의 所有者와 發見者가 折半하여 取得한다.

▣ 매장물의 조치(유실13), 문화재에 대한 특칙(255)

第255條【「국가유산기본법」 제3조에 따른 국가유산의 국유】 ① 學術, 技藝 또는 考古의 重要한 材料가 되는 物件에 對하여는 第252條第1項 및 前2條의 規定에 依하지 아니하고 國有로 한다.

② 前項의 境遇에 拾得者, 發見者 및 埋藏物이 發見된 土地 其他 物件의 所有者는 國家에 對하여 適當한 報償을 請求할 수 있다.

(2023.5.16 본조제목개정)

▣ 문화재의 국가 귀속과 보상금(구 문화재61)

第256條【不動産에의 附合】 不動産의 所有者는 그 不動産에 附合한 物件의 所有權을 取得한다. 그러나 他人의 權原에 依하여 附屬된 것은 그러하지 아니하다.

▣ 본조준용(신탁28), 부합의 효과(260·161)

1. 경작권 없이 경작한 입도의 소유권 적법한 경작권 없이 타인의 토지를 경작하였더라도 그 경작한 입도가 성숙하여 독립한 물건으로서의 존재를 갖추었으면 입도의 소유권은 경작자에게 귀속한다.(대판 1979.8.28, 79다784)

2. 기존건물에 증축된 건물부분의 부합 기존건물에 붙여서 증축된 건물부분이 물리적 구조상이나 용도, 기능 및 거래의 관점에서 사회적, 경제적으로 볼 때 그 자체로서는 구조상 건물로서의 독립성이 없고 종전의 건물과 일체로서만 거래의 대상이 되는 상태에 있으면 부합이 성립한다.(대판 1981.12.8, 80다2821)

3. 건물의 증축부분이 기존건물에 부합된 것으로 볼 것인지 여부의 판단기준 건물이 증축된 경우에 증축부분이 기존건물에 부합된 것으로 볼 것인가 아닌가 하는 점은 증축부분이 기존건물에 부착된 물리적 구조뿐만 아니라 그 용도와 기능의 면에서 기존건물과 독립한 경제적 효용을 가지고 거래상 별개의 소유권의 객체가 될 수 있는지 등을 가려서 판단하여야 한다.(대판 1985.11.12, 85다카246)

4. 타인의 권원에 의하여 부동산에 부합된 물건 부동산에 부합된 물건이 사실상 분리복구가 불가능하여 거래상 독립한 권리의 객체성을 상실하고 그 부동산과 일체를 이루는 부동산의 구성부분이 된 경우에는 타인이 권원에 의하여 이를 부합시킨 경우에도 그 물건의 소유권은 부동산의 소유자에게 귀속된다.(대판 1985.12.24, 84다카2428)

5. 건물의 증축 부분이 구분건물로 되기 위한 요건(=구조상·이용상의 독립성과 소유자의 구분행위) 1동의 건물 중 구분된 각 부분이 구조상, 이용상 독립성을 가지고 있는 경우에 그 각 부분을 1개의 구분건물로 하는 것도 가능하고, 그 1동 전체를 1개의 건물로 하는 것도 가능하기 때문에, 이를 구분건물로 할 것인지 여부는 특별한 사정이 없는 한 소유자의 의사에 의하여 결정된다고 할 것이므로, 구분건물이 되기 위하여는 객관적, 물리적인 측면에서 구분건물이 구조상·이용상의 독립성을 갖추어야 하고, 그 건물을 구분소유권의 객체로 하려는 의사표시 즉 구분행위가 있어야 한다. 소유자가 기존 건물에 증축을 한 경우에도 증축 부분이 구조상·이용상의 독립성을 갖추었다는 사유만으로 당연히 구분소유권이 성립된다고 할 수는 없고, 소유자의 구분행위가 있어야 비로소 구분소유권이 성립된다. 이 경우에 소유자가 기존 건물에 마쳐진 등기를 이와 같이 증축한 건물의 현황과 맞추어 1동의 건물로서 증축으로 인한 건물표시변경등기를 경료한 때에는 이를 구분건물로 하지 않고 그 전체를 1동의 건물로 하려는 의사였다고 봄이 상당하다.(대판 1999.7.27, 98다35020)

6. 건물의 신축 및 증축에 사용된 동산이 건물에 부합한 것인지 여부의 판단 기준 어떠한 동산이 민 256조에 의하여 부동산에 부합된 것으로 인정되기 위해서는 그 동산을 훼손하거나 과다한 비용을 지출하지 않고서는 분리할 수 없을 정도로 부착·합체되었는지 여부 및 그 물리적 구조, 용도와 기능면에서 기존 부동산과는 독립한 경제적 효용을 가지고 거래상 별개의 소유권의 객체가 될 수 있는지 여부 등을 종합하여 판단하여야 하고, 이러한 부동산에의 부합에 관한 법리는 건물의 증축의 경우는 물론 건물의 신축의 경우에도 그대로 적용될 수 있다.(대판 2009.9.24, 2009다15602)

7. 지상권을 설정한 토지소유자로부터 토지를 이용할 수 있는 권리를 취득하였으나 지상권이 존속하는 경우, 위 권리가 민 256조 단서가 정한 '권원'에 해당하는지 여부(원칙적 소극) ① 지상권설정등기가 경료되면 토지의 사용·수익권은 지상권자에게 있고, 지상권을 설정한 토지소유자는 지상권이 존속하는 한 토지를 사용·수익할 수 없다. 따라서 지상권을 설정한 토지소유자로부터 토지를 이용할 수 있는 권리를 취득하였다고 하더라도 지상권이 존속하는 한 이와 같은 권리는 원칙적으로 민 256조 단서가 정한 '권원'에 해당하지 않는다. ② 금융기관이 대출금 채권의 담보를 위하여 토지에 저당권과 함께 지료 없는 지상권을 설정하면서 채무자 등의 사용·수익권을 배제하지 않은 경우, 지상권은 저당권이 실행될 때까지 제3자가 용익권을 취득하거나 목적 토지의 담보가치를 하락시키는 침해행위를 하는 것을 배제함으로써 저당 부동산의 담보가치를 확보하는 데에 목적이 있으므로, 토지소유자는 저당 부동산의 담보가치를 하락시킬 우려가 있는 등의 특별한 사정이 없는 한 토지를 사용·수익할 수 있다고 보아야 한다. 따라서 그러한 토지소유자로부터 토지를 사용·수익할 수 있는 권리를 취득하였다면 이러한 권리는 민 256조 단서가 정한 '권원'에 해당한다고 볼 수 있다.(대판 2018.3.15, 2015다69907)

第257條【動産間의 附合】 動産과 動産이 附合하여 毁損하지 아니하면 分離할 수 없거나 그 分離

에 過多한 費用을 要할 境遇에는 그 合成物의 所有權은 主된 動産의 所有者에게 屬한다. 附合한 動産의 主從을 區別할 수 없는 때에는 動産의 所有者는 附合當時의 價額의 比率로 合成物을 共有한다.

▣ 본조준용(신탁28), 동산(99), 종물·주물(100), 부동산의 부합(256), 부합의 효과(260·261), 공유(262-270)

第258條【混和】 前條의 規定은 動産과 動産이 混和하여 識別할 수 없는 境遇에 準用한다.

▣ 본조준용(신탁28), 동산(99)

第259條【加工】 ① 他人의 動産에 加工한 때에는 그 物件의 所有權은 原材料의 所有者에게 屬한다. 그러나 加工으로 因한 價額의 增加가 原材料의 價額보다 顯著히 多額인 때에는 加工者의 所有로 한다.

② 加工者가 材料의 一部를 提供하였을 때에는 그 價額은 前項의 增加額에 加算한다.

▣ 본조준용(신탁28)

第260條【添附의 效果】 ① 前4條의 規定에 依하여 動産의 所有權이 消滅한 때에는 그 動産을 目的으로 한 다른 權利도 消滅한다.

② 動産의 所有者가 合成物, 混和物 또는 加工物의 單獨所有者가 된 때에는 前項의 權利는 合成物, 混和物 또는 加工物에 存續하고 그 共有者가 된 때에는 그 持分에 存續한다.

▣ 본조준용(신탁28), 첨부(256-259), 첨부로 인한 구상권(261), 특칙(342·370)

第261條【添附로 因한 求償權】 前5條의 境遇에 損害를 받은 者는 不當利得에 關한 規定에 依하여 補償을 請求할 수 있다.

▣ 본조준용(신탁28)

1. 중단된 건물 신축 공사를 제3자가 이어받아 진행하여 건물의 소유권을 원시취득한 경우, 애초의 신축 중 건물에 대한 소유권을 상실한 자가 원시취득자에 대하여 그 보상을 청구할 수 있는지 여부(적극) 건물 신축의 공사가 진행되다가 독립한 부동산인 건물로서의 요건을 아직 갖추지 못한 단계에서 중지된 것을 제3자가 이어받아 계속 진행함으로써 별개의 부동산인 건물로 성립되어 그 소유권을 원시취득한 경우에 그로써 애초의 신축 중 건물에 대한 소유권을 상실한 사람은 민 261조, 257조, 259조를 준용하여 건물의 원시취득자에 대하여 부당이득 관련 규정에 기하여 그 소유권의 상실에 관한 보상을 청구할 수 있다.(대판 2010.2.25, 2009다83933)

2. 매도인에게 소유권이 유보된 자재를 매수인이 제3자와 체결한 도급계약에 의하여 제3자 소유의 건물 건축에 사용하여 부합된 경우, 매도인이 제3자에게 보상청구를 할 수 있는지 여부 민 261조의 보상청구가 인정되기 위해서는 민 261조 자체의 요건만이 아니라, 부당이득 법리에 따른 판단에 의하여 부당이득의 요건이 모두 충족되었음이 인정되어야 한다. 매도인에게 소유권이 유보된 자재가 제3자와 매수인 사이에 이루어진 도급계약의 이행으로 제3자 소유 건물의 건축에 사용되어 부합된 경우 보상청구를 거부할 법률상 원인이 있다고 할 수 없지만, 제3자가 도급계약에 의하여 제공된 자재의 소유권이 유보된 사실에 관하여 과실 없이 알지 못한 경우라면 선의취득의 경우와 마찬가지로 제3자가 그 자재의 귀속으로 인한 이익을 보유할 수 있는 법률상 원인이 있다고 봄이 상당하므로, 매도인으로서는 그에 관한 보상청구를 할 수 없다.(대판 2009.9.24, 2009다15602)

3. 양도담보권의 목적에 다른 동산이 부합된 경우 부당이득반환청구의 상대방 양도담보권의 목적인 주된 동산에 다른 동산이 부합되어 부합된 동산에 관한 권리자가 권리를 상실하는 손해를 입은 경우 주된 동산이 담보물로서 가치가 증가된 데 따른 실질적 이익은 주된 동산에 관한 양도담보권설정자에게 귀속되는 것이므로, 부합으로 권리를 상실하는 자는 양도담보권설정자를 상대로 민 261조에 따라 보상을 청구할 수 있을 뿐 양도담보권자를 상대로 보상을 청구할 수는 없다.(대판 2016.4.28, 2012다19659)

第3節 共同所有

第262條【物件의 共有】 ① 物件이 持分에 依하여 數人의 所有로 된 때에는 共有로 한다.

② 共有者의 持分은 均等한 것으로 推定한다.

▣ 소유(211), 법률규정에 의한 공유(215·239·254·257·258·1006·집합건물3·10·특허33), 준공유(278), 지분과 등기(등기48④), 지분비율에 관한 규정(254·257), 지분처분의 제한(상756·특허37·수협24)

1. 공유를 단독소유로 등기한 경우 전부 말소를 구할 수 있는지 여부(소극) 공유부동산에 대한 소유명의가 공유자중의 한사람 앞으로 되어 있다 하더라도 그 공유자의 지분에 관한 한 실체관계에 부합하는 것이므로 이 부분의 말소등기절차까지 청구할 수는 없다.(대판(全) 1965.4.22, 65다268)

2. 소송의 형태 공유물의 반환 또는 철거에 관한 소송은 필요적 공동소송이 아니다.(대판 1969.7.22, 69다609)

3. 수인이 일필의 토지를 각 위치 특정하여 일부씩 매수하고 공유지분 이전등기를 한 경우의 법률관계 수인이 일필의 토지를 각 위치 특정하여 그 일부씩 매수하고 편의상 그 소유권이전등기만은 공유지분 이전등기를 경료한 경우에는, 관계 당사자 내부관계에 있어서는 각 특정매수 부분의 소유권을 취득하고, 각 공유지분등기는 각자 특정 매수한 부분에 관하여 각 상호 명의신탁하고 있는 것이다.(대판(全) 1980.12.9, 79다634)

4. 구분소유적 공유관계의 성립요건 구분소유적 공유관계는 어떤 토지에 관하여 그 위치와 면적을 특정하여 여러 사람이 구분소유하기로 하는 약정이 있어야만 적법하게 성립할 수 있고, 공유자들 사이에 그 공유물을 분할하기로 약정하고 그 때부터 각자의 소유로 분할된 부분을 특정하여 각자 점유·사용하여 온 경우에도 구분소유적 공유관계가 성립할 수 있지만, 공유자들 사이에서 특정부분을 각각의 공유자들에게 배타적으로 귀속시키려는 의사의 합치가 이루어지지 아니한 경우에는 이러한 관계가 성립할 여지가 없다.(대판 2009.3.26, 2008다44313)

5. 수인의 수탁자 상호간의 소유형태 수인에 대한 부동산의 명의신탁에 있어 수탁자 상호간의 소유형태는 단순한 공유관계라 할 것이다.(대판 1982.11.23, 81다39)

6. 약정이 없는 경우의 공유물의 지분비율 공유물에 대하여 공유자 상호간에 그 지분에 관한 약정이 없거나 이를 정할 수 있는 사정이 불명하여 그 비율을 알 수 없는 경우에는 그 지분비율은 균등한 것으로 추정된다.(대판 1983.2.22, 80다1280, 1281)

7. 진정한 등기명의 회복을 위한 소유권이전등기청구 원고가 부동산 전부에 관하여 소유권확인의 승소판결을 받았다고 하더라도 위 부동산에 관한 말소등기가 이루어질 당시 위 부동산 중 일부지분에 관하여만 소유자로 등기되어 있었다면 그 지분을 초과하여 그 부동산 전부에 관하여 진정한 등기명의의 회복을 위한 소유권이전등기를 구할 수는 없다.(대판 1990.12.21, 88다카20026)

8. 수개 토지가 1개의 토지로 합동 환지된 경우 소유권 귀속 수개 필지의 토지 일부 또는 전부를 수인이 각 특정부분을

단독으로 소유하였다 하더라도 그것이 1개의 토지로 합동환지된 경우에는 그 수인은 종전토지에 상응하는 비율대로 환지된 토지를 공유하게 되므로 그 수인의 각 필지에 대한 종전의 단독소유관계는 해소되고 그 이후부터는 실질적인 환지에 대한 공유지분권만을 주장할 수 있고, 1필지의 토지를 공유하는 자는 누구를 막론하고 그중 일부 토지를 배타적으로 사용할 수는 없다. 결국 종전토지의 특정부분 소유자들도 그 토지가 합동환지된 후에는 그에 대하여 공유지분권만을 주장할 수 있을 뿐 그중 일부를 배타적으로 점유사용할 수 없다.(대판 1991.5.28, 91다5983)

9. 공유자 간의 약정이 특정승계인에게 승계되는 범위 공유자 간의 공유물에 대한 사용수익 관리에 관한 특약은 공유자의 특정승계인에 대하여도 당연히 승계된다고 할 것이나, 공유자 중 1인이 자신의 지분 중 일부를 다른 공유자에게 양도하기로 하는 공유자 간의 지분의 처분에 관한 약정까지 공유자의 특정승계인에게 당연히 승계되는 것으로 볼 수는 없다.(대판 2007.11.29, 2007다64167)

10. 구분소유적 공유관계가 경매되는 경우 구분소유적 공유자가 자신의 권리를 타인에게 처분하는 경우 등기부상의 공유지분을 그 특정 부분에 대한 표상으로서 이전하는 경우와 등기부의 기재대로 1필지 전체에 대한 진정한 공유지분으로서 처분하는 경우가 있을 수 있고, 후자의 경우에는 구분소유적 공유관계는 소멸한다. 이는 경매에서도 마찬가지이므로, 집행법원이 특정 구분소유 목적물에 대한 평가를 하고 경매를 실시한 사정이 입증되지 않은 이상 경매 목적물을 원칙적으로 1필지 전체의 공유지분이라고 봄이 상당하며 이는 매수인의 인식 유무에 따라 달라지지 않는다.(대판 2008.2.15, 2006다68810, 68827)

11. 상호명의신탁관계 내지 구분소유적 공유관계에 있는 건물의 특정 부분을 구분소유하는 자가 그 건물 전체에 대한 공유물분할을 구할 수 있는지 여부(소극) 상호명의신탁관계 내지 구분소유적 공유관계에서 건물의 특정 부분을 구분소유하는 자는 그 부분에 대하여 신탁적으로 지분등기를 가지고 있는 자를 상대로 하여 그 특정 부분에 대한 명의신탁 해지를 원인으로 한 지분이전등기절차의 이행을 구할 수 있을 뿐 그 건물 전체에 대한 공유물분할을 구할 수는 없다.(대판 2010.5.27, 2006다84171)

12. 구분소유적 공유관계 해소시의 지분이전등기의무의 견련성 구분소유적 공유관계가 해소되는 경우 공유지분권자 상호간의 지분이전등기의무는 그 이행상 견련관계에 있고, 특별한 사정이 없는 한 제한이나 부담이 없는 완전한 소유권이전등기의무를 지므로 근저당권설정등기, 압류, 가압류등기 등의 말소의무 또한 부담한다.(대판 2008.6.26, 2004다32992)

13. 구분공유자 중 1인이 소유하는 부분이 독립한 필지로 분할되어 그 필지에 관하여 단독 명의로 소유권이전등기를 받은 경우 구분소유적 공유관계의 해소 구분소유적 공유관계에서 구분공유자 중 1인이 소유하는 부분이 후에 독립한 필지로 분할되고 그 구분공유자가 그 필지에 관하여 단독 명의로 소유권이전등기를 경료받았다면, 그 구분공유자는 당해 토지에 대한 단독소유권을 적법하게 취득하게 되어, 결국 당해 구분공유자에 관한 한 이제 구분소유적 공유관계는 해소된다. 따라서 그 구분공유자이었던 사람이 위와 같이 분할되지 아니한 나머지 토지에 관하여 여전히 등기부상 공유지분을 가진다고 하여도, 그 공유지분등기는 명의인이 아무런 권리를 가지지 아니하는 목적물에 관한 것으로서 효력이 없게 되고, 명의인은 대외적으로도 위의 나머지 토지에 대하여 공유지분권을 가진다고 할 수 없으며, 종전의 다른 구분공유자는 자신의 소유권 또는 공유지분권에 기하여 위와 같이 효력 없는 공유지분등기의 말소 기타 정정을 청구할 수 있다.(대판 2009.12.24, 2008다71858)

14. 1동의 건물의 공유자들 사이에 공유지분등기의 상호명의신탁관계 또는 건물에 대한 구분소유적 공유관계가 성립하기 위한 요건 1동의 건물 중 위치 및 면적이 특정되고 구조상·이용상 독립성이 있는 일부분씩을 2인 이상이 구분소유하기로 하는 약정을 하고 등기만은 편의상 각 구분소유의 면적에 해당하는 비율로 공유지분등기를 하여 놓은 경우, 구분소유자들 사이에 공유지분등기의 상호명의신탁관계 내지 건물에 대한 구분소유적 공유관계가 성립하지만, 1동 건물 중 각 일부분의 위치 및 면적이 특정되지 않거나 구조상·이용상 독립성이 인정되지 아니한 경우에는 공유자들 사이에 이를 구분소유하기로 하는 취지의 약정이 있다 하더라도 일반적인 공유관계가 성립할 뿐, 공유지분등기의 상호명의신탁관계 내지 건물에 대한 구분소유적 공유관계가 성립한다고 할 수 없다.(대판 2014.2.27, 2011다42430)

15. 집합건물의 구분소유자가 아닌 대지 공유자가 대지 공유지분권에 기초하여 적정 대지지분을 가진 구분소유자를 상대로 대지의 사용·수익에 따른 부당이득반환을 청구할 수 있는지 여부(소극) 일반 건물에서 대지를 사용·수익할 권원이 건물의 소유권과 별개로 존재하는 것과는 달리, 집합건물의 경우에는 대지사용권인 대지지분이 구분소유권의 목적인 전유부분에 종속되어 일체화되는 관계에 있으므로, 집합건물 대지의 공유관계에서는 이와 같은 민법상 공유물에 관한 일반 법리가 그대로 적용될 수 없고, 이는 대지 공유자들 중 구분소유자 아닌 사람이 있더라도 마찬가지이다. 집합건물에서 전유부분 면적 비율에 상응하는 적정 대지지분을 가진 구분소유자는 그 대지 전부를 용도에 따라 사용·수익할 수 있는 적법한 권원을 가지므로, 구분소유자 아닌 대지 공유자는 그 대지 공유지분권에 기초하여 적정 대지지분을 가진 구분소유자를 상대로는 대지의 사용·수익에 따른 부당이득반환을 청구할 수 없다.(대판(全) 2022.8.25, 2017다257067)

16. 특허권이 공유인 경우 공유에 관한 민법의 일반규정이 적용되는지 여부(원칙적 적극) 특허권이 공유인 경우에 각 공유자는 다른 공유자의 동의를 얻지 아니하면 지분을 양도하거나 지분을 목적으로 하는 질권을 설정할 수 없고 또한 특허권에 대하여 전용실시권을 설정하거나 통상실시권을 허락할 수 없는 등(특허 99조 2항, 4항 참조) 권리의 행사에 일정한 제약을 받아 그 범위에서는 합유와 유사한 성질을 가진다. 그러나 일반적으로는 특허권의 공유자들이 반드시 공동 목적이나 동업관계를 기초로 조합체를 형성하여 특허권을 보유한다고 볼 수 없을 뿐만 아니라 특허법에 특허권의 공유를 합유관계로 본다는 등의 명문의 규정도 없는 이상, 특허법의 다른 규정이나 특허의 본질에 반하는 등의 특별한 사정이 없는 한 공유에 관한 민법의 일반규정이 특허권의 공유에도 적용된다.(대판 2014.8.20, 2013다41578)

第263條【共有持分의 處分과 共有物의 使用, 收益】 共有者는 그 持分을 處分할 수 있고 共有物 全部를 持分의 比率로 使用, 收益할 수 있다.

■ 소유권의 내용(211)

1. 공유지분권자가 공유물을 독점적, 배타적으로 점유사용하던 자로부터 그 부분을 인도받은 경우 사용관계 공유물의 지분권자가 공유물의 보존행위로서 공유물의 일부를 독점적·배타적으로 점유사용하던 자를 배제하고 확정판결의 집행을 통하여 그 부분을 인도받았다고 하더라도 그러한 사실만으로 위 지분권자에게 이에 대한 독점적·배타적 사용수익권이 인정되는 것은 아니다.(대결 1992.6.13, 92마290)

2. 과반수 지분권자의 배타적 사용·수익에 따른 부당이득반환의무 과반수 지분권자는 공유물인 토지의 관리방법으로서 특정 부분을 배타적으로 사용·수익할 수 있으나, 그로 말미암아 그 부분을 전혀 사용·수익하지 못하여 손해를 입는 소수지분권자의 지분만큼 임료 상당 부당이득을 얻는 것이므로 이를 반환할 의무가 있다. 소수지분권자가 공유물을

자기 지분 비율로 사용·수익할 권리가 침해되었기 때문이다.(대판 2021.12.30, 2021다252458)

3. 토지의 공유지분 일부에 대한 시효취득의 가부 토지의 공유지분 일부에 대하여도 시효취득이 가능하다.(대판 1979.6.26, 79다639)

4. 공유물로부터 발생하는 임대소득에 대한 종합소득세 등의 납부의무 공유물로부터 발생하는 임대소득의 경우 공동사업에서 발생한 소득금액과 마찬가지로 각 공유자가 그 지분의 비율에 따라 안분계산한 소득금액에 대한 종합소득세 등을 개별적으로 납부할 의무를 부담한다고 보아야 한다.(대판 2023.10.12, 2022다282500, 282517)

第264條【共有物의 處分, 變更】 共有者는 다른 共有者의 同意없이 共有物을 處分하거나 變更하지 못한다.

▣ 공유물의 관리(265·266), 합유물의 처분·변경(264), 총유물의 처분(276)

1. 부동산의 지분소유권 처분에 있어 민 264조의 제한을 받지 않는 경우 1필지의 토지를 여러 사람이 그 토지 중 특정토지부분을 불하받고 편의상 지분소유권이전등기를 하여 등기부상 공유물로 되어 있다 하더라도 그 처분에 있어서 본조의 제한에 불구하고 공유자의 내부적 관계에 있어서는 각자 단독으로 처분할 수 있는 특별사정이 있는 경우이다.(대판 1968.4.16, 67다1847)

2. 공유자의 1인이 공유물 중 일부를 특정하여서 한 증여의 효력 공유자의 1인이 공유물중 일부를 특정하여 타인에게 증여하였다면 이는 특단의 사정이 없는 한 권한없는 자의 처분행위에 지나지 않는다.(대판 1985.9.24, 85다카451, 452)

3. 과반수 공유지분권자가 그 공유물의 특정 부분을 배타적으로 사용·수익할 경우의 한계 사용·수익의 내용은 공유물의 기존의 모습에 본질적 변화를 일으켜 '관리' 아닌 '처분'이나 '변경'의 정도에 이르는 것이어서는 안 될 것이고, 예컨대 다수지분권자라 하여 나대지에 새로이 건물을 건축한다든지 하는 것은 '관리'의 범위를 넘는 것이 될 것이다.(대판 2001.11.27, 2000다33638, 33645)

第265條【共有物의 管理, 保存】 共有物의 管理에 關한 事項은 共有者의 持分의 過半數로써 決定한다. 그러나 保存行爲는 各自가 할 수 있다.

▣ 관리비용(266), 공유물의 사용, 수익(263), 공유물의 처분, 변경(264), 특칙(상756·761), 합유물의 관리, 보존(272), 총유물의 관리(276)

1. 건물 공유자들 간의 공유물 관리에 관한 결의가 제3자에 미치는 효력 공유건물의 관리보존에 관한 일부 공유자들의 결의(지분의 과반수)가 있었다고 하여 이미 관리권자의 승낙하에 그 건물을 점유사용하고 있는 제3자의 점유가 당연히 불법점유가 되는 것은 아니다.(대판 1967.12.29, 67다2441)

2. 방해배제청구의 범위 건물의 공유지분권자는 동 건물 전부에 대하여 보존행위로서 방해배제 청구를 할 수 있다.(대판 1968.9.17, 68다1142, 1143)

3. 공유물 과반수 지분권자는 공유물 전부의 인도를 청구할 수 있는지 여부 공유물에 대한 과반수지분권자는 공유물의 관리방법으로 이를 점유하고 있는 다른 공유자 또는 제3자에 대하여 그 공유물 전부의 인도를 청구할 수 있다.(대판 1968.11.26, 68다1675)

4. 공유물을 사용수익할 구체적 방법을 정하는 것의 의미 공유자간에 공유물을 사용수익할 구체적 방법을 정하는 것은 공유물의 관리에 관한 사항이므로 토지의 공유자는 그 토지의 일부라고 하더라도 공유지분 과반수의 결의에 의한 것이 아닌 이상 자의로 배타적인 사용을 할 수 없다.(대판 1971.7.20, 71다1040)

5. 특정부분의 독점사용 허부 피고 을이 본건 토지의 1/2 지분에 대하여 시효취득기간의 경과로 인한 소유권이전등기 청구권을 가지고 있다 하여도 나머지 1/2 지분권자의 협의 없이는 본건 대지의 어느 부분도 이를 독점 사용수익할 수 없다.(대판 1978.5.23, 77다1157)

6. 토지 일부분에 대한 배타적인 사용수익 문제 공유물의 관리에 관하여 민 265조 본문의 규정에 따른 공유자 사이에 특별한 약정이 없는 한 토지의 공유자는 그 공유토지의 일부분이라고 하더라도 자의로 이를 배타적으로 사용수익할 수는 없다.(대판 1978.7.11, 78다695)

7. 재판상 청구에 의한 시효중단 공유자의 한 사람이 공유물의 보존행위로서 소제기한 경우라도, 동 소제기에 인한 시효중단의 효력은 재판상의 청구를 한 그 공유자에 한하여 발생하고, 다른 공유자에게는 미치지 아니한다.(대판 1979.6.26, 79다639)

8. 공유물의 관리에 관하여 공유자 지분의 과반수로써 결정한다는 의미 공유물의 관리에 관한 사항은 공유자의 지분의 과반수로서 결정한다 함은 공유물의 관리방법에 관하여 공유자의 지분과반수의 의사 또는 찬성이 있으면 이는 적법하다는 의미이므로 피고들의 공유지분을 합치면 780/963이 되는 이상 피고들이 원고들을 제외하고 서면으로 공유물의 관리방법을 정하였다고 하더라도 그 결의는 공유자 전원에 대한 관계에 있어서 유효하다.(대판 1980.9.9, 79다1131, 1132)

9. 공유지분 과반수 소유자의 타공유자에 대한 공유물인도 청구의 가부(적극) 공유 지분 과반수 소유자의 공유물인도청구는 민 265조의 규정에 따라 공유물의 관리를 위하여 구하는 것으로서 그 상대방인 타 공유자는 민 263조의 공유물의 사용수익권으로 이를 거부할 수 없다.(대판 1981.10.13, 81다653)

10. 단독으로 토지를 소유할 당시 그 소유자로부터 토지에 대한 사용수익권을 받은 후 그 토지에 다른 공유자가 생긴 경우에 그 공유자에 대하여 사용 수익권을 주장할 수 있는지 여부(소극) 단독으로 토지를 소유하고 있을 당시에 그 소유자로부터 토지에 대한 사용수익권을 부여받았다 하더라도 그 후 그 토지에 다른 공유자가 생겼을 경우 그 사용수익이 지분 과반수로써 결정된 공유물의 관리방법이 아닌 이상 그 사용수익권을 가지고 새로이 지분을 취득한 다른 공유자에 대하여는 이를 주장할 수 없다.(대판 1990.2.13, 89다카19665)

11. 구분소유적 공유관계에 있는 자가 전체토지에 대하여 제3자의 방해행위의 배제를 구할 수 있는지 여부(적극) 1필지의 토지 중 일부를 특정하여 매수하고 다만 그 소유권이전등기는 그 필지 전체에 관하여 공유지분권이전등기를 한 경우에는 그 특정부분 이외의 부분에 관한 등기는 상호 명의신탁을 하고 있는 것으로서, 그 지분권자는 내부관계에 있어서는 특정부분에 한하여 소유권을 취득하고 이를 배타적으로 사용·수익할 수 있고, 다른 구분소유자의 방해행위에 대하여는 소유권에 터잡아 그 배제를 구할 수 있으나, 외부관계에 있어서는 1필지 전체에 관하여 공유관계가 성립되고 공유자로서의 권리만을 주장할 수 있는 것이므로, 제3자의 방해행위가 있는 경우에는 자기의 구분소유 부분뿐 아니라 전체토지에 대하여 공유물의 보존행위로서 그 배제를 구할 수 있다.(대판 1994.2.8, 93다42986)

12. 보존행위에 기한 소수지분권자의 다른 소수지분권자에 대한 인도청구 가부(소극), **지분권에 기초한 방해제거, 금지 등 청구 가부**(적극) ① 공유물의 소수지분권자인 피고가 다른 공유자와 협의하지 않고 공유물의 전부 또는 일부를 독점적으로 점유하는 경우 다른 소수지분권자인 원고가 피고를 상대로 공유물의 인도를 청구할 수는 없다고 보아야 한다. ② 일부 공유자가 공유물의 전부나 일부를 독점적으로 점유한다면 이는 다른 공유자의 지분권에 기초한 사용·수익권을 침해하는 것이다. 공유자는 자신의 지분권 행사를 방해하는 행위에 대해서 민 214조에 따른 방해배제청구권을 행사할 수 있고, 공유물에 대한 지분권은 공유자 개개인에게 귀속되는 것이므로 공유자 각자가 행사할 수 있다. 원고는

공유물의 종류, 용도, 상태나 당사자의 관계 등을 고려해서 원고의 공동 점유를 방해하거나 방해할 염려 있는 피고의 행위와 방해물을 구체적으로 특정하여 방해의 금지, 제거, 예방(작위·부작위의무의 이행)을 청구하는 형태로 청구취지를 구성할 수 있다.(대판(全) 2020.5.21, 2018다287522)

13. 공유자 일부가 제3자를 상대로 다른 공유자의 지분의 확인을 구하는 소는 확인의 이익이 있는지 여부(소극) **및 공유자가 다른 공유자의 지분권을 대외적으로 주장하는 것이 공유물의 보존행위에 속하는지 여부**(소극) ① 공유자의 지분은 다른 공유자의 지분에 의하여 일정한 비율로 제한을 받는 것을 제외하고는 독립한 소유권과 같은 것으로 공유자는 그 지분을 부인하는 제3자에 대하여 각자 그 지분권을 주장하여 지분의 확인을 소구하여야 하는 것이고, 공유자 일부가 제3자를 상대로 다른 공유자의 지분의 확인을 구하는 것은 타인의 권리관계의 확인을 구하는 소에 해당한다고 보아야 할 것이므로 그 타인 간의 권리관계가 자기의 권리관계에 영향을 미치는 경우에 한하여 확인의 이익이 있다고 할 것이며, 공유물 전체에 대한 소유관계 확인도 이를 다투는 제3자를 상대로 공유자 전원이 하여야 하는 것이지 공유자 일부만이 그 관계를 대외적으로 주장할 수 있는 것이 아니므로, 아무런 특별한 사정이 없이 다른 공유자의 지분의 확인을 구하는 것은 확인의 이익이 없다. ② 공유자가 다른 공유자의 지분권을 대외적으로 주장하는 것을 공유물의 멸실·훼손을 방지하고 공유물의 현상을 유지하는 사실적·법률적 행위인 공유물의 보존행위에 속한다고 할 수 없다.(대판 1994.11.11, 94다35008)

14. 부동산 공유자의 1인이 자신의 공유지분이 아닌 '다른 공유자'의 공유지분을 침해하는 원인 무효의 등기가 이루어졌다는 이유로 그 부분 등기의 말소를 구할 수 있는지 여부(소극) 원고가 피고에 대하여 피고 명의로 마쳐진 소유권보존등기의 말소를 구하려면 먼저 원고에게 그 말소를 청구할 수 있는 권원이 있음을 적극적으로 주장·증명하여야 하며, 만일 원고에게 이러한 권원이 있음이 인정되지 않는다면 설사 피고 명의의 소유권보존등기가 말소되어야 할 무효의 등기라고 하더라도 원고의 청구를 인용할 수 없다. 공유자가 다른 공유자의 지분권을 대외적으로 주장하는 것을 공유물의 멸실·훼손을 방지하고 공유물의 현상을 유지하는 사실적·법률적 행위인 공유물의 보존행위에 속한다고 할 수 없으므로, 자신의 소유지분을 침해하는 지분 범위를 초과하는 부분에 대하여 공유물에 관한 보존행위로서 무효라고 주장하면서 그 부분 등기의 말소를 구할 수는 없다.(대판 2010.1.14, 2009다67429) 결국 공유물에 관한 원인무효의 등기에 대하여 모든 공유자가 항상 공유물의 보존행위로서 말소를 구할 수 있는 것은 아니고, 원인무효의 등기로 인하여 자신의 지분이 침해된 공유자에 한하여 공유물의 보존행위로서 그 등기의 말소를 구할 수 있을 뿐이므로, 원인무효의 등기가 특정 공유자의 지분에만 한정하여 마쳐진 경우에는 그로 인하여 지분을 침해받게 된 특정 공유자를 제외한 나머지 공유자들은 공유물의 보존행위로서 위 등기의 말소를 구할 수는 없다.(대판 2023.12.7, 2023다273206)

15. 공유자의 1인이 공유물에 관하여 소유권이전등기말소청구 기각의 확정판결을 받은 경우, 다른 공유자가 그 공유자의 지분에 관하여 보존행위로서 말소를 구할 수 있는지 여부(소극) 부동산의 공유자는 그 공유물에 대한 보존행위로서 공유물에 관한 원인무효의 등기 전부의 말소를 구할 수 있는 것이 원칙이지만, 공유자의 1인인 소외인이 제3자가 피고를 상대로 하여 제기한 소송에 독립당사자참가를 하여 그 부동산이 전부 자신의 소유인데 그 부동산에 관하여 경료된 피고 명의의 소유권이전등기는 원인무효의 등기라고 주장하면서 그 등기의 말소를 청구하였으나 그 청구가 기각되어 확정되었다면, 그 소외인은 확정판결의 기판력에 의하여 피고 및 그 소송의 사실심변론종결 후에 피고로부터 부동산지분을 일부 매수한 다른 피고를 상대로 부동산 중 자신의 지분에 관하여 피고들 명의의 지분소유권이전등기의 말소를 구할 수 없는 지위에 놓여 있다고 할 것이므로, 원고들이 소외인과 부동산을 공유하고 있다고 하더라도, 위와 같이 더 이상 말소청구가 받아들여질 수 없게 된 소외인의 지분에 관한 한, 보존행위로서 피고들 명의의 소유권이전등기의 말소를 구할 수 없다.(대판 1994.11.18, 92다33701)

16. 일방 공유자의 보존권 행사가 다른 공유자의 이해와 충돌하는 경우 보존행위로 볼지 여부(소극) 공유물의 보존행위는 공유물의 멸실 훼손을 방지하고 그 현상을 유지하기 위하여 하는 사실적 법률적 행위로서 이러한 공유물의 보존행위를 각 공유자가 단독으로 할 수 있도록 한 취지는 그 보존행위가 긴급을 요하는 경우가 많고 다른 공유자에게도 이익이 되는 것이 보통이기 때문이므로 어느 공유자가 보존권을 행사하는 때에 그 행사의 결과가 다른 공유자의 이해와 충돌될 때에는 그 행사는 보존행위로 될 수 없다.(대판 1995.4.7, 93다54736)

17. 구분소유자의 지분권 행사가 다른 구분소유자들의 이익에 어긋날 수 있는 경우 권리행사의 법적 성질(=관리행위) 집합건물 16조 1항의 취지는 집합건물의 공용부분과 대지의 현상을 유지하기 위한 보존행위를 관리행위와 구별하여 공유자인 구분소유자가 단독으로 행사할 수 있도록 정한 것이다. 민 265조 단서의 취지, 집합건물법의 입법 취지와 관련 규정을 종합하여 보면, 구분소유자가 공용부분과 대지에 대해 그 지분권에 기하여 권리를 행사할 때 이것이 다른 구분소유자들의 이익에 어긋날 수 있다면 이는 각 구분소유자가 집합건물 16조 1항 단서에 의하여 개별적으로 할 수 있는 보존행위라고 볼 수 없고 집합건물 16조 1항 본문에 따라 관리단집회의 결의를 거쳐야 하는 관리행위라고 보아야 한다.(대판 2019.9.26, 2015다208252)

18. 보존행위로서 진정명의회복을 원인으로 한 소유권이전등기청구 부동산의 공유자 중 한 사람은 공유물에 대한 보존행위로서 그 공유물에 관한 원인무효의 등기 전부의 말소를 구할 수 있고, 진정명의회복을 원인으로 한 소유권이전등기청구권과 무효등기의 말소청구권은 어느 것이나 진정한 소유자의 등기명의를 회복하기 위한 것으로서 실질적으로 그 목적이 동일하고 두 청구권 모두 소유권에 기한 방해배제청구권으로서 그 법적 근거와 성질이 동일하므로, 공유자 중 한 사람은 공유물에 경료된 원인무효의 등기에 관하여 각 공유자에게 해당 지분별로 진정명의회복을 원인으로 한 소유권이전등기를 이행할 것을 단독으로 청구할 수 있다.(대판 2005.9.29, 2003다40651)

19. 공유자의 손해배상청구권의 범위 공유물에 끼친 불법행위를 이유로 하는 손해배상청구권은 특별한 사유가 없는 한 각 공유자가 지분에 대응하는 비율의 한도내에서만 이를 행사할 수 있다.(대판 1970.4.14, 70다171)

20. 공유지분권의 본질적 부분을 침해하는 특약이 특정승계인에게 승계되는지 여부(소극) 공유물에 관한 특약이 지분권자로서의 사용수익권을 사실상 포기하는 등으로 공유지분권의 본질적 부분을 침해한다고 볼 수 있는 경우에는 특정승계인이 그러한 사실을 알고도 공유지분권을 취득하였다는 등의 특별한 사정이 없는 한 특정승계인에게 당연히 승계되는 것으로 볼 수는 없다.(대판 2009.12.10, 2009다54294)

21. 부동산 일부 지분 소유자가 다른 지분 소유자의 동의 없이 부동산을 다른 사람에게 임대하여 임대차보증금을 받은 경우, 부당이득 또는 불법행위가 성립하는지 여부(적극) **및 그 반환 또는 손해배상의 범위**(=차임 상당액) 부동산의 일부 지분 소유자가 다른 지분 소유자의 동의 없이 부동산을 다른 사람에게 임대하여 임대차보증금을 받았다면, 그로 인한 수익 중 자신의 지분을 초과하는 부분은 법률상 원인 없이 취득한 부당이득이 되어 다른 지분 소유자에게 이를 반환할 의무가 있다. 또한 이러한 무단 임대행위는 다른 지분

소유자의 공유지분의 사용·수익을 침해한 불법행위가 성립되어 그 손해를 배상할 의무가 있다. 다만 그 반환 또는 배상의 범위는 부동산 임대차로 인한 차임 상당액이고 부동산의 임대차보증금 자체에 대한 다른 지분 소유자의 지분비율 상당액을 구할 수는 없다.(대판 2021.4.29, 2018다261889)

22. 상가건물의 공유자인 임대인이 임차인에게 갱신거절의 통지를 하는 것이 공유물의 관리행위인지 여부(적극) 공유자가 공유물을 타인에게 임대하는 행위 및 그 임대차계약을 해지하는 행위는 공유물의 관리행위에 해당하므로 민 265조 본문에 의하여 공유자의 지분의 과반수로써 결정하여야 한다. 상가건물 임대차보호법이 적용되는 상가건물의 공유자인 임대인이 같은 법 10조 4항에 의하여 임차인에게 갱신거절의 통지를 하는 행위는 실질적으로 임대차계약의 해지와 같이 공유물의 임대차를 종료시키는 것이므로 공유물의 관리행위에 해당하여 공유자의 지분의 과반수로써 결정하여야 한다.(대판 2010.9.9, 2010다37905)

第266條【共有物의 負擔】 ① 共有者는 그 持分의 比率로 共有物의 管理費用 其他 義務를 負擔한다.

② 共有者가 1年 以上 前項의 義務履行을 遲滯한 때에는 다른 共有者는 相當한 價額으로 持分을 買受할 수 있다.

▣ 지분의 비율(262), 공유물의 관리(265), 특칙(상757·761)

1. 다른 공유자에 대한 구상권 공유재산에 관한 취득세와 재산세를 공유자의 한 사람이 이를 부담하였다면 특단의 사정이 없는 한 다른 공유자에게 그 부담부분에 대하여 구상채권을 갖는다.(대판 1984.11.27, 84다카317, 318)

2. 관리비용의 부담관계 과반수지분권자가 관리행위가 되는 정지공사를 시행함에 있어 시공회사에 대하여 공사비용은 자신이 정산하기로 약정하였다면 그 공사비를 직접 부담해야 할 사람은 과반수지분권자만이라 할 것이고, 다만 그가 그 공사비를 지출하였다면 다른 공유자에게 그의 지분비율에 따른 공사비만을 상환청구할 수 있을 뿐이다.(대판 1991.4.12, 90다20220)

3. 매수청구권을 행사함에 있어 먼저 매수대상지분 전부의 매매대금을 제공하여야 하는지 여부(적극) 민 266조 2항의 규정에 의하여 공유자가 다른 공유자의 의무이행지체를 이유로 그 지분의 매수청구권을 행사함에 있어서는 매수대상이 되는 지분 전부의 매매대금을 제공한 다음 매수청구권을 행사하여야 한다.(대판 1992.10.9, 92다25656)

4. 공유물 관리에 관하여 제3자와 계약을 체결한 경우 공유자 간 부담관계 공유자가 공유물의 관리에 관하여 제3자와 계약을 체결한 경우에 그 계약에 기하여 제3자가 지출한 관리비용의 상환의무를 누가 어떠한 내용으로 부담하는가는 일차적으로 당해 계약의 해석으로 정하여진다. 공유자들이 공유물의 관리비용을 각 지분의 비율로 부담한다는 내용의 민 266조 1항은 공유자들 사이의 내부적인 부담관계에 관한 규정일 뿐이다. 따라서 상가건물의 일부에서 숙박업을 하는 공유자들이 건물의 관리를 담당한 단체와 체결한 숙박사업장의 관리에 관한 계약은 상 57조 1항에서 규정하는 상행위에 해당하므로, 위 공유자들은 연대하여 관리비 전액의 지급의무를 부담한다.(대판 2009.11.12, 2009다54034, 54041)

第267條【持分抛棄 等의 境遇의 歸屬】 共有者가 그 持分을 抛棄하거나 相續人없이 死亡한 때에는 그 持分은 다른 共有者에게 各 持分의 比率로 歸屬한다.

▣ 지분(262), 상속인의 부존재(1053-1059)

第268條【共有物의 分割請求】 ① 共有者는 共有物의 分割을 請求할 수 있다. 그러나 5年內의 期間으로 分割하지 아니할 것을 約定할 수 있다.

② 前項의 契約을 更新한 때에는 그 期間은 更新한 날로부터 5年을 넘지 못한다.

③ 前2項의 規定은 第215條, 第239條의 共有物에는 適用하지 아니한다.

▣ 분할의 제한(215·239, 집합건물8)

1. 공유물분할 또는 분할금지의 약정이 공유지분권의 특정승계인에게 당연히 승계되는지의 여부(소극) 공유물을 분할한다는 공유자간의 약정이 공유와 서로 분리될 수 없는 공유자간의 권리관계라 할지라도 그것이 그 후 공유지분권을 양수받은 특정승계인에게 당연히 승계된다고 볼 근거가 없을 뿐 아니라 공유물을 분할하지 아니한다는 약정(민 268조 1항 단서) 역시 공유와 서로 분리될 수 없는 공유자간의 권리관계임에도 불구하고 이 경우엔 부동산등기법 89조에 의하여 등기하도록 규정하고 있는 점을 대비하여 볼 때 다 같은 분할에 관한 약정이면서 분할특약의 경우에만 특정승계인에게 당연승계된다고 볼 수 없다.(대판 1975.11.11, 75다82)

2. 공동명의수탁자들 사이에 공유물분할이 허용되는지 여부(소극) 공동명의수탁을 받은 경우 수탁자들이 수탁받은 부동산에 대하여 공유물분할을 하는 것은 명의신탁의 목적에 반하고 신탁자가 명의신탁을 한 취지에도 어긋나는 것이고, 특히 종중의 재산을 보존하고 함부로 처분하지 못하게 하기 위하여 다수의 종중원에게 공동으로 명의신탁한 경우에는 더욱 그 취지에 반하는 것으로서 허용되지 아니한다.(대판 1993.2.9, 92다37482)

3. 공유물분할의 협의에 따라 그중 특정 토지를 단독으로 소유하고 나머지 토지에 대한 지분을 다른 공유자에게 이전한 경우, 그 특정 토지 전부에 대하여 명의신탁관계가 존속하는지 여부(적극) 여러 필지의 토지의 각 일부 지분을 명의신탁받은 명의수탁자가 임의로 명의신탁관계가 없는 다른 공유자들과의 공유물분할의 협의에 따라 특정 토지를 단독으로 소유하고 나머지 토지에 대한 지분을 다른 공유자에게 이전한 경우, 명의수탁자가 특정 토지를 단독으로 소유하게 된 것은 형식적으로는 다른 공유자들의 지분의 등기명의를 승계취득한 것과 같은 형태를 취하고 있으나 실질적으로는 명의신탁받은 여러 필지의 토지에 분산되어 있는 지분을 분할로 인하여 취득하는 특정 토지에 집중시켜 그에 대한 소유 형태를 변경한 것에 불과하다고 할 것이므로, 그 공유물분할이 명의신탁자의 의사와 관계없이 이루어진 것이라고 하더라도 명의신탁자와 명의수탁자 사이의 명의신탁관계는 위 특정 토지 전부에 그대로 존속한다.(대판(全) 1999.6.17, 98다58443)

4. 부동산의 공동명의 수탁자가 그 부동산에 관하여 신탁자의 의사에 반하여 공유물분할을 한 후 경료한 각 그 지분이전등기의 효력 부동산의 공동명의수탁자들이 그 부동산에 대하여 공유물분할을 하고 각 그 지분을 서로 이전하여 단독소유로 하는 것은 수탁자들이 대외적인 소유형태를 변경하는 것일 뿐 명의신탁관계를 소멸시키는 수탁부동산의 처분행위가 아니므로 비록 그 공유물분할이 신탁자의 의사에 반한 것이더라도 그것이 신탁자에 대한 반사회적인 배임행위가 된다거나 그 지분이전등기가 원인 없는 무효의 등기라고는 할 수 없다.(대판 1987.2.24, 86다215, 86다카1071)

5. 공유물분할의 대상 민 268조가 규정하는 공유물의 분할은 공유자 상호간의 지분의 교환 또는 매매를 통하여 공유의 객체를 단독 소유권의 대상으로 하여 그 객체에 대한 공유관계를 해소하는 것을 말하므로 분할의 대상이 되는 것은 어디까지나 공유물에 한한다.(대판 2002.4.12, 2002다4580)

6. 명의신탁한 주식에 관하여 명의신탁자로서 준공유하는 명의수탁자에 대한 주권의 인도 또는 양도청구 권능의 분할을 구하는 공유물분할 청구소송의 적법 여부(소극) 민 268

조가 규정하는 공유물의 분할은 공유지분의 교환 또는 매매로 공유의 객체를 단독 소유권의 대상으로 하여 그 객체에 대한 공유관계를 해소하는 것을 말하므로 분할의 대상이 되는 것은 어디까지나 권리의 객체인 공유물이고, 그 권리에 내재하거나 그로부터 파생하는 권능은 이를 분할할 수 없다고 할 것이므로, 명의신탁한 주식에 관하여 명의신탁자로서 준공유하는 명의수탁자에 대한 주권의 인도 또는 양도청구권능의 분할을 구하는 공유물분할청구의 소는 권리보호의 자격을 결하여 부적법하다.(대판 2000.1.28, 98다17183)

7. 공유물분할청구의 소의 소송형태 공유물분할청구의 소는 분할을 청구하는 공유자가 원고가 되어 다른 공유자 전부를 공동피고로 하여야 하는 고유필수적 공동소송이다.(대판 2003.12.12, 2003다44615, 44622)

8. 상호명의신탁관계에 있는 공유자가 다른 공유자를 상대로 공유물분할청구 가부(소극) 공유물분할청구는 공유자의 일방이 그 공유지분권에 터잡아서 하는 것이므로, 공유지분권이 아닌 목적물의 특정 부분을 소유한다고 주장하는 자는 그 부분에 대하여 신탁적으로 지분등기를 가지고 있는 자를 상대로 하여 그 특정 부분에 대한 명의신탁 해지를 원인으로 한 지분이전등기절차의 이행을 구하면 되고, 이에 갈음하여 공유물분할청구를 할 수는 없다. 그리고 토지의 각 특정 부분을 구분하여 소유하면서 상호명의신탁으로 공유등기를 해 둔 경우 그 토지가 분할되면 분할된 각 토지에 상호명의신탁관계가 그대로 존속되는 것이고, 분할된 토지의 한 쪽 토지에 대한 상호명의신탁관계가 소멸되었다고 하여도 나머지 분할토지에 관한 명의신탁관계가 당연히 소멸되는 것은 아니다.(대판 2011.10.13, 2010다52362)

9. 금전채권자의 공유물분할청구권 대위행사 가부(원칙적 소극) (대판(全) 2020.5.21, 2018다879) → 제404조 참조

第269條【分割의 方法】

① 分割의 方法에 關하여 協議가 成立되지 아니한 때에는 共有者는 法院에 그 分割을 請求할 수 있다.

② 現物로 分割할 수 없거나 分割로 因하여 顯著히 그 價額이 減損될 念慮가 있는 때에는 法院은 物件의 競賣를 命할 수 있다.

■ 본조준용(1013), 분할(268), 유산분할의 방법(1012)

1. 공유물분할의 자유와 그 분할방법 공유는 물건에 대한 공동소유의 한 형태로서 물건에 대한 1개의 소유권이 분량적으로 분할되어 여러 사람에게 속하는 것이므로 특별한 사정이 없는 한 각 공유자는 공유물의 분할을 청구하여 기존의 공유관계를 폐지하고 각 공유자간에 공유물을 분배하는 법률관계를 실현하는 일방적인 권리를 가지는 것이며(공유물분할의 자유), 공유물의 분할은 당사자간에 협의가 이루어지는 경우에는 그 방법을 임의로 선택할 수 있으나 협의가 이루어지지 아니하여 재판에 의하여 공유물을 분할하는 경우에는 법원은 현물로 분할하는 것이 원칙이고, 현물로 분할할 수 없거나 현물로 분할을 하게 되면 현저히 그 가액이 감손될 염려가 있는 때에 비로소 물건의 경매를 명할 수 있다.(대판 1991.11.12, 91다27228)

2. 공유자 전원의 참가 요부 공유물의 분할은 협의에 의한 재판상의 분할이거나를 막론하고 공유자 전원이 분할절차에 참여하여야 한다.(대판 1968.5.21, 68다414, 415)

3. 공유물의 경매분할을 명한 판결에 기하여 경매신청을 할 수 있는 자의 범위 공유물을 경매에 부쳐 그 매득금을 분배할 것을 명한 판결은 경매를 조건으로 하는 특수한 형성판결로서 공유자 전원에 대하여 획일적으로 공유관계의 해소를 목적으로 하는 것이므로 그 판결의 당사자는 원고·피고의 구별없이 동 판결에 기한 그 공유물의 경매를 신청할 권리가 있다.(대결 1979.3.8, 79마5)

4. 재판에 의한 공유물 분할에 있어서의 현물분할과 대금분할 재판에 의한 공유물 분할은 원칙적으로 현물분할에 의하고 그것이 불가능하거나 또는 그것으로 인하여 분할된 토지 상호간에 간격의 차이가 생기거나 그 가격을 감소할 염려가 있는 경우에만 예외적으로 경매대금의 분할의 방법에 의할 수 있는 것이다.(대판 1980.9.9, 79다1131, 1132)

5. "분할로 인하여 현저히 그 가액이 감손될 염려가 있는 때"의 의미 민 269조 2항 소정의 대금분할을 해야 할 경우인 분할로 인하여 현저히 그 가액이 감손될 염려가 있는 때라 함은 그 공유물 전체의 교환가치가 현물분할로 인하여 현저하게 감손될 경우 뿐만 아니라 공유자들에게 공정한 분할이 이루어지지 아니하여 그중의 한사람이라도 현물분할에 의하여 단독으로 소유하게 될 부분의 가액이 공유물 분할전의 소유지분가액 보다 현저하게 감손될 경우도 이에 포함된다 할 것이므로 비록 형식적으로는 현물분할이 가능하다 하더라도 공유물의 위치, 면적과 주변도로상황, 사용가치, 가격, 각 공유자의 소유지분 비율에 따른 공평한 분할이 이루어질 수 없는 경우에는 현물 분할방법에 의할 것이 아니라 대금분할방법으로 그 공유물을 분할하여야 할 것이다.(대판 1985.2.26, 84다카1194)

6. 분할청구자가 바라는 방법에 따른 현물분할을 하는 것이 부적당하거나 그 가액이 현저히 감손될 염려가 있는 경우 법원이 취해야 할 조치 법원은 공유물분할을 청구하는 자가 구하는 방법에 구애받지 아니하고 자유로운 재량에 따라 합리적인 방법으로 공유물을 분할할 수 있는 것이므로, 분할청구자가 바라는 방법에 따른 현물분할을 하는 것이 부적당하거나 이 방법에 따르면 그 가액이 현저히 감손될 염려가 있다고 하여 이를 이유로 막바로 대금분할을 명할 것은 아니고, 다른 방법에 의한 합리적인 현물분할이 가능하면 법원은 그 방법에 따른 현물분할을 명하는 것도 가능하다.(대판 1991.11.12, 91다27228)

7. 공유물의 분할방법 일정한 요건이 갖추어진 경우에는 공유자 상호간에 금전으로 경제적 가치의 과부족을 조정하게 하여 분할을 하는 것도 현물분할의 한 방법으로 허용되는 것이며 여러 사람이 공유하는 물건을 현물분할하는 경우에는 분할청구자의 지분한도 안에서 현물분할을 하고 분할을 원하지 않는 나머지 공유자는 공유자로 남는 방법도 허용될 수 있다.(대판 1991.11.12, 91다27228)

8. 법원이 공유물을 현물분할하는 기준 현물분할의 방법은 법원의 자유재량에 따라 공유관계나 그 객체인 물건의 제반 상황에 따라 공유자의 지분비율에 따라 합리적으로 분할하면 되는 것이고, 여기에서 공유지분비율에 따른다 함은 지분에 따른 가액비율에 따름을 의미하는 것으로 보는 것이 상당하므로 토지를 분할하는 경우에는 원칙적으로는 각 공유자가 취득하는 토지의 면적이 그 공유지분의 비율과 같아야 할 것이나, 반드시 그렇게 하지 아니하면 안되는 것은 아니고 토지의 형상이나 위치, 그 이용상황이나 경제적 가치가 균등하지 아니할 때에는 이와 같은 제반 사정을 고려하여 경제적 가치가 지분비율에 상응하도록 분할하는 것도 허용된다.(대판 1991.11.12, 91다27228)

9. 법원이 경매분할의 방법을 선택할 때 유의할 사항 재판에 의하여 공유물을 분할하는 경우에 법원은 현물로 분할하는 것이 원칙이므로, 불가피하게 경매분할을 할 수밖에 없는 요건에 관한 객관적·구체적인 심리 없이 단순히 공유자들 사이에 분할의 방법에 관하여 의사가 합치하고 있지 않다는 등의 주관적·추상적인 사정을 들어 함부로 경매분할을 명하는 것은 허용될 수 없다. 특히 공동상속을 원인으로 하는 공유관계처럼 공유자들 사이에 긴밀한 유대관계가 있어서 이들 사이에 공유물 사용에 관한 명시적 또는 묵시적 합의가 있었고, 공유자 전부 또는 일부가 분할의 목적이 된 공유토지나 그 지상 건물에서 거주·생활하는 등 공유물 점유·사용의 형태를 보더라도 이러한 합의를 충분히 추단할 수 있는 사안에서, 그러한 공유자 일부의 지분을 경매 등으로

취득한 사람이 공유물 점유·사용에 관한 기존의 명시적·묵시적 합의를 무시하고 경매분할의 방법으로 분할할 것을 주장한다면 법원으로서는 기존 공유자들의 합의에 의한 점유·사용관계를 해치지 않고 공유물을 분할할 수 있는 방법을 우선적으로 강구하여야 한다. 따라서 이러한 경우 법원이 경매분할을 선택하기 위해서는 현물로 분할할 수 없거나 현물로 분할하게 되면 그 가액이 현저히 감손될 염려가 있다는 사정이 분명하게 드러나야 하고, 현물분할을 위한 금전적 조정에 어려움이 있다고 하여 경매분할을 명하는 것에는 매우 신중하여야 한다.(대판 2023.6.29, 2020다260025)

10. 이미 분할에 관한 협의가 성립된 경우 공유물분할의 소를 제기하거나 유지함이 허용되는지 여부(소극) 공유물분할은 협의분할을 원칙으로 하고 협의가 성립되지 아니한 때에는 재판상 분할을 청구할 수 있으므로 공유자 사이에 이미 분할에 관한 협의가 성립된 경우에는 일부 공유자가 분할에 따른 이전등기에 협조하지 않거나 분할에 관하여 다툼이 있더라도 그 분할된 부분에 대한 소유권이전등기를 청구하든가 소유권확인을 구함은 별문제이나 또다시 소로써 그 분할을 청구하거나 이미 제기한 공유물분할의 소를 유지함은 허용되지 않는다.(대판 1995.1.12, 94다30348)

11. 공유물을 공유자 중의 1인 단독소유 또는 수인의 공유로 하고 다른 공유자에 대하여는 가격배상만 하는 방법의 공유물분할이 가능한지 여부(적극) 공유관계의 발생원인과 공유지분의 비율 및 분할된 경우의 경제적 가치, 분할 방법에 관한 공유자의 희망 등의 사정을 종합적으로 고려하여 당해 공유물을 특정한 자에게 취득시키는 것이 상당하다고 인정되고, 다른 공유자에게는 그 지분의 가격을 취득시키는 것이 공유자 간의 실질적인 공평을 해치지 않는다고 인정되는 특별한 사정이 있는 때에는 공유물을 공유자 중의 1인의 단독소유 또는 수인의 공유로 하되 현물을 소유하게 되는 공유자로 하여금 다른 공유자에 대하여 그 지분의 적정하고도 합리적인 가격을 배상시키는 방법에 의한 분할도 현물분할의 하나로 허용된다.(대판 2004.10.14, 2004다30583)

12. 가격배상의 기준이 되는 지분가격의 의미 가격배상의 기준이 되는 '지분가격'이란 공유물분할 시점의 객관적인 교환가치에 해당하는 시장가격 또는 매수가격을 의미하는 것으로, 그 적정한 산정을 위해서는 분할 시점에 가까운 사실심 변론종결일을 기준으로 변론과정에 나타난 관련 자료를 토대로 최대한 객관적·합리적으로 평가하여야 하므로, 객관적 시장가격 또는 매수가격에 해당하는 시가의 변동이라는 사정을 일절 고려하지 않은 채 그러한 사정이 제대로 반영되지 아니한 감정평가액에만 의존하여서는 아니 된다.(대판 2022.9.7, 2022다244805)

13. 공유물분할을 위한 경매에서 목적부동산 위의 부담을 소멸시키는 것을 법정매각조건으로 하는지 여부(적극) 공유물분할을 위한 경매에서 인수주의를 취할 경우 구 민사소송법이 목적부동산 위의 부담에 관하여 그 존부 및 내용을 조사·확정하거나 인수되는 부담의 범위를 제한하는 규정을 두고 있지 않을뿐더러 목적부동산 위의 부담이 담보하는 채무를 매수인이 인수하도록 하는 규정도 두고 있지 않아 매수인 및 피담보채무의 채무자나 물상보증인이 매우 불안정한 지위에 있게 되며, 목적부동산 중 일부 공유지분에 관하여만 부담이 있는 때에는 매수인으로 하여금 그 부담을 인수하도록 하면서도 그러한 사정을 고려하지 않은 채 공유자들에게 매각대금을 공유지분 비율로 분배한다면 이는 형평에 반하는 결과가 될 뿐 아니라 공유물분할소송에서나 경매절차에서 공유지분 외의 합리적인 분배비율을 정하기도 어려우므로, 공유물분할을 위한 경매도 강제경매나 담보권 실행을 위한 경매와 마찬가지로 목적부동산 위의 부담을 소멸시키는 것을 법정매각조건으로 하여 실시된다. 다만, 집행법원은 필요한 경우 위와 같은 법정매각조건과는 달리 목적부동산 위의 부담을 소멸시키지 않고 매수인으로 하여금 인수하도록 할 수 있으나, 이 때에는 매각조건 변경결정을 하여 이를 고지하여야 한다.(대판 2009.10.29, 2006다37908)

14. 공유물분할청구의 소에서 법원이 등기의무자가 아닌 자를 상대로 등기의 말소절차 이행을 명할 수 있는지 여부(소극) 공유물분할청구의 소는 형성의 소로서 법원은 공유물분할을 청구하는 원고가 구하는 방법에 구애받지 않고 재량에 따라 합리적 방법으로 분할을 명할 수 있다. 그러나 법원은 등기의무자, 즉 등기부상의 형식상 그 등기에 의하여 권리를 상실하거나 기타 불이익을 받을 자(등기명의인이거나 그 포괄승계인)가 아닌 자를 상대로 등기의 말소절차 이행을 명할 수는 없다.(대판 2020.8.20, 2018다241410, 241427)

第270條【分割로 因한 擔保責任】 共有者는 다른 共有者가 分割로 因하여 取得한 物件에 對하여 그 持分의 比率로 賣渡人과 同一한 擔保責任이 있다.

▣ 매도인의 담보책임(568-583), 상속재산분할과 담보책임(1016)

第271條【物件의 合有】 ① 法律의 規定 또는 契約에 依하여 數人이 組合體로서 物件을 所有하는 때에는 合有로 한다. 合有者의 權利는 合有物 全部에 미친다.

② 合有에 關하여는 前項의 規定 또는 契約에 依하는 外에 다음 3條의 規定에 依한다.

▣ 조합(703-724), 공동수탁자(신탁(45), 합유등기(등기44)

1. 합유재산에 대한 소유권이전등기청구의 소의 소송형태 피고등의 합유로 소유권이전등기가 마쳐진 부동산에 대하여 원고의 명의신탁해지로 인한 소유권이전등기이행청구소송은 합유재산에 관한 소송으로서 고유필요적 공동소송에 해당된다.(대판 1983.10.25, 83다카850)

2. 합유자 중 일부가 사망한 경우 소유권의 귀속 부동산의 합유자 중 일부가 사망한 경우 합유자 사이에 특별한 약정이 없는 한 사망한 합유자의 상속인은 합유자로서의 지위를 승계하는 것이 아니므로 해당 부동산은 잔존 합유자가 2인 이상일 경우에는 잔존 합유자의 합유로 귀속되고 잔존 합유자가 1인인 경우에는 잔존 합유자의 단독소유로 귀속된다.(대판 1996.12.10, 96다23238)

3. 합유자가 지분을 포기한 경우 그 지분권의 귀속관계 및 그에 따른 지분이전등기가 경료되지 않은 경우 지분을 포기한 합유자의 지위 합유지분 포기가 적법하다면 그 포기된 합유지분은 나머지 잔존 합유지분권자들에게 균분으로 귀속하게 되지만 그와 같은 물권변동은 합유지분권의 포기라고 하는 법률행위에 의한 것이므로 등기하여야 효력이 있고 지분을 포기한 합유지분권자로부터 잔존 합유지분권자들에게 합유지분권 이전등기가 이루어지지 않는 한 지분을 포기한 지분권자는 제3자에 대하여 여전히 합유지분권자로서의 지위를 가지고 있다.(대판 1997.9.9, 96다16896)

4. 특허권의 공유관계의 법적 성질 특허권을 공유하는 경우에 각 공유자는 다른 공유자의 동의를 얻지 아니하면 그 지분을 양도하거나 그 지분을 목적으로 하는 질권을 설정할 수 없고, 그 특허권에 대하여 전용실시권을 설정하거나 통상실시권을 허락할 수 없는 등 특허권의 공유관계는 합유에 준하는 성질을 가진다.(대판 1999.3.26, 97다41295)

5. 부동산의 소유자가 동업계약에 의하여 부동산의 소유권을 투자하기로 하였으나 아직 그의 소유로 등기가 되어 있는 경우, 제3자에 대한 소유권 행사 가부(적극) 부동산의 소유자가 동업계약(조합계약)에 의하여 부동산의 소유권을 투자하기로 하였으나 아직 그의 소유로 등기가 되어 있고 조합원의 합유로 등기되어 있지 않다면, 그와 조합 사이에 채권적인 권리의무가 발생하여 그로 하여금 조합에 대하여 그 소유권을 이전할 의무 내지 그 사용을 인용할 의무가 있다고 할 수는 있지만, 그 동업계약을 이유로 조합계약 당사

자 아닌 사람에 대한 관계에서 그 부동산이 조합원의 합유에 속한다고 할 근거는 없으므로, 조합원이 아닌 제3자에 대하여는 여전히 소유자로서 그 소유권을 행사할 수 있다.(대판 2002.6.14, 2000다30622)

6. 동업을 목적으로 하는 조합이 조합체로서 또는 조합재산으로서 부동산의 소유권을 취득한 경우 그 부동산은 조합체의 합유물인지 여부(적극) 동업을 목적으로 한 조합이 조합체로서 또는 조합재산으로서 부동산의 소유권을 취득하였다면, 민 271조 1항의 규정에 의하여 당연히 그 조합체의 합유물이 된다.(대판 2002.6.14, 2000다30622)

7. 합유등기를 하지 않고 조합원들 명의로 각 지분에 관하여 공유등기를 한 경우 명의신탁의 성부(적극) 조합체가 합유등기를 하지 아니하고 그 대신 조합원들 명의로 각 지분에 관하여 공유등기를 하였다면, 이는 그 조합체가 조합원들에게 각 지분에 관하여 명의신탁한 것으로 보아야 한다.(대판 2002.6.14, 2000다30622)

第272條【合有物의 處分, 變更과 保存】 合有物을 處分 또는 變更함에는 合有者 全員의 同意가 있어야 한다. 그러나 保存行爲는 各自가 할 수 있다.

■ 합유(271), 합유지분의 처분과 합유물의 분할금지(273), 공유물의 처분, 변경, 관리, 보존(264·265), 총유물의 관리 처분(276)

▶ **합유물의 처분행위**

1. 공동의 공유수면매립면허에 대한 면허권 양도의 효력 공동으로 공유수면매립면허를 받아 매립공사를 동업하는 두 회사 중 한 회사가 조합재산인 위 면허권 전부를 다른 회사의 동의 없이 타인에게 양도하였다면 이는 합유물을 합유자 전원의 동의 없이 처분한 것이 되어 무효이다.(대결 1991.5.15, 91마186)

2. 업무집행자가 없는 조합의 업무집행의 방법 및 조합재산의 처분·변경이 특별사무에 관한 업무집행인지 여부(적극) 업무집행자의 선임에 조합원 전원의 찬성이 있을 것을 요하지 아니하고 업무집행자는 업무집행에 관하여 대리권 있는 것으로 추정하도록 한 민 706조, 709조의 규정 취지에 비추어 볼 때, 업무집행자가 없는 경우에도 조합의 업무집행에 조합원 전원의 동의는 필요하지 않다고 하여야 할 것이고, 한편 조합재산의 처분·변경도 조합의 업무집행의 범위에 포함된다고 할 것이므로, 결국 업무집행자가 없는 경우에는 조합의 통상사무의 범위에 속하지 아니하는 특별사무에 관한 업무집행은 원칙적으로 조합원의 과반수로써 결정하는 것이고, 조합재산의 처분·변경에 관한 행위는 다른 특별한 사정이 없는 한 조합의 특별사무에 해당하는 업무집행이라고 보아야 한다. 다만, 조합의 업무집행 방법에 관한 위와 같은 민법 규정은 임의규정이라고 할 것이므로 당사자 사이의 약정에 의하여 조합의 업무집행에 관하여 조합원 전원의 동의를 요하도록 하는 등 그 내용을 달리 정할 수 있고, 그와 같은 약정이 있는 경우에는 조합의 업무집행은 조합원 전원의 동의가 있는 때에만 유효하다.(대판 1998.3.13, 95다30345)

3. 업무집행조합원이 수인 있는 경우, 특별사무에 관한 업무집행으로서의 조합재산 처분·변경의 방법 조합재산의 처분·변경에 관한 행위는 다른 특별한 사정이 없는 한 조합의 특별사무에 해당하는 업무집행이며, 업무집행조합원이 수인 있는 경우에는 조합의 통상사무의 범위에 속하지 아니하는 특별사무에 관한 업무집행은 민 706조 2항에 따라 원칙적으로 업무집행조합원의 과반수로써 결정한다.(대판 2000.10.10, 2000다28506, 28513)

▶ **합유물의 보존행위**

1. 합유물에 관한 원인 무효의 소유권이전등기의 말소청구소송과 합유물의 보존행위 합유물에 관하여 경료된 원인 무효의 소유권이전등기의 말소를 구하는 소송은 합유물에 관한 보존행위로서 합유자 각자가 할 수 있다.(대판 1997.9.9, 96다16896)

5. 공동수급체가 경쟁입찰에 참가하였으나 다른 경쟁업체가 낙찰자로 선정되자 그 공동수급체의 구성원 중 1인이 낙찰자 선정 무효확인의 소를 제기하는 것이 합유재산의 보존행위에 해당 여부(적극) 민법상 조합인 공동수급체가 경쟁입찰에 참가하였다가 다른 경쟁업체가 낙찰자로 선정된 경우, 그 공동수급체의 구성원 중 1인이 그 낙찰자 선정이 무효임을 주장하며 무효확인의 소를 제기하는 것은 그 공동수급체가 경쟁입찰과 관련하여 갖는 법적 지위 내지 법률상 보호받는 이익이 침해될 우려가 있어 그 현상을 유지하기 위하여 하는 소송행위이므로 이는 합유재산의 보존행위에 해당한다.(대판 2013.11.28, 2011다80449)

第273條【合有持分의 處分과 合有物의 分割禁止】 ① 合有者는 全員의 同意없이 合有物에 對한 持分을 處分하지 못한다.

② 合有者는 合有物의 分割을 請求하지 못한다.

■ 합유물의 처분, 변경, 보존(272), 공유물의 처분, 변경, 분할(264·268), 총유물의 관리 처분(276)

▶ **1항**

1. 전원의 동의가 없는 지분매매의 효력 합유자는 전원의 동의 없이는 합유물에 대한 지분을 처분하지 못하는 것이므로 그 동의가 없는 이상 지분매매도 할 수 없다.(대판 1970.12.29, 69다22)

2. 민법상 조합에서 다른 조합원의 동의 없이 각자 지분을 자유로이 양도할 수 있도록 조합원 상호 간에 약정하거나 사후적으로 지분 양도를 인정하는 합의를 하는 것이 유효한지 여부(적극) 2인 이상이 상호 출자하여 공동사업을 경영할 것을 약정함에 따라 성립한 민법상 조합에서 조합원 지분의 양도는 원칙적으로 다른 조합원 전원의 동의가 있어야 하지만, 다른 조합원의 동의 없이 각자 지분을 자유로이 양도할 수 있도록 조합원 상호 간에 약정하거나 사후적으로 지분 양도를 인정하는 합의를 하는 것은 유효하다.(대판 2016.8.30, 2014다19790)

3. 동업약정에 따라 토지를 공동매수한 경우, 공동매수인이 각자 자기 지분에 관한 소유권이전등기청구를 할 수 있는지 여부(소극) 동업약정에 따라 동업자 공동으로 토지를 매수하였다면 그 토지는 동업자들을 조합원으로 하는 동업체에서 토지를 매수한 것이므로 그 동업자들은 토지에 대한 소유권이전등기청구권을 준합유하는 관계에 있고, 합유재산에 관한 소는 이른바 고유필수적 공동소송이라 할 것이므로 그 매매계약에 기하여 소유권이전등기의 이행을 구하는 소를 제기하려면 동업자들이 공동으로 하지 않으면 안된다.(대판 1994.10.25, 93다54064)

▶ **2항**

4. 공유자들 사이에 성립된 조합관계와 합유물분할청구 공유자들 사이에 조합관계가 성립하여 각자가 부동산을 조합재산으로 출연하였음에도 그 조합체 재산에 관한 소유권등기를 함에 있어서 이를 합유로 하지 아니하고 공유로 한 경우에는 조합원들 상호간 및 조합원과 조합체 상호간의 내부관계에서는 조합계약에 따른 효력으로 인하여 그 재산은 조합계약상의 공동사업을 위해 출자된 합유물인 특별재산으로 취급될 것이므로 조합원들로서는 그 지분의 회수방법으로서 조합을 탈퇴하여 조합지분 정산금을 청구하거나 일정한 경우 조합체의 해산청구를 할 수 있는 등의 특별한 사정이 없는 한 그 합유물에 대하여 곧바로 분할청구를 할 수는 없다.(대판 2009.12.24, 2009다57064)

第274條【合有의 終了】 ① 合有는 組合體의 解散 또는 合有物의 讓渡로 因하여 終了한다.

② 前項의 境遇에 合有物의 分割에 關하여는 共有

物의 分割에 關한 規定을 準用한다.

▣ 합유(271), 조합의 해산청구(720), 공유물의 분할(268~270)

1. 조합이 해산되어 청산단계에 들어간 경우 조합이 해산되어 청산단계에 들어갔다고 하더라도 청산절차가 종료되기 전에는 그 목적범위 내에서 조합관계가 존속된다.(대판 1997.4.8, 95다34521)

2. 조합청산시의 조합재산의 분배와 피보전권리 신청인이 피신청인과 토지를 매수하여 공동사업을 경영할 목적으로 조합계약을 맺었다가 그후 조합에서 탈퇴하고 조합재산인 위 토지의 분할을 청구하는 경우에는 조합청산시의 잔여재산은 조합원의 출자가액에 비례하여 분배하도록 되어 있으므로 신청인의 출자가액의 존부 및 가액을 확정짓지 않고서는 신청인에게 위 토지의 공동분할청구를 할 피보전권리가 있다고 단정할 수 없다.(대판 1980.12.9, 79다1317)

3. 2인 조합에서 1인이 탈퇴한 경우 조합재산의 귀속 2인으로 된 조합관계에 있어 그중 1인이 탈퇴하면 조합관계는 종료된다 할 것이나 특별한 사정이 없는 한 조합은 해산되지 아니하고 따라서 청산이 뒤따르지 아니하며, 다만 조합원의 합유에 속한 조합재산은 남은 조합원의 단독소유에 속하며 탈퇴자와 남은 자 사이에는 탈퇴로 인한 계산을 하는데 불과하다.(대판 1987.11.24, 86다카2484)

第275條【物件의 總有】 ① 法人이 아닌 社團의 社員이 集合體로서 物件을 所有할 때에는 總有로 한다.

② 總有에 關하여는 社團의 定款 其他 契約에 依하는 外에 다음 2條의 規定에 依한다.

▣ 총유물의 관리, 처분, 사용, 수익(276), 총유물에 대한 권리득실(277), 총유부동산의 등기(등기26)

1. 종중재산의 소유관계 및 그 처분방법 종중의 소유 재산은 종중원의 총유로서, 그 처분은 종중규약이 정한 바에 따르고, 만일 종중규약에 그러한 규정이 없을 때에는 종중원총회의 결의에 따라야 한다.(대판 1992.4.24, 91다18965)

2. 종중재산의 분배기준 ① 비법인사단인 종중의 토지 매각대금은 종원의 총유에 속하고, 그 매각대금의 분배는 총유물의 처분에 해당하므로, 정관 기타 규약에 달리 정함이 없는 한 종중총회의 결의에 의하여 그 매각대금을 분배할 수 있고, 그 분배 비율, 방법, 내용 역시 결의에 의하여 자율적으로 결정할 수 있다. ② 그러나 종중재산의 분배에 관한 종중총회의 결의 내용이 현저하게 불공정하거나 선량한 풍속 기타 사회질서에 반하는 경우 또는 종원의 고유하고 기본적인 권리의 본질적인 내용을 침해하는 경우 그 결의는 무효이다. 여기서 종중재산의 분배에 관한 종중총회의 결의 내용이 현저하게 불공정한 것인지 여부는 종중재산의 조성 경위, 종중재산의 유지·관리에 대한 기여도, 종중행사 참여도를 포함한 종중에 대한 기여도, 종중재산의 분배 경위, 전체 종원의 수와 구성, 분배 비율과 그 차등의 정도, 과거의 재산분배 선례 등 제반 사정을 고려하여 판단하여야 한다. ③ 종중 토지 매각대금의 분배에 관한 종중총회의 결의가 무효인 경우, 종원은 그 결의의 무효확인 등을 소구하여 승소판결을 받은 후 새로운 종중총회에서 공정한 내용으로 다시 결의하도록 함으로써 그 권리를 구제받을 수 있을 뿐이고 곧바로 종중을 상대로 하여 스스로 공정하다고 주장하는 분배금의 지급을 구할 수는 없다.(대판 2010.9.9, 2007다42310, 42327)

3. 종중재산의 분배비율을 성별의 구분에 따라 차이를 두는 경우 그 효력(=무효) 종중재산을 분배함에 있어 단순히 남녀 성별의 구분에 따라 그 분배 비율, 방법, 내용에 차이를 두는 것은 개인의 존엄과 양성의 평등을 기초로 한 가족생활을 보장하고, 가족 내의 실질적인 권리와 의무에 있어서 남녀의 차별을 두지 아니하며, 정치·경제·사회·문화 등 모든 영역에서 여성에 대한 차별을 철폐하고 남녀평등을 실현할 것을 요구하는 우리의 전체 법질서에 부합하지 아니한 것으로 정당성과 합리성이 없어 무효이다.(대판 2010.9.30, 2007다74775)

4. 교회 분열의 인정 여부(소극)**, 교인들이 교회를 탈퇴한 경우 교회 재산의 귀속** ① 민법이 사단법인에 있어서 구성원의 탈퇴나 해산은 인정하지만 사단법인의 구성원들이 2개의 법인으로 나뉘어 각각 독립한 법인으로 존속하면서 종전 사단법인에게 귀속되었던 재산을 소유하는 방식의 사단법인의 분열은 인정하지 아니한다. 그 법리는 법인 아닌 사단에 대하여도 동일하게 적용되며, 법인 아닌 사단의 구성원들의 집단적 탈퇴로써 사단이 2개로 분열되고 분열되기 전 사단의 재산이 분열된 각 사단들의 구성원들에게 각각 총유적으로 귀속되는 결과를 초래하는 형태의 법인 아닌 사단의 분열은 허용되지 않는다. ② 교회가 법인 아닌 사단으로서 존재하는 이상, 그 법률관계를 둘러싼 분쟁을 소송적인 방법으로 해결함에 있어서는 법인 아닌 사단에 관한 민법의 일반 이론에 따라 판단하여야 하고, 이에 따라 법인 아닌 사단의 재산관계와 그 재산에 대한 구성원의 권리 및 구성원 탈퇴, 특히 집단적인 탈퇴의 효과 등에 관한 법리는 교회에 대하여도 동일하게 적용되어야 한다. 따라서 교인들은 교회 재산을 총유의 형태로 소유하면서 사용·수익할 것인데, 일부 교인들이 교회를 탈퇴하여 그 교회 교인으로서의 지위를 상실하게 되면 탈퇴가 개별적인 것이든 집단적인 것이든 이와 더불어 종전 교회의 총유 재산의 관리처분에 관한 의결에 참가할 수 있는 지위나 그 재산에 대한 사용·수익권을 상실하고, 종전 교회는 잔존 교인들을 구성원으로 하여 실체의 동일성을 유지하면서 존속하며 종전 교회의 재산은 그 교회에 소속된 잔존 교인들의 총유로 귀속되고 탈퇴한 교인들은 더 이상 종전 교회의 재산에 대한 권리를 보유할 수 없게 된다. 한편, 소속 교단에서의 탈퇴 내지 소속 교단의 변경은 사단법인 정관변경에 준하여 의결권을 가진 교인 2/3 이상의 찬성에 의한 결의를 필요로 하고, 그 결의요건을 갖추어 소속 교단을 탈퇴하거나 다른 교단으로 변경한 경우에 종전 교회의 실체는 이와 같이 교단을 탈퇴한 교회로서 존속하고 종전 교회 재산은 위 탈퇴한 교회 소속 교인들의 총유로 귀속된다.(대판(全) 2006.4.20, 2004다37775)

第276條【總有物의 管理, 處分과 使用, 收益】 ① 總有物의 管理 및 處分은 社員總會의 決議에 依한다.

② 各 社員은 定款 其他의 規約에 좇아 總有物을 使用, 收益할 수 있다.

▣ 공유물의 관리·보존·처분·변경(264·265), 합유물의 처분·변경(272), 법인격 없는 사단에 소유권이 없고 사용·수익만 할 수 있는 경우(302)

1. 법인 아닌 사단의 구성원 개인이 보존행위로서 총유재산에 관한 소송을 제기할 수 있는지 여부(소극) 민법은 공유나 합유의 경우처럼 보존행위는 그 구성원 각자가 할 수 있다는 민 265조 단서 또는 272조 단서와 같은 규정을 두고 있지 아니한바 총유재산에 관한 소송은 법인 아닌 사단이 그 명의로 사원총회의 결의를 거쳐 하거나 또는 그 구성원 전원이 당사자가 되어 필수적 공동소송의 형태로 할 수 있을 뿐 그 사단의 구성원은 설령 그가 사단의 대표자라거나 사원총회의 결의를 거쳤다 하더라도 그 소송의 당사자가 될 수 없고, 이러한 법리는 총유재산의 보존행위로서 소를 제기하는 경우에도 마찬가지라 할 것이다.(대판(全) 2005.9.15, 2004다44971)

2. 비법인사단의 채무보증행위가 총유물의 관리·처분행위인지 여부(소극) 민 275조, 276조 1항에서 말하는 총유물의 관리 및 처분은 총유물 그 자체에 관한 이용·개량행위나 법률적·사실적 처분행위를 의미하는 것이므로, 비법인사단이 타인 간의 금전채무를 보증하는 행위는 총유물 그 자체의 관리·처분이 따르지 아니하는 단순한 채무부담행위에

불과하여 이를 총유물의 관리・처분행위라고 볼 수는 없다. 따라서 비법인사단인 재건축조합의 조합장이 채무보증계약을 체결하면서 조합규약에서 정한 조합 임원회의 결의를 거치지 아니하였다거나 조합원총회 결의를 거치지 않았다고 하더라도 그것만으로 바로 그 보증계약이 무효라고 할 수는 없다. 다만, 이와 같은 경우에 조합 임원회의의 결의 등을 거치도록 한 조합규약은 조합장의 대표권을 제한하는 규정에 해당하는 것이므로, 거래 상대방이 그와 같은 대표권 제한 및 그 위반 사실을 알았거나 과실로 인하여 이를 알지 못한 때에는 그 거래행위가 무효로 된다고 봄이 상당하며, 이 경우 그 거래 상대방이 대표권 제한 및 그 위반 사실을 알았거나 알지 못한 데에 과실이 있다는 사정은 그 거래의 무효를 주장하는 측이 이를 주장・입증하여야 한다.(대판(全) 2007.4.19, 2004다60072, 60089)

3. 종중이 총회결의에 의하지 않고 타인에게 기한을 정하지 않은 채 건축물을 목적으로 하는 토지의 사용권을 부여한 경우, 이를 처분행위로 단정하여 전체가 무효라고 볼 수 있는지 여부(소극) 총유물의 처분이라 함은 '총유물을 양도하거나 그 위에 물권을 설정하는 등의 행위'를 말하므로, 그에 이르지 않은 단순히 '총유물의 사용권을 타인에게 부여하거나 임대하는 행위'는 원칙적으로 총유물의 처분이 아닌 관리행위에 해당한다고 보아야 하므로 종중이 종중총회의 결의에 의하지 않고 타인에게 기한을 정하지 않은 채 건축물을 목적으로 하는 토지의 사용권을 부여하였다고 하더라도 이를 곧 처분행위로 단정하여 전체가 무효라고 볼 것이 아니다.(대판 2012.10.25, 2010다56586)

4. 비법인사단의 채권자가 대위하여 보존행위를 하는 경우 비법인사단이 총유재산에 관한 소를 제기할 때에는 정관에 다른 정함이 있는 등의 특별한 사정이 없는 한 사원총회의 결의를 거쳐야 하지만, 이는 비법인사단의 대표자가 비법인사단 명의로 총유재산에 관한 소를 제기하는 경우에 비법인사단의 의사결정과 특별수권을 위하여 필요한 내부적인 절차이고, 채권자대위권은 그 권리행사에 채무자의 동의를 필요로 하는 것은 아니므로, 비법인사단이 총유재산에 관한 권리를 행사하지 아니하고 있어 비법인사단의 채권자가 채권자대위권에 기하여 비법인사단의 총유재산에 관한 권리를 대위행사하는 경우에는 사원총회의 결의 등 비법인사단의 내부적인 의사결정절차를 거칠 필요가 없다.(대판 2014.9.25, 2014다211336)

5. 총유물인 임야에 대한 분묘설치 행위의 성질 및 사원총회의 결의 요부(적극) 비법인 사단에 있어서 총유물의 관리 및 처분은 정관 기타 계약에 정함이 없으면 사원총회의 결의에 의해야 하고, 비법인 사단의 사원이 총유자의 한 사람으로서 총유물인 임야를 사용수익할 수 있다 하여도 위 임야에 대한 분묘설치행위는 단순한 사용수익에 불과한 것이 아니고 관습에 의한 지상권 유사의 물권을 취득하게 되는 처분행위에 해당된다 할 것이므로 사원총회의 결의가 필요하다.(대판 2007.6.28, 2007다16885)

第277條【總有物에 關한 權利義務의 得喪】 總有物에 關한 社員의 權利義務는 社員의 地位를 取得喪失함으로써 取得喪失된다.

■ 총유물에 관한 사원의 권리, 의무(276)

1. 어촌계가 보상금을 취득할 당시에는 계원이었으나 보상금 분배결의시에는 계원이 아닌 자가 그 결의의 효력을 다툴 법률상 이익을 가지는지 여부(소극) 어촌계의 계원과 같은 비법인사단의 구성원은 총유재산에 대하여 특정된 지분을 가지고 있는 것이 아니라 사단의 구성원이라는 지위에서 총유재산의 관리 및 처분에 참여하고 있는 것에 불과하고, 그 신분을 상실하면 총유재산에 대하여 아무런 권리를 주장할 수 없으므로, 비록 그가 어촌계의 계원으로 있을 당시 어촌계가 취득한 보상금이라 하더라도 그 분배결의 당시 계원의 신분을 상실하였다면 그 결의의 효력을 다툴 법률상의 이해관계가 없다.(대판 1996.12.10, 95다57159)

第278條【準共同所有】 本節의 規定은 所有權以外의 財産權에 準用한다. 그러나 다른 法律에 特別한 規定이 있으면 그에 依한다.

■ 특별한 규정(293・295・296・408・544・547, 상333・558, 광업26, 특허33・37, 저작48)

1. 비법인사단인 재건축조합의 구성원들이 조합원총회의 결의 없이 그 조합과 시공회사 사이에 체결된 공사도급계약의 무효확인을 구할 수 있는지 여부(소극) 비법인사단인 재건축조합의 구성원들이 그 조합과 시공회사 사이에 체결된 공사도급계약의 무효확인을 구하는 것은 결국 준총유관계에 속하는 비법인사단의 채권・채무관계에 관한 소송에 해당하므로, 달리 특별한 사정이 없는 한 민 276조 1항 소정의 사원총회의 결의를 거쳐야 한다.(대판 1996.10.25, 95다56866)

2. 명의신탁 해지를 원인으로 이미 발생한 소유권이전등기청구권을 보존하기 위하여 매매계약의 형식으로 가등기가 경료된 경우 가등기에 기한 본등기 청구의 소송 형태 공유자가 다른 공유자의 동의 없이 공유물을 처분할 수는 없으나 그 지분은 단독으로 처분할 수 있으므로, 복수의 권리자가 소유권이전청구권을 보존하기 위하여 가등기를 마쳐 둔 경우 특별한 사정이 없는 한 그 권리자 중 한 사람은 자신의 지분에 관하여 단독으로 그 가등기에 기한 본등기를 청구할 수 있고, 이는 명의신탁해지에 따라 발생한 소유권이전청구권을 보존하기 위하여 복수의 권리자 명의로 가등기를 마쳐 둔 경우에도 마찬가지이며, 이 때 그 가등기 원인을 매매예약으로 하였다는 이유만으로 가등기 권리자 전원이 동시에 본등기절차의 이행을 청구하여야 한다고 볼 수 없다.(대판 2002.7.9, 2001다43922, 43939)

3. 주식의 공동상속에 따른 법률관계 주식은 주식회사의 주주 지위를 표창하는 것으로서 금전채권과 같은 가분채권이 아니므로 공동상속하는 경우 법정상속분에 따라 당연히 분할하여 귀속하는 것이 아니라 공동상속인들이 이를 준공유하는 법률관계를 형성한다.(대판 2023.12.21, 2023다221144)

第4章 地上權

第279條【地上權의 內容】 地上權者는 他人의 土地에 建物 其他 工作物이나 樹木을 所有하기 爲하여 그 土地를 使用하는 權利가 있다.

■ 법정지상권(305・366), 지상권의 등기(136), 타인의 토지를 사용하는 권리(303・609・618)

▸ **일반론**

1. 지상권설정자의 권리 토지소유권은 그 토지에 대한 지상권설정이 있어도 이로 인하여 그 권리의 전부 또는 일부가 소멸하는 것도 아니고 단지 지상권의 범위에서 그 권리행사가 제한되는 것에 불과하며, 일단 지상권이 소멸되면 토지소유권은 다시 자동적으로 완전한 제한없는 권리로 회복되는 법리라 할 것이므로 소유자가 그 소유토지에 대하여 지상권을 설정하여도 그 소유자는 그 토지를 불법으로 점유하는 자에게 대하여 방해배제를 구할 수 있는 물권적 청구권이 있다.(대판 1974.11.12, 74다1150)

▸ **분묘기지권**

2. 분묘기지권의 성립요건 분묘기지권이 성립하기 위하여는 봉분 등 외부에서 분묘의 존재를 인식할 수 있는 형태를 갖추고 있어야 하고, 평장되어 있거나 암장되어 있어 객관적으로 인식할 수 있는 외형을 갖추고 있지 아니한 경우에는 분

묘기지권이 인정되지 아니한다.(대판 1991.10.25, 91다18040)

3. 분묘기지권의 범위 분묘기지권은 분묘를 수호하고 봉사하는 목적을 달성하는 데 필요한 범위 내에서 타인의 토지를 사용할 수 있는 권리를 의미하는바, 신청인의 선대분묘 전면은 경사가 별로 없고 비교적 평탄하여 석축을 쌓지 않더라도 분묘를 보존하는 데 있어 아무런 지장이 없는 것으로 보이므로 신청인이 계쟁토지에 석축공사를 시행하는 행위는 선대분묘를 수호하고 봉사하는 목적을 달성하는 데 반드시 필요한 범위 내의 것이라고 단정할 수 없다.(대판 1993.7.16, 93다210)

4. 분묘기지권의 존속기간 분묘기지권의 존속기간에 관하여는 민법의 지상권에 관한 규정에 따를것이 아니라 당사자 사이에 약정이 있는 등 특별한 사정이 있으면 그에 따를 것이며, 그러한 사정이 없는 경우에는 권리자가 분묘의 수호와 봉사를 계속하며 그 분묘가 존속하고 있는 동안은 분묘기지권은 존속한다고 해석함이 타당하므로 민 281조에 따라 5년간이라고 보아야 할 것은 아니다.(대판 1994.8.26, 94다28970)

5. 기존의 분묘에 단분형태로 합장하여 새로운 분묘를 설치할 권능이 포함되어 있는지 여부(소극) 분묘기지권은 분묘를 수호하고 봉제사하는 목적을 달성하는 데 필요한 범위 내에서 타인의 토지를 사용할 수 있는 권리를 의미하는 것으로서, 이 분묘기지권에는 그 효력이 미치는 지역의 범위 내라고 할지라도 기존의 분묘 외에 새로운 분묘를 신설할 권능은 포함되지 아니하는 것이므로, 부부 중 일방이 먼저 사망하여 이미 그 분묘가 설치되고 그 분묘기지권이 미치는 범위 내에서 그 후에 사망한 다른 일방을 단분(單墳)형태로 합장하여 분묘를 설치하는 것도 허용되지 않는다.(대판 2001.8.21, 2001다28367)

6. 부부 합장을 위한 쌍분 형태의 분묘 가부(소극) 부부 중 일방이 먼저 사망하여 이미 그 분묘가 설치되고 그 분묘기지권이 미치는 범위 내에서 그 후에 사망한 다른 일방의 합장을 위하여 쌍분(雙墳) 형태의 분묘를 설치하는 것도 허용되지 않는다.(대판 1997.5.23, 95다29086, 29093)

7. 분묘기지권의 존속기간 및 분묘기지권에 새로운 분묘를 신설할 권능이 포함되는지 여부(소극) 분묘기지권은, 당사자 사이에 그 존속기간에 관한 약정이 있는 등 특별한 사정이 없는 한, 권리자가 분묘의 수호와 봉사를 계속하며 그 분묘가 존속하고 있는 동안 존속하는 것이고, 그 분묘를 다른 곳에 이장하면 그 분묘기지권은 소멸된다. 그리고 분묘기지권에는 그 효력이 미치는 지역의 범위 내라고 할지라도 기존의 분묘 외에 새로운 분묘를 신설할 권능은 포함되지 아니한다.(대판 2013.1.16, 2011다38592, 38608)

8. 관습상 분묘기지권의 시효취득 요건 및 등기의 요부(소극) 타인 소유의 토지에 소유자의 승낙 없이 분묘를 설치한 경우에는 20년간 평온·공연하게 그 분묘의 기지를 점유하면 지상권 유사의 관습상의 물권인 분묘기지권을 시효로 취득하는데, 이러한 분묘기지권은 봉분 등 외부에서 분묘의 존재를 인식할 수 있는 형태를 갖추고 있는 경우에 한하여 인정되고, 평장되어 있거나 암장되어 있어 객관적으로 인식할 수 있는 외형을 갖추고 있지 아니한 경우에는 인정되지 않으므로, 이러한 특성상 분묘기지권은 등기 없이 취득한다.(대판 1996.6.14, 96다14036)

9. 장사법 시행일 이전에 분묘를 설치한 다음 시효로 분묘기지권을 취득한 경우, 분묘기지권자는 토지소유자가 지료를 청구하면 그 청구한 날부터 지료를 지급할 의무가 있는지 여부(적극) ① 취득시효형 분묘기지권은 당사자의 합의에 의하지 않고 성립하는 지상권 유사의 권리이고, 그로 인하여 토지 소유권이 사실상 영구적으로 제한될 수 있으므로 시효로 분묘기지권을 취득한 사람은 일정한 범위에서 토지소유자에게 토지 사용의 대가를 지급할 의무를 부담한다고 보는 것이 형평에 부합하는 점, ② 취득시효형 분묘기지권이 관습법으로 인정되어 온 역사적·사회적 배경, 분묘를 둘러싸고 형성된 기존의 사실관계에 대한 당사자의 신뢰와 법적 안정성, 관습법상 권리로서의 분묘기지권의 특수성, 조리와 신의칙 및 부동산의 계속적 용익관계에 관하여 이러한 가치를 구체화한 민법상 지료증감청구권 규정의 취지 등을 종합하여 볼 때, 장사법 시행일 이전에 타인의 토지에 분묘를 설치한 다음 시효로 분묘기지권을 취득한 사람은 토지소유자가 분묘기지에 관한 지료를 청구하면 그 청구한 날부터의 지료를 지급하여야 한다고 봄이 타당하다.(대판(全) 2021.4.29, 2017다228007)

10. 자기 소유 토지를 양도하면서 분묘기지권을 취득한 사람의 지료 지급의무 자기 소유 토지에 분묘를 설치한 사람이 그 토지를 양도하면서 분묘를 이장하겠다는 특약을 하지 않음으로써 분묘기지권을 취득한 경우, 특별한 사정이 없는 한 분묘기지권자는 분묘기지권이 성립한 때부터 토지 소유자에게 그 분묘의 기지에 대한 토지사용의 대가로서 지료를 지급할 의무가 있다.(대판 2021.5.27, 2020다295892)

11. 분묘 기지 소유자와 수호·관리권자가 다른 경우 승낙에 기한 분묘기지권의 설정 시점 및 지료지급 약정의 주관적 효력 범위 분묘의 기지인 토지가 분묘의 수호·관리권자 아닌 다른 사람의 소유인 경우에 그 토지 소유자가 분묘 수호·관리권자에 대하여 분묘의 설치를 승낙한 때에는 그 분묘의 기지에 관하여 분묘기지권을 설정한 것으로 보아야 한다. 이와 같이 승낙에 의하여 성립하는 분묘기지권의 경우 성립 당시 토지 소유자와 분묘의 수호·관리자가 지료 지급의무의 존부나 범위 등에 관하여 약정을 하였다면 그 약정의 효력은 분묘 기지의 승계인에 대하여도 미친다.(대판 2021.9.16, 2017다271834, 271841)

▸관습상 법정지상권의 성립여부

12. 관습상의 법정지상권의 성립요건 토지와 건물이 동일한 소유자에 속하였다가 건물 또는 토지가 매각 기타의 원인으로 인하여 양자의 소유자가 다르게 될 때에는 특히 그 건물을 철거한다는 조건이 없는 이상 건물소유자는 토지소유자에 대하여 그 건물을 위한 관습상의 법정지상권을 취득한다.(대판 1966.2.22, 65다2223)

13. 채권자취소권 행사로 토지와 건물의 소유자가 달라진 경우 민 406조의 채권자취소권의 행사로 인한 사해행위의 취소와 일탈재산의 원상회복은 채권자와 수익자 또는 전득자에 대한 관계에 있어서만 효력이 발생할 뿐이고 채무자가 직접 권리를 취득하는 것이 아니므로, 토지와 지상 건물이 함께 양도되었다가 채권자취소권의 행사에 따라 그중 건물에 관하여만 양도가 취소되고 수익자와 전득자 명의의 소유권이전등기가 말소되었다고 하더라도, 이는 관습상 법정지상권의 성립요건인 '동일인의 소유에 속하고 있던 토지와 지상 건물이 매매 등으로 인하여 소유자가 다르게 된 경우'에 해당한다고 할 수 없다.(대판 2014.12.24, 2012다73158)

14. 관습상의 법정지상권이 등기로 효력이 발생하는지 여부(소극) 관습상의 법정지상권은 관습법에 의한 부동산에 관한 물권의 취득이므로 등기를 필요로 하지 아니하고 지상권 취득의 효력이 발생하는 것이며 이 관습상 지상권은 물권으로서의 효력에 의하여 이를 취득할 당시의 토지소유자나 이로부터 소유권을 전득한 제3자에 대하여도 등기 없이 위 지상권을 주장할 수 있다.(대판 1984.9.11, 83다카2245)

15. 법정지상권의 포기 대지에 관한 관습상의 법정지상권을 취득한 피고가 동 대지소유자와 사이에 위 대지에 관하여 임대차계약을 체결한 경우에는 특별한 사정이 없는 한 위 관습상의 법정지상권을 포기하였다고 볼 것이다.(대판 1981.7.7, 80다2243)

16. 환지처분과 관습상 법정지상권 환지로 인하여 새로운 분할지적선이 그어진 결과 환지 전에는 동일인에게 속하였던 토지와 그 지상건물의 소유자가 달라진 경우에 환지의

성질상 건물의 부지에 관하여 소유권을 상실한 건물소유자가 그 환지된 토지(건물부지)에 대하여 건물을 위한 관습상의 법정지상권을 취득한다거나 그 환지된 토지의 소유자가 그 건물을 위한 관습상 법정지상권의 부담을 안게 된다고는 할 수 없다.(대판 2001.5.8, 2001다4101)

17. 대지와 건물 중 대지에만 등기가 경료된 경우 법정지상권의 성부(소극) 대지와 그 지상의 건물이 원래 갑의 소유이었는데, 갑이 대지와 건물을 을에게 매도하고, 을은 건물에 관하여는 소유권이전등기를 하지 아니하고 대지에 관해서만 그 이름으로 소유권이전등기를 경료함으로써 건물의 소유명의가 갑명의로 남아 있게 되어 형식적으로 대지와 건물이 그 소유명의자를 달리하게 된 것이라면 대지와 건물의 점유사용 문제는 그 매매계약 당사자 사이의 계약에 따라 해결할 수 있는 것이므로 갑과 을 사이에 있어서는 관습에 의한 법정지상권을 인정할 필요는 없다.(대판 1993.12.28, 93다26687)

18. 법정지상권 포기에 대한 예외 토지와 건물의 소유자가 토지만을 타인에게 증여한 후 구 건물을 철거하되 그 지상에 자신의 이름으로 건물을 다시 신축하기로 합의한 경우, 그 건물 철거의 합의는 건물 소유자가 토지의 계속 사용을 그만두고자 하는 내용의 합의로 볼 수 없어 관습상의 법정지상권의 발생을 배제하는 효력이 인정되지 않는다.(대판 1999.12.10, 98다58467)

19. 명의신탁 해지와 관습상의 지상권 명의신탁이 해지되어 소유권회복의 방법으로 신탁자명의로 위 가등기에 기한 본등기가 경료된 경우, 위 명의수탁자는 신탁자와의 대내적 관계에 있어서 그 토지가 자기소유에 속하는 것이었다고 주장할 수 없고 따라서 위 건물은 어디까지나 명의신탁자 소유의 토지 위에 지은 것이라 할 것이므로 그 후 소유명의가 신탁자명의로 회복될 당시 위 수탁자가 신탁자들에 대하여 지상건물의 소유를 위한 관습상의 지상권을 취득하였다고 주장할 수 없다.(대판 1986.5.27, 86다카62)

20. 동일인에게의 소유권 귀속이 원인무효로 이루어졌다가 그 원인이 무효임이 밝혀져 그 등기가 말소됨으로써 건물과 토지 소유자가 달라진 경우와 관습상의 법정지상권 관습상의 법정지상권의 성립 요건인 해당 토지와 건물의 소유권의 동일인에의 귀속과 그 후의 각기 다른 사람에의 귀속은 법의 보호를 받을 수 있는 권리변동으로 인한 것이어야 하므로, 원래 동일인에게의 소유권 귀속이 원인무효로 이루어졌다가 그 뒤 그 원인무효임이 밝혀져 그 등기가 말소됨으로써 그 건물과 토지의 소유자가 달라지게 된 경우에는 관습상의 법정지상권을 허용할 수 없다.(대판 1999.3.26, 98다64189)

21. 토지를 매수하여 사실상 처분권한을 가지는 자가 그 지상에 건물을 신축한 후 그 건물이 강제경매된 경우 관습상의 법정지상권의 성립 여부(소극) 토지를 매수하여 사실상 처분권한을 가지는 자가 그 지상에 건물을 신축하여 건물의 소유권을 취득하였다고 하더라도 토지에 관한 소유권을 취득하지 아니한 이상 토지와 건물이 동일한 소유자에게 속하였다고 할 수는 없는 것이므로 이러한 상태의 건물에 관하여 강제경매절차에 의하여 그 소유권자가 다르게 되었다고 하여 건물을 위한 관습상의 법정지상권이 성립하는 것은 아니다.(대판 1994.4.12, 93다56053)

22. 대지상에 담보가등기가 경료되고 나서 대지소유자가 그 지상에 건물을 신축한 후 본등기가 경료되어 대지와 건물의 소유자가 달라진 경우 건물을 위한 관습상 법정지상권이 성립하는지 여부(소극) 원래 채권을 담보하기 위하여 나대지상에 가등기가 경료되었고, 그 뒤 대지소유자가 그 지상에 건물을 신축하였는데, 그 후 그 가등기에 기한 본등기가 경료되어 대지와 건물의 소유자가 달라진 경우에 관습상 법정지상권을 인정하면 애초에 대지에 채권담보를 위하여 가등기를 경료한 사람의 이익을 크게 해하게 되기 때문에 특별한 사정이 없는 한 건물을 위한 관습상 법정지상권이 성립한다고 할 수 없다.(대판 1994.11.22, 94다5458)

23. 공유토지 위에 건물을 소유하고 있는 토지공유자중 1인이 그 토지지분만을 전매한 경우 관습상의 법정지상권 성립 여부(소극) 토지의 공유자 중 1인이 공유토지 위에 건물을 소유하고 있다가 토지지분만을 전매함으로써 단순히 토지공유자의 1인에 대하여 관습상의 법정지상권이 성립된 것으로 볼 사유가 발생하였다고 하더라도 당해 토지 자체에 관하여 건물의 소유를 위한 관습상의 법정지상권이 성립된 것으로 보게 되면 이는 마치 토지공유자의 1인으로 하여금 다른 공유자의 지분에 대하여서까지 지상권설정의 처분행위를 허용하는 셈이 되어 부당하므로 위와 같은 경우에는 당해 토지에 관하여 건물의 소유를 위한 관습상의 법정지상권이 성립될 수 없다.(대판 1987.6.23, 86다카2188)

24. 토지공유자의 한 사람이 다른 공유자의 지분 과반수의 동의를 얻어 건물을 건축한 후 토지와 건물의 소유자가 달라진 경우 토지공유자의 한 사람이 다른 공유자의 지분 과반수의 동의를 얻어 건물을 건축한 후 토지와 건물의 소유자가 달라진 경우 토지에 관하여 관습법상의 법정지상권이 성립되는 것으로 보게 되면 이는 토지공유자의 1인으로 하여금 자신의 지분을 제외한 다른 공유자의 지분에 대하여서까지 지상권설정의 처분행위를 허용하는 셈이 되어 부당하다.(대판 1993.4.13, 92다55756)

25. 건물이 장차 철거될 것임을 예상하면서 건축한 경우에도 관습상의 법정지상권이 생기는지 여부(소극) 토지와 건물이 동일인의 소유이었다가 매매 기타의 원인으로 그 소유자가 달라지게 된 경우에는 특히 그 건물을 철거한다는 특약이 없는 이상 건물소유자는 토지소유자에 대하여 관습상의 법정지상권을 취득하게 되는 것이나, 토지의 소유자가 건물을 건축할 당시 이미 토지를 타에 매도하여 소유권을 이전하여 줄 의무를 부담하고 있었다면 토지의 매수인이 그 건축행위를 승낙하지 않는 이상 그 건물은 장차 철거되어야 하는 운명에 처하게 될 것이고 토지소유자가 이를 예상하면서도 건물을 건축하였다면 그 건물을 위한 관습상의 법정지상권은 생기지 않는다.(대판 1994.12.22, 94다41072)

26. 공유물 분할의 경우 건물부지의 공유자들이 그 대지를 분할하여 그 건물부지를 공유자중의 한 사람의 단독소유로 귀속된 경우에는 특별한 사정이 없는 한 그 건물 소유자는 그 건물을 위하여 관습에 의한 법정지상권을 취득한다.(대판 1967.11.14, 67다1105)

27. 장차 건물 철거가 예상되는 경우 건물이 장차 철거될 것을 예상하고 건물이 서 있는 부지까지 매도하였다면 그 건물을 위한 관습상의 법정지상권은 생기지 않는다.(대판 1974.6.11, 73다1766)

28. 토지소유자의 건물 건축을 위한 토지사용 승낙의 의미 토지소유자의 건물건축을 위한 토지사용의 승낙만으로는 지상권이 설정되었거나, 관습상의 지상권이 발생하는 것이라 할 수 없다.(대판 1979.6.12, 79다438)

29. 무허가 또는 미등기건물을 소유하기 위한 관습상의 법정지상권 동일인의 소유에 속하였던 토지와 건물이 매매, 증여, 강제경매, 국세징수법에 의한 공매 등으로 그 소유권자를 달리하게 된 경우에 그 건물을 철거한다는 특약이 없는 한 건물소유자는 그 건물의 소유를 위하여 그 부지에 관하여 관습상의 법정지상권을 취득하는 것이고 그 건물은 건물로서의 요건을 갖추고 있는 이상 무허가건물이거나 미등기건물이거나를 가리지 않는다.(대판 1988.4.12, 87다카2404)

30. 미등기 무허가 건물을 대지와 함께 양수한 갑이 을에게 대지만 양도한 경우 갑의 법정지상권 주장 가부 무허가건물인 미등기건물을 그 대지와 함께 양수한 갑이 위 대지에 대하여서만 소유권이전등기를 경료하고 건물에 대하여서는 등기를 경료하지 아니하였다면 갑은 위 건물에 대하여는 소유권을 취득하였다고 할 수 없으므로 위 토지에 대하여 갑

으로부터 전전하여 소유권을 양수한 을에게 관습상의 법정지상권을 주장할 수 없다.(대판 1987.7.7, 87다카634)

31. 구분소유적 공유관계에 있는 자가 자신의 특정 소유가 아닌 부분에 건물을 신축한 경우 갑과 을이 대지를 각자 특정하여 매수하여 배타적으로 점유하면서 그 특정부분에 상응하는 지분소유권이전등기만을 경료한 경우 구분소유적 공유관계에서는 통상적인 공유관계와는 달리 당사자 내부에서는 각자가 특정매수한 부분은 각자의 단독소유로 되었다 할 것이므로 위 대지 중 을이 매수하지 아니한 부분에 관하여는 갑에게 그 소유권을 주장할 수 없어 을이 매수하지 아니한 부분 지상에 있는 을 소유의 건물부분은 당초부터 건물과 토지의 소유자가 서로 다른 경우에 해당되어 그에 관하여는 관습상의 법정지상권이 성립될 여지가 없다.(대판 1994.1.28, 93다49871)

32. 관습상 법정지상권의 성립요건인 '토지와 그 지상 건물이 동일인 소유에 속하였는지' 판단 기준시기 ① 토지 또는 그 지상 건물의 소유권이 강제경매로 인하여 그 절차상의 매수인에게 이전되는 경우에는 강제경매개시결정으로 압류의 효력이 발생하는 때를 기준으로, ② 강제경매개시결정 이전에 가압류가 되어 있다가 그 가압류가 강제경매개시결정으로 인하여 본압류로 이행되어 경매절차가 진행된 경우에는 애초 가압류의 효력이 발생한 때를 기준으로, ③ 나아가 강제경매를 위한 압류나 그 압류에 선행한 가압류가 있기 이전에 저당권이 설정되어 있다가 그 후 강제경매로 인해 그 저당권이 소멸하는 경우에는 그 저당권 설정 당시를 기준으로 토지와 그 지상 건물이 동일인에게 속하였는지에 따라 관습상 법정지상권의 성립 여부를 판단하여야 한다.(대판 2013.4.11, 2009다62059)

▶ **관습상 법정지상권의 내용과 범위**

33. 관습상의 법정지상권의 승계 취득과 등기 요부(적극) 토지와 그 지상건물이 같은 소유자의 소유에 속하였다가 그 건물 또는 토지가 매매되어 양자의 소유자가 다르게 될 때에는 특히 그 건물을 철거한다는 조건이 없는 한, 당연히 건물소유자는 그 토지위에 소위 관습에 의한 법정지상권을 취득하게 되나 위 지상권양도에 있어서는 등기를 요한다.(대판 1968.7.31, 67다1759)

34. 법정지상권의 범위 법정지상권이 미치는 범위는 반드시 그 건물의 기지만에 한하는 것이 아니며 지상건물이 창고인 경우에는 그 본래의 용도인 창고로서 사용하는데 일반적으로 필요한 그 둘레의 기지에 미친다.(대판 1977.7.26, 77다921)

35. 지상권설정등기의무자의 건물철거청구 가부(소극) 법정지상권을 가진 건물소유자로부터 건물을 양수하면서 지상권까지 양도받기로 한 사람에 대하여 대지소유자가 소유권에 기하여 건물철거 및 대지의 인도를 구하는 것은 지상권의 부담을 용인하고 그 설정등기절차를 이행할 의무있는 자가 그 권리자를 상대로 한 청구라 할 것이어서 신의칙상 허용될 수 없다.(대판 1988.9.27, 87다카279)

36. 증축된 건물에 대한 효력 관습법상의 법정지상권이 성립된 토지에 대하여는 법정지상권자가 건물의 유지 및 사용에 필요한 범위를 벗어나지 않은 한 그 토지를 자유로이 사용할 수 있는 것이므로, 지상건물이 법정지상권이 성립한 이후에 증축되었다 하더라도 그 건물이 관습법상의 법정지상권이 성립하여 법정지상권자에게 점유·사용할 권한이 있는 토지 위에 있는 이상 이를 철거할 의무는 없다.(대판 1995.7.28, 95다9075, 9082)

▶ **담보목적의 지상권**

37. 토지에 관하여 저당권과 함께 취득한 지상권의 효용 및 방해배제청구권의 내용 토지에 관하여 저당권을 취득함과 아울러 그 저당권의 담보가치를 확보하기 위하여 지상권을 취득하는 경우, 특별한 사정이 없는 한 당해 지상권은 저당권이 실행될 때까지 제3자가 용익권을 취득하거나 목적 토지의 담보가치를 하락시키는 침해행위를 하는 것을 배제함으로써 저당 부동산의 담보가치를 확보하는 데에 그 목적이 있다고 할 것이므로, 그와 같은 경우 제3자가 비록 토지소유자로부터 신축중인 지상 건물에 관한 건축주 명의를 변경받았다 하더라도, 그 지상권자에게 대항할 수 있는 권원이 없는 한 지상권자로서는 제3자에 대하여 목적 토지 위에 건물을 축조하는 것을 중지하도록 요구할 수 있다.(대결 2004.3.29, 2003마1753)

38. 담보권의 소멸과 담보목적의 지상권의 운명 근저당권 등 담보권 설정의 당사자들이 그 목적이 된 토지 위에 차후 용익권이 설정되거나 건물 또는 공작물이 축조·설치되는 등으로써 그 목적물의 담보가치가 저감하는 것을 막는 것을 주요한 목적으로 하여 채권자 앞으로 아울러 지상권을 설정하였다면, 그 피담보채권이 변제 등으로 만족을 얻어 소멸한 경우는 물론이고 시효소멸한 경우에도 그 지상권은 피담보채권에 부종하여 소멸한다.(대판 2011.4.14, 2011다6342)

第280條【存續期間을 約定한 地上權】 ① 契約으로 地上權의 存續期間을 定하는 境遇에는 그 期間은 다음 年限보다 短縮하지 못한다.

1. 石造, 石灰造, 煉瓦造 또는 이와 類似한 堅固한 建物이나 樹木의 所有를 目的으로 하는 때에는 30年
2. 前號以外의 建物의 所有를 目的으로 하는 때에는 15年
3. 建物以外의 工作物의 所有를 目的으로 하는 때에는 5年

② 前項의 期間보다 短縮한 期間을 定한 때에는 前項의 期間까지 延長한다.

▣ 본조준용(290), 전세권의 존속기간(312), 임대차의 존속기간(651), 존속기간의 등기(등기69), 기간의 약정이 없는 경우(281), 기간의 갱신(283·284), 본조에 위반하는 계약의 효력(289)

1. 견고한 건물의 판단기준 민 280조 1항 1호가 정하는 견고한 건물인가의 여부는 건물이 갖는 물리적, 화학적 외력, 화재에 대한 저항력 또는 건물해체의 난이도 등을 종합하여 판단하여야 한다.(대판 1988.4.12, 87다카2404)

2. 법정지상권의 존속기간 법정지상권의 존속기간은 성립 후 그 지상목적물의 종류에 따라 규정하고 있는 민 280조 1항 소정의 각 기간으로 봄이 상당하고 분묘기지권과 같이 그 지상에 건립된 건물이 존속하는 한 법정지상권도 존속하는 것이라고는 할 수 없다.(대판 1992.6.9, 92다4857)

3. 280조의 적용범위 민 280조 1항 1호가 석조·석회조·연와조 또는 이와 비슷한 견고한 건물이나 수목의 '소유를 목적으로 하는' 지상권의 경우 그 존속기간은 30년보다 단축할 수 없다고 규정하고 있음에 비추어 볼 때, 같은 법조 소정의 최단 존속기간에 관한 규정은 지상권자가 그 소유의 건물 등을 건축하거나 수목을 식재하여 토지를 이용할 목적으로 지상권을 설정한 경우에만 그 적용이 있다.(대판 1996.3.22, 95다49318)

4. 영구적 지상권 존속기간약정 허부(적극) 민법상 지상권의 존속기간은 최장기에 관하여는 아무런 제한이 없으며, 존속기간이 영구(永久)인 지상권을 인정할 실제의 필요성도 있고, 이러한 지상권을 인정한다고 하더라도 지상권의 제한이 없는 토지의 소유권을 회복할 방법이 있을 뿐만 아니라, 특히 구분지상권의 경우에는 존속기간이 영구라고 할지라도 대지의 소유권을 전면적으로 제한하지 아니한다는 점 등에 비추어 보면, 지상권의 존속기간을 영구로 약정하는 것도 허용된다.(대판 2001.5.29, 99다66410)

第281條【存續期間을 約定하지 아니한 地上權】

① 契約으로 地上權의 存續期間을 定하지 아니한 때에는 그 期間은 前條의 最短存續期間으로 한다.
② 地上權設定當時에 工作物의 種類와 構造를 定하지 아니한 때에는 地上權은 前條第2號의 建物의 所有를 目的으로 한 것으로 본다.

■ 본조준용(290), 최단존속기간(280), 본조에 위반하는 계약의 효력(289)

1. 적용요건 민 281조 2항은 당사자가 지상권설정의 합의를 함에 있어서 다만 그 존속기간을 정하지 아니하고 지상권을 설정할 토지상에 소유한 공작물의 종류와 구조가 객관적으로 확정되지 않을 경우에 한하여 적용이 있는 것이므로 비록 무허가 또는 미등기건물이라 하더라도 그 건물의 종류와 구조가 확정되어 있는 경우에는 적용되는 것이 아니고 이러한 경우에는 민 281조 1항에 의하여 존속기간을 정하여야 한다.(대판 1988.4.12, 87다카2404)

第282條【地上權의 讓渡, 賃貸】 地上權者는 他人에게 그 權利를 讓渡하거나 그 權利의 存續期間內에서 그 土地를 賃貸할 수 있다.

■ 본조준용(290), 본조에 위반하는 계약의 효력(289), 다른 제한물권의 양도 임대성(292 · 306 · 336 · 361)

1. 지상권의 양도성 지상권은 독립된 물권으로서 다른 권리에 부종함이 없이 그 자체로서 양도될 수 있으며 그 양도성은 민 282조, 289조에 의하여 절대적으로 보장되고 있으므로 소유자의 의사에 반하여도 자유롭게 타인에게 양도할 수 있다.(대판 1991.11.8, 90다15716)

第283條【地上權者의 更新請求權, 買受請求權】 ① 地上權이 消滅한 境遇에 建物 其他 工作物이나 樹木이 現存한 때에는 地上權者는 契約의 更新을 請求할 수 있다.
② 地上權設定者가 契約의 更新을 願하지 아니하는 때에는 地上權者는 相當한 價額으로 前項의 工作物이나 樹木의 買受를 請求할 수 있다.

■ 본조준용(290 · 643 · 644), 본조에 위반하는 계약의 효력(289), 수거의무와 매수청구권(285), 건물 임차인, 전차인의 부속물 매수 청구권(647)

1. 지료연체를 이유로 지상권소멸청구를 하여 지상권이 소멸된 경우 지상물매수청구권의 인정 가부(소극) 민 283조 2항 소정의 지상물매수청구권은 지상권이 존속기간의 만료로 인하여 소멸하는 때에 지상권자에게 갱신청구권이 있어 그 갱신청구를 하였으나 지상권설정자가 계약갱신을 원하지 아니할 경우 행사할 수 있는 권리이므로, 지상권자의 지료연체를 이유로 토지소유자가 그 지상권소멸청구를 하여 이에 터잡아 지상권이 소멸된 경우에는 매수청구권이 인정되지 않는다.(대판 1993.6.29, 93다10781)

2. 지상권갱신청구권의 대위행사 가부(적극) 법정지상권이 붙은 건물의 양수인은 법정지상권에 대한 등기를 하지 않았다 하더라도 토지소유자에 대한 관계에서 적법하게 토지를 점유사용하고 있는 자라 할 것이고, 따라서 건물을 양도한 자라고 하더라도 지상권갱신청구권이 있고 건물의 양수인은 법정지상권자인 양도인의 갱신청구권을 대위행사할 수 있다.(대판 1995.4.11, 94다39925)

3. 토지소유자의 승낙을 받아 건물을 신축한 자의 관습상 법정지상권 및 그에 기한 건물매수청구권 존부(소극) 토지의 소유자로부터 토지사용 승낙을 받아 건물을 신축하고 그에 대한 경작료를 납부하여 온 경우에는 관습에 의한 법정지상권이 성립할 여지가 없고 따라서 그에 기한 건물의 매수청구권도 발생하지 아니한다.(대판 1990.10.30, 90다카26003)

4. 지상권의 존속기간 만료 후 지체 없이 행사하지 않아 지상권갱신청구권이 소멸한 경우, 민 283조 2항의 지상물매수청구권이 발생하는지 여부(소극) 민 283조 2항에서 정한 지상물매수청구권은 지상권이 존속기간의 만료로 인하여 소멸하는 때에 지상권자에게 갱신청구권이 있어 갱신청구를 하였으나 지상권설정자가 계약갱신을 원하지 아니할 때 비로소 행사할 수 있는 권리이다. 한편 지상권갱신청구권의 행사는 지상권의 존속기간 만료 후 지체 없이 하여야 한다. 따라서 지상권의 존속기간 만료 후 지체 없이 행사하지 아니하여 지상권갱신청구권이 소멸한 경우에는, 지상권자의 적법한 갱신청구권의 행사와 지상권설정자의 갱신 거절을 요건으로 하는 지상물매수청구권은 발생하지 않는다.(대판 2023.4.27, 2022다306642)

第284條【更新과 存續期間】 當事者가 契約을 更新하는 境遇에는 地上權의 存續期間은 更新한 날로부터 第280條의 最短存續期間보다 短縮하지 못한다. 그러나 當事者는 이보다 長期의 期間을 定할 수 있다.

■ 본조준용(290), 본조에 위반하는 계약의 효력(289)

第285條【收去義務, 買受請求權】 ① 地上權이 消滅한 때에는 地上權者는 建物 其他 工作物이나 樹木을 收去하여 土地를 原狀에 回復하여야 한다.
② 前項의 境遇에 地上權設定者가 相當한 價額을 提供하여 그 工作物이나 樹木의 買受를 請求한 때에는 地上權者는 正當한 理由없이 이를 拒絶하지 못한다.

■ 본조준용(290), 본조에 위반하는 계약의 효력(289), 사용대차, 임대차의 경우(615 · 654)

第286條【地料增減請求權】 地料가 土地에 關한 租稅 其他 負擔의 增減이나 地價의 變動으로 因하여 相當하지 아니하게 된 때에는 當事者는 그 增減을 請求할 수 있다.

■ 본조준용(290), 본조에 위반하는 계약의 효력(289), 법정 지상권과 지료(305 · 366), 차임 증감청구권(628)

1. 약정 없이 지료 지급 청구 가부 지상권에 있어서 지료의 지급은 그의 요소가 아니어서 지료에 관한 유상 약정이 없는 이상 지료의 지급을 구할 수 없다.(대판 1999.9.3, 99다24874)

2. 지료약정에 대한 등기가 없는 경우의 효과 지상권에 있어서 유상인 지료에 관하여 지료액 또는 그 지급시기 등의 약정은 이를 등기하여야만 그 뒤에 토지소유권 또는 지상권을 양수한 사람 등 제3자에게 대항할 수 있고, 지료에 관하여 등기되지 않은 경우에는 무상의 지상권으로서 지료증액청구권도 발생할 수 없다.(대판 1999.9.3, 99다24874)

3. 법원에 의해 결정된 특정 기간의 효력 지료증감청구권에 관한 민 286조의 규정에 비추어 볼 때, 특정 기간에 대한 지료가 법원에 의하여 결정되었다면 당해 당사자 사이에서는 그 후 위 민법규정에 의한 지료증감의 효과가 새로 발생하는 등의 특별한 사정이 없는 한 그 후의 기간에 대한 지료 역시 종전 기간에 대한 지료와 같은 액수로 결정된 것이라고 보아야 한다.(대판 2003.12.26, 2002다61934)

第287條【地上權消滅請求權】 地上權者가 2年以上의 地料를 支給하지 아니한 때에는 地上權設定者는 地上權의 消滅을 請求할 수 있다.

■ 본조준용(290), 본조에 위반하는 계약의 효력(289), 지료와 등기(등기136), 임대차의 차임연체와 해지(640 · 641)

1. 지료 판결확정 전후 2년간 지료 지체시 소멸청구권 발생 여부(적극) 법정지상권이 성립되고 지료액수가 판결에 의하여 정해진 경우 지상권자가 판결확정 후 지료의 청구를 받고도 책임 있는 사유로 상당한 기간 동안 지료의 지급을 지체한 때에는 지체된 지료가 판결확정의 전후에 걸쳐 2년

분 이상일 경우에도 토지소유자는 민 287조에 의하여 지상권의 소멸을 청구할 수 있다.(대판 1993.3.12, 92다44749)

2. 관습상 법정지상권에 준용 여부(적극) 관습상의 법정지상권에 대하여는 다른 특별한 사정이 없는 한 민법의 지상권에 관한 규정을 준용하여야 할 것이므로 지상권자가 2년분 이상의 지료를 지급하지 아니하였다면 관습상의 법정지상권도 민 287조에 따른 지상권소멸청구의 의사표시에 의하여 소멸한다.(대판 1993.6.29, 93다10781)

3. 지료가 결정되지 않은 경우 지상권소멸청구 가부(소극) 법정지상권에 관한 지료가 결정된 바 없다면 법정지상권자가 지료를 지급하지 아니하였다고 하더라도 지료지급을 지체한 것으로는 볼 수 없으므로 법정지상권자가 2년 이상의 지료를 지급하지 아니하였음을 이유로 하는 토지소유자의 지상권소멸청구는 그 이유가 없다.(대판 1994.12.2, 93다52297)

4. 종전 소유자에 대한 연체 기간 합산 여부(소극) 지상권자가 그 권리의 목적이 된 토지의 특정한 소유자에 대하여 2년분 이상의 지료를 지불하지 아니한 경우에 그 특정의 소유자는 선택에 따라 지상권의 소멸을 청구할 수 있으나, 지상권자의 지료 지급 연체가 토지소유권의 양도 전후에 걸쳐 이루어진 경우 토지양수인에 대한 연체기간이 2년이 되지 않는다면 양수인은 지상권소멸청구를 할 수 없다.(대판 2001.3.13, 99다17142)

第288條【地上權消滅請求와 抵當權者에 對한 通知】 地上權이 抵當權의 目的인 때 또는 그 土地에 있는 建物, 樹木이 抵當權의 目的이 된 때에는 前條의 請求는 抵當權者에게 通知한 後 相當한 期間이 經過함으로써 그 效力이 생긴다.

▣ 본조준용(290 · 642), 지상권을 목적으로 하는 저당권(371)

第289條【强行規定】 第280條 乃至 第287條의 規定에 違反되는 契約으로 地上權者에게 不利한 것은 그 效力이 없다.

▣ 본조준용(290)

第289條의2【區分地上權】 ① 地下 또는 地上의 空間은 上下의 범위를 정하여 建物 기타 工作物을 所有하기 위한 地上權의 目的으로 할 수 있다. 이 경우 設定行爲로써 地上權의 行使를 위하여 土地의 사용을 제한할 수 있다.

② 第1項의 規定에 의한 區分地上權은 第3者가 土地를 사용 · 收益할 權利를 가진 때에도 그 權利者 및 그 權利를 目的으로 하는 權利를 가진 者 全員의 承諾이 있으면 이를 設定할 수 있다. 이 경우 土地를 사용 · 收益할 權利를 가진 第3者는 그 地上權의 行使를 방해하여서는 아니된다.

(1984.4.10 본조신설)

第290條【準用規定】 ① 第213條, 第214條, 第216條 乃至 第244條의 規定은 地上權者間 또는 地上權者와 隣地所有者間에 이를 準用한다.

② 第280條 내지 第289條 및 第1項의 規定은 第289條의2의 規定에 의한 區分地上權에 관하여 이를 準用한다. (1984.4.10 본항신설)

▣ 본조준용(290)

1. 물권인 지상권의 채권에 대한 우월성 토지에 관하여 저당권과 함께 그 담보가치를 확보하기 위해서 지상권을 취득하는 경우, 제3자가 저당권의 목적인 토지 위에 건물을 신축하는 경우에는 그가 저당권자에게 대항할 수 있는 특별한 사정이 없는 한 지상권자는 방해배제청구로서 신축중인 건물의 철거와 대지의 인도 등을 구할 수 있다. 따라서 제3자가 지상권설정자에 대하여 해당 토지를 사용 수익할 수 있는 채권적 권리를 가지고 있다고 하더라도 이러한 사정만으로 지상권자에 대항할 수는 없다.(대판 2008.2.15, 2005다47205)

第5章 地役權

第291條【地役權의 內容】 地役權者는 一定한 目的을 爲하여 他人의 土地를 自己土地의 便益에 利用하는 權利가 있다.

▣ 지역권과 등기(등기137 · 138)

1. 지역권 설정 합의 피고가 피고 소유의 토지에 도로를 개설하여 원고로 하여금 영구히 사용케 한다고 약정하고 그 대금을 수령한 경우 위 약정은 지역권 설정에 관한 합의라고 봄이 상당하다.(대판 1980.1.29, 79다1704)

第292條【附從性】 ① 地役權은 要役地所有權에 附從하여 移轉하며 또는 要役地에 對한 所有權以外의 權利의 目的이 된다. 그러나 다른 約定이 있는 때에는 그 約定에 依한다.

② 地役權은 要役地와 分離하여 讓渡하거나 다른 權利의 目的으로 하지 못한다.

▣ 부종성의 배제 등기(등기70 iv)

第293條【共有關係, 一部讓渡와 不可分性】 ① 土地共有者의 1人은 持分에 關하여 그 土地를 爲한 地役權 또는 그 土地가 負擔한 地役權을 消滅하게 하지 못한다.

② 土地의 分割이나 土地의 一部讓渡의 境遇에는 地役權은 要役地의 各 部分을 爲하여 또는 그 承役地의 各部分에 存續한다. 그러나 地役權이 土地의 一部分에만 關한 것인 때에는 다른 部分에 對하여는 그러하지 아니하다.

▣ 지역권의 불가분성(295 · 296)

1. 요역지가 분필되어 일부분의 소유권이 타인에게 이전된 경우 요역지가 분필되어 그 부분의 소유권이 타인에게 이전되었다 하여도 요역지의 소유자가 아직 지역권설정등기를 이행받지 못하고 있는 이상, 타인소유로 된 대지부분까지를 요역지로 하여 지역권설정등기의 이행을 청구할 수 있다.(대판 1971.4.6, 71다249)

第294條【地役權取得期間】 地役權은 繼續되고 表現된 것에 限하여 第245條의 規定을 準用한다.

1. 통행지역권의 시효취득 요건 민 294조는 지역권은 계속되고 표현된 것에 한하여 같은 법 245조의 규정을 준용한다고 규정하고 있으므로 점유로 인한 지역권 취득기간의 만료로 통행지역권을 시효취득하려면 요역지의 소유자가 타인의 소유인 승역지 위에 통로를 개설하여 그 통로를 사용하는 상태가 위 245조에 규정된 기간 동안 계속되어야 한다.(대판 1991.10.22, 90다16283)

第295條【取得과 不可分性】 ① 共有者의 1人이 地役權을 取得한 때에는 다른 共有者도 이를 取得한다.

② 占有로 因한 地役權取得期間의 中斷은 地役權을 行使하는 모든 共有者에 對한 事由가 아니면 그 效力이 없다.

▣ 공유(262-270), 취득기간(294 · 248), 취득기간의 중단(247 · 168 · 169)

第296條【消滅時效의 中斷, 停止와 不可分性】 要役地가 數人의 共有인 境遇에 그 1人에 依한 地役權消滅時效의 中斷 또는 停止는 다른 共有者를 爲하여 效力이 있다.

▣ 시효중단(168), 시효정지(179~182)

第297條【用水地役權】 ① 用水承役地의 水量이 要役地 및 承役地의 需要에 不足한 때에는 그 需要程度에 依하여 먼저 家用에 供給하고 다른 用途에 供給하여야 한다. 그러나 設定行爲에 다른 約定이 있는 때에는 그 約定에 依한다.

② 承役地에 數個의 用水地役權이 設定된 때에는 後順位의 地役權者는 先順位의 地役權者의 用水를 妨害하지 못한다.

1. 용수권자의 원천기지와 그 위요토지에 대한 점유사용권 가정용수로 그 우물을 사용한 사실이 있다 하더라도 당사자 사이에 지역권 설정행위 없이 용수지역권이 성립될 여지가 없을 것이고, 본건 우물이 민 235조에서 말하는 상린자의 공용에 속하는 원천이라 하여도 동조는 상린자의 용수권을 규정하였을 뿐이고 원천기지와 그 위요토지의 점유사용권을 용수권자에게 인정한 취지가 아니다.(대판 1967.5.16, 67다435)

第298條【承役地所有者의 義務와 承繼】 契約에 依하여 承役地所有者가 自己의 費用으로 地役權의 行使를 爲하여 工作物의 設置 또는 修繕의 義務를 負擔한 때에는 承役地所有者의 特別承繼人도 그 義務를 負擔한다.

▣ 위기에 의한 부담의 면제(299)

第299條【委棄에 依한 負擔免除】 承役地의 所有者는 地役權에 必要한 部分의 土地所有權을 地役權者에게 委棄하여 前條의 負擔을 免할 수 있다.

第300條【工作物의 共同使用】 ① 承役地의 所有者는 地役權의 行使를 妨害하지 아니하는 範圍內에서 地役權者가 地役權의 行使를 爲하여 承役地에 設置한 工作物을 使用할 수 있다.

② 前項의 境遇에 承役地의 所有者는 受益程度의 比率로 工作物의 設置, 保存의 費用을 分擔하여야 한다.

▣ 상린관계로 인한 공작물의 사용권(227)

第301條【準用規定】 第214條의 規定은 地役權에 準用한다.

▣ 소유권 방해배제, 예방청구권(214)

第302條【特殊地役權】 어느 地域의 住民이 集合體의 關係로 各自가 他人의 土地에서 草木, 野生物 및 土砂의 採取, 放牧 其他의 收益을 하는 權利가 있는 境遇에는 慣習에 依하는 外에 本章의 規定을 準用한다.

第6章 傳貰權

第303條【傳貰權의 內容】 ① 傳貰權者는 傳貰金을 支給하고 他人의 不動産을 占有하여 그 不動産의 用途에 좇아 사용·收益하며, 그 不動産 全部에 대하여 後順位權利者 기타 債權者보다 傳貰金의 優先辨濟를 받을 權利가 있다. (1984.4.10 본항개정)

② 農耕地는 傳貰權의 目的으로 하지 못한다.

▣ 부동산(99①), 점유(192), 농지(농지2)

1. 채권담보의 목적으로 설정된 전세권의 효력 전세권이 용익물권적 성격과 담보물권적 성격을 겸비하고 있다는 점 및 목적물의 인도는 전세권의 성립요건이 아닌 점 등에 비추어 볼 때, 당사자가 주로 채권담보의 목적으로 전세권을 설정하였고, 그 설정과 동시에 목적물을 인도하지 아니한 경우라 하더라도, 장차 전세권자가 목적물을 사용·수익하는 것을 완전히 배제하는 것이 아니라면, 그 전세권의 효력을 부인할 수는 없다.(대판 1995.2.10, 94다18508) 그러나 전세권설정계약의 당사자가 전세권의 핵심인 사용·수익 권능을 배제하고 채권담보만을 위해 전세권을 설정하였다면, 법률이 정하지 않은 새로운 내용의 전세권을 창설하는 것으로서 물권법정주의에 반하여 허용되지 않고 이러한 전세권설정등기는 무효라고 보아야 한다.(대판 2021.12.30, 2018다40235, 40242)

2. 기존의 채권으로 전세금 지급에 갈음할 수 있는지 여부 (적극) 전세금의 지급은 전세권 성립의 요소가 되는 것이지만 그렇다고 하여 전세금의 지급이 반드시 현실적으로 수수되어야만 하는 것은 아니고 기존의 채권으로 전세금의 지급에 갈음할 수도 있다.(대판 1995.2.10, 94다18508)

3. 임대차보증금 담보 목적 전세권설정계약이 임대차계약과 양립할 수 없는 범위에서 통정허위표시로서 무효인지 여부 (적극) 임대차계약에 따른 임대차보증금반환채권을 담보할 목적으로 임대인과 임차인 사이의 합의에 따라 임차인 명의로 전세권설정등기를 마친 경우, 그 전세금의 지급은 이미 지급한 임대차보증금으로 대신한 것이고, 장차 전세권자가 목적물을 사용·수익하는 것을 완전히 배제하는 것도 아니므로, 그 전세권설정등기는 유효하다. 임대차보증금에서 연체차임 등을 공제하고 남은 돈을 전세금으로 하는 것이 임대인과 임차인의 합치된 의사라고 볼 수 있다. 그러나 그 전세권설정계약은 외관상으로는 차임지급 약정이 존재하지 않고 이에 따라 전세금이 연체차임으로 공제되지 않는 등 임대인과 임차인의 진의와 일치하지 않는 부분이 존재한다. 따라서 그러한 전세권설정계약은 위와 같이 임대차계약과 양립할 수 없는 범위에서 통정허위표시에 해당하여 무효라고 봄이 타당하다.(대판 2021.12.30, 2018다268538)

4. 채권자·채무자 및 제3자의 합의로 전세권 등 담보권의 명의를 제3자로 하는 것이 가능한지 여부(적극) 전세권이 담보물권적 성격도 가지는 이상 부종성과 수반성이 있는 것이기는 하지만, 채권담보를 위하여 담보권을 설정하는 경우 채권자와 채무자 및 제3자 사이에 합의가 있으면 채권자가 그 담보권의 명의를 제3자로 하는 것도 가능하고, 이와 같은 경우에는 채무자와 담보권명의자인 제3자 사이에 담보계약관계가 성립하는 것으로 그 담보권명의자는 그 피담보채권을 수령하고 그 담보권을 실행하는 등의 담보계약상의 권한을 가진다.(대판 1995.2.10, 94다18508)

5. 전세금반환채권을 전세권과 분리하여 양도할 수 있는지 여부 전세권이 담보물권적 성격도 가지는 이상 부종성과 수반성이 있는 것이므로 전세권을 그 담보하는 전세금반환채권과 분리하여 양도하는 것은 허용되지 않는다고 할 것이나, 한편 담보물권의 수반성이란 피담보채권의 처분이 있으면 언제나 담보물권도 함께 처분된다는 것이 아니라, 채권담보라고 하는 담보물권 제도의 존재 목적에 비추어 볼 때 특별한 사정이 없는 한 피담보채권의 처분에는 담보물권의 처분도 포함된다고 보는 것이 합리적이라는 것일 뿐이므로, 전세권이 존속기간의 만료로 소멸한 경우이거나 전세계약의 합의해지 또는 당사자 간의 특약에 의하여 전세권반환채권의 처분에도 불구하고, 전세권의 처분이 따르지 않는 경우

등의 특별한 사정이 있는 때에는 채권양수인은 담보물권이 없는 무담보의 채권을 양수한 것이 된다.(대판 1997.11.25, 97다29790)

6. 전세권이 존속하는 동안에 전세권을 존속시키기로 하면서 전세금반환채권만을 전세권과 분리하여 확정적으로 양도할 수 있는지 여부(소극) 전세권은 전세금을 지급하고 타인의 부동산을 그 용도에 따라 사용·수익하는 권리로서 전세금의 지급이 없으면 전세권은 성립하지 아니하는 등으로 전세금은 전세권과 분리될 수 없는 요소일 뿐 아니라, 전세권에 있어서는 그 설정행위에서 금지하지 아니하는 한 전세권자는 전세권 자체를 처분하여 전세금으로 지출한 자본을 회수할 수 있도록 되어 있으므로 전세권이 존속하는 동안은 전세권을 존속시키기로 하면서 전세금반환채권만을 전세권과 분리하여 확정적으로 양도하는 것은 허용되지 않는 것이며, 다만 전세권 존속 중에는 장래에 그 전세권이 소멸하는 경우에 전세금 반환채권이 발생하는 것을 조건으로 그 장래의 조건부 채권을 양도할 수 있을 뿐이라 할 것이다.(대판 2002.8.23, 2001다69122)

7. 전세권 존속기간이 시작되기 전에 마친 전세권설정등기가 유효한 것으로 추정되는지 여부(원칙적 적극) **및 전세권의 순위를 결정하는 기준** ① 전세권자는 전세금을 지급하고 타인의 부동산을 점유하여 그 부동산의 용도에 좇아 사용·수익하며, 그 부동산 전부에 대하여 후순위권리자 기타 채권자보다 전세금의 우선변제를 받을 권리가 있다. 이처럼 전세권이 용익물권적인 성격과 담보물권적인 성격을 모두 갖추고 있는 점에 비추어 전세권 존속기간이 시작되기 전에 마친 전세권설정등기도 특별한 사정이 없는 한 유효한 것으로 추정된다. ② 한편 등기 4조 1항은 "같은 부동산에 관하여 등기한 권리의 순위는 법률에 다른 규정이 없으면 등기한 순서에 따른다"라고 정하고 있으므로, 전세권은 등기부상 기록된 전세권설정등기의 존속기간과 상관없이 등기된 순서에 따라 순위가 정해진다.(대결 2018.1.25, 2017마1093)

第304條【建物의 傳貰權, 地上權, 賃借權에 對한 效力】 ① 他人의 土地에 있는 建物에 傳貰權을 設定한 때에는 傳貰權의 效力은 그 建物의 所有를 目的으로 한 地上權 또는 賃借權에 미친다.
② 前項의 境遇에 傳貰權設定者는 傳貰權者의 同意없이 地上權 또는 賃借權을 消滅하게 하는 行爲를 하지 못한다.

▣ 지상권(279-290), 임차권(618-654)

第305條【建物의 傳貰權과 法定地上權】 ① 垈地와 建物이 同一한 所有者에 屬한 境遇에 建物에 傳貰權을 設定한 때에는 그 垈地所有權의 特別承繼人은 傳貰權設定者에 對하여 地上權을 設定한 것으로 본다. 그러나 地料는 當事者의 請求에 依하여 法院이 이를 定한다.
② 前項의 境遇에 垈地所有者는 他人에게 그 垈地를 賃貸하거나 이를 目的으로 한 地上權 또는 傳貰權을 設定하지 못한다.

▣ 지상권(279-290)

第306條【傳貰權의 讓渡, 賃貸 等】 傳貰權者는 傳貰權을 他人에게 讓渡 또는 擔保로 提供할 수 있고 그 存續期間內에서 그 目的物을 他人에게 轉傳貰 또는 賃貸할 수 있다. 그러나 設定行爲로 이를 禁止한 때에는 그러하지 아니하다.

▣ 전세권 양도의 효력(307), 다른 제한물권의 양도 임대성(282·292·336·361)

1. 전세권설정등기를 마친 민법상의 전세권을 존속기간 만료 후에 양도할 수 있는지 여부(적극) 전세권설정등기를 마친 민법상의 전세권은 그 성질상 용익물권적 성격과 담보물권적 성격을 겸비한 것으로서, 전세권의 존속기간이 만료되면 전세권의 용익물권적 권능은 전세권설정등기의 말소 없이도 당연히 소멸하고 단지 전세금반환채권을 담보하는 담보물권적 권능의 범위 내에서 전세금의 반환시까지 그 전세권설정등기의 효력이 존속하고 있다 할 것인데, 이와 같이 존속기간의 경과로서 본래의 용익물권적 권능이 소멸하고 담보물권적 권능만 남은 전세권에 대해서도 그 피담보채권인 전세금반환채권과 함께 제3자에게 이를 양도할 수 있다.(대판 2005.3.25, 2003다35659)

第307條【傳貰權讓渡의 效力】 傳貰權讓受人은 傳貰權設定者에 對하여 傳貰權讓渡人과 同一한 權利義務가 있다.

第308條【轉傳貰 等의 境遇의 責任】 傳貰權의 目的物을 轉傳貰 또는 賃貸한 境遇에는 傳貰權者는 轉傳貰 또는 賃貸하지 아니하였으면 免할 수 있는 不可抗力으로 因한 損害에 對하여 그 責任을 負擔한다.

▣ 질권의 경우(336)

第309條【傳貰權者의 維持, 修繕義務】 傳貰權者는 目的物의 現狀을 維持하고 그 通常의 管理에 屬한 修繕을 하여야 한다.

▣ 임대차의 경우(623·626)

第310條【傳貰權者의 償還請求權】 ① 傳貰權者가 目的物을 改良하기 爲하여 支出한 金額 其他 有益費에 關하여는 그 價額의 增加가 現存한 境遇에 限하여 所有者의 選擇에 좇아 그 支出額이나 增加額의 償還을 請求할 수 있다.
② 前項의 境遇에 法院은 所有者의 請求에 依하여 相當한 償還期間을 許與할 수 있다.

▣ 임대차의 경우(626)

1. 전세권이 성립한 후 목적물의 소유권이 이전되는 경우 전세권자와 구 소유자 간의 전세권 관계가 신 소유자에게 이전되는지 여부(적극), **전세금반환의무의 면책적 이전 여부**(적극) ① 전세권이 성립한 후 목적물의 소유권이 이전되는 경우 민법에 명시적인 규정은 없으나 전세목적물의 소유권이 이전된 경우 민법이 전세권 관계로부터 생기는 상환청구, 소멸청구, 갱신청구, 전세금증감청구, 원상회복, 매수청구 등의 법률관계의 당사자로 규정하고 있는 전세권설정자 또는 소유자는 모두 목적물의 소유권을 취득한 신 소유자로 새길 수밖에 없다. ② 전세금은 전세권과 분리될 수 없는 요소이므로 전세권 관계로 생기는 위와 같은 법률관계가 신 소유자에게 이전되었다고 보는 이상, 전세금 채권 관계만이 따로 분리되어 전 소유자와 사이에 남아 있다고 할 수는 없고, 당연히 신 소유자에게 이전된다.(대판 2000.6.9, 99다15122)

第311條【傳貰權의 消滅請求】 ① 傳貰權者가 傳貰權設定契約 또는 그 目的物의 性質에 依하여 定하여진 用法으로 이를 使用, 收益하지 아니한 境遇에는 傳貰權設定者는 傳貰權의 消滅을 請求할 수 있다.
② 前項의 境遇에는 傳貰權設定者는 傳貰權者에 對하여 原狀回復 또는 損害賠償을 請求할 수 있다.

▣ 사용대차의 경우(610), 소멸통고(313)

第312條【傳貰權의 存續期間】 ① 傳貰權의 存

續期間은 10年을 넘지 못한다. 當事者의 約定期間이 10年을 넘는 때에는 이를 10年으로 短縮한다.
② 建物에 대한 傳貰權의 存續期間을 1年 미만으로 정한 때에는 이를 1年으로 한다. (1984.4.10 본항신설)
③ 傳貰權의 設定은 이를 更新할 수 있다. 그 期間은 更新한 날로부터 10年을 넘지 못한다.
④ 建物의 傳貰權設定者가 傳貰權의 存續期間 滿了전 6月부터 1月까지 사이에 傳貰權者에 대하여 更新拒絶의 통지 또는 條件을 變更하지 아니하면 更新하지 아니한다는 뜻의 통지를 하지 아니한 경우에는 그 期間이 滿了된 때에 前傳貰權과 同一한 條件으로 다시 傳貰權을 設定한 것으로 본다. 이 경우 傳貰權의 存續期間은 그 정함이 없는 것으로 본다. (1984.4.10 본항신설)

▣ 지상권의 경우(280·281), 임대차의 경우(651)

1. 전세권의 묵시적 갱신과 등기 요부(소극) 전세권의 법정갱신은 법률의 규정에 의한 부동산에 관한 물권의 변동이므로 전세권갱신에 관한 등기를 필요로 하지 아니하고 전세권자는 그 등기없이도 전세권설정자나 그 목적물을 취득한 제3자에 대하여 그 권리를 주장할 수 있다.(대판 1989.7.11, 88다카21029)

第312條의2【傳貰金 增減請求權】 傳貰金이 目的 不動産에 관한 租稅·公課金 기타 負擔의 增減이나 經濟事情의 變動으로 인하여 상당하지 아니하게 된 때에는 當事者는 將來에 대하여 그 增減을 請求할 수 있다. 그러나 增額의 경우에는 大統領令이 정하는 基準에 따른 比率을 초과하지 못한다.
(1984.4.10 본조신설)

▣ 지상권 지료 증감 청구권(286)

第313條【傳貰權의 消滅通告】 傳貰權의 存續期間을 約定하지 아니한 때에는 各 當事者는 언제든지 相對方에 對하여 傳貰權의 消滅을 通告할 수 있고 相對方이 이 通告를 받은 날로부터 6月이 經過하면 傳貰權은 消滅한다.

▣ 존속기간(312), 소멸청구(311)

第314條【不可抗力으로 因한 滅失】 ① 傳貰權의 目的物의 全部 또는 一部가 不可抗力으로 因하여 滅失된 때에는 그 滅失된 部分의 傳貰權은 消滅한다.
② 前項의 一部滅失의 境遇에 傳貰權者가 그 殘存部分으로 傳貰權의 目的을 達成할 수 없는 때에는 傳貰權設定者에 對하여 傳貰權全部의 消滅을 通告하고 傳貰金의 返還을 請求할 수 있다.

▣ 소멸통고(313), 책임있는 사유로 멸실(315)

第315條【傳貰權者의 損害賠償責任】 ① 傳貰權의 目的物의 全部 또는 一部가 傳貰權者에 責任있는 事由로 因하여 滅失된 때에는 傳貰權者는 損害를 賠償할 責任이 있다.
② 前項의 境遇에 傳貰權設定者는 傳貰權이 消滅된 後 傳貰金으로써 損害의 賠償에 充當하고 剩餘가 있으면 返還하여야 하며 不足이 있으면 다시 請求할 수 있다.

▣ 불가항력으로 인한 멸실(314)

1. 전세권자의 실화로 인하여 가옥을 소실케 한 경우의 전세권자의 채무불이행책임 전세권자는 전세물인 가옥을 선량한 관리자의 주의로써 보관할 의무가 있고 계약이 해지되면 전세물을 반환하여야 하는 채무를 지는 것이므로 전세권자의 실화로 인하여 가옥을 소실케 하여 그 반환의무를 이행할 수 없게 된 때에는 한편으로는 과실로 인하여 전세물에 대한 소유권을 침해한 것으로서 불법행위가 되는 동시에 한편으로는 과실로 인하여 채무를 이행할 수 없게 됨으로써 채무불이행이 되는 것이다.(대판 1967.12.5, 67다2251)

2. 전세권저당권자의 전세금반환금청구권에 대한 물상대위권 행사와 전세권설정자의 상계항변의 관계 전세금은 그 성격에 비추어 민 315조에 정한 전세권설정자의 전세권자에 대한 손해배상채권 외 다른 채권까지 담보한다고 볼 수 없으므로, 전세권설정자가 전세권자에 대하여 위 손해배상채권 외 다른 채권을 가지고 있더라도 다른 특별한 사정이 없는 한 이를 가지고 전세금반환채권에 대하여 물상대위권을 행사한 전세권저당권자에게 상계 등으로 대항할 수 없다.(대판 2008.3.13, 2006다29372)

第316條【原狀回復義務, 買受請求權】 ① 傳貰權이 그 存續期間의 滿了로 因하여 消滅한 때에는 傳貰權者는 그 目的物을 原狀에 回復하여야 하며 그 目的物에 附屬시킨 物件은 收去할 수 있다. 그러나 傳貰權設定者가 그 附屬物件의 買受를 請求한 때에는 傳貰權者는 正當한 理由없이 拒絶하지 못한다.
② 前項의 境遇에 그 附屬物件이 傳貰權設定者의 同意를 얻어 附屬시킨 것인 때에는 傳貰權者는 傳貰權設定者에 對하여 그 附屬物件의 買受를 請求할 수 있다. 그 附屬物件이 傳貰權設定者로부터 買受한 것인 때에도 같다.

▣ 존속기간(312), 원상회복, 매수청구권(285·615·643-647)

第317條【傳貰權의 消滅과 同時履行】 傳貰權이 消滅한 때에는 傳貰權設定者는 傳貰權者로부터 그 目的物의 引渡 및 傳貰權設定登記의 抹消登記에 必要한 書類의 交付를 받는 同時에 傳貰金을 返還하여야 한다.

▣ 전세권의 소멸(311-314), 동시이행항변권(536)

1. 전세권자가 전세목적물인도의 이행제공 없이 전세금반환채권을 원인으로 한 경매절차청구를 할 수 있는지 여부(소극) 전세권자의 전세목적물 인도의무 및 전세권설정등기말소등기의무와 전세권설정자의 전세금반환의무는 서로 동시이행의 관계에 있으므로 전세권자인 채권자가 전세목적물에 대한 경매를 청구하려면 우선 전세권설정자에 대하여 전세목적물의 인도의무 및 전세권설정등기말소의무의 이행제공을 완료하여 전세권설정자를 이행지체에 빠뜨려야 한다.(대결 1977.4.13, 77마90)

2. 전세권에 대하여 저당권이 설정되어 있는데 전세권이 기간만료로 종료된 경우 원래 전세권에 있어 전세권설정자가 부담하는 전세금반환의무는 전세금반환채권에 대한 제3자의 압류 등이 없는 한 전세권자에 대해 전세금을 지급함으로써 그 의무이행을 다할 뿐이라는 점에 비추어 볼 때, 전세권저당권이 설정된 경우에도 전세권이 기간만료로 소멸되면 전세권설정자는 전세금반환채권에 대한 제3자의 압류 등이 없는 한 전세권자에 대하여만 전세금반환의무를 부담한다.(대판 1999.9.17, 98다31301)

3. 전세권설정자의 의무 전세권설정자는 전세권이 소멸한

경우 전세권자로부터 그 목적물의 인도 및 전세권설정등기의 말소등기에 필요한 서류의 교부를 받는 동시에 전세금을 반환할 의무가 있을 뿐이므로, 전세권자가 그 목적물을 인도하였다고 하더라도 전세권설정등기의 말소등기에 필요한 서류를 교부하거나 그 이행의 제공을 하지 아니하는 이상, 전세권설정자는 전세금의 반환을 거부할 수 있고, 이 경우 다른 특별한 사정이 없는 한 그가 전세금에 대한 이자 상당액의 이득을 법률상 원인 없이 얻는다고 볼 수 없다.(대판 2002.2.5, 2001다62091)

4. 임대차보증금 반환의무와 전세권설정등기 말소의무의 동시이행관계 임대인과 임차인이 임대차계약을 체결하면서 임대차보증금을 전세금으로 하는 전세권설정등기를 경료한 경우 임대차보증금은 전세금의 성질을 겸하게 되므로, 당사자 사이에 다른 약정이 없는 한 임대차보증금 반환의무는 민 317조에 따라 전세권설정등기의 말소의무와도 동시이행관계에 있다.(대판 2011.3.24, 2010다95062)

第318條【傳貰權者의 競賣請求權】 傳貰權設定者가 傳貰金의 返還을 遲滯한 때에는 傳貰權者는 민사집행법의 定한 바에 依하여 傳貰權의 目的物의 競賣를 請求할 수 있다. (2001.12.29 본조개정)

1. 건물의 일부에 대하여 전세권이 설정되어 있는 경우 나머지 건물부분에 대하여 경매신청을 할 수 있는지 여부(소극) 건물의 일부에 대하여 전세권이 설정되어 있는 경우 그 전세권자는 민 303조 1항, 318조의 규정에 의하여 그 건물 전부에 대하여 후순위 권리자 기타 채권자보다 전세금의 우선변제를 받을 권리가 있고, 전세권설정자가 전세금의 반환을 지체한 때에는 전세권의 목적물의 경매를 청구할 수 있다 할 것이나, 전세권의 목적물이 아닌 나머지 건물부분에 대하여는 우선변제권은 별론으로 하고 경매신청권은 없다.(대결 1992.3.10, 91마256, 257)

2. 건물 중 일부를 목적으로 한 전세권 경락의 효과 건물의 일부를 목적으로 하는 전세권은 그 목적물인 건물 부분에 한하여 그 효력을 미치므로 건물 중 일부를 목적으로 한 전세권이 경락으로 인하여 소멸한다고 하더라도 그 전세권보다 나중에 설정된 전세권이 건물의 다른 부분을 목적물로 하고 있었던 경우에는 그와 같은 사정만으로는 아직 존속기간이 남아 있는 후순위의 전세권까지 경락으로 인하여 함께 소멸한다고 볼 수 없다.(대판 2000.2.25, 98다50869)

第319條【準用規定】 第213條, 第214條, 第216條 乃至 第244條의 規定은 傳貰權者間 또는 傳貰權者와 隣地所有者 및 地上權者間에 이를 準用한다.

■ 소유물 반환 청구권(213), 소유물방해제거, 예방청구권(214), 상린관계(216-244)

第7章 留置權

第320條【留置權의 內容】 ① 他人의 物件 또는 有價證券을 占有한 者는 그 物件이나 有價證券에 關하여 생긴 債權이 辨濟期에 있는 境遇에는 辨濟를 받을 때까지 그 物件 또는 有價證券을 留置할 權利가 있다.

② 前項의 規定은 그 占有가 不法行爲로 因한 境遇에 適用하지 아니한다.

■ 물건(98), 불법행위(750), 상사유치권(상58 · 91 · 120 · 147 · 800)

▸유치권의 성립요건

1. 물건에 관련하여 채권이 발생한 후 그 물건의 점유를 취득한 경우 유치권의 성부(적극) 유치권자가 유치물을 점유하기 전에 발생된 채권(건축비채권)이라도 그후 그 물건(건물)의 점유를 취득했다면 유치권은 성립한다.(대판 1965.3.30, 64다1977)

2. 점유의 적법추정과 유치권 점유자가 점유물에 대하여 행사하는 권리는 적법하게 보유하는 것으로 추정되므로 점유물에 대한 유익비상환청구권을 기초로 하는 유치권의 주장을 배척하려면 적어도 그 점유가 불법행위로 인하여 개시되었거나 유익비 지출 당시 이를 점유할 권원이 없음을 알았거나 이를 알지 못함이 중대한 과실에 기인하였다고 인정할 만한 사유를 상대방 당사자가 주장 · 입증하여야 한다.(대판 1966.6.7, 66다600, 601)

3. 유치권의 점유 유치권의 성립요건이자 존속요건인 유치권자의 점유는 직접점유이든 간접점유이든 관계가 없으나, 그 직접점유자가 채무자인 경우는 유치권의 요건으로서의 점유에 해당하지 않는다.(대판 2008.4.11, 2007다27236)

4. 임대차 종료시에 임차인이 건물을 원상으로 복구하여 임대인에게 명도키로 약정한 경우 건물의 임차인이 임대차관계 종료시에는 건물을 원상으로 복구하여 임대인에게 명도하기로 약정한 것은 건물에 지출한 각종 유익비 또는 필요비의 상환청구권을 미리 포기하기로 한 취지의 특약이라고 볼 수 있어 임차인은 유치권을 주장을 할 수 없다.(대판 1975.4.22, 73다2010)

5. 임차인의 임차보증금반환청구권이나 손해배상청구권 건물의 임대차에 있어서 임차인의 임대인에게 지급한 임차보증금반환청구권이나 임대인이 건물시설을 아니하기 때문에 임차인에게 건물을 임차목적대로 사용못한 것을 이유로 하는 손해배상청구권은 모두 민 320조 소정 소위 그 건물에 관하여 생긴 채권이라 할 수 없다.(대판 1976.5.11, 75다1305)

6. 임차인의 권리금반환청구권 임대인과 임차인 사이에 건물명도시 권리금을 반환하기로 하는 약정이 있었다 하더라도 그와 같은 권리금반환청구권은 건물에 관하여 생긴 채권이라 할 수 없으므로 그와 같은 채권을 가지고 건물에 대한 유치권을 행사할 수 없다.(대판 1994.10.14, 93다62119)

7. 수급인의 재료와 노력으로 건축된 자기 소유의 기성부분에 대한 유치권의 성부(소극) 유치권은 타물권인 점에 비추어 볼 때 수급인의 재료와 노력으로 건축되었고 독립한 건물에 해당되는 기성부분은 수급인의 소유라 할 것이므로 수급인은 공사대금을 지급받을 때까지 이에 대하여 유치권을 가질 수 없다.(대판 1993.3.26, 91다14116)

8. 완성된 건물의 소유권을 도급인에게 귀속키로 한 경우 수급인의 신축 건물에 대한 유치권 행사 주택건물의 신축공사를 한 수급인이 그 건물을 점유하고 있고 또 그 건물에 관하여 생긴 공사금 채권이 있다면, 수급인은 그 채권을 변제받을 때까지 건물을 유치할 권리가 있고, 이러한 유치권은 수급인이 점유를 상실하거나 피담보채무가 변제되는 등 특단의 사정이 없는 한 소멸되지 않는다.(대판 1995.9.15, 95다16202, 16219)

9. 계약명의신탁에서 명의신탁자가 명의수탁자에 대하여 가지는 매매대금 상당의 부당이득반환청구권 명의신탁자와 명의수탁자가 계약명의신탁약정을 맺고 명의수탁자가 당사자가 되어 명의신탁약정이 있다는 사실을 알지 못하는 소유자와 사이에 부동산에 관한 매매계약을 체결한 뒤 수탁자 명의로 소유권이전등기를 마친 경우 명의신탁자와 명의수탁자 사이의 명의신탁약정은 무효이지만 그 명의수탁자는 당해 부동산의 완전한 소유권을 취득하게 되고, 반면 명의신탁자는 그가 명의수탁자에게 제공한 부동산 매수자금이 무효의 명의신탁약정에 의한 법률상 원인 없는 것이 되는 관계

로 명의수탁자에 대하여 동액 상당의 부당이득반환청구권을 가질 수 있을 뿐이다. 명의신탁자의 이와 같은 부당이득반환청구권은 부동산 자체로부터 발생한 채권이 아닐 뿐만 아니라 소유권 등에 기한 부동산의 반환청구권과 동일한 법률관계나 사실관계로부터 발생한 채권이라고 보기도 어려우므로, 결국 유치권 성립요건으로서의 목적물과 채권 사이의 견련관계를 인정할 수 없다.(대판 2009.3.26, 2008다34828)

10. 건축자재대금채권과 유치권의 피담보채권 갑이 건물 신축공사 수급인인 을 주식회사와 체결한 약정에 따라 공사현장에 시멘트와 모래 등의 건축자재를 공급한 경우, 갑의 건축자재대금채권은 매매계약에 따른 매매대금채권에 불과할 뿐 건물 자체에 관하여 생긴 채권이라고 할 수는 없어 건물에 관한 유치권의 피담보채권이 될 수 없다.(대판 2012.1.26, 2011다96208)

11. 매매대금채권과 유치권의 피담보채권 매도인이 부동산을 점유하고 있고 소유권을 이전받은 매수인에게서 매매대금 일부를 지급받지 못하고 있다고 하여 매매대금채권을 피담보채권으로 매수인이나 그에게서 부동산 소유권을 취득한 제3자를 상대로 유치권을 주장할 수 없다. 왜냐하면 매도인이 등기에 의하여 매수인에게 소유권을 이전하였음에도 매수인 또는 그의 처분에 기하여 소유권을 취득한 제3자에 대하여 소유권에 속하는 대세적인 점유의 권능을 여전히 보유하게 되는 것은 부당하고, 또한 매도인으로서는 자신이 원래 가지는 동시이행의 항변권을 행사하지 아니하고 자신의 소유권이전의무를 선이행함으로써 매수인에게 소유권을 넘겨준 것이므로 그에 필연적으로 부수하는 위험은 스스로 감수하여야 하기 때문이다.(대결 2012.1.12, 2011마2380)

12. 압류의 처분금지효와 유치권 행사 가부(소극) 부동산 경매절차에서의 매수인은 민집 91조 5항에 따라 유치권자에게 그 유치권으로 담보하는 채권을 변제할 책임이 있는 것이 원칙이나, 채무자 소유의 건물 등 부동산에 경매개시결정의 기입등기가 경료되어 압류의 효력이 발생한 후에 채무자가 위 부동산에 관한 공사대금 채권자에게 그 점유를 이전함으로써 그로 하여금 유치권을 취득하게 한 경우, 그와 같은 점유의 이전은 목적물의 교환가치를 감소시킬 우려가 있는 처분행위에 해당하여 민집 92조 1항, 83조 4항에 따른 압류의 처분금지효에 저촉되므로 점유자로서는 위 유치권을 내세워 그 부동산에 관한 경매절차의 매수인에게 대항할 수 없다. 그러나 이러한 법리는 경매로 인한 압류의 효력이 발생하기 전에 유치권을 취득한 경우에는 적용되지 아니하고, 유치권 취득시기가 근저당권설정 후라거나 유치권 취득 전에 설정된 근저당권에 기하여 경매절차가 개시되었다고 하여 달리 볼 것은 아니다.(대판 2009.1.15, 2008다70763)

13. 압류 후 유치권 취득 유치권은 그 목적물에 관하여 생긴 채권이 변제기에 있는 경우에 성립하고, 한편 부동산에 경매개시결정의 기입등기가 마쳐져 압류의 효력이 발생한 후에 유치권을 취득한 경우에는 그로써 경매절차의 매수인에게 대항할 수 없다. 채무자 소유 건물의 공사수급인이 경매개시결정의 기입등기가 경료 전에 그 건물의 점유를 취득했더라도, 압류의 효력 발생 후에 공사를 완공하여 공사대금채권을 취득함으로써 유치권이 성립한 경우에는, 수급인은 그 유치권을 내세워 경매절차의 매수인에게 대항할 수 없다.(대판 2011.10.13, 2011다55214)

14. 가압류 후 점유 이전으로 인한 유치권 취득이 가압류의 처분금지효 저촉 여부(소극) 부동산에 가압류등기가 경료되면 채무자가 당해 부동산에 관한 처분행위를 하더라도 이로써 가압류채권자에게 대항할 수 없다. 여기서 처분행위는 당해 부동산의 양도 또는 담보물권 등의 설정행위를 말하고 특별한 사정이 없는 한 점유 이전과 같은 사실행위는 이에 해당하지 않는다. 다만, 압류의 효력 발생 후에 채무자가 제3자에게 부동산의 점유를 이전하여 유치권을 취득하게 하는 경우 점유 이전이 처분행위에 해당함과 달리 부동산에 가압류등기가 경료되어 있을 뿐 현실적인 매각절차가 이루어지지 않고 있는 상황 하에서는 채무자의 점유이전으로 인해 제3자가 유치권을 취득하게 되더라도 이를 처분행위로 볼 수는 없다.(대판 2011.11.24, 2009다19246)

15. 채무자 소유의 건물에 압류의 효력이 발생한 후에 유치권을 취득한 자가 경매절차의 매수인에게 대항할 수 있는지 여부(소극) 채무자 소유의 건물에 관하여 증·개축 등 공사를 도급받은 수급인이 경매개시결정의 기입등기가 마쳐지기 전에 채무자로부터 건물의 점유를 이전받았다 하더라도 경매개시결정의 기입등기가 마쳐져 압류의 효력이 발생한 후에 공사를 완공하여 공사대금채권을 취득함으로써 그때 비로소 유치권이 성립한 경우에는, 수급인은 유치권을 내세워 경매절차의 매수인에게 대항할 수 없다.(대판 2013.6.27, 2011다50165)

16. 체납처분압류가 되어 있는 부동산에 대하여 경매절차가 개시되기 전에 민사유치권을 취득한 유치권자가 경매절차의 매수인에게 유치권을 행사할 수 있는지 여부(적극) 부동산에 관한 민사집행절차에서는 경매개시결정과 함께 압류를 명하므로 압류가 행하여짐과 동시에 매각절차인 경매절차가 개시되는 반면, 국세징수법에 의한 체납처분절차에서는 그와 달리 체납처분에 의한 압류(이하 '체납처분압류'라고 한다)와 동시에 매각절차인 공매절차가 개시되는 것이 아닐 뿐만 아니라, 체납처분압류가 반드시 공매절차로 이어지는 것도 아니다. 또한 체납처분절차와 민사집행절차는 서로 별개의 절차로서 공매절차와 경매절차가 별도로 진행되는 것이므로, 체납처분압류가 되어 있는 부동산이라고 하더라도 그러한 사정만으로 경매절차가 개시되어 경매개시결정등기가 되기 전에 그 부동산에 관하여 민사유치권을 취득한 유치권자가 경매절차의 매수인에게 그 유치권을 행사할 수 없다고 볼 것은 아니다.(대판(全) 2014.3.20, 2009다60336)

17. 유치권의 행사와 신의칙 유치권제도와 관련하여서는 거래당사자가 유치권을 자신의 이익을 위하여 고의적으로 작출함으로써 유치권의 최우선순위담보권으로서의 지위를 부당하게 이용하고 전체 담보권질서에 관한 법의 구상을 왜곡할 위험이 내재한다. 따라서 개별 사안의 구체적인 사정을 종합적으로 고려할 때 신의칙에 반한다고 평가되는 유치권 제도 남용의 유치권 행사는 허용될 수 없다. 그러나 목적물에 관하여 채권이 발생하였으나 채권자가 목적물에 관한 점유를 취득하기 전에 그에 관하여 저당권 등 담보물권이 설정되고 이후에 채권자가 목적물에 관한 점유를 취득한 경우 채권자는 다른 사정이 없는 한 그와 같이 취득한 민사유치권을 저당권자 등에게 주장할 수 있는 것이므로, 그러한 유치권의 행사가 신의칙에 반하여 유치권제도를 남용한 것이라고 속단하기는 어렵다.(대판 2011.12.22, 2011다84298)

▸유치권의 효력

18. 유치권 항변 인용의 경우 동시이행판결 물건의 인도를 청구하는 소송에서 피고의 유치권 항변이 인용되는 경우에는 그 물건에 관하여 생긴 채권의 변제와 상환으로 그 물건의 인도를 명하여야 한다.(대판 1969.11.25, 69다1592)

19. 점유승계시 전점유자를 대위하여 유치권 행사가 가능한지 여부(소극) 비록 건물에 대한 점유를 승계한 사실이 있다 하더라도 전점유자를 대위하여 유치권을 주장할 수는 없는 것이다. 왜냐하면 피대위자는 그 점유를 상실하면서 곧 유치권을 상실한 것이기 때문이다.(대판 1972.5.30, 72다548)

20. 점유침탈시 유치권 소멸여부(적극) 을의 점유침탈로 갑이 점유를 상실한 이상 갑의 유치권은 소멸한다. 물론 갑이 점유회수의 소를 제기하여 승소판결을 받아 점유를 회복하면 점유를 상실하지 않았던 것으로 되어 유치권이 되살아나지만, 위와 같은 방법으로 점유를 회복하기 전에는 유치권이 되살아나는 것이 아니다.(대판 2012.2.9, 2011다72189)

**21. 유치권을 행사하려는 채권자의 '피담보채권 전액'에 대

하여 채무자가 동시이행항변권을 행사한 경우, 그 유치권의 행사가 가능한지 여부(원칙적 소극) 건물신축 도급계약에서 수급인이 공사를 완성하였더라도, 신축된 건물에 하자가 있고 그 하자 및 손해에 상응하는 금액이 공사잔대금액 이상이어서, 도급인이 수급인에 대한 하자보수청구권 내지 하자보수에 갈음한 손해배상채권 등에 기하여 수급인의 공사잔대금 채권 전부에 대하여 동시이행의 항변을 한 때에는, 공사잔대금 채권의 변제기가 도래하지 아니한 경우와 마찬가지로 수급인은 도급인에 대하여 하자보수의무나 하자보수에 갈음한 손해배상의무 등에 관한 이행의 제공을 하지 아니한 이상 공사잔대금 채권에 기한 유치권을 행사할 수 없다.(대판 2014.1.16, 2013다30653)

第321條【留置權의 不可分性】 留置權者는 債權全部의 辨濟를 받을 때까지 留置物全部에 對하여 그 權利를 行使할 수 있다.

■ 본조준용(343·370)

1. 수개의 물건과 유치권의 불가분성 다세대주택의 창호 등의 공사를 완성한 하수급인이 공사대금채권 잔액을 변제받기 위하여 위 다세대주택 중 한 세대를 점유하여 유치권을 행사하는 경우, 그 유치권은 위 한 세대에 대하여 시행한 공사대금만이 아니라 다세대주택 전체에 대하여 시행한 공사대금채권의 잔액 전부를 피담보채권으로 하여 성립한다.(대판 2007.9.7, 2005다16942)

第322條【競賣, 簡易辨濟充當】 ① 留置權者는 債權의 辨濟를 받기 爲하여 留置物을 競賣할 수 있다.

② 正當한 理由있는 때에는 留置權者는 鑑定人의 評價에 依하여 留置物로 直接 辨濟에 充當할 것을 法院에 請求할 수 있다. 이 境遇에는 留置權者는 미리 債務者에게 通知하여야 한다.

■ 본조준용(343), 질권과 저당권의 경우(338)

1. 간이변제충당의 요건인 정당한 이유의 존부에 관한 판단기준 유치물의 처분에 관하여 이해관계를 달리하는 다수의 권리자가 존재하거나 유치물의 공정한 가격을 쉽게 알 수 없는 등의 경우에는 민 322조 2항에 의하여 유치권자에게 유치물의 간이변제충당을 허가할 정당한 이유가 있다고 할 수 없다.(대결 2000.10.30, 2000마4002)

2. 유치권에 의한 경매절차가 정지된 상태에서 담보권 실행을 위한 경매절차가 진행되어 목적물이 매각된 경우 유치권 소멸 여부(소극) 유치권에 의한 경매절차가 정지된 상태에서(민사집행법 274조 2항) 그 목적물에 대한 강제경매 또는 담보권 실행을 위한 경매절차가 진행되어 매각이 이루어졌다면, 유치권에 의한 경매절차가 소멸주의를 원칙으로 하여 진행된 경우와는 달리 그 유치권은 소멸하지 않는다.(대판 2011.8.18, 2011다35593)

3. 유치권에 의한 경매가 목적부동산 위의 부담을 소멸시키는 것을 법정매각조건으로 하여 실시되는지 여부(적극)**와 유치권자의 배당순위** 유치권에 의한 경매도 강제경매나 담보권 실행을 위한 경매와 마찬가지로 목적부동산 위의 부담을 소멸시키는 것을 법정매각조건으로 하여 실시되고 우선채권자뿐만 아니라 일반채권자의 배당요구도 허용되며, 유치권자는 일반채권자와 동일한 순위로 배당을 받을 수 있다고 보아야 한다. 다만 집행법원은 부동산 위의 이해관계를 살펴 위와 같은 법정매각조건과는 달리 매각조건 변경결정을 통하여 목적부동산 위의 부담을 소멸시키지 않고 매수인으로 하여금 인수하도록 정할 수 있다.(대결 2011.6.15, 2010마1059)

第323條【果實收取權】 ① 留置權者는 留置物의 果實을 收取하여 다른 債權보다 먼저 그 債權의 辨濟에 充當할 수 있다. 그러나 果實이 金錢이 아닌 때에는 競賣하여야 한다.

② 果實은 먼저 債權의 利子에 充當하고 그 剩餘가 있으면 元本에 充當한다.

■ 본조준용(343), 과실(101·102), 법정변제충당(477-479)

第324條【留置權者의 善管義務】 ① 留置權者는 善良한 管理者의 注意로 留置物을 占有하여야 한다.

② 留置權者는 債務者의 承諾없이 留置物의 使用, 貸與 또는 擔保提供을 하지 못한다. 그러나 留置物의 保存에 必要한 使用은 그러하지 아니하다.

③ 留置權者가 前2項의 規定에 違反한 때에는 債務者는 留置權의 消滅을 請求할 수 있다.

■ 본조준용(343), 특정물채무자의 주의의무(374), 유치권의 소멸(327·328)

1. 유치물의 소유자 변동 시 유치권의 소멸 여부(소극) 유치권자의 점유하에 있는 유치물의 소유자가 변동하더라도 유치권자의 점유는 유치물에 대한 보존행위로서 하는 것이므로 적법하고 그 소유자변동 후 유치권자가 유치물에 관하여 새로이 유익비를 지급하여 그 가격의 증가가 현존하는 경우에는 이 유익비에 대하여도 유치권을 행사할 수 있다.(대판 1972.1.31, 71다2414)

2. 소유자의 동의 없이 유치권자로부터 유치권의 목적물을 임차한 자의 점유가 구 민소 647조 1항 단서 소정의 '경락인에게 대항할 수 있는 권원'에 기한 것인지 여부(구법관계)(소극) 유치권의 성립요건인 유치권자의 점유는 직접점유이든 간접점유이든 관계없지만, 유치권자는 채무자의 승낙이 없는 이상 그 목적물을 타에 임대할 수 있는 처분권한이 없으므로, 유치권자의 그러한 임대행위는 소유자의 처분권한을 침해하는 것으로서 소유자에게 그 임대의 효력을 주장할 수 없고, 따라서 소유자의 동의 없이 유치권자로부터 유치권의 목적물을 임차한 자의 점유는 구 민소(2002. 1. 26. 법률 제6626호로 전문 개정되기 전의 것) 647조 1항 단서에서 규정하는 '경락인에게 대항할 수 있는 권원'에 기한 것이라고 볼 수 없다.(대결 2002.11.27, 2002마3516)

3. 유치권자가 경락인에 대하여 피담보채권의 변제를 청구할 수 있는지 여부(소극) 민소 728조에 의하여 담보권의 실행을 위한 경매절차에 준용되는 같은 법 608조 3항은 경락인은 유치권자에게 그 유치권으로 담보하는 채권을 변제할 책임이 있다고 규정하고 있는바, 여기에서 '변제할 책임이 있다'는 의미는 부동산상의 부담을 승계한다는 취지로서 인적 채무까지 인수한다는 취지는 아니므로, 유치권자는 경락인에 대하여 그 피담보채권의 변제가 있을 때까지 유치목적물인 부동산의 인도를 거절할 수 있을 뿐이고 그 피담보채권의 변제를 청구할 수는 없다.(대판 1996.8.23, 95다8713)

4. 유치권에 기하여 건물을 사용·수익한 경우 부당이득 여부(적극) 동시이행의 항변권 또는 유익비상환청구권에 의한 유치권을 행사하여 가옥을 사용 수익한 경우에는 임료상당의 금원을 부당이득한 것으로 본다.(대판 1963.7.11, 63다235)

5. 유치권자가 제3자와 유치물에 대한 전세계약을 체결하고 전세금을 수령한 경우 부당이득반환 범위 유치권자는 유치물 소유자의 승낙 없이 유치물을 보존에 필요한 범위를 넘어 사용할 수 없고, 유치권자가 유치물을 그와 같이 사용한 경우에는 그로 인한 이익을 부당이득으로 소유자에게 반환하여야 한다. 유치권자가 유치물에 관하여 제3자와의 사이에 전세계약을 체결하여 전세금을 수령하였다면 그가 얻은 구체적 이익은 전세금에 대한 법정이자 상당액이다.(대판 2009.12.24, 2009다32324)

6. 유치권의 불가분성의 적용 범위 및 하나의 채권을 피담보채권으로 한 여러 필지의 토지에 대한 유치권자가 그중 일부 필지의 토지에 대하여 선관주의의무를 위반한 경우, 유치권 소멸청구 범위 ① 민 321조는 "유치권자는 채권 전부의 변제를 받을 때까지 유치물 전부에 대하여 그 권리를 행사할 수 있다."라고 정하므로, 유치물은 그 각 부분으로써 피담보채권의 전부를 담보하고, 이와 같은 유치권의 불가분성은 그 목적물이 분할 가능하거나 수 개의 물건인 경우에도 적용되며, 상 58조의 상사유치권에도 적용된다. ② 하나의 채권을 피담보채권으로 하여 여러 필지의 토지에 대하여 유치권을 취득한 유치권자가 그중 일부 필지의 토지에 대하여 선량한 관리자의 주의의무를 위반하였다면 특별한 사정이 없는 한 위반행위가 있었던 필지의 토지에 대하여만 유치권 소멸청구가 가능하다.(대판 2022.6.16, 2018다301350)

7. 유치물의 소유권을 취득한 제3자의 유치권소멸청구 민 324조에서 정한 유치권소멸청구는 유치권자의 선량한 관리자의 주의의무 위반에 대한 제재로서 채무자 또는 유치물의 소유자를 보호하기 위한 규정이므로, 특별한 사정이 없는 한 민 324조 2항을 위반한 임대행위가 있은 뒤에 유치물의 소유권을 취득한 제3자도 유치권소멸청구를 할 수 있다.(대판 2023.8.31, 2019다295278)

第325條【留置權者의 償還請求權】 ① 留置權者가 留置物에 關하여 必要費를 支出한 때에는 所有者에게 그 償還을 請求할 수 있다.

② 留置權者가 留置物에 關하여 有益費를 支出한 때에는 그 價額의 增加가 現存한 境遇에 限하여 所有者의 選擇에 좇아 그 支出한 金額이나 增加額의 償還을 請求할 수 있다. 그러나 法院은 所有者의 請求에 依하여 相當한 償還期間을 許與할 수 있다.

■ 본조준용(343 · 1081)

第326條【被擔保債權의 消滅時效】 留置權의 行使는 債權의 消滅時效의 進行에 影響을 미치지 아니한다.

■ 채권의 소멸시효(162-165)

第327條【他擔保提供과 留置權消滅】 債務者는 相當한 擔保를 提供하고 留置權의 消滅을 請求할 수 있다.

1. 담보의 상당성의 판단기준 및 그 소멸청구권자 민 327조에 의하여 제공하는 담보가 상당한가는 그 담보의 가치가 채권의 담보로서 상당한가, 태양에 있어 유치물에 의하였던 담보력을 저하시키지는 아니한가 하는 점을 종합하여 판단하여야 할 것인바, 유치물의 가격이 채권액에 비하여 과다한 경우에는 채권액 상당의 가치가 있는 담보를 제공하면 족하고, 한편 당해 유치물에 관하여 이해관계를 가지고 있는 자인 채무자나 유치물의 소유자는 상당한 담보가 제공되어 있는 이상 유치권 소멸청구의 의사표시를 할 수 있다.(대판 2001.12.11, 2001다59866)

2. 민 327조에 따른 유치권 소멸청구를 채무자뿐만 아니라 유치물의 소유자도 할 수 있는지 여부(적극) **및 담보의 상당성 판단기준** 유치권 소멸청구는 민 327조에 규정된 채무자뿐만 아니라 유치물의 소유자도 할 수 있다. 민 327조에 따라 채무자나 소유자가 제공하는 담보가 상당한지는 담보 가치가 채권 담보로서 상당한지, 유치물에 의한 담보력을 저하시키지 않는지를 종합하여 판단해야 한다. 따라서 유치물 가액이 피담보채권액보다 많을 경우에는 피담보채권액에 해당하는 담보를 제공하면 되고, 유치물 가액이 피담보채권액보다 적을 경우에는 유치물 가액에 해당하는 담보를 제공하면 된다.(대판 2021.7.29, 2019다216077)

第328條【占有喪失과 留置權消滅】 留置權은 占有의 喪失로 因하여 消滅한다.

■ 점유의 상실(192 · 204), 점유의 계속(198)

1. 경락인인 집행채권자가 단행가처분의 집행을 통하여 유치권자인 집행채무자로부터 인도받은 목적물에 대한 소유권 및 점유를 상실한 경우 집행채무자의 유치권을 상실하게 하는 불법행위의 성부(적극) 목적물을 경락받은 집행채권자가 유치권자인 집행채무자의 점유하에 있던 목적물을 단행가처분의 집행을 통하여 인도받은 후 제3자에게 처분 · 인도하고 그 목적물에 관하여 소유권이전등기까지 경료하여 그 제3자로 하여금 목적물에 관한 완전한 소유권을 취득하게 하여 버림으로써 목적물에 관한 소유권이나 점유를 환원시킬 수 없는 새로운 사태가 만들어진 경우, 그 때 비로소 가처분의 집행채권자로서 인도집행받은 목적물의 점유를 타에 이전하거나 점유명의를 변경하여서는 아니되는 가처분의 결정취지에 반하여 점유를 타에 이전하여 그 점유명의를 변경한 것이 되고 집행채무자의 점유를 침탈하여 유치권을 상실하게 하는 불법행위를 저지른 것이라고 보아야 한다.(대판 1996.12.23, 95다25770)

第8章 質 權

第1節 動産質權

第329條【動産質權의 內容】 動産質權者는 債權의 擔保로 債務者 또는 第三者가 提供한 動産을 占有하고 그 動産에 對하여 다른 債權者보다 自己債權의 優先辨濟를 받을 權利가 있다.

■ 동산(99), 점유(192-194)

第330條【設定契約의 要物性】 質權의 設定은 質權者에게 目的物을 引渡함으로써 그 效力이 생긴다.

■ 물권행위의 원칙(188), 인도(188 · 190)

第331條【質權의 目的物】 質權은 讓渡할 수 없는 物件을 目的으로 하지 못한다.

■ 양도할 수 없는 물건(마약관리3 · 4), 질권의 설정을 금지하는 물건(상789 · 790, 자저당9)

第332條【設定者에 依한 代理占有의 禁止】 質權者는 設定者로 하여금 質物의 占有를 하게 하지 못한다.

第333條【動産質權의 順位】 數個의 債權을 擔保하기 爲하여 同一한 動産에 數個의 質權을 設定한 때에는 그 順位는 設定의 先後에 依한다.

■ 본조준용(370)

第334條【被擔保債權의 範圍】 質權은 元本, 利子, 違約金, 質權實行의 費用, 質物保存의 費用 및 債務不履行 또는 質物의 瑕疵로 因한 損害賠償의 債權을 擔保한다. 그러나 다른 約定이 있는 때에는 그 約定에 依한다.

■ 이자(379), 위약금(398), 질권실행의 비용(338 · 353), 질물 보존 비용(343 · 325), 손해배상(390)

1. 채권의 지연손해금을 별도로 등기부에 기재하지 않았을 경우, 근저당권부 질권의 피담보채권의 범위가 등기부에 기재된 약정이자에 한정되는지 여부(소극) 민 355조의 규정에 의하여 권리질권에 준용되는 민 334조 전문 내용 및 부

동산등기 76조 1항은 등기관이 민 348조에 따라 저당권부 채권에 대한 질권의 등기를 할 때에는 부동산등기 48조에서 규정한 사항 외에 '채권액 또는 채권최고액, 채무자의 성명 또는 명칭과 주소 또는 사무소 소재지, 변제기와 이자의 약정이 있는 경우에는 그 내용'을 기록하여야 한다고 정하고 있어 채권의 지연손해금을 등기사항으로 정하고 있다. 채권의 지연손해금을 별도로 등기부에 기재하지 않았더라도 근저당권부 질권의 피담보채권의 범위가 등기부에 기재된 약정이자에 한정된다고 볼 수 없다.(대판 2023.1.12, 2020다296840)

第335條【留置的效力】 質權者는 前條의 債權의 辨濟를 받을 때까지 質物을 留置할 수 있다. 그러나 自己보다 優先權이 있는 債權者에게 對抗하지 못한다.

▣ 유치(321-325 · 343), 질권자에 대해 우선권이 있는 채권자(333, 국세기35, 지방세법31)

第336條【轉質權】 質權者는 그 權利의 範圍內에서 自己의 責任으로 質物을 轉質할 수 있다. 이 境遇에는 轉質을 하지 아니하였으면 免할 수 있는 不可抗力으로 因한 損害에 對하여도 責任을 負擔한다.

▣ 승낙전질(343 · 324), 질권자의 책임(343 · 324)

第337條【轉質의 對抗要件】 ① 前條의 境遇에 質權者가 債務者에게 轉質의 事實을 通知하거나 債務者가 이를 承諾함이 아니면 轉質로써 債務者, 保證人, 質權設定者 및 그 承繼人에게 對抗하지 못한다.

② 債務者가 前項의 通知를 받거나 承諾을 한 때에는 轉質權者의 同意없이 質權者에게 債務를 辨濟하여도 이로써 轉質權者에게 對抗하지 못한다.

第338條【競賣, 簡易辨濟充當】 ① 質權者는 債權의 辨濟를 받기 爲하여 質物을 競賣할 수 있다.

② 正當한 理由있는 때에는 質權者는 鑑定人의 評價에 依하여 質物로 直接 辨濟에 充當할 것을 法院에 請求할 수 있다. 이 境遇에는 質權者는 미리 債務者 및 質權設定者에게 通知하여야 한다.

▣ 경매(민집271 · 273), 허가신청절차(비송56 · 58)

1. 질물로 즉시변제에 충당할 것을 신청하는 경우, 채무자 또는 질권설정자에 대한 심문절차의 필요 여부(적극) 비송 53조 1항과 2항의 규정은 같은 법 56조 1항에 의하여 민 338조 2항의 규정에 의하여 질물로 즉시변제에 충당할 것을 신청하는 경우에 준용되므로, 질권자가 민 338조 2항의 규정에 의하여 질물로 즉시변제에 충당할 것을 신청하는 경우에는 법원은 그 허부결정을 하기 전에, 채무자 또는 질권설정자에 대한 심문이 사실상 불가능하다는 등의 특별한 사정이 없는 한, 필요적으로 채무자 또는 질권설정자에 대한 심문절차를 거쳐야 한다.(대결 1998.10.14, 98그58)

第339條【流質契約의 禁止】 質權設定者는 債務辨濟期前의 契約으로 質權者에게 辨濟에 갈음하여 質物의 所有權을 取得하게 하거나 法律에 定한 方法에 依하지 아니하고 質物을 處分할 것을 約定하지 못한다. (2014.12.30 본조개정)

▣ 법률에 정한 방법(338 · 353 · 354, 민집271 · 273)

第340條【質物 以外의 財産으로부터의 辨濟】 ① 質權者는 質物에 依하여 辨濟를 받지 못한 部分의 債權에 限하여 債務者의 다른 財産으로부터 辨濟를 받을 수 있다.

② 前項의 規定은 質物보다 먼저 다른 財産에 關한 配當을 實施하는 境遇에는 適用하지 아니한다. 그러나 다른 債權者는 質權者에게 그 配當金額의 供託을 請求할 수 있다.

▣ 본조준용(370), 질권자의 우선변제권(329)

第341條【物上保證人의 求償權】 他人의 債務를 擔保하기 爲한 質權設定者가 그 債務를 辨濟하거나 質權의 實行으로 因하여 質物의 所有權을 잃은 때에는 保證債務에 關한 規定에 依하여 債務者에 對한 求償權이 있다.

▣ 본조준용(370), 보증채무에 관한 규정(441-447 · 469 · 481-486)

1. 물상보증인이 대위변제로 취득하는 채무자에 대한 구상권의 법적 성질 물상보증은 채무자 아닌 사람이 채무자를 위하여 담보물권을 설정하는 행위이고 채무자를 대신해서 채무를 이행하는 사무의 처리를 위탁받는 것이 아니므로, 물상보증인이 변제 등에 의하여 채무자를 면책시키는 것은 위임사무의 처리가 아니고 법적 의미에서는 의무 없이 채무자를 위하여 사무를 관리한 것에 유사하다. 따라서 물상보증인의 채무자에 대한 구상권은 그들 사이의 물상보증위탁계약의 법적 성질과 관계없이 민법에 의하여 인정된 별개의 독립한 권리이고, 그 소멸시효에 있어서는 민법상 일반채권에 관한 규정이 적용된다.(대판 2001.4.24, 2001다6237)

第342條【物上代位】 質權은 質物의 滅失, 毁損 또는 公用徵收로 因하여 質權設定者가 받을 金錢 其他 物件에 對하여도 이를 行使할 수 있다. 이 境遇에는 그 支給 또는 引渡前에 押留하여야 한다.

▣ 본조준용(370)

1. 제3채권자가 미리 환급채권에 대하여 받은 압류 및 전부명령과 질권자의 물상대위권의 관계 ① 국가의 체납처분으로 인하여 질물인 금전채권이 압류되어 질권이 상실된 경우 국세 등에 배분하고 남은 금원을 한국은행에 예탁하도록 한 이상 위 금원은 압류된 것과 같이 특정되었다 할 것이므로, 질권자는 압류를 하지 않더라도 당연히 물상대위권의 효력이 미쳐 국가로부터 이를 지급받을 수 있다. ② 국세환급금은 모두 질권자에게 배분되어야 할 금원이므로 질권자의 채권액을 제외한 잔여금액이 존재하지 아니하는 이상 비록 질권자가 환급채권에 대하여 압류를 하기 전에 제3채권자가 미리 환급채권에 대하여 압류 및 전부명령을 받았다 하더라도 그 압류 및 전부명령은 효력이 없다.(대판 1987.5.26, 86다카1058)

2. 민 342조 후문의 취지 342조 후문이 "저당권자가 물상대위권을 행사하기 위하여서는 저당권 설정자가 지급받을 금전 기타 물건의 지급 또는 인도 전에 압류하여야 한다."라고 규정한 취지는, 물상대위의 목적이 되는 금전 기타 물건의 특정성을 유지하여 제3자에게 불측의 손해를 입히지 아니하려는 데 있는 것이므로, 저당목적물의 변형물인 금전 기타 물건에 대하여 이미 제3자가 압류하여 그 금전 또는 물건이 특정된 이상 저당권자는 스스로 이를 압류하지 않고서도 물상대위권을 행사할 수 있다.(대판 1996.7.12, 96다21058)

3. 수용 전 토지에 대하여 압류를 한 체납처분청이 다시 수용보상금에 대하여 체납처분에 의한 압류를 한 경우 수용 전 토지에 대한 체납처분에 의한 우선권이 수용보상금채권에 대한 배당절차에서 종전 순위대로 유지되는지 여부(구법관계)(소극) 구 토지수용법 67조 1항에 의하면, 기업자는 토지를 수용한 날에 그 소유권을 취득하며 그 토지에 관한 다른 권리는 소멸하는 것인바, 수용되는 토지에 대하여 체납처분에 의한 압류가 집행되어 있어도 토지의 수용으로 기업

자가 그 소유권을 원시취득함으로써 그 압류의 효력은 소멸되는 것이고, 토지에 대한 압류가 그 수용보상금청구권에 당연히 전이되어 그 효력이 미치게 된다고는 볼 수 없다고 할 것이므로, 수용 전 토지에 대하여 체납처분으로 압류를 한 체납처분청이 다시 수용보상금에 대하여 체납처분에 의한 압류를 하였다고 하여 물상대위의 법리에 의하여 수용 전 토지에 대한 체납처분에 의한 우선권이 수용보상금채권에 대한 배당절차에서 종전 순위대로 유지된다고 볼 수도 없다.(대판 2003.7.11, 2001다83777)

4. 회사정리절차개시결정 후 주식의 약식질권자가 정리회사의 주식소각대금채권에 대하여 물상대위권을 행사하여 얻은 추심명령의 효력(구법관계) 회사정리법 67조 1항에서 개별집행절차개시를 금지하는 규정을 둔 목적의 하나는 정리채권과 정리담보권 모두가 회사정리절차에 따라야 한다는 회사정리절차의 기본구조를 뒷받침하려는 데 있으므로 회사정리절차개시결정이 있은 후에는 물상대위권의 행사를 위한 압류의 허용 여부와는 별도로 추심명령은 그 효력을 발생할 수 없다.(대판 2004.4.23, 2003다6781)

5. 양도담보 목적물 소실로 양도담보 설정자가 취득한 화재보험금청구권에 양도담보권에 기한 물상대위 행사 가부(적극) 양도담보로 제공된 목적물이 멸실, 훼손됨에 따라 양도담보 설정자와 제3자 사이에 교환가치에 대한 배상 또는 보상 등의 법률관계가 발생되는 경우에도 그로 인하여 양도담보 설정자가 받을 금전 기타 물건에 대하여 담보적 효력이 미친다. 따라서 양도담보권자는 양도담보 목적물이 소실되어 양도담보 설정자가 보험회사에 대하여 화재보험계약에 따른 보험금청구권을 취득한 경우에도 담보물 가치의 변형물인 위 화재보험금청구권에 대하여 양도담보권에 기한 물상대위권을 행사할 수 있다.(대판 2009.11.26, 2006다37106)

第343條【準用規定】 第249條 乃至 第251條, 第321條 乃至 第325條의 規定은 動産質權에 準用한다.

▣ 선의취득(249-251), 불가분성(321), 유치적 권능에 연관된 권리(322-325)

1. 동산질권 선의취득 요건으로서의 '선의·무과실'의 증명책임 동산질권을 선의취득하기 위하여는 질권자가 평온·공연하게 선의이며 과실없이 질권의 목적동산을 취득하여야 하고, 그 취득자의 선의·무과실은 동산질권자가 입증하여야 한다.(대판 1981.12.22, 80다2910)

2. 민 343조가 저당권에도 확장해서 적용될 수 있는지 여부(소극) 민 249조의 선의취득은 점유인도를 물권변동의 요건으로 하는 동산의 소유권취득에 관한 규정으로서(동법 343조에 의하여 동산질권에도 준용) 저당권의 취득에는 적용될 수 없다.(대판 1985.12.24, 84다카2428)

第344條【他法律에 依한 質權】 本節의 規定은 다른 法律의 規定에 依하여 設定된 質權에 準用한다.

▣ 다른 법률의 규정에 의하여 설정된 질권(상59)

第2節 權利質權

第345條【權利質權의 目的】 質權은 財產權을 그 目的으로 할 수 있다. 그러나 不動産의 使用, 收益을 目的으로 하는 權利는 그러하지 아니하다.

1. 주권발행 전의 주식에 대한 질권설정이 가능한지 여부(적극) 주권발행 전의 주식에 대한 양도도 인정되고, 주권발행 전 주식의 담보제공을 금하는 법률규정도 없으므로 주권발행 전 주식에 대한 질권설정도 가능하다.(대결 2000.8.16, 99그1)

2. 신탁 42조에 규정하고 있는 수탁자의 비용상환청구권이 권리질의 목적이 될 수 있는지 여부(적극) 신탁 42조에서 규정하고 있는 수탁자의 비용상환청구권은 수탁자가 신탁사무의 처리에 있어서 정당하게 부담하게 되는 비용 또는 과실 없이 입게 된 손해에 관하여 신탁재산 또는 수익자에 대하여 보상을 청구할 수 있는 권리라고 할 것인바, 이는 수탁자가 개인적으로 갖는 권리로서 독립성을 인정할 수 있으므로 양도될 수도 있고 권리질의 목적도 될 수 있다.(대판 2005.12.22, 2003다55059)

第346條【權利質權의 設定方法】 權利質權의 設定은 法律에 다른 規定이 없으면 그 權利의 讓渡에 關한 方法에 依하여야 한다.

▣ 권리양도의 방법(450·508·523)

1. 주권발행 전의 주식에 대한 질권설정의 방법 주권발행 전의 주식 입질에 관하여는 상 338조 1항의 규정이 아니라 권리질권설정의 일반원칙인 민 345조로 돌아가 그 권리의 양도방법에 의하여 질권을 설정할 수 있다.(대결 2000.8.16, 99그1)

2. 권리질권설정의 증명책임 채권질의 설정은 채권양도의 방법에 의하는 것이고 양수인에 대한 채무를 담보하거나 그 변제를 확보하기 위해 채권을 양도하는 경우에도 그것이 질권설정을 목적으로 하는 양도였다는 것은 이례에 속하는 사항이니 만큼 특정의 채권양도가 질권설정을 목적으로 하는 것이었다는 사실은 이를 주장하는 당사자에게 입증책임이 있고, 그 양도계약서에 양수인에 대한 채무 변제를 위하여 양도한다는 취지가 기재되어 있거나 그 양도와 동시에 양도채권에 관한 증서가 양수인에게 교부되었다는 사실만으로써는 그 양도에 질권설정의 목적이 있었다고 추정할 수 없다.(대판 1964.5.5, 63다710)

第347條【設定契約의 要物性】 債權을 質權의 目的으로 하는 境遇에 債權證書가 있는 때에는 質權의 設定은 그 證書를 質權者에게 交付함으로써 그 效力이 생긴다.

▣ 대항요건(349·350), 무기명채권의 질권설정(330·523), 주식의 질권설정(상338)

1. 채권질권의 설정을 위하여 교부하도록 정한 '채권증서'의 의미 '채권증서'는 채권의 존재를 증명하기 위하여 채권자에게 제공된 문서로서 특정한 이름이나 형식을 따라야 하는 것은 아니지만, 장차 변제 등으로 채권이 소멸하는 경우에는 민 475조에 따라 채무자가 채권자에게 그 반환을 청구할 수 있는 것이어야 하므로, 임대차계약서와 같이 계약 당사자 쌍방의 권리의무관계의 내용을 정한 서면은 그 계약에 의한 권리의 존속을 표상하기 위한 것이라고 할 수는 없으므로 위 채권증서에 해당하지 않는다.(대판 2013.8.22, 2013다32574)

第348條【抵當債權에 對한 質權과 附記登記】 抵當權으로 擔保한 債權을 質權의 目的으로 한 때에는 그 抵當權登記에 質權의 附記登記를 하여야 그 效力이 抵當權에 미친다.

▣ 부기등기(등기3·5·76)

1. 채권질권 설정 후 입질채권을 위해 설정된 저당권에 질권의 효력이 미치기 위한 질권 부기등기의 요부(적극) 저당권에 의하여 담보된 채권에 질권을 설정하였을 때 저당권의 부종성으로 인하여 등기 없이 성립하는 권리질권이 당연히 저당권에도 효력이 미친다고 한다면, 공시의 원칙에 어긋나고 그 저당권에 의하여 담보된 채권을 양수하거나 압류한 사람, 저당부동산을 취득한 제3자 등에게 예측할 수 없는 질권의 부담을 줄 수 있어 거래의 안전을 해할 수 있다. 이에 따라 민 348조는 저당권설정등기에 질권의 부기등기를 한 때에만 질권의 효력이 저당권에 미치도록 한 것이다. 이는 민 186조에서 정하는 물권변동에 해당한다. 이러한 입법 취지에 비추어 보면, 담보가 없는 채권에 질권을 설정한 다음

그 채권을 담보하기 위해 저당권이 설정되었더라도, 민 348조가 유추적용되어 저당권설정등기에 질권의 부기등기를 하지 않으면 질권의 효력이 저당권에 미친다고 볼 수 없다.(대판 2020.4.29, 2016다235411)

第349條【指名債權에 對한 質權의 對抗要件】 ① 指名債權을 目的으로 한 質權의 設定은 設定者가 第450條의 規定에 依하여 第三債務者에게 質權設定의 事實을 通知하거나 第三債務者가 이를 承諾함이 아니면 이로써 第三債務者 其他 第三者에게 對抗하지 못한다.

② 第451條의 規定은 前項의 境遇에 準用한다.

▣ 효력발생(330·347)

1. 은행 지점장 대리가 가공의 정기예금에 대한 질권 설정에 대하여 이의의 유보 없이 승낙한 경우 은행이 질권자에게 정기예금채무의 부존재를 주장할 수 있는지 여부(소극) 은행 지점의 지점장 대리가 허위의 정기예금통장을 만들어 가공의 정기예금에 대한 질권설정승낙의뢰서에 질권 설정에 대하여 아무런 이의를 유보하지 아니하고 승낙한다는 뜻을 기재하고 은행의 대리 약인을 찍은 질권설정승낙서를 교부한 경우, 은행은 그 질권자에게 그 정기예금채권에 대한 질권 설정에 이의를 유보하지 아니한 승낙을 하였으므로 그 정기예금채권의 부존재를 이유로 질권자에게 대항할 수 없다.(대판 1997.5.30, 96다22648)

2. 보험자가 이의를 보류하지 아니하고 보험료환급청구권에 대한 질권설정을 승낙한 경우 보험료 미납으로 보험료환급금 지급이 거절될 수도 있다는 예상을 하지 못한 질권자에게 중과실을 인정할 수 있는지 여부(소극) 보험료 미납이 있으면 당연히 보험료환급청구권이 발생할 여지가 없다고 보아야 할 것이지, 보험금청구권의 경우와 같이 보험료환급책임이 면제되는 것이 아니라 할 것이므로, 그 환급청구권에 대하여 질권을 취득하는 질권자로서는 보험료 미납 사실을 알지 못하는 한 당연히 환급청구권에 대하여 어떠한 항변권도 없다고 믿을 수밖에는 없다 할 것이므로, 보험료 미납으로 인하여 보험료환급금 지급이 거절될 수도 있다는 예상을 하지 못한 것에 중과실이 있다고 볼 수도 없다.(대판 2002.3.29, 2000다13887)

3. 지명 은행 정기예금 채권에 대한 질권의 소멸 지명채권에 대한 질권이 소멸되었을 때에는 질권채무자는 질권자에게 대하여 증서의 반환을 받고 질권채무자가 대항요건을 구비하려면 제3채무자에게 질권의 소멸의 의사표시를 하면 족하다.(대판 1959.10.22, 4292민상168)

4. '질권자'가 '제3채무자'에게 '질권설정계약의 해지 사실'을 통지하였으나 아직 해지되지 않은 경우, '선의인 제3채무자'가 '질권설정자'에게 대항할 수 있는 사유로 '질권자'에게 대항할 수 있는지 여부(적극) 제3채무자가 질권설정 사실을 승낙한 후 질권설정계약이 합의해지된 경우 질권설정자가 해지를 이유로 제3채무자에게 원래의 채권으로 대항하려면 질권자가 제3채무자에게 해지 사실을 통지하여야 하고, 만일 질권자가 제3채무자에게 질권설정계약의 해지 사실을 통지하였다면, 설사 아직 해지가 되지 아니하였다고 하더라도 선의인 제3채무자는 질권설정자에게 대항할 수 있는 사유로 질권자에게 대항할 수 있다고 봄이 타당하다.(대판 2014.4.10, 2013다76192)

5. 질권자와 압류·전부명령을 받은 일반채권자의 우열관계 질권설정자가 민 349조 1항에 따라 제3채무자에게 질권이 설정된 사실을 통지하거나 제3채무자가 이를 승낙한 때에는 제3채무자가 질권자의 동의 없이 질권의 목적인 채무를 변제하더라도 질권자에게 대항할 수 없고, 질권자는 여전히 제3채무자에게 직접 채무의 변제를 청구할 수 있다. 질권의 목적인 채권에 대하여 질권설정자의 일반채권자의 신청으로 압류·전부명령이 내려진 경우에도 그 명령이 송달된 날보다 먼저 질권자가 확정일자 있는 문서에 의해 민 349조 1항에서 정한 대항요건을 갖추었다면, 전부채권자는 질권이 설정된 채권을 이전받을 뿐이고 제3채무자는 전부채권자에게 변제했음을 들어 질권자에게 대항할 수 없다.(대판 2022.3.31, 2018다21326)

第350條【指示債權에 對한 質權의 設定方法】 指示債權을 質權의 目的으로 한 質權의 設定은 證書에 背書하여 質權者에게 交付함으로써 그 效力이 생긴다.

第351條【無記名債權에 對한 質權의 設定方法】 無記名債權을 目的으로 한 質權의 設定은 證書를 質權者에게 交付함으로써 그 效力이 생긴다.

1. 양도성예금증서에 대하여 질권을 설정받는 방법으로 이를 취득하는 경우 양도성예금증서의 양수인이 발행인이나 전 소지인에게 양도인의 실질적인 권리 여부를 확인하여야 하는지 여부(소극) 양도성예금증서란 원래 단순한 교부만으로써도 양도가 가능하므로 양수인이 할인의 방법으로 이를 취득함에 있어서 그 양도성예금증서가 잘못된 것이라는 의심이 가거나 양도인의 실질적인 무권리성을 의심하게 될 만한 특별한 사정이 없는 이상 위 양도성예금증서의 발행인이나 전 소지인에게 반드시 확인한 다음 취득하여야 할 주의의무가 있다고는 할 수 없고, 또한 양도성예금증서는 단순한 교부만으로써 담보 제공이 될 수 있고 질권의 목적물이 될 수도 있으므로, 위에서 본 법리는 양도성예금증서에 대하여 질권을 설정받는 방법으로 이를 취득하는 경우에도 마찬가지라고 보아야 한다.(대판 2002.5.28, 2001다10021)

第352條【質權設定者의 權利處分制限】 質權設定者는 質權者의 同意없이 質權의 目的된 權利를 消滅하게 하거나 質權者의 利益을 害하는 變更을 할 수 없다.

1. 민 352조에 위반한 질권설정자의 행위의 효력 민 352조는 질권자가 질권의 목적인 채권의 교환가치에 대하여 가지는 배타적 지배권능을 보호하기 위한 것이므로, 질권설정자와 제3채무자가 질권의 목적된 권리를 소멸하게 하는 행위를 하였다고 하더라도 이는 질권자에 대한 관계에 있어 무효일 뿐이어서 특별한 사정이 없는 한 질권자 아닌 제3자가 그 무효의 주장을 할 수는 없다.(대판 1997.11.11, 97다35375)

2. 질권의 목적인 채권의 양도에서 질권자의 동의가 필요한지 여부(소극) 질권의 목적인 채권의 양도행위는 민 352조 소정의 질권자의 이익을 해하는 변경에 해당되지 않으므로 질권자의 동의를 요하지 아니한다.(대판 2005.12.22, 2003다55059)

3. 제3채무자가 질권자의 동의 없이 질권의 목적인 채무를 변제한 경우, 이로써 질권자에게 대항할 수 있는지 여부(소극) 질권설정자가 제3채무자에게 질권설정의 사실을 통지하거나 제3채무자가 이를 승낙한 때에는 제3채무자가 질권자의 동의 없이 질권의 목적인 채무를 변제하더라도 이로써 질권자에게 대항할 수 없고, 질권자는 민 353조 2항에 따라 여전히 제3채무자에 대하여 직접 채무의 변제를 청구할 수 있다. 제3채무자가 질권자의 동의 없이 질권설정자와 상계합의를 함으로써 질권의 목적인 채무를 소멸하게 한 경우에도 마찬가지로 질권자에게 대항할 수 없고, 질권자는 여전히 제3채무자에 대하여 직접 채무의 변제를 청구할 수 있다.(대판 2018.12.27, 2016다265689)

4. 민 352조의 적용 여부가 문제된 사례 갑과 한국토지주택공사가 체결한 아파트 임대차계약의 임대차보증금반환채권에 관한 근질권자인 을 주식회사가 임대차계약이 갱신되지

아니한 채 기간 만료로 종료되었다고 주장하며 임대인인 한국토지주택공사를 대위하여 갑을 상대로 아파트 인도를 구한 사안에서, 임대인이 별도로 갱신거절을 하지 아니함에 따라 임대차계약이 묵시적으로 갱신되는 결과가 발생하는 것은, 질권의 목적인 임대차보증금반환채권 자체가 아니라 이를 발생시키는 기본적 계약관계에 관한 사유에 속할 뿐만 아니라, 질권설정자인 임차인이 위 채권 자체의 소멸을 목적으로 하거나 질권자의 이익을 해하는 변경을 한 것으로도 볼 수 없으므로, 이 경우에는 민 352조의 제한을 받지 않는다.(대판 2020.7.9, 2020다223781)

第353條【質權의 目的이 된 債權의 實行方法】 ① 質權者는 質權의 目的이 된 債權을 直接 請求할 수 있다.

② 債權의 目的物이 金錢인 때에는 質權者는 自己債權의 限度에서 直接 請求할 수 있다.

③ 前項의 債權의 辨濟期가 質權者의 債權의 辨濟期보다 먼저 到來한 때에는 質權者는 第三債務者에 對하여 그 辨濟金額의 供託을 請求할 수 있다. 이 境遇에 質權은 그 供託金에 存在한다.

④ 債權의 目的物이 金錢 以外의 物件인 때에는 質權者는 그 辨濟를 받은 物件에 對하여 質權을 行使할 수 있다.

■ 자기채권의 한도(355·334), 공탁(487-491)

1. 무기명채권에 관하여 권리질권을 설정하였을 경우 액면금 전액에 대한 채권자의 청구 가부(적극) 무기명 채권은 양수인에게 그 증서를 교부함으로써 양도의 효력이 있다고 되어 있으므로 무기명 채권에 관하여 권리질권을 설정하였을 경우에는 민 353조 2항의 규정은 그 적용이 배제되고, 피담보채권의 내용과는 관계없이 그 액면금 전액을 청구할 수 있다.(대판 1972.12.26, 72다1941)

2. 채권질권의 효력 범위 및 그 실행 방법 질권의 목적이 된 채권이 금전채권인 때에는 질권자는 자기채권의 한도에서 질권의 목적이 된 채권을 직접 청구할 수 있고, 채권질권의 효력은 질권의 목적이 된 채권의 지연손해금 등과 같은 부대채권에도 미치므로 채권질권자는 질권의 목적이 된 채권과 그에 대한 지연손해금채권을 피담보채권의 범위에 속하는 자기채권액에 대한 부분에 한하여 직접 추심하여 자기채권의 변제에 충당할 수 있다.(대판 2005.2.25, 2003다40668)

3. 질권자의 직접청구권 행사와 부당이득 ① 금전채권의 질권자가 자기채권의 범위 내에서 직접청구권을 행사하는 경우 질권자는 질권설정자의 대리인과 같은 지위에서 입질채권을 추심하여 자기채권의 변제에 충당하고 그 한도에서 질권설정자에 의한 변제가 있었던 것으로 보므로, 위 범위 내에서는 제3채무자의 질권자에 대한 금전지급으로써 제3채무자의 질권설정자에 대한 급부가 이루어질 뿐만 아니라 질권설정자의 질권자에 대한 급부도 이루어진다. 이러한 경우 입질채권의 발생원인인 계약관계에 무효 등의 흠이 있어 입질채권이 부존재한다고 하더라도 제3채무자는 특별한 사정이 없는 한 상대방 계약당사자인 질권설정자에 대하여 부당이득반환을 구할 수 있을 뿐이고 질권자를 상대로 직접 부당이득반환을 구할 수 없다. ② 질권자가 제3채무자로부터 자기채권을 초과하여 금전을 지급받은 경우 초과 지급 부분에 관하여는 제3채무자의 질권설정자에 대한 급부와 질권설정자의 질권자에 대한 급부가 있다고 볼 수 없으므로, 제3채무자는 특별한 사정이 없는 한 질권자를 상대로 초과 지급 부분에 관하여 부당이득반환을 구할 수 있다. ③ 그러나 부당이득반환청구의 상대방이 되는 수익자는 실질적으로 그 이익이 귀속된 주체이어야 하는데, 질권자가 초과 지급 부분을 질권설정자에게 그대로 반환한 경우에는 초과 지급 부분에 관하여 질권설정자가 실질적 이익을 받은 것이지 질권자로서는 실질적 이익이 없다고 할 것이므로, 제3채무자는 질권자를 상대로 초과 지급 부분에 관하여 부당이득반환을 구할 수 없다.(대판 2015.5.29, 2012다92258)

4. 근저당권부채권의 질권자가 부동산 임의경매절차에서 근저당권부채권 범위를 초과하여 배당금을 직접 수령하는 경우 부당이득관계 질권설정자의 채무자에 대한 근저당권부 채권 범위를 초과하여 질권자의 질권설정자에 대한 피담보채권 범위 내에서 질권자에게 배당금이 직접 지급됨으로써 질권자가 피담보채권의 만족을 얻은 경우, 실체법적으로 볼 때 배당을 통하여 법률상 원인 없이 이득을 얻은 사람은 피담보채권이라는 법률상 원인에 기하여 배당금을 수령한 질권자가 아니라 근저당권부채권이라는 법률상 원인의 범위를 초과하여 질권자에게 배당금이 지급되게 함으로써 자신의 질권자에 대한 피담보채무가 소멸하는 이익을 얻은 질권설정자이다.(대판 2024.4.12, 2023다315155)

5. 수탁자의 비용상환청구권에 관한 질권자가 신탁재산에 대하여 자조매각권을 직접 행사할 수 있는지 여부(소극) 수탁자가 신탁 42조 1항에 의하여 신탁재산에 대하여 행사하는 소위 자조매각권(自助賣却權)은 수탁자가 신탁재산의 명의인으로서 관리처분권을 가지는 데에 근거한 것이고, 수탁자가 자조매각권을 행사함에 있어서는 신탁재산의 관리인으로서 신탁의 목적에 따라 신탁재산을 처분하여야 하는 제한이 따르는 것이므로 개인으로서의 수탁자가 신탁재산에 대하여 가지는 비용상환청구권에 관한 질권자라고 하더라도 신탁재산에 대하여 자조매각권을 직접 행사할 수는 없다.(대판 2005.12.22, 2003다55059)

第354條【同前】 質權者는 前條의 規定에 依하는 外에 민사집행법에 定한 執行方法에 依하여 質權을 實行할 수 있다. (2001.12.29 본조개정)

■ 민사집행법에 정한 집행방법(민집229·242·233·210·251)

第355條【準用規定】 權利質權에는 本節의 規定外에 動産質權에 關한 規定을 準用한다.

第9章 抵當權

第356條【抵當權의 內容】 抵當權者는 債務者 또는 第三者가 占有를 移轉하지 아니하고 債務의 擔保로 提供한 不動産에 對하여 다른 債權者보다 自己債權의 優先辨濟를 받을 權利가 있다.

■ 저당권과 등기(등기75), 특별저당권(상787, 공저당4·11·14·51), 저당권의 효력(358-368, 민집91·268)

1. 동일채권의 담보를 위하여 연대보증계약과 물상보증계약이 체결된 경우 양 계약 사이의 부종성 여부(소극) 동일채권의 담보를 위하여 연대보증계약과 물상보증계약이 체결되었다 하더라도 양 계약은 엄연히 별개의 계약으로서 법률상 부종성이 있다 할 수 없으므로 물상보증계약이 해제되었다 하더라도 특약이 없는 한 연대보증계약도 해제된다고 할 수 없다.(대판 1984.12.26, 84다카1655)

2. 구건물 멸실 후 동일성이 없는 신건물이 신축된 경우 구건물에 대한 근저당권에 기하여 진행된 임의경매절차에서의 경락인이 신건물의 소유권을 취득할 수 있는지 여부(소극) 구건물 멸실 후에 신건물이 신축되었고 구건물과 신건물 사이에 동일성이 없는 경우 멸실된 구건물에 대한 근저당권설정등기는 무효이며 이에 기하여 진행된 임의경매절차에서 신건물을 경락받았다 하더라도 그 소유권을 취득할 수 없다.(대판 1993.5.25, 92다15574)

3. 가압류등기 후에 경료된 근저당권설정등기의 효력 부동

산에 대하여 가압류등기가 먼저 되고 나서 근저당권설정등기가 마쳐진 경우에 그 근저당권등기는 가압류에 의한 처분금지의 효력 때문에 그 집행보전의 목적을 달성하는 데 필요한 범위 안에서 가압류채권자에 대한 관계에서만 상대적으로 무효이다.(대결 1994.11.29, 94마417)

4. 근저당권자를 매도인이 지정하는 제3자로, 채무자를 매도인으로 설정한 근저당권의 효력 ① 제3자를 근저당권 명의인으로 하는 근저당권을 설정하는 경우 그 점에 대하여 채권자와 채무자 및 제3자 사이에 합의가 있고, 채권양도, 제3자를 위한 계약, 불가분적 채권관계의 형성 등 방법으로 채권이 그 제3자에게 실질적으로 귀속되었다고 볼 수 있는 특별한 사정이 있는 경우에는 제3자 명의의 근저당권설정등기도 유효하다. ② 한편 부동산을 매수한 자가 소유권이전등기를 마치지 아니한 상태에서 매도인인 소유자의 승낙 아래 매수 부동산을 타에 담보로 제공하면서 당사자 사이의 합의로 편의상 매수인 대신 등기부상 소유자인 매도인을 채무자로 하여 마친 근저당권설정등기는 실제 채무자인 매수인의 근저당권자에 대한 채무를 담보하는 것으로서 유효하다고 볼 것인바, 위 양자의 형태가 결합된 근저당권이라 하여도 그 자체만으로는 부종성의 관점에서 근저당권이 무효라고 보아야 할 어떤 질적인 차이를 가져오는 것은 아니다.(대판(全) 2001.3.15, 99다48948)

5. 채권자 아닌 제3자 명의로 설정된 저당권 또는 채권담보 목적의 가등기의 효력 채권담보의 목적으로 채무자 소유의 부동산을 담보로 제공하여 저당권을 설정하는 경우에는 담보물권의 부종성의 법리에 비추어 원칙적으로 채권과 저당권이 그 주체를 달리할 수 없는 것이지만, 채권자 아닌 제3자의 명의로 저당권등기를 하는 데 대하여 채권자와 채무자 및 제3자 사이에 합의가 있었고, 나아가 제3자에게 그 채권이 실질적으로 귀속되었다고 볼 수 있는 특별한 사정이 있거나, 거래경위에 비추어 제3자의 저당권등기가 한낱 명목에 그치는 것이 아니라 그 제3자도 채무자로부터 유효하게 채권을 변제받을 수 있고 채무자도 채권자나 저당권 명의자인 제3자 중 누구에게든 채무를 유효하게 변제할 수 있는 관계 즉 묵시적으로 채권자와 제3자가 불가분적 채권자의 관계에 있다고 볼 수 있는 경우에는, 그 제3자 명의의 저당권등기도 유효하다. 이러한 법리는 저당권의 경우뿐 아니라 채권 담보를 목적으로 가등기를 하는 경우에도 마찬가지로 적용되고, 이러한 법리가 부동산실명법에 규정된 명의신탁약정의 금지에 위반된다고 할 것은 아니다.(대판 2000.12.12, 2000다49879)

6. 담보물 중 일부를 권한 없이 멸실·훼손하거나 담보가치를 감소시키는 행위로 채권의 완전한 만족을 얻을 수 없게 된 경우 근저당권자의 손해배상청구권 취득 여부(적극) **및 손해의 산정 방법과 그 기준시** 근저당권의 공동 담보물 중 일부를 권한 없이 멸실·훼손하거나 담보가치를 감소시키는 행위로 인하여 근저당권자가 나머지 저당 목적물만으로 채권의 완전한 만족을 얻을 수 없게 되었다면 근저당권자는 불법행위에 기한 손해배상청구권을 취득한다. 이때 이와 같은 불법행위 후 근저당권이 확정된 경우 근저당권자가 입게 되는 손해는 채권최고액 범위 내에서 나머지 저당 목적물의 가액에 의하여 만족을 얻지 못하는 채권액과 멸실·훼손되거나 또는 담보가치가 감소된 저당 목적물 부분의 가액 중 적은 금액이다. 여기서 나머지 저당 목적물의 가액에 의하여 만족을 얻지 못하는 채권액은 위 근저당권의 실행 또는 제3자의 신청으로 개시된 경매절차에서 근저당권자가 배당받을 금액이 확정되었거나 확정될 수 있는 때에는 그 금액을 기준으로 하여 산정하며, 그렇지 아니한 경우에는 손해배상 청구소송의 사실심 변론종결시를 기준으로 산정하여야 하고, 소멸된 저당 목적물 부분의 가액 역시 같은 시점을 기준으로 산정하여야 한다.(대판 2009.5.28, 2006다42818)

7. 저당권등기 유용의 합의시 채권의 요부 부동산의 소유자가 제3채권자와의 새로운 채무를 담보하기 위하여 종전 채권자 명의의 등기에 부기등기를 하기로 하는 저당권등기 유용의 합의를 하고 실제로 그 등기를 경료하였다면 제3채권자는 소유자에 대하여 등기유용의 합의를 주장하여 저당권설정등기 말소 청구에 대항할 수 있으나, 제3자가 부동산 소유자에 대하여 실제로 채권을 가지고 있지 아니한 경우에는 이 법리는 적용될 수 없다.(대판 2008.4.11, 2007다20891)

8. 구분소유적 공유관계가 해소된 경우, 공유지분 위에 설정되어 있던 근저당권의 법률관계(=분할 토지 '전부'에 그 비율대로 존속) 1필지의 토지 중 특정 부분에 대한 구분소유적 공유관계를 표상하는 공유지분을 목적으로 하는 근저당권이 설정된 후 구분소유하고 있는 특정 부분별로 독립한 필지로 분할되고 나아가 구분소유자 상호 간에 지분이전등기를 하는 등으로 구분소유적 공유관계가 해소되더라도 그 근저당권은 종전의 구분소유적 공유지분의 비율대로 분할된 토지들 전부의 위에 그대로 존속하는 것이고, 근저당권설정자의 단독소유로 분할된 토지에 당연히 집중되는 것은 아니다.(대판 2014.6.26, 2012다25944)

第357條【根抵當】

① 抵當權은 그 擔保할 債務의 最高額만을 定하고 債務의 確定을 將來에 保留하여 이를 設定할 수 있다. 이 境遇에는 그 確定될 때까지의 債務의 消滅 또는 移轉은 抵當權에 影響을 미치지 아니한다.

② 前項의 境遇에는 債務의 利子는 最高額 中에 算入한 것으로 본다.

■ 채무의 소멸(460-507), 채무의 이전(449), 이자(360)

▶근저당권의 설정

1. 근저당권설정행위와 별도로 근저당권의 피담보채권을 성립시키는 법률행위가 필요한지 여부(적극) 근저당권은 그 담보할 채무의 최고액만을 정하고, 채무의 확정을 장래에 보류하여 설정하는 저당권으로서, 계속적인 거래관계로부터 발생하는 다수의 불특정채권을 장래의 결산기에서 일정한 한도까지 담보하기 위한 목적으로 설정되는 담보권이므로 근저당권설정행위와는 별도로 근저당권의 피담보채권을 성립시키는 법률행위가 있어야 한다.(대판 2004.5.28, 2003다70041)

2. 근저당권의 피담보채권이 존재하지 않는 경우 그 채권에 대한 압류명령의 효력(무효) 근저당권이 있는 채권이 압류되는 경우, 근저당권설정등기에 부기등기의 방법으로 그 피담보채권의 압류사실을 기입등기하는 목적은 근저당권의 피담보채권이 압류되면 담보물권의 수반성에 의하여 종된 권리인 근저당권에도 압류의 효력이 미치게 되어 피담보채권의 압류를 공시하기 위한 것이므로, 만일 근저당권의 피담보채권이 존재하지 않는다면 그 압류명령은 무효라고 할 것이고, 압류권자는 근저당권의 말소에 대한 승낙의 의사표시를 하여야 할 의무를 부담한다.(대판 2011.4.28, 2010다107408)

▶근저당권의 피담보채권의 범위

3. 근저당에 의하여 담보되는 채권액의 범위와 근저당을 규정한 민 357조의 "정하기로 한 그 담보할 채무의 최고액"에 대한 해석 근저당에 의하여 담보되는 채권액의 범위는 결산기에 이르러 확정되는 채권중 근저당설정계약에 정하여진 채권최고액을 한도로 하는 것이고, 이 최고액을 초과하는 부분의 채권액까지 담보하는 것은 아니라 할 것이고, 근저당을 규정한 민 357조에 정하기로 한 그 담보할 채무의 최고액이란 뜻도 위와 같은 내용으로 해석하여야 할 것이다.(대판 1971.4.6, 71다26)

4. 동일인이 계속적 거래관계로 발생하는 장래의 불특정 채무에 관하여 신용보증과 물상보증을 한 경우 각 보증채무의 관계 동일인이 계속적 거래관계로 발생하는 장래의 불특정 채무를 보증하는 신용보증(근보증)을 하고 아울러 근저당권

설정등기를 하여 물상보증도 한 경우에 있어 신용보증의 한도액과 근저당권의 피담보 한도액에 차이가 있고 신용보증과 물상보증을 한 시일이 각기 다를 때에는 위 각 보증에 의하여 담보되는 채무는 특별한 사정이 없는 한 별개의 채무이다.(대판 1972.5.23, 72다353)

5. 채무자가 담보부동산의 소유자 겸 근저당설정자인 경우 변제공탁하여야 할 채무액 근저당부동산에 대하여 소유권, 전세권 등의 권리를 취득한 제3자는 피담보채무 확정 이후 채권최고액 범위 내에서 그 확정된 피담보채무를 변제하고 근저당권의 소멸을 청구할 수 있으나, 채무자가 그 부동산의 소유자 겸 근저당설정자인 경우에는 그 피담보채무는 채무자가 채권자인 근저당권자에 대하여 부담하는 채무 전액으로 보아야 하므로 채무자가 확정된 피담보채무액 전액을 변제공탁하지 않는 한 적법한 변제공탁이 될 수 없다.(대판 2011.7.28, 2010다88507)

6. 매매대금의 담보를 위하여 설정된 근저당권의 매수인의 기망행위로 인한 손해배상채무 담보 여부(적극) 매수인의 매도인에 대한 매매대금채무의 담보를 위하여 설정된 근저당권은 그 매매계약이 매수인의 기망에 의한 것이라 하여 취소된 경우에 매수인이 위 기망행위로 인하여 매도인에게 입힌 손해배상채무도 담보하는 것이라고 봄이 상당하다.(대판 1987.4.28, 86다카2458)

7. 채무자를 지정한 근저당권의 그 지정된 채무자 아닌 자의 채무 담보 여부(소극) 근저당권에 의하여 담보되는 피담보채무의 내용과 범위는 근저당권설정자와 근저당권자간의 근저당설정계약에 의하여 정하여지는 것이므로 근저당권설정계약에서 채무자를 지정하여 그 채무자의 채무를 담보하기로 약정하였다면 지정된 채무자가 아닌 자의 채무까지 담보된다 할 수는 없다.(대판 1987.12.8, 87다카2008)

8. 근저당권에 기한 경매신청 이후 발생한 원금채권의 담보 여부(소극) 근저당권자가 그 피담보채무의 불이행을 이유로 경매신청한 때에는 그 경매신청시에 근저당권은 확정되는 것이며 근저당권이 확정되면 그 이후에 발생하는 원금채권은 그 근저당권에 의하여 담보되지 않는다.(대판 1988.10.11, 87다카545) 근저당권자가 경매를 신청하면서 경매신청서의 청구금액 등에 장래 발생될 것으로 예상되는 원금채권을 기재하였거나 그 구체적인 금액을 밝혔다는 사정만으로 경매 신청 당시에 발생하지 않은 장래의 원금채권까지 피담보채권액에 추가될 수 없을 뿐만 아니라 경매절차상 청구금액이 그와 같이 확장될 수 있는 것도 아니다.(대판 2023.6.29, 2022다300248)

9. 근저당권설정계약상의 채무의 범위나 채무자가 변경된 경우 변경 전의 범위에 속하는 채권이나 채무자에 대한 채권이 피담보채무에서 제외되는지 여부(적극) 근저당권은 당사자 사이의 계속적인 거래관계로부터 발생하는 불특정채권을 어느 시기에 계산하여 잔존하는 채무를 일정한 한도액 범위 내에서 담보하는 저당권으로서 보통의 저당권과 달리 발생 및 소멸에 있어 피담보채무에 대한 부종성이 완화되어 있는 관계로 피담보채무가 확정되기 이전이라면 채무의 범위나 또는 채무자를 변경할 수 있는 것이고, 채무의 범위나 채무자가 변경된 경우에는 당연히 변경 후의 범위에 속하는 채권이나 채무자에 대한 채권만이 당해 근저당권에 의하여 담보되고, 변경 전의 범위에 속하는 채권이나 채무자에 대한 채권은 그 근저당권에 의하여 담보되는 채무의 범위에서 제외되는 것이다.(대판 1993.3.12, 92다48567)

10. 합의에 기한 피담보채무 변경 가부(적극) **및 이해관계인의 승낙 요부**(소극) 근저당권은 피담보채무의 최고액만을 정하고 채무의 확정을 장래에 보류하여 설정하는 저당권이다. 근저당권을 설정한 후에 근저당설정자와 근저당권자의 합의로 채무의 범위 또는 채무자를 추가하거나 교체하는 등으로 피담보채무를 변경할 수 있고, 위와 같이 변경된 채무가 근저당권에 의하여 담보된다. 후순위저당권자 등 이해관계인은 근저당권의 채권최고액에 해당하는 담보가치가 근저당권에 의하여 이미 파악되어 있는 것을 알고 이해관계를 맺었기 때문에 이러한 변경으로 예측하지 못한 손해를 입었다고 볼 수 없으므로, 피담보채무의 범위 또는 채무자를 변경할 때 이해관계인의 승낙을 받을 필요가 없다. 또한 등기사항의 변경이 있다면 변경등기를 해야 하지만, 등기사항에 속하지 않는 사항은 당사자의 합의만으로 변경의 효력이 발생한다.(대판 2021.12.16, 2021다255648)

11. 물상보증인이 근저당권의 피담보채무를 면책적으로 인수하고 근저당권 변경의 부기등기를 경료한 경우 근저당권의 효력이 미치는 범위 물상보증인이 근저당권의 채무자의 계약상의 지위를 인수한 것이 아니라 다만 그 채무만을 면책적으로 인수하고 이를 원인으로 하여 근저당권 변경의 부기등기가 경료된 경우, 특별한 사정이 없는 한 그 변경등기는 당초 채무자가 근저당권자에 대하여 부담하고 있던 것으로서 물상보증인이 인수한 채무만을 그 대상으로 하는 것이지, 그 후 채무를 인수한 물상보증인이 다른 원인으로 근저당권자에 대하여 부담하게 된 새로운 채무까지 담보하는 것으로 볼 수는 없다.(대판 1999.9.3, 98다40657)

12. 근저당권자의 채권총액이 채권최고액을 초과하는 경우 근저당권자와 채무자 겸 근저당권설정자 사이에서 근저당권의 효력이 미치는 범위 원래 저당권은 원본, 이자, 위약금, 채무불이행으로 인한 손해배상 및 저당권의 실행비용을 담보하는 것이며, 채권최고액의 정함이 있는 근저당권에 있어서 이러한 채권의 총액이 그 채권최고액을 초과하는 경우, 적어도 근저당권자와 채무자 겸 근저당권설정자와의 관계에 있어서는 위 채권 전액의 변제가 있을 때까지 근저당권의 효력은 채권최고액과는 관계없이 잔존채무에 여전히 미친다.(대판 2001.10.12, 2000다59081)

13. 최고액의 의미 민 357조 2항의 근저당의 경우에는 채무의 이자를 최고액중에 산입한 것으로 본다는 취지의 규정은 근저당권에 있어서 채무최고액 약정에는 원본은 물론 그 이자까지도 산입되어 있는 것으로 본다는 취지의 규정에 불과하고 원본과 이자를 포함하여 채무최고액을 초과할 수 없다는 규정이라고는 볼 수 없다.(대결 1972.1.26, 71마1151)

▶ **근저당권의 확정**

14. 물상보증인인 근저당설정자가 채권자에 대하여 근저당권을 소멸시키는 확정청구를 할 수 있는 경우 물상보증으로 담보된 근저당설정계약관계에 있어서 피담보채무의 현존 여부와 상관없이 상당기간 거래가 없어 새로운 채무의 발생이 없고, 또한 앞으로도 계속적인 거래관계를 유지할 수 없는 사정이 있다면 근저당설정자도 근저당권을 소멸시키는 확정청구가 가능하다 할 것이나, 이와 같은 특별한 사정이 없이 근저당권설정자가 채권자의 직원에 대하여 위 소외인에게 더 이상 대출하여 주지 말 것을 동지한 것만으로는 피담보채무의 확정청구의 통지가 제대로 이루어졌다고 볼 수 없다.(대판 1990.6.26, 89다카26915)

15. 근저당권자가 경매신청을 하려는 태도를 보인 데 그친 경우 근저당권 확정 여부(소극) 근저당권자가 경매신청을 실제로 한 것이 아니고 다만 경매신청을 하려는 태도를 보인 데 그친 것이라면 이로써 근저당권이 확정되었다고 볼 수 없다.(대판 1993.3.12, 92다48567)

16. 존속기간의 약정이 없는 근저당권의 피담보채무의 확정과 제3취득자의 근저당권소멸청구 계속적 거래계약에 기한 채무를 담보하기 위하여 존속기간의 약정이 없는 근저당권을 설정한 경우에 그 거래관계가 종료됨으로써 피담보채무로 예정된 원본채무가 더 이상 발생할 가능성이 없게 된 때에는 그 때까지 잔존하는 채무가 근저당권에 의하여 담보되는 채무로 확정되는 것이며, 이 경우에 근저당권이 확정될 당시 피담보채무가 존재하지 않는다면 저당목적물의 소유권을 취득한 제3자도 근저당권자에 대하여 그 근저당권의 소

멸을 청구할 수 있다.(대판 1993.12.14, 93다17959)

17. 후순위 근저당권자가 경매를 신청한 경우 선순위 근저당권자의 피담보채권의 확정시기 거래의 안전을 해치지 아니하는 한도 안에서 선순위 근저당권자가 파악한 담보가치를 최대한 활용할 수 있도록 함이 타당하다는 관점에서 보면, 후순위 근저당권자가 경매를 신청한 경우 선순위 근저당권의 피담보채권은 그 근저당권이 소멸하는 시기, 즉 경락인이 경락대금을 완납한 때에 확정된다.(대판 1999.9.21, 99다26085)

18. 근저당부동산의 소유권을 취득한 제3자가 피담보채무의 일부를 대위변제하면서 근저당권의 말소를 요구한 경우의 해석 근저당부동산을 매수하고 소유권이전등기를 경료한 제3자가 근저당권자에게 피담보채무의 일부를 대위변제하면서 피담보채무의 소멸을 이유로 근저당권의 말소를 요구한 경우, 그 의사표시에는 근저당부동산의 소유권을 취득한 제3자로서 근저당권설정계약을 해지하고 피담보채무를 확정시키고자 하는 의사표시가 포함되어 있다고 볼 수 있으므로 근저당권의 피담보채무는 그 설정계약에서 정한 바에 따라 확정된다.(대판 2001.11.9, 2001다47528)

19. 공매절차에서 압류에 우선하는 근저당권의 피담보채권의 확정 시기 후순위 근저당권자가 경매를 신청한 경우 선순위 근저당권의 피담보채권은 그 근저당권이 소멸하는 시기, 즉 경락인이 경락대금을 완납한 때에 확정되는 것과 마찬가지로, 조세채권자가 체납처분을 하는 경우에도 선순위 근저당권자의 피담보채권은 그 근저당권이 소멸하는 시기, 즉 매수대금을 완납한 때에 확정된다.(대판 2001.12.11, 2001두7329)

20. 근저당권 확정 후에 발생한 이자나 지연손해금 채권의 담보 여부(적극) 근저당권자의 경매신청 등의 사유로 인하여 근저당권의 피담보채권이 확정되었을 경우, 확정 이후에 새로운 거래관계에서 발생한 원본채권은 그 근저당권에 의하여 담보되지 아니하지만, 확정 전에 발생한 원본채권에 관하여 확정 후에 발생하는 이자나 지연손해금 채권은 채권최고액의 범위 내에서 근저당권에 의하여 여전히 담보되는 것이다.(대판 2007.4.26, 2005다38300)

21. 물상보증인이 설정한 근저당권의 채무자가 합병으로 소멸하고, 물상보증인 또는 제3취득자가 합병 후 회사를 위하여 근저당권설정계약을 존속시키는 데 동의하지 않은 경우 합병 당시를 기준으로 근저당권의 피담보채무가 확정되는지 여부(적극) 물상보증인이 설정한 근저당권의 채무자가 합병으로 소멸하는 경우 합병 후의 존속회사 또는 신설회사는 합병의 효과로서 채무자의 기본계약상 지위를 승계하지만 물상보증인이 존속회사 또는 신설회사를 위하여 근저당권설정계약을 존속시키는 데 동의한 경우에 한하여 합병 후에도 기본계약에 기한 근저당거래를 계속할 수 있고, 합병 후 상당한 기간이 지나도록 그러한 동의가 없는 때에는 합병당시를 기준으로 근저당권의 피담보채무가 확정된다.(대판 2010.1.28, 2008다12057)

22. 공동근저당권자가 목적 부동산 중 일부 부동산에 대하여 제3자가 신청한 경매절차에 소극적으로 참가하여 우선배당을 받은 경우 공동근저당권자가 목적 부동산 중 일부 부동산에 대하여 제3자가 신청한 경매절차에 소극적으로 참가하여 우선배당을 받은 경우, 해당 부동산에 관한 근저당권의 피담보채권은 그 근저당권이 소멸하는 시기, 즉 매수인이 매각대금을 지급한 때에 확정되지만, 나머지 목적 부동산에 관한 근저당권의 피담보채권은 기본거래가 종료하거나 채무자나 물상보증인에 대하여 파산이 선고되는 등의 다른 확정사유가 발생하지 않는 한 확정되지 않는다.(대판 2017.9.21. 2015다50637)

23. 근저당권 설정 후 회생절차개시결정과 근저당권 확정 근저당권이 설정된 뒤 채무자 또는 근저당권설정자에 대하여 회생절차개시결정이 내려진 경우 근저당권의 피담보채무는 특별한 사정이 없는 한 회생절차개시결정을 기준으로 확정되므로, 확정 이후에 발생한 새로운 거래관계에서 발생한 원본채권이 근저당권에 의하여 담보될 여지는 없다.(대판 2021.1.28, 2018다286994)

▸ **근저당권의 이전**

24. 근저당권의 피담보채권이 확정되기 전에 그 채권의 일부를 양도하거나 대위변제한 경우 그 양수인이나 대위변제자가 근저당권의 이전을 구할 수 있는지 여부(소극) 근저당권이라고 함은 계속적인 거래관계로부터 발생하고 소멸하는 불특정다수의 장래채권을 결산기에 계산하여 잔존하는 채무를 일정한 한도액의 범위 내에서 담보하는 저당권이어서, 거래가 종료하기까지 채권은 계속적으로 증감변동되는 것이므로, 근저당 거래관계가 계속 중인 경우 즉 근저당권의 피담보채권이 확정되기 전에 그 채권의 일부를 양도하거나 대위변제한 경우 근저당권이 양수인이나 대위변제자에게 이전할 여지가 없다.(대판 1996.6.14, 95다53812)

25. 근저당권 양도의 당사자 저당권은 피담보채권과 분리하여 양도하지 못하는 것이어서 저당권부 채권의 양도는 언제나 저당권의 양도와 채권양도가 결합되어 행해지므로 저당권부 채권의 양도는 민 186조의 부동산물권변동에 관한 규정과 민 449조 내지 452조의 채권양도에 관한 규정에 의해 규율되므로 저당권의 양도에 있어서도 물권변동의 일반원칙에 따라 저당권을 이전할 것을 목적으로 하는 물권적 합의와 등기가 있어야 저당권이 이전된다. 이 때의 물권적 합의는 저당권의 양도·양수받는 당사자 사이에 있으면 족하고 그 외에 그 채무자나 물상보증인 사이에까지 있어야 하는 것은 아니라 할 것이고, 단지 채무자에게 채권양도의 통지나 이에 대한 채무자의 승낙이 있으면 채권양도를 가지고 채무자에게 대항할 수 있게 되는 것이다.(대판 2005.6.10, 2002다15412, 15429)

▸ **포괄근저당권**

26. 포괄적 채무부담을 약정한 근저당권설정계약서의 약관의 해석 근저당권설정계약서에 그 피담보채권으로서 근저당권설정 당시의 차용금채무뿐만 아니라 기타 각종 원인으로 장래 부담하게 될 모든 채무까지 담보한다라고 기재되어 있으면 위 계약서의 내용은 위 차용금채무 뿐만 아니라 원고가 피고에 대하여 현재 또는 장래 부담하게 될 보증채무를 포함한 모든 채무를 담보하기 위하여 위 근저당권이 설정된 것이라고 해석하여야 하고 다른 특별한 사유없이 약관의 해석을 달리하여 위 근저당권의 피담보채무는 저당권설정 당시의 차용금 채무에 국한된다고 할 수 없다.(대판 1982.12.14, 82다카413)

▸ **공동근저당권**

27. 동일한 기본계약에 기하여 발생한 채권을 중첩적으로 담보하기 위해 마친 근저당권설정등기들의 관계 등기 149조는 공동저당권의 목적물이 수개의 부동산에 관한 권리인 경우에 한하여 적용되는 등기절차에 관한 규정일 뿐만 아니라 수개의 저당권이 피담보채권의 동일성에 의하여 서로 결속되어 있다는 취지를 공시함으로써 권리관계를 명확히 하기 위한 것에 불과하므로, 이와 같은 공동저당관계의 등기를 공동저당권의 성립요건이나 대항요건이라고 할 수 없다. 따라서 근저당권설정자와 근저당권자 사이에서 동일한 기본계약에 기하여 발생한 채권을 중첩적으로 담보하기 위하여 수개의 근저당권을 설정하기로 합의하고 이에 따라 수개의 근저당권설정등기를 마친 때에는 등기 149조에 따라 공동근저당관계의 등기를 마쳤는지 여부와 관계없이 그 수개의 근저당권 사이에는 각 채권최고액이 동일한 범위 내에서 공동근저당관계가 성립한다.(대판 2010.12.23, 2008다57746)

▶ 누적적 근저당권

28. 누적적 근저당권이 설정되는 경우 및 실행방법 당사자 사이에 하나의 기본계약에서 발생하는 동일한 채권을 담보하기 위하여 여러 개의 부동산에 근저당권을 설정하면서 각각의 근저당권 채권최고액을 합한 금액을 우선변제받기 위하여 공동근저당권의 형식이 아닌 개별 근저당권의 형식을 취한 경우, 이러한 근저당권은 민 368조가 적용되는 공동근저당권이 아니라 피담보채권을 누적적(累積的)으로 담보하는 근저당권에 해당한다. 이와 같은 누적적 근저당권은 공동근저당권과 달리 담보의 범위가 중첩되지 않으므로, 누적적 근저당권을 설정받은 채권자는 여러 개의 근저당권을 동시에 실행할 수도 있고, 여러 개의 근저당권 중 어느 것이라도 먼저 실행하여 그 채권최고액의 범위에서 피담보채권의 전부나 일부를 우선변제받은 다음 피담보채권이 소멸할 때까지 나머지 근저당권을 실행하여 그 근저당권의 채권최고액 범위에서 반복하여 우선변제를 받을 수 있다.(대판 2020.4.9, 2014다51756, 51763)

▶ 기타

29. 근저당권의 부활 근저당권자가 소유권을 취득하면 그 근저당권은 혼동에 의하여 소멸하지만 그뒤 그 소유권취득이 무효인 것이 밝혀지면 소멸하였던 근저당권은 당연히 부활한다. 혼동에 의하여 소멸한 근저당권이 소유권취득이 무효로 밝혀져 부활하는 경우에 등기부상 이해관계가 있는 자는 위 근저당권 말소등기의 회복등기 절차를 이행함에 있어서 이것을 승낙할 의무가 있다.(대판 1971.8.31, 71다1386)

30. 근저당권 설정등기의 유용에 관하여 그 유용합의 이전에 등기상의 이해관계 있는 제3자가 있는 경우에 유용이 가능한지 여부(소극) 근저당권설정등기의 유용은 그 유용합의 이전에 있어서 등기상의 이해관계가 있는 제3자가 없는 경우에 한하여 가능한 것이므로 유용합의 이전에 가등기권자가 있는 경우에는 근저당권설정등기 유용에 관한 합의는 가등기권자에 대한 관계에 있어서 그 효력이 없으며 그 범위 내에서 위 등기는 실체관계에 부합치 아니하는 무효의 등기다.(대판 1974.9.10, 74다482)

31. 근저당권의 성립 당시 근저당권의 피담보채권을 성립시키는 법률행위가 없다는 주장이 있는 경우, 그러한 법률행위가 있었는지에 대한 증명책임의 소재 근저당권의 성립 당시 근저당권의 피담보채권을 성립시키는 법률행위가 없다는 주장이 있는 경우에 그러한 법률행위가 있었는지 여부에 대한 증명책임은 그 존재를 주장하는 측에 있다.(대판 2017.9.12, 2015다225011)

第358條【抵當權의 效力의 範圍】

抵當權의 效力은 抵當不動産에 附合된 物件과 從物에 미친다. 그러나 法律에 特別한 規定 또는 設定行爲에 다른 約定이 있으면 그러하지 아니하다.

▣ 부동산(99), 부합된 물건(256, 공저당4, 54), 종물(100), 법률의 특별규정(256단, 공저당4, 수산24), 다른 약정과 등기(등기75)

1. 독립된 건물을 저당건물의 부합물이나 종물로 보아 경락허가를 한 경우에 독립된 건물의 소유권에 변동 초래 여부(소극) 사회적 관점이나 경제적 관점에 비추어 보아 저당건물과는 별개의 독립된 건물을 저당건물의 부합물이나 종물로 보아 경매법원에서 저당건물과 같이 경매를 진행하고 경락허가를 하였다고 하여 위 건물의 소유권에 변동이 초래될 수는 없다.(대판 1974.2.12, 73다298)

2. 기존건물의 경락인이 경매목적물로 평가되지 아니한 증축부분의 소유권을 취득하는지 여부(적극) 건물이 증축된 경우에 증축부분이 본래의 건물에 부합되어 본래의 건물과 분리하여서는 전혀 별개의 독립물로서의 효용을 갖지 않는다면, 위 증축부분에 관하여 별도로 보존등기가 경료되었고 본래의 건물에 대한 경매절차에서 경매목적물로 평가되지 아니하였다고 할지라도 경락인은 그 부합된 증축부분의 소유권을 취득한다.(대판 1981.11.10, 80다2757, 2758)

3. 저당부동산의 종물 여부 판단기준 저당권의 효력이 미치는 저당부동산의 종물이라 함은 민 100조가 규정하는 종물과 같은 의미로서, 어느 건물이 주된 건물의 종물이기 위하여는 주물의 상용에 이바지되어야 하는 관계가 있어야 하는바, 여기에서 주물의 상용에 이바지한다 함은 주물 그 자체의 경제적 효용을 다하게 하는 것을 말하는 것이며, 주물의 소유자나 이용자의 상용에 공여되고 있더라도 주물 그 자체의 효용과는 직접 관계없는 물건은 종물이 아니다.(대판 1994.6.10, 94다11606)

4. 근저당권의 효력이 등기부에 등재되지 아니한 부속건물 일부에도 미치는지 여부(적극) 등기부상 등재되지 아니한 건물 부분이 독립된 건물이 아니고 근저당의 목적이 된 주택 및 부속건물에 연이어 설치한 것으로서 본 건물에 부속된 그 건물의 일부에 불과하다면 이는 민 358조에 따라 근저당권의 효력이 미치는 대상이 된다.(대결 1986.5.23, 86마295)

5. 건물에 대한 저당권의 효력이 지상권에도 미치는지 여부(적극) 민 358조 본문은 "저당권의 효력은 저당부동산에 부합된 물건과 종물에 미친다."고 규정하고 있는바, 이 규정은 저당부동산에 종된 권리에도 유추적용되어 건물에 대한 저당권의 효력은 그 건물의 소유를 목적으로 하는 지상권에도 미친다.(대판 1992.7.14, 92다527)

6. 저당권이 설정된 이후에 종물에 대하여 강제집행을 한 자의 권리 부동산의 종물은 주물의 처분에 따르고, 저당권은 그 목적 부동산의 종물에 대하여도 그 효력이 미치기 때문에, 저당권의 실행으로 개시된 경매절차에서 부동산을 경락받은 자와 그 승계인은 종물의 소유권을 취득하고, 그 저당권이 설정된 이후에 종물에 대하여 강제집행을 한 자는 위와 같은 경락인과 그 승계인에게 강제집행의 효력을 주장할 수 없다.(대판 1993.8.13, 92다43142)

7. 구분건물의 전유부분에 설정된 저당권의 효력이 대지사용권에도 미치는지 여부(적극) 구분건물의 전유부분만에 관하여 설정된 저당권의 효력은 대지사용권의 분리처분이 가능하도록 규약으로 정하는 등의 특별한 사정이 없는 한 그 전유부분의 소유자가 사후에라도 대지사용권을 취득함으로써 전유부분과 대지권이 동일 소유자의 소유에 속하게 되었다면, 그 대지사용권에까지 미치고 여기의 대지사용권에는 지상권 등 용익권 이외에 대지소유권도 포함된다.(대판 1995.8.22, 94다12722)

第359條【果實에 對한 效力】

抵當權의 效力은 抵當不動産에 對한 押留가 있은 後에 抵當權設定者가 그 不動産으로부터 收取한 果實 또는 收取할 수 있는 果實에 미친다. 그러나 抵當權者가 그 不動産에 對한 所有權, 地上權 또는 傳貰權을 取得한 第三者에 對하여는 押留한 事實을 通知한 後가 아니면 이로써 對抗하지 못한다.

▣ 과실(101·102)

1. 저당부동산에 대한 압류 이후의 차임채권 등에 저당권의 효력이 미치는지 여부(적극) **및 저당권의 효력이 미치는 차임채권 등에 대한 저당권 실행 방법** 민 359조 전문에서 정한 '과실'에는 천연과실뿐만 아니라 법정과실도 포함되므로, 저당부동산에 대한 압류가 있으면 압류 이후의 저당권설정자의 저당부동산에 관한 차임채권 등에도 저당권의 효력이 미친다. 다만 저당부동산에 대한 경매절차에서 저당부동산에 관한 차임채권 등을 관리하면서 이를 추심하거나 저당부동산과 함께 매각할 수 있는 제도가 마련되어 있지 않으므로, 저당권의 효력이 미치는 차임채권 등에 대한 저당권의 실행이 저당부동산에 대한 경매절차에 의하여 이루어질 수는 없

고, 그 저당권의 실행은 저당권의 효력이 존속하는 동안에 채권에 대한 담보권의 실행에 관하여 규정하고 있는 민집 273조에 따른 채권집행의 방법으로 저당부동산에 대한 경매절차와 별개로 이루어질 수 있을 뿐이다.(대판 2016.7.27, 2015다230020)

第360條【被擔保債權의 範圍】 抵當權은 元本, 利子, 違約金, 債務不履行으로 因한 損害賠償 및 抵當權의 實行費用을 擔保한다. 그러나 遲延賠償에 對하여는 元本의 履行期日을 經過한 後의 1年分에 限하여 抵當權을 行使할 수 있다.

▣ 이자(379 · 등기140), 위약금(398), 손해배상(387), 질권이 담보하는 채권의 범위(334)

1. 채무자가 담보부동산의 소유자 겸 근저당설정자인 경우 변제공탁하여야 할 채무액(대판 2011.7.28, 2010다88507) → 제357조 참조

2. 양도담보 채무자가 양도담보권자에 대하여 제360조에 따른 피담보채권 제한을 주장할 수 있는지 여부(소극) 민 360조는 채무자나 저당권설정자가 저당권자에 대하여 대항할 수 있는 것이 아니고, 민 360조가 양도담보의 경우에 준용된다고 하여도 마찬가지로 해석하여야 할 것인 만큼, 양도담보의 채무자가 양도담보권자에 대하여 민 360조에 따른 피담보채권의 제한을 주장할 수는 없는 것이다.(대판 1992.5.12, 90다8855)

3. 근저당권설정계약상의 채무의 범위나 채무자가 변경된 경우 피담보채무의 범위 (대판 1993.3.12, 92다48567) → 제357조 참조

4. 부동문자로 인쇄된 근저당권설정계약서의 문언의 해석 근저당권설정계약 체결의 경위와 목적, 피담보채무액, 근저당설정자와 채무자 및 채권자와의 상호관계 등 제반 사정에 비추어 당사자의 의사가 계약서 문언과는 달리 장래 발생할 채무만을 피담보채무로 하려는 취지였다고 인정할 수 있는 경우에는 당사자의 의사에 따라 그 담보책임의 범위를 제한하여 새겨야 한다.(대판 1994.11.25, 94다8969)

5. 근저당권자의 채권총액이 채권최고액을 초과하는 경우 근저당권자와 채무자 겸 근저당권설정자 사이에서 근저당권의 효력이 미치는 범위 (대판 2001.10.12, 2000다59081) → 제357조 참조

6. 피담보채권 범위에 관한 민 360조 단서의 적용 범위 저당권의 피담보채권 범위에 관한 민 360조 단서는 근저당권에 적용되지 않으므로 근저당권의 피담보채권 중 지연손해금도 근저당권의 채권최고액 한도에서 전액 담보된다. 이는 근저당권의 피담보채권이 회생담보권인 경우라고 해서 달리 볼 이유가 없다.(대판 2021.10.14, 2021다240851)

第361條【抵當權의 處分制限】 抵當權은 그 擔保한 債權과 分離하여 他人에게 讓渡하거나 다른 債權의 擔保로 하지 못한다.

1. 채권자 아닌 제3자 명의로 설정된 저당권의 효력 채권과 그를 담보하는 저당권은 담보물권의 부수성에 의하여 원칙적으로 그 주체를 달리할 수 없으나, 채권담보를 위하여 저당권을 설정하는 경우 제3자 명의로 저당권등기를 하는 데 대하여 채권자와 채무자 및 제3자 사이에 합의가 있었고, 나아가 제3자에게 그 채권이 실질적으로 귀속되었다고 볼 수 있는 특별한 사정이 있는 경우에는 제3자 명의의 저당권등기도 유효하다.(대판 1995.9.26, 94다33583)

2. 피담보채권의 처분에 따르지 않은 담보권의 소멸 여부(적극) 담보권의 수반성이란 피담보채권의 처분이 있으면 언제나 담보권도 함께 처분된다는 것이 아니라 채권담보라고 하는 담보권 제도의 존재 목적에 비추어 볼 때 특별한 사정이 없는 한 피담보채권의 처분에는 담보권의 처분도 당연히 포함된다고 보는 것이 합리적이라는 것일 뿐이므로, 피담보채권의 처분이 있음에도 불구하고, 담보권의 처분이 따르지 않는 특별한 사정이 있는 경우에는 채권양수인은 담보권이 없는 무담보의 채권을 양수한 것이 되고 채권의 처분에 따르지 않은 담보권은 소멸한다.(대판 2004.4.28, 2003다61542)

3. 저당권부채권 중 피담보채권만의 질권설정 가부(적극) **및 채권질권 설정 후 입질채권을 위한 저당권이 설정된 경우에도 그러한지 여부**(적극) ① 저당권으로 담보된 채권에 질권을 설정한 경우 원칙적으로는 저당권이 피담보채권과 함께 질권의 목적이 된다고 보는 것이 합리적이지만, 질권자와 질권설정자가 피담보채권만을 질권의 목적으로 하고 저당권은 질권의 목적으로 하지 않는 것도 가능하고 이는 저당권의 부종성에 반하지 않는다. 이는 저당권과 분리해서 피담보채권만을 양도한 경우 양도인이 채권을 상실하여 양도인 앞으로 된 저당권이 소멸하게 되는 것과 구별된다. ② 이와 마찬가지로 담보가 없는 채권에 질권을 설정한 다음 그 채권을 담보하기 위하여 저당권이 설정된 경우 원칙적으로는 저당권도 질권의 목적이 되지만, 질권자와 질권설정자가 피담보채권만을 질권의 목적으로 하였고 그 후 질권설정자가 질권자에게 제공하려는 의사 없이 저당권을 설정받는 등 특별한 사정이 있는 경우에는 저당권은 질권의 목적이 되지 않는다. 이때 저당권은 저당권자인 질권설정자를 위해 존재하며, 질권자의 채권이 변제되거나 질권설정계약이 해지되는 등의 사유로 질권이 소멸한 경우 저당권자는 자신의 채권을 변제받기 위해서 저당권을 실행할 수 있다.(대판 2020.4.29, 2016다235411)

第362條【抵當物의 補充】 抵當權設定者의 責任있는 事由로 因하여 抵當物의 價額이 顯著히 減少된 때에는 抵當權者는 抵當權設定者에 對하여 그 原狀回復 또는 相當한 擔保提供을 請求할 수 있다.

▣ 담보물의 손상, 감소, 멸실(388), 저당권에 기한 방해제거 청구권(370 · 214)

第363條【抵當權者의 競賣請求權, 競買人】 ① 抵當權者는 그 債權의 辨濟를 받기 爲하여 抵當物의 競賣를 請求할 수 있다.
② 抵當物의 所有權을 取得한 第三者도 競買人이 될 수 있다.

▣ 저당권의 우선변제권(356), 경매인(민집135)

1. 피담보채권의 변제기 도래전 경매신청 가부(소극) 채권자는 특단의 사정이 없는 한 변제기가 도래하기 전에 채무자에게 채무의 이행을 청구할 수 없는 것이므로 저당권자는 피담보채권의 변제기 도래 전에 저당권실행을 위한 경매신청을 할 수 없다.(대결 1968.4.14, 68마301)

2. 양도담보권자가 제3채권자에게 담보목적물을 다시 양도담보로 제공하는 것이 담보권 실행인지 여부(소극) 양도담보에 있어서 채권자의 담보권 실행은 당사자의 약정에 따라 환가처분을 하거나 평가하여 정산을 하는 것이므로 채권자가 그 담보목적물을 제3채권자에게 다시 양도담보로 제공하는 것은 담보권의 이용 내지 활용일뿐 담보권의 실행은 아니다.(대판 1981.1.27, 80다1138)

第364條【第三取得者의 辨濟】 抵當不動産에 對하여 所有權, 地上權 또는 傳貰權을 取得한 第三者는 抵當權者에게 그 不動産으로 擔保된 債權을 辨濟하고 抵當權의 消滅을 請求할 수 있다.

▣ 부동산으로 담보된 채권(360), 제3취득자의 변제(481-485)

1. 제3취득자의 범위 민 364조의 규정에 의하여 저당권의 소멸을 청구할 수 있는 제3취득자는 경매신청 전 또는 경매개시결정전에 소유권, 지상권 또는 전세권을 취득한 자에 한하지 않는다.(대결 1974.10.26, 74마440)

2. 존속기간의 약정이 없는 근저당권의 피담보채무의 확정시 제3취득자의 근저당권소멸청구(대판 1993.12.14, 93다17959) → 제357조 참조

3. 저당부동산의 제3취득자가 피담보채무를 인수한 경우 민 364조를 적용할 수 있는지 여부(소극)(대판 2002.5.24, 2002다7176) → 제454조 참조

4. 매매대금에서 피담보채무를 공제한 잔액을 수수한 경우 저당권소멸청구권의 상실 여부(소극) 저당부동산에 관한 매매계약을 체결하는 당사자 사이에 매매대금에서 피담보채무 또는 채권최고액을 공제한 잔액만을 현실로 수수하였다는 사정만을 가지고 언제나 매수인이 매도인의 저당채권자에 대한 피담보채무를 인수한 것으로 보아 제3취득자는 채권자에 대한 관계에서 제3취득자가 아니라 채무자와 동일한 지위에 놓이게 됨으로써 저당부동산의 제3취득자가 원래 행사할 수 있었던 저당권소멸청구권을 상실한다고 볼 수는 없다.(대판 2002.5.24, 2002다7176)

5. 후순위근저당권자가 제3취득자에 해당하는지 여부(소극) 근저당부동산에 대하여 후순위근저당권을 취득한 자는 민 364조에서 정한 권리를 행사할 수 있는 제3취득자에 해당하지 아니하므로 이러한 후순위근저당권자가 선순위근저당권의 피담보채무가 확정된 이후에 그 확정된 피담보채무를 변제한 것은 민 469조의 규정에 의한 이해관계 있는 제3자의 변제로서 유효한 것인지 따져볼 수는 있을지언정 민 364조의 규정에 따라 선순위근저당권의 소멸을 청구할 수 있는 사유로는 삼을 수 없다.(대판 2006.1.26, 2005다17341)

第365條【抵當地上의 建物에 對한 競賣請求權】 土地를 目的으로 抵當權을 設定한 後 그 設定者가 그 土地에 建物을 築造한 때에는 抵當權者는 土地와 함께 그 建物에 對하여도 競賣를 請求할 수 있다. 그러나 그 建物의 競賣代價에 對하여는 優先辨濟를 받을 權利가 없다.

▣ 저당권의 효력범위(358 · 256 · 100)

1. 저당권 설정 당시 토지상에 건물 축조가 어느 정도 진행되어 있는 경우 일괄경매청구권 인정 여부(소극) 민 365조는 저당권설정자가 저당권을 설정한 후 저당목적물인 토지상에 건물을 축조함으로써 저당권의 실행이 곤란하여지거나 저당목적물의 담보가치의 하락을 방지하고자 함에 그 규정 취지가 있다고 할 것이므로, 저당권설정 당시에 건물의 존재가 예측되고 또한 당시 사회경제적 관점에서 그 가치의 유지를 도모할 정도로 건물의 축조가 진행되어 있는 경우에는 위 규정은 적용되지 아니한다.(대판 1987.4.28, 86다카2856)

2. 저당권설정자가 건물을 축조하여 소유해야 하는지 여부(적극) 민 365조의 취지는 저당권은 담보물의 교환가치의 취득을 목적으로 할 뿐 담보물의 이용을 제한하지 아니하여 저당권설정자로서는 저당권설정 후에도 그 지상에 건물을 신축할 수 있는데, 후에 그 저당권의 실행으로 토지가 제3자에게 경락될 경우에 건물을 철거하여야 한다면 사회경제적으로 현저한 불이익이 생기게 되어 이를 방지할 필요가 있으므로 이러한 이해관계를 조절하는 데에 있으며, 이에 비추어보면 민 365조에 기한 일괄경매청구권은 저당권설정자가 건물을 축조하여 소유하고 있는 경우에 한한다.(대결 1994.1.24, 93마1736)

3. 일괄경매의 추가신청의 가부(적극) 민 365조에 기한 일괄경매청구권은 토지의 저당권자가 토지에 대하여 경매를 신청한 후에도 그 토지상의 건물에 대하여 토지에 관한 경매기일 공고시까지는 일괄경매의 추가신청을 할 수 있고, 이 경우에 집행법원은 두 개의 경매사건을 병합하여 일괄경매절차를 진행함이 상당하다.(대결 2001.6.13, 2001마1632)

4. 저당권설정자로부터 저당토지에 대한 용익권을 설정받은 자에 의하여 축조된 건물의 소유권을 저당권설정자가 취득한 경우 일괄경매청구권 인정 여부(적극) 저당지상의 건물에 대한 일괄경매청구권은 저당권설정자가 건물을 축조한 경우뿐만 아니라 저당권설정자로부터 저당토지에 대한 용익권을 설정받은 자가 그 토지에 건물을 축조한 경우라도 그 후 저당권설정자가 그 건물의 소유권을 취득한 경우에는 저당권자는 토지와 함께 그 건물에 대하여 경매를 청구할 수 있다.(대판 2003.4.11, 2003다3850)

5. 토지와 건물에 대해 공동저당권을 설정한 후 건물을 철거하고 그 토지상에 새로이 건물을 축조한 경우 일괄경매청구권 인정 여부(적극) 토지와 건물에 대해 공동저당권을 설정한 후 건물을 철거하고 그 토지상의 새로이 건물을 축조하여 소유하고 있는 경우에는 건물이 없는 나대지상에 저당권을 설정한 후 그 설정자가 건물을 축조한 경우와 마찬가지로 저당권자는 민 365조에 의해 그 토지와 신축건물에 일괄경매를 청구할 수 있다.(대결 1998.4.28, 97마2935)

6. 일괄경매청구가 의무인지 여부(소극) 민 365조는 저당권이 설정된 후에 설정자가 그 목적물인 토지 위에 건물을 건축한때에 저당권자는 토지와 함께 그 건물에 대해서도 경매를 신청할 수 있는 기능만을 인정하였을 뿐 그 의무를 정한 것이 아니므로, 저당권자가 단지 건물의 소유권자만을 괴롭힐 목적으로 일부러 토지에 대해서만 경매신청을 하여 경락인이 되어 건물의 철거를 구하는 등 특별한 사정이 없는 한 토지만의 경매 신청도 가능하다.(대판 1977.4.26, 77다77)

7. 일괄경매청구의 경우 매각대금의 산정 동일인의 소유에 속하는 토지 및 지상 건물에 관하여 공동저당권이 설정된 후 건물이 철거되고 새로 건물이 신축된 경우에는, 신축건물의 소유자가 토지의 소유자와 동일하고 토지의 저당권자에게 신축건물에 관하여 토지의 저당권과 동일한 순위의 공동저당권을 설정해 주었다는 등 특별한 사정이 없는 한 저당물의 경매로 인하여 토지와 신축건물이 다른 소유자에 속하게 되더라도 신축건물을 위한 법정지상권이 성립하지 않으므로, 위와 같은 경우 토지와 신축건물에 대하여 민 365조에 의하여 일괄매각이 이루어졌다면 일괄매각대금 중 토지에 안분할 매각대금은 법정지상권 등 이용 제한이 없는 상태의 토지로 평가하여 산정하여야 한다.(대판 2012.3.15, 2011다54587)

第366條【法定地上權】 抵當物의 競賣로 因하여 土地와 그 地上建物이 다른 所有者에 屬한 境遇에는 土地所有者는 建物所有者에 對하여 地上權을 設定한 것으로 본다. 그러나 地料는 當事者의 請求에 依하여 法院이 이를 定한다.

▣ 법정지상권의 다른 경우(305 · 공저당24 · 54)

▸성립요건

1. 지상건물의 등기경료의 요부(소극) 본조 소정의 법정지상권 성립에 있어서 지상건물은 반드시 등기를 거친 것임을 필요로 하지 않는다.(대판 1964.9.22, 63아62)

2. 저당권 설정 당시 건물 존재를 전제로 하는지 여부(적극) 민 366조의 규정은 저당권설정당시부터 저당권의 목적되는 토지 위에 건물이 존재할 경우에 한하여 법정지상권이 성립되며 건물 없는 토지에 대하여 저당권이 설정되었는데 그 후에 설정자가 그 위에 건물을 건축한 경우에는 법정지상권이 생긴다고 할 수 없다.(대판 1978.8.22, 78다630)

3. 저당권설정 당시의 건물이 개축, 증축되거나 그 건물의 멸실 또는 철거 후 건물이 재축, 신축된 경우 민 366조 소정의 법정지상권이 성립하려면 저당권의 설정당시 저당권의 목적되는 토지 위에 건물이 존재할 경우이어야 하는바, 저당권설정 당시 건물이 존재한 이상 그 이후 건물을 개축, 증축하는 경우는 물론이고 건물이 멸실되거나 철거된 후 재축, 신축하는 경우에도 법정지상권이 성립한다 할 것이고, 이 경우 법정지상권의 내용인 존속기간, 범위 등은 구 건물을 기준으로 하여 그 이용에 일반적으로 필요한 범위 내로 제한

되는 것이다.(대판 1990.7.10, 90다카6399)

4. 가설건축물에 관한 법정지상권 성부(원칙적 소극) 가설건축물은 일시 사용을 위해 건축되는 구조물로서 설치 당시부터 일정한 존치기간이 지난 후 철거가 예정되어 있어 일반적으로 토지에 정착되어 있다고 볼 수 없다. 민법상 건물에 대한 법정지상권의 최단 존속기간은 견고한 건물이 30년, 그 밖의 건물이 15년인 데 비하여, 건축법령상 가설건축물의 존치기간은 통상 3년 이내로 정해져 있다. 따라서 가설건축물은 특별한 사정이 없는 한 독립된 부동산으로서 건물의 요건을 갖추지 못하여 법정지상권이 성립하지 않는다.(대판 2021.10.28, 2020다224821)

5. 명의신탁자의 법정지상권 취득 가부(소극) 대지를 매수하였으나 그 명의로 소유권이전등기를 적법하게 마치지 아니하고 이를 타인 명의로 신탁한 경우에는 신탁자는 수탁자 이외의 제3자에게 자기의 소유임을 주장하여 대지와 그 지상 건물이 동일인의 소유임을 전제로 한 법정지상권을 취득할 수 없다.(대판 1991.5.28, 91다7200)

6. 저당권 설정 당시 그 지상에 건물이 토지 소유자에 의하여 건축중이었고, 건물의 규모, 종류가 외형상 예상할 수 있는 정도까지 건축이 진전된 경우 민 366조 소정의 법정지상권은 저당권 설정 당시 동일인의 소유에 속하던 토지와 건물이 경매로 인하여 양자의 소유자가 다르게 된 때에 건물의 소유자를 위하여 발생한다. 토지에 관하여 저당권이 설정될 당시 그 지상에 건물이 위 토지 소유자에 의하여 건축중이었고, 그것이 사회관념상 독립된 건물로 볼 수 있는 정도에 이르지 않았다 하더라도 건물의 규모, 종류가 외형상 예상할 수 있는 정도까지 건축이 진전되어 있는 경우에는, 저당권자는 완성될 건물을 예상할 수 있으므로 법정지상권을 인정하여도 불측의 손해를 입는 것이 아니며 사회경제적으로도 건물을 유지할 필요가 인정되기 때문에 법정지상권의 성립을 인정함이 상당하다고 해석된다.(대판 1992.6.12, 92다7221)

7. 토지에 관한 저당권 설정 당시 토지 소유자에 의하여 그 지상에 건물이 건축중이었던 경우 법정지상권이 인정되기 위한 건물의 요건 및 그 건물이 미등기인 경우 토지에 관하여 저당권이 설정될 당시 토지 소유자에 의하여 그 지상에 건물을 건축중이었던 경우 그것이 사회관념상 독립된 건물로 볼 수 있는 정도에 이르지 않았다 하더라도 건물의 규모·종류가 외형상 예상할 수 있는 정도까지 건축이 진전되어 있었고, 그 후 경매절차에서 매수인이 매각대금을 다 낸 때까지 최소한의 기둥과 지붕 그리고 주벽이 이루어지는 등 독립된 부동산으로서 건물의 요건을 갖추면 법정지상권이 성립하며, 그 건물이 미등기라 하더라도 법정지상권의 성립에는 아무런 지장이 없는 것이다.(대판 2004.6.11, 2004다13533)

8. 나대지에 저당권이 설정된 후 그 위에 건물이 건축된 경우 건물 없는 토지에 저당권이 설정된 후 저당권설정자가 그 위에 건물을 건축하였다가 담보권의 실행을 위한 경매절차에서 경매로 인하여 그 토지와 지상 건물이 소유자를 달리하였을 경우에는 민 366조의 법정지상권이 인정되지 아니할 뿐만 아니라 관습상의 법정지상권도 인정되지 아니한다.(대결 1995.12.11, 95마1262)

9. 미등기건물을 대지와 함께 매수하였으나 대지에 관하여만 소유권이전등기를 넘겨받고 대지에 대하여 저당권을 설정한 후 저당권이 실행된 경우 민 366조의 법정지상권은 저당권 설정 당시에 동일인의 소유에 속하는 토지와 건물이 저당권의 실행에 의한 경매로 인하여 각기 다른 사람의 소유에 속하게 된 경우에 건물의 소유를 위하여 인정되는 것이므로, 미등기건물을 그 대지와 함께 매수한 사람이 그 대지에 관하여만 소유권이전등기를 넘겨받고 건물에 대하여는 그 등기를 이전 받지 못하고 있다가, 대지에 대하여 저당권을 설정하고 그 저당권의 실행으로 대지가 경매되어 다른 사람의 소유로 된 경우에는, 그 저당권의 설정 당시에 이미 대지와 건물이 각각 다른 사람의 소유에 속하고 있었으므로 법정지상권이 성립될 여지가 없다.(대판(全) 2002.6.20, 2002다9660)

10. 동일인 소유의 토지와 그 지상 건물에 관하여 공동저당권이 설정된 후 그 건물이 철거되고 다른 건물이 신축된 뒤 저당물의 경매로 인하여 토지와 신축건물이 서로 다른 소유자에게 속한 경우 동일인의 소유에 속하는 토지 및 그 지상 건물에 관하여 공동저당권이 설정된 경우 공동저당권자는 토지 및 건물 각각의 교환가치 전부를 담보로 취득한 것으로서, 저당권의 목적이 된 건물이 그대로 존속하는 이상, 건물을 위한 법정지상권이 성립해도 그로 인하여 토지의 교환가치에서 제외된 법정지상권의 가액 상당 가치는 법정지상권이 성립하는 건물의 교환가치에서 되찾을 수 있어 궁극적으로 토지에 관하여 아무런 제한이 없는 나대지로서의 교환가치 전체를 실현시킬 수 있다고 기대하지만 건물이 철거된 후 신축된 건물에 토지와 동순위의 공동저당권이 설정되지 아니하였는데도 그 신축건물을 위한 법정지상권이 성립한다고 해석하게 되면 공동저당권자가 법정지상권이 성립하는 신축건물의 교환가치를 취득할 수 없게 되는 결과 법정지상권의 가액 상당 가치를 되찾을 길이 막혀 위와 같이 당초 나대지로서의 토지의 교환가치 전체를 기대하여 담보를 취득한 공동저당권자에게 불측의 손해를 입게 하기 때문에 지상권 성립을 인정할 수 없다.(대판(全) 2003.12.18, 98다43601)

11. 구분소유적 공유관계에 있는 토지의 공유자들이 그 토지 위에 각자 독자적으로 별개의 건물을 소유하면서 그 토지 전체에 대하여 저당권을 설정하였다가 그 저당권의 실행으로 토지와 건물의 소유자가 달라진 경우 공유로 등기된 토지의 소유관계가 구분소유적 공유관계에 있는 경우에는 공유자 중 1인이 소유하고 있는 건물과 그 대지는 다른 공유자와의 내부관계에 있어서는 그 공유자의 단독소유로 되었다 할 것이므로 건물을 소유하고 있는 공유자가 그 건물 또는 토지지분에 대하여 저당권을 설정하였다가 그 후 저당권의 실행으로 소유자가 달라지게 되면 건물 소유자는 그 건물의 소유를 위한 법정지상권을 취득하게 되며, 이는 구분소유적 공유관계에 있는 토지의 공유자들이 그 토지 위에 각자 독자적으로 별개의 건물을 소유하면서 그 토지 전체에 대하여 저당권을 설정하였다가 그 저당권의 실행으로 토지와 건물의 소유자가 달라지게 된 경우에도 마찬가지라 할 것이다.(대판 2004.6.11, 2004다13533)

12. 나대지에 관하여 근저당권 설정 당시 근저당권자가 건물 건축에 동의한 경우 민 366조의 법정지상권은 저당권 설정 당시부터 저당권의 목적되는 토지 위에 건물이 존재할 경우에 한하여 인정되며, 토지에 관하여 저당권이 설정될 당시 그 지상에 토지소유자에 의한 건물의 건축이 개시되기 이전이었다면, 건물이 없는 토지에 관하여 저당권이 설정될 당시 근저당권자가 토지소유자에 의한 건물의 건축에 동의하였다고 하더라도 그러한 사정은 주관적 사항이고 공시할 수도 없는 것이어서 토지를 낙찰받는 제3자로서는 알 수 없는 것이므로 그와 같은 사정을 들어 법정지상권의 성립을 인정한다면 토지 소유권을 취득하려는 제3자의 법적 안정성을 해하는 등 법률관계가 매우 불명확하게 되므로 법정지상권이 성립되지 않는다.(대판 2003.9.5, 2003다26051)

13. 토지와 함께 공동근저당권이 설정된 건물이 그대로 존속함에도 등기부에 멸실의 기재가 이루어지고 이를 이유로 등기부가 폐쇄된 후 토지에 대하여만 경매절차가 진행되어 토지와 건물의 소유자가 달라진 경우, 건물을 위한 법정지상권이 성립하는지 여부(적극) 저당권자로서는 멸실 등으로 인하여 폐쇄된 등기기록을 부활하는 절차 등을 거쳐 건물에 대한 저당권을 행사하는 것이 불가능한 것이 아닌 이상 저당권자가 건물의 교환가치에 대하여 이를 담보로 취득할 수 없게 되는 불측의 손해가 발생한 것은 아니라고 보아야

하므로, 그 후 토지에 대하여만 경매절차가 진행된 결과 토지와 건물의 소유자가 달라지게 되었다면 그 건물을 위한 법정지상권은 성립한다 할 것이다.(대판 2013.3.14, 2012다108634)

▸법정지상권의 내용

14. 공동저당권이 설정된 건물이 다른 건물과 합동된 경우 법정지상권 성립 범위 동일인 소유 토지와 그 지상 건물에 공동근저당권이 설정된 후 그 건물이 다른 건물과 합동(合棟)되어 신건물이 생겼고 그 후 경매로 토지와 신건물이 다른 소유자에게 속하게 됨에 따라 신건물을 위한 법정지상권이 성립하는 경우 그 법정지상권의 내용인 존속기간과 범위 등은 종전 건물을 기준으로 하여 그 이용에 일반적으로 필요한 범위 내로 제한된다.(대판 2010.1.14, 2009다66150)

15. 법정지상권의 존속기간(대판 1992.6.9, 92다4857) → 제280조 참조

16. 지료산정의 참작 사유 법정지상권자가 지급할 지료를 정함에 있어서 법정지상권 설정 당시의 제반 사정을 참작하여야 하나, 법정지상권이 설정된 건물이 건립되어 있음으로 인하여 토지의 소유권이 제한을 받는 사정은 참작·평가하여서는 안된다.(대판 1995.9.15, 94다61144)

17. 법정지상권을 취득할 지위에 있는 자의 토지 사용 부당이득 여부(적극) 법정지상권이 있는 건물의 양수인으로서 장차 법정지상권을 취득할 지위에 있어 대지소유자의 건물철거나 대지인도 청구를 거부할 수 있는 지위에 있는 자라고 할지라도, 그 대지의 점거사용으로 얻은 실질적 이득은 이로 인하여 대지소유자에게 손해를 끼치는 한에 있어서는 부당이득으로서 이를 대지소유자에게 반환할 의무가 있다.(대판 1995.9.15, 94다61144)

▸법정지상권의 양도

18. 건물 전득자가 등기 없이 법정지상권을 취득하는지 여부(소극) 저당물의 경매로 법정지상권을 취득한 자로부터 그 건물을 전득한 사람은 등기 없이는 지상권을 취득할 수 없다.(대판 1965.2.4, 65다1418, 1419)

19. 건물과 독립하여 법정지상권만 처분 가능한지 여부(적극) 민 366조 소정의 법정지상권은 건물의 소유에 부속되는 종속적인 권리가 아니라 독립된 법률상의 물권이므로 건물의 소유자가 건물과 지상권중 한쪽만을 처분하는 것도 가능하다.(대판 1980.9.9, 78다52)

20. 경매로 건물 소유권이 이전하는 경우 법정지상권의 당연 이전 여부(적극) 건물소유를 위하여 법정지상권을 취득한 자로부터 경매에 의하여 그 건물의 소유권을 이전받은 경락인은 경락후 건물을 철거한다는 등의 매각조건하에서 경매되는 경우등 특별한 사정이 없는 한 건물의 경락취득과 함께 위 지상권도 당연히 취득한다.(대판 1985.2.26, 84다카1578, 1579)

21. 법정지상권을 가진 건물소유자로부터 건물을 양수하면서 지상권까지 양도받기로 한 자에 대한 대지소유자의 건물철거청구 가부(소극) 법정지상권을 가진 건물소유자로부터 건물을 양수하면서 법정지상권까지 양도받기로 한 자는 채권자대위의 법리에 따라 전건물소유자 및 대지소유자에 대하여 차례로 지상권의 설정등기 및 이전등기절차이행을 구할 수 있다 할 것이므로 이러한 법정지상권을 취득할 지위에 있는 자에 대하여 대지소유자가 소유권에 기하여 건물철거를 구함은 지상권의 부담을 용인하고 그 설정등기절차를 이행할 의무있는 자가 그 권리자를 상대로 한 청구라 할 것이어서 신의칙상 허용될 수 없다.(대판 1985.4.9, 84다카1131, 1132)

22. 법정지상권자가 목적토지의 소유자나 전득자에게 지상권설정등기청구권을 가지는지 여부(적극) 대지와 그 지상 미등기건물이 그 대지에 대한 근저당권설정당시 동일인의 소유에 속하였다가 그 후 대지의 경매로 인하여 대지와 건물이 다른 소유자에게 속하게 된 경우 건물소유자는 민 366조에 의하여 건물의 소유를 목적으로 하는 법정지상권을 취득하고, 법정지상권자는 물권으로서의 효력에 의하여 이를 취득할 당시의 대지소유자나 이로부터 소유권을 전득한 제3자에 대하여도 등기없이 지상권을 주장할 수 있는 것이므로 대지소유자에 대하여 지상권설정등기청구권이 있다.(대판 1989.5.9, 88다카15338)

▸관습상 법정지상권

→제279조 참조

第367條【第三取得者의 費用償還請求權】 抵當物의 第三取得者가 그 不動産의 保存, 改良을 爲하여 必要費 또는 有益費를 支出한 때에는 第203條第1項, 第2項의 規定에 依하여 抵當物의 競賣代價에서 優先償還을 받을 수 있다.

▣ 점유자의 상환 청구권(203)

1. 저당물에 관한 소유권을 취득한 자도 제3취득자에 해당하는지 여부(적극) 민 367조의 취지는 저당권설정자가 아닌 제3취득자가 저당물에 관한 필요비 또는 유익비를 지출하여 저당물의 가치가 유지·증가된 경우, 매각대금 중 그로 인한 부분은 일종의 공익비용과 같이 보아 제3취득자가 경매대가에서 우선상환을 받을 수 있도록 한 것이므로 저당물에 관한 지상권, 전세권을 취득한 자만이 아니고 소유권을 취득한 자도 민 367조 소정의 제3취득자에 해당한다.(대판 2004.10.15, 2004다36604)

2. 제3취득자 우선상환의 의미 민 367조에 의한 우선상환은 제3취득자가 경매절차에서 배당받는 방법으로 민 203조 1항, 2항에서 규정한 비용에 관하여 경매절차의 매각대금에서 우선변제받을 수 있다는 것이지 이를 근거로 제3취득자가 직접 저당권설정자, 저당권자 또는 경매절차 매수인 등에 대하여 비용상환을 청구할 수 있는 권리가 인정될 수 없다. 따라서 제3취득자는 민 367조에 의한 비용상환청구권을 피담보채권으로 주장하면서 유치권을 행사할 수 없다.(대판 2023.7.13, 2022다265093)

第368條【共同抵當과 代價의 配當, 次順位者의 代位】 ① 同一한 債權의 擔保로 數個의 不動産에 抵當權을 設定한 境遇에 그 不動産의 競賣代價를 同時에 配當하는 때에는 各不動産의 競賣代價에 比例하여 그 債權의 分擔을 定한다.

② 前項의 抵當不動産中 一部의 競賣代價를 먼저 配當하는 境遇에는 그 代價에서 그 債權全部의 辨濟를 받을 수 있다. 이 境遇에 그 競賣한 不動産의 次順位抵當權者는 先順位抵當權者가 前項의 規定에 依하여 다른 不動産의 競賣代價에서 辨濟를 받을 수 있는 金額의 限度에서 先順位者를 代位하여 抵當權을 行使할 수 있다.

▣ 저당권의 불가분성(370·321), 저당권의 순위(370·333)

1. 채무자 소유의 부동산과 물상보증인 소유의 부동산이 함께 경매되어 그 경매대가를 동시배당하는 경우 민 368조 1항이 적용되는지 여부(소극) **및 그 경우의 배당 방법** 공동저당권이 설정되어 있는 수개의 부동산 중 일부는 채무자 소유이고 일부는 물상보증인의 소유인 경우 위 각 부동산의 경매대가를 동시에 배당하는 때에는 물상보증인이 민 481조, 482조의 규정에 의한 변제자대위에 의하여 채무자 소유 부동산에 대하여 담보권을 행사할 수 있는 지위에 있는 점 등을 고려할 때 민 368조 1항은 적용되지 아니한다. 따라서 이러한 경우 경매법원으로서는 채무자 소유 부동산의 경매대가에서 공동저당권자에게 우선적으로 배당을 하고, 부족분이 있는 경우에 한하여 물상보증인 소유 부동산의 경매대가

에서 추가로 배당을 하여야 한다.(대판 2010.4.15, 2008다41475)

2. 공동저당물 중 일부만에 대한 저당권 실행이 불법행위를 구성하는지 여부(소극) 공동저당권자가 공동저당물 중 일부만에 대하여 저당권을 실행하는 것은 저당권자의 권리에 속하는 것으로 권리남용에 해당하지 아니하는 한 정당하다고 할 것이므로 공동저당물인 토지와 건물 전부에 대하여 경매절차를 진행하던 중 건물에 대한 경매신청을 취하하고 토지에 대해서만 경매를 실행하여 토지 소유자가 그에 대한 소유권을 상실하였다고 하더라도 불법행위가 된다고 할 수 없다.(대판 1983.3.22, 81다43)

3. 후순위저당권자의 대위와 물상보증인의 변제자대위가 충돌하는 경우의 법률관계의 우선순위 물상보증인 소유의 부동산에 대하여 먼저 경매가 이루어져 그 경매대금의 교부에 의하여 1번저당권자가 변제를 받은 때에는 물상보증인은 채무자에 대하여 구상권을 취득함과 동시에, 민 481조, 482조의 규정에 의한 변제자대위에 의하여 채무자 소유의 부동산에 대한 1번저당권을 취득하고, 이러한 경우 물상보증인 소유의 부동산에 대한 후순위저당권자는 물상보증인에게 이전한 1번저당권으로부터 우선하여 변제를 받을 수 있으며, 물상보증인이 수인인 경우에도 마찬가지라 할 것이므로, 자기 소유의 부동산이 먼저 경매되어 1번저당권자에게 대위변제를 한 물상보증인은 1번저당권을 대위취득하고, 그 물상보증인 소유의 부동산의 후순위저당권자는 1번저당권에 대하여 물상대위를 할 수 있다.(대판 1994.5.10, 93다25417)

4. 물상보증인이 대위취득한 선순위저당권설정등기에 대하여 선순위저당권의 피담보채무의 소멸을 이유로 말소청구를 할 수 있는지 여부(소극) 물상보증인이 대위취득한 선순위저당권설정등기에 대하여는 말소등기가 경료될 것이 아니라 물상보증인 앞으로 대위에 의한 저당권이전의 부기등기가 경료되어야 할 성질의 것이며, 따라서 아직 경매되지 아니한 공동저당물의 소유자로서는 1번저당권자에 대한 피담보채무가 소멸하였다는 사정만으로는 말소등기를 청구할 수 없다.(대판 1994.5.10, 93다25417)

5. 후순위저당권자의 대위권이 물상보증인 소유의 부동산에까지 미치는지 여부(소극) 공동저당의 목적인 채무자 소유의 부동산과 물상보증인 소유의 부동산 중 채무자 소유의 부동산에 대하여 먼저 경매가 이루어져 그 경매대금의 교부에 의하여 1번 공동저당권자가 변제를 받더라도, 채무자 소유의 부동산에 대한 후순위저당권자는 민 368조 2항 후단에 의하여 1번 공동저당권자를 대위하여 물상보증인 소유의 부동산에 대하여 저당권을 행사할 수 없다.(대결 1995.6.13, 95마500)

6. 민 368조 2항의 이른바 후순위 저당권자의 대위권 적용 한계 공동저당의 목적인 채무자 소유의 부동산과 물상보증인 소유의 부동산 중 채무자 소유의 부동산에 대하여 먼저 경매가 이루어져 그 경매대금의 교부에 의하여 1번 공동저당권자가 변제를 받더라도 채무자 소유의 부동산에 대한 후순위 저당권자는 민 368조 2항 후단에 의하여 1번 공동저당권자를 대위하여 물상보증인 소유의 부동산에 대하여 저당권을 행사할 수 없다. 그리고 이러한 법리는 채무자 소유의 부동산에 후순위 저당권이 설정된 후에 물상보증인 소유의 부동산이 추가로 공동저당의 목적으로 된 경우에도 마찬가지로 적용된다.(대판 2014.1.23, 2013다207996)

7. 물상보증인이 채무자에게 구상권이 없는 경우 후순위근저당권자의 물상대위 가부(소극) 물상보증인이 채무자에게 구상권이 없어 변제자대위에 의하여 채무자 소유의 부동산에 대한 선순위공동저당권자의 저당권을 대위취득할 수 없는 경우에는 물상보증인 소유의 부동산에 대한 후순위저당권자는 물상대위할 대상이 없으므로 채무자 소유의 부동산에 대한 선순위공동저당권자의 저당권에 대하여 물상대위를 할 수 없다.(대판 2015.11.27, 2013다41097, 41103)

8. 수개의 부동산 중 일부가 먼저 경매된 경우 368조 2항의 유추 가부(적극) 사용자 소유의 수개의 부동산 중 일부가 먼저 경매되어 그 경매대가에서 임금채권자들이 우선특권에 의하여 우선변제 받은 결과 그 경매한 부동산의 저당권자가 민 368조 1항에 의하여 위 수개의 부동산으로부터 임금채권이 동시배당되는 경우보다 불이익을 받은 경우에는 같은 조 2항 후문을 유추적용하여, 위 저당권자로서는 임금채권자가 위 수개의 부동산으로부터 동시에 배당받았다면 다른 부동산의 경매대가에서 변제를 받을 수 있었던 금액의 한도 내에서 선순위자인 임금채권자를 대위하여 다른 부동산의 경매절차에서 우선하여 배당받을 수 있다.(대판 1998.12.22, 97다9352)

9. 선순위 공동저당권자가 일부 저당권을 포기한 경우 후순위저당권자가 있는 부동산 경매절차에서의 배당 선순위 공동저당권자가 피담보채권을 변제받기 전에 공동저당 목적 부동산 중 일부에 관한 저당권을 포기한 경우에는, 후순위저당권자가 있는 부동산에 관한 경매절차에서, 저당권을 포기하지 아니하였더라면 후순위저당권자가 대위할 수 있었던 한도에서는 후순위저당권자에 우선하여 배당을 받을 수 없다.(대판 2009.12.10, 2009다41250)

10. 공동저당의 목적인 여러 부동산이 동시에 경매된 경우, 차순위저당권자의 대위권의 발생시기 민 368조에 따른 차순위저당권자의 대위권은 일단 배당기일에 그 배당표에 따라 배당이 실시되어 배당기일이 종료되었을 때 발생하는 것이지 배당이의 소송의 확정 등 그 배당표가 확정되는 것을 기다려 그때에 비로소 발생하는 것은 아니다.(대판 2006.5.26, 2003다18401)

11. 민 368조 1항의 '각 부동산의 경매대가'의 의미 민 368조 1항에서 말하는 '각 부동산의 경매대가'라 함은 매각대금에서 당해 부동산이 부담할 경매비용과 선순위채권을 공제한 잔액을 말한다.(대판 2003.9.5, 2001다66291)

12. 공동저당권과 동순위로 배당받는 채권이 있는 경우, '각 부동산의 경매대가'의 의미 공동저당권 설정등기 전에 가압류등기가 마쳐진 경우처럼 공동저당권과 동순위로 배당받는 채권이 있는 경우에는 매각대금에서 당해 부동산이 부담할 경매비용과 선순위채권뿐만 아니라 동순위채권에 안분되어야 할 금액까지 공제한 잔액을 말한다. 따라서 공동저당권과 동순위로 배당받는 채권이 있는 경우 동시배당을 하는 때 368조 1항에 따른 채권의 분담은, 먼저 공동저당권과 동순위로 배당받을 채권자가 존재하는 부동산의 매각대금에서 경매비용과 선순위채권을 공제한 잔여금액을 공동저당권의 피담보채권액과 동순위채권액에 비례하여 안분한 다음, 공동저당권의 피담보채권에 안분된 금액을 경매대가로 삼아 다른 부동산들과 사이에서 각 경매대가에 안분하여 채권의 분담을 정하는 방법으로 이루어진다. 이는 공동근저당의 경우에도 마찬가지이다.(대판 2024.6.13, 2020다258893)

13. 물상보증인과 제3취득자의 우열관계(대판(全) 2014.12.18, 2011다50233) → 제368조 참조

14. 공동저당권자가 대지와 건물 중 일부에 대하여서 경매신청을 한 경우 다른 저당권자가 일괄경매신청을 한 때 경매법원의 조치 공동저당권자가 공동저당물 중 일부만에 대하여 저당권을 실행한다고 하더라도 이는 저당권자의 권리에 속하는 것이고 경매법원은 대지와 지상건물이 함께 경매신청이 되어 경매의 목적물이 된 경우에는 그 대지와 그 지상건물의 경제적 사회적인 용도와 효용으로 보아 이를 일괄경매함이 상당하다 할 것이나 그중 하나만이 경매신청이 된 경우에는 그 부분에 대하여만 경매하여야 할 것이고 그 절차의 진행중에 다른 저당권자로부터의 일괄경매신청이 있었다 하여 반드시 일괄경매하여야 하는 것은 아니다.(대판 1987.3.26, 86마341)

15. 근저당권의 준공유자들이 공유지분을 미리 특정하여 설정등기를 마친 경우의 배당 ① 다른 특별한 사정이 없는 한

준공유자들 사이에는 각기 그 지분비율에 따라 변제받기로 하는 약정이 있었다고 봄이 상당하므로, 경매법원으로서는 배당시점의 준공유자 각자의 채권액 비율에 따라 안분배당할 것이 아니라 각자 지분비율에 따라 안분배당하여야 한다. ② 준공유자 전원의 합의로 피담보채권의 확정 전에 채권액과 다른 비율을 정하거나 준공유자 중 일부가 먼저 변제받기로 약정하는 것을 금할 이유가 없으므로 이와 같은 약정이 있으면 이에 따라야 하며 등기하게 되면 제3자에 대하여도 효력이 있다.(대판 2008.3.13, 2006다31887)

16. 공동저당 목적물이 제3자에게 양도된 경우 후순위저당권자의 대위 인정 여부(적극) 채무자 소유의 수개 부동산에 공동저당권이 설정된 경우 후순위저당권자가 가지는 추후 공동저당 목적 부동산 중 일부에 관한 경매절차에서 선순위 공동저당권자가 그 부동산의 책임분담액을 초과하는 경매대가를 배당받는 경우 다른 공동저당 목적 부동산에 관하여 선순위 공동저당권자를 대위하여 저당권을 행사할 수 있다는 정당한 대위의 기대를 보호할 필요성은 그 후 공동저당 부동산이 제3자에게 양도된 경우에도 동일하다. 공동저당 부동산의 일부를 취득하는 제3자로서는 후순위저당권자 등 이해관계인들이 갖고 있는 기존의 지위를 전제로 하여 공동저당권의 부담을 인수한 것이기 때문이다.(대판 2011.10.13, 2010다99132)

17. 대지권과 공동저당 저당권이 설정된 1필의 토지가 전체 집합건물에 대한 대지권의 목적인 토지가 되었을 경우에는 종전의 저당목적물에 대한 담보적 효력은 그대로 유지된다고 보아야 하므로 저당권은 개개의 전유부분에 대한 각 대지권 위에 분화되어 존속하고, 각 대지권은 저당권의 공동담보가 된다고 봄이 타당하다. 따라서 집합건물이 성립하기 전 집합건물의 대지에 관하여 저당권이 설정되었다가 집합건물이 성립한 후 어느 하나의 전유부분 건물에 대하여 경매가 이루어져 경매 대가를 먼저 배당하는 경우에는 저당권자는 매각대금 중 대지권에 해당하는 경매 대가에 대하여 우선변제받을 권리가 있고 그 경우 공동저당 중 이른바 이시배당에 관하여 규정하고 있는 민 368조 2항의 법리에 따라 저당권의 피담보채권액 전부를 변제받을 수 있다.(대판 2012.3.29, 2011다74932)

18. 민 368조 1항의 적용 범위 당사자는 최초 근저당권 설정시는 물론 그 후에도 공동근저당권임을 등기하여 공동근저당권의 저당물을 추가할 수 있는데, 이와 같이 특정 공동근저당권에 있어 공동저당물이 추가되기 전에 기존의 저당물에 관하여 후순위 근저당권이 설정된 경우에도 민 368조 1항이 마찬가지로 적용된다.(대판 2014.4.10, 2013다36040)

19. 공동저당의 목적부동산 중 먼저 경매된 부동산의 후순위저당권자가 다른 부동산에 공동저당의 대위등기를 하지 않고 있는 사이에 그 부동산에 관한 저당권등기가 말소된 경우, 제3취득자에 대한 후순위저당권자의 대위 주장 가부(소극) 법률상 당연히 이전되는 저당권과 관련하여 그 후에 해당 부동산에 대하여 권리를 취득한 제3취득자를 보호할 필요성은 후순위저당권자의 대위의 경우에도 마찬가지로 존재한다. 그리고 후순위저당권자의 대위의 경우에도 등기 80조에서 정한 공동저당의 대위등기를 통하여 제3취득자에게 공시할 수 있으므로, 변제자대위와 마찬가지로 일정한 경우에 대위등기를 선행하도록 요구한다고 하더라도 후순위저당권자에게 크게 불리하지 아니하다. 따라서 먼저 경매된 부동산의 후순위저당권자가 다른 부동산에 공동저당의 대위등기를 하지 아니하고 있는 사이에 선순위저당권자 등에 의해 그 부동산에 관한 저당권등기가 말소되고, 그와 같이 저당권등기가 말소되어 등기부상 저당권의 존재를 확인할 수 없는 상태에서 그 부동산에 관하여 소유권이나 저당권 등 새로 이해관계를 취득한 사람에 대해서는, 후순위저당권자가 민 368조 2항에 의한 대위를 주장할 수 없다.(대판 2015.3.20, 2012다99341)

20. 공동근저당권이 설정된 목적 부동산에 대하여 이시배당이 이루어지는 경우 공동근저당권자로서 우선변제권 공동근저당권자가 스스로 근저당권을 실행하거나 타인에 의하여 개시된 경매 등의 환가절차를 통하여 공동담보의 목적 부동산 중 일부에 대한 환가대금 등으로부터 다른 권리자에 우선하여 피담보채권의 일부에 대하여 배당받은 경우에, 그와 같이 우선변제받은 금액에 관하여는 공동담보의 나머지 목적 부동산에 대한 경매 등의 환가절차에서 다시 공동근저당권자로서 우선변제권을 행사할 수 없다고 보아야 하며, 공동담보의 나머지 목적 부동산에 대하여 공동근저당권자로서 행사할 수 있는 우선변제권의 범위는 피담보채권의 확정 여부와 상관없이 최초의 채권최고액에서 위와 같이 우선변제받은 금액을 공제한 나머지 채권최고액으로 제한된다고 해석함이 타당하다. 그리고 이러한 법리는 채권최고액을 넘는 피담보채권이 원금이 아니라 이자·지연손해금인 경우에도 마찬가지로 적용된다.(대판(全) 2017.12.21, 2013다16992)

21. 채무자가 물상보증인에 대한 반대채권으로 물상보증인의 구상금 채권과 상계함으로써 물상보증인 소유의 부동산에 대한 후순위저당권자에게 대항할 수 있는지 여부 공동저당에 제공된 채무자 소유의 부동산과 물상보증인 소유의 부동산 가운데 물상보증인 소유의 부동산이 먼저 경매되어 매각대금에서 선순위공동저당권자가 변제를 받은 때에는 물상보증인은 채무자에 대하여 구상권을 취득함과 동시에 변제자대위에 의하여 채무자 소유의 부동산에 대한 선순위공동저당권을 대위취득한다. 물상보증인 소유의 부동산에 대한 후순위저당권자는 물상보증인이 대위취득한 채무자 소유의 부동산에 대한 선순위공동저당권에 대하여 물상대위를 할 수 있다. 이 경우에 채무자는 물상보증인에 대한 반대채권이 있더라도 특별한 사정이 없는 한 물상보증인의 구상금 채권과 상계함으로써 물상보증인 소유의 부동산에 대한 후순위저당권자에게 대항할 수 없다. 채무자는 선순위공동저당권자가 물상보증인 소유의 부동산에 대해 먼저 경매를 신청한 경우에 비로소 상계할 것을 기대할 수 있는데, 이처럼 우연한 사정에 의하여 좌우되는 상계에 대한 기대가 물상보증인 소유의 부동산에 대한 후순위저당권자가 가지는 법적 지위에 우선할 수 없다.(대판 2017.4.26, 2014다221777, 221784)

22. 같은 물상보증인 소유인 공동저당 부동산 중 후순위저당권이 설정된 부동산이 먼저 배당되는 경우에 후순위저당권자의 대위권, 해당 부동산이 채무자에게 양도된 경우에 물상보증인의 변제자대위 범위 ① 공동저당이 설정된 복수의 부동산이 같은 물상보증인의 소유에 속하고 그중 하나의 부동산에 후순위저당권이 설정되어 있는 경우에, 그 부동산의 대가만이 배당되는 때에는 후순위저당권자는 민 368조 2항에 따라 선순위 공동저당권자가 같은 조 1항에 따라 공동저당이 설정된 다른 부동산으로부터 변제를 받을 수 있었던 금액에 이르기까지 선순위 공동저당권자를 대위하여 그 부동산에 대한 저당권을 행사할 수 있다. 이 경우 공동저당 부동산이 제3자에게 양도되어 소유자가 다르게 되더라도 민 482조 2항 3호, 4호에 따라 각 부동산의 소유자는 부동산 가액에 비례해서만 변제자대위를 할 수 있으므로 후순위저당권자의 지위는 영향을 받지 않는다. ② 후순위저당권이 설정된 부동산이 채무자에게 양도되어 채무자, 물상보증인 소유의 부동산에 대해 공동저당이 설정된 상태가 된 경우에는 물상보증인의 변제자대위는 후순위저당권자의 지위에 영향을 주지 않는 범위에서 성립하고, 이는 물상보증인으로부터 부동산을 양수한 제3취득자가 변제자대위를 하는 경우에도 마찬가지이다. 물상보증인이 변제한 채권 전부에 대해 대위를 할 수 있다면, 후순위저당권자는 저당부동산이 채무자에게 이전되었다는 우연한 사정으로 대위를 할 수 있는 지위를 박탈당하는 반면, 물상보증인 또는 제3취득자는 뜻하지 않은 이득을 얻게 되어 부당하다.(대판 2021.12.16, 2021다247258)

第369條【附從性】 抵當權으로 擔保한 債權이 時效의 完成 其他 事由로 因하여 消滅한 때에는 抵當權도 消滅한다.

▣ 시효의 완성(166 · 162)

1. 무효등기의 유용 당사자가 무효로 된 처음의 근저당권설정등기를 유용하기로 합의하고 새로 거래를 계속하는 경우 유용합의 이전에 등기부상 이해관계 있는 제3자가 없는 때에는 그 근저당권설정등기는 유효하다.(대판 1963.10.10, 63다583)

2. 근저당권설정계약상의 채무자 아닌 자를 채무자로 하여 된 근저당권설정 등기의 효력 근저당권 설정계약상의 채무자 아닌 제3자를 채무자로 하여 된 근저당권 설정등기는 채무자를 달리 한 것이므로 근저당권의 부종성에 비추어 원인 없는 무효의 등기이다.(대판 1981.9.8, 80다1468)

3. 채권자 아닌 제3자 명의로 설정된 저당권의 효력(대판 1995.9.26, 94다33583) → 제361조 참조

4. 근저당권 설정 후 부동산 소유권이 이전된 경우 근저당권설정자인 종전의 소유자도 피담보채무의 소멸을 이유로 근저당권설정등기의 말소를 청구할 수 있는지 여부(적극) 근저당권이 설정된 후에 그 부동산의 소유권이 제3자에게 이전된 경우에는 현재의 소유자가 자신의 소유권에 기하여 피담보채무의 소멸을 원인으로 그 근저당권설정등기의 말소를 청구할 수 있음은 물론이지만, 근저당권설정자인 종전의 소유자도 근저당권설정계약의 당사자로서 근저당권소멸에 따른 원상회복으로 근저당권자에게 근저당권설정등기의 말소를 구할 수 있는 계약상 권리가 있으므로 이러한 계약상 권리에 터잡아 근저당권자에게 피담보채무의 소멸을 이유로 하여 그 근저당권설정등기의 말소를 청구할 수 있다고 봄이 상당하고, 목적물의 소유권을 상실하였다는 이유만으로 그러한 권리를 행사할 수 없다고 볼 것은 아니다.(대판 1994.1.25, 93다16338)

第370條【準用規定】 第214條, 第321條, 第333條, 第340條, 第341條 및 第342條의 規定은 抵當權에 準用한다.

▣ 소유물 방해제거 청구권(214), 불가분성(321), 순위(333), 타 재산으로부터의 변제(340), 물상대위(342)

1. 저당권자의 저당목적물에 대한 방해배제청구권의 내용 저당목적물이 제3자에게 선의취득되지 아니하는 한 원래의 설치 장소에 원상회복할 것을 청구함은 저당권의 성질에 반하지 아니함은 물론 저당권자가 가지는 방해배제권의 당연한 행사에 해당한다.(대판 1996.3.22, 95다55184)

2. 저당부동산에 대한 점유가 저당권을 침해하는 경우 저당부동산에 대한 점유가 저당부동산의 본래의 용법에 따른 사용·수익의 범위를 초과하여 그 교환가치를 감소시키거나, 점유자에게 저당권의 실현을 방해하기 위하여 점유를 개시하였다는 점이 인정되는 등, 그 점유로 인하여 정상적인 점유가 있는 경우의 경락가격과 비교하여 그 가격이 하락하거나 경매절차가 진행되지 않는 등 저당권의 실현이 곤란하게 될 사정이 있는 경우에는 저당권의 침해가 인정될 수 있다.(대판 2005.4.29, 2005다3243)

3. 저당권자가 저당권에 기한 방해배제청구권을 행사하여 방해행위의 제거를 청구할 수 있는 경우 저당권자는 저당권 설정 이후 환가에 이르기까지 저당물의 교환가치에 대한 지배권능을 보유하고 있으므로 저당목적물의 소유자 또는 제3자가 저당목적물을 물리적으로 멸실·훼손하는 경우는 물론 그 밖의 행위로 저당부동산의 교환가치가 하락할 우려가 있는 등 저당권자의 우선변제청구권의 행사가 방해되는 결과가 발생한다면 저당권자는 저당권에 기한 방해배제청구권을 행사하여 방해행위의 제거를 청구할 수 있다.(대판 2006.1.27, 2003다58454)

4. 저당권자가 물상대위권을 행사하여 우선변제를 받기 위한 권리실행방법(구법관계) 민 370조, 342조 단서가 저당권자는 물상대위권을 행사하기 위하여 저당권설정자가 받을 금전 기타 물건의 지급 또는 인도 전에 압류하여야 한다고 규정한 것은 물상대위의 목적인 채권의 특정성을 유지하여 그 효력을 보전함과 동시에 제3자에게 불측의 손해를 입히지 않으려는 데 있는 것이므로, 저당목적물의 변형물인 금전 기타 물건에 대하여 일반 채권자가 물상대위권을 행사하려는 저당채권자보다 단순히 먼저 압류나 가압류의 집행을 함에 지나지 않은 경우에는 저당권자는 그 전은 물론 그 후에도 목적채권에 대하여 물상대위권을 행사하여 일반 채권자보다 우선변제를 받을 수가 있고, 그 실행절차는 민소 733조에서 채권 및 다른 재산권에 대한 강제집행절차에 준하여 처리하도록 규정하고 있으므로, 결국 채권의 압류 및 전부명령을 신청하여 할 것이나 이는 어디까지나 담보권의 실행절차이므로, 그 요건으로서 담보권의 존재를 증명하는 서류를 집행법원에 제출하여 개시된 경우이어야 한다.(대판 1994.11.22, 94다25728)

5. 물상보증인이 담보부동산을 제3취득자에게 매도하여 제3취득자가 근저당권의 피담보채무를 인수한 경우 담보권 실행으로 인한 구상권의 귀속 주체 물상보증인이 담보부동산을 제3취득자에게 매도하고 제3취득자가 담보부동산에 설정된 근저당권의 피담보채무의 이행을 인수한 경우, 그 이행인수는 매매당사자 사이의 내부적인 계약에 불과하여 이로써 물상보증인의 책임이 소멸하지 않는 것이고, 따라서 담보부동산에 대한 담보권이 실행된 경우에도 제3취득자가 아닌 원래의 물상보증인이 채무자에 대한 구상권을 취득한다.(대판 1997.5.30, 97다1556)

6. 저당권자가 물상대위권의 행사로 금전 또는 물건의 인도청구권을 압류하기 전에 저당목적물 소유자가 그 인도청구권에 기하여 금전 등을 수령한 경우 저당목적물 소유자의 부당이득 여부(적극) 저당권자는 저당권의 목적이 된 물건의 멸실, 훼손 또는 공용징수로 인하여 저당목적물의 소유자가 받을 저당목적물에 갈음하는 금전 기타 물건에 대하여 물상대위권을 행사할 수 있으나, 다만 그 지급 또는 인도 전에 이를 압류하여야 하며, 저당권자가 위 금전 또는 물건의 인도청구권을 압류하기 전에 저당물의 소유자가 그 인도청구권에 기하여 금전 등을 수령한 경우 저당권자는 더 이상 물상대위권을 행사할 수 없게 된다. 이 경우 저당권자는 저당권의 채권최고액 범위 내에서 저당목적물의 교환가치를 지배하고 있다가 저당권을 상실하는 손해를 입게 되는 반면에, 저당목적물의 소유자는 저당권의 채권최고액 범위 내에서 저당권자에게 저당목적물의 교환가치를 양보하여야 할 지위에 있다가 마치 그러한 저당권의 부담이 없었던 것과 같은 상태에서의 대가를 취득하게 되는 것이므로, 그 수령한 금액 가운데 저당권의 채권최고액을 한도로 하는 피담보채권액의 범위 내에서는 이득을 얻게 된다. 저당목적물 소유자가 얻은 위와 같은 이익은 저당권자의 손실로 인한 것으로서 인과관계가 있을 뿐 아니라, 공평의 관념에 위배되는 재산적 가치의 이동이 있는 경우 수익자로부터 그 이득을 되돌려받아 손실자와 재산상태의 조정을 꾀하는 부당이득제도의 목적에 비추어 보면 위와 같은 이익을 소유권자에게 종국적으로 귀속시키는 것은 저당권자에 대한 관계에서 공평의 관념에 위배되어 법률상 원인이 없다고 봄이 상당하므로, 저당목적물 소유자는 저당권자에게 이를 부당이득으로 반환할 의무가 있다.(대판 2009.5.14, 2008다17656)

7. 물상보증인으로부터 저당부동산을 취득한 제3취득자가 저당권 실행으로 소유권을 상실한 경우 채무자에 대한 구상권 인정 여부(적극) 타인의 채무를 담보하기 위하여 저당권을 설정한 부동산의 소유자로부터 소유권을 양수한 제3자는 채권자에 의하여 저당권이 실행되게 되면 저당부동산에 대한 소유권을 상실한다는 점에서 물상보증인과 유사한 지위에 있다고 할 것이므로, 물상보증의 목적물인 저당부동산의

제3취득자가 채무를 변제하거나 저당권의 실행으로 저당물의 소유권을 잃은 때에는 물상보증인의 구상권에 관한 민 370조, 341조의 규정을 유추적용하여 보증채무에 관한 규정에 의하여 채무자에 대한 구상권이 있다.(대판 1997.7.25, 97다8403)

8. 물상보증인의 구상권과 변제자대위의 관계 타인의 채무를 담보하기 위하여 근저당권을 설정한 물상보증인이 채무를 변제한 때에는 채무자에 대한 구상권이 있고, 물상보증인은 변제할 정당한 이익이 있으므로 변제로 당연히 채권자를 대위하여 채권자의 채권 및 그 담보에 관한 권리를 행사할 수 있다. 다만 물상보증인은 자기의 권리에 의하여 구상할 수 있는 범위에서 그와 같은 권리를 행사할 수 있으므로, 물상보증인이 채무를 변제한 때에도 다른 사정에 의하여 채무자에 대하여 구상권이 없는 경우에는 채권자를 대위하여 채권자의 채권 및 담보에 관한 권리를 행사할 수 없다고 해석하여야 한다.(대판 2014.12.24, 2012다49285)

9. 누적적 근저당권이 설정된 채무자, 물상보증인 소유 부동산 중 후자가 먼저 경매된 경우 물상보증인의 변제자대위 가부(적극) 채권자가 하나의 기본계약에서 발생하는 동일한 채권을 담보하기 위하여 채무자 소유의 부동산과 물상보증인 소유의 부동산에 누적적 근저당권을 설정받았는데 물상보증인 소유의 부동산이 먼저 경매되어 매각대금에서 채권자가 변제를 받은 경우, 물상보증인은 채무자에 대하여 구상권을 취득함과 동시에 민 481조, 482조에 따라 종래 채권자가 가지고 있던 채권 및 담보에 관한 권리를 행사할 수 있다. 이때 물상보증인은 변제자대위에 의하여 종래 채권자가 보유하던 채무자 소유 부동산에 관한 근저당권을 대위취득하여 행사할 수 있다고 보아야 한다.(대판 2020.4.9, 2014다51756, 51763)

10. 물상보증인이 사전구상권을 행사할 수 있는지 여부 민 370조에 의하여 민 341조가 저당권에 준용되는데, 민 341조는 타인의 채무를 담보하기 위한 저당권설정자가 그 채무를 변제하거나 저당권의 실행으로 인하여 저당물의 소유권을 잃은 때에 채무자에 대하여 구상권을 취득한다고 규정하여 물상보증인의 구상권 발생 요건을 보증인의 경우와 달리 규정하고 있는 점, 물상보증은 채무자 아닌 사람이 채무자를 위하여 담보물권을 설정하는 행위이고 채무자를 대신해서 채무를 이행하는 사무의 처리를 위탁받는 것이 아니므로 물상보증인은 담보물로서 물적 유한책임만을 부담할 뿐 채권자에 대하여 채무를 부담하는 것이 아닌 점, 물상보증인이 채무자에게 구상할 구상권의 범위는 특별한 사정이 없는 한 채무를 변제하거나 담보권의 실행으로 담보물의 소유권을 상실하게 된 시점에 확정된다는 점 등을 종합하면, 원칙적으로 수탁보증인의 사전구상권에 관한 민 442조는 물상보증인에게 적용되지 아니하고 물상보증인은 사전구상권을 행사할 수 없다.(대판 2009.7.23, 2009다19802, 19819)

11. 물상보증인이 기존 채무자의 채무를 면책적으로 인수한 경우 물상보증인이 기존 채무자에 대하여 구상권 등의 권리를 가지는지 여부(원칙적 소극) 타인의 채무를 담보하기 위하여 그 소유의 부동산에 저당권을 설정한 물상보증인이 타인의 채무를 변제하거나 저당권의 실행으로 저당물의 소유권을 잃은 때에는 채무자에 대하여 구상권을 취득한다(민 370조, 341조). 그런데 구상권 취득의 요건인 '채무의 변제'라 함은 채무의 내용인 급부가 실현되고 이로써 채권이 그 목적을 달성하여 소멸하는 것을 의미하므로, 기존 채무가 동일성을 유지하면서 인수 당시의 상태로 종래의 채무자로부터 인수인에게 이전할 뿐 기존 채무를 소멸시키는 효력이 없는 면책적 채무인수는 설령 이로 인하여 기존 채무자가 채무를 면한다고 하더라도 이를 가리켜 채무가 변제된 경우에 해당한다고 할 수 없다. 따라서 채무인수의 대가로 기존 채무자가 물상보증인에게 어떤 급부를 하기로 약정하였다는 등의 사정이 없는 한 물상보증인이 기존 채무자의 채무를 면책적으로 인수하였다는 것만으로 물상보증인이 기존 채무자에 대하여 구상권 등의 권리를 가진다고 할 수 없다.(대판 2019.2.14, 2017다274703)

12. 저당권자의 물상대위권 행사 방법, 저당권자가 물상대위권을 행사하지 아니하는 경우 이득을 얻은 다른 채권자에 대한 부당이득반환 청구 가부(소극) ① 물상대위권의 행사는 민집 273조에 의하여 담보권의 존재를 증명하는 서류를 집행법원에 제출하여 채권압류 및 전부명령을 신청하거나 민집 247조 1항에 의하여 배당요구를 하는 것이므로, 이러한 물상대위권의 행사없이 담보물권의 등기가 된 것만으로는 그 보상금으로부터 우선변제를 받을 수 없다. ② 저당권자가 물상대위권의 행사에 나아가지 아니하여 우선변제권을 상실한 이상 다른 채권자가 그 보상금 또는 이에 관한 변제공탁금으로부터 이득을 얻었다고 하더라도 저당권자는 이를 부당이득으로서 반환청구할 수 없다.(대판 2002.10.11, 2002다33137)

13. 저당권자의 물상대위권의 행사방법과 그 시한 및 이를 제한하는 취지(구법관계) 저당권자의 물상대위권 행사는 늦어도 민소 580조 1항 각 호 소정의 배당요구의 종기까지 하여야 하는 것으로 그 이후에는 물상대위권자로서의 우선변제권을 행사할 수 없다고 하여야 할 것이고, 위 물상대위권자로서의 권리행사의 방법과 시한을 위와 같이 제한하는 취지는 물상대위의 목적인 채권의 특정성을 유지하여 그 효력을 보전하고 평등배당을 기대한 다른 일반 채권자의 신뢰를 보호하는 등 제3자에게 불측의 손해를 입히지 아니함과 동시에 집행절차의 안정과 신속을 꾀하고자 함에 있다.(대판 2000.5.12, 2000다4272)

14. 공공용지의취득및손실보상에관한특례법에 의한 토지의 협의취득에 따라 토지소유자가 받을 보상금에 대한 동 토지의 저당권자의 물상대위의 가부(소극) 공공용지의 취득 및 손실보상에 관한 특례법에 따라 저당권이 설정된 토지의 취득에 관하여 토지소유자와 사업시행자 사이에 협의가 성립된 경우에 동 토지의 저당권자는 토지소유자가 수령할 보상금에 대하여 민 370조, 342조에 의한 물상대위를 할 수 없다.(대판 1981.5.26, 80다2109)

第371條【地上權, 傳貰權을 目的으로 하는 抵當權】

① 本章의 規定은 地上權 또는 傳貰權을 抵當權의 目的으로 한 境遇에 準用한다.

② 地上權 또는 傳貰權을 目的으로 抵當權을 設定한 者는 抵當權者의 同意없이 地上權 또는 傳貰權을 消滅하게 하는 行爲를 하지 못한다.

■ 전세권을 저당권의 목적으로 한 경우(306)

1. 전세권에 대하여 저당권이 설정된 경우 전세기간 만료 후에 그 저당권을 실행하는 방법 전세권을 목적으로 한 저당권이 설정된 경우, 전세권의 존속기간이 만료되면 전세권의 용익물권적 권능이 소멸하기 때문에 더 이상 전세권 자체에 대하여 저당권을 실행할 수 없게 되고, 저당권자는 민 370조, 342조, 민집 273조에 의하여 저당권의 목적물인 전세권에 갈음하여 존속하는 것으로 볼 수 있는 전세금반환채권에 대하여 압류 및 추심명령 또는 전부명령을 받거나 제3자가 전세금반환채권에 대하여 실시한 강제집행절차에서 배당요구를 하는 등의 방법으로 물상대위권을 행사하여 전세금의 지급을 구하여야 한다.(대판 2014.10.27, 2013다91672)

2. 전세권이 기간만료로 종료된 경우 전세권을 목적으로 한 저당권의 소멸 여부(적극) 전세권이 기간만료로 종료된 경우 전세권은 전세권설정등기의 말소등기 없이도 당연히 소멸하고, 저당권의 목적물인 전세권이 소멸하면 저당권도 당연히 소멸하는 것이므로 전세권을 목적으로 한 저당권자는 전세권의 목적물인 부동산의 소유자에게 더 이상 저당권을 주장할 수 없다.(대판 1999.9.17, 98다31301)

3. **전세권저당권자의 전세금반환금청구권에 대한 물상대위권 행사와 전세권설정자의 상계항변의 관계** 전세권저당권자가 위와 같은 방법으로 전세금반환채권에 대하여 물상대위권을 행사한 경우, 원칙적으로 전세권설정자가 전세권저당권자에게 상계로써 대항할 수는 없으나 전세금반환채권은 전세권이 성립하였을 때부터 이미 그 발생이 예정되어 있다고 볼 수 있으므로, 전세권저당권이 설정된 때에 이미 전세권설정자가 전세권자에 대하여 반대채권을 가지고 있고 그 반대채권의 변제기가 장래 발생할 전세금반환채권의 변제기와 동시에 또는 그보다 먼저 도래하는 경우와 같이 전세권설정자에게 합리적 기대 이익을 인정할 수 있는 경우에는 특별한 사정이 없는 한 전세권설정자는 그 반대채권을 자동채권으로 하여 전세금반환채권과 상계함으로써 전세권저당권자에게 대항할 수 있다.(대판 2014.10.27, 2013다91672)

4. **임대차보증금 담보 목적 전세권에서 전세권저당권자의 물상대위권 행사에 대한 전세권설정자의 연체차임 등 공제 주장 가부**(적극) 임대차계약에 따른 임대차보증금반환채권을 담보할 목적으로 유효한 전세권설정등기가 마쳐진 경우에는 전세권저당권자가 저당권 설정 당시 그 전세권설정등기가 임대차보증금반환채권을 담보할 목적으로 마쳐진 것임을 알고 있었다면, 제3채무자인 전세권설정자는 전세권저당권자에게 그 전세권설정계약이 임대차계약과 양립할 수 없는 범위에서 무효임을 주장할 수 있으므로, 그 임대차계약에 따른 연체차임 등의 공제 주장으로 대항할 수 있다.(대판 2021.12.30, 2018다268538)

第372條【他法律에 依한 抵當權】 本章의 規定은 다른 法律에 依하여 設定된 抵當權에 準用한다.

▣ 다른 법률에 의해 설정된 저당권(상787, 공저당4 · 11 · 14 · 51, 자저당, 항공저당, 입목4, 광업11)

▸양도담보 일반

1. **양도담보계약자간에 있어서 채무자가 채권자로부터 목적부동산을 다시 매수한다는 약정을 하고 계약금을 지급한 경우의 계약금의 성질** 금전채무의 담보를 위한 정산형 양도담보에 있어서 내부적으로 소유권이 있는 채무자가 채권자로부터 목적건물을 다시 매수한다는 약정은 당사자의 의사여하에 불구하고 있을 수 없다고 할 것이니 채무자가 매매계약금조로 채권자에게 지급한 금원은 채무의 일부변제로 보아야 한다.(대판 1975.5.27, 75다318, 319)

2. **동산양도담보권자의 제3자에 대한 지위** 동산에 관하여 양도담보계약이 이루어지고 양도담보권자가 점유개정의 방법으로 인도를 받았다면 그 청산절차를 마치기 전이라 하더라도 담보목적물에 대한 사용수익권은 없지만 제3자에 대한 관계에 있어서는 그 물건의 소유자임을 주장하고 그 권리를 행사할 수 있다.(대판 1994.8.26, 93다44739)

3. **양도담보권자의 손해배상청구권의 범위** 양도담보권자는 담보권의 실행으로 제3자에 대하여도 담보물의 명도를 구할 수 있고 또한 명도를 거부하는 경우에는 담보권 실행이 방해된 것을 이유로 하는 손해배상청구를 할 수 있으나 그러한 경우에도 양도담보권자에게는 목적부동산에 대한 사용수익권이 없으므로 차임 상당의 손해배상을 구할 수는 없다.(대판 1979.10.30, 79다1545)

4. **양도담보권자로부터 양도담보 목적물을 취득한 자에게 양도담보설정자의 위 목적물에 대한 소유권 주장** 건물이 양도담보로 제공되어 등기까지 마친 이상 위 양도담보권자가 대세적으로 소유권자라 할 것이니 그로부터 이를 매수한 소외 갑이나 그 소유권이전등기 명의자이며 소외 갑의 처인 피고에 대하여는 위 양도담보설정자인 원고는 그 소유권을 주장할 수 없고 설사 위 양도담보가 정산형으로서 정산문제가 남아있다 하더라도 이는 담보목적물을 매수한 자에게 대항할 성질의 것이 아니며 또 이 이치는 피고가 위 소외 갑으로부터 소유권의 명의신탁을 받았다 하여도 다를바 없다.(대판 1984.9.11, 83다카1623)

5. **양도담보권이 실행되기 전에 채무자가 피담보채무를 변제하고 가등기 및 본등기의 말소를 구할 수 있는지 여부**(적극) 채무자는 양도담보권자인 채권자들이 정산을 하거나 제3자에게 매도하여 담보권을 실행하기 이전에는 피담보채무를 변제한 다음 가등기 및 본등기의 말소를 구할 수 있다.(대판 1987.6.9, 86다카2435)

6. **재산권을 이전하기로 한 당사자 간의 약정의 해석** 재산권을 이전하기로 한 당사자 간의 약정이 담보목적이 아니라 대물변제의 의사로 한 것이라 하더라도 위 약정을 함에 있어 약정 후 3년 이내에 채무자가 그간의 원리금을 지급하면 채권자는 목적물을 채무자에게 되돌려 주기로 하는 약정도 함께 하였다면, 이는 결국 대물변제의 예약이라고 봄이 상당하며 그 약정 당시의 가액이 원리금을 초과하므로 대물변제의 예약 자체는 무효이고 다만 양도담보로서의 효력만 인정하여야 한다.(대판 1991.12.24, 91다11223)

7. **채권담보의 목적으로 부동산에 가등기를 경료하였다가 변제기 이후 본등기를 경료한 경우 법률관계** 채권자가 채권담보의 목적으로 부동산에 가등기를 경료하였다가 그 후 변제기까지 변제를 받지 못하게 되어 위 가등기에 기한 소유권이전의 본등기를 경료한 경우에는 그 본등기도 채권담보의 목적으로 경료된 것으로서 당사자 사이에 정산절차를 예정하고 있는 이른바 약한 의미의 양도담보가 된 것이다. 약한 의미의 양도담보가 된 경우 채무의 변제기가 도과된 후라고 하더라도 채권자가 담보권을 실행하여 정산절차를 마치기 전에는 채무자는 언제든지 채무를 변제하고 채권자에게 가등기 및 그 가등기에 기한 본등기의 말소를 청구 할 수 있다.(대판 1992.1.21, 91다35175)

8. **채권담보의 목적으로 가등기와 함께 제소전화해를 한 후 그에 따라 가등기에 기한 본등기를 마친 경우 그 소유권이전등기의 의미** 채권담보의 목적으로 가등기를 경료한 후 일정시기까지 채무금을 변제하면 위 가등기를 말소하고 그 채무금을 변제하지 않으면 위 가등기에 기한 본등기를 담보의 목적으로 이행한다는 내용의 제소전화해를 하였다가 채무자가 채무금을 변제하지 않아 그 제소전화해에 따라 가등기에 기한 본등기를 마친 경우라면 그 소유권이전등기는 위 채권에 대한 담보권의 실행을 위한 방편으로 경료된 이른바 정산절차를 예정하고 있는 약한 의미의 양도담보의 뜻으로 보아야 할 것이다.(대판 1992.5.26, 91다28528)

9. **가담법 소정의 청산절차를 거치지 아니 한 경우 제3자의 소유권 취득 가부**(적극) 양도담보권자가 담보목적부동산에 대하여 가담법 소정의 청산절차를 이행하지 아니한 채 소유권을 이전한 경우 부동산 매수인은 소유권을 확정적으로 취득한다.(대판 1992.12.8, 92다35066)

10. **귀속청산의 방법으로 담보권이 실행되어 소유권이 확정적으로 채권자에게 이전되었음을 인정하기 위한 요건** 부동산이 귀속청산의 방법으로 담보권이 실행되어 그 소유권이 채권자에게 확정적으로 이전되었다고 인정하려면 우선 당사자로부터 담보권의 실행이 귀속청산의 방법으로 이루어졌다는 주장이 있어야 하고, 또한 채권자가 가등기에 기하여 본등기를 경료하였다는 사실만으로는 부족하고 담보 부동산을 적정한 가격으로 평가한 후 그 대금으로써 피담보채권의 원리금에 충당하고 나머지 금원을 반환하거나 평가 금액이 피담보채권액에 미달하는 경우에는 채무자에게 그와 같은 내용의 통지를 하는 등 정산절차를 마친 사실이 인정되어야 한다.(대판 1996.7.30, 95다11900)

11. **양도담보에 기한 소유권이전등기를 경료한 경우의 법률관계** 양도담보에 기한 소유권이전등기는 당사자들이 달리 특별한 약정을 하지 아니하는 한 채권담보의 목적으로 경료된 것으로서 당사자 사이에 정산절차를 예정하고 있는 이른바 '약한 의미의 양도담보'가 된 것으로 보아야 한다.(대판 1996.11.15, 96다31116)

12. 동산 양도담보의 성립요건 양도담보는 그 설정을 목적으로 하는 양도담보계약과 그 목적 권리의 이전에 필요한 공시 방법을 갖춤으로써 성립하고, 동산 양도담보에 있어서는 그 공시 방법으로 목적물의 인도가 있어야 한다.(대판 1997.7.25, 97다19656)

13. 양도담보 성립요건으로서 설정자의 권한 양도담보를 설정하려면 양도담보설정자에게 목적물에 대한 소유권이나 처분권 등 양도담보를 설정할 권한이 있어야 한다. 양도담보설정자에게 이러한 권한이 없는데도 양도담보설정계약을 체결한 경우에는 특별한 사정이 없는 한 양도담보가 유효하게 성립할 수 없다.(대판 2022.1.27, 2019다295568)

14. 양도담보권설정자의 점유취득시효를 원인으로 한 양도담보권자에 대한 권리 양도담보권설정자가 양도담보권자를 상대로 피담보채권의 시효소멸을 주장하면서 담보 목적으로 경료된 소유권이전등기의 말소를 구하는 것은 별론으로 하고, 점유취득시효를 원인으로 하여 담보 목적의 소유권이전등기의 말소를 구할 수 없고, 이와 같은 효과가 있는 양도담보권설정자 명의로의 소유권이전등기를 구할 수도 없다.(대판 2015.2.26, 2014다21649)

15. 동산양도담보권자의 화재보험금청구권에 대한 물상대위권 행사와 제3채무자의 상계항변의 관계 동산 양도담보권자가 물상대위권 행사로 양도담보 설정자의 화재보험금청구권에 대하여 압류 및 추심명령을 얻어 추심권을 행사하는 경우 특별한 사정이 없는 한 제3채무자인 보험회사는 양도담보 설정 후 취득한 양도담보 설정자에 대한 별개의 채권을 가지고 상계로써 양도담보권자에게 대항할 수 없다. 그리고 이는 보험금청구권과 본질이 동일한 공제금청구권에 대하여 물상대위권을 행사하는 경우에도 마찬가지이다.(대판 2014.9.25, 2012다58609)

16. 약한 의미의 양도담보에 있어서 약정 당시의 목적물의 시가가 채권 원리금에 미달하는 경우에도 정산절차를 요하는지 여부(적극) 부동산에 관하여 정산절차를 예정한 약한 의미의 양도담보 약정이 이루어졌다면 채권자는 채무의 변제기 후 반드시 담보권 실행을 위한 정산절차를 거쳐야만 하는 것이고, 채무자로서는 채권자가 담보권을 실행하여 정산절차를 마치기 전에는 채무를 변제하고 부동산에 대한 채권자 명의의 소유권이전등기의 말소를 구할 수 있다고 할 것인바, 이는 양도담보 약정 당시 당해 부동산의 시가가 채권 원리금에 미달한다 하더라도 마찬가지이다.(대판 1998. .10, 97다4005)

17. 점유개정의 방법으로 동산에 대한 이중의 양도담보설정계약이 체결된 경우 뒤에 설정계약을 체결한 후순위 채권자가 양도담보권을 취득할 수 있는지 여부(소극)(대판 2004.10.28, 2003다30463) → 제189조 참조

18. 주식 양도담보에 따른 주주권 행사의 주체 ① 채무자가 채무담보 목적으로 주식을 채권자에게 양도하여 채권자가 주주명부상 주주로 기재된 경우, 그 양수인이 주주로서 주주권을 행사할 수 있고 회사 역시 주주명부상 주주인 양수인의 주주권 행사를 부인할 수 없다. ② 갑 주식회사의 주주명부상 발행주식총수의 2/3 이상을 소유한 주주인 을이 상법 366조 2항에 따라 법원에 임시주주총회의 소집허가를 신청한 사안에서, 갑은 을이 주식의 양도담보권자인데 피담보채무가 변제로 소멸하여 더 이상 주주가 아니므로 위 임시주주총회 소집허가 신청이 권리남용에 해당한다고 주장하나, 을에게 채무담보 목적으로 주식을 양도하였더라도 주식의 반환을 청구하는 등의 조치가 없는 이상 을은 여전히 주주이고, 갑이 주장하는 사정과 제출한 자료만으로는 을이 주주가 아니라거나 임시주주총회 소집허가 신청이 권리남용에 해당한다고 볼 수 없다.(대결 2020.6.11, 2020마5263)

동산 집합물 양도담보

19. 집합물 양도담보권의 설정과 점유개정(대판 1988.12.27, 87누1043) → 제189조 참조

20. 증감 변동하는 동산의 집합물에 대한 양도담보 설정 가부(적극) **및 담보 목적물 특정방법** 일반적으로 일단의 증감 변동하는 동산을 하나의 물건으로 보아 이를 채권담보의 목적으로 삼으려는 이른바 집합물에 대한 양도담보설정계약체결도 가능하며 이 경우 그 목적 동산이 담보설정자의 다른 물건과 구별될 수 있도록 그 종류, 장소 또는 수량지정 등의 방법에 의하여 특정되어 있으면 그 전부를 하나의 재산권으로 보아 이에 유효한 담보권의 설정이 된 것으로 볼 수 있다.(대판 1990.12.26, 88다카20224)

21. 집합물에 대한 양도담보계약의 효력이 미치는 범위 집합물에 대하여 양도담보권설정계약이 이루어진 이상 그 집합물을 구성하는 개개의 물건이 변동되고, 양도담보권자가 그 때마다 양도담보권설정자와 별도의 양도담보권설정계약을 맺거나 점유개정의 표시를 하지 아니하였더라도 집합물은 한 개의 물건으로서의 동일성을 잃지 아니하여 양도담보권의 효력은 항상 현재의 집합물에 미친다.(대판 1999.9.7, 98다47283)

22. 돈사에서 대량으로 사육하는 돼지에 대한 양도담보 설정 시 양도담보의 효력 범위 돈사에서 대량으로 사육되는 돼지를 집합물에 대한 양도담보의 목적물로 삼은 경우, 위 양도담보권의 효력은 양도담보설정자로부터 이를 양수한 양수인이 당초 양수한 돈사 내에 있던 돼지들 및 통상적인 양돈 방식에 따라 그 돼지들을 사육·관리하면서 돼지를 출하하여 얻은 수익으로 새로 구입하거나 그 돼지와 교환한 돼지 또는 그 돼지로부터 출산시켜 얻은 새끼돼지에 한하여 미치는 것이지 양수인이 별도의 자금을 투입하여 반입한 돼지에까지는 미치지 않는다.(대판 2004.11.12, 2004다22858)

23. 특정한 동산들을 목적으로 한 양도담보 양도담보설정계약이 기계기구 또는 영업설비 등 내구연수가 장기간이고 가공 과정이나 유통 과정 중에 있지 않은 여러 개의 동산을 목적으로 하고 있으며, 담보목적물마다 명칭, 성능, 규격, 제작자, 제작번호 등으로 특정하고 있는 경우에는, 원칙적으로 특정된 동산들을 일괄하여 양도담보의 목적물로 한 계약이라고 보아야 하므로 향후 편입되는 동산을 양도담보 목적으로 하기 위해서는 편입 시점에 제3자가 그 동산을 다른 동산과 구별할 수 있을 정도로 구체적으로 특정되어야 한다.(대판 2016.4.28, 2015다221286)

第3編 債 權

第1章 總 則

第1節 債權의 目的

第373條【債權의 目的】 金錢으로 價額을 算定할 수 없는 것이라도 債權의 目的으로 할 수 있다.

■ 채무불이행과 금전배상(389②·394), 비금전채무와 파산(회생파산 426)

第374條【特定物引渡債務者의 善管義務】 特定物의 引渡가 債權의 目的인 때에는 債務者는 그 物件을 引渡하기까지 善良한 管理者의 注意로 保存하여야 한다.

■ 특정물채권(462·467·483·484·537), 인도(188②·189·190·196), 보존의무의 위반(390), 귀책사유로 인하지 아니한 멸실훼손(537), 물권자와 보관의무(324·343·308·336), 특칙(695)

1. 임대차계약에 있어 임차인의 목적물에 대한 선관의무 발생시기 임대차계약에 있어 임차인의 목적물에 대한 선량한

第3編 債權

관리자로서의 의무는 목적물의 인도를 받은 후에야 발생하는 의무라 할 것이다.(대판 1962.3.8, 4294행상17)

2. 특정물 매도인의 목적물관리보존비 부담의무 특정물의 매매에 있어서 그 목적물이 매수인에게 인도되지 아니하였으면 매수인이 대금지급을 지체하여도 매도인은 매수인에게 동인도가 이루어지기 이전의 기간 동안의 목적물의 관리보존비의 상환이나 매매대금의 이자상당액의 손해배상청구를 할 수 없다.(대판 1981.5.26, 80다211)

3. 임차인의 임대목적물 보존에 대한 주의의무의 정도 및 증명책임 임대차 종료 후 임차인의 임차목적물 명도의무와 임대인의 연체차임 기타 명도시까지 발생한 손해배상금 등을 공제하고 남은 임대보증금반환 채무는 동시이행의 관계에 있는 것이어서 임차인은 임차목적물을 명도할 때까지는 선량한 관리자의 주의로 이를 보존할 의무가 있고, 임대목적물이 멸실, 훼손된 경우 임차인이 그 책임을 면하려면 그 임차건물의 보존에 관하여 선량한 관리자의 주의의무를 다하였음을 입증하여야 할 것이다.(대판 1991.10.25, 91다22605, 22612)

第375條【種類債權】 ① 債權의 目的을 種類로만 指定한 境遇에 法律行爲의 性質이나 當事者의 意思에 依하여 品質을 定할 수 없는 때에는 債務者는 中等品質의 物件으로 履行하여야 한다.
② 前項의 境遇에 債務者가 履行에 必要한 行爲를 完了하거나 債權者의 同意를 얻어 履行할 物件을 指定한 때에는 그때로부터 그 物件을 債權의 目的物로 한다.

▣ 법률행위(105·106), 법률행위의 성질로 정하여질 경우(598·604), 이행에 필요한 행위(467·460·487-491), 특정의 효과(374·537)

1. 제한종류채권에 있어 급부목적물의 특정 방법 제한종류채권에 있어 급부목적물의 특정에는, 원칙적으로 종류채권의 급부목적물의 특정에 관한 민 375조 2항이 적용된다.(대판 2003.3.28, 2000다24856)

2. 보유주식 일정량을 담보제공하기로 한 약정의 성질과 그에 기한 채무의 법적 성질 보유주식 일정량을 담보로 제공하기로 한 담보제공약정은 특정한 "주권"에 대한 담보약정이 아니라 기명의 "주식"에 관한 담보약정이고 다만 그 담보약정의 이행으로서 약정한 기명주식을 표창하는 주권을 인도할 의무가 있는 것인데, 주식은 동가성이 있고 상법 등의 규정에 따른 소각, 변환, 병합 등 변화가능성이 있으며 담보약정에 이르게 된 경위 등에 비추어 볼 때, 담보약정 후 주권의 이행제공 전에 갖고 있던 주식에 대한 처분이나 새로운 주식의 취득이 있더라도 약정된 수의 기명주식을 표창하는 주권만 인도하면 되고 인도할 주권의 특정은 쌍방 어느 쪽에서도 할 수 있는 것으로서 담보약정에 기한 채권은 일종의 제한종류채권이다.(대판 1994.8.26, 93다20191)

第376條【金錢債權】 債權의 目的이 어느 種類의 通貨로 支給할 것인 境遇에 그 通貨가 辨濟期에 强制通用力을 잃은 때에는 債務者는 다른 通貨로 辨濟하여야 한다.

▣ 소비대차(604), 지급할 화폐(어41, 수36), 강제통용력(한국은행법47이하), 금전채무불이행에 관한 특칙(397)

第377條【外貨債權】 ① 債權의 目的이 다른 나라 通貨로 支給할 것인 境遇에는 債務者는 自己가 選擇한 그 나라의 各 種類의 通貨로 辨濟할 수 있다.
② 債權의 目的이 어느 種類의 다른 나라 通貨로 支給할 것인 境遇에 그 通貨가 辨濟期에 强制通用力을 잃은 때에는 그 나라의 다른 通貨로 辨濟하여야 한다.

▣ 외화채권(378, 어41, 수36)

第378條【同前】 債權額이 다른 나라 通貨로 指定된 때에는 債務者는 支給할 때에 있어서의 履行地의 換金市價에 依하여 우리나라 通貨로 辨濟할 수 있다.

▣ 외화채권(377, 어41, 수36), 환율(외환5), 외국 금전채권과 파산(회생파산426)

1. 채권액이 외국통화로 지정된 금전채권인 외화채권의 경우 채권자의 대용급부청구권 행사 가부(적극)**와 환산기준시기** 채권액이 외국통화로 지정된 금전채권인 외화채권을 채무자가 우리나라 통화로 변제함에 있어서는 민 378조가 그 환산시기에 관하여 외화채권에 관한 같은 법 376조, 377조 2항의 "변제기"라는 표현과는 다르게 "지급할 때"라고 규정한 취지에서 새겨 볼 때 그 이행기가 아니라 현실로 이행하는 때 즉 현실이행시의 외국환시세에 의하여 환산한 우리나라 통화로 변제하여야 한다고 풀이함이 상당하므로 채권자가 위와 같은 외화채권을 대용급부의 권리를 행사하여 우리나라 통화로 환산하여 청구하는 경우에도 법원이 채무자에게 그 이행을 명함에 있어서는 채무자가 현실로 이행할 때에 가장 가까운 사실심 변론종결 당시를 우리나라 통화로 환산하는 기준시로 삼아야 한다.(대판(全) 1991.3.12, 90다2147)

2. 경매절차에서 외화채권자에게 배당을 하는 경우 외화채권의 환산기준시기 채권액이 외국통화로 정해진 금전채권인 외화채권을 채무자가 우리나라 통화로 변제하는 경우에 그 환산시기는 이행기가 아니라 현실로 이행하는 때, 즉 현실이행 시의 외국환시세에 의하여 환산한 우리나라 통화로 변제하여야 하고, 이와 같은 법리는 외화채권자가 경매절차를 통하여 변제를 받는 경우에도 동일하게 적용되어야 할 것이므로, 집행법원이 경매절차에서 외화채권자에 대하여 배당을 할 때에는 특별한 사정이 없는 한 배당기일 당시의 외국환시세를 우리나라 통화로 환산하는 기준으로 삼아야 한다.(대판 2011.4.14, 2010다103642)

第379條【法定利率】 利子있는 債權의 利率은 다른 法律의 規定이나 當事者의 約定이 없으면 年 5分으로 한다.

▣이자(425②·441②·448②·548②·567·587·685·688①·738·748②·958①, 상76, 어5), 이율(상54), 지연손해이율(397)

1. 이자에 대한 지연손해금 인정 여부(적극) 이미 발생한 이자에 관하여 채무자가 이행을 지체한 경우에는 그 이자에 대한 지연손해금을 청구할 수 있다.(대판 1996.9.20, 96다25302)

2. 이미 변제기에 도달한 이자채권의 수반성 여부(소극) 이자채권은 원본채권에 대하여 종속성을 갖고 있으나 이미 변제기에 도달한 이자채권은 원본채권과 분리하여 양도할 수 있고 원본채권과 별도로 변제할 수 있으며 시효로 인하여 소멸되기도 하는 등 어느 정도 독립성을 갖게 되는 것이므로, 원본채권이 양도된 경우 이미 변제기에 도달한 이자채권은 원본채권의 양도당시 그 이자채권도 양도한다는 의사표시가 없는 한 당연히 양도되지는 않는다.(대판 1989.3.28, 88다카12803)

第380條【選擇債權】 債權의 目的이 數個의 行爲 中에서 選擇에 좇아 確定될 境遇에 다른 法律의 規定이나 當事者의 約定이 없으면 選擇權은 債務者에게 있다.

▣ 법률의 규정에 의한 선택권자(383·384)

第381條【選擇權의 移轉】 ① 選擇權行使의 期間이 있는 境遇에 選擇權者가 그 期間內에 選擇權을 行使하지 아니하는 때에는 相對方은 相當한 期間을 定하여 그 選擇을 催告할 수 있고 選擇權者가 그 期間內에 選擇하지 아니하면 選擇權은 相對

方에게 있다.
② 選擇權行使의 期間이 없는 境遇에 債權의 期限이 到來한 後 相對方이 相當한 期間을 定하여 그 選擇을 催告하여도 選擇權者가 그 期間內에 選擇하지 아니할 때에도 前項과 같다.

▣ 선택채권(380), 제3자의 선택권의 이전(384)

1. 제한종류채권에 있어 급부목적물의 특정 방법 제한종류채권에 있어 급부목적물의 특정에는, 원칙적으로 종류채권의 급부목적물의 특정에 관한 민 375조 2항이 적용되므로, 채무자가 이행에 필요한 행위를 완료하거나 채권자의 동의를 얻어 이행할 물건을 지정한 때에는 그 물건이 채권의 목적물이 되는 것이나, 당사자 사이에 지정권의 부여 및 지정의 방법에 관한 합의가 없고, 채무자가 이행에 필요한 행위를 하지 아니하거나 지정권자로 된 채무자가 이행할 물건을 지정하지 아니하는 경우에는 선택채권의 선택권 이전에 관한 민 381조를 준용하여 채권의 기한이 도래한 후 채권자가 상당한 기간을 정하여 지정권이 있는 채무자에게 그 지정을 최고하여도 채무자가 이행할 물건을 지정하지 아니하면 지정권이 채권자에게 이전한다.(대판 2003.3.28, 2000다24856)

第382條【當事者의 選擇權의 行使】 ① 債權者나 債務者가 選擇하는 境遇에는 그 選擇은 相對方에 對한 意思表示로 한다.
② 前項의 意思表示는 相對方의 同意가 없으면 撤回하지 못한다.

1. 상대방의 동의 없이 선택의 의사표시가 철회 가능한 경우 선택권자가 선택의 의사표시를 한 뒤라도 상대방의 방해행위 등으로 선택의 목적을 달성할 수 없는 경우와 같이 특별한 사정이 있으면 상대방의 동의없이도 이 의사표시를 철회하고 새로운 선택을 할 수 있다.(대판 1972.7.11, 70다877)

第383條【第三者의 選擇權의 行使】 ① 第三者가 選擇하는 境遇에는 그 選擇은 債務者 및 債權者에 對한 意思表示로 한다.
② 前項의 意思表示는 債權者 및 債務者의 同意가 없으면 撤回하지 못한다.

▣ 선택권의 행사(382)

第384條【第三者의 選擇權의 移轉】 ① 選擇할 第三者가 選擇할 수 없는 境遇에는 選擇權은 債務者에게 있다.
② 第三者가 選擇하지 아니하는 境遇에는 債權者나 債務者는 相當한 期間을 定하여 그 選擇을 催告할 수 있고 第三者가 그 期間內에 選擇하지 아니하면 選擇權은 債務者에게 있다.

▣ 선택권(380·381)

第385條【不能으로 因한 選擇債權의 特定】 ① 債權의 目的으로 選擇할 數個의 行爲 中에 처음부터 不能한 것이나 또는 後에 履行不能하게 된 것이 있으면 債權의 目的은 殘存한 것에 存在한다.
② 選擇權없는 當事者의 過失로 因하여 履行不能이 된 때에는 前項의 規定을 適用하지 아니한다.

▣ 이행불능(390), 선택권 없는 당사자(380·381·383)

第386條【選擇의 遡及效】 選擇의 效力은 그 債權이 發生한 때에 遡及한다. 그러나 第三者의 權利를 害하지 못한다.

▣ 선택(382①·383①)

第2節 債權의 效力

第387條【履行期와 履行遲滯】 ① 債務履行의 確定한 期限이 있는 境遇에는 債務者는 期限이 到來한 때로부터 遲滯責任이 있다. 債務履行의 不確定한 期限이 있는 境遇에는 債務者는 期限이 到來함을 안 때로부터 遲滯責任이 있다.
② 債務履行의 期限이 없는 境遇에는 債務者는 履行請求를 받은 때로부터 遲滯責任이 있다.

▣ 기한(152－154), 매매와 대금지불기한(585), 이행지체의 책임과 면책(손해배상=390, 상대방의 해제권=544·545, 변제제공에 의한 면책=461), 기한 있는 지시채권 또는 무기명채권과 지체(517·526, 어38·77①, 수28이하), 본항의 특칙(603②)

▶ 이행지체의 시기

1. 이행지체의 시기 채무이행의 확정기한이 있는 경우에는 그 기한이 도래한 다음날부터 이행지체의 책임을 지고 기한의 정함이 없는 경우에는 그 이행의 청구를 받은 다음날로부터 이행지체의 책임을 진다.(대판 1988.11.8, 88다3253)

▶ 기한이 있는 채무

2. 불법행위로 인한 손해배상채무의 이행기 불법행위로 인한 손해배상채무는 손해발생과 동시에 이행기에 있는 것이라고 봄이 상당하다.(대판 1966.10.21, 64다1102)

3. 공탁할 금액 중 일부가 가압류됨으로써 가압류된 금액을 공제한 잔액만을 공탁할 수밖에 없었던 경우의 지체책임 가압류가 있다 하여 반드시 그 채무나 지체 책임을 면하는 것이 아니므로 원고가 공탁할 금액 중 일부가 채권자에 의하여 가압류됨으로써 가압류된 금액을 공제한 잔액만을 공탁할 수밖에 없었다 하더라도 그 후 가압류 집행이 취소된 이상 그 해당 금액을 지체없이 공탁하여야만 공탁기한을 지키는 것이 된다.(대판 1981.9.22, 81다253)

4. 매매대금채무의 이행방법으로 제3자 발행의 어음을 교부한 경우의 이행기 원·피고 사이에 체결한 매매계약의 잔대금지급방법으로 제3자 발행의 어음을 교부하면서 이 어음이 모두 지급되면 원고 앞으로 매매목적물의 소유권이전등기를 경료하기로 약정한 경우에는 동 매매계약의 잔대금이행기일은 위 어음의 지급기일이라고 봄이 상당하다.(대판 1982.12.14, 82다카861)

5. 지시채권, 무기명채권의 경우의 지체책임 증권으로 화현된 채무 또는 지시채권, 무기명채권 등은 그 이행에 관하여 확정기한의 정함이 있는 경우라도 그 기한이 도래한 후에 그 소지인이 증권 또는 증서를 제시하여 이행을 청구한 때부터 지체책임이 있다.(대판 1972.2.29, 71다1998)

▶ 기한이 없는 채무

6. 쌍무계약에서 당사자 쌍방의 이행기일 도과 쌍무계약에 있어서 당사자쌍방이 소정 이행기일을 각자 도과하였을 경우에 있어서는 그 후 그 계약은 이행기일의 약정이 없는 것이 되고 당사자중 일방이 자기의 채무이행을 공탁하고 상대방에 대하여 그 채무의 이행을 최고함으로써 비로소 상대방은 이행지체에 빠지게 된다.(대판 1959.11.12, 4292민상413)

7. 환지 처분에 의해 발생한 토지 소유자의 청산금 지급 청구권 환지 처분에 의해 발생한 토지 소유자의 청산금 지급청구권은 도지사의 환지 인가시에 성립하며 그 이행기에 관하여서는 기한의 정함이 없는 채권으로 보는 것이 정당할 것이다.(대판 1962.9.27, 62다149)

8. "본건 토지를 임차인에게 매도할 때까지"로 정한 임대차계약 임대기한을 "본건 토지를 임차인에게 매도할 때까지"로 정하였다면 별다른 사정이 없는 한 위 임대차계약은 기한의 약정이 없는 것이라고 해석함이 상당하다.(대판 1974.5.14,

73다631)

9. 신원보증채무 신원보증인의 채무는 피보증인의 불법행위로 인한 손해배상채무 그 자체가 아니고 신원보증계약에 기하여 발생한 채무로서 이행기의 정함이 없는 채무이므로 채권자로부터 이행청구를 받지 않으면 지체의 책임이 생기지 않는다.(대판 2009.11.26, 2009다59671)

10. 부당이득반환채무 부당이득반환의무는 이행기한의 정함이 없는 채무이므로 그 채무자는 이행청구를 받은 때에 비로소 지체책임을 진다.(대판 2010.1.28, 2009다24187, 24194)

11. 잔여지 손실보상금에 대한 지연손해금 지급의무의 발생시기 공익사업법이 잔여지 손실보상금 지급의무의 이행기를 정하지 않았고, 그 이행기를 편입토지의 권리변동일이라고 해석하여야 할 체계적, 목적론적 근거를 찾기도 어려우므로, 잔여지 손실보상금 지급의무는 이행기의 정함이 없는 채무로 보는 것이 타당하다. 따라서 잔여지 손실보상금 지급의무의 경우 잔여지의 손실이 현실적으로 발생한 이후로서 잔여지 소유자가 사업시행자에게 이행청구를 한 다음 날부터 그 지연손해금 지급의무가 발생한다.(대판 2018.3.13, 2017두68370)

12. 기한을 정하지 않은 채무에 정지조건이 있는 경우, 지체책임의 발생 시기 기한을 정하지 않은 채무에 정지조건이 있는 경우, 정지조건이 객관적으로 성취되고 그 후에 채권자가 이행을 청구하면 바로 지체책임이 발생한다. 조건과 기한은 하나의 법률행위에 독립적으로 작용하는 부관이므로, '조건의 성취'는 '기한이 없는 채무에서 이행기의 도래'와는 별개의 문제이기 때문이다.(대판 2018.7.20, 2015다207044)

▸기타

13. 채무 지급을 위하여 채무의 변제기 후의 일자가 만기로 된 어음 교부 채권자가 기존 채무의 지급을 위하여 그 채무의 변제기보다 후의 일자가 만기로 된 어음을 교부받은 경우, 기존 채무의 변제기는 특별한 사정이 없는 한 어음의 만기일로 변경된 것으로 볼 수 있다.(대판 2001.7.13, 2000다57771등)

14. 물품대금 지급을 위하여 지급기일이 물품 공급일자 이후로 된 약속어음의 교부(대판 2000.9.5, 2000다26333) → 제388조 참조

15. 완공기한 내에 공사를 완성하지 못하여 도급계약이 해제된 경우, 그에 따른 지체상금 발생의 시기 및 종기 수급인이 완공기한 내에 공사를 완성하지 못한 채 완공기한을 넘겨 도급계약이 해제된 경우에 있어서 그 지체상금 발생의 시기(始期)는 완공기한 다음날이고, 종기(終期)는 수급인이 공사를 중단하거나 기타 해제사유가 있어 도급인이 이를 해제할 수 있었을 때를 기준으로 하여 도급인이 다른 업자에게 의뢰하여 같은 건물을 완공할 수 있었던 시점이다.(대판 2001.1.30, 2000다56112)

16. 원인채무의 이행의무와 어음 반환의무가 상호 동시이행의 관계에 있는 경우 원인채무의 채무자는 어음을 반환받을 때까지의 이행지체책임을 지지 않는지 여부(소극)(대판 1999.7.9, 98다47542) → 제536조 참조

17. 정지조건부 기한이익 상실의 특약이 있는 경우 이행기와 이행지체 채권자의 별도의 의사표시가 없더라도 바로 이행기가 도래한 것과 같은 효과를 발생케 하는 이른바 정지조건부 기한이익 상실의 특약을 하였을 경우에는 그 특약에 정한 기한의 이익 상실사유가 발생함과 동시에 기한의 이익을 상실케 하는 채권자의 의사표시가 없더라도 이행기 도래의 효과가 발생하고, 채무자는 특별한 사정이 없는 한 그 때부터 이행지체의 상태에 놓이게 된다.(대판 1999.7.9, 99다15184)

18. 선이행의무의 이행기를 지난 후 채권자가 채무의 일부를 수령한 경우 이행지체의 효과의 소멸 여부(소극) 민 387조 1항 전문은 채무이행의 확정기한이 있는 경우에는 채무자는 기한이 도래한 때로부터 지체책임이 있다고 규정하고 있는바, 채무자가 선이행의무의 확정기한인 이행기를 지나면 바로 이행지체에 빠진다 할 것이고, 이처럼 일단 이행지체에 빠진 이상 그 후 채권자가 채무의 일부를 수령하였다고 하여 이행지체의 효과가 없어지고 기한의 정함이 없는 채무로 된다고 볼 수 없다.(대판 1992.10.27, 91다483)

19. 불확정기한부 채무의 이행기 당사자가 불확정한 사실이 발생한 때를 이행기한으로 정한 경우에는 그 사실이 발생한 때는 물론 그 사실의 발생이 불가능하게 된 때에도 이행기한은 도래한 것으로 보아야 한다.(대판 2002.3.29, 2001다41766)

20. 매매계약서상 매매대금의 지급기일을 '소유권이전등기를 필한 후'로 정한 경우, 그 의미 및 매매대금 지체책임의 기산일 매매대금 지급기일을 '소유권이전등기를 필한 후'로 정한 것은 매매대금 지급의무의 이행기를 장래 도래할 시기가 확정되지 아니한 때, 즉 불확정기한으로 정한 경우라고 할 것이므로, 매매대금 지급의무의 이행을 지체하였다고 하기 위해서는 소유권이전등기가 경료된 것만으로는 부족하고 채무자인 피고가 그 사실을 알아야 하고, 그 사실을 알게 된 때가 언제인지는 이를 주장하는 원고에게 증명책임이 있다.(대판 2011.2.24, 2010다83755)

21. 금전채무의 확정된 지연손해금채무에 대한 지체책임 금전채무의 지연손해금채무는 금전채무의 이행지체로 인한 손해배상채무로서 이행기의 정함이 없는 채무에 해당하므로, 채무자는 확정된 지연손해금채무에 대하여 채권자로부터 이행청구를 받은 때로부터 지체책임을 부담하게 된다.(대판 2004.7.9, 2004다11582) 또한 판결에 의해 권리의 실체적인 내용이 바뀌는 것은 아니므로, 이행판결이 확정된 지연손해금의 경우에도 채권자의 이행청구에 의해 지체책임이 생긴다.(대판 2022.3.11, 2021다232331)

22. 판결이 확정된 채권자가 시효중단을 위한 신소를 제기하면서 확정판결에 따른 원금과 함께 원금에 대한 확정 지연손해금 및 이에 대한 지연손해금을 청구하는 경우 한편 원금채권과 금전채무불이행의 경우에 발생하는 지연손해금채권은 별개의 소송물이다. 따라서 판결이 확정된 채권자가 시효중단을 위한 신소를 제기하면서 확정판결에 따른 원금과 함께 원금에 대한 확정 지연손해금 및 이에 대한 지연손해금을 청구하는 경우, 확정 지연손해금에 대한 지연손해금채권은 채권자가 신소로써 확정 지연손해금을 청구함에 따라 비로소 발생하는 채권으로서 전소의 소송물인 원금채권이나 확정 지연손해금채권과는 별개의 소송물이므로, 채무자는 확정 지연손해금에 대하여도 이행청구를 받은 다음 날부터 지연손해금을 별도로 지급하여야 하되 그 이율은 신소에 적용되는 법률이 정한 이율을 적용하여야 한다.(대판 2022.4.14, 2020다268760)

23. 압류 · 추심명령에 따라 압류된 채권액 상당에 관하여 제3채무자가 압류채권자에게 지체책임을 지는 시기(=추심명령 발령 후 압류채권자로부터 추심금 청구를 받은 다음날부터) 추심명령은 압류채권자에게 채무자의 제3채무자에 대한 채권을 추심할 권능을 수여함에 그치고, 제3채무자로 하여금 압류채권자에게 압류된 채권액 상당을 지급할 것을 명하거나 그 지급 기한을 정하는 것이 아니므로, 제3채무자가 압류채권자에게 압류된 채권액 상당에 관하여 지체책임을 지는 것은 집행법원으로부터 추심명령을 송달받은 때부터가 아니라 추심명령이 발령된 후 압류채권자로부터 추심금 청구를 받은 다음날부터라고 하여야 한다.(대판 2012.10.25, 2010다47117)

24. 채권가압류만으로 제3채무자의 지체책임이 면제되는지 여부(소극) 채권의 가압류는 제3채무자에 대하여 채무자에게 지급하는 것을 금지하는 데 그칠 뿐이므로, 가압류가 있더라도 채권의 이행기가 도래한 때에는 제3채무자는 지체책임을 면할 수 없고, 이러한 경우 제3채무자로서는 민집 291

조, 248조 제1항에 의한 공탁을 함으로써 이중변제의 위험에서 벗어날 수 있으며, 이로써 이행지체의 책임도 면하게 된다.(대판 2020.6.25, 2016두55896)

25. 이행기의 정함이 없는 채권의 양수인이 채무자를 상대로 이행청구소송을 제기하고, 소송 계속 중 채무자에 대한 채권양도통지가 이루어진 경우, 채무자가 이행지체책임을 지는 시기(=양도통지가 도달된 다음 날) 지명채권이 양도된 경우 채무자에 대한 대항요건이 갖추어질 때까지 채권양수인은 채무자에게 대항할 수 없으므로, 이행기의 정함이 없는 채권을 양수한 채권양수인이 채무자를 상대로 그 이행을 구하는 소를 제기하고 소송 계속 중 채무자에 대한 채권양도통지가 이루어진 경우에는 특별한 사정이 없는 한 채무자는 채권양도통지가 도달된 다음 날부터 이행지체의 책임을 진다.(대판 2014.4.10, 2012다29557)

26. 수리대금과 별도로 수리 지연에 따른 사용이익 상실로 인한 손해의 배상청구 가부(적극) 통상적인 수리에 필요한 기간을 넘는 장기간 동안 수리를 마치지 않고 인도를 지연한 것은 품질보증에 따른 통상적인 수리의무를 제대로 이행하지 않은 것으로서 품질보증에 따른 수리와는 구별되는 별도의 위법한 채무불이행이고, 매도인에 고의·과실에 의한 귀책사유가 없음이 증명되지 않는다면 손해배상책임을 면할 수 없음이 원칙이다.(대판 2016.6.10, 2013다13832)

▶ **동시이행항변권과 이행지체의 관계**

27. 대가적 채무 간에 이행거절 권능을 가짐에도 이행거절 의사를 밝히지 아니한 경우 이행지체책임이 발생하는지 여부(소극) 대가적 채무 간에 이행거절의 권능을 가지는 경우에는 비록 이행거절 의사를 구체적으로 밝히지 아니하였다고 할지라도 이행거절 권능의 존재 자체로 이행지체책임은 발생하지 않는다.(대판 1997.7.25, 97다5541)

28. 일회의 이행 제공만으로 반대급부에 대한 동시이행항변권 상실 여부(소극) 동시이행관계에 있는 쌍방의 채무 중 그 일방에 채무의 본지에 따른 이행의 제공이 있고 다른 상대방의 채무의 이행이 없이 이행기를 경과한 경우라도 당사자 일방에 의해 과거에 한번 이행의 제공이 있었다는 사실만으로 반대급부에 대한 동시이행의 항변권이 상실되지 않는다.(대판 1972.3.28, 72다163)

29. 쌍무계약의 일방당사자가 이행지체책임을 물어 계약해제권을 행사하고자 할 경우 계속적인 이행제공을 해야 하는지 여부(소극)(대판 1982.6.22, 81다카1283) → 제549조 참조

30. 부동산의 매도인이 매수인을 이행지체에 빠뜨리기 위한 이행제공의 방법과 그 정도 쌍무계약에서 당사자의 채무에 관하여 이행의 제공을 엄격하게 요구하면 불성실한 상대 당사자에게 구실을 주게 될 수도 있으므로 당사자가 하여야 할 제공의 정도는 그의 시기와 구체적인 상황에 따라 신의칙에 어긋나지 않게 합리적으로 정하여야 한다. 부동산매매계약에서 매도인의 소유권이전등기절차이행채무와 매수인의 매매잔대금 지급채무가 동시이행관계에 있는 한 쌍방이 이행을 제공하지 않는 상태에서는 이행지체로 되는 일이 없을 것이다. 매도인이 매수인을 이행지체로 되게 하기 위하여는 소유권이전등기에 필요한 서류 등을 현실적으로 제공하거나 그렇지 않더라도 이행장소에 그 서류 등을 준비하여 두고 매수인에게 그 뜻을 통지하고 수령하여 갈 것을 최고하면 되는 것이어서, 특별한 사정이 없으면 이행장소로 정한 법무사 사무실에 그 서류 등을 계속 보관시키면서 언제든지 잔대금과 상환으로 그 서류들을 수령할 수 있음을 통지하고 신의칙상 요구되는 상당한 시간 간격을 두고 거듭 수령을 최고하면 이행의 제공을 다한 것이 되고 그러한 상태가 계속된 기간 동안은 매수인이 이행지체로 된다.(대판 2001.5.8, 2001다6053, 6060, 6077)

31. 이행지체 책임으로서 지연배상을 청구하기 위해 계속적 이행제공이 필요한지 여부(적극) (대판 1995.3.14, 94다26646) → 제536조 참조

32. 계속적 이행제공의 의미 (대판 2001.5.8, 2001다6053) → 제536조 참조

33. 상 399조 1항에 기한 손해배상채무의 지체책임의 기산일 채무이행의 기한이 없는 경우 채무자는 이행청구를 받은 때부터 지체책임이 있다(민 387조 2항). 채무불이행으로 인한 손해배상채무는 특별한 사정이 없는 한 이행기한의 정함이 없는 채무이므로 채무자는 채권자로부터 이행청구를 받은 때부터 지체책임을 진다. 상 399조 1항에 따라 주식회사의 이사가 회사에 대한 임무를 게을리하여 발생한 손해배상책임은 위임관계로 인한 채무불이행책임이다. 따라서 주식회사의 이사가 회사에 대하여 위 조항에 따라 손해배상채무를 부담하는 경우 특별한 사정이 없는 한 이행청구를 받은 때부터 지체책임을 진다.(대판 2021.5.7, 2018다275888)

第388條【期限의 利益의 喪失】 債務者는 다음 各號의 境遇에는 期限의 利益을 主張하지 못한다.

1. 債務者가 擔保를 損傷, 減少 또는 滅失하게 한 때
2. 債務者가 擔保提供의 義務를 履行하지 아니한 때

■ 기한의 이익(153), 특칙(회생파산425), 담보제공의무(431·432)

1. 388조의 법적 성질 기한의 이익의 상실에 관한 민 388조는 임의규정이므로 당사자 사이에 위 규정과 다른 내용의 약정이 있는 경우에는 그 약정에 따라 기한의 이익의 상실 여부를 판단하여야 한다.(대판 2001.10.12, 99다56192)

2. 매수인이 매도인에게 '대금 지급을 위하여' 약속어음을 발행·교부한 경우 물품대금 지급채무의 이행기(=약속어음의 지급기일) 매수인이 매도인으로부터 물품을 공급받은 다음 그들 사이의 물품대금 지급방법에 관한 약정에 따라 대금의 지급을 위하여 물품 매도인에게 지급기일이 물품공급일자 이후로 된 약속어음을 발행·교부한 경우, 물품대금 지급채무의 이행기는 다른 특별한 사정이 없는 한 약속어음의 지급기일이고, 위 약속어음이 발행인에게 발생한 지급정지사유로 지급기일이 도래하기 전에 지급거절되었더라도 지급거절된 때에 물품대금 지급채무의 이행기가 도래하는 것은 아니다.(대판 2014.6.26, 2011다101599)

第389條【强制履行】 ① 債務者가 任意로 債務를 履行하지 아니한 때에는 債權者는 그 强制履行을 法院에 請求할 수 있다. 그러나 債務의 性質이 强制履行을 하지 못할 것인 때에는 그러하지 아니하다.

② 前項의 債務가 法律行爲를 目的으로 한 때에는 債務者의 意思表示에 갈음할 裁判을 請求할 수 있고 債務者의 一身에 專屬하지 아니한 作爲를 目的으로 한 때에는 債務者의 費用으로 第三者에게 이를 하게 할 것을 法院에 請求할 수 있다. (2014.12.30 본항개정)

③ 그 債務가 不作爲를 目的으로 한 境遇에 債務者가 이에 違反한 때에는 債務者의 費用으로써 그 違反한 것을 除却하고 將來에 對한 適當한 處分을 法院에 請求할 수 있다.

④ 前3項의 規定은 損害賠償의 請求에 影響을 미치지 아니한다.

■ 강제이행(민집), 대체집행(민집260), 법률행위를 목적으로 하는 채무의 집행(민집263), 간접강제(민집260), 부작위채무의 강제이행(민집263), 손해배상(390·393-398)

1. 의사표시에 갈음하는 판결의 한계 채무자인 학교 법인에

다른 재산이 없어 기본재산을 처분하지 않고서는 채무변제가 불가능하더라도 학교법인이 기본재산을 처분하기 위하여 관할관청의 허가를 신청할지는 특별한 사정이 없는 한 재단법인의 의사에 맡겨져 있기 때문에 금전채권자들에 불과한 자가 기본재산의 처분을 희망하지도 않는 학교법인을 상대로 관할관청에 대하여 기본재산에 대한 처분허가신청절차를 이행할 것을 청구할 수는 없다.(대판 2001.12.28, 2001다24075)

2. 부작위채무에 관한 장래의 채무불이행에 대비한 손해배상청구(구법관계) 부작위채무를 명하는 판결의 실효성 있는 집행을 보장하기 위하여는, 부작위채무에 관한 소송절차의 변론종결 당시에서 보아 채무명의가 성립하더라도 채무자가 이를 단기간 내에 위반할 개연성이 있고, 또한 그 판결절차에서 민소 693조에 의하여 명할 적정한 배상액을 산정할 수 있는 경우에는, 그 부작위채무에 관한 판결절차에서도 위 법조에 의하여 장차 채무자가 그 채무를 불이행할 경우에 일정한 배상을 할 것을 명할 수 있다.(대판 1996.4.12, 93다40614, 40621)

3. 부작위의무의 소구가능성(적극) 당사자 사이에 일정한 행위를 하지 않기로 하는 부작위 약정을 체결하였는데 채무자가 이러한 의무를 위반한 경우, 채권자는 채무자를 상대로 부작위의무의 이행을 소구할 수 있고, 부작위를 명하는 확정판결을 받아 이를 집행권원으로 하여 대체집행 또는 간접강제 결정을 받는 등으로 부작위의무 위반 상태를 중지시키거나 위반 결과를 제거할 수 있다.(대판 2012.3.29, 2009다92883)

第390條【債務不履行과 損害賠償】 債務者가 債務의 內容에 좇은 履行을 하지 아니한 때에는 債權者는 損害賠償을 請求할 수 있다. 그러나 債務者의 故意나 過失없이 履行할 수 없게 된 때에는 그러하지 아니하다.

▣ 이행(2①, 460이하), 이행지체(387), 이행불능의 기타의 효과(546·537·538), 손해배상(393~398), 채무자의 고의, 과실(운송주선인=391, 상115, 운송인=상135·148, 공중접객업자=상152, 창고업자=상160, 선박소유자=상790·812), 특칙(상136·148·153·160·769·904)

▶증명책임

1. 임차건물이 원인불명의 화재로 소실되어 임차물반환채무가 이행불능이 된 경우 임차인의 임차물반환채무가 이행불능이 된 경우에 임차인이 그 이행불능으로 인한 손해배상책임을 면하려면 그 이행불능이 임차인의 귀책사유로 말미암은 것이 아님을 입증할 책임이 있으며, 임차건물이 그 건물로부터 발생한 화재로 소실된 경우에 그 화재의 발생원인이 불명인 때에도 임차인이 그 책임을 면하려면 그 임차건물의 보존에 관하여 선량한 관리자의 주의의무를 다하였음을 입증하여야 한다.(대판 1994.10.14, 94다38182)

2. 임차건물 화재로 인하여 임대차 목적물이 아닌 부분까지 불탄 경우 임차인의 손해배상책임의 성립과 손해배상의 범위 임차인이 임대인 소유 건물의 일부를 임차하여 사용·수익하던 중 임차 건물 부분에서 화재가 발생하여 임차 건물 부분이 아닌 건물 부분(이하 '임차 외 건물 부분'이라 한다)까지 불에 타 그로 인해 임대인에게 재산상 손해가 발생한 경우에, 임차인이 보존·관리의무를 위반하여 화재가 발생한 원인을 제공하는 등 화재 발생과 관련된 임차인의 계약상 의무 위반이 있었음이 증명되고, 그러한 의무 위반과 임차 외 건물 부분의 손해 사이에 상당인과관계가 있으며, 임차 외 건물 부분의 손해가 그러한 의무 위반에 따른 통상의 손해에 해당하거나, 임차인이 그 사정을 알았거나 알 수 있었을 특별한 사정으로 인한 손해에 해당한다고 볼 수 있는 경우라면, 임차인은 임차 외 건물 부분의 손해에 대해서도 민 390조, 393조에 따라 임대인에게 손해배상책임을 부담하게 된다.(대판(全) 2017.5.18, 2012다86895, 86901)

3. 고객이 숙박계약에 따라 객실을 사용·수익하던 중 발생 원인이 밝혀지지 않은 화재가 발생한 경우 손해의 귀속 숙박업자는 고객에게 객실을 사용·수익하게 하는 것을 넘어서서 고객이 안전하고 편리하게 숙박할 수 있도록 시설 및 서비스를 제공하고 고객의 안전을 배려할 보호의무를 부담하는 등 숙박업자와 고객의 관계는 통상적인 임대인과 임차인의 관계와는 다르다. 그러므로 객실을 비롯한 숙박시설은 특별한 사정이 없는 한 숙박기간 중에도 고객이 아닌 숙박업자의 지배 아래 놓여 있다고 보아야 한다. 그렇다면 임차인이 임대차기간 중 목적물을 직접 지배함을 전제로 한 임대차 목적물 반환의무 이행불능에 관한 법리는 이와 전제를 달리하는 숙박계약에 그대로 적용될 수 없다. 고객이 숙박계약에 따라 객실을 사용·수익하던 중 발생 원인이 밝혀지지 않은 화재로 인하여 객실에 발생한 손해는 특별한 사정이 없는 한 숙박업자의 부담으로 귀속된다고 보아야 한다.(대판 2023.11.2, 2023다244895)

▶이행불능

4. 이행불능의 의미 채무의 이행이 불능이라는 것은 단순히 절대적·물리적으로 불능인 경우가 아니라 사회생활에 있어서의 경험법칙 또는 거래상의 관념에 비추어 볼 때 채권자가 채무자의 이행의 실현을 기대할 수 없는 경우를 말한다.(대판 2003.1.24, 2000다22850)

5. 이중매매와 이행불능 매매목적물에 관하여 이중으로 제3자와 매매계약을 체결하였다는 사실만 가지고는 매매계약이 법률상 이행불능이라고 할 수 없다.(대판 1996.7.26, 96다14616)

6. 이중양도와 이행불능 부동산매매에 있어서 매도인이 목적물을 타인에게 이미 매도하여 그 타인에게 소유권이전등기를 하여줄 의무가 있음에도 불구하고 제3자에게 다시 양도하여 소유권이전등기를 경료한 때에는 특별한 사정이 없는 한 매도인이 그 타인에게 부담하고 있는 소유권이전등기의무는 이행불능의 상태에 있다.(대판 1983.3.22, 80다1416)

7. 소유권이전등기의무자가 목적물을 제3자에게 양도하고 아직 소유권이전등기를 경료하지 않은 경우 소유권이전등기의무가 이행불능인지 여부(소극) 부동산소유권이전등기 의무자가 그 목적물을 제3자에게 양도하고 아직 그 소유권이전등기를 경료하지 아니한 경우에는 특단의 사유가 없는 한 위 소유권이전등기의무는 이행불능의 상태에 있다고 볼 수 없음은 물론 위 소유권이전등기의무를 상속한 위 제3자가 그 명의로 소유권이전등기를 경료하였다고 할지라도 상속한 소유권이전등기의무가 이행불능이 되었다고는 볼 수 없다.(대판 1984.4.10, 83다카1222)

8. 제3자 명의로 소유권이전등기가 경료되었다 하더라도 소유권 회복이 가능한 경우 소유권이전등기의무의 이행불능 여부(소극) 갑과 을 사이의 토지교환계약후 갑 소유의 교환목적토지에 관하여 병 명의로 소유권이전등기가 경료되었다고 하더라도 갑과 병 사이에 명의신탁관계가 성립된 것으로서 갑이 병으로부터 그 소유권을 회복하여 을에게 소유권이전등기절차를 이행할 수 있는 특별한 사정이 있다면 그 교환목적토지의 소유권이전등기절차이행은 아직 이행불능이 확정되었다고 볼 수 없다.(대판 1989.9.12, 88다카33176)

9. 이행지체 중의 이행불능 이행지체중 이행불능이 된 경우 그때까지 발생한 지연배상청구권은 이행불능시의 전보배상청구권과 함께 행사할 수 있는 것으로서 인도를 구하는 특정물이 멸실되어 시가상당의 손해배상을 구하는 경우 그 손해액은 이행불능 당시의 시가와 그에 대한 지연손해금 상당이다.(대판 1990.10.16, 90다카20210)

10. 수탁자의 배임행위 등으로 신뢰관계가 무너진 경우 이행불능을 이유로 한 신탁계약의 해지 가부(소극) 신탁 15조, 55조의 규정을 종합하여 보면, 신탁의 목적을 달성할 수 없

을 때에는 신탁이 절대적으로 종료하나, 그 목적의 달성이 가능하지만 단지 수탁자의 배임행위 등으로 인하여 신뢰관계가 무너진 경우에는, 위탁자 등의 청구에 따라 법원이 수탁자를 해임하거나 또는 위탁자가 수탁자에 대하여 손해배상 등을 청구할 수 있을 뿐, 이행불능을 원인으로 하여 신탁계약을 해지할 수는 없다.(대판 2002.3.26, 2000다25989)

11. 계약 당시 예견할 수 있었던 장애사유의 불고지와 채무불이행에 대한 귀책사유 계약당사자 일방이 자신의 계약상 채무 이행에 장애가 될 수 있는 사유를 계약 체결 당시 알았거나 예견할 수 있었음에도 이를 상대방에게 고지하지 아니한 경우, 비록 그 사유로 말미암아 후에 채무불이행이 되는 것 자체에 대하여는 귀책사유가 없다고 하더라도, 상대방이 그 장애사유를 인식하고 계약을 체결하였다거나 채무불이행이 상대방의 귀책사유로 인한 것으로 평가되는 등의 특별한 사정이 없는 한, 그 채무불이행에 대하여 귀책사유가 인정된다.(대판 2011.8.25, 2011다43778)

▶ 불완전이행

12. 확대손해에 대한 배상책임의 근거 매도인이 매수인에게 공급한 부품이 통상의 품질이나 성능을 갖추고 있는 경우, 나아가 내한성이라는 특수한 품질이나 성능을 갖추고 있지 못하여 하자가 있다고 인정할 수 있기 위하여는, 매수인이 매도인에게 완제품이 사용될 환경을 설명하면서 그 환경에 충분히 견딜 수 있는 내한성 있는 부품의 공급을 요구한 데 대하여, 매도인이 부품이 그러한 품질과 성능을 갖춘 제품이라는 점을 명시적으로나 묵시적으로 보증하고 공급하였다는 사실이 인정되어야만 할 것이고, 특히 매매목적물의 하자로 인하여 확대손해 내지 2차 손해가 발생하였다는 이유로 매도인에게 그 확대손해에 대한 배상책임을 지우기 위하여는 채무의 내용으로 된 하자 없는 목적물을 인도하지 못한 의무위반사실 외에 그러한 의무위반에 대하여 매도인에게 귀책사유가 인정될 수 있어야만 한다.(대판 1997.5.7, 96다39455)

13. 숙박업자가 고객의 안전을 배려하여야 할 보호의무를 부담하는지 여부(적극) 공중접객업인 숙박업을 경영하는 자가 투숙객과 체결하는 숙박계약은 숙박업자가 고객에게 숙박을 할 수 있는 객실을 제공하여 고객으로 하여금 이를 사용할 수 있도록 하고 고객으로부터 그 대가를 받는 일종의 일시 사용을 위한 임대차계약으로서 객실 및 관련 시설은 오로지 숙박업자의 지배 아래 놓여 있는 것이므로 숙박업자는 통상의 임대차와 같이 단순히 여관 등의 객실 및 관련 시설을 제공하여 고객으로 하여금 이를 사용·수익하게 할 의무를 부담하는 것에서 한 걸음 더 나아가 고객에게 위험이 없는 안전하고 편안한 객실 및 관련 시설을 제공함으로써 고객의 안전을 배려하여야 할 보호의무를 부담하며 이러한 의무는 숙박계약의 특수성을 고려하여 신의칙상 인정되는 부수적인 의무로서 숙박업자가 이를 위반하여 고객의 생명·신체를 침해하여 투숙객에게 손해를 입힌 경우 불완전이행으로 인한 채무불이행책임을 부담하고, 이 경우 피해자로서는 구체적 보호의무의 존재와 그 위반 사실을 주장·입증하여야 하며 숙박업자로서는 통상의 채무불이행에 있어서와 마찬가지로 그 채무불이행에 관하여 자기에게 과실이 없음을 주장·입증하지 못하는 한 그 책임을 면할 수는 없다.(대판 2000.11.24, 2000다38718, 38725)

14. 임대차에서 임대인이 임차인에 대하여 안전배려 또는 도난방지 등 보호의무를 부담하는지 여부(소극) 통상의 임대차관계에 있어서 임대인의 임차인에 대한 의무는 특별한 사정이 없는 한 단순히 임차인에게 임대목적물을 제공하여 임차인으로 하여금 이를 사용 수익하게 함에 그치는 것이고, 더 나아가 임차인의 안전을 배려하여 주거나 도난을 방지하는 등의 보호의무까지 부담한다고 볼 수 없을 뿐만 아니라 임대인이 임차인에게 임대목적물을 제공하여 그 의무를 이행한 경우 임대목적물은 임차인의 지배 아래 놓이게 되어 그 이후에는 임차인의 관리하에 임대목적물의 사용·수익이 이루어지는 것이다.(대판 1999.7.9, 99다10004)

15. 의사의 과실에 의한 신체손상과 그 이후의 치료비 청구 의사가 선량한 관리자의 주의의무를 다하지 않은 탓으로 오히려 환자의 신체기능이 회복불가능하게 손상되었고, 또 손상 이후에는 후유증세의 치유 또는 더 이상의 악화를 방지하는 정도의 치료만이 계속되어 온 것뿐이라면 의사의 치료행위는 진료채무의 본지에 따른 것이 되지 못하거나 손해전보의 일환으로 행하여진 것에 불과하여 병원 측으로서는 환자에 대하여 수술비와 치료비의 지급을 청구할 수 없다.(대판 2015.11.27, 2011다28939)

▶ 이행거절

16. 이행거절의 인정여부(적극)**와 판단기준** 동시이행관계에 있는 쌍무계약에 있어서 상대방이 채무를 이행하지 않음을 이유로 하여 계약을 해제하려면 계약을 해제하려고 하는 당사자는 자기 채무의 이행을 제공하여 상대방을 지체에 빠지게 하여야 하고, 다만 당사자의 일방이 자기 채무의 이행을 제공하여도 상대방이 그 채무를 이행하지 않을 의사를 미리 표시한 경우(이행거절)에는 최고나 자기 채무의 이행의 제공이 없이도 상대방의 이행지체를 이유로 계약을 해제할 수 있다. 이때 채무를 이행할 의사가 없었는지 그 의사를 미리 표시하였는지 여부는 계약 당시나 계약 후의 여러가지 사정을 종합하여 판단하여야 할 것이다.(대판 1991.11.26, 91다23103)

17. 채무자가 계약을 이행하지 않을 의사를 명백히 표시하였는지 판단하는 기준 채무자가 계약을 이행하지 않을 의사를 명백히 표시하였는지는 계약 이행에 관한 당사자의 행동과 계약 전후의 구체적인 사정 등을 종합적으로 살펴서 판단하여야 한다. 위와 같은 이행거절로 인한 계약해제의 경우에는 채권자의 최고도 필요하지 않고 동시이행관계에 있는 자기 채무의 이행제공도 필요하지 않아, 이행지체를 이유로 한 계약해제와 비교할 때 계약해제의 요건이 완화되어 있으므로, 이행거절의사가 명백하고 종국적인 것으로 볼 수 있어야 한다. 명시적으로 이행거절의사를 표명하는 경우 외에 계약 당시 또는 그 후의 여러 사정을 종합하여 묵시적 이행거절의사를 인정하기 위해서는 그 거절의사가 정황상 분명하게 인정되어야 한다.(대판 2021.7.15, 2018다214210)

18. 이행거절이라는 채무불이행이 인정되기 위해서 채무를 이행하지 아니할 채무자의 명백한 의사표시가 위법한 것으로 평가되어야 하는지 여부(적극) 채무자가 채무를 이행하지 않을 의사를 명백히 표시한 경우에 채권자는 신의칙상 이행기 전이라도 이행의 최고 없이 채무자의 이행거절을 이유로 계약을 해제하거나 채무자를 상대로 손해배상을 청구할 수 있지만, 이러한 이행거절이라는 채무불이행이 인정되기 위해서는 채무를 이행하지 않을 채무자의 명백한 의사표시가 위법한 것으로 평가되어야 한다.(대판 2015.2.12, 2014다227225)

19. 이행거절 의사가 명백히 표시된 경우 이행기 전 계약 해제 가부(적극) 부동산 매도인이 중도금의 수령을 거절하였을 뿐만 아니라 계약을 이행하지 아니할 의사를 명백히 표시한 경우 매수인은 신의칙상 소유권이전등기의무 이행기일까지 기다릴 필요 없이 이를 이유로 매매계약을 해제할 수 있다.(대판 1993.6.25, 93다11821)

20. 상대방에게 계약상 의무 없는 과다한 채무 이행을 요구하는 경우 이행거절로 볼지 여부(적극) 쌍무계약인 부동산 매매계약에 있어 매수인이 이행기일을 도과한 후에 이르러 매도인에 대하여 계약상 의무 없는 과다한 채무의 이행을 요구하고 있는 경우에는 매도인으로서는 매수인이 이미 자신의 채무를 이행할 의사가 없음을 표시한 것으로 보고 자기 채무의 이행제공이나 최고 없이도 계약을 해제할 수 있

다.(대판 1992.9.14, 92다9463)

21. 이행거절 의사와 그 철회 부동산매매계약에서 매매목적물에 대한 소유권이전등기를 매수인이 지정하는 자의 명의로 이행키로 약정하였음에도 매수인이 근거없는 대금감액요구를 내세울 뿐 아니라 매도인의 소유권이전등기의무이행에 필요한 등기명의인의 지정조차 이행하지 아니하였다면 매수인으로서 계약이행의 의사가 없음을 표명한 것이라고 볼 수 밖에 없고, 그 후 매도인에게 단지 화해하자고 말한 것만 가지고는 자기의 채무를 이행하지 아니할 의사표명을 철회한 것이라고 보기 어렵다.(대판 1991.3.27, 90다8374)

22. 이행거절 의사가 철회된 경우 상대방의 해제권 행사 요건 쌍무계약에 있어서 계약당사자의 일방은 상대방이 채무를 이행하지 아니할 의사를 명백히 표시한 경우에는 최고나 자기 채무의 이행제공 없이 그 계약을 적법하게 해제할 수 있으나, 그 이행거절의 의사표시가 적법하게 철회된 경우 상대방으로서는 자기 채무의 이행을 제공하고 상당한 기간을 정하여 이행을 최고한 후가 아니면 채무불이행을 이유로 계약을 해제할 수 없다.(대판 2003.2.26, 2000다40995)

23. 채무자가 잘못된 법률적인 판단으로 채무가 없다고 믿고 이행을 거부한 채 소송을 통하여 다툰 경우, 고의나 과실이 있는지 여부(원칙적 적극) 채무자가 자신에게 채무가 없다고 믿었고 그렇게 믿은 데 정당한 사유가 있는 경우에는 채무불이행에 고의나 과실이 없는 때에 해당한다고 할 수 있다. 그러나 채무자가 채무의 발생원인 내지 존재에 관한 법률적인 판단을 통하여 자신의 채무가 없다고 믿고 채무의 이행을 거부한 채 소송을 통하여 이를 다투었다고 하더라도, 채무자의 그러한 법률적 판단이 잘못된 것이라면 특별한 사정이 없는 한 채무불이행에 관하여 채무자에게 고의나 과실이 없다고는 할 수 없다.(대판 2013.12.26, 2011다85352)

▶ **부수적 채무불이행**

24. 부수적 채무불이행으로 인한 계약 해제 가부(소극) 계약본래의 목적은 이미 달성되었고 부수적 채무의 이행만이 지체중에 있는 경우에는 그 불이행으로 인하여 채권자가 계약을 달성할 수 없는 경우 또는 특별한 약정이 있는 경우를 제외하고는 원칙적으로 계약 전체의 해제를 허용할 수 없다고 해석함이 상당하다.(대판 1968.11.5, 68다1808)

▶ **대상청구권**

25. 대상청구권의 인정 여부(적극) 우리 민법은 이행불능의 효과로서 채권자의 전보배상청구권과 계약해제권 외에 별도로 대상청구권을 규정하고 있지 않으나 해석상 대상청구권을 부정할 이유가 없다고 할 것인데, 매매의 일종인 경매의 목적물인 토지가 경락허가결정 이후 하천구역에 편입되게 됨으로써 소유자의 경락자에 대한 소유권이전등기의무가 이행불능이 되었다면 경락자는 소유자가 하천구역 편입으로 인하여 지급받게 되는 손실보상금에 대한 대상청구권을 행사할 수 있다.(대판 2002.2.8, 99다23901)

26. 소유권이전등기 대상 토지의 수용에 따른 이행불능 효과로서의 대상청구권의 내용 및 행사 방법 소유권이전등기의무의 목적 부동산이 수용되어 그 소유권이전등기의무가 이행불능이 된 경우, 등기청구권자는 등기의무자에게 대상청구권의 행사로써 등기의무자가 지급받은 수용보상금의 반환을 구하거나 또는 등기의무자가 취득한 수용보상금청구권의 양도를 구할 수 있을 뿐 그 수용보상금청구권 자체가 등기청구권자에게 귀속되는 것은 아니다.(대판 1996.10.29, 95다56910)

27. 매매의 목적물이 화재로 소실됨으로써 매도인의 매매목적물 인도의무가 이행불능된 경우 매매의 목적물이 화재로 소실됨으로써 채무자인 매도인의 매매목적물에 대한 인도의무가 이행불능이 되었다면, 채권자인 매수인은 화재사고로 매도인이 지급받게 되는 화재보험금, 화재공제금에 대하여 대상청구권을 행사할 수 있다.(대판 2016.10.27, 2013다7769)

28. 점유취득시효 완성을 원인으로 한 소유권이전등기의무가 이행불능된 경우 대상청구권을 행사하기 위한 요건 점유로 인한 부동산 소유권 취득기간 만료를 원인으로 한 등기청구권이 이행불능이 되었다고 하여 대상청구권을 행사하기 위하여는 그 이행불능 전에 등기명의자에 대하여 점유로 인한 부동산 소유권 취득기간이 만료되었음을 이유로 그 권리를 주장하거나 그 취득기간 만료를 원인으로 한 등기청구권을 행사하였어야 하고, 그 이행불능 전에 그와 같은 권리의 주장이나 행사에 이르지 않았다면 대상청구권을 행사할 수 없다고 봄이 공평의 관념에 부합한다.(대판 1996.12.10, 94다43825)

29. '급부를 불능하게 하는 사정'과 채무자가 취득한 '대신하는 이익' 사이에 상당인과관계의 필요 여부(적극) 대상청구권이 인정되기 위하여는 급부가 후발적으로 불능하게 되어야 하고, 급부를 불능하게 하는 사정의 결과로 채무자가 채권의 목적물에 관하여 '대신하는 이익'을 취득하여야 하는 바, 피고의 명의로 경료된 지분이 원인무효이어서 원고에 대하여 그 말소등기절차의무를 부담하고 있었으나 피고가 제3자에게 자신의 지분을 매도하여 제3자가 사건 부동산을 시효취득함으로써 원고들에 대한 피고의 위 말소등기절차의무가 이행불능이 된 경우, 제3자의 시효취득 이전에 피고가 제3자에게 자신의 지분을 매도하여 그 매매대금을 교부받아 동액 상당의 이익을 취하였다고 하더라도 그 이익은 지분 말소등기절차의 이행불능으로 인한 것이라고 볼 수 없어 '급부를 불능하게 하는 사정'과 피고가 취득한 '대신하는 이익' 사이에 상당인과관계가 존재한다고 할 수 없으므로 원고들에게 피고에 대한 대상청구권이 발생하지 아니한다.(대판 2003.11.14, 2003다35482)

30. 쌍무계약 당사자 쌍방의 급부가 모두 이행불능이 된 경우 대상청구권 행사 가부 쌍무계약의 당사자 일방이 상대방의 급부가 이행불능이 된 사정의 결과로 상대방이 취득한 대상에 대하여 급부청구권을 행사할 수 있다고 하더라도, 그 당사자 일방이 대상청구권을 행사하려면 상대방에 대하여 반대급부를 이행할 의무가 있는바, 이 경우 당사자 일방의 반대급부도 그 전부가 이행불능이 되거나 그 일부가 이행불능이 되고 나머지 잔부의 이행만으로는 상대방의 계약목적을 달성할 수 없는 등 상대방에게 아무런 이익이 되지 않는다고 인정되는 때에는, 상대방이 당사자 일방의 대상청구를 거부하는 것이 신의칙에 반한다고 볼 만한 특별한 사정이 없는 한, 당사자 일방은 상대방에 대하여 대상청구권을 행사할 수 없다.(대판 1996.6.25, 95다6601)

31. 대상청구권의 소멸시효의 기산점 대상청구권은 특별한 사정이 없는 한 매매 목적물의 수용 또는 국유화로 인하여 매도인의 소유권이전등기의무가 이행불능 되었을 때 매수인이 그 권리를 행사할 수 있고 따라서 그 때부터 소멸시효가 진행하는 것이 원칙이라 할 것이나, 국유화가 된 사유의 특수성과 법규의 미비 등으로 그 보상금의 지급을 구할 수 있는 방법이나 절차가 없다가 상당한 기간이 지난 뒤에야 보상금청구의 방법과 절차가 마련된 경우라면, 대상청구권자가 보상금을 청구할 길이 없는 상태에서 추상적인 대상청구권이 발생하였다는 사유만으로 소멸시효가 진행한다고 해석하는 것은 대상청구권자에게 너무 가혹하여 사회정의와 형평의 이념에 반할 뿐만 아니라 소멸시효제도의 존재이유에 부합된다고 볼 수 없기 때문에 이러한 경우에는 보상금을 청구할 수 있는 방법이 마련된 시점부터 대상청구권에 대한 소멸시효가 진행하는 것으로 봄이 상당하다.(대판 2002.2.8, 99다23901)

32. 채권자가 직접 자기 명의로 대상청구의 대상이 되는 보상금을 수령한 것이 부당이득인지 여부(소극) 채무자가 수령하게 되는 보상금이나 그 청구권에 대하여 채권자가 대상청구권을 가지는 경우에도 채권자는 채무자에 대하여 그가 지급받은 보상금의 반환을 청구하거나 채무자로부터 보상청

구권을 양도받아 보상금을 지급받아야 할 것이나, 어떤 사유로 채권자가 직접 자신의 명의로 대상청구의 대상이 되는 보상금을 지급받았다고 하더라도 이로써 채무자에 대한 관계에서 바로 부당이득이 되는 것은 아니라고 보아야 할 것이다.(대판 2002.2.8, 99다23901)

▶ 청구권자

33. 숙박업자의 투숙객에 대한 보호의무위반으로 사망한 투숙객의 근친자가 숙박업자의 그 투숙객에 대한 숙박계약상의 채무불이행을 이유로 위자료를 청구할 수 있는지 여부 (소극) 숙박업자가 숙박계약상의 고객 보호의무를 다하지 못하여 투숙객이 사망한 경우, 숙박계약의 당사자가 아닌 그 투숙객의 근친자가 그 사고로 인하여 정신적 고통을 받았다 하더라도 숙박업자의 그 망인에 대한 숙박계약상의 채무불이행을 이유로 위자료를 청구할 수는 없다.(대판 2000.11.24, 2000다38718, 38725)

▶ 손해배상청구권의 성립

34. 채무불이행으로 채권자가 제3자에 대해 채무를 부담하게 된 경우 채무액과 같은 금액을 손해배상청구하기 위한 요건 채무불이행으로 인한 손해배상청구권은 현실적으로 손해가 발생한 때에 성립한다. 채무불이행으로 채권자가 제3자에 대해 채무를 부담하게 된 경우 채권자가 채무자에게 제3자에 대한 채무액과 같은 금액을 손해배상금으로 청구하기 위해서는 채무의 부담이 현실적·확정적이어서 실제로 변제해야 할 성질의 것이어야 한다. 그와 같은 채무의 부담이 현실적·확정적이어서 손해가 현실적으로 발생하였다고 볼 것인지는 사회통념에 비추어 객관적이고 합리적으로 판단해야 한다.(대판 2021.11.25, 2020다294516)

▶ 채무불이행 책임과 불법행위 책임의 관계

35. 채무불이행 책임과 불법행위 책임의 관계(청구권 경합설) 해상운송인이 운송 도중 운송인이나 그 사용인 등의 고의 또는 과실로 인하여 운송물을 감실 훼손시킨 경우, 선하증권 소지인은 운송인에 대하여 운송계약상의 채무불이행으로 인한 손해배상청구권과 아울러 소유권 침해의 불법행위로 인한 손해배상청구권을 취득하며 그중 어느 쪽의 손해배상 청구권이라도 선택적으로 행사할 수 있다.(대판(全) 1983.3.22, 82다카1533)

36. 채무불이행 책임과 불법행위 책임은 각각 별개로 그 성립요건과 법률효과의 인정 여부를 판단하여야 하는지 여부 (적극) 동일한 사실관계에서 발생한 손해의 배상을 목적으로 하는 경우에도 채무불이행을 원인으로 하는 배상청구와 불법행위를 원인으로 한 배상청구는 청구원인을 달리하는 별개의 소송물이므로, 법원은 원고가 행사하는 청구권에 관하여 다른 청구권과는 별개로 그 성립요건과 법률효과의 인정 여부를 판단하여야 한다. 계약 위반으로 인한 채무불이행이 성립한다고 하여 그것만으로 바로 불법행위가 성립하는 것은 아니다.(대판 2021.6.24, 2016다210474)

37. 선하증권에 기재된 면책약관의 불법행위 책임에의 적용 여부(적극) 운송계약상의 채무불이행 책임에 관하여 법률상 면책의 특칙이 있거나 또는 운송계약에 그와 같은 면책특약을 하였다고 하여도 일반적으로 이러한 특칙이나 특약은 이를 불법행위책임에도 적용하기로 하는 명시적 또는 묵시적 합의가 없는 한 당연히 불법행위 책임에 적용되지 않는 것이나, 운송물의 권리를 양수하여 선하증권을 교부받아 그 소지인이 된 자는 운송계약상의 권리를 취득함과 동시에 목적물의 점유를 인도받은 것이 되어 운송물의 소유권을 취득하여 운송인에 대하여 채무불이행 책임과 불법행위 책임을 아울러 추궁할 수 있게 되는 점에 비추어 볼 때 운송인이 선하증권에 기재한 면책약관은 채무불이행 책임만을 대상으로 한 것이고 당사자 사이에 불법행위 책임은 감수할 의도였다고 볼 수 없으므로 불법행위책임에 적용키로 하는 별도의 명시적·묵시적 합의가 없더라도 당연히 불법행위 책임에도 그 효력이 미친다.(대판(全) 1983.3.22, 82다카1533)

▶ 채무불이행 책임과 담보책임의 관계

38. 채무불이행 책임과 수급인 하자담보책임의 관계 도급계약에 따라 완성된 목적물에 하자가 있는 경우, 수급인의 하자담보책임과 채무불이행책임은 별개의 권원에 의하여 경합적으로 인정된다. 목적물의 하자를 보수하기 위한 비용은 수급인의 하자담보책임과 채무불이행책임에서 말하는 손해에 해당한다. 따라서 도급인은 하자보수비용을 민 667조 2항에 따라 하자담보책임으로 인한 손해배상으로 청구할 수도 있고, 민 390조에 따라 채무불이행으로 인한 손해배상으로 청구할 수도 있다. 하자보수를 갈음하는 손해배상에 관해서는 민 667조 2항에 따른 하자담보책임만이 성립하고 민 390조에 따른 채무불이행책임이 성립하지 않는다고 볼 이유가 없다.(대판 2020.6.11, 2020다201156)

第391條【履行補助者의 故意, 過失】

債務者의 法定代理人이 債務者를 爲하여 履行하거나 債務者가 他人을 使用하여 履行하는 境遇에는 法定代理人 또는 被用者의 故意나 過失은 債務者의 故意나 過失로 본다.

▣ 이행보조자(운송주선인=상115, 운송인=상135·148·150, 공중접객업자=상152, 창고업자=상160, 선박소유자=상790·812), 법정대리인(911·5)

1. 이행보조자로서의 피용자의 의미 민 391조에서의 이행보조자로서의 피용자라 함은 일반적으로 채무자의 의사관여 아래 그 채무의 이행행위에 속하는 활동을 하는 사람이면 족하고, 반드시 채무자의 지시 또는 감독을 받는 관계에 있어야 하는 것은 아니므로 채무자에 대하여 종속적인가 독립적인 지위에 있는가는 문제되지 않는다.(대판 2002.7.12, 2001다44338; 대판 2007.12.27, 2005다73914)

2. 이행보조자로서 수급인 임대인이 임차인과의 임대차계약상의 약정에 따라 제3자에게 도급을 주어 임대차목적 시설물을 수선한 경우에는 그 수급인도 임대인에 대하여 종속적인지 여부를 불문하고 이행보조자로서의 피용자라고 보아야 할 것이고, 이러한 수급인이 시설물 수선 공사 등을 하던 중 수급인의 과실로 인하여 화재가 발생한 경우에는 임대인은 민 391조에 따라 위 화재발생에 귀책사유가 있다 할 것이어서 임차인에 대한 채무불이행상의 손해배상책임이 있다.(대판 2002.7.12, 2001다44338)

3. 임차인의 피용자 임차인은 임대차의 종료시까지 선량한 관리자의 주의로써 임차목적물을 보관할 의무를 부담하는 것이고, 이 의무를 이행함에 있어서 임차인의 피용자에게 과실이 있는 경우에는 임차인에게도 과실이 있는 것으로 볼 것이다.(대판 1966.9.20, 66다7587)

4. 임대인의 이행보조자가 임차인으로 하여금 임치목적물을 사용·수익하지 못하게 한 경우 임대인의 채무불이행 책임과 이행보조자의 불법행위 책임의 관계 임대인인 피고 갑은 이행보조자인 피고 을이 임차물인 점포의 출입을 봉쇄하고 내부시설공사를 중단시켜 임차인인 원고로 하여금 그 사용·수익을 하지 못하게 한 행위에 대하여 임대인으로서의 채무불이행으로 인한 손해를 배상할 의무가 있고, 또한 피고 을이 원고가 임차인이라는 사정을 알면서도 위와 같은 방법으로 원고로 하여금 점포를 사용·수익하지 못하게 한 것은 원고의 임차권을 침해하는 불법행위를 이룬다고 할 것이므로 피고 을은 원고에게 불법행위로 인한 손해배상의무가 있다고 할 경우, 피고 갑의 채무불이행책임과 피고 을의 불법행위책임은 동일한 사실관계에 기한 것으로 부진정연대채무관계에 있다.(대판 1994.11.11, 94다22446)

5. 이행보조자의 불법행위시 채무자의 면책여부 가사 이행보조자의 행위가 채권자에 대한 불법행위가 된다고 하더라도 채무자가 면책될 수는 없다.(대판 2008.2.15, 2005다69458)

6. 복이행보조자의 고의 · 과실에 대한 채무자의 책임 이행보조자가 채무의 이행을 위하여 제3자를 복이행보조자로서 사용하는 경우에도 채무자가 이를 승낙하였거나 적어도 묵시적으로 동의한 경우에는 채무자는 복이행보조자의 고의 · 과실에 관하여 민 391조에 의하여 책임을 진다.(대판 2011.5.26, 2011다1330)

7. 이행보조자의 의미 제391조의 이행보조자로서 피용자라 함은 채무자의 의사 관여 아래 그 채무의 이행행위에 속하는 활동을 하는 사람을 의미하므로, 채무자의 채권자에 대한 채무 이행행위에 속한다고 볼 수 없는 활동을 하는 사람은 이행보조자에 해당하지 않는다.(대판 2013.8.23, 2011다2142)

8. 제3자가 호의로 채무 이행행위를 한 경우 이행보조자로 볼 수 있는지 여부 이행보조자가 채무자와 계약 그 밖의 법률관계가 있어야 하는 것이 아니다. 제3자가 단순히 호의(好意)로 행위를 한 경우에도 그것이 채무자의 용인 아래 이루어지는 것이면 제3자는 이행보조자에 해당한다. 이행보조자의 활동이 일시적인지 계속적인지도 문제 되지 않는다.(대판 2018.2.13, 2017다275447)

第392條【履行遲滯 中의 損害賠償】 債務者는 自己에게 過失이 없는 境遇에도 그 履行遲滯 中에 생긴 損害를 賠償하여야 한다. 그러나 債務者가 履行期에 履行하여도 損害를 免할 수 없는 境遇에는 그러하지 아니하다.

▣ 이행지체(387), 손해배상(390 · 391 · 393－398)

1. 이행지체 중 불가항력 기타 사유로 인한 이행불능 채무자가 이행지체에 있는 동안 불가항력 기타 사유로 인하여 이행불능이 된 경우에 채무자는 이행지체에 있지 않았다 하더라도 필연적으로 손해가 발생하였을 것이라는 주장과 입증이 없는 한 그 손해배상책임을 면할 수 없다.(대판 1959.10.15, 4291민상803)

第393條【損害賠償의 範圍】 ① 債務不履行으로 因한 損害賠償은 通常의 損害를 그 限度로 한다.
② 特別한 事情으로 因한 損害는 債務者가 그 事情을 알았거나 알 수 있었을 때에 限하여 賠償의 責任이 있다.

▣ 배상액(396 · 398, 상137 · 148, 어45⑥, 수41⑥), 손해배상의 방법(394 · 398), 금전채무의 특칙(397), 배상액의 예정(398), 불법행위와 손해배상(750이하 · 398⑤ · 399 · 404－406)

▶ **통상손해**

1. 건물이 수선가능한 정도로 손괴되어 통상용법에 따른 사용이 불가능해진 경우 통상손해의 범위 건물이 화재로 인하여 수선 가능한 정도로 손괴되어 건물의 통상용법에 따른 사용이 불가능하게 되었다면 수선에 소요되는 상당한 기간 중 이를 사용하지 못함으로 인한 손해는 손괴로 인한 통상의 손해라 할 것이고, 또 이와 같은 손괴에 대하여 사회통념상 곧바로 수선에 착수할 수 없는 특별한 사정이 있는 경우에는 수선의 착수가 가능한 시점까지 이를 사용을 하지 못함으로 인한 손해 역시 통상의 손해라 할 것이다.(대판 2000.11.24, 2000다38718, 38725)

2. 임대인의 방해로 임대차가 종료된 경우 임차인의 통상손해의 범위 임대인의 방해행위로 임차인의 임대차 목적물에 대한 임차권에 기한 사용 · 수익이 사회통념상 불가능하게 됨으로써 임대인의 귀책사유에 의하여 임대인으로서의 의무가 이행불능되어 임대차계약이 종료되었다고 하는 경우에도, 임대인이나 제3자의 귀책사유로 그 임대차계약의 목적물이 멸실되어 임대인의 이행불능 등으로 임대차계약이 종료되는 경우와 마찬가지로, 임차인으로서는 임대인에 대하여 그 임대차보증금 반환청구권을 행사할 수 있고 그 이후의 차임 지급의무를 면하는 한편 다른 특별한 사정이 없는 한 그 임대차 목적물을 대신할 다른 목적물을 마련하기 위하여 합리적으로 필요한 기간 동안 그 목적물을 이용하여 영업을 계속하였더라면 얻을 수 있었던 이익, 즉 휴업손해를 그에 대한 증명이 가능한 한 통상의 손해로서 배상을 받을 수 있을 뿐이며(그 밖에 다른 대체 건물로 이전하는 데에 필요한 부동산중개료, 이사비용 등은 별론으로 한다), 더 나아가 장래 그 목적물의 임대차기간 만료시까지 계속해서 그 목적물을 사용 · 수익할 수 없음으로 인한 일실수입 손해는 이를 별도의 손해로서 그 배상을 청구할 수 없다.(대판 2006.1.27, 2005다16591, 16607)

3. 수급인의 공사중단으로 인한 도급인의 통상손해의 범위 당초의 도급계약에서 공사가 진행되는 과정에서 물가변동 등의 사유가 있으면 처음에 정하여진 공사대금의 증액이 예정되어 있어서 비록 수급인의 귀책사유 때문에 공사가 중단되었다고 하더라도 그러한 공사중단과는 무관하게 물가변동으로 인한 공사대금의 증액사유가 발생하여 도급인으로서는 어차피 당초 약정된 공사대금을 증액 지급할 것을 회피할 수 없었던 경우라면, 그러한 공사대금의 증액으로 인하여 도급인에게 추가적인 경제적인 부담이 초래되었다고 하더라도 다른 특별한 사정이 없는 한 이를 가리켜 수급인의 귀책사유와 상당인과관계가 있는 손해라고 보기는 어렵다.(대판 2002.11.26, 2000다31885)

4. 이행불능 당시의 시가가 계약 당시의 시가보다 현저히 상승한 경우 이행불능 당시의 시가가 통상손해인지 여부(적극) 매매계약의 이행불능으로 인한 전보배상책임의 범위는 이행불능 당시의 매매목적물의 시가에 의하여야 하고 그와 같은 시가 상당액이 곧 통상의 손해라 할 것이고, 그 후 시가의 등귀는 채무자가 알거나 알 수 있었을 경우에 한하여 이를 특별사정으로 인한 손해로 보아 그 배상을 청구할 수 있는 것이므로 이행불능 당시의 시가가 계약 당시의 그것보다 현저하게 앙등되었다 할지라도 그 가격을 이른바 특별사정으로 인한 손해라고 볼 수 없다.(대판 1993.5.27, 92다20163)

5. 분양받은 아파트의 대지권이전등기의 이행이 장기간 지연됨으로 인한 통상손해 분양받은 아파트에 관하여 소유권이전등기절차의 이행이 장기간 지연되었다면 수분양자에게는 재산권을 완전히 행사하지 못하는 손해가 발생하였다고 볼 수 있다. 주위 부동산들의 거래상황 등에 비추어 볼 때 등기절차가 이행되지 않아 수분양자 등이 활용기회의 상실 등의 손해를 입었을 개연성이 인정된다면, 등기절차 지연으로 인한 통상손해가 발생하였다고 할 것이고, 이 손해가 특별한 사정으로 인한 손해라고 하더라도 예견가능성이 있다고 보아야 한다. 이러한 법리는 분양된 아파트에 관하여 전유부분에 대한 소유권이전등기절차만을 이행하고 그에 관한 대지권이전등기의 이행을 장기간 지연한 경우에도 마찬가지로 적용될 수 있다.(대판 2021.5.27, 2017다230963)

▶ **특별손해**

6. 특별사정으로 인한 손해배상의 경우 채무자가 그 사정을 알았거나 알 수 있었는지의 판단기준시점 민 393조 2항 소정의 특별사정으로 인한 손해배상에 있어서 채무자가 그 사정을 알았거나 알 수 있었는지를 가리는 시기는 계약체결당시가 아니라 채무의 이행기까지를 기준으로 판단하여야 한다.(대판 1985.9.10, 84다카1532)

7. 매수인이 매매잔금의 지급을 지체하는 동안 개별공시지가가 상승하여 증가한 매도인의 양도소득세 부담분이 통상손해인지 여부(소극) 매수인의 잔금지급지체로 인하여 계약을 해제하지 아니한 매도인이 지체된 기간 동안 입은 손해 중 그 미지급 잔금에 대한 법정이율에 따른 이자 상당의 금액은 통상손해라고 할 것이지만, 그 사이에 매매대상 토지의 개별공시지가가 급등하여 매도인의 양도소득세 부담이 늘었다고 하더라도 그 손해는 사회일반의 관념상 매매계약에서의 잔금지급의 이행지체의 경우 통상 발생하는 것으로

생각되는 범위의 통상손해라고 할 수 없고, 이는 특별한 사정에 의하여 발생한 손해에 해당한다.(대판 2006.4.13, 2005다75897)

8. 토지 매도인의 채무불이행으로 매수인의 신축건물철거 토지 매도인의 소유권이전등기의무가 이행불능상태에 이른 경우, 매도인이 매수인에게 배상하여야 할 통상의 손해배상액은 그 토지의 채무불이행당시의 교환가격이나, 만약 그 매도인이 매매 당시 매수인이 이를 매수하여 그 위에 건물을 신축할 것이라는 사정을 이미 알고 있었고 매도인의 채무불이행으로 인하여 매수인이 신축한 건물이 철거될 운명에 이르렀다면, 그 손해는 적어도 특별한 사정으로 인한 것이고, 나아가 매도인은 이러한 사정을 알고 있었으므로 위 손해를 배상할 의무가 있다.(대판 1992.8.14, 92다2028)

9. 일방의 부당계약파기로 인한 상대방의 제3자에 대한 손해배상 원고가 피고에게 커피원두를 매도하기로 하는 매매계약을 체결하고 그 이행을 위하여 소외인으로부터 커피원두를 매수하였으나 피고가 커피원두의 국제가격이 하락하자 계약을 일방적으로 파기함으로써 원고 역시 위 소외인과의 계약을 속행할 수 없게 되어 위 소외인에 대하여 커피원두 국제가격 하락분에 해당하는 액수의 손해배상금을 지급한 경우, 원고가 입은 동액의 손해는 이른바 특별한 사정으로 인한 손해로써 원고가 피고에게 그 배상을 청구하려면 피고가 그 채무불이행 당시 원고와 위 소외인 사이에 위 매매계약이 체결되어 있고 원고의 채무불이행으로 인하여 위 소외인에게 위와 같은 손해가 발생하여 원고가 그 손해를 배상하게 된다는 특별한 사정을 알았거나 알 수 있었어야 한다.(대판 1980.5.13, 80다130)

10. 채무불이행으로 인한 정신적 고통 일반적으로 임대차계약에 있어서 임대인의 채무불이행으로 인하여 임차인이 임차의 목적을 달할 수 없게 되어 손해가 발생한 경우, 이로 인하여 임차인이 받은 정신적 고통은 그 재산적 손해에 대한 배상이 이루어짐으로써 회복된다고 보아야 할 것이므로, 임차인이 재산적 손해의 배상만으로는 회복될 수 없는 정신적 고통을 입었다는 특별한 사정이 있고, 임대인이 이와 같은 사정을 알았거나 알 수 있었을 경우에 한하여 정신적 고통에 대한 위자료를 인정할 수 있다.(대판 1994.12.13, 93다59779)

11. 돈을 특수한 용도에 사용하여 얻을 수 있는 이자 상당액을 넘는 특별한 이득을 얻지 못함으로 인한 손해 돈을 이용하지 못함으로써 사회통념상 통상 생기는 것으로 인정되는 통상손해는 이용하지 못한 기간동안의 이자 상당액이라 할 것이고, 그 돈을 특수한 용도에 사용하여 이자 상당액을 넘는 특별한 이득을 보았을 것인데 이를 얻지 못하게 되었다는 사정은 이른바 특별사정으로서 그로 인한 손해를 배상받자면 가해자가 그 특별사정을 알거나 알 수 있었어야 할 경우에 한하는 것이다.(대판 1991.1.11, 90다카16006)

12. 채무불이행으로 인한 손해배상과 변호사 보수액 채무불이행으로 인한 손해배상의 범위를 정할 때에는 채무불이행과 손해 사이에 자연적 또는 사실적 인과관계가 존재하는 것만으로는 부족하고 상당인과관계가 있어야 한다. 따라서 채무자의 고의 또는 과실에 의하여 자신의 권리를 침해받은 채권자가 자신의 권리 보호를 위하여 부득이하게 외국에서 소송을 제기하고 그와 관련하여 변호사 비용을 지출할 수밖에 없었다고 하더라도 채권자가 지출한 변호사 보수 전액이 곧바로 상당인과관계가 있는 손해에 해당한다고 볼 수는 없고 상당한 범위 내의 변호사 보수액만을 상당인과관계가 있는 손해로 보아야 한다.(대판 2012.1.27, 2010다81315)

▶손해배상액 산정

13. 이행불능으로 인한 손해배상액 산정 기준시점 채무자의 부동산에 관한 소유권이전등기 의무가 이행불능으로 된 경우, 그 손해배상액은 원칙적으로 이행불능 당시의 목적물의 시가에 의하여야 하고, 그 후 목적물의 시가가 등귀하였다고 하더라도 그로 인한 손해는 특별한 사정에 인한 것이어서 채무자가 이행불능 당시 그와 같은 특별한 사정을 알았거나 알 수 있었을 경우에 한하여 그 등귀한 가격에 의한 손해배상을 청구할 수 있다.(대판 1995.10.13, 95다22337)

14. 이행지체로 인한 손해배상액 산정 기준시점 이행지체에 의한 전보배상 청구에 있어서는 다른 특별한 사정이 없는 한, 채권자는 채무자에게 상당한 기간을 정하여 그 본래의 의무 이행을 최고하고 그 이행이 없는 경우에 그 본래 의무의 이행에 대신하는 전보배상을 청구할 수 있고, 그 전보배상에 있어서의 손해액 산정의 표준 시기는 원칙적으로 최고하였던 '상당한 기간'이 경과한 당시의 시가에 의하여야 한다.(대판 1997.12.26, 97다24542)

15. 이행지체 중 이행불능시 전보배상액의 산정 기준시점 이행지체 중에 있는 본래의 급부에 대신하는 전보배상의 액은 통상, 사실심변론종결시의 그 시가에 따라 산정하여야 한다.(대판 1969.5.13, 68다1726)

16. 구체적 손해액 증명이 어려운 경우 손해액 판단기준 채무불이행으로 인한 손해배상액의 청구에 있어서 손해의 발생 사실과 그 손해를 금전적으로 평가한 배상액에 관하여는 손해배상을 구하는 채권자가 주장·입증하여야 하는 것이므로, 채권자가 손해배상책임의 발생 원인 사실에 관하여는 주장·입증을 하였더라도 손해의 발생 사실에 관한 주장·입증을 하지 아니하였다면 변론주의의 원칙상 법원은 당사자가 주장하지 아니한 손해의 발생 사실을 기초로 하여 손해액을 산정할 수는 없다.(대판 2000.2.11, 99다49644)

17. 구체적 손해액을 증명하는 것이 매우 어려운 경우 민소 202조의2의 적용과 법원이 취해야 할 조치 민소 202조의2는 특별한 정함이 없는 한 채무불이행이나 불법행위로 인한 손해배상뿐만 아니라 특별법에 따른 손해배상에도 적용되는 일반적 성격의 규정이다. 손해가 발생한 사실이 인정되나 구체적인 손해의 액수를 증명하는 것이 매우 어려운 경우에는 법원은 손해배상청구를 쉽사리 배척해서는 안 되고, 적극적으로 석명권을 행사하여 증명을 촉구하는 등으로 구체적인 손해액에 관하여 심리하여야 한다. 그 후에도 구체적인 손해액을 알 수 없다면 손해액 산정의 근거가 되는 간접사실을 종합하여 손해액을 인정할 수 있다.(대판 2020.3.26, 2018다301336)

18. 채무불이행으로 인한 재산적 손해액 판단 방법 채무불이행으로 인한 손해배상 청구소송에서 재산적 손해의 발생사실이 인정되나 구체적인 손해의 액수를 입증하는 것이 사안의 성질상 곤란한 경우, 법원은 증거조사의 결과와 변론전체의 취지에 의하여 밝혀진 당사자들 사이의 관계, 채무불이행과 그로 인한 재산적 손해가 발생하게 된 경위, 손해의 성격, 손해가 발생한 이후의 제반 정황 등 관련된 모든 간접사실들을 종합하여 상당인과관계 있는 손해의 범위인 수액을 판단할 수 있으므로, 소유권이전등기절차의 이행이 장기간 지연됨으로써 발생한 재산상 손해 역시 그 구체적 손해액을 객관적인 자료를 토대로 하여 계산하는 것이 어려울 경우에는 사실심법원이 제반 경위를 참작하여 이를 정할 수 있다.(대판 2008.12.24, 2006다25745)

19. 낙찰자 선정 후 본계약 체결 불응에 따른 손해배상의 범위 및 손해액의 산정방법 ① 공사도급계약의 도급인이 될 자가 수급인을 선정하기 위해 입찰절차를 거쳐 낙찰자를 결정한 경우 입찰을 실시한 자와 낙찰자 사이에는 도급계약의 본계약 체결의무를 내용으로 하는 예약의 계약관계가 성립한다. 입찰을 실시한 자가 정당한 이유 없이 본계약 체결을 거절하는 경우 낙찰자는 예약채무불이행으로 인한 통상의 손해를 한도로 손해배상을 청구할 수 있고, 낙찰자가 본계약의 체결 및 이행을 통하여 얻을 수 있었던 이익, 즉 이행이익 상실의 손해가 이에 해당한다. ② 낙찰자의 이행이익은 본계약에 따라 지급받을 수 있었던 급부인 낙찰금액이나, 본

계약의 체결과 이행에 이르지 않음으로써 낙찰자가 지출을 면하게 된 직·간접적 비용은 배상받을 손해액에서 공제되어야 한다.(대판 2011.11.10, 2011다41659)

20. 손익상계 채무불이행과 인과관계 있는 손해는 채무이행이 있음으로 인하여 얻을 수 있는 이익금에서 반대급부채무를 면한 이익을 공제한 것이라 할 것이다.(대판 1969.11.25, 69다887)

▶ **손해배상채권의 소멸시효 기산점**

21. 이행불능으로 인한 손해배상채권의 소멸시효의 기산점 (대판 1990.11.9, 90다카22513) → 제166조 참조

第394條【損害賠償의 方法】 다른 意思表示가 없으면 損害는 金錢으로 賠償한다.

▣ 손해배상(392·393·395-398), 불법행위와 손해배상의 방법(763·764), 특칙(광업77)

第395條【履行遲滯와 塡補賠償】 債務者가 債務의 履行을 遲滯한 境遇에 債權者가 相當한 期間을 定하여 履行을 催告하여도 그 期間內에 履行하지 아니하거나 遲滯後의 履行이 債權者에게 利益이 없는 때에는 債權者는 受領을 拒絶하고 履行에 갈음한 損害賠償을 請求할 수 있다. (2014.12.30 본조개정)

▣ 이행지체(387), 채무이행의 준칙(2①·460), 손해배상(392-394·396·398)

1. 수익자의 원상회복으로 대체물인도의무 불이행과 전보배상 가부 수익자가 사해행위취소 소송의 확정판결에 따른 원상회복으로 대체물 인도의무를 이행하지 않았다는 이유만으로 취소채권자가 수익자를 상대로 민 395조에 따라 이행지체로 인한 전보배상을 구할 수는 없다. 다만 수익자의 대체물 인도의무에 대한 강제집행이 불가능하거나 현저히 곤란하다고 평가할 수 있는 경우에는 전보배상을 구할 수 있다.(대판 2024.2.15, 2019다238640)

第396條【過失相計】 債務不履行에 關하여 債權者에게 過失이 있는 때에는 法院은 損害賠償의 責任 및 그 金額을 定함에 이를 參酌하여야 한다.

▣ 본조준용(763), 손해배상의 범위(393)

▶ **과실상계 일반**

1. 과실상계에서의 '과실'의 의미 및 과실상계 사유의 유무와 정도에 대한 판단의 방법 및 한계 민법상 과실상계 제도는 채권자가 신의칙상 요구되는 주의를 다하지 아니한 경우 공평의 원칙에 따라 손해배상액을 산정함에 있어서 채권자의 그와 같은 부주의를 참작하게 하려는 것이므로 사회통념상 혹은 신의칙상 혹은 공동생활상 요구되는 약한 부주의로 말미암아 손해가 발생하거나 확대된 원인을 이루었다면 채권자에게 과실이 있는 것으로 보아 과실상계를 할 수 있고, 채무불이행으로 인한 손해배상책임의 범위를 정함에 있어서의 과실상계 사유의 유무와 정도는 개별 사례에서 문제된 계약의 체결 및 이행 경위와 당사자 쌍방의 잘못을 비교하여 종합적으로 판단하여야 하며, 이 때에 과실상계 사유에 관한 사실인정이나 그 비율을 정하는 것은 그것이 형평의 원칙에 비추어 현저히 불합리한 것이 아닌 한 사실심의 전권사항이라고 할 수 있다.(대판 2000.6.13, 98다35389)

2. 과실과 채무불이행으로 인한 손해의 발생 내지 확대 사이에 상당인과관계 요부(적극) 오토바이는 그 자체가 일반 자동차에 비하여 더 큰 위험을 수반한다 할 것이며 더구나 뒤에 동승자가 있을 경우에는 핸들 조작이 어려워지고 사소한 장애에 대처하기도 더 어렵게 되어 사고가 쉽게 발생하리라는 것이 경험칙상 명백하므로 오토바이 운전자가 사고 당시 오토바이에 정원을 초과하여 두 사람을 뒷자리에 태워 운행하였다면 그 잘못이 손해의 발생 또는 확대와 상당인과관계가 없다고 단정하기는 어렵고, 아울러 동승자에게도 그가 오토바이에 동승함으로써 정원을 초과하게 한 원인을 제공한 잘못이 없다고 할 수 없으니 이러한 그의 잘못 역시 손해배상책임의 범위를 정함에 있어 참작되어야만 한다.(대판 1994.5.24, 93다57407)

3. 피해자측 과실이론 차량사고에 있어 운전자의 과실을 피해자측의 과실로 보아 동승자에 대하여 과실상계를 하기 위하여는, 그 차량 운전자가 동승자와 신분상 또는 생활관계상 일체를 이루고 있어 운전자의 과실을 동승자에 대한 과실상계 사유로 삼는 것이 공평의 원칙에 합치한다는 구체적인 사정이 전제가 되어야 한다. 다방 종업원이 차배달을 목적으로 다방 주인이 운전하는 차량에 동승하였다가 사고를 당한 경우 다방 주인의 과실을 피해자측 과실로 인정할 수 없다.(대판 1998.8.21, 98다23232)

4. 하자담보책임과 과실상계 민 581조, 580조에 기한 매도인의 하자담보책임은 법이 특별히 인정한 무과실책임으로서 여기에 민 396조의 과실상계 규정이 준용될 수는 없다 하더라도, 담보책임이 민법의 지도이념인 공평의 원칙에 입각한 것인 이상 하자 발생 및 그 확대에 가공한 매수인의 잘못을 참작하여 손해배상의 범위를 정함이 상당하다.(대판 1995.6.30, 94다23920)

5. 채권자의 과실에 터 잡은 채무자의 과실상계 주장 채권자에게도 채무불이행에 관한 과실이 있다면 특별한 사정이 없는 한 법원으로서는 채무자의 손해배상책임의 범위를 정함에 있어 이를 참작하여야 할 것이지만, 예외적으로 고의에 의한 채무불이행으로서 채무자가 계약체결 당시 채권자가 계약내용의 중요부분에 관하여 착오에 빠진 사실을 알면서도 이를 이용하거나 이에 적극 편승하여 계약을 체결하고 그 결과 채무자가 부당한 이익을 취득하게 되는 경우 등과 같이 공평의 이념이나 신의칙에 반하는 경우에는 채무자의 과실상계 주장을 허용하여서는 안 될 것이다.(대판 2008.5.15, 2007다88644)

6. 일부청구의 경우 과실상계 방법 1개의 손해배상청구권 중 일부가 소송상 청구되어 있는 경우에 과실상계를 함에 있어서는 손해의 전액에서 과실비율에 의한 감액을 하고 그 잔액이 청구권을 초과하지 않을 경우에는 그 잔액을 인용할 것이고, 잔액이 청구권을 초과할 경우에는 청구액의 전액을 인용하는 것으로 해석하여야 한다.(대판 1977.2.8, 76다2113)

7. 손해배상액 산정시 과실상계 및 손익상계를 하는 순서 손해발생으로 인하여 피해자에게 이득이 생기고, 한편 그 손해발생에 피해자의 과실이 경합되어 과실상계를 하여야 할 경우에는 먼저 산정된 손해액에다 과실상계를 한 후에 위 이득을 공제하여야 한다.(대판 1981.6.9, 80다3277)

8. 손해배상 예정액의 감액과 과실상계의 관계 지체상금이 손해배상의 예정으로 인정되어 이를 감액함에 있어서는 채무자가 계약을 위반한 경위 등 제반사정이 참작되므로 손해배상액의 감경에 앞서 채권자의 과실 등을 들어 따로 감경할 필요는 없다.(대판 2002.1.25, 99다57126)

9. 과실상계 또는 책임제한에 관한 사실인정이나 비율을 정하는 기준 및 이때 가해자의 손해배상책임을 면제할 수 있는지 여부(원칙적 소극) 과실상계 또는 책임제한에 관한 사실인정이나 비율을 정하는 것이 사실심의 전권사항이라고 하더라도, 그것이 형평의 원칙에 비추어 불합리해서는 안 되며, 특히 가해자의 손해배상책임을 면제하는 것은 실질적으로 가해자의 손해배상책임을 부정하는 것과 다름이 없으므로, 불법행위로 인한 피해자의 손해가 실질적으로 전부 회복되었다거나 손해를 전적으로 피해자에게 부담시키는 것이 합리적이라고 볼 수 있는 등의 특별한 사정이 없는 한 가해자의 책임을 함부로 면제해서는 안 된다.(대판 2014.11.27, 2011다68357)

▶본래의 급부를 청구하는 경우 과실상계 비적용

10. 표현대리의 경우 과실상계의 유추적용 가부(소극) 표현대리 행위가 성립하는 경우에 그 본인은 표현대리 행위에 의하여 전적인 책임을 져야 하고, 상대방에게 과실이 있다고 하더라도 과실상계의 법리를 유추 적용하여 본인의 책임을 경감할 수 없다.(대판 1996.7.12, 95다49554)

11. 채권자가 보증채무의 이행을 청구하는 경우 과실상계의 가부(소극) 채권자의 청구가 연대보증인에 대하여 그 보증채무의 이행을 구하고 있음이 명백한 경우에는, 손해배상 책임의 유무 또는 배상의 범위를 정함에 있어 채권자의 과실이 참작되는 과실상계의 법리는 적용될 여지가 없다.(대판 1996.2.23, 95다49141)

12. 계약 해제에 따른 원상회복의무의 이행에 과실상계가 적용되는지 여부(소극) 과실상계는 본래 채무불이행 또는 불법행위로 인한 손해배상책임에 대하여 인정되는 것이고, 매매계약이 해제되어 소급적으로 효력을 잃은 결과 매매당사자에게 당해 계약에 기한 급부가 없었던 것과 동일한 재산상태를 회복시키기 위한 원상회복의무의 이행으로서 이미 지급한 매매대금 기타의 급부의 반환을 구하는 경우에는 적용되지 아니한다. 그리고 계약의 해제로 인한 원상회복청구권에 대하여 해제자가 그 해제의 원인이 된 채무불이행에 관하여 '원인'의 일부를 제공하였다는 등의 사유를 내세워 신의칙 또는 공평의 원칙에 기하여 일반적으로 손해배상에 있어서의 과실상계에 준하여 그 권리의 내용이 제한될 수 있다고 하는 것은 허용되어서는 아니된다.(대판 2014.3.13, 2013다34143)

第397條【金錢債務不履行에 對한 特則】 ① 金錢債務不履行의 損害賠償額은 法定利率에 依한다. 그러나 法令의 制限에 違反하지 아니한 約定利率이 있으면 그 利率에 依한다.

② 前項의 損害賠償에 關하여는 債權者는 損害의 證明을 要하지 아니하고 債務者는 過失없음을 抗辯하지 못한다.

▣ 손해배상액(393), 금전채무(376-378), 채무불이행(390), 법정이율(379, 상54), 위약금(398④), 배상액의 예정(398), 특칙(685 · 705 · 958②, 상196 · 269)

1. 손해 발생의 주장책임까지 면제되는지 여부(소극) 금전채무 불이행에 관한 특칙을 규정한 민 397조는 그 이행지체가 있으면 지연이자 부분만큼의 손해가 있는 것으로 의제하려는 데에 그 취지가 있는 것이므로 지연이자를 청구하는 채권자는 그 만큼의 손해가 있었다는 것을 증명할 필요가 없는 것이나, 그렇다고 하더라도 채권자가 금전채무의 불이행을 원인으로 손해배상을 구할 때에 지연이자 상당의 손해가 발생하였다는 취지의 주장은 하여야 하는 것이지 주장조차 하지 아니하여 그 손해를 청구하고 있다고 볼 수 없는 경우까지 지연이자 부분만큼의 손해를 인용해 줄 수는 없는 것이다.(대판 2000.2.11, 99다49644)

2. 법정이율보다 낮은 비율에 의한 이자율을 인정하기 위한 요건 금전채무의 불이행으로 인한 손해배상액은 달리 특별한 사정이 없는 한 민법 소정의 법정이율인 연 5푼의 비율에 의한 금원이라 할 것이고, 다만 그와 다른 이자율의 약정이 있거나 지연손해금률의 약정이 있는 경우에 한하여 그 별도의 약정에 따른 손해배상액을 인정할 수 있다 할 것인데, 이와 같이 별도의 약정이 있음을 이유로 하여 법정이율보다도 낮은 비율에 의한 지연손해금을 인정하기 위하여는 법정이율보다 낮은 이자율 또는 지연손해금률의 약정이 있다는 점에 관하여 당사자 사이에 다툼이 없거나 증거에 의하여 적극적으로 인정되는 사정이 존재하여야 할 것이고, 피고가 법정이자율보다 낮은 비율에 의한 이자율 또는 지연손해금률의 약정이 있음을 자인한다 하여 그에 따른 금원의 지급을 명할 수는 없다.(대판 1995.10.12, 95다26797)

3. 금전채무불이행의 약정이율이 법정이율보다 낮은 경우 법정이율에 의한 지연손해금 인정 여부(적극) 민 397조 1항 단서규정은 약정이율이 법정이율 이상인 경우에만 적용되고, 약정이율이 법정이율보다 낮은 경우에는 그 본문으로 돌아가 법정이율에 의하여 지연손해금을 정할 것이다. 우선 금전채무에 관하여 아예 이자약정이 없어서 이자청구를 전혀 할 수 없는 경우에도 채무자의 이행지체로 인한 지연손해금은 법정이율에 의하여 청구할 수 있으므로, 이자를 조금이라도 청구할 수 있었던 경우에는 더욱이나 법정이율에 의한 지연손해금을 청구할 수 있다고 하여야 한다.(대판 2009.12.24, 2009다85342)

4. 이자부 소비대차에서 이자약정이 없는 변제기 후의 지연손해금(=약정이율) 소비대차에서 변제기 후의 이자약정이 없는 경우 특별한 의사표시가 없는 한 변제기가 지난 후에도 당초의 약정이자를 지급하기로 한 것으로 보는 것이 당사자의 의사이다.(대판 1981.9.8, 80다2649)

5. 국가가 확정된 형사보상금의 지급을 지체하는 경우 형사보상 청구인은 형사보상법에서 정한 절차에 따라 무죄판결을 선고한 법원으로부터 보상결정을 받아 그 법원에 대응하는 검찰청에 보상금 지급청구서를 제출하면서 보상금의 지급을 청구할 수 있다. 이러한 경우 국가가 청구인에 대한 보상금의 지급을 지체한다면, 금전채무를 불이행한 것으로 보아 국가는 청구인에게 미지급 보상금에 대한 지급 청구일 다음 날부터 민 397조에 따라 지연손해금을 가산하여 지급하여야 한다.(대판 2017.5.30, 2015다223411)

第398條【賠償額의 豫定】 ① 當事者는 債務不履行에 關한 損害賠償額을 豫定할 수 있다.

② 損害賠償의 豫定額이 不當히 過多한 境遇에는 法院은 適當히 減額할 수 있다.

③ 損害賠償額의 豫定은 履行의 請求나 契約의 解除에 影響을 미치지 아니한다.

④ 違約金의 約定은 損害賠償額의 豫定으로 推定한다.

⑤ 當事者가 金錢이 아닌 것으로써 損害의 賠償에 充當할 것을 豫定한 境遇에도 前4項의 規定을 準用한다.

▣ 위약금, 배상예정의 금지(근로20), 손해배상의 범위(393 · 397), 손해배상의 방법(394), 이행의 청구(389), 해제(543이하), 위약금의 담보(334 · 429②)

▶손해배상액 예정 일반

1. 민 398조의 규정취지 민 398조에서 손해배상액의 예정에 관하여 규정한 목적은 손해의 발생사실과 손해액에 대한 입증의 곤란을 덜고 분쟁의 발생을 미리 방지하여 법률관계를 쉽게 해결할 뿐 아니라 채무자에게 심리적 경고를 함으로써 채무의 이행을 확보하려는 것이고, 한편 2항에 규정된 손해배상 예정액의 감액 제도는 국가가 계약 당사자들 사이의 실질적 불평등을 제거하고 공정을 보장하기 위하여 계약의 내용에 간섭한다는 데에 그 취지가 있다.(대판 1993.4.23, 92다41719)

2. 현실적인 손해발생에 대한 증명이 필요한지 여부(소극) 채무불이행으로 인한 손해배상액의 예정이 있는 경우에는 채권자는 채무불이행 사실만 증명하면 손해의 발생 및 그 액을 증명하지 아니하고 예정배상액을 청구할 수 있다.(대판 2000.12.8, 2000다50350)

3. 채무자가 자신에게 귀책사유가 없음을 주장 · 증명함으로써 지급책임을 면하는지 여부(적극) **및 채무자의 귀책사유를 묻지 않기로 하는 약정의 존재 여부에 대한 판단기준** 채무자는 채권자와 채무불이행에 있어 채무자의 귀책사유를

묻지 아니한다는 약정을 하지 아니한 이상 자신의 귀책사유가 없음을 주장·입증함으로써 예정배상액의 지급책임을 면할 수 있다. 그리고 채무자의 귀책사유를 묻지 아니한다는 약정의 존재 여부는 근본적으로 당사자 사이의 의사해석의 문제로서, 당사자 사이의 약정 내용과 그 약정이 이루어지게 된 동기 및 경위, 당사자가 그 약정에 의하여 달성하려고 하는 목적과 진정한 의사, 거래의 관행 등을 종합적으로 고찰하여 합리적으로 해석하여야 하지만, 당사자의 통상의 의사는 채무자의 귀책사유로 인한 채무불이행에 대해서만 손해배상액을 예정한 것으로 봄이 상당하므로, 채무자의 귀책사유를 묻지 않기로 하는 약정의 존재는 엄격하게 제한하여 인정하여야 한다.(대판 2007.12.27, 2006다9408)

4. 위약금의 법적 성질 판단 방법 위약금의 법적 성격을 판단할 때에는 계약을 체결할 당시 위약금과 관련하여 사용하고 있는 명칭이나 문구뿐만 아니라 계약 당사자의 경제적 지위, 계약 체결의 경위와 내용, 위약금 약정을 하게 된 경위와 그 교섭 과정, 당사자가 위약금을 약정한 주된 목적, 위약금을 통해 그 이행을 담보하려는 의무의 성격, 채무불이행이 발생한 경우에 위약금 이외에 별도로 손해배상을 청구할 수 있는지 여부, 위약금액의 규모나 전체 채무액에 대한 위약금액의 비율, 채무불이행으로 발생할 것으로 예상되는 손해액의 크기, 그 당시의 거래관행 등 여러 사정을 종합적으로 고려하여 합리적으로 판단하여야 한다.(대판 2020.11.12, 2017다275270)

5. 편면적 지연손해금 약정 분양계약서에서 수분양자인 갑의 분양대금 납입 지체에 따른 지연손해금의 납부책임과 금액만을 규정하고 분양자이자 매도인인 을 주식회사 등의 이행지체에 따른 지체상금에 관하여는 아무런 규정을 두지 않은 경우, 수분양자의 분양대금 납입 지체에 적용되는 지연손해금 조항이 당연히 매도인에게도 적용되어 동일한 내용의 지체상금 조항이 있는 것으로 간주될 수는 없으므로, 갑은 을 회사에 대하여 손해배상액의 예정으로서 지체상금의 지급을 구할 수는 없고 을 회사의 채무불이행으로 인하여 실제로 입은 손해만을 민 393조 등에서 정한 바에 따라 배상받을 수 있을 뿐이다.(대판 2012.3.29, 2010다590)

6. 특별한 사정으로 인한 손해배상청구 가부(소극) 당사자 사이의 채무불이행에 관하여 손해배상액을 예정한 경우에 채권자는 통상의 손해뿐만 아니라 특별한 사정으로 인한 손해에 관하여도 예정된 배상액만을 청구할 수 있고 특약이 없는 한 예정액을 초과한 배상액을 청구할 수는 없다.(대판 1988.9.27, 86다카2375)

7. 손해배상액 예정이 불법행위에도 적용되는지 여부(소극) 계약 당시 당사자 사이에 손해배상액을 예정하는 내용의 약정이 있는 경우에는 그것은 계약상의 채무불이행으로 인한 손해액에 관한 것이고 이를 그 계약과 관련된 불법행위상의 손해까지 예정한 것이라고는 볼 수 없다. 토지매매계약이 매수인의 잔대금지급채무의 불이행을 이유로 해제된 다음 매도인이 매수인 등을 상대로 위 토지 상의 건물철거 및 대지인도의 소를 제기하여 승소판결을 받고 그 판결이 확정되었음에도 매수인 등이 이를 이행하지 않아 매도인이 위 토지를 사용·수익하지 못하게 됨으로써 입은 차임 상당의 손해는 위 매매계약이 해제된 후의 별도의 불법행위를 원인으로 하는 것으로서 계약 당시 수수된 손해배상예정액으로 전보되는 것이 아니다.(대판 1999.1.15, 98다48033)

8. 무권대리인이 상대방에게 채무불이행에 따른 손해를 배상할 책임을 지는 경우에도 손해배상액의 예정에 관한 민 398조가 적용되는지 여부 무권대리인이 계약에서 정한 채무를 이행하지 않으면 상대방에게 채무불이행에 따른 손해를 배상할 책임을 진다. 위 계약에서 채무불이행에 대비하여 손해배상액의 예정에 관한 조항을 둔 때에는 특별한 사정이 없는 한 무권대리인은 조항에서 정한 바에 따라 산정한 손해액을 지급하여야 한다. 이 경우에도 손해배상액의 예정에 관한 민 398조가 적용됨은 물론이다.(대판 2018.6.28, 2018다210775)

9. 채권자가 채무불이행을 이유로 계약을 해제하거나 해지한 경우, 채무불이행으로 인한 전보배상에 관한 손해배상액의 예정이 실효되는지 여부(원칙적 소극) 민 398조 1항, 3항, 551조의 문언·내용과 계약당사자의 일반적인 의사 등을 고려하면, 계약당사자가 채무불이행으로 인한 전보배상에 관하여 손해배상액을 예정한 경우에 채권자가 채무불이행을 이유로 계약을 해제하거나 해지하더라도 원칙적으로 손해배상액의 예정은 실효되지 않고, 전보배상에 관하여 특별한 사정이 없는 한 손해배상액의 예정에 따라 배상액을 정해야 한다. 다만 위와 같은 손해배상액의 예정이 계약의 유지를 전제로 정해진 약정이라는 등의 사정이 있는 경우에 채무불이행을 이유로 계약을 해제하거나 해지하면 손해배상액의 예정도 실효될 수 있다. 이때 손해배상액의 예정이 실효된다고 볼 특별한 사정이 있는지는 약정 내용, 약정이 이루어지게 된 동기와 경위, 당사자가 이로써 달성하려는 목적, 거래의 관행 등을 종합적으로 고려하여 당사자의 의사를 합리적으로 해석하여 판단해야 한다.(대판 2022.4.14, 2019다292736, 292743)

▸손해배상액 예정에 해당하는 사례

10. 도급에서 계약보증금 약정 도급계약서 및 그 계약내용에 편입된 약관에 수급인의 귀책사유로 인하여 계약이 해제된 경우에는 계약보증금이 도급인에게 귀속한다는 조항이 있을 때 이 계약보증금이 손해배상액의 예정인지 위약벌인지는 도급계약서 및 위 약관 등을 종합하여 구체적 사건에서 개별적으로 결정할 의사해석의 문제이고, 위약금은 민 398조 4항에 의하여 손해배상액의 예정으로 추정되므로 위약금이 위약벌로 해석되기 위하여는 특별한 사정이 주장·입증되어야 하는바, 당사자 사이의 도급계약서에 계약보증금 외에 지체상금도 규정되어 있다는 점만을 이유로 하여 계약보증금을 위약벌로 보기는 어렵다.(대판 2000.12.8, 2000다35771)

11. 도급에서 계약보증금 및 초과 손해 배상 약정 하도급계약에서 하수급인의 귀책사유로 계약이 해제 또는 해지될 경우 그로 인하여 하도급인이 입은 손해 중 계약보증금 범위 내의 손해는 계약보증금의 몰취로써 그 배상에 갈음하고 이를 초과하는 손해가 있으면 그에 대하여 하수급인이 손해배상책임을 진다는 약정이 있는 경우, 계약보증금은 민 398조 4항의 추정에 의해 손해배상액의 예정으로서의 성질을 가지되, 다만 하수급인이 배상할 손해액이 이를 초과하는 경우에는 단순한 손해담보로서의 성질을 갖는다.(대판 2001.1.19, 2000다42632)

12. 도급에서 하자보수보증금 약정 도급계약서 또는 그 계약내용에 편입된 약관에 수급인이 하자담보책임 기간 중 도급인으로부터 하자보수요구를 받고 이에 불응한 경우 하자보수보증금은 도급인에게 귀속한다는 조항이 있을 때 이 하자보수보증금은 특별한 사정이 없는 한 손해배상액의 예정으로 볼 것이고, 다만 하자보수보증금의 특성상 실손해가 하자보수보증금을 초과하는 경우에는 그 초과액의 손해배상을 구할 수 있다는 명시 규정이 없다고 하더라도 도급인은 수급인의 하자보수의무 불이행을 이유로 하자보수보증금의 몰취 외에 그 실손해액을 입증하여 수급인으로부터 그 초과액 상당의 손해배상을 받을 수도 있는 특수한 손해배상액의 예정으로 봄이 상당하다.(대판 2002.7.12, 2000다17810)

13. 위약금 약정과 실손해배상청구 가부(소극) 매매당사자가 계약금으로 수수한 금액에 관하여 매수인이 위약하면 이를 무효로 하고 매도인이 위약하면 그 배액을 상환하기로 하는 뜻의 약정을 한 경우에 있어서 그 위약금의 약정은 민 398조 4항이 정한 손해배상의 예정으로 추정되는 것이고, 이와 같은 약정이 있는 경우에는 채무자에게 채무불이행이 있

으면 채권자는 실제손해액을 증명할 필요없이 그 예정액을 청구할 수 있는 반면에 실제손해액이 예정액을 초과하더라도 그 초과액을 청구할 수 없다.(대판 1988.5.10, 87다카3101)

14. 잔금 지급기일 위반시 계약금 및 중도금 포기 약정 매수인이 당초 약정된 잔금 지급기일까지 잔금을 지급하지 못하여 그 지급독촉을 받아 오다가, 매도인과의 사이에 그 잔금의 지급기일을 연기받는 한편 그 기일의 준수를 다짐하면서 만일 그 연기된 날까지 잔금을 지급하지 아니하면 매매계약을 해제하여 무효로 함과 아울러 매도인에게 이미 지급한 계약금 및 중도금에 대한 반환청구권을 포기 내지 상실키로 하는 약정을 한 경우, 그 포기 약정을 손해배상액의 예정으로 보아 그 예정액이 부당히 과다하다면 이를 감액할 수 있다.(대판 1995.12.12, 95다40076)

▶ **손해배상액 예정에 해당하지 않는 사례**

15. 토지분양계약 해제시 계약보증금 몰취 약정 토지분양계약이 해제되었을 때에는 수분양자가 지급한 계약보증금이 분양자에게 귀속될 뿐만 아니라, 수분양자는 계약 해제로 인하여 분양자가 입은 손해에 대하여도 배상의무를 면하지 못하는 것으로 약정한 경우, 위 계약보증금의 몰취는 계약 해제로 인한 손해배상과는 별도의 성격을 가지는 것이라 할 것이고, 따라서 위 계약보증금 몰취 규정을 단순히 통상 매매계약에 있어서의 손해배상의 예정으로 보기는 어려우며, 수분양자가 계약 위반시 분양자에게 손해배상책임을 지는 것과는 별도로 이를 분양자에게 귀속시킴으로써 수분양자에게 제재를 가함과 동시에 수분양자의 계약이행을 간접적으로 강제하는 작용을 하는 이른바 위약벌의 성질을 가진 것이라고 봄이 상당하다.(대판 1999.3.26, 98다33260)

16. 계약금 유상계약을 체결함에 있어서 계약금 등 금원이 수수되었다고 하더라도 이를 위약금으로 하기로 하는 특약이 있는 경우에 한하여 민 398조 4항에 의하여 손해배상액의 예정으로서의 성질을 가진 것으로 볼 수 있을 뿐이고, 그와 같은 특약이 없는 경우에는 그 계약금 등을 손해배상액의 예정으로 볼 수 없다.(대판 1996.6.14, 95다11429)

▶ **손해배상의 예정액 감액**

17. 손해배상의 예정액을 민 398조 2항에 따라 감액하는 것과는 별도로 과실상계를 적용하여 감경할 필요가 있는지 여부(소극) (대판 2002.1.25, 99다57126) → 제396조 참조

18. 손해배상액 예정액이 부당히 과다한지 여부의 판단기준 및 판단시점 금전채무에 관하여 이행지체에 대비한 지연손해금 비율을 따로 약정한 경우에 이는 일종의 손해배상액의 예정으로서 민 398조 2항에 따라 손해배상의 예정액이 부당히 과다한 경우에는 법원이 이를 직권으로 감액할 수 있다. 여기서 '부당히 과다한 경우'라고 함은 채권자와 채무자의 각 지위, 계약의 목적 및 내용, 손해배상액을 예정한 동기, 채무액에 대한 예정액의 비율, 예상 손해액의 크기, 그 당시의 거래관행 등 모든 사정을 참작하여 일반 사회관념에 비추어 그 예정액의 지급이 경제적 약자의 지위에 있는 채무자에게 부당한 압박을 가하여 공정성을 잃는 결과를 초래한다고 인정되는 경우를 뜻하는 것으로 보아야 한다. 한편 위 규정의 적용에 따라 손해배상의 예정액이 부당하게 과다한지 및 그에 대한 적당한 감액의 범위를 판단하는 데 있어서는 법원이 구체적으로 그 판단을 하는 때 즉, 사실심의 변론종결 당시를 기준으로 하여 그 사이에 발생한 위와 같은 모든 사정을 종합적으로 고려하여야 할 것이며, 여기의 '손해배상의 예정액'이라 함은 문언상 배상비율 자체를 말하는 것이 아니라 그 비율에 따라 계산한 예정배상액의 총액을 의미한다고 해석하여야 한다.(대판 2000.7.28, 99다38637)

19. 법원이 손해배상의 예정액을 감액한 경우의 효력 법원이 손해배상의 예정액이 부당하게 과다하다고 하여 감액을 한 경우 손해배상액의 예정에 관한 약정 중 감액부분에 해당하는 부분은 처음부터 무효라고 할 것이다.(대판 1991.7.9, 91다11490)

20. 위약벌에 민 398조 2항 유추적용 가부(소극) 위약벌의 약정은 채무의 이행을 확보하기 위해서 정해지는 것으로서 손해배상의 예정과는 그 내용이 다르므로 손해배상의 예정에 관한 민 398조 2항을 유추적용하여 그 액을 감액할 수는 없으며, 다만 그 의무의 강제에 의하여 얻어지는 채권자의 이익에 비하여 약정된 벌이 과도하게 무거울 때에는 그 일부 또는 전부가 공서양속에 반하여 무효로 되는 것에 불과하다.(대판 2002.4.23, 2000다56976)

21. 위약벌에 민 398조 2항 유추적용을 부정하는 판례의 타당성 위약벌의 약정은 채무의 이행을 확보하기 위하여 정하는 것으로서 손해배상액의 예정과 그 내용이 다르므로 손해배상액의 예정에 관한 민 398조 2항을 유추적용하여 그 액을 감액할 수 없다. 위와 같은 현재의 판례는 타당하고 그대로 유지되어야 한다. 구체적인 이유는 다음과 같다. ① 민 398조 4항은 손해배상액의 예정 외에 그와 구별되는 다른 위약금의 약정이 존재함을 전제로 하고 있고, 2항은 위약금의 약정 중 손해배상액의 예정에 대해서만 법관의 재량에 의한 감액을 인정하고 있다. ② 위약벌은 채무의 이행을 확보하기 위해 정해지는 것으로서 손해배상액의 예정과는 그 기능이 본질적으로 다르다. ③ 위약벌 약정은 손해배상과 관계없이 의무 위반에 대한 제재벌로서 위반자가 그 상대방에게 지급하기로 자율적으로 약정한 것이므로 사적 자치의 원칙에 따라 계약당사자의 의사가 최대한 존중되어야 한다. ④ 대법원은 위약벌로 정한 금액이 공정하지 않은 경우 계약의 전부 또는 일부 무효 법리에 따라 위약벌을 통제하는 법리를 확립하여 공평을 기하고 있어 유추적용이 정당하다고 평가하기 어렵다.(대판(全) 2022.7.21, 2018다248855, 248862)

22. 위약금 약정이 손해배상액의 예정과 위약벌을 성격을 함께 가지는 경우 전체 금액을 기준으로 한 감액 가부(적극) **및 판단기준** 위약금 약정이 손해배상액의 예정과 위약벌의 성격을 함께 가지는 경우 특별한 사정이 없는 한 법원은 당사자의 주장이 없더라도 직권으로 민 398조 2항에 따라 위약금 전체 금액을 기준으로 감액할 수 있다. 이때 그 금액이 부당하게 과다한지는 채권자와 채무자의 각 지위, 계약의 목적과 내용, 위약금 약정을 한 동기와 경위, 계약 위반 과정, 채무액에 대한 위약금의 비율, 예상 손해액의 크기, 의무의 강제를 통해 얻는 채권자의 이익, 그 당시의 거래관행 등 모든 사정을 참작하여 일반 사회관념에 비추어 위약금의 지급이 채무자에게 부당한 압박을 가하여 공정성을 잃는 결과를 초래한다고 볼 수 있는지를 고려해서 판단해야 한다.(대판 2020.11.12, 2017다275270)

第399條【損害賠償者의 代位】 債權者가 그 債權의 目的인 物件 또는 權利의 價額全部를 損害賠償으로 받은 때에는 債務者는 그 物件 또는 權利에 關하여 當然히 債權者를 代位한다.

▣ 권리 이전과 대항요건(186－188 · 450－452 · 508 · 515 · 518 · 524 · 525)

1. 배상자 대위의 행사를 위해 별도의 절차가 필요한지 여부(소극) 민법상 손해배상자의 대위의 취지는 채권자가 채권의 목적이 되는 물건 또는 권리의 가격 전부를 손해배상으로 받아 그 만족을 얻었을 때에는 그 물건 또는 권리에 관한 권리는 법률상 당연히 채무자에게 이전되는 것이고 그에 관하여 채권자나 채무자의 양도 기타 어떤 특별한 행위를 필요로 하는 것이 아니다.(대판 1977.7.12, 76다408)

第400條【債權者遲滯】 債權者가 履行을 받을 수 없거나 받지 아니한 때에는 履行의 提供있는 때로부터 遲滯責任이 있다.

▣ 이행의 제공(460 · 461), 수령지체의 효과(461 · 473 · 487－491, 공탁 1 · 5)

1. 채권자지체 시 손해배상, 계약해제 가부(원칙적 소극) 민

400조 내지 403조, 538조 1항의 내용과 체계에 비추어 보면, 채권자지체가 성립하는 경우 그 효과로서 원칙적으로 채권자에게 민법 규정에 따른 일정한 책임이 인정되는 것 외에, 채무자가 채권자에 대하여 일반적인 채무불이행책임과 마찬가지로 손해배상이나 계약 해제를 주장할 수는 없다. 그러나 계약 당사자가 명시적·묵시적으로 채권자에게 급부를 수령할 의무 또는 채무자의 급부 이행에 협력할 의무가 있다고 약정한 경우, 또는 구체적 사안에서 신의칙상 채권자에게 위와 같은 수령의무나 협력의무가 있다고 볼 특별한 사정이 있다고 인정되는 경우에는 그러한 의무 위반에 대한 책임이 발생할 수 있다. 그 수령의무나 협력의무가 이행되지 않으면 계약 목적을 달성할 수 없거나 채무자에게 계약의 유지를 더 이상 기대할 수 없다고 볼 수 있는 때에는 채무자는 계약을 해제할 수 있다.(대판 2021.10.28, 2019다293036)

第401條【債權者遲滯와 債務者의 責任】 債權者遲滯 中에는 債務者는 故意 또는 重大한 過失이 없으면 不履行으로 因한 모든 責任이 없다.

▣ 채권자지체(400·422), 채무불이행의 책임(390)

1. 수령지체로 미반환된 임치물이 훼손된 경우 임치인의 책임 부정 상인이 그 영업범위내에서 물건의 임치를 받은 경우에는 보수를 받지 아니하는 때에도 선량한 관리자의 주의로 보관할 의무가 있으므로 이를 게을리하여 임치물이 멸실 또는 훼손된 경우에는 채무불이행으로 인한 손해배상책임을 면할 수 없으나, 다만 수치인이 적법하게 임치계약을 해지하고 임치인에게 임치물의 회수를 최고하였음에도 불구하고 임치인의 수령지체로 반환하지 못하고 있는 사이에 임치물이 멸실 또는 훼손된 경우에는 수치인에게 고의 또는 중대한 과실이 없는 한 채무불이행으로 인한 손해배상책임이 없다.(대판 1983.11.8, 83다카1476)

第402條【同前】 債權者遲滯 中에는 利子있는 債權이라도 債務者는 利子를 支給할 義務가 없다.

▣ 채권자지체(400·422), 이자있는 채권(379, 상54), 이행제공의 효과(461), 금전채무의 불이행(397)

第403條【債權者遲滯와 債權者의 責任】 債權者遲滯로 因하여 그 目的物의 保管 또는 辨濟의 費用이 增加된 때에는 그 增加額은 債權者의 負擔으로 한다.

▣ 채권자지체(400·422), 변제비용의 부담(473)

第404條【債權者代位權】 ① 債權者는 自己의 債權을 保全하기 爲하여 債務者의 權利를 行使할 수 있다. 그러나 一身에 專屬한 權利는 그러하지 아니하다.

② 債權者는 그 債權의 期限이 到來하기 前에는 法院의 許可없이 前項의 權利를 行使하지 못한다. 그러나 保全行爲는 그러하지 아니하다.

▣ 대위등기(등기28), 환매권의 대위행사(593), 대위권행사의 통지(405), 강제집행에 의한 추심(민집232), 재판상의 대위(비송45－52)

▸피보전채권의 존재

1. 채권자대위권을 행사함에 있어 채무자에 대한 채권이 제3채무자에게 대항할 수 있어야 하는지 여부(소극) 민 404조에서 규정하고 있는 채권자대위권은 채권자가 채무자에 대한 자기의 채권을 보전하기 위하여 필요한 경우에 채무자의 제3자에 대한 권리를 대위행사할 수 있는 권리를 말하는 것으로서, 이 때 보전되는 채권은 보전의 필요성이 인정되고 이행기가 도래한 것이면 족하고, 그 채권의 발생원인이 어떠하든 대위권을 행사함에는 아무런 방해가 되지 아니하며, 또한 채무자에 대한 채권이 제3채무자에게까지 대항할 수 있는 것임을 요하는 것도 아니다.(대판 2003.4.11, 2003다1250 등)

2. 피보전채권의 존재 여부가 법원의 직권조사사항인지 여부(적극) 채권자대위소송에서 대위에 의하여 보전될 채권자의 채무자에 대한 권리(피보전채권)가 존재하는지 여부는 소송요건으로서 법원의 직권조사사항이므로, 법원으로서는 그 판단의 기초자료인 사실과 증거를 직권으로 탐지할 의무까지는 없다 하더라도, 법원에 현출된 모든 소송자료를 통하여 살펴보아 피보전채권의 존부에 관하여 의심할 만한 사정이 발견되면 직권으로 추가적인 심리·조사를 통하여 그 존재 여부를 확인하여야 할 의무가 있다.(대판 2009.4.23, 2009다3234)

3. 피대위자인 채무자가 실존인물이 아니거나 사망한 사람인 경우 피대위자인 채무자가 실존인물이 아니거나 사망한 사람인 경우 역시 피보전채권인 채권자의 채무자에 대한 권리를 인정할 수 없는 경우에 해당하므로 그러한 채권자대위소송은 당사자적격이 없어 부적법하다.(대판 2021.7.21, 2020다300893)

4. 채권자의 소유권이전등기절차 이행청구권 보전 부동산매매에 있어서 매수인은 매도인에 대하여 갖는 소유권이전등기절차 이행청구권을 보전하기 위하여 매도인을 대위하여 매도인의 그 전매도인에 대한 소유권이전등기절차 이행청구권을 행사할 수 있다.(대판 1956.12.1, 4289민상343, 344)

5. 상속인의 한정승인 또는 상속포기가 없는 동안의 금전채권을 가진 채권자의 대위권 행사에 의한 상속등기의 허부(적극) 상속인 자신이 한정승인 또는 포기를 할 수 있는 기간 내에 상속등기를 한 때에는 상속의 단순승인으로 인정된 경우가 있을 것이나 상속등기가 상속재산에 대한 처분행위라고 볼 수 없으니 만큼 채무자에 대해 금전채권을 가진 채권자가 압류를 목적으로 상속인을 대위하여 상속등기를 하였다 하여 단순승인의 효력을 발생시킬 수 없고 상속인의 한정승인 또는 포기할 수 있는 권한에는 아무런 영향도 미치는 것이 아니므로 채권자의 대위권행사에 의한 상속등기를 거부할 수 없다.(대결 1964.4.3, 63마54)

6. 소유권이전등기 말소청구권 보전 종중원에게 명의신탁된 종중소유 부동산에 관하여 제3자 명의로 원인무효의 소유권이전등기가 경료된 경우에는 종중은 수탁자가 가지고 있는 소유권이전등기 말소등기절차이행 청구권을 대위행사할 수 있다.(대판 1965.11.23, 65다1669)

7. 대표이사라는 사실만으로 회사를 대위할 수 있는지 여부(소극) 특별한 사정이 없는 한 대표이사의 업무집행권등이나 주주의 주주권에 기하여는 회사가 제3자에 대하여 가지는 특정물에 관한 물권적 청구권이나 등기청구권을 대위행사할 수 없다.(대판 1978.4.25, 78다90)

8. 채무담보 목적으로 경료된 소유권이전등기의 말소청구권을 피보전채권으로 하는 경우 채무담보를 목적으로 소유권이전등기가 되어 있을 경우 채권자의 제3자에게 대한 소유권이전등기가 무효인 이상 채무자는 변제기 후라도 채권자를 대위하여 제3자에게 대하여 그 소유권이전등기의 말소등기를 구할 수 있다.(대판 1970.7.24, 70다805)

9. 치료비청구권 보전 압류를 허용하지 않는 권리는 채권자의 일반담보로 할 수 없는 것이어서 채권자대위권의 목적이 될 수 없다고 할 것이나, 국배 4조가 같은 법 3조의 규정에 의한 국가배상을 받을 권리의 양도나 압류를 허용하지 않는 것은 배상청구권자를 보호하기 위한 것이고, 특히 그중 신체의 침해로 인한 치료비 청구권의 압류를 금지하는 취지는 이를 금지함으로써 피해자로 하여금 그 상해를 치료하기 위한 치료비 채권을 확보할 수 있게 하여 피해의 구제에 만전을 기하려는 뜻이라고 할 것이니 이러한 위 법조의 취지에 비추어 보면 그 상해를 치료한 의료인이 피해자에 대한 그 치료비 청구권에 기하여 피해자의 국가에 대한 같은 치료비 청구권을 압류하는 경우에도 이것이 금지되는 것은 아니라고 풀이하여야 할 것이고(그렇지 않다면 의료인이 국가에 대한 압류 또는 채권자대위권행사에 의하여 치료비채권을

만족시킬 수 있는 길이 막히므로 위 법조의 본래의 취지와는 달리 오히려 자력없는 피해자가 상해를 치료받을 수 있는 기회를 봉쇄하는 것이 된다), 따라서 이러한 의료인이 이러한 치료비 청구권에 기하여 국가에 대한 피해자의 같은 치료비 청구권을 대위행사하는 것은 위 법조의 규정에 불구하고 허용된다고 하여야 할 것이다.(대결 1981.6.23, 80다1351)

10. 채권자가 채무자를 상대로 피보전채권에 기한 이행청구의 소를 제기하여 승소판결이 확정된 경우 제3채무자가 그 청구권의 존재를 다툴 수 있는지 여부(소극) 채권자대위권을 재판상 행사하는 경우에 있어서도 채권자인 원고는 그 채권의 존재사실 및 보전의 필요성, 기한의 도래 등을 입증하면 족한 것이지, 채권의 발생원인사실 또는 그 채권이 제3채무자인 피고에게 대항할 수 있는 채권이라는 사실까지 입증할 필요는 없으며, 따라서 채권자가 채무자를 상대로 하여 그 보전되는 청구권에 기한 이행청구의 소를 제기하여 승소판결이 확정되면 제3채무자는 그 청구권의 존재를 다툴 수 없다.(대판 2003.4.11, 2003다1250)

11. 청구권의 취득이 강행법규 위반 등으로 무효인 경우, 채권자대위소송의 제3채무자에 대한 관계에서 피보전권리가 존재하는지 여부(소극) 채권자대위권을 행사하는 경우, 채권자가 채무자를 상대로 보전되는 청구권에 기한 이행청구의 소를 제기하여 승소판결을 선고받고 판결이 확정되었다면, 특별한 사정이 없는 한 그 청구권의 발생원인이 되는 사실관계가 제3채무자에 대한 관계에서도 증명되었다고 볼 수 있다. 그러나 그 청구권의 취득이, 채권자로 하여금 채무자를 대신하여 소송행위를 하게 하는 것을 주목적으로 이루어진 경우와 같이, 강행법규에 위반되어 무효라고 볼 수 있는 경우 등에는 위 확정판결에도 불구하고 채권자대위소송의 제3채무자에 대한 관계에서는 피보전권리가 존재하지 않는다고 보아야 한다. 이는 위 확정판결 또는 그와 같은 효력이 있는 재판상 화해조서 등이 재심이나 준재심으로 취소되지 않아 채권자와 채무자 사이에서는 그 판결이나 화해가 무효라는 주장을 할 수 없는 경우라 하더라도 마찬가지이다.(대판 2019.1.31, 2017다228618)

12. 피보전채권이 부인되는 경우 판결주문 채권자대위소송에 있어서 대위에 의하여 보전될 채권자의 채무자에 대한 권리가 인정되지 아니할 경우에는 채권자가 스스로 원고가 되어 채무자의 제3채무자에 대한 권리를 행사할 당사자적격이 없게 되므로 그 대위소송은 부적법하여 각하할 수밖에 없다.(대판 1988.6.14, 87다카2753)

13. 이혼으로 인한 재산분할청구권을 보전하기 위한 채권자대위권 행사 가부(소극) 이혼으로 인한 재산분할청구권은 협의 또는 심판에 의하여 그 구체적 내용이 형성되기까지는 그 범위 및 내용이 불명확·불확정하기 때문에 구체적으로 권리가 발생하였다고 할 수 없으므로 이를 보전하기 위하여 채권자대위권을 행사할 수 없다.(대판 1999.4.9, 98다58016)

▶ **채권보전의 필요성**

14. 금전채권을 보전하기 위한 채권자대위권 행사에서 보전의 필요성 본조 1항에서 「… 자기의 채권을 보전하기 위하여 …」라 함은 그 채권이 금전채권이거나 당해의 경우 손해배상채권으로 귀착할 수밖에 없는 것인 때에는 채권자가 무자력하여 그 일반재산이 감소되는 것을 방지할 필요가 있는 경우를 말하는 것이며, 대위권행사의 요건의 존재사실은 채권자가 입증하여야 한다.(대판 1963.4.25, 63다122)

15. 채무자의 무자력 채권자 대위권은 그 채권이 금전채권일 때에는 채무자가 채무이행의 의사가 없는 것만으로는 행사할 수 없고 채무자가 무자력하여 그 일반재산의 감소를 방지할 필요가 있는 경우에 이를 행사할 수 있다.(대판 1969.7.29, 69다835)

16. 보전의 필요성 판단기준 및 물권적 청구권을 피보전채권으로 하는 채권자대위권 행사 가부(적극) 채권자가 보전하려는 권리와 대위하여 행사하려는 채무자의 권리가 밀접하게 관련되어 있고 채권자가 채무자의 권리를 대위하여 행사하지 않으면 자기 채권의 완전한 만족을 얻을 수 없게 될 위험이 있어 채무자의 권리를 대위하여 행사하는 것이 자기 채권의 현실적 이행을 유효·적절하게 확보하기 위하여 필요한 경우에는 채권자대위권의 행사가 채무자의 자유로운 재산관리행위에 대한 부당한 간섭이 된다는 등의 특별한 사정이 없는 한 채권자는 채무자의 권리를 대위하여 행사할 수 있어야 한다. 피보전채권이 특정채권이라 하여 반드시 순차매도 또는 임대차에 있어 소유권이전등기청구권이나 인도청구권 등의 보전을 위한 경우에만 한하여 채권자대위권이 인정되는 것은 아니며, 물권적 청구권에 대하여도 채권자대위권에 관한 민 404조의 규정과 위와 같은 법리가 적용될 수 있다.(대판 2007.5.10, 2006다82700, 82717)

17. 보전의 필요성 판단시점 채권자대위권의 행사로서 채권자가 채권을 보전하기에 필요한지 여부는 변론종결당시를 표준으로 판단되어야 할 것이다.(대판 1976.7.13, 75다1086)

18. 특정채권을 보전하기 위한 채권자 대위권에서 채무자의 무자력이 요건인지 여부(소극) 채권자는 자기의 채무자에 대한 부동산의 소유권이전등기청구권 등 특정채권을 보전하기 위하여 채무자가 방치하고 있는 그 부동산에 관한 특정권리를 대위하여 행사할 수 있고 그 경우에는 채무자의 무자력을 요건으로 하지 아니한다.(대판 1992.10.27, 91다483)

19. 임대차보증금반환채권의 양수인이 임대인의 임차가옥명도청구권을 대위행사하는 경우 무자력 요부(소극) 채권자가 자기채권을 보전하기 위하여 채무자의 권리를 행사하려면 채무자의 무자력을 요건으로 하는 것이 통상이지만 임대차보증금반환채권을 양수한 채권자가 그 이행을 청구하기 위하여 임차인의 가옥명도가 선이행되어야 할 필요가 있어서 그 명도를 구하는 경우에는 그 채권의 보전과 채무자인 임대인의 자력유무는 관계가 없는 일이므로 무자력을 요건으로 한다고 할 수 없다.(대판 1989.4.25, 88다카4253, 4260)

20. 채권자의 채무자에 대한 패소판결이 확정된 경우 채권자가 채권자대위권을 행사할 보전의 필요가 있는지 여부(소극) 채권자가 채무자를 상대로 소유권이전등기절차이행의 소를 제기하였으나 패소확정판결을 받았다면 위 판결의 기판력으로 말미암아 채권자로서는 더 이상 소유권이전등기청구를 할 수 없게 되었다 할 것이고, 가사 채권자가 채권자대위소송에서 승소하였다 한들 채권자가 채무자에 대하여 다시 소유권이전등기절차의 이행을 구할 수 있는 것도 아니므로 채권자로서는 채권자대위권을 행사함으로써 위 소유권이전등기청구권을 보전할 필요가 없게 되었다 할 것이다.(대판 1993.2.12, 92다25151)

21. 채무자의 무자력 여부를 판단할 때 제3자 명의로 소유권이전청구권보전의 가등기가 마쳐진 부동산을 적극재산에서 제외하여야 하는지 여부(원칙적 적극) 채권자가 채무자를 대위함에 있어 대위에 의하여 보전될 채권자의 채무자에 대한 권리가 금전채권인 경우에는 그 보전의 필요성 즉, 채무자가 무자력인 때에만 채권자가 채무자를 대위하여 채무자의 제3채무자에 대한 권리를 행사할 수 있는바, 채권자대위의 요건으로서의 무자력이란 채무자의 변제자력이 없음을 뜻하고 특히 임의 변제를 기대할 수 없는 경우에는 강제집행을 통한 변제가 고려되어야 하므로, 소극재산이든 적극재산이든 위와 같은 목적에 부합할 수 있는 재산인지 여부가 변제자력 유무 판단의 중요한 고려요소가 되어야 한다. 따라서 채무자의 적극재산인 부동산에 이미 제3자 명의로 소유권이전청구권보전의 가등기가 마쳐져 있는 경우에는 강제집행을 통한 변제가 사실상 불가능하므로, 그 가등기가 가등기담보 등에 관한 법률에 정한 담보가등기로서 강제집행을 통한 매각이 가능하다는 등의 특별한 사정이 없는 한, 위 부동산은 실질적으로 재산적 가치가 없어 적극재산을 산정할 때 제외하여야 한다.(대판 2009.2.26, 2008다76556)

第3編 債權

22. 채권자대위권 행사가 채무자의 재산관리행위에 대한 부당한 간섭이 되는 경우 보전의 필요성 인정 여부(소극) 채권자대위권을 행사하기 위하여서는 피보전채권에 대하여 보전의 필요성이 인정되어야 한다. 여기에서 보전의 필요성은, 채권자가 보전하려는 권리와 대위하여 행사하려는 채무자의 권리가 밀접하게 관련되어 있고, 채권자가 채무자의 권리를 대위하여 행사하지 않으면 자기 채권의 완전한 만족을 얻을 수 없게 될 위험이 있어 채무자의 권리를 대위하여 행사하는 것이 자기 채권의 현실적 이행을 유효·적절하게 확보하기 위하여 필요한 것을 말하며, 채권자대위권의 행사가 채무자의 자유로운 재산관리행위에 대한 부당한 간섭이 된다는 등의 특별한 사정이 있는 경우에는 보전의 필요성을 인정할 수 없다.(대판 2013.5.23, 2010다50014)

23. 보험자가 피보험자에 대한 보험금 상당의 부당이득반환채권을 보전하기 위하여 피보험자를 대위하여 제3채무자인 요양기관을 상대로 진료비 상당의 부당이득반환을 대위청구한 경우 보전의 필요성 피보험자가 임의 비급여 진료행위에 따라 요양기관에 진료비를 지급한 다음 실손의료보험계약상의 보험자에게 청구하여 진료비와 관련한 보험금을 지급받았는데, 진료행위가 위법한 임의 비급여 진료행위로서 무효인 동시에 보험자와 피보험자가 체결한 실손의료보험계약상 진료행위가 보험금 지급사유에 해당하지 아니하여 보험자가 피보험자에 대하여 보험금 상당의 부당이득반환채권을 갖게 된 경우, 채권자인 보험자가 금전채권인 부당이득반환채권을 보전하기 위하여 채무자인 피보험자를 대위하여 제3채무자인 요양기관을 상대로 진료비 상당의 부당이득반환채권을 행사하는 형태의 채권자대위소송에서 채무자가 자력이 있는 때에는 보전의 필요성이 인정된다고 볼 수 없다.(대판(全) 2022.8.25, 2019다229202)

▶ 채무자의 권리불행사

24. "채무자가 스스로 그 권리를 행사하지 않을 것"의 의미 채권자대위권 행사의 요건인 '채무자가 스스로 그 권리를 행사하지 않을 것'이라 함은 채무자의 제3채무자에 대한 권리가 존재하고 채무자가 그 권리를 행사할 수 있는 상태에 있으나 스스로 그 권리를 행사하고 있지 아니하는 것을 의미하고, 여기서 권리를 행사할 수 있는 상태에 있다는 뜻은 권리 행사를 할 수 없게 하는 법률적 장애가 없어야 한다는 뜻이며 채무자 자신에 관한 현실적인 장애까지 없어야 한다는 뜻은 아니고 채무자가 그 권리를 행사하지 않는 이유를 묻지 아니하므로 미등기 토지에 대한 시효취득자가 제3자 명의의 소유권보존등기가 원인무효라 하여 그 등기의 말소를 구하는 경우에 있어 채무자인 진정한 소유자가 성명불상자라 하여도 그가 위 등기의 말소를 구하는 데 어떤 법률적 장애가 있다고 할 수는 없어 그 채권자대위권 행사에 어떤 법률적 장애가 될 수 없다.(대판 1992.2.25, 91다9312)

25. 채무자가 제3채무자에 대한 권리를 재판상 행사한 경우 채권자대위권 행사 가부(소극) 채권자대위권은 채무자가 제3채무자에 대한 권리를 행사하지 아니하는 경우에 한하여 채권자가 자기의 채권을 보전하기 위하여 행사할 수 있는 것이기 때문에 채권자가 대위권을 행사할 당시 이미 채무자가 그 권리를 재판상 행사하였을 때에는 설사 패소의 확정판결을 받았더라도 채권자는 채무자를 대위하여 채무자의 권리를 행사할 당사자적격이 없다.(대판 1993.3.26, 92다32876)

26. 채권자와 채무자간의 소송과 제3자와 채무자간의 채권자 대위소송이 동일한 내용의 소송인 경우 중복제소 여부(적극) 채권자가 채무자를 상대로 제기한 소송이 계속 중 제3자가 채권자를 대위하여 같은 채무자를 상대로 청구취지 및 원인을 같이하는 내용의 소송을 제기한 경우에는 양 소송은 동일소송이므로 후소는 중복제소금지 규정에 저촉된다.(대판 1981.7.7, 80다2751)

▶ 채권자대위권의 객체

27. 배임행위 가담으로 증여가 무효가 된 경우 등기말소청구권의 대위행사 매도인의 매수인에 대한 배임행위에 가담하여 증여를 받아 이를 원인으로 소유권이전등기를 경료한 수증자에 대하여 매수인은 매도인을 대위하여 위 등기의 말소를 청구할 수는 있으나 직접 청구할 수는 없다.(대판 1983.4.26, 83다카57)

28. 친족회의의 동의 없는 후견인 행위에 대한 취소권이 채권자대위권의 대상이 되는지 여부(구법관계) 후견인이 민 950조 1항 각호의 행위를 하면서 친족회의 동의를 얻지 아니한 경우, 2항의 규정에 의하여 피후견인 또는 친족회가 그 후견인의 행위를 취소할 수 있는 권리(취소권)는 행사상의 일신전속권이므로 채권자대위권의 목적이 될 수 없다.(대판 1996.5.31, 94다35985)

29. 가처분결정에 대한 본안제소명령 신청권의 대위행사(구법관계) 민소 715조에 의하여 가처분절차에도 준용되는 같은 법 705조 1항에 따라 가압류·가처분결정에 대한 본안의 제소명령을 신청할 수 있는 권리나 같은 조 2항에 따라 제소기간의 도과에 의한 가압류·가처분의 취소를 신청할 수 있는 권리는 가압류·가처분신청에 기한 소송을 수행하기 위한 소송절차상의 개개의 권리가 아니라, 제소기간의 도과에 의한 가압류·가처분의 취소신청권은 가압류·가처분신청에 기한 소송절차와는 별개의 독립된 소송절차를 개시하게 하는 권리이고, 본안제소명령의 신청권은 제소기간의 도과에 의한 가압류·가처분의 취소신청권을 행사하기 위한 전제요건으로 인정된 독립된 권리이므로, 본안제소명령의 신청권이나 제소기간의 도과에 의한 가압류·가처분의 취소신청권은 채권자대위권의 목적이 될 수 있는 권리라고 봄이 상당하다.(대결 1993.12.27, 93마1655)

30. 채권자대위권이 채권자대위권의 대상이 되는지 여부(적극) 법정지상권자가 그 소유건물을 양도하는 경우에는 특별한 사정이 없는 한 건물과 함께 지상권도 양도하기로 하는 채권적 계약이 있었다고 할 것이므로 건물양수인은 채권자 대위의 법리에 의하여 대지소유자 및 건물양도인에 대해 차례로 지상권설정등기 및 이전등기절차의 이행을 구할 수 있다.(대판 1989.5.9, 88다카15338)

31. 채권자취소권이 채권자대위권의 대상이 되는지 여부(적극)**와 제소기간의 준수 판단방법** 채권자취소권도 채권자가 채무자를 대위하여 행사하는 것이 가능하며, 민 404조 소정의 채권자대위권은 채권자가 자신의 채권을 보전하기 위하여 채무자의 권리를 자신의 이름으로 행사할 수 있는 권리라 할 것이므로, 채권자가 채무자의 채권자취소권을 대위행사하는 경우, 제소기간은 대위의 목적으로 되는 권리의 채권자인 채무자를 기준으로 하여 그 준수 여부를 가려야 할 것이고, 따라서 채권자취소권을 대위행사하는 채권자가 취소원인을 안 지 1년이 지났다 하더라도 채무자가 취소원인을 안 날로부터 1년, 법률행위가 있은 날로부터 5년 내라면 채권자취소의 소를 제기할 수 있다.(대판 2001.12.27, 2000다73049)

32. 유류분반환청구권이 채권자대위권의 대상이 되는지 여부(소극) 유류분반환청구권은 그 행사 여부가 유류분권리자의 인격적 이익을 위하여 그의 자유로운 의사결정에 전적으로 맡겨진 권리로서 행사상의 일신전속성을 가지므로, 유류분권리자에게 그 권리행사의 확정적 의사가 있다고 인정되는 경우가 아니라면 채권자대위권의 목적이 될 수 없다.(대판 2010.5.27, 2009다93992)

33. 금전채권자의 공유물분할청구권 대위행사 가부(원칙적 소극) ① 공유물분할청구권은 공유관계에서 수반되는 형성권으로서 공유자의 일반재산을 구성하는 재산권의 일종이다. 공유물분할청구권의 행사가 오로지 공유자의 자유로운 의사에 맡겨져 있어 공유자 본인만 행사할 수 있는 권리라고 볼

수는 없다. 따라서 공유물분할청구권도 채권자대위권의 목적이 될 수 있다. ② 그러나 채권자가 자신의 금전채권을 보전하기 위하여 채무자를 대위하여 부동산에 관한 공유물분할청구권을 행사하는 것은, 책임재산의 보전과 직접적인 관련이 없어 채권의 현실적 이행을 유효·적절하게 확보하기 위하여 필요하다고 보기 어렵고 채무자의 자유로운 재산관리행위에 대한 부당한 간섭이 되므로 보전의 필요성을 인정할 수 없다. 또한 특정 분할 방법을 전제하고 있지 않는 공유물분할청구권의 성격 등에 비추어 볼 때 그 대위행사를 허용하면 여러 법적 문제들이 발생한다. 따라서 극히 예외적인 경우가 아니라면 금전채권자는 부동산에 관한 공유물분할청구권을 대위행사할 수 없다고 보아야 한다.(대판(全) 2020.5.21, 2018다879)

34. 이혼으로 인한 재산분할청구권이 채권자대위권의 목적이 될 수 있는지 여부(소극) 이혼으로 인한 재산분할청구권은 이혼을 한 당사자의 일방이 다른 일방에 대하여 재산분할을 청구할 수 있는 권리로서 청구인의 재산에 영향을 미치지만, 순전한 재산법적 행위와 같이 볼 수는 없다. 또한 재산분할청구권은 협의 또는 심판에 의하여 그 구체적 내용이 형성되기까지는 그 범위 및 내용이 불명확·불확정하기 때문에 구체적으로 권리가 발생하였다고 할 수 없어 채무자의 책임재산에 해당한다고 보기 어렵고, 채권자의 입장에서는 채무자의 재산분할청구권 불행사가 그의 기대를 저버리는 측면이 있다고 하더라도 채무자의 재산을 현재의 상태보다 악화시키지 아니한다. 이러한 사정을 종합하면, 이혼으로 인한 재산분할청구권은 그 행사 여부가 청구인의 인격적 이익을 위하여 그의 자유로운 의사결정에 전적으로 맡겨진 권리로서 행사상의 일신전속성을 가지므로, 채권자대위권의 목적이 될 수 없다고 보아야 한다.(대결 2022.7.28, 2022스613)

▶ **채권자대위권의 행사와 그 효과**

35. 채권자대위소송에 있어서 피대위자인 채무자에 대한 특정의 필요성 및 특정 여부의 판단기준 채권자대위소송에서 피대위자인 채무자의 특정이 필요한 사항이기는 하나, 이는 피보전채권과 대위행사할 채권의 존부를 판단하고, 판결의 효력이 미칠 주관적 범위와 집행력이 미치는 범위를 정하며 채무자 본인이 제기할 소송이 중복소송에 해당하는지 여부를 판단하기 위하여 요구된다. 채무자가 제대로 특정되었는지 여부는, 당해 채권자대위소송의 소송물이 갖는 성격과 채무자 특정의 난이도 및 소송 과정에서 드러난 사안의 특성 등에 비추어, 그 특정한 정도가 위에서 든 목적들을 달성하는 데 충분한지 검토한 후 그 결과에 따라 구체적·개별적으로 결정하면 될 일이지 반드시 모든 경우에 일률적으로 채무자 개개인의 인적 사항을 통상의 소송당사자와 같은 정도로 상세히 특정하여야 하는 것은 아니다. 소유권이전등기의 말소등기를 구하는 채권자대위소송에 있어서 피대위자인 채무자들을 개인별로 상세히 특정하지 아니한 채 그 상속인들 또는 그중 한 사람만을 채무자로 특정·제기하였으면 족하다.(대판 2004.11.26, 2004다40986)

36. 채권자대위로서 조합탈퇴 가부 조합의 탈퇴는 원칙적으로 자유롭고 탈퇴시에는 지분환급청구권을 가지게 되는 바 조합을 탈퇴할 권리는 그 성질상 조합계약의 해지권으로서 그의 일반재산을 구성하는 재산권의 일종이라 할 것이고, 채무자의 재산인 조합원 지분을 압류한 채권자는 당해 채무자가 속한 조합에 존속기간이 정하여져 있다거나 기타 채무자 본인의 조합탈퇴가 허용되지 아니하는 것과 같은 특별한 사유가 있지 않은 한, 채권자대위권에 의하여 채무자의 조합탈퇴의 의사표시를 대위행사할 수 있다 할 것이고, 일반적으로 조합원이 조합을 탈퇴하면 조합목적의 수행에 지장을 초래할 수 있을 것이라는 사정만으로는 이를 불허할 사유가 되지 아니한다.(대결 2007.11.30, 2005마1130)

37. 채권자대위권의 행사로 지출한 비용상환청구 채권자대위권을 행사하는 경우 채권자와 채무자는 일종의 법정위임의 관계에 있으므로 채권자는 민 688조를 준용하여 채무자에게 그 비용의 상환을 청구할 수 있고, 그 비용상환청구권은 강제집행을 직접 목적으로 하여 지출된 집행비용이라고는 볼 수 없으므로 지급명령신청에 의하여 지급을 구할 수 있다.(대결 1996.8.21, 96그8)

38. 채권자대위권을 행사 후 그 확정판결의 효력이 미치는 범위 채권자가 채권자대위권을 행사하는 방법으로 제3채무자를 상대로 소송을 제기하고 판결을 받은 경우에는 어떠한 사유로 인하였던 적어도 채무자가 채권자 대위권에 의한 소송이 제기된 사실을 알았을 경우에는 그 판결의 효력은 채무자에게 미친다.(대판(全) 1975.5.13, 74다1664)

39. 채권자 갑에 의한 대위소송의 기판력이 후소인 채권자 을에 의한 대위소송에 미치는지 여부(한정적극) 어느 채권자가 채권자대위권을 행사하는 방법으로 제3채무자를 상대로 소송을 제기하여 판결을 받은 경우, 어떠한 사유로든 채무자가 채권자대위소송이 제기된 사실을 알았을 경우에 한하여 그 판결의 효력이 채무자에게 미치므로, 이러한 경우에는 그 후 다른 채권자가 동일한 소송물에 대하여 채권자대위권에 기한 소를 제기하면 전소의 기판력을 받게 된다고 할 것이지만, 채무자가 전소인 채권자대위소송이 제기된 사실을 알지 못하였을 경우에는 전소의 기판력이 다른 채권자가 제기한 후소인 채권자대위소송에 미치지 않는다.(대판 1994.8.2, 93다52808)

40. 채권자가 제3채무자에 대하여 직접 자신에게 급부행위를 하도록 청구할 수 있는 경우 채권자대위권은 채권자의 고유권리이기는 하지만 채무자가 제3채무자에 대하여 가지고 있는 권리를 대위행사하는 것이므로, 채권자가 대위권을 행사한 경우에 제3채무자에 대하여 채무자에게 일정한 급부행위를 하라고 청구하는 것이 원칙이다. 다만 금전의 지급이나 물건의 인도 등과 같이 급부의 수령이 필요한 경우나 말소등기절차의 이행을 구하는 경우 등에는 채권자에게도 급부의 수령권한이 있을 뿐만 아니라, 채권자에게 행한 급부행위의 효과가 채무자에게 귀속되므로 예외적으로 채권자가 제3채무자에 대하여 직접 자신에게 급부행위를 하도록 청구할 수 있는 것이다. 그러나 채무자가 제3채무자에게 채권의 양도를 구할 수 있는 권리를 가지고 있고, 채권자가 채무자의 위 권리를 대위행사하는 경우에는 채권자의 직접 청구를 인정할 예외적인 사유가 없으므로, 원칙으로 돌아가 채권자는 제3채무자에 대하여 채무자에게 채권양도절차를 이행하도록 청구하여야 하고, 직접 자신에게 채권양도절차를 이행하도록 청구할 수 없다. 제3채무자에 대하여 채무자에게 채권을 양도하는 절차를 이행하도록 하면 그 채권이 바로 채무자에게 귀속하게 되어 별도로 급부의 수령이 필요하지 않을 뿐만 아니라, 만약 제3채무자가 직접 채권자에게 채권을 양도하는 절차를 이행하도록 하면 그 채권은 채권자에게 이전된다고 볼 수밖에 없어 대위행사의 효과가 채무자가 아닌 채권자에게 귀속하게 되기 때문이다.(대판 2024.3.12, 2023다301682)

41. 대위에 의한 소멸시효완성 주장 소멸시효가 완성된 경우 채무자에 대한 일반 채권자는 채권자의 지위에서 독자적으로 소멸시효의 주장을 할 수는 없지만 자기의 채권을 보전하기 위하여 필요한 한도 내에서 채무자를 대위하여 소멸시효 주장을 할 수 있다.(대판 2012.5.10, 2011다109500)

42. 복수의 채권자대위소송이 제기된 경우 소송 사이의 관계 채무자가 채권자대위권에 의한 소송이 제기된 것을 알았을 경우에는 각 채권자대위권에 기하여 공동하여 채무자의 권리를 행사하는 다수의 채권자들은 유사 필요적 공동소송관계에 있다. 다수의 채권자들의 청구가 모두 기각되고, 그중 1인만이 항소한 경우 민소 63조 1항에 따라 다른 공동소송인에 대하여도 그 효력이 미칠 것이며, 사건은 필요적 공동소송인 전원에 대하여 확정이 차단되고 상소심에 이심된다.

(대판 1991.12.27, 91다23486)

43. 채권자대위소송 계속중 다른 채권자가 동일한 소송물에 대하여 채권자대위권에 기한 소를 제기한 경우 중복제소금지 위반 채권자대위소송이 이미 법원에 계속중에 있을 때 같은 채무자의 다른 채권자가 동일한 소송물에 대하여 채권자대위권에 기한 소를 제기한 경우 시간적으로 나중에 계속하게 된 소송은 중복제소금지의 원칙에 위배하여 제기된 부적법한 소송이 된다.(대판 1994.2.8, 93다53092)

44. 제3채무자가 채무자의 채권자에 대한 소멸시효 항변의 원용 제3채무자는 채무자가 채권자에 대하여 가지는 항변으로 대항할 수 없는 것이 원칙이나, 채권자가 채무자에 대한 채권을 보전하기 위하여 제3채무자를 상대로 채무자의 제3채무자에 대한 채권에 기한 이행청구의 소를 제기하는 한편, 채무자를 상대로 피보전채권에 기한 이행청구의 소를 제기한 경우, 채무자가 그 소송절차에서 소멸시효를 원용하는 항변을 하였고 심리결과 실제로 피보전채권의 소멸시효가 적법하게 완성된 것으로 판단되면 채권자는 더 이상 채무자를 대위할 권한이 없다.(대판 2008.1.31, 2007다64471)

45. 채권자가 제3채무자를 상대로 채권자대위소송을 제기하였다가 피보전채권의 부존재를 이유로 소각하 판결을 받은 경우, 그 기판력이 채권자가 채무자를 상대로 한 피보전채권 이행의 소에 미치는지 여부(소극) 채무자에게도 기판력이 미친다는 의미는 채권자대위소송의 소송물인 피대위채권의 존부에 관하여 채무자에게도 기판력이 인정된다는 것이고, 채권자대위소송의 소송요건인 피보전채권의 존부에 관하여 당해 소송의 당사자가 아닌 채무자에게 기판력이 인정된다는 것은 아니다. 따라서 채권자가 채권자대위권을 행사하는 방법으로 제3채무자를 상대로 소송을 제기하였다가 채무자를 대위할 피보전채권이 인정되지 않는다는 이유로 소각하 판결을 받아 확정된 경우 그 판결의 기판력이 채권자가 채무자를 상대로 피보전채권의 이행을 구하는 소송에 미치는 것은 아니다.(대판 2014.3.3, 2013다205693)

46. 채권자대위권의 행사와 압류, 전부명령의 효력 ① 채권자대위소송에서 제3채무자로 하여금 직접 대위채권자에게 금전의 지급을 명하는 판결이 확정되더라도, 대위의 목적인 권리, 즉 채무자의 제3채무자에 대한 피대위채권이 판결의 집행채권으로서 존재하고 대위채권자는 채무자를 대위하여 피대위채권에 대한 변제를 수령하게 될 뿐 자신의 채권에 대한 변제로서 수령하게 되는 것이 아니므로, 피대위채권이 변제 등으로 소멸하기 전이라면 채무자의 다른 채권자는 이를 압류·가압류할 수 있다. ② 채권자대위소송이 제기되고 대위채권자가 채무자에게 대위권 행사사실을 통지하거나 채무자가 이를 알게 된 이후에는 민집 229조 5항이 유추적용되어 피대위채권에 대한 전부명령은, 우선권 있는 채권에 기초한 것이라는 등의 특별한 사정이 없는 한, 무효이다.(대판 2016.8.29, 2015다236547)

第405條【債權者代位權行使의 通知】 ① 債權者가 前條第1項의 規定에 依하여 保全行爲 以外의 權利를 行使한 때에는 債務者에게 通知하여야 한다.

② 債務者가 前項의 通知를 받은 後에는 그 權利를 處分하여도 이로써 債權者에게 對抗하지 못한다.

■ 채권자대위권(404), 대위신청허가재판의 고지(비송49)

1. 채권자가 채무자를 대위하여 제3채무자의 부동산에 대해 처분금지가처분 결정을 받은 경우 채무자가 그 부동산 매매계약의 합의해제로서 채권자에게 대항할 수 있는지 여부(소극) 채권자가 채무자를 대위하여 제3채무자의 부동산에 대한 처분금지가처분을 신청하여 처분금지가처분 결정을 받은 경우, 이는 그 부동산에 관한 소유권이전등기청구권을 보전하기 위한 것이므로 피보전권리인 소유권이전등기청구권을 행사한 것과 같이 볼 수 있어, 채무자가 그러한 채권자대위권의 행사 사실을 알게 된 이후에 그 부동산에 대한 매매계약을 합의해제함으로써 채권자대위권의 객체인 그 부동산의 소유권이전등기청구권을 소멸시켰다 하더라도 이로써 채권자에게 대항할 수 없다.(대판 1996.4.12, 95다54167)

2. 채권자대위권행사 통지 후 제3채무자가 채무자의 채무불이행에 따른 계약해제로서 채권자에게 대항할 수 있는지 여부(원칙적 적극) 채무자의 채무불이행 사실 자체만으로는 권리변동의 효력이 발생하지 않아 이를 채무자가 제3채무자에 대하여 가지는 채권을 소멸시키는 적극적인 행위로 파악할 수 없는 점, 법정해제는 채무자의 객관적 채무불이행에 대한 제3채무자의 정당한 법적 대응인 점, 채권이 압류·가압류된 경우에도 압류 또는 가압류된 채권의 발생원인이 된 기본계약의 해제가 인정되는 것과 균형을 이룰 필요가 있는 점 등을 고려할 때 채무자가 자신의 채무불이행을 이유로 매매계약이 해제되도록 한 것은 민 405조 2항에서 말하는 '처분'에 해당하지 않는다. 다만 실질적으로 채무자와 제3채무자 사이의 합의에 따라 계약을 해제한 것으로 볼 수 있거나, 채무자의 채무불이행을 이유로 하는 계약해제인 것처럼 외관을 갖춘 것이라는 등의 경우에는, 제3채무자는 계약해제로써 채권자에게 대항할 수 없다.(대판(全) 2012.5.17, 2011다87235)

3. 명의신탁자가 수탁자의 말소등기청구권을 대위행사하고 있는 소송의 계속 중에 수탁자가 그의 말소등기청구권을 포기할 수 있는지 여부(소극) 명의수탁자로서는 명의신탁자가 수탁자의 말소등기청구권을 대위행사하고 있는 소송의 계속 중에는 그 말소등기청구권을 포기하여 권리를 처분하는 의미의 추인권을 행사할 수 없다.(대판 1989.3.14, 88다카112)

4. 채권자대위권행사의 통지는 없었으나 채무자가 이를 안 경우 권리의 처분으로 채권자에게 대항할 수 있는지 여부(소극) 채권자가 민 404조에 의한 채권자대위권에 기하여 채무자의 권리를 행사하면서 그 사실을 채무자에게 통지를 하지 아니한 경우라도 채무자가 자기의 채권이 채권자에 의하여 대위행사되고 있는 사실을 알고 있는 경우에는 그 대위행사한 권리의 처분을 가지고 채권자에게 대항할 수 없다.(대판 1988.1.19, 85다카1792)

5. 소유권이전등기청구권 대위행사 후 채무자가 그 명의로 소유권이전등기 경료할 수 있는지 여부(적극) 채무자의 변제수령은 처분행위라 할 수 없고 같은 이치에서 채무자가 그 명의로 소유권이전등기를 경료하는 것 역시 처분행위라고 할 수 없으므로 소유권이전등기청구권의 대위행사 후에도 채무자는 그 명의로 소유권이전등기를 경료하는 데 아무런 지장이 없다.(대판 1991.4.12, 90다9407)

6. 채권자 대위소송에서 제3채무자는 채무자가 채권자에게 주장할 수 있는 사유를 원용할 수 있는지 여부(소극) 채권자 대위권을 행사하는 사건에 있어서, 제3채무자는 채무자가 채권자에게 주장할 수 있는 사유를 원용할 수 있는 것이 아니다.(대판 1995.5.12, 93다59502)

7. 채권자 대위소송에서 채권자가 제3채무자에게 자기와 제3채무자 사이의 독자적인 사정에 기한 사유를 주장할 수 있는지 여부(소극) 채권자대위권은 채무자의 제3채무자에 대한 권리를 행사하는 것이므로, 제3채무자는 채무자에 대해 가지는 모든 항변사유로 채권자에게 대항할 수 있으나, 채권자는 채무자 자신이 주장할 수 있는 사유의 범위 내에서 주장할 수 있을 뿐 자기와 제3채무자 사이의 독자적인 사정에 기한 사유를 주장할 수는 없다. 채권자가 무효인 소유권이전등기청구권의 보전을 위한 가등기의 유용 합의에 따라 부동산 소유자인 채무자로부터 그 가등기 이전의 부기등기를 마친 제3채무자를 상대로 채무자를 대위하여 가등기의 말소를 구한 사안에서, 채권자가 그 부기등기 전에 부동산을 가압류한 사실을 주장하는 것은 채무자가 아닌 채권자 자신이 제3

채무자에 대하여 가지는 사유에 관한 것이어서 허용되지 않는다.(대판 2009.5.28, 2009다4787)

8. 채권자 대위소송 계속중 채무자가 제3채무자 상대로 동일 내용의 소송을 제기한 경우 중복제소금지 위반 채권자가 민 404조 1항에 의하여 채무자를 대위하여 제기한 소송이 계속중인데 채무자가 같은 피고를 상대로 청구취지 및 청구원인을 같이 하는 내용의 소송을 제기한 경우에는 위 양 소송은 비록 당사자는 다를지라도 실질상으로는 동일 소송이라 할 것이므로 후소는 민소 234조의 중복소송 금지규정에 저촉된다.(대판 1974.1.29, 73다351)

第406條【債權者取消權】 ① 債務者가 債權者를 害함을 알고 財産權을 目的으로 한 法律行爲를 한 때에는 債權者는 그 取消 및 原狀回復을 法院에 請求할 수 있다. 그러나 그 行爲로 因하여 利益을 받은 者나 轉得한 者가 그 行爲 또는 轉得當時에 債權者를 害함을 알지 못한 境遇에는 그러하지 아니하다.

② 前項의 訴는 債權者가 取消原因을 안 날로부터 1年, 法律行爲있은 날로부터 5年内에 提起하여야 한다.

■ 채권자취소의 효력(407·358), 사해신탁(신탁8), 사해설립(상185·613①), 회사와 사해행위(상248·511), 국세체납자의 사해행위(국세징30), 파산과 부인권(회생파산391이하), 취소(146, 상185·186·552②)

▶ **피보전채권**

1. 피보전채권의 발생시기 사해행위로 인하여 사해행위 이후에 권리를 취득한 채권자를 해친다고 할 수 없으므로 취소채권자의 채권은 사해행위가 있기 이전에 발생하고 있어야 함은 채권자취소권의 성질상 당연한 요건이다.(대판 1995.2.10, 94다2534)

2. 사해행위 당시 성립하지 않은 채권이 피보전채권이 되기 위한 요건 채권자취소권에 의하여 보호될 수 있는 채권은 원칙적으로 사해행위라고 볼 수 있는 행위가 행하여지기 전에 발생된 것임을 요하지만, 그 사해행위 당시에 이미 채권 성립의 기초가 되는 법률관계가 발생되어 있고, 가까운 장래에 그 법률관계에 터잡아 채권이 성립되리라는 점에 대한 고도의 개연성이 있으며, 실제로 가까운 장래에 그 개연성이 현실화되어 채권이 성립된 경우에는, 그 채권도 채권자취소권의 피보전채권이 될 수 있다. 이는 채무자가 채권자를 해한다는 사해의사로써 채권의 공동담보를 감소시키는 것은 형평과 도덕적 관점에서 허용할 수 없다는 채권자취소권 제도의 취지에 근거한 것이다. 이렇게 볼 때 여기에서의 '채권 성립의 기초가 되는 법률관계'는 당사자 사이의 약정에 의한 법률관계에 한정되는 것이 아니고, 채권성립의 개연성이 있는 준법률관계나 사실관계 등을 널리 포함하는 것으로 보아야 한다. 따라서 당사자 사이에 채권 발생을 목적으로 하는 계약의 교섭이 상당히 진행되어 그 계약체결의 개연성이 고도로 높아진 단계도 여기에 포함된다.(대판 2002.11.8, 2002다42957) 이러한 법리는 물적 담보권자가 채권자취소권을 행사할 수 있는 피보전채권의 범위를 정하는 경우에도 마찬가지로 적용된다. 취소채권자가 채무자 소유의 부동산에 관하여 근저당권을 설정하였는데 사해행위 당시 채무자에 대하여 근로 38조 2항 1호, 1항, 퇴직급여 12조 2항, 1항에 따라 최우선변제권을 갖는 임금채권이 이미 성립되어 있고, 임금채권자가 우선변제권 있는 임금채권에 기하여 취소채권자의 담보물에 관하여 압류나 가압류 등기를 마치는 등 가까운 장래에 우선변제권을 행사하리라는 점에 대한 고도의 개연성이 있으며, 실제로 가까운 장래에 임금채권자가 그 담보물에 관하여 우선변제권을 행사하여 그 개연성이 현실화된 경우에는, 사해행위 당시 담보물로부터 우선변제를 받을 수 없는 일반채권이 발생할 고도의 개연성이 가까운 장래에 현실화된 것이므로 그 일반채권도 채권자취소권을 행사할 수 있는 피보전채권이 될 수 있다.(대판 2021.11.25, 2016다263355)

3. 피보전채권이 사해행위 이전에 성립되었으나 액수나 범위가 구체적으로 확정되지 않은 경우, 채권자취소권의 피보전채권이 되는지 여부 채권자취소권 행사는 채무 이행을 구하는 것이 아니라 총채권자를 위하여 채무자의 자력 감소를 방지하고, 일탈된 채무자의 책임재산을 회수하여 채권의 실효성을 확보하는 데 목적이 있으므로, 피보전채권이 사해행위 이전에 성립되어 있는 이상 액수나 범위가 구체적으로 확정되지 않은 경우라고 하더라도 채권자취소권의 피보전채권이 된다.(대판 2018.6.28, 2016다1045)

4. 사해행위당시 미발생한 채권자의 보증채무 이행으로 인한 구상채권이 피보전채권이 될 수 있는지 여부(적극) 채권자의 보증채무 이행으로 인한 구상금채권이 채무자의 사해행위 당시 아직 발생하지는 않았으나 그 기초가 되는 신용보증약정은 이미 체결되어 있었고 사해행위 시점이 주채무자의 부도일 불과 한 달 전으로서 이미 주채무자의 재정상태가 악화되어 있었던 경우, 위 구상금채권은 채권자취소권의 피보전채권이 된다.(대판 2000.2.25, 99다53704)

5. 신용카드가입계약의 체결만으로 채권자취소권의 행사를 위한 '채권성립의 기초가 되는 법률관계'가 있다고 할 수 있는지 여부(소극) 신용카드가입계약에 기하여 신용카드업자의 채권이 바로 성립되는 것은 아니고, 신용카드를 발행받은 신용카드회원이 신용카드를 사용하여 신용카드가맹점으로부터 물품을 구매하거나 용역을 제공받음으로써 성립하는 신용카드매출채권을 신용카드가맹점이 신용카드업자에게 양도하거나, 신용카드업자로부터 자금의 융통을 받는 별개의 법률관계에 의하여 비로소 채권이 성립하는 것이므로, 단순히 신용카드가입계약만을 가리켜 여기에서 말하는 '채권성립의 기초가 되는 법률관계'에 해당한다고 할 수는 없다. 채무자가 채권자와 신용카드가입계약을 체결하고 신용카드를 발급받았으나 자신의 유일한 부동산을 매도한 후에 비로소 신용카드를 사용하기 시작하여 신용카드대금을 연체하게 된 경우, 그 신용카드대금채권은 사해행위 이후에 발생한 채권에 불과하여 사해행위의 피보전채권이 될 수 없다.(대판 2004.11.12, 2004다40955)

6. 계속적인 물품거래관계가 존재하였다는 사정만으로 '채권성립의 기초가 되는 법률관계'가 발생하여 있었다고 할 수 있는지 여부(원칙적 소극) 계속적인 물품공급계약에서 대상이 되는 물품의 구체적인 수량, 거래단가, 거래시기 등에 관하여까지 구체적으로 미리 정하고 있다거나, 일정한 한도에서 공급자가 외상으로 물품을 공급할 의무를 규정하고 있지 않은 이상, 계속적 물품공급계약 그 자체에 기하여 거래당사자의 채권이 바로 성립하지는 아니하며, 주문자가 상대방에게 구체적으로 물품의 공급을 의뢰하고 그에 따라 상대방이 물품을 공급하는 별개의 법률관계가 성립하여야만 채권이 성립한다. 따라서 특별한 사정이 없는 한 사해행위 당시 계속적인 물품거래관계가 존재하였다는 사정만으로 채권성립의 기초가 되는 법률관계가 발생하여 있었다고 할 수 없다.(대판 2023.3.16, 2022다272046)

7. 양도인이 제3자에게 부동산을 이중양도하고 소유권이전등기를 경료해 줌으로써 양수인이 양도인에 대하여 취득하는 손해배상채권이 채권자취소권의 피보전채권에 해당하는지 여부(소극) 부동산을 양도받아 소유권이전등기청구권을 가지고 있는 자가 양도인이 제3자에게 이를 이중으로 양도하여 소유권이전등기를 경료하여 줌으로써 취득하는 부동산가액 상당의 손해배상채권은 사해행위 후에 발생한 것으로서 이중양도행위에 대한 사해행위취소권을 행사할 수 있는 피보전채권에 해당한다고 할 수 없다.(대판 1999.4.27, 98다56690)

8. 사해행위인 근저당권설정계약에 기해 설정된 근저당권설정등기가 경락으로 인하여 말소된 경우에도 그 설정계약의 취소를 구할 이익이 있는지 여부(적극) 채무자와 수익자 사이의 근저당권설정계약이 사해행위인 이상 그로 인한 근저당권설정등기가 경락으로 인하여 말소되었다고 하더라도 수익자로 하여금 근저당권자로서의 배당을 받도록 하는 것은 민 406조 1항의 취지에 반하므로, 수익자에게 그와 같은 부당한 이득을 보유시키지 않기 위하여 그 근저당권설정등기로 인하여 해를 입게 되는 채권자는 근저당권설정계약의 취소를 구할 이익이 있다.(대판 1997.10.10, 97다8687)

9. 특정물 채권을 보전하기 위한 채권자취소권의 행사가부(소극) 채권자취소권은 채무자가 채권자를 해함을 알면서 자기의 일반재산을 감소시키는 행위를 한 경우에 그 행위를 취소하여 채무자의 재산을 원상회복시킴으로써 모든 채권자를 위하여 채무자의 책임재산을 보전하는 권리로서, 특정물 채권을 보전하기 위하여 행사하는 것은 허용되지 않는다.(대판 1995.2.10, 94다2534)

10. 물상담보에 의하여 채권자에게 우선변제권이 확보되어 있는 경우 채권자취소권에서 피보전채권의 범위 및 그 증명책임 주채무자 또는 제3자 소유의 부동산에 대하여 채권자 앞으로 근저당권이 설정되어 있고, 그 부동산의 가액 및 채권최고액이 당해 채무액을 초과하여 채무 전액에 대하여 채권자에게 우선변제권이 확보되어 있다면, 그 범위 내에서는 채무자의 재산처분행위는 채권자를 해하지 아니하므로 연대보증인이 비록 유일한 재산을 처분하는 법률행위를 하더라도 채권자에 대하여 사해행위가 성립되지 않고, 당해 채무액이 그 부동산의 가액 및 채권최고액을 초과하는 경우에는 그 담보물로부터 우선변제받을 액을 공제한 나머지 채권액에 대하여만 채권자취소권이 인정된다. 피보전채권의 존재와 그 범위는 채권자취소권 행사의 한 요건에 해당된다고 할 것이므로 이 경우 채권자취소권을 행사하는 채권자로서는 그 담보권의 존재에도 불구하고 자신이 주장하는 피보전채권이 그 우선변제권 범위 밖에 있다는 점을 주장·입증하여야 한다.(대판 2002.11.8, 2002다41589)

11. 우선변제권의 확보 여부를 판단함에 있어서 담보로 제공된 주식의 가액평가 시점(=재산처분행위 당시의 시가) 채무자의 재산처분행위가 사해행위가 되는지 여부는 처분행위 당시를 기준으로 판단하여야 하므로 담보로 제공된 주식 등이 사해성 여부가 문제되는 재산처분행위가 있은 후에 환가된 경우에 그 재산처분행위의 사해성 여부를 판단하기 위한 주식가액의 평가는 주식가액의 하락이 예상되는 등 특별한 사정이 없는 한 사후에 환가된 가액을 기준으로 할 것이 아니라 사해성 여부가 문제되는 재산처분행위 당시의 시가를 기준으로 하여야 한다.(대판 2001.7.27, 2000다73377)

12. 채권자의 채무자에 대한 소송이 패소로 확정된 경우 채무자의 제3자에 대한 소유권이전등기의 말소를 구하는 사해행위취소청구 가부(소극) 채권자취소권을 행사하려면 채무자에 대하여 채권을 행사할 수 있음이 전제되어야 한다. 채권자의 채무자에 대한 소유권이전등기청구소송이나 손해배상청구소송이 패소확정되어 행사할 수 없게 되었다면 소유권이전등기청구권이나 손해배상청구권을 행사하기 위하여 채무자의 제3자에 대한 소유권이전등기의 말소를 구하는 사해행위취소청구도 인용될 수 없다.(대판 1993.2.12, 92다25151)

13. 면책된 파산채권 채무자가 파산절차에서 면책결정을 받은 때에는 파산채권을 피보전채권으로 하여 채권자취소권을 행사하는 것은 그 채권이 회생파산 566조 단서의 예외사유에 해당하지 않는 한 허용되지 않는다.(대판 2008.6.26, 2008다25978)

14. 가압류채권자의 채권자취소권 행사 가부(적극) 채권자가 이미 자기 채권의 보전을 위하여 가압류를 한 바 있는 부동산을 채무자가 제3자가 부담하는 채무의 담보로 제공하여 근저당권을 설정하여 줌으로써 물상보증을 한 경우 가압류채권자라고 하여도 채무자의 물상보증으로 인한 근저당권 설정행위에 대하여 채권자취소권을 행사할 수 있다.(대판 2010.1.28, 2009다90047)

15. 사해행위 이전에 성립한 채권이 사해행위 이후에 양도된 경우, 채권 양수인이 채권자취소권을 행사할 수 있는지 여부(적극) 사해행위라고 볼 수 있는 행위가 행하여지기 전에 발생한 채권은 원칙적으로 채권자취소권에 의하여 보호될 수 있는 채권이 될 수 있고, 채권자의 채권이 사해행위 이전에 성립한 이상 사해행위 이후에 양도되었다고 하더라도 양수인은 채권자취소권을 행사할 수 있으며, 채권 양수일에 채권자취소권의 피보전채권이 새로 발생되었다고 할 수 없다.(대판 2012.2.9, 2011다77146)

16. 채권자가 피보전채권을 달리하여 동일한 법률행위의 취소 및 원상회복을 구하는 채권자취소의 소를 이중으로 제기하는 경우, 전·후소의 소송물이 동일한지 여부(적극) **및 이때 전·후소 중 어느 하나가 승계참가신청에 의하여 이루어진 경우에도 마찬가지인지 여부**(적극) 채권자가 사해행위취소 및 원상회복청구를 하면서 보전하고자 하는 채권을 추가하거나 교환하는 것은 사해행위취소권과 원상회복청구권을 이유 있게 하는 공격방법에 관한 주장을 변경하는 것일 뿐이지 소송물 또는 청구 자체를 변경하는 것이 아니므로, 채권자가 보전하고자 하는 채권을 달리하여 동일한 법률행위의 취소 및 원상회복을 구하는 채권자취소의 소를 이중으로 제기하는 경우 전소와 후소는 소송물이 동일하다고 보아야 하고, 이는 전소나 후소 중 어느 하나가 승계참가신청에 의하여 이루어진 경우에도 마찬가지이다.(대판 2012.7.5, 2010다80503)

▸채무자의 재산권을 목적으로 한 법률행위

17. 채권자가 전득자를 상대로 사해행위취소소송을 제기한 경우 그 취소의 효과 및 취소의 대상이 되는 사해행위의 범위 채권자가 전득자를 상대로 하여 사해행위의 취소와 함께 책임재산의 회복을 구하는 사해행위취소의 소를 제기한 경우에 그 취소의 효과는 채권자와 전득자 사이의 상대적인 관계에서만 생기는 것이고 채무자 또는 채무자와 수익자 사이의 법률관계에는 미치지 않는 것이므로, 이 경우 취소의 대상이 되는 사해행위는 채무자와 수익자 사이에서 행하여진 법률행위에 국한되고, 수익자와 전득자 사이의 법률행위는 취소의 대상이 되지 않는다.(대판 2004.8.30, 2004다21923)

18. 상속재산 분할협의가 사해행위취소 대상인지 여부(적극) ① 상속재산의 분할협의는 상속이 개시되어 공동상속인 사이에 잠정적 공유가 된 상속재산에 대하여 그 전부 또는 일부를 각 상속인의 단독소유로 하거나 새로운 공유관계로 이행시킴으로써 상속재산의 귀속을 확정시키는 것으로 그 성질상 재산권을 목적으로 하는 법률행위이므로 사해행위취소권 행사의 대상이 될 수 있다. ② 채무초과 상태에 있는 채무자가 상속재산의 분할협의를 하면서 상속재산에 관한 권리를 포기함으로써 결과적으로 일반 채권자에 대한 공동담보가 감소되었다 하더라도, 그 재산분할결과가 채무자의 구체적 상속분에 상당하는 정도에 미달하는 과소한 것이라고 인정되지 않는 한 사해행위로서 취소되어야 할 것은 아니고, 구체적 상속분에 상당하는 정도에 미달하는 과소한 경우에도 사해행위로서 취소되는 범위는 그 미달하는 부분에 한정하여야 한다.(대판 2001.2.9, 2000다51797)

19. 상속포기가 사해행위취소의 대상인지 여부(소극) 상속의 포기는 비록 포기자의 재산에 영향을 미치는 바가 없지 아니하나 상속인으로서의 지위 자체를 소멸하게 하는 행위로서 순전한 재산법적 행위와 같이 볼 것이 아니다. 상속의 포기는 민 406조 1항에서 정하는 "재산권에 관한 법률행위"에 해당하지 아니하여 사해행위취소의 대상이 되지 못한다.(대판 2011.6.9, 2011다29307)

20. 이혼에 따른 재산분할이 사해행위취소 대상인지 여부(적극) 재산분할자가 이미 채무초과의 상태에 있다거나 또는 어떤 재산을 분할한다면 무자력이 되는 경우에도 분할자가 부담하는 채무액 및 그것이 공동재산의 형성에 어느 정도 기여하고 있는지 여부를 포함하여 재산분할의 액수와 방법을 정할 수 있고, 재산분할자가 당해 재산분할에 의하여 무자력이 되어 일반채권자에 대한 공동담보를 감소시키는 결과가 된다고 하더라도 그러한 재산분할이 민 839조의2 2항의 규정 취지에 반하여 상당하다고 할 수 없을 정도로 과대하고, 재산분할을 구실로 이루어진 재산처분이라고 인정할 만한 특별한 사정이 없는 한 사해행위로서 채권자취소권의 대상이 되지 아니하고, 위와 같은 특별한 사정이 있어 사해행위로서 채권자취소권의 대상이 되는 경우에도 취소되는 범위는 그 상당한 부분을 초과하는 부분에 한정된다.(대판 2001.5.8, 2000다58804)

21. 이혼에 따른 재산분할청구권 포기 행위가 채권자취소권의 대상이 되는지 여부(소극) 이혼으로 인한 재산분할청구권은 이혼이 성립한 때에 그 법적 효과로서 비로소 발생하는 것일 뿐만 아니라, 협의 또는 심판에 의하여 구체적 내용이 형성되기까지는 그 범위 및 내용이 불명확·불확정하기 때문에 구체적으로 권리가 발생하였다고 할 수 없으므로 협의 또는 심판에 의하여 구체화되지 않은 재산분할청구권은 채무자의 책임재산에 해당하지 아니하고, 이를 포기하는 행위 또한 채권자취소권의 대상이 될 수 없다. (대판 2013.10.11, 2013다7936)

22. 합의이혼 후 유일한 재산의 양도가 사해행위취소 대상인지 여부(적극) 채권자가 채무자를 상대로 손해배상채권을 보전하기 위하여 그 소유의 부동산에 대하여 가압류결정을 받기 하루 전에 채무자가 합의이혼을 하고 처에 대한 위자료 및 자녀의 양육비조로 그의 유일한 재산인 위 부동산을 처에게 무상양도하였다면 그 양도경위에 비추어 채무자는 그 양여행위로써 자신이 무자력에 빠지게 되어 채권자를 해한다는 사실을 알고 있었다고 보이므로 위 양여행위는 채권자에 대한 사해행위가 된다.(대판 1990.11.23, 90다카24762)

23. 유증의 포기가 사해행위 취소의 대상이 되는지 여부(소극) 유증을 받을 자는 유언자의 사망 후에 언제든지 유증을 승인 또는 포기할 수 있고, 그 효력은 유언자가 사망한 때에 소급하여 발생하므로(민 1074조), 채무초과 상태에 있는 채무자라도 자유롭게 유증을 받을 것을 포기할 수 있다. 또한 채무자의 유증 포기가 직접적으로 채무자의 일반재산을 감소시켜 채무자의 재산을 유증 이전의 상태보다 악화시킨다고 볼 수도 없다. 따라서 유증을 받을 자가 이를 포기하는 것은 사해행위 취소의 대상이 되지 않는다고 보는 것이 옳다.(대판 2019.1.17, 2018다260855)

24. 공유수면점용허가권 양도가 사해행위취소 대상인지 여부(적극) 공유관리 11조, 같은 법 시행령에 의하면, 공유수면점용허가권은 공법상의 권리라고 하더라도 허가를 받은 자가 관할 관청의 허가 없이 그 점용허가권을 자유로이 양도할 수 있으므로 독립한 재산적 가치를 가지고 있고, 법률상 압류가 금지된 권리도 아니어서 민집 251조 소정의 '그 밖의 재산권'에 대한 집행방법에 의하여 강제집행을 할 수도 있고, 따라서 사해행위로서 이를 양도한 경우에는 채권자취소권의 대상이 된다.(대판 2005.11.10, 2004다7873)

25. 어업허가 양도가 사해행위취소 대상인지 여부(소극) 공법상의 허가권 등의 양도행위가 사해행위로서 채권자취소권의 대상이 되기 위해서는, 행정관청의 허가 없이 그 허가권등을 자유로이 양도할 수 있는 등으로 그 허가권 등이 독립한 재산적 가치를 가지고 있어 민집 251조 소정의 '그 밖의 재산권'에 대한 집행방법에 의하여 강제집행할 수 있어야 할 것인데, 구 수산업법(2009. 4. 22. 개정 전), 수산업법의 위임에 의한 농림수산식품부령인 '어업허가 및 신고 등에 관한 규칙' 등에 비추어 보면, 어업허가의 양도는 허용되지 않는다고 할 것이므로, 결국 민집 251조 소정의 강제집행의 대상이 될 수 없는 어업허가를 양도한 행위는 채권자취소권의 대상이 될 수 없다.(대판 2010.4.29, 2009다105734)

26. 화물자동차 운송사업자가 채무초과 상태에서 '화물자동차 운송사업을 양도하는 행위'가 사해행위취소의 대상이 되는지 여부(원칙적 적극) 화물자동차 운송사업자가 채무초과 상태에서 화물자동차 운송사업을 양도하는 행위는 물적 시설인 화물자동차가 양도 대상에서 제외되었다는 특별한 사정이 없는 한 사해행위취소의 대상이 된다. 나아가 위와 같은 사해행위 후 화물자동차 운송사업의 물적 시설인 화물자동차가 모두 처분 또는 교체되어 이를 채무자에게 귀속시키는 것이 불가능하게 된 경우에는 사해행위취소와 원상회복으로서 가액배상을 청구할 수 있다.(대판 2014.5.16, 2013다36453)

27. 영업양도가 채권자취소권 행사의 대상이 되는지 여부(적극) 채무자가 영업재산과 영업권이 유기적으로 결합된 일체로서의 영업을 양도함으로써 채무초과상태에 이르거나 이미 채무초과상태에 있는 것을 심화시킨 경우, 영업양도는 채권자취소권 행사의 대상이 된다.(대판 2015.12.10, 2013다84162)

28. 채권자가 채무자 소유 부동산에 근저당권을 설정받은 경우 그 보증인의 채무자에 대한 사전구상채권을 피보전권리로 한 사해행위의 취소, 재산처분행위의 사해성을 판단하기 위한 가액 평가의 기준 시기 ① 채무자가 다른 재산을 처분하는 법률행위를 하더라도, 채무자 소유의 부동산에 채권자 앞으로 근저당권이 설정되어 있고 그 부동산의 가액 및 채권최고액이 당해 채권액을 초과하여 채권자에게 채권 전액에 대한 우선변제권이 확보되어 있다면, 그와 같은 재산처분행위는 채권자를 해하지 아니하므로 채권자에 대하여 사해행위가 성립하지 않는다. 이러한 경우 주채무의 보증인이 있더라도 채무자가 보증인에 대하여 부담하는 사전구상채무를 별도로 소극재산으로 평가할 수는 없고, 보증인이 변제로 채권자를 대위할 경우 자기의 권리에 의하여 구상할 수 있는 범위에서 채권 및 그 담보에 관한 권리를 행사할 수 있으므로, 사전구상권을 피보전권리로 주장하는 보증인에 대하여도 사해행위가 성립하지 않는다. ② 채무자의 재산처분행위가 사해행위가 되는지 여부는 처분행위 당시를 기준으로 판단하여야 하므로, 담보로 제공된 부동산에 대하여 임의경매 등의 환가절차가 개시되어 진행되는 도중에 재산처분행위가 이루어졌다고 하더라도, 그 재산처분행위의 사해성 유무를 판단하기 위한 부동산 가액의 평가는 부동산 가액의 하락이 예상되는 등의 특별한 사정이 인정되지 아니하는 한 사후에 환가된 가액을 기준으로 할 것이 아니라 사해성 여부가 문제되는 재산처분행위 당시의 시가를 기준으로 하여야 한다. (대판 2009.6.23, 2009다549)

▸ **사해행위**

29. 채무자의 무자력 여부를 판단할 때 부동산이나 채권 등이 적극재산으로 산정되기 위한 요건 및 압류금지재산을 적극재산에 포함시킬 수 있는지 여부(소극) 채무자의 재산처분행위가 사해행위가 되기 위해서는 그 행위로 말미암아 채무자의 총재산의 감소가 초래되어 채권의 공동담보에 부족이 생기게 되는 것, 즉 채무자의 소극재산이 적극재산보다 많아져야 한다. 채무자가 재산처분행위를 할 당시 그의 적극재산 중 부동산과 채권이 있어 그 재산의 합계가 채무액을 초과한다고 하더라도 그 적극재산을 산정함에 있어서는 다른 특별한 사정이 없는 한 실질적으로 재산적 가치가 없어 채권의 공동담보로서의 역할을 할 수 없는 재산은 제외하여야 한다. 그 재산이 채권인 경우에는 그것이 용이하게 변제를 받을 수 있는 확실성이 있는 것인지 여부를 합리적으로 판정하여 그것이 긍정되는 경우에 한하여 적극재산에 포함시켜야 할 것이며, 압류금지재산은 공동담보가 될 수 없으므로 이를 적극재산에 포함시켜서는 안 된다.(대판 2005.1.28,

2004다58963)

30. 채무의 변제가 사해행위에 해당하기 위한 요건 채권자가 채무의 변제를 구하는 것은 그의 당연한 권리행사이므로 다른 채권자가 존재한다는 이유로 이것이 방해받아서는 아니 되고, 채무자도 채무의 본지에 따라 채무를 이행할 의무를 부담하고 있어 다른 채권자가 있다는 이유로 그 채무이행을 거절하지는 못하므로, 채무자가 채무초과의 상태에서 특정채권자에게 채무의 본지에 따른 변제를 함으로써 다른 채권자의 공동담보가 감소하는 결과가 되는 경우에도 그 변제는 '채무자가 특히 일부의 채권자와 통모하여 다른 채권자를 해할 의사를 가지고 변제를 한 경우'가 아닌 한 원칙적으로 사해행위가 되는 것은 아니다. 채무자가 특히 일부의 채권자와 통모하여 다른 채권자를 해할 의사를 가지고 변제를 하였는지 여부는 사해행위임을 주장하는 사람이 입증하여야 한다.(대판 2005.3.25, 2004다10985, 10992)

31. 채무자의 무자력 판단 방법 사해행위취소의 요건으로서의 무자력이란 채무자의 변제자력이 없음을 뜻하는 것이고 특히 임의변제를 기대할 수 없는 경우에는 강제집행을 통한 변제가 고려되어야 하므로, 소극재산이든 적극재산이든 위와 같은 목적에 부합할 수 있는 재산인지 여부가 변제자력 유무 판단의 중요한 고려요소가 되어야 한다. 따라서 채무자 명의로 정기예금을 하였으나 채무자의 아들이 그 정기예금 채권에 대하여 무기명의 양도성예금증서를 발급받아 소지하고 있다가 처분한 경우 채무자의 채권자들이 양도성예금증서의 존재를 쉽게 파악하고, 이를 집행의 대상으로 삼을 수 있었다는 특별한 사정이 있는 경우에 한하여 그 양도성예금증서가 표창하는 예금채권 상당액을 채무자의 적극재산으로 볼 수 있다.(대판 2006.2.10, 2004다2564)

32. 채무자의 무자력 판단에 기초가 되는 부동산의 평가 기준 채무자의 무자력 여부는 사해행위 당시를 기준으로 판단하여야 하는 것이므로 채무자의 적극재산에 포함되는 부동산이 사해행위가 있은 후에 경매절차에서 경락된 경우에 그 부동산의 평가는 경락된 가액을 기준으로 할 것이 아니라 사해행위 당시의 시가를 기준으로 하여야 할 것이며, 부동산에 대하여 정당한 절차에 따라 산출된 감정평가액은 특별한 사정이 없는 한 그 시가를 반영하는 것으로 보아도 좋을 것이다.(대판 2001.4.27, 2000다69026)

33. 채무자의 무자력 여부를 판단할 때 소극재산의 판단 기준 채권자취소권 행사의 요건인 채무자의 무자력 여부를 판단함에 있어서 그 대상이 되는 소극재산은 원칙적으로 사해행위라고 볼 수 있는 행위가 행하여지기 전에 발생된 것임을 요하지만, 그 사해행위 당시에 이미 채무 성립의 기초가 되는 법률관계가 성립되어 있고, 가까운 장래에 그 법률관계에 터잡아 채무가 성립되리라는 점에 대한 고도의 개연성이 있으며, 실제로 가까운 장래에 그 개연성이 현실화되어 채무가 성립된 경우에는 그 채무도 채무자의 소극재산에 포함시켜야 한다.(대판 2011.1.13, 2010다68084)

34. 채권자취소권에서 채무초과 여부 판단 시 양도소득세 등을 소극재산에 포함해야 하는지 여부(소극) 사해행위로 주장되는 토지나 건물의 양도 자체에 대한 양도소득세와 지방소득세 채무는 통상적으로 토지나 건물의 양도에 대한 대금이 모두 지급된 이후에 비로소 성립하므로 사해행위로 주장하는 행위 당시에는 아직 발생하지 않는다. 양도소득세와 지방소득세 채무 성립의 기초가 되는 법률관계가 사해행위로 주장되는 행위 당시 이미 성립되었다거나 이에 기초하여 이러한 채무가 성립할 고도의 개연성이 있다고 볼 수도 없다. 토지나 건물에 관하여 소득세법에 따른 양도가 이루어지지 않았을 때에는 양도소득세와 지방소득세 채무 성립의 기초가 되는 법률관계가 존재한다고 보기 어렵고, 토지나 건물의 양도에 관한 계약 등의 교섭이 진행되는 경우라 하더라도 이는 양도소득세와 지방소득세 채무를 성립시키기 위한 교섭이라고 볼 수 없어서 채무 성립의 개연성 있는 준법률관계나 사실관계 등에 해당한다고 볼 수 없다. 따라서 사해행위로 주장되는 토지나 건물의 양도 자체에 대한 양도소득세와 지방소득세 채무는 사해행위로 주장되는 행위 당시의 채무초과상태를 판단할 때 소극재산으로 고려할 수는 없다.(대판 2022.7.14, 2019다281156)

35. 가등기에 기하여 본등기가 경료된 경우 사해행위 요건의 구비 여부의 판단기준 시기(1) 가등기에 기하여 본등기가 경료된 경우 가등기의 원인인 법률행위와 본등기의 원인인 법률행위가 명백히 다른 것이 아닌 한, 사해행위 요건의 구비 여부는 가등기의 원인된 법률행위 당시를 기준으로 하여 판단하여야 한다.(대판 1999.4.9, 99다2515)

36. 가등기에 기하여 본등기가 경료된 경우 사해행위 요건의 구비 여부의 판단기준 시기(2) 가등기와 본등기의 원인인 법률행위가 다르다면 사해행위 요건의 구비 여부는 후자를 기준으로 판단해야 하고 제척기간의 기산일도 후자가 사해행위임을 안 때라고 보아야 한다. 채무자가 유일한 재산인 부동산에 관하여 가등기의 효력이 소멸한 상태에서 새로 매매계약을 체결하고 말소되어야 할 가등기를 기초로 하여 본등기를 한 행위는 가등기의 원인인 법률행위와 별개로 특별한 사정이 없는 한 사해행위이고, 이때 본등기의 원인인 새로운 매매계약을 기준으로 사해행위 여부나 제척기간의 준수 여부를 판단해야 한다.(대판 2021.9.30, 2019다266409)

37. 매매예약 후 매매계약이 성립한 경우 사해행위 취소 대상 채무자가 그의 책임재산인 부동산에 대해 제3자와 매매예약을 하고 소유권이전의 가등기를 경료한 후, 제3자가 예약완결권을 행사하여 매매계약이 성립하고 본등기를 경료한 경우 매매예약과 매매계약 모두 사해행위이며 채권자취소권 행사의 제척기간은 매매예약일을 기산으로 하여야 한다.(대판 1996.11.8, 96다26329)

38. 채무자의 유일한 재산 처분 채무자가 자기의 유일한 재산인 부동산을 매각하여 소비하기 쉬운 금전으로 바꾸는 행위로 그 매각이 일부 채권자에 대한 정당한 변제에 충당하기 위하여 상당한 매각으로 이루어졌다던가 하는 특별한 사정이 없는 한 항상 채권자에 대하여 사해행위가 된다. 따라서 채무자의 사해의 의사는 추정되는 것이고 이를 매수한 수익자가 악의 없었다는 입증책임은 그 수익자 자신에게 있다.(대판 1966.10.4, 66다1535)

39. 채무자가 유일한 재산인 부동산을 매각하여 소비하기 쉬운 금전으로 바꾸는 행위가 사해행위에 해당하지 않는 경우 채무자가 유일한 재산인 부동산을 매각하여 소비하기 쉬운 금전으로 바꾸는 행위는 원칙적으로 사해행위가 되지만, 부동산의 매각 목적이 채무의 변제 또는 변제자력을 얻기 위한 것이고, 대금이 부당한 염가가 아니며, 실제 이를 채권자에 대한 변제에 사용하거나 변제자력을 유지하고 있는 경우에는, 채무자가 일부 채권자와 통모하여 다른 채권자를 해할 의사를 가지고 변제를 하는 등의 특별한 사정이 없는 한, 사해행위에 해당한다고 볼 수 없다.(대판 2015.10.29, 2013다83992) 이러한 법리는 유일한 재산으로서 영업재산과 영업권이 유기적으로 결합된 일체로서 영업을 양도하는 경우에도 마찬가지로 적용된다.(대판 2021.10.28, 2018다223023)

40. 특정 채권자에 대한 대물변제, 담보제공 행위의 사해행위 여부(원칙적 적극) 채무자의 재산이 채무의 전부를 변제하기에 부족한 경우에 채무자가 그의 재산을 어느 특정 채권자에게 대물변제나 담보조로 제공하였다면 특별한 사정이 없는 한 이는 곧 다른 채권자의 이익을 해하는 것으로서 다른 채권자들에 대한 관계에서 사해행위가 되는 것이고, 위와 같이 대물변제나 담보조로 제공된 재산이 채무자의 유일한 재산이 아니라거나 그 가치가 채권액에 미달한다고 하여도 마찬가지라고 할 것이다.(대판 2022.1.14, 2018다295103)

41. 현저하게 부당한 가격으로 행하는 대물변제 금전채권의 담보로 특정물(선박)에 관한 이전등기를 하여 주기로 약정한 후 채무자가 채권자를 해함을 알면서 또 제3자와 통모하

여 현저히 부당한 가격으로 위 선박에 관하여 제3자 앞으로 소유권이전등기를 경료한 경우에 채권자는 그 본래의 금전채권을 사해 당한 것으로 수익자인 제3자를 상대로 그 사해행위의 취소를 구할 수 있다.(대판 1977.6.28, 77다105)

42. 연대보증인의 사해행위 판단시 주채무자의 일반적인 자력 고려 여부(소극) 연대보증인의 법률행위가 사해행위에 해당하는지 여부를 판단함에 있어서 주채무에 관하여 주채무자 또는 제3자 소유의 부동산에 대하여 채권자 앞으로 근저당권이 설정되어 있는 등으로 채권자에게 우선변제권이 확보되어 있는 경우가 아닌 이상, 주채무자의 일반적인 자력은 고려할 요소가 아니다.(대판 2003.7.8, 2003다13246)

43. 기존의 금전채무의 변제에 갈음한 다른 금전채권의 양도 채무자가 채무초과의 상태에서 특정채권자에게 채무의 본지에 따른 변제를 함으로써 다른 채권자의 공동담보가 감소하는 결과가 되는 경우에도 그 변제는 채무자가 특히 일부의 채권자와 통모하여 다른 채권자를 해할 의사를 가지고 변제를 한 경우가 아닌 한 원칙적으로 사해행위가 되는 것은 아니다. 이는 기존 금전채무의 변제에 갈음하여 다른 금전채권을 양도하는 경우에도 마찬가지이다. 또한 채무자가 특히 일부의 채권자와 통모하여 다른 채권자를 해할 의사를 가지고 변제 내지 채권양도를 하였는지 여부는 사해행위임을 주장하는 사람이 입증하여야 한다.(대판 2004.5.28, 2003다60822)

44. 채무자가 기존채권자 중 1인에게 다른 금전채권을 양도한 행위의 사해행위 해당 여부 채무초과의 상태에 있는 채무자가 여러 채권자 중 일부에게만 채무의 이행과 관련하여 그 채무의 본래 목적이 아닌 다른 채권 기타 적극재산을 양도하는 행위는, 원칙적으로 다른 채권자들에 대한 관계에서 사해행위가 될 수 있다. 다만 이러한 경우에도 양도한 채권이 채무자의 전체 책임재산 중에서 차지하는 비중, 채권양도로 인하여 초래된 채무자의 무자력 정도, 채권양도가 이루어진 경위나 그 경제적인 목적, 채무자와 수익자 간 의사 연락의 내용 등 제반 사정에 따라 그 행위가 궁극적으로 일반채권자를 해하는 행위로 볼 수 없는 경우에는 사해행위의 성립이 부정될 수 있다.(대판 2011.10.13, 2011다28045)

45. 채무자의 부동산을 채권담보로 제공하는 행위 자금난으로 사업을 계속 추진하기 어려운 상황에 처한 채무자가 자금을 융통하여 사업을 계속 추진하는 것이 채무 변제력을 갖게 되는 최선의 방법이라고 생각하고 자금을 융통하기 위하여 부득이 부동산을 특정 채권자에게 담보로 제공하고 그로부터 신규자금을 추가로 융통받았다면 특별한 사정이 없는 한 채무자의 담보권 설정행위는 사해행위에 해당하지 않는다. 다만 사업의 계속 추진과는 아무런 관계가 없는 기존 채무를 아울러 피담보채무 범위에 포함시켰다면, 그 부분에 관하여 사해행위에 해당할 여지는 있다.(대판 2002.3.29, 2000다25842) 이때 담보제공행위의 사해성이 부정되는지 여부는, 행위목적물이 채무자의 전체 책임재산 가운데에서 차지하는 비율, 무자력의 정도, 그 행위가 사업을 계속 추진하여 채무를 변제하거나 변제자력을 얻기 위한 불가피하고 유효적절한 수단이었는지, 담보제공이 합리적인 범위에서 이루어진 것인지, 실제 자금이 채권자에 대한 변제나 사업의 계속을 위해 사용되어 채무자가 변제자력을 갖게 되었는지, 채무자가 일부 채권자와 통모하여 다른 채권자를 해칠 의사를 가지고 행한 것은 아닌지 등 여러 사정을 종합적으로 고려하여 판단하여야 한다.(대판 2022.1.13, 2017다264072, 264089)

46. 신규자금의 융통 없이 단지 기존채무의 이행을 유예받기 위한 담보 제공 특정 채권자가 당시로서 채무자에 대하여 채권회수조치에 적극성을 보였다는 사정만으로 채권자들 사이에서 우선적 담보제공의 필요성에 관한 차별적 평가를 하기는 어렵고, 채무자가 사업활동에서 실제로 활용할 수 있는 신규자금의 유입과 기존채무의 이행기의 연장 내지 채권회수조치의 유예는 사업의 갱생이나 계속적 추진을 위하여 가지는 경제적 의미가 동일하다고 볼 수 없으므로 비록 채무자가 사업의 갱생이나 계속 추진의 의도였다 하더라도 신규자금의 융통 없이 단지 기존채무의 이행을 유예받기 위하여 자신의 채권자 중 한 사람에게 담보를 제공하는 행위는 다른 특별한 사정이 없는 한 다른 채권자들에 대한 관계에서는 사해행위에 해당한다.(대판 2010.4.29, 2009다104564)

47. 기존 금전채무의 담보를 위한 다른 금전채권 양도 이미 채무초과의 상태에 빠져 있는 채무자가 그의 유일한 재산인 부동산을 채권자 중의 어느 한 사람에게 채권담보로 제공하는 행위는 다른 특별한 사정이 없는 한 다른 채권자들에 대한 관계에서 채권자취소권의 대상이 되는 사해행위가 된다고 봄이 상당하다. 이는 이미 채무초과의 상태에 빠져 있는 채무자가 그의 유일한 재산인 채권을 채권자 중의 어느 한 사람에게 채권담보로 제공하는 경우에도 마찬가지라고 할 것이다.(대판 2007.2.23, 2006다47301)

48. 채무의 변제를 위한 약속어음 발행행위가 사해행위에 해당하는지 여부(소극) 채무자가 이전부터 있는 채무의 변제를 위하여 약속어음을 발행하는 행위는 소극재산을 증가시키는 행위가 아니므로 그것만으로는 다른 채권자를 해하는 행위라고 보기 어렵다.(대판 2002.8.27, 2002다27903)

49. 채무자가 양도한 부동산에 다른 사람의 담보물권이 설정되어 있었던 경우 양도 행위가 사해행위에 해당하기 위한 요건 채무자가 양도한 목적물에 담보권이 설정되어 있는 경우라면 그 목적물 중에서 일반채권자들의 공동담보에 제공되는 책임재산은 피담보채권액을 공제한 나머지 부분만이고 그 피담보채권액이 목적물의 가격을 초과하고 있는 때에는 당해 목적물의 양도는 사해행위에 해당한다고 할 수 없다. 여기서 공동저당권이 설정되어 있는 수개의 부동산 중 일부가 양도된 경우에 있어서의 그 피담보채권액은 특별한 사정이 없는 한 민 368조의 규정 취지에 비추어 공동저당권의 목적으로 된 각 부동산의 가액에 비례하여 공동저당권의 피담보채권액을 안분한 금액이라고 보아야 한다.(대판 2003.11.13, 2003다39989)

50. 저당권의 피담보채권액이 목적물의 가액을 초과하였으나 채무자가 목적물을 양도하기에 앞서 자신의 출재로 피담보채무의 일부를 변제하여 잔존 피담보채권액이 목적물의 가액을 초과하지 않게 된 경우 사해행위취소의 소에서 채무자가 수익자에게 양도한 목적물에 저당권이 설정되어 있는 경우에 목적물 중에서 일반채권자들의 공동담보에 제공되는 책임재산은 피담보채권액을 공제한 나머지 부분만이므로, 피담보채권액이 목적물의 가액을 초과할 때의 목적물 양도는 사해행위에 해당하지 않는다. 그러나 저당권의 피담보채권액이 목적물의 가액을 초과하였더라도 채무자가 목적물을 양도하기에 앞서 자신의 출재로 피담보채무의 일부를 변제하여 잔존 피담보채권액이 목적물의 가액을 초과하지 않게 되었다면 목적물의 양도로 목적물의 가액에서 잔존 피담보채권액을 공제한 잔액의 범위 내에서 사해행위가 성립하고, 이는 채무자의 출재에 의한 피담보채무의 일부 변제가 양도계약 체결 후 이에 따른 소유권이전등기 등이 마쳐지는 과정에서 이루어진 경우에도 마찬가지로 보아야 한다.(대판 2017.1.12, 2016다208792)

51. 상속재산 분할협의시 상속재산에 관한 권리 포기 채무초과 상태에 있는 채무자가 상속재산의 분할협의를 하면서 상속재산에 관한 권리를 포기함으로써 결과적으로 일반 채권자에 대한 공동담보가 감소되었다 하더라도, 그 재산분할 결과가 채무자의 구체적 상속분에 상당하는 정도에 미달하는 과소한 것이라고 인정되지 않는 한 사해행위로서 취소되어야 할 것은 아니고, 구체적 상속분에 상당하는 정도에 미달하는 과소한 경우에도 사해행위로서 취소되는 범위는 그 미달하는 부분에 한정하여야 한다.(대판 2001.2.9, 2000다51797)

52. 사해성 요건은 채권자취소권 행사시까지 유지되어야 하

第3編 債權

는지 여부(적극) 사해성의 요건은 행위 당시는 물론 채권자가 취소권을 행사할 당시(사해행위취소소송의 사실심 변론종결시)에도 갖추고 있어야 하므로, 처분행위 당시에는 채권자를 해하는 것이었더라도 그 후 채무자가 자력을 회복하거나 채무가 감소하여 취소권 행사시에 채권자를 해하지 않게 되었다면, 채권자취소권에 의하여 책임재산을 보전할 필요성이 없으므로 채권자취소권은 소멸한다.(대판 2009.3.26, 2007다63102)

53. 저당권의 피담보채권액이 담보재산의 가액을 초과하는 경우 그 재산의 양도가 사해행위에 해당하는지 여부(소극), **저당권보다 우선하여 배당받을 수 있는 채권자에 대한 관계에서만 사해행위가 되는지 여부**(소극) 저당권이 설정되어 있는 재산이 사해행위로 양도된 경우에 그 사해행위는 그 재산의 가액, 즉 시가에서 저당권의 피담보채권액을 공제한 잔액의 범위 내에서 성립하고, 피담보채권액이 그 재산의 가액을 초과하는 때에는 당해 재산의 양도는 사해행위에 해당한다고 할 수 없다. 위와 같은 법리는 채권자들 중에 그 채무자에 대하여 임금채권 등 경매 등의 환가절차에서 저당권에 의하여 담보되는 채권보다 우선하여 배당을 받을 수 있는 채권자가 있는 경우에도 마찬가지라고 할 것이고, 피담보채권액이 그 재산의 가액을 초과하는 재산의 양도행위가 저당권의 피담보채권보다 우선하여 배당받을 수 있는 채권자에 대한 관계에 있어서만 사해행위가 된다고 할 수도 없다.(대판 2006.4.13, 2005다70090)

54. 우선변제권 있는 채권자에 대한 대물변제의 제공행위 우선변제권 있는 채권자는 처음부터 공동담보가 되는 채무자의 총재산에 대한 환가절차에서 다른 채권자에 우선하여 배당을 받을 수 있는 지위에 있으므로, 이에 대한 대물변제의 제공행위는 특별한 사정이 없는 한 사해행위가 되지 않는다.(대판 2008.2.14, 2006다33357)

55. 이미 이행기가 도래한 기존채무에 관하여 강제집행을 승낙하는 취지의 공정증서를 작성하여 준 경우 그 합의 무자력상태의 채무자가 기존채무에 관한 특정의 채권자로 하여금 채무자가 가지는 채권에 대하여 압류 및 추심명령을 받음으로써 강제집행절차를 통하여 사실상 우선변제를 받게 할 목적으로 그 기존채무에 관하여 강제집행을 승낙하는 취지가 기재된 공정증서를 작성하여 주어 채권자가 채무자의 그 채권에 관하여 압류 및 추심명령을 얻은 경우에는 그와 같은 공정증서 작성의 원인이 된 채권자와 채무자의 합의는 기존채무의 이행에 관한 별도의 계약인 이른바 채무변제계약에 해당하는 것으로서 다른 일반채권자의 이익을 해하여 사해행위가 된다.(대판 2010.4.29, 2009다33884)

56. 가압류가 된 부동산에 관하여 타인을 위해 근저당권을 설정함으로써 물상보증인이 되는 행위 채무자가 아무 채무도 없이 다른 사람을 위해 자신의 부동산에 관하여 근저당권을 설정함으로써 물상보증인이 되는 행위는 그 부동산의 담보가치만큼 채무자의 총재산에 감소를 가져오는 것이므로, 그 근저당권이 채권자의 가압류와 동순위의 효력밖에 없다 하여도, 그 자체로 다른 채권자를 해하는 행위가 된다.(대판 2010.6.24, 2010다20617, 20624)

57. 명의신탁의 경우 부동산의 명의수탁자가 신탁행위에 기한 반환의무의 이행으로서 신탁부동산의 소유권이전등기를 경료하는 행위는 기존채무의 이행으로서 사해행위를 구성하지 아니한다.(대판 2007.4.26, 2006다79704)

58. 명의수탁자의 사해행위 채무자 명의의 소유권이전등기는 부동산실명 4조 2항 본문이 적용되어 무효이고, 따라서 채무자가 제3자와 매매계약을 체결하고 소유권이전등기를 마쳐주었다 하더라도 채무자의 책임재산에 감소를 초래한 것이라고 할 수 없으므로 사해행위라고 할 수 없고, 사해의 사가 있다고 볼 수도 없다.(대판 2007.12.27, 2005다5410)

59. 계약명의신탁의 경우 부동산실명 4조 2항 본문이 적용되어 명의수탁자인 채무자 명의의 소유권이전등기가 무효인 경우에는 제3자와 매매계약을 체결하고 그에게 소유권이전등기를 마쳤다고 하더라도 그 부동산이 일반 채권자들의 공동담보에 제공되는 책임재산이라고 볼 수 없어 사해행위가 아니다. 그러나 이른바 계약명의신탁의 경우는 동법 동항 단서에 의하여 완전한 소유권을 취득하게 되고 매수자금 상당의 부당이득반환의무를 부담하게 되는바, 이 때 명의신탁자 또는 그가 지정하는 자에게 부동산을 양도하는 행위는 특별한 사정이 없는 한 사해행위가 된다.(대판 2008.9.25, 2007다74874)

60. 명의수탁자인 채무자 명의의 소유권이전등기가 무효인 경우 채무자가 제3자와 근저당권설정계약을 체결하는 행위가 사해행위인지 여부(소극) 부동산에 관하여 부동산실명 4조 2항 본문이 적용되어 명의수탁자인 채무자 명의의 소유권이전등기가 무효인 경우에는 그 부동산은 채무자의 소유가 아니기 때문에 이를 채무자의 일반 채권자들의 공동담보에 공하여지는 책임재산이라고 볼 수 없다. 채무자가 위 부동산에 관하여 제3자와 근저당권설정계약을 체결하고 나아가 그에게 근저당권설정등기를 마쳐주었다 하더라도 그로써 채무자의 책임재산에 감소를 초래한 것이라고 할 수 없으므로 이를 들어 채무자의 일반 채권자들을 해하는 사해행위라고 할 수 없고, 채무자에게 사해의 의사가 있다고 볼 수도 없다.(대판 2000.3.10, 99다55069)

61. 채무자가 기존채무의 변제를 위해 채권자와 금전소비대차계약을 체결하고 작성해 준 집행증서를 이용하여 채권자가 경매절차에서 배당받은 경우, 사해행위 해당 여부 채무자의 재산에 대한 경매절차에서 평등배당받기 위해 집행권원을 필요로 하는 채권자의 요구에 따라, 채무초과상태인 채무자가 그 채권자에 대한 기존채무의 변제를 위하여 채권자와 소비대차계약을 체결하고 강제집행 승낙 취지가 기재된 공정증서를 작성하여 주어 채권자가 이 집행증서를 이용하여 채무자 소유 부동산에 대한 경매절차에서 배당을 받은 경우, 그와 같은 행위로 인해 자신의 책임재산을 특정 채권자에게 실질적으로 양도한 것과 다를 바 없는 것으로 볼 수 있는 특별한 사정이 있는 경우가 아닌 한 다른 채권자를 해하는 사해행위가 된다고 볼 수 없다.(대판 2011.12.22, 2010다103376)

62. 합자회사 무한책임사원의 사해행위 여부 판단기준 합자회사의 무한책임사원이 한 대물변제계약 등 법률행위가 사해행위에 해당하는지를 판단할 때, 무한책임사원 고유의 채무 총액과 합자회사의 부채 총액을 합한 액이 무한책임사원 고유의 재산 총액을 초과하는 경우에는 그 법률행위는 특별한 사정이 없는 한 사해행위에 해당한다고 볼 수 있다. 그러나 합자회사의 무한책임사원 책임이 위와 같이 보충성을 갖고 있는 점 등에 비추어 법률행위 당시 합자회사가 그 재산으로 채무를 완제할 수 있었다는 점(상 212조 1항)이 주장·입증된 경우에는 합자회사의 채무를 고려함이 없이 무한책임사원 고유의 채무 총액과 고유의 재산 총액을 비교하여 법률행위가 사해행위에 해당하는지를 판단하여야 한다.(대판 2012.4.12, 2010다27847)

63. 채권자취소권에서 공동저당의 경우 채무자의 적극재산 산정 방법 ① 물상담보로 제공된 부분은 채무자의 일반 채권자들을 위한 채무자의 책임재산이라고 할 수 없으므로 물상담보에 제공된 재산의 가액에서 다른 채권자가 가지는 피담보채권액을 공제한 잔액만을 채무자의 적극재산으로 평가하여야 한다. ② 수개의 부동산에 공동저당권이 설정되어 있는 경우 책임재산을 산정할 때에 각 부동산이 부담하는 피담보채권액은 특별한 사정이 없는 한 민 368조의 규정 취지에 비추어 공동저당권의 목적으로 된 각 부동산 가액에 비례하여 공동저당권의 피담보채권액을 안분한 금액이다.(대판 2012.1.12, 2010다64792)

64. 양자간 명의신탁에서 채무자인 신탁자의 법률행위가 사해행위에 해당할 수 있는지 여부(적극) 부동산실명법의 시

행 후에 부동산의 소유자가 등기명의를 수탁자에게 이전하는 이른바 양자간 명의신탁의 경우 명의신탁약정에 의하여 이루어진 수탁자 명의의 소유권이전등기는 원인무효로서 말소되어야 하고, 부동산은 여전히 신탁자의 소유로서 신탁자의 일반채권자들의 공동담보에 제공되는 책임재산이 된다. 따라서 신탁자의 일반채권자들의 공동담보에 제공되는 책임재산인 신탁부동산에 관하여 채무자인 신탁자가 직접 자신의 명의 또는 수탁자의 명의로 제3자와 매매계약을 체결하는 등 신탁자가 실질적 당사자가 되어 법률행위를 하는 경우 이로 인하여 신탁자의 소극재산이 적극재산을 초과하게 되거나 채무초과상태가 더 나빠지게 되고 신탁자도 그러한 사실을 인식하고 있었다면 이러한 신탁자의 법률행위는 신탁자의 일반채권자들을 해하는 행위로서 사해행위에 해당할 수 있다. 이 경우 사해행위취소의 대상은 신탁자와 제3자 사이의 법률행위가 될 것이고, 원상회복은 제3자가 수탁자에게 말소등기절차를 이행하는 방법에 의할 것이다.(대판 2012.10.25, 2011다107382)

65. 채무자가 강제집행 회피 목적으로 유일한 재산을 무상 양도한 행위가 다른 파산채권자들과의 관계에서 사해행위가 되는지 여부(적극) 채무자가 강제집행을 회피할 목적으로 자기의 사실상 유일한 재산을 제3자에게 무상으로 양도한 행위는 다른 파산채권자들과의 관계에서 사해행위가 되고, 그 제3자가 양수채권을 추심하여 그 돈을 채무자에게 주었다고 하더라도 그 금액 상당을 원상회복이나 가액반환의 범위에서 공제할 것은 아니다.(대판 2013.4.11, 2012다211)

66. 채무자의 채무초과상태 여부 판단시, 임차인의 보증금반환채권이 애초의 보증금액 상당의 가치대로 적극재산에 포함 여부(원칙적 적극) 채무자가 채무초과상태에 있는지 여부를 판단함에 있어서 사해행위 당시 존속하고 있는 임대차관계에서의 임차인의 보증금반환채권은 장차 임대차관계가 종료되는 등으로 그 권리가 실제로 성립하는 때에 선순위권리의 존재 또는 임차인의 차임지급의무 불이행 등으로 임차인이 이를 현실적으로 반환받을 가능성이 없거나 제한되는 것으로 합리적으로 예측되는 등의 특별한 사정이 없는 한 이는 애초의 보증금액 상당의 가치대로 적극재산에 포함된다.(대판 2013.4.26, 2012다118334)

67. 소멸시효이익의 포기행위가 채권자취소의 대상인 사해행위가 될 수 있는지 여부(적극) 채무자가 소멸시효 완성 후에 한 소멸시효이익의 포기행위는 소멸하였던 채무가 소멸하지 않았던 것으로 되어 결과적으로 채무자가 부담하지 않아도 되는 채무를 새롭게 부담하게 되는 것이므로 채권자취소의 대상인 사해행위가 될 수 있다.(대결 2013.5.31, 2012마712)

68. 채무자의 재산처분행위가 정지조건부인 경우 사해행위가 되는지 판단하는 기준 시점(처분행위 당시) ① 채무자의 재산처분행위가 사해행위가 되는지는 처분행위 당시를 기준으로 판단하여야 하며, 설령 재산처분행위가 정지조건부인 경우라 하더라도 특별한 사정이 없는 한 마찬가지이다. ② 갑이 을에 대한 채무를 담보하기 위하여 을에게 채무를 변제하지 못하는 것을 정지조건으로 갑의 병에 대한 임대차보증금 반환채권을 양도하고 을로부터 금전을 차용하였는데, 그 후 갑이 부도를 내고 사업을 폐지한 다음 을과 임대차보증금 반환채권에 관한 채권양도증서를 작성하여 채권양도 사실을 병에게 통지한 사안에서, 갑과 을이 체결한 채권양도계약의 사해행위 해당 여부는 양도증서가 작성된 시점이 아니라 당초 채권양도계약이 체결된 시점을 기준으로 판단하여야 한다.(대판 2013.6.28, 2013다8564)

69. 채무자와 물상보증인의 공유인 부동산에 저당권이 설정된 후 채무자가 자신의 지분을 양도한 경우, 그 양도의 사해행위 해당여부 판단시 채무자 소유의 지분이 부담하는 피담보채권액 ① 수개의 부동산에 공동저당권이 설정되어 있는 경우 책임재산을 산정함에 있어 각 부동산이 부담하는 피담보채권액은 특별한 사정이 없는 한 공동저당권의 목적으로 된 각 부동산의 가액에 비례하여 공동저당권의 피담보채권액을 안분한 금액이다. ② 그러나 그 수개의 부동산 중 일부는 채무자의 소유이고 다른 일부는 물상보증인의 소유인 경우에는 그 물상보증인이 채무자에 대하여 구상권을 행사할 수 없는 특별한 사정이 없는 한 채무자 소유의 부동산에 관한 피담보채권액은 공동저당권의 피담보채권액 전액이다. ③ 이러한 법리는 하나의 공유부동산 중 일부 지분이 채무자의 소유이고, 다른 일부 지분이 물상보증인의 소유인 경우에도 마찬가지로 적용된다.(대판(全) 2013.7.18, 2012다5643)

70. 매도인이 선의인 계약명의신탁에서 신탁자의 부동산 처분 행위가 사해행위가 되는지 여부(소극) 계약명의신탁약정에 따라 수탁자가 선의의 소유자와 사이에 부동산 매매계약을 체결한 후 그 매매계약에 따라 수탁자 명의로 소유권이전등기를 마친 경우에는 수탁자는 당해 부동산의 완전한 소유권을 취득하게 되고, 이와 같이 신탁자가 수탁자에 대하여 부당이득반환채권만을 가지는 경우에는 그 부동산은 신탁자의 일반채권자들의 공동담보에 제공되는 책임재산이라고 볼 수 없으므로, 신탁자가 실질적인 당사자가 되어 위 부동산에 관하여 처분행위를 하고 소유권이전등기를 마쳐주었다고 하더라도 신탁자의 일반채권자들을 해하는 사해행위라고 할 수 없다.(대판 2013.9.12, 2011다89903)

71. 채무자가 연속하여 수개의 재산처분행위를 한 경우, 사해성 여부의 판단 기준(=원칙적으로 각각의 처분행위시) 채무자가 연속하여 수개의 재산처분행위를 한 경우에는 원칙으로 각 행위별로 그로 인하여 무자력이 초래되었는지 여부에 따라 사해성 여부를 판단하여야 하는 것이지만, 일련의 행위를 하나의 행위로 볼만한 특별한 사정이 있는 경우에는 이를 일괄하여 전체적으로 사해성이 있는지 여부를 판단하여야 하고, 그러한 특별 사정이 있는지 여부는 처분의 상대방이 동일한지, 각 처분이 시간적으로 근접한지, 상대방과 채무자가 특별한 관계가 있는지, 각 처분의 동기 내지 기회가 동일한지 등을 종합적으로 고려하여 판단할 것이다.(대판 2014.3.27, 2012다34740)

72. 집합채권 양도담보의 경우 사해행위 여부 판단 기준 집합채권의 양도담보의 예약이 체결된 다음 예약완결권의 행사에 기하여 채권이 양도된 경우 사해행위 여부는 양도담보 예약 시를 기준으로 판단하여야 한다.(대판 2016.7.14, 2014다233268)

73. 위탁자가 담보신탁계약상 수익권을 소멸하게 하여 위탁자의 소극재산이 적극재산을 초과하게 되거나 채무초과상태가 더 나빠지게 된 경우 위탁자가 금전채권을 담보하기 위하여 금전채권자를 우선수익자로, 위탁자를 수익자로 하여 위탁자 소유의 부동산을 신탁법에 따라 수탁자에게 이전하면서 채무불이행 시에는 신탁부동산을 처분하여 우선수익자의 채권 변제 등에 충당하고 나머지를 위탁자에게 반환하기로 하는 내용의 담보신탁을 해 둔 경우, 신탁부동산에 대하여 위탁자가 가지고 있는 담보신탁계약상의 수익권은 위탁자의 일반채권자들에게 공동담보로 제공되는 책임재산에 해당한다. 위탁자가 위와 같이 담보신탁된 부동산을 당초 예정된 신탁계약의 종료사유가 발생하기 전에 우선수익자 및 수탁자의 동의를 받아 제3자에게 처분하는 등으로 담보신탁계약상의 수익권을 소멸하게 하고, 그로써 위탁자의 소극재산이 적극재산을 초과하게 되거나 채무초과상태가 더 나빠지게 되었다면 위탁자의 처분행위는 위탁자의 일반채권자들을 해하는 행위로서 사해행위에 해당한다. 그 경우 사해행위취소에 따른 원상회복의 방법으로 제3자 앞으로 마쳐진 소유권이전등기를 단순히 말소하게 되면 당초 일반채권자들의 공동담보로 되어 있지 않은 부분까지 회복시키는 것이 되어 공평에 반하는 결과가 된다. 이때는 부동산에 대하여 위탁자가 가지고 있던 담보신탁계약상 수익권의 평가금액 한도 내에서 위탁자의 법률행위를 취소하고 가액의 배상을 명하여

야 한다.(대판 2016.11.25, 2016다20732)

74. 신탁계약상 신탁부동산을 처분하는 데 수익권자의 동의를 받도록 정해진 경우, 위탁자의 신탁부동산에 관한 소유권이전등기청구권을 위탁자의 적극재산에 포함시킬 수 있는지 여부(원칙적 소극) 신탁이 존속하는 동안 위탁자가 언제든지 신탁계약을 종료시키고 신탁계약에서 정한 절차에 따라 위탁자 앞으로 소유권이전등기를 마칠 수 있다는 것이 합리적으로 긍정되는 경우에는 위탁자의 신탁부동산에 관한 소유권이전등기청구권이 위탁자의 일반채권자들에게 공동담보로 제공되는 책임재산에 해당된다고 볼 여지가 있다. 그러나 신탁계약상 신탁부동산을 처분하는 데 수익권자의 동의를 받도록 정해진 경우에는 그 처분에 관하여 수익권자의 동의를 받거나 받을 수 있다는 등의 특별한 사정이 없는 한 위탁자가 신탁을 종료시키고 위탁자 앞으로 신탁부동산에 관한 소유권이전등기를 마치는 것은 허용되지 않는다. 이러한 경우에는 위탁자의 신탁부동산에 관한 소유권이전등기청구권은 실질적으로 재산적 가치가 없어 채권의 공동담보로서의 역할을 할 수 없으므로 그 소유권이전등기청구권을 위탁자의 적극재산에 포함시킬 수 없다.(대판 2021.6.10, 2017다254891)

75. 외국적 요소가 있는 채권자취소권의 행사에서 준거법 결정 채권에 관한 법률관계에 외국적 요소가 있을 경우에, 당사자가 준거법을 선택한 바가 없고, 국제사법에도 당해 법률관계에 적용할 준거법을 정하는 기준에 관한 직접적 규정이 없는 경우에는 법률관계와 가장 밀접한 관련이 있는 국가의 법에 의하여야 한다(국사 26조 등). 외국의 법률에 의하여 권리를 취득한 채권자가 우리나라에서 채권자취소권을 행사할 경우의 준거법에 관해서도 국제사법은 달리 정한 바가 없다. 그러므로 이때에도 법률관계와 가장 밀접한 관련이 있는 국가의 법이 준거법이 되어야 하는데, 채권자취소권의 행사에서 피보전권리는 단지 권리행사의 근거가 될 뿐이고 취소 및 원상회복의 대상이 되는 것은 사해행위이며, 사해행위 취소가 인정되면 채무자와 법률행위를 한 수익자 및 이를 기초로 다시 법률관계를 맺은 전득자 등이 가장 직접적으로 이해관계를 가지게 되므로 거래의 안전과 제3자의 신뢰를 보호할 필요도 있다. 이러한 요소 등을 감안하면, 외국적 요소가 있는 채권자취소권의 행사에서 가장 밀접한 관련이 있는 국가의 법은 취소대상인 사해행위에 적용되는 국가의 법이다.(대판 2016.12.29, 2013므4133)

▸ **채무자의 악의**

76. 채무자의 악의에 관한 증명책임 사해행위취소소송에 있어서 채무자의 악의의 점에 대하여는 그 취소를 주장하는 채권자에게 입증책임이 있으나 수익자 또는 전득자가 악의라는 점에 관하여는 입증책임이 채권자에게 있는 것이 아니고 수익자 또는 전득자 자신에게 선의라는 사실을 입증할 책임이 있다.(대판 1997.5.23, 95다51908)

77. 채무자와 수익자 사이의 소송절차에서 확정판결 등을 통해 마친 소유권이전등기가 사해행위취소로 인한 원상회복으로 말소되는 경우 무자력상태의 채무자가 소송절차를 통해 수익자에게 자신의 책임재산을 이전하기로 하여, 수익자가 제기한 소송에서 자백하는 등의 방법으로 패소판결 또는 그와 같은 취지의 화해권고결정 등을 받아 확정시키고, 이에 따라 수익자 앞으로 책임재산에 대한 소유권이전등기 등이 마쳐졌다면, 이러한 일련의 행위의 실질적인 원인이 되는 채무자와 수익자 사이의 이전합의는 다른 일반채권자의 이익을 해하는 사해행위가 될 수 있다. 채권자가 사해행위의 취소와 함께 수익자 또는 전득자로부터 책임재산의 회복을 명하는 사해행위취소의 판결을 받은 경우 수익자 또는 전득자가 채권자에 대하여 사해행위의 취소로 인한 원상회복 의무를 부담하게 될 뿐, 채권자와 채무자 사이에서 취소로 인한 법률관계가 형성되는 것은 아니다. 따라서 위와 같이 채무자와 수익자 사이의 소송절차에서 확정판결 등을 통해 마쳐진 소유권이전등기가 사해행위취소로 인한 원상회복으로써 말소된다고 하더라도, 그것이 확정판결 등의 효력에 반하거나 모순되는 것이라고는 할 수 없다.(대판 2017.4.7, 2016다204783)

78. 건축 중인 건물 외에 별다른 재산이 없는 채무자가 수익자에게 책임재산인 위 건물을 양도하기 위해 수익자 앞으로 건축주명의를 변경해주기로 약정한 경우 건축 중인 건물 외에 별다른 재산이 없는 채무자가 수익자에게 책임재산인 위 건물을 양도하기 위해 수익자 앞으로 건축주명의를 변경해주기로 약정하였다면 위 양도 약정이 포함되어 있다고 볼 수 있는 건축주명의변경 약정은 채무자의 재산감소 효과를 가져오는 행위로서 다른 일반채권자의 이익을 해하는 사해행위가 될 수 있다.(대판 2017.4.27, 2016다279206)

79. 채무자의 사해의사의 유무 판단 방법 채무자의 사해의사를 판단함에 있어 사해행위 당시의 사정을 기준으로 하여야 할 것임은 물론이나, 사해행위라고 주장되는 행위 이후의 채무자의 변제 노력과 채권자의 태도 등도 사해의사의 유무를 판단함에 있어 다른 사정과 더불어 간접사실로 삼을 수도 있다.(대판 2003.12.12, 2001다57884)

80. 연대보증인의 사해의사 판단기준 연대보증인에게 부동산의 매도행위 당시 사해의 의사가 있었는지 여부는 연대보증인이 자신의 자산상태가 채권자에 대한 연대보증채무를 담보하는 데 부족이 생기게 되리라는 것을 인식하였는가 하는 점에 의하여 판단하여야 하고, 연대보증인이 주채무자의 자산상태가 채무를 담보하는 데 부족이 생기게 되리라는 것까지 인식하였어야만 사해의 의사를 인정할 수 있는 것은 아니다.(대판 1998.4.14, 97다54420)

▸ **수익자 또는 전득자의 악의**

81. 채무자의 행위가 사해행위에 해당하는 경우 수익자의 악의의 추정 여부(적극) 채무자의 제3자에 대한 담보제공행위가 객관적으로 사해행위에 해당하는 경우 수익자의 악의는 추정되는 것이므로 수익자가 그 법률행위 당시 선의였다는 입증을 하지 못하는 한 채권자는 그 법률행위를 취소하고 그에 따른 원상회복을 청구할 수 있다.(대판 2006.4.14, 2006다5710)

82. 사해행위취소소송의 피고적격 채권자가 사해행위의 취소와 함께 책임재산의 회복을 구하는 사해행위취소의 소에 있어서는 수익자 또는 전득자에게만 피고적격이 있고 채무자에게는 피고적격이 없다.(대판 2004.8.30, 2004다21923; 대판 2009.1.15, 2008다72394)

83. 제척기간 도과의 증명책임 제척기간의 도과에 관한 입증책임은 채권자취소소송의 상대방에게 있다.(대판 2009.3.26, 2007다63102)

84. 전득자의 악의 판단시 수익자와 전득자 사이 법률행위의 사해성이 문제되는지 여부(소극) 채권자가 사해행위의 취소로서 수익자를 상대로 채무자와의 법률행위의 취소를 구함과 아울러 전득자를 상대로도 전득행위의 취소를 구함에 있어서, 전득자의 악의는 전득행위 당시 그 행위가 채권자를 해한다는 사실, 즉 사해행위의 객관적 요건을 구비하였다는 것에 대한 인식을 의미하므로, 전득자의 악의를 판단함에 있어서는 단지 전득자가 전득행위 당시 채무자와 수익자 사이의 법률행위의 사해성을 인식하였는지 여부만이 문제가 될 뿐이지, 수익자와 전득자 사이의 전득행위가 다시 채권자를 해하는 행위로서 사해행위의 요건을 갖추어야 하는 것은 아니다.(대판 2006.7.4, 2004다61280)

85. 전득자의 악의 판단에 수익자가 법률행위의 사해성을 인식하였는지가 문제되는지 여부(원칙적 소극) 전득자의 악의는 전득행위 당시 취소를 구하는 법률행위가 채권자를 해한다는 사실에 대한 인식을 의미하므로, 전득자의 악의 판단에서는 전득자가 전득행위 당시 채무자와 수익자 사이의 법률행위 사해성을 인식하였는지만이 문제가 될 뿐이고, 수

익자가 채무자와 수익자 사이 법률행위의 사해성을 인식하였는지는 원칙적으로 문제가 되지 않는다.(대판 2012.8.17, 2010다87672)

▶ **채권자취소권 행사**

86. 채권자취소권의 제소기간에 관한 민법 규정의 위헌 여부(소극) 채권자취소권제도는 제3자에게 미치는 영향이 크고 거래의 동적안전을 해칠 우려가 있으므로 일정한 제한을 둘 수밖에 없다. 이 사건 법률조항은 법률관계의 조속한 확정을 위하여 객관적인 사유인 채무자의 법률행위시를 기준으로 채권자취소의 제소기간에 제한을 둔 것이고, 채권자 취소권의 대상은 공시방법을 전제로 한 법률행위에만 국한되는 것이 아니어서 공시방법이 없는 법률행위에 대하여도 사해행위 취소에 관한 제척기간의 기산점을 명확히 할 필요가 있는 점, 채권자로서는 미리 가압류 등의 조치를 취함으로써 채무자의 사해행위를 방지하고 그 책임재산을 확보할 법률적인 수단을 갖고 있는 점, 채권자취소권의 제척기간 경과로 채권자의 채권 자체가 소멸하는 것은 아니고, 집행할 재산으로서 채무자의 책임재산을 상실한 것에 불과한 점 등을 고려하면, 이 사건 법률조항이 채권자에게 현저하게 불리하거나 합리성이 없다고 볼 수 없으므로 기본권 제한의 입법적 한계를 벗어난 것이라고 할 수 없다. 한편, 민법상의 일반적인 취소권의 제척기간(민 146조)은 취소권행사의 제척기간의 기산점과 채권 소멸시효의 기산점이 거의 동일하다는 점을 고려한 것으로서 원칙적으로 채권자의 채권발생후의 시점에서 사해행위를 예정하고 있는 채권자취소와는 그 제도의 취지가 전혀 다른 것이고, 상속회복청구권은 10년의 제척기간이 경과하면 진정상속인은 참칭상속인에 대한 아무런 권리도 행사할 수 없게 되는 것인 반면, 채권자취소권의 경우에는 채권자취소권이 인정되지 아니하더라도 채권을 확보할 모든 수단을 상실하는 것이 아니라는 점에서 서로 다른 제도이므로 이 제도들을 서로 비교하는 것은 부적절하고, 설령 비교가능하다 하더라도 그 차별은 합리적 이유가 있으므로 평등원칙에 반한다고 볼 수 없다.(헌재 2006.11.30, 2003헌가14, 15)

87. 사해행위취소 청구권의 행사 방법 채무자가 채권자를 해함을 알고 재산권을 목적으로 한 법률행위를 한 경우, 채권자는 사해행위의 취소를 법원에 소를 제기하는 방법으로 청구할 수 있을 뿐 소송상의 공격방어방법으로 주장할 수 없다.(대판 1995.7.25, 95다8393)

88. 제소기간 기산점으로서 취소원인을 안다는 것의 의미 채권자취소의 소는 채권자가 취소원인을 안 날로부터 1년 내에 제기하여야 하는 것인바, 여기에서 취소원인을 안다고 하기 위하여서는 단순히 채무자의 법률행위가 있었다는 사실을 아는 것만으로는 부족하고, 그 법률행위가 채권자를 해하는 행위라는 것 즉, 그에 의하여 채권의 공동담보에 부족이 생기거나 이미 부족상태에 있는 공동담보가 한층 더 부족하게 되어 채권을 완전하게 만족시킬 수 없게 된다는 것까지 알아야 한다.(대판 2000.2.25, 99다53704)

89. '취소원인을 안 날'의 의미 채권자가 '취소원인을 안 날'이라 함은 채권자가 채권자취소권의 요건을 안 날, 즉 채무자가 채권자를 해함을 알면서 사해행위를 하였다는 사실을 알게 된 날을 의미한다. 그 법률행위가 채권자를 해하는 행위라는 것, 즉 그에 의하여 채권의 공동담보에 부족이 생기거나 이미 부족상태에 있는 공동담보가 한층 더 부족하게 되어 채권을 완전하게 만족시킬 수 없게 되었으며 나아가 채무자에게 사해의 의사가 있었다는 사실까지 알 것을 요한다.(대판 2011.12.22, 2010다11408)

90. 취소원인을 알았다고 하기 위하여 수익자, 전득자의 악의까지 알아야 하는지 여부(소극) 채권자취소권 행사에 있어서 채권자가 취소원인을 알았다고 하기 위하여서는 단순히 채무자가 재산의 처분행위를 하였다는 사실을 아는 것만으로는 부족하고 구체적인 사해행위의 존재를 알고 나아가 채무자에게 사해의 의사가 있었다는 사실까지 알 것을 요하나, 나아가 채권자가 수익자나 전득자의 악의까지 알아야 하는 것은 아니다.(대판 2000.9.29, 2000다3262)

91. 채무자가 유일한 재산인 부동산을 처분하는 경우 사해의 사의 추정 채무자가 자기의 유일한 재산인 부동산을 매각하여 소비하기 쉬운 금전으로 바꾸는 행위는 특별한 사정이 없는 한 채권자에 대하여 사해행위가 되어 채무자의 사해의 의사가 추정되는 것이므로, 이와 같이 채무자가 유일한 재산인 부동산을 처분하였다는 사실을 채권자가 알았다면 특별한 사정이 없는 한 채무자의 사해의사도 채권자가 알았다고 봄이 상당하다.(대판 2000.9.29, 2000다3262)

92. 민 406조 2항에서 정한 단기 제척기간의 기산일 역시 채권자취소권의 피보전채권이 성립하는 시점과 관계없이 '채권자가 취소원인을 안 날'이라고 보아야 하는지 여부(적극) 위 90.의 법리는 사해행위 당시에 이미 채권 성립의 기초가 되는 법률관계가 발생되어 있고, 가까운 장래에 그 법률관계에 터 잡아 채권이 성립되리라는 점에 대한 고도의 개연성이 있으며, 실제로 가까운 장래에 그 개연성이 현실화되어 채권이 성립되는 등 예외적으로 그 채권을 채권자취소권의 피보전채권으로 인정하는 경우에도 동일하게 적용된다. 따라서 그 단기 제척기간의 기산일 역시 채권자취소권의 피보전채권이 성립하는 시점과 관계없이 '채권자가 취소원인을 안 날'이라고 보아야 하고, 이는 채권자취소권의 피보전채권이 피고인에 대하여 추징을 명한 형사판결이 확정됨으로써 비로소 현실적으로 성립하게 되는 경우에도 마찬가지이다.(대판 2022.5.26, 2021다288020)

93. 채권자가 채무자 소유의 부동산에 대한 가압류신청시 수익자 명의의 근저당권설정등기가 경료된 것을 안 경우 취소원인을 알았다고 볼 수 없다고 한 사례 채권자가 채무자 소유의 부동산에 대한 가압류신청시 첨부한 등기부등본에 수익자 명의의 근저당권설정등기가 경료되어 있었다는 사실만으로는 채권자가 가압류신청 당시 취소원인을 알았다고 인정할 수 없다.(대판 2000.6.13, 2000다15265)

94. 파산자의 채권에 기한 사해행위 취소 파산자의 채권에 기한 사해행위취소의 소에서 채무자의 사해행위를 알았는지 여부는 파산자를 기준으로 판단하여야 할 것이나, 파산자가 사해행위의 취소원인을 알지 못한 상태에서 파산관재인이 선임되었다면, 그 후로는 파산관재인을 기준으로 판단하여야 한다.(대판 2008.4.24, 2006다57001)

95. 채무자가 무자력 상태임을 알고 있는 채권자가 가압류신청시 수익자 명의의 소유권이전등기청구권가등기가 경료된 것을 안 경우 취소원인을 알았다고 한 사례 채무자가 무자력임을 파악하고 있던 상태에서 채권자가 부동산가압류신청을 위하여 등기부등본을 발급받으면서 그 부동산에 관하여 매매예약을 원인으로 한 수익자 명의의 소유권이전청구권가등기가 경료된 사실을 확인하였다면, 다른 특별한 사정이 없는 한 가압류신청을 위하여 등기부등본을 발급받은 무렵이나 늦어도 가압류신청이 가능하다는 판단 하에 이에 필요한 나머지 서류들을 발급받은 무렵에는 등기부등본의 내용을 확인함으로써 채무자가 채권자를 해할 의도로 매매예약을 체결하였다는 사정을 알게 되었다.(대판 2006.2.23, 2005다64422)

96. 사해행위의 객관적 사실 인식시 취소원인을 알았다고 추정할 수 있는지 여부(소극) 채권자취소권의 행사에 있어서 제척기간의 기산점인 채권자가 '취소원인을 안 날'은 채권자가 채권자취소권의 요건을 안 날, 즉 채무자가 채권자를 해함을 알면서 사해행위를 하였다는 사실을 알게 된 날을 의미하고, 채권자가 취소원인을 알았다고 하기 위하여는 단순히 채무자가 재산의 처분행위를 하였다는 사실을 아는 것만으로는 부족하고 구체적인 사해행위의 존재를 알고 나아가 채무자에게 사해의 의사가 있었다는 사실까지 알 것을 요하

며, 사해행위의 객관적 사실을 알았다고 하여 취소의 원인을 알았다고 추정할 수는 없다.(대판 2006.7.4, 2004다61280)

97. 채권자가 채무자의 채권자취소권을 대위행사하는 경우 제소기간 준수 여부는 채무자를 기준으로 판단(대판 2001.12.27, 2000다73049) → 제404조 참조

98. 사해행위취소소송에서 피보전채권을 변경하는 경우의 제척기간 문제 채권자가 사해행위의 취소를 청구하면서 그 보전하고자 하는 채권을 추가하거나 교환하는 것은 그 사해행위취소권을 이유 있게 하는 공격방법에 관한 주장을 변경하는 것일 뿐이지 소송물 또는 청구 자체를 변경하는 것이 아니므로 소의 변경이라 할 수 없다. 따라서 소장에서 주장하였던 피보전권리가 소송계속 중 변제로 인하여 소멸한 후 원고가 새로운 피보전권리를 주장할 때 1년의 제척기간이 경과하였다 하더라도 그 소가 부적법하게 되는 것은 아니다.(대판 2003.5.27, 2001다13532)

99. 가등기에 기한 소유권이전의 본등기가 경료된 경우 채무자 소유의 부동산에 관하여 수익자의 명의로 소유권이전청구권의 보전을 위한 가등기가 경료되었다가 그 가등기에 기한 소유권이전의 본등기가 경료된 경우에, 가등기의 등기원인인 법률행위와 본등기의 등기원인인 법률행위가 명백히 다른 것이 아닌 한 본등기의 기초가 된 가등기의 등기원인인 법률행위를 제쳐놓고 본등기의 등기원인인 법률행위만이 취소의 대상이 되는 사해행위라고 볼 것은 아니므로, 가등기의 등기원인인 법률행위가 있은 날이 언제인지와 관계없이 본등기가 경료된 날로부터 사해행위 취소의 소의 제척기간이 진행된다고 볼 수 없다.(대판 1996.11.8, 96다26329)

100. 가등기에 기한 소유권 이전의 본등기가 경료된 경우 제척기간의 기산일 따라서 가등기 및 본등기의 원인행위에 대한 사해행위 취소 등 청구의 제척기간의 기산일은 가등기의 원인행위가 사해행위임을 안 때이다. 채권자가 가등기의 원인행위가 사해행위임을 안 때부터 1년 내에 가등기의 원인행위에 대하여 취소의 소를 제기하였다면 본등기의 원인행위에 대한 취소 청구는 가등기의 원인행위에 대한 제척기간이 경과한 후 하더라도 적법하다.(대판 2006.12.21, 2004다24960)

101. 취소의 소와 원상회복의 소의 분리행사 채권자가 민 406조 1항에 따라 사해행위의 취소와 원상회복을 청구하는 경우 사해행위의 취소만을 먼저 청구한 다음 원상회복을 나중에 청구할 수 있다. 또한 채권자가 민 406조 1항에 따라 사해행위의 취소와 원상회복을 청구하는 경우 사해행위 취소 청구가 민 406조 2항에 정하여진 기간 안에 제기되었다면 원상회복의 청구는 그 기간이 지난 뒤에도 할 수 있다.(대판 2001.9.4, 2001다14108)

102. 이미 해지된 근저당권설정계약에 대한 사해행위취소청구의 권리보호의 이익 채무자가 선순위 근저당권이 설정되어 있는 상태에서 그 부동산을 제3자에게 양도한 후 선순위 근저당권설정계약을 해지하고 근저당권설정등기를 말소한 경우에, 비록 근저당권설정계약이 이미 해지되었지만 그것이 사해행위에 해당하는지에 따라 후행 양도계약 당시 당해 부동산의 잔존가치가 피담보채무액을 초과하는지 여부가 달라지고 그 결과 후행 양도계약에 대한 사해행위취소청구가 받아들여지는지 여부 및 반환범위가 달라지는 때에는 이미 해지된 근저당권설정계약이라 하더라도 그에 대한 사해행위취소청구를 할 수 있는 권리보호의 이익이 있다.(대판 2013.5.9, 2011다75232)

103. 전득자 및 전전득자에 대한 원상회복청구도 민 406조 2항의 제척기간을 준수하여야 하는지 여부(적극) 채권자가 전득자에 대하여 채권자취소권을 행사하여 원상회복을 구하기 위하여는 민 406조 2항에서 정한 기간 안에 별도로 전득자에 대한 관계에서 채무자와 수익자 사이의 사해행위를 취소하는 청구를 하여야 한다. 이는 기존 전득자 명의의 등기가 말소된 후 다시 새로운 전득자 명의의 등기가 경료되어 새로운 전득자에 대한 관계에서 채무자와 수익자 사이의 사해행위를 취소하는 청구를 하는 경우에도 마찬가지이다.(대판 2014.2.13, 2012다204013)

104. 채권자가 사해행위의 수익자 또는 전득자에 대하여 회생절차가 개시되더라도 관리인을 상대로 사해행위의 취소 및 그에 따른 원물반환을 구하는 사해행위취소의 소를 제기할 수 있는지 여부(적극) 사해행위취소권은 사해행위로 이루어진 채무자의 재산처분행위를 취소하고 사해행위에 의해 일탈된 채무자의 책임재산을 수익자 또는 전득자로부터 채무자에게 복귀시키기 위한 것이므로 환취권의 기초가 될 수 있다. 수익자 또는 전득자에 대하여 회생절차가 개시된 경우 채무자의 채권자가 사해행위의 취소와 함께 회생채무자로부터 사해행위의 목적인 재산 그 자체의 반환을 청구하는 것은 환취권의 행사에 해당하여 회생절차개시의 영향을 받지 아니한다. 따라서 채무자의 채권자는 사해행위의 수익자 또는 전득자에 대하여 회생절차가 개시되더라도 관리인을 상대로 사해행위의 취소 및 그에 따른 원물반환을 구하는 사해행위취소의 소를 제기할 수 있다.(대판 2014.9.4, 2014다36771)

105. 법인 대표자의 불법행위로 인한 법인의 대표자에 대한 손해배상청구권을 피보전권리로 하여 법인이 채권자취소권을 행사하는 경우, 제척기간의 기산점 판단 방법 법인의 대표자가 법인에 대하여 불법행위를 한 경우 적어도 법인의 이익을 정당하게 보전할 권한을 가진 다른 대표자, 임원 또는 사원이나 직원 등이 손해배상청구권을 행사할 수 있을 정도로 이를 안 때에 비로소 단기소멸시효가 진행하고, 만약 다른 대표자나 임원 등이 법인의 대표자와 공동불법행위를 한 경우에는 그 다른 대표자나 임원 등을 배제하고 단기소멸시효 기산점을 판단하여야 한다. 그리고 이는 법인의 대표자의 불법행위로 인한 법인의 대표자에 대한 손해배상청구권을 피보전권리로 하여 법인이 채권자취소권을 행사하는 경우의 제척기간의 기산점인 '취소원인을 안 날'을 판단할 때에도 마찬가지이다.(대판 2015.1.15, 2013다50435)

106. 국민건강보험공단이 채권자취소권을 행사하는 경우, 제척기간의 기산점 판단 방법 제척기간의 기산점과 관련하여 국민건강보험공단이 취소원인을 알았는지는 특별한 사정이 없는 한 피보전채권의 추심 및 보전 등에 관한 업무를 담당하는 직원의 인식을 기준으로 판단하여야 하므로, 담당직원이 채무자의 재산 처분행위 사실뿐만 아니라 구체적인 사해행위의 존재와 채무자에게 사해의 의사가 있었다는 사실까지 인식하였다면 이로써 국민건강보험공단도 그 시점에 취소원인을 알았다고 볼 수 있다.(대판 2023.4.13, 2021다309231)

107. 부양료청구권의 침해를 이유로 채권자취소권을 행사하는 경우, 제척기간의 기산일(=취소원인을 안 날 또는 법률행위가 있은 날) 민 974조, 975조에 의하여 부양의 의무 있는 사람이 여러 사람인 경우에 그중 부양의무를 이행한 1인이 다른 부양의무자에 대하여 이미 지출한 과거 부양료의 지급을 구하는 권리는 당사자의 협의 또는 가정법원의 심판 확정에 의하여 비로소 구체적이고 독립한 재산적 권리로 성립하게 되지만, 그러한 부양료청구권의 침해를 이유로 채권자취소권을 행사하는 경우의 제척기간은 부양료청구권이 구체적인 권리로서 성립한 시기가 아니라 민 406조 2항이 정한 '취소원인을 안 날' 또는 '법률행위가 있은 날'로부터 진행한다.(대판 2015.1.29, 2013다79870)

108. 사해행위가 있은 후 채권자가 취소원인을 알면서 피보전채권을 양도하고 양수인이 채권자취소권을 행사하는 경우, 제척기간의 기산점 사해행위의 객관적 사실을 알았다고 하여 취소원인을 알았다고 추정할 수는 없고, 그 제척기간의 도과에 관한 증명책임은 사해행위취소소송의 상대방에게 있다. 그리고 사해행위가 있은 후 채권자가 취소원인을 알면서 피보전채권을 양도하고 양수인이 그 채권을 보전하기 위하여 채권자취소권을 행사하는 경우에는, 채권의 양도인이 취

소원인을 안 날을 기준으로 제척기간 도과 여부를 판단하여야 한다.(대판 2018.4.10, 2016다272311)

▶ **채권자취소의 범위와 원상회복방법**

109. 채권자취소권에서 피보전채권을 산정하는 기준시점과 그 범위 채권자가 채권자취소권을 행사할 때에는 원칙적으로 자신의 채권액을 초과하여 취소권을 행사할 수 없고, 이때 채권자의 채권액에는 사해행위 이후 사실심 변론종결시까지 발생한 이자나 지연손해금이 포함된다.(대판 2002.4.12, 2000다63912)

110. 사해행위취소에 따른 원상회복으로 가액배상이 허용되기 위하여 수익자등의 고의·과실을 요하는지 여부(소극) 채권자의 사해행위취소 및 원상회복청구가 인정되면, 수익자 또는 전득자는 원상회복으로서 사해행위의 목적물을 채무자에게 반환할 의무를 지게 되고, 원물반환이 불가능하거나 현저히 곤란한 경우에는 원상회복의무의 이행으로서 사해행위 목적물의 가액 상당을 배상하여야 한다. 원래 채권자와 아무런 채권·채무관계가 없었던 수익자가 채권자취소에 의하여 원상회복의무를 부담하는 것은 형평의 견지에서 법이 특별히 인정한 것이므로, 그 가액배상의 의무는 목적물의 반환이 불가능하거나 현저히 곤란하게 됨으로써 성립하고, 그 외에 그와 같이 불가능하게 된 데에 상대방인 수익자 등의 고의나 과실을 요하는 것은 아니다.(대판 1998.5.15, 97다58316)

111. 사해행위 취소소송에서 가액배상에 의한 원상회복청구가 인정되기 위한 요건인 '원물반환이 불가능하거나 현저히 곤란한 경우'의 의미 원물반환이 불가능하거나 현저히 곤란한 경우라 함은 원물반환이 단순히 절대적, 물리적으로 불능인 경우가 아니라 사회생활상의 경험법칙 또는 거래상의 관념에 비추어 채권자가 수익자나 전득자로부터 이행의 실현을 기대할 수 없는 경우를 말한다. 사해행위의 목적물이 수익자로부터 전득자로 이전되어 그 등기까지 경료되었다면 후일 채권자가 전득자를 상대로 소송을 통하여 구제받을 수 있는지 여부에 관계없이, 수익자가 전득자로부터 목적물의 소유권을 회복하여 이를 다시 채권자에게 이전하여 줄 수 있는 특별한 사정이 없는 한 그로써 채권자에 대한 목적물의 원상회복의무는 법률상 이행불능의 상태에 있다.(대판 1998.5.15, 97다58316)

112. 채권자가 원상회복만을 구하는 경우 가액배상을 명할 수 있는지 여부(적극) 사해행위를 전부 취소하고 원상회복을 구하는 채권자의 주장 속에는 사해행위를 일부 취소하고 가액의 배상을 구하는 취지도 포함되어 있으므로, 채권자가 원상회복만을 구하는 경우에도 법원은 가액의 배상을 명할 수 있다.(대판 2001.9.4, 2000다66416)

113. 사해행위의 취소에 따른 원상회복에서 사해행위의 목적물이 동산이고 현물반환이 가능한 경우 채권자가 직접 자기에게 그 목적물의 인도를 청구할 수 있는지 여부(적극) 민법 406조에 의한 사해행위의 취소에 따른 원상회복은 원칙적으로 그 목적물 자체의 반환에 의하여야 하는바, 이 때 사해행위의 목적물이 동산이고 그 현물반환이 가능한 경우에는 취소채권자는 직접 자기에게 그 목적물의 인도를 청구할 수 있다.(대판 1999.8.24, 99다23468)

114. 근저당권설정계약을 사해행위로서 취소함에 있어 이미 경매절차가 진행되어 타인이 소유권을 취득하고 근저당권설정등기가 말소된 경우 원상회복방법 근저당권설정계약을 사해행위로서 취소하는 경우 경매절차가 진행되어 타인이 소유권을 취득하고 근저당권설정등기가 말소되었다면 원물반환이 불가능하므로 가액배상의 방법으로 원상회복을 명할 것이다. 이미 배당이 종료되어 수익자가 배당금을 수령하였다면 수익자로 하여금 배당금을 반환하도록 명하여야 하고, 배당표가 확정되었으나 채권자의 배당금지급금지가처분으로 인하여 수익자가 배당금을 현실적으로 지급받지 못한 경우에는 배당금지급채권의 양도와 그 채권양도의 통지를 명할 것이나, 채권자가 배당기일에 출석하여 수익자의 배당 부분에 대하여 이의를 하였다면 그 채권자는 사해행위취소의 소와 병합하여 원상회복으로서 배당이의의 소를 제기할 수 있다. 다만 이 경우 법원으로서는 배당이의의 소를 제기한 당해 채권자 이외의 다른 채권자의 존재를 고려할 필요 없이 그 채권자의 채권이 만족을 받지 못한 한도에서만 근저당권설정계약을 취소하고 그 한도에서만 수익자의 배당액을 삭제하여 당해 채권자의 배당액으로 경정하여야 한다.(대판 2004.1.27, 2003다6200)

115. 가액배상시 이행의 상대방 채권자취소권은 채무자의 책임재산에서 일탈한 재산을 회복하여 채권자의 강제집행이 가능하도록 하는 것을 본질로 하는 권리이므로, 원상회복을 가액배상으로 하는 경우에 그 이행의 상대방은 채권자이어야 한다.(대판 2008.4.24, 2007다84352)

116. 수익자를 상대로 채무자 앞으로 직접 소유권이전등기절차이행의 청구 가부(적극) 자기 앞으로 소유권을 표상하는 등기가 되어 있었거나 법률에 의하여 소유권을 취득한 자가 진정한 등기명의를 회복하기 위한 방법으로는 그 등기의 말소를 구하는 외에 현재의 등기명의인을 상대로 직접 소유권이전등기절차의 이행을 구하는 것도 허용되어야 한다. 이러한 법리는 사해행위 취소소송에서 취소 목적 부동산의 등기명의를 수익자로부터 채무자 앞으로 복귀시키고자 하는 경우에도 그대로 적용될 수 있다. 따라서 채권자는 사해행위의 취소로 인한 원상회복 방법으로 수익자 명의의 등기의 말소를 구하는 대신 수익자를 상대로 채무자 앞으로 직접 소유권이전등기절차를 이행할 것을 구할 수도 있다.(대판 2000.2.25, 99다53704)

117. 사해행위 후 제3자가 목적물에 관하여 저당권 등의 권리를 취득한 경우 원상회복방법 사해행위 후 그 목적물에 관하여 제3자가 저당권이나 지상권 등의 권리를 취득한 경우에는 수익자가 목적물을 저당권 등의 제한이 없는 상태로 회복하여 이전하여 줄 수 있다는 등의 특별한 사정이 없는 한 채권자는 수익자를 상대로 원물반환 대신 그 가액 상당의 배상을 구할 수도 있다. 그렇다고 하여 채권자가 스스로 위험이나 불이익을 감수하면서 원물반환을 구하는 것까지 허용되지 아니하는 것으로 볼 것은 아니고, 그 경우 채권자는 원상회복 방법으로 가액배상 대신 수익자 명의의 등기의 말소를 구하거나 수익자를 상대로 채무자 앞으로 직접 소유권이전등기절차를 이행할 것을 구할 수 있다.(대판 2001.2.9, 2000다57139)

118. 사해행위 이후 그 부동산에 관하여 제3자가 저당권을 취득한 경우, 원상회복의 범위 사해행위 이후 그 부동산에 관하여 제3자가 저당권을 취득한 경우에는, 그 피담보채권액은 사해행위 당시 일반 채권자들의 공동담보였던 부분에 속하므로 채권자취소권의 행사에 따른 원상회복의 범위에서 이를 공제할 수 없고, 이를 포함한 전부가 가액배상 등 원상회복의 범위에 포함된다 할 것인데, 이는 채무자의 부동산에 관하여 증여 등 사해행위로 수익자에게 그 소유권이 이전된 후 경매의 실행으로 배당절차가 진행된 경우에도 마찬가지로, 그 부동산 가액 중 수익자의 채권자가 배당절차에 참여하여 취득한 배당액 상당은 사해행위 당시 채무자의 일반채권자들의 공동담보였으므로 가액배상 등 원상회복의 범위에서 공제하여 산정할 것은 아니고, 수익자의 채권자가 채무자의 일반채권자에 해당하는 지위를 겸하고 있다고 하여 달리 볼 것도 아니다.(대판 2023.6.29, 2022다244928)

119. 저당권이 설정되어 있던 부동산에 대한 사해행위 후 저당권설정등기가 말소된 경우 원상회복방법 저당권이 설정되어 있는 부동산에 관하여 사해행위가 이루어진 경우에 그 사해행위는 부동산의 가액에서 저당권의 피담보채권액을 공제한 잔액의 범위 내에서만 성립한다. 사해행위 후 변제 등에 의하여 저당권설정등기가 말소된 경우, 사해행위를 취소

하여 그 부동산의 자체의 회복을 명하는 것은 당초 일반 채권자들의 공동담보로 되어 있지 아니하던 부분까지 회복을 명하는 것이 되어 공평에 반하는 결과가 되므로, 그 부동산의 가액에서 저당권의 피담보채무액을 공제한 잔액의 한도에서 사해행위를 취소하고 그 가액의 배상을 구할 수 있을 뿐이고, 그와 같은 가액 산정은 사실심변론 종결시를 기준으로 하여야 한다.(대판 1999.9.7, 98다41490)

120. 사해행위 후 공유물분할이 된 경우 원상회복방법 공유지분에 관하여 담보가등기를 설정하였다가 공유물분할로 단독소유가 된 부동산에 전사된 담보가등기에 관하여 사해행위를 이유로 채권자취소권을 행사할 경우에는 특별한 사정이 없는 한 공유지분에 대한 담보가등기 설정 당시를 기준으로 사해행위에 해당하는지를 판단하여야 한다. 이 경우 공유물분할 자체가 불공정하게 이루어져 사해행위에 해당한다는 등 특별한 사정이 없는 한 공유물분할이 되어 단독소유로 된 부동산에 설정된 담보가등기 설정계약의 취소와 담보가등기의 말소를 구하는 방법으로 할 수 있다.(대판 2016.5.27, 2014다230894)

121. 사해행위로 양도한 부동산에 설정된 근저당권의 피담보채무액이 변경된 경우 가액반환 범위 채무자가 사해행위로써 양도한 부동산에 근저당권이 설정되어 있어 가액배상을 하여야할 경우 그 가액을 산정하기 위하여 근저당권의 피담보채무액을 공제함에 있어, 사실심 변론종결 당시의 피담보채무액이 사해행위 당시의 그것보다 현실적으로 증대되어 남아 있는 경우에는 근저당권의 채권최고액의 범위 내에서 이를 모두 공제하여야 한다. 그와 반대로 수익자에 의하여 피담보채무의 일부가 대위변제 되어 사실심 변론종결 당시의 피담보채무액이 사해행위 당시의 그것보다 줄어들게 되었다면, 그러한 경우에도 사실심 변론종결 당시의 감소된 피담보채무액만을 공제하는 것은 사해행위 당시 채권자들의 공동담보로 제공되지 아니한 부분까지 회복시키는 결과가 되어 불공평하므로 사해행위 당시의 피담보채무액을 공제하는 방법에 의하여 가액반환의 범위를 확정하여야 한다. 그러나 채무자를 위하여 변제한 자는 변제자대위의 법리에 따라 채권최고액의 범위 내에서 채권자의 근저당권을 행사할 수 있는 것이어서 위와 같이 공제된 금액에서 대위변제된 금원을 또 다시 공제할 것은 아니다.(대판 2005.10.14, 2003다60891)

122. 가압류된 부동산의 수익자 등이 가압류 청구채권 변제 등으로 가압류 집행을 취소한 경우 가액반환 범위 사해행위 당시 어느 부동산이 가압류되어 있다는 사정은 채권자평등의 원칙상 채권자의 공동담보로서 그 부동산의 가치에 아무런 영향을 미치지 아니하므로, 가압류가 된 여부나 그 청구채권액의 다과에 관계없이 그 부동산 전부에 대하여 사해행위가 성립한다. 따라서 사해행위 후 수익자 또는 전득자가 그 가압류 청구채권을 변제하거나 채권액 상당을 해방공탁하여 가압류를 해제시키거나 또는 그 집행을 취소시켰다 하더라도, 법원이 사해행위를 취소하면서 원상회복으로 원물반환 대신 가액배상을 명하여야 하거나, 다른 사정으로 가액배상을 명하는 경우에도 그 변제액을 공제할 것은 아니다.(대판 2003.2.11, 2002다37474)

123. 사해행위취소 및 원물반환의 승소판결이 확정된 후 원물반환이 불가능하게 되었음을 이유로 가액배상청구를 할 수 있는지 여부(소극) 사해행위 후 그 목적물에 관하여 제3자가 저당권이나 지상권 등의 권리를 취득한 경우 채권자는 원상회복 방법으로 수익자를 상대로 채무자 앞으로 직접 소유권이전등기절차를 이행할 것을 구할 수 있다. 이 경우 원상회복청구권은 사실심 변론종결 당시의 채권자의 선택에 따라 원물반환과 가액배상 중 어느 하나로 확정되며, 채권자가 일단 사해행위 취소 및 원상회복으로서 원물반환 청구를 하여 승소 판결이 확정되었다면 그 후 어떠한 사유로 원물반환의 목적을 달성할 수 없게 되었다고 하더라도 다시 원상회복청구권을 행사하여 가액배상을 청구할 수는 없으므로 그 청구는 권리보호의 이익이 없어 허용되지 않는다.(대판 2006.12.7, 2004다54978)

124. 근저당권설정계약 중 일부만이 사해행위에 해당하는 경우, 원상회복방법 사해행위의 취소에 따른 원상회복은 원칙적으로 그 목적물 자체의 반환에 의하여야 하고, 그것이 불가능하거나 현저히 곤란한 경우에 한하여 예외적으로 가액배상에 의하여야 한다. 근저당권설정계약 중 일부만이 사해행위에 해당하는 경우에는 그 원상회복은 근저당권설정등기의 채권최고액을 감축하는 근저당권변경등기절차의 이행을 명하는 방법에 의하여야 한다.(대판 2006.12.7, 2006다43620)

125. 원상회복으로 부동산을 반환하는 경우에 그 사용이익이나 임료상당액도 반환해야 하는지 여부(소극) 사해행위의 취소 및 원상회복은 책임재산의 보전을 위하여 필요한 범위 내로 한정되어야 하므로 원래의 책임재산을 초과하는 부분까지 원상회복의 범위에 포함된다고 볼 수 없다. 따라서 부동산에 관한 법률행위가 사해행위에 해당하여 민 406조 1항에 의하여 취소된 경우에 수익자 또는 전득자가 사해행위 이후 그 부동산을 직접 사용하거나 제3자에게 임대하였다고 하더라도, 당초 채권자의 공동담보를 이루는 채무자의 책임재산은 당해 부동산이었을 뿐 수익자 또는 전득자가 그 부동산을 사용함으로써 얻은 사용이익이나 임차인으로부터 받은 임료상당액까지 채무자의 책임재산이었다고 볼 수 없으므로 수익자 등이 원상회복으로서 당해 부동산을 반환하는 이외에 그 사용이익이나 임료상당액을 반환해야 하는 것은 아니다.(대판 2008.12.11, 2007다69162)

126. 사해행위에 해당하는 매매계약으로 공동저당권이 설정된 수개의 부동산 전부가 동일인에게 일괄 양도된 경우 사해행위 취소에 따른 배상액의 산정 방법 공동저당권이 설정된 수개의 부동산 전부의 매매계약이 사해행위에 해당하고 사해행위의 목적 부동산 전부가 하나의 계약으로 동일인에게 일괄 양도된 경우에는 사해행위로 되는 매매계약이 공동저당 부동산의 일부를 목적으로 할 때처럼 부동산 가액에서 공제하여야 할 피담보채권액의 산정이 문제 되지 아니하므로 특별한 사정이 없는 한 취소에 따른 배상액의 산정은 목적 부동산 전체의 가액에서 공동저당권의 피담보채권 총액을 공제하는 방식으로 함이 취소채권자의 의사에도 부합하는 상당한 방법이다.(대판 2014.6.26, 2012다77891)

127. 매매계약 목적물 중 일부 목적물만을 사해행위로 취소하는 경우 배상액의 산정 방법 특별한 사정이 없는 한 목적물 전부를 사해행위로 취소하는 경우와 그중 일부를 개별적으로 취소하는 경우 사이에 취소에 따른 배상액 산정기준이 달라져야 할 이유가 없으므로 사해행위인 매매계약의 목적물 중 일부 목적물만을 사해행위로 취소하는 경우 일부 목적물의 사실심 변론종결 당시 가액에서 공제되어야 할 피담보채권액은 공동저당권의 피담보채권총액을 사실심 변론종결 당시를 기준으로 한 공동저당 목적물의 가액에 비례하여 안분한 금액이라고 보아야 한다.(대판 2014.6.26, 2012다77891)

128. 수익자가 아직 완공되지 않은 건물 부분을 양도받아 추가공사비를 투입하여 건물을 완공한 경우 가액배상 범위 사해행위취소소송의 수익자가 건물의 원시취득자로부터 기존의 채권액 상당의 가치 범위 내에서 건물 부분을 양도받기로 약정하였고, 그 건물이 아직 완공되지 않은 상태에서 수익자가 매매계약에 따라 추가공사비를 투입하여 건물을 완공함으로써 그의 비용으로 건물의 객관적 가치를 증대시키고 그 가치가 현존하고 있는 경우, 당해 매매계약 전부를 취소하고 그 원상회복으로서 소유권이전등기의 말소등기절차의 이행을 명하게 되면 당초 일반채권자들의 공동담보로 되어 있지 아니하던 부분까지 회복을 명하는 것이 되어 공평에 반하는 결과가 되므로, 위 건물의 가액에서 공동담보로 되어 있지 아니한 부분의 가액을 산정하여 이를 공제한 잔액의 한도에서 사해행위를 취소하고 그 한도에서 가액의 배상을 명함이 상당하다.(대판 2010.2.25, 2007다28819, 28826

▶ **채권자취소권 행사의 효과**

129. 사해행위취소의 상대효(1) 채무자의 수익자에 대한 채권양도가 사해행위로 취소되고, 그에 따른 원상회복으로서 제3채무자에게 채권양도가 취소되었다는 취지의 통지가 이루어지더라도, 채권자와 수익자의 관계에서 채권이 채무자의 책임재산으로 취급될 뿐, 채무자가 직접 채권을 취득하여 권리자로 되는 것은 아니므로, 채권자는 채무자를 대위하여 제3채무자에게 채권에 관한 지급을 청구할 수 없다.(대판 2015.11.17, 2012다2743)

130. 사해행위취소의 상대효(2) 사해행위 취소로 인한 원상회복 판결의 효력도 소송의 당사자인 채권자와 수익자 또는 전득자에게만 미칠 뿐 채무자나 다른 채권자에게 미치지 않으므로, 소송의 당사자가 아닌 다른 채권자는 위 판결에 기하여 채무자를 대위하여 말소등기를 신청할 수 없다. 그럼에도 불구하고 소송당사자가 아닌 다른 채권자가 위 판결에 기하여 채무자를 대위하여 마친 말소등기는 등기절차상의 흠에도 불구하고 실체관계에 부합하는 등기로서 유효하다.(대판 2015.11.17, 2013다84995)

131. 사해행위취소의 상대효(3)(대판 2016.11.25, 2013다206313) → 제245조 참조

132. '수익자 또는 전득자'로부터 '책임재산의 회복'을 명하는 사해행위취소판결의 효력(=상대효) 채권자가 사해행위의 취소와 함께 수익자 또는 전득자로부터 책임재산의 회복을 명하는 사해행위취소의 판결을 받은 경우 취소의 효과는 채권자와 수익자 또는 전득자 사이에만 미치므로, 수익자 또는 전득자가 채권자에 대하여 사해행위의 취소로 인한 원상회복 의무를 부담하게 될 뿐, 채권자와 채무자 사이에서 취소로 인한 법률관계가 형성되거나 취소의 효력이 소급하여 채무자의 책임재산으로 복구되는 것은 아니다.(대판 2014.6.12, 2012다47548, 47555)

133. 사해행위취소판결의 기판력이 미치는 범위 사해행위취소판결의 기판력은 그 취소권을 행사한 채권자와 그 상대방인 수익자 또는 전득자와의 상대적인 관계에서만 미칠 뿐 그 소송에 참가하지 아니한 채무자 또는 채무자와 수익자 사이의 법률관계에는 미치지 아니한다.(대판 1988.2.23, 87다카1989)

134. 채무자가 사해행위 취소로 등기명의를 회복한 부동산을 제3자에게 처분한 경우 채무자와 수익자 사이의 부동산 매매계약이 사해행위로 취소되고 그에 따른 원상회복으로 수익자 명의의 소유권이전등기가 말소되어 채무자의 등기명의가 회복되더라도, 그 부동산은 취소채권자나 민 407조에 따라 사해행위 취소와 원상회복의 효력을 받는 채권자와 수익자 사이에서 채무자의 책임재산으로 취급될 뿐, 채무자가 직접 부동산을 취득하여 권리자가 되는 것은 아니다. 채무자가 사해행위 취소로 등기명의를 회복한 부동산을 제3자에게 처분하더라도 이는 무권리자의 처분에 불과하여 효력이 없으므로, 채무자로부터 제3자에게 마쳐진 소유권이전등기나 이에 기초하여 순차로 마쳐진 소유권이전등기 등은 모두 원인무효의 등기로서 말소되어야 한다. 이 경우 취소채권자나 민 407조에 따라 사해행위 취소와 원상회복의 효력을 받는 채권자는 채무자의 책임재산으로 취급되는 부동산에 대한 강제집행을 위하여 원인무효 등기의 명의인을 상대로 등기의 말소를 청구할 수 있다.(대판 2017.3.9, 2015다217980)

135. 사해행위 취소 전에 이루어진 수익자의 채권자가 한 가압류의 효력 사해행위의 목적부동산에 수익자에 대한 채권자의 가압류등기가 경료된 후 채무자와 수익자 사이의 위 부동산에 관한 매매계약이 사해행위라는 이유로 취소되어 수익자 명의의 소유권이전등기가 말소되었다 하더라도 사해행위의 취소는 상대적 효력밖에 없어 특단의 사정이 없는 한 가압류의 효력이 당연히 소멸되는 것은 아니므로 채무자로부터 위 부동산을 전전하여 양도받은 자는 가압류의 부담이 있는 소유권을 취득하였다 할 것이다.(대판 1990.10.30, 89다카35421)

136. 채권양도 행위가 사해행위로 인정되어 취소 판결이 확정된 경우, 취소의 효과가 사해행위 이전에 이미 채권을 압류한 다른 채권자에게 미치는지 여부(소극) 채권에 대한 압류의 처분금지의 효력은 절대적인 것이 아니고, 이에 저촉되는 채무자의 처분행위가 있어도 압류의 효력이 미치는 범위에서 압류채권자에게 대항할 수 없는 상대적 효력을 가지는 데 그치므로, 압류 후에 피압류채권이 제3자에게 양도된 경우 채권양도는 압류채무자의 다른 채권자 등에 대한 관계에서는 유효하다. 그리고 채권양도 행위가 사해행위로 인정되어 취소 판결이 확정된 경우에도 취소의 효과는 사해행위 이전에 이미 채권을 압류한 다른 채권자에게는 미치지 않는다.(대판 2015.5.14, 2014다12072)

137. 채무자의 법률행위가 사해행위에 해당하여 취소를 이유로 원상회복이 이루어지는 경우, 채무자가 수익자 또는 전득자에게 부당이득반환채무를 부담하는지 여부 채무자의 법률행위가 사해행위에 해당하여 취소를 이유로 원상회복이 이루어지는 경우, 특별한 사정이 없는 한 채무자는 수익자 또는 전득자에게 부당이득반환채무를 부담한다. 채무자의 책임재산이 위와 같이 원상회복되어 그로부터 채권자가 채권의 만족을 얻음으로써 채무자의 다른 공동채무자도 자신의 채무가 소멸하는 이익을 얻을 수 있다. 이러한 경우에 공동채무의 법적 성격이나 내용에 따라 채무자와 다른 공동채무자 사이에 구상관계가 성립하는 것은 별론으로 하고 공동채무자가 수익자나 전득자에게 직접 부당이득반환채무를 부담하는 것은 아니다. 따라서 채무자의 공동채무자가 수익자나 전득자의 가액배상의무를 대위변제한 경우에도 특별한 사정이 없는 한 수익자나 전득자에게 구상할 수 있다.(대판 2017.9.26, 2015다38910)

138. 사해행위 취소 후 수익자의 부당이득반환청구권에 기한 배당요구 가부(소극) 채무자의 부동산에 관한 매매계약 등의 유상행위가 사해행위라는 이유로 취소되고 그 원상회복이 이루어짐으로써 수익자에 대하여 부당이득반환채무를 부담하게 된 채무자가 그 부당이득반환채무의 변제를 위하여 수익자와 소비대차계약을 체결하고 강제집행을 승낙하는 취지가 기재된 공정증서를 작성하여 준 경우에도, 특별한 사정이 있는 경우에 해당하지 않는 한, 다른 채권자를 해하는 새로운 사해행위가 된다고 볼 수 없다. 이러한 수익자의 채무자에 대한 채권은 당초의 사해행위 이후에 취득한 채권에 불과하므로 수익자는 그 원상회복된 재산에 대한 강제경매절차에서 배당을 요구할 권리가 없다.(대판 2015.10.29, 2012다14975)

139. 토지와 지상 건물이 함께 양도되었다가 채권자취소권 행사에 따라 그중 건물에 관하여만 양도가 취소되고 수익자와 전득자 명의의 소유권이전등기가 말소된 경우, 관습상 법정지상권의 성부(소극)(대판 2014.12.24, 2012다73158) → 제279조 참조

140. 법원이 사해행위 취소와 원상회복을 구하는 반소 청구가 이유 있다고 판단하여 사해행위의 취소와 원상회복을 명하는 판결을 선고하는 경우, 반소 청구에 대한 판결이 확정되지 않았더라도 사해행위인 법률행위가 취소되었음을 전제로 원고의 본소 청구를 심리하여 판단할 수 있는지 여부(적극) 원고의 본소 청구에 대하여 피고가 본소 청구를 다투면서 사해행위의 취소 및 원상회복을 구하는 반소를 적법하게 제기한 경우, 사해행위의 취소 여부는 반소의 청구원인임과 동시에 본소 청구에 대한 방어방법이자, 본소 청구 인용 여부의 선결문제가 될 수 있다. 그 경우 법원이 반소 청구가 이유 있다고 판단하여, 사해행위의 취소 및 원상회복을 명하는 판결을 선고하는 경우, 비록 반소 청구에 대한 판결이 확정되지 않았다고 하더라도, 원고의 소유권 취득의 원인이 된 법률행위가 취소되었음을 전제로 원고의 본소 청구를 심리하여 판단할 수 있다고 봄이 타당하다. 그때에는 반소 사해행위취소 판결의 확정을 기다리지 않고, 반소 사해행위취소

판결을 이유로 원고의 본소 청구를 기각할 수 있다.(대판 2019.3.14, 2018다277785, 277792)

第407條【債權者取消의 效力】 前條의 規定에 依한 取消와 原狀回復은 모든 債權者의 利益을 爲하여 그 效力이 있다.

▣ 취소(141), 부인권의 행사(회생파산391이하)

1. 채무자의 채권자들 중 1인인 수익자가 민 407조의 채권자취소 및 원상회복의 효력이 미치는 채권자에 포함되는지 여부(적극) 채무자가 다수의 채권자들 중 1인(수익자)에게 담보를 제공하거나 대물변제를 한 것이 다른 채권자들에 대한 사해행위가 되어 채권자들 중 1인의 사해행위 취소소송 제기에 의하여 그 취소와 원상회복이 확정된 경우에, 사해행위의 상대방인 수익자는 그의 채권이 사해행위 당시에 그대로 존재하고 있었거나 또는 사해행위가 취소되면서 그의 채권이 부활하게 되는 결과 본래의 채권자로서의 지위를 회복하게 되는 것이므로, 다른 채권자들과 함께 민 407조에 의하여 그 취소 및 원상회복의 효력을 받게 되는 채권자에 포함된다. 따라서 취소소송을 제기한 채권자 등이 원상회복된 채무자의 재산에 대한 강제집행을 신청하여 그 절차가 개시되면 수익자인 채권자도 그 집행권원을 갖추어 강제집행절차에서 배당을 요구할 권리가 있다.(대판 2003.6.27, 2003다15907)

2. 수익자가 가액배상을 할 경우 자기 채권에 해당하는 안분액의 배분을 청구하거나 상계를 주장하여 안분액의 지급을 거절할 수 있는지 여부(소극) 채권자취소권은 채권의 공동담보인 채무자의 책임재산을 보전하기 위하여 채무자와 수익자 사이의 사해행위를 취소하고 채무자의 일반재산으로부터 일탈된 재산을 모든 채권자를 위하여 수익자 또는 전득자로부터 환원시키는 제도이므로, 수익자인 채권자로 하여금 안분액의 반환을 거절하도록 하는 것은 자신의 채권에 대하여 변제를 받은 수익자를 보호하고 다른 채권자의 이익을 무시하는 결과가 되어 제도의 취지에 반하게 되므로, 수익자가 채무자의 채권자인 경우 수익자가 가액배상을 할 때에 수익자 자신도 사해행위취소의 효력을 받는 채권자 중의 1인이라는 이유로 취소채권자에 대하여 총채권액 중 자기의 채권에 대한 안분액의 분배를 청구하거나, 수익자가 취소채권자의 원상회복에 대하여 총채권액 중 자기의 채권에 해당하는 안분액의 배당요구권으로써 원상회복청구와의 상계를 주장하여 그 안분액의 지급을 거절할 수는 없다.(대판 2001.2.27, 2000다44348)

3. 수익자가 채무자에게 가액배상금 명목으로 금원을 지급하였다는 점을 들어 가액배상에서의 공제를 주장할 수 있는지 여부(소극) 채권자취소권 행사의 효력은 채권자와 수익자 또는 전득자와의 상대적인 관계에서만 미치는 것이므로 채권자취소권의 행사로 인하여 채무자가 수익자나 전득자에 대하여 어떠한 권리를 취득하는 것은 아니다. 따라서 수익자가 채무자에게 가액배상금 명목으로 금원을 지급하였다는 점을 들어 채권자취소권을 행사하는 채권자에 대하여 가액배상에서의 공제를 주장할 수는 없다.(대판 2001.6.1, 99다63183)

4. 각 채권자가 동시 또는 이시에 채권자취소 및 원상회복소송을 제기한 경우 이들 소송이 중복제소에 해당하는지 여부(소극) 채권자취소권의 요건을 갖춘 각 채권자는 고유의 권리로서 채무자의 재산처분 행위를 취소하고 그 원상회복을 구할 수 있는 것이므로 각 채권자가 동시 또는 이시에 채권자취소 및 원상회복소송을 제기한 경우 이들 소송이 중복제소에 해당하는 것이 아니다.(대판 2003.7.11, 2003다19558)

5. 동일한 사해행위에 관하여 어느 한 채권자가 채권자취소 및 원상회복청구를 하여 승소판결을 받아 그 판결이 확정되면 그 후에 제기된 다른 채권자의 동일한 청구가 권리보호의 이익이 없어지는지 여부(한정소극) 어느 한 채권자가 동일한 사해행위에 관하여 채권자취소 및 원상회복청구를 하여 승소판결을 받아 그 판결이 확정되었다는 것만으로 그 후에 제기된 다른 채권자의 동일한 청구가 권리보호의 이익이 없어지게 되는 것은 아니고, 그에 기하여 재산이나 가액의 회복을 마친 경우에 비로소 다른 채권자의 채권자취소 및 원상회복청구는 그와 중첩되는 범위 내에서 권리보호의 이익이 없게 된다.(대판 2003.7.11, 2003다19558)

6. 여러 개의 사해행위취소소송에서 각 가액배상을 명하는 판결이 선고·확정되어 수익자가 어느 채권자에게 자신이 배상할 가액의 일부 또는 전부를 반환한 경우의 법률관계 여러 개의 사해행위취소소송에서 각 가액배상을 명하는 판결이 선고되어 확정된 경우, 각 채권자의 피보전채권액을 합한 금액이 사해행위 목적물의 가액에서 일반채권자들의 공동담보로 되어 있지 않은 부분을 공제한 잔액(이하 '공동담보가액')을 초과한다면 수익자가 채권자들에게 반환하여야 할 가액은 공동담보가액이 될 것인데, 그럼에도 수익자는 공동담보가액을 초과하여 반환하게 되는 범위 내에서 이중으로 가액을 반환하게 될 위험에 처할 수 있다. 이때 각 사해행위취소 판결에서 산정한 공동담보가액의 액수가 서로 달라 수익자에게 이중지급의 위험이 발생하는지를 판단하는 기준이 되는 공동담보가액은, 그중 다액의 공동담보가액이 이를 산정한 사해행위취소소송의 사실심 변론종결 당시의 객관적인 사실관계와 명백히 다르고 해당 소송에서의 공동담보가액의 산정 경위 등에 비추어 그 가액을 그대로 인정하는 것이 심히 부당하다고 보이는 등의 특별한 사정이 없는 한 그 다액에 해당하는 금액이라고 보는 것이 채권자취소권의 취지 및 채권자취소소송에서 변론주의 원칙 등에 부합한다. 따라서 수익자가 어느 채권자에게 자신이 배상할 가액의 일부 또는 전부를 반환한 때에는 다른 채권자에 대하여 각 사해행위취소 판결에서 가장 다액으로 산정된 공동담보가액에서 자신이 반환한 가액을 공제한 금액을 초과하는 범위에서 청구이의의 방법으로 집행권원의 집행력의 배제를 구할 수 있을 뿐이다.(대판 2022.8.11, 2018다202774)

7. 회복된 재산에 대해 다른 채권자들의 권리 주장 가부 사해행위의 취소와 원상회복은 모든 채권자의 이익을 위하여 그 효력이 있어서 다른 채권자도 안분액을 변제받을 수 있지만, 이는 공동담보로 회복된 채무자의 책임재산으로부터 민집법 등의 법률상 절차를 거쳐 다른 채권자도 안분액을 지급받을 수 있다는 것을 의미하는 것일 뿐, 다른 채권자가 이러한 법률상 절차를 거치지 아니하고 취소채권자를 상대로 하여 안분액의 지급을 직접 구할 수 있는 권리를 취득한다거나 취소채권자가 인도받은 재산 또는 가액배상금의 분배의무를 부담한다고 볼 수는 없다.(대판 2008.6.12, 2007다37837)

8. 사해행위 이후에 채권을 취득한 채권자가 사해행위취소와 원상회복에 따른 이익을 받는 채권자에 포함되는지 여부(소극) 채권자취소권은 채무자가 채권자를 해함을 알면서 자기의 일반재산을 감소시키는 행위를 한 경우에 그 행위를 취소하여 채무자의 재산을 원상회복시킴으로써 모든 채권자를 위하여 채무자의 책임재산을 보전하는 권리이나, 사해행위 이후에 채권을 취득한 채권자는 채권의 취득 당시에 사해행위취소에 의하여 회복되는 재산을 채권자의 공동담보로 파악하지 아니한 자로서 민 407조에 정한 사해행위취소와 원상회복의 효력을 받는 채권자에 포함되지 아니한다.(대판 2009.6.23, 2009다18502)

9. 수익자의 고유채권자로서 사해행위로 취득한 근저당권의 배당금을 압류한 자 사해행위의 취소는 취소소송의 당사자 간에 상대적으로 취소의 효력이 있는데, 이는 사해행위 취소 채권자와 수익자 그리고 제3자의 이익을 조정하기 위한 것으로 그 취소의 효력이 미치지 아니하는 제3자의 범위를 사해행위를 기초로 목적부동산에 관하여 새롭게 법률행위를 한 그 목적부동산의 전득자 등만으로 한정할 것은 아니므로 수익자와 새로운 법률관계를 맺은 것이 아니라 수익자의 고유채권자로서 이미 가지고 있던 채권 확보를 위하여 수익자

가 사해행위로 취득한 근저당권에 배당된 배당금을 가압류한 자에게 사해행위취소 판결의 효력이 미친다고 볼 수 없다.(대판 2009.6.11, 2008다7109)

第3節 數人의 債權者 및 債務者

第1款 總 則

第408條【分割債權關係】 債權者나 債務者가 數人인 境遇에 特別한 意思表示가 없으면 各 債權者 또는 各 債務者는 均等한 比率로 權利가 있고 義務를 負擔한다.

▣ 재산권의 공유(278), 공동보증과 분별의 이익(439), 특칙(불가분채권관계=409－412, 연대채무=413・414, 보증채무=428이하, 불가분공동궁중=448, 조합채권자=712), 나수당사자채권관계와 공동소송(민소65), 해제권의 불가분(547)

1. 채무가 공동상속된 경우(대판 1997.6.24, 97다8809) → 제1013조 참조

2. 매도인 및 매수인이 수인인 매매계약이 무효인 경우 계약금 상당액의 부당이득반환채권 피고를 포함한 4인의 매도인이 원고를 포함한 4인의 매수인에게 임야를 매도하기로 하는 계약을 체결한 경우 매매계약의 무효를 원인으로 부당이득으로서 계약금의 반환을 구하는 채권은 특별한 사정이 없으면 분할채권이므로 매도인 중의 1인에 불과한 피고가 매수인 중의 1인에 불과한 원고에게 위 계약금 전액을 반환할 의무가 있다고 할 수 없다.(대판 1993.8.14, 91다41316)

第2款 不可分債權과 不可分債務

第409條【不可分債權】 債權의 目的이 그 性質 또는 當事者의 意思表示에 依하여 不可分인 境遇에 債權者가 數人인 때에는 各 債權者는 모든 債權者를 爲하여 履行을 請求할 수 있고 債務者는 모든 債權者를 爲하여 各 債權者에게 履行할 수 있다.

▣ 408, 불가분채무(410－412)

1. 불가분채무를 발생시키는 계약에 의한 채권자가 그 계약을 위반함으로써 불가분채무자가 갖게 되는 손해배상청구권의 성질 갑과 을이 피고에게 잡돌 약 600트럭, 조약돌 약 1,000트럭, 모래 약 1,000트럭을 납품하기로 하고 약정하고 납품인대표로 갑을 지정한 것을 보면 납품채무는 당사자의 의사표시에 의한 갑과 을의 불가분채무임이 분명하고, 계약위반으로 불가분채무자가 갖는 손해배상청구권은 불가분채권의 성질을 갖는다고 봄이 타당하다.(대판 1962.3.15, 4294민상1230)

2. 불가분채권자들 중 1인을 집행채무자로 한 압류 및 전부명령의 효력 수인의 채권자에게 금전채권이 불가분적으로 귀속되는 경우에, 불가분채권자들 중 1인을 집행채무자로 한 압류 및 전부명령이 이루어지면 그 불가분채권자의 채권은 전부채권자에게 이전되지만, 그 압류 및 전부명령은 집행채무자가 아닌 다른 불가분채권자에게 효력이 없으므로, 다른 불가분채권자의 채권의 귀속에 변경이 생기는 것은 아니다. 따라서 다른 불가분채권자는 모든 채권자를 위하여 채무자에게 불가분채권 전부의 이행을 청구할 수 있고, 채무자는 모든 채권자를 위하여 다른 불가분채권자에게 전부를 이행할 수 있다. 이러한 법리는 불가분채권의 목적이 금전채권인 경우 그 일부에 대하여만 압류 및 전부명령이 이루어진 경우에도 마찬가지이다.(대판 2023.3.30, 2021다264253)

第410條【1人의 債權者에 생긴 事項의 效力】 ① 前條의 規定에 依하여 모든 債權者에게 效力이 있는 事項을 除外하고는 不可分債權者中 1人의 行爲나 1人에 關한 事項은 다른 債權者에게 效力이 없다.

② 不可分債權者 中의 1人과 債務者間에 更改나 免除있는 境遇에 債務全部의 履行을 받은 다른 債權者는 그 1人이 權利를 잃지 아니하였으면 그에게 分給할 利益을 債務者에게 償還하여야 한다.

▣ 불가분채무(409・411), 경개(500－505), 채무면제(506), 이익의 상환(741이하)

第411條【不可分債務와 準用規定】 數人이 不可分債務를 負擔한 境遇에는 第413條 乃至 第415條, 第422條, 第424條 乃至 第427條 및 前條의 規定을 準用한다.

1. 공동의 점유・사용으로 인한 부당이득반환채무 여러 사람이 공동으로 법률상 원인 없이 타인의 재산을 사용한 경우의 부당이득 반환채무는 특별한 사정이 없는 한 불가분적 이득의 반환으로서 불가분채무이고, 불가분채무는 각 채무자가 채무 전부를 이행할 의무가 있으며, 1인의 채무이행으로 다른 채무자도 그 의무를 면하게 된다.(대판 2001.12.11, 2000다13948)

2. 공유물로부터 부당이득한 경우 반환채무 공유자가 공유물에 대한 관계에서 부당이득을 한 경우 그 이득을 상환하는 의무는 불가분적 채무이므로 시의 공유재산인 토지를 공유건물의 주차장 용도로 허가 없이 점유사용한 공유자 중 1인에 대하여 한 변상금 전액부과처분은 적법하다.(대판 1992.9.22, 92누2202)

3. 건물의 공유자가 공동으로 건물을 임대하고 보증금을 수령한 경우 보증금반환채무 건물의 공유자가 공동으로 건물을 임대하고 보증금을 수령한 경우, 특별한 사정이 없는 한 그 임대는 각자 공유지분을 임대한 것이 아니고 임대목적물을 다수의 당사자로서 공동으로 임대한 것이고 그 보증금 반환채무는 성질상 불가분채무에 해당된다.(대판 1998.12.8, 98다43137)

4. 국토이용관리법상 토지거래허가지역 내의 토지에 관한 매매계약이 확정적으로 무효로 되면서 다수의 매도인이 부담하게 된 부당이득반환의무 국토이용관리법상 토지거래허가지역 내에 있는 토지에 관한 매매계약을 체결함에 있어서 매도인들이 매매계약 당시 특약사항으로 분묘의 이장과 같은 여러 가지 불가분채무를 부담하였을 뿐만 아니라 매도인들 상호간에 밀접한 신분관계를 가지고 있어 계약 이행에 관하여 전원의 의사나 능력이 일체로서 고려되었다고 할 것이므로 매매계약이 확정적으로 무효로 되면서 발생한 매도인들의 매수인들에 대한 부당이득반환채무도 성질상 불가분채무이다.(대판 1997.5.16, 97다7356)

5. 변제 기타 자기의 출재로 공동면책을 얻은 불가분채무자가 다른 불가분채무자에게 구상할 수 있는 부담부분을 결정하는 기준 연대채무자가 변제 기타 자기의 출재로 공동면책을 얻은 때에는 다른 연대채무자의 부담부분에 대하여 구상권을 행사할 수 있고 이때 부담부분은 균등한 것으로 추정된다(민 425조 1항, 424조). 그러나 연대채무자 사이에 부담부분에 관한 특약이 있거나 특약이 없더라도 채무의 부담과 관련하여 각 채무자의 수익비율이 다르다면 그 특약 또는 비율에 따라 부담부분이 결정된다. 이러한 법리는 민 411조에 따라 연대채무자의 부담부분과 구상권에 관한 규정이 준용되는 불가분채무자가 변제 기타 자기의 출재로 공동면책을 얻은 때 다른 불가분채무자를 상대로 구상권을 행사하는 경우에도 마찬가지로 적용된다. 불가분채무자 사이에 부

담부분에 관한 특약이 있거나 특약이 없더라도 채무자의 수익비율이 다르다면 그 특약 또는 비율에 따라 부담부분이 결정된다. 따라서 불가분채무자가 변제 등으로 공동면책을 얻은 때에는 다른 채무자의 부담부분에 대하여 구상할 수 있다.(대판 2020.7.9, 2020다208195)

第412條【可分債權, 可分債務에의 變更】 不可分債權이나 不可分債務가 可分債權 또는 可分債務로 變更된 때에는 各 債權者는 自己部分만의 履行을 請求할 權利가 있고 各 債務者는 自己負擔部分만을 履行할 義務가 있다.

▣ 408 · 409

第3款 連帶債務

第413條【連帶債務의 內容】 數人의 債務者가 債務全部를 各自 履行할 義務가 있고 債務者 1人의 履行으로 다른 債務者도 그 義務를 免하게 되는 때에는 그 債務는 連帶債務로 한다.

▣ 불가분채무(411), 연대채무의 예(불법행위로 인한 배상채무=35②·760, 일상가사로 인한 채무=832, 상행위로 부담한 채무=상57, 손해배상=광업75, 합명회사의 사원책임=상212, 주식회사발기인의 납입담보책임=상321)

第414條【各 連帶債務者에 對한 履行請求】 債權者는 어느 連帶債務者에 對하여 또는 同時나 順次로 모든 連帶債務者에 對하여 債務의 全部나 一部의 履行을 請求할 수 있다.

▣ 분할채권의 원칙(408), 법정연대채무(35②·760, 상24·57·81·138·212①②·269·322·226①·323·332·399, 어47·77①, 수43), 연대의 면제(427)

第415條【債務者에 생긴 無效, 取消】 어느 連帶債務者에 對한 法律行爲의 無效나 取消의 原因은 다른 連帶債務者의 債務에 影響을 미치지 아니한다.

▣ 무효(103·107①·108①), 취소(5②·13·10·110·109① 등)

第416條【履行請求의 絶對的 效力】 어느 連帶債務者에 對한 履行請求는 다른 連帶債務者에게도 效力이 있다.

▣ 효력의 상대성의 원칙(423·411), 이행청구(168·169·389②), 청구의 효과(169·387②)

1. 공동불법행위자 중 1인의 변제의 효력 부진정연대채무인 공동불법행위로 인한 손해배상채무에 있어서 공동불법 행위자중 1인의 변제는 변제된 금액의 한도 내에서 채무자 전원을 위하여 공동 면책의 효력이 있다.(대판 1981.8.11, 81다298)

2. 금액이 서로 다른 부진정연대 채무의 일부가 변제된 경우 먼저 소멸하는 부분(=단독부담 부분) 금액이 다른 채무가 서로 부진정연대의 관계에 있을 때 금액이 많은 채무의 일부가 변제 등으로 소멸하는 경우 그중 먼저 소멸하는 부분은 당사자의 의사와 채무 전액의 지급을 확실히 확보하려는 부진정연대채무 제도의 취지에 비추어 볼 때 다른 채무자와 공동으로 채무를 부담하는 부분이 아니라 단독으로 채무를 부담하는 부분으로 보아야 한다.(대판 2000.3.14, 99다67376)

3. 연대채무자 또는 연대보증인 중 1인이 채무 일부를 변제한 경우, 변제충당의 순서와 절대적 효력 여러 명의 연대채무자 또는 연대보증인에 대하여 따로따로 소송이 제기되는 등으로 그 판결에 의하여 확정된 채무원본이나 지연손해금의 금액과 이율 등이 서로 달라지게 되어 원금이나 지연손해금에 채무자들이 공동으로 부담하는 부분과 공동으로 부담하지 않는 부분이 생긴 경우에 어느 채무자가 채무 일부를 변제한 때에는 그 변제자가 부담하는 채무 중 공동으로 부담하지 않는 부분의 채무 변제에 우선 충당되고 그 다음 공동 부담 부분의 채무 변제에 충당된다. 그리고 채권의 목적을 달성시키는 변제와 같은 사유는 연대채무자 또는 연대보증채무자 전원에 대하여 절대적 효력을 가지므로 어느 채무자의 변제 등으로 다른 채무자와 공동으로 부담하는 부분의 채무가 소멸되면 그 채무소멸의 효과는 다른 채무자 전원에 대하여 미친다.(대판 2013.3.14, 2012다85281)

4. 회생채권자가 회생채무자를 상대로 소송고지를 하고 소송고지서에 실권된 회생채무의 이행을 청구하는 의사가 표명되어 있는 경우, 다른 대채무자에 대해 소멸시효 중단을 주장할 수 있는지 여부(소극) 회생채권이 소멸시효기간 경과 전에 회생파산 251조에 의하여 실권되었다면 더 이상 그 채무의 소멸시효 중단이 문제 될 여지가 없다. 따라서 회생채권자가 제3자를 상대로 한 소송 계속 중에 회생채무자를 상대로 소송고지를 하고 소송고지서에 실권된 회생채무의 이행을 청구하는 의사가 표명되어 있더라도, 회생채권자는 그로써 다른 연대채무자나 보증인에 대하여 민 416조 또는 440조에 따른 소멸시효 중단을 주장할 수 없다.(대판 2021.6.30, 2018다290672)

第417條【更改의 絶對的 效力】 어느 連帶債務者와 債權者間에 債務의 更改가 있는 때에는 債權은 모든 連帶債務者의 利益을 爲하여 消滅한다.

▣ 효력의 상대성의 원칙(423·411), 경개(500－505)

第418條【相計의 絶對的 效力】 ① 어느 連帶債務者가 債權者에 對하여 債權이 있는 境遇에 그 債務者가 相計한 때에는 債權은 모든 連帶債務者의 利益을 爲하여 消滅한다.

② 相計할 債權이 있는 連帶債務者가 相計하지 아니한 때에는 그 債務者의 負擔部分에 限하여 다른 連帶債務者가 相計할 수 있다.

▣ 423·411, 상계(492－499)

1. 부진정연대채무자 중 1인이 한 상계 내지 상계계약의 효력 부진정연대채무자 중 1인이 자신의 채권자에 대한 반대채권으로 상계를 한 경우에도 채권은 변제, 대물변제, 또는 공탁이 행하여진 경우와 동일하게 현실적으로 만족을 얻어 그 목적을 달성하는 것이므로, 그 상계로 인한 채무소멸의 효력은 소멸한 채무 전액에 관하여 다른 부진정연대채무자에 대하여도 미친다. 이는 부진정연대채무자 중 1인이 채권자와 상계계약을 체결한 경우에도 마찬가지이다. 나아가 이러한 법리는 채권자가 상계 내지 상계계약이 이루어질 당시 다른 부진정연대채무자의 존재를 알았는지 여부에 의하여 좌우되지 않는다.(대판(全) 2010.9.16, 2008다97218)

2. 보험자가 자신의 피해자에 대한 반대채권으로 피해자의 보험자에 대한 손해배상채권과 상계한 경우 그 상계로 인한 손해배상채권 소멸의 효력이 피보험자에게도 미치는지 여부(적극) 상 724조 2항의 규정에 의하여 인정되는 피해자의 보험자에 대한 손해배상채권과 피해자의 피보험자에 대한 손해배상채권은 별개 독립의 것으로서 병존한다고 하더라도 위 각 채권은 피해자에 대한 손해배상이라는 단일한 목적을 위하여 존재하는 것으로서 객관적으로 밀접한 관련공동성이 있으므로 그중 하나의 채권이 만족되는 경우에는 특별한 사정이 없는 한 다른 채권도 그 목적을 달성하여 소멸한다고 보아야 할 것인바, 보험자가 자신의 피해자에 대한 반대채권을 스스로 행사하여 상계를 한 경우에는 상계한 금액의 범위 내에서 피해자에 대한 변제가 이루어진 것과 같은 경제적 효과가 달성되어 피해자를 만족시키게 되므로 그 상계로 인한 손해배상채권 소멸의 효력은 피보험자에게도 미친다

(대판 1999.11.26, 99다34499)

3. 본조 2항이 부진정연대채무에도 적용되는지 여부(소극) 부진정연대채무에 있어서 부진정연대채무자 1인이 한 상계가 다른 부진정연대채무자에 대한 관계에 있어서도 공동면책의 효력 내지 절대적 효력이 있는 것인지는 별론으로 하더라도, 부진정연대채무자 사이에는 고유의 의미에 있어서의 부담부분이 존재하지 아니하므로 위와 같은 고유의 의미의 부담부분의 존재를 전제로 하는 민 418조 2항은 부진정연대채무에는 적용되지 아니하고, 따라서 한 부진정연대채무자가 채권자에 대하여 상계할 채권을 가지고 있음에도 상계를 하지 않고 있다 하더라도 다른 부진정연대채무자가 그 채권을 가지고 상계를 할 수는 없다.(대판 1994.5.27, 93다21521)

4. 제3자의 대출금채무와 사용자의 손해배상채무가 부진정연대 관계에 있고 다액채무자인 제3자가 상계한 경우에 상계로 소멸하는 부분 제3자의 대출금채무와 사용자의 손해배상채무가 부진정연대 관계에 있고 대출금채무자로서 다액채무자인 제3자가 일부 상계한 경우에, 당사자의 의사와 채무 전액의 지급을 확실히 확보하려는 부진정연대채무 제도의 취지에 비추어 다액채무자의 상계로 인하여 소멸하는 부분은 사용자의 손해배상채무와 부진정연대 관계에 있는 부분이 아니라 다액채무자가 단독으로 부담하는 부분이다.(대판 1999.11.23, 99다50521)

第419條【免除의 絶對的 效力】 어느 連帶債務者에 對한 債務免除는 그 債務者의 負擔部分에 限하여 다른 連帶債務者의 利益을 爲하여 效力이 있다.

▣ 효력의 상대성의 원칙(423), 채무의 면제(506)

1. 부진정연대채무자 중 1인에 대한 권리포기나 채무면제의 효력 피해자가 부진정연대채무자 중 1인에 대하여 손해배상에 관한 권리를 포기하거나 채무를 면제하는 의사표시를 하였다 하더라도 다른 채무자에 대하여 그 효력이 미친다고 볼 수는 없다.(대판 1997.12.12, 96다50896)

2. 연대보증인에 대한 면제의 주채무자에 대한 효력 연대보증인이라고 할지라도 주채무자에 대하여는 보증인에 불과하므로 연대채무에 관한 면제의 절대적 효력을 규정한 민 419조의 규정은 주채무자와 보증인 사이에는 적용되지 아니하는 것이니, 채권자가 연대보증인에 대하여 그 채무의 일부 또는 전부를 면제하였다 하더라도 그 면제의 효력은 주채무자에 대하여 미치지 아니한다.(대판 1992.9.25, 91다37553)

3. 채권자가 수인의 연대보증인 중 1인에 대하여 한 채무면제의 효력이 다른 연대보증인에게 미치는지 여부(소극) 수인의 연대보증인이 있는 경우, 연대보증인들 사이에 연대관계의 특약이 있는 경우가 아니면 채권자가 연대보증인의 1인에 대하여 채무의 전부 또는 일부를 면제하더라도 다른 연대보증인에 대하여는 그 효력이 미치지 아니한다 할 것이다.(대판 1992.9.25, 91다37553)

4. 연대채무자 중 1인에 대하여 채무가 일부 면제된 경우, 면제된 부담부분에 한하여 면제의 절대적 효력이 인정되는지 여부(원칙적 적극) ① 민 419조는 면제의 절대적 효력을 인정한다. 이는 당사자들 사이에 구상의 순환을 피하여 구상에 관한 법률관계를 간략히 하려는 데 취지가 있는바, 채권자가 연대채무자 중 1인에 대하여 채무를 일부 면제하는 경우에도 그와 같은 취지는 존중되어야 한다. 따라서 연대채무자 중 1인에 대한 채무의 일부 면제에 상대적 효력만 있다고 볼 특별한 사정이 없는 한 일부 면제의 경우에도 면제된 부담부분에 한하여 면제의 절대적 효력이 인정된다고 보아야 한다. ② 구체적으로 연대채무자 중 1인이 채무 일부를 면제받는 경우에 그 연대채무자가 지급해야 할 잔존 채무액이 부담부분을 초과하는 경우에는 그 연대채무자의 부담부분이 감소한 것은 아니므로 다른 연대채무자의 채무에도 영향을 주지 않아 다른 연대채무자는 채무 전액을 부담하여야 한다. 반대로 일부 면제에 의한 피면제자의 잔존 채무액이 부담부분보다 적은 경우에는 차액(부담부분 – 잔존 채무액)만큼 피면제자의 부담부분이 감소하였으므로, 차액의 범위에서 면제의 절대적 효력이 발생하여 다른 연대채무자의 채무도 차액만큼 감소한다.(대판 2019.8.14, 2019다216435)

5. 임의규정 민 419조의 규정은 임의규정이라고 할 것이므로 채권자가 의사표시 등으로 위 규정의 적용을 배제하여 어느 한 연대채무자에 대하여서만 채무면제를 할 수 있다.(대판 1992.9.25, 91다37553)

第420條【混同의 絶對的 效力】 어느 連帶債務者와 債權者間에 混同이 있는 때에는 그 債務者의 負擔部分에 限하여 다른 連帶債務者도 義務를 免한다.

▣ 효력의 상대성의 원칙(423), 혼동(507)

第421條【消滅時效의 絶對的 效力】 어느 連帶債務者에 對하여 消滅時效가 完成한 때에는 그 負擔部分에 限하여 다른 連帶債務者도 義務를 免한다.

▣ 효력의 상대성의 원칙(423), 소멸시효(162이하)

1. 부진정연대채무자 1인의 소멸시효완성효과(상대적 효력) 공동불법행위자 중 1인의 손해배상채무가 시효로 소멸한 후에 다른 공동불법행위자 1인이 피해자에게 자기의 부담 부분을 넘는 손해를 배상하였을 경우에도, 그 공동불법행위자는 다른 공동불법행위자에게 구상권을 행사할 수 있다.(대판 1997.12.23, 97다42830)

第422條【債權者遲滯의 絶對的 效力】 어느 連帶債務者에 對한 債權者의 遲滯는 다른 連帶債務者에게도 效力이 있다.

▣ 423, 채권자지체(400–403)

第423條【效力의 相對性의 原則】 前7條의 事項外에는 어느 連帶債務者에 關한 事項은 다른 連帶債務者에게 效力이 없다.

第424條【負擔部分의 均等】 連帶債務者의 負擔部分은 均等한 것으로 推定한다.

▣ 413 · 414 · 432

第425條【出財債務者의 求償權】 ① 어느 連帶債務者가 辨濟 其他 自己의 出財로 共同免責이 된 때에는 다른 連帶債務者의 負擔部分에 對하여 求償權을 行使할 수 있다.

② 前項의 求償權은 免責된 날 以後의 法定利子 및 避할 수 없는 費用 其他 損害賠償을 包含한다.

▣ ① 구상권의 대위(481–486), 출재와 통지(426 · 445), 구상권의 제한과 확장(426 · 445 · 427), 비용상환청구권(688 · 739②), 법정이자(379)

1. 공동불법행위자 간의 부담 부분과 구상권 공동불법행위자는 채권자에 대한 관계에서는 연대책임(부진정연대채무)을 지되, 공동불법행위자들 내부관계에서는 일정한 부담 부분이 있고, 이 부담 부분은 공동불법행위자의 과실의 정도에 따라 정하여지는 것으로서 공동불법행위자 중 1인이 자기의 부담 부분 이상을 변제하여 공동의 면책을 얻게 하였을 때에는 다른 공동불법행위자에게 그 부담 부분의 비율에 따라 구상권을 행사할 수 있다.(대판 1997.12.12, 96다50896)

2. 공동불법행위자 중 1인이 다른 공동불법행위자에 대하여 구상권을 행사하기 위한 요건 공동불법행위자 중 1인이 다른 공동불법행위자에 대하여 구상권을 행사하기 위하여는 자기의 부담 부분 이상을 변제하여 공동의 면책을 얻었음을 주장 · 입증하여야 하며, 위와 같은 법리는 피해자의 다른 공

동불법행위자에 대한 손해배상청구권이 시효소멸한 후에 구상권을 행사하는 경우라고 하여 달리 볼 것이 아니다.(대판 1997.12.12, 96다50896)

3. 공동불법행위자 간의 구상권의 발생 시점(=공동면책행위를 한 때) 공동불법행위자 간 구상권의 발생 시점은 구상권자가 현실로 피해자에게 손해배상금을 지급한 때이다.(대판 1997.12.12, 96다50896)

4. 공동불법행위자 간의 구상권의 소멸시효 기산점 및 그 기간 공동불법행위자의 다른 공동불법행위자에 대한 구상권의 소멸시효는 그 구상권이 발생한 시점, 즉 구상권자가 공동면책행위를 한 때로부터 기산하여야 할 것이고, 그 기간도 일반 채권과 같이 10년으로 보아야 한다.(대판 1996.3.26, 96다3791)

5. 공동불법행위자 간의 구상권 행사시 부담 부분의 비율 판단기준 및 신의칙에 의한 구상권 행사 제한 불법행위에 있어서 부진정연대채무의 관계에 있는 복수의 책임주체 중 1인이 자기 부담 부분 이상을 변제하여 공동의 면책을 얻게 하고 다른 부진정연대채무자에 대하여 그 부담 부분의 비율에 따라 구상권을 행사하는 경우 부담 부분의 비율을 판단할 때는, 불법행위 및 손해와 관련하여 그 발생 내지 확대에 대한 각 부진정연대채무자의 주의의무의 정도에 상응한 과실의 정도를 비롯한 기여도 등 사고 내지 손해와 직접적으로 관련된 대외적 요소를 고려하여야 함은 물론, 나아가 부진정연대채무자 사이에 특별한 내부적 법률관계가 있어 그 실질적 관계를 기초로 한 요소를 참작하지 않으면 현저하게 형평에 어긋난다고 인정되는 경우에는 그 대내적 요소도 참작하여야 하며, 일정한 경우에는 그와 같은 제반 사정에 비추어 손해의 공평한 분담이라는 견지에서 신의칙상 상당하다고 인정되는 한도 내에서만 구상권을 행사하도록 제한할 수도 있다.(대판 2001.1.19, 2000다33607)

6. 공동불법행위자들 중의 1인이 전체 채무를 변제한 경우 나머지 공동불법행위자들이 부담하는 구상채무의 성질(분할채무) 공동불법행위자 중 1인에 대하여 구상의무를 부담하는 다른 공동불법행위자가 수인인 경우에는 특별한 사정이 없는 이상 그들의 구상권자에 대한 채무는 이를 부진정연대채무로 보아야 할 근거는 없으며, 오히려 다수 당사자 사이의 분할채무의 원칙이 적용되어 각자의 부담 부분에 따른 분할채무로 봄이 상당하다.(대판 2002.9.27, 2002다15917)

7. 연대채무자 사이의 구상권행사에서 '부담부분'의 의미 및 일부 공동면책되게 한 연대채무자의 구상권 행사 범위 연대채무자 사이의 구상권행사에 있어서 '부담부분'이란 연대채무자가 그 내부관계에서 출재를 분담하기로 한 비율을 말한다. 그 결과 변제 기타 자기의 출재로 일부 공동면책되게 한 연대채무자는 역시 변제 기타 자기의 출재로 일부 공동면책되게 한 다른 연대채무자를 상대로 하여서도 자신의 공동면책액 중 다른 연대채무자의 분담비율에 해당하는 금액이 다른 연대채무자의 공동면책액 중 자신의 분담비율에 해당하는 금액을 초과한다면 그 범위에서 여전히 구상권을 행사할 수 있다.(대판 2013.11.14, 2013다46023)

8. 조합원 중 1인이 조합채무를 면책시킨 경우의 구상권 행사 조합채무는 모든 조합원에게 합유적으로 귀속되므로, 조합원 중 1인이 조합채무를 면책시킨 경우 그 조합원은 다른 조합원에 대하여 민 425조 1항에 따라 구상권을 행사할 수 있다. 이러한 구상권은 조합의 해산이나 청산 시에 손실을 부담하는 것과 별개의 문제이므로 반드시 잔여재산분배 절차에서 행사해야 하는 것은 아니다.(대판 2022.5.26, 2022다211416)

第426條【求償要件으로서의 通知】 ① 어느 連帶債務者가 다른 連帶債務者에게 通知하지 아니하고 辨濟 其他 自己의 出財로 共同免責이 된 境遇에 다른 連帶債務者가 債權者에게 對抗할 수 있는 事由가 있었을 때에는 그 負擔部分에 限하여 이 事由로 免責行爲를 한 連帶債務者에게 對抗할 수 있고 그 對抗事由가 相計인 때에는 相計로 消滅할 債權은 그 連帶債務者에게 移轉된다.

② 어느 連帶債務者가 辨濟 其他 自己의 出財로 共同免責되었음을 다른 連帶債務者에게 通知하지 아니한 境遇에 다른 連帶債務者가 善意로 債權者에게 辨濟 其他 有償의 免責行爲를 한 때에는 그 連帶債務者는 自己의 免責行爲의 有效를 主張할 수 있다.

▣ 445·446, 변제(460이하), 공동의 면책과 구상권(425·427), 상계(492-499)

1. 민 426조를 부진정 연대채무자 상호간에 유추적용할 수 있는지 여부(소극) 출연분담에 관한 주관적인 밀접한 연관관계가 없고 단지 채권만족이라는 목적만을 공통으로 하고 있는 부진정 연대채무에 있어서는 그 변제에 관하여 채무자 상호간에 통지의무 관계를 인정할 수 없고, 변제로 인한 공동면책이 있는 경우에 있어서는 채무자 상호간에 어떤 대내적인 특별관계에서 또는 형평의 관점에서 손해를 분담하는 관계가 있게 되는데 불과하다고 할 것이므로, 부진정 연대채무에 해당하는 공동불법행위로 인한 손해배상채무에 있어서도 채무자 상호간에 구상요건으로서의 통지에 관한 민법의 위 규정을 유추 적용할 수는 없다.(대판 1998.6.26, 98다5777)

第427條【償還無資力者의 負擔部分】 ① 連帶債務者 中에 償還할 資力이 없는 者가 있는 때에는 그 債務者의 負擔部分은 求償權者 및 다른 資力이 있는 債務者가 그 負擔部分에 比例하여 分擔한다. 그러나 求償權者에게 過失이 있는 때에는 다른 連帶債務者에 對하여 分擔을 請求하지 못한다.

② 前項의 境遇에 償還할 資力이 없는 債務者의 負擔部分을 分擔할 다른 債務者가 債權者로부터 連帶의 免除를 받은 때에는 그 債務者의 分擔할 部分은 債權者의 負擔으로 한다.

▣ 408·425, 면제(506)

第4款 保證債務

第428條【保證債務의 內容】 ① 保證人은 主債務者가 履行하지 아니하는 債務를 履行할 義務가 있다.

② 保證은 將來의 債務에 對하여도 할 수 있다.

▣ 신원보증, 공동보증(434·440·448), 연대보증(437, 상57②), 일부보증(회생파산431), 보증연대(437·448②), 상사보증(상57), 어음보증(어30-32, 수25-27), 채무를 이행하지 않은 경우(437·438), 보증인의 파산(회생파산429·430)

▸**일 반**

1. 보증계약의 성립 요건인 보증의사의 존부에 관한 판단 방법 보증계약의 성립을 인정하려면 당연히 그 전제로서 보증인의 보증의사가 있어야 하고, 이러한 보증의사의 존부는 당사자가 거래에 관여하게 된 동기와 경위, 그 관여 형식 및 내용, 당사자가 그 거래행위에 의하여 달성하려는 목적, 거래의 관행 등을 종합적으로 고찰하여 판단하여야 할 당사자의 의사해석 및 사실인정의 문제이지만, 보증은 이를 부담할 특별한 사정이 있을 경우 이루어지는 것이므로, 보증의사의 존재나 보증범위는 이를 엄격하게 제한하여 인정하여야 할

것이다. 따라서 액면금이 다액인 약속어음의 소지인의 의뢰에 의하여 이에 자신 명의의 배서를 하여 액면금이 소액인 수매의 약속어음으로 등가교환을 하도록 주선하였다는 사실만으로는 이를 주선한 자에게, 교환된 액면금 소액의 약속어음의 지급에 관한 보증의사가 있었다고는 볼 수 없다.(대판 1998.12.8, 98다39923)

2. 타인의 채무에 대한 담보목적으로 어음에 배서한 경우 보증계약 성립 여부(소극) 약속어음의 배서인에게 어느 특정인의 채무를 담보하기 위한 것이라는 약속어음의 사용 목적에 대한 인식이 있었다 하더라도 그러한 사실로부터 바로 약속어음의 배서인과 채권자 사이에 민사상 보증계약이 성립한다고 추단할 수는 없다. 그보다 더 나아가 배서인이 민사상의 보증의 형태로도 신용을 공여한 것이라는 점이 채권자 및 채무자와 배서인 사이의 관계, 배서에 이르게 된 동기, 배서인과 채권자 사이의 교섭 과정 및 방법, 약속어음의 발행으로 인한 실질적 이익의 귀속 등 배서를 전후한 제반 사정과 거래계의 실정에 비추어 인정될 수 있을 정도에 이르러야만 배서인과 채권자 사이의 민사상 보증계약의 성립을 인정할 수 있고, 그에 미치지 못하는 경우에는 어음법상의 채무만을 부담할 뿐이다. 약속어음의 배서인이 채무자(어음발행인)와 채권자의 대여관계의 내용을 알고 배서하였다는 점이나 채권자가 배서인의 보증이 없었다면 대여금을 대여하지 않았을 것이며 이러한 사정을 배서인이 잘 알고 있었다는 점은 배서인에게 민사상 보증채무까지 부담지우는 근거가 되기에 부족하다.(대판 2009.10.29, 2009다44884)

3. 주채무 또는 그에 종속된 채무의 범위가 채권자에게 책임있는 사유로 확대된 경우 보증인의 면책 여부(적극) 소외 갑이 피고의 연대보증 아래 원고은행으로부터 금원을 대출받으면서 그 담보로 소외 보증보험회사가 발행한 대출보증보험증권(보험계약자 소외 갑, 피보험자 원고은행)을 제공하였는바, 그뒤 소외 갑이 위 대출금을 상환하지 못함으로써 원고은행은 위 보험증권에 의한 절차에 따라 당연히 빨리 보험금을 지급받을 수 있었음에도 위 보험회사와의 사이에 보험금의 지급을 연기해주기로 하는 협약을 체결함으로써 뒤늦게야 보험금을 지급받게 되어 그 보험금 전액이 그 동안의 연체이자의 변제에 충당된 경우에 위 협약으로 인하여 보험금의 지급이 지연됨으로써 잔존 또는 증가된 것으로 처리된 대출원리금은 원고은행이 고의적으로 자괴한 금액이라 할 것이니 피고는 그에 대하여 면책되는 것으로 봄이 상당하다.(대판 1980.3.11, 77다776)

4. 은행에게 보증인의 이익을 고려하여 채무자에게 대출을 삼가야 할 신의칙상의 의무가 있는지 여부(소극) 자금을 대출하여 이자수입을 얻는 것은 은행 본래의 영업이고 담보가 보장되는 이상 대출규모를 확장하여 수익을 도모하는 것은 영리기업인 은행으로서는 당연한 일이며 인적 담보란 채권의 회수불능에 대비한 은행자신의 보호책이므로, 은행에게는 보증인의 이익을 고려하여 대출을 삼가함으로써 채권회수가 불능상태에 빠지지 않도록 조치하여야 할 신의칙상의 의무가 있다고 할 수 없다.(대판 1987.1.20, 86다카1262)

5. 채권자의 보증인 변경의 승인이 보증채무 면제의사인지 여부(대판 2006.6.27, 2005다50041) → 제453조 참조

6. 근보증의 피보증채무가 구체적으로 확정되는 시기(=근보증관계 종료 시점) ① 근보증의 대상인 주채무는 장래의 채무, 조건부 채무는 물론 장래 증감·변동이 예정된 불특정의 채무라도 이를 특정할 수 있는 기준이 정해져 있으면 되는 것이므로, 그 종료 시점에 이르러 비로소 보증인이 부담할 피보증채무가 구체적으로 확정된다. ② 근보증계약이 이른바 '한정근보증계약'인 경우, 미리 정한 기본거래의 종류에 의하여 장래 체결될 기본거래계약 또는 그에 기하여 발생하는 보증대상인 채무를 특정할 수 있다면 비록 주채무 발생의 원인이 되는 기본거래계약이 한정근보증계약보다 먼저 체결되어 있지 아니하더라도 그 근보증계약의 성립이나 효력에는 아무런 영향이 없다.(대판 2013.11.14, 2011다29987)

▶ **계속적 보증**

7. 근보증인의 책임범위 연대보증계약을 근보증계약으로 본다고 하더라도 그 보증을 하게 된 동기와 목적, 피보증채무의 내용, 거래의 관행 등 제반사정에 비추어 당사자의 의사가 계약문언과는 달리 일정한 범위의 거래의 보증에 국한시키는 것이었다고 인정할 수 있는 경우에는 그 보증책임의 범위를 당사자의 의사에 따라 제한하여 새겨야 한다.(대판 1987.12.8, 87다카639)

8. 근보증의 성립시기 채권자와 주채무자 사이의 계속적 거래관계에 대한 보증인의 근보증행위가 이루어진 시점에 대한 판단은 그 보증의 의사표시 당시를 기준으로 하여야 할 것이고, 주채무가 실질적으로 발생하여 구체적인 보증채무가 발생한 때를 기준으로 할 것은 아니다.(대판 2002.7.9, 99다73159)

9. 계속적 거래 도중에 보증의 범위와 기간의 정함이 없이 보증인이 된 자의 보증책임의 범위 일반적으로 계속적 거래의 도중에 매수인을 위하여 보증의 범위와 기간의 정함이 없이 보증인이 된 자는 특별한 사정이 없는 한 계약일 이후에 발생되는 채무뿐 아니라 계약일 현재 이미 발생된 채무도 보증하는 것으로 보는 것이 상당하다.(대판 1995.9.15, 94다41485)

10. 근보증인의 책임범위 제한 일반적으로 계속적 보증계약에 있어서 보증인의 부담으로 돌아갈 주채무의 액수가 보증인이 보증 당시에 예상하였거나 예상할 수 있었던 범위를 훨씬 상회하고, 그 같은 주채무 과다 발생의 원인이 채권자가 주채무자의 자산상태가 현저히 악화된 사실을 익히 알거나 중대한 과실로 알지 못한 탓으로 이를 알지 못하는 보증인에게 아무런 통보나 의사타진도 없이 고의로 거래규모를 확대함에 비롯되는 등 신의칙에 반하는 사정이 인정되는 경우에 한하여 보증인의 책임을 합리적인 범위 내로 제한할 수 있다.(대판 2005.10.27, 2005다35554, 35561)

▶ **보증기간**

11. 회사 이사 등에 의한 계속적 보증의 경우 그 책임범위를 재직 중 생긴 채무로 제한하기 위한 요건 회사의 이사 등이 회사의 제3자에 대한 계속적 거래로 인한 채무를 연대보증한 경우 이사 등에게 회사의 거래에 대하여 재직 중에 생긴 채무만을 책임지우기 위하여는 그가 이사의 지위 때문에 부득이 회사의 계속적 거래로 인하여 생기는 채무를 연대보증하게 된 것이고, 또 회사의 거래 상대방이 거래할 때마다 그 거래 당시에 회사에 재직하고 있던 이사 등의 연대보증을 새로이 받아오는 등의 특별한 사정이 있을 것임을 요하고, 그러한 사정이 없는 경우의 연대보증에까지 그 책임한도가 재직 중 생긴 채무로 제한되는 것으로 해석할 수는 없다.(대판 1996.10.29, 95다17533)

12. 보증기간의 정함이 있는데 채권자와 주채무간의 계약기간이 연장된 경우 보증인의 책임 보증기간은 오로지 보증인과 채권자간의 보증계약에 의하여 정하여지는 것으로서 채권자와 주채무자 사이의 거래계약기간이 연장되어도 보증기간 경과 후 발생한 채무에 대하여 보증인이 책임을 부담할 수 없음은 당연하나, 채권자와 주채무자 사이에 계약의 기간만료 1개월까지 특별한 의사표시를 하지 않을 때에는 계약이 같은 조건으로 갱신되는 것으로 약정한 것을 보증인이 알면서도 아무런 유보없이 보증계약을 체결하였다면 그 계약에는 갱신되는 전거래기간 동안 발생한 채무에 대하여 책임을 부담하기로 하는 의사표시가 포함되었다고 보아야 한다.(대판 1989.4.11, 87다카22)

▶ **보증한도액**

13. 계속적 보증계약에 보증한도액이 정하여져 있는 경우 주

채무의 과다발생을 근거로 한 보증인의 책임제한의 가부 계속적 보증계약에서 미리 보증한도액이 정하여져 있는 경우에는, 특별한 사정이 없는 한 보증인은 채권자와 주채무자 사이의 거래액 중 보증한도액의 범위 내에서 보증책임을 질 것을 예상하였다 할 것이므로, 주채무가 과다하게 발생하였다고 하여 바로 보증책임이 그 예상액을 훨씬 넘어 가중되었다고 보기 어렵다.(대판 1995.6.30, 94다40444)

14. 계속적 보증계약에 보증한도액이 정하여져 있는 경우 그 한도액 내에 주채무에 대한 부수채무도 포함되는지 여부 계속적 보증계약에 보증한도액의 정함이 있는 경우, 그 한도액을 주채무의 원본총액만을 기준으로 할 것인지 그 한도액에 이자, 지연손해금 등의 부수채무까지도 포함될 것으로 할 것인지는 먼저 계약당사자의 의사에 따라야 하나, 특약이 없는 한 한도액 내에는 이자 등 부수채무도 포함되는 것으로 해석하여야 한다.(대판 1995.6.30, 94다40444)

15. 보증채무 자체의 이행지체로 인한 지연손해금은 보증한도액과 별도로 부담하여야 하는지 여부(적극) 보증서의 보증금액은 보증인이 보증책임을 지게 될 주채무에 관한 한도액을 정한 것으로서 한도액에는 주채무자의 채권자에 대한 원금과 이자 및 지연손해금이 모두 포함되고 합계액이 보증의 한도액을 초과할 수 없지만, 보증채무는 주채무와는 별개의 채무이기 때문에 보증채무 자체의 이행지체로 인한 지연손해금은 보증의 한도액과는 별도로 부담하여야 하고, 이때 보증채무의 연체이율에 관하여 특별한 약정이 없는 경우라면 거래행위의 성질에 따라 상법 또는 민법에서 정한 법정이율에 따라야 한다.(대판 2016.1.28, 2013다74110)

16. 계속적 채권관계에서 발생하는 주계약상의 불확정 채무에 대한 보증책임의 범위 계속적 채권관계에서 발생하는 주계약상의 불확정 채무에 대하여 보증한 경우 그 보증채무는 통상적으로 주계약상의 채무가 확정된 때에 이와 함께 확정된다. 그러나 채권자와 주채무자 사이에서 주계약상의 거래기간이 연장되었으나 보증인과 사이에서 보증기간이 연장되지 아니하는 등의 사정으로 보증계약 관계가 먼저 종료된 때에는 그 종료로 보증채무가 확정되므로, 보증인은 그 당시의 주계약상의 채무에 대하여 보증책임을 지고, 그 후의 채무에 대하여는 보증책임을 지지 아니한다.(대판 2021.1.28, 2019다207141)

17. 주채무자가 근보증한도액을 넘는 주채무 중 일부를 변제한 경우 그 보증한도액이 감소되는지 여부(소극) 계속적 보증책임의 한도액이 있는 경우에는 그 보증한 한도 내의 채무가 잔존하고 있는 이상, 그 잔존채무가 위 한도액 범위 내의 거래로 인하여 발생한 채무이든 또는 그 한도액을 초과한 거래로 인하여 발생한 채무 중 주채무자로부터 일부 변제되고 잔존한 채무이든 불문하고 그 보증한도에서 책임을 진다.(대판 1995.6.30, 94다40444)

18. 보증한도액의 정함이 없는 경우 피보증계약의 거래한도액이 보증채무의 한도액이 되는지 여부(적극) 신용카드 이용계약을 체결함에 있어서 가입회원의 월간 카드이용한도액을 정한 경우에 이는 가입회원의 월수입등 재산상태를 기준으로 대금지급 능력을 감안하여 신용거래한도액을 정한 것이라고 볼 것이므로 신용카드 연대보증인은 그 보증책임범위에 관하여 특별히 정한 바 없는 이상 위와 같은 피보증인의 신용거래한도액 내에서 그 대금채무의 이행을 보증한 것이라 봄이 타당하다.(대판 1986.1.28, 85다카1626)

19. 물적보증과 인적보증이 경합하는 경우의 보증한도액 계속적인 거래관계로부터 장래 발생하는 불특정채무를 보증하는 근보증을 하고 아울러 그 불특정채무를 담보하기 위하여 동일인이 근저당권설정등기를 하여 물상보증도 하였을 경우, 이 근저당권의 피담보채무와 근보증에 의하여 담보되는 주채무가 별개의 채무인가 아니면 그와는 달리 근저당권에 의하여 담보되는 채권이 위 근보증에 의하여도 담보되는 것인가의 문제는 계약 당사자의 의사해석 문제이다. 채무자의 채권자에 대한 불특정채무를 담보하기 위하여 제3자가 자신의 부동산에 근저당권설정등기를 하고 다음날 위 피담보채무를 한도로 근보증계약을 체결한 경우, 근저당권의 피담보채무와 근보증에 의하여 담보되는 주채무는 별개의 채무가 아니라 동일한 채무로서 채무의 액수는 근저당권의 채권최고액 겸 근보증의 보증한도액에 한정된다.(대판 2005.4.29, 2005다3137)

▶**계속적 보증인의 해지권**

20. 계속적 보증과 해지권 계속적 보증계약에 있어서 보증인의 주채무자에 대한 신뢰가 깨어지는 등 보증인으로서 보증계약을 해지할 만한 상당한 이유가 있는 경우에 보증인으로 하여금 그 보증계약을 그대로 유지존속케 하는 것은 사회통념상 바람직하지 못하므로 그 계약해지로 인하여 상대방인 채권자에게 신의칙상 묵과할 수 없는 손해를 입게 하는 등 특단의 사정이 있는 경우를 제외하고 보증인은 일방적으로 이를 해지할 수 있고, 계속적 보증계약을 해지할 만한 상당한 이유가 있는지 여부는 보증을 하게 된 경위, 주채무자와 보증인간의 관계, 보증계약의 내용, 채무증가의 구체적 경과와 채무의 규모, 주채무자의 신뢰상실 여부와 그 정도, 보증인의 지위변화, 주채무자의 자력에 관한 채권자나 보증인의 인식 등 제반 사정을 종합적으로 고려하여 판단하여야 할 것이다.(대판 2003.1.24, 2000다37937)

21. 이사의 지위와 관련된 계속적 보증과 해지권 회사의 이사의 지위에서 부득이 회사와 제3자 사이의 계속적 거래로 인한 회사의 채무에 대하여 보증인이 된 자가 그 후 퇴사하여 이사의 지위를 떠난 때에는 보증계약 성립 당시의 사정에 현저한 변경이 생긴 경우에 해당하므로 이를 이유로 보증계약을 해지할 수 있는 것이고, 한편 계속적 보증계약의 보증인이 장차 그 보증계약에 기한 보증채무를 이행할 경우 피보증인이 계속적 보증계약의 보증인에게 부담하게 될 불확정한 구상금채무를 보증한 자에게도 사정변경이라는 해지권의 인정 근거에 비추어 마찬가지로 해지권을 인정하여야 할 것이나, 이와 같은 경우에도 보증계약이 해지되기 전에 계속적 거래가 종료되거나 그 밖의 사유로 주채무 내지 구상금채무가 확정된 경우라면 보증인으로서는 더 이상 사정변경을 이유로 보증계약을 해지할 수 없다.(대판 2002.5.31, 2002다1673)

22. 확정보증채무의 사정변경으로 인한 해지가부(소극) 회사의 이사가 채무액과 변제기가 특정되어 있는 회사 채무에 대하여 보증계약을 체결한 경우에는 계속적 보증이나 포괄근보증의 경우와는 달리 이사직 사임이라는 사정변경을 이유로 보증인인 이사가 일방적으로 보증계약을 해지할 수 없다.(대판 2006.7.4, 2004다30675)

23. 회사 이사의 지위에서 부득이 계속적 보증을 한 자가 퇴사한 경우 해지권 행사 방법 회사의 이사라는 지위에서 부득이 회사의 제3자에 대한 계속적 거래로 인한 채무에 대하여 연대보증인이 된 자가 그 후 퇴사하여 이사의 지위를 떠난 때에는 보증계약 성립 당시의 사정에 현저한 변경이 생긴 경우에 해당하므로 이를 이유로 보증계약을 해지할 수 있고, 그 해지의 의사표시는 반드시 서면에 의하여야 하는 것은 아니나, 채권자가 연대보증인의 퇴사 사실을 인식하고 있다 하여 연대보증인의 채권자에 대한 해지의 의사표시 없이 보증계약이 당연히 해지되는 것은 아니다.(대판 1996.10.29, 95다17533)

24. 물상보증과 연대보증의 피담보채무의 중첩성이 인정될 경우 근저당권 소멸시 연대보증계약도 해지되는지 여부(적극) **및 이 경우 해지 이전에 발생한 연대보증채무의 소멸 여부**(소극) 물상보증과 연대보증의 피담보채무의 중첩성이 인정될 경우, 특히 근저당권이 담보하는 피담보채무와 연대보증계약상의 주채무가 동일한 것으로 보아야 할 경우에 달리 특별한 사정이 없는 한 근저당권의 소멸과 동시에 연대

보증계약도 해지되어 장래에 향하여 그 효력을 상실한다고 봄이 상당하므로 연대보증인은 위 해지 이전에 발생한 보증채무에 대하여는 연대보증계약을 해지하였다고 하더라도 면제 등의 특별한 사정이 없는 한 그 책임을 면할 수는 없다.(대판 1997.11.14, 97다34808)

25. 보증기간이 정해진 계속적 보증의 경우 퇴사와 해지권 회사의 임원이나 직원의 지위에 있기 때문에 회사의 요구로 부득이 회사와 제3자 사이의 계속적 거래로 인한 회사의 채무에 대하여 보증인이 된 자가 그 후 회사로부터 퇴사하여 임원이나 직원의 지위를 떠난 때에는 보증계약성립 당시의 사정에 현저한 변경이 생긴 경우에 해당하므로 사정변경을 이유로 보증계약을 해지할 수 있다고 보아야 하며, 위 계속적 보증계약에서 보증기간을 정하였다고 하더라도 그것이 특히 퇴사 후에도 보증채무를 부담키로 특약한 취지라고 인정되지 않는 한 위와 같은 해지권의 발생에 영향이 없다.(대판 1990.2.27, 89다카1381)

제428조의2【보증의 방식】 ① 보증은 그 의사가 보증인의 기명날인 또는 서명이 있는 서면으로 표시되어야 효력이 발생한다. 다만, 보증의 의사가 전자적 형태로 표시된 경우에는 효력이 없다.

② 보증채무를 보증인에게 불리하게 변경하는 경우에도 제1항과 같다.

③ 보증인이 보증채무를 이행한 경우에는 그 한도에서 제1항과 제2항에 따른 방식의 하자를 이유로 보증의 무효를 주장할 수 없다.

(2015.2.3 본조신설)

(2016.2.4 시행)

제428조의3【근보증】 ① 보증은 불확정한 다수의 채무에 대해서도 할 수 있다. 이 경우 보증하는 채무의 최고액을 서면으로 특정하여야 한다.

② 제1항의 경우 채무의 최고액을 제428조의2제1항에 따른 서면으로 특정하지 아니한 보증계약은 효력이 없다.

(2015.2.3 본조신설)

(2016.2.4 시행)

1. 보증채무의 최고액이 서면으로 특정되어 보증계약이 유효하기 위한 요건 불확정한 다수의 채무에 대하여 보증하는 경우 보증채무의 최고액이 서면으로 특정되어 보증계약이 유효하다고 하기 위해서는, 보증인의 보증의사가 표시된 서면에 보증채무의 최고액이 명시적으로 기재되어 있어야 하고, 보증채무의 최고액이 명시적으로 기재되어 있지 않더라도 서면 자체로 보아 보증채무의 최고액이 얼마인지를 객관적으로 알 수 있는 등 보증채무의 최고액이 명시적으로 기재되어 있는 경우와 동일시할 수 있을 정도의 구체적인 기재가 필요하다고 봄이 타당하다.(대판 2019.3.14, 2018다282473)

第429條【保證債務의 範圍】 ① 保證債務는 主債務의 利子, 違約金, 損害賠償 其他 主債務에 從屬한 債務를 包含한다.

② 保證人은 그 保證債務에 關한 違約金 其他 損害賠償額을 豫定할 수 있다.

■ 430, 이자(379), 손해배상(390 · 393), 위약금(398④), ② 배상의 예정(398)

1. 보증의 효력이 피보증인의 계약해제에 따른 원상회복의 무에 미치는지 여부(적극) 타인간의 계약에 있어 그 계약상의 여러 가지 의무를 부담하는 당사자의 일방을 위하여 그 계약을 보증한 보증인은 상대방에 대하여 특단의 사정이 없는 한 피보증인의 채무불이행으로 인하여 그 계약이 해제되었음으로 인한 피보증인의 원상회복의 의무에 대하여도 책임을 진다.(대판 1972.5.9, 71다1474)

第430條【目的, 形態上의 附從性】 保證人의 負擔이 主債務의 目的이나 形態보다 重한 때에는 主債務의 限度로 減縮한다.

■ 보증채무의 범위(429)

1. 보증계약 성립 후 채무자와 채권자 사이에 채무불이행시의 손해배상액을 예정한 경우 보증인의 보증책임의 범위 보증인은 특별한 사정이 없는 한 채무자가 채무불이행으로 인하여 부담하여야 할 손해배상채무에 관하여도 보증책임을 지고, 따라서 보증인으로서는 채무자의 채무불이행으로 인한 채권자의 손해를 배상할 책임이 있다고 할 것이나, 원래 보증인의 의무는 보증계약 성립 후 채무자가 한 법률행위로 인하여 확장, 가중되지 아니하는 것이 원칙이므로, 채무자의 채무불이행시의 손해배상의 범위에 관하여 채무자와 채권자 사이의 합의로 보증인의 관여 없이 그 손해배상예정액이 결정되었다고 하더라도, 보증인으로서는 위 합의로 결정된 손해배상 예정액이 채무불이행으로 인하여 채무자가 부담할 손해배상 책임의 범위를 초과하지 아니한 한도 내에서만 보증책임이 있다.(대판 1996.2.9, 94다38250)

2. 채권자가 주채무자에 대하여 변제기를 연장하여 준 경우 보증채무에 대하여도 그 효력이 미치는지 여부(적극) 보증계약 체결 후 채권자가 보증인의 승낙 없이 주채무자에 대하여 변제기를 연장하여 준 경우, 그것이 반드시 보증인의 책임을 가중하는 것이라고는 할 수 없으므로 원칙적으로 보증채무에 대하여도 그 효력이 미친다.(대판 1996.2.23, 95다49141)

3. 보증계약 성립 후 보증인의 동의 없이 주채무의 내용이 변경된 경우 보증채무의 범위 보증계약이 성립한 후에 보증인이 알지도 못하는 사이에 주채무의 목적이나 형태가 변경되었다면, 그 변경으로 주채무의 실질적 동일성이 상실된 경우에는 당초의 주채무는 경개로 인하여 소멸하였다고 보아야 할 것이므로 보증채무도 당연히 소멸하고, 그 변경으로 인하여 주채무의 실질적 동일성이 상실되지 않고 동시에 주채무의 부담 내용이 축소 · 감경된 경우에는 보증인은 그와 같이 축소 · 감경된 주채무의 내용에 따라 보증책임을 질 것이지만, 그 변경으로 인하여 주채무의 실질적 동일성이 상실되지는 않고 주채무의 부담내용이 확장 · 가중된 경우에는 보증인은 그와 같이 확장 · 가중된 주채무의 내용에 따른 보증책임은 지지 않고, 다만 변경되기 전의 주채무의 내용에 따른 보증책임만을 진다.(대판 2000.1.21, 97다1013)

4. 보증채권을 주채권과 분리하여 양도할 수 있는지 여부(소극) 주채권과 보증인에 대한 채권의 귀속주체를 달리하는 것은, 주채무자의 항변권으로 채권자에게 대항할 수 있는 보증인의 권리가 침해되는 등 보증채무의 부종성에 반하고, 주채권을 가지지 않는 자에게 보증채권만을 인정할 실익도 없기 때문에 주채권과 분리하여 보증채권만을 양도하기로 하는 약정은 그 효력이 없다.(대판 2002.9.10, 2002다21509)

5. 주채권의 양도시 보증채권의 양도에 관한 대항요건을 별도로 구비하여야 하는지 여부(소극) 보증채무는 주채무에 대한 부종성 또는 수반성이 있어서 주채무자에 대한 채권이 이전되면 당사자 사이에 별도의 특약이 없는 한 보증인에 대한 채권도 함께 이전하고, 이 경우 채권양도의 대항요건도 주채권의 이전에 관하여 구비하면 족하고, 별도로 보증채권에 관하여 대항요건을 갖출 필요는 없다.(대판 2002.9.10, 2002다21509)

6. 정리절차종결 후 주채무자와 채권자간의 채무감축 합의가 보증채무에 미치는 효력(구법관계) 회사정리절차가 종결된 이후 정리회사였던 주채무자와 정리채권자였던 채권자 사이에 정리계획상의 잔존 주채무를 줄이기로 하는 내용의

합의가 성립한 때에는, 보증인이 원래의 채무 전액에 대하여 보증채무를 부담한다는 의사표시를 하거나 채권자 사이에 그러한 내용의 약정을 하는 등의 특별한 사정이 없는 한 '정리계획의 효력 범위'에 관하여 보증채무의 부종성을 배제한 구 회사정리 240조 2항의 규정은 적용될 수 없으므로 그 합의에 의하여 잔존 주채무가 줄어든 액수만큼 보증채무의 액수도 당연히 줄어든다. 이 경우 정리계획인가의 결정에 의하여 일부 면제된 주채무 부분은 주채무자와 채권자 사이에서는 이미 실체적으로 소멸한 것이어서 주채무자와 채권자 사이의 합의에 의하여 다시 줄어들 수 있는 성질의 것이 아니므로, 위와 같이 주채무자와 채권자 사이에서 잔존 주채무를 줄이기로 한 합의에 따라 줄어드는 보증채무의 범위에는 정리계획인가의 결정에 의하여 이미 소멸한 주채무 부분이 포함될 수 없다.(대판 2007.3.30, 2006다83130)

7. 주채무의 소멸시효 완성으로 보증채무가 소멸된 상태에서 보증인이 보증채무를 이행하거나 승인한 경우, 보증인이 주채무의 시효소멸을 이유로 보증채무의 소멸을 주장할 수 있는지 여부(원칙적 적극)(대판 2012.7.12, 2010다51192) → 제440조 참조

8. 확정채무의 보증인이 피보증채무의 이행기가 연장된 경우에도 보증채무를 부담하는지 여부(원칙적 적극) 채무가 특정된 확정채무에 대하여 보증한 보증인으로서는 자신의 동의 없이 피보증채무의 이행기를 연장해 주었는지에 상관없이 보증채무를 부담하는 것이 원칙이지만 당사자 사이에 보증인의 동의를 얻어 피보증채무의 이행기가 연장된 경우에 한하여 피보증채무를 계속하여 보증하겠다는 취지의 특별한 약정이 있다면 약정에 따라야 한다.(대판 2012.8.30, 2009다90924)

9. 계약 내용에 주채무에 관한 연체이율은 포함되어 있으나 보증채무의 연체이율은 흠결된 경우의 보증채무의 연체이율 결정 방법 보증채무는 주채무와는 별개의 채무이기 때문에 보증채무 자체의 이행지체로 인한 지연손해금은 보증한도액과는 별도인바, 이 경우 보증채무의 연체이율에 관하여 특별한 약정이 있으면 그에 따르고 특별한 약정이 없으면 거래행위의 성질에 따라 상법 또는 민법에서 정한 법정이율에 따르는 것이지, 주채무에 관하여 약정된 연체이율이 당연히 여기에 적용되는 것은 아니다.(대판 2014.3.13, 2013다205693)

10. 주계약상 보증기간은 연장되었으나 구상보증인에 대한 보증기간이 연장되지 아니하여, 구상보증계약이 먼저 종료되는 경우 구상보증인이 면책되는지 여부(적극) 근보증으로서의 신용보증채무 이행으로 인한 구상채무를 보증한 자가 신용보증채무가 확정되기 전에 적법하게 보증계약을 해지한 때에는 구체적인 보증채무의 발생 전에 보증계약 관계가 종료되므로, 그 이후 신용보증사고의 발생으로 신용보증기관의 신용보증채무가 확정되고 나아가 주채무자의 구상채무까지 확정된다 하여도 구상보증인은 그에 관하여 아무런 보증책임을 지지 아니한다. 그리고 이러한 법리는 주계약상 거래기간의 연장에 따라 신용보증기간이 연장되었으나 구상보증인에 대한 관계에서는 보증기간이 연장되지 아니하여 구상보증계약 관계가 먼저 종료되는 경우에도 마찬가지로 적용된다.(대판 2014.4.10, 2011다53171)

11. 보증인에 대한 회생계획인가 후 주채무자의 변제 등으로 주채무가 일부 소멸하는 경우, 보증인이 부담하는 보증책임의 범위 보증인에 대한 회생계획인가로 보증채무가 감면되면 보증인이 주채무자의 채무를 일정한 한도에서 보증하기로 하는 이른바 일부보증과 유사한 법률관계가 성립한다. 일부보증의 경우 주채무자가 일부 변제를 하면 보증인은 남은 주채무자의 채무 중 보증한 범위 내의 것에 대하여 보증책임을 부담한다. 따라서 보증인에 대한 회생계획인가 후 주채무자의 변제 등으로 주채무가 일부 소멸하는 경우 보증인은 회생계획에 따른 변제금액 중 주채무자의 변제 등으로 소멸하고 남은 주채무를 한도로 한 금액을 변제할 의무가 있다.(대판 2023.5.18, 2019다227190)

第431條【保證人의 條件】 ① 債務者가 保證人을 세울 義務가 있는 境遇에는 그 保證人은 行爲能力 및 辨濟資力이 있는 者로 하여야 한다.

② 保證人이 辨濟資力이 없게 된 때에는 債權者는 保證人의 變更을 請求할 수 있다.

③ 債權者가 保證人을 指名한 境遇에는 前2項의 規定을 適用하지 아니한다.

■ 조건을 구비한 보증인을 세울 수 없을 경우(432 · 388), 담보의 공여(26 · 327 · 443), 행위능력(4－14의3)

第432條【他擔保의 提供】 債務者는 다른 相當한 擔保를 提供함으로써 保證人을 세울 義務를 免할 수 있다.

第433條【保證人과 主債務者抗辯權】 ① 保證人은 主債務者의 抗辯으로 債權者에게 對抗할 수 있다.

② 主債務者의 抗辯抛棄는 保證人에게 效力이 없다.

■ 항변(536), 유사규정(상214)

第434條【保證人과 主債務者相計權】 保證人은 主債務者의 債權에 依한 相計로 債權者에게 對抗할 수 있다.

■ 상214② · 76, 상계(492－498), 동시이행의 항변권(536)

第435條【保證人과 主債務者의 取消權 等】 主債務者가 債權者에 對하여 取消權 또는 解除權이나 解止權이 있는 동안은 保證人은 債權者에 對하여 債務의 履行을 拒絶할 수 있다.

■ 취소권(5② · 10 · 13 · 109① · 110), 해지권(613 · 614 · 625), 유사규정(상214②)

第436條 (2015.2.3 삭제)
(2016.2.4 시행)

제436조의2【채권자의 정보제공의무와 통지의무 등】 ① 채권자는 보증계약을 체결할 때 보증계약의 체결 여부 또는 그 내용에 영향을 미칠 수 있는 주채무자의 채무 관련 신용정보를 보유하고 있거나 알고 있는 경우에는 보증인에게 그 정보를 알려야 한다. 보증계약을 갱신할 때에도 또한 같다.

② 채권자는 보증계약을 체결한 후에 다음 각 호의 어느 하나에 해당하는 사유가 있는 경우에는 지체 없이 보증인에게 그 사실을 알려야 한다.

1. 주채무자가 원본, 이자, 위약금, 손해배상 또는 그 밖에 주채무에 종속한 채무를 3개월 이상 이행하지 아니하는 경우
2. 주채무자가 이행기에 이행할 수 없음을 미리 안 경우
3. 주채무자의 채무 관련 신용정보에 중대한 변화가 생겼음을 알게 된 경우

③ 채권자는 보증인의 청구가 있으면 주채무의 내용 및 그 이행 여부를 알려야 한다.

④ 채권자가 제1항부터 제3항까지의 규정에 따른 의무를 위반하여 보증인에게 손해를 입힌 경우에는

법원은 그 내용과 정도 등을 고려하여 보증채무를 감경하거나 면제할 수 있다.
(2016.2.4 시행)

第437條【保證人의 催告, 檢索의 抗辯】 債權者가 保證人에게 債務의 履行을 請求한 때에는 保證人은 主債務者의 辨濟資力이 있는 事實 및 그 執行이 容易할 것을 證明하여 먼저 主債務者에게 請求할 것과 그 財産에 對하여 執行할 것을 抗辯할 수 있다. 그러나 保證人이 主債務者와 連帶하여 債務를 負擔한 때에는 그러하지 아니하다.

▣ 보증채무의 내용(428 · 438), 상사보증의 특칙(상57), 어음보증의 특칙(어32①, 수27①), 주채무자의 파산의 경우(회생파산305), 보증인의 파산의 경우(회생파산430 · 431), 연대부담(448②, 상57)

第438條【催告, 檢索의 懈怠의 效果】 前條의 規定에 依한 保證人의 抗辯에 不拘하고 債權者의 懈怠로 因하여 債務者로부터 全部나 一部의 辨濟를 받지 못한 境遇에는 債權者가 懈怠하지 아니하였으면 辨濟받았을 限度에서 保證人은 그 義務를 免한다.

▣ 보증인의 의무(428), 대위변제와 채권자의 담보보존의무(485)

第439條【共同保證의 分別의 利益】 數人의 保證人이 各自의 行爲로 保證債務를 負擔한 境遇에도 第408條의 規定을 適用한다.

▣ 상사보증의 특칙(상57), 어음보증의 특칙(어32① · 77③, 수27①), 공동보증인간의 구상권(448), 수인의 보증인과 보증연대(448), 공동보증인의 일부의 파산과 파산채권(회생파산431)

1. 수인의 연대보증인간의 분별의 이익 유무(소극)**와 부담부분의 비율** 수인의 보증인이 있는 경우에는 그 사이에 분별의 이익이 있는 것이 원칙이지만, 그 수인이 연대보증인일 때에는 각자가 별개의 법률행위로 보증인이 되었으므로 보증인 상호간에 연대의 특약(보증연대)이 없었더라도 채권자에 대하여는 분별의 이익을 갖지 못하고 각자의 채무 전액을 변제하여야 하고, 다만 보증인들 상호간의 내부관계에 있어서는 일정한 부담부분이 있고 그 부담부분의 비율에 관하여는 특약이 없는 한 각자 평등한 비율로 부담한다.(대판 1993.5.27, 93다4656)

第440條【時效中斷의 保證人에 對한 效力】 主債務者에 對한 時效의 中斷은 保證人에 對하여 그 效力이 있다.

▣ 416 · 430 · 434 · 458, 시효중단(168－178)

1. 주채무자에 대한 시효중단시 보증인에 대한 다른 조치 없이 보증채무도 시효중단되는지 여부(적극) 민 169조는 '시효의 중단은 당사자 및 그 승계인 간에만 효력이 있다.'고 정하고 있고, 한편 민 440조는 '주채무자에 대한 시효의 중단은 보증인에 대하여 그 효력이 있다.'고 정하고 있다. 민 440조는 민 169조의 예외 규정으로서 이는 채권자 보호 내지 채권담보의 확보를 위하여 주채무자에 대한 시효중단의 사유가 발생하였을 때는 그 보증인에 대한 별도의 중단조치가 이루어지지 않아도 동시에 시효중단의 효력이 생기도록 한 것이고, 시효중단사유가 압류, 가압류 및 가처분이라고 하더라도 이를 보증인에게 통지하여야 비로소 시효중단의 효력이 발생하는 것은 아니다.(대판 2005.10.27, 2005다35554, 35561)

2. 주채무 판결 확정시 보증채무 소멸시효기간이 연장되는지 여부(소극) 민 440조는 보증채무의 부종성에 기인한 당연한 법리를 선언한 것이라기보다 채권자보호 내지 채권담보의 확보를 위하여 마련한 특별 조항이다. 위 조항의 문언상 의미는 주채무자에 대한 시효중단의 사유가 발생하였을 때는 그 보증인에 대한 별도의 중단조치가 이루어지지 않아도 동시에 시효중단의 효력이 생기도록 한 것에 불과하고 중단된 이후의 시효기간까지 당연히 보증인에게도 그 효력이 미친다고 하는 취지는 아니다. 또한 보증채무가 주채무에 부종한다 할지라도 원래 보증채무는 주채무와는 별개의 독립된 채무이어서 채권자와 주채무자 사이에서 주채무가 판결에 의하여 확정되었다고 하더라도 이로 인하여 보증채무 자체의 성립 및 소멸에 관한 분쟁까지 당연히 해결되어 165조에 의해 단기소멸시효가 배제되는 것이 타당하다 볼 만큼 보증채무의 존재가 명확하게 되는 것도 아니다. 따라서 채권자와 주채무자 사이의 확정판결에 의하여 주채무가 확정되어 그 소멸시효기간이 10년으로 연장되었다 할지라도 채권자와 연대보증인 사이에 있어서 연대보증채무의 소멸시효기간은 여전히 종전의 소멸시효기간에 따른다.(대판 2006.8.24, 2004다26287)

3. 보증채무에 대하여 소멸시효가 중단되었으나 주채무에 대하여는 소멸시효가 완성된 경우 부종성에 따라 보증채무가 소멸되는지 여부(적극) 보증채무에 대한 소멸시효가 중단되었다고 하더라도 이로써 주채무에 대한 소멸시효가 중단되는 것은 아니고, 주채무가 소멸시효 완성으로 소멸된 경우에는 보증채무도 그 채무 자체의 시효중단에 불구하고 부종성에 따라 당연히 소멸된다.(대판 2002.5.14, 2000다62476)

4. 보증채무의 부종성과 주채무의 시효소멸 보증채무에 대한 소멸시효가 중단되는 등의 사유로 완성되지 아니하였다고 하더라도 주채무에 대한 소멸시효가 완성된 경우에는 시효완성 사실로써 주채무가 당연히 소멸되므로 보증채무의 부종성에 따라 보증채무 역시 당연히 소멸된다. 그리고 주채무에 대한 소멸시효가 완성되어 보증채무가 소멸된 상태에서 보증인이 보증채무를 이행하거나 승인하였다고 하더라도, 주채무자가 아닌 보증인의 행위에 의하여 주채무에 대한 소멸시효 이익의 포기 효과가 발생된다고 할 수 없으며, 보증인은 여전히 주채무의 시효소멸을 이유로 보증채무의 소멸을 주장할 수 있다.(대판 2012.7.12, 2010다51192)

5. 주채무자의 개인회생절차에서 채권자목록 제출에 따른 보증채무의 시효중단 주채무자가 소멸시효기간이 지나기 전에 개인회생 신청을 하면서 채권자 회사를 채권자로 하는 채권자목록을 제출한 후 변제계획인가결정을 받았는데 채권자가 연대보증인을 상대로 보증채무의 이행을 구한 사안에서, 주채무는 개인회생신청을 하면서 채권자목록을 제출한 시점에 소멸시효가 중단되고, 주채무자의 개인회생절차가 폐지되지 않고 계속 진행 중인 이상 시효중단의 효력은 그대로 유지되며, 주채무자에 대한 시효의 중단은 보증인에게도 효력이 있다.(대판 2019.8.30, 2019다235528)

第441條【受託保證人의 求償權】 ① 主債務者의 付託으로 保證人이 된 者가 過失없이 辨濟 其他의 出財로 主債務를 消滅하게 한 때에는 主債務者에 對하여 求償權이 있다.
② 第425條第2項의 規定은 前項의 境遇에 準用한다.

▣ 부탁으로 보증인이 된 자의 구상권(442 · 443 · 445 · 446), 구상권과 변제자의 대위(481), 부탁(680), 수임인의 비용상환 및 손해배상청구권(688①③)

1. 보증보험계약에 있어 보증인(보험자)**의 주채무자**(보험계약자)**에 대한 구상권** 보증보험은 형식적으로는 채무자의 채무불이행을 보험사고로 하는 보험계약이나 실질적으로는 보증의 성격을 가지고 보증계약과 같은 효과를 목적으로 하는 것이므로 보증인의 구상권에 관한 규정이 준용된다. 보증채무자가 주채무를 소멸시키는 행위는 주채무의 존재를 전제로 하므로, 보증인의 출연행위 당시 주채무가 성립되지 아니하였거나 타인의 면책행위로 이미 소멸되었거나 유효하게 존속하고 있다가 그 후 소급적으로 소멸한 경우에는 보증채

무자의 주채무 변제는 비채변제가 되어 채권자와 사이에 부당이득반환의 문제를 남길 뿐이고 주채무자에 대한 구상권을 발생시키지 않는다.(대판 2012.2.23, 2011다62144)

2. 금융기관으로부터 대출을 받을 때, 명의대여자가 보증인 또는 물상보증인에게 구상의무를 부담하기 위한 요건 금융기관으로부터 대출을 받으면서 제3자가 자신의 명의를 사용하도록 한 경우에는 그가 채권자인 금융기관에 대하여 주채무자로서 책임을 지는지와 관계없이 내부관계에서는 실질상의 주채무자가 아닌 한 연대보증책임을 이행한 연대보증인에 대하여 당연히 주채무자로서의 구상의무를 부담한다고 할 수는 없고, 연대보증인이 제3자가 실질적 주채무자라고 믿고 보증을 하였거나 보증책임을 이행하였고, 그와 같이 믿은 데에 제3자에게 귀책사유가 있어 제3자에게 책임을 부담시키는 것이 구체적으로 타당하다고 보이는 경우 등에 한하여 제3자가 연대보증인에 대하여 주채무자로서의 전액 구상의무를 부담하며, 이는 물상보증의 경우에도 마찬가지로 보아야 한다.(대판 2014.4.30, 2013다80429, 80436)

第442條【受託保證人의 事前求償權】 ① 主債務者의 付託으로 保證人이 된 者는 다음 各號의 境遇에 主債務者에 對하여 미리 求償權을 行使할 수 있다.

1. 保證人이 過失없이 債權者에게 辨濟할 裁判을 받은 때
2. 主債務者가 破産宣告를 받은 境遇에 債權者가 破産財團에 加入하지 아니한 때
3. 債務의 履行期가 確定되지 아니하고 그 最長期도 確定할 수 없는 境遇에 保證契約後 5年을 經過한 때
4. 債務의 履行期가 到來한 때

② 前項第4號의 境遇에는 保證契約後에 債權者가 主債務者에게 許與한 期限으로 保證人에게 對抗하지 못한다.

▣ 수탁보증인(441①·443·446), 수임인의 비용선급청구권(687), 파산선고(회생파산305-307), 구상권자의 파산절차참가(회생파산430·431)

1. 사전구상권을 행사하여 구상금을 수령한 수탁보증인의 의무 수탁보증인이 사전구상권을 행사하여 사전구상금을 수령하였다면 이는 결국 사전구상 당시 채권자에 대하여 보증인이 부담할 원본채무와 이미 발생한 이자, 피할 수 없는 비용 및 기타의 손해액을 선급받는 것이어서 이 금원은 주채무자에 대하여 수임인의 지위에 있는 수탁보증인이 위탁사무의 처리를 위하여 선급받은 비용의 성질을 가지는 것이므로 보증인은 이를 선량한 관리자의 주의로서 위탁사무인 주채무자의 면책에 사용하여야 할 의무가 있다.(대판 2002.11.26, 2001다833)

2. 구상권자에 대하여 파산이 선고된 후에 사전구상권을 행사하는 경우 구상금채무의 보증인은 민 536조 2항을 유추적용하여 사전구상에 대한 보증채무의 이행을 거절할 수 있는지 여부(적극) 구상권자에 대하여 파산이 선고된 후에 사전구상권을 행사하는 경우에는, 구상금채무의 보증인이 사전구상에 응하더라도 특별한 사정이 없는 한 구상권자가 이를 전부 주채무자의 면책을 위하여 사용하는 것은 파산절차의 제약상 기대하기 어려우므로, 파산절차에도 불구하고 구상금이 전액 주채무자의 면책을 위하여 사용될 것이라는 점이 확인되기 전에는 구상금채무의 보증인은 신의칙과 공평의 원칙에 터잡아 민 536조 2항을 유추적용하여 사전구상에 대한 보증채무의 이행을 거절할 수 있다.(대판 2002.11.26, 2001다833)

3. 수탁보증인의 사전구상권과 사후구상권의 소멸시효 기산점 수탁보증인의 사전구상권과 사후구상권은 그 종국적 목적과 사회적 효용을 같이하는 공통성을 가지고 있으나, 사후구상권은 보증인이 채무자에 갈음하여 변제 등 자신의 출연으로 채무를 소멸시켰다고 하는 사실에 의하여 발생하는 것이고 이에 대하여 사전구상권은 그 외의 민 442조 1항 소정의 사유나 약정으로 정한 일정한 사실에 의하여 발생하는 등 그 발생원인을 달리하고 그 법적 성질도 달리하는 별개의 독립된 권리라고 할 것이므로, 그 소멸시효는 각각 별도로 진행되는 것이고, 따라서 사후구상권의 소멸시효는 사전구상권이 발생되었는지 여부와는 관계없이 사후구상권 그 자체가 발생되어 이를 행사할 수 있는 때로부터 진행된다.(대판 1992.9.25, 91다37553)

4. 주채무인 원금에 대한 완제일까지의 지연손해금이 수탁보증인의 사전구상권의 범위에 포함되는지 여부(소극) **및 수탁보증인이 아직 지출하지 아니한 금원에 대하여 지연손해금을 청구할 수 있는지 여부**(소극) 수탁보증인이 민 442조에 의하여 주채무자에 대하여 미리 구상권을 행사하는 경우에 사전구상으로서 청구할 수 있는 범위는 주채무인 원금과 사전구상에 응할 때까지 이미 발생한 이자와 기한 후의 지연손해금, 피할 수 없는 비용 기타의 손해액이 포함될 뿐이고, 주채무인 원금에 대한 완제일까지의 지연손해금은 사전구상권의 범위에 포함될 수 없으며, 또한 사전구상권은 장래의 변제를 위하여 자금의 제공을 청구하는 것이므로 수탁보증인이 아직 지출하지 아니한 금원에 대하여 지연손해금을 청구할 수도 없다.(대판 2004.7.9, 2003다46758)

5. 수탁보증인의 주채무자에 대한 사전구상권을 자동채권으로 하는 상계의 허용 여부(소극) **및 주채무자가 사전에 담보제공청구권의 항변권을 포기한 경우 상계의 가능 여부**(적극) (대판 2004.5.28, 2001다81245) → 제492조 참조

第443條【主債務者의 免責請求】 前條의 規定에 依하여 主債務者가 保證人에게 賠償하는 境遇에 主債務者는 自己를 免責하게 하거나 自己에게 擔保를 提供할 것을 保證人에게 請求할 수 있고 또는 賠償할 金額을 供託하거나 擔保를 提供하거나 保證人을 免責하게 함으로써 그 賠償義務를 免할 수 있다.

第444條【付託없는 保證人의 求償權】 ① 主債務者의 付託없이 保證人이 된 者가 辨濟 其他 自己의 出財로 主債務를 消滅하게 한 때에는 主債務者는 그 當時에 利益을 받은 限度에서 賠償하여야 한다.

② 主債務者의 意思에 反하여 保證人이 된 者가 辨濟 其他 自己의 出財로 主債務를 消滅하게 한 때에는 主債務者는 現存利益의 限度에서 賠償하여야 한다.

③ 前項의 境遇에 主債務者가 求償한 날 以前에 相計原因이 있음을 主張한 때에는 그 相計로 消滅할 債權은 保證人에게 移轉된다.

▣ 구상권과 변제자의 대위(481), 사무관리자의 비용상환청구권(739①), 사무관리가 본인의 의사에 반하는 경우(739③), 상계(492)

第445條【求償要件으로서의 通知】 ① 保證人이 主債務者에게 通知하지 아니하고 辨濟 其他 自己의 出財로 主債務를 消滅하게 한 境遇에 主債務者가 債權者에게 對抗할 수 있는 事由가 있었을 때에는 이 事由로 保證人에게 對抗할 수 있고 그 對抗事由가 相計인 때에는 相計로 消滅할 債權은 保證人에게 移轉된다.

② 保證人이 辨濟 其他 自己의 出財로 免責되었음을 主債務者에게 通知하지 아니한 境遇에 主債務者가 善意로 債權者에게 辨濟 其他 有償의 免責行爲를 한 때에는 主債務者는 自己의 免責行爲의 有效를 主張할 수 있다.

▣ ① 441·444, 구상요건으로서의 통지(426), ② 상계(492)

第446條【主債務者의 保證人에 對한 免責通知義務】 主債務者가 自己의 行爲로 免責하였음을 그 付託으로 保證人이 된 者에게 通知하지 아니한 境遇에 保證人이 善意로 債權者에게 辨濟 其他 有償의 免責行爲를 한 때에는 保證人은 自己의 免責行爲의 有效를 主張할 수 있다.

▣ 구상요건으로서의 통지(426), 주채무자의 면책청구(443), 부탁(680), 수탁보증인의 구상권(441)

1. 수탁보증에 있어 주채무자가 면책행위를 하고도 보증인에게 통지를 하지 않고 있는 동안에 보증인이 사전 통지 없이 이중의 면책행위를 한 경우 보증인이 주채무자에게 구상권을 행사할 수 있는지 여부(소극) 민 446조의 규정은 445조 1항의 규정을 전제로 하는 것이어서 445조 1항의 사전통지를 하지 아니한 수탁보증인까지 보호하는 취지의 규정은 아니므로, 수탁보증에 있어서 주채무자가 면책행위를 하고도 그 사실을 보증인에게 통지하지 아니하고 있던 중에 보증인도 사전 통지를 하지 아니한 채 이중의 면책행위를 한 경우에는 보증인은 주채무자에 대하여 446조에 의하여 자기의 면책행위의 유효를 주장할 수 없다고 봄이 상당하고 따라서 이 경우에는 이중변제의 기본 원칙으로 돌아가 먼저 이루어진 주채무자의 면책행위가 유효하고 나중에 이루어진 보증인의 면책행위는 무효로 보아야 하므로 보증인은 민 446조에 기하여 주채무자에게 구상권을 행사할 수 없다.(대판 1997.10.10, 95다46265)

第447條【連帶, 不可分債務의 保證人의 求償權】 어느 連帶債務者나 어느 不可分債務者를 爲하여 保證人이 된 者는 다른 連帶債務者나 다른 不可分債務者에 對하여 그 負擔部分에 限하여 求償權이 있다.

▣ 연대채무(413·414), 불가분채무(411), 연대채무자의 구상(425), 보증인의 구상권(441·444), 구상권과 변제자의 대위(481)

第448條【共同保證人間의 求償權】 ① 數人의 保證人이 있는 境遇에 어느 保證人이 自己의 負擔部分을 넘은 辨濟를 한 때에는 第444條의 規定을 準用한다.

② 主債務가 不可分이거나 各 保證人이 相互連帶로 또는 主債務者와 連帶로 債務를 負擔한 境遇에 어느 保證人이 自己의 負擔部分을 넘은 辨濟를 한 때에는 第425條 乃至 第427條의 規定을 準用한다.

▣ 공동보증과 분별의 이익(439, 회생파산431), 불가분채무(411)

1. 수인의 연대보증인간의 분별의 이익 유무(소극)**와 부담부분의 비율** (대판 1993.5.27, 93다4656) → 제439조 참조

2. 수인의 연대보증인 상호간의 구상관계 연대보증인 가운데 한 사람이 채무의 전액이나 자기의 부담부분 이상을 변제하였을 때에는 다른 보증인에 대하여 구상을 할 수 있고 다만 다른 보증인 가운데 구상권 행사시 이전에 이미 자기의 부담부분을 변제한 사람에 대하여는 구상을 할 수 없다.(대판 1993.5.27, 93다4656)

3. 실질상 주채무자인 연대보증인의 다른 연대보증인에 대한 구상권 행사 가부(소극) 공동보증은 통상의 보증과 마찬가지로 주채무에 관하여 최종적인 부담을 지지 아니하고 전적으로 주채무의 이행을 담보하는 것이므로(민 428조) 공동보증인은 자기의 출재로 공동면책이 된 때에는 그 출재한 금액에 불구하고 주채무자에게 구상을 할 수 있는 것이므로(민 441조 1항, 444조) 채권자에 대한 관계에서는 공동연대보증인이지만, 내부관계에서는 실질상의 주채무자인 경우에 다른 연대보증인이 채권자에 대하여 그 보증채무를 변제한 때에 그 연대보증인은 실질상의 주채무자에 대하여 구상권을 행사할 수 있는 반면에 실질상의 주채무자인 연대보증인이 자기의 부담부분을 넘어서 그 보증채무를 변제한 경우에는 다른 연대보증인에 대하여 민 448조 2항, 425조에 따른 구상권을 행사할 수는 없다.(대판 2004.9.24, 2004다27440, 28504)

4. 일부보증을 한 공동보증인에게 구상권을 행사하기 위한 요건 각 연대보증인이 주채무자의 채무를 일정한 한도에서 보증하기로 하는 이른바 일부보증을 한 경우에는 달리 특별한 사정이 없는 한, 각 보증인은 보증한 한도 이상의 채무에 대하여는 그 책임이 없음은 물론이지만 주채무의 일부가 변제되었다고 하더라도 그 보증한 한도 내의 주채무가 남아 있다면 그 남아 있는 채무에 대하여는 보증책임을 면할 수 없다고 보아야 하므로, 이와 같은 경우에 연대보증인 중 1인이 변제로써 주채무를 감소시켰다고 하더라도 주채무의 남은 금액이 다른 연대보증인의 책임한도를 초과하고 있다면 그 다른 연대보증인으로서는 그 한도금액 전부에 대한 보증책임이 그대로 남아 있어 위의 채무변제로써 면책된 부분이 전혀 없다고 볼 수밖에 없고, 따라서 이러한 경우에는 채무를 변제한 위 연대보증인이 그 채무의 변제를 내세워 보증책임이 그대로 남아 있는 다른 연대보증인에게 구상권을 행사할 수는 없다.(대판 2002.3.15, 2001다59071)

5. 구상금 청구의 신의칙에 의한 제한 보증인이 중대한 과실로 보증계약 체결 또는 보증금 지급과정에서 주채무가 통정허위표시로서 무효인 계약에 기한 것임을 알지 못하였고, 그래서 채권자에 대하여 보증채무를 부담하지 아니함을 주장할 수 있었는데도 그 주장을 하지 아니한 채 보증채무의 전부를 이행하였다면, 그 주장을 할 수 있는 범위 내에서는 신의칙상 연대보증인들에 대하여도 그 구상금을 청구할 수 없다.(대판 2006.3.10, 2002다1321)

6. 연대보증인 중 한 사람이 자기의 부담부분을 초과하여 변제한 경우 다른 연대보증인에 대한 구상관계, 연대보증인 중 한 사람이 변제를 하여 다른 연대보증인을 상대로 구상권을 행사하는 경우 구상권 행사 가능 여부를 판단하기 위하여 연대보증인들의 부담부분을 산정하는 방법 ① 수인의 보증인이 있는 경우에는 그 사이에 분별의 이익이 있는 것이 원칙이지만, 그 수인이 연대보증인일 때에는 각자가 별개의 법률행위로 보증인이 되었고 또한 보증인 상호간에 연대의 특약(보증연대)이 없었더라도 채권자에 대하여는 분별의 이익을 갖지 못하고 각자의 채무의 전액을 변제하여야 하나, 연대보증인들 상호간의 내부관계에서는 주채무에 대하여 출재를 분담하는 일정한 금액을 의미하는 부담부분이 있고, 그 부담부분의 비율, 즉 분담비율에 관하여는 그들 사이에 특약이 있으면 당연히 그에 따르되 그 특약이 없는 한 각자 평등한 비율로 부담을 지게 된다. 그러므로 연대보증인 가운데 한 사람이 자기의 부담부분을 초과하여 변제하였을 때에는 다른 연대보증인에 대하여 구상을 할 수 있는데, 다만 다른 연대보증인 가운데 이미 자기의 부담부분을 변제한 사람에 대하여는 구상을 할 수 없으므로 그를 제외하고 아직 자기의 부담부분을 변제하지 않은 사람에 대하여만 구상권을 행사하여야 한다. ② 연대보증인 가운데 한 사람이 자기의 부담부분을 초과하여 변제하여 다른 연대보증인에 대하여 구상을 하는 경우의 부담부분은 수인의 연대보증이 성립할 당시 주채무액에 분담비율을 적용하여 산출된 금액으로 일단 정해지지만, 그 후 주채무자의 변제 등으로 주채무가 소멸하면 부종성에 따라 각 연대보증인의 부담부분이 그 소멸액만

큼 분담비율에 따라 감소하고 또한 연대보증인의 변제가 있으면 당해 연대보증인의 부담부분이 그 변제액만큼 감소하게 된다. 그러므로 자기의 부담부분을 초과한 변제를 함으로써 그 초과 변제액에 대하여 다른 연대보증인을 상대로 구상권을 행사할 수 있는 연대보증인인지는 당해 변제시를 기준으로 판단하되, 구체적으로는 우선 그때까지 발생·증가하였던 주채무의 총액에 분담비율을 적용하여 당해 연대보증인의 부담부분 총액을 산출하고 그 전에 앞서 본 바와 같은 사유 등으로 감소한 그의 부담부분이 있다면 이를 위 부담부분 총액에서 공제하는 방법으로 당해 연대보증인의 부담부분을 확정한 다음 당해 변제액이 위 확정된 부담부분을 초과하는지 여부에 따라 판단하여야 한다. 한편, 이미 자기의 부담부분을 변제함으로써 위와 같은 구상권 행사의 대상에서 제외되는 다른 연대보증인인지 여부도 원칙적으로 구상의 기초가 되는 변제 당시에 위와 같은 방법에 의하여 확정되는 그 연대보증인의 부담부분을 기준으로 판단하여야 한다.(대판 2009.6.25, 2007다70155)

7. 공동연대보증인 중 1인이 채무 전액을 대위변제한 후 주채무자로부터 구상금의 일부를 변제받은 경우, 그 변제가 다른 연대보증인들의 구상채무 범위에 미치는 효력 공동연대보증인 중 1인이 채무 전액을 대위변제한 후 주채무자로부터 구상금의 일부를 변제받은 경우, 주채무자의 구상금 일부 변제는 특별한 사정이 없는 한 대위변제를 한 연대보증인의 부담 부분에 상응하는 주채무자의 구상채무를 먼저 감소시키고 이 부분 구상채무가 전부 소멸되기 전까지는 다른 연대보증인들이 부담하는 구상채무의 범위에는 아무런 영향을 미치지 않는다. 그러나 주채무자의 구상금 일부 변제 금액이 대위변제를 한 연대보증인의 부담 부분을 넘는 경우에는 그 넘는 변제 금액은 주채무자의 구상채무를 감소시킴과 동시에 다른 연대보증인들의 구상채무도 각자의 부담비율에 상응하여 감소시킨다.(대판 2010.9.30, 2009다46873)

8. 구 건설공제조합법에 따라 조합원의 하자보수의무를 보증한 건설공제조합과 주계약상 보증인의 관계 및 그들 중 어느 일방이 자기의 출재로 채무를 소멸시킨 경우 민 448조에 의하여 상대방에게 구상권을 행사할 수 있는지 여부(적극)(구법관계) 구 건설공제조합법에 따라 건설공제조합이 조합원으로부터 보증수수료를 받고 그 조합원이 다른 조합원 또는 제3자와의 도급계약에 따라 부담하는 하자보수의무를 보증하기로 하는 내용의 보증계약은, 무엇보다 채무자의 신용을 보완함으로써 일반적인 보증계약과 같은 효과를 얻기 위하여 이루어지는 것으로서, 그 계약의 구조와 목적, 기능 등에 비추어 볼 때 그 실질은 의연 보증의 성격을 가지므로, 민법의 보증에 관한 규정, 특히 보증인의 구상권에 관한 민 441조 이하의 규정이 준용된다. 따라서 건설공제조합과 주계약상 보증인은 채권자에 대한 관계에서 채무자의 채무 이행에 관하여 공동보증인의 관계에 있다고 보아야 할 것이므로, 그들 중 어느 일방이 변제 기타 자기의 출재로 채무를 소멸하게 하였다면 그들 사이에 구상에 관한 특별한 약정이 없다 하더라도 민 448조에 의하여 상대방에 대하여 구상권을 행사할 수 있다.(대판(全) 2008.6.19, 2005다37154)

9. 보증보험자와 주계약상 보증인의 관계 수급인이 도급계약에 따라 도급인에 관하여 부담하는 선급금 반환채무의 이행을 보증한 보증보험자와 주계약상 보증인은 채권자인 도급인에 대한 관계에서 채무자인 수급인의 선급금 반환채무 이행에 관하여 공동보증인의 관계에 있다고 보아야 하므로, 그들 중 어느 일방이 변제 기타 자기의 출재로 채무를 소멸하게 하였다면 그들 사이에 구상에 관한 특별한 약정이 없더라도 민 448조에 의하여 상대방에 대하여 구상권을 행사할 수 있다.(대판 2012.5.24, 2011다109586)

第4節 債權의 讓渡

第449條【債權의 讓渡性】 ① 債權은 讓渡할 수 있다. 그러나 債權의 性質이 讓渡를 許容하지 아니하는 때에는 그러하지 아니하다.

② 債權은 當事者가 反對의 意思를 表示한 境遇에는 讓渡하지 못한다. 그러나 그 意思表示로써 善意의 第三者에게 對抗하지 못한다.

■ 500, 양도성 없는 채권(부양청구권=979, 기명식선표=상818, 공연금32, 근로86, 국민연금58, 국가유공자19, 군인연금7), 양도에 채무자 승낙을 요하는 채권(610② · 629① · 657①, ② · 450 · 508 · 525 · 524)

▶ 일 반

1. 채권이 이전된 경우 채권양도인지 경개인지 판단기준 기존 채권이 제3자에게 이전된 경우 이를 채권의 양도로 볼 것인가 또는 경개로 볼 것인가는 일차적으로 당사자의 의사에 의하여 결정되고, 만약 당사자의 의사가 명백하지 아니할 때에는 특별한 사정이 없는 한 동일성을 상실함으로써 채권자가 담보를 잃고 채무자가 항변권을 잃게 되는 것과 같이 스스로 불이익을 초래하는 의사를 표시하였다고는 볼 수 없으므로 일반적으로 채권의 양도로 볼 것이다.(대판 1996.7.9, 96다16612)

2. 채권양도에 조건을 붙일 수 있는지 여부(적극)**와 정지조건부 채권양도에 있어서 조건성취사실에 대한 증명책임** 채권양도에는 조건이나 기한을 붙일 수 있고, 정지조건부 법률행위에 있어서 조건이 성취되었다는 사실은 이에 의하여 권리를 취득하고자 하는 측에서 그 입증책임이 있다 할 것이므로, 정지조건부 채권양도에 있어서 정지조건이 성취되었다는 사실은 채권양도의 효력을 주장하는 자에게 그 입증책임이 있다.(대판 1983.4.12, 81다카692)

3. 채권양도에 있어서 양도채권 특정의 정도 채권양도에 있어서 양도채권이 사회통념상 다른 채권과 구별하여 그 동일성을 인식할 수 있을 정도로 되어 있다면 그 채권은 특정된 것으로 보아야 하고 양도채권의 종류나 금액 등이 구체적으로 적시되어 있어야 하는 것은 아니다.(대판 1998.5.29, 96다51110)

4. 채무자가 채권자에게 채무변제와 관련하여 다른 채권을 양도하는 행위의 효력 및 그 양도채권의 변제에 관한 주장·증명책임의 소재 채무자가 채권자에게 채무변제와 관련하여 다른 채권을 양도하는 것은 특단의 사정이 없는 한 채무변제를 위한 담보 또는 변제의 방법으로 양도되는 것으로 추정할 것이지 채무변제에 갈음한 것으로 볼 것은 아니어서, 채권양도만 있으면 바로 원래의 채권이 소멸한다고 볼 수는 없는 것이고 채권자가 양도받은 채권을 변제받음으로써 그 범위 내에서 채무자가 면책되는 것이므로, 양도 채권의 변제에 관하여는 기존채무의 채무자에게 주장·입증책임이 있다.(대판 1995.12.22, 95다16660)

▶ 성질에 의한 제한

5. 장래의 채권 또는 조건부 채권의 양도가 유효하기 위한 당해 채권의 특정 정도 채권양도에 있어 사회통념상 양도 목적 채권을 다른 채권과 구별하여 그 동일성을 인식할 수 있을 정도이면 그 채권은 특정된 것으로 보아야 할 것이고, 채권양도 당시 양도 목적 채권의 채권액이 확정되어 있지 아니하였다 하더라도 채무의 이행기까지 이를 확정할 수 있는 기준이 설정되어 있다면 그 채권의 양도는 유효한 것으로 보아야 한다.(대판 1997.7.25, 95다21624)

6. 전세금반환채권의 양도(대판 2002.8.23, 2001다69122) → 제303조 참조

7. 부동산의 매매로 인한 소유권이전등기청구권의 양도성 부동산의 매매로 인한 소유권이전등기청구권은 그 이행과정

에 신뢰관계가 따르므로, 소유권이전등기청구권을 매수인으로부터 양도받은 양수인은 매도인이 그 양도에 대하여 동의하지 않고 있다면 매도인에 대하여 채권양도를 원인으로 하여 소유권이전등기절차의 이행을 청구할 수 없고, 따라서 매매로 인한 소유권이전등기청구권은 특별한 사정이 없는 이상 그 권리의 성질상 양도가 제한되고 그 양도에 채무자의 승낙이나 동의를 요한다고 할 것이므로 통상의 채권양도와 달리 양도인의 채무자에 대한 통지만으로는 채무자에 대한 대항력이 생기지 않으며 반드시 채무자의 동의나 승낙을 받아야 대항력이 생긴다.(대판 2001.10.9, 2000다51216)

8. '명의신탁 해지를 원인으로 한 소유권이전등기청구권'의 양도성 비록 부동산 명의신탁자가 명의신탁약정을 해지한 다음 제3자에게 '명의신탁 해지를 원인으로 한 소유권이전등기청구권'을 양도하였다고 하더라도 명의수탁자가 그 양도에 대하여 동의하거나 승낙하지 않고 있다면 그 양수인은 위와 같은 소유권이전등기청구권을 양수하였다는 이유로 명의수탁자에 대하여 직접 소유권이전등기청구를 할 수 없다.(대판 2021.6.3, 2018다280316)

9. 임금채권의 양도성(적극) **및 근로자가 임금채권을 양도한 경우 양수인이 스스로 사용자에게 임금의 지급을 청구할 수 있는지 여부**(소극) 근로자의 임금채권은 그 양도를 금지하는 법률의 규정이 없으므로 이를 양도할 수 있다. 다만 근로 36조 1항에서 임금직접지급의 원칙을 규정하는 한편 동법 109조에서 그에 위반하는 자는 처벌을 하도록 하는 규정을 두어 그 이행을 강제하고 있는 취지가 임금이 확실하게 근로자 본인의 수중에 들어가게 하여 그의 자유로운 처분에 맡기고 나아가 근로자의 생활을 보호하고자 하는데 있는 점에 비추어 보면 근로자가 그 임금채권을 양도한 경우라 할지라도 그 임금의 지급에 관하여는 같은 원칙이 적용되어 사용자는 직접 근로자에게 임금을 지급하지 아니하면 안되는 것이고 그 결과 비록 양수인이라고 할지라도 스스로 사용자에 대하여 임금의 지급을 청구할 수는 없다.(대판(全) 1988.12.13, 87다카2803)

▶ **의사표시에 의한 제한**

10. 양도금지특약을 위반한 채권양도의 효력(원칙적 무효) **및 악의, 중과실에 대한 주장 · 증명책임**(=양도금지특약으로 양수인에게 대항하려는 자) 당사자가 양도를 반대하는 의사를 표시('양도금지특약')한 경우 채권은 양도성을 상실한다. 양도금지특약을 위반하여 채권을 제3자에게 양도한 경우에 채권양수인이 양도금지특약이 있음을 알았거나 중대한 과실로 알지 못하였다면 채권 이전의 효과가 생기지 아니한다. 반대로 양수인이 중대한 과실 없이 양도금지특약의 존재를 알지 못하였다면 채권양도는 유효하게 되어 채무자는 양수인에게 양도금지특약을 가지고 채무 이행을 거절할 수 없다. 채권양수인의 악의 내지 중과실은 양도금지특약으로 양수인에게 대항하려는 자가 주장 · 증명하여야 한다.(대판(全) 2019.12.19, 2016다24284)

11. 악의의 양수인으로부터 다시 선의로 양수한 전득자가 '선의의 제3자'에 해당하는지 여부(적극) **및 선의의 양수인으로부터 다시 채권을 양수한 전득자는 선의 · 악의를 불문하고 채권을 유효하게 취득하는지 여부**(적극) 민 449조 2항 단서는 채권양도금지 특약으로써 대항할 수 없는 자를 '선의의 제3자'라고만 규정하고 있어 채권자로부터 직접 양수한 자만을 가리키는 것으로 해석할 이유는 없으므로, 악의의 양수인으로부터 다시 선의로 양수한 전득자도 위 조항에서의 선의의 제3자에 해당한다. 또한 선의의 양수인을 보호하고자 하는 위 조항의 입법 취지에 비추어 볼 때, 이러한 선의의 양수인으로부터 다시 채권을 양수한 전득자는 선의 · 악의를 불문하고 채권을 유효하게 취득한다.(대판 2015.4.9, 2012다118020)

12. 은행거래 경험자는 예금채권에 양도제한 있음을 알았다고 볼 수 있는지 여부(적극) 은행거래에서 발생하는 채권인 예금채권에 관한 법률관계는 일반거래약관에 의하여 규율되어 은행은 일반거래약관인 예금거래기본약관에 각종의 예금채권에 대하여 그 양도를 제한하는 내용의 규정을 둠으로써 예금채권의 양도를 제한하고 있는 사실은 적어도 은행거래의 경험이 있는 자에 대하여는 널리 알려진 사항에 속한다 할 것이므로, 은행거래의 경험이 있는 자가 예금채권을 양수한 경우 특별한 사정이 없는 한 예금채권에 대하여 양도제한의 특약이 있었음을 알았고, 그렇지 않다 하더라도 알지 못한 데에 중대한 과실이 있다고 봄이 상당하다.(대판 2003.12.12, 2003다44370)

13. 양도금지 특약이 있는 채권을 압류 및 전부명령에 의하여 이전할 수 있는지 여부(적극) 당사자 사이에 양도금지의 특약이 있는 채권이라도 압류 및 전부명령에 의하여 이전할 수 있고, 양도금지의 특약이 있는 사실에 관하여 압류채권자가 선의인가 악의인가는 전부명령의 효력에 영향을 미치지 못한다.(대판 1976.10.29, 76다1623)

14. 양도금지특약을 위반하여 무효인 집합채권 양도의 일부 추인 가부(적극) 이른바 집합채권의 양도가 양도금지특약을 위반하여 무효인 경우 채무자는 일부 개별 채권을 특정하여 추인하는 것이 가능하다.(대판 2009.10.29, 2009다47685)

第450條【指名債權讓渡의 對抗要件】

① 指名債權의 讓渡는 讓渡人이 債務者에게 通知하거나 債務者가 承諾하지 아니하면 債務者 其他 第三者에게 對抗하지 못한다.

② 前項의 通知나 承諾은 確定日字있는 證書에 依하지 아니하면 債務者 以外의 第三者에게 對抗하지 못한다.

■ 상734, 대위변제에의 준용(480②), 지시금지의 어음, 수표의 양도(어11② · 77①, 수14②), 승낙의 효력(451② · 502)

1. 채권양도에 따른 귀속주체 변경 시점(=처분행위시)**, 해당 채권의 채무자가 채권을 양수한 경우 혼동에 의한 채권 소멸**(적극)**, 그 채권에 대한 압류, 가압류채권자의 제3자 여부**(소극) ① 채권양도에 따른 채권의 귀속주체 변경의 효과는 원칙적으로 채권양도에 따른 처분행위 시 발생하는바, 지명채권 양수인이 '양도되는 채권의 채무자'인 경우에는 채권양도에 따른 처분행위 시 채권과 채무가 동일한 주체에 귀속한 때에 해당하므로 민 507조 본문에 따라 채권이 혼동에 의하여 소멸한다. ② 민 450조 2항에서 정한 제3자에 대한 대항요건은 양도된 채권이 존속하는 동안에 그 채권에 관하여 양수인의 지위와 양립할 수 없는 법률상의 지위를 취득한 제3자가 있는 경우에 적용된다. 따라서 지명채권 양수인이 '양도되는 채권의 채무자'여서 양도된 채권이 위와 같이 혼동에 의하여 소멸한 경우에는 그 후에 그 채권에 관한 압류 또는 가압류결정이 제3채무자에게 송달되더라도 그 채권 압류 또는 가압류결정은 존재하지 아니하는 채권에 대한 것으로서 무효이고, 그 압류 또는 가압류채권자는 민 450조 2항에서 정한 제3자에 해당하지 아니한다.(대판 2022.1.13, 2019다272855)

2. 채무자가 통지받거나 승낙할 이익을 미리 포기한 사례 택지분양권의 양수를 원인으로 한 분양자 명의변경절차 이행청구권은 일종의 채권이라 할 것이고, 그 경우 특단의 사정이 없는 한 채권양도에 준하여 그 양도를 채무자에게 대항하기 위하여는 그 양도의 통지나 승낙이 있어야 하지만, 택지개발사업지구내의 택지를 분양받은 자(수분양자)가 그 택지분양권을 타에 양도하면서 장래 택지가 분양되면 위 분양권을 전전양수한 자에게 직접 그 분양자명의변경에 필요한 모든 절차를 이행하여 주기로 특약하였다면 이는 위 택지수분양자가 택지분양권이 전전양도되는 경우를 예상하여 그에 대한 채권양도의 통지를 받거나 그 승낙을 할 이익을

미리 포기하여 그 통지나 승낙없이 그 채권양도를 위 택지 수분양자에게 대항할 수 있게 하는 특약을 한 것으로 볼 것이다.(대판 1987.3.24, 86다카908)

3. 채권양도통지의 권한을 위임받은 양수인에 의한 채권양도통지, 양수인이 무현명으로 한 채권양도통지의 효력, 그러한 통지가 민 115조 단서의 규정에 의하여 유효한 통지로 될 수 있는지 여부(적극) ① 채권양도통지는 양도인이 직접하지 아니하고 사자를 통하여 하거나 대리인으로 하여금 하게 하여도 무방하고, 채권의 양수인도 양도인으로부터 채권양도통지 권한을 위임받아 대리인으로서 그 통지를 할 수 있다. ② 채권양도통지 권한을 위임받은 양수인이 양도인을 대리하여 채권양도통지를 함에 있어서는 민 114조 1항의 규정에 따라 양도인 본인과 대리인을 표시하여야 하는 것이므로, 양수인이 서면으로 채권양도통지를 함에 있어 대리관계의 현명을 하지 아니한 채 양수인 명의로 된 채권양도통지서를 채무자에게 발송하여 도달되었다 하더라도 이는 효력이 없다. ③ 대리에 있어 본인을 위한 것임을 표시하는 이른바 현명은 반드시 명시적으로만 할 필요는 없고 묵시적으로도 할 수 있는 것이고, 채권양도통지를 함에 있어 현명을 하지 아니한 경우라도 채권양도통지를 둘러싼 여러 사정에 비추어 양수인이 대리인으로서 통지한 것임을 상대방이 알았거나 알 수 있었을 때에는 민 115조 단서의 규정에 의하여 유효한 것이므로, 채권양도통지서 자체에 양수받은 채권의 내용이 기재되어 있고, 채권양도양수계약서가 위 통지서에 첨부되어 있으며, 채무자로서는 양수인에게 채권양도통지 권한이 위임되었는지 여부를 용이하게 알 수 있었다는 사정이 있다면 무현명에 의한 채권양도통지라 할지라도 민 115조 단서에 의해 유효하다.(대판 2004.2.13, 2003다43490)

4. 양수인이 양도인을 대리하여 채권양도의 통지를 한 경우, 대리권과 대리행위의 현명에 관한 판단방법 채권양도의 통지를 양수인이 양도인을 대리하여 행할 수 있음은 일찍부터 인정되어 온 바이지만, 대리통지에 관하여 그 대리권이 적법하게 수여되었는지, 그리고 그 대리행위에서 현명(顯名)의 요구가 준수되었는지 등을 판단함에 있어서는 양도인이 한 채권양도의 통지만이 대항요건으로서의 효력을 가지게 한 뜻이 훼손되지 아니하도록 채무자의 입장에서 양도인의 적법한 수권에 기하여 그러한 대리통지가 행하여졌음을 제반 사정에 비추어 커다란 노력 없이 확인할 수 있는지를 무겁게 고려하여야 한다. 특히 양수인에 의하여 행하여진 채권양도의 통지를 대리권의 '묵시적' 수여의 인정 및 현명원칙의 예외를 정하는 민 115조 단서의 적용이라는 이중의 우회로를 통하여 유효한 양도통지로 가공하여 탈바꿈시키는 것은 법의 왜곡으로서 경계하여야 한다. 채권양도의 통지가 양도인 또는 양수인 중 누구에 의하여서든 행하여지기만 하면 대항요건으로서 유효하게 되는 것은 채권양도의 통지를 양도인이 하도록 한 법의 취지를 무의미하게 할 우려가 있다.(대판 2011.2.24, 2010다96911)

5. 채권양도가 있기 전에 미리 하는 사전 통지의 허용 여부(소극) 민 450조 1항 소정의 채권양도의 통지는 양도인이 채무자에 대하여 당해 채권을 양수인에게 양도하였다는 사실을 통지하는 이른바 관념의 통지로서, 채권양도가 있기 전에 미리 하는 사전 통지는 채무자로 하여금 양도의 시기를 확정할 수 없는 불안한 상태에 있게 하는 결과가 되어 원칙적으로 허용될 수 없다.(대판 2000.4.11, 2000다2627)

6. 채권양도의 통지에 대하여 민소법의 송달에 관한 규정을 유추적용할 수 있는지 여부(소극)(대판 2010.4.15, 2010다57) → 제111조 참조

7. 지명채권양도의 대항요건으로서의 채무자의 승낙 민 450조 소정의 채무자의 승낙은 채권양도의 사실을 채무자가 승인하는 뜻으로서 동조가 규정하는 채권양도의 대항요건을 구비하기 위하여서는 채무자가 양도의 사실을 양도인 또는 양수인에 대하여 승인함을 요한다.(대판 1986.2.25, 85다카1529)

8. 지명채권양도의 승낙에 조건을 붙일 수 있는지 여부(적극) 지명채권의 양도를 승낙함에 있어서는 이의를 보류하고 할 수 있음은 물론이고 양도금지의 특약이 있는 채권양도를 승낙함에 있어 조건을 붙여서 할 수도 있으며 승낙의 성격이 관념의 통지라고 하여 조건을 붙일 수 없는 것은 아니다.(대판 1989.7.11, 88다카20866)

9. 채권양도 대항요건 갖추지 못했더라도 경매신청을 할 수 있는지 여부(적극) 피담보채권을 저당권과 함께 양수한 자는 저당권이전의 부기등기를 마치고 저당권실행의 요건을 갖추고 있는 한 채권양도의 대항요건을 갖추고 있지 아니하더라도 경매신청을 할 수 있으며, 채무자는 경매절차의 이해관계인으로서 채권양도의 대항요건을 갖추지 못하였다는 사유를 들어 경매개시결정에 대한 이의나 즉시항고절차에서 다툴 수 있고, 이 경우는 신청채권자가 대항요건을 갖추었다는 사실을 증명하여야 할 것이나, 이러한 절차를 통하여 채권 및 근저당권의 양수인의 신청에 의하여 개시된 경매절차가 실효되지 아니한 이상 그 경매절차는 적법한 것이고, 또한 그 경매신청인은 양수채권의 변제를 받을 수도 있다고 할 것이며, 이러한 법리는 양수인의 경매신청이 이중경매로서 선행경매절차가 취소되지 아니하고 종료되어 실제로 매각절차에 나아가지 못한 채 종결되었다고 하더라도 달리 볼 것이 아니다.(대판 2005.6.23, 2004다29279)

10. 민 450조 2항 소정의 확정일자의 의미 및 확정일자 없는 증서에 의한 양도통지 후에 그 증서에 확정일자를 얻은 경우 제3자에 대한 대항력 취득 시기 민 450조 소정의 확정일자란 증서에 대하여 그 작성한 일자에 관한 안전한 증거가 될 수 있는 것으로 법률상 인정되는 일자를 말하며 당사자가 나중에 변경하는 것이 불가능한 확정된 일자를 가리키고 확정일자 있는 증서란 위와 같은 일자가 있는 증서로서 민법 부칙 3조 소정의 증서를 말한다. 지명채권의 양도통지가 확정일자 없는 증서에 의하여 이루어짐으로써 제3자에 대한 대항력을 갖추지 못하였으나 그 후 그 증서에 확정일자를 얻은 경우에는 그 일자 이후에는 제3자에 대한 대항력을 취득한다.(대판 1988.4.12, 87다카2429)

11. 채권양도의 원인이 되는 위임이 해지 등으로 효력이 소멸하여 채권이 양도인에게 복귀한 경우, 양수인은 이를 채무자에게 통지할 의무를 부담하는지 여부(적극) 종전의 채권자가 채권의 추심 기타 행사를 위임하여 채권을 양도하였으나 양도의 '원인'이 되는 그 위임이 해지 등으로 효력이 소멸한 경우에 이로써 채권은 양도인에게 복귀하게 되고, 나아가 양수인은 그 양도의무계약의 해지로 인하여 양도인에 대하여 부담하는 원상회복의무(이는 계약의 효력불발생에서의 원상회복의무 일반과 마찬가지로 부당이득반환의무의 성질을 가진다)의 한 내용으로 채무자에게 이를 통지할 의무를 부담한다.(대판 2011.3.24, 2010다100711)

12. 채권양도를 승낙한 채무자가 양도되는 채권의 성립이나 소멸에 영향을 미치는 사정에 관하여 양수인에게 알리지 않은 경우, 불법행위가 성립하는지 여부(원칙적 소극) 채권의 내용이나 양수인의 권리 확보에 위험을 초래할 만한 사정을 조사, 확인할 책임은 원칙적으로 양수인 자신에게 있으므로, 채무자는 양수인이 대상 채권의 내용이나 원인이 되는 법률관계에 대하여 잘 알고 있음을 전제로 채권양도를 승낙할지를 결정하면 되고 양수인이 채권의 내용 등을 실제와 다르게 인식하고 있는지까지 확인하여 위험을 경고할 의무는 없다. 따라서 채무자가 양도되는 채권의 성립이나 소멸에 영향을 미치는 사정에 관하여 양수인에게 알려야 할 신의칙상 주의의무가 있다고 볼 만한 특별한 사정이 없는 한 채무자가 그러한 사정을 알리지 않았다고 하여 불법행위가 성립한다고 볼 수 없다.(대판 2015.12.24, 2014다49241)

13. "확정일자 있는 증서에 의한 통지나 승낙"의 의미와 확정일자의 개념 "확정일자 있는 증서에 의한 통지나 승낙"

은 통지나 승낙행위 자체를 확정일자 있는 증서로 하여야 한다는 의미이며, 채권의 양도인, 양수인 및 채무자가 통모하여 통지일 또는 승낙일을 소급함으로써 제3자의 권리를 침해하는 것을 방지하기 위한 것이다. '확정일자'는 민 부칙 3조 4항('공정증서에 기입한 일자 또는 공무소에서 사문서에 어느 사항을 증명하고 기입한 일자') 등 법령에 의하여 확정일자로 인정되는 일자를 말한다.(대판 2011.7.14, 2009다49469)

14. 채권양도통지가 제척기간 내의 권리행사에 포함되는지 여부(소극) 채권양도의 통지는 양도인이 채권이 양도되었다는 사실을 채무자에게 알리는 것에 그치는 행위이므로, 그것만으로 제척기간 준수에 필요한 권리의 재판외 행사에 해당한다고 할 수 없다. 따라서 집합건물인 아파트의 입주자대표회의가 스스로 하자담보추급에 의한 손해배상청구권을 가짐을 전제로 하여 직접 아파트의 분양자를 상대로 손해배상청구소송을 제기하였다가, 소송 계속 중에 정당한 권리자인 구분소유자들에게서 손해배상채권을 양도받고 분양자에게 통지가 마쳐진 후 그에 따라 소를 변경한 경우에, 위 손해배상청구권은 입주자대표회의가 위와 같이 소를 변경한 시점에 비로소 행사된 것으로 보아야 한다.(대판(全) 2012.3.22, 2010다28840)

15. 동산담보법에 의한 채권담보권과 동일한 채권에 관한 채권양도 ① 동산담보법에 의한 채권담보권자가 담보등기를 마친 후에서야 동일한 채권에 관한 채권양도가 이루어지고 확정일자 있는 증서에 의한 채권양도의 통지가 제3채무자에게 도달하였으나, 동산담보법 35조 2항에 따른 담보권설정의 통지는 제3채무자에게 도달하지 않은 상태에서는, 제3채무자에 대한 관계에서 채권양수인만이 대항요건을 갖추었으므로 제3채무자로서는 채권양수인에게 유효하게 채무를 변제할 수 있고 이로써 채권담보권자에 대하여도 면책된다. 다만 채권양수인은 채권담보권자에 대한 관계에서는 후순위로서, 채권담보권자의 우선변제적 지위를 침해하여 이익을 받은 것이 되므로, 채권담보권자는 채권양수인에게 부당이득으로서 변제받은 것의 반환을 청구할 수 있다. ② 그러나 그 후 동산담보법 35조 2항에 따른 담보권설정의 통지가 제3채무자에게 도달한 경우에는, 그 통지가 채권양도의 통지보다 늦게 제3채무자에게 도달하였더라도, 채권양수인에게 우선하는 채권담보권자가 제3채무자에 대한 대항요건까지 갖추었으므로 제3채무자로서는 채권담보권자에게 채무를 변제하여야 하고, 채권양수인에게 변제하였다면 특별한 사정이 없는 한 이로써 채권담보권자에게 대항할 수 없다. ③ 동산담보법에 의한 채권담보권자가 채권양수인보다 우선하고 담보권설정의 통지가 제3채무자에게 도달하였는데도, 그 통지보다 채권양도의 통지가 먼저 도달하였다는 등의 이유로 제3채무자가 채권양수인에게 채무를 변제한 경우에 채권담보권자가 무권한자인 채권양수인의 변제수령을 추인하였다면, 추인에 의하여 제3채무자의 채권양수인에 대한 변제는 유효하게 되는 한편 채권담보권자는 채권양수인에게 부당이득으로서 변제받은 것의 반환을 청구할 수 있다.(대판 2016.7.14, 2015다71856, 71863)

16. 제2차 양도계약 후 양도인과 제1양수인이 제1차 양도계약을 합의해지하고 제1양수인이 그 사실을 채무자에게 통지함으로써 채권이 다시 양도인에게 귀속하게 된 경우, 그로 인하여 제2양수인이 당연히 채권을 취득하는지 여부(소극) 양도인이 지명채권을 제1양수인에게 1차로 양도한 다음 제1양수인이 그에 따라 확정일자 있는 증서에 의한 대항요건을 적법하게 갖추었다면 이로써 채권이 제1양수인에게 이전하고 양도인은 채권에 대한 처분권한을 상실하므로, 그 후 양도인이 동일한 채권을 제2양수인에게 양도하였더라도 제2양수인은 채권을 취득할 수 없다. 이 경우 양도인이 다른 채무를 담보하기 위하여 제1차 양도계약을 하였더라도 대외적으로 채권이 제1양수인에게 이전되어 제1양수인이 채권을 취득하게 되므로 그 후에 이루어진 제2차 양도계약에 따라 제2양수인이 채권을 취득하지 못하게 됨은 마찬가지이다. 또한 제2차 양도계약 후 양도인과 제1양수인이 제1차 양도계약을 합의해지한 다음 제1양수인이 그 사실을 채무자에게 통지함으로써 채권이 다시 양도인에게 귀속하게 되었더라도 특별한 사정이 없는 한 양도인이 처분권한 없이 한 제2차 양도계약이 채권양도로서 유효하게 될 수는 없으므로, 그로 인하여 제2양수인이 당연히 채권을 취득하게 된다고 볼 수는 없다.(대판 2016.7.14, 2015다46119)

17. 채무자가 압류, 가압류 대상 채권을 양도하고 대항요건을 갖춘 후 채무자의 다른 채권자가 한 대상 채권 압류, 가압류의 효력(=무효) 채권압류의 효력발생 전에 채무자가 채권을 처분한 경우에는 그보다 먼저 압류한 채권자가 있어 그 채권자에게는 대항할 수 없는 사정이 있더라도 처분 후에 집행에 참가하는 채권자에 대하여는 처분의 효력을 대항할 수 있는 것이므로, 채무자가 압류 또는 가압류의 대상인 채권을 양도하고 확정일자 있는 통지 등에 의한 채권양도의 대항요건을 갖추었다면, 그 후 채무자의 다른 채권자가 양도된 채권에 대하여 압류 또는 가압류를 하더라도 압류 또는 가압류 당시에 피압류채권은 이미 존재하지 않는 것과 같아 압류 또는 가압류로서의 효력이 없다.(대판 2022.1.27, 2017다256378)

第451條【承諾, 通知의 效果】 ① 債務者가 異議를 保留하지 아니하고 前條의 承諾을 한 때에는 讓渡人에게 對抗할 수 있는 事由로써 讓受人에게 對抗하지 못한다. 그러나 債務者가 債務를 消滅하게 하기 爲하여 讓渡人에게 給與한 것이 있으면 이를 回收할 수 있고 讓渡人에 對하여 負擔한 債務가 있으면 그 成立되지 아니함을 主張할 수 있다.
② 讓渡人이 讓渡通知만을 한 때에는 債務者는 그 通知를 받은 때까지 讓渡人에 對하여 생긴 事由로써 讓受人에게 對抗할 수 있다.

■ 503, 채무양도의 승낙(450)

▶**일 반**

1. 채무자의 채권양도에 대한 승낙과 양수인에 대한 상계 채권양도에 있어서 채무자가 양도인에게 이의를 보류하지 아니하고 승낙을 하였다는 사정이 없거나 또는 이의를 보류하지 아니하고 승낙을 하였더라도 양수인이 악의 또는 중과실의 경우에 해당하는 한, 채무자의 승낙 당시까지 양도인에 대하여 생긴 사유로써 양수인에게 대항할 수 있다고 할 것인데, 승낙 당시 이미 상계를 할 수 있는 원인이 있었던 경우에는 아직 상계적상에 있지 아니하였다 하더라도 그 후에 상계적상이 생기면 채무자는 양수인에 대하여 상계로 대항할 수 있다.(대판 1999.8.20, 99다18039)

2. 지명채권의 양수인이 대항요건을 갖추기 위하여 채권자에게 채권양도통지절차의 이행을 청구할 수 있는지 여부(적극) 지명채권의 양도는 특별한 사정이 없는 한 채권자와 양수인 사이의 계약에 의하여 이루어지는데, 채무자에 대한 통지 또는 채무자의 승낙이 없으면 채무자 기타 제3자에게 대항할 수 없다(민 450조 1항). 한편 위 통지나 승낙이 확정일자 있는 증서에 의한 것이 아니면 채무자 이외의 제3자에게 대항하지 못하므로(민 450조 2항), 양수인은 대항요건을 구비하기 위해 채권자에게 채권양도통지절차의 이행을 청구할 수 있다.(대판 2022.10.27, 2017다243143)

3. 채권이 이미 타인에게 양도되었다는 사실이 민 451조 1항 전단의 "양도인에게 대항할 수 있는 사유"에 해당하는지 여부(소극) 민법은 채권의 귀속에 관한 우열을 오로지 확정일자 있는 증서에 의한 통지 또는 승낙의 유무와 그 선후로써만 결정하도록 규정하고 있는 데다가, 채무자의 "이의를 보

류하지 아니한 승낙"은 민 451조 1항 전단의 규정 자체로 보더라도 그의 양도인에 대한 항변을 상실시키는 효과밖에 없고, 채권에 관하여 권리를 주장하는 자가 여럿인 경우 그들 사이의 우열은 채무자에게도 효력이 미치므로, 위 규정의 "양도인에게 대항할 수 있는 사유"란 채권의 성립, 존속, 행사를 저지·배척하는 사유를 가리킬 뿐이고, 채권의 귀속(채권이 이미 타인에게 양도되었다는 사실)은 이에 포함되지 아니한다.(대판 1994.4.29, 93다35551)

4. 채무자가 이의를 보류하지 않은 승낙을 했는지 판단하는 기준 채무자가 451조 1항에 따른 이의를 보류하지 않은 승낙을 할 때에 명시적으로 항변사유를 포기한다거나 양도되는 채권에 대하여 이의가 없다는 뜻을 표시할 것까지 요구하지는 않는다. 그러나 이의를 보류하지 않은 승낙으로 말미암아 채무자가 양도인에 대하여 갖는 대항사유가 단절되는 점을 감안하면, 채무자가 이 조항에 따라 이의를 보류하지 않은 승낙을 했는지는 문제 되는 행위의 내용, 채무자가 행위에 이른 동기와 경위, 채무자가 행위로 달성하려고 하는 목적과 진정한 의도, 행위를 전후로 채무자가 보인 태도 등을 종합적으로 고려하여 양수인으로 하여금 양도된 채권에 대하여 대항사유가 없을 것을 신뢰하게 할 정도에 이르렀는지를 감안하여 판단해야 한다.(대판 2019.6.27, 2017다222962)

5. 보험자가 보험금청구권 양도 또는 질권설정을 승낙하면서 면책사유에 대한 이의를 보류하지 않은 경우 양수인 또는 질권자에게 보험계약상의 면책사유를 주장할 수 있는지 여부(한정 적극) 보험금청구권은 보험자의 면책사유 없는 보험사고에 의하여 피보험자에게 손해가 발생한 경우에 비로소 권리로서 구체화되는 정지조건부권리이고, 그 조건부권리도 보험사고가 면책사유에 해당하는 경우에는 그에 의하여 조건불성취로 확정되어 소멸하는 것이라 할 것이므로, 위와 같은 보험금청구권의 양도 또는 질권설정에 대한 채무자의 승낙은 별도로 면책사유가 있으면 보험금을 지급하지 않겠다는 취지를 명시하지 않아도 당연히 그것을 전제로 하고 있다고 보아야 하고, 그 양수인 또는 질권자도 그러한 사실을 알고 있었다고 보아야 할 것이며, 더구나 보험사고 발생 전의 보험금청구권 양도 또는 질권설정을 승낙함에 있어서 보험자가 위 항변사유가 상당한 정도로 발생할 가능성이 있음을 인식하였다는 등의 사정이 없는 한 존재하지도 아니하는 면책사유 항변을 보류하고 이의하여야 한다고 할 수는 없으므로, 보험자가 비록 위 보험금청구권 양도 승낙시나 질권설정 승낙시에 면책사유에 대한 이의를 보류하지 않았다 하더라도 보험계약상의 면책사유를 양수인 또는 질권자에게 주장할 수 있다.(대판 2002.3.29, 2000다13887)

6. 보험자가 이의를 보류하지 아니하고 보험금청구권 양도 또는 질권설정을 승낙한 경우, 보험료 미납을 이유로 한 해지 항변으로써 양수인 또는 질권자에 대하여 대항할 수 있는지 여부(소극) 다른 면책사유의 경우에는 보험자가 채권양도 또는 질권설정 승낙시에 면책사유 발생 가능성을 인식할 수 있었다고 단언할 수 없는 것이지만, 보험료 미납이라는 사유는 승낙시에 이미 발생할 수 있는 가능성이 있다는 점을 보험자가 누구보다도 잘 알고 있었다고 보아야 할 것이어서, 보험료 미납이라는 면책사유는 당연히 승낙시에 보험자가 이의를 보류할 수 있는 것이라 할 것이고, 그러함에도 보험자가 이의를 보류하지 아니한 경우에까지 면책사유의 일종이라는 이유만으로 양수인 또는 질권자에게 대항할 수 있다고 하는 것은 양수인 또는 질권자의 신뢰보호라는 원칙을 무시하는 결과가 된다 할 것이므로, 보험료 미납을 이유로 한 해지 항변은 보험자가 이의를 보류하지 아니하고 양도 또는 질권설정을 승낙한 경우에는 양수인 또는 질권자에 대하여 대항할 수 없다.(대판 2002.3.29, 2000다13887)

7. 임대인의 임대차보증금반환 채권양도 승낙시 이의를 보류하지 않은 경우 채권양수인에게 대항할 수 있는 범위 ① 부동산임대차의 경우에 임차인이 임대인에게 지급하는 임대차보증금은 임대차관계가 종료되어 목적물을 반환하는 때까지 그 임대차관계에서 발생하는 임차인의 모든 채무를 담보하는 것으로서, 임대인의 임대차보증금 반환의무는 임대차관계가 종료되는 경우에 그 임대차보증금 중에서 목적물을 반환받을 때까지 생긴 연체차임 등 임차인의 모든 채무를 공제한 나머지 금액에 관하여서만 비로소 이행기에 도달하는 것이므로, 그 임대차보증금 반환 채권을 양도함에 있어서 임대인이 아무런 이의를 보류하지 아니한 채 채권양도를 승낙하였어도 임차 목적물을 개축하는 등 하여 임차인이 부담할 원상복구비용 상당의 손해배상액은 반환할 임대차보증금에서 당연히 공제할 수 있다. ② 그러나 임대인과 임차인 사이에서 장래 임대목적물 반환시 위 원상복구비용의 보증금 명목으로 지급하기로 약정한 금액은, 임대차관계에서 당연히 발생하는 임차인의 채무가 아니라 임대인과 임차인 사이의 약정에 기하여 비로소 발생하는 채무에 불과하므로, 반환할 임대차보증금에서 당연히 공제할 수 있는 것은 아니어서, 임대차보증금 반환 채권을 양도하기 전에 임차인과 사이에 이와 같은 약정을 한 임대인이 이와 같은 약정에 기한 원상복구비용의 보증금 청구 채권이 존재한다는 이의를 보류하지 아니한 채 채권양도를 승낙하였다면 민 451조 1항이 적용되어 그 원상복구비용의 보증금 청구 채권으로 채권양수인에게 대항할 수 없다.(대판 2002.12.10, 2002다52657)

8. 이의를 보류하지 아니한 채권양도 승낙의 법적 성격(=관념의 통지) '승낙'이라 함은 채무자가 채권양도 사실에 관한 인식을 표명하는 것으로서 이른바 관념의 통지에 해당하고, 대리인에 의하여도 위와 같은 승낙을 할 수 있다.(대판 2013.6.28, 2011다83110)

9. 양도된 영업이 다시 동일성을 유지한 채 전전양도된 경우, 영업양수인의 경업금지청구권과 이에 관한 양도통지의 권한 영업양도계약에서 경업금지에 관하여 정함이 없는 경우 영업양수인은 영업양도인에 대해 상 41조 1항에 근거하여 경업금지청구권을 행사할 수 있고, 나아가 영업양도계약에서 경업금지청구권의 양도를 제한하는 등의 특별한 사정이 없다면 위와 같이 양도된 영업이 다시 동일성을 유지한 채 전전양도될 때 영업양수인의 경업금지청구권은 영업재산의 일부로서 영업과 함께 그 뒤의 영업양수인에게 전전양도되고, 그에 수반하여 지명채권인 경업금지청구권의 양도에 관한 통지권한도 전전이전된다고 보는 것이 타당하다.(대판 2022.11.30, 2021다227629)

▶채권의 이중양도

10. 양도된 채권이 이미 변제 등으로 소멸한 후 그 채권에 관한 채권 압류 및 추심명령이 송달된 경우 그 채권압류 및 추심명령의 효력(=무효) 민 450조 2항 소정의 지명채권양도의 제3자에 대한 대항요건은 양도된 채권이 존속하는 동안에 그 채권에 관하여 양수인의 지위와 양립할 수 없는 법률상의 지위를 취득한 제3자가 있는 경우에 적용되는 것이므로, 양도된 채권이 이미 변제 등으로 소멸한 경우에는 그 후에 그 채권에 관한 채권압류 및 추심명령이 송달되더라도 그 채권압류 및 추심명령은 존재하지 아니하는 채권에 대한 것으로서 무효이고, 위와 같은 대항요건의 문제는 발생될 여지가 없다.(대판 2003.10.24, 2003다37426)

11. 채무자에 대한 대항요건만 갖춘 경우 채무자의 변제 대상 채권양도의 통지나 승낙이 확정일자 있는 증서에 의한 것인가는 어디까지나 제3자에 대한 대항요건에 불과하므로 확정일자 있는 증서에 의하지 아니하였더라도 채무자가 일단 채권양도의 통지를 받고 그 양수인에게 변제할 것을 승낙하였다면 그 후에 채권이 이중양도되어 채무자가 다시 위 채권의 양도통지(확정일자 있는 증서에 의하지 아니한)를 받고 그 이중양수인에게 변제를 하였다고 하더라도, 채무자는 1차양수인에게 채무를 변제할 의무가 있다 할 것이다.(대

판 1972.12.28, 71다2048)

12. 양수인들 중 한 사람만 확정일자를 갖춘 경우 채무자의 변제 대상 이중의 채권양도가 있는 경우에 확정일자 있는 증서에 의한 통지를 한 채권양수인만이 채권양수에 의한 적법한 채권자가 된다 할 것이고 채무자는 위의 채권자에게만 채무변제의 의무가 있으며 그 결과 확정일자 있는 증서에 의하지 아니한 채무자의 승낙 있는 채권양도에 있어서의 채권양수인에 대하여는 채무변제의 의무가 없게 되는 것이다.(대판 1972.1.31, 71다2697)

▸**모두 확정일자를 갖춘 경우 법률관계**

13. 채권양수인과 가압류 집행채권자 사이의 우열 결정기준 채권이 이중으로 양도된 경우의 양수인 상호간의 우열은 통지 또는 승낙에 붙여진 확정일자의 선후에 의하여 결정할 것이 아니라, 채권양도에 대한 채무자의 인식, 즉 확정일자 있는 양도통지가 채무자에게 도달한 일시 또는 확정일자 있는 승낙의 일시의 선후에 의하여 결정하여야 할 것이고, 이러한 법리는 채권양수인과 동일 채권에 대하여 가압류명령을 집행한 자 사이의 우열을 결정하는 경우에 있어서도 마찬가지이므로, 확정일자 있는 채권양도 통지와 가압류결정 정본의 제3채무자(채권양도의 경우는 채무자)에 대한 도달의 선후에 의하여 그 우열을 결정하여야 한다.(대판(全) 1994.4.26, 93다24223)

14. 채권양도 통지와 가압류결정 정본이 같은 날 도달된 경우 동시 도달 추정 여부(적극) 채권양도 통지와 채권가압류결정 정본이 같은 날 도달되었는데 그 선후관계에 대하여 달리 입증이 없으면 동시에 도달된 것으로 추정한다.(대판(全) 1994.4.26, 93다24223)

15. 채권양도 통지가 동시에 도달된 경우 채무자의 변제 방법 채권양도 통지, 가압류 또는 압류명령 등이 제3채무자에 동시에 송달되어 그들 상호간에 우열이 없는 경우에도 그 채권양수인, 가압류 또는 압류채권자는 모두 제3채무자에 대하여 완전한 대항력을 갖추었다고 할 것이므로, 그 전액에 대하여 채권양수금, 압류전부금 또는 추심금의 이행청구를 하고 적법하게 이를 변제받을 수 있고, 제3채무자로서는 이들 중 누구에게라도 그 채무 전액을 변제하면 다른 채권자에 대한 관계에서도 유효하게 면책된다. 만약 양수채권액과 가압류 또는 압류된 채권액의 합계액이 제3채무자에 대한 채권액을 초과할 때에는 그들 상호간에는 법률상의 지위가 대등하므로 공평의 원칙상 각 채권액에 안분하여 이를 내부적으로 다시 정산할 의무가 있다.(대판(全) 1994.4.26, 93다24223)

16. 채권양도 통지와 가압류결정 정본을 동시에 송달받은 채무자의 변제공탁 가부(적극) 채권양도의 통지와 가압류 또는 압류명령이 제3채무자에게 동시에 송달되었다고 인정되어 채무자가 채권양수인 및 추심명령이나 전부명령을 얻은 가압류 또는 압류채권자 중 한 사람이 제기한 급부소송에서 전액 패소한 이후에도 다른 채권자가 그 송달의 선후에 관하여 다시 문제를 제기하는 경우 기판력의 이론상 제3채무자는 이중지급의 위험이 있을 수 있으므로, 동시에 송달된 경우에도 제3채무자는 송달의 선후가 불명한 경우에 준하여 채권자를 알 수 없다는 이유로 변제공탁을 함으로써 법률관계의 불안으로부터 벗어날 수 있다.(대판(全) 1994.4.26, 93다24223)

17. 근저당권부 채권이 양도되었으나 근저당권이전등기가 경료되지 않은 경우 근저당권 명의인이 배당표의 경정을 구할 수 있는 지위에 있는지 여부(소극) 피담보채권과 근저당권을 함께 양도하는 경우에 채권양도는 당사자 사이의 의사표시만으로 양도의 효력이 발생하지만 근저당권이전은 이전등기를 하여야 하므로 채권양도와 근저당권이전등기 사이에 어느 정도 시차가 불가피한 이상 피담보채권이 먼저 양도되어 일시적으로 피담보채권과 근저당권의 귀속이 달라진다고 하여 근저당권이 무효로 된다고 볼 수는 없으나, 위 근저당권은 그 피담보채권의 양수인에게 이전되어야 할 것에 불과하고, 근저당권의 명의인은 피담보채권을 양도하여 결국 피담보채권을 상실한 셈이므로 집행채무자로부터 변제를 받기 위하여 배당표에 자신에게 배당하는 것으로 배당표의 경정을 구할 수 있는 지위에 있다고 볼 수 없다.(대판 2003.10.10, 2001다77888)

18. 이중양도된 정리채권의 우열도 양도통지 도달 선후에 따라 결정 여부(적극)(구법관계) 정리회사에 대한 물품대금채권이 확정일자 있는 증서에 의하여 2중으로 양도되었고 그 각 양수인이 정리채권으로 신고하자 정리회사 관리인이 이를 모두 정리채권으로 시인하여 확정된 정리채권자표에 양 채권을 모두 기재하였다 하더라도 회사정리법 245조 1항에 규정된 '확정판결과 동일한 효력'은 기판력이 아니라 확인적 효력을 가지고 정리절차 내부에 있어 불가쟁의 효력이 있다는 의미에 지나지 않으므로 위와 같은 정리계획 인가의 내용과는 무관하게 위 양 채권의 우열은 확정일자 있는 양도통지가 채무자에게 도달된 일시의 선후에 따라 결정하여야 한다.(대판 2003.9.26, 2002다62715)

第452條【讓渡通知와 禁反言】 ① 讓渡人이 債務者에게 債權讓渡를 通知한 때에는 아직 讓渡하지 아니하였거나 그 讓渡가 無效인 境遇에도 善意인 債務者는 讓受人에게 對抗할 수 있는 事由로 讓渡人에게 對抗할 수 있다.

② 前項의 通知는 讓受人의 同意가 없으면 撤回하지 못한다.

▣ 107 · 125, 상39

1. 채권양도통지 후 양도계약이 해제된 경우 양도인이 채무자에게 대항하기 위한 요건 지명채권의 양도통지를 한 후 그 양도계약이 해제된 경우에, 양도인이 그 해제를 이유로 다시 원래의 채무자에 대하여 양도채권으로 대항하려면 양수인이 채무자에게 위와 같은 해제사실을 통지하여야 한다.(대판 1993.8.27, 93다17379)

2. 채권양도계약 해제시 채권양도인의 양도통지철회가부(소극) 채권양도인이 채무자에게 채권양도통지를 한 이상 그 통지는 채권양수인의 동의 없이 임의로 철회하지 못하므로 채권양도계약이 해제되었고 채권양도인이 채무자에게 양도철회통지를 하였다 할지라도 이를 채권양수인에게 대항할 수 없다.(대판 1977.5.24, 76다2325)

3. 채권양도계약의 해제와 선의의 채무자 지명채권의 양도통지를 한 후 양도계약이 해제 또는 합의해제된 경우에 채권양도인이 해제 등을 이유로 다시 원래의 채무자에 대하여 양도채권으로 대항하려면 채권양도인이 채권양수인의 동의를 받거나 채권양수인이 채무자에게 위와 같은 해제 등 사실을 통지하여야 한다. 이 경우 위와 같은 대항요건이 갖추어질 때까지 양도계약의 해제 등을 알지 못한 선의인 채무자는 채권양수인에 대한 반대채권에 의한 상계로써 채권양도인에게 대항할 수 있다.(대판 2012.11.29, 2011다17953)

第5節 債務의 引受

第453條【債權者와의 契約에 依한 債務引受】 ① 第三者는 債權者와의 契約으로 債務를 引受하여 債務者의 債務를 免하게 할 수 있다. 그러나 債務의 性質이 引受를 許容하지 아니하는 때에는 그러하지 아니하다.

② 利害關係없는 第三者는 債務者의 意思에 反하여 債務를 引受하지 못한다.

▣ 영업양수인의 책임(상42－45), 이익없는 제3자의 변제(469②), 채무자 변경에 의한 경개(501)

1. 금융기관이 보증인 교체를 승인한 경우 종전 보증인이 곧바로 보증책임을 면하는지 여부(소극) 금융기관이 특별한 사정도 없이 새로운 연대보증인을 세우기도 전에 기존 연대보증인의 책임을 먼저 면제하여 준다는 것은 이례적인 일임에 비추어 볼 때, 금융기관인 원고가 연대보증인을 교체하여 달라는 변경요청을 승인했다 하더라도, 이는 원고가 새로운 연대보증계약을 체결할 때에 비로소 보증책임을 면제해 준다는 의사로 보아야 할 것이지, 새로운 연대보증계약을 체결하기도 전에 먼저 보증책임부터 면제해 주겠다는 의사로 보기는 어렵고, 따라서 위 승인만으로 확정적으로 보증책임을 면하게 되었다고 볼 수는 없다.(대판 2006.6.27, 2005다50041)

第454條【債務者와의 契約에 依한 債務引受】

① 第三者가 債務者와의 契約으로 債務를 引受한 境遇에는 債權者의 承諾에 依하여 그 效力이 생긴다.

② 債權者의 承諾 또는 拒絶의 相對方은 債務者나 第三者이다.

▣ 유사규정(539－541), 승낙의 효력(457), 채무인수의 철회・변경(456)

▸면책적 채무인수

1. 면책적 채무인수의 경우 종래의 채무가 소멸되는지 여부(소극) 면책적 채무인수라 함은 채무의 동일성을 유지하면서 이를 종래의 채무자로부터 제3자인 인수인에게 이전하는 것을 목적으로 하는 계약을 말하는바, 채무인수로 인하여 인수인은 종래의 채무자와 지위를 교체하여 새로이 당사자로서 채무관계에 들어서서 종래의 채무자와 동일한 채무를 부담하고 동시에 종래의 채무자는 채무관계에서 탈퇴하여 면책되는 것일 뿐 종래의 채무가 소멸하는 것이 아니므로, 채무인수로 종래의 채무가 소멸하였으니 저당권의 부종성으로 인하여 당연히 소멸한 채무를 담보하는 저당권도 소멸한다는 법리는 성립하지 않는다.(대판 1996.10.11, 96다27476)

2. 상사시효의 적용을 받는 채무를 면책적으로 인수한 경우에도 그 인수채무의 소멸시효기간에 상사시효가 적용되는지 여부(적극) 인수채무가 원래 5년의 상사시효의 적용을 받던 채무라면 그 후 면책적 채무인수에 따라 그 채무자의 지위가 인수인으로 교체되었다고 하더라도 그 소멸시효의 기간은 여전히 5년의 상사시효의 적용을 받는다 할 것이고, 이는 채무인수행위가 상행위나 보조적 상행위에 해당하지 아니한다고 하여 달리 볼 것이 아니다.(대판 1999.7.9, 99다12376)

3. 면책적 채무인수가 소멸시효의 중단사유인 채무승인에 해당하는지 여부(적극) (대판 1999.7.9, 99다12376) → 제168조 참조

4. 조례에 의한 일방적 면책적 채무인수 가부(소극) 계약에서 채무자가 변경될 경우에 채권자의 승낙을 얻도록 함으로써 채권자가 불이익을 입지 않도록 하려는 민 454조의 규정과 계약인수의 해석론에 비추어 보면, 통상 변제자력이 더 풍부한 지방자치단체가 계약관계에서 발생된 채무에 관하여 채권자의 승낙을 받지 않고 일방적으로 조례 제정을 통하여 지방공사에 면책적으로 인수시킬 수 있다고 보는 것은 부당하고, 지방자치단체에 대하여 민 454조의 적용을 배제할 만한 합리적인 이유를 찾을 수 없다.(대판 2012.5.24, 2009다88303)

▸중첩적 채무인수

5. 채무자의 의사에 반한 중첩적 채무인수 중첩적 채무인수는 채권자와 채무인수인과의 합의가 있는 이상 채무자의 의사에 반하여서도 이루어질 수 있다.(대판 1988.11.22, 87다카1836)

6. 면책적 인수와 중첩적 인수의 판별 기준 채무인수가 면책적인가 중첩적인가 하는 것은 채무인수계약에 나타난 당사자 의사의 해석에 관한 문제이고, 채무인수에 있어서 면책적 인수인지, 중첩적 인수인지가 분명하지 아니한 때에는 이를 중첩적으로 인수한 것으로 볼 것이다.(대판 2002.9.24, 2002다36228)

7. 제3자를 위한 계약인 채무인수와 이행인수의 판별 기준 채무자와 인수인의 계약으로 체결되는 병존적 채무인수는 채권자로 하여금 인수인에 대하여 새로운 권리를 취득하게 하는 것으로 제3자를 위한 계약의 하나로 볼 수 있고, 이와 비교하여 이행인수는 채무자와 인수인 사이의 계약으로 인수인이 변제 등에 의하여 채무를 소멸케 하여 채무자의 책임을 면하게 할 것을 약정하는 것으로 인수인이 채무자에 대한 관계에서 채무자를 면책케 하는 채무를 부담하게 될 뿐 채권자로 하여금 직접 인수인에 대한 채권을 취득케 하는 것이 아니므로 결국 제3자를 위한 계약과 이행인수의 판별 기준은 계약 당사자에게 제3자 또는 채권자가 계약 당사자 일방 또는 인수인에 대하여 직접 채권을 취득케 할 의사가 있는지 여부에 달려 있다 할 것이고, 구체적으로는 계약 체결의 동기, 경위 및 목적, 계약에 있어서의 당사자의 지위, 당사자 사이 및 당사자와 제3자 사이의 이해관계, 거래 관행 등을 종합적으로 고려하여 그 의사를 해석하여야 한다.(대판 1997.10.24, 97다28698)

8. 공장건물 및 대지의 분양계약자로서의 지위를 포괄적으로 인수하면서 그 공장운영과 관련하여 발생된 채무도 함께 인수하여 직접 채권자에게 변제하기로 한 약정 제3자가 공장 소유자로부터 공장건물과 공장대지의 분양계약자로서의 지위를 포괄적으로 인수하면서 그 공장건물에 의하여 담보된 공장운영과 관련하여 발생된 채무도 함께 인수하여 직접 채권자에게 변제하기로 약정하는 경우에, 공장 양도인과 양수인 간의 채무인수에 관한 합의에는, 다른 특별한 사정이 없는 한 채권자로 하여금 인수인에 대하여 직접 채권을 취득하게 하는 의사도 내포되어 있다고 봄이 상당하므로, 양수인이 양도인에 대하여만 채무를 변제할 의무를 부담하는 단순한 이행인수가 아니라 양수인이 채무자인 양도인과 나란히 채권자에 대하여도 채무를 부담하게 되는 병존적 채무인수라고 보아야 한다. 이와 같이 채무자와 인수인의 합의에 의한 병존적 채무인수는 일종의 제3자를 위한 계약이므로, 채권자는 인수인에 대하여 채무이행을 청구하거나 기타 채권자로서의 권리를 행사하는 방법으로 수익의 의사표시를 함으로써 인수인에 대하여 직접 청구할 권리를 갖게 된다.(대판 1995.5.9, 94다47469)

9. 부동산 매수인이 매매대금을 매도인의 채권자에게 직접 지급하기로 한 약정 부동산을 매매하면서 매도인과 매수인 사이에 중도금 및 잔금은 매도인의 채권자에게 직접 지급하기로 약정한 경우, 그 약정은 매도인의 채권자로 하여금 매수인에 대하여 그 중도금 및 잔금에 대한 직접청구권을 행사할 권리를 취득케 하는 제3자를 위한 계약에 해당하고 동시에 매수인이 매도인의 그 제3자에 대한 채무를 인수하는 병존적 채무인수에도 해당한다.(대판 1997.10.24, 97다28698)

10. 채무자와 주관적 공동관계가 있는 자가 중첩적으로 인수한 채무와 원채무자의 채무와의 관계(=연대채무) **및 채무인수인이 한 상계의 효력이 원채무자에 대해서 미치는지 여부**(적극) 원채무자와 중첩적 채무인수인 사이에 주관적 공동관계가 있는 경우 이들은 연대채무관계에 있고 중첩적 채무인수인이 채권자에 대한 손해배상채권을 자동채권으로 하여 채권자의 자신에 대한 그 채권에 대하여 대등액에서 상계의 의사표시를 하였다면, 연대채무자 1인이 한 상계의 절대적 효력을 규정하고 있는 민 418조 1항의 규정에 의하여, 다른 연대채무자인 원채무자의 채권자에 대한 채무도 상계에 의하여 소멸되었다고 보아야 한다.(대판 1997.4.22, 96다56443)

11. 채무자와 인수인의 합의에 의한 중첩적 채무인수에서 채

권자의 '수익의 의사표시' ① 채무자와 인수인의 합의에 의한 중첩적 채무인수는 일종의 제3자를 위한 계약이라고 할 것이므로, 채권자는 수익의 의사표시를 함으로써 인수인에 대하여 직접 청구할 권리를 갖게 된다. 이때 채권자의 수익의 의사표시는 그 계약의 성립요건이나 효력발생요건이 아니라 채권자가 인수인에 대하여 채권을 취득하기 위한 요건이다. ② 채무자와 인수인의 합의에 의한 중첩적 채무인수의 경우 채권자가 수익을 받지 않겠다는 의사표시를 하였다면 채권자는 인수인에 대하여 채권을 취득하지 못하지만, 인수인이 채권자에게 중첩적 채무인수라는 취지를 알리지 아니한 채 채무인수에 대한 승낙 여부만을 최고하여 채권자가 면책적 채무인수를 승낙하지 아니한다는 취지의 의사표시를 한 경우에는, 채권자는 그 후 중첩적 채무인수 계약이 유효하게 존속하고 있는 한 수익의 의사표시를 하여 인수인에 대한 채권을 취득할 수 있다.(대판 2013.9.13, 2011다56033)

▶ 이행인수

12. 부동산 매수인이 매매목적물에 관한 근저당권의 피담보채무를 인수하는 한편 그 채무액을 매매대금에서 공제하기로 한 약정 사업이나 부동산을 매수하는 사람이 근저당채무 등 그 부동산에 결부된 부담을 인수하고 그 채무액만큼 매매대금을 공제하기로 약정하는 경우에, 매수인의 그러한 채무부담의 약정이 이행인수에 불과한지 아니면 병존적 채무인수 즉 제3자를 위한 계약인지를 구별하는 기준은 계약당사자 일방에게 직접 채권을 취득케 할 의사가 있는지 여부에 달려있다. 구체적으로는 계약 체결의 동기, 경위 및 목적, 계약에 있어서의 당사자의 지위, 당사자 사이 및 당사자와 제3자 사이의 이해관계, 거래 관행 등을 종합적으로 고려하여 그 의사를 해석하여야 하는 것인데, 인수의 대상으로 된 채무의 책임을 구성하는 권리관계도 함께 양도한 경우이거나 채무인수인이 그 채무부담에 상응하는 대가를 얻을 때에는 특별한 사정이 없는 한 원칙적으로 이행인수가 아닌 병존적 채무인수로 보아야 한다.(대판 2008.3.13, 2007다54627)

13. 부동산 매수인이 임대차보증금 반환채무 등을 인수하면서 그 채무액을 매매대금에서 공제하기로 한 경우, 그 채무인수의 법적 성질 부동산의 매수인이 매매 목적물에 관한 임대차보증금 반환채무 등을 인수하는 한편, 그 채무액을 매매대금에서 공제하기로 약정한 경우, 그 인수는 특별한 사정이 없는 이상 매도인을 면책시키는 면책적 채무인수가 아니라 이행인수로 보아야 하고, 면책적 채무인수로 보기 위하여는 이에 대한 채권자, 즉 임차인의 승낙이 있어야 한다.(대판 2001.4.27, 2000다69026)

14. 이행인수를 한 매수인의 잔금지급의무 이행여부 판단 부동산의 매수인이 매매목적물에 관한 근저당권의 피담보채무를 인수하는 한편, 그 채무액을 매매대금에서 공제하기로 약정한 경우, 다른 특별한 약정이 없는 이상 이는 매도인을 면책시키는 채무인수가 아니라 이행인수로 보아야 하고, 매수인이 위 채무를 현실적으로 변제할 의무를 부담한다고 해석할 수 없으며, 특별한 사정이 없는 한 매수인은 매매대금에서 그 채무액을 공제한 나머지를 지급함으로써 잔금지급의무를 다하였다.(대판 2004.7.9, 2004다13083)

15. 이행인수계약 불이행으로 인한 손해배상 범위 이행인수계약의 불이행으로 인한 손해배상의 범위는 원칙적으로 채무자가 채무의 내용에 따른 이행을 하지 않음으로써 생긴 통상의 손해를 한도로 한다. 매수인이 인수하기로 한 근저당권의 피담보채무를 변제하지 않아 원리금이 늘어났다면 그 원리금이 매수인의 이행인수계약 불이행으로 인한 통상의 손해액이 된다.(대판 2021.11.25, 2020다294516)

16. 이행인수의 경우 해제권 발생요건 이행인수를 한 부동산 매수인은 매매계약시 인수한 채무를 현실적으로 변제할 의무를 부담하는 것은 아니고, 특별한 사정이 없는 한 매수인이 매매대금에서 그 채무액을 공제한 나머지를 지급함으로써 잔금지급의 의무를 다하였다 할 것이므로, 설사 매수인이 위 채무를 현실적으로 변제하지 아니하였다 하더라도 그와 같은 사정만으로는 매도인은 매매계약을 해제할 수 없고, 매수인이 인수채무를 이행하지 않음으로써 매매대금의 일부를 지급하지 않은 것과 동일하다고 평가할 수 있는 특별한 사유가 있을 때 계약해제권이 발생한다.(대판 1995.8.11, 94다58599)

17. 매수인이 인수채무의 변제를 게을리하고 매도인이 이를 이유로 매매계약을 해제할 수 있는 경우 매매목적물에 관한 근저당권의 피담보채무를 인수한 매수인이 인수채무의 일부인 근저당권의 피담보채무의 변제를 게을리함으로써 매매목적물에 관하여 근저당권의 실행으로 임의경매절차가 개시되고 매도인이 경매절차의 진행을 막기 위하여 피담보채무를 변제하였다면, 매도인은 채무인수인에 대하여 손해배상채권을 취득하는 이외에 이 사유를 들어 매매계약을 해제할 수 있다.(대판 2004.7.9, 2004다13083)

18. 매수인의 인수채무불이행 또는 매도인의 임의변제로 인한 매수인의 손해배상채무 또는 구상채무가 매도인의 소유권이전등기의무와 동시이행의 관계에 있는지 여부(적극) 부동산매매계약과 함께 이행인수계약이 이루어진 경우, 매수인이 인수한 채무는 매매대금지급채무에 갈음한 것으로서 매도인이 매수인의 인수채무불이행으로 말미암아 또는 임의로 인수채무를 대신 변제하였다면, 그로 인한 손해배상채무 또는 구상채무는 인수채무의 변형으로서 매매대금지급채무에 갈음한 것의 변형이므로 매수인의 손해배상채무 또는 구상채무와 매도인의 소유권이전등기의무는 대가적 의미가 있어 이행상 견련관계에 있다고 인정되고, 따라서 양자는 동시이행의 관계에 있다고 해석함이 공평의 관념 및 신의칙에 합당하다.(대판 2004.7.9, 2004다13083)

19. 매수인이 매매목적물에 관한 근저당권의 피담보채무 중 일부만을 인수하였으나 이를 이행하지 않음으로써 근저당권이 실행된 경우 매도인이 민 576조의 담보책임을 지는지 여부(소극) 매매의 목적이 된 부동산에 설정된 저당권의 행사로 인하여 매수인이 취득한 소유권을 잃은 때에는 매수인은 민 576조 1항의 규정에 의하여 매매계약을 해제할 수 있지만, 매수인이 매매목적물에 관한 근저당권의 피담보채무를 인수하는 것으로 매매대금의 지급에 갈음하기로 약정한 경우에는 특별한 사정이 없는 한, 매수인으로서는 매도인에 대하여 민 576조 1항의 담보책임을 면제하여 주었거나 이를 포기한 것으로 봄이 상당하므로, 매수인이 매매목적물에 관한 근저당권의 피담보채무 중 일부만을 인수한 경우 매도인으로서는 자신이 부담하는 피담보채무를 모두 이행한 이상 매수인이 인수한 부분을 이행하지 않음으로써 근저당권이 실행되어 매수인이 취득한 소유권을 잃게 되더라도 민 576조 소정의 담보책임을 부담하게 되는 것은 아니다.(대판 2002.9.4, 2002다11151)

20. 이행인수 약정이 체결된 경우 그에 기한 채무자의 인수인에 대한 청구권을 채권자가 대위행사 할 수 있는지 여부(적극) 이행인수는 인수인이 채무자에 대하여 그 채무를 이행할 것을 약정하는 채무자와 인수인 간의 계약으로서, 인수인은 채무자와 사이에 채권자에게 채무를 이행할 의무를 부담하는 데 그치고 직접 채권자에 대하여 채무를 부담하는 것이 아니므로 채권자는 직접 인수인에게 채무를 이행할 것을 청구할 수 없으나, 채무자는 인수인이 그 채무를 이행하지 아니하는 경우 인수인에 대하여 채권자에게 이행할 것을 청구할 수 있고, 그에 관한 승소의 판결을 받은 때에는 금전채권의 집행에 관한 규정을 준용하여 강제집행을 할 수도 있다. 이러한 채무자의 인수인에 대한 청구권은 그 성질상 재산권의 일종으로서 일신전속적 권리라고 할 수는 없으므로, 채권자는 채권자대위권에 의하여 채무자의 인수인에 대한 청구권을 대위행사 할 수 있다.(대판 2009.6.11, 2008다75072)

21. 저당부동산의 제3취득자가 피담보채무를 인수한 경우 민 364조를 적용할 수 있는지 여부(소극) 저당부동산의 제3취득자가 피담보채무를 인수한 경우에는 그 때부터는 제3취득자는 채권자에 대한 관계에서 채무자의 지위로 변경되므로 민 364조의 규정은 적용될 여지가 없을 것이지만, 저당부동산에 관한 매매계약을 체결하는 당사자 사이에 매매대금에서 피담보채무 또는 채권최고액을 공제한 잔액만을 현실로 수수하였다는 사정만을 가지고 언제나 매수인이 매도인의 저당채권자에 대한 피담보채무를 인수한 것으로 보아 제3취득자는 채권자에 대한 관계에서 제3취득자가 아니라 채무자와 동일한 지위에 놓이게 됨으로써 저당부동산의 제3취득자가 원래 행사할 수 있었던 저당권소멸청구권을 상실한다고 볼 수는 없다. 오히려 이러한 매매대금 지급방법상의 약정은 다른 특별한 사정이 없는 한 매매당사자 사이에서는 매수인이 피담보채무 또는 채권최고액에 해당하는 매매대금 부분을 매도인에게 지급하는 것이 아니라 채권자에게 직접 지급하기로 하여 그 매매목적 부동산에 관한 저당권의 말소를 보다 확실하게 보장하겠다고 하는 취지로 그런 약정을 하게 된 것이라고 볼 것이다.(대판 2002.5.24, 2002다7176)

▶ **계약인수**

22. 계약상 지위의 양도·양수의 태양과 그 요건 및 효과 이른바 계약상의 지위의 양도·양수, 계약인수 또는 계약가입 등은 민법상 명문의 규정이 없다고 하더라도 그같은 계약이 인정되어야 할 것임은 계약자유, 사적자치의 원칙에 비추어 당연한 귀결이나 그 태양에 따라서 요건에 있어 삼면계약일 경우와 상대방의 승인에 의하여 그 효력이 발생하는 경우 등을 예상할 수 있고, 그 효과에 있어서도 혹은 계약상 이미 발생한 채권, 채무뿐만 아니라 장래 발생할 채권, 채무와 계약에 따르는 취소권이나 해제권도 이전하는 경우와 단계적으로 그때 그때 발생한 채권, 채무를 이전함에 그치는 경우 혹은 양도인의 채무가 면책적으로 이전하는 경우(면책적 인수)와 병존적으로 이전하는 경우(병존적 계약인수) 등이 있어 이는 구체적 약관의 내용에 따라 해석하여야 할 것이다.(대판 1982.10.26, 82다카508)

23. 계약인수의 성립 요건 및 판단 기준 계약당사자로서의 지위 승계를 목적으로 하는 계약인수는 계약당사자 및 인수인의 3면 합의에 의하여 계약당사자 중 일방이 당사자로서의 지위를 포괄적으로 제3자에게 이전하여 계약관계에서 탈퇴하고 제3자가 그 지위를 승계하는 것을 목적으로 하는 계약으로서 3면 계약으로 이루어지는 것이 보통이나 관계 당사자 중 2인이 합의하고 나머지 당사자가 이를 동의 내지 승낙하는 방법으로도 가능하고, 나머지 당사자의 동의 내지 승낙이 반드시 명시적 의사표시에 의하여야 하는 것은 아니며 묵시적 의사표시에 의하여서도 가능하다. 이러한 계약인수 여부가 다투어지는 경우에는, 그것이 계약 주체의 변동을 초래하는 등 당사자 사이의 법률상 지위에 중대한 영향을 미치는 법률행위인 점을 고려하여, 계약의 성질, 당사자의 거래 동기와 경위, 거래 형식 및 내용, 당사자가 그 거래행위에 의하여 달성하려는 목적, 거래관행 등에 비추어 신중하게 판단하여야 할 것이다.(대판 2023.3.30, 2022다296165)

24. 계약인수 시 개별 채권양도에서 요구되는 대항요건을 별도로 갖추어야 하는지 여부(소극) 계약인수가 이루어지면 계약관계에서 이미 발생한 채권·채무도 이를 인수 대상에서 배제하기로 하는 특약이 있는 등 특별한 사정이 없는 한 인수인에게 이전된다. 계약인수는 계약당사자 3인의 관여에 의해 비로소 효력을 발생하는 반면, 개별 채권의 양도는 채권양도인과 양수인 2인만의 관여로 성립하고 효력을 발생하는 등 양자가 법적인 성질과 요건을 달리하므로, 채무자 보호를 위해 개별 채권양도에서 요구되는 대항요건은 계약인수에서는 별도로 요구되지 않는다. 그리고 이러한 법리는 상법상 영업양도에 수반된 계약인수에 대해서도 마찬가지로 적용된다.(대판 2020.12.10, 2020다245958)

第455條【承諾與否의 催告】 ① 前條의 境遇에 第三者나 債務者는 相當한 期間을 定하여 承諾與否의 確答을 債權者에게 催告할 수 있다.
② 債權者가 그 期間內에 確答을 發送하지 아니한 때에는 拒絶한 것으로 본다.

■ 유사규정(131)

第456條【債務引受의 撤回, 變更】 第三者와 債務者間의 契約에 依한 債務引受는 債權者의 承諾이 있을 때까지 當事者는 이를 撤回하거나 變更할 수 있다.

■ 채무자와의 계약에 의한 채무인수(453·454), 승낙여부의 최고(455)

第457條【債務引受의 遡及效】 債權者의 債務引受에 對한 承諾은 다른 意思表示가 없으면 債務를 引受한 때에 遡及하여 그 效力이 생긴다. 그러나 第三者의 權利를 侵害하지 못한다.

■ 승낙(454)

第458條【前債務者의 抗辯事由】 引受人은 前債務者의 抗辯할 수 있는 事由로 債權者에게 對抗할 수 있다.

■ 인수(453·454), 동시이행의 항변권(536)

1. 채무 인수계약의 취소와 채권자의 승낙 채무자와 제3자의 채무인수계약을 채권자가 승낙한 바 있다면 그 뒤 채권인수인이 위 채무인수계약을 적법하게 취소하려면 채무자의 승낙이 있다든가 채권자가 위 인수계약을 승낙할 때에 채무인수인의 취소권유보를 승낙하였다든가의 특수한 사정이 있어야 한다.(대판 1962.5.17, 62다161)

第459條【債務引受와 保證, 擔保의 消滅】 前債務者의 債務에 對한 保證이나 第三者가 提供한 擔保는 債務引受로 因하여 消滅한다. 그러나 保證人이나 第三者가 債務引受에 同意한 境遇에는 그러하지 아니하다.

■ 보증(428이하), 물적담보(질권=329이하, 저당권=356이하), 채무인수(453·454)

1. 민 459조 단서에 의해 물상보증인이 채무인수에 동의함으로써 소멸하지 않는 담보는 기존 담보와 동일한 내용을 갖는 것인지 여부(적극) 민 459조 단서는 보증인이나 제3자가 채무인수에 동의한 경우에는 전 채무자의 채무에 대한 보증이나 제3자가 제공한 담보는 채무인수로 인하여 소멸하지 아니하는 것으로 규정하고 있는바, 위 조항에 규정된 채무인수에 대한 동의는 인수인을 위하여 새로운 담보를 설정하도록 하는 의사표시를 의미하는 것이 아니라 기존의 담보를 인수인을 위하여 계속시키는데 대한 의사표시를 의미하는 것이므로, 물상보증인이 채무인수에 동의함으로써 소멸하지 아니하는 담보는 당연히 기존의 담보와 동일한 내용을 갖는 것이다.(대판 1996.10.11, 96다27476)

2. 물상보증인이 근저당권의 피담보채무만을 면책적으로 인수하고 이를 원인으로 근저당권 변경의 부기등기를 경료한 경우 그 변경등기의 담보범위(대판 1999.9.3, 98다40657) → 제357조 참조

第6節 債權의 消滅

第1款 辨 濟

第460條【辨濟提供의 方法】 辨濟는 債務內容에

委은 現實提供으로 이를 하여야 한다. 그러나 債權者가 미리 辨濟받기를 拒絶하거나 債務의 履行에 債權者의 行爲를 要하는 境遇에는 辨濟準備의 完了를 通知하고 그 受領을 催告하면 된다.

■ 변제제공(461), 채무이행의 준칙(신의성실=2①), 채무불이행과 손해배상=390, 변제의 방법·비용등=462·467·473), 채권자의 수령거절(채권자지체=400, 공탁=487)

▸ 현실제공

1. 채권자의 부재중 현실제공 채권자가 부재중이거나 약속장소에 오지 않은 경우, 채무자가 그 목적물을 가지고 있었음을 입증한 경우에는 현실제공이 됨에 지장이 없다. 따라서 건물의 매수인인 피고가 이행기일에 잔대금을 준비하여 이행장소에서 기다렸으나 원고(매도인)가 나타나지 않은 경우, 피고는 이행의 제공을 하였으나 원고가 이를 수령치 않았다고 해석할 수밖에 없으므로 피고가 그 후에 한 공탁은 적법하다.(대판 1947.10.28, 4280민상99)

2. 채권의 격지매매에서의 이행제공 완료 채권의 격지매매에서 매도인은 대금을 수령한 후 매수인의 영업지에 채권을 고속버스 편으로 발송하고 매수인에게 전화로 송장번호와 도착시간을 알려주면 매수인은 도착후에 채권을 인도받기로 한 경우 특별한 약정이 없는 한 매수인이 현실적으로 목적물을 수령할 때에 이행의 제공이 완료되었다고 볼 것이다.(대판 1977.4.26, 76다3020)

▸ 부동산의 소유권이전의무의 이행

3. 대금지급의무와 소유권이전등기이행의 의무가 동시이행관계에 있는 경우 이행 제공 대금지급의무와 소유권이전등기이행의 의무가 동시이행의 관계에 있는 경우 등기절차의 이행제공이 있었다고 하려면 언제든지 현실의 제공을 할 수 있을 정도로 등기절차에 필요한 일체의 서류를 준비완료하고 그 뜻을 통지하여 수령을 최고하여야만 된다.(대판 1970.4.14, 69다1223, 1224)

4. 대금지급의무와 소유권이전등기이행의 의무가 동시이행관계에 있지 않은 경우 이행 제공 다른 특약이 없는 한 구두제공이 아니라 소유권이전등기소요서류의 현실제공이 필요하다. 따라서 부동산을 명도하기 위하여 전세로 들어 있는 사람을 내보내고 원래 귀속재산이던 부동산을 이전등기하기 위하여 피고명의로 이전하여 그 이행준비를 완료하고 이를 통고한 사실만으로는 소유권이전등기절차이행채무의 현실의 제공이라 할 수 없다.(대판 1963.10.31, 63다598)

5. 등기권리증에 갈음하는 보증서의 완성의 정도 일반적으로 사법서사 사무소에서 백지 기재사항을 보충하고 서명을 대행하여 보증서를 완성한 후 등기신청에 사용하는 것이 관례라는 점을 고려한다면 토지매매계약의 이행으로서 매도인이 등기권리증에 갈음하는 등기 49조 소정의 보증서로서 인쇄된 보증서용지에 보증인들의 날인을 받고 서명은 받지 않은 채 보증인의 인감증명서를 첨부하여 소유권이전등기 소요서류작성을 위임한 사법서사 사무소에 교부한 경우 매도인은 자기채무의 이행제공을 한 것으로 보아야 한다.(대판 1990.2.27, 89다카999)

6. 법인이 매도인인 경우 법인등기부등본의 요부(소극) 부동산매매계약에 있어 법인이 매도인으로서 등기의무자인 경우에는 법인등기부등본이 소유권이전등기신청에 필요한 서류라고 할지라도 법인등기부등본은 등기사무를 위임받는 법무사 등이 용이하게 신청, 교부 받을 수 있고 등기의무자의 특별한 협력이 필요하지 아니하므로 매도인측에서 법인등기부등본의 이행의 제공이 없다고 하여 매수인측이 잔금의 지급을 거절함은 신의칙에 반한다.(대판 1991.8.23, 91다13120)

7. 등기부상 주소와 다른 주소가 기재된 인감증명서의 제공 소유권이전등기소요서류로서 등기부상 주소와 다른 주소가 기재된 인감증명서를 제공한 경우 매도인으로서 적법한 이행의 제공을 하였다고 볼 수 없다.(대판 1978.1.31, 77다2254)

8. 주소변경등기에 필요한 서류 미제공 등기 후 주소를 변경한 부동산의 소유자가 그의 소유권이전등기에 필요한 주소변경등기를 위한 서류는 제공함이 없이 소유권이전등기에 관한 서류만을 매수인에게 제공하였다면 이는 적법한 이행의 제공이라고 할 수 없다.(대판 1987.4.14, 86다카2605)

9. 등기부상 주소와 다른 주소가 기재된 인감증명서 제공이 신의칙상 적법한 이행제공이라고 본 사례 매도인이 대금지급기일에 인감증명서, 등기권리증, 인감도장 등을 준비하였다면 위 인감증명서에 기재된 매도인 및 가등기명의자의 주소가 각자의 등기부상 주소와 일치하지 않더라도, 당시 타인의 주민등록표등본 발급신청이 가능했고 이처럼 주민등록표등본을 발급받아 표시변경등기를 신청하는 방법으로 주소의 불일치를 쉽게 해결할 수 있었던 이상 신의칙에 비추어 매도인은 일응 자기 채무의 이행제공을 하였다.(대판 1992.7.24, 91다15614)

10. 농지매매시 소재지관서 증명 부재 농지매매에 있어서 소재지관서의 증명이 없으면 등기에 관한 서류를 완성하였다고 볼 수 없다.(대판 1953.1.17, 4285민상463)

11. 토지대장상의 분할등재 매매목적 토지가 토지대장상에 분할 등재된 것만으로써는 매도인의 의무인 분할등기절차 이행의무나 소유권이전등기절차 이행의무의 이행 내지는 그 이행의 제공이 있었다고 볼 수 없다.(대판 1980.6.24, 80다789)

12. 근저당권설정등기말소 의무의 이행제공의 정도 근저당권설정등기 있는 부동산의 매매계약에 있어서는 매도인의 소유권이전등기 의무와 아울러 근저당권설정등기의 말소의무도 매수인의 대금지급의무와 동시이행관계에 있는바 근저당권설정등기의 말소의무에 관한 이행제공은 그 근저당채무가 변제되었다는 것만으로는 부족하고 근저당권설정등기의 말소에 필요한 서류까지도 준비함이 필요하다.(대판 1979.11.13, 79다1562)

13. 특정토지의 매매에서 지분이전등기 소요서류의 제공 특정된 토지의 매매에 있어서 매도인이 지분이전등기의 소요서류를 구비하여 매수인에게 제공하였다면 이는 채무의 본지에 따른 이행의 제공을 한 것으로는 볼 수 없다.(대판 1980.6.24, 80다425)

14. 토지거래계약신고절차를 거쳐야 하는 계약시 유효기간 7일 남은 인감증명 제공 토지에 관한 소유권이전등기를 하기 위하여 구 공업단지관리법(1990.1.13 법률 제4212호로 폐지됨)상의 관리기관의 동의와 토지거래계약 신고 절차를 거쳐야 하고 이에 25일간의 처리기간이 필요하다면 잔금지급기일에 다른 서류와 더불어 유효기간이 7일 남은 인감증명을 제공한 것으로는 일반거래의 통념상 유효한 반대급부의 이행제공을 하였다고 볼 수 없다.(대판 1991.2.22, 90다16498)

▸ 금전채무의 이행

15. 약속어음의 발행 상품대금에 대하여 약속어음을 발행하였다고 하여 현금수수와 같은 효과가 있는 것으로 볼 수 없다.(대판 1970.6.30, 70다517)

16. 기존 원인채무의 지급확보 또는 그 담보를 위하여 발행 또는 교부된 수표를 채권자가 타인에게 양도 수표가 기존 원인채무의 지급확보를 위하여 또는 그 담보를 위하여 발행 또는 교부된 경우에, 채권자가 그 수표를 유상 또는 무상으로 타인에게 양도하였다고 하더라도 그에 의하여 바로 기존 원인채무가 소멸하는 것이 아니고, 수표를 양도한 채권자가 수표상의 상환의무를 종국적으로 면하게 될 때 비로소 기존 원인채무가 소멸한다.(대판 2002.12.24, 2001다3917)

17. 기존 채무의 지급을 위하여 또는 지급확보를 위하여 어

음이 교부된 후 어음채권이 변제·상계 등에 의하여 소멸 기존 채무의 지급을 위하여 또는 지급확보를 위하여 어음이 교부되어 기존 채권과 어음채권이 병존하는 경우 어음채권이 변제나 상계 등에 의하여 소멸하면 기존 채권 또한 그 목적이 달성되어 소멸하는 것이고, 이러한 법리는 채권자가 어음을 제3자에게 배서·양도한 후 그 어음소지인과 채무자 사이에서 어음채권의 변제나 상계 등이 이루어진 경우에도 마찬가지이다.(대판 2000.2.11, 99다56437)

18. 약속어음 발행·교부하면서 금전을 수령하였다는 뜻의 영수증 교부 기존채무에 관하여 채무자가 약속어음을 발행하거나 타인이 발행한 약속어음을 교부한 때에는 당사자간에 특별한 의사표시가 없는 한 기존채무의 변제확보를 위하여, 또는 그 지급방법으로 발행하거나 교부한 것으로 추정하여야 하는 것이고, 한편 채권자는 기존의 금전채권에 대한 지급방법으로 약속어음을 교부받으면서 그 어음이 장차 결제될 것을 예상하여 미리 금전을 수령하였다는 뜻의 영수증을 교부하는 경우도 있는 것이므로, 어음의 수령과 상환으로 위와 같은 영수증을 작성 교부하였다거나 채권자가 그 어음을 제3자에게 양도하면서 채무자에게 자기 채무의 이행을 하였다고 하더라도 그것만으로 어음금의 지급 이전에 어음의 수수만으로 대금지급이 완결된 것으로 단정할 수는 없다.(대판 1990.5.22, 89다카13322)

19. 어음에 관한 강제집행수락의 공정증서 작성 또는 어음금 지급판결 확정 어음에 관하여 강제집행수락의 공정증서가 작성되거나 어음금의 지급판결이 확정된 것만으로는 기존채무의 이행이 있는 것으로 볼 수 없다.(대판 1990.3.27, 89다카11410)

20. 자기앞수표의 교부 상품을 판매하고 이른바 자기앞수표를 받은 경우 상품 대금지불 대신 거래되었다고 추정 못할 바 아니고 위 자기앞수표를 법정제시기간 경과 후에 제시하였다면 수표 소지인은 수표법상 또는 민법상 모든 청구권이 상실되었다고 추정할 수 있다.(대판 1961.12.21, 4294민상324)

21. 신용있는 은행이 발행·배서한 수표나 지급보증부 수표의 제공 금전채무 이행제공의 경우, 신용있는 은행이 발행·배서한 수표나 지급보증부 수표는 거래상 금전과 동일시될 수 있어 이에 의한 제공은 특별한 사정이 없는 한, 채무내용에 좇은 이행이 된다.(대판 1956.7.12, 4289민상220)

22. 채권자 주소지에 소재하지 아니한 은행의 수표제공 수표로서 변제제공하는 경우에 있어서는 특별히 채권자의 소재지에 소재하는 은행의 수표만으로 한다는 특약이 있는 등 특단의 사유없는 한 신용있는 은행의 수표제공은 일반거래상 현금의 제공과 동일하게 볼 것이므로 이를 채무 본지에 따른 현실제공으로 해석할 수 있다.(대판 1960.5.19, 4292민상784)

23. 채무의 일부 변제제공 채무의 일부 변제제공은 채무의 본지에 따른 이행의 제공이라 할 수 없고 이행제공의 효력이 발생할 수 없는 것이어서 그 채무의 일부를 공탁했다 하더라도 변제의 효력이 발생할 수 없다.(대판 1984.9.11, 84다카781)

▸구두의 제공

24. 민 460조 단서의 법리 민 460조 단서는 전에 수령을 거절한 채권자라도 그 후 번의하여 수령을 하는 경우도 있을 것이므로 그 경우에는 신의칙상 채무자는 변제준비의 완료를 통지하고 그 수령을 최고하는 소위 언어상의 변제제공방법을 하여야 할 의무 있음을 규정한 취지이고 변제를 수령하지 않을 의사가 명백하여 전의 수령거절의사를 번의할 가능성이 보이지 않는 경우에까지 구두의 변제제공을 하여야 한다는 취지는 아니라 할 것이므로 이러한 경우에는 채무자는 위의 소위 언어상의 변제제공을 아니 하더라도 채권자에게 채무불이행의 책임이 없다고 해석함이 타당하다.(대판 1976.11.9, 76다2218)

25. 전세계약이 해지된 후 목적물 인도 불응 전세계약이 해지된 후 목적물의 인도에 불응한 경우에는 전세금의 수령을 거절하였다고 봄이 상당하고, 채권자가 미리 수령을 거절한 경우 구두의 제공만으로도 적법한 제공이 된다.(대판 1956.2.9, 4288민상332)

26. 보수금상당액을 차용한 사실을 수급인에게 고지 준공된 약정공사의 인도를 받음과 동시에 그 공사의 보수금을 지급할 의무가 있는 도급인이 그 공사진행중 지급할 보수금액 이상의 은행당좌예금 잔고가 있는 사람으로부터 보수금액상당액을 빌리기로 하고 수급인에게 그 사실을 말하면서 공사의 준공을 독촉한 일이 있었다 하여 그것을 수급인에 대한 보수금채무의 구두에 의한 이행제공이었다고는 할 수 없다.(대판 1965.9.21, 65다1444)

27. 매수인의 매매잔대금 지급 연기 요청 매수인이 매도인과 사이의 매매계약에 의한 잔대금지급기일에 잔대금을 지급하지 못하여 그 지급의 연기를 수차 요청하였다는 것만으로는 그 채무를 이행하지 아니할 의사를 명백히 한 것으로는 볼 수 없다.(대판 1990.11.13, 90다카23882)

▸기타

28. 가집행선고부 판결에 의한 강제집행중의 채무 변제 가집행 선고있는 판결에 의한 강제집행 절차가 진행중에 피고가 강제집행을 당할 형편에 있어 부득이 지급한 것이라면 이를 임의변제라고는 볼 수 없다.(대판 1966.7.19, 66다906)

29. 가집행부 판결 선고 후 이루어진 금전 지급의 변제로서의 효과 가집행이 붙은 제1심판결 선고 이후 채무자가 제1심판결에 기한 강제집행을 피하기 위해 돈을 지급한 경우 그에 따라 확정적으로 변제의 효과가 발생하는 것이 아니므로 채무자가 항소심에서 위와 같이 돈을 지급한 사실을 주장하더라도 항소심법원은 그러한 사유를 참작하지 않고 청구의 당부를 판단해야 한다.(대판 2020.1.30, 2018다204787)

30. 기존채무의 이행을 위하여 교부된 약속어음을 어음되막기 방법에 의하여 결제된 것으로 처리하는 경우 기존채무의 이행을 위하여 교부된 약속어음의 소지인인 은행이 어음되막기 방법에 의하여 그 약속어음을 결제된 것으로 처리하는 경우 은행은 이미 결제된 것으로 처리되어 소멸된 종전 어음 자체의 어음금청구는 할 수 없을 것이고, 새로운 어음에 기한 어음금청구만을 할 수 있을 것이나, 그 기존채무는 쌍방간의 약정에 따라 새로운 어음의 지급기일까지 그 지급을 유예해 준 것일 뿐 기존채무가 소멸되는 것은 아니고, 새로운 어음이 만기에 지급되어야만 기존채무가 소멸되는 것이다.(대판 1992.2.25, 91다14192)

31. 변제의 주관적 요건인 변제의사 채권자가 채무자로부터 금원을 융통받은 경우에 채무자가 기존채무의 변제의사로써 교부한 것이 아닌 이상 이를 기존 채무의 변제로 볼 수 없다.(대판 1956.11.15, 1956민상404)

32. 변제에 관한 증명책임(대판 2014.1.23, 2011다108095) → 제476조 참조

第461條【辨濟提供의 效果】 辨濟의 提供은 그 때로부터 債務不履行의 責任을 免하게 한다.

■ 채무불이행과 그 책임(387·390—398), 변제의 제공(460), 제공과 채권자의 불수령(400)

▸동시이행제도와의 관계

1. 이행지체자가 동시이행항변권을 갖는지 여부(적극) 동시이행에 있는 쌍방의 채무 중 그 일방이 채무의 본지에 따른 이행의 제공이 있고 다른 상대방의 채무의 이행이 없이 이행기를 경과한 경우라도 당사자 일방이 과거에 한번 이행의 제공이 있었다는 사실만으로서는 반대급부에 대하여 동시이행의 항변권이 상실하지 않는다.(대판 1972.3.28, 72다163)

2. 쌍무계약의 일방당사자가 이행지체책임을 물어 계약해제권을 행사하고자 할 경우 계속적인 이행제공을 해야 하는지

여부(소극) 쌍무계약의 일방 당사자가 이행기에 한번 이행제공을 하여서 상대방을 이행지체에 빠지게 한 경우 신의칙상 최고하는 일방 당사자는 해제권을 행사하기 위해서 그 채무이행의 제공을 계속할 필요는 없다 하더라도 상대방이 최고기간 내에 이행 또는 이행제공을 하면 계약해제권은 소멸하는 것이므로 상대방의 이행을 수령하고 자신의 채무를 이행할 수 있는 정도의 준비가 되어있어야 한다.(대판 1982.6.22, 81다카1283, 1284)

3. 이행지체 책임으로서 지연배상을 청구하기 위해 계속적 이행제공이 필요한지 여부(적극) (대판 1995.3.14, 94다26646) → 제536조 참조

4. 계속적 이행제공의 의미 (대판 2001.5.8, 2001다6053) → 제536조 참조

5. 쌍무계약에 있어서 채무불이행을 이유로 계약을 해제하기 위한 자기채무의 이행 제공의 정도 동시이행 관계에 있는 쌍무계약에 있어서는 상대방의 채무불이행을 이유로 계약을 해제하려고 하는 자는 동시이행 관계에 있는 자기채무의 이행을 제공하여야 하고 그 채무를 이행함에 있어 상대방의 행위를 필요로 할 때에는 언제든지 현실로 이행할 수 있는 준비를 완료하고 그 뜻을 상대방에게 통지하여 그 수령을 최고하여야만 상대방으로 하여금 이행지체에 빠지게 할 수 있고 단순히 이행의 준비태세를 갖추고 있는 것만으로는 부족하다.(대판 1987.1.20, 85다카2197)

6. 매수인이 계약이행과 소유권이전등기수령준비를 하지 않는 경우 매매계약해제를 위한 매도인의 이행제공의 정도 매수인이 매매대금을 준비하지 아니하고 대금지급기일을 넘기는 등 계약을 이행함과 동시에 소유권이전등기를 수령할 준비를 하지 아니한 경우에는 매도인으로서는 부동산매도용 인감증명서를 발급받아 놓고, 인감도장이나 등기권리증 등을 준비하여 놓아, 잔대금수령과 동시에 법무사 등에게 위임하여 이전등기신청행위에 필요한 서류를 작성할 수 있도록 준비함으로써 이행의 제공을 하고 잔대금지급의 최고를 할 수 있고, 이와 같은 경우 위의 서류 등은 자신의 집에 소지하고 있음으로써 족하다.(대판 1992.7.14, 92다5713)

第462條【特定物의 現狀引渡】 特定物의 引渡가 債權의 目的인 때에는 債務者는 履行期의 現狀대로 그 物件을 引渡하여야 한다.

■ 특정물채권(374·467·537), 특칙(587)

第463條【辨濟로서의 他人의 物件의 引渡】 債務의 辨濟로 他人의 物件을 引渡한 債務者는 다시 有效한 辨濟를 하지 아니하면 그 物件의 返還을 請求하지 못한다.

■ 채권자의 선의 소비(465), 타인 물건의 매매(569), 채권자와 소유자와의 관계(부당이득=741, 수익자의 반환범위=748, 불법행위=750)

1. 채무자 아닌 다른 권리자의 물건반환청구 가부 채무의 변제로 타인의 물건을 인도한 채무자는 다시 유효한 변제를 하지 아니하면 그 물건의 반환을 청구하지 못한다는 민 463조는 채무자만이 그 물건의 반환을 청구할 수 없다는 것에 불과할 뿐 채무자가 아닌 다른 권리자까지 그 물건의 반환을 청구할 수 없다는 취지는 아니다.(대판 1993.6.8, 93다14998, 15007)

第464條【讓渡能力없는 所有者의 物件引渡】 讓渡할 能力없는 所有者가 債務의 辨濟로 物件을 引渡한 境遇에는 그 辨濟가 取消된 때에도 다시 有效한 辨濟를 하지 아니하면 그 物件의 返還을 請求하지 못한다.

■ 채권자의 선의 소비(465), 양도의 능력과 취소(5·10·13·140−142)

第465條【債權者의 善意消費, 讓渡와 求償權】 ① 前2條의 境遇에 債權者가 辨濟로 받은 物件을 善意로 消費하거나 他人에게 讓渡한 때에는 그 辨濟는 效力이 있다.

② 前項의 境遇에 債權者가 第三者로부터 賠償의 請求를 받은 때에는 債務者에 對하여 求償權을 行使할 수 있다.

■ 채권자의 선의와 즉시취득(249), 배상의 청구(741·748)

第466條【代物辨濟】 債務者가 債權者의 承諾을 얻어 本來의 債務履行에 갈음하여 다른 給與를 한 때에는 辨濟와 같은 效力이 있다. (2014.12.30 본조개정)

■ 경개의 요건 등(500)

1. 대물변제계약 채권계약으로서의 대물변제계약이 성립된 이상 이를 원인으로 하는 소유권이전등기절차 이행을 청구할 수 있다.(대판 1972.5.23, 72다414)

2. 기존채무가 소멸된 후에 예약된 대물변제계약에 기한 부동산소유권이전등기청구의 가부(소극) 대물변제는 본래의 채무에 갈음하여 다른 급여를 현실적으로 하는 때에 성립되는 요물계약이므로, 다른 급여가 부동산의 소유권이전인 때에는 등기를 완료하여야만 대물변제가 성립되어 기존채무가 소멸되는 것이므로 대물변제계약이 효력을 발생하기 전에 채무의 본지에 따른 이행으로 기존채무가 소멸되고 난 뒤에는 대물변제예약 당사자간에 예약된 대물변제 계약으로서는 부동산소유권이전등기청구를 할 수 없다.(대판 1987.10.26, 86다카1755)

3. 본래의 채무가 존재하지 않았던 경우 대물변제의 효력 채무자가 채권자의 승낙을 얻어 본래의 채무이행에 갈음하여 부동산으로 대물변제를 하였으나 본래의 채무가 존재하지 않았던 경우에는, 당사자가 특별한 의사표시를 하지 않은 한 대물변제는 무효로서 부동산의 소유권이 이전되는 효과가 발생하지 않는다.(대판 1991.11.12, 91다9503)

4. 강행법규에 위반한 대물변제의 효력 특정외래품판매금지법이 강행법규임에 비추어 특정외래품으로써 대물변제한다는 계약은 법률상 효력이 없다.(대판 1965.7.6, 65다563)

5. 대물변제의 성립요건 대물변제가 채무소멸의 효력을 발생하기 위하여서는 채무자가 본래의 급부 대신 다른 급부를 현실적으로 함을 요하는 것이므로 그 다른 급부가 부동산의 소유권이전인 경우에는 신민법 아래서는 소유권 이전등기의 경우가 절대적으로 필요하다.(대판 1963.10.22, 63다168)

6. 대물변제에 관한 계약과 그 효력 채무의 이행에 갈음하여 급부를 약속한 물건 또는 권리의 가액이 채무액을 초과하여 현저히 형평을 반하고 그 계약이 채무자의 경솔, 무경험 또는 궁박에 편승하여 체결된 것이 아니라면 공서양속에 반한 것으로서 무효라 할 수 없다.(대판 1958.11.27, 4291민상130)

7. 본래의 채무이행을 '위하여' 다른 급부의무가 추가된 경우 행사순서 기존채무에 관하여 약속어음이 교부된 경우(채무자 자신이 어음, 수표상의 최종적 책임자인 경우) 특별한 사정이 없는 한 채무지급을 위하여 교부된 것으로 볼 것이고, 이처럼 본래의 채무이행을 '위하여' 다른 급부의무가 추가된 경우 채권자는 두 권리 중 어느 것을 먼저 행사할 것인지에 관하여 선택권이 있다.(대판 1960.4.28, 4292민상197)

8. 기존 채무의 이행을 위하여 제3자 발행의 어음을 교부한 경우의 법률관계 기존 채무의 이행에 관하여 채무자가 채권자에게 어음을 교부할 때의 당사자의 의사는 기존 원인채무의 '지급에 갈음하여', 즉 기존 원인채무를 소멸시키고 새로운 어음채무만을 존속시키려고 하는 경우와, 기존 원인채무를 존속시키면서 그에 대한 지급방법으로서 이른바 '지급을 위하여' 교부하는 경우 및 단지 기존 채무의 지급 담보의 목적으로 이루어지는 이른바 '담보를 위하여' 교부하는 경우로 나누어 볼 수 있다. 당사자 사이에 특별한 의사표시가 없

으면 어음의 교부가 있다고 하더라도 이는 기존 원인채무는 여전히 존속하고 단지 그 '지급을 위하여' 또는 그 '담보를 위하여' 교부된 것으로 추정할 것이며, 따라서 특별한 사정이 없는 한 기존의 원인채무는 소멸하지 아니하고 어음상의 채무와 병존하고, 이 경우 어음상의 주채무자가 원인관계상의 채무자와 동일하지 아니한 때에는 제3자인 어음상의 주채무자에 의한 지급이 예정되고 있으므로 이는 '지급을 위하여' 교부된 것으로 추정하여야 한다.(대판 1996.11.8, 95다25060)

9. 수표의 변제로서의 효력 채무자가 채권자에게 수표를 교부한 경우에 있어 그로써 기존채무의 변제에 갈음하기로 하는 특약이 없는 한 기존채무의 변제를 확보 또는 변제의 방법으로 교부된 것으로 보아야 할 것이다.(대판 1964.6.23, 63다1162)

10. 채무변제를 위한 채권양도의 경우에 원채권의 소멸 여부(소극) 채권자에 대한 채무변제를 위하여 어떤 다른 채권을 채권자에게 양도함에 있어서는 특단의 사정이 없는 한, 그 채권양도는 채무변제를 위한 담보 또는 변제의 방법으로 양도되는 것이지 채무변제에 갈음하여 양도되어 원채권이 소멸하는 것이 아니다.(대판 1981.10.13, 81다3540)

11. 채권자가 채권양수를 승낙하고, 양수채권의 채무자가 채권자에게 양수금지급확약각서를 작성, 공증, 교부한 경우 대물변제인지 여부(소극) 기존채무에 관하여 다른 채권을 양도한 경우, 채권자가 채권양수를 승낙하고, 양수채권의 채무자가 채권자에게 양수금의 지급을 확약한다는 취지의 각서를 작성, 공증하여 교부한 바 있다고 하여도 이것만 가지고 기존채무의 변제에 갈음하여 한다는 의사표시가 있었다고 할 수는 없다.(대판 1991.4.9, 91다2526)

12. 채권자 명의의 소유권이전등기가 대물변제인지 종전채무의 담보인지의 구별기준 채무와 관련하여 채무자 소유의 부동산이 채권자 앞으로 소유권이전등기가 경료된 경우, 그것이 대물변제조로 이전된 것인가, 아니면 종전채무의 담보를 위하여 이전된 것인가를 정하기 위해서는 소유권이전 당시의 채무액과 부동산의 가액, 채무를 지게 된 경위와 그 후의 과정(가등기의 경료관계), 소유권이전 당시의 상황, 그 이후에 있어서의 부동산의 지배 및 처분관계 등 제반 사정을 종합하여 고려하여야 한다.(대판 1993.6.8, 92다19880)

13. 대물변제의 경우 민 607조, 608조 적용 여부(소극) 차용물에 갈음하여 다른 재산권을 상대방에게 이전하였다 하여도 그 채무의 이행을 담보하기 위한 것이 아니고 그 채무에 갈음하여 완전히 그 권리를 상대방에게 이전하는 경우에는 민 607조, 608조는 적용되지 않는다.(대판 1968.1.31, 67다2227)

14. 대물변제가 무효인 경우 본래의 채권의 소멸 여부(소극) 대물변제에 있어서는 그 급부가 유효하게 현실적으로 되어진 경우에 한하여 대물변제가 되었다고 할 것인바, 대물변제조로 부동산에 대한 소유권이전등기를 경료하였으나 그 등기가 원인무효의 등기로써 말소된 이상 그 부동산에 대한 소유권을 현실적으로 유효하게 취득하였다고 볼 수 없어 본래의 채권이 소멸되었다고 할 수 없다.(대판 1977.6.7, 77다369)

15. 채무자가 채권자에게 채무변제에 '갈음하여' 다른 채권을 양도하기로 한 경우, 채권양도의 요건을 갖추어 대체급부가 이루어지면 원래의 채무가 소멸하는지 여부(원칙적 적극) ① 채무자가 채권자에게 채무변제와 관련하여 다른 채권을 양도하는 것은 특단의 사정이 없는 한 채무변제를 위한 담보 또는 변제의 방법으로 양도되는 것으로 추정할 것이지 채무변제에 갈음한 것으로 볼 것은 아니어서, 그 경우 채권자가 양도받은 채권을 변제받은 때에 비로소 그 범위 내에서 채무자가 면책된다. ② 채무자가 채권자에게 채무변제에 '갈음하여' 다른 채권을 양도하기로 한 경우에는 특별한 사정이 없는 한 채권양도의 요건을 갖추어 대체급부가 이루어짐으로써 원래의 채무는 소멸한다.(대판 2013.5.9, 2012다40998)

第467條【辨濟의 場所】 ① 債務의 性質 또는 當事者의 意思表示로 辨濟場所를 定하지 아니한 때에는 特定物의 引渡는 債權成立當時에 그 物件이 있던 場所에서 하여야 한다.

② 前項의 境遇에 特定物引渡 以外의 債務辨濟는 債權者의 現住所에서 하여야 한다. 그러나 營業에 關한 債務의 辨濟는 債權者의 現營業所에서 하여야 한다.

■ 특칙(586 · 700, 어38② · 77①, 수31), 특정물인도(374 · 462), 주소(18–21), 채무이행지와 재판관할(민소8)

1. 인도지가 확약된 경우 인수인의 이익을 위해 목적물을 화물차로 발송하기로 한 약속의 해석 계약으로서 목적물의 인도지가 확약되었을 때에 인수인의 이익을 도모하기 위하여 목적물을 화물차로 발송할 것을 약속한 경우에 특별한 사정이 없는 한 목적물인도의무를 부담한 자가 그 수령권자의 이익을 위하여 그 물품을 채권자가 지정하는 장소에 송부할 것을 약속한 것에 불과하다고 인정함이 타당하다.(대판 1948.2.12, 4280민상205)

2. 영업에 관한 채무의 이행을 구하는 소를 제소 당시 채권 추심 관련 업무를 실제로 담당하는 채권자의 영업소 소재지 법원에 제기할 수 있는지 여부(적극) 민 467조 2항의 '영업에 관한 채무'는 영업과 관련성이 인정되는 채무를 의미하고, '현영업소'는 변제 당시를 기준으로 그 채무와 관련된 채권자의 영업소로서 주된 영업소(본점)에 한정되는 것이 아니라 그 채권의 추심 관련 업무를 실제로 담당하는 영업소까지 포함된다. 따라서 영업에 관한 채무의 이행을 구하는 소는 제소 당시 채권 추심 관련 업무를 실제로 담당하는 채권자의 영업소 소재지 법원에 제기할 수 있다.(대결 2022.5.3, 2021마6868)

第468條【辨濟期前의 辨濟】 當事者의 特別한 意思表示가 없으면 辨濟期前이라도 債務者는 辨濟할 수 있다. 그러나 相對方의 損害는 賠償하여야 한다.

■ 변제기(152 · 153 · 387 · 388), 기한전의 변제(부당이득=743, 법정변제충당=477), 기한의 이익(153), 손해배상(394)

1. 기한의 이익이 채무자에게 있는 경우 기한전 변제 기한의 이익이 채무자에게 있는 경우에 채무자는 이것을 포기할 수 있기 때문에 기한전이라도 유효한 제공을 할 수 있다.(대판 1949.2.12, 4281민상217)

2. 이자부 금전소비대차계약에서 채무자가 기한의 이익을 포기하고 변제기 전에 변제하는 경우, 변제기까지의 약정이자 등 채권자의 손해를 배상하여야 하는지 여부(적극) 채권자와 채무자 모두가 기한의 이익을 갖는 이자부 금전소비대차계약 등에 있어서, 채무자가 변제기로 인한 기한의 이익을 포기하고 변제기 전에 변제하는 경우 변제기까지의 약정이자 등 채권자의 손해를 배상하여야 하고, 이러한 약정이자 등 손해액을 함께 제공하지 않으면 채무의 내용에 따른 변제제공이라고 볼 수 없으므로, 채권자는 수령을 거절할 수 있다. 이는 제3자가 변제하는 경우에도 마찬가지이다.(대판 2023.4.13, 2021다305338)

第469條【第三者의 辨濟】 ① 債務의 辨濟는 第三者도 할 수 있다. 그러나 債務의 性質 또는 當事者의 意思表示로 第三者의 辨濟를 許容하지 아니하는 때에는 그러하지 아니하다.

② 利害關係없는 第三者는 債務者의 意思에 反하여 辨濟하지 못한다.

■ 변제의 제공(방법=460, 공탁=487), 제3자의 변제와 대위(480 · 481), 어음과 참가지불(어59 · 61 · 63③ · 77①), 제3자의 착오로 인한 변제(745), 채무자의 의사에 반한 보증(444②), 채무자의 의사에 반한 경개(501)

1. 제3자가 유효하게 채무자가 부담하는 채무를 변제한 경우, 채무자와 계약관계가 없으면 민 739조에서 정한 사무관리비용의 상환청구권에 따라 구상권을 취득하는지 여부(원칙적 적극) 채무의 변제는 제3자도 할 수 있다. 그러나 채무의 성질 또는 당사자의 의사표시로 제3자의 변제를 허용하지 아니하는 때에는 그러하지 아니하다(민 469조 1항). 이해관계 없는 제3자는 채무자의 의사에 반하여 변제하지 못한다(같은 조 2항). 제3자가 유효하게 채무자가 부담하는 채무를 변제한 경우에 채무자와 계약관계가 있으면 그에 따라 구상권을 취득하고, 그러한 계약관계가 없으면 특별한 사정이 없는 한 민 734조 1항에서 정한 사무관리가 성립하여 민 739조에 정한 사무관리비용의 상환청구권에 따라 구상권을 취득한다.(대판 2022.3.17, 2021다276539)

▸ **변제자**

2. 이행보조자에 의한 변제 이행보조자에 의한 변제의 경우에 채권자는 그 사격이 불명함을 이유로 그 수령을 거절할 수는 없다고 함이 제3자의 변제를 인정하는 취지에 비추어 정당하다.(대판 1946.10.1, 4278민상117)

3. 제3자의 변제지정 제3자가 타인의 채무를 변제하여 그 채무를 소멸시키기 위하여는 제3자가 타인의 채무를 변제한다는 의사를 가지고 있었음을 요건으로 하고 이러한 의사는 타인의 채무변제임을 나타내는 변제지정을 통하여 표시될 것이지만, 채권자가 변제를 수령하면서 제3자가 타인의 채무를 변제하는 것이라는 사실을 인식하였다면 타인의 채무변제라는 지정이 있었다고 볼 수 있다.(대판 2010.2.11, 2009다71558)

▸ **이해관계가 있는 경우**

4. 민 469조 2항과 481조에 규정된 '이해관계' 또는 '변제할 정당한 이익'이 있는 자의 의미 민 469조 2항은 이해관계 없는 제3자는 채무자의 의사에 반하여 변제하지 못한다고 규정하고, 민 481조는 변제할 정당한 이익이 있는 자는 변제로 당연히 채권자를 대위한다고 규정하고 있는바, 위 조항에서 말하는 '이해관계' 내지 '변제할 정당한 이익'이 있는 자는 변제를 하지 않으면 채권자로부터 집행을 받게 되거나 또는 채무자에 대한 자기의 권리를 잃게 되는 지위에 있기 때문에 변제함으로써 당연히 대위의 보호를 받아야 할 법률상 이익을 가지는 자를 말하고, 단지 사실상의 이해관계를 가진 자는 제외된다.(대결 2009.5.28, 2008마109)

5. 등기청구권자의 목적부동산을 담보로 한 채권자에 대한 변제할 이익 갑이 그 소유부동산을 을에게 매도 후 등기이전 앞에 병에 대한 채무담보의 목적으로 병 앞으로 이전등기를 경료한 경우 을은 갑에 대한 등기청구권자로서 갑의 채무를 변제할 정당한 이해관계 있는 제3자이므로 특별한 사정이 없는 한 병에게 갑의 채무를 변제한 후 갑을 대위하여 병 앞으로 된 소유권이전등기의 말소청구를 할 수 있다.(대판 1971.10.22, 71다1888, 1889)

6. 부동산 양도담보권자의 조세대납이익 납세자에게 양도담보재산 이외의 다른 재산이 없을 경우에 그 양도담보권자는 납세자의 체납국세를 자기의 채권에 우선하여 징수당할 부담을 지게 되므로 납세자의 체납국세를 대납할 정당한 이익을 가진다.(대판 1981.7.28, 80다1579)

7. 연대보증인의 변제 연대보증인은 변제를 함에 관하여 정당한 이익을 가지는 자로서 연대보증인이 변제를 하여 채무자에게 구상권을 취득하였을 때에 대위변제가 성립되는 것이며 대위변제의 제도는 변제자의 구상권의 효력을 확보하기 위하여 인정된 것이다.(대판 1961.11.9, 4293민상729)

8. 양도담보목적물을 되찾기 위한 변제 원고가 소외인으로부터 금전을 차용하고 자기소유의 부동산을 양도담보로 제공하였는데 다시 위 소외인이 원고로부터 수령해야 할 원리금과 등기비용을 피고로부터 차용하고 위 부동산을 피고에게 소유권이전등기를 한 경우 원고는 소외인의 피고에 대한 채무를 변제함에 있어 정당한 이익을 갖는 자에 해당된다.(대판 1980.4.22, 79다1980)

9. 채무담보 목적의 가등기가 경료되어 있는 부동산을 시효취득한 자 채무담보 목적의 가등기가 경료되어 있는 부동산을 시효취득하여 소유권이전등기청구권을 취득한 자가 그 등기를 경료하지 못하던 중에 채권자가 청산절차를 거치지 아니하고 위 가등기에 기하여 본등기를 경료하였다면 그는 부동산 소유자에 대한 소유권이전등기청구권을 보전하기 위하여 위 소유자를 대위하여 그의 채권자에게 위 채무를 변제할 법률상의 권한이 있어 이해관계 있는 제3자에 해당한다.(대판 1991.7.12, 90다17774, 17781)

▸ **이해관계가 없는 경우**

10. 이해관계 없는 제3자의 대위변제에 있어 채무자의 의사에 반하는지 여부의 판단 이해관계 없는 제3자의 대위변제가 채무자의 의사에 반하는지를 가림에 있어서 채무자의 의사는 제3자가 변제할 당시의 객관적인 제반사정에 비추어 명확하게 인식될 수 있는 것이어야 하며 함부로 채무자의 반대의사를 추정함으로써 제3자의 변제효과를 무효화시키는 일은 피하여야 한다.(대판 1988.10.24, 87다카1644)

11. 연대보증인의 보증기간 이전의 채무변제 연대보증인이 그 보증기간 이전의 채무에 관하여 채무의 변제를 하였다면 이에 관하여는 연대보증인의 변제로서의 효력이 발생하지 아니하고 대위변제가 성립되지 아니한다 하여도, 제3자의 변제는 그 자체가 채무자를 위하여 유익한 것이므로 반증이 없는 한 채무자에게 유익하고 또한 그 의사에 반하지 아니한 것으로 인정하여야 할 것이며 그 변제는 일종의 사무관리라고 보아야 할 것이므로 채무를 변제한 연대보증인은 채무자에 대하여 사무관리의 법리에 따라 동 변제액의 상환청구권이 있다 할 것이다.(대판 1961.11.9, 4293민상729)

12. 부동산 매도인 채무자가 제3자로부터 부동산을 매수하였으나 아직 등기를 경료하지 아니한 상태에서 채권자로부터 금원을 차용하고 위 부동산에 관하여 채무자 명의의 등기를 생략한 채 직접 채권자 앞에 가등기 및 본등기를 경료한 경우, 제3자는 담보제공자가 아니라, 자신이 부동산을 매도하고 중간생략의 소유권이전등기의무를 다하였으므로, 제3자로서 채무를 변제하고 위 부동산의 소유명의를 회복할 법률상 이해관계가 없다.(대판 1971.3.23, 71다240)

13. 채권압류경합시 제3채무자의 변제가 채권의 준점유자에 대한 변제로서 유효한 경우 경합압류 채권자에 대한 제3채무자의 변제 채권압류가 경합된 경우에 그 압류채권자 중의 한 사람이 전부명령을 얻은 경우 그 전부명령은 무효이지만 제3채무자가 선의·무과실로 그 전부 채권자에게 전부금을 변제하였다면 이는 채권의 준점유자에 대한 변제로서 유효하고, 경합압류채권자는 전부채권자에 대하여 자기가 배당받아야 할 금액범위 안에서 부당이득반환청구를 할 수 있고 제3채무자가 압류채권자에게 그 배당받아야 할 금액을 대위 변제하였다면 이는 이해관계 없는 제3자의 변제이다.(대판 1980.9.30, 78다1292)

第470條【債權의 準占有者에 對한 辨濟】 債權의 準占有者에 對한 辨濟는 辨濟者가 善意이며 過失없는 때에 限하여 效力이 있다.

■ 준점유(210), 채권자와 채권의 준점유자와의 관계(741이하), 유사규정(지시채권=518, 무기명채권=524, 영업양수인=상43)

1. 참칭대리인 민 470조에 정하여진 채권의 준점유자라 함은, 변제자의 입장에서 볼 때 일반의 거래관념상 채권을 행사할 정당한 권한을 가진 것으로 믿을 만한 외관을 가지는 사람을 말하므로 준점유자가 스스로 채권자라고 하여 채권을 행사하는 경우뿐만 아니라 채권자의 대리인이라고 하면서 채권을 행사하는 때에도 채권의 준점유자에 해당한다.(대판 2004.4.23, 2004다5389)

2. 강행법규에 위반되는 계약을 체결한 자가 그 약정에 따라

변제수령권을 갖는 것처럼 외관을 갖게 된 자에게 변제한 경우 과실이 있는지 여부(적극) 효력규정인 강행법규에 위반되는 계약을 체결한 자가 그 약정의 효력이 부인된다는 사실을 알지 못한 탓에 그 약정에 따라 변제수령권을 갖는 것처럼 외관을 갖게 된 자에게 변제를 한 경우에는, 특별한 사정이 없는 한 그 변제자가 채권의 준점유자에게 변제수령권이 있는 것으로 오해한 것은 법률적인 검토를 제대로 하지 않은 과실에 기인한 것이라고 할 것이다.(대판 2004.6.11, 2003다1601)

3. 폰뱅킹에 의한 자금이체신청에 따라 은행이 행한 자금이체가 예금채권의 준점유자에 대한 변제가 되기 위하여 은행측에 요구되는 주의의무의 내용 이른바 폰뱅킹(phone-banking; telebanking)에 의한 자금이체신청의 경우에는 은행의 창구직원이 직접 손으로 처리하는 경우와는 달리 그에 따른 자금이체가 기계에 의하여 순간적으로 이루어지지만, 그것이 채권의 준점유자에 대한 변제로서 은행에 대하여 요구되는 주의의무를 다하였는지 여부를 판단함에 있어서는, 자금이체시의 사정만을 고려할 것이 아니라 그 이전에 행하여진 폰뱅킹의 등록을 비롯한 제반 사정을 총체적으로 고려하여야 하며, 한편 은행이 거래상대방의 본인 여부를 확인할 필요가 있는 경우에 담당직원으로 하여금 그 상대방이 거래명의인의 주민등록증을 소지하고 있는지 여부를 확인하는 것만으로는 부족하고 그 직무수행상 필요로 하는 충분한 주의를 다하여 주민등록증의 진정 여부 등을 확인함과 아울러 그에 부착된 사진과 실물을 대조하여야 할 것인바, 만일 실제로 거래행위를 한 상대방이 주민등록상의 본인과 다른 사람이었음이 사후에 밝혀졌다고 한다면, 특별한 사정이 없는 한, 은행으로서는 위와 같은 본인확인의무를 다하지 못한 과실이 있는 것으로 사실상 추정된다.(대판 1998.11.10, 98다20059)

4. 금융실명제 이후 예금명의자가 아니고 예금통장도 소지하지 않은 예금행위자 예금명의자가 아니고 예금통장도 소지하지 않은 예금행위자에 불과한 자는 금융실명제가 시행된 후에는 극히 예외적인 특별한 사정이 인정되지 않는 한 예금채권을 준점유하는 자에 해당될 수가 없다.(대판 2002.6.14, 2000다38992)

5. 전부명령이 압류가 경합된 상태에서 발하여져 무효인 경우 제3채무자가 그 전부채권자에게 한 전부금 변제의 효력 채권가압류나 압류가 경합된 경우에 있어서는 그 압류채권자의 한 사람이 전부명령을 얻더라도 그 전부명령은 무효가 되지만, 이 경우에도 그 전부채권자는 채권의 준점유자에 해당한다고 보아야 할 것이므로 제3채무자가 그 전부채권자에게 전부금을 변제하였다면 제3채무자가 선의 무과실인 때에는 민 470조에 의하여 그 변제는 유효하고 제3채무자는 다른 압류채권자에 대하여 이중변제의 의무를 부담하지 아니하는 반면에 제3채무자가 위 전부금을 변제함에 있어서 선의 무과실이 아니었다면 제3채무자가 전부채권자에게 한 전부금의 변제는 효력이 없는 것이다.(대판 1995.4.7, 94다59868)

6. 표현상속인 혼인 외의 자의 생부가 사망한 경우, 혼인 외의 출생자는 그가 인지청구의 소를 제기하였다고 하더라도 그 인지판결이 확정되기 전에는 상속인으로서의 권리를 행사할 수 없고, 그러한 인지판결이 확정되기 전의 정당한 상속인이 채무자에 대하여 소를 제기하고, 나아가 승소판결까지 받았다면, 채무자로서는 그 상속인이 장래 혼인 외의 자에 대한 인지판결이 확정됨으로 인하여 소급하여 상속인으로서의 지위를 상실하게 될 수 있음을 들어 그 권리행사를 거부할 수 없으므로, 그러한 표현상속인에 대한 채무자의 변제는, 특별한 사정이 없는 한, 채무자가 표현상속인이 정당한 권리자라고 믿은 데에 과실이 있다 할 수 없으므로, 채권의 준점유자에 대한 변제로서 적법하다.(대판 1995.1.24, 93다32200)

第471條【領收證所持者에 對한 辨濟】 領收證을 所持한 者에 對한 辨濟는 그 所持者가 辨濟를 받을 權限이 없는 境遇에도 效力이 있다. 그러나 辨濟者가 그 權限없음을 알았거나 알 수 있었을 境遇에는 그러하지 아니하다.

▣ 채권자와 수령자와의 관계(741)

1. 대금수령확인서 및 입금표의 교부와 매매대금수령권한의 위임 매수인으로부터 매매대금을 지급받는데 필요하다는 소외 갑회사의 직원의 요구에 응하여 매도인이 그 직원에게 대금수령확인서와 입금표를 작성하여 준 경우 대금수령확인서는 매매대금수령에 관한 수령인 백지의 위임장이며 입금표는 매매대금의 영수증임이 명백하므로 다른 특별한 사정이 없는 한 위와 같은 증거만으로도 매도인이 위 회사직원에게 매매대금의 수령권한을 위임하였다고 보아야 한다.(대판 1990.2.23, 88다카30108)

第472條【權限없는 者에 對한 辨濟】 前2條의 境遇外에 辨濟받을 權限없는 者에 對한 辨濟는 債權者가 利益을 받은 限度에서 效力이 있다.

▣ 471

1. 무권한자의 변제수령을 채권자가 사후에 추인한 경우도 민 472조에서 정한 '채권자가 이익을 받은' 경우에 해당하는지 여부(적극) '채권자가 이익을 받은' 경우라 함은 변제의 수령자가 진정한 채권자에게 채무자의 변제로 받은 급부를 전달한 경우는 물론이고, 그렇지 않더라도 무권한자의 변제수령을 채권자가 사후에 추인한 때와 같이 무권한자의 변제수령을 채권자의 이익으로 돌릴 만한 실질적 관련성이 인정되는 경우도 포함된다.(대판 2012.10.25, 2010다32214)

2. 변제받을 권한 없는 변제수령자가 변제받은 급부로 자신이나 제3자의 채권자에 대한 채무를 변제함으로써 채권자의 기존 채권을 소멸시킨 경우 변제의 효력 민 472조는 불필요한 연쇄적 부당이득반환의 법률관계가 형성되는 것을 피하기 위하여 변제받을 권한 없는 자에 대한 변제의 경우에도 그로 인하여 채권자가 이익을 받은 한도에서 효력이 있다고 정하고 있다. 여기에서 '채권자가 이익을 받은' 경우란 변제수령자가 채권자에게 변제로 받은 급부를 전달한 경우는 물론이고, 변제수령자가 변제로 받은 급부를 가지고 채권자의 자신에 대한 채무의 변제에 충당하거나 채권자의 제3자에 대한 채무를 대신 변제함으로써 채권자의 기존 채무를 소멸시키는 등 채권자에게 실질적인 이익이 생긴 경우를 포함한다. 그러나 변제수령자가 변제로 받은 급부를 가지고 자신이나 제3자의 채권자에 대한 채무를 변제함으로써 채권자의 기존 채권을 소멸시킨 경우에는 채권자에게 실질적인 이익이 생겼다고 할 수 없으므로 민 472조에 의한 변제의 효력을 인정할 수 없다.(대판 2021.3.11, 2017다278729)

第473條【辨濟費用의 負擔】 辨濟費用은 다른 意思表示가 없으면 債務者의 負擔으로 한다. 그러나 債權者의 住所移轉 其他의 行爲로 因하여 辨濟費用이 增加된 때에는 그 增加額은 債權者의 負擔으로 한다.

▣ 467, 주소(18-21), 계약의 비용(566)

第474條【領收證請求權】 辨濟者는 辨濟를 받는 者에게 領收證을 請求할 수 있다.

▣ 475, 집행관의 영수증교부와 본조의 권리(민집42), 변제자(469), 변제영수자(470), 영수증(471, 어4·38②·50·51·77, 수43·46), 영수증의 교부와 동시이행(536)

第475條【債權證書返還請求權】 債權證書가 있는 境遇에 辨濟者가 債務全部를 辨濟한 때에는 債權證書의 返還을 請求할 수 있다. 債權이 辨濟 以外의 事由로 全部 消滅한 때에도 같다.

▣ 474, 채권증서(어39·77, 수34), 강제집행과 집행력 있는 정본의 교부(민집42), 대위변제와 채권에 관한 증서(484)

1. 채권 일부만을 변제받고 담보물을 반환한 경우 나머지 채권의 포기 여부 채권자가 그 채권의 일부만을 변제받고 그 나머지 채권을 포기하지도 않으면서 담보물을 반환하는 일은 경험측상 이례에 속하므로 그 담보물을 반환하여야 할 특별한 사정이 있었음이 인정되지 않는 한 나머지 채권이 포기되었다는 점에 관한 증거들의 신빙성을 부인할 수 없다.(대판 1982.2.9, 81다578)

2. 채권자가 채무자에게 채권증서를 반환한 경우 채권소멸 추정 여부(원칙적 적극) 지불각서와 같은 채권증서는 채무자가 작성하여 채권자에게 교부하는 것이고, 채무자의 채권자에 대한 채권증서 반환청구권은 채무자가 채무 전부를 변제하는 등 채권이 소멸한 경우에 인정되므로, 채권자가 채무자로부터 채권증서를 교부받은 후 이를 다시 채무자에게 반환하였다면 특별한 사정이 없는 한 그 채권은 변제 등의 사유로 소멸하였다고 추정할 수 있다.(대판 2011.11.24, 2011다74550)

第476條【指定辨濟充當】 ① 債務者가 同一한 債權者에 對하여 같은 種類를 目的으로 한 數個의 債務를 負擔한 境遇에 辨濟의 提供이 그 債務全部를 消滅하게 하지 못하는 때에는 辨濟者는 그 當時 어느 債務를 指定하여 그 辨濟에 充當할 수 있다.
② 辨濟者가 前項의 指定을 하지 아니할 때에는 辨濟받는 者는 그 當時 어느 債務를 指定하여 辨濟에 充當할 수 있다. 그러나 辨濟者가 그 充當에 對하여 卽時 異議를 한 때에는 그러하지 아니하다.
③ 前2項의 辨濟充當은 相對方에 對한 意思表示로써 한다.

▣ 변제의 충당(477-479)

1. 변제수령자의 지정변제충당 채무자가 동일한 채권자에 대하여 수개의 금전채무를 부담하는 경우에 변제로서 제공한 급부가 그 채무의 전부를 소멸하게 하지 못하는 때 변제자가 변제에 충당할 채무를 지정하지 아니하면 변제수령자가 어느 채무를 지정하여 변제에 충당할 수 있다.(대판 1981.7.28, 80다1579)

2. 변제충당에 관한 사전 약정이 있는 경우 변제자에 대한 충당의 의사표시가 필요한지 여부(소극) **및 채무자가 그 약정과 달리 지정변제충당을 할 수 있는지 여부**(소극) 변제충당 지정은 상대방에 대한 의사표시로서 하여야 하는 것이기는 하나, 변제충당에 관한 민 476조 내지 479조의 규정은 임의규정이므로 변제자(채무자)와 변제수령자(채권자)는 약정에 의하여 위 각 규정을 배제하고 제공된 급부를 어느 채무에 어떤 방법으로 충당할 것인가를 결정할 수 있고, 이와 같이 채권자와 채무자 사이에 미리 변제충당에 관한 약정이 있으며, 그 약정 내용이, 변제가 채권자에 대한 모든 채무를 소멸시키기에 부족한 경우 채권자가 적당하다고 인정하는 순서와 방법에 의하여 충당하기로 한 것이라면, 채권자가 위 약정에 터잡아 스스로 적당하다고 인정하는 순서와 방법에 좇아 변제충당을 한 이상 채무자에 대한 의사표시와 관계없이 그 충당의 효력이 있고, 위와 같이 미리 변제충당에 관한 별도의 약정이 있는 경우에는 채무자가 변제를 하면서 위 약정과 달리 특정 채무의 변제에 우선적으로 충당한다고 지정하더라도 그에 대하여 채권자가 명시적 또는 묵시적으로 동의하지 않는 한 그 지정은 효력이 없어 채무자가 지정한 채무가 변제되어 소멸하는 것은 아니다.(대판 2004.3.25, 2001다53349)

3. 변제자와 변제수령자가 급부를 마친 뒤에 기존의 충당방법을 배제하고 제공된 급부를 어느 채무에 어떤 방법으로 다시 충당할 것인지 약정할 수 있는지 여부(원칙적 적극) 변제자(채무자)와 변제수령자(채권자)는 변제로 소멸한 채무에 관한 보증인 등 이해관계 있는 제3자의 이익을 해하지 않는 이상 이미 급부를 마친 뒤에도 기존의 충당방법을 배제하고 제공된 급부를 어느 채무에 어떤 방법으로 다시 충당할 것인가를 약정할 수 있다.(대판 2013.9.12, 2012다118044, 118051)

4. 지정이 없는 경우의 변제충당방법(=법정변제충당) **및 안분비례보다 유리한 변제충당에 대한 주장, 증명책임자**(=주장자) 채무자가 동일한 채권자에 대하여 같은 종류를 목적으로 한 수 개의 채무를 부담한 경우에 변제의 제공에 있어서 당사자가 변제에 충당할 채무를 지정하지 아니한 때에는 민 477조의 규정에 따라 법정변제충당되는 것이고 특히 민 477조 4호에 의하면 법정변제충당의 순위가 동일한 경우에는 각 채무액에 안분비례하여 각 채무의 변제에 충당되는 것이므로, 위 안분비례에 의한 법정변제충당과는 달리, 그 법정변제충당에 의하여 부여되는 법률효과 이상으로 자신에게 유리한 변제충당의 지정, 당사자 사이의 변제충당의 합의가 있었다거나 또는 당해 채무가 법정변제충당에 있어 우선순위에 있어서 당해 채무에 전액 변제충당되었다고 주장하는 자는 그 사실을 주장·증명할 책임을 부담하고, 그가 증명을 다하지 못하였다면 당연히 각 채무액에 안분비례하여 법정충당이 행하여지는 것이다.(대판 2021.10.28, 2021다247937, 247951, 247968)

5. 채권자가 변제 금원의 수령 사실을 인정하면서 다른 채무의 변제에 충당되었다고 주장하는 경우, 주장·증명하여야 할 사항 채무자가 특정한 채무의 변제조로 금원 등을 지급한 사실을 주장함에 대하여, 채권자가 이를 수령한 사실을 인정하고서 다만 타 채무의 변제에 충당하였다고 주장하는 경우에는, 채권자는 타 채권이 존재하는 사실과 타 채권에 대한 변제충당의 합의가 있었다거나 타 채권이 법정충당의 우선순위에 있다는 사실을 주장·증명하여야 한다.(대판 2014.1.23, 2011다108095)

6. 변제액수가 지정한 특정채무의 액수를 초과하는 경우, 초과액수가 다른 채권의 변제에 당연 충당되거나 공제의 대상이 되는지 여부(원칙적 소극) 동일 당사자 사이에 수 개의 채권관계가 성립되어 있는 경우 채무자가 특정채무를 지정하여 변제를 한 때에는 그 특정채무에 대한 변제의 효과가 인정된다. 이때 그 변제액수가 지정한 특정채무의 액수를 초과하더라도, 초과액수 상당의 채권이 부당이득관계에 따라 다른 채권에 대한 상계의 자동채권이 될 수 있음은 별론으로 하고, 당사자 사이에 다른 채권의 변제에 충당하거나 공제의 대상으로 삼기로 하는 합의가 있는 등 특별한 사정이 없는 한 초과액수가 다른 채권의 변제에 당연 충당된다거나 공제의 대상이 된다고 볼 수는 없다.(대판 2021.1.14, 2020다261776)

第477條【法定辨濟充當】 當事者가 辨濟에 充當할 債務를 指定하지 아니한 때에는 다음 各號의 規定에 依한다.

1. 債務中에 履行期가 到來한 것과 到來하지 아니한 것이 있으면 履行期가 到來한 債務의 辨濟에 充當한다.
2. 債務全部의 履行期가 到來하였거나 到來하지 아니한 때에는 債務者에게 辨濟利益이 많은 債務의 辨濟에 充當한다.
3. 債務者에게 辨濟利益이 같으면 履行期가 먼저 到來한 債務나 먼저 到來할 債務의 辨濟에 充當한다.
4. 前2號의 事項이 같은 때에는 그 債務額에 比例하여 各 債務의 辨濟에 充當한다.

第3編 債權

▣ 변제의 충당(476 · 478 · 479), 기한의 이익(153 · 743)

▶ 법정변제충당

1. 강제경매절차에 있어서 당사자 사이의 합의에 의한 변제충당의 지정이나 민 476조의 규정에 의한 지정변제충당이 허용되는지 여부(소극) 민소법 소정의 부동산강제경매제도의 목적이나 성질 그리고 그 절차에 관한 여러 규정의 내용에 비추어 볼 때 부동산강제경매절차에 있어서는 변제자가 임의로 변제하는 경우의 변제자와 수령자 사이에 합의에 의한 변제충당의 지정이나 민 476조의 규정에 의한 지정변제충당은 허용될 수 없고, 1990.1.13. 법률 제4201호로 폐지되기 전의 경매법에 의한 경매의 경우에 있어서도 위 지정변제충당은 허용될 수 없으나, 당사자 사이에 변제충당에 관한 별도의 합의가 있었다면 그 합의를 무효로 보아야할 다른 사유가 있다면 모르되 그렇지 않는 한 이 합의에 의한 충당을 무효로 볼 것까지는 아니다.(대판 1991.7.23, 90다18678)

2. 동일 당사자가 동일목적물에 관하여 동일 거래관계로 인하여 발생되는 여러 개의 채무를 담보하기 위하여 순위가 다른 여러 개의 근저당권을 설정한 경우에 있어 그 경매대금이 채무전액을 만족시키지 못할 때 소멸할 채무를 정할 방법 동일 당사자가 동일목적물에 관하여 동일 거래관계로 인하여 발생되는 채무를 담보하기 위하여 순위가 다른 여러 개의 근저당권을 설정한 경우에는 그 각 근저당권은 모두 그 설정계약에서 정한 거래관계로 인하여 발생된 여러 개의 채무전액을 각 그 한도범위 안에서 담보하는 것이므로, 그 담보물의 경매대금이 채무전액을 만족시키지 못할 때에는 변제충당의 방법으로 그 대금수령으로 인하여 소멸할 채무를 정할 것이지, 위 경매대금을 당연히 선순위 근저당권설정 시에 발생된 채무에 우선적으로 변제 충당하여야 하는 것은 아니다.(대판 1991.7.23, 90다18678)

3. 담보권 실행을 위한 경매에서 배당된 배당금이 담보권자가 가지는 수개의 피담보채권 전부를 소멸시키기에 부족한 경우 변제충당의 방법(=법정변제충당) 담보권 실행을 위한 경매에서 배당된 배당금이 담보권자가 가지는 수개의 피담보채권 전부를 소멸시키기에 부족한 경우에는 민 476조에 의한 지정변제충당은 허용될 수 없고, 채권자와 채무자 사이에 변제충당에 관한 합의가 있었다고 하여 그 합의에 따른 변제충당도 허용될 수 없으며, 획일적으로 가장 공평타당한 충당방법인 민 477조 및 479조의 규정에 의한 법정변제충당의 방법에 따라 충당하여야 하는 것이고, 이러한 법정변제충당은 이자 혹은 지연손해금과 원본 간에는 이자 혹은 지연손해금과 원본의 순으로 이루어지고, 원본 상호간에는 그 이행기의 도래 여부와 도래 시기, 그리고 이율의 고저와 같은 변제이익의 다과에 따라 순차적으로 이루어지나, 다만 그 이행기나 변제이익의 다과에 있어 아무런 차등이 없을 경우에는 각 원본 채무액에 비례하여 안분하게 되는 것이다.(대판 2000.12.8, 2000다51339)

4. 법정변제충당의 순서를 정하는 기준 시기(=변제제공 시) 변제충당에 관한 민 476조 내지 479조는 임의규정이므로 변제자와 변제받는 자 사이에 위 규정과 다른 약정이 있다면 약정에 따라 변제충당의 효력이 발생하고, 위 규정과 다른 약정이 없는 경우에 변제의 제공이 채무 전부를 소멸하게 하지 못하는 때에는 민 476조의 지정변제충당에 따라 변제충당의 효력이 발생하고 보충적으로 민 477조의 법정변제충당의 순서에 따라 변제충당의 효력이 발생한다. 이때 법정변제충당의 순서는 채무자의 변제제공 당시를 기준으로 정하여야 한다.(대판 2015.11.26, 2014다71712)

▶ 변제이익

5. 보증채무와 주채무간의 변제이익에 있어서의 우열 특별한 사정이 없는 한 변제자가 타인의 채무에 대한 보증인으로서 부담하는 보증채무(연대보증채무도 포함)는 변제자 자신의 채무에 비하여 변제자에게 그 변제의 이익이 적다.(대판 2002.7.12, 99다68652)

6. 이자약정 있는 금전채무와 이자약정 없는 은행도(銀行渡) 약속어음채무의 변제이익 채권자에 대하여 이자약정이 있는 금전채무와 이자의 약정 없는 은행도(銀行渡) 약속어음금 채무를 부담하고 있는 채무자가 위 총채무액의 일부만을 변제한 경우에 채무자에게 변제의 이익이 많은 이자약정 있는 채무에 먼저 충당하지 않고 약속어음 채무에 충당한 것은 위법이다.(대판 1971.11.23, 71다1560)

7. 변제자가 주채무자인 경우 보증인이 있는 채무와 보증인이 없는 채무 사이에 변제이익의 차이가 있는지 여부(소극) 변제자가 주채무자인 경우, 보증인이 있는 채무와 보증인이 없는 채무 사이에 변제이익의 점에서 차이가 없다고 보아야 하므로, 보증기간 중의 채무와 보증기간 종료 후의 채무 사이에서는 변제이익의 점에서 차이가 없고, 따라서 주채무자가 변제한 금원은 이행기가 먼저 도래한 채무부터 법정변제충당하여야 한다.(대판 1999.8.24, 99다26481)

8. 주채무자가 변제자인 경우 담보로 제3자가 발행 또는 배서한 약속어음이 교부된 채무와 다른 채무 사이에 변제이익의 차이가 있는지 여부(소극) **및 담보로 주채무자 자신이 발행 또는 배서한 어음이 교부된 채무는 다른 채무보다 변제이익이 많은지 여부**(적극) 주채무자 이외의 자가 변제자인 경우에는 변제자가 발행 또는 배서한 어음에 의하여 담보되는 채무가 다른 채무보다 변제이익이 많다고 보아야 하는 반면, 주채무자가 변제자인 경우에는, 담보로 제3자가 발행 또는 배서한 약속어음이 교부된 채무와 다른 채무 사이에 변제이익의 점에서 차이가 없다고 보아야 할 것이나, 담보로 주채무자 자신이 발행 또는 배서한 어음이 교부된 채무는 다른 채무보다 변제이익이 많은 것으로 보아야 한다.(대판 1999.8.24, 99다22281)

第478條【不足辨濟의 充當】 1個의 債務에 數個의 給與를 要할 境遇에 辨濟者가 그 債務全部를 消滅하게 하지 못한 給與를 한 때에는 前2條의 規定을 準用한다.

▣ 변제의 충당(476 · 477 · 479)

第479條【費用, 利子, 元本에 對한 辨濟充當의 順序】 ① 債務者가 1個 또는 數個의 債務의 費用 및 利子를 支給할 境遇에 辨濟者가 그 全部를 消滅하게 하지 못한 給與를 한 때에는 費用, 利子, 元本의 順序로 辨濟에 充當하여야 한다.

② 前項의 境遇에 第477條의 規定을 準用한다.

▣ 변제의 충당(476-478), 비용(473), 이자(379)

1. 비용, 이자, 원본에 대한 변제충당에 있어서 충당의 순서 및 당사자 사이의 묵시적 합의에 의한 임의충당을 인정할 수 있는지 여부(적극) 비용, 이자, 원본에 대한 변제충당에 있어서는 민 479조에 그 충당 순서가 법정되어 있고 지정변제충당에 관한 같은 법 476조는 준용되지 않으므로 당사자 사이에 특별한 합의가 없는 한 비용, 이자, 원본의 순서로 충당하여야 할 것이고, 채무자는 물론 채권자라고 할지라도 위 법정 순서와 다르게 일방적으로 충당의 순서를 지정할 수는 없다고 할 것이지만, 당사자의 일방적인 지정에 대하여 상대방이 지체없이 이의를 제기하지 아니함으로써 묵시적인 합의가 되었다고 보여지는 경우에는 그 법정충당의 순서와는 달리 충당의 순서를 인정할 수 있는 것이다.(대판 2002.5.10, 2002다12871, 12888)

2. 법정변제충당에서 지연손해금이 원본보다 먼저 충당되는지 여부(적극) **및 법정변제충당의 순서와 달리 정한 합의에 관한 증명책임**(=주장하는 자) 민 479조에 따라 변제충당을 할 때 지연손해금은 이자와 같이 보아 원본보다 먼저 충당된다. 당사자 사이에 명시적 · 묵시적 합의가 있다면 법정변제충당의 순서와 달리 인정할 수 있지만 이러한 합

의가 있는지는 이를 주장하는 자가 증명할 책임이 있다.(대판 2020.1.30, 2018다204787)

第480條【辨濟者의 任意代位】 ① 債務者를 爲하여 辨濟한 者는 辨濟와 同時에 債權者의 承諾을 얻어 債權者를 代位할 수 있다.

② 前項의 境遇에 第450條 乃至 第452條의 規定을 準用한다.

■ ① 제3자의 변제(469), 변제와 대위(481－486), 손해배상과 대위(399)

1. 민 480조 2항 소정의 대항요건의 흠결을 주장할 수 있는 제3자의 범위 변제자의 임의대위에 의한 담보부채권의 이전에 관하여 민 480조 2항 소정의 대항요건의 흠결을 주장할 수 있는 제3자는 대위변제의 목적인 그 채권 자체에 관하여 법률상 이익이 있는 자 즉 당해 채권에 관하여 대위 변제자의 지위와 양립할 수 없는 법률상 지위를 취득한 자에 한한다.(대판 1989.1.17, 87다카1814)

2. 종래 채권자가 배당요구 없이 배당받을 수 있었던 경우, 대위변제자도 배당요구 없이 배당을 받을 수 있는지 여부(적극) 채무자를 위하여 변제한 자는 변제와 동시에 채권자의 승낙을 얻어 채권자를 대위할 수 있다(민 480조 1항). 제3자가 채무자를 위하여 채무를 변제함으로써 채무자에 대하여 구상권을 취득하는 경우, 그 구상권의 범위 내에서 종래 채권자가 가지고 있던 채권과 그 담보에 관한 권리는 동일성을 유지한 채 법률상 당연히 변제자에게 이전한다. 이때 대위할 범위에 관하여 종래 채권자가 배당요구 없이도 당연히 배당받을 수 있었던 경우에는 대위변제자는 따로 배당요구를 하지 않아도 배당을 받을 수 있다.(대판 2021.2.25, 2016다232597)

第481條【辨濟者의 法定代位】 辨濟할 正當한 利益이 있는 者는 辨濟로 當然히 債權者를 代位한다.

■ 제3자의 변제(469), 변제와 대위(408·482－486, 어32③·63①·77③①, 수27③), 손해배상과 대위(399)

1. 변제할 정당한 이익이 있는 자의 의의 본조의 변제할 정당한 이익이 있는 자라 함은 법률상 정당한 이익이 있는 자를 뜻한다.(대판 1963.7.11, 63다251)

2. 변제에 사실상 이해관계를 가지는 자 여기에서 변제할 정당한 이익이 있는 자란 변제를 하지 않으면 채권자로부터 집행을 받게 되거나 또는 채무자에 대한 자기의 권리를 잃게 되는 지위에 있기 때문에 변제함으로써 당연히 대위의 보호를 받아야 할 법률상의 이익을 가지는 자를 가리키는 것이지 채무자와 연립주택건설 사업을 같이 하고 있어 채무자가 수사기관에서 조사를 받음으로 인하여 연립주택건설사업에 지장을 받을 우려가 있는 사실상의 이해관계를 가지는 자는 여기에 포함된다고 할 수 없다.(대판 1990.4.10, 89다카24834)

3. 제3자를 위해 약속어음을 발행 배서한 자 갑이 을의 병에 대한 채무의 변제를 확보하기 위하여 약속어음을 발행 또는 배서하였다면 본조의 대위할 자에 해당한다.(대판 1962.2.22, 4294민상636)

4. 양도담보권자의 동담보제공자의 체납국세 대위변제이익(대판 1981.7.28, 80다1579) → 제469조 참조

5. 변제자대위에 의한 원채권, 담보권의 행사 범위(=구상권 범위 내) 민 481조, 482조에서 규정하고 있는 변제자대위는 제3자 또는 공동채무자의 한 사람이 주채무를 변제함으로써 채무자 또는 다른 공동채무자에 대하여 갖게 된 구상권의 효력을 확보하기 위한 제도이므로, 대위에 의한 원채권 및 담보권의 행사 범위는 구상권의 범위로 한정된다.(대판 2020.2.6, 2019다270217)

6. 연대채무자가 자기의 출재로 공동면책이 된 때에 가지게 되는 민 425조 1항에 따른 구상권과 민 481조, 482조 1항에 따른 변제자대위권이 별개의 권리인지 여부(적극) 어느 연대채무자가 자기의 출재로 공동면책이 된 때에는 민 425조 1항에 따라 다른 연대채무자의 부담 부분에 대하여 구상권을 가짐과 동시에 민 481조, 482조 1항에 따른 변제자대위에 의하여 당연히 채권자를 대위하여 채권자의 채권 및 그 담보에 관한 권리를 행사할 수 있는데, 구상권과 변제자대위권은 원본, 변제기, 이자, 지연손해금의 유무 등에서 내용이 다른 별개의 권리이다.(대판 2015.11.12, 2013다214970)

7. 구상금에 관한 약정이 변제자대위에도 적용되는 여부(소극) 대위변제자와 채무자 사이에 구상금에 관한 지연손해금 약정이 있더라도 이 약정은 구상금을 청구하는 경우에 적용될 뿐, 변제자대위권을 행사하는 경우에는 적용될 수 없다.(대판 2009.2.26, 2005다32418)

8. 일부 대위변제자와 채권자 사이의 변제의 순위, 일부 대위변제자의 채무자에 대한 구상채권에 대하여 보증한 자가 자신의 보증채무를 변제함으로써 일부 대위변제자를 다시 대위하는 경우 채권자와 일부 대위변제자 사이의 '우선회수특약'에 따른 권리까지 대위할 수 있는지 여부(소극) ① 변제할 정당한 이익이 있는 자가 채무자를 위하여 채권의 일부를 대위변제할 경우에 대위변제자는 변제한 가액의 범위 내에서 종래 채권자가 가지고 있던 채권 및 담보에 관한 권리를 취득하게 되고 따라서 채권자가 부동산에 대하여 저당권을 가지고 있는 경우에는 채권자는 대위변제자에게 일부 대위변제에 따른 저당권의 일부이전의 부기등기를 경료해 주어야 할 의무가 있으나 이 경우에도 채권자는 일부 대위변제자에 대하여 우선변제권을 가지고, 다만 일부 대위변제자와 채권자 사이에 변제의 순위에 관하여 따로 약정을 한 경우에는 그 약정에 따라 변제의 순위가 정해진다. ② 변제로 채권자를 대위하는 경우 채권 및 그 담보에 관한 권리가 변제자에게 이전될 뿐 계약당사자의 지위가 이전되는 것은 아니라는 점, 변제로 채권자를 대위하는 자가 구상권 범위에서 행사할 수 있는 채권 및 그 담보에 관한 권리에는 채권자와 채무자 사이에 채무의 이행을 확보하기 위한 특약이 있는 경우 그 특약에 기하여 채권자가 가지게 되는 권리도 포함되나, 채권자와 일부 대위변제자 사이의 약정에 지나지 않는 변제의 순위에 관한 우선회수특약이 채권 및 그 담보에 관한 권리에 포함된다고 보기는 어렵다는 점을 고려하면, 일부 대위변제자의 채무자에 대한 구상채권에 대하여 보증한 자가 자신의 보증채무를 변제함으로써 일부 대위변제자를 다시 대위하게 되었다 하더라도 그것만으로 채권자와 일부 대위변제자 사이의 약정에 지나지 않는 우선회수특약에 따른 권리까지 당연히 대위하거나 이전받게 된다고 볼 수는 없다.(대판 2010.4.8, 2009다80460)

9. 이행인수인의 법정대위 가부(적극) 이행인수인이 채무자와의 이행인수약정에 따라 채권자에게 채무를 이행하기로 약정하였음에도 불구하고 이를 이행하지 아니하는 경우에는 채무자에 대하여 채무불이행의 책임을 지게 되어 특별한 법적 불이익을 입게 될 지위에 있다고 할 것이므로, 이행인수인은 그 변제를 할 정당한 이익이 있다.(대결 2012.7.16, 2009마461)

10. '물상보증인'이 채무를 변제하였으나 어떠한 사정으로 인하여 '주채무자'에 대한 '구상권'이 없는 경우, 그 '물상보증인'이 '채권자'를 '변제자대위' 할 수 있는지 여부(소극) 물상보증인은 자기의 권리에 의하여 구상할 수 있는 범위에서 그와 같은 권리를 행사할 수 있으므로, 물상보증인이 채무를 변제한 때에도 다른 사정에 의하여 채무자에 대하여 구상권이 없는 경우에는 채권자를 대위하여 채권자의 채권 및 담보에 관한 권리를 행사할 수 없다고 해석하여야 한다.(대판 2014.4.30, 2013다80429, 80436)

第482條【辨濟者代位의 效果, 代位者間의 關係】 ① 前2條의 規定에 依하여 債權者를 代位한

者는 自己의 權利에 依하여 求償할 수 있는 範圍에서 債權 및 그 擔保에 關한 權利를 行使할 수 있다.
② 前項의 權利行使는 다음 各號의 規定에 依하여야 한다.
1. 保證人은 미리 傳貰權이나 抵當權의 登記에 그 代位를 附記하지 아니하면 傳貰物이나 抵當物에 權利를 取得한 第三者에 對하여 債權者를 代位하지 못한다.
2. 第三取得者는 保證人에 對하여 債權者를 代位하지 못한다.
3. 第三取得者 中의 1人은 各 不動産의 價額에 比例하여 다른 第三取得者에 對하여 債權者를 代位한다.
4. 自己의 財産을 他人의 債務의 擔保로 提供한 者가 數人인 境遇에는 前號의 規定을 準用한다.
5. 自己의 財産을 他人의 債務의 擔保로 提供한 者와 保證人間에는 그 人員數에 比例하여 債權者를 代位한다. 그러나 自己의 財産을 他人의 債務의 擔保로 提供한 者가 數人인 때에는 保證人의 負擔部分을 除外하고 그 殘額에 對하여 各 財産의 價額에 比例하여 代位한다. 이 境遇에 그 財産이 不動産인 때에는 第1號의 規定을 準用한다.

▣ 구상권(연대채무자=425－427, 보증인=441②・444・448), 부기(등기79), 보증인(428), 물상보증인(341・370)

1. 저당권이 설정된 부동산을 매도담보로 취득한 제3취득자의 물상보증인에 대한 대위의 범위 저당권이 설정된 부동산을 매도담보로 취득한 제3취득자는 저당채무를 변제할 정당한 이익이 있고 그 변제를 한 때에는 물상보증인들과는 각 담보재산의 가액에 비례하여 채권자를 대위할 수 있다.(대판 1974.12.10, 74다1419)

2. 채무를 대위변제한 물상보증인이 다른 물상보증인 소유의 부동산에 설정된 근저당권설정등기에 관하여 대위의 부기등기를 하지 아니하고 있는 동안에 제3취득자가 위 부동산을 취득한 경우 대위변제한 물상보증인이 제3취득자에 대하여 채권자를 대위할 수 있는지 여부(소극) 타인의 채무를 변제하고 채권자를 대위하는 대위자 상호간의 관계를 규정한 민 482조 2항 5호 단서에서 대위의 부기등기에 관한 1호의 규정을 준용하도록 규정한 취지는 자기의 재산을 타인의 채무의 담보로 제공한 물상보증인이 수인일 때 그중 일부의 물상보증인이 채무의 변제로 다른 물상보증인에 대하여 채권자를 대위하게 될 경우에 미리 대위의 부기등기를 하여 두지 아니하면 채무를 변제한 뒤에 그 저당물을 취득한 제3취득자에 대하여 채권자를 대위할 수 없도록 하려는 것이라고 해석되므로 자신들 소유의 부동산을 채무자의 채무의 담보로 제공한 물상보증인들이 채무를 변제한 뒤 다른 물상보증인 소유부동산에 설정된 근저당권설정등기에 관하여 대위의 부기등기를 하여 두지 아니하고 있는 동안에 제3취득자가 위 부동산을 취득하였다면, 대위변제한 물상보증인들은 제3취득자에 대하여 채권자를 대위할 수 없다.(대판 1990.11.9, 90다카10305)

3. 연대채무자들 중 1인이 자신의 내부부담부분을 넘어 채무를 변제하여 채권자의 다른 연대채무자에 대한 원채권을 행사하는 경우 그 자신의 연대보증인도 겸한 다른 연대채무자의 연대보증인에 대하여도 대위할 수 있는지 여부(소극) 연대채무자가 수인이 있는 경우에 이들 모두를 위한 연대보증인은 보증채무의 이행으로 한 출연액 전부에 대하여 어느 연대채무자에게나 구상권을 가지는 것이므로, 이와 반대로 연대채무자들 중 어느 1인이 자신의 내부부담부분을 넘어 채무를 변제함으로써 채권자의 그 다른 연대채무자에 대한 원채권을 행사하는 경우에도 그 자신의 연대보증인도 겸한 다른 연대채무자의 연대보증인에 대하여는 대위할 수 없다.(대판 1992.5.12, 91다3062)

4. 공동저당에서 물상보증인 소유의 부동산에 대한 후순위 저당권자의 대위와 물상보증인의 변제자대위의 관계 공동저당의 목적인 채무자 소유의 부동산과 물상보증인 소유의 부동산에 각각 채권자를 달리하는 후순위 저당권이 설정되어 있는 경우, 물상보증인 소유의 부동산에 대하여 먼저 경매가 이루어져 그 경매대금의 교부에 의하여 1번 저당권자가 변제를 받은 때에는 물상보증인은 채무자에 대하여 구상권을 취득함과 동시에 민 481조, 482조의 규정에 의한 변제자대위에 의하여 채무자 소유의 부동산에 대한 1번 저당권을 취득하고, 이러한 경우 물상보증인 소유의 부동산에 대한 후순위저당권자는 물상보증인에게 이전한 1번 저당권으로 우선하여 변제를 받을 수 있으며, 이러한 법리는 수인의 물상보증인이 제공한 부동산 중 일부에 대하여 경매가 실행된 경우에도 마찬가지로 적용되어야 하므로(이 경우 물상보증인들 사이의 변제자대위의 관계는 민 482조 2항 4호, 3호에 의하여 규율), 자기 소유의 부동산이 먼저 경매되어 1번 저당권자에게 대위변제를 한 물상보증인은 다른 물상보증인의 부동산에 대한 1번 저당권을 대위취득하고, 그 물상보증인 소유 부동산의 후순위 저당권자는 1번 저당권에 대하여 물상대위를 할 수 있으므로 물상보증인이 대위취득한 선순위 저당권설정등기에 대하여는 말소등기가 경료될 것이 아니라 물상보증인 앞으로 대위에 의한 저당권이전의 부기등기가 경료되어야 하고, 아직 경매되지 아니한 공동저당물의 소유자로서는 1번 저당권자에 대한 피담보채무가 소멸하였다는 사정만으로 말소등기를 청구할 수 없다.(대판 2001.6.1, 2001다21854)

5. 공동저당에 있어서 채무자 소유의 부동산에 대한 후순위 저당권자의 대위권이 물상보증인 소유의 부동산에까지 미치는지 여부(소극)(대결 1995.6.13, 95마500) → 제368조 참조

6. 보증인과 물상보증인의 지위를 겸하는 자를 대위비율 산정시 1인으로 보아야 하는지 여부(적극), **여러 보증인 또는 물상보증인 중 어느 1인이 자신의 부담 부분에 미달하는 대위변제 등을 한 경우 채권자를 대위할 수 있는지 여부**(소극) ① 보증인과 물상보증인 상호간에는 보증인의 총 재산의 가액이나 자력 여부, 물상보증인이 담보로 제공한 재산의 가액 등을 일체 고려하지 아니한 채 형식적으로 인원수에 비례하여 평등하게 대위비율을 결정하도록 규정한 것은, 인적 무한책임을 부담하는 보증인과 물적 유한책임을 부담하는 물상보증인 사이에는 보증인 상호간이나 물상보증인 상호간과 같이 상호 이해조정을 위한 합리적인 기준을 정하는 것이 곤란하고, 인원수에 따라 대위비율을 정하는 것이 공평하고 법률관계를 간명하게 처리할 수 있어 합리적이며 그것이 대위자의 통상의 의사 내지 기대에 부합하기 때문이다. 이러한 규정 취지는 동일한 채무에 대하여 보증인 또는 물상보증인이 여럿 있고, 이 중에서 보증인과 물상보증인의 지위를 겸하는 자가 포함되어 있는 경우에도 동일하게 참작되어야 하므로, 위와 같은 경우 민 482조 2항 4호, 5호 전문에 의한 대위비율은 보증인과 물상보증인의 지위를 겸하는 자도 1인으로 보아 산정함이 상당하다. ② 여러 보증인 또는 물상보증인 중 어느 1인이 위와 같은 방식으로 산정되는 자신의 부담 부분에 미달하는 대위변제 등을 한 경우 곧바로 다른 자를 상대로 채권자의 권리를 대위할 수 있도록 한다면, 먼저 대위변제 등을 한 자가 부당하게 이익을 얻거나 대위자들 상호간에 대위가 계속 반복되게 되고 대위관계를 공평하게 처리할 수도 없게 되므로, 민 482조 2항 5호의 규정 취지에 반하는 결과가 생기므로 보증인과 물상보증인이 여럿 있는 경우 어느 누구라도 각자의 부담 부분을 넘는 대위변제 등을 하지 않으면 다른 보증인과 물상보증인을 상대로 채권자의 권리

를 대위할 수 없다.(대판 2010.6.10, 2007다61113, 61120)

7. 민 482조 2항 1호의 '제3자'에 후순위 근저당권자가 포함되는지 여부(소극) 보증인은 미리 저당권의 등기에 그 대위를 부기하지 않고서도 저당물에 후순위 근저당권을 취득한 제3자에 대하여 채권자를 대위할 수 있다고 할 것이므로 민 482조 2항 1호의 제3자에 후순위 근저당권자는 포함되지 않는다.(대판 2013.2.15, 2012다48855)

8. 물상보증인이 채무를 변제하거나 담보권의 실행으로 소유권을 잃은 경우, 채무자로부터 담보부동산을 취득한 제3자에 대하여 채권자를 대위할 수 있는 범위(=구상권의 범위 내에서 출재한 전액) **및 채무자로부터 담보부동산을 취득한 제3자가 채무를 변제하거나 담보권의 실행으로 소유권을 잃은 경우, 물상보증인에 대하여 채권자를 대위할 수 있는지 여부**(소극) 물상보증인이 채무를 변제하거나 담보권의 실행으로 소유권을 잃은 때에는 보증채무를 이행한 보증인과 마찬가지로 채무자로부터 담보부동산을 취득한 제3자에 대하여 구상권의 범위 내에서 출재한 전액에 관하여 채권자를 대위할 수 있는 반면, 채무자로부터 담보부동산을 취득한 제3자는 채무를 변제하거나 담보권의 실행으로 소유권을 잃더라도 물상보증인에 대하여 채권자를 대위할 수 없다고 보아야 한다. 만일 물상보증인의 지위를 보증인과 다르게 보아서 물상보증인과 채무자로부터 담보부동산을 취득한 제3자 상호 간에는 각 부동산의 가액에 비례하여 채권자를 대위할 수 있다고 한다면, 본래 채무자에 대하여 출재한 전액에 관하여 대위할 수 있었던 물상보증인은 채무자가 담보부동산의 소유권을 제3자에게 이전하였다는 우연한 사정으로 이제는 각 부동산의 가액에 비례하여서만 대위하게 되는 반면, 당초 채무 전액에 대한 담보권의 부담을 각오하고 채무자로부터 담보부동산을 취득한 제3자는 그 범위에서 뜻하지 않은 이득을 얻게 되어 부당하다.(대판(全) 2014.12.18, 2011다50233)

9. 보증인의 제3취득자에 대한 변제자대위에서 항상 부기등기가 필요한지 여부 민 482조 2항 1호는 보증인의 변제로 저당권 등이 소멸한 것으로 믿고 목적부동산에 대하여 권리를 취득한 제3취득자를 예측하지 못한 손해로부터 보호하기 위한 것이다. 따라서 보증인이 채무를 변제한 후 저당권 등의 등기에 관하여 대위의 부기등기를 하지 않고 있는 동안 제3취득자가 목적부동산에 대하여 권리를 취득한 경우 보증인은 제3취득자에 대하여 채권자를 대위할 수 없다. 그러나 제3취득자가 목적부동산에 대하여 권리를 취득한 후 채무를 변제한 보증인은 대위의 부기등기를 하지 않고도 대위할 수 있다고 보아야 한다. 보증인이 변제하기 전 목적부동산에 대하여 권리를 취득한 제3자는 등기부상 저당권 등의 존재를 알고 권리를 취득하였으므로 나중에 보증인이 대위하더라도 예측하지 못한 손해를 입을 염려가 없다.(대판 2020.10.15, 2019다222041)

10. 변제자대위로 원채권과 담보권을 행사하는 경우, 그 행사의 범위 채무자를 위하여 채무를 변제한 자는 채무자에 대한 구상권을 취득할 수 있는데, 구상권은 변제자가 민 480조 제1항에 따라 가지는 변제자대위권과 원본, 변제기, 이자, 지연손해금 유무 등에서 그 내용이 다른 별개의 권리이다. 민 482조 1항은 변제자대위의 경우 변제자는 자기의 권리에 의하여 구상할 수 있는 범위에서 채권과 그 담보에 관한 권리를 행사할 수 있다고 정하고 있다. 변제자대위는 채무를 변제함으로써 채무자에 대하여 갖게 된 구상권의 효력을 확보하기 위한 제도이므로 대위에 의한 원채권과 담보권의 행사 범위는 구상권의 범위로 한정된다.(대판 2021.2.25, 2016다232597)

11. 채무자가 아닌 제3자인 위탁자가 채권자를 우선수익자로 정하여 부동산담보신탁을 한 경우, 채권자의 우선수익권에 대한 보증인의 변제자대위도 보증인과 물상보증인 상호 간의 관계와 마찬가지로 인원수에 비례하여 채권자를 대위하는 제한을 받는지 여부(적극) 채무자가 아닌 제3자인 위탁자가 채권자를 우선수익자로 정하여 부동산담보신탁을 한 경우에 채권자가 가지는 우선수익권이 민 481조, 482조 1항에 의하여 보증채무를 이행한 보증인이 법정대위할 수 있는 '담보에 관한 권리'에 해당한다고 하더라도, 먼저 보증채무를 이행한 보증인이 채권자의 우선수익권에 대하여 아무런 제한 없이 보증채무를 이행한 전액에 대하여 변제자대위를 할 수 있다고 볼 수는 없으며, 다른 기준이나 별도의 약정 등 특별한 사정이 없는 이상, 채권자의 우선수익권에 대한 보증인의 변제자대위도 인원수에 비례하여 채권자를 대위할 수 있다고 보는 것이 대위자 상호 간의 합리적이고 통상적인 기대에도 부합한다고 할 것이므로, 채권자의 우선수익권에 대한 보증인의 변제자대위도 보증인과 물상보증인 상호 간의 관계와 마찬가지로 그 인원수에 비례하여 채권자를 대위하는 제한을 받는다고 해석함이 타당하다.(대판 2022.5.12, 2017다278187)

12. 제3취득자 사이에서도 물상보증인 상호 간의 대위를 규정한 482조 3호, 4호가 적용되는지 여부(적극) 수인의 물상보증인 또는 그로부터 담보의 목적이 된 부동산에 관한 소유권 등을 취득한 제3취득자 중 1인이 채무를 변제하거나 담보권의 실행으로 소유권을 잃은 때에는 다른 물상보증인 또는 그로부터 담보의 목적이 된 부동산에 관한 소유권을 취득한 제3취득자에 대하여 구상권의 범위 내에서 채권자를 대위하여 채권 및 그 담보에 관한 권리를 행사할 수 있고, 이때에도 특별한 사정이 없는 한 그 행사는 물상보증인 상호 간의 대위를 규정한 482조 2항 3호 및 4호에 따라 각 부동산의 가액에 비례한다고 봄이 타당하다.(대판 2024.7.31, 2023다266420)

第483條【一部의 代位】 ① 債權의 一部에 對하여 代位辨濟가 있는 때에는 代位者는 그 辨濟한 價額에 比例하여 債權者와 함께 그 權利를 行使한다.
② 前項의 境遇에 債務不履行을 原因으로 하는 契約의 解止 또는 解除는 債權者만이 할 수 있고 債權者는 代位者에게 그 辨濟한 價額과 利子를 償還하여야 한다.

■ 대위변제(480·481), 재산권의 공유(278), 일부대위와 채권자대위자 간의 관계(484), ② 계약의 해지 또는 해제(543－553), 이자(379)

1. 변제할 정당한 이익이 있는 자의 일부 대위변제의 효과 변제할 정당한 이익이 있는 자가 채무자를 위하여 채권의 일부를 대위변제할 경우에 대위변제자는 변제한 가액의 범위 내에서 종래의 채권자가 가지고 있던 채권 및 담보에 관한 권리를 취득하게 되고 따라서 채권자가 부동산에 대하여 저당권을 가지고 있는 경우에는 채권자는 대위변제자에게 일부 대위변제에 따른 저당권의 일부 이전의 부기등기를 해 주어야 할 의무가 있다.(대판 1996.12.6, 96다35774)

2. 채권자의 일부 변제자에 대한 우선변제특약에 따른 권리가 법정대위에 의하여 당연히 이전되는지 여부(소극) 대여금 채권의 잔액을 대위변제한 자가 채권자로부터 근저당권의 일부를 양도받아 채권자를 대위하게 된 경우, 채권자의 채무자에 대한 담보권 외에 일부 대위변제자에 대한 우선변제특약에 따른 권리까지 당연히 대위하거나 이전받는다고 볼 수는 없다.(대판 2001.1.19, 2000다37319)

3. 수인이 시기를 달리하여 채권 일부씩을 대위변제하고 근저당권 일부이전의 부기등기를 경료한 경우 배당 방법 채권의 일부에 대하여 대위변제가 있는 때에는 대위자는 민 483조 1항에 의하여 그 변제한 가액에 비례하여 채권자의 권리를 행사할 수 있으므로, 수인이 시기를 달리하여 채권의 일부씩을 대위변제하고 근저당권 일부이전의 부기등기를 각 경료한 경우 그들은 각 일부대위자로서 그 변제한 가액에 비례하여 근저당권을 준공유하고 있다고 보아야 하고, 그 근저당권을 실행하여 배당함에 있어서는 다른 특별한 사정이

없는 한 각 변제채권액에 비례하여 안분배당하여야 한다.(대판 2001.1.19, 2000다37319)

4. 근저당권을 가지고 있는 채권자에게 그 근저당권의 피담보채권이 확정되기 전에 채무의 일부를 대위변제한 자가 그 근저당권의 피담보채권 확정 후 그 근저당권 내지 그 실행으로 인한 경락대금에 대하여 취득하는 권리 범위 근저당권이라고 함은 거래가 종료하기까지 채권은 계속적으로 증감변동하는 것이므로, 근저당 거래관계가 계속중인 경우 즉, 근저당권의 피담보채권이 확정되기 전에 그 채권의 일부를 양도하거나 대위변제한 경우 근저당권이 양수인이나 대위변제자에게 이전할 여지는 없다 할 것이나, 그 근저당권에 의하여 담보되는 피담보채권이 확정되게 되면, 그 피담보채권액이 그 근저당권의 채권최고액을 초과하지 않는 한 그 근저당권 내지 그 실행으로 인한 경락대금에 대한 권리 중 그 피담보채권액을 담보하고 남는 부분은 저당권의 일부이전의 부기등기의 경료 여부와 관계없이 대위변제자에게 법률상 당연히 이전된다.(대판 2002.7.26, 2001다53929)

5. 변제할 정당한 이익이 있는 자가 채무자를 위하여 근저당권의 피담보채무의 일부를 대위변제한 경우 근저당권의 실행으로 인한 배당절차에서 채권자의 우선변제권의 범위 대위변제자가 변제한 가액의 범위 내에서 종래 채권자가 가지고 있던 채권 및 담보에 관한 권리를 법률상 당연히 취득하는 경우에도 채권자는 대위변제자에 대해 우선변제권을 가지는데, 이는 피담보채권액을 한도로 특별한 사정이 없는 한 자기가 보유하고 있는 잔존 채권액 전액에 미친다. 이러한 법리는 채권자와 후순위권리자 사이에서도 마찬가지라 할 것이므로 근저당권의 실행으로 인한 배당절차에서도 채권자는 특별한 사정이 없는 한 자기가 보유하고 있는 잔존 채권액 및 피담보채권액의 한도에서 후순위권리자에 우선해서 배당받을 수 있다.(대판 2004.6.25, 2001다2426)

6. 일부대위에 관한 법리가 보증인의 구상권 행사의 경우에 그대로 적용되는지 여부(소극) 변제할 정당한 이익이 있는 자가 채무자를 위하여 채권의 일부를 대위변제할 경우 대위자는 그 변제한 가액에 비례하여 채권자와 함께 그 권리를 행사하고, 변제한 가액의 범위 내에서 종래 채권자가 가지고 있던 채권 및 담보에 관한 권리를 취득하는 것이되, 이 경우에도 채권자는 일부 대위변제자에 대하여 우선변제권을 가지는 것이라 하겠으나, 보증인이 변제 기타의 출재로 주채무를 소멸하게 하는 등의 사유로 주채무자에 대하여 가지게 되는 구상권은 변제자가 갖는 고유의 권리로서 대위의 객체가 된 권리와는 별개라 할 것이어서 당사자 사이에 다른 약정이 있다는 등의 특정한 사정이 없는 한 일부대위에 관한 위와 같은 법리가 보증인이 행사하는 구상권의 경우에 당연히 그대로 적용되는 것은 아니다.(대판 1995.3.3, 94다33514)

第484條【代位辨濟와 債權證書, 擔保物】 ① 債權全部의 代位辨濟를 받은 債權者는 그 債權에 關한 證書 및 占有한 擔保物을 代位者에게 交付하여야 한다.

② 債權의 一部에 對한 代位辨濟가 있는 때에는 債權者는 債權證書에 그 代位를 記入하고 自己가 占有한 擔保物의 保存에 關하여 代位者의 監督을 받아야 한다.

▣ 변제와 대위(480 · 481), 변제와 채권증서의 반환(475), 일부대위(483), 채권자의 고의, 과실로 인한 담보의 상실감소(485)

第485條【債權者의 擔保喪失, 減少行爲와 法定代位者의 免責】 第481條의 規定에 依하여 代位할 者가 있는 境遇에 債權者의 故意나 過失로 擔保가 喪失되거나 減少된 때에는 代位할 者는 그 喪失 또는 減少로 因하여 償還을 받을 수 없는 限度에서 그 責任을 免한다.

1. 채권자의 고의나 과실로 담보가 상실된 경우 법정대위권자가 면책되는 범위(=담보 상실 당시의 교환가치 상당액) 채권자의 고의나 과실로 담보가 상실된 경우 법정대위권자가 면책되는 범위는 채권자가 담보를 취득할 당시가 아니라, 그 담보 상실 당시의 교환가치 상당액이다.(대판 2001.10.9, 2001다36283)

2. 채권자의 담보상실 · 감소 행위로 인한 법정대위자의 면책 여부를 판단하는 기준 시점(=담보상실 · 감소 시점) 채권자의 고의나 과실로 담보가 상실 또는 감소된 경우, 민 485조에 의하여 법정대위자가 책임을 면하는지 여부는 담보가 상실 또는 감소된 시점을 표준시점으로 하여 판단하여야 한다.(대판 2001.12.24, 2001다42677)

3. 채권자가 담보물인 부동산의 감정을 시가보다 높이 평가한 것이 담보물 상실 또는 감소인지 여부(소극) 본조는 법정대위권자의 이익을 보호하기 위한 채권자의 담보보존의무를 규정한 것으로 채권자의 고의과실로 그 담보가 상실되거나 감소된 경우에 적용되는 것인바, 채권자인 은행이 담보물 중 부동산의 감정을 시가보다 높이 평가하였더라도 이를 본조가 정한 담보물의 상실 또는 감소에 해당한다고 볼 수 없다.(대판 1974.7.23, 74다257)

4. 경매절차에서 채권자가 배당받을 수 있었던 채권액을 배당받지 못한 경우 그 배당받지 못한 금액 중 연대보증인이 연대보증한 채무에 충당되었어야 할 금액에 대한 연대보증인의 면책 여부(적극) **및 연대보증인이 부담할 채무액의 계산방법** 경매절차에서 채권자가 착오로 실제 채권액보다 적은 금액을 채권계산서에 기재하여 경매법원에 제출함으로써 배당받을 수 있었던 채권액을 배당받지 못한 경우, 채권자의 담보 상실, 감소에 관한 민 485조를 유추하여 연대보증인으로 하여금 면책하게 함이 상당하다 할 것이므로, 이와 같은 경우 연대보증인이 채권자에게 부담할 채무액은, 채권자가 채권계산서를 제대로 작성하였더라면 배당을 받을 수 있었던 금액을 법정충당의 방법으로 채권자의 각 채권에 충당한 다음 연대보증인이 연대보증한 채권 중 회수되지 못한 잔액이 있다면 그 금액이 된다.(대판 2000.12.8, 2000다51339)

5. 채권자의 고의나 과실로 소구권이 상실된 경우 어음금지급채무에 대한 민사상 보증인의 면책 여부(적극) 민 485조는 법정대위권자가 있는 경우에 채권자의 고의나 과실로 담보가 상실되거나 감소된 때에는 대위권자는 그 상실 또는 감소로 인하여 상환을 받을 수 없는 한도에서 그 책임을 면한다고 규정하고 있는바, 약속어음의 소지인이 배서인에 대하여 가지는 소구권은 약속어음이 지급거절된 경우 어음금지급에 대한 배서인의 담보책임의 이행을 구하는 권리이므로 소구권은 어음금 지급채무에 대한 담보라고 할 수 있고, 어음금 지급채무에 대한 민사상 보증인이 변제를 하게 되면 민 481조, 482조에 따라 채권자인 소지인을 대위하여 담보에 관한 권리인 소구권을 행사할 수 있으며, 만일 채권자의 고의나 과실로 소구권이 상실되면 특별한 사정이 없는 한 그로 인하여 상환받을 수 없는 한도에서 위 보증인은 보증책임을 면하게 된다.(대판 2003.1.24, 2000다37937)

6. 가등기담보권설정약정에 따른 가등기설정을 하지 않은 경우 연대보증인의 면책 주채무자가 채권자에게 가등기담보권을 설정하기로 약정한 뒤 이를 이행하지 않고 있음에도 채권자가 그 약정에 기하여 가등기가처분 명령신청, 가등기설정등기 이행청구 등과 같은 담보권자로서의 지위를 보전 · 실행 · 집행하기 위한 조치를 취하지 아니하다가 당해 부동산을 제3자가 압류 또는 가압류함으로써 가등기담보권자로서의 권리를 제대로 확보하지 못한 경우도 담보가 상실되거나 감소된 경우에 해당한다.(대판 2009.10.29, 2009다60527)

7. 임의규정 민 485조의 면책규정은 법정대위권자로 하여금

구상의 실을 거둘 수 있도록 하기 위하여 채권자에게 담보의 보존을 간접적으로 강제하는 취지의 규정으로서 그 규정목적이 오로지 법정대위권자의 이익보호에 있으므로 그 성질상 임의규정으로 보아야 할 것이고 따라서 법정대위권자로서는 채권자와의 특약으로서 위 규정에 의한 면책이익을 포기하거나 면책의 사유와 범위를 제한 내지 축소할 수 있다.(대판 1987.4.14, 86다카520)

8. 법정대위권을 갖는 연대보증인에 대한 민 485조 적용 여부(적극) 민 485조는 보증인 기타 법정대위권자를 보호하여 주채무자에 대한 구상권을 확보할 수 있도록 채권자에게 담보보존의무를 부담시키는 것으로서, 채권자가 당초의 채권자이거나 장래 대위로 인하여 채권자로 되는 자이거나를 구별할 이유가 없다. 변제로 공동면책시켜 구상권을 가지는 연대보증인이 주채무자에 대한 채권 담보를 상실 또는 감소시킨 때에는 민 485조의 '채권자의 고의나 과실로 담보가 상실되거나 감소된 때'에 해당하여, 다른 연대보증인은 구상의무를 이행하였을 경우에 담보 소멸로 인하여 주채무자로부터 상환을 받을 수 없는 한도에서 책임을 면한다.(대판 2012.6.14, 2010다11651)

9. 법정대위의 전제가 되는 보증 등의 시점 이전에 이미 소멸한 채권자의 담보에 대해서 민 485조가 적용되는지 여부(소극) 민 485조는 법정대위를 할 자가 있는 경우에 대위할 자의 구상권 및 대위에 대한 기대권을 보호하기 위하여 채권자에게 담보보존의무를 부담시키고자 함에 그 취지가 있는 점, 민 485조에 의하여 법정대위자가 면책되는지 여부 및 면책되는 범위는 담보가 상실 또는 감소한 시점을 표준시점으로 하여 판단되는 점 등을 종합하면, 법정대위의 전제가 되는 보증 등의 시점 이전에 이미 소멸한 채권자의 담보에 대해서는 민 485조가 적용되지 않는다고 보아야 하고, 위와 같은 담보 소멸에 채권자의 고의나 과실이 있다거나 법정대위의 전제가 되는 보증 등의 시점 당시 소멸된 담보의 존재를 신뢰하였다는 등의 사정이 있다고 하여 달리 볼 것은 아니다.(대판 2014.10.15, 2013다91788)

10. 채무자 소유 부동산과 물상보증인 소유 부동산에 공동근저당권을 설정한 채권자가 공동담보 중 채무자 소유 부동산에 대한 담보 일부를 포기하거나 순위를 불리하게 변경하여 담보를 상실하게 하거나 감소하게 한 경우, 물상보증인이 그로 인하여 상환받을 수 없는 한도에서 책임을 면하는지 여부 물상보증인의 변제자대위에 대한 기대권은 민 485조에 의하여 보호되어, 채권자가 고의나 과실로 담보를 상실하게 하거나 감소하게 한 때에는, 특별한 사정이 없는 한 물상보증인은 그 상실 또는 감소로 인하여 상환을 받을 수 없는 한도에서 면책 주장을 할 수 있다. 채권자가 물적 담보인 담보물권을 포기하거나 순위를 불리하게 변경하는 것은 담보의 상실 또는 감소행위에 해당한다. 따라서 채무자 소유 부동산과 물상보증인 소유 부동산에 공동근저당권을 설정한 채권자가 공동담보 중 채무자 소유 부동산에 대한 담보 일부를 포기하거나 순위를 불리하게 변경하여 담보를 상실하게 하거나 감소하게 한 경우, 물상보증인은 그로 인하여 상환받을 수 없는 한도에서 책임을 면한다. 그리고 이 경우 공동근저당권자는 나머지 공동담보 목적물인 물상보증인 소유 부동산에 관한 경매절차에서, 물상보증인이 위와 같이 담보 상실 내지 감소로 인한 면책을 주장할 수 있는 한도에서는, 물상보증인 소유 부동산의 후순위 근저당권자에 우선하여 배당받을 수 없다.(대판 2018.7.11, 2017다292756)

11. 채권자의 담보권 포기 행위가 불법행위에 해당하는 경우 민 485조는 보증인 등 법정대위를 할 자가 있는 경우에 채권자에게 담보보존의무를 부담시킴으로써 대위할 자의 구상권과 대위에 대한 기대권을 보호하려는 것이다. 법정대위를 할 자는 채권자가 고의나 과실로 담보를 상실하게 하거나 감소하게 한 때에는 원칙적으로 민 485조에 따라 면책을 주장할 수 있을 뿐이지만, 채권자가 제3자에 대하여 자신의 담보권을 성실하게 보존·행사하여야 할 의무를 부담하는 특별한 사정이 인정되는 경우에는 채권자의 담보권의 포기 행위가 불법행위에 해당할 수 있다.(대판 2022.12.29, 2017다261882)

第486條【辨濟 以外의 方法에 依한 債務消滅과 代位】 第三者가 供託 其他 自己의 出財로 債務者의 債務를 免하게 한 境遇에도 前6條의 規定을 準用한다.

■ 공탁(487이하)

第2款 供 託

第487條【辨濟供託의 要件, 效果】 債權者가 辨濟를 받지 아니하거나 받을 수 없는 때에는 辨濟者는 債權者를 爲하여 辨濟의 目的物을 供託하여 그 債務를 免할 수 있다. 辨濟者가 過失없이 債權者를 알 수 없는 境遇에도 같다.

■ 변제제공의 방법(460), 채권자의 수령거절 또는 불수령(채권자지체=400, 변제제공의 효과=461, 상사매매목적물의 공탁과 경매=상67, 운송물의 공탁과 경매=상142-145, 해상운송물의 공탁=상803), 변제 목적물의 공탁(488-491, 어42·77①)

▶ **공탁원인의 존재**

1. 변제공탁의 요건 채무자가 변제의 목적물을 공탁하여 그 채무를 면하기 위하여는 ① 채권자가 변제를 받지 아니하거나 ② 채권자가 변제를 받을 수 없거나 ③ 과실 없이 채권자를 알 수 없거나의 3요건 중의 1에 해당함이 필요하며, 위의 3요건 중에 전연 해당되지 아니하는 경우에는 채무자가 목적물을 공탁하였다 하더라도 채무자는 그 채무를 면치 못하는 것이다.(대판 1962.4.12, 4294민상1138)

2. 채권자가 변제수령을 거절할 것이 명백한 경우 이행제공 없는 변제공탁 가부(적극) 채권자의 태도로 보아 채무자가 설사 채무의 이행제공을 하였더라도 그 수령을 거절하였을 것이 명백한 경우에는 채무자는 이행의 제공을 하지 않고 바로 변제공탁할 수 있다.(대판 1981.9.8, 80다2851)

3. 채권의 가압류가 있는 경우 제3채무자가 민 487조의 규정에 의한 변제공탁을 할 수 있는지 여부(적극) **및 그 경우 채권 가압류의 효력** 487조 소정의 변제공탁의 요건인 "채권자가 변제를 받을 수 없는 때"의 변제라 함은 채무자로 하여금 종국적으로 채무를 면하게 하는 효과를 가져다주는 변제를 의미하는 것이므로 채권이 가압류된 경우와 같이 형식적으로는 채권자가 변제를 받을 수 있다고 하더라도 채무자에게 여전히 이중변제의 위험부담이 남는 경우에는 마찬가지로 "채권자가 변제를 받을 수 없는 때"에 해당한다. 그리고 제3채무자가 이와 같이 채권의 가압류를 이유로 변제공탁을 한 때에는 그 가압류의 효력은 채무자의 공탁금출급청구권에 대하여 존속한다고 할 것이므로 그로 인하여 가압류채권자에게 어떤 불이익이 있다고도 할 수 없다.(대판(全) 1994.12.13, 93다951)

4. 변제공탁의 요건인 민 487조 후단의 '변제자가 과실 없이 채권자를 알 수 없는 경우'의 의미 민 487조 후단의 '변제자가 과실 없이 채권자를 알 수 없는 경우'라 함은 객관적으로 채권자 또는 변제수령권자가 존재하고 있으나 채무자가 선량한 관리자의 주의를 다하여도 채권자가 누구인지를 알 수 없는 경우를 말한다.(대판 2000.12.22, 2000다55904)

5. 확정일자 있는 채권양도 통지와 채권가압류명령을 동시에 송달받은 제3채무자의 변제공탁 가부(적극) 확정일자 있는 채권양도 통지와 채권가압류명령이 제3채무자에게 동시에 도달된 경우에도 제3채무자는 송달의 선후가 불명한 경우에 준하여 채권자를 알 수 없다는 이유로 변제공탁을

할 수 있다.(대판 2004.9.3, 2003다22561)

6. 양도금지 특약이 붙은 채권이 양도된 경우에 채무자가 민 487조 후단의 채권자 불확지를 원인으로 하여 변제공탁을 할 수 있는지 여부(적극) 채권양도금지특약에 반하여 채권양도가 이루어진 경우, 그 양수인이 양도금지특약이 있음을 알았거나 중대한 과실로 알지 못하였던 경우에는 채권양도는 효력이 없게 되고, 반대로 양수인이 중대한 과실 없이 양도금지특약의 존재를 알지 못하였다면 채권양도는 유효하게 되어 채무자로서는 양수인에게 양도금지특약을 가지고 그 채무이행을 거절할 수 없게 되어 양수인의 선의, 악의 등에 따라 양수채권의 채권자가 결정되는바, 이와 같이 양도금지의 특약이 붙은 채권이 양도된 경우에 양수인의 악의 또는 중과실에 관한 입증책임은 채무자가 부담하지만, 그러한 경우에도 채무자로서는 양수인의 선의 등의 여부를 알 수 없어 과연 채권이 적법하게 양도된 것인지에 관하여 의문이 제기될 여지가 충분히 있으므로 특별한 사정이 없는 한 민 487조 후단의 채권자 불확지를 원인으로 하여 변제공탁을 할 수 있다.(대판 2000.12.22, 2000다55904)

7. 사망한 매도인의 공동상속인들이나 그들의 상속지분을 알기 어려운 경우 사망한 매도인을 피공탁자로 한 변제공탁의 가부(적극) 매매계약의 중도금 지급기일을 앞두고 사망한 매도인에게 상속인들이 여러 명이 있고 그중에는 출가한 딸들도 있을 뿐 아니라 출가하였다가 자식만 남기고 사망한 딸도 있는 등 매수인으로서는 매도인의 공동상속인들이나 그 상속인들의 상속지분을 구체적으로 알기 어렵다면 중도금 지급기일에 사망한 매도인을 피공탁자로 하여 중도금의 변제공탁을 한 것은 민 487조 후단에 해당하여 유효하다.(대판 1991.5.28, 91다3055)

8. 예금계약을 체결한 금융기관이 민 487조 후단의 채권자 불확지를 원인으로 변제공탁을 할 수 있는 경우 예금계약의 출연자와 예금명의자가 서로 다르고 양자 모두 예금채권에 관한 권리를 적극 주장하고 있는 경우로서 금융기관이 그 예금의 지급시는 물론 예금계약 성립시의 사정까지 모두 고려하여 선량한 관리자로서의 주의의무를 다하여도 어느 쪽이 진정한 예금주인지에 관하여 사실상 혹은 법률상 의문이 제기될 여지가 충분히 있다고 인정되는 때에는 채무자인 금융기관으로서는 민 487조 후단의 채권자 불확지를 원인으로 하여 변제공탁을 할 수 있다.(대판 2004.11.11, 2004다37737)

▶ **공탁의 대상**

9. 등기 29조에 따라 등기의무자가 등기권리자를 상대로 등기를 인수받아 갈 것을 구할 수 있는지 여부(적극) 부동산등기법은 등기는 등기권리자와 등기의무자가 공동으로 신청하여야 함을 원칙으로 하면서도(28조), 29조에서 '판결에 의한 등기는 승소한 등기권리자 또는 등기의무자만으로' 신청할 수 있도록 규정하고 있는바, 위 법조에서 승소한 등기권리자 외에 등기의무자도 단독으로 등기를 신청할 수 있게 한 것은, 통상의 채권채무 관계에서는 채권자가 수령을 지체하는 경우 채무자는 공탁 등에 의한 방법으로 채무부담에서 벗어날 수 있으나 등기에 관한 채권채무 관계에 있어서는 이러한 방법을 사용할 수 없으므로, 등기의무자가 자기 명의로 있어서는 안 될 등기가 자기 명의로 있음으로 인하여 사회생활상 또는 법상 불이익을 입을 우려가 있는 경우에는 소의 방법으로 등기권리자를 상대로 등기를 인수받아 갈 것을 구하고 그 판결을 받아 등기를 강제로 실현할 수 있도록 한 것이다.(대판 2001.2.9, 2000다60708)

▶ **공탁의 내용**

10. 채무의 일부에 대한 변제공탁의 효력 변제공탁이 유효하려면 채무 전부에 대한 변제의 제공 및 채무 전액에 대한 공탁이 있어야 하고, 채무 전액이 아닌 일부에 대한 공탁은 일부의 제공이 유효한 제공이라고 볼 수 있거나 변제자의 공탁금액이 채무의 총액에 비하여 아주 근소하게 부족하여 해당 변제공탁을 신의칙상 유효한 것이라고 볼 수 있는 등의 특별한 사정이 있는 경우를 제외하고는 채권자가 이를 수락하지 않는 한 그 공탁 부분에 관하여서도 채무소멸의 효과가 발생하지 않는다.(대판 2022.11.30, 2017다232167, 232174)

11. 조건부 변제공탁의 효력(무효) 변제공탁에서 채권자에게 반대급부 기타 조건의 이행의무가 없음에도 불구하고 채무자가 이를 조건으로 공탁한 때에는 채권자가 이를 수락하지 않는 한 그 변제공탁은 무효이다.(대판 2002.12.6, 2001다2846)

12. 조건부 변제공탁 한 후에 그 조건표시를 정정한 경우 변제공탁이 반대급부를 붙인 조건부의 공탁으로서 부적법한 것이라 할지라도 공탁자가 위 조건표시의 정정신청을 하고 공탁공무원이 이를 인가하여 공탁물수령자가 이와 같은 사실을 알았다면 적법한 공탁이라 할 수 있다.(대판 1974.5.14, 74다166)

13. 채무담보조로 경료된 가등기 및 본등기의 말소를 조건으로 한 변제공탁의 효력(무효) 채무의 담보를 위하여 가등기 및 그 가등기에 기한 본등기가 경료된 경우에 채권자는 그 채무변제를 받기 전 또는 받음과 교환으로 그 담보로 된 가등기 및 그 가등기에 기한 본등기를 말소하여야 할 의무는 없다고 할 것이므로, 채권자인 원고가 선급부 또는 동시이행의 의무가 없는데도 채무의 대위변제자가 변제공탁을 함에 있어서 가등기 및 본등기의 말소를 반대급부의 내용으로 하였음은 채무의 본지에 따른 것이라 할 수 없고 원고가 이를 수령하지 않는 한 변제공탁은 채무변제의 효력이 없다 할 것이다.(대판 1982.12.14, 82다카1321, 1322)

14. 근저당권설정등기 말소에 소요되는 서류의 교부를 조건으로 한 변제공탁의 효력(무효) 근저당권으로 담보된 채권의 채무자 겸 소유자가 그 채권을 변제공탁함에 있어 근저당권설정등기의 말소에 소멸될 서류 일체의 교부를 반대급부로 한 경우에는 특약이 없는 한 위 공탁은 변제의 효력이 없다.(대결 1966.4.29, 65마210)

15. 건물명도 확인서 첨부를 조건으로 한 임대차보증금 변제공탁의 효력(무효) 건물명도와 동시이행관계에 있는 임대차보증금의 변제공탁을 함에 있어 건물을 명도하였다는 확인서를 첨부할 것을 반대급부의 조건으로 붙인 경우에 변제로서의 효력이 없다.(대판 1992.5.12, 91다25794)

16. 변제공탁과 집행공탁의 구별기준 제3채무자가 채권양도 등과 압류경합 등을 이유로 공탁한 경우에 제3채무자가 변제공탁을 한 것인지, 집행공탁을 한 것인지, 아니면 혼합공탁을 한 것인지는, 피공탁자의 지정여부, 공탁의 근거조문, 공탁사유, 공탁사유신고 등을 종합적·합리적으로 고려하여 판단하는 수밖에 없다. 임차보증금을 일부 양수한 자의 요구에 따라 임대인이 임차인과 채권양수인을 공동전세권자로 한 전세권설정등기를 해 준 후 임차인의 채권자들이 임차보증금 또는 전세보증금채권을 압류·가압류하였고, 임대인이 채권양도와 압류경합을 이유로 공탁하면서 피공탁자를 기재하지 아니하고 공탁근거조문으로 구 민소 581조만을 기재하였으며, 공탁원인사실에 채권자를 알 수 없어 공탁한다는 취지를 기재하지 아니한 경우, 위 공탁은 집행공탁이라고 봄이 상당하고 이렇게 볼 경우 변제공탁으로서의 효과는 없는 것이라고 볼 수밖에 없다.(대판 2005.5.26, 2003다12311)

17. 변제공탁과 집행공탁 사유가 함께 발생한 경우 이른바 혼합공탁을 할 수 있는지 여부(구법관계)(적극) 특정 채권에 대하여 채권양도의 통지가 있었으나 그 후 통지가 철회되는 등으로 채권이 적법하게 양도되었는지 여부에 관하여 의문이 있어 민 487조 후단의 채권자불확지를 원인으로 하는 변제공탁 사유가 생기고, 그 채권양도 통지 후에 그 채권에 관하여 다수의 채권가압류 또는 채권압류 결정이 동시 또는 순차로 내려짐으로써 그 채권양도의 효력이 발생하지

아니한다면 압류경합으로 인하여 민소 581조 1항 소정의 집행공탁의 사유가 생긴 경우에, 채무자는 민 487조 후단 및 민소 581조 1항을 근거로 하여 채권자 불확지를 원인으로 하는 변제공탁과 압류경합 등을 이유로 하는 집행공탁을 아울러 할 수 있고, 이러한 공탁은 변제공탁에 관련된 채권양수인에 대하여는 변제공탁으로서의 효력이 있고 집행공탁에 관련된 압류채권자 등에 대하여는 집행공탁으로서의 효력이 있다.(대판 1996.4.26, 96다2583)

▶공탁의 효과

18. 변제공탁의 효력 발생 시기 변제공탁이 적법한 경우에는 채권자가 공탁물 출급청구를 하였는지와는 관계없이 그 공탁을 한 때에 변제의 효력이 발생한다.(대판 2002.12.6, 2001다2846)

19. 공탁물 회수와 공탁으로 인한 변제의 효과발생의 관계(=해제조건설) 채권자가 공탁을 승인하거나 공탁공무원에 대하여 공탁물을 받기를 통고하거나 공탁 유효의 판결이 확정되기까지는 변제자는 공탁물을 회수할 수 있고 이 경우에는 공탁하지 아니한 것으로 보아 채무소멸의 효력은 소급하여 없어진다.(대판 1977.10.31, 77다1695)

20. 이의의 유보 없이 공탁금수령 후 공탁요건의 흠결을 이유로 공탁의 효력을 다툴 수 있는지 여부(소극) 채무자가 변제공탁에 앞서 채권자에게 변제제공을 한 바 없다고 하여도 채권자가 그 공탁금을 수령한 이상 위와 같은 공탁요건의 흠결을 이유로 변제공탁의 효력을 다툴 수 없다.(대판 1989.11.28, 88다카34148)

21. 공탁물을 이의없이 수령한 후 다시 이에 저촉되는 의사표시를 한 경우의 법률효과 공탁금수령자로서 공탁통지서를 받은 자가 그 공탁금을 이의없이 수령하였다면 그 공탁의 취지에 의하여 수령한 것이 되어 그에 대한 법률효과만이 발생하는 것이고 그 후 다시 이에 저촉되는 의사표시를 하였다 하더라도 이에 의하여 아무런 법률효과도 발생하는 것은 아니라고 할 것이다.(대판 1984.11.13, 84다카465)

22. 매도담보 원인의 공탁을 채권자가 유보 없이 수령한 경우 단순매매인정 가능 여부(소극) 피고가 이 사건 매매계약이 매도담보임을 내세워 원고에 대하여 그 채무의 변제공탁을 하여 놓은 것을 원고가 과실로써 위 공탁금을 수령하였다 하더라도 그것만으로는 원고 주장대로의 단순매매라는 사실인정을 좌우할 사유가 못된다.(대판 1978.7.11, 78다646)

23. 공탁금 수령에 관한 이의유보 의사표시의 상대방 공탁된 토지수용보상금의 수령에 관한 이의유보의 의사표시는 그 공탁원인에 승복하여 공탁금을 수령하는 것임이 아님을 분명히 함으로써 공탁한 취지대로 채권소멸의 효과가 발생함을 방지하고자 하는 것이므로, 그 의사표시의 상대방은 반드시 공탁공무원에 국한할 필요가 없고 보상금 지급 의무자인 기업자(채무자)에 대하여 이의유보의 의사표시를 하는 것도 가능하다.(대판 1982.11.9, 82누197)

24. 이의 유보의 의사표시는 반드시 명시적이어야 하는지 여부(소극) 공탁금 수령시 채무자에 대한 이의 유보 의사표시는 반드시 명시적으로 하여야 하는 것은 아니므로 채권자가 제기한 대여금 청구소송에서 채무자와 채권자 간에 이자의 약정 여부에 관하여 다툼이 있던 중 채무자가 채권자를 공탁물수령자로 하여 원금과 법정이율에 의한 이자를 변제공탁하자 채권자가 그 공탁금을 원금과 약정이율에 따른 이자에 충당하는 방법으로 계산한 뒤 남은 금액을 청구금액으로 하여 청구취지를 감축하고 그 청구취지감축 및 원인변경신청서가 채무자에게 송달된 후에 공탁금을 수령한 경우, 그 공탁금 수령시 채권의 일부로 수령한다는 채권자의 묵시적인 이의 유보의 의사표시가 있었다고 볼 수 있다.(대판 1997.11.11, 97다37784)

25. 이의신청 및 소송의 계속중에 이의를 보류하지 아니하고 한 토지수용보상금 공탁금의 수령의 효과 기업자가 토지수용법 61조 2항 1호에 의하여 토지수용위원회가 재결한 토지수용보상금을 공탁한 경우에 그 공탁은 기업자가 토지소유자에 대하여 부담하는 토지수용에 따른 보상금 지급의무의 이행을 위한 것으로서 민법상 변제공탁과 다를 바 없으므로 토지소유자가 아무런 이의를 유보함이 없이 공탁금을 수령하였다면 토지소유자는 토지수용위원회의 재결에 승복하여 그 공탁의 취지에 따라 보상금을 수령한 것이라고 봄이 상당하므로 이로써 기업자의 보상금 지급의무가 확정적으로 소멸하는 것이고, 토지소유자가 위 재결에 대하여 이의신청을 제기하거나 소송을 제기하고 있는 중이라고 할지라도 그 쟁송중에 보상금 일부의 수령이라는 등 유보의 의사표시를 함이 없이 공탁금을 수령한 이상, 이는 종전의 수령거절 의사를 철회하고 재결에 승복하여 공탁한 취지대로 보상금 전액을 수령한 것이라고 볼 수밖에 없음은 마찬가지이며, 공탁금 수령 당시 이의신청이나 소송이 계속 중이라는 사실만으로 공탁금 수령에 관한 이의유보의 의사표시가 있는 것과 같이 볼 수는 없다.(대판 1982.11.9, 82누197)

26. 하자보수비로 공탁한 공탁금을 공탁금수령자가 이의유보 없이 수령하였으나 그 후 하자보수만으로 원상회복이 불가능한 것으로 밝혀진 경우 공탁금 수령사실만으로 손해배상채권이 전부 소멸하는지 여부(소극) 공탁금수령자가 공탁금을 이의 없이 수령하였다면 특단의 사정이 없는 한 공탁의 취지에 의하여 수령한 것이 되어 그에 대한 법률효과가 발생하는 것이나, 하자보수가 가능함을 전제로 하자보수비 상당 금액을 공탁한 데 대하여 공탁금수령자가 하자보수만으로는 건물의 원상회복이 불가능하다 하여 건물철거 및 신축비용 상당의 배상을 구하는 소송을 제기하여 그 소송계속중 공탁금을 수령한 바 있으나, 감정결과 하자보수만으로는 원상회복이 불가능한 것으로 밝혀졌다면 공탁금을 수령하였다는 것만으로는 손해배상채권이 전부 소멸한다고 볼 수 없을 것이다.(대판 1992.4.28, 92다10067)

27. 채권자가 채무의 수액과 내용에 대해서 이의를 유보한 채 공탁금을 수령한 경우 법률효과 채권자가 단지 채무액에 대해서만 이의를 유보한 것이 아니라 채무자의 공탁원인인 부당이득반환 채무금과 다른 손해배상 채무금으로서 공탁금을 수령한다는 이의를 유보한 때에는, 그 공탁금 수령으로 채무자의 공탁원인인 부당이득반환채무의 일부 소멸의 효과가 발생하지 않음은 당연하고, 채권자가 공탁금을 수령함에 있어 유보한 취지대로 손해배상채무가 인정되지도 않는 이상 그 공탁의 하자가 치유되어 손해배상채무의 일부 변제로서 유효하다고 할 수도 없다.(대판 1996.7.26, 96다14616)

28. 진정한 출급청구권자 아닌 자에게 공탁금이 출급된 경우 진정한 공탁금 출급청구권자가 민사소송으로 공탁금의 지급을 구할 수 있는지 여부(소극) 일단 공탁공무원의 공탁금 출급인가처분이 있고 그에 따라 공탁금이 출급되었다면 설사 이를 출급받은 자가 진정한 출급청구권자가 아니라 하더라도 이로써 공탁법상의 공탁절차는 종료되었다 할 것이고, 따라서 원래의 진정한 공탁금 출급청구권자라 하더라도 공탁사무를 관장하는 국가를 상대로 하여 민사소송으로 그 공탁금의 지급을 구할 수는 없다.(대판 1993.7.13, 91다39429)

29. 매도인의 대리인에 대한 변제공탁의 효과 매수인이 매도인을 대리하여 매매대금을 수령할 권한을 가진 자에게 잔대금의 수령을 최고하고 그 자를 공탁물수령자로 지정하여 한 변제공탁은 매도인에 대한 잔대금 지급의 효력이 있다.(대판 2012.3.15, 2011다77849)

30. 공탁물 수령에서 표현대리의 인정 여부(적극) 공탁금의 대리수령에 있어서 공탁금수령권자인 본인이 대리인으로 칭하는 자에게 공탁금수령권한을 부여한 바 없다 하더라도 공탁수락과 출금의 권한을 부여한 것과 같은 외관을 발생시켜 민 126조 내지 127조의 표현대리가 인정되는 경우에는 이러한 표현수령권자의 공탁금수령은 본인에게도 그 효과가 발생한다고 보아야 할 것인바, 갑이 공탁금 수령권자인 을에게

돈을 빌리는데 필요하다고 말하여 그로부터 받아둔 인감도장과 이 사건 공탁금 관계에 필요하다고 말하여 을이 직접 발급받아 건네어 준 공탁금회수용 인감증명 1통을 가지고 공탁금의 출급신청을 하였고 공탁공무원이 정당한 수령권자인 외관을 갖는 갑에게 공탁금을 지급하였다면 을은 비록 그 공탁금을 현실로 수령하여 이득을 본바 없다하더라도 표현대리의 본인의 지위에서 그 공탁금을 수령한 셈이 된다 할 것이다.(대판 1990.5.22, 89다카1121)

31. 채무자가 상대적 불확지 변제공탁을 하여 피공탁자 중 1인이 다른 피공탁자들을 상대로 자기에게 공탁금출급청구권이 있다는 확인을 구한 경우, 공탁금출급청구권의 귀속주체를 판단하는 기준이 되는 법률관계 채무자가 과실 없이 채권자를 알 수 없는 경우에는 변제의 목적물을 공탁하면 채무를 면하고(민 487조 후단), 채권자는 공탁소에 대하여 공탁금출급청구권을 가지게 된다. 이때 피공탁자가 된 채권자가 가지는 공탁금출급청구권은 채무자에 대한 본래의 채권을 갈음하는 권리이므로, 그 귀속 주체와 권리 범위는 본래의 채권이 성립한 법률관계에 따라 정해진다. 따라서 채무자가 누가 진정한 채권자인지를 알 수 없어 상대적 불확지의 변제공탁을 하여 피공탁자 중 1인이 다른 피공탁자들을 상대로 자기에게 공탁금출급청구권이 있다는 확인을 구한 경우에, 피공탁자들 사이에서 누가 진정한 채권자로서 공탁금출급청구권을 가지는지는 피공탁자들과 공탁자인 채무자 사이의 법률관계에서 누가 본래의 채권을 행사할 수 있는 진정한 채권자인지를 기준으로 판단하여야 한다.(대판 2017.5.17, 2016다270049)

第488條【供託의 方法】 ① 供託은 債務履行地의 供託所에 하여야 한다.

② 供託所에 關하여 法律에 特別한 規定이 없으면 法院은 辨濟者의 請求에 依하여 供託所를 指定하고 供託物保管者를 選任하여야 한다.

③ 供託者는 遲滯없이 債權者에게 供託通知를 하여야 한다.

▣ 공탁통지(487, 공탁 · 공탁규), ① 공탁의 목적물(490, 상67), 채무이행지(467), ② 공탁소의 지정, 보관인의 선임(비송53)

第489條【供託物의 回收】 ① 債權者가 供託을 承認하거나 供託所에 對하여 供託物을 받기를 通告하거나 供託有效의 判決이 確定되기까지는 辨濟者는 供託物을 回收할 수 있다. 이 境遇에는 供託하지 아니한 것으로 본다.

② 前項의 規定은 質權 또는 抵當權이 供託으로 因하여 消滅한 때에는 適用하지 아니한다.

▣ 공탁(487), 공탁물의 회수(공탁9② · 10, 공탁규), ② 질권(329), 저당권(356)

1. 피공탁자가 공탁자에 대한 별도 채권에 의한 채무명의에 기하여 압류 및 전부명령을 받아 공탁물을 회수한 경우 공탁의 효력 피공탁자가 공탁자에 대하여 가지고 있는 별도 채권의 채무명의에 기하여 공탁자의 공탁물 회수청구권을 압류 및 전부받아 그 집행으로 공탁물을 회수한 경우에는 공탁으로 인한 채권소멸의 효력은 소급하여 소멸된다.(대판 1981.2.10, 80다77)

2. 채무의 변제공탁으로 인하여 가등기담보권이나 양도담보권이 소멸하는 경우에 공탁물회수의 가부(적극) 민 489조의 규정은 공탁으로 인하여 질권 또는 저당권이 소멸한 경우를 제외하고, 채권자가 공탁을 승인하거나 공탁소에 대하여 공탁물을 받기를 통고하거나 공탁유효의 판결이 확정되기까지, 변제자는 공탁물을 회수할 수 있고 이 경우에는 공탁하지 아니한 것으로 본다고 규정하고 있을 뿐, 가등기 및 본등기에 의하여 담보된 채무의 변제공탁으로 인하여 가등기담보권이나 양도담보권이 소멸하는 경우에도 변제자가 공탁물을 회수할 수 없다는 취지를 포함하는 것은 아니므로, 변제자의 채권자는 공탁금회수청구권을 압류 전부받아 변제공탁금을 회수할 수 있다.(대판 1982.7.27, 81다495)

3. 변제공탁자가 공탁물 회수권을 행사하여 공탁물을 회수한 경우, 공탁에 따른 채권소멸의 효력이 소급하여 없어지는지 여부(적극) **및 그 공탁물의 회수에 제3자가 공탁자의 공탁물 회수청구권에 대한 압류 및 추심명령을 받아 그 집행으로 공탁물을 회수한 경우도 포함되는지 여부**(적극) ① 변제공탁이 적법한 경우에는 채권자가 공탁물 출급청구를 하였는지 여부와는 관계없이 공탁을 한 때에 변제의 효력이 발생하나, 변제공탁자가 공탁물 회수권의 행사에 의하여 공탁물을 회수한 경우에는 공탁하지 아니한 것으로 보아 채권소멸의 효력은 소급하여 없어진다. ② 이와 같이 채권소멸의 효력을 소급적으로 소멸시키는 공탁물의 회수에는 공탁자에 의하여 이루어진 경우뿐만 아니라, 제3자가 공탁자에게 대하여 가지는 별도 채권의 집행권원으로써 공탁자의 공탁물 회수청구권에 대하여 압류 및 추심명령을 받아 그 집행으로 공탁물을 회수한 경우도 포함된다.(대판 2014.5.29, 2013다212295)

4. 부적법한 변제공탁에서 피공탁자의 다른 채권에 기한 공탁물 회수청구권 압류, 추심 가부(적극), **공탁물 출급청구권 압류의 회수청구권에 대한 효력** 부적법한 변제공탁으로 변제의 효력이 발생하지 않았다고 하더라도, 피공탁자는 이를 수락하여 공탁물 출급청구를 하는 대신 공탁자에 대한 다른 채권에 기하여 공탁자의 공탁물 회수청구권에 대하여 압류 및 추심명령을 받아 그 집행으로 공탁물을 회수할 수 있다. 공탁물 출급청구권과 공탁물 회수청구권은 서로 독립한 별개의 청구권이므로 설령 공탁물 출급청구권에 대한 압류 등이 있었다고 하더라도 이는 공탁물 회수청구권에 대하여 아무런 영향을 미치지 않는다.(대결 2020.5.22, 2018마5697)

第490條【自助賣却金의 供託】 辨濟의 目的物이 供託에 適當하지 아니하거나 滅失 또는 毁損될 念慮가 있거나 供託에 過多한 費用을 要하는 境遇에는 辨濟者는 法院의 許可를 얻어 그 物件을 競賣하거나 市價로 放賣하여 代金을 供託할 수 있다.

▣ 공탁의 목적물(487), 경매(민집), 매도인의 자조매각(상67)

第491條【供託物受領과 相對義務履行】 債務者가 債權者의 相對義務履行과 同時에 辨濟할 境遇에는 債權者는 그 義務履行을 하지 아니하면 供託物을 受領하지 못한다.

▣ 수령과 반대급여(공탁9① · 10), 반대급여와 동시이행(536)

第3款 相 計

第492條【相計의 要件】 ① 雙方이 서로 같은 種類를 目的으로 한 債務를 負擔한 境遇에 그 雙方의 債務의 履行期가 到來한 때에는 各 債務者는 對等額에 關하여 相計할 수 있다. 그러나 債務의 性質이 相計를 許容하지 아니할 때에는 그러하지 아니하다.

② 前項의 規定은 當事者가 다른 意思를 表示한 境遇에는 適用하지 아니한다. 그러나 그 意思表示로써 善意의 第三者에게 對抗하지 못한다.

▣ 이행기(152 · 153 · 387 · 388), 타인의 채권에 의한 상계(418② · 434), 타인에 대한 채권에 의한 상계(426① · 445 · 451), 소송과 상계(민소216②), 파산과 상계권(회생파산411이하), 상호계산(상72이하), 상계의 제한금지(불법행위채권등=496~498, 조합채무자의 조합원에 대한 채권=715, 상334, 주금등 납입채무=상334 · 596, 전차금과 임금=근로21, 출자

금과 부과금=농협21⑤·25)

1. 쌍방이 서로 같은 종류를 목적으로 한 채무일 것 백미급부를 목적으로 하는 채무의 이행청구에 대하여 채무자가 반대채권으로서 금전채권이 있음을 이유로 이를 자동채권으로 하여 상계의 의사표시를 하였다 하여도 금전채권은 수동채권과의 사이에 상계적격에 있지 아니하므로 그 의사표시에 의하여 상계의 효력이 발생할 수 없는 것이다.(대판 1960.2.18, 4291민상424)

2. 공제와 상계의 법리 및 구별 기준 공제는 복수 채권·채무의 상호 정산을 내용으로 하는 채권소멸 원인이라는 점에서 상계와 유사하다. 그러나 공제에는 원칙적으로 상계적상, 상계 금지나 제한, 상계의 기판력 등 상계에 관한 법률 규정이 적용되지 않는다는 점, 부동산임대차관계 등 특정 법률관계에서는 일정한 사유가 발생하면 원칙적으로 공제의 의사표시 없이도 당연히 공제가 이루어진다고 보는 점 등에서 공제는 상계와 구별된다. 또한 공제는 상계 금지나 제한과 무관하게 제3자에 우선하여 채권의 실질적 만족을 얻게 한다는 점에서 상계보다 강한 담보적 효력을 가진다. 한편 계약자유의 원칙에 따라 당사자는 강행규정에 반하지 않는 한 공제나 상계에 관한 약정을 할 수 있으므로, 공제나 상계적상 요건을 어떻게 설정할 것인지, 공제 기준시점이나 상계적상 시점을 언제로 할 것인지, 공제나 상계의 의사표시가 별도로 필요한지 등을 자유롭게 정하여 당사자 사이에 그 효력을 발생시킬 수 있다. 또한 공제와 상계 중 무엇에 관한 약정인지는 약정의 문언과 체계, 약정의 경위와 목적, 채권들의 상호관계, 제3자의 이해관계 등을 종합적으로 고려하여 합리적으로 해석하여야 한다.(대판 2024.8.1, 2024다227699)

3. 상계권의 행사가 신의칙에 반하거나 권리남용에 해당하기 위한 요건 (대판 2003.4.11, 2002다59481) → 제2조 참조

4. 수탁보증인의 주채무자에 대한 사전구상권을 자동채권으로 하는 상계의 허용 여부(소극) **및 주채무자가 사전에 담보제공청구권의 항변권을 포기한 경우 상계의 가능 여부**(적극) 항변권이 붙어 있는 채권을 자동채권으로 하여 다른 채무(수동채권)와의 상계를 허용한다면 상계자 일방의 의사표시에 의하여 상대방의 항변권 행사의 기회를 상실시키는 결과가 되므로 그러한 상계는 허용될 수 없고, 특히 수탁보증인이 주채무자에 대하여 가지는 민 442조의 사전구상권에는 민 443조의 담보제공청구권이 항변권으로 부착되어 있는 만큼 이를 자동채권으로 하는 상계는 허용될 수 없으며, 다만 민 443조는 임의규정으로서 주채무자가 사전에 담보제공청구권의 항변권을 포기한 경우에는 보증인은 사전구상권을 자동채권으로 하여 주채무자에 대한 채무와 상계할 수 있다.(대판 2004.5.28, 2001다81245)

5. 사해행위취소에 따른 가액반환채권을 수동채권으로 하는 상계금지 채권자취소권은 채권의 공동담보인 채무자의 책임재산을 보전하기 위하여 채무자와 수익자 사이의 사해행위를 취소하고 채무자의 일반재산으로부터 일탈된 재산을 모든 채권자를 위하여 수익자 또는 전득자로부터 환원시키는 제도로서, 수익자로 하여금 자기의 채무자에 대한 반대채권으로써 상계를 허용하는 것은 사해행위에 의하여 이익을 받은 수익자를 보호하고 다른 채권자의 이익을 무시하는 결과가 되어 위 제도의 취지에 반하므로, 수익자가 채권자취소에 따른 원상회복으로서 가액배상을 할 때에 채무자에 대한 채권자라는 이유로 채무자에 대하여 가지는 자기의 채권과의 상계를 주장할 수는 없다.(대판 2001.6.1, 99다63183)

6. 임금채권을 수동채권으로 하는 상계 금지 근로 42조 1항 본문에서 "임금은 통화로 직접 근로자에게 그 전액을 지급하여야 한다."라고 규정하여 이른바 임금 전액지급의 원칙을 선언한 취지는 사용자가 일방적으로 임금을 공제하는 것을 금지하여 근로자에게 임금 전액을 확실하게 지급받게 함으로써 근로자의 경제생활을 위협하는 일이 없도록 그 보호를 도모하려는 데 있으므로, 사용자가 근로자에 대하여 가지는 채권을 가지고 일방적으로 근로자의 임금채권을 상계하는 것은 금지된다고 할 것이지만, 사용자가 근로자의 동의를 얻어 근로자의 임금채권에 대하여 상계하는 경우에 그 동의가 근로자의 자유로운 의사에 터잡아 이루어진 것이라고 인정할 만한 합리적인 이유가 객관적으로 존재하는 때에는 근로 42조 1항 본문에 위반하지 아니하고, 다만 임금 전액지급의 원칙의 취지에 비추어 볼 때 그 동의가 근로자의 자유로운 의사에 기한 것이라는 판단은 엄격하고 신중하게 이루어져야 한다.(대판 2001.10.23, 2001다25184)

7. 사용자가 초과 지급된 임금의 반환채권을 자동채권으로 하여 근로자의 임금채권과 상계할 수 있는 경우 임금은 직접 근로자에게 전액을 지급하여야 하는 것이므로 사용자가 근로자에 대하여 가지는 채권으로써 근로자의 임금채권과 상계를 하지 못하는 것이 원칙이지만, 계산의 착오 등으로 임금이 초과 지급되었을 때 그 행사의 시기가 초과 지급된 시기와 임금의 정산, 조정의 실질을 잃지 않을 만큼 합리적으로 밀접되어 있고 금액과 방법이 미리 예고되는 등 근로자의 경제생활의 안정을 해할 염려가 없는 경우나 근로자가 퇴직한 후에 그 재직 중 지급되지 아니한 임금이나 퇴직금을 청구할 경우에는, 사용자가 초과 지급된 임금의 반환청구권을 자동채권으로 하여 상계하는 것은 허용되므로, 근로자가 일정기간 동안의 미지급 시간외수당, 휴일근로수당, 월차휴가수당 등 법정수당을 청구하는 경우에 사용자가 같은 기간 동안 법정수당의 초과 지급 부분이 있음을 이유로 상계나 충당을 주장하는 것도 허용된다.(대판 1998.6.26, 97다14200)

8. 확정된 벌금채권을 자동채권으로 하여 국가가 사인의 국가에 대한 채권과 대등액에서 상계할 수 있는지 여부(적극) 형벌의 일종인 벌금도 일정 금액으로 표시된 추상적 경제가치를 급부목적으로 하는 채권인 점에서는 다른 금전채권들과 본질적으로 다를 것이 없고, 다만 발생의 법적 근거가 공법관계라는 점에서만 차이가 있을 뿐이나 채권 발생의 법적 근거가 무엇인지는 급부의 동종성을 결정하는 데 영향이 없으며, 벌금형이 확정된 이상 벌금채권의 변제기는 도래한 것이므로 달리 이를 금하는 특별한 법률상 근거가 없는 이상 벌금채권은 적어도 상계의 자동채권이 되지 못할 아무런 이유가 없다.(대판 2004.4.27, 2003다37891)

9. 하수급인의 하도급 14조 1항에 따른 직접 청구권이 생긴 후에 자동채권이 발생하였더라도 도급인이 상계로 대항할 수 있는 경우 하도급 14조 1항에서 정한 직접 지급 요청이 있는 경우 그에 해당하는 수급인의 도급인에 대한 공사대금채권이 동일성을 유지한 채 하수급인에게 이전되므로 도급인은 직접 지급 요청이 있기 전에 수급인에게 대항할 수 있는 사유로 하수급인에게 대항할 수 있다. 도급인의 수급인에 대한 자동채권이 수동채권인 수급인의 도급인에 대한 공사대금채권과 동시이행관계 등 밀접한 관계에 있는 경우에는 하수급인의 직접 청구권이 생긴 후에 자동채권이 발생하였다고 하더라도 도급인은 그 채권으로 상계하여 하수급인에게 대항할 수 있다. 이 경우 자동채권이 발생한 기초가 되는 원인은 하수급인이 직접 지급을 요청하기 전에 이미 성립하여 존재하고 있었으므로, 자동채권은 도급인이 직접 지급 요청 후에 취득한 채권에 해당하지 않는다.(대판 2021.2.25, 2018다265911)

10. '상대방이 제3자에 대하여 가지는 채권'을 수동채권으로 하여 상계할 수 있는지(소극) ① 수동채권으로 될 수 있는 채권은 상대방이 상계자에 대하여 가지는 채권이어야 하고, 상대방이 제3자에 대하여 가지는 채권과는 상계할 수 없다고 보아야 한다. ② 유치권이 인정되는 아파트를 경락·취득한 자가 아파트 일부를 점유·사용하고 있는 유치권자에 대한 임료 상당의 부당이득금 반환채권을 자동채권으로 하고 유치권자의 종전 소유자에 대한 유익비상환채권을 수동채권으로 하여 상계의 의사표시를 한 사안에서, 상대방이 제3자

에 대하여 가지는 채권을 수동채권으로 하여 상계할 수 없다.(대판 2011.4.28, 2010다101394)

11. 압류채권자가 채무자의 제3채무자에 대한 채권을 압류한 경우 이를 자동채권으로 하여 제3채무자의 압류채권자에 대한 채권과 상계할 수 있는지 여부(소극) 국세징수법에 의한 채권압류의 경우 압류채권자는 체납자에 대신하여 추심권을 취득할 뿐이고, 이로 인하여 채무자가 제3채무자에 대하여 가지는 채권이 압류채권자에게 이전되거나 귀속되는 것은 아니다. 따라서 압류채권자가 채무자의 제3채무자에 대한 채권을 압류한 경우 그 채권은 압류채권자가 제3채무자에 대하여 가지는 채권이 아니므로, 압류채권자는 이를 자동채권으로 하여 제3채무자의 압류채권자에 대한 채권과 상계할 수 없고, 이는 피압류채권에 대하여 이중압류, 배분요구 등이 없다고 하더라도 달리 볼 것은 아니다.(대판 2022.12.16, 2022다218271)

12. 상속채권자가 피상속인에 대하여는 채권을 보유하면서 상속인에 대하여는 채무를 부담하는 경우, 상속채권자가 상속개시 후 한 상계와 상속인의 한정승인에 따른 법률관계 상속채권자가 피상속인에 대하여는 채권을 보유하면서 상속인에 대하여는 채무를 부담하는 경우, 상속이 개시되면 위 채권 및 채무가 모두 상속인에게 귀속되어 상계적상이 생기지만, 상속인이 한정승인을 하면 상속이 개시된 때부터 민 1031조에 따라 피상속인의 상속재산과 상속인의 고유재산이 분리되는 결과가 발생하므로, 상속채권자의 피상속인에 대한 채권과 상속인에 대한 채무 사이의 상계는 제3자의 상계에 해당하여 허용될 수 없다. 즉, 상속채권자가 상속이 개시된 후 한정승인 이전에 피상속인에 대한 채권을 자동채권으로 하여 상속인에 대한 채무에 대하여 상계하였더라도, 그 이후 상속인이 한정승인을 하는 경우에는 민 1031조의 취지에 따라 상계가 소급하여 효력을 상실하고, 상계의 자동채권인 상속채권자의 피상속인에 대한 채권과 수동채권인 상속인에 대한 채무는 모두 부활한다.(대판 2022.10.27, 2022다254154, 254161)

13. 채무자의 관리인이 상계금지특약에 있어 본조 2항 단서에 정한 제3자에 해당하는지 여부(적극) 및 선의 여부 판단 기준 채권자와 채무자가 채무자의 상계를 금지하는 특약을 한 후에 채무자에 대한 회생절차가 개시된 경우 채무자의 관리인은 상계금지특약에 있어 민 492조 2항 단서에 정한 제3자에 해당한다. 이때 상계금지특약 사실에 대한 관리인의 선의·악의는 관리인 개인의 선의·악의를 기준으로 할 수는 없고, 모든 회생채권자 및 회생담보권자를 기준으로 하여 회생채권자 및 회생담보권자 모두가 악의로 되지 않는 한 관리인은 선의의 제3자라고 할 수밖에 없다.(대판 2024.5.30, 2019다47387)

第493條【相計의 方法, 效果】 ① 相計는 相對方에 對한 意思表示로 한다. 이 意思表示에는 條件 또는 期限을 붙이지 못한다.

② 相計의 意思表示는 各 債務가 相計할 수 있는 때에 對等額에 關하여 消滅한 것으로 본다.

▣ 조건(147이하), 기한(152이하), 상계와 변제기(492)

1. 채권의 일부 양도가 이루어진 경우 채무자의 양도인에 대한 채권을 자동채권으로 하는 상계의 방법 및 효과 채권의 일부 양도가 이루어지면 특별한 사정이 없는 한 각 분할된 부분에 대하여 독립한 분할채권이 성립하므로 그 채권에 대하여 양도인에 대한 반대채권으로 상계하고자 하는 채무자로서는 양도인을 비롯한 각 분할채권자 중 어느 누구도 상계의 상대방으로 지정하여 상계할 수 있고, 그러한 채무자의 상계 의사표시를 수령한 분할채권자는 제3자에 대한 대항요건을 갖춘 양수인이라 하더라도 양도인 또는 다른 양수인에 귀속된 부분에 대하여 먼저 상계되어야 한다거나 각 분할채권액의 채권 총액에 대한 비율에 따라 상계되어야 한다는 이의를 할 수 없다.(대판 2002.2.8, 2000다50596)

2. 어음채권을 자동채권으로 하는 재판외 및 재판상의 상계와 어음 교부의 요부 어음채권을 자동채권으로 하여 상계의 의사표시를 하는 경우에 있어 재판외의 상계의 경우에는 어음채무자의 승낙이 없는 이상 어음의 교부가 필요불가결하고 어음의 교부가 없으면 상계의 효력이 생기지 아니한다 할 것이지만, 재판상의 상계의 경우에는 어음을 서증으로써 법정에 제출하여 상대방에게 제시되게 함으로써 충분하다.(대판 1991.4.9, 91다2892)

3. 상계의 의사표시와 상계효력발생 당사자 쌍방의 채무가 서로 상계적상에 있다 하더라도, 별도의 의사표시 없이도 상계된 것으로 한다는 특약이 없는 한, 그 자체만으로 상계로 인한 채무 소멸의 효력이 생기는 것은 아니고 상계의 의사표시를 기다려 비로소 상계로 인한 채무 소멸의 효력이 생긴다.(대판 2000.9.8, 99다6524)

4. 매매계약이 해제된 경우에 그 대금과 상계로서 소멸된 채권이 다시 되살아나는지 여부(적극) 피고회사에 대한 채권자가 그 회사를 인수함에 있어 그 채권액을 위 인수계약금 및 중도금 일부로서 상계하였으나 그후 그 인수계약이 해제되었다면 그 인수대금채권 역시 소급하여 소멸하는 것이고 상계도 효력을 발생할 수 없어 상계로 소멸한 채권자의 채권은 다시 살아나는 것이다.(대판 1980.8.26, 79다1257)

5. 소송상 상계항변이 실체법상 상계의 효과를 발생시키는 경우 및 소송상 상계항변에 대하여 그 상대방이 소송상 상계의 재항변을 하는 것이 허용되는지 여부(원칙적 소극) ① 소송상 방어방법으로서의 상계항변은 통상 수동채권의 존재가 확정되는 것을 전제로 하여 행하여지는 일종의 예비적 항변으로서 소송상 상계의 의사표시에 의해 확정적으로 효과가 발생하는 것이 아니라 당해 소송에서 수동채권의 존재 등 상계에 관한 법원의 실질적 판단이 이루어지는 경우에 비로소 실체법상 상계의 효과가 발생한다. ② 원고의 소송상 상계의 재항변은 일반적으로 이를 허용할 이익이 없다. 따라서 피고의 소송상 상계항변에 대하여 원고가 소송상 상계의 재항변을 하는 것은 다른 특별한 사정이 없는 한 허용되지 않는다고 보는 것이 타당하다.(대판 2014.6.12, 2013다95964)

6. 상계적상 시점 이전에 수동채권에 대하여 이자나 지연손해금이 발생한 경우, 상계 충당의 방법 상계의 의사표시가 있는 경우 채무는 상계적상 시에 소급하여 대등액에 관하여 소멸하게 되므로, 상계에 따른 양 채권의 차액 계산 또는 상계 충당은 상계적상의 시점을 기준으로 한다. 따라서 그 시점 이전에 수동채권에 대하여 이자나 지연손해금이 발생한 경우 상계적상 시점까지 수동채권의 이자나 지연손해금을 계산한 다음 자동채권으로써 먼저 수동채권의 이자나 지연손해금을 소각하고 잔액을 가지고 원본을 소각하여야 한다.(대판 2021.5.7, 2018다25946)

7. 양수채권을 자동채권으로 하여 상계한 경우 상계적상일 채권양수인이 양수채권을 자동채권으로 하여 그 채무자가 채권양수인에 대해 가지고 있던 기존 채권과 상계한 경우, 채권양수인은 채권양도의 대항요건이 갖추어진 때 비로소 자동채권을 행사할 수 있으므로 채권양도 전에 이미 양 채권의 변제기가 도래하였다고 하더라도 상계의 효력은 변제기로 소급하는 것이 아니라 채권양도의 대항요건이 갖추어진 시점으로 소급한다.(대판 2022.6.30, 2022다200089)

第494條【履行地를 달리하는 債務의 相計】 各 債務의 履行地가 다른 境遇에도 相計할 수 있다. 그러나 相計하는 當事者는 相對方에게 相計로 因한 損害를 賠償하여야 한다.

▣ 변제의 장소(467), 상계(492), 변제의 비용(473)

第495條【消滅時效完成된 債權에 依한 相計】 消滅時效가 完成된 債權이 그 完成前에 相計할 수

있었던 것이면 그 債權者는 相計할 수 있다.

▣ 소멸시효(162이하), 상계(492)

1. 매도인이나 수급인의 담보책임을 기초로 한 손해배상채권의 제척기간이 지났으나, 제척기간이 지나기 전 상대방의 채권과 상계할 수 있었던 경우, 매수인이나 도급인이 민 495조를 유추적용해서 위 손해배상채권을 자동채권으로 해서 상대방의 채권과 상계할 수 있는지 여부(적극) 매도인의 담보책임을 기초로 한 매수인의 손해배상채권 또는 수급인의 담보책임을 기초로 한 도급인의 손해배상채권이 각각 상대방의 채권과 상계적상에 있는 경우에 당사자들은 채권·채무관계가 이미 정산되었거나 정산될 것으로 기대하는 것이 일반적이므로, 그 신뢰를 보호할 필요가 있다. 이러한 손해배상채권의 제척기간이 지난 경우에도 그 기간이 지나기 전에 상대방에 대한 채권·채무관계의 정산 소멸에 대한 신뢰를 보호할 필요성이 있다는 점은 소멸시효가 완성된 채권의 경우와 아무런 차이가 없다. 따라서 매도인이나 수급인의 담보책임을 기초로 한 손해배상채권의 제척기간이 지난 경우에도 제척기간이 지나기 전 상대방의 채권과 상계할 수 있었던 경우에는 매수인이나 도급인은 민 495조를 유추적용해서 위 손해배상채권을 자동채권으로 해서 상대방의 채권과 상계할 수 있다고 봄이 타당하다.(대판 2019.3.14, 2018다255648)

2. 임대차 존속 중 차임채권의 소멸시효가 완성된 후 임대인이 소멸시효가 완성된 차임채권을 자동채권으로 삼아 임대차보증금 반환채무와 상계 또는 공제할 수 있는지 여부 민 495조는 당사자 쌍방의 채권이 상계적상에 있었던 경우에 당사자들은 채권·채무관계가 이미 정산되어 소멸하였다고 생각하는 것이 일반적이라는 점을 고려하여 당사자들의 신뢰를 보호하기 위한 것이다. 다만 이는 '자동채권의 소멸시효 완성 전에 양 채권이 상계적상에 이르렀을 것'을 요건으로 하는데, 임대인의 임대차보증금 반환채무는 임대차계약이 종료된 때에 비로소 이행기에 도달하므로, 임대차 존속 중 차임채권의 소멸시효가 완성된 경우에는 소멸시효 완성 전에 임대인이 임대차보증금 반환채무에 관한 기한의 이익을 실제로 포기하였다는 등의 특별한 사정이 없는 한 양 채권이 상계할 수 있는 상태에 있었다고 할 수 없다. 그러므로 그 이후에 임대인이 이미 소멸시효가 완성된 차임채권을 자동채권으로 삼아 임대차보증금 반환채무와 상계하는 것은 민 495조에 의하더라도 인정될 수 없지만, 임대차 존속 중 차임이 연체되고 있음에도 임대차보증금에서 연체차임을 충당하지 않고 있었던 임대인의 신뢰와 차임연체 상태에서 임대차관계를 지속해 온 임차인의 묵시적 의사를 감안하면 연체차임은 민 495조의 유추적용에 의하여 임대차보증금에서 공제할 수는 있다.(대판 2016.11.25, 2016다211309)

3. 임대차 존속 중 임대인의 구상금채권 소멸시효가 완성된 경우, 위 구상금채권을 자동채권으로 삼아 임차인의 유익비상환채권과 상계할 수 있는지 여부(소극) 민 626조 2항은 임차인이 유익비를 지출한 경우에는 임대인은 임대차 종료시에 그 가액의 증가가 현존한 때에 한하여 임차인의 지출한 금액이나 그 증가액을 상환하여야 한다고 규정하고 있으므로, 임차인의 유익비상환채권은 임대차계약이 종료한 때에 비로소 발생한다고 보아야 한다. 따라서 임대차 존속 중 임대인의 구상금채권의 소멸시효가 완성된 경우에는 위 구상금채권과 임차인의 유익비상환채권이 상계할 수 있는 상태에 있었다고 할 수 없으므로, 그 이후에 임대인이 이미 소멸시효가 완성된 구상금채권을 자동채권으로 삼아 임차인의 유익비상환채권과 상계하는 것은 민 495조에 의하더라도 인정될 수 없다.(대판 2021.2.10, 2017다258787)

第496條【不法行爲債權을 受動債權으로 하는 相計의 禁止】 債務가 故意의 不法行爲로 因한 것인 때에는 그 債務者는 相計로 債權者에게 對抗하지 못한다.

▣ 고의의 불법행위(750), 상계(492)

1. 고의의 불법행위를 원인으로 한 부당이득반환채권을 수동채권으로 하는 상계금지 여부(적극) 민 496조의 취지는, 고의의 불법행위에 의한 손해배상채권에 대하여 상계를 허용한다면 고의로 불법행위를 한 자까지도 상계권 행사로 현실적으로 손해배상을 지급할 필요가 없게 되어 보복적 불법행위를 유발하게 될 우려가 있고, 또 고의의 불법행위로 인한 피해자가 가해자의 상계권 행사로 인하여 현실의 변제를 받을 수 없는 결과가 됨은 사회적 정의관념에 맞지 아니하므로 고의에 의한 불법행위의 발생을 방지함과 아울러 고의의 불법행위로 인한 피해자에게 현실의 변제를 받게 하려는 데 있다. 법이 보장하는 상계권은 이처럼 그의 채무가 고의의 불법행위에 기인하는 채무자에게는 적용이 없는 것이고, 나아가 부당이득의 원인이 고의의 불법행위에 기인함으로써 불법행위로 인한 손해배상채권과 부당이득반환채권이 모두 성립하여 양채권이 경합하는 경우 피해자가 부당이득반환채권만을 청구하고 불법행위로 인한 손해배상채권을 청구하지 아니한 때에도, 그 청구의 실질적 이유, 즉 부당이득의 원인이 고의의 불법행위였다는 점은 불법행위로 인한 손해배상채권을 청구하는 경우와 다를 바 없다. 따라서 고의의 불법행위에 의한 손해배상채권은 현실적으로 만족을 받아야 한다는 상계금지의 취지는 이러한 경우에도 타당하므로, 민 496조를 유추적용함이 상당하다.(대판 2002.1.25, 2001다52506)

2. 고의에 의한 행위가 불법행위와 채무불이행을 동시에 구성하여 불법행위로 인한 손해배상채권과 채무불이행으로 인한 손해배상채권이 경합하는 경우 이 규정은 고의의 불법행위로 인한 손해배상채권을 수동채권으로 한 상계에 관한 것이고 고의의 채무불이행으로 인한 손해배상채권에는 적용되지 않는다. 다만 고의에 의한 행위가 불법행위를 구성함과 동시에 채무불이행을 구성하여 불법행위로 인한 손해배상채권과 채무불이행으로 인한 손해배상채권이 경합하는 경우에는 이 규정을 유추적용할 필요가 있다. 이러한 경우에 고의의 채무불이행으로 인한 손해배상채권을 수동채권으로 한 상계를 허용하면 이로써 고의의 불법행위로 인한 손해배상채권까지 소멸하게 되어 고의의 불법행위에 의한 손해배상채권은 현실적으로 만족을 받아야 한다는 이 규정의 입법 취지가 몰각될 우려가 있기 때문이다. 따라서 이러한 예외적인 경우에는 민 496조를 유추적용하여 고의의 채무불이행으로 인한 손해배상채권을 수동채권으로 하는 상계를 한 경우에도 채무자가 상계로 채권자에게 대항할 수 없다고 보아야 한다.(대판 2017.2.15, 2014다19776, 19783)

3. 중과실의 불법행위로 인한 손해배상채권을 수동채권으로 하는 상계금지 여부(소극) 민 496조가 고의의 불법행위로 인한 손해배상채권에 대한 상계를 금지하는 입법취지는 고의의 불법행위에 인한 손해배상채권에 대하여 상계를 허용한다면 고의로 불법행위를 한 자가 상계권행사로 현실적으로 손해배상을 지급할 필요가 없게 됨으로써 보복적 불법행위를 유발하게 될 우려가 있고, 고의의 불법행위로 인한 피해자가 가해자의 상계권행사로 인하여 현실의 변제를 받을 수 없는 결과가 됨은 사회적 정의관념에 맞지 아니하므로 고의에 의한 불법행위의 발생을 방지함과 아울러 고의의 불법행위로 인한 피해자에게 현실의 변제를 받게 하려는 데 있다. 이 같은 입법취지나 적용결과에 비추어 볼 때 고의의 불법행위에 인한 손해배상채권에 대한 상계금지를 중과실의 불법행위에 인한 손해배상채권에까지 유추 또는 확장적용하여야 할 필요성이 있다고 할 수 없다.(대판 1994.8.12, 93다52808)

4. 고의의 불법행위로 소비대차계약이 체결된 경우, 민 496조의 유추적용에 의하여 대여금채권을 수동채권으로 한 상계가 금지되는지 여부(소극) 상대방의 기망행위로 소비대차계약을 체결한 자가 불법행위로 인한 손해배상청구를 하지 않고 계약상 채권에 따른 대여금 및 이자 등의 지급을 구하는 경우에는 민 496조가 유추적용될 수 없다. 계약상 채권

은 상대방의 기망행위가 아니라 쌍방 사이의 계약에 기초하여 발생하는 권리이고, 그 급부의 이행으로 지향하는 경제적 이익이 불법행위로 인한 손해배상채권과 동일하여 양자가 경합하는 관계에 있다고 보기도 어려우며, 달리 민 496조가 정한 상계 금지의 취지에 비추어 계약상 채권이 실질적으로 고의의 불법행위로 인한 채권과 마찬가지라고 평가할 만한 사정도 없기 때문이다.(대판 2024.8.1, 2024다204696)

第497條【押留禁止債權을 受動債權으로 하는 相計의 禁止】 債權이 押留하지 못할 것인 때에는 그 債務者는 相計로 債權者에게 對抗하지 못한다.

▣ 상계(492), 채권의 압류금지(민집246, 재해보상청구권=근로86, 군인연금7)

1. 양도 또는 대위되는 채권이 압류금지채권인 경우 이를 수동채권으로 한 상계 가부(소극) 양도 또는 대위되는 채권이 원래 압류가 금지되는 것이었던 경우 처음부터 이를 수동채권으로 한 상계로 채권자에게 대항하지 못하던 것이어서 그 채권의 존재가 채무자의 자동채권에 대한 담보로서 기능할 여지가 없고 따라서 그 담보적 기능에 대한 채무자의 합리적 기대가 있다고도 할 수 없으므로, 그 채권이 양도되거나 대위의 요건이 구비된 이후에도 여전히 이를 수동채권으로 한 상계로써 채권양수인 또는 대위채권자에게 대항할 수 없다.(대판 2009.12.10, 2007다30171)

第498條【支給禁止債權을 受動債權으로 하는 相計의 禁止】 支給을 禁止하는 命令을 받은 第三債務者는 그 後에 取得한 債權에 依한 相計로 그 命令을 申請한 債權者에게 對抗하지 못한다.

▣ 상계(492)

1. 제3채무자가 가압류 채무자에 대한 반대채권으로써 상계할 수 있는 요건 가압류명령을 받은 제3채무자가 가압류채무자에 대한 반대채권을 가지고 있는 경우에 상계로써 가압류채권자에게 대항하기 위하여는 가압류의 효력 발생 당시에 양 채권이 상계적상에 있거나, 반대채권이 압류 당시 변제기에 이르지 않는 경우에는 피압류채권인 수동채권의 변제기와 동시에 또는 보다 먼저 변제기에 도달하는 경우이어야 된다.(대판 1982.6.22, 82다카200)

2. 채권압류명령을 받은 제3채무자가 압류채무자에게 반대채권을 가지고 있는 경우, 상계로써 압류채권자에게 대항하기 위한 요건 민 498조의 취지, 상계제도의 목적 및 기능, 채무자의 채권이 압류된 경우 관련 당사자들의 이익상황 등에 비추어 보면, 채권압류명령을 받은 제3채무자가 압류채무자에 대한 반대채권을 가지고 있는 경우에 상계로써 압류채권자에게 대항하기 위하여는, 압류의 효력 발생 당시에 대립하는 양 채권이 상계적상에 있거나, 그 당시 반대채권(자동채권)의 변제기가 도래하지 아니한 경우에는 그것이 피압류채권(수동채권)의 변제기와 동시에 또는 그보다 먼저 도래하여야 한다.(대판(全) 2012.2.16, 2011다45521)

3. 제3채무자의 압류채무자에 대한 자동채권이 수동채권인 피압류채권과 동시이행의 관계에 있는 경우 그 자동채권이 가압류 후에 발생한 것이더라도 피압류채권과 상계할 수 있는지 여부(적극) 제3채무자의 압류채무자에 대한 자동채권이 수동채권인 피압류채권과 동시이행의 관계에 있는 경우에는, 자동채권 발생의 기초가 되는 원인은 수동채권이 가압류되기 전에 이미 성립하여 존재하고 있었던 것이고 따라서 그 자동채권은 민 498조 소정의 "지급을 금지하는 명령을 받은 제3채무자가 그 후에 취득한 채권"에 해당하지 아니하므로 가압류명령이 제3채무자에게 송달되어 가압류의 효력이 생긴 후에 자동채권이 발생하였다고 하더라도 제3채무자는 동시이행의 항변권을 주장할 수 있고, 따라서 그 상계로써 압류채권자에게 대항할 수 있다. 따라서 부동산 매수인의 매매잔대금 지급의무와 매도인의 가압류기입등기말소의무가 동시이행관계에 있었는데 위 가압류에 기한 강제경매절차가 진행되자 매수인이 강제경매의 집행채권액과 집행비용을 변제공탁한 경우 매도인이 매수인에 대해 부담하는 대위변제로 인한 구상채무는 가압류기입등기말소의무의 변형으로서 매수인의 매매잔대금 지급의무와 여전히 대가적인 의미가 있어 서로 동시이행관계에 있으므로, 매수인은 매도인의 매매잔대금채권에 대해 가압류로부터 본압류로 전이하는 압류 및 추심명령을 받은 채권자에게 가압류 이후에 발생한 위 구상금채권에 의한 상계로 대항할 수 있다.(대판 2001.3.27, 2000다43819)

4. 금전채권의 일부에 대하여 압류 및 전부명령이 있는 경우 제3채무자가 전부채권자 또는 압류채무자를 임의로 상대방으로 지정하여 상계할 수 있는지 여부(적극) 가분적인 금전채권의 일부에 대한 전부명령이 확정되면 특별한 사정이 없는 한 전부명령이 제3채무자에 송달된 때에 소급하여 전부된 채권 부분과 전부되지 않은 채권 부분에 대하여 각기 독립한 분할채권이 성립하게 되므로, 그 채권에 대하여 압류채무자에 대한 반대채권으로 상계하고자 하는 제3채무자로서는 전부채권자 혹은 압류채무자 중 어느 누구도 상계의 상대방으로 지정하여 상계하거나 상계로 대항할 수 있고, 그러한 제3채무자의 상계 의사표시를 수령한 전부채권자는 압류채무자에 잔존한 채권 부분이 먼저 상계되어야 한다거나 각 분할채권액의 채권 총액에 대한 비율에 따라 상계되어야 한다는 이의를 할 수 없다.(대판 2010.3.25, 2007다35152)

第499條【準用規定】 第476條 乃至 第479條의 規定은 相計에 準用한다.

第4款 更 改

第500條【更改의 要件, 效果】 當事者가 債務의 重要한 部分을 變更하는 契約을 한 때에는 舊債務는 更改로 因하여 消滅한다.

▣ 중요한 부분(109), 불가분채권의 경우(410), 연대채무의 경우(417), 대물변제의 경우(466)

1. 경개인지 준소비대차인지 판단기준 준소비대차는 당사자 쌍방이 소비대차에 의하지 아니하고 금전 기타의 대체물을 지급할 의무가 있는 경우에 당사자가 그 목적물을 소비대차의 목적으로 할 것을 약정한 때에 성립하는 것으로서, 기존채무를 소멸케 하고 신채무를 성립시키는 계약인 점에 있어서는 경개와 동일하다. 그러나 경개에서는 기존채무와 신채무 사이에 동일성이 없는 반면, 준소비대차에서는 원칙적으로 동일성이 인정된다는 점에 차이가 있고, 기존채권, 채무의 당사자가 그 목적물을 소비대차의 목적으로 할 것을 약정한 경우 그 약정을 경개로 볼 것인가 또는 준소비대차로 볼 것인가는 일차적으로 당사자의 의사에 의하여 결정된다. 만약 당사자의 의사가 명백하지 않을 때에는 특별한 사정이 없는 한 동일성을 상실함으로써 채권자가 담보를 잃고 채무자가 항변권을 잃게 되는 것과 같이 스스로 불이익을 초래하는 의사를 표시하였다고는 볼 수 없으므로 일반적으로 준소비대차로 보아야 하지만, 신채무의 성질이 소비대차가 아니거나 기존채무와 동일성이 없는 경우에는 준소비대차로 볼 수 없다.(대판 2003.9.26, 2002다31803, 31810)

2. 경개인지 채권양도인지 판단기준 기존 채권이 제3자에게 이전된 경우 이를 채권의 양도로 볼 것인가 또는 경개로 볼 것인가는 일차적으로 당사자의 의사에 의하여 결정되고, 만약 당사자의 의사가 명백하지 아니할 때에는 특별한 사정이 없는 한 동일성을 상실함으로써 채권자가 담보를 잃고 채무자가 항변권을 잃게 되는 것과 같이 스스로 불이익을 초래하는 의사를 표시하였다고는 볼 수 없으므로 일반적으로 채권의 양도로 볼 것이다.(대판 1996.7.9, 96다16612)

3. 경개인지 기존 채무의 변제기, 변제방법 변경인지 판단기준 기존채무와 관련하여 새로운 약정을 체결한 경우 그러한 약정이 경개에 해당하는지 아니면 단순히 기존채무의 변제기나 변제방법 등을 변경한 것인지는 당사자의 의사에 의하여 결정되고, 만약 당사자의 의사가 명백하지 않을 때에는 의사해석의 문제로 귀착된다. 이러한 당사자의 의사를 해석할 때에는 새로운 약정이 이루어지게 된 동기와 경위, 당사자가 그 약정에 의하여 달성하려고 하는 목적과 진정한 의사 등을 종합적으로 고찰하여 사회정의와 형평의 이념에 맞도록 논리와 경험칙, 그리고 사회일반의 상식과 거래 통념에 따라 합리적으로 해석하여야 한다.(대판(全) 2019.10.23, 2012다46170)

4. 채권자가 채무자 발행의 전환사채를 인수하고 채무자는 그 인수대금으로 채권자에 대한 기존의 대출금채무를 변제한 경우 경개인지 여부(적극) 채권자가 채무자 발행의 전환사채를 인수하고 채무자는 그 인수대금으로 채권자에 대한 기존의 대출금채무를 변제한 경우 전환사채와 기존의 대출금채권 사이에 동일성을 인정할 수 없으므로 이 사채 인수계약을 준소비대차계약으로 볼 수 없고, 따라서 기존 대출금채권에 대한 담보의 효력이 위 전환사채에는 미치지 않는다.(대판 2003.9.26, 2002다31803)

5. 두 번의 소비대차를 합쳐서 하나의 채권채무로 약속어음을 발행하고 별도의 담보를 제공한 경우 경개인지 여부(적극) 두 번에 걸친 소비대차를 합쳐서 하나의 채권채무로 하여 약속어음을 발행하고 이를 담보하기 위하여 저당권설정계약까지 하였으면 이는 경개로 봄이 상당하다.(대판 1976.12.28, 76다2563)

6. 대환의 법적 성질과 기존 채무에 대한 보증책임의 존속 여부(적극) 현실적인 자금의 수수 없이 형식적으로만 신규대출을 하여 기존 채무를 변제하는 이른바 대환은 특별한 사정이 없는 한 형식적으로는 별도의 대출에 해당하나 실질적으로는 기존 채무의 변제기의 연장에 불과하므로 그 법률적 성질은 기존채무가 여전히 동일성을 유지한 채 존속하는 준소비대차로 보아야 하고, 이러한 경우 채권자와 보증인 사이에 있어서 사전에 신규대출형식에 의한 대환을 하는 경우 보증책임을 면하기로 약정하는 등의 특별한 사정이 없는 한 기존채무에 대한 보증은 존속한다.(대판 2002.9.24, 2000다49374)

7. 대환에서 채권자와 보증인이 보증책임을 면하기로 약정한 경우 보증책임 존속여부(소극) 이른바 '대환'은, 특별한 사정이 없는 한 형식적으로는 별도의 대출에 해당하나 실질적으로는 기존채무의 변제기의 연장에 불과하므로 그 법률적 성질은 기존채무가 여전히 동일성을 유지한 채 존속하는 준소비대차로 보아야 할 것이나 채권자와 보증인 사이에 '대환'의 경우 보증인이 보증책임을 면하기로 약정을 한 경우 등 특별한 사정이 있는 경우에는 위의 경우와 달리 보증인은 그 보증책임을 면한다.(대판 1991.12.10, 91다24281)

8. 채무의 변제방법과 연대보증채무를 부가시키는 경우 경개인지 여부(소극) 피고 갑이 원고에 대하여 부담한 기존상품대금채무를 확인하고 피고 을, 병은 원고와의 사이에 피고 갑의 위 상품대금채무의 연대보증인이 되어 그 채무를 매월말에 5천원씩 분할변제하기로 하되 5회이상 체납한 때에는 원고가 채권 전부를 일시에 청구하여도 이의 없다는 내용의 약정을 한 경우에 위 계약취지는 채무의 중요한 부분에 변경없이 그 채무의 동일성을 그대로 유지하면서 그 변제방법과 연체보증채무를 부가시킨 것에 불과하므로 그것이 기존상품대금 채무를 소멸시키고 새로운 채권의 발생을 약정한 이른바 경개계약이 아니라고 판단한 것은 정당하다.(대판 1966.9.6, 66다1186)

9. 구채무에 대한 근보증의 효력 경개로 소멸된 구채무에 대한 근보증은 구채무의 소멸과 동시에 같이 소멸된다.(대판 1972.4.25, 71다2105)

10. 경개계약의 해제 경개계약은 신채권을 성립시키고 구채권을 소멸시키는 처분행위로서 신채권이 성립되면 그 효과는 완결되고 경개계약 자체의 이행의 문제는 발생할 여지가 없으므로 경개에 의하여 성립된 신채무의 불이행을 이유로 경개계약을 해제할 수는 없다. 그러나 계약자유의 원칙상 경개계약의 성립 후에 그 계약을 합의해제하여 구채권을 부활시키는 것은 적어도 당사자 사이에서는 가능하다.(대판 2003.2.11, 2002다62333)

11. 다수 당사자 사이에서 경개계약이 체결된 경우 일부 당사자 사이의 경개계약 합의해제의 효력 다수 당사자 사이에서 경개계약이 체결된 경우 일부 당사자만이 경개계약을 합의해제하더라도 이를 무효라고 볼 수는 없고, 다만 그 효과가 경개계약을 해제하기로 합의한 당사자들에게만 미치는 것에 불과하다. 그런데 일부 당사자만이 경개계약을 합의해제하게 되면 그들 사이에서는 구채무가 부활하고 나머지 당사자들 사이에서는 경개계약에 따른 신채무가 여전히 효력을 가지게 됨으로써 당사자들 사이의 법률관계가 간명하게 규율되지 않는 경우가 발생할 수 있고, 경개계약을 합의해제하는 당사자들로서도 이러한 문제를 해결하는 것이 중요한 관심사가 될 터이므로 이에 관한 아무런 약정이나 논의 없이 그들 사이에서만 경개계약을 해제하기로 합의하는 것은 경험칙에 비추어 이례에 속하는 일이다.(대판 2010.7.29, 2010다699)

第501條【債務者變更으로 因한 更改】 債務者의 變更으로 因한 更改는 債權者와 新債務者間의 契約으로 이를 할 수 있다. 그러나 舊債務者의 意思에 反하여 이를 하지 못한다.

■ 채무자의 의사에 반한 변제 또는 보증(444②·453②·469②)

第502條【債權者變更으로 因한 更改】 債權者의 變更으로 因한 更改는 確定日字있는 證書로 하지 아니하면 이로써 第三者에게 對抗하지 못한다.

■ 채권자의 변경과 채무자의 승낙(503), 확정일자(부칙3)

第503條【債權者變更의 更改와 債務者承諾의 效果】 第451條第1項의 規定은 債權者의 變更으로 因한 更改에 準用한다.

■ 502

第504條【舊債務不消滅의 境遇】 更改로 因한 新債務가 原因의 不法 또는 當事者가 알지 못한 事由로 因하여 成立되지 아니하거나 取消된 때에는 舊債務는 消滅되지 아니한다.

■ 경개(500－502), 원인의 불법(103), 취소(5·10·13·110·141이하)

第505條【新債務에의 擔保移轉】 更改의 當事者는 舊債務의 擔保를 그 目的의 限度에서 新債務의 擔保로 할 수 있다. 그러나 第三者가 提供한 擔保는 그 承諾을 얻어야 한다.

■ 담보(질권＝329이하, 저당권＝356이하)

第5款 免 除

第506條【免除의 要件, 效果】 債權者가 債務者에게 債務를 免除하는 意思를 表示한 때에는 債權은 消滅한다. 그러나 免除로써 正當한 利益을 가진 第三者에게 對抗하지 못한다.

■ 410·419, 면제의 특칙(상324·400·542·567·570), 연대의 면제(427②)

1. 채권포기의사의 판단 채권의 포기(또는 채무의 면제)는 반드시 명시적인 의사표시만에 의하여야 하는 것이 아니고 채권자의 어떠한 행위 내지 의사표시의 해석에 의하여 그것이 채권의 포기라고 볼 수 있는 경우에도 이를 인정하여야 할 것이기는 하나 이와 같이 인정하기 위하여는 당해 권리관계의 내용에 따라 이에 대한 채권자의 행위 내지 의사표시

의 해석을 엄격히 하여 그 적용여부를 결정하여야 하는 것이며 상대방에 대한 반대채권이 있음에도 불구하고 자신의 채무이행을 약정하였다는 사실만으로는 반대채권을 포기한 것으로 볼 수는 없으므로 건물매도인이 매수인의 매매계약불이행으로 인한 손해배상채권에 충당할 수 있는 계약금을 매수인에게 반환하기로 약정한 사실만으로는 그 손해배상채권을 포기하였다고 단정할 수 없다.(대판 1987.3.24, 86다카1907, 1908)

第6款 混 同

第507條【混同의 要件, 效果】 債權과 債務가 同一한 主體에 歸屬한 때에는 債權은 消滅한다. 그러나 그 債權이 第三者의 權利의 目的인 때에는 그러하지 아니하다.

▣ 410·420, 채권이 제3자의 권리의 목적인 경우(345), 특칙(509①, 어11③·77①, 수14③), 물권의 혼동(191)

1. 채권의 채무자가 채권을 양수한 경우 혼동에 의한 채권소멸(적극) (대판 2022.1.13, 2019다272855) → 제450조 참조

2. 혼동에 의한 채권소멸의 예외가 인정되는 경우 ① 민 507조가 혼동을 채권의 소멸사유로 인정하고 있는 것은 권리의무 관계를 간소화하려는 데 그 목적이 있다. 채권과 채무가 동일인에게 귀속되는 경우라도 그 채권의 존재가 채권자 겸 채무자로 된 사람의 제3자에 대한 권리행사의 전제가 되는 관계로 채권의 존속을 인정하여야 할 정당한 이익이 있을 때에는 그 채권은 혼동에 의하여 소멸하는 것이 아니다. ② 자동차 운행 중 교통사고가 일어나 자동차의 운행자나 동승한 그의 친족이 사망하여 자배 3조에 의한 손해배상채권과 채무가 상속으로 동일인에게 귀속하게 되는 때에, 교통사고를 일으킨 차량의 운행자가 자동차 손해배상 책임보험에 가입하였다면, 가해자가 피해자의 상속인이 되는 등의 특별한 경우를 제외하고는 생존한 교통사고 피해자나 사망자의 상속인에게 책임보험에 의한 보험의 혜택을 부여하여 이들을 보호할 사회적 필요성이 있는 점은 다른 교통사고와 다를 바 없다. 다른 한편 원래 자동차 손해배상 책임보험의 보험자는 상속에 의한 채권·채무의 혼동 그 자체와는 무관한 제3자일 뿐 아니라 이미 자신의 보상의무에 대한 대가인 보험료까지 받고 있는 처지여서 교통사고의 가해자와 피해자 사이에 상속에 의한 혼동이 생긴다는 우연한 사정에 의하여 자기의 보상책임을 면할 만한 합리적인 이유가 없으므로, 자동차 책임보험의 약관에 의하여 피해자가 보험회사에 대하여 직접 보험금의 지급청구를 할 수 있는 이른바 직접청구권이 수반되는 경우에는 그 직접청구권의 전제가 되는 자배 3조에 의한 피해자의 운행자에 대한 손해배상청구권은 상속에 의한 혼동에 의하여 소멸되지 아니한다.(대판 1995.5.12, 93다48373)

3. 가해자의 직계비속 또는 배우자가 피해자의 운행자에 대한 손해배상청구권을 대습상속한 경우 피해자의 손해배상청구권의 소멸 여부(소극) 가해자의 직계비속 또는 배우자가 피해자의 보험자에 대한 직접청구권의 전제가 되는 자배 3조에 의한 피해자의 운행자에 대한 손해배상청구권을 대습상속한 경우 '가해자가 피해자의 상속인이 되는 등 특별한 경우'에 해당한다고 할 수 없으므로, 피해자의 손해배상청구권은 상속에 의한 혼동에 의하여 소멸되지 않는다.(대판 2005.1.13, 2004다34080)

4. 가해자가 피해자의 상속인이 되어 피해자의 자신에 대한 손해배상청구권과 손해배상의무가 혼동으로 소멸하였더라도 적법하게 상속을 포기한 경우 위 손해배상청구권과 이를 전제로 하는 보험자에 대한 직접청구권이 소멸하는지 여부(소극) (대판 2005.1.14, 2003다38573, 38580) → 제1041조 참조

第7節 指示債權

第508條【指示債權의 讓渡方式】 指示債權은 그 證書에 背書하여 讓受人에게 交付하는 方式으로 讓渡할 수 있다.

▣ 지시채권(상65, 518·515), 지시증권과 그 양도(상65·130·156·157·820, 어11①·77①, 수14①), 배서방식(510), 채권의 양도성(449), 지명채권의 양도(450)

第509條【還背書】 ① 指示債權은 그 債務者에 對하여도 背書하여 讓渡할 수 있다.

② 背書로 指示債權을 讓受한 債務者는 다시 背書하여 이를 讓渡할 수 있다.

▣ 508, 배서방식(510, 어11③·77①, 수14③), 채권혼동으로 인한 소멸(507)

第510條【背書의 方式】 ① 背書는 證書 또는 그 補充紙에 그 뜻을 記載하고 背書人이 署名 또는 記名捺印함으로써 이를 한다.

② 背書는 被背書人을 指定하지 아니하고 할 수 있으며 또 背書人의 署名 또는 記名捺印만으로 할 수 있다.

▣ 508, 특칙(어13·77①, 수16)

第511條【略式背書의 處理方式】 背書가 前條 第2項의 略式에 依한 때에는 所持人은 다음 各號의 方式으로 處理할 수 있다.

1. 自己나 他人의 名稱을 被背書人으로 記載할 수 있다.
2. 略式으로 또는 他人을 被背書人으로 表示하여 다시 證書에 背書할 수 있다.
3. 被背書人을 記載하지 아니하고 背書없이 證書를 第三者에게 交付하여 讓渡할 수 있다.

▣ 508, 특칙(어14②·77①, 수17②, 상65)

第512條【所持人出給背書의 效力】 所持人出給의 背書는 略式背書와 같은 效力이 있다.

▣ 508, 약식배서(510②), 특칙(어11③·12③·77①, 수15④, 상65)

第513條【背書의 資格授與力】 ① 證書의 占有者가 背書의 連續으로 그 權利를 證明하는 때에는 適法한 所持人으로 본다. 最後의 背書가 略式인 境遇에도 같다.

② 略式背書 다음에 다른 背書가 있으면 그 背書人은 略式背書로 證書를 取得한 것으로 본다.

③ 抹消된 背書는 背書의 連續에 關하여 그 記載가 없는 것으로 본다.

▣ 508, 배서의 방식(510), 특칙(어16①, 수19, 상65), ③ 말소된 배서(어50②·77①, 수46②)

第514條【同前-善意取得】 누구든지 證書의 適法한 所持人에 對하여 그 返還을 請求하지 못한다. 그러나 所持人이 取得한 때에 讓渡人이 權利없음을 알았거나 重大한 過失로 알지 못한 때에는 그러하지 아니하다.

▣ 적법한 소지인(510), 동산의 선의취득(249), 특칙(어16②·77①, 수21, 상65·359), 본조의 준용(524)

第515條【移轉背書와 人的抗辯】 指示債權의 債務者는 所持人의 前者에 對한 人的關係의 抗辯으로 所持人에게 對抗하지 못한다. 그러나 所持人

이 그 債務者를 害함을 알고 指示債權을 取得한 때에는 그러하지 아니하다.

▣ 524·518, 특칙(어17·77①, 수22), 채권양도와 항변(451), 본조의 준용(524)

第516條【辨濟의 場所】 證書에 辨濟場所를 定하지 아니한 때에는 債務者의 現營業所를 辨濟場所로 한다. 營業所가 없는 때에는 現住所를 辨濟場所로 한다.

▣ 변제의 장소(467②), 주소(18·36), 본조의 준용(524)

第517條【證書의 提示와 履行遲滯】 證書에 辨濟期限이 있는 境遇에도 그 期限이 到來한 後에 所持人이 證書를 提示하여 履行을 請求한 때로부터 債務者는 遲滯責任이 있다.

▣ 이행지체(387①), 채무불이행과 손해배상(390·392·395), 특칙(어38·77①, 수28·29), 본조의 준용(524)

1. 현금 대신 발행한 출역인부임전표채권의 이행지체의 시기 공사장에 출역한 인부들의 임금으로 현금대신 발행한 출역인부임전표채권은 변제기한이 도래한 후에 소지인이 위 증서를 제시하여 이행을 청구한 때(날)로부터 비로소 채무자는 지체책임을 진다.(대판 1976.5.11, 73다616)

第518條【債務者의 調査權利義務】 債務者는 背書의 連續與否를 調査할 義務가 있으며 背書人의 署名 또는 捺印의 眞僞나 所持人의 眞僞를 調査할 權利는 있으나 義務는 없다. 그러나 債務者가 辨濟하는 때에 所持人이 權利者아님을 알았거나 重大한 過失로 알지 못한 때에는 그 辨濟는 無效로 한다.

▣ 배서의 연속(510), 채권의 준점유자에 대한 변제(470·471), 어음·수표의 특칙(어40③·77①, 수35), 본조의 준용(524)

第519條【辨濟와 證書交付】 債務者는 證書와 交換하여서만 辨濟할 義務가 있다.

▣ 증서반환청구권(475), 특칙(어39①·77①, 수34①), 본조의 준용(524)

第520條【領收의 記入請求權】 ① 債務者는 辨濟하는 때에 所持人에 對하여 證書에 領收를 證明하는 記載를 할 것을 請求할 수 있다.

② 一部辨濟의 境遇에 債務者의 請求가 있으면 債權者는 證書에 그 뜻을 記載하여야 한다.

▣ 영수증청구권(474), 특칙(어39①·77①, 수34①), 본조의 준용(524)

第521條【公示催告節次에 依한 證書의 失效】 滅失한 證書나 所持人의 占有를 離脫한 證書는 公示催告의 節次에 依하여 無效로 할 수 있다.

▣ 점유(192), 공시최고절차(민소492), 무효(173이하), 특칙(상360), 본조의 준용(524)

1. 증서를 횡령당한 경우, 증권이나 증서의 무효선언을 위한 공시최고를 신청할 수 있는지 여부 증권이나 증서의 무효선언을 위한 공시최고의 신청권자는 증권 또는 증서를 도난당하거나 증서를 분실·멸실한 사람이므로(민 521조, 민소 492조 1항), 증서를 횡령당한 경우에는 공시최고를 신청할 수 없다.(대판 2016.10.27, 2016다235091)

第522條【公示催告節次에 依한 供託, 辨濟】 公示催告의 申請이 있는 때에는 債務者로 하여금 債務의 目的物을 供託하게 할 수 있고 所持人이 相當한 擔保를 提供하면 辨濟하게 할 수 있다.

▣ 521, 공시 최고의 신청(민소493), 채무의 목적물(373), 공탁목적물(487이하), 공탁, 본조의 준용(524)

第8節 無記名債權

第523條【無記名債權의 讓渡方式】 無記名債權은 讓受人에게 그 證書를 交付함으로써 讓渡의 效力이 있다.

▣ 동산물권의 양도(188①), 채권의 양도성(449①)

第524條【準用規定】 第514條 乃至 第522條의 規定은 無記名債權에 準用한다.

▣ 무기명채권(188, 수5①)

第525條【指名所持人出給債權】 債權者를 指定하고 所持人에게도 辨濟할 것을 附記한 證書는 無記名債權과 같은 效力이 있다.

▣ 기명식소지인출급채권(수5②, 상65), 무기명채권(523)

第526條【免責證書】 第516條, 第517條 및 第520條의 規定은 債務者가 證書所持人에게 辨濟하여 그 責任을 免할 目的으로 發行한 證書에 準用한다.

1. 출고지령서의 성격 피고회사가 갑회사에 대하여 경유를 출사하라는 출사지시서는 일종의 면책증서이므로 실질관계인 매매계약에 의하여 영향을 받는 유인증권이라 할 것이어서 위 지시서의 양수인은 증권을 양도받았다는 사실만으로는 그 물건의 인도청구권을 취득할 수 없으며 또 지령서의 양도는 그 표시물건의 양도와 같은 효력이 없다.(대판 1970.10.23, 70다1985)

第2章 契 約

第1節 總 則

第1款 契約의 成立

第527條【契約의 請約의 拘束力】 契約의 請約은 이를 撤回하지 못한다.

▣ 528, 경매와 취소(민집93), 승낙기간을 정하지 아니한 계약의 청약(529, 상51), 특칙(방문판매17, 전자상거래17, 할부거래8)

1. 청약내용의 확정 청약은 그에 대한 승낙에 의하여 곧바로 계약의 성립에 필요한 의사합치에 이를 수 있을 정도로 내용적으로 확정되어 있거나 해석에 의하여 확정될 수 있어야 한다.(대판 2003.5.13, 2000다45273)

2. 청약과 청약의 유인 ① 청약은 이에 대응하는 상대방의 승낙과 결합하여 일정한 내용의 계약을 성립시킬 것을 목적으로 하는 확정적인 의사표시인 반면 청약의 유인은 이와 달리 합의를 구성하는 의사표시가 되지 못하므로 피유인자가 그에 대응하여 의사표시를 하더라도 계약은 성립하지 않고 다시 유인한 자가 승낙의 의사표시를 함으로써 비로소 계약이 성립하는 것으로서 서로 구분된다. ② 상가나 아파트의 분양광고의 내용은 청약의 유인으로서의 성질을 갖는 데 불과한 것이 일반적이다. ③ 비록 분양광고의 내용, 모델하우스의 조건 또는 그 무렵 분양회사가 수분양자에게 행한 설명 등이 비록 청약의 유인에 불과하다 할지라도 그러한 광고 내용이나 조건 또는 설명 중 구체적 거래조건, 즉 아파트의 외형·재질 등에 관한 것으로서 사회통념에 비추어 수분양자가 분양자에게 계약 내용으로서 이행을 청구할 수 있다고 보이는 사항에 관한 한 수분양자들은 이를 신뢰하고 분양계약을 체결하는 것이고 분양자들도 이를 알고 있었다고 보아야 할 것이므로, 분양계약시에 달리 이의를 유보하였

다는 등의 특단의 사정이 없는 한, 분양자와 수분양자 사이에 이를 분양계약의 내용으로 하기로 하는 묵시적 합의가 있었다고 봄이 상당하다.(대판 2007.6.1, 2005다5812, 5829, 5836)

3. 청약의 유인과의 구별 상가를 분양하면서 그 곳에 첨단 오락타운을 조성·운영하고 전문경영인에 의한 위탁경영을 통하여 분양계약자들에게 일정액 이상의 수익을 보장한다는 광고를 하고, 분양계약 체결시 이러한 광고내용을 계약상대방에게 설명하였더라도, 체결된 분양계약서에는 이러한 내용이 기재되지 않은 점과, 그 후의 위 상가 임대운영경위 등에 비추어 볼 때, 위와 같은 광고 및 분양계약 체결시의 설명은 청약의 유인에 불과할 뿐 상가 분양계약의 내용으로 되었다고 볼 수 없고, 따라서 분양 회사는 위 상가를 첨단 오락타운으로 조성·운영하거나 일정한 수익을 보장할 의무를 부담하지 않는다.(대판 2001.5.29, 99다55601, 55618)

4. 근로계약 합의해지의 청약인 사직서 제출의 철회 근로자가 일방적으로 근로계약관계를 종료시키는 해약의 고지방법에 의하여 임의사직하는 경우가 아니라, 근로자가 사직원의 제출방법에 의하여 근로계약관계의 합의해지를 청약하고 이에 대하여 사용자가 승낙함으로써 당해 근로관계를 종료시키게 되는 경우에 있어서는, 근로자는 위 사직원의 제출에 따른 사용자의 승낙의사가 형성되어 확정적으로 근로계약 종료의 효과가 발생하기 전에는 그 사직의 의사표시를 자유로이 철회할 수 있다. 다만 근로계약 종료의 효과발생 전이라고 하더라도 근로자가 사직의 의사표시를 철회하는 것이 사용자에게 불측의 손해를 주는 등 신의칙에 반한다고 인정되는 특별한 사정이 있는 경우에 한하여 그 철회가 허용되지 않는다고 해석함이 상당하다. 교사가 작성일자를 3개월 뒤로 한 사직원을 제출하였다가 사직원의 작성일자 이전에 사직의사를 철회한 경우 특별한 사정이 없는 한 그 철회의 효력이 있어 학교 측이 위 사직원을 근거로 면직처분을 한 것이 무효이다.(대판 1992.4.10, 91다43138)

5. 명예퇴직 신청의 임의철회 명예퇴직은 근로자가 명예퇴직의 신청(청약)을 하면 사용자가 요건을 심사한 후 이를 승인(승낙)함으로써 합의에 의하여 근로관계를 종료시키는 것으로, 명예퇴직의 신청은 근로계약에 대한 합의해지의 청약에 불과하여 이에 대한 사용자의 승낙이 있어 근로계약이 합의해지되기 전에는 근로자가 임의로 그 청약의 의사표시를 철회할 수 있다.(대판 2003.4.25, 2002다1145)

第528條【承諾期間을 定한 契約의 請約】 ① 承諾의 期間을 定한 契約의 請約은 請約者가 그 期間 內에 承諾의 通知를 받지 못한 때에는 그 效力을 잃는다.

② 承諾의 通知가 前項의 期間後에 到達한 境遇에 普通 그 期間內에 到達할 수 있는 發送인 때에는 請約者는 遲滯없이 相對方에게 그 延着의 通知를 하여야 한다. 그러나 그 到達前에 遲延의 通知를 發送한 때에는 그러하지 아니하다.

③ 請約者가 前項의 通知를 하지 아니한 때에는 承諾의 通知는 延着되지 아니한 것으로 본다.

▣ 527, ① 529, 상53, ② 지연된 통지(530), 변경을 가한 승낙(534)

1. 청약자가 미리 정한 기간 내에 이의를 하지 아니하면 승낙한 것으로 간주한다는 뜻을 청약시 표시한 경우 그 효력 청약자가 미리 정한 기간 내에 이의를 하지 아니하면 승낙한 것으로 간주한다는 뜻을 청약시 표시하였다고 하더라도 이는 상대방을 구속하지 아니하고 그 기간은 경우에 따라 단지 승낙기간을 정하는 의미를 가질 수 있을 뿐이므로 그 기간이 도과하면 청약이 실효되게 된다.(대판 1999.1.29, 98다48903)

2. 확정매도신청(Firm Offer) 형식의 거래제의문상의 유효기간을 58분 경과한 후 승낙의 의사표시가 있은 경우 청약의 효력이 상실되었다고 본 사례 유효기간을 1990. 8. 8. 18:00까지로 하는 청약의 취지가 담긴 상품거래제의문을 교부받은 일방 당사자가 같은 날 18:00를 58분 경과한 18:58에 그 거래제의문에 의한 청약을 아무런 수정 없이 승낙한다는 취지에서 거래제의문의 중요 부분을 그대로 기재한 상품매매기본계약서를 타방 당사자에게 교부한 경우, 그 유효기간으로 기재된 18:00는 청약의 효력이 유지되는 최종시점이며 그 시각이 경과하면 거래제의문에 의한 청약은 그 효력이 상실된다고 봄이 신의칙에 합당하다.(대판 1994.8.12, 92다23537)

第529條【承諾期間을 定하지 아니한 契約의 請約】 承諾의 期間을 定하지 아니한 契約의 請約은 請約者가 相當한 期間內에 承諾의 通知를 받지 못한 때에는 그 效力을 잃는다.

▣ 527-530·534, 승낙기간(528), 특칙(상51)

第530條【延着된 承諾의 效力】 前2條의 境遇에 延着된 承諾은 請約者가 이를 새 請約으로 볼 수 있다.

▣ 승낙의 통지(528①), 새로운 청약(534)

第531條【隔地者間의 契約成立時期】 隔地者間의 契約은 承諾의 通知를 發送한 때에 成立한다.

▣ 528·529, 상53, 계약의 성립, 효력의 준거법(국사), 의사표시의 효력발생시기(111①)

第532條【意思實現에 依한 契約成立】 請約者의 意思表示나 慣習에 依하여 承諾의 通知가 必要하지 아니한 境遇에는 契約은 承諾의 意思表示로 認定되는 事實이 있는 때에 成立한다.

▣ 전조 참조문 참조

1. 의사실현에 의한 예금계약의 성립 예금계약은 예금자가 예금의 의사를 표시하면서 금융기관에 돈을 제공하고 금융기관이 그 의사에 따라 그 돈을 받아 확인을 하면 그로써 성립하며, 금융기관의 직원이 그 받은 돈을 금융기관에 입금하지 아니하고 이를 횡령하였다고 하더라도 예금계약의 성립에는 아무런 소장이 없다.(대판 1996.1.26, 95다26919)

第533條【交叉請約】 當事者間에 同一한 內容의 請約이 相互交叉된 境遇에는 兩請約이 相對方에게 到達한 때에 契約이 成立한다.

▣ 531, 상대방 있는 의사표시(111)

第534條【變更을 加한 承諾】 承諾者가 請約에 對하여 條件을 붙이거나 變更을 加하여 承諾한 때에는 그 請約의 拒絶과 同時에 새로 請約한 것으로 본다.

▣ 조건(147), 새로운 청약(530)

1. 매매계약 합의해제 청약에 대하여 상대방이 조건을 붙이거나 변경을 가하여 승낙한 경우의 효과 매매계약 당사자 중 매도인이 매수인에게 매매계약을 합의해제할 것을 청약하였다고 할지라도, 매수인이 그 청약에 대하여 조건을 붙이거나 변경을 가하여 승낙한 때에는 민 534조의 규정에 비추어 보면 그 청약의 거절과 동시에 새로 청약한 것으로 보게 되는 것이고, 그로 인하여 종전의 매도인의 청약은 실효된다.(대판 2002.4.12, 2000다17834)

2. 계약 체결 후 계약 내용 변경의 요건 계약 체결 후에 한쪽 당사자가 계약의 내용을 변경하고자 계약 내용과는 다른 사항이 포함된 문서를 상대방에게 송부하고 상대방이 이를 수령하고도 이의를 제기하지 않은 경우에 계약의 내용이 변경되었다고 보려면, 거래의 종류와 성질, 거래관행, 발송한

문서의 내용과 형식, 상대방의 태도 등에 비추어 상대방이 변경에 묵시적으로 동의하였다고 볼 수 있어야 한다. 이때 변경되는 사항이 이미 체결된 계약의 내용을 중요하게 변경하는 결과를 초래하는 경우에는 묵시적 동의를 쉽사리 인정해서는 안 된다.(대판 2016.10.27, 2014다88543, 88550)

第535條【契約締結上의 過失】 ① 目的이 不能한 契約을 締結할 때에 그 不能을 알았거나 알 수 있었을 者는 相對方이 그 契約의 有效를 믿었음으로 因하여 받은 損害를 賠償하여야 한다. 그러나 그 賠償額은 契約이 有效함으로 因하여 생길 利益額을 넘지 못한다.

② 前項의 規定은 相對方이 그 不能을 알았거나 알 수 있었을 境遇에는 適用하지 아니한다.

▣ 계약체결상의 준칙(2①), 목적이 일부불능인 유상계약의 책임(567·574·575), 채무불이행으로 인한 손해배상의 범위(393)

1. 계약의 원시적 이행불능으로 인한 손해배상의 범위 공사금의 지급에 갈음한 임야사용권 부여가 원시적으로 이행불능이라면 그 공사계약은 유효하게 성립할 수 없다 할 것이므로 상대방은 계약체결에 있어서의 과실을 이유로 하는 신뢰이익 손해배상을 구할 수 있을지언정 이행에 대신하는 전보배상을 구할 수는 없다.(대판 1975.2.10, 74다584)

2. 학교법인이 사무직원채용통지를 하였다가 채용하지 않은 경우 불법행위책임의 성립 학교법인이 원고를 사무직원 채용시험의 최종합격자로 결정하고 그 통지와 아울러 '1989.5.10. 자로 발령하겠으니 제반 구비서류를 5.8.까지 제출하여 달라.'는 통지를 하여 원고로 하여금 위 통지에 따라 제반 구비서류를 제출하게 한 후, 원고의 발령을 지체하고 여러 번 발령을 미루었으며, 그 때문에 원고는 위 학교법인이 1990.5.28. 원고를 직원으로 채용할 수 없다고 통지할 때까지 임용만 기다리면서 다른 일에 종사하지 못한 경우 이러한 결과가 발생한 원인이 위 학교법인이 자신이 경영하는 대학의 재정 형편, 적정한 직원의 수, 1990년도 입학정원의 증감 여부 등 여러 사정을 참작하여 채용할 직원의 수를 헤아리고 그에 따라 적정한 수의 합격자 발표와 직원채용통지를 하여야 하는데도 이를 게을리 하였기 때문이라면 위 학교법인은 불법행위자로서 원고가 위 최종합격자 통지와 계속된 발령 약속을 신뢰하여 직원으로 채용되기를 기대하면서 다른 취직의 기회를 포기함으로써 입은 손해를 배상할 책임이 있다.(대판 1993.9.10, 92다42897)

3. 계약의 교섭단계에서 상당한 이유 없이 계약의 체결을 거부한 경우 불법행위의 구성여부(적극) 어느 일방이 교섭단계에서 계약이 확실하게 체결되리라는 정당한 기대 내지 신뢰를 부여하여 상대방이 그 신뢰에 따라 행동하였음에도 상당한 이유 없이 계약의 체결을 거부하여 손해를 입혔다면 이는 신의칙에 비추어 볼 때 계약자유 원칙의 한계를 넘는 위법한 행위로서 불법행위를 구성한다.(대판 2001.6.15, 99다40418)

4. 계약의 중도파기로 인한 불법행위의 손해 계약교섭의 부당한 중도파기가 불법행위를 구성하는 경우 그러한 불법행위로 인한 손해는 일방이 신의에 반하여 상당한 이유 없이 계약교섭을 파기함으로써 계약체결을 신뢰한 상대방이 입게 된 상당인과관계 있는 손해로서 계약이 유효하게 체결된다고 믿었던 것에 의하여 입었던 손해 즉 신뢰손해에 한정된다. 이러한 신뢰손해란 예컨대, 그 계약의 성립을 기대하고 지출한 계약준비비용과 같이 그러한 신뢰가 없었더라면 통상 지출하지 아니하였을 비용상당의 손해라고 할 것이며, 아직 계약체결에 관한 확고한 신뢰가 부여되기 이전 상태에서 계약교섭의 당사자가 계약체결이 좌절되더라도 어쩔 수 없다고 생각하고 지출한 비용, 예컨대 경쟁입찰에 참가하기 위하여 지출한 제안서, 견적서 작성비용 등은 여기에 포함되지 아니한다.(대판 2003.4.11, 2001다53059)

5. 계약 교섭의 부당파기로 인한 손해배상책임 인정 사례 갑 증권회사의 직원이 을 증권회사의 직원에게 병 증권회사가 갑 회사로부터 매수하여 보관하고 있던 정 주식회사 발행의 기업어음을 을 회사가 매수하여 보관해 달라고 요청하자, 을 회사의 직원이 을 회사는 위 어음을 매수하여 5영업일간 보관할 수 있다고 답변하였고, 그 직후 을 회사가 위 어음을 매수하였는데, 그로부터 약 6개월 후 위 어음이 부도처리되자, 을 회사가 갑 회사를 상대로 주위적으로는 을 회사가 위 어음을 매수할 당시 갑 회사와 을 회사 사이에 5영업일이 지난 후에는 위 어음을 갑 회사에 이전하기로 하는 내용의 매매계약 또는 이러한 내용의 매매계약을 체결하기로 하는 매매예약이 체결되었거나 위 어음에 관한 매매위탁 또는 위임계약이 체결되었다고 주장하면서 매매대금 등의 지급을 구하고, 예비적으로는 계약 교섭의 부당파기에 따른 불법행위를 이유로 손해배상을 구한 사안에서, 갑 회사와 을 회사 사이에 갑 회사가 을 회사로부터 위 어음을 매수하는 내용의 매매계약 등이 체결되었다고 볼 수는 없으나, 갑 회사가 을 회사에 위 어음에 관한 매매계약이 체결되리라는 정당한 기대 또는 신뢰를 부여하여 을 회사가 그 신뢰에 따라 병 회사로부터 위 어음을 매수하였는데도 갑 회사가 상당한 이유 없이 위 어음에 관한 매매계약 체결을 거부하였고, 이는 신의성실 원칙에 비추어 계약자유 원칙의 한계를 넘는 위법한 행위에 해당하므로, 갑 회사는 을 회사가 위 어음을 매수하는 데 지출한 매매비용과 지연손해금을 배상할 의무가 있다고 본 원심판단에 법리오해 등의 잘못이 없다고 한 사례.(대판 2022.7.14, 2021다216773)

第2款 契約의 效力

第536條【同時履行의 抗辯權】 ① 雙務契約의 當事者 一方은 相對方이 그 債務履行을 提供할 때까지 自己의 債務履行을 拒絶할 수 있다. 그러나 相對方의 債務가 辨濟期에 있지 아니하는 때에는 그러하지 아니하다.

② 當事者 一方이 相對方에게 먼저 履行하여야 할 境遇에 相對方의 履行이 困難할 顯著한 事由가 있는 때에는 前項 本文과 같다.

▣ 이행의 제공(460), 변제기(152-154·387·388), 동시이행과 집행문부여(민집30), 본조의 준용(해제=549, 매도인의 담보책임=583, 수급인의 담보책임=667, 종신정기금의 해제=728)

▶동시이행관계

1. 부동산 매매에서 부동산인도의무와 잔대금지급의무 부동산 매매에서 당사자 사이에 다른 특약이 있는 등 특별한 사정이 없다면 매매 부동산의 인도 및 명도의무도 그 잔대금지급의무와 동시이행의 관계에 있는 것이므로 매도인이 그 명도의무의 이행을 제공하고 또 이를 상대방에게 통지한 후 그 이행을 수령할 것을 최고한 사실의 인정도 없이 피고의 잔대금지급 채무불이행만을 이유로 매도인의 매매계약해제를 인정하였음은 잘못이다.(대판 1980.7.8, 80다725)

2. 가압류등기가 있는 부동산의 매매계약에 있어서 매도인의 소유권이전등기 의무와 아울러 가압류등기의 말소의무도 매수인의 대금지급의무와 동시이행 관계에 있는지 여부(적극) 부동산의 매매계약이 체결된 경우에는 매도인의 소유권이전등기의무, 인도의무와 매수인의 잔대금지급의무는 동시이행의 관계에 있는 것이 원칙이다. 이 경우 매도인은 특별한 사정이 없는 한 제한이나 부담이 없는 완전한 소유권이전등기의무를 지는 것이므로 매매목적 부동산에 가압류등기 등이 되어 있는 경우에는 매도인은 이와 같은 등기도 말

소하여 완전한 소유권이전등기를 해 주어야 하는 것이고, 따라서 가압류등기 등이 있는 부동산의 매매계약에 있어서는 매도인의 소유권이전등기 의무와 아울러 가압류등기의 말소의무도 매수인의 대금지급의무와 동시이행 관계에 있다.(대판 2000.11.28, 2000다8533)

3. 매수인이 선이행하여야 할 중도금 지급을 하지 아니한 채 잔대금지급일을 경과한 경우 매수인의 중도금미지급에 대한 이행지체 책임 유무(소극) 매수인이 선이행의무 있는 중도금 등 매매대금을 이행하지 않았더라도 계약이 해제되지 않은 상태에서 잔대금 지급기일까지 중도금과 잔대금이 지급되지 아니하고, 잔대금과 동시이행 관계에 있는 매도인의 소유권이전등기 소요서류가 제공된 바 없이 그 기일이 도과되었으면 매수인의 중도금 및 잔대금의 지급과 매도인의 소유권이전등기 소요서류의 제공은 동시이행 관계에 있다 할 것이고 그때부터는 매수인이 위 중도금을 지급하지 아니한 데 대한 이행지체의 책임을 지지 않는다.(대판 1989.10.27, 88다카33442)

4. 매수인이 선이행하여여 할 중도금 지급을 하지 아니한 채 잔대금지급일을 경과한 경우 매도인의 소유권이전등기의무와 동시이행관계에 있는 매수인의 의무 매수인이 선이행하여야 할 중도금지급을 하지 아니한 채 잔대금지급일을 경과한 경우에는 매수인의 중도금 및 이에 대한 지급일 다음날부터 잔대금지급일까지의 지연손해금과 잔대금의 지급채무는 매도인의 소유권이전등기의무와 특별한 사정이 없는 한 동시이행관계에 있다.(대판 1991.3.27, 90다19930)

5. 선이행해야 할 중도금 지급의무가 계약상의 잔금지급기일을 도과한 경우, 매수인의 중도금 지급의무와 매도인의 소유권이전등기서류 제공의무가 동시이행의 관계에 있다고 볼 수 없는 특별한 사정 매도인이 매수인으로부터 중도금을 지급받아 원매도인에게 매매잔대금을 지급하지 아니하고서는 토지의 소유권이전등기서류를 갖추어 매수인에게 제공하기 어려운 특별한 사정이 있었고, 매수인도 그러한 사정을 알고 매매계약을 체결하였던 경우, 매도인의 소유권이전등기절차 서류의 제공의무는 매수인의 중도금 지급이 선행되었을 때에 매수인의 잔대금의 지급과 동시에 이를 이행하기로 약정한 것이라고 할 것이므로, 매수인의 중도금 지급의무는 당초 계약상의 잔금지급기일을 도과하였다고 하여도 매도인의 소유권이전등기서류의 제공과 동시이행의 관계에 있다고 할 수 없다.(대판 1997.4.11, 96다31109)

6. 사소한 불완전이행의 경우 전부에 대한 동시이행항변권 행사 가부 동시이행의 항변권은 근본적으로 공평의 관념에 따라 인정되는 것인데, 임차인이 불이행한 원상회복의무가 사소한 부분이고 그로 인한 손해배상액 역시 근소한 금액인 경우에까지 임대인이 그를 이유로, 임차인이 그 원상회복의무를 이행할 때까지, 혹은 임대인이 현실로 목적물의 명도를 받을 때까지 원상회복의무 불이행으로 인한 손해배상액 부분을 넘어서서 거액의 잔존 임대차보증금 전액에 대하여 그 반환을 거부할 수 있다고 하는 것은 오히려 공평의 관념에 반하는 것이 되어 부당하고, 그와 같은 임대인의 동시이행의 항변은 신의칙에 반하는 것이 되어 허용할 수 없다. 임차인이 금 326,000원이 소요되는 전기시설의 원상회복을 하지 아니한 채 건물의 명도 이행을 제공한 경우, 임대인이 이를 이유로 금 125,226,670원의 잔존 임대차보증금 전액의 반환을 거부할 동시이행의 항변권을 행사할 수 없다.(대판 1999.11.12, 99다34697)

7. 매수인이 양도소득세를 부담하기로 하는 약정이 있는 경우 매도인의 소유권이전등기의무와 매수인의 양도소득세액 제공의무의 관계 부동산의 매매계약시 그 부동산의 양도로 인하여 매도인이 부담할 양도소득세를 매수인이 부담하기로 하는 약정이 있는 경우, 매수인이 양도소득세를 부담하기 위한 이행제공의 형태, 방법, 시기 등이 매도인의 소유권이전등기의무와 견련관계에 있는 경우에 한하여 매도인의 소유권이전등기의무와 매수인의 양도소득세액 제공의무는 동시이행의 관계에 있다.(대판 1995.3.10, 94다27977)

8. 이행제공이 계속되지 아니하는 경우 상대방이 동시이행항변권을 상실하고 이행지체 책임을 부담하는지 여부(소극) 쌍무계약의 당사자 일방이 먼저 한 번 현실의 제공을 하고, 상대방을 수령지체에 빠지게 하였다고 하더라도 그 이행의 제공이 계속되지 않는 경우는 과거에 이행의 제공이 있었다는 사실만으로 상대방이 가지는 동시이행의 항변권이 소멸하는 것은 아니므로, 일시적으로 당사자 일방의 의무의 이행 제공이 있었으나 곧 그 이행의 제공이 중지되어 더 이상 그 제공이 계속되지 아니하는 기간동안에는 상대방의 의무가 이행지체 상태에 빠졌다고 할 수는 없고, 따라서 그 이행의 제공이 중지된 이후에 상대방의 의무가 이행지체되었음을 전제로 하는 손해배상청구도 할 수 없는 것이다.(대판 1995.3.14, 94다26646)

9. 계속적 이행제공의 의미 부동산매매계약에서 매도인의 소유권이전등기절차이행채무와 매수인의 매매잔대금 지급채무가 동시이행관계에 있는 한 매도인이 매수인을 이행지체로 되게 하기 위하여는 소유권이전등기에 필요한 서류 등을 현실적으로 제공하거나 그렇지 않더라도 이행장소에 그 서류 등을 준비하여 두고 매수인에게 그 뜻을 통지하고 수령하여 갈 것을 최고하면 되는 것이어서, 특별한 사정이 없으면 이행장소로 정한 법무사 사무실에 그 서류 등을 계속 보관시키면서 언제든지 잔대금과 상환으로 그 서류들을 수령할 수 있음을 통지하고 신의칙상 요구되는 상당한 시간 간격을 두고 거듭 수령을 최고하면 이행의 제공을 다한 것이 되고 그러한 상태가 계속된 기간 동안은 매수인이 이행지체로 된다.(대판 2001.5.8, 2001다6053)

10. 매수인의 구상채무와 매도인의 소유권이전의무 부동산의 매수인이 매매목적물에 관한 근저당권의 피담보채무를 인수하는 한편 그 채무액을 매매대금에서 공제하기로 약정한 경우, 매수인이 인수하기로 한 채무는 매매대금 지급채무에 갈음한 것으로서 매도인이 그 채무를 대신 변제하였다면 그로 인한 매수인의 매도인에 대한 구상채무는 인수채무의 변형으로서 매매대금 지급채무에 갈음한 것의 변형이므로, 매수인의 구상채무와 매도인의 소유권이전의무는 대가적 의미가 있어 이행상 견련관계에 있다고 인정되고, 따라서 양자는 동시이행의 관계에 있다고 해석함이 공평의 관념 및 신의칙에 합당하다.(대판 2007.6.14, 2007다3285)

11. 채무의 지급을 위하여 어음이 교부된 경우 채무자가 채무이행시 어음상환의 동시이행항변을 할 수 있는지 여부 기존의 원인채권과 어음채권이 병존하는 경우에 채권자가 원인채권을 행사함에 있어서 채무자는 원칙적으로 어음과 상환으로 지급하겠다고 하는 항변으로 채권자에게 대항할 수 있다. 그러나 어음상 권리가 시효완성으로 소멸하여 채무자에게 이중지급의 위험이 없고 채무자가 다른 어음상 채무자에 대하여 권리를 행사할 수도 없는 경우에는 채권자의 원인채권 행사에 대하여 채무자에게 어음상환의 동시이행항변을 인정할 필요가 없으므로 결국 채무자의 동시이행항변권은 부인된다.(대판 2010.7.29, 2009다69692)

12. 둘 이상의 전형계약을 포괄하는 하나의 계약에서 쌍방의무의 동시이행 쌍무계약에서 서로 대가관계에 있는 당사자 쌍방의 의무는 원칙적으로 동시이행의 관계에 있고, 나아가 하나의 계약으로 둘 이상의 민법상의 전형계약을 포괄하는 내용의 계약을 체결한 경우에 당사자 일방의 여러 의무가 포괄하여 상대방의 여러 의무와 대가관계에 있다고 인정되면, 이러한 당사자 일방의 여러 의무와 상대방의 여러 의무는 동시이행의 관계에 있다.(대판 2011.2.10, 2010다77385)

13. 재개발사업시행자가 현금청산대상자로부터 부동산을 인도받기 위해 거쳐야 할 절차 주택재개발사업의 사업시행자가 공사에 착수하기 위하여 조합원이 아닌 현금청산대상자로부터 정비구역 내 부동산을 인도받기 위해서는 구 도시

정비법 49조 6항에 따라 협의 또는 수용절차를 거쳐야 한다. 조합과 현금청산대상자 사이에 청산금에 관한 협의가 성립된다면 조합의 청산금 지급의무와 현금청산대상자의 토지 등 부동산 인도의무는 특별한 사정이 없는 한 동시이행의 관계에 있게 되고, 수용절차에 의할 때에는 부동산 인도에 앞서 청산금 등의 지급절차가 이루어져야 한다.(대판 2011.7.28, 2008다91364)

▸불안의 항변권

14. 선이행의무자가 선이행을 거절할 수 있는 민 536조 2항 소정의 "상대방의 이행이 곤란할 현저한 사유가 있는 때"의 판단기준 민 536조 2항 소정의 선이행의무를 지고 있는 당사자가 상대방의 이행이 곤란한 현저한 사유가 있는 때에 자기의 채무이행을 거절할 수 있는 경우란 선이행채무를 지게 된 채권자가 계약성립 후 채무자의 신용불안이나 재산상태의 악화 등의 사정으로 반대급부를 이행받을 수 없는 사정변경이 생기고 이로 인하여 당초의 계약내용에 따른 선이행의무를 이행케 하는 것이 공평과 신의칙에 반하게 되는 경우를 말하는 것이고, 이와 같은 사유는 당사자 쌍방의 사정을 종합하여 판단하여야 할 것이다.(대판 2005.6.24, 2005다17501)

15. 불안의 항변권 행사와 해제권 발생여부 아파트건설업자가 수분양자로부터 계약금과 일부 중도금만 지급받은 후 수분양자를 입주시킨 경우 수분양자의 중도금지급의무가 선이행의무에 해당한다 하더라도 아파트건설업자가 수분양자와 분양계약을 체결하고 입주시킨 날로부터 5년여가 경과한 시기에 이르기까지 위 아파트에 대한 준공검사조차도 마치지 못하고 있는 형편이라고 한다면 수분양자는 일부 미불된 중도금의 지급을 거절할 수 있다고 봄이 계약상의 공평의 원칙이나 신의칙에 맞는다고 할 것이어서 아파트건설업자는 수분양자의 중도금 미지급을 이유로 위 분양계약을 해제할 수 없다.(대판 1992.4.24, 92다3779)

16. 계속적 거래관계와 불안의 항변권 계속적 거래관계에 있어서 재화나 용역을 먼저 공급한 후 일정 기간마다 거래대금을 정산하여 일정 기일 후에 지급받기로 약정한 경우에 공급자가 선이행의 자기 채무를 이행하고 이미 정산이 완료되어 이행기가 지난 전기의 대금을 지급받지 못하였거나 후이행의 상대방의 채무가 아직 이행기가 되지 아니하였지만 이행기의 이행이 현저히 불안한 사유가 있는 경우에는 민 536조 2항 및 신의칙에 비추어 볼 때 공급자는 이미 이행기가 지난 전기의 대금을 지급받을 때 또는 전기에 대한 상대방의 이행기 미도래채무의 이행불안사유가 해소될 때까지 선이행의무가 있는 다음 기간의 자기 채무의 이행을 거절할 수 있다.(대판 1995.2.28, 93다53887)

17. 도급인의 약정위반에 따른 수급인의 불안의 항변권 이른바 불안의 항변권을 발생시키는 사유에 관하여 신용불안이나 재산상태 악화와 같이 채권자측에 발생한 객관적·일반적 사정만이 이에 해당한다고 제한적으로 해석할 이유는 없다. 도급인이 계약 체결 후에 위와 같은 약정을 위반하여 정당한 이유 없이 기성공사금을 지급하지 아니하고 이로 인하여 수급인이 공사를 계속해서 진행하더라도 그 공사내용에 따르는 공사금의 상당 부분을 약정대로 지급받을 것을 합리적으로 기대할 수 없게 되어서 수급인으로 하여금 당초의 계약내용에 따른 선이행의무의 이행을 요구하는 것이 공평에 반하게 되었다면, 비록 도급인에게 신용불안 등과 같은 사정이 없다고 하여도 수급인은 민 536조 2항에 의하여 계속공사의무의 이행을 거절할 수 있다.(대판 2012.3.29, 2011다93025)

18. 자동화설비 도급계약에서 자동화설비에 중대한 하자가 있는 경우 중도금지급의무의 이행을 거부하고 바로 계약을 해제할 수 있는지 여부(적극) 설계시공일괄입찰 방식의 자동화설비 도급계약에서 도급인의 중도금 지급채무가 일시 이행지체의 상태에 빠졌다 하더라도, 당해 자동화설비에 중대한 하자가 있어 시운전 성공 여부가 불투명하게 된 때에는 도급인으로서는 자신의 대금지급의무와 대가관계에 있는 시운전 성공시까지는 중도금지급의무의 이행을 거부할 수 있고, 그 하자가 중대하고 보수가 불가능하거나 보수가 가능하더라도 장기간을 요하여 계약의 본래의 목적을 달성할 수 없는 경우에는 중도금채무의 이행을 제공하지 않고 바로 계약을 해제할 수 있으며, 그 계약해제가 신의칙에 반하지 않는다.(대판 1996.8.23, 96다16650)

19. 이행상 견련관계가 있는 경우의 불안의 항변권 동시이행의 항변권은 당사자 쌍방이 부담하는 각 채무가 고유의 대가관계에 있는 쌍무계약상 채무가 아니더라도 구체적 계약관계에서 당사자 쌍방이 부담하는 채무 사이에 대가적인 의미가 있어 이행상 견련관계를 인정하여야 할 사정이 있는 경우에는 이를 인정해야 한다. 이러한 법리는 민 536조 1항뿐만 아니라 같은 조 2항에서 정한 이른바 '불안의 항변권'의 경우에도 마찬가지로 적용된다.(대판 2022.5.13, 2019다215791)

20. 상대방의 채무가 아직 이행기에 이르지 않았지만 이행기에 이행될 것인지 여부가 현저히 불확실하게 된 경우 상대방의 채무가 아직 이행기에 이르지 않았지만 이행기에 이행될 것인지 여부가 현저히 불확실하게 된 경우에는 선이행채무를 지고 있는 당사자에게 상대방의 이행이 확실하게 될 때까지 선이행의무의 이행을 거절할 수 있다.(대판 2022.5.13, 2019다215791)

▸동시이행항변권의 소송상 행사

21. 소송상 동시이행항변권 행사 요부(적극) 매매를 원인으로 한 소유권이전등기청구에 있어 매수인은 매매계약 사실을 주장, 입증하면 특별한 사정이 없는 한 매도인은 소유권이전등기의무가 있는 것이며, 매도인이 매매대금의 일부를 수령한 바 없다면 동시이행의 항변을 제기하여야 하는 것이고, 법원은 매수인의 이와 같은 항변이 있을 때에 비로소 대금지급 사실의 유무를 심리할 수 있는 것이다.(대판 1990.11.27, 90다카25222)

22. 동시이행의 항변에 대한 심리, 판단없이 무조건 지급을 명한 조치의 적부(소극) 원고가 준비서면에서 원고의 잔대금 지급의무는 피고의 이 사건 대지 및 건물에 대한 소유권이전등기절차에 필요한 서류의 교부와 동시이행의 관계에 있다는 취지의 항변을 하였음이 명백하므로, 피고가 그 채무이행을 제공하였는지 여부에 대하여 심리확정하여 원고 주장의 당부를 가려야 함에도 불구하고 매매계약이 해제 또는 취소됨이 없이 그대로 유효하다는 이유만으로 곧 원고의 잔대금 지급의무는 이행지체에 빠졌음을 전제로 원고에게 잔대금 및 그 지연손해금의 무조건 지급을 명한 조치는 위법하다.(대판 1984.4.10, 83다카1328, 1329)

▸이행지체 책임의 면제

23. 이행지체의 책임을 면하기 위해 동시이행항변권 행사 요부(소극) 쌍무계약에서 쌍방의 채무가 동시이행관계에 있는 경우 일방의 채무의 이행기가 도래하더라도 상대방 채무의 이행제공이 있을 때까지는 그 채무를 이행하지 않아도 이행지체의 책임을 지지 않는 것이며, 이와 같은 효과는 이행지체의 책임이 없다고 주장하는 자가 반드시 동시이행의 항변권을 행사하여야만 발생하는 것은 아니다.(대판 2001.7.10, 2001다3764)

24. 이행지체책임의 면제 및 지연손해금의 적용 이율 쌍무계약에서 쌍방의 채무가 동시이행 관계에 있는 경우 일방의 채무의 이행기가 도래하더라도 상대방 채무의 이행제공이 있을 때까지는 그 채무를 이행하지 않아도 이행지체의 책임을 지지 않는 것인바, 사실심 변론종결일까지 수급인이 도급인에게 건물의 인도를 위한 이행제공 또는 이행을 하였다고 볼 수 없는 경우 건물의 인도의무와 동시이행관계에 있는 공사대금 지급의무에 관하여 도급인에게 이행지체의 책임이

있다고 할 수 없으므로 위 공사대금에 대한 위 건물 인도일 이후의 지연손해금을 인정함에 있어서는 소송촉진 3조 1항 단서에 의하여 같은 조항 본문에 정한 이율이 적용되지 아니한다.(대판 2002.10.25, 2002다43370)

25. 부동산매매계약에 있어서 소유권이전등기청구권과 동시이행 관계에 있는 매매대금채권의 소멸시효의 기산일 부동산에 대한 매매대금 채권이 소유권이전등기청구권과 동시이행의 관계에 있다고 할지라도 매도인은 매매대금의 지급기일 이후 언제라도 그 대금의 지급을 청구할 수 있는 것이며, 다만 매수인은 매도인으로부터 그 이전등기에 관한 이행의 제공을 받기까지 그 지급을 거절할 수 있는 데 지나지 아니하므로 매매대금 청구권은 그 지급기일 이후 시효의 진행에 걸린다.(대판 1991.3.22, 90다9797)

26. 원인채무의 이행의무와 어음 반환의무가 상호 동시이행의 관계에 있는 경우, 원인채무의 채무자는 어음을 반환받을 때까지는 이행지체책임을 지지 않는지 여부(소극) 채무자가 어음의 반환이 없음을 이유로 원인채무의 변제를 거절할 수 있는 것은 채무자로 하여금 무조건적인 원인채무의 이행으로 인한 이중지급의 위험을 면하게 하려는 데에 그 목적이 있는 것이지, 기존의 원인채권에 터잡은 이행청구권과 상대방의 어음 반환청구권이 민 536조에 정하는 쌍무계약상의 채권채무관계나 그와 유사한 대가관계가 있어서 그러는 것은 아니므로, 원인채무 이행의무와 어음 반환의무가 동시이행의 관계에 있다 하더라도 이는 어음의 반환과 상환으로 하지 아니하면 지급을 할 필요가 없으므로 이를 거절할 수 있다는 것을 의미하는 것에 지나지 아니하는 것이며, 따라서 채무자가 어음의 반환이 없음을 이유로 원인채무의 변제를 거절할 수 있는 권능을 가진다고 하여 채권자가 어음의 반환을 제공하지 아니하면 채무자에게 적법한 이행의 최고를 할 수 없다고 할 수는 없고, 채무자는 원인채무의 이행기를 도과하면 원칙적으로 이행지체의 책임을 진다.(대판 1999.7.9, 98다47542, 47559)

▸ 동시이행항변권의 인정범위

27. 비쌍무계약에서 동시이행항변권이 인정되기 위한 요건 원래 쌍무계약에서 인정되는 동시이행의 항변권을 비쌍무계약에 확장함에 있어서는 양 채무가 동일한 법률요건으로부터 생겨서 공평의 관점에서 보아 견련적으로 이행시킴이 마땅한 경우라야 한다.(대판 1992.10.9, 92다25656)

28. 쌍무계약에서 고유한 대가관계가 있지 않지만 동시이행 항변권이 인정되기 위한 요건 동시이행의 항변권은 공평의 관념과 신의칙에 입각하여 각 당사자가 부담하는 채무가 서로 대가적 의미를 가지고 관련되어 있을 때 그 이행에 있어서 견련관계를 인정하여 당사자 일방은 상대방이 채무를 이행하거나 이행의 제공을 하지 아니한 채 당사자 일방의 채무의 이행을 청구할 때에는 자기의 채무 이행을 거절할 수 있도록 하는 제도이다. 이러한 제도의 취지에서 볼 때 당사자가 부담하는 각 채무가 쌍무계약에 있어 고유의 대가관계가 있는 채무가 아니라고 하더라도 구체적인 계약관계에서 각 당사자가 부담하는 채무에 관한 약정 내용에 따라 그것이 대가적 의미가 있어 이행상의 견련관계를 인정하여야 할 사정이 있는 경우에는 동시이행의 항변권을 인정할 수 있는 것이다.(대판 1992.8.18, 91다30927; 대판 2006.2.24, 2005다58656, 58663)

29. 민 571조에 의한 계약해제의 효과, 민 583조의 취지, 민 571조에 의한 계약해제로 발생하는 매도인의 손해배상의무와 매수인의 대지인도의무 사이에 동시이행관계가 있는지 여부(적극) ① 민 571조의 취지는 선의의 매도인에게 무과실의 손해배상책임을 부담하도록 하면서 그의 보호를 위하여 특별히 해제권을 부여하는 것인바, 그 해제의 효과에 대하여 일반적인 해제와 달리 해석할 이유가 없으므로 매도인은 매수인에게 손해배상의무를 부담하는 반면 매수인은 매도인에게 목적물을 반환하고 목적물을 사용하였으면 그 사용이익을 반환할 의무를 부담한다. ② 민 583조의 취지는 매도인은 같은 조에서 명시한 규정들에 터잡아 이미 지급받은 대금의 전부나 일부의 반환의무, 손해배상의무, 하자 없는 물건의 지급의무가 있는 반면 매수인은 매도인에게서 수령한 목적물이 있다면 원상회복의무로서 이를 반환할 의무가 있는데, 이러한 쌍방 당사자의 의무는 하나의 쌍무계약에서 발생한 것은 아닐지라도 동일한 생활관계에서 발생한 것으로 서로 밀접한 관계에 있어 그 이행에 견련관계를 인정함이 공평의 원칙에 부합하기 때문에, 일반 해제의 경우와 마찬가지로 민 536조를 준용한다는 것이다. ③ 민 571조에 의한 계약해제의 경우 매도인의 손해배상의무와 매수인의 대지인도의무는 발생원인이 다르다 하더라도 이행의 견련관계는 양 의무에도 그대로 존재하므로 양 의무는 동시이행관계가 있다.(대판 1993.4.9, 92다25946)

30. 쌍무계약의 무효와 동시이행 동시이행의 항변권을 규정한 민 536조가 민 549조에 의하여 계약해제의 경우 각 당사자의 원상회복의무에 준용되고 있는 점을 생각할 때 쌍무계약이 무효로 되어 각 당사자가 서로 취득한 것을 반환하여야 하는 경우에도 동시이행관계가 있다고 보아 민 536조를 준용함이 옳다고 해석되는바, 이는 공평의 관념상 계약이 무효인 때의 원상회복의무이행과 계약해제 때의 그것을 구별하여야 할 이유가 없으며 계약무효의 경우라 하여 어느 일방의 당사자에게만 먼저 반환의무이행이 강제된다면 공평과 신의칙에 위배되기 때문이다.(대판 1993.5.14, 92다45025)

31. 경매절차가 무효로 된 경우, 각 당사자의 반환의무가 동시이행 관계에 있는지 여부(적극) 쌍무계약이 무효로 되어 각 당사자가 서로 취득한 것을 반환하여야 할 경우, 어느 일방의 당사자에게만 먼저 그 반환의무의 이행이 강제된다면 공평과 신의칙에 위배되는 결과가 되므로 각 당사자의 반환의무는 동시이행 관계에 있다고 보아 민 536조를 준용함이 옳다고 해석되고, 이러한 법리는 경매절차가 무효로 된 경우에도 마찬가지이다.(대판 1995.9.15, 94다55071)

32. 동시이행관계에 있는 채무가 이행불능이 되어 발생한 손해배상의무와 상대방의 원래의 채무가 동시이행관계에 있는지 여부(적극) 채권자의 가등기를 말소할 의무와 채무자의 소유권이전등기절차를 이행할 의무가 동시이행의 관계에 있는 경우 위 가등기말소의무는 위 소유권이전등기절차이행의무가 이행불능이 됨으로 인하여 발생한 채무자의 채권자에 대한 손해배상의무와도 여전히 동시이행의 관계에 있다.(대판 1997.4.25, 96다40677, 40684)

33. 별개의 약정과 동시이행관계 당사자 쌍방이 각각 별개의 약정으로 상대방에 대하여 채무를 지게 된 경우에는 자기의 채무이행과 상대방의 어떤 채무이행을 견련시켜 동시이행을 하기로 특약한 사실이 없다면 상대방이 자기에게 이행할 채무가 있다 하더라도 동시이행의 항변권이 생긴다고 볼 수 없다.(대판 1989.2.14, 88다카10753)

▸ 임대차 종료시의 동시이행관계

34. 종전의 임차인이 임대인으로부터 새로 목적물을 임차한 사람에게 그 목적물을 임대인의 동의 아래 직접 넘긴 경우 임대인의 동시이행항변 인정 여부(소극) 임대차관계가 종료된 후 임차인이 목적물을 임대인에게 반환하였으면 임대인은 보증금을 무조건으로 반환하여야 하고, 임차인으로부터 목적물의 인도를 받는 것과의 상환이행을 주장할 수 없다. 그리고 이는 종전의 임차인이 임대인으로부터 새로 목적물을 임차한 사람에게 그 목적물을 임대인의 동의 아래 직접 넘긴 경우에도 다를 바 없다. 그 경우 임차인의 그 행위는 임대인이 임차인으로부터 목적물을 인도받아 이를 새로운 임차인에게 다시 인도하는 것을 사실적인 실행의 면에서 간략하게 한 것으로서, 법적으로는 두 번의 인도가 행하여진 것으로 보아야 하므로, 역시 임대차관계 종료로 인한 임차인

의 임대인에 대한 목적물반환의무는 이로써 제대로 이행되었다고 할 것이기 때문이다.(대판 2009.6.25, 2008다55634)

35. 토지 임차인의 매수청구권 행사시 임차인의 건물인도 및 소유권이전등기의무와 임대인의 건물대금지급의무 건물의 소유를 목적으로 한 토지임차인이 민 643조의 규정에 의하여 매수청구권을 행사한 경우 토지임차인의 건물명도 및 그 소유권이전등기의무와 토지임대인의 건물대금지급의무가 동시이행관계에 있다.(대판 1991.4.9, 91다3260)

36. 임차물인도의무와 보증금반환의무 임차인이 임차건물을 명도할 의무와 임대인이 임대보증금 중 미지급 월임료 등을 공제한 나머지 보증금을 반환할 의무가 동시이행관계에 있는 이상, 임대인이 임차인에게 위 보증금반환의무를 이행하였다거나 그 현실적인 이행의 제공을 하여 임차인의 건물명도의무가 지체에 빠졌다는 사실이 인정되지 않는다면 임차인은 임대차기간만료후 명도를 지연할 경우 지급키로 한 약정지연손해금을 지급할 의무가 없다.(대판 1988.4.12, 86다카2476)

37. 임대차 종료 후 임대차보증금을 반환받지 못한 임차인이 동시이행의 항변권을 행사하여 목적물을 계속 점유하는 경우 불법점유 여부 및 임차인의 부당이득반환의무의 성부 ① 임대차계약의 종료에 의하여 발생된 임차인의 임차목적물 반환의무와 임대인의 연체차임을 공제한 나머지 보증금의 반환의무는 동시이행의 관계에 있는 것이므로 임대차계약 종료의 후에도 임차인이 동시이행의 항변권을 행사하여 임차건물을 계속 점유해 온 것이라면 임대인이 임차인에게 위 보증금반환의무를 이행하였다거나 그 현실적인 이행의 제공을 하여 임차인의 건물명도의무가 지체에 빠지는 등의 사유로 동시이행항변권을 상실하게 되었다는 점에 관하여 임대인의 주장 입증이 없는 이상 임차인의 위 건물에 대한 점유는 불법점유라고 할 수 없다. ② 법률상의 원인 없이 이득하였음을 이유로 한 부당이득의 반환에 있어서 이득이라 함은 실질적인 이익을 가리키는 것이므로 법률상 원인 없이 건물을 점유하고 있다 하여도 이를 사용, 수익하지 않았다면 이익을 얻은 것이라고 볼 수 없다. 임차인이 임대차계약 종료 이후에도 임차건물부분을 계속 점유하기는 하였으나 이를 사용, 수익하지 아니하여 실질적인 이득을 얻은 바 없는 경우에는 그로 인하여 임대인에게 손해가 발생하였다 하더라도 임차인의 부당이득 반환의무는 성립될 여지가 없다.(대판 1990.12.21, 90다카24076)

38. 임대차 종료 후 임대인의 보증금반환의무 이행 등으로 동시이행항변권을 상실한 임차인이 목적물 계속 점유 시 불법행위 성부(원칙적 적극) 임차인이 동시이행항변권을 상실하였는데도 목적물의 반환을 계속 거부하면서 점유하고 있다면, 달리 점유에 관한 적법한 권원이 인정될 수 있는 특별한 사정이 없는 한 이러한 점유는 적어도 과실에 의한 점유로서 불법행위를 구성한다.(대판 2020.5.14, 2019다252042)

39. 임대차계약해제에 따른 임차인의 목적물반환의무와 임대인의 목적물을 사용수익하게 할 의무불이행에 대하여 손해배상하기로 한 약정에 따른 의무와 사이의 이행상 견련관계 유무(소극) 임대차계약 해제에 따른 임차인의 임대차계약의 이행으로 이루어진 목적물 인도의 원상회복의무와 임대인이 임차인에게 건물을 사용수익하게 할 의무를 불이행한 데 대하여 손해배상을 하기로 한 각서에 기하여 발생된 약정지연손해배상의무는 하나의 임대차계약에서 이루어진 계약이행의 원상회복관계에 있지 않고 그 발생원인을 달리하고 있어 특별한 사정이 없는 한 양자 사이에 이행상의 견련관계는 없으므로 임차인의 동시이행의 항변은 배척되어야 한다.(대판 1990.12.26, 90다카25383)

동시이행관계의 부정

40. 건물매수인이 소유권을 취득하지 아니한 채 매도인의 동의를 얻어 제3자에게 임대하였으나 매수인(임대인)의 채무불이행으로 매매계약이 해제된 경우 임차인의 건물명도의무와 매수인(임대인)의 보증금반환의무가 동시이행관계에 있는지 여부(소극) 건물매수인이 아직 건물의 소유권을 취득하지 못한 채 매도인의 동의를 얻어 제3자에게 임대하였으나 매수인(임대인)의 채무불이행으로 매도인이 매매계약을 해제하고 임차인에게 건물의 명도를 구하는 경우 임차인은 매도인에 대한 관계에서 건물의 전차인의 지위와 흡사하다 할 것인바, 임대인의 동의 있는 전차인도 임차인의 채무불이행으로 임대차계약이 해지되면 특단의 사정이 없는 한 임대인에 대해서 전차인의 전대인에 대한 권리를 주장할 수가 없고, 또 임차인이 매매계약목적물에 대하여 직접 임차권을 취득했다고 보더라도, 대항력을 갖추지 아니한 상태에서는 그 매매계약이 해제되어 소급적으로 실효되면 그 권리를 보호받을 수가 없다는 점에 비추어 볼 때, 임차인의 건물명도의무와 매수인(임대인)의 보증금반환의무를 동시이행관계에 두는 것은 오히려 공평의 원칙에 반한다 할 것이다.(대판 1990.12.7, 90다카24939)

41. 변제의무와 담보 반환의무의 관계 및 담보 반환 전 채무자의 이행지체 책임 금전채권의 채무자가 채권자에게 담보를 제공한 경우 특별한 사정이 없는 한 채권자는 채무자로부터 채무를 모두 변제받은 다음 담보를 반환하면 될 뿐 채무자의 변제의무와 채권자의 담보 반환의무가 동시이행관계에 있다고 볼 수 없다. 따라서 채권자가 채무자로부터 제공받은 담보를 반환하기 전에도 특별한 사정이 없는 한 채무자는 이행지체 책임을 진다.(대판 2019.10.31, 2019다247651)

第537條【債務者危險負擔主義】 雙務契約의 當事者 一方의 債務가 當事者雙方의 責任없는 事由로 履行할 수 없게 된 때에는 債務者는 相對方의 履行을 請求하지 못한다.

■ 특칙(상134), 채권자 귀책사유로 인한 이행불능(538), 채무자 귀책사유로 인한 이행불능(390)

1. 쌍무계약에서 당사자 쌍방의 귀책사유 없이 채무가 이행불능되어 계약관계가 소멸한 경우 적용되는 법리 민 537조는 채무자위험부담주의를 채택하고 있는바, 쌍무계약에서 당사자 쌍방의 귀책사유 없이 채무가 이행불능된 경우 채무자는 급부의무를 면함과 더불어 반대급부도 청구하지 못하므로, 쌍방 급부가 없었던 경우에는 계약관계는 소멸하고 이미 이행한 급부는 법률상 원인 없는 급부가 되어 부당이득의 법리에 따라 반환청구할 수 있다. 매매 목적물이 경매절차에서 매각됨으로써 당사자 쌍방의 귀책사유 없이 이행불능에 이르러 매매계약이 종료된 경우 위험부담의 법리에 따라 매도인은 이미 지급받은 계약금을 반환하여야 하고 매수인은 목적물을 점유·사용함으로써 취득한 임료 상당의 부당이득을 반환할 의무가 있다.(대판 2009.5.28, 2008다98655, 98662)

第538條【債權者歸責事由로 因한 履行不能】

① 雙務契約의 當事者 一方의 債務가 債權者의 責任있는 事由로 履行할 수 없게 된 때에는 債務者는 相對方의 履行을 請求할 수 있다. 債權者의 受領遲滯 中에 當事者雙方의 責任없는 事由로 履行할 수 없게 된 때에도 같다.

② 前項의 境遇에 債務者는 自己의 債務를 免함으로써 利益을 얻은 때에는 이를 債權者에게 償還하여야 한다.

■ 수령지체(400−403), 채무자의 위험부담주의(537), 이익의 상환(741·748), 특칙(근로46)

1. 민 538조 1항 소정의 '채권자의 책임 있는 사유'의 의미 및 민 538조 1항 소정의 '채권자의 수령지체 중에 당사자 쌍

방의 책임 없는 사유로 이행할 수 없게 된 때'에 해당하기 위하여 현실 제공이나 구두 제공이 필요한지 여부(적극) ① 민 538조 1항 소정의 '채권자의 책임 있는 사유'라고 함은 채권자의 어떤 작위나 부작위가 채무자의 이행의 실현을 방해하고 그 작위나 부작위는 채권자가 이를 피할 수 있었다는 점에서 신의칙상 비난받을 수 있는 경우를 의미한다. ② 민 400조 소정의 채권자지체가 성립하기 위해서는 민 460조 소정의 채무자의 변제 제공이 있어야 하고, 변제 제공은 원칙적으로 현실 제공으로 하여야 하며 다만 채권자가 미리 변제받기를 거절하거나 채무의 이행에 채권자의 행위를 요하는 경우에는 구두의 제공으로 하더라도 무방하고, 채권자가 변제를 받지 아니할 의사가 확고한 경우(이른바, 채권자의 영구적 불수령)에는 구두의 제공을 한다는 것조차 무의미하므로 그러한 경우에는 구두의 제공조차 필요 없다고 할 것이지만, 그러한 구두의 제공조차 필요 없는 경우라고 하더라도, 이는 그로써 채무자가 채무불이행책임을 면한다는 것에 불과하고, 민 538조 1항 2문 소정의 '채권자의 수령지체 중에 당사자 쌍방의 책임 없는 사유로 이행할 수 없게 된 때'에 해당하기 위해서는 현실 제공이나 구두 제공이 필요하다(다만, 그 제공의 정도는 그 시기와 구체적인 상황에 따라 신의칙에 어긋나지 않게 합리적으로 정하여야 한다).(대판 2004.3.12, 2001다79013)

2. 해고가 무효인 경우 근로자가 근로제공을 하지 못한 기간 중 임금 청구 가부 사용자의 근로자에 대한 해고가 무효인 경우 근로자는 근로계약관계가 유효하게 존속함에도 불구하고 사용자의 귀책사유로 인하여 근로제공을 하지 못한 셈이므로 민 538조 1항에 의하여 그 기간 중에 근로를 제공하였을 경우에 받을 수 있는 반대급부인 임금의 지급을 청구할 수 있다고 할 것이지만, 해고가 없었다고 하더라도 취업이 사실상 불가능한 상태가 발생한 경우라든가 사용자가 정당한 사유에 의하여 사업을 폐지한 경우에는 사용자의 귀책사유로 인하여 근로제공을 하지 못한 것이 아니므로, 그 기간 중에는 임금을 청구할 수 없다.(대판 1994.10.25, 94다25889)

3. 위장폐업에 의한 부당해고와 불법행위책임 위장폐업에 의한 부당해고는 근로자에 대한 관계에서 불법행위를 구성한다. 따라서 근로자들로서는 위장폐업에 의한 부당해고가 무효임을 이유로 민 538조 1항에 따라 구회사 내지는 그와 실질적으로 동일성을 유지하고 있는 신설회사에 대하여 계속 근로하였을 경우 그 반대급부로 받을 수 있는 임금의 지급을 구할 수 있음은 물론이고, 아울러 위장폐업에 의한 부당해고가 불법행위에 해당함을 이유로 손해배상을 구할 수 있으며, 그중 어느 쪽의 청구권이라도 선택적으로 행사할 수 있다.(대판 2011.3.10, 2010다13282)

4. 해고기간 중 근로자가 상당기간 구속된 경우 해고가 무효라면 구속기간 동안의 임금도 청구할 수 있는지 여부 해고기간 중 근로자가 징역형의 선고를 받아 상당기간 구속된 경우 해고가 무효라고 하더라도 구속기간 동안에는 근로자가 근로의 제공을 할 수 없는 처지였으므로 구속기간 동안의 임금을 청구할 수 없다.(대판 1995.1.24, 94다40987)

5. 부당해고로 인해 노무를 제공하지 못한 근로자가 사용자에게 청구할 수 있는 임금에서 공제되어야 할 이익 부당해고로 인하여 노무를 제공하지 못한 근로자는 민 538조 1항 본문의 규정에 의하여 사용자에 대하여 임금을 청구할 수 있고 이 경우 근로자가 자기의 채무를 면함으로써 이익을 얻은 때에는 이를 사용자에게 상환하되, 상환하여야 할 이익은 채무를 면한 것과 상당인과관계에 있는 것에 한한다고 할 것이지만, 근로자가 해고기간 중에 노동조합기금으로부터 지급받은 금원은 그가 노무제공을 면한 것과 상당인과관계에 있는 이익이라고는 볼 수 없다. 마찬가지로 해고되기 전부터 처의 주도로 경영하던 과수원에서 부업으로 얻어온 수입이 임금에서 공제하여야 할 이익은 아니다.(대판 1993.5.25, 92다31125)

6. 채권자 위험부담시 채무자의 중간이득 공제의 범위 ① 사용자의 귀책사유로 인하여 해고된 근로자가 해고기간 중에 다른 직장에 종사하여 얻은 이익(이른바 중간수입)은 민 538조 2항에서 말하는 채무를 면함으로써 얻은 이익에 해당하므로, 사용자는 위 근로자에게 해고기간 중의 임금을 지급함에 있어 위의 이익의 금액을 임금액에서 공제할 수 있다. ② 근로 38조는 근로자의 최저생활을 보장하려는 취지에서 사용자의 귀책사유로 인하여 휴업하는 경우에는 사용자는 휴업기간 중 당해 근로자에게 그 평균임금의 100분의 70이상의 수당을 지급하여야 한다고 규정하고 있고, 여기서의 휴업이란 개개의 근로자가 근로계약에 따라 근로를 제공할 의사가 있음에도 불구하고 그 의사에 반하여 취업이 거부되거나 또는 불가능하게 된 경우도 포함된다고 할 것이므로, 위 공제에 있어서 근로자가 지급받을 수 있는 임금액 중 근로 38조 소정의 휴업수당의 한도에서는 이를 이익공제의 대상으로 삼을 수 없고, 그 휴업수당을 초과하는 금액에서 중간수입을 공제하여야 한다.(대판 1996.4.23, 94다446, 대판 1991.6.28, 90다카25277)

7. 영상물제작공급계약에서의 위험부담 영상물 제작공급계약상 수급인의 채무가 도급인과 협력하여 그 지시감독을 받으면서 영상물을 제작하여야 하므로 도급인의 협력 없이는 완전한 이행이 불가능한 채무이고, 한편 그 계약의 성질상 수급인이 일정한 기간 내에 채무를 이행하지 아니하면 계약의 목적을 달성할 수 없는 정기행위인 경우 도급인의 영상물제작에 대한 협력의 거부로 수급인이 독자적으로 성의껏 제작하여 납품한 영상물이 도급인의 의도에 부합되지 아니하게 됨으로써 결과적으로 도급인의 의도에 부합하는 영상물을 기한 내에 제작하여 납품하여야 할 수급인의 채무가 이행불능케 된 경우, 이는 계약상의 협력의무의 이행을 거부한 도급인의 귀책사유로 인한 것이므로 수급인은 약정대금 전부의 지급을 청구할 수 있다.(대판 1996.7.9, 96다14364, 14371)

8. 경락목적물이 일부 멸실된 경우 경락인의 경락대금 감액신청을 허용할 수 있는지 여부(적극) 임의경매에 있어서 경락허가결정 확정후 그 경락대금지급기일 지정전에 경락목적물의 소유자 내지 채무자 또는 경락인들의 책임지울 수 없는 사유로 그 목적물의 일부가 소실되었고 경락인이 그 나머지 부분이라도 매수할 의사가 있어서 경매법원에 경락대금의 감액신청을 한 경우에는 민법상의 위험부담이론을 적용하여 그 감액결정을 허용하는 것이 상당하다.(대결 1972.12.12, 73마912)

第539條【第三者를 爲한 契約】 ① 契約에 依하여 當事者 一方이 第三者에게 履行할 것을 約定한 때에는 그 第三者는 債務者에게 直接 그 履行을 請求할 수 있다.

② 前項의 境遇에 第三者의 權利는 그 第三者가 債務者에 對하여 契約의 利益을 받을 意思를 表示한 때에 생긴다.

■ 540-542, 제3자를 위한 보험계약(상639), 운송계약과 수하인의 권리(상140)

1. 제3자를 위한 계약의 의의 및 이행인수와의 판별 기준 ① 제3자를 위한 계약이라 함은 통상의 계약이 그 효력을 당사자 사이에서만 발생시킬 의사로 체결되는 것과는 달리 계약 당사자가 자기 명의로 체결한 계약에 의하여 제3자로 하여금 직접 계약 당사자의 일방에 대하여 권리를 취득하게 하는 것을 목적으로 하는 계약인바, 어떤 계약이 제3자를 위한 계약에 해당하는지 여부는 당사자의 의사가 그 계약에 의하여 제3자에게 직접 권리를 취득하게 하려는 것인지에 관한 의사 해석의 문제로서, 이는 계약 체결의 목적, 계약에 있어서의 당사자의 행위의 성질, 계약으로 인하여 당사자 사이 또는 당사자와 제3자 사이에 생기는 이해득실, 거래 관행

제3자를 위한 계약 제도가 갖는 사회적 기능 등 제반 사정을 종합하여 계약 당사자의 합리적 의사를 해석함으로써 판별할 수 있다. ② 결국 제3자를 위한 계약과 이행인수의 판별 기준은 계약 당사자에게 제3자 또는 채권자가 계약 당사자 일방 또는 인수인에 대하여 직접 채권을 취득케 할 의사가 있는지 여부에 달려 있다 할 것이고, 구체적으로는 계약 체결의 동기, 경위 및 목적, 계약에 있어서의 당사자의 지위, 당사자 사이 및 당사자와 제3자 사이의 이해관계, 거래 관행 등을 종합적으로 고려하여 그 의사를 해석하여야 한다. ③ 부동산을 매매하면서 매도인과 매수인 사이에 중도금 및 잔금은 매도인의 채권자에게 직접 지급하기로 약정한 경우, 그 약정은 매도인의 채권자로 하여금 매수인에 대하여 그 중도금 및 잔금에 대한 직접청구권을 행사할 권리를 취득케 하는 제3자를 위한 계약에 해당하고 동시에 매수인이 매도인의 그 제3자에 대한 채무를 인수하는 병존적 채무인수에도 해당한다.(대판 1997.10.24, 97다28698)

2. 제3자를 위한 채무면제계약 제3자를 위한 계약이 성립하기 위하여는 일반적으로 그 계약의 당사자가 아닌 제3자로 하여금 직접 권리를 취득하게 하는 조항이 있어야 할 것이지만, 계약의 당사자가 제3자에 대하여 가진 채권에 관하여 그 채무를 면제하는 계약도 제3자를 위한 계약에 준하는 것으로서 유효하다.(대판 2004.9.3, 2002다37405)

3. 주택건설사업자와 주택건설촉진법상의 등록업체 사이에 체결된 주택분양보증약정의 법적 성질(=조건부 제3자를 위한 계약) ① 주택건설사업자와 시공권 있는 등록업체 사이에 아파트의 준공 및 그 대지의 저당권 말소를 입주 전까지 이행할 것을 연대보증하는 내용의 약정을 체결하고 그 공증서를 소관청에 제출한 경우, 주택건설사업자와 등록업체는 장래의 불특정 분양계약상의 입주자를 위하여 주택건설사업자가 위 아파트의 준공과 그 대지의 저당권 말소를 이행하지 아니하는 경우 등록업체가 이를 대신 이행하여 주택건설사업자와 사이에 적법하게 분양계약을 체결한 입주자들에게 분양계약상의 주택공급의무를 이행하기로 하는 제3자를 위한 계약을 체결하였다고 할 것이므로, 분양계약자로서는 등록업체에 대하여 그 수익의 의사표시를 하여 기존의 분양계약상의 권리를 행사할 수 있다. ② 위와 같이 주택건설촉진법상의 등록업체와 주택건설업자 사이에 조건부 제3자를 위한 계약을 체결한 경우 주택건설사업자가 당해 주택의 건축을 지연하거나 그 능력을 상실하여 계약상의 조건이 성취되면 입주자들이 등록업체에 대하여 그 수익의 의사표시를 한 후 행사할 수 있는 분양계약상의 권리에는 등록업체의 채무불이행을 원인으로 분양계약을 해제하고 그에 따른 원상회복을 구할 수 있는 권리도 당연히 포함된다.(대판 1997.10.10, 97다7264, 7271, 7288, 7295, 7301)

4. 조달청장이 '조달사업법'에 따라 수요기관으로부터 계약체결을 요청받아 체결하는 계약의 법적 성질(=제3자를 위한 계약) 조달청장이 '조달사업법'에 따라 수요기관으로부터 계약 체결을 요청받아 그에 따라 체결하는 계약('요청조달계약')은 국가가 당사자가 되고 수요기관은 수익자에 해당하는 '제3자를 위한 계약'에 해당한다. 요청조달계약에서 수요기관은 계약당사자는 아니더라도 계약에 따른 수익을 얻는 지위에 있는 반면, 조달청장은 수요기관으로부터 수수료를 지급받고 요청받은 계약 업무를 이행하는 지위에 있다.(대판 2022.3.31, 2017다247145)

5. 요약자의 계약해제권 요약자는 낙약자의 채무불이행을 이유로 제3자의 동의없이 계약을 해제할 수 있다.(대판 1970.2.24, 69다1410, 1411)

6. 수익자의 계약해제권 또는 손해배상청구권 ① 제3자를 위한 계약의 당사자가 아닌 수익자는 계약의 해제권이나 해제를 원인으로 한 원상회복청구권이 있다고 볼 수 없다. ② 제3자를 위한 계약에 있어서 수익의 의사표시를 한 수익자는 낙약자에게 직접 그 이행을 청구할 수 있을 뿐만 아니라 요약자가 계약을 해제한 경우에는 낙약자에게 자기가 입은 손해의 배상을 청구할 수 있는 것이므로, 수익자가 완성된 목적물의 하자로 인하여 손해를 입었다면 수급인은 그 손해를 배상할 의무가 있다.(대판 1994.8.12, 92다41559)

7. 요약자와 제3자 사이의 법률관계의 효력이 요약자와 낙약자 사이의 법률관계에 영향을 미치는지 여부(소극) 제3자를 위한 계약의 체결 원인이 된 요약자와 제3자(수익자) 사이의 법률관계(이른바 대가관계)의 효력은 제3자를 위한 계약 자체는 물론 그에 기한 요약자와 낙약자 사이의 법률관계(이른바 기본관계)의 성립이나 효력에 영향을 미치지 아니하므로 낙약자는 요약자와 수익자 사이의 법률관계에 기한 항변으로 수익자에게 대항하지 못하고, 요약자도 대가관계의 부존재나 효력의 상실을 이유로 자신이 기본관계에 기하여 낙약자에게 부담하는 채무의 이행을 거부할 수 없다.(대판 2003.12.11, 2003다49771)

8. 낙약자와 요약자 사이의 법률관계를 이루는 계약이 해제된 경우 낙약자가 계약해제에 기한 원상회복 또는 부당이득을 원인으로 제3자를 상대로 반환을 구할 수 있는지 여부(소극) 제3자를 위한 계약관계에서 낙약자와 요약자 사이의 법률관계(이른바 기본관계)를 이루는 계약이 해제된 경우 그 계약관계의 청산은 계약의 당사자인 낙약자와 요약자 사이에 이루어져야 하므로, 특별한 사정이 없는 한 낙약자가 이미 제3자에게 급부한 것이 있더라도 낙약자는 계약해제에 기한 원상회복 또는 부당이득을 원인으로 제3자를 상대로 그 반환을 구할 수 없다.(대판 2005.7.22, 2005다7566, 7573)

9. 낙약자가 제3자를 위한 계약에 따라 수익자에게 물건을 인도한 다음, 계약 해제를 이유로 소유권에 기한 물권적 청구권을 행사하여 위 물건의 반환을 구할 수 있는지 여부(한정 소극) 제3자를 위한 계약에서도 낙약자와 요약자 사이의 법률관계(기본관계)에 기초하여 수익자가 요약자와 원인관계(대가관계)를 맺음으로써 해제 전에 새로운 이해관계를 갖고 그에 따라 등기, 인도 등을 마쳐 권리를 취득하였다면, 수익자는 민 548조 1항 단서에서 말하는 계약해제의 소급효가 제한되는 제3자에 해당한다고 봄이 타당하다.(대판 2021.8.19, 2018다244976)

10. 요약자의 낙약자에 대한 이행청구권과 소의 이익 제3자를 위한 계약에서 제3자는 채무자(낙약자)에 대하여 계약의 이익을 받을 의사를 표시한 때에 채무자에게 직접 이행을 청구할 수 있는 권리를 취득하고, 요약자는 제3자를 위한 계약의 당사자로서 원칙적으로 제3자의 권리와는 별도로 낙약자에 대하여 제3자에게 급부를 이행할 것을 요구할 수 있는 권리를 가진다. 이때 낙약자가 요약자의 이행청구에 응하지 아니하면 특별한 사정이 없는 한 요약자는 낙약자에 대하여 제3자에게 급부를 이행할 것을 소로써 구할 이익이 있다.(대판 2022.1.27, 2018다259565)

第540條【債務者의 第三者에 對한 催告權】 前條의 境遇에 債務者는 相當한 期間을 定하여 契約의 利益의 享受與否의 確答을 第三者에게 催告할 수 있다. 債務者가 그 期間內에 確答을 받지 못한 때에는 第三者가 契約의 利益을 받을 것을 拒絶한 것으로 본다.

第541條【第三者의 權利의 確定】 第539條의 規定에 依하여 第三者의 權利가 생긴 後에는 當事者는 이를 變更 또는 消滅시키지 못한다.

1. 제3자를 위한 계약에 있어 제3자의 권리를 변경·소멸시키는 행위의 효력 제3자를 위한 계약에 있어서, 제3자가 민 539조 2항에 따라 수익의 의사표시를 함으로써 제3자에게 권리가 확정적으로 귀속된 경우에는, 요약자와 낙약자의 합의에 의하여 제3자의 권리를 변경·소멸시킬 수 있음을 미리 유보하였거나, 제3자의 동의가 있는 경우가 아니면 계약

의 당사자인 요약자와 낙약자는 제3자의 권리를 변경·소멸시키지 못하고, 만일 계약의 당사자가 제3자의 권리를 임의로 변경·소멸시키는 행위를 한 경우 이는 제3자에 대하여 효력이 없다.(대판 2002.1.25, 2001다30285)

第542條【債務者의 抗辯權】 債務者는 第539條의 契約에 基한 抗辯으로 그 契約의 利益을 받을 第三者에게 對抗할 수 있다.

■ 계약에 기인한 항변의 예(536)

1. 보증보험계약의 법적 성질 및 보험자가 보험계약자의 기망을 이유로 보증보험계약을 취소한 경우 그 취소로써 피보험자에게 대항할 수 있는지 여부(한정소극) ① 보증보험은 보험계약자인 채무자의 채무불이행으로 인하여 채권자가 입게 되는 손해의 전보를 보험자가 인수하는 것을 내용으로 하는 손해보험으로서, 형식적으로는 채무자의 채무불이행을 보험사고로 하는 보험계약이지만 실질적으로는 보증의 성격을 가지고 보증계약과 같은 효과를 목적으로 한다. 이행보증보험과 같은 경우 피보험자는 보증보험에 터잡아 물품공급계약을 체결하거나 이미 체결한 물품공급계약에 따른 물품인도의무를 이행하는 것이 보통이다. ② 일반적으로 타인을 위한 보험계약에서 보험계약자의 사기를 이유로 보험자가 보험계약을 취소하는 경우 보험사고가 발생하더라도 피보험자는 보험금청구권을 취득할 수 없는 것과는 달리, 보증보험계약의 경우 보험자가 이미 보증보험증권을 교부하여 피보험자가 그 보증보험증권을 수령한 후 이에 터잡아 새로운 계약을 체결하거나 이미 체결한 계약에 따른 의무를 이행하는 등으로 보증보험계약의 채권담보적 기능을 신뢰하여 새로운 이해관계를 가지게 되었다면 그와 같은 피보험자의 신뢰를 보호할 필요가 있으므로, 주채무자에 해당하는 보험계약자가 보증보험계약을 체결함에 있어서 보험자를 기망하였다는 이유로 보험자가 보증보험계약 체결의 의사표시를 취소하였다 하더라도, 이미 그 보증보험계약의 피보험자인 채권자가 보증보험계약의 채권담보적 기능을 신뢰하여 새로운 이해관계를 가지게 되었다면, 피보험자가 그와 같은 기망행위가 있었음을 알았거나 알 수 있었던 경우이거나, 혹은 피보험자와 보험자 사이에 피보험자가 보험자를 위하여 보험계약자가 제출하는 보증보험계약 체결 소요 서류들이 진정한 것인지 등을 심사할 책임을 지고 보험자는 그와 같은 심사를 거친 서류만을 확인하고 보증보험계약을 체결하도록 미리 약정이 되어 있는데, 피보험자가 그와 같은 서류심사에 있어서 필요한 주의의무를 다하지 아니한 과실이 있었던 탓으로 보험자가 보증책임을 이행한 후 구상권을 확보할 수 없게 되었다는 등의 특별한 사정이 없는 한 그 취소를 가지고 피보험자에게 대항할 수 없다.(대판 2001.2.13, 99다13737)

第3款 契約의 解止, 解除

第543條【解止, 解除權】 ① 契約 또는 法律의 規定에 依하여 當事者의 一方이나 雙方이 解止 또는 解除의 權利가 있는 때에는 그 解止 또는 解除는 相對方에 對한 意思表示로 한다.

② 前項의 意思表示는 撤回하지 못한다.

■ 계약의 해지·해제(544–553), 계약에 의한 해지·해제권(565·590이하), 법률의 규정에 의한 해지·해제권(544–546·570–578·580·581·590·613②·614·625·627②·629·635·637·640·657–661·668·673·674·689·698·699·727, 상68–70·83·92, 신원5, 회생파산335), 파산과 쌍무계약의 해제(회생파산335·337)

1. 약정해제권의 유보 또는 위약벌에 관한 특약이 채무불이행으로 인한 법정해제권을 배제하는지 여부(소극) 계약서에 명문으로 위약시의 법정해제권의 포기 또는 배제를 규정하지 않은 이상 계약당사자 중 어느 일방에 대한 약정해제권의 유보 또는 위약벌에 관한 특약의 유무 등은 채무불이행으로 인한 법정해제권의 성립에 아무런 영향을 미칠 수 없다.(대판 1990.3.27, 89다카14110)

2. 일방당사자의 계약위반을 이유로 계약이 해제된 경우 계약을 위반한 당사자도 계약해제의 효과를 주장할 수 있는지 여부(적극) 계약의 해제권은 일종의 형성권으로서 당사자의 일방에 의한 계약해제의 의사표시가 있으면 그 효과로서 새로운 법률관계가 발생하고 각 당사자는 그에 구속되는 것이므로, 일방 당사자의 계약위반을 이유로 한 상대방의 계약해제 의사표시에 의하여 계약이 해제되었음에도 상대방이 계약이 존속함을 전제로 계약상 의무의 이행을 구하는 경우 계약을 위반한 당사자도 당해 계약이 상대방의 해제로 소멸되었음을 들어 그 이행을 거절할 수 있다.(대판 2001.6.29, 2001다21441, 21458)

3. 매매계약해제를 원인으로 한 계약금반환청구의 소의 취하와 계약해제권 행사의 효력 소제기로써 계약해제권을 행사한 후 그 뒤 그 소송을 취하하였다 하여도 해제권은 형성권이므로 그 행사의 효력에는 아무런 영향을 미치지 아니한다.(대판 1982.5.11, 80다916)

4. 매도인이 매매계약을 적법하게 해제한 후에도 매수인이 착오를 이유로 매매계약을 취소할 수 있는지 여부(적극) 매도인이 매수인의 중도금 지급채무 불이행을 이유로 매매계약을 적법하게 해제한 후라도 매수인으로서는 상대방이 한 계약해제의 효과로서 발생하는 손해배상책임을 지거나 매매계약에 따른 계약금의 반환을 받을 수 없는 불이익을 면하기 위하여 착오를 이유로 한 취소권을 행사하여 매매계약 전체를 무효로 돌리게 할 수 있다.(대판 1996.12.6, 95다24982, 24999)

5. 계약의 묵시적 합의해지를 인정하기 위한 요건 계약의 합의해지는 계속적 채권채무관계에 있어서 당사자가 이미 체결한 계약의 효력을 장래에 향하여 소멸시킬 것을 내용으로 하는 새로운 계약으로서 이를 인정하기 위하여는 계약이 성립하는 경우와 마찬가지로 기존 계약의 효력을 장래에 향하여 소멸시키기로 하는 내용의 청약과 승낙이라는 서로 대립하는 의사표시가 합치될 것을 그 요건으로 한다. 이러한 합의가 성립하기 위하여는 쌍방 당사자의 표시행위에 나타난 의사의 내용이 서로 객관적으로 일치하여야 하고, 또 계약의 합의해지는 묵시적으로 이루어질 수도 있으나, 이와 같은 묵시적 합의해지는 계약에 따른 채무의 이행이 시작된 후에 당사자 쌍방의 계약실현 의사의 결여 또는 포기로 인하여 계약을 실현하지 아니할 의사가 일치되어야만 한다. 골프장 회사가 회원권 양수인의 회원자격을 부인하고 입회 거부의 의사표시를 하면서 그로부터 지급받은 명의개서료를 반환하였다고 하여 입회계약의 합의해지의 청약으로 볼 수 없다.(대판 2000.3.10, 99다70884)

6. 묵시적 합의해제가 인정되는 경우 계약의 합의해제는 명시적으로 이루어진 경우뿐만 아니라 묵시적으로 이루어질 수도 있는 것으로, 계약의 성립 후에 당사자 쌍방의 계약실현의사의 결여 또는 포기로 인하여 쌍방 모두 이행의 제공이나 최고에 이름이 없이 장기간 이를 방치하였다면 그 계약은 당사자 쌍방이 계약을 실현하지 아니할 의사가 일치됨으로써 묵시적으로 합의해제되었다고 해석함이 상당하다.(대판 1994.8.26, 93다28836)

7. 계약의 합의해제·해지에 해제·해지에 관한 민법 규정의 적용 여부(소극) 합의해제·해지의 요건과 효력은 그 합의의 내용에 의하여 결정되고 이에는 해제·해지에 관한 민543조 이하의 규정은 적용되지 않는 것이므로, 리스회사가 약정해제·해지 사유를 규정한 당해 발주계약의 계약서에 의하여 발주계약을 해제 또는 해지할 수 있는지 여부 및 그 효력은 공급자와 리스회사 사이의 발주계약에서 정하여진 바에 따라야 한다.(대판 1997.11.14, 97다6193)

8. 계약의 합의해제에 대하여 민 548조 2항의 적용 여부(소극) 합의해제 또는 해제계약이라 함은 해제권의 유무에 불구하고 계약 당사자 쌍방이 합의에 의하여 기존의 계약의 효력을 소멸시켜 당초부터 계약이 체결되지 않았던 것과 같은 상태로 복귀시킬 것을 내용으로 하는 새로운 계약으로서, 그 효력은 그 합의의 내용에 의하여 결정되고 여기에는 해제에 관한 민 548조 2항의 규정은 적용되지 아니하므로, 당사자 사이에 약정이 없는 이상 합의해제로 인하여 반환할 금전에 그 받은 날로부터의 이자를 가하여야 할 의무가 있는 것은 아니다.(대판 1996.7.30, 95다16011)

9. 계약의 합의해제에 있어 민 548조 1항 단서의 적용 여부(적극) 계약의 합의해제에 있어서도 민 548조의 계약해제의 경우와 같이 이로써 제3자의 권리를 해할 수 없다. 계약해제시 계약은 소급하여 소멸하게 되어 해약당사자는 각 원상회복의 의무를 부담하게 되나 이 경우 계약해제로 인한 원상회복등기 등이 이루어지기 이전에 해약당사자와 양립되지 아니하는 법률관계를 가지게 되었고 계약해제 사실을 몰랐던 제3자에 대하여는 계약해제를 주장할 수 없고, 이 경우 제3자가 악의라는 사실의 주장·입증책임은 계약해제를 주장하는 자에게 있다.(대판 2005.6.9, 2005다6341)

10. 계약의 합의해제로 인한 손해배상청구 가부(소극) 계약이 합의해제된 경우에는 그 해제시에 당사자 일방이 상대방에게 손해배상을 하기로 특약하거나 손해배상청구를 유보하는 의사표시를 하는 등 다른 사정이 없는 한 채무불이행으로 인한 손해배상을 청구할 수 없다.(대판 1989.4.25, 86다카1147, 1148)

11. 계약의 합의해제로 인한 손해배상청구 계약이 합의에 따라 해제되거나 해지된 경우에는 특별한 사정이 없는 한 채무불이행으로 인한 손해배상을 청구할 수 없으나, 상대방에게 손해배상을 하기로 특약하거나 손해배상 청구를 유보하는 의사표시가 있으면 그러한 특약이나 의사에 따라 손해배상을 하여야 한다. 그와 같은 손해배상의 특약이 있었다거나 손해배상 청구를 유보하였다는 점은 이를 주장하는 당사자가 증명할 책임이 있다.(대판 2021.3.25, 2020다285048)

12. 계속적 계약의 해지가 인정되는 경우 ① 계속적 계약의 존속 중에 당사자 일방의 부당한 행위 등으로 인하여 계약의 기초가 되는 신뢰관계가 파괴되어 계약의 존속을 기대할 수 없는 중대한 사유가 있는 때에는 상대방은 계약을 해지할 수 있다. ② 계속적 계약 중 계약의 이행을 위하여 일정 규모의 설비가 필요하고 비교적 장기간의 거래가 예상되는 계속적 공급계약 해지의 경우, 계약의 존속을 기대할 수 없는 중대한 사유가 있는지는 계약을 체결하게 된 경위, 공급자와 수요자 사이의 관계, 공급계약의 내용, 공급자가 계약의 이행을 위하여 설치한 설비의 정도, 설치된 설비의 원상복구 가능성, 계약이 이행된 정도, 해지에 이르게 된 과정 등 제반 사정을 종합적으로 고려하여 판단하여야 한다.(대판 2013.4.11, 2011다59629)

第544條【履行遲滯와 解除】 當事者 一方이 그 債務를 履行하지 아니하는 때에는 相對方은 相當한 期間을 定하여 그 履行을 催告하고 그 期間內에 履行하지 아니한 때에는 契約을 解除할 수 있다. 그러나 債務者가 미리 履行하지 아니할 意思를 表示한 境遇에는 催告를 要하지 아니한다.

■ 채무불이행(387·390·395·536), 이행(460·461), 최고(545), 동시이행(536)

1. 채권자가 이행의 완료를 위하여 필요한 행위를 할 수 있는 일시·장소 등을 채무자에게 알리는 최고를 하지 아니하고 단지 언제까지 이행하여야 한다는 최고만 한 경우 그 이행최고의 효력 계약해제를 위한 이행최고를 함에 있어서 그 최고되는 채무가 소유권이전등기를 하는 채무와 같이 그 채무의 성질상 채권자에게도 단순한 수령 이상의 행위를 하여야 이행이 완료되는 경우에는 채권자는 이행의 완료를 위하여 필요한 행위를 할 수 있는 일시·장소 등을 채무자에게 알리는 최고를 하여야 할 필요성은 있다. 그러나 위와 같은 채무의 이행은 채권자와 채무자의 협력에 의하여 이루어져야 하는 것이므로, 채권자가 위와 같은 내용을 알리는 최고를 하지 아니하고, 단지 언제까지 이행하여야 한다는 최고만 하였다고 하여 곧바로 그 이행최고를 계약해제를 위한 이행최고로서의 효력이 없다고 볼 수는 없다. 채권자가 위와 같은 최고를 한 경우에는 채무자로서도 채권자에게 문의를 하는 등의 방법으로 확정적인 이행일시 및 장소의 결정에 협력하여야 한다 할 것이며, 채무자가 이와 같이 하지 아니하고 만연히 최고기간을 도과한 때에는, 그에 이르기까지의 채권자와 채무자의 계약 이행을 위한 성의(誠意), 채권자가 채무자에게 구두로 연락을 취하여 이행 일시와 장소를 채무자에게 문의한 적이 있는지 등 기타 사정을 고려하여, 위의 최고도 유효하다고 보아야 할 경우가 있을 수 있다.(대판 2002.4.26, 2000다50497)

2. 과다최고의 효력 채권자가 본래 급부하여야 할 수량보다 과다하게 청구하였다 하여도 급부할 수량과의 차이가 비교적 적고 채권자가 급부의 수량을 잘못 알고 과다한 최고를 한 것으로서 과다하게 최고한 진의가 본래 급부할 수량을 청구한 것이라면 그 최고는 본래 급부하여야 할 수량의 범위내에서 유효하다 할 것이나, 채권자의 이행최고가 본래 이행하여야 할 채무액을 초과하는 금액의 이행을 요구하는 내용일 때에는, 그 과다한 정도가 현저하고 채권자가 청구한 금액을 제공하지 않으면 그것을 수령하지 않을 것이라는 의사가 분명한 경우에는 그 최고는 부적법하고, 이러한 최고에 터잡은 계약 해제는 그 효력이 없다.(대판 1995.9.5, 95다19898; 대판 2004.7.9, 2004다13083)

3. '일정한 기간내' 또는 '일정한 일시'를 정하여 상대방의 의무의 이행청구를 최고하는 경우에 있어서 반대의무의 이행제공시기 및 이행최고 기간 내에 이행을 하지 아니하면 계약이 당연히 해제된 것으로 한다는 의사표시의 의미 동시이행관계에 있는 의무자 일방이 상대방의 이행지체를 이유로 한 해제권을 취득하기 위하여는 그 이행청구에 표시된 이행기가 일정한 기간 내로 정하여진 경우라면 이행청구한 자가 원칙으로 그 기간 중 이행제공을 계속해야 하지만, 일정한 일시 등과 같이 기일로 정하여진 경우에는 그 기일에 이행제공이 있으면 족한 것이어서 상대방의 이행제공없이 위 기간이나 기일이 도과됨으로써 해제권이 발생한다. 소정의 기일내에 이행을 하지 아니하면 계약은 당연히 해제된 것으로 한다는 이행청구는 그 이행청구와 동시에 기간 또는 기일내에 이행이 없는 것을 정지조건으로 하여 미리 해제의 의사표시를 한 것으로 볼 것이다.(대판 1981.4.14, 80다2381)

4. 부동산 매매계약에서 매수인이 잔대금 지급기일까지 대금을 지급하지 못하면 계약이 자동적으로 해제된다는 취지의 약정을 한 경우, 자동해제된 것으로 볼 수 있는 경우 부동산 매매계약에서 매수인이 잔대금 지급기일까지 그 대금을 지급하지 못하면 계약이 자동적으로 해제된다는 취지의 약정이 있더라도 매도인이 이행의 제공을 하여 매수인을 이행지체에 빠뜨리지 않는 한 지급기일의 도과사실만으로는 매매계약이 자동해제된 것으로 볼 수 없다. 다만 매도인이 소유권이전등기에 필요한 서류를 갖추었는지 여부를 묻지 않고 매수인의 지급기일 도과사실 자체만으로 계약을 실효시키기로 특약을 하였다거나, 매수인이 수회에 걸친 채무불이행에 대하여 책임을 느끼고 잔금 지급기일의 연기를 요청하면서 새로운 약정기일까지는 반드시 계약을 이행할 것을 확약하고 불이행 시에는 매매계약이 자동적으로 해제되는 것을 감수하겠다는 내용의 약정을 하였다고 볼 특별한 사정이 있다면, 매수인이 잔금 지급기일까지 잔금을 지급하지 않음으로써 그 매매계약은 자동적으로 실효된다.(대판 2022.11.30, 2022다255614)

5. 최고시 일정한 기간을 반드시 명시해야 하는지 여부(소극), **최고기간을 경과하면 계약을 해제하겠다는 의사표시를 한 경우 그 기간 경과로 계약이 해제되는지 여부**(적극) 이행지체를 이유로 계약을 해제함에 있어서의 그 전제요건인 이행최고는 미리 일정한 기간을 명시하여 최고하여야 하는 것이 아니고, 최고한 때로부터 상당한 기간이 경과하면 해제권이 발생한다. 일정한 기간을 정하여 채무이행을 최고함과 동시에 그 기간 내에 이행이 없을 때에는 계약을 해제하겠다는 의사를 표시한 경우에는 그 기간의 경과로 그 계약은 해제된다.(대판 1979.9.25, 79다1135, 1136)

6. 채무자의 급부불이행 사정을 들어 계약을 해제하겠다는 통지를 한 경우, 그로써 이행의 최고가 있었다고 볼 수 있는지 여부(원칙적 적극) 채무자의 급부불이행 사정을 들어 계약을 해제하겠다는 통지를 한 때에는 특별히 그 급부의 수령을 거부하는 취지가 포함되어 있지 아니하는 한 그로써 이행의 최고가 있었다고 볼 수 있으며, 그로부터 상당한 기간이 경과하도록 이행되지 아니하였다면 채권자는 계약을 해제할 수 있다.(대판 2021.7.8, 2020다290804)

7. 544조 단서에 해당하여 최고가 불필요한 경우 부동산 매도인이 중도금의 수령을 거절하였을 뿐만 아니라 계약을 이행하지 아니할 의사를 명백히 표시한 경우 매수인은 신의칙상 소유권이전등기의무 이행 기일까지 기다릴 필요 없이 이를 이유로 매매계약을 해제할 수 있다.(대판 1993.6.25, 93다11821)

8. 특약을 부정하면서 이행을 거절하는 경우 이행제공 및 최고 없이 계약 해제할 수 있는지 여부(적극) 일반적으로 쌍무계약에 있어서 당사자의 일방이 미리 자기 채무를 이행하지 아니할 의사를 표명한 때에는 상대방은 이행의 최고나 자기 채무의 이행의 제공 없이 계약을 해제할 수 있고, 이러한 의사의 표명 여부는 계약의 이행에 관한 당사자의 행동과 계약 전후의 구체적 사정 등을 종합적으로 살펴서 판단하여야 한다. 매도인과 매수인 사이에 토지 매매계약을 체결하면서 매매대금의 지급 방법 및 매매 토지에 관한 기존의 임대차관계 승계 등에 관해 특약을 했음에도 매수인이 매도인의 계속된 특약 사항의 이행 촉구에도 불구하고 그 특약의 존재를 부정하면서 이를 이행하지 아니하였다면 매수인은 위 특약 사항을 이행하지 아니할 의사를 분명하게 표시하였다고 할 것이므로 매도인은 자기의 채무의 이행제공이 없더라도 매매계약을 해제할 수 있다.(대판 1997.11.28, 97다30257)

9. 매매계약해제를 위하여 필요한 매도인의 이행제공의 정도 쌍무계약인 부동산매매계약에 있어서 매도인이 매수인에게 지체의 책임을 지워 매매계약을 해제하려면 매수인이 이행기일에 잔대금을 지급하지 아니한 사실만으로는 부족하고, 매도인이 소유권이전등기신청에 필요한 일체의 서류를 수리할 수 있을 정도로 준비하여 그 뜻을 상대방에게 통지하여 수령을 최고함으로써 이를 제공하여야 하는 것이 원칙이고, 또 상당한 기간을 정하여 상대방의 잔대금채무이행을 최고한 후 매수인이 이에 응하지 아니한 사실이 있어야 하는 것이며, 매도인이 제공하여야 할 소유권이전등기신청에 필요한 일체의 서류라 함은 등기권리증, 위임장 및 부동산매도용 인감증명서 등 등기신청행위에 필요한 모든 구비서류를 말한다.(대판 1992.7.14, 92다5713)

10. 쌍무계약의 일방 당사자가 상대방에 대하여 이행의 최고를 함에 있어서 갖추어야 할 자신의 채무이행의 준비정도 (대판 1982.6.22, 81다카1283, 1284) → 제461조 참조

11. 부수적 채무의 불이행을 이유로 계약을 해제할 수 있는지 여부(소극) 민 544조에 의하여 채무불이행을 이유로 계약을 해제하려면, 당해 채무가 계약의 목적 달성에 있어 필요불가결하고 이를 이행하지 아니하면 계약의 목적이 달성되지 아니하여 채권자가 그 계약을 체결하지 아니하였을 것이라고 여겨질 정도의 주된 채무이어야 하고 그렇지 아니한 부수적 채무를 불이행한 데에 지나지 아니한 경우에는 계약을 해제할 수 없다. 전대차계약을 체결한 후 중도금 수수시에 비로소 전차보증금의 반환을 담보하기 위하여 전대인이 그 소유 부동산에 근저당권을 설정하여 주기로 약정한 경우, 전대인의 근저당권 설정등기의무가 전대차계약에서의 주된 의무라고 보기 어렵고 따라서 전차인은 전대인이 약정대로 근저당권을 설정하여 주지 않았음을 이유로 전대차계약을 해지 할 수 없다.(대판 2001.11.13, 2001다20394, 20400)

12. 매수인의 잔대금 지급 준비가 되어 있지 않은 경우, 매도인이 하여야 할 이행제공의 정도 매도인 갑과 매수인 을이 체결한 부동산 매매계약에서 을이 잔금 지급을 연체하며 잔금지급기일의 연장을 요청하자 갑이 이를 받아들여 '연장된 기일까지 잔금과 지연이자를 지급하지 않으면 매매계약이 해제된다'는 취지로 통지한 다음, 을이 연장된 기일에도 잔금을 지급하지 못하자 그 다음날 부동산 소유권을 제3자에게 이전해 주었는데, 갑은 연장된 기일에 소유권이전등기에 필요한 서류 중 부동산 매도용 인감증명서만을 발급받지 않고 있었던 사안에서, 연장된 기일까지도 잔금 지급을 준비하지 못한 을의 약정의무 불이행 정도에 비추어 갑이 비록 연장된 기일까지 부동산 매도용 인감증명서를 발급받지 않고 있었다고 하더라도 이는 언제라도 발급받아 교부할 수 있는 것이므로 을에게 소유권이전등기의무에 관한 이행 제공을 마쳤다고 보아야 한다.(대판 2012.11.29, 2012다65867)

13. 이행지체를 이유로 한 해제권 행사의 제한 사유 채무자가 이행을 지체하게 된 전후 사정, 그 이행에 관한 당사자의 태도, 소송의 경과 등 제반 사정에 비추어 보아 채무자가 최고기간 또는 상당한 기간 내에 이행하지 아니한 데에 정당한 사유가 있다고 여겨질 경우에는 신의칙상 그 최고기간 또는 상당한 기간 내에 이행 또는 이행의 제공이 없다는 이유로 해제권을 행사하는 것이 제한될 수 있다.(대판 2013.6.27, 2013다14880, 14897)

第545條【定期行爲와 解除】 契約의 性質 또는 當事者의 意思表示에 依하여 一定한 時日 또는 一定한 期間內에 履行하지 아니하면 契約의 目的을 達成할 수 없을 境遇에 當事者 一方이 그 時期에 履行하지 아니한 때에는 相對方은 前條의 催告를 하지 아니하고 契約을 解除할 수 있다.

▣ 상사매매인 정기행위의 경우(상68)

第546條【履行不能과 解除】 債務者의 責任있는 事由로 履行이 不能하게 된 때에는 債權者는 契約을 解除할 수 있다.

▣ 채무불이행(390), 채무자귀책사유로 인한 이행불능(537)

1. 소유권이전등기의무의 이행불능을 이유로 매매계약을 해제함에 있어서 잔대금지급의무의 이행제공이 필요한지 여부 (소극) 매도인의 매매계약상의 소유권이전등기의무가 이행불능이 되어 이를 이유로 매매계약을 해제함에 있어서는 상대방의 잔대금지급의무가 매도인의 소유권이전등기의무와 동시이행관계에 있다고 하더라도 그 이행의 제공을 필요로 하는 것이 아니다.(대판 2003.1.24, 2000다22850)

2. 매수인의 귀책사유에 의하여 매도인의 매매목적물에 관한 소유권이전의무가 이행불능이 된 경우, 매수인은 그 이행불능을 이유로 계약을 해제할 수 있는지 여부(소극) 이행불능을 이유로 계약을 해제하기 위해서는 그 이행불능이 채무자의 귀책사유에 의한 경우여야만 하므로, 매도인의 매매목적물에 관한 소유권이전의무가 이행불능이 되었다고 할지라도, 그 이행불능이 매수인의 귀책사유에 의한 경우에는 매수인은 그 이행불능을 이유로 계약을 해제할 수 없다.(대판 2002.4.26, 2000다50497)

3. 계약의 일부 이행불능인 경우 해제가 가능한지 여부 계약의 일부의 이행이 불능인 경우에는 이행이 가능한 나머지

부분만의 이행으로 계약의 목적을 달성할 수 없을 경우에만 계약 전부의 해제가 가능하다.(대판 1987.7.7, 86다카2943)

4. 매매목적물이 가압류된 사유만으로 매수인이 매매계약을 해제할 수 있는지 여부(소극) 매수인은 매매목적물에 대하여 가압류집행이 되었다고 하여 매매에 따른 소유권이전등기가 불가능한 것도 아니므로, 이러한 경우 매수인으로서는 신의칙 등에 의해 대금지급채무의 이행을 거절할 수 있음은 별론으로 하고, 매매목적물이 가압류되었다는 사유만으로 매도인의 계약 위반을 이유로 매매계약을 해제할 수는 없다.(대판 1999.6.11, 99다11046)

5. 수임인이 위임계약상의 채무를 제대로 이행하지 않은 경우 채무불이행을 이유로 위임계약을 해제하기 위한 요건 수임인이 위임계약상의 채무를 제대로 이행하지 아니하였다 하여 위임인이 언제나 최고 없이 바로 그 채무불이행을 이유로 하여 위임계약을 해제할 수 있는 것은 아니고, 아직도 수임인이 위임계약상의 채무를 이행하는 것이 가능하다면 위임인은 수임인에 대하여 상당한 기간을 정하여 그 이행을 최고하고, 수임인이 그 기간 내에 이를 이행하지 아니할 때에 한하여 계약을 해제할 수 있다.(대판 1996.11.26, 96다27148)

6. 사정변경의 원칙의 인정 기준 (대판 2007.3.29, 2004다31302) → 제2조 참조

第547條【解止, 解除權의 不可分性】

① 當事者의 一方 또는 雙方이 數人인 境遇에는 契約의 解止나 解除는 그 全員으로부터 또는 全員에 對하여 하여야 한다.

② 前項의 境遇에 解止나 解除의 權利가 當事者 1人에 對하여 消滅한 때에는 다른 當事者에 對하여도 消滅한다.

▣ 해지, 해제권(543), 해제권의 소멸(483② · 552② · 553)

1. 수탁자 지위가 공동상속된 경우 신탁해지 의사표시의 가분성 수탁자의 사망으로 인하여 수탁자의 지위가 공동상속되었을 때 신탁해지의 의사표시가 그 공동상속인 일부에게만 이루어졌다면 신탁해지의 효과는 그 일부 상속인에게만 발생하는 것이고, 이때에는 해제권의 불가분에 관한 민 547조의 규정은 그 적용이 없고 그 일부에 한하여 신탁해지의 효과가 발생하는 것일 뿐 수탁자나 수탁자의 지위를 승계한 사람이 수인이라 하여 그 전원에게 신탁해지의 의사표시를 동시에 하여야만 그 효과가 발생하는 것은 아니다.(대판 1992.6.9, 92다9579)

2. 공동매수인 1인에 대하여만 해제 의사표시를 한 경우 그 효력 매도인이 택시의 면허권, 택시차량대금 및 사무실비품 등 일체를 매수인들에게 매도한 후 공동매수인 중 1인인 갑이 약정한 지급기일까지 매매잔대금을 지급하지 않았다는 이유로 갑에 대하여만 매매계약을 해제한다고 주장하는 경우, 매도인이 매수인들과 사이에서 민 547조 1항의 적용을 배제하기로 하였다는 특별한 사정이 없는 한 매매계약을 해제함에 있어 매수인들 모두에 대하여 그 해제의 의사표시를 하여야 그 효력이 발생한다 할 것이므로, 매수인 갑이 다른 공동매수인인 을과의 내부관계에서 자신이 부담지급하기로 한 매매잔대금의 지급일을 매도인으로부터 연장받음에 있어 을이 공동매수인의 1인으로서 연장기일에 매매잔대금이 틀림없이 지급된다는 것을 확인하고 그 연장기일에 지급되지 아니하는 경우에는 그 변제책임을 스스로 부담하겠다는 의사를 강조하는 의미로 서면이 작성된 사실만으로는 당사자들 사이에 매매계약의 해제에 있어 민 547조 1항 소정의 해제불가분의 원칙을 배제하기로 약정하였다고 인정하기에 부족하고 달리 이를 인정할 증거가 없다면, 매도인이 공동매수인의 1인인 갑에 대하여만 한 위 해제의 의사표시는 그 효력이 발생되지 않는다.(대판 1994.11.18, 93다46209)

3. 매매계약의 일방 당사자가 사망하여 수인의 상속인이 있는 경우, 계약 해제의 요건 매매계약의 일방 당사자가 사망하였고 그에게 여러 명의 상속인이 있는 경우에 그 상속인들이 위 계약을 해제하려면, 상대방과 사이에 다른 내용의 특약이 있다는 등의 특별한 사정이 없는 한, 상속인들 전원이 해제의 의사표시를 하여야 한다.(대판 2013.11.28, 2013다22812)

4. 임대차계약 해지의 불가분 여러 사람이 공동임대인으로서 임차인과 하나의 임대차계약을 체결한 경우에는 특별한 사정이 없는 한 공동임대인 전원의 해지의 의사표시에 따라 임대차계약 전부를 해지하여야 한다. 이러한 법리는 임대차계약의 체결 당시부터 공동임대인이었던 경우뿐만 아니라 임대차목적물 중 일부가 양도되어 그에 관한 임대인의 지위가 승계됨으로써 공동임대인으로 되는 경우에도 마찬가지로 적용된다.(대판 2015.10.29, 2012다5537)

5. 망인의 공동상속인 중 1인인 원고가 은행인 피고를 상대로 망인의 청약저축예금 반환을 구하는 사안 주택공급을 신청할 권리와 분리될 수 없는 청약저축의 가입자가 사망하였고 그에게 여러 명의 상속인이 있는 경우에 그 상속인들이 청약저축 예금계약을 해지하려면, 금융기관과 사이에 다른 내용의 특약이 있다는 등의 특별한 사정이 없는 한 민 547조 1항에 따라 상속인들 전원이 해지의 의사표시를 하여야 한다.(대판 2022.7.14, 2021다294674)

第548條【解除의 效果, 原狀回復義務】

① 當事者 一方이 契約을 解除한 때에는 各 當事者는 그 相對方에 對하여 原狀回復의 義務가 있다. 그러나 第三者의 權利를 害하지 못한다.

② 前項의 境遇에 返還할 金錢에는 그 받은 날로부터 利子를 加하여야 한다.

▣ 549 · 546, ⓵ 부당이득의 효과(748), 해약고지의 효과(550), 해제와 손해배상(390-398 · 537 · 551 · 565② · 570 · 572③ · 574 · 576③ · 727), 고지와 손해배상(637 · 661 · 663 · 674②), ⓶ 이자(379)

▸ **채권계약의 해제와 물권변동의 효력**

1. 물권도 계약의 해제로 인하여 당연히 복귀되는지 여부 계약에 따른 채무의 이행으로 이미 등기나 인도를 하고 있는 경우에 그 원인행위인 채권계약이 해제됨으로써 원상회복 된다고 할 때 그 이론 구성에 관하여 소위 채권적 효과설과 물권적 효과설이 대립되어 있으나 우리의 법제가 물권행위의 독자성과 무인성을 인정하고 있지 않는 점과 민 548조 1항 단서가 거래안정을 위한 특별규정이란 점을 생각할 때 계약이 해제되면 그 계약의 이행으로 변동이 생겼던 물권은 당연히 그 계약이 없었던 원상태로 복귀한다 할 것이다.(대판 1977.5.24, 75다1394)

2. 합의해제와 물권의 복귀 매매계약이 합의해제된 경우에도 매수인에게 이전되었던 소유권은 당연히 매도인에게 복귀하는 것이므로 합의해제에 따른 매도인의 원상회복청구권은 소유권에 기한 물권적 청구권이라고 할 것이고 이는 소멸시효의 대상이 되지 아니한다.(대판 1982.7.27, 80다2968)

▸ **해제와 제3자**

3. 미등기 무허가건물에 관한 매매계약이 해제되기 전 매수인으로부터 그 건물을 다시 매수하고 무허가건축물관리대장에 소유자로 등재된 자가 민 548조 1항 단서의 제3자인지 여부(소극) 미등기 무허가건물에 관한 매매계약이 해제되기 전에 매수인으로부터 해당 무허가건물을 다시 매수하고 무허가건물관리대장에 소유자로 등재되었다고 하더라도 건물에 관하여 완전한 권리를 취득한 것으로 볼 수 없으므로 민 548조 1항 단서에서 규정하는 제3자에 해당한다고 할 수 없다.(대판 2014.2.13, 2011다64782)

4. 상속재산 분할협의가 합의해제된 경우에도 민 548조 1항 단서의 규정이 적용되는지 여부(적극) 상속재산 분할협의의

는 공동상속인들 사이에 이루어지는 일종의 계약으로서, 공동상속인들은 이미 이루어진 상속재산 분할협의의 전부 또는 일부를 전원의 합의에 의하여 해제한 다음 다시 새로운 분할협의를 할 수 있다. 상속재산 분할협의가 합의해제되면 그 협의에 따른 이행으로 변동이 생겼던 물권은 당연히 그 분할협의가 없었던 원상태로 복귀하지만, 민 548조 1항 단서의 규정상 이러한 합의해제를 가지고서는, 그 해제 전의 분할협의로부터 생긴 법률효과를 기초로 하여 새로운 이해관계를 가지게 되고 등기·인도 등으로 완전한 권리를 취득한 제3자의 권리를 해하지 못한다.(대판 2004.7.8, 2002다73203)

5. 민 548조 1항 단서에 정한 제3자의 의미 및 목적물 가압류 채권자가 제3자인지 여부(적극) 민 548조 1항 단서에서 말하는 제3자란 일반적으로 해제된 계약으로부터 생긴 법률효과를 기초로 하여 별개의 새로운 권리를 취득한 자를 말하는 것인바, 해제된 계약에 의하여 채무자의 책임재산이 된 계약의 목적물을 가압류한 가압류채권자는 그 가압류에 의하여 당해 목적물에 대하여 잠정적으로 그 권리행사만을 제한하는 것이나 종국적으로는 이를 환가하여 그 대금으로 피보전채권의 만족을 얻을 수 있는 권리를 취득하는 것이므로, 그 권리를 보전하기 위하여서는 위 조항 단서에서 말하는 제3자에는 위 가압류채권자도 포함된다.(대판 2000.1.14, 99다40937)

6. 민 548조 1항 단서에 정한 제3자의 의미 및 계약상 채권을 양수하거나 그 채권을 압류 또는 전부한 채권자가 제3자인지 여부(소극) 민 548조 1항 단서에서 말하는 제3자란 일반적으로 그 해제된 계약으로부터 생긴 법률효과를 기초로 하여 해제 전에 새로운 이해관계를 가졌을 뿐 아니라 등기, 인도 등으로 완전한 권리를 취득한 자를 말하므로 계약상의 채권을 양수한 자나 그 채권 자체를 압류 또는 전부한 채권자는 여기서 말하는 제3자에 해당하지 아니한다. 제3채무자가 소유권이전등기청구권에 대한 압류명령에 위반하여 채무자에게 소유권이전등기를 경료한 후 채무자의 대금지급의무의 불이행을 이유로 매매계약을 해제한 경우, 해제의 소급효로 인하여 채무자의 제3채무자에 대한 소유권이전등기청구권이 소급적으로 소멸함에 따라 이에 터잡은 압류명령의 효력도 실효되는 이상 압류채권자는 처음부터 아무런 권리를 갖지 아니한 것과 마찬가지 상태가 되므로 제3채무자가 압류명령에 위반되는 행위를 한 후에 매매계약이 해제되었다 하여도 불법행위는 성립하지 아니한다.(대판 2000.4.11, 99다51685)

7. 계약 해제시 계약상 채권을 양수한 자의 원상회복의무 민 548조 1항 단서에서 규정하는 제3자라 함은 그 해제된 계약으로부터 생긴 법률적 효과를 기초로 하여 새로운 이해관계를 가졌을 뿐 아니라 등기·인도 등으로 완전한 권리를 취득한 자를 지칭하는 것이고, 계약상의 채권을 양도받은 양수인은 특별한 사정이 없는 이상 이에 포함되지 않는다. 계약이 해제된 경우 계약 해제 이전에 해제로 인하여 소멸되는 채권을 양수한 자는 계약해제의 효과에 반하여 자신의 권리를 주장할 수 없음은 물론이고 나아가 특단의 사정이 없는 한 채무자로부터 이행받은 급부를 원상회복하여야 할 의무가 있다.(대판 1996.4.12, 95다49882)

8. 계약 해제 후 이해관계를 가진 선의의 제3자 보호 계약당사자의 일방이 계약을 해제하였을 때에는 계약은 소급하여 소멸하여 해약당사자는 각 원상회복의 의무를 지게 되나 이 경우 계약해제로 인한 원상회복등기 등이 이루어지기 이전에 계약의 해제를 주장하는 자와 양립되지 아니하는 법률관계를 가지게 되었고 계약해제사실을 몰랐던 제3자에 대하여는 계약해제를 주장할 수 없다.(대판 1985.4.9, 84다카130, 131)

9. 임대인이 소유권을 취득하였다가 계약해제로 소유권을 상실하게 된 경우 그 계약해제 전에 주택임대법 소정의 대항요건을 갖춘 임차인의 대항력 유무(적극) 소유권을 취득하였다가 계약해제로 인하여 소유권을 상실하게 된 임대인으로부터 그 계약이 해제되기 전에 주택을 임차받아 주택의 인도와 주민등록을 마침으로써 같은 법 소정의 대항요건을 갖춘 임차인은 등기된 임차권자와 마찬가지로 민 548조 1항 단서 소정의 제3자에 해당된다고 봄이 상당하고, 그렇다면 그 계약해제 당시 이미 주택임대법 소정의 대항요건을 갖춘 임차인은 임대인의 임대권원의 바탕이 되는 계약의 해제에도 불구하고 자신의 임차권을 새로운 소유자에게 대항할 수 있다.(대판 1996.8.20, 96다17653)

10. 주택 매매계약에 부수하여 매매대금 수령 이전에 매수인에게 임대권한을 부여하였다가 매매계약이 해제된 경우, 매수인으로부터 주택을 임차하여 주택임대법상의 대항요건을 갖춘 임차인의 대항력 유무(소극) 매도인으로부터 매매계약의 해제를 해제조건부로 전세 권한을 부여받은 매수인이 주택을 임대한 후 매도인과 매수인 사이의 매매계약이 해제됨으로써 해제조건이 성취되어 그 때부터 매수인이 주택을 전세 놓을 권한을 상실하게 되었다면, 임차인은 전세계약을 체결할 권한이 없는 자와 사이에 전세계약을 체결한 임차인과 마찬가지로 매도인에 대한 관계에서 그 주택에 대한 사용수익권을 주장할 수 없게 되어 매도인의 명도 청구에 대항할 수 없게 되는바, 이러한 법리는 임차인이 그 주택에 입주하고 주민등록까지 마쳐 주택임대법상의 대항요건을 구비하였거나 전세계약서에 확정일자를 부여받았다고 하더라도 마찬가지이다.(대판 1995.12.12, 95다32037)

11. 계약 해제시 보증인의 책임 (대판 1972.5.9, 71다1474) → 제429조 참조

▶ **원상회복의 범위**

12. 계약 해제로 인한 원상회복의무를 부담하는 당사자 일방이 목적물을 이용한 경우 그 사용 이익의 반환의무의 존부(적극) **및 그 이용으로 인한 감가비 상당의 반환의무의 존부**(한정 소극) 계약 해제로 인하여 계약 당사자가 원상회복의 무를 부담함에 있어서 당사자 일방이 목적물을 이용한 경우에는 그 사용에 의한 이익을 상대방에게 반환하여야 하는 것이므로, 양도인은 양수인이 양도 목적물을 인도받은 후 사용하였다 하더라도 양도계약의 해제로 인하여 양수인에게 그 사용에 의한 이익의 반환을 구함은 별론으로 하고, 양도 목적물 등이 양수인에 의하여 사용됨으로 인하여 감가 내지 소모가 되는 요인이 발생하였다 하여도 그것을 훼손으로 볼 수 없는 한 그 감가비 상당은 원상회복의무로서 반환할 성질의 것은 아니다.(대판 2000.2.25, 97다30066)

13. 낙약자가 제3자를 위한 계약에 따라 수익자에게 물건을 인도한 다음, 계약 해제를 이유로 소유권에 기한 물권적 청구권을 행사하여 위 물건의 반환을 구할 수 있는지 여부(한정 소극) (대판 2021.8.19, 2018다244976) → 제539조 참조

14. 매매계약이 해제된 경우, 매수인이 목적물을 인도받아 사용하였다면 사용이익 반환의무를 부담하는지 여부(적극) **및 이때 반환하여야 할 사용이익의 범위**(=매수인이 점유·사용한 기간 동안의 임료 상당액) 매매계약이 해제된 경우에 매수인이 그 목적물을 인도받아 사용하였다면 원상회복으로서 그 목적물을 반환하는 외에 그 사용이익을 반환할 의무를 부담하고, 여기에서 사용이익의 반환의무는 부당이득 반환의무에 해당하므로, 특별한 사정이 없는 한 매수인이 점유·사용한 기간 동안 그 재산으로부터 통상 수익할 수 있을 것으로 예상되는 이익, 즉 임료 상당액을 매수인이 반환하여야 할 사용이익으로 보아야 한다.(대판 2021.7.8, 2020다290804)

15. 계약해제로 인한 원상회복으로서 반환하는 금전에 가산하는 민 548조 2항 소정의 이자의 법적 성질(=부당이득반환) **및 위 이자에 소송촉진 3조 1항 소정의 이율을 적용할 수 있는지 여부**(소극) 민 548조 2항에 의한 이자의 반환은 원상회복의무의 범위에 속하는 것으로 일종의 부당이득반환의

성질을 가지는 것이지 반환의무의 이행지체로 인한 손해배상은 아니라고 할 것이고, 소송촉진 3조 1항은 금전채무의 전부 또는 일부의 이행을 명하는 판결을 선고할 경우에 있어서 금전채무불이행으로 인한 손해배상액 산정의 기준이 되는 법정이율에 관한 특별규정이므로, 위 이자에는 소송촉진 3조 1항에 의한 이율을 적용할 수 없다.(대판 2000.6.23, 2000다16275)

16. 계약해제로 인한 원상회복의무의 이행으로 금전의 반환을 명하는 판결을 선고하는 경우 소장을 송달받은 다음날부터 소송촉진 3조 1항에 의한 이율을 적용하여야 하는지 여부(적극) 계약해제로 인한 원상회복의무의 이행으로 금전의 반환을 구하는 소송이 제기된 경우 채무자는 그 소장을 송달받은 다음날부터 반환의무의 이행지체로 인한 지체책임을 지게 되므로 그와 같이 원상회복의무의 이행으로 금전의 반환을 명하는 판결을 선고할 경우에는 금전채무불이행으로 인한 손해배상액 산정의 기준이 되는 법정이율에 관한 특별규정인 소송촉진 3조 1항에 의한 이율을 적용하여야 한다.(대판 2003.7.22, 2001다76298)

17. 계약해제로 인한 원상회복의무가 이행지체에 빠진 이후의 지연손해금률에 관한 약정이 있는 경우 계약해제로 인한 원상회복의무가 이행지체에 빠진 이후의 지연손해금률에 관하여 당사자 사이에 별도의 약정이 있으면 그에 따라야 할 것이고, 설사 그것이 법정이율보다 낮다 하더라도 마찬가지이다. 계약해제 시 반환할 금전에 가산할 이자에 관하여 당사자 사이에 약정이 있는 경우에는 특별한 사정이 없는 한 이행지체로 인한 지연손해금도 그 약정이율에 의하기로 하였다고 보는 것이 당사자의 의사에 부합하나, 다만 그 약정이율이 법정이율보다 낮은 경우에는 약정이율에 의하지 아니하고 법정이율에 의한 지연손해금을 청구할 수 있다.(대판 2013.4.26, 2011다50509)

18. 매매계약해제에 따른 원물반환이 불가능하게 된 경우, 매수인이 원상회복의무로서 반환하여야 할 가액의 범위 매도인으로부터 매매 목적물의 소유권을 이전받은 매수인이 매도인의 계약해제 이전에 제3자에게 목적물을 처분하여 계약해제에 따른 원물반환이 불가능하게 된 경우에 매수인은 원상회복의무로서 가액을 반환하여야 하며, 이때에 반환할 금액은 특별한 사정이 없는 한 그 처분 당시의 목적물의 대가 또는 그 시가 상당액과 처분으로 얻은 이익에 대하여 그 이득일부터의 법정이자를 가산한 금액이다.(대판 2013.12.12, 2013다14675)

19. 계약 해제에 따른 원상회복의무의 이행으로서 매매대금 기타 급부의 반환을 구하는 경우, 과실상계가 적용되는지 여부(소극) (대판 2014.3.13, 2013다34143) → 제396조 참조

第549條【原狀回復義務와 同時履行】 第536條의 規定은 前條의 경우에 準用한다.

1. 계약해제로 인하여 발생하는 원상회복의무와 손해배상의무가 함께 동시이행관계에 있는지 여부(적극) 계약이 해제되면 계약당사자는 상대방에 대하여 원상회복의무와 손해배상의무를 부담하는데, 이 때 계약당사자가 부담하는 원상회복의무뿐만 아니라 손해배상의무도 함께 동시이행의 관계에 있다.(대판 1996.7.26, 95다25138, 25145)

2. 부동산에 관한 매매계약을 체결한 후 매수인 앞으로 소유권이전등기를 마치기 전에 매수인으로부터 그 부동산을 다시 매수한 제3자의 처분금지가처분신청으로 매매목적부동산에 관하여 가처분등기가 이루어진 상태에서 매도인과 매수인 사이의 매매계약이 해제된 경우, 가처분등기의 말소와 매도인의 대금반환의무가 동시이행의 관계에 있는지 여부(소극) 부동산에 관한 매매계약을 체결한 후 매수인 앞으로 소유권이전등기를 마치기 전에 매수인으로부터 그 부동산을 다시 매수한 제3자의 처분금지가처분신청으로 매매목적부동산에 관하여 가처분등기가 이루어진 상태에서 매도인과 매수인 사이의 매매계약이 해제된 경우, 매도인만이 가처분이의 등을 신청할 수 있을 뿐 매수인은 가처분의 당사자가 아니어서 가처분이의 등에 의하여 가처분등기를 말소할 수 있는 법률상의 지위에 있지 않고, 제3자가 한 가처분을 매도인의 매수인에 대한 소유권이전등기의무의 일부이행으로 평가할 수 없어 그 가처분등기를 말소하는 것이 매매계약 해제에 따른 매수인의 원상회복의무에 포함된다고 보기도 어려우므로, 위와 같은 가처분등기의 말소와 매도인의 대금반환의무는 동시이행의 관계에 있다고 할 수 없다.(대판 2009.7.9, 2009다18526)

第550條【解止의 效果】 當事者 一方이 契約을 解止한 때에는 契約은 將來에 對하여 그 效力을 잃는다.

1. 계속적 계약에 대한 해제와 해지 갑 등이 해외이주 알선업체인 을 주식회사와 미국 비숙련 취업이민을 위한 알선업무계약을 체결하였는데, 을 회사의 업무 수행에 따라 갑 등이 미국 노동부의 노동허가, 이민국의 이민허가를 받았으나 이후 추가 행정검토 결정 등이 내려지면서 미국 비숙련 취업이민 절차가 진척되지 않았고, 이에 갑 등이 을 회사를 상대로 사정변경으로 인한 계약의 해제 등을 주장하며 국외알선 수수료의 반환을 구한 사안에서, 을 회사는 상당히 장기간 동안 지속되는 미국 비숙련 취업이민 절차가 단계적으로 원활하게 진행되어 갑 등이 비숙련 취업이민을 위한 비자를 발급받고 성공적으로 미국에 취업이민할 수 있도록 계약에서 정한 여러 업무를 계속해서 신의칙에 따라 충실하게 수행하여야 할 의무가 있는바, 이러한 의무를 정한 계약의 체결 경위, 당사자들의 의사, 계약의 목적과 내용, 급부의 성질, 이행의 형태와 방법 등을 종합하여 볼 때, 위 계약은 계속적 계약에 해당하므로, 위 계약에서 정한 을 회사의 업무 중 여러 부분이 이미 이행되고 상당한 기간이 흐른 경우 갑 등이 사정변경을 이유로 계약의 효력을 소멸시킬 때에는 다른 특별한 사정이 없는 한 소멸에 따른 효과를 장래에 향하여 발생시키는 민 550조의 '해지'만 가능할 뿐 민 548조에서 정한 '해제'를 할 수는 없는데도, 이와 달리 본 원심판결에 법리오해 등의 잘못이 있다고 한 사례.(대판 2022.3.11, 2020다297430)

第551條【解止, 解除와 損害賠償】 契約의 解止 또는 解除는 損害賠償의 請求에 影響을 미치지 아니한다.

■ 본조의 불적용(565②), 해지・해제의 효과(548-550), 해제와 손해배상(390-398・537・570・572③・574・576③・727), 고지와 손해배상(637・663・674②・661)

1. 계약해제로 인한 손해배상의 범위(=이행이익) **및 조합계약해지의 경우 일방의 출자의무의 이행으로 소요된 비용에 대한 손해배상청구 가부**(소극) 계약당사자의 일방이 계약해제와 아울러 하는 손해배상의 청구도 채무불이행으로 인한 손해배상과 다를 것이 없으므로 전보배상으로서 그 계약의 이행으로 인하여 채권자가 얻을 이익 즉 이행이익을 손해로서 청구하여야 하고 그 계약이 해제되지 아니하였을 경우 채권자가 그 채무의 이행으로 소요하게 된 비용 즉 신뢰이익의 배상은 청구할 수 없는 것이다. 동업계약으로 인한 의무를 이행하지 아니하여 그 동업계약을 해지한 경우에 있어서 일방이 출자의무의 이행으로 소요된 비용에 대해 조합계약의 해지에 따른 청산을 구함은 별론으로 하고 채무불이행으로 인한 손해의 배상을 구할 수는 없다.(대판 1983.5.24, 82다카1667)

2. 채무불이행을 이유로 계약해제와 아울러 손해배상을 청구하는 경우, 신뢰이익의 배상을 구할 수 있는지 여부(적극) **및 그 신뢰이익의 배상범위** 채무불이행을 이유로 계약해제와 아울러 손해배상을 청구하는 경우에 그 계약이행으로 인하여 채권자가 얻을 이익 즉 이행이익의 배상을 구하는 것

이 원칙이지만, 그에 갈음하여 그 계약이 이행되리라고 믿고 채권자가 지출한 비용 즉 신뢰이익의 배상을 구할 수도 있다. 그 신뢰이익 중 계약의 체결과 이행을 위하여 통상적으로 지출되는 비용은 통상의 손해로서 상대방이 알았거나 알 수 있었는지와는 관계없이 그 배상을 구할 수 있고, 이를 초과하여 지출되는 비용은 특별한 사정으로 인한 손해로서 상대방이 이를 알았거나 알 수 있었던 경우에 한하여 그 배상을 구할 수 있다. 다만, 그 신뢰이익은 과잉배상금지의 원칙에 비추어 이행이익의 범위를 초과할 수 없다.(대판 2003.10.23, 2001다75295)

3. 계약 해지 또는 해제에 따른 손해배상청구에서 상대방의 귀책사유 요부(적극) 계약 상대방의 채무불이행을 이유로 한 계약의 해지 또는 해제는 손해배상의 청구에 영향을 미치지 아니하지만, 다른 특별한 사정이 없는 한 그 손해배상책임 역시 채무불이행으로 인한 손해배상책임과 다를 것이 없으므로, 상대방에게 고의 또는 과실이 없을 때에는 배상책임을 지지 아니한다. 이는 상대방의 채무불이행과 상관없이 일정한 사유가 발생하면 계약을 해지 또는 해제할 수 있도록 하는 약정해지·해제권을 유보한 경우에도 마찬가지이고 그것이 자기책임의 원칙에 부합한다.(대판 2016.4.15, 2015다59115)

4. 채권자가 채무불이행을 이유로 계약을 해제하거나 해지한 경우, 채무불이행으로 인한 전보배상에 관한 손해배상액의 예정이 실효되는지 여부(원칙적 소극) (대판 2022.4.14, 2019다292736, 292743) → 제398조 참조

第552條【解除權行使與否의 催告權】 ① 解除權의 行使의 期間을 定하지 아니한 때에는 相對方은 相當한 期間을 定하여 解除權行使與否의 確答을 解除權者에게 催告할 수 있다.

② 前項의 期間內에 解除의 通知를 받지 못한 때에는 解除權은 消滅한다.

▣ 해제권의 소멸(547②·553)

1. 민 552조에 의하여 해제권이 소멸된 경우, 그 후 새로운 사유에 의하여 발생한 해제권도 행사할 수 없게 되는지 여부(소극) 민 552조에 의하여, 해제권의 행사의 기간을 정하지 아니한 때에는 상대방은 상당한 기간을 정하여 해제권 행사 여부의 확답을 해제권자에게 최고할 수 있고, 그 기간 내에 해제의 통지를 받지 못한 때에는 해제권은 소멸하는 것이지만, 이로 인하여 그 후 새로운 사유에 의하여 발생한 해제권까지 행사할 수 없게 되는 것은 아니다.(대판 2005.12.8, 2003다41463)

第553條【毁損 等으로 因한 解除權의 消滅】 解除權者의 故意나 過失로 因하여 契約의 目的物이 顯著히 毁損되거나 이를 返還할 수 없게 된 때 또는 加工이나 改造로 因하여 다른 種類의 物件으로 變更된 때에는 解除權은 消滅한다.

第2節 贈 與

第554條【贈與의 意義】 贈與는 當事者 一方이 無償으로 財産을 相對方에 授與하는 意思를 表示하고 相對方이 이를 承諾함으로써 그 效力이 생긴다.

▣ 562, 무상행위의 부인(회생파산391)

1. 아직 형성되지 아니한 종중 또는 친족공동체에 대한 증여의 의사표시의 효력 유무(소극) 증여는 증여자와 수증자 간의 계약으로서 수증자의 승낙을 요건으로 하므로 아직 형성되지도 아니한 종중 또는 친족공동체에 대한 증여의 의사표시는 아무런 효력이 없다.(대판 1992.2.25, 91다28344)

第555條【書面에 依하지 아니한 贈與와 解除】 贈與의 意思가 書面으로 表示되지 아니한 境遇에는 各 當事者는 이를 解除할 수 있다.

▣ 해제(543이하), 해제와 이행완료부분(558)

1. 민 555조의 규정취지와 증여의사의 서면에의 표시정도 민 555조가 서면에 의하지 아니한 증여는 해제할 수 있다고 한 것은 증여자가 경솔하게 증여하는 것을 방지함과 동시에 증여자의 의사를 명확하게 하여 후일에 분쟁이 생기는 것을 피하려는데 있으므로 증여의 서면에는 당사자간에 있어서 증여자가 자기의 재산을 상대방에게 주는 증여의사가 문서를 통하여 확실히 알 수 있는 정도로 서면에 나타나 있으면 충분하다.(대판 1988.9.27, 86다카2634)

2. 재단법인 설립을 위하여 서면에 의한 증여(출연)를 한 경우 출연자가 착오에 기한 의사표시를 이유로 출연의 의사표시를 취소할 수 있는지 여부(적극) (대판 1999.7.9, 98다9045) → 제48조 참조

3. 민 555조 소정의 해제의 법적 성질(철회) 및 제척기간의 적용 여부(소극) 서면에 의한 증여란 증여계약 당사자 사이에 있어서 증여자가 자기의 재산을 상대방에게 준다는 증여의사가 문서를 통하여 확실히 알 수 있는 정도로 서면에 나타난 증여를 말하는 것으로서, 비록 서면의 문언 자체는 증여계약서로 되어 있지 않더라도 그 서면의 작성에 이르게 된 경위를 아울러 고려할 때 그 서면이 바로 증여의사를 표시한 서면이라고 인정되면 이를 민 555조에서 말하는 서면에 해당한다. 민 555조에서 말하는 해제는 일종의 특수한 철회일 뿐 민 543조 이하에서 규정한 본래 의미의 해제와는 다르다고 할 것이어서 형성권의 제척기간의 적용을 받지 않는다.(대판 2003.4.11, 2003다1755)

4. 증여의 의사가 서면으로 표시되지 않은 부담부증여계약의 해제 민 561조에 따라 부담부증여에도 민 3편 2장 2절(554조부터 562조까지)의 증여에 관한 일반 조항들이 그대로 적용되므로, 증여의 의사가 서면으로 표시되지 않은 경우 각 당사자는 원칙적으로 민 555조에 따라 부담부증여계약을 해제할 수 있다. 그러나 부담부증여계약에서 증여자의 증여 이행이 완료되지 않았더라도 수증자가 부담의 이행을 완료한 경우에는, 그러한 부담이 의례적·명목적인 것에 그치거나 그 이행에 특별한 노력과 비용이 필요하지 않는 등 실질적으로는 부담 없는 증여가 이루어지는 것과 마찬가지라고 볼 만한 특별한 사정이 없는 한, 각 당사자가 서면에 의하지 않은 증여임을 이유로 증여계약의 전부 또는 일부를 해제할 수는 없다.(대판 2022.9.29, 2021다299976, 299983)

第556條【受贈者의 行爲와 贈與의 解除】 ① 受贈者가 贈與者에 對하여 다음 各號의 事由가 있는 때에는 贈與者는 그 贈與를 解除할 수 있다.

1. 贈與者 또는 그 配偶者나 直系血族에 對한 犯罪行爲가 있는 때
2. 贈與者에 對하여 扶養義務있는 境遇에 이를 履行하지 아니하는 때

② 前項의 解除權은 解除原因있음을 안 날로부터 6月을 經過하거나 贈與者가 受贈者에 對하여 容恕의 意思를 表示한 때에는 消滅한다.

▣ 해제(543이하·558), 직계혈족(768), 부양의무(974이하)

1. 민법상 부양의무 있는 친족간이 아닌 당사자 사이에서 부양의무를 조건으로 한 증여계약이 이행된 후 수증자가 부양의무를 게을리한 경우 그 증여계약을 해제할 수 있는지 여부(적극) 갑이 자신의 부양 및 선조의 제사봉행을 조건으로 을에게 토지를 증여한 경우 이는 부담부증여에 해당한다. 부담부증여에는 민 561조에 의하여 쌍무계약에 관한 규정이 준용되므로 상대방이 이행최고를 받고도 부담의 내용인 의

무를 이행하지 아니한 경우에는 부담부증여를 해제할 수 있다. 민 556조 1항 2호에 규정되어 있는 '부양의무'라 함은 민 974조에 규정되어 있는 직계혈족 및 그 배우자 또는 생계를 같이 하는 친족간의 부양의무를 가리키는 것으로서, 친족간이 아닌 당사자 사이의 약정에 의한 부양의무는 이에 해당하지 아니하여 민 556조 2항이나 민 558조가 적용되지 않는다.(대판 1996.1.26, 95다43358)

2. 민 556조 1항 1호에서 정한 '범죄행위'의 의미와 판단기준 민 556조 1항 1호는 중대한 배은행위를 한 수증자에 대해서까지 증여자로 하여금 증여계약상의 의무를 이행하게 할 필요가 없다는 윤리적 요청을 법률적으로 고려한 것이다. 여기에서 '범죄행위'는, 수증자가 증여자에게 감사의 마음을 가져야 함에도 불구하고 증여자가 배은망덕하다고 느낄 정도로 둘 사이의 신뢰관계를 중대하게 침해하여 수증자에게 증여의 효과를 그대로 유지시키는 것이 사회통념상 허용되지 아니할 정도의 범죄를 저지르는 것을 말한다. 이때 이러한 범죄행위에 해당하는지는 수증자가 범죄행위에 이르게 된 동기 및 경위, 수증자의 범죄행위로 증여자가 받은 피해의 정도, 침해되는 법익의 유형, 증여자와 수증자의 관계 및 친밀도, 증여행위의 동기와 목적 등을 종합적으로 고려하여 판단하여야 하고, 반드시 수증자가 그 범죄행위로 형사처벌을 받을 필요는 없다.(대판 2022.3.11, 2017다207475, 207482)

第557條【贈與者의 財産狀態變更과 贈與의 解除】 贈與契約後에 贈與者의 財産狀態가 顯著히 變更되고 그 履行으로 因하여 生計에 重大한 影響을 미칠 境遇에는 贈與者는 贈與를 解除할 수 있다.

▣ 해제(543이하 · 558)

1. 민 557조에 의한 증여계약 해제의 요건 민 557조에 의한 증여계약의 해제는 증여자의 증여당시의 재산상태와 증여후의 그것을 비교할 때 현저히 변경되어 증여 목적 부동산의 소유권을 수증자에게 이전하게 되면 생계에 중대한 영향을 미치게 될 것이라는 등의 요건이 구비되어야 한다. 증여자가 증여계약 후에 반신불수가 되어 그의 전재산을 치료비 등으로 소비함으로써 이 건 부동산의 소유권을 수증자에게 이전함으로 생계에 중요한 영향을 미칠 경우에 해당되어 증여자는 증여를 해제할 수 있다 할 것이다.(대판 1991.4.12, 90다17491)

第558條【解除와 履行完了部分】 前3條의 規定에 依한 契約의 解除는 이미 履行한 部分에 對하여는 影響을 미치지 아니한다.

▣ 해제(543이하)

1. 수증자에게 소유권이전등기를 경료한 후의 증여계약의 해제와 위 계약이나 등기의 효력에 대한 영향 유무(소극) 토지에 대한 증여는 증여자의 의사에 기하여 수증자에게 소유권이전등기가 경료됨으로써 이행이 완료되므로 증여자가 그 이행 후 증여계약을 해제하였다 하더라도 증여계약이나 그에 의한 소유권이전등기의 효력에 아무런 영향을 받지 아니한다.(대판 1991.8.13, 90다6729)

2. 증여부동산의 인도 없이 소유권이전등기만이 된 경우 증여계약의 이행종료여부(적극) 부동산의 증여에 있어서는 목적부동산을 인도받지 아니하여도 그에 대한 소유권이전등기 절차를 마침으로써 그 이행이 종료되어 수증자는 그로써 확정적으로 그 소유권을 취득한다.(대판 1981.10.13, 81다649)

3. 증여자가 서면에 의하지 않고 매수 토지를 증여하였으나 그 토지에 관한 소유권이전등기청구권을 수증자에게 양도하고 매도인에게 양도통지까지 마친 경우 위 증여계약의 해제가 이미 이행한 부분에 대하여 영향을 미치는지 여부(소극) 민 558조에 의하면 서면에 의하지 아니한 증여의 해제는 이미 이행한 부분에 대하여는 영향을 미치지 않으므로, 증여자가 서면에 의하지 않고 소유권이전등기가 경료되지 않은 매수 토지를 증여하였으나 위 토지에 관한 소유권이전등기청구권을 수증자에게 양도하고 매도인에게 양도통지까지 마친 경우에는, 그 이후 증여자의 상속인들에 의한 서면에 의하지 아니한 증여라는 이유의 해제는 이에 아무런 영향을 끼치지 않는다.(대판 1998.9.25, 98다22543)

第559條【贈與者의 擔保責任】 ① 贈與者는 贈與의 目的인 物件 또는 權利의 瑕疵나 欠缺에 對하여 責任을 지지 아니한다. 그러나 贈與者가 그 瑕疵나 欠缺을 알고 受贈者에게 告知하지 아니한 때에는 그러하지 아니하다.

② 相對負擔있는 贈與에 對하여는 贈與者는 그 負擔의 限度에서 賣渡人과 같은 擔保의 責任이 있다.

▣ 561 · 567 · 1088, 매도인의 담보책임(570-584)

第560條【定期贈與와 死亡으로 因한 失效】 定期의 給與를 目的으로 한 贈與는 贈與者 또는 受贈者의 死亡으로 因하여 그 效力을 잃는다.

▣ 종신정기금계약(725), 사망으로 볼 경우(실종선고=28)

第561條【負擔附贈與】 相對負擔있는 贈與에 對하여는 本節의 規定外에 雙務契約에 關한 規定을 適用한다.

▣ 부담부증여(559②), 쌍무계약에 관한 규정(536-553), 부담부사인증여(562 · 1088)

1. 부담부증여에 있어 부담의무 불이행에 따른 증여계약의 해제 상대부담 있는 증여에 대하여는 민 561조에 의하여 쌍무계약에 관한 규정이 준용되어 부담의무 있는 상대방이 자신의 의무를 이행하지 아니할 때에는 비록 증여계약이 이미 이행되어 있다 하더라도 증여자는 계약을 해제할 수 있고, 그 경우 민 555조와 558조는 적용되지 아니한다.(대판 1997.7.8, 97다2177)

第562條【死因贈與】 贈與者의 死亡으로 因하여 效力이 생길 贈與에는 遺贈에 關한 規定을 準用한다.

▣ 사망으로 볼 경우(실종선고=28), 준용규정(1073 · 1078이하 · 1093이하)

1. 유증의 방식에 관한 민 1065조 내지 1072조가 사인증여에 준용되는지 여부(소극) 민 562조는 사인증여에 관하여는 유증에 관한 규정을 준용하도록 규정하고 있지만, 유증의 방식에 관한 민 1065조 내지 1072조는 그것이 단독행위임을 전제로 하는 것이어서 계약인 사인증여에는 적용되지 아니한다.(대판 2001.11.1, 2000다66430)

2. 유류분반환청구에 있어 사인증여를 유증으로 볼 수 있는지 여부(적극) (대판 2001.11.30, 2001다6947) → 제1116조 참조

3. 포괄유증의 효력에 관한 민 1078조가 포괄적 사인증여에도 준용되는지 여부(소극) (대판 1996.4.12, 94다37714, 37721) → 제1078조 참조

4. 유증의 철회에 관한 민 1108조 1항이 사인증여에 준용되는지 여부(원칙적 적극) 민 562조는 사인증여에는 유증에 관한 규정을 준용한다고 정하고 있고, 민 1108조 제1항은 유증자는 유증의 효력이 발생하기 전에 언제든지 유언 또는 생전행위로써 유증 전부나 일부를 철회할 수 있다고 정하고 있다. 사인증여는 실제적 기능이 유증과 다르지 않으므로, 증여자의 사망 후 재산 처분에 관하여 유증과 같이 증여자의 최종적인 의사를 존중할 필요가 있다. 또한 증여자가 사망하지 않아 사인증여의 효력이 발생하기 전임에도 사인증여가 계약이라는 이유만으로 법적 성질상 철회가 인정되지 않는다고 볼 것은 아니다. 이러한 사정을 고려하면 특별한 사정이 없는 한 유증의 철회에 관한 민 1108조 1항은 사인증여에 준용된다고 해석함이 타당하다.(대판 2022.7.28, 2017다245330)

第3節 賣 買

第1款 總 則

第563條【賣買의 意義】 賣買는 當事者 一方이 財産權을 相對方에게 移轉할 것을 約定하고 相對方이 그 代金을 支給할 것을 約定함으로써 그 效力이 생긴다.

■ 상사매매(상67-71)

1. 주식 매매계약 체결 당시 가격을 확정하지 않았으나 그 확정 방법과 기준을 정한 경우 그 계약의 성립 여부(적극) 특별한 사정이 없는 한 부실기업 인수를 위한 주식 매매계약의 체결시 '주식 및 경영권 양도 가계약서'와 '주식매매계약서'에 인수 회사의 대표이사가 각 서명날인한 행위는 주식 매수의 의사표시(청약)이고, 부실기업의 대표이사가 이들에 각 서명날인한 행위는 주식 매도의 의사표시(승낙)로서 두 개의 의사표시가 합치됨으로써 그 주식 매매계약은 성립하고, 이 경우 매매 목적물과 대금은 반드시 그 계약 체결 당시에 구체적으로 확정하여야 하는 것은 아니고 이를 사후에라도 구체적으로 확정할 수 있는 방법과 기준이 정하여져 있으면 족하다.(대판 1996.4.26, 94다34432)

第564條【賣買의 一方豫約】 ① 賣買의 一方豫約은 相對方이 賣買를 完結할 意思를 表示하는 때에 賣買의 效力이 생긴다.

② 前項의 意思表示의 期間을 定하지 아니한 때에는 豫約者는 相當한 期間을 定하여 賣買完結與否의 確答을 相對方에게 催告할 수 있다.

③ 豫約者가 前項의 期間內에 確答을 받지 못한 때에는 豫約은 그 效力을 잃는다.

1. 일방예약의 성립 요건 민 564조의 일방예약은 상대방이 매매를 완결할 의사표시를 한 때에 매매의 효력이 생기는 것이므로 적어도 일방예약이 성립하려면 그 예약에 터잡아 맺어질 본계약의 요소가 되는 내용이 확정되어 있거나 적어도 확정될 수 있어야 한다.(대판 1988.2.23, 86다카2768)

2. 매매예약 완결권의 법적 성질, 행사기간 및 그 기산점 매매의 일방예약에서 예약자의 상대방이 매매예약 완결의 의사표시를 하여 매매의 효력을 생기게 하는 권리, 즉 매매예약의 완결권은 일종의 형성권으로서 당사자 사이에 그 행사기간을 약정한 때에는 그 기간 내에, 그러한 약정이 없는 때에는 그 예약이 성립한 때로부터 10년 내에 이를 행사하여야 하고, 그 기간을 지난 때에는 예약 완결권은 제척기간의 경과로 인하여 소멸한다. 제척기간은 권리자로 하여금 당해 권리를 신속하게 행사하도록 함으로써 법률관계를 조속히 확정시키려는 데 그 제도의 취지가 있는 것으로서, 소멸시효가 일정한 기간의 경과와 권리의 불행사라는 사정에 의하여 권리 소멸의 효과를 가져오는 것과는 달리 그 기간의 경과 자체만으로 곧 권리 소멸의 효과를 가져오게 하는 것이므로 그 기간 진행의 기산점은 특별한 사정이 없는 한 원칙적으로 권리가 발생한 때이고, 당사자 사이에 매매예약 완결권을 행사할 수 있는 시기를 특별히 약정한 경우에도 그 제척기간은 당초 권리의 발생일로부터 10년간의 기간이 경과되면 만료되는 것이지 그 기간을 넘어서 그 약정에 따라 권리를 행사할 수 있는 때로부터 10년이 되는 날까지로 연장된다고 볼 수 없다.(대판 1995.11.10, 94다22682, 22699)

3. 매매예약완결권의 제척기간이 도과하였는지 여부가 직권조사 사항인지 여부(적극) 매매예약완결권의 제척기간이 도과하였는지 여부는 소위 직권조사 사항으로서 이에 대한 당사자의 주장이 없더라도 법원이 당연히 직권으로 조사하여 재판에 고려하여야 한다.(대판 2000.10.13, 99다18725)

4. 예약목적물인 부동산을 인도받은 경우도 제척기간 경과로 예약완결권이 소멸하는지 여부 예약완결권은 일종의 형성권으로서 당사자 사이에 그 행사기간을 약정한 때에는 그 기간 내에, 그러한 약정이 없는 때에는 예약이 성립한 때부터 10년 내에 이를 행사하여야 하고 위 기간을 도과한 때에는 상대방이 예약목적물인 부동산을 인도받은 경우라도 예약완결권은 제척기간의 경과로 인하여 소멸된다.(대판 1992.7.28, 91다44766, 44773)

5. 수인의 채권자가 채권 담보를 위해 채무자와 채무자 소유 부동산에 관하여 1개의 매매예약을 체결하고 공동명의로 가등기를 마친 경우, 매매예약완결권의 귀속형태 수인의 채권자가 각기 채권을 담보하기 위하여 채무자와 채무자 소유의 부동산에 관하여 수인의 채권자를 공동매수인으로 하는 1개의 매매예약을 체결하고 그에 따라 수인의 채권자 공동명의로 그 부동산에 가등기를 마친 경우, 수인의 채권자가 공동으로 매매예약완결권을 가지는 관계인지 아니면 채권자 각자의 지분별로 별개의 독립적인 매매예약완결권을 가지는 관계인지는 매매예약의 내용에 따라야 한다. 매매예약에서 그러한 내용을 명시적으로 정하지 않은 경우에는 수인의 채권자가 공동으로 매매예약을 체결하게 된 동기 및 경위, 매매예약에 의하여 달성하려는 담보의 목적, 담보 관련 권리를 공동 행사하려는 의사의 유무, 채권자별 구체적인 지분권의 표시 여부 및 지분권 비율과 피담보채권 비율의 일치 여부, 가등기담보권 설정의 관행 등을 종합적으로 고려하여 판단하여야 한다.(대판(全) 2012.2.16, 2010다82530)

第565條【解約金】 ① 賣買의 當事者 一方이 契約當時에 金錢 其他 物件을 契約金, 保證金等의 名目으로 相對方에게 交付한 때에는 當事者間에 다른 約定이 없는 限 當事者의 一方이 履行에 着手할 때까지 交付者는 이를 拋棄하고 受領者는 그 倍額을 償還하여 賣買契約을 解除할 수 있다.

② 第551條의 規定은 前項의 境遇에 이를 適用하지 아니한다.

■ 567, 계약해제(543)

1. 계약금의 성질 매매계약에 있어서 계약금은 당사자 일방이 이행에 착수할 때까지 매수인은 이를 포기하고 매도인은 그 배액을 상환하여 계약을 해제할 수 있는 해약금의 성질을 가지고 있고 다만 당사자의 일방이 위약한 경우 그 계약금을 위약금으로 하기로 하는 특약이 있는 경우에만 손해배상액의 예정으로서의 성질을 갖는 것이다.(대판 1987.2.24, 86누438)

2. 계약금의 성질 및 계약해제시의 귀속관계 유상계약을 체결함에 있어서 계약금이 수수된 경우 계약금은 해약금의 성질을 가지고 있어서 이를 위약금으로 하기로 하는 특약이 없는 이상 계약이 당사자 일방의 귀책사유로 인하여 해제되었다 하더라도 상대방은 계약불이행으로 입은 실제 손해만을 배상받을 수 있을 뿐 계약금이 위약금으로서 상대방에게 당연히 귀속된다고 할 수 없다.(대판 1992.11.27, 92다23209)

3. 계약금이 해약금과 손해배상액 예정으로서 성질을 겸하는 경우 "대금불입 불이행시 계약은 자동 무효가 되고 이미 불입된 금액은 일체 반환하지 않는다."고 되어 있는 매매계약에 기하여 계약금이 지급되었으나, 매수인이 중도금을 지급기일에 지급하지 아니한 채 이미 지급한 계약금 중 과다한 손해배상의 예정으로 감액되어야 할 부분을 제외한 나머지 금액을 포기하고 해약금으로서의 성질에 기하여 계약을 해제한다는 의사표시를 하면서 감액되어야 할 금액에 해당하는 금원의 반환을 구한 경우, 그 계약금은 해약금으로서의 성질과 손해배상 예정으로서의 성질을 겸하고 있고, 매수인의 주장취지에는 매수인의 채무불이행을 이유로 매도인이

몰취한 계약금은 손해배상 예정액으로서는 부당히 과다하므로 감액되어야 하고 그 감액 부분은 부당이득으로서 반환하여야 한다는 취지도 포함되어 있다고 해석함이 상당하며 계약금이 손해배상 예정액으로서 과다하다면 감액 부분은 반환되어야 한다.(대판 1996.10.25, 95다33726)

4. 계약금의 배액을 상환하고 하는 계약해제의 의사표시의 효력발생 시기 계약금을 받은 사람이 그 배액을 상환하고 하는 계약해제의 의사표시는 그 의사표시만으로는 부족하고, 그 배액의 제공이 있어야 계약해제의 효과가 생기는 것이요, 그 상대편의 자의에 의하여 배액제공이 없더라도 일부만으로 우선 계약해제의 효과를 발생시킬 수는 없다 할 것이다.(대판 1973.1.30, 72다2243)

5. 민 565조 1항 소정의 '당사자의 일방'의 의미 및 중도금을 지급하여 이행에 착수한 매수인이 계약금을 포기하고 매매계약을 해제할 수 있는지 여부(소극) 민 565조 1항에서 말하는 당사자의 일방이라는 것은 매매 쌍방 중 어느 일방을 지칭하는 것이고, 상대방이라 국한하여 해석할 것이 아니므로, 비록 상대방인 매도인이 매매계약의 이행에는 전혀 착수한 바가 없다 하더라도 매수인이 중도금을 지급하여 이미 이행에 착수한 이상 매수인은 민 565조에 의하여 계약금을 포기하고 매매계약을 해제할 수 없다.(대판 2000.2.11, 99다62074)

6. 이행착수 후 이미 수수된 계약금과 중도금을 새로운 계약금으로 하여 재계약을 체결한 경우 해약금 해제 가부(소극) ① 매매계약의 당사자 일방이 계약금을 상대방에게 교부하였을 때에는 당사자 간에 다른 약정이 없는 한 매매계약 쌍방 당사자 중 어느 일방이라도 이행에 착수하였다면 그 당사자나 상대방이 계약금의 배액상환 또는 포기로서 해제권을 행사할 수 없다 할 것이고, 여기에서 이행에 착수한다는 것은 객관적으로 외부에서 인식할 수 있는 정도로 채무의 이행행위의 일부를 행하거나 또는 이행을 하는데 필요한 전제행위를 하는 것을 말하는 것으로서 단순히 이행의 준비만으로는 부족하나, 반드시 계약내용에 들어맞는 이행의 제공의 정도에까지 이르러야 하는 것은 아니라 할 것이다. ② 매매계약 당사자의 일방 또는 쌍방이 이행에 착수한 후에 당초 매매계약의 내용을 그대로 유지하면서 다만 이미 수수된 계약금과 중도금의 합계금원을 새로이 계약금으로, 나머지 미지급 금원을 잔금으로 하고 그 잔금지급 일자를 새로이 정하는 내용의 재계약을 체결하였다 하더라도, 당사자 간에 다른 약정이 없는 한 당사자 일방이나 상대방이 새로이 결정된 계약금의 배액상환 또는 포기로써 해제권을 행사할 수는 없다.(대판 1994.11.11, 94다17659)

7. 유동적 무효와 해약금 해제 ① 국토이용관리법상의 토지거래허가를 받지 않아 유동적 무효 상태인 매매계약에 있어서도 당사자 사이의 매매계약은 매도인이 계약금의 배액을 상환하고 계약을 해제함으로써 적법하게 해제된다. ② 민 565조가 해제권 행사의 시기를 '당사자 일방이 이행에 착수할 때까지'로 제한한 것은 당사자의 일방이 이미 이행에 착수한 때에는 그 당사자는 그에 필요한 비용을 지출하였을 것이고, 또 그 당사자는 계약이 이행될 것으로 기대하고 있는데 만일 이러한 단계에서 상대방으로부터 계약이 해제된다면 예측하지 못한 손해를 입게 될 우려가 있으므로 이를 방지함에 있고, 여기서 '당사자 일방이 이행에 착수'하였다고 함은 반드시 계약 내용에 들어맞는 이행의 제공에까지 이르러야 하는 것은 아니지만 객관적으로 외부에서 인식할 수 있을 정도로 채무 이행행위의 일부를 행하거나 또는 이행에 필요한 전제행위를 행하는 것으로서 단순히 이행의 준비를 하는 것만으로는 부족하다. ③ 토지거래허가를 전제로 하는 매매계약의 경우 허가가 있기 전에는 매수인이나 매도인에게 그 계약내용에 따른 대금의 지급이나 소유권이전등기 소요서류의 이행제공의 의무가 있다고 할 수 없을 뿐 아니라, 매도인이 민 565조에 의하여 계약금의 배액을 제공하고 계약을 해제하고자 하는 경우에 이 해약금의 제공이 적법하지 못하였다면 해제권을 보유하고 있는 기간 안에 적법한 제공을 한 때에 계약이 해제된다고 볼 것이고, 매도인이 매수인에게 계약을 해제하겠다는 의사표시를 하고 일정한 기한까지 해약금의 수령을 최고하였다면 중도금 등 지급기일은 매도인을 위하여서도 기한의 이익이 있는 것이므로 매수인은 매도인의 의사에 반하여 이행할 수 없다. ④ 매수인이 매도인에게 토지거래 협력의무 이행을 촉구하였거나 그 의무이행을 구하는 소송을 제기하여 1심에서 승소판결을 받은 것만으로는 매수인이 그 계약의 이행에 착수하였다고 할 수 없고, 또한 매도인이 계약금의 배액을 상환하고 매매계약을 해제하는 것을 신의칙에 반하는 것이라고 할 수 없다.(대판 1997.6.27, 97다9369)

8. 이행기 전의 이행착수와 해약금 해제의 가능성 이행기의 약정이 있는 경우라 하더라도 당사자가 채무의 이행기 전에는 착수하지 아니하기로 하는 특약을 하는 등 특별한 사정이 없는 한 이행기 전에 이행에 착수할 수 있다. 매매계약의 체결 이후 시가 상승이 예상되자 매도인이 구두로 구체적인 금액의 제시 없이 매매대금의 증액요청을 하였고, 매수인은 이에 대하여 확답하지 않은 상태에서 중도금을 이행기 전에 제공하였는데, 그 이후 매도인이 계약금의 배액을 공탁하여 해제권을 행사한 경우 시가 상승만으로 매매계약의 기초적 사실관계가 변경되었다고 볼 수 없고, 이행기 전의 이행의 착수가 허용되어서는 안 될 만한 불가피한 사정이 있는 것도 아니므로 매도인은 위의 해제권을 행사할 수 없다.(대판 2006.2.10, 2004다11599)

9. 매매대금의 이행기가 매도인을 위해서도 기한의 이익을 부여하는 것이라고 볼 수 있는 경우 이행기 전 이행착수 가능성 부동산 매매계약에서 중도금 또는 잔금 지급기일은 일반적으로 계약금에 의한 해제권의 유보기간의 의미를 가진다고 이해되고 있으므로, 계약에서 정한 매매대금의 이행기가 매도인을 위해서도 기한의 이익을 부여하는 것이라고 볼 수 있다면, 채무자가 이행기 전에 이행에 착수할 수 없는 특별한 사정이 있는 경우에 해당한다. 이에 해당하는지는 채무 내용, 이행기가 정하여진 목적, 이행기까지 기간의 장단 및 그에 관한 부수적인 약정의 존재와 내용, 채무 이행행위를 비롯하여 당사자들이 계약 이행과정에서 보인 행위의 태양, 이행기 전 이행행위가 통상적인 계약의 이행에 해당하기보다 상대방의 해제권의 행사를 부당하게 방해하기 위한 것으로 볼 수 있는지, 채권자가 채무자의 이행의 착수에도 불구하고 계약을 해제하는 것이 신의칙에 반한다고 볼 수 있는지 등 여러 가지 사정을 종합하여 구체적으로 판단해야 한다.(대판 2024.1.4, 2022다256624)

10. 이행기 전의 이행착수와 계약금 배액 공탁으로 인한 계약 해제 ① 매도인이 민 565조에 의하여 계약을 해제한다는 의사표시를 하고 일정한 기한까지 해약금의 수령을 최고하며 기한을 넘기면 공탁하겠다고 통지를 한 이상 중도금 지급기일은 매도인을 위하여서도 기한의 이익이 있고, 따라서 이 경우에는 매수인이 이행기 전에 이행에 착수할 수 없는 특별한 사정이 있는 경우에 해당하여 매수인은 매도인의 의사에 반하여 이행할 수 없다고 보는 것이 옳으며, 매수인이 이행기 전에, 더욱이 매도인이 정한 해약금 수령기한 이전에 일방적으로 이행에 착수하였다고 하여도 매도인의 계약해제권 행사에 영향을 미칠 수 없다. ② 매도인이 계약을 해제하기 위하여 계약금의 배액을 공탁하는 경우에는 공탁원인사실에 계약해제의 의사가 포함되어 있다고 할 것이므로, 상대방에게 공탁통지가 도달한 때에 계약해제 의사표시가 있었다고 보는 것이 옳다.(대판 1993.1.19, 92다31323)

11. 매도인이 계약금의 일부로서 지급받은 금원의 배액을 상환하는 것으로 매매계약을 해제할 수 있는지 여부(소극) 계약금 일부만 지급된 경우 수령자가 매매계약을 해제할 수 있다고 하더라도 해약금의 기준이 되는 금원은 '실제 교부받

第3編 債權

은 계약금'이 아니라 '약정 계약금'이라고 봄이 타당하므로, 매도인이 계약금의 일부로서 지급받은 금원의 배액을 상환하는 것으로는 매매계약을 해제할 수 없다.(대판 2015.4.23, 2014다231378)

第566條【賣買契約의 費用의 負擔】 賣買契約에 關한 費用은 當事者 雙方이 均分하여 負擔한다.

▣ 567, 채무변제의 비용(473)

第567條【有償契約에의 準用】 本節의 規定은 賣買 以外의 有償契約에 準用한다. 그러나 그 契約의 性質이 이를 許容하지 아니하는 때에는 그러하지 아니하다.

▣ 공유물분할과 담보책임(270), 부담부증여와 담보책임(559②)

第2款 賣買의 效力

第568條【賣買의 效力】 ① 賣渡人은 買受人에 對하여 賣買의 目的이 된 權利를 移轉하여야 하며 買受人은 賣渡人에게 그 代金을 支給하여야 한다.
② 前項의 雙方義務는 特別한 約定이나 慣習이 없으면 同時에 履行하여야 한다.

▣ 매매(563), 동시이행의 항변권(536)

1. 매매 목적 부동산에 처분금지가처분등기 및 소유권말소예고등기가 기입되어 있는 경우 매도인은 매수인에게 이와 같은 등기를 말소하여 완전한 소유권이전등기를 해 주어야 할 의무가 있는지 여부(적극) 부동산 매매계약이 체결된 경우에는 매도인은 특별한 사정이 없는 한 제한이나 부담이 없는 소유권이전등기의무를 지는 것이므로, 매매 목적 부동산에 처분금지가처분등기와 소유권말소예고등기가 기입되어 있는 경우에는 매도인은 이와 같은 등기를 말소하여 완전한 소유권이전등기를 해 주어야 할 의무가 있다.(대판 1999.7.9, 98다13754, 13761)

2. 부동산 매도인이 매수인에게 소유권이전등기청구권 보전을 위한 가등기를 해 준 것만으로 그의 권리이전의무를 전부 이행한 것으로 볼 수 있는지 여부(소극) 매매계약에서 매도인은 매수인에 대하여 매매의 목적이 된 권리를 이전할 의무가 있고, 부동산에 관한 매매계약에서는 그 권리이전의무의 하나로서 소유권이전등기절차 이행의무도 있으므로 매도인이 매수인에게 매매 대상 부동산에 대하여 소유권이전등기청구권의 보전을 위한 가등기를 하여 준 것만으로는 그 권리이전의무를 전부 이행하였다고 할 수 없다. 따라서 매도인이 매수인에 대하여 가등기를 하여 주었다고 하더라도 그 가등기에 기한 본등기가 이루어지기 전에 매도인이 제3자에게 그 부동산의 일부 지분에 관한 소유권이전등기를 하였으며, 그 후 매수인이 스스로 가등기를 말소함으로써 제3자에게 이전된 지분에 대한 이전등기를 할 수 없게 되었다면 매도인으로서는 매수인에게 완전한 소유권을 이전해 줄 의무를 다하지 못하였다고 볼 것이다. 설사 그 가등기를 말소하는 과정에서 매수인에게 과실이 있었다고 하더라도 매수인의 그러한 과실 때문에 매도인이 그 소유권이전등기를 면할 수는 없다.(대판 1997.6.13, 96다15596)

3. 근저당권설정등기가 있는 부동산을 매수한 매수인의 그 담보한도금액 상당의 매매대금지급거절권의 유무 부동산 매매계약에 있어 특별한 약정이 없는 한 매수인은 그 부동산에 설정된 근저당권설정등기가 있어 완전한 소유권이전을 받지 못할 우려가 있으면 그 근저당권의 말소등기가 될 때까지 그 등기상의 담보한도금액에 상당한 대금지급을 거절할 수 있다.(대판 1988.9.27, 87다카1029)

第569條【他人의 權利의 賣買】 賣買의 目的이 된 權利가 他人에게 屬한 境遇에는 賣渡人은 그 權利를 取得하여 買受人에게 移轉하여야 한다.

▣ 570－573, 담보책임면제의 특약(584), 변제로서의 타인의 물건의 인도(463·465), 상속재산에 속하지 아니하는 권리의 유증(1087)

1. 미등기전매가 타인권리매매인지 여부(소극) 부동산을 매수한 후 그 소유권이전등기를 하지 아니한 채 이를 다시 제3자에게 매도한 경우에는 그것을 본조에서 말하는 "타인의 권리의 매매" 라고는 할 수 없다.(대판 1972.11.28, 72다982)

2. 타인권리매매를 한 자를 그 타인이 상속한 경우 법률관계 채권자가 채무자 소유의 부동산에 대하여 강제경매신청을 하여 자녀들 명의로 이를 경락받았다면 그 소유자는 경락인인 자녀들이라 할 것이므로, 채권자가 그 후 채무자와 사이에 채권액의 일부를 지급받고 자녀들 명의의 소유권이전등기를 말소하여 주기로 합의하였다 하더라도 이는 일종의 타인의 권리의 처분행위에 해당하여 비록 양자 사이에서 위 합의는 유효하고 채권자는 자녀들로부터 위 부동산을 취득하여 채무자에게 그 소유권이전등기를 마쳐주어야 할 의무를 부담하지만 자녀들은 원래 부동산의 소유자로서 타인의 권리에 대한 계약을 체결한 채무자에 대하여 그 이행에 관한 아무런 의무가 없고 이행을 거절할 수 있는 자유가 있었던 것이므로, 채권자의 사망으로 인하여 자녀들이 상속지분에 따라 채권자의 의무를 상속하게 되었다고 하더라도 그들은 신의칙에 반하는 것으로 인정할 만한 특별한 사정이 없는 한 원칙적으로 위 합의에 따른 의무의 이행을 거절할 수 있다.(대판 2001.9.25, 99다19698)

3. 타인의 권리의 매매에서 매수인의 기망에 의한 의사표시 취소 가부(적극) 민 569조가 타인의 권리의 매매를 유효로 규정한 것은 선의의 매수인의 신뢰 이익을 보호하기 위한 것이므로, 매수인이 매도인의 기망에 의하여 타인의 물건을 매도인의 것으로 알고 매수한다는 의사표시를 한 것은 만일 타인의 물건인줄 알았더라면 매수하지 아니하였을 사정이 있는 경우에는 매수인은 민 110조에 의하여 매수의 의사표시를 취소할 수 있다고 해석해야 할 것이다.(대판 1973.10.23, 73다268)

4. 매매의 목적이 된 권리가 매도인과 타인의 공유인 경우 매매계약을 체결할 수 있는지 여부(적극) 매매의 목적이 된 권리가 매도인이 아닌 타인에게 속한 경우에도 매도인은 매매계약을 체결할 수 있고, 이때 매도인은 그 권리를 취득하여 매수인에게 이전하여야 할 의무를 부담한다(민 569조). 이와 같은 법리는 매매의 목적이 된 권리가 매도인과 타인의 공유라고 해도 마찬가지이다.(대판 2021.6.24, 2021다220666)

第570條【同前-賣渡人의 擔保責任】 前條의 境遇에 賣渡人이 그 權利를 取得하여 買受人에게 移轉할 수 없는 때에는 買受人은 契約을 解除할 수 있다. 그러나 買受人이 契約當時 그 權利가 賣渡人에게 屬하지 아니함을 안 때에는 損害賠償을 請求하지 못한다.

▣ 580·571－573, 계약해제(543), 손해배상(393－396), 담보책임(559·270·278·1016－1018·1087)

1. 타인의 권리의 매매에 있어 매도인의 담보책임 요건인 권리이전 불능의 의미 민 570조는 타인의 권리매매에 있어서 매수인보호를 위한 규정으로 여기의 이른바 소유권의 이전불능은 채무불이행에 있어서와 같은 정도로 엄격하게 해석할 필요는 없고 사회통념상 매수인에게 해제권을 행사시키거나 손해배상을 구하게 하는 것이 형평에 타당하다고 인정되는 정도의 이행장애가 있으면 족하고 반드시 객관적 불능에 한하는 엄격한 개념은 아니다.(대판 1982.12.28, 80다2750)

2. 타인의 권리매매에 있어서 매도인의 귀책사유로 이행불능이 된 경우 매도인의 손해배상책임 타인의 권리를 매매의 목적으로 한 경우에 있어서 그 권리를 취득하여 매수인에게 이전하여야 할 매도인의 의무가 매도인의 귀책사유로

인하여 이행불능이 되었다면 매수인이 매도인의 담보책임에 관한 민 570조 단서의 규정에 의해 손해배상을 청구할 수 없다 하더라도 채무불이행 일반의 규정(민 546조, 390조)에 좇아서 계약을 해제하고 손해배상을 청구할 수 있다.(대판 1993.11.23, 93다37328)

3. 타인의 권리 매매에서 이행불능으로 인한 손해배상의 범위 타인의 권리를 매매한 자가 권리이전을 할 수 없게 된 때에는 매도인은 선의의 매수인에 대하여 불능 당시의 시가를 표준으로 그 계약이 완전히 이행된 것과 동일한 경제적 이익을 배상할 의무가 있다.(대판 1967.5.18, 66다2618)

第571條【同前-善意의 賣渡人의 擔保責任】 ① 賣渡人이 契約當時에 賣買의 目的이 된 權利가 自己에게 屬하지 아니함을 알지 못한 境遇에 그 權利를 取得하여 買受人에게 移轉할 수 없는 때에는 賣渡人은 損害를 賠償하고 契約을 解除할 수 있다.
② 前項의 境遇에 買受人이 契約當時 그 權利가 賣渡人에게 屬하지 아니함을 안 때에는 賣渡人은 買受人에 對하여 그 權利를 移轉할 수 없음을 通知하고 契約을 解除할 수 있다.

■ 569・570, 담보책임면제의 특약(584), 계약해제(543), ① 손해배상(393-396), ② 매수인이 악의인 경우의 담보책임(570)

1. 수개의 권리를 일괄하여 매매의 목적으로 정하였으나 그 중 일부의 권리를 이전할 수 없는 경우, 민 571조 1항의 적용 가부(소극) 민 571조 1항은 선의의 매도인이 매매의 목적인 권리의 전부를 이전할 수 없는 경우에 적용될 뿐 매매의 목적인 권리의 일부를 이전할 수 없는 경우에는 적용될 수 없고, 마찬가지로 수개의 권리를 일괄하여 매매의 목적으로 정하였으나 그중 일부의 권리를 이전할 수 없는 경우에도 위 조항은 적용될 수 없다.(대판 2004.12.9, 2002다33557)

2. 매도인이 민 571조에 의하여 한 계약해제의 효과 민 571조의 취지는 선의의 매도인에게 무과실의 손해배상책임을 부담하도록 하면서 그의 보호를 위하여 특별히 해제권을 부여한다는 것이다. 그 해제의 효과에 대하여 특별한 규정은 없지만 일반적인 해제와 달리 해석할 이유가 없다 할 것이므로 매도인은 매수인에게 손해배상의무를 부담하는 반면에 매수인은 매도인에게 목적물을 반환하고 목적물을 사용하였으면 그 사용이익을 반환할 의무를 부담한다 할 것이다. 매도인이 목적물에 관하여 사용권한을 취득하지 아니하고 따라서 매수인이 반환한 사용이익을 궁극적으로 정당한 권리자에게 반환하여야 할 입장이라 하더라도 아무런 영향이 없다.(대판 1993.4.9, 92다25946)

第572條【權利의 一部가 他人에게 屬한 境遇와 賣渡人의 擔保責任】 ① 賣買의 目的이 된 權利의 一部가 他人에게 屬함으로 因하여 賣渡人이 그 權利를 取得하여 買受人에게 移轉할 수 없는 때에는 買受人은 그 部分의 比率로 代金의 減額을 請求할 수 있다.
② 前項의 境遇에 殘存한 部分만이면 買受人이 이를 買受하지 아니하였을 때에는 善意의 買受人은 契約全部를 解除할 수 있다.
③ 善意의 買受人은 減額請求 또는 契約解除外에 損害賠償을 請求할 수 있다.

■ 574・576, 동시이행의 항변권(583・536), 권리행사의 기간(573), 특약이 있는 경우(584), 상인간의 매매와 목적물의 하자(상69), ② 계약해제(543), ③ 손해배상(393-396)

1. 일괄하여 매매의 목적이 된 수개의 권리중 일부가 타인에게 속한 경우 매도인의 담보책임에 관한 민 572조의 적용여부(적극) 매매의 목적이 된 권리의 일부가 타인에게 속한 경우의 매도인의 담보책임에 관한 민 572조의 규정은 단일한 권리의 일부가 타인에 속하는 경우에만 한정하여 적용되는 것이 아니라 수개의 권리를 일괄하여 매매의 목적으로 정한 경우에도 그 가운데 이전할 수 없게 된 권리부분이 차지하는 비율에 따른 대금산출이 불가능한 경우 등 특별한 사정이 없는 한 역시 적용된다.(대판 1989.11.14, 88다카13547)

2. 매매의 목적이 된 권리의 일부가 타인에게 속하는 경우 손해배상액(이행이익 상당액) 매매의 목적이 된 권리의 일부가 타인에게 속함으로 인하여 매도인이 그 권리를 취득하여 매수인에게 이전할 수 없게 된 때에는 선의의 매수인은 매도인에게 담보책임을 물어 이로 인한 손해배상을 청구할 수 있는바, 이 경우에 매도인이 매수인에 대하여 배상하여야 할 손해액은 원칙적으로 매도인이 매매의 목적이 된 권리의 일부를 취득하여 매수인에게 이전할 수 없게 된 때의 이행불능이 된 권리의 시가, 즉 이행이익 상당액이라고 할 것이어서, 불법등기에 대한 불법행위책임을 물어 손해배상청구를 할 경우의 손해의 범위와 같이 볼 수 없다.(대판 1993.1.19, 92다37727)

3. 부동산 매매계약의 목적물인 대지의 일부가 타인에게 속하고 건물의 일부도 타인의 토지 위에 건립되어 있는데 건물의 일부가 그 피침범토지 소유자의 권리행사로 존립을 유지할 수 없게 된 경우 민 572조의 매도인의 담보책임규정이 유추적용 되는지 여부(적극) 매매계약에서 건물과 그 대지가 계약의 목적물인데 건물의 일부가 경계를 침범하여 이웃 토지 위에 건립되어 있는 경우에 매도인이 그 경계 침범의 건물부분에 관한 대지부분을 취득하여 매수인에게 이전하지 못하는 때에는 매수인은 매도인에 대하여 민 572조를 유추적용하여 담보책임을 물을 수 있다. 그리고 그 경우에 이웃 토지의 소유자가 소유권에 기하여 그와 같은 방해상태의 배제를 구하는 소를 제기하여 승소의 확정판결을 받았으면, 다른 특별한 사정이 없는 한 매도인은 그 대지부분을 취득하여 매수인에게 이전할 수 없게 되었다고 봄이 상당하다.(대판 2009.7.23, 2009다33570)

第573條【前條의 權利行使의 期間】 前條의 權利는 買受人이 善意인 境遇에는 事實을 안 날로부터, 惡意인 境遇에는 契約한 날로부터 1年內에 行使하여야 한다.

1. 선의의 매수인이 "사실을 안 날"의 의미 민 573조 소정의 권리행사기간의 기산점인 선의의 매수인이 "사실을 안 날"이라 함은 단순히 권리의 일부가 타인에게 속한 사실을 안 날이 아니라 그 때문에 매도인이 이를 취득하여 매수인에게 이전할 수 없게 되었음이 확실하게 된 사실을 안 날을 말하는 것이다.(대판 1991.12.10, 91다27396)

第574條【數量不足, 一部滅失의 境遇와 賣渡人의 擔保責任】 前2條의 規定은 數量을 指定한 賣買의 目的物이 不足되는 境遇와 賣買目的物의 一部가 契約當時에 이미 滅失된 境遇에 買受人이 그 不足 또는 滅失을 알지 못한 때에 準用한다.

■ 동시이행의 항변권(583・536), 담보책임면제의 특약(584), 상인간의 매매와 수량부족(상69)

1. 수량지정매매의 의미 및 토지의 매매가 수량지정매매에 해당하기 위한 요건 민 574조에서 규정하는 '수량을 지정한 매매'라 함은 당사자가 매매의 목적인 특정물이 일정한 수량을 가지고 있다는 데 주안을 두고 대금도 그 수량을 기준으로 하여 정한 경우를 말한다. 토지의 매매에서 목적물을 공부상의 평수에 따라 특정하고 단위면적당 가액을 결정하여 단위면적당 가액에 공부상의 면적을 곱하는 방법으로 매매대금을 결정하였다고 하더라도 이러한 사정만으로 곧바로 그 토지의 매매를 '수량을 지정한 매매'라고 할 수는 없는 것

이고, 만일 당사자가 그 지정된 구획을 전체로서 평가하였고 평수에 의한 계산이 하나의 표준에 지나지 아니하여 그것이 당사자들 사이에 대상 토지를 특정하고 대금을 결정하기 위한 방편이었다고 보일 때에는 '수량을 지정한 매매'가 아니다. 반면 매수인이 일정한 면적이 있는 것으로 믿고 매도인도 그 면적이 있는 것을 명시적 또는 묵시적으로 표시하고, 나아가 당사자들이 면적을 가격 결정 요소 중 가장 중요한 요소로 파악하고 그 객관적인 수치를 기준으로 가격을 정하였다면 그 매매는 '수량을 지정한 매매'라고 하여야 할 것이다.(대판 1998.6.26, 98다13914)

2. 아파트분양계약이 수량지정매매에 해당하기 위한 요건 목적물이 일정한 면적(수량)을 가지고 있다는 데 주안을 두고 대금도 면적을 기준으로 하여 정하여지는 아파트분양계약은 이른바 수량을 지정한 매매라 할 것이다.(대판 2002.11.8, 99다58136)

3. 담보권실행을 위한 임의경매가 수량지정매매에 해당하는지 여부(소극) 일반적으로 담보권실행을 위한 임의경매에 있어 경매법원이 경매목적인 토지의 등기부상 면적을 표시하는 것은 단지 토지를 특정하여 표시하기 위한 방법에 지나지 아니한 것이고, 그 최저경매가격을 결정함에 있어 감정인이 단위면적당 가액에 공부상의 면적을 곱하여 산정한 가격을 기준으로 삼았다 하여도 이는 당해 토지 전체의 가격을 결정하기 위한 방편에 불과하다 할 것이어서, 특별한 사정이 없는 한 이를 민 574조 소정의 '수량을 지정한 매매'라고 할 수 없다.(대판 2003.1.24, 2002다65189)

4. 공부상 면적이 실제 평수와 다름을 알았다면 실제 평수를 기준으로 가격을 정했을 것으로 인정되는 경우 수량지정매매인지 여부(적극) 매매계약당사자가 목적토지의 면적이 공부상의 표시와 같은 것을 전제로 하여 면적을 가격을 정하는 여러 요소 중 가장 중요한 요소로 파악하여 가격을 정하였고, 만약 그 면적이 공부상의 표시와 다르다는 것을 사전에 알았더라면 당연히 그 실제 평수를 기준으로 가격을 정하였으리라는 점이 인정된다면 그 매매는 '수량을 지정한 매매'에 해당되고, 매매계약서에 평당 가격을 기재하지 아니하였다거나 매매계약의 내용에 부수적으로 매도인이 매수인에게 인근 국유지에 대한 점유를 이전해 주고 이축권(이른바 딱지)을 양도하기로 하는 약정이 포함되어 있었다 하더라도 달리 볼 것은 아니다.(대판 2001.4.10, 2001다12256)

5. 평당가액을 정하지 않고 매매대금을 정하였더라도 수량을 지정한 매매라고 볼 수 있는 경우 평당 기준가액을 정하지 아니하거나 매매목적물별로 매매대금을 정하지 아니하고 이를 포괄하여 매매대금을 정하였다 하더라도 그 매매계약을 체결함에 있어 매수인이 일정한 수량이 있는 것으로 믿고 계약을 체결하였고 매도인도 그 일정수량이 있는 것으로 명시적 또는 묵시적으로 표시하였으며 나아가 매매대금이 그 수량(면적)을 기초로 하여 정하여진 경우에는 그 매매는 수량을 지정한 매매라고 봄이 타당하다.(대판 1986.12.23, 86다카1380)

6. 건물 일부의 임대차계약이 수량을 지정한 임대차로 되는 경우 건물 일부의 임대차계약을 체결함에 있어 임차인이 건물면적의 일정한 수량이 있는 것으로 믿고 계약을 체결하였고, 임대인도 그 일정 수량이 있는 것으로 명시적 또는 묵시적으로 표시하였으며, 또한 임대차보증금과 월임료 등도 그 수량을 기초로 하여 정하여진 경우에는, 그 임대차는 수량을 지정한 임대차라고 봄이 타당하다.(대판 1995.7.14, 94다38342)

7. 수량지정매매와 대금감액 ① 민 574조가 수량을 지정한 매매의 목적물이 부족되는 경우와 매매목적물의 일부가 계약 당시 이미 멸실된 경우 매수인이 부족 또는 멸실을 알지 못한 때에 매도인의 담보책임을 인정하여 매수인에게 대금의 감액을 청구할 수 있는 등의 권리를 주고 있는 취지는 그와 같이 매매로 인한 채무의 일부를 원시적으로 이행할 수 없는 경우에 대가적인 계약관계를 조정하여 등가성을 유지하려는 데에 있다. ② 매매계약을 체결함에 있어 토지의 면적을 기초로 하여 평수에 따라 대금을 산정하였는데 토지의 일부가 매매계약 당시에 이미 도로의 부지로 편입되어 있었고, 매수인이 그와 같은 사실을 알지 못하고 매매계약을 체결한 경우 매수인은 민 574조에 따라 매도인에 대하여 토지 중 도로의 부지로 편입된 부분의 비율로 대금의 감액을 청구할 수 있다. ③ 매수인에게 대금감액청구권이 있고 감액될 부분이 아직 확정되지 않고 있다면 매수인은 대금의 일부에 관한 매도인의 지급청구에도 불구하고 대금전부에 관하여 지급의무의 이행을 거절할 수 있다.(대판 1992.12.22, 92다30580)

8. 수량지정매매의 경우 대금감액청구권 행사와 별도로 부당이득반환청구 또는 계약체결상의 과실책임의 이행청구가 인정되는지 여부(소극) 부동산매매계약에 있어서 실제면적이 계약면적에 미달하는 경우에는 그 매매가 수량지정매매에 해당할 때에 한하여 민 574조, 572조에 의한 대금감액청구권을 행사함은 별론으로 하고, 그 매매계약이 그 미달 부분만큼 일부 무효임을 들어 이와 별도로 일반 부당이득반환청구를 하거나 그 부분의 원시적 불능을 이유로 민 535조가 규정하는 계약체결상의 과실에 따른 책임의 이행을 구할 수 없다.(대판 2002.4.9, 99다47396)

9. 수량을 지정한 매매계약 후에 수량부족이 발생한 경우 574조에 의한 담보책임을 물을 수 있는지 여부(소극) 아파트 분양계약이 수량을 지정한 매매에 해당된다 하더라도, 이전등기된 공유대지지분이 부족하게 된 원인이 분양계약 당시 분양계약자들과 주택건설사업자가 공유지분 산정의 기초가 되는 아파트 대지를 실제와 다르게 잘못 알고 있었기 때문이 아니라, 주택건설사업자가 분양계약 당시 공유지분 산정의 기초가 된 아파트 대지 중 일부를 분양계약 후에 비로소 공용시설용 대지에 편입하여 시에 기부채납하였기 때문이라면, 주택건설사업자에 대하여 민 574조에 의한 담보책임을 물을 수는 없다.(대판 1996.12.10, 94다56098)

第575條【制限物權있는 境遇와 賣渡人의 擔保責任】 ① 賣買의 目的物이 地上權, 地役權, 傳貰權, 質權 또는 留置權의 目的이 된 境遇에 買受人이 이를 알지 못한 때에는 이로 因하여 契約의 目的을 達成할 수 없는 境遇에 限하여 買受人은 契約을 解除할 수 있다. 其他의 境遇에는 損害賠償만을 請求할 수 있다.

② 前項의 規定은 賣買의 目的이 된 不動産을 爲하여 存在할 地役權이 없거나 그 不動産에 登記된 賃貸借契約이 있는 境遇에 準用한다.

③ 前2項의 權利는 買受人이 그 事實을 안 날로부터 1年內에 行使하여야 한다.

▣ 동시이행의 항변권(583·536), 담보책임면제의 특약(584), [1] 계약의 해제(543), 손해배상(393－396), [2] 등기한 임차권(621②), 등기있는 건물의 차지권의 대항력(622)

第576條【抵當權, 傳貰權의 行使와 賣渡人의 擔保責任】 ① 賣買의 目的이 된 不動産에 設定된 抵當權 또는 傳貰權의 行使로 因하여 買受人이 그 所有權을 取得할 수 없거나 取得한 所有權을 잃은 때에는 買受人은 契約을 解除할 수 있다.

② 前項의 境遇에 買受人의 出財로 그 所有權을 保存한 때에는 賣渡人에 對하여 그 償還을 請求할 수 있다.

③ 前2項의 境遇에 買受人이 損害를 받은 때에는

그 賠償을 請求할 수 있다.

▣ 담보책임면제특약(584), ① 계약해제(543), ② 매수인의 소유권보존(채권변제=364, 변제에 의한 대위=481), ③ 손해배상(393-396)

1. 가등기에 기한 본등기가 경료됨으로써 소유권을 상실하게 된 경우 576조의 담보책임 성립여부(적극) 가등기의 목적이 된 부동산을 매수한 사람이 그 뒤 가등기에 기한 본등기가 경료됨으로써 그 부동산의 소유권을 상실하게 된 때에는 매매의 목적 부동산에 설정된 저당권 또는 전세권의 행사로 인하여 매수인이 취득한 소유권을 상실한 경우와 유사하므로, 이와 같은 경우 민 576조의 규정이 준용된다고 보아 같은 조 소정의 담보책임을 진다고 보는 것이 상당하고 민 570조에 의한 담보책임을 진다고 할 수 없다.(대판 1992.10.27, 92다21784)

2. 매수인이 매매목적물에 관한 근저당권의 피담보채무 중 일부만을 인수하였으나 이를 이행하지 않음으로써 근저당권이 실행된 경우 매도인이 민 576조의 담보책임을 지는지 여부(소극) (대판 2002.9.4, 2002다11151) → 제454조 참조

3. 부동산 매수인이 자신의 출재로 저당권을 소멸시킨 경우 매도인에 대한 구상권 행사의 가부(적극) 부동산의 매수인이 소유권을 보존하기 위하여 자신의 출재로 피담보채권을 변제함으로써 그 부동산에 설정된 저당권을 소멸시킨 경우에는, 매수인이 그 부동산 매수시 저당권이 설정되었는지 여부를 알았든 몰랐든 간에 이와 관계없이 민 576조 2항에 의하여 매도인에게 그 출재의 상환을 청구할 수 있다.(대판 1996.4.12, 95다55245)

第577條【抵當權의 目的이 된 地上權, 傳貰權의 賣買와 賣渡人의 擔保責任】 前條의 規定은 抵當權의 目的이 된 地上權 또는 傳貰權이 賣買의 目的이 된 境遇에 準用한다.

▣ 지상권, 전세권을 목적으로 하는 저당권(371), 담보책임면제의 특약(584)

第578條【競賣와 賣渡人의 擔保責任】 ① 競賣의 境遇에는 競落人은 前8條의 規定에 依하여 債務者에게 契約의 解除 또는 代金減額의 請求를 할 수 있다.

② 前項의 境遇에 債務者가 資力이 없는 때에는 競落人은 代金의 配當을 받은 債權者에 對하여 그 代金全部나 一部의 返還을 請求할 수 있다.

③ 前2項의 境遇에 債務者가 物件 또는 權利의 欠缺을 알고 告知하지 아니하거나 債權者가 이를 알고 競賣를 請求한 때에는 競落人은 그 欠缺을 안 債務者나 債權者에 對하여 損害賠償을 請求할 수 있다.

▣ 584, 경매(민집), 손해배상(393-396)

1. 경매절차가 무효인 경우 담보책임 인정 여부(소극) 민 578조 1항, 2항은 매매의 일종인 경매에 있어서 목적물의 하자로 인하여 경락인이 경락의 목적인 재산권을 완전히 취득할 수 없을 때에 매매의 경우에 준하여 매도인의 위치에 있는 경매의 채무자나 채권자에게 담보책임을 부담시켜 경락인을 보호하기 위한 규정으로서 그 담보책임은 매매의 경우와 마찬가지로 경매절차는 유효하게 이루어졌으나 경매의 목적이 된 권리의 전부 또는 일부가 타인에게 속하는 등의 하자로 경락인이 완전한 소유권을 취득할 수 없거나 이를 잃게 되는 경우에 인정되는 것이고 경매절차 자체가 무효인 경우에는 경매의 채무자나 채권자의 담보책임은 인정될 여지가 없다.(대판 1993.5.25, 92다15574)

2. 강제경매의 채무자가 낙찰대금지급기일 직전에 선순위 근저당권을 소멸시켜 후순위 임차권의 대항력을 존속시키고도 이를 낙찰자에게 고지하지 아니하여 낙찰자가 대항력 있는 임차권의 존재를 알지 못한 채 낙찰대금을 지급한 경우 채무자의 손해배상책임 선순위 근저당권의 존재로 후순위 임차권이 소멸하는 것으로 알고 부동산을 낙찰받았으나, 그 후 채무자가 후순위 임차권의 대항력을 존속시킬 목적으로 선순위 근저당권의 피담보채무를 모두 변제하고 그 근저당권을 소멸시키고도 이 점에 대하여 낙찰자에게 아무런 고지도 하지 않아 낙찰자가 대항력 있는 임차권이 존속하게 된다는 사정을 알지 못한 채 대금지급기일에 낙찰대금을 지급하였다면, 채무자는 민 578조 3항의 규정에 의하여 낙찰자가 입게 된 손해를 배상할 책임이 있다.(대판 2003.4.25, 2002다70075)

3. 경락인이 가등기가 경료된 부동산을 경락받았으나 아직 가등기에 기한 본등기가 경료되지 않은 경우 경락인이 경매신청 채권자에 대하여 담보책임을 물을 수 있는지 여부(소극) 민 578조에 의하여 경매신청 채권자가 경락인에게 부담하는 손해배상책임은 반드시 신청채권자의 경매신청행위가 위법한 것임을 전제로 하는 것은 아니지만, 경매절차에서 소유권이전청구권 가등기가 경료된 부동산을 경락받았으나 가등기에 기한 본등기가 경료되지 않은 경우에는 아직 경락인이 그 부동산의 소유권을 상실한 것이 아니므로 민 578조에 의한 손해배상책임이 성립되었다고 볼 여지가 없다.(대판 1999.9.17, 97다54024)

4. 낙찰인이 납부한 낙찰대금을 배당하기 전의 담보책임(구법관계) 소유권에 관한 가등기의 목적이 된 부동산을 낙찰받아 낙찰대금까지 납부하여 소유권을 취득한 낙찰인이 그 뒤 가등기에 기한 본등기가 경료됨으로써 일단 취득한 소유권을 상실하게 된 때에는 매각으로 인하여 소유권의 이전이 불가능하였던 것이 아니므로, 민소 613조에 따라 집행법원으로부터 그 경매절차의 취소결정을 받아 납부한 낙찰대금을 반환받을 수는 없다고 할 것이나, 이는 매매의 목적 부동산에 설정된 저당권 또는 전세권의 행사로 인하여 매수인이 취득한 소유권을 상실한 경우와 유사하므로, 민 578조, 576조를 유추적용하여 담보책임을 추급할 수는 있다. 이러한 담보책임은 낙찰인이 경매절차 밖에서 별소에 의하여 채무자 또는 채권자를 상대로 추급하는 것이 원칙이라고 할 것이나, 아직 배당이 실시되기 전이라면, 이러한 때에도 낙찰인으로 하여금 배당이 실시되는 것을 기다렸다가 경매절차 밖에서 별소에 의하여 담보책임을 추급하게 하는 것은 가혹하므로, 이 경우 낙찰인은 민소 613조를 유추적용하여 집행법원에 대하여 경매에 의한 매매계약을 해제하고 납부한 낙찰대금의 반환을 청구하는 방법으로 담보책임을 추급할 수 있다.(대결 1997.11.11, 96그64)

5. 민 578조 1항의 채무자에 임의경매에 있어서의 물상보증인이 포함되는지 여부(적극) 민 578조 1항의 채무자에는 임의경매에 있어서의 물상보증인도 포함되는 것이므로 경락인이 그에 대하여 적법하게 계약해제권을 행사했을 때에는 물상보증인은 경락인에 대하여 원상회복의 의무를 진다.(대판 1988.4.12, 87다카2641)

6. 국세체납에 의한 공매절차에서의 매수인이 소유권을 취득하지 못하던 중, 가압류채권에 의한 민사집행절차에서의 매수인이 적법하게 소유권을 취득하여, 이에 대항할 수 없게 된 경우 민 578조, 576조에 따라 공매를 해제할 수 있는지 여부(소극) 공매절차의 매수인이 농지취득자격증명을 발급받지 못한 사유로 소유권을 취득하지 못하던 중 원소유자에 대한 가압류채권에 근거한 민사집행절차에서 농지를 매수한 매수인이 농지취득자격증명을 발급받고 대금을 완납한 때에는 적법하게 농지의 소유권을 취득하고, 공매절차의 매수인은 소유권을 취득할 수 없게 된다. 그러나 이러한 결론은 공매절차의 매수인이 가압류의 처분금지적 효력에 의하여 민사집행절차의 매수인에게 대항할 수 없어 발생하는 것이 아니라, 국세체납절차와 민사집행절차가 별개의 절차로 진행

된 결과일 뿐이므로, 공매절차의 매각결정 당시 이미 존재하였던 원인에 의하여 후발적으로 소유권을 취득할 수 없게 되는 경우에 해당하지 아니하고, 이러한 경우에까지 민 578조, 576조가 준용된다고 볼 수는 없다.(대판 2014.2.13, 2012다45207)

7. 매도인의 담보책임에 대하여 '경매'에 관한 특칙을 둔 취지 및 '경매'의 의미 민법은 570조부터 584조까지 매도인의 담보책임을 규정하면서 578조와 580조 2항에서 '경매'에 관한 특칙을 두고 있다. 민법이 특칙을 둔 취지는 경매의 사법상 효력이 매매와 유사하다고는 하나, 매매는 당사자 사이의 의사합치에 의하여 체결되는 것인 반면 경매는 매도인의 지위에 있는 채무자 의사와 무관하게 국가기관인 법원에 의하여 실행되어 재산권이 이전되는 특수성이 있고, 이러한 특수성으로 인해 경매절차에 관여하는 채권자와 채무자, 매수인 등의 이해를 합리적으로 조정하고 국가기관에 의하여 시행되는 경매절차의 안정도 도모할 필요가 있으므로, 일반 매매를 전제로 한 담보책임 규정을 경매에 그대로 적용하는 것은 부당하다는 고려에 따른 것이다. 따라서 민 578조와 민 580조 2항이 말하는 '경매'는 민사집행법상의 강제집행이나 담보권 실행을 위한 경매 또는 국세징수법상의 공매 등과 같이 국가나 그를 대행하는 기관 등이 법률에 기하여 목적물 권리자의 의사와 무관하게 행하는 매도행위만을 의미하는 것으로 해석하여야 한다.(대판 2016.8.24, 2014다80839)

8. 경매절차에서 유치권이 주장되지 않은 경우 유치권 부존재 확인을 구할 이익 유무(=채권자인 근저당권자 적극, 채무자 아닌 소유자 소극) 경매절차에서 유치권이 주장되지 아니한 경우에는, 담보목적물이 매각되어 그 소유권이 이전됨으로써 근저당권이 소멸하였더라도 채권자는 유치권의 존재를 알지 못한 매수인으로부터 민 575조, 578조 1항, 2항에 의한 담보책임을 추급당할 우려가 있고, 위와 같은 위험은 채권자의 법률상 지위를 불안정하게 하는 것이므로, 채권자인 근저당권자로서는 위 불안을 제거하기 위하여 유치권 부존재 확인을 구할 법률상 이익이 있다. 반면 채무자가 아닌 소유자는 위 각 규정에 의한 담보책임을 부담하지 아니하므로, 유치권의 부존재 확인을 구할 법률상 이익이 없다.(대판 2020.1.16, 2019다247385)

第579條【債權賣買와 賣渡人의 擔保責任】

① 債權의 賣渡人이 債務者의 資力을 擔保한 때에는 賣買契約當時의 資力을 擔保한 것으로 推定한다.
② 辨濟期에 到達하지 아니한 債權의 賣渡人이 債務者의 資力을 擔保한 때에는 辨濟期의 資力을 擔保한 것으로 推定한다.

■ 584, 상속재산분할의 경우의 자력담보책임(1017), 채권출자사원의 담보책임(상196)

第580條【賣渡人의 瑕疵擔保責任】

① 賣買의 目的物에 瑕疵가 있는 때에는 第575條第1項의 規定을 準用한다. 그러나 買受人이 瑕疵있는 것을 알았거나 過失로 因하여 이를 알지 못한 때에는 그러하지 아니하다.
② 前項의 規定은 競賣의 境遇에 適用하지 아니한다.

■ 583·584, 상인간의 매매의 특칙(상69), 소비대차와 목적물의 하자(602), ② 경매(민집)

▶ 목적물의 하자

1. 매도인이 매수인에게 기계를 공급하면서 카탈로그와 검사성적서를 제시한 경우 그 기계에 하자가 있는지 여부의 판단기준 매도인이 매수인에게 공급한 기계가 통상의 품질이나 성능을 갖추고 있는 경우, 그 기계에 작업환경이나 상황이 요구하는 품질이나 성능을 갖추고 있지 못하다 하여 하자가 있다고 인정할 수 있기 위하여는, 매수인이 매도인에게 제품이 사용될 작업환경이나 상황을 설명하면서 그 환경이나 상황에 충분히 견딜 수 있는 제품의 공급을 요구한 데 대하여, 매도인이 그러한 품질과 성능을 갖춘 제품이라는 점을 명시적으로나 묵시적으로 보증하고 공급하였다는 사실이 인정되어야만 할 것임은 물론이나, 매도인이 매수인에게 기계를 공급하면서 당해 기계의 카탈로그와 검사성적서를 제시하였다면, 매도인은 그 기계가 카탈로그와 검사성적서에 기재된 바와 같은 정도의 품질과 성능을 갖춘 제품이라는 점을 보증하였다고 할 것이므로, 매도인이 공급한 기계가 매도인이 카탈로그와 검사성적서에 의하여 보증한 일정한 품질과 성능을 갖추지 못한 경우에는 그 기계에 하자가 있다고 보아야 한다.(대판 2000.10.27, 2000다30554, 30561)

2. 종묘업자가 생산한 씨앗에 하자가 있는지의 판단기준 종묘업자가 생산한 종자가 현재의 기술수준과 경제성에 비추어 합리적으로 예견할 수 있는 재배조건에서 재배될 경우 소비자인 농민이 정상적인 생육과정을 통하여 적정한 수확량을 거둘 수 있는 품질을 갖추고 있는 경우라면, 특수한 품질을 그 품종특성으로 등록하거나 설명하는 등 이를 보증하고 공급하지 아니한 이상 종자에 하자가 있다고 할 수 없다.(대판 2001.4.10, 99다70945)

3. 매도한 차량이 장기간 운행정지처분을 받은 경우 하자가 있는지 여부(적극) 매도인이 불법운행하여 150일간 운행정지처분된 차량을 매도한 경우, 매수인이 그 차량을 매수하여 즉시 운행하려 하였다면 매수인으로서는 다른 차량을 대체하지 않고는 그 목적을 달할 수 없는 경우로 예상되므로 매수인이 그런 하자있음을 알지 못하고 또 이를 알지 못한 데에 과실이 없는 때에는 민 580조의 매도인에게 하자담보책임이 있는 경우에 해당하여 매수인은 그 매매계약을 해제할 수 있다.(대판 1985.4.9, 84다카2525)

4. 건축을 목적으로 매매된 토지에 대하여 건축허가를 받을 수 없어 건축이 불가능하다는 법률적 장애가 매매목적물의 하자에 해당하는지 여부(적극) **및 그 하자의 존부에 관한 판단기준시**(=매매계약 성립시) 매매의 목적물이 거래통념상 기대되는 객관적 성질·성능을 결여하거나, 당사자가 예정 또는 보증한 성질을 결여한 경우에 매도인은 매수인에 대하여 그 하자로 인한 담보책임을 부담한다 할 것이고, 한편 건축을 목적으로 매매된 토지에 대하여 건축허가를 받을 수 없어 건축이 불가능한 경우, 위와 같은 법률적 제한 내지 장애 역시 매매목적물의 하자에 해당한다 할 것이나, 다만 위와 같은 하자의 존부는 매매계약 성립시를 기준으로 판단하여야 할 것이다.(대판 2000.1.18, 98다18506)

5. 표고버섯종균의 품질이나 특성에 대한 하자 ① 표고버섯 종균을 접종한 표고목의 발아율이 일률적으로 정상적인 발아율의 1/100에도 미치지 못하는 현상이 발생한 경우, 종균을 생산한 회사의 대표가 관리를 잘못하여 종균에 문제가 있다고 말한 사실, 다른 구입처에서 구입한 종균을 동일한 통상의 접종 및 재배조건에서 접종한 표고목에서는 종균이 정상적으로 발아한 사실 등 제반 사정에 비추어, 그 종균은 종균으로서 통상적으로 갖추어야 할 품질이나 특성을 갖추지 못한 하자가 있음을 인정할 수 있다. ② 표고버섯 종균에 하자가 존재하는 사실을 알았다고 하기 위하여는 종균을 접종한 표고목에서 종균이 정상적으로 발아하지 아니한 사실을 알았다는 것만으로는 부족하고, 종균이 정상적으로 발아하지 아니한 원인이 바로 종균에 존재하는 하자로 인한 것임을 알았을 때라야 비로소 종균에 하자가 존재하는 사실을 알았다고 볼 것이다.(대판 2003.6.27, 2003다20190)

▶ 하자담보책임과 불완전이행으로 인한 확대손해

6. 채무불이행책임과 하자담보책임의 경합(1) 토지 매도인이 성토작업을 기화로 다량의 폐기물을 은밀히 매립하고 그 위에 토사를 덮은 다음 도시계획사업을 시행하는 공공사업

시행자와 사이에서 정상적인 토지임을 전제로 협의취득절차를 진행하여 이를 매도함으로써 매수자로 하여금 그 토지의 폐기물처리비용 상당의 손해를 입게 하였다면 매도인은 이른바 불완전이행으로서 채무불이행으로 인한 손해배상책임을 부담하고, 이는 하자 있는 토지의 매매로 인한 민 580조 소정의 하자담보책임과 경합적으로 인정된다. 구 공공용지의취득및손실보상에관한특례법에 의하여 공공사업의 시행자가 토지를 협의취득하는 행위는 사경제주체로서 행하는 사법상의 법률행위이므로 그 일방 당사자의 채무불이행에 대하여 민법에 따른 손해배상 또는 하자담보책임을 물을 수 있다.(대판 2004.7.22, 2002다51586)

7. 채무불이행책임과 하자담보책임의 경합(2) 매매의 목적물에 하자가 있는 경우 매도인의 하자담보책임과 채무불이행책임은 별개의 권원에 의하여 경합적으로 인정된다. 이 경우 특별한 사정이 없는 한 하자를 보수하기 위한 비용은 매도인의 하자담보책임과 채무불이행책임에서 말하는 손해에 해당한다. 따라서 매매 목적물인 토지에 폐기물이 매립되어 있고 매수인이 폐기물을 처리하기 위해 비용이 발생한다면 매수인은 그 비용을 민 390조에 따라 채무불이행으로 인한 손해배상으로 청구할 수도 있고, 민 580조 1항에 따라 하자담보책임으로 인한 손해배상으로 청구할 수도 있다.(대판 2021.4.8, 2017다202050)

8. 도급계약에 의하여 완성된 목적물에 하자가 있어 확대손해가 발생한 경우 하자담보책임과 확대손해에 대한 배상책임의 경합 액젓 저장탱크의 제작·설치공사 도급계약에 의하여 완성된 저장탱크에 균열이 발생한 경우, 보수비용은 민 667조 2항에 의한 수급인의 하자담보책임 중 하자보수에 갈음하는 손해배상이고, 액젓 변질로 인한 손해배상은 위 하자담보책임을 넘어서 수급인이 도급계약의 내용에 따른 의무를 제대로 이행하지 못함으로 인하여 도급인의 신체·재산에 발생한 손해에 대한 배상으로서 양자는 별개의 권원에 의하여 경합적으로 인정된다.(대판 2004.8.20, 2001다70337)

9. 부품 판매업자에게 그 부품의 하자로 인한 확대손해발생에 대한 책임을 지우기 위한 요건 매도인이 매수인에게 공급한 부품이 통상의 품질이나 성능을 갖추고 있는 경우, 나아가 내한성이라는 특수한 품질이나 성능을 갖추고 있지 못하여 하자가 있다고 인정할 수 있기 위하여는, 매수인이 매도인에게 완제품이 사용될 환경을 설명하면서 그 환경에 충분히 견딜 수 있는 내한성 있는 부품의 공급을 요구한 데 대하여, 매도인이 부품이 그러한 품질과 성능을 갖춘 제품이라는 점을 명시적으로나 묵시적으로 보증하고 공급하였다는 사실이 인정되어야만 할 것이고, 특히 매매목적물의 하자로 인하여 확대손해 내지 2차 손해가 발생하였다는 이유로 매도인에게 그 확대손해에 대한 배상책임을 지우기 위하여는 채무의 내용으로 된 하자 없는 목적물을 인도하지 못한 의무위반사실 외에 그러한 의무위반에 대하여 매도인에게 귀책사유가 인정될 수 있어야만 한다.(대판 1997.5.7, 96다39455)

10. 신축건물의 매도인이 하자보수를 약정한 경우 책임을 지는 하자의 범위 신축건물이나 신축한 지 얼마 되지 않아 그와 다름없는 건물을 매도하는 매도인이 매수인에 대하여 매도건물에 하자가 있을 때에는 책임지고 그에 대한 보수를 해 주기로 약정한 경우 특별한 사정이 없는 한 매도인은 하자 없는 완전한 건물을 매매한 것을 보증하였다고 할 것이므로 매도인은 계약 당시 또는 매수인이 인도받은 후에 용이하게 발견할 수 있는 하자뿐만 아니라 건물의 본체부분의 구조상의 하자 특히 품질이 떨어지는 재료를 사용하는 등 날림공사로 인한 하자 등 바로 발견할 수 없는 하자는 물론 당초의 하자로부터 확산된 하자에 대하여도 책임을 져야 한다.(대판 1993.11.23, 92다38980)

기 타

11. 매도인의 하자담보책임에도 과실상계 규정이 유추적용되는지 여부 민 581조, 580조에 기한 매도인의 하자담보책임은 법이 특별히 인정한 무과실책임으로서 여기에 민 396조의 과실상계 규정이 준용될 수는 없다 하더라도, 담보책임이 민법의 지도이념인 공평의 원칙에 입각한 것인 이상 하자 발생 및 그 확대에 가공한 매수인의 잘못을 참작하여 손해배상의 범위를 정함이 상당하다.(대판 1995.6.30, 94다23920)

12. 매매계약 내용의 중요 부분에 착오가 있는 경우, 매수인이 매도인의 하자담보책임이 성립하는지와 상관없이 착오를 이유로 매매계약을 취소할 수 있는지 여부 착오로 인한 취소 제도와 매도인의 하자담보책임 제도는 취지가 서로 다르고, 요건과 효과도 구별된다. 따라서 매매계약 내용의 중요 부분에 착오가 있는 경우 매수인은 매도인의 하자담보책임이 성립하는지와 상관없이 착오를 이유로 매매계약을 취소할 수 있다.(대판 2018.9.13, 2015다78703)

13. 공익사업법상 협의취득에서 채무불이행, 하자담보책임의 성부(적극) **및 매도인 하자담보책임에 따른 손해배상청구권의 소멸시효기간**(=10년), **기산점**(=목적물 인도시) 공익사업법에 따라 공공사업의 시행자가 토지를 협의취득하는 행위는 사법상의 법률행위로 일방 당사자의 채무불이행에 대하여 민법에 따른 손해배상 또는 하자담보책임을 물을 수 있다. 이 경우 매도인에 대한 하자담보에 기한 손해배상청구권에 대하여는 민 162조 제1항의 채권 소멸시효의 규정이 적용되고, 매수인이 매매의 목적물을 인도받은 때부터 소멸시효가 진행한다.(대판 2020.5.28, 2017다265389)

第581條【種類賣買와 賣渡人의 擔保責任】 ① 賣買의 目的物을 種類로 指定한 境遇에도 그 後特定된 目的物에 瑕疵가 있는 때에는 前條의 規定을 準用한다.

② 前項의 境遇에 買受人은 契約의 解除 또는 損害賠償의 請求를 하지 아니하고 瑕疵없는 物件을 請求할 수 있다.

■ 583·584, 종류채권(375), 특칙(상69), 계약의 해제(543), 손해배상(393-396)

1. 종류매매에서 매도인의 완전물급부의무의 이행이 공평의 원칙에 반하는 경우 매수인의 완전물급부청구권 행사를 제한할 수 있는지 여부(적극) **및 그 판단 기준** 매매목적물의 하자가 경미하여 수선 등의 방법으로도 계약의 목적을 달성하는 데 별다른 지장이 없는 반면 매도인에게 하자 없는 물건의 급부의무를 지우면 다른 구제방법에 비하여 지나치게 큰 불이익이 매도인에게 발생되는 경우와 같이 하자담보의무의 이행이 오히려 공평의 원칙에 반하는 경우에는, 완전물급부청구권의 행사를 제한함이 타당하다. 그리고 이러한 매수인의 완전물급부청구권의 행사에 대한 제한 여부는 매매목적물의 하자의 정도, 하자 수선의 용이성, 하자의 치유가능성 및 완전물급부의 이행으로 인하여 매도인에게 미치는 불이익의 정도 등의 여러 사정을 종합하여 사회통념에 비추어 개별적·구체적으로 판단하여야 한다.(대판 2014.5.16, 2012다72582)

第582條【前2條의 權利行使期間】 前2條에 依한 權利는 買受人이 그 事實을 안 날로부터 6月內에 行使하여야 한다.

■ 575③

1. 권리행사기간의 성질 및 재판 외에서의 권리행사방법 민 582조 소정의 매수인의 권리행사 기간은 재판상 또는 재판 외에서의 권리행사에 관한 기간이므로 매수인은 소정 기간 내에 재판 외에서 권리행사를 함으로써 그 권리를 보존할 수 있고, 재판 외에서의 권리행사는 특별한 형식을 요구하는 것이 아니므로 매수인이 매도인에 대하여 적당한 방법으로 물건에 하자가 있음을 통지하고, 계약의 해제나 하자의 보수 또는 손해배상을 구하는 뜻을 표시함으로써 충분하다.(대판

2003.6.27, 2003다20190)

2. 제척기간과 소멸시효의 관계 매도인에 대한 하자담보에 기한 손해배상청구권에 대하여는 582조의 제척기간이 적용되고, 이는 법률관계의 조속한 안정을 도모하고자 하는 데에 그 취지가 있다. 그런데 하자담보에 기한 매수인의 손해배상청구권은 그 권리의 내용·성질 및 취지에 비추어 162조 1항의 채권 소멸시효의 규정이 적용되고, 582조의 제척기간 규정으로 인하여 위 소멸시효 규정의 적용이 배제된다고 볼 수 없다. 이때 다른 특별한 사정이 없는 한 매수인이 매매의 목적물을 인도받은 때부터 그 소멸시효가 진행한다.(대판 2011.10.13, 2011다10266)

第583條【擔保責任과 同時履行】 第536條의 規定은 第572條 乃至 第575條, 第580條 및 第581條의 境遇에 準用한다.

▣ 584

第584條【擔保責任免除의 特約】 賣渡人은 前15條에 依한 擔保責任을 免하는 特約을 한 境遇에도 賣渡人이 알고 告知하지 아니한 事實 및 第三者에게 權利를 設定 또는 讓渡한 行爲에 對하여는 責任을 免하지 못한다.

▣ 599①, 면책의 특약(672)

第585條【同一期限의 推定】 賣買의 當事者 一方에 對한 義務履行의 期限이 있는 때에는 相對方의 義務履行에 對하여도 同一한 期限이 있는 것으로 推定한다.

▣ 기한(152－154·388), 목적물인도와 대금지급(536·586)

第586條【代金支給場所】 賣買의 目的物의 引渡와 同時에 代金을 支給할 境遇에는 그 引渡場所에서 이를 支給하여야 한다.

▣ 변제의 장소(467), 목적물인도와 대금지급(536·585)

第587條【果實의 歸屬, 代金의 利子】 賣買契約 있은 後에도 引渡하지 아니한 目的物로부터 생긴 果實은 賣渡人에게 屬한다. 買受人은 目的物의 引渡를 받은 날로부터 代金의 利子를 支給하여야 한다. 그러나 代金의 支給에 對하여 期限이 있는 때에는 그러하지 아니하다.

▣ 특정물인도채무와 현상인도의 원칙(462), 과실(101·102), 이자(379), 대금지급의 기한(585)

1. 특정물 매매에 있어서 매수인의 대금지급채무에 대한 이자의 발생 시점 특정물의 매매에 있어서 매수인의 대금지급채무가 이행지체에 빠졌다 하더라도 그 목적물이 매수인에게 인도될 때까지는 매수인은 매매대금의 이자를 지급할 필요가 없는 것이므로, 그 목적물의 인도가 이루어지지 아니하는 한 매도인은 매수인의 대금지급의무 이행의 지체를 이유로 매매대금의 이자 상당액의 손해배상청구를 할 수 없다.(대판 1995.6.30, 95다14190)

2. 쌍무계약이 취소된 경우 선의의 매도인은 대금의 운용이익 내지 법정이자를 반환할 필요가 있는지 여부(소극) 쌍무계약이 취소된 경우 선의의 매수인에게 민 201조가 적용되어 과실취득권이 인정되는 이상 선의의 매도인에게도 민 587조의 유추적용에 의하여 대금의 운용이익 내지 법정이자의 반환을 부정함이 형평에 맞다.(대판 1993.5.14, 92다45025)

第588條【權利主張者가 있는 境遇와 代金支給拒絶權】 賣買의 目的物에 對하여 權利를 主張하는 者가 있는 境遇에 買受人이 買受한 權利의 全部나 一部를 잃을 念慮가 있는 때에는 買受人은 그 危險의 限度에서 代金의 全部나 一部의 支給을 拒絶할 수 있다. 그러나 賣渡人이 相當한 擔保를 提供한 때에는 그러하지 아니하다.

▣ 589, 매매의 목적물과 타인의 권리(570－573·576·577)

1. 매도인이 말소하여야 할 매매목적물상의 근저당권을 말소하지 못한 경우 매수인이 대금지급을 거절할 수 있는 범위 매도인이 말소할 의무를 부담하고 있는 매매목적물상의 근저당권을 말소하지 못하고 있다면 매수인은 그 위험의 한도에서 매매대금의 지급을 거절할 수 있고, 그 결과 민 587조 단서에 의하여 매수인이 매매목적물을 인도받았다고 하더라도 미지급 대금에 대한 인도일 이후의 이자를 지급할 의무가 없으나, 이 경우 지급을 거절할 수 있는 매매대금이 어느 경우에나 근저당권의 채권최고액에 상당하는 금액인 것은 아니고, 매수인이 근저당권의 피담보채무액을 확인하여 이를 알고 있는 경우와 같은 특별한 사정이 있는 경우에는 지급을 거절할 수 있는 매매대금은 확인된 피담보채무액에 한정된다.(대판 1996.5.10, 96다6554)

第589條【代金供託請求權】 前條의 境遇에 賣渡人은 買受人에 對하여 代金의 供託을 請求할 수 있다.

▣ 공탁(487·488·491)

第3款 還 買

第590條【還買의 意義】 ① 賣渡人이 賣買契約과 同時에 還買할 權利를 保留한 때에는 그 領收한 代金 및 買受人이 負擔한 賣買費用을 返還하고 그 目的物을 還買할 수 있다.

② 前項의 還買代金에 關하여 特別한 約定이 있으면 그 約定에 依한다.

③ 前2項의 境遇에 目的物의 果實과 代金의 利子는 特別한 約定이 없으면 이를 相計한 것으로 본다.

▣ 환매특약과 등기(592, 등기43), 계약의 비용(566), 환매와 대금·계약비용의 제공(594), 계약해제(543·548), 이자(379), 과실(101), 상계(492)

1. 토지를 매매하면서 그 토지 중 공장부지에 편입되지 아니할 부분토지를 매도인에게 원가로 반환한다는 약정의 의미(해제조건부 매매) 토지를 매매하면서 그 토지 중 공장부지 및 그 진입도로부지에 편입되지 아니할 부분토지를 매도인에게 원가로 반환한다는 약정은, 공장부지 및 진입도로로 사용되지 아니하기로 확정된 때에는 그 부분토지에 관한 매매는 해제되어 원상태로 돌아간다는 일종의 해제조건부 매매라고 봄이 상당하고, 조건부환매계약이라고 볼 수 없다.(대판 1981.6.9, 80다3195)

2. 환매권의 양도성(적극) 피고가 부동산에 관한 환매권을 소외인에게 양도하고 그 소유권이전등기에 필요한 서류를 교부한 점에 비추어 피고가 동 소외인에게 한 환매권포기약정은 국가가 위 부동산을 원소유자인 피고에게 다시 환매할 경우 위 소외인이 피고 명의로 환매계약을 체결하여 그 환매대금을 납부하고 소유권이전등기를 마치면 피고가 위 소외인 앞으로 소유권이전등기를 경료해 주기로 한 것으로 풀이될 수 있으므로 위 포기약정은 부동산의 매매계약이라 볼 것이다. 환매권양도계약에 의하여 환매권 양수인이 양도인 명의로 환매하여 대금을 납부하기로 한 경우에 있어서 동 양도계약이 현저히 불공정한 법률행위에 해당하는지는 1차적으로 소외인이 피고에게 지급한 환매권매수대금과 국가에 대신 납부하기로 하여 납부한 환매부동산의 대금을 합한 금액이 당시의 부동산시가와 비교하여 현저히 저렴한 가격이었는가에 따라 판단하여야 할 것이다.(대판 1984.4.10, 81다

239)

第591條【還買期間】 ① 還買期間은 不動産은 5年, 動産은 3年을 넘지 못한다. 約定期間이 이를 넘는 때에는 不動産은 5年, 動産은 3年으로 短縮한다.
② 還買期間을 定한 때에는 다시 이를 延長하지 못한다.
③ 還買期間을 定하지 아니한 때에는 그 期間은 不動産은 5年, 動産은 3年으로 한다.

■ 부동산(99①), 동산(99②), 환매의 실행(594)

第592條【還買登記】 賣買의 目的物이 不動産인 境遇에 賣買登記와 同時에 還買權의 保留를 登記한 때에는 第三者에 對하여 그 效力이 있다.

■ 부동산(99①), 환매특약등기(등기53), 계약해제와 제3자(548)

1. 환매의사표시를 하였으나 환매에 의한 권리취득의 등기를 하지 아니한 매도인이 가압류집행을 한 자에 대하여 이를 주장할 수 있는 지 여부(소극) 등기 64조의2에 의하면 환매특약의 등기는 매수인의 권리취득의 등기에 부기하고, 이 등기는 환매에 의한 권리취득의 등기를 한 때에는 이를 말소하도록 되어 있으며 환매에 의한 권리취득의 등기는 이전등기의 방법으로 하여야 할 것인 바, 설사 환매특약부 매매계약의 매도인이 환매기간 내에 매수인에게 환매의 의사표시를 한 바 있다고 하여도 그 환매에 의한 권리취득의 등기를 함이 없이는 부동산에 가압류집행을 한 자에 대하여 이를 주장할 수 없다.(대판 1990.12.26, 90다카16914)

2. 환매특약의 등기가 경료된 경우 부동산 매수인이 전득한 제3자에 대하여 환매특약의 등기사실을 들어 소유권이전등기절차이행을 거절할 수 있는지 여부(소극) 부동산에 관하여 매매등기와 아울러 환매특약의 등기가 경료된 이후 그 부동산 매수인으로부터 그 부동산을 전득한 제3자가 환매권자의 환매권행사에 대항할 수 없으나, 환매특약의 등기가 부동산의 매수인의 처분권을 금지하는 효력을 가지는 것은 아니므로 그 매수인은 환매특약의 등기 이후 부동산을 전득한 제3자에 대하여 여전히 소유권이전등기절차의 이행의무를 부담하고, 나아가 환매권자가 환매권을 행사하지 아니한 이상 매수인이 전득자인 제3자에 대하여 부담하는 소유권이전등기절차의 이행의무는 이행불능 상태에 이르렀다고 할 수 없으므로, 부동산의 매수인은 전득자인 제3자에 대하여 환매특약의 등기사실만으로 제3자의 소유권이전등기청구를 거절할 수 없다.(대판 1994.10.25, 94다35527)

第593條【還買權의 代位行使와 買受人의 權利】 賣渡人의 債權者가 賣渡人을 代位하여 還買하고자 하는 때에는 買受人은 法院이 選定한 鑑定人의 評價額에서 賣渡人이 返還할 金額을 控除한 殘額으로 賣渡人의 債務를 辨濟하고 剩餘額이 있으면 이를 賣渡人에게 支給하여 還買權을 消滅시킬 수 있다.

■ 감정인(비송57)

第594條【還買의 實行】 ① 賣渡人은 期間內에 代金과 賣買費用을 買受人에게 提供하지 아니하면 還買할 權利를 잃는다.
② 買受人이나 轉得者가 目的物에 對하여 費用을 支出한 때에는 賣渡人은 第203條의 規定에 依하여 이를 償還하여야 한다. 그러나 有益費에 對하여는 法院은 賣渡人의 請求에 依하여 相當한 償還期間을 許與할 수 있다.

■ [1] 환매기간(591), 제공(460), 환매대금(590), [2] 기간(155이하)

第595條【共有持分의 還買】 共有者의 1人이 還買할 權利를 保留하고 그 持分을 賣渡한 後 그 目的物의 分割이나 競賣가 있는 때에는 賣渡人은 買受人이 받은 또는 받을 部分이나 代金에 對하여 還買權을 行使할 수 있다. 그러나 賣渡人에게 通知하지 아니한 買受人은 그 分割이나 競賣로써 賣渡人에게 對抗하지 못한다.

■ 공유물의 분할(268 · 269 · 1012이하)

第4節 交 換

第596條【交換의 意義】 交換은 當事者 雙方이 金錢 以外의 財産權을 相互移轉할 것을 約定함으로써 그 效力이 생긴다.

■ 매매규정의 준용(567)

1. 교환계약 청약과 승낙의 의사표시 교환계약은 당사자간에 청약의 의사표시와 그에 대한 승낙의 의사표시의 합치로 성립하는 이른바 낙성계약으로서 서면의 작성을 필요로 하지 아니하고, 그 청약의 의사표시는 그 내용이 이에 대한 승낙만 있으면 곧 계약이 성립될 수 있을 정도로 구체적이어야 하고, 승낙은 이와 같은 구체적인 청약에 대한 것이어야 할 것이며, 이 경우에 그 승낙의 의사표시는 특별한 사정이 없는 한 그 방법에 아무런 제한이 없고 반드시 명시적임을 요하는 것도 아니다.(대판 1992.10.13, 92다29696)

2. 교환계약의 당사자가 목적물의 시가를 묵비하거나 허위로 높은 가액을 시가라고 고지한 경우 불법행위가 성립하는지 여부(소극) 일반적으로 교환계약을 체결하려는 당사자는 서로 자기가 소유하는 교환 목적물은 고가로 평가하고, 상대방이 소유하는 목적물은 염가로 평가하여, 보다 유리한 조건으로 교환계약을 체결하기를 희망하는 이해상반의 지위에 있고, 각자가 자신의 지식과 경험을 이용하여 최대한으로 자신의 이익을 도모할 것이 예상되기 때문에, 당사자 일방이 알고 있는 정보를 상대방에게 사실대로 고지하여야 할 신의칙상의 주의의무가 인정된다고 볼만한 특별한 사정이 없는 한, 일방 당사자가 자기가 소유하는 목적물의 시가를 묵비하여 상대방에게 고지하지 아니하거나, 혹은 허위로 시가보다 높은 가액을 시가라고 고지하였다 하더라도, 이는 상대방의 의사결정에 불법적인 간섭을 한 것이라고 볼 수 없으므로 불법행위가 성립한다고 볼 수 없다.(대판 2001.7.13, 99다38583)

3. 구분점포 매매, 교환계약에 있어서의 목적물의 특정 구분점포의 매매당사자가 집합건축물대장 등에 의하여 구조, 위치, 면적이 특정된 구분점포를 매매할 의사가 아니라고 인정되는 등 특별한 사정이 없다면, 점포로서 실제 이용현황과 관계없이 집합건축물대장 등 공부에 의해 구조, 위치, 면적에 의하여 확정된 구분점포를 매매의 대상으로 하는 것으로 보아야 하고, 이는 교환계약의 목적물 특정에서도 마찬가지이다.(대판 2012.5.24, 2012다105)

第597條【金錢의 補充支給의 境遇】 當事者 一方이 前條의 財産權移轉과 金錢의 補充支給을 約定한 때에는 그 金錢에 對하여는 賣買代金에 關한 規定을 準用한다.

■ 매매규정의 준용(567), 매매대금에 관한 규정(대금감액청구=572－574 · 583 · 584, 대금지급=585－589)

1. 차액에 해당하는 금원인 보충금의 지급을 갈음하여 상대방으로부터 이전받을 목적물에 관한 근저당권의 피담보채무를 인수하기로 약정한 경우 법률관계 ① 교환계약에서 당사자의 일방이 교환 목적물인 각 재산권의 차액에 해당하는

금원인 보충금의 지급에 갈음하여 상대방으로부터 이전받을 목적물에 관한 근저당권의 피담보채무를 인수하기로 약정한 경우, 특별한 사정이 없는 한 채무를 인수한 일방은 위 보충금을 제외한 나머지 재산권을 상대방에게 이전하여 줌으로써 교환계약상의 의무를 다한 것이 된다. ② 위 ①항의 피담보채무를 인수한 교환계약의 당사자 일방이 인수채무인 근저당권의 피담보채무의 변제를 게을리함으로써 교환 목적물에 관하여 설정된 근저당권의 실행으로 임의경매절차가 개시되었거나 개시될 염려가 있어 상대방이 이를 막기 위하여 부득이 피담보채무를 변제한 경우 등 채무를 인수한 일방이 보충금을 지급하지 아니한 것으로 평가할 수 있는 특별한 사정이 있는 경우에는, 상대방은 채무인수인에 대하여 동액 상당의 손해배상채권 또는 구상채권을 갖게 되는 것이며, 한편 이와 같은 특별한 사정이 있다는 사유를 들어 교환계약을 해제할 수도 있다. ③ 교환계약의 당사자 일방이 교환 목적물의 차액의 지급에 갈음하여 상대방으로부터 인수한 대출원리금지급의무와 상대방의 소유권이전등기의무가 모두 각각의 이행기에 이행되지 않은 채 계약이 해제되지 않은 상태에서 이행기가 도과하였다면 쌍무계약인 교환계약에 기한 위 대출원리금지급의무와 소유권이전등기의무는 동시이행의 관계에 있고, 따라서 상대방이 해제권유보약정에 따라 해제통고를 함에 있어서는 그 최고기간까지 자기의 반대채무인 소유권이전등기의무의 이행 또는 그 이행의 제공을 하여야 약정해제권을 적법하게 취득하고 최고기간의 만료로 해제의 효력이 발생한다.(대판 1998.7.24, 98다13877)

第5節 消費貸借

第598條【消費貸借의 意義】 消費貸借는 當事者 一方이 金錢 其他 代替物의 所有權을 相對方에게 移轉할 것을 約定하고 相對方은 그와 같은 種類, 品質 및 數量으로 返還할 것을 約定함으로써 그 效力이 생긴다.

▣ 반환(196), 소비대차와 이자(602①, 상55①), 준소비대차(605), 소비임치(702), 종류채권(375), 반환불능의 경우(604), 금전채권(376－378)

1. 차주가 현실로 금전을 수수해야 소비대차 효력이 생기는지 여부(소극) 민법상 소비대차는 당사자 일방이 금전 기타 대체물의 소유권을 상대방에게 이전할 것을 약정하고 상대방은 그와 같은 종류, 품질 및 수량으로 반환할 것을 약정함으로써 그 효력이 생기는 이른바 낙성계약이므로, 차주가 현실로 금전 등을 수수하거나 현실의 수수가 있은 것과 같은 경제적 이익을 취득하여야만 소비대차가 성립하는 것은 아니다.(대판 1991.4.9, 90다14652)

2. 증명책임 당사자간에 금원의 수수가 있다는 사실에 관하여 다툼이 없다고 하여도 원고가 이를 수수한 원인은 소비임차라 하고 피고는 그 수수의 원인을 다툴 때에는 그것이 소비임차로 인하여 수수되었다는 것은 이를 주장하는 원고가 입증할 책임이 있다.(대판 1972.12.12, 72다221)

第599條【破産과 消費貸借의 失效】 貸主가 目的物을 借主에게 引渡하기 前에 當事者 一方이 破産宣告를 받은 때에는 消費貸借는 그 效力을 잃는다.

▣ 파산선고 등(회생파산305-327)

1. 차주의 신용불안 등을 이유로 한 대주의 의무이행 거절 여부(적극) 민 2조 1항, 536조 2항, 599조의 내용과 그 입법취지에 비추어 보면, 금전소비대차계약이 성립된 이후에 차주의 신용불안이나 재산상태의 현저한 변경이 생겨 장차 대주의 대여금반환청구권 행사가 위태롭게 되는 등 사정변경이 생기고 이로 인하여 당초의 계약내용에 따른 대여의무를 이행케 하는 것이 공평과 신의칙에 반하게 되는 경우에 대주는 대여의무의 이행을 거절할 수 있다고 보아야 한다.(대판 2021.10.28, 2017다224302)

第600條【利子計算의 始期】 利子있는 消費貸借는 借主가 目的物의 引渡를 받은 때로부터 利子를 計算하여야 하며 借主가 그 責任있는 事由로 受領을 遲滯할 때에는 貸主가 履行을 提供한 때로부터 利子를 計算하여야 한다.

▣ 601·606－608, 이자(379, 상54), 수령지체(400－403), 이행제공(460·461)

1. 약정이자 및 약정지연이자의 정함이 있는 경우 소송촉진 3조 1항의 적용 여부(적극) 당사자간에 약정이자 또는 약정지연이자의 정함이 있는 경우라 할지라도 소송상 청구하는 경우 당사자의 일방은 소송촉진 3조 1항의 규정에 따라 소장 등이 송달된 날 다음날부터는 이자제한법의 범위 안에서 대통령령으로 정하는 이율인 연 2할 5푼의 비율에 의한 지연손해금의 지급을 구할 수 있다.(대판 1992.12.22, 92다4307)

第601條【無利子消費貸借와 解除權】 利子없는 消費貸借의 當事者는 目的物의 引渡前에는 언제든지 契約을 解除할 수 있다. 그러나 相對方에게 생긴 損害가 있는 때에는 이를 賠償하여야 한다.

▣ 600, 계약해제(543이하), 손해배상(393·394)

第602條【貸主의 擔保責任】 ① 利子있는 消費貸借의 目的物에 瑕疵가 있는 境遇에는 第580條 乃至 第582條의 規定을 準用한다.

② 利子없는 消費貸借의 境遇에는 借主는 瑕疵있는 物件의 價額으로 返還할 수 있다. 그러나 貸主가 그 瑕疵를 알고 借主에게 告知하지 아니한 때에는 前項과 같다.

▣ 600·601, 이자(379), 유상계약과 담보책임(567·584)

第603條【返還時期】 ① 借主는 約定時期에 借用物과 같은 種類, 品質 및 數量의 物件을 返還하여야 한다.

② 返還時期의 約定이 없는 때에는 貸主는 相當한 期間을 定하여 返還을 催告하여야 한다. 그러나 借主는 언제든지 返還할 수 있다.

▣ 598, 기한의 이익(153), [2] 기한의 약정없는 채무의 이행기(387②)

第604條【返還不能으로 因한 市價償還】 借主가 借用物과 같은 種類, 品質 및 數量의 物件을 返還할 수 없는 때에는 그때의 市價로 償還하여야 한다. 그러나 第376條 및 第377條第2項의 境遇에는 그러하지 아니하다.

▣ 채무불이행과 손해배상(390)

第605條【準消費貸借】 當事者 雙方이 消費貸借에 依하지 아니하고 金錢 其他의 代替物을 支給할 義務가 있는 境遇에 當事者가 그 目的物을 消費貸借의 目的으로 할 것을 約定한 때에는 消費貸借의 效力이 생긴다.

▣ 소비대차(598)

1. 준소비대차계약의 당사자는 기존 채무의 당사자이어야 하는지 여부(적극) 준소비대차는 소비대차에 의하지 아니하고 금전 기타의 대체물을 지급할 의무가 있는 경우에 당사자가 그 목적물을 소비대차의 목적물로 할 것을 약정함으로써 당사자 사이에 소비대차의 효력이 생기는 것을 말하는 것으로서 기존 채무의 당사자가 그 채무의 목적물을 소비대차의 목적물로 한다는 합의를 할 것을 요건으로 하므로 준

소비대차계약의 당사자는 기초가 되는 기존 채무의 당사자이어야 한다.(대판 2002.12.6, 2001다2846)

2. 준소비대차와 경개의 구별 (대판 2003.9.26, 2002다31803, 31810) → 제500조 참조

3. 이자제한법을 초과한 이자에 대한 준소비대차의 효력 계약상의 이자로서 이자제한법 소정의 제한이율을 초과하는 부분은 무효이고 이러한 제한초과의 이자에 대하여 준소비대차계약 또는 경개계약을 체결하더라도 그 초과 부분에 대하여는 효력이 생기지 아니한다.(대판 1998.10.13, 98다17046)

4. 회사에 대한 노임채권에 관하여 준소비대차계약이 체결된 경우의 소멸시효기간 민 164조 3호 소정의 단기소멸시효의 적용을 받는 노임채권이라도 채권자인 원고와 채무자인 피고 회사 사이에 위 노임채권에 관하여 준소비대차의 약정이 있었다면 동 준소비대차계약은 상인인 피고 회사가 영업을 위하여 한 상행위로 추정함이 상당하고, 이에 의하여 새로이 발생한 채권은 상사채권으로서 5년의 상사시효의 적용을 받게 된다.(대판 1981.12.22, 80다1363)

5. 대환의 법적 성질(준소비대차) **및 대환의 경우 기존 채무에 대한 보증책임이 존속하는지 여부**(원칙적 적극) (대판 2012.2.23, 2011다76426) → 제500조 참조

6. 준소비대차계약 성립요건으로서 기존 채무의 존재 준소비대차계약이 성립하려면 당사자 사이에 금전 기타의 대체물의 급부를 목적으로 하는 기존 채무가 존재하여야 하고, 기존 채무가 존재하지 않거나 또는 존재하고 있더라도 그것이 무효가 된 때에는 준소비대차계약은 효력이 없다. 준소비대차계약의 채무자가 기존 채무의 부존재를 주장하는 이상 채권자로서는 기존 채무의 존재를 증명할 책임이 있다.(대판 2024.4.25, 2022다254024)

第606條【代物貸借】 金錢貸借의 境遇에 借主가 金錢에 갈음하여 有價證券 其他 物件의 引渡를 받은 때에는 그 引渡時의 價額으로써 借用額으로 한다. (2014.12.30 본조개정)

▣ 600·608, 소비대차(598)

第607條【代物返還의 豫約】 借用物의 返還에 關하여 借主가 借用物에 갈음하여 다른 財産權을 移轉할 것을 豫約한 境遇에는 그 財産의 豫約當時의 價額이 借用額 및 이에 붙인 利子의 合算額을 넘지 못한다. (2014.12.30 본조개정)

▣ 608·600, 소비대차(598·603①), 이자(379, 상54), 대물변제(466)

1. 민 607조의 이른바 "차용액"의 의의 본조에서 말하는 차용액이라 함은 소비대차계약 또는 준소비대차계약에 의하여 차주가 반환할 의무가 있는 것만을 의미하는 것이고 널리 유상행위에 수반하여 행하여지는 경우까지 포함하는 것은 아니다.(대판 1965.9.21, 65다1302)

2. 계의 청산관계의 경우 민 607조, 608조 적용여부 계의 청산관계로 부담하게 된 채무를 변제하기 위하여 대물변제의 예약이 이루어진 경우에는 민 607조, 608조가 적용되지 않는다.(대판 1968.11.26, 68다1468, 1469)

3. 대물변제의 경우 민 607조, 608조 적용 여부(소극) 채무자가 채권자 앞으로 차용물 아닌 다른 재산권을 이전한 경우에 있어 그 권리의 이전이 채무의 이행을 담보하기 위한 것이 아니고 그 채무에 갈음하여 상대방에게 완전히 그 권리를 이전하는 경우 즉 대물변제의 경우에는 가사 그 시가가 그 채무의 원리금을 초과한다고 하더라도 민 607조, 608조가 적용되지 아니한다.(대판 1992.2.28, 91다25574)

4. 집합채권의 양도예약의 법적 성질(=양도담보의 예약 또는 대물변제의 예약) **및 계약 내용이 명백하지 아니한 경우, 채무변제를 위한 담보로 양도되는 것을 예정하고 있는 양도담보의 예약으로 추정되는지 여부**(원칙적 적극) 집합채권의 양도예약은 당사자의 계약 내용이 장차 선택권과 예약완결권의 행사로 채권양도의 효력이 발생하는 경우에 채권이 다른 채무의 변제를 위한 담보로 양도될 것을 예정하고 있는지 아니면 다른 채무의 변제에 갈음하여 양도될 것을 예정하고 있는지에 따라 집합채권의 양도담보의 예약 또는 대물변제의 예약으로서의 성질을 가질 수 있고, 계약 내용이 명백하지 않은 경우에는 일반적인 채권양도에서와 마찬가지로 특별한 사정이 없는 한 채무변제를 위한 담보로 양도되는 것을 예정하고 있는 양도담보의 예약으로 추정된다.(대판 2016.7.14, 2014다233268)

5. 607조, 608조 위반의 효력 ① 기존의 채무를 정리하는 방법으로 다른 재산권을 이전하기로 하면서 일정기간 내에 채무원리금을 변제할 때에는 그 재산을 반환받기로 하는 약정이 이루어졌다면 다른 특단의 사정이 없는 한 당사자 간에는 그 재산을 담보의 목적으로 이전하고 변제기 내에 변제가 이루어지지 않으면 담보권행사에 의한 정산절차를 거쳐 원리금을 변제받기로 하는 약정이 이루어진 것으로 해석하여야 할 것이다. ② 재산권을 이전하기로 한 당사자 간의 약정이 담보목적이 아니라 대물변제의 의사로 한 것이라 하더라도 위 약정을 함에 있어 약정 후 3년 이내에 채무자가 그 간의 원리금을 지급하면 채권자는 목적물을 채무자에게 되돌려 주기로 하는 약정도 함께 하였다면, 이는 결국 대물변제의 예약이라고 봄이 상당하며 그 약정 당시의 가액이 원리금을 초과하므로 대물변제의 예약 자체는 무효이고 다만 양도담보로서의 효력만 인정하여야 한다.(대판 1991.12.24, 91다11223)

6. 차주의 재산에 선순위 근저당권이 설정되어 있는 경우의 민 607조 소정의 재산가액의 계산방법 민 607조의 규정 취지는, 대주에게 채권의 원리금 합산액을 초과하여 이득을 보는 것을 허용치 않으려는 데에 있는 것으로서 위 법조 소정의 재산의 가액은 대주의 이득으로 귀속될 것이 명백한 가액을 뜻한다고 볼 것이므로, 차주의 재산에 선순위 근저당권이 설정되어 있는 경우에는 그 현존 피담보채무액 상당부분은 대주의 이득으로 귀속될 것이 명백하다고 할 수 없어 차주가 그 피담보채무를 인수한 여부에 관계없이 위 피담보채무액을 공제한 가액을 위 법조 소정의 재산가액으로 보는 것이 타당하다.(대판 1991.2.26, 90다카24526)

7. 금전채무를 부담하는 채무자가 채권자에게 그 금전채무와 관련하여 다른 급부를 하기로 약정한 경우, 그 약정의 의미 채권자에 대하여 금전채무를 부담하는 채무자가 채권자에게 그 금전채무와 관련하여 다른 급부를 하기로 약정한 경우, 그 약정을 언제나 기존 금전채무를 소멸시키고 다른 채무를 성립시키는 약정이라고 단정할 수는 없다. 기존 금전채무를 존속시키면서 당사자의 일방 또는 쌍방에게 기존 급부와 다른 급부를 하거나 요구할 수 있는 권능을 부여하는 등 그 약정이 기존 금전채무의 존속을 전제로 하는 약정일 가능성도 배제하기 어렵다.(대판 2018.11.15, 2018다28273)

第608條【借主에 不利益한 約定의 禁止】 前2條의 規定에 違反한 當事者의 約定으로서 借主에 不利한 것은 還買 其他 如何한 名目이라도 그 效力이 없다.

▣ 환매(590이하), 반사회적, 불공정한 법률행위(103·104)

第6節 使用貸借

第609條【使用貸借의 意義】 使用貸借는 當事者 一方이 相對方에게 無償으로 使用, 收益하게 하기 爲하여 目的物을 引渡할 것을 約定하고 相對方은 이를 使用, 收益한 後 그 物件을 返還할 것을 約定함으로써 그 效力이 생긴다.

▣ 사용, 수익(610 · 617), 특정물채권(374)

1. 사용대차와 임대차의 구별 갑과 을 사이에 을이 갑 소유의 토지에 공원을 조성하여 그 때부터 일정기간 동안 그 토지를 사용 · 수익하되 기간이 종료한 때에는 을이 건립한 공원시설물 및 공원운영에 필요한 일체의 권리를 갑에게 무상양도하기로 약정되어 있고, 부대계약서에 을이 설치할 시설물의 단가 및 총액이 명시되어 있다면, 을의 그와 같은 의무는 토지의 사용과 대가관계에 있다고 할 것이므로 갑과 을 사이에 체결된 대차계약은 그 계약서상의 명칭이 사용대차계약으로 되어 있다 하더라도 임대차계약에 해당하는 것으로 봄이 상당하다.(대판 1994.12.2, 93다31672)

第610條【借主의 使用, 收益權】 ① 借主는 契約 또는 그 目的物의 性質에 依하여 定하여진 用法으로 이를 使用, 收益하여야 한다.

② 借主는 貸主의 承諾이 없으면 第三者에게 借用物을 使用, 收益하게 하지 못한다.

③ 借主가 前2項의 規定에 違反한 때에는 貸主는 契約을 解止할 수 있다.

▣ ① 임대차에의 준용(654), ③ 계약의 해지(543 · 550), 계약위반과 손해배상(617)

1. 사용대차에서 대주의 승낙 없이 차주의 권리를 양도받은 자가 대주에게 대항할 수 있는지 여부(소극) 사용대차와 같은 무상계약은 증여와 같이 개인적 관계에 중점을 두는 것이므로 당사자 사이에 특약이 있다는 등의 특별한 사정이 없으면 사용대차의 차주는 대주의 승낙이 없이 제3자에게 차용물을 사용, 수익하게 하지 못한다(민 610조 2항). 차주가 위 규정에 위반한 때에는 대주는 계약을 해지하거나(같은 조 3항) 계약을 해지하지 않고서도 제3자에 대하여 그 목적물의 인도를 청구할 수 있으며, 사용대차에서 차주의 권리를 양도받은 자는 그 양도에 관한 대주의 승낙이 없으면 대주에게 대항할 수 없다.(대판 2021.2.4, 2019다202795, 202801)

第611條【費用의 負擔】 ① 借主는 借用物의 通常의 必要費를 負擔한다.

② 其他의 費用에 對하여는 第594條第2項의 規定을 準用한다.

▣ 점유회복과 비용상환(203), 비용상환(617), 비용과 유치권(320)

第612條【準用規定】 第559條, 第601條의 規定은 使用貸借에 準用한다.

第613條【借用物의 返還時期】 ① 借主는 約定時期에 借用物을 返還하여야 한다.

② 時期의 約定이 없는 境遇에는 借主는 契約 또는 目的物의 性質에 依한 使用, 收益이 終了한 때에 返還하여야 한다. 그러나 使用, 收益에 足한 期間이 經過한 때에는 貸主는 언제든지 契約을 解止할 수 있다.

▣ 기한의 이익(153), 기한을 정하지 아니한 채무(387②), ② 계약의 해지(543 · 550 · 551)

1. 존속기간 약정 없는 사용대차와 대주의 해지권 ① 민 613조 2항에 의하면, 사용대차에 있어서 그 존속기간을 정하지 아니한 경우에는, 차주는 계약 또는 목적물의 성질에 의한 사용수익이 종료한 때에 목적물을 반환하여야 하나, 현실로 사용수익이 종료하지 아니한 경우라도 사용수익에 충분한 기간이 경과한 때에는 대주는 언제든지 계약을 해지하고 그 차용물의 반환을 청구할 수 있는 것인바, 민 613조 2항 소정의 사용수익에 충분한 기간이 경과하였는지는 사용대차계약 당시의 사정, 차주의 사용기간 및 이용상황, 대주가 반환을 필요로 하는 사정 등을 종합적으로 고려하여 공평의 입장에서 대주에게 해지권을 인정하는 것이 타당한가에 의하여 판단하여야 할 것이다. ② 무상으로 사용을 계속한 기간이 40년 이상의 장기간에 이르렀고 최초의 사용대차계약 당시의 대주가 이미 사망하여 대주와 차주간의 친분관계의 기초가 변하였을 뿐더러, 차주측에서 대주에게 무상사용 허락에 대한 감사의 뜻이나 호의를 표시하기는커녕 오히려 자주점유에 의한 취득시효를 주장하는 민사소송을 제기하여 상고심에 이르기까지 다툼을 계속하는 등의 상황에 이를 정도로 쌍방의 신뢰관계 내지 우호관계가 허물어진 경우, 공평의 견지에서 대주의 상속인에게 사용대차의 해지권을 인정한다.(대판 2001.7.24, 2001다23669)

第614條【借主의 死亡, 破産과 解止】 借主가 死亡하거나 破産宣告를 받은 때에는 貸主는 契約을 解止할 수 있다.

▣ 사망으로 보는 경우(28), 파산선고(회생파산305이하), 계약의 해지(543 · 550)

1. 건물 소유를 목적으로 하는 토지 사용대차의 경우 일반적으로 건물의 소유를 목적으로 하는 토지 사용대차에 있어서는, 당해 토지의 사용수익의 필요는 당해 지상건물의 사용수익의 필요가 있는 한 그대로 존속하는 것이고, 이는 특별한 사정이 없는 한 차주 본인이 사망하더라도 당연히 상실되는 것이 아니어서 그로 인하여 곧바로 계약의 목적을 달성하게 되는 것은 아니라고 봄이 통상의 의사해석에도 합치되므로, 이러한 경우에는 민 614조의 규정에 불구하고 대주가 차주의 사망사실을 사유로 들어 사용대차계약을 해지할 수는 없다.(대판 1993.11.26, 93다36806)

第615條【借主의 原狀回復義務와 撤去權】 借主가 借用物을 返還하는 때에는 이를 原狀에 回復하여야 한다. 이에 附屬시킨 物件은 撤去할 수 있다.

▣ 임대차에의 준용(654), 수거의무, 매수청구권(285), 특정물채권과 변제의 목적물(462)

第616條【共同借主의 連帶義務】 數人이 共同하여 物件을 借用한 때에는 連帶하여 그 義務를 負擔한다.

▣ 연대채무(413), 임대차에의 준용(654)

第617條【損害賠償, 費用償還請求의 期間】 契約 또는 目的物의 性質에 違反한 使用, 收益으로 因하여 생긴 損害賠償의 請求와 借主가 支出한 費用의 償還請求는 貸主가 物件의 返還을 받은 날로부터 6月內에 하여야 한다.

▣ 사용, 수익(610), 손해배상(390–396), 비용상환(611), 임대차에의 준용(654)

第7節 賃貸借

第618條【賃貸借의 意義】 賃貸借는 當事者 一方이 相對方에게 目的物을 使用, 收益하게 할 것을 約定하고 相對方이 이에 對하여 借賃을 支給할 것을 約定함으로써 그 效力이 생긴다.

▣ 사용, 수익(654 · 610①), 주택임대1 · 2), 영업의 임대차(상374 · 576), 선박의 임대차(상848)

1. 시설대여(리스)계약과의 구별 시설대여(리스)는 시설대여회사가 대여시설 이용자가 선정한 특정물건을 새로이 취득하거나 대여받아 그 물건에 대한 직접적인 유지, 관리책임을 지지 아니하면서 대여시설이용자에게 일정기간 사용케 하고 그 기간에 걸쳐 일정대가를 정기적으로 분할하여 지급받으며 그 기간 종료후의 물건의 처분에 관하여는 당사자간의 약정으로 정하는 계약으로서, 형식에서는 임대차계약과

유사하나 그 실질은 물적금융이고 임대차계약과는 여러가지 다른 특질이 있기 때문에 시설대여(리스)계약은 비전형계약(무명계약)이고 따라서 이에 대하여는 민법의 임대차에 관한 규정이 바로 적용되지는 아니한다.(대판 1986.8.19, 84다카503, 504)

2. 임대인의 임대목적물 소유권 상실 임대차는 당사자의 일방이 상대방에게 목적물을 사용, 수익케 할 것을 약정하면 되는 것으로서 나아가 임대인이 그 목적물에 대한 소유권이나 기타 그것을 처분할 권한을 반드시 가져야 하는 것은 아니며, 임대차계약이 일단 유효하게 성립하고 임대인이 목적물을 인도하여 임차인이 이를 사용 수익하고 있었다면 그 후에 임대인의 목적물에 대한 사용수익권의 상실 등으로 그 계약의 목적을 달성할 수 없는 사정이 발생한다 하더라도 특별한 사정이 없는 한 그 계약이 소급하여 무효로 되는 것은 아니고 위와 같은 사정으로 임대차계약이 종료되면 임차인은 임대인이 목적물에 대한 소유권 기타 사용수익권이 있는지 여부와 관계없이 점유하고 있는 임차물을 임대인에게 반환하여야 할 계약상 의무가 있는 것이다.(대판 1991.3.27, 88다카30702)

3. 임대차계약내용의 변경 인정 임대인과 임차인이 토지와 그 지상의 기존 건물에 관하여 임대차계약을 체결한 후 임차인이 임대인의 동의하에 기존 건물을 철거하고 그 지상에 건물을 신축한 경우, 약정 임대차기간이 1년이고 신축 건물 완공 당시의 잔존 임대차기간이 4개월에 불과함에도 임차인이 많은 비용을 들여 내구연한이 상당한 건물을 신축하였고 임대인이 기존 건물의 철거 및 건물신축을 승낙한 점 등에 비추어, 토지와 기존 건물을 임대목적물로 하였던 당초의 임대차계약이 신축 건물의 소유를 목적으로 하는 토지 임대차계약으로 변경되었다.(대판 2002.11.13, 2002다46003, 46027, 46010)

4. 토지 및 지상건물에 대한 임대차의 건물의 소유를 목적으로 하는 토지임대차로의 변경 토지 및 그 지상건물에 대한 임대차와 건물의 소유를 목적으로 하는 토지임대차는 그 임대차 종료시에 임차인의 갱신청구권 또는 건물매수청구권이 인정되는지 여부, 원상회복약정의 유효 여부 등 그 법률효과에 있어 현저한 차이가 있으므로, 토지 및 지상건물에 대한 임대차가 건물의 소유를 목적으로 하는 임대차로 변경되었다고 인정함에는 신중을 기하여야 한다.(대판 2009.5.14, 2008다90095, 90101)

5. 보증금 및 임료 지급 사실에 대한 증명책임 임대차계약에서 보증금을 지급하였다는 입증책임은 보증금의 반환을 구하는 임차인이 부담하고, 임대차계약이 성립하였다면 임대인에게 임대차계약에 기한 임료 채권이 발생하였다 할 것이므로 임료를 지급하였다는 입증책임도 임차인이 부담한다.(대판 2005.1.13, 2004다19647)

6. 연체차임 존재와 그 지급 사실에 대한 증명책임 임대자계약의 경우 임대차보증금에서 그 피담보채무 등을 공제하려면 임대인으로서는 그 피담보채무인 연체차임, 연체관리비 등을 임대차보증금에서 공제하여야 한다는 주장을 하여야 하고 나아가 그 임대차보증금에서 공제될 차임채권, 관리비채권 등의 발생원인에 관하여 주장·입증을 하여야 하는 것이며, 다만 그 발생한 채권이 변제 등의 이유로 소멸하였는지에 관하여는 임차인이 주장·입증책임을 부담한다.(대판 2005.9.28, 2005다8323, 8330)

7. 임차인의 목적물반환의무가 이행불능이 된 경우 그 귀책사유에 관한 증명책임자(=임차인) **및 이는 임대인의 의무 위반으로 인한 이행불능인 경우에도 마찬가지인지 여부**(소극), **임차인이 임대차 목적물을 점유·용익하고 있는 동안 임대인의 지배·관리 영역에 존재하는 하자로 인한 화재로 목적물이 멸실되었음이 추단되는 경우, 임차인에게 목적물 반환의무의 이행불능 등에 관한 손해배상책임을 물을 수 있는지 여부**(소극) ① 임차인은 임차건물의 보존에 관하여 선량한 관리자의 주의의무를 다하여야 하고, 임차인의 목적물 반환의무가 이행불능이 됨으로 인한 손해배상책임을 면하려면 그 이행불능이 임차인의 귀책사유로 인한 것이 아님을 입증할 책임이 있다. 그러나 그 이행불능이 임대차목적물을 임차인이 사용·수익하기에 필요한 상태로 유지하여야 할 임대인의 의무 위반에 원인이 있음이 밝혀진 경우에까지 임차인이 별도로 목적물보존의무를 다하였음을 주장·입증하여야만 그 책임을 면할 수 있는 것은 아니다. ② 주택 기타 건물 또는 그 일부의 임차인이 임대인으로부터 목적물을 인도받아 점유·용익하고 있는 동안에 목적물이 화재로 멸실된 경우, 그 화재가 건물소유자 측이 설치하여 건물구조의 일부를 이루는 전기배선과 같이 임대인이 지배·관리하는 영역에 존재하는 하자로 인하여 발생한 것으로 추단된다면, 그 하자를 보수·제거하는 것은 임대차 목적물을 사용·수익하기에 필요한 상태로 유지할 의무를 부담하는 임대인의 의무에 속하는 것이므로, 그 화재로 인한 목적물반환의무의 이행불능 등에 관한 손해배상책임을 임차인에게 물을 수 없다.(대판 2009.5.28, 2009다13170)

8. 임차목적물 반환 (대판 2009.6.25, 2008다55634) → 제536조 참조

9. 부동산 임대인이 임차인을 상대로 차임연체로 인한 임대차계약의 해지를 원인으로 임대차목적물인 부동산의 인도 및 연체차임의 지급을 구하는 소송을 제기한 경우, 그 소송비용을 반환할 임대차보증금에서 당연히 공제할 수 있는지 여부(적극) 임대인이 임차인을 상대로 차임연체로 인한 임대차계약의 해지를 원인으로 임대차목적물인 부동산의 인도 및 연체차임의 지급을 구하는 소송비용은 임차인이 부담할 원상복구비용 및 차임지급의무 불이행으로 인한 것이어서 임대차관계에서 발생하는 임차인의 채무에 해당하므로 이를 반환할 임대차보증금에서 당연히 공제할 수 있고, 임차인이 다른 사람에게 임대차보증금 반환채권을 양도하고, 임대인에게 양도통지를 하였어도 임차인이 임대차목적물을 인도하기 전까지는 임대인이 위 소송비용을 임대차보증금에서 당연히 공제할 수 있다.(대판 2012.9.27, 2012다49490)

10. 임대차기간 중의 해제·해지 의사표시에 어떠한 절차가 요구되거나 제한이 따르는 경우, 기간만료로 인한 임대차계약의 종료 시에도 당연히 그와 같은 제한이 적용되는지 여부(소극) 임대차기간 중의 해제·해지 의사표시에 어떠한 절차가 요구되거나 제한이 따른다고 하여 임대차기간 만료에 의한 종료 시에도 당연히 그와 같은 제한이 적용된다고 확대해석하여서는 안 되고, 그러한 제한이 따른다고 하기 위해서는 그러한 내용의 법률 규정이나 당사자 사이의 별도의 명시적 또는 묵시적 약정이 있어야 한다.(대판 2014.6.26, 2014다14115)

11. 임대차기간을 영구로 정한 임대차계약이 허용되는지 여부(원칙적 적극) 임차인이 영구 임대차기간에 관한 권리를 포기할 경우의 법률관계 ① 소유자가 소유권의 핵심적 권능에 속하는 사용·수익의 권능을 대세적으로 포기하는 것은 특별한 사정이 없는 한 허용되지 않으나, 특정인에 대한 관계에서 채권적으로 사용·수익권을 포기하는 것까지 금지되는 것은 아니다. 따라서 당사자들이 자유로운 의사에 따라 임대차기간을 영구로 정한 약정은 이를 무효로 볼 만한 특별한 사정이 없는 한 계약자유의 원칙에 의하여 허용된다고 보아야 한다. ② 특히 영구임대라는 취지는, 임대인이 차임 지급 지체 등 임차인의 귀책사유로 인한 채무불이행이 없는 한 임차인이 임대차관계의 유지를 원하는 동안 임대차계약이 존속되도록 이를 보장하여 주는 의미로, 위와 같은 임대차기간의 보장은 임대인에게는 의무가 되나 임차인에게는 권리의 성격을 갖는 것이므로 임차인으로서는 언제라도 그 권리를 포기할 수 있고, 그렇게 되면 임대차계약은 임차인에게 기간의 정함이 없는 임대차가 된다.(대판 2023.6.1, 2023다209045)

第619條【處分能力, 權限없는 者의 할 수 있는 短期賃貸借】 處分의 能力 또는 權限없는 者가 賃貸借를 하는 境遇에는 그 賃貸借는 다음 各號의 期間을 넘지 못한다.

1. 植木, 採鹽 또는 石造, 石灰造, 煉瓦造 및 이와 類似한 建築을 目的으로 한 土地의 賃貸借는 10年
2. 其他 土地의 賃貸借는 5年
3. 建物 其他 工作物의 賃貸借는 3年
4. 動産의 賃貸借는 6月

▣ 620 · 부칙15, 처분능력 없는 자(5 · 10 · 13), 처분권한 없는 자(부재자의 재산관리인=25, 권한을 정하지 아니한 대리인=118, 후견인=950, 상속재산관리인=1023② · 1047② · 1053②), 임대차존속기간(651)

第620條【短期賃貸借의 更新】 前條의 期間은 更新할 수 있다. 그러나 그 期間滿了前 土地에 對하여는 1年, 建物 其他 工作物에 對하여는 3月, 動産에 對하여는 1月內에 更新하여야 한다.

▣ 기간의 갱신(651② · 639)

第621條【賃貸借의 登記】 ① 不動産賃借人은 當事者間에 反對約定이 없으면 賃貸人에 對하여 그 賃貸借登記節次에 協力할 것을 請求할 수 있다.
② 不動産賃貸借를 登記한 때에는 그때부터 第三者에 對하여 效力이 생긴다.

▣ 등기(등기20 · 74), 등기한 임차권의 효력(186 · 575②, 선박임대차의 등기=상765), 등기없이 동일효력있는 경우(622), 임차권의 등기(주택임대3 · 3의2)

1. 등기된 임차권이 침해된 경우 방해배제(적극) 등기된 임차권에는 용익권적 권능 외에 임차보증금반환채권에 대한 담보권적 권능이 있고, 임대차기간이 종료되면 용익권적 권능은 임차권등기의 말소등기 없이도 곧바로 소멸하나 담보권적 권능은 곧바로 소멸하지 않는다고 할 것이어서, 임차권자는 임대차기간이 종료한 후에도 임차보증금을 반환받기까지는 임대인이나 그 승계인에 대하여 임차권등기의 말소를 거부할 수 있고, 따라서 임차권등기가 원인 없이 말소된 때에는 그 방해를 배제하기 위한 청구를 할 수 있다.(대판 2002.2.26, 99다67079)

第622條【建物登記있는 借地權의 對抗力】 ① 建物의 所有를 目的으로 한 土地賃貸借는 이를 登記하지 아니한 境遇에도 賃借人이 그 地上建物을 登記한 때에는 第三者에 對하여 賃貸借의 效力이 생긴다.
② 建物이 賃貸借期間滿了前에 滅失 또는 朽廢한 때에는 前項의 效力을 잃는다.

▣ 621, 건물등기(등기40), 토지의 임대차기간(619 · 620 · 651), 대항력(주택임대3)

1. 대지와 건물을 같이 임차한 후 건물을 경락받은 경우 대지에 대한 대항력 취득 여부(소극) 갑이 대지와 건물의 소유자였던 을로부터 이를 임차하였는데 그 후 갑이 그 건물을 강제경매절차에서 경락받아 그 대지에 관한 위 임차권은 등기하지 아니한 채 그 건물에 관하여 갑 명의의 소유권이전등기를 경료하였다면, 갑과 을 사이에 체결된 대지에 관한 임대차계약은 건물의 소유를 목적으로 한 토지임대차계약이 아님이 명백하므로, 그 대지에 관한 갑의 임차권은 민 622조에 따른 대항력을 갖추지 못하였다.(대판 1994.11.22, 94다5458)

2. 임차인으로부터 건물소유권과 건물 소유를 위한 임차권을 취득한 자가 토지임대인의 동의 없이 그에게 대항할 수 있는지 여부(소극) 민 622조 1항은 건물의 소유를 목적으로 한 토지 임대차는 이를 등기하지 아니한 경우에도 임차인이 그 지상건물을 등기한 때에는 토지에 관하여 권리를 취득한 제3자에 대하여 임대차의 효력을 주장할 수 있음을 규정한 것에 불과할 뿐, 임차인으로부터 건물의 소유권과 함께 건물의 소유를 목적으로 한 토지의 임차권을 취득한 사람이 토지의 임대인에 대한 관계에서 임차권의 양도에 관한 그의 동의가 없어도 임차권의 취득을 대항할 수 있다는 것까지 규정한 것은 아니다.(대판 1996.2.27, 95다29345)

3. 임차인의 건물등기 전 제3자가 토지에 물권취득의 등기를 한 경우 민 622조 1항은 건물을 소유하는 토지임차인의 보호를 위하여 건물의 등기로써 토지임대차 등기에 갈음하는 효력을 부여하는 것일 뿐이므로 임차인이 그 지상건물을 등기하기 전에 제3자가 그 토지에 관하여 물권취득의 등기를 한 때에는 임차인이 그 지상건물을 등기하더라도 그 제3자에 대하여 임대차의 효력이 생기지 아니한다.(대판 2003.2.28, 2000다65802, 65819)

第623條【賃貸人의 義務】 賃貸人은 目的物을 賃借人에게 引渡하고 契約存續中 그 使用, 收益에 必要한 狀態를 維持하게 할 義務를 負擔한다.

▣ 618 · 624 · 625, 사용, 수익(654 · 610①), 담보책임(567 · 570–578 · 580–584), 수선을 요하는 경우와 임차인의 통지의무(634)

1. 임대인의 방해행위로 사용수익이 불가능한 경우 임대인의 배상범위 임대인의 방해행위로 임차인의 임대차 목적물에 대한 임차권에 기한 사용 · 수익이 사회통념상 불가능하게 됨으로써 임대인의 귀책사유에 의하여 임대인으로서의 의무가 이행불능되어 임대차계약이 종료되었다고 하는 경우에도, 임대인이나 제3자의 귀책사유로 그 임대차계약의 목적물이 멸실되어 임대인의 이행불능 등으로 임대차계약이 종료되는 경우와 마찬가지로, 임차인으로서는 임대인에 대하여 그 임대차보증금 반환청구권을 행사할 수 있고 그 이후의 차임 지급의무를 면하는 한편 다른 특별한 사정이 없는 한 그 임대차 목적물을 대신할 다른 목적물을 마련하기 위하여 합리적으로 필요한 기간 동안 그 목적물을 이용하여 영업을 계속하였더라면 얻을 수 있었던 이익, 즉 휴업손해를 그에 대한 증명이 가능한 한 통상의 손해로서 배상을 받을 수 있을 뿐이며(그 밖에 다른 대체 건물로 이전하는 데에 필요한 부동산중개료, 이사비용 등은 별론으로 한다.), 더 나아가 장래 그 목적물의 임대차기간 만료시까지 계속해서 그 목적물을 사용 · 수익할 수 없음으로 인한 일실수입 손해는 이를 별도의 손해로서 그 배상을 청구할 수 없다.(대판 2006.1.27, 2005다16591)

2. 통상의 임대차에서 적극적 보호의무 존부(소극) (대판 1999.7.9, 99다10004) → 제390조 참조

3. 임대인의 수선의무 ① 목적물에 파손 또는 장해가 생긴 경우 그것이 임차인이 별 비용을 들이지 아니하고도 손쉽게 고칠 수 있을 정도의 사소한 것이어서 임차인의 사용 · 수익을 방해할 정도의 것이 아니라면 임대인은 수선의무를 부담하지 않지만, 그것을 수선하지 아니하면 임차인이 계약에 의하여 정해진 목적에 따라 사용 · 수익할 수 없는 상태로 될 정도의 것이라면 임대인은 그 수선의무를 부담한다. ② 임대인의 수선의무는 특약에 의하여 이를 면제하거나 임차인의 부담으로 돌릴 수 있으나, 그러한 특약에서 수선의무의 범위를 명시하고 있는 등의 특별한 사정이 없는 한 그러한 특약에 의하여 임대인이 수선의무를 면하거나 임차인이 그 수선의무를 부담하게 되는 것은 통상 생길 수 있는 파손의 수선 등 소규모의 수선에 한한다 할 것이고, 대파손의 수리, 건물의 주요 구성부분에 대한 대수선, 기본적 설비부분의 교체 등과 같은 대규모의 수선은 이에 포함되지 아니하고 여전히 임대인이 그 수선의무를 부담한다고 해석함이 상당하다.(대판 1994.12.9, 94다34692, 34708)

4. 임대인의 임차목적물 인도의무 및 사용·수익상태 유지의무의 내용 임대인은 임차인이 목적물을 사용·수익할 수 있도록 목적물을 임차인에게 인도하여야 한다(민 623조 전단). 임차인이 계약에 의하여 정하여진 목적에 따라 사용·수익하는 데 하자가 있는 목적물인 경우 임대인은 하자를 제거한 다음 임차인에게 하자 없는 목적물을 인도할 의무가 있다. 임대인이 임차인에게 그와 같은 하자를 제거하지 아니하고 목적물을 인도하였다면 사후에라도 위 하자를 제거하여 임차인이 목적물을 사용·수익하는 데 아무런 장해가 없도록 해야만 한다. 임대인의 임차목적물의 사용·수익상태 유지의무는 임대인 자신에게 귀책사유가 있어 하자가 발생한 경우는 물론, 자신에게 귀책사유가 없이 하자가 발생한 경우에도 면해지지 아니한다. 또한 임대인이 그와 같은 하자 발생 사실을 몰랐다거나 반대로 임차인이 이를 알거나 알 수 있었다고 하더라도 마찬가지이다.(대판 2021.4.29, 2021다202309)

5. 임대인의 의무위반과 임차인의 차임지급 거절권능 임대인이 목적물을 사용·수익하게 할 의무는 임차인의 차임지급의무와 서로 대응하는 관계에 있으므로, 임대인이 이러한 의무를 불이행하여 목적물의 사용·수익에 지장이 있으면 임차인은 지장이 있는 한도에서 차임의 지급을 거절할 수 있다.(대판 2019.11.14, 2016다227694)

第624條【賃貸人의 保存行爲, 忍容義務】

賃貸人이 賃貸物의 保存에 必要한 行爲를 하는 때에는 賃借人은 이를 拒絶하지 못한다.

■ 623·625, 임차인의 선관의무(374)

第625條【賃借人의 意思에 反하는 保存行爲와 解止權】

賃貸人이 賃借人의 意思에 反하여 保存行爲를 하는 境遇에 賃借人이 이로 因하여 賃借의 目的을 達成할 수 없는 때에는 契約을 解止할 수 있다.

■ 보존행위(624), 해지(543·550·551)

第626條【賃借人의 償還請求權】

① 賃借人이 賃借物의 保存에 關한 必要費를 支出한 때에는 賃貸人에 對하여 그 償還을 請求할 수 있다.

② 賃借人이 有益費를 支出한 境遇에는 賃貸人은 賃貸借終了時에 그 價額의 增加가 現存한 때에 限하여 賃借人의 支出한 金額이나 그 增加額을 償還하여야 한다. 이 境遇에 法院은 賃貸人의 請求에 依하여 相當한 償還期間을 許與할 수 있다.

■ 654·617, ① 보존비와 유치권(320), 점유회복과 비용변상(203), ②임차인의 부속물매수청구권(646), 상환기간 등(152·153·388)

1. 필요비와 유익비의 의미 민 626조 소정의 유익비라 함은 임차인이 임차물의 객관적 가치를 증가시키기 위하여 투입한 비용이고 필요비라 함은 임차인이 임차물의 보존을 위하여 지출한 비용을 말한다.(대판 1980.10.14, 80다1851, 1852)

2. 임대인의 필요비상환의무 불이행 시 지출한 필요비 범위에서 임차인의 차임지급 거절권능 임대차계약에서 임대인은 목적물을 계약존속 중 사용·수익에 필요한 상태를 유지하게 할 의무를 부담하고, 이러한 의무와 관련한 임차물의 보존을 위한 비용도 임대인이 부담해야 하므로, 임차인이 필요비를 지출하면, 임대인은 이를 상환할 의무가 있다. 임대인의 필요비상환의무는 특별한 사정이 없는 한 임차인의 차임지급의무와 서로 대응하는 관계에 있으므로, 임차인은 지출한 필요비 금액의 한도에서 차임의 지급을 거절할 수 있다.(대판 2019.11.14, 2016다227694)

3. 음식점 간판설치비가 유익비에 해당하는지 여부(소극) 민 626조 2항에서 임대인의 상환의무를 규정하고 있는 유익비란 임차인이 임차물의 객관적 가치를 증가시키기 위하여 투입한 비용을 말하는 것이므로, 임차인이 임차건물부분에서 간이 음식점을 경영하기 위하여 부착시킨 시설물에 불과한 간판은 건물부분의 객관적 가치를 증가시키기 위한 것이라고 보기 어려울 뿐만 아니라, 그로 인한 가액의 증가가 현존하는 것도 아니어서 그 간판설치비를 유익비라 할 수 없다.(대판 1994.9.30, 94다20389, 20396)

4. 신발장 및 다용도장 공사비, 칸막이 공사비, 주방 인테리어 공사비가 유익비인지 여부(소극) 피고가 지출한 공사비용 중에는 1층 내부공사에 있어 신발장 및 다용도장 공사비, 기존 칸막이 철거비용, 새로운 칸막이 공사비용, 주방 인테리어 공사비용 등이 포함되어 있는데, 이와 같은 비용은 얼른 보아도 임차물의 객관적 가치를 증대시키키 위하여 투입한 유익비라고 보이지 아니한다.(대판 1991.8.27, 91다15591, 15607)

5. 유익비상환청구권의 포기를 인정한 사례 토지임대차계약을 체결함에 있어서 임차인이 토지 위에 정구장 시설 및 그 부대시설인 가건물 등을 임차인의 비용으로 설치, 건축하여 정구장을 운영하되 임대차가 종료되었을 때에는 주위시설물 및 가건물을 임대인에게 증여하기로 약정한 사실이 인정된다면 이는 임차인이 유익비 상환청구를 할 수 없다는 취지를 약정한 것으로 볼 것이다.(대판 1983.5.10, 81다187)

6. 유익비 상환청구권 포기와 함께 원상회복의무도 부담하지 않기로 하는 합의가 있는 약정 임대차계약서에 "임차인은 임대인의 승인하에 개축 또는 변조할 수 있으나 계약대상물을 명도시에는 임차인이 일체 비용을 부담하여 원상복구하여야 함."이라는 내용이 인쇄되어 있기는 하나, 한편 계약체결 당시 특약사항으로 "보수 및 시설은 임차인이 해야 하며 앞으로도 임대인은 해주지 않는다. 임차인은 설치한 모든 시설물에 대하여 임대인에게 시설비를 요구하지 않기로 한다." 등의 약정을 한 경우, 임차인은 시설비용이나 보수비용의 상환청구권을 포기하는 대신 원상복구의무도 부담하지 않기로 하는 합의가 있었으므로, 임차인은 계약서의 조항에 의한 원상복구의무를 부담하지 않는다.(대판 1998.5.29, 98다6497)

7. 유익비상환청구가 있는 경우 실제 지출한 비용과 현존하는 증가액을 모두 산정하여야 하는지 여부(적극) 민 626조 2항은 임차인이 유익비를 지출한 경우에는 임대인은 임대차 종료시에 그 가액의 증가가 현존한 때에 한하여 임차인의 지출한 금액이나 그 증가액을 상환하여야 한다고 규정하고 있으므로, 유익비의 상환범위는 임차인이 유익비로 지출한 비용과 현존하는 증가액 중 임대인이 선택하는 바에 따라 정하여진다고 할 것이고, 따라서 유익비상환의무자인 임대인의 선택권을 위하여 그 유익비는 실제로 지출한 비용과 현존하는 증가액을 모두 산정하여야 할 것이다.(대판 2002.11.22, 2001다40381)

8. 대항력 없는 임대차에서 임차목적물 소유권 이전시 유익비상환청구의 상대방 대항력 없는 임대차에서 임차목적물의 소유권이전이 이루어진 경우 매매계약 체결 이전에 임차인이 임차목적물을 수선하여 발생한 유익비는 그로 인한 가치증가가 매매대금결정에 반영되었다고 할 것이므로, 특별한 사정이 없는 한 전 소유자와의 관계에서 지출한 유익비는 전 소유자에게 비용상환청구를 할 것이지 신 소유자가 이를 상환할 의무는 없다.(대판 2006.5.11, 2005다52719, 52726)

9. 유익비 상환청구권 포기의 특약 임대차계약 체결시 임차인이 임대인의 승인하에 임차목적물인 건물부분을 개축 또는 변조할 수 있으나 임차목적물을 임대인에게 명도할 때에는 임차인이 일체 비용을 부담하여 원상복구를 하기로 약정하였다면, 이는 임차인이 임차목적물에 지출한 각종 유익비의 상환청구권을 미리 포기하기로 한 취지의 특약이라고 봄이 상당하다.(대판 1994.9.30, 94다20389, 20396)

10. 유익비 상환청구권 포기 약정의 제한 해석 임야 상태의 토지를 임차하여 대지로 조성한 후 건물을 건축하여 음식점

을 경영할 목적으로 임대차계약을 체결한 경우, 비록 임대차계약서에서는 필요비 및 유익비의 상환청구권은 그 비용의 용도를 묻지 않고 이를 전부 포기하는 것으로 기재되었다고 하더라도 계약 당사자의 의사는 임대차 목적 토지를 대지로 조성한 후 이를 임차 목적에 따라 사용할 수 있는 상태에서 새로이 투입한 비용만에 한정하여 임차인이 그 상환청구권을 포기한 것이고 대지조성비는 그 상환청구권 포기의 대상으로 삼지 아니한 취지로 약정한 것이라고 해석하는 것이 합리적이다.(대판 1998.10.20, 98다31462)

第627條【一部滅失 等과 減額請求, 解止權】 ① 賃借物의 一部가 賃借人의 過失없이 滅失 其他 事由로 因하여 使用, 收益할 수 없는 때에는 賃借人은 그 部分의 比率에 依한 借賃의 減額을 請求할 수 있다.

② 前項의 境遇에 그 殘存部分으로 賃借의 目的을 達成할 수 없는 때에는 賃借人은 契約을 解止할 수 있다.

▣ 652, ① 사용, 수익과 유지(623), 채무자위험부담주의(537), ② 해지(543·550·551)

第628條【借賃增減請求權】 賃貸物에 對한 公課負擔의 增減 其他 經濟事情의 變動으로 因하여 約定한 借賃이 相當하지 아니하게 된 때에는 當事者는 將來에 對한 借賃의 增減을 請求할 수 있다.

▣ 652·653, 차임(주택임대7·8·3의2)

1. 차임불증액 특약이 있는 임대차에서 사정변경으로 인한 차임증액청구권이 인정되는지 여부(적극) ① 임대차계약에 있어서 차임불증액의 특약이 있더라도 그 약정 후 그 특약을 그대로 유지시키는 것이 신의칙에 반한다고 인정될 정도의 사정변경이 있다고 보여지는 경우에는 형평의 원칙상 임대인에게 차임증액청구를 인정하여야 한다. ② 당사자 사이에 실질적으로 임차물의 영구적 무상사용을 보장하기 위하여 '임대기간을 20년으로 하되, 기간 만료시 10년간씩 기간을 연장하고, 임대차기간 존속 중에는 임료로 매년 1원을 지급받기로 하는' 내용의 차임불증액 특약이 있는 임대차계약이 체결된 경우, 차임불증액 특약을 그대로 유지시킴이 신의칙에 반한다고 인정될 정도의 경제사정의 변동이 없다면 차임증액청구는 인정되지 아니한다.(대판 1996.11.12, 96다34061)

2. 임대인이 일방적으로 차임을 인상할 수 있다는 특약의 효력 임대차계약에 있어서 차임은 당사자간에 합의가 있어야 하고, 임대차기간 중에 당사자의 일방이 차임을 변경하고자 할 때에도 상대방의 동의를 얻어서 하여야 하며, 그렇지 아니한 경우에는 민 628조에 의하여 차임의 증감을 청구하여야 할 것이고, 만일 임대차계약 체결시에 임대인이 일방적으로 차임을 인상할 수 있고 상대방은 이의를 할 수 없다고 약정하였다면, 이는 강행규정인 민 628조에 위반하는 약정으로서 임차인에게 불리한 것이므로 민 652조에 의하여 효력이 없다.(대판 1992.11.24, 92다31163, 31170)

第629條【賃借權의 讓渡, 轉貸의 制限】 ① 賃借人은 賃貸人의 同意없이 그 權利를 讓渡하거나 賃借物을 轉貸하지 못한다.

② 賃借人이 前項의 規定에 違反한 때에는 賃貸人은 契約을 解止할 수 있다.

▣ 630·631·632, ② 계약의 해지(543·550·551)

1. 건물 소유를 목적으로 한 대지 임차권자가 그 건물을 제3자에게 양도담보로 제공한 경우 그 건물 부지에 관한 임차권도 함께 양도되는지 여부(소극) 건물 소유를 목적으로 한 대지 임차권을 가지고 있는 자가 위 대지상의 자기소유 건물에 대하여 제3자에 대한 채권담보의 목적으로 제3자 명의의 소유권이전등기를 경료하여 준 이른바 양도담보의 경우에는, 채권담보를 위하여 신탁적으로 양도담보권자에게 건물의 소유권이 이전될 뿐 확정적, 종국적으로 이전되는 것은 아니고 또한 특별한 사정이 없는 한 양도담보권자가 건물의 사용수익권을 갖게 되는 것도 아니므로, 이러한 경우 위 건물의 부지에 관하여 민 629조 소정의 해지의 원인인 임차권의 양도 또는 전대가 이루어지지 않았다고 해석함이 상당하다.(대판 1995.7.25, 94다46428)

2. 임대인의 동의 없이 제3자에게 임차물을 사용·수익하도록 한 임차인의 행위가 임대인에 대한 배신적 행위라고 할 수 없는 특별한 사정이 있는 경우 임대인이 임대차계약을 해지할 수 있는지 여부(소극) 임차인이 임대인의 동의 없이 그 권리를 양도하거나 임차물을 전대한 경우 임대인이 계약을 해지할 수 있도록 한 것은 임대차계약이 원래 당사자의 개인적 신뢰를 기초로 하는 계속적 법률관계임을 고려하여 임대인의 인적 신뢰나 경제적 이익을 보호하여 이를 해치지 않게 하고자 함에 있다. 따라서 임차인이 비록 임대인으로부터 별도의 승낙을 얻지 아니하고 제3자에게 임차물을 사용·수익하도록 한 경우에 있어서도, 임차인의 당해 행위가 임대인에 대한 배신적 행위라고 할 수 없는 특별한 사정이 인정되는 경우에는 임대인은 자신의 동의 없이 전대차가 이루어졌다는 것만을 이유로 임대차계약을 해지할 수 없으며, 임차권 양수인이나 전차인은 임차권의 양수나 전대차 및 그에 따른 사용·수익을 임대인에게 주장할 수 있다.(대판 2010.6.10, 2009다101275)

3. 무단 임차권 양도 및 전대 시 손해배상청구나 부당이득반환청구 임차인이 임대인의 동의를 받지 않고 제3자에게 임차권을 양도하거나 전대하는 등의 방법으로 임차물을 사용·수익하게 하더라도, 임대인이 이를 이유로 임대차계약을 해지하거나 그 밖의 다른 사유로 임대차계약이 적법하게 종료되지 않는 한 임대인은 임차인에 대하여 여전히 차임청구권을 가지므로, 임대차계약이 존속하는 한도 내에서는 제3자에게 불법점유를 이유로 한 차임 상당 손해배상청구나 부당이득반환청구를 할 수 없다. 그러나 임대차계약이 종료된 이후에는 임차물을 소유하고 있는 임대인은 제3자를 상대로 위와 같은 손해배상청구나 부당이득반환청구를 할 수 있다.(대판 2023.3.30, 2022다296165)

第630條【轉貸의 效果】 ① 賃借人이 賃貸人의 同意를 얻어 賃借物을 轉貸한 때에는 轉借人은 直接 賃貸人에 對하여 義務를 負擔한다. 이 境遇에 轉借人은 轉貸人에 對한 借賃의 支給으로써 賃貸人에게 對抗하지 못한다.

② 前項의 規定은 賃貸人의 賃借人에 對한 權利行使에 影響을 미치지 아니한다.

▣ 626·631·632, 전차인의 임대청구권, 매수청구권(644·647)

第631條【轉借人의 權利의 確定】 賃借人이 賃貸人의 同意를 얻어 賃借物을 轉貸한 境遇에는 賃貸人과 賃借人의 合意로 契約을 終了한 때에도 轉借人의 權利는 消滅하지 아니한다.

▣ 629·630·632·652

第632條【賃借建物의 小部分을 他人에게 使用케 하는 境遇】 前3條의 規定은 建物의 賃借人이 그 建物의 小部分을 他人에게 使用하게 하는 境遇에 適用하지 아니한다.

第633條【借賃支給의 時期】 借賃은 動産, 建物이나 垈地에 對하여는 每月末에, 其他 土地에 對하여는 每年末에 支給하여야 한다. 그러나 收穫期 있는 것에 對하여는 그 收穫後 遲滯없이 支給하여

야 한다.

第634條【賃借人의 通知義務】 賃借物의 修理를 要하거나 賃借物에 對하여 權利를 主張하는 者가 있는 때에는 賃借人은 遲滯없이 賃貸人에게 이를 通知하여야 한다. 그러나 賃貸人이 이미 이를 안 때에는 그러하지 아니하다.

▣ 임차물의 수리(623－625), 특정물채무자의 주의의무(374)

第635條【期間의 約定없는 賃貸借의 解止通告】

① 賃貸借期間의 約定이 없는 때에는 當事者는 언제든지 契約解止의 通告를 할 수 있다.

② 相對方이 前項의 通告를 받은 날로부터 다음 各號의 期間이 經過하면 解止의 效力이 생긴다.

1. 土地, 建物 其他 工作物에 對하여는 賃貸人이 解止를 通告한 境遇에는 6月, 賃借人이 解止를 通告한 境遇에는 1月
2. 動産에 對하여는 5日

▣ 636－639 · 652

第636條【期間의 約定있는 賃貸借의 解止通告】 賃貸借期間의 約定이 있는 境遇에도 當事者一方 또는 雙方이 그 期間內에 解止할 權利를 保留한 때에는 前條의 規定을 準用한다.

▣ 해지, 해제권(543), 해지의 비소급효(550)

第637條【賃借人의 破産과 解止通告】 ① 賃借人이 破産宣告를 받은 境遇에는 賃貸借期間의 約定이 있는 때에도 賃貸人 또는 破産管財人은 第635條의 規定에 依하여 契約解止의 通告를 할 수 있다.

② 前項의 境遇에 各 當事者는 相對方에 對하여 契約解止로 因하여 생긴 損害의 賠償을 請求하지 못한다.

▣ 파산선고(회생파산305이하), 해지 또는 이행청구의 최고(회생파산335 · 339), 파산관재인(회생파산355－365), 임대인의 파산의 경우(회생파산340), 임대차의 해지와 손해배상(회생파산337)

第638條【解止通告의 轉借人에 對한 通知】 ① 賃貸借契約이 解止의 通告로 因하여 終了된 境遇에 그 賃貸物이 適法하게 轉貸되었을 때에는 賃貸人은 轉借人에 對하여 그 事由를 通知하지 아니하면 解止로써 轉借人에게 對抗하지 못한다.

② 轉借人이 前項의 通知를 받은 때에는 第635條第2項의 規定을 準用한다.

▣ 630 · 631 · 635 · 636 · 637 · 652 · 653, 계약의 해지(543 · 550 · 551)

第639條【默示의 更新】 ① 賃貸借期間이 滿了한 後 賃借人이 賃借物의 使用, 收益을 繼續하는 境遇에 賃貸人이 相當한 期間內에 異議를 하지 아니한 때에는 前賃貸借와 同一한 條件으로 다시 賃貸借한 것으로 본다. 그러나 當事者는 第635條의 規定에 依하여 解止의 通告를 할 수 있다.

② 前項의 境遇에 前賃貸借에 對하여 第三者가 提供한 擔保는 期間의 滿了로 因하여 消滅한다.

▣ 계약에 의한 갱신(620 · 651②), 담보(질권=329 · 345, 저당권=356, 보증인=428, 주택임대6 · 6의2)

1. 2항 '담보'의 의미 민 639조 2항에서 말하는 담보라 함은 질권, 저당권 그밖의 보증 등을 가리키는 것으로 보아야 할 것이고 건물의 임차보증금채권이 양도되었을 경우까지도 포함되는 개념이라고 해석할 수 없다.(대판 1977.6.7, 76다951)

2. 민 639조 2항이 당사자들의 합의에 따른 임대차 기간연장의 경우에도 적용되는지 여부(소극) 민 639조 1항의 묵시의 갱신은 임차인의 신뢰를 보호하기 위하여 인정되는 것이고, 이 경우 같은 조 2항에 의하여 제3자가 제공한 담보는 소멸한다고 규정한 것은 담보를 제공한 자의 예상하지 못한 불이익을 방지하기 위한 것이라 할 것이므로, 민 639조 2항은 당사자들의 합의에 따른 임대차 기간연장의 경우에는 적용되지 않는다.(대판 2005.4.14, 2004다63293)

第640條【借賃延滯와 解止】 建物 其他 工作物의 賃貸借에는 賃借人의 借賃延滯額이 2期의 借賃額에 達하는 때에는 賃貸人은 契約을 解止할 수 있다.

▣ 652 · 653 · 641, 차임지급시기(633), 이행지체(387), 계약의 해지(543 · 550 · 551), 지료를 지급하지 아니한 때의 지상권소멸청구권(287)

1. 본조에 의한 해지와 최고 본조에 의한 임대차계약해지의 경우에는 임대인의 최고절차가 필요 없다.(대판 1962.10.11, 62다496)

2. 임대차 종료 후 목적물이 명도되지 않은 경우, 임차인은 보증금이 있음을 이유로 연체차임의 지급을 거절할 수 있는지 여부(소극) 임대차보증금은 임대차계약이 종료된 후 임차인이 목적물을 명도할 때까지 발생하는 차임 및 기타 임차인의 채무를 담보하기 위하여 교부되는 것이므로 특별한 사정이 없는 한 임대차계약이 종료되었다 하더라도 목적물이 명도되지 않았다면 임차인은 보증금이 있음을 이유로 연체차임의 지급을 거절할 수 없다.(대판 1999.7.27, 99다24881)

3. 임대차계약 해지시 전차인에게 대항하기 위한 요건 민 640조에 터 잡아 임차인의 차임연체액이 2기의 차임액에 달함에 따라 임대인이 임대차계약을 해지하는 경우에는 전차인에 대하여 그 사유를 통지하지 않더라도 해지로써 전차인에게 대항할 수 있고, 해지의 의사표시가 임차인에게 도달하는 즉시 임대차관계는 해지로 종료된다.(대판 2012.10.11, 2012다55860)

4. 상가임대법 10조 1항이 민 640조의 특칙으로서 위 민법 조항은 그 적용이 배제되는지 여부(소극) **및 갱신을 전후하여 2기의 차임액 연체에 이른 경우, 상가건물의 임대인이 차임연체를 이유로 계약을 해지할 수 있는지 여부**(적극) ① 상가임대법 10조 1항 1호가 민 640조에 대한 특례에 해당한다고 할 수 없다. 그러므로 상가임대법의 적용을 받는 상가건물의 임대차에도 민 640조가 적용되고, 상가건물의 임대인이라도 임차인의 차임연체액이 2기의 차임액에 이르는 때에는 임대차계약을 해지할 수 있다. 그리고 민 640조와 동일한 내용을 정한 약정이 상가임대법의 규정에 위반되고 임차인에게 불리한 것으로서 위 법 15조에 의하여 효력이 없다고 할 수 없다. ② 상가건물의 임차인이 갱신 전부터 차임을 연체하기 시작하여 갱신 후에 차임연체액이 2기의 차임액에 이른 경우에도 임대차계약의 해지사유인 '임차인의 차임연체액이 2기의 차임액에 달하는 때'에 해당하므로, 특별한 사정이 없는 한 임대인은 2기 이상의 차임연체를 이유로 갱신된 임대차계약을 해지할 수 있다.(대판 2014.7.24, 2012다28486)

第641條【同前】 建物 其他 工作物의 所有 또는 植木, 採鹽, 牧畜을 目的으로 한 土地賃貸借의 境遇에도 前條의 規定을 準用한다.

▣ 전조 참조문 참조, 해지(543이하, 550)

第642條【土地賃貸借의 解止와 地上建物 等에 對한 擔保物權者에의 通知】 前條의 境遇에 그 地上에 있는 建物 其他 工作物이 擔保物權의 目的이

된 때에는 第288條의 規定을 準用한다.
▣ 담보물권(356)

第643條【賃借人의 更新請求權, 買受請求權】 建物 其他 工作物의 所有 또는 植木, 採鹽, 牧畜을 目的으로 한 土地賃貸借의 期間이 滿了한 境遇에 建物, 樹木 其他 地上施設이 現存한 때에는 第283條의 規定을 準用한다.
▣ 임대차의 기간(619·651), 강행법규성(652)

▶일 반

1. 임차인의 채무불이행으로 임대차 종료시 갱신청구권 및 매수청구권 인정 여부(소극) 임대차에 있어서 임차인의 채무 불이행등 사유로 인하여 임대차계약이 해지되었을 때에는 임차인에게 계약갱신권이나 매수청구권, 민 646조에 의한 부속물매수청구권이 발생할 수 없다.(대판 1972.12.26, 72다2013)

2. 제640조에 의한 해지와 매수청구권 민 640조에 의하여 임대차계약의 해지된 경우에는 임차인에게 그 지상시설에 관한 매수청구권이 없다.(대판 1962.10.11, 62다496)

3. 임대주택법의 적용을 받는 경우의 갱신거절 임대주택법의 적용을 받는 임대주택에 관해서는 건설교통부령이 정하는 표준임대차계약서 10조 1항 각 호 중 하나에 해당하는 사유가 있는 경우라야 임대인이 그 임대차계약을 해지하거나 임대계약의 갱신을 거절할 수 있고, 그렇지 아니한 경우에는 임차인이 임대차계약의 갱신을 원하는 이상 특별한 사정이 없는 한 임대인이 임대차계약의 갱신을 거절할 수 없다.(대판 2005.4.29, 2005다8002)

4. 지상건물매수청구권이 임대차계약 종료 후 임대인으로부터 토지를 취득한 자에게도 미치는지 여부(적극) 갑이 토지를 취득할 당시에는 을과 병 사이에 그 토지에 대한 임대차계약이 존재하지 않고 있었다고 하더라도, 그 이전에 을이 병과의 사이에 건물의 소유를 목적으로 하는 임대차계약을 체결하였다가 그 계약이 종료되어 을이 병에 대하여 그 건물에 관한 매수청구권을 행사할 수 있었을 때에는, 을은 그 토지의 취득자인 갑에 대하여도 매수청구권을 행사할 수 있다.(대판 1996.6.14, 96다14517)

5. 기간 약정 없는 토지임대차 해지통고시 건물매수청구권 인정 여부(적극) 건물소유를 목적으로 한 기간 약정없는 토지임대차계약을 임대인이 해지함으로써 임대차가 종료하여 임차인이 임대인에게 토지를 인도하여야 하는 법률관계라면 임차인은 임대인에게 계약갱신청구의 유무에 불구하고 건물매수청구권을 행사하여 건물대금의 지급을 구할 수 있다.(대판(全) 1995.7.11, 94다34265)

6. 토지인도 및 건물철거청구소송에서 패소한 임차인이 건물매수청구권을 행사할 수 있는지 여부(적극) 건물의 소유를 목적으로 하는 토지 임대차에 있어서, 임대차가 종료함에 따라 토지의 임차인이 임대인에 대하여 건물매수청구권을 행사할 수 있음에도 불구하고 이를 행사하지 아니한 채, 토지의 임대인이 임차인에 대하여 제기한 토지인도 및 건물철거청구 소송에서 패소하여 그 패소판결이 확정되었다고 하더라도, 그 확정판결에 의하여 건물철거가 집행되지 아니한 이상 토지의 임차인으로서는 건물매수청구권을 행사하여 별소로써 임대인에 대하여 건물매매대금의 지급을 구할 수 있다.(대판 1995.12.26, 95다42195)

7. 매수청구권을 1심에서 철회하였다가 다시 2심에서 주장 가부(적극) 건물의 소유를 목적으로 한 토지 임대차가 종료한 경우에 임차인이 그 지상의 현존하는 건물에 대하여 가지는 매수청구권은 그 행사에 특정의 방식을 요하지 않는 것으로서 재판상으로 뿐만 아니라 재판 외에서도 행사할 수 있는 것이고 그 행사의 시기에 대하여도 제한이 없는 것이므로 임차인이 자신의 건물매수청구권을 제1심에서 행사하였다가 철회한 후 항소심에서 다시 행사하였다고 하여 그 매수청구권의 행사가 허용되지 아니할 이유는 없다.(대판 2002.5.31, 2001다42080)

▶지상물매수청구권의 성질과 행사

8. 지상물매수청구권의 법적성질 지상물매수청구권은 이른바 형성권으로서 그 행사로 임대인·임차인 사이에 지상물에 관한 매매가 성립하게 되며, 임차인이 지상물의 매수청구권을 행사한 경우에는 임대인은 그 매수를 거절하지 못하고, 이 규정은 강행규정이므로 이에 위반하는 것으로서 임차인에게 불리한 약정은 그 효력이 없다.(대판(全) 1995.7.11, 94다34265)

9. 임대인의 건물철거 및 부지인도 청구에 건물매수대금 지급과 동시에 건물명도를 구하는 청구의 포함여부(소극) 토지임대차 종료시 임대인의 건물철거와 그 부지인도 청구에는 건물매수대금 지급과 동시에 건물명도를 구하는 청구가 포함되어 있다고 볼 수 없다. 법원으로서는 임대인이 종전의 청구를 계속 유지할 것인지, 아니면 대금지급과 상환으로 지상물의 명도를 청구할 의사가 있는 것인지(예비적으로라도)를 석명하고 임대인이 그 석명에 응하여 소를 변경한 때에는 지상물 명도의 판결을 함으로써 분쟁의 1회적 해결을 꾀하여야 한다.(대판(全) 1995.7.11, 94다34265)

10. 건물매수청구권행사시 건물매수 시가 민 643조에 규정된 매수청구권을 행사한 경우에 그 건물의 매수가격은 건물 자체의 가격 외에 건물의 위치, 주변토지의 여러 사정 등을 종합적으로 고려하여 매수청구권 행사 당시 건물이 현재하는 대로의 상태에서 평가된 시가를 말한다. 민 643조 소정의 지상물매수청구권이 행사되면 임대인과 임차인 사이에서는 임차지상의 건물에 대하여 매수청구권 행사 당시의 건물시가를 대금으로 하는 매매계약이 체결된 것과 같은 효과가 발생하는 것이지, 임대인이 기존 건물의 철거비용을 포함하여 임차인이 임차지상의 건물을 신축하기 위하여 지출한 모든 비용을 보상할 의무를 부담하게 되는 것은 아니다.(대판 2002.11.13, 2002다46003, 46027, 46010)

11. 건물의 매수가격에 관해 의사합치가 이루어지지 않은 경우, 법원이 직권으로 매매대금 정할 수 있는지 여부(소극) 지상물매수청구의 대상이 된 건물의 매수가격에 관하여 당사자 사이에 의사합치가 이루어지지 않았다면, 법원은 위와 같은 여러 사정을 종합적으로 고려하여 인정된 매수청구권 행사 당시의 건물 시가를 매매대금으로 하는 매매계약이 성립하였음을 인정할 수 있을 뿐, 그와 같이 인정된 시가를 임의로 증감하여 직권으로 매매대금을 정할 수는 없다.(대판 2024.4.12, 2023다309020, 309037)

12. 경제적 가치 존부가 매수청구권 행사요건인지 여부(소극) 민 643조, 283조에 규정된 임차인의 매수청구권은, 건물의 소유를 목적으로 한 토지 임대차의 기간이 만료되어 그 지상에 건물이 현존하고 임대인이 계약의 갱신을 원하지 아니하는 경우에 임차인에게 부여된 권리로서 그 지상 건물이 객관적으로 경제적 가치가 있는지 여부나 임대인에게 소용이 있는지 여부가 그 행사요건이라고 볼 수 없다.(대판 2002.5.31, 2001다42080)

13. 매수청구권을 행사하고 건물 부지를 계속 점유·사용하는 경우 부당이득 여부(적극) 건물 기타 공작물의 소유를 목적으로 한 토지임대차에 있어서 임차인이 그 지상 건물 등에 대하여 민 643조 소정의 매수청구권을 행사한 후에 그 임대인인 토지의 소유자로부터 매수대금을 지급받을 때까지 그 지상 건물 등의 인도를 거부할 수 있지만, 지상 건물 등의 점유·사용을 통하여 그 부지를 계속하여 점유 사용하는 한 그로 인한 부당이득으로서 부지의 임료 상당액을 반환하여야 할 의무가 있다.(대판 1997.3.14, 95다15728)

▶지상물매수청구권의 포기

14. 편면적 강행규정 토지 임대인과 임차인 사이에 임대차

기간만료후 임차인이 지상건물을 철거하여 토지를 인도하고 만약 지상건물을 철거하지 아니할 경우에는 그 소유권을 임대인에게 이전하기로 한 약정은 민 643조 소정의 임차인의 지상물매수청구권을 배제키로 하는 약정으로서 임차인에게 불리한 것이므로 민 652조의 규정에 의하여 무효이다.(대판 1991.4.23, 90다19695)

15. 건물 임차인이 자신의 비용을 들여 증축한 부분의 소유권을 임대인에게 귀속시키기로 한 약정의 효력(유효) 건물 임차인이 자신의 비용을 들여 증축한 부분을 임대인 소유로 귀속시키기로 하는 약정은 임차인이 원상회복의무를 면하는 대신 투입비용의 변상이나 권리주장을 포기하는 내용이 포함된 것으로서 특별한 사정이 없는 한 유효하므로, 그 약정이 부속물매수청구권을 포기하는 약정으로서 강행규정에 반하여 무효라고 할 수 없고 또한 그 증축 부분의 원상회복이 불가능하다고 해서 유익비의 상환을 청구할 수도 없다.(대판 1996.8.20, 94다44705, 44712)

16. 토지 임대차기간 만료시 임차인이 지상건물을 양도하거나 철거하기로 하는 약정의 효력 토지 임대인과 임차인 사이에 임대차기간 만료시에 임차인이 지상 건물을 양도하거나 이를 철거하기로 하는 약정은 특별한 사정이 없는 한, 민 643조 소정의 임차인의 지상물매수청구권을 배제하기로 하는 약정으로서 임차인에게 불리한 것이므로 민 652조의 규정에 의하여 무효라고 보아야 한다.(대판 1998.5.8, 98다2389)

17. 민 643조 매수청구권에 관한 규정에 위반하는 약정으로서 임차인 등에게 불리한 것인지 판단기준 임차인의 매수청구권에 관한 민 643조의 규정은 강행규정이므로 이 규정에 위반하는 약정으로서 임차인에게 불리한 것은 그 효력이 없다. 임차인에게 불리한 약정인지는 우선 당해 계약의 조건 자체에 의하여 가려져야 하지만 계약체결의 경위와 제반 사정 등을 종합적으로 고려하여 실질적으로 임차인에게 불리하다고 볼 수 없는 특별한 사정을 인정할 수 있을 때에는 위 강행규정에 저촉되지 않는 것으로 보아야 한다. 토지를 점유할 권원이 없어 건물을 철거하여야 할 처지에 있는 건물소유자에게 토지소유자가 은혜적으로 명목상 차임만을 받고 토지의 사용을 일시적으로 허용하는 취지에서 토지 임대차계약이 체결된 경우라면, 임대인의 요구시 언제든지 건물을 철거하고 토지를 인도한다는 특약이 임차인에게 불리한 약정에 해당하지 않는다.(대판 1997.4.8, 96다45443)

18. 토지 소유자가 아닌 제3자가 토지를 임대한 경우, 임대인이 지상물매수청구권의 상대방이 되는지 여부(원칙적 소극) 건물의 소유를 목적으로 하는 토지 임차인의 지상물매수청구권 행사의 상대방은 원칙적으로 임차권 소멸 당시의 토지 소유자인 임대인이다. 토지 소유자가 아닌 제3자가 토지를 임대한 경우에 임대인은 특별한 사정이 없는 한 지상물매수청구권의 상대방이 될 수 없다.(대판 2022.4.14, 2020다254228, 254235)

지상물매수청구권의 대상

19. 임차인 소유 건물이 임차 토지 외에 임차인 또는 제3자 소유의 토지 위에 걸쳐 있는 경우 매수청구 인정 범위 건물 소유를 목적으로 하는 토지임대차에 있어서 임차인 소유 건물이 임대인이 임대한 토지 외에 임차인 또는 제3자 소유의 토지 위에 걸쳐서 건립되어 있는 경우에는, 임차지 상에 서 있는 건물 부분 중 구분소유의 객체가 될 수 있는 부분에 한하여 임차인에게 매수청구가 허용된다.(대판(全) 1996.3.21, 93다42634)

20. 임대차계약당시 기존건물이거나 임대인의 동의를 얻어 신축한 것에 한정되는지 여부(소극) 임차인의 지상물매수청구권은 건물 기타 공작물의 소유 등을 목적으로 한 토지 임대차의 기간이 만료되었음에도 그 지상시설 등이 현존하고, 또한 임대인이 계약의 갱신에 불응하는 경우에 임차인이 임대인에게 상당한 가액으로 그 지상시설의 매수를 청구할 수 있는 권리라는 점에서 보면, 위 매수청구권의 대상이 되는 건물은 그것이 토지의 임대목적에 반하여 축조되고, 임대인이 예상할 수 없을 정도의 고가의 것이라는 특별한 사정이 없는 한 임대차기간 중에 축조되었다고 하더라도 그 만료시에 그 가치가 잔존하고 있으면 그 범위에 포함되는 것이고, 반드시 임대차계약 당시의 기존건물이거나 임대인의 동의를 얻어 신축한 것에 한정된다고는 할 수 없다.(대판 1993.11.12, 93다34589)

21. 임차 토지상에 설치한 화훼판매용 비닐하우스에 대한 임차인의 매수청구권 부정 임차인이 화초의 판매용지로 임차한 토지에 설치한 비닐하우스가 화훼판매를 위하여 필요한 시설물이라 하더라도 그 자체의 소유가 그 임대차의 주된 목적은 아니었을 뿐 아니라, 비용이 다소 든다고 하더라도 주구조체인 철재파이프를 토지로부터 쉽게 분리 철거해 낼 수 있는 점 등에 비추어 비닐하우스를 철거할 경우 전혀 쓸모가 없어진다거나 사회경제적으로 큰 손실을 초래하지 않으므로 임차인의 매수청구권은 인정되지 아니한다.(대판 1997.2.14, 96다46668)

22. 매수청구 대상 건물에 근저당권이 설정된 경우 민 643조 소정의 매수청구권은 매수청구의 대상이 되는 건물에 근저당권이 설정되어 있는 경우에도 인정된다. 그 건물의 매수가격은 건물 자체의 가격 외에 건물의 위치, 주변토지의 여러 사정 등을 종합적으로 고려하여 매수청구권 행사 당시 건물이 현존하는 대로의 상태에서 평가된 시가 상당액을 의미하고, 여기에서 근저당권의 채권최고액이나 피담보채무액을 공제한 금액을 매수가격으로 정할 것은 아니며, 다만 매수청구권을 행사한 지상건물 소유자가 위와 같은 근저당권을 말소하지 않는 경우 토지소유자는 민 588조에 의하여 위 근저당권의 말소등기가 될 때까지 그 채권최고액에 상당한 대금의 지급을 거절할 수 있다.(대판 2008.5.29, 2007다4356)

23. 건물 소유 목적 토지 임대차에서 종전 임차인으로부터 미등기 무허가건물을 매수하여 점유하고 있는 임차인의 지상물매수청구권 행사 가부(원칙적 적극) 지상물매수청구권은 지상 건물의 잔존 가치를 보존하고, 토지 소유자의 배타적 소유권 행사로 인하여 희생당하기 쉬운 임차인을 보호하기 위한 제도이므로, 특별한 사정이 없는 한 행정관청의 허가를 받은 적법한 건물이 아니더라도 임차인의 지상물매수청구권의 대상이 될 수 있다. 종전 임차인으로부터 미등기 무허가건물을 매수하여 점유하고 있는 임차인은 특별한 사정이 없는 한 비록 소유자로서의 등기명의가 없어 소유권을 취득하지 못하였다 하더라도 임대인에 대하여 지상물매수청구권을 행사할 수 있다.(대판 2013.11.28, 2013다48364, 48371)

第644條【轉借人의 賃貸請求權, 買受請求權】

① 建物 其他 工作物의 所有 또는 植木, 採鹽, 牧畜을 目的으로 한 土地賃借人이 適法하게 그 土地를 轉貸한 境遇에 賃貸借 및 轉貸借의 期間이 同時에 滿了되고 建物, 樹木 其他 地上施設이 現存한 때에는 轉借人은 賃貸人에 對하여 前轉貸借와 同一한 條件으로 賃貸할 것을 請求할 수 있다.

② 前項의 境遇에 賃貸人이 賃貸할 것을 願하지 아니하는 때에는 第283條第2項의 規定을 準用한다.

■ 642 · 643 · 645 · 647, 적법한 전대(630 · 631)

第645條【地上權目的土地의 賃借人의 賃貸請求權, 買受請求權】

前條의 規定은 地上權者가 그 土地를 賃貸한 境遇에 準用한다.

■ 652, 지상권 목적 토지의 임대(282 · 289)

第646條【賃借人의 附屬物買受請求權】

① 建

物 其他 工作物의 賃借人이 그 使用의 便益을 爲하여 賃貸人의 同意를 얻어 이에 附屬한 物件이 있는 때에는 賃貸借의 終了時에 賃貸人에 對하여 그 附屬物의 買受를 請求할 수 있다.

② 賃貸人으로부터 買受한 附屬物에 對하여도 前項과 같다.

▣ 652·653·647, 임대인의 상환청구권(626), 임차인의 매수청구권(643·283), 전세권자의 부속물매수청구권(316②)

1. 부속물의 의의 건물임차인의 매수청구의 대상이 되는 부속물이란 건물 자체에 부속된 물건으로서 건물의 구성부분으로는 되지 않는 임차인 소유의 물건 중 건물의 사용에 객관적 편익을 가져오는 것에 한한다. 따라서 기존건물과 분리되어 독립한 소유권의 객체가 될 수 없는 증축부분이나 임대인의 소유에 속하기로 한 부속물은 매수청구의 대상이 될 수 없다.(대판 1982.1.19, 81다1001)

2. 수선 내지 증·개축부분이 부속물인지 여부(소극) 건물자체의 수선 내지 증·개축부분은 특별한 사정이 없는 한 건물자체의 구성부분을 이루고 독립된 물건이라고 보이지 않으므로 임차인의 부속물 매수청구권의 대상이 될 수 없다.(대판 1983.2.22, 80다589)

3. 민 646조에 위반되는 불리한 약정이 아닌 경우 건물임차인인 피고들이 증·개축한 시설물과 부대시설을 포기하고 임대차 종료시의 현상대로 임대인의 소유에 귀속하기로 하는 대가로 임대차계약의 보증금 및 월차임을 파격적으로 저렴하게 하고, 그 임대기간도 장기간으로 약정하고, 임대인은 임대차계약의 종료 즉시 임대건물을 철거하고 그 부지에 건물을 신축하려고 하고 있으며 임대차계약 당시부터 임차인도 그와 같은 사정을 알고 있었다면 임대차계약시 임차인의 부속시설의 소유권이 임대인에게 귀속하기로 한 특약은 단지 부속물 매수청구권을 배제하기로 하거나 또는 부속물을 대가없이 임대인의 소유에 속하게 하는 약정들과는 달라서 임차인에게 불리한 약정이라고 할 수 없다.(대판 1982.1.19, 81다1001)

4. 임차인의 채무불이행으로 임대차 종료시 부속물매수청구권 인정 여부(소극) 임대차계약이 임차인의 채무불이행으로 인하여 해지된 경우에는 임차인은 민 646조에 의한 부속물매수청구권이 없다.(대판 1990.1.23, 88다카7245, 7252)

第647條【轉借人의 附屬物買受請求權】 ① 建物 其他 工作物의 賃借人이 適法하게 轉貸한 境遇에 轉借人이 그 使用의 便益을 爲하여 賃貸人의 同意를 얻어 이에 附屬한 物件이 있는 때에는 轉貸借의 終了時에 賃貸人에 對하여 그 附屬物의 買受를 請求할 수 있다.

② 賃貸人으로부터 買受하였거나 그 同意를 얻어 賃借人으로부터 買受한 附屬物에 對하여도 前項과 같다.

▣ 646·652·653, 적법한 전대(630·631), 전차인의 매수청구권(644②·283②)

第648條【賃借地의 附屬物, 果實 等에 對한 法定質權】 土地賃貸人이 賃貸借에 關한 債權에 依하여 賃借地에 附屬 또는 그 使用의 便益에 供用한 賃借人의 所有動產 및 그 土地의 果實을 押留한 때에는 質權과 同一한 效力이 있다.

▣ 649·650·653, 동산(99②), 과실(101·102)

第649條【賃借地上의 建物에 對한 法定抵當權】 土地賃貸人이 辨濟期를 經過한 最後 2年의 借賃債權에 依하여 그 地上에 있는 賃借人所有의 建物을 押留한 때에는 抵當權과 同一한 效力이 있다.

▣ 648·650, 차임지급의 시기(633), 저당권(356)

第650條【賃借建物等의 附屬物에 對한 法定質權】 建物 其他 工作物의 賃貸人이 賃貸借에 關한 債權에 依하여 그 建物 其他 工作物에 附屬한 賃借人所有의 動產을 押留한 때에는 質權과 同一한 效力이 있다.

▣ 648·649·653, 동산(99②), 질권(329)

第651條 (2016.1.6 삭제)

[2016.1.6. 법률 제13710호에 의하여 2013.12.26. 헌법재판소에서 위헌결정된 이 조를 삭제함.]

第652條【强行規定】 第627條, 第628條, 第631條, 第635條, 第638條, 第640條, 第641條, 第643條 乃至 第647條의 規定에 違反하는 約定으로 賃借人이나 轉借人에게 不利한 것은 그 效力이 없다.

▣ 653

第653條【一時使用을 爲한 賃貸借의 特例】 第628條, 第638條, 第640條, 第646條 乃至 第648條, 第650條 및 前條의 規定은 一時使用하기 爲한 賃貸借 또는 轉貸借인 것이 明白한 境遇에는 適用하지 아니한다.

▣ 주택임대11

第654條【準用規定】 第610條第1項, 第615條 乃至 第617條의 規定은 賃貸借에 이를 準用한다.

1. 목적물 반환 시 임차인의 수리·변경 부분 철거 등 원상회복의무 유무(원칙적 적극) **및 그 내용과 범위를 정하는 방법** 임차인이 임대인에게 임차목적물을 반환하는 때에는 원상회복의무가 있다(민 654조, 615조). 임차인이 임차목적물을 수리하거나 변경한 때에는 원칙적으로 수리·변경 부분을 철거하여 임대 당시의 상태로 사용할 수 있도록 해야 한다. 다만 원상회복의무의 내용과 범위는 임대차계약의 체결 경위와 내용, 임대 당시 목적물의 상태, 임차인이 수리하거나 변경한 내용 등을 고려하여 구체적·개별적으로 정해야 한다.(대판 2019.8.30, 2017다268142)

2. 임차목적물인 토지에 종전 임차인 등이 설치한 가건물 기타 공작물에 대한 원상회복의무 토지 임대 당시 이미 임차목적물인 토지에 종전 임차인 등이 설치한 가건물 기타 공작물이 있는 경우에는 특별한 사정이 없는 한 임차인은 그가 임차하였을 때의 상태로 임차목적물을 반환하면 되고 종전 임차인 등이 설치한 부분까지 원상회복할 의무는 없다. 위 특별한 사정의 인정은 임대차계약의 체결 경위와 내용, 임대 당시 목적물의 상태, 임차인에 의한 현상 변경 유무 등을 심리하여 구체적·개별적으로 이루어져야 한다.(대판 2023.11.2, 2023다249661)

第8節 雇 傭

第655條【雇傭의 意義】 雇傭은 當事者 一方이 相對方에 對하여 勞務를 提供할 것을 約定하고 相對方이 이에 對하여 報酬를 支給할 것을 約定함으로써 그 效力이 생긴다.

▣ 매매규정의 준용(567), 근로의 권리의무(헌32), 강제노역을 받지 않을 자유(헌12①, 근로7), 근로조건의 준칙(헌32③), 국가공무원, 선원, 혹사의 금지(헌32④⑤), 여자 및 연소자의 보호(헌32④⑤, 근로64이하, 선원91-93), 근로자의 단결 및 단체행동(헌33, 노동조합155), 근로조건의 결정, 명시 등(근로4·17·97, 선원27), 균등대우와 남녀의 동일임금(근로6

第656條【報酬額과 그 支給時期】 ① 報酬 또는

報酬額의 約定이 없는 때에는 慣習에 依하여 支給하여야 한다.

② 報酬는 約定한 時期에 支給하여야 하며 時期의 約定이 없으면 慣習에 依하고 慣習이 없으면 約定한 勞務를 終了한 後 遲滯없이 支給하여야 한다.

■ 686②, 보수(근로1·3·4·43−49, 선원2·52−59, 국공무46−49), 보수지급시기(근로43②·38, 선원52), 보수청구권의 보호(근로21·22, 선원30·31, 민집246), 미성년자의 독자적 임금청구(근로68), 보수와 시효(164·165, 근로49, 선원156)

第657條【權利義務의 專屬性】 ① 使用者는 勞務者의 同意없이 그 權利를 第三者에게 讓渡하지 못한다.

② 勞務者는 使用者의 同意없이 第三者로 하여금 自己에 갈음하여 勞務를 提供하게 하지 못한다. (2014.12.30 본항개정)

③ 當事者 一方이 前2項의 規定에 違反한 때에는 相對方은 契約을 解止할 수 있다.

■ [1] 채권의 양도성(449①), 기업주체의 변경과 고용관계의 승계(선원37), [2] 상772, 제3자의 이행(469·120−123), [3] 해지(543·550)

第658條【勞務의 內容과 解止權】 ① 使用者가 勞務者에 對하여 約定하지 아니한 勞務의 提供을 要求한 때에는 勞務者는 契約을 解止할 수 있다.

② 約定한 勞務가 特殊한 技能을 要하는 境遇에 勞務者가 그 技能이 없는 때에는 使用者는 契約을 解止할 수 있다.

■ 근로조건(근로17−20), 해지(543·550), 해고의 제한(근로23②)

第659條【3年 以上의 經過와 解止通告權】 ① 雇傭의 約定期間이 3年을 넘거나 當事者의 一方 또는 第三者의 終身까지로 된 때에는 各 當事者는 3年을 經過한 後 언제든지 契約解止의 通告를 할 수 있다.

② 前項의 境遇에는 相對方이 解止의 通告를 받은 날로부터 3月이 經過하면 解止의 效力이 생긴다.

■ 고용기간(근로16), 고용(660·661, 선원32이하), 해지(543·550)

第660條【期間의 約定이 없는 雇傭의 解止通告】 ① 雇傭期間의 約定이 없는 때에는 當事者는 언제든지 契約解止의 通告를 할 수 있다.

② 前項의 境遇에는 相對方이 解止의 通告를 받은 날로부터 1月이 經過하면 解止의 效力이 생긴다.

③ 期間으로 報酬를 定한 때에는 相對方이 解止의 通告를 받은 當期後의 一期를 經過함으로써 解止의 效力이 생긴다.

■ 해고의 제한(근로23), 해지(543·550), 해고자에 대한 지급(근로34·35, 선원55)

1. 상시 4인 이하의 근로자를 사용하는 사업 또는 사업장에서 체결한 근로계약에 따른 해고제한의 특약 ① 구 근로기준법(2007.4.11. 개정 전)상 상시 4인 이하의 근로자를 사용하는 사업 또는 사업장에 대하여는 사용자가 정당한 이유 없이 근로자를 해고하지 못한다는 같은 법 30조 1항이 적용되지 않고, 이 경우 그 근로계약이 기간의 정함이 없는 것이라면 민 660조 1항을 적용할 수 있게 되어 사용자는 사유를 불문하고 언제든지 근로계약의 해지를 통고할 수 있다. ② 그러나 민 660조 1항은 당사자의 의사에 의하여 그 적용을 배제할 수 있는 임의규정이므로, 상시 4인 이하의 근로자를 사용하는 사업 또는 사업장의 사용자가 근로자와 기간의 정함이 없는 근로계약을 체결하면서 해고의 사유를 열거하고 그 사유에 의해서만 근로자를 해고할 수 있도록 하는 해고제한의 특약을 하였다면, 근로자에 대한 해고는 민 660조 1항이 아닌 위 해고제한의 특약에 따라야 하고 이러한 제한을 위반한 해고는 무효이다.(대판 2008.3.14, 2007다1418)

第661條【不得已한 事由와 解止權】 雇傭期間의 約定이 있는 境遇에도 不得已한 事由있는 때에는 各 當事者는 契約을 解止할 수 있다. 그러나 그 事由가 當事者 一方의 過失로 因하여 생긴 때에는 相對方에 對하여 損害를 賠償하여야 한다.

■ 고용기간(근로16), 본조의 특칙(근로23②), 해지(543·550), 손해배상(390·551)

1. '부득이한 사유'의 의미 민 661조 소정의 '부득이한 사유'라 함은 고용계약을 계속하여 존속시켜 그 이행을 강제하는 것이 사회통념상 불가능한 경우를 말하고, 고용은 계속적 계약으로 당사자 사이의 특별한 신뢰관계를 전제로 하므로 고용관계를 계속하여 유지하는 데 필요한 신뢰관계를 파괴하거나 해치는 사실도 부득이한 사유에 포함되며, 따라서 고용계약상 의무의 중대한 위반이 있는 경우에도 부득이한 사유에 포함된다.(대판 2004.2.27, 2003다51675)

第662條【默示의 更新】 ① 雇傭期間이 滿了한 後 勞務者가 繼續하여 그 勞務를 提供하는 境遇에 使用者가 相當한 期間內에 異議를 하지 아니한 때에는 前雇傭과 同一한 條件으로 다시 雇傭한 것으로 본다. 그러나 當事者는 第660條의 規定에 依하여 解止의 通告를 할 수 있다.

② 前項의 境遇에는 前雇傭에 對하여 第三者가 提供한 擔保는 期間의 滿了로 因하여 消滅한다.

■ 고용기간(근로16), 근로계약의 연장(선원35), 신원보증(신원), 신원보증금(상468·583②), 담보(질권=329·345, 저당권=356, 보증=428)

1. 고용계약의 묵시적 연장 민 662조에 의하면 고용계약이 만료된 후 노무자가 계속하여 노무를 제공하는 경우에 사용자가 상당한 기간내에 이의를 하지 아니한 때에는 앞의 고용계약과 동일한 조건으로 고용한 것으로 보게 되어 있으므로 당초의 해외취업계약기간이 1년이었다면 그 연장계약기간도 특단의 사정이 없는 한 1년으로 연장되었다고 보아야 하며 이에 반하는 주장을 하는 경우, 그 주장자에게 입증책임이 있다.(대판 1986.2.25, 85다카2096)

第663條【使用者破産과 解止通告】 ① 使用者가 破産宣告를 받은 境遇에는 雇傭期間의 約定이 있는 때에도 勞務者 또는 破産管財人은 契約을 解止할 수 있다.

② 前項의 境遇에는 各 當事者는 契約解止로 因한 損害의 賠償을 請求하지 못한다.

■ 파산선고(회생파산305-308), 해제 또는 청구의 최고(회생파산335·339), 파산관재인(회생파산355−365), 해지와 손해배상(회생파산337)

第9節 都 給

第664條【都給의 意義】 都給은 當事者 一方이 어느 일을 完成할 것을 約定하고 相對方이 그 일의 結果에 對하여 報酬를 支給할 것을 約定함으로써 그 效力이 생긴다.

■ 도급과 매매규정의 준용(567), 도급과 상행위(상46), 도급의 예(운송=상125이하·785·793·792·808·810)

1. 도급계약에서 일의 완성 시점과 판단 방법 도급계약에서 목적물의 주요구조부분이 약정된 대로 시공되어 사회통념상

일반적으로 요구되는 성능을 갖추었고 당초 예정된 최후의 공정까지 마쳤다면 일이 완성되었다고 보아야 한다. 목적물이 완성되었다면 목적물의 하자는 하자담보책임에 관한 민법 규정에 따라 처리하도록 하는 것이 당사자의 의사와 법률의 취지에 부합하는 해석이다. 개별 사건에서 예정된 최후의 공정을 마쳤는지는 당사자의 주장에 구애받지 않고 계약의 구체적 내용과 신의칙에 비추어 객관적으로 판단해야 한다.(대판 2019.9.10, 2017다272486, 272493)

2. 도급계약의 체결 공사금액이 수백억이고 공사기간도 14개월이나 되는 장기간에 걸친 대규모 건설하도급공사에 있어서는 특별한 사정이 없는 한 공사금액 외에 구체적인 공사시행 방법과 준비, 공사비 지급방법 등과 관련된 제반 조건 등 그 부분에 대한 합의가 없다면 계약이 체결되지 않았으리라고 보이는 중요한 사항에 관한 합의까지 이루어져야 비로소 그 합의에 구속되겠다는 의사의 합치가 있었다고 볼 수 있고, 하도급계약의 체결을 위하여 교섭당사자가 견적서, 이행각서, 하도급보증서 등의 서류를 제출하였다는 것만으로는 하도급계약이 체결되었다고 볼 수 없다.(대판 2001.6.15, 99다40418)

3. 신축된 건물의 소유권 귀속관계 ① 일반적으로 자기의 노력과 재료를 들여 건물을 건축한 사람은 그 건물의 소유권을 원시취득하는 것이고, 다만 도급계약에 있어서는 수급인이 자기의 노력과 재료를 들여 건물을 완성하더라도 도급인과 수급인 사이에 도급인명의로 건축허가를 받아 소유권보존등기를 하기로 하는 등 완성된 건물의 소유권을 도급인에게 귀속시키기로 합의한 것으로 보여질 경우에는 그 건물의 소유권은 도급인에게 원시적으로 귀속된다. ② 단지 채무의 담보를 위하여 채무자가 자기 비용과 노력으로 신축하는 건물의 건축허가명의를 채권자명의로 하였다면 이는 완성될 건물을 담보로 제공하기로 하는 합의로서 법률행위에 의한 담보물권의 설정에 다름 아니므로, 완성된 건물의 소유권은 일단 이를 건축한 채무자가 원시적으로 취득한 후 채권자명의로 소유권보존등기를 마침으로써 담보목적의 범위내에서 위 채권자에게 그 소유권이 이전된다.(대판 1990.4.24, 89다카18884)

4. 완성건축물의 소유권을 원시적으로 도급인에게 귀속시키는 묵시적 합의 인정 다가구용 단독주택의 신축공사 도급계약을 체결함에 있어 공사대금은 평당 금 1,500,000원으로 하되 계약 당일에 계약금 금 3,000,000원을, 공사착수일에 금 15,000,000원을 각 지급하고 나머지 공사대금은 공사완료 후 도급인이 주택의 각 가구를 전세 놓아 그 전세금으로 지급키로 약정하고 주택의 신축공사에 있어서 그 건축허가의 명의도 도급인으로 되어 있는 경우, 도급인과 수급인 사이에는 공사 도급계약 당시부터 완성된 건축물의 소유권을 원시적으로 도급인에게 귀속시키기로 하는 묵시적 합의가 있었다고 볼 수 있다.(대판 1996.9.20, 96다24804)

5. 제작물공급계약의 법적 성질 당사자의 일방이 상대방의 주문에 따라 자기소유의 재료를 사용하여 만든 물건을 공급할 것을 약정하고 이에 대하여 상대방이 대가를 지급하기로 약정하는 이른바 제작물공급계약은 그 제작의 측면에서는 도급의 성질이 있고 공급의 측면에서는 매매의 성질이 있어 이러한 계약은 대체로 매매와 도급의 성질을 함께 가지고 있는 것으로서 그 적용법률은 계약에 의하여 제작공급하여야 할 물건이 대체물인 경우에는 매매로 보아서 매매에 관한 규정이 적용된다고 할 것이나 물건이 특정의 주문자의 수요를 만족시키기 위한 불대체물인 경우에는 당해 물건의 공급과 함께 그 제작이 계약의 주목적이 되어 도급의 성질을 강하게 띠고 있다 할 것이므로 이 경우에는 매매에 관한 규정이 당연히 적용된다고 할 수 없다.(대판 1987.7.21, 86다카2446)

6. 공사도급계약의 해제·해지에 따른 선급금의 반환과 충당 공사도급계약에 있어서 수수되는 이른바 선급금은 자금 사정이 좋지 않은 수급인이 자재 확보·노임 지급 등의 어려움 없이 공사를 원활하게 진행할 수 있도록 도급인이 수급인에게 장차 지급할 공사대금을 미리 지급하는 것으로서 구체적인 기성고에 대한 공사대금이 아니라 전체 공사에 대한 공사대금이다. 따라서 선급금이 지급된 후 계약의 해제 또는 해지 등의 사유로 수급인이 도중에 선급금을 반환하게 되었다면 특별한 사정이 없는 한 별도의 상계 의사표시 없이 선급금이 그때까지 기성고에 해당하는 공사대금 중 미지급액에 충당된다. 도급인은 나머지 공사대금이 있는 경우 그 금액에 한하여 지급할 의무를 부담한다.(대판 2021.7.8, 2016다267067)

7. 공사도급계약이 총액계약인지 단가계약인지 판단하는 기준 공사도급계약은 대금의 지급방식에 따라 크게 총액계약과 단가계약으로 나눌 수 있다. 총액계약은 계약 목적물 전체에 대한 공사대금 총액을 정하여 체결하는 계약을, 단가계약은 개별공정 또는 항목에 대한 단가와 요율을 근거로 체결하는 계약을 뜻한다. 공사도급계약이 총액계약인지, 단가계약인지는 계약의 해석 문제로서 공사도급계약서에서 정한 내용을 기준으로 판단해야 한다. 만일 공사도급계약서의 기재 내용만으로 이를 알기 어렵다면 계약 해석의 일반원칙에 따라 계약의 동기나 목적, 계약이행 과정에서 당사자의 태도, 거래 관행 등을 종합적으로 고려해서 판단해야 한다.(대판 2022.4.14, 2017다3024)

8. 완공하지 못한 채 공사도급계약이 해제된 경우 기성고에 따른 공사비 산정방법 수급인이 공사를 완공하지 못한 채 공사도급계약이 해제되어 기성고에 따른 공사비를 정산하여야 할 경우, 기성 부분과 미시공 부분에 실제로 소요되거나 소요될 공사비를 기초로 산출한 기성고 비율을 약정 공사비에 적용하여 그 공사비를 산정하여야 하고, 기성고 비율은 이미 완성된 부분에 소요된 공사비에다가 미시공 부분을 완성하는 데 소요될 공사비를 합친 전체 공사비 가운데 이미 완성된 부분에 소요된 공사비가 차지하는 비율이라고 할 것이고, 만약 공사도급계약에서 설계 및 사양의 변경이 있는 때에는 그 설계 및 사양의 변경에 따라 공사대금이 변경되는 것으로 특약하고, 그 변경된 설계 및 사양에 따라 공사가 진행되다가 중단되었다면 설계 및 사양의 변경에 따라 변경된 공사대금에 기성고 비율을 적용하는 방법으로 기성고에 따른 공사비를 산정하여야 한다.(대판 2023.10.12, 2020다210860, 210877)

第665條【報酬의 支給時期】 ① 報酬는 그 完成된 目的物의 引渡와 同時에 支給하여야 한다. 그러나 目的物의 引渡를 要하지 아니하는 境遇에는 그 일을 完成한 後 遲滯없이 支給하여야 한다.
② 前項의 報酬에 關하여는 第656條第2項의 規定을 準用한다.

■ 567·585, 쌍무계약과 동시이행(536), 보수(664·674), 보수와 유치권(320), 보수의 소멸시효(163)

1. 민 665조 1항에서 정하는 '목적물의 인도'의 의미 (대판 2019.9.10, 2017다272486, 272493) → 제147조 참조

2. 수급인의 유치권 (대판 1995.9.15, 95다16202, 16219) → 제320조 참조

3. 수급인은 공사대금을 지급받을 때까지 수급인의 재료와 노력으로 건축된 수급인 소유 기성부분에 대하여 유치권을 가지는지 여부(소극) (대판 1993.3.26, 91다14116) → 제320조 참조

4. 도급인의 기성부분에 대한 보수지급의무(1) 건물신축공사의 진행 중 공사도급계약이 수급인의 해제통고로 해제된 경우 해제 당시 골조공사를 비롯한 상당한 부분이 이미 완성된 상태였다면 원상회복이 중대한 사회적·경제적 손실을 초래하게 되고 완성된 부분이 도급인에게 이익이 된다고 할 것이므로 도급인은 수급인에게 기성부분에 대한 보수를 지급할 의무가 있다. 도급인인 대지소유자가 건축공사가 진척중 다

지를 제3자에게 매도하여 매수인이 임의로 기성부분을 철거한 경우 수급인의 공사대금채권은 존속한다.(대판 1993.3.26, 91다14116)

5. 도급인의 기성부분에 대한 보수지급의무(2) 도급계약에서 정한 일의 완성 이전에 계약이 해제된 경우 수급인으로서는 도급인에게 보수를 청구할 수 없음이 원칙이다. 다만 당해 도급계약에 따라 수급인이 일부 미완성한 부분이 있더라도 계약해제를 이유로 이를 전부 원상회복하는 것이 신의칙 등에 비추어 공평·타당하지 않다고 평가되는 특별한 경우라면 예외적으로 이미 완성된 부분에 대한 수급인의 보수청구권이 인정될 수 있고, 그와 같은 경우에 해당하는지는 도급인과 수급인의 관계, 당해 도급계약의 목적·유형·내용 및 성질, 수급인이 도급계약을 이행함에 있어 도급인의 관여 여부, 수급인이 도급계약에 따라 이행한 결과의 정도 및 그로 인해 도급인이 얻을 수 있는 실질적인 이익의 존부, 계약해제에 따른 원상회복 시 사회적·경제적 손실의 발생 여부 등을 종합적으로 고려하여 판단하여야 한다.(대판 2023.3.30, 2022다289174)

6. 공사도급계약에서 소멸시효의 기산점이 되는 보수청구권의 지급시기 공사도급계약에서 소멸시효의 기산점이 되는 보수청구권의 지급시기는, 당사자 사이에 특약이 있으면 그에 따르고, 특약이 없으면 관습에 의하며(민 665조 2항, 656조 2항), 특약이나 관습이 없으면 공사를 마친 때로 보아야 한다.(대판 2017.4.7, 2016다35451)

第666條【受給人의 目的不動産에 對한 抵當權設定請求權】 不動産工事의 受給人은 前條의 報酬에 關한 債權을 擔保하기 爲하여 그 不動産을 目的으로 한 抵當權의 設定을 請求할 수 있다.

▣ 부동산(99①), 저당권(356)

1. 민 666조의 입법 취지 및 건물신축공사에 관한 도급계약에서 수급인의 노력과 출재로 건물을 완성하여 소유권이 수급인에게 귀속된 경우, 하수급인이 수급인에 대하여 민 666조에 따른 저당권설정청구권을 가지는지 여부(적극) 부동산에 관한 공사도급의 경우에 수급인의 노력과 출재로 완성된 목적물의 소유권은 원칙적으로 수급인에게 귀속되지만 도급인과 수급인 사이의 특약에 의하여 달리 정하거나 기타 특별한 사정이 있으면 도급인이 원시취득하게 되므로, 민 666조는 그러한 경우에 수급인에게 목적물에 대한 저당권설정청구권을 부여함으로써 수급인이 목적물로부터 공사대금을 사실상 우선적으로 변제받을 수 있도록 하고 있다. 따라서 건물신축공사에 관한 도급계약에서 수급인이 자기의 노력과 출재로 건물을 완성하여 소유권이 수급인에게 귀속된 경우에는 수급인으로부터 건물신축공사 중 일부를 도급받은 하수급인도 수급인에 대하여 민 666조에 따른 저당권설정청구권을 가진다.(대판 2016.10.27, 2014다211978)

2. 공사대금채권이 양도되는 경우, 저당권설정청구권도 함께 이전되는지 여부(원칙적 적극) **및 공사대금채권 양수인의 저당권설정청구에 따라 도급인이 신축건물에 저당권을 설정하는 행위가 사해행위에 해당하는지 여부**(원칙적 소극) 수급인의 저당권설정청구권은 공사대금채권을 담보하기 위하여 인정되는 채권적 청구권으로서 공사대금채권에 부수하여 인정되는 권리이므로, 당사자 사이에 공사대금채권만을 양도하고 저당권설정청구권은 이와 함께 양도하지 않기로 약정하였다는 등의 특별한 사정이 없는 한, 공사대금채권이 양도되는 경우 저당권설정청구권도 이에 수반하여 함께 이전된다. 따라서 신축건물의 수급인으로부터 공사대금채권을 양수받은 자의 저당권설정청구에 의하여 신축건물의 도급인이 그 건물에 저당권을 설정하는 행위 역시 다른 특별한 사정이 없는 한 사해행위에 해당하지 않는다.(대판 2018.11.29, 2015다19827)

수급인의 저당권설정청구권 행사에 따라 공사대금채무의 담보로 건물에 저당권을 설정한 것이 사해행위에 해당하지 않는다고 본 사례 갑 등은 을 주식회사와 집합건물 각 부분에 관하여 임대차계약을 체결한 임차인이고, 병 주식회사는 을 회사로부터 위 건물에 관한 리모델링 공사를 도급받은 후 정 등과 위 공사에 관한 하도급 계약 등을 체결하여 공사를 마쳤으나, 을 회사로부터 공사대금을 지급받지 못하여 정 등에게 하도급 공사대금 등을 지급하지 못하자 을 회사가 병 회사와 정 등에게 위 건물에 관하여 미지급 공사대금을 채권최고액으로 하여 근저당권을 설정해주었는데, 위 근저당권 설정행위가 갑 등에게 사해행위인지 문제 된 사안에서, 위 근저당권은 도급인인 을 회사가 민 666조에서 정한 수급인인 병 회사의 저당권설정청구권 행사에 따라 공사대금채무를 담보할 목적으로 설정한 것으로 볼 수 있어 사해행위에 해당하지 않는다.(대판 2021.5.27, 2017다225268)

第667條【受給人의 擔保責任】 ① 完成된 目的物 또는 完成前의 成就된 部分에 瑕疵가 있는 때에는 都給人은 受給人에 對하여 相當한 期間을 定하여 그 瑕疵의 補修를 請求할 수 있다. 그러나 瑕疵가 重要하지 아니한 境遇에 그 補修에 過多한 費用을 要할 때에는 그러하지 아니하다.

② 都給人은 瑕疵의 補修에 갈음하여 또는 補修와 함께 損害賠償을 請求할 수 있다. (2014.12.30 본항개정)

③ 前項의 境遇에는 第536條의 規定을 準用한다.

▣ 유상계약과 하자담보책임(567·580), 수급인의 담보책임(668-673), 선택채권(380), 손해배상(390)

1. 수급인의 하자보수의무와 동시이행관계에 있는 도급인의 공사대금지급채무 ① 도급계약에 따른 수급인의 하자보수책임은 완성 전의 성취된 부분에 관하여도 성립되는바, 완성전의 성취된 부분이라 함은 도급계약에 따른 일이 전부 완성되지는 않았지만 하자가 발생한 부분의 작업이 완료된 상태를 말하는 것이고, 도급인이 하자보수를 주장하는 경우 법원은 보수하여야 할 하자의 종류와 정도를 특정함과 아울러 그 하자를 보수하는 적당한 방법과 그 보수에 요할 비용 등에 관하여 심리하여 봄으로써, 그 하자가 중요한 것인지 또는 그 하자가 중요한 것은 아니더라도 그 보수에 과다한 비용을 요하지 않는 것인지를 가려보아 수급인의 하자보수책임을 인정할 수 있는지 여부를 판단하여야 할 것이다. ② 기성고에 따라 공사대금을 분할하여 지급하기로 약정한 경우라도 특별한 사정이 없는 한 하자보수의무와 동시이행관계에 있는 공사대금지급채무는 당해 하자가 발생한 부분의 기성공사대금에 한정되는 것은 아니라고 할 것이다. 왜냐하면, 이와 달리 본다면 도급인이 하자발생사실을 모른 채 하자가 발생한 부분에 해당하는 기성공사의 대금을 지급하고 난 후 뒤늦게 하자를 발견한 경우에는 동시이행의 항변권을 행사하지 못하게 되어 공평에 반하기 때문이다.(대판 2001.9.18, 2001다9304)

2. 도급인의 하자보수청구권 또는 손해배상청구권이 수급인의 보수지급청구권과 동시이행관계에 있는지 여부(적극) 도급계약에 있어서 완성된 목적물에 하자가 있는 때에는 도급인은 수급인에 대하여 하자의 보수를 청구할 수 있고 그 하자의 보수에 갈음하여 또는 보수와 함께 손해배상을 청구할 수 있는바, 이들 청구권은 특별한 사정이 없는 한 수급인의 공사대금 채권과 동시이행관계에 있는 것이므로, 이와 같이 도급인이 하자보수나 손해배상청구권을 보유하고 이를 행사하는 한에 있어서는 도급인의 공사대금 지급채무는 이행지체에 빠지지 아니하고, 도급인이 하자보수나 손해배상채권을 자동채권으로 하고 수급인의 공사잔대금 채권을 수동채권으로 하여 상계의 의사표시를 한 다음날 비로소 지체에 빠진다.(대판 1996.7.12, 96다7250, 7267)

3. 수급인이 건물을 완공하였음에도 공사잔대금을 지급받지 못하는 때에는 공사잔대금조로 공사 관련 채무를 인수하고 부동산 소유권을 양도받기로 약정한 경우 법률관계 수급인이 건물을 완공하였음에도 공사잔대금을 지급받지 못하는 때에는 공사잔대금조로 공사관련 채무를 인수하고 부동산소유권을 양도받기로 약정한 경우, 수급인이 부동산의 소유권이전등기를 구하려면 수급인이 건물을 하자 없이 완공하였음에도 불구하고 도급인이 공사잔대금을 지급하지 못한 경우, 하자가 있는 경우라도 우선 하자의 보수를 구하는 때에는 그 하자의 보수에 소요되는 비용이 공사잔대금에 미달하는 경우, 그 하자의 보수에 갈음하는 손해배상을 구하는 때에는 그 손해배상액이 공사잔대금에 미달하는 경우, 그리고 그 하자의 보수와 함께 손해배상을 구하는 때에는 위 비용과 손해배상액의 합계가 공사잔대금에 미달하는 경우로서 도급인에게 소유권이전등기를 명하는 것이 신의칙에 비추어 부당하다고 보이지 않는 경우에 한한다 할 것이고, 그 하자로 인한 손해배상액 등이 위 공사잔대금을 초과하는 경우에는 수급인은 부동산에 관한 소유권이전등기를 구할 수 없다.(대판 2001.6.15, 2001다21632, 21649)

4. 수급인의 하자담보책임에 기한 손해배상청구의 방법 및 통상 손해의 범위 하자가 중요하지 아니하면서 동시에 그 보수에 과다한 비용을 요하는 경우에는 도급인은 하자보수나 하자보수에 갈음하는 손해배상을 청구할 수 없고 그 하자로 인하여 입은 손해의 배상만을 청구할 수 있는데, 이러한 경우 그 하자로 인하여 입은 통상의 손해는 특별한 사정이 없는 한 수급인이 하자 없이 시공하였을 경우의 목적물의 교환가치와 하자가 있는 현재 상태대로의 교환가치와의 차액이고, 한편 하자가 중요한 경우에는 그 보수에 갈음하는 즉 실제로 보수에 필요한 비용이 손해배상에 포함된다.(대판 1998.3.13, 95다30345)

5. 입주자대표회의가 구분소유자들을 대신하여 하자보수에 갈음한 손해배상청구권을 행사할 수 있는지 여부(원칙적 소극) 입주자대표회의의 하자보수청구권은 근거 법령과 입법취지 및 권리관계의 당사자와 책임 내용 등이 서로 다른 전혀 별개의 권리이므로, 특별한 사정이 없는 한, 입주자대표회의가 공동주택을 건축·분양한 사업주체에 대하여 하자보수청구를 하였다고 하여 이를 입주자대표회의가 구분소유자들을 대신하여 하자담보추급권, 즉 하자보수에 갈음한 손해배상청구권을 행사한 것으로 볼 수는 없다.(대판 2011.3.24, 2009다34405)

6. 도급인이 그가 분양한 아파트의 구분소유자들에게 아파트 하자에 대한 손해배상금을 지급한 경우, 도급인이 수급인을 상대로 청구할 수 있는 손해의 범위 도급인이 그가 분양한 아파트의 하자와 관련하여 구분소유자들로부터 손해배상청구를 당하여 그 하자에 대한 손해배상금 및 이에 대한 지연손해금을 지급한 경우, 그 지연손해금은 도급인이 자신의 채무의 이행을 지체함에 따라 발생한 것에 불과하므로 특별한 사정이 없는 한 수급인의 도급계약상의 채무불이행과 상당인과관계가 있는 손해라고 볼 수는 없다. 이러한 경우 도급인으로서는 구분소유자들의 손해배상청구와 상관없이 수급인을 상대로 위 하자에 대한 손해배상금(원금)의 지급을 청구하여 그 이행지체에 따른 지연손해금을 청구할 수 있을 뿐이다.(대판 2013.11.28, 2011다67323)

7. 채무불이행 책임과 수급인 하자담보책임의 관계(대판 2020.6.11, 2020다201156) → 제390조 참조

第668條【同前-都給人의 解除權】 都給人이 完成된 目的物의 瑕疵로 因하여 契約의 目的을 達成할 수 없는 때에는 契約을 解除할 수 있다. 그러나 建物 其他 土地의 工作物에 對하여는 그러하지 아니하다.

■ 667·669–672, 수급인의 담보책임(667·669–672), 해제(543·548), 토지의 공작물(671)

1. 부수의무의 불이행시 해제권 부정 영상물 제작공급계약의 수급인이 내부적인 문제로 영상물제작 일정에 다소의 차질이 발생하여 예정된 일자에 시사회를 준비하지 못한 경우 그와 같은 의무불이행은 그 계약의 목적이 된 주된 채무를 이행하는 과정에서의 부수된 절차적인 의무의 불이행에 불과하므로, 도급인은 그와 같은 부수적인 의무의 불이행을 이유로 계약을 해제할 수 없다.(대판 1996.7.9, 96다14364, 14371)

2. 건축공사도급계약 해제시의 법률관계 건축공사도급계약에 있어서 공사가 완성되지 못한 상태에서 당사자 중 일방이 상대방의 채무불이행을 이유로 계약을 해제한 경우에 공사가 상당한 정도로 진척되어 그 원상회복이 중대한 사회적, 경제적 손실을 초래하게 되고 완성된 부분이 도급인에게 이익이 되는 때에는 도급계약은 미완성부분에 대해서만 실효되고 수급인은 해제된 상태 그대로 그 건물을 도급인에게 인도하고 도급인은 인도받은 건물에 대한 보수를 지급하여야 할 의무가 있고, 이와 같은 경우 도급인이 지급하여야 할 미완성건물에 대한 보수는 특별한 사정이 없는 한 당사자 사이에 약정한 총공사비를 기준으로 하여 그 금액에서 수급인이 공사를 중단할 당시의 공사기성고비율에 의한 금액이 된다.(대판 1993.11.23, 93다25080)

3. 완공된 집합건물의 하자로 인하여 계약의 목적을 달성할 수 없는 경우 수분양자의 분양계약 해제가부(적극) 집합건물법 9조 1항이 위 법 소정의 건물을 건축하여 분양한 자의 담보책임에 관하여 수급인에 관한 민 667조 내지 671조의 규정을 준용하도록 규정한 취지는 건축업자 내지 분양자로 하여금 견고한 건물을 짓도록 유도하고 부실하게 건축된 집합건물의 소유자를 두텁게 보호하기 위하여 집합건물의 분양자의 담보책임에 관하여 민법상 수급인의 담보책임에 관한 규정을 준용하도록 함으로써 분양자의 담보책임의 내용을 명확히 하는 한편 이를 강행규정화한 것으로서 분양자가 부담하는 책임의 내용이 민법상 수급인의 담보책임이라는 것이지 그 책임이 분양계약에 기한 것이라거나 아니면 분양계약의 법률적 성격이 도급이라는 취지는 아니다. 통상 대단위 집합건물의 경우 분양자는 대규모 건설업체임에 비하여 수분양자는 경제적 약자로서 수분양자를 보호할 필요성이 높다는 점, 집합건물이 완공된 후 개별분양계약이 해제되더라도 분양자가 집합건물의 부지사용권을 보유하고 있으므로 계약해제에 의하여 건물을 철거하여야 하는 문제가 발생하지 않을 뿐 아니라 분양자는 제3자와 새로 분양계약을 체결함으로써 그 집합건물 건축의 목적을 충분히 달성할 수 있는 점 등에 비추어 볼 때 집합건물법 9조 1항이 적용되는 집합건물의 분양계약에 있어서는 민 668조 단서가 준용되지 않고 따라서 수분양자는 집합건물의 완공 후에도 분양목적물의 하자로 인하여 계약의 목적을 달성할 수 없는 때에는 분양계약을 해제할 수 있다.(대판 2003.11.14, 2002다2485)

第669條【同前-瑕疵가 都給人의 提供한 材料 또는 指示에 基因한 境遇의 免責】 前2條의 規定은 目的物의 瑕疵가 都給人이 提供한 材料의 性質 또는 都給人의 指示에 基因한 때에는 適用하지 아니한다. 그러나 受給人이 그 材料 또는 指示의 不適當함을 알고 都給人에게 告知하지 아니한 때에는 그러하지 아니하다.

■ 670

1. 도급인의 지시에 따른 경우 수급인 면책 건축 도급계약의 수급인이 설계도면의 기재대로 시공한 경우, 이는 도급인의 지시에 따른 것과 같아서 수급인이 그 설계도면이 부적당함을 알고 도급인에게 고지하지 아니한 것이 아닌 이상, 그로 인하여 목적물에 하자가 생겼다 하더라도 수급인에게

하자담보책임을 지울 수는 없다.(대판 1996.5.14, 95다24975)

2. 위 규정 본문이 채무불이행책임에도 적용되는지 여부(소극) 이 규정은 수급인의 하자담보책임이 아니라 민 390조에 따른 채무불이행책임에는 적용되지 않는다.(대판 2020.1.30, 2019다268252)

第670條【擔保責任의 存續期間】 ① 前3條의 規定에 依한 瑕疵의 補修, 損害賠償의 請求 및 契約의 解除는 目的物의 引渡를 받은 날로부터 1年內에 하여야 한다.

② 目的物의 引渡를 要하지 아니하는 境遇에는 前項의 期間은 일의 終了한 날로부터 起算한다.

1. 수급인의 담보책임에 기한 하자보수에 갈음하는 손해배상청구권에 대하여 소멸시효 규정이 적용되는지 여부(적극) 도급인의 손해배상청구권에 대하여는 권리의 내용·성질 및 취지에 비추어 민 162조 1항의 채권 소멸시효의 규정 또는 도급계약이 상행위에 해당하는 경우에는 상 64조의 상사시효의 규정이 적용되고, 민 670조 또는 671조의 제척기간 규정으로 인하여 위 각 소멸시효 규정의 적용이 배제된다고 볼 수 없다.(대판 2012.11.15, 2011다56491)

第671條【受給人의 擔保責任-土地, 建物 等에 對한 特則】 ① 土地, 建物 其他 工作物의 受給人은 目的物 또는 地盤工事의 瑕疵에 對하여 引渡後 5年間 擔保의 責任이 있다. 그러나 目的物이 石造, 石灰造, 煉瓦造, 金屬 其他 이와 類似한 材料로 造成된 것인 때에는 그 期間을 10年으로 한다.

② 前項의 瑕疵로 因하여 目的物이 滅失 또는 毁損된 때에는 都給人은 그 滅失 또는 毁損된 날로부터 1年內에 第667條의 權利를 行使하여야 한다.

▣ 공작물(668), 공작물에 의한 불법행위책임(758③)

1. 임대 후 분양전환된 집합건물에 대한 하자담보책임 집합건물법 9조가 준용하는 민 671조 1항 단서는 하자의 종류나 하자의 발생 시점을 고려하지 않고 일률적으로 하자담보책임의 제척기간을 '인도' 후 10년으로 정하고 있는데, 집합건물법 9조와 민 667조 내지 671조의 각 규정 내용에 비추어 위 '인도'는 인도의 원인관계를 불문하고 '건축 후 최초 인도'를 의미한다고 해석함이 타당하므로, 임대 후 분양전환된 집합건물의 경우에도 분양전환 시점이 아닌 임대에 의하여 집합건물을 인도받은 시점부터 하자담보책임의 제척기간이 진행한다.(대판 2012.5.10, 2011다52017)

第672條【擔保責任免除의 特約】 受給人은 第667條, 第668條의 擔保責任이 없음을 約定한 境遇에도 알고 告知하지 아니한 事實에 對하여는 그 責任을 免하지 못한다.

▣ 면책의 특약(584)

1. 민 672조의 규정은 수급인의 담보책임기간을 단축하는 등 법에 규정된 담보책임을 제한하는 약정을 한 경우에도 유추적용되는지 여부(한정 적극) 민 672조가 수급인이 담보책임이 없음을 약정한 경우에도 알고 고지하지 아니한 사실에 대하여는 그 책임을 면하지 못한다고 규정한 취지는 그와 같은 경우에도 담보책임을 면하게 하는 것은 신의칙에 위배된다는 데 있으므로, 담보책임을 면제하는 약정을 한 경우뿐만 아니라 담보책임기간을 단축하는 등 법에 규정된 담보책임을 제한하는 약정을 한 경우에도, 수급인이 알고 고지하지 아니한 사실에 대하여 그 책임을 제한하는 것이 신의칙에 위배된다면 그 규정의 취지를 유추하여 그 사실에 대하여는 담보책임이 제한되지 않는다.(대판 1999.9.21, 99다19032)

第673條【完成前의 都給人의 解除權】 受給人이 일을 完成하기 前에는 都給人은 損害를 賠償하고 契約을 解除할 수 있다.

▣ 674, 운송의 중지(상139), 도급인의 파산의 경우(회생파산335·341), 손해배상(393·394), 계약의 해제(543·548)

1. 도급인이 수급인의 채무불이행을 이유로 도급계약 해제의 의사표시를 하였으나 실제로는 채무불이행의 요건을 갖추지 못한 경우, 당사자 사이에 분쟁이 있었다는 사정만으로 민 673조에 따른 임의해제의 의사가 포함되어 있다고 볼 수 있는지 여부(소극) 도급인이 수급인의 채무불이행을 이유로 도급계약 해제의 의사표시를 하였으나 실제로는 채무불이행의 요건을 갖추지 못한 것으로 밝혀진 경우, 도급계약의 당사자 사이에 분쟁이 있었다고 하여 그러한 사정만으로 위 의사표시에 민 673조에 따른 임의해제의 의사가 포함되어 있다고 볼 수는 없다. 그 이유는 다음과 같다. ① 도급인이 수급인의 채무불이행을 이유로 도급계약을 해제하면 수급인에게 손해배상을 청구할 수 있다. 이에 반하여 민 673조에 기하여 도급인이 도급계약을 해제하면 오히려 수급인에게 손해배상을 해주어야 하는 처지가 된다. ② 수급인의 입장에서 보더라도 채무불이행 사실이 없으므로 도급인의 도급계약 해제의 의사표시가 효력이 없다고 믿고 일을 계속하였는데, 민 673조에 따른 해제가 인정되면 그 사이에 진행한 일은 도급계약과 무관한 일을 한 것이 되고 그 사이에 다른 일을 할 수 있는 기회를 놓치는 경우도 있을 수 있어 불측의 손해를 입을 수 있다.(대판 2022.10.14, 2022다246757)

第674條【都給人의 破産과 解除權】 ① 都給人이 破産宣告를 받은 때에는 受給人 또는 破産管財人은 契約을 解除할 수 있다. 이 境遇에는 受給人은 일의 完成된 部分에 對한 報酬 및 報酬에 包含되지 아니한 費用에 對하여 破産財團의 配當에 加入할 수 있다.

② 前項의 境遇에는 各 當事者는 相對方에 對하여 契約解除로 因한 損害의 賠償을 請求하지 못한다.

▣ 파산선고(회생파산305이하), 파산관재인(회생파산355-365), 해제 또는 이행청구의 최고(회생파산335·339), 도급인의 파산의 경우(회생파산335·341), ② 해제(543·550), 손해배상(회생파산337)

제9절의2 여행계약

제674조의2【여행계약의 의의】 여행계약은 당사자 한쪽이 상대방에게 운송, 숙박, 관광 또는 그 밖의 여행 관련 용역을 결합하여 제공하기로 약정하고 상대방이 그 대금을 지급하기로 약정함으로써 효력이 생긴다.

(2015.2.3 본조신설)

(2016.2.4 시행)

제674조의3【여행 개시 전의 계약 해제】 여행자는 여행을 시작하기 전에는 언제든지 계약을 해제할 수 있다. 다만, 여행자는 상대방에게 발생한 손해를 배상하여야 한다.

(2015.2.3 본조신설)

(2016.2.4 시행)

제674조의4【부득이한 사유로 인한 계약 해지】 ① 부득이한 사유가 있는 경우에는 각 당사자는 계약을 해지할 수 있다. 다만, 그 사유가 당사자 한쪽의 과실로 인하여 생긴 경우에는 상대방에게 손해

를 배상하여야 한다.
② 제1항에 따라 계약이 해지된 경우에도 계약상 귀환운송(歸還運送) 의무가 있는 여행주최자는 여행자를 귀환운송할 의무가 있다.
③ 제1항의 해지로 인하여 발생하는 추가 비용은 그 해지 사유가 어느 당사자의 사정에 속하는 경우에는 그 당사자가 부담하고, 누구의 사정에도 속하지 아니하는 경우에는 각 당사자가 절반씩 부담한다.
(2015.2.3 본조신설)
(2016.2.4 시행)

제674조의5【대금의 지급시기】 여행자는 약정한 시기에 대금을 지급하여야 하며, 그 시기의 약정이 없으면 관습에 따르고, 관습이 없으면 여행의 종료 후 지체 없이 지급하여야 한다.
(2015.2.3 본조신설)
(2016.2.4 시행)

제674조의6【여행주최자의 담보책임】 ① 여행에 하자가 있는 경우에는 여행자는 여행주최자에게 하자의 시정 또는 대금의 감액을 청구할 수 있다. 다만, 그 시정에 지나치게 많은 비용이 들거나 그 밖에 시정을 합리적으로 기대할 수 없는 경우에는 시정을 청구할 수 없다.
② 제1항의 시정 청구는 상당한 기간을 정하여 하여야 한다. 다만, 즉시 시정할 필요가 있는 경우에는 그러하지 아니하다.
③ 여행자는 시정 청구, 감액 청구를 갈음하여 손해배상을 청구하거나 시정 청구, 감액 청구와 함께 손해배상을 청구할 수 있다.
(2015.2.3 본조신설)
(2016.2.4 시행)

제674조의7【여행주최자의 담보책임과 여행자의 해지권】 ① 여행자는 여행에 중대한 하자가 있는 경우에 그 시정이 이루어지지 아니하거나 계약의 내용에 따른 이행을 기대할 수 없는 경우에는 계약을 해지할 수 있다.
② 계약이 해지된 경우에는 여행주최자는 대금청구권을 상실한다. 다만, 여행자가 실행된 여행으로 이익을 얻은 경우에는 그 이익을 여행주최자에게 상환하여야 한다.
③ 여행주최자는 계약의 해지로 인하여 필요하게 된 조치를 할 의무를 지며, 계약상 귀환운송 의무가 있으면 여행자를 귀환운송하여야 한다. 이 경우 상당한 이유가 있는 때에는 여행주최자는 여행자에게 그 비용의 일부를 청구할 수 있다.
(2015.2.3 본조신설)
(2016.2.4 시행)

제674조의8【담보책임의 존속기간】 제674조의6과 제674조의7에 따른 권리는 여행 기간 중에도 행사할 수 있으며, 계약에서 정한 여행 종료일부터 6개월 내에 행사하여야 한다.
(2015.2.3 본조신설)
(2016.2.4 시행)

제674조의9【강행규정】 제674조의3, 제674조의4 또는 제674조의6부터 제674조의8까지의 규정을 위반하는 약정으로서 여행자에게 불리한 것은 효력이 없다.
(2015.2.3 본조신설)
(2016.2.4 시행)

第10節 懸賞廣告

第675條【懸賞廣告의 意義】 懸賞廣告는 廣告者가 어느 行爲를 한 者에게 一定한 報酬를 支給할 意思를 表示하고 이에 應한 者가 그 廣告에 定한 行爲를 完了함으로써 그 效力이 생긴다.

■ 도급(664이하), 현상광고의 철회(679), 보수수령권자(676), 우수현상광고(678)

1. 현상광고상의 지정행위 완료에 조건이나 기한을 붙일 수 있는지 여부(적극) 민 675조에 정하는 현상광고라 함은, 광고자가 어느 행위를 한 자에게 일정한 보수를 지급할 의사를 표시하고 이에 응한 자가 그 광고에 정한 행위를 완료함으로써 그 효력이 생기는 것으로서, 그 광고에 정한 행위의 완료에 조건이나 기한을 붙일 수 있다. 경찰이 탈옥수 신창원을 수배하면서 '제보로 검거되었을 때에 신고인 또는 제보자에게 현상금을 지급한다.'는 내용의 현상광고를 한 경우, 현상광고의 지정행위는 신창원의 거처 또는 소재를 경찰에 신고 내지 제보하는 것이고 신창원이 '검거되었을 때'는 지정행위의 완료에 조건을 붙인 것인데, 제보자가 신창원의 소재를 발견하고 경찰에 이를 신고함으로써 현상광고의 지정행위는 완료되었고, 그에 따라 경찰관 등이 출동하여 신창원이 있던 호프집 안에서 그를 검문하고 나아가 차량에 태워 파출소에까지 데려간 이상 그에 대한 검거는 이루어진 것이므로, 현상광고상의 지정행위 완료에 붙인 조건도 성취되었다고 볼 수 있다.(대판 2000.8.22, 2000다3675)

第676條【報酬受領權者】 ① 廣告에 定한 行爲를 完了한 者가 數人인 境遇에는 먼저 그 行爲를 完了한 者가 報酬를 받을 權利가 있다.
② 數人이 同時에 完了한 境遇에는 各各 均等한 比率로 報酬를 받을 權利가 있다. 그러나 報酬가 그 性質上 分割할 수 없거나 廣告에 1人만이 報酬를 받을 것으로 定한 때에는 抽籤에 依하여 決定한다.

■ 675·677·678⑤

第677條【廣告不知의 行爲】 前條의 規定은 廣告있음을 알지 못하고 廣告에 定한 行爲를 完了한 境遇에 準用한다.

第678條【優秀懸賞廣告】 ① 廣告에 定한 行爲를 完了한 者가 數人인 境遇에 그 優秀한 者에 限하여 報酬를 支給할 것을 定하는 때에는 그 廣告에 應募期間을 定한 때에 限하여 그 效力이 생긴다.
② 前項의 境遇에 優秀의 判定은 廣告 中에 定한 者가 한다. 廣告 中에 判定者를 定하지 아니한 때

에는 廣告者가 判定한다.
③ 優秀한 者 없다는 判定은 이를 할 수 없다. 그러나 廣告 中에 다른 意思表示가 있거나 廣告의 性質上 判定의 標準이 定하여져 있는 때에는 그러하지 아니하다.
④ 應募者는 前2項의 判定에 對하여 異議를 하지 못한다.
⑤ 數人의 行爲가 同等으로 判定된 때에는 第676條第2項의 規定을 準用한다.

▣ 675, 응모의 기간(679①)

1. 건축설계 우수현상광고에서 당선자의 권리 건축설계 우수현상광고에서 당선자가 보수로서 받는 '기본 및 실시설계권'이란 당선자가 광고자에게 우수작으로 판정된 계획설계에 기초하여 기본 및 실시설계계약의 체결을 청구할 수 있는 권리를 밀한다. 광고자로서는 특별한 사정이 없는 한 이에 응할 의무를 지게 되어 당선자 이외의 제3자와 설계계약을 체결하여서는 아니됨은 물론이고, 당사자 모두 계약의 체결을 위하여 성실하게 협의하여야 할 의무가 있다. 만약 광고자가 일반 거래실정이나 사회통념에 비추어 현저히 부당하다고 보여지는 사항을 계약내용으로 주장하거나 경제적 어려움으로 공사를 추진할 수 없는 등으로 인하여 계약이 체결되지 못하였다면 당선자는 이를 이유로 한 손해배상책임을 물을 수 있다.(대판 2002.1.25, 99다63169)

第679條【懸賞廣告의 撤回】 ① 廣告에 그 指定한 行爲의 完了期間을 定한 때에는 그 期間滿了前에 廣告를 撤回하지 못한다.
② 廣告에 行爲의 完了期間을 定하지 아니한 때에는 그 行爲를 完了한 者 있기 前에는 그 廣告와 同一한 方法으로 廣告를 撤回할 수 있다.
③ 前廣告와 同一한 方法으로 撤回할 수 없는 때에는 그와 類似한 方法으로 撤回할 수 있다. 이 撤回는 撤回한 것을 안 者에 對하여만 그 效力이 있다.

▣ 계약의 청약의 구속력(527), 승낙기간을 정하지 아니한 계약의 청약(529)

第11節 委 任

第680條【委任의 意義】 委任은 當事者 一方이 相對方에 對하여 事務의 處理를 委託하고 相對方이 이를 承諾함으로써 그 效力이 생긴다.

▣ 복위임(120·121·123), 위임과 대리(120·121·128), 대리상, 중개업(상87·93), 사무관리(734), 회사의 임원과 위임관계(상195·265·269·382②·415·542·567·707), 위임관계로 인정되는 경우(707, 상112), 소송의 위임(변호3), 배임죄(형355②)

1. 경찰직무법상 경찰관이 응급을 요하는 자를 보건의료기관에게 긴급구호요청하는 것을 치료위임으로 볼 수 있는지 여부(소극) 경찰직무법에 의하면 경찰관이 병자, 부상자 등으로서 적당한 보호자가 없으며 응급의 구호를 요한다고 인정되는 자를 발견한 때에는 보건의료기관 또는 공공구호기관에 긴급구호를 요청할 수 있고, 이러한 긴급구호요청을 받은 보건의료기관이나 공공구호기관은 정당한 이유없이 긴급구호를 거절할 수 없다고 규정하고 있을 뿐이고(경찰직무 4조 1항, 2항), 응급의 구호를 요하는 자의 치료가 국가의 사무라거나 국가가 응급의 구호를 요하는 자에 대하여 응급의 구호에 필요한 치료의 의무를 부담한다는 규정을 두고 있지 아니하므로 경찰관이 응급의 구호를 요하는 자를 보건의료기관에게 긴급구호요청을 하고, 보건의료기관이 이에 따라 치료행위를 하였다고 하더라도 국가와 보건의료기관 사이에 국가가 그 치료행위를 보건의료기관에 위탁하고 보건의료기관이 이를 승낙하는 내용의 치료위임계약이 체결된 것으로는 볼 수 없다.(대판 1994.2.22, 93다4472)

第681條【受任人의 善管義務】 受任人은 委任의 本旨에 따라 善良한 管理者의 注意로써 委任事務를 處理하여야 한다.

▣ 680·956, 상382②, 상사위임과 수임자의 권한(상49), 수임자의 책임(390－394), 본조의 준용(956·973·1103, 비송43)

1. 변호사의 위임계약상의 의무 ① 일반적으로 수임인은 위임의 본지에 따라 선량한 관리자의 주의의무를 다하여야 하고, 특히 소송대리를 위임받은 변호사는 그 수임사무를 수행함에 있어 전문적인 법률지식과 경험에 기초하여 성실하게 의뢰인의 권리를 옹호할 의무가 있다고 할 것이지만, 구체적인 위임사무의 범위는 변호사와 의뢰인 사이의 위임계약의 내용에 의하여 정하여지고, 변호사에게 이와 같은 위임의 범위를 넘어서서 의뢰인의 재산 등 권리의 옹호에 필요한 모든 조치를 취하여야 할 일반적인 의무가 있다고 할 수는 없으므로, 피사취수표와 관련된 본안소송을 위임받은 변호사가 사고신고담보금에 대한 권리 보전조치의 위임을 별도로 받은 바 없다면, 적극적으로 사고신고담보금에 대한 권리 보전조치로서 지급은행에 소송계속중임을 증명하는 서면을 제출하여야 할 의무가 있다고 볼 수는 없다. ② 의뢰인과 변호사 사이의 신뢰관계 및 사고수표와 관련된 소송을 위임한 의뢰인의 기대와 인식 수준에 비추어 볼 때, 피사취수표와 관련된 본안소송을 위임받은 변호사는, 비록 사고신고담보금에 대한 권리 보전조치의 위임을 별도로 받은 바 없다고 하더라도, 위임받은 소송업무를 수행함에 있어서 사고신고담보금이 예치된 사실을 알게 되었다면, 이 경우에는 수표소지인이 당해 수표에 관한 소송이 계속중임을 증명하는 서면을 지급은행에 제출하고 수익의 의사표시를 하면 나중에 확정판결 등을 통하여 정당한 소지인임을 증명함으로써 사고신고담보금에 대한 직접청구권이 생기므로, 법률전문가의 입장에서 승소 판결금을 회수하는 데 있어 매우 실효성이 있는 이와 같은 방안을 위임인에게 설명하고 필요한 정보를 제공하여 위임인이 그 회수를 위하여 필요한 수단을 구체적으로 강구할 것인지를 결정하도록 하기 위한 법률적인 조언을 하여야 할 보호의무가 있다.(대판 2002.11.22, 2002다9479)

2. 소송대리를 위임받은 변호사의 위임사무 종료단계에서의 선관주의의무의 내용 소송대리를 위임받은 변호사가 위임사무의 종료단계에서 패소판결이 있었던 경우에는 의뢰인으로부터 상소에 관하여 특별한 수권이 없는 때에도 그 판결을 점검하여 의뢰인에게 불이익한 계산상의 잘못이 있나면 의뢰인에게 그 판결의 내용과 상소하는 때의 승소가능성 등에 대하여 구체적으로 설명하고 조언하여야 할 의무가 있다.(대판 2004.5.14, 2004다7354)

3. 법무사가 의뢰인의 지시에 따르는 것이 위임의 취지에 적합하지 않거나 오히려 의뢰인에게 불이익한 결과가 되는 경우 법무사가 의뢰인에게 부담하는 설명·조언의무의 내용 법무사는 등기사무에 관한 한 전문적인 식견을 가진 사람으로서 일반인이 등기업무를 법무사에게 위임하는 것은 그러한 전문가인 법무사에 대한 기대와 신뢰를 바탕으로 하는 것이므로, 비록 등기업무와 관련된 법무사의 주된 직무 내용이 서류의 작성과 신청대리에 있다 하여도, 그 직무를 수행하는 과정에서 의뢰인의 지시에 따르는 것이 위임의 취지에 적합하지 않거나 오히려 의뢰인에게 불이익한 결과가 되는 것이 드러난 경우에는, 법무사법에 정한 직무의 처리와 관련되는 범위 안에서 그러한 내용을 의뢰인에게 알리고 의뢰인의 진정한 의사를 확인함과 아울러 적절한 방법으로 의뢰인

이 진정으로 의도하는 등기가 적정하게 되도록 설명 내지 조언을 할 의무가 있다.(대판 2006.9.28, 2004다55162)

4. 수입물품의 통관업무를 위임받은 관세사가 부담하는 선관주의의무의 내용 관세사 또는 관세사 법인과 그에게 통관 업무를 맡긴 수입업자 사이의 법률관계는 민법상의 위임관계와 같으므로, 관세사는 위임계약의 내용에 의하여 정해지는 구체적 위임사무 범위에서 위임의 본지에 따라 선량한 관리자의 주의로써 의뢰받은 통관 업무를 처리하여야 하고, 위임인인 의뢰인의 지시가 있으면 우선적으로 이에 따라야 할 것이지만, 관세사는 의뢰받은 사무와 밀접하게 연관되는 범위 안에서는 비록 별도의 위임이 없다 하여도 의뢰인이 이익을 도모하고 손해를 방지하기 위하여 필요한 조치를 취하도록 의뢰인에게 설명하고 조언하여야 하며, 의뢰인의 구체적인 지시가 있어도 그에 따르는 것이 위임의 본지에 적합하지 않거나 또는 의뢰인에게 불이익한 때에는 관세사는 그러한 내용을 의뢰인에게 설명하고 그 지시를 변경하도록 조언할 의무를 진다.(대판 2005.10.7, 2005다38294)

5. 조세사무처리를 위임받은 세무사가 부담하는 선관주의의 내용 납세자로부터 조세에 관한 신고를 위한 기장의 대행과 조세에 관한 신고의 대리를 위임받은 세무사는 위임의 본지에 따라 선량한 관리자의 주의로써 위임사무를 처리하여야 하는바, 특히 세무사는 공공성을 지닌 세무전문가로서 납세자의 권익을 보호하고 납세의무의 성실한 이행에 이바지함을 사명으로 하므로 그 위임사무를 처리함에 있어 위임인인 납세자가 위임사무의 처리에 필요한 자료를 제대로 제출하지 못하는 경우에는 그 경위를 구체적으로 확인한 다음 그 결과에 따라 세무전문가의 입장에서 적절한 설명과 조언을 함으로써 위임인인 납세자가 손해를 입는 일이 없도록 하여야 할 주의의무가 있다.(대판 2005.1.14, 2003다63968)

6. 금융기관의 임원이 대출과 관련하여 선량한 관리자의 주의의무를 위반하였는지 판단하는 기준 금융기관의 임원은 소속 금융기관에 대하여 선량한 관리자의 주의의무를 지므로 그 의무를 충실히 이행해야 임원으로서 임무를 다한 것이다. 금융기관의 임원이 위와 같은 선량한 관리자의 주의의무를 위반하여 자신의 임무를 게을리하였는지는 대출결정에 통상의 대출 담당 임원으로서 간과해서는 안 될 잘못이 있는지 여부를 관련 규정의 준수 여부, 대출의 조건, 내용과 규모, 변제계획, 담보 유무와 내용, 채무자의 재산과 경영상황, 성장가능성 등 여러 가지 사항에 비추어 종합적으로 판정해야 한다.(대판 2021.5.7, 2018다275888)

7. 공인중개사의 선관주의의무 공인중개사는 자기가 조사·확인하여 설명할 의무가 없는 사항이라도 중개의뢰인이 계약을 맺을지를 결정하는 데 중요한 것이라면 그에 관해 그릇된 정보를 제공해서는 안 되고, 그 정보가 진실인 것처럼 그대로 전달하여 중개의뢰인이 이를 믿고 계약을 체결하도록 했다면 선량한 관리자의 주의로 신의를 지켜 성실하게 중개해야 할 의무를 위반한 것이 된다.(대판 2022.6.30, 2022다212594)

第682條【復任權의 制限】 ① 受任人은 委任人의 承諾이나 不得已한 事由없이 第三者로 하여금 自己에 갈음하여 委任事務를 處理하게 하지 못한다. (2014.12.30 본항개정)

② 受任人이 前項의 規定에 依하여 第三者에게 委任事務를 處理하게 한 境遇에는 第121條, 第123條의 規定을 準用한다.

■ 본조의 준용(1103), 임의대리인의 복임권(120), 제3자의 변제(469)

第683條【受任人의 報告義務】 受任人은 委任人의 請求가 있는 때에는 委任事務의 處理狀況을 報告하고 委任이 終了한 때에는 遲滯없이 그 顚末을 報告하여야 한다.

■ 상88·104·779, 본조의 준용(738·1048②·1103②), 위임의 종료(689·690)

第684條【受任人의 取得物 等의 引渡, 移轉義務】 ① 受任人은 委任事務의 處理로 因하여 받은 金錢 其他의 物件 및 그 收取한 果實을 委任人에게 引渡하여야 한다.

② 受任人이 委任人을 爲하여 自己의 名義로 取得한 權利는 委任人에게 移轉하여야 한다.

■ 738, 과실(101)

1. 수임인이 위임인에게 인도한 물건의 의미 수임인이 위임사무를 처리함에 있어 받은 물건으로 위임인에게 인도한 목적물은 그것이 대체물이더라도 당사자간에 있어서는 특정된 물건과 같은 것으로 보아야 한다.(대판 1962.12.16, 67다1525)

2. 위임사무의 처리로 인하여 받은 금전 기타 물건의 범위 위임계약이 위임인과 수임인의 신임관계를 기초로 하는 것이라는 점 및 수임인은 위임의 본지에 따라 선량한 관리자의 주의로써 위임사무를 처리하여야 하는 것이라는 점 등을 감안하여 볼 때, '위임사무의 처리로 인하여 받은 금전 기타 물건'에는 수임인이 위임사무의 처리와 관련하여 취득한 금전 기타 물건으로서 이를 수임인에게 그대로 보유하게 하는 것이 위임의 신임관계를 해한다고 사회통념상 생각할 수 있는 것도 포함된다.(대판 2010.5.27, 2010다4561)

3. 수임인이 위임사무의 처리로 인하여 받은 금전 등을 위임인에게 인도하여야 하는 시기 및 그 반환할 금전의 범위를 정하는 기준시점 수임인이 위임사무의 처리로 받은 금전 등을 위임인에게 인도하는 시기는 당사자 간의 특약이 있거나 위임의 본뜻에 반하는 경우 등과 같은 특별한 사정이 있지 않는 한 위임계약이 종료된 때라 할 것이므로, 수임인이 반환할 금전의 범위도 위임종료시를 기준으로 정해진다.(대판 2007.2.8, 2004다64432)

4. 수임인이 위임인을 위하여 자기 명의로 취득한 권리를 위임인에게 이전하여야 하는 시기 및 위 권리에 관한 위임인의 이전청구권의 소멸시효 기산점(=위임계약이 종료된 때) 민 684조 2항에 따른 수임인의 위임인에 대한 이전 시기는 당사자 간에 특약이 있거나 위임의 본뜻에 반하는 경우 등과 같은 특별한 사정이 없는 한 위임계약이 종료된 때이다. 따라서 위임사무로 수임인 명의로 취득한 권리에 관한 위임인의 이전청구권의 소멸시효는 위임계약이 종료된 때부터 진행하게 된다.(대판 2022.9.7, 2022다217117)

第685條【受任人의 金錢消費의 責任】 受任人이 委任人에게 引渡할 金錢 또는 委任人의 利益을 爲하여 使用할 金錢을 自己를 爲하여 消費한 때에는 消費한 날 以後의 利子를 支給하여야 하며 그 外의 損害가 있으면 賠償하여야 한다.

■ 738·958·1048·1103, 이자(379), 손해배상(390·393①·394)

第686條【受任人의 報酬請求權】 ① 受任人은 特別한 約定이 없으면 委任人에 對하여 報酬를 請求하지 못한다.

② 受任人이 報酬를 받을 境遇에는 委任事務를 完了한 後가 아니면 이를 請求하지 못한다. 그러나 期間으로 報酬를 定한 때에는 그 期間이 經過한 後에 이를 請求할 수 있다.

③ 受任人이 委任事務를 處理하는 中에 受任人의 責任없는 事由로 因하여 委任이 終了된 때에는 受任人은 이미 處理한 事務의 比率에 따른 報酬를

請求할 수 있다.

▣ 본조의 준용(상61·388·567, 163·26②), ② 보수액과 지급시기(656), ③ 위임의 종료(689·690)

1. 의사가 선량한 관리자의 주의의무를 다하지 못하여 의료사고가 발생한 경우 그 수술비나 치료비의 지급을 청구할 수 있는지 여부(소극) 의사가 환자에게 부담하는 진료채무는 질병의 치료와 같은 결과를 반드시 달성해야 할 결과채무가 아니라 환자의 치유를 위하여 선량한 관리자의 주의의무를 가지고 현재의 의학 수준에 비추어 필요하고 적절한 진료조치를 다해야 할 채무 즉 수단채무라고 보아야 할 것이므로, 위와 같은 주의의무를 다하였는데도 그 진료 결과 질병이 치료되지 아니하였다면 치료비를 청구할 수 있으나, 의사가 위와 같은 선량한 관리자의 주의의무를 다하지 아니한 탓으로 오히려 환자의 신체기능이 회복불가능하게 손상되었고, 또 위 손상 이후에는 그 후유증세의 치유 또는 더 이상의 악화를 방지하는 정도의 치료만이 계속되어 온 것뿐이라면 의사의 치료행위는 진료채무의 본지에 따른 것이 되지 못하거나 손해전보의 일환으로 행하여진 것에 불과하여 병원측으로서는 환자에 대하여 그 수술비 내지 치료비의 지급을 청구할 수 없다.(대판 1993.7.27, 92다15031)

2. 변호사에게 사건처리를 위임함에 있어서 그 보수 및 액에 관하여 명시의 약정을 하지 아니한 경우에 변호사의 승소사례금 청구권 변호사에게 계쟁사건의 처리를 위임함에 있어서 그 보수 및 액에 관하여 명시의 약정을 아니하였다 하여도 무보수로 한다는 등 특별한 사정이 없는 한 응분의 보수를 지급할 묵시의 약정이 있는 것으로 봄이 상당하며 변호사는 그 수임 사건이 승소로 확정된 때와 이와 동일시할 사건 귀결이 된 경우에는 무보수로 한다는 특약이 없는 한 민686조에 의하여 승소사례금을 청구할 수 있다 할 것이다.(대판 1975.5.25, 75다1637)

3. 소송위임사무에 대하여 변호사가 청구할 수 있는 보수액 변호사의 소송위임사무처리에 대한 보수에 관하여 의뢰인과의 사이에 약정이 있는 경우에 위임사무를 완료한 변호사는 특별한 사정이 없는 한 약정된 보수액을 전부 청구할 수 있는 것이 원칙이기는 하지만, 의뢰인과의 평소부터의 관계, 사건 수임의 경위, 착수금의 액수, 사건처리의 경과와 난이도, 노력의 정도, 소송물의 가액, 의뢰인이 승소로 인하여 얻게 된 구체적 이익과 소속변호사회의 보수규정, 기타 변론에 나타난 제반 사정을 고려하여 약정된 보수액이 부당하게 과다하여 신의칙이나 형평의 원칙에 반한다고 볼 만한 특별한 사정이 있는 경우에는 예외적으로 상당하다고 인정되는 범위 내의 보수액만을 청구할 수 있다.(대판 2002.4.12, 2000다50190)

4. 변호사 보수액에 관한 약정이 없는 경우에 그 액의 결정 변호사의 소송위임사무처리에 대한 보수에 관하여 당사자간에 그 액수의 약정이 없는 경우에는 법원은 사건수임의 경위, 사건의 경과와 난이정도, 소송물가액, 승소로 인하여 당사자가 얻는 구체적 이익과 당해 변호사가 소속한 변호사회의 보수규정 및 의뢰인과 변호사 간의 관계 기타 변론에 나타난 제반사정을 참작하여 이를 결정함이 상당하다.(대판 1981.7.28, 80다2485)

5. 주택 등 건설공사감리계약의 성격과 주택 등 건설공사감리계약이 도중에 종료된 경우 감리사무에 대한 보수의 산정방법 ① 주택 등 건설공사감리계약의 성격은 그 감리의 대상이 된 공사의 완성 여부, 진척 정도와는 독립된 별도의 용역을 제공하는 것을 본질적 내용으로 하는 위임계약의 성격을 갖고 있다. ② 이러한 공사감리계약의 속성에 비추어 볼 때, 감리계약이 도중에 종료된 경우 그 사무에 대한 보수의 범위는 수행한 감리업무의 사무처리 내용을 중심으로 정하여야 할 것이고, 그 보수를 정함에 있어서는 민 686조 2항 단서, 3항의 규정에 따라 기간으로 보수가 정해진 경우에는 감리업무가 실제 수행되어 온 시점에 이르기까지 그 이행기가 도래한 부분에 해당하는 약정 보수금을 청구할 수 있고, 후불의 일시불 보수약정을 하였거나 또는 기간보수를 정한 경우에도 아직 이행기가 도래하지 아니한 부분에 관하여는 감리인에게 귀책사유 없이 감리가 종료한 경우에 한하여 이미 처리한 사무의 비율에 따른 보수를 청구할 수 있으며, 이때 감리사무의 처리비율을 정함에 있어서는 이러한 경우에 대비한 당사자의 특약이 적용될 수 있으면 그에 따르되, 그러하지 아니한 경우라면 관련 법규상의 감리업무에 관한 규정 내용, 전체 감리기간 중 실제 감리업무가 수행된 기간이 차지하는 비율, 실제 감리업무에 투여된 감리인의 등급별 인원수 및 투여기간, 감리비를 산정한 기준, 업계의 관행 및 감리의 대상이 된 공사의 진척 정도 등을 종합적으로 고려하여 이를 정하는 것이 타당하다.(대판 2000.8.22, 2000다19342)

6. 위임계약에서 약정보수액이 부당하게 과다하여 신의칙이나 형평의 원칙에 반하는 경우, 수임인이 청구할 수 있는 보수액의 범위 위임계약에서 보수액에 관하여 약정한 경우에 수임인은 원칙적으로 약정보수액을 전부 청구할 수 있는 것이 원칙이지만, 위임의 경위, 위임업무 처리의 경과와 난이도, 투입한 노력의 정도, 위임인이 업무 처리로 인하여 얻게 되는 구체적 이익, 기타 변론에 나타난 제반 사정을 고려할 때 약정보수액이 부당하게 과다하여 신의칙이나 형평의 원칙에 반한다고 볼 만한 특별한 사정이 있는 때에는 예외적으로 상당하다고 인정되는 범위 내의 보수액만을 청구할 수 있다.(대판 2016.2.18, 2015다35560)

第687條【受任人의 費用先給請求權】 委任事務의 處理에 費用을 要하는 때에는 委任人은 受任人의 請求에 依하여 이를 先給하여야 한다.

▣ 688①, 본조의 준용(1103)

第688條【受任人의 費用償還請求權 等】 ① 受任人이 委任事務의 處理에 關하여 必要費를 支出한 때에는 委任人에 對하여 支出한 날 以後의 利子를 請求할 수 있다.

② 受任人이 委任事務의 處理에 必要한 債務를 負擔한 때에는 委任人에게 自己에 갈음하여 이를 辨濟하게 할 수 있고 그 債務가 辨濟期에 있지 아니한 때에는 相當한 擔保를 提供하게 할 수 있다.(2014.12.30 본항개정)

③ 受任人이 委任事務의 處理를 爲하여 過失없이 損害를 받은 때에는 委任人에 對하여 그 賠償을 請求할 수 있다.

▣ 687·739, 상인과 금전의 체당(상55②), 본조의 준용(1048·1104, 비송43), 이자(379), ③ 손해배상청구권의 범위(393)

1. 수임인의 본조 2항 전단 소정의 대변제청구권의 성질 수임인이 가지는 민 688조 2항 전단 소정의 대변제청구권은 통상의 금전채권과는 다른 목적을 갖는 것이므로, 수임인이 이 대변제청구권을 보전하기 위하여 채무자인 위임인의 채권을 대위행사하는 경우에는 채무자의 무자력을 요건으로 하지 아니한다.(대판 2002.1.25, 2001다52506)

2. 필요비의 의미 민 688조 1항에 따라 수임인이 상환을 청구할 수 있는 필요비는 선량한 관리자의 주의를 가지고 수임인이 필요하다고 판단하여 지출한 비용으로서 위임인에게 실익이 생기는지 여부 또는 위임인이 소기의 목적을 달성하였는지 여부는 불문한다. 수임인이 위임사무를 처리하는 과정에서 선관주의의무를 위반한 사실이 있다 하더라도, 그 이후 수임인이 위임사무 처리를 위해 비용을 지출하였고, 해당 비용의 지출 과정에서 수임인이 선량한 관리자로서의 주의를 다하였다면, 수임인은 선행 선관주의의무 위반과 상당인과관계 있는 비용 증가에 대하여 손해배상의무를 부담하는

것은 별론으로 하고 위임인에 대하여 필요비의 상환을 청구할 수 있다.(대판 2024.2.29, 2023다294470, 294487)

第689條【委任의 相互解止의 自由】 ① 委任契約은 各 當事者가 언제든지 解止할 수 있다.
② 當事者 一方이 不得已한 事由없이 相對方의 不利한 時期에 契約을 解止한 때에는 그 損害를 賠償하여야 한다.

■ 550 · 691 · 692, 상92, 해지(543 · 550), ① 회사임원등의 해임, 사임(상385 · 386 · 767 · 567), ② 손해배상(상385① · 567, 393)

1. 건축공사의 하자와 분양위임계약의 해지 도급인과 연립주택 건축업자 간의 분양위임계약이 비록 건축업자의 도급인에 대한 공사금채권의 회수를 위한 방법으로 이루어졌다 하더라도 건축업자가 시공한 연립주택건축공사에 하자가 있음이 준공검사 후에 새로이 발견되었다면 도급인으로서는 수급인인 건축업자에게 하자의 보수를 청구할 수 있을 뿐만 아니라 하자의 보수에 갈음하여 또는 하자보수와 함께 손해배상청구도 할 수 있는 것이고 이들 청구권은 다른 특별한 사정이 없는 한 건축업자의 공사비청구권과 동시이행관계에 있으므로 도급인으로서는 수급인이 하자보수 또는 하자로 인한 손해배상채무를 이행할 때까지 공사비지급채무의 이행을 거절할 수 있다. 더욱이 하자를 보수하지 않은 상태에서는 연립주택이 정상가격으로 분양될 수 없는 만큼 그 하자가 정상가액에 의한 분양을 어렵게 할 정도라면 도급인으로서는 수급인이 하자를 보수하지 아니한 채 저렴한 가격으로 분양하는 것을 저지하여 손해를 예방할 필요가 있다 할 것이므로 도급인은 이와 같은 사유를 들어 분양위임계약을 해지할 수 있다.(대판 1987.9.22, 85다카2263)

2. 수임인이 위임계약상의 채무를 제대로 이행하지 않은 경우 채무불이행을 이유로 위임계약을 해제하기 위한 요건 수임인이 위임계약상의 채무를 제대로 이행하지 아니하였다 하여 위임인이 언제나 최고 없이 바로 그 채무불이행을 이유로 하여 위임계약을 해제할 수 있는 것은 아니고, 아직도 수임인이 위임계약상의 채무를 이행하는 것이 가능하다면 위임인은 수임인에 대하여 상당한 기간을 정하여 그 이행을 최고하고, 수임인이 그 기간 내에 이를 이행하지 아니할 때에 한하여 계약을 해제할 수 있다.(대판 1996.11.26, 96다27148)

3. 채무불이행을 이유로 한 위임계약 해지의 요건을 갖추지 못한 의사표시의 효력 위임계약의 각 당사자는 민 689조 1항에 따라 특별한 이유 없이도 언제든지 위임계약을 해지할 수 있다. 따라서 위임계약의 일방 당사자가 타방 당사자의 채무불이행을 이유로 위임계약을 해지한다는 의사표시를 하였으나 실제로는 채무불이행을 이유로 한 계약 해지의 요건을 갖추지 못한 경우라도, 특별한 사정이 없는 한 의사표시에는 민 689조 1항에 따른 임의해지로서의 효력이 인정된다.(대판 2015.12.23, 2012다71411)

4. 위임의 해지와 손해배상 민법상의 위임계약은 그것이 유상계약이든 무상계약이든 당사자 쌍방의 특별한 대인적 신뢰관계를 기초로 하는 위임계약의 본질상 각 당사자는 언제든지 이를 해지할 수 있고 그로 말미암아 상대방이 손해를 입는 일이 있어도 그것을 배상할 의무를 부담하지 않는 것이 원칙이며, 다만 상대방이 불리한 시기에 해지한 때에는 그 해지가 부득이한 사유에 의한 것이 아닌 한 그로 인한 손해를 배상하여야 하나, 그 배상의 범위는 위임이 해지되었다는 사실로부터 생기는 손해가 아니라 적당한 시기에 해지되었더라면 입지 아니하였을 손해에 한한다고 볼 것이고, 또한 사무 처리의 완료를 조건으로 하여 보수를 지급받기로 하는 내용의 계약과 같은 유상위임계약에 있어서는, 시기 여하에 불문하고 사무 처리 완료 이전에 계약이 해지되면 당연히 그에 대한 보수청구권을 상실하는 것으로 계약 당시에 예정되어 있어 특별한 사정이 없는 한 해지에 있어서의 불리한 시기란 있을 수 없다 할 것이므로, 수임인의 사무처리 완료 전에 위임계약을 해지한 것만으로 수임인에게 불리한 시기에 해지한 것이라고 볼 수는 없다.(대판 2000.6.9, 98다64202)

5. 위임인의 이익과 함께 수임인의 이익도 목적으로 하고 있는 유상위임계약을 위임인이 정당한 이유 없이 해지하는 경우 수임인에 대하여 손해배상책임을 지는지 여부 위임계약은 원래 해지의 자유가 인정되어 쌍방 누구나 정당한 이유 없이도 언제든지 위임계약을 해지할 수 있고, 다만 불리한 시기에 부득이한 사유 없이 해지한 경우에 한하여 상대방에게 그로 인한 손해배상책임을 질 뿐이다. 그러나 이 사건 계약과 같이 수임인이 재임중에 기본급, 주택수당 및 자녀학비 등을 지급받고 퇴임시에는 퇴직금까지 지급받기로 하는 유상위임인데다가, 수임인의 지위를 보장하기 위하여 계약기간 중 처음 2년간은 위임인이 해지권을 행사하지 않기로 하는 특약까지 되어 있어 위임인의 이익과 함께 수임인의 이익도 목적으로 하고 있는 위임의 경우에는 위임인의 해지자유가 제한되어 위임인으로서는 해지 자체는 정당한 이유 유무에 관계없이 할 수 있다 하더라도 정당한 이유 없이 해지한 경우에는 상대방인 수임인에게 그로 인한 손해를 배상할 책임이 있다.(대판 2000.4.25, 98다47108)

6. 법인 정관에서 정하지 아니한 사유로 이사 해임 가부(원칙적 소극) 법인과 이사의 법률관계는 신뢰를 기초로 한 위임 유사의 관계로 볼 수 있는데, 민법은 위임계약은 각 당사자가 언제든지 해지할 수 있다고 규정하고 있으므로, 법인은 원칙적으로 이사의 임기 만료 전에도 이사를 해임할 수 있다. 그러나 이러한 민법의 규정은 임의규정에 불과하므로 법인의 정관에 이사의 해임사유에 관한 규정이 있는 경우 법인으로서는 이사의 중대한 의무위반 또는 정상적인 사무집행 불능 등의 특별한 사정이 없는 이상, 정관에서 정하지 아니한 사유로 이사를 해임할 수 없다.(대판 2013.11.28, 2011다41741)

7. 법인이 정관에서 이사의 해임사유를 정한 경우, 해임사유가 발생하였다는 요건 외에 신뢰관계 파탄 요건이 필요한지(소극) 법인이 정관에서 이사의 해임사유와 절차를 정하였고 그 해임사유가 실제로 발생하였다면, 법인은 이를 이유로 정관에서 정한 절차에 따라 이사를 해임할 수 있다. 이때 정관에서 정한 해임사유가 발생하였다는 요건 외에 이로 인하여 법인과 이사 사이의 신뢰관계가 더 이상 유지되기 어려울 정도에 이르러야 한다는 요건이 추가로 충족되어야 법인이 비로소 이사를 해임할 수 있는 것은 아니다.(대판 2024.1.4, 2023다263537)

8. 법인이 정당한 이유 없이도 이사를 해임할 수 있는지 여부(적극) **및 그 경우 상대방에게 손해배상책임을 지는지 여부**(한정 적극) 법인과 이사의 법률관계는 신뢰를 기초로 한 위임 유사의 관계이고, 위임계약은 원래 해지의 자유가 인정되어 쌍방 누구나 '정당한 이유 없이도' 언제든지 해지할 수 있으며, 다만 불리한 시기에 부득이한 사유 없이 해지한 경우에 한하여 상대방에게 그로 인한 손해배상책임을 질 뿐이다.(대결 2014.1.17, 2013마1801)

9. 당사자가 위임계약을 체결하면서 민 689조 1항, 2항과 다른 내용으로 해지사유 및 절차, 손해배상책임 등을 정한 경우 당사자가 위임계약을 체결하면서 민 689조 1항, 2항에 규정된 바와 다른 내용으로 해지사유 및 절차, 손해배상책임 등을 정하였다면, 민 689조 1항, 2항이 이러한 약정과는 별개 독립적으로 적용된다고 볼 만한 특별한 사정이 없는 한, 약정에서 정한 해지사유 및 절차에 의하지 않고는 계약을 해지할 수 없고, 손해배상책임에 관한 당사자 간 법률관계도 약정이 정한 바에 의하여 규율된다.(대판 2019.5.30, 2017다53265)

10. 위임 유사계약인 전속매니지먼트계약에서 연예인의 해지권이 인정되는 경우 이 사건 전속계약은 원고가 피고로

부터 연예활동과 관련한 매니지먼트 업무를 위임받아 성실하게 수행하는 것을 주된 내용으로 하고 있으므로 기본적으로 당사자 일방이 상대방에 대하여 사무의 처리를 위탁하고 상대방이 이에 대하여 승낙함으로써 성립하는 위임계약의 성질을 가진다. 그러나 원고가 사무처리에 대한 대가로 연예활동과 관련하여 발생한 모든 수입을 자신이 수령한 다음 비용을 공제한 나머지 금액 중 50%를 매달 일정한 날에 피고에게 지급하기로 하는 등 민법에서 정한 전형적인 위임계약과 다른 특수성을 띠고 있다. 이러한 사정을 고려하면, 이 사건 전속계약은 민법상 위임계약과는 달리 그 존속과 관련하여 당사자들의 이해관계가 강하게 결부되어 있으므로 연예인인 피고가 언제든지 계약을 해지할 수는 없다. 그러나 이 사건 전속계약이 기본적으로 위임계약의 속성을 지니고 있음에 비추어 볼 때 계약의 존속을 기대할 수 없는 중대한 사유가 있는 경우에만 계약을 해지할 수 있다고 볼 것은 아니다. 당사자 사이의 신뢰관계가 깨어졌는데도 계약의 존속을 기대할 수 없는 중대한 사유가 있는 경우가 아니라는 이유로 연예인에게 그 자유의사에 반하는 전속활동의무를 강제하는 것은 연예인의 인격권을 지나치게 침해하는 결과가 된다. 따라서 계약당사자 상호 간의 신뢰관계가 깨어지면 연예인인 피고는 이 사건 전속계약을 해지할 수 있다고 보아야 한다.(대판 2019.9.10, 2017다258237)

제690조【사망 · 파산 등과 위임의 종료】 위임은 당사자 한쪽의 사망이나 파산으로 종료된다. 수임인이 성년후견개시의 심판을 받은 경우에도 이와 같다.

(2011.3.7 본조개정)

■ 691 · 692, 특칙(상50, 회생파산342), 사망(28), 파산선고(회생파산305 이하), 피성년후견심판(12), 대리권의 소멸(127), 위임의 종료와 대리권 소멸(128)

1. 건축공사감리계약의 법적 성질 및 공동사업주체 1인의 파산으로 감리계약이 당연 종료되는지 여부(소극) 건축공사감리계약은 그 법률적 성질이 기본적으로 민법상의 위임계약이라고 하더라도 감리계약의 특수성에 비추어 위임계약에 관한 민법 규정을 그대로 적용할 수는 없다. 특히 주택건설촉진법 33조의6 1항, 8항, 같은법시행령 34조의9의 규정에 의하여 주택건설촉진법에 따른 공동주택건설사업계획 승인을 얻은 사업주체는 사업계획 승인권자가 지정한 감리자와 감리계약을 체결하도록 되어 있고, 그 지정된 감리자에게 업무상 부정행위 등이 있는 경우에 한하여 사업계획 승인권자가 감리자를 교체할 수 있을 뿐 사업주체가 함부로 감리자를 교체할 수도 없도록 되어 있는 점 등에 비추어 보면, 위 법령에 따라 체결된 감리계약은 당사자 사이의 신뢰관계를 기초로 하는 것이라기보다는 공동주택건설사업의 원활하고도 확실한 시공을 고려한 사업계획 승인권자의 감리자 지정에 기초하고 있는 것이어서 사업주체가 파산하였다고 하여 당연히 감리계약이 종료하는 것으로 볼 이유는 없다. 또한 민 690조의 위임계약 종료사유는 계약 당사자 중 일방이 그 파산 등으로 신뢰를 상실하게 된 경우에 그 계약이 종료되는 것으로 한 것이어서 위임계약의 일방 당사자가 수인인 경우에 그중 1인에게 파산 등 위 법조가 정하는 사유가 있다고 하여 위임계약이 당연히 종료되는 것이라 할 수도 없으므로, 주택건설촉진법상의 공동사업주체가 사업계획 승인권자의 감리자 지정에 따라 공동으로 감리계약을 체결한 경우 그 공동사업주체의 1인이 파산선고를 받은 것만으로 민 690조에 따라 감리계약이 당연히 종료된다고 볼 수 없다.(대판 2003.1.10, 2002다11236)

第691條【委任終了時의 緊急處理】 委任終了의 境遇에 急迫한 事情이 있는 때에는 受任人, 그 相續人이나 法定代理人은 委任人, 그 相續人이나 法定代理人이 委任事務를 處理할 수 있을 때까지 그 事務의 處理를 繼續하여야 한다. 이 境遇에는 委任의 存續과 同一한 效力이 있다.

■ 737, 회생파산366, 본조의 준용(919 · 959 · 1103), 위임의 종료(689 · 690 · 692), 법정대리인(친권자=909－911, 후견인=931－936 · 938, 상속재산관리인=1023② · 1047② · 1053, 파산관재인=회생파산355－365), 위임의 종료에 의한 파산재단청구권(회생파산473), 이사퇴임의 경우(상386 · 567)

1. 민법상 법인의 유일한 대표자인 회장이 사임한 후 대표자의 직무를 계속 수행할 수 있는 범위 민법상 법인과 그 기관인 이사와의 관계는 위임자와 수임자의 법률관계와 같아서 이사가 사임하면 일단 위임관계는 종료됨이 원칙이나 후임 이사의 선임시까지 이사가 존재하지 않는다면 기관에 의하여 행위를 할 수밖에 없는 법인으로서는 당장 정상적인 활동을 중단하여야 할 상황에 놓이게 되고 이는 민 691조에 규정된 위임종료의 경우에 급박한 사정이 있는 때와 같으므로 사임한 이사라도 임무를 수행함이 부적당하다고 인정할 만한 특별한 사정이 없는 한 후임 이사가 선임될 때까지 이사의 직무를 계속 수행할 수 있다. 한편 법인의 자치규범인 정관에서 법인을 대표하는 이사인 회장과 대표권이 없는 일반 이사를 명백히 분리함으로써 법인의 대표권이 회장에게만 전속되도록 정하고 회장을 법인의 회원으로 이루어진 총회에서 투표로 직접 선출하도록 정한 경우 일반 이사들에게는 처음부터 법인의 대표권이 전혀 주어져 있지 않기 때문에 회장이 궐위된 경우에도 일반 이사가 법인을 대표할 권한을 가진다고 할 수 없고, 사임한 회장은 후임 회장이 선출될 때까지 대표자의 직무를 계속 수행할 수 있다. 그러나 사임한 대표자의 직무수행권은 법인이 정상적인 활동을 중단하게 되는 처지를 피하기 위하여 보충적으로 인정되는 것이다.(대판 2003.3.14, 2001다7599)

2. 법인의 이사나 감사의 임기가 만료된 경우 구 이사나 감사가 종전 직무를 계속 수행할 수 있는지 여부(적극) **및 후임 이사가 유효하게 선임되었으나 선임의 효력을 둘러싼 다툼이 있는 경우 임기가 만료된 구 이사만이 직무수행권을 가지는지 여부**(소극) 민법상 법인의 이사나 감사 전원 또는 그 일부의 임기가 만료되었음에도 불구하고 그 후임 이사나 감사의 선임이 없거나 또는 그 후임 이사나 감사의 선임이 있었다고 하더라도 그 선임결의가 무효이고, 임기가 만료되지 아니한 다른 이사나 감사만으로는 정상적인 법인의 활동을 할 수 없는 경우, 임기가 만료된 구 이사나 감사로 하여금 법인의 업무를 수행케 함이 부적당하다고 인정할 만한 특별한 사정이 없는 한, 구 이사나 감사는 후임 이사나 감사가 선임될 때까지 종전의 직무를 수행할 수 있다 할 것이나, 후임 이사가 유효히 선임되었는데도 그 선임의 효력을 둘러싼 다툼이 있다고 하여 그 다툼이 해결되기 전까지는 후임 이사에게는 직무수행권한이 없고 임기가 만료된 구 이사만이 직무수행권한을 가진다고 할 수는 없다.(대판 2006.4.27, 2005도8875)

3. 재건축주택조합 대표자의 임기가 만료되어 대표자가 존재하지 않는 경우 종전 대표자의 업무수행권이 인정되는지 여부 ① 권리능력 없는 사단인 재건축주택조합과 그 대표기관과의 관계는 위임인과 수임인의 법률관계와 같은 것으로서 임기가 만료되면 일단 그 위임관계는 종료되는 것이 원칙이고, 다만 그 후임자가 선임될 때까지 대표자가 존재하지 않는다면 민 691조의 규정을 유추하여 구 대표자로 하여금 조합의 업무를 수행케 함이 부적당하다고 인정할 만한 특별한 사정이 없고 종전의 직무를 구 대표자로 하여금 처리하게 할 필요가 있는 경우에 한하여 후임 대표자가 선임될 때까지 임기만료된 구 대표자에게 대표자의 직무를 수행할 수 있는 업무수행권이 인정된다. ② 그러나 임기만료된 종전 대표자에게 후임자 선임시까지 업무수행권을 인정할 필요가 있는 경우에 해당한다 하더라도, 임기만료된 대표자

의 업무수행권은 급박한 사정을 해소하기 위하여 그로 하여금 업무를 수행하게 할 필요가 있는지를 개별적·구체적으로 가려 인정할 수 있는 것이지 임기만료 후 후임자가 아직 선출되지 않았다는 사정만으로 당연히 포괄적으로 부여되는 것이 아니라고 할 것이고, 임기만료된 대표자의 사무처리에 대하여 유추적용되는 민 691조는 종전 대표자가 임기만료 후에 수행한 업무를 사후에 개별적·구체적으로 가려 예외적으로 그 효력을 인정케 하는 근거가 될 수 있을 뿐, 그로 하여금 장래를 향하여 대표자로서의 업무수행권을 포괄적으로 행사하게 하는 근거가 될 수는 없으므로, 법인 아닌 사단의 사원 기타 이해관계인이 임기가 만료된 대표자의 직무수행금지를 소구하여 올 경우 민 691조만을 근거로 이를 배척할 수는 없는 것이다.(대판 2003.7.8, 2002다74817)

第3編 債權

第692條【委任終了의 對抗要件】 委任終了의 事由는 이를 相對方에게 通知하거나 相對方이 이를 안 때가 아니면 이로써 相對方에게 對抗하지 못한다.

▣ 본조의 준용(919·959·1103), 위임종료의 사유(689·690), 위임종료와 대리권소멸(128), 파산과 대항력(회생파산342), 대리권소멸과 대항(129, 민소63, 상13·37)

1. 수임인의 사망이 민 692조에 의하여 상대방에 통고하지 않으면 대항할 수 없는 위임종료 사유인지 여부(소극) 주식회사 대표취체역 사망과 같은 사유는 회사의 기관구성원으로서의 자연인의 절대적인 권리능력 소멸사유에 해당할 뿐 아니라 사망자가 상대방과 법률행위를 한다함은 전혀 있을 수 없는 일이고 따라서 선의의 상대방 보호라는 문제도 발생할 여지조차 없는 것이니 주식회사 대표취체역의 사망사실과 같은 사유는 상대방에게 통고하지 않으면 아니 될 사유에 해당하지 않는다고 보는 것이 정당하고 상대방에 통고를 요하는 사유는 사망 이외의 권한소멸 사유라고 해석하는 것이 타당하다.(대판 1963.9.5, 63다233)

第12節 任 置

第693條【任置의 意義】 任置는 當事者 一方이 相對方에 對하여 金錢이나 有價證券 其他 物件의 保管을 委託하고 相對方이 이를 承諾함으로써 效力이 생긴다.

▣ 물건의 인도(196②), 소비임치(702), 상사임치(상46·108·152－154), 창고업(상155－168), 신탁관계(신탁), 공탁물의 보관(487이하, 비송53·54, 공탁)

1. 선하증권상 통지처인 화주의 의뢰를 받은 하역회사가 화물을 지정장치장에 입고시킨 경우 운송인 등과 지정장치장 화물관리인 사이의 법률관계 선하증권이 발행된 화물의 해상운송에 있어서 운송인 또는 그 선박대리점은 선하증권과 상환하여 화물을 인도함으로써 그 의무의 이행을 다하는 것이므로, 선하증권상의 통지처에 불과한 화주의 의뢰를 받은 하역회사가 화물을 양하하여 통관을 위해 지정장치장에 입고시켰다면, 화물이 운송인 등의 지배를 떠나 화주에게 인도된 것으로 볼 수는 없고, 운송인 등은 지정장치장 화물관리인을 통하여 화물에 대한 지배를 계속하고 있고 지정장치장 화물관리인 입장에서도 운송인 등으로부터 점유를 이전받았다고 할 것이므로, 결국 운송인 등과 지정장치장 화물관리인 사이에는 화물에 관하여 묵시적인 임치계약관계가 성립하게 되며, 지정장치장 화물관리인은 운송인 등의 지시에 따라서 임치물을 인도할 의무가 있게 된다.(대판 2006.12.21, 2003다47362)

2. 임치계약상 수취인이 반환할 목적물 임치계약상 수취인이 반환할 목적물은 당사자 사이에 특약이 없는 한 수취한 물건 그 자체이고 그 물건이 전부 멸실된 때에는 임치물 반환채무는 이행불능이 되는 것이고 임치한 물건이 대체물인 경우라도 그와 동종 동량의 물건을 인도할 의무가 없고 수취인의 과실로 인하여 임차물이 멸실된 경우에는 멸실당시의 그 물건 시가액 상당의 손해를 배상할 책임이 있다.(대판 1976.11.9, 76다1932)

第694條【受置人의 任置物使用禁止】 受置人은 任置人의 同意없이 任置物을 使用하지 못한다.

▣ 695, 유상수치인의 주의의무(374), 공탁물의 보관자(비송53)

第695條【無償受置人의 注意義務】 報酬없이 任置를 받은 者는 任置物을 自己財産과 同一한 注意로 保管하여야 한다.

▣ 694·696, 비송54, 유상수치인의 주의의무(374), 상사임치와 주의의무(상108·152－154·160), 보수(701·686), 자기재산과 동일한 주의(1022·1048)

第696條【受置人의 通知義務】 任置物에 對한 權利를 主張하는 第三者가 受置人에 對하여 訴를 提起하거나 押留한 때에는 受置人은 遲滯없이 任置人에게 이를 通知하여야 한다.

▣ 비송54, 보관상의 주의의무(695·374), 압류(민집)

第697條【任置物의 性質, 瑕疵로 因한 任置人의 損害賠償義務】 任置人은 任置物의 性質 또는 瑕疵로 因하여 생긴 損害를 受置人에게 賠償하여야 한다. 그러나 受置人이 그 性質 또는 瑕疵를 안 때에는 그러하지 아니하다.

▣ 민688③, 창고업자와 임치물의 점검(상161), 손해배상의 범위(393)

第698條【期間의 約定있는 任置의 解止】 任置期間의 約定이 있는 때에는 受置人은 不得已한 事由없이 그 期間滿了前에 契約을 解止하지 못한다. 그러나 任置人은 언제든지 契約을 解止할 수 있다.

▣ 699, 반환(상157·129－133), 기한의 이익(152·153·388), 소비임치와 반환청구(702), 창고업자와 수치물의 반환(상163·164), 해지(543·550)

第699條【期間의 約定없는 任置의 解止】 任置期間의 約定이 없는 때에는 各 當事者는 언제든지 契約을 解止할 수 있다.

▣ 698, 창고업자와 수치물의 반환(상163·164), 임치인의 반환청구권(698), 해지의 효과(543·550)

1. 수령지체로 미반환된 임치물이 훼손된 경우에 수치인의 배상책임요건 ① 상인이 그 영업범위내에서 물건의 임치를 받은 경우에는 보수를 받지 아니하는 때에도 선량한 관리자의 주의로 보관할 의무가 있으므로 이를 게을리 하여 임치물이 멸실 또는 훼손된 경우에는 채무불이행으로 인한 손해배상책임을 면할 수 없으나, 다만 수치인이 적법하게 임치계약을 해지하고 임치인에게 임치물의 회수를 최고하였음에도 불구하고 임치인의 수령지체로 반환하지 못하고 있는 사이에 임치물이 멸실 또는 훼손된 경우에는 수치인에게 고의 또는 중대한 과실이 없는 한 채무불이행으로 인한 손해배상 책임이 없다. ② 원고와 피고 사이의 위 건고추 보관약정은 기간의 약정이 없는 임치라고 할 것이므로 수치인인 피고는 언제든지 그 계약을 해지할 수 있다고 할 것인바, 원심이 인정하고 있는 바와 같이 위 건고추가 변질되고 벌레먹기 전인 1981. 5.경 피고가 원고에게 보관물의 처분과 인수를 요구하였다면 이는 임치계약을 해지하고 임치물의 회수를 최고한 의사표시라고 볼 여지가 있고, 그와 같이 본다면 원고가 원심인정과 같이 시세가 싸다는등 이유로 그 회수를 거절한 이상 이때부터 수령지체에 빠진 것이라 하겠으므로 그 후 피고보관중인 위 건고추가 변질되고 벌레가 먹음으로써 상품가치가 상실되었다고 하여도 그것이 피고의 고의 또는

중대한 과실로 인한 것이 아닌한 피고에게 그 배상책임을 물을 수 없을 것이다.(대판 1983.11.8, 83다카1476)

第700條【任置物의 返還場所】 任置物은 그 保管한 場所에서 返還하여야 한다. 그러나 受置人이 正當한 事由로 因하여 그 物件을 轉置한 때에는 現存하는 場所에서 返還할 수 있다.

第701條【準用規定】 第682條, 第684條 乃至 第687條 및 第688條第1項, 第2項의 規定은 任置에 準用한다.

1. 창고업자에게 보관시켰던 물건을 수사기관이 영장에 의하여 압수하는 동시에 계속하여 동 창고업자의 승낙을 얻어 보관시킨 경우 수사 기관의 임치료 지급 의무 임치계약(보관계약)에 있어서 수치인은 특별한 약정이 없으면 임치인에게 대하여 임치료를 청구할 수 없다함이 민 701조에 의하여 준용되는 같은 법 686조 1항의 규정에 의하여 분명한 바 원고가 각 창고업자에게 보관시켰던 판초자를 범죄수사대가 압수영장에 의하여 압수하고 계속하여 그대로 각 창고업자에게 보관을 명한 것으로서 보관을 명한 범죄수사대나 수치인인 각 창고업자들이 임치료의 수수에 대하여서는 전연 고려한 바가 없어 특별한 약정이 없는 경우에 해당하여 피고에게는 임치료 지급 의무가 없어 피고로서는 아무런 이득이 없고 피고예하 범죄수사대가 각 창고업자에게 압수한 판초자의 보관을 명하였다고 하여서 피고가 원고와 각 창고업자간의 판초자 보관계약상의 원고의 지위를 승계한 것이라고도 볼 수 없다.(대판 1968.4.16, 68다285)

第702條【消費任置】 受置人이 契約에 依하여 任置物을 消費할 수 있는 境遇에는 消費貸借에 關한 規定을 準用한다. 그러나 返還時期의 約定이 없는 때에는 任置人은 언제든지 그 返還을 請求할 수 있다.

▣ 비송54, 보관장소(상156②), 변제의 장소(467)

1. 예금계약의 성립시기 (대판 1996.1.26, 95다26919) → 제532조 참조

2. 해외로부터 국내 수취인의 예금계좌를 지정계좌로 한 송금이 이루어진 경우 그 송금액에 대한 수취인의 예금채권의 성립시기 해외로부터 국내 수취인의 예금계좌를 지정계좌로 한 송금이 이루어진 경우 이로 인한 법률관계는 송금의뢰인과 송금은행 사이 및 송금은행과 수취은행 사이의 위임관계이고, 수취인은 그 송금관계의 직접 당사자가 아니라 다만 수취은행에 대한 예금자로서의 지위를 갖는 데 불과하고, 따라서 수취은행으로서는 송금은행에 대하여는 그 위임의 본지에 따라 송금통지에서 지정한 수취인의 예금계좌에 송금액을 입금시킬 조치를 할 의무를 부담하나, 수취인에 대하여는 그러한 절차 없이는 바로 송금액을 지급할 의무를 부담한다고 볼 수 없으므로, 수취은행이 송금사실을 확인하여 지정 예금계좌에 송금액을 입금하기 전까지는 그 송금액에 대한 수취인의 예금채권이 성립한다고 할 수 없다.(대판 2002.1.25, 99다53902)

3. 예금계약의 만기가 도래한 사정만으로 금융기관의 예금반환 지연으로 인한 지체책임 부담 여부(소극) 만기가 정해진 예금계약에 따른 금융기관의 예금 반환채무는 만기가 도래하더라도 임치인이 미리 만기 후 예금 수령방법을 지정한 경우와 같은 특별한 사정이 없는 한 임치인의 적법한 지급청구가 있어야 비로소 이행할 수 있으므로, 예금계약의 만기가 도래한 것만으로 금융기관인 수치인이 임치인에 대하여 예금 반환 지연으로 인한 지체책임을 부담한다고 볼 수는 없고, 정당한 권한이 있는 임치인의 지급 청구에도 불구하고 수치인이 예금 반환을 지체한 경우에 지체책임을 물을 수 있다고 보아야 한다.(대판 2023.6.29, 2023다218353)

第13節 組 合

第703條【組合의 意義】 ① 組合은 2人 以上이 相互出資하여 共同事業을 經營할 것을 約定함으로써 그 效力이 생긴다.

② 前項의 出資는 金錢 其他 財産 또는 勞務로 할 수 있다.

▣ 유상계약(567), 금전출자(705), 출자액과 손익 및 잔여재산의 분배(711 · 724②), 조합관계(상753–764), 회사의 내부관계와 조합에 관한 규정(상195 · 269), 익명조합(상78이하)

1. 공동수급체의 법적 성질 공동수급체는 기본적으로 민법상의 조합의 성질을 가지는 것이므로 그 구성원의 일방이 공동수급체의 대표자로서 업무집행자의 지위에 있었다고 한다면 그 구성원들 사이에는 민법상의 조합에 있어서 조합의 업무집행자와 조합원의 관계에 있었다.(대판 2000.12.12, 99다49620)

2. 공동수급체 개별 구성원이 출자지분 비율에 따라 공사대금채권을 직접 취득하기로 하는 약정의 존부 공동이행방식의 공동수급체는 기본적으로 민법상 조합의 성질을 가지는 것이므로, 공동수급체가 공사를 시행함으로 인하여 도급인에 대하여 가지는 채권은 원칙적으로 공동수급체 구성원에게 합유적으로 귀속한다. 따라서 특별한 사정이 없는 한 구성원 중 1인이 임의로 도급인에 대하여 출자지분 비율에 따른 급부를 청구할 수 없고, 구성원 중 1인에 대한 채권으로써 그 구성원 개인을 집행채무자로 하여 공동수급체의 도급인에 대한 채권에 대하여 강제집행을 할 수 없다. 그러나 공사도급계약의 내용에 따라서는 공사도급계약과 관련하여 도급인에 대하여 가지는 채권이 공동수급체 구성원 각자에게 지분비율에 따라 구분하여 귀속될 수도 있고, 위와 같은 약정은 명시적으로는 물론 묵시적으로도 이루어질 수 있다.(대판(全) 2012.5.17, 2009다105406)

3. 연립주택 소유자들과 공사업자 사이의 동업계약 연립주택의 소유자들이 재건축을 함에 있어 주택 소유자들은 부지를 제공하고 공사업자는 그의 책임으로 공사비 등을 투자하여 연립주택을 신축하되 신축 주택 1세대씩은 기존 소유자들에게 제공하고 잔여 주택은 공사업자가 처분하기로 하는 내용의 계약을 체결한 경우, 위 계약을 연립주택 소유자들과 공사업자 사이의 동업계약이라고 볼 수 있다.(대판 2002.4.23, 2000두5852)

4. 원호대상자 정착직업재활조합 서울목공분조합의 법적 성질 원호대상자 정착직업재활조합 서울목공분조합은 그 설립에 있어서 구 원호대상자직업재활법 17조와 그 시행령 19조 등의 공법상의 근거에 기초하고 있고 공법적으로 국립직업재활원장의 후견적 감독을 받는다는 점에서는 전형적인 '민법상' 조합이라기보다 오히려 비법인 사단에 가까운 요소들을 일부 구비하고 있으나, 그 분조합의 목적, 분조합 재산에 대한 합유 규정, 분조합 채무에 대한 분조합원들의 무한책임, 분조합원 자격의 제한, 가입과 탈퇴에 대한 제약 등에 비추어 볼 때에 그 실질은 민법상 조합에 다름 아닌 것으로서, 분조합원의 탈퇴와 분조합 재산의 처분과 귀속, 그에 대한 보존행위의 방법 등에 관하여는 우선 원호대상자직업재활법과 그 시행령, 분조합 운영규약이 정하는 바에 따르고, 민법의 합유재산에 관한 규정 및 조합에 관한 규정을 적용하여야 한다.(대판 1997.9.9, 96다16896)

5. 다른 출자약정 없이 동업자중 1인의 부동산을 담보로 한 차용금을 전체 출자금으로 삼아 설립한 동업체의 동업자간의 출자비율 동업자들이 처음부터 각자 자기 몫의 출자를 하는 통상적인 경우가 아니라 동업자중 1인의 부동산을 담보로 한 융자금을 전체출자금으로 삼아 위 차용금으로서 동업체의 운영경비 일절에 충당키로 약정한 외에 달리 실질적

인 출자약정을 한바 없으나 동업자간의 손익분배 비율을 균등하게 정하고 있다면 특단의 사정이 없는 한 위 차용금액에 의한 출자비율은 균등한 것으로 추정함이 타당하다.(대판 1986.3.11, 85다카2317)

6. 수인이 전매차익을 목적으로 부동산을 공동으로 매수한 경우 그 수인을 조합원으로 하는 동업체에서 매수한 것으로 인정하기 위한 요건 ① 민법상 조합계약은 2인 이상이 상호 출자하여 공동으로 사업을 경영할 것을 약정하는 계약으로서, 특정한 사업을 공동경영하는 약정에 한하여 이를 조합계약이라 할 수 있고, 공동의 목적 달성이라는 정도만으로는 조합의 성립요건을 갖추었다고 할 수 없다. ② 수인이 부동산을 공동으로 매수한 경우, 매수인들 사이의 법률관계는 공유관계로서 단순한 공동매수인에 불과할 수도 있고, 그 수인을 조합원으로 하는 동업체에서 매수한 것일 수도 있는바, 공동매수의 목적이 전매차익의 획득에 있을 경우 그것이 공동사업을 위해 동업체에서 매수한 것이 되려면, 적어도 공동매수인들 사이에서 그 매수한 토지를 공유가 아닌 동업체의 재산으로 귀속시키고 공동매수인 전원의 의사에 기해 전원의 계산으로 처분한 후 그 이익을 분배하기로 하는 명시적 또는 묵시적 의사의 합치가 있어야만 할 것이고, 이와 달리 공동매수 후 매수인별로 토지에 관하여 공유에 기한 지분권을 가지고 각자 자유롭게 그 지분권을 처분하여 대가를 취득할 수 있도록 한 것이라면 이를 동업체에서 매수한 것으로 볼 수는 없다.(대판 2007.6.14, 2005다5140)

7. 동업약정 당사자들의 공동사업이 주식회사 명의로 운영되는 경우의 법률관계 ① 당사자들이 자금을 출자하여 공동으로 주식회사를 설립하여 운영하고 그에 따르는 비용의 부담과 이익의 분배를 지분 비율에 따라 할 것을 내용으로 하는 동업약정은 당사자들의 공동사업을 주식회사의 명의로 하고 대외관계 및 대내관계에서 주식회사의 법리에 따름을 당연한 전제로 하므로, 위와 같은 동업약정에 따라 주식회사가 설립되어 그 실체가 갖추어진 이상, 주식회사의 청산에 관한 상법의 규정에 따라 청산절차가 이루어지지 않는 한 일방 당사자가 잔여재산을 분배받을 수 없다. ② 당사자 일부는 주식회사 주식을 취득하였지만 다른 일부가 주식을 취득하지 않아 당사자들 모두가 주주가 되지는 않은 동업약정의 경우, 주주가 되지 않은 동업약정 당사자들의 자금이 주식회사에 투자되었다고 하더라도 이러한 동업약정의 당사자들이 공동으로 주식회사를 설립하거나 운영한다고 볼 수 없고, 주식회사 주식이나 주식회사 소유의 재산도 동업약정의 재산이 될 수 없다.(대판 2024.6.27, 2022다302022)

第704條【組合財産의 合有】 組合員의 出資 其他 組合財産은 組合員의 合有로 한다.

■ 합유(271－274), 공유(262), 출자(703·705), 익명조합의 특칙(상79), 조합재산(719)

1. 조합재산을 조합원들 명의로 공유등기한 후 조합원 중 1인이 조합에서 탈퇴하면서 나머지 조합원들에게 그 지분의 소유권이전등기를 한 경우 사해행위 여부(소극) 동업 목적의 조합체가 부동산을 조합재산으로 취득하였으나 합유등기가 아닌 조합원들 명의로 공유등기를 하였다면 그 공유등기는 조합체가 조합원들에게 각 지분에 관하여 명의신탁한 것에 불과하므로 부동산실명 4조 2항 본문이 적용되어 명의수탁자인 조합원들 명의의 소유권이전등기는 무효이어서 그 부동산 지분은 조합원들의 소유가 아니기 때문에 이를 일반채권자들의 공동담보에 공하여지는 책임재산이라고 볼 수 없고, 따라서 조합원들 중 1인이 조합에서 탈퇴하면서 나머지 조합원들에게 그 지분에 관한 소유권이전등기를 경료하여 주었다 하더라도 그로써 채무자인 그 해당 조합원의 책임재산에 감소를 초래한 것이라고 할 수 없으므로, 이를 들어 일반채권자를 해하는 사해행위라고 볼 수는 없으며, 그에게 사해의 의사가 있다고 볼 수도 없다.(대판 2002.6.14, 2000다30622)

2. 합유자가 지분을 포기한 경우 그 지분권의 귀속관계 합유지분 포기가 적법하다면 그 포기된 합유지분은 나머지 잔존 합유지분권자들에게 균분으로 귀속하게 되지만 그와 같은 물권변동은 합유지분권의 포기라고 하는 법률행위에 의한 것이므로 등기하여야 효력이 있고(민 186조) 지분을 포기한 합유지분권자로부터 잔존 합유지분권자들에게 합유지분권 이전등기가 이루어지지 아니하는 한 지분을 포기한 지분권자는 제3자에 대하여 여전히 합유지분권자로서의 지위를 가지고 있다.(대판 1997.9.9, 96다16896)

3. 일부 조합원이 조합재산인 채권을 다른 조합원들의 동의 없이 양도한 행위의 효력 유무 조합이 해산된 경우에도 청산절차를 거쳐 조합재산을 조합원에게 분배하지 아니하는 한 조합재산은 계속하여 조합원의 합유이고 청산이 종료할 때까지 조합은 존속하는바, 일부 조합원이 다른 조합원들의 동의를 얻지 아니한 채 조합재산인 채권을 타인에게 양도한 행위는 무효라고 할 것이다.(대판 1992.10.9, 92다28075)

4. 조합재산인 채권에 관한 소송이 조합원들이 공동으로 제기해야 하는 고유필수적 공동소송인지 여부(적극) 주택건설사업 등을 영위하는 갑 주식회사와 을 재건축정비사업조합이 공동사업주체로서 기존의 연립주택을 철거하고 그 자리에 아파트를 건설하여 분양하는 내용의 시행·시공계약을 체결하고, 갑 회사와 을 조합이 공동으로 매도인이 되어 병과 아파트 분양계약을 체결한 사안에서, 위 시행·시공계약은 공동으로 재건축사업을 추진하기 위하여 갑 회사와 을 조합이 상호 출자를 약정한 조합계약의 성격을 가지고, 위 분양계약은 갑 회사와 을 조합이 시행·시공계약에 따른 공동사업주체의 지위에서 체결한 것으로서 그 분양대금 청구권은 조합체의 재산에 속한다고 할 수 있으므로 그 지급을 구하는 소송은 조합체 구성원인 갑 회사와 을 조합이 공동으로 제기하여야 하는 고유필수적 공동소송에 해당한다.(대판 2012.11.29, 2012다44471)

5. 조합원 중 1인만을 가압류채무자로 한 가압류명령을 기초로 조합재산에 대한 가압류집행 가부(소극) 민법상 조합에서 조합의 채권자가 조합재산에 대하여 강제집행을 하려면 조합원 전원에 대한 집행권원을 필요로 하고, 조합재산에 대한 강제집행의 보전을 위한 가압류의 경우에도 마찬가지로 조합원 전원에 대한 가압류명령이 있어야 할 것이므로, 조합원 중 1인만을 가압류채무자로 한 가압류명령으로써 조합재산에 가압류집행을 할 수는 없다.(대판 2015.10.29, 2012다21560)

第705條【金錢出資遲滯의 責任】 金錢을 出資의 目的으로 한 組合員이 出資時期를 遲滯한 때에는 延滯利子를 支給하는 外에 損害를 賠償하여야 한다.

■ 703, 상196, 담보책임(567), 이자(379), 손해배상(393·397)

第706條【事務執行의 方法】 ① 組合契約으로 業務執行者를 定하지 아니한 境遇에는 組合員의 3分의 2 以上의 贊成으로써 이를 選任한다.

② 組合의 業務執行은 組合員의 過半數로써 決定한다. 業務執行者 數人인 때에는 그 過半數로써 決定한다.

③ 組合의 通常事務는 前項의 規定에 不拘하고 各組合員 또는 各 業務執行者가 專行할 수 있다. 그러나 그 事務의 完了前에 다른 組合員 또는 다른 業務執行者의 異議가 있는 때에는 卽時 中止하여야 한다.

■ 708·707, ② 청산인의 선임(721②), 제명결의(718), 선박공유와 선박이용의 결정방법(상753·760), 업무집행자가 수인인 경우(상391·202·

203 · 564), 청산인의 업무집행방법(722)

1. 조합재산의 처분 · 변경에 관한 의사결정 방법 민 272조에 따르면 합유물을 처분 또는 변경함에는 합유자 전원의 동의가 있어야 하나, 합유물 가운데서도 조합재산의 경우 그 처분 · 변경에 관한 행위는 조합의 특별사무에 해당하는 업무집행으로서, 이에 대하여는 특별한 사정이 없는 한 민 706조 2항이 민 272조에 우선하여 적용되므로, 조합재산의 처분 · 변경은 업무집행자가 없는 경우에는 조합원의 과반수로 결정하고, 업무집행자가 수인 있는 경우에는 그 업무집행자의 과반수로써 결정하며, 업무집행자가 1인만 있는 경우에는 그 업무집행자가 단독으로 결정한다.(대판 2010.4.29, 2007다18911)

2. 조합의 의결정족수를 정한 민 706조에 규정된 '조합원'의 의미(=조합원의 인원수) **및 위 규정이 임의규정인지 여부**(적극), **조합계약에서 조합원 지분의 양도를 인정하고 있는 경우 그 지분 일부의 양도도 허용되는지 여부**(원칙적 소극) ① 민 706조에서는 조합원 3분의 2 이상의 찬성으로 조합의 업무집행자를 선임하고 조합원 과반수의 찬성으로 조합의 업무집행방법을 결정하도록 규정하고 있는바, 여기서 말하는 조합원은 조합원의 출자가액이나 지분이 아닌 조합원의 인원수를 뜻한다. 다만, 위와 같은 민법의 규정은 임의규정이므로, 당사자 사이의 약정으로 업무집행자의 선임이나 업무집행방법의 결정을 조합원의 인원수가 아닌 그 출자가액 내지 지분의 비율에 의하도록 하는 등 그 내용을 달리 정할 수 있고, 그와 같은 약정이 있는 경우에는 그 정한 바에 따라 업무집행자를 선임하거나 업무집행방법을 결정하여야만 유효하다. ② 조합계약에 '동업지분은 제3자에게 양도할 수 있다'는 약정을 두고 있는 것과 같이 조합계약에서 개괄적으로 조합원 지분의 양도를 인정하고 있는 경우 조합원은 다른 조합원 전원의 동의가 없더라도 자신의 지분 전부를 일체로써 제3자에게 양도할 수 있으나, 그 지분의 일부를 제3자에게 양도하는 경우까지 당연히 허용되는 것은 아니다. 왜냐하면, 민 706조에 따라 조합원 수의 다수결로 업무집행자를 선임하고 업무집행방법을 결정하게 되어 있는 조합에 있어서는 조합원 지분의 일부가 제3자에게 양도되면 조합원 수가 증가하게 되어 당초의 조합원 수를 전제로 한 조합의 의사결정구조에 변경이 생기고, 나아가 소수의 조합원이 그 지분을 다수의 제3자들에게 분할 · 양도함으로써 의도적으로 그 의사결정구조에 왜곡을 가져올 가능성도 있기 때문이다. 따라서 그러한 조합의 조합원은 다른 조합원 전원의 동의가 있는 등 특별한 사정이 있어야만 그 지분의 일부를 제3자에게 유효하게 양도할 수 있고, 이와 같이 조합원 지분의 일부가 적법하게 양도된 경우에 한하여 양수인은 그 양도비율에 따른 자익권(이익분배청구권, 잔여재산분배청구권 등) 외에 양도인이 보유하는 공익권과 별개의 완전한 공익권(업무집행자선임권, 업무집행방법결정권, 통상사무전행권, 업무 · 재산상태검사권 등)도 취득하게 된다.(대판 2009.4.23, 2008다4247)

第707條【準用規定】 組合業務를 執行하는 組合員에는 第681條 乃至 第688條의 規定을 準用한다.

1. 조합재산에 속하는 부동산에 대한 합유등기청구 조합의 업무를 집행하는 조합원은 조합업무의 처리로 인하여 받은 금전 기타의 물건 및 그 수취한 과실을 조합에 인도하여야 하고, 조합을 위하여 자기의 명의로 취득한 권리는 조합에게 이전하도록 되어 있는바, 갑과 을이 각자 자금을 출자하고 공동으로 공사를 시공하여 그 이익을 반분하기로 하되 갑은 공사시공과 관계되는 일을 맡고 을은 자금관리와 대외적 업무처리를 맡기로 하는 내용의 동업약정을 맺고 위와 같은 동업관계를 유지하면서 건물의 신축공사를 진행한 경우, 을은 적어도 자금관리와 대외적 업무처리에 관한 한 갑, 을로 구성된 조합의 업무집행자라고 할 것이고, 조합의 업무집행자인 을이 조합의 대외적 업무처리를 하면서 자기의 이름으로 건물에 관한 공유지분을 취득하였다면 그것은 조합의 업무집행자로서의 권리취득이 되어 특약이 없는 한 공유지분을 조합 앞으로 이전하여 줄 의무가 있으며, 조합원 중의 1인인 갑으로서도 갑, 을 사이의 조합계약에 기하여 조합의 업무집행자인 을이 취득한 공유지분을 조합 앞으로 이전할 것을 청구할 수 있다.(대판 1997.5.30, 95다4957)

第708條【業務執行者의 辭任, 解任】 業務執行者인 組合員은 正當한 事由없이 辭任하지 못하며 다른 組合員의 一致가 아니면 解任하지 못한다.

■ 조합원중 청산인의 사임, 해임(723), 임원의 해임(상385 · 567)

第709條【業務執行者의 代理權推定】 組合의 業務를 執行하는 組合員은 그 業務執行의 代理權있는 것으로 推定한다.

■ 업무를 집행하는 조합원(706 · 707), 대리권(114이하)

1. 업무집행자가 없는 조합의 업무집행의 방법 및 조합재산의 처분 · 변경이 특별사무에 관한 업무집행인지 여부(적극) (대판 1998.3.13, 95다30345) → 제272조 참조

2. 업무집행조합원의 조합원 대리권에 관한 제한약정이 있는 경우 그 약정의 존재 및 이행에 대한 증명책임 민 709조는 임의규정이라고 할 것이므로 당사자 사이의 약정에 의하여 조합의 업무집행에 관하여 조합원 전원의 동의를 요하도록 하는 등 그 내용을 달리 정할 수 있고, 그와 같은 약정이 있는 경우에는 조합의 업무집행은 조합원 전원의 동의가 있는 때에만 유효하다 할 것이어서, 조합의 구성원이 위와 같은 약정의 존재를 주장 · 입증하면 조합의 업무집행자가 조합원을 대리할 권한이 있다는 추정은 깨어지고 업무집행자와 사이에 법률행위를 한 상대방이 나머지 조합원에게 그 법률행위의 효력을 주장하기 위하여는 그와 같은 약정에 따른 조합원 전원의 동의가 있었다는 점을 주장 · 입증할 필요가 있다.(대판 2002.1.25, 99다62838)

第710條【組合員의 業務, 財産狀態檢查權】 各 組合員은 언제든지 組合의 業務 및 財産狀態를 檢查할 수 있다.

■ 업무집행의 위임(706②), 수임인과 보고의무(706 · 683), 조합재산(704)

1. 조합원의 조합서류 열람 · 등사 청구권 민 710조에 따라 각 조합원은 장부 그 밖의 서류를 열람하여 조합의 업무와 재산의 유무를 검사할 수 있으므로, 조합원의 검사권에는 업무와 재산상태를 검사하기 위하여 필요한 범위에서 장부 그 밖의 서류의 열람 · 등사를 청구할 권한이 포함된다.(대판 2021.1.14, 2020다222580)

第711條【損益分配의 比率】 ① 當事者가 損益分配의 比率을 定하지 아니한 때에는 各 組合員의 出資價額에 比例하여 이를 定한다.

② 利益 또는 損失에 對하여 分配의 比率을 定한 때에는 그 比率은 利益과 損失에 共通된 것으로 推定한다.

■ 출자가액과 잔여재산의 분배비율(703 · 72②), 손실분담의 비율(712), 조합채무자의 변제(713), 출자의 합유와 지분균등의 추정(262② · 274② · 704)

1. 건설공동수급체가 구성원에 대하여 출자의무의 불이행을 이유로 이익분배를 거부할 수 있는지 여부 건설공동수급체는 기본적으로 민법상의 조합의 성질을 가지는 것인바, 건설공동수급체의 구성원인 조합원이 그 출자의무를 불이행하였더라도 이를 이유로 그 조합원이 조합에서 제명되지 아니하고 있는 한, 조합은 조합원에 대한 출자금채권과 그 연체이자채권, 그 밖의 손해배상채권으로 조합원의 이익분배청구권과 직접 상계할 수 있을 뿐이고, 조합계약에 달리 출자의무의 이행과 이익분배를 직접 연계시키는 특약(출자의무의

이행을 이익분배와의 사이에서 선이행관계로 견련시키거나 출자의무의 불이행 정도에 따라 이익분배금을 전부 또는 일부 삭감하는 것 등)을 두지 않는 한 출자의무의 불이행을 이유로 이익분배 자체를 거부할 수는 없다.(대판 2006.8.25, 2005다16959)

2. 다른 출자자가 대신 출자한 경우 이익분배 비율 절반씩 투자하여 부동산을 취득 전매하여 이익금을 반분하기로 하는 동업계약을 체결한 후 당초 약정된 비율의 출자를 이행하지 아니하여 다른 출자자가 대신 출자한 경우 당초 약정된 이익분배비율이 실제 출자가액비율로 변경된다고 볼 수 없다.(대판 1993.5.25, 92다5744, 5751)

3. 조합해산으로 인한 출자재산 반환청구시 출자의무를 이행하지 않은 다른 조합원의 반환채무 부담 비율 조합이 해산되고 별도의 청산절차를 밟을 필요가 없어 출자의무를 이행한 조합원이 출자의무를 이행하지 아니한 다른 조합원들에 대하여 그 출자재산의 반환채권을 갖게 되는 경우, 다른 조합원의 반환채무 부담 비율은 조합계약에서 정한 손실부담의 비율에 의함이 상당하고 그 부담 부분의 특약이 없었다면 균등한 것으로 추정해야 할 것이다.(대판 1996.10.25, 96다32201)

4. 조합이 분기별로 이익금을 정산하여 조합원들에게 분배하기로 약정한 경우, 조합원이 연도별 이익배당을 청구할 수 있는지 여부(적극) **및 연도별 이익금이 인정되고 당사자가 이를 기준으로 배당금을 청구한 경우, 분기별 이익금을 증명하지 못하였다는 이유만으로 청구를 배척할 수 있는지 여부**(소극) 조합관계의 이익분배에 관하여 분기별로 이익금을 정산할 경우 이익배당은 매 분기 종료 시에 청구할 수 있고, 어느 분기에 이익이 발생하였다면 다른 분기에 손실이 발생하였는지와 관계없이 해당 분기의 이익배당금을 청구할 수 있으나, 연도별로 이익배당금을 청구할 경우에는 해당 연도의 분기별 손익을 가감하여 연도 말 기준으로 배당 가능한 최종 이익이 있어야 이익배당금을 청구할 수 있으므로, 일반적으로 연도별 이익배당이 분기별 이익배당에 비하여 조합원들에게 불리하다. 그러므로 조합이 분기별로 이익금을 정산하여 조합원들에게 분배하기로 약정하였더라도, 조합원이 '분기별' 정산 및 이익배당보다 자신에게 불리한 '연도별' 이익배당을 청구하는 것이 허용되지 않는다고 할 이유는 없다. 따라서 연도별 이익금이 인정되고 당사자가 이를 기준으로 배당금을 청구하고 있다면, 분기별 이익금을 증명하지 못하였다는 이유만으로 가벼이 청구를 배척할 것은 아니다.(대판 2016.8.30, 2014다19790)

第712條【組合員에 對한 債權者의 權利行使】

組合債權者는 그 債權發生 當時에 組合員의 損失負擔의 比率을 알지 못한 때에는 各 組合員에게 均分하여 그 權利를 行使할 수 있다.

▣ 711 · 713, 다수당사자의 채권관계(408)

1. 손실부담의 비율에 대한 주장증명책임 조합원의 손실부담비율을 정함에 있어서 조합원간의 내부사정인 조합원간의 약정이나 출자가액을 조합채권자가 쉽사리 알 수 있는 사정은 아니라 할 것이므로 조합원에 대하여 균분하여 권리를 행사하는 조합채권자에 대하여 손실부담의 비율이 이와 다른 조합원이 있는 경우에는 그 조합원이 이를 주장입증할 책임이 있다고 보는 것이 조합채권자를 보호하려는 민 712조의 취지에 합치된다.(대판 1975.5.27, 75다169)

2. 2인 조합에서 1인이 탈퇴한 경우, 조합채권자가 잔존 조합원에 대한 조합채무 전부의 이행청구 조합채무는 조합원들이 조합재산에 의하여 합유적으로 부담하는 채무이고, 두 사람으로 이루어진 조합관계에 있어 그중 1인이 탈퇴하면 탈퇴자와의 사이에 조합관계는 종료된다 할 것이나 특별한 사정이 없는 한 조합은 해산되지 아니하고, 조합원들의 합유에 속한 조합재산은 남은 조합원에게 귀속하게 되므로, 이 경우 조합채권자는 잔존 조합원에게 여전히 그 조합채무 전부에 대한 이행을 청구할 수 있다.(대판 1999.5.11, 99다1284)

3. 조합원 전원을 위하여 상행위가 되는 행위로 인하여 조합채무를 부담하게 된 경우 조합원들의 연대책임 조합의 채무는 조합원의 채무로서 특별한 사정이 없는 한 조합채권자는 각 조합원에 대하여 지분의 비율에 따라 또는 균일적으로 변제의 청구를 할 수 있을 뿐임은 소론과 같으나, 조합채무가 특히 조합원 전원을 위하여 상행위가 되는 행위로 인하여 부담하게 된 것이라면 그 채무에 관하여 조합원들에 대하여 상 57조 1항을 적용하여 연대책임을 인정함이 상당하다.(대판 1992.11.27, 92다30405)

4. 공동수급체의 구성원들이 상인인 경우 탈퇴한 조합원에 대한 책임 공동이행방식의 공동수급체는 민법상 조합의 성질을 가지는데, 조합채무가 조합원 전원을 위하여 상행위가 되는 행위로 인하여 부담하게 된 것이라면 상 57조 1항을 적용하여 조합원들의 연대책임을 인정함이 타당하므로, 공동수급체의 구성원들이 상인인 경우 탈퇴한 조합원에 대하여 잔존 조합원들이 탈퇴 당시의 조합재산상태에 따라 탈퇴 조합원의 지분을 환급할 의무는 구성원 전원의 상행위에 따라 부담한 채무로서 공동수급체의 구성원들인 잔존 조합원들은 연대하여 탈퇴한 조합원에게 지분환급의무를 이행할 책임이 있다.(대판 2016.7.14, 2015다233098)

5. 조합의 채권자가 각 조합원에 대한 개인적 책임에 기하여 그 채권을 행사하는 경우 조합의 채권자가 조합원에 대하여 조합재산에 의한 공동책임을 묻는 것이 아니라 각 조합원의 개인적 책임에 기하여 당해 채권을 행사하는 경우에는 조합원 각자를 상대로 하여 그 이행의 소를 제기할 수 있다.(대판 1991.11.22, 91다30705)

第713條【無資力組合員의 債務와 他組合員의 辨濟責任】

組合員 中에 辨濟할 資力없는 者가 있는 때에는 그 辨濟할 수 없는 部分은 다른 組合員이 均分하여 辨濟할 責任이 있다.

▣ 711 · 712, 변제(460)

1. 내부관계에서는 조합이나 대외적인 법률행위는 일방이 단독으로 하는 경우 법률관계 내부관계에서는 민법상의 일종의 조합이나 대외적으로는 조합원들의 합유인 조합재산이 없고 소외인이 대외적인 법률행위를 함에 있어서는 조합원인 피고를 대리할 필요없이 자기명의로 단독으로 하고 이를 위한 권리의무가 소외인에게 귀속되는 경우에 이는 민법상의 통상의 조합과 구별되는 일종의 특수한 조합이라고 할 것이고 이러한 특수한 조합에서는 대외적으로는 오로지 영업을 경영하는 소외인만이 권리를 취득하고 채무를 부담하는 것이어서 민 713조가 적용될 여지가 없고 또 대외적 관계에 있어서는 민 711조, 712조가 적용될 여지도 없다.(대판 1988.10.25, 86다카175)

2. 시설투자자에게 정기적으로 일정액을 지급하고 타방이 단독으로 사업을 경영하기로 하는 계약의 성질 음식점시설제공자의 이익여부에 관계없이 정기적으로 일정액을 지급할 것을 약정하되 대외적 거래관계는 경영자가 그 명의로 단독으로 하여 그 권리의무가 그에게만 귀속되는 동업관계는 상법상 익명조합도 아니고 민법상 조합도 아니어서 대외적으로는 오로지 경영자만이 권리를 취득하고 채무를 부담하는 것이고 그가 변제자력이 없거나 부족하다는 등의 특별한 사정이 있더라도 민 713조가 유추적용될 여지는 없다.(대판 1983.5.10, 81다650)

第714條【持分에 對한 押留의 效力】

組合員의 持分에 對한 押留는 그 組合員의 將來의 利益配當 및 持分의 返還을 받을 權利에 對하여 效力이 있다.

▣ 압류(민집), 지분의 반환(719), 이익배당(711), 특칙(상223)

第715條【組合債務者의 相計의 禁止】 組合의 債務者는 그 債務와 組合員에 對한 債權으로 相計하지 못한다.

▣ 상계(492이하)

1. 조합채무자가 그 채무를 조합원 중 1인에 대한 개인 채권과 상계할 수 있는지 여부(소극) 원고가 위 동업체의 조합원 중의 1인에 대하여 개인 채권을 가지고 있었다고 하더라도 그 채권과 동업체와의 위 매매계약으로 인한 잔대금채무를 서로 대등액에서 상계할 수는 없는 법리이다.(대판 1998.3.13, 97다6919)

第716條【任意脫退】 ① 組合契約으로 組合의 存續期間을 定하지 아니하거나 組合員의 終身까지 存續할 것을 定한 때에는 各 組合員은 언제든지 脫退할 수 있다. 그러나 不得已한 事由없이 組合의 不利한 時期에 脫退하지 못한다.

② 組合의 存續期間을 定한 때에도 組合員은 不得已한 事由가 있으면 脫退할 수 있다.

▣ 상217, 탈퇴(719)

1. 2인 조합에서 1인 탈퇴시 법률관계 (대판 1987.11.24, 86다카2484) → 제274조 참조

2. 존속기간의 정함이 있는 조합에서 조합원이 탈퇴할 수 있는 '부득이한 사유'의 판단기준 존속기간의 정함이 있는 조합의 경우에는 민 716조 2항의 규정에 의하여 조합원은 원칙적으로 존속기간 중에는 탈퇴할 수 없고 부득이한 사유가 있는 경우에 한하여 예외적으로 탈퇴할 수 있으며, 그와 같은 부득이한 사유에 해당하는지 여부는 조합원 일신상의 주관적인 사유 및 조합원 개개인의 이익뿐만 아니라 단체로서의 조합의 성격과 조합원 전체의 이익 등을 종합적으로 고려하여 판단할 것이다.(대판 1997.1.24, 96다26305)

제717조【비임의 탈퇴】 제716조의 경우 외에 조합원은 다음 각 호의 어느 하나에 해당하는 사유가 있으면 탈퇴된다.

1. 사망
2. 파산
3. 성년후견의 개시
4. 제명(除名)

(2011.3.7 본조개정)

▣ 상218, 탈퇴(719), 사망(28), 파산(127), 성년후견(12), 제명(718)

1. 합유자 중 일부가 사망한 경우 소유권의 귀속 (대판 1996.12.10, 96다23238) → 제271조 참조

2. 조합원이 파산하더라도 조합에서 탈퇴하지 않기로 한 약정의 효력 및 파산관재인이 파산한 조합원에 대한 채권자의 동의를 얻어 조합에 잔류할 것을 선택한 경우에도 탈퇴금지의 약정이 무효인지 여부(구법관계) 만일 조합원들이 조합계약 당시 위 민법규정과 달리 차후 조합원 중에 파산하는 자가 발생하더라도 조합에서 탈퇴하지 않기로 약정한다면 이는 장래의 불특정 다수의 파산채권자의 이해에 관련된 것을 임의로 위 법규정과 달리 정하는 것이어서 원칙적으로는 허용되지 않는다 할 것이지만, 파산절차에 있어서도 파산자의 기존 사업을 반드시 곧바로 청산하여야 하는 것이 아니라 그 사업을 계속하는 것이 파산자의 채권자를 위하여 유리할 때에는 일정한 범위 내에서 사업을 계속할 수 있고(파산법 50조, 182조 1항, 184조 참조), 그중 파산자의 사업이 제3자와 조합체를 구성하여 진행하는 것일 때에는 파산한 조합원이 그 공동사업의 계속을 위하여 조합에 잔류할 필요가 있는 경우가 있을 수 있는바, 이와 같이 파산한 조합원이 제3자와의 공동사업을 계속하기 위하여 그 조합에 잔류하는 것이 파산한 조합원의 채권자들에게 불리하지 아니하여 파산한 조합원의 채권자들의 동의를 얻어 파산관재인이 조합에 잔류할 것을 선택한 경우까지 조합원이 파산하여도 조합으로부터 탈퇴하지 않는다고 하는 조합원들 사이의 탈퇴금지의 약정이 무효라고 할 것은 아니다.(대판 2004.9.13, 2003다26020)

第718條【除名】 ① 組合員의 除名은 正當한 事由있는 때에 限하여 다른 組合員의 一致로써 이를 決定한다.

② 前項의 除名決定은 除名된 組合員에게 通知하지 아니하면 그 組合員에게 對抗하지 못한다.

▣ 717 · 719, 제명의 효과(679 · 719), 업무집행과 다수결(706)

1. 출자의무 불이행을 이유로 한 조합원의 제명 조합원이 출자의무를 이행하지 않는 것은 민 718조 1항에서 정한 조합원을 제명할 정당한 사유에 해당한다고 할 것인바, 그와 같은 출자의무의 불이행을 이유로 조합원을 제명함에 있어 출자의무의 이행을 지체하고 있는 당해 조합원에게 다시 상당한 기간을 정하여 출자의무의 이행을 최고하여야 하는 것은 아니다.(대판 1997.7.25, 96다29816)

2. 정당한 사유의 의미와 신뢰관계 파탄 '정당한 사유가 있는 때'란 특정 조합원이 동업계약에서 정한 의무를 이행하지 않거나 조합업무를 집행하면서 부정행위를 한 경우와 같이 명백한 귀책사유가 있는 경우는 물론이고, 특정 조합원으로 말미암아 조합원들 사이에 반목·불화로 대립이 발생하고 신뢰관계가 근본적으로 훼손되어 특정 조합원이 계속 조합원의 지위를 유지하도록 한다면 조합의 원만한 공동운영을 기대할 수 없는 경우도 포함한다. 이를 판단할 때에는 특정 조합원으로 말미암아 조합의 목적 달성에 방해가 계속되었는지 여부와 그 정도, 제명 이외에 다른 방해제거 수단이 있었는지 여부, 조합계약의 내용, 그 존속기간과 만료 여부, 제명에 이르게 된 경위 등을 종합적으로 고려해야 한다.(대판 2021.10.28, 2017다200702)

第719條【脫退組合員의 持分의 計算】 ① 脫退한 組合員과 다른 組合員間의 計算은 脫退當時의 組合財産狀態에 依하여 한다.

② 脫退한 組合員의 持分은 그 出資의 種類如何에 不拘하고 金錢으로 返還할 수 있다.

③ 脫退當時에 完結되지 아니한 事項에 對하여는 完結後에 計算할 수 있다.

▣ 상221 · 222, 탈퇴(716–718), 조합재산(704 · 724②), ② 출자의 종류(703②)

1. 2인 조합에서 조합원 1인이 탈퇴하는 경우 조합재산에 대한 법률관계 2인 조합에서 조합원 1인이 탈퇴하면 조합관계는 종료되지만 특별한 사정이 없는 한 조합이 해산되지 아니하고, 조합원의 합유에 속하였던 재산은 남은 조합원의 단독소유에 속하게 되어 기존의 공동사업은 청산절차를 거치지 않고 잔존자가 계속 유지할 수 있다. 그런데 이때 탈퇴자와 잔존자 사이에 탈퇴로 인한 계산을 함에 있어서는 특단의 사정이 없는 한 민 719조 1항, 2항의 규정에 따라 '탈퇴 당시의 조합재산상태'를 기준으로 평가한 조합재산 중 탈퇴자의 지분에 해당하는 금액을 금전으로 반환하여야 할 것이고, 이러한 계산은 사업의 계속을 전제로 하는 것이므로 조합재산의 가액은 단순한 매매가격이 아닌 '영업권의 가치를 포함하는 영업가격'에 의하여 평가하되, 당해 조합원의 지분비율은 조합청산의 경우에 실제 출자한 자산가액의 비율에 의하는 것과는 달리 '조합내부의 손익분배 비율'을 기준으로 계산하여야 하는 것이 원칙이다.(대판 2006.3.9, 2004다49693, 49709)

2. 2인 조합에서 1인 탈퇴시 탈퇴로 인한 계산에 관한 합의의 효력 두 사람으로 된 조합관계에서 그 가운데 한 사람이

탈퇴하면 조합원의 합유에 속한 조합재산은 남는 조합원의 단독소유에 속하여 탈퇴자와 남은 자 사이에는 계산을 하는데 불과한 것이므로 이 계산에 관한 합의를 함에 있어 탈퇴한 사람의 출자금에 출자했을 때로부터 이자를 붙여서 반환하되 거기에 담보까지 설정제공해 주는 것은 단독소유화 된 조합재산의 수익성이 탈퇴자에게 주기로 약속된 것에 비하여 경제적 가치면에서 적어도 동등하거나 그 이상이 된다고 예측되는 등의 사정이 없이는 있을 수 없다고 보는 것이 우리의 경험칙에 비추어 당연한 사리라 할 것이다.(대판 1988.6.14, 86다카617)

3. 탈퇴 조합원의 지분을 환급할 경우 조합재산 상태의 증명책임을 부담하는 자 탈퇴한 조합원은 탈퇴 당시의 조합재산을 계산한 결과 조합의 재산상태가 적자가 아닌 경우에 지분을 환급받을 수 있다. 따라서 탈퇴 조합원의 지분을 계산할 때 지분을 계산하는 방법에 관해서 별도 약정이 있다는 등 특별한 사정이 없는 한 지분의 환급을 주장하는 사람에게 조합재산의 상태를 증명할 책임이 있다.(대판 2021.7.29, 2019다207851)

第720條【不得已한 事由로 因한 解散請求】 不得已한 事由가 있는 때에는 各 組合員은 組合의 解散을 請求할 수 있다.

▣ 해산(543 · 550 · 721), 회사의 해산청구(상241)

1. 조합원이 조합의 해산을 청구하기 위한 요건 조합관계에 있어서는 일반적으로 조합계약에서 정한 사유의 발생, 조합원 전원의 합의, 조합의 목적인 사업의 성공 또는 성공불능, 해산청구 등에 의하여 조합관계가 종료되고, 2인으로 된 조합관계에 있어 그 가운데 한 사람이 탈퇴하는 경우에도 역시 조합관계는 종료되며, 경제계의 사정변경에 따른 조합 재산상태의 악화나 영업부진 등으로 조합의 목적달성이 매우 곤란하다고 인정되는 객관적인 사정이 있거나 조합 당사자 간의 불화 · 대립으로 인하여 신뢰관계가 파괴됨으로써 조합업무의 원활한 운영을 기대할 수 없는 경우 등 부득이한 사유가 있는 때에는 조합원이 조합의 해산을 청구할 수 있다.(대판 1997.5.30, 95다4957)

2. 조합의 해산사유와 유책당사자의 해산청구권 민 720조에 규정된 조합의 해산사유인 부득이한 사유에는 경제계의 사정변경이나 조합의 재산상태의 악화 또는 영업부진 등으로 조합의 목적달성이 현저히 곤란하게 된 경우 외에 조합원사이의 반목 · 불화로 인한 대립으로 신뢰관계가 파괴되어 조합의 원만한 공동운영을 기대할 수 없게 된 경우도 포함되며, 위와 같이 공동사업의 계속이 현저히 곤란하게 된 이상 신뢰관계의 파괴에 책임이 있는 당사자라고 하여도 조합의 해산청구권이 있다.(대판 1991.2.22, 90다카26300)

3. 조합원이 2명인 경우 그중 1인이 조합재산을 분할청구한 경우 해산사유가 되는지 여부(적극) 조합원이 단지 2명인 경우에 그 1인이 남은 1인에 대한 조합재산인 토지의 분할청구는 조합을 탈퇴하고 그 해산을 구함과 동시에 위 조합관계의 종료에 따라 조합재산의 토지의 분할을 청구하고 있는 것이라고 볼 수 있으므로 특별한 사정이 없는 한 이는 조합의 해산사유가 된다.(대판 1978.11.28, 78다1827)

4. 동업자 중 1명이 동업 과정에서의 부정으로 유죄판결을 받아 신뢰관계가 깨어진 경우, 다른 동업자의 동업 해지통고를 조합의 해산청구로 볼 수 있는지(적극) 피고가 동업의 준비과정과 영업과정에서 부정을 저질러 원고로부터 형사고소를 당하고 그 사유로 결국 형사소추되어 유죄판결을 받았다면 원고와 피고 사이의 신뢰관계는 깨어져서 원만한 조합운영을 기대할 수 없게 되었다고 할 것이며, 이러한 상황에서 원고가 1992. 12. 8. 피고에게 동업계약의 해지통고를 한 것은 조합의 해산청구로 볼 수 있으므로 2인으로 구성된 위 조합은 원고의 해산청구로 말미암아 해산되었다.(대판 1996.3.26, 94다46268)

第721條【清算人】 ① 組合이 解散한 때에는 清算은 總組合員 共同으로 또는 그들이 選任한 者가 그 事務를 執行한다.

② 前項의 清算人의 選任은 組合員의 過半數로써 決定한다.

▣ 해산(720 · 550), ② 청산인(722－724), 업무집행과 다수결(706)

第722條【清算人의 業務執行方法】 清算人이 數人인 때에는 第706條第2項 後段의 規定을 準用한다.

▣ 상254 · 613①, 청산인(721 · 723)

第723條【組合員인 清算人의 辭任, 解任】 組合員 中에서 清算人을 定한 때에는 第708條의 規定을 準用한다.

▣ 청산인의 선임(721②)

1. 조합 청산인 해임청구권을 피보전권리로 한 직무집행정지, 직무대행자선임 가처분의 가부(원칙적 소극) 민법은 조합원 중에서 청산인을 정한 때 다른 조합원의 일치가 아니면 청산인인 조합원을 해임하지 못한다고 정하고 있을 뿐이고(723조, 708조), 조합원이 법원에 청산인의 해임을 청구할 수 있는 규정을 두고 있지 않다. 민법상 조합의 청산인에 대하여 법원에 해임을 청구할 권리가 조합원에게 인정되지 않으므로, 특별한 사정이 없는 한 그와 같은 해임청구권을 피보전권리로 하여 청산인에 대한 직무집행정지와 직무대행자 선임을 구하는 가처분은 허용되지 않는다.(대결 2020.4.24, 2019마6918)

第724條【清算人의 職務, 權限과 殘餘財産의 分配】 ① 清算人의 職務 및 權限에 關하여는 第87條의 規定을 準用한다.

② 殘餘財産은 各 組合員의 出資價額에 比例하여 이를 分配한다.

▣ 법인의 청산(87 · 80), ① 상254 · 613①, ② 상260 · 613①, 출자(703), 손익의 분배(711)

1. 조합관계의 종료와 잔여재산의 분배 조합관계에 있어서는 일반적으로 조합계약에서 정한 사유의 발생, 조합원 전원의 합의, 조합의 목적인 사업의 성공 또는 성공 불능, 해산청구 등에 의하여 조합관계가 종료된다. 그리고 조합관계가 종료된 경우, 당사자 사이에 별도의 약정이 없는 이상, 청산절차를 밟는 것이 통례로서 조합원들에게 분배할 잔여재산과 그 가액은 청산절차가 종료된 때에 확정되는 것이므로 원칙적으로 청산절차가 종료되지 아니한 상태에서 잔여재산의 분배를 청구할 수는 없는 것이지만, 조합의 잔무로서 처리할 일이 없고, 다만 잔여재산의 분배만이 남아 있을 때에는 따로 청산절차를 밟을 필요가 없이 각 조합원은 자신의 잔여재산 분배 비율의 범위 내에서 그 분배 비율을 초과하여 잔여재산을 보유하고 있는 조합원에 대하여 바로 잔여재산의 분배를 청구할 수 있다.(대판 1998.12.8, 97다31472)

2. 조합해산시의 잔여재산 분배청구권의 행사 방법 조합의 목적 달성으로 인하여 조합이 해산되었으나 조합의 잔무로서 처리할 일이 없고 다만 잔여재산의 분배만이 남아 있을 때에는 따로 청산절차를 밟을 필요가 없이 각 조합원은 자신의 잔여재산의 분배비율의 범위 내에서 그 분배비율을 초과하여 잔여재산을 보유하고 있는 조합원에 대하여 바로 잔여재산의 분배를 청구할 수 있고, 이 경우의 잔여재산 분배청구권은 조합원 상호간의 내부관계에서 발생하는 것으로서 각 조합원이 분배비율을 초과하여 잔여재산을 보유하고 있는 조합원을 상대로 개별적으로 행사하면 족한 것이지 반드시 조합원들이 공동으로 행사하거나 조합원 전원을 상대로 행사하여야 하는 것은 아니라고 할 것이다.(대판 2000.4.21, 99다35713)

3. 일부 청산인의 비협조로 청산절차가 진행되지 아니하는

때에는 청산절차의 종결 없이 바로 잔여재산의 분배나 정산금의 지급을 구할 수 있는지 여부(소극) 피고들이 청산절차에 협력하지 아니하기 때문에 청산절차가 진행되지 않고 있다고 하더라도, 원고가 피고들을 상대로 청산인으로서의 직무를 집행하지 못하도록 함과 아울러 그 직무를 대행할 자를 선임하여 줄 것을 법원에 신청하는 등 청산절차를 진행하기 위한 다른 수단을 강구하는 것은 별론으로 하고, 청산절차가 종결되지 아니한 상태에서 바로 잔여재산의 분배나 정산금의 지급을 청구할 수는 없다.(대판 1993.3.23, 92다42620)

4. **잔여재산 평가 기준시점** 조합의 목적인 사업의 성공으로 인하여 그 조합관계가 종료하고 다만 잔여재산의 분배만이 남아 있을 경우 조합원 사이의 약정에 따른 분배가 어렵게 되어 재판상 청구에 이른 때에는 특별한 사정이 없는 한 잔여재산에 대하여 사실심 변론종결당시의 시가에 따라 평가하여 분배함이 상당하다.(대판 1981.1.13, 80다1672)

5. **민법의 조합의 해산사유와 청산에 관한 규정이 강행규정인지 여부**(소극) 민법의 조합의 해산사유와 청산에 관한 규정은 그와 내용을 달리하는 당사자의 특약까지 배제하는 강행규정이 아니므로 당사자가 민법의 조합의 해산사유와 청산에 관한 규정과 다른 내용의 특약을 한 경우 그 특약은 유효한 것으로 보아야 할 것이다.(대판 1985.2.26, 84다카1921)

6. **일부 조합원이 출자의무를 이행하지 않은 상태에서 해산된 조합의 잔여재산 분배절차** 조합의 일부 조합원이 당초 약정한 출자의무를 이행하고 있지 않은 상태에서 조합의 해산사유가 발생하여 해산이 이루어진 경우 그 잔여업무가 남아 있지 않고 다만 잔여재산의 분배 절차만이 남아 있을 때에는 조합원 사이에 별도의 약정이 없는 이상, 그 이행되지 아니한 출자금 채권을 추심하거나 청산절차를 거치지 않고도 각 조합원은 자신이 실제로 출자한 가액 비율의 범위 내에서 그 출자가액 비율을 초과하여 잔여재산을 보유하고 있는 조합원에 대하여 잔여재산의 분배 절차를 진행할 수 있다. 이때 잔여재산은 특별한 사정이 없는 한 각 조합원이 실제로 출자한 가액에 비례하여 이를 분배하여야 할 것인데, 일부 이행되지 아니한 출자금이 있더라도 이를 고려하지 않고 잔여재산의 범위를 확정한 다음 각 조합원이 실제로 출자한 가액에 비례하여 이를 분배함이 타당하다. 그리고 이러한 기준에 따라 잔여재산분배 절차를 진행하는 이상 다른 조합원들은 출자의무를 이행하지 아니한 조합원에게 더 이상 출자의무의 이행을 청구할 수 없다고 보아야 한다.(대판 2022.2.17, 2016다278579, 278586)

第14節 終身定期金

第725條【終身定期金契約의 意義】 終身定期金契約은 當事者 一方이 自己, 相對方 또는 第三者의 終身까지 定期로 金錢 其他의 物件을 相對方 또는 第三者에게 支給할 것을 約定함으로써 그 效力이 생긴다.

■ 703, 사망(27·28), 정기금채권의 존속(729), 제3자를 위한 계약(539-542)

第726條【終身定期金의 計算】 終身定期金은 日數로 計算한다.

第727條【終身定期金契約의 解除】 ① 定期金債務者가 定期金債務의 元本을 받은 境遇에 그 定期金債務의 支給을 懈怠하거나 其他 義務를 履行하지 아니한 때에는 定期金債權者는 元本의 返還을 請求할 수 있다. 그러나 이미 支給을 받은 債務額에서 그 元本의 利子를 控除한 殘額을 定期金債務者에게 返還하여야 한다.

② 前項의 規定은 損害賠償의 請求에 影響을 미치지 아니한다.

■ 728·729②, 계약의 해제(543·548), 계약해제와 손해배상(551·390-397)

第728條【解除와 同時履行】 第536條의 規定은 前條의 境遇에 準用한다.

第729條【債務者歸責事由로 因한 死亡과 債權存續宣告】 ① 死亡이 定期金債務者의 責任있는 事由로 因한 때에는 法院은 定期金債權者 또는 그 相續人의 請求에 依하여 相當한 期間 債權의 存續을 宣告할 수 있다.

② 前項의 境遇에도 第727條의 權利를 行使할 수 있다.

■ 사망과 종신정기금(725)

第730條【遺贈에 依한 終身定期金】 本節의 規定은 遺贈에 依한 終身定期金債權에 準用한다.

■ 유증(1073이하)

第15節 和解

第731條【和解의 意義】 和解는 當事者가 相互讓步하여 當事者間의 紛爭을 終止할 것을 約定함으로써 그 效力이 생긴다.

■ 재판상의 화해(민소145·220), 화해와 유상쌍무계약(567·570-580·536이하)

1. **불확정기한부 화해계약** 지방자치단체와 분쟁이 있던 은행이 분쟁해결을 위하여 지방자치단체가 청구권을 행사하지 않는 대신 지방자치단체의 문화시설 건립 비용을 부담하기로 하되 그 비용의 지급방법은 상호 협의에 의하여 정하기로 한 경우, 그 약정은 불확정기한부 화해계약에 해당한다.(대판 2002.3.29, 2001다41766)

2. **공사금액에 대한 화해계약** 건물신축공사 도급계약의 수급인과 도급인 사이에 물가변동이 있으면 그 증감액을 산출하여 공사금액을 조정 지급하기로 한 약정에 따라, 수급인이 요구한 물가변동으로 인한 증액 조정에 합의하였으나 그 구체적 액수에 대한 협의를 유보한 채 먼저 설계변경 등으로 인한 감액에 관하여만 합의하기로 하여 감액이 이뤄진 경우, 그 감액 합의는 전체로서의 공사금액을 확정하여 공사금액에 관한 분쟁을 끝내기로 한 것은 아니므로, 이를 공사금액 전체에 대한 화해계약으로 볼 수는 없다.(대판 1996.4.12, 95다55429)

3. **확정판결에 따르기로 한 화해계약** 퇴직금지급률을 인하 조정하는 퇴직금지급규정의 개정에 대하여 노사간에 다툼이 있어, 그 판단을 같은 분쟁에 대하여 이미 퇴사한 직원들이 제기하여 계속중인 소송의 확정 판결에 따르기로 하는 등의 합의를 하였다면, 그 합의는 새로운 법률관계를 확정하여 일체의 분쟁을 끝내기로 한 것이므로 화해계약에 해당한다.(대판 1995.12.12, 94다22453)

4. **피해자가 손해배상에 관하여 합의한 경우 그 합의의 효력이 그의 부모들이 가지는 위자료청구권에까지 미치는지 여부**(소극) 교통사고로 말미암아 원고 1과는 별도로 그 부모인 원고 2, 3도 그들이 입은 정신적 손해에 대하여 고유의 위자료청구권을 가진다 할 것이고, 원고 1이 공제조합과의 합의에 의하여 인정한 합의금을 수령하고 나머지 손해배상청구권을 포기하기로 약정하였다 하더라도 나머지 원고들이 합의당사자인 원고 1과 위 공제조합 사이에 합의가 성립되면 그들 자신은 별도로 손해배상을 청구하지 아니하고 손해

배상청구권을 포기할 뜻을 명시적 혹은 묵시적으로 나타낸 바 있다는 등 특별한 사정이 없는 한 위 포기 등 약정의 효력이 당연히 고유의 손해배상청구권을 가지는 나머지 원고들에게까지 미친다고는 할 수 없다.(대판 1993.9.28, 92다42606)

5. 자동차보험 구상금분쟁심의에 관한 상호협정에 따라 구성된 심의위원회가 한 조정결정 확정의 법률적 의미(=민법상 화해) 보험사업자와 공제사업자 등 협정회사들이 가입한 상호협정은 그 참가자와 적용대상, 조정결정을 하는 심의위원회의 구성과 심의절차 및 불복절차 등을 고려하면 적법·유효하므로 협정회사들 사이에서 구속력이 있고, 상호협정의 내용상 심의위원회의 조정결정이 일정한 절차를 거쳐 확정된 경우에 당사자 사이에 조정결정의 주문과 같은 내용의 합의가 성립되는데, 이러한 합의는 민법상 화해계약에 해당하므로 여기에는 특별한 사정이 없는 한 민법상 화해계약에 관한 법리가 동일하게 적용될 수 있다.(대판 2019.8.14, 2017다217151)

6. 묵시적 화해계약 성립 판단기준 화해계약이 성립한 이후에는 그 목적이 된 사항에 관하여 나중에 다시 이행을 구하는 등으로 다툴 수 없는 것이 원칙이므로, 당사자가 한 행위나 의사표시의 해석을 통하여 묵시적으로 그와 같은 의사의 합치가 있었다고 인정하기 위해서는 그 당시의 여러 사정을 종합적으로 참작하여 이를 엄격하게 해석하여야 한다. 따라서 당사자들이 분쟁을 인식하지 못한 상태에서 일방 당사자가 이행해야 할 채무액에 관하여 협의하였다거나 일방 당사자의 채무이행에 대해 상대방 당사자가 이의를 제기하지 않았다는 사정만으로는 묵시적 화해계약이 성립하였다고 보기 어렵다.(대판 2021.9.9, 2016다203933)

第732條【和解의 創設的效力】 和解契約은 當事者 一方이 讓步한 權利가 消滅되고 相對方이 和解로 因하여 그 權利를 取得하는 效力이 있다.

1. 화해계약의 창설적 효력 화해계약이 성립하면 특별한 사정이 없는 한 그 창설적 효력에 따라 종전의 법률관계를 바탕으로 한 권리의무관계는 소멸하고, 계약 당사자 사이에 종전의 법률관계가 어떠하였는지를 묻지 않고 화해계약에 따라 새로운 법률관계가 생긴다.(대판 2018.5.30, 2017다21411)

2. 제소전화해의 창설적 효력 제소전 화해는 확정판결과 동일한 효력이 있고 당사자 사이의 사법상 화해계약이 그 내용을 이루는 것이면 화해는 창설적 효력을 가져 화해가 이루어지면 종전의 법률관계를 바탕으로 한 권리의무관계는 소멸한다. 그러나 제소전 화해의 창설적 효력은 당사자 간에 다투어졌던 권리관계에만 미치는 것이지 당사자가 다툰 사실이 없었던 사항은 물론 화해의 전제로서 서로 양해하고 있는 사항에 관하여는 미치지 않는다. 따라서 제소전 화해가 있다고 하더라도 화해의 대상이 되지 않은 종전의 다른 법률관계까지 소멸하는 것은 아니다.(대판 2022.1.27, 2019다299058)

3. 불법행위로 인한 손해배상에 관한 합의의 해석 불법행위로 인한 손해배상에 관하여 가해자와 피해자 사이에 피해자가 일정한 금액을 지급받고 그 나머지 청구를 포기하기로 합의가 이루어진 때에는 그 후 그 이상의 손해가 발생하였다 하여 다시 그 배상을 청구할 수 없는 것이지만, 그 합의가 손해의 범위를 정확히 확인하기 어려운 상황에서 이루어진 것이고, 후발손해가 합의 당시의 사정으로 보아 예상이 불가능한 것으로서, 당사자가 후발손해를 예상하였더라면 사회통념상 그 합의금액으로는 화해하지 않았을 것이라고 보는 것이 상당할 만큼 그 손해가 중대한 것일 때에는 당사자의 의사가 이러한 손해에 대해서까지 그 배상청구권을 포기한 것이라고 볼 수 없으므로 다시 그 배상을 청구할 수 있다.(대판 2001.9.4, 2001다9496)

第733條【和解의 效力과 錯誤】 和解契約은 錯誤를 理由로 하여 取消하지 못한다. 그러나 和解當事者의 資格 또는 和解의 目的인 紛爭 以外의 事項에 錯誤가 있는 때에는 그러하지 아니하다.

■ 착오(109), 취소(140－146)

1. '화해의 목적인 분쟁 이외의 사항'의 의미 '화해의 목적인 분쟁 이외의 사항'이라 함은 분쟁의 대상이 아니라 분쟁의 전제 또는 기초가 된 사항으로서, 쌍방 당사자가 예정한 것이어서 상호 양보의 내용으로 되지 않고 다툼이 없는 사실로 양해된 사항을 말한다.(대판 1995.12.12, 94다22453)

2. 불법행위로 인한 손해배상과 관련하여 당사자 사이에 합의나 화해가 이루어진 경우 그 목적으로 된 사항에 대한 해석원칙 불법행위로 인한 손해배상에 관하여 가해자와 피해자 사이에 피해자가 일정한 금액을 지급받고 그 나머지 청구를 포기하기로 합의가 이루어진 때에는 그 후 그 이상의 손해가 발생하였다 하여 다시 그 배상을 청구할 수 없는 것이 원칙이므로, 불법행위로 인한 손해배상과 관련하여 당사자 사이에 합의나 화해가 이루어진 경우 그 목적으로 된 사항에 관하여는 엄격하게 해석함이 타당하다.(대판 2003.10.10, 2003다19206)

3. 의사가 환자 유족에게 손해배상을 하기로 합의한 경우 의사의 과실 유무가 합의의 전제인지 분쟁의 대상인지 여부 의사의 치료행위 직후 환자가 사망하여 의사가 환자의 유족에게 거액의 손해배상금을 지급하기로 합의하였으나 그 후 환자의 사망이 의사의 치료행위와는 전혀 무관한 것으로 밝혀진 경우, 의사에게 치료행위상의 과실이 있다는 점은 위 합의의 전제이었지 분쟁의 대상은 아니었다고 볼 수 있다.(대판 2001.10.12, 2001다49326)

第3章 事務管理

第734條【事務管理의 內容】 ① 義務없이 他人을 爲하여 事務를 管理하는 者는 그 事務의 性質에 좇아 가장 本人에게 利益되는 方法으로 이를 管理하여야 한다.

② 管理者가 本人의 意思를 알거나 알 수 있는 때에는 그 意思에 適合하도록 管理하여야 한다.

③ 管理者가 前2項의 規定에 違反하여 事務를 管理한 境遇에는 過失없는 때에도 이로 因한 損害를 賠償할 責任이 있다. 그러나 그 管理行爲가 公共의 利益에 適合한 때에는 重大한 過失이 없으면 賠償할 責任이 없다.

■ 유실물, 해난구조(상849이하, 선원14), 계약에 의한 사무관리(680이하), 본인의 의사(739), 주채무자의 부탁을 받지 아니한 보증(444), 타인의 채무의 변제(469②), [1] 관리자의 주의의무(735), [2] 본인의 의사와 관리 계속(737단), [3] 손해배상, 보상(390·393·394·740)

1. 사무관리의 성립 요건 사무관리가 성립하기 위하여는 우선 그 사무가 타인의 사무이고 타인을 위하여 사무를 처리하는 의사, 즉 관리의 사실상의 이익을 타인에게 귀속시키려는 의사가 있어야 함은 물론 나아가 그 사무의 처리가 본인에게 불리하거나 본인의 의사에 반한다는 것이 명백하지 아니할 것을 요하고, 따라서 의무 없이 타인을 위하여 사무를 관리하는 자는 그 타인과의 사이에서 사무관리가 성립하고 제3자에 대한 관계에서는 사무관리가 성립하지 아니한다(대판 1997.10.10, 97다26326)

2. 사무관리자의 사무관리상 부주의로 인하여 화재가 발생한 경우 손해배상 책임 피고가 원고를 대신하여 손님이 주문할 음식의 조리를 위한 준비로 위 가스레인지를 점화하여 원고의 사무를 개시한 이상 위 가스레인지의 사용이 필요없게 된 경우 스스로 위 가스레인지의 불을 끄거나 위 레스토

량의 종업원으로 하여금 그 불을 끄도록 조치하는 등 원고에게 가장 이익되는 방법으로 이를 관리하여야 함에도 이를 위반하였으므로 피고는 사무관리자로서 이로 인하여 발생한 이 사건 손해에 대하여 본인인 원고가 입은 손해를 배상할 책임이 있다.(대판 1995.9.29, 94다13008)

3. 구 조합과 위임계약을 체결한 자가 신 조합의 업무를 대행한 경우 사무관리 성립 신 조합이 구 조합의 해산 후 별도의 절차에 따라 새로 설립되었으나 구 조합과 조합업무 위임계약 및 조합업무대행 수수료 지급약정을 체결한 갑이 실제로 구 조합에 이어 신 조합의 업무를 상당 부분 대행해 왔고, 신 조합도 그 법률적 효과와 경제적 이익을 누려왔다면, 갑은 신 조합이 구 조합과 실체가 동일하여 구 조합과 갑 사이에 체결된 위 약정을 승계한 것으로 생각하였거나, 적어도 신 조합과 새로운 조합업무 위임계약이 체결될 것을 기대하고 보수를 지급받을 목적으로 법률상 의무 없이 신 조합을 위하여 신 조합의 사무를 처리해 온 것임을 인정할 수 있으므로, 신 조합과 갑 사이에 사무관리에 의한 법정채권관계가 성립하였다.(대판 2010.6.10, 2009다98669)

4. 타인을 위하여 사무를 관리한 자가 사무관리에 의하여 사실상 이익을 얻은 제3자에게 직접 부당이득반환청구 가부(소극) 의무 없이 타인을 위하여 사무를 관리한 자는 타인에 대하여 민법상 사무관리 규정에 따라 비용상환 등을 청구할 수 있는 외에 사무관리에 의하여 결과적으로 사실상 이익을 얻은 다른 제3자에 대하여 직접 부당이득반환을 청구할 수는 없다.(대판 2013.6.27, 2011다17106)

5. 사무관리의 성립 요건 및 채권자가 채무자의 공동상속등기를 대위신청하여 등기가 행하여진 경우, 제3자에 대하여 사무관리에 기하여 등기에 소요된 비용의 상환청구가부(원칙적 적극) ① 사무관리가 성립하기 위하여는 우선 그 사무가 타인의 사무이고 타인을 위하여 사무를 처리하는 의사가 있어야 하며, 나아가 그 사무의 처리가 본인에게 불리하거나 본인의 의사에 반한다는 것이 명백하지 아니할 것을 요한다. 여기에서 '타인을 위하여 사무를 처리하는 의사'는 관리자 자신의 이익을 위한 의사와 병존할 수 있고, 반드시 외부적으로 표시될 필요가 없으며, 사무를 관리할 당시에 확정되어 있을 필요가 없다. ② 채권자가 자신의 채권을 보전하기 위하여 채무자가 다른 상속인과 공동으로 상속받은 부동산에 관하여 위와 같이 공동상속등기를 대위신청하여 그 등기가 행하여진 경우에는, 채권자는 자신의 채무자가 아닌 제3자에 대하여도 다른 특별한 사정이 없는 한 사무관리에 기하여 그 등기에 소요된 비용의 상환을 청구할 수 있다.(대판 2013.8.22, 2013다30882)

6. 제3자와 약정에 따라 타인의 사무를 처리한 경우, 그 타인과의 관계에서 사무관리 성립 여부(원칙적 소극) 의무 없이 타인의 사무를 처리한 자는 그 타인에 대하여 민법상 사무관리 규정에 따라 비용상환 등을 청구할 수 있으나, 제3자와의 약정에 따라 타인의 사무를 처리한 경우에는 의무 없이 타인의 사무를 처리한 것이 아니므로 이는 원칙적으로 그 타인과의 관계에서는 사무관리가 된다고 볼 수 없다.(대판 2013.9.26, 2012다43539)

7. 사인이 국가의 사무를 처리한 경우, 사무관리가 성립하기 위한 요건 타인의 사무가 국가의 사무인 경우, 원칙적으로 사인이 법령상 근거 없이 국가의 사무를 수행할 수 없다는 점을 고려하면, 사인이 처리한 국가의 사무가 사인이 국가를 대신하여 처리할 수 있는 성질의 것으로서, 사무 처리의 긴급성 등 국가의 사무에 대한 사인의 개입이 정당화되는 경우에 한하여 사무관리가 성립하고, 사인은 그 범위 내에서 국가에 대하여 국가의 사무를 처리하면서 지출된 필요비 내지 유익비의 상환을 청구할 수 있다.(대판 2014.12.11, 2012다15602)

第735條【緊急事務管理】 管理者가 他人의 生命, 身體, 名譽 또는 財産에 對한 急迫한 危害를 免하게 하기 爲하여 그 事務를 管理한 때에는 故意나 重大한 過失이 없으면 이로 因한 損害를 賠償할 責任이 없다.

▣ 734③

第736條【管理者의 通知義務】 管理者가 管理를 開始한 때에는 遲滯없이 本人에게 通知하여야 한다. 그러나 本人이 이미 이를 안 때에는 그러하지 아니하다.

▣ 734①, 보고의무(738·683)

第737條【管理者의 管理繼續義務】 管理者는 本人, 그 相續人이나 法定代理人이 그 事務를 管理하는 때까지 管理를 繼續하여야 한다. 그러나 管理의 繼續이 本人의 意思에 反하거나 本人에게 不利함이 明白한 때에는 그러하지 아니하다.

▣ 법정대리인(909－911·931－936·938), 위임과 응급처리의무(691), 사무관리와 본인의 의사(734②·739③)

1. 사무관리의 목적인 사무를 본인이 직접 관리하겠다는 의사가 외부에 명백히 표현된 경우에 사무관리의 종료여부(적극) 사무관리는 의무 없이 타인을 위하여 사무를 관리한다는 사실만 있으면 성립되는 것이고 의사표시를 요소로 하는 법률행위가 아니므로 본인이 사무관리의 목적이었던 사무를 직접 관리하려면 사무관리자에게 그 관리를 종료하여 줄 것을 내용으로 하는 의사표시를 하여야 하는 것이 아니고 본인 자신이 직접 관리하겠다는 의사가 외부적으로 명백히 표현된 경우에는 사무관리는 그 이상 성립할 수 없는 것이다.(대판 1975.4.8, 75다254)

第738條【準用規定】 第683條 乃至 第685條의 規定은 事務管理에 準用한다.

第739條【管理者의 費用償還請求權】 ① 管理者가 本人을 爲하여 必要費 또는 有益費를 支出한 때에는 本人에 대하여 그 償還을 請求할 수 있다.
② 管理者가 本人을 爲하여 必要 또는 有益한 債務를 負擔한 때에는 第688條第2項의 規定을 準用한다.
③ 管理者가 本人의 意思에 反하여 管理한 때에는 本人의 現存利益의 限度에서 前2項의 規定을 準用한다.

▣ 사무관리와 보수(유실4, 수난구호법32, 상849), ③ 사무관리와 본인의 의사(734②, 737단)

1. 혼인외 출생자를 양육 및 교육한 자가 동 혼인외 출생자의 생부에 대하여 하는 부당이득반환 또는 사무관리 비용상환청구 혼인외 출생자에 대하여는 그 실부가 인지를 하거나 부모의 혼인으로 그 혼인 중의 출생자로 간주되어야만 비로소 부자간에 법률상의 친자관계가 형성되어 부양의무를 비롯한 친자관계로 인한 법률상 효과가 발생하는 것이고, 인지되지 않은 혼인외 출생자에 대하여는 그 실부라 할지라도 법률상 부양의무가 있다고 할 수 없는 것인바, 비록 제3자인 원고가 피고의 혼인외 출생자라고 주장하는 위 소외인을 그 주장과 같이 양육 및 교육하면서 그 비용을 지출하였다고 하여도 법률상 부양의무 없는 피고가 그로 인하여 부당이득을 하였다거나 원고가 피고의 사무를 관리하였다고 보기는 어렵다.(대판 1981.5.26, 80다2515)

2. 공유수면매립면허가 실효된 뒤에 투입한 매립공사비가 사무관리비용인지 여부(소극) 공유수면매립면허가 그 준공기한의 도과로 자동 실효된 사실이 통지된 후에 원고가 동 매립면허자와 동업계약을 체결하고 공사비 1,700만원을 투

입하여 매립공사를 완료하였다고 하더라도 원고의 위 매립공사는 주관적으로 타인을 위한다는 의사가 있었다고 볼 수 없고, 객관적으로 타인인 피고 나라(공유수면 소유자)나 도(그 관리자)의 의사에 반하는 것임이 명백하므로 위 공사비 1,700만원은 피고들을 위한 사무관리로 지출한 필요비라고 할 수 없다.(대판 1981.10.24, 81다563)

第740條【管理者의 無過失損害補償請求權】 管理者가 事務管理를 함에 있어서 過失없이 損害를 받은 때에는 本人의 現存利益의 限度에서 그 損害의 補償을 請求할 수 있다.

▣ 734③, 사무관리와 보수의 특칙(유실4, 수난구호법32, 상849이하)

第4章 不當利得

第741條【不當利得의 內容】 法律上 原因없이 他人의 財産 또는 勞務로 因하여 利益을 얻고 이로 因하여 他人에게 損害를 加한 者는 그 利益을 返還하여야 한다.

▣ 취소와 이익의 상환(141), 계약과 원상회복(548①), 기타 이익의 상환 또는 원상회복(201－203・261・444・451①・470・472・748, 어79, 수63, 상648)

▶일 반

1. 임차인이 임차건물을 계속 점유하였으나 사용・수익하여 실질적 이득을 얻은바 없는 경우 부당이득 여부(소극) 법률상의 원인 없이 이득하였음을 이유로 한 부당이득의 반환에 있어 이득이라 함은 실질적인 이익을 의미하므로, 임차인이 임대차계약관계가 소멸된 이후에도 임차건물 부분을 계속 점유하기는 하였으나 이를 본래의 임대차계약상의 목적에 따라 사용・수익하지 아니하여 실질적인 이득을 얻은 바 없는 경우에는 그로 인하여 임대인에게 손해가 발생하였다 하더라도 임차인의 부당이득반환의무는 성립되지 않는다.(대판 1995.3.28, 94다50526)

2. 채권의 취득이 이득인지 여부(적극) 법률상 원인 없이 타인의 재산 또는 노무로 인하여 이익을 얻고 그로 인하여 타인에게 손해를 가하는 이른바 부당이득은 그 수익의 방법에 제한이 없음은 물론, 그 수익에 있어서도 그 어떠한 사실에 의하여 재산이 적극적으로 증가하는 재산의 적극적 증가나 그 어떠한 사실의 발생으로 당연히 발생하였을 손실을 보지 않게 되는 재산의 소극적 증가를 가리지 않는 것으로, 채권도 물권과 같이 재산의 하나이므로 그 취득도 당연히 이득이 되고 수익이 된다.(대판 1996.11.22, 96다34009)

3. 부당이득반환청구에서 물건의 점유를 요건으로 하는지 여부(소극) 물건의 소유자가 부당이득반환청구를 하는 경우 우선 상대방이 얻는 이익의 구체적인 내용을 따져서 그 취득을 내용으로 하는 권리가 일반적으로 유상으로 부여되는 것이어서 그 이익이 부당이득반환의 대상이 될 만한 것인지를 살펴보아야 하며, 그 경우 그러한 이익의 유무는 상대방이 당해 물건을 점유하는지에 의하여 좌우되지 아니하고 점유 여부는 단지 반환되어야 할 이익의 구체적인 액을 산정함에 있어서 고려될 뿐이다.(대판 2009.11.26, 2009다35903)

4. 수익자가 통행지를 통행함에 그치고 통행지 소유자의 점유를 배제할 정도의 배타적인 점유를 하고 있지 않은 경우 부당이득액 타인 소유의 토지를 법률상 권원 없이 점유함으로 인하여 토지 소유자가 입은 통상의 손해는 특별한 사정이 없는 한 점유 토지의 임료 상당액이지만, 수익자가 단지 공로에 이르는 통로로 통행지를 통행함에 그치고 통행지 소유자의 점유를 배제할 정도의 배타적인 점유를 하고 있지 않다면, 통행지 소유자가 통행지를 본래 목적대로 사용・수익할 수 없게 되는 경우의 손해액이라 할 수 있는 임료 상당액 전부가 통행지 소유자의 손해액이 된다고 볼 수는 없고, 구체적 사안에서 사회통념에 따라 쌍방 토지의 토지소유권 취득 시기와 가격, 통행지에 부과되는 재산세, 본래 용도에의 사용 가능성, 통행지를 공동으로 이용하는 사람이 있는지를 비롯하여 통행 횟수・방법 등의 이용태양, 쌍방 토지의 지형적・위치적 형상과 이용관계, 부근의 환경, 상린지 이용자의 이해득실 기타 제반 사정을 고려하여 이를 감경할 수 있다.(대판 2023.3.13, 2022다293999)

5. 불법행위로 인한 손해배상청구의 소를 먼저 제기하여 과실상계 등으로 승소액이 제한된 경우, 제한된 금액에 대한 부당이득반환청구권 행사 허부(적극) 채권자로서는 부당이득반환청구권과 불법행위로 인한 손해배상청구권 중 어느 하나의 청구권에 관한 소를 제기하여 승소 확정판결을 받았다고 하더라도 아직 채권의 만족을 얻지 못한 경우에는 다른 나머지 청구권에 관한 이행의 소를 제기할 수 있다. 그리고 채권자가 손해배상청구의 소를 먼저 제기하는 바람에 과실상계 또는 공평의 원칙에 기한 책임제한 등의 법리에 따라 그 승소액이 제한되었다고 하여도 그로써 제한된 금액에 대한 부당이득반환청구권의 행사는 허용된다.(대판 2013.9.13, 2013다45457)

6. 행정처분과 부당이득 행정상대방이 행정청에 이미 납부한 돈이 민법상 부당이득에 해당한다고 주장하면서 그 반환을 청구하는 것은 민사소송절차를 따라야 한다. 그러나 그 돈이 행정처분에 근거하여 납부한 것이라면 그 행정처분이 취소되거나 당연무효가 아닌 이상 법률상 원인 없는 이득이라고 할 수 없다.(대판 2021.12.30, 2018다241458)

▶부당이득 인정례

7. 동시이행항변권을 가진 자의 사용・수익 임차인이 동시이행의 항변권에 기하여 임차목적물을 사용 수익한 경우에도 그로 인하여 임대인에게 손해를 끼치는 한에 있어서는 부당이득이 된다.(대판 1981.2.10, 80다1495)

8. 임대인이 타인 소유의 부동산을 임대하였다가 차임연체를 이유로 해지한 경우 임차인의 점유・사용 임대인이 국가 소유의 부동산을 임대하였는데 임차인의 차임 연체로 인하여 그 임대차계약이 해지되었다면, 특별한 사정이 없는 한 임차인은 임대인에게 그 부동산을 명도하고 해지로 인한 임대차 종료시까지의 연체차임 및 그 이후부터 명도 완료일까지 그 부동산을 점유・사용함에 따른 차임 상당의 부당이득금을 반환할 의무가 있다.(대판 1996.9.6, 94다54641)

9. 확정된 배당표에 의하여 배당을 실시하였으나 배당을 받지 못한 채권자 확정된 배당표에 의하여 배당을 실시하는 것은 실체법상의 권리를 확정하는 것이 아니므로 배당을 받아야 할 자가 배당을 받지 못하고 배당을 받지 못할 자가 배당을 받은 경우에는 배당에 관하여 이의를 한 여부 또는 형식상 배당절차가 확정되었는지 여부에 관계없이 배당을 받지 못한 채권자는 배당받은 자에 대하여 부당이득반환을 청구할 수 있다.(대판 2004.4.9, 2003다32681)

10. 집행력 있는 정본을 가진 채권자 등이 배당요구의 종기까지 적법한 배당요구를 하지 않아 배당에서 제외된 경우, 부당이득반환청구 가부(소극) 집행력 있는 정본을 가진 채권자 등은 배당요구의 종기까지 배당요구를 한 경우에 한하여 비로소 배당을 받을 수 있고, 적법한 배당요구를 하지 않은 경우에는 매각대금으로부터 배당을 받을 수는 없다. 이러한 채권자가 적법한 배당요구를 하지 않아 배당에서 제외되는 것으로 배당표가 작성되어 배당이 실시되었다면, 그가 적법한 배당요구를 한 경우에 배당받을 수 있었던 금액에 해당하는 돈이 다른 채권자에게 배당되었다고 해서 법률상 원인이 없는 것이라고 할 수 없다.(대판 2020.10.15, 2017다216523)

11. 부당배당과 부당이득 배당받을 권리 있는 채권자가 자신이 배당받을 몫을 받지 못하고 그로 인해 권리 없는 다른 채권자가 그 몫을 배당받은 경우에는 배당이의 여부 또는 배당표의 확정 여부와 관계없이 배당받을 수 있었던 채권자가 배당금을 수령한 다른 채권자를 상대로 부당이득반환 청구를 할 수 있다.(대판(全) 2019.7.18, 2014다206983)

12. 배당표가 잘못되어 있으나 아직 배당금이 지급되지 않은 경우, 부당이득반환청구 방법(=배당금지급청구권의 양도) 배당절차에서 작성된 배당표가 잘못되어 배당을 받아야 할 채권자가 배당을 받지 못하고 배당을 받을 수 없는 사람이 배당받는 것으로 되어 있을 경우, 배당금이 실제 지급되었다면 배당금 상당의 금전지급을 구하는 부당이득반환청구를 할 수 있지만 아직 배당금이 지급되지 아니한 때에는 배당금지급청구권의 양도에 의한 부당이득의 반환을 구하여야지 그 채권 가액에 해당하는 금전의 지급을 구할 수는 없다.(대결 2013.4.26, 2009마1932)

13. 강제경매의 무효 경락인이 강제경매절차를 통하여 부동산을 경락받아 대금을 완납하고 그 앞으로 소유권이전등기까지 마쳤으나, 그 후 강제경매절차의 기초가 된 채무자 명의의 소유권이전등기가 원인무효의 등기이어서 경매 부동산에 대한 소유권을 취득하지 못하게 된 경우, 이와 같은 강제경매는 무효라고 할 것이므로 경락인은 경매 채권자에게 경매대금 중 그가 배당받은 금액에 대하여 일반 부당이득의 법리에 따라 반환을 청구할 수 있다.(대판 2004.6.24, 2003다59259)

14. 채무자 이외의 자의 소유에 속하는 동산의 경매 채무자 이외의 자의 소유에 속하는 동산을 경매한 경우에도 경매절차에서 그 동산을 경락받아 경락대금을 납부하고 이를 인도받은 경락인은 특별한 사정이 없는 한 소유권을 선의취득한다고 할 것이지만, 그 동산의 매득금은 채무자의 것이 아니어서 채권자가 이를 배당 받았다고 하더라도 채권은 소멸하지 않고 계속 존속한다고 할 것이므로, 배당을 받은 채권자는 이로 인하여 법률상 원인 없는 이득을 얻고 소유자는 경매에 의하여 소유권을 상실하는 손해를 입게 되었다고 할 것이니, 그 동산의 소유자는 배당을 받은 채권자에 대하여 부당이득으로서 배당받은 금원의 반환을 청구할 수 있다고 할 것인바, 이와 같은 이치는 제3자 소유의 기계·기구가 그의 동의 없이 공장저당법 4조, 5조의 규정에 의한 저당권의 목적이 되어 같은 법 7조의 목록에 기재되는 바람에 공장에 속하는 토지 또는 건물과 함께 일괄경매되어 경락되고 채권자가 그 기계·기구의 경락대금을 배당받은 경우에도 경락인이 그 기계·기구의 소유권을 선의취득 하였다면 마찬가지라고 보아야 한다.(대판 1998.3.27, 97다32680)

15. 채무자가 피해자로부터 횡령한 금전으로 채권자에 대한 채무변제 채무자가 피해자로부터 횡령한 금전을 그대로 채권자에 대한 채무변제에 사용하는 경우 피해자의 손실과 채권자의 이득 사이에 인과관계가 있음이 명백하고, 한편 채무자가 횡령한 금전으로 자신의 채권자에 대한 채무를 변제하는 경우 채권자가 그 변제를 수령함에 있어 악의 또는 중대한 과실이 있는 경우에는 채권자의 금전 취득은 피해자에 대한 관계에 있어서 법률상 원인을 결여한 것으로 봄이 상당하나, 채권자가 그 변제를 수령함에 있어 단순히 과실이 있는 경우에는 그 변제는 유효하고 채권자의 금전 취득이 피해자에 대한 관계에 있어서 법률상 원인을 결여한 것이라고 할 수 없다.(대판 2003.6.13, 2003다8862)

16. 횡령금전의 증여와 부당이득 채무자가 피해자에게서 횡령한 금전을 자신의 채권자에 대한 채무변제에 사용하는 경우 채권자가 변제를 수령하면서 그 금전이 횡령한 것이라는 사실에 대하여 악의 또는 중대한 과실이 없는 한 채권자의 금전취득은 피해자에 대한 관계에서 법률상 원인이 있는 것으로 봄이 타당하며, 이와 같은 법리는 채무자가 횡령한 돈을 제3자에게 증여한 경우에도 마찬가지이다.(대판 2012.1.12, 2011다74246)

17. 편취금전에 의한 변제와 부당이득 채무자가 피해자로부터 편취한 금전을 자신의 채권자에 대한 채무변제에 사용하는 경우, 채권자가 변제를 수령할 때 금전이 편취된 것이라는 사실에 대하여 악의 또는 중대한 과실이 없는 한 채권자의 금전 취득은 피해자에 대한 관계에서 법률상 원인이 있으며, 이와 같은 법리는 채무자가 편취한 금전을 자신의 채권자에 대한 채무변제에 직접 사용하지 않고 자신의 채권자의 다른 채권자에 대한 채무를 대신 변제하는 데 사용한 경우에도 마찬가지이다.(대판 2016.6.28, 2012다44358, 44365)

18. 회사가 임원이나 근로자를 피보험자 및 수익자로 하여 퇴직보험에 가입한 경우 임원이나 근로자가 퇴직보험에 의하여 수령한 금원 중 퇴직금을 초과하는 금원 회사가 임원이나 근로자를 피보험자 및 수익자로 하여 퇴직보험에 가입하였더라도, 이는 임원이나 근로자가 퇴직할 경우 회사가 퇴직금 관련 규정에 따라 지급하여야 할 퇴직금을 보험금 또는 해약환급금에서 직접 지급받도록 함으로써 회사의 재무사정에 영향을 받지 않고 퇴직금 지급이 보장되도록 하기 위한 것일 뿐 그 퇴직금을 넘는 금원을 임원이나 근로자에게 지급하기 위한 것은 아니다. 따라서 비록 임원이나 근로자가 퇴직보험에서 정한 바에 따라 직접 보험금 또는 해약환급금을 수령하였다고 하더라도, 회사에 대한 관계에서는 회사가 지급하여야 하는 퇴직금의 범위 내에서만 보험금 또는 해약환급금을 보유할 수 있는 권리를 가질 뿐이며, 임원이나 근로자가 퇴직보험에 의하여 수령한 금원 중에서 위 퇴직금을 초과하는 금원은 회사가 출연한 보험료를 기초로 하여 법률상 원인 없이 이득을 얻은 것이 되어 회사에게 반환할 의무가 있다.(대판 2010.3.11, 2007다71271)

19. 착오송금의 경우 송금의뢰인의 수취인에 대한 부당이득반환청구권 예금거래기본약관에 따라 송금의뢰인이 수취인의 예금계좌에 자금이체를 하여 예금원장에 입금의 기록이 된 때에는 특별한 사정이 없는 한 송금의뢰인과 수취인 사이에 자금이체의 원인인 법률관계가 존재하는지 여부에 관계없이 수취인과 수취은행 사이에는 위 입금액 상당의 예금계약이 성립하고, 수취인이 수취은행에 대하여 위 입금액 상당의 예금채권을 취득한다. 이때 송금의뢰인과 수취인 사이에 계좌이체의 원인이 되는 법률관계가 존재하지 않음에도 불구하고, 계좌이체에 의하여 수취인이 계좌이체금액 상당의 예금채권을 취득한 경우에는, 송금의뢰인은 수취인에 대하여 위 금액 상당의 부당이득반환청구권을 가지게 된다.(대판 2010.11.11, 2010다41263, 41270)

20. 타인 소유 토지 위의 미등기건물의 원시취득자가 부당이득을 얻고 있는지 여부(적극) 타인 소유의 토지 위에 권한 없이 건물을 소유하는 자는 그 자체로써 건물 부지가 된 토지를 점유하고 있는 것이므로 특별한 사정이 없는 한 법률상 원인 없이 타인의 재산으로 인하여 토지의 차임에 상당하는 이익을 얻고 이로 인하여 타인에게 동액 상당의 손해를 주고 있는 것이고, 이는 건물 소유자가 미등기건물의 원시취득자로서 그 건물에 관하여 사실상의 처분권을 보유하게 된 양수인이 따로 존재하는 경우에도 마찬가지이다.(대판 2011.7.14, 2009다76522, 76539)

21. 타인 소유 토지 위의 미등기건물의 원시취득자와 별개로 그 건물에 관하여 사실상의 처분권을 보유하게 된 양수인이 따로 존재하는 경우의 법률관계 미등기건물을 양수하여 건물에 관한 사실상의 처분권을 보유하게 됨으로써 그 양수인이 건물 부지 역시 아울러 점유하고 있다고 볼 수 있는 경우에는 미등기건물에 관한 사실상의 처분권자도 건물 부지의 점유·사용에 따른 부당이득반환의무를 부담한다. 이러한 경우 미등기건물의 원시취득자와 사실상의 처분권자가 토지 소유자에 대하여 부담하는 부당이득반환의무는 동일한 경제적 목적을 가진 채무로서 부진정연대채무 관계에 있다.(대판 2022.9.29, 2018다243133, 243140)

22. 3자간 등기명의신탁에서 수탁자가 신탁부동산을 처분한 경우 신탁자가 수탁자를 상대로 직접 부당이득반환청구 가부(적극) 3자간 등기명의신탁에서 부동산실명법 상의 유예기간 경과 후에 제3취득자 명의로 이전등기가 마쳐진 경우, 특별한 사정이 없는 한 그 제3취득자는 유효하게 소유권을 취득하게 되므로, 그로 인해 매도인의 신탁자에 대한 소유권이전등기의무는 이행불능으로 되고 그 결과 신탁자는 신탁부동산의 소유권을 이전받을 권리 상실의 손해를 입게 되는 반면, 수탁자는 신탁부동산의 처분대금 취득의 이익을 얻게 되므로, 수탁자는 신탁자에게 그 이익을 부당이득으로 반환할 의무가 있다.(대판 2011.9.8, 2009다49193, 49209)

23. 부동산실명법 시행 전에 명의신탁을 한 후 위 법이 정한 유예기간이 경과한 경우 명의수탁자의 부당이득의 대상(당해 부동산 자체) 부동산실명법 시행 전에 명의신탁을 한 다음 위 법 11조에서 정한 유예기간 내에 실명등기 등을 하지 않고 그 기간을 경과함으로써 위 법 12조 1항, 4조에 의하여 위 명의신탁약정이 무효로 됨에 따라 명의수탁자가 당해 부동산에 관한 완전한 소유권을 취득하게 된 경우, 명의수탁자는 명의신탁자에게 자신이 취득한 당해 부동산을 부당이득으로 반환할 의무가 있다.(대판 2010.2.11, 2008다16899)

24. 건물소유자가 부지 소유권을 상실한 경우 건물임차인의 임대차 종료 이후 부당이득반환의무 유무 및 그 범위 건물소유자가 부지 부분에 관한 소유권을 상실하였다 하여도 건물소유자는 의연 토지소유자와 관계에서는 건물 부지의 불법점유자라 할 것이고, 따라서 건물 부지 부분에 관한 차임 상당의 부당이득 전부에 관한 반환의무를 부담하게 되며, 건물을 점유하고 있는 건물임차인이 토지소유자에게 부지점유자로서 부당이득반환의무를 진다고 볼 수 없다. 그러므로 건물소유자는 이러한 채무의 부담한도 내에서 건물임차인의 건물 불법점유에 상응하는 부지 부분의 사용·수익에 따른 임료 상당의 손실이 생긴 것이고, 건물에 관한 임대차계약 종료 이후 이를 계속 점유·사용하는 건물임차인은 건물소유자에 대한 관계에서 건물 부지의 사용·수익으로 인한 이득이 포함된 건물임료 상당의 부당이득을 한 것이다.(대판 2012.5.10, 2012다4633)

25. 국유재산의 무단점유자에 대하여 구 국유재 51조 1항, 4항, 5항에 의한 변상금 부과·징수권의 행사와 별도로 민사상 부당이득반환청구의 소를 제기할 수 있는지 여부(적극) 구 국유재(2009. 1. 30. 법률 제9401호로 전부 개정되기 전의 것) 51조 1항, 4항, 5항에 의한 변상금 부과·징수권은 민사상 부당이득반환청구권과 법적 성질을 달리하므로, 국가는 무단점유자를 상대로 변상금 부과·징수권의 행사와 별도로 국유재산의 소유자로서 민사상 부당이득반환청구의 소를 제기할 수 있다. 그리고 이러한 법리는 구 국유재 32조 3항, 구 국유재 시행령(2009. 7. 27. 대통령령 제21641호로 전부 개정되기 전의 것) 33조 2항에 의하여 국유재산 중 잡종재산(현행 국유재산법상의 일반재산에 해당한다)의 관리·처분에 관한 사무를 위탁받은 한국자산관리공사의 경우에도 마찬가지로 적용된다.(대판(全) 2014.7.16, 2011다76402)

26. 일부 구분소유자나 제3자의 배타적 공용부분 점유·사용에 따른 부당이득반환의무의 성부(원칙적 적극) (대판(全) 2020.5.21, 2017다220744) → 제215조 참조

27. 승진발령이 무효임에도 근로자가 승진발령이 유효함을 전제로 승진된 직급에 따라 계속 근무한 경우의 부당이득 성립 여부 및 판단기준 승진발령이 무효임에도 근로자가 승진발령이 유효함을 전제로 승진된 직급에 따라 계속 근무하여 온 경우, ① 승진 전후 각 직급에 따라 수행하는 업무에 차이가 있어 승진된 직급에 따른 업무를 수행하고 그에 대한 대가로 임금이 지급되었다면, 근로자가 지급받은 임금은 제공된 근로의 대가이므로 근로자에게 실질적인 이득이 있다고 볼 수 없어 사용자가 이에 대해 부당이득으로 반환을 청구할 수 없다. ② 그러나 승진 전후 각 직급에 따라 수행하는 업무에 차이가 없어 승진 후 제공된 근로의 가치가 승진 전과 견주어 실질적 차이가 없음에도 단지 직급의 상승만을 이유로 임금이 상승한 부분이 있다면, 근로자는 임금 상승분 상당의 이익을 얻었다고 볼 수 있고, 승진이 무효인 이상 그 이득은 근로자에게 법률상 원인 없이 지급된 것으로서 부당이득으로 사용자에게 반환되어야 한다. 여기서 승진 전후 제공된 근로의 가치 사이에 실질적으로 차이가 있는지는 제공된 근로의 형태와 수행하는 업무의 내용, 보직의 차이 유무, 직급에 따른 권한과 책임의 정도 등 여러 사정을 종합적이고 객관적으로 평가하여 판단하여야 한다.(대판 2022.8.19, 2017다292718)

28. 국가 또는 지방자치단체의 위법한 사유지 점유 개시와 부당이득 국가 또는 지방자치단체가 위법하게 사유지에 대한 점유를 개시한 경우, 국가 또는 지방자치단체가 토지보상법에 따라 해당 토지에 대한 수용 또는 사용 절차를 거쳐 손실보상금을 지급할 가능성이 있었다는 사정만으로 토지 소유자에 대한 부당이득반환의무가 소멸한다고 볼 수 없다. 국가 또는 지방자치단체로서는 토지보상법에 따른 적법한 수용 또는 사용 절차를 통해 정당한 보상을 함으로써 그 토지에 대한 사용권을 획득한 이후에야 그 범위 내에서 부당이득반환의무를 면할 뿐이다.(대판 2024.6.27, 2023다275530)

29. 토지의 상공에 고압전선이 통과함으로써 토지 상공의 사용·수익을 제한받는 경우의 부당이득관계 토지의 상공에 고압전선이 통과하게 됨으로써 토지소유자가 토지 상공의 사용·수익을 제한받게 되는 경우, 특별한 사정이 없는 한 고압전선의 소유자는 토지소유자의 사용·수익이 제한되는 상공 부분에 대한 차임 상당의 부당이득을 얻고 있으므로, 토지소유자는 이에 대한 반환을 구할 수 있다. 이때 토지소유자의 사용·수익이 제한되는 상공의 범위에는 고압전선이 통과하는 부분뿐만 아니라 관계 법령에서 고압전선과 건조물 사이에 일정한 거리를 유지하도록 규정하고 있는 경우 그 거리 내의 부분도 포함된다. 한편 고압전선의 소유자가 해당 토지 상공에 관하여 일정한 사용권원을 취득한 경우, 그 양적 범위가 토지소유자의 사용·수익이 제한되는 상공의 범위에 미치지 못한다면, 사용·수익이 제한되는 상공 중 사용권원을 취득하지 못한 부분에 대해서 고압전선의 소유자는 특별한 사정이 없는 한 차임 상당의 부당이득을 토지소유자에게 반환할 의무를 부담한다.(대판 2022.11.30, 2017다257043)

▶부당이득 부정례

30. 강박에 의한 의사표시가 취소되지 않은 경우 부당이득의 성부(소극) 원고가 비록 피고들의 강박에 의한 하자 있는 의사표시에 기하여 금원을 교부하였다 할지라도 그 의사표시가 소멸되지 않는 한 피고들의 위 금원보유가 법률상 원인이 없다고 볼 수 없으므로 피고들은 이를 반환할 의무가 없다.(대판 1990.11.13, 90다카17153)

31. 농지에 관한 임대차계약이 강행법규인 농지 23조에 위반되어 무효가 되는 경우의 부당이득의 범위 농지에 관한 임대차계약이 강행법규인 농지 23조에 위반되어 무효가 되는 경우, 임차인이 법률상 권원 없이 농지를 점유·사용함에 따라 얻게 된 이득은 특별한 사정이 없는 한 그 농지의 임료 상당액이고, 이때의 '임료 상당액'은 해당 농지가 다른 용도로 불법으로 전용되어 이용되는 상태임을 전제로 산정하여서는 안 됨은 물론, 임대차보증금이 없는 경우를 전제로 객관적으로 산정된 금액을 의미하는 것이 원칙이다. 그러므로 강행법규인 농지 23조의 위반을 이유로 임대차계약이 무효가 되는 경우에도 특별한 사정이 있는 경우가 아니라면 임대인이 임차인에 대하여 그 점유·사용에 관한 부당이득의 반환을 구할 수 있지만, 그 약정 차임이 해당 농지가 불법으로 전용되는 상태가 아닌 경우로서, 임대차보증금이 없는 경

우임을 전제로 객관적으로 산정된 '임료 상당액'과 사실상 동일하다는 등의 특별한 사정이 없음에도, 곧바로 이를 그 점유·사용에 따른 부당이득 금액으로 추인하는 것은 결과적으로 무효인 농지임대차계약의 내용을 적극적으로 실현하는 것이 되어 강행법규인 농지 23조의 규범 목적과 취지를 사실상 잠탈하게 되므로 허용될 수 없다.(대판 2022.5.26, 2021다216421, 216438)

32. 전용물소권의 부정 계약상의 급부가 계약의 상대방뿐만 아니라 제3자의 이익으로 된 경우에 급부를 한 계약당사자가 계약 상대방에 대하여 계약상의 반대급부를 청구할 수 있는 이외에 그 제3자에 대하여 직접 부당이득반환청구를 할 수 있다고 보면, 자기 책임하에 체결된 계약에 따른 위험부담을 제3자에게 전가시키는 것이 되어 계약법의 기본원리에 반하는 결과를 초래할 뿐만 아니라, 채권자인 계약당사자가 채무자인 계약 상대방의 일반채권자에 비하여 우대받는 결과가 되어 일반채권자의 이익을 해치게 되고, 수익자인 제3자가 계약 상대방에 대하여 가지는 항변권 등을 침해하게 되어 부당하므로, 위와 같은 경우 계약상의 급부를 한 계약당사자는 이익의 귀속 주체인 제3자에 대하여 직접 부당이득반환을 청구할 수는 없다.(대판 2002.8.23, 99다66564, 66571)

33. 계약의 일방 당사자가 계약 상대방과 또 다른 계약관계에 있는 제3자에게 직접 급부한 경우 제3자를 상대로 부당이득반환청구를 할 수 있는지 여부(소극) 계약의 일방 당사자가 계약 상대방의 지시 등으로 급부과정을 단축하여 계약 상대방과 또 다른 계약관계를 맺고 있는 제3자에게 직접 급부한 경우, 그 급부로써 급부를 한 계약 당사자의 상대방에 대한 급부가 이루어질 뿐 아니라 그 상대방의 제3자에 대한 급부로도 이루어지는 것이므로 계약의 일방 당사자는 제3자를 상대로 법률상 원인 없이 급부를 수령하였다는 이유로 부당이득반환청구를 할 수 없다.(대판 2003.12.26, 2001다46730)

34. 계약상 급부가 제3자에게 행하여지고 그 계약의 효력이 불발생한 경우 채무의 이행을 한 계약당사자가 부당이득반환을 청구하여야 할 상대방(계약의 상대방당사자) 계약상 금전채무를 지는 이가 채권자의 지시에 좇아 계약상 급부를 실제적으로는 제3자에게 행하였다고 하여도 그것은 계약상 채무의 적법한 이행(이른바 '제3자방 이행')이다. 이때 계약의 효력이 불발생하였으면 그와 같이 적법한 이행을 한 계약당사자는 다른 특별한 사정이 없는 한 그 제3자가 아니라 계약의 상대방당사자에 대하여 계약의 효력불발생으로 인한 부당이득을 이유로 자신의 급부 또는 그 가액의 반환을 청구하여야 한다.(대판 2010.3.11, 2009다98706)

35. 삼각관계에서의 급부의 법률관계에 흠이 있는 경우 제3자가 급부를 수령함에 있어 계약의 일방당사자가 상대방에 대하여 급부를 한 원인관계인 법률관계에 무효 등의 흠이 있었다는 사실을 알고 있었다 할지라도 계약의 일방당사자는 제3자를 상대로 법률상 원인 없이 급부를 수령하였다는 이유로 부당이득반환청구를 할 수 없다.(대판 2008.9.1, 2006다46278)

36. 확정판결에 기한 강제집행으로 취득한 채권을 부당이득으로 볼 수 있는지 여부 ① 소송당사자가 허위의 주장으로 법원을 기망하고 상대방의 권리를 해할 의사로 상대방의 소송관여를 방해하는 등 부정한 방법으로 실체의 권리관계와 다른 내용의 확정판결을 취득하여 그 판결에 기하여 강제집행을 하는 것은 정의에 반하고 사회생활상 도저히 용인될 수 없는 것이어서 권리남용에 해당한다. ② 그러나 위 확정판결에 대한 재심의 소가 각하되어 확정되는 등으로 위 확정판결이 취소되지 아니한 이상 위 확정판결에 기한 강제집행으로 취득한 채권을 법률상 원인 없는 이득이라고 하여 반환을 구하는 것은 위 확정판결의 기판력에 저촉되어 허용될 수 없다.(대판 2001.11.13, 99다32905)

37. 저당권자가 물상대위권을 행사하지 아니한 경우 다른 채권자에 대하여 부당이득 반환을 청구할 수 있는지 여부(소극) 민 370조, 342조 단서가 저당권자는 물상대위권을 행사하기 위하여 저당권설정자가 받을 금전 기타 물건의 지급 또는 인도 전에 압류하여야 한다고 규정한 것은 물상대위의 목적인 채권의 특정성을 유지하여 그 효력을 보전함과 동시에 제3자에게 불측의 손해를 입히지 않으려는 데 있는 것이므로, 저당목적물의 변형물인 금전 기타 물건에 대하여 이미 제3자가 압류하여 그 금전 또는 물건이 특정된 이상 저당권자가 스스로 이를 압류하지 않고서도 물상대위권을 행사하여 일반 채권자보다 우선변제를 받을 수 있으나, 그 행사방법으로는 민집 273조에 의하여 담보권의 존재를 증명하는 서류를 집행법원에 제출하여 채권압류 및 전부명령을 신청하는 것이거나 민집 247조 1항에 의하여 배당요구를 하는 것이므로, 이러한 물상대위권의 행사에 나아가지 아니한 채 단지 수용대상토지에 대하여 담보물권의 등기가 된 것만으로는 그 보상금으로부터 우선변제를 받을 수 없고, 저당권자가 물상대위권의 행사에 나아가지 아니하여 우선변제권을 상실한 이상 다른 채권자가 그 보상금 또는 이에 관한 변제공탁금으로부터 이득을 얻었다고 하더라도 저당권자는 이를 부당이득으로서 반환청구할 수 없다.(대판 2002.10.11, 2002다33137)

38. 도로 점용과 부당이득 도로법상 전주에 관한 점용허가를 받은 경우 점용허가를 받은 이가 설치하는 전선에 대하여 별도로 점용허가를 받지 아니하더라도 당연히 점용허가가 있었다고 봄이 타당하므로, 한국전력공사가 전선의 선하지 부분 도로를 점유·사용하는 것은 전주에 관한 점용허가의 적법한 범위를 넘어 사용이익을 얻은 경우라고 볼 수 없어서 법률상 원인이 없는 부당이득에 해당하지 아니한다.(대판 2012.5.24, 2010다70247)

39. 토지의 매수인이 소유권이전등기를 마치기 전에 매매계약의 이행으로 토지를 인도받아 점유·사용하는 경우, 매도인이 매수인에 대하여 부당이득반환청구를 할 수 있는지 여부(소극) 토지의 매수인이 아직 소유권이전등기를 마치지 않았더라도 매매계약의 이행으로 토지를 인도받은 때에는 매매계약의 효력으로서 이를 점유·사용할 권리가 있으므로, 매도인이 매수인에 대하여 그 점유·사용을 법률상 원인이 없는 이익이라고 하여 부당이득반환청구를 할 수는 없다. 이러한 법리는 대물변제 약정 등에 의하여 매매와 같이 부동산의 소유권을 이전받게 되는 사람이 이미 부동산을 점유·사용하고 있는 경우에도 마찬가지로 적용된다.(대판 2016.7.7, 2014다2662)

40. 무권리자가 부동산을 제3자에게 매도하고 매매대금을 받은 경우 및 제3자 및 그 후행 등기 명의인의 등기부취득시효가 완성된 경우 부당이득관계 적법한 원인 없이 타인 소유 부동산에 관하여 소유권보존등기를 마친 무권리자가 그 부동산을 제3자에게 매도하고 소유권이전등기를 마쳐주었다고 하더라도, 원소유자가 소유권을 상실하지 아니하고, 또 무권리자가 제3자와 체결한 매매계약의 효력이 원소유자에게 미치는 것도 아니므로, 무권리자가 받은 매매대금이 부당이득에 해당하여 이를 원소유자에게 반환하여야 한다고 볼 수는 없다. 무권리자로부터 부동산을 매수한 제3자나 그 후행 등기 명의인이 과실 없이 점유를 개시한 후 소유권이전등기가 말소되지 않은 상태에서 소유의 의사로 평온, 공연하게 선의로 점유를 계속하여 10년이 경과한 때에는 민 245조 2항에 따라 바로 그 부동산에 대한 소유권을 취득하고, 이때 원소유자는 소급하여 소유권을 상실함으로써 손해를 입게 된다. 그러나 이는 민 245조 2항에 따른 물권변동의 효과일 뿐 무권리자와 제3자가 체결한 매매계약의 효력과는 직접 관계가 없으므로, 무권리자가 제3자와의 매매계약에 따라 대금을 받음으로써 이익을 얻었다고 하더라도 이로 인하여 원소유자에게 손해를 가한 것이라고 볼 수도 없다.(대판 2022.12.29, 2019다272275)

41. 가압류채권자가 공탁된 배당금을 채무자의 파산선고 후 수령한 경우, 파산관재인과의 관계에서 부당이득에 해당하는지 여부(소극) 부동산에 대한 경매절차에서 배당법원은 배당을 실시할 때에 가압류채권자의 채권에 대하여는 그에 대한 배당액을 공탁하여야 하고, 그 후 그 채권에 관하여 채권자 승소의 본안판결이 확정됨에 따라 공탁의 사유가 소멸한 때에는 가압류채권자에게 공탁금을 지급하여야 한다(민집 160조 1항 2호, 161조 1항). 따라서 특별한 사정이 없는 한 본안의 확정판결에서 지급을 명한 가압류채권자의 채권은 위와 같이 공탁된 배당액으로 충당되는 범위에서 본안판결의 확정 시에 소멸한다. 이러한 법리는 위와 같은 본안판결 확정 이후에 채무자에 대하여 파산이 선고되었다 하더라도 마찬가지로 적용되므로, 본안판결 확정 시에 이미 발생한 채권 소멸의 효력은 회생파산 348조 1항에도 불구하고 그대로 유지된다고 보아야 한다. 이러한 경우에 가압류채권자가 공탁된 배당금을 채무자의 파산선고 후에 수령하더라도 이는 본안판결 확정 시에 이미 가압류채권의 소멸에 충당된 공탁금에 관하여 단지 수령만이 본안판결 확정 이후의 별도의 시점에 이루어지는 것에 지나지 않는다. 따라서 가압류채권자가 위와 같이 수령한 공탁금은 파산관재인과의 관계에서 민법상의 부당이득에 해당하지 않는다고 보아야 한다.(대판 2018.7.24, 2016다227014)

42. 해고예고수당과 부당이득 근로 26조 본문에 따라 사용자가 근로자를 해고하면서 30일 전에 예고를 하지 아니하였을 때 근로자에게 지급하는 해고예고수당은 해고가 유효한지와 관계없이 지급되어야 하는 돈이고, 해고가 부당해고에 해당하여 효력이 없다고 하더라도 근로자가 해고예고수당을 지급받을 법률상 원인이 없다고 볼 수 없다.(대판 2018.9.13, 2017다16778)

43. 소위 '마이너스 통장' 착오송금에서 부당이득반환청구의 상대방 종합통장자동대출의 약정계좌의 잔고가 마이너스로 유지되는 상태, 즉 대출채무가 있는 상태에서 약정계좌로 자금이 이체되면, 그 금원에 대해 수취인의 예금채권이 성립됨과 동시에 수취인과 수취은행 사이의 대출약정에 따라 수취은행의 대출채권과 상계가 이루어지게 된다. 그 결과 수취인은 대출채무가 감소하는 이익을 얻게 되므로, 설령 송금의뢰인과 수취인 사이에 자금이체의 원인인 법률관계가 없더라도, 송금의뢰인은 수취인에 대하여 이체금액 상당의 부당이득반환청구권을 가지게 될 뿐이고, 수취인과의 적법한 대출거래약정에 따라 대출채권의 만족을 얻은 수취은행에 대하여는 부당이득반환청구권을 취득한다고 할 수 없다.(대판 2022.6.30, 2016다237974)

44. 손해배상금과 이중지급된 형사보상금과 부당이득 갑이 반공법 위반 등으로 징역형을 선고받아 복역한 후 재심에서 무죄판결이 선고되었고, 이에 불법구금 등을 원인으로 위자료 지급을 구하는 소를 제기하여 국가로부터 손해배상금을 지급받았으며, 그 후 재심판결이 확정되자 불법구금에 대한 형사보상을 청구하여 국가로부터 형사보상금을 지급받았는데, 국가가 형사보상금 지급이 형사보상 및 명예회복에 관한 법률 제6조 제2항에 반하는 이중지급이라고 주장하며 갑을 상대로 부당이득반환을 구한 사안에서, 위 지급은 국가의 위법한 수사와 형의 집행으로 상당한 손해를 입은 갑에 대하여 각기 확정된 국가배상판결과 형사보상결정에 따른 것으로 법률상 원인을 결여하였다고 할 수 없다고 한 사례.(대판 2021.11.25, 2018다201207)

45. 채권양수인의 채권양도통지 이행청구권이 회생절차에서 회생채권자 목록에 기재되거나 신고되지 않아 실권된 경우, 관리인이 위 채권의 채무자로부터 변제를 수령하는 것이 부당이득이 되는지 여부(소극) 채권의 양수인이 대항요건을 갖추기 전에 양도인에 대하여 회생절차가 개시된 경우, 양수인의 채권양도통지 이행청구권은 비금전채권이기는 하지만 양도인인 회생채무자의 재산 감소와 직결되는 것이므로 '재산상의 청구권'에 해당하고, 그 원인이 회생절차개시 전에 있었으므로 회생채권에 해당한다. 한편 회생채권이 회생채권자 목록에 기재되거나 신고되지 않으면, 회생채권자가 회생절차에 참가할 기회를 전혀 얻지 못하는 등의 특별한 사정이 없는 한 회생계획인가결정이 있는 때에 실권된다. 이와 같이 채권양수인의 채권양도통지 이행청구권이 회생채권임에도 양도인에 대한 회생절차에서 회생채권자 목록에 기재되거나 신고되지 않고 그대로 실권된 경우, 관리인은 그 채권의 채무자로부터 적법하게 변제받을 수 있으므로, 그 변제를 수령한 행위가 법률상 권원이 없음을 전제로 하는 부당이득반환의 책임을 부담하지 않는다.(대판 2022.10.27, 2017다243143)

46. 확정판결에 따른 이행으로 받은 급부와 법률상 원인 유무 확정판결은 재심의 소 등으로 취소되지 않는 한 그 소송당사자를 기속하므로 확정판결에 기한 이행으로 받은 급부는 법률상 원인 없는 이익이라고 할 수 없다. 그리고 이는 해당 급부뿐만 아니라 그 급부의 대가로서 기존 급부와 동일성을 유지하면서 형태가 변경된 것에 불과한 처분대금 등에 대해서도 마찬가지이다.(대판 2023. 6. 29, 2021다243812)

第742條【非債辨濟】 債務없음을 알고 이를 辨濟한 때에는 그 返還을 請求하지 못한다.

▣ 변제(460이하), 특칙(상648), 타인의 채무의 변제(745)

1. 비채변제의 요건 민 742조 소정의 비채변제에 관한 규정은 변제자가 채무 없음을 알면서도 변제를 한 경우에 적용되는 것이고, 채무 없음을 알지 못한 경우에는 그 과실 유무를 불문하고 적용되지 아니한다.(대판 1998.11.13, 97다58453)

2. 자유로운 의사에 반한 비채변제 지급자가 채무 없음을 알면서도 임의로 지급한 경우에는 민 742조 소정의 비채변제로서 수령자에게 그 반환을 구할 수 없으나, 지급자가 채무 없음을 알고 있었다고 하더라도 변제를 강제당한 경우나 변제거절로 인한 사실상의 손해를 피하기 위하여 부득이 변제하게 된 경우 등 그 변제가 자유로운 의사에 반하여 이루어진 것으로 볼 수 있는 사정이 있는 때에는 지급자가 그 반환청구권을 상실하지 않는다. 부동산에 대한 임의경매절차가 진행되던 중에 피담보채무액을 초과하여 변제한 행위가 자유로운 의사에 반한 비채변제라고 볼 수 없다.(대판 2004.1.27, 2003다46451)

3. 채무부존재확인의 소 계속중 채무에 대한 경매가 진행중이어서 그 채무를 변제한 경우 그 반환 가부(소극) 원고가 채무부존재확인의 소를 제기하여 계속중 그 채무에 대한 경매가 진행중이어서 부득이 그 채무를 변제하였다고 하더라도 이는 채무없음을 알면서 채무를 변제한 것이 되어 그 반환을 구할 수 없다.(대판 1980.11.11, 80다71)

第743條【期限前의 辨濟】 辨濟期에 있지 아니한 債務를 辨濟한 때에는 그 返還을 請求하지 못한다. 그러나 債務者가 錯誤로 因하여 辨濟한 때에는 債權者는 이로 因하여 얻은 利益을 返還하여야 한다.

▣ 741, 변제(460이하), 변제기(152 · 153 · 387 · 388), 변제기전의 변제(468 · 477), 착오(109), 기한의 이익(153)

1. 중간퇴직이 무효인 경우 착오로 인한 기한전 변제인지 여부(소극) 사용자가 근로자에 대하여 중간퇴직처리를 하면서 퇴직금을 지급하였으나 그 퇴직처리가 무효로 된 경우 이는 착오로 인하여 변제기에 있지 아니한 채무를 변제한 경우에 해당한다고 할 수 없으므로, 이미 지급한 퇴직금에 대한 지급일 다음날부터 최종퇴직시까지의 연 5푼의 비율에 의한 법정이자 상당액은 부당이득에 해당하지 않는다.(대판 2001.4.24, 99다9370)

第744條【道義觀念에 適合한 非債辨濟】 債務없

는 者가 錯誤로 因하여 辨濟한 境遇에 그 辨濟가 道義觀念에 適合한 때에는 그 返還을 請求하지 못한다.

■ 741 · 742, 착오(109), 변제(460이하)

1. 공무원이 직무수행 중 불법행위로 타인에게 손해를 입힌 경우, 피해자에게 손해를 직접 배상한 경과실이 있는 공무원이 국가에 대하여 구상권을 취득하는지 여부(원칙적 적극) 경과실이 있는 공무원이 피해자에 대하여 손해배상책임을 부담하지 아니함에도 피해자에게 손해를 배상하였다면 그것은 채무자 아닌 사람이 타인의 채무를 변제한 경우에 해당하고, 이는 민 469조의 '제3자의 변제' 또는 민 744조의 '도의관념에 적합한 비채변제'에 해당하여 피해자는 공무원에 대하여 이를 반환할 의무가 없고, 그에 따라 피해자의 국가에 대한 손해배상청구권이 소멸하여 국가는 자신의 출연 없이 채무를 면하게 되므로, 피해자에게 손해를 직접 배상한 경과실이 있는 공무원은 특별한 사정이 없는 한 국가에 대하여 국가의 피해자에 대한 손해배상책임의 범위 내에서 공무원이 변제한 금액에 관하여 구상권을 취득한다.(대판 2014.8.20, 2012다54478)

第745條【他人의 債務의 辨濟】 ① 債務者아닌 者가 錯誤로 因하여 他人의 債務를 辨濟한 境遇에 債權者가 善意로 證書를 毁滅하거나 擔保를 抛棄하거나 時效로 因하여 그 債權을 잃은 때에는 辨濟者는 그 返還을 請求하지 못한다.

② 前項의 境遇에 辨濟者는 債務者에 對하여 求償權을 行使할 수 있다.

■ 제3자의 변제(469), 비채변제(742), ① 채권증서의 반환(475), 소멸시효(162① · 163–165), ② 부당이득의 반환의무(741), 제3자의 변제와 구상(480이하)

第746條【不法原因給與】 不法의 原因으로 因하여 財産을 給與하거나 勞務를 提供한 때에는 그 利益의 返還을 請求하지 못한다. 그러나 그 不法原因이 受益者에게만 있는 때에는 그러하지 아니하다.

■ 불법원인(103), 불법점유와 유치권(320), 불법행위로 인한 채무와 상계(496)

1. 불법원인급여에서 불법의 의미 민 746조가 규정하는 불법원인이라 함은 그 원인될 행위가 선량한 풍속 기타 사회질서에 위반하는 경우를 말하는 것으로서 설사 법률의 금지에 위반하는 경우라 할지라도 그것이 선량한 풍속 기타 사회질서에 위반하지 않는 경우에는 이에 해당하지 않는 것이다.(대판 1983.11.22, 83다430)

2. 무효인 명의신탁약정에 기한 타인명의 등기가 불법원인급여인지 여부(소극) 부동산실명법이 규정하는 명의신탁약정은 부동산에 관한 물권의 실권리자가 타인과의 사이에서 대내적으로는 실권리자가 부동산에 관한 물권을 보유하거나 보유하기로 하고 그에 관한 등기는 그 타인의 명의로 하기로 하는 약정을 말하는 것일 뿐이므로, 그 자체로 선량한 풍속 기타 사회질서에 위반하는 경우에 해당한다고 단정할 수 없을 뿐만 아니라, 위 법률은 원칙적으로 명의신탁약정과 그 등기에 기한 물권변동만을 무효로 하고 명의신탁자가 다른 법률관계에 기하여 등기회복 등의 권리행사를 하는 것까지 금지하지는 않는 대신, 명의신탁자에 대하여 행정적 제재나 형벌을 부과함으로써 사적자치 및 재산권보장의 본질을 침해하지 않도록 규정하고 있으므로, 위 법률이 비록 부동산등기제도를 악용한 투기 · 탈세 · 탈법행위 등 반사회적 행위를 방지하는 것 등을 목적으로 제정되었다고 하더라도, 무효인 명의신탁약정에 기하여 타인 명의의 등기가 마쳐졌다는 이유만으로 그것이 당연히 불법원인급여에 해당한다고 볼 수 없다.(대판 2003.11.27, 2003다41722)

3. 윤락행위를 할 자를 고용 · 모집함에 있어 성매매의 유인 · 강요의 수단으로 제공한 선불금 등이 불법원인급여에 해당하는지 여부(적극) 윤락행위 및 그것을 유인 · 강요하는 행위는 선량한 풍속 기타 사회질서에 위반되므로, 윤락행위를 할 자를 고용 · 모집하거나 그 직업을 소개 · 알선한 자가 윤락행위를 할 자를 고용 · 모집함에 있어 성매매의 유인 · 강요의 수단으로 이용되는 선불금 등 명목으로 제공한 금품이나 그 밖의 재산상 이익 등은 불법원인급여에 해당하여 그 반환을 청구할 수 없다.(대판 2004.9.3, 2004다27488, 27495)

4. 근저당권설정등기를 경료받은 경우 이익이 종국적인 것인지 여부(소극) 민 746조에서 불법의 원인으로 인하여 급여함으로써 그 반환을 청구하지 못하는 이익은 종국적인 것을 말한다. 도박자금으로 금원을 대여함으로 인하여 발생한 채권을 담보하기 위한 근저당권설정등기가 경료되었을 뿐인 경우와 같이 수령자가 그 이익을 향수하려면 경매신청을 하는 등 별도의 조치를 취하여야 하는 경우에는, 그 불법원인급여로 인한 이익이 종국적인 것이 아니므로 등기설정자는 무효인 근저당권설정등기의 말소를 구할 수 있다.(대판 1995.8.11, 94다54108)

5. 불법원인급여인 경우 소유권에 기한 반환청구 가부(소극) 민 746조는 단지 부당이득제도만을 제한하는 것이 아니라 동법 103조와 함께 사법의 기본이념으로서, 결국 사회적 타당성이 없는 행위를 한 사람은 스스로 불법한 행위를 주장하여 복구를 그 형식 여하에 불구하고 소구할 수 없다는 이상을 표현한 것이므로, 급여를 한 사람은 그 원인행위가 법률상 무효라 하여 상대방에게 부당이득반환청구를 할 수 없음은 물론 급여한 물건의 소유권은 여전히 자기에게 있다고 하여 소유권에 기한 반환청구도 할 수 없고 따라서 급여한 물건의 소유권은 급여를 받은 상대방에게 귀속된다.(대판(全) 1979.11.13, 79다483)

6. 불법성 비교론 민 746조에 의하면 급여가 불법원인급여에 해당하고 급여자에게 불법 원인이 있는 경우에는 수익자에게 불법 원인이 있는지나 수익자의 불법 원인의 정도 내지 불법성이 급여자의 그것보다 큰지를 막론하고 급여자는 그 불법원인급여의 반환을 구할 수 없는 것이 원칙이나, 수익자의 불법성이 급여자의 그것보다 현저히 크고 그에 비하면 급여자의 불법성은 미약한 경우에도 급여자의 반환 청구가 허용되지 않는다고 하는 것은 공평에 반하고 신의칙에도 어긋나므로 이러한 경우에는 민 746조 본문의 적용이 배제되어 급여자의 반환 청구는 허용된다.(대판 1997.10.24, 95다49530, 49547)

7. 무효인 이자 약정에 기하여 지급한 이자의 반환 청구(적극) 선량한 풍속 기타 사회질서에 위반하여 무효인 부분의 이자 약정을 원인으로 차주가 대주에게 임의로 이자를 지급하는 것은 통상 불법의 원인으로 인한 재산 급여라고 볼 수 있을 것이다. 그러나 대주가 사회통념상 허용되는 한도를 초과하는 이율의 이자를 약정하여 지급받은 것은 그의 우월한 지위를 이용하여 부당한 이득을 얻고 차주에게는 과도한 반대급부 또는 기타의 부당한 부담을 지우는 것으로서 그 불법의 원인이 수익자인 대주에게만 있거나 또는 적어도 대주의 불법성이 차주의 불법성에 비하여 현저히 크다고 할 것이어서 차주는 그 이자의 반환을 청구할 수 있다.(대판(全) 2007.2.15, 2004다50426)

8. 불법원인급여 후 급부를 이행받은 자가 별도의 약정으로 급부 그 자체 또는 그에 갈음한 대가물을 반환하기로 하는 특약의 효력 불법원인급여 후 급부를 이행받은 자가 급부의 원인행위와 별도의 약정으로 급부 그 자체 또는 그에 갈음한 대가물의 반환을 특약하는 것은 불법원인급여를 한 자가 그 부당이득의 반환을 청구하는 경우와는 달리 그 반환약정 자체가 사회질서에 반하여 무효가 되지 않는 한 유효

하다. 여기서 반환약정이 사회질서에 반하여 무효라는 점은 수익자가 이를 입증하여야 한다.(대판 2010.5.27, 2009다12580)

9. 불법원인급여를 한 자가 상대방 수령자에 대하여 불법행위를 이유로 재산 급여로 말미암아 발생한 손해배상청구 가부(원칙적 소극) 불법의 원인으로 재산을 급여한 사람은 상대방 수령자가 그 '불법의 원인'에 가공하였다고 하더라도 상대방에게만 불법의 원인이 있거나 그의 불법성이 급여자의 불법성보다 현저히 크다고 평가되는 등으로 제반 사정에 비추어 급여자의 손해배상청구를 인정하지 아니하는 것이 오히려 사회상규에 명백히 반한다고 평가될 수 있는 특별한 사정이 없는 한 상대방의 불법행위를 이유로 그 재산의 급여로 말미암아 발생한 자신의 손해를 배상할 것을 주장할 수 없다.(대판 2013.8.22, 2013다35412)

10. 무효인 명의신탁약정에 따라 명의수탁자 명의로 등기를 한 경우, 명의신탁자가 명의수탁자를 상대로 그 등기의 말소를 구하는 것이 불법원인급여를 이유로 금지되는지 여부(소극) **및 이는 농지법에 따른 제한을 회피하고자 명의신탁을 한 경우에도 마찬가지인지 여부**(적극) 부동산실명법 규정의 문언, 내용, 체계와 입법 목적 등을 종합하면, 부동산실명법을 위반하여 무효인 명의신탁약정에 따라 명의수탁자 명의로 등기를 하였다는 이유만으로 그것이 당연히 불법원인급여에 해당한다고 단정할 수는 없다. 이는 농지법에 따른 제한을 회피하고자 명의신탁을 한 경우에도 마찬가지이다. 구체적인 이유는 다음과 같다. ① 부동산실명법은 부동산 소유권을 실권리자에게 귀속시키는 것을 전제로 명의신탁약정과 그에 따른 물권변동을 규율하고 있다. ② 부동산실명법을 제정한 입법자의 의사는 신탁부동산의 소유권을 실권리자에게 귀속시키는 것을 전제로 하고 있다. ③ 명의신탁에 대하여 불법원인급여 규정을 적용한다면 재화 귀속에 관한 정의 관념에 반하는 불합리한 결과를 가져올 뿐만 아니라 판례의 태도나 부동산실명법 규정에도 합치되지 않는다. ④ 모든 국민의 재산권은 보장되고, 그 내용과 한계는 법률로 정한다(헌 23조 1항). 명의신탁을 금지하겠다는 목적만으로 부동산실명법에서 예정한 것 이상으로 명의신탁자의 신탁부동산에 대한 재산권의 본질적 부분을 침해할 수는 없다. ⑤ 농지법에 따른 제한을 회피하고자 명의신탁을 한 사안이라고 해서 불법원인급여 규정의 적용 여부를 달리 판단할 이유는 없다.(대판(全) 2019.6.20, 2013다218156)

11. 농지임대차가 구 농지법에 위반되어 계약의 효력이 부정되는 경우, 임대인의 손해배상청구가 불법원인급여에 해당하는지 여부 농지임대차가 구 농지법에 위반되어 계약의 효력을 인정받을 수 없다고 하더라도, 임대 목적이 농지로 보전되기 어려운 용도에 제공하기 위한 것으로서 농지로서의 기능을 상실하게 하는 경우라거나 임대인이 자경할 의사가 전혀 없이 오로지 투기의 대상으로 취득한 농지를 투하자본 회수의 일환으로 임대하는 경우 등 사회통념으로 볼 때 헌 121조 2항이 농지 임대의 정당한 목적으로 규정한 농업생산성의 제고 및 농지의 합리적 이용과 전혀 관련성이 없고 구 농지법의 이념에 정면으로 배치되어 반사회성이 현저하다고 볼 수 있는 특별한 사정이 있는 경우가 아니라면, 농지 임대인이 임대차기간 동안 임차인의 권원 없는 점용을 이유로 손해배상을 청구한 데 대하여 임차인이 불법원인급여의 법리를 이유로 반환을 거부할 수는 없다.(대판 2017.3.15, 2013다79887, 79894)

第747條【原物返還不能한 境遇와 價額返還, 轉得者의 責任】 ① 受益者가 그 받은 目的物을 返還할 수 없는 때에는 그 價額을 返還하여야 한다.
② 受益者가 그 利益을 返還할 수 없는 境遇에는 受益者로부터 無償으로 그 利益의 目的物을 讓受한 惡意의 第三者는 前項의 規定에 依하여 返還할 責任이 있다.

■ 741 · 748

1. 타인건물 점유시 부당이득 대상인 차임상당에 부지 부분의 차임도 포함되는지 여부(적극) 법률상 원인 없이 타인 소유의 건물을 점유하여 거주하는 자는 건물의 소유자에게 그 점유기간 동안 건물의 사용, 수익에 따른 차임 상당액을 부당이득으로 반환할 의무가 있다고 할 것인데, 여기서 그 차임 상당액을 산정함에 있어, 통상적으로 건물을 임대하는 경우는 당연히 그 부지 부분의 이용을 수반하는 것이고 그 차임 상당액 속에는 건물의 차임 외에 부지 부분의 차임(지대)도 포함되는 것이므로, 건물의 차임은 물론이고 그 부지 부분의 차임도 함께 계산되어야 한다.(대판 1995.8.22, 95다11955, 11962)

2. 부동산실명법 시행 전 계약명의신탁에서 수탁자의 부당이득 반환 대상 ① 부동산실명 4조 1항, 2항의 규정에 의하면, 명의신탁자와 명의수탁자가 명의신탁 약정을 맺고, 이에 따라 명의수탁자가 당사자가 되어 명의신탁 약정이 있다는 사실을 알지 못하는 소유자와의 사이에 부동산에 관한 매매계약을 체결한 후 그 매매계약에 기하여 당해 부동산의 소유권이전등기를 수탁자 명의로 마친 경우에는 명의신탁자와 명의수탁자 사이의 명의신탁 약정의 무효에도 불구하고 그 소유권이전등기에 의한 당해 부동산에 관한 물권변동 자체는 유효한 것으로 취급되어 명의수탁자는 당해 부동산의 완전한 소유권을 취득하게 된다. ② 부동산실명법 시행 전에 위와 같은 명의신탁 약정과 그에 기한 물권변동이 이루어진 다음 부동산실명 11조에서 정한 유예기간 내에 실명등기 등을 하지 않고 그 기간을 경과한 때에도 같은 법 12조 1항에 의하여 4조의 적용을 받게 되어 위 법리가 그대로 적용된다. 이 경우 명의수탁자는 명의신탁 약정에 따라 명의신탁자가 제공한 비용을 매매대금으로 지급하고 당해 부동산에 관한 소유명의를 취득한 것이고, 위 유예기간이 경과하기 전까지는 명의신탁자는 언제라도 명의신탁 약정을 해지하고 당해 부동산에 관한 소유권을 취득할 수 있었던 것이므로, 명의수탁자는 부동산실명법 시행에 따라 당해 부동산에 관한 완전한 소유권을 취득함으로써 당해 부동산 자체를 부당이득하였다고 보아야 한다. 부동산실명 3조 및 4조가 명의신탁자에게 소유권이 귀속되는 것을 막는 취지의 규정은 아니므로 명의수탁자는 명의신탁자에게 자신이 취득한 당해 부동산을 부당이득으로 반환할 의무가 있다.(대판 2002.12.26, 2000다21123)

3. 부동산실명법 시행 후 계약명의신탁에서 수탁자의 부당이득 반환 대상 부동산실명 4조 1항, 2항에 의하면, 명의신탁자와 명의수탁자가 이른바 계약명의신탁약정을 맺고 명의수탁자가 당사자가 되어 명의신탁약정이 있다는 사실을 알지 못하는 소유자와의 사이에 부동산에 관한 매매계약을 체결한 후 그 매매계약에 따라 당해 부동산의 소유권이전등기를 수탁자 명의로 마친 경우에는 명의신탁자와 명의수탁자 사이의 명의신탁약정의 무효에도 불구하고 그 명의수탁자는 당해 부동산의 완전한 소유권을 취득하게 되고, 다만 명의수탁자는 명의신탁자에 대하여 부당이득반환의무를 부담하게 될 뿐이라 할 것인데, 그 계약명의신탁약정이 부동산실명법 시행 후인 경우에는 명의신탁자는 애초부터 당해 부동산의 소유권을 취득할 수 없었으므로 위 명의신탁약정의 무효로 인하여 명의신탁자가 입은 손해는 당해 부동산 자체가 아니라 명의수탁자에게 제공한 매수자금이라 할 것이고, 따라서 명의수탁자는 당해 부동산 자체가 아니라 명의신탁자로부터 제공받은 매수자금을 부당이득하였다.(대판 2005.1.28, 2002다66922)

第748條【受益者의 返還範圍】 ① 善意의 受益者는 그 받은 利益이 現存한 限度에서 前條의 責任이 있다.

② 惡意의 受益者는 그 받은 利益에 利子를 붙여 返還하고 損害가 있으면 이를 賠償하여야 한다.

■ 741, 특칙(저작125②), 이자(379), 손해배상(750), 수익자의 의무(201②·202)

1. 수익자의 선의, 악의 판단기준 부당이득의 수익자가 선의이냐 악의이냐 하는 문제는 오로지 법률상 원인 없는 이득임을 알았는지에 따라 결정되는 것이므로, 매매계약이 매도인의 기망행위를 이유로 하여 취소된 것이라고 하더라도 그 사유를 들어 매수인의 수익자로서의 악의성을 부정할 수 없으며 또 매수인의 가액반환의무가 그와 대가관계에 있는 매도인의 매매대금반환채무와 서로 동시이행관계에 있다고 하여 이를 달리 볼 것도 아니다.(대판 1993.2.26, 92다48635, 48642)

2. 현존이익의 증명책임 선의의 수익자에 대한 부당이득금 반환청구권자는 그 현존이익 사실을 입증할 책임이 있다.(대판 1970.2.10, 69다2171)

3. 금전상 이득의 현존추정 법률상 원인없이 타인의 재산 또는 노무로 인하여 이익을 얻고 이로 인하여 타인에게 손해를 가한 경우 그 이득금산정의 시기와 방법에 관하여는 법률상 특별한 제한이 없으며 그 취득한 것이 금전상의 이득인 때에는 그 금전은 이를 취득한 자가 소비하였는가를 불문하고 현존하는 것으로 추정된다.(대판 1987.8.18, 87다카768)

4. 수익자가 급부자의 지시나 그와의 합의에 따라 금전을 사용하거나 지출하는 등의 사정이 있는 경우, 위 추정이 번복될 수 있는지 여부(적극) 수익자가 취득한 것이 금전상의 이득인 때에는 그 금전은 이를 취득한 자가 소비하였는지 여부를 불문하고 현존하는 것으로 추정되나, 수익자가 급부자의 지시나 급부자와의 합의에 따라 그 금전을 사용하거나 지출하는 등의 사정이 있다면 위 추정은 번복될 수 있다.(대판 2022.10.14, 2018다244488)

5. 부당이득으로 금전과 유사한 대체물을 취득한 경우 그 소비 여부를 불문하고 현존하는 것으로 추정되는지 여부(적극) 부당이득으로 취득한 것이 금전상의 이득인 때에는 그 금전은 이를 취득한 자가 소비하였는가를 불문하고 현존하는 것으로 추정되고, 그 취득한 것이 성질상 계속적으로 반복하여 거래되는 물품으로서 곧바로 판매되어 환가될 수 있는 금전과 유사한 대체물인 경우에도 마찬가지다.(대판 2009.5.28, 2007다20440, 20457)

6. 쌍무계약이 취소된 경우 선의의 매도인은 대금의 운용이익 내지 법정이자를 반환할 필요가 있는지 여부(소극) (대판 1993.5.14, 92다45025) → 제587조 참조

7. 민 748조 2항과 201조 2항의 반환범위의 관계 (대판 2003.11.14, 2001다61869) → 제201조 참조

8. 잡종재산의 무단점유자가 반환하여야 할 부당이득의 범위(=구 국유재 38조 1항, 25조 1항에서 정한 방법에 따라 산출되는 대부료) 부당이득반환의 경우 수익자가 반환하여야 할 이득의 범위는 손실자가 입은 손해의 범위에 한정되고, 손실자의 손해는 사회통념상 손실자가 당해 재산으로부터 통상 수익할 수 있을 것으로 예상되는 이익 상당액이다. 그런데 국가가 잡종재산으로부터 통상 수익할 수 있는 이익은 그에 관하여 대부계약이 체결되는 경우의 대부료이므로, 잡종재산의 무단점유자가 반환하여야 할 부당이득은 특별한 사정이 없는 한 국유재산 관련 법령에서 정한 대부료 상당액이다. 나아가 부당이득 산정의 기초가 되는 대부료는 조정대부료가 아니라 구 국유재 38조 1항, 25조 1항이 정한 방법에 따라 산출되는 대부료라고 보아야 한다.(대판(全) 2014.7.16, 2011다76402)

第749條【受益者의 惡意認定】 ① 受益者가 利益을 받은 後 法律上 原因없음을 안 때에는 그때부터 惡意의 受益者로서 利益返還의 責任이 있다.

② 善意의 受益者가 敗訴한 때에는 그 訴를 提起한 때부터 惡意의 受益者로 본다.

■ 741·748②, [2] 소의 제기(민소248이하), 악의의 수익자의 의무(201②·202)

1. 수익자의 악의 제1심의 금원지급가집행선고부 판결정본에 기하여 강제집행이 있은 후 항소심에서 제1심판결이 변경되고 상고심에서 그대로 유지된 경우에는 수익자는 상고기각판결일에 법률상 원인없음을 알았다고 할 것이므로 그때부터 악의의 수익자로서 이익반환의 책임이 있다.(대판 1974.7.16, 74다525)

第5章 不法行爲

第750條【不法行爲의 內容】 故意 또는 過失로 因한 違法行爲로 他人에게 損害를 加한 者는 그 損害를 賠償할 責任이 있다.

■ 204-208, 공무원의 가해행위(헌29①, 국배), 법인의 불법행위책임(35, 상210·401①·395·567), 특칙(헌28·29, 국배, 실화, 저작123-129의5, 광업75-82, 상790, 우편38이하, 형보), 손해배상(393·763·394), 배상액의 범위(763, 상148②), 노동관계와 재해보상(근로78-92, 광업82), 명예훼손의 경우의 특칙(764), 불법행위소송과 재판적(민소18), 불법행위채권의 특수성(496), 무과실책임(원자력3), 타인의 범죄로 인한 피해구조(헌30)

▸ 고의, 과실

1. 불법행위의 고의와 위법성의 인식 불법행위에 있어서 고의는 일정한 결과가 발생하리라는 것을 알면서 감히 이를 행하는 심리상태로서, 객관적으로 위법이라고 평가되는 일정한 결과의 발생이라는 사실의 인식만 있으면 되고 그 외에 그것이 위법한 것으로 평가된다는 것까지 인식하는 것을 필요로 하는 것은 아니다.(대판 2002.7.12, 2001다46440)

2. 경매절차 정지로 인한 채무자의 고의·과실 추정, 채권자의 손해 범위(구법관계) ① 근저당권에 기하여 담보권의 실행을 위한 경매절차가 진행되던 중, 채무자가 채권자를 상대로 근저당권설정등기의 말소를 구하는 본안소송을 제기하는 한편 이를 근거로 민소 505조의 청구에 관한 이의의 소에 준하여 같은 법 507조 2항에 의한 잠정처분으로서 경매절차를 정지하는 가처분을 받아 그에 따라 경매절차가 정지되었다가 그 후 위 본안소송에서 채무자의 패소 판결이 선고·확정되었다면, 그 법률관계는 부당한 보전처분 집행의 경우와 유사하여, 그 잠정처분에 의하여 경매절차가 정지되고 그로 인하여 채권자가 입은 손해에 대하여 특별한 반증이 없는 한 잠정처분을 신청한 채무자에게 고의 또는 과실 있음이 추정되고 따라서 부당한 경매절차 정지로 인한 손해에 대하여 이를 배상할 책임이 있다. ② 부당한 경매절차의 정지로 인하여 경매 채권자가 입게 된 손해는, 그 정지된 기간 동안 경매 목적물의 가격에 현저한 등락이 있었다는 등의 특별한 사정이 없는 한, 경매절차가 정지되지 않았더라면 일찍 받았을 배당금의 수령이 지연됨에 따른 손해라 할 것인데, 경매 채권자에 대한 배당은 경매절차가 정지된 날부터 본안소송의 패소 판결이 확정되어 다시 경매절차가 진행되기 전날까지의 기간에 해당하는 일수만큼 지연된 것으로 봄이 상당하며, 한편 금원의 수령이 지체되어 이를 이용하지 못함으로 인하여 생기는 통상손해는 이용하지 못한 기간 동안의 법정이자 상당액이라 할 것이다.(대판 2001.2.23, 98다26484)

3. 간통한 부녀 및 상간자가 부녀의 자녀에 대한 관계에서 불법행위책임을 부담하는지 여부(소극) 배우자 있는 부녀와 간통행위를 하고, 이로 인하여 그 부녀가 배우자와 별거하거나 이혼하는 등으로 혼인관계를 파탄에 이르게 한 경우 그 부녀와 간통행위를 한 제3자(상간자)는 그 부녀의 배우

자에 대하여 불법행위를 구성하고, 따라서 그로 인하여 그 부녀의 배우자가 입은 정신상의 고통을 위자할 의무가 있다. 그러나 이러한 경우라도 간통행위를 한 부녀 자체가 그 자녀에 대하여 불법행위책임을 부담한다고 할 수는 없고, 또한 간통행위를 한 제3자(상간자) 역시 해의(害意)를 가지고 부녀의 그 자녀에 대한 양육이나 보호 내지 교양을 적극적으로 저지하는 등의 특별한 사정이 없는 한 그 자녀에 대한 관계에서 불법행위책임을 부담한다고 할 수는 없다.(대판 2005.5.13, 2004다1899)

4. 이른바 편의재량의 경우에 공무원의 직무상 과실 유무의 판단기준 행정법규가 행정청으로서 지켜야 할 일정한 준칙을 규정함에 불과하고 그 범위 안에서 행정청의 재량에 일임하여 그 법규가 정하는 행정목적의 달성을 위하여 객관적으로 구체적 타당성에 적합하도록 하는 이른바 편의재량(공익재량, 합목적재량)의 경우에는 공익상의 필요, 합목적성의 여부는 행정청의 자유재량에 따라 결정하고 그에 적합하다고 인정되는 처분을 선택하는 것이므로, 그 경우에 한 처분에 있어 관계공무원이 공익성, 합목적성의 인정·판단을 잘못하여 그 재량권의 범위를 넘어선 행정행위를 한 경우가 있다 하더라도 공익성 및 합목적성의 적절 여부의 판단기준은 구체적 사안에 따라 각각 동일하다 할 수 없을 뿐만 아니라, 구체적인 경우 어느 행정처분을 할 것인가에 관하여 행정청 내부에 일응의 기준을 정해 둔 경우 그 기준에 따른 행정처분을 하였다면 이에 관여한 공무원에게 그 직무상의 과실이 있다고 할 수 없다.(대판 2002.5.10, 2001다62312)

5. 유체동산의 집행에 있어서 집행관이 관계 법규에 대한 부지와 조사부실로 인하여 타인에게 손해를 가한 경우 불법행위가 성립하는지 여부(적극) 집행관이 독립·단독의 사법기관으로서 스스로 법령을 해석하고 집행할 권한이 있고, 특히 유체동산집행은 개시부터 종료까지 집행관의 고유권한으로서 무잉여인지 여부도 스스로 판단하는 것이라고 하더라도, 집행관은 유체동산집행에 관한 법률전문가로서 집행의 근거로 삼는 법령에 대한 해석이 복잡, 미묘하여 워낙 어렵고, 이에 대한 학설, 판례조차 귀일되어 있지 않는 등의 특별한 사정이 있는 경우가 아니라면 유체동산집행에 관한 관계법규나 필요한 지식을 충분히 갖출 것이 요구되는 한편, 압류하려는 물건이 환가가능성이 있는지 여부는 통상적인 거래관행과 사례를 기초로 합리적으로 판단하여야 한다. 만일 집행관으로서 당연히 알아야 할 관계 법규를 알지 못하거나 필요한 지식을 갖추지 못하였고 또한 조사를 게을리 하여 법규의 해석을 그르쳤고 이로 인하여 타인에게 손해를 가하였다면 불법행위가 성립한다.(대판 2003.9.26, 2001다52773)

6. 기업자가 2차 토지수용을 하면서 1차 수용목적물에 대하여 물상대위권을 행사한 근저당권자에게 1차 토지수용의 무효사실을 불고지한 경우 기업자의 불법행위책임 기업자의 잘못으로 무효인 토지수용재결이 이루어졌으나 수용재결의 적법성을 믿은 근저당권자가 수용절차에서 물상대위권을 행사하였는데, 기업자가 상당한 시간이 경과한 후 재차 수용절차를 진행하면서 근저당권자에게 구 토지수용법령상의 협의나 통지를 하지 않고, 최초 수용재결의 무효사실도 알리지 않음으로써 저당권자로 하여금 적법한 물상대위권을 행사할 기회를 상실하게 한 경우, 기업자의 불법행위책임이 성립한다.(대판 2011.7.28, 2009다35842)

7. 동일인에 대한 대출한도 초과 대출로 인한 손해배상책임 동일인에 대한 대출한도 초과대출에 해당함을 이유로 대출에 관여한 새마을금고 임직원에게 손해배상책임을 묻기 위해서는 복수의 대출이 실질적으로 동일인 대출한도 초과대출이라는 점에 더하여 채무상환능력이 부족하거나 제공된 담보의 경제적 가치가 부실해서 대출채권 회수에 문제가 있음에도 이루어진 대출이라는 점과 대출에 관여한 새마을금고 임직원이 그 대출이 동일인 대출한도 초과대출로서 채무상환능력이 부족하거나 충분한 담보가 확보되지 아니한 상태에서 이루어진다는 사정을 알았거나 알 수 있었음에도 대출을 실행하였다는 점에 대한 증명이 있어야 한다.(대판 2012.4.12, 2010다75945)

▶ 위법성

8. 채권자의 상계권 불행사가 제3자에 대하여 위법성이 인정되는지 여부(소극) 채권자의 부작위가 제3자에 대하여 불법행위를 구성하려면 그 부작위가 위법하여야 하므로 그 전제로서 채권자는 제3자에 대하여 작위의무를 지고 있어야 하는바, 일반적으로 채권자가 자신의 채무자에 대하여 상계권을 행사하고 아니하고는 채권자의 권리일 뿐 특별한 사정이 없는 한 제3자의 이익을 위하여 상계를 하여야 할 작위의무를 부담한다고 할 수는 없으므로, 채권자가 상계권을 행사하지 아니한 것이 제3자에 대하여 불법행위를 구성한다고 할 수 없다.(대판 2002.2.26, 2001다74353)

9. 취득시효 완성 후 등기명의인의 처분행위가 위법성이 인정되는지 여부(소극) 부동산에 관한 취득시효가 완성된 후에 그 취득시효를 주장하거나 이로 인한 소유권이전등기청구를 하기 이전에는 그 등기명의인인 부동산소유자로서는 특단의 사정이 없는 한 그 시효취득사실을 알 수 없는 것이므로 이를 제3자에게 처분하였다 하더라도 불법행위가 성립한다고는 할 수 없다.(대판 1974.6.11, 73다1276)

10. 회사직원이 대표이사 결재를 받아 회사의 채무변제 명목으로 금원을 인출하여 개인용도에 사용한 경우 위법성 인정 여부(적극) 회사직원이 회사의 금원을 회사의 채무변제 명목으로 인출하여 자신의 개인용도에 사용하였다면 특별한 사정이 없는 한 그 자체가 회사에 대한 불법행위가 된다 할 것이고, 설사 이에 대하여 대표이사의 결재등 지출절차를 밟아 이를 인출하게 되었다 하더라도 대표이사 개인의 돈이 아닌 회사의 돈을 인출하여 소비한 이상 회사에 대한 불법행위책임을 면하지 못한다.(대판 1986.2.11, 85다카11)

11. 증권회사 임직원의 투자권유로 인한 불법행위책임 증권회사의 임직원이 고객에게 적극적으로 투자를 권유하였으나 투자 결과 손실을 본 경우에 투자가에 대한 불법행위책임이 성립되기 위하여는, 이익보장 여부에 대한 적극적 기망행위의 존재까지 요구하는 것은 아니라 하더라도, 적어도 거래경위와 거래방법, 고객의 투자상황(재산상태, 연령, 사회적 경험 정도 등), 거래의 위험도 및 이에 관한 설명의 정도 등을 종합적으로 고려한 후, 당해 권유행위가 경험이 부족한 일반투자가에게 거래행위에 필연적으로 수반되는 위험성에 관한 올바른 인식형성을 방해하거나 또는 고객의 투자상황에 비추어 과대한 위험성을 수반하는 거래를 적극적으로 권유한 경우에 해당하여, 결국 고객에 대한 보호의무를 저버려 위법성을 띤 행위인 것으로 평가될 수 있는 경우라야 한다.(대판 2003.1.10, 2000다50312)

12. 확정수익률 보장의 지점장의 투자권유를 믿고 투자한 경우 불법행위책임 투자신탁회사와 거래를 하면서 주로 그 지점장 등과의 투자상담을 거쳐 투자종목을 결정하였고 대부분 수익이 안정적인 신탁상품에 투자하여 오던 중 확정수익률이 보장되지 않는 신탁상품에 대하여 확정수익률을 보장하겠다는 지점장 등의 투자 권유를 믿고 투자하였다가 투자원금에 미치지 못하는 손실을 입은 사안에서, 투자자의 자금운용방식이나 투자 행태 등에 비추어 그 지점장 등의 불법행위가 없었더라면 그 투자원금을 정기예금 이자율 이상이 보장되는 금융상품에 투자하였을 것이고, 지점장 등도 이러한 사정을 알았거나 알 수 있었다고 봄이 상당하다.(대판 1999.2.12, 98다25337)

13. 검사 등의 수사기관의 공소제기와 국가배상책임 검사는 수사기관으로서 피의사건을 조사하여 진상을 명백히 하고, 죄를 범하였다고 의심할 만한 상당한 이유가 있는 피의자에게 증거 인멸 및 도주의 염려 등이 있을 때에는 법관으로부터 영장을 발부받아 피의자를 구속할 수 있으며, 나아가 수

집・조사된 증거를 종합하여 객관적으로 볼 때, 피의자가 유죄판결을 받을 가능성이 있는 정도의 혐의를 가지게 된 데에 합리적인 이유가 있다고 판단될 때에는 피의자에 대하여 공소를 제기할 수 있으므로 그 후 형사재판 과정에서 범죄사실의 존재를 증명함에 충분한 증거가 없다는 이유로 무죄판결이 확정되었다고 하더라도 그러한 사정만으로 바로 검사의 구속 및 공소제기가 위법하다고 할 수 없고, 그 구속 및 공소제기에 관한 검사의 판단이 그 당시의 자료에 비추어 경험칙이나 논리칙상 도저히 합리성을 긍정할 수 없는 정도에 이른 경우에만 그 위법성을 인정할 수 있다.(대판 2002.2.22, 2001다23447)

14. 사회적 약자인 소년 피의자에 대한 수사기관의 의무와 그 위반에 따른 국가배상책임 수사기관은 수사 등 직무를 수행할 때에 헌법과 법률에 따라 국민의 인권을 존중하고 공정하게 하여야 하며 실체적 진실을 발견하기 위하여 노력하여야 할 법규상 또는 조리상의 의무가 있고, 특히 피의자가 소년 등 사회적 약자인 경우에는 수사과정에서 방어권 행사에 불이익이 발생하지 않도록 더욱 세심하게 배려할 직무상 의무가 있다. 따라서 경찰관은 피의자의 진술을 조서화하는 과정에서 조서의 객관성을 유지하여야 하고, 고의 또는 과실로 위 직무상 의무를 위반하여 피의자신문조서를 작성함으로써 피의자의 방어권이 실질적으로 침해되었다고 인정된다면, 국가는 그로 인하여 피의자가 입은 손해를 배상하여야 한다.(대판 2020.4.29, 2015다224797)

15. 작위의무의 근거 규정이 없는 경우 공무원의 부작위로 인한 국가배상책임 국민의 생명・신체・재산 등('생명 등')에 관하여 절박하고 중대한 위험상태가 발생하였거나 발생할 우려가 있어서 국가가 초법규적, 일차적으로 그 위험 배제에 나서지 않으면 국민의 생명 등을 보호할 수 없는 경우에는 형식적 의미의 법령에 근거가 없더라도 국가나 관련 공무원에 대하여 그러한 위험을 배제할 작위의무를 인정할 수 있다. 그러나 그와 같이 절박하고 중대한 위험상태가 발생하였거나 발생할 우려가 없는 경우에는 원칙적으로 공무원이 관련 법령을 준수하여 직무를 수행하였다면 공무원의 부작위를 가지고 '고의 또는 과실로 법령을 위반'하였다고 할 수는 없다. 따라서 공무원의 부작위로 인한 국가배상책임을 인정할 것인지 여부가 문제 되는 경우에 관련 공무원에 대하여 작위의무를 명하는 법령 규정이 없다면 공무원의 부작위로 인하여 침해된 국민의 법익 또는 국민에게 발생한 손해가 어느 정도 심각하고 절박한 것인지, 관련 공무원이 그와 같은 결과를 예견하여 결과를 회피하기 위한 조치를 취할 가능성이 있는지 등을 종합적으로 고려하여 판단하여야 한다.(대판 2020.5.28, 2017다211559)

16. 부작위에 의한 불법행위의 성립 부작위에 의한 불법행위가 성립하기 위해서는 작위의무가 있는 자의 부작위가 인정되어야 한다. 여기서 작위의무는 법적인 의무이어야 하는데 그 근거가 법령, 법률행위, 선행행위로 인한 경우는 물론이고 신의칙이나 사회상규 혹은 조리상 작위의무가 기대되는 경우에도 법적인 작위의무가 인정될 수는 있다. 다만 신의칙이나 사회상규 혹은 조리상 작위의무는 혈연적인 결합관계나 계약관계 등으로 인한 특별한 신뢰관계가 존재하여 상대방의 법익을 보호하고 그에 대한 침해를 방지할 책임이 있다고 인정되거나 혹은 상대방에게 피해를 입힐 수 있는 위험요인을 지배・관리하고 있거나 타인의 행위를 관리・감독할 지위에 있어 개별적・구체적 사정하에서 위험요인이나 타인의 행위로 인한 피해가 생기지 않도록 조치할 책임이 있다고 인정되는 경우 등과 같이 상대방의 법익을 보호하거나 그의 법익에 대한 침해를 방지하여야 할 특별한 지위에 있음이 인정되는 자에 대하여만 인정할 수 있고, 그러한 지위에 있지 아니한 제3자에 대하여 함부로 작위의무를 확대하여 부과할 것은 아니다.(대판 2023.11.16, 2022다265994)

17. 수사기관의 피의사실 공표행위 수사기관의 피의사실 공표행위는 공권력에 의한 수사 결과를 바탕으로 한 것으로 국민들에게 그 내용이 진실이라는 강한 신뢰를 부여함은 물론 그로 인하여 피의자나 피해자 나아가 주변 인물들에 대하여 큰 피해를 가할 수도 있다는 점을 고려할 때, 원칙적으로 일반 국민들의 정당한 관심의 대상이 되는 사항에 관하여 객관적이고도 충분한 증거나 자료를 바탕으로 한 사실 발표에 한정되어야 하고, 정당한 목적하에 수사 결과를 발표할 수 있는 권한을 가진 자에 의하여 공식의 절차에 따라 행하여져야 하며, 무죄추정의 원칙에 반하여 유죄를 속단하게 할 우려가 있는 표현이나 추측 또는 예단을 불러일으킬 우려가 있는 표현을 피하는 등 내용이나 표현 방법에 대하여도 유념하여야 할 것이므로, 위법성을 조각하는지를 판단할 때에는 공표 목적의 공익성과 공표 내용의 공공성, 공표의 필요성, 공표된 피의사실의 객관성 및 정확성, 공표의 절차와 형식, 표현 방법, 피의사실의 공표로 침해되는 이익의 성실, 내용 등을 종합적으로 참작하여야 한다. 한편 공표행위의 대상은 어디까지나 피의사실, 즉 수사기관이 혐의를 두고 있는 범죄사실에 한정되는 것이므로, 피의사실과 불가분의 관계라는 등의 특별한 사정이 없는 한 수사기관이 '범죄를 구성하지 않는 사실관계'까지 피의사실에 포함시켜 수사 결과로서 발표하는 것은 원칙적으로 허용될 수 없다.(대판 2022.1.14, 2019다282197)

18. 영장 발부 및 집행 결과에 관해 사법경찰관의 수사활동이 위법하다고 평가할 수 있는지 여부 체포영장 또는 구속영장은 검사의 청구에 의하여 관할 지방법원 판사가 체포, 구속의 사유와 필요성 등을 엄밀하게 심사하거나 심리하여 그 발부 여부를 결정하는 것이므로, 검사에게 영장의 청구를 신청할 수 있을 뿐인 사법경찰관의 수사활동이나 판단・처분 등이 곧바로 판사의 영장의 발부 여부에 관한 결정을 기속하거나 좌우하는 것은 아니다. 체포영장 또는 구속영장으로 피의자를 체포, 구속하는 것은 체포영장, 구속영장을 집행한 결과일 뿐이다. 이 점을 고려하면, 사법경찰관이 수사를 통해 검사의 영장 청구에 관한 판단이나 판사의 영장 발부에 관한 결정에 영향을 줄 수 있는 증거나 자료를 확보하였음에도 불구하고 그 증거나 자료를 일부라도 누락하거나 조작하는 경우와 같이 사법경찰관의 독자적인 위법행위가 인정되는 등의 특별한 사정이 없는 한, '판사의 영장 발부에 관한 결정'이나 '영장의 집행 결과에 따른 피의자의 체포 내지 구속 그 자체'에 관련해서는 원칙적으로 사법경찰관의 수사활동이나 판단・처분 등이 위법하다고 평가하기 어렵다.(대판 2024.3.12, 2020다290569)

19. 국가기관 홈페이지의 게시글 삭제로 인한 국가배상책임 일반적으로 국가기관이 자신이 관리・운영하는 홈페이지에 게시된 글에 대하여 정부의 정책에 찬성하는 내용인지, 반대하는 내용인지에 따라 선별적으로 삭제 여부를 결정하는 것은 특별한 사정이 없는 한 국민의 기본권인 표현의 자유와 자유민주적 기본질서에 배치되므로 허용되지 않는다. ② 해군본부가 해군 홈페이지 자유게시판에 집단적으로 게시된 '제주해군기지 건설사업에 반대하는 취지의 항의글' 100여 건을 삭제하자 게시자들이 위법한 직무수행으로 표현의 자유 등이 침해되었다며 국가배상을 구한 사안에서, 위 게시판이 정치적 논쟁의 장이 되어서는 안 되는 점, 항의글을 게시한 행위는 정부정책에 대한 반대의사 표시이므로 '해군 인터넷 홈페이지 운영규정'에서 정한 게시글 삭제 사유인 '정치적 목적이나 성향이 있는 경우'에 해당하는 점, 반대의견을 표출하는 항의 시위의 1차적 목적은 달성되었고 현행법상 국가기관으로 하여금 인터넷 공간에서의 항의 시위의 결과물인 게시글을 영구히 또는 일정 기간 보존하여야 할 의무를 부과하는 규정은 없는 점 등에 비추어 위 삭제 조치가 객관적 정당성을 상실한 위법한 직무집행에 해당한다고 보기 어렵다.(대판 2020.6.4, 2015다233807)

20. 윤락업소의 화재로 윤락녀가 사망한 경우 국가배상책임

윤락녀들이 윤락업소에 감금된 채로 윤락을 강요받으면서 생활하고 있음을 쉽게 알 수 있는 상황이었음에도, 경찰관이 이러한 감금 및 윤락강요행위를 제지하거나 윤락업주들을 체포·수사하는 등 필요한 조치를 취하지 아니하고 오히려 업주들로부터 뇌물을 수수하며 그와 같은 행위를 방치한 것은 경찰관의 직무상 의무에 위반하여 위법하므로 국가는 이로 인한 정신적 고통에 대하여 위자료를 지급할 의무가 있다.(대판 2004.9.23, 2003다49009)

21. 변호사의 위임사무 수행과 밀접한 법률적 문제에 대한 질의 답변과 관련한 의무와 불법행위책임 변호사는 의뢰인이나 그의 대리인으로부터 위임된 소송의 소송물 또는 공격방어방법, 후속 분쟁 발생 가능성 등의 측면에서 위임사무 수행과 밀접하게 관련된 법률적 문제에 관하여 구체적인 질의를 받은 경우에는, 그것이 직접적인 수임사무는 아니더라도 해당 질의 사항이 가지고 있는 법률적인 문제점, 그들의 선택에 따라 향후 발생할 수 있는 상황과 현재 수행하는 소송에 미칠 영향, 만일 형사처벌이 문제 될 여지가 있다면 그 위험성 등을 당시 인식할 수 있었던 상황과 법률전문가로서 통상적으로 갖추고 있는 법률지식의 범위에서 성실히 답변하여야 한다. 변호사가 의뢰인이나 그의 대리인에 대하여 부담하는 위와 같은 의무를 위반한 경우, 개별 사안에서 질의와 답변의 경위나 내용, 동기나 의도, 침해된 이익의 성격과 정도 등 여러 사정을 종합하여 볼 때 변호사의 행위가 전문적·합목적적 재량에 유보된 영역의 것이 아니고 변호사 직무의 공공성과 윤리성, 사회적 책임성 등에 비추어 위법하다고 평가할 수 있는 때에는 불법행위가 성립할 수 있다.(대판 2022.11.17, 2018다300364)

22. 소유권이전등기청구권이 압류되었는데 및 제3채무자가 압류결정을 무시하고 채무자에게 이전등기를 이행하고 채무자가 다시 제3자에게 이전등기를 마쳐 주어 채권자에게 손해를 입힌 경우, 불법행위가 성립하는지 여부(적극) 소유권이전등기청구권에 대한 압류가 있으면 변제금지의 효력에 따라 제3채무자는 채무자에게 임의로 이전등기를 이행하여서는 아니 되나, 이러한 압류에는 청구권의 목적물인 부동산 자체의 처분을 금지하는 대물적 효력이 없으므로, 제3채무자나 채무자로부터 이전등기를 마친 제3자에 대하여는 취득한 등기가 원인무효라고 주장하여 말소를 청구할 수 없지만, 제3채무자가 압류결정을 무시하고 이전등기를 이행하고 채무자가 다시 제3자에게 이전등기를 마쳐준 결과 채권자에게 손해를 입힌 때에는 불법행위에 따른 배상책임을 진다.(대판 2022.12.15, 2022다247750)

23. 원인무효인 근저당권설정등기의 말소 요구를 받고도 이에 응하지 아니한 경우 불법행위책임 원고가 그 소유 부동산에 관하여 피고 은행명의로 경료된 근저당권설정등기 등이 제3자의 문서위조 등에 의하여 이루어진 원인무효의 등기라고 주장하면서 문서위조범들에 대한 공소장과 판결사본을 첨부하여 피고에게 위 등기의 말소를 요구하였으나 피고는 위 등기의 말소 이행의무가 있는지에 관하여 확신이 서지 아니하였을 뿐만 아니라 그 말소로써 피고가 문서위조범들에게 대출한 원리금을 회수할 수 없게 되어 막대한 손해를 입게 되므로 신중을 기하기 위하여 민사소송절차를 통하여 이를 가려 보려는 의도에서 원고의 말소요구를 거절하였다면 피고가 원고의 요구에 응하여 바로 말소등기절차를 이행하지 않았다는 사실만으로써는 피고의 행위에 위법성이 있다고 할 수 없다.(대판(全) 1980.8.26, 79다852)

24. 사실혼파기에 대한 가담과 불법행위책임 사실혼관계당사자 이외의 제3자가 사실혼파기에 가담한 경우에는 그 제3자에게는 불법행위로 인한 손해배상책임만이 있을 뿐이므로 채무불이행으로 인한 손해배상책임을 물을 수 있다는 전제하에 그 제3자의 불법행위로 인한 손해배상채무의 소멸시효완성의 항변을 배척하였음은 위법이다.(대결 1970.4.28, 69므37)

25. 금융기관이 신용불량자로 등록된 자에게 그 사실을 통지하지 않은 경우 불법행위책임 금융기관의 신용불량정보 등록으로 인하여 개인에게 미치는 파급효과를 고려하면 신용불량정보 등록시 금융기관의신용정보교환및관리규약 11조 소정의 거래처에 대한 신용불량정보 등록 사실의 통지규정은 준수되어야 하고, 만약 금융기관이 위와 같은 통지규정에 위반하여 신용불량자로 등록된 자로 하여금 잘못된 신용정보의 정정 등을 요구할 기회를 잃게 하거나 채무를 청산하여 등록을 해제할 기회를 박탈당하게 함으로써 적절하게 신용 및 경제활동의 자유에 대한 제한에 대처할 기회를 침해하는 경우에는 그와 같은 금융기관의 통지규정 위반은 위법한 행위가 된다.(대판 2003.5.16, 2003다14195)

26. 채권자가 구 가담법에 정해진 청산절차 없이 그 담보목적부동산을 처분하여 선의의 제3자가 소유권을 취득한 경우, 불법행위책임의 성부(적극) 채권자가 구 가담법에 정해진 청산절차를 밟지 아니하여 담보목적부동산의 소유권을 취득하지 못하였음에도 그 담보목적부동산을 처분하여 선의의 제3자가 소유권을 취득하고 그로 인하여 구 가담 11조 단서에 의하여 채무자가 더는 채무액을 채권자에게 지급하고 그 채권담보의 목적으로 마친 소유권이전등기의 말소를 청구할 수 없게 되었다면, 채권자는 위법한 담보목적부동산 처분으로 인하여 채무자가 입은 손해를 배상할 책임이 있다.(대판 2010.8.26, 2010다27458)

27. 하도급대금의 부당감액으로 인한 불법행위책임 원사업자가 우월적 지위를 이용하여 수급사업자의 자발적 동의에 의하지 않고 하도급대금을 부당하게 감액한 경우에는 그 하도급대금의 감액 약정이 민법상 유효한지 여부와 관계없이 그 자체가 하도급 11조를 위반한 불공정 거래행위에 해당하는 것으로서 위 규정에 의하여 보호되는 수급사업자의 권리나 이익을 침해하는 불법행위를 구성하고, 원사업자는 이로 인하여 수급사업자가 입은 손해를 배상할 책임이 있다.(대판 2011.1.27, 2010다53457)

28. 제3자에 의한 채권침해와 불법행위의 위법성 판단 기준 제3자의 채권침해가 불법행위에 해당하려면, 그 제3자가 채권자를 해한다는 사정을 알면서도 법규 위반 또는 선량한 풍속 기타 사회질서 위반 등 위법한 행위를 함으로써 채권자의 이익을 침해하였음이 인정되어야 하고, 이때 그 행위의 위법 여부는 침해되는 채권의 내용, 침해행위의 태양, 침해자의 고의 내지 해의의 유무 등을 참작하여 구체적·개별적으로 판단하되, 거래자유 보장의 필요성, 경제·사회정책적 요인을 포함한 공공의 이익, 당사자 사이의 이익균형 등을 종합적으로 고려하여 판단하여야 한다.(대판 2011.9.8, 2009다24866)

29. 사용자의 해고 등 불이익처분이 불법행위를 구성하기 위한 요건 사용자가 근로자에 대하여 해고 등 불이익처분을 할 만한 사유가 전혀 없는데도 오로지 근로자를 사업장에서 몰아내려는 의도하에 고의로 명목상의 불이익처분 사유를 내세우거나, 그 사유가 취업규칙 등 소정의 불이익처분의 사유로 삼을 수 없는 것임이 객관적으로 명백하고, 또 조금만 주의를 기울이면 그와 같은 사정을 쉽게 알아볼 수 있는데도 불이익처분에 나아간 경우와 같이 불이익처분이 사회상규상 용인될 수 없음이 분명한 경우에는 그 불이익처분은 위법한 처분으로서 그 효력이 부정됨에 그치지 않고, 위법하게 상대방에게 정신적 고통을 가하는 것이 되어 근로자에 대한 관계에서 불법행위를 구성한다.(대판 2011.10.13, 2009다86246)

30. 파견근로자에 대한 사용사업주의 임금 차별이 불법행위를 구성하는 경우 파견근로 21조 1항, 2항 차별금지규정의 문언 내용과 입법 취지 등을 감안하면, 사용사업주가 파견근로자와 비교대상 근로자가 동종 또는 유사한 업무를 수행하고 있음을 알았거나 통상적인 사용사업주의 입장에서 합리적인 주의를 기울였으면 이를 알 수 있었는데도 파견근로자

의 임금을 결정하는 데 관여하거나 영향력을 행사하는 등으로 파견근로자가 비교대상 근로자보다 적은 임금을 지급받도록 하고 이러한 차별에 합리적 이유가 없는 경우, 이는 위 21조 1항을 위반하는 위법한 행위로서 민 750조의 불법행위를 구성한다. 이 경우 사용사업주는 합리적인 이유 없이 임금 차별을 받은 파견근로자에게 그러한 차별이 없었더라면 받을 수 있었던 적정한 임금과 실제 지급받은 임금의 차액에 상당하는 손해를 배상할 책임이 있다.(대판 2020.5.14, 2016다239024, 239031, 239048, 239055, 239062)

31. 경쟁자의 영업상 성과물의 무단이용 경쟁자가 상당한 노력과 투자에 의하여 구축한 성과물을 상도덕이나 공정한 경쟁질서에 반하여 자신의 영업을 위하여 무단으로 이용함으로써 경쟁자의 노력과 투자에 편승하여 부당하게 이익을 얻고 경쟁자의 법률상 보호할 가치가 있는 이익을 침해하는 행위는 부정한 경쟁행위로서 민법상 불법행위에 해당한다.(대판 2012.3.29, 2010다20044)

32. 계약 체결을 위한 교섭 과정에서 상대방의 기대나 신뢰를 보호하고 배려해야 할 의무를 위반하면서 상대방의 성과물을 무단으로 이용한 경우, 위법성 여부(적극) 계약 체결을 위한 교섭 과정에서 어느 일방이 보호가치 있는 기대나 신뢰를 가지게 된 경우에, 그러한 기대나 신뢰를 보호하고 배려해야 할 의무를 부담하게 된 상대방이 오히려 상당한 이유 없이 이를 침해하여 손해를 입혔다면, 신의칙에 비추어 볼 때 계약 체결의 준비 단계에서 협력관계에 있었던 당사자 사이의 신뢰관계를 해치는 위법한 행위로서 불법행위를 구성할 수 있다고 보아야 한다. 특히 계약 체결을 위한 교섭 과정에서 상대방의 기대나 신뢰를 보호하고 배려해야 할 의무를 위반하면서 상대방의 성과물을 무단으로 이용한 경우에는 당사자 사이의 신뢰관계를 해칠 뿐만 아니라 상도덕이나 공정한 경쟁질서를 위반한 것으로서 그러한 행위의 위법성을 좀 더 쉽게 인정할 수 있다.(대판 2021.6.30, 2019다268061)

33. 경쟁자의 영업상 성과물 무단이용의 구체적 사례 갑 주식회사가 인터넷 쇼핑몰을 운영하면서 해외 유명인의 사진을 검색, 선정한 후 유사한 신체적 특징을 가진 모델을 고용하여 자신의 의류를 입힌 다음 사진을 찍고 이를 다시 해외 유명인의 사진에 합성하는 방법으로 이미지를 제작하여 쇼핑몰에 게시하였는데, 갑과 동일, 유사한 의류제품을 인터넷 쇼핑몰에서 판매하는 을 주식회사가 갑이 제작한 이미지를 복제하거나 모방하여 자신의 쇼핑몰에 게시하였고, 이에 갑이 을을 상대로 손해배상을 구한 사안에서, 갑, 을은 인터넷 사이트를 이용하여 동일, 유사한 의류제품을 판매하면서 제품이 해외 유명인의 이미지에 맞는 스타일이라는 것을 강조하는 동일한 판매전략을 구사하는 등 경쟁관계에 있고, 을은 1년 반 이상 갑이 제작한 이미지를 복제, 모방하였고 횟수도 많을 뿐 아니라 소송 계속 중에도 이러한 행위를 반복하는 등 제반 사정에 비추어 을이 이미지 복제 등으로 갑의 보호가치 있는 영업상 이익을 침해한 것이다.(대판 2020.2.13, 2015다225967)

34. 거래 관련 정보에 대한 질의응답과 불법행위 거래 등의 기초가 되는 정보의 진실성은 스스로 검증하여 거래하는 것이 원칙이므로 정보제공자가 법령상 · 계약상 의무 없이 단순히 질의에 응답한 것에 불과한 경우에는 고의로 거짓 정보를 제공하거나 선행행위 등으로 위험을 야기하였다는 등의 특별한 사정이 없는 한 위와 같은 응답행위가 불법행위를 구성한다고 볼 수 없다.(대판 2012.2.9, 2011다14671)

35. 물건의 소지와 판매 등을 금지하고 있는 경우, 당해 물건의 멸실 또는 훼손으로 인한 손해의 배상을 구할 수 없다고 할 것인지 여부(소극) 법령이 특정한 사업을 영위하거나 특정한 행위를 하는 데에 면허, 허가 등을 받거나 신고 등을 하도록 요구하면서 그러한 절차를 위반하여 사업 또는 행위를 한 경우에는 위반행위와 관련된 물건의 소지와 판매 등을 금지하고 있다고 하더라도, 그러한 사정만을 들어 물건의 멸실 또는 훼손으로 인하여 입게 된 손해의 배상을 구할 수 없는 것이라고 볼 수는 없고, 그와 같은 경우에 물건의 멸실 또는 훼손으로 인한 손해의 배상을 구할 수 있는지는 법령의 입법 취지와 행위에 대한 비난가능성의 정도 특히 위반행위가 가지는 위법성의 강도 등을 종합하여 구체적, 개별적으로 판단하여야 할 것이다.(대판 2012.1.12, 2010다79947)

36. 주권발행 전 주식의 양도인이 그 주식을 다시 제3자에게 이중으로 양도하고, 제2양수인이 주주명부상 명의개서를 받는 등으로 제1양수인이 회사에 대한 관계에서 주주로서의 권리를 제대로 행사할 수 없게 된 경우, 양도인이 제1양수인에 대하여 불법행위책임을 지는지 여부(적극) 양도인이 제1양수인에 대하여 앞서 본 바와 같은 원인계약상의 의무를 위반하여 이미 자신에 속하지 아니하게 된 주식을 다시 제3자에게 양도하고 제2양수인이 주주명부상 명의개서를 받는 등으로 제1양수인이 회사에 대한 관계에서 주주로서의 권리를 제대로 행사할 수 없게 되었다면, 이는 그 한도에서 이미 제1양수인이 적법하게 취득한 주식에 관한 권리를 위법하게 침해하는 행위로서 양도인은 제1양수인에 대하여 그로 인한 불법행위책임을 진다. 그리고 이는 이들 양수인이 이른바 대항관계에 있게 된 경우에 앞서 본 대로 그들 사이의 우열이 이 중 누가 제3자대항요건을 시간적으로 우선하여 구비하였는가에 달려 있어서 그 여하에 따라 제1양수인이 제2양수인에 대하여 그 주식의 취득을 대항할 수 없게 될 수 있다는 것에 의하여 영향을 받지 아니한다.(대판 2012.11.29, 2012다38780)

37. 카지노사업자의 카지노이용자에 대한 불법행위책임 ① 카지노업, 즉 '전문 영업장을 갖추고 주사위 · 트럼프 · 슬롯머신 등 특정한 기구 등을 이용하여 우연의 결과에 따라 특정인에게 재산상의 이익을 주고 다른 참가자에게 손실을 주는 행위 등을 하는 업'의 특수성을 고려하더라도, 폐광지역 개발 지원에 관한 특별법(이하 '폐광지역지원법'이라 한다)에 따라 내국인의 출입이 가능한 카지노업을 허가받은 자(이하 '카지노사업자'라 한다)와 카지노이용자 사이의 카지노 이용을 둘러싼 법률관계에 대하여도 당연히 '자기책임의 원칙'이 적용된다. ② 자기책임의 원칙도 절대적인 명제라고 할 수는 없는 것으로서, 개별 사안의 구체적 사정에 따라서는 신의성실이나 사회질서 등을 위하여 제한될 수도 있다. 그리하여 카지노이용자가 자신의 의지로는 카지노 이용을 제어하지 못할 정도로 도박 중독 상태에 있었고 카지노사업자도 이를 인식하고 있었거나 조금만 주의를 기울였더라면 인식할 수 있었던 상황에서, 카지노이용자나 그 가족이 카지노이용자의 재산상 손실을 방지하기 위하여 법령이나 카지노사업자에 의하여 마련된 절차에 따른 요청을 하였음에도 그에 따른 조처를 하지 아니하고 나아가 영업제한규정을 위반하여 카지노 영업을 하는 등 카지노이용자의 재산상실에 관한 주된 책임이 카지노사업자에게 있을 뿐만 아니라 카지노이용자의 손실이 카지노사업자의 영업이익으로 귀속되는 것이 사회 통념상 용인될 수 없을 정도에 이르렀다고 볼만한 특별한 사정이 있는 경우에는, 예외적으로 카지노사업자의 카지노이용자에 대한 보호의무 내지 배려의무 위반을 이유로 한 손해배상책임이 인정될 수 있다. ③ '폐광지역 카지노사업자의 영업준칙' 등에서 정한 카지노사업자의 영업제한규정 중 1회 베팅한도를 제한하는 규정은 그 문언상 과도한 사행심 유발을 방지하기 위한 것이나, 일반 공중의 사행심 유발을 방지하기 위한 데서 더 나아가 카지노이용자 개개인의 재산상 손실을 방지하기 위한 규정이라고 보기는 어렵다. ④ 카지노이용자 갑의 아들인 을이 카지노사업자인 병 주식회사에 갑의 카지노 출입제한 요청을 하였다가 출입제한자 명단에 등재되기도 전에 요청을 철회하였고, 병 회사는 갑의 카지노 출입을 허용하여 갑이 도박하면서 이른바 '병정'을 내세워 베팅한도액을 초과한 베팅을 한 사안에서, 갑

에 대한 적법한 출입제한 요청이 있었다고 보기 어려워 병 회사에 갑의 카지노 출입을 제한할 의무가 있다고 볼 수 없고, 병 회사 직원이 베팅한도액 제한규정을 위반하였더라도 갑에 대한 보호의무를 위반하였다고 볼 수 없다.(대판(全) 2014.8.21, 2010다92438)

38. 제한이자율을 초과하여 지급된 이자 상당액에 대한 손해배상 또는 부당이득반환 금전을 대여한 채권자가 고의 또는 과실로 이자제한법을 위반하여 최고이자율을 초과하는 이자를 받아 채무자에게 손해를 입힌 경우에는 특별한 사정이 없는 한 민 750조에 따라 불법행위가 성립한다고 보아야 한다. 최고이자율을 초과하여 지급된 이자는 이자제한 2조 4항에 따라 원본에 충당되므로, 이와 같이 충당하여 원본이 소멸하고도 남아 있는 초과 지급액은 이자제한법 위반 행위로 인한 손해라고 볼 수 있다. 부당이득반환청구권과 불법행위로 인한 손해배상청구권은 서로 별개의 청구권으로서, 제한 초과이자에 대하여 부당이득반환청구권이 있다고 해서 그것만으로 불법행위의 성립이 방해되지 않는다.(대판 2021.2.25, 2020다230239)

39. 양자간 명의신탁에서 명의수탁자가 명의신탁자에 대하여 부동산 임의 처분을 원인으로 한 민사상 불법행위책임을 부담하는지 여부(적극) 부동산실명 4조 1항과 4조 2항 본문에 의하면, 명의신탁약정에 따라 명의수탁자 앞으로 등기를 하더라도 부동산에 관한 물권변동의 효력이 발생하지 않는다. 그 결과 부동산 소유권은 그 등기와 상관없이 명의신탁자에게 그대로 남아 있게 되고, 명의신탁자는 부동산 소유자로서 소유물방해배제청구권에 기초하여 명의수탁자를 상대로 그 등기의 말소를 청구할 수 있다. 그런데 부동산실명 4조 3항에 따라 명의신탁자는 명의수탁자가 제3자에게 부동산을 임의로 처분한 경우 제3자에게 자신의 소유권을 주장하여 그 소유권이전등기의 말소를 구할 수 없고, 명의수탁자로부터 부동산을 양수한 제3자는 그 소유권을 유효하게 취득하게 된다. 그렇다면 명의신탁받은 부동산을 명의신탁자의 동의 없이 제3자에게 임의로 처분한 명의수탁자는 명의신탁자의 소유권을 침해하는 위법행위를 한 것이고 이로 인하여 명의신탁자에게 손해가 발생하였으므로, 명의수탁자의 행위는 민 750조에 따른 불법행위책임의 성립 요건을 충족한다.(대판 2021.6.3, 2016다34007)

40. 양자 간 등기명의신탁에서 손해 발생 여부가 문제된 사례 甲이 乙 앞으로 마쳐준 부동산 소유권이전등기가 명의신탁에 의한 것으로 무효라고 주장하면서 乙을 상대로 소유권이전등기말소청구의 소를 제기하여 제1심과 항소심 모두 승소하였으나 상고심 계속 중 소를 취하하였는데, 그 후 재차 乙을 상대로 소유권이전등기의 말소를 구하는 소를 제기하였다가 부동산 가액 상당 손해배상을 구하는 것으로 청구를 변경한 사안에서, 부동산 교환가치 전액이 甲의 손해가 되려면 乙의 행위 때문에 부동산이 멸실되거나 甲이 소유권을 잃는 등의 결과가 사회통념상 현실적으로 발생해야 하는데, 양자 간 등기명의신탁의 경우 부동산실명법에 따라 명의신탁 약정과 그에 터 잡은 등기가 무효이므로, 甲이 부동산 소유권을 여전히 보유하고 있는 이상 乙 앞으로 마친 소유권이전등기로 인하여 어떠한 손해를 입게 되는 것은 아니며, 재소금지의 효과는 동일한 당사자 사이에 같은 소송물에 관하여 다시 소를 제기하지 못하게 하는 것일 뿐 실체상의 권리는 소멸하지 않으므로, 이와 달리 乙이 원인무효인 소유권이전등기의 말소를 거부하고 있을 뿐인데도 甲의 소유권이 침해되어 부동산 가액 상당 손해가 발생했다고 보아 그 금액의 배상을 명한 원심판단에 법리오해의 잘못이 있다고 한 사례.(대판 2023.1.12, 2022다266874)

41. 명의수탁자가 3자간 등기명의신탁에 따라 매도인으로부터 소유권이전등기를 넘겨받은 부동산을 자기 마음대로 처분한 경우, 명의신탁자에 대하여 민사상 불법행위책임을 부담하는지 여부(적극) 명의수탁자가 3자간 등기명의신탁에 따라 매도인으로부터 소유권이전등기를 넘겨받은 부동산을 자기 마음대로 처분한 행위가 형사상 횡령죄로 처벌되지 않더라도, 이는 명의신탁자의 채권인 소유권이전등기청구권을 침해하는 행위로써 민 750조에 따라 불법행위에 해당하여 명의수탁자는 명의신탁자에게 손해배상책임을 질 수 있다.(대판 2022.6.9, 2020다208997)

42. 건강보조식품 판매자의 고객에 대한 불법행위책임 건강보조식품 판매자가 고객에게 제품을 판매할 때에는 건강보조식품의 치료 효과나 부작용 등 의학적 사항에 관하여 잘못된 정보를 제공하여 고객이 이를 바탕으로 긴급한 진료를 중단하는 것과 같이 비합리적인 판단에 이르지 않도록 고객을 보호할 주의의무가 있다. 특히 난치병이나 만성 지병을 앓고 있는 고객에게 건강보조식품의 치료 효과를 맹신하여 진료를 중단하는 행위의 위험성에 관한 올바른 인식형성을 적극적으로 방해하거나 고객의 상황에 비추어 위험한 결과를 초래하는 의학적 조언을 지속함으로써 고객에 대한 보호의무를 위반한 경우, 건강보조식품 판매자는 채무불이행 또는 불법행위로 인한 손해배상책임을 진다.(대판 2022.5.26, 2022다211089)

43. 제3자가 부부의 일방과 부정행위를 한 경우 불법행위의 성립에 관한 판단기준 ① 제3자도 타인의 부부공동생활에 개입하여 부부공동생활의 파탄을 초래하는 등 혼인의 본질에 해당하는 부부공동생활을 방해하여서는 아니 된다. 제3자가 부부의 일방과 부정행위를 함으로써 혼인의 본질에 해당하는 부부공동생활을 침해하거나 유지를 방해하고 그에 대한 배우자로서의 권리를 침해하여 배우자에게 정신적 고통을 가하는 행위는 원칙적으로 불법행위를 구성한다. ② 부부가 장기간 별거하는 등의 사유로 실질적으로 부부공동생활이 파탄되어 실체가 더 이상 존재하지 아니하게 되고 객관적으로 회복할 수 없는 정도에 이른 경우에는 혼인의 본질에 해당하는 부부공동생활이 유지되고 있다고 볼 수 없다. 따라서 비록 부부가 아직 이혼하지 아니하였지만 이처럼 실질적으로 부부공동생활이 파탄되어 회복할 수 없을 정도의 상태에 이르렀다면, 제3자가 부부의 일방과 성적인 행위를 하더라도 이를 두고 부부공동생활을 침해하거나 유지를 방해하는 행위라고 할 수 없고 또한 그로 인하여 배우자의 부부공동생활에 관한 권리가 침해되는 손해가 생긴다고 할 수도 없으므로 불법행위가 성립한다고 보기 어렵다. 그리고 이러한 법률관계는 재판상 이혼청구가 계속 중에 있다거나 재판상 이혼이 청구되지 않은 상태라고 하여 달리 볼 것은 아니다.(대판(全) 2014.11.20, 2011므2997) ③ 부부의 일방과 부정행위를 한 제3자가 실질적으로 부부공동생활이 파탄되어 회복할 수 없을 정도의 상태에 이르게 된 원인을 제공한 경우라 하더라도, 배우자 아닌 자와의 성적인 행위가 부부공동생활이 실질적으로 파탄되어 실체가 더 이상 존재하지 아니하거나 객관적으로 회복할 수 없는 정도에 이른 상태에서 이루어졌다면 이를 달리 볼 수는 없다.(대판 2023.12.21, 2023다265731)

44. 부정행위 당시 부부공동생활이 실질적으로 파탄되어 회복할 수 없는 정도의 상태에 있었다는 사정에 대한 증명책임 부부 일방과 부정행위를 할 당시 그 부부의 공동생활이 실질적으로 파탄되어 회복할 수 없는 정도의 상태에 있었다는 사정은 이를 주장하는 제3자가 증명하여야 한다.(대판 2024.6.27, 2022므13504, 13511)

45. 물건인도판결의 확정으로 실체적 인도의무가 생기거나 정당한 점유권원 소멸로 이 소멸하여 점유가 위법하게 되는지 여부(소극) 물건 점유자를 상대로 한 물건의 인도판결이 확정되면 점유자는 인도판결 상대방에 대하여 소송에서 더 이상 물건에 대한 인도청구권의 존부를 다툴 수 없고 인도소송의 사실심 변론종결 시까지 주장할 수 있었던 정당한 점유권원을 내세워 물건의 인도를 거절할 수 없다. 그러나 의무 이행을 명하는 판결의 효력이 실체적 법률관계에 영향

을 미치는 것은 아니므로, 점유자가 그 인도판결의 효력으로 판결 상대방에게 물건을 인도해야 할 실체적 의무가 생긴다거나 정당한 점유권원이 소멸하여 그때부터 그 물건에 대한 점유가 위법하게 되는 것은 아니다.(대판 2019.10.17, 2014다46778)

46. 조합 정관 위반만으로 제3자에 대한 불법행위가 성립하는지 여부(=원칙적 소극) 주택재개발 정비사업조합의 단체 내부를 규율하는 자치법규인 정관에서 정한 사항은 원칙적으로 해당 조합과 조합원을 위한 규정이라고 봄이 타당하고 조합 외부의 제3자를 보호하거나 제3자를 위한 규정이라고 볼 것은 아니다. 갑 조합 정관에서 '총회 의결로 정한 예산의 범위 내에서의 용역계약 등'을 대의원회의 의결사항으로 정하고 있는데 조합장 및 이사회 의장인 을이 조합 이사회를 개최하여 병을 법무사로 선정하고 그와 등기업무 위임계약을 체결하기로 의결함으로써 위 정관 규정을 위반하였더라도, 위 정관 규정이 조합 외부의 제3자를 보호하거나 제3자의 이익을 위한 규정이라고 보이지는 않으므로 특별한 사정이 없는 한 그 위반행위만으로 을에게 기존에 갑 조합과 위임계약을 체결하여 등기업무 등을 수행하던 정 법무사법인에 대한 불법행위책임을 물을 수는 없다.(대판 2019.10.31, 2017다282438)

47. 임대차 종료 후 동시이행항변권을 상실한 임차인이 목적물을 계속 점유하는 경우의 불법행위책임(대판 2020.5.14, 2019다252042) → 제536조 참조

48. 대규모유통업자의 불공정행위로 인한 불법행위책임 거래상 우월적 지위에 있는 대규모유통업자가 대규모유통업 8조 1항, 2항보다 불리한 내용의 계약 조항이나 약관 조항에 관하여 납품업자로부터 자발적 동의를 얻지 못하였음에도 이를 근거로 납품업자를 상대로 위 규정 위반행위를 하는 것은 그 계약 조항이나 약관 조항이 사법상 유효한지 여부와 관계없이 고의 또는 과실에 의한 불법행위에 해당한다. 이러한 경우 납품업자는 대규모유통업자를 상대로 불법행위를 원인으로 하여 대규모유통업자의 위반행위가 없었더라면 지급받을 수 있었던 지연손해금 상당을 손해배상으로 청구할 수 있다.(대판 2020.6.25, 2016두55896)

49. 주민들의 행정절차 참여권 침해로 인한 손해배상책임이 인정되는지 여부 행정절차상 참여권의 성격이나 내용 등에 비추어 볼 때, 국가나 지방자치단체가 행정절차를 진행하는 과정에서 주민들의 의견제출 등 절차적 권리를 보장하지 않은 위법이 있다고 하더라도 그 후 이를 시정하여 절차를 다시 진행한 경우, 종국적으로 행정처분 단계까지 이르지 않거나 처분을 직권으로 취소하거나 철회한 경우, 행정소송을 통하여 처분이 취소되거나 처분의 무효를 확인하는 판결이 확정된 경우 등에는 주민들이 절차적 권리의 행사를 통하여 환경권이나 재산권 등 사적 이익을 보호하려던 목적이 실질적으로 달성된 것이므로 특별한 사정이 없는 한 절차적 권리 침해로 인한 정신적 고통에 대한 배상은 인정되지 않는다. 다만 이러한 조치로도 주민들의 절차적 권리 침해로 인한 정신적 고통이 여전히 남아 있다고 볼 특별한 사정이 있는 경우에 국가나 지방자치단체는 그 정신적 고통으로 인한 손해를 배상할 책임이 있다. 이때 특별한 사정이 있다는 사실에 대한 주장·증명책임은 이를 청구하는 주민들에게 있고, 특별한 사정이 있는지는 주민들에게 행정절차 참여권을 보장하는 취지, 행정절차 참여권이 침해된 경위와 정도, 해당 행정절차 대상사업의 시행경과 등을 종합적으로 고려해서 판단해야 한다.(대판 2021.7.29, 2015다221668)

50. 대통령 긴급조치 9호로 인한 국가배상책임 긴급조치 9호는 위헌·무효임이 명백하고 긴급조치 9호 발령으로 인한 국민의 기본권 침해는 그에 따른 강제수사와 공소제기, 유죄판결의 선고를 통하여 현실화되었다. 이러한 경우 긴급조치 9호의 발령부터 적용·집행에 이르는 일련의 국가작용은, 전체적으로 보아 공무원이 직무를 집행하면서 객관적 주의의무를 소홀히 하여 그 직무행위가 객관적 정당성을 상실한 것으로서 위법하다고 평가되고, 긴급조치 9호의 적용·집행으로 강제수사를 받거나 유죄판결을 선고받고 복역함으로써 개별 국민이 입은 손해에 대해서는 국가배상책임이 인정될 수 있다.(대판(全) 2022.8.30, 2018다212610)

▶ **인과관계**

51. 무면허자에 대한 자동차대여와 교통사고 자동차대여사업자가 자동차운전면허가 없는 사람에게 무면허자임을 알면서도 승용차를 대여하였고, 그 무면허자가 대여받은 승용차를 운전하던 중 운전미숙의 과실로 인하여 교통사고가 발생한 경우, 무면허운전은 도로교통 40조 1항에 의하여 금지되어 있는 범죄행위임이 명백하고 운전기술이 없거나 미숙한 사람이 자동차를 운전할 경우에는 타인의 생명이나 신체에 위해를 미칠 위험이 큰 점에 비추어 볼 때, 달리 특별한 사정이 없는 한 자동차내여사업자가 무면허자에게 위 자동차를 대여한 행위와 무면허자의 위와 같은 운전미숙이 원인이 되어 발생한 교통사고 사이에는 상당인과관계가 있다.(대판 1998.11.27, 98다39701)

52. 증거조작행위와 유죄판결 사이의 인과관계 형사법상 인정되는 피의자 또는 피고인의 방어권은 법령상 허용된 범위 내에서 인정되는 것일 뿐 방어자가 내용허위의 문서를 작성하여 제출하거나 증인에게 자기에게 유리하도록 위증을 교사하는 등 법령상 허용되는 범위를 넘어 형사상 처벌받은 위법한 방법으로 다투고 그로 인하여 타인에게 손해를 입힌 경우에는 이는 방어권의 범위를 일탈한 방어권의 남용으로서 위법하다. 원고가 무고죄 등으로 구속 기소된 것은 제3자인 검사에 의한 것이고 유죄판결 역시 법원에 의하여 선고된 것이라고 할지라도 이 사건 피고가 자기의 죄를 면하기 위해 타인으로 하여금 내용 허위의 영수증을 작성하게 하여 수사기관 등에 제출하였고 또 증인에게 위증을 교사하는 등 일련의 증거조작행위를 한 때문이라면 피고의 행위와 원고의 유죄확정 판결과 사이에는 상당인과관계가 있다.(대판 1983.12.13, 81다카1030)

53. 불법행위와 그 변호사비용 사이의 인과관계 변호사강제주의를 택하지 않고 있는 우리나라 법제 하에서는 손해배상청구의 원인이 된 불법행위 자체와 변호사 비용 사이에 상당인과관계가 있음을 인정할 수 없으므로, 변호사 비용을 그 불법행위 자체로 인한 손해배상채권에 포함시킬 수는 없다. 국가가 위법·부당한 과세처분에 대하여 단순히 그 취소를 거부하고 있음에 그친 경우에는 피처분자들이 그 취소, 시정을 구하는 심판청구 및 취소소송을 제기하면서 변호사 비용을 지출하였다고 하여도 그 변호사 비용은 원칙적으로 선행하는 불법행위인 위법·부당한 과세처분 자체와는 상당인과관계가 없다.(대판 1996.11.8, 96다27889)

54. 예방접종과 사망의 인과관계 손해부담을 공평의 원칙에서 결정하려는 민사분쟁에서의 인과관계는 과학적 인과관계를 의미하는 것이 아니므로 학설상 일반적으로 코레라 예방접종의 피접종자가 유혈환자등인 경우 약 0.004프로의 치명율이 있다는 의학상보고가 있고 사체부검 결과 사망자가 비특이성 뇌의울혈부종 및 출혈반점이 있어 그 출혈이 예방접종으로 인한 가능성이 있다고 인정되는 이상 달리 피해자에게 사인인 뇌출혈상을 일으킬만한 특별한 사정이 있음을 인정할 자료가 인정될 수 없다면 법적견지에서 예방접종과 피접종자의 사망간에는 인과관계가 있다고 해석하는 것이 타당하다.(대판 1977.8.23, 77다686)

55. 1차 사고로 부상한 피해자가 다른 2차 사고로 사망한 경우 1차 사고 가해자의 손해배상 범위 사고로 상해를 입은 피해자가 다른 사고로 인하여 사망한 경우, 그 두 사고 사이에 1차 사고가 없었더라면 2차 사고도 발생하지 않았을 것이라고 인정되는 것과 같은 조건적 관계가 존재하지 아니하는 경우에는 1차 사고의 가해자는 2차 사고로 인하여

피해자가 사망한 때까지의 손해만을 배상하면 된다.(대판 1995.2.10, 94다51895)

56. 음주운전 사고에서 불법주정차와 사고 발생, 손해 확대 사이의 상당인과관계 갑 등이 일몰 시간 이후 보도와 차도가 구분되어 있지 않은 편도 1차로의 국도에서 전선지중화 작업을 수행하였고, 당시 작업차량1은 차폭등과 미등을 켜지 않은 상태로 좌측 전방부가 도로 안쪽으로 향하도록 도로 우측에 비스듬히 정차하고 있었으며, 작업차량2는 작업차량1 전방에서 도로 우측에 정차하고 있었는데, 을이 만취상태에서 가해차량을 운전하여 작업현장 부근을 주행하다가 도로 우측에 정차하고 있던 작업차량들을 발견하지 못하고 가해차량 오른쪽 앞부분으로 작업차량1의 왼쪽 뒤 모서리 부분부터 후사경 부분까지 긁고 지나가듯 충격하고, 마침 작업을 마친 후 작업차량2에 탑승하기 위해 도로 위를 도보로 이동하던 갑 등을 연달아 들이받아 갑 등이 모두 사망한 사안에서, 도로교통법상 주정차방법을 위반하여 점등을 하지 않거나 도로 우측 공간을 확보하지 않은 작업차량들의 과실과 사고의 발생 및 손해의 확대 사이에 아무런 인과관계가 없다고 단정할 수 없고, 만취 상태에서 운전한 가해차량의 과실이 중대하다고 하여 작업차량들의 과실과 사고 발생 사이의 인과관계가 단절되었다고 할 수도 없다.(대판 2019.8.29, 2016다259417)

57. 외상 후 스트레스 장애 ① 신경증은 위기상황에 있어서의 인격반응의 일종이라고 부를 정도로 환자의 소질이나 성격과 밀접한 관련을 가지고 발생하는 질환이라 할 것이므로 불법행위로 인한 후유장해가 신경증인 경우에 있어서 '이미 사고 이전부터 같은 증상을 가지고 있었던 경우'는 물론 '피해자의 소질 내지 성격에서의 특성이 그 신경증의 한 원인이 된 경우'나 '사고 이후 피해자가 회복을 위한 노력을 게을리 하여 장애의 정도가 커졌다거나 회복기간이 장기화된 경우'라면 그로 인해 확대된 부분은 불법행위와 인과관계가 있다고 할 수 없다. ② 가족의 교통사고 장면을 목격하였을 뿐 직접 외상을 입지 않았다는 이유만으로 피해자의 외상 후 스트레스 장애와 교통사고 사이의 인과관계를 부인할 수는 없다.(대판 2008.9.11, 2007다78777)

58. 가해행위와 손해 사이의 인과관계를 비율적으로 인정 가부(소극) 불법행위로 인한 손해배상청구 소송에서 가해행위와 손해 발생 사이의 인과관계는 존재하거나 부존재하는지를 판단하는 것이고, 이를 비율적으로 인정할 수는 없으므로, 이른바 비율적 인과관계론은 받아들일 수 없다.(대판 2013.7.12, 2006다17539)

59. 담당공무원의 과실로 원인무효의 등기상태가 지속된 경우, 이러한 사정과 그 부동산의 진정한 소유자의 임대가 지연됨으로써 발생한 손해 간 상당인과관계를 인정하기 위한 요건 타인 소유의 부동산에 관한 임대계약도 가능한 점 등을 고려하면, 다른 특별한 사정이 없는 한 원인무효의 소유권이전등기는 부동산을 임대함에 있어서 법률상의 장애가 되는 것은 아니다. 다만 타인 명의로 소유권이전등기가 되어 있는 부동산을 임차하려는 자로서는 부동산에 대한 임차권을 완전하게 취득하지 못하게 될 위험을 고려하여 부동산의 임차를 꺼리게 됨으로써, 결과적으로 타인 명의로 소유권이전등기가 되어 있다는 사정은 부동산을 임대함에 있어 사실상의 장애가 될 수는 있다. 따라서 진정한 소유자가 당해 부동산에 대한 임대를 계획하고 또 시도하였으나 임대하지 못하였고, 그와 같이 부동산을 임대하지 못한 것이 원인무효의 소유권이전등기로 인하였을 것이라는 점이 증명되는 경우에만 원인무효의 소유권이전등기와 해당 부동산의 임대지연 사이에 상당인과관계가 있다.(대판 2014.7.24, 2014다200305)

60. 불법행위로 인한 손해배상책임을 지우기 위한 요건으로서 위법한 행위와 손해 사이에 상당인과관계가 있는지 판단하는 방법 불법행위 성립요건으로서의 위법성은 관련 행위 전체를 일체로만 판단하여 결정하여야 하는 것은 아니고, 문제가 되는 행위마다 개별적·상대적으로 판단하여야 한다. 또한 불법행위로 인한 손해배상책임을 지우려면 위법한 행위와 피해자가 입은 손해 사이에 상당인과관계가 있어야 하고, 상당인과관계의 유무는 일반적인 결과 발생의 개연성은 물론 주의의무를 부과하는 법령 기타 행동규범의 목적과 보호법익, 가해행위의 태양 및 피침해이익의 성질 및 피해의 정도 등을 종합적으로 고려하여 판단해야 한다.(대판 2020.11.26, 2018다221676)

61. 위법한 행위와 손해 사이의 상당인과관계를 부정한 사례 甲 등이 구 가축전염병 예방법에서 정한 이동제한명령을 위반하여 구제역에 걸린 돼지들을 乙 지방자치단체에서 농장을 운영하는 丙에게 매도한 다음 이동시켰는데, 丙의 농장에서 사육 중이던 동물들에게 구제역이 확산되자, 乙 지방자치단체가 丙에게 살처분명령을 하고 살처분 보상금 등을 지급한 후, 甲 등을 상대로 이동제한명령 위반으로 살처분 보상금 상당의 손해를 입었다고 주장하며 손해배상을 구한 사안에서, 乙 지방자치단체의 살처분 보상금 등 지급이 甲 등의 이동제한명령 위반과 상당인과관계가 있는 손해라거나 乙 지방자치단체가 다른 법령상 근거 없이 곧바로 甲 등을 상대로 살처분 보상금 등 상당을 손해배상으로 구할 수 있다고 보기 어렵다고 한 사례(대판 2022.9.16, 2017다247589)

▶ **인격권 침해**

62. 명예훼손과 위법성 조각 형사상이나 민사상으로 타인의 명예를 훼손하는 행위를 한 경우에도 그것이 공공의 이해에 관한 사항으로서 그 목적이 오로지 공공의 이익을 위한 것일 때에는 진실한 사실이라는 증명이 있으면 위 행위에 위법성이 없으며 또한 그 증명이 없더라도 행위자가 그것을 진실이라고 믿을 상당한 이유가 있는 경우에는 위법성이 없다. 일정한 입장에 있는 인물에 관한 행위가 공적 비판의 대상이 된다고 하더라도 신문에 비하여 신속성의 요청이 덜한 잡지에 인신공격의 표현으로 비난하는 내용의 기사를 게재함에 있어서는 기사내용의 진실여부에 대하여 미리 충분한 조사활동을 거쳐야 할 것인바, 잡지발행인이 수기를 잡지에 게재함에 있어 그 내용의 진실성에 대하여는 전혀 검토하지 아니한 채 원문의 뜻이 왜곡되지 않는 범위내에서 문장의 일부만을 수정하여 피해자가 변호사로서의 본분을 망각한 악덕변호사인 것처럼 비방하는 내용의 글을 그대로 잡지에 게재하였다면 잡지발행인으로서는 위 수기의 내용이 진실한 것으로 믿는데 상당한 이유가 있었다고 할 수 없고, 잡지에 이 수기를 게재하여 반포하였다면 위 피해자의 사회적 평가가 저하되었다 할 것이므로 위 잡지발행인은 위 피해자에 대한 명예훼손의 책임을 면할 수 없다.(대판 1988.10.11, 85다카29)

63. 진실이라고 믿을 만한 상당한 이유 ① 민사상 명예훼손이 성립하는 데는 객관적으로 보아 피해자의 외부적·사회적 평판을 저하할 만한 사실을 적시한다는 인식이 있는 것으로 족하고, 그 내용이 허위라는 점까지 적극적으로 인식할 필요는 없으며, 다만 적시한 사실이 공공의 이해에 관한 사항으로서 그 목적이 오로지 공공의 이익을 위한 것일 때에는 진실한 사실이라는 증명이 없더라도 행위자가 그것을 진실이라고 믿을 상당한 이유가 있는 한 위법성이 조각되는 것인바, 적시한 내용이 진실이라고 믿을 만한 상당한 이유가 있는지는 사실의 성격, 정보원의 신빙성, 사실 확인의 용이성, 적시로 인한 피해자의 피해 정도 등 여러 사정을 종합하여 그 내용의 진위를 확인하기 위한 적절하고도 충분한 조사를 다하였는가, 그 진실성이 객관적이고도 합리적인 자료나 근거에 의하여 뒷받침되는가 하는 점에 비추어 판단하여야 한다. ② 인터넷에서 무료로 취득한 공개 정보는 누구나 손쉽게 복사·가공하여 게시·전송할 수 있는 것으로서, 그 내용의 진위가 불명확함은 물론 궁극적 출처도 특정하기 어려우므로, 특정한 사안에 관하여 관심이 있는 사람들이 접속하는 인터넷상의 가상공동체(cyber community)의 자료실

이나 게시판 등에 게시·저장된 자료를 보고 그에 터잡아 달리 사실관계의 조사나 확인이 없이 다른 사람의 사회적 평판을 저하할 만한 사실의 적시를 하였다면, 가사 행위자가 그 내용이 진실이라 믿었다 한들, 그렇게 믿을 만한 상당한 이유가 있다고 보기 어렵다.(대판 2006.1.27, 2003다66806)

64. 공적 존재에 대한 명예훼손 ① 비록 정치인의 기자회견 내용 중에 개인에 대한 형사사건의 처리와 세무조사에 대한 불만과 항의가 포함되지 않았다고 할 수는 없지만, 기자회견을 하게 된 경위나 그 내용의 전체적인 취지로 보아 그 주목적은 개인적인 문제에서 비롯된 것이 아니라 검찰의 선거사범 처리가 불공정하고 이에 대한 불복을 정치적으로 탄압하고 있다는 의혹을 국민에게 고발하고자 하는 데에 있고, 이는 그 내용이 공공의 이익에 관한 것이라고 보아야 할 것이어서, 기자회견 내용이 진실하거나 그 내용을 진실이라고 믿을 상당한 이유가 있다면, 정치인의 명예훼손적 표현행위는 그 위법성이 조각된다. ② 표현의 자유와 명예보호 사이의 한계를 설정함에 있어서는, 당해 표현으로 인하여 명예를 훼손당하게 되는 피해자가 공적인 존재인지 사적인 존재인지, 그 표현이 공적인 관심 사안에 관한 것인지 순수한 사적인 영역에 속하는 사안에 관한 것인지 등에 따라 그 심사기준에 차이를 두어, 공공적·사회적인 의미를 가진 사안에 관한 표현의 경우에는 언론의 자유에 대한 제한이 완화되어야 하고, 또한 공직자의 업무처리가 정당하게 이루어지고 있는지 여부는 항상 국민의 감시와 비판의 대상이 되어야 하고, 특히 선거법위반사건 등 정치적인 영향력을 가진 사건 처리의 공정성에 대한 정당의 감시기능은 정당의 중요한 임무 중의 하나이므로, 이러한 감시와 비판기능은 보장되어야 하고 그것이 악의적이거나 현저히 상당성을 잃은 공격이 아닌 한 쉽게 제한되어서는 아니된다.(대판 2003.7.22, 2002다62494)

65. 공인의 정치적 이념에 대한 비판과 명예훼손 ① 표현행위로 인한 명예훼손책임이 인정되려면 사실을 적시함으로써 명예가 훼손되었다는 점이 인정되어야 한다. 명예는 객관적인 사회적 평판을 뜻한다. 누군가를 단순히 '종북'이나 '주사파'라고 하는 등 부정적인 표현으로 지칭했다고 해서 명예훼손이라고 단정할 수 없고, 그러한 표현행위로 말미암아 객관적으로 평판이나 명성이 손상되었다는 점까지 증명되어야 명예훼손책임이 인정된다. ② 언론에서 공직자 등에 대해 비판하거나 정치적 반대의견을 표명하면서 사실의 적시가 일부 포함된 경우에도 불법행위책임을 인정하는 것은 신중해야 한다. 명예훼손으로 인한 책임으로부터 표현의 자유를 보장하기 위해서는 이른바 '숨 쉴 공간'을 확보해 두어야 한다.(대판(全) 2018.10.30, 2014다61654)

66. 위법성조각사유의 증명책임 방송 등 언론매체가 사실을 적시하여 개인의 명예를 훼손하는 행위를 한 경우에도 그 목적이 오로지 공공의 이익을 위한 것일 때에는 적시된 사실이 진실이라는 증명이 있거나 그 증명이 없나 하더라도 행위자가 그것을 진실이라고 믿었고 또 그렇게 믿을 상당한 이유가 있으면 위법성이 없다고 보아야 할 것이나, 그에 대한 입증책임은 어디까지나 명예훼손 행위를 한 방송 등 언론매체에 있고 피해자가 공적(公的)인 인물이라 하여 방송 등 언론매체의 명예훼손 행위가 현실적인 악의에 기한 것임을 그 피해자측에서 입증하여야 하는 것은 아니다.(대판 1998.5.8, 97다34563)

67. 인격권에 기한 금지청구권 사람(종중 등의 경우에도 마찬가지이다.)이 갖는 명예에 관한 권리는 일종의 인격권으로 볼 수 있는 것으로서, 그 성질상 일단 침해된 후에는 금전배상이나 명예 회복에 필요한 처분 등의 구제수단만으로는 그 피해의 완전한 회복이 어렵고 손해 전보의 실효성을 기대하기 어려우므로, 이와 같은 인격권의 침해에 대하여는 사전 예방적 구제수단으로 침해행위의 정지·방지 등의 금지청구권이 인정될 수 있다.(대판 1997.10.24, 96다17851)

68. 인격권에 기한 금지청구의 요건 명예는 생명, 신체와 함께 매우 중대한 보호법익이고 인격권으로서의 명예권은 물권의 경우와 마찬가지로 배타성을 가지는 권리라고 할 것이므로 사람의 품성, 덕행, 명성, 신용 등의 인격적 가치에 관하여 사회로부터 받는 객관적인 평가인 명예를 위법하게 침해당한 자는 손해배상(민 751조) 또는 명예회복을 위한 처분(민 764조)을 구할 수 있는 이외에 인격권으로서 명예권에 기초하여 가해자에 대하여 현재 이루어지고 있는 침해행위를 배제하거나 장래에 생길 침해를 예방하기 위하여 침해행위의 금지를 구할 수도 있다. 표현행위에 대한 사전억제는 표현의 자유를 보장하고 검열을 금지하는 헌 21조 2항의 취지에 비추어 엄격하고 명확한 요건을 갖춘 경우에만 허용된다. 출판물에 대한 발행·판매 등의 금지는 위와 같은 표현행위에 대한 사전억제에 해당하고, 그 대상이 종교단체에 관한 평가나 비판 등의 표현행위에 관한 것이라고 하더라도 그 표현행위에 대한 사전금지는 원칙적으로 허용되어서는 안 될 것이다. 다만 그와 같은 경우에도 그 표현내용이 진실이 아니거나, 그것이 공공의 이해에 관한 사항으로서 그 목적이 오로지 공공의 이익을 위한 것이 아니며, 또한 피해자에게 중대하고 현저하게 회복하기 어려운 손해를 입힐 우려가 있는 경우에는 그와 같은 표현행위는 그 가치가 피해자의 명예에 우월하지 아니하는 것이 명백하고, 또 그에 대한 유효적절한 구제수단으로서 금지의 필요성도 인정되므로 이러한 실체적인 요건을 갖춘 때에 한하여 예외적으로 사전금지가 허용된다.(대결 2005.1.17, 2003마1477)

69. 집단표시에 의한 명예훼손 이른바 집단표시에 의한 명예훼손은 그러한 방송 등이 그 집단에 속한 특정인에 대한 것이라고는 해석되기 힘들고 집단표시에 의한 비난이 개별구성원에 이르러서는 비난의 정도가 희석되어 구성원의 사회적 평가에 영향을 미칠 정도에 이르지 않으므로 구성원 개개인에 대한 명예훼손은 성립되지 않는다고 봄이 원칙이지만, 다만 예외적으로 구성원 개개인에 대하여 방송하는 것으로 여겨질 정도로 구성원 수가 적거나 방송 등 당시의 주위 정황 등으로 보아 집단 내 개별구성원을 지칭하는 것으로 여겨질 수 있는 때에는 집단 내 개별구성원이 피해자로서 특정된다고 보아야 하고, 그 구체적 기준으로는 집단의 크기, 집단의 성격과 집단 내에서의 원고의 지위 등을 들 수 있다.(대판 2003.9.2, 2002다63558)

70. 공익성 판단기준 적시된 사실이 공공의 이익에 관한 것인지 여부는 당해 적시 사실의 구체적 내용, 당해 사실의 공표가 이루어진 상대방의 범위의 광협, 그 표현의 방법 등 그 표현 자체에 관한 제반 사항을 감안함과 동시에 그 표현에 의하여 훼손되거나 훼손될 수 있는 타인의 명예의 침해의 정도 등을 비교·고려하여 결정하여야 할 것이다.(대판 1998.7.14, 96다17257)

71. 공익성과 사익적 동기 행위자의 주요한 목적이나 동기가 공공의 이익을 위한 것이라면 부수적으로 다른 사익적 동기가 내포되어 있었다고 하더라도 공공의 이익을 위한 것으로 보아야 할 것이다.(대판 1996.10.11, 95다36329)

72. '보도 내용이 진실이라고 믿을 만한 상당한 이유'의 판단기준 언론매체의 보도를 통한 명예훼손에 있어서 행위자가 보도 내용이 진실이라고 믿을 만한 상당한 이유가 있는지는 적시된 사실의 내용, 진실이라고 믿게 된 근거나 자료의 확실성과 신빙성, 사실 확인의 용이성, 보도로 인한 피해자의 피해 정도 등 여러 사정을 종합하여 행위자가 보도 내용의 진위 여부를 확인하기 위하여 적절하고도 충분한 조사를 다하였는가, 그 진실성이 객관적이고도 합리적인 자료나 근거에 의하여 뒷받침되는가 하는 점에 비추어 판단하여야 할 것이다.(대판 2001.1.19, 2000다10208)

73. 타인에 대한 비판적인 의견 표명 표현행위자가 타인에 대하여 비판적인 의견을 표명하였다는 사유만으로 이를 위법하다고 볼 수는 없지만, 만일 표현행위의 형식 및 내용 등이 모욕적이고 경멸적인 인신공격에 해당하거나 혹은 타인

의 신상에 관하여 다소간의 과장을 넘어서서 사실을 왜곡하는 공표행위를 함으로써 그 인격권을 침해한다면, 이는 명예훼손과는 별개 유형의 불법행위를 구성할 수 있다.(대판 2009.4.9, 2005다65494)

74. 피의사실보도로 인한 명예훼손 담당 검사가 피의자가 피의사실을 강력히 부인하고 있었음에도 불구하고 추가 보강수사를 하지 않은 채 참고인들의 불확실한 진술만을 근거로 피의자의 범행동기나 그가 유출한 회사기밀의 내용 및 경쟁업체 관계자들에 대한 향후 수사확대 방향 등에 관하여 상세히 언급함으로써 마치 피의자의 범행이 확정된 듯한 표현을 사용하여 각 언론사의 기자들을 상대로 언론에 의한 보도를 전제로 피의사실을 공표한 경우, 피의사실 공표행위의 위법성이 조각되지 않는다. 일간신문사 기자가 타 신문사의 기사 내용과 피의자에 대한 구속영장 사본만을 열람한 것만으로는 위 기자가 기사 내용의 진실성을 담보하기 위하여 필요한 취재를 다한 것이라고 할 수 없고, 더욱이 피의자가 범행혐의를 받고 있을 뿐임에도 불구하고 마치 자신의 직접 취재에 의하여 그 범행이 확인된 것처럼 단정적으로 기사를 게재한 경우, 일간신문에 있어서의 보도의 신속성이란 공익적인 요소를 고려한다고 하더라도, 이러한 기사를 게재한 것이 피의자에 대한 명예훼손행위의 위법성을 조각하게 할 정도에 이른 것이라고 볼 수 없다.(대판 1999.1.26, 97다10215, 10222)

75. 이른바 '포토라인'으로 인한 명예와 초상권 침해 사기와 횡령 등의 혐의로 구속영장이 발부되자 도주하였다가 체포되어 심문을 위해 법원에 인치된 갑의 얼굴이 법원 건물 현관에서 대기 중이던 언론사 기자들에 의하여 사진 및 동영상으로 촬영되어 보도되자, 갑이 국가를 상대로 초상권 침해에 따른 손해배상을 구한 사안에서, 체포·구속으로 피의자의 신병을 확보하고 있는 수사기관은 원하지 않는 촬영이나 녹화를 당할 절박한 상황에 놓인 피의자에 대하여 호송·계호 등의 업무에 중대한 지장이 없는 범위 내에서 얼굴을 가리거나 제3자의 접촉을 차단하는 등 초상권을 방어할 수 있도록 보호할 의무가 있는바, 위 피의자 심문구인용 구속영장 집행 사실을 확인한 언론사 기자들이 갑이 도착할 무렵 건물 현관에 대기하고 있었고, 수사기관 공무원들은 호송차량에서 내리기 전에 이러한 상황을 파악하였음에도 갑의 얼굴을 가릴 수 있도록 하여 주는 등의 필요한 조치를 취하지 아니한 채 갑에 대한 촬영, 녹화, 인터뷰가 가능하도록 방치하는 등 구속 피의자인 갑에 대한 보호의무를 위반하여, 갑의 명예와 초상권을 침해하였다고 본 원심판단을 수긍한 사례.(대판 2021.12.10, 2021다265119)

76. 정정보도와 손해배상청구권 보도 내용이 수사가 진행중인 피의사실에 관한 것일 경우 일반 독자들로서는 보도된 피의사실의 진실 여부를 확인할 수 있는 별다른 방도가 없을 뿐만 아니라 언론기관이 가지는 권위와 그에 대한 신뢰에 기하여 보도 내용을 그대로 진실로 받아들이는 경향이 있고, 신문 보도가 가지는 광범위하고도 신속한 전파력으로 인하여 사후 정정보도나 반박보도 등의 조치에 의한 피해구제만으로는 사실상 충분한 명예회복을 기대할 수 없는 것이 보통이므로, 피해자들이 정정보도를 요구하여 신문사가 정정보도를 하였다 하여 당연히 피해자들이 향후 손해배상청구권을 포기할 의사였다고 볼 수는 없다. 또한 위와 같은 피해자들의 명예 침해라는 결과를 고려할 때 언론기관이 정정보도를 내었다는 것만으로 민사상 손해배상책임의 추궁을 피할 수는 없다 할 것이며, 그러한 손해배상책임을 인정한다고 하여 언론의 자유가 질식한다고 할 수도 없을 것이다.(대판 2002.5.10, 2000다50213)

77. 인터넷에 의한 명예훼손 온라인 서비스 제공자인 인터넷상의 홈페이지 운영자가 자신이 관리하는 전자게시판에 타인의 명예를 훼손하는 내용이 게재된 것을 방치하였을 때 명예훼손으로 인한 손해배상책임을 지게 하기 위하여는 그 운영자에게 그 게시물을 삭제할 의무가 있음에도 정당한 사유 없이 이를 이행하지 아니한 경우여야 하고, 그의 삭제의무가 있는지는 게시의 목적, 내용, 게시기간과 방법, 그로 인한 피해의 정도, 게시자와 피해자의 관계, 반론 또는 삭제 요구의 유무 등 게시에 관련한 쌍방의 대응태도, 당해 사이트의 성격 및 규모·영리 목적의 유무, 개방정도, 운영자가 게시물의 내용을 알았거나 알 수 있었던 시점, 삭제의 기술적·경제적 난이도 등을 종합하여 판단하여야 할 것으로서, 특별한 사정이 없다면 단지 홈페이지 운영자가 제공하는 게시판에 다른 사람에 의하여 제3자의 명예를 훼손하는 글이 게시되고 그 운영자가 이를 알았거나 알 수 있었다는 사정만으로 항상 운영자가 그 글을 즉시 삭제할 의무를 지게 된다고 할 수는 없다.(대판 2003.6.27, 2002다72194)

78. 인터넷 종합 정보제공 사업자에 의한 기사 선별 게시 ① 인터넷 종합 정보제공 사업자가 보도매체가 작성·보관하는 기사에 대한 인터넷 이용자의 검색·접근에 관한 창구역할을 넘어서서, 보도매체로부터 기사를 전송받아 자신의 자료저장 컴퓨터 설비에 보관하면서 스스로 그 기사 가운데 일부를 선별하여 자신이 직접 관리하는 뉴스 게시공간에 게재하였고 그 게재된 기사가 타인의 명예를 훼손하는 내용을 담고 있다면, 이는 단순히 보도매체의 기사에 대한 검색·접근 기능을 제공하는 경우와는 달리 인터넷 종합 정보제공 사업자가 보도매체의 특정한 명예훼손적 기사 내용을 인식하고 이를 적극적으로 선택하여 전파한 행위에 해당하므로, 달리 특별한 사정이 없는 이상 위 사업자는 명예훼손적 기사를 보도한 보도매체와 마찬가지로 그로 인하여 명예가 훼손된 피해자에 대하여 불법행위로 인한 손해배상책임을 진다. ② 명예훼손적 게시물이 게시된 목적, 내용, 게시 기간과 방법, 그로 인한 피해의 정도, 게시자와 피해자의 관계, 반론 또는 삭제 요구의 유무 등 게시에 관련한 쌍방의 대응태도 등에 비추어, 인터넷 종합 정보제공 사업자가 제공하는 인터넷 게시공간에 게시된 명예훼손적 게시물의 불법성이 명백하고, 위 사업자가 위와 같은 게시물로 인하여 명예를 훼손당한 피해자로부터 구체적·개별적인 게시물의 삭제 및 차단 요구를 받은 경우는 물론, 피해자로부터 직접적인 요구를 받지 않은 경우라 하더라도 그 게시물이 게시된 사정을 구체적으로 인식하고 있었거나 그 게시물의 존재를 인식할 수 있었음이 외관상 명백히 드러나며, 또한 기술적, 경제적으로 그 게시물에 대한 관리·통제가 가능한 경우에는, 위 사업자에게 그 게시물을 삭제하고 향후 같은 인터넷 게시공간에 유사한 내용의 게시물이 게시되지 않도록 차단할 주의의무가 있고, 그 게시물 삭제 등의 처리를 위하여 필요한 상당한 기간이 지나도록 그 처리를 하지 아니함으로써 타인에게 손해가 발생한 경우에는 부작위에 의한 불법행위책임이 성립한다.(대판(全) 2009.4.16, 2008다53812)

79. 사생활 침해와 본인의 승낙 범위 ① 사람은 자신의 사생활의 비밀에 관한 사항을 함부로 타인에게 공개당하지 아니할 법적 이익을 가진다고 할 것이므로, 개인의 사생활의 비밀에 관한 사항은, 그것이 공공의 이해와 관련되어 공중의 정당한 관심의 대상이 되는 사항이 아닌 한, 비밀로서 보호되어야 하고, 이를 부당하게 공개하는 것은 불법행위를 구성한다. ② 본인의 승낙을 받고 승낙의 범위 내에서 그의 사생활에 관한 사항을 공개할 경우 이는 위법한 것이라 할 수 없다 할 것이나, 본인의 승낙을 받은 경우에도 승낙의 범위를 초과하여 승낙 당시의 예상과는 다른 목적이나 방법으로 이러한 사항을 공개할 경우 이는 위법한 것이라 아니할 수 없다. ③ 피해자가 자신을 알아볼 수 없도록 해 달라는 조건하에 사생활에 관한 방송을 승낙하였는데 방영 당시 피해자의 모습이 그림자 처리되기는 하였으나 그림자에 옆모습 윤곽이 그대로 나타나고 음성이 변조되지 않는 등 방송기술상 적절한 조치를 취하지 않음으로써 피해자의 신분이 주변 사람들에게 노출된 사안에서, 피해자의 승낙 범위를 초과하여

승낙 당시의 예상과는 다른 방법으로 부당하게 피해자의 사생활의 비밀을 공개하였다고 보아 불법행위에 의한 손해배상책임이 인정된다.(대판 1998.9.4, 96다11327)

80. 사생활의 비밀과 자유 또는 초상권에 대한 부당한 침해와 불법행위 사생활의 비밀과 자유 또는 초상권에 대한 부당한 침해는 불법행위를 구성하고, 그 침해는 그것이 공개된 장소에서 이루어졌다거나 민사소송의 증거를 수집할 목적으로 이루어졌다는 사유만으로는 정당화되지 아니한다.(대판 2013.6.27, 2012다31628)

81. 피촬영자의 동의를 받아 촬영한 사진을 공표하여 사용하기 위한 동의의 판단기준 및 동의 여부의 증명책임 피촬영자로부터 타인의 얼굴 기타 사회통념상 특정인임을 식별할 수 있는 신체적 특징이 나타나는 사진촬영에 관한 동의를 받았다 하더라도 사진촬영에 동의하게 된 동기 및 경위, 사진의 공표에 의하여 달성하려는 목적, 거래관행, 당사자의 지식, 경험 및 경제적 지위, 수수된 급부가 균형을 유지하고 있는지 여부, 사진촬영 당시 당해 공표방법이 예견 가능하였는지 및 그러한 공표방법을 알았더라면 당사자가 사진촬영에 관한 동의 당시 다른 내용의 약정을 하였을 것이라고 예상되는지 여부 등 여러 사정을 종합하여 볼 때 사진촬영에 관한 동의 당시에 피촬영자가 사회 일반의 상식과 거래의 통념상 허용하였다고 보이는 범위를 벗어나 이를 공표하고자 하는 경우에는 그에 관하여도 피촬영자의 동의를 받아야 한다. 그리고 이 경우 피촬영자로부터 사진촬영에 관한 동의를 받았다는 점이나, 촬영된 사진의 공표가 사진촬영에 관한 동의 당시에 피촬영자가 허용한 범위 내의 것이라는 점에 관한 증명책임은 그 촬영자나 공표자에게 있다.(대판 2021.7.21, 2021다219116)

82. 변호사 개인정보제공에 의한 인격권 침해 정보주체의 동의 없이 개인정보를 공개함으로써 침해되는 인격적 법익과 표현행위로서 보호받을 수 있는 법적 이익이 하나의 법률관계를 둘러싸고 충돌하는 경우에는, 개인정보에 관한 인격권 보호에 의하여 얻을 수 있는 이익과 표현행위에 의하여 얻을 수 있는 이익을 구체적으로 비교 형량하여, 그 우월성의 평가에 따라 그 행위의 위법성을 판단하여야 한다. 변호사 정보 제공 웹사이트 운영자의 변호사들의 개인신상정보를 기반으로 산출한 변호사들의 인맥지수 서비스 제공행위는 변호사들의 개인정보에 관한 인격권을 침해하여 위법하다.(대판(全) 2011.9.2, 2008다42430)

83. 개인정보자기결정권의 보호대상이 되는 개인정보의 의미 및 그 보호대상이 되는 개인정보를 공개한 행위의 위법성 판단 기준 ① 개인정보자기결정권의 보호대상이 되는 개인정보는 개인의 신체, 신념, 사회적 지위, 신분 등과 같이 개인의 인격주체성을 특징짓는 사항으로서 개인의 동일성을 식별할 수 있게 하는 일체의 정보라고 할 수 있고, 반드시 개인의 내밀한 영역에 속하는 정보에 국한되지 않고 공적 생활에서 형성되었거나 이미 공개된 개인정보까지 포함한다. 또한 그러한 개인정보를 대상으로 한 조사·수집·보관·처리·이용 등의 행위는 모두 원칙적으로 개인정보자기결정권에 대한 제한에 해당한다. ② 개인이 공적인 존재인지 여부, 개인정보의 공공성과 공익성, 개인정보 수집의 목적·절차·이용형태의 상당성, 개인정보 이용의 필요성, 개인정보 이용으로 인해 침해되는 이익의 성질과 내용 등 여러 사정을 종합적으로 고려하여, 개인정보에 관한 인격권 보호에 의하여 얻을 수 있는 이익(비공개 이익)과 표현행위에 의하여 얻을 수 있는 이익(공개 이익)을 구체적으로 비교 형량하여 그 행위의 최종적인 위법성 여부를 판단하여야 한다.(대판 2014.7.24, 2012다49933)

84. 통신자료 제공과 손해배상청구 검사 또는 수사관서의 장이 수사를 위하여 구 전기통신사업법에 의하여 전기통신사업자에게 통신자료의 제공을 요청하고, 이에 전기통신사업자가 위 규정에서 정한 형식적·절차적 요건을 심사하여 검사 또는 수사관서의 장에게 이용자의 통신자료를 제공하였다면, 검사 또는 수사관서의 장이 통신자료의 제공 요청 권한을 남용하여 정보주체 또는 제3자의 이익을 부당하게 침해하는 것임이 객관적으로 명백한 경우와 같은 특별한 사정이 없는 한, 이로 인하여 이용자의 개인정보자기결정권이나 익명표현의 자유 등이 위법하게 침해된 것이라고 볼 수 없다.(대판 2016.3.10, 2012다105482)

85. 성희롱에 의한 불법행위책임 성적 표현행위의 위법성 여부는, 쌍방 당사자의 연령이나 관계, 행위가 행해진 장소 및 상황, 성적 동기나 의도의 유무, 행위에 대한 상대방의 명시적 또는 추정적인 반응의 내용, 행위의 내용 및 정도, 행위가 일회적 또는 단기간의 것인지 아니면 계속적인 것인지 여부 등의 구체적 사정을 종합하여, 그것이 사회공동체의 건전한 상식과 관행에 비추어 볼 때 용인될 수 있는 정도의 것인지 여부 즉 선량한 풍속 또는 사회질서에 위반되는 것인지 여부에 따라 결정되어야 하고, 상대방의 성적 표현행위로 인하여 인격권의 침해를 당한 자가 정신적 고통을 입는다는 것은 경험칙상 명백하다.(대판 1998.2.10, 95다39533)

86. 사적 단체의 구성원에 대한 성별에 따른 차별처우와 불법행위책임 ① 사적 단체는 사적 자치의 원칙 내지 결사의 자유에 따라 그 단체의 형성과 조직, 운영을 자유롭게 할 수 있으므로, 사적 단체가 그 성격이나 목적에 비추어 그 구성원을 성별에 따라 달리 취급하는 것이 일반적으로 금지되지는 않는다. 그러나 사적 단체의 구성원에 대한 성별에 따른 차별처우가 사회공동체의 건전한 상식과 법감정에 비추어 볼 때 도저히 용인될 수 있는 한계를 벗어난 경우에는 사회질서에 위반되는 행위로서 위법한 것으로 평가할 수 있고, 위와 같은 한계를 벗어났는지 여부는 사적 단체의 성격이나 목적, 차별처우의 필요성, 차별처우에 의한 법익 침해의 양상 및 정도 등을 종합적으로 고려하여 판단하여야 한다. ② 서울기독교청년회(서울YMCA)가 남성 회원에게는 별다른 심사 없이 총회의결권 등을 가지는 총회원 자격을 부여하면서도 여성 회원의 경우에는 지속적인 요구에도 불구하고 원천적으로 총회원 자격심사에서 배제하여 온 것은, 우리 사회의 건전한 상식과 법감정에 비추어 용인될 수 있는 한계를 벗어나 사회질서에 위반되는 것으로서 여성 회원들의 인격적 법익을 침해하여 불법행위를 구성한다.(대판 2011.1.27, 2009다19864)

87. 업무 배제와 인격권 침해 사용자가 근로자 의사에 반하여 정당한 이유 없이 근로자의 근로제공을 계속 거부하는 것은 이와 같은 근로자의 인격적 법익을 침해하는 것이 되어 사용자는 이로 인하여 근로자가 입게 되는 정신적 고통에 대하여 배상할 의무가 있으므로, 대학교수의 사용자인 학교법인이 오로지 소속 대학교수를 본연의 업무에서 배제하려는 의도하에 강의 과목 및 시간을 배정하지 않는 등으로 강의할 수 없게 하는 행위는 교원의 인격적 법익을 침해하는 것이 되고, 학교법인은 그로 인하여 대학교수가 입게 되는 정신적 고통에 대하여 배상할 의무를 부담한다.(대판 2012.5.9, 2010다88880)

88. 고등학교 평준화정책에 따라 종립학교에 강제배정된 학생들에 대한 종교교육 종립학교가 고등학교 평준화정책에 따라 학생 자신의 신앙과 무관하게 입학하게 된 학생들을 상대로 종교적 중립성이 유지된 보편적인 교양으로서의 종교교육의 범위를 넘어서서 학교의 설립이념이 된 특정의 종교교리를 전파하는 종파교육 형태의 종교교육을 실시하는 경우에는 그 종교교육의 구체적인 내용과 정도, 종교교육이 일시적인 것인지 아니면 계속적인 것인지 여부, 학생들에게 그러한 종교교육에 관하여 사전에 충분한 설명을 하고 동의를 구하였는지 여부, 종교교육에 대한 학생들의 태도나 학생들이 불이익이 있을 것을 염려하지 아니하고 자유롭게 대체과목을 선택하거나 종교교육에 참여를 거부할 수 있었는지 여부 등의 구체적인 사정을 종합적으로 고려하여 사회공동

체의 건전한 상식과 법감정에 비추어 볼 때 용인될 수 있는 한계를 초과한 종교교육이라고 보이는 경우에는 위법성을 인정할 수 있다.(대판(全) 2010.4.22, 2008다38288)

89. 선교행위가 사회적 상당성을 잃고 상대방의 종교선택에 관한 자유를 상실시키는 정도에 이른 경우, 불법행위가 성립할 수 있는지 여부(적극) **및 판단기준** 종교의 자유에는 자기가 신봉하는 종교를 널리 알리고 새로운 신자를 모으기 위한 선교의 자유가 포함된다. 그러나 선교의 자유를 행사함에 있어 그 목적과 방법에 있어 사회적 상당성을 잃고 상대방의 종교선택에 관한 자유를 상실시키는 정도에 이른 경우에는 불법행위가 성립할 수 있다. 여기에서 선교행위가 사회적 상당성을 잃었는지는 선교행위의 목적과 방법 내지 수단 등을 고려하여 선교행위로서의 정당한 범위를 일탈하였는지에 따라 판단하고, 선교행위로 상대방의 종교선택의 자유가 상실될 정도에 이르렀는지는 상대방의 나이·학력·기존 신앙생활을 비롯한 사회적 경험, 선교자와 상대방의 관계, 상대방이 종교를 선택하게 된 경위, 상대방이 종교를 선택하기 전후의 태도나 생활의 변화 등 여러 사정을 고려하여 개별적·구체적으로 판단하여야 한다.(대판 2022.8.11, 2022다227688)

90. 일반 시청자의 법익 침해 인정 여부(원칙적 소극) 방송보도의 내용에서 직간접적으로 특정되지 아니하거나 방송보도의 내용과 개별적인 연관성이 없는 일반 시청자가 당해 방송보도로 인하여 정신적 고통을 받았다고 하더라도, 이러한 일반시청자는 다른 특별한 사정이 없는 한 당해 방송보도로 인하여 민 750조, 751조, 구 언론(2009. 2. 6. 법률 제9425호로 개정되기 전의 것) 30조 1항에 의하여 보호되는 인격권 내지 인격적 이익 등 법익이 위법하게 침해되었다고 할 수 없다.(대판 2012.5.10, 2010다15660)

91. 과밀수용과 수용자의 인간으로서의 존엄과 가치 침해 판단기준 교정시설 수용행위로 인하여 수용자의 인간으로서의 존엄과 가치가 침해되었는지는 수용 거실의 수용자 1인당 수용면적, 수용자에게 제공되는 의류, 침구, 음식, 식수 및 기타 영양 상태, 채광·통풍·냉난방 시설 및 기타 위생시설의 상태, 수용자가 거실 밖에서 자유로이 운동하거나 활동할 수 있는 시간과 장소의 제공 정도, 교정시설의 의료 수준 등 수용자의 수용 환경에 관한 모든 사정을 종합적으로 고려하여 판단하여야 한다. 수용자가 하나의 거실에 다른 수용자들과 함께 수용되어 거실 중 화장실을 제외한 부분의 1인당 수용면적이 인간으로서의 기본적인 욕구에 따른 일상생활조차 어렵게 할 만큼 협소하다면, 그러한 과밀수용 상태가 예상할 수 없었던 일시적인 수용률의 폭증에 따라 교정기관이 부득이 거실 내 수용 인원수를 조정하기 위하여 합리적이고 필요한 정도로 단기간 내에 이루어졌다는 등의 특별한 사정이 없는 한, 그 자체로 수용자의 인간으로서의 존엄과 가치를 침해한다고 봄이 타당하다.(대판 2022.7.14, 2017다266771)

▸ **의료과오**

92. 의료과오에서 인과관계에 관한 증명책임 원래 의료행위에 있어서 주의의무 위반으로 인한 불법행위 또는 채무불이행으로 인한 책임이 있다고 하기 위하여는 의료행위상의 주의의무의 위반과 손해의 발생과의 사이의 인과관계의 존재가 전제되어야 하나, 의료행위가 고도의 전문적 지식을 필요로 하는 분야이고, 그 의료의 과정은 대개의 경우 환자 본인이 그 일부를 알 수 있는 외에 의사만이 알 수 있을 뿐이며, 치료의 결과를 달성하기 위한 의료 기법은 의사의 재량에 달려 있기 때문에 손해발생의 직접적인 원인이 의료상의 과실로 말미암은 것인지 여부는 전문가인 의사가 아닌 보통인으로서는 도저히 밝혀낼 수 없는 특수성이 있어서 환자측이 의사의 의료행위상의 주의의무 위반과 손해의 발생과 사이의 인과관계를 의학적으로 완벽하게 입증한다는 것은 극히 어렵다. 환자가 치료 도중에 사망한 경우에는 ① 피해자측에서 일련의 의료행위 과정에 있어서 저질러진 일반인의 상식에 바탕을 둔 의료상의 과실 있는 행위를 입증하고 그 결과와 사이에 일련의 의료행위 외에 다른 원인이 개재될 수 없다는 점, 이를테면 환자에게 의료행위 이전에 그러한 결과의 원인이 될 만한 건강상의 결함이 없었다는 사정을 증명한 경우에 있어서는, ② 의료행위를 한 측이 그 결과가 의료상의 과실로 말미암은 것이 아니라 전혀 다른 원인으로 말미암은 것이라는 입증을 하지 아니하는 이상, 의료상 과실과 결과 사이의 인과관계를 추정하여 손해배상책임을 지울 수 있도록 입증책임을 완화하는 것이 손해의 공평·타당한 부담을 그 지도원리로 하는 손해배상제도의 이상에 맞는다고 하지 않을 수 없다.(대판 1995.2.10, 93다52402)

93. 의료상 과오에서 인과관계의 증명 의사의 의료행위가 그 과정에 주의의무 위반이 있어서 불법행위가 된다고 하여 손해배상을 청구하는 경우에도 일반 불법행위와 마찬가지로 의료행위상 과실과 손해발생 사이에 인과관계가 있어야 하고, 이에 대한 증명책임은 환자 측에서 부담하지만, 의료행위는 고도의 전문적 지식을 필요로 하는 분야로서 전문가가 아닌 일반인으로서는 의사의 의료행위 과정에 주의의무 위반이 있었는지, 주의의무 위반과 손해발생 사이에 인과관계가 있는지를 밝혀내기가 극히 어려운 특수성이 있으므로, 수술 도중이나 수술 후 환자에게 중한 결과의 원인이 된 증상이 발생한 경우 증상 발생에 관하여 의료상 과실 이외의 다른 원인이 있다고 보기 어려운 간접사실들이 증명되면 그와 같은 증상이 의료상 과실에 기한 것으로 추정할 수 있다.(대판 2012.5.9, 2010다57787)

94. 의료행위에서 주의의무의 판단기준 의사가 진찰·치료 등의 의료행위를 함에 있어서는 사람의 생명·신체·건강을 관리하는 업무의 성질에 비추어 환자의 구체적인 증상이나 상황에 따라 위험을 방지하기 위하여 요구되는 최선의 조치를 취하여야 할 주의의무가 있고, 의사의 이와 같은 주의의무는 의료행위를 할 당시 의료기관 등 임상의학 분야에서 실천되고 있는 의료행위의 수준을 기준으로 삼되, 그 의료수준은 통상의 의사에게 의료행위 당시 일반적으로 알려져 있고 또 시인되고 있는 이른바 의학상식을 뜻하므로 진료환경 및 조건, 의료행위의 특수성 등을 고려하여 규범적인 수준으로 파악되어야 한다.(대판 1998.7.24, 98다12270)

95. 전신마취 시술 담당의사의 주의의무의 내용 일반적으로 사람의 생명과 건강을 다루는 의사에게는 그 업무의 성질에 비추어 시술로 인하여 발생 가능한 위험의 방지를 위하여 필요한 최선의 조치를 취할 업무상의 주의의무가 요구되고, 특히 전신마취는 환자의 중추신경계, 호흡기계 또는 순환기계 등에 큰 영향을 미치는 것으로서 환자의 건강상태에 따라 마취방법이나 마취제 등에 의한 심각한 부작용이 올 수 있고, 그 시술상의 과오가 환자의 사망 등의 중대한 결과를 가져올 위험성이 있으므로, 이를 담당하는 의사는 마취 시술에 앞서 마취 시술의 전 과정을 통하여 발생할 수 있는 모든 위험에 대비하여 환자의 신체구조나 상태를 면밀히 관찰하여야 할 뿐 아니라, 여러 가지 마취방법에 있어서 그 장단점과 부작용을 충분히 비교·검토하여 환자에게 가장 적절하고 안전한 방법을 선택하여야 할 주의의무가 요구된다.(대판 2001.3.23, 99다48221)

96. 의사의 설명의무 ① 일반적으로 의사는 환자에게 수술 등 침습을 가하는 과정 및 그 후에 나쁜 결과 발생의 개연성이 있는 의료행위를 하는 경우 또는 사망 등의 중대한 결과 발생이 예측되는 의료행위를 하는 경우에 있어서 응급환자의 경우나 그 밖에 특단의 사정이 없는 한 진료계약상의 의무 내지 침습 등에 대한 승낙을 얻기 위한 전제로서 당해 환자나 그 법정대리인에게 질병의 증상, 치료방법의 내용 및 필요성, 발생이 예상되는 위험 등에 관하여 당시의 의료수준에 비추어 상당하다고 생각되는 사항을 설명하여 당해 환자

가 그 필요성이나 위험성을 충분히 비교해 보고 그 의료행위를 받을 것인가를 선택할 수 있도록 할 의무가 있고, 의사의 설명의무는 그 의료행위에 따르는 후유증이나 부작용 등의 위험 발생 가능성이 희소하다는 사정만으로 면제될 수 없으며, 그 후유증이나 부작용이 당해 치료행위에 전형적으로 발생하는 위험이거나 회복할 수 없는 중대한 것인 경우에는 그 발생가능성의 희소성에도 불구하고 설명의 대상이 된다. ② 의사가 설명의무를 위반한 채 수술 등을 하여 환자에게 사망 등의 중대한 결과가 발생한 경우에, 환자 측에서 선택의 기회를 잃고 자기결정권을 행사할 수 없게 된 데 대한 위자료만을 청구하는 때에는 의사의 설명 결여 내지 부족으로 인하여 선택의 기회를 상실하였다는 점만 증명하면 족하고, 설명을 받았더라면 사망 등의 결과는 생기지 않았을 것이라는 관계까지 증명하여야 하는 것은 아니지만, 그 결과로 인한 모든 손해를 청구하는 때에는 그 중대한 결과와 의사의 설명의무 위반 내지 승낙 취득 과정에서의 잘못과의 사이에 상당인과관계가 존재하여야 하며, 그때의 의사의 설명의무 위반은 환자의 자기결정권 내지 치료행위에 대한 선택의 기회를 보호하기 위한 점에 비추어 환자의 생명, 신체에 대한 구체적 치료과정에서 요구되는 의사의 주의의무 위반과 동일시할 정도의 것이어야 한다.(대판 2007.5.31, 2005다5867)

97. 설명의무와 의료행위 사이의 시간적 여유 의사의 설명의무는 의료행위가 행해질 때까지 적절한 시간적 여유를 두고 이행되어야 한다. 환자가 의료행위에 응할 것인지를 합리적으로 결정할 수 있기 위해서는 그 의료행위의 필요성과 위험성 등을 환자 스스로 숙고하고 필요하다면 가족 등 주변 사람과 상의하고 결정할 시간적 여유가 환자에게 주어져야 하기 때문이다. 의사가 환자에게 의사를 결정함에 충분한 시간을 주지 않고 의료행위에 관한 설명을 한 다음 곧바로 의료행위로 나아간다면 이는 환자가 의료행위에 응할 것인지 선택할 기회를 침해한 것으로서 의사의 설명의무가 이행되었다고 볼 수 없다. 이때 적절한 시간적 여유를 두고 설명의무를 이행하였는지는 의료행위의 내용과 방법, 그 의료행위의 위험성과 긴급성의 정도, 의료행위 전 환자의 상태 등 여러 가지 사정을 종합하여 개별적·구체적으로 판단하여야 한다.(대판 2022.1.27, 2021다265010)

98. 수혈에 의한 에이즈 바이러스 감염 위험에 대한 설명의무 수혈에 의한 에이즈 바이러스의 감염은 수혈행위에 전형적으로 발생하는 위험이고, 그로 인하여 에이즈 바이러스에 감염되는 경우 현대의학으로는 치료 방법이 없어 결국 사망에 이르게 되는 것으로서 그 피해는 회복할 수 없는 중대한 것인 데다가 의학적으로 문외한인 환자로서는 예상할 수 없는 의외의 것이므로, 위험 발생가능성의 희소성에도 불구하고 의사들의 설명의무가 면제될 수 없다고 보아야 하고, 수술 후 수술중의 출혈로 인하여 수혈하는 경우에는 수혈로 인한 에이즈 바이러스 감염 위험은 당해 수술과는 별개의 수혈 그 자체에 특유한 위험으로서 당해 수술 자체로 인한 위험 못지 아니하게 중대한 것이므로 의사는 환자에게 그 수술에 대한 설명, 동의와는 별개로 수혈로 인한 위험 등을 설명하여야 한다.(대판 1998.2.13, 96다7854)

99. 한약업사의 설명의무 ① 한약업사 제도의 취지 및 한약재의 특성에 비추어 볼 때, 한약업사는 한약재의 성분과 효능 및 용법 등에 관한 전문적 지식을 가진 자이므로 적어도 그 용법이나 용량이 어떠한지에 따라 인체에 치명적인 결과를 초래할 수도 있는 한약재를 일반인에게 판매함에 있어서는, 신의칙상 매수인에게 그 효능 내지 위험성과 안전한 용법 등을 상세히 알려 줌으로써 매수인 등으로 하여금 그 복용 여부나 복용방법에 관하여 스스로 선택, 결정할 기회를 가지도록 할 의무가 있다. 만일 이러한 의무를 다하지 아니하여 한약재의 매수인 등이 잘못된 복용방법을 선택함으로써 그 생명 또는 신체의 위험이 초래된 경우에는 위와 같은 선택 내지 결정권을 침해하는 위법한 행위가 된다. ② 그러한 위법한 행위와 복용자에게 발생된 생명, 신체의 위험 사이에 상당인과관계가 있는 경우에는 한약업사가 그 위험 발생으로 인한 모든 손해를 배상할 의무를 지는 것이지만, 그렇지 아니한 경우에는 복용자가 선택의 기회를 잃고 복용 여부나 복용방법에 관한 자기결정권을 행사할 수 없게 된 데 대하여 위자료의 지급을 구할 수 있을 뿐이다.(대판 2002.12.10, 2001다56904)

100. 감독관청의 승인 없이 임상시험에 해당하는 의료행위를 하였다는 것만으로 불법행위가 성립하는지 여부(소극) 관계 법령에 따라 감독관청의 승인이 요구됨에도 이를 위반하여 승인 없이 임상시험에 해당하는 의료행위를 하였더라도 그 자체가 의료상의 주의의무 위반행위는 아니므로, 당해 의료행위에 있어 구체적인 의료상의 주의의무 위반이 인정되지 아니한다면 그것만으로 불법행위책임을 지지는 아니한다.(대판 2010.10.14, 2007다3162)

101. 환자가 진료를 거부하여 나쁜 결과가 발생한 경우, 의료진의 책임 여부(원칙적 소극) 의료진은 환자의 증상, 진료의 내용 및 필요성, 예상되는 위험성과 함께 진료를 받지 않을 경우 예상되는 위험성 등 진료의 동의 또는 거절 여부 판단과 관련한 중요사항을 설명할 의무가 있다. 그러나 환자가 이미 알고 있거나 상식적인 내용까지 설명할 필요는 없고, 환자가 위험성을 알면서도 스스로의 결정에 따라 진료를 거부한 경우에는 특별한 사정이 없는 한 위와 같은 설명을 하지 않은 데 대하여 의료진의 책임을 물을 수는 없다. 이 경우 환자가 이미 알고 있는 내용인지 여부는, 해당 의학지식의 전문성, 환자의 기존 경험, 환자의 교육수준 등을 종합하여 판단할 수 있다.(대판 2011.11.24, 2009다70906)

102. 의사의 진료방법 선택과 의료과실 의사는 환자 상황과 당시 의료수준 그리고 자기의 지식경험에 따라 적절하다고 판단되는 방법을 선택하여 진료할 수 있으므로, 진료방법 선택에 관한 의사 판단이 합리적인 범위를 벗어난 것이 아닌 한 특정한 진료방법을 선택한 결과가 좋지 않았다는 사정만으로 바로 의료과실이 있다고 평가할 수는 없다.(대판 2012.6.14, 2010다95635)

103. 환자가 병원에서 검사나 수술을 받는 과정에서 넘어지는 등의 사고가 발생한 경우, 담당 의사가 부담하는 주의의무의 내용 여러 명의 의사가 분업이나 협업을 통하여 의료행위를 담당하는 경우 먼저 환자를 담당했던 의사는 이후 환자를 담당할 의사에게 환자의 상태를 정확하게 알려 적절한 조치를 할 수 있도록 해야 한다. 특히 환자가 병원에서 검사나 수술을 받는 과정에서 넘어지는 등의 사고가 발생하였다면 담당 의사는 이러한 사정을 고려하여 환자의 건강유지와 치료를 위한 주의를 기울여야 하고, 담당 의사가 바뀌는 경우 나중에 담당할 의사에게 이러한 사정을 알려 지속적으로 환자의 상태를 살필 수 있도록 해야 한다.(대판 2022.3.17, 2018다263434)

104. 의사의 미성년자인 환자에 대한 설명의무 부담 여부 및 법정대리인을 통한 설명의무 이행 가부 환자가 미성년자라도 의사결정능력이 있는 이상 자신의 신체에 위험을 가하는 의료행위에 관한 자기결정권을 가질 수 있으므로 원칙적으로 의사는 미성년자인 환자에 대해서 의료행위에 관하여 설명할 의무를 부담한다. 그러나 의사가 미성년자인 환자의 친권자나 법정대리인에게 의료행위에 관하여 설명하였다면, 그러한 설명이 친권자나 법정대리인을 통하여 미성년자인 환자에게 전달됨으로써 의사는 미성년자인 환자에 대한 설명의무를 이행하였다고 볼 수 있다. 다만 친권자나 법정대리인에게 설명하더라도 미성년자에게 전달되지 않아 의료행위 결정과 시행에 미성년자의 의사가 배제될 것이 명백한 경우나 미성년자인 환자가 의료행위에 대하여 적극적으로 거부 의사를 보이는 경우처럼 의사가 미성년자인 환자에게 직접 의료행위에 관하여 설명하고 승낙을 받을 필요가 있는 특별

한 사정이 있으면 의사는 친권자나 법정대리인에 대한 설명만으로 설명의무를 다하였다고 볼 수는 없고, 미성년자인 환자에게 직접 의료행위를 설명하여야 한다.(대판 2023.3.9, 2020다218925)

105. 불성실한 진료로 인한 위자료 배상책임 의료진의 주의의무 위반 정도가 일반인의 처지에서 보아 수인한도를 넘어설 만큼 현저하게 불성실한 진료를 행한 것이라고 평가될 정도에 이른 경우라면 그 자체로서 불법행위를 구성하여 그로 말미암아 환자나 그 가족이 입은 정신적 고통에 대한 위자료 배상을 명할 수 있으나, 이때 수인한도를 넘어서는 정도로 현저하게 불성실한 진료를 하였다는 점은 불법행위의 성립을 주장하는 피해자가 증명하여야 한다. 수인한도를 넘는 현저히 불성실한 진료로 인한 위자료는, 환자에게 발생한 신체상 손해의 발생 또는 확대와 관련된 정신적 고통을 위자하는 것이 아니라 불성실한 진료 그 자체로 인하여 발생한 정신적 고통을 위자하기 위한 것이다. 따라서 불성실한 진료로 인하여 이미 발생한 정신적 고통이 중대하여 진료 후 신체상 손해가 발생하지 않더라도 별도의 위자료를 인정하는 것이 사회통념상 마땅한 정도에 이르러야 한다.(대판 2023.8.18, 2022다306185)

▸제조물책임

106. 제조물의 결함으로 인한 불법행위책임 물품을 제조하여 판매하는 제조자는 제품의 구조, 품질, 성능 등에 있어서 현대의 기술수준과 경제성에 비추어 기대가능한 범위 내의 안전성과 내구성을 갖춘 제품을 제조하여야 할 책임이 있고, 이러한 안전성과 내구성을 갖추지 못한 결함 내지 하자로 인하여 소비자에게 손해가 발생한 경우에는 계약상의 배상의무와는 별개로 불법행위로 인한 배상의무를 부담한다.(대판 1992.11.24, 92다18139)

107. 제조물의 표시상의 결함에 대한 불법행위책임 인정 여부(적극) **및 제조물에 표시상의 결함이 있는지의 판단 기준** ① 제조업자 등이 합리적인 설명, 지시, 경고 기타의 표시를 하였더라면 당해 제조물에 의하여 발생될 수 있는 피해나 위험을 줄이거나 피할 수 있었음에도 이를 하지 아니한 때에는 그와 같은 표시상의 결함(지시·경고상의 결함)에 대하여도 불법행위로 인한 책임이 인정될 수 있다. ② 그와 같은 결함이 존재하는지에 대한 판단을 할 때에는 제조물의 특성, 통상 사용되는 사용형태, 제조물에 대한 사용자의 기대의 내용, 예상되는 위험의 내용, 위험에 대한 사용자의 인식 및 사용자에 의한 위험회피의 가능성 등 여러 사정을 종합적으로 고려하여 사회통념에 비추어 판단하여야 한다.(대판 2014.4.10, 2011다22092)

108. 제조물책임에서 증명책임의 분배 ① 물품을 제조·판매한 자에게 손해배상책임을 지우기 위하여서는 결함의 존재, 손해의 발생 및 결함과 손해의 발생과의 사이에 인과관계의 존재가 전제되어야 하는 것은 당연하지만, 고도의 기술이 집약되어 대량으로 생산되는 제품의 경우, 그 생산과정은 대개의 경우 소비자가 알 수 있는 부분이 거의 없고, 전문가인 제조업자만이 알 수 있을 뿐이며, 그 수리 또한 제조업자나 그의 위임을 받은 수리업자에 맡겨져 있기 때문에, 이러한 제품에 어떠한 결함이 존재하였는지, 나아가 그 결함으로 인하여 손해가 발생한 것인지 여부는 전문가인 제조업자가 아닌 보통인으로서는 도저히 밝혀 낼 수 없는 특수성이 있어서 소비자 측이 제품의 결함 및 그 결함과 손해의 발생과의 사이의 인과관계를 과학적·기술적으로 완벽하게 입증한다는 것은 지극히 어렵다. ② 텔레비전이 정상적으로 수신하는 상태에서 발화·폭발한 경우에, 소비자 측에서 그 사고가 제조업자의 배타적 지배 하에 있는 영역에서 발생한 것임을 입증하고, 그러한 사고가 어떤 자의 과실 없이는 통상 발생하지 않는다고 하는 사정을 증명하면, 제조업자 측에서 그 사고가 제품의 결함이 아닌 다른 원인으로 말미암아 발생한 것임을 입증하지 못하는 이상, 위와 같은 제품은 이를 유통에 둔 단계에서 이미 그 이용시의 제품의 성상이 사회통념상 당연히 구비하리라고 기대되는 합리적 안전성을 갖추지 못한 결함이 있었고, 이러한 결함으로 말미암아 사고가 발생하였다고 추정하여 손해배상책임을 지울 수 있도록 입증책임을 완화하는 것이 손해의 공평·타당한 부담을 그 지도원리로 하는 손해배상제도의 이상에 맞는다.(대판 2000.2.25, 98다15934)

109. 설계상의 결함 등에 관한 판단기준 결함 중 주로 제조자가 합리적인 대체설계를 채용하였더라면 피해나 위험을 줄이거나 피할 수 있었음에도 대체설계를 채용하지 아니하여 제조물이 안전하지 못하게 된 경우를 말하는 소위 설계상의 결함이 있는지 여부는 제품의 특성 및 용도, 제조물에 대한 사용자의 기대의 내용, 예상되는 위험의 내용, 위험에 대한 사용자의 인식, 사용자에 의한 위험회피의 가능성, 대체설계의 가능성 및 경제적 비용, 채택된 설계와 대체설계의 상대적 장단점 등의 여러 사정을 종합적으로 고려하여 사회통념에 비추어 판단하여야 할 것이다.(대판 2003.9.5, 2002다17333)

110. 자동차급발진사고와 설계상의 결함 급발진사고가 운전자의 액셀러레이터 페달 오조작으로 발생하였다고 할지라도, 만약 제조자가 합리적인 대체설계를 채용하였더라면 급발진사고를 방지하거나 그 위험성을 감소시킬 수 있었음에도 대체설계를 채용하지 아니하여 제조물이 안전하지 않게 된 경우 그 제조물의 설계상의 결함을 인정할 수 있지만, 그러한 결함의 인정 여부는 제품의 특성 및 용도, 제조물에 대한 사용자의 기대의 내용, 예상되는 위험의 내용, 위험에 대한 사용자의 인식, 사용자에 의한 위험회피의 가능성, 대체설계의 가능성 및 경제적 비용, 채택된 설계와 대체설계의 상대적 장단점 등의 여러 사정을 종합적으로 고려하여 사회통념에 비추어 판단하여야 한다.(대판 2004.3.12, 2003다16771)

▸공해소송

111. 공해소송에서 위법성과 증명책임 ① 어느 시설을 적법하게 가동하거나 공용에 제공하는 경우에도 그로부터 발생하는 유해배출물로 인하여 제3자가 손해를 입은 경우에는 그 위법성을 별도로 판단하여야 한다. 이 경우 판단 기준은 유해의 정도가 사회통념상 일반적으로 참아내야 할 정도를 넘는 것인지 여부이다. ② 대기오염이나 수질오염 등에 의한 공해로 인한 손해배상을 청구하는 소송에서 가해자가 어떤 유해한 원인물질을 배출하고 그것이 피해물건에 도달하여 손해가 발생하였다면 가해자 측에서 그것이 무해하다는 것을 증명하지 못하는 한 가해행위와 피해자의 손해발생 사이의 인과관계를 인정할 수 있다. 그러나 이 경우에 있어서도 적어도 가해자가 어떤 유해한 원인물질을 배출한 사실, 그 유해의 정도가 사회통념상 일반적으로 참아내야 할 정도를 넘는다는 사실, 그것이 피해물건에 도달한 사실, 그 후 피해자에게 손해가 발생한 사실에 관한 증명책임은 피해자가 여전히 부담한다.(대판 2019.11.28, 2016다233538, 233545)

112. 개연성 이론 공해로 인한 불법행위에 있어서의 인과관계에 관하여 당해행위가 없었더라면 결과가 발생하지 아니하였으리라는 정도의 개연성, 즉 침해행위와 손해와의 사이에 인과관계가 존재하는 상당정도의 가능성이 있다는 입증을 함으로써 족하다.(대판 1974.12.10, 72다1774)

113. 자연력과 가해자의 과실행위가 경합되어 손해가 발생한 경우 가해자의 배상범위 ① 불법행위에 기한 손해배상 사건에 있어서 피해자가 입은 손해가 자연력과 가해자의 과실행위가 경합되어 발생된 경우 가해자의 배상범위는 손해의 공평한 부담이라는 견지에서 손해발생에 대하여 자연력이 기여하였다고 인정되는 부분을 공제한 나머지 부분으로 제한하여야 함이 상당하고, 다만 피해자가 입은 손해가 통상

의 손해와는 달리 특수한 자연적 조건 아래 발생한 것이라 하더라도 가해자가 그와 같은 자연적 조건이나 그에 따른 위험의 정도를 미리 예상할 수 있었고 또 과도한 노력이나 비용을 들이지 아니하고도 적절한 조치를 취하여 자연적 조건에 따른 위험의 발생을 사전에 예방할 수 있었다면, 그러한 사고방지 조치를 소홀히 하여 발생한 사고로 인한 손해배상의 범위를 정함에 있어서 자연력의 기여분을 인정하여 가해자의 배상범위를 제한할 것은 아니다. 자연력과 가해자의 과실행위가 경합되어 손해가 발생한 경우 가해자의 배상범위를 제한함에 있어서 자연력의 기여도에 관한 비율의 결정은 그것이 형평의 원칙에 비추어 현저히 불합리하다고 인정되지 아니하는 한 사실심의 전권사항에 속한다. ② 특수한 이상고온 상태에서 단기간에 폐사한 어류의 폐사 당시의 객관적 교환가치에 기초한 손해배상을 구하는 것이지 어류의 양식으로 인하여 얻을 수 있는 장래의 수익 상실에 관한 손해의 배상을 구하는 것이 아닌 경우, 통상의 자연폐사율, 즉 치어일 때부터 성어가 되어 출하할 때까지의 전 기간을 관찰하여 얻은 자연폐사율은 의미가 없고 오로지 위와 같은 특수상황에서의 자연폐사율이 얼마냐가 문제될 뿐인데 그 특수한 상황에서의 자연폐사율을 인정할 증거가 없는 이상 이러한 사정은 자연력의 기여도를 참작하여 합리적으로 고려하여야 한다.(대판 2003.6.27, 2001다734)

▶ **일조권 기타**

114. 일조이익의 향유자 일조권 침해에 있어 객관적인 생활이익으로서 일조이익을 향유하는 '토지의 소유자 등'은 토지소유자, 건물소유자, 지상권자, 전세권자 또는 임차인 등의 거주자를 말하는 것으로서, 당해 토지·건물을 일시적으로 이용하는 것에 불과한 사람은 이러한 일조이익을 향유하는 주체가 될 수 없다. 초등학교 학생들은 공공시설인 학교시설을 방학기간이나 휴일을 제외한 개학기간 중, 그것도 학교에 머무르는 시간 동안 일시적으로 이용하는 지위에 있을 뿐이고, 학교를 점유하면서 지속적으로 거주하고 있다고 할 수 없어서 생활이익으로서의 일조권을 법적으로 보호받을 수 있는 지위에 있지 않다.(대판 2008.12.24, 2008다41499)

115. 일조방해의 개념 및 일조방해로 인한 손해배상청구권의 소멸시효 기산점 ① 토지의 소유자 등이 종전부터 향유하던 일조이익이 객관적인 생활이익으로서 가치가 있다고 인정되면 법적인 보호의 대상이 될 수 있는데, 그 인근에서 건물이나 구조물 등이 신축됨으로 인하여 햇빛이 차단되어 생기는 그늘, 즉 일영이 증가함으로써 해당 토지에서 종래 향유하던 일조량이 감소하는 일조방해가 발생한 경우, 그 일조방해의 정도, 피해이익의 법적 성질, 가해 건물의 용도, 지역성, 토지이용의 선후관계, 가해 방지 및 피해 회피의 가능성, 공법적 규제의 위반 여부, 교섭 경과 등 모든 사정을 종합적으로 고려하여 사회통념상 일반적으로 해당 토지 소유자의 수인한도를 넘게 되면 그 건축행위는 정당한 권리행사의 범위를 벗어나 사법상 위법한 가해행위로 평가된다. ② 일반적으로 위법한 건축행위에 의하여 건물 등이 준공되거나 외부골조공사가 완료되면 그 건축행위에 따른 일영의 증가는 더 이상 발생하지 않게 되고 해당 토지의 소유자는 그 시점에 이러한 일조방해행위로 인하여 현재 또는 장래에 발생 가능한 재산상 손해나 정신적 손해 등을 예견할 수 있다고 할 것이므로, 이러한 손해배상청구권에 관한 민 766조 1항 소정의 소멸시효는 원칙적으로 그 때부터 진행한다. 다만, 위와 같은 일조방해로 인하여 건물 등의 소유자 내지 실질적 처분권자가 피해자에 대하여 건물 등의 전부 또는 일부에 대한 철거의무를 부담하는 경우가 있다면, 이러한 철거의무를 계속적으로 이행하지 않는 부작위는 새로운 불법행위가 되고 그 손해는 날마다 새로운 불법행위에 기하여 발생하는 것이므로 피해자가 그 각 손해를 안 때로부터 각별로 소멸시효가 진행한다.(대판(全) 2008.4.17, 2006다35865)

116. 일조방해로 인한 불법행위책임 ① 건물의 신축으로 인하여 그 이웃 토지상의 거주자가 직사광선이 차단되는 불이익을 받은 경우에 그 신축행위가 정당한 권리행사로서의 범위를 벗어나 사법상 위법한 가해행위로 평가되기 위해서는 그 일조방해의 정도가 사회통념상 일반적으로 인용하는 수인한도를 넘어야 한다. ② 건축법 등 관계 법령에 일조방해에 관한 직접적인 단속법규가 있다면 그 법규에 적합한지 여부가 사법상 위법성을 판단함에 있어서 중요한 판단자료가 될 것이지만, 이러한 공법적 규제에 의하여 확보하고자 하는 일조는 원래 사법상 보호되는 일조권을 공법적인 면에서도 가능한 한 보증하려는 것으로서 특별한 사정이 없는 한 일조권 보호를 위한 최소한도의 기준으로 봄이 상당하고, 구체적인 경우에 있어서는 어떠한 건물 신축이 건축 당시의 공법적 규제에 형식적으로 적합하다고 하더라도 현실적인 일조방해의 정도가 현저하게 커 사회통념상 수인한도를 넘은 경우에는 위법행위로 평가될 수 있다. ③ 일조방해 행위가 사회통념상 수인한도를 넘었는지 여부는 피해의 정도, 피해이익의 성질 및 그에 대한 사회적 평가, 가해 건물의 용도, 지역성, 토지이용의 선후관계, 가해 방지 및 피해 회피의 가능성, 공법적 규제의 위반 여부, 교섭 경과 등 모든 사정을 종합적으로 고려하여 판단하여야 한다.(대판 2000.5.16, 98다56997)

117. 일조방해로 인한 통상손해의 범위 일조방해로 인하여 인근 공작물 등 토지상에 정착한 물건을 더 이상 본래의 용법대로 사용할 수 없게 되었다면, 공작물 등 소유자로서는 공작물 등 이전이 불가능하거나, 이전으로 인하여 공작물 등을 종래 용법대로 사용할 수 없게 되거나, 공작물 등 이전비용이 공작물 등의 교환가치를 넘는다는 등 특별한 사정이 없는 한, 이전비용 상당액을 통상의 손해로서 청구할 수 있고, 이전 과정에서 불가피하게 발생한 손해 역시 통상의 손해로서 청구할 수 있으며, 위와 같은 특별한 사정이 있는 경우에는 공작물 등의 교환가치 상당액을 통상의 손해로서 청구할 수 있다. 한편 이와 같이 이전비용 등을 통상의 손해로서 청구하는 경우 장래 공작물 등을 사용·수익하여 얻을 수 있었을 이익은 이전비용 등에 포함되어 있어 이를 따로 청구할 수 없다.(대판 2011.4.28, 2009다98652)

118. 건축공사의 수급인이 일조방해에 대하여 손해배상책임을 지는 경우 건물 건축공사의 수급인은 도급계약에 기한 의무이행으로서 건물을 건축하는 것이므로 원칙적으로 일조방해에 대하여 손해배상책임이 없다고 할 것이지만, 수급인이 스스로 또는 도급인과 서로 의사를 같이하여 타인이 향수하는 일조를 방해하려는 목적으로 건물을 건축한 경우, 당해 건물이 건축법규에 위반되었고 그로 인하여 타인이 향수하는 일조를 방해하게 된다는 것을 알거나 알 수 있었는데도 과실로 이를 모른 채 건물을 건축한 경우, 도급인과 사실상 공동 사업주체로서 이해관계를 같이하면서 건물을 건축한 경우 등 특별한 사정이 있는 때에는 수급인도 일조방해에 대하여 손해배상책임을 진다.(대판 2005.3.24, 2004다38792)

119. 조망이익 침해로 인한 불법행위책임 ① 어느 토지나 건물의 소유자가 종전부터 향유하고 있던 경관이나 조망이 그에게 하나의 생활이익으로서의 가치를 가지고 있다고 객관적으로 인정된다면 법적인 보호의 대상이 될 수 있는 것인바, 이와 같은 조망이익은 원칙적으로 특정의 장소가 그 장소로부터 외부를 조망함에 있어 특별한 가치를 가지고 있고, 그와 같은 조망이익의 향유를 하나의 중요한 목적으로 하여 그 장소에 건물이 건축된 경우와 같이 당해 건물의 소유자나 점유자가 그 건물로부터 향유하는 조망이익이 사회통념상 독자의 이익으로 승인되어야 할 정도로 중요성을 갖는다고 인정되는 경우에 비로소 법적인 보호의 대상이 되는 것이라고 할 것이고, 그와 같은 정도에 이르지 못하는 조망이익의 경우에는 특별한 사정이 없는 한 법적인 보호의 대

상이 될 수 없다. ② 조망이익이 법적인 보호의 대상이 되는 경우에 이를 침해하는 행위가 사법상 위법한 가해행위로 평가되기 위해서는 조망이익의 침해 정도가 사회통념상 일반적으로 인용하는 수인한도를 넘어야 하고, 그 수인한도를 넘었는지 여부는 조망의 대상이 되는 경관의 내용과 피해건물이 입지하고 있는 지역에 있어서 건조물의 전체적 상황 등의 사정을 포함한 넓은 의미에서의 지역성, 피해건물의 위치 및 구조와 조망상황, 특히 조망과의 관계에서의 건물의 건축·사용목적 등 피해건물의 상황, 주관적 성격이 강한 것인지 여부와 여관·식당 등의 영업과 같이 경제적 이익과 밀접하게 결부되어 있는지 여부 등 당해 조망이익의 내용, 가해건물의 위치 및 구조와 조망방해의 상황 및 건축·사용목적 등 가해건물의 상황, 가해건물 건축의 경위, 조망방해를 회피할 수 있는 가능성의 유무, 조망방해에 관하여 가해자측이 해의(害意)를 가졌는지의 유무, 조망이익이 피해이익으로서 보호가 필요한 정도 등 모든 사정을 종합적으로 고려하여 판단하여야 한다.(대판 2004.9.13, 2003다64602)

120. 조망이익 침해의 판단기준 조망의 대상과 그에 대한 조망의 이익을 누리는 건물 사이에 타인 소유의 토지가 있지만 그 토지 위에 건물이 건축되어 있지 않거나 저층의 건물만이 건축되어 있어 그 결과 타인의 토지를 통한 조망의 향수가 가능하였던 경우, 그 타인은 자신의 토지에 대한 소유권을 자유롭게 행사하여 그 토지 위에 건물을 건축할 수 있고, 그 건물 신축이 국토계획법에 의하여 정해진 지역의 용도에 부합하고 건물의 높이나 이격거리에 관한 건축관계 법규에 어긋나지 않으며 조망 향수자가 누리던 조망의 이익을 부당하게 침해하려는 해의(害意)에 의한 것으로서 권리의 남용에 이를 정도가 아닌 한 인접한 토지에서 조망의 이익을 누리던 자라도 이를 함부로 막을 수는 없으며, 따라서 조망의 이익은 주변에 있는 객관적 상황의 변화에 의하여 저절로 변용 내지 제약을 받을 수밖에 없고, 그 이익의 향수자가 이러한 변화를 당연히 제약할 수 있는 것도 아니다.(대판 2007.6.28, 2004다54282)

121. 고속도로로부터 발생하는 소음이 피해 주민들 주택을 기준으로 일정 한도를 초과하여 유입되지 않도록 하라는 취지의 유지청구가 적법한지 여부(적극) 고속도로로부터 발생하는 소음이 피해 주민들 주택을 기준으로 일정 한도를 초과하여 유입되지 않도록 하라는 취지의 유지청구는 소음 발생원을 특정하여 일정한 종류의 생활방해를 일정 한도 이상 미치게 하는 것을 금지하는 것으로 청구가 특정되지 않은 것이라고 할 수 없고, 이러한 내용의 판결이 확정될 경우 민집 261조 1항에 따라 간접강제의 방법으로 집행을 할 수 있으므로, 이러한 청구가 내용이 특정되지 않거나 강제집행이 불가능하여 부적법하다고 볼 수는 없다.(대판 2007.6.15, 2004다37904, 37911)

122. 일반 공중의 통행에 제공된 도로에서 특정인의 통행방해행위 금지의 소구 가부(적극) 일반 공중의 통행에 제공된 도로를 통행하고자 하는 자는, 그 도로에 관하여 다른 사람이 가지는 권리 등을 침해한다는 등의 특별한 사정이 없는 한, 일상생활상 필요한 범위 내에서 다른 사람들과 같은 방법으로 그 도로를 통행할 자유가 있고, 제3자가 특정인에 대하여만 그 도로의 통행을 방해함으로써 일상생활에 지장을 받게 하는 등의 방법으로 그 특정인의 통행의 자유를 침해하였다면 민법상 불법행위에 해당하며, 그 침해를 받은 자로서는 그 방해의 배제나 장래에 생길 방해를 예방하기 위하여 통행방해 행위의 금지를 소구할 수 있다.(대판 2011.10.13, 2010다63720)

123. 환경오염으로 인한 불법행위에서 위법성 판단 기준인 수인한도 불법행위 성립요건으로서 위법성의 판단 기준은 유해 정도가 사회생활상 통상의 수인한도를 넘는 것인지인데, 수인한도 기준을 결정할 때는 일반적으로 침해되는 권리나 이익의 성질과 침해 정도뿐만 아니라 침해행위가 갖는 공공성의 내용과 정도, 지역환경의 특수성, 공법적인 규제에 의하여 확보하려는 환경기준, 침해를 방지 또는 경감시키거나 손해를 회피할 방안의 유무 및 난이 정도 등 여러 사정을 종합적으로 고려하여 구체적 사건에 따라 개별적으로 결정하여야 한다.(대판 2012.1.12, 2009다84608, 84615, 84622, 84639)

124. 인접 건물 외벽의 유리에서 반사되는 강한 태양반사광으로 인한 생활방해를 이유로 한 손해배상청구의 요건 및 판단기준 인접 토지에 외벽이 유리로 된 건물 등이 건축되어 과도한 태양반사광이 발생하고 이러한 태양반사광이 인접 주거지에 유입되어 거주자가 이로 인한 시야방해 등 생활에 고통을 받고 있음을 이유로 손해배상을 청구하려면, 그 건축행위로 인한 생활방해의 정도가 사회통념상 일반적으로 참아내야 할 정도를 넘는 것이어야 한다. 건축된 건물 등에서 발생한 태양반사광으로 인한 생활방해의 정도가 사회통념상 참을 한도를 넘는지는 태양반사광이 피해 건물에 유입되는 강도와 각도, 유입되는 시기와 시간, 피해 건물의 창과 거실 등의 위치 등에 따른 피해의 성질과 정도, 피해이익의 내용, 가해 건물 건축의 경위 및 공공성, 피해 건물과 가해 건물 사이의 이격거리, 건축법령상의 제한 규정 등 공법상 규제의 위반 여부, 건물이 위치한 지역의 용도와 이용현황, 피해를 줄일 수 있는 방지조치와 손해회피의 가능성, 토지 이용의 선후관계, 교섭 경과 등 모든 사정을 종합적으로 고려하여 판단하여야 한다.(대판 2021.3.11, 2013다59142)

125. 태양반사광으로 인한 생활방해를 원인으로 태양반사광의 예방 또는 배제를 구하는 방지청구의 판단기준 인접 토지에 외벽이 유리로 된 건물 등이 건축되어 과도한 태양반사광이 발생하고 이러한 태양반사광이 인접 주거지에 유입되어 거주자가 이로 인한 시야방해 등 생활에 고통을 받고 있음을 원인으로 태양반사광의 예방 또는 배제를 구하는 방지청구는 금전배상을 구하는 손해배상청구와는 그 내용과 요건을 서로 달리하는 것이어서 같은 사정이라도 청구의 내용에 따라 고려요소의 중요도에 차이가 생길 수 있고, 태양반사광 침해의 방지청구는 그것이 허용될 경우 소송당사자뿐 아니라 제3자의 이해관계에도 중대한 영향을 미칠 수 있어, 방지청구의 당부를 판단하는 법원으로서는 해당 청구가 허용될 경우에 방지청구를 구하는 당사자가 받게 될 이익과 상대방 및 제3자가 받게 될 불이익 등을 비교·교량하여야 한다.(대판 2021.6.3, 2016다33202, 33219)

126. 토지를 전전 취득한 현재의 토지 소유자에 대한 오염자의 불법행위책임 성부(적극) 토지의 소유자라 하더라도 토양오염물질을 토양에 누출·유출하거나 투기·방치함으로써 토양오염을 유발하였음에도 오염토양을 정화하지 않은 상태에서 오염토양이 포함된 토지를 거래에 제공함으로써 유통되게 하거나, 토지에 폐기물을 불법으로 매립하였음에도 처리하지 않은 상태에서 토지를 거래에 제공하는 등으로 유통되게 하였다면, 다른 특별한 사정이 없는 한 이는 거래의 상대방 및 토지를 전전 취득한 현재의 토지 소유자에 대한 위법행위로서 불법행위가 성립할 수 있다.(대판(全) 2016.5.19, 2009다66549)

127. 행정청이 현금청산대상자를 누락하는 등의 하자 있는 관리처분계획을 그대로 인가한 경우, 누락된 현금청산대상자에 대하여 불법행위로 인한 손해배상책임을 지는지 여부(한정 소극) 행정청이 설령 현금청산대상자를 누락하는 등의 하자가 있는 관리처분계획을 그대로 인가하였다고 하더라도 그 하자의 존재를 관리처분계획인가 신청서와 첨부서류에 대한 심사만으로 발견할 수 없는 경우라면 누락된 현금청산대상자에 대하여 불법행위로 인한 손해배상책임을 진다고 볼 수 없다.(대판 2014.3.13, 2013다27220)

▸부당제소 등

128. 소유권이전등기청구권의 가압류와 제3채무자의 불법행위책임 ① 소유권이전등기청구권에 대한 가압류가 있으면

그 변제금지의 효력에 의하여 제3채무자는 채무자에게 임의로 이전등기를 이행하여서는 아니되는 것이나, 그와 같은 가압류는 채권에 대한 것이지 등기청구권의 목적물인 부동산에 대한 것이 아니고, 채무자와 제3채무자에게 결정을 송달하는 외에 현행법상 등기부에 이를 공시하는 방법이 없는 것으로서 당해 채권자와 채무자 및 제3채무자 사이에만 효력을 가지며, 제3자에 대하여는 가압류의 변제금지의 효력을 주장할 수 없으므로 소유권이전등기청구권의 가압류는 청구권의 목적물인 부동산 자체의 처분을 금지하는 대물적 효력은 없다 할 것이고, 제3채무자나 채무자로부터 이전등기를 경료한 제3자에 대하여는 취득한 등기가 원인무효라고 주장하여 말소를 청구할 수는 없는 것이므로, 제3채무자가 가압류결정을 무시하고 이전등기를 이행하고 채무자가 다시 제3자에게 이전등기를 경료하여 준 결과 채권자에게 손해를 입힌 때에는 불법행위를 구성하고 그에 따른 배상책임을 지게 된다. ② 소유권이전등기를 명하는 판결은 의사의 진술을 명하는 판결로서 이것이 확정되면 채무자는 일방적으로 이전등기를 신청할 수 있고 제3채무자는 이를 저지할 방법이 없으므로, 소유권이전등기청구권이 가압류된 경우에는 변제금지의 효력이 미치고 있는 제3채무자로서는 일반채권이 가압류된 경우와는 달리 채무자 또는 그 채무자를 대위한 자로부터 제기된 소유권이전등기 청구소송에 응소하여 그 소유권이전등기청구권이 가압류된 사실을 주장하고 자신이 송달받은 가압류결정을 제출하는 방법으로 입증하여야 할 의무가 있다. 만일 제3채무자가 고의 또는 과실로 위 소유권이전등기 청구소송에 응소하지 아니한 결과 의제자백에 의한 판결이 선고되어 확정됨에 따라 채무자에게 소유권이전등기가 경료되고 다시 제3자에게 처분된 결과 채권자가 손해를 입었다면, 이러한 경우는 제3채무자가 채무자에게 임의로 소유권이전등기를 경료하여 준 것과 마찬가지로 불법행위를 구성한다.(대판 1999.6.11, 98다22963)

129. 확정판결에 기한 강제집행이 불법행위가 되기 위한 요건 ① 판결이 확정되면 기판력에 의하여 대상이 된 청구권의 존재가 확정되고 그 내용에 따라 집행력이 발생하는 것이므로, 그에 따른 집행이 불법행위를 구성하기 위하여는 소송당사자가 상대방의 권리를 해할 의사로 상대방의 소송 관여를 방해하거나 허위의 주장으로 법원을 기망하는 등 부정한 방법으로 실체의 권리관계와 다른 내용의 확정판결을 취득하여 집행을 하는 것과 같은 특별한 사정이 있어야 하고, 그와 같은 사정이 없이 확정판결의 내용이 단순히 실체적 권리관계에 배치되어 부당하고 또한 확정판결에 기한 집행 채권자가 이를 알고 있었다는 것만으로는 그 집행행위가 불법행위를 구성한다고 할 수 없다. ② 편취된 판결에 기한 강제집행이 불법행위로 되는 경우가 있다고 하더라도 당사자의 법적 안정성을 위해 확정판결에 기판력을 인정한 취지나 확정판결의 효력을 배제하기 위하여는 그 확정판결에 재심사유가 존재하는 경우에 재심의 소에 의하여 그 취소를 구하는 것이 원칙적인 방법인 점에 비추어 볼 때 불법행위의 성립을 쉽게 인정하여서는 아니되고, 확정판결에 기한 강제집행이 불법행위로 되는 것은 당사자의 절차적 기본권이 근본적으로 침해된 상태에서 판결이 선고되었거나 확정판결에 재심사유가 존재하는 등 확정판결의 효력을 존중하는 것이 정의에 반함이 명백하여 이를 묵과할 수 없는 경우로 한정하여야 한다.(대판 2001.11.13, 99다32899)

130. 부당제소로 인한 불법행위의 성립요건 법적 분쟁의 당사자가 법원에 대하여 당해 분쟁의 종국적인 해결을 구하는 것은 법치국가의 근간에 관계되는 중요한 일이므로 재판을 받을 권리는 최대한 존중되어야 하고, 제소행위나 응소행위가 불법행위가 되는가를 판단함에 있어서는 적어도 재판제도의 이용을 부당하게 제한하는 결과가 되지 아니하도록 신중하게 배려하여야 할 것이다. 따라서 법적 분쟁의 해결을 구하기 위하여 소를 제기하는 것은 원칙적으로 정당한 행위이고, 단지 제소자가 패소의 판결을 받아 확정되었다는 것만으로 바로 그 소의 제기가 불법행위였다고 단정할 수는 없다. 반면 소를 제기당한 사람 쪽에서 보면, 응소를 강요당하고 어쩔 수 없이 그를 위하여 변호사 비용을 지출하는 등의 경제적·정신적 부담을 지게 되는 까닭에 응소자에게 부당한 부담을 강요하는 결과를 가져오는 소의 제기는 위법하게 되는 경우가 있을 수 있다. 그러므로 민사소송을 제기한 사람이 패소판결을 받아 확정된 경우에 그와 같은 소의 제기가 상대방에 대하여 위법한 행위가 되는 것은 당해 소송에서 제소자가 주장한 권리 또는 법률관계가 사실적·법률적 근거가 없고, 제소자가 그와 같은 점을 알면서, 혹은 통상인이라면 그 점을 용이하게 알 수 있음에도 불구하고 소를 제기하는 등 소의 제기가 재판제도의 취지와 목적에 비추어 현저하게 상당성을 잃었다고 인정되는 경우에 한한다.(대판 2002.5.31, 2001다64486)

131. 부동산에 대한 처분금지가처분이 부당하게 집행된 경우 손해의 발생 여부(한정 소극) 부동산의 등기청구권을 보전하기 위한 처분금지가처분이 부당하게 집행되었다고 하더라도 이러한 처분금지가처분은 처분금지에 대하여 상대적 효력만을 가지는 것이어서 그 집행 후에도 채무자는 당해 부동산에 대한 사용·수익을 계속하면서 여전히 이를 처분할 수 있으므로, 비록 그 가처분의 존재로 인하여 처분기회를 상실하였거나 그 대가를 제때 지급받지 못하는 불이익을 입었다고 하더라도 그것이 당해 부동산을 보유하면서 얻는 점용이익을 초과하지 않는 한 손해가 발생하였다고 보기 어렵고, 설사 점용이익을 초과하는 불이익을 입어 손해가 발생하였다고 하더라도 그 손해는 특별한 사정에 의하여 발생한 손해로서 가처분채권자가 그 사정을 알았거나 알 수 있었을 때에 한하여 배상책임을 진다.(대판 2001.1.19, 2000다58132)

▸ 책임능력

132. 13세 5월이 된 중학생의 책임능력 부정 13세 5월이 된 중학생이 전쟁놀이 중 장난감이라고 할 수 없는 위험한 물건인 고무총으로 땅콩 크기의 돌을 발사하여 같이 놀던 아이의 좌안을 실명하게 한 소위는 불법행위의 책임을 변식할 수 있는 지능을 가진 사람의 행위라고 단정하기는 어렵다.(대판 1978.7.11, 78다729)

133. 책임능력 있는 미성년자의 행위에 대한 부모의 보호감독의무 책임능력 있는 미성년자의 불법행위로 인하여 손해가 발생한 경우 그 손해가 미성년자의 감독의무자의 의무위반과 상당인과관계가 있는 경우 감독의무자는 일반불법행위자로서 손해배상의무가 있다. 사고 당시 18세 남짓한 미성년자가 운전면허가 없음에도 가끔 숙부 소유의 화물차를 운전한 경우, 부모로서는 미성년의 아들이 무면허운전을 하지 못하도록 보호감독하여야 할 주의의무가 있음에도 이를 게을리하여 화물차를 운전하도록 방치한 과실이 있고, 부모의 보호감독상의 과실이 사고 발생의 원인이 되었으므로, 부모들이 피해자가 입은 손해를 배상할 책임이 있다.(대판 1997.3.28, 96다15374)

▸ 손해의 발생

134. 장애아의 출산과 손해 인간 생명의 존엄성과 그 가치의 무한함에 비추어 볼 때, 어떠한 인간 또는 인간이 되려고 하는 존재가 타인에 대하여 자신의 출생을 막아 줄 것을 요구할 권리를 가진다고 보기 어렵고, 장애를 갖고 출생한 것 자체를 인공임신중절로 출생하지 않은 것과 비교해서 법률적으로 손해라고 단정할 수도 없다. 그로 인하여 치료비 등 여러 가지 비용이 정상인에 비하여 더 소요된다고 하더라도 그 장애 자체가 의사나 다른 누구의 과실로 말미암은 것이 아닌 이상 이를 선천적으로 장애를 지닌 채 태어난 아이 자신이 청구할 수 있는 손해라고 할 수는 없다.(대판 1999.6.11, 98다22857)

135. 불법행위의 직접적 대상에 대한 손해가 아닌 간접적 손

第3編 債權

해가 특별손해인지 여부(적극) 불법행위의 직접적 대상에 대한 손해가 아닌 간접적 손해는 특별한 사정으로 인한 손해로서 가해자가 그 사정을 알았거나 알 수 있었을 것이라고 인정되는 경우에만 배상책임이 있다. 가해자가 공장지대에 위치한 전신주를 충격하여 전선이 절단된 경우, 그 전선을 통하여 전기를 공급받아 공장을 가동하던 피해자가 전력공급의 중단으로 공장의 가동이 상당한 기간 중지되어 영업상의 손실을 입게 될지는 불확실하며 또 이러한 손실은 가해행위와 너무 먼 손해라고 할 것이므로, 전주 충격사고 당시 가해자가 이와 같은 소극적인 영업상 손실이 발생할 것이라는 것을 알거나 알 수 있었다고 보기 어렵지만, 이 경우 그 전신주를 통하여 전력을 공급받고 있는 인근 피해자의 공장에서 예고 없는 불시의 전력공급의 중단으로 인하여 갑자기 공장의 가동이 중단되는 바람에 당시 공장 내 가동 중이던 기계에 고장이 발생한다든지, 작업 중인 자료가 못쓰게 되는 것과 같은 등의 적극적인 손해가 발생할 수 있을 것이라는 사정은 가해자가 이를 알거나 알 수 있었을 것이라고 봄이 상당하다.(대판 1996.1.26, 94다5472)

136. 불법행위로 인한 손해배상액의 산정시기 원래 불법행위로 인한 손해배상채권은 불법행위시에 발생하고 그 이행기가 도래하는 것이므로, 장래 발생할 소극적, 적극적 손해의 경우에도 불법행위시가 현가산정의 기준시기가 되고, 이때부터 장래의 손해발생시점까지의 중간이자를 공제한 금액에 대하여 다시 불법행위시부터의 지연손해금을 부가하여 지급을 명하는 것이 원칙이나, 반드시 그와 같은 방식으로만 청구가 허용된다고 제한할 필요는 없고, 사실심의 변론종결 전에 그 손해발생시기가 경과한 경우에는 현실의 손해 전부와 그 손해발생일 이후의 지연손해금을 청구하는 것도 허용되어야 할 것이다. 따라서 당사자가 불법행위시 이후로 사실심의 변론종결일 이전의 어느 시점을 기준으로 하여, 그 시점에 이미 발생한 일실수익손해는 그 전액을 구하고 그 이후의 일실수익손해는 위 시점으로부터 장래의 각 손해발생시점까지의 중간이자를 공제하는 방법으로 소득상실액의 현가를 산정하되 지연손해금은 위 기준 시점 이후로부터 구하는 경우에도, 이것이 위와 같은 본래의 방법을 벗어나거나 이에 모순, 저촉되는 것이 아닌 한 허용된다.(대판 1994.2.25, 93다38444) 반면 불법행위 시 이후로서 사실심 변론종결일 이전의 어느 시점을 기준으로 하여 현가를 산정하면서도 지연손해금은 그 기준시점 이전부터 명하는 것은 중간이자를 덜 공제하거나 지연손해금을 더 많이 인용하는 과잉배상이 되어 허용되지 않는다. 호프만식 계산법에 따라 중간이자 공제기간이 414개월을 초과하여 월 단위 수치표상 단리연금현가율이 240을 넘는 경우, 이를 그대로 적용하여 현가를 산정하면 현가로 받게 되는 금액의 이자가 매월 입게 되는 손해액보다 많게 되어 피해자가 과잉배상을 받게 되는 결과가 되므로, 이를 막기 위하여 그 수치표상 단리연금현가율이 얼마인지를 불문하고 모두 240을 적용하는 것도 같은 취지이다.(대판 2022.6.16, 2017다289538)

137. 불법행위 시점과 손해발생 시점 사이에 시간적 간격이 있는 경우, 불법행위로 인한 손해배상채권의 지연손해금 기산점(=손해발생 시점) **및 그 판단 기준** 불법행위로 인한 손해배상채무는 손해발생과 동시에 이행기에 있는 것으로, 공평의 관념상 별도의 이행최고가 없더라도 불법행위 당시부터 지연손해금이 발생하는 것이 원칙이고, 불법행위 시점과 손해발생 시점 사이에 시간적 간격이 있는 경우에는 불법행위로 인한 손해배상채권의 지연손해금은 손해발생 시점을 기산일로 하여 발생한다. 이때 현실적으로 손해가 발생하여 불법행위로 인한 손해배상채권이 성립하게 되는 시점은 사회통념에 비추어 객관적이고 합리적으로 판단하여야 한다.(대판 2022.6.16, 2017다289538)

138. 불법행위 시와 변론종결 시 사이에 장기간의 세월이 경과된 경우, 불법행위로 인한 위자료배상채무의 지연손해금 기산일 불법행위로 인한 손해배상채무에 대하여는 원칙적으로 별도의 이행 최고가 없더라도 공평의 관념에 비추어 그 채무성립과 동시에 지연손해금이 발생한다. 그런데 위자료를 산정할 때에는 사실심 변론종결 당시까지 발생한 일체의 사정이 그 참작대상이 될 뿐만 아니라, 위자료 산정의 기준이 되는 국민소득수준이나 통화가치 등도 변론종결 시의 것을 반영해야만 한다. 불법행위 시와 변론종결 시 사이에 장기간의 세월이 경과됨으로써 위자료를 산정함에 있어 반드시 참작해야 할 변론종결 시의 통화가치 등에 불법행위시와 비교하여 상당한 변동이 생긴 때에는, 예외적으로라도 불법행위로 인한 위자료배상채무의 지연손해금은 그 위자료 산정의 기준시인 사실심 변론종결 당일로부터 발생한다.(대판 2011.1.13, 2009다103950)

139. 집행법원의 과실로 채권가압류결정정본이 제3채무자에게 송달되지 아니한 경우 손해의 발생여부 불법행위로 인한 손해배상청구권은 현실적으로 손해가 발생한 때에 성립하는 것이고, 현실적으로 손해가 발생하였는지 여부는 사회통념에 비추어 객관적이고 합리적으로 판단하여야 하는 것이므로, 집행법원의 과실로 채권가압류결정정본이 제3채무자에게 송달되지 아니하여 가압류의 효력이 생기지 아니하였다고 하더라도, 그 사실을 안 가압류채권자로서는 피보전채권으로 채무자의 다른 재산에 대하여 강제집행을 함으로써 채권의 만족을 얻을 수 있는 것이므로, 집행법원의 위와 같은 잘못으로 말미암아 채무자에 대한 채권추심이 곤란해졌다는 등의 특별한 사정이 없는 한 가압류채권자로서는 채권가압류결정정본이 제3채무자에게 송달되지 아니하였다는 사유만으로는 가압류의 효력이 생기지 아니한 채권액 상당의 손해가 현실적으로 발생하였다고 할 수 없고, 그러한 손해가 현실적으로 발생하였다는 점에 대하여는 피해자인 가압류채권자가 이를 증명하여야 한다.(대판 2003.4.8, 2000다53038)

140. 점유 여부와 손해배상의 관계 물건의 소유자는 다른 특별한 사정이 없는 한 법률의 범위 내에서 그 물건에 관한 모든 이익을 배타적으로 향유할 권리를 가진다. 따라서 소유자가 상대방이 목적물을 권원 없이 점유·사용하여 소유권을 침해함으로 말미암아 재산상 손해를 입었다고 주장하여 그 손해의 배상을 청구하는 경우에는, 무엇보다도 상대방의 그러한 권리 침해로 인하여 소유자에게 재산상 손해가 발생하였는지를 살펴보아야 할 것인데, 그 경우 손해의 유무는 상대방이 당해 물건을 점유하는지에 의하여 좌우되지 아니하며, 점유 여부는 단지 배상되어야 할 손해의 구체적인 액을 산정함에 있어서 고려될 여지가 있을 뿐이다.(대판 2012.1.27, 2011다74949)

141. 매도인이 악의인 계약명의신탁에서 매도인이 명의수탁자 앞으로 부동산 소유권이전등기를 마친 경우, 명의수탁자의 부동산 처분행위의 불법행위 성부 ① 계약명의신탁에서 매도인이 악의인 경우 당해 부동산의 소유권은 매매계약을 체결한 소유자에게 그대로 남아 있게 되고, 명의수탁자가 자신의 명의로 소유권이전등기를 마친 부동산을 제3자에게 처분하면 이는 매도인의 소유권 침해행위로서 불법행위가 된다. ② 그러나 명의수탁자로부터 매매대금을 수령한 상태의 소유자로서는 그 부동산에 관한 소유명의를 회복하기 전까지는 신의칙 내지 민 536조 1항 본문의 규정에 의하여 명의수탁자에 대하여 이와 동시이행의 관계에 있는 매매대금 반환채무의 이행을 거절할 수 있는데, 이른바 계약명의신탁에서 명의수탁자의 제3자에 대한 처분행위가 유효하게 확정되어 소유자에 대한 소유명의 회복이 불가능한 이상, 소유자로서는 그와 동시이행관계에 있는 매매대금 반환채무를 이행할 여지가 없다. 또한 명의신탁자는 소유자와 매매계약관계가 없어 소유자에 대한 소유권이전등기청구도 허용되지 아니하므로, 결국 소유자인 매도인으로서는 특별한 사정이 없는 한 명의수탁자의 처분행위로 인하여 어떠한 손해도 입은

바가 없다.(대판 2013.9.12, 2010다95185)

142. 타인을 위한 보험계약의 무효와 손해배상청구 보험계약자와 보험수익자가 다른 타인을 위한 보험계약은 제3자를 위한 계약의 일종인데, 위 보험계약이 강행규정인 상 731조 1항을 위반하여 무효로 된 경우에, 보험수익자는 보험계약자가 아니므로 특별한 사정이 없는 한 보험회사를 상대로 보험계약의 무효로 인한 손해에 관하여 불법행위를 원인으로 손해배상청구를 할 수 없다.(대판 2015.10.15, 2014다204178)

143. 불법행위로 인하여 피해자가 제3자에게 채무를 부담하게 된 경우, 그 채무액 상당의 손해배상을 구하기 위한 요건과 판단기준 불법행위를 이유로 배상하여야 할 손해는 현실로 입은 확실한 손해에 한하므로, 가해자가 행한 불법행위로 인하여 피해자가 제3자에 대하여 채무를 부담하게 된 경우 피해자가 가해자에게 그 채무액 상당의 손해배상을 구하기 위해서는 채무의 부담이 현실적·확정적이어서 실제로 변제하여야 할 성질의 것이어야 하고, 현실적으로 손해가 발생하였는지 여부는 사회통념에 비추어 객관적이고 합리적으로 판단하여야 한다.(대판 2020.7.9, 2017다56455, 대판 2020.10.15, 2017다278446)

144. 구체적 손해액을 증명하는 것이 매우 어려운 경우 민소 202조의2의 적용과 법원이 취해야할 조치(대판 2020.3.26, 2018다301336) → 제393조 참조

▸ 적극적 손해

145. 불법행위로 인하여 물건이 멸실 훼손된 경우 손해액은 멸실 훼손당시의 교환가격과 그 후의 지연이자이다.(대판 1965.10.6, 4288민상330)

146. 물건이 멸실·훼손된 경우 통상손해의 범위 일반적으로 불법행위로 인한 손해는 물건이 멸실되었을 때에는 멸실 당시의 시가를, 물건이 훼손되었을 때에는 수리 또는 원상회복이 가능한 경우에는 수리비 또는 원상회복에 드는 비용을 통상의 손해로 보되 수리비가 건물의 교환가치를 넘는 경우에는 건물의 교환가치 범위 내로 제한되어야 하며, 수리 또는 원상회복이 불가능한 경우에는 훼손으로 인하여 교환가치가 감소된 부분을 통상의 손해로 보아야 한다.(대판 2006.4.28, 2005다44633)

147. 신체장애자에 대한 개호비의 산정방법 사고로 인한 후유장애로 말미암아 평생동안 개호인의 조력을 받아야 하는 신체장애자에 대한 개호비는 개호인이 하루에 실제로 개호에 종사한 시간에 상응한 액수만을 인정하면 되는 것이 아니고 하루의 일용노동임금 전액을 기준으로 하여 산정하는 것이 타당하다.(대판 1987.7.7, 87다카178)

148. 치료비와 개호비의 산정방식 불법행위로 입은 상해의 후유장애로 인하여 장래에 계속적으로 치료비나 개호비 등을 지출하여야 할 손해를 입은 피해자가 그 손해의 배상을 정기금에 의한 지급과 일시금에 의한 지급 중 어느 방식에 의하여 청구할 것인지는 원칙적으로 손해배상청구권자인 그 자신이 임의로 선택할 수 있다. 다만 식물인간 등의 경우와 같이 그 후유장애의 계속기간이나 잔존 여명이 단축된 정도 등을 확정하기 곤란하여 일시금 지급방식에 의한 손해의 배상이 사회정의와 형평의 이념에 비추어 현저하게 불합리한 결과를 초래할 우려가 있는 때에는 손해배상청구권자가 일시금에 의한 지급을 청구하였더라도 법원이 재량에 따라 정기금에 의한 지급을 명하는 판결을 할 수 있다. 향후 치료비와 개호비 손해를 산정함에 있어서 피해자의 여명 예측이 불확실한 경우에는 피해자가 확실히 생존하고 있으리라고 인정되는 기간 동안의 손해는 일시금의 지급을 명하고 그 이후의 기간은 피해자의 생존을 조건으로 정기금의 지급을 명할 수밖에 없으므로 그와 같은 산정방식을 두고 법원의 재량의 범위를 넘어섰다고 할 수는 없다.(대판 2000.7.28, 2000다11317)

149. 원인무효의 소유권이전등기가 순차 경료된 경우 최종매수인의 손해(=매매대금) 불법행위로 인한 재산상 손해는 위법한 가해행위로 인하여 발생한 재산상 불이익, 즉 그 위법행위가 없었더라면 존재하였을 재산 상태와 그 위법행위가 가해진 현재의 재산 상태의 차이를 말하는 것이고, 그것은 기존의 이익이 상실되는 적극적 손해의 형태와 장차 얻을 수 있을 이익을 얻지 못하는 소극적 손해의 형태로 구분된다. 부적법한 공탁에 기하여 기업자 명의의 원인무효의 소유권이전등기가 경료되고 다시 그 토지가 다른 사람에게 매도되어 순차로 소유권이전등기가 경료된 후에 토지의 진정한 소유자인 원래의 소유자가 최종매수인을 상대로 말소등기 청구소송을 제기하여 그 소유자 승소의 판결이 확정된 경우, 위 부적법한 공탁으로 인하여 최종매수인이 입은 손해는 무효의 소유권이전등기를 유효한 등기로 믿고 그 토지를 매수하기 위하여 출연한 금액, 즉 매매대금으로서, 이는 기존이익의 상실인 적극적 손해에 해당하고, 최종매수인은 처음부터 그 토지의 소유권을 취득하지 못하였고 또한 취득할 수도 없었던 것이어서 위 말소등기를 명하는 판결의 확정으로 비로소 그 토지의 소유권을 상실하였거나 취득할 수 없게 된 것이 아니므로 그 토지의 소유권의 상실이나 소유권을 취득할 수 없게 된 것이 최종매수인의 손해가 될 수는 없다. 재산상의 손해로 인하여 받는 정신적 고통은 그로 인하여 재산상 손해의 배상만으로는 전보될 수 없을 정도의 심대한 것이라고 볼 만한 특별한 사정이 없는 한 재산상 손해배상으로써 위자된다.(대판 1998.7.10, 96다38971)

150. 매도인의 기망행위로 인하여 부동산을 고가에 매수한 매수인의 손해(=부동산의 매수 당시 시가와 매수가격과의 차액) 매수인이 매도인의 기망행위로 인하여 부동산을 고가에 매수하게 됨으로써 입게 된 손해는 부동산의 매수 당시 시가와 매수가격과의 차액이고, 그 후 매수인이 위 부동산 중 일부에 대하여 보상금을 수령하였다거나 부동산 시가가 상승하여 매수가격을 상회하게 되었다고 하여 매수인에게 손해가 발생하지 않았다고 할 수 없다.(대판 2010.4.29, 2009다91828)

151. 금융투자업자가 투자권유를 할 때 설명의무를 위반하여 일반투자자에게 손해가 발생한 경우 손해액 산정의 기준 금융투자업자가 일반투자자를 상대로 투자권유를 할 때 설명의무를 위반하여 일반투자자에게 손해가 발생한 경우 그 손해액은 금융투자상품의 취득으로 인하여 일반투자자가 지급하였거나 지급하여야 할 금전, 그 밖의 재산적 가치가 있는 것의 총액에서 그 금융투자상품의 처분, 그 밖의 방법으로 그 일반투자자가 회수하였거나 회수할 수 있는 금전 등의 총액을 뺀 금액(이하 '미회수금액'이라고 한다)으로 추정된다(자본시장 48조 2항, 1항). 이와 같이 금융투자업자가 설명의무를 위반함에 따른 일반투자자의 손해는 미회수금액의 발생이 확정된 시점에 현실적으로 발생하고, 그 손해액 역시 위 시점을 기준으로 산정하여야 한다.(대판 2018.7.20, 2016다35352)

152. 위법한 입찰 담합행위로 인한 손해액의 산정 및 증명책임 위법한 입찰 담합행위로 인한 손해는 그 담합행위로 인하여 형성된 낙찰가격과 그 담합행위가 없었을 경우에 형성되었을 가격('가상 경쟁가격')의 차액이며, 그 담합행위가 발생한 당해 시장의 다른 가격형성요인을 그대로 유지한 상태에서 그 담합행위로 인한 가격상승분만을 제외하는 방식으로 산정하여야 한다. 담합행위 전후에 특정 상품의 가격형성요인들이 변동 없이 유지되고 있는지 여부에 대한 증명책임은 담합행위 종료 후의 가격을 기준으로 담합행위 당시의 가상 경쟁가격을 산정하여야 한다고 주장하는 피해자가 부담한다.(대판 2011.7.28, 2010다18850)

153. 구 간접투자자산 운용업법상의 자산운용회사 및 판매회사가 투자자보호의무를 위반하여 공동불법행위책임을 지는 경우, 손해액의 산정방법 ① 장외파생상품에 투자하는 펀드의 수익증권을 발행한 자산운용회사와 이를 판매한 판

第3編 債權

매회사가 투자자보호의무 위반으로 공동불법행위책임을 지는 경우, 만기 시점이나 투자자들이 실제 환매한 시점에서 확정적으로 발생한 투자자들의 손해를 배상하여야 한다. ② 투자자들은 이 사건 위법행위가 없었더라면 다른 안정적 금융상품에 투자하였을 이 사건 각 펀드에 투자한 원금에 대한 정기예금 이자 상당의 기대수익을 상실하는 특별손해를 입게 되었고, 자산운용회사 등도 이러한 사정을 알거나 알 수 있었을 것으로 보이므로, 펀드 가입원금에 대한 연 5%의 일실수익이 인정된다.(대판 2011.7.28, 2010다101752)

154. 주식투자자가 부실감사를 한 감사인에게 구할 수 있는 불법행위 손해배상액(=부실감사로 상실하게 된 주가에 상응하는 금액) **및 산정방법** 감사인의 부실감사를 토대로 주식거래를 한 주식투자자가 부실감사를 한 감사인에게 민법상 불법행위책임을 근거로 배상을 구할 수 있는 손해액은 일반적으로 그와 같은 부실감사로 상실하게 된 주가에 상응하는 금액이다. 이러한 주가에 상응하는 금액은 특별한 사정이 없는 한 부실감사가 밝혀져 거래가 정지되기 직전에 정상적으로 형성된 주가와 부실감사로 인한 거래정지가 해제되고 거래가 재개된 후 계속된 하종가를 벗어난 시점에서 정상적으로 형성된 주가의 차액이라고 볼 수 있다. 그와 같이 주가가 다시 정상적으로 형성되기 이전에 매도가 이루어지고 매도가액이 그 후 다시 형성된 정상적인 주가를 초과하는 경우에는 그 매도가액과의 차액이라고 할 수 있다.(대판 2020.4.29, 2014다11895)

155. 공익사업 시행자가 보상액을 지급하지 않고 공사에 착수한 경우 손해 범위 공익사업의 시행자가 토지소유자와 관계인에게 보상액을 지급하지 않고 승낙도 받지 않은 채 공사에 착수함으로써 토지소유자와 관계인이 손해를 입은 경우, 토지소유자와 관계인에 대하여 불법행위가 성립할 수 있고, 사업시행자는 그로 인한 손해를 배상할 책임을 진다. 이러한 손해는 손실보상청구권이 침해된 데에 따른 손해이므로, 사업시행자가 배상해야 할 손해액은 원칙적으로 손실보상금이다. 다만 그 과정에서 토지소유자와 관계인에게 손실보상금에 해당하는 손해 외에 별도의 손해가 발생하였다면, 사업시행자는 그 손해를 배상할 책임이 있으나, 이와 같은 손해배상책임의 발생과 범위는 이를 주장하는 사람에게 증명책임이 있다.(대판 2021.11.11, 2018다204022)

▶ 소극적 손해

156. 일실이익의 산정 피해자가 사고 당시 직장에서 근무하면서 일정한 수입을 얻고 있었던 경우에 피해자에 대한 사고 당시의 실제 수입을 확정할 수 있는 객관적인 자료가 현출되어 있고 그에 기하여 합리적이고 객관성 있는 기대수입을 산정할 수 있다면, 사고 당시의 실제 수입을 기초로 하여 일실수입을 산정하여야 하고, 임금구조기본통계조사보고서 등의 통계소득이 실제 수입보다 높다면 사고 당시에 실제로 얻고 있던 수입보다 높은 통계소득만큼 수입을 장차 얻을 수 있으리라는 특단의 사정이 인정되는 경우에 한하여 그러한 통계소득을 기준으로 일실수입을 산정하여야 할 것이다.(대판 2004.10.15, 2003다39927)

157. 특정 주식의 가격상승에 대한 기망과 재산상 손해 특정 주식의 가격상승 등에 관한 기망으로 이를 매수하게 하는 불법행위가 있었으나 해당 주식이 매수 전후 정상적인 거래의 대상이었고 기망이 없었다면 이를 매수하지 않았을 것이라고 단정할 수 없는 경우, 불법행위로 인한 재산상 손해는 주식의 매수대금에서 취득 당시 객관적인 가액 상당을 공제한 차액이라고 볼 수 있다.(대판 2024.1.4, 2022다286335)

158. 일실수익의 현가 산정 불법행위로 인한 장래 얻을 수 있는 일실수익의 현가를 산정함에 있어 중간이자 공제방법으로서 호프만식 계산법에 의하지 아니하고 라이프니쯔식 계산법에 의하여 그 일실수익의 현가를 산정하였다 하여 이를 판례위반의 위법이라 할 수 없다.(대판 1983.6.28, 83다191)

159. 장차 증가될 임금수익을 기준으로 산정된 일실이익 상당의 손해가 통상 손해인지 여부(적극) 불법행위로 인하여 노동능력을 상실한 급여소득자의 일실이득은 원칙적으로 노동능력상실 당시의 임금수익을 기준으로 산정할 것이지만 장차 그 임금수익이 증가될 것을 상당한 정도로 확실하게 예측할 수 있는 객관적인 자료가 있을 때에는 장차 증가될 임금수익도 일실이득을 산정함에 고려되어야 할 것이고 이와 같이 장차 증가될 임금수익을 기준으로 산정된 일실이득 상당의 손해는 당해 불법행위에 의하여 사회관념상 통상 생기는 것으로 인정되는 통상손해에 해당하는 것이라고 볼 것이므로 당연히 배상 범위에 포함시켜야 하는 것이고, 피해자의 임금수익이 장차 증가될 것이라는 사정을 가해자가 알았거나 알 수 있었는지에 따라 그 배상범위가 달라지는 것은 아니다.(대판(全) 1989.12.26, 88다카6761)

160. 의과대학 등과 같이 전문직을 양성하는 대학에 재학 중인 피해자가 장차 전문직으로서 소득을 얻을 수 있는 상당한 개연성이 있는지 판단하는 기준 불법행위로 사망한 피해자의 일실수입은 원칙적으로 불법행위로 손해가 발생할 당시에 피해자가 종사하고 있던 직업의 소득을 기준으로 산정해야 한다. 피해자가 사고 당시 일정한 직업의 소득이 없는 사람이라면 그 수입상실액은 보통사람이면 누구나 종사하여 얻을 수 있는 일반노동임금을 기준으로 하되, 특정한 기능이나 자격 또는 경력을 가지고 있어서 장차 그에 대응한 소득을 얻을 수 있는 상당한 개연성이 인정되는 경우에는 그 통계소득을 기준으로 산정할 수 있다. 이 경우 의과대학 등과 같이 전문직을 양성하는 대학에 재학 중인 피해자가 장차 전문직으로서 소득을 얻을 수 있는 상당한 개연성이 있는지 여부는 피해자의 연령, 재학 기간, 학업 성과, 전공 학과, 전문직을 수행하기 위한 자격의 취득가능성 등 피해자의 개인적인 경력은 물론 전문직을 양성하는 대학 졸업생의 졸업 후 진로, 취업률 그 밖의 사회적·경제적 조건을 모두 고려하여 경험칙에 따라 개별적으로 판단해야 한다.(대판 2021.7.15, 2016다260097)

161. 직종별임금실태조사보고서와 한국직업사전에 기한 손해액 산정 피해자의 장래수입상실액을 인정하는 데 이용되는 직종별임금실태조사보고서와 한국직업사전의 각 존재 및 그 기재 내용을 법원에 현저한 사실로 보아, 그를 기초로 피해자의 일실수입을 산정한 조치는, 객관적이고 합리적인 방법에 의한 것이라고 보여지므로 옳다.(대판(全) 1996.7.18, 94다20051)

162. 피해자가 두 가지 이상의 수입원에 해당하는 업무에 동시에 종사하고 있는 경우 일실이익 산정 방법 불법행위의 피해자가 사고 당시 두 가지 이상의 수입원에 해당하는 업무에 동시에 종사하고 있는 경우 각 업무의 성격이나 근무형태 등에 비추어 그들 업무가 서로 독립적이어서 양립 가능한 것이고, 또 실제로 피해자가 어느 한쪽의 업무에만 전념하고 있는 것이 아닌 경우에는 각 업종의 수입상실액을 모두 개별적으로 평가하여 합산하는 방법으로 피해자의 일실수입을 산정할 수 있다.(대판 1999.11.26, 99다18008)

163. 불법행위로 인한 부상으로 종전직업에 종사할 수 없게 된 자에 대한 일실이익 산정방법 사고당시 일정한 직업에 종사하여 수입을 얻고 있던 자가 사고로 인한 부상으로 신체기능장애가 생겨 그 직업에는 더이상 종사할 수 없게 된 경우에 그 일실이익은 종전직업의 소득으로부터 잔존한 신체기능을 가지고 장차 다른 직업에 종사하여 얻을 수 있을 것이 예상되는 향후소득을 공제하는 방법으로 산정할 수 있음은 물론 종전직업의 소득에 피해자의 노동능력상실률을 곱하는 방법으로 일실이익을 산정할 수도 있다. 다만 예상되는 향후소득을 공제하는 방법에 의할 경우에는 그 향후소득의 예측이 합리적이고 객관성 있는 근거에 터잡은 것임을

요하며 또 노동능력의 상실률을 적용하는 방법에 의할 경우에도 그 노동능력상실률은 단순한 의학적 신체기능장애률이 아니라 피해자의 연령, 교육정도, 종전직업의 성질과 직업경력 및 기능숙련정도, 신체장애정도 및 유사직종이나 타직종에의 전업가능성과 그 확률 기타 사회적, 경제적 조건을 모두 참작하여 경험칙에 따라 정한 수익상실률로서 법관의 자의가 배제된 합리적이고 객관성있는 것임을 요한다고 할 것이므로, 당해사건에서 어느 방법을 채택할 것인가는 구체적으로 현출된 증거와 사실을 기초로 하여 어느 방법이 보다 합리적이고 객관성 있는 장래가득수익을 반영하는 것인가에 따라 결정되어야 한다.(대판 1986.3.25, 85다카538)

164. 일정 수입이 없는 자의 일실이익 산정방법 불법행위로 인하여 사망하거나 또는 신체상의 장애를 입은 사람이 장래 얻을 수 있는 수입의 상실액은 그 수익이 장차 증가될 것임이 상당한 정도로 확실시되는 객관적인 자료가 없는 한 원칙적으로 그 불법행위로 인하여 손해가 발생할 낭시에 그 피해자가 종사하고 있었던 직업으로부터 수익하고 있는 금액을 기준으로 하여 산정하여야 하고 불법행위 당시 일정한 수입이 없는 피해자의 장래의 수입상실액은 보통 일반사람이면 누구나 종사하여 얻을 수 있는 일반노동임금을 기준으로 하여야 하며 피해자의 학력이나 경력등을 참작하여 그 수입을 책정할 수는 없다.(대판 1986.2.25, 85다카1954)

165. 위법소득 여부의 판단기준 범법행위를 계속함으로써 얻을 수 있는 이른바 위법소득은 손해액 산정의 기초로 삼을 수는 없으나, 위법소득인지 여부는 법이 금하고 있다고 하여 일률적으로 이를 위법소득으로 볼 것이 아니고 그 법규의 입법취지와 법률행위에 대한 비난 가능성의 정도 특히, 그 위반행위가 가지는 위법성의 강도 등을 종합하여 구체적·개별적으로 판단하여야 할 것이므로 수산업법상의 무면허 어업행위에 의한 수입이라는 이유만으로 그것이 곧 위법소득에 해당된다고는 볼 수 없다.(대판 2004.4.28, 2001다36733)

166. 불법행위로 인한 손해배상사건에서 피해자의 일실수입 손해액의 산정 방법, 신체장애로 인한 노동능력상실률의 결정방법 ① 불법행위로 인한 손해배상사건에서 피해자의 일실수입은 사고 당시 피해자의 실제소득을 기준으로 하여 산정할 수도 있고 통계소득을 포함한 추정소득에 의하여 평가할 수도 있는 것인바, 피해자가 일정한 수입을 얻고 있었던 경우 신빙성 있는 실제 수입에 대한 증거가 현출되지 아니하는 경우에는 피해자가 종사하였던 직종과 유사한 직종에 종사하는 자들에 대한 통계소득에 의하여 피해자의 일실수입을 산정하여야 한다. ② 불법행위의 피해자가 입은 소극적 손해를 산정함에 있어 노동능력상실률을 적용하는 방법에 의할 경우에는 그 노동능력상실률은 단순한 신체적 장애율이 아니라 피해자의 연령, 교육 정도, 종전 직업의 성질과 직업 경력 및 기술숙련 정도, 신체장애의 부위 및 정도, 유사직종이나 타 직종에의 전업가능성과 그 확률 기타 사회적, 경제적 조건을 모두 참작하여 경험법칙에 따라 도출하는 합리적이고 객관성 있는 노동능력상실률을 도출해야 한다.(대판 2009.7.9, 2008다91180)

167. 피해자가 임기제 직업에 종사 중이었던 경우, 임기만료 후 종사 가능한 직업, 소득을 기초로 일실수입을 산정해야 하는지 여부(적극) **및 비유사직종으로 구성된 직군 통계소득에 기한 예상소득 산정 가부**(소극) 불법행위로 사망한 피해자의 일실수입은 원칙적으로 사망 당시 피해자의 실제 소득을 기준으로 산정하되, 피해자가 임기가 정해진 직업에 종사하고 있었던 경우 피해자의 연령, 교육정도, 직업, 경력, 그 밖의 사회적·경제적 조건과 경험칙에 비추어 임기만료 후 장차 종사 가능하다고 보이는 직업과 소득을 조사·심리하여 이를 일실수입 산정의 기초로 삼아야 한다. 일실수입의 산정은 공평성과 합리성이 보장되는 한 통계소득을 포함한 추정소득으로 할 수도 있다. 이는 불확실한 미래 사실의 예측이므로 완전하고 정확하게 산정할 수는 없겠지만 모든 증거자료를 종합하고 경험칙을 활용하여 가능한 한 합리적이고 개연성이 있는 액수를 산출하도록 노력하여야 한다. 따라서 여러 직종을 묶어 직군별로 분류한 통계소득 자료에서 피해자가 종사하는 직종을 포함하는 직군이 서로 유사하지 않은 직종으로 구성되어 있다면 그 직군의 통계소득으로 피해자의 예상소득을 산정하는 것은 합리성과 객관성을 갖추지 못한 것으로서 허용될 수 없다.(대판 2019.9.26, 2017다280951)

168. 외모에 생긴 추상장애와 노동능력 상실 여부 불법행위로 인한 후유장애로 말미암아 외모에 추상이 생긴 경우에 그 사실만으로는 바로 육체적인 기능에는 장애를 가져오지 않는다고 하더라도 추상의 부위 및 정도, 피해자의 성별, 나이 등과 관련하여 그 추상이 장래의 취직, 직종선택, 승진, 전직에의 가능성 등에 영향을 미칠 정도로 현저한 경우에는 추상장애로 인하여 노동능력의 상실이 있다고 보는 것이 상당하다.(대판 1993.11.23, 93다35421)

169. 일반육체노동자의 가동연한(종전) 우리나라의 사회적, 경제적 구조와 생활여건이 급속하게 향상발전됨에 따른 제반사정의 변화에 비추어 보면 이제 일반육체노동 또는 육체노동을 주된 내용으로 하는 생계활동의 가동연한이 만 55세라는 경험칙에 의한 추정은 더 이상 유지되기 어렵다고 하지 않을 수 없으며 오히려 일반적으로 만 55세를 넘어서도 가동할 수 있다고 보는 것이 경험칙에 합당하다.(대판(全) 1989.12.26, 88다카16867)

170. 도시일용노동의 경험칙상 가동연한 ① 우리나라의 사회적·경제적 구조와 생활여건이 급속하게 향상·발전하고 법제도가 정비·개선됨에 따라 종전 전원합의체 판결 당시 위 경험칙의 기초가 되었던 제반 사정들이 현저히 변하였기 때문에 위와 같은 견해는 더 이상 유지하기 어렵게 되었다. 이제는 특별한 사정이 없는 한 만 60세를 넘어 만 65세까지도 가동할 수 있다고 보는 것이 경험칙에 합당하다. ② 사실심 법원이 일실수입 산정의 기초가 되는 가동연한을 인정할 때에는, 국민의 평균여명, 경제수준, 고용조건 등의 사회적·경제적 여건 외에 연령별 근로자 인구수, 취업률 또는 근로참가율 및 직종별 근로조건과 정년 제한 등 제반 사정을 조사하여 이로부터 경험칙상 추정되는 가동연한을 도출하거나 피해자의 연령, 직업, 경력, 건강상태 등 구체적인 사정을 고려하여, 가동연한을 인정할 수 있다.(대판(全) 2019.2.21, 2018다248909)

171. 제조업체가 위법한 쟁의행위로 조업을 하지 못함으로써 입은 고정비용 상당 손해배상을 구하기 위하여 증명하여야 할 사항 제조업체가 위법한 쟁의행위로 조업을 하지 못함으로써 입은 고정비용 상당 손해배상을 구하는 경우, 제조업체는 조업중단으로 인하여 일정량의 제품을 생산하지 못하였다는 섬 및 생산 감소로 인하여 매출이 감소하였다는 점을 증명하여야 할 것이지만, 제품이 생산되었다면 그 후 판매되어 제조업체가 이로 인한 매출이익을 얻고 또 생산에 지출된 고정비용을 매출원가의 일부로 회수할 수 있다고 추정함이 상당하고, 다만 해당 제품이 이른바 적자제품이라거나 불황 또는 제품의 결함 등으로 판매가능성이 없다는 등의 특별한 사정에 대한 간접반증이 있으면 이러한 추정은 복멸된다. 그리고 쟁의행위 종료 후 상당한 기간 안에 추가생산을 통하여 쟁의행위로 인한 부족 생산량이 만회되는 등 생산 감소로 인하여 매출 감소의 결과에 이르지 아니할 것으로 볼 수 있는 사정이 증명된 경우도 마찬가지이다.(대판 2023.6.15, 2017다46274)

172. '기왕의 장해율'과 '기왕증 기여도'의 구분 불법행위로 인한 일실수입을 산정하기 위하여 노동능력상실률을 평가할 때 '기왕의 장해율', 즉 불법행위 전에 가지고 있던 기왕증으로 인한 노동능력상실의 정도는, '기왕증 기여도', 즉 기왕증이 후유증 발생에 기여한 정도와 구분되는 개념이다. 불법행

위 전에 기왕의 장해가 있었다면, 불법행위 후 현재의 노동능력상실률(L2)에서 기왕의 장해로 인한 노동능력상실률(L1)을 빼고(L3 = L2 - L1), 기왕증이 후유증 발생에 기여하였다면 기왕의 장해율 외에 기왕증의 기여도도 참작하여 불법행위로 인한 노동능력상실률을 평가하여야 한다. 기왕의 장해와 기왕증 기여도가 동일한 부위에 문제 되는 경우, 기왕증 기여도는 기왕의 장해로 인한 노동능력상실률을 제외하고 증가된 노동능력상실률에 기왕증이 기여한 정도를 의미한다.

▶ **손익상계**

173. 일실이익 산정에서 임금에 대하여 부과될 소득세등의 공제여부(소극) 생명이나 신체에 대한 불법행위로 인하여 가동능력의 전부 또는 일부를 상실함으로써 일실하는 이익의 액은 그 피해자가 그로 인하여 상실하게 된 가동능력에 대한 총평가액으로서 소득세등 제세금액을 공제하지 아니한 금액이라고 보아야 한다.(대판(全) 1979.2.13, 78다1491)

174. 요양보상 근로기준법상의 재해보상 중 휴업보상과 장해보상에 대하여는 근로자에게 중대한 과실이 있음을 이유로 그 보상책임을 면할 길이 있으나(근로 81조), 그 외의 요양보상 또는 유족보상등에 있어서는 근로자에게 중대한 과실이 있다고 하여도 사용자가 이를 참작하여 그 보상책임을 면하거나 과실상계의 이론에 따라 보상의 범위를 제한하지 못한다. 따라서 재해근로자가 수령한 요양보상중 과실비율에 따른 금원을 부당이득이라 하여 사용자의 손해배상액으로부터 공제할 수 없다.(대판(全) 1981.10.13, 81다카351)

175. 손해배상액에서 공제할 수 있는 휴업급여나 장해급여의 범위 손해배상은 손해의 전보를 목적으로 하는 것이므로 피해자가 근로법이나 산재보상법에 따라 휴업급여나 장해급여 등을 이미 지급받은 경우에 그 급여액을 일실수입의 배상액에서 공제하는 것은 그 손해의 성질이 동일하여 상호보완적 관계에 있는 것 사이에서만 가능하다. 따라서 피해자가 수령한 휴업급여금이나 장해급여금이 법원에서 인정된 소극적 손해액을 초과하더라도 그 초과부분을 기간과 성질을 달리하는 손해배상액에서 공제할 것은 아니며, 휴업급여는 휴업기간 중의 일실수입에 대응하는 것이므로 그것이 지급된 휴업기간 중의 일실수입 상당의 손해액에서만 공제되어야 한다.(대판 2020.6.25, 2020다216240)

176. 범죄피해자 보호 7조 2항에 규정한 범죄피해구조금의 공제 ① 구조피해자 또는 상속인이 범죄피해를 원인으로 국가배상청구소송을 제기하는 한편 범죄피해자 보호법에 따른 범죄피해구조금을 받았다면, 법원은 국가 또는 지방자치단체에 인정된 구조피해자의 소극적 손해액에서 범죄피해구조금을 공제한 금액의 지급을 명하여야 한다. ② 구조피해자 또는 상속인이 범죄자 본인에 대하여 고의의 불법행위를, 범죄자의 사용자에 대하여 사용자책임을 주장하며 공동하여 손해배상을 구하는 소송을 제기하여 법원이 이들에게 공동하여 손해배상금 지급을 명하되, 사용자에 대하여만 과실상계를 적용함으로써 더 적은 금액의 지급을 명하는 경우 구조피해자나 유족이 범죄피해자 보호법에 의한 범죄피해구조금을 받는다면, 구조금의 지급으로써 소멸하는 부분은 다액채무자인 범죄자 본인이 단독으로 부담하는 채무 부분이다. 그리고 지급한 범죄피해구조금이 다액채무자인 범죄자가 단독으로 채무를 부담하는 부분을 초과하지 않는 이상 그 구조금 상당액은 전액 단독 부담하는 부분에서만 공제하여야 한다.(대판 2023.3.9, 2022다228704)

▶ **소송물**

177. 불법행위로 신체 상해를 입은 경우 소송물 불법행위로 말미암아 신체의 상해를 입었기 때문에 가해자에게 대하여 손해배상을 청구할 경우에 있어서는 그 소송물인 손해는 통상의 치료비 따위와 같은 적극적 재산상 손해와 일실수익 상실에 따르는 소극적 재산상 손해 및 정신적 고통에 따르는 정신적 손해(위자료)의 3가지로 나누어진다고 볼 수 있고 일실수익상실로 인한 소극적 재산상 손해로서는 예를 들면 일실노임 일실상여금 또는 후급적 노임의 성질을 띤 일실퇴직금 따위가 모두 여기에 포함된다.(대판 1976.10.12, 76다1313)

▶ **본조와 타규정의 관계**

178. 구 실화책임에 관한 법률과 불법행위책임 및 채무불이행책임의 관계 실화책임에 관한 법률은 실화자에게 중대한 과실이 없는 한 불법행위상의 손해배상책임을 부담시키지 아니한다는 데에 불과하고, 채무불이행상의 손해배상청구에는 그 적용이 없다. 임대인이 임차인과의 임대차계약상의 약정에 따라 제3자에게 도급을 주어 임대차목적물에 시설물을 설치하던 중 원인불명의 화재가 발생하였는데, 제반 사정에 비추어 그 설치공사를 맡은 수급인이 임대차목적물의 전력용량을 초과한 전기용접기를 연결하여 계속 사용함으로써 과부하로 인한 전선의 발열로 인하여 화재가 발생한 것으로 추정함이 타당하여 공사수급인에게 화재발생에 대한 과실이 인정되는 경우, 공사수급인은 임대차계약에 따른 임대인의 이행보조자라 할 것이어서 임대인은 민 391조에 따라 위 화재발생에 귀책사유가 있으므로 임차인에 대한 채무불이행상의 손해배상책임이 있다.(대판 1999.4.13, 98다51077, 51084)

179. 선하증권에 기재된 면책약관이 불법행위책임에도 적용되는지 여부 (대판(全) 1983.3.22, 82다카1533) → 제390조 참조

180. 형사책임과의 구별 형사상 범죄를 구성하지 아니하는 침해행위라고 하더라도 그것이 민사상 불법행위를 구성하는지 여부는 형사책임과 별개의 관점에서 검토하여야 한다. 경찰관이 범인을 제압하는 과정에서 총기를 사용하여 범인을 사망에 이르게 한 경우, 형사사건에서 무죄판결이 확정되었더라도 당해 경찰관의 과실의 내용과 그로 인하여 발생한 결과의 중대함에 비추어 민사상 불법행위책임을 인정할 수 있다.(대판 2008.2.1, 2006다6713)

181. 사기에 의한 법률행위가 취소의 대상이 됨과 동시에 불법행위를 구성하는 경우 부당이득반환청구권과 불법행위로 인한 손해배상청구권의 관계(경합관계) 법률행위가 사기에 의한 것으로 취소되는 경우에 그 법률행위가 동시에 불법행위를 구성하는 때에는 취소의 효과로 생기는 부당이득반환청구권과 불법행위로 인한 손해배상청구권은 경합하여 병존하는 것이므로, 채권자는 어느 것이라도 선택하여 행사할 수 있지만 중첩적으로 행사할 수는 없다.(대판 1993.4.27, 92다56087)

第751條【財産 以外의 損害의 賠償】

① 他人의 身體, 自由 또는 名譽를 害하거나 其他 精神上苦痛을 加한 者는 財産 以外의 損害에 對하여도 賠償할 責任이 있다.

② 法院은 前項의 損害賠償을 定期金債務로 支給할 것을 命할 수 있고 그 履行을 確保하기 爲하여 相當한 擔保의 提供을 命할 수 있다.

■ 752, 명예훼손(764, 형307-312), 손해배상(763 · 393 · 394)

1. 위자료 산정 불법행위로 입은 정신적 고통에 대한 위자료 액수에 관하여는 사실심 법원이 제반 사정을 참작하여 그 직권에 속하는 재량에 의하여 이를 확정할 수 있다.(대판 2006.1.26, 2005다47014, 47021, 47038)

2. 위자료의 보완적 기능 법원은 위자료액을 산정함에 있어서 피해자 측과 가해자 측의 제반사정을 참작하여 그 금액을 정하여야 하므로 피해자가 가해자로부터 당해 사고로 입은 재산상 손해에 대하여 배상을 받을 수 있는지의 여부 및 그 배상액의 다과 등과 같은 사유도 위자료액 산정의 참작사유가 되는 것은 물론이며 특히 재산상 손해의 발생이 인정되는데도 입증곤란 등의 이유로 그 손해액의 확정이 불가

능하여 그 배상을 받을 수 없는 경우에 이러한 사정을 위자료의 증액사유로 참작할 수 있다. 그러나 이러한 위자료의 보완적 기능은 재산상 손해의 발생이 인정되는데도 손해액의 확정이 불가능하여 그 손해 전보를 받을 수 없게 됨으로써 피해회복이 충분히 이루어지지 않는 경우에 이를 참작하여 위자료액을 증액함으로써 손해전보의 불균형을 어느 정도 보완하고자 하는 것이므로 함부로 그 보완적 기능을 확장하여 그 재산상 손해액의 확정이 가능함에도 불구하고 편의한 방법으로 위자료의 명목 아래 사실상 손해의 전보를 꾀하는 것과 같은 일은 허용되어서는 안 될 일이다.(대판 1984.11.13, 84다카722)

3. 재산권 관련 민사소송에서 위증으로 인한 위자료 재산권에 관한 민사소송에서 증인의 증언내용 그 자체가 소송당사자 등의 명예 또는 신용을 훼손하거나 기타 인격적 이익을 침해하는 것이 아닌 한, 증인의 위증으로 인하여 패소판결을 받을지도 모를 위험에 노출되었다고 하더라도 그러한 위험은 원칙적으로 재산적 손해와 직결되는 것이므로 재산적 손해의 발생 여부나 그 회복 여부에 상관없는 정신적인 손해가 발생하였다고 볼 만한 특별한 사정이 있고, 나아가 가해자가 그러한 사정을 알았거나 알 수 있었을 경우에 한하여 그 정신적 손해에 대한 위자료를 인정할 수 있을 것이다.(대판 2004.4.28, 2004다4386)

4. 건축으로 인한 위자료 건물을 신축하면서 인근 토지의 지반붕괴에 대비한 예방조치 등을 함이 없이 공사를 함으로써 인근 주택의 지반이 붕괴되고 벽에 균열이 생기고 지붕이 파손되었다면 피해자로서는 재산상 손해 외에 일상생활의 안온상태가 파괴되고 언제 어떠한 손해가 발생할지 모르는 불안에 떨어야 하는 정신적 고통에 대한 위자료청구도 할 수 있다.(대판 1992.12.8, 92다34162)

5. 북한 이탈주민 정보공개에 따른 위자료 산정 ① 국가가 북한을 이탈하여 귀순한 주민들에 관한 정보를 공개하는 때에는 여러 면에서 일반적인 행정정보 등의 공개 때보다 훨씬 엄격한 기준에 의하여야 한다. ② 북한이탈주민 갑 등이 북한을 이탈하여 남한으로 들어온 후 귀순사실 및 신원비공개 요청을 하였음에도 강원지방경찰청이 언론에 갑 등에 관한 자료를 제공하여 보도되도록 한 경우, 국가의 신원보호조치 불이행으로 갑 등의 북한 내 가족들에 대한 피해 우려가 한층 커졌을 것이라는 점은 경험칙에 부합하므로 실제로 그러한 위해가 발생하였는지 등에 대한 증명이 없더라도 이를 위자료 참작사유로 삼을 수 있다.(대판 2012.4.26, 2011다3164)

6. 사회통념상 금전평가가 가능한 무형의 손해 민 751조 1항은 불법행위로 인한 재산 이외의 손해에 대한 배상책임을 규정하고 있고, 재산 이외의 손해는 정신상의 고통만을 의미하는 것이 아니라 그 외에 수량적으로 산정할 수 없으나 사회통념상 금전평가가 가능한 무형의 손해도 포함된다. 그리고 이러한 비재산적 손해의 배상청구는 독립된 하나의 소송물로서 소송상 일체로 취급되어야 한다. 사용자가 노동조합의 조직 또는 운영에 지배·개입하는 행위가 건전한 사회통념이나 사회상규상 용인될 수 없는 정도에 이른 부당노동행위로 인정되는 경우 그 지배·개입행위는 헌법이 보장하고 있는 노동조합의 단결권을 침해하는 위법한 행위로 평가되어 노동조합에 대한 불법행위가 되고, 사용자는 이로 인한 노동조합의 비재산적 손해에 대하여 위자료 배상책임을 부담한다.(대판 2020.12.24, 2017다51603)

7. 개인정보 유출사고에서 정신적 손해발생의 판단 기준 개인정보를 처리하는 자가 수집한 개인정보가 정보주체의 의사에 반하여 유출된 경우, 그로 인하여 정보주체에게 위자료로 배상할 만한 정신적 손해가 발생하였는지는 유출된 개인정보의 종류와 성격이 무엇인지, 개인정보 유출로 정보주체를 식별할 가능성이 발생하였는지, 제3자가 유출된 개인정보를 열람하였는지 또는 제3자의 열람 여부가 밝혀지지 않았다면 제3자의 열람 가능성이 있었거나 앞으로 열람 가능성이 있는지, 유출된 개인정보가 어느 범위까지 확산되었는지, 개인정보 유출로 추가적인 법익침해 가능성이 발생하였는지, 개인정보를 처리하는 자가 개인정보를 관리해 온 실태와 개인정보가 유출된 구체적인 경위는 어떠한지, 개인정보 유출로 인한 피해 발생 및 확산을 방지하기 위하여 어떠한 조치가 취하여졌는지 등 여러 사정을 종합적으로 고려하여 구체적 사건에 따라 개별적으로 판단하여야 한다.(대판 2019.9.26, 2018다222303, 222310, 222327)

第752條【生命侵害로 因한 慰藉料】 他人의 生命을 害한 者는 被害者의 直系尊屬, 直系卑屬 및 配偶者에 對하여는 財産上의 損害없는 境遇에도 損害賠償의 責任이 있다.

■ 751, 친족과 부양(974-979), 태아와 손해배상청구권(762)

1. 정신적 상해에 대한 위자료청구권의 상속 정신적 상해에 대한 위자료청구권은 피해자가 이것을 파기하거나 면제한 것으로 볼 수 있는 특별한 사정이 없는 한 생전에 망인이 그것을 청구하겠노라는 의사를 표시하지 아니하더라도 그 상속인에게 상속되는 것이다.(대판 1969.10.23, 69다1380)

2. 생명침해 아닌 불법행위의 경우 위자료청구권자 민 752조는 생명침해의 경우에 있어서의 위자료 청구권자를 열거 규정하고 있으나 이는 예시적 열거 규정이라고 할 것이므로 생명침해 아닌 불법행위의 경우에도 불법행위 피해자의 부모는 그 정신적 고통에 관한 입증을 함으로써 일반 원칙인 같은 법 750조, 751조에 의하여 위자료를 청구할 수 있다고 해석하여야 한다. 일반적으로 타인의 불법행위로 부당하게 신체를 구금당한 피해자의 직계존속은 특별한 사정이 없는 한 경험칙상 정신적 고통을 받았다 할 것이므로 특별한 사정이 없는 경우 피해자의 부모도 그 정신적 고통에 대하여 위자료를 청구할 수 있다.(대판 1999.4.23, 98다41377)

3. 생명침해의 불법행위로 인한 피해자 본인의 위자료 청구권과 배우자 등 유족 고유의 위자료 청구권에 관한 소멸시효 완성 여부를 별개로 판단 요부(적극) 생명침해의 불법행위로 인한 피해자 본인의 위자료 청구권과 민 752조에 의한 배우자 등 유족의 정신적 피해로 인한 그 고유의 위자료 청구권은 별개이므로 소멸시효 완성 여부도 각각 그 권리를 행사한 때를 기준으로 판단하여야 한다.(대판 2013.8.22, 2013다200568)

第753條【未成年者의 責任能力】 未成年者가 他人에게 損害를 加한 境遇에 그 行爲의 責任을 辨識할 智能이 없는 때에는 賠償의 責任이 없다.

第754條【心神喪失者의 責任能力】 心神喪失中에 他人에게 損害를 加한 者는 賠償의 責任이 없다. 그러나 故意 또는 過失로 因하여 心神喪失을 招來한 때에는 그러하지 아니하다.

제755조【감독자의 책임】 ① 다른 자에게 손해를 가한 사람이 제753조 또는 제754조에 따라 책임이 없는 경우에는 그를 감독할 법정의무가 있는 자가 그 손해를 배상할 책임이 있다. 다만, 감독의무를 게을리하지 아니한 경우에는 그러하지 아니하다.
② 감독의무자를 갈음하여 제753조 또는 제754조에 따라 책임이 없는 사람을 감독하는 자도 제1항의 책임이 있다.
(2011.3.7 본조개정)

1. 학교사고에 대한 교장이나 교사의 보호감독의무 학교의 교장이나 교사의 학생에 대한 보호감독의무는 교육법에 따라 학생을 친권자 등 법정 감독의무자에 대신하여 감독을

하여야 하는 의무로서 학교 내에서의 학생의 전 생활관계에 미치는 것이 아니고 학교에서의 교육활동 및 이와 밀접불가분의 관계에 있는 생활관계에 한하며, 그 의무 범위 내의 생활관계라고 하더라도 사고가 학교생활에서 통상 발생할 수 있다고 하는 것이 예측되거나 또는 예측가능성(사고발생의 구체적 위험성)이 있는 경우에 한하여 교장이나 교사는 보호감독의무위반에 대한 책임을 진다고 할 것인바, 위의 예측가능성에 대하여서는 교육활동의 때, 장소, 가해자의 분별능력, 가해자의 성행, 가해자와 피해자와의 관계 기타 여러 사정을 고려하여 판단할 필요가 있다.(대판 1993.2.12, 92다13646)

2. 학생의 폭행에 대한 교사의 예측가능성 만 14세 4개월의 중학교 2년생이 체육시간에 피해자의 잘못으로 체육교사로부터 단체기합을 받았다는 이유로 그 직후의 휴식기간에 피해자를 폭행하여 상해를 가한 경우, 가해자의 성행, 피해자와의 관계, 단체기합의 정도 등에 비추어 체육교사 또는 담임교사 등에게 사고에 대한 예측가능성이 없다.(대판 2000.4.11, 99다44205)

3. 책임능력자인 미성년자의 불법행위로 인한 친권자의 책임 미성년자가 책임능력이 있어 그 스스로 불법행위책임을 지는 경우에도 그 손해가 당해 미성년자의 감독의무자의 의무위반과 상당인과관계가 있으면 감독의무자는 일반불법행위자로서 손해배상책임이 있고 이 경우에 그러한 감독의무위반사실 및 손해발생과의 상당인과관계의 존재는 이를 주장하는 자가 입증하여야 한다.(대판(全) 1994.2.8, 93다13605)

4. 이혼으로 인하여 부모 중 1명이 친권자 및 양육자로 지정된 경우 그렇지 않은 부모가 미성년자의 부모라는 사정만으로 미성년 자녀에 대한 감독의무를 부담하는지 여부(원칙적 소극) 비양육친은 자녀와 상호 면접교섭할 수 있는 권리가 있지만, 제3자와의 관계에서 손해배상책임의 근거가 되는 감독의무를 부과하는 규정이라고 할 수 없다. 비양육친은 이혼 후에도 자녀의 양육비용을 분담할 의무가 있지만, 이것만으로 비양육친이 일반적, 일상적으로 자녀를 지도하고 조언하는 등 보호·감독할 의무를 진다고 할 수 없다. 이처럼 비양육친이 미성년자의 부모라는 사정만으로 미성년 자녀에 대하여 감독의무를 부담한다고 볼 수 없다. 다만 비양육친도 부모로서 자녀와 면접교섭을 하거나 양육친과의 협의를 통하여 자녀 양육에 관여할 가능성이 있는 점을 고려하면, ① 자녀의 나이와 평소 행실, 불법행위의 성질과 태양, 비양육친과 자녀 사이의 면접교섭의 정도와 빈도, 양육 환경, 비양육친의 양육에 대한 개입 정도 등에 비추어 비양육친이 자녀에 대하여 실질적으로 일반적이고 일상적인 지도, 조언을 함으로써 공동 양육자에 준하여 자녀를 보호·감독하고 있었거나, ② 그러한 정도에는 이르지 않더라도 면접교섭 등을 통해 자녀의 불법행위를 구체적으로 예견할 수 있었던 상황에서 자녀가 불법행위를 하지 않도록 부모로서 직접 지도, 조언을 하거나 양육친에게 알리는 등의 조치를 취하지 않은 경우 등과 같이 비양육친의 감독의무를 인정할 수 있는 특별한 사정이 있는 경우에는, 비양육친도 감독의무 위반으로 인한 손해배상책임을 질 수 있다.(대판 2022.4.14, 2020다240021)

5. 사교육을 담당하는 학원의 감독의무 ① 우리의 교육현실을 보면 사교육을 담당하는 학원의 설립, 운영자나 교습자에게도 당해 학원에서 교습을 받는 수강생을 보호, 감독할 의무가 있다. ② 대체로 나이가 어려 책임능력과 의사능력이 없거나 부족한 유치원생 또는 초등학교 저학년생에 대하여는 보호 감독의무가 미치는 생활관계의 범위와 사고발생에 대한 예견가능성이 더욱 넓게 인정되어야 한다. 이들을 통학차량으로 운송하는 방식을 취하고 있는 경우에는 보호자로부터 학생을 맞아 태운 때로부터 교육활동이 끝나고 보호자가 미리 지정한 장소에 안전하게 내려줄 때까지 학생을 보호 감독할 의무가 있는 것으로 보아야 한다.(대판 2008.1.17, 2007다40437)

6. 성년인 정신질환자를 보호 중인 가족의 감독의무 정신질환자가 심신상실 중에 타인에게 손해를 가하여 배상의 책임이 없는 경우에는 민 755조 1항에 따라 그를 감독할 법정의무 있는 자가 그 손해를 배상할 책임이 있다. 정신질환자가 책임능력이 있는 경우에도 그 손해가 감독의무자의 감독의무 위반과 인과관계가 있으면 감독의무자는 일반불법행위자로서 민 750조에 따라 그 손해를 배상할 책임이 있다. 구체적인 사안에서 부양의무자 등이 피보호자인 정신질환자에 관한 감독의무를 위반하였는지는 정신질환자의 생활이나 심신의 상태 등과 함께 친족 관계와 동거 여부, 일상적인 접촉 정도, 정신질환자의 재산관리 관여 상황 등 정신질환자와의 관계, 정신질환자가 과거에도 타인에게 위해를 가하는 행동을 한 적이 있는지 여부와 그 내용, 정신질환자의 상태에 대응하는 보호와 치료 상황 등 모든 사정을 종합적으로 고려하여, 피보호자인 정신질환자가 타인을 위해할 가능성이 있다는 구체적인 위험을 인지하였는데도 대비를 하지 않은 경우와 같이 부양의무자 등에게 정신질환자의 행위에 관해서 책임을 묻는 것이 타당한 객관적 상황이 인정되는지 여부에 따라 개별적으로 판단해야 한다.(대판 2021.7.29, 2018다228486)

第756條【使用者의 賠償責任】

① 他人을 使用하여 어느 事務에 從事하게 한 者는 被用者가 그 事務執行에 關하여 第三者에게 加한 損害를 賠償할 責任이 있다. 그러나 使用者가 被用者의 選任 및 그 事務監督에 相當한 注意를 한 때 또는 相當한 注意를 하여도 損害가 있을 境遇에는 그러하지 아니하다.

② 使用者에 갈음하여 그 事務를 監督하는 者도 前項의 責任이 있다. (2014.12.30 본항개정)

③ 前2項의 境遇에 使用者 또는 監督者는 被用者에 對하여 求償權을 行使할 수 있다.

▶ **법적 성질**

1. 보상책임의 원리 민법이 불법행위로 인한 손해배상으로서 특히 사용자의 책임을 규정한 것은 많은 사람을 고용하여 스스로의 활동영역을 확장하고 그에 상응하는 많은 이익을 추구하는 사람은 많은 사람을 하나의 조직으로 형성하고 각 피용자로 하여금 그 조직내에서 자기의 담당하는 직무를 그 조직의 내부적 규율에 따라 집행하게 하는 것이나, 그 많은 피용자의 행위가 타인에게 손해를 가하게 하는 경우도 상대적으로 많아질 것이므로 이러한 손해를 이익귀속자인 사용자로 하여금 부담케 하는 것이 공평의 이상에 합치된다는 보상책임의 원리에 입각한 것이므로 사용자의 책임과 그 면책 및 그 책임의 한도 등을 가릴려면 이와 같은 원리에 따라 구체적 사안마다 그 구성요건을 따져 가려야 할 것이다.(대판 1985.8.13, 84다카979)

▶ **사용관계**

2. 지휘 감독관계 민 756조의 사용자와 피용자의 관계는 반드시 유효한 고용관계가 있는 경우에 한하는 것이 아니고 사실상 어떤 사람이 다른 사람을 위하여 그 지휘·감독 아래 그 의사에 따라 사무를 집행하는 관계가 있으면 인정된다. 또한 타인에게 위탁하여 계속적으로 사무를 처리하여 온 경우 객관적으로 보아 그 타인의 행위가 위탁자의 지휘·감독의 범위 내에 속한다고 보이는 경우 그 타인은 민 756조에 규정한 피용자에 해당한다. 민 756조의 사용관계에 있어서 실질적인 지휘·감독 관계는 실제로 지휘·감독하고 있느냐에 의하여 결정되는 것이 아니라 객관적으로 지

휘·감독을 하여야 할 관계에 있느냐에 따라 결정된다.(대판 2022.2.11, 2021다283834)

3. 위임인의 수임인 행위에 대한 사용자책임 불법행위에 있어 사용자책임이 성립하려면 사용자와 불법행위자 사이에 사용관계 즉 사용자가 불법행위자를 실질적으로 지휘·감독하는 관계가 있어야 하는 것으로, 위임의 경우에도 위임인과 수임인 사이에 지휘·감독관계가 있고 수임인의 불법행위가 외형상 객관적으로 위임인의 사무집행에 관련된 경우 위임인은 수임인의 불법행위에 대하여 사용자책임을 진다.(대판 1998.4.28, 96다25500)

4. 지입회사와 지입차량 운전자에 대한 사용자책임 지입차량의 차주 또는 그가 고용한 운전자의 과실로 타인에게 손해를 가한 경우에는 지입회사는 명의대여자로서 제3자에 대하여 지입차량이 자기의 사업에 속하는 것을 표시하였을 뿐 아니라, 객관적으로 지입차주를 지휘·감독하는 사용자의 지위에 있다 할 것이므로 이러한 불법행위에 대하여는 그 사용자책임을 부담한다.(대판 2000.10.13, 2000다20069)

5. 파견사업주의 파견근로자에 대한 사용자책임 파견근로법에 의한 근로자 파견은 파견사업주가 근로자를 고용한 후 그 고용관계를 유지하면서 사용사업주와 사이에 체결한 근로자 파견계약에 따라 사용사업주에게 근로자를 파견하여 근로를 제공하게 하는 것으로서, 파견근로자는 사용사업주의 사업장에서 그의 지시·감독을 받아 근로를 제공하기는 하지만 사용사업주와의 사이에는 고용관계가 존재하지 아니하는 반면, 파견사업주는 파견근로자의 근로계약상의 사용자로서 파견근로자에게 임금지급의무를 부담할 뿐만 아니라, 파견근로자가 사용사업자에게 근로를 제공함에 있어서 사용사업자가 행사하는 구체적인 업무상의 지휘·명령권을 제외한 파견근로자에 대한 파견명령권과 징계권 등 근로계약에 기한 모든 권한을 행사할 수 있으므로 파견근로자를 일반적으로 지휘·감독해야 할 지위에 있게 된다. 따라서 파견사업주와 파견근로자 사이에는 민 756조의 사용관계가 인정되어 파견사업주는 파견근로자의 파견업무에 관련한 불법행위에 대하여 파견근로자의 사용자로서의 책임을 져야 하지만, 파견근로자가 사용사업주의 구체적인 지시·감독을 받아 사용사업주의 업무를 행하던 중에 불법행위를 한 경우에 파견사업주가 파견근로자의 선발 및 일반적 지휘·감독권의 행사에 주의를 다하였다고 인정되는 때에는 면책된다.(대판 2003.10.9, 2001다24655)

6. 이른바 노무도급에서 도급인의 사용자책임 순수한 도급이 아닌 소위 노무도급의 경우에는 도급인이라 하더라도 본조 사용자로서의 배상책임이 있다.(대판 1965.10.19, 65다1688)

7. 도급인의 사용자책임 도급인이 수급인의 일의 진행 및 방법에 관하여 구체적인 지휘감독권을 보유한 경우에는 도급인과 수급인의 관계는 실질적으로 사용자 및 피용자의 관계와 다를 바 없으므로 수급인이 고용한 제3자의 불법행위로 인한 손해에 대하여 도급인은 사용자책임을 면할 수 없다. 사용자 및 피용자관계 인정의 기초가 되는 도급인의 수급인에 대한 지휘감독은 건설공사의 경우에는 현장에서 구체적인 공사의 운영 및 시행을 직접 지시, 지도하고 감시, 독려함으로써 시공 자체를 관리함을 말하며, 단순히 공사의 운영 및 시공의 정도가 설계도 또는 시방서대로 시행되고 있는가를 확인하여 공정을 감독하는 데에 불과한 이른바 감리는 여기에 해당하지 않는다고 할 것이므로 도급인이 수급인의 공사에 대하여 감리적인 감독을 함에 지나지 않을 때에는 양자의 관계를 사용자 및 피용자의 관계와 같이 볼 수 없다.(대판 1988.6.14, 88다카102)

8. 동업자가 동시에 사용자가 될 수 있는지 여부(적극) 피고는 자금을 제공하고 원심공동피고 갑은 현장감독 책임을 지기로 하여 이 사건 비무장 공동경계구역내의 사계청소작업을 동업하므로 피고는 갑과 동업자인 동시에 그 사용자의 지위에 있었다 할 것이다.(대판 1979.7.10, 79다644)

9. 명의대여자의 사용자책임 타인에게 어떤 사업에 관하여 자기의 명의를 사용할 것을 허용한 경우에 그 사업이 내부관계에서는 타인의 사업이고 명의자의 고용인이 아니라 하더라도 외부에 대한 관계에서는 그 사업이 명의자의 사업이고 또 그 타인은 명의자의 종업원임을 표명한 것과 다름이 없으므로, 명의사용을 허용받은 사람이 업무수행을 함에 있어 고의 또는 과실로 다른 사람에게 손해를 끼쳤다면 명의사용을 허용한 사람은 민 756조에 의하여 그 손해를 배상할 책임이 있고, 명의대여관계의 경우 민 756조가 규정하고 있는 사용자책임의 요건으로서의 사용관계가 있느냐 여부는 실제적으로 지휘·감독을 하였느냐에 관계없이 객관적·규범적으로 보아 사용자가 그 불법행위자를 지휘·감독해야 할 지위에 있었느냐를 기준으로 결정하여야 할 것이다.(대판 2005.2.25, 2003다36133)

10. 증권회사의 전 지점장 행위에 대한 사용자책임 증권회사의 전 지점장이 회사를 퇴직한 후 같은 지점에서 투자상담사로 근무하다가 그 직을 그만두었음에도 불구하고 이를 숨기고 고객들을 상대로 투자상담사로서의 업무를 계속하였고, 증권회사에서도 그의 업무수행을 묵인하고 회사의 투자상담사로서 업무를 수행하는 것처럼 외관을 갖게 하였다면, 그가 고객들의 증권카드와 인감을 사용하여 금원을 인출한 행위에 대하여 증권회사는 사용자책임을 면할 수 없다.(대판 2001.3.9, 2000다66119)

▸사무집행관련성

11. 사무집행관련성의 의미 피용자의 불법행위가 외형상 객관적으로 사용자의 사업활동 내지 사무집행행위 또는 그와 관련된 것이라고 보일 때에는 행위자의 주관적 사정을 고려함이 없이 이를 사무집행에 관하여 한 행위로 볼 것이고, 외형상 객관적으로 사용자의 사무집행에 관련된 것인지는 피용자의 본래 직무와 불법행위와의 관련 정도 및 사용자에게 손해발생에 대한 위험 창출과 방지조치 결여의 책임이 어느 정도 있는지를 고려하여 판단하여야 한다.(대판 2003.12.26, 2003다49542)

12. 피용자가 그 지위를 남용하여 자기 또는 제3자의 이익을 도모하는 경우 사용자책임의 인정 가부 피용자가 사용자나 사용자에 갈음하여 그 사무를 감독하는 자의 구체적 명령 또는 위임에 따르지 아니하고 그 지위를 남용하여 자기 또는 제3자의 이익을 도모하는 경우 사용자 또는 사용자에 갈음하여 그 사무를 감독하는 자나 피용자의 주관적 사정에 따라 사용자 책임을 부정하는 것은 사용자 책임을 규정한 위 민법의 목적이나 입법취지에 어긋나는 것이라고 할 것이다.(대판 1992.7.28, 92다10531)

13. 개인의 신체에 대한 폭행에 대항하여 살해행위를 한 경우 사무집행관련성 부정 사적인 전화를 받던 레스토랑 종업원이 지배인으로부터 욕설과 구타를 당한 후 레스토랑을 나가 약 8시간 동안 배회하다가 과도를 사 가지고 레스토랑에 들어왔는데 다시 지배인으로부터 욕설과 구타를 당하자 이에 대항하여 지배인을 과도로 찔러 사망에 이르게 한 경우, 종업원의 위 불법행위가 레스토랑의 영업시간 중에 사용자의 사업장소에서 이루어진 것이기는 하나, 그 종업원은 사용자에게 고용되어 담당하게 된 사무의 집행과는 관련이 없이 자기 개인의 인격과 신체에 대한 침해행위에 대항하여 살해행위를 저질렀다고 봄이 상당하고, 종업원의 위 불법행위를 외형적, 객관적으로 보아도 이를 사용자의 사무집행과 관련된 행위로 볼 수는 없다.(대판 1994.11.18, 94다34272)

14. 야간 회사기숙사에서 발생한 구타행위의 경우 사무집행관련성 부정 보호의무위반을 이유로 사용자에게 손해배상책임을 인정하기 위하여는 특별한 사정이 없는 한 그 사고가 피용자의 업무와 관련성을 가지고 있을 뿐 아니라 또한 그 사고가 통상 발생할 수 있다고 하는 것이 예측되거나 예측할 수 있는 경우라야 할 것이고, 그 예측가능성은 사고가

발생한 때와 장소, 가해자의 분별능력, 가해자의 성행, 가해자와 피해자의 관계 기타 여러 사정을 고려하여 판단하여야 한다. 야간에 회사 기숙사 내에서 발생한 입사자들 사이의 구타행위의 경우에 회사의 보호의무위반이나 불법행위상의 과실책임이 인정되지 않는다.(대판 2001.7.27, 99다56734)

15. 택시운전사가 승객인 부녀를 강간한 경우 사무집행관련성 인정 사용자의 배상책임을 규정한 민 756조 소정의 "그 사무집행에 관하여"라 함은 사용자의 사업집행 자체 또는 이에 필요한 행위뿐만 아니라 이와 관련된 것이라고 일반적으로 보여지는 행위는 설사 그것이 피용자의 이익을 도모하기 위한 경우라도 이에 포함된다고 보아야 할 것이므로 택시회사의 운전수가 택시의 승객을 태우고 운행중 차속에서 부녀를 강간한 경우 위 회사는 사용자로서 손해배상책임이 있다.(대판 1991.1.11, 90다8954)

16. 직장 내 성희롱에 대한 사무집행관련성 부정 피해자가 엔엠알기기 담당 유급조교로서 정식 임용되기 전후 2, 3개월 동안, 화학과 교수 겸 엔엠알기기의 총책임자로서 사실상 피해자에 대하여 지휘·감독관계에 있는 가해자가 기기의 조작 방법을 지도하는 과정에서 피해자의 어깨, 등, 손 등을 가해자의 손이나 팔로 무수히 접촉하였고, 복도 등에서 피해자와 마주칠 때면 피해자의 등에 손을 대거나 어깨를 잡고, 피해자의 머리를 만지기도 하였으며, 피해자가 정식 임용된 후에는 단둘이서 입방식을 하자고 제의하기도 하고, 교수연구실에서 피해자를 심부름 기타 명목으로 수시로 불러들여 위아래로 훑어보면서 몸매를 감상하는 듯한 태도를 취하여 피해자가 불쾌하고 곤혹스러운 느낌을 가진 경우, 가해자의 성희롱 행위는 그 직무범위 내에 속하지 아니함은 물론 외관상으로 보더라도 그의 직무권한 내의 행위와 밀접하여 직무권한 내의 행위로 보이는 경우라고 볼 수 없다.(대판 1998.2.10, 95다39533)

17. 피용자의 고의에 기한 가해행위에 대하여 사용자책임 인정 요건 ① 피용자가 고의에 기하여 다른 사람에게 가해행위를 한 경우, 그 행위가 피용자의 사무집행 그 자체는 아니라 하더라도 사용자의 사업과 시간적, 장소적으로 근접하고, 피용자의 사무의 전부 또는 일부를 수행하는 과정에서 이루어지거나 가해행위의 동기가 업무처리와 관련된 것일 경우에는 외형적, 객관적으로 사용자의 사무집행행위와 관련된 것이라고 보아 사용자책임이 성립한다. 이 경우 사용자가 위험발생 및 방지조치를 결여하였는지 여부도 손해의 공평한 부담을 위하여 부가적으로 고려할 수 있다. ② 피용자가 다른 피용자를 성추행 또는 간음하는 등 고의적인 가해행위를 한 경우, 그 행위가 피용자의 사무집행 자체는 아니라 하더라도, 피해자로 하여금 성적 굴욕감 또는 혐오감을 느끼게 하는 방법으로 업무를 수행하도록 하는 과정에서 피해자를 성추행하는 등 그 가해행위가 외형상 객관적으로 업무의 수행에 수반되거나 업무수행과 밀접한 관련 아래 이루어지는 경우뿐만 아니라, 피용자가 사용자로부터 채용, 계속고용, 승진, 근무평정과 같은 다른 근로자에 대한 고용조건을 결정할 수 있는 권한을 부여받고 있음을 이용하여 그 업무수행과 시간적, 장소적인 근접성이 인정되는 상황에서 피해자를 성추행하는 등과 같이 외형상 객관적으로 사용자의 사무집행행위와 관련된 것이라고 볼 수 있는 사안에서도 사용자책임이 성립할 수 있다.(대판 2009.2.26, 2008다89712)

18. 피해자의 악의 또는 중과실과 사용자책임 피용자의 불법행위가 외관상 사무집행의 범위 내에 속하는 것으로 보이는 경우에 있어서도, 피용자의 행위가 사용자나 사용자에 갈음하여 그 사무를 감독하는 자의 사무집행 행위에 해당하지 않음을 피해자 자신이 알았거나 또는 중대한 과실로 인하여 알지 못한 경우에는 사용자책임을 물을 수 없다. 사용자책임이 면책되는 피해자의 중대한 과실이라 함은 거래의 상대방이 조금만 주의를 기울였더라면 피용자의 행위가 그 직무권한 내에서 적법하게 행하여진 것이 아니라는 사정을 알 수 있었음에도 만연히 이를 직무권한 내의 행위라고 믿음으로써 일반인에게 요구되는 주의의무에 현저히 위반하는 것으로 거의 고의에 가까운 정도의 주의를 결여하고, 공평의 관점에서 상대방을 구태여 보호할 필요가 없다고 봄이 상당하다고 인정되는 상태를 말한다.(대판 2003.2.11, 2002다62029)

19. 금융거래에서 피해자의 악의 또는 중과실의 인정기준 금융기관과의 거래의 경우, 금융기관의 피용자와 거래 상대방 사이에 이루어진 금융거래의 내용, 거래의 방식, 사용된 서류의 양식 등이 건전한 금융거래의 상식에 비추어 정식의 금융거래와는 동떨어진 경우에는 거래 상대방에게 고의 또는 중대한 과실이 인정될 여지가 많다.(대판 2011.11.24, 2011다41529)

20. 법인의 대리인의 악의 법인이 피해자인 경우 법인의 업무에 관하여 일체의 재판상 또는 재판 외의 행위를 할 권한이 있는 법률상 대리인이 가해자인 피용자의 행위가 사용자의 사무집행행위에 해당하지 않음을 안 때에는 피해자인 법인이 이를 알았다고 보아야 하고, 이러한 법리는 그 법률상 대리인이 본인인 법인에 대한 관계에서 이른바 배임적 대리행위를 하는 경우에도 마찬가지라고 할 것이다.(대판 2005.12.23, 2003다30159)

▶기 타

21. 대리감독자의 불법행위책임과 사용자책임의 관계 책임무능력자(국민학교 1학년생)의 대리감독자(담임교사)에게 민 755조 2항에 의한 배상책임이 있다고 하여 위 대리감독자의 사용자 또는 사용자에 갈음한 감독자(위 학교를 설립경영하는 지방자치단체)에게 당연히 민 756조에 의한 사용자책임이 있다고 볼 수는 없으며, 책임무능력자의 가해행위에 관하여 그 대리감독자에게 고의 또는 과실이 인정됨으로써 별도로 불법행위의 일반 요건을 충족한 때에만 위 대리감독자의 사용자 또는 사용자에 갈음한 감독자는 민 756조의 사용자책임을 지게 된다.(대판 1981.8.11, 81다298)

22. 피용자의 실화로 인한 사용자책임을 인정하기 위한 피용자의 과실의 정도 피용자가 사무집행에 관하여 그 실화로 제3자에게 손해를 가한 경우에 사용자는 피용자의 중대한 과실이 있는 경우에 한하여 제3자에 대하여 그 손해를 배상할 책임이 있고, 이러한 피용자과실의 경중에 관한 표준은 그와 같은 업무와 직무에 종사하는 사람으로서 보통 누구나 할 수 있는 정도를 표준으로 하여 그 주의를 심히 결여한 때에는 중대한 과실이 있다.(대판 1987.4.28, 86다카1448)

23. 선임 감독의 주의의무 민 756조 2항에 정한 '사용자에 갈음하여 사무를 감독하는 자'란 객관적으로 볼 때 사용자에 갈음하여 현실적으로 구체적인 사업을 감독하는 지위에 있는 자를 뜻한다. 회사의 대표이사가 타인에게 회사의 사장 직함을 사용하면서 회사 명의로 고철 관련 사업을 전담하되 사업 경비는 회사가 부담하고 이익금은 서로 분배하며 타인에게 급여는 따로 지급하지 아니하기로 하여 그 사무를 집행하도록 하는 한편, 업무에 관하여 타인으로부터 보고를 받고 이를 지휘한 경우, 대표이사는 회사에 갈음하여 현실적으로 타인을 선임 및 감독하는 지위에 있었던 자라 할 것이므로, 타인의 불법행위에 대하여 민 756조 2항 소정의 사용자책임이 있다.(대판 1998.5.15, 97다58538)

24. "사용자에 갈음하여 그 사무를 감독하는 자"의 의미 민 756조 2항의 "사용자에 갈음하여 그 사무를 감독하는 자"라 함은, 객관적으로 볼 때 사용자에 갈음하여 현실적으로 구체적인 사업을 감독하는 지위에 있는 사람을 말하는 것으로서, 반드시 그가 피용자를 선임한 경우라야 하는 것은 아니다.(대판 1992.7.28, 92다10531)

25. 사용자가 손해배상이나 구상권을 그 피용자에게 행사할 수 있는 범위 사용자가 피용자의 업무집행으로 행해진 불법행위로 인하여 직접 손해를 입었거나 또는 사용자로서의 손해배상 책임을 부담한 결과로 손해를 입게 된 경우에는

사용자는 그 사업의 성격과 규모, 사업시설의 상황, 피용자의 업무내용, 근로조건이나 근무태도, 가해행위의 상황, 가해행위의 예방이나 손실의 분산에 관한 사용자의 배려의 정도 등의 제반사정에 비추어 손해의 공평한 분담이라는 견지에서 신의칙상 상당하다고 인정되는 한도내에서만 피용자에 대하여 위와 같은 손해의 배상이나 구상권을 행사할 수 있는 것이라고 해석함이 옳다.(대판 1987.9.8, 86다카1045)

26. 사용자의 피용자에 대한 구상권 행사와 신의칙 위반 이러한 쌍방의 과실의 경중, 곤돌라 기사인 피고의 근무조건과 그러한 근무조건이 사고발생에 미친 영향의 정도, 피해자가 사고를 당하게 된 경위, 원고의 노무자에 대한 인력관리상황, 사고 후 피고가 실형을 복역한 후 현재 면직되어 있음에 반하여, 원고는 국내 유수의 공동주택관리업체로서의 지위를 그대로 유지하고 있는 점 등 제반 사정을 참작하여 보면, 피고에게 앞에서 본 바와 같은 과실이 있었다는 것만으로 원고가 피고에 대하여 피해자에게 배상한 데 대한 구상이나 손해배상을 구하는 것은 신의칙상 허용되지 아니한다.(대판 1994.12.13, 94다17246)

27. 피용자가 사용자에게 손해 전부를 변제하겠다는 각서를 제출한 경우 신의칙에 의한 배상액 감액의 가부 피용자가 업무수행과 관련한 불법행위로 사용자가 입은 손해 전부를 변제하기로 하는 각서를 작성하여 사용자에게 제출한 사실이 있다고 하더라도, 그와 같은 각서 때문에 사용자가 공평의 견지에서 신의칙상 상당하다고 인정되는 한도를 넘는 부분에 대한 손해의 배상까지 구할 수 있게 되는 것은 아니다.(대판 1996.4.9, 95다52611)

28. 사용자의 보험자가 피해자인 제3자에게 사용자와 피용자의 공동불법행위로 인한 손해배상금을 보험금으로 모두 지급하여 피용자의 보험자가 면책됨으로써 사용자의 보험자가 피용자의 보험자에게 부담하여야 할 부분에 대하여 직접 구상권을 행사하는 경우, 피용자의 보험자가 구상권 제한의 법리를 주장할 수 있는지 여부(소극) 일반적으로 사용자가 피용자의 업무수행과 관련하여 행하여진 불법행위로 인하여 직접 손해를 입었거나 피해자인 제3자에게 사용자로서의 손해배상책임을 부담한 결과로 손해를 입게 된 경우에 사용자는 사업의 성격과 규모, 시설의 현황, 피용자의 업무내용과 근로조건 및 근무태도, 가해행위의 발생원인과 성격, 가해행위의 예방이나 손실의 분산에 관한 사용자의 배려의 정도, 기타 제반 사정에 비추어 손해의 공평한 분담이라는 견지에서 신의칙상 상당하다고 인정되는 한도 내에서만 피용자에 대하여 손해배상을 청구하거나 구상권을 행사할 수 있고, 이러한 구상권 제한의 법리는 사용자의 보험자가 피용자에 대하여 구상권을 행사하는 경우에도 다를 바 없다. 그러나 사용자의 보험자가 피해자인 제3자에게 사용자와 피용자의 공동불법행위로 인한 손해배상금을 보험금으로 모두 지급하여 피용자의 보험자가 면책됨으로써 사용자의 보험자가 피용자의 보험자에게 부담하여야 할 부분에 대하여 직접 구상권을 행사하는 경우에는, 그와 같은 구상권의 행사는 상 724조 2항에 의한 피해자의 직접청구권을 대위하는 성격을 갖는 것이어서 피용자의 보험자는 사용자의 보험자에 대하여 구상권 제한의 법리를 주장할 수 없다.
(대판 2017.4.27, 2016다271226)

29. 금액이 다른 채무가 서로 부진정연대 관계에 있을 때 다액채무자가 일부 변제를 하는 경우, 변제로 먼저 소멸하는 부분(=다액채무자가 단독으로 채무를 부담하는 부분) 금액이 다른 채무가 서로 부진정연대 관계에 있을 때 다액채무자가 일부 변제를 하는 경우 변제로 인하여 먼저 소멸하는 부분은 당사자의 의사와 채무 전액의 지급을 확실히 확보하려는 부진정연대채무 제도의 취지에 비추어 볼 때 다액채무자가 단독으로 채무를 부담하는 부분으로 보아야 한다. 이러한 법리는 사용자의 손해배상액이 피해자의 과실을 참작하여 과실상계를 한 결과 타인에게 직접 손해를 가한 피용자 자신의 손해배상액과 달라졌는데 다액채무자인 피용자가 손해배상액의 일부를 변제한 경우에 적용되고, 공동불법행위자들의 피해자에 대한 과실비율이 달라 손해배상액이 달라졌는데 다액채무자인 공동불법행위자가 손해배상액의 일부를 변제한 경우에도 적용된다. 또한 중개보조원을 고용한 개업공인중개사의 공인중개사법 30조 1항에 따른 손해배상액이 과실상계를 한 결과 거래당사자에게 직접 손해를 가한 중개보조원 자신의 손해배상액과 달라졌는데 다액채무자인 중개보조원이 손해배상액의 일부를 변제한 경우에도 마찬가지이다.(대판(全) 2018.3.22, 2012다74236)

第757條【都給人의 責任】 都給人은 受給人이 그 일에 關하여 第三者에게 加한 損害를 賠償할 責任이 없다. 그러나 都給 또는 指示에 關하여 都給人에게 重大한 過失이 있는 때에는 그러하지 아니하다.

1. 도급인이 수급인의 행위에 대하여 사용자 책임을 지기 위한 요건 수급인의 일의 진행 및 방법에 관하여 구체적인 지휘감독권을 유보한 경우에는 도급인과 수급인의 관계는 실질적으로 사용자 및 피용자의 관계와 다를 바 없으므로 수급인이나 하수급인이 고용한 제3자의 불법행위로 인한 손해에 대하여 도급인은 사용자 책임을 면할 수 없다.(대판 1983.11.22, 83다카1153)

2. 공작물의 점유자의 손해배상책임과 민 757조 본문의 관계 도급인의 면책을 규정한 민 757조 본문은, 수급인은 도급인으로부터 독립하여 사무를 처리하기 때문에 민 756조 소정의 피용자에 해당되지 아니하므로 예외적으로 도급인이 수급인의 일의 진행 및 방법에 관하여 구체적인 지휘·감독권을 유보한 경우가 아닌 한 도급인이 수급인의 행위에 대하여 사용자책임을 부담하지 않는다는 것을 주의적으로 규정한 것이고, 민 757조에 의한 도급인의 책임과 민 758조 1항에 의한 공작물 점유자의 책임은 그 법률요건과 효과를 달리하는 것이어서 공작물의 점유자가 그 공작물의 설치 또는 보존의 하자로 인하여 타인에게 손해를 가한 경우 민 758조 1항에 의한 손해배상책임을 인정하는 데 있어 위 민 757조 본문이 장애가 되는 것은 아니다.(대판 2006.4.27, 2006다4564)

第758條【工作物等의 占有者, 所有者의 責任】 ① 工作物의 設置 또는 保存의 瑕疵로 因하여 他人에게 損害를 加한 때에는 工作物占有者가 損害를 賠償할 責任이 있다. 그러나 占有者가 損害의 防止에 必要한 注意를 懈怠하지 아니한 때에는 그 所有者가 損害를 賠償할 責任이 있다.
② 前項의 規定은 樹木의 栽植 또는 保存에 瑕疵있는 境遇에 準用한다.
③ 前2項의 경우 占有者 또는 所有者는 그 損害의 原因에 對한 責任있는 者에 對하여 求償權을 行使할 수 있다. (2022.12.13. 본항개정)

■ 점유자(192-194), 광해의 배상(광업75-82), 공공영조물의 설치 또는 관리의 하자(국배5①하)

1. 전기 그 자체가 "공작물"에 해당하는지 여부(소극) 민 758조에서 말하는 공작물이라 함은 인공적 작업에 의하여 제작된 물건을 말하는 것으로서 전기 그 자체는 여기에서 말하는 공작물에 해당되지 않는다.(대판 1993.6.29, 93다11913)

2. '공작물점유자'의 의미 민 758조 1항 소정의 공작물점유자라 함은 공작물을 사실상 지배하면서 그 설치 또는 보존상의 하자로 인하여 발생할 수 있는 각종 사고를 방지하기 위하여 공작물을 보수·관리할 권한 및 책임이 있는 자를

말한다.(대판 2000.4.21, 2000다386)

3. 가사상, 영업상 기타 유사한 관계에 의하여 타인의 지시를 받아서 공작물에 대한 사실상의 지배를 하는 자 가사상, 영업상 기타 유사한 관계에 의하여 타인의 지시를 받아서 공작물에 대한 사실상의 지배를 하는 자가 있는 경우에 그 타인의 지시를 받는 자는 민 195조에 따른 점유보조자에 불과하므로 민 758조 1항에 의한 공작물 점유자의 책임을 부담하는 자에 해당하지 않는다.(대판 2024.2.15, 2019다208724)

4. 도시가스 계량기의 가스누출사고에서 가스 계량기의 직접적인 점유관리자 도시가스 계량기의 부식으로 인한 가스누출 폭발사고에 관하여 가스 계량기의 관리에 관한 일차적인 책임은 도시가스 공급업자의 가스공급규정에 의거 특별히 도시가스 공급업자가 지도록 되어 있다고 보아야 하며, 더욱이 가스시설 등에 대하여는 일반 수요자는 전문가가 아니므로 취급하기 어려울 뿐 아니라 가스 누출시에 생겨날 고도의 위험성 등에 비추어 보아 가스 공급업자가 직접 책임 관리하도록 되어 있는 것이라고 해야 할 것이므로, 도시가스 공급업자는 가스 계량기의 간접 점유자가 아닌 직접적인 점유관리자이다.(대판 1994.8.23, 94다16403)

5. '공작물의 설치 또는 보존의 하자'의 의미와 그 판단기준 민 758조 1항에 규정된 공작물의 설치·보존상의 하자라 함은 공작물이 그 용도에 따라 통상 갖추어야 할 안전성을 갖추지 못한 상태에 있음을 말하는 것으로서, 이와 같은 안전성의 구비 여부를 판단함에 있어서는 당해 공작물의 설치·보존자가 그 공작물의 위험성에 비례하여 사회통념상 일반적으로 요구되는 정도의 방호조치 의무를 다하였는지를 기준으로 삼아야 할 것이므로, 공작물에서 발생한 사고라도 그것이 공작물의 통상의 용법에 따르지 아니한 이례적인 행동의 결과 발생한 사고라면, 특별한 사정이 없는 한 공작물의 설치·보존자에게 그러한 사고에까지 대비하여야 할 방호조치 의무가 있다고 할 수는 없다.(대판 2006.1.26, 2004다21053)

6. 공작물 설치 또는 보존의 하자의 의미와 참을 한도를 넘는지 판단 기준 공작물의 설치 또는 보존의 하자는 해당 공작물이 그 용도에 따라 갖추어야 할 안전성을 갖추지 못한 상태에 있다는 것을 의미한다. 여기에서 안전성을 갖추지 못한 상태, 즉 타인에게 위해를 끼칠 위험성이 있는 상태라 함은 해당 공작물을 구성하는 물적 시설 자체에 물리적·외형적 결함이 있거나 필요한 물적 시설이 갖추어져 있지 않아 이용자에게 위해를 끼칠 위험성이 있는 경우뿐만 아니라, 그 공작물을 본래의 목적 등으로 이용하는 과정에서 일정한 한도를 초과하여 제3자에게 사회통념상 일반적으로 참아내야 할 정도를 넘는 피해를 입히는 경우까지 포함된다. 이 경우 참을 한도를 넘는 피해가 발생하였는지 여부는 구체적으로 피해의 성질과 정도, 피해이익의 공공성, 가해행위의 종류와 태양, 가해행위의 공공성, 가해자의 방지조치 또는 손해 회피의 가능성, 공법상 규제기준의 위반 여부, 토지가 있는 지역의 특성과 용도, 토지이용의 선후 관계 등 모든 사정을 종합적으로 고려하여 판단하여야 한다.(대판 2019.11.28, 2016다233538, 233545)

7. 공작물 설치 후 제3자의 행위에 의하여 결함이 발생한 경우 공작물 보존상의 하자 유무 공작물의 설치 후 제3자의 행위에 의하여 본래에 갖추어야 할 안전성에 결함이 발생된 경우에는 공작물에 그와 같은 결함이 있다는 것만으로 성급하게 공작물의 보존상의 하자를 인정하여서는 안 되고, 당해 공작물의 구조, 장소적 환경과 이용상황 등 제반 사정을 종합하여 그와 같은 결함을 제거하여 원상으로 복구할 수 있는데도 이를 방치한 것인지 여부를 개별적·구체적으로 심리하여 하자의 유무를 판단하여야 할 것이다.(대판 2005.1.14, 2003다24499)

8. 공작물의 설치 또는 보존상의 하자가 사고의 공동원인 중 하나인 경우, 사고로 인한 손해가 위 하자에 의하여 발생한 것이라고 보아야 하는지 여부(적극) 공작물의 설치 또는 보존상의 하자로 인한 사고는 공작물의 설치 또는 보존상의 하자만이 손해발생의 원인이 되는 경우만을 말하는 것이 아니고, 공작물의 설치 또는 보존상의 하자가 사고의 공동원인의 하나가 되는 이상 사고로 인한 손해는 공작물의 설치 또는 보존상의 하자에 의하여 발생한 것이라고 보아야 한다. 그리고 화재가 공작물의 설치 또는 보존상의 하자가 아닌 다른 원인으로 발생하였거나 화재의 발생 원인이 밝혀지지 않은 경우에도 공작물의 설치 또는 보존상의 하자로 인하여 화재가 확산되어 손해가 발생하였다면 공작물의 설치 또는 보존상의 하자는 화재사고의 공동원인의 하나가 되었다고 볼 수 있다.(대판 2015.2.12, 2013다61602)

9. 공작물 하자에 의한 손해가 천재지변 등 불가항력에 기한 것이라는 점에 관한 증명책임 민 758조 1항에 규정된 공작물의 설치 또는 보존의 하자라 함은 그 공작물 자체가 통상 갖추어야 할 안전성을 결여한 상태를 의미하는 것으로서 그 하자의 존재에 관한 입증책임은 피해자에게 있으나, 일단 그 하자있음이 인정되는 이상 손해배상이 천재지변의 불가항력에 의한 것으로서 위와 같은 하자가 없었다고 하여도 불가피한 것이었다는 점에 대한 입증책임은 이를 주장하는 공작물의 점유자에게 있는 것이다.(대판 1982.8.24, 82다카348)

10. 공작물 하자 및 손해에 관한 증명책임과 법경제학적 접근 ① 하자의 존재에 관한 증명책임은 피해자에게 있으나, 일단 하자가 있음이 인정되고 그 하자가 사고의 공동원인이 되는 이상, 그 사고가 위와 같은 하자가 없었더라도 불가피한 것이었다는 점이 공작물의 소유자나 점유자에 의하여 증명되지 않는다면 그 손해는 공작물의 설치 또는 보존의 하자에 의하여 발생한 것으로 해석함이 타당하다. 이 경우 하자 여부를 판단할 때에는 위험의 현실화 가능성의 정도, 위험이 현실화하여 사고가 발생하였을 때 침해되는 법익의 중대성과 피해의 정도, 사고 방지를 위한 사전조치에 드는 비용이나 위험방지조치를 함으로써 희생되는 이익 등을 종합적으로 고려하여야 한다. ② 이러한 법리는 '불합리한 손해의 위험'을 최소화하기 위한 조치로서 위험으로 인한 손해를 위험을 회피하기 위한 부담과 비교할 것을 요구한다는 측면에서 법경제학에서의 비용·편익 분석임과 동시에 균형접근법에 해당한다. 이때는 이른바 'Hand Rule'을 참고하여, 사고 방지를 위한 사전조치를 하는 데 드는 비용(B)과 사고가 발생할 확률(P) 및 사고가 발생할 경우 피해의 정도(L)를 살펴, 'B < P·L'인 경우에는 공작물의 위험성에 비하여 사회통념상 요구되는 위험방지조치를 다하지 않은 것으로 보아 공작물의 점유자에게 불법행위책임을 인정하는 접근 방식도 고려할 수 있다.(대판 2019.11.28, 2017다14895)

11. 공작물의 직접 점유자의 면책과 소유자의 책임 가옥의 임대차에서 임대인은 임차인으로 하여금 그 목적물을 사용 수익하게 할 의무가 있고 그 의무내용에는 목적물의 수선의무도 포함되므로 임차인으로서는 부엌벽의 균열을 보고 위험을 느껴 그 보수를 요구하였고, 그 바로 맞은편에 거주하는 피고가 그 위험을 인식하고 이를 곧 보수하여 주겠다고 약속한 경우 공작물의 직접 점유자에게 면책사유를 인정하고 소유자인 피고로 하여금 손해배상책임을 지게 할 수 있다.(대판 1987.4.14, 86다카1705)

12. 1차적 책임자인 점유자가 피해를 입은 경우 공작물의 임차인인 직접점유자나 그와 같은 지위에 있는 것으로 볼 수 있는 사람이 공작물의 설치 또는 보존의 하자로 인하여 손해를 입은 경우에는 소유자가 그 손해를 배상할 책임이 있는 것이고 이 경우에 공작물의 보존에 관하여 피해자에게 과실이 있다고 하더라도 과실상계의 사유가 될 뿐이다.(대판 2008.7.24, 2008다21082)

13. 민 758조와 민 750조의 관계 민 758조는 공작물의 설치·보존의 하자로 인하여 타인에게 손해를 가한 경우 그

점유자 또는 소유자에게 일반 불법행위와 달리 이른바 위험책임의 법리에 따라 책임을 가중시킨 규정일 뿐이고, 그 공작물 시공자가 그 시공상의 고의·과실로 인하여 피해자에게 가한 손해를 민 750조에 의하여 직접 책임을 부담하게 되는 것을 배제하는 취지의 규정이 아니다.(대판 1996.11.22, 96다39219)

14. 실화책임법의 입법취지 실화책임법은 실화로 인하여 일단 화재가 발생한 경우에는 부근 가옥 기타 물건에 연소함으로써 그 피해가 예상외로 확대되어 실화자의 책임이 과다하게 되는 점을 고려하여 그 책임을 제한함으로써 실화자를 지나치게 가혹한 부담으로부터 구제하고자 하는 데 그 입법취지가 있다. 실화책임법은 발화점과 불가분의 일체를 이루는 물건의 소실, 즉 직접 화재에는 적용되지 아니하고, 그로부터 연소한 부분에만 적용되는 것으로 해석함이 상당하다. 교통사고로 추돌한 차에서 발생한 화재로 인하여 추돌당한 차량의 적새함 및 적재물이 소훼된 경우, 위 화재가 직접 화재에 해당하므로 실화책임법이 적용되지 않는다.(대판 2000.5.26, 99다32431)

15. 실화책임법과 공작물책임 공작물의 설치·보존상 하자에 의하여 직접 발생한 화재로 인한 손해배상책임뿐만 아니라 그 화재로부터 연소한 부분에 대한 손해배상책임에 관하여도 공작물의 설치·보존상 하자와 손해 사이에 상당인과관계가 있는 경우에는 민 758조 1항이 적용되고, 실화가 중대한 과실로 인한 것이 아닌 한 화재로부터 연소한 부분에 대한 손해의 배상의무자는 개정 실화책임 3조에 의하여 손해배상액의 경감을 받을 수 있다.(대판 2012.6.28, 2010다58056)

16. 공작물의 하자로 인한 손해가 공작물의 하자와 관련한 위험이 현실화되어 발생한 것이 아닌 경우, 공작물책임 인정 여부(소극) 공작물책임 규정의 내용과 입법 취지, '공작물의 설치·보존상의 하자'의 판단 기준 등에 비추어 보면, 공작물의 하자로 인해 어떠한 손해가 발생하였다고 하더라도, 손해가 공작물의 하자와 관련한 위험이 현실화되어 발생한 것이 아니라면 이는 '공작물의 설치 또는 보존상의 하자로 인하여 발생한 손해'라고 볼 수 없다.(대판 2018.7.12, 2015다68348)

第759條【動物의 占有者의 責任】 ① 動物의 占有者는 그 動物이 他人에게 加한 損害를 賠償할 責任이 있다. 그러나 動物의 種類와 性質에 따라 그 保管에 相當한 注意를 懈怠하지 아니한 때에는 그러하지 아니하다.

② 占有者에 갈음하여 動物을 保管한 者도 前項의 責任이 있다. (2014.12.30 본조개정)

▣ 점유자(192-194)

第760條【共同不法行爲者의 責任】 ① 數人이 共同의 不法行爲로 他人에게 損害를 加한 때에는 連帶하여 그 損害를 賠償할 責任이 있다.

② 共同 아닌 數人의 行爲中 어느 者의 行爲가 그 損害를 加한 것인지를 알 수 없는 때에도 前項과 같다.

③ 敎唆者나 幇助者는 共同行爲者로 본다.

▣ ① 연대채무(413이하), 광해책임의 연대(광업55②·56), ② 교사자(형31), 방조자(형32), 공범(형30-34)

1. 공동불법행위의 성립요건 수인이 공동하여 타인에게 손해를 가하는 민 760조의 공동불법행위에 있어서는 행위자 상호간의 공모는 물론 공동의 인식을 필요로 하지 아니하고, 다만 객관적으로 그 공동행위가 관련 공동되어 있으면 족하며 그 관련 공동성 있는 행위에 의하여 손해가 발생함으로써 이의 배상책임을 지는 공동불법행위가 성립하는 것이므로, 동시에 또는 거의 같은 시기에 건축된 가해 건물들이 피해 건물에 대하여 전체적으로 수인한도를 초과하는 일조 침해의 결과를 야기한 경우, 각 가해 건물들이 함께 피해 건물의 소유자 등이 종래 향유하던 일조를 침해하게 된다는 점을 예견할 수 있었다면 특별한 사정이 없는 한 각 가해 건물의 건축자 등은 일조 침해로 피해 건물의 소유자 등이 입은 손해 전부에 대하여 공동불법행위자로서의 책임을 부담한다.(대판 2006.1.26, 2005다47014, 47021, 47038)

2. 교통사고와 의료사고 교통사고로 인하여 상해를 입은 피해자가 치료를 받던 중 치료를 하던 의사의 과실로 인한 의료사고로 증상이 악화되거나 새로운 증상이 생겨 손해가 확대된 경우, 의사에게 중대한 과실이 있다는 등의 특별한 사정이 없는 한 확대된 손해와 교통사고 사이에도 상당인과관계가 있고, 이 경우 교통사고와 의료사고가 각기 독립하여 불법행위의 요건을 갖추고 있으면서 객관적으로 관련되고 공동하여 위법하게 피해자에게 손해를 가한 것으로 인정되면 공동불법행위가 성립한다.(대판 1998.11.24, 98다32045)

3. 공동불법행위의 경우 과실에 의한 방조 공동불법행위에 있어 방조라 함은 불법행위를 용이하게 하는 직접, 간접의 모든 행위를 가리키는 것으로서 형법과 달리 손해의 전보를 목적으로 하여 과실을 원칙적으로 고의와 동일시하는 민법의 해석으로서는 과실에 의한 방조도 가능하다고 할 것이며, 이 경우의 과실의 내용은 불법행위에 도움을 주지 않아야 할 주의의무가 있음을 전제로 하여 이 의무에 위반하는 것을 말한다.(대판 2000.4.11, 99다41749)

4. 구상의 순환, 반복을 막기 위한 손해배상 범위제한 ① 공동불법행위 책임은 가해자 각 개인의 행위에 대하여 개별적으로 그로 인한 손해를 구하는 것이 아니라 그 가해자들이 공동으로 가한 불법행위에 대하여 그 책임을 추궁하는 것이므로, 공동불법행위로 인한 손해배상책임의 범위는 피해자에 대한 관계에서 가해자들 전원의 행위를 전체적으로 함께 평가하여 정하여야 하고, 그 손해배상액에 대하여는 가해자 각자가 그 금액의 전부에 대한 책임을 부담하는 것이며, 가해자 1인이 다른 가해자에 비하여 불법행위에 가공한 정도가 경미하다고 하더라도 피해자에 대한 관계에서 그 가해자의 책임 범위를 위와 같이 정하여진 손해배상액의 일부로 제한하여 인정할 수는 없다. ② 피해자인 법인의 대표자가 그 직무에 관하여 정리회사의 관리인과 공모하여 고의의 불법행위를 저지른 결과 피해자에게 손해가 발생하고 정리회사가 이를 배상하여야 할 책임을 부담하는 경우, 정리회사의 관리인이 고의에 의한 공동불법행위자로서 피해자에 대하여 부담하는 손해배상액 전액에 대하여 정리회사로 하여금 손해배상책임을 부담하게 한다면 정리회사로서는 피해자의 대표자가 한 직무상 행위로 인하여 손해를 입게 되고 피해자로서는 민 35조에 의하여 정리회사에 대하여 손해배상책임을 부담하게 되어 피해자와 정리회사 사이에서 손해배상청구소송이 순환·반복될 수밖에 없게 되는 점을 고려해 볼 때, 위와 같은 경우에 정리회사가 피해자에게 하여야 할 손해배상의 범위를 정함에 있어서는 피해자의 대표자와 정리회사의 관리인이 불법행위에 가담한 정도, 불법행위로 인한 이득의 귀속 여부 등을 고려하여 손해분담의 공평이라는 손해배상제도의 이념에 비추어 그 배상액을 제한할 수 있다 할 것이다.(대판 2005.11.10, 2003다66066)

5. 760조 2항의 증명책임 동항에 의해 상당인과관계는 추정되므로 이를 면하려면 개별 행위자는 자기의 행위와 손해발생 사이에 상당인과관계가 존재하지 아니함을 적극적으로 주장 입증하여야 책임을 면제 또는 감경받을 수 있다.(대판 2008.4.10, 2007다76306)

6. 공동불법행위자의 책임과 구상권 공동불법행위자는 소위 부진정연대채무자로서 피해자에 대하여 연대하여 그 손해를 배상할 책임이 있고 공동불법행위자의 한 사람이 그 손해의 전부를 배상하였을 때에는 다른 공동불법행위자에게 그 부담

할 책임에 따라 구상권을 행사한다.(대판 1983.5.24, 83다카208)

7. 공동불법행위자들이 부담하는 구상채무의 성질 자신의 부담 부분을 넘어 공동 면책을 시킨 공동불법행위자에 대하여 구상의무를 부담하는 다른 공동불법행위자가 수인인 경우에는 특별한 사정이 없는 이상 구상권자에 대한 다른 공동불법행위자들의 채무는 각자의 부담 부분에 따른 분할채무로 봄이 타당하다. 이때 분할채무 관계에 있는 공동불법행위자들 중 1인이 자신의 부담 부분을 초과하여 구상에 응하였고 그로 인하여 다른 공동불법행위자가 자신의 출연 없이 채무를 면하게 되는 경우, 구상에 응한 공동불법행위자는 그 다른 공동불법행위자의 부담 부분 내에서 자신의 부담 부분을 초과하여 변제한 금액에 관하여 구상권을 취득한다.(대판 2023.6.29, 2022다309474)

8. 구상권자인 공동불법행위자측에 과실이 없는 경우 나머지 공동불법행위자들이 부담하는 구상채무의 성질 공동불법행위자 중 1인에 대하여 구상의무를 부담하는 다른 공동불법행위자가 수인인 경우에는 특별한 사정이 없는 이상 그들의 구상권자에 대한 채무는 각자의 부담 부분에 따른 분할채무로 봄이 상당하지만, 구상권자인 공동불법행위자측에 과실이 없는 경우, 즉 내부적인 부담 부분이 전혀 없는 경우에는 이와 달리 그에 대한 수인의 구상의무 사이의 관계를 부진정연대관계로 봄이 상당하다.(대판 2005.10.13, 2003다24147)

9. 피해자이기도 한 공동불법행위자에 대한 구상권 행사 공동불법행위자는 채권자에 대한 관계에서는 연대책임(부진정연대채무)을 지되, 공동불법행위자들 내부관계에서는 일정한 부담 부분이 있고, 이 부담 부분은 공동불법행위자의 과실의 정도에 따라 정하여지는 것으로서 공동불법행위자 중 1인이 자기의 부담 부분 이상을 변제하여 공동의 면책을 얻게 하였을 때에는 다른 공동불법행위자에게 그 부담 부분의 비율에 따라 구상권을 행사할 수 있고, 따라서 그 공동불법행위자의 1인이 동시에 피해자이기도 한 경우에도 다른 공동불법행위자가 당해 불법행위로 인해 손해를 입은 제3자에 대해 손해배상금을 지출한 때에는 그중 피해자인 공동불법행위자의 부담 부분에 상응하는 금원에 대해 구상금채권을 가질 수 있다 할 것이다. 그런데 그 구상금채권을 인정하기 위하여는 우선 각 공동불법행위자들의 가해자로서의 과실 내용 및 비율을 정하여야 할 것이고, 한편 불법행위에 있어 손해액을 정함에 참작하는 피해자의 과실, 즉 과실상계에 있어서의 과실은 가해자의 과실과 달리 사회통념이나 신의칙에 따라 공동생활에 있어 요구되는 약한 의미의 부주의를 가리키는 것이므로, 그러한 과실 내용 및 비율을 그대로 공동불법행위자로서의 과실 내용 및 비율로 삼을 수는 없는 것이다.(대판 2005.7.8, 2005다8125)

10. 공동불법행위자 간의 구상권의 발생 시점 (대판 1997.12.12, 96다50896) → 제425조 참조

11. 불법행위에서 부진정연대채무자에게 구상권을 행사하는 경우 부담 부분의 비율을 판단하는 기준 및 신의칙에 의한 구상권 행사의 제한 (대판 2001.1.19, 2000다33607) → 제425조 참조

12. 작위의무와 부작위에 의한 방조 ① 부작위로 인한 불법행위가 성립하려면 작위의무가 전제되어야 하지만, 작위의무가 객관적으로 인정되는 이상 의무자가 의무의 존재를 인식하지 못하였더라도 불법행위 성립에는 영향이 없으며, 이는 고지의무 위반의 경우에도 마찬가지이다. ② 방조는 작위에 의한 경우뿐만 아니라 부작위에 의한 경우도 포함한다. 작위의무에 단순한 도덕상 또는 종교상 의무는 포함되지 않으나 신의칙이나 사회상규 혹은 조리상 작위의무가 기대되는 경우에도 법적인 작위의무는 있다. 다만 신의칙이나 사회상규 혹은 조리상 작위의무는 상대방의 법익을 보호하거나 그의 법익에 대한 침해를 방지하여야 할 특별한 지위에 있음이 인정되는 자에 대하여만 인정할 수 있다.(대판 2012.4.26, 2010다8709)

13. 불법행위의 피해 발생에 공동으로 관련된 행위의 공동불법행위 성립 여부(적극) 민법상 공동불법행위는 객관적으로 관련공동성이 있는 수인의 행위로 타인에게 손해를 가하면 성립하고, 행위자 상호간에 공모는 물론 의사의 공통이나 공동의 인식을 필요로 하는 것이 아니다. 또한 그러한 공동의 행위는 불법행위 자체를 공동으로 하거나 교사·방조하는 경우는 물론 횡령행위로 인한 장물을 취득하는 등 피해의 발생에 공동으로 관련되어 있어도 인정될 수 있다.(대판 2013.4.11, 2012다44969)

14. 2인 이상의 공동불법행위로 인하여 호의동승한 사람이 피해를 입은 경우, 호의동승자의 손해에 대한 배상책임 산정방법 2인 이상의 공동불법행위로 인하여 호의동승한 사람이 피해를 입은 경우, 공동불법행위자 상호 간의 내부관계에서는 일정한 부담 부분이 있으나 피해자에 대한 관계에서는 부진정연대책임을 지므로, 동승자가 입은 손해에 대한 배상액을 산정함에 있어서는 먼저 호의동승으로 인한 감액 비율을 참작하여 공동불법행위자들이 동승자에 대하여 배상하여야 할 수액을 정하여야 한다.(대판 2014.3.27, 2012다87263)

15. 이혼과정에서 지급된 금원에서 위자료를 구분·특정하기 어려운 경우, 제3자에 대한 위자료 산정 방법 부정행위를 한 부부의 일방이 이혼과정에서 배우자에게 위자료 등의 명목으로 금원을 지급하였는데 그 금원에 위자료뿐만 아니라 재산분할금이나 양육비 등 다른 성격의 금원이 포함되어 있고, 그러한 이유로 그 금원 중 공동불법행위로 인한 위자료를 구분·특정하기 어려운 경우가 있다. 이러한 경우 법원은 부부의 일방이 배우자에게 위자료의 일부로서 금원을 지급한 사정을 제3자가 부담하는 위자료 액수를 산정할 때 참작할 수 있다.(대판 2024.6.27, 2023므12782)

16. 배우자의 부정행위에 가공한 제3자에게 이혼을 원인으로 하는 손해배상책임이 부정되는 경우 부부의 일방이 상대방 배우자의 부정행위로 인하여 혼인관계가 파탄되었다고 주장하면서 배우자를 상대로 위자료 청구를 하였으나, 법원이 혼인관계 파탄에 관한 부부 쌍방의 책임정도가 대등하다고 판단하여 위자료 청구를 기각하는 경우 상대방 배우자에게 혼인관계 파탄에 대한 손해배상의무가 처음부터 성립하지 않는다고 보아야 한다. 나아가 부정행위를 한 배우자의 손해배상의무가 성립하지 않는 이상 배우자의 부정행위에 가공한 제3자에게도 이혼을 원인으로 하는 손해배상책임이 인정되지 않는다고 할 것이다. 그리고 이러한 법리는 부부의 일방이 상대방 배우자의 부정행위로 인하여 혼인관계가 파탄되었다고 주장하면서 배우자를 상대로 본소로 위자료 청구를 하고 이에 대하여 상대방 배우자가 반소로 위자료 청구를 하였으나, 법원이 혼인관계 파탄에 관한 부부 쌍방의 책임정도가 대등하다고 판단하여 본소·반소 위자료 청구를 모두 기각하는 경우에도 마찬가지이다.(대판 2024.6.27, 2023므16678)

第761條【正當防衛, 緊急避難】 ① 他人의 不法行爲에 對하여 自己 또는 第三者의 利益을 防衛하기 爲하여 不得已 他人에게 損害를 加한 者는 賠償할 責任이 없다. 그러나 被害者는 不法行爲에 對하여 損害의 賠償을 請求할 수 있다.

② 前項의 規定은 急迫한 危難을 避하기 爲하여 不得已 他人에게 損害를 加한 境遇에 準用한다.

■ 정당방위(형21), 긴급피난(형22)

1. 피해자의 부당한 공격을 벗어나려고 한 행위 반소피고와 소외인이 반소원고의 멱살을 잡아 밀고 당기게 된 것은 반소원고가 계속 시비를 걸며 반소피고와 소외인의 멱살을 잡

아 떠밀거나 손톱으로 할퀴는 등 부당한 공격을 가한 데서 벗어나려고 한 행위임을 알 수 있어서 그에 이르게 된 경위, 목적, 수단 등 제반 사정에 비추어 보면 사회통념상 허용될 정도의 상당성이 있는 것으로서 위법성이 있다고는 보여지지 아니한다.(대판 1991.11.26, 91다17375)

2. 정당방위의 요건 정당방위에 있어서는 반드시 방위행위에 보충의 원칙은 적용되지는 않으나 방위에 필요한 한도내의 행위로서 사회윤리에 위배되지 않는 상당성 있는 행위임을 요한다.(대판 1991.9.10, 91다19913)

3. 교사의 학생에 대한 체벌이 징계권의 행사로서 정당행위에 해당하기 위한 요건 교사의 학생에 대한 체벌이 징계권의 행사로서 정당행위에 해당하려면 그 체벌이 교육상의 필요가 있고 다른 교육적 수단으로는 교정이 불가능하여 부득이한 경우에 한하는 것이어야 할 뿐만 아니라 그와 같은 경우에도 그 체벌의 방법과 정도에는 사회관념상 비난받지 아니할 객관적 타당성이 있지 않으면 안 된다.(대판 1991.5.28, 90다17972)

4. 민 761조 2항 소정의 "위난"에 가해자에 의하여 조성된 위난이 포함되는지 여부 민 761조 2항에서 규정하고 있는 긴급피난의 요건중 급박한 위난이라 함은 가해자의 고의나 과실에 의하여 조성된 것은 포함되지 아니한다고 보는 것이 상당하다.(대판 1981.3.24, 80다1592)

第762條【損害賠償請求權에 있어서의 胎兒의 地位】 胎兒는 損害賠償의 請求權에 關하여는 이미 出生한 것으로 본다.

▣ 부모의 생명침해와 자의 배상청구권(752), 태아와 권리의 향유(3·1000③·1064), 태아와 인지(857)

1. 산모에게 대한 불법행위인 동시에 태아 자신에 대한 불법행위 교통사고의 충격으로 태아가 조산되고 또 그로 인하여 제대로 성장하지 못하고 사망하였다면 위 불법행위는 한편으로 산모에 대한 불법행위인 동시에 한편으로는 태아 자신에 대한 불법행위라고 볼 수 있으므로 따라서 죽은 아이는 생명침해로 인한 재산상 손해배상청구권이 있다.(대판 1968.3.5, 67다2869)

2. 모체와 같이 사망한 태아에게 손해배상청구권을 인정할 수 있는지 여부(소극) 특정한 권리에 있어서 태아가 이미 태어난 것으로 본다는 것은 무엇을 말하나 설사 태아가 권리를 취득한다 더라도 현행법상 이를 대행할 기관이 없으니 태아로 있는 동안은 권리능력을 취득할 수 없으니 살아서 출생한 때에 출생시기가 문제의 사건의 시기까지 소급하여 그 때에 태아가 출생한 것과 같이 법률상 보아준다고 해석하여야 상당하므로 원고의 처가 사고로 사망할 당시 임신 8개월된 태아가 있었고, 그가 모체와 같이 사망하여 출생의 기회를 못 가진 경우 살아서 태어나지 않은 이상 배상청구권을 논할 여지가 없다.(대판 1976.9.14, 76다1365)

3. 태아가 부의 부상에 대한 위자료청구권이 있는지 여부 태아도 손해배상청구권에 관하여는 이미 출생한 것으로 보는바, 부가 교통사고로 상해를 입을 당시 태아가 출생하지 아니하였다고 하더라도 그 뒤에 출생한 이상 부의 부상으로 인하여 입게 될 정신적 고통에 대한 위자료를 청구할 수 있다.(대판 1993.4.27, 93다4663)

第763條【準用規定】 第393條, 第394條, 第396條, 第399條의 規定은 不法行爲로 因한 損害賠償에 準用한다.

▣ 본조의 특칙(764·765, 광업93·94, 상846①)

▸금전배상 외의 구제수단

1. 불법행위에 대한 손해배상으로 원상회복 청구가부(한정소극) 민 763조에 의하여 불법행위에 준용되는 민 394조가 금전배상의 원칙을 규정하고 있으므로, 법률에 다른 규정이 있거나 당사자가 다른 의사표시를 하는 등 특별한 사정이 없는 이상 불법행위자에 대하여 원상회복청구는 할 수 없다.(대판 1997.3.28, 96다10638)

2. 위법행위에 대한 금지청구권 경쟁자가 상당한 노력과 투자에 의하여 구축한 성과물을 상도덕이나 공정한 경쟁질서에 반하여 자신의 영업을 위하여 무단으로 이용함으로써 경쟁자의 노력과 투자에 편승하여 부당하게 이익을 얻고 경쟁자의 법률상 보호할 가치가 있는 이익을 침해하는 행위는 부정한 경쟁행위로서 민법상 불법행위에 해당하는바, 위와 같은 무단이용 상태가 계속되어 금전배상을 명하는 것만으로는 피해자 구제의 실효성을 기대하기 어렵고 무단이용의 금지로 인하여 보호되는 피해자의 이익과 그로 인한 가해자의 불이익을 비교·교량할 때 피해자의 이익이 더 큰 경우에는 그 행위의 금지 또는 예방을 청구할 수 있다.(대판 2010.8.25, 2008마1541)

▸과실상계

3. 과실상계사유에 대한 사실인정과 비율확정이 사실심의 전권사항인지 여부(적극) 불법행위로 인한 손해배상 사건에서 과실상계사유에 관한 사실인정이나 그 비율을 정하는 것은 그것이 형평의 원칙에 비추어 현저히 불합리하다고 인정되지 않는 한 사실심의 전권사항에 속한다.(대판 2006.1.13, 2003다54599)

4. 불법행위자 중 일부가 피해자의 부주의를 이용하여 고의로 불법행위를 저지른 경우, 그러한 사유가 없는 다른 불법행위자가 과실상계 주장을 할 수 있는지 여부(적극) 피해자의 부주의를 이용하여 고의로 불법행위를 저지른 자가 바로 그 피해자의 부주의를 이유로 자신의 책임을 감하여 달라고 주장하는 것은 허용될 수 없으나, 이는 그러한 사유가 있는 자에게 과실상계의 주장을 허용하는 것이 신의칙에 반하기 때문이므로, 불법행위자 중 일부에게 그러한 사유가 있다고 하여 그러한 사유가 없는 다른 불법행위자까지도 과실상계의 주장을 할 수 없다고 해석할 것은 아니다.(대판 2016.4.12, 2013다31137)

5. 피해자의 부주의를 이용하여 고의로 불법행위를 저지른 자가 바로 그 피해자의 부주의를 이유로 과실상계를 주장할 수 있는지 여부(소극) 피해자의 부주의를 이용하여 고의로 불법행위를 저지른 자가 바로 그 피해자의 부주의를 이유로 자신의 책임을 감하여 달라고 주장하는 것은 허용될 수 없다.(대판 2005.11.10, 2003다66066)

6. 중개보조원의 고의의 불법행위로 인하여 중개업자가 손해배상책임을 지는 경우 과실상계 적용 여부(적극) 거래당사자인 피해자의 부주의를 이용하여 업무상 행위로 고의로 불법행위를 저지른 중개보조원의 과실상계 주장을 허용하는 것은 신의칙에 반하여 허용되지 않으나, 법원은 그 중개보조원을 고용하였을 뿐 이러한 불법행위에 가담하지 아니한 중개업자 및 중개업자의 공제사업자인 한국공인중개사협회의 손해배상의 책임 및 그 금액을 정함에 있어 과실상계의 법리에 좇아 피해자의 과실을 참작하여야 한다.(대판 2011.7.14, 2011다21143)

7. 피해자의 공동불법행위자 각인에 대한 과실비율이 다른 경우 과실상계 방법 및 고의의 불법행위자가 있는 경우 과실상계 방법 법원이 피해자의 과실을 들어 과실상계를 함에 있어서 피해자의 공동불법행위자 각인에 대한 과실비율이 서로 다르더라도 피해자의 과실을 공동불법행위자 각인에 대한 과실로 개별적으로 평가할 것이 아니고 그들 전원에 대한 과실로 전체적으로 평가하여야 하나, 이는 과실상계를 위한 피해자의 과실을 평가함에 있어서 공동불법행위자 전원에 대한 과실로 전체적으로 평가하여야 한다는 것이지, 공동불법행위자 중에 고의로 불법행위를 행한 자가 있는 경우에는 피해자에게 과실이 없는 것으로 보아야 한다거나 모든 불법행위자가 과실상계의 주장을 할 수 없게 된다는 의미는 아니다.(대판 2010.2.11, 2009다68408)

8. 과실상계에서 피해자의 과실로 참작되는 피해자측의 범

위 및 그 판단기준 불법행위로 인한 손해배상의 책임 및 그 범위를 정함에 있어 피해자의 과실을 참작하는 이유는 불법행위로 인하여 발생한 손해를 가해자와 피해자 사이에 공평하게 분담시키고자 함에 있다고 할 것이므로, 피해자의 과실에는 피해자 본인의 과실뿐 아니라 그와 신분상 내지 사회생활상 일체(一體)를 이루는 관계에 있는 자의 과실도 피해자측의 과실로서 참작되어야 할 것이고, 어느 경우에 신분상 내지 사회생활상 일체를 이루는 관계라고 할 것인지는 구체적인 사정을 검토하여 피해자측의 과실로 참작하는 것이 공평의 관념에서 타당한지에 따라 판단하여야 할 것이다.(대판 1999.7.23, 98다31868)

9. 피해자의 손해경감조치와 과실상계 ① 신의칙 또는 손해부담의 공평이라는 손해배상제도의 이념에 비추어 볼 때, 불법행위의 피해자에게는 그로 인한 손해의 확대를 방지하거나 감경하기 위하여 노력하여야 할 일반적인 의무가 있으며 피해자가 합리적인 이유 없이 손해경감조치의무를 이행하지 않을 경우에는 법원이 그 손해배상액을 정함에 있어 민 763조, 396조를 유추적용하여 그 손해확대에 기여한 피해자의 의무불이행의 점을 참작할 수 있다. ② 한편 손해의 확대를 방지하거나 경감하는데 적절한 법적 조치가 존재하는 경우 이는 손해경감조치에 해당될 수 있고, 피해자가 그 법적 조치를 취함에 있어 감당하기 어려운 많은 비용이 소요된다든가, 그 결과가 불확실하다거나, 판단을 받기까지 현저하게 많은 시간이 필요하다는 등의 사정이 없는데도 합리적인 이유 없이 그 법적 조치를 취하지 아니한 경우에는 그 손해확대에 기여한 피해자의 의무불이행의 점을 손해배상액을 정함에 있어 참작할 수 있다.(대판 2003.7.25, 2003다22912)

10. 불법행위에 따른 손해배상액의 산정에서 피해자의 체질적 소인 또는 질병의 위험도 등을 참작할 수 있는지 여부(적극) 가해행위와 피해자 측의 요인이 경합하여 손해가 발생하거나 확대된 경우에는 피해자 측의 요인이 체질적인 소인 또는 질병의 위험도와 같이 피해자 측의 귀책사유와 무관한 것이라고 할지라도, 그 질환의 태양·정도 등에 비추어 가해자에게 손해의 전부를 배상하게 하는 것이 공평의 이념에 반하는 경우에는, 법원은 손해배상액을 정하면서 과실상계의 법리를 유추적용하여 손해의 발생 또는 확대에 기여한 피해자 측의 요인을 참작할 수 있다. 다만, 책임 제한에 관한 사실인정이나 그 비율을 정하는 것이 형평의 원칙에 비추어 현저하게 불합리하여서는 아니 된다.(대판 2014.7.10, 2014다16968)

11. 환자가 합리적인 이유 없이 의료행위를 거부함으로써 손해가 확대된 경우 환자는 생명과 신체의 기능을 어떻게 유지할 것인지에 대하여 스스로 결정하고 의료행위를 선택할 권리를 보유하지만, 신의칙 또는 손해부담의 공평이라는 손해배상제도의 이념에 비추어 볼 때 불법행위의 피해자인 환자에게는 그로 인한 손해의 확대를 방지하거나 감경하기 위하여 노력하여야 할 일반적인 의무가 있으므로, 수술과 같이 신체 침해를 수반하는 의료행위가 위험하거나 중대하지 않아 결과가 불확실하지 아니하고 그 의료행위가 관례적이며 그로 인하여 상당한 호전을 기대할 수 있는 경우에는, 피해자가 합리적인 이유 없이 자기결정권을 행사하여 이와 같은 의료행위를 거부함으로써 손해가 확대되면 손해의 공평한 부담이라는 견지에서 그 확대된 손해 부분을 공제한 나머지 부분으로 가해자의 배상 범위를 제한하여야 하고, 그러한 수술로 피해자의 후유증이 개선될 수 있는 경우에 신체 손상으로 인한 일실이익 산정의 전제가 되는 노동능력상실률은 다른 특별한 사정이 없는 한 그 수술을 시행한 후에도 여전히 남을 후유증을 기준으로 정하여야 한다.(대판 2023.3.16, 2022다283305)

12. 불법행위로 인한 손해의 발생 또는 확대에 관하여 피해자의 과실이 있는데도 예외적으로 과실상계가 허용되지 않는 경우 불법행위로 인한 손해의 발생 또는 확대에 관하여 피해자에게도 과실이 있는 때에는 가해자의 손해배상의 범위를 정함에 있어 당연히 이를 참작하여야 하고, 가해행위가 사기, 횡령, 배임 등의 영득행위인 경우 등 과실상계를 인정하게 되면 가해자로 하여금 불법행위로 인한 이익을 최종적으로 보유하게 하여 공평의 이념이나 신의칙에 반하는 결과를 가져오는 경우에만 예외적으로 과실상계가 허용되지 않는다.(대판(全) 2013.9.26, 2012다1146, 1153)

13. 과실상계 법리의 유추적용에 근거한 피해자 측 요인으로 인한 책임감경 가해행위와 피해자 측의 요인이 경합하여 손해가 발생하거나 확대된 경우 피해자 측의 귀책사유와 무관한 것이라고 할지라도 가해자에게 손해의 전부를 배상시키는 것이 공평의 이념에 반하는 경우에는 법원은 배상액을 정하면서 과실상계의 법리를 유추적용하여 손해의 발생이나 확대에 기여한 피해자 측의 요인을 참작할 수 있다. 불법행위로 인한 손해배상청구 사건에서 책임감경사유에 관한 사실인정이나 비율을 정하는 것은 그것이 형평의 원칙에 비추어 현저히 불합리하다고 인정되지 않는 한 사실심의 전권사항에 속한다.(대판 2020.6.25, 2019다292026, 292033, 292040)

14. 공동불법행위자의 관계는 아니지만 부진정연대채무 관계가 인정되는 경우, 과실상계를 할 때 반드시 채권자의 과실을 채무자 전원에 대하여 전체적으로 평가하여야 하는지 여부(소극) 공동불법행위책임은 가해자 각 개인의 행위에 대하여 개별적으로 그로 인한 손해를 구하는 것이 아니라 그 가해자들이 공동으로 가한 불법행위에 대하여 그 책임을 추궁하는 것으로, 법원이 피해자의 과실을 들어 과실상계를 함에 있어서는 피해자의 공동불법행위자 각인에 대한 과실 비율이 서로 다르더라도 피해자의 과실을 공동불법행위자 각인에 대한 과실로 개별적으로 평가하지 않고 그들 전원에 대한 과실로 전체적으로 평가하는 것이 원칙이다. 그런데 공동불법행위자의 관계는 아니지만 서로 별개의 원인으로 발생한 독립된 채무가 동일한 경제적 목적을 가지고 있고 서로 중첩되는 부분에 관하여 한쪽의 채무가 변제 등으로 소멸하면 다른 쪽의 채무도 소멸하는 관계에 있기 때문에 부진정연대채무 관계가 인정되는 경우가 있다. 이러한 경우까지 과실상계를 할 때 반드시 채권자의 과실을 채무자 전원에 대하여 전체적으로 평가하여야 하는 것은 아니다.(대판 2022.7.28, 2017다16747, 16754)

15. 자본시장법상 손해배상소송에서 손해액의 개별 증명이 극히 곤란한 경우 과실상계나 책임제한의 가부(적극) 구 자본시장 125조, 126조가 적용되는 손해배상청구소송의 경우에도 손해의 공평한 부담이라는 손해배상법의 기본 이념이 적용되어야 하므로, 피해자에게 손해의 발생 및 확대에 기여한 과실이 있거나 가해자의 책임을 제한할 사유가 있는 때에는 과실상계를 하거나 공평의 원칙에 기하여 책임을 제한할 수 있다. 특히 주식가격의 변동요인은 매우 다양하고 여러 요인이 동시에 복합적으로 영향을 미치는 것이므로 어느 특정 요인이 언제 어느 정도의 영향력을 발휘한 것인지를 가늠하기가 극히 어려운 사정을 감안할 때, 손해분담의 공평이라는 손해배상제도의 이념에 비추어 그러한 사정을 들어 손해배상액을 제한할 수 있다.(대판 2020.2.27, 2019다223747)

16. 위법한 쟁의행위로 인한 손해배상청구사건에서 개별 조합원 등에 대한 책임제한의 정도를 판단하는 기준 위법한 쟁의행위를 결정·주도한 주체인 노동조합과 개별 조합원 등의 손해배상책임의 범위를 동일하게 보는 것은 헌법상 근로자에게 보장된 단결권과 단체행동권을 위축시킬 우려가 있을 뿐만 아니라 손해의 공평·타당한 분담이라는 손해배상제도의 이념에도 어긋난다. 따라서 개별 조합원 등에 대한 책임제한의 정도는 노동조합에서의 지위와 역할, 쟁의행위 참여 경위 및 정도, 손해 발생에 대한 기여 정도, 현실적인 임금 수준과 손해배상 청구금액 등을 종합적으로 고려하여

판단하여야 한다.(대판 2023.6.15, 2017다46274)

第764條【名譽毁損의 境遇의 特則】 他人의 名譽를 毁損한 者에 對하여는 法院은 被害者의 請求에 依하여 損害賠償에 갈음하거나 損害賠償과 함께 名譽回復에 適當한 處分을 命할 수 있다.(2014.12.30 본조개정)

<헌재 89헌마160 1991.4.1. 민법 제764조(1958. 2. 22. 법률 제471호)의 "명예회복에 적당한 처분"에 사죄광고를 포함시키는 것은 헌법에 위반된다.>

▣ 763, 명예훼손(751, 형307－312), 광해와 원상회복(광업77)

1. 사죄광고의 위헌성 민 764조(1958. 2. 22. 법률 제471호)의 "명예회복에 적당한 처분"에 사죄광고를 포함시키는 것은 헌법에 위반된다.(헌재 1991.4.1, 89헌마160)

2. 민 764조의 '명예'의 의미 민 764조에서 말하는 명예라 함은 사람의 품성, 덕행, 명예, 신용 등 세상으로부터 받는 객관적인 평가를 말하는 것이고 특히 법인의 경우에는 그 사회적 명예, 신용을 가리키는 데 다름없는 것으로 명예를 훼손한다는 것은 그 사회적 평가를 침해하는 것을 말하고 이와 같은 법인의 명예가 훼손된 경우에 그 법인은 상대방에 대하여 불법행위로 인한 손해배상과 함께 명예 회복에 적당한 처분을 청구할 수 있고, 종중과 같이 소송상 당사자능력이 있는 비법인사단 역시 마찬가지이다.(대판 1997.10.24, 96다17851)

第765條【賠償額의 輕減請求】 ① 本章의 規定에 依한 賠償義務者는 그 損害가 故意 또는 重大한 過失에 依한 것이 아니고 그 賠償으로 因하여 賠償者의 生計에 重大한 影響을 미치게 될 境遇에는 法院에 그 賠償額의 輕減을 請求할 수 있다.

② 法院은 前項의 請求가 있는 때에는 債權者 및 債務者의 經濟狀態와 損害의 原因 等을 參酌하여 賠償額을 輕減할 수 있다.

▣ 손해배상액의 범위(393①), 증여자의 재산상태 변경과 증여의 해제(557)

第766條【損害賠償請求權의 消滅時效】 ① 不法行爲로 因한 損害賠償의 請求權은 被害者나 그 法定代理人이 그 損害 및 加害者를 안 날로부터 3年間 이를 行使하지 아니하면 時效로 因하여 消滅한다.

② 不法行爲를 한 날로부터 10年을 經過한 때에도 前項과 같다.

③ 미성년자가 성폭력, 성추행, 성희롱, 그 밖의 성적(性的) 침해를 당한 경우에 이로 인한 손해배상청구권의 소멸시효는 그가 성년이 될 때까지는 진행되지 아니한다. (2020.10.20. 본항신설)

[단순위헌, 2014헌바148, 2018. 8. 30. 민법(1958. 2. 22. 법률 제471호로 제정된 것) 제766조 제2항 중 '진실·화해를 위한 과거사정리 기본법' 제2조 제1항 제3호, 제4호에 규정된 사건에 적용되는 부분은 헌법에 위반된다.]

▣ 법정대리인(친권자=909, 후견인=931－936), 시효(162이하·421), 특칙(광업80)

1. '손해 및 가해자를 안 날'의 의미 및 그 판단기준 민 766조 1항 소정의 '손해 및 가해자를 안 날'이라 함은 손해의 발생, 위법한 가해행위의 존재, 가해행위와 손해의 발생과의 사이에 상당인과관계가 있다는 사실 등 불법행위의 요건사실에 대하여 현실적이고도 구체적으로 인식하였을 때를 의미하고, 피해자 등이 언제 불법행위의 요건사실을 현실적이고도 구체적으로 인식한 것으로 볼 것인지는 개별적 사건에 있어서의 여러 객관적 사정을 참작하고 손해배상청구가 사실상 가능하게 된 상황을 고려하여 합리적으로 인정하여야 한다.(대판 2002.6.28, 2000다22249)

2. 미성년자의 손해배상청구권의 소멸시효 불법행위의 피해자가 미성년자로 행위능력이 제한된 자인 경우에는 다른 특별한 사정이 없는 한 그 법정대리인이 손해 및 가해자를 알아야 민 766조 1항의 소멸시효가 진행한다.(대판 2010.2.11, 2009다79897)

3. '불법행위를 한 날'의 의미(1) 민 766조 2항에 의한 소멸시효의 기산점이 되는 '불법행위를 한 날'이란 가해행위가 있었던 날이 아니라 현실적으로 손해의 결과가 발생한 날을 의미하지만, 그 손해의 결과발생이 현실적인 것으로 되었다면 그 소멸시효는 피해자가 손해의 결과발생을 알았거나 예상할 수 있는가 여부에 관계없이 가해행위로 인한 손해가 현실적인 것으로 되었다고 볼 수 있는 때로부터 진행한다.(대판 2005.5.13, 2004다71881)

4. '불법행위를 한 날'의 의미(2) ① 가해행위와 이로 인한 현실적인 손해의 발생 사이에 시간적 간격이 있는 불법행위에 기한 손해배상채권의 경우, 장기소멸시효의 기산점이 되는 '불법행위를 한 날'의 의미는 단지 관념적이고 부동적인 상태에서 잠재적으로만 존재하고 있는 손해가 그 후 현실화되었다고 볼 수 있는 때, 즉 손해의 결과발생이 현실적인 것으로 되었다고 할 수 있을 때로 보아야 한다. ② 수사기관의 위법한 폐기처분으로 인한 피압수자의 손해는 형사재판 결과가 확정되기 전까지는 관념적이고 부동적인 상태에서 잠재적으로만 존재하고 있을 뿐 아직 현실화되었다고 볼 수 없으므로, 손해배상청구권에 관한 장기소멸시효의 기산점은 위법한 폐기처분이 이루어진 시점이 아니라 무죄의 형사판결이 확정되었을 때로 봄이 타당하다.(대판 2022.1.14, 2019다282197)

5. 성범죄로 인한 외상 후 스트레스 장애가 나타난 경우, 법원이 민 766조 2항의 '불법행위를 한 날'로서 '객관적·구체적으로 손해가 발생한 시기'를 정하는 방법 성범죄 피해의 영향은 피해자의 나이, 환경, 피해 정도, 가해자와의 관계, 피해자의 개인적인 성향 등 구체적 상황에 따라 그 양상, 강도가 매우 다르게 나타날 수 있다. 성범죄로 인한 외상 후 스트레스 장애가 뒤늦게 나타나거나, 성범죄 직후 일부 증상들이 발생하더라도 당시에는 장차 증상이 어느 정도로 진행되고 그것이 고착화되어 질환으로 진단될 수 있을 것인지 예측하기 어려울 수 있다. 이러한 경우 성범죄 당시나 일부 증상의 발생일을 일률적으로 손해가 현실화된 시점으로 보게 되면, 피해자는 당시에는 장래의 손해 발생 여부가 불확실하여 손해배상을 청구하지 못하고, 장래 손해가 발생한 시점에서는 소멸시효가 완성되어 손해배상을 청구하지 못하게 되는 부당한 결과가 초래될 수 있다. 따라서 위와 같은 경우 법원은 전문가로부터 성범죄로 인한 정신적 질환이 발현되었다는 진단을 받기 전에 외상 후 스트레스 장애로 인한 손해의 발생이 현실적인 것으로 되었다고 인정하는 데 매우 신중할 필요가 있다.(대판 2021.8.19, 2019다297137)

6. 아동·청소년 성폭력 범죄로 인한 손해배상청구권의 단기소멸시효 기산점을 판단할 때 고려하여야 할 사항 아동·청소년 성폭력 범죄로 인한 손해배상청구권의 단기소멸시효 기산점을 판단함에 있어서는 성폭력 피해의 특수성을 염두에 두고, 피해자가 피해를 인식하여 표현하고 법적 구제 절차로 나아가게 된 동기나 경위 및 그 시점, 관련 형사절차 진행 중 수사기관 및 법정에서 가해자가 사실관계나 법리 등을 다투는지 여부, 가해자가 범행을 부인하는 데 그치지 않고 피해자를 무고로 고소하였는지 여부, 관련 형사사건 재판의 심급별 판결 결과 등을 종합적으로 고려하여야 한다.(대판 2022.6.30, 2022다206384)

7. 혈액제제를 통해 감염된 환자의 제약회사에 대한 손해배상청구권의 소멸시효 기산점 불법행위에 기한 손해배상채

권의 소멸시효의 기산점이 되는 민 766조 2항의 '불법행위를 한 날'이란 가해행위가 있었던 날이 아니라 현실적으로 손해의 결과가 발생한 날을 의미한다. 그런데 감염의 잠복기가 길거나, 감염 당시에는 장차 병이 어느 단계까지 진행될 것인지 예측하기 어려운 경우에는 감염 자체로 인한 손해 외에 증상의 발현 또는 병의 진행으로 인한 손해가 있을 수 있고, 그러한 손해는 증상이 발현되거나, 병이 진행된 시점에 현실적으로 발생한다.(대판 2011.9.29, 2008다16776)

8. 소멸시효기간 민 766조 2항이 규정하고 있는 '불법행위를 한 날로부터 10년'의 기간이나 예산회계법 96조 2항, 1항이 규정하고 있는 '5년'의 기간은 모두 소멸시효기간에 해당한다.(대판 1996.12.19, 94다22927)

9. 법인의 대표자의 법인에 대한 불법행위로 인한 손해배상청구권의 단기소멸시효의 기산점, 채권자가 동일한 목적을 달성하기 위하여 복수의 채권을 갖고 있는 경우 어느 하나의 청구권을 행사하는 것이 다른 채권에 대한 소멸시효 중단의 효력이 있는지 여부(소극) ① 법인의 경우 불법행위로 인한 손해배상청구권의 단기소멸시효의 기산점인 '손해 및 가해자를 안 날'을 정함에 있어서 법인의 대표자가 법인에 대하여 불법행위를 한 경우에는 법인과 그 대표자는 이익이 상반하게 되므로 현실로 그로 인한 손해배상청구권을 행사하리라고 기대하기 어려울 뿐만 아니라 일반적으로 그 대표권도 부인된다고 할 것이므로 단지 그 대표자가 그 손해 및 가해자를 아는 것만으로는 부족하고, 적어도 법인의 이익을 정당하게 보전할 권한을 가진 다른 임원 또는 사원이나 직원 등이 손해배상청구권을 행사할 수 있을 정도로 이를 안 때에 비로소 위 단기소멸시효가 진행한다. ② 채권자가 동일한 목적을 달성하기 위하여 복수의 채권을 갖고 있는 경우, 채권자로서는 그 선택에 따라 권리를 행사할 수 있되, 그중 어느 하나의 청구를 한 것만으로는 다른 채권 그 자체를 행사한 것으로 볼 수는 없으므로, 특별한 사정이 없는 한 다른 채권에 대한 소멸시효 중단의 효력은 없다고 할 것인바, 원고가 피고를 상대로 상 399조에 기한 손해배상청구의 소를 제기하였다고 하여 이로써 원고의 피고에 대한 일반 불법행위로 인한 손해배상청구권의 소멸시효가 중단될 수는 없다.(대판 2002.6.14, 2002다11441)

10. 법인 대표자와 임원의 공동불법행위로 인한 손해배상청구권의 단기소멸시효 기산점 법인 대표자가 법인에 대하여 불법행위를 한 경우에는 적어도 법인의 이익을 정당하게 보전할 권한을 가진 다른 대표자, 임원 또는 사원이나 직원 등이 손해배상청구권을 행사할 수 있을 정도로 이를 안 때에 비로소 단기소멸시효가 진행하고, 만약 임원 등이 법인 대표자와 공동불법행위를 한 경우에는 그 임원 등을 배제하고 단기소멸시효 기산점을 판단하여야 한다.(대판 2012.7.12, 2012다20475)

11. 불법행위 당시에 예견할 수 없었던 손해가 발생하거나 예상외로 손해가 확대된 경우 소멸시효기간의 진행시점 불법행위로 인한 손해배상청구권은 민 766조 1항에 의하여 피해자나 그 법정대리인이 그 손해 및 가해자를 안 날로부터 3년간 행사하지 아니하면 시효로 인하여 소멸하는 것인바, 여기에서 그 손해를 안다는 것은 손해의 발생사실을 알면 되는 것이고 그 손해의 정도나 액수를 구체적으로 알아야 하는 것은 아니므로, 통상의 경우 상해의 피해자는 상해를 입었을 때 그 손해를 알았다고 보아야 할 것이지만, 그 후 후유증 등으로 인하여 불법행위 당시에는 전혀 예견할 수 없었던 새로운 손해가 발생하였다거나 예상외로 손해가 확대된 경우에 있어서는 그러한 사유가 판명된 때에 새로이 발생 또는 확대된 손해를 알았다고 보아야 할 것이고, 이와 같이 새로이 발생 또는 확대된 손해 부분에 대하여는 그러한 사유가 판명된 때로부터 민 766조 1항에 의한 시효소멸기간이 진행된다.(대판 2001.9.4, 2001다9496)

12. 일조방해의 경우 기산점 (대판(全) 2008.4.17, 2006다35865) → 제750조 참조

13. 불법행위의 가해자에 대한 형사사건의 제1심에서 무죄판결이 선고되었다가 항소심에서 유죄판결이 선고된 경우 기산점 불법행위의 가해자에 대한 형사사건의 제1심에서 무죄판결이 선고되었다가 항소심에서 유죄판결이 선고된 경우 가해자가 수사단계에서부터 혐의를 극력 부인하고 위 형사사건의 제1심에서 무죄판결이 선고되기까지 하였으므로, 피해자로서는 위 형사사건의 항소심에서 유죄판결을 한 때에 이르러서야 비로소 불법행위의 가해자를 현실적이고 구체적으로 인식하였다고 봄이 상당하다.(대판 2010.5.27, 2010다7577)

14. 판례의 변경과 법률상 장애의 존부 대법원이 전원합의체 판결로 임용기간이 만료된 국공립대학 교원에 대한 재임용거부처분에 대하여 이를 다툴 수 없다는 종전의 견해를 변경하였다고 하더라도, 그와 같은 대법원의 종전 견해는 국공립대학 교원에 대한 재임용거부처분이 불법행위임을 원인으로 한 손해배상청구에 대한 법률상 장애사유에 해당하지 아니한다.(대판 2010.9.9, 2008다15865)

15. 공무원의 직무상 불법행위로 인한 납북 피해자의 국가배상청구권 공무원의 직무수행 중 불법행위에 의하여 납북된 것을 원인으로 하는 국가배상청구권 행사의 경우, 남북교류의 현실과 거주·이전 및 통신의 자유가 제한된 북한 사회의 비민주성이나 폐쇄성 등을 고려하여 볼 때, 다른 특별한 사정이 없는 한 북한에 납북된 사람이 국가를 상대로 대한민국 법원에 소장을 제출하는 등으로 권리를 행사하는 것은 객관적으로도 불가능하므로, 납북상태가 지속되는 동안은 소멸시효가 진행하지 않는다.(대판 2012.4.13, 2009다33754)

16. 진실화해법에 따른 진실규명결정과 민 766조 1항 단기소멸시효 기산점 진실·화해를 위한 과거사정리위원회가 진실화해 2조 1항 3호의 '민간인 집단 희생사건', 같은 항 4호의 '중대한 인권침해·조작의혹사건'에 대하여 진실규명결정을 한 경우 그 피해자 및 유족들의 손해배상청구권에 대한 민 766조 1항의 단기소멸시효와 관련하여 '손해 발생 및 가해자를 안 날'은 진실규명결정일이 아닌 그 진실규명결정통지서가 송달된 날을 의미한다.(대판 2020.12.10, 2020다205455)

17. 진실화해법 관련 민 166조 1항, 766조 2항에 대한 위헌결정에 따른 소멸시효 규정의 적용 배제 헌법재판소는 2018.8.30 민 166조 1항, 766조 2항 중 진실화해 2조 1항 3호의 '민간인 집단 희생사건', 같은 항 4호의 '중대한 인권침해사건·조작의혹사건'에 적용되는 부분은 헌법에 위반된다는 결정을 선고하였다. 위와 같은 사건에서 공무원의 위법한 직무집행으로 인한 손해배상청구권에 대해서는 민 766조 2항에 따른 10년의 소멸시효 또는 국가재정 96조 2항에 따른 5년의 소멸시효가 적용되지 않는다.(대판 2020.4.9, 2018다238865)

18. 채무불이행책임을 원인으로 하는 손해배상청구권에 766조 1항의 소멸시효 규정 적용 여부(소극) 사용사업주의 보호의무 또는 안전배려의무 위반으로 손해를 입은 파견근로자는 사용사업주와 직접 고용 또는 근로계약을 체결하지 아니한 경우에도 묵시적 약정에 근거하여 사용사업주에 대하여 보호의무 또는 안전배려의무 위반을 원인으로 하는 손해배상을 청구할 수 있다. 그리고 이러한 약정상 의무 위반에 따른 채무불이행책임을 원인으로 하는 손해배상청구권에 대하여는 불법행위책임에 관한 민 766조 1항의 소멸시효 규정이 적용될 수 없다.(대판 2013.11.28, 2011다60247)

19. 독점규제법에 의한 손해배상청구권이 민 766조 1항의 단기소멸시효가 적용되는지 여부(적극) 독점규제 56조 1항에 의한 손해배상청구권은 법적 성격이 불법행위로 인한 손해배상청구권이므로 이에 관하여는 민 766조 1항의 단기소멸시효가 적용된다.(대판 2014.9.4, 2013다215843)

20. 장기계속공사계약에서 입찰담합으로 인한 손해배상청구권의 기산점 1차 계약 체결 당시 계약서에 총공사준공일 및 총공사금액을 부기함으로써 총괄계약도 함께 체결되었더라

도, 이러한 총괄계약의 효력은 계약상대방의 결정, 계약이행의사의 확정, 계약단가 등에만 미칠 뿐이고 계약상대방이 이행할 급부의 구체적인 내용, 계약상대방에게 지급할 공사대금의 범위, 계약의 이행기간 등은 모두 차수별 계약을 통하여 비로소 구체적으로 확정되므로, 1차 계약과 동시에 총괄계약이 체결된 사정만으로는 국가가 낙찰 회사에 지급할 총공사대금과 낙찰 회사의 그에 대한 권리의무가 구체적으로 확정되었다고 볼 수 없는 이상 국가의 입찰자들에 대한 손해배상채권 전부의 소멸시효가 그때부터 진행하여 모두 완성되었다고 볼 수 없다.(대판 2019.8.29, 2017다276679)

21. 기존 손해배상 소송에서 예측된 여명기간을 초과하여 생존함으로써 추가 손해배상청구를 한 경우, 손해배상청구권 소멸시효의 기산점 전문적인 감정 등을 통해서 상해를 입은 피해자의 여명에 관한 예측을 토대로 손해배상의 범위가 결정되어 소송 또는 합의 등을 통하여 정기금 지급방식이 아닌 일시금 지급방식으로 배상이 이루어졌는데, 이후 예측된 여명기간을 지나 피해자가 계속 생존하게 되면 종전에 배상이 이루어질 당시에는 예상할 수 없었던 새로운 손해가 발생할 수 있다. 이 경우 예측된 여명기간 내에 그 기간을 지나 생존할 것을 예상할 수 있는 사정이 생겼다면 그 때에, 그러한 사정이 발생하지 않고 예측된 여명기간이 지나면 그 때에 장래에 발생 가능한 손해를 예견할 수 있다고 보아야 한다. 따라서 종전에 손해배상 범위 결정의 전제가 된 여명기간을 지나 피해자가 생존하게 되어 발생하는 손해로 인한 배상청구권은 늦어도 종전에 예측된 여명기간이 지난 때부터 민 766조 1항에서 정한 소멸시효기간이 진행된다.(대판 2021.7.29, 2016다11257)

第4編 親 族

第1章 總 則

第767條【親族의 定義】 配偶者, 血族 및 姻戚을 親族으로 한다.

▣ 친족관계의 준거법(국사), 친족의 범위(777), 혈족(768 · 770 · 776 · 78, 법정혈족=772), 인척(769 · 771 · 775), 배우자(812), 친족과 부양의 무(974–979), 친족과 상속(상속=997이하), 친족간 범죄(형151② · 250② · 251 · 257② · 258③ · 259② · 260② · 271② · 272 · 273② · 276② · 77② · 283② · 328 · 344 · 354 · 361 · 365)

1. 혼인외의 출생자와 생모의 친족관계 혼인외의 출생자와 생모간에는 그 생모의 인지나 출생신고를 기다리지 않고 자의 출생으로 당연히 법률상의 친족관계가 생긴다.(대판 1967.10.4, 67다1791)

第768條【血族의 定義】 自己의 直系尊屬과 直系卑屬을 直系血族이라 하고 自己의 兄弟姉妹와 兄弟姉妹의 直系卑屬, 直系尊屬의 兄弟姉妹 및 그 兄弟姉妹의 直系卑屬을 傍系血族이라 한다. (1990.1.13 본조개정)

▣ 친족(767 · 777), 촌수의 계산(770)

第769條【姻戚의 系源】 血族의 配偶者, 配偶者의 血族, 配偶者의 血族의 配偶者를 姻戚으로 한다. (1990.1.13 본조개정)

▣ 배우자(812), 인척관계소멸(775), 촌수의 계산(771)

1. 자동차종합보험약관에서 정하고 있는 부모에 계모가 포함되는지 여부 민법의 개정으로 인하여 계모는 더 이상 법률상의 모가 아닌 것으로 되었으나, 피보험자의 계모가 부의 배우자로 실질적으로 가족의 구성원으로 가족공동체를 이루어 생계를 같이 하고 피보험자의 어머니의 역할을 하면서 피보험자동차를 이용하고 있다면, 위 특별약관조항을 둔 취지에 비추어 볼 때 이러한 경우의 계모는 자동차종합보험의 가족운전자 한정운전 특별약관상의 모에 포함한다.(대판 1997.2.28, 96다53857)

第770條【血族의 寸數의 計算】 ① 直系血族은 自己로부터 直系尊屬에 이르고 自己로부터 直系卑屬에 이르러 그 世數를 定한다.

② 傍系血族은 自己로부터 同源의 直系尊屬에 이르는 世數와 그 同源의 直系尊屬으로부터 그 直系卑屬에 이르는 世數를 通算하여 그 寸數를 定한다.

▣ 혈족(768 · 776 · 878), 준혈족의 촌수계산(772)

第771條【姻戚의 寸數의 計算】 姻戚은 配偶者의 血族에 대하여는 配偶者의 그 血族에 대한 寸數에 따르고, 血族의 配偶者에 대하여는 그 血族에 대한 寸數에 따른다.
(1990.1.13 본조개정)

▣ 인척(769), 혈족의 촌수계산(770)

第772條【養子와의 親系와 寸數】 ① 養子와 養父母 및 그 血族, 姻戚사이의 親系와 寸數는 入養한 때로부터 婚姻 中의 出生子와 同一한 것으로 본다.

② 養子의 配偶者, 直系卑屬과 그 配偶者는 前項의 養子의 親系를 基準으로 하여 寸數를 定한다.

▣ 혈족(768), 인척(769 · 771 · 775), 양자(866–908의2 · 776), 입양의 효력발생(878), 입양으로 인한 친족관계의 소멸(776), 배우자(812), 친족의 촌수계산(770 · 771)

第773條 (1990.1.13 삭제)

第774條 (1990.1.13 삭제)

第775條【姻戚關係 等의 消滅】 ① 姻戚關係는 婚姻의 取消 또는 離婚으로 因하여 終了한다.

② 夫婦의 一方이 死亡한 경우 生存 配偶者가 再婚한 때에도 第1項과 같다. (1990.1.13 본조개정)

▣ 인척관계(769 · 771), 친족관계(767 · 777), 혼인의 성립(812), 혼인의 취소(816이하), 이혼(834이하), 중혼의 금지(810)

第776條【入養으로 因한 親族關係의 消滅】 入養으로 因한 親族關係는 入養의 取消 또는 罷養으로 因하여 終了한다.

▣ 입양으로 인한 친족관계(772), 입양으로 인한 친족관계의 종료와 혼인장애(809), 파양(898이하 · 905이하), 입양의 취소(884이하)

1. 양부모의 이혼과 양모자관계의 소멸여부(소극) 민 776조는 "입양으로 인한 친족관계는 입양의 취소 또는 파양으로 인하여 종료한다."라고 규정하고 있을 뿐 '양부모의 이혼'을 입양으로 인한 친족관계의 종료사유로 들고 있지 않고, 구관습시대에는 오로지 가계계승(家系繼承)을 위하여만 양자가 인정되었기 때문에 입양을 할 때 처는 전혀 입양당사자가 되지 못하였으므로 양부모가 이혼하여 양모가 부(夫)의 가(家)를 떠났을 때에는 입양당사자가 아니었던 양모와 양자의 친족관계가 소멸하는 것은 논리상 가능하였으나, 처를 부와 함께 입양당사자로 하는 현행 민법 아래에서는(1990. 1. 13. 개정 전 민 874조 1항은 "처가 있는 자는 공동으로 함이 아니면 양자를 할 수 없고 양자가 되지 못한다."고 규정하였고, 개정 후 현행 민 874조 1항은 "배우자 있는 자가 양자를 할 때에는 배우자와 공동으로 하여야 한다."고 규정하고 있다) 부부공동입양제가 되어 처도 부와 마찬가지로 입양당사자가 되기 때문에 양부모가 이혼하였다고 하여 양모를 양부와 다르게 취급하여 양모자관계만 소멸한다고 볼 수는 없다.(대판(全) 2001.5.24, 2000므1493)

第777條【親族의 범위】 親族關係로 인한 法律

上 效力은 이 法 또는 다른 法律에 특별한 規定이 없는 한 다음 各號에 해당하는 者에 미친다.
1. 8寸 이내의 血族
2. 4寸 이내의 姻戚
3. 配偶者
(1990.1.13 본조개정)
▣ 친족관계의 준거법(국사), 친족의 정의(767), 혈족·인척(768·769·775, 촌수의 계산=770·771), 준혈족(772), 배우자(812), 가족(779), 양자와 친계의 촌수(772·776), 친족과 부양의무(974이하), 부부간의 부양·협조(826), 친족간의범죄(친족상도례)(형151②·250②·251·257②·258③·259②·260②·271②·272·273②·276②·277②·283②·328·344·354·361·365)

第4編 親族

第2章 가족의 범위와 자의 성과 본
(2005.3.31 본장제목개정)

第778條 (2005.3.31 삭제)

제779조【가족의 범위】 ① 다음의 자는 가족으로 한다.
1. 배우자, 직계혈족 및 형제자매
2. 직계혈족의 배우자, 배우자의 직계혈족 및 배우자의 형제자매
② 제1항제2호의 경우에는 생계를 같이 하는 경우에 한한다.
(2005.3.31 본조개정)
〔개정전〕 "**第779條【家族의 範圍】** 戶主의 配偶者, 血族과 그 配偶者 기타 本法의 規定에 의하여 그 家에 入籍한 者는 家族이 된다."
▣ 배우자(812), 혈족(768·770)

第780條 (2005.3.31 삭제)
〔개정전〕 "**第780條【戶主의 變更과 家族】** 戶主의 變更이 있는 경우에는 前戶主의 家族은 新戶主의 家族이 된다."

제781조【자의 성과 본】 ① 자는 부의 성과 본을 따른다. 다만, 부모가 혼인신고시 모의 성과 본을 따르기로 협의한 경우에는 모의 성과 본을 따른다.
② 부가 외국인인 경우에는 자는 모의 성과 본을 따를 수 있다.
③ 부를 알 수 없는 자는 모의 성과 본을 따른다.
④ 부모를 알 수 없는 자는 법원의 허가를 받아 성과 본을 창설한다. 다만, 성과 본을 창설한 후 부 또는 모를 알게 된 때에는 부 또는 모의 성과 본을 따를 수 있다.
⑤ 혼인외의 출생자가 인지된 경우 자는 부모의 협의에 따라 종전의 성과 본을 계속 사용할 수 있다. 다만, 부모가 협의할 수 없거나 협의가 이루어지지 아니한 경우에는 자는 법원의 허가를 받아 종전의 성과 본을 계속 사용할 수 있다.
⑥ 자의 복리를 위하여 자의 성과 본을 변경할 필요가 있을 때에는 부, 모 또는 자의 청구에 의하여 법원의 허가를 받아 이를 변경할 수 있다. 다만, 자가 미성년자이고 법정대리인이 청구할 수 없는 경우에는 제777조의 규정에 따른 친족 또는 검사가 청구할 수 있다.
(2005.3.31 본조개정)
〔개정전〕 "**第781條【子의 入籍, 姓과 本】** ① 子는 父의 姓과 本을 따르고 父家에 入籍한다. 다만, 父가 外國人인 때에는 母의 姓과 本을 따를 수 있고 母家에 入籍한다.(1997.12.13 단서개정)
▣ 부와 자(844이하), 입적(가족관계44이하·55이하·61이하), 자의 국적(국적2·3), 기아(가족관계52·53), 입부혼인과 자의 성(826④), 입양(입양특례7)

1. 자신의 이름으로 본을 삼을 수 있는지 여부(소극) 민법 및 호적법상의 본이란 원래 소속 시조발상의 지명을 표시하여 혈족계통을 나타내는 제도이므로 자신의 종전 이름인 용택으로 본을 창설하겠다는 신청은 본 제도의 취지에 어긋난다.(대결 1984.3.31, 84스8, 84스9)

2. 성(姓)을 포기하는 것이 가능한지 여부(소극) 재항고인의 성은 그 부의 성을 따른 것으로서 현행법상 그 성을 포기할 수는 없다.(대결 1984.9.27, 84스1)

3. 민 781조 6항에서 정한 '자녀의 복리를 위하여 자의 성과 본을 변경할 필요가 있을 때'에 해당하는지 판단할 때 고려하여야 할 사항 민 781조 6항에서 '자녀의 복리를 위하여 자의 성과 본을 변경할 필요가 있을 때'에 해당하는지 여부는 자녀의 나이와 성숙도를 감안하여 자 또는 친권자·양육자의 의사를 고려하되, 성·본 변경이 이루어지지 아니함으로 인하여 가족 구성원 사이의 정서적 통합, 가족 구성원에 대한 편견이나 오해 등으로 학교생활이나 사회생활에서 겪게 되는 불이익과 함께 성·본 변경으로 초래될 자녀 본인의 정체성 혼란, 자녀와 성·본을 함께 하고 있는 친부나 형제자매 등과의 유대관계 단절 등의 사정을 심리한 다음, 자녀의 복리를 위하여 성·본의 변경이 필요하다고 인정되어야 한다. 또한 성·본 변경으로 인하여 학교생활이나 사회생활에 있어서의 불편 내지 혼란, 타인에게 불필요한 호기심이나 의구심 등을 일으키게 하여 사건본인의 정체성 유지에 영향을 미칠 개연성 등의 불이익 등도 함께 고려하여 허가 여부를 신중하게 판단하여야 한다.(대결 2022.3.31, 2021스3)

第782條 (2005.3.31 삭제)
〔개정전〕 "**第782條【婚姻외의 子의 入籍】** ① 家族이 婚姻외의 子를 出生한 때에는 그 家에 入籍하게 할 수 있다.
② 婚姻외의 出生子가 父家에 入籍할 수 없는 때에는 母家에 入籍할 수 있고 母家에 入籍할 수 없는 때에는 一家를 創立한다."

第783條 (2005.3.31 삭제)
〔개정전〕 "**第783條【養子와 그 配偶者등의 入籍】** 養子의 配偶者, 直系卑屬과 그 配偶者는 養子와 함께 養家에 入籍한다."

第784條 (2005.3.31 삭제)
〔개정전〕 "**第784條【父의 血族아닌 妻의 直系卑屬의 入籍】** ① 妻가 夫의 血族 아닌 直系卑屬이 있는 때에는 夫의 同意를 얻어 그 家에 入籍하게 할 수 있다.(1990.1.13 본항개정)
② 前項의 경우에 그 直系卑屬이 他家의 家族인 때에는 그 戶主의 同意를 얻어야 한다."

第785條 (2005.3.31 삭제)
〔개정전〕 "**第785條【戶主의 直系血族의 入籍】** 戶主는 他家의 戶主 아닌 自己의 直系尊屬이나 直系卑屬을 그 家에 入籍하게 할 수 있다."

第786條 (2005.3.31 삭제)
〔개정전〕 "**第786條【養子와 그 配偶者등의 復籍】** ① 養子와 그 配偶者, 直系卑屬 및 그 配偶者는 入養의 取消 또는 罷養으로 인하여 그 生家에 復籍한다.
② 前項의 경우에 그 生家가 廢家 또는 無後된 때에는 生家를 復興하거나 一家를 創立할 수 있다."

第787條 (2005.3.31 삭제)
〔개정전〕 "**第787條【妻등의 復籍과 一家創立】** ① 妻와 夫의 血族아닌 그 直系卑屬은 婚姻의 取消 또는 離婚으로 인하여 그 親家에 復籍하거나 一家를 創立한다.
② 夫가 死亡한 경우에는 妻와 夫의 血族아닌 直系卑屬은 그 親家에 復籍하거나 一家를 創立할 수 있다.
③ 前2項의 경우에 그 親家가 廢家 또는 無後되었거나 기타 事由로 인하여 復籍할 수 없는 때에는 親家를 復興할 수 있다.
(1990.1.13 본조개정)"

第788條 (2005.3.31 삭제)
〔개정전〕 "**第788條【分家】** ① 家族은 分家할 수 있다.(1990.1.1

단서삭제)
② 未成年者가 分家함에는 法定代理人의 同意를 얻어야 한다."

第789條 (2005.3.31 삭제)

〔개정전〕 "**第789條【法定分家】** 家族은 婚姻하면 당연히 分家된다. 그러나 戶主의 直系卑屬長男子는 그러하지 아니하다.(1990.1.13 본조개정)"

第790條 (2005.3.31 삭제)

第791條 (2005.3.31 삭제)

〔개정전〕 "**第791條【分家戶主와 그 家族】** ① 分家戶主의 配偶者, 直系卑屬과 그 配偶者는 그 分家에 入籍한다.
② 本家戶主의 血族아닌 分家戶主의 直系尊屬은 分家에 入籍할 수 있다."

第792條 (2005.3.31 삭제)

第793條 (2005.3.31 삭제)

〔개정전〕 "**第793條【戶主의 入養과 廢家】** 一家創立 또는 分家로 인하여 戶主가 된 者는 他家에 入養하기 위하여 廢家할 수 있다."

第794條 (2005.3.31 삭제)

〔개정전〕 "**第794條【女戶主의 婚姻과 廢家】** 女戶主는 婚姻하기 위하여 廢家할 수 있다."

第795條 (2005.3.31 삭제)

〔개정전〕 "**第795條【他家에 入籍한 戶主와 그 家族】** ① 戶主가 廢家하고 他家에 入籍한 때에는 家族도 그 他家에 入籍한다.
② 前項의 경우에 그 他家에 入籍할 수 없거나 원하지 아니하는 家族은 一家를 創立한다.(1990.1.13 본항개정)"

第796條 (2005.3.31 삭제)

〔개정전〕 "**第796條【家族의 特有財産】** ① 家族이 自己의 名義로 取得한 財産은 그 特有財産으로 한다.
② 家族의 누구에게 속한 것인지 분명하지 아니한 財産은 家族의 共有로 推定한다.(1990.1.13 본항개정)"

第797條 (2005.3.31 삭제)

第798條 (2005.3.31 삭제)

第799條 (2005.3.31 삭제)

第3章 婚 姻

第1節 約 婚

第800條【約婚의 自由】 成年에 達한 者는 自由로 約婚할 수 있다.

▣ 혼인과 양성평등(헌36), 성년(4), 동의를 요하는 약혼(801·802), 혼인연령(807), 약혼의 강제이행금지(803), 약혼해제(804－806), 자유혼인연령(808)

第801조【약혼 나이】 18세가 된 사람은 부모나 미성년후견인의 동의를 받아 약혼할 수 있다. 이 경우 제808조를 준용한다.
(2022.12.27. 제목개정)
(2023.6.28. 시행)

▣ 혼인과 양성평등(헌36), 자유약혼연령(800), 자유혼인연령(808), 연령계산(158·160)

第802조【성년후견과 약혼】 피성년후견인은 부모나 성년후견인의 동의를 받아 약혼할 수 있다. 이 경우 제808조를 준용한다.
(2011.3.7 본조개정)

▣ 혼인과 양성평등(헌36), 약혼의 자유(800), 후견인(929·933·935이하), 피성년후견인과 약혼의 해제(804), 피성년후견인의 법률행위(13, 입=873, 파양=902, 유언=1062), 동의를 요하는 혼인(808)

第803條【約婚의 强制履行禁止】 約婚은 强制履行을 請求하지 못한다.

▣ 약혼의 자유(800), 강제이행(389), 약혼해제와 손해배상청구(806)

제804조【약혼해제의 사유】 당사자 한쪽에 다음 각 호의 어느 하나에 해당하는 사유가 있는 경우에는 상대방은 약혼을 해제할 수 있다.

1. 약혼 후 자격정지 이상의 형을 선고받은 경우
2. 약혼 후 성년후견개시나 한정후견개시의 심판을 받은 경우
3. 성병, 불치의 정신병, 그 밖의 불치의 병질(病疾)이 있는 경우
4. 약혼 후 다른 사람과 약혼이나 혼인을 한 경우
5. 약혼 후 다른 사람과 간음(姦淫)한 경우
6. 약혼 후 1년 이상 생사(生死)가 불명한 경우
7. 정당한 이유 없이 혼인을 기절하거나 그 시기를 늦추는 경우
8. 그 밖에 중대한 사유가 있는 경우

(2011.3.7 본조개정)

▣ 약혼(800－802), 약혼의 강제이행금지(803), 약혼해제의 방법(805), 약혼해제와 손해배상(806·393－395), 자격정지이상의 형(형41), 성년후견개시심판(9), 한정후견개시심판(12)

1. 약혼시 학력과 직장에서의 직종·직급 등을 속인 경우 상대방의 약혼해제가 적법한지 여부(적극) 종전에 서로 알지 못하던 원고와 피고가 중매를 통하여 불과 10일간의 교제를 거쳐 약혼을 하게 되는 경우에는 서로 상대방의 인품이나 능력에 대하여 충분히 알 수 없기 때문에 학력이나 경력, 직업 등이 상대방에 대한 평가의 중요한 자료가 되는데 원고가 학력과 직장에서의 직종·직급 등을 속인 것이 약혼 후에 밝혀진 경우에는 원고의 말을 신뢰하고 이에 기초하여 혼인의 의사를 결정하였던 피고의 입장에서 보면 원고의 이러한 신의칙에 위반한 행위로 인하여 원고에 대한 믿음이 깨어져 원고와의 사이에 애정과 신뢰에 바탕을 둔 인격적 결합을 기대할 수 없게 되었으므로 원고와의 약혼을 유지하여 혼인을 하는 것이 사회생활 관계상 합리적이라고 할 수 없다. 따라서, 이 사건의 경우에는 민 804조 8호의 '기타 중대한 사유가 있는 때'에 해당하므로 피고의 원고에 대한 이 사건 약혼의 해제는 적법하다.(대판 1995.12.8, 94므1676, 1683)

第805條【約婚解除의 方法】 約婚의 解除는 相對方에 對한 意思表示로 한다. 그러나 相對方에 對하여 意思表示를 할 수 없는 때에는 그 解除의 原因있음을 안 때에 解除된 것으로 본다.

▣ 약혼(800－802), 약혼해제의 사유(804), 의사표시(107이하), 약혼해제와 손해배상(806·393－395), 계약의 해제(543이하)

1. 혼인예약해제의 방법 결혼식후 아직 결혼신고는 하지 않았으나 사실상 부부로서 생활하던 중 처가 일시의 여분된 감정으로 「나는 못살겠으니 파혼을 하고 친정에 가겠다」는 취지의 말을 한 후 옷보따리를 싸가지고 친정으로 돌아갔다고 하여서 달리 특별한 사정이 없는 한, 남편과의 혼인예약해제의 의사를 표시한 것이라 볼 수 없다.(대판 1966.7.26, 66므10)

第806條【約婚解除와 損害賠償請求權】 ① 約婚을 解除한 때에는 當事者 一方은 過失있는 相對方에 對하여 이로 因한 損害의 賠償을 請求할 수 있다.
② 前項의 境遇에는 財産上 損害外에 精神上 苦痛에 對하여도 損害賠償의 責任이 있다.
③ 精神上 苦痛에 對한 賠償請求權은 讓渡 또는

承繼하지 못한다. 그러나 當事者間에 이미 그 賠償에 關한 契約이 成立되거나 訴를 提起한 後에는 그러하지 아니하다.

▣ 약혼해제의 사유 및 방법(804·805), 손해배상(750·751, 가소2① i 다), 혼인취소와 손해배상청구(825), 본조의 준용(843·897·908)

1. 사실혼 관계 파탄의 유책당사자에게 결혼식 비용의 배상책임이 있는지 여부(적극) 혼례식 내지 결혼식은 특별한 사정이 없는 한 혼인할 것을 전제로 남녀의 결합이 결혼으로서 사회적으로 공인되기 위한 관습적인 의식이므로 당사자가 거식 후 부부공동체로서 실태를 갖추어 공동생활을 하는 것이라고 사회적으로 인정될 수 없는 단시일 내에 사실혼에 이르지 못하고 그 관계가 해소되어 그 결혼식이 무의미하게 되어 그에 소요된 비용도 무용의 지출이라고 보이는 경우에는 그 비용을 지출한 당사자는 사실혼관계 파탄의 유책당사자에게 그 배상을 구할 수 있다.(대판 1984.9.25, 84므77)

2. 사실혼 배우자의 일방이 민 826조 1항의 의무를 포기한 경우 손해배상책임의 존부 사실혼관계에 있어서도 부부는 민 826조 1항 소정의 동거하며 서로 부양하고 협조하여야 할 의무가 있으므로 혼인생활을 함에 있어 부부는 서로 협조하고 애정과 인내로써 상대방을 이해하며 보호하여 혼인생활의 유지를 위한 최선의 노력을 기울여야 하는바, 사실혼 배우자의 일방이 정당한 이유 없이 서로 동거, 부양, 협조하여야 할 부부로서의 의무를 포기한 경우에는 그 배우자는 악의의 유기에 의하여 사실혼관계를 부당하게 파기한 것이므로 상대방 배우자에게 재판상 이혼원인에 상당하는 귀책사유 있음이 밝혀지지 아니하는 한 원칙적으로 사실혼관계 부당파기로 인한 손해배상책임을 면할 수 없다.(대판 1998.8.21, 97므544, 551)

3. 당사자가 결혼식을 올린 후 신혼여행까지 다녀왔으나 부부공동생활을 하기에까지 이르지 아니한 단계에서 일방 당사자의 귀책사유로 파탄에 이른 경우 정신적 손해배상의 발생여부(적극) 당사자가 결혼식을 올린 후 신혼여행까지 다녀온 경우라면 단순히 장래에 결혼할 것을 약속한 정도인 약혼의 단계는 이미 지났다고 할 수 있으나, 이어 부부공동생활을 하기에까지 이르지 못하였다면 사실혼으로서도 아직 완성되지 않았으나, 이와 같이 사실혼으로 완성되지 못한 경우라고 하더라도 통상의 경우라면 부부공동생활로 이어지는 것이 보통이고, 또 그 단계에서의 남녀 간의 결합의 정도는 약혼 단계와는 확연히 구별되는 것으로서 사실혼에 이른 남녀 간의 결합과 크게 다를 바가 없으므로, 이러한 단계에서 일방 당사자에게 책임 있는 사유로 파탄에 이른 경우라면 다른 당사자는 사실혼의 부당 파기에 있어서와 마찬가지로 책임 있는 일방 당사자에 대하여 그로 인한 정신적인 손해의 배상을 구할 수 있다.(대판 1998.12.8, 98므961)

4. 사실혼관계가 단기간에 해소된 경우 혼수 구입비용 상당액의 손해배상청구와 결혼 후 동거할 주택구입 명목으로 교부한 금원의 반환청구가 가능한지 여부 ① 원·피고 사이의 사실혼관계가 불과 1개월만에 파탄된 경우, 혼인생활에 사용하기 위하여 결혼 전후에 원고 자신의 비용으로 구입한 가재도구 등을 피고가 점유하고 있다고 하더라도 이는 여전히 원고의 소유에 속하는 것이어서, 원고가 소유권에 기하여 그 반환을 구하거나 원상회복으로 반환을 구하는 것은 별론으로 하고, 이로 인하여 원고에게 어떠한 손해가 발생하였다고 할 수 없다. ② 원고가 결혼 후 동거할 주택구입 명목으로 피고에게 금원을 교부함으로써 피고가 자신의 명의로 주택을 소유하게 되었을 뿐 아니라 향후 그 주택의 시가상승으로 인한 이익까지 독점적으로 보유하게 된다는 점 등을 고려할 때, 결혼생활이 단기간에 파탄되었다면 형평의 원칙상 위 금원은 원상회복으로서 특별한 사정이 없는 한 전액 반환되어야 한다.(대판 2003.11.14, 2000므1257, 1264)

5. 혼인 해소와 약혼 예물의 반환 (대판 1996.5.14, 96다5506) → 제147조 참조

6. 약혼해제에 관한 유책자의 약혼예물반환청구 가부(소극) 약혼예물의 수수는 혼인 불성립을 해제조건으로 하는 증여와 유사한 성질의 것이나 약혼의 해제에 관하여 과실이 있는 유책자로서는 그가 제공한 약혼예물을 적극적으로 반환청구할 권리가 없다.(대판 1976.12.28, 76므41, 42)

第2節 婚姻의 成立

제807조【혼인적령】 18세가 된 사람은 혼인할 수 있다. (2022.12.27. 본조개정)
(2023.6.28. 시행)

〔개정전〕 "**第807條【婚姻適齡】** 男子 滿18歲, 女子 滿16歲에 達한 때에는 婚姻할 수 있다."

▣ 혼인성립요건의 준거법(국사36①), 약혼연령(801), 연령계산(158·160·부칙271), 동의를 요하는 혼인(808), 혼인금지(동성혼인=809, 중혼=810), 혼인의 성립 및 신고(812·813·814, 가족관계32·33·71이하), 본조위반과 취소(817·824·825)

제808조【동의가 필요한 혼인】 ①미성년자가 혼인을 하는 경우에는 부모의 동의를 받아야 하며, 부모 중 한쪽이 동의권을 행사할 수 없을 때에는 다른 한쪽의 동의를 받아야 하고, 부모가 모두 동의권을 행사할 수 없을 때에는 미성년후견인의 동의를 받아야 한다.

② 피성년후견인은 부모나 성년후견인의 동의를 받아 혼인할 수 있다.
(2011.3.7 본조개정)

▣ 혼인과 양성의 평등(헌36), 준거법(국사), 약혼(800·801), 신고와 동의서의 첨부(가족관계32·33), 본조위반의 신고 불수리(813), 본조위반과 혼인취소(816①·824·825), 동의없는 혼인의 취소청구권의 소멸(819), 혼인적령(807), 혼인의 성립(812), 미성년자의 혼인과 성년(826의2), 미성년자와 법률행위(4·5), 미성년자의 부모와 친권자(909이하·924−927), 미성년자와 후견인(928이하), 피성년후견인과 법률행위(9·10·929), 후견인(929이하), 피성년후견인의 협의상 이혼(835)

1. 부모의 동의를 얻지 않은 혼인의 효력 민 808조에 규정된 부모의 동의가 없었다고 하더라도, 이는 혼인 취소의 사유는 될지언정, 혼인의 무효여부를 판단함에 있어서는 아무런 영향이 없는 것이다.(대판 1966.5.31, 66므1)

제809조【근친혼 등의 금지】 ① 8촌 이내의 혈족(친양자의 입양 전의 혈족을 포함한다) 사이에서는 혼인하지 못한다.

② 6촌 이내의 혈족의 배우자, 배우자의 6촌 이내의 혈족, 배우자의 4촌 이내의 혈족의 배우자인 인척이거나 이러한 인척이었던 자 사이에서는 혼인하지 못한다.

③ 6촌 이내의 양부모계(養父母系)의 혈족이었던 자와 4촌 이내의 양부모계의 인척이었던 자 사이에서는 혼인하지 못한다.
(2005.3.31 본조개정)

〔개정전〕 "**第809條【同姓婚등의 禁止】** ① 同姓同本인 血族사이에서는 婚姻하지 못한다.
<1997.7.16 憲法裁判所 不合致決定으로 本條 第1項 憲法에 不合致>

▣ 혼인과 양성의 평등(헌36), 혼인성립요건의 준거법(국사36①), 혈족(768·770), 인척(769·771·775), 혼인의 무효(815), 본조위반의 신고 불수리(813), 본조위반의 취소(816·824·825), 본조위반의 혼인의 취소청구권의 소멸(820)

1. 구 민 809조 1항의 위헌 여부(구법관계) ① 단순위헌의견(5인): 중국의 동성금혼 사상에서 유래하여 조선시대를 거치면서 법제화되고 확립된 동성동본금혼제는 그 제도 생성 당

시의 국가정책, 국민의식이나 윤리관 및 경제구조와 가족제도 등이 혼인제도에 반영된 것으로서, 충효정신을 기반으로 한 농경중심의 가부장적, 신분적 계급사회에서 사회질서를 유지하기 위한 수단의 하나로서의 기능을 하였다. 그러나 자유와 평등을 근본이념으로 하고 남녀평등의 관념이 정착되었으며 경제적으로 고도로 발달한 산업사회인 현대의 자유민주주의사회에서 동성동본금혼을 규정한 민 809조 1항은 이제 사회적 타당성 내지 합리성을 상실하고 있음과 아울러 "인간으로서의 존엄과 가치 및 행복추구권"을 규정한 헌법이념 및 "개인의 존엄과 양성의 평등"에 기초한 혼인과 가족생활의 성립·유지라는 헌법규정에 정면으로 배치될 뿐 아니라 남계혈족에만 한정하여 성별에 의한 차별을 함으로써 헌법상의 평등의 원칙에도 위반되며, 또한 그 입법목적이 이제는 혼인에 관한 국민의 자유와 권리를 제한할 "사회질서"나 "공공복리"에 해당될 수 없다는 점에서 헌 37조 2항에도 위반된다. ② 헌법불합치의견(2인): 민 809조 1항이 헌법에 위반된다는 결론에는 다수의견과 견해를 같이 한다. 그러나 동성동본제도는 수백년간 이어져 내려오면서 우리 민족의 혼인풍속이 되었을 뿐만 아니라 윤리규범으로 터잡게 되었고 혼인제도는 입법부인 국회가 우리민족의 전통, 관습, 윤리의식 등 여러 가지 사정을 고려하여 입법정책적으로 결정하여야 할 입법재량사항이므로, 비록 위 조항에 위헌성이 있다고 하여도 헌법재판소가 곧바로 위헌결정을 할 것이 아니라 입법형성권을 가지고 있는 국회가 우리민족의 혼인풍속, 윤리의식, 친족관념 및 그 변화 여부, 동성동본금혼제도가 과연 사회적 타당성이나 합리성을 완전히 상실하였는지 여부, 그 제도의 개선방법, 그리고 동성동본금혼제도를 폐지함에 있어 현행 근친혼금지규정이나 혼인무효 및 취소에 관한 규정을 새로 정비할 필요는 없는지 등을 충분히 고려하여 새로이 혼인제도를 결정할 수 있도록 헌법불합치결정을 하여야 한다.(헌재 1997.7.16, 95헌가6)

第810條【重婚의 禁止】 配偶者 있는 者는 다시 婚姻하지 못한다.

▣ 준거법(국사36①), 본조위반의 신고 불수리(813), 본조위반의 혼인취소(816·818·824·825), 실종취소와 취소전의 혼인(29①), 정조에 관한 죄(형297이하), 신민법시행으로 인한 혼인의 무효·취소(부칙18)

1. 협의이혼 취소 전에 혼인한 경우 중혼인지 여부(적극) 청구인과 피청구인(갑)이 협의이혼한 것이 피청구인(갑)의 기망에 인한 것이었음을 이유로 청구인이 제기한 협의이혼 취소심판이 청구인 승소로 확정되었다면 청구인과 피청구인 갑은 당초부터 이혼하지 않은 상태로 되돌아갔으니 위 취소심판 계속중 피청구인 갑, 을 사이에 이루어진 혼인은 중혼의 금지규정에 위반한 것으로 혼인의 취소사유에 해당한다.(대판 1984.3.27, 84므9)

2. 이혼심판이 재심으로 취소되기 전에 혼인한 경우 중혼인지 여부(적극) 갑남이 법률상 부부였던 을녀를 상대로 이혼심판을 청구하여 승소심판을 선고받고 그 심판이 확정되자 병녀와 혼인하여 혼인신고를 마쳤으나 그 후 을녀의 재심청구에 의하여 그 이혼심판의 취소 및 이혼청구기각의 심판이 확정되었다면 갑남과 병녀 사이의 혼인은 중혼에 해당하므로 취소되어야 한다.(대판 1994.10.11, 94므932)

3. 배우자 있는 자가 이중호적을 만들어 타인과 다시 혼인한 경우 중혼인지 여부(적극)(구법관계) 혼인은 호적법에 따라 호적공무원이 그 신고를 수리함으로써 유효하게 성립되며 호적부에의 기재는 그 유효요건이 아니어서 호적에 적법하게 기재되는 여부는 혼인성립의 효과에 영향을 미치는 것은 아니므로 청구인과 피청구인이 일단 혼인신고를 하였다면 그 혼인관계는 성립된 것이고 그 호적의 기재가 무효한 이중호적에 의하였다 하여 그 효력이 좌우되는 것은 아니며 피청구인과 혼인 당시 청구인은 이미 타인과 혼인관계를 맺고 있었기 때문에 피청구인과의 혼인은 위법한 중혼에 해당한다.(대판 1991.12.10, 91므344)

4. 법률혼이 존속중인 부부 중 일방이 제3자와 맺은 사실혼의 보호 가부(소극) 사실혼이란 당사자 사이에 주관적으로 혼인의 의사가 있고, 객관적으로도 사회관념상 가족질서적인 면에서 부부공동생활을 인정할 만한 혼인생활의 실체가 있는 경우라야 하고, 법률상 혼인을 한 부부가 별거하고 있는 상태에서 그 다른 한 쪽이 제3자와 혼인의 의사로 실질적인 부부생활을 하고 있다고 하더라도, 특별한 사정이 없는 한, 이를 사실혼으로 인정하여 법률혼에 준하는 보호를 할 수는 없다.(대판 2001.4.13, 2000다52943)

5. 중혼적 사실혼관계에 있는 자가 부부운전자한정운전 특별약관상의 '사실혼관계에 있는 배우자'로 보호받는지 여부(한정 적극) 법률상 배우자와의 혼인이 아직 해소되지 않은 상태에 있는 자와 혼인의 의사로 실질적인 혼인생활을 하고 있는 사실혼 배우자는 법률혼인 전 혼인이 사실상 이혼상태에 있다는 등의 특별한 사정이 있는 경우 부부운전자한정운전 특별약관부 자동차 보험계약상의 '사실혼관계에 있는 배우자'에 해당한다.(대판 2009.12.24, 2009다64161)

6. 중혼자의 사망 후 중혼 취소를 구할 이익 중혼자가 사망한 후에라도 그 사망에 의하여 중혼으로 인하여 형성된 신분관계가 소멸하는 것은 아니므로 전혼의 배우자가 생존한 중혼의 일방 당사자를 상대로 제기한 혼인취소청구가 오로지 피청구인을 괴롭히기 위한 소송으로 권리남용에 해당하거나 신의칙에 반하여 위법하다고 할 수 없다.(대판 1991.12.10, 91므535)

第811條 (2005.3.31 삭제)

〔개정전〕 "**第811條【再婚禁止期間】** 女子는 婚姻關係의 終了한 날로부터 6月을 經過하지 아니하면 婚姻하지 못한다. 그러나 婚姻關係의 終了後 解産한 때에는 그러하지 아니하다."

第812條【婚姻의 成立】 ① 婚姻은 「가족관계의 등록 등에 관한 법률」에 定한 바에 依하여 申告함으로써 그 效力이 생긴다. (2007.5.17 본항개정)

② 前項의 申告는 當事者 雙方과 成年者인 證人 2人의 連署한 書面으로 하여야 한다.

〔개정전〕 ① 婚姻은 "戶籍法"에 정한 바에 의하여 申告 ……

▣ 혼인 성립요건의 준거법(국사36①), 혼인신고(가족관계32·33·109이하), 신고의 심사·수리(813), 외국에서의 혼인신고(814, 가족관계34·35·36), 사실상 배우자의 보호(산재보상3③), 증인(가족관계28)

1. 사망자와의 혼인신고가 가능한지 여부(소극), **사망한 사실혼 배우자와의 사실혼관계존재확인을 구할 이익** 사망자 사이 또는 생존하는 자와 사망한 자 사이에서는 혼인이 인정될 수 없고, 혼인신고특례법과 같이 예외적으로 혼인신고의 효력의 소급을 인정하는 특별한 규정이 없는 한 그러한 혼인신고가 받아들여질 수도 없다. 사실혼 배우자의 일방이 사망한 경우 생존하는 당사자가 혼인신고를 하기 위한 목적으로서는 사망자와의 과거의 사실혼관계 존재확인을 구할 소의 이익이 있다고는 할 수 없고, 이러한 과거의 사실혼관계가 생존하는 당사자와 사망자와 제3자 사이의 현재적 또는 잠재적 분쟁의 전제가 되어 있어 그 존부확인청구가 이들 수많은 분쟁을 일거에 해결하는 유효적절한 수단일 수 있는 경우에는 확인의 이익이 인정될 수 있는 것이지만, 그러한 유효적절한 수단이라고 할 수 없는 경우에는 확인의 이익이 부정되어야 한다.(대판 1995.11.14, 95므694)

2. 혼인신고의 효력발생시기 혼인의 신고는 호적공무원이 그 신고서를 접수함으로써 그 효력이 발생하고 호적부의 기재는 그 효력요건이 아니므로, 비록 위법한 호적이 그를 이유로 말소된다고 하여도 그 호적에 기재된 혼인의 효력에는 아무런 영향이 없다.(대결 1981.10.15, 81스21)

第813條【婚姻申告의 審査】 婚姻의 申告는 그 婚姻이 第807條 乃至 제810조 및 제812조제2항의 規定 其他 法令에 違反함이 없는 때에는 이를 受

理하여야 한다. (2005.3.31 본조개정)

〔개정전〕 **第813條【婚姻申告의 審査】** …… 第807條 내지 "第811條 및 前條第2項"의 規定 기타 ……

■ 812, 위반된 신고와 혼인의 취소(816-823), 신고 불수리와 불복(가족관계109)

1. 사망자와의 사실혼관계존재확인의 심판이 있는 경우의 혼인신고의 수리가부(소극) 우리 법상 사망자 간이나 생존한 자와 사망한 자 사이의 혼인은 인정되는 것이 아니므로 사망자와의 사실혼관계존재확인의 심판이 있다 하더라도 이미 당사자의 일방이 사망한 경우에는 혼인신고특례법이 정하는 예외적인 경우와 같이 그 혼인신고의 효력을 소급하는 특별한 규정이 없는 한 이미 그 당사자 간에는 법률상의 혼인이 불가능하므로 이러한 혼인신고는 받아들여질 수 없다. 그리고 혼인이 생존한 사람들 간에서만 이루어 질 수 있는 것인 이상 호적공무원의 형식적심사권의 대상에는 그 혼인의 당사자가 생존하였는지 여부를 조사하는 것도 당연히 포함된다.(대결 1991.8.13, 91스6)

第4編 親族

第814條【外國에서의 婚姻申告】 ① 外國에 있는 本國民사이의 婚姻은 그 外國에 駐在하는 大使, 公使 또는 領事에게 申告할 수 있다.

② 제1항의 申告를 受理한 大使, 公使 또는 領事는 遲滯없이 그 申告書類를 本國의 재외국민 가족관계등록사무소에 送付하여야 한다. (2015.2.3 본항개정)

〔개정전〕 ② 제1항의 申告를 受理한 …… 本國의 "본적지를 관할하는 호적관서"에 送付하여야 한다.

■ 혼인성립요건의 준거법(국사36①), 외국에 있는 한국인의 신고(가족관계34·35·36), 본적지에서의 신고(가족관계20)

1. 혼인거행지인 외국에서 외국법에 의한 혼인신고를 마친 경우 혼인 성립 여부(적극)(구법관계) 섭외사법 15조 1항의 규정은 우리나라 사람들 사이 또는 우리나라 사람과 외국인 사이의 혼인이 외국에서 거행되는 경우 그 혼인의 방식 즉 형식적 성립요건은 그 혼인거행지의 법에 따라 정하여야 한다는 취지라고 해석되므로, 그 나라의 법이 정하는 방식에 따른 혼인절차를 마친 경우에는 혼인이 유효하게 성립하고 별도로 우리나라의 법에 따른 혼인신고를 하지 않더라도 혼인의 성립에 영향이 없으며, 당사자가 구 호적 39조, 40조에 의하여 혼인신고를 한다 하더라도 이는 창설적 신고가 아니라 이미 유효하게 성립한 혼인에 관한 보고적 신고에 불과하다.(대판 1994.6.28, 94므413)

第3節 婚姻의 無效와 取消

第815條【婚姻의 無效】 婚姻은 다음 각 호의 어느 하나의 境遇에는 無效로 한다. (개정 2005.3.31 본문개정)

1. 當事者間에 婚姻의 合意가 없는 때
2. 혼인이 제809조제1항의 규정을 위반한 때 (2005.3.31 본호개정)
3. 당사자간에 직계인척관계(直系姻戚關係)가 있거나 있었던 때
4. 당사자간에 양부모계의 직계혈족관계가 있었던 때

〔개정전〕 **【婚姻의 無效】** 婚姻은 "다음 各號의" 경우에는 無效로 ……

"2. 當事者間에 直系血族, 8寸이내의 傍系血族 및 그 配偶者인 親族關係가 있거나 또는 있었던 때

3. 當事者間에 直系姻戚, 夫의 8寸이내의 血族인 姻戚關係가 있거나 또는 있었던 때"

■ 혼인성립요건의 준거법(국사36①), 신민법시행전의 혼인의 무효(부칙18), 합의(107·108), 착오(109), 혈족(768·770), 인척(769·771), 법률행위의 무효(137·139), 혼인무효의 소송(가소22-25·2①가), 혼인무효와 신고(가족관계104-108), 혼인의 무효와 출생자(855①), 혼인취소의 사유(816)

1. '당사자간에 혼인의 합의가 없는 때'의 의미 및 판단 시 고려사항 민 815조 1호 '당사자 간에 혼인의 합의가 없는 때'란 당사자 사이에 사회관념상 부부라고 인정되는 정신적·육체적 결합을 생기게 할 의사의 합치가 없는 경우를 의미한다. 민법은 혼인성립 이전의 단계에서 성립 요건의 흠결로 인한 혼인무효와 혼인성립 후 발생한 사유로 혼인이 해소되는 이혼을 구분하여 규정하고 있다. 가정법원은 상대방 배우자에게 혼인신고 당시 혼인의사가 없었던 것인지, 혼인 이후에 혼인을 유지할 의사가 없어진 것인지에 대해서 구체적으로 심리·판단하여야 하고, 혼인의사라는 개념이 다소 추상적, 내면적인 것이라는 사정에 기대어 상대방 배우자가 혼인을 유지하기 위한 노력을 게을리하였다거나 혼인관계 종료를 의도하는 언행을 하는 등 혼인생활 중에 나타난 몇몇 사정만으로 혼인신고 당시 혼인의사가 없었다고 추단하여 혼인무효 사유에 해당한다고 단정할 것은 아니다.(대판 2021.12.10, 2019므11584, 11591)

2. 혼인신고의 승낙과 혼인의 합의 청구인과 근 30년간 부첩관계를 맺고 그 사이에서 2남 2녀를 출산한 피청구인이 청구인의 본처가 사망하자 청구인에게 혼인신고를 요구하여, 청구인이 이를 응락하고 혼인신고를 하도록 딸에게 교부한 인장을 피청구인이 사용하여 혼인신고서를 작성하여 이 사건 혼인신고를 한 것이라면, 설사 당사자 사이에 이후 동거하기로 하는 합의가 따로 없이 혼인신고 후에도 계속 별거하면서 왕래하려는 의사만 있었더라도 혼인의 실질적 합의가 없었다고는 할 수 없다.(대판 1990.12.26, 90므293)

3. 사실혼관계의 해소 후 혼인신고의 효력(무효) 사실혼관계가 해소된 상태에서 혼인신고가 일방적으로 이루어졌다면 이는 당사자간에 혼인의 합의가 없는 경우에 해당하여 무효이다.(대판 1989.1.24, 88므795)

4. 혼수상태에서 한 혼인신고의 효력(무효) 혼인이 유효하기 위하여는 당사자 사이에 혼인의 합의가 있어야 하고, 이러한 혼인의 합의는 혼인신고를 할 당시에도 존재하여야 한다. 혼례식을 거행한 다음 사실혼 관계에 있었으나 일방이 뇌졸중(뇌실질내출혈)으로 의식을 잃고 혼수상태에 빠져 있는 사이에 혼인신고가 이루어졌다면 특별한 사정이 없는 한 위 신고에 의한 혼인은 무효라고 보아야 한다.(대판 1996.6.28, 94므1089)

5. 사실혼관계에 있는 당사자 사이의 혼인의사의 추정 혼인의 합의란 법률혼주의를 채택하고 있는 우리나라 법제 하에서는 법률상 유효한 혼인을 성립하게 하는 합의를 말하므로 비록 사실혼관계에 있는 당사자 일방이 혼인신고를 한 경우에도 상대방에게 혼인의사가 결여되었다고 인정되는 한 그 혼인은 무효이나, 상대방의 혼인의사가 불분명한 경우에는 혼인의 관행과 신의칙에 따라 사실혼관계를 형성시킨 상대방의 행위에 기초하여 그 혼인의사의 존재를 추정할 수 있으므로 이와 반대되는 사정, 즉 혼인의사를 명백히 철회하였다거나 당사자 사이에 사실혼관계를 해소하기로 합의하였다는 등의 사정이 인정되지 아니하는 경우에는 그 혼인을 무효라고 할 수 없다.(대판 2000.4.11, 99므1329)

6. 혼인의사의 철회 후 혼인신고의 효력(무효) 혼인 당사자간의 혼인할 의사의 합치는 혼인신고서를 작성할 때는 물론이고 혼인신고서를 호적공무원에게 신고할 때에도 존재함을 요한다고 해석되므로 일단 의사의 합치아래 유효하게 신고서를 작성하였더라도 그 제출 전에 일방이 타방에 대하여 또는 그 제출을 타인에게 의뢰하였다면 그 사람에게 혼인의사를 철회한 경우나 호적공무원에게 혼인의사를 철회하였으니 그 수리를 하지 말도록 말한 경우에는 혼인의 의사합치

가 없다고 할 것이므로 그 신고서가 제출되었더라도 그 혼인은 무효이다.(대판 1983.12.27, 83므28)

7. "혼인의 합의"의 의미 피청구인이 청구인과 합의 없이 청구인의 인장을 위조하고 이로써 청구인 명의의 혼인신고서를 위조 행사함으로써 청구인과 피청구인이 혼인한 것처럼 신고한 혼인의 효력은 당사자 사이에 혼인의 합의가 없는 때에 해당되어 무효이다. 혼인의 합의란 법률혼주의를 택하고 있는 우리나라 법제 하에서는 법률상 유효한 혼인을 성립케 하는 합의를 말하는 것이므로 비록 양성간의 정신적·육체적 관계를 맺는 의사가 있다는 것만으로는 혼인의 합의가 있다고 할 수 없다.(대판 1983.9.27, 83므22)

8. 혼인의사 없는 혼인신고의 효력(무효) 외견상 부부로서 사실혼관계와 같은 관계를 유지하여 왔다 하더라도 혼인의사 없는 타방당사자 모르게 한 혼인신고는 원칙으로 무효이며 타방당사자가 혼인신고 후임을 알고도 그 혼인에 만족하고 그대로 부부생활을 계속하였다는 등의 사정을 찾아 볼 수 없는 이상 무효이다.(대판 1978.10.31, 78므37)

9. 간헐적 정교관계에서 자식이 생긴 경우 혼인예약 또는 사실혼관계의 성부 청구인과 피청구인 사이에 있었던 간헐적 정교관계만으로는 그들 사이에 자식이 태어났다 하더라도 서로 혼인의사의 합치가 있었거나 혼인생활의 실체가 존재한다고 보여지지 아니하여 사실상 혼인관계가 성립되었다고 볼 수 없고 또 혼인예약이 있었다고도 볼 수 없다.(대판 1986.3.11, 85므89)

10. 무효인 혼인의 추인 혼인, 입양 등의 신분행위에 관하여 민 139조 본문을 적용하지 않고 추인에 의해 소급적 효력을 인정하는 것은 무효인 신분행위 후 그 내용에 맞는 신분관계가 실질적으로 형성되어 쌍방 당사자가 이의 없이 그 신분관계를 계속하여 왔다면, 그 신고가 부적법하다는 이유로 이미 형성되어 있는 신분관계의 효력을 부인하는 것은 당사자의 의사에 반하고 그 이익을 해칠 뿐 아니라 그 실질적 신분관계의 외형과 호적의 기재를 믿은 제3자의 이익도 침해할 우려가 있기 때문에 추인에 의하여 소급적으로 신분행위의 효력을 인정함으로써 신분관계의 형성이라는 신분관계의 본질적 요소를 보호하는 것이 타당하다는 데에 그 근거가 있으므로, 당사자간에 무효인 신고행위에 상응하는 신분관계가 실질적으로 형성되어 있지도 아니하고 또 앞으로도 그럴 가망이 없는 경우에는 무효의 신분행위에 대한 추인의 의사표시만으로 그 무효행위의 효력을 인정할 수 없다.(대판 1991.12.27, 91므30)

11. 혼인관계가 이혼으로 해소된 이후에도 과거 일정기간 존재하였던 혼인관계의 무효 확인을 구할 확인의 이익이 있는지 여부(원칙적 적극) 이혼으로 혼인관계가 이미 해소되었다면 기왕의 혼인관계는 과거의 법률관계가 된다. 그러나 신분관계인 혼인관계는 그것을 전제로 하여 수많은 법률관계가 형성되고 그에 관하여 일일이 효력의 확인을 구하는 절차를 반복하는 것보다 과거의 법률관계인 혼인관계 자체의 무효 확인을 구하는 편이 관련된 분쟁을 한꺼번에 해결하는 유효·적절한 수단일 수 있으므로, 특별한 사정이 없는 한 혼인관계가 이미 해소된 이후라고 하더라도 혼인무효의 확인을 구할 이익이 인정된다.(대판(全) 2024. 5.23, 2020므15896)

第816條【婚姻取消의 事由】 婚姻은 다음 각 호의 어느 하나의 境遇에는 法院에 그 取消를 請求할 수 있다. (2005.3.31 본문개정)

1. 婚姻이 제807조 내지 제809조(제815조의 규정에 의하여 혼인의 무효사유에 해당하는 경우를 제외한다. 이하 제817조 및 제820조에서 같다) 또는 제810조의 規定에 違反한 때 (2005.3.31 본호개정)
2. 婚姻當時 當事者 一方에 夫婦生活을 繼續할 수 없는 惡疾 其他 重大事由있음을 알지 못한 때
3. 詐欺 또는 强迫으로 因하여 婚姻의 意思表示를 한 때

〔개정전〕**【婚姻取消의 事由】** 婚姻은 "다음 各號의" 경우에는 …
1. 婚姻이 "第807條 내지 第811條"의 規定에 ……

▣ 혼인성립요건의 준거법(국사36①), 신민법시행전의 혼인의 취소(부칙18), 혼인신고의 심사(813), 법률행위의 취소(140이하), 취소청구권자(817·818), 취소청구권의 소멸(819−823), 혼인취소의 효과(824·825), 약혼해제의 사유(804), 사기 또는 강박에 의한 의사표시(110), 혼인의 무효(815), 혼인취소와 손해배상청구권(825), 혼인취소의 소송 및 심판(가소22−25·2①나), 특례(혼인특례3)

1. 부모의 동의를 얻지 않은 혼인의 효력 (대판 1966.5.31, 66므1) → 제808조 참조

제817조【나이위반 혼인 등의 취소청구권자】 婚姻이 第807條, 第808條의 規定에 違反한 때에는 當事者 또는 그 法定代理人이 그 取消를 請求할 수 있고 第809條의 規定에 違反한 때에는 當事者, 그 直系尊屬 또는 4촌 이내의 傍系血族이 그 取消를 請求할 수 있다. (2005.3.31 본조개정)
(2022.12.27 제목개정)

〔개정전〕 …… 直系尊屬 또는 "8寸이내"의 傍系血族이 ……

▣ 816·819·820·824·825, 법정대리인(911·932·938), 혈족(768·770)

제818조【중혼의 취소청구권자】 당사자 및 그 배우자, 직계혈족, 4촌 이내의 방계혈족 또는 검사는 제810조를 위반한 혼인의 취소를 청구할 수 있다.
(2012.2.10 본조개정)
<2012.2.10. 법률 제11300호에 의하여 2010.7.29. 헌법재판소에서 헌법불합치 결정된 이 조를 개정함>

〔개정전〕 "**第818條【중혼의 취소청구권자】** 혼인이 제810조의 규정을 위반한 때에는 당사자 및 배우자, 직계존속, 4촌 이내의 방계혈족 또는 검사가 그 취소를 청구할 수 있다."

▣ 816·821·824·825

1. 중혼자가 사망한 경우, 잔존배우자의 중혼취소청구가 가능한지 여부(적극) (대판 1991.12.10, 91므535) → 제810조 참조

제819조【동의 없는 혼인의 취소청구권의 소멸】 제808조를 위반한 혼인은 그 당사자가 19세가 된 후 또는 성년후견종료의 심판이 있은 후 3개월이 지나거나 혼인 중에 임신한 경우에는 그 취소를 청구하지 못한다. (2011.3.7 본조개정)

▣ 816·817·824·825, 혼인연령(807), 한정후견개시의 심판과 그 취소(12−14)

1. 중혼 성립 후 10년간 혼인취소청구권을 행사하지 아니한 경우 혼인취소청구권 소멸 여부(소극) 원고가 중혼 성립 후 10년간 그 취소청구권을 행사하지 아니하였다 하여 피고의 입장에서 법정의 취소청구권자인 원고가 더 이상 그 권리행사를 하지 아니할 것으로 믿을 만한 정당한 사유를 갖게 되었다거나 원고의 그 동안의 언동에 의하여 피고가 원고는 취소청구권을 행사하지 아니할 것으로 추인할 수 있게 되었다고 단정하기는 어렵다. 민법의 관계규정에 의하면 민법 소정의 혼인취소사유 중 동의 없는 혼인, 동성혼, 재혼금지기간위반혼인, 악질 등 사유에 의한 혼인, 사기, 강박으로 인한 혼인 등에 대하여는 제척기간 또는 권리소멸사유를 규정하면서도(민 819조 내지 823조) 중혼과 연령미달 혼인에 대하여만은 권리소멸에 관한 사유를 규정하지 아니하고 있는바, 이는 중혼 등의 반사회성, 반윤리성이 다른 혼인취소사유에 비하여 일층 무겁다고 본 입법자의 의사를 반영한 것이고,

그렇다면 중혼의 취소청구권에 관하여 장기간의 권리불행사 등 사정만으로 가볍게 그 권리소멸을 인정하여서는 아니 된다.(대판 1993.8.24, 92므907)

第820條【근친혼등의 취소청구권의 소멸】 第809條의 規定에 違反한 婚姻은 그 當事者間에 婚姻中 포태(胞胎)한 때에는 그 取消를 請求하지 못한다. (2005.3.31 본조개정)

〔개정전〕 【"同姓婚등에 대한 取消請求權의 消滅"】… 當事者間에 婚姻중 "子를 出生한" 때에는 그 取消를 …

▣ 816·817·824·825

第821條 (2005.3.31 삭제)

〔개정전〕 "第821條【再婚禁止期間違反婚姻取消請求權의消滅】第811條의 規定에 違反한 婚姻은 前婚姻關係의 終了한 날로부터 6月을 經過하거나 再婚後 胞胎한 때에는 그 取消를 請求하지 못한다."

第822條【惡疾 等 事由에 依한 婚姻取消請求權의 消滅】 第816條第2號의 規定에 該當하는 事由있는 婚姻은 相對方이 그 事由있음을 안 날로부터 6月을 經過한 때에는 그 取消를 請求하지 못한다.

▣ 816·824·825

第823條【詐欺, 强迫으로 因한 婚姻取消請求權의 消滅】 詐欺 또는 强迫으로 因한 婚姻은 詐欺를 안 날 또는 强迫을 免한 날로부터 3月을 經過한 때에는 그 取消를 請求하지 못한다.

▣ 815·816·824·825, 혼인의사 흠결과 혼인무효(815), 사기·강박에 의한 의사표시(110), 본조의 준용(839·897·904)

第824條【婚姻取消의 效力】 婚姻의 取消의 效力은 旣往에 遡及하지 아니한다.

▣ 혼인의 취소(816-823), 혼인취소와 인척관계의 소멸(775), 혼인의 취소와 친권자(909), 법률행위의 취소의 효과(141), 혼인취소와 손해배상(825), 본조의 준용(897)

1. 혼인의 취소와 상속관계에 대한 소급효 민 824조는 "혼인의 취소의 효력은 기왕에 소급하지 아니한다."고 규정하고 있을 뿐 재산상속 등에 관해 소급효를 인정할 별도의 규정이 없는바, 혼인 중에 부부 일방이 사망하여 상대방이 배우자로서 망인의 재산을 상속받은 후에 그 혼인이 취소되었다는 사정만으로 그 전에 이루어진 상속관계가 소급하여 무효라거나 또는 그 상속재산이 법률상 원인 없이 취득한 것이라고는 볼 수 없다.(대판 1996.12.23, 95다48308)

제824조의2【혼인의 취소와 자의 양육 등】 제837조 및 제837조의2의 규정은 혼인의 취소의 경우에 자의 양육책임과 면접교섭권에 관하여 이를 준용한다. (2005.3.31 본조신설)

第825條【婚姻取消와 損害賠償請求權】 第806條의 規定은 婚姻의 無效 또는 取消의 境遇에 準用한다.

▣ 혼인의 취소(816-823), 취소의 효력(824), 손해배상(750·751·393-395)

1. 사기 또는 강박으로 혼인한 자가 협의이혼을 한 경우 손해배상청구 가부(적극) 혼인의사결정에 당사자 일방 또는 제3자의 사기 또는 강박 등의 위법행위가 개입되어 그로 인해서 혼인을 하게 된 경우에는 상대방은 그것을 이유로 하고 혼인의 취소를 구한다던가 또는 사기 강박등 위법행위에 관한 사항이 이혼사유에 해당되면 그 사유를 내세우고 재판에 의한 이혼을 구한다던가 혹은 그것이 원유가 되어 당사자 협의에 의하여 이혼을 한다던가 등 어떠한 방식을 취할 것인가는 오로지 당사자의 선택에 달려있고 혼인해소가 사기 또는 강박등의 위법행위에 원유한 이상 사기 또는 강박으로 인해서 혼인을 하게 된 자가 그로 인해서 받은 재산상 또는 정신상의 손해배상청구를 하는데 있어서 반드시 어떠한 혼인해소방식에 구애되어 혼인취소 또는 이혼판결이 있어야만 된다고 할 이유는 없다.(대판 1977.1.25, 76다2223)

第4節 婚姻의 效力

第1款 一般的 效力

第826條【夫婦間의 義務】 ① 夫婦는 同居하며 서로 扶養하고 協助하여야 한다. 그러나 正當한 理由로 一時的으로 同居하지 아니하는 境遇에는 서로 忍容하여야 한다.

② 夫婦의 同居場所는 夫婦의 協議에 따라 정한다. 그러나 協議가 이루어지지 아니하는 경우에는 當事者의 請求에 의하여 家庭法院이 이를 정한다. (1990.1.13 본항개정)

③ (2005.3.31 삭제)

④ (2005.3.31 삭제)

〔개정전〕 "③ 妻는 夫의 家에 入籍한다. 그러나 妻가 親家의 戶主 또는 戶主承繼人인 때에는 夫가 妻의 家에 入籍할 수 있다. (1990.1.13 본항개정)

④ 前項但書의 경우에 夫婦間의 子는 母의 姓과 本을 따르고 母의 家에 入籍한다."

1. 유기죄에 관한 형 271조 1항에서 말하는 '법률상 보호의무'에 부부간의 부양의무가 포함되는지 여부(적극) 유기죄를 범하여 사람을 사망에 이르게 하는 유기치사죄가 성립하기 위해서는 먼저 유기죄가 성립하여야 하므로, 행위자가 유기죄에 관한 형 271조 1항이 정하고 있는 것처럼 "노유, 질병 기타 사정으로 인하여 부조를 요하는 자를 보호할 법률상 또는 계약상 의무 있는 자"에 해당하여야 한다. 여기에서 말하는 법률상 보호의무에는 민 826조 1항에 근거한 부부간의 부양의무도 포함된다.(대판 2018.5.11, 2018도4018)

2. 혼인이 사실상 파탄되어 부부가 별거하면서 서로 이혼소송을 제기하는 경우, 부부간 부양의무의 소멸 여부 부부간 부양의무는 혼인관계의 본질적 의무로서 부양받을 자의 생활을 부양의무자의 생활과 같은 정도로 보장하여 부부공동생활의 유지를 가능하게 하는 것이다. 따라서 혼인이 사실상 파탄되어 부부가 별거하면서 서로 이혼소송을 제기하는 경우라고 하더라도, 특별한 사정이 없는 한 이혼을 명한 판결의 확정 등으로 법률상 혼인관계가 완전히 해소될 때까지는 부부간 부양의무가 소멸하지 않는다고 보아야 한다.(대결 2023.3.24, 2022스771)

第826條의2【成年擬制】 未成年者가 婚姻을 한 때에는 成年者로 본다. (1977.12.31 본조신설)

▣ 혼인의 효력의 준거법(국사37), 미성년자의 혼인(807·808), 성년(4), 성년의 효과(5·866·909·928·937·948)

第827條【夫婦間의 家事代理權】 ① 夫婦는 日常의 家事에 關하여 서로 代理權이 있다.

② 前項의 代理權에 加한 制限은 善意의 第三者에게 對抗하지 못한다.

▣ 부부간의 의무(826), 대리(114이하), 생활비용부담(833), 가사로 인한 채무의 연대책임(832)

1. '일상가사에 관한 법률행위'의 범위 및 판단기준, 금전차용행위가 일상가사행위인지 여부 ① 민 832조에서 말하는 일상의 가사에 관한 법률행위라 함은 부부가 공동생활을 영위하는데 통상 필요한 법률행위를 말하므로 그 내용과 범위는 그 부부공동체의 생활 구조, 정도와 그 부부의 생활 장소

인 지역사회의 사회통념에 의하여 결정되며, 문제가 된 구체적인 법률행위가 당해 부부의 일상의 가사에 관한 것인지를 판단함에 있어서는 그 법률행위의 종류·성질 등 객관적 사정과 함께 가사처리자의 주관적 의사와 목적, 부부의 사회적 지위·직업·재산·수입능력 등 현실적 생활상태를 종합적으로 고려하여 사회통념에 따라 판단하여야 한다. ② 금전차용행위도 금액, 차용 목적, 실제의 지출용도, 기타의 사정 등을 고려하여 그것이 부부의 공동생활에 필요한 자금조달을 목적으로 하는 것이라면 일상가사에 속한다고 보아야 하므로, 아파트 구입비용 명목으로 차용한 경우 그와 같은 비용의 지출이 부부공동체 유지에 필수적인 주거 공간을 마련하기 위한 것이라면 일상가사에 속한다고 볼 수 있다. ③ 부인이 남편 명의로 분양받은 45평형 아파트의 분양금을 납입하기 위한 명목으로 금전을 차용하여 분양금을 납입하였고, 그 아파트가 남편의 유일한 부동산으로서 가족들이 거주하고 있는 경우, 그 금전차용행위는 일상가사에 해당한다.(대판 1999.3.9, 98다46877)

2. 별거중인 부의 재산을 처분한 행위가 일상가사행위인지 여부(소극) 민 827조 1항의 부부간의 일상가사대리권은 부부가 공동체로서 가정생활상 항시 행하여지는 행위에 한하므로, 처가 별거하여 외국에 체류중인 부의 재산을 처분한 행위를 부부간의 일상가사에 속하는 것이라 할 수는 없다.(대판 1993.9.28, 93다16369)

3. 남편 자신의 사업상 채무에 대하여 처 명의로 연대보증약정을 한 경우 채권자의 대리권이 있다고 믿을 만한 정당한 사유의 존부(소극) (대판 1997.4.8, 96다54942) → 제126조 참조

4. 사실상혼인관계에서도 일상가사대리권이 인정되는지 여부(적극) 원고와 소외인이 동거를 하면서 사실상의 부부관계를 맺고 실질적인 가정을 이루어 대외적으로도 부부로 행세하여 왔다면 원고와 위 소외인 사이에 일상가사에 관한 사항에 관하여 상호대리권이 있다.(대판 1980.12.23, 80다2077)

5. 부부의 일방이 의식불명의 상태에 있는 경우 배우자의 대리권 부부의 경우에도 일상의 가사가 아닌 법률행위를 배우자를 대리하여 행함에 있어서는 별도로 대리권을 수여하는 수권행위가 필요한 것이지, 부부의 일방이 의식불명의 상태에 있어 사회통념상 대리관계를 인정할 필요가 있다는 사정만으로 그 배우자가 당연히 채무의 부담행위를 포함한 모든 법률행위에 관하여 대리권을 갖는다고 볼 것은 아니다.(대판 2000.12.8, 99다37856)

6. 남편 소유 부동산 매각이 일상가사행위인지 여부(소극) 부부간의 일상가사대리권은 그 동거생활을 추지하기 위하여 각각 필요한 범위내의 법률행위에 국한되어야 할 것이고 아내가 남편 소유의 부동산을 매각하는 것과 같은 처분행위는 일상가사의 대리권에는 속하지 아니한다.(대판 1966.7.19, 66다863)

7. 교회에의 건축 헌금 또는 거액의 아파트 구입이 일상가사행위인지 여부(소극) 부인이 교회에의 건축 헌금, 가게의 인수대금, 장남의 교회 및 주택임대차보증금의 보조금, 거액의 대출금에 대한 이자 지급 등의 명목으로 금원을 차용한 행위는 일상 가사에 속한다고 볼 수는 없으며, 주택 및 아파트 구입비용 명목으로 차용한 경우 그와 같은 비용의 지출이 부부공동체를 유지하기 위하여 필수적인 주거 공간을 마련하기 위한 것이라면 일상의 가사에 속한다고 볼 여지가 있으나 그 주택 및 아파트의 매매대금이 거액에 이르는 대규모의 주택이나 아파트라면 그 구입 또한 일상의 가사에 속하는 것이라고 보기는 어렵다.(대판 1997.11.28, 97다31229)

8. 남편이 정신병으로 장기간 병원에 입원하여 아내가 남편 소유의 가대를 적정가격으로 매도한 경우 매수인의 대리권이 있다고 믿을 만한 정당한 사유의 존부(적극) (대판 1970.10.30, 70다1812) → 제126조 참조

제828조 (2012.2.10 삭제)

〔개정전〕 "**第828條【夫婦間의 契約의 取消】** 夫婦間의 契約은 婚姻중 언제든지 夫婦의 一方이 이를 取消할 수 있다. 그러나 第3者의 權利를 害하지 못한다.

▣ 혼인의 효력의 준거법(국사37), 취소(141-143), 계약의 해지·해제(543), 부부간의 권리와 시효(180②)

第2款 財産上 效力

第829條【夫婦財産의 約定과 그 變更】 ① 夫婦가 婚姻成立前에 그 財産에 關하여 따로 約定을 하지 아니한 때에는 그 財産關係는 本款中 다음 各條에 定하는 바에 依한다.

② 夫婦가 婚姻成立前에 그 財産에 關하여 約定한 때에는 婚姻中 이를 變更하지 못한다. 그러나 正當한 事由가 있는 때에는 法院의 許可를 얻어 變更할 수 있다.

③ 前項의 約定에 依하여 夫婦의 一方이 다른 一方의 財産을 管理하는 境遇에 不適當한 管理로 因하여 그 財産을 危殆하게 한 때에는 다른 一方은 自己가 管理할 것을 法院에 請求할 수 있고 그 財産이 夫婦의 共有인 때에는 그 分割을 請求할 수 있다.

④ 夫婦가 그 財産에 關하여 따로 約定을 한 때에는 婚姻成立까지에 그 登記를 하지 아니하면 이로써 夫婦의 承繼人 또는 第三者에게 對抗하지 못한다.

⑤ 第2項, 第3項의 規定이나 約定에 依하여 管理者를 變更하거나 共有財産을 分割하였을 때에는 그 登記를 하지 아니하면 이로써 夫婦의 承繼人 또는 第三者에게 對抗하지 못한다.

▣ 부부재산제의 준거법(국사38), 혼인의 성립(812·814, 가족관계32·33·71-73·104), 법원의 허가(가소2①ii7)·60·61), 공유와 분할(268-270, 가소2①), 등기(비송128), 법정재산(830-833), 관리자변경 또는 공유재산분할의 등기(비송68)

第830條【特有財産과 歸屬不明財産】 ① 夫婦의 一方이 婚姻前부터 가진 固有財産과 婚姻中 自己의 名義로 取得한 財産은 그 特有財産으로 한다.

② 夫婦의 누구에게 속한 것인지 分明하지 아니한 財産은 夫婦의 共有로 推定한다. (1977.12.31 본항개정)

▣ 832·833·829·831, 가족의 특유재산(796), 공유(262이하), 공유재산의 분할(829③)

1. 부부의 일방에 대한 집행권원에 기하여 부부공유로 추정되는 가재도구에 대한 압류집행의 적법여부(소극) 가재도구가 부부중 누구의 소유인지 분명하지 아니한 경우에는 부부공유로 추정되므로 처에 대한 채무명의(집행권원)에 기하여 그 지분권을 압류하는 방법에 의하지 아니하고 그 물건 전체에 대하여 한 압류집행은 부당하다.(대판 1980.8.19, 80다1282)

2. 부부 일방이 혼인중 자기명의로 취득한 재산의 귀속 부부의 일방이 혼인중 그의 명의로 취득한 부동산은 그의 특유재산으로 추정되는 것으로서 그 부동산을 취득함에 있어 상대방의 협력이 있었다거나 혼인생활에 있어 내조의 공이 있었다는 것만으로는 위 추정을 번복할 수 있는 사유가 되지 못하고 그 부동산을 부부각자가 대금의 일부씩을 분담하여 매수하였다거나 부부가 연대채무를 부담하여 매수하였다는 등의 실질적 사유가 주장입증되는 경우에 한하여 위 추

정을 번복하고 그 부동산을 부부의 공유로 인정할 수 있다.(대판 1986.9.9, 85다카1337, 1338)

3. 부부 일방의 특유재산의 추정이 번복되는 경우 부부의 일방이 혼인중에 자기명의로 취득한 재산은 그 명의자의 특유재산으로 추정되나 실질적으로 다른 일방 또는 쌍방이 그 재산의 대가를 부담하여 취득한 것이 증명된 때에는 특유재산의 추정은 번복되어 다른 일방의 소유이거나 쌍방의 공유라고 보아야 한다. 피고는 남편인 원고와 18년간의 결혼생활을 하면서 여러 차례 부동산을 매입하였다가 이익을 남기고 처분하는 등의 방법으로 재산을 증식해 온 사실이 인정되는 바, 이 사건 부동산매입자금의 원천이 남편인 원고의 수입에 있다고 하더라도 위와 같은 피고의 재산증식행위로 원고수입을 증식하여 이로써 이 사건 부동산을 매입하게 된 것이라면 위 부동산의 취득은 원·피고 쌍방의 자금과 증식노력으로 이루어진 것으로서 원·피고의 공유재산이라고 볼 여지가 있다.(대판 1990.10.23, 90다카5624)

第831條【特有財産의 管理 等】 夫婦는 그 特有財産을 各自 管理, 使用, 收益한다.

▣ 830①

第832條【家事로 因한 債務의 連帶責任】 夫婦의 一方이 日常의 家事에 關하여 第三者와 法律行爲를 한 때에는 다른 一方은 이로 因한 債務에 對하여 連帶責任이 있다. 그러나 이미 第三者에 對하여 다른 一方의 責任없음을 明示한 때에는 그러하지 아니하다.

▣ 833, 부부간의 가사대리권(827), 연대채무(413이하)

第833條【生活費用】 夫婦의 共同生活에 필요한 費用은 當事者間에 특별한 約定이 없으면 夫婦가 共同으로 부담한다. (1990.1.13 본조개정)

▣ 830-832, 부부간의 의무(826①), 부부간의 가사대리(827)

1. 민 826조에서 정한 부부간의 부양·협조의 의미 및 민 833조에 의한 생활비용청구가 민 826조와는 무관한 별개의 청구원인에 기한 청구라고 볼 수 있는지 여부(소극) 민 826조 1항 본문은 "부부는 동거하며 서로 부양하고 협조하여야 한다."라고 규정하고, 민 833조는 "부부의 공동생활에 필요한 비용은 당사자 간에 특별한 약정이 없으면 부부가 공동으로 부담한다."라고 규정하고 있다. 826조의 부부간의 부양·협조는 부부가 서로 자기의 생활을 유지하는 것과 같은 수준으로 상대방의 생활을 유지시켜 주는 것을 의미한다. 이러한 부양·협조의무를 이행하여 자녀의 양육을 포함하는 공동생활로서의 혼인생활을 유지하기 위해서는 부부간에 생활비용의 분담이 필요한데, 833조는 그 기준을 정하고 있다. 즉 826조 1항은 부부간의 부양·협조의무의 근거를, 833조는 위 부양·협조의무 이행의 구체적인 기준을 제시한 조항이다. 가소법도 2조 1항 2호의 가사비송사건 중 마류 1호로 '민법 제826조 및 제833조에 따른 부부의 동거·부양·협조 또는 생활비용의 부담에 관한 처분'을 두어 위 826조에 따른 처분과 833조에 따른 처분을 같은 심판사항으로 규정하고 있다. 따라서 833조에 의한 생활비용청구가 826조와는 무관한 별개의 청구원인에 기한 청구라고 볼 수는 없다.(대결 2017.8.25, 2014스26)

第5節 離 婚

第1款 協議上 離婚

第834條【協議上 離婚】 夫婦는 協議에 依하여 離婚할 수 있다.

▣ 이혼의 준거법(국사37·39), 협의이혼의 성립과 신고(836, 가족관계74), 협의이혼에 대한 동의(835), 재판상 이혼(840이하, 가족관계78), 이혼과 자의 양육책임(837), 이혼과 친권자(909④), 이혼의 무효(가소2① i 가·21·22), 협의이혼의 취소와 그 소송 및 심판(838·839, 가소21·22·2①나), 이혼의 효과(837·787①), 이혼과 인척관계의 소멸(775), 이혼과 혼인장애의 존속(809②·815)

1. 이혼의 의사 없는 협의이혼신고 이혼 당사자간에 혼인생활을 실질상 폐기하려는 의사는 없이 단지 강제집행의 회피, 기타 어떤 다른 목적을 위한 방편으로 일시적으로 이혼신고를 하기로 하는 합의가 있었음에 불과하다고 인정하려면 누구나 납득할 만한 충분한 증거가 있어야 하고 그렇지 않으면 이혼당사자간에 일응 일시나마 법률상 적법한 이혼을 할 의사가 있었다고 인정함이 이혼신고의 법률상 및 사실상의 중대성에 비추어 상당하다.(대판 1975.8.19, 75도1712)

2. 상대방을 기망하여 이혼의 의사표시가 이루어진 경우 이혼의 효력 협의상 이혼의 의사표시가 기망에 의하여 이루어진 것일지라도 그것이 취소되기까지는 유효하게 존재하는 것이므로, 협의상 이혼의사의 합치에 따라 이혼신고를 하여 호적에 그 협의상 이혼사실이 기재되었다면, 이는 공정증서원본불실기재죄에 정한 불실의 사실에 해당하지 않는다.(대판 1997.1.24, 95도448)

제835조【성년후견과 협의상 이혼】 피성년후견인의 협의상 이혼에 관하여는 제808조제2항을 준용한다. (2011.3.7 본조개정)

第836條【離婚의 成立과 申告方式】 ① 協議上 離婚은 家庭法院의 確認을 받아 「가족관계의 등록 등에 관한 법률」의 定한 바에 依하여 申告함으로써 그 效力이 생긴다. (2007.5.17 본항개정)

② 前項의 申告는 當事者 雙方과 成年者인 證人 2人의 連署한 書面으로 하여야 한다.

〔개정전〕 ① … 家庭法院의 確認을 받아 "戶籍法"의 정한 바에 의하여 申告함으로써 …

▣ 협의이혼(834·835), 신고사항 및 동의를 요하는 신고(가족관계32·74), 당사자가 제한능력자일 경우의 신고의무자(가족관계26·27)

1. 신고하지 아니한 협의이혼 확인의 효력(무효) 협의이혼의사확인을 받았으나 그에 따른 이혼신고를 하지 않았다면 이혼의 효력이 발생하지 아니한다.(대판 1983.7.12, 83므11)

2. 협의이혼의사 확인의 법적 효력 협의이혼은 당사자가 혼인관계를 해소하려는 의사의 합치로서 이루어지며 호적법에 정한 바에 의하여 협의상의 이혼을 신고함으로써 그 효력이 생기는 터이나 그 신고 전에 가정법원의 확인을 받도록 하고 있다. 위의 협의이혼의사확인절차는 확인당시에 당사자들이 이혼을 할 의사를 가지고 있는가를 밝히는데 그치는 것이고 그들이 의사결정의 정확한 능력을 가졌는지 또는 어떠한 과정을 거쳐 협의이혼의사를 결정하였는지 하는 점에 관하여서는 심리하지 않는다. 협의이혼의사의 확인은 어디까지나 당사자들의 합의를 근간으로 하고 법원의 역할은 그들의 의사를 확인하여 증명해 주는데 그치며 법원의 확인에 소송법상의 특별한 효력이 주어지는 것도 아니다. 따라서 이혼협의의 효력은 민법상의 원칙에 의하여 결정되어야 하고 이혼의사표시가 사기, 강박에 의하여 이루어졌다면 민 838조에 의하여 취소할 수 있다.(대판 1987.1.20, 86므86)

3. 협의이혼의사의 철회 후 협의이혼신고서가 수리된 경우 이혼의 효력(무효) 부부가 이혼하기로 협의하고 가정법원의 협의이혼의사 확인을 받았다고 하더라도 호적법에 정한 바에 의하여 신고함으로써 협의이혼의 효력이 생기기 전에는 부부의 일방이 언제든지 협의이혼의사를 철회할 수 있어서, 협의이혼신고서가 수리되기 전에 협의이혼의사의 철회신고서가 제출되면 협의이혼신고서는 수리할 수 없으므로, 설사 호적공무원이 착오로 협의이혼의사 철회신고서가 제출된 사실을 간과한 나머지 그 후에 제출된 협의이혼신고서를

수리하였다고 하더라도 협의상 이혼의 효력이 생길 수 없다.(대판 1994.2.8, 93도2869)

제836조의2【이혼의 절차】 ① 협의상 이혼을 하려는 자는 가정법원이 제공하는 이혼에 관한 안내를 받아야 하고, 가정법원은 필요한 경우 당사자에게 상담에 관하여 전문적인 지식과 경험을 갖춘 전문상담인의 상담을 받을 것을 권고할 수 있다.
② 가정법원에 이혼의사의 확인을 신청한 당사자는 제1항의 안내를 받은 날부터 다음 각 호의 기간이 지난 후에 이혼의사의 확인을 받을 수 있다.
1. 양육하여야 할 자(포태 중인 자를 포함한다. 이하 이 조에서 같다)가 있는 경우에는 3개월
2. 제1호에 해당하지 아니하는 경우에는 1개월

③ 가정법원은 폭력으로 인하여 당사자 일방에게 참을 수 없는 고통이 예상되는 등 이혼을 하여야 할 급박한 사정이 있는 경우에는 제2항의 기간을 단축 또는 면제할 수 있다.
④ 양육하여야 할 자가 있는 경우 당사자는 제837조에 따른 자(子)의 양육과 제909조제4항에 따른 자(子)의 친권자결정에 관한 협의서 또는 제837조 및 제909조제4항에 따른 가정법원의 심판정본을 제출하여야 한다.
⑤ 가정법원은 당사자가 협의한 양육비부담에 관한 내용을 확인하는 양육비부담조서를 작성하여야 한다. 이 경우 양육비부담조서의 효력에 대하여는 「가사소송법」 제41조를 준용한다. (2009.5.8 본항신설)
(2007.12.21 본조신설)

第837條【離婚과 子의 養育責任】 ① 當事者는 그 子의 養育에 관한 사항을 協議에 의하여 정한다.
② 제1항의 협의는 다음의 사항을 포함하여야 한다.
1. 양육자의 결정
2. 양육비용의 부담
3. 면접교섭권의 행사 여부 및 그 방법

(2007.12.21 본항개정)
③ 제1항에 따른 협의가 자(子)의 복리에 반하는 경우에는 가정법원은 보정을 명하거나 직권으로 그 자(子)의 의사(意思)·나이와 부모의 재산상황, 그 밖의 사정을 참작하여 양육에 필요한 사항을 정한다. (2022.12.27. 본항개정)
④ 양육에 관한 사항의 협의가 이루어지지 아니하거나 협의할 수 없는 때에는 가정법원은 직권으로 또는 당사자의 청구에 따라 이에 관하여 결정한다. 이 경우 가정법원은 제3항의 사정을 참작하여야 한다. (2007.12.21 본항신설)
⑤ 가정법원은 자(子)의 복리를 위하여 필요하다고 인정하는 경우에는 부·모·자(子) 및 검사의 청구 또는 직권으로 자(子)의 양육에 관한 사항을 변경하거나 다른 적당한 처분을 할 수 있다. (2007.12.21 본항신설)
⑥ 제3항부터 제5항까지의 규정은 양육에 관한 사항 외에는 부모의 권리의무에 변경을 가져오지 아니한다. (2007.12.21 본항신설)
(1990.1.13 본조개정)
(2023.6.28 시행)

▣ 이혼(834·840), 친권자의 결정(909④), 양육비용의 계산(923②), 자의 보호교양(913-915·974), 보호교양의 범위외의 부모의 권리의무(801·808·835·870·911·916·923), 법원의 처분(가소2①ii나), 재판상 이혼의 경우에의 준용(843)

1. 부모의 이혼으로 미성년 자녀의 양육자를 지정함에 있어 고려할 사항 자녀의 양육은 부모의 권리이자 의무로서 미성년인 자녀의 복지에 직접적인 영향을 미친다. 따라서 부모가 이혼하는 경우에 미성년인 자녀의 양육자를 정할 때에는, 미성년인 자녀의 성별과 연령, 그에 대한 부모의 애정과 양육의사의 유무는 물론, 양육에 필요한 경제적 능력의 유무, 부와 모가 제공하려는 양육방식의 내용과 합리성·적합성 및 상호 간의 조화 가능성, 부 또는 모와 미성년인 자녀 사이의 친밀도, 미성년인 자녀의 의사 등의 모든 요소를 종합적으로 고려하여, 미성년인 자녀의 성장과 복지에 가장 도움이 되고 적합한 방향으로 판단하여야 한다.(대판 2020.5.14, 2018므15534)

2. 부모 일방이 자녀를 평온하게 양육해온 경우 타방을 친권자, 양육자로 지정하기 위한 고려사항, 한국어 능력이 부족한 외국인이 부모인 경우 고려사항 ① 별거 이후 재판상 이혼까지 상당 기간 부모 일방이 미성년 자녀(유아)를 평온하게 양육하여 온 경우, 현재의 양육 상태에 변경을 가하여 상대방을 친권자 및 양육자로 지정하는 것이 정당화되기 위해서는 현재의 양육 상태가 미성년 자녀의 건전한 성장과 복지에 오히려 방해가 되고, 상대방을 친권자 및 양육자로 지정하는 것이 더 도움이 된다는 점이 명백하여야 한다. ② 대한민국 국민과 혼인을 한 후 입국하여 체류자격을 취득하고 거주하다가 한국어를 습득하기 충분하지 않은 기간에 이혼에 이르게 된 외국인이 당사자인 경우, 한국어 소통능력이 부족한 외국인보다는 대한민국 국민인 상대방에게 양육되는 것이 더 적합할 것이라는 추상적이고 막연한 판단으로 해당 외국인 배우자가 양육자로 지정되기에 부적합하다고 평가하는 것은 옳지 않다.(대판 2021.9.30, 2021므12320, 12337)

3. 조정에 반하여 자녀를 양육한 자의 양육비 청구 가부(소극) **및 사정변경은 없으나 부당한 양육관련사항의 변경 가능성** ① 청구인과 상대방이 이혼하면서 사건본인의 친권자 및 양육자를 상대방으로 지정하는 내용의 조정이 성립된 경우, 그 조정조항상의 양육방법이 그 후 다른 협정이나 재판에 의하여 변경되지 않는 한 청구인에게 자녀를 양육할 권리가 없고, 그럼에도 불구하고 청구인이 법원으로부터 위 조정조항을 임시로 변경하는 가소 62조의 사전처분 등을 받지 아니한 채 임의로 자녀를 양육하였다면 이는 상대방에 내한 관계에서는 상대적으로 위법한 양육이라고 할 것이니, 이러한 청구인의 임의적 양육에 관하여 상대방이 청구인에게 양육비를 지급할 의무가 있다고 할 수는 없다. ② 민 837조 2항의 규정에 의하여 가정법원이 일단 결정한 양육에 필요한 사항을 그 후 변경하는 것은 당초의 결정 후에 특별한 사정변경이 있는 경우뿐만 아니라, 당초의 결정이 위 법률규정의 제반 사정에 비추어 부당하게 되었다고 인정될 경우에도 가능한 것이며, 당사자가 조정을 통하여 그 자의 양육에 관한 사항을 정한 후 가정법원에 그 사항의 변경을 청구한 경우에 있어서도 가정법원은 심리를 거쳐서 그 조정조항에서 정한 사항이 위 법률규정의 제반 사정에 비추어 부당하다고 인정되는 경우에는 언제든지 그 사항을 변경할 수 있고 조정의 성립 이후에 특별한 사정변경이 있는 때에 한하여 이를 변경할 수 있는 것은 아니다.(대결 2006.4.17, 2005스18, 19)

4. 과거의 양육비 청구 ① 어떠한 사정으로 인하여 부모 중 어느 한 쪽만이 자녀를 양육하게 된 경우에, 그와 같은 일방

에 의한 양육이 그 양육자의 일방적이고 이기적인 목적이나 동기에서 비롯한 것이라거나 자녀의 이익을 위하여 도움이 되지 아니하거나 그 양육비를 상대방에게 부담시키는 것이 오히려 형평에 어긋나게 되는 등 특별한 사정이 있는 경우를 제외하고는, 양육하는 일방은 상대방에 대하여 현재 및 장래에 있어서의 양육비 중 적정 금액의 분담을 청구할 수 있음은 물론이고, 부모의 자녀양육의무는 특별한 사정이 없는 한 자녀의 출생과 동시에 발생하는 것이므로 과거의 양육비에 대하여도 상대방이 분담함이 상당하다고 인정되는 경우에는 그 비용의 상환을 청구할 수 있다. ② 한 쪽의 양육자가 양육비를 청구하기 이전의 과거의 양육비 모두를 상대방에게 부담시키게 되면 상대방은 예상하지 못하였던 양육비를 일시에 부담하게 되어 지나치고 가혹하며 신의칙이나 형평의 원칙에 어긋날 수도 있으므로, 이와 같은 경우에는 반드시 이행청구 이후의 양육비와 동일한 기준에서 정할 필요는 없고, 부모 중 한 쪽이 자녀를 양육하게 된 경위와 그에 소요된 비용의 액수, 그 상대방이 부양의무를 인식한 것인지 여부와 그 시기, 그것이 양육에 소요된 통상의 생활비인지 아니면 이례적이고 불가피하게 소요된 다액의 특별한 비용(치료비 등)인지 여부와 당사자들의 재산 상황이나 경제적 능력과 부담의 형평성 등 여러 사정을 고려하여 적절하다고 인정되는 분담의 범위를 정할 수 있다.(대결(全) 1994.5.13, 92스21)

第4編 親族

5. 인지판결의 확정 전에 발생한 과거의 양육비 청구 민 860조는 "인지는 그 자의 출생 시에 소급하여 효력이 생긴다."라고 규정하고 있다. 따라서 인지판결 확정으로 법률상 부양의무가 현실화되는 것이기는 하지만 부모의 법률상 부양의무는 인지판결이 확정되면 그 자의 출생 시로 소급하여 효력이 생기는 것이므로, 양육자는 인지판결의 확정 전에 발생한 과거의 양육비에 대하여도 상대방이 부담함이 상당한 범위 내에서 그 비용의 상환을 청구할 수 있다고 보아야 한다.(대결 2023.10.31, 2023스643)

6. 부모가 이혼하면서 한 자의 양육에 관한 협정의 효력(유효) 미성숙 자녀를 부양할 의무가 있는 부모가 이혼함에 있어 부모 중 일방을 자의 양육자로 지정하고 타방은 이에 대하여 자의 양육비를 지급하기로 협정하였다면 이는 민 837조, 976조, 977조의 규정에 의하여 유효하고, 이러한 경우 협정의 범위 내에서는 과거의 양육비라도 청구할 수 있다.(대판 1985.2.26, 84므86)

7. 혼인외 출생자의 생모가 생부를 상대로 한 양육자 지정 등의 청구 가부(소극) 현행법상은 이혼당사자의 신청이 있는 경우, 혼인의 무효 또는 취소 판결시 그 당사자의 신청이 있는 경우 이외에는 자의 양육자 지정이나 양육에 관한 사항을 정하여 달라는 신청을 할 수 있는 법률상 근거가 없으므로, 사실혼관계나 일시적 정교관계로 출생한 자의 생모는 그 자의 생부를 상대로 그와 같은 청구를 할 수 없다.(대판 1979.5.8, 79므3)

8. 양육자 지정과 양육비지급청구 양육자지정청구를 하면서 양육자로 지정되는 경우 지급받을 양육비의 액수와 그 채무명의를 미리 확정하여 둘 필요가 있는 경우에는 양육자 지정청구와 함께 장래의 이행을 청구하는 소로서 양육비지급청구를 동시에 할 수 있다.(대판 1988.5.10, 88므92, 108)

9. 양육비 채권의 처분 가부(한정 적극) 이혼한 부부 사이에서 자(子)에 대한 양육비의 지급을 구할 권리는 당사자의 협의 또는 가정법원의 심판에 의하여 구체적인 청구권의 내용과 범위가 확정되기 전에는 '상대방에 대하여 양육비의 분담액을 구할 권리를 가진다'라는 추상적인 청구권에 불과하고 당사자의 협의나 가정법원이 당해 양육비의 범위 등을 재량적·형성적으로 정하는 심판에 의하여 비로소 구체적인 액수만큼의 지급청구권이 발생한다고 보아야 하므로, 당사자의 협의 또는 가정법원의 심판에 의하여 구체적인 청구권의 내용과 범위가 확정되기 전에는 그 내용이 극히 불확정하여 상계할 수 없지만, 가정법원의 심판에 의하여 구체적인 청구권의 내용과 범위가 확정된 후의 양육비채권 중 이미 이행기에 도달한 후의 양육비채권은 완전한 재산권(손해배상청구권)으로서 친족법상의 신분으로부터 독립하여 처분이 가능하고, 권리자의 의사에 따라 포기, 양도 또는 상계의 자동채권으로 하는 것도 가능하다.(대판 2006.7.4, 2006므751)

10. 자의 양육에 관한 사항을 재판상 화해로 정한 후 이를 변경할 수 있는지 여부(적극) 이혼의 당사자가 자의 양육에 관한 사항을 협의에 의하여 정하였더라도 필요한 경우 가정법원은 당사자의 청구에 의하여 언제든지 그 사항을 변경할 수 있으며, 이는 당사자 사이의 협의가 재판상 화해에 의한 경우에도 마찬가지이다.(대결 1992.12.30, 92스17, 18)

11. 이혼 후 부모와 자녀의 관계에서 친권과 양육권이 항상 동일인에게 귀속되어야 하는지 여부(소극) 민 837조, 909조 4항, 가소 2조 1항 2호 나목의 3) 및 5) 등이 부부의 이혼 후 그 자의 친권자와 그 양육에 관한 사항을 각기 다른 조항에서 규정하고 있는 점 등에 비추어 보면, 이혼 후 부모와 자녀의 관계에 있어서 친권과 양육권이 항상 같은 사람에게 돌아가야 하는 것은 아니며, 이혼 후 자에 대한 양육권이 부모 중 어느 일방에, 친권이 다른 일방에 또는 부모에 공동으로 귀속되는 것으로 정하는 것은, 비록 신중한 판단이 필요하다고 하더라도, 일정한 기준을 충족하는 한 허용된다고 할 것이다.(대판 2012.4.13, 2011므4719)

12. 양육권 행사에 관한 미성년후견인이 비양육친을 상대로 가소 2조 1항 2호 (나)목 3)에 따른 양육비심판을 청구할 수 있는지 여부(적극) 가소법령 및 민법의 관련 규정 내용과 취지 등에 비추어 보면, 가정법원이 민 924조의2에 따라 부모의 친권 중 양육권만을 제한하여 미성년후견인으로 하여금 자녀에 대한 양육권을 행사하도록 결정한 경우에 민 837조를 유추적용하여 미성년후견인은 비양육친을 상대로 가소 2조 1항 2호 (나)목 3)에 따른 양육비심판을 청구할 수 있다고 봄이 타당하다.(대결 2021.5.27, 2019스621)

13. 가정법원이 양육비 감액 청구를 판단할 때 고려하여야 할 사항 양육비의 감액은 일반적으로 자녀의 복리를 위하여 필요한 조치라고 보기 어려우므로, 양육비 감액이 자녀에게 미치는 영향을 우선적으로 고려하되 종전 양육비가 정해진 경위와 액수, 줄어드는 양육비 액수, 당초 결정된 양육비 부담 외에 혼인관계 해소에 수반하여 정해진 위자료, 재산분할 등 재산상 합의의 유무와 내용, 그러한 재산상 합의와 양육비 부담과의 관계, 쌍방 재산상태가 변경된 경우 그 변경이 당사자의 책임으로 돌릴 사정이 있는지 유무, 자녀의 수, 연령 및 교육 정도, 부모의 직업, 건강, 소득, 자금 능력, 신분관계의 변동, 물가의 동향 등 여러 사정을 종합적으로 참작하여 양육비 감액이 불가피하고 그러한 조치가 궁극적으로 자녀의 복리에 필요한 것인지에 따라 판단하여야 한다. 또한 통상적으로 자녀가 성장함에 따라 양육에 소요되는 비용 또한 증가한다고 봄이 타당하다. 따라서 종전에 정해진 양육비의 분담이 과다하게 되었다고 주장하며 감액을 청구하는 경우 법원은 자녀들의 성장에도 불구하고 양육비의 감액이 필요할 정도로 청구인의 소득과 재산이 실질적으로 감소하였는지 심리·판단하여야 한다.(대결 2022.9.29, 2022스646)

14. 양육자로 지정된 자가 자녀를 양육하지 않고 있는 사실이 확인된 경우, 가정법원의 조치사항 양육자로 지정된 양육친이 비양육친을 상대로 제기한 양육비 청구 사건에서 제1심 가정법원이 자녀가 성년에 이르기 전날을 종기로 삼아 장래양육비의 분담을 정한 경우, 항고심법원이 양육에 관한 사항을 심리한 결과 일정 시점 이후에는 양육자로 지정된 자가 자녀를 양육하지 않고 있는 사실이 확인된다면 이를 반영하여 장래양육비의 지급을 명하는 기간을 다시 정하여야 한다.(대결 2022.11.10, 2021스766)

第837條의2【面接交涉權】 ① 자(子)를 직접 양

육하지 아니하는 부모의 일방과 자(子)는 상호 면접교섭할 수 있는 권리를 가진다. (2007.12.21 본항개정)
② 자(子)를 직접 양육하지 아니하는 부모 일방의 직계존속은 그 부모 일방이 사망하였거나 질병, 외국거주, 그 밖에 불가피한 사정으로 자(子)를 면접교섭할 수 없는 경우 가정법원에 자(子)와의 면접교섭을 청구할 수 있다. 이 경우 가정법원은 자(子)의 의사(意思), 면접교섭을 청구한 사람과 자(子)의 관계, 청구의 동기, 그 밖의 사정을 참작하여야 한다. (2016.12.2 본조신설)
③ 家庭法院은 子의 福利를 위하여 필요한 때에는 當事者의 청구 또는 직권에 의하여 面接交涉을 제한·배제·변경할 수 있다. (2005.3.31, 2016.12.2 본조개정)
(1990.1.13 본조신설)

[개정전] "① 子를 직접 養育하지 아니하는 父母중 一方은 面接交涉權을 가진다."
② …… 때에는 當事者의 "請求"에 의하여 面接交涉을 ……

1. 면접교섭권의 취지, 자녀 복리를 침해하는 면접교섭 배제 가부(적극) 부모와 자녀의 친밀한 관계는 부모가 혼인 중일 때뿐만 아니라 부모의 이혼 등으로 자녀가 부모 중 일방의 양육 아래 놓인 경우에도 지속될 수 있도록 보호할 필요가 있는바, 면접교섭권은 이를 뒷받침하여 자녀의 정서안정과 원만한 인격발달을 이룰 수 있도록 하고 이를 통해 자녀의 복리를 실현하는 것을 목적으로 하는 제도이다. 이는 자녀의 권리임과 동시에 부모의 권리이기도 하다. 관련 규정의 문언 및 면접교섭의 취지 및 성질 등을 고려하면, 가정법원이 면접교섭의 허용 여부를 판단할 때에는 자녀의 복리에 적합한지를 최우선적으로 고려하되, 부모에게도 면접교섭을 통해 자녀와 관계를 유지할 기본적인 이익이 있으므로 이를 아울러 살펴야 한다. 가정법원은 원칙적으로 부모와 자녀의 면접교섭을 허용하되, 면접교섭이 자녀의 복리를 침해하는 특별한 사정이 있는 경우에 한하여 당사자의 청구 또는 직권에 의하여 면접교섭을 배제할 수 있다.(대결 2021.12.16, 2017스628)

第838條【詐欺, 强迫으로 因한 離婚의 取消請求權】 詐欺 또는 强迫으로 因하여 離婚의 意思表示를 한 者는 그 取消를 家庭法院에 請求할 수 있다. (1990.1.13 본조개정)

▣ 사기·강박으로 인한 의사표시(110), 사기·강박으로 인한 혼인과 취소(816), 취소의 소송 및 심판(가소2① i 나), 취소청구권의 소멸(839·823)

1. 사기로 인한 협의이혼 취소 생계를 돕고자 상업을 하다가 실패하여 많은 채무를 부담하고 채권자로부터의 경제독촉을 모면하기 위하여 일시적으로 가장이혼을 하였다가 사태수습후 다시 혼인신고를 하면 된다는 꼬임에 빠져 협의이혼을 하였다면 이는 사기로 인한 이혼에 해당하므로 취소할 수 있다.(대판 1971.9.28, 71므34)

第839條【準用規定】 第823條의 規定은 協議上 離婚에 準用한다.

▣ 사기·강박으로 인한 이혼의 취소청구권(838)

第839條의2【財産分割請求權】 ① 協議上 離婚한 者의 一方은 다른 一方에 대하여 財産分割을 請求할 수 있다.
② 第1項의 財産分割에 관하여 協議가 되지 아니하거나 協議할 수 없는 때에는 家庭法院은 當事者의 請求에 의하여 當事者 雙方의 協力으로 이룩한 財産의 額數 기타 事情을 참작하여 分割의 額數와 방법을 정한다.
③ 第1項의 財産分割請求權은 離婚한 날부터 2年을 경과한 때에는 消滅한다.
(1990.1.13 본조신설)

▣ 협의이혼(834)

1. 이혼으로 인한 재산분할청구권을 보전하기 위한 채권자대위권 행사가부(소극) (대판 1999.4.9, 98다58016) → 제404조 참조

2. 이혼으로 인한 재산분할이 사해행위가 되기 위한 요건 및 증명책임 ① 이미 채무초과 상태에 있는 채무자가 이혼을 함에 있어 자신의 배우자에게 재산분할로 일정한 재산을 양도함으로써 결과적으로 일반 채권자에 대한 공동담보를 감소시키는 결과로 되어도, 민 839조의2 2항 규정의 취지에 따른 상당한 정도를 벗어나는 과대한 것이라고 인정할 만한 특별한 사정이 없는 한 사해행위로서 채권자에 의한 취소의 대상으로 되는 것은 아니고, 다만 위와 같은 상당한 정도를 벗어나는 초과부분에 관한 한 적법한 재산분할이라고 할 수 없기 때문에 그 취소의 대상으로 될 수 있다. ② 위와 같이 상당한 정도를 벗어나는 과대한 재산분할이라고 볼 만한 특별한 사정이 있다는 점에 관한 입증책임은 채권자에게 있다.(대판 2000.7.28, 2000다14101)

3. 재산분할의 대상으로서 특유재산 ① 재판상 이혼을 청구하는 부부의 일방은 다른 일방에 대하여 민 843조, 839조의2의 규정에 의하여 당사자 쌍방의 협력으로 이룩한 재산의 분할을 청구할 수 있는바, 이 경우 부부 일방의 특유재산은 원칙적으로 분할의 대상이 되지 아니하나 특유재산일지라도 다른 일방이 적극적으로 그 특유재산의 유지에 협력하여 그 감소를 방지하였거나 그 증식에 협력하였다고 인정되는 경우에는 이것도 분할의 대상이 될 수 있다. ② 또 부부 일방이 혼인중 제3자에게 부담한 채무는 일상가사에 관한 것 이외에는 원칙으로 그 개인의 채무로서 청산의 대상이 되지 않으나 그것이 공동재산의 형성에 수반하여 부담한 채무인 경우에는 청산의 대상이 된다. ③ 그리고 이와 같은 재산분할의 방법이나 그 비율 또는 액수는 당사자 쌍방의 협력으로 이룩한 재산의 액수 기타의 사정을 참작하여 법원이 정하면 되고, 법원은 재산분할을 함에 있어 기타의 사정 중 중요한 것은 이를 명시하여야 할 것이나 그 모두를 개별적, 구체적으로 그리고 일일이 특정하여 설시하여야 하는 것은 아니다.(대판 1993.5.25, 92므501)

4. 부부 일방이 이혼 당시 아직 퇴직하지 아니한 채 직장에 근무하고 있는 경우, 퇴직급여채권이 재산분할의 대상에 포함되는지 여부(적극) **및 그 대상 채권의 범위** 퇴직급여를 수령하기 위하여는 일정기간 근무할 것이 요구되는바, 그와 같이 근무함에 있어 상대방 배우자의 협력이 기여한 것으로 인정된다면 그 퇴직급여 역시 부부 쌍방의 협력으로 이룩한 재산으로서 재산분할의 대상이 될 수 있다. 비록 이혼 당시 부부 일방이 아직 재직 중이어서 실제 퇴직급여를 수령하지 않았더라도 이혼소송의 사실심 변론종결 시에 이미 잠재적으로 존재하여 경제적 가치의 현실적 평가가 가능한 재산인 퇴직급여채권은 재산분할의 대상에 포함시킬 수 있으며, 구체적으로는 이혼소송의 사실심 변론종결 시를 기준으로 그 시점에서 퇴직할 경우 수령할 수 있을 것으로 예상되는 퇴직급여 상당액의 채권이 그 대상이 된다.(대판(全) 2014.7.16, 2013므2250)

5. 법원이 공무원연금법이 정한 분할 청구권 규정에도 불구하고 예상퇴직급여 채권의 재산분할 대상 포함 여부를 정할 수 있는지 여부(적극), **위 규정이 적용되지 않는 퇴직수당 채권에 이혼배우자의 기여가 인정되면 재산분할의 대상이**

第4編 親族

될 수 있는지 여부(적극) ① 법원은 이혼당사자가 재산분할 청구 시, 공무원연금법이 정한 이혼배우자의 분할연금 청구권, 퇴직연금일시금 등 분할 청구권에 관한 규정에도 불구하고 이혼소송의 사실심 변론종결 시를 기준으로 그 시점에서 퇴직할 경우 수령할 수 있을 것으로 예상되는 퇴직급여 채권을 재산분할 대상에 포함할지 여부에 관하여서는, 혼인 생활의 과정과 기간, 그 퇴직급여의 형성 및 유지에 대한 양 당사자의 기여 정도, 당사자 쌍방이 혼인 생활 중 협력하여 취득한 다른 적극재산과 소극재산의 존재와 규모, 양 당사자의 의사와 나이 등 여러 사정을 종합적으로 고려하여 결정할 수 있다. 법원은 예상퇴직급여 채권을 재산분할 대상에 포함하여 재산분할의 액수와 방법을 정할 수도 있고, 재산분할 대상에 포함하지 아니한 채 이혼당사자들이 공무원연금법에서 정한 분할연금 청구권, 퇴직연금일시금 등 분할 청구권에 관한 규정을 따르도록 할 수도 있다. ② 공무원연금 28조 4호, 62조에서 정한 퇴직수당에 관하여서는 이혼배우자의 분할 청구권 규정이 적용되지 아니하므로, 이혼배우자의 협력이 기여한 것으로 인정된다면 이혼소송의 사실심 변론종결 시를 기준으로 그 시점에서 퇴직할 경우 수령할 수 있을 것으로 예상되는 퇴직수당 상당액의 채권은 충분히 재산분할의 대상이 될 수 있고, 구체적으로는 위 채권을 보유한 이혼당사자의 적극재산에 포함시켜 다른 재산과 함께 일괄하여 청산하거나 이에 준하는 적절하고 합리적인 방법으로 재산분할을 할 수 있다.(대판 2019.9.25, 2017므11917)

6. 공무원 퇴직연금에 대한 재산분할 ① 이혼소송의 사실심 변론종결 당시에 부부 중 일방이 공무원 퇴직연금을 실제로 수령하고 있는 경우에, 위 공무원 퇴직연금에는 사회보장적 급여로서의 성격 외에 임금의 후불적 성격이 불가분적으로 혼재되어 있으므로, 혼인기간 중의 근무에 대하여 상대방 배우자의 협력이 인정되는 이상 공무원 퇴직연금수급권 중 적어도 그 기간에 해당하는 부분은 부부 쌍방의 협력으로 이룩한 재산으로 볼 수 있다. 따라서 재산분할제도의 취지에 비추어 허용될 수 없는 경우가 아니라면, 이미 발생한 공무원 퇴직연금수급권도 부동산 등과 마찬가지로 재산분할의 대상에 포함될 수 있다고 봄이 상당하다. 그리고 구체적으로는 연금수급권자인 배우자가 매월 수령할 퇴직연금액 중 일정 비율에 해당하는 금액을 상대방 배우자에게 정기적으로 지급하는 방식의 재산분할도 가능하다. 이때 분할권리자의 위와 같은 정기금채권은 제3자에게 양도되거나 분할권리자의 상속인에게 상속될 수 없다. ② 대체로 가액을 특정할 수 있는 다른 일반재산과는 달리 공무원 퇴직연금수급권은 연금수급권자인 배우자의 여명을 알 수 없어 가액을 특정할 수 없는 등의 특성이 있으므로, 재산분할에서 고려되는 제반 사정에 비추어 공무원 퇴직연금수급권에 대한 기여도와 다른 일반재산에 대한 기여도를 종합적으로 고려하여 전체 재산에 대한 하나의 분할비율을 정하는 것이 형평에 부합하지 아니하는 경우도 있을 수 있다. 그러한 경우에는 공무원 퇴직연금수급권과 다른 일반재산을 구분하여 개별적으로 분할비율을 정하는 것이 타당하고, 그 결과 실제로 분할비율이 달리 정하여지더라도 이는 분할비율을 달리 정할 수 있는 합리적 근거가 있는 경우에 해당한다. 그 경우에 공무원 퇴직연금의 분할비율은 전체 재직기간 중 실질적 혼인기간이 차지하는 비율, 당사자의 직업 및 업무내용, 가사 내지 육아 부담의 분배 등 상대방 배우자가 실제로 협력 내지 기여한 정도 기타 제반 사정을 종합적으로 고려하여 정하여야 한다.(대판 2014.7.16, 2012므2888)

7. 부부 중 일방이 받은 명예퇴직금 중 이혼소송에서 재산분할의 대상이 되는 범위 이혼소송의 사실심 변론종결 당시에 부부 중 일방이 직장에서 명예퇴직을 하고 통상의 퇴직금 이외에 별도로 명예퇴직금 명목의 금원을 이미 수령한 경우, 명예퇴직금이 일정기간 근속을 요건으로 하고 상대방 배우자의 협력이 근속 요건에 기여하였다면, 명예퇴직금은 그 전부를 재산분할의 대상으로 삼을 수 있다.(대판 2011.7.14, 2009므2628, 2635)

8. 재산분할시 정신적 손해배상으로서 성질 포함 여부(적극) 이혼에 따른 재산분할을 함에 있어 혼인중 형성한 재산의 청산적 요소와 이혼 후의 부양적 요소 외에 정신적 손해(위자료)를 배상하기 위한 급부로서의 성질까지 포함하여 분할할 수 있다.(대판 2006.6.29, 2005다73105)

9. 협의이혼을 전제로 한 재산분할약정이 재판상이혼에도 미치는지 여부(소극) ① 재산분할에 관한 협의는 혼인중 당사자 쌍방의 협력으로 이룩한 재산의 분할에 관하여 이미 이혼을 마친 당사자 또는 아직 이혼하지 않은 당사자 사이에 행하여지는 협의를 가리킨다. ② 그중 아직 이혼하지 않은 당사자가 장차 협의상 이혼할 것을 약정하면서 이를 전제로 하여 위 재산분할에 관한 협의를 하는 경우에 있어서는, 특별한 사정이 없는 한, 장차 당사자 사이에 협의상 이혼이 이루어질 것을 조건으로 하여 조건부 의사표시가 행하여지는 것이므로, 그 협의 후 당사자가 약정한대로 협의상 이혼이 이루어진 경우에 한하여 그 협의의 효력이 발생하는 것이지, 어떠한 원인으로든지 협의상 이혼이 이루어지지 아니하고 혼인관계가 존속하게 되거나 당사자 일방이 제기한 이혼청구의 소에 의하여 재판상이혼(화해 또는 조정에 의한 이혼을 포함한다.)이 이루어진 경우에는, 위 협의는 조건의 불성취로 인하여 효력이 발생하지 않는다.(대판 2003.8.19, 2001다14061)

10. 재산분할재판에서 분할대상인지 여부가 전혀 심리된 바 없는 재산이 재판확정 후 추가로 발견된 경우, 이에 대하여 추가로 재산분할청구를 할 수 있는지 여부(적극) 민 839조의2 3항, 843조에 따르면 재산분할청구권은 협의상 또는 재판상 이혼한 날부터 2년이 지나면 소멸한다. 2년 제척기간 내에 재산의 일부에 대해서만 재산분할을 청구한 경우 청구 목적물로 하지 않은 나머지 재산에 대해서는 제척기간을 준수한 것으로 볼 수 없으므로, 재산분할청구 후 제척기간이 지나면 그때까지 청구 목적물로 하지 않은 재산에 대해서는 청구권이 소멸한다. 재산분할재판에서 분할대상인지 여부가 전혀 심리된 바 없는 재산이 재판확정 후 추가로 발견된 경우에는 이에 대하여 추가로 재산분할청구를 할 수 있다. 다만 추가 재산분할청구 역시 이혼한 날부터 2년 이내라는 제척기간을 준수하여야 한다.(대결 2018.6.22, 2018스18)

11. 민 839조의2 3항이 정하는 제척기간의 의미 민 839조의2 3항이 정하는 제척기간은 재판 외에서 권리를 행사하는 것으로 족한 기간이 아니라 그 기간 내에 재산분할심판 청구를 하여야 하는 출소기간이다. 따라서 이혼한 날부터 2년 내에 재산분할심판 청구를 하였음에도 그 재판에서 특정한 증거신청을 하였는지에 따라 제척기간 준수 여부를 판단할 것은 아니다.(대판 2023.12.21, 2023므11819)

12. 이미 제기된 재산분할청구 사건의 상대방 지위에서 분할대상 재산을 주장하는 경우, 제척기간이 적용되는지 여부(소극) 민 843조, 839조의2 3항의 '2년'의 기간은 제척기간이고, 나아가 재판 외에서 권리를 행사하는 것으로 족한 기간이 아니라 그 기간 내에 재산분할심판 청구를 하여야 하는 출소기간이다. 재산분할청구 후 제척기간이 지나면 그때까지 청구 목적물로 하지 않은 재산에 대해서는 특별한 사정이 없는 한 제척기간을 준수한 것으로 볼 수 없다. 그러나 청구인 지위에서 대상 재산에 대해 적극적으로 재산분할을 청구하는 것이 아니라, 이미 제기된 재산분할청구 사건의 상대방 지위에서 분할대상 재산을 주장하는 경우에는 제척기간이 적용되지 않는다.(대결 2022.11.10, 2021스766)

13. 사실혼관계에 재산분할에 관한 규정 준용 여부(적극) 사실혼관계에는 법률혼에 대한 민법의 규정 중 혼인신고를 전제로 하는 규정은 유추적용할 수 없으나, 부부재산의 청산의 의미를 갖는 재산분할에 관한 규정은 부부의 생활공동체라는 실질에 비추어 인정되는 것이므로 사실혼관계에도 준용

또는 유추적용할 수 있다.(대판 1995.3.10, 94므1379, 1386)

14. 사실혼관계가 일방의 의사에 의해 해소되는지 여부(적극), **일방의 의사로 해소된 사실혼관계에서 재산분할청구권 인정 여부**(적극) ① 사실혼관계는 사실상의 관계를 기초로 하여 존재하는 것으로서 당사자 일방의 의사에 의하여 해소될 수 있고 당사자 일방의 파기로 인하여 공동생활의 사실이 없게 되면 사실상의 혼인관계는 해소되는 것이며, 다만 정당한 사유 없이 해소된 때에는 유책자가 상대방에 대하여 손해배상의 책임을 지는 데 지나지 않는다. ② 사실혼관계의 당사자 중 일방이 의식불명이 된 상태에서 상대방이 사실혼 관계의 해소를 주장하면서 재산분할심판청구를 한 경우 위 사실혼관계는 상대방의 의사에 의하여 해소되었고 그에 따라 재산분할청구권이 인정된다.(대결 2009.2.9, 2008스105)

15. 사실혼이 종료된 후 변제된 채무의 청산 대상 여부(원칙적 적극) 사실혼 관계에 있는 부부 일방이 혼인 중 공동재산의 형성에 수반하여 채무를 부담하였다가 사실혼이 종료된 후 채무를 변제한 경우 변제된 채무는 특별한 사정이 없는 한 청산 대상이 된다.(대판 2021.5.27, 2020므15841)

16. 사실혼 해소를 원인으로 한 재산분할에서 분할 대상 재산과 액수를 정하는 기준 시기(=사실혼이 해소된 날) 사실혼 해소를 원인으로 한 재산분할에서 분할의 대상이 되는 재산과 액수는 사실혼이 해소된 날을 기준으로 하여 정하여야 한다. 한편 재산분할 제도가 혼인관계 해소 시 부부가 혼인 중 공동으로 형성한 재산을 청산·분배하는 것을 주된 목적으로 하는 것으로서, 부부 쌍방의 협력으로 이룩한 적극재산 및 그 형성에 수반하여 부담한 채무 등을 분할하여 각자에게 귀속될 몫을 정하기 위한 것이므로, 사실혼 해소 이후 재산분할 청구사건의 사실심 변론종결 시까지 사이에 혼인 중 공동의 노력으로 형성·유지한 부동산 등에 발생한 외부적, 후발적 사정으로서, 그로 인한 이익이나 손해를 일방에게 귀속시키는 것이 부부 공동재산의 공평한 청산·분배라고 하는 재산분할제도의 목적에 현저히 부합하지 않는 결과를 가져오는 등의 특별한 사정이 있는 경우에는 이를 분할대상 재산의 가액 산정에 참작할 수 있다.(대판 2023.7.13, 2017므11856, 11863)

17. 일방의 사망으로 종료된 사실혼관계에서 재산분할청구권 인정 여부(소극) 사실혼관계가 일방 당사자의 사망으로 인하여 종료된 경우에는 그 상대방에게 재산분할청구권이 인정된다고 할 수 없다.(대판 2006.3.24, 2005두15595)

18. 유책배우자의 재산분할청구 가부(적극), **처의 가사노동이 기여하여 이룩된 재산의 재산분할 대상성**(적극) ① 혼인 중에 부부가 협력하여 이룩한 재산이 있는 경우에는 혼인관계의 파탄에 대하여 책임이 있는 배우자라도 재산의 분할을 청구할 수 있다. ② 처가 가사노동을 분담하는 등으로 내조를 함으로써 부의 재산의 유지 또는 증가에 기여하였다면 쌍방의 협력으로 이룩된 재산은 재산분할의 대상이 된다.(대결 1993.5.11, 93스6)

19. 이혼소송 계속 중 당사자 일방이 사망한 경우 이혼소송과 재산분할청구의 종료 여부(적극) 재판상의 이혼청구권은 부부의 일신전속의 권리이므로 이혼소송 계속중 배우자의 일방이 사망한 때에는 상속인이 그 절차를 수계할 수 없음은 물론이고, 또 그러한 경우에 검사가 이를 수계할 수 있는 특별한 규정도 없으므로 이혼소송은 종료된다. 이혼소송과 재산분할청구가 병합된 경우, 배우자 일방이 사망하면 이혼의 성립을 전제로 하여 이혼소송에 부대한 재산분할청구 역시 이를 유지할 이익이 상실되어 이혼소송의 종료와 동시에 종료된다.(대판 1994.10.28, 94므246)

20. 1인 회사 소유의 적극재산을 바로 1인 주주 개인의 적극재산으로 평가하여 재산분할의 대상으로 포함시킬 수 있는지 여부(소극) 부부의 일방이 실질적으로 혼자서 지배하고 있는 주식회사(이른바 '1인 회사')라고 하더라도 그 회사 소유의 재산을 바로 그 개인의 재산으로 평가하여 재산분할의 대상에 포함시킬 수는 없다. 주식회사와 같은 기업의 재산은 다양한 자산 및 부채 등으로 구성되는 것으로서, 그 회사의 재산에 대하여는 일반적으로 이를 종합적으로 평가한 후에야 1인 주주에 개인적으로 귀속되고 있는 재산가치를 산정할 수 있을 것이다. 따라서 그의 이혼에 있어서 재산분할에 의한 청산을 함에 있어서는 특별한 사정이 없는 한 회사의 개별적인 적극재산의 가치가 그대로 1인 주주의 적극재산으로서 재산분할의 대상이 된다고 할 수 없다.(대판 2011.3.10, 2010므4699, 4705, 4712)

21. 부부가 이혼할 때 쌍방의 소극재산 총액이 적극재산 총액을 초과하여 재산분할을 한 결과가 결국 채무의 분담을 정하는 것이 되는 경우에도 재산분할 청구를 받아들일 수 있는지 여부(적극) 이혼 당사자 각자가 보유한 적극재산에서 소극재산을 공제하는 등으로 재산상태를 따져 본 결과 재산분할 청구의 상대방이 그에게 귀속되어야 할 몫보다 더 많은 적극재산을 보유하고 있거나 소극재산의 부담이 더 적은 경우에는 적극재산을 분배하거나 소극재산을 분담하도록 하는 재산분할은 어느 것이나 가능하다고 보아야 하고, 후자의 경우라고 하여 당연히 재산분할 청구가 배척되어야 한다고 할 것은 아니다.(대판(全) 2013.6.20, 2010므4071, 4088)

22. 재산분할청구권을 혼인이 해소되기 전에 미리 포기하는 것이 허용되는지 여부(소극) 아직 이혼하지 않은 당사자가 장차 협의상 이혼할 것을 합의하는 과정에서 이를 전제로 재산분할청구권을 포기하는 서면을 작성한 경우, 부부 쌍방의 협력으로 형성된 공동재산 전부를 청산·분배하려는 의도로 재산분할의 대상이 되는 재산액, 이에 대한 쌍방의 기여도와 재산분할 방법 등에 관하여 협의한 결과 부부 일방이 재산분할청구권을 포기하기에 이르렀다는 등의 사정이 없는 한 성질상 허용되지 않는 '재산분할청구권의 사전포기'에 불과할 뿐이므로 쉽사리 '재산분할에 관한 협의'로서의 '포기약정'이라고 보아서는 안 된다.(대결 2016.1.25, 2015스451)

23. 당사자가 이혼이 성립하기 전에 이혼소송과 병합하여 재산분할의 청구를 한 경우, 재산분할청구권을 미리 양도하는 것이 허용되는지 여부(소극) 당사자가 이혼이 성립하기 전에 이혼소송과 병합하여 재산분할의 청구를 한 경우에, 아직 발생하지 않았고 구체적 내용이 형성되지 않은 재산분할청구권을 미리 양도하는 것은 성질상 허용되지 않으며, 법원이 이혼과 동시에 재산분할로서 금전의 지급을 명하는 판결이 확정된 이후부터 채권 양도의 대상이 될 수 있다.(대판 2017.9.21, 2015다61286)

24. 이혼이 가장이혼으로서 무효가 아닌 이상 이혼에 따른 재산분할은 원칙적으로 증여세 과세대상이 아닌지 여부(적극) **및 재산분할의 실질이 증여라고 평가할 만한 특별한 사정이 있는 경우 상당한 부분을 초과하는 부분에 한하여 증여세 과세대상이 될 수 있는지 여부**(적극) 법률상의 부부관계를 해소하려는 당사자 간의 합의에 따라 이혼이 성립한 경우 그 이혼에 다른 목적이 있다 하더라도 당사자 간에 이혼의 의사가 없다고 말할 수 없고, 이혼이 가장이혼으로서 무효가 되려면 누구나 납득할 만한 특별한 사정이 인정되어야 한다. 그리고 이혼에 따른 재산분할은 부부가 혼인 중에 취득한 실질적인 공동재산을 청산·분배하는 것을 주된 목적으로 하는 제도로서 재산의 무상이전으로 볼 수 없으므로 이혼이 가장이혼으로서 무효가 아닌 이상 원칙적으로 증여세 과세대상이 되지 않는다. 다만 민 839조의2 2항의 규정 취지에 반하여 상당하다고 할 수 없을 정도로 과대하고 상속세나 증여세 등 조세를 회피하기 위한 수단에 불과하여 그 실질이 증여라고 평가할 만한 특별한 사정이 있는 경우에는 상당한 부분을 초과하는 부분에 한하여 증여세 과세대상이 될 수 있다.(대판 2017.9.12, 2016두58901)

제839조의3【재산분할청구권 보전을 위한 사해

행위취소권】 ① 부부의 일방이 다른 일방의 재산분할청구권 행사를 해함을 알면서도 재산권을 목적으로 하는 법률행위를 한 때에는 다른 일방은 제406조제1항을 준용하여 그 취소 및 원상회복을 가정법원에 청구할 수 있다.
② 제1항의 소는 제406조제2항의 기간 내에 제기하여야 한다.
(2007.12.21 본조신설)

第2款 裁判上 離婚

第840條【裁判上 離婚原因】 夫婦의 一方은 다음 各號의 事由가 있는 境遇에는 家庭法院에 離婚을 請求할 수 있다. (1990.1.13 본조개정)
1. 配偶者에 不貞한 行爲가 있었을 때
2. 配偶者가 惡意로 다른 一方을 遺棄한 때
3. 配偶者 또는 그 直系尊屬으로부터 甚히 不當한 待遇를 받았을 때
4. 自己의 直系尊屬이 配偶者로부터 甚히 不當한 待遇를 받았을 때
5. 配偶者의 生死가 3年 以上 分明하지 아니한 때
6. 其他 婚姻을 繼續하기 어려운 重大한 事由가 있을 때

▣ 이혼관계의 준거법(국사37 · 39), 신민법시행에 관한 경과규정(부칙19), 부부동거협조의무(826), 부부의 정조의무(형241), 직계존속(768), 생사불명과 실종(27 · 28, 기간의 계산=157 · 160), 이혼소송(가소21 · 22 · 25 · 2① i 나), 재판상의 이혼과 신고(가족관계78), 이혼소송청구권의 소멸(841 · 842), 재판상 이혼과 손해배상청구권 및 자녀양육책임(843 · 806 · 837)

▸**일 반**

1. 이혼사유의 독립성 재판상 이혼사유에 관한 민 840조는 동조가 규정하고 있는 각 호 사유마다 각 별개의 독립된 이혼사유를 구성하는 것이고, 이혼청구를 구하면서 위 각 호 소정의 수개의 사유를 주장하는 경우 법원은 그중 어느 하나를 받아들여 청구를 인용할 수 있다.(대판 2000.9.5, 99므1886)

2. 유책배우자의 이혼청구권(구법관계) 혼인생활의 파탄에 대하여 주된 책임이 있는 배우자는 그 파탄을 사유로 하여 이혼을 청구할 수 없는 것이 원칙이고, 다만 상대방도 그 파탄 이후 혼인을 계속할 의사가 없음이 객관적으로 명백하고 다만 오기나 보복적 감정에서 이혼에 응하지 않고 있을 뿐이라는 등 특별한 사정이 있는 경우에만 예외적으로 유책배우자의 이혼청구권이 인정된다. 간통죄의 고소를 제기하기 위하여는 먼저 혼인이 해소되거나 이혼소송을 제기하여야 한다는 규정이 있다 하여 그 고소사건의 제1심 판결선고 전까지 간통죄의 고소가 취소되지 않아 유죄판결이 선고된 경우 고소한 배우자의 의사에 관계없이 간통하여 혼인생활을 파탄에 빠지게 한 유책배우자의 이혼청구가 곧 인용되어야 한다는 해석을 할 수는 없다.(대판 1993.11.26, 91므177, 184)

3. 민 840조 6호 이혼사유에 관하여 유책배우자의 이혼청구를 허용할 것인지 여부(원칙적 소극) 민 840조 6호 이혼사유에 관하여 유책배우자의 이혼청구는 원칙적으로 허용되지 않는다. 다만, 혼인생활의 파탄에 대한 유책성이 이혼청구를 배척해야 할 정도로 남아 있지 않은 특별한 사정이 있는 경우에는 예외적으로 유책배우자의 이혼청구를 허용할 수 있다. 유책배우자의 이혼청구를 예외적으로 허용할 수 있는지 판단할 때에는, 유책배우자 책임의 태양 · 정도, 상대방 배우자의 혼인계속의사 및 유책배우자에 대한 감정, 당사자의 연령, 혼인생활의 기간과 혼인 후의 구체적인 생활관계, 별거기간, 부부간의 별거 후에 형성된 생활관계, 혼인생활의 파탄 후 여러 사정의 변경 여부, 이혼이 인정될 경우의 상대방 배우자의 정신적 · 사회적 · 경제적 상태와 생활보장의 정도, 미성년 자녀의 양육 · 교육 · 복지의 상황, 그 밖의 혼인관계의 여러 사정을 두루 고려하여야 한다.(대판(全) 2015.9.15, 2013므568)

4. 유책배우자의 이혼청구에 대하여 상대방이 다른 사실을 내세워 반소로 이혼청구를 한 경우 유책배우자의 이혼청구 가부(소극) 유책배우자의 이혼청구에 대하여 상대방이 그 주장사실을 다투면서 오히려 다른 사실을 내세워 반소로 이혼청구를 한다 하더라도 그러한 사정만으로 곧바로 상대방은 혼인을 계속할 의사가 없으면서도 오기나 보복적 감정에서 유책배우자의 이혼청구에 응하지 아니하는 것이라고 단정할 수 없다.(대판 1998.6.23, 98므15, 22)

5. 간통죄 고소사실만으로 이혼의사가 명백한지 여부(소극)(구법관계) 간통죄의 고소를 제기하기 위하여는 먼저 혼인이 해소되거나 이혼소송을 제기하여야 한다는 규정이 있지만 배우자의 간통에 대처하여 상간자를 처벌하고 배우자의 회심을 유도하기 위하여 일응 고소를 하는 경우도 흔히 있으므로, 간통죄의 고소사실만을 가지고 이혼의사가 객관적으로 명백하다고 보기 어렵다.(대판 1997.5.16, 97므155)

6. 쌍방의 책임 있는 사유로 혼인관계가 파탄에 이르게 된 경우 이혼청구 가부 혼인관계가 부부 쌍방의 책임 있는 사유로 파탄에 이르게 된 경우 이혼을 청구한 당사자의 책임이 상대방의 책임보다 더 무겁다고 인정되지 아니하는 한 그 이혼청구는 인용되어야 한다.(대판 1992.11.10, 92므549)

7. 유책배우자가 상대방이 그 갈등을 해소하려는 과정에서 저지른 잘못을 이유로 재판상 이혼청구를 할 수 있는지 여부(소극) 일방 배우자의 책임있는 사유(악의의 유기)로 인하여 혼인생활이 파탄에 빠지게 된 이후에 그 갈등을 해소하려는 과정에서 상대방이 재판상 이혼사유에 해당할 수도 있는 잘못(직계존속에 대한 폭행)을 저질렀더라도 그 잘못이 상대방의 유책사유로 인한 혼인의 파탄과는 관계없이 저질러졌다거나 그 정도가 상대방의 유책사유에 비하여 현저하게 책임이 무거운 것이라는 등의 특별한 사정이 없는 한 혼인을 파탄시킨 유책배우자가 이를 사유로 삼아 이혼을 청구할 수는 없고 그러한 갈등이 쌓여서 혼인관계가 돌이킬 수 없을 정도에 이르렀다 하여도 상대방이 사실은 혼인을 계속할 의사없이 오로지 배우자를 괴롭힐 의사로 표면적으로만 이혼에 응하지 아니하고 있다는 등의 특별한 사정이 있는 경우가 아니라면 혼인을 파탄에 이르게 한 사유에 관하여 당초 책임있는 배우자는 민 840조 1항 6호의 사유가 있다 하여 이혼을 청구할 수 없다.(대판 1990.9.25, 89므112)

8. 유책배우자의 유책성 판단기준 및 정도 유책배우자라고 하는 경우의 유책성은 혼인파탄의 원인이 된 사실에 기초하여 평가할 일이며 혼인관계가 완전히 파탄된 뒤에 있은 일을 가지고 따질 것은 아니다. 혼인생활의 파탄을 초래하는 경위는 대체로 복잡 미묘하여 그 책임이 당사자 어느 한 쪽에만 있다고 확정할 수 없는 경우가 많으므로 부부간의 혼인관계가 돌이킬 수 없을 정도로 파탄되었다면 혼인청구인에게 전적으로 또는 주된 책임을 물어야 할 사유로 그 파탄의 원인이 조성된 경우가 아닌 이상 혼인청구는 허용되어야 한다.(대판 1988.4.25, 87므9)

▸**부정한 행위**

9. '부정한 행위'의 의미(1) 민 840조 1호의 "부정한 행위"라 함은 배우자로서의 정조의무에 충실치 못한 일체의 행위를 포함하며 이른바 간통보다는 넓은 개념으로서 부정한 행위인지는 각 구체적 사안에 따라 그 정도와 상황을 참작하여

평가하여야 할 것이다. 고령이고 중풍으로 정교능력이 없어 실제로 정교를 갖지는 못하였다 하더라도 배우자 아닌 자와 동거한 행위는 배우자로서의 정조의무에 충실치 못한 것으로서 "부정한 행위"에 해당한다.(대판 1992.11.10, 92므68)

10. '부정한 행위'의 의미(2) 민 840조 1호의 배우자에 부정(不貞)한 행위가 있었을 때의 부정한 행위라고 함은 객관적으로 그것이 부정한 행위에 해당한다고 볼만한 사실이 있어야 하고 또 이것이 내심의 자유로운 의사에 의하여 행하여 졌다는 두 가지의 요소를 필요로 하는 것으로서 비록 객관적으로는 부정한 행위라고 볼 수 있는 사실이 있다고 하더라도 그것이 자유로운 의사에 의하여 이루어지지 않은 경우는 여기에서 말하는 부정한 행위라고 할 수는 없다.(대판 1976.12.14, 76므10)

11. 약혼단계에서의 부정한 행위 민 840조 1호의 재판상 이혼사유인 배우자에 부정한 행위가 있었을 때라 함은 혼인한 부부간의 일방이 부정한 행위를 한 때를 말하는 것이므로 혼인 전 약혼단계에서 부정한 행위를 한 때에는 위 1호의 이혼사유에 해당한다고 할 수는 없다.(대판 1991.9.13, 91므85, 92)

12. 카바레에서 다른 남자를 사귀는 것이 부정한 행위에 해당하는지 여부 피청구인이 카바레에 춤을 추러 갔다가 그곳에서 다른 남자를 만나 알게 되어 친하게 되고 그 남자와 기차를 타고 대천에서 서울에 있는 피청구인의 집까지 동행한 사실만으로는 피청구인이 민 840조 1호의 부정한 행위를 한 것으로 단정할 수 없다.(대판 1990.7.24, 89므1115)

▸**악의로 일방을 유기한 때**

13. 배우자가 악의로 다른 일방을 유기한 때의 의미 민 840조 2호의 배우자가 악의로 다른 일방을 유기한 때라 함은 배우자가 정당한 이유없이 서로 동거, 부양, 협조하여야 할 부부로서의 의무를 포기하고 다른 일방을 버린 경우를 뜻한다.(대판 1986.5.27, 86므26)

14. 혼인신고 후 약 20일간 동거하다가 집을 나간 경우 청구인과 피청구인이 혼인신고를 한 후 약 20일간 동거하다가 피청구인이 농사일이 힘들고 청구인의 건강이 나쁘다는 이유로 집을 나가 돌아오고 있지 않다면 이는 민 840조 2호의 '배우자가 악의로 다른 일방을 유기한 때'에 해당한다.(대판 1986.10.28, 86므83, 84)

15. 가정불화의 심화로 부가 일시 가출하여 생활비를 지급하지 않는 경우 악의의 유기라 함은 정당한 이유 없이 배우자를 버리고 부부공동생활을 폐지하는 것을 말하는 바, 가정불화가 심화되어 처 및 자녀들의 냉대가 극심하여지자 가장으로서 이를 피하여 자제케 하고 그 뜻을 꺾기 위하여 일시 집을 나와 별거하고 가정불화가 심히 악화된 기간이래 생활비를 지급하지 아니한 것뿐이고 달리 부부생활을 폐지하기 위하여 가출한 것이 아니라면 이는 민 840조 2호의 악의의 유기에 해당할 수 없다.(대판 1986.6.24, 85므6)

16. 3회의 가출사실을 용서받고도 다시 가재도구 일체를 챙겨 가출한 경우 청구인이 정신박약자인 장남의 감호양육을 소홀히 하고 춤바람이 나서 각지로 돌아다니면서 1980. 8.경까지 세차례 10일 내지 1개월간 가출한 점에 대하여 피청구인의 용서를 받고도 1982. 2. 5.경 또 다시 가재도구 일체를 챙겨서 무단가출하여 행방을 감추었다가 동년 5. 13. 피청구인에 대하여 이혼청구를 한 사정은 악의의 유기 및 혼인을 계속하기 어려운 중대한 사유에 해당한다.(대판 1984.7.10, 84므27, 28)

17. 남편이 정신이상의 증세가 있는 처를 두고 가출하여 비구승이 된 경우 청구인의 어머니가 며느리인 피청구인을 데리고 절에 기도드리러 가서 비정상적 행동을 하자 피청구인이 갑자기 정신이상의 증세를 보이기 시작하여 지금까지 계속 재발을 반복해 왔는데, 청구인의 노력에도 불구하고 피청구인이 청구인의 종교인 불교에 대하여 계속 적대적인 태도를 취하여 왔으며 이러한 사정으로 청구인이 이혼을 요구하였으나 피청구인이 불응하자 청구인은 집을 나와 입산하여 비구승이 됨으로써 부부가 10년 넘게 별거하게 되고 현재에 이르러서는 서로의 배타적 신앙생활로 인한 애정의 결핍과 장기간의 별거로 혼인관계가 돌이킬 수 없는 파탄에 빠져있는 것이라면, 이러한 파탄은 청구인이 정신적으로 완전하지 아니한 피청구인을 악의로 유기함에서 비롯되었다.(대판 1990.11.9, 90므583, 590)

18. 부부간의 동거 · 부양 · 협조의무를 포기한 경우 혼인은 남녀의 애정을 바탕으로 하여 일생의 공동생활을 목적으로 하는 도덕적 · 풍속적으로 정당시되는 결합으로서 부부 사이에는 동거하며 서로 부양하고 협조하여야 할 의무가 있으므로(민 826조 1항), 혼인생활을 하면서 부부는 애정과 신의 및 인내로써 서로 상대방을 이해하며 보호하여 혼인생활의 유지를 위한 최선의 노력을 기울여야 하고, 혼인생활 중에 그 장애가 되는 여러 사태에 직면하는 경우가 있다 하더라도 부부는 그러한 장애를 극복하기 위한 노력을 다하여야 하며, 일시 부부간의 화합을 저해하는 사정이 있다는 이유로 혼인생활의 파탄을 초래하는 행위를 하여서는 안 된다. 따라서 이러한 부부간의 동거, 부양, 협조의무는 애정과 신뢰를 바탕으로 일생에 걸친 공동생활을 목적으로 하는 혼인의 본질이 요청하는 바로서, 부부 사이에 출생한 자식이 없거나 재혼한 부부간이라 하여 달라질 수 없고, 재판상 이혼사유에 관한 평가 및 판단의 지도원리로 작용하며, 배우자가 정당한 이유 없이 서로 동거, 부양, 협조하여야 할 부부로서의 의무를 포기하고 다른 일방을 버린 경우에는 재판상 이혼사유인 악의의 유기에 해당한다.(대판 1999.2.12, 97므612)

▸**심히 부당한 대우를 받았을 때**

19. '배우자로부터 심히 부당한 대우를 받았을 때'의 의미 민 840조 3호의 이혼사유인 배우자로부터 심히 부당한 대우를 받았을 때라 함은 혼인관계의 지속을 강요하는 것이 참으로 가혹하다고 여겨질 정도의 폭행이나 학대 또는 모욕을 받았을 경우를 말한다.(대판 2004.2.27, 2003므1890)

20. 배우자에 대한 심히 부당한 대우를 구성하는 개개의 사실에 대한 당사자의 주장 요부(소극) 일련의 행위가 모두 합하여 재판상 이혼사유인 배우자에 대한 심히 부당한 대우가 되는 경우에 그 개개의 사실은 간접사실로서 청구인이 일일이 꼬집어 주장하지 아니하였다 하더라도 법원은 이를 인정할 수 있는 것이다.(대판 1990.8.28, 90므422)

21. 처가 아기를 낳을 수 없다는 것을 이유로 남편이 학대를 한 경우 남편이 혼인초부터 처가 아기를 낳을 수 없다는 트집을 잡아 학대를 하고 이혼을 요구하여 왔고 이에 응하지 아니하면 자살하겠다고 하면서 실제로 두 차례에 걸쳐 자살한다고 농약을 마시는 소동을 벌여 이에 견디다 못한 처가 집을 나와 친정에 복귀함으로써 부부 사이가 파탄에 빠졌다면, 이는 재판상 이혼사유인 배우자로부터 심히 부당한 대우를 받은 경우에 해당한다.(대판 1990.11.27, 90므484, 491)

22. 처가 남편에게 폭행과 모욕 등 부당한 대우를 한 경우 남편이 처의 춤바람과 남녀관계를 추궁한데 대하여 남편이 심한 의처증의 증세를 나타내는 정신병자가 아님에도 처가 남편을 정신병자로 몰아 정신병원이나 요양원 등에 강제로 보내기 위해 납치를 기도하고, 수업중인 학생들 앞에서 수갑을 채우는 등으로 폭행과 모욕 등 부당한 대우를 하여 혼인생활을 계속하기 어려운 지경에 이르렀다면 이는 민 840조 3호의 이혼사유에 해당한다.(대판 1985.11.26, 85므51)

23. 지참금을 가져오지 않았다는 이유로 처를 구타한 경우 피청구인이 청구인과 혼인을 한 이후, 청구인이 지참금을 가지고 오지 아니하였다는 이유로 불만을 품고 계속 구타하여 상처를 입힌 일이 있을 뿐 아니라 청구인의 친가 아버지에게까지 행패를 부린 행위는 배우자 및 그 직계존속을 심히 부당하게 대우한 경우에 해당한다.(대판 1986.5.27, 86므14)

24. 처가 가정에 불성실하여 부로부터 구타당하고 경미한 상처를 입은 경우 처가 가정에 불성실한 탓으로 부와 불화가 심화되던 중 부로부터 몇번 구타당하여 경미한 상처를 입었다는 사실만으로서는 혼인생활을 계속할 수 없을 정도로 심히 부당한 대우를 받았다고 할 수 없다.(대판 1986.9.9, 86므68)

25. 부부싸움 중 다소 모욕적인 언사나 야간의 폭행이 있는 경우 처가 혼인생활 중에 취득한 부동산을 남편 이름으로 등기하거나 남편이 어려운 생활환경하에서 음주하여 부부싸움을 하게 되고 부부가 다투던 중에 다소 모욕적인 언사나 약간의 폭행을 한 사실이 있다고 하더라도 그것만으로 혼인관계의 지속을 요구함이 심히 가혹한 정도의 것이라고 할 수 없다.(대판 1981.10.13, 80므9)

▶ **혼인을 계속하기 어려운 중대한 사유**

26. 혼인을 계속하기 어려운 중대한 사유의 의미(1) 민 840조 6호의 이혼사유인 '기타 혼인을 계속하기 어려운 중대한 사유가 있을 때'라 함은 부부간의 애정과 신뢰가 바탕이 되어야 할 혼인의 본질에 상응하는 부부공동생활관계가 회복할 수 없을 정도로 파탄되고 그 혼인생활의 계속을 강제하는 것이 일방 배우자에게 참을 수 없는 고통이 되는 경우를 말한다.(대판 1999.11.26, 99므180)

27. 혼인을 계속하기 어려운 중대한 사유의 의미(2) '기타 혼인을 계속하기 어려운 중대한 사유'란 사회관념상으로 보아 배우자에게 혼인생활의 계속을 하라고 시키는 것이 너무 하다고 할 정도로, 다시 말해서 누구에게도 참을 수 없다고 인정될 정도로 혼인관계가 파탄된 경우를 말하고 반드시는 이혼을 구하는 자의 배우자의 귀책사유로 말미암을 필요는 없어도 혼인관계의 파탄이 주로 이혼을 구하는 배우자의 일방의 귀책사유로 말미암은 경우는 포함하지 아니한다고 해석해야 상당하다.(대판 1979.2.13, 78므34)

28. 혼인을 계속하기 어려운 중대한 사유의 판단기준 민 840조 6호에서 정한 이혼사유인 '혼인을 계속하기 어려운 중대한 사유가 있을 때'를 판단할 때에는 혼인계속의사의 유무, 파탄의 원인에 관한 당사자의 책임 유무, 혼인생활의 기간, 자녀의 유무, 당사자의 연령, 이혼 후의 생활보장, 기타 혼인관계의 여러 사정을 두루 고려하여야 하고, 이러한 사정을 고려하여 부부의 혼인관계가 돌이킬 수 없을 정도로 파탄되었다고 인정된다면 그 파탄의 원인에 대한 원고의 책임이 피고의 책임보다 더 무겁다고 인정되지 않는 한 이혼 청구를 인용해야 한다.(대판 2021.3.25, 2020므14763)

▶ **혼인을 계속하기 어려운 중대한 사유 인정 사례**

29. 배우자가 유부녀강간, 현금강취 등 파렴치범죄로 장기형을 선고받고 복역중인 경우 피청구인이 유부녀강간, 현금강취라는 파렴치범죄로 인한 징역 4년이라는 장기복역형을 선고받아 본건 이혼심판청구서가 제1심법원에 접수된 이후까지 복역하고 있었다면 적어도 이 사유는 민 840조 6호의 혼인을 계속하기 어려운 중대한 사유가 있을 때에 해당한다.(대판 1974.10.22, 74므1)

30. 부부가 각각 타인과 사실혼 관계를 맺고 그 사이에 자녀를 출산한 경우 청구인과 피청구인이 각각 타인과 사실혼 관계를 맺고 그 사이에 자녀를 출산하고 있다면 위 두 사람이 다시 부부로 돌아가는 것은 불가능하고, 또 위 부부관계의 파탄은 청구인과 피청구인 모두에게 책임이 있는 것이어서 이는 민 840조 6호의 기타 혼인을 계속하기 어려운 중대한 사유 있는 때에 해당한다.(대판 1986.3.25, 85므85)

31. 배우자가 정신병에 걸린 경우 ① 가정은 단순히 부부만의 공동체에 지나지 않는 것이 아니고 그 자녀 등 이에 관계된 모든 구성원의 공동생활을 보호하는 기능을 가진 것으로서 부부 중 일방이 불치의 정신병에 이환되었고, 그 질환이 단순히 애정과 정성으로 간호되거나 예후가 예측될 수 있는 것이 아니고 그 가정의 구성원 전체에게 끊임없는 정신적·육체적 희생을 요구하며 경제적 형편에 비추어 많은 재정적 지출을 요하고 그로 인한 다른 가족들의 고통이 언제 끝날지 모르는 상태에 이르렀다면, 온 가족이 헤어날 수 없는 고통을 받더라도 상대방 배우자는 배우자 간의 애정에 터잡은 의무에 따라 한정 없이 이를 참고 살아가라고 강요할 수는 없으므로, 이러한 경우는 민 840조 6호의 재판상 이혼사유에 해당한다. ② 현재 부부의 일방이 정신병적인 증세를 보여 혼인관계를 유지하는데 어려움이 있다고 하더라도 그 증상이 가벼운 정도에 그치는 경우라든가, 회복이 가능한 경우인 때에는 그 상대방 배우자는 사랑과 희생으로 그 병의 치료를 위하여 진력을 다하여야 할 의무가 있고, 이러한 노력도 하여 보지 않고 정신병 증세로 인하여 혼인관계를 계속하기 어렵다고 주장하여 곧 이혼청구를 할 수는 없다.(대판 1995.5.26, 95므90)

32. 처가 신앙생활에만 전념하여 가사와 육아를 소홀히 한 경우 신앙의 자유는 부부라고 하더라도 이를 침해할 수 없지만, 부부 사이에는 서로 협력하여 원만한 부부생활을 유지하여야 할 의무가 있으므로 그 신앙의 자유에는 일정한 한계가 있는바, 처가 신앙생활에만 전념하면서 가사와 육아를 소홀히 한 탓에 혼인이 파탄에 이르게 되었다면 그 파탄의 주된 책임은 처에게 있다.(대판 1996.11.15, 96므851)

33. 처가 성행위를 거부하고 매일 외간 남자와 전화통화를 한 경우 처가 뚜렷한 합리적인 이유 없이 남편과의 성행위를 거부하고 결혼생활 동안 거의 매일 외간 남자와 전화통화를 하였으며 그로 인하여 남편이 이혼소송을 제기하고 별거에 이르게 되었다면 부부공동생활관계는 회복할 수 없을 정도로 파탄되었고, 그 혼인생활의 계속을 강제하는 것이 남편에게는 참을 수 없는 고통이 된다고 볼 여지가 있다.(대판 2002.3.29, 2002므74)

34. 부부간 불화가 계속되어 별거에 이른 경우 부부가 크고 작은 문제로 자주 다투며 서로 폭행하고, 부부간 문제를 감정적 차원에서 대응하여 도리어 갈등을 증폭시키고, 한차례 이혼소송 파동을 겪은 후에도 서로 애정과 신뢰를 쌓을 노력을 등한시 한 채 불화가 계속되어 별거에 이르게 되고, 상대방에 대한 이해부족과 불신을 그대로 유지한 채 부부간의 갈등을 일시적으로 참고 있는 상태라면 혼인을 계속하기 어려운 중대한 사유가 있다고 볼 여지가 있다.(대판 2004.8.20, 2004므955)

▶ **혼인을 계속하기 어려운 중대한 사유 부정 사례**

35. 부의 생식불능 및 성적기능 미달 피청구인이 무정자증으로 생식불능이고 성적기능이 다소 원활하지 못하다는 사실만으로는 다른 특별한 사정이 없는 한 민 840조 6호의 혼인을 계속하기 어려운 중대한 사유에 해당한다고 보기 어렵다.(대판 1982.11.23, 82므36)

36. 처가 타인의 자식을 임신하여 부의 자식인 양 출생신고를 하였으나 부가 처를 폭행하여 혼인이 파탄에 이르렀고, 부도 일본에 사실상의 처, 자식이 있으면서 주로 일본에서 거주한 경우 피청구인이 임신 후 마치 청구인의 자식을 임신한 양 청구인과 동거생활을 하고 혼인한 후 출산한 딸을 청구인의 친생자로 출생신고하게 한 사실은 원심이 인정하는 바이지만 원심의 판시와 같은 청구인과 피청구인 부부의 혼인생활의 경과와 그 혼인이 청구인의 피청구인에 대한 폭행 기타 부당한 대우에 의하여 파탄에 이르게 된 점, 특히 기록상 나타나는 청구인 자신의 주장과 진술에 의하여서도 알 수 있는 바와 같이 재일교포인 청구인은 일본에 혼인신고하지 않은 사실상의 처, 자식이 있음에도 불구하고 35세 연하의 피청구인과 이 사건 혼인을 하고 주로 일본에 거주하면서 우리나라로 왕래하는 생활을 하는 등 비정상적 혼인생활을 해온 점 등에 비추어 볼 때, 위와 같은 혼전 임신과 출산사실이 이 사건 혼인을 계속할 수 없는 중대한 사유가 된다고 하기 어렵다.(대판 1991.9.13, 91므85, 92)

37. 일시 이혼에 합의하고 위자료 지급 및 재산분할을 한 경우 혼인생활 중 부부가 일시 이혼에 합의하고 위자료 명목의 금전을 지급하거나 재산분배를 하였다고 하더라도 그것으로 인하여 부부관계가 돌이킬 수 없을 정도로 파탄되어 부부 쌍방이 이혼의 의사로 사실상 부부관계의 실체를 해소한 채 생활하여 왔다는 등의 특별한 사정이 없다면 그러한 이혼 합의사실의 존재만으로는 이를 민 840조 6호의 재판상 이혼사유인 혼인을 계속할 수 없는 중대한 사유에 해당한다고 할 수 없다.(대판 1996.4.26, 96므226)

38. 우울증세를 보였다가 호전되어 현재 일상생활을 하는데 지장이 없고 혼인생활을 계속하기를 바라는 경우 혼인생활 중에 일방이 우울증 증세를 보였으나 그 동안 병원의 치료를 받아 현재 일상생활을 하는 데 별다른 지장이 없고 상대방과의 혼인생활을 계속할 것을 바라고 있으므로 부부 사이에 혼인을 계속할 수 없는 중대한 사유가 있다고 할 수 없을 뿐만 아니라, 또한 부부 사이에는 동거, 부양 및 협조의무가 있으므로 혼인생활을 하면서 부부는 서로 협조하고 애정과 인내로써 상대방을 이해하며 보호하여 혼인생활의 유지를 위한 최선의 노력을 기울여야 하는바, 혼인생활 중 일방이 질병에 걸렸다면 상대방은 그 일방을 보호하고 애정과 정성을 다하여야 할 것이고, 가사 일방이 다시 시댁에 들어가 시부모를 모시고 살 경우 우울증이 재발할 가능성이 있다면 상대방으로서는 그를 시댁에 들어가게 하는 대신 그들이 시부모의 집 근처에 살면서 부모를 돌보게 하거나 누이들로 하여금 부모를 모시게 하는 등의 다른 방법을 찾는 등 애정을 가지고 재발방지를 위한 노력을 다하여야 할 입장에 있는 것이어서 그러한 사유도 이혼사유가 될 수 없다.(대판 1995.12.22, 95므861)

39. 남편이 아내의 외도 사실을 알고도 가정을 유지하기로 하고 그후 오랜 기간 부부생활을 유지하다가 이번에는 아내가 혼인파탄을 이유로 이혼을 청구한 사건 피고(남편)가 원고(아내)의 외도 사실을 알게 된 다음에도 원고를 다시 받아들여 가정을 유지하겠다는 선택을 하였고 그 이후 오랜 기간 부부관계를 유지해 왔으며 원고가 이후에도 다른 부정행위를 하였다고 볼 증거가 없는 이상, 위 사건을 이유로 이혼청구를 할 수 없는 유책배우자로 볼 수는 없고, 위 사건 이후 오랜 기간이 지난 과정에서 원·피고 사이에 있었던 사정들을 종합적으로 살펴서 혼인파탄 여부를 살펴보아야 한다는 이유로 원고를 유책배우자로 본 원심을 파기한 사례.(대판 2021.8.19, 2021므12108)

40. 유책배우자의 상대방 배우자에게 혼인계속의사가 있는지 판단하는 기준 ① 상대방 배우자의 혼인계속의사를 인정하려면 소송 과정에서 그 배우자가 표명하는 주관적 의사만을 가지고 판단할 것이 아니라, 혼인생활의 전 과정 및 이혼소송이 진행되는 중 드러난 상대방 배우자의 언행 및 태도를 종합하여 그 배우자가 악화된 혼인관계를 회복하여 원만한 공동생활을 영위하려는 노력을 기울임으로써 혼인유지에 협조할 의무를 이행할 의사가 있는지 객관적으로 판단하여야 한다. 따라서 일방 배우자의 성격적 결함이나 언행으로 인하여 혼인관계가 악화된 경우에도, 상대방 배우자 또한 원만한 혼인관계로의 복원을 위하여 협조하지 않은 채 오로지 일방 배우자에게만 혼인관계 악화에 대한 잘못이 있다고 비난하고 대화와 소통을 거부하는 경우, 이혼소송 중 가정법원이 권유하는 부부상담 등 혼인관계의 회복을 위하여 실시하는 조치에 정당한 이유 없이 불응하면서 무관심한 태도로 일관하는 경우에는 혼인유지를 위한 최소한의 노력조차 기울이지 않았다고 볼 여지가 있어, 설령 그 배우자가 혼인계속의사를 표명하더라도 이를 인정함에 신중하여야 한다. ② 다만 이 경우 일방 배우자의 유책성을 상쇄할 정도로 상대방 배우자 및 자녀에 대한 보호와 배려가 이루어졌어야 하므로, 특히 상대방 배우자가 경제적·사회적으로 매우 취약한 지위에 있어 보호의 필요성이 큰 경우나 각종 사회보장급여 기타 공법상 급여, 연금이나 사적인 보험 등에 의한 혜택이 법률상 배우자의 지위가 유지됨을 전제로 하는 경우에는 유책배우자의 이혼청구를 허용함에 신중을 기하여야 한다. 그러므로 이혼에 불응하는 상대방 배우자가 혼인의 계속과 양립하기 어려워 보이는 언행을 하더라도, 그 이혼거절의사가 이혼 후 자신 및 미성년 자녀의 정신적·사회적·경제적 상태와 생활보장에 대한 우려에서 기인한 것으로 볼 여지가 있는 때에는 혼인계속의사가 없다고 섣불리 단정하여서는 안 된다.(대판 2022.6.16, 2021므14258)

第841條【不貞으로 因한 離婚請求權의 消滅】

前條第1號의 事由는 다른 一方이 事前同意나 事後 容恕를 한 때 또는 이를 안 날로부터 6月, 그 事由있은 날로부터 2年을 經過한 때에는 離婚을 請求하지 못한다.

■ 기간의 계산(157·160), 이혼소송(가소21·22·25·2① i 나)

1. 부정행위의 간통유서와 사후용서가 있었다고 본 경우 남편이 다른 여자와 부첩관계를 맺고 간통하고 있는 사실을 알고 고소하려 하자 남편의 요청으로 처에게 자녀교육비로서 매월 금 만원씩을 지급하기로 약정한 것이 과거의 간통사실을 사후에 용인하고 약정대로 송금하여 주는 것을 전제로 차후의 간통을 사전에 동의하였다고 볼 수 있다면 혼인관계 파탄의 책임은 오히려 위 약정 후 종종 다른 남자와 부정관계를 맺고 있는 처에게 있다.(대판 1971.3.23, 71므3)

2. 민 841조의 배우자로서의 권리침해를 원인으로 한 위자료 청구사건에 대한 적용여부(소극) 민 841조 소정의 제척기간은 부정행위를 원인으로 한 이혼청구권의 소멸에 관한 규정으로서 이는 부권침해를 원인으로 하여 그 정신상 고통에 대한 위자료를 청구하고 있는 경우에는 적용될 수 없다.(대판 1985.6.25, 83므18)

第842條【其他 原因으로 因한 離婚請求權의 消滅】

第840條第6號의 事由는 다른 一方이 이를 안 날로부터 6月, 그 事由있은 날로부터 2年을 經過하면 離婚을 請求하지 못한다.

■ 기간의 계산(157·160), 이혼소송(가소21·22·25·2① i 나)

1. 제소기간의 적용 범위 민 840조 6호의 '기타 혼인을 계속하기 어려운 중대한 사유'가 이혼청구 당시까지도 계속 존재하는 경우에는 이혼청구권의 제척기간에 관한 민 842조가 적용되지 아니한다.(대판 2001.2.23, 2000므1561)

2. 악의의 유기로 인한 이혼청구권의 제척기간 악의의 유기를 원인으로 하는 재판상 이혼청구권이 법률상 그 행사기간의 제한이 없는 형성권으로서 10년의 제척기간에 걸린다고 하더라도 피고가 부첩관계를 계속 유지함으로써 민 840조 2호에 해당하는 배우자가 악의로 다른 일방을 유기하는 것이 이혼청구 당시까지 존속되고 있는 경우에는 기간 경과에 의하여 이혼청구권이 소멸할 여지는 없다.(대판 1998.4.10, 96므1434)

3. 민 842조의 제척기간이 840조 3호의 사유에 기한 이혼청구에 유추적용될 수 있는지 여부(소극) 민 842조의 제척기간에 관한 규정은 840조 6호의 사유에 기한 이혼청구에만 적용될 뿐 840조 3호의 사유에 기한 이혼청구에 유추적용될 수 없다.(대판 1993.6.11, 92므1054, 1061)

제843조【준용규정】

재판상 이혼에 따른 손해배상책임에 관하여는 제806조를 준용하고, 재판상 이혼에 따른 자녀의 양육책임 등에 관하여는 제837조를 준용하며, 재판상 이혼에 따른 면접교섭권에 관하여는 제837조의2를 준용하고, 재판상 이혼에 따른 재산분할청구권에 관하여는 제839조의2를 준용하며, 재판상 이혼에 따른 재산분할청구권 보전을

위한 사해행위취소권에 관하여는 제839조의3을 준용한다. (2012.2.10 본조개정)

〔개정전〕 **第843條【準用規定】** 第806條, 第837條, 第837條의2 및 第839條의2의 規定은 裁判上離婚의 경우에 準用한다.

1. 재산분할의 대상 부부 중 일방이 상속받은 재산이거나 이미 처분한 상속재산을 기초로 형성된 부동산이더라도 이를 취득하고 유지함에 있어 상대방의 가사노동 등이 직·간접으로 기여한 것이라면 재산분할의 대상이 된다. 제3자 명의의 재산이더라도 그것이 부부 중 일방에 의하여 명의신탁된 재산 또는 부부의 일방이 실질적으로 지배하고 있는 재산으로서 부부 쌍방의 협력에 의하여 형성된 것이거나 부부 쌍방의 협력에 의하여 형성된 유형, 무형의 자원에 기한 것이라면 그와 같은 사정도 참작하여야 한다는 의미에서 재산분할의 대상이 된다.(대판 1998.4.10, 96므1434)

2. 법원이 이혼 판결을 선고하면서 미성년자인 자녀에 대한 친권자 및 양육자를 정하지 않은 경우, 재판의 누락이 있는지 여부(적극) 재판상 이혼의 경우에 당사자의 청구가 없다 하더라도 법원은 직권으로 미성년자인 자녀에 대한 친권자 및 양육자를 정하여야 하며, 따라서 법원이 이혼 판결을 선고하면서 미성년자인 자녀에 대한 친권자 및 양육자를 정하지 않았다면 재판의 누락이 있다.(대판 2015.6.23, 2013므2397)

3. 첩계약의 효력 및 첩계약 용서의 효력 ① 소위 첩계약(妾契約)은 본처(本妻)의 동의 유무를 불문하고 선량한 풍속에 반하는 사항을 내용으로 하는 법률행위로서 무효일 뿐만 아니라 위법한 행위이므로, 부첩관계에 있는 부(夫) 및 첩은 특별한 사정이 없는 한 그로 인하여 본처가 입은 정신상의 고통에 대하여 배상할 의무가 있고, 이러한 손해배상책임이 성립하기 위하여 반드시 부첩관계로 인하여 혼인관계가 파탄에 이를 필요까지는 없다. ② 한편 본처가 장래의 부첩관계에 대하여 동의하는 것은 그 자체가 선량한 풍속에 반하는 것으로서 무효라고 할 것이나, 기왕의 부첩관계에 대하여 용서한 때에는 그것이 손해배상청구권의 포기라고 해석되는 한 그대로의 법적 효력이 인정될 수 있다.(대판 1998.4.10, 96므1434)

4. 유책배우자에 대한 위자료 산정방법 이혼 등의 불법행위로 인하여 상대방에게 입힌 정신적인 고통을 위자하기 위한 금액의 산정은 재산상의 손해와 달라서 반드시 이를 증거에 의하여 입증할 수 있는 성질의 것이 아니므로 법원은 여러 가지 사정을 참작하여 직권에 의하여 그 액수를 결정할 수 있는 것인즉, 유책배우자에 대한 위자료수액을 산정함에 있어서도, 유책행위에 이르게 된 경위와 정도, 혼인관계, 파탄의 원인과 책임, 배우자의 연령과 재산상태 등 변론에 나타나는 모든 사정을 참작하여 법원이 직권으로 결정할 수밖에 없다.(대판 1987.10.28, 87므55, 56)

5. 협의이혼약정시 위자료조로 약정한 금원을 지급받은 경우 위자료청구권의 소멸여부(적극) 협의이혼약정시에 청구인이 피청구인에게 이혼위자료조로 소정의 금원을 지급할 것을 약정한 후에 피청구인이 위 금원 등을 지급 받은 경우라면, 위 금원등 수수에 관한 당사자 쌍방의 의사는 어디까지나 협의의 이혼이건 재판상 이혼이건간에 그 부부관계를 완전히 청산하는 것을 전제로 그 위자료조로 지급한 취지라고 볼 것이므로 피청구인의 위자료 청구권은 소멸하였다.(대판 1983.9.27, 83므20, 21)

6. 부가 성기능 불완전을 은폐한 채 결혼식 후 6개월간 성생활을 못한 경우 처의 위자료 청구 가부(적극) 남편이 성기능이 불완전함에도 불구하고 이를 숨긴채 그 처와 형식상 혼례식을 거행하고 젊은 부부로서 약 6개월간에 걸쳐 신혼생활을 하는 동안 한 번도 성교관계가 없었다면 정상적인 혼인생활을 원하는 처로서는 정신상의 고통을 받았음이 사리상 당연하다.(대판 1966.1.31, 65므65)

7. 위자료나 재산분할의 액수 산정시 성년에 달한 자녀들에 대한 부양의무를 참작하여야 하는지 여부(소극) 이혼하는 부부의 자녀들이 이미 모두 성년에 달한 경우, 부(父)가 자녀들에게 부양의무를 진다 하더라도 이는 어디까지나 부(父)와 자녀들 사이의 법률관계일 뿐, 이를 부부의 이혼으로 인하여 이혼 배우자에게 지급할 위자료나 재산분할의 액수를 정하는 데 참작할 사정으로 볼 수는 없다.(대판 2003.8.19, 2003므941)

8. 재판상 이혼을 전제로 한 재산분할에 있어 분할의 대상과 그 액수 산정의 기준시기 재판상 이혼을 전제로 한 재산분할에 있어 분할의 대상이 되는 재산과 그 액수는 이혼소송의 사실심 변론종결일을 기준으로 하여 정하여야 한다. 이혼소송의 사실심 변론종결일 당시 직장에 근무하는 부부 일방의 퇴직과 퇴직금이 확정된 바 없으면 장래의 퇴직금을 분할의 대상이 되는 재산으로 삼을 수 없음이 원칙이지만, 그 뒤에 부부 일방이 퇴직하여 퇴직금을 수령하였고 재산분할 청구권의 행사기간이 경과하지 않았으면 수령한 퇴직금 중 혼인한 때로부터 위 기준일까지의 기간 중에 제공한 근로의 대가에 해당하는 퇴직금 부분은 분할의 대상인 재산이 된다.(대결 2000.5.2, 2000스13)

9. 혼인 파탄과 변론종결 사이에 변동된 재산이 분할 대상이 되는지 판단 방법 혼인관계가 파탄된 이후 사실심 변론종결일 사이에 생긴 재산관계의 변동이 부부 중 일방에 의한 후발적 사정에 의한 것으로서 혼인 중 공동으로 형성한 재산관계와 무관하다는 등 특별한 사정이 있는 경우 그 변동된 재산은 재산분할 대상에서 제외하여야 하나, 부부의 일방이 혼인관계 파탄 이후에 취득한 재산이라도 그것이 혼인관계 파탄 이전에 쌍방의 협력에 의하여 형성된 유형·무형의 자원에 기한 것이라면 재산분할의 대상이 된다.(대판 2019.10.31, 2019므12549, 12556)

10. 쌍방 당사자가 재산 분할방법에 관한 합의를 한 경우, 법원이 합리적인 이유를 제시하지 아니한 채 그 합의에 반하는 방법으로 재산분할을 할 수 있는지 여부(소극) 일방 당사자가 특정한 방법으로 재산분할을 청구하더라도 법원은 이에 구속되지 않고 타당하다고 인정되는 방법에 따라 재산분할을 명할 수 있다. 그러나 재산분할심판은 재산분할에 관하여 당사자 사이에 협의가 되지 아니하거나 협의할 수 없는 때에 한하여 하는 것이므로(민 843조, 839조의2 2항), 쌍방 당사자가 일부 재산에 관하여 분할방법에 관한 합의를 하였고, 그것이 그 일부 재산과 나머지 재산을 적정하게 분할하는 데 지장을 가져오는 것이 아니라면 법원으로서는 이를 최대한 존중하여 재산분할을 명하는 것이 타당하다. 그 경우 법원이 아무런 합리적인 이유를 제시하지 아니한 채 그 합의에 반하는 방법으로 재산분할을 하는 것은 재산분할사건이 가사비송사건이고, 그에 관하여 법원의 후견적 입장이 강조된다는 측면을 고려하더라도 정당화되기 어렵다.(대판 2021.6.10, 2021므10898)

11. 재판상 이혼하는 부모에 대한 공동양육자 지정이 가능한 경우 재판상 이혼의 경우 부모 모두를 자녀의 공동양육자로 지정하는 것은 부모가 공동양육을 받아들일 준비가 되어 있고 양육에 대한 가치관에서 현저한 차이가 없는지, 부모가 서로 가까운 곳에 살고 있고 양육환경이 비슷하여 자녀에게 경제적·시간적 손실이 적고 환경 적응에 문제가 없는지, 자녀가 공동양육의 상황을 받아들일 이성적·정서적 대응능력을 갖추었는지 등을 종합적으로 고려하여 공동양육을 위한 여건이 갖추어졌다고 볼 수 있는 경우에만 가능하다고 보아야 한다.(대판 2020.5.14, 2018므15534)

12. 사실혼 부당파기와 위자료 청구 가부(적극) 사실혼관계에서 그중 한쪽이 다른 남자 또는 여자와 연애를 하여 혼인관계를 더 계속할 수 없는 부도덕한 행위를 하여서 그것이 일단 객관적으로 사실화되었다면 이것은 그 행위시를 표준으로 하여 남편 또는 혼인으로서 지켜야 할 혼인의 순결성을 저버린 행위이고 상대편은 이러한 사유를 들어 사실혼의

부당 파기에 대한 책임을 묻고 나아가 그 부당 파기로 하여 생한 위자료를 청구할 수 있다.(대판 1967.1.24, 66므39)

13. 재판상 이혼에서 친권, 양육자로 지정된 부모 일방이 상대방에게 양육비를 청구하는 경우 가정법원의 양육비 결정 방법 부모는 자녀를 공동으로 양육할 책임이 있고, 양육에 드는 비용도 원칙적으로 부모가 공동으로 부담하여야 한다. 그런데 어떠한 사정으로 인하여 부모 중 어느 한쪽만이 자녀를 양육하게 된 경우에는 양육하는 사람이 상대방에게 현재와 장래의 양육비 중 적정 금액의 분담을 청구할 수 있다. 재판상 이혼 시 친권자와 양육자로 지정된 부모의 일방은 상대방에게 양육비를 청구할 수 있고, 이 경우 가정법원으로서는 자녀의 양육비 중 양육자가 부담해야 할 양육비를 제외하고 상대방이 분담해야 할 적정 금액의 양육비만을 결정하는 것이 타당하다.(대판 2020.5.14, 2019므15302)

第4章 父母와 子

第1節 親生子

제844조【남편의 친생자의 추정】 ① 아내가 혼인 중에 임신한 자녀는 남편의 자녀로 추정한다.
② 혼인이 성립한 날부터 200일 후에 출생한 자녀는 혼인 중에 임신한 것으로 추정한다.
③ 혼인관계가 종료된 날부터 300일 이내에 출생한 자녀는 혼인 중에 임신한 것으로 추정한다.
(2017.10.31 본조개정)
[2017.10.31. 법률 제14965호에 의하여 2015.4.30. 헌법재판소에서 헌법불합치 결정된 이 조를 개정함.]

■ 친생자에 관한 준거법(국사40), 출생신고(가족관계44−54), 친생부인(846−853), 법원에 의한 부의 결정(845, 가소26−29·2①나), 부모혼인으로 인한 친생자의 신분취득(855②), 자의 성과 본(781), 친생자의 신고(가족관계55), 혼인과 부부의 동거 및 부정(826·840), 혼인의 성립(812), 이혼(834·840), 혼인취소(816이하)

. 친생추정이 미치는 범위 844조는 부부가 동거하여 처가 부의 자를 포태할 수 있는 상태에서 자를 포태한 경우에 적용되고 부부의 한쪽이 장기간에 걸쳐 해외에 나가 있거나 사실상의 이혼으로 부부가 별거하고 있는 경우 등 동서의 결여로 처가 부의 자를 포태할 수 없는 것이 외관상 명백한 사정이 있는 경우에는 그 추정이 미치지 않는다.(대판(全) 1983.7.12, 82므59)

. 1년에 한번 정도 찾아오는 부를 만나 온 처가 혼인 중에 포태한 자식의 친생추정 민 844조 1항의 이른바 친생추정은 부부 중 한쪽이 장기간 외국에 거주하고 있었다든가, 사실상 이혼하여 남남처럼 살고 있다는 등 동서의 결여로 인하여 처가 부의 자식을 포태할 수 없음이 외관적으로 명백한 경우가 아닌 한 혼인중에 처가 포태한 자식에게 모두 적용되는 것으로서 단순히 부부가 평상시에 별거하고 있다는 등의 사정만으로는 위 친생추정을 받지 아니하는 사유가 될 수 없으므로, 청구인은 갑과 혼인한 후 다른 여자와 부첩관계를 맺고 평소에 갑과는 별거하고 있었으나 갑이 청구인의 부모를 모시고 본가에서 거주하는 관계로 1년에 한번 정도 찾아와 만났다면 이 부부 사이는 처가 부의 자식을 포태할 수 없음이 객관적으로 명백할 정도로 동서의 결여가 있다고는 할 수 없으므로 갑이 혼인중에 포태하였음이 명백한 청구인은 청구인의 친생자로 추정받는다.(대판 1990.12.11, 90므637)

. 사실과 달리 호적상 부로 등재된 경우 친자관계 성립 여부(소극) 친자관계라는 사실은 호적상의 기재여하에 의하여 좌우되는 것은 아니며 호적상 친권자라고 등재되어 있다 하더라도 사실에 있어서 그렇지 않은 경우에는 법률상 친자관계가 생길 수 없다.(대판 1983.6.28, 83도996)

4. 혼인 중 제3자의 정자에 의한 인공수정으로 출산한 경우 친생추정(적극) **및 혼인 중 출산한 자녀가 남편과 혈연관계 없음이 밝혀진 경우 친생추정**(적극) 친생자와 관련된 민법 규정, 특히 민 844조 1항의 문언과 체계, 민법이 혼인 중 출생한 자녀의 법적 지위에 관하여 친생추정 규정을 두고 있는 기본적인 입법 취지와 연혁, 헌법이 보장하고 있는 혼인과 가족제도 등에 비추어 보면, 아내가 혼인 중 남편이 아닌 제3자의 정자를 제공받아 인공수정으로 자녀를 출산한 경우에도 친생추정 규정을 적용하여 인공수정으로 출생한 자녀가 남편의 자녀로 추정된다고 보는 것이 타당하고, 혼인 중 아내가 임신하여 출산한 자녀가 남편과 혈연관계가 없다는 점이 밝혀졌더라도 친생추정이 미치지 않는다고 볼 수 없다.(대판(全) 2019.10.23, 2016므2510)

5. 친생부인의 소에서 생물학적 혈연관계 부존재의 의미 혈연관계가 없음을 알게 되면 친생부인의 소를 제기할 수 있는 제소기간이 진행하고, 실제로 생물학적 혈연관계가 없다는 점은 친생부인의 소로써 친생추정을 번복할 수 있게 하는 사유이다. 이처럼 혈연관계 유무나 그에 대한 인식은 친생부인의 소를 이유 있게 하는 근거 또는 제소기간의 기산점 기준으로서 친생부인의 소를 통해 친생추정을 번복할 수 있도록 하는 사유이다. 이를 넘어서 처음부터 친생추정이 미치지 않도록 하는 사유로서 친생부인의 소를 제기할 필요조차 없도록 하는 요소가 될 수는 없다.(대판 2021.9.9, 2021므13293)

第845條【法院에 依한 父의 決定】 재혼한 여자가 解産한 境遇에 제844조의 規定에 依하여 그 子의 父를 定할 수 없는 때에는 法院이 當事者의 請求에 依하여 이를 定한다. (2005.3.31 본조개정)

〔개정전〕 **第845條【法院에 의한 父의 決定】** "第811條의 規定에 違反하여 再婚한 女子"가 解産한 경우에 "前條"의 規定에 ……

■ 부를 정하는 사건의 소송(가소26−29·2① i 나)

第846條【子의 親生否認】 부부의 일방은 第844條의 境遇에 그 子가 親生子임을 否認하는 訴를 提起할 수 있다. (2005.3.31 본조개정)

〔개정전〕 **第846條【子의 親生否認】** "夫는" 第844條의 경우에 …

■ 부인권행사(847·848·852·854, 가소26·28·2①나), 부인의 소를 제기할 수 있는 자(가소23·28), 부인소송계속중의 부의 사망과 소송의 수계(가소16·28), 본조의 경우의 출생신고(가족관계47)

1. 민 846조, 847조 1항에서 정한 친생부인의 소의 원고적격이 있는 '부(婦), 처(妻)'는 자의 생모에 한정되는지 여부(적극) **및 여기에 '재혼한 처(妻)'가 포함되는지 여부**(소극) 민 846조에서의 '부부의 일방'은 844조의 경우에 해당하는 '부부의 일방', 즉 844조 1항에서의 '부'와 '자를 혼인 중에 포태한 처'를 가리키고, 그렇다면 이 경우의 처는 '자의 생모'를 의미하며, 847조 1항에서의 '처'도 846조에 규정된 '부부의 일방으로서의 처'를 의미한다고 해석되므로, 결국 친생부인의 소를 제기할 수 있는 처는 자의 생모를 의미한다.(대판 2014.12.11, 2013므4591)

제847조【친생부인의 소】 ① 친생부인(親生否認)의 소(訴)는 부(夫) 또는 처(妻)가 다른 일방 또는 자(子)를 상대로 하여 그 사유가 있음을 안 날부터 2년내에 이를 제기하여야 한다.
② 제1항의 경우에 상대방이 될 자가 모두 사망한 때에는 그 사망을 안 날부터 2년내에 검사를 상대로 하여 친생부인의 소를 제기할 수 있다.
(2005.3.31 본조개정)

〔개정전〕 "**第847條【親生否認의 訴】** ① 否認의 訴는 子 또는 그 親權者인 母를 相對로 하여 그 出生을 안 날로부터 1年내에 提起하여야 한다.
<1997.3.27 憲法裁判所違憲決定으로 本條 第1項중 "그 出生을 안 날로부터 1年內" 부분은 憲法에 합치되지 아니함>
② 親權者인 母가 없는 때에는 法院은 特別代理人을 選任하여야 한다."

▣ 친생부인의 소(846, 가소26·28·2① i 나), 친권자인 모(909·924이하), 본조의 경우의 출생신고(가족관계47)

1. 친생추정이 되는 경우 친생자관계부존재확인 소의 적법 여부(소극) 민 844조 1항의 친생추정은 반증을 허용하지 않는 강한 추정이므로, 처가 혼인 중에 포태한 이상 그 부부의 한쪽이 장기간에 걸쳐 해외에 나가 있거나, 사실상의 이혼으로 부부가 별거하고 있는 경우 등 동거의 결여로 처가 부(夫)의 자를 포태할 수 없는 것이 외관상 명백한 사정이 있는 경우에만 그 추정이 미치지 않을 뿐이고, 이러한 예외적인 사유가 없는 한 누구라도 그 자가 부의 친생자가 아님을 주장할 수 없어서, 이와 같은 추정을 번복하기 위하여는 부가 민 846조, 847조에서 규정하는 친생부인의 소를 제기하여 그 확정판결을 받아야 하고, 이러한 친생부인의 소가 아닌 민 865조의 친생자관계부존재확인의 소에 의하여 그 친생자관계의 부존재확인을 구하는 것은 부적법하다.(대판 2000.8.22, 2000므292)

2. 친생추정이 안 되는 경우 친자관계부존재확인의 소의 제기 가부(적극) 민 844조는 부부가 동거하여 처가 부의 자를 포태할 수 있는 상태에서 자를 포태한 경우에 적용되는 것이고 부부의 한쪽이 장기간에 걸쳐 해외에 나가 있거나 사실상의 이혼으로 부부가 별거하고 있는 경우등 동서의 결여로 처가 부의 자를 포태할 수 없는 것이 외관상 명백한 사정이 있는 경우에는 그 추정이 미치지 아니하므로 이 사건에 있어서 처가 가출하여 부와 별거한지 약 2년 2개월 후에 자를 출산하였다면 이에는 동조의 추정이 미치지 아니하여 부는 친생부인의 소에 의하지 않고 친자관계부존재확인소송을 제기할 수 있다.(대판 1983.7.12, 82므59)

3. 친생추정이 미치는 자에 대하여 친생자관계부존재확인의 심판을 선고받아 확정된 경우의 효력 친생부인의 소가 아닌 친생자관계부존재확인을 구하는 부적법한 청구일지라도 법원이 그 잘못을 간과하고 청구를 받아들여 친생자관계가 존재하지 않는다는 확인의 심판을 선고하고 그 심판이 확정된 이상 이 심판이 당연무효라고 할 수는 없는 것이며, 구 인사소송법(1990.12.31. 법률 제4300호 가사소송법에 의하여 폐지) 35조, 32조에 의하여 위 확정심판의 기판력은 제3자에게도 미치는 것이어서 위 심판의 확정으로 누구도 소송상으로나 소송 외에서 친생자임을 주장할 수 없게 되었으니 이제는 위 확정심판의 기판력과 충돌되는 친생자로서의 추정의 효력은 사라져버렸다.(대판 1992.7.24, 91므566)

4. 인공수정에 동의한 남편의 친생부인의 소 제기 가부(소극) **및 친자관계를 공시·용인해온 경우 동의가 있는 것으로 취급해야 하는지 여부**(적극) ① 정상적으로 혼인생활을 하고 있는 부부 사이에서 인공수정 자녀가 출생하는 경우 남편은 동의의 방법으로 자녀의 임신과 출산에 참여하게 되는데, 이것이 친생추정 규정이 적용되는 근거라고 할 수 있다. 남편이 인공수정에 동의하였다가 나중에 이를 번복하고 친생부인의 소를 제기하는 것은 허용되지 않는다. ② 부부가 정상적인 혼인생활을 하고 있는 경우 출생한 인공수정 자녀에 대해서는 남편의 동의가 있었을 개연성이 높다. 따라서 혼인 중 출생한 인공수정 자녀에 대해서는 다른 명확한 사정에 관한 증명이 없는 한 남편의 동의가 있었던 것으로 볼 수 있다. 동의서 작성이나 그 보존 여부가 명백하지 않더라도 인공수정 자녀의 출생 이후 남편이 인공수정 자녀라는 사실을 알면서 출생신고를 하는 등 인공수정 자녀를 자신의 친자로 공시하는 행위를 하거나, 인공수정 자녀의 출생 이후 상당 기간 동안 실질적인 친자관계를 유지하면서 인공수정 자녀를 자신의 자녀로 알리는 등 사회적으로 보아 친자관계를 공시·용인해 왔다고 볼 수 있는 경우에는 동의가 있는 경우와 마찬가지로 취급하여야 한다.(대판(全) 2019.10.23, 2016므2510)

제848조【성년후견과 친생부인의 소】 ① 남편이나 아내가 피성년후견인인 경우에는 그의 성년후견인이 성년후견감독인의 동의를 받아 친생부인의 소를 제기할 수 있다. 성년후견감독인이 없거나 동의할 수 없을 때에는 가정법원에 그 동의를 갈음하는 허가를 청구할 수 있다.
② 제1항의 경우 성년후견인이 친생부인의 소를 제기하지 아니하는 경우에는 피성년후견인은 성년후견종료의 심판이 있은 날부터 2년 내에 친생부인의 소를 제기할 수 있다.
(2011.3.7 본조개정)

▣ 847, 피성년후견인 및 후견인(12·14·929), 부의 피성년후견과 후견인의 소제기(가소23·28)

第849條【子死亡後의 親生否認】 子가 死亡한 後에도 그 直系卑屬이 있는 때에는 그 母를 相對로, 母가 없으면 檢事를 相對로 하여 否認의 訴를 提起할 수 있다.

▣ 846·847

第850條【遺言에 依한 親生否認】 부(夫) 또는 처(妻)가 遺言으로 否認의 意思를 表示한 때에는 遺言執行者는 친생부인의 소를 提起하여야 한다.
(2005.3.31 본조개정)

〔개정전〕 **【親生否認】** "夫"가 遺言으로 …… 遺言執行者는 "否認의 訴"를 제기하여야 한다.

▣ 846·847·851, 유언의 집행(1091이하)

제851조【부의 자 출생 전 사망 등과 친생부인】 부(夫)가 자(子)의 출생 전에 사망하거나 부(夫) 또는 처(妻)가 제847조제1항의 기간내에 사망한 때에는 부(夫) 또는 처(妻)의 직계존속이나 직계비속에 한하여 그 사망을 안 날부터 2년내에 친생부인의 소를 제기할 수 있다. (2005.3.31 본조개정)

〔개정전〕 "**第851條【夫의 子 出生前 死亡과 親生否認】** 夫가 子의 出生前 또는 第847條第1項의 期間내에 死亡한 때에는 夫의 直系尊屬이나 直系卑屬에 한하여 그 死亡을 안 날로부터 1年내에 否認의 訴를 提起할 수 있다."

▣ 846·847·850, 가소26·28

제852조【친생부인권의 소멸】 자의 출생 후에 친생자(親生子)임을 승인한 자는 다시 친생부인의 소를 제기하지 못한다. (2005.3.31 본조개정)

〔개정전〕 "**第852條【親生否認權의 消滅】** 夫가 그 子의 出生後에 親生子임을 承認한 때에는 다시 否認의 訴를 提起하지 못한다."

▣ 846

第853條 (2005.3.31 삭제)

〔개정전〕 "**第853條【訴訟終結後의 親生承認】** 夫는 否認訴訟의 終結後에도 그 親生子임을 承認할 수 있다."

第854條【詐欺, 强迫으로 因한 承認의 取消】 제852조의 承認이 詐欺 또는 强迫으로 因한 때에는 이를 取消할 수 있다. (2005.3.31 본조개정)

〔개정전〕 …… **取消】** "前2條"의 承認이 詐欺 또는 ……

▣ 852, 사기·강박으로 인한 의사표시(110), 취소(140·146)

제854조의2【친생부인의 허가 청구】 ① 어머니 또는 어머니의 전(前) 남편은 제844조제3항의 경우

에 가정법원에 친생부인의 허가를 청구할 수 있다. 다만, 혼인 중의 자녀로 출생신고가 된 경우에는 그러하지 아니하다.
② 제1항의 청구가 있는 경우에 가정법원은 혈액채취에 의한 혈액형 검사, 유전인자의 검사 등 과학적 방법에 따른 검사결과 또는 장기간의 별거 등 그 밖의 사정을 고려하여 허가 여부를 정한다.
③ 제1항 및 제2항에 따른 허가를 받은 경우에는 제844조제1항 및 제3항의 추정이 미치지 아니한다.
(2017.10.31 본조신설)

第855條【認知】 ① 婚姻外의 出生子는 그 生父나 生母가 이를 認知할 수 있다. 父母의 婚姻이 無效인 때에는 出生子는 婚姻外의 出生子로 본다.
② 婚姻外의 出生子는 그 父母가 婚姻한 때에는 그때로부터 婚姻 中의 出生子로 본다.

■ 혼인외친자관계의 준거법(국사41 · 42), 친생자(844), 인지(856-864), 인지의 효력(859 · 860), 인지와 자의 등록(가족관계55이하), 혼인 외의 출생자의 신고(가족관계46②), 혼인 외의 출생자의 친권자(909④), 혼인(812), 인지의무효(가소26 · 28 · 2① i 가), 인지의 취소(861 · 862 · 109 · 110, 가소26 · 28 · 2① i 나)

1. 혼외자의 친생자 신분 취득 방법 혼인 외의 자와 부와의 친생자관계는 부의 인지에 의하여서만 발생하므로 혼인 외의 출생자인 피청구인이 청구인의 친생자로서의 신분을 취득하려면 청구인의 인지가 있어야 하고 그 인지가 있었다는 자료가 없는 한 법률상 청구인과 피청구인 사이의 친생자관계는 생기지 않는 것이다.(대판 1984.9.25, 84므73)

2. 타인의 친생자로 추정되는 자에 대한 인지 법률상 타인의 친생자로 추정되는 자에 대하여서는 그 부로부터 친생부인의 소의 판결이 확정되기 전에는 아무도 인지를 할 수 없다.(대판 1968.2.27, 67므34)

3. 혼인 외의 출생자에 대하여 부 사망후 처가 한 출생신고를 부의 인지로 볼 수 있는지 여부(소극) 혼인 외의 출생자와 그 부와의 법률상 부자관계는 오로지 인지에 의해서만 생기는 바 부 사망 후 그의 처가 그들간에 출생한 친생자인 양 출생신고를 하였다 하더라도 그것이 위 인지로서의 효력이 있다할 수 없다.(대판 1985.10.22, 84다카1165)

4. 사실상 부 사망 후 처가 혼인신고와 출생신고를 한 경우 인지로서의 효력 여부(소극) 사실상의 아버지가 인지하지 아니하고 사망한 이상 그 사망 후에 사실상의 어머니와 혼인신고를 하였다 하여도 그 사이에 법률상 부부관계가 성립될 여지가 없으므로 그 혼인 후에 출생신고를 하였다 하여 사망한 아버지가 인지한 것이라 할 수 없다.(대판 1972.1.31, 71다2446)

5. 무효인 혼인 중 출생한 자를 그 호적에 출생신고하여 등재한 경우 인지로서의 효력 여부(적극) 혼인신고가 위법하여 무효인 경우에도 무효한 혼인 중 출생한 자를 그 호적에 출생신고하여 등재한 이상 그 자에 대한 인지의 효력이 있다.(대판 1971.11.15, 71다1983)

6. 인지청구권을 포기하기로 하는 재판상화해의 효력(무효) 인지청구권은 본인의 일신 전속적인 신분관계상의 권리로서 포기할 수 없고 포기하였다 하더라도 그 효력이 발생할 수 없으므로 비록 인지청구권을 포기하기로 하는 화해가 재판상 이루어지고 그것이 화해조항에 표시되었다 할지라도 동 화해는 그 효력이 없다.(대판 1987.1.20, 85므70)

제855조의2【인지의 허가 청구】 ① 생부(生父)는 제844조제3항의 경우에 가정법원에 인지의 허가를 청구할 수 있다. 다만, 혼인 중의 자녀로 출생신고가 된 경우에는 그러하지 아니하다.
② 제1항의 청구가 있는 경우에 가정법원은 혈액채취에 의한 혈액형 검사, 유전인자의 검사 등 과학적 방법에 따른 검사결과 또는 장기간의 별거 등 그 밖의 사정을 고려하여 허가 여부를 정한다.
③ 제1항 및 제2항에 따라 허가를 받은 생부가 「가족관계의 등록 등에 관한 법률」 제57조제1항에 따른 신고를 하는 경우에는 제844조제1항 및 제3항의 추정이 미치지 아니한다.
(2017.10.31 본조신설)

제856조【피성년후견인의 인지】 아버지가 피성년후견인인 경우에는 성년후견인의 동의를 받아 인지할 수 있다.
(2011.3.7 본조개정)

■ 피성년후견인 및 그 후견인(12 · 929), 인지(855 · 859-862), 피성년후견인의 친생부인의 소(848)

第857條【死亡子의 認知】 子가 死亡한 後에도 그 直系卑屬이 있는 때에는 이를 認知할 수 있다.

■ 855 · 859-862, 사망한 자의 인지신고(가족관계57 · 59)

第858條【胞胎中인 子의 認知】 父는 胞胎 中에 있는 子에 對하여도 이를 認知할 수 있다.

■ 855 · 859-862, 태아의 인지신고(가족관계56 · 59), 인지된 태아의 사산(가족관계60), 인지된 태아의 지위(762 · 1000③ · 1064)

第859條【認知의 效力發生】 ① 認知는 「가족관계의 등록 등에 관한 법률」의 定하는 바에 依하여 申告함으로써 그 效力이 생긴다. (2007.5.17 본항개정)
② 認知는 遺言으로도 이를 할 수 있다. 이 境遇에는 遺言執行者가 이를 申告하여야 한다.

〔개정전〕 ① 認知는 "戶籍法"의 정한 바에 의하여 ……

■ 855-858, ② 유언(1060이하 · 1073 · 1093이하 · 1108), 유언에 의한 인지의 신고(가족관계59)

1. 구 민법 적용 당시 유언에 의한 인지 구 민법 적용 당시에 인지는 인지자의 생전행위 또는 유언에 의하여 할 수 있고 유언의 방법에 관하여 특별한 방식이 없었으므로 부가 생전에 혼인 외 출생자를 자신의 친자로 인정하였고, 그가 생모에게 그 출생신고를 부탁하고 사망하여 생모가 부의 유언에 따라 그의 사후에 유언집행자로서 호적에 부의 자로 신고하였다면, 위 유언에 의한 인지는 적법히 효력을 발생하였다.(대판 1991.3.27, 91다728)

2. 섭외적 인지신고의 방식(구법관계) 섭외사법 20조 1항, 2항에 의하여 인지의 요건과 효력은 부의 본국법에 의하되 인지의 방식은 법률행위 방식에 관한 10조에 따라야 할 것인즉, 1항에는 법률행위의 방식은 그 행위의 효력을 정한 법에 의한다고 규정하고 2항에는 행위지법에 의하여 한 법률행위의 방식은 전항의 규정에 불구하고 이를 유효로 한다고 규정하고 있으므로, 외국에서 하는 한국인의 인지는 한국법이 정한 방식에 따라 외국에 주재하는 한국의 재외공관의 장에게 인지신고를 할 수도 있고 행위지인 외국법이 정하는 방식에 따라 그 나라 호적공무원에게 인지신고를 할 수도 있다.(대판 1988.2.23, 86다카737)

3. 일본국 관서에 친생자로의 출생신고가 인지로서의 효력을 가지는지 여부(소극) 인지는 호적법에 정한 방법에 의하여 신고함으로써 그 효력이 생기는 바이므로, 일본국 관서에 친생자로 출생신고를 한 것은 인지신고로서의 효력이 없다.(대판 1981.12.22, 80다3093)

第860條【認知의 遡及效】 認知는 그 子의 出生時에 遡及하여 效力이 생긴다. 그러나 第三者의 取

得한 權利를 害하지 못한다.

▣ 인지(855 · 859), 유언에 의한 인지(859② · 1073 · 1108), 상속개시후의 인지와 유산분할청구(1014)

1. 인지의 소급효가 친족상도례 규정에 미치는지 여부(적극) 형 344조, 328조 1항의 친족간의 범행에 관한 규정이 적용되기 위한 친족관계는 원칙적으로 범행 당시에 존재하여야 하지만, 부가 혼인 외의 출생자를 인지하는 경우에는 민 860조에 의하여 그 자의 출생시에 소급하여 인지의 효력이 생기며, 이와 같은 인지의 소급효는 친족상도례에 관한 규정의 적용에도 미친다고 보아야 하므로, 인지가 범행 후에 이루어진 경우라고 하더라도 그 소급효에 따라 형성되는 친족관계를 기초로 하여 친족상도례의 규정이 적용된다.(대판 1997.1.24, 96도1731)

2. 인지판결이 확정되기 전의 정당한 상속인이 채무자에 대하여 소를 제기하고 승소판결까지 받은 경우, 그러한 표현상속인에 대한 채무자의 변제가 적법한지 여부(적극) (대판 1995.1.24, 93다32200) → 제470조 참조

3. 피인지자보다 후순위 상속인이 보호받는 제3자인지 여부(소극) 민 860조는 인지의 소급효는 제3자가 이미 취득한 권리에 의하여 제한받는다는 취지를 규정하면서 민 1014조는 상속개시 후의 인지 또는 재판의 확정에 의하여 공동상속인이 된 자는 그 상속분에 상응한 가액의 지급을 청구할 권리가 있다고 규정하여 860조 소정의 제3자의 범위를 제한하고 있는 취지에 비추어 볼 때, 혼인 외의 출생자가 부의 사망 후에 인지의 소에 의하여 친생자로 인지받은 경우 피인지자보다 후순위 상속인인 피상속인의 직계존속 또는 형제자매 등은 피인지자의 출현과 함께 자신이 취득한 상속권을 소급하여 잃게 되는 것으로 보아야 하고, 그것이 민 860조 단서의 규정에 따라 인지의 소급효 제한에 의하여 보호받게 되는 제3자의 기득권에 포함된다고는 볼 수 없다.(대판 1993.3.12, 92다48512)

4. 인지를 요하지 않는 모자관계에서 인지의 소급효 제한에 관한 민 860조 단서가 적용 또는 유추적용되는지 여부(소극) **및 민 1014조를 근거로 자가 모의 다른 공동상속인이 한 상속재산에 대한 분할 또는 처분의 효력을 부인하지 못하는지 여부**(소극) 혼인 외의 출생자와 생모 사이에는 생모의 인지나 출생신고를 기다리지 아니하고 자의 출생으로 당연히 법률상의 친자관계가 생기고, 가족관계등록부의 기재나 법원의 친생자관계존재확인판결이 있어야만 이를 인정할 수 있는 것이 아니다. 따라서 인지를 요하지 아니하는 모자관계에는 인지의 소급효 제한에 관한 민 860조 단서가 적용 또는 유추적용되지 아니하며, 상속개시 후의 인지 또는 재판의 확정에 의하여 공동상속인이 된 자의 가액지급청구권을 규정한 민 1014조를 근거로 자가 모의 다른 공동상속인이 한 상속재산에 대한 분할 또는 처분의 효력을 부인하지 못한다고 볼 수도 없다. 이는 비록 다른 공동상속인이 이미 상속재산을 분할 또는 처분한 이후에 모자관계가 친생자관계존재확인판결의 확정 등으로 비로소 명백히 밝혀졌다 하더라도 마찬가지이다.(대판 2018.6.19, 2018다1049)

第861條【認知의 取消】 詐欺, 强迫 또는 重大한 錯誤로 因하여 認知를 한 때에는 詐欺나 錯誤를 안 날 또는 强迫을 免한 날로부터 6月内에 가정법원에 그 취소를 청구할 수 있다. (2005.3.31 본조개정)

[개정전] … 6月내에 "法院의 許可를 얻어 이를 取消할 수 있다."

▣ 인지(855 · 859), 사기 · 강박으로 인한 의사표시(110), 착오로 인한 의사표시(109), 기간의 계산(157 · 160), 인지취소의 소(가소26 · 28 · 2① i 나)

第862條【認知에 對한 異議의 訴】 子 其他 利害關係人은 認知의 申告있음을 안 날로부터 1年内에 認知에 對한 異議의 訴를 提起할 수 있다.

▣ 861 · 864, 인지에 대한 이의(가소26 · 28 · 2① i 나), 가족관계등록의 정정(가족관계107)

1. 자 자신의 의사에 반하는 인지에 대한 인지무효의 소 호적상 인지자로 기재된 자가 그 인지를 자신의 의사에 반한 것이라고 하여 인지무효를 청구하는 소는 본조의 소에 포함되지 않는다.(대판 1969.1.21, 68므41)

2. 재판상 인지에 대한 인지이의의 소의 가부(소극) 재판상 인지의 경우에는 그 심판에 대한 재심의 소로서 이를 다투어야 하고, 인지에 대한 이의의 소로서 위 인지심판의 효력을 다툴 수는 없다.(대판 1981.6.23, 80므109)

第863條【認知請求의 訴】 子와 그 直系卑屬 또는 그 法定代理人은 父 또는 母를 相對로 하여 認知請求의 訴를 提起할 수 있다.

▣ 855 · 864, 직계비속의 인지청구(857), 법정대리인(909 · 931－936), 인지청구의 소(가소26 · 28 · 2①나), 인지의 재판과 신고(가족관계55 · 58)

1. 호적상 타인들 사이의 친생자로 허위등재된 자가 실부모를 상대로 한 인지청구의 가부(적극)(구법관계) 호적상 타인들 사이의 친생자로 허위등재되어 있다 하더라도 그 자는 실부모를 상대로 인지청구의 소를 제기할 수 있으며, 그 인지를 구하기 전에 먼저 호적상 부모로 기재되어 있는 사람을 상대로 친자관계부존재 확인의 소를 제기하여야 하는 것이 아니다.(대판 1981.12.22, 80므103)

2. 생부모가 호적상 부모와 다른 사실이 명백한 경우 생부모 상대로 인지청구 가부(적극) 민 844조의 친생추정을 받는 자는 친생부인의 소에 의하여 그 친생추정을 깨뜨리지 않고서는 다른 사람을 상대로 인지청구를 할 수 없으나, 호적상의 부모의 혼인중의 자로 등재되어 있는 자라 하더라도 그의 생부모가 호적상의 부모와 다른 사실이 객관적으로 명백한 경우에는 그 친생추정이 미치지 아니하므로, 그와 같은 경우에는 곧바로 생부모를 상대로 인지청구를 할 수 있다.(대판 2000.1.28, 99므1817)

3. 인지청구권의 행사와 실효의 법리 또는 신의칙 인지청구권은 본인의 일신전속적인 신분관계상의 권리로서 포기할 수도 없으며 포기하였더라도 그 효력이 발생할 수 없고, 이와 같이 인지청구권의 포기가 허용되지 않는 이상 거기에 실효의 법리가 적용될 여지도 없다. 인지청구권의 행사가 상속재산에 대한 이해관계에서 비롯되었다 하더라도 정당한 신분관계를 확정하기 위해서라면 신의칙에 반하는 것이라 하여 막을 수 없다.(대판 2001.11.27, 2001므1353)

4. 인지소송에서 혈연상의 친자관계를 증명하는 방법 혈연상의 친자관계라는 주요사실의 존재를 증명함에 있어서는, 부와 친모 사이의 정교관계의 존재 여부, 다른 남자와의 정교의 가능성이 존재하는지 여부, 부가 자를 자기의 자로 믿은 것을 추측하게 하는 언동이 존재하는지 여부, 부와 자 사이에 인류학적 검사나 혈액형검사 또는 유전자검사를 한 결과 친자관계를 배제하거나 긍정하는 요소가 있는지 여부 등 주요사실의 존재나 부존재를 추인시키는 간접사실을 통하여 경험칙에 의한 사실상의 추정에 의하여 주요사실을 추인하는 간접증명의 방법에 의할 수밖에 없는데, 여기에서 혈액형검사나 유전자검사 등 과학적 증명방법이 그 전제로 하는 사실이 모두 진실임이 증명되고 그 추론의 방법이 과학적으로 정당하여 오류의 가능성이 전무하거나 무시할 정도로 극소한 것으로 인정되는 경우라면 그와 같은 증명방법은 가장 유력한 간접증명의 방법이 된다.(대판 2002.6.14, 2001므1537)

5. 인지소송과 처분권주의의 제한 인지소송은 부와 자 사이에 사실상의 친자관계의 존재를 확정하고 법률상의 친자관계를 창설함을 목적으로 하는 소송으로서 친족, 상속법상 중대한 영향을 미치는 인륜의 근본에 관한 것이고 공익에도 관련되는 중요한 것이기 때문에 이 소송에서는 당사자의 처분권주의를 제한하고 직권주의를 채용하고 있는 것이므로 당사자의 입증이 충분하지 못할 때에는 가능한 한 직권으로 사실조사 및 필요한 증거조사를 하여야 한다.(대판 1985.11.26, 85므8)

第864條【父母의 死亡과 認知請求의 訴】 제862조 및 제863조의 境遇에 父 또는 母가 死亡한 때에

는 그 死亡을 안 날로부터 2년내에 檢事를 相對로 하여 認知에 對한 異議 또는 認知請求의 訴를 提起할 수 있다. (2005.3.31 본조개정)

〔개정전〕 ……訴〕 "前2條"의 경우에 …… 안 날로부터 "1年내"에 檢事를 상대로 하여 인지에 ……

■ 862·863, 기간의 계산(157·160)

1. 제척기간의 기산점(구법관계) 민 864조의 부모의 사망을 안 날로부터 1년 내에 인지청구 등의 소를 제기할 수 있다는 것은 그 청구인이 아들인 경우 그 연령이나 능력여하를 불문하는 것이 아니고 사망사실을 알고서 인지청구 등 자기의 신분행위를 할 수 있는 의사능력이 있는 자가 사망사실을 안 때로부터 1년 내에 인지청구 등의 소를 제기할 수 있는 뜻으로 해석함이 타당하다.(대판 1977.6.24, 77므7)

2. 미성년자인 자녀의 인지청구의 소와 제척기간 미성년자인 자녀의 법정대리인이 인지청구의 소를 제기한 경우에는 그 법정대리인이 부 또는 모의 사망사실을 안 날이 민 864조에서 정한 제척기간의 기산일이 된다. 그러나 자녀가 미성년자인 동안 법정대리인이 인지청구의 소를 제기하지 않은 때에는 자녀가 성년이 된 뒤로 부 또는 모의 사망을 안 날로부터 2년 내에 인지청구의 소를 제기할 수 있다고 보아야 한다. 인지청구권은 자녀 본인의 일신전속적인 신분관계상의 권리로서 그 의사가 최대한 존중되어야 하고, 법정대리인에게 인지청구의 소를 제기할 수 있도록 한 것은 소송능력이 제한되는 미성년자인 자녀의 이익을 두텁게 보호하기 위한 것일 뿐 그 권리행사를 제한하기 위한 것이 아니기 때문이다.(대판 2024.2.8, 2021므13279)

3. 인지청구의 소와 친생자관계부존재확인의 소에서 제소기간의 기산점이 되는 '사망을 안 날'의 의미(=사망이라는 객관적 사실을 안 날) 인지청구의 소와 친생자관계부존재확인의 소에서 제소기간의 기산점이 되는 '사망을 안 날'은 사망이라는 객관적 사실을 아는 것을 의미하고, 사망자와 친생자관계에 있다는 사실까지 알아야 하는 것은 아니라고 해석함이 타당하다.(대판 2015.2.12, 2014므4871)

第864조의2【인지와 자의 양육책임 등】

제837조 및 제837조의2의 규정은 자가 인지된 경우에 자의 양육책임과 면접교섭권에 관하여 이를 준용한다. (2005.3.31 본조신설)

第865條【다른 事由를 原因으로 하는 親生關係存否確認의 訴】

① 第845條, 第846條, 第848條, 第850條, 第851條, 第862條와 第863條의 規定에 依하여 訴를 提起할 수 있는 者는 다른 事由를 原因으로 하여 親生子關係存否의 確認의 訴를 提起할 수 있다.

② 제1항의 境遇에 當事者一方이 死亡한 때에는 그 死亡을 안 날로부터 2년내에 檢事를 相對로 하여 訴를 提起할 수 있다. (2005.3.31 본항개정)

〔개정전〕 ② "前項"의 경우에 … 안 날로부터 "1年내"에 검사를 …

■ 친생관계존부확인의 소(가소26·28·2①ⅰ가), 기간의 계산(157·160)

1. 친생자관계존부확인의 소의 제소권자 범위 및 친족이라는 이유만으로 당연히 소를 제기할 수 있는지 여부(소극) ① 민 865조 1항이 친생자관계존부확인의 소를 제기할 수 있는 자를 구체적으로 특정하여 직접 규정하는 대신 소송목적이 유사한 다른 소송절차에 관한 규정들을 인용하면서 각 소의 제기권자에게 원고적격을 부여하고 그 사유만을 달리하게 한 점에 비추어 보면, 민 865조 1항이 정한 친생자관계존부확인의 소는 법적 친생자관계의 성립과 해소에 관한 다른 소송절차에 대하여 보충성을 가진다. 이처럼 민 865조 1항의 규정 형식과 문언 및 체계, 위 각 규정들이 정한 소송절차의 특성, 친생자관계존부확인의 소의 보충성 등을 고려하면, 친생자관계존부확인의 소를 제기할 수 있는 자는 민 865조 1항에서 정한 제소권자로 한정된다고 봄이 타당하다. ② 구 인사소송법 등의 폐지와 가소법의 제정·시행, 호주제 폐지 등 가족제도의 변화, 신분관계 소송의 특수성, 가족관계 구성의 다양화와 그에 대한 당사자 의사의 존중, 법적 친생자관계의 성립이나 해소를 목적으로 하는 다른 소송절차와의 균형 등을 고려할 때, 민 777조에서 정한 친족이라는 사실만으로 당연히 친생자관계존부확인의 소를 제기할 수 있다고 한 종전 대법원 판례는 더 이상 유지될 수 없게 되었다고 보아야 한다.(대판(全) 2020.6.18, 2015므8351)

2. 양친자 중 일방이 사망한 경우 양친자관계존부확인소송의 피고적격 및 출소기간 양친자 중 일방이 원고로 되어 양친자관계존재확인의 소를 제기하는 경우에는 친생자관계존부확인소송의 경우에 준하여 양친자 중 다른 일방을 피고로 하여야 할 것이고, 피고가 되어야 할 다른 일방이 이미 사망한 경우에는 역시 친생자관계존부확인소송의 경우를 유추하여 검사를 상대로 소를 제기할 수 있다. 민 864조와 865조 2항은 인지청구의 소와 친생자관계존부확인의 소에 관하여 당사자 일방이 사망한 경우에 검사를 상대로 하여 소를 제기할 수 있음을 규정하면서 그 소제기는 사망사실을 안 날로부터 1년 내에 하여야 하는 것으로 출소기간을 정하고 있으므로, 양친자관계존재확인의 소에 있어 위 각 법조의 유추적용에 의하여 검사를 상대로 하는 소제기를 허용하는 경우에도 그 각 법조가 정하는 출소기간의 적용을 받는 것으로 해석함이 타당하다.(대판 1993.7.16, 92므372)

3. 생모나 친족 등 이해관계인이 혼외자를 상대로 혼외자와 사망한 부 사이의 친생자관계존재확인을 구하는 소가 허용되는지 여부(소극) 혼인외 출생자의 경우에 모자관계는 인지를 요하지 아니하고 법률상 친자관계가 인정될 수 있지만, 부자관계는 부의 인지에 의하여서만 발생하는 것이므로, 부가 사망한 경우에는 그 사망을 안 날로부터 2년 이내에 검사를 상대로 인지청구의 소를 제기하여야 하고, 생모나 친족 등 이해관계인이 혼인외 출생자를 상대로 혼인외 출생자와 사망한 부 사이의 친생자관계존재확인을 구하는 소는 허용될 수 없다.(대판 2022.1.27, 2018므11273)

4. 친생자 출생신고에 의한 인지의 효력을 다투는 방법 인지에 대한 이의의 소 또는 인지무효의 소는 민 855조 1항, 호적법 60조의 규정에 의하여 생부 또는 생모가 인지신고를 함으로써 혼인 외의 자를 인지한 경우에 그 효력을 다투기 위한 소송이며, 위 각 법조에 의한 인지신고에 의함이 없이 일반 출생신고에 의하여 호적부상 등재된 친자관계를 다투기 위하여는 위의 각 소송과는 별도로 민 865조가 규정하고 있는 친생자관계부존재확인의 소에 의하여야 하는바, 호적법 62조에 부가 혼인외의 자에 대하여 친생자 출생신고를 한 때에는 그 신고는 인지의 효력이 있는 것으로 규정되어 있으나, 그 신고가 인지신고가 아니라 출생신고인 이상 그와 같은 신고로 인한 친자관계의 외관을 배제하고자 하는 때에도 인지에 관련된 소송이 아니라 친생자관계부존재확인의 소를 제기하여야 한다.(대판 1993.7.27, 91므306)

5. 제3자가 친생자관계부존재확인심판을 청구하는 경우 피청구인의 적격 민 865조의 규정에 의하여 이해관계 있는 제3자가 친생자관계부존재확인심판을 청구하는 경우에는 그 친·자 쌍방을 상대로 하여야 할 것이나 그 친·자 중 어느 한편이 사망하였을 때에는 생존자만을 상대로 할 수 있고 친·자 쌍방이 모두 사망하였을 때에는 그 사망을 안 날로부터 1년내에 검사를 상대로 하여 그 확인을 구하여야 한다.(대판 1987.5.12, 87므7)

6. 민 865조에 의한 친생자관계부존재확인의 소와 민 862조의 관계, 친생자관계부존재확인의 소의 피청구인 ① 청구인이 망 갑의 사망전에 그와 부부관계가 있던 자로서 피청구인과는 계모자 관계에 있는 것으로 호적상 기재되어 있다면 청구인은 본조 소정의 이해관계인에 해당되어 제3자로서

본소의 당사자 적격 및 본소제기의 이익이 있다. 청구인이 본법 862조의 이해관계인에 해당된다 하여도 이는 본조가 정한 청구인 적격에 관한 문제에 불과할 뿐 본소는 본법 862조의 소가 아니라 어디까지나 망 갑과 피청구인과 간에는 친생자관계가 없다는 것을 제3자로서 확인을 구하는 본조에 의한 청구이므로 1년 이내에 본소를 제기하지 아니하였다고 하여 위법이 될 수 없다. ② 본조에 의한 친생자관계존부확인 청구소송에 있어 친·자중의 일방이 타방을 상대로 확인청구를 하는 것이 아니고 이해관계있는 제3자로서 확인을 청구하는 경우 같이 친생자관계가 없음에도 불구하고 친생자관계가 있는 것처럼 호적상 기재되어 있음을 전제로 한 때에는 그 친·자 쌍방이 피청구인으로서의 적격이 있고 그 친·자중의 어느 한편의 사망하였을 때에는 생존자만을 상대로 친생자관계 부존재 확인의 소를 제기할 수 있으며 친자가 모두 사망하였을 경우에는 검사를 상대로 위의 소를 제기할 수 있다.(대판 1971.7.27, 71므13)

7. 혈연상 친생자관계가 인정된 확정판결의 효과 및 확정판결에 반하여 친생자관계부존재확인의 소로써 친자관계가 존재하지 않는다고 다툴 수 있는지 여부(소극) 인지청구의 소는 부와 자 사이에 사실상의 친자관계의 존재를 확정하고 법률상의 친자관계를 창설함을 목적으로 하는 소송으로서, 당사자의 증명이 충분하지 못할 때에는 법원이 직권으로 사실조사와 증거조사를 하여야 하고, 친자관계를 증명할 때는 부와 자 사이의 혈액형검사, 유전자검사 등 과학적 증명방법이 유력하게 사용되며, 이러한 증명에 의하여 혈연상 친생자관계가 인정되어 확정판결을 받으면 당사자 사이에 친자관계가 창설된다. 그리고 인지의 소의 확정판결에 의하여 일단 부와 자 사이에 친자관계가 창설된 이상, 확정판결에 반하여 친생자관계부존재확인의 소로써 당사자 사이에 친자관계가 존재하지 않는다고 다툴 수는 없다.(대판 2015.6.11, 2014므8217)

8. 민 865조에 따라 이해관계 있는 제3자가 친생자관계 부존재확인을 청구하는 경우, 피고 적격 / 제3자가 친자 쌍방을 상대로 제기한 친생자관계 부존재확인소송 계속 중 친자 중 어느 한편이 사망한 경우, 사망한 사람에 대한 소송이 종료되는지 여부(적극) 민 865조의 규정에 의하여 이해관계 있는 제3자가 친생자관계 부존재확인을 청구하는 경우 친자 쌍방이 다 생존하고 있는 경우는 친자 쌍방을 피고로 삼아야 하고, 친자 중 어느 한편이 사망하였을 때에는 생존자만을 피고로 삼아야 하며, 친자가 모두 사망하였을 경우에는 검사를 상대로 소를 제기할 수 있다. 친생자관계존부 확인소송은 소송물이 일신전속적인 것이므로, 제3자가 친자 쌍방을 상대로 제기한 친생자관계 부존재확인소송이 계속되던 중 친자 중 어느 한편이 사망하였을 때에는 생존한 사람만 피고가 되고, 사망한 사람의 상속인이나 검사가 절차를 수계할 수 없다. 이 경우 사망한 사람에 대한 소송은 종료된다.(대판 2018.5.15, 2014므4963)

9. 입양의 의사로 한 친생자 출생신고에서 친생자관계부존재확인청구가 허용되는 경우 당사자가 입양의 의사로 친생자 출생신고를 하고 입양의 실질적 요건이 모두 구비되었다면 형식에 다소 잘못이 있더라도 입양의 효력이 발생한다. 이때 친생자 출생신고는 법률상의 친자관계인 양친자관계를 공시하는 입양신고의 기능을 한다. 따라서 파양에 의하여 양친자관계를 해소할 필요가 있는 등 특별한 사정이 있는 경우 호적기재 자체를 말소하여 법률상 친자관계의 존재를 부인하게 하는 친생자관계부존재확인청구가 허용될 수 있다. 이와 같은 양친자관계를 해소하기 위한 친생자관계부존재확인청구의 인용판결이 확정되면 확정일 이후부터는 더 이상 양친자관계의 존재를 주장할 수 없다.(대판 2023.9.21, 2021므13354)

제2절 양자(養子) (2012.2.10 본절제목개정)

제1관 입양의 요건과 효력 (2012.2.10 본관제목개정)

제866조【입양을 할 능력】 성년이 된 사람은 입양(入養)을 할 수 있다. (2012.2.10 본조개정)

■ 국사, 성년(4·826의2), 입양(897·878), 입양과 신고(가족관계61이하), 입양의 무효와 취소(883이하·897), 양자와 국적(국적6①·7①), 양친될 자격의 특례(입양특례3)

1. 양손입양의 적법여부(소극) 민법상 아무런 근거가 없는 양손입양은 강행법규인 신분법규정에 위반되어 무효다.(대판 1988.3.22, 87므105)

제867조【미성년자의 입양에 대한 가정법원의 허가】 ①미성년자를 입양하려는 사람은 가정법원의 허가를 받아야 한다.

② 가정법원은 양자가 될 미성년자의 복리를 위하여 그 양육 상황, 입양의 동기, 양부모(養父母)의 양육능력, 그 밖의 사정을 고려하여 제1항에 따른 입양의 허가를 하지 아니할 수 있다. (2012.2.10 본조신설)

第868條 (1990.1.13 삭제)

제869조【입양의 의사표시】 ① 양자가 될 사람이 13세 이상의 미성년자인 경우에는 법정대리인의 동의를 받아 입양을 승낙한다.

② 양자가 될 사람이 13세 미만인 경우에는 법정대리인이 그를 갈음하여 입양을 승낙한다.

③ 가정법원은 다음 각 호의 어느 하나에 해당하는 경우에는 제1항에 따른 동의 또는 제2항에 따른 승낙이 없더라도 제867조제1항에 따른 입양의 허가를 할 수 있다.

1. 법정대리인이 정당한 이유 없이 동의 또는 승낙을 거부하는 경우. 다만, 법정대리인이 친권자인 경우에는 제870조제2항의 사유가 있어야 한다.
2. 법정대리인의 소재를 알 수 없는 등의 사유로 동의 또는 승낙을 받을 수 없는 경우

④ 제3항제1호의 경우 가정법원은 법정대리인을 심문하여야 한다.

⑤ 제1항에 따른 동의 또는 제2항에 따른 승낙은 제867조제1항에 따른 입양의 허가가 있기 전까지 철회할 수 있다.

(2012.2.10 본조개정)

■ 연령계산(158·160), 입양의 동의(870·871·884·891), 본조위반과 무효(883), 본조위반과 입양신고의 불수리(881), 15세미만자의 협의파양(899)

1. 법정대리인의 승낙의 추정여부 대낙권자가 존재하지 않거나 대낙권자를 알 수 없다고 하여 대낙권자인 법정대리인의 승낙이 있었다고 추정할 수는 없다.(대판 2004.11.26, 2004다40290)

2. 생부모와 입양자 사이의 합의 하에 한 출생신고의 효력 갑의 생부모와 조부, 백부모 다섯사람이 갑을 장손으로 삼기 위하여 백부모의 아들로 삼기로 합의가 되어 조부가 그 합의에 따라 갑이 백부모 사이에 출생한 것처럼 출생신고를

한 경우에는 갑을 양자로 하려는 의사와 생부모의 입양승낙 등 입양의 실질적 요건을 갖추었으므로 입양의 효력이 있다.(대판 1989.10.27, 89므440)

3. 부가 소외인과 동거하면서 소외인이 다른 남자와 사이에 출산한 자를 데려와 본처와 사이에 출생한 것처럼 출생신고를 한 경우 입양의 효력 인정 여부(소극) 청구인 갑이 소외 망인과 동거하면서 소외 망인이 다른 남자와의 사이에 출산하여 데리고 들어온 딸인 피청구인이 취학적령에 이르게 되자 호적을 만들어 입학시키고자 본처인 청구인 을과의 사이에서 출생한 것처럼 신고한 것만으로써는, 청구인들이 피청구인을 입양하려는 의사가 있었고 출생신고당시 15세 미만의 미성년이었던 피청구인의 생모인 소외 망인의 승낙등 입양에 관한 요건이 갖추어졌다고 할 수 없다.(대판 1984.5.15, 84므4)

4. 입양승낙 없이 친생자출생신고로 입양된 자(子)가 승낙능력이 생긴 이후 입양의 실질요건을 갖춘 경우 출생신고의 입양신고로서의 효력 친생자 출생신고 당시 입양의 실질적 요건을 갖추지 못하여 입양신고로서의 효력이 생기지 않았더라도 그 후에 입양의 실질적 요건을 갖추게 된 경우에는 무효인 친생자 출생신고는 소급적으로 입양신고로서의 효력을 갖게 된다고 할 것이나, 당사자 간에 무효인 신고행위에 상응하는 신분관계가 실질적으로 형성되어 있지 아니한 경우에는 무효인 신분행위에 대한 추인의 의사표시만으로 그 무효행위의 효력을 인정할 수 없다. 그리하여 구 민 869조 소정의 입양승낙 없이 친생자로서의 출생신고 방법으로 입양된 15세 미만의 자가 입양의 승낙능력이 생긴 15세 이후에도 계속하여 자신을 입양한 상대방을 부모로 여기고 생활하는 등 입양의 실질적인 요건을 갖춘 경우에는 친생자로 신고된 자가 15세가 된 이후에 상대방이 한 입양에 갈음하는 출생신고를 묵시적으로 추인하였다고 보아 무효인 친생자 출생신고가 소급적으로 입양신고로서의 효력을 갖게 되는 것으로 볼 수 있지만, 이와 달리 감호·양육 등 양친자로서의 신분적 생활사실이 계속되지 아니하여 입양의 실질적인 요건을 갖추지 못한 경우에는 친생자로 신고된 자가 15세가 된 이후에 상대방이 한 입양에 갈음하는 출생신고를 묵시적으로 추인한 것으로 보기도 힘들 뿐만 아니라 설령 묵시적으로 추인한 것으로 볼 수 있는 경우라고 하더라도 무효인 친생자 출생신고가 소급적으로 입양신고로서의 효력을 갖게 될 수 없는 것이다.(대판 2020.5.14, 2017므12484)

第870조【미성년자 입양에 대한 부모의 동의】

① 양자가 될 미성년자는 부모의 동의를 받아야 한다. 다만, 다음 각 호의 어느 하나에 해당하는 경우에는 그러하지 아니하다.

1. 부모가 제869조제1항에 따른 동의를 하거나 같은 조 제2항에 따른 승낙을 한 경우
2. 부모가 친권상실의 선고를 받은 경우
3. 부모의 소재를 알 수 없는 등의 사유로 동의를 받을 수 없는 경우

② 가정법원은 다음 각 호의 어느 하나에 해당하는 사유가 있는 경우에는 부모가 동의를 거부하더라도 제867조제1항에 따른 입양의 허가를 할 수 있다. 이 경우 가정법원은 부모를 심문하여야 한다.

1. 부모가 3년 이상 자녀에 대한 부양의무를 이행하지 아니한 경우
2. 부모가 자녀를 학대 또는 유기(遺棄)하거나 그 밖에 자녀의 복리를 현저히 해친 경우

③ 제1항에 따른 동의는 제867조제1항에 따른 입양의 허가가 있기 전까지 철회할 수 있다.

(2012.2.10 본조개정)

■ 871, 15세미만자의 입양승낙(869), 입양신고 및 효력발생(881·882·878), 본조위반의 취소(884·886·894·897), 특례(입양특례4·8)

1. 구 관습상 양자가 부모와 호주의 동의를 얻지 못한 입양의 효력 민법이 시행되기 전의 관습에 의하면, 남자 자손이 없는 자만이 양자를 할 수 있고, 또 양자가 될 자는 부모와 호주의 동의를 얻어야 하며, 이와 같은 요건을 갖추지 못한 입양은 무효로 하였다. 민법 부칙(1958.2.22.) 2조, 18조의 각 규정내용에 의하면 입양의 요건이나 입양의 무효와 취소의 사유에 관한 민법의 규정에는 소급효가 인정되어 민법 시행일 전에 신고된 입양에 무효나 취소의 원인이 되는 사유가 있는지는 원칙적으로 민법의 규정에 의하여 판단하되, 다만 이미 구법에 의하여 입양의 효력이 생긴 경우에는 부칙 2조 단서에 따라 그 효력에 영향을 미치지 아니하는 것으로 해석되므로, 민법 시행일 전에 신고된 입양에 관하여 그 당시의 구법에 의하면 무효의 원인이 되는 사유가 있었더라도 민법의 규정에 의하면 그것이 무효의 원인이 되지 아니할 경우에는, 적어도 민법 시행일까지 입양에 따르는 친자적 공동생활관계가 유지되고 있었다면 무효인 그 입양이 소급하여 효력을 가진 것으로 전환되고, 다만 민법에 의하여 취소의 원인이 되는 사유가 있는 때에는 민법의 규정에 의하여 이를 취소할 수 있을 뿐이나 그 취소기간은 민법 시행일로부터 기산할 따름이다.(대판(全) 1994.5.24, 93므119)

第871조【성년자 입양에 대한 부모의 동의】

① 양자가 될 사람이 성년인 경우에는 부모의 동의를 받아야 한다. 다만, 부모의 소재를 알 수 없는 등의 사유로 동의를 받을 수 없는 경우에는 그러하지 아니하다.

② 가정법원은 부모가 정당한 이유 없이 동의를 거부하는 경우에 양부모가 될 사람이나 양자가 될 사람의 청구에 따라 부모의 동의를 갈음하는 심판을 할 수 있다. 이 경우 가정법원은 부모를 심문하여야 한다. (2012.2.10 본조개정)

■ 870·881, 입양의 동의(870), 후견인(4·928·932), 본조위반의 취소(884·886·891·897), 특례(입양특례4·8), 미성년자의 파양(900·904·906·908)

第872조 (2012.2.10 삭제)

第873조【피성년후견인의 입양】

① 피성년후견인은 성년후견인의 동의를 받아 입양을 할 수 있고 양자가 될 수 있다.

② 피성년후견인이 입양을 하거나 양자가 되는 경우에는 제867조를 준용한다.

③ 가정법원은 성년후견인이 정당한 이유 없이 제1항에 따른 동의를 거부하거나 피성년후견인의 부모가 정당한 이유 없이 제871조제1항에 따른 동의를 거부하는 경우에 그 동의가 없어도 입양을 허가할 수 있다. 이 경우 가정법원은 성년후견인 또는 부모를 심문하여야 한다. (2012.2.10 본조개정)

■ 양자를 할 능력(866), 후견인(929·933), 본조위반의 신고의 불수리(881), 본조위반의 취소(884·887·893·897), 피성년후견인의 파양(902·904·906·908)

第874조【부부의 공동 입양 등】

① 배우자가 있는 사람은 배우자와 공동으로 입양하여야 한다.

② 배우자가 있는 사람은 그 배우자의 동의를 받아야만 양자가 될 수 있다.

(2012.2.10 본조개정)

▣ 본조위반과 신고의 불수리(881), 본조위반과 취소(884 · 888 · 894 · 897)

1. 부부 일방의 의사만으로 한 입양의 효력 처가 있는 자가 입양을 하면서 혼자만의 의사로 부부 쌍방 명의의 입양신고를 하여 수리된 경우, 처의 부재 기타 사유로 인하여 공동으로 할 수 없는 때에 해당하는 경우를 제외하고는, 처와 양자가 될 자 사이에서는 입양의 일반요건 중 하나인 당사자 간의 입양합의가 없으므로 입양이 무효가 되고, 한편 처가 있는 자와 양자가 될 자 사이에서는 입양의 일반 요건을 모두 갖추었어도 부부 공동입양의 요건을 갖추지 못하였으므로 처가 그 입양의 취소를 청구할 수 있으나, 그 취소가 이루어지지 않는 한 그들 사이의 입양은 유효하게 존속한다.(대판 1998.5.26, 97므25)

2. 양부가 사망한 경우 양모가 양부와 양자 사이의 양친자관계 해소를 위하여 재판상 파양 또는 이에 갈음하는 친생자관계부존재확인청구 가부(소극) 부부의 공동입양원칙의 규정 취지에 비추어 보면 양친이 부부인 경우 파양을 할 때에도 부부가 공동으로 하여야 한다고 해석할 여지가 없지 아니하나(양자가 미성년자인 경우에는 양자제도를 둔 취지에 비추어 그와 같이 해석하여야 할 필요성이 크다), 그렇게 해석한다고 하더라도 양친 부부 중 일방이 사망하거나 또는 양친이 이혼한 때에는 부부의 공동파양의 원칙이 적용될 여지가 없고, 따라서 양부가 사망한 때에는 양모는 단독으로 양자와 협의상 또는 재판상 파양을 할 수 있으되 이는 양부와 양자 사이의 양친자관계에 영향을 미칠 수 없고, 또 양모가 사망한 양부에 갈음하거나 또는 양부를 위하여 파양을 할 수는 없으며, 이는 친생자부존재확인을 구하는 청구에 있어서 입양의 효력은 있으나 재판상 파양 사유가 있어 양친자관계를 해소할 필요성이 있는 이른바 재판상 파양에 갈음하는 친생자관계부존재확인청구에 관하여도 마찬가지다.(대판 2001.8.21, 99므2230)

第875條 (1990.1.13 삭제)

第876條 (1990.1.13 삭제)

제877조【입양의 금지】 존속이나 연장자를 입양할 수 없다. (2012.2.10 본조개정)

▣ 본조 위반의 신고의 불수리(881), 본조 위반과 무효(883), 양자될 자격의 특례(입양특례2)

1. 조부모의 손자녀 입양 가부(적극) 입양은 출생이 아니라 법에 정한 절차에 따라 원래는 부모 · 자녀가 아닌 사람 사이에 부모 · 자녀 관계를 형성하는 제도이다. 조부모와 손자녀 사이에는 이미 혈족관계가 존재하지만 부모 · 자녀 관계에 있는 것은 아니다. 민법은 입양의 요건으로 동의와 허가 등에 관하여 규정하고 있을 뿐이고 존속을 제외하고는 혈족의 입양을 금지하고 있지 않다. 따라서 조부모가 손자녀를 입양하여 부모 · 자녀 관계를 맺는 것이 입양의 의미와 본질에 부합하지 않거나 불가능하다고 볼 이유가 없다. 조부모가 자녀의 입양허가를 청구하는 경우에 입양의 요건을 갖추고 입양이 자녀의 복리에 부합한다면 이를 허가할 수 있다. 다만 양부모가 될 사람과 자녀 사이에 이미 조손(祖孫)관계가 존재하고 있고 입양 후에도 양부모가 여전히 자녀의 친생부 또는 친생모에 대하여 부모의 지위에 있다는 특수성이 있으므로, 이러한 사정이 자녀의 복리에 미칠 영향에 관하여 세심하게 살필 필요가 있다.(대결(全) 2021.12.23, 2018스5)

제878조【입양의 성립】 입양은 「가족관계의 등록 등에 관한 법률」에서 정한 바에 따라 신고함으로써 그 효력이 생긴다. (2012.2.10 본조개정)

▣ 881, 신고(가족관계61이하), 외국에서의 신고(882, 가족관계34이하), 증인의 연서(가족관계28), 입양의 효과(772 · 781 · 783 · 985③), 본조 제2항의 준용(904), 특례(입양특례6 · 8)

1. 입양의 실질적 요건을 갖춘 경우 입양의사로 한 출생신고의 효력 당사자가 양친자관계를 창설할 의사로 친생자출생신고를 하고 거기에 입양의 실질적 요건이 모두 구비되어 있다면 그 형식에 다소 잘못이 있더라도 입양의 효력이 발생하고, 양친자관계는 파양에 의하여 해소될 수 있는 점을 제외하고는 법률적으로 친생자관계와 똑같은 내용을 갖게 되므로 이 경우의 허위의 친생자출생신고는 법률상의 친자관계인 양친자관계를 공시하는 입양신고의 기능을 발휘하며, 이와 같은 경우 파양에 의하여 그 양친자관계를 해소할 필요가 있는 등 특별한 사정이 없는 한 그 호적기재 자체를 말소하여 법률상 친자관계의 존재를 부인하게 하는 친생자관계부존재확인청구는 허용될 수 없다.(대판(全) 2001.5.24, 2000므1493)

2. 입양의 실질적 요건의 의미 입양의 실질적 요건이 구비되어 있다고 하기 위하여는 입양의 합의가 있을 것, 15세 미만자는 법정대리인의 대낙이 있을 것, 양자는 양부모의 존속 또는 연장자가 아닐 것 등 민 883조 각 호 소정의 입양의 무효사유가 없어야 함은 물론 감호 · 양육 등 양친자로서의 신분적 생활사실이 반드시 수반되어야 하는 것으로서, 입양의 의사로 친생자 출생신고를 하였다 하더라도 위와 같은 요건을 갖추지 못한 경우에는 입양신고로서의 효력이 생기지 아니한다.(대판 2004.11.26, 2004다40290)

3. 입양신고에 갈음한 친생자 출생신고의 효력 (대판(全) 1977.7.26, 77다492) → 제138조 참조

4. 친생자 아닌 자를 자신과 내연관계에 있는 남자의 호적에 자신을 생모로 하는 혼인 외의 자로 출생신고를 하게 한 경우 양친자관계의 성립을 인정할 수 있는지 여부(소극) 호적상 모로 기재되어 있는 자가 자신과 내연관계에 있는 남자로 하여금 그의 호적에 자신을 생모로 하는 혼인 외의 자로 출생신고를 하게 한 때에는, 설사 호적상의 모와 호적상의 자 사이에 다른 입양의 실질적 요건이 구비되었다 하더라도 이로써 호적상의 모와 호적상의 자 사이에 양친자관계가 성립된 것이라고는 볼 수 없다. 왜냐하면, 이러한 경우 호적상의 부와 호적상의 자 사이에 입양의 실질적 요건이 갖추어지지 않았다면 호적상 부가 호적상 자를 혼인 외의 자로 출생신고를 한 것은 아무런 효력이 없어서 그 출생신고에 관한 호적상의 기재는 두 사람 사이의 친생자관계부존재를 확인하는 판결에 의하여 말소되어야 하므로, 이처럼 무효인 호적상 부의 출생신고에 기하여 호적상의 모와 호적상의 자 사이에서만 양친자관계를 인정할 수는 없고, 호적상의 부와 호적상의 자 사이에 입양의 실질적 요건이 갖추어진 경우라 하더라도 우리 민법이 부부공동입양의 원칙을 채택하고 있는 점에 비추어 보면, 법률상 부부가 아닌 사람들이 공동으로 양부모가 되는 것은 허용될 수 없기 때문이다.(대판 1995.1.24, 93므1242)

5. 친생자가 아닌 자에 대하여 한 인지신고의 효력 친생자가 아닌 자에 대하여 한 인지신고는 당연무효이며 이런 인지는 무효를 확정하기 위한 판결 기타의 절차에 의하지 아니하고도, 또 누구에 의하여도 그 무효를 주장할 수 있다. 그러나 위와 같은 인지라도 그 신고 당시 당사자 사이에 입양의 명백한 의사가 있고 기타 입양의 성립요건이 모두 구비된 경우라면 입양의 효력이 있는 것으로 해석할 수 있다.(대판 1992.10.23, 92다29399)

6. 2013. 7. 1. 개정 전 민법 규정에 따라 동성애자가 입양의 사로 한 친생자 출생신고의 효력(=입양의 효력 유효) 민법 규정에 따라 적법하게 입양신고를 마친 사람이 단지 동성애자로서 동성과 동거하면서 자신의 성과 다른 성 역할을 하는 사람이라는 이유만으로는 입양이 선량한 풍속에 반하여 무효라고 할 수 없고, 이는 그가 입양의 의사로 친생자 출생신고를 한 경우에도 마찬가지이다.(대판 2014.7.24, 2012므806)

第879條 (1990.1.13 삭제)

第880條 (1990.1.13 삭제)

제881조【입양 신고의 심사】 제866조, 제867조, 제869조부터 제871조까지, 제873조, 제874조, 제877조, 그 밖의 법령을 위반하지 아니한 입양 신고

는 수리하여야 한다. (2012.2.10 본조개정)
■ 878①, 입양신고(가족관계61이하)

제882조【외국에서의 입양 신고】 외국에서 입양 신고를 하는 경우에는 제814조를 준용한다.
(2012.2.10 본조개정)
■ 외국에 있는 한국인의 신고(가족관계34-36)

제882조의2【입양의 효력】 ① 양자는 입양된 때부터 양부모의 친생자와 같은 지위를 가진다.
② 양자의 입양 전의 친족관계는 존속한다.
(2012.2.10 본조신설)

第2款 入養의 無效와 取消

제883조【입양 무효의 원인】 다음 각 호의 어느 하나에 해당하는 입양은 무효이다.
1. 당사자 사이에 입양의 합의가 없는 경우
2. 제867조제1항(제873조제2항에 따라 준용되는 경우를 포함한다), 제869조제2항, 제877조를 위반한 경우

(2012.2.10 본조개정)
■ 878·882, 국사, 부칙18, 비진의의사표시(107·108), 착오(109), 법률행위의 무효(137-139), 입양무효의 소송(가소30·31·2① i 가), 입양무효와 신고(가족관계105이하)

제884조【입양 취소의 원인】 ① 입양이 다음 각 호의 어느 하나에 해당하는 경우에는 가정법원에 그 취소를 청구할 수 있다.
1. 제866조, 제869조제1항, 같은 조 제3항제2호, 제870조제1항, 제871조제1항, 제873조제1항, 제874조를 위반한 경우
2. 입양 당시 양부모와 양자 중 어느 한쪽에게 악질(惡疾)이나 그 밖에 중대한 사유가 있음을 알지 못한 경우
3. 사기 또는 강박으로 인하여 입양의 의사표시를 한 경우

② 입양 취소에 관하여는 제867조제2항을 준용한다.
(2012.2.10 본조개정)
■ 881, 국사, 부칙18, 법률행위의 취소(140이하), 입양취소의 소(가소30·31·2① i 나), 입양취소의 효과(776·786·897·824·806), 입양취소청구권자(885-888), 취소권의 소멸(889-896), 사기·강박으로 인한 의사표시(110), 입양취소의 제한(입양특례5)

제885조【입양 취소 청구권자】 양부모, 양자와 그 법정대리인 또는 직계혈족은 제866조를 위반한 입양의 취소를 청구할 수 있다.
(2012.2.10 본조개정)
■ 입양취소(884, 가소30·31), 법정대리인(911·938), 취소권의 소멸(889), 직계혈족(768·770)

제886조【입양 취소 청구권자】 양자나 동의권자는 제869조제1항, 같은 조 제3항제2호, 제870조제1항을 위반한 입양의 취소를 청구할 수 있고, 동의권자는 제871조제1항을 위반한 입양의 취소를 청구할 수 있다.
(2012.2.10 본조개정)
■ 입양취소(884, 가소30·31·2① i 나), 취소권의 소멸(891·894)

제887조【입양 취소 청구권자】 피성년후견인이나 성년후견인은 제873조제1항을 위반한 입양의 취소를 청구할 수 있다.
(2012.2.10 본조개정)
■ 입양취소(884, 가소30·31·2① i 나), 후견인(928이하), 피성년후견인(9·929·933), 취소권의 소멸(892·893)

제888조【입양 취소 청구권자】 배우자는 제874조를 위반한 입양의 취소를 청구할 수 있다.
(2012.2.10 본조개정)
■ 입양취소(884, 가소30·31), 혈족(768·770), 취소권의 소멸(894)

제889조【입양 취소 청구권의 소멸】 양부모가 성년이 되면 제866조를 위반한 입양의 취소를 청구하지 못한다. (2012.2.10 본조개정)
■ 입양취소(884, 가소30·31), 성년(4), 취소권자(885)

第890條 (1990.1.13 삭제)

제891조【입양 취소 청구권의 소멸】 ① 양자가 성년이 된 후 3개월이 지나거나 사망하면 제869조제1항, 같은 조 제3항제2호, 제870조제1항을 위반한 입양의 취소를 청구하지 못한다.
② 양자가 사망하면 제871조제1항을 위반한 입양의 취소를 청구하지 못한다.
(2012.2.10 본조개정)
■ 입양취소(884, 가소30·31), 취소권자(886), 기간의 계산(157·160), 성년(4·826의2)

제892조 (2012.2.10 삭제)

제893조【입양 취소 청구권의 소멸】 성년후견개시의 심판이 취소된 후 3개월이 지나면 제873조제1항을 위반한 입양의 취소를 청구하지 못한다.
(2012.2.10 본조개정)
■ 입양취소(884, 가소30·31), 취소권자(887), 피성년후견심판의 취소(14·11), 기간의 계산(157·160)

제894조【입양 취소 청구권의 소멸】 제869조제1항, 같은 조 제3항제2호, 제870조제1항, 제871조제1항, 제873조제1항, 제874조를 위반한 입양은 그 사유가 있음을 안 날부터 6개월, 그 사유가 있었던 날부터 1년이 지나면 그 취소를 청구하지 못한다.
(2012.2.10 본조개정)
■ 입양취소(884, 가소30·31), 취소권자(886·888), 기간의 계산(157·160)

第895條 (1990.1.13 삭제)

제896조【입양 취소 청구권의 소멸】 제884조제1항제2호에 해당하는 사유가 있는 입양은 양부모와 양자 중 어느 한 쪽이 그 사유가 있음을 안 날부터 6개월이 지나면 그 취소를 청구하지 못한다.
(2012.2.10 본조개정)
■ 양친(772·878), 입양취소(884, 가소30·31), 기간의 계산(157·160)

제897조【준용규정】 입양의 무효 또는 취소에 따른 손해배상책임에 관하여는 제806조를 준용하고, 사기 또는 강박으로 인한 입양 취소 청구권의 소멸에 관하여는 제823조를 준용하며, 입양 취소의 효력에 관하여는 제824조를 준용한다.
(2012.2.10 본조개정)
■ 입양의 무효와 취소(883이하)

제3관 파양(罷養)
(2012.2.10 본관제목개정)

제1항 협의상 파양
(2012.2.10 본항제목개정)

제898조【협의상 파양】 양부모와 양자는 협의하여 파양(罷養)할 수 있다. 다만, 양자가 미성년자 또는 피성년후견인인 경우에는 그러하지 아니하다.
(2012.2.10 본조개정)

▣ 파양의 준거법(국사), 15세미만자의 파양(899·901), 미성년자의 파양(900), 피성년후견인의 파양(902), 재판상의 파양(905), 파양의 효과(786), 파양과 친족관계의 소멸(776), 파양의 소(가소30·31·2① i 나), 파양신고(903·904, 가족관계26·63·66)

제899조 (2012.2.10 삭제)
제900조 (2012.2.10 삭제)
제901조 (2012.2.10 삭제)

제902조【피성년후견인의 협의상 파양】 피성년후견인인 양부모는 성년후견인의 동의를 받아 파양을 협의할 수 있다.
(2012.2.10 본조개정)

▣ 898·906, 피성년후견인의 입양과 후견인의 동의(873), 피성년후견인(12), 후견인(928이하), 파양신고(903, 가족관계26·63-66)

제903조【파양 신고의 심사】 제898조, 제902조, 그 밖의 법령을 위반하지 아니한 파양 신고는 수리하여야 한다.
(2012.2.10 본조개정)

▣ 파양신고(904·878, 가족관계26-28·63-66)

제904조【준용규정】 사기 또는 강박으로 인한 파양 취소 청구권의 소멸에 관하여는 제823조를 준용하고, 협의상 파양의 성립에 관하여는 제878조를 준용한다.
(2012.2.10 본조개정)

▣ 898이하

제2항 재판상 파양
(2012.2.10 본항제목개정)

제905조【재판상 파양의 원인】 양부모, 양자 또는 제906조에 따른 청구권자는 다음 각 호의 어느 하나에 해당하는 경우에는 가정법원에 파양을 청구할 수 있다.

1. 양부모가 양자를 학대 또는 유기하거나 그 밖에 양자의 복리를 현저히 해친 경우
2. 양부모가 양자로부터 심히 부당한 대우를 받은 경우
3. 양부모나 양자의 생사가 3년 이상 분명하지 아니한 경우
4. 그 밖에 양친자관계를 계속하기 어려운 중대한 사유가 있는 경우

(2012.2.10 본조개정)

▣ 907, 파양의 준거법(국사), 신민법시행과 파양원인(부칙19), 협의상 파양(898), 부당한 대우(974이하), 생사불명과 실종(27·28), 파양의 소(가소30·31·2①), 재판상의 파양신고(가족관계58·66), 파양의 효과(776·786·908·806)

1. 양조부의 재판상 파양청구권 유무(소극) 민소 37조에 의하여 준용되는 26조는 혼인무효의 소의 당사자에 관한 규정으로서 입양무효에 관한 소에는 준용될 수 있으나 이와 성질을 달리하는 파양의 소에는 준용할 수 없으므로 양조부는 재판상 파양청구권이 없다.(대판 1983.9.13, 83므16)

제906조【파양 청구권자】 ① 양자가 13세 미만인 경우에는 제869조제2항에 따른 승낙을 한 사람이 양자를 갈음하여 파양을 청구할 수 있다. 다만, 파양을 청구할 수 있는 사람이 없는 경우에는 제777조에 따른 양자의 친족이나 이해관계인이 가정법원의 허가를 받아 파양을 청구할 수 있다.
② 양자가 13세 이상의 미성년자인 경우에는 제870조제1항에 따른 동의를 한 부모의 동의를 받아 파양을 청구할 수 있다. 다만, 부모가 사망하거나 그 밖의 사유로 동의할 수 없는 경우에는 동의 없이 파양을 청구할 수 있다.
③ 양부모나 양자가 피성년후견인인 경우에는 성년후견인의 동의를 받아 파양을 청구할 수 있다.
④ 검사는 미성년자나 피성년후견인인 양자를 위하여 파양을 청구할 수 있다.
(2012.2.10 본조개정)

제907조【파양 청구권의 소멸】 파양 청구권자는 제905조제1호·제2호·제4호의 사유가 있음을 안 날부터 6개월, 그 사유가 있었던 날부터 3년이 지나면 파양을 청구할 수 없다.
(2012.2.10 본조개정)

제908조【준용규정】 재판상 파양에 따른 손해배상책임에 관하여는 제806조를 준용한다.
(2012.2.10 본조개정)

第4款 친양자
(2005.3.31 본관신설)

제908조의2【친양자 입양의 요건 등】 ① 친양자(親養子)를 입양하려는 사람은 다음 각 호의 요건을 갖추어 가정법원에 친양자 입양을 청구하여야 한다.

1. 3년 이상 혼인 중인 부부로서 공동으로 입양할 것. 다만, 1년 이상 혼인 중인 부부의 한쪽이 그 배우자의 친생자를 친양자로 하는 경우에는 그러하지 아니하다.
2. 친양자가 될 사람이 미성년자일 것
3. 친양자가 될 사람의 친생부모가 친양자 입양에 동의할 것. 다만, 부모가 친권상실의 선고를 받거나 소재를 알 수 없거나 그 밖의 사유로 동의할 수 없는 경우에는 그러하지 아니하다.
4. 친양자가 될 사람이 13세 이상인 경우에는 법정대리인의 동의를 받아 입양을 승낙할 것
5. 친양자가 될 사람이 13세 미만인 경우에는 법정대리인이 그를 갈음하여 입양을 승낙할 것

② 가정법원은 다음 각 호의 어느 하나에 해당하는

경우에는 제1항제3호·제4호에 따른 동의 또는 같은 항 제5호에 따른 승낙이 없어도 제1항의 청구를 인용할 수 있다. 이 경우 가정법원은 동의권자 또는 승낙권자를 심문하여야 한다.

1. 법정대리인이 정당한 이유 없이 동의 또는 승낙을 거부하는 경우. 다만, 법정대리인이 친권자인 경우에는 제2호 또는 제3호의 사유가 있어야 한다.
2. 친생부모가 자신에게 책임이 있는 사유로 3년 이상 자녀에 대한 부양의무를 이행하지 아니하고 면접교섭을 하지 아니한 경우
3. 친생부모가 자녀를 학대 또는 유기하거나 그 밖에 자녀의 복리를 현저히 해친 경우

③ 가정법원은 친양자가 될 사람의 복리를 위하여 그 양육상황, 친양자 입양의 동기, 양부모의 양육능력, 그 밖의 사정을 고려하여 친양자 입양이 적당하지 아니하다고 인정하는 경우에는 제1항의 청구를 기각할 수 있다.

(2012.2.10 본조개정)

■ 친양자의 입양신고(가족관계67, 68, 58), 입양의 준거법(국사), 양자를 할 능력(866), 15세미만자의 입양승낙(869), 친권자(909), 친권의 효력(913), 친권의 상실(924)

제908조의3【친양자 입양의 효력】 ① 친양자는 부부의 혼인중 출생자로 본다.

② 친양자의 입양 전의 친족관계는 제908조의2제1항의 청구에 의한 친양자 입양이 확정된 때에 종료한다. 다만, 부부의 일방이 그 배우자의 친생자를 단독으로 입양한 경우에 있어서의 배우자 및 그 친족과 친생자간의 친족관계는 그러하지 아니하다.

■ 부부의 공동입양(874), 입양의 효력발생(878), 친생자(844), 친족(767), 혼인(807)

제908조의4【친양자 입양의 취소 등】 ① 친양자로 될 사람의 친생(親生)의 아버지 또는 어머니는 자신에게 책임이 없는 사유로 인하여 제908조의2 제1항제3호 단서에 따른 동의를 할 수 없었던 경우에 친양자 입양의 사실을 안 날부터 6개월 안에 가정법원에 친양자 입양의 취소를 청구할 수 있다.

② 친양자 입양에 관하여는 제883조, 제884조를 적용하지 아니한다.

(2012.2.10 본조개정)

■ 입양무효의 원인(883), 입양취소의 원인(884), 파양(898·905), 친양자입양동의(908의2①iii)

제908조의5【친양자의 파양】 ① 양친, 친양자, 친생의 부 또는 모나 검사는 다음 각호의 어느 하나의 사유가 있는 경우에는 가정법원에 친양자의 파양(罷養)을 청구할 수 있다.

1. 양친이 친양자를 학대 또는 유기(遺棄)하거나 그 밖에 친양자의 복리를 현저히 해하는 때
2. 친양자의 양친에 대한 패륜(悖倫)행위로 인하여 친양자관계를 유지시킬 수 없게된 때

② 제898조 및 제905조의 규정은 친양자의 파양에 관하여 이를 적용하지 아니한다.

■ 친양자의 파양신고(가족관계 63·69·70), 파양의 준거법(국사), 협의상 파양(898), 재판상 파양(905), 재판상 이혼(840)

제908조의6【준용규정】 제908조의2제3항은 친양자 입양의 취소 또는 제908조의5제1항제2호에 따른 파양의 청구에 관하여 이를 준용한다.

(2012.2.10 본조개정)

제908조의7【친양자 입양의 취소·파양의 효력】 ① 친양자 입양이 취소되거나 파양된 때에는 친양자관계는 소멸하고 입양 전의 친족관계는 부활한다.

② 제1항의 경우에 친양자 입양의 취소의 효력은 소급하지 아니한다.

■ 친족(913), 입양무효(883), 입양취소(884)

제908조의8【준용규정】 친양자에 관하여 이 관에 특별한 규정이 있는 경우를 제외하고는 그 성질에 반하지 아니하는 범위 안에서 양자에 관한 규정을 준용한다.

■ 양자(966-908)

第3節 親 權

第1款 總 則

第909條【親權者】 ① 부모는 미성년자인 자의 친권자가 된다. 양자의 경우에는 양부모(養父母)가 친권자가 된다. (2005.3.31 본항개정)

② 親權은 父母가 婚姻중인 때에는 父母가 共同으로 이를 행사한다. 그러나 父母의 의견이 一致하지 아니하는 경우에는 當事者의 請求에 의하여 家庭法院이 이를 정한다.

③ 父母의 一方이 親權을 행사할 수 없을 때에는 다른 一方이 이를 행사한다.

④ 婚姻外의 子가 認知된 경우와 父母가 이혼하는 경우에는 父母의 協議로 친권자를 정하여야 하고, 協議할 수 없거나 協議가 이루어지지 아니하는 경우에는 가정법원은 직권으로 또는 당사자의 청구에 따라 친권자를 지정하여야 한다. 다만, 부모의 협의가 자(子)의 복리에 반하는 경우에는 가정법원은 보정을 명하거나 직권으로 친권자를 정한다.

(2007.12.21 본항개정)

⑤ 가정법원은 혼인의 취소, 재판상 이혼 또는 인지청구의 소의 경우에는 직권으로 친권자를 정한다.

(2007.12.21 본항개정)

⑥ 가정법원은 자의 복리를 위하여 필요하다고 인정되는 경우에는 자의 4촌 이내의 친족의 청구에 의하여 정하여진 친권자를 다른 일방으로 변경할 수 있다. (2005.3.31 본항신설)

(1990.1.13 본조개정)

〔개정전〕 "① 未成年者인 子는 父母의 親權에 복종한다."
④ 婚姻외의 子가 認知된 경우와 父母가 "離婚한" 경우에는 父母의 協議로 친권자를 정하여야 하고, 協議할 수 없거나 協議가 이루어지지 아니하는 경우에는 "당사자는 가정법원에 그 지정을 청구하여야 한다."(2005.3.31 본항개정)
"⑤ 養子는 養父母의 親權에 복종한다."

■ 친자간의 법률관계의 준거법(국사), 친권의 효력(913이하), 친권의 상

실(924-927), 후견의 개시(928·932·934-936), 친권 및 모의 친권행사에 관한 제한의 폐지(부칙20·21), 성년(4·826의2), 가를 달리하는 부(출가한 여자=826③), 양자=772), 친권대행(910·948), 양자의 신분(772), 미성년자의 입양(869·871·883·884·886·891), 부모의 이혼과 자의 양육권(837·843)

1. 생모와 함께 사는 혼인 외의 출생자에 대한 친권의 행사(구법관계) 민 909조 3항에서 규정한 생모가 친권자가 되는 경우는 친권을 행사할 부와 적모가 없거나 그 부 또는 적모가 친권을 행사할 수 없을 때를 말하고, 혼인 외의 출생자가 그의 생모와 함께 살아왔고 적모와 왕래가 없었다고 하더라도 이를 적모가 친권을 행사할 수 없는 경우라고 볼 수는 없다.(대판 1989.9.12, 88다카28044)

2. 구관습상 사실상 재혼한 모의 친권 상실 여부(소극) 구관습상 모가 사실상 재혼하여도 동일호적 내에 있는 미성년의 자녀에 대한 친권을 상실하지 아니한다.(대판 1993.12.14, 93다43361)

3. 친권을 행사할 수 있는 부의 의미 민 909조 1항 및 2항에서 말하는 친권을 행사할 수 있는 부는 법률상의 부를 뜻하고 생부라 하더라도 혼인 외의 출생자에 대하여 인지를 한 바 없다면 그의 친권자가 될 수 없다.(대판 1982.4.13, 81므85)

4. 부모가 이혼하는 경우 친권 및 양육권의 분리귀속 가부(적극) (대판 2012.4.13, 2011므4719) → 제837조 참조

제909조의2【친권자의 지정 등】 ① 제909조제4항부터 제6항까지의 규정에 따라 단독 친권자로 정하여진 부모의 일방이 사망한 경우 생존하는 부 또는 모, 미성년자, 미성년자의 친족은 그 사실을 안 날부터 1개월, 사망한 날부터 6개월 내에 가정법원에 생존하는 부 또는 모를 친권자로 지정할 것을 청구할 수 있다.

② 입양이 취소되거나 파양된 경우 또는 양부모가 모두 사망한 경우 친생부모 일방 또는 쌍방, 미성년자, 미성년자의 친족은 그 사실을 안 날부터 1개월, 입양이 취소되거나 파양된 날 또는 양부모가 모두 사망한 날부터 6개월 내에 가정법원에 친생부모 일방 또는 쌍방을 친권자로 지정할 것을 청구할 수 있다. 다만, 친양자의 양부모가 사망한 경우에는 그러하지 아니하다.

③ 제1항 또는 제2항의 기간 내에 친권자 지정의 청구가 없을 때에는 가정법원은 직권으로 또는 미성년자, 미성년자의 친족, 이해관계인, 검사, 지방자치단체의 장의 청구에 의하여 미성년후견인을 선임할 수 있다. 이 경우 생존하는 부 또는 모, 친생부모 일방 또는 쌍방의 소재를 모르거나 그가 정당한 사유 없이 소환에 응하지 아니하는 경우를 제외하고 그에게 의견을 진술할 기회를 주어야 한다.

④ 가정법원은 제1항 또는 제2항에 따른 친권자 지정 청구나 제3항에 따른 후견인 선임 청구가 생존하는 부 또는 모, 친생부모 일방 또는 쌍방의 양육의사 및 양육능력, 청구 동기, 미성년자의 의사, 그 밖의 사정을 고려하여 미성년자의 복리를 위하여 적절하지 아니하다고 인정하면 청구를 기각할 수 있다. 이 경우 가정법원은 직권으로 미성년후견인을 선임하거나 생존하는 부 또는 모, 친생부모 일방 또는 쌍방을 친권자로 지정하여야 한다.

⑤ 가정법원은 다음 각 호의 어느 하나에 해당하는 경우에 직권으로 또는 미성년자, 미성년자의 친족, 이해관계인, 검사, 지방자치단체의 장의 청구에 의하여 제1항부터 제4항까지의 규정에 따라 친권자가 지정되거나 미성년후견인이 선임될 때까지 그 임무를 대행할 사람을 선임할 수 있다. 이 경우 그 임무를 대행할 사람에 대하여는 제25조 및 제954조를 준용한다.

1. 단독 친권자가 사망한 경우
2. 입양이 취소되거나 파양된 경우
3. 양부모가 모두 사망한 경우

⑥ 가정법원은 제3항 또는 제4항에 따라 미성년후견인이 선임된 경우라도 미성년후견인 선임 후 양육상황이나 양육능력의 변동, 미성년자의 의사, 그 밖의 사정을 고려하여 미성년자의 복리를 위하여 필요하면 생존하는 부 또는 모, 친생부모 일방 또는 쌍방, 미성년자의 청구에 의하여 후견을 종료하고 생존하는 부 또는 모, 친생부모 일방 또는 쌍방을 친권자로 지정할 수 있다.

(2011.5.19 본조신설)

1. 민 909조의2의 규정 취지 및 1항에서 정한 1개월 또는 6개월의 기간이 지난 다음 친권자의 지정 청구가 있는 경우, 가정법원이 미성년자의 복리를 위하여 생존하는 부 또는 모를 친권자로 지정할 수 있는지 여부(적극) 민 909조의2는 이혼 등을 이유로 미성년자인 자의 단독친권자로 정해진 부모의 일방이 사망한 경우 가정법원의 심리를 거쳐 친권자를 지정하거나 후견이 개시되도록 함으로써 부적격의 부 또는 모가 당연히 친권자가 되어 미성년자의 복리에 부정적인 영향을 미치는 것을 방지하고, 미성년자에게 친권자나 후견인이 존재하지 않는 공백을 최소화하기 위해서 신속하게 친권자를 지정하거나 후견이 개시되도록 하는 절차를 규정한 것으로서 궁극적으로 미성년자의 복리를 증진하기 위해 마련된 규정이다. 또한 친권자의 지정 청구가 없어 미성년후견인 선임 청구가 있는 경우(3항) 또는 이미 미성년후견인이 선임된 경우(6항)라도 가정법원이 미성년자의 복지를 위하여 필요하다고 판단하면 직권 또는 청구권자의 청구에 의하여 생존하는 부 또는 모를 친권자로 지정할 수 있다(4항 또는 6항). 따라서 민 909조의2 1항에서 정한 1개월 또는 6개월의 기간이 지난 다음 친권자의 지정 청구가 있는 경우에도 가정법원은 미성년자의 복리를 위하여 필요하다면 생존하는 부 또는 모를 친권자로 지정할 수 있다.(대결 2017.5.2, 2016스107)

第910條【子의 親權의 代行】 親權者는 그 親權에 따르는 자에 갈음하여 그 子에 對한 親權을 行使한다. (2005.3.31 본조개정)

[개정전] … 그 親權에 "服從하는 子에 가름하여" 그 子에 대한 …

■ 909, 친권의 효력(913이하), 후견인의 친권대행(948)

第911條【未成年者인 子의 法定代理人】 親權을 行使하는 父 또는 母는 未成年者인 子의 法定代理人이 된다.

■ 미성년자(4·826의2), 법정대리인(5-8·15·180), 대리권의 상실(925), 후견인의 대리권(938·950)

1. 친권자의 대리권 남용 판단기준 친권자가 자(子)를 대리하는 법률행위는 친권자와 자(子) 사이의 이해상반행위에 해당하지 않는 한, 그것을 할 것인가 아닌가는 자(子)를 위하여 친권을 행사하는 친권자가 자(子)를 둘러싼 여러 사정

을 고려하여 행할 수 있는 재량에 맡겨진 것이므로, 이와 같이 친권자가 자(子)를 대리하여 행한 자(子) 소유의 재산에 대한 처분행위에 대해서는 그것이 사실상 자(子)의 이익을 무시하고 친권자 본인 혹은 제3자의 이익을 도모하는 것만을 목적으로 하여 이루어졌다고 하는 등 친권자에게 자(子)를 대리할 권한을 수여한 법의 취지에 현저히 반한다고 인정되는 사정이 존재하지 않는 한 친권자에 의한 대리권의 남용에 해당한다고 쉽게 단정할 수 없다.(대판 2009.1.30, 2008다73731)

제912조【친권 행사와 친권자 지정의 기준】 ① 친권을 행사함에 있어서는 자의 복리를 우선적으로 고려하여야 한다. (2011.5.19 개정)
② 가정법원이 친권자를 지정함에 있어서는 자(子)의 복리를 우선적으로 고려하여야 한다. 이를 위하여 가정법원은 관련 분야의 전문가나 사회복지기관으로부터 자문을 받을 수 있다. (2011.5.19 신설)
(2011.5.19 본조개정)

第2款 親權의 效力

第913條【保護, 敎養의 權利義務】 親權者는 子를 保護하고 敎養할 權利義務가 있다.
■ 친권자(909·910), 이혼과 자의 양육(837·843), 후견인의 친권행사(945), 보호와 교양(914–918, 헌31②, 교육기13), 자의 불법행위와 친권자의 책임(755), 보호·교양의 비용(923), 친권의 남용(924)

第914條【居所指定權】 子는 親權者의 指定한 場所에 居住하여야 한다.
■ 913, 거주이전의 자유(헌14), 거소지정권의 남용(924), 후견인과 친권자의 거소의 변경(945②), 이혼과 자의 양육(837·843)

第915條 (2021.1.26. 삭제)
■ 913, 신체의 자유(헌12), 징계권의 남용(924), 후견인의 징계권(945), 친권자 아닌 양육자(837·843), 법원의 허가(가소2①ⅱ가, 가소규66), 소년원에 보내는 처분(소년32), 교장의 징계권(교육기18)

第916條【子의 特有財産과 그 管理】 子가 自己의 名義로 取得한 財産은 그 特有財産으로 하고 法定代理人인 親權者가 이를 管理한다.
■ 가족의 특유재산(796), 친권자의 법정대리권(911), 자의 친권대행(910), 친권자의 관리권 상실선고 또는 사퇴(924–927), 후견인의 재산관리·대리권(938·949·946), 친권자의 관리권없는 재산(918), 미성년자의 재산의 자유처분(6·8①), 재산관리와 주의의무(922), 친권자의 응급처분의무(919·691), 관리권·대리권의 소멸과 상대방 대항(919·692·127·129, 민소13), 복대리인선임권(122), 이해상반행위와 대리권(921), 근로계약과 대리금지(근로67·68), 친권자와 동의권(5–8), 미성년자의 신분행위와 친권자(863·869), 소송과 법정대리인(민소55·56)

第917條 (1990.1.13 삭제)

第918條【第三者가 無償으로 子에게 授與한 財産의 管理】 ① 無償으로 子에게 財産을 授與한 第三者가 親權者의 管理에 反對하는 意思를 表示한 때에는 親權者는 그 財産을 管理하지 못한다.
② 前項의 境遇에 第三者가 그 財産管理人을 指定하지 아니한 때에는 法院은 財産의 授與를 받은 子 또는 第777條의 規定에 依한 親族의 請求에 依하여 管理人을 選任한다.
③ 第三者의 指定한 管理人의 權限이 消滅하거나 管理人을 改任할 必要있는 境遇에 第三者가 다시 管理人을 指定하지 아니한 때에도 前項과 같다.
④ 第24條第1項, 第2項, 第4項, 第25條 前段 및 第26條第1項, 第2項의 規定은 前2項의 境遇에 準用한다.
■ 본조의 준용(956), 증여(554이하), 유증(1074), 친권자의 재산관리권(916·920), 관리인의 권한(25), 관리인의 의무(24·26·681·684·685·919), 관리권·대리권의 소멸과 상대방 대항(919·692, 민소13), 관리인의 출연상환청구권(688)

第919條【委任에 關한 規定의 準用】 第691條, 第692條의 規定은 前3條의 財産管理에 準用한다.
■ 친권자의 재산관리권(916), 위임 관련 규정의 후견에의 준용(959)

第920條【子의 財産에 關한 親權者의 代理權】 法定代理人인 親權者는 子의 財産에 關한 法律行爲에 對하여 그 子를 代理한다. 그러나 그 子의 行爲를 目的으로 하는 債務를 負擔할 境遇에는 本人의 同意를 얻어야 한다.
■ 916–919·910, 법정대리인인 친권자(909·911), 재산관리에 限한 후견(946), 친권자의 관리권의 상실선고 또는 사퇴(924–927), 후견인의 재산관리대리권(938·946), 대리(114이하), 법정대리인의 복임권(122), 친권자의 관리권없는 재산(918), 미성년자와 재산의 자유처분(6·8①), 재산관리와 주의의무(922), 친권자의 응급처분의무(919), 관리권·대리권의 소멸과 상대방 대항(919·692, 민소13), 복대리인선임권(122), 이해상반행위와 대리권(921), 근로계약과 대리금지(근로67·68), 친권자와 동의권(5–8), 미성년자의 신분행위와 친권자(863·869), 소송행위와 법정대리인(민소55·56)

1. 법정대리인인 친권자의 대리행위와 선의의 제3자 법정대리인인 친권자의 대리행위가 객관적으로 볼 때 미성년자 본인에게는 경제적인 손실만을 초래하는 반면, 친권자나 제3자에게는 경제적인 이익을 가져오는 행위이고 행위의 상대방이 이러한 사실을 알았거나 알 수 있었을 때에는 민 107조 1항 단서의 규정을 유추적용하여 행위의 효과가 자(子)에게는 미치지 않는다고 해석함이 타당하나, 그에 따라 외형상 형성된 법률관계를 기초로 하여 새로운 법률상 이해관계를 맺은 선의의 제3자에 대하여는 같은 조 2항의 규정을 유추적용하여 누구도 그와 같은 사정을 들어 대항할 수 없으며, 제3자가 악의라는 사실에 관한 주장·증명책임은 무효를 주장하는 자에게 있다.(대판 2018.4.26, 2016다3201)

第920條의2【共同親權者의 一方이 共同名義로 한 행위의 效力】 父母가 共同으로 親權을 행사하는 경우 父母의 一方이 共同名義로 子를 代理하거나 子의 法律行爲에 同意한 때에는 다른 一方의 意思에 반하는 때에도 그 效力이 있다. 그러나 相對方이 惡意인 때에는 그러하지 아니한다.
(1990.1.13 본조신설)

第921條【親權者와 그 子間 또는 數人의 子間의 利害相反行爲】 ① 法定代理人인 親權者와 그 子사이에 利害相反되는 行爲를 함에는 親權者는 法院에 그 子의 特別代理人의 選任을 請求하여야 한다.
② 法定代理人인 親權者가 그 親權에 따르는 數人의 子 사이에 利害相反되는 行爲를 함에는 法院에 그 子 一方의 特別代理人의 選任을 請求하여야 한다. (2005.3.31 본항개정)
[개정전] ② …… 그 親權에 "服從하는" 數人의 者 사이에 ……
■ 자기계약 또는 쌍방대리의 금지(124), 이해상반행위에 대한 대표금지(64), 특별대리인선임청구(가소2①2.가, 가소규68), 본조위반행위의 효력(130–136)

1. 이해상반행위의 해석 민 921조 1항의 이해상반되는 행위라 함은 친권자인 부와 미성년자인 자가 각각 당사자일방이 되어서 하는 법률행위 뿐만 아니라 친권자를 위해서는 이익이 미성년자를 위해서는 불이익이 되는 행위도 포함된다고

해석함이 상당하다.(대판 1971.7.27, 71다1113)

2. 친권자인 모가 자신이 대표이사로 있는 주식회사의 채무 보증을 위하여 자신과 미성년인 자의 공유재산을 담보로 제공한 경우 이해상반행위인지 여부(소극) 민 921조의 이해상반행위란 행위의 객관적 성질상 친권자와 그 자(子) 사이 또는 친권에 복종하는 수인의 자(子) 사이에 이해의 대립이 생길 우려가 있는 행위를 가리키는 것으로서, 친권자의 의도나 그 행위의 결과 실제로 이해의 대립이 생겼는지는 묻지 않는다. 친권자인 모가 자신이 대표이사로 있는 주식회사의 채무 담보를 위하여 자신과 미성년인 자(子)의 공유재산에 대하여 자의 법정대리인 겸 본인의 자격으로 근저당권을 설정한 행위는, 친권자가 채무자 회사의 대표이사로서 그 주식의 66%를 소유하는 대주주이고 미성년인 자에게는 불이익만을 주는 것이라는 점을 감안하더라도, 그 행위의 객관적 성질상 채무자 회사의 채무를 담보하기 위한 것에 불과하므로 친권자와 그 자 사이에 이해의 대립이 생길 우려가 있는 이해상반행위라고 볼 수 없다.(대판 1996.11.22, 96다10270)

3. 친권자인 모가 자신이 연대보증한 채무의 담보로 자의 공유지분에 관하여 근저당권설정계약을 체결한 경우 이해상반행위인지 여부(적극) 친권자인 모가 자신이 연대보증한 차용금 채무의 담보로 자신과 자의 공유인 토지 중 자신의 공유지분에 관하여는 공유지분권자로서, 자의 공유지분에 관하여는 그 법정대리인의 자격으로 각각 근저당권설정계약을 체결한 경우, 위 채권의 만족을 얻기 위하여 채권자가 위 토지 중 자의 공유지분에 관한 저당권의 실행을 선택한 때에는, 그 경매대금이 변제에 충당되는 한도에서 모의 책임이 경감되고, 또한 채권자가 모에 대한 연대보증책임의 추구를 선택하여 변제를 받은 때에는, 모는 채권자를 대위하여 위 토지 중 자의 공유지분에 대한 저당권을 실행할 수 있다. 위와 같이 친권자인 모와 자 사이에 이해의 충돌이 발생할 수 있는 것이, 친권자인 모가 한 행위 자체의 외형상 객관적으로 당연히 예상되는 것이어서, 모가 자를 대리하여 위 토지 중 자의 공유지분에 관하여 위 근저당권설정계약을 체결한 행위는 이해상반행위로서 무효라고 보아야 한다. 법정대리인인 친권자와 그 자 사이의 이해상반의 유무는 전적으로 그 행위 자체를 객관적으로 관찰하여 판단하여야 할 것이지 그 행위의 동기나 연유를 고려하여 판단하여야 할 것은 아니다.(대판 2002.1.11, 2001다65960)

4. 친권자인 모가 자기 오빠의 제3자에 대한 채무 담보로 미성년인 자 소유의 부동산에 근저당권을 설정한 경우 이해상반행위인지 여부(소극) 미성년자의 친권자인 모가 자기 오빠의 제3자에 대한 채무의 담보로 미성년자 소유의 부동산에 근저당권을 설정하는 행위가, 채무자를 위한 것으로서 미성년자에게는 불이익만을 주는 것이라고 하더라도, 민 921조 1항에 규정된 "법정대리인인 친권자와 그 자 사이에 이해상반되는 행위"라고 볼 수는 없다.(대판 1991.11.26, 91다32466)

5. 미성년자 명의의 부동산을 친권자에게 증여하는 이해상반의 경우에도 등기의 추정력이 미치는지 여부(적극) 어느 부동산에 관하여 등기가 경료되어 있는 경우 특별한 사정이 없는 한 그 원인과 절차에 있어서 적법하게 경료된 것으로 추정된다. 전 등기명의인이 미성년자이고 당해 부동산을 친권자에게 증여하는 행위가 이해상반행위라 하더라도 일단 친권자에게 이전등기가 경료된 이상, 특별한 사정이 없는 한, 그 이전등기에 관하여 필요한 절차를 적법하게 거친 것으로 추정된다.(대판 2002.2.5, 2001다72029)

6. 공동상속인인 친권자와 미성년인 수인의 자 사이의 상속재산 분할협의의 절차 상속재산에 대하여 그 소유의 범위를 정하는 내용의 공동상속재산 분할협의는 그 행위의 객관적 성질상 상속인 상호간의 이해의 대립이 생길 우려가 있는 민 921조 소정의 이해상반되는 행위에 해당하므로 공동상속인인 친권자와 미성년인 수인의 자 사이에 상속재산 분할협의를 하게 되는 경우에는 미성년자 각자마다 특별대리인을 선임하여 그 각 특별대리인이 각 미성년자인 자를 대리하여 상속재산분할의 협의를 하여야 하고, 만약 친권자가 수인의 미성년자의 법정대리인으로서 상속재산 분할협의를 한 것이라면 이는 민 921조에 위반된 것으로서 이러한 대리행위에 의하여 성립된 상속재산 분할협의는 적법한 추인이 없는 한 무효이다.(대판 2001.6.29, 2001다28299)

7. 법정대리인인 친권자가 미성년인 자에게 부동산을 명의신탁한 경우 이해상반행위인지 여부(소극) 법정대리인인 친권자가 부동산을 미성년자인 자에게 명의신탁하는 행위는 친권자와 사이에 이해상반되는 행위에 속한다고 볼 수 없으므로, 이를 특별대리인에 의하여 하지 아니하였다고 하여 무효라고 볼 수 없다.(대판 1998.4.10, 97다4005)

8. 성년인 자와 미성년인 자 사이에 이해가 상반되는 경우 민 921조 2항의 적용 여부(소극) 민 921조 2항의 경우 이해상반행위의 당사자는 쌍방이 모두 친권에 복종하는 미성년자일 경우이어야 하고, 이 때에는 친권자가 미성년자 쌍방을 대리할 수는 없으므로 그 어느 미성년자를 위하여 특별대리인을 선임하여야 한다는 것이지 성년이 되어 친권자의 친권에 복종하지 아니하는 자와 친권에 복종하는 미성년자인 자 사이에 이해상반이 되는 경우가 있다 하여도 친권자는 미성년자를 위한 법정대리인으로서 그 고유의 권리를 행사할 수 있으므로 그러한 친권자의 법률행위는 같은 조항 소정의 이해상반행위에 해당한다 할 수 없다.(대판 1989.9.12, 88다카28044)

9. 수인의 미성년자와 그 친권자가 공유물분할의 소의 당사자가 된 경우 수인의 미성년자와 그 친권자가 공유물분할의 소의 당사자가 된 경우에는 미성년자마다 특별대리인을 선임하여 그 특별대리인이 미성년자를 대리하여 소송행위를 하여야 한다. 만약 친권자가 수인의 미성년자의 법정대리인으로서 소송행위를 하였다면 이는 민 921조에 위반되어 미성년자들의 적법한 추인이 없는 한 무효라고 할 것이다.(대판 2024.7.11, 2023다301941)

第922條【親權者의 注意義務】 親權者가 그 子에 對한 法律行爲의 代理權 또는 財産管理權을 行使함에는 自己의 財産에 關한 行爲와 同一한 注意를 하여야 한다.

제922조의2【친권자의 동의를 갈음하는 재판】 가정법원은 친권자의 동의가 필요한 행위에 대하여 친권자가 정당한 이유 없이 동의하지 아니함으로써 자녀의 생명, 신체 또는 재산에 중대한 손해가 발생할 위험이 있는 경우에는 자녀, 자녀의 친족, 검사 또는 지방자치단체의 장의 청구에 의하여 친권자의 동의를 갈음하는 재판을 할 수 있다.

(본조신설 2014.10.15 : 2015.10.16 시행)

▣ 친권자(909), 관리권(916 · 920), 관리권 · 대리권의 상실(925), 후견인의 주의의무(956 · 681), 무상수치인의 주의의무(695)

第923條【財産管理의 計算】 ① 法定代理人인 親權者의 權限이 消滅한 때에는 그 子의 財産에 對한 管理의 計算을 하여야 한다.

② 前項의 境遇에 그 子의 財産으로부터 收取한 果實은 그 子의 養育, 財産管理의 費用과 相計한 것으로 본다. 그러나 無償으로 子에게 財産을 授與한 第三者가 反對의 意思를 表示한 때에는 그 財産에 關하여는 그러하지 아니하다.

▣ 친권행사자(909–911 · 948), 재산관리(916 · 920), 친권남용등과 친권상실(924), 재산관리권상실(925), 관리의 계산(683 · 685 · 688), 파산(101 · 102), 상계(492이하), 무상으로 자에게 재산을 수여한 경우(918), 후견인포

후견의 계산(957－959), 친자간 채권의 소멸시효(180①)

1. '관리의 계산'의 의미 및 친권자가 자녀의 특유재산을 통상적인 양육비용으로 사용할 수 있는 경우 '관리의 계산'이란 자녀의 재산을 관리하던 기간의 그 재산에 관한 수입과 지출을 명확히 결산하여 자녀에게 귀속되어야 할 재산과 그 액수를 확정하는 것을 말한다. 친권자의 위와 같은 재산 관리 권한이 소멸한 때에는 위임에 관한 민 683조, 684조가 유추적용된다. 한편 친권자는 자녀의 특유재산을 자신의 이익을 위하여 임의로 사용할 수 없음은 물론 자녀의 통상적인 양육비용으로도 사용할 수도 없는 것이 원칙이나, 친권자가 자신의 자력으로는 자녀를 부양하거나 생활을 영위하기 곤란한 경우 등과 같이 정당한 사유가 있는 경우에는 자녀의 특유재산을 그와 같은 목적으로 사용할 수 있다. 따라서 친권자는 자녀에 대한 재산 관리 권한에 기하여 자녀에게 지급되어야 할 돈을 자녀 대신 수령한 경우 그 재산 관리 권한이 소멸하면 그 돈 중 재산 관리 권한 소멸 시까지 위와 같이 정당하게 지출한 부분을 공제한 나머지를 자녀 또는 그 법정대리인에게 반환할 의무가 있다. 이 경우 친권자가 자녀를 대신하여 수령한 돈을 정당하게 지출하였다는 점에 대한 증명책임은 친권자에게 있다.(대판 2022.11.17, 2018다294179)

第3款 친권의 상실, 일시 정지 및 일부 제한

제924조【친권의 상실 또는 일시 정지의 선고】

① 가정법원은 부 또는 모가 친권을 남용하여 자녀의 복리를 현저히 해치거나 해칠 우려가 있는 경우에는 자녀, 자녀의 친족, 검사 또는 지방자치단체의 장의 청구에 의하여 그 친권의 상실 또는 일시 정지를 선고할 수 있다.

② 가정법원은 친권의 일시 정지를 선고할 때에는 자녀의 상태, 양육상황, 그 밖의 사정을 고려하여 그 기간을 정하여야 한다. 이 경우 그 기간은 2년을 넘을 수 없다.

③ 가정법원은 자녀의 복리를 위하여 친권의 일시 정지 기간의 연장이 필요하다고 인정하는 경우에는 자녀, 자녀의 친족, 검사, 지방자치단체의 장, 미성년후견인 또는 미성년후견감독인의 청구에 의하여 2년의 범위에서 그 기간을 한 차례만 연장할 수 있다.

(본조개정 2014.10.15 : 2015.10.16 시행)

926, 친권의 내용(913－916・920), 친권행사의 기준(912), 친권자의 …의의무(922), 친족(767・777), 검사(검찰46), 친권상실선고(가소2①ii …), 친권상실선고의 효과(923・180・909③・928・937), 실권선고의 신…(가족관계79), 관리권소멸과 응급처분의무 및 상대방 대항(919), 친권…는 부모의 지위(808), 실권과 후견인선임청구의무(928・936)

친권남용

친권상실선고에 있어 고려하여야 할 요소 친권은 미성년자의 양육과 감호 및 재산관리를 적절히 함으로써 그의 복리를 확보하도록 하기 위한 부모의 권리이자 의무의 성격을 갖는 것으로서, 민 924조에 의한 친권상실선고사유의 해당 여부를 판단함에 있어서도 친권의 목적이 자녀의 복리보호에 있다는 점이 판단의 기초가 되어야 하고, 설사 친권자에게 간통 등의 비행이 있어 자녀들의 정서나 교육 등에 악영향을 줄 여지가 있다 하더라도 친권의 대상인 자녀의 나이나 건강상태를 비롯하여 관계인들이 처해 있는 여러 구체적 사정을 고려하여 비행을 저지른 친권자를 대신하여 다른 사람으로 하여금 친권을 행사하거나 후견을 하게 하는 것이 자녀의 복리를 위하여 보다 낫다고 인정되는 경우가 아니라면 섣불리 친권상실을 인정하여서는 안 된다.(대결 1993.3.4, 93스3)

▶ 인정된 사례

2. 친권 상실 사건에서 친권의 일부 제한이 필요하다고 볼 경우, 청구취지에 구속되지 않고 친권의 일부 제한을 선고할 수 있는지 여부(적극) 친권 상실이나 제한의 경우에도 자녀의 복리를 위한 양육과 마찬가지로 가정법원이 후견적 입장에서 폭넓은 재량으로 당사자의 법률관계를 형성하고 그 이행을 명하는 것이 허용되며 당사자의 청구취지에 엄격하게 구속되지 않는다고 보아야 한다. 따라서 민 924조 1항에 따른 친권 상실 청구가 있으면 가정법원은 민 925조의2의 판단 기준을 참작하여 친권 상실사유에는 해당하지 않지만 자녀의 복리를 위하여 친권의 일부 제한이 필요하다고 볼 경우 청구취지에 구속되지 않고 친권의 일부 제한을 선고할 수 있다.(대결 2018.5.25, 2018스520)

3. 모가 별거 후 자녀를 전혀 돌보지 않고 남편이 교통사고로 사망하였음에도 보상금을 수령하여 전부 소비하는 등 자녀의 부양에 전혀 노력하지 않은 경우 모가 남편 및 그 시부모들과의 불화로 남편과 자식들을 남겨두고 집을 나가 별거한 이후에는 전혀 자녀들을 돌보지 않았을 뿐 아니라 남편이 교통사고로 사망하게 되었는데도 그 장례식에 참석하지도 않았고 장래문제를 의논하러 자녀들이 찾아가도 만나주지도 않으면서 남편의 교통사고에 대한 보상금을 전부 수령하여 거의 다 소비하여 버리는 등 자녀들의 부양에 대하여 전혀 노력하지 않고 있고, 자녀들도 동거시 자신들에게 가혹하게 대하였던 모를 불신하며 현재와 같이 할아버지 밑에서 보호양육되기를 희망하고 있다면, 모에게 자식들에 대한 친권을 행사시킬 수 없는 중대한 사유가 있다.(대판 1991.12.10, 91므641)

4. 자녀가 태어나기 전에 이미 남편과 별거중이었고 자녀의 부양, 교육을 맡기는 것이 부적절한 경우 피청구인은 호적상으로는 청구외 망인의 처로서 사건 본인의 친권자이나, 사실상으로는 사건 본인이 출생하기 전에 이미 위 망인과 별거하여 그 친권자의 지위를 상실한 것이나 다를 바 없고 또한 피청구인에게 사건 본인의 부양, 교육을 맡기는 것이 현재는 물론 장래에도 적당하다고 사료되지 아니한 경우에는 이는 민 924조 소정의 친권자로서 친권을 행사시킬 수 없는 중대한 사유가 있는 때에 해당한다.(대판 1979.9.11, 79므34)

▶ 인정되지 않은 사례

5. 남편이 행방불명되어 극심한 생활난으로 타인과 혼인한 경우 남편이 행방불명이 되어 극심한 생활난으로 인하여 타인과 결혼한 경우에는 본조 소정의 친권상실의 사유에 해당하지 않는다.(대판 1963.9.12, 63다197)

6. 모가 간통행위를 하였으나 자녀 양육과 보호를 소홀히 하지 않은 경우 자녀들의 양육과 보호에 관한 의무를 소홀히 하지 아니한 모의 간통행위로 말미암아 부가 사망하는 결과가 초래된 사실만으로써는 모에 대한 친권상실선고사유에 해당한다고 볼 수 없다.(대결 1993.3.4, 93스3)

7. 유부남과 불륜을 저질러 임신까지 했으나 자녀의 감호교육에 힘쓰고 있는 경우 자녀 있는 과부가 처있는 다른 남자와 불의의 관계를 맺어 임신까지 했다는 사실은 모로서 불행적이다 아니할 수 없으나 이미 지나간 일이고 현재는 그러한 행적이 없으며 항상 그 자녀의 감호교육에 힘쓰고 있는 이상 이 과거의 사실을 그 자녀에 대한 친권을 상실케 할 수 있는 현저한 불행적이라고 할 수 없다.(대판 1959.4.16, 4291민상811)

8. 담보제공과 친권 남용 미성년자의 친권자인 모가 미성년자에게는 오로지 불이익만을 주는데도 자기 오빠의 사업을 위하여 미성년자 소유의 부동산을 제3자에게 담보로 제공하였고, 제3자도 그와 같은 사정을 잘 알고 있었다고 하더라도, 그와 같은 사실만으로 모의 근저당권 설정행위가 바로 '친권을 남용한 경우'에 해당한다고는 볼 수 없다.(대판 1991.11.26, 91다32466)

제924조의2【친권의 일부 제한의 선고】 가정법원은 거소의 지정이나 그 밖의 신상에 관한 결정 등 특정한 사항에 관하여 친권자가 친권을 행사하는 것이 곤란하거나 부적당한 사유가 있어 자녀의 복리를 해치거나 해칠 우려가 있는 경우에는 자녀, 자녀의 친족, 검사 또는 지방자치단체의 장의 청구에 의하여 구체적인 범위를 정하여 친권의 일부 제한을 선고할 수 있다. (2021.1.26 본조개정)

(본조신설 2014.10.15 : 2015.10.16 시행)

1. 양육권 행사에 관한 미성년후견인이 비양육친을 상대로 가소 2조 1항 2호 (나)목 3)에 따른 양육비심판을 청구할 수 있는지 여부(적극) (대결 2021.5.27, 2019스621) → 제837조 참조

제925조【대리권, 재산관리권 상실의 선고】 가정법원은 법정대리인인 친권자가 부적당한 관리로 인하여 자녀의 재산을 위태롭게 한 경우에는 자녀의 친족, 검사 또는 지방자치단체의 장의 청구에 의하여 그 법률행위의 대리권과 재산관리권의 상실을 선고할 수 있다. (본조개정 2014.10.15 : 2015.10.16 시행)

■ 926·927, 관리권·대리권(916·920), 부적당한 관리(922), 친족(767·777), 대리권 등 상실선고(가소2①ii나), 관리권상실의 효과(923·180①·909③·928·937·936), 실권선고의 신고(가족관계79), 관리권소멸과 응급처분의무 및 상대방 대항(919)

1. 친권자 행방불명이 부적당한 관리에 해당하는지 여부(소극) 친권자의 행방불명은 친권상실의 원인이 되는 '부적당한 관리'에 해당되지 않는다.(대판 1960.7.14, 4292민상430)

2. 친권자인 모가 자력으로 생활을 영위할 수 없어 관리중인 아들 소유의 부동산을 아들의 구채정리와 생계유지를 위하여 매각처분한 경우 자의 재산을 위태하게 한 것인지 여부(소극) 친권자가 아들의 재산을 처분하여 구채정리와 생계유지를 위하여 토지를 매각하였다 하더라도, 호적상 모인 친권자가 자력으로 생활할 수 없고 부양의무를 지고 있는 호주인 아들이 생모의 양육하에 있으면서 그 의무를 다하였다고 인정되지 아니하는 이상 위 사유만으로는 바로 친권자가 부적당하게 관리함으로써 아들의 재산을 위태롭게 하였다고는 볼 수 없다.(대판 1962.9.20, 62다287)

3. 친권등 상실 청구권 포기 약정의 효력 민 924조나 925조의 규정에 의한 친권상실이나 대리권, 관리권상실을 청구할 수 있는 자가 그런 청구권을 포기하는 것을 내용으로 하는 계약은 공서양속에 위배하여 무효이다.(대판 1977.6.7, 76므34)

제925조의2【친권 상실 선고 등의 판단 기준】 ① 제924조에 따른 친권 상실의 선고는 같은 조에 따른 친권의 일시 정지, 제924조의2에 따른 친권의 일부 제한, 제925조에 따른 대리권·재산관리권의 상실 선고 또는 그 밖의 다른 조치에 의해서는 자녀의 복리를 충분히 보호할 수 없는 경우에만 할 수 있다.

② 제924조에 따른 친권의 일시 정지, 제924조의2에 따른 친권의 일부 제한 또는 제925조에 따른 대리권·재산관리권의 상실 선고는 제922조의2에 따른 동의를 갈음하는 재판 또는 그 밖의 다른 조치에 의해서는 자녀의 복리를 충분히 보호할 수 없는 경우에만 할 수 있다.

(본조신설 2014.10.15 : 2015.10.16 시행)

제925조의3【부모의 권리와 의무】 제924조와 제924조의2, 제925조에 따라 친권의 상실, 일시 정지, 일부 제한 또는 대리권과 재산관리권의 상실이 선고된 경우에도 부모의 자녀에 대한 그 밖의 권리와 의무는 변경되지 아니한다.

(본조신설 2014.10.15 : 2015.10.16 시행)

제926조【실권 회복의 선고】 가정법원은 제924조, 제924조의2 또는 제925조에 따른 선고의 원인이 소멸된 경우에는 본인, 자녀, 자녀의 친족, 검사 또는 지방자치단체의 장의 청구에 의하여 실권(失權)의 회복을 선고할 수 있다.

(본조개정 2014.10.15 : 2015.10.16 시행)

■ 924·925, 실권회복선고(가소2①ii나), 실권회복의 신고(가족관계79)

第927條【代理權, 管理權의 辭退와 回復】 ① 法定代理人인 親權者는 正當한 事由가 있는 때에는 法院의 許可를 얻어 그 法律行爲의 代理權과 財産管理權을 辭退할 수 있다.

② 前項의 事由가 消滅한 때에는 그 親權者는 法院의 許可를 얻어 辭退한 權利를 回復할 수 있다.

■ 925·926, 법원의 허가(가소2①2.가), 사퇴의 효과(909③·923·928), 관리권소멸과 응급처분의무 및 상대방 대항(919), 친권자가 관리권 없는 경우(928·931·946), 친권 또는 관리권의 사퇴와 후견인선임청구의무(928·936)

제927조의2【친권의 상실, 일시 정지 또는 일부 제한과 친권자의 지정 등】 ① 제909조제4항부터 제6항까지의 규정에 따라 단독 친권자가 된 부 또는 모, 양부모(친양자의 양부모를 제외한다) 쌍방에게 다음 각 호의 어느 하나에 해당하는 사유가 있는 경우에는 제909조의2제1항 및 제3항부터 제5항까지의 규정을 준용한다. 다만, 제1호의3·제2호 및 제3호의 경우 새로 정하여진 친권자 또는 미성년후견인의 임무는 제한된 친권의 범위에 속하는 행위에 한정된다. (2014.10.15 개정)

1. 제924조에 따른 친권상실의 선고가 있는 경우
1의2. 제924조에 따른 친권 일시 정지의 선고가 있는 경우
1의3. 제924조의2에 따른 친권 일부 제한의 선고가 있는 경우
2. 제925조에 따른 대리권과 재산관리권 상실의 선고가 있는 경우
3. 제927조제1항에 따라 대리권과 재산관리권을 사퇴한 경우
4. 소재불명 등 친권을 행사할 수 없는 중대한 사유가 있는 경우

② 가정법원은 제1항에 따라 친권자가 지정되거나 미성년후견인이 선임된 후 단독 친권자이었던 부 또는 모, 양부모 일방 또는 쌍방에게 다음 각 호의 어느 하나에 해당하는 사유가 있는 경우에는 그 부모 일방 또는 쌍방, 미성년자, 미성년자의 친족의 청구에 의하여 친권자를 새로 지정할 수 있다.

1. 제926조에 따라 실권의 회복이 선고된 경우
2. 제927조제2항에 따라 사퇴한 권리를 회복한 경우
3. 소재불명이던 부 또는 모가 발견되는 등 친권을

행사할 수 있게 된 경우
(2011.5.19 본조신설)
(본조개정 2014.10.15 : 2015.10.16 시행)

第5章 後 見

第1節 미성년후견과 성년후견

제1관 후견인

제928조【미성년자에 대한 후견의 개시】 미성년자에게 친권자가 없거나 친권자가 제924조, 제924조의2, 제925조 또는 제927조제1항에 따라 친권의 전부 또는 일부를 행사할 수 없는 경우에는 미성년후견인을 두어야 한다.
(본조개정 2014.10.15 : 2015.10.16 시행)

■ 후견관계의 준거법(국사), 미성년자(4·826의2), 후견인선임신고등 가족관계80-82), 친권자(909·910·948), 친권의 상실 또는 사퇴(924·925·927), 후견인(931-937)

1. 친권자인 모가 행방을 감추어 장기간 소식이 없는 경우 친권자가 없는 경우인지 여부(적극) 친권자인 모가 비록 그 친권을 상실치 않았다 할지라도 어떤 사유에 의하여 일시적으로 피신한 것이 아니고 미성년자를 유기하고 다른 남자와 같이 야반도주하여 그 행방을 감추었으며 장기간 일편의 소식이 없어 그 귀래를 기하기 어려운 경우에는 민 928조에 소위 친권을 행사하는 자가 없는 때에 해당한다.(대판 1956.8.11, 4289민상289)

제929조【성년후견심판에 의한 후견의 개시】 가정법원의 성년후견개시심판이 있는 경우에는 그 심판을 받은 사람의 성년후견인을 두어야 한다.
(2011.3.7 본조개정)

■ 928, 성년후견개시심판(9), 한정후견개시심판(12), 후견인선임신고등 가족관계80-82), 후견인의 요건(930·937)

제930조【후견인의 수와 자격】 ① 미성년후견인의 수(數)는 한 명으로 한다.
② 성년후견인은 피성년후견인의 신상과 재산에 관한 모든 사정을 고려하여 여러 명을 둘 수 있다.
③ 법인도 성년후견인이 될 수 있다.
(2011.3.7 본조개정)

■ 928·931-936

제931조【유언에 의한 미성년후견인의 지정 등】
① 미성년자에게 친권을 행사하는 부모는 유언으로 미성년후견인을 지정할 수 있다. 다만, 법률행위의 대리권과 재산관리권이 없는 친권자는 그러하지 아니하다.
② 가정법원은 제1항에 따라 미성년후견인이 지정된 경우라도 미성년자의 복리를 위하여 필요하면 생존하는 부 또는 모, 미성년자의 청구에 의하여 후견을 종료하고 생존하는 부 또는 모를 친권자로 지정할 수 있다.
(2011.5.19 본조개정)

■ 932·936, 미성년자(4·826의2), 미성년자와 후견(928), 유언에 의한 후견인의 지정의 신고(가족관계82), 친권을 행사하는 부모(909·910·948), 대리권·관리권 없는 친권자(925·927①·928·948), 후견인의 요건(930·937), 후견인의 주의의무(956·681), 후견감독인에 관한 경과규정(부칙23)

제932조【미성년후견인의 선임】 ① 가정법원은 제931조에 따라 지정된 미성년후견인이 없는 경우에는 직권으로 또는 미성년자, 친족, 이해관계인, 검사, 지방자치단체의 장의 청구에 의하여 미성년후견인을 선임한다. 미성년후견인이 없게 된 경우에도 또한 같다.
② 가정법원은 제924조, 제924조의2 및 제925조에 따른 친권의 상실, 일시 정지, 일부 제한의 선고 또는 법률행위의 대리권이나 재산관리권 상실의 선고에 따라 미성년후견인을 선임할 필요가 있는 경우에는 직권으로 미성년후견인을 선임한다. (개정 2014.10.15 : 2015.10.16 시행)
③ 친권자가 대리권 및 재산관리권을 사퇴한 경우에는 지체 없이 가정법원에 미성년후견인의 선임을 청구하여야 한다.
(2011.3.7 본조개정)

■ 931, 혈족(768·770·935), 후견인의 요건(930·937), 후견개시의 신고(가족관계80), 후견인의 경질·사퇴·해임(936②·939·940, 가족관계81)

1. 직계혈족의 범위(구법관계) 민 932조의 직계혈족이라 함은 특히 부계직계혈족으로 제한한 바 없고, 또 이를 부계직계혈족에 한한다고 해석할 이유도 없으므로 직계혈족은 부계이거나 모계이거나 관계없다. 따라서 외조모가 백부보다 선순위 법정후견인이 된다.(대결 1982.1.19, 81스25)

第933條 (2011.3.7 본조삭제)

第934條 (2011.3.7 본조삭제)

第935條 (2011.3.7 본조삭제)

제936조【성년후견인의 선임】 ① 제929조에 따른 성년후견인은 가정법원이 직권으로 선임한다.
② 가정법원은 성년후견인이 사망, 결격, 그 밖의 사유로 없게 된 경우에도 직권으로 또는 피성년후견인, 친족, 이해관계인, 검사, 지방자치단체의 장의 청구에 의하여 성년후견인을 선임한다.
③ 가정법원은 성년후견인이 선임된 경우에도 필요하다고 인정하면 직권으로 또는 제2항의 청구권자나 성년후견인의 청구에 의하여 추가로 성년후견인을 선임할 수 있다.
④ 가정법원이 성년후견인을 선임할 때에는 피성년후견인의 의사를 존중하여야 하며, 그 밖에 피성년후견인의 건강, 생활관계, 재산상황, 성년후견인이 될 사람의 직업과 경험, 피성년후견인과의 이해관계의 유무(법인이 성년후견인이 될 때에는 사업의 종류와 내용, 법인이나 그 대표자와 피성년후견인 사이의 이해관계의 유무를 말한다) 등의 사정도 고려하여야 한다.
(2011.3.7 본조개정)

제937조【후견인의 결격사유】 다음 각 호의 어느 하나에 해당하는 자는 후견인이 되지 못한다.
1. 미성년자
2. 피성년후견인, 피한정후견인, 피특정후견인, 피임의후견인

3. 회생절차개시결정 또는 파산선고를 받은 자
4. 자격정지 이상의 형의 선고를 받고 그 형기(刑期) 중에 있는 사람
5. 법원에서 해임된 법정대리인
6. 법원에서 해임된 성년후견인, 한정후견인, 특정후견인, 임의후견인과 그 감독인
7. 행방이 불분명한 사람
8. 피후견인을 상대로 소송을 하였거나 하고 있는 사람
9. 제8호에서 정한 사람의 배우자와 직계혈족. 다만, 피후견인의 직계비속은 제외한다.

(2016.12.20 본조개정)

■ 본조의 준용(964), 미성년자(4·826의2), 피성년후견인·피한정후견인(9·12·부칙4), 회생·파산채무자(회생파산34·305), 자격정지 이상의 형(형41·43·44), 해임된 법정대리인(23·84·924·925·940·1053·1105)

제938조【후견인의 대리권 등】 ① 후견인은 피후견인의 법정대리인이 된다.

② 가정법원은 성년후견인이 제1항에 따라 가지는 법정대리권의 범위를 정할 수 있다.

③ 가정법원은 성년후견인이 피성년후견인의 신상에 관하여 결정할 수 있는 권한의 범위를 정할 수 있다.

④ 제2항 및 제3항에 따른 법정대리인의 권한의 범위가 적절하지 아니하게 된 경우에 가정법원은 본인, 배우자, 4촌 이내의 친족, 성년후견인, 성년후견감독인, 검사 또는 지방자치단체의 장의 청구에 의하여 그 범위를 변경할 수 있다.

(2011.3.7 본조개정)

■ 친권자인 경우(911·916·920), 친권자가 관리권 없는 경우의 후견인의 권한(946), 후견인의 관리권 없는 재산(918), 미성년자와 재산의 자유처분(6·8), 재산관리등(681·923·949·951·955·956), 복대리(122·123), 후견의 종료와 관리의 계산(957-959), 이해상반행위와 대리권의 제한(921), 법정대리권과 동의권의 제한(950), 영업의 대리(상8), 근로계약과 대리금지(근로67·68), 피후견인의 신분행위와 후견인(863·869·885), 소송과 법정대리(민소55·56)

1. 후견인의 피후견인인 미성년자의 재산에 관한 처분행위 미성년자의 법정대리인의 법률행위는 미성년자를 위하여 한 행위로 추정되므로 후견인의 피후견인 재산에 관한 처분행위는 피후견인인 미성년자를 대리하여 한 행위로서 미성년자에 대하여 그 효과가 발생한다.(대판 1994.4.29, 94다1302)

2. 소 제기 이후 성년후견이 개시되어 피성년후견인이 소송능력을 상실한 경우, 소송절차에서 당사자는 여전히 피성년후견인인지 여부(적극) **및 성년후견인은 피성년후견인의 법정대리인으로서 소송절차를 수계하는 것인지 여부**(적극) 성년후견이 개시되면 후견인은 피후견인의 법정대리인이 되고(민 938조 1항), 그 재산에 관한 법률행위에 대하여 피후견인을 대리하며(민 949조 1항), 피성년후견인은 법정대리인에 의하여서만 소송행위를 할 수 있다(민소 55조 1항 본문). 한편 소 제기 이후 성년후견이 개시되어 피성년후견인이 소송능력을 상실한 경우 소송절차는 중단되나, 성년후견인이 법정대리인으로 소송절차를 수계하게 된다(민소 235조). 이러한 경우 소송절차에서 당사자는 여전히 피성년후견인이고, 성년후견인은 피성년후견인의 법정대리인으로서 소송절차를 수계하는 것이지 당사자적격을 가지게 되는 것은 아니다.(대판 2017.6.19, 2017다212569)

제939조【후견인의 사임】 후견인은 정당한 사유가 있는 경우에는 가정법원의 허가를 받아 사임할 수 있다. 이 경우 그 후견인은 사임청구와 동시에 가정법원에 새로운 후견인의 선임을 청구하여야 한다.

(2011.3.7 본조개정)

■ 936②, 법원의 허가(가소2①라ii·44), 후견인경질과 신고(가족관계81), 친권자대리권·관리권의 사퇴(927①)

제940조【후견인의 변경】 가정법원은 피후견인의 복리를 위하여 후견인을 변경할 필요가 있다고 인정하면 직권으로 또는 피후견인, 친족, 후견감독인, 검사, 지방자치단체의 장의 청구에 의하여 후견인을 변경할 수 있다. (2011.3.7 본조개정)

■ 936②·937, 후견인의 변경(가소2①ii라·44), 후견인의 경질과 신고(가족관계81), 친권·대리권·관리권의 상실선고(924·925)

1. 후견인의 해임사유(구법관계) 취소사유가 있는 친족회의 결의라도 취소되지 않고 존속하는 한 그 결의에 따라 가대를 매각한 후견인의 행위가 본조의 어느 후견인 해임 사유에도 해당한다고 할 수 없다.(대결 1971.2.20, 71스2)

2. 후견인을 해임하고 선임하는 재판에서 고려할 사항 가사비송사건, 특히 미성년자의 후견인을 해임하고 선임하는 재판을 함에 있어서는 그 재판이 미성년자의 이익에 직결되는 것이므로 이를 심리하는 법원은 무엇이 미성년자의 이익에 가장 도움이 되는가를 신중히 판단하여야 하고 그와 같은 판단을 하기 위하여서는 사전에 직권에 의하여 충분한 증거조사를 함으로써 성인들간의 재산 기타 이해관계를 둘러싼 분쟁에서 미성년자가 불측의 피해를 입는 일이 없도록 법원의 후견적 임무를 다하여야 한다.(대결 1992.3.25, 91스11)

3. 민 940조에서 성년후견인 변경요건으로 정한 '피성년후견인의 복리를 위하여 후견인을 변경할 필요가 있다고 인정되는 경우'의 의미 성년후견제도의 도입 취지 및 목적, 성년후견인의 임무와 범위, 가정법원의 감독권한 등을 종합하면 성년후견인의 변경사유인 '피성년후견인의 복리를 위하여 후견인을 변경할 필요가 있다고 인정되는 경우'는 가정법원이 성년후견인의 임무수행을 전체적으로 살펴보았을 때 선량한 관리자로서의 주의의무를 게을리하여 후견인으로서 그 임무를 수행하는 데 적당하지 않은 사유가 있는 경우로서 그 부적당한 점으로 피후견인의 복리에 영향이 있는 경우라고 봄이 상당하다. 성년후견인 변경사유를 판단함에 있어서는 특별한 사정이 없는 한 재산관리와 신상보호의 양 업무의 측면을 모두 고려하여야 한다.(대결 2021.2.4, 2020스647)

제2관 후견감독인
(2011.3.7 신설)

제940조의2【미성년후견감독인의 지정】 미성년후견인을 지정할 수 있는 사람은 유언으로 미성년후견감독인을 지정할 수 있다.

(2011.3.7 본조신설)

제940조의3【미성년후견감독인의 선임】 ① 가정법원은 제940조의2에 따라 지정된 미성년후견감독인이 없는 경우에 필요하다고 인정하면 직권으로 또는 미성년자, 친족, 미성년후견인, 검사, 지방자치단체의 장의 청구에 의하여 미성년후견감독인을 선임할 수 있다.

② 가정법원은 미성년후견감독인이 사망, 결격, 그 밖의 사유로 없게 된 경우에는 직권으로 또는 미성년자, 친족, 미성년후견인, 검사, 지방자치단체의 장의 청구에 의하여 미성년후견감독인을 선임한다.

(2011.3.7 본조신설)

제940조의4【성년후견감독인의 선임】 ① 가정법원은 필요하다고 인정하면 직권으로 또는 피성년후견인, 친족, 성년후견인, 검사, 지방자치단체의 장의 청구에 의하여 성년후견감독인을 선임할 수 있다.
② 가정법원은 성년후견감독인이 사망, 결격, 그 밖의 사유로 없게 된 경우에는 직권으로 또는 피성년후견인, 친족, 성년후견인, 검사, 지방자치단체의 장의 청구에 의하여 성년후견감독인을 선임한다.
(2011.3.7 본조신설)

제940조의5【후견감독인의 결격사유】 제779조에 따른 후견인의 가족은 후견감독인이 될 수 없다.
(2011.3.7 본조신설)

제940조의6【후견감독인의 직무】 ① 후견감독인은 후견인의 사무를 감독하며, 후견인이 없는 경우 지체 없이 가정법원에 후견인의 선임을 청구하여야 한다.
② 후견감독인은 피후견인의 신상이나 재산에 대하여 급박한 사정이 있는 경우 그의 보호를 위하여 필요한 행위 또는 처분을 할 수 있다.
③ 후견인과 피후견인 사이에 이해가 상반되는 행위에 관하여는 후견감독인이 피후견인을 대리한다.
(2011.3.7 본조신설)

제940조의7【위임 및 후견인 규정의 준용】 후견감독인에 대하여는 제681조, 제691조, 제692조, 제930조제2항·제3항, 제936조제3항·제4항, 제937조, 제939조, 제940조, 제947조의2제3항부터 제5항까지, 제949조의2, 제955조 및 제955조의2를 준용한다.
(2011.3.7 본조신설)

제3관 후견인의 임무
(2011.3.7 신설)

제941조【재산조사와 목록작성】 ① 후견인은 지체 없이 피후견인의 재산을 조사하여 2개월 내에 그 목록을 작성하여야 한다. 다만, 정당한 사유가 있는 경우에는 법원의 허가를 받아 그 기간을 연장할 수 있다.
② 후견감독인이 있는 경우 제1항에 따른 재산조사와 목록작성은 후견감독인의 참여가 없으면 효력이 없다.
(2011.3.7 본조개정)

■ 944, 기간연장허가(가소2①ⅱ라·44), 본조의 준용(948②), 피후견인의 신상에 관한 권한(947·948), 재산에 관한 권한(949이하), 목록작성전의 후견인의 권한(943), 후견의 계산(957이하)

제942조【후견인의 채권·채무의 제시】 ① 후견인과 피후견인 사이에 채권·채무의 관계가 있고 후견감독인이 있는 경우에는 후견인은 재산목록의 작성을 완료하기 전에 그 내용을 후견감독인에게 제시하여야 한다.
② 후견인이 피후견인에 대한 채권이 있음을 알고도 제1항에 따른 제시를 게을리한 경우에는 그 채권을 포기한 것으로 본다.
(2011.3.7 본조개정)

■ 941·944·948②

第943條【目錄作成前의 權限】 後見人은 財産調査와 目錄作成을 完了하기까지는 緊急 必要한 境遇가 아니면 그 財産에 關한 權限을 行使하지 못한다. 그러나 이로써 善意의 第三者에게 對抗하지 못한다.

■ 941·944·948②

1. 재산목록 작성 전의 후견인의 권한 후견인은 후견개시원인사실이 발생한 때부터 당연히 피후견인에 대한 재산관리권과 법률행위대리권을 가지게 되나, 민 943조에 의하면 후견인은 재산조사와 목록작성을 완료하기까지는 긴급 필요한 경우가 아니면 그 재산에 관한 권한을 행사하지 못한다고 규정하고 있는바, 이는 재산목록의 작성이 끝날 때까지 후견인의 권한 행사를 제한하는 규정으로서 이에 위반한 후견인의 행위는 무권대리 행위에 해당하고, 위 조문에서의 긴급 필요한 경우란 재산목록의 작성 전에 이를 하지 않으면 피후견인의 신상 또는 재산에 관하여 후일 이를 회복하기 어려운 불이익을 가져오게 할 경우를 말한다.(대판 1997.11.28, 97도1368)

第944條【被後見人이 取得한 包括的 財産의 調査 等】 前3條의 規定은 後見人의 就任後에 被後見人이 包括的 財産을 取得한 境遇에 準用한다.

■ 948②, 포괄적 재산의 취득(1005·1078)

제945조【미성년자의 신분에 관한 후견인의 권리·의무】 미성년후견인은 제913조 및 제914조에서 규정한 사항에 관하여는 친권자와 동일한 권리와 의무가 있다. 다만, 다음 각 호의 어느 하나에 해당하는 경우에는 미성년후견감독인이 있으면 그의 동의를 받아야 한다.

1. 친권자가 정한 교육방법, 양육방법 또는 거소를 변경하는 경우
2. (2021.1.26 삭제)
3. 친권자가 허락한 영업을 취소하거나 제한하는 경우

(2021.1.26 본조개정)

■ 948②, 교양(913), 거소지정(914), 징계권(915), 감화 또는 교정기관에의 위탁(소년4·32), 후견인과 영업허가(950), 재산관리에 限한 후견(946)

제946조【친권 중 일부에 한정된 후견】 미성년자의 친권자가 제924조의2, 제925조 또는 제927조제1항에 따라 친권 중 일부에 한정하여 행사할 수 없는 경우에 미성년후견인의 임무는 제한된 친권의 범위에 속하는 행위에 한정된다.
(본조개정 2014.10.15 : 2015.10.16 시행)

■ 친권을 행사할 수 없는 경우(924·925·927·928), 재산에 관한 권한(949이하)

제947조【피성년후견인의 복리와 의사존중】 성년후견인은 피성년후견인의 재산관리와 신상보호를 할 때 여러 사정을 고려하여 그의 복리에 부합하는 방법으로 사무를 처리하여야 한다. 이 경우 성년후견인은 피성년후견인의 복리에 반하지 아니하면 피성년후견인의 의사를 존중하여야 한다.
(2011.3.7 본조개정)

■ [1] 피성년후견인와 성년후견개시(9·929), 요양·감호의 비용(687·688), [2] 법원의 허가(가소2①ⅱ라·44, 가소규32－38)

第4編 親族

제947조의2【피성년후견인의 신상결정 등】 ① 피성년후견인은 자신의 신상에 관하여 그의 상태가 허락하는 범위에서 단독으로 결정한다.
② 성년후견인이 피성년후견인을 치료 등의 목적으로 정신병원이나 그 밖의 다른 장소에 격리하려는 경우에는 가정법원의 허가를 받아야 한다.
③ 피성년후견인의 신체를 침해하는 의료행위에 대하여 피성년후견인이 동의할 수 없는 경우에는 성년후견인이 그를 대신하여 동의할 수 있다.
④ 제3항의 경우 피성년후견인이 의료행위의 직접적인 결과로 사망하거나 상당한 장애를 입을 위험이 있을 때에는 가정법원의 허가를 받아야 한다. 다만, 허가절차로 의료행위가 지체되어 피성년후견인의 생명에 위험을 초래하거나 심신상의 중대한 장애를 초래할 때에는 사후에 허가를 청구할 수 있다.
⑤ 성년후견인이 피성년후견인을 대리하여 피성년후견인이 거주하고 있는 건물 또는 그 대지에 대하여 매도, 임대, 전세권 설정, 저당권 설정, 임대차의 해지, 전세권의 소멸, 그 밖에 이에 준하는 행위를 하는 경우에는 가정법원의 허가를 받아야 한다.
(2011.3.7 본조신설)

제948조【미성년자의 친권의 대행】 ① 미성년후견인은 미성년자를 갈음하여 미성년자의 자녀에 대한 친권을 행사한다.
② 제1항의 친권행사에는 미성년후견인의 임무에 관한 규정을 준용한다.
(2011.3.7 본조개정)

▣ 미성년자와 친권(4·5·909①②③), 미성년자의 혼인과 성년(826의2), 친권자의 자의 친권대행(910), 친권의 효력(913이하), 후견인의 임무(941－945·950－955)

第949條【財産管理權과 代理權】 ① 後見人은 被後見人의 財産을 管理하고 그 財産에 關한 法律行爲에 對하여 被後見人을 代理한다.
② 第920條 但書의 規定은 前項의 法律行爲에 準用한다.

▣ [1] 946·950－959, 친권자의 재산관리권·대리권(916·920), 후견인의 관리권 없는 재산(918·956), 미성년자와 재산의 자유처분(6·8②), 동의권(5－8), 재산관리와 주의의무(956·681), 복대리(122·123), 영업의 대리(상8), 피후견인의 신분행위와 후견인(863·869·885), 소송과 법정대리(민소55·56)

제949조의2【성년후견인이 여러 명인 경우 권한의 행사 등】 ① 가정법원은 직권으로 여러 명의 성년후견인이 공동으로 또는 사무를 분장하여 그 권한을 행사하도록 정할 수 있다.
② 가정법원은 직권으로 제1항에 따른 결정을 변경하거나 취소할 수 있다.
③ 여러 명의 성년후견인이 공동으로 권한을 행사하여야 하는 경우에 어느 성년후견인이 피성년후견인의 이익이 침해될 우려가 있음에도 법률행위의 대리 등 필요한 권한행사에 협력하지 아니할 때에는 가정법원은 피성년후견인, 성년후견인, 후견감독인 또는 이해관계인의 청구에 의하여 그 성년후견인의 의사표시를 갈음하는 재판을 할 수 있다.
(2011.3.7 본조신설)

제949조의3【이해상반행위】 후견인에 대하여는 제921조를 준용한다. 다만, 후견감독인이 있는 경우에는 그러하지 아니하다.
(2011.3.7 본조신설)

제950조【후견감독인의 동의를 필요로 하는 행위】 ① 후견인이 피후견인을 대리하여 다음 각 호의 어느 하나에 해당하는 행위를 하거나 미성년자의 다음 각 호의 어느 하나에 해당하는 행위에 동의를 할 때는 후견감독인이 있으면 그의 동의를 받아야 한다.
1. 영업에 관한 행위
2. 금전을 빌리는 행위
3. 의무만을 부담하는 행위
4. 부동산 또는 중요한 재산에 관한 권리의 득실변경을 목적으로 하는 행위
5. 소송행위
6. 상속의 승인, 한정승인 또는 포기 및 상속재산의 분할에 관한 협의

② 후견감독인의 동의가 필요한 행위에 대하여 후견감독인이 피후견인의 이익이 침해될 우려가 있음에도 동의를 하지 아니하는 경우에는 가정법원은 후견인의 청구에 의하여 후견감독인의 동의를 갈음하는 허가를 할 수 있다.
③ 후견감독인의 동의가 필요한 법률행위를 후견인이 후견감독인의 동의 없이 하였을 때에는 피후견인 또는 후견감독인이 그 행위를 취소할 수 있다.
(2011.3.7 본조개정)

▣ 948, [1] 후견인의 대리권·동의권(5·8·938·949), 영업을 하거나 또는 동의하는 일(946·8, 상6·8), 차재·보증(428－448, 어30－32·77③, 수25－27), 부동산(99①), 동산(99②), 소송행위(민소56), [2] 취소(141－146), 취소최고권(15)

1. 법정대리에 민 126조 표현대리가 적용되는지 여부(적극) **및 친족회 동의 없이 한 후견인 행위 취소권 행사 기간**(구법관계) ① 민 126조 소정의 권한을 넘는 표현대리 규정은 거래의 안전을 도모하여 거래상대방의 이익을 보호하려는 데에 그 취지가 있으므로 법정대리라고 하여 임의대리와는 달리 그 적용이 없다고 할 수 없고, 따라서 한정치산자의 후견인이 친족회의 동의를 얻지 않고 피후견인의 부동산을 처분하는 행위를 한 경우에도 상대방이 친족회의 동의가 있다고 믿은 데에 정당한 사유가 있는 때에는 본인인 한정치산자에게 그 효력이 미친다. ② 한정치산자의 후견인이 친족회의 동의 없이 피후견인인 한정치산자의 부동산을 처분한 경우에 발생하는 취소권은 민 146조에 의하여 추인할 수 있는 날로부터 3년 내에, 법률행위를 한 날로부터 10년 내에 행사하여야 하지만, 여기에서 '추인할 수 있는 날'이라 함은 취소의 원인이 종료한 후를 의미하므로, 피후견인이 스스로 법률행위를 취소함에 있어서는 한정치산선고가 취소되어 피후견인이 능력자로 복귀한 날로부터 3년 내에 그 취소권을 행사하여야 한다.(대판 1997.6.27, 97다3828)

2. 친족회 동의 없이 제기한 소의 효력(구법관계) 한정치산자의 후견인이 한정치산자의 이름으로 소송을 제기하는 등의 소송행위를 함에는 친족회의 동의를 얻어야 하며 친족회의 동의를 얻지 아니한 채 제소하여 사실심의 변론종결시까지 그 동의가 보정되지 아니하였다면 그 제소 등 일련의 소송행위는 그에 필요한 수권이 흠결된 법정대리인에 의한 것으로서 절차

적 안정이 요구되는 소송행위의 성격상 민 950조 2항의 규정에도 불구하고 무효이다.(대판 2001.7.27, 2001다5937)

3. 친족회 동의 없이 한 행위에 대한 취소권을 채권자가 대위행사할 수 있는지 여부(소극)(구법관계) 후견인이 민 950조 1항 각호의 행위를 하면서 친족회의 동의를 얻지 아니한 경우, 2항의 규정에 의하여 피후견인 또는 친족회가 그 후견인의 행위를 취소할 수 있는 권리(취소권)는 행사상의 일신전속권이므로 채권자대위권의 목적이 될 수 없다.(대판 1996.5.31, 94다35985)

4. 친족회 동의 없이 한 행위에 대한 취소권 행사 방법(구법관계) 미성년자 또는 친족회가 민 950조 2항에 따라 1항의 규정에 위반한 법률행위를 취소할 수 있는 권리는 형성권으로서 민 146조에 규정된 취소권의 존속기간은 제척기간이라고 보아야 하지만, 그 제척기간 내에 소를 제기하는 방법으로 권리를 재판상 행사하여야만 되는 것은 아니고, 재판 외에서 의사표시를 하는 방법으로도 권리를 행사할 수 있다.(대판 1993.7.27, 92다52795)

5. 부재자 재산관리인과 후견인의 권한 범위 부동산 소유권 이전등기 말소등기절차 이행청구나 인도청구는 보전행위에 불과한 것이므로 법원에 의하여 선임된 부재자재산관리인은 법원의 허가없이 이를 할 수 있고 본법 950조 소정의 후견인의 권한범위와는 다르다 할 것이다.(대판 1964.7.23, 64다108)

제951조【피후견인의 재산 등의 양수에 대한 취소】 ① 후견인이 피후견인에 대한 제3자의 권리를 양수(讓受)하는 경우에는 피후견인은 이를 취소할 수 있다.
② 제1항에 따른 권리의 양수의 경우 후견감독인이 있으면 후견인은 후견감독인의 동의를 받아야 하고, 후견감독인의 동의가 없는 경우에는 피후견인 또는 후견감독인이 이를 취소할 수 있다.
(2011.3.7 본조개정)

■ 948①·952, 취소(141－146), 후견인의 취소 최고권(15)

제952조【상대방의 추인 여부 최고】 제950조 및 제951조의 경우에는 제15조를 준용한다.
(2011.3.7 본조개정)

제953조【후견감독인의 후견사무의 감독】 후견감독인은 언제든지 후견인에게 그의 임무 수행에 관한 보고와 재산목록의 제출을 요구할 수 있고 피후견인의 재산상황을 조사할 수 있다.
(2011.3.7 본조개정)

■ 949, 수임인의 보고의무(683), 부재자의 재산관리(22①·24③), 재산목록(941)

제954조【가정법원의 후견사무에 관한 처분】 가정법원은 직권으로 또는 피후견인, 후견감독인, 제777조에 따른 친족, 그 밖의 이해관계인, 검사, 지방자치단체의 장의 청구에 의하여 피후견인의 재산상황을 조사하고, 후견인에게 재산관리 등 후견임무 수행에 관하여 필요한 처분을 명할 수 있다.
(2011.3.7 본조개정)

■ 949·953, 부재자의 재산관리(22·24), 법원의 처분(가소2①)

第955條【後見人에 對한 報酬】 法院은 後見人의 請求에 依하여 被後見人의 財産狀態 其他 事情을 參酌하여 被後見人의 財産 中에서 相當한 報酬를 後見人에게 授與할 수 있다.

■ 949, 후견인에 대한 보수의 수여(가소2①·44), 수임인의 보수청구 686①), 부재자 재산관리인의 보수(26②)

제955조의2【지출금액의 예정과 사무비용】 후견인이 후견사무를 수행하는 데 필요한 비용은 피후견인의 재산 중에서 지출한다.
(2011.3.7 본조신설)

第956條【委任과 親權의 規定의 準用】 第681條 및 第918條의 規定은 後見人에게 이를 準用한다.

제4관 후견의 종료
(2011.3.7 신설)

제957조【후견사무의 종료와 관리의 계산】 ① 후견인의 임무가 종료된 때에는 후견인 또는 그 상속인은 1개월 내에 피후견인의 재산에 관한 계산을 하여야 한다. 다만, 정당한 사유가 있는 경우에는 법원의 허가를 받아 그 기간을 연장할 수 있다.
② 제1항의 계산은 후견감독인이 있는 경우에는 그가 참여하지 아니하면 효력이 없다.
(2011.3.7 본조개정)

■ 친권자의 관리의 계산(923), 관리의 계산(958·959), 상속인·승계인(1000이하), 후견종료와 신고(가족관계83), 후견인경질의 신고(가족관계81), 법원의 허가(가소2①·44)

第958條【利子의 附加와 金錢消費에 對한 責任】 ① 後見人이 被後見人에게 支給할 金額이나 被後見人이 後見人에게 支給할 金額에는 計算終了의 날로부터 利子를 附加하여야 한다.
② 後見人이 自己를 爲하여 被後見人의 金錢을 消費한 때에는 그 消費한 날로부터 利子를 附加하고 被後見人에게 損害가 있으면 이를 賠償하여야 한다.

■ 957, 수임인의 금전소비의 책임(685), 이자(379), 후견인의 선관의무(681·956)

第959條【委任規定의 準用】 第691條, 第692條의 規定은 後見의 終了에 이를 準用한다.

■ 919

제2절 한정후견과 특정후견
(2011.3.7 신설)

제959조의2【한정후견의 개시】 가정법원의 한정후견개시의 심판이 있는 경우에는 그 심판을 받은 사람의 한정후견인을 두어야 한다.
(2011.3.7 본조신설)

제959조의3【한정후견인의 선임 등】 ① 제959조의2에 따른 한정후견인은 가정법원이 직권으로 선임한다.
② 한정후견인에 대하여는 제930조제2항·제3항, 제936조제2항부터 제4항까지, 제937조, 제939조, 제940조 및 제949조의3을 준용한다.
(2011.3.7 본조신설)

제959조의4【한정후견인의 대리권 등】 ① 가정법원은 한정후견인에게 대리권을 수여하는 심판을 할 수 있다.
② 한정후견인의 대리권 등에 관하여는 제938조제3항 및 제4항을 준용한다.

(2011.3.7 본조신설)

제959조의5 【한정후견감독인】 ① 가정법원은 필요하다고 인정하면 직권으로 또는 피한정후견인, 친족, 한정후견인, 검사, 지방자치단체의 장의 청구에 의하여 한정후견감독인을 선임할 수 있다.

② 한정후견감독인에 대하여는 제681조, 제691조, 제692조, 제930조제2항·제3항, 제936조제3항·제4항, 제937조, 제939조, 제940조, 제940조의3제2항, 제940조의5, 제940조의6, 제947조의2제3항부터 제5항까지, 제949조의2, 제955조 및 제955조의2를 준용한다. 이 경우 제940조의6제3항 중 "피후견인을 대리한다"는 "피한정후견인을 대리하거나 피한정후견인이 그 행위를 하는 데 동의한다"로 본다.

(2011.3.7 본조신설)

제959조의6 【한정후견사무】 한정후견의 사무에 관하여는 제681조, 제920조 단서, 제947조, 제947조의2, 제949조, 제949조의2, 제949조의3, 제950조부터 제955까지 및 제955조의2를 준용한다.

(2011.3.7 본조신설)

제959조의7 【한정후견인의 임무의 종료 등】 한정후견인의 임무가 종료한 경우에 관하여는 제691조, 제692조, 제957조 및 제958조를 준용한다.

(2011.3.7 본조신설)

제959조의8 【특정후견에 따른 보호조치】 가정법원은 피특정후견인의 후원을 위하여 필요한 처분을 명할 수 있다.

(2011.3.7 본조신설)

제959조의9 【특정후견인의 선임 등】 ① 가정법원은 제959조의8에 따른 처분으로 피특정후견인을 후원하거나 대리하기 위한 특정후견인을 선임할 수 있다.

② 특정후견인에 대하여는 제930조제2항·제3항, 제936조제2항부터 제4항까지, 제937조, 제939조 및 제940조를 준용한다.

(2011.3.7 본조신설)

제959조의10 【특정후견감독인】 ① 가정법원은 필요하다고 인정하면 직권으로 또는 피특정후견인, 친족, 특정후견인, 검사, 지방자치단체의 장의 청구에 의하여 특정후견감독인을 선임할 수 있다.

② 특정후견감독인에 대하여는 제681조, 제691조, 제692조, 제930조제2항·제3항, 제936조제3항·제4항, 제937조, 제939조, 제940조, 제940조의5, 제940조의6, 제949조의2, 제955조 및 제955조의2를 준용한다.

(2011.3.7 본조신설)

제959조의11 【특정후견인의 대리권】 ① 피특정후견인의 후원을 위하여 필요하다고 인정하면 가정법원은 기간이나 범위를 정하여 특정후견인에게 대리권을 수여하는 심판을 할 수 있다.

② 제1항의 경우 가정법원은 특정후견인의 대리권 행사에 가정법원이나 특정후견감독인의 동의를 받도록 명할 수 있다.

(2011.3.7 본조신설)

제959조의12 【특정후견사무】 특정후견의 사무에 관하여는 제681조, 제920조 단서, 제947조, 제949조의2, 제953조부터 제955조까지 및 제955조의2를 준용한다.

(2011.3.7 본조신설)

제959조의13 【특정후견인의 임무의 종료 등】 특정후견인의 임무가 종료한 경우에 관하여는 제691조, 제692조, 제957조 및 제958조를 준용한다.

(2011.3.7 본조신설)

제3절 후견계약 (2011.3.7 신설)

제959조의14 【후견계약의 의의와 체결방법 등】 ① 후견계약은 질병, 장애, 노령, 그 밖의 사유로 인한 정신적 제약으로 사무를 처리할 능력이 부족한 상황에 있거나 부족하게 될 상황에 대비하여 자신의 재산관리 및 신상보호에 관한 사무의 전부 또는 일부를 다른 자에게 위탁하고 그 위탁사무에 관하여 대리권을 수여하는 것을 내용으로 한다.

② 후견계약은 공정증서로 체결하여야 한다.

③ 후견계약은 가정법원이 임의후견감독인을 선임한 때부터 효력이 발생한다.

④ 가정법원, 임의후견인, 임의후견감독인 등은 후견계약을 이행·운영할 때 본인의 의사를 최대한 존중하여야 한다.

(2011.3.7 본조신설)

제959조의15 【임의후견감독인의 선임】 ① 가정법원은 후견계약이 등기되어 있고, 본인이 사무를 처리할 능력이 부족한 상황에 있다고 인정할 때에는 본인, 배우자, 4촌 이내의 친족, 임의후견인, 검사 또는 지방자치단체의 장의 청구에 의하여 임의후견감독인을 선임한다.

② 제1항의 경우 본인이 아닌 자의 청구에 의하여 가정법원이 임의후견감독인을 선임할 때에는 미리 본인의 동의를 받아야 한다. 다만, 본인이 의사를 표시할 수 없는 때에는 그러하지 아니하다.

③ 가정법원은 임의후견감독인이 없게 된 경우에는 직권으로 또는 본인, 친족, 임의후견인, 검사 또는 지방자치단체의 장의 청구에 의하여 임의후견감독인을 선임한다.

④ 가정법원은 임의후견임감독인이 선임된 경우에도 필요하다고 인정하면 직권으로 또는 제3항의 청구권자의 청구에 의하여 임의후견감독인을 추가로 선임할 수 있다.

⑤ 임의후견감독인에 대하여는 제940조의5를 준용한다.

(2011.3.7 본조신설)

제959조의16【임의후견감독인의 직무 등】 ① 임의후견감독인은 임의후견인의 사무를 감독하며 그 사무에 관하여 가정법원에 정기적으로 보고하여야 한다.
② 가정법원은 필요하다고 인정하면 임의후견감독인에게 감독사무에 관한 보고를 요구할 수 있고 임의후견인의 사무 또는 본인의 재산상황에 대한 조사를 명하거나 그 밖에 임의후견감독인의 직무에 관하여 필요한 처분을 명할 수 있다.
③ 임의후견감독인에 대하여는 제940조의6제2항・제3항, 제940조의7 및 제953조를 준용한다.
(2011.3.7 본조신설)

제959조의17【임의후견개시의 제한 등】 ① 임의후견인이 제937조 각 호에 해당하는 자 또는 그 밖에 현저한 비행을 하거나 후견계약에서 정한 임무에 적합하지 아니한 사유가 있는 자인 경우에는 가정법원은 임의후견감독인을 선임하지 아니한다.
② 임의후견감독인을 선임한 이후 임의후견인이 현저한 비행을 하거나 그 밖에 그 임무에 적합하지 아니한 사유가 있게 된 경우에는 가정법원은 임의후견감독인, 본인, 친족, 검사 또는 지방자치단체의 장의 청구에 의하여 임의후견인을 해임할 수 있다.
(2011.3.7 본조신설)

제959조의18【후견계약의 종료】 ① 임의후견감독인의 선임 전에는 본인 또는 임의후견인은 언제든지 공증인의 인증을 받은 서면으로 후견계약의 의사표시를 철회할 수 있다.
② 임의후견감독인의 선임 이후에는 본인 또는 임의후견인은 정당한 사유가 있는 때에만 가정법원의 허가를 받아 후견계약을 종료할 수 있다.
(2011.3.7 본조신설)

제959조의19【임의후견인의 대리권 소멸과 제3자와의 관계】 임의후견인의 대리권 소멸은 등기하지 아니하면 선의의 제3자에게 대항할 수 없다.
(2011.3.7 본조신설)

제959조의20【후견계약과 성년후견・한정후견・특정후견의 관계】 ① 후견계약이 등기되어 있는 경우에는 가정법원은 본인의 이익을 위하여 특별히 필요할 때에만 임의후견인 또는 임의후견감독인의 청구에 의하여 성년후견, 한정후견 또는 특정후견의 심판을 할 수 있다. 이 경우 후견계약은 본인이 성년후견 또는 한정후견 개시의 심판을 받은 때 종료된다.
② 본인이 피성년후견인, 피한정후견인 또는 피특정후견인인 경우에 가정법원은 임의후견감독인을 선임함에 있어서 종전의 성년후견, 한정후견 또는 특정후견의 종료 심판을 하여야 한다. 다만, 성년후견 또는 한정후견 조치의 계속이 본인의 이익을 위하여 특별히 필요하다고 인정하면 가정법원은 임의후견감독인을 선임하지 아니한다.
(2011.3.7 본조신설)

1. 민 959조의20 1항이 본인에 대해 한정후견개시심판 청구가 제기된 후 심판이 확정되기 전에 후견계약이 등기된 경우에도 적용되는지 여부(적극) **및 이때 가정법원은 본인의 이익을 위하여 특별히 필요하다고 인정할 때에만 한정후견개시심판을 할 수 있는지 여부**(적극) **/ '본인의 이익을 위하여 특별히 필요할 때'의 의미** 민 959조의20 1항에서 후견계약의 등기 시점에 특별한 제한을 두지 않고 있고, 같은 조 2항 본문이 본인에 대해 이미 한정후견이 개시된 경우에는 임의후견감독인을 선임하면서 종전 한정후견의 종료 심판을 하도록 한 점 등에 비추어 보면, 위 1항은 본인에 대해 한정후견개시심판 청구가 제기된 후 심판이 확정되기 전에 후견계약이 등기된 경우에도 적용이 있다고 보아야 하므로, 그와 같은 경우 가정법원은 본인의 이익을 위하여 특별히 필요하다고 인정할 때에만 한정후견개시심판을 할 수 있다. 그리고 위 규정에서 정하는 후견계약의 등기에 불구하고 한정후견 등의 심판을 할 수 있는 '본인의 이익을 위하여 특별히 필요할 때'란 후견계약의 내용, 후견계약에서 정한 임의후견인이 임무에 적합하지 아니한 사유가 있는지, 본인의 정신적 제약의 정도, 기타 후견계약과 본인을 둘러싼 제반 사정 등을 종합하여, 후견계약에 따른 후견이 본인의 보호에 충분하지 않아 법정후견에 의한 보호가 필요하다고 인정되는 경우를 말한다.(대결 2017.6.1, 2017스515)

2. 민 959조의20 1항이 본인에 대해 법정후견 개시심판 청구가 제기된 후 심판이 확정되기 전에 후견계약이 등기된 경우에도 적용되는지 여부(적극) **및 이때 가정법원은 본인의 이익을 위하여 특별히 필요하다고 인정할 때에만 법정후견 개시심판을 할 수 있는지 여부**(적극) 민 959조의20 1항이 1항에서 후견계약의 등기 시점을 특별히 제한하지 않고 2항 본문에서 본인에 대해 이미 법정후견이 개시된 경우에는 임의후견감독인을 선임하면서 종전 법정후견의 종료 심판을 하도록 한 점 등에 비추어 보면, 위 1항은 본인에 대해 법정후견 개시심판 청구가 제기된 후 심판이 확정되기 전에 후견계약이 등기된 경우에도 적용된다고 보아야 하고, 그 경우 가정법원은 본인의 이익을 위하여 특별히 필요하다고 인정할 때에만 법정후견 개시심판을 할 수 있다.(대결 2021.7.15, 2020으547)

3. 후견계약이 등기된 상태에서 본인의 이익을 위한 특별한 필요성이 인정되어 법정후견 심판을 한 경우, 후견계약이 임의후견감독인의 선임과 관계없이 본인이 성년후견 또는 한정후견 개시의 심판을 받은 때 종료하는지 여부(적극) 민 959조의20 1항 전문은 후견계약이 등기된 경우에는 본인의 이익을 위하여 특별히 필요한 때에만 법정후견 심판을 할 수 있다고 정하고 있을 뿐이고 임의후견감독인이 선임되어 있을 것을 요구하고 있지 않다. 또한 법정후견 청구권자로 '임의후견인 또는 임의후견감독인'을 정한 것은 임의후견에서 법정후견으로 원활하게 이행할 수 있도록 민 9조 1항, 12조 1항, 14조의2 1항에서 정한 법정후견 청구권자 외에 임의후견인 또는 임의후견감독인을 추가한 것이다. 민 959조의20 1항 후문의 '이 경우'는 같은 항 전문에 따라 법정후견 심판을 한 경우를 가리키므로, 후견계약이 등기된 경우 본인의 이익을 위한 특별한 필요성이 인정되어 민 9조 1항 등에서 정한 법정후견 청구권자, 임의후견인이나 임의후견감독인의 청구에 따라 법정후견 심판을 한 경우 후견계약은 임의후견감독인의 선임과 관계없이 본인이 성년후견 또는 한정후견 개시의 심판을 받은 때 종료한다고 보아야 한다.(대결 2021.7.15, 2020으547)

第6章 삭제 (2011.3.7)

第960條 (2011.3.7 삭제)
第961條 (2011.3.7 삭제)
第962條 (2011.3.7 삭제)

第963條 (2011.3.7 삭제)
第964條 (2011.3.7 삭제)
第965條 (2011.3.7 삭제)
第966條 (2011.3.7 삭제)
第967條 (2011.3.7 삭제)
第968條 (2011.3.7 삭제)
第969條 (2011.3.7 삭제)
第970條 (2011.3.7 삭제)
第971條 (2011.3.7 삭제)
第972條 (2011.3.7 삭제)
第973條 (2011.3.7 삭제)

第7章 扶 養

第974條【扶養義務】 다음 各號의 親族은 서로 扶養의 義務가 있다.
1. 直系血族 및 그 配偶者間
2. (1990.1.13 삭제)
3. 기타 친족간(생계를 같이 하는 경우에 한한다.)

■ 부양의무의 준거법(국사), 친족(767이하), 부양(976-979), 부양의무의 해태(905, 형271·275), 직계혈족 및 그 배우자(767-769), 부부간의 협조와 부양(826①), 부양의무와 생활능력(975)

1. 과거의 양육비 청구 (대결(全) 1994.5.13, 92스21) → 제837조 참조

2. 성년의 자에 대한 과거의 부양료의 구상청구를 가사비송사건으로 청구할 수 있는지 여부(적극) 청구인과 피청구인은 피부양자의 직계혈족으로서 그가 부양을 필요로 하는 경우에는 민 974조 1호, 975조의 규정에 의하여 부양의무를 부담하고, 민 976조, 977조는 부양을 할 자의 순위나 부양의 정도 또는 방법에 관하여 당사자 간에 협정이 없는 때에는 법원은 당사자의 청구에 의하여 이를 정한다고 규정하고, 978조는 이에 관한 당사자의 협정이나 법원의 판결이 있은 후 이에 관한 사정변경이 있는 때에는 법원은 당사자의 청구에 의하여 그 협정이나 판결을 취소 또는 변경할 수 있다고 규정하고 있으며, 가소 2조 1항 나. (2) 8호는 위 민법규정에 의한 법원의 처분을 마류 가사비송사건으로 정하여 가정법원의 전속관할로 하고 있으므로, 성년에 달한 자녀의 부양에 관한 사항은 위 가소법의 규정에 의한 가사비송사건에 해당하고, 과거의 부양료의 구상청구도 위 규정에 의하여 가사비송사건으로서 청구할 수 있다.(대결 1994.6.2, 93스11)

3. 정당한 이유 없이 동거를 거부하는 배우자에 대한 부양료 지급청구 민 826조 1항이 규정하고 있는 부부간의 동거·부양·협조의무는 정상적이고 원만한 부부관계의 유지를 위한 광범위한 협력의무를 구체적으로 표현한 것으로서 서로 독립된 별개의 의무가 아니므로, 부부의 일방이 정당한 이유 없이 동거를 거부함으로써 자신의 협력의무를 스스로 저버리고 있다면, 상대방의 동거청구가 권리의 남용에 해당하는 등의 특별한 사정이 없는 한, 상대방에게 부양료의 지급을 청구할 수 없다.(대판 1991.12.10, 91므245)

4. 혼인 외 출생자에 대한 부양의무자 혼인 외 출생자에 대한 부양의무는 부의 인지 전이면 생모에게, 인지 후에는 부와 생모에게 공동으로 그 의무가 있다.(대판 1979.1.23, 78다2023)

5. 부양의무의 내용 민 826조 1항에 규정된 부부간 상호부양의무는 혼인관계의 본질적 의무로서 부양을 받을 자의 생활을 부양의무자의 생활과 같은 정도로 보장하여 부부공동생활의 유지를 가능하게 하는 것을 내용으로 하는 제1차 부양의무이고, 반면 부모가 성년의 자녀에 대하여 직계혈족으로서 민 974조 1호, 975조에 따라 부담하는 부양의무는 부양의무자가 자기의 사회적 지위에 상응하는 생활을 하면서 생활에 여유가 있음을 전제로 하여 부양을 받을 자가 자력 또는 근로에 의하여 생활을 유지할 수 없는 경우에 한하여 그의 생활을 지원하는 것을 내용으로 하는 제2차 부양의무이다. 이러한 제1차 부양의무와 제2차 부양의무는 의무이행의 정도뿐만 아니라 의무이행의 순위도 의미하는 것이므로, 제2차 부양의무자는 제1차 부양의무자보다 후순위로 부양의무를 부담한다. 따라서 제1차 부양의무자와 제2차 부양의무자가 동시에 존재하는 경우에 제1차 부양의무자는 특별한 사정이 없는 한 제2차 부양의무자에 우선하여 부양의무를 부담하므로, 제2차 부양의무자가 부양받을 자를 부양한 경우에는 소요된 비용을 제1차 부양의무자에 대하여 상환청구할 수 있다.(대판 2012.12.27, 2011다96932)

6. 성년의 자녀가 부모를 상대로 부양료를 청구할 수 있는 경우 및 범위 / 통상적인 생활필요비라고 보기 어려운 유학비용의 충당을 위해 성년의 자녀가 부모를 상대로 부양료를 청구할 수 있는지 여부(원칙적 소극) 민 826조 1항에서 규정하는 미성년 자녀의 양육·교육 등을 포함한 부부간 상호부양의무는 혼인관계의 본질적 의무로서 부양을 받을 자의 생활을 부양의무자의 생활과 같은 정도로 보장하여 부부공동생활의 유지를 가능하게 하는 것을 내용으로 하는 제1차 부양의무이고, 반면 부모가 성년의 자녀에 대하여 직계혈족으로서 민 974조 1호, 975조에 따라 부담하는 부양의무는 부양의무자가 자기의 사회적 지위에 상응하는 생활을 하면서 생활에 여유가 있음을 전제로 하여 부양을 받을 자가 자력 또는 근로에 의하여 생활을 유지할 수 없는 경우에 한하여 그의 생활을 지원하는 것을 내용으로 하는 제2차 부양의무이다. 따라서 성년의 자녀는 요부양상태, 즉 객관적으로 보아 생활비 수요가 자기의 자력 또는 근로에 의하여 충당할 수 없는 곤궁한 상태인 경우에 한하여, 부모를 상대로 그 부모가 부양할 수 있을 한도 내에서 생활부조로서 생활필요비에 해당하는 부양료를 청구할 수 있을 뿐이다. 나아가 이러한 부양료는 부양을 받을 자의 생활정도와 부양의무자의 자력 기타 제반 사정을 참작하여 부양을 받을 자의 통상적인 생활에 필요한 비용의 범위로 한정됨이 원칙이므로, 특별한 사정이 없는 한 통상적인 생활필요비라고 보기 어려운 유학비용의 충당을 위해 성년의 자녀가 부모를 상대로 부양료를 청구할 수는 없다.(대결 2017.8.25, 2017스5)

第975條【扶養義務와 生活能力】 扶養의 義務는 扶養을 받을 者가 自己의 資力 또는 勤勞에 依하여 生活을 維持할 수 없는 境遇에 限하여 이를 履行할 責任이 있다.

第976條【扶養의 順位】 ① 扶養의 義務있는 者가 數人인 境遇에 扶養을 할 者의 順位에 關하여 當事者間에 協定이 없는 때에는 法院은 當事者의 請求에 依하여 이를 定한다. 扶養을 받을 權利者가 數人인 境遇에 扶養義務者의 資力이 그 全員을 扶養할 수 없는 때에도 같다.

② 前項의 境遇에 法院은 數人의 扶養義務者 또는 權利者를 選定할 수 있다.

■ 974, 부양 결정(가소2①, 46-48), 순서의 변경·취소(978)

第977條【扶養의 程度, 方法】 扶養의 程度 또는 方法에 關하여 當事者間에 協定이 없는 때에는 法院은 當事者의 請求에 依하여 扶養을 받을 者의 生活程度와 扶養義務者의 資力 其他 諸般事情을 參酌하여 이를 定한다.

■ 975, 부양에 관한 결정(가소2①, 46-48), 부양정도·방법의 변경(978)

1. 교육비의 부양료 해당여부(적극) 부양의 정도나 방법은 당사자간에 협정이 없는 한 부양을 받을 자의 생활정도와 부양의무자의 자력 기타 제반사정을 참작하여 정하게 되어 있는 바, 부양을 받을 자의 연령, 재능, 신분, 지위 등에 따른 교육을 받는데 필요한 비용도 부양료에 해당된다.(대판 1986.6.10, 86므46)

第978條【扶養關係의 變更 또는 取消】 扶養을 할 者 또는 扶養을 받을 者의 順位, 扶養의 程度 또는 方法에 關한 當事者의 協定이나 法院의 判決이 있은 後 이에 關한 事情變更이 있는 때에는 法院은 當事者의 請求에 依하여 그 協定이나 判決을 取消 또는 變更할 수 있다.

▣ 974-977, 부양관계의 변경・취소(가소2①, 46-48)

1. 부양에 관한 협정의 이행을 구하는 사건에서 법원이 임의로 협정 내용을 조절할 수 있는지 여부(소극) 부양권리자와 부양의무자 사이에 부양의 방법과 정도에 관하여 협정이 이루어지면 당사자 사이에 다시 협의에 의하여 이를 변경하거나, 법원의 심판에 의하여 위 협정이 변경, 취소되지 않는 한 부양의무자는 그 협정에 따른 의무를 이행하여야 하고, 법원이 그 협정을 변경, 취소하려면 그럴 만한 사정의 변경이 있어야 하므로, 부양권리자들이 위 협정의 이행을 구하는 사건에서 법원이 임의로 협정의 내용을 가감하여 부양의무자의 부양의무를 조절할 수는 없다.(대판 1992.3.31, 90므651, 668)

第979條【扶養請求權處分의 禁止】 扶養을 받을 權利는 이를 處分하지 못한다.

▣ 일신전속권과 채권양도(449①), 일신전속권과 상속(1005), 법률상의 부양료와 압류금지(민집246, 회생파산383①②), 압류금지채권과 상계(497), 부양의무자의 파산과 부양료(회생파산473・486・489)

第8章 삭제 (2005.3.31)

第1節 삭제 (2005.3.31)

第980條 (2005.3.31 삭제)

〔개정전〕 "**第980條【戶主承繼開始의 原因】** 戶主承繼는 다음 各號의 事由로 인하여 開始된다.(1990.1.13 본문개정)
1. 戶主가 死亡하거나 國籍을 喪失한 때
2. 養子인 戶主가 入養의 無效 또는 取消로 인하여 離籍된 때
3. 女戶主가 親家에 復籍하거나 婚姻으로 인하여 他家에 入籍한 때
4. (1990.1.13 삭제)"

第981條 (2005.3.31 삭제)

〔개정전〕 "**第981條【戶主承繼開始의 場所】** 戶主承繼는 被承繼人의 住所地에서 開始된다.(1990.1.13 본조개정)"

第982條 (2005.3.31 삭제)

〔개정전〕 "**第982條【戶主承繼回復의 訴】** ① 戶主承繼權이 僭稱戶主로 인하여 侵害된 때에는 承繼權者 또는 그 法定代理人은 戶主承繼回復의 訴를 提起할 수 있다.
② 前項의 戶主承繼回復請求權은 그 侵害를 안 날로부터 3年, 承繼가 開始된 날로부터 10年을 經過하면 消滅한다.
(1990.1.13 본조개정)"

第983條 (1990.1.13 삭제)

第2節 삭제 (2005.3.31)

第984條 (2005.3.31 삭제)

〔개정전〕 "**第984條【戶主承繼의 順位】** 戶主承繼에 있어서는 다음 順位로 承繼人이 된다.
1. 被承繼人의 直系卑屬男子
2. 被承繼人의 家族인 直系卑屬女子
3. 被承繼人의 妻
4. 被承繼人의 家族인 直系尊屬女子
5. 被承繼人의 家族인 直系卑屬의 妻
(1990.1.13 본조개정)"

第985條 (2005.3.31 삭제)

〔개정전〕 "**第985條【同前】** ① 前條의 規定에 의한 同順位의 直系卑屬이 數人인 때에는 最近親을 先順位로 하고 同親等의 直系卑屬중에서는 婚姻중의 出生子를 先順位로 한다.
② 前項의 規定에 의하여 順位同一한 者가 數人인 때에는 年長者를 先順位로 한다. 그러나 前條第5號에 該當한 直系卑屬의 妻가 數人인 때에는 그 夫의 順位에 의한다.
③ 養子는 入養한 때에 出生한 것으로 본다."

第986條 (2005.3.31 삭제)

〔개정전〕 "**第986條【同前】** 第984條第4號의 直系尊屬이 數人인 때에는 最近親을 先順位로 한다.

第987條 (2005.3.31 삭제)

〔개정전〕 "**第987條【戶主承繼權없는 生母】** 養子인 被承繼人의 生母나 被承繼人의 父와 婚姻關係없는 生母는 被承繼人의 家族인 경우에도 그 戶主承繼人이 되지 못한다. 그러나 被承繼人이 分家 또는 一家創立의 戶主인 때에는 그러하지 아니하다.
(1990.1.13 본조개정)"

第988條 (1990.1.13 삭제)

第989條 (2005.3.31 삭제)

〔개정전〕 "**第989條【婚姻外出生子의 承繼順位】** 第855條第2項의 規定에 의하여 婚姻중의 出生子가 된 者의 承繼順位에 관하여는 그 父母가 婚姻한 때에 出生한 것으로 본다.(1990.1.13 본조개정)"

第990條 (1990.1.13 삭제)

第991條 (2005.3.31 삭제)

〔개정전〕 "**第991條【戶主承繼權의 포기】** 戶主承繼權은 이를 포기할 수 있다.(1990.1.13 본조개정)"

第992條 (2005.3.31 삭제)

〔개정전〕 "**第992條【承繼人의 缺格事由】** 다음 各號에 해당한 者는 戶主承繼人이 되지 못한다.
1. 故意로 直系尊屬, 被承繼人, 그 配偶者 또는 戶主承繼의 先順位者를 殺害하거나 殺害하려한 者
2. 故意로 直系尊屬, 被承繼人과 그 配偶者에게 傷害를 加하여 死亡에 이르게 한 者
3.~5. (1990.1.13 삭제)
(1990.1.13 본조개정)"

第993條 (2005.3.31 삭제)

〔개정전〕 "**第993條【女戶主와 그 承繼人】** 女戶主의 死亡 또는 離籍으로 인한 戶主承繼에는 第984條의 規定에 의한 直系卑屬이나 直系尊屬이 있는 경우에도 그 直系卑屬이 그 家의 系統을 繼承할 血族이 아니면 戶主承繼人이 되지 못한다. 그러나 被承繼人이 分家 또는 一家를 創立한 女戶主인 경우에는 그러하지 아니하다.(1990.1.13 본조개정)

第994條 (2005.3.31 삭제)

〔개정전〕 "**第994條【承繼權爭訟과 財産管理에 관한 法院의 處分】** ① 承繼開始된 후 承繼權의 存否와 그 順位에 影響있는 爭訟이 法院에 繫屬된 때에는 法院은 被承繼人의 配偶者, 4寸이내의 親族 기타 利害關係人의 請求에 의하여 그 承繼財産의 管理에 필요한 處分을 하여야 한다.(1990.1.13 본항개정)
② 法院이 財産管理人을 選任한 경우에는 第24條 내지 第26條의 規定을 準用한다."

第3節 삭제 (2005.3.31)

第995條 (2005.3.31 삭제)

〔개정전〕 "**第995條【承繼와 權利義務의 承繼】** 戶主承繼人은 承繼가

開始된 때로부터 戶主의 權利義務를 承繼한다. 그러나 前戶主의 一身에 專屬한 것은 그러하지 아니하다.(1990.1.13 본조개정)"

第996條 (1990.1.13 삭제)

第5編 相 續

第1章 相 續

第1節 總 則

第997條【相續開始의 原因】 相續은 死亡으로 因하여 開始된다. (1990.1.13 본조개정)

▣ 상속의 준거법(국사), 실종(27－29, 부재자4), 사망·실종의 신고(가족관계84), 상속인(1000·1053), 상속의 효력(1005이하), 상속의 승인, 포기(1019이하)

1. 구 관습법상 여호주의 혼인이 호주상속 및 재산상속에 미치는 영향(구법관계) 구 관습법상 여호주가 혼인하면 호주상속 및 재산상속의 원인이 되고 이로써 여호주는 그 상속재산을 상실하게 된다.(대판 1991.12.10, 91다27808)

2. 민법 시행 후 여호주의 재혼의 효과(구법관계) 여호주가 민법시행전에 그 가적을 이탈한 사실이 없는 이상 민법 시행 후에는 여호주의 재혼은 호주상속의 원인에 불과하다.(대판 1970.1.27, 69다1954)

3. 사후입양이 재산상속 개시원인인지 여부(소극) 신민법상 사후입양으로 인하여 호주상속은 개시되지만 재산상속은 개시되지 않는다.(대판 1981.4.14, 80다1881, 1882)

第998條【相續開始의 場所】 相續은 被相續人의 住所地에서 開始한다.
(1990.1.13 본조개정)

▣ 상속개시지(민소22, 가소44)

第998條의2【相續費用】 相續에 관한 費用은 相續財産 중에서 支給한다.
(1990.1.13 본조신설)

1. 장례비용이 민 998조의2 소정의 상속에 관한 비용에 해당하는지 여부(적극) 상속에 관한 비용은 상속재산 중에서 지급하는 것이고, 상속에 관한 비용이라 함은 상속재산의 관리 및 청산에 필요한 비용을 의미하는바, 장례비용도 피상속인이나 상속인의 사회적 지위와 그 지역의 풍속 등에 비추어 합리적인 금액 범위 내라면 이를 상속비용으로 보아야 한다.(대판 2003.11.14, 2003다30968)

第999條【相續回復請求權】 ① 相續權이 僭稱相續權者로 인하여 침해된 때에는 相續權者 또는 그 法定代理人은 相續回復의 訴를 제기할 수 있다.
② 第1項의 相續回復請求權은 그 침해를 안 날부터 3年, 相續權의 침해행위가 있은 날부터 10년을 경과하면 消滅된다. (2002.1.14 본항개정)
(1990.1.13 본조개정)

▸상속회복청구권과 재산권 침해

1. 구 민 999조 2항 중 상속회복청구권의 행사기간을 상속개시일로부터 10년으로 제한한 것이 재산권 등을 침해하여 위헌인지 여부(적극) 상속회복청구권은 사망으로 인하여 포괄적인 권리의무의 승계가 이루어지는 상속에 즈음하여 참칭상속인에 의하여 진정상속인의 상속권이 침해되는 때가 적지 않음을 고려하여 진정상속인으로 하여금 참칭상속인을 배제하고 상속권의 내용을 실현할 수 있게 함으로써 진정상속인을 보호하기 위한 권리인바, 상속회복청구권에 대하여 상속 개시일부터 10년이라는 단기의 행사기간을 규정함으로 인하여, 위 기간이 경과된 후에는 진정한 상속인은 상속인으로서의 지위와 함께 상속에 의하여 승계한 개개의 권리의무도 총괄적으로 상실하여 참칭상속인을 상대로 재판상 그 권리를 주장할 수 없고, 오히려 그 반사적 효과로서 참칭상속인의 지위는 확정되어 참칭상속인이 상속개시의 시점으로부터 소급하여 상속인으로서의 지위를 취득하게 되므로, 이는 진정상속인의 권리를 심히 제한하여 오히려 참칭상속인을 보호하는 규정으로 기능하고 있어서, 기본권 제한의 한계를 넘어 헌법상 보장된 상속인의 재산권, 행복추구권, 재판청구권 등을 침해하고 평등원칙에 위배된다.(헌재 2001.7.19, 99헌바9 등)

2. 제정 민법이 시행되기 전에 존재하던 '상속회복청구권은 상속이 개시된 날부터 20년이 경과하면 소멸한다.'는 관습의 효력 제정 민법이 시행되기 전에 존재하던 관습 중 "상속회복청구권은 상속이 개시된 날부터 20년이 경과하면 소멸한다."는 내용의 관습은 이를 적용하게 되면 20년의 경과 후에 상속권침해가 있을 때에는 침해행위와 동시에 진정상속인은 권리를 잃고 구제를 받을 수 없는 결과가 되므로 소유권은 원래 소멸시효의 적용을 받지 않는다는 권리의 속성에 반할 뿐 아니라 진정상속인으로 하여금 참칭상속인에 의한 재산권침해를 사실상 방어할 수 없게 만드는 결과로 되어 불합리하고, 헌법을 최상위 규범으로 하는 법질서 전체의 이념에도 부합하지 아니하여 정당성이 없으므로, 위 관습에 법적 규범인 관습법으로서의 효력을 인정할 수 없다.(대판(全) 2003.7.24, 2001다48781)

3. 민 999조 2항의 적용시 공동상속인을 참칭상속인의 범위에 포함시키는 것이 진정상속인의 재산권 등을 침해하는지 여부(소극) 공동상속인을 참칭상속인의 범위에 포함시키는 경우 진정상속인은 단기의 제척기간을 적용받아 상속재산의 회복에 제한을 받게 된다. 반면 상속회복청구의 상대인 참칭상속인의 범위를 축소하게 되면 진정한 상속권자가 아닌 자로부터 상속재산을 취득한 제3자가 보호받지 못하게 되는 경우가 발생할 수 있다. 이와 같이 참칭상속인의 범위를 정함에 따라 진정상속인과 제3자의 이익 중 하나는 반드시 제한되게 되므로 어느 한 쪽을 선택하여 그 이익을 보호하는 것은 불가피한 측면이 있다. 공동상속인이라 하여도 자신의 상속분을 넘는 부분에 대하여 권리를 주장하고 있다면 그 부분에 관하여는 본질적으로 보통의 참칭상속인과 다를 것이 없다. 또한 무권리자인 참칭상속인이 상속회복청구권의 단기 제척기간에 의한 이익을 받는 점에 비추어 적어도 일부의 권리를 가지고 있는 공동상속인이 그러한 이익을 받는 것을 크게 불합리하다고 할 수는 없다.(헌재 2006.2.23, 2003헌바38, 61)

▸상속회복청구의 소

4. 진정한 상속인임을 전제로 참칭상속인 등을 상대로 상속재산에 관한 소를 제기한 경우 민법(1990.1.13. 법률 제4199호로 개정되기 전의 것)이 규정하는 상속회복의 소는 호주상속권이나 재산상속권이 참칭호주나 참칭재산상속인으로 인하여 침해된 때에 진정한 상속권자가 그 회복을 청구하는 소를 가리키는 것이나, 재산상속에 관하여 진정한 상속인임을 전제로 그 상속으로 인한 소유권 또는 지분권 등 재산권의 귀속을 주장하고, 참칭상속인 또는 자기들만이 재산상속을 하였다는 일부 공동상속인들을 상대로 상속재산인 부동산에 관한 등기의 말소 등을 청구하는 경우에도, 그 소유권 또는 지분권이 귀속되었다는 주장이 상속을 원인으로 하는 것인 이상 그 청구원인 여하에 불구하고 이는 민 999조 소정의 상속회복청구의 소라고 해석함이 상당하다.(대판(全) 1991.12.24, 90다5740)

**5. 등기서류를 위조하여 피상속인으로부터 토지를 매수한 것처럼 소유권이전등기를 경료한 자에 대한 진정명의회복을

원인으로 한 소유권이전등기청구가 상속회복청구의 소인지 여부(소극) 상속인인 원고가 소외인이 피상속인의 생전에 그로부터 토지를 매수한 사실이 없는데도 그러한 사유가 있는 것처럼 등기서류를 위조하여 그 앞으로 소유권이전등기를 경료하였음을 이유로 그로부터 토지를 전전매수한 피고 명의의 소유권이전등기가 원인무효라고 주장하면서 피고를 상대로 진정 명의의 회복을 원인으로 한 소유권이전등기절차의 이행을 구하는 경우, 이는 상속회복청구의 소에 해당하지 않는다.(대판 1998.10.27, 97다38176)

6. 적법하게 상속등기가 마쳐진 부동산에 대하여 상속인의 일부가 다른 상속인 또는 제3자를 상대로 원인없이 마쳐진 이전등기의 말소를 구하는 소가 상속회복청구의 소에 해당하는지 여부(소극) 민 999조, 982조가 정하는 상속회복청구의 소는 진정한 상속인이 참칭상속인 또는 참칭상속인으로부터 상속재산을 양수한 제3자를 상대로 상속재산의 회복을 청구하는 소이므로 적법하게 상속등기가 마쳐진 부동산에 대하여 상속인의 일부가 다른 상속인 또는 제3자를 상대로 원인없이 마쳐진 이전등기의 말소를 구하는 소는 이에 해당하지 아니하여 민 982조 2항이 정하는 소의 제기에 관한 제척기간의 적용이 없다.(대판 1987.5.12, 86다카2443, 2444)

7. 공동상속등기가 마쳐진 후 상속인 중 1인의 단독명의 소유권이전등기가 경료된 경우, 다른 공동상속인들의 위 등기에 대한 말소청구가 상속회복청구에 해당 여부(소극) 상속회복청구의 소는 상속을 원인으로 소유권 취득을 주장하는 사람이 참칭상속인을 상대로 침해된 상속권의 회복을 구하는 것으로서, 등기원인이 상속 이외의 것이라면 소유권이전등기를 한 등기명의인이 공동상속인 중의 1인이라고 하더라도 참칭상속인이라고 할 수 없다. 일단 적법하게 공동상속등기가 마쳐진 부동산에 관하여 상속인 중 1인이 자기 단독명의로 소유권이전등기를 한 경우 다른 상속인들이 그 등기의 말소를 구하는 소는 상속회복청구의 소에 해당하지 아니한다. 이는 공동상속등기와 그에 이은 이전등기 사이의 시간적 간격이 짧다거나 공동상속등기와 이전등기가 상속인 중 1인에 의하여 동일한 기회에 이루어졌다고 하여 달리 볼 것이 아니다.(대판 2011.9.29, 2009다78801)

8. 상속인 중 1인이 피상속인 생전에 부동산을 매수하였다고 하여 이전등기를 경료한 경우 그 말소를 구하는 것이 상속회복청구의 소에 해당하는지 여부(소극) 상속인 중 1인이 피상속인의 생전에 그로부터 토지를 매수한 사실이 없음에도 불구하고 이를 매수하였다고 하여 부동산소유권이전등기등에 관한 특별조치법에 의한 이전등기를 경료하였음을 이유로 하여 나머지 상속인들을 대위하여 그 말소를 청구하는 소는 상속회복청구의 소에 해당한다고 볼 수 없다.(대판 1993.9.14, 93다12268)

9. 피상속인 사망으로 공동상속인 중 1인이 다른 공동상속인에게 상속지분을 명의신탁한 경우 그 명의신탁의 무효로 인한 상속지분 반환이 상속회복청구인지 여부(소극) 피상속인의 사망 후에 그 공동상속인들 중 1인이 다른 공동상속인에게 자신의 상속지분을 중간생략등기 방식으로 명의신탁하여 두었다가 부동산실명법이 정한 유예기간 내에 실명등기를 하지 아니하는 바람에 그 명의신탁이 유예기간 도과 후 무효가 되었음을 이유로 명의수탁자를 상대로 그 상속지분의 반환을 구하는 경우, 그러한 청구는 명의신탁이 유예기간의 도과로 무효로 되었음을 원인으로 하여 소유권의 귀속을 주장하는 것일 뿐 상속으로 인한 재산권의 귀속을 주장하는 것이라고 볼 수 없고, 나아가 명의수탁자로 주장된 피고를 두고 진정상속인의 상속권을 침해하고 있는 참칭상속인이라고 할 수도 없으므로, 위와 같은 청구가 상속회복청구에 해당한다고 할 수 없다.(대판 2009.2.12, 2007다76726)

▶ **참칭상속인**

10. 참칭상속인의 의미 상속회복청구의 상대방이 되는 참칭상속인이라 함은 정당한 상속권이 없음에도 재산상속인임을 신뢰케 하는 외관을 갖추거나 상속인이라고 참칭하면서 상속재산의 전부 또는 일부를 점유함으로써 진정한 상속인의 재산상속권을 침해하는 자를 가리킨다.(대판 1991.2.22, 90다카19470)

11. 소유권이전등기에 의하여 재산상속인의 외관을 갖추었는지 여부의 판단기준 소유권이전등기에 의하여 재산상속인임을 신뢰케 하는 외관을 갖추었는지는 권리관계를 외부에 공시하는 등기부의 기재에 의하여 판단하여야 하므로, 비록 등기의 기초가 된 보증서 및 확인서에 취득원인이 상속으로 기재되어 있다 하더라도 등기부상 등기원인이 매매로 기재된 이상 재산상속인임을 신뢰케 하는 외관을 갖추었다고 볼 수 없다.(대판 1997.1.21, 96다4688)

12. 제3자가 서류를 위조하여 공동상속인 중 1인 명의로 등기를 경료한 경우 참칭상속인인지 여부(소극) 공동상속인의 한 사람이 다른 상속인의 상속권을 부정하고 자기만이 상속권이 있다고 참칭하는 경우도 참칭상속인에 해당한다 할 것이나, 부동산에 관하여 공동상속인의 한 사람인 갑 단독 명의로 경료된 소유권보존등기가 갑이 다른 상속인 을의 상속권을 부정하고 자기만이 상속권이 있다고 참칭하여 경료한 것이 아니라 제3자가 갑의 의사와는 아무런 상관없이 관계서류를 위조하여 경료한 것이고, 달리 갑이 자기만이 상속한 것이라고 주장하였다고 볼만한 아무런 자료도 없다면, 갑을 상속회복청구의 소에서 말하는 참칭상속인이라고는 할 수 없다.(대판 1994.3.11, 93다24490)

13. 미등기 부동산을 임의로 매도한 자가 참칭상속인인지 여부(소극) 상속재산인 미등기 부동산을 임의로 매도한 자가 아무 근거 없이 피상속인의 호적에 호주상속신고를 한 것으로 기재되어 있으나, 상속재산인 미등기 부동산에 관하여 상속인이라고 참칭하면서 등기를 마치거나 점유를 한 바가 없고, 또한 피상속인의 호적에 의하더라도 피상속인의 시동생의 손자로서 피상속인의 법정상속인에 해당할 여지가 없어 그 유산에 대하여 상속권이 없음이 명백한 경우, 그 자를 상속회복청구의 상대방이 되는 참칭상속인에 해당한다고 볼 수 없다.(대판 1998.3.27, 96다37398)

14. 상속인이 아닌 자가 위조의 제적등본 등을 기초로 상속등기를 한 경우 참칭상속인 해당 여부(소극) 사망자의 상속인이 아닌 자가 상속인인 것처럼 허위기재된 위조의 제적등본, 호적등본 등을 기초로 하여 상속인인 것처럼 꾸며 상속등기가 이루어진 사실만으로는 민 999조 소정의 참칭상속인에 해당한다고 할 수 없다.(대판 1993.11.23, 93다34848)

15. 상속권의 침해가 없는 경우에 참칭상속인이라고 할 수 있는지 여부(소극) 상속인 아닌 자가 자신이 상속인이라고 주장하거나 또는 공동상속인 중 1인이 자신이 단독상속인이라고 주장하였다 하더라도 달리 상속권의 침해가 없다면 그러한 자를 가리켜 상속회복청구의 소에서 말하는 참칭상속인이라고 할 수는 없는 것이다. 소외인이 원고들과 공동으로 부동산을 상속하였을 뿐인데도 자신이 단독상속인이라고 주장하여 부동산 전체에 관하여 피고 명의로 경료된 소유권이전등기의 말소를 청구한 일이 있다고 하더라도 그것만으로는 그 소외인이 원고들의 상속권을 침해하였다고는 볼 수 없다.(대판 1994.11.18, 92다33701)

16. 참칭상속인이나 그로부터 무허가건물을 양수한 자가 무허가건물대장에 건물주로 기재된 경우에 상속권이 침해된 것인지 여부(소극) 무허가건물대장은 행정관청이 무허가건물 정비에 관한 행정상 사무처리의 편의를 위하여 직권으로 무허가건물의 현황을 조사하고 필요 사항을 기재하여 비치한 대장으로서 건물의 물권 변동을 공시하는 법률상의 등록원부가 아니며 무허가건물대장에 건물주로 등재된다고 하여 소유권을 취득하는 것이 아닐 뿐만 아니라 권리자로 추정되는 효력도 없는 것이므로, 참칭상속인 또는 그로부터 무허가건물을 양수한 자가 무허가건물대장에 건물주로 기재되어

있다고 하여 이를 상속회복청구의 소에 있어 상속권이 참칭상속인에 의하여 침해된 때에 해당한다고 볼 수 없다.(대판 1998.6.26, 97다48937)

17. 진정상속인과 참칭상속인이 주장하는 피상속인이 서로 다른 사람인 경우 상속회복청구의 소라고 할 수 있는지 여부(소극) 상속회복청구의 소는 진정상속인과 참칭상속인이 주장하는 피상속인이 동일인임을 전제로 하는 것이므로 진정상속인이 주장하는 피상속인과 참칭상속인이 주장하는 피상속인이 다른 사람인 경우에는 진정상속인의 청구원인이 상속에 의하여 소유권을 취득하였음을 전제로 한다고 하더라도 이를 상속회복청구의 소라고 할 수 없다.(대판 1995.7.11, 95다9945)

18. 상속등기가 공동상속인 중 1인 명의로 경료된 경우 그 등기명의인이 참칭상속인에 해당하는지 여부(한정 적극) 상속재산인 부동산에 관하여 공동상속인 중 1인 명의로 소유권이전등기가 경료된 경우 그 등기가 상속을 원인으로 경료된 것이라면 등기명의인의 의사와 무관하게 경료된 것이라는 등의 특별한 사정이 없는 한 그 등기명의인은 재산상속인임을 신뢰케 하는 외관을 갖추고 있는 자로서 참칭상속인에 해당된다.(대판 1997.1.21, 96다4688)

19. 족보상 자(子)로 등재되었으나 정식 입양 절차를 거치지 않은 자가 참칭상속인에 해당하는지 여부(소극) 갑이 을을 양자로 삼아 그의 집에서 양육하고 족보에 그의 아들로 등재하였으나 법률상의 입양절차를 밟지 아니하고 있던 중 갑의 내외가 사망하자 을이 갑의 사후양자로 선정된 것처럼 갑의 호적부에 사후양자입양신고를 하였다가 이에 대한 무효심판이 확정되어 위 호적기재가 말소되었는바, 을은 갑의 사후양자로 등재된 이후 갑의 양자로 행세하면서 미등기로 되어있던 갑소유의 부동산을 타에 임의로 처분하였다면 을이 사후양자나 정식으로 입양되지 아니한 이상 모두 갑의 유산상속권이 없는 것이 명백하므로 을이 갑의 양자로 행세하였다고 하더라도 민 982조의 '참칭' 상속인이 될 수 없고 또한 을의 위와 같은 갑의 상속재산처분행위가 민 999조의 이른바 '재산상속권침해'에 해당되지도 아니한다.(대판 1987.7.21, 86다카2952)

20. 부동산에 관한 상속등기의 명의인에 상속을 포기한 공동상속인이 포함된 경우, 상속을 포기한 공동상속인이 참칭상속인에 해당한다고 단정할 수 있는지 여부(소극) 상속을 유효하게 포기한 공동상속인 중 한 사람이 그 사실을 숨기고 여전히 공동상속인의 지위에 남아 있는 것처럼 참칭하여 상속지분에 따른 소유권이전등기를 한 경우에도 참칭상속인에 해당할 수 있으나, 이러한 상속을 원인으로 하는 등기가 명의인의 의사에 기하지 않고 제3자에 의하여 상속 참칭의 의도와 무관하게 이루어진 것일 때에는 위 등기명의인을 상속회복청구의 소에서 말하는 참칭상속인이라고 할 수 없다. 그리고 공동상속을 받은 사람 중 한 사람이 공유물의 보존행위로서 공동상속인 모두를 위하여 상속등기를 신청하는 것도 가능하므로, 부동산에 관한 상속등기의 명의인에 상속을 포기한 공동상속인이 포함되어 있다고 하더라도 상속을 포기한 공동상속인 명의의 지분등기가 그의 신청에 기한 것으로서 상속 참칭의 의도를 가지고 한 것이라고 쉽게 단정하여서는 아니 된다.(대판 2012.5.24, 2010다33392)

▸**제척기간**

21. 참칭상속인으로부터 상속재산을 양수한 제3자를 상대로 청구하는 경우 제척기간의 적용여부(적극) 진정상속인이 참칭상속인으로부터 상속재산을 양수한 제3자를 상대로 등기말소청구를 하는 경우에도 상속회복청구권의 단기의 제척기간이 적용된다.(대판(全) 1981.1.27, 79다854)

22. 상속회복청구권이 제척기간의 경과로 소멸된 경우 참칭상속인이 상속 개시일로 소급하여 상속인의 지위를 취득하는지 여부(적극) 상속회복청구권이 제척기간의 경과로 소멸하게 되면 상속인은 상속인으로서의 지위 즉 상속에 따라 승계한 개개의 권리의무 또한 총괄적으로 상실하게 되고, 그 반사적 효과로서 참칭상속인의 지위는 확정되어 참칭상속인이 상속개시시로부터 소급하여 상속인으로서의 지위를 취득한 것으로 봄이 상당하므로, 상속재산은 상속 개시일로 소급하여 참칭상속인의 소유로 된다.(대판 1994.3.25, 93다57155)

23. 제척기간의 기산점 상속회복청구의 소로 인정되는 이상 그것이 개개의 재산에 대한 구체적인 권리를 행사하는 경우와 일반적인 상속인의 지위회복이나 상속재산 전체에 관한 상속인간의 분할을 의미하는 일반 상속회복청구의 경우를 나누어 제척기간의 기산점을 달리 볼 수는 없는 것이다.(대판 1982.9.28, 80므20)

24. 제소기간 준수여부 상속재산의 일부에 대한 상속회복청구의 제소기간을 준수하였다고 하여 그로써 다른 상속재산에 대한 소송에 그 기간준수의 효력이 생기지 아니한다.(대판 1981.6.9, 80므84, 85, 86, 87)

25. 제3자에 대한 상속회복청구권의 제척기간 기산일 진정상속인이 참칭상속인의 최초 침해행위가 있은 날로부터 10년의 제척기간이 경과하기 전에 참칭상속인에 대한 상속회복청구 소송에서 승소의 확정판결을 받았다고 하더라도 위 제척기간이 경과한 후에는 제3자를 상대로 상속회복청구 소송을 제기하여 상속재산에 관한 등기의 말소 등을 구할 수 없다.(대판 2006.9.8, 2006다26694)

26. 피상속인인 남한주민으로부터 상속을 받지 못한 북한주민의 경우, 상속권이 침해된 날부터 10년이 경과하면 상속회복청구권이 소멸하는지 여부(원칙적 적극) 남북가족특례법 11조 1항은 피상속인인 남한주민으로부터 상속을 받지 못한 북한주민의 상속회복청구에 관한 법률관계에 관하여도 민 999조 2항의 제척기간이 적용됨을 전제로 한 규정이다. 따라서 남한주민과 마찬가지로 북한주민의 경우에도 다른 특별한 사정이 없는 한 상속권이 침해된 날부터 10년이 경과하면 민 999조 2항에 따라 상속회복청구권이 소멸한다.(대판(全) 2016.10.19, 2014다46648)

第2節 相續人

第1000條【相續의 順位】 ① 相續에 있어서는 다음 順位로 相續人이 된다.

1. 被相續人의 直系卑屬
2. 被相續人의 直系尊屬
3. 被相續人의 兄弟姉妹
4. 被相續人의 4寸 이내의 傍系血族 (1990.1.13 본호개정)

② 前項의 境遇에 同順位의 相續人이 數人인 때에는 最近親을 先順位로 하고 同親等의 相續人이 數人인 때에는 共同相續人이 된다.

③ 胎兒는 相續順位에 관하여는 이미 出生한 것으로 본다. (1990.1.13 본항개정)

■ 대습상속(1001), 상속결격자(1004), 상속분(1009-1011), 공동상속(1006·1007), 준용규정(1064)

1. 이성동복(異姓同腹)의 형제자매도 상속인의 범위에 포함되는지 여부(적극) 민 1000조 1항 3호의 '피상속인의 형제자매'라 함은, 민법 개정시 친족의 범위에서 부계와 모계의 차별을 없애고, 상속의 순위나 상속분에 관하여도 남녀 간 또는 부계와 모계 간의 차별을 없앤 점 등에 비추어 볼 때, 부계 및 모계의 형제자매를 모두 포함하는 것으로 해석하는 것이 상당하다.(대판 1997.11.28, 96다5421)

2. 구 조선호적령 시행 이후 처와 혼인식을 거행하고 사실상 동거하였다 하더라도 혼인신고를 하지 아니한 경우 미혼자

인지 여부(적극) 구 조선호적령(1922. 12. 8. 총독부령 제154호) 시행 이후 처와 혼인식을 거행하고 사실상 동거를 하였다 하더라도 사망 당시까지 위 호적령에 의한 혼인신고를 한 바 없다면 망인은 상속에 관한 구 관습상 기혼자가 아니라 미혼자로 보아야 할 것이고, 따라서 호주로서 미혼자인 망인이 사망하였다면 상속에 관한 구 관습에 따라 차제(次第)가 호주상속과 동시에 망인의 재산을 모두 상속한다.(대판 2000.6.9, 99다54349)

3. 구 관습상 호주인 기혼의 남자가 호주상속할 남자 없이 사망한 경우 상속 및 양자 선정 ① 구 관습상 호주인 기혼의 남자가 호주상속할 남자 없이 사망한 경우에는 사후양자가 선정되기까지 망인의 조모·모·처·딸이 존비의 순서에 따라 여호주가 되어 호주권과 재산을 일시 상속하였다가, 사후양자가 선정되면 여호주에게 상속되었던 호주권과 재산이 사후양자에게 승계되는 것이다. ② 호주의 장남이 결혼하여 대를 이을 남자 없이 사망한 경우에 망 장남을 위하여 양자를 선정할 권리는 제1차로 부(父)인 호주에게 속하고, 호주가 사망한 때에는 호주의 처·모·조모에게 순차 속하며, 이러한 사람들이 전혀 없거나 그 권리를 상실하거나 행사할 수 없는 때에는 망 장남의 처에게 속한다는 것이 구 관습이었다.(대판 2004.6.11, 2004다10206)

4. 민법 시행 전에 처가 이미 사망하고 자손 없이 사망한 자의 유산이 출가녀에게 귀속하는지 여부(소극) 민법 시행 전에 처는 이미 사망하고, 딸도 혼인하여 동일가적 내의 직계자손 없이 사망한 자의 유산은 구 관습법에 따라 망인의 동일가적 내에 있는 가족이 승계하는 것이지, 동일가적 내에 없는 근친자인 출가녀에게 귀속한다고 할 수 없다.(대판 1992.5.12, 91다41361)

5. 민법 시행 전에 호주 아닌 가족이 사망한 경우의 재산상속에 관한 관습 1960.1.1. 민법이 공포시행되기 전에 있어서는 조선민사령 11조의 규정에 의하여 친족 및 상속에 관하여는 관습에 의하도록 되어 있었는바, 호주 아닌 가족이 사망한 경우에 그 재산은 동일호적내에 있는 직계비속인 자녀들에게 균등하게 상속된다는 것이 당시의 우리나라의 관습이었다.(대판(全) 1990.2.27, 88다카33619)

6. 생사불명인 직계비속이 재산상속인에서 제외되는지 여부(소극) 망인의 직계비속인 딸이 이북에 있어 생사 불명이라는 이유만으로는 재산상속인에서 제외될 수 없다 할 것이다.(대판 1982.12.28, 81다452, 453)

第1001條【代襲相續】 前條第1項第1號와 第3號의 規定에 依하여 相續人이 될 直系卑屬 또는 兄弟姉妹가 相續開始前에 死亡하거나 缺格者가 된 境遇에 그 直系卑屬이 있는 때에는 그 直系卑屬이 死亡하거나 缺格된 者의 順位에 갈음하여 相續人이 된다. (2014.12.30 본조개정)

■ 1000②, 상속개시(997), 실종(27-29), 상속결격자(1004), 대습상속인의 상속분(1010·1008·1011), 본조의 준용(1118)

1. 피상속인의 사위가 피상속인의 형제자매보다 우선하여 단독으로 대습상속한다는 민 1003조 2항이 위헌인지 여부(소극) ① 우리나라에서는 전통적으로 오랫동안 며느리의 대습상속이 인정되어 왔고, 1990. 1. 13. 개정된 민법에서 사위에게도 대습상속을 인정하는 것으로 개정한 점, ② 헌 11조 1항, 헌 36조 1항의 규정, ③ 현대 사회에서 딸이나 사위가 친정 부모 내지 장인장모를 봉양, 간호하거나 경제적으로 지원하는 경우가 드물지 아니한 점, ④ 배우자의 대습상속은 혈족상속과 배우자상속이 충돌하는 부분인데 이와 관련한 상속순위와 상속분은 원칙적으로 입법자의 입법형성의 재량에 속한다고 할 것인 점 등을 종합하여 볼 때, 이를 이유로 곧바로 피상속인의 사위가 피상속인의 형제자매보다 우선하여 단독으로 대습상속할 수 있음이 규정된 민 1003조 2항이 입법형성의 재량의 범위를 일탈하여 행복추구권이나 재산권보장 등에 관한 헌법규정에 위배되는 것이라고 할 수 없다.(대판 2001.3.9, 99다13157)

2. 동시사망으로 추정되는 경우 대습상속의 가능 여부(적극) 원래 대습상속제도는 대습자의 상속에 대한 기대를 보호함으로써 공평을 꾀하고 생존 배우자의 생계를 보장하여 주려는 것이고, 또한 동시사망 추정규정도 자연과학적으로 엄밀한 의미의 동시사망은 상상하기 어려운 것이나 사망의 선후를 입증할 수 없는 경우 동시에 사망한 것으로 다루는 것이 결과에 있어 가장 공평하고 합리적이라는 데에 그 입법 취지가 있는 것인바, 상속인이 될 직계비속이나 형제자매(피대습자)의 직계비속 또는 배우자(대습자)는 피대습자가 상속개시 전에 사망한 경우에는 대습상속을 하고, 피대습자가 상속개시 후에 사망한 경우에는 피대습자를 거쳐 피상속인의 재산을 본위상속을 하므로 두 경우 모두 상속을 하는데, 만일 피대습자가 피상속인의 사망, 즉 상속개시와 동시에 사망한 것으로 추정되는 경우에만 그 직계비속 또는 배우자가 본위상속과 대습상속의 어느 쪽도 하지 못하게 된다면 동시사망 추정 이외의 경우에 비하여 현저히 불공평하고 불합리한 것이라 할 것이고, 이는 대습상속제도 및 동시사망 추정규정의 입법 취지에도 반하는 것이므로, 민 1001조의 '상속인이 될 직계비속이 상속개시 전에 사망한 경우'에는 '상속인이 될 직계비속이 상속개시와 동시에 사망한 것으로 추정되는 경우'도 포함하는 것으로 합목적적으로 해석함이 상당하다.(대판 2001.3.9, 99다13157)

3. 피상속인의 자녀가 상속개시 전에 전부 사망한 경우 피상속인 손자녀 상속의 법적성질 피상속인의 자녀가 상속개시 전에 전부 사망한 경우 피상속인의 손자녀는 본위상속이 아니라 대습상속을 한다.(대판 2001.3.9, 99다13157)

4. 피대습자의 배우자가 대습상속의 상속개시 전에 사망하거나 결격자가 된 경우 그 배우자에게 다시 피대습자로서의 지위가 인정되는지 여부(소극) 민 1000조 1항, 1001조, 1003조의 각 규정에 의하면, 대습상속은 상속인이 될 피상속인의 직계비속 또는 형제자매가 상속개시 전에 사망하거나 결격자가 된 경우에 사망자 또는 결격자의 직계비속이나 배우자가 있는 때에는 그들이 사망자 또는 결격자의 순위에 갈음하여 상속인이 되는 것을 말하는 것으로, 대습상속이 인정되는 경우는 상속인이 될 자가 피상속인의 직계비속 또는 형제자매인 경우에 한한다 할 것이므로, 상속인이 될 자의 배우자는 민 1003조에 의하여 대습상속인이 될 수는 있으나, 피대습자(사망자 또는 결격자)의 배우자가 대습상속의 상속개시 전에 사망하거나 결격자가 된 경우, 그 배우자에게 다시 피대습자로서의 지위가 인정될 수는 없다.(대판 1999.7.9, 98다64318, 64325)

5. 상속포기와 대습상속 ① 피상속인의 사망으로 상속이 개시된 후 상속인이 상속을 포기하면 상속이 개시된 때에 소급하여 그 효력이 생긴다(민 1042조). 따라서 제1순위 상속권자인 배우자와 자녀들이 상속을 포기하면 제2순위에 있는 사람이 상속인이 된다. 상속포기의 효력은 피상속인의 사망으로 개시된 상속에만 미치고, 그 후 피상속인을 피대습자로 하여 개시된 대습상속에까지 미치지는 않는다. 대습상속은 상속과는 별개의 원인으로 발생하는 것인 데다가 대습상속이 개시되기 전에는 이를 포기하는 것이 허용되지 않기 때문이다. 이는 종전에 상속인의 상속포기로 피대습자의 직계존속이 피대습자를 상속한 경우에도 마찬가지이다. 또한 피대습자의 직계존속이 사망할 당시 피대습자로부터 상속받은 재산 외에 적극재산이든 소극재산이든 고유재산을 소유하고 있었는지에 따라 달리 볼 이유도 없다. ② 피상속인의 사망 후 상속채무가 상속재산을 초과하여 상속인인 배우자와 자녀들이 상속포기를 하였는데, 그 후 피상속인의 직계존속이 사망하여 민 1001조, 1003조 2항에 따라 대습상속이 개시된 경우에 대습상속인이 민법이 정한 절차와 방식에 따라 한정승인이나 상속포기를 하지 않으면 단순승인을 한 것으로 간주된다. 위와 같은 경우에 이미 사망한 피상속인의 배우자와

第5編
相續

자녀들에게 피상속인의 직계존속의 사망으로 인한 대습상속도 포기하려는 의사가 있다고 볼 수 있지만, 그들이 상속포기의 절차와 방식에 따라 피상속인의 직계존속에 대한 상속포기를 하지 않으면 효력이 생기지 않는다. 이와 달리 피상속인에 대한 상속포기를 이유로 대습상속 포기의 효력까지 인정한다면 상속포기의 의사를 명확히 하고 법률관계를 획일적으로 처리함으로써 법적 안정성을 꾀하고자 하는 상속포기제도가 잠탈될 우려가 있다.(대판 2017.1.12, 2014다39824)

第1002條 (1990.1.13 삭제)

第1003條【配偶者의 相續順位】 ① 被相續人의 配偶者는 第1000條第1項第1號와 第2號의 規定에 依한 相續人이 있는 境遇에는 그 相續人과 同順位로 共同相續人이 되고 그 相續人이 없는 때에는 單獨相續人이 된다.

② 第1001條의 境遇에 相續開始前에 死亡 또는 缺格된 者의 配偶者는 同條의 規定에 依한 相續人과 同順位로 共同相續人이 되고 그 相續人이 없는 때에는 單獨相續人이 된다.

(1990.1.13 본조개정)

▣ 1000·1006·1007, 1001, 상속개시(997), 실종(27−29), 상속결격자(1004)

1. 부부의 일방이 사망하여 상대방 배우자가 상속받은 후에 그 혼인이 취소된 경우 상속이 소급적으로 무효로 되는지 여부(소극) (대판 1996.12.23, 95다48308) → 제824조 참조

第1004條【相續人의 缺格事由】 다음 각 호의 어느 하나에 該當한 者는 相續人이 되지 못한다. (2005.3.31 본문개정)

1. 故意로 直系尊屬, 被相續人, 그 配偶者 또는 相續의 先順位나 同順位에 있는 者를 殺害하거나 殺害하려한 者
2. 故意로 直系尊屬, 被相續人과 그 配偶者에게 傷害를 加하여 死亡에 이르게 한 者
3. 詐欺 또는 强迫으로 被相續人의 상속에 관한 遺言 또는 遺言의 撤回를 방해한 者
4. 詐欺 또는 强迫으로 被相續人의 상속에 관한 遺言을 하게 한 者
5. 被相續人의 상속에 관한 遺言書를 僞造·變造·破棄 또는 은닉한 者

〔개정전〕**【相續人의 缺格事由】**"다음 各號에" 해당한 者는 ……
3. …… 被相續人의 "養子 기타 相續"에 관한 遺言 또는 ……
4. …… 被相續人의 "養子 기타 相續"에 관한 遺言을 ……
5. 被相續人의 "養子 기타 相續"에 관한 遺言書를 ……

▣ 상속의 순위(1000−1003·부칙25), 본조의 준용(1064) 살해 및 그 미수(형250·254), 상해치사(형259), 유언·유언의 철회(1060·1108), 사기·강박에 의한 의사표시(110), 권리행사의 방해(형323·328②), 사문서의 위조·변조(형231·323·328②)

1. 태아를 낙태한 것이 상속결격사유에 해당하는지 여부(적극) **및 상속결격사유로서 '살해의 고의' 이외에 '상속에 유리하다는 인식'을 필요로 하는지 여부**(소극) 태아가 호주상속의 선순위 또는 재산상속의 선순위나 동순위에 있는 경우에 그를 낙태하면 구 민(1990. 1. 13. 법률 제4199호로 개정되기 전의 것) 992조 1호 및 1004조 1호의 상속결격사유에 해당한다. 그리고 ① 같은 법 992조 1호 및 1004조 1호는 그 규정에 정한 자를 고의로 살해하면 상속결격자에 해당한다고만 규정하고 있을 뿐, 더 나아가 '상속에 유리하다는 인식'이 있어야 한다고까지는 규정하고 있지 아니하고, ② 위 법은 "피상속인 또는 호주상속의 선순위자"(992조 1호)와 "피상속인 또는 재산상속의 선순위나 동순위에 있는 자"(1004조 1호) 이외에 "직계존속"도 피해자에 포함하고 있고 ③ 같은 법 992조 2호 및 이를 준용하는 1004조 2호는 "고의로 직계존속, 피상속인과 그 배우자에게 상해를 가하여 사망에 이르게 한 자"도 상속결격자로 규정하고 있는데, 이 규정들의 취지에 비추어 보면 그 각 1호의 요건으로서 '살해의 고의' 이외에 '상속에 유리하다는 인식'은 필요로 하지 아니한다.(대판 1992.5.22, 92다2127)

2. '상속에 관한 유언서를 은닉한 자'의 의미 상속인의 결격사유의 하나로 규정하고 있는 민 1004조 5호의 '상속에 관한 유언서를 은닉한 자'라 함은 유언서의 소재를 불명하게 하여 그 발견을 방해하는 일체의 행위를 한 자를 의미하는 것이므로, 단지 공동상속인들 사이에 그 내용이 널리 알려진 유언서에 관하여 피상속인이 사망한지 6개월이 경과한 시점에서 비로소 그 존재를 주장하였다고 하여 이를 두고 유언서의 은닉에 해당한다고 볼 수 없다.(대판 1998.6.12, 97다38510)

제1004조의2【상속권 상실 선고】 ① 피상속인은 상속인이 될 사람이 피상속인의 직계존속으로서 다음 각 호의 어느 하나에 해당하는 경우에는 제1068조에 따른 공정증서에 의한 유언으로 상속권 상실의 의사를 표시할 수 있다. 이 경우 유언집행자는 가정법원에 그 사람의 상속권 상실을 청구하여야 한다.

1. 피상속인에 대한 부양의무(미성년자에 대한 부양의무로 한정한다)를 중대하게 위반한 경우
2. 피상속인 또는 그 배우자나 피상속인의 직계비속에게 중대한 범죄행위(제1004조의 경우는 제외한다)를 하거나 그 밖에 심히 부당한 대우를 한 경우

② 제1항의 유언에 따라 상속권 상실의 대상이 될 사람은 유언집행자가 되지 못한다.

③ 제1항에 따른 유언이 없었던 경우 공동상속인은 피상속인의 직계존속으로서 다음 각 호의 사유가 있는 사람이 상속인이 되었음을 안 날부터 6개월 이내에 가정법원에 그 사람의 상속권 상실을 청구할 수 있다.

1. 피상속인에 대한 부양의무(미성년자에 대한 부양의무로 한정한다)를 중대하게 위반한 경우
2. 피상속인에게 중대한 범죄행위(제1004조의 경우는 제외한다)를 하거나 그 밖에 심히 부당한 대우를 한 경우

④ 제3항의 청구를 할 수 있는 공동상속인이 없거나 모든 공동상속인에게 제3항 각 호의 사유가 있는 경우에는 상속권 상실 선고의 확정에 의하여 상속인이 될 사람이 이를 청구할 수 있다.

⑤ 가정법원은 상속권 상실을 청구하는 원인이 된 사유의 경위와 정도, 상속인과 피상속인의 관계, 상속재산의 규모와 형성 과정 및 그 밖의 사정을 종합적으로 고려하여 제1항, 제3항 또는 제4항에 따른 청구를 인용하거나 기각할 수 있다.

⑥ 상속개시 후에 상속권 상실의 선고가 확정된 경우 그 선고를 받은 사람은 상속이 개시된 때에 소급하여 상속권을 상실한다. 다만, 이로써 해당 선고가 확정되기 전에 취득한 제3자의 권리를 해치지

못한다.
⑦ 가정법원은 제1항, 제3항 또는 제4항에 따른 상속권 상실의 청구를 받은 경우 이해관계인 또는 검사의 청구에 따라 상속재산관리인을 선임하거나 그 밖에 상속재산의 보존 및 관리에 필요한 처분을 명할 수 있다.
⑧ 가정법원이 제7항에 따라 상속재산관리인을 선임한 경우 상속재산관리인의 직무, 권한, 담보제공 및 보수 등에 관하여는 제24조부터 제26조까지를 준용한다.
(2024.9.20. 본조신설)
(2026.1.1. 시행)

第3節 相續의 效力
(1990.1.13 본절제목개정)

第1款 一般的 效力

第1005條【相續과 包括的 權利義務의 承繼】 相續人은 相續開始된 때로부터 被相續人의 財産에 關한 包括的 權利義務를 承繼한다. 그러나 被相續人의 一身에 專屬한 것은 그러하지 아니하다.
(1990.1.13 본조개정)

■ 1000－1005, 상속의 개시(997), 족보등의 권리의 예외(1008의3), 상속의 승인·포기(1019이하), 단순승인의 효과(1025), 한정승인의 효과(1028), 상속포기의 효과(1042), 일신전속의 권리의무(657·979), 상속인이 수인인 경우(1006·1000②), 포괄수증자의 권리의무(1064·1078)

1. **민 1005조가 입법형성의 한계를 일탈하거나 기본권제한의 입법한계를 벗어난 것으로서 헌법에 위반되는지 여부**(소극) 우리의 상속법제는 법적 안정성이라는 공익을 도모하기 위하여 포괄·당연승계주의를 채택하는 한편, 상속의 포기·한정승인제도를 두어 상속인으로 하여금 그의 의사에 따라 상속의 효과를 귀속시키거나 거절할 수 있는 자유를 주고 있으며, 상속인과 피상속인의 채권자 및 상속인의 채권자 등의 이해관계를 조절할 수 있는 다양한 제도적 장치도 마련하고 있으므로, 민 1005조는 입법자가 입법형성권을 자의적으로 행사하였다거나 헌법상 보장된 재산권이나 사적 자치권 및 행복추구권을 과도하게 침해하여 기본권제한의 입법한계를 벗어난 것으로서 헌법에 위반된다고 할 수 없다.(헌재 2004.10.28, 2003헌가13)

2. **위자료 청구권의 상속여부**(한정적극) 정신적 손해에 대한 배상(위자료)청구권은 피해자가 이를 파기하거나 면제했다고 볼 수 있는 특별한 사정이 없는 한 생전에 청구의 의사를 표시할 필요없이 원칙적으로 상속되는 것이라고 해석함이 상당하다.(대판 1966.10.18, 66다1335)

3. **즉사한 피해자의 위자료청구권** 피해자가 즉사한 경우라 하더라도 치명상을 받을 때와 사망과의 사이에는 이론상 시간적 간격이 인정될 수 있는 것이고 그 치명상을 받은 그 시점에 심신상실상태에 있었다 하여도 그 상실된 정신적 이익은 비재산손해의 내용으로 할 수 있는 것이다.(대판 1971.3.9, 70다3031)

4. **이혼위자료청구권이 행사상 일신전속권으로서 승계가 가능한지 여부**(적극) 이혼위자료청구권은 상대방 배우자의 유책불법한 행위에 의하여 혼인관계가 파탄상태에 이르러 이혼하게 된 경우 그로 인하여 입게 된 정신적 고통을 위자하기 위한 손해배상청구권으로서 이혼시점에서 확정, 평가되고 이혼에 의하여 비로소 창설되는 것이 아니며, 이혼위자료청구권의 양도 내지 승계의 가능 여부에 관하여 민 806조 3항은 약혼해제로 인한 손해배상청구권에 관하여 정신상 고통에 대한 손해배상청구권은 양도 또는 승계하지 못하지만 당사자간에 배상에 관한 계약이 성립되거나 소를 제기한 후에는 그러하지 아니하다고 규정하고 같은 법 843조가 위 규정을 재판상 이혼의 경우에 준용하고 있으므로 이혼위자료청구권은 원칙적으로 일신전속적 권리로서 양도나 상속 등 승계가 되지 아니하나 이는 행사상 일신전속권이고 귀속상 일신전속권은 아니라 할 것인바, 그 청구권자가 위자료의 지급을 구하는 소송을 제기함으로써 청구권을 행사할 의사가 외부적 객관적으로 명백하게 된 이상 양도나 상속 등 승계가 가능하다.(대판 1993.5.27, 92므143)

5. **생명보험계약에서 피보험자가 사망하여 보험사고가 발생한 경우, 상속인이 가지는 보험금청구권이 상속재산인지 여부**(소극) 생명보험의 보험계약자가 스스로를 피보험자로 하면서, 수익자는 만기까지 자신이 생존할 경우에는 자기 자신을, 자신이 사망한 경우에는 '상속인'이라고만 지정하고 그 피보험자가 사망하여 보험사고가 발생한 경우, 보험금청구권은 상속인들의 고유재산으로 보아야 할 것이고, 이를 상속재산이라 할 수 없다.(대판 2001.12.28, 2000다31502)

6. **상해보험에서 보험수익자가 지정되어 있지 않아 피보험자의 상속인이 보험수익자로 되는 경우 보험금청구권이 상속인의 고유재산인지 여부**(적극) 보험수익자의 지정에 관한 상 733조는 상 739조에 의하여 상해보험에도 준용되므로, 결국 상해의 결과로 사망한 때에 사망보험금이 지급되는 상해보험에 있어서 보험수익자가 지정되어 있지 않아 위 법률규정에 의하여 피보험자의 상속인이 보험수익자가 되는 경우에도 보험수익자인 상속인의 보험금청구권은 상속재산이 아니라 상속인의 고유재산으로 보아야 한다.(대판 2004.7.9, 2003다29463)

7. **보험수익자로 지정된 상속인의 보험금청구권이 상속재산인지 여부**(소극) **및 상속인이 보험금청구권을 포기한 경우 권리귀속** 보험계약자가 피보험자의 상속인을 보험수익자로 하여 맺은 생명보험계약이나 상해보험계약에서 피보험자의 상속인은 피보험자의 사망이라는 보험사고가 발생한 때에는 보험수익자의 지위에서 보험자에 대하여 보험금 지급을 청구할 수 있고, 이 권리는 보험계약의 효력으로 당연히 생기는 것으로서 상속재산이 아니라 상속인의 고유재산이다. 이때 보험수익자로 지정된 상속인 중 1인이 자신에게 귀속된 보험금청구권을 포기하더라도 그 포기한 부분이 당연히 다른 상속인에게 귀속되지는 아니한다. 이러한 법리는 단체보험에서 피보험자의 상속인이 보험수익자로 인정된 경우에도 동일하게 적용된다.(대판 2020.2.6, 2017다215728)

8. **명의수탁자의 사망으로 인한 명의신탁관계 상속** 명의수탁자가 사망하면 그 명의신탁관계는 그 재산상속인과의 사이에 존속한다.(대판 1981.6.23, 80다2809)

9. **유언에 의한 재단법인 설립시 출연재산의 귀속** (대판 1984.9.11, 83누578) → 제48조 참조

10. **손해배상 채무의 상속성** 손해배상채무는 그 원인사실 여하를 막론하고 그 성질이 재산적 채무이고 피상속인이 부담하는 이러한 채무가 일신전속적인 것이라고는 할 수 없으므로 상속인이 이를 승계함은 당연하다.(대판 1959.11.26, 4292민상178)

11. **신원보증채무의 상속성** 신원보증법에 의한 신원보증인이 사망하기 전에 이미 발생한 신원보증계약에 인한 보증채무는 상속인에게 상속된다.(대판 1972.2.29, 71다2747)

12. **보증한도액과 보증기간의 정함이 없는 연대보증계약의 경우 보증인의 사망 후에 생긴 주채무에 대하여 그 상속인이 보증채무를 승계하는지 여부**(소극) 계속적 어음할인거래로 인하여 장래에 부담하게 될 채무에 관하여 보증한도액과 보증기간의 정함이 없는 연대보증계약에 있어서는 보증인의 지위는 특별한 사정이 없는 한 상속인에게 상속된다고

할 수 없으므로 연대보증인의 사망 후에 생긴 주채무에 대하여는 그 상속인이 보증채무를 승계하여 부담하지는 아니한다.(대판 2003.12.26, 2003다30784)

13. 부동산실명 5조에 의하여 부과되는 과징금의 상속 여부(적극) 부동산실명 5조에 의하여 부과된 과징금 채무는 대체적 급부가 가능한 의무이므로 위 과징금을 부과받은 자가 사망한 경우 그 상속인에게 포괄승계된다.(대판 1999.5.14, 99두35)

14. 사단법인의 사원상 지위의 상속 가부 '사단법인의 사원의 지위는 양도 또는 상속할 수 없다'고 한 민 56조의 규정은 강행규정은 아니라고 할 것이므로, 정관에 의하여 이를 인정하고 있을 때에는 양도, 상속이 허용된다.(대판 1992.4.14, 91다26850)

15. 조합원의 지위가 상속인에게 승계되는지 여부(소극) 조합에 있어서 조합원의 1인이 사망한 때에는 민 717조에 의하여 그 조합관계로부터 당연히 탈퇴하고 특히 조합계약에서 사망한 조합원의 지위를 그 상속인이 승계하기로 약정한 바 없다면 사망한 조합원의 지위는 상속인에게 승계되지 아니한다.(대판 1987.6.23, 86다카2951)

16. 타인의 권리를 처분한 자의 지위를 그 타인이 상속한 경우 처분계약에 따른 이행의무의 부담여부(소극) 갑이 을 명의의 주식에 관하여 처분권한 없이 은행과 담보설정계약을 체결하였다 하더라도 이는 일종의 타인의 권리의 처분행위로서 유효하다 할 것이므로 갑은 을로부터 그 주식을 취득하여 이를 은행에게 인도하여야 할 의무를 부담한다 할 것인데, 갑의 사망으로 인하여 을이 갑을 상속한 경우 을은 원래 그 주식의 주주로서 타인의 권리에 대한 담보설정계약을 체결한 은행에 대하여 그 이행에 관한 아무런 의무가 없고 이행을 거절할 수 있는 자유가 있었던 것이므로, 을은 신의칙에 반하는 것으로 인정할 특별한 사정이 없는 한 원칙적으로는 위 계약에 따른 의무의 이행을 거절할 수 있다.(대판 1994.8.26, 93다20191)

第1006條【共同相續과 財産의 共有】 相續人이 數人인 때에는 相續財産은 그 共有로 한다. (1990.1.13 본조개정)

■ 1000②③ · 1003, 포괄수증자의 권리의무(1078 · 1064), 공동상속인의 권리의무의 승계(1007), 공유와 유산의 분할(263이하 · 1012이하 · 271－274), 상속재산분할의 소급효(1015), 공동상속인과 한정승인(1029 · 1040 · 1043), 공동상속과 포기(1043)

1. 공동상속인의 상속재산의 공동귀속관계 공동상속인의 상속재산의 공동귀속관계는 민법상 공유관계로서, 공유물에 끼친 불법행위를 이유로 하는 손해배상청구권은 특별한 사유가 없는 한 각 공유자는 그 지분에 대응하는 비율의 한도 내에서만 이를 행사할 수 있다.(대판 1970.4.14, 70다171)

2. 공동상속인들 중의 일부가 공동상속재산에 관한 원인무효 등기의 전부 말소를 구할 수 있는지 여부(적극) 공동상속재산은 상속인들의 공유이고, 또 부동산의 공유자인 한 사람은 그 공유물에 대한 보존행위로서 그 공유물에 관한 원인 무효의 등기 전부의 말소를 구할 수 있다.(대판 1996.2.9, 94다61649)

3. 다른 공유자 지분권 주장이 보존행위인지 여부(소극) 공유자가 다른 공유자의 지분권을 대외적으로 주장하는 것을 공유물의 멸실 · 훼손을 방지하고 공유물의 현상을 유지하는 사실적 · 법률적 행위인 공유물의 보존행위에 속한다고 할 수 없다.(대판 1994.11.11, 94다35008)

4. 등기부에 기재되지 아니한 공동상속인의 권리 공동상속인들 가운데 일부가 등기부에 공동상속인으로 기재되어 있지 않더라도 특별한 사정이 없는 한 그의 공동상속인으로서의 권리를 부정할 수 없다.(대판 1978.1.17, 77다1977)

5. 공동상속인들이 택지개발예정지구 내의 이주자택지에 관한 공급계약을 체결할 수 있는 청약권을 공동상속한 경우 그 행사방법 한국토지공사가 택지개발예정지구 내의 이주자택지 공급대상자의 선정기준에 따라 이주자택지 공급대상자를 확정하고 청약신청을 하도록 통지하여 청약권이 발생하였는데, 그 공급대상자가 사망하여 공동상속인들이 청약권을 공동으로 상속하는 경우에는 공동상속인들이 그 상속지분비율에 따라 피상속인의 청약권을 준공유하게 되며, 공동상속인들은 단독으로 청약권 전부는 물론 그 상속지분에 관하여도 이를 행사할 수 없고, 그 청약권을 준공유하고 있는 공동상속인들 전원이 공동으로만 이를 행사할 수 있는 것이므로 위 청약권에 기하여 청약의 의사표시를 하고, 그에 대한 승낙의 의사표시를 구하는 소송은 청약권의 준공유자 전원이 원고가 되어야 하는 고유필수적 공동소송이다.(대판 2003.12.26, 2003다11738)

第1007條【共同相續人의 權利義務承繼】 共同相續人은 各自의 相續分에 응하여 被相續人의 權利義務를 承繼한다.

■ 1006, 상속분(1009－1011), 포괄수증자의 권리의무(1078), 다수당사자의 채권관계(408 · 409 · 411)

1. 타에 매도된 부동산의 공동상속인중 자기 이외의 상속인들의 지분을 매수하여 이전등기를 마친 경우 소유권이전등기의무의 승계 문제 타에 매도된 부동산의 공동상속인중 자기 이외의 상속인들의 상속지분을 매수하여 자기앞으로 그 매수지분에 관한 이전등기를 마친 자는, 원래의 자기 고유상속지분이 아닌 매수지분에 관하여는 의무승계의 특약이 존재하는 등 특단의 사정이 없는 한 당연히 다른 상속인들의 원래의 부동산 매수인에 대한 의무를 승계한다고 볼 수 없다.(대판 1979.2.27, 78다2281)

2. 1007조에서 정한 '상속분'의 의미 및 상속재산의 분할이 마쳐지지 않은 상태에서의 권리승계 여부 민 1007조에서 정한 '상속분'은 법정상속분을 의미하고, 민 1006조는 "상속인이 수인인 때에는 상속재산은 그 공유로 한다."라고 정하므로, 공동상속인들은 상속이 개시되어 상속재산의 분할이 있을 때까지 민 1007조에 기하여 각자의 법정상속분에 따라서 이를 잠정적으로 공유하다가 특별수익 등을 고려한 구체적 상속분에 따라 상속재산을 분할함으로써 위와 같은 잠정적 공유상태를 해소하고 최종적으로 개개의 상속재산을 누구에게 귀속시킬 것인지를 확정하게 된다. 그러므로 공동상속인들 사이에서 상속재산의 분할이 마쳐지지 않았음에도 특정 공동상속인에 대하여 특별수익 등을 고려하면 그의 구체적 상속분이 없다는 등의 이유를 들어 그 공동상속인에게는 개개의 상속재산에 관하여 법정상속분에 따른 권리승계가 아예 이루어지지 않았다거나, 부동산인 상속재산에 관하여 법정상속분에 따라 마쳐진 상속을 원인으로 한 소유권이전등기가 원인무효라고 주장하는 것은 허용될 수 없다.(대판 2023.4.27, 2020다292626)

第1008條【特別受益者의 相續分】 共同相續人中에 被相續人으로부터 財産의 贈與 또는 遺贈을 받은 者가 있는 境遇에 그 受贈財産이 自己의 相續分에 達하지 못한 때에는 그 不足한 部分의 限度에서 相續分이 있다. (1977.12.31 단서삭제)

■ 증여(554이하), 유증(1074이하 · 1064), 상속분(1009－1011), 본조의 준용(1118)

1. 상속재산분할의 기준이 되는 구체적 상속분의 산정방법 상속재산분할은 법정상속분이 아니라 특별수익(피상속인의 공동상속인에 대한 유증이나 생전 증여 등)이나 기여분에 따라 수정된 구체적 상속분을 기준으로 이루어진다. 구체적 상속분을 산정함에 있어서는, 상속개시 당시를 기준으로 상속재산과 특별수익재산을 평가하여 이를 기초로 하여야 하고, 공동상속인 중 특별수익자가 있는 경우 구체적 상속분 가액의 산정을 위해서는, 피상속인이 상속개시 당시 가지고

있던 재산 가액에 생전 증여의 가액을 가산한 후, 이 가액에 각 공동상속인별로 법정상속분율을 곱하여 산출된 상속분의 가액으로부터 특별수익자의 수증재산인 증여 또는 유증의 가액을 공제하는 계산방법에 의한다. 이렇게 계산한 상속인별 구체적 상속분 가액을 전체 공동상속인들 구체적 상속분 가액 합계액으로 나누면 상속인별 구체적 상속분 비율, 즉 상속재산분할의 기준이 되는 구체적 상속분을 얻을 수 있다. 한편 위와 같이 구체적 상속분 가액을 계산한 결과 공동상속인 중 특별수익이 법정상속분 가액을 초과하는 초과특별수익자가 있는 경우, 그러한 초과특별수익자는 특별수익을 제외하고는 더 이상 상속받지 못하는 것으로 처리하되(구체적 상속분 가액 0원), 초과특별수익은 다른 공동상속인들이 그 법정상속분율에 따라 안분하여 자신들의 구체적 상속분 가액에서 공제하는 방법으로 구체적 상속분 가액을 조정하여 위 구체적 상속분 비율을 산출함이 바람직하다. 결국 초과특별수익자가 있는 경우 그 초과된 부분은 나머지 상속인들의 부담으로 돌아가게 된다.(대결 2022.6.30, 2017스98, 99, 100, 101)

. 생전 증여가 특별수익에 해당하는지 여부의 판단 방법 민 1008조는 공동상속인 중에 피상속인으로부터 재산의 증여 또는 유증을 받은 자가 있는 경우에 그 수증재산이 자기의 상속분에 달하지 못한 때에는 그 부족한 부분의 한도에서 상속분이 있다고 규정하고 있는바, 이는 공동상속인 중에 피상속인으로부터 재산의 증여 또는 유증을 받은 특별 수익자가 있는 경우에 공동상속인들 사이의 공평을 기하기 위하여 그 수증재산을 상속분의 선급으로 다루어 구체적인 상속분을 산정함에 있어 이를 참작하도록 하려는 데 그 취지가 있다. 어떠한 생전 증여가 특별수익에 해당하는지는 피상속인의 생전의 자산, 수입, 생활수준, 가정상황 등을 참작하고 공동상속인들 사이의 형평을 고려하여 당해 생전 증여가 장차 상속인으로 될 자에게 돌아갈 상속재산 중의 그의 몫의 일부를 미리 주는 것이라고 볼 수 있는지에 의하여 결정하여야 할 것이다.(대판 1998.12.8, 97므513, 520, 97스12)

배우자에 대한 생전 증여가 특별수익에 해당하는지 여부 판단 기준 어떠한 생전 증여가 특별수익에 해당하는지는 피상속인 생전의 자산, 수입, 생활수준 등을 참작하고 1008조의 취지인 공동상속인들 간 형평을 고려하여, 그것이 장차 상속인이 될 자가 받게 될 상속재산 중 그의 몫의 일부를 미리 주는 것이라고 볼 수 있는지에 의해 결정해야 한다. 배우자가 일생 동안 피상속인의 반려로서 가정공동체를 형성하고 헌신하며 가족의 경제적 기반을 획득·유지하고 자녀들을 계속 양육·지원해 온 경우, 배우자에 대한 생전 증여에는 위와 같은 기여에 대한 보상, 실질적 공동재산의 청산, 배우자의 여생에 대한 부양의무의 이행 등의 의미도 함께 담겨 있는 것이므로 그러한 한도 내에서는 위 증여를 특별수익에서 제외하더라도 자녀인 공동상속인들과의 관계에서 공평을 해치지 않는다.(대판 2011.12.8, 2010다66644)

공동상속인 중에 특별수익자가 있는 경우의 상속분의 산정방법 공동상속인 중에 특별수익자가 있는 경우의 구체적인 상속분의 산정을 위하여는, 피상속인이 상속개시 당시에 가지고 있던 재산의 가액에 생전 증여의 가액을 가산한 후, 이 가액에 각 공동상속인별로 법정상속분율을 곱하여 산출된 상속분의 가액으로부터 특별수익자의 수증재산인 증여 또는 유증의 가액을 공제하는 계산방법에 의하여 할 것이고, 여기서 이러한 계산의 기초가 되는 "피상속인이 상속개시 당시에 가지고 있던 재산의 가액"을 상속의 대상이 되는 적극재산으로부터 소극재산을 공제한 차액에 해당하는 순자산액이라 파악하면 자기의 법정 상속분을 초과하여 특별이익을 얻은 초과특별수익자는 상속채무를 전혀 부담하지 않게 되어 다른 공동상속인에 대하여 심히 균형을 잃게 되는 부당한 결과에 이르므로 "피상속인이 상속개시 당시에 갖고 있던 재산의 가액"이라 함은 상속재산 가운데 적극재산의 전액을 가리키는 것으로 보아야 옳다.(대판 1995.3.10, 94다16571)

5. 공동상속인 중에 특별수익자가 있는 경우 상속분 산정을 위한 재산 평가시점 및 대상분할의 방법에 의한 상속재산분할시 상속재산 평가시점 공동상속인 중에 피상속인으로부터 재산의 증여 또는 유증 등의 특별수익을 받은 자가 있는 경우에는 이러한 특별수익을 고려하여 상속인별로 고유의 법정상속분을 수정하여 구체적인 상속분을 산정하게 되는데, 이러한 구체적 상속분을 산정함에 있어서는 상속개시시를 기준으로 상속재산과 특별수익재산을 평가하여 이를 기초로 하여야 할 것이고, 다만 법원이 실제로 상속재산분할을 함에 있어 분할의 대상이 된 상속재산 중 특정의 재산을 1인 및 수인의 상속인의 소유로 하고 그의 상속분과 그 특정의 재산의 가액과의 차액을 현금으로 정산할 것을 명하는 방법(소위 대상분할의 방법)을 취하는 경우에는, 분할의 대상이 되는 재산을 그 분할시를 기준으로 하여 재평가하여 그 평가액에 의하여 정산을 하여야 한다.(대결 1997.3.21, 96스62)

6. 특별수익으로 고려할 수 있는 범위 상속분의 산정에서 증여 또는 유증을 참작하게 되는 것은 원칙적으로 상속인이 유증 또는 증여를 받은 경우에만 발생하나, 증여 또는 유증의 경위, 증여나 유증된 물건의 가치, 성질, 수증자와 관계된 상속인이 실제 받은 이익 등을 고려하여 실질적으로 피상속인으로부터 상속인에게 직접 증여된 것과 다르지 않다고 인정되는 경우에는 상속인의 직계비속, 배우자, 직계존속 등에게 이루어진 증여나 유증도 특별수익으로서 이를 고려할 수 있다.(대판 2007.8.28, 2006스3)

7. 대습상속인이 대습원인의 발생 이전에 피상속인으로부터 증여를 받은 경우, 대습상속인의 위와 같은 수익이 특별수익에 해당하는지 여부(소극) 대습상속인이 대습원인의 발생 이전에 피상속인으로부터 증여를 받은 경우 이는 상속인의 지위에서 받은 것이 아니므로 상속분의 선급으로 볼 수 없다. 따라서 대습상속인의 위와 같은 수익은 특별수익에 해당하지 않는다.(대판 2014.5.29, 2012다31802)

8. 상속결격사유가 발생한 이후에 결격된 자가 피상속인에게서 직접 증여를 받은 경우, 그 수익이 특별수익에 해당하는지 여부(원칙적 소극) 민 1008조는 공동상속인 중 피상속인에게서 재산의 증여 또는 유증을 받은 특별수익자가 있는 경우 공동상속인들 사이의 공평을 기하기 위하여 수증재산을 상속분의 선급으로 다루어 구체적인 상속분을 산정할 때 이를 참작하도록 하려는 데 취지가 있는 것이므로, 상속결격사유가 발생한 이후에 결격된 자가 피상속인에게서 직접 증여를 받은 경우, 그 수익은 상속인의 지위에서 받은 것이 아니어서 원칙적으로 상속분의 선급으로 볼 수 없다. 따라서 결격된 자의 수익은 특별한 사정이 없는 한 특별수익에 해당하지 않는다.(대결 2015.7.17, 2014스206, 207)

9. 피대습인이 대습원인의 발생 이전에 피상속인으로부터 생전 증여로 특별수익을 받은 경우, 생전 증여를 대습상속인의 특별수익으로 보아야 하는지 여부(적극) 피대습인이 생전에 피상속인으로부터 특별수익을 받은 경우 대습상속이 개시되었다고 하여 피대습인의 특별수익을 고려하지 않고 대습상속인의 구체적인 상속분을 산정한다면 대습상속인은 피대습인이 취득할 수 있었던 것 이상의 이익을 취득하게 된다. 이는 공동상속인들 사이의 공평을 해칠 뿐만 아니라 대습상속의 취지에도 반한다. 따라서 피대습인이 대습원인의 발생 이전에 피상속인으로부터 생전 증여로 특별수익을 받은 경우 그 생전 증여는 대습상속인의 특별수익으로 봄이 타당하다.(대판 2022.3.17, 2020다267620)

10. 피상속인이 한 생전 증여에 상속인의 특별한 부양 내지 기여에 대한 대가의 의미가 포함되어 있는 경우, 생전 증여를 특별수익에서 제외할 수 있는지 여부(적극) **및 그 판단기준** 피상속인으로부터 생전 증여를 받은 상속인이 피상속인을 특별히 부양하였거나 피상속인의 재산의 유지 또는 증가

에 특별히 기여하였고, 피상속인의 생전 증여에 상속인의 위와 같은 특별한 부양 내지 기여에 대한 대가의 의미가 포함되어 있는 경우에는 그러한 한도 내에서 생전 증여를 특별수익에서 제외할 수 있다. 여기서 피상속인이 한 생전 증여에 상속인의 특별한 부양 내지 기여에 대한 대가의 의미가 포함되어 있는지 여부는 당사자들의 의사에 따라 판단하되, 당사자들의 의사가 명확하지 않은 경우에는 피상속인과 상속인 사이의 개인적 유대관계, 상속인의 특별한 부양 내지 기여의 구체적 내용과 정도, 생전 증여 목적물의 종류 및 가액과 상속재산에서 차지하는 비율, 생전 증여 당시의 피상속인과 상속인의 자산, 수입, 생활수준 등을 종합적으로 고려하여 형평의 이념에 맞도록 사회일반의 상식과 사회통념에 따라 판단하여야 한다. 다만 유류분제도의 목적을 고려할 때, 피상속인의 생전 증여를 만연히 특별수익에서 제외하여 유류분제도를 형해화시키지 않도록 신중하게 판단하여야 한다.(대판 2022.3.17, 2021다230083, 230090)

第1008條의2【寄與分】 ① 共同相續人 중에 상당한 기간 동거·간호 그 밖의 방법으로 피상속인을 특별히 부양하거나 피상속인의 재산의 유지 또는 증가에 특별히 기여한 자가 있을 때에는 相續開始 당시의 被相續人의 財産價額에서 共同相續人의 協議로 정한 그 者의 寄與分을 控除한 것을 相續財産으로 보고 第1009條 및 第1010條에 의하여 算定한 相續分에 寄與分을 加算한 額으로써 그 者의 相續分으로 한다. (2005.3.31 본항개정)

② 第1項의 協議가 되지 아니하거나 協議할 수 없는 때에는 家庭法院은 第1項에 規定된 寄與者의 請求에 의하여 기여의 時期·방법 및 정도와 相續財産의 額 기타의 事情을 참작하여 寄與分을 정한다.

③ 寄與分은 相續이 開始된 때의 被相續人의 財産價額에서 遺贈의 價額을 控除한 額을 넘지 못한다.

④ 第2項의 規定에 의한 請求는 第1013條第2項의 規定에 의한 請求가 있을 경우 또는 第1014條에 規定하는 경우에 할 수 있다.

(1990.1.13 본조신설)

[**개정전**] ① 共同相續人중에 "被相續人의 財産의 維持 또는 增加에 관하여 특별히 寄與한 者(被相續人을 특별히 扶養한 者를 포함한다)"가 있을 때에는 相續開始 당시의 ……

1. 부부간의 부양과 기여분(1) 망인은 공무원으로 종사하면서 적으나마 월급을 받아 왔고, 교통사고를 당하여 치료를 받으면서 처로부터 간병을 받았다고 하더라도 이는 부부간의 부양의무 이행의 일환일 뿐, 망인의 상속재산 취득에 특별히 기여한 것으로 볼 수 없으며, 또한 처가 위 망인과는 별도로 쌀 소매업, 잡화상, 여관업 등의 사업을 하여 소득을 얻었다고 하더라도 이는 위 망인의 도움이 있었거나 망인과 공동으로 이를 경영한 것이고, 더욱이 처는 위 망인과의 혼인생활 중인 1976.경부터 1988.경까지 사이에 상속재산인 이 사건 부동산들보다 더 많은 부동산들을 취득하여 처 앞으로 소유권이전등기를 마친 점 등에 비추어 보면, 위 부동산의 취득과 유지에 있어 위 망인의 처로서 통상 기대되는 정도를 넘어 특별히 기여한 경우에 해당한다고는 볼 수 없다.(대판 1996.7.10, 95스30)

2. 부부간의 부양과 기여분(2) ① 배우자가 장기간 피상속인과 동거하면서 피상속인을 간호한 경우, 민 1008조의2의 해석상 가정법원은 배우자의 동거·간호가 부부 사이의 제1차 부양의무 이행을 넘어서 '특별한 부양'에 이르는지 여부와 더불어 동거·간호의 시기와 방법 및 정도뿐 아니라 동거·간호에 따른 부양비용의 부담 주체, 상속재산의 규모와 배우자에 대한 특별수익액, 다른 공동상속인의 숫자와 배우자의 법정상속분 등 일체의 사정을 종합적으로 고려하여 공동상속인들 사이의 실질적 공평을 도모하기 위하여 배우자의 상속분을 조정할 필요성이 인정되는지 여부를 가려서 기여분 인정 여부와 그 정도를 판단하여야 한다. ② 배우자의 장기간 동거·간호에 따른 무형의 기여행위를 기여분을 인정하는 요소 중 하나로 적극적으로 고려할 수 있다. 다만 이러한 배우자에게 기여분을 인정하기 위해서는 앞서 본 바와 같은 일체의 사정을 종합적으로 고려하여 공동상속인들 사이의 실질적 공평을 도모하기 위하여 배우자의 상속분을 조정할 필요성이 인정되어야 한다.(대결(全) 2019.11.21, 2014스44, 45)

3. 성년인 자(子)가 장기간 부모와 동거하면서 생계유지의 수준을 넘는 부양을 한 경우 특별 부양자에 해당하는지 여부(적극) 민법이 친족 사이의 부양에 관하여 그 당사자의 신분관계에 따라 달리 규정하고, 피상속인을 특별히 부양한 자를 기여분을 인정받을 수 있는 자에 포함시키는 1008조의2 규정을 신설함과 아울러 재산상속인이 동시에 호주상속을 할 경우에 그 고유의 상속분의 5할을 가산하도록 한 규정(1990. 1. 13. 법률 제4199호로 개정되기 전의 1009조 1항 단서)을 삭제한 취지에 비추어 볼 때, 성년(成年)인 자(子)가 부양의무의 존부나 그 순위에 구애됨이 없이 스스로 장기간 그 부모와 동거하면서 생계유지의 수준을 넘는 부양자 자신과 같은 생활수준을 유지하는 부양을 한 경우에는 부양의 시기·방법 및 정도의 면에서 각기 특별한 부양이 된다고 보아 각 공동상속인 간의 공평을 도모한다는 측면에서 그 부모의 상속재산에 대하여 기여분을 인정함이 상당하다.(대판 1998.12.8, 97므513, 520, 97스12)

4. 상속재산분할청구 없이 유류분반환청구를 한 경우에 기여분결정청구를 할 수 있는지 여부(소극) 기여분은 상속재산분할의 전제문제로서의 성격을 갖는 것이므로 상속재산분할의 청구나 조정신청이 있는 경우에 한하여 기여분결정청구를 할 수 있고, 다만 예외적으로 상속재산분할 후에라도 피인지자나 재판의 확정에 의하여 공동상속인이 된 자의 상속분에 상당한 가액의 지급청구가 있는 경우에는 기여분의 결정청구를 할 수 있다고 해석되며, 상속재산분할의 심판청구가 없음에도 단지 유류분반환청구가 있다는 사유만으로는 기여분결정청구가 허용된다고 볼 것은 아니다.(대결 1999.8.24, 99스28)

5. 공동상속인의 협의 또는 가정법원의 심판으로 기여분이 결정된 경우, 유류분을 산정함에 있어 기여분을 공제할 수 있는지 여부(소극) **및 기여분으로 유류분에 부족이 생겼다고 하여 기여분 반환을 청구할 수 있는지 여부**(소극) 공동상속인의 협의 또는 가정법원의 심판으로 기여분이 결정되지 않은 이상 유류분반환청구소송에서 기여분을 주장할 수 없음은 물론이거니와, 설령 공동상속인의 협의 또는 가정법원의 심판으로 기여분이 결정되었다고 하더라도 유류분을 산정함에 있어 기여분을 공제할 수 없고, 기여분으로 유류분에 부족이 생겼다고 하여 기여분에 대하여 반환을 청구할 수도 없다.(대판 2015.10.29, 2013다60753)

第1008條의3【墳墓 등의 承繼】 墳墓에 속한 1町步 이내의 禁養林野와 600坪 이내의 墓土인 農地, 族譜와 祭具의 所有權은 祭祀를 主宰하는 者가 이를 承繼한다.

(1990.1.13 본조신설)

1. 민 1008조의3의 취지 민 1008조의3 및 상속세법 8조의2 2항 2호의 규정은 일가의 제사를 계속하게 하기 위한 제사용 재산을 승계할 경우 이를 일반상속재산과 구별되는 특별재산이라고 보아 상속세 과세가액에서 제외시키기 위한 것으로서, 금양임야와 묘토인 농지, 족보와 제구 등을 소유하던 피상속인이 사망한 후 상속인들이 수인이 있을 경우 그

양임야 등의 승계권을 그 금양임야로서 수호하는 분묘의 제사를 주재하는 상속인에게 귀속시키기 위한 규정이라고 보아야 한다.(대판 1994.10.14, 94누4059)

2. 제사의 주재자로서 금양임야를 승계할 자 민 1008조의3에 의한 금양임야의 승계자는 제사를 주재하는 자로서 공동상속인 중 종손이 있다면 통상 종손이 제사의 주재자가 되나, 종손에게 제사를 주재하는 자의 지위를 유지할 수 없는 특별한 사정이 있는 경우에는 그렇지 않다. 선대의 제사 및 부모의 부양을 소홀히 하여 가족간 불화를 일으켜 왔으며 부모의 사후에도 제사를 지내지 않은 경우에는 종손이라 하더라도 제사를 주재하는 자에 해당하지 않는다.(대판 2004.1.16, 2001다79037)

3. 금양임야 등 제사용 재산이 제사주재자가 아닌 다른 상속인에게로 소유권이전 되었을 경우 일반 상속재산에 포함되는지 여부(소극) 어느 토지가 민 1008조의3의 금양임야이거나 묘토인 농지에 해당한다면 그 규정에 정한 범위 내의 토지는 제사주재자가 단독으로 그 소유권을 승계할 것이고 이 때의 제사주재자는 종손이 있는 경우라면 그에게 제사를 주재하는 자의 지위를 유지할 수 없는 특별한 사정이 있는 경우를 제외하고는 그가 된다 할 것이며, 그 경우 다른 상속인 등의 명의로 소유권이전등기가 경료되었다 하여도 그 부분에 관한 한은 무효의 등기에 불과하므로, 그 소유권이전등기로써 제사주재자가 승계할 금양임야가 일반 상속재산으로 돌아가는 것은 아니다.(대판 1997.11.28, 96누18069)

4. 금양임야가 수호하는 분묘의 기지를 처분한 후에도 분묘를 이전하기까지는 금양임야로서의 성질을 지니는지 여부(적극) 금양임야가 수호하는 분묘의 기지가 제3자에게 이전된 경우에도 그 분묘를 사실상 이전하기 전까지는 그 임야는 여전히 금양임야로서의 성질을 지니고 있으므로, 금양임야가 수호하던 분묘의 기지가 포함된 토지가 토지수용으로 인하여 소유권이 이전된 후에도 미처 분묘를 이장하지 못하고 있던 중 피상속인이 사망하였다면 위 임야는 여전히 금양임야로서의 성질을 지닌다.(대판 1997.11.28, 96누18069)

5. 금양임야 등의 소유자가 사망한 후 상속인과 그 수호분묘의 제사 주재자가 다를 경우, 금양임야 등이 일반상속재산으로 돌아가는지 여부(적극) 금양임야 등의 소유자가 사망한 후 상속인과 그 금양임야로서 수호하는 분묘의 제사를 주재하는 자가 다를 경우에는 그 금양임야 등은 상속인들의 일반상속재산으로 돌아간다고 보아야 할 것이며 상속인이 아닌 제사를 주재하는 자에게 금양임야 등의 승계권이 귀속된다고 할 수는 없다.(대판 1994.10.14, 94누4059)

6. 제사용 재산의 승계에 대하여 상속회복청구권의 제척기간이 적용되는지 여부(적극) 구 민 996조(현행 민 1008조의3)에 정한 이른바 제사용 재산은 일반상속재산과는 구분되는 특별재산으로서 대외적인 관계뿐만 아니라 상속인 상호간의 대내적인 관계에서도 구 민법상의 호주상속인이 단독으로 그 소유권을 승계하는 것이나, 위 규정에 의한 승계를 상속과는 완전히 별개의 제도라고 볼 것이 아니라 본질적으로 상속에 속하는 것으로서 일가의 제사를 계속할 수 있게 하기 위하여 상속에 있어서의 한 특례를 규정한 것으로 보는 것이 상당하다. 따라서 그에 관하여 일반상속재산과는 다소 다른 특별재산으로서의 취급을 할 부분이 있다 하더라도, 상속을 원인으로 한 권리의무관계를 조속히 확정시키고자 하는 상속회복청구권의 제척기간 제도의 취지까지 그 적용을 배제하여야 할 아무런 이유가 없다.(대판 2006.7.4, 2005다45452)

7. 제사주재자와 제3자 사이에 제사용 재산의 소유권 등에 관한 다툼이 있는 경우, 제사주재자가 제3자를 상대로 민 1008조의3에 정한 제사주재자 지위 확인을 구할 이익이 있는지 여부(소극) 제사주재자와 제3자 사이에 제사용 재산의 소유권 등에 관한 다툼이 있는 경우 이는 공동상속인들 사이의 민 1008조의3에 의한 제사용 재산의 승계 내지 그 기초가 되는 제사주재자 지위에 관한 다툼이 아니라 일반적인 재산 관련 다툼에 지나지 않으므로, 제사주재자로서는 제3자를 상대로 민 1008조의3에서 규정하는 제사주재자 지위 확인을 구할 것이 아니라 제3자를 상대로 직접 이행청구나 권리관계 확인청구를 하여야 한다.(대판 2012.9.13, 2010다88699)

8. 공동상속인들 사이에 협의가 이루어지지 않는 경우, 제사주재자를 결정하는 방법 구 관습법에 따르면 종손이 있는 경우에 그가 제사주재자의 지위를 유지할 수 없는 특별한 사정이 있는 경우를 제외하고는 일반적으로 선조의 분묘를 수호·관리하는 권리는 제사주재자인 그 종손에게 있었다. 그 후 대법원은 위 입장을 변경하면서, 제사주재자는 우선적으로 망인의 공동상속인들 사이의 협의로 정하되, 협의가 이루어지지 않는 경우 제사주재자의 지위를 유지할 수 없는 특별한 사정이 있지 않는 한 망인의 장남(장남이 이미 사망한 경우에는 장손자)이 제사주재자가 되고, 공동상속인들 중 아들이 없는 경우에는 망인의 장녀가 제사주재자가 된다고 하면서, 새로운 법리는 그 판결 선고 이후에 제사용 재산의 승계가 이루어지는 경우에만 적용된다고 판시하였다(대판(全) 2008.11.20, 2007다27670). 이어 대법원은 다시 제사주재자 결정방법에 관한 종전 견해를 변경하여, 공동상속인들 사이에 협의가 이루어지지 않는 경우 제사주재자의 지위를 인정할 수 없는 특별한 사정이 있지 않는 한 피상속인의 직계비속 중 남녀, 적서를 불문하고 최근친의 연장자가 제사주재자로 우선하고, 새로운 법리는 그 판결 선고 이후에 제사용 재산의 승계가 이루어지는 경우에만 적용된다고 판시하였다(대판(全) 2023.5.11, 2018다248626).

第2款 相續分

第1009條【法定相續分】

① 同順位의 相續人이 數人인 때에는 그 相續分은 均分으로 한다.
② 被相續人의 配偶者의 相續分은 直系卑屬과 共同으로 相續하는 때에는 直系卑屬의 相續分의 5割을 加算하고, 直系尊屬과 共同으로 相續하는 때에는 直系尊屬의 相續分의 5割을 加算한다.
③ (1990.1.13 삭제)
(1990.1.13 본조개정)

■ 상속의 순위(1000·1003), 포괄수증자의 권리의무(1078), 대습상속분(1010), 공동상속분(1011)

1. 점유권 상속에 상속분에 관한 규정 적용 여부(소극) 상속인에게 이전되는 점유권에 관하여는 민 1009조 이하에 규정된 상속분에 관한 규정은 적용될 것이 아니다.(대판 1962.10.11, 62다460)

2. 공동상속한 부동산에 대하여 공동상속인 1인 명의로 소유권이전등기를 마친 경우 그 등기의 효력 공동상속한 부동산에 대하여 공동상속인의 한사람이 불법으로 그 단독명의로 소유권이전등기를 경료한 경우 그 부동산에 대한 다른 상속인들의 각 상속분에 관한 위 등기는 그 원인을 흠결한 무효의 등기임이 명백하다 할 것이나 위의 등기를 경료한 상속인 자신의 상속분에 관한 위 등기는 그것이 불법한 방법으로 경료된 것이라 하여도 이를 무효의 등기라고는 할 수 없다.(대판 1967.9.5, 67다1347)

3. 공동상속인 중의 한 사람만을 상대로 건물의 철거를 청구할 수 있는지 여부(적극) 건물의 공동상속인 전원을 피고로 하여서만 건물의 철거청구를 할 수 있는 것은 아니고 공동상속인 중의 한 사람만을 상대로 그 상속분의 한도에서만 건물의 철거를 청구할 수 있다.(대판 1968.7.31, 68다1102)

4. 공동상속인 중 1인이 실질적으로 단독 상속한 경우 상속인에게 승계되는 피상속인의 국세 등에 관한 납부의무의 범위 상속인이 2인 이상인 경우에 그중의 한 사람이 피상속인의 재산을 실질적으로 단독 상속하였다고 하더라도 그 상속인

에게 승계되는 피상속인의 국세 등에 관한 납부의무는 민 1009조, 1010조 및 1012조 등의 규정에 의한 자기의 상속분에 따라 안분계산한 금액 범위에 한정된다.(대판 1997.10.24, 96누9973)

第1010條【代襲相續分】 ① 第1001條의 規定에 依하여 死亡 또는 缺格된 者에 갈음하여 相續人이 된 者의 相續分은 死亡 또는 缺格된 者의 相續分에 依한다. (2014.12.30 본항개정)

② 前項의 境遇에 死亡 또는 缺格된 者의 直系卑屬이 數人인 때에는 그 相續分은 死亡 또는 缺格된 者의 相續分의 限度에서 第1009條의 規定에 依하여 이를 定한다. 第1003條第2項의 境遇에도 또한 같다.

第5編 相續

▣ 1003②, 법정상속분(1009), 대습상속(1001), 본조의 준용(1118)

第1011條【共同相續分의 讓受】 ① 共同相續人中에 그 相續分을 第三者에게 讓渡한 者가 있는 때에는 다른 共同相續人은 그 價額과 讓渡費用을 償還하고 그 相續分을 讓受할 수 있다.

② 前項의 權利는 그 事由를 안 날로부터 3月, 그 事由있은 날로부터 1年內에 行使하여야 한다.

▣ 1012이하, 상속분의 양도(1006 · 273①), 포괄수증자의 권리의무(1078)

1. '상속분의 양도'의 의미 민 1011조 1항은 "공동상속인 중 그 상속분을 제3자에게 양도한 자가 있는 때에는 다른 공동상속인은 그 가액과 양도비용을 상환하고 그 상속분을 양수할 수 있다."고 규정하고 있는바, 여기서 말하는 '상속분의 양도'란 상속재산분할 전에 적극재산과 소극재산을 모두 포함한 상속재산 전부에 관하여 공동상속인이 가지는 포괄적 상속분, 즉 상속인 지위의 양도를 의미하므로, 상속재산을 구성하는 개개의 물건 또는 권리에 대한 개개의 물권적 양도는 이에 해당하지 아니한다. 공동상속인 중 일부가 상속재산인 임야 중 자신들의 상속지분을 양도한 경우, 이는 민 1011조 1항에 규정된 '상속분의 양도'에 해당하지 아니하고 상속받은 임야에 관한 공유지분을 양도한 것에 불과하여, 다른 공동상속인에게 민 1011조 1항에 규정된 상속분 양수권이 있다고 볼 수 없다.(대판 2006.3.24, 2006다2179)

第3款 相續財産의 分割

第1012條【遺言에 依한 分割方法의 指定, 分割禁止】 被相續人은 遺言으로 相續財産의 分割方法을 定하거나 이를 定할 것을 第三者에게 委託할 수 있고 相續開始의 날로부터 5年을 超過하지 아니하는 期間內의 그 分割을 禁止할 수 있다.

▣ 1013 · 1015 · 1006, 공유물의 분할(268－270), 유언(1060이하), 분할의 기준(1009), 상속개시(997), 기간의 계산(157)

1. 유언에 의하지 아니한 상속재산 분할방법 지정의 효력 피상속인은 유언으로 상속재산의 분할방법을 정할 수는 있지만, 생전행위에 의한 분할방법의 지정은 그 효력이 없어 상속인들이 피상속인의 의사에 구속되지는 않는다.(대판 2001.6.29, 2001다28299)

第1013條【協議에 依한 分割】 ① 前條의 境遇外에는 共同相續人은 언제든지 그 協議에 依하여 相續財産을 分割할 수 있다.

② 第269條의 規定은 前項의 相續財産의 分割에 準用한다.

1. 전원의 동의가 없는 상속재산분할 협의의 효력 협의에 의한 상속재산의 분할은 공동상속인 전원의 동의가 있어야 유효하고 공동상속인중 1인의 동의가 없거나 그 의사표시에 대리권의 흠결이 있다면 분할은 무효이다.(대판 1987.3.10, 85므80)

2. 미성년자의 특별대리인을 선임하지 않고 한 상속재산분할 협의의 효력 상속재산에 대하여 그 소유의 범위를 정하는 내용의 상속재산분할 협의는 민 921조 소정의 이해상반되는 행위에 해당하므로 친권자가 미성년자들의 특별대리인을 선임하지 아니하고서 한 상속재산분할의 협의는 무효이다.(대판 1987.3.10, 85므80)

3. 순차적으로 이루어진 상속재산 협의분할의 효력 상속재산의 협의분할은 공동상속인 간의 일종의 계약으로서 공동상속인 전원이 참여하여야 하고 일부 상속인만으로 한 협의분할은 무효라고 할 것이나, 반드시 한 자리에서 이루어질 필요는 없고 순차적으로 이루어질 수도 있으며, 상속인 중 한사람이 만든 분할 원안을 다른 상속인이 후에 돌아가며 승인하여도 무방하다.(대판 2004.10.28, 2003다65438, 65445)

4. 상속재산에 관한 협의분할의 소급적 효력 공동상속인 상호간에 상속재산에 관하여 협의분할이 이루어짐으로써 공동상속인 중 일부가 고유의 상속분을 초과하는 재산을 취득하게 되었다고 하여도 이는 상속개시 당시에 소급하여 피상속인으로부터 승계받은 것으로 보아야 하고 다른 공동상속인으로부터 증여받은 것으로 볼 수 없다.(대판 2001.11.27, 2000두9731)

5. 상속재산의 분할협의와 사해행위취소권 (대판 2001.2.9, 2000다51797) → 제406조 참조

6. 상속재산 분할협의의 합의해제와 제3자 보호 (대판 2004.7.8, 2002다73203) →제548조 참조

7. 금전채무가 상속된 경우 상속재산분할 협의의 효력 금전채무와 같이 급부의 내용이 가분인 채무가 공동상속된 경우, 이는 상속 개시와 동시에 당연히 법정상속분에 따라 공동상속인에게 분할되어 귀속되는 것이므로, 상속재산 분할의 대상이 될 여지가 없고, 상속채무에 관하여 공동상속인들 사이에 분할의 협의가 있는 경우라면 이러한 협의는 민 1013조에서 말하는 상속재산의 협의분할에 해당하는 것은 아니지만, 위 분할의 협의에 따라 공동상속인 중의 1인이 법정상속분을 초과하여 채무를 부담하기로 하는 약정은 면책적 채무인수의 실질을 가진다고 할 것이어서, 채권자에 대한 관계에서 위 약정에 의하여 다른 공동상속인이 법정상속분에 따른 채무의 일부 또는 전부를 면하기 위하여는 민 454조의 규정에 따른 채권자의 승낙을 필요로 하고, 여기에 상속재산 분할의 소급효를 규정하고 있는 민 1015조가 적용될 여지는 전혀 없다.(대판 1997.6.24, 97다8809)

8. 민 1019조 1항의 법정기간을 경과한 상속포기 신고를 상속재산의 협의분할로 볼 것인지 여부(적극) 상속재산을 공동상속인 1인에게 상속시킬 방편으로 나머지 상속인들이 한 상속포기 신고가 민 1019조 1항 소정의 기간을 경과한 후에 신고된 것이어서 상속포기로서의 효력이 없다고 하더라도, 공동상속인들 사이에서는 1인이 고유의 상속분을 초과하여 상속재산 전부를 취득하고 나머지 상속인들은 이를 전혀 취득하지 않기로 하는 내용의 상속재산에 관한 협의분할이 이루어진 것으로 보아야 한다.(대판 1996.3.26, 95다45545, 45552, 45569)

9. 가분채권이 상속재산분할의 대상이 될 수 있는지 여부(원칙적 소극) **및 상속재산분할의 대상이 될 수 있는 경우** 금전채권과 같이 급부의 내용이 가분인 채권은 상속재산분할의 대상이 될 수 없는 것이 원칙이다. 그러나 공동상속인들 중 초과특별수익자가 초과분을 반환하지 않으면서도 가분채권은 법정상속분대로 상속받게 되는 경우, 특별수익이 존재하거나 기여분이 인정되어 구체적인 상속분이 법정상속분과 달라질 수 있는 상황에서 상속재산으로 가분채권만이 있는 경우와 같은 특별한 사정이 있는 때는 상속재산분할을 통하

여 공동상속인들 사이에 형평을 기할 필요가 있으므로 가분채권도 예외적으로 상속재산분할의 대상이 될 수 있다.(대결 2016.5.4, 2014스122)

10. 불법행위 손해배상청구권이 상속재산분할의 대상이 된 사례 공무원들의 불법행위로 말미암아 분배농지에 관한 권리를 상실한 피상속인이 사망한 이후 상속인들이 위 분배농지에 관한 손해배상청구권에 관하여 상속재산분할협의를 하였는데, 위 채권이 상속재산분할의 대상이 될 수 있는지 문제된 사안에서, 피상속인의 사망 당시에는 분배농지에 관한 권리가 상속재산분할의 대상이 되는 상속재산이었다가 구 농지 부칙(1994. 12. 22.) 3조에서 정한 3년의 기간이 지나 소멸하였고, 이에 따라 상속재산분할협의 당시에는 수분배권의 대상재산(代償財産)인 손해배상청구권이 상속재산분할의 대상이 된다.(대판 2020.4.9, 2018다238865)

第1014條【分割後의 被認知者 等의 請求權】

相續開始後의 認知 또는 裁判의 確定에 依하여 共同相續人이 된 者가 相續財産의 分割을 請求할 境遇에 다른 共同相續人이 이미 分割 其他 處分을 한 때에는 그 相續分에 相當한 價額의 支給을 請求할 權利가 있다.

■ 상속개시(997), 인지와 그 소급효(855·863·860), 상속개시후의 인지(864·859②)

1. 사후의 피인지자에 의한 가액청구권의 성질 민 1014조에 의하여, 상속개시 후의 인지 또는 재판의 확정에 의하여 공동상속인이 된 자가 분할을 청구할 경우에 다른 공동상속인이 이미 분할 기타 처분을 한 때에는 그 상속분에 상당한 가액의 지급을 청구할 권리가 있는바, 이 가액청구권은 상속회복청구권의 일종이다.(대판 1993.8.24, 93다12)

2. 가액의 산정 기준시점 민 1014조의 가액은 다른 공동상속인들이 상속재산을 실제처분한 가액 또는 처분한 때의 시가가 아니라 사실심 변론종결시의 시가를 의미한다.(대판 1993.8.24, 93다12)

3. 가액에 부당이득반환의 범위에 관한 민법규정의 유추적용 여부(소극) 상속개시 후에 인지되거나 재판이 확정되어 공동상속인이 된 자도 그 상속재산이 아직 분할되거나 처분되지 아니한 경우에는 당연히 다른 공동상속인들과 함께 분할에 참여할 수 있을 것인바, 민 1014조는 그와 같은 인지 이전에 다른 공동상속인이 이미 상속재산을 분할 기타의 방법으로 처분한 경우에는 사후의 피인지자는 다른 공동상속인들의 분할 기타 처분의 효력을 부인하지 못하게 하는 대신, 이들에게 그 상속분에 상당한 가액의 지급을 청구할 수 있도록 하여 상속재산의 새로운 분할에 갈음하는 권리를 인정함으로써 피인지자의 이익과 기존의 권리관계를 합리적으로 조정하는 데 그 목적이 있다 할 것이고, 따라서 그 가액의 범위에 관하여는 부당이득반환의 범위에 관한 민법규정을 유추적용할 수 없고, 다른 공동상속인들이 분할 기타의 처분시에 피인지자의 존재를 알았는지에 의하여 그 지급할 가액의 범위가 달라지는 것도 아니다.(대판 1993.8.24, 93다12)

4. 상속재산의 처분에 의한 조세부담을 민 1014조의 가액에서 공제할 것인지 여부(소극) 상속재산의 처분에 수반되는 조세부담은 상속에 따른 비용이라고 할 수 없고, 민 1014조에 의한 가액의 지급청구는 상속재산이 분할되지 아니한 상태를 가정하여 피인지자의 상속분에 상당하는 가액을 보장하려는 것이므로, 다른 공동상속인들의 분할 기타의 처분에 의한 조세부담을 피인지자에게 지급할 가액에서 공제할 수 없고, 다른 상속인들이 피인지자에게 그 금액의 상환을 구할 수도 없다.(대판 1993.8.24, 93다12)

5. 인지의 소급효와 상속권 (대판 1993.3.12, 92다48512) → 제860조 참조

第1015條【分割의 遡及效】

相續財産의 分割은 相續開始된 때에 遡及하여 그 效力이 있다. 그러나 第三者의 權利를 害하지 못한다.

■ 상속개시(997)

1. 제3자의 범위(1) 공동상속인 중 1인이 제3자에게 상속 부동산을 매도한 뒤 그 앞으로 소유권 이전등기가 경료되기 전에 그 매도인과 다른 공동상속인들 간에 그 부동산을 매도인 외의 다른 상속인 1인의 소유로 하는 내용의 상속재산 협의분할이 이루어져 그 앞으로 소유권이전등기를 한 경우에, 그 상속재산 협의분할은 상속개시된 때에 소급하여 효력이 발생하고 등기를 경료하지 아니한 제3자는 민 1015조 단서 소정의 소급효가 제한되는 제3자에 해당하지 아니한다.(대판 1996.4.26, 95다54426, 54433)

2. 제3자의 범위(2) 민 1015조 단서에서 말하는 제3자는 일반적으로 상속재산분할의 대상이 된 상속재산에 관하여 상속재산분할 전에 새로운 이해관계를 가졌을 뿐만 아니라 등기, 인도 등으로 권리를 취득한 사람을 말한다.(대판 2020.8.13, 2019다249312)

3. 피인지자보다 후순위 상속인이 소급효 제한에 의하여 보호받는 제3자인지 여부 (대판 1993.3.12, 92다48512) → 제860조 참조

4. 상속재산분할심판에서 상속재산 중 특정 상속재산을 상속인 중 1인의 단독소유로 하고 현금으로 정산하는 방법으로 상속재산을 분할한 경우, 공동상속인들이 '구체적 상속분'의 비율에 따라 상속재산 과실을 취득하는지 여부(원칙적 적극) 상속개시 후 상속재산분할이 완료되기 전까지 상속재산으로부터 발생하는 과실(이하 '상속재산 과실'이라 한다)은 상속개시 당시에는 존재하지 않았던 것이다. 상속재산분할심판에서 이러한 상속재산 과실을 고려하지 않은 채, 분할의 대상이 된 상속재산 중 특정 상속재산을 상속인 중 1인의 단독소유로 하고 그의 구체적 상속분과 특정 상속재산의 가액과의 차액을 현금으로 정산하는 방법(이른바 대상분할의 방법)으로 상속재산을 분할한 경우, 그 특정 상속재산을 분할받은 상속인은 민 1015조 본문에 따라 상속개시된 때에 소급하여 이를 단독소유한 것으로 보게 되지만, 상속재산 과실까지도 소급하여 상속인이 단독으로 차지하게 된다고 볼 수는 없다. 이러한 경우 상속재산 과실은 특별한 사정이 없는 한, 공동상속인들이 수증재산과 기여분 등을 참작하여 상속개시 당시를 기준으로 산정되는 '구체적 상속분'의 비율에 따라, 이를 취득한다고 보는 것이 타당하다.(대판 2018.8.30, 2015다27132, 27149)

5. 부동산의 분할 귀속을 내용으로 하는 상속재산분할심판의 효력과 제3자 보호 ① 상속재산인 부동산의 분할 귀속을 내용으로 하는 상속재산분할심판이 확정되면 민 187조에 의하여 상속재산분할심판에 따른 등기 없이도 해당 부동산에 관한 물권변동의 효력이 발생한다. ② 다만 민 1015조 단서의 내용과 입법 취지 등을 고려하면, 상속재산분할심판에 따른 등기가 이루어지기 전에 상속재산분할의 효력과 양립하지 않는 법률상 이해관계를 갖고 등기를 마쳤으나 상속재산분할심판이 있었음을 알지 못한 제3자에 대하여는 상속재산분할의 효력을 주장할 수 없다고 보아야 한다. ③ 이 경우 제3자가 상속재산분할심판이 있었음을 알았다는 점에 관한 주장·증명책임은 상속재산분할심판의 효력을 주장하는 자에게 있다.(대판 2020.8.13, 2019다249312)

6. 상속재산분할심판에서 대항요건을 갖춘 임대차 목적물을 단독상속한 후 임대차보증금 반환에 따른 구상관계 상속재산분할심판에서 대항요건을 갖춘 임대차의 목적물인 상속재산을 공동상속인 중 1인의 단독소유로 하고 그의 구체적 상속분과 그 상속재산의 가액과의 차액을 현금으로 정산하는 방법(이른바 대상분할의 방법)으로 분할이 이루어지고, 임대차보증금반환채무가 분할대상에서 제외된 가운데 임대차 목적물을 단독으로 상속받게 된 공동상속인이 그 임대차보증

금반환채무를 면책적으로 인수하면서 다른 공동상속인들에게는 이러한 채무인수를 고려하지 않은 방식에 따라 산정된 차액을 지급하게 되면, 그는 본래 상속재산분할에서 의도되었던 것보다 과도한 부담을 안을 수 있어 부당하다. 이러한 경우 다른 공동상속인들이 임대차보증금반환채무를 면하는 것을 정당화할 만한 특별한 사정이 없는 한 공동상속인들 사이에서는 임대차보증금반환채무에 관하여 법정상속분에 따른 내부적 부담부분이 그대로 유지되고, 그 임대차 목적물을 단독소유하게 된 공동상속인이 나중에 임대차보증금을 반환한 때에는 다른 공동상속인들을 상대로 구상할 수 있다.(대판 2024.8.1, 2023다318857)

第1016條【共同相續人의 擔保責任】 共同相續人은 다른 共同相續人이 分割로 因하여 取得한 財産에 對하여 그 相續分에 應하여 賣渡人과 같은 擔保責任이 있다.

■ 1017・1018, 상속분(1009-1011), 매도인의 담보책임(568이하), 공유분할과 담보책임(270)

第1017條【相續債務者의 資力에 對한 擔保責任】 ① 共同相續人은 다른 相續人이 分割로 因하여 取得한 債權에 對하여 分割當時의 債務者의 資力을 擔保한다.

② 辨濟期에 達하지 아니한 債權이나 停止條件있는 債權에 對하여는 辨濟를 請求할 수 있는 때의 債務者의 資力을 擔保한다.

■ 1016・1018, 상속분(1009・1010), 담보책임(1016・1018), 자력의 담보(579), 정지조건(147①)

第1018條【無資力共同相續人의 擔保責任의 分擔】 擔保責任있는 共同相續人 中에 償還의 資力이 없는 者가 있는 때에는 그 負擔部分은 求償權者와 資力있는 다른 共同相續人이 그 相續分에 應하여 分擔한다. 그러나 求償權者의 過失로 因하여 償還을 받지 못한 때에는 다른 共同相續人에게 分擔을 請求하지 못한다.

■ 1016, 상환무자력자의 부담부분(427), 상속분(1009・1010)

第4節 相續의 承認 및 抛棄

第1款 總 則

第1019條【承認, 抛棄의 期間】 ① 相續人은 相續開始있음을 안 날로부터 3月內에 單純承認이나 限定承認 또는 抛棄를 할 수 있다. 그러나 그 期間은 利害關係人 또는 檢事의 請求에 依하여 家庭法院이 이를 延長할 수 있다. (1990.1.13 본항개정)

② 相續人은 제1항의 承認 또는 抛棄를 하기 前에 相續財産을 調査할 수 있다. (2002.1.14 본항개정)

③ 제1항에도 불구하고 상속인은 상속채무가 상속재산을 초과하는 사실(이하 이 조에서 "상속채무 초과사실"이라 한다)을 중대한 과실 없이 제1항의 기간 내에 알지 못하고 단순승인(제1026조제1호 및 제2호에 따라 단순승인한 것으로 보는 경우를 포함한다. 이하 이 조에서 같다)을 한 경우에는 그 사실을 안 날부터 3개월 내에 한정승인을 할 수 있다. (2022.12.13 본항개정)

④ 제1항에도 불구하고 미성년자인 상속인이 상속채무가 상속재산을 초과하는 상속을 성년이 되기 전에 단순승인한 경우에는 성년이 된 후 그 상속의 상속채무 초과사실을 안 날부터 3개월 내에 한정승인을 할 수 있다. 미성년자인 상속인이 제3항에 따른 한정승인을 하지 아니하였거나 할 수 없었던 경우에도 또한 같다. (2022.12.13 본항신설)

■ 1020・1021, 상속인(1000이하), 상속개시(997), 단순승인(1025이하), 한정승인(1028이하), 상속의 포기(1041이하), 상속의 효력(1005이하), 피성년후견인・피한정후견인과 상속의 승인・포기(10・13・929・950), 유증의 승인과 포기(1074이하)

1. 변호사가 대리인으로 한정승인 신고할 수 있는지 여부(적극) 구 가사심판규칙 91조에 의하면 한정승인신고서는 신고인의 대리인도 작성 신고할 수 있도록 규정되어 있으므로 변호사를 대리인으로 하여 한정승인의 신고를 할 수 있다.(대판 1965.5.31, 64스10)

2. 상속개시 전에 이루어진 상속포기약정의 효력 유류분을 포함한 상속의 포기는 상속이 개시된 후 일정한 기간 내에만 가능하고 가정법원에 신고하는 등 일정한 절차와 방식에 따라야만 그 효력이 있으므로, 상속개시 전에 이루어진 상속포기약정은 그와 같은 절차와 방식에 따르지 아니한 것으로 그 효력이 없다.(대판 1994.10.14, 94다8334)

3. 상속개시 전에 상속포기약정을 한 다음 상속개시 후에 상속권을 주장하는 것이 신의칙에 반하는지 여부(소극) 상속인 중의 1인이 피상속인의 생존시에 피상속인에 대하여 상속을 포기하기로 약정하였다고 하더라도, 상속개시 후 민법이 정하는 절차와 방식에 따라 상속포기를 하지 아니한 이상, 상속개시 후에 자신의 상속권을 주장하는 것은 정당한 권리행사로서 권리남용에 해당하거나 또는 신의칙에 반하는 권리의 행사라고 할 수 없다.(대판 1998.7.24, 98다9021)

4. 민 1019조 3항의 기간의 법적 성질(=제척기간) 민 1019조 3항의 기간은 한정승인신고의 가능성을 언제까지나 남겨둠으로써 당사자 사이에 일어나는 법적 불안상태를 막기 위하여 마련한 제척기간이고, 경과규정인 개정 민법(2002.1.14. 법률 제6591호) 부칙 3항의 기간도 제척기간이라 할 것이며, 한편 제척기간은 불변기간이 아니어서 그 기간을 지난 후에는 당사자가 책임질 수 없는 사유로 그 기간을 준수하지 못하였더라도 추후에 보완될 수 없다.(대결 2003.8.11, 2003스32)

5. '상속개시 있음을 안 날'의 의미 민 1019조 1항의 "상속개시 있음을 안 날"이라 함은 상속개시의 원인이 되는 사실의 발생을 앎으로써 자기가 상속인이 되었음을 안 날을 말하는 것이므로 상속재산 또는 상속채무의 존재를 알아야만 위 고려기간이 진행되는 것은 아니다.(대결 1991.6.11, 91스1)

6. 처와 자녀가 모두 상속을 포기하여 손자녀가 상속인이 된 경우 손자녀가 자신들이 상속인이 된 사실을 알았다고 볼 수 있는지 여부(소극) 피상속인의 사망으로 인하여 상속이 개시되고 상속의 순위나 자격을 인식함에 별다른 어려움이 없는 통상적인 상속의 경우에는 상속인이 상속개시의 원인사실을 앎으로써 그가 상속인이 된 사실까지도 알았다고 보는 것이 합리적이나, 종국적으로 상속인이 누구인지를 가리는 과정에 사실상 또는 법률상의 어려운 문제가 있어 상속개시의 원인사실을 아는 것만으로는 바로 자신의 상속인이 된 사실까지 알기 어려운 특별한 사정이 존재하는 경우도 있으므로, 이러한 때에는 법원으로서는 '상속개시 있음을 안 날'을 확정함에 있어 상속개시의 원인사실뿐 아니라 더 나아가 그로써 자신의 상속인이 된 사실을 안 날이 언제인지까지도 심리, 규명하여야 마땅하다. 선순위 상속인으로서 피상속인의 처와 자녀들이 모두 적법하게 상속을 포기한 경우에는 일반인의 입장에서 피상속인의 처와 자녀가 상속을 포기한 경우 피상속인의 손자녀가 이로써 자신들이 상속인이 되

었다는 사실까지 안다는 것은 오히려 이례적이어서 특별한 사정에 해당한다.(대판 2005.7.22, 2003다43681)

7. 상속인의 한정승인 또는 상속포기가 없는 동안의 채권자의 대위권 행사에 의한 상속등기의 허부(적극) 상속인 자신이 한정승인 또는 포기를 할 수 있는 기간 내에 상속등기를 한 때에는 상속의 단순승인으로 인정된 경우가 있을 것이나 상속등기가 상속재산에 대한 처분행위라고 볼 수 없으니 만큼 채권자가 상속인을 대위하여 상속등기를 하였다 하여 단순승인의 효력을 발생시킬 수 없고 상속인의 한정승인 또는 포기할 수 있는 권한에는 아무런 영향도 미치는 것이 아니므로 채권자의 대위권 행사에 의한 상속등기를 거부할 수 없다.(대판 1964.4.3, 63마54)

8. 상속재산 협의분할을 통해 이미 상속재산을 처분한 상속인이 한정승인을 할 수 있는지 여부(적극) 민 1019조 3항은 상속채무 초과사실을 중대한 과실 없이 민 1019조 1항의 기간 내에 알지 못하고 단순승인을 한 경우뿐만 아니라 민 1026조 1호 및 2호의 규정에 의하여 단순승인을 한 것으로 간주되는 경우에도 상속채무 초과사실을 안 날로부터 3월 내에 한정승인을 할 수 있다고 규정하고 있으므로, 설사 상속인들이 상속재산 협의분할을 통해 이미 상속재산을 처분한 바 있다고 하더라도 상속인들은 여전히 민 1019조 3항의 규정에 의하여 한정승인을 할 수 있다.(대판 2006.1.26, 2003다29562)

9. 민 1019조 3항의 개정에 따른 한정승인신고 1998. 5. 27. 이전에 상속개시 있음을 알고 위 일자 이후 상속채무 초과사실을 안 상속인은 개정 전 민법의 부칙 4항 1호에 따라 개정민법의 시행일로부터 3월 이내에 한정승인신고를 할 수 있다.(대판 2006.2.10, 2004다70475)

10. 민법 부칙(2002. 1. 14) **3항의 상속인이 상속채무가 상속재산을 초과하는 사실을 중대한 과실 없이 민 1019조 1항의 기간 내에 알지 못하였다는 점에 대한 증명책임의 소재**(=상속인) 상속인이 상속채무가 상속재산을 초과하는 사실을 중대한 과실 없이 민 1019조 1항의 기간 내에 알지 못하였다는 점은 위 법 규정에 따라 한정승인을 할 수 있는 요건으로서 그 입증책임은 채무자인 상속인에게 있다.(대판 2003.9.26, 2003다30517)

11. 민법 부칙 3항 본문 "1998년 5월 27일부터 이 법 시행 전까지 상속개시가 있음을 안 자 중"의 위헌여부(적극) 민법 부칙 3항을 마련하여 소급적으로 특별한정승인을 허용하는 것 자체는 원칙적으로 합헌적이고, 위 조항의 위헌성은 특별한정승인의 소급적용의 범위에 [1998. 5. 27. 전에 상속개시 있음을 알았으나 위 일자 이후에 상속채무초과사실을 안 상속인]을 포함하지 않은 차별의 점에 있으므로 입법자가 개선할 때까지 그 적용을 중지하도록 한다. 입법자는 위 5. 27. 전에 상속개시 있음을 알았으나 위 일자 이후에 상속채무초과사실을 안 상속인도 소급적으로 특별한정승인을 한 수 있는 범위에 포함시켜 위헌적 상태를 제거할 의무가 있으며, 법적용기관은 개선입법이 있을 때까지 계속된 절차를 중지하고 입법자의 입법개선을 기다려 개정된 법률을 적용하여야 한다.(헌재 2004.1.29, 2002헌가22)

12. 개정민법 시행 이후의 특별한정승인 고려기간 개정민법 시행 이후에 상속채무 초과 사실을 안 상속인을 구제하지 않는 것은 평등의 원칙에 위배된다는 점, 개정민법 부칙 1항이 '이 법은 공포한 날로부터 시행한다'고 규정하고 있기는 하지만, 상속인이 중대한 과실 없이 상속채무 초과 사실을 알게 된 것이 개정민법 시행 후일 경우에는 그 상속개시가 개정민법 시행 전에 있었다고 하더라도 개정민법 시행 후에 1019조 3항의 특별한정승인 요건을 갖춘 것으로 볼 수 있는 점, 개정민법 부칙 2항의 경과규정이 개정민법의 소급효를 제한하고 있지만 상속인이 상속개시 있음을 안 날이 1998. 5. 27. 이후인 경우에는 개정민법 부칙 2항의 경과규정이 적용될 여지가 없다는 점 등에 비추어 볼 때, 상속인이 1998. 5. 27. 이후 상속개시 있음을 알게 되었음에도 개정민법 시행 이후에야 중대한 과실 없이 상속채무 초과 사실을 알게 된 경우에는 개정민법 1019조 3항의 규정에 따라 3개월 내에 한정승인을 할 수 있다고 해석함이 상당할 것이다.(대결 2006.1.24, 2002스54)

13. 민 1019조 3항 특별한정승인신고 요건 구비 여부가 불분명한 경우 법원이 특별한정승인 신고를 수리하여야 하는지 여부(적극) 민 1019조 3항에 의한 한정승인신고 수리 여부를 심판하는 가정법원으로서는 그 신고가 형식적 요건을 구비한 이상 상속채무가 상속재산을 초과하였다거나 상속인이 중대한 과실없이 이를 알지 못하였다는 등의 실체적 요건에 대해서는 이를 구비하지 아니하였음이 명백한 경우 외에는 이를 문제삼아 한정승인신고를 불수리할 수 없다.(대결 2006.2.13, 2004두3335)

14. 미성년 상속인 법정대리인의 인식을 기준으로 민 1019조 3항의 특별한정승인 규정이 적용되지 않거나 그 제척기간이 이미 지난 경우, 상속인이 성년이 된 후 본인 스스로의 인식을 기준으로 새롭게 특별한정승인을 할 수 있는지 여부(소극) 미성년 상속인의 법정대리인이 인식한 바를 기준으로 '상속채무 초과사실을 중대한 과실 없이 알지 못하였는지 여부'와 '이를 알게 된 날'을 정한 다음 이를 토대로 살폈을 때 특별한정승인 규정이 애당초 적용되지 않거나 특별한정승인의 제척기간이 이미 지난 것으로 판명되면, 단순승인의 법률관계가 그대로 확정된다. 그러므로 이러한 효과가 발생한 이후 상속인이 성년에 이르더라도 상속개시 있음과 상속채무 초과사실에 관하여 상속인 본인 스스로의 인식을 기준으로 특별한정승인 규정이 적용되고 제척기간이 별도로 기산되어야 함을 내세워 새롭게 특별한정승인을 할 수는 없다고 보아야 한다.(대판(全) 2020.11.19, 2019다232918)

15. 민 1019조 3항에 따른 단순승인 또는 민 1026조 1호, 2호에 따라 단순승인으로 간주된 다음 한정승인신고를 하여 그 수리 심판을 받은 경우, 상속채권을 심리하는 법원이 심리·판단하여야 할 사항 가정법원의 한정승인신고 수리의 심판은 일응 한정승인의 요건을 구비한 것으로 인정한다는 것일 뿐 그 효력을 확정하는 것이 아니고, 한정승인의 효력이 있는지 여부에 대한 최종적인 판단은 실체법에 따라 민사소송에서 결정될 문제이다. 따라서 민 1019조 3항이 신설된 후 상속인이 단순승인을 하거나 단순승인한 것으로 간주된 후에 한정승인신고를 하고 가정법원이 특별한정승인의 요건을 갖추었다는 취지에서 수리심판을 하였다면 상속인이 특별한정승인을 한 것으로 보아야 한다. 그렇다면 민 1019조 3항이 적용되는 사건에서 상속인이 단순승인을 하거나 민 1026조 1호, 2호에 따라 단순승인한 것으로 간주된 다음 한정승인신고를 하여 이를 수리하는 심판을 받았다면, 상속채권에 관한 청구를 심리하는 법원은 위 한정승인이 민 1019조 3항에서 정한 요건을 갖춘 특별한정승인으로서 유효한지 여부를 심리·판단하여야 한다.(대판 2021.2.25, 2017다289651)

제1020조【제한능력자의 승인·포기의 기간】

상속인이 제한능력자인 경우에는 제1019조제1항의 기간은 그의 친권자 또는 후견인이 상속이 개시된 것을 안 날부터 기산(起算)한다.
(2011.3.7 본조개정)

▣ 제한능력자(5·10·13), 법정대리인(911·938), 피성년후견인·피한정후견인과 상속의 승인·포기(5·10·929·950), 상속개시(997)

第1021條【承認, 拋棄期間의 計算에 關한 特則】

相續人이 承認이나 拋棄를 하지 아니하고 第1019條第1項의 期間 內에 死亡한 때에는 그의 相續人이 그 自己의 相續開始있음을 안 날로부터 第1019條第1項의 期間을 起算한다.

第1022條【相續財産의 管理】 相續人은 그 固有財産에 對하는 것과 同一한 注意로 相續財産을 管理하여야 한다. 그러나 單純承認 또는 抛棄한 때에는 그러하지 아니하다.

▣ 상속재산의 파산과 관리(회생파산299 · 300 · 307 · 309 · 384 · 385 · 389), 동일한 주의(695), 상속의 한정승인 · 포기 또는 단순승인후의 재산분리의 청구가 있을 경우의 상속재산의 관리(1019 · 1040 · 1044 · 1048 · 1050), 본조의 준용(1040③ · 1044②)

1. 상속관계 확정 전 상속인 상대 가압류의 효력 상속인은 아직 상속 승인, 포기 등으로 상속관계가 확정되지 않은 동안에도 잠정적으로나마 피상속인의 재산을 당연 취득하고 상속재산을 관리할 의무가 있으므로, 상속채권자는 그 기간 동안 상속인을 상대로 상속재산에 관한 가압류결정을 받아 이를 집행할 수 있다. 그 후 상속인이 상속포기로 인하여 상속인의 지위를 소급하여 상실한다고 하더라도 이미 발생한 가압류의 효력에 영향을 미치지 않는다. 따라서 위 상속채권자는 종국적으로 상속인이 된 사람 또는 민 1053조에 따라 선임된 상속재산관리인을 채무자로 한 상속재산에 대한 경매절차에서 가압류채권자로서 적법하게 배당을 받을 수 있다.(대법 2021.9.15, 2021다224446)

第1023條【相續財産保存에 必要한 處分】 ① 法院은 利害關係人 또는 檢事의 請求에 依하여 相續財産의 保存에 必要한 處分을 命할 수 있다.
② 法院이 財産管理人을 選任한 境遇에는 第24條 乃至 第26條의 規定을 準用한다.

▣ 1022 · 1040③ · 1044②, 상속재산의 보존(선관의무=681, 인도이전의무=684, 이자지급 · 손해배상의무=685, 비용상환청구권=688, 관리인의 담보제공의무=29), 법원의 처분(가소2①ⅱ라, 44)

1. 상속재산보존에 필요한 처분을 청구할 수 있는 기한 및 그 처분의 효력 존속 기한 민 1023조는 상속의 승인이나 포기를 위한 이른바, 고려기간 중에는 그 고유재산에 대하는 것과 동일한 주의로 상속재산을 관리하여야 하고(민 1022조), 상속을 포기하더라도 그 포기로 인하여 상속인이 된 자가 상속재산을 관리할 수 있을 때까지 그 재산의 관리를 계속하도록 규정한 것(민 1044조 1항)과 관련되어 상속인이나 상속을 포기한 자의 관리가 부적절하거나 불가능한 경우에는 다른 공동상속인이나 이해관계인의 입장에서는 상속재산의 보존을 위한 조치를 취할 필요가 있게 된다는 취지이므로 상속포기나 한정승인을 할 수 있는 고려기간 중에 하는 상속재산관리에 관한 처분은 상속개시 후 그 고려기간이 경과되기 전에 한하여 청구할 수 있고, 그 심판에서 정한 처분의 효력은 심판청구를 할 수 있는 시적 한계시까지만 존속한다.(대결 1999.6.10, 99으1)

第1024條【承認, 抛棄의 取消禁止】 ① 相續의 承認이나 抛棄는 第1019條第1項의 期間內에도 이를 取消하지 못한다. (1990.1.13 본항개정)
② 前項의 規定은 總則編의 規定에 依한 取消에 影響을 미치지 아니한다. 그러나 그 取消權은 追認할 수 있는 날로부터 3月, 承認 또는 抛棄한 날로부터 1年內에 行使하지 아니하면 時效로 因하여 消滅된다.

▣ 1019①, 제2항의 준용(1075②), 취소(제한능력으로 인한 취소=5 · 13 · 10, 사기 · 강박으로 인한 취소=110), 취소의 효과(146)

1. 상속재산 협의분할 후에 상속포기 신고가 수리된 경우 포기의 효력발생여부(소극) 상속인 중 1인이 다른 공동재산상속인과 협의하여 상속재산을 분할한 때는 민 1026조 1호에 규정된 상속재산에 대한 처분행위를 한 때에 해당되어 단순승인을 한 것으로 보게 되어 이를 취소할 수 없는 것이므로 그 뒤 가정법원에 상속포기신고를 하여 수리되었다 하여도 포기의 효력이 생기지 않는다.(대판 1983.6.28, 82도2421)

第2款 單純承認

第1025條【單純承認의 效果】 相續人이 單純承認을 한 때에는 制限없이 被相續人의 權利義務를 承繼한다. (1990.1.13 본조개정)

▣ 단순승인(1019 · 1026 · 1027), 상속의 효력(1005–1008의3), 파산자의 단순승인과 파산재단에 대한 효력(회생파산385 · 387)

第1026條【法定單純承認】 다음 各號의 事由가 있는 境遇에는 相續人이 單純承認을 한 것으로 본다. (2002.1.14 개정)
1. 相續人이 相續財産에 對한 處分行爲를 한 때
2. 상속인이 제1019조제1항의 기간내에 한정승인 또는 포기를 하지 아니한 때
3. 相續人이 限定承認 또는 抛棄를 한 後에 相續財産을 隱匿하거나 不正消費하거나 故意로 財産目錄에 記入하지 아니한 때
(2011.5.19 본조개정)
<2002.1.14. 법률 제6591호에 의하여 1998.8.27. 헌법재판소에서 헌법불합치 결정된 제2호를 개정함>

▣ 1025, 상속인의 상속재산관리의무(1022), 보존행위(25 · 1181), 한정승인(1028), 승인 또는 포기등의 기간(1019①), 상속의 포기(1041이하), 공동상속인과 한정승인 또는 포기(1029 · 1043), 한정승인자의 재산목록작성의무(1030), 상속포기자의 상속재산관리의무(1044)

1. 상속인이 피상속인의 채권을 추심하여 변제받는 것이 상속재산에 대한 처분행위에 해당하는지 여부(적극) 상속인이 상속재산에 대한 처분행위를 한 때에는 단순승인을 한 것으로 보는바, 상속인이 피상속인의 채권을 추심하여 변제받는 것도 상속재산에 대한 처분행위에 해당하고, 그것으로써 상속인은 단순승인을 한 것으로 간주되므로 그 이후에 한 상속포기는 효력이 없다.(대판 2010.4.29, 2009다84936)

2. 한정승인 또는 포기 후에 한 상속재산의 처분행위가 법정단순승인 사유에 해당하기 위한 요건 민 1026조 1호는 상속인이 한정승인 또는 포기를 하기 이전에 상속재산을 처분한 때에만 적용되는 것이고, 상속인이 한정승인 또는 포기를 한 후에 상속재산을 처분한 때에는 그로 인하여 상속채권자나 다른 상속인에 대하여 손해배상책임을 지게 될 경우가 있음은 별론으로 하고, 그것이 같은 조 3호에 정한 상속재산의 부정소비에 해당되는 경우에만 상속인이 단순승인을 한 것으로 보아야 한다.(대판 2004.3.12, 2003다63586)

3. '상속재산의 부정소비'의 의미 민 1026조 3호에 정한 '상속재산의 부정소비'라 함은 정당한 사유 없이 상속재산을 써서 없앰으로써 그 재산적 가치를 상실시키는 행위를 의미한다. 상속인이 상속재산을 처분하여 그 처분대금 전액을 우선변제권자에게 귀속시킨 것이라면, 그러한 상속인의 행위를 상속재산의 부정소비에 해당한다고 할 수 없다.(대판 2004.3.12, 2003다63586)

4. '고의로 재산목록에 기입하지 아니한 때'의 의미 법정단순승인 사유인 민 1026조 3호 소정의 '고의로 재산목록에 기입하지 아니한 때'라는 것은 한정승인을 함에 있어 상속재산을 은닉하여 상속채권자를 사해할 의사로써 상속재산을 재산목록에 기입하지 않는 것을 의미한다.(대판 2003.11.14, 2003다30968)

5. '고의로 재산목록에 기입하지 아니한 때'에 해당하는지 판단할 때 법원이 고려하여야 할 사항 민법은 상속에 있어 포괄 · 당연승계주의를 채택하면서, 상속인을 보호하기 위해 상속인으로 하여금 그의 의사에 따라 상속의 효과를 귀속시

키거나 거절할 수 있는 자유를 주고자 상속의 포기·한정승인제도를 두고 있는 것이므로, 법원으로서는 위와 같은 한정승인제도의 취지와 의의를 염두에 두고 '고의로 재산목록에 기입하지 아니한 때'에 해당하는지를 신중하게 판단하여야 한다. 한정승인에 의한 청산절차에서 재산목록에 기재되었는지와 무관하게 실제 상속채권자의 지위에 있으면 청산절차의 대상이 되고 그의 재산목록에 기재되지 않았다는 이유로 실권효가 발생하지 않기 때문이다. 특히 소송 등의 분쟁이 예상되거나 계속 중인 상태에서 상속이 개시된 경우, 한정승인을 하는 상속인으로서는 분쟁과 관계된 재산이나 채권, 채무 등을 재산목록에 기입하게 되면 자칫 분쟁의 결과에 따라 그 내용이 사실과 달라지거나, 또는 이로 인해 소송 상대방의 주장을 인정하는 결과가 될 수 있다는 우려로 이를 기입하지 않는 경우가 있을 수 있으므로, 그러한 경우에는 상속재산을 은닉하여 상속채권자를 사해할 의사가 있는지 여부를 더욱 신중하게 판단하여야 한다.(대판 2022.7.28, 2019다29853)

6. 피상속인 소유였던 주권에 대하여 주권반환청구의 소를 제기한 것이 법정 단순승인사유에 해당하는지 여부(소극) 권원 없이 공유물을 점유하는 자에 대한 공유물의 반환청구는 공유물의 보존행위이므로, 상속인들이 상속포기신고를 하기에 앞서 점유자를 상대로 피상속인의 소유였던 주권에 관하여 주권반환청구소송을 제기한 것은 민 1026조 1호가 정하는 상속재산의 처분행위에 해당하지 아니한다.(대판 1996.10.15, 96다23283)

7. 상속재산 협의분할이 단순승인 사유에 해당하는지 여부(적극) **및 협의 분할 이후 상속포기의 효력** (대판 1983.6.28, 82도2421) → 제1024조 참조

8. 상속인이 가정법원에 상속포기의 신고를 하였으나 이를 수리하는 심판이 고지되기 전에 상속재산을 처분한 경우, 민 1026조 1호에 따라 상속의 단순승인을 한 것으로 보아야 하는지 여부(적극) 민 1026조 1호는 상속인이 상속재산에 대한 처분행위를 한 때에는 단순승인을 한 것으로 본다고 규정하고 있다. 그런데 상속의 한정승인이나 포기의 효력이 생긴 이후에는 더 이상 단순승인으로 간주할 여지가 없으므로, 이 규정은 한정승인이나 포기의 효력이 생기기 전에 상속재산을 처분한 경우에만 적용된다. 한편 상속의 한정승인이나 포기는 상속인의 의사표시만으로 효력이 발생하는 것이 아니라 가정법원에 신고를 하여 가정법원의 심판을 받아야 하며, 심판은 당사자가 이를 고지받음으로써 효력이 발생한다. 이는 한정승인이나 포기의 의사표시의 존재를 명확히 하여 상속으로 인한 법률관계가 획일적으로 처리되도록 함으로써, 상속재산에 이해관계를 가지는 공동상속인이나 차순위 상속인, 상속채권자, 상속재산의 처분 상대방 등 제3자의 신뢰를 보호하고 법적 안정성을 도모하고자 하는 것이다. 따라서 상속인이 가정법원에 상속포기의 신고를 하였더라도 이를 수리하는 가정법원의 심판이 고지되기 이전에 상속재산을 처분하였다면, 이는 상속포기의 효력 발생 전에 처분행위를 한 것이므로 민 1026조 1호에 따라 상속의 단순승인을 한 것으로 보아야 한다.(대판 2016.12.29, 2013다73520)

9. 생명보험계약에 따라 사망보험금을 수령한 행위가 '상속재산에 대한 처분행위를 한 때' 여부(소극) 생명보험은 피보험자의 사망, 생존, 사망과 생존을 보험사고로 하는 보험이다(상 730조). 생명보험의 보험계약자가 스스로를 피보험자로 하면서 자신이 생존할 때의 보험수익자로 자기 자신을, 자신이 사망할 때의 보험수익자로 상속인을 지정한 후 피보험자가 사망하여 보험사고가 발생한 경우, 이에 따른 보험금청구권은 상속인들의 고유재산으로 보아야 하고 이를 상속재산이라고 할 수는 없다. 따라서 생명보험계약에 따라 사망보험금을 수령한 행위는 고유재산인 보험금청구권을 추심하여 만족을 얻은 것으로 보아야 하고, 상속재산에 대한 처분행위로 평가할 수는 없다.(대판 2023.6.29, 2019다300934)

第1027條【法定單純承認의 例外】 相續人이 相續을 抛棄함으로 因하여 次順位 相續人이 相續을 承認한 때에는 前條 第3號의 事由는 相續의 承認으로 보지 아니한다.

■ 1026, 상속의 포기(1041이하), 상속순위(1000－1003), 상속포기자의 상속재산관리의무(1044)

第3款 限定承認

第1028條【限定承認의 效果】 相續人은 相續으로 因하여 取得할 財産의 限度에서 被相續人의 債務와 遺贈을 辨濟할 것을 條件으로 相續을 承認할 수 있다. (1990.1.13 본조개정)

■ 1045, 한정승인의 기간(1019·1026), 한정승인의 방식(1030), 상속의 효력(1005－1007), 파산선고와 한정승인(회생파산346), 단순승인 또는 포기와 상속재산에 대한 한정승인의 효력(회생파산385-387), 한정승인일지라도 단순승인으로 보는 경우(1026)

1. 가정법원의 한정승인신고수리 심판의 효력 가정법원의 한정승인신고수리의 심판은 일응 한정승인의 요건을 구비한 것으로 인정한다는 것일 뿐 그 효력을 확정하는 것이 아니고 상속의 한정승인의 효력이 있는지 여부의 최종적인 판단은 실체법에 따라 민사소송에서 결정될 문제이다.(대판 2002.11.8, 2002다21882)

2. 민법 부칙 3항의 '개정 민법 시행일부터 3월 내에 민 1019조 3항의 개정규정에 의한 한정승인을 할 수 있다.'의 해석 부칙 3항에 따라 새로이 하는 한정승인신고는 "개정민법 시행일(2002. 1. 14)로부터" 3월 내에 행해져야 하는 것이지 '상속채무가 상속재산을 초과한 사실을 안 날로부터' 3월 내에 행해져야 하는 것은 아니다.(대결 2002.11.8, 2002스70)

3. 1998. 5. 27. 이전에 상속개시사실을 안 자가 상속채무초과사실을 모르고 있다가 그 이후 비로소 알게 된 경우 한정승인신고의 효력 2005. 12. 29. 법률 제7765호로 개정된 민법에 따를 때 피고(상속인)들이 1998. 5. 27. 이전에 상속개시사실을 알았다고 하더라도 상속채무초과사실을 중대한 과실 없이 알지 못하다가 1998. 5. 27. 이후 비로소 이를 알게 되었다면, 피고들은 개정민법에 의하여 신설된 개정 전 민법의 부칙 4항 소정의 한정승인에 관한 특례대상자에 해당하여, 피고들의 한정승인신고를 이미 수리한 가정법원의 심판은 개정민법 부칙 2항에 따라 효력이 있는 것으로 볼 수 있게 되었다.(대판 2006.1.26, 2003다29562)

4. 상속의 한정승인에 있어서 상속재산이 없거나 그 상속재산이 상속채무의 변제에 부족한 경우 상속채무 전부에 대한 이행판결을 선고하여야 하는지 여부(적극) 상속의 한정승인은 채무의 존재를 한정하는 것이 아니라 단순히 그 책임의 범위를 한정하는 것에 불과하기 때문에, 상속의 한정승인이 인정되는 경우에도 상속채무가 존재하는 것으로 인정되는 이상, 법원으로서는 상속재산이 없거나 그 상속재산이 상속채무의 변제에 부족하다고 하더라도 상속채무 전부에 대한 이행판결을 선고하여야 하고, 다만, 그 채무가 상속인의 고유재산에 대해서는 강제집행을 할 수 없는 성질을 가지고 있으므로, 집행력을 제한하기 위하여 이행판결의 주문에 상속재산의 한도에서만 집행할 수 있다는 취지를 명시하여야 한다.(대판 2003.11.14, 2003다30968)

5. 한정승인 항변을 하지 않음으로 인해 책임의 범위에 관한 유보가 없는 판결이 확정된 경우 청구에 관한 이의의 소 제기 가부(적극) 채무자(상속인)가 한정승인을 하고도 채권자가 제기한 소송의 사실심 변론종결시까지 그 사실을 주장하지 아니하여 책임의 범위에 관한 유보가 없는 판결이 선고되어 확정되었다고 하더라도, 채무자는 그 후 위 한정승인 사실을 내세워 청구에 관한 이의의 소를 제기할 수 있다.(대

판 2006.10.13, 2006다23138)

6. 한정승인이 이루어진 경우 상속채권자가 상속재산에 관하여 한정승인자로부터 담보권을 취득한 고유채권자에 대하여 우선적 지위를 주장할 수 있는지 여부(소극) 한정승인자로부터 상속재산에 관하여 저당권 등의 담보권을 취득한 사람과 상속채권자 사이의 우열관계는 민법상의 일반원칙에 따라야 하고, 상속채권자가 한정승인의 사유만으로 우선적 지위를 주장할 수는 없다. 그리고 이러한 이치는 한정승인자가 그 저당권 등의 피담보채무를 상속개시 전부터 부담하고 있었다고 하여 달리 볼 것이 아니다.(대판(全) 2010.3.18, 2007다77781)

7. 한정승인에 따른 청산절차가 종료되지 않은 경우 상속재산분할청구가 가능한지 여부(적극) 우리 민법이 한정승인 절차가 상속재산분할 절차보다 선행하여야 한다는 명문의 규정을 두고 있지 않고, 공동상속인들 중 일부가 한정승인을 하였다고 하여 상속재산분할이 불가능하다거나 분할로 인하여 공동상속인들 사이에 불공평이 발생한다고 보기 어려우며, 상속재산분할청구 절차를 통하여 분할의 대상이 되는 상속재산의 범위를 한꺼번에 확정하는 것이 상속채권자의 보호나 청산절차의 신속한 진행을 위하여 필요하다는 점 등을 고려하면, 한정승인에 따른 청산절차가 종료되지 않은 경우에도 상속재산분할청구가 가능하다.(대결 2014.7.25, 2011스226)

8. 한정승인자의 채권자와 상속채권자의 우열 상속채권자가 아닌 한정승인자의 고유채권자가 상속재산에 관하여 저당권 등의 담보권을 취득한 경우, 담보권을 취득한 채권자와 상속채권자 사이의 우열관계는 민법상 일반원칙에 따라야 하고 상속채권자가 우선적 지위를 주장할 수 없다. 그러나 상속재산에 관하여 담보권을 취득하였다는 등 사정이 없는 이상, 한정승인자의 고유채권자는 상속채권자가 상속재산으로부터 채권의 만족을 받지 못한 상태에서 상속재산을 고유채권에 대한 책임재산으로 삼아 이에 대하여 강제집행을 할 수 없다고 보는 것이 형평의 원칙이나 한정승인제도의 취지에 부합하며, 이는 한정승인자의 고유채무가 조세채무인 경우에도 그것이 상속재산 자체에 대하여 부과된 조세나 가산금, 즉 당해세에 관한 것이 아니라면 마찬가지이다.(대판 2016.5.24, 2015다250574)

第1029條【共同相續人의 限定承認】 相續人이 數人인 때에는 各 相續人은 그 相續分에 應하여 取得할 財産의 限度에서 그 相續分에 依한 被相續人의 債務와 遺贈을 辨濟할 것을 條件으로 相續을 承認할 수 있다.

■ 공동상속인의 일부의 법정단순승인 또는 포기(1006・1007・1043), 전원의 한정승인과 상속재산관리인의 선임(1040), 포괄수증자(1078)

第1030條【限定承認의 方式】 ① 相續人이 한정승인을 할 때에는 제1019조제1항・제3항 또는 제4항의 期間 內에 相續財産의 目錄을 添附하여 法院에 限定承認의 申告를 하여야 한다.
(2022.12.13 본항개정)

②제1019조제3항 또는 제4항에 따라 한정승인을 한 경우 상속재산 중 이미 처분한 재산이 있는 때에는 그 목록과 가액을 함께 제출하여야 한다.
(2022.12.13 본항개정)

[개정전] ① … 限定承認을 함에는 "第1019條第1項"의 期間內에 …

■ 신고의 수리(가소2①ii라, 가소규75・76), 기간내에 한정승인을 하지 않는 경우(1026), 기간의 연장(1019①), 한정승인 전의 재산조사(1019②)

1. 재산상속의 한정승인신고서가 미비한 경우의 처리방법 재산상속의 한정승인 신고는 전혀 신고서라고 볼 수 없는 신고가 아닌 한 다소 미비한 신고서라 하더라도 이를 수리한 후에 추완시키는 등으로 이를 될 수 있는 대로 유효하게 해석하여야 한다.(대결 1978.1.31, 76스3)

第1031條【限定承認과 財産上 權利義務의 不消滅】 相續人이 限定承認을 한 때에는 被相續人에 對한 相續人의 財産上 權利義務는 消滅하지 아니한다.

■ 1050, 상속과 혼동(191・507), 파산과 상속인의 피상속인에 대한 채권(회생파산389)

第1032條【債權者에 對한 公告, 催告】 ① 限定承認者는 限定承認을 한 날로부터 5日內에 一般相續債權者와 遺贈받은 者에 對하여 限定承認의 事實과 一定한 期間 內에 그 債權 또는 受贈을 申告할 것을 公告하여야 한다. 그 期間은 2月 以上이어야 한다.

② 第88條第2項, 第3項과 第89條의 規定은 前項의 境遇에 準用한다.

■ 1030・1050, 공고비용의 부담(998의2), 기간의 계산(157・160), 공고 또는 최고의 해태(1038), 신고하지 않은 채권자등(1039), 상속인이 수인인 경우의 관리자(1040)

第1033條【催告期間 中의 辨濟拒絶】 限定承認者는 前條第1項의 期間滿了前에는 相續債權의 辨濟를 拒絶할 수 있다.

■ 1050・1056②, 채권신고기간내의 변제금지(90), 기간내의 변제의 책임등(1038), 상속인이 수인인 경우(1040)

第1034條【配當辨濟】 ① 限定承認者는 第1032條第1項의 期間滿了後에 相續財産으로서 그 期間內에 申告한 債權者와 限定承認者가 알고 있는 債權者에 對하여 各 債權額의 比率로 辨濟하여야 한다. 그러나 優先權있는 債權者의 權利를 害하지 못한다.

② 제1019조제3항 또는 제4항에 따라 한정승인을 한 경우에는 그 상속인은 상속재산 중에서 남아있는 상속재산과 함께 이미 처분한 재산의 가액을 합하여 제1항의 변제를 하여야 한다. 다만, 한정승인을 하기 전에 상속채권자나 유증받은 자에 대하여 변제한 가액은 이미 처분한 재산의 가액에서 제외한다. (2022.12.13 본항개정)

■ 1033・1035−1039・1050・1056②, 우선권 있는 채권(329・356), 상속인이 수인인 경우(1040)

1. 민 1034조 1항에 따라 배당변제를 받을 수 있는 '한정승인자가 알고 있는 채권자'에 해당하는지 판단하는 기준 시점(=한정승인자가 배당변제를 하는 시점) 민 1034조 1항에 따라 배당변제를 받을 수 있는 '한정승인자가 알고 있는 채권자'에 해당하는지 여부는 한정승인자가 채권신고의 최고를 하는 시점이 아니라 배당변제를 하는 시점을 기준으로 판단하여야 한다. 따라서 한정승인자가 채권신고의 최고를 하는 시점에는 알지 못했더라도 그 이후 실제로 배당변제를 하기 전까지 알게 된 채권자가 있다면 그 채권자는 민 1034조 1항에 따라 배당변제를 받을 수 있는 '한정승인자가 알고 있는 채권자'에 해당한다.(대판 2018.11.9, 2015다75308)

第1035條【辨濟期前의 債務 等의 辨濟】 ① 限定承認者는 辨濟期에 이르지 아니한 債權에 對하여도 前條의 規定에 依하여 辨濟하여야 한다.

② 條件있는 債權이나 存續期間의 不確定한 債權은 法院의 選任한 鑑定人의 評價에 依하여 辨濟하여야 한다.

■ 1038・1051③・1050・1056②, 기한전의 변제(743・153), 상속인이 수

인인 경우(1040)

第1036條【受贈者에의 辨濟】 限定承認者는 前2條의 規定에 依하여 相續債權者에 對한 辨濟를 完了한 後가 아니면 遺贈받은 者에게 辨濟하지 못한다.

■ 1038·1051③·1050·1056②, 수증자(1078), 상속인이 수인인 경우(1040)

第1037條【相續財産의 競賣】 前3條의 規定에 依한 辨濟를 하기 爲하여 相續財産의 全部나 一部를 賣却할 必要가 있는 때에는 민사집행법에 依하여 競賣하여야 한다. (2001.12.29 본조개정)

■ 1051③·1050·1056②, 상속인이 수인인 경우(1040)

第1038條【부당변제 등으로 인한 책임】 ① 限定承認者가 第1032條의 規定에 依한 公告나 催告를 懈怠하거나 第1033條 乃至 第1036條의 規定에 違反하여 어느 相續債權者나 遺贈받은 者에게 辨濟함으로 因하여 다른 相續債權者나 遺贈받은 者에 對하여 辨濟할 수 없게 된 때에는 限定承認者는 그 損害를 賠償하여야 한다. 제1019조제3항의 규정에 의하여 한정승인을 한 경우 그 이전에 상속채무가 상속재산을 초과함을 알지 못한 데 과실이 있는 상속인이 상속채권자나 유증받은 자에게 변제한 때에도 또한 같다. (2005.3.31 후단신설)

② 제1항 전단의 境遇에 辨濟를 받지 못한 相續債權者나 遺贈받은 者는 그 事情을 알고 辨濟를 받은 相續債權者나 遺贈받은 者에 對하여 求償權을 行使할 수 있다. 제1019조제3항 또는 제4항에 따라 한정승인을 한 경우 그 이전에 상속채무가 상속재산을 초과함을 알고 변제받은 상속채권자나 유증받은 자가 있는 때에도 또한 같다. (2022.12.13 본항개정)

③ 第766條의 規定은 제1항 및 제2항의 境遇에 準用한다. (2005.3.31 본항개정)

(2005.3.31 본조제목개정)

[개정전] **【"不當辨濟로 인한 責任"】** ① 限定承認者가 ……
② 前項의 경우에 辨濟를 받지 못한 相續債權者나 遺贈받은 者는 그 事情을 알고 辨濟를 받은 相續債權者나 遺贈받은 者에 대하여 求償權을 行使할 수 있다."
③ …… 規定은 "前2項"의 경우에 ……

■ 1051③·1050·1056②, 채권자 또는 수증자에 대한 변제(1033-1036), 상속인이 수인인 경우(1040)

第1039條【申告하지 않은 債權者 等】 第1032條第1項의 期間內에 申告하지 아니한 相續債權者 및 遺贈받은 者로서 限定承認者가 알지 못한 者는 相續財産의 殘餘가 있는 境遇에 限하여 그 辨濟를 받을 수 있다. 그러나 相續財産에 對하여 特別擔保權있는 때에는 그러하지 아니하다.

■ 1056②, 청산으로부터 제외된 채권(92), 상속인이 수인인 경우(1040), 특별담보(329·356)

第1040條【共同相續財産과 그 管理人의 選任】 ① 相續人이 數人인 境遇에는 法院은 各 相續人 其他 利害關係人의 請求에 依하여 共同相續人 中에서 相續財産管理人을 選任할 수 있다.

② 法院이 選任한 管理人은 共同相續人을 代表하여 相續財産의 管理와 債務의 辨濟에 關한 모든 行爲를 할 權利義務가 있다.

③ 第1022條, 第1032條 乃至 前條의 規定은 前項의 管理人에 準用한다. 그러나 第1032條의 規定에 依하여 公告할 5日의 期間은 管理人이 그 選任을 안 날로부터 起算한다.

■ 관리인의 선임(가소2①ii라), 공동상속과 한정승인(1006·1007·1029), 한정승인을 한 상속인의 임무(1032-1039), 관리인과 대리권(709·114-116·122·123)

1. 공동상속재산 관리인으로 상속인 아닌 사람을 선임한 것이 위법한지 여부(적극) 민 1040조에 의하면 법원이 공동상속 재산에 관한 관리인을 선임할 경우에는 반드시 그 공동상속인 중에서 관리인을 선임하여야 하도록 되어 있으므로, 공동상속인 아닌 다른 사람을 선임한 결정은 위법하다. (대결 1979.12.27, 76그2)

第4款 拋棄

第1041條【拋棄의 方式】 相續人이 相續을 拋棄할 때에는 第1019條第1項의 期間內에 家庭法院에 拋棄의 申告를 하여야 한다. (1990.1.13 본조개정)

■ 상속포기의 기간(1019①), 기간내에 포기하지 않는 경우(1026), 포기 전의 재산조사(1019②)

1. 제1순위 상속권자인 처와 자가 모두 상속을 포기한 경우 상속재산의 귀속 제1순위 상속권자인 처와 자들이 모두 상속을 포기한 경우에는 손이 직계비속으로서 상속인이 된다. (대판 1995.4.7, 94다11835)

2. 채무자인 피상속인의 제1순위 상속인 전원이 상속을 포기한 경우 상속채무의 귀속 채무자인 피상속인이 그의 처와 동시에 사망하고 제1순위 상속인인 자 전원이 상속을 포기한 경우, 상속을 포기한 자는 상속 개시시부터 상속인이 아니었던 것과 같은 지위에 놓이게 되므로 같은 순위의 다른 상속인이 없어 그 다음 근친 직계비속인 피상속인의 손들이 차순위의 본위 상속인으로서 피상속인의 채무를 상속하게 된다.(대판 1995.9.26, 95다27769)

3. 상속포기서에 첨부된 재산목록에서 누락된 상속재산에 대하여도 상속포기의 효력이 미치는지 여부(적극) 상속의 포기는 상속인이 법원에 대하여 하는 단독의 의사표시로서 포괄적·무조건적으로 하여야 하므로, 상속포기는 재산목록을 첨부하거나 특정할 필요가 없고, 상속포기서에 상속재산의 목록을 첨부했다 하더라도 그 목록에 기재된 부동산 및 누락된 부동산의 수효 등과 제반 사정에 비추어 상속재산을 참고 자료로 예시한 것에 불과하다고 보여지는 이상, 포기 당시 첨부된 재산 목록에 포함되어 있지 않은 재산의 경우에도 상속포기의 효력은 미친다.(대판 1995.11.14, 95다27554)

第1042條【拋棄의 遡及效】 相續의 拋棄는 相續開始된 때에 遡及하여 그 效力이 있다.

■ 상속개시의 시기(997), 공동상속인과 한정승인(1029)

1. 피해자의 보험자에 대한 직접청구권의 전제가 되는 피해자의 운행자에 대한 손해배상청구권과 손해배상의무가 상속에 의하여 동일인에게 귀속하는 경우 혼동에 의한 소멸 여부 ① 자배 9조 1항에 의한 피해자의 보험자에 대한 직접청구권이 수반되는 경우에는 그 직접청구권의 전제가 되는 자배 3조에 의한 피해자의 운행자에 대한 손해배상청구권은 비록 위 손해배상청구권과 손해배상의무가 상속에 의하여 동일인에게 귀속되더라도 혼동에 의하여 소멸되지 않고 이러한 법리는 자배 3조에 의한 손해배상의무자가 피해자를 상속한 경우에도 동일하지만, 예외적으로 가해자가 피해자의 상속인이 되는 등 특별한 경우에 한하여 손해배상청구권

과 손해배상의무가 혼동으로 소멸하고 그 결과 피해자의 보험자에 대한 직접청구권도 소멸한다. ② 상속포기는 자기를 위하여 개시된 상속의 효력을 상속개시시로 소급하여 확정적으로 소멸시키는 제도로서 피해자의 사망으로 상속이 개시되어 가해자가 피해자의 자신에 대한 손해배상청구권을 상속함으로써 그 손해배상청구권과 이를 전제로 하는 자배9조 1항에 의한 보험자에 대한 직접청구권이 소멸하였다고 할지라도 가해자가 적법하게 상속을 포기하면 그 소급효로 인하여 위 손해배상청구권과 직접청구권은 소급하여 소멸하지 않았던 것으로 되어 다른 상속인에게 귀속되고, 그 결과 '가해자가 피해자의 상속인이 되는 등 특별한 경우'에 해당하지 않게 되므로 위 손해배상청구권과 이를 전제로 하는 직접청구권은 소멸하지 않는다. ③ 상속포기를 하지 아니하였더라면 혼동으로 소멸하였을 개별적인 권리가 상속포기로 인하여 소멸하지 않게 되었더라도 그 상속포기가 신의칙에 반하여 무효라고 할 수 없다.(대판 2005.1.14, 2003다38573, 38580)

2. 상속포기를 한 경우 양도소득세 납부의무 승계 여부(소극) 상속인들이 적법하게 상속포기를 한 경우, 피상속인이 납부하여야 할 양도소득세를 승계하여 납부할 의무는 없다.(대판 2006.6.29, 2004두3335)

第1043條【拋棄한 相續財産의 歸屬】 相續人이 數人인 境遇에 어느 相續人이 相續을 拋棄한 때에는 그 相續分은 다른 相續人의 相續分의 比率로 그 相續人에게 歸屬된다.

▣ 1041 · 1042 · 1044, 상속분(1009이하), 포괄수증자(1078)

1. 피상속인의 배우자와 자녀 중 자녀 전부가 상속을 포기한 경우, 배우자가 단독상속인이 되는지 여부(적극) 상속에 관한 입법례와 민법의 입법 연혁, 민법 조문의 문언 및 체계적·논리적 해석, 채무상속에서 상속포기자의 의사, 실무상 문제 등을 종합하여 보면, 피상속인의 배우자와 자녀 중 자녀 전부가 상속을 포기한 경우에는 배우자가 단독상속인이 된다고 봄이 타당하다.(대결(全) 2023.3.23, 2020그42)

第1044條【拋棄한 相續財産의 管理繼續義務】 ① 相續을 拋棄한 者는 그 拋棄로 因하여 相續人이 된 者가 相續財産을 管理할 수 있을 때까지 그 財産의 管理를 繼續하여야 한다.

② 第1022條와 第1023條의 規定은 前項의 財産管理에 準用한다.

▣ 주의의무(695)

第5節 財産의 分離

第1045條【相續財産의 分離請求權】 ① 相續債權者나 遺贈받은 者 또는 相續人의 債權者는 相續開始된 날로부터 3月內에 相續財産과 相續人의 固有財産의 分離를 法院에 請求할 수 있다.

② 相續人이 相續의 承認이나 拋棄를 하지 아니한 동안은 前項의 期間經過後에도 財産의 分離를 法院에 請求할 수 있다. (1990.1.13 본항개정)

▣ 1051, 재산분리의 청구(가소2①ii라), 재산분리와 재산의 불혼합(1031 · 1050), 상속인 또는 상속재산에 대한 파산과 재산분리(회생파산299 · 300 · 307 · 346), 상속개시(997), 상속의 승인 및 포기(1025이하 · 1041이하)

第1046條【分離命令과 債權者 等에 對한 公告, 催告】 ① 法院이 前條의 請求에 依하여 財産의 分離를 命한 때에는 그 請求者는 5日內에 一般相續債權者와 遺贈받은 者에 對하여 財産分離의 命令있은 事實과 一定한 期間內에 그 債權 또는 受贈을 申告할 것을 公告하여야 한다. 그 期間은 2月以上이어야 한다.

② 第88條第2項, 第3項과 第89條의 規定은 前項의 境遇에 準用한다.

▣ 1045 · 1051, 한정승인자의 채권신고의 공고 · 최고(1032)

第1047條【分離後의 相續財産의 管理】 ① 法院이 財産의 分離를 命한 때에는 相續財産의 管理에 關하여 必要한 處分을 命할 수 있다.

② 法院이 財産管理人을 選任한 境遇에는 第24條 乃至 第26條의 規定을 準用한다.

▣ 1045, 상속인의 상속재산관리(1022 · 1044 · 1048), 관리를 위한 처분(가소2①ii라), 주의의무(695)

第1048條【分離後의 相續人의 管理義務】 ① 相續人이 單純承認을 한 後에도 財産分離의 命令이 있는 때에는 相續財産에 對하여 自己의 固有財産과 同一한 注意로 管理하여야 한다.

② 第683條 乃至 第685條 및 第688條第1項, 第2項의 規定은 前項의 財産管理에 準用한다.

▣ 695

第1049條【財産分離의 對抗要件】 財産의 分離는 相續財産인 不動産에 關하여는 이를 登記하지 아니하면 第三者에게 對抗하지 못한다.

▣ 재산분리의 등기와 그 효력(186, 등기2 · 23③ · 27)

第1050條【財産分離와 權利義務의 不消滅】 財産分離의 命令이 있는 때에는 被相續人에 對한 相續人의 財産上 權利義務는 消滅하지 아니한다.

▣ 1045 · 1047, 한정승인과 재산상 권리의무의 불소멸(1031), 상속인 또는 상속재산에 대한 파산과 재산분리(회생파산299 · 300 · 307 · 308)

第1051條【辨濟의 拒絶과 配當辨濟】 ① 相續人은 第1045條 및 第1046條의 期間滿了前에는 相續債權者와 遺贈받은 者에 對하여 辨濟를 拒絶할 수 있다.

② 前項의 期間滿了後에 相續人은 相續財産으로써 財産分離의 請求 또는 그 期間內에 申告한 相續債權者, 遺贈받은 者와 相續人이 알고 있는 相續債權者, 遺贈받은 者에 對하여 各 債權額 또는 受贈額의 比率로 辨濟하여야 한다. 그러나 優先權있는 債權者의 權利를 害하지 못한다.

③ 第1035條 乃至 第1038條의 規定은 前項의 境遇에 準用한다.

▣ 1038, 한정승인자의 배당거절과 배당변제(1033 · 1034), 재산분리의 청구 · 상속채권등(1045② · 1052), 우선권 있는 채권자(329 · 356 · 371①), 변제기전의 채무등의 변제(1035), 수증자에의 변제(1036), 상속재산의 경매(1037)

第1052條【固有財産으로부터의 辨濟】 ① 前條의 規定에 依한 相續債權者와 遺贈받은 者는 相續財産으로써 全額의 辨濟를 받을 수 없는 境遇에 限하여 相續人의 固有財産으로부터 그 辨濟를 받을 수 있다.

② 前項의 境遇에 相續人의 債權者는 相續人의 固有財産으로부터 優先辨濟를 받을 權利가 있다.

▣ 1045 · 1046 · 1051②

第6節 相續人의 不存在
(1990.1.13 본절제목개정)

第1053條【相續人없는 財産의 管理人】 ① 相續人의 存否가 分明하지 아니한 때에는 法院은 第777條의 規定에 依한 被相續人의 親族 其他 利害關係人 또는 檢事의 請求에 依하여 相續財産管理人을 選任하고 遲滯없이 이를 公告하여야 한다. (1990.1.13 본항개정)

② 第24條 乃至 第26條의 規定은 前項의 財産管理人에 準用한다.

■ 1055, 재산관리인(1000−1003), 재산관리인의 선임 및 공고(가소2① ii 라)

第1054條【財産目錄提示와 狀況報告】 管理人은 相續債權者나 遺贈받은 者의 請求가 있는 때에는 언제든지 相續財産의 目錄을 提示하고 그 狀況을 報告하여야 한다.

■ 1053①, 상황보고의무(1053② · 24)

第1055條【相續人의 存在가 分明하여진 境遇】 ① 管理人의 任務는 그 相續人이 相續의 承認을 한 때에 終了한다.

② 前項의 境遇에는 管理人은 遲滯없이 그 相續人에 對하여 管理의 計算을 하여야 한다.

■ 1 관리인의 권한(1053② · 25), 상속의 승인(1019 · 1025 · 1028), 2관리인의 계산의무(684 · 685 · 1058②)

第1056條【相續人없는 財産의 淸算】 ① 第1053條第1項의 公告있은 날로부터 3月內에 相續人의 存否를 알 수 없는 때에는 管理人은 遲滯없이 一般相續債權者와 遺贈받은 者에 對하여 一定한 期間 內에 그 債權 또는 受贈을 申告할 것을 公告하여야 한다. 그 期間은 2月 以上이어야 한다.

② 第88條第2項, 第3項, 第89條, 第1033條 乃至 第1039條의 規定은 前項의 境遇에 準用한다.

■ 1057 · 1058 · 1053①

第1057條【相續人搜索의 公告】 제1056조제1항의 期間이 經過하여도 相續人의 存否를 알 수 없는 때에는 法院은 管理人의 請求에 依하여 相續人이 있으면 一定한 期間內에 그 權利를 主張할 것을 公告하여야 한다. 그 期間은 1년 이상이어야 한다. (2005.3.31 본조개정)

〔개정전〕 【相續人搜索의 公告】 "前條第1項"의 期間이 …… 그 期間은 "2年이상"이어야 한다.

■ 1058 · 1059 · 1053①, 공고(가소2①라)

第1057條의2【特別緣故者에 대한 分與】 ① 제1057조의 期間내에 相續權을 主張하는 者가 없는 때에는 家庭法院은 被相續人과 生計를 같이 하고 있던 者, 被相續人의 療養看護를 한 者 기타 被相續人과 특별한 緣故가 있던 者의 請求에 의하여 相續財産의 전부 또는 일부를 分與할 수 있다.

② 第1項의 請求는 제1057조의 期間의 만료후 2月 이내에 하여야 한다. (2005.3.31 본조개정)

〔개정전〕 ① "第1056條"의 期間내에 相續權을 ……
② 第1項의 請求는 "第1056條"의 期間의 만료후 2月 ……

第1058條【相續財産의 國家歸屬】 ① 제1057조의2의 규정에 의하여 분여(分與)되지 아니한 때에는 相續財産은 國家에 歸屬한다.

② 第1055條第2項의 規定은 제1항의 境遇에 準用한다. (2005.3.31 본조개정)

〔개정전〕 ① "前條의 期間내에 相續權을 主張하는 者가 없는" 때에는 相續財産은 ……
② ……의 規定은 "前項"의 경우에 準用한다.

1. 재산상속인이 존재하지 아니한 경우 상속재산의 귀속 민법 제5편 제2장에는 재산상속에 관한 규정이 있으며, 거기에 열거되어 있는 재산상속인이 존재하지 아니한 경우에는 민 1058조에 의하여 상속재산이 국가에 귀속한다고 보아야지 다른 최근친자에게 귀속된다고 할 수 없다.(대판 1990.11.13, 90다카26867)

第1059條【國家歸屬財産에 對한 辨濟請求의 禁止】 前條第1項의 境遇에는 相續財産으로 辨濟를 받지 못한 相續債權者나 遺贈을 받은 者가 있는 때에도 國家에 對하여 그 辨濟를 請求하지 못한다.

■ 1058

第2章 遺 言

第1節 總 則

第1060條【遺言의 要式性】 遺言은 本法의 定한 方式에 依하지 아니하면 效力이 생하지 아니한다.

■ 준거법(국사), 보통방식(1065−1069), 특별방식(1070), 유언의 철회(1108), 유언으로써 할 수 있는 행위(재단설립=47② · 48②, 인지=859②, 후견인의 지정=931, 유산분할에 관한 지정=1012, 유언집행자의 지정=1093 · 1094, 신탁=신탁3①), 유언의 효력(1073이하), 유언의 집행(1091이하)

1. 유언자의 진정한 의사에 합치하나 민법에 정해진 요건과 방식에 어긋나는 유언의 효력 민 1065조 내지 1070조가 유언의 방식을 엄격하게 규정한 것은 유언자의 진의를 명확히 하고 그로 인한 법적 분쟁과 혼란을 예방하기 위한 것이므로, 법정된 요건과 방식에 어긋난 유언은 그것이 유언자의 진정한 의사에 합치하더라도 무효라고 하지 않을 수 없다. (대판 2006.3.9, 2005다57899)

2. 유언의 요건을 갖추지 못한 유증에 대해 사인증여로서의 효력을 인정할 때 고려할 사항 망인이 단독행위로서 유증을 하였으나 유언의 요건을 갖추지 못하여 효력이 없는 경우 이를 '사인증여'로서 효력을 인정하려면 증여자와 수증자 사이에 청약과 승낙에 의한 의사합치가 이루어져야 하는데, 유언자인 망인이 자신의 상속인인 여러 명의 자녀들에게 재산을 분배하는 내용의 유언을 하였으나 민법상 요건을 갖추지 못하여 유언의 효력이 부정되는 경우 유언을 하는 자리에 동석하였던 일부 자녀와 사이에서만 '청약'과 '승낙'이 있다고 보아 사인증여로서의 효력을 인정한다면, 자신의 재산을 배우자와 자녀들에게 모두 배분하고자 하는 망인의 의사에 부합하지 않고 그 자리에 참석하지 않았던 나머지 상속인들과의 형평에도 맞지 않는 결과가 초래된다. 따라서 이러한 경우 유언자인 망인과 일부 상속인 사이에서만 사인증여로서의 효력을 인정하여야 할 특별한 사정이 없는 이상 그와 같은 효력을 인정하는 판단에는 신중을 기해야 한다.(대판 2023.9.27, 2022다302237)

第1061條【遺言適齡】 17세에 達하지 못한 者는 遺言을 하지 못한다. (2022.12.27 본조개정)

(2023.6.28 시행)

▣ 연령계산(158 · 160 · 부칙27), 법정대리인의 동의 불요(1062 · 5), 피성년후견인의 유언능력(1063)

제1062조【제한능력자의 유언】 유언에 관하여는 제5조, 제10조 및 제13조를 적용하지 아니한다. (2011.3.7 본조개정)

1. 피성년후견인 또는 피한정후견인은 의사능력이 있는 한 성년후견인 또는 한정후견인의 동의 없이도 유언을 할 수 있는지 여부(적극) 민 1060조는 '유언은 본법의 정한 방식에 의하지 아니하면 효력이 발생하지 아니한다.'고 정하여 유언에 관하여 엄격한 요식성을 요구하고 있으나, 피성년후견인과 피한정후견인의 유언에 관하여는 행위능력에 관한 민 10조 및 13조가 적용되지 않으므로(민 1062조), 피성년후견인 또는 피한정후견인은 의사능력이 있는 한 성년후견인 또는 한정후견인의 동의 없이도 유언을 할 수 있다.(대판 2022.12.1, 2022다261237)

제1063조【피성년후견인의 유언능력】 ① 피성년후견인은 의사능력이 회복된 때에만 유언을 할 수 있다.

② 제1항의 경우에는 의사가 심신 회복의 상태를 유언서에 부기(附記)하고 서명날인하여야 한다.

(2011.3.7 본조개정)

▣ 12이하 · 1062 · 1070③

第1064條【遺言과 胎兒, 相續缺格者】 第1000條第3項, 第1004條의 規定은 受贈者에 準用한다. (1990.1.13 본조개정)

第2節 遺言의 方式

第1065條【遺言의 普通方式】 遺言의 方式은 自筆證書, 錄音, 公正證書, 秘密證書와 口授證書의 5種으로 한다.

▣ 준거법(국사), 유언의 요식성(1060), 유언의 철회와 그 방식(1108), 자필증서에 의한 유언(1066 · 1071), 녹음에 의한 유언(1067 · 1072), 공정증서에 의한 유언(1068 · 1072), 비밀증서에 의한 유언(1069 · 1071 · 1072), 구수증서에 의한 유언(1070 · 1072), 특별방식에 의한 유언(1070)

第1066條【自筆證書에 依한 遺言】 ① 自筆證書에 依한 遺言은 遺言者가 그 全文과 年月日, 住所, 姓名을 自書하고 捺印하여야 한다.

② 前項의 證書에 文字의 挿入, 削除 또는 變更을 함에는 遺言者가 이를 自書하고 捺印하여야 한다.

▣ 1063, 유언의 방식(1060 · 1065), 비밀증서에 의한 유언의 전환(1071), 유언증서 · 녹음의 검인 · 개봉(1091 · 1092)

1. 자필증서에 의한 유언 민 1066조에서 규정하는 자필증서에 의한 유언은 유언자가 그 전문과 연월일, 주소 및 성명을 자서(自書)하는 것이 절대적 요건이므로 전자복사기를 이용하여 작성한 복사본은 이에 해당하지 아니하나, 주소를 쓴 자리가 반드시 유언 전문 및 성명이 기재된 지편이어야 하는 것은 아니고 유언서의 일부로 볼 수 있는 이상 그 전문을 담은 봉투에 기재하더라도 무방하며, 날인은 인장 대신에 무인에 의한 경우에도 유효하다. 자필증서에 의한 유언에 있어서 그 증서에 문자의 삽입, 삭제 또는 변경을 함에는 민 1066조 2항의 규정에 따라 유언자가 이를 자서하고 날인하여야 하나, 자필증서 중 증서의 기재 자체에 의하더라도 명백한 오기를 정정한 것에 지나지 않는다면 설령 그 수정 방식이 위 법조항에 위배된다고 할지라도 유언자의 의사를 용이하게 확인할 수 있으므로 이러한 방식의 위배는 유언의 효력에 영향을 미치지 아니한다.(대판 1998.6.12, 97다38510)

2. 유언자의 날인이 없는 유언장에 의한 유언의 효력 민 1066조 1항은 "자필증서에 의한 유언은 유언자가 그 전문과 연월일, 주소, 성명을 자서하고 날인하여야 한다."라고 규정하고 있으므로, 유언자의 날인이 없는 유언장은 자필증서에 의한 유언으로서의 효력이 없다.(대판 2006.9.8, 2006다25103, 25110)

3. 연월(年月)만 기재하고 일(日)의 기재가 없는 자필유언증서의 효력 자필유언증서의 연월일은 이를 작성한 날로서 유언능력의 유무를 판단하거나 다른 유언증서와 사이에 유언 성립의 선후를 결정하는 기준일이 되므로 그 작성일을 특정할 수 있게 기재하여야 한다. 따라서 연 · 월만 기재하고 일의 기재가 없는 자필유언증서는 그 작성일을 특정할 수 없으므로 효력이 없다.(대판 2009.5.14, 2009다9768)

4. 민 1066조 1항이 헌법에 위반되는지 여부(소극) 자서와는 별도로 유언자의 날인을 요구하고 있는 민 1066조 1항이 유언의 자유를 과도하게 제한하는 규정으로서 헌법에 위반된다고 볼 수는 없다.(대판 2006.9.8, 2006다25103, 25110)

第1067條【錄音에 依한 遺言】 錄音에 依한 遺言은 遺言者가 遺言의 趣旨, 그 姓名과 年月日을 口述하고 이에 參與한 證人이 遺言의 正確함과 그 姓名을 口述하여야 한다.

▣ 1060 · 1065 · 1063, 녹음의 검인(1091)

1. 유언증서의 멸실 또는 분실과 유언의 효력 유언증서가 성립한 후에 멸실되거나 분실되었다는 사유만으로 유언이 실효되는 것은 아니고 이해관계인은 유언증서의 내용을 증명하여 유언의 유효를 주장할 수 있다. 이는 녹음에 의한 유언이 성립한 후에 녹음테이프나 녹음파일 등이 멸실 또는 분실된 경우에도 마찬가지이다.(대판 2023.6.1, 2023다217534)

第1068條【公正證書에 依한 遺言】 公正證書에 依한 遺言은 遺言者가 證人 2人이 參與한 公證人의 面前에서 遺言의 趣旨를 口授하고 公證人이 이를 筆記朗讀하여 遺言者와 證人이 그 正確함을 承認한 後 各自 署名 또는 記名捺印하여야 한다.

▣ 1063, 유언의 방식(1060 · 1065), 공증인(공증2 · 11), 공정증서에 의한 유언의 작성(공증25이하 · 56 · 17③), 증인(1072), 공정증서와 참여인(공증29), 공증인의 진술녹취 · 증서작성방법등(공증34이하), 유언서 · 녹음의 검인 불요(1091②)

1. '공정증서에 의한 유언'이 유효하기 위한 요건 공정증서에 기재된 내용과 같은 유언의 구수가 있었는지에 관하여 강력한 의심이 들뿐만 아니라, 유언의 구수가 있었다고 하더라도 '공증인이 유언자의 구술을 필기해서 이를 유언자와 증인에게 낭독할 것'과 '유언자와 증인이 공증인의 필기가 정확함을 승인할 것'이라는 요건을 갖추지 못하였고, '유언자가 서명 또는 기명날인할 것'이라는 요건도 갖추지 못하여 민 1068조의 '공정증서에 의한 유언'의 방식에 위배된 공정증서에 의한 유언은 무효이다.(대판 2002.10.25, 2000다21802)

2. 말을 못하는 가면성 정신상태하의 유언자가 공증인이 유언취지를 말하면 고개를 끄덕거린 경우 유언의 취지를 구수한 것인지 여부(소극) 공정증서에 의한 유언은 유언자가 공증인의 면전에서 유언의 취지를 구수하여 작성되어야 하는 것이므로 뇌혈전증으로 병원에 입원치료 중인 유언자가 불완전한 의식상태와 언어장애 때문에 말을 못하고 고개만 끄덕거리면서 반응을 할 수 있을 뿐인 의학상 소위 가면성 정신상태하에서 공증인이 유언내용의 취지를 유언자에게 말하여 주고 '그렇소?' 하고 물으면 유언자는 말은 하지 않고 고개만 끄덕거리면 공증인의 사무원이 그 내용을 필기하고 이를 공증인이 낭독하는 방법으로 유언서가 작성되었다면 이는 유언자가 구수한 것이라고 할 수 없으므로 무효이다.(대판 1980.12.23, 80므18)

3. 유언공정증서를 작성할 당시 반혼수상태인 유언자가 유언공정증서의 취지를 듣고 고개만 끄덕인 경우 유언공정증서를 작성할 당시에 유언자가 반혼수상태였으며, 유언공정증서의 취지가 낭독된 후에도 그에 대하여 전혀 응답하는 말을 하지 아니한 채 고개만 끄덕였다면, 유언공정증서를 작성할 당시에 유언자에게는 의사능력이 없었으며 그 공정증서에 의한 유언은 유언자가 유언의 취지를 구수(口授)하고 이에 기하여 공정증서가 작성된 것으로 볼 수 없어서, 민 1068조가 정하는 공정증서에 의한 유언의 방식에 위배되어 무효이다.(대판 1996.4.23, 95다34514)

4. 유언장에 대하여 인증을 받았으나 증인 2인의 참여가 없고 자서된 것이 아닌 경우 유언의 효력 유언장에 대하여 공증사무실에서 인증을 받았으나 그 유언장이 증인 2명의 참여가 없고 자서된 것도 아니라면 공정증서에 의한 유언이나 자필증서에 의한 유언으로서의 방식이 결여되어 있으므로 유언으로서의 효력을 발생할 수 없다.(대판 1994.12.22, 94다13695)

第1069條【秘密證書에 依한 遺言】 ① 秘密證書에 依한 遺言은 遺言者가 筆者의 姓名을 記入한 證書를 嚴封捺印하고 이를 2人 以上의 證人의 面前에 提出하여 自己의 遺言書임을 表示한 後 그 封書表面에 提出年月日을 記載하고 遺言者와 證人이 各自 署名 또는 記名捺印하여야 한다.

② 前項의 方式에 依한 遺言封書는 그 表面에 記載된 날로부터 5日內에 公證人 또는 法院書記에게 提出하여 그 封印上에 確定日字印을 받아야 한다.

■ 전조 참조문 참조, 유언서 중 가제변경(1066②)

第1070條【口授證書에 依한 遺言】 ① 口授證書에 依한 遺言은 疾病 其他 急迫한 事由로 因하여 前4條의 方式에 依할 수 없는 境遇에 遺言者가 2人 以上의 證人의 參與로 그 1人에게 遺言의 趣旨를 口授하고 그 口授를 받은 者가 이를 筆記朗讀하여 遺言者의 證人이 그 正確함을 承認한 後 各自 署名 또는 記名捺印하여야 한다.

② 前項의 方式에 依한 遺言은 그 證人 또는 利害關係人이 急迫한 事由의 終了한 날로부터 7日內에 法院에 그 檢認을 申請하여야 한다.

③ 第1063條第2項의 規定은 口授證書에 依한 遺言에 適用하지 아니한다.

■ 1068조 참조문 참조, 유언의 검인(가소2①)

1. 구수증서에 의한 유언요건의 해석 구수증서에 의한 유언은 민법상 유언의 보통방식의 하나로 규정되어 있으나 그 본질에 있어서는 다른 방식의 유언과는 다르므로 유언요건을 완화하여 해석하여야 한다.(대판 1977.11.8, 76므15)

2. '유언취지의 구수'의 의미 '유언취지의 구수'라 함은 말로써 유언의 내용을 상대방에게 전달하는 것을 뜻하는 것이므로, 증인이 제3자에 의하여 미리 작성된, 유언의 취지가 적혀 있는 서면에 따라 유언자에게 질문을 하고 유언자가 동작이나 간략한 답변으로 긍정하는 방식은, 유언 당시 유언자의 의사능력이나 유언에 이르게 된 경위 등에 비추어 그 서면이 유언자의 진의에 따라 작성되었음이 분명하다고 인정되는 등의 특별한 사정이 없는 한 민 1070조 소정의 유언취지의 구수에 해당한다고 볼 수 없다. 유언 당시에 자신의 의사를 제대로 말로 표현할 수 없는 유언자가 유언취지의 확인을 구하는 변호사의 질문에 대하여 고개를 끄덕이거나 "음", "어"라고 말한 것만으로는 민 1070조가 정한 유언의 취지를 구수한 것으로 볼 수 없다.(대판 2006.3.9, 2005다57899)

3. 자필증서·녹음·공정증서 및 비밀증서의 방식에 의한 유언이 객관적으로 가능한 경우 구수증서에 의한 유언의 허용 여부(소극) 민 1070조 1항이 구수증서에 의한 유언은 질병 기타 급박한 사유로 인하여 민 1066조 내지 1069조 소정의 자필증서, 녹음, 공정증서 및 비밀증서의 방식에 의하여 할 수 없는 경우에 허용되는 것으로 규정하고 있는 이상, 유언자가 질병 기타 급박한 사유에 있는지 여부를 판단함에 있어서는 유언자의 진의를 존중하기 위하여 유언자의 주관적 입장을 고려할 필요가 있을지 모르지만, 자필증서, 녹음, 공정증서 및 비밀증서의 방식에 의한 유언이 객관적으로 가능한 경우까지 구수증서에 의한 유언을 허용하여야 하는 것은 아니다.(대판 1999.9.3, 98다17800)

4. 구수증서에 의한 유언의 검인신청기간 유언자의 질병으로 인하여 구수증서의 방식으로 유언을 한 경우에는 특별한 사정이 없는 한 그 유언이 있은 날에 급박한 사유가 종료하였다고 하겠으므로, 유언이 있은 날로부터 7일 이내에 그 검인신청을 하여야 하고 이를 도과한 경우에는 부적법한 신청으로서 각하되어야 한다.(대결 1994.11.3, 94스16)

5. 신청기간을 도과하여 한 검인심판의 효력을 다투는 방법 신청기간을 도과하여 검인신청을 하였더라도 그 검인의 효력을 다투기 위하여서는 즉시항고를 하는 방법밖에 불복의 길이 없다.(대판 1977.11.8, 76므15)

6. 구수증서에 의한 유언의 검인에 대하여 즉시항고를 할 수 있는 '이해관계인'의 의미 민 1070조의 구수증서에 의한 유언의 검인에 대하여 즉시항고를 할수 있는 이해관계인이라 함은 상속인 기타 검인에 의하여 직접 그 권리가 침해되었다고 객관적으로 인정되는 자를 의미한다고 할 것인 바, 1960.1.1. 이후에 있어서는 여호주가 직계존비속없이 사망하면 그 여호주의 형제자매와 8촌 이내의 방계혈족이 순차 그 상속인이 되는 것이므로 부담있는 유증을 내용으로 하는 유언을 하고 사망한 여호주의 망 부의 동생은 유언자의 상속인이 될 수 없고, 그가 수증자나 유언집행자도 아니며 위 유증에 의하여 그 수증자로부터 금 20,000,000원을 지급받게 됨으로써 오히려 이익을 받게 될 지위에 있을 뿐이라면 위 유언의 검인에 대한 이해관계인이라고는 볼 수 없으므로 그가 제기한 항고는 부적법하다.(대결 1990.2.12, 89스19)

第1071條【秘密證書에 依한 遺言의 轉換】 秘密證書에 依한 遺言이 그 方式에 欠缺이 있는 境遇에 그 證書가 自筆證書의 方式에 適合한 때에는 自筆證書에 依한 遺言으로 본다.

■ 자필증서에 의한 유언(1066)

제1072조【증인의 결격사유】 ① 다음 각 호의 어느 하나에 해당하는 사람은 유언에 참여하는 증인이 되지 못한다.

1. 미성년자
2. 피성년후견인과 피한정후견인
3. 유언으로 이익을 받을 사람, 그의 배우자와 직계혈족

② 공정증서에 의한 유언에는 「공증인법」에 따른 결격자는 증인이 되지 못한다.

(2011.3.7 본조개정)

■ [1] 유언의 증인(1067-1070①), 미성년자(4-8·826의2), (2) 피성년후견인·피한정후견인(12-14·9-11), (3) 혈족(768), 배우자(812), [2] 유언결격자와 참여인 등(공증29·33·56)

1. '유언에 의하여 이익을 받을 자'의 의미 및 유언집행자가 이에 해당하는지 여부(소극) '유언에 의하여 이익을 받을 자'라 함은 유언자의 상속인으로 될 자 또는 유증을 받게 될 수증자 등을 말하는 것이므로, 유언집행자는 증인결격자에 해당한다고 볼 수 없다.(대판 1999.11.26, 97다57733)

2. 공증참여자가 유언자와 친족의 관계에 있으나 유언자의 청구에 의할 경우 공증참여인 결격자인지 여부(소극) 민 1072조는 1항에서 일반적으로 유언에 참여하는 증인이 될 수 없는자를 열거하는 외에, 2항에서 공정증서에 의한 유언의 경우에는 공증인법에 의한 참여인 결격자는 증인이 되지 못한다고 따로이 규정하고 있는바, 한편 공증 33조 3항은 본문에서 공증시 참여인이 될 수 없는 자의 하나로 공증촉탁인의 친족을 들면서도 단서에서 '공증촉탁인이 공증에 참여시킬 것을 청구한 경우'에는 예외적으로 같은 법 33조 3항 본문 규정의 적용이 배제됨을 규정하고 있어, 결국 공증참여자가 유언자와 친족의 관계에 있다 하더라도 유언자의 청구에 의할 경우에는 공증인법에 의한 공증참여인 결격자가 아니라고 보아야 할 것이다.(대판 1992.3.10, 91다45509)

第3節 遺言의 效力

第1073條【遺言의 效力發生時期】 ① 遺言은 遺言者가 死亡한 때로부터 그 效力이 생긴다.

② 遺言에 停止條件이 있는 境遇에 그 條件이 遺言者의 死亡後에 成就한 때에는 그 條件成就한 때로부터 遺言의 效力이 생긴다.

■ 준거법(국사), ① 사망(28), 유언의 무효(1089·1087), 유언에 의한 인지의 소급효(859②·860), 유언에 의한 재단설립의 효력발생(48②), 유언철회의 효력발생시기(1108), 유증포기의 효력발생시기(1074②), 정지조건(147①③)

第1074條【遺贈의 承認, 抛棄】 ① 遺贈을 받을 者는 遺言者의 死亡後에 언제든지 遺贈을 承認 또는 抛棄할 수 있다.

② 前項의 承認이나 抛棄는 遺言者의 死亡한 때에 遡及하여 그 效力이 있다.

■ 포기의 최고(1077), 포기의 취소(1075), 포기의 효과(1090), 포괄수증자의 포기(1019·1041·1042·1078), 후견인과 유증의 포기(950①), 유증의 승인·포기와 수증자의 파산(회생파산387·388)

第1075條【遺贈의 承認, 抛棄의 取消禁止】 ① 遺贈의 承認이나 抛棄는 取消하지 못한다.

② 第1024條第2項의 規定은 遺贈의 承認과 抛棄에 準用한다.

■ 포괄수증자의 승인·포기의 취소(1024·1078)

1. 유증의 승인 또는 포기 여부 상속인들이 참칭상속인을 포함시킨 상속등기에 의해 이전받은 현재의 소유지분에 만족하고 참칭상속인에 대한 상속회복청구권을 포기한다는 취지의 주장을 한 경우, 특별한 사정이 없는 한 상속인들이 유증을 포기한 것이 아니라 오히려 유증을 승인하고 그로 인하여 취득하게 되는 상속인들의 권리 중 참칭상속인 명의로 등기된 부분에 대하여 소유권을 주장하지 않겠다는 취지로 해석된다.(대판 1999.11.26, 97다57733)

第1076條【受贈者의 相續人의 承認, 抛棄】 受贈者가 承認이나 抛棄를 하지 아니하고 死亡한 때에는 그 相續人은 相續分의 限度에서 承認 또는 抛棄할 수 있다. 그러나 遺言者가 遺言으로 다른 意思를 表示한 때에는 그 意思에 依한다.

■ 공동상속과 상속분(1009), 포괄수증자의 승인·포기(1024·1078)

第1077條【遺贈義務者의 催告權】 ① 遺贈義務者나 利害關係人은 相當한 期間을 定하여 그 期間內에 承認 또는 抛棄를 確答할 것을 受贈者 또는 그 相續人에게 催告할 수 있다.

② 前項의 期間內에 受贈者 또는 相續人이 遺贈義務者에 對하여 催告에 對한 確答을 하지 아니한 때에는 遺贈을 承認한 것으로 본다.

■ 제한능력자의 상대방의 최고권(15), 유증의무자(1000–1003), 포괄유증의 경우(1019이하·1026·1078), 특정수증자가 파산하였을 경우(회생파산388)

第1078條【包括的 受贈者의 權利義務】 包括的 遺贈을 받은 者는 相續人과 同一한 權利義務가 있다. (1990.1.13 본조개정)

■ 상속인의 권리의무(1005이하), 본조의 준용(사인증여=562)

1. 포괄적 유증과 특정유증의 구별기준 유증이 포괄적 유증인가 특정유증인가는 유언에 사용한 문언 및 그 외 제반 사정을 종합적으로 고려하여 탐구된 유언자의 의사에 따라 결정되어야 하고, 통상은 상속재산에 대한 비율의 의미로 유증이 된 경우는 포괄적 유증, 그렇지 않은 경우는 특정유증이라고 할 수 있지만, 유언공정증서 등에 유증한 재산이 개별적으로 표시되었다는 사실만으로는 특정유증이라고 단정할 수는 없고 상속재산이 모두 얼마나 되는지를 심리하여 다른 재산이 없다고 인정되는 경우에는 이를 포괄적 유증이라고 볼 수도 있다.(대판 2003.5.27, 2000다73445)

2. 유증한 재산이 개별적으로 표시된 경우 포괄유증으로 볼 수 있는지 여부 유증자의 상속재산이 얼마가 되느냐를 심리함이 없이 유증한 재산이 개별적으로 표시되었다는 사실만으로는 특정유증이라고 단정할 수 없고, 개별적으로 표시된 것이 전체 상속재산 중의 하나의 특정된 것이어야 특정유증이라 할 수 있다.(대판 1978.12.13, 78다1816)

3. 특정유증의 효력(채권적 효력) **및 특정유증 받은 자의 진정등기명의 회복을 위한 소유권이전등기청구의 가부**(소극) 포괄적 유증을 받은 자는 민 187조에 의하여 법률상 당연히 유증받은 부동산의 소유권을 취득하게 되나, 특정유증을 받은 자는 유증의무자에게 유증을 이행할 것을 청구할 수 있는 채권을 취득할 뿐이므로, 특정유증을 받은 자는 유증받은 부동산의 소유권자가 아니어서 직접 진정한 등기명의의 회복을 원인으로 한 소유권이전등기를 구할 수 없다.(대판 2003.5.27, 2000다73445)

4. 임대차보증금반환채무, 피담보채무인수 부담부 특정유증에서 수증자가 인수채무를 변제한 경우 상속인에 대한 구상권 행사 가부(소극) 특정유증의 경우 유증 목적인 재산은 일단 상속재산으로서 상속인에게 귀속되고 유증을 받은 자는 유증의무자에 대하여 유증을 이행할 것을 청구할 수 있는 채권을 취득하게 된다. 유언자가 임차권 또는 근저당권이 설정된 목적물을 특정유증하면서 유증을 받은 자가 그 임대차보증금반환채무 또는 피담보채무를 인수할 것을 부담으로 정한 경우 특정유증을 받은 자가 유증 목적물에 관한 임대차보증금반환채무 또는 피담보채무를 임차인 또는 근저당권자에게 변제하였다고 하더라도 상속인에 대한 관계에서는 자신의 채무 또는 장차 인수하여야 할 채무를 변제한 것이므로 상속인에 대하여 구상권을 행사할 수 없다고 봄이 타당하다. 위와 같은 법리는 유증 목적물에 관한 임대차계약에 대항력이 있는지 여부와 무관하게 적용된다.(대판 2022.1.27, 2017다265884)

5. 상속인의 상속회복청구권 및 그 제척기간에 관한 민 999조가 포괄적 유증의 경우에도 유추 적용되는지 여부(적극) 상속인의 상속회복청구권 및 그 제척기간에 관하여 규정한 민 999조는 포괄적 유증의 경우에도 유추 적용된다.(대판 2001.10.12, 2000다22942)

6. 포괄유증의 효력에 관한 민 1078조가 포괄적 사인증여에도 준용되는지 여부(소극) 민 562조가 사인증여에 관하여 유증에 관한 규정을 준용하도록 규정하고 있다고 하여, 이를 근거로 포괄적 유증을 받은 자는 상속인과 동일한 권리의무가 있다고 규정하고 있는 민 1078조가 포괄적 사인증여에도 준용된다고 해석하면 포괄적 사인증여에도 상속과 같은 효

과가 발생하게 된다. 그러나 포괄적 사인증여는 낙성·불요식의 증여계약의 일종이고, 포괄적 유증은 엄격한 방식을 요하는 단독행위이며, 방식을 위배한 포괄적 유증은 대부분 포괄적 사인증여로 보여질 것인바, 포괄적 사인증여에 민 1078조가 준용된다면 양자의 효과는 같게 되므로, 결과적으로 포괄적 유증에 엄격한 방식을 요하는 요식행위로 규정한 조항들은 무의미하게 된다. 따라서 민 1078조가 포괄적 사인증여에 준용된다고 하는 것은 사인증여의 성질에 반하므로 준용되지 아니한다고 해석함이 상당하다.(대판 1996.4.12, 94다37714, 37721)

第1079條【受贈者의 果實取得權】 受贈者는 遺贈의 履行을 請求할 수 있는 때로부터 그 目的物의 果實을 取得한다. 그러나 遺言者가 遺言으로 다른 意思를 表示한 때에는 그 意思에 依한다.

■ 유언의 효력발생과 이행기(1073·147①·152), 과실(101·102), 매매와 과실취득(587), 본조의 준용(사인증여562)

第1080條【果實收取費用의 償還請求權】 遺贈義務者가 遺言者의 死亡後에 그 目的物의 果實을 收取하기 爲하여 必要費를 支出한 때에는 그 果實의 價額의 限度에서 果實을 取得한 受贈者에게 償還을 請求할 수 있다.

■ 유증의무자(1000－1003), 필요비의 상환청구권(203①·325①·367·594②·626①), 유언의 효력발생시기(1073), 본조의 준용(사인증여=562)

第1081條【遺贈義務者의 費用償還請求權】 遺贈義務者가 遺贈者의 死亡後에 그 目的物에 對하여 費用을 支出한 때에는 第325條의 規定을 準用한다.

■ 유증의무자(1000－1003), 비용상환청구권(203·367·594②·626), 유언의 효력발생시기(1073), 본조의 준용(사인증여=562)

第1082條【不特定物遺贈義務者의 擔保責任】 ① 不特定物을 遺贈의 目的으로 한 境遇에는 遺贈義務者는 그 目的物에 對하여 賣渡人과 같은 擔保責任이 있다.

② 前項의 境遇에 目的物에 瑕疵가 있는 때에는 遺贈義務者는 瑕疵없는 物件으로 引渡하여야 한다.

■ 1085, 불특정물채권(375), 유증의무자(1000－1003), 매도인의 담보책임(569－573·575·580), 본조의 준용(사인증여=562)

第1083條【遺贈의 物上代位性】 遺贈者가 遺贈目的物의 滅失, 毁損 또는 占有의 侵害로 因하여 第三者에게 損害賠償을 請求할 權利가 있는 때에는 그 權利를 遺贈의 目的으로 한 것으로 본다.

■ 1084·1086, 멸실·훼손등으로 인한 배상청구권(204·261·390·750, 638), 유증목적물의 파훼(1110), 본조의 준용(사인증여=562)

第1084條【債權의 遺贈의 物上代位性】 ① 債權을 遺贈의 目的으로 한 境遇에 遺言者가 그 辨濟를 받은 物件이 相續財産 中에 있는 때에는 그 物件을 遺贈의 目的으로 한 것으로 본다.

② 前項의 債權이 金錢을 目的으로 한 境遇에는 그 辨濟받은 債權額에 相當한 金錢이 相續財産中에 없는 때에도 그 金額을 遺贈의 目的으로 한 것으로 본다.

■ 1083·1086·1087, 유언의 저촉(1109), 유증목적물의 파훼(1110), 본조의 준용(사인증여=562)

第1085條【第三者의 權利의 目的인 物件 또는 權利의 遺贈】 遺贈의 目的인 物件이나 權利가 遺言者의 死亡 當時에 第三者의 權利의 目的인 境遇에는 受贈者는 遺贈義務者에 對하여 그 第三者의 權利를 消滅시킬 것을 請求하지 못한다.

■ 1082·1086·1087, 유언자의 사망(1073①), 본조의 준용(사인증여=562)

1. 유증의 목적물이 유언자의 사망 당시에 제3자의 권리의 목적인 경우, 제3자의 권리가 유증의 목적물이 수증자에게 귀속된 후에도 그대로 존속하는지 여부(원칙적 적극) 민 1085조는 유언자가 다른 의사를 표시하지 않는 한 유증의 목적물을 유언의 효력발생 당시의 상태대로 수증자에게 주는 것이 유언자의 의사라는 점을 고려하여 수증자 역시 유증의 목적물을 유언의 효력발생 당시의 상태대로 취득하는 것이 원칙임을 확인한 것이다. 그러므로 유증의 목적물이 유언자의 사망 당시에 제3자의 권리의 목적인 경우에는 그와 같은 제3자의 권리는 특별한 사정이 없는 한 유증의 목적물이 수증자에게 귀속된 후에도 그대로 존속하는 것으로 보아야 한다.(대판 2018.7.26, 2017다289040)

第1086條【遺言者가 다른 意思表示를 한 境遇】 前3條의 境遇에 遺言者가 遺言으로 다른 意思를 表示한 때에는 그 意思에 依한다.

■ 유언의 효력발생시기(1073), 유언의 요식성(1060·1065－1071), 본조의 준용(사인증여=562)

第1087條【相續財産에 屬하지 아니한 權利의 遺贈】 ① 遺言의 目的이 된 權利가 遺言者의 死亡當時에 相續財産에 屬하지 아니한 때에는 遺言은 그 效力이 없다. 그러나 遺言者가 自己의 死亡當時에 그 目的物이 相續財産에 屬하지 아니한 境遇에도 遺言의 效力이 있게 할 意思인 때에는 遺贈義務者는 그 權利를 取得하여 受贈者에게 移轉할 義務가 있다.

② 前項 但書의 境遇에 그 權利를 取得할 수 없거나 그 取得에 過多한 費用을 要할 때에는 그 價額으로 辨償할 수 있다.

■ 1085·1090단, 유증의무자(1000－1003), 유증의무자의 담보책임(1082), 매매와 타인의 권리(569), 유언의 효력발생시기(1073), 본조의 준용(사인증여=562)

第1088條【負擔있는 遺贈과 受贈者의 責任】 ① 負擔있는 遺贈을 받은 者는 遺贈의 目的의 價額을 超過하지 아니한 限度에서 負擔한 義務를 履行할 責任이 있다.

② 遺贈의 目的의 價額이 限定承認 또는 財産分離로 因하여 減少된 때에는 受贈者는 그 減少된 限度에서 負擔할 義務를 免한다.

■ 부담부증여(561), 포괄적수증자의 권리의무(1078), 수증자의 의무불이행(1111), 부담있는 유증과 당사자의 항변권(536), 한정승인(1028이하), 재산분리(1045이하)

1. 부담부 유증을 하였는지 여부의 판단기준 유언자가 부담부 유증을 하였는지는 유언에 사용한 문언 및 그 외 제반 사정을 종합적으로 고려하여 탐구된 유언자의 의사에 따라 결정되어야 하는데, 유언자가 임차권 또는 근저당권이 설정된 목적물을 특정유증하였다면 특별한 사정이 없는 한 유증을 받은 자가 그 임대보증금반환채무 또는 피담보채무를 인수할 것을 부담으로 정하여 유증하였다고 볼 수 있다.(대판 2022.1.27, 2017다265884)

第1089條【遺贈效力發生前의 受贈者의 死亡】 ① 遺贈은 遺言者의 死亡前에 受贈者가 死亡한 때에는 그 效力이 생기지 아니한다.

第5編 相續

② 停止條件있는 遺贈은 受贈者가 그 條件成就前에 死亡한 때에는 그 效力이 생기지 아니한다.

■ 1090, 유언자의 사망(1073), 조건부법률행위의 효력(147①②), 본조의 준용(사인증여=562)

第1090條【遺贈의 無效, 失效의 境遇와 目的財産의 歸屬】 遺贈이 그 效力이 생기지 아니하거나 受贈者가 이를 拋棄한 때에는 遺贈의 目的인 財産은 相續人에게 歸屬한다. 그러나 遺言者가 遺言으로 다른 意思를 表示한 때에는 그 意思에 依한다.

■ 유증의 효력불발생(1004·1064·1089), 유증의 포기(1074－1078), 상속인(1000이하), 포괄유증의 포기의 효력(1043·1078), 본조의 준용(사인증여=562)

第4節 遺言의 執行

第1091條【遺言證書, 錄音의 檢認】 ① 遺言의 證書나 錄音을 保管한 者 또는 이를 發見한 者는 遺言者의 死亡後 遲滯없이 法院에 提出하여 그 檢認을 請求하여야 한다.

② 前項의 規定은 公正證書나 口授證書에 依한 遺言에 適用하지 아니한다.

■ 유언의 방식(1065이하), 법원의 검인(가소2①, 가소규85－90), 구수증서에 의한 유언(1070)

1. 검인·개봉절차를 거치지 아니한 유언증서의 효력 검인은 유언증서의 형식·태양 등 유언의 방식에 관한 모든 사실을 조사·확인하고 그 위조·변조를 방지하며, 또한 보존을 확실히 하기 위한 일종의 검증절차 내지는 증거보전절차로서, 유언이 유언자의 진의에 의한 것인지 여부나 적법한지 여부를 심사하는 것이 아님은 물론 직접 유언의 유효 여부를 판단하는 심판이 아니고, 또한 민 1092조에서 규정하는 유언증서의 개봉절차는 봉인된 유언증서의 검인에는 반드시 개봉이 필요하므로 그에 관한 절차를 규정한 데에 지나지 아니하므로, 적법한 유언은 이러한 검인이나 개봉절차를 거치지 않더라도 유언자의 사망에 의하여 곧바로 그 효력이 생기는 것이며, 검인이나 개봉절차의 유무에 의하여 유언의 효력이 영향을 받지 아니한다.(대판 1998.6.12, 97다38510)

第1092條【遺言證書의 開封】 法院이 封印된 遺言證書를 開封할 때에는 遺言者의 相續人, 그 代理人 其他 利害關係人의 參與가 있어야 한다.

■ 1091

第1093條【遺言執行者의 指定】 遺言者는 遺言으로 遺言執行者를 指定할 수 있고 그 指定을 第三者에게 委託할 수 있다.

■ 1094－1097, 유언집행자의 지정, 위탁의 방식(1060·1065－1071), 유언집행자와 상속인(1103①), 유언집행결격자(1098), 유언집행자의 직무권한 및 지위(1100－1103), 유언집행자의 보수(1104), 유언집행자의 사퇴·해임(1105·1106), 신탁회사와 유언집행업무(신탁업13①), 수인의 유언집행자(1102), 유언집행자의 취임(1096·1097·1099)

第1094條【委託에 依한 遺言執行者의 指定】 ① 前條의 委託을 받은 第三者는 그 委託있음을 안 後 遲滯없이 遺言執行者를 指定하여 相續人에게 通知하여야 하며 그 委託을 辭退할 때에는 이를 相續人에게 通知하여야 한다.

② 相續人 其他 利害關係人은 相當한 期間을 定하여 그 期間內에 遺言執行者를 指定할 것을 委託받은 者에게 催告할 수 있다. 그 期間內에 指定의 通知를 받지 못한 때에는 그 指定의 委託을 辭退한 것으로 본다.

第1095條【指定遺言執行者가 없는 境遇】 前2條의 規定에 依하여 指定된 遺言執行者가 없는 때에는 相續人이 遺言執行者가 된다.

■ 次條 참조문 참조

第1096條【法院에 依한 遺言執行者의 選任】 ① 遺言執行者가 없거나 死亡, 缺格 其他 事由로 因하여 없게 된 때에는 法院은 利害關係人의 請求에 依하여 遺言執行者를 選任하여야 한다.

② 法院이 遺言執行者를 選任한 境遇에는 그 任務에 關하여 必要한 處分을 命할 수 있다.

■ 1093－1095, 법원에 의한 선임(가소2①, 가소규84), 유언집행자의 사퇴·해임(1105·1106)

1. 유언집행자의 선임요건 및 그 선임에 있어 법원의 재량 유무 민 1096조에 의한 법원의 유언집행자 선임은 유언집행자가 전혀 없게 된 경우뿐만 아니라 유언집행자의 사망, 사임, 해임 등의 사유로 공동유언집행자에게 결원이 생긴 경우와 나아가 결원이 없어도 법원이 유언집행자의 추가선임이 필요하다고 판단한 경우에 이를 할 수 있는 것이고, 이때 누구를 유언집행자로 선임하느냐는 문제는 민 1098조의 유언집행자의 결격사유에 해당하지 않는 한 당해 법원의 재량에 속하는 것이다.(대결 1995.12.4, 95스32)

2. 2인의 유언집행자 중 1인이 단독으로 한 공동유언집행자의 추가선임신청의 당부 유언집행자가 2인인 경우 그중 1인이 나머지 유언집행자의 찬성 내지 의견을 청취하지 아니하고도 단독으로 법원에 공동유언집행자의 추가선임을 신청할 수 있다 할 것이므로 이러한 단독신청행위가 공동유언집행방법에 위배되었다거나 기회균등의 헌법정신에 위배되었다고 볼 수 없다.(대결 1987.9.29, 86스11)

3. 유언집행자가 유언자의 사망 전에 먼저 사망한 경우와 같이 유언의 효력 발생 이전에 지정된 유언집행자가 자격을 상실한 경우, 상속인이 유언집행자가 되는지 여부(원칙적 적극) **및 이때 법원이 1096조 1항에 따라 유언집행자를 선임할 수 있는지 여부**(소극) 유언집행자가 유언자의 사망 전에 먼저 사망한 경우와 같이 유언의 효력 발생 이전에 지정된 유언집행자가 그 자격을 상실한 경우에는 '지정된 유언집행자가 없는 때'에 해당하므로, 특별한 사정이 없는 한 1095조가 적용되어 상속인이 유언집행자가 된다. 이러한 경우 상속인이 존재함에도 불구하고 법원이 1096조 1항에 따라 유언집행자를 선임할 수는 없다.(대결 2018.3.29, 2014스73)

第1097條【遺言執行者의 承諾, 辭退】 ① 指定에 依한 遺言執行者는 遺言者의 死亡後 遲滯없이 이를 承諾하거나 辭退할 것을 相續人에게 通知하여야 한다.

② 選任에 依한 遺言執行者는 選任의 通知를 받은 後 遲滯없이 이를 承諾하거나 辭退할 것을 法院에 通知하여야 한다.

③ 相續人 其他 利害關係人은 相當한 期間을 定하여 그 期間內에 承諾與否를 確答할 것을 指定 또는 選任에 依한 遺言執行者에게 催告할 수 있다. 그 期間內에 催告에 對한 確答을 받지 못한 때에는 遺言執行者가 그 就任을 承諾한 것으로 본다.

■ 1093·1094·1096·1099, 법원에 대한 통지(가소2①), 취임후의 사퇴(1105)

제1098조【유언집행자의 결격사유】 제한능력자와 파산선고를 받은 자는 유언집행자가 되지 못한다.

(2011.3.7 본조개정)

■ 1093－1096, 제한능력자(5·13·10), 대리인의 능력(117·1103)

第1099條【遺言執行者의 任務着手】 遺言執行者가 그 就任을 承諾한 때에는 遲滯없이 그 任務를 履行하여야 한다.

■ 유언집행자의 지정과 취임의 최고(1093·1097), 유언집행자의 임무(1100－1103), 임무의 해태와 해임(1106), 집행자의 보수등(1104·1107)

第1100條【財産目錄作成】 ① 遺言이 財産에 關한 것인 때에는 指定 또는 選任에 依한 遺言執行者는 遲滯없이 그 財産目錄을 作成하여 相續人에게 交付하여야 한다.

② 相續人의 請求가 있는 때에는 前項의 財産目錄作成에 相續人을 參與하게 하여야 한다.

■ 1093－1096, 목록작성비용(1107, 선급청구권=687·1103②), 상속인(1000이하)

第1101條【遺言執行者의 權利義務】 遺言執行者는 遺贈의 目的인 財産의 管理 其他 遺言의 執行에 必要한 行爲를 할 權利義務가 있다.

■ 유언집행자와 상속인(1103), 재산의 관리(1022·1040②·1044·1048), 기타의무(859②·1100), 파산신청의 의무(회생파산299②), 임무해태와 해임(1106), 주의의무(683), 인도이전의무(684), 이자지급·손해배상의무(685), 비용등상환의무(688), 응급처리의무(691), 임무종료와 상대방 대항(692)

第1102條【共同遺言執行】 遺言執行者가 數人인 境遇에는 任務의 執行은 그 過半數의 贊成으로써 決定한다. 그러나 保存行爲는 各自가 이를 할 수 있다.

■ 유언집행자의 지정·선임(1093－1096), 보존행위(1181)

第1103條【遺言執行者의 地位】 ① 指定 또는 選任에 依한 遺言執行者는 相續人의 代理人으로 본다.

② 第681條 乃至 第685條, 第687條, 第691條와 第692條의 規定은 遺言執行者에 準用한다.

■ 1093－1096·1101

1. 유언집행자가 있는 경우, 유증 목적물 관련 소송에서 상속인의 원고적격이 인정되는지 여부(소극) ① 유언집행자는 유증의 목적인 재산의 관리 기타 유언의 집행에 필요한 모든 행위를 할 권리의무가 있으므로, 유증 목적물에 관하여 마쳐진, 유언의 집행에 방해가 되는 다른 등기의 말소를 구하는 소송에서는 유언집행자가 이른바 법정소송담당으로서 원고적격을 가진다. 유언집행자는 유언의 집행에 필요한 범위 내에서는 상속인과 이해상반되는 사항에 관하여도 중립적 입장에서 직무를 수행하여야 하므로, 유언집행자가 있는 경우 그의 유언집행에 필요한 한도에서 상속인의 상속재산에 대한 처분권은 제한되며 그 제한 범위 내에서 상속인은 원고적격이 없다. ② 유증 등을 위하여 유언집행자가 지정되어 있다가 그 유언집행자가 사망·결격 기타 사유로 자격을 상실한 때에는 상속인이 있더라도 유언집행자를 선임하여야 하는 것이므로, 유언집행자가 해임된 이후 법원에 의하여 새로운 유언집행자가 선임되지 아니하였다고 하더라도 유언집행에 필요한 한도에서 상속인의 상속재산에 대한 처분권은 여전히 제한되며 그 제한 범위 내에서 상속인의 원고적격 역시 인정될 수 없다.(대판 2010.10.28, 2009다20840)

第1104條【遺言執行者의 報酬】 ① 遺言者가 遺言으로 그 執行者의 報酬를 定하지 아니한 境遇에는 法院은 相續財産의 狀況 其他 事情을 參酌하여 指定 또는 選任에 依한 遺言執行者의 報酬를 定할 수 있다.

② 遺言執行者가 報酬를 받는 境遇에는 第686條 第2項, 第3項의 規定을 準用한다.

■ 1093－1096, 유언집행의 비용(1107, 선급청구권=687·1103②), 법원에 의한 결정(가소2①)

第1105條【遺言執行者의 辭退】 指定 또는 選任에 依한 遺言執行者는 正當한 事由있는 때에는 法院의 許可를 얻어 그 任務를 辭退할 수 있다.

■ 1096①②, 법원의 허가(가소2①ii라, 가소규84), 사퇴시의 긴급처리의무(691·1103②), 사퇴와 대항요건(692·1103②)

第1106條【遺言執行者의 解任】 指定 또는 選任에 依한 遺言執行者에 그 任務를 懈怠하거나 適當하지 아니한 事由가 있는 때에는 法院은 相續人 其他 利害關係人의 請求에 依하여 遺言執行者를 解任할 수 있다.

■ 지정 또는 선임된 집행자(1093·1094·1096), 집행자의 임무(재산관리=1022·1040②·1044·1048, 기타=859②·1100, 회생파산299②), 법원에 의한 해임(가소2①ii라, 가소규84), 임무종료와 위임의 규정 준용(1103②)

第1107條【遺言執行의 費用】 遺言의 執行에 關한 費用은 相續財産 中에서 이를 支給한다.

■ 상속재산에 관한 비용(998의2), 선급청구권(687·1103②)

第5節 遺言의 撤回

第1108條【遺言의 撤回】 ① 遺言者는 언제든지 遺言 또는 生前行爲로써 遺言의 全部나 一部를 撤回할 수 있다.

② 遺言者는 그 遺言을 撤回할 權利를 抛棄하지 못한다.

■ 준거법(국사), 유언의 방식(1065이하), 유언의 효력발생시기(1073), 유언철회로 보는 경우(1109·1110)

1. 유언증서의 멸실·분실로 인한 유언의 실효 여부(소극) 유언자가 유언을 철회한 것으로 볼 수 없는 이상, 유언증서가 그 성립 후에 멸실되거나 분실되었다는 사유만으로 유언이 실효되는 것은 아니고 이해관계인은 유언증서의 내용을 입증하여 유언의 유효를 주장할 수 있다.(대판 1996.9.20, 96다21119)

第1109條【遺言의 抵觸】 前後의 遺言이 抵觸되거나 遺言後의 生前行爲가 遺言과 抵觸되는 境遇에는 그 抵觸된 部分의 前遺言은 이를 撤回한 것으로 본다.

■ 1105·1110·1108

1. 유언의 철회 및 저촉 유언 후의 생전행위가 유언과 저촉되는 경우에는 그 저촉된 부분의 전(前)유언은 이를 철회한 것으로 보지만, 이러한 생전행위를 철회권을 가진 유언자 자신이 할 때 비로소 철회 의제 여부가 문제될 뿐이고 타인이 유언자의 명의를 이용하여 임의로 유언의 목적인 특정 재산에 관하여 처분행위를 하더라도 유언 철회로서의 효력은 발생하지 아니하며, 또한 여기서 말하는 '저촉'이라 함은 전의 유언을 실효시키지 않고서는 유언 후의 생전행위가 유효로 될 수 없음을 가리키되 법률상 또는 물리적인 집행불능만을 뜻하는 것이 아니라 후의 행위가 전의 유언과 양립될 수 없는 취지로 행하여졌음이 명백하면 족하고, 이러한 저촉 여부 및 그 범위를 결정함에 있어서는 전후 사정을 합리적으로 살펴 유언자의 의사가 유언의 일부라도 철회하려는 의사인지 아니면 그 전부를 불가분적으로 철회하려는 의사인지 여

부를 실질적으로 집행이 불가능하게 된 유언 부분과 관련시켜 신중하게 판단하여야 한다.(대판 1998.6.12, 97다38510)

2. 유언 후 재혼하거나 유증하기로 한 일부 재산을 처분한 경우 다른 재산에 관한 유언을 철회한 것인지 여부(소극) 망인이 유언증서를 작성한 후 재혼하였다거나, 유언증서에서 유증하기로 한 일부 재산을 처분한 사실이 있다고 하여 다른 재산에 관한 유언을 철회한 것으로 볼 수 없다.(대판 1998.5.29, 97다38503)

第1110條【破毁로 因한 遺言의 撤回】 遺言者가 故意로 遺言證書 또는 遺贈의 目的物을 破毁한 때에는 그 破毁한 部分에 關한 遺言은 이를 撤回한 것으로 본다.

▣ 1083 · 1084 · 1108 · 1109, 유언서 중의 가제변경(1066②)

第1111條【負擔있는 遺言의 取消】 負擔있는 遺贈을 받은 者가 그 負擔義務를 履行하지 아니한 때에는 相續人 또는 遺言執行者는 相當한 期間을 定하여 履行할 것을 催告하고 그 期間內에 履行하지 아니한 때에는 法院에 遺言의 取消를 請求할 수 있다. 그러나 第三者의 利益을 害하지 못한다.

▣ 544－546 · 1103, 부담있는 유증과 수증자의 책임(1088), 취소의 청구(가소2① · 44, 가소규89), 취소의 효과(141)

第3章 遺留分
(1977.12.31 본장신설)

第1112條【遺留分의 權利者와 遺留分】 相續人의 遺留分은 다음 各號에 依한다.

1. 被相續人의 直系卑屬은 그 法定相續分의 2分의 1
2. 被相續人의 配偶者는 그 法定相續分의 2分의 1
3. 被相續人의 直系尊屬은 그 法定相續分의 3分의 1
4. 被相續人의 兄弟姉妹는 그 法定相續分의 3分의 1

제1112조【유류분의 권리자와 유류분】 상속인의 유류분은 다음 각 호에 의한다. (2024.9.20. 본조개정)

1. 被相續人의 直系卑屬은 그 法定相續分의 2分의 1
2. 被相續人의 配偶者는 그 法定相續分의 2分의 1
3. 被相續人의 直系尊屬은 그 法定相續分의 3分의 1
4. (2024.9.20. 본호삭제)

(2024.9.20. 본조제목개정)

[2024. 9. 20. 법률 제20432호에 의하여 2024.4.25 헌법재판소에서 위헌 결정된 이 조 제4호를 삭제함.]

[헌법불합치, 2020헌가4, 2024.4.25, 민법(1977. 12. 31. 법률 제3051호로 개정된 것) 제1112조 제1호부터 제3호 및 제1118조는 모두 헌법에 합치되지 아니한다. 위 조항들은 2025.12.31.을 시한으로 입법자가 개정할 때까지 계속 적용된다.]

▣ 피상속인의 재산(1005 · 1113), 대습상속인의 유류분(1001 · 1118), 유류분의 산정(1113 · 1114), 유류분의 보전(1115)

1. 유류분제도의 합헌성 유류분제도에 관한 민 1112조, 1113조, 1118조와 1008조가 피상속인의 재산처분의 자유와 수증자의 재산권을 과도하게 침해함으로써 헌 23조 1항과 37조 2항에 위반된다고 할 수 없다.(대판 2022.2.10, 2020다250783)

第1113條【遺留分의 算定】 ① 遺留分은 被相續人의 相續開始時에 있어서 가진 財産의 價額에 贈與財産의 價額을 加算하고 債務의 全額을 控除하여 이를 算定한다.

② 條件附의 權利 또는 存續期間이 不確定한 權利는 家庭法院이 選任한 鑑定人의 評價에 의하여 그 價格을 정한다.

▣ 상속개시시(997), 피상속인의 재산(1005), 증여의 산입(1114), 각 공동상속인이 받은 증여 또는 유증(1008 · 1118)

1. 공동상속인 및 공동상속인이 아닌 제3자가 피상속인으로부터 각각 증여 또는 유증을 받은 경우 각자의 유류분반환의무의 범위 유류분권리자가 유류분반환청구를 함에 있어 증여 또는 유증을 받은 다른 공동상속인이 수인일 때에는 각자 증여 또는 유증을 받은 재산 등의 가액이 자기 고유의 유류분액을 초과하는 상속인에 대하여 그 유류분액을 초과한 가액의 비율에 따라서 반환을 청구할 수 있고, 공동상속인과 공동상속인 아닌 제3자가 있는 경우에는 그 제3자에게는 유류분이 없으므로 공동상속인에 대하여는 자기 고유의 유류분액을 초과한 가액을 기준으로 하여, 제3자에 대하여는 그 증여 또는 유증받은 재산의 가액을 기준으로 하여 그 각 가액의 비율에 따라 반환청구를 할 수 있다.(대판 2006.11.10, 2006다46346)

2. 유류분액의 산정과 그 기준시기 유류분 반환범위는 상속개시 당시 피상속인의 순재산과 문제된 증여재산을 합한 재산을 평가하여 그 재산액에 유류분청구권자의 유류분 비율을 곱하여 얻은 유류분액을 기준으로 하는 것인바, 이와 같이 유류분액을 산정함에 있어 반환의무자가 증여받은 재산의 시가는 상속개시 당시를 기준으로 산정하여야 하고, 당해 반환의무자에 대하여 반환하여야 할 재산의 범위를 확정한 다음 그 원물반환이 불가능하여 가액반환을 명하는 경우에는 그 가액은 사실심 변론종결시를 기준으로 산정하여야 한다.(대판 2005.6.23, 2004다51887)

3. 증여받은 재산이 금전일 경우 유류분액 산정 기준시기 유류분액을 산정함에 있어 반환의무자가 증여받은 재산의 시가는 상속개시 당시를 기준으로 하여 산정하여야 한다. 따라서 그 증여받은 재산이 금전일 경우에는 그 증여받은 금액을 상속개시 당시의 화폐가치로 환산하여 이를 증여재산의 가액으로 봄이 상당하고, 그러한 화폐가치의 환산은 증여 당시부터 상속개시 당시까지 사이의 물가변동률을 반영하는 방법으로 산정하는 것이 합리적이다.(대판 2009.7.23, 2006다28126)

4. 아직 이행되지 아니한 증여계약의 목적물이 민 1113조 1항에서의 증여재산에 해당하는지 여부(소극) **및 유류분 산정의 기초가 되는 재산인지 여부**(적극) 유류분 산정의 기초가 되는 재산의 범위에 관한 민 1113조 1항에서의 '증여재산'이란 상속개시 전에 이미 증여계약이 이행되어 소유권이 수증자에게 이전된 재산을 가리키는 것이고, 아직 증여계약이 이행되지 아니하여 소유권이 피상속인에게 남아 있는 상태로 상속이 개시된 재산은 당연히 '피상속인의 상속개시시에 있어서 가진 재산'에 포함되는 것이므로, 수증자가 공동상속인이든 제3자이든 가리지 아니하고 모두 유류분 산정의 기초가 되는 재산을 구성한다.(대판 1996.8.20, 96다13682)

5. 수증자 등이 증여재산의 성상 등을 변경한 경우 증여받은 재산의 시가 산정의 기준 시점 증여 이후 수증자나 수증자에게서 증여재산을 양수한 사람이 자기 비용으로 증여재산의 성상 등을 변경하여 상속개시 당시 가액이 증가되어 있는 경우, 변경된 성상 등을 기준으로 상속개시 당시의 가액을 산정하면 유류분권리자에게 부당한 이익을 주게 되므로, 이러한 경우에는 그와 같은 변경을 고려하지 않고 증여 당

시의 성상 등을 기준으로 상속개시 당시의 가액을 산정하여야 한다.(대판 2015.11.12, 2010다104768) 반면 유류분 부족액 확정 후 증여재산별로 반환 지분을 산정할 때 기준이 되는 증여재산의 총가액에 관해서는 상속개시 당시의 성상 등을 기준으로 상속개시 당시의 가액을 산정함이 타당하다. 이 단계에서는 현재 존재하는 증여재산에 관한 반환 지분의 범위를 정하는 것이므로 이와 같이 산정하지 않을 경우 유류분권리자에게 증여재산 중 성상 등이 변경된 부분까지도 반환되는 셈이 되어 유류분권리자에게 부당한 이익을 주게 되기 때문이다.(대판 2022.2.10, 2020다250783)

6. 유류분 반환청구자가 유류분 제도 시행 전에 피상속인으로부터 재산을 증여받아 이행이 완료된 경우, 그 재산이 유류분산정을 위한 기초재산에 포함되는지 여부(소극) **및 이 때 위 재산이 유류분 반환청구자의 유류분 부족액 산정 시 특별수익으로 공제되어야 하는지 여부**(적극) 유류분 제도가 생기기 전에 피상속인이 상속인이나 제3자에게 재산을 증여하고 이행을 완료하여 소유권이 수증자에게 이전된 때에는 피상속인이 1977. 12. 31. 법률 제3051호로 개정된 민법(이하 '개정 민법'이라 한다) 시행 이후에 사망하여 상속이 개시되더라도 소급하여 증여재산이 유류분 제도에 의한 반환청구의 대상이 되지는 않는다. 개정 민법 시행 전에 이미 법률관계가 확정된 증여재산에 대한 권리관계는 유류분 반환청구자이든 반환의무자이든 동일하여야 하므로, 유류분 반환청구자가 개정 민법 시행 전에 피상속인으로부터 증여받아 이미 이행이 완료된 경우에는 그 재산 역시 유류분산정을 위한 기초재산에 포함되지 않는다. 그러나 유류분 제도의 취지는 법정상속인의 상속권을 보장하고 상속인 간의 공평을 기하기 위함이고, 민 1115조 1항에서도 '유류분권리자가 피상속인의 증여 및 유증으로 인하여 그 유류분에 부족이 생긴 때에는 부족한 한도 내에서 그 재산의 반환을 청구할 수 있다'고 규정하여 이미 법정 유류분 이상을 특별수익한 공동상속인의 유류분 반환청구권을 부정하고 있다. 이는 개정 민법 시행 전에 증여받은 재산이 법정 유류분을 초과한 경우에도 마찬가지로 보아야 하므로, 개정 민법 시행 전에 증여를 받았다는 이유만으로 이를 특별수익으로도 고려하지 않는 것은 유류분 제도의 취지와 목적에 반한다. 또한 민 1118조에서 1008조를 준용하고 있는 이상 유류분 부족액 산정을 위한 특별수익에는 그 시기의 제한이 없고, 민 1008조는 유류분 제도 신설 이전에 존재하던 규정으로 민법 부칙 2조와도 관련이 없다. 따라서 개정 민법 시행 전에 이행이 완료된 증여 재산이 유류분 산정을 위한 기초재산에서 제외된다고 하더라도, 위 재산은 당해 유류분 반환청구자의 유류분 부족액 산정 시 특별수익으로 공제되어야 한다.(대판 2018.7.12, 2017다278422)

7. 무상의 상속분 양도를 유류분에 관한 민 1008조의 증여로 볼 수 있는지 여부(적극), **이는 공동상속인 중 1인이 다른 공동상속인에게 자신의 상속분을 무상으로 양도하는 것과 같은 내용의 상속재산 분할협의를 한 경우에도 마찬가지인지 여부**(적극) 상속분 양도는 상속재산분할 전에 적극재산과 소극재산을 모두 포함한 상속재산 전부에 관하여 공동상속인이 가지는 포괄적 상속분, 즉 상속인 지위의 양도를 뜻한다. 유류분제도의 입법 목적과 민 1008조의 취지에 비추어 보면 공동상속인이 다른 공동상속인에게 무상으로 자신의 상속분을 양도하는 것은 특별한 사정이 없는 한 유류분에 관한 민 1008조의 증여에 해당하므로, 그 상속분은 양도인의 사망으로 인한 상속에서 유류분 산정을 위한 기초재산에 산입된다고 보아야 한다.(대판 2021.7.15, 2016다210498) 위와 같은 법리는 상속재산 분할협의의 실질적 내용이 어느 공동상속인이 다른 공동상속인에게 자신의 상속분을 무상으로 양도하는 것과 같은 때에도 마찬가지로 적용된다. 따라서 상속재산 분할협의에 따라 무상으로 양도된 것으로 볼 수 있는 상속분은 양도인의 사망으로 인한 상속에서 유류분 산정을 위한 기초재산에 포함된다고 보아야 한다.(대판 2021.8.19, 2017다230338)

8. 유류분 부족액 산정 방법 유류분권리자의 유류분 부족액은 유류분액에서 특별수익액과 순상속분액을 공제하는 방법으로 산정하는데, 피상속인이 상속개시 시에 채무를 부담하고 있던 경우 유류분액은 민 1113조 1항에 따라 피상속인이 상속개시 시에 가진 재산의 가액에 증여재산의 가액을 가산하고 채무의 전액을 공제하여 유류분 산정의 기초가 되는 재산액을 확정한 다음, 거기에 민 1112조에서 정한 유류분 비율을 곱하여 산정한다. 그리고 유류분액에서 공제할 순상속분액은 특별수익을 고려한 구체적인 상속분에서 유류분권리자가 부담하는 상속채무를 공제하여 산정하고, 이때 유류분권리자의 구체적인 상속분보다 유류분권리자가 부담하는 상속채무가 더 많다면 그 초과분을 유류분액에 가산하여 유류분 부족액을 산정하여야 한다.(대판 2022.1.27, 2017다265884) 그러나 위와 같이 유류분권리자의 구체적인 상속분보다 유류분권리자가 부담하는 상속채무가 더 많은 경우라도 유류분권리자가 한정승인을 했다면, 그 초과분을 유류분액에 가산해서는 안 되고 순상속분액을 0으로 보아 유류분 부족액을 산정해야 한다. 상속채권자로서는 피상속인의 유증 또는 증여로 피상속인이 채무초과상태가 되거나 그러한 상태가 더 나빠지게 되었다면 수증자를 상대로 채권자취소권을 행사할 수 있다.(대판 2022.8.11, 2020다247428)

9. 임대차보증금반환채무, 피담보채무인수 부담부 특정유증에서 유류분권리자의 순상속분액은 없다고 보아 유류분 부족액을 산정하여야 하는지 여부(적극) 유언자가 임차권 또는 근저당권이 설정된 목적물을 특정유증하면서 유증을 받은 자가 그 임대차보증금반환채무 또는 피담보채무를 인수할 것을 부담으로 정한 경우에도 상속인이 상속개시 시에 유증 목적물과 그에 관한 임대차보증금반환채무 또는 피담보채무를 상속하므로 이를 전제로 유류분 산정의 기초가 되는 재산액을 확정하여 유류분액을 산정하여야 한다. 이 경우 상속인은 유증을 이행할 의무를 부담함과 동시에 유증을 받은 자에게 유증 목적물에 관한 임대차보증금반환채무 등을 인수할 것을 요구할 수 있는 이익 또한 얻었다고 할 수 있으므로, 결국 그 특정유증으로 인해 유류분권리자가 얻은 순상속분액은 없다고 보아 유류분 부족액을 산정하여야 한다.(대판 2022.1.27, 2017다265884)

10. 증여재산이 상속개시 전에 처분 또는 수용된 경우, 유류분을 산정함에 있어 증여재산의 가액산정 방법 민법 문언의 해석과 유류분 제도의 입법 취지 등을 종합할 때 피상속인이 상속개시 전에 재산을 증여하여 그 재산이 유류분반환청구의 대상이 된 경우, 수증자가 증여받은 재산을 상속개시 전에 처분하였거나 증여재산이 수용되었다면 민 1113조 1항에 따라 유류분을 산정함에 있어서 그 증여재산의 가액은 증여재산의 현실 가치인 처분 당시의 가액을 기준으로 상속개시까지 사이의 물가변동률을 반영하는 방법으로 산정하여야 한다.(대판 2023.5.18, 2019다222867)

第1114條【算入될 贈與】 贈與는 相續開始전의 1年間에 행한 것에 限하여 第1113條의 規定에 의하여 그 價額을 算定한다. 當事者 雙方이 遺留分權利者에 損害를 加할 것을 알고 贈與를 한 때에는 1年전에 한 것도 같다.

■ 증여(554), 증여의 산입(1113), 유류분 권리자(1112), 공동상속인이 받은 증여의 산입(1008 · 1118)

1. 공동상속인 중에 피상속인으로부터 특별수익을 한 자가 있는 경우 민 1114조의 적용 여부(소극) 공동상속인 중에 피상속인으로부터 재산의 생전 증여에 의하여 특별수익을 한 자가 있는 경우에는 민 1114조의 규정은 그 적용이 배제되고, 따라서 그 증여는 상속개시 1년 이전의 것인지 여부, 당사자 쌍방이 손해를 가할 것을 알고서 하였는지 여부에

관계없이 유류분 산정을 위한 기초재산에 산입된다.(대판 1996.2.9, 95다17885)

2. 공동상속인 아닌 제3자에게 한 증여에 관한 유류분반환청구 ① 상속인이 유증 또는 증여행위가 무효임을 주장하여 상속 내지는 법정상속분에 기초한 반환을 주장하는 경우와 달리, 상속인이 유증 또는 증여행위의 효력을 명확히 다투지 아니하고 수유자 또는 수증자에 대하여 재산분배나 반환을 청구하는 경우에는 비록 유류분 반환을 명시적으로 주장하지 않더라도 유류분반환청구권을 행사하는 의사표시가 포함되어 있다고 해석함이 타당한 경우가 많다. ② 제3자에 대한 증여가 유류분권리자에게 손해를 가할 것을 알고 행해진 것이라고 보기 위해서는, 당사자 쌍방이 증여 당시 증여재산의 가액이 증여하고 남은 재산의 가액을 초과한다는 점을 알았던 사정뿐만 아니라, 장래 상속개시일에 이르기까지 피상속인의 재산이 증가하지 않으리라는 점까지 예견하고 증여를 행한 사정이 인정되어야 하고, 이러한 당사자 쌍방의 가해의 인식은 증여 당시를 기준으로 판단하여야 한다.(대판 2012.5.24, 2010다50809)

3. 유류분 제도 시행 이전에 재산이 증여된 경우 증여계약이 개정 민법 시행 전에 체결되었지만 이행이 개정 민법 시행 이후에 되었다면 그 재산은 유류분 산정의 대상인 재산에 포함시키는 것이 옳고, 이는 증여계약의 이행이 개정 민법 시행 이후에 된 것이면 그것이 상속 개시 전에 되었든 후에 되었든 같다.(대판 2012.12.13, 2010다78722)

4. 피상속인으로부터 특별수익인 생전 증여를 받은 공동상속인이 상속을 포기한 경우, 민 1114조의 적용 여부(적극), **피대습인이 대습원인의 발생 이전에 피상속인으로부터 생전 증여로 특별수익을 받은 이후 대습상속인이 피상속인에 대한 대습상속을 포기한 경우에도 위 법리의 적용 여부**(적극) 피상속인으로부터 특별수익인 생전 증여를 받은 공동상속인이 상속을 포기한 경우에는 민 1114조가 적용되므로, 그 증여가 상속개시 전 1년간에 행한 것이거나 당사자 쌍방이 유류분권리자에 손해를 가할 것을 알고 한 경우에만 유류분 산정을 위한 기초재산에 산입된다고 보아야 한다. 민 1008조에 따라 구체적인 상속분을 산정하는 것은 상속인이 피상속인으로부터 실제로 특별수익을 받은 경우에 한정되는데, 상속의 포기는 상속이 개시된 때에 소급하여 그 효력이 있고(민 1042조), 상속포기자는 처음부터 상속인이 아니었던 것이 되므로, 상속포기자에게는 민 1008조가 적용될 여지가 없기 때문이다. 위와 같은 법리는 피대습인이 대습원인의 발생 이전에 피상속인으로부터 생전 증여로 특별수익을 받은 이후 대습상속인이 피상속인에 대한 대습상속을 포기한 경우에도 그대로 적용된다.(대판 2022.3.17, 2020다267620)

5. 피상속인이 공동상속인이 아닌 제3자를 보험수익자로 지정한 생명보험계약 피상속인이 자신을 피보험자로 하되 공동상속인이 아닌 제3자를 보험수익자로 지정한 생명보험계약을 체결하거나 중간에 제3자로 보험수익자를 변경하고 보험회사에 보험료를 납입하다 사망하여 그 제3자가 생명보험금을 수령하는 경우, 피상속인은 보험수익자인 제3자에게 유류분 산정의 기초재산에 포함되는 증여를 하였다고 봄이 타당하다. 또한 공동상속인이 아닌 제3자에 대한 증여이므로 민 1114조에 따라 보험수익자를 그 제3자로 지정 또는 변경한 것이 상속개시 전 1년간에 이루어졌거나 당사자 쌍방이 그 당시 유류분권리자에 손해를 가할 것을 알고 이루어졌어야 유류분 산정의 기초재산에 포함되는 증여가 있었다고 볼 수 있다. 이때 유류분 산정의 기초재산에 포함되는 증여 가액은 피상속인이 보험수익자 지정 또는 변경과 보험료 납입을 통해 의도한 목적, 제3자가 보험수익자로서 얻은 실질적 이익 등을 고려할 때, 특별한 사정이 없으면 이미 납입된 보험료 총액 중 피상속인이 납입한 보험료가 차지하는 비율을 산정하여 이를 보험금액에 곱하여 산출한 금액으로 할 수 있다.(대판 2022.8.11, 2020다247428)

第1115條【遺留分의 保全】 ① 遺留分權利者가 被相續人의 第1114條에 規定된 贈與 및 遺贈으로 인하여 그 遺留分에 不足이 생긴 때에는 不足한 限度에서 그 財産의 返還을 請求할 수 있다.

② 第1項의 경우에 贈與 및 遺贈을 받은 者가 數人인 때에는 各者가 얻은 遺贈價額의 比例로 返還하여야 한다.

▣ 유류분 권리자(1112), 유류분(1112), 유류분의 산정(1113 · 1114), 증여 및 유증의 반환(1116 · 1117)

1. 유류분의 반환방법 우리 민법은 유류분제도를 인정하여 1112조부터 1118조까지 이에 관하여 규정하면서도 유류분의 반환방법에 관하여 별도의 규정을 두지 않고 있으나, 증여 또는 유증대상 재산 그 자체를 반환하는 것이 통상적인 반환방법이라고 할 것이므로, 유류분 권리자가 원물반환의 방법에 의하여 유류분 반환을 청구하고 그와 같은 원물반환이 가능하다면 달리 특별한 사정이 없는 이상 법원은 유류분 권리자가 청구하는 방법에 따라 원물반환을 명하여야 한다.(대판 2006.5.26, 2005다71949) 증여나 유증 후 그 목적물에 관하여 제3자가 저당권이나 지상권 등의 권리를 취득한 경우에는 원물반환이 불가능하거나 현저히 곤란하므로, 반환의무자가 목적물을 저당권 등의 제한이 없는 상태로 회복하여 이전해 줄 수 있다는 등의 예외적인 사정이 없는 한 유류분권리자는 반환의무자를 상대로 원물반환 대신 그 가액의 반환을 구할 수 있다. 그러나 그렇다고 해서 유류분권리자가 스스로 위험이나 불이익을 감수하면서 원물반환을 구하는 것까지 허용되지 않는다고 볼 것은 아니므로, 그 경우에도 법원은 유류분권리자가 청구하는 방법에 따라 원물반환을 명하여야 한다.(대판 2022.2.10, 2020다250783)

2. 유류분반환청구권 행사의 방법 유류분반환청구권의 행사는 재판상 또는 재판 외에서 상대방에 대한 의사표시의 방법으로 할 수 있고, 이 경우 그 의사표시는 침해를 받은 유증 또는 증여행위를 지정하여 이에 대한 반환청구의 의사를 표시하면 그것으로 족하며, 그로 인하여 생긴 목적물의 이전등기청구권이나 인도청구권 등을 행사하는 것과는 달리 그 목적물을 구체적으로 특정하여야 하는 것은 아니다.(대판 2002.4.26, 2000다8878)

3. 상속재산분할심판절차에서 유류분 반환 주장을 철회한 것이 유류분반환청구의 의사표시를 철회 · 취소한 것인지 여부(소극) 상속재산분할심판절차에서 종전에 하였던 유류분 반환 주장을 철회한 것이 유류분반환청구가 가정법원의 관할에 속하지 않는 점을 고려한 데서 비롯된 법원에 대한 의사표시일 뿐 사법상의 유류분반환청구의 의사표시를 취소하거나 철회한 것으로 볼 수는 없다.(대판 2002.4.26, 2000다8878)

4. 유류분반환청구권의 행사에 의하여 반환되어야 할 유증 또는 증여의 목적이 된 재산이 타인에게 양도된 경우 양수인에 대하여도 그 재산의 반환을 청구할 수 있는지 여부(한정 적극) 유류분반환청구권의 행사에 의하여 반환되어야 할 유증 또는 증여의 목적이 된 재산이 타인에게 양도된 경우 그 양수인이 양도 당시 유류분권리자를 해함을 안 때에는 양수인에 대하여도 그 재산의 반환을 청구할 수 있다고 보아야 하고, 제3자가 선의인 경우에는 그 제3자에 대하여는 목적물의 반환청구를 할 수 없고 유류분을 침해한 수증자 등에게 그 가액의 반환을 청구할 수 있을 뿐이다.(대판 2002.4.26, 2000다8878)

5. 유류분권리자가 사인증여는 무효라고 주장하면서 수증자가 소비한 금원의 반환을 구한 경우 이에 유류분반환의 청구가 포함되어 있다고 볼 수 있는지 여부(소극) 유류분권리자가 사인증여가 무효라고 주장하면서 이를 전제로 수증자에게 수증자가 보관중인 망인 명의의 예금통장 및 인장의 교부

와 망인 소유의 금원 중 수증자가 임의로 소비한 금액의 반환을 구하였다 하더라도, 이러한 주장이나 청구 자체에 그와 반대로 위 사인증여가 유효임을 전제로 그로써 자신의 유류분이 침해되었음을 이유로 하는 유류분반환의 청구가 포함되어 있다고 보기는 어렵다.(대판 2001.9.14, 2000다66430, 66447)

6. 유류분으로 반환하여야 할 대상이 주식인 경우 유류분 반환 방법 유류분으로 반환하여야 할 대상이 주식인 경우, 반환의무자가 피상속인으로부터 증여받은 주권 그 자체를 보유하고 있지 않다고 하더라도 그 대체물인 주식을 제3자로부터 취득하여 반환할 수 없다는 등의 특별한 사정이 없는 한 원물반환의무의 이행이 불가능한 것은 아니다.(대판 2005.6.23, 2004다51887)

7. 공동상속인 중 1인이 자신의 법정상속분 상당의 상속채무 분담액을 초과하여 유류분권리자의 상속채무 분담액까지 변제한 경우, 그러한 사정을 유류분권리자의 유류분 부족액 산정 시 고려할 것인지 여부(소극) 금선채무와 같이 급부의 내용이 가분인 채무가 공동상속된 경우, 법정상속분 상당의 금전채무는 유류분권리자의 유류분 부족액을 산정할 때 고려하여야 할 것이나, 공동상속인 중 1인이 자신의 법정상속분 상당의 상속채무 분담액을 초과하여 유류분권리자의 상속채무 분담액까지 변제한 경우에는 유류분권리자를 상대로 별도로 구상권을 행사하여 지급받거나 상계를 하는 등의 방법으로 만족을 얻는 것은 별론으로 하고, 그러한 사정을 유류분권리자의 유류분 부족액 산정 시 고려할 것은 아니다.(대판 2013.3.14, 2010다42624, 42631)

8. 특별수익으로 여러 부동산을 증여받은 경우 반환 범위를 정하는 방법 어느 공동상속인 1인이 특별수익으로서 여러 부동산을 증여받아 그 증여재산으로 유류분권리자에게 유류분 부족액을 반환하는 경우 반환해야 할 증여재산의 범위는 특별한 사정이 없는 한 민 1115조 2항을 유추적용하여 증여재산의 가액에 비례하여 안분하는 방법으로 정함이 타당하다. 따라서 유류분반환 의무자는 증여받은 모든 부동산에 대하여 각각 일정 지분을 반환해야 하는데, 그 지분은 모두 증여재산의 상속개시 당시 총가액에 대한 유류분 부족액의 비율이 된다.(대판 2022.2.10, 2020다250783)

第1116條【返還의 順序】 贈與에 대하여는 遺贈을 返還받은 후가 아니면 이것을 請求할 수 없다.

■ 유증의 반환(1115·1117), 증여의 반환(1115·1117), 사인증여(562)

1. 유류분반환청구에서 사인증여를 유증으로 볼 수 있는지 여부(적극) 유류분반환청구의 목적인 증여나 유증이 병존하고 있는 경우에는 유류분권리자는 먼저 유증을 받은 자를 상대로 유류분침해액의 반환을 구하여야 하고, 그 이후에도 여전히 유류분침해액이 남아 있는 경우에 한하여 증여를 받은 자에 대하여 그 부족분을 청구할 수 있는 것이며, 사인증여의 경우에는 유증의 규정이 준용될 뿐만 아니라 그 실제적 기능도 유증과 달리 볼 필요가 없으므로 유증과 같이 보아야 할 것이다.(대판 2001.11.30, 2001다6947)

2. 증여 또는 유증을 받은 다른 공동상속인이 수인인 경우 유류분반환청구의 상대방 및 그 범위 유류분권리자가 유류분반환청구를 하는 경우에 증여 또는 유증을 받은 다른 공동상속인이 수인일 때에는, 민법이 정한 유류분 제도의 목적과 같은 법 1115조 2항의 규정취지에 비추어 유류분권리자는 그 다른 공동상속인들 중 증여 또는 유증을 받은 재산의 가액이 자기 고유의 유류분액을 초과하는 상속인을 상대로 하여 그 유류분액을 초과한 금액의 비율에 따라 반환청구를 할 수 있다.(대판 1995.6.30, 93다11715)

3. 증여, 유증받은 재산 가액이 고유 유류분액을 초과하는 여러 공동상속인이 유류분권리자에게 반환하여야 할 재산과 범위를 정하는 기준 및 수개의 수유재산으로 분담액을 반환하는 경우, 반환하여야 할 각 수유재산의 범위를 정하는 방법 수인의 공동상속인이 유증받은 재산의 총 가액이 유류분권리자의 유류분 부족액을 초과하는 경우에는 유류분 부족액의 범위 내에서 각자의 수유재산(수유재산)을 반환하면 되는 것이지 이를 놓아두고 수증재산(수증재산)을 반환할 것은 아니다. 이 경우 수인의 공동상속인이 유류분권리자의 유류분 부족액을 각자의 수유재산으로 반환할 때 분담하여야 할 액은 각자 증여 또는 유증을 받은 재산 등의 가액이 자기 고유의 유류분액을 초과하는 가액의 비율에 따라 안분하여 정하되, 그중 어느 공동상속인의 수유재산의 가액이 그의 분담액에 미치지 못하여 분담액 부족분이 발생하더라도 이를 그의 수증재산으로 반환할 것이 아니라, 자신의 수유재산의 가액이 자신의 분담액을 초과하는 다른 공동상속인들이 위 분담액 부족분을 위 비율에 따라 다시 안분하여 그들의 수유재산으로 반환하여야 한다. 나아가 어느 공동상속인 1인이 수개의 재산을 유증받아 각 수유재산으로 유류분권리자에게 반환하여야 할 분담액을 반환하는 경우, 반환하여야 할 각 수유재산의 범위는 특별한 사정이 없는 한 민 1115조 2항을 유추적용하여 각 수유재산의 가액에 비례하여 안분하는 방법으로 정함이 타당하다.(대판 2013.3.14, 2010다42624, 42631)

第1117條【消滅時效】 返還의 請求權은 遺留分權利者가 相續의 開始와 返還하여야 할 贈與 또는 遺贈을 한 事實을 안 때로부터 1年내에 하지 아니하면 時效에 의하여 消滅한다. 相續이 開始한 때로부터 10年을 經過한 때도 같다.

■ 반환청구권(1115·1116), 유류분 권리자(1112), 상속개시시(997), 반환할 증여 또는 유증(1114·1115), 일반채권의 소멸시효(162①·166①)

1. 유류분반환청구권의 행사방법과 그로 인한 소멸시효의 중단 유류분반환청구의 의사표시는 침해를 받은 유증 또는 증여행위를 지정하여 이에 대한 반환청구의 의사를 표시하면 그것으로 족하고 그로 인하여 생긴 목적물의 이전등기청구권이나 인도청구권 등을 행사하는 것과는 달리 그 목적물을 구체적으로 특정하여야 하는 것은 아니며, 민 1117조 소정의 소멸시효의 진행도 위와 같은 의사표시로 중단된다.(대판 2001.9.14, 2000다66430, 66447)

2. 유류분반환 청구기간에 관한 민 1117조 후단 소정의 '10년'이 소멸시효기간인지 여부(적극) 민 1117조의 규정내용 및 형식에 비추어 볼 때 같은 법조 전단의 1년의 기간은 물론 같은 법조 후단의 10년의 기간도 그 성질은 소멸시효기간이다.(대판 1993.4.13, 92다3595)

3. '상속의 개시와 반환하여야 할 증여 또는 유증을 한 사실을 안 때'의 의미 유류분권리자가 수증자와의 재판과정에서 수증자의 증여 주장 및 그에 부합하는 증언의 존재를 알았다는 것만으로는 증여사실을 알았다고 할 수 없고 상속개시와 유증, 증여의 사실을 알뿐만 아니라 그 사실이 유류분을 침해하여 반환청구를 할 수 있게 됨을 알았을 것을 요한다.(대판 1994.4.12, 93다52563)

4. 자필유언증서 '사본'을 보았다는 사정만으로 유류분을 침해하는 유증이 있었음을 알았다고 볼 수 있는지 여부(소극) 해외에 거주하다가 피상속인의 사망사실을 뒤늦게 알게 된 상속인이 유증사실 등을 제대로 알 수 없는 상태에서 다른 공동상속인이 교부한 피상속인의 자필유언증서 사본을 보았다는 사정만으로는 자기의 유류분을 침해하는 유증이 있었음을 알았다고 볼 수 없고, 그 후 유언의 검인을 받으면서 자필유언증서의 원본을 확인한 시점에 그러한 유증이 있었음을 알았다고 볼 수 있다.(대판 2006.11.10, 2006다46346)

5. 유류분반환청구권 소멸시효 기산점이 문제된 사례 유류분권리자가 피상속인으로부터 그 소유 부동산의 등기를 이전받은 제3자를 상대로 등기의 무효 사유를 주장하며 소유권이전등기의 말소를 구하는 소를 제기하고 관련 증거를 제출하였으나, 오히려 증여된 것으로 인정되어 무효 주장이 배척된 판결이 선고되어 확정된 경우라면, 특별한 사정이 없는 한 그러한 판결이 확정된 때에 비로소 증여가 있었다는 사

실 및 그것이 반환하여야 할 것임을 알았다고 보아야 한다. (대판 2023.6.15, 2023다203894)

第1118條【準用規定】 第1001條, 第1008條, 第1010條의 規定은 遺留分에 이를 準用한다.

▣ 대습상속(1001), 특별수익자의 상속분(1008), 대습상속분(1010)

附 則

第1條【舊法의 定義】 附則에서 舊法이라 함은 本法에 依하여 廢止되는 法令 또는 法令中의 條項을 말한다.

▣ 폐지되는 법령(부칙27)

第2條【本法의 遡及效】 本法은 特別한 規定이 있는 境遇外에는 本法 施行日前의 事項에 對하여도 이를 適用한다. 그러나 이미 舊法에 依하여 생긴 效力에 影響을 미치지 아니한다.

▣ 소급효를 인정하지 않는 사항(부칙4이하)

第3條【公證力있는 文書와 그 作成】 ① 公證人 또는 法院書記의 確定日字印있는 私文書는 그 作成日字에 對한 公證力이 있다.

② 日字確定의 請求를 받은 公證人 또는 法院書記는 確定日字簿에 請求者의 住所, 姓名 및 文書名目을 記載하고 그 文書에 記簿番號를 記入한 後 日字印을 찍고 帳簿와 文書에 契印을 하여야 한다.

③ 日字確定을 請求하는 者는 法務部令이, 法院書記에게 請求하는 者는 大法院規則이 각각 정하는 바에 의하여 手數料를 納付하여야 한다. (1970.6.18 본항개정)

④ 公正證書에 記入한 日字 또는 公務所에서 私文書에 어느 事項을 證明하고 記入한 日字는 確定日字로 한다.

▣ 확정일자 있는 증서(450② · 502)

第4條【舊法에 依한 限定治産者】 ① 舊法에 依하여 心身耗弱者 또는 浪費者로 準禁治産宣告를 받은 者는 本法 施行日로부터 本法의 規定에 依한 限定治産者로 본다.

② 舊法에 依하여 聾者, 啞者 또는 盲者로 準禁治産宣告를 받은 者는 本法 施行日로부터 能力을 回復한다.

▣ 소급효(부칙2), 피한정후견인(12~14)

第5條【夫의 取消權에 關한 經過規定】 舊法에 依하여 妻가 夫의 許可를 要할 事項에 關하여 許可없이 그 行爲를 한 境遇에도 本法 施行日後에는 이를 取消하지 못한다.

▣ 소급효(부칙2)

第6條【法人의 登記期間】 法人의 登記事項에 關한 登記期間은 本法 施行日前의 事項에 對하여도 本法의 規定에 依한다.

▣ 소급효(부칙2), 등기기간(49~52 · 94)

第7條【罰則에 關한 不遡及】 ① 舊法에 依하여 過料에 處할 行爲로 本法 施行當時 裁判을 받지 아니한 者에 對하여는 本法에 依하여 過怠料에 處할 境遇에 限하여 이를 裁判한다.

② 前項의 過怠料는 舊法의 過料額을 超過하지 못한다.

▣ 소급효(부칙2), 과태료에 처할 경우(97)

第8條【時效에 關한 經過規定】 ① 本法 施行當時에 舊法의 規定에 依한 時效期間을 經過한 權利는 本法의 規定에 依하여 取得 또는 消滅한 것으로 본다.

② 本法 施行當時에 舊法에 依한 消滅時效의 期間을 經過하지 아니한 權利에는 本法의 時效에 關한 規定을 適用한다.

③ 本法 施行當時에 舊法에 依한 取得時效의 期間을 經過하지 아니한 權利에는 本法의 所有權取得에 關한 規定을 適用한다.

④ 第1項과 第2項의 規定은 時效期間이 아닌 法定期間에 이를 準用한다.

▣ 소급효(부칙10③)

第9條【效力을 喪失한 物權】 舊法에 依하여 規定된 物權이라도 本法에 規定한 物權이 아니면 本法 施行日로부터 物權의 效力을 잃는다. 그러나 本法 또는 다른 法律에 特別한 規定이 있는 境遇에는 그러하지 아니하다.

▣ 존속하는 물권(부칙14), 선취특권의 실효(부칙16)

第10條【所有權移轉에 關한 經過規定】 ① 本法 施行日前의 法律行爲로 因한 不動産에 關한 物權의 得失變更은 本法 施行日로부터 3年內에 登記하지 아니하면 그 效力을 잃는다.

② 本法 施行日前의 動産에 關한 物權의 讓渡는 本法 施行日로부터 1年內에 引渡를 받지 못하면 그 效力을 잃는다.

③ 本法 施行日前의 時效完成으로 因하여 物權을 取得한 境遇에도 第1項과 같다.

▣ 점유로 인한 부동산 소유권의 취득기간(245), 부칙12 · 14 · 16

第11條【舊慣에 依한 傳貰權의 登記】 本法 施行日前에 慣習에 依하여 取得한 傳貰權은 本法 施行日로부터 1年內에 登記함으로써 物權의 效力을 갖는다.

第12條【判決에 依한 所有權移轉의 境遇】 訴訟으로 附則第10條의 規定에 依한 登記 또는 引渡를 請求한 境遇에는 그 判決確定의 날로부터 6月內에 登記를 하지 아니하거나 3月內에 引渡를 받지 못하거나 强制執行의 節次를 取하지 아니한 때에는 物權變動의 效力을 잃는다.

▣ 소유권이전에 관한 경과규정(부칙10)

第13條【地上權存續期間에 關한 經過規定】 本法 施行日前에 地上權設定行爲로 定한 存續期間이 本法 施行當時에 滿了하지 아니한 境遇에는 그 存續期間에는 本法의 規定을 適用한다. 設定行爲로 地上權의 存續期間을 定하지 아니한 境遇에도 같다.

第14條【存續되는 物權】 本法 施行日前에 設定한 永小作權 또는 不動産質權에 關하여는 舊法의

規定을 適用한다. 그러나 本法 施行日後에는 이를 更新하지 못한다.

▣ 물권의 효력 상실(부칙9)

第15條【賃貸借期間에 關한 經過規定】 本法 施行日前의 賃貸借契約에 約定期間이 있는 境遇에도 그 期間이 本法 施行當時에 滿了하지 아니한 때에는 그 存續期間에는 本法의 規定을 適用한다.

▣ 권한 없는 자의 단기임대차(619), 임대차존속기간(651)

第16條【先取特權의 失效】 本法 施行日前에 舊法에 依하여 取得한 先取特權은 本法 施行日로부터 그 效力을 잃는다.

▣ 소급효(부칙2), 물권의 효력 상실(부칙9)

第17條【妻의 財産에 對한 夫의 權利】 本法 施行日前의 婚姻으로 因하여 夫가 妻의 財産을 管理, 使用 또는 收益하는 境遇에도 本法 施行日로부터 夫는 그 權利를 잃는다.

▣ 부부재산약정(829), 특유재산의 관리(831)

第18條【婚姻, 入養의 無效, 取消에 關한 經過規定】 ① 本法 施行日前의 婚姻 또는 入養에 本法에 依하여 無效의 原因이 되는 事由가 있는 때에는 이를 無效로 하고 取消의 原因이 되는 事由가 있는 때에는 本法의 規定에 依하여 이를 取消할 수 있다. 이 境遇에 取消期間이 있는 때에는 그 期間은 本法 施行日로부터 起算한다.

② 本法 施行日前의 婚姻 또는 入養에 舊法에 依한 取消의 原因이 되는 事由가 있는 境遇에도 本法의 規定에 依하여 取消의 原因이 되지 아니할 때에는 本法 施行日後에는 이를 取消하지 못한다.

▣ 소급효(부칙2), 본인의 무효와 취소(815이하), 입양의 무효와 취소(883이하)

第19條【離婚, 罷養에 關한 經過規定】 ① 本法 施行日前의 婚姻 또는 入養에 本法에 依하여 離婚 또는 罷養의 原因이 되는 事由가 있는 때에는 本法의 規定에 依하여 裁判上의 離婚 또는 罷養의 請求를 할 수 있다. 이 境遇에 그 請求期間이 있는 때에는 그 期間은 本法 施行日로부터 起算한다.

② 本法 施行日前의 婚姻 또는 入養에 舊法에 依하여 離婚 또는 罷養의 原因이 되는 事由가 있는 境遇에도 本法의 規定에 依하여 離婚 또는 罷養의 原因이 되지 아니하는 때에는 本法 施行日後에는 裁判上의 離婚 또는 罷養의 請求를 하지 못한다.

▣ 소급효(부칙2), 재판상 이혼(840이하), 재판상 파양(905이하)

第20條【親權】 成年에 達한 子는 本法 施行日로부터 親權에 服從하지 아니한다.

▣ 친권자(909)

第21條【母의 親權行使에 關한 制限의 廢止】 舊法에 依하여 親權者인 母가 親族會의 同意를 要할 事項에 關하여 그 同意없이 未成年者를 代理한 行爲나 未成年者의 行爲에 對한 同意를한 境遇에도 本法 施行日後에는 이를 取消하지 못한다.

▣ 친권자(909)

第22條【後見人에 關한經過規定】 ① 舊法에 依하여 未成年者 또는 禁治産者에 對한 後見이 開始된 境遇에도 그 後見人의 順位, 選任, 任務 및 缺格에 關한 事項에는 本法 施行日로부터 本法의 規定을 適用한다.

② 舊法에 依하여 準禁治産宣告를 받은 者에 對하여도 그 後見에 關한 事項은 前項과 같다.

▣ 소급효(부칙2), 후견인(928이하)

第23條【保佐人等에 關한 經過規定】 舊法에 依한 保佐人, 後見監督人 및 親族會員은 本法 施行日로부터 그 地位를 잃는다. 그러나 本法 施行日前에 舊法의 規定에 依한 保佐人, 後見監督人 또는 親族會가 行한 同意는 그 效力을 잃지 아니한다.

第24條【扶養義務에 關한 本法適用】 舊法에 依하여 扶養義務가 開始된 境遇에도 그 順位, 選任 및 方法에 關한 事項에는 本法 施行日로부터 本法의 規定을 適用한다.

▣ 소급효(부칙2), 부양의무(974), 부양순위(976), 부양방법(977), 부양관계의 변경·취소(978)

第25條【相續에 關한 經過規定】 ① 本法 施行日前에 開始된 相續에 關하여는 本法 施行日後에도 舊法의 規定을 適用한다.

② 失踪宣告로 因하여 戶主 또는 財産相續이 開始되는 境遇에 그 失踪期間이 舊法 施行期間中에 滿了하는때에도 그 失踪이 本法 施行日後에 宣告된 때에는 그 相續順位, 相續分 其他 相續에 關하여는 本法의 規定을 適用한다.

▣ 소급효(부칙2), 상속순위(1000·1001·1003)

第26條【遺言에 關한 經過規定】 本法 施行日前의 慣習에 依한 遺言이 本法에 規定한 方式에 適合하지 아니한 境遇에라도 遺言者가 本法 施行日로부터 遺言의 效力發生日까지 그 意思表示를 할 수 없는 狀態에 있는 때에는 그 效力을 잃지 아니한다.

第27條【廢止法令】 다음 各號의 法令은 이를 廢止한다.

1. 朝鮮民事令 第1條의 規定에 依하여 依用된 民法, 民法施行法, 年齡計算에關한法律
2. 朝鮮民事令과 同令 第1條에 依하여 依用된 法令中 本法의 規定과 抵觸되는 法條
3. 軍政法令中 本法의 規定과 抵觸되는 法條

▣ 소급효(부칙2)

第28條【施行日】 本法은 檀紀 4293年 1月 1日부터 施行한다.

附　則(1962.12.29)

本法은 1963年 3月 1日부터 施行한다.

附　則(1962.12.31)

本法은 1963年 1月 1日부터 施行한다.

附 則(1964.12.31)

이 法은 1965年 1月 1日부터 施行한다.

附 則(1970.6.18)

이 法은 公布한 날로부터 施行한다.

附 則(1977.12.31)

① 이 法은 公布후 1年이 經過한 날로부터 施行한다.
② 이 法은 종전의 法律에 의하여 생긴 效力에 대하여 影響을 미치지 아니한다.
③ 이 法 施行日전에 婚姻한 者가 20歲에 達한 때에는 그 婚姻이 종전의 法 第808條第1項의 規定에 違反한 때에도 그 取消를 請求할 수 없다.
④ 이 法 施行日전에 婚姻한 者가 未成年者인 때에는 이 法 施行日로부터 成年者로 한다.
⑤ 이 法 施行日전에 開始된 相續에 관하여는 이 法 施行日후에도 종전의 規定을 適用한다.
⑥ 失踪宣告로 인하여 相續이 開始되는 경우에 그 失踪期間이 이 法 施行日後에 滿了된 때에는 그 相續에 관하여 이 法의 規定을 適用한다.

第5編 相續

附 則(1984.4.10)

① **【施行日】** 이 法은 1984年 9月 1日부터 施行한다.
② **【經過措置의 原則】** 이 法은 특별한 規定이 있는 경우를 제외하고는 이 法 施行전에 생긴 事項에 대하여도 이를 適用한다. 그러나 종전의 規定에 의하여 생긴 效力에는 影響을 미치지 아니한다.
③ **【失踪宣告에 관한 經過措置】** 第27條第2項의 改正規定은 이 法 施行전에 死亡의 原因이 될 危難이 발생한 경우에도 이를 適用한다.
▣ 특별실종선고(27②)
④ **【傳貰權에 관한 經過措置】** 第303條第1項, 第312條第2項·第4項 및 第312條의2의 改正規定은 이 法 施行전에 成立한 傳貰權으로서 이 法 施行당시 存續期間이 3月이상 남아 있는 傳貰權과 存續期間을 정하지 아니한 傳貰權에도 이를 適用한다. 그러나 이 法 施行전에 傳貰金의 增額請求가 있은 경우에는 第312條의2 但書의 改正規定은 이를 適用하지 아니한다.
▣ 전세권의 내용(303①), 전세권의 존속기간(312②④), 전세금증감청구권(312의2)

附 則(1990.1.13)

第1條【施行日】 이 法은 1991年 1月 1日부터 施行한다.

第2條【이 法의 效力의 不遡及】 이 法에 특별한 規定이 있는 경우를 제외하고는 이미 舊法(民法중 이 法에 의하여 改正 또는 廢止되는 종전의 條項을 말한다. 이하 같다)에 의하여 생긴 效力에 영향을 미치지 아니한다.

第3條【親族에 관한 經過措置】 舊法에 의하여 親族이었던 者가 이 法에 의하여 親族이 아닌 경우에는 이 法 施行日부터 親族으로서의 地位를 잃는다.
▣ 친족(767이하)

第4條【母와 自己의 出生아닌 子에 관한 經過措置】 이 法 施行日전에 발생한 前妻의 出生子와 繼母 및 그 血族·姻戚사이의 親族關係와 婚姻外의 出生子와 父의 配偶者 및 그 血族·姻戚사이의 親族關係는 이 法 施行日부터 消滅한다.

第5條【約婚의 解除에 관한 經過措置】 ① 이 法 施行日전의 約婚에 이 法에 의하여 解除의 原因이 되는 사유가 있는 때에는 이 法의 規定에 의하여 이를 解除할 수 있다.
② 이 法 施行日전의 約婚에 舊法에 의하여 解除의 原因이 되는 사유가 있는 경우에도 이 法의 規定에 의하여 解除의 原因이 되지 아니할 때에는 이 法 施行日후에는 解除를 하지 못한다.
▣ 약혼의 해제(804이하), 약혼해제의 원인(804)

第6條【夫婦間의 財産關係에 관한 이 法의 適用】 이 法 施行日전의 婚姻으로 인하여 인정되었던 夫婦間의 財産關係에 관하여는 이 法 施行日부터 이 法의 規定을 適用한다.
▣ 부부간의 재산관계(829이하)

第7條【入養의 取消에 관한 經過措置】 이 法 施行日전의 入養에 舊法에 의하여 取消의 原因이 되는 사유가 있는 경우에도 이 法의 規定에 의하여 取消의 原因이 되지 아니할 때에는 이 法 施行日후에는 取消를 請求하지 못한다.
▣ 입양취소의 원인(884)

第8條【罷養에 관한 經過措置】 ① 이 法 施行日전의 入養에 이 法에 의하여 罷養의 原因이 되는 사유가 있는 때에는 이 法의 規定에 의하여 裁判上 罷養의 請求를 할 수 있다.
② 이 法 施行日전의 入養에 舊法에 의하여 罷養의 原因이 되는 사유가 있는 경우에도 이 法의 規定에 의하여 罷養의 原因이 되지 아니할 때에는 이 法 施行日후에는 裁判上 罷養의 請求를 하지 못한다.
▣ 재판상 파양원인(905)

第9條【親權에 관한 이 法의 適用】 舊法에 의하여 開始된 親權에 관하여도 이 法 施行日부터 이 法의 規定을 適用한다.
▣ 친권(909이하)

第10條【後見人에 관한 이 法의 適用】 舊法에 의하여 未成年者나 限定治産者 또는 禁治産者에 대한 後見이 開始된 경우에도 그 後見人의 順位 및 選任에 관한 사항에는 이 法 施行日부터 이 法의 規定을 適用한다.

■ 후견인의 순위 · 선임(931이하)

第11條【扶養義務에 관한 이 法의 適用】 舊法에 의하여 扶養義務가 開始된 경우에도 이 法 施行日부터 이 法의 規定을 適用한다.

■ 부양의무(974이하)

第12條【相續에 관한 經過措置】 ① 이 法 施行日전에 開始된 相續에 관하여는 이 法 施行日후에도 舊法의 規定을 適用한다.

② 失踪宣告로 인하여 相續이 開始되는 경우에 그 失踪期間이 舊法施行期間중에 만료되는 때에도 그 失踪이 이 法 施行日후에 宣告된 때에는 相續에 관하여는 이 法의 規定을 適用한다.

■ 실종기간(27), 실종선고의 효과(28)

1. 개정 민법 부칙 12조에 정해진 구법의 의미 개정 민법 부칙 12조는 개정 민법 시행 전에 개시된 상속에 관해서는 개정 민법의 시행에도 불구하고 상속 개시 시점을 기준으로 제정 민법 시행 전에는 구 관습을 적용하고 제정 민법 시행 후에는 제정 민법을 적용하되, 개정 민법 시행 후 실종선고가 있는 경우에는 실종기간의 만료 시점이 언제인지와 관계없이 실종선고로 인한 상속에 관해서는 개정 민법을 적용하기로 한 것으로 보아야 한다. (대판 2017.12.22, 2017다360, 377)

第13條【다른 法令과의 관계】 이 法 施行당시 다른 法令에서 戶主相續 또는 戶主相續人을 引用한 경우에는 戶主承繼 또는 戶主承繼人을, 財産相續 또는 財産相續人을 引用한 경우에는 相續 또는 相續人을 각 引用한 것으로 본다.

附 則(1997.12.13)

第1條【施行日】 이 法은 公布후 6月이 경과한 날부터 施行한다. (이하 생략)

附 則(1997.12.13)

이 法은 1998年 1月 1日부터 施行한다. (이하 생략)

附 則(2001.12.29)

이 법은 2002년 7월 1일부터 시행한다.

附 則(2002.1.14)

① **【시행일】** 이 법은 공포한 날부터 시행한다.

② **【이 법의 효력의 불소급】** 이 법은 종전의 규정에 의하여 생긴 효력에 영향을 미치지 아니한다.

③ **【한정승인에 관한 경과조치】** 1998년 5월 27일부터 이 법 시행전까지 상속개시가 있음을 안 자중 상속채무가 상속재산을 초과하는 사실을 중대한 과실없이 제1019조제1항의 기간내에 알지 못하다가 이 법 시행전에 그 사실을 알고도 한정승인 신고를 하지 아니한 자는 이 법 시행일부터 3월내에 제1019조제3항의 개정규정에 의한 한정승인을 할 수 있다. 다만, 당해 기간내에 한정승인을 하지 아니한 경우에는 단순승인을 한 것으로 본다.

<2005.12.29 법률 제7765호에 의하여 2004.1.29 헌법재판소에서 헌법불합치 결정된 제3항을 개정함>

1. 1998. 5. 27. 전에 상속개시가 있음을 알았으나 그 후에 상속채무 초과사실을 알게 된 상속인의 한정승인신고 상속인이 1998. 5. 27. 이후 상속개시 사실을 알게 되었음에도 개정 민법 시행 후에야 중대한 과실 없이 상속채무 초과사실을 알게 된 경우에는 개정민법 1019조 3항의 규정에 따라 3월 내에 한정승인을 할 수 있다.(대판 2005.4.14, 2004다56912)

2. 민 1019조 3항의 소급적용 범위를 '1998. 5. 27.부터 이 법 시행(2002. 1. 14.) **전까지 상속개시가 있음을 안 자'로 제한한 부칙 3항에 대한 헌법불합치결정** 1998. 5. 27. 이전에 상속개시가 있음을 알았으나 그 이후에 상속채무 초과시실을 안 사람을 부칙(2002. 1. 14.) 3항의 적용 대상에서 제외한 것은 평등원칙 등에 위배되므로, 부칙(2002. 1. 14.) 3항 중 '1998. 5. 27.부터 이 법 시행 전까지 상속개시가 있음을 안 자 중' 부분은 헌법불합치결정을 하되, 입법자가 개정할 때까지 그 적용을 중지한다.(헌재 2004.1.29, 2002헌가22, 2002헌바40, 2003헌바19 · 46)

3. 민법부칙(2002. 1. 14.) **3항의 헌법불합치결정 후 한정승인신고(1)** 부칙(2002. 1. 14.) 3항의 헌법불합치결정과 그에 따라 신설된 부칙 4항 1호에 따라, 상속인들이 1998. 5. 27. 이전에 상속개시가 있음을 알았으나 상속채무 초과사실을 중대한 과실 없이 1998. 5. 27. 이후에야 비로소 알게 되었다면 개정민법의 시행일로부터 3월 내에 한정승인신고를 할 수 있다.(대판 2006.1.12, 2003다28880)

4. 민법부칙(2002. 1. 14.) **3항의 헌법불합치결정 후 한정승인신고(2)** (대판 2006.1.26, 2003다29562) → 제1028조 참조

④ **【한정승인에 관한 특례】** 1998년 5월 27일 전에 상속 개시가 있음을 알았으나 상속채무가 상속재산을 초과하는 사실(이하 "상속채무 초과사실"이라 한다)을 중대한 과실 없이 제1019조제1항의 기간 이내에 알지 못하다가 1998년 5월 27일 이후 상속채무 초과사실을 안 자는 다음 각 호의 구분에 따라 제1019조제3항의 규정에 의한 한정승인을 할 수 있다. 다만, 각 호의 기간 이내에 한정승인을 하지 아니한 경우에는 단순승인을 한 것으로 본다.

1. 법률 제7765호 민법 일부개정법률(이하 "개정법률"이라 한다) 시행 전에 상속채무 초과사실을 알고도 한정승인을 하지 아니한 자는 개정법률 시행일부터 3월 이내
2. 개정법률 시행 이후 상속채무 초과사실을 알게 된 자는 그 사실을 안 날부터 3월 이내

(2005.12.29 본항신설)

<2005.12.29 법률 제7765호에 의하여 2004.1.29 헌법재판소의 부칙 제3항 적용부분에 대한 위헌결정에 따라 이 항을 신설>

附 則(2005.3.31)

제1조【시행일】 이 법은 공포한 날부터 시행한다. 다만, 제4편제2장(제778조 내지 제789조, 제791조 및 제793조 내지 제796조), 제826조제3항 및 제4항, 제908조의2 내지 제908조의8, 제963조, 제966조, 제968조, 제4편제8장(제980조 내지 제982조, 제984

조 내지 제987조, 제989조 및 제991조 내지 제995조)의 개정규정과 부칙 제7조(제2항 및 제29항을 제외한다)의 규정은 2008년 1월 1일부터 시행한다.

제2조【이 법의 효력의 불소급】 이 법은 종전의 규정에 의하여 생긴 효력에 영향을 미치지 아니한다.

제3조【친생부인의 소에 관한 경과조치】 ① 제847조제1항의 개정규정에 의한 기간이 이 법 시행일부터 30일 이내에 만료되는 경우에는 이 법 시행일부터 30일 이내에 친생부인의 소를 제기할 수 있다.

② 제847조제1항의 개정규정이 정한 기간을 계산함에 있어서는 1997년 3월 27일부터 이 법 시행일 전일까지의 기간은 이를 산입하지 아니한다.

제4조【혼인의 무효·취소에 관한 경과조치】 이 법 시행 전의 혼인에 종전의 규정에 의하여 혼인의 무효 또는 취소의 원인이 되는 사유가 있는 경우에도 이 법의 규정에 의하여 혼인의 무효 또는 취소의 원인이 되지 아니하는 경우에는 이 법 시행 후에는 혼인의 무효를 주장하거나 취소를 청구하지 못한다.

▣ 혼인무효의 사유(815), 혼인취소의 사유(816)

제5조【친양자에 관한 경과조치】 종전의 규정에 의하여 입양된 자를 친양자로 하려는 자는 제908조의2제1항제1호 내지 제4호의 요건을 갖춘 경우에는 가정법원에 친양자 입양을 청구할 수 있다.

제6조【기간에 관한 경과조치】 이 법에 의하여 기간이 변경된 경우에 이 법 시행당시 종전의 규정에 의한 기간이 경과되지 아니한 때에는 이 법의 개정규정과 종전의 규정 중 그 기간이 장기인 규정을 적용한다.

제7조【다른 법률의 개정】 ① 가사소송법 일부를 다음과 같이 개정한다.

제2조제1항 가목(1)제7호를 삭제하고, 동항 나목(1)제4호중 "제781조제3항"을 "제781조제4항"으로 하며, 동목(1)에 제4호의2 및 제4호의3을 각각 다음과 같이 신설하고, 동목(1)제25호를 삭제한다.

4의2. 민법 제781조제5항의 규정에 의한 자의 종전의 성과 본의 계속사용허가

4의3. 민법 제781조제6항의 규정에 의한 자의 성과 본의 변경허가

제2편제4장(제32조 및 제33조)을 삭제한다.

② 가사소송법 일부를 다음과 같이 개정한다.

제2조제1항 나목(1)에 제5호의2 및 제7호의2를 각각 다음과 같이 신설한다.

5의2. 민법 제869조 단서의 규정에 의한 후견인의 입양승낙에 대한 허가

7의2. 민법 제899조제2항의 규정에 의한 후견인 또는 생가의 다른 직계존속의 파양협의에 대한 허가

제2조제1항 나목(2)제5호를 다음과 같이 한다.

5. 민법 제909조제4항 및 제6항(혼인의 취소를 원인으로 하는 경우를 포함한다)의 규정에 의한 친권자의 지정과 변경

③ 가정폭력범죄의처벌등에관한특례법 일부를 다음과 같이 개정한다.

제28조제2항 본문중 "형제자매와 호주"를 "형제자매"로 한다.

제33조제4항중 "형제자매·호주"를 "형제자매"로 한다.

④ 감사원법 일부를 다음과 같이 개정한다.

제15조제1항제2호중 "친족·호주·가족"을 "친족"으로 한다.

⑤ 검사징계법 일부를 다음과 같이 개정한다.

제17조제1항중 "친족, 호주, 가족"을 "친족"으로 한다.

⑥ 공증인법 일부를 다음과 같이 개정한다.

제21조제1호중 "배우자, 친족 또는 동거의 호주나 가족"을 "배우자 또는 친족"으로 한다.

제33조제3항제6호중 "친족, 동거의 호주 또는 가족"을 "친족"으로 한다.

⑦ 국가인권위원회법 일부를 다음과 같이 개정한다.

제56조제2항중 "친족, 호주 또는 동거의 가족"을 "친족"으로 한다.

⑧ 국민투표법 일부를 다음과 같이 개정한다.

제56조제1항중 "호주·세대주·가족"을 "세대주·가족"으로 한다.

⑨ 군사법원법 일부를 다음과 같이 개정한다.

제48조제2호중 "친족·호주·가족"을 "친족"으로 한다.

제59조제2항 및 제66조제1항중 "직계친족·형제자매 및 호주"를 각각 "직계친족 및 형제자매"로 한다.

제189조제1호를 다음과 같이 한다.

1. 친족 또는 친족관계가 있었던 자

제238조의2제1항 전단 및 제252조제1항중 "호주·가족"을 각각 "가족"으로 한다.

제398조제1항중 "형제자매·호주"를 "형제자매"로 한다.

⑩ 민사소송법 일부를 다음과 같이 개정한다.

제41조제2호 및 제314조제1호중 "친족·호주·가족"을 각각 "친족"으로 한다.

⑪ 민원사무처리에관한법률 일부를 다음과 같이 개정한다.

제23조제1항제2호중 "친족·가족 또는 호주"를 "친족"으로 한다.

⑫ 밀항단속법 일부를 다음과 같이 개정한다.

제4조제4항중 "동거친족·호주·가족"을 "동거친족"으로 한다.

⑬ 범죄인인도법 일부를 다음과 같이 개정한다.

제22조제1항중 "호주, 가족"을 "가족"으로 한다.

⑭ 법무사법 일부를 다음과 같이 개정한다.
제17조제1항중 "호주 · 가족"을 "가족"으로 한다.
⑮ 보안관찰법 일부를 다음과 같이 개정한다.
제27조제6항 단서중 "친족 · 호주 또는 동거의 가족"을 "친족"으로 한다.
<16>부재선고등에관한특별조치법 일부를 다음과 같이 개정한다.
제3조중 "호주 또는 가족"을 "가족"으로 한다.
<17>소송촉진등에관한특례법 일부를 다음과 같이 개정한다.
제27조제1항중 "직계혈족 · 형제자매 또는 호주"를 "직계혈족 또는 형제자매"로 한다.
<18>소액사건심판법 일부를 다음과 같이 개정한다.
제8조제1항 "직계혈족 · 형제자매 또는 호주"를 "직계혈족 또는 형제자매"로 한다.
<19>재외공관공증법 일부를 다음과 같이 개정한다.
제8조제2호중 "배우자 · 친족 또는 동거의 호주이거나 가족"을 "배우자 · 친족"으로 한다.
제19조제4항제5호중 "배우자 · 친족, 동거의 호주 또는 가족"을 "배우자 · 친족"으로 한다.
<20>재외국민취적 · 호적정정및호적정리에관한특례법 일부를 다음과 같이 개정한다.
제3조제2항 본문중 "사망 · 호주상속"을 "사망"으로 한다.
제4조제2항을 삭제한다.
<21>전염병예방법 일부를 다음과 같이 개정한다.
제5조제1호 본문 및 단서중 "호주 또는 세대주"를 각각 "세대주"로 하고, 동호 단서중 "가족"을 "세대원"으로 한다.
<22>지방세법 일부를 다음과 같이 개정한다.
제196조의3제2항제2호를 삭제한다.
<23>특정범죄신고자등보호법 일부를 다음과 같이 개정한다.
제9조제3항중 "직계친족, 형제자매와 호주"를 "직계친족과 형제자매"로 한다.
<24>특허법 일부를 다음과 같이 개정한다.
제148조제2호중 "친족 · 호주 · 가족"을 "친족"으로 한다.
<25>해양사고의조사및심판에관한법률 일부를 다음과 같이 개정한다.
제15조제1항제1호중 "친족 · 호주 · 가족관계"를 "친족관계"로 한다.
제27조제2항중 "직계친족 · 형제자매와 호주"를 "직계친족과 형제자매"로 한다.
<26>헌법재판소법 일부를 다음과 같이 개정한다.
제24조제1항제2호중 "친족 · 호주 · 가족"을 "친족"으로 한다.
<27>형법 일부를 다음과 같이 개정한다.
제151조제2항 및 제155조제4항중 "친족, 호주 또는 동거의 가족"을 각각 "친족 또는 동거의 가족"으로 한다.
제328조제1항중 "동거친족, 호주, 가족"을 "동거친족, 동거가족"으로 한다.
<28>형사소송법 일부를 다음과 같이 개정한다.
제17조제2호중 "친족, 호주, 가족 또는 이러한 관계"를 "친족 또는 친족관계"로 한다.
제29조제1항 및 제30조제2항중 "직계친족, 형제자매와호주"를 각각 "직계친족과 형제자매"로 한다.
제148조제1호를 다음과 같이 한다.
1. 친족 또는 친족관계가 있었던 자 제201조의2제1항 전단 및 제214조의2제1항중 "형제자매, 호주, 가족이나"를 각각 "형제자매나"로 한다.
제341조제1항중 "형제자매, 호주"를 "형제자매"로 한다.
<29>호적법 일부를 다음과 같이 개정한다.
제60조제1항제5호를 다음과 같이 한다.
5. 민법 제909조제4항 또는 제5항의 규정에 의하여 친권자가 정하여진 때에는 그 취지와 내용
제79조제1항제6호를 다음과 같이 한다.
6. 민법 제909조제4항 또는 제5항의 규정에 의하여 친권자가 정하여진 때에는 그 취지와 내용
제82조제2항 전단중 "제909조제4항"을 "제909조제4항 내지 제6항"으로, "친권을 행사할 자"를 각각 "친권자"로 한다.

附 則(2005.3.31)

제1조 【시행일】 이 법은 공포 후 1년이 경과한 날부터 시행한다. (이하 생략)

附 則(2005.12.29)

① **【시행일】** 이 법은 공포한 날부터 시행한다.
② **【한정승인에 관한 경과조치】** 이 법의 한정승인에 관한 특례대상에 해당하는 자가 이 법 시행 전에 한정승인 신고를 하여 법원에 계속 중이거나 수리된 경우 그 신고 또는 법원의 수리결정은 효력이 있다.

附 則(2007.5.17)

제1조 【시행일】 이 법은 2008년 1월 1일부터 시행한다. (이하 생략)

附 則(2007.12.21)

제1조 【시행일】 이 법은 공포한 날부터 시행한다. 다만, 제97조 및 제161조의 개정규정은 공포 후 3개월이 경과한 날부터 시행하고, 제836조의2, 제837조제2항부터 제6항까지 및 제909조제4항의 개

정규정은 공포 후 6개월이 경과한 날부터 시행한다.
제2조【효력의 불소급】 이 법은 종전의 규정에 따라 생긴 효력에 영향을 미치지 아니한다.
제3조【경과조치】 ① 이 법 시행 당시 법원에 계속 중인 사건에 관하여는 이 법(제837조의 개정규정을 제외한다)을 적용하지 아니한다.
② 이 법 시행 전의 행위에 대한 과태료의 적용에 있어서는 종전의 규정에 따른다.
③ 이 법 시행 당시 만 16세가 된 여자는 제801조 및 제807조의 개정규정에도 불구하고 약혼 또는 혼인할 수 있다.

附 則(2009.5.8)

① **【시행일】** 이 법은 공포 후 3개월이 경과한 날부터 시행한다.
② **【양육비부담조서 작성의 적용례】** 제836조의2 제5항의 개정규정은 이법 시행 당시 계속 중인 협의이혼사건에도 적용한다.

附 則(2011.3.7)

제1조【시행일】 이 법은 2013년 7월 1일부터 시행한다.
제2조【금치산자 등에 관한 경과조치】 ①이 법 시행 당시 이미 금치산 또는 한정치산의 선고를 받은 사람에 대하여는 종전의 규정을 적용한다.
②제1항의 금치산자 또는 한정치산자에 대하여 이 법에 따라 성년후견, 한정후견, 특정후견이 개시되거나 임의후견감독인이 선임된 경우 또는 이 법 시행일부터 5년이 경과한 때에는 그 금치산 또는 한정치산의 선고는 장래를 향하여 그 효력을 잃는다.
제3조【다른 법령과의 관계】 이 법 시행 당시 다른 법령에서 "금치산" 또는 "한정치산"을 인용한 경우에는 성년후견 또는 한정후견을 받는 사람에 대하여 부칙 제2조제2항에 따른 5년의 기간에 한정하여 "성년후견" 또는 "한정후견"을 인용한 것으로 본다.

附 則(2011.5.19)

이 법은 2013년 7월 1일부터 시행한다.

附 則(2012.2.10)

제1조【시행일】 이 법은 2013년 7월 1일부터 시행한다. 다만, 제818조, 제828조, 제843조 및 제925조의 개정규정은 공포한 날부터 시행한다.
제2조【이 법의 효력의 불소급】 이 법은 종전의 규정에 따라 생긴 효력에 영향을 미치지 아니한다.
제3조【종전의 규정에 따른 입양 및 파양에 관한 경과조치】 이 법 시행 전에 제878조 또는 제904조에 따라 입양 또는 파양의 신고가 접수된 입양 또는 파양에 관하여는 종전의 규정에 따른다.
제4조【재판상 파양 원인에 관한 경과조치】 제905조의 개정규정에도 불구하고 이 법 시행 전에 종전의 규정에 따라 가정법원에 파양을 청구한 경우에 재판상 파양 원인에 관하여는 종전의 규정에 따른다.
제5조【친양자 입양의 요건에 관한 경과조치】 제908조의2제1항 및 제2항의 개정규정에도 불구하고 이 법 시행 전에 종전의 규정에 따라 가정법원에 친양자 입양을 청구한 경우에 친양자 입양의 요건에 관하여는 종전의 규정에 따른다.

附 則(2013.4.5)

이 법은 2013년 7월 1일부터 시행한다.

附 則(2014.10.15)

제1조【시행일】 이 법은 공포 후 1년이 경과한 날부터 시행한다.
제2조【친권 상실의 선고 및 친권의 상실 선고 등의 판단 기준에 관한 경과조치】 이 법 시행 당시 가정법원에 진행 중인 친권의 상실 선고 청구 사건에 대해서는 제924조 및 제925조의2의 개정규정에도 불구하고 종전의 규정에 따른다.

附 則(2014.12.30)

이 법은 공포한 날부터 시행한다.

附 則(2015.2.3) (가족관계의 등록 등에 관한 법률)

제1조【시행일】 이 법은 2015년 7월 1일부터 시행한다.
제2조 생략
제3조【다른 법률의 개정】 ① 민법 일부를 다음과 같이 개정한다.
제814조제2항 중 "등록기준지를 관할하는 가족관계등록관서"를 "재외국민 가족관계등록사무소"로 한다.
② 생략

附 則(2015.2.3)

제1조【시행일】 이 법은 공포 후 1년이 경과한 날부터 시행한다.
제2조【효력의 불소급】 이 법은 종전의 규정에 따라 생긴 효력에 영향을 미치지 아니한다.
제3조【보증의 방식 등에 관한 적용례】 제428조의2, 제428조의3 및 제436조의2의 개정규정은 이

법 시행 후 체결하거나 기간을 갱신하는 보증계약부터 적용한다.

제4조 【여행계약의 효력·해제 등에 관한 적용례】 제3편제2장제9절의2(제674조의2부터 제674조의9까지)의 개정규정은 이 법 시행 후 체결하는 여행계약부터 적용한다.

제5조 【다른 법률의 개정】 보증인 보호를 위한 특별법 일부를 다음과 같이 개정한다.

제3조를 삭제한다.

제6조 【「보증인 보호를 위한 특별법」의 개정에 따른 경과조치】 부칙 제5조에 따라 개정되는 「보증인 보호를 위한 특별법」의 개정규정에도 불구하고 이 법 시행 전에 체결되거나 기간이 갱신된 「보증인 보호를 위한 특별법」의 적용 대상인 보증계약에 대해서는 종전의 「보증인 보호를 위한 특별법」 제3조에 따른다.

附 則 (2016.1.6)

이 법은 공포한 날부터 시행한다.

附 則 (2016.12.2)

제1조 【시행일】 이 법은 공포 후 6개월이 경과한 날부터 시행한다.

제2조 【다른 법률의 개정】 가사소송법 일부를 다음과 같이 개정한다.

제2조제1항제2호나목3) 중 "제한 또는 배제"를 "처분 또는 제한·배제·변경"으로 한다.

附 則 (2016.12.20)

제1조 【시행일】 이 법은 공포한 날부터 시행한다.

제2조 【적용례】 제937조제9호의 개정규정은 이 법 시행 당시 법원에 계속 중인 사건에도 적용한다.

附 則 (2017.10.31)

제1조 【시행일】 이 법은 공포 후 3개월이 경과한 날부터 시행한다.

제2조 【남편의 친생자의 추정에 관한 적용례】 제854조의2 및 제855조의2의 개정규정은 이 법 시행 전에 발생한 부모와 자녀의 관계에 대해서도 적용한다. 다만, 이 법 시행 전에 판결에 따라 생긴 효력에는 영향을 미치지 아니한다.

附 則 (2020.10.20)

제1조 【시행일】 이 법은 공포한 날부터 시행한다.

제2조 【성적 침해를 당한 미성년자의 손해배상청구권의 소멸시효에 관한 적용례】 제766조제3항의 개정규정은 이 법 시행 전에 행하여진 성적 침해로 발생하여 이 법 시행 당시 소멸시효가 완성되지 아니한 손해배상청구권에도 적용한다.

附 則 (2021.1.26)

제1조 【시행일】 이 법은 공포한 날부터 시행한다.

제2조 【감화 또는 교정기관 위탁에 관한 경과조치】 이 법 시행 전에 법원의 허가를 받아 이 법 시행 당시 감화 또는 교정기관에 위탁 중인 경우와 이 법 시행 전에 감화 또는 교정기관 위탁에 대한 허가를 신청하여 이 법 시행 당시 법원에 사건이 계속 중인 경우에는 제915조 및 제945조의 개정규정에도 불구하고 종전의 규정에 따른다.

제3조(다른 법률의 개정) 가사소송법 일부를 다음과 같이 개정한다.

제2조제1항제2호가목14)를 삭제한다.

제4조 【「가사소송법」의 개정에 관한 경과조치】 이 법 시행 전에 법원에 감화 또는 교정기관 위탁에 대한 허가를 신청하여 이 법 시행 당시 법원에 계속 중인 사건에 관하여는 부칙 제3조에 따라 개정되는 「가사소송법」 제2조제1항제2호가목14)의 개정규정에도 불구하고 종전의 규정에 따른다.

附 則 (2022.12.13)

제1조 【시행일】 이 법은 공포한 날부터 시행한다.

제2조 【미성년자인 상속인의 한정승인에 관한 적용례 및 특례】 ① 제1019조제4항의 개정규정은 이 법 시행 이후 상속이 개시된 경우부터 적용한다.

② 제1항에도 불구하고 이 법 시행 전에 상속이 개시된 경우로서 다음 각 호의 어느 하나에 해당하는 경우에는 제1019조제4항의 개정규정에 따른 한정승인을 할 수 있다.

1. 미성년자인 상속인으로서 이 법 시행 당시 미성년자인 경우
2. 미성년자인 상속인으로서 이 법 시행 당시 성년자이나 성년이 되기 전에 제1019조제1항에 따른 단순승인(제1026조제1호 및 제2호에 따라 단순승인을 한 것으로 보는 경우를 포함한다)을 하고, 이 법 시행 이후에 상속채무가 상속재산을 초과하는 사실을 알게 된 경우에는 그 사실을 안 날부터 3개월 내

附 則 (2022.12.27)

이 법은 공포 후 6개월이 경과한 날부터 시행한다.

附 則 (2023.5.16) (국가유산기본법)

제1조 【시행일】 이 법은 공포 후 1년이 경과한

날부터 시행한다.
제2조 생략
제3조【다른 법률의 개정】 ①부터 ⑯까지 생략
⑰ 민법 일부를 다음과 같이 개정한다.
제255조의 제목 중 "문화재"를 "「국가유산기본법」 제3조에 따른 국가유산"으로 한다.
⑱부터 ㉖까지 생략

附 則(2024.9.20)

제1조【시행일】 이 법은 2025년 1월 31일부터 시행한다. 다만, 제1004조의2의 개정규정 및 부칙 제4조는 2026년 1월 1일부터 시행한다.
제2조【상속권 상실 선고에 관한 적용례】 제1004조의2의 개정규정은 2024년 4월 25일 이후 상속이 개시되는 경우로서 같은 개정규정 시행 전에 같은 조 제1항 또는 제3항 각 호에 해당하는 행위가 있었던 경우에 대해서도 적용한다.
제3조【상속권 상실 선고에 관한 특례】 2024년 4월 25일 이후 제1004조의2의 개정규정의 시행일인 2026년 1월 1일 전에 상속이 개시된 경우로서 제1004조의2제3항 각 호의 사유가 있는 사람이 상속인이 되었음을 같은 개정규정 시행 전에 안 공동상속인은 같은 조 제3항 각 호 외의 부분에도 불구하고 같은 개정규정 시행일부터 6개월 이내에 상속권 상실 청구를 할 수 있다. 같은 조 제4항에 따라 상속인이 될 사람 또한 같다.
제4조【다른 법률의 개정】 가사소송법 일부를 다음과 같이 개정한다.
제2조제1항제1호나목에 15)를 다음과 같이 신설한다.
15) 상속권 상실 선고
제2조제1항제2호가목에 29)를 다음과 같이 신설한다.
29) 「민법」 제1004조의2제7항에 따른 상속재산의 보존 및 관리를 위한 처분

이자제한법

(2007年 3月 29日
法 律 第8322號)

改正
2009. 1. 21法9334號(대부업의 등록 및 금융이용자보호에 관한 법률)
2011. 7. 25法10925號
2014. 1. 14法12227號 → 2014. 7. 15 시행

제1조【목적】 이 법은 이자의 적정한 최고한도를 정함으로써 국민경제생활의 안정과 경제정의의 실현을 목적으로 한다.
제2조【이자의 최고한도】 ① 금전대차에 관한 계약상의 최고이자율은 연 25퍼센트를 초과하지 아니하는 범위 안에서 대통령령으로 정한다. (2014.1.14 본항개정)
② 제1항에 따른 최고이자율은 약정한 때의 이자율을 말한다.
③ 계약상의 이자로서 제1항에서 정한 최고이자율을 초과하는 부분은 무효로 한다.
④ 채무자가 최고이자율을 초과하는 이자를 임의로 지급한 경우에는 초과 지급된 이자 상당금액은 원본에 충당되고, 원본이 소멸한 때에는 그 반환을 청구할 수 있다.
⑤ 대차원금이 10만원 미만인 대차의 이자에 관하여는 제1항을 적용하지 아니한다.
제3조【이자의 사전공제】 선이자를 사전공제한 경우에는 그 공제액이 채무자가 실제 수령한 금액을 원본으로 하여 제2조제1항에서 정한 최고이자율에 따라 계산한 금액을 초과하는 때에는 그 초과부분은 원본에 충당한 것으로 본다.
제4조【간주이자】 ① 예금(禮金), 할인금, 수수료, 공제금, 체당금(替當金), 그 밖의 명칭에도 불구하고 금전의 대차와 관련하여 채권자가 받은 것은 이를 이자로 본다. (2011.7.25 본항개정)
② 채무자가 금전대차와 관련하여 금전지급의무를 부담하기로 약정하는 경우 의무 발생의 원인 및 근거법령, 의무의 내용, 거래상 일반원칙 등에 비추어 그 의무가 원래 채권자가 부담하여야 할 성질인 때에는 이를 이자로 본다. (2011.7.25 본항신설)
제5조【복리약정제한】 이자에 대하여 다시 이자를 지급하기로 하는 복리약정은 제2조제1항에서 정한 최고이자율을 초과하는 부분에 해당하는 금액에 대하여는 무효로 한다.
제6조【배상액의 감액】 법원은 당사자가 금전을 목적으로 한 채무의 불이행에 관하여 예정한 배상액을 부당하다고 인정한 때에는 상당한 액까지 이를 감액할 수 있다.
제7조【적용범위】 다른 법률에 따라 인가·허가·등록을 마친 금융업 및 대부업과 「대부업 등의 등록 및 금융이용자 보호에 관한 법률」 제9조의4에 따른 미등록대부업자에 대하여는 이 법을 적용하지

아니한다. (2009.1.21 본조개정)

제8조 【벌칙】 ① 제2조제1항에서 정한 최고이자율을 초과하여 이자를 받은 자는 1년 이하의 징역 또는 1천만원 이하의 벌금에 처한다.

② 제1항의 징역형과 벌금형은 병과(倂科)할 수 있다. (2011.7.25 본조신설)

부 칙

① **【시행일】** 이 법은 공포 후 3개월이 경과한 날부터 시행한다.

② **【경과조치】** 이 법 시행 전에 성립한 대차관계에 관한 계약상의 이자율에 관하여도 이 법 시행일 이후부터는 이 법에 따라 이자율을 계산한다.

부 칙 (2009.1.21)

제1조 【시행일】 이 법은 공포 후 3개월이 경과한 날부터 시행한다. (이하 생략)

부 칙 (2011.7.25)

① **【시행일】** 이 법은 공포 후 3개월이 경과한 날부터 시행한다.

② **【적용례】** 이 법 시행 전에 성립한 금전대차에 관한 계약상의 이자율에 관하여도 이 법 시행일 이후에는 이 법에 따라 이자율을 계산한다.

부 칙 (2014.1.14)

제1조 【시행일】 이 법은 공포 후 6개월이 경과한 날부터 시행한다.

제2조 【적용례】 제2조제1항의 개정규정은 이 법 시행 후 최초로 계약을 체결하거나 갱신하는 분부터 적용한다.

이자제한법 제2조제1항의 최고이자율에 관한 규정

(2007年 6月 28日 大統領令 第20118號)

「이자제한법」 제2조제1항에 따른 금전대차에 관한 계약상의 최고이자율은 연 24퍼센트로 한다. (2014.6.11., 2017.11.7., 2021.4.6 개정)

부 칙 (2007.6.28)

이 영은 2007년 6월 30일부터 시행한다.

부 칙 (2014.6.11)

제1조 【시행일】 이 영은 2014년 7월 15일부터 시행한다.

제2조 【적용례】 이 영은 이 영 시행 후 최초로 계약을 체결하거나 갱신하는 분부터 적용한다.

부 칙 (2017.11.7)

제1조 【시행일】 이 영은 공포 후 3개월이 경과한 날부터 시행한다.

제2조 【적용례】 이 영은 이 영 시행 이후 계약을 체결하거나 갱신하는 분부터 적용한다.

부 칙 (2021.4.6)

제1조 【시행일】 이 영은 공포 후 3개월이 경과한 날부터 시행한다.

제2조 【적용례】 이 영은 이 영 시행 이후 계약을 체결하거나 갱신하는 분부터 적용한다.

보증인 보호를 위한 특별법

(2008年 3月 21日
法 律 第8918號)

改正
2009. 2. 6법9418호(채권의 공정한 추심에 관한 법률)
2010. 3.24법10186호
2010. 5.17법10303호(은행법)
2011. 3.31법10522호(농업협동조합법) → 2012. 3. 2 시행
2011. 5.19법10689호(신용보증기금법)
2015. 2. 3법13125호(민법) → 2016. 2. 4 시행
2016. 1. 6법13711호
2016. 5.29법14242호(수산업협동조합법) → 2016. 12. 1 시행
2020. 2.11법16998호(벤처투자 촉진에 관한 법률)
→ 2020. 8. 12 시행
2023. 6.20법19504호(벤처투자 촉진에 관한 법률)
→ 2023. 12. 21 시행

제1조 【목적】 이 법은 보증에 관하여 「민법」에 대한 특례를 규정함으로써 아무런 대가 없이 호의(好意)로 이루어지는 보증으로 인한 보증인의 경제적·정신적 피해를 방지하고, 금전채무에 대한 합리적인 보증계약 관행을 확립함으로써 신용사회 정착에 이바지함을 목적으로 한다.

제2조 【정의】 이 법에서 사용하는 용어의 뜻은 다음과 같다. (2011.5.19 본조개정)

1. "보증인"이란 「민법」 제429조제1항에 따른 보증채무(이하 "보증채무"라 한다)를 부담하는 자로서 다음 각 목에서 정하는 경우를 제외한 자를 말한다.
가. 「신용보증기금법」 제2조제1호에 따른 기업(이하 "기업"이라 한다)이 영위하는 사업과 관련된 타인의 채무에 대하여 보증채무를 부담하는 경우
나. 기업의 대표자, 이사, 무한책임사원, 「국세기본법」 제39조제2항에 따른 과점주주(寡占株主) 또는 기업의 경영을 사실상 지배하는 자가 그 기업의 채무에 대하여 보증채무를 부담하는 경우
다. 기업의 대표자, 이사, 무한책임사원, 「국세기본법」 제39조제2항에 따른 과점주주 또는 기업의 경영을 사실상 지배하는 자의 배우자, 직계존속·비속 등 특수한 관계에 있는 자가 기업과 경제적 이익을 공유하거나 기업의 경영에 직접·간접적으로 영향을 미치면서 그 기업의 채무에 대하여 보증채무를 부담하는 경우
라. 채무자와 동업 관계에 있는 자가 동업과 관련한 동업자의 채무를 부담하는 경우
마. 나목부터 라목까지의 어느 하나에 해당하는 경우로서 기업의 채무에 대하여 그 기업의 채무를 인수한 다른 기업을 위하여 보증채무를 부담하는 경우
바. 기업 또는 개인의 신용을 보증하기 위하여 법률에 따라 설치된 기금 또는 그 관리기관이 보증채무를 부담하는 경우
2. "보증계약"이란 그 형식이나 명칭에 관계없이 채무자가 채권자에 대한 금전채무를 이행하지 아니하는 경우에 보증인이 그 채무를 이행하기로 하는 채권자와 보증인 사이의 계약을 말한다.
3. "금융기관"이란 다음 각 목에서 정하는 것을 말한다.
가. 「은행법」에 따른 인가를 받아 설립된 은행(같은 법 제59조에 따라 은행으로 보는 자를 포함한다)
나. 「한국산업은행법」에 따라 설립된 한국산업은행
다. 「한국수출입은행법」에 따라 설립된 한국수출입은행
라. 「중소기업은행법」에 따라 설립된 중소기업은행
마. 「자본시장과 금융투자업에 관한 법률」에 따른 투자매매업자·투자중개업자·집합투자업자·증권금융회사·종합금융회사
바. 「상호저축은행법」에 따른 상호저축은행
사. 「농업협동조합법」에 따른 조합과 농협은행
아. 「수산업협동조합법」에 따른 조합과 수협은행
자. 「산림조합법」에 따른 조합
차. 「신용협동조합법」에 따른 신용협동조합
카. 「새마을금고법」에 따른 금고 및 그 연합회
타. 삭제 (2016.1.6 본호삭제)
파. 「보험업법」에 따른 보험회사
하. 「여신전문금융업법」에 따른 여신전문금융회사(같은 법 제3조제3항제1호에 따라 허가를 받거나 등록을 한 자를 포함한다)
거. 삭제 (2016.1.6 본호삭제)
너. 「벤처투자 촉진에 관한 법률」에 따른 벤처투자회사 및 벤처투자조합 (2023.6.20 본호개정)
더. 「우체국예금·보험에 관한 법률」에 따른 체신관서
러. 「중소기업협동조합법」에 따른 중소기업협동조합
4. "채무관련 신용정보"란 대출정보, 채무보증정보, 연체정보, 대위변제(代位辨濟)·대지급정보(代支給情報) 및 부도정보(不渡情報)를 말한다.

제3조 (2015.2.3 삭제)

제4조 【보증채무 최고액의 특정】 보증계약을 체결할 때에는 보증채무의 최고액(最高額)을 서면으로 특정(特定)하여야 한다. 보증기간을 갱신할 때에도 또한 같다.

제5조 【채권자의 통지의무 등】 ① 채권자는 주채무자가 원본, 이자 그 밖의 채무를 3개월 이상 이행하지 아니하는 경우 또는 주채무자가 이행기에 이행할 수 없음을 미리 안 경우에는 지체 없이 보증인에게 그 사실을 알려야 한다.

② 채권자로서 보증계약을 체결한 금융기관은 주채무자가 원본, 이자 그 밖의 채무를 1개월 이상 이행하지 아니하는 경우에는 지체 없이 그 사실을 보증인에게 알려야 한다.

③ 채권자는 보증인의 청구가 있으면 주채무의 내용 및 그 이행 여부를 보증인에게 알려야 한다.
④ 채권자가 제1항부터 제3항까지의 규정에 따른 의무를 위반한 경우에는 보증인은 그로 인하여 손해를 입은 한도에서 채무를 면한다. (2010.3.24 본조신설)

제6조 【근보증】 ① 보증은 채권자와 주채무자 사이의 특정한 계속적 거래계약이나 그 밖의 일정한 종류의 거래로부터 발생하는 채무 또는 특정한 원인에 기하여 계속적으로 발생하는 채무에 대하여도 할 수 있다. 이 경우 그 보증하는 채무의 최고액을 서면으로 특정하여야 한다.
② 제1항의 경우 채무의 최고액을 서면으로 특정하지 아니한 보증계약은 효력이 없다.

제7조 【보증기간 등】 ① 보증기간의 약정이 없는 때에는 그 기간을 3년으로 본다.
② 보증기간은 갱신할 수 있다. 이 경우 보증기간의 약정이 없는 때에는 계약체결 시의 보증기간을 그 기간으로 본다. (2010.3.24 본항개정)
③ 제1항 및 제2항에서 간주되는 보증기간은 계약을 체결하거나 갱신하는 때에 채권자가 보증인에게 고지하여야 한다. (2010.3.24 본항신설)
④ 보증계약 체결 후 채권자가 보증인의 승낙 없이 채무자에 대하여 변제기를 연장하여 준 경우에는 채권자나 채무자는 보증인에게 그 사실을 알려야 한다. 이 경우 보증인은 즉시 보증채무를 이행할 수 있다. (2010.3.24 본항개정)

제8조 【금융기관 보증계약의 특칙】 ① 금융기관이 채권자로서 보증계약을 체결할 때에는 「신용정보의 이용 및 보호에 관한 법률」에 따라 종합신용정보집중기관으로부터 제공받은 채무자의 채무관련 신용정보를 보증인에게 제시하고 그 서면에 보증인의 기명날인이나 서명을 받아야 한다. 보증기간을 갱신할 때에도 또한 같다.
② 금융기관이 제1항에 따라 채무자의 채무관련 신용정보를 보증인에게 제시할 때에는 채무자의 동의를 받아야 한다.
③ 금융기관이 제1항에 따라 보증인에게 채무관련 신용정보를 제시하지 아니한 경우에는 보증인은 금융기관에 대하여 보증계약 체결 당시 채무자의 채무관련 신용정보를 제시하여 줄 것을 요구할 수 있다.
④ 금융기관이 제3항에 따라 채무관련 신용정보의 제시요구를 받은 날부터 7일 이내에 그 요구에 응하지 아니하는 경우에는 보증인은 그 사실을 안 날부터 1개월 이내에 보증계약의 해지를 통고할 수 있다. 이 경우 금융기관이 해지통고를 받은 날부터 1개월이 경과하면 해지의 효력이 생긴다.

부 칙 (2008.3.21)

① **【시행일】** 이 법은 공포 후 6개월이 경과한 날부터 시행한다.

부 칙 (2009.2.6) (채권의 공정한 추심에 관한 법률)

제1조 【시행일】 이 법은 공포 후 6개월이 경과한 날부터 시행한다.

부 칙 (2010.3.24)

제1조 【시행일】 이 법은 공포 후 3개월이 경과한 날부터 시행한다.

부 칙 (2010.5.17) (은행법)

제1조 【시행일】 이 법은 공포 후 6개월이 경과한 날부터 시행한다. (단서 생략)

부 칙 (2011.5.19) (신용보증기금법)

제1조 【시행일】 이 법은 공포한 날부터 시행한다.

부 칙 (2015.2.3) (민법)

제1조 【시행일】 이 법은 공포 후 1년이 경과한 날부터 시행한다.
제2조부터 제4조까지 생략
제5조 【다른 법률의 개정】 보증인 보호를 위한 특별법 일부를 다음과 같이 개정한다.
제3조를 삭제한다.
제6조 【「보증인 보호를 위한 특별법」의 개정에 따른 경과조치】 부칙 제5조에 따라 개정되는 「보증인 보호를 위한 특별법」의 개정규정에도 불구하고 이 법 시행 전에 체결되거나 기간이 갱신된 「보증인 보호를 위한 특별법」의 적용 대상인 보증계약에 대해서는 종전의 「보증인 보호를 위한 특별법」 제3조에 따른다.

부 칙 (2016.1.6)

이 법은 공포한 날부터 시행한다.

부 칙 (2016.5.29) (수산업협동조합법)

제1조 【시행일】 이 법은 2016년 12월 1일부터 시행한다. <단서 생략>
제2조부터 제20조까지 생략
제21조 【다른 법률의 개정】 ①부터 ⑨까지 생략

⑩ 보증인 보호를 위한 특별법 일부를 다음과 같이 개정한다.
제2조제3호아목 중 "그 중앙회"를 "수협은행"으로 한다.
⑪부터 ㉗까지 생략
제22조 생략

부 칙 (2020.2.11) (벤처투자 촉진에 관한 법률)

제1조 【시행일】 이 법은 공포 후 6개월이 경과한 날부터 시행한다. (이하생략)

부 칙 (2023.6.20) (벤처투자 촉진에 관한 법률)

제1조 【시행일】 이 법은 공포 후 6개월이 경과한 날부터 시행한다. (이하생략)

부동산등기법

(1960年 1月 1日 法 律 第536號)

改正
1970. 1. 1法2170號 1978.12. 6法3158號
1983.12.31法3692號 1984. 4.10法3726號
1985. 9.14法3789號 1986.12.23法3859號
1990. 8. 1法4244號(등기특조)
1991.12.14法4422號
1992.12. 8法4522號(출입관리)
1993.12.10法4592號(출입관리)
1996.12.30法5205號 1998.12.28法5592號
2001.12.19法6525號 2002. 1.26法6631號
2003. 7.18法6926號
2005. 1.27法7357號(변호)
2005.12.29法7764號 2006. 5.10號7954號
2007. 5.17法8435號(가족관계)
2008. 2.29法8852號(정조) 2008. 3.21法8922號
2009. 1.30法9401號(국유재)
2009. 6. 9法9774號(측량·수로조사및지적에관한법률)
2010. 3.31法10221號(지방세법)
2010. 6.10法10366호號(동산·채권 등의 담보에 관한 법률)
→ 2012.6.11 시행
2010.12.27法10416號(지방세법) 2011. 4.12法10580號
2011. 5.19法10693號(주택저당채권유동화회사법)
2011. 7.25法10924號(신탁법) → 2012. 7.26 시행
2013. 3.23法11690號
2013. 5.28法11826號 → 2013. 8.29 시행
2014. 3.18法12421號 → 2014. 6.19 시행
2014. 3.18法12420號 → 2015. 3.19 시행
2014. 6. 3法12738號 → 2015. 6. 4 시행
2015. 7.24法13435號(주택법)
2015. 7.24法13426號(제주자치법) → 2016. 1.25 시행
2016. 1.19法13797號(부동산 거래신고 등에 관한 법률)
→ 2017. 1.20 시행
2016. 2. 3法13953號(법무사법) → 2016. 8. 4 시행
2017.10.13法14901號
2020. 2. 4法16912號 → 2020. 8. 5 시행
2024. 9.20法20435號 → 2025. 1. 31 시행

(2008.3.21 한글개정)

제1장 총 칙

제1조【목적】 이 법은 부동산등기(不動産登記)에 관한 사항을 규정함을 목적으로 한다.

▣ 부동산(민99①)

제2조【정의】 이 법에서 사용하는 용어의 뜻은 다음과 같다.

1. "등기부"란 전산정보처리조직에 의하여 입력·처리된 등기정보자료를 대법원규칙으로 정하는 바에 따라 편성한 것을 말한다.
2. "등기부부본자료"(登記簿副本資料)란 등기부와 동일한 내용으로 보조기억장치에 기록된 자료를 말한다.
3. "등기기록"이란 1필의 토지 또는 1개의 건물에 관한 등기정보자료를 말한다.
4. "등기필정보"(登記畢情報)란 등기부에 새로운 권리자가 기록되는 경우에 그 권리자를 확인하기 위하여 제11조제1항에 따른 등기관이 작성한 정보를 말한다.

제3조【등기할 수 있는 권리 등】 등기는 부동산의 표시(表示)와 다음 각 호의 어느 하나에 해당하는 권리의 보존, 이전, 설정, 변경, 처분의 제한 또는 소멸에 대하여 한다.

1. 소유권(所有權)
2. 지상권(地上權)
3. 지역권(地役權)
4. 전세권(傳貰權)
5. 저당권(抵當權)
6. 권리질권(權利質權)
7. 채권담보권(債權擔保權)
8. 임차권(賃借權)

▣ 부동산 물권변동의 효력(민186)

1. 가등기의 본등기금지가처분이 등기사항인지 여부(소극) 가등기에 터잡은 본등기를 하는 것은 그 가등기에 의하여 순위보전된 권리의 취득(권리의 증대 내지 부가)이지 가등기상의 권리 자체의 처분(권리의 감소 내지 소멸)이라고는 볼 수 없으므로 그러한 본등기를 금하는 가처분은 권리 자체의 처분의 제한에 해당되지 아니하여 본조 소정의 등기할 사항이라 할 수 없고, 이를 접수하여 등기사항이 아닌 것을 등기부에 기입하였더라도 그 기재사항은 아무런 효력을 발생할 수 없다.(대결 1978.10.14, 78마282)

2. 공유수면을 구획지어 소유권이전등기를 할 수 있는지 여부(소극) 본법이 규정하고 있는 등기제도는 토지 또는 건물, 즉 부동산에 대한 일정한 권리의 득실변경을 등재하여 공시하는 제도이므로, 부동산이 아닌 공유수면을 구획지어 이에 대한 소유권(지분권)이전등기를 구하는 것은 본법상 허용될 수 없고, 미리 그 등기청구권을 보전하기 위하여 가처분을 하여도 이를 등기부에 공시할 방법도 없으므로 그 가처분신청을 받아들일 수 없다.(대판 1991.7.23, 91다14574)

제4조【권리의 순위】 ① 같은 부동산에 관하여 등기한 권리의 순위는 법률에 다른 규정이 없으면 등기한 순서에 따른다.

② 등기의 순서는 등기기록 중 같은 구(區)에서 한 등기 상호간에는 순위번호에 따르고, 다른 구에서 한 등기 상호간에는 접수번호에 따른다.

1. 동일한 부동산에 이중으로 소유권이전등기가 되었을 때의 후순위등기의 효력(한정무효) 동일한 부동산에 관하여 등기한 권리의 순위는 법률에 다른 규정이 없는 때에는 등기의 전후에 의하고, 등기의 전후는 등기용지의 동구에서 한 등기에 대하여는 순위번호에 의하므로, 동일한 부동산이나 동일한 지분에 관하여 이중으로 소유권 또는 지분 이전등기가 경료된 경우, 선순위 등기가 원인무효이거나 직권 말소될 경우에 해당하지 아니하는 한 후순위등기는 실체적 권리관계에 부합하는지에 관계없이 무효이다.(대판 1998.9.22, 98다23393)

2. 동일 부동산에 관하여 동일순위번호로 등기된 가압류와 처분금지가처분 상호간의 효력 등기신청의 접수순위는 등기공무원이 등기신청서를 받았을 때를 기준으로 하고, 동일한 부동산에 관하여 동시에 수개의 등기신청이 있는 때에는 동일 접수번호를 기재하여 동일 순위로 기재하여야 하므로, 등기공무원이 법원으로부터 동일한 부동산에 관한 가압류등기 촉탁서와 처분금지가처분등기 촉탁서를 동시에 받았다면 양 등기에 대하여 동일 접수번호와 순위번호를 기재하여 처리하여야 하고 그 등기의 순위는 동일하다고 할 것이며, 이와 같이 동일한 부동산에 관하여 동일 순위로 등기된 가압류와 처분금지가처분의 효력은 그 당해 채권자 상호간에 한해서는 처분금지적 효력을 서로 주장할 수 없다.(대결 1998.10.30, 98마475)

제5조【부기등기의 순위】 부기등기(附記登記)의 순위는 주등기(主登記)의 순위에 따른다. 다만, 같은 주등기에 관한 부기등기 상호간의 순위는 그 등기 순서에 따른다.

1. 가등기이전의 부기등기가 경료된 경우 가등기의 말소를 청구할 수 있는 상대방 가등기의 이전에 의한 부기등기는 기존의 가등기에 의한 권리의 승계관계를 등기부상에 명시하는 것뿐으로 그 등기에 의하여 새로운 권리가 생기는 것이 아닌 만큼 가등기의 말소등기청구는 양수인만을 상대로 하면 족하고, 양도인은 그 말소등기청구에 있어서의 피고 적격이 없고, 가등기 이전의 부기등기는 기존의 주등기인 가등기에 종속되어 주등기와 일체를 이루는 것이어서 피담보채무가 소멸된 경우에는 주등기인 가등기의 말소만 구하면 되고 위 부기등기는 별도로 말소를 구하지 않더라도 주등기의 말소에 따라 직권으로 말소된다.(대판 1994.10.21, 94다17109)

2. 근저당권설정등기의 말소와 그 부기등기의 말소 채무자의 변경을 내용으로 하는 근저당권변경의 부기등기는 기존의 주등기인 근저당권설정등기에 종속되어 주등기와 일체를 이루는 것이고 주등기와 별개의 새로운 등기는 아니라 할 것이므로, 그 피담보채무가 변제로 인하여 소멸된 경우 위 주등기의 말소만을 구하면 되고 그에 기한 부기등기는 별도로 말소를 구하지 않더라도 주등기가 말소되는 경우에는 직권으로 말소되어야 할 성질의 것이므로, 위 부기등기의 말소청구는 권리보호의 이익이 없는 부적법한 청구라고 할 것이다.(대판 2000.10.10, 2000다19526)

3. 근저당권이전의 부기등기만의 말소를 구하는 소의 이익이 인정되는 경우 근저당권이전의 부기등기가 기존의 주등기인 근저당권설정등기에 종속되어 주등기와 일체를 이룬 경우에는 부기등기만의 말소를 따로 인정할 아무런 실익이 없지만, 근저당권의 이전원인만이 무효로 되거나 취소 또는 해제된 경우, 즉 근저당권의 주등기 자체는 유효한 것을 전제로 이와는 별도로 근저당권이전의 부기등기에 한하여 무효사유가 있다는 이유로 부기등기만의 효력을 다투는 경우에는 그 부기등기의 말소를 소구할 필요가 있으므로 예외적으로 소의 이익이 있다.(대판 2005.6.10, 2002다15412, 15429)

제6조 【등기신청의 접수시기 및 등기의 효력발생시기】 ① 등기신청은 대법원규칙으로 정하는 등기신청정보가 전산정보처리조직에 저장된 때 접수된 것으로 본다.
② 제11조제1항에 따른 등기관이 등기를 마친 경우 그 등기는 접수한 때부터 효력을 발생한다.
▣ 등기신청의 접수시기(등기규3)

제2장 등기소와 등기관

제7조 【관할 등기소】 ① 등기사무는 부동산의 소재지를 관할하는 지방법원, 그 지원(支院) 또는 등기소(이하 "등기소"라 한다)에서 담당한다.
② 부동산이 여러 등기소의 관할구역에 걸쳐 있을 때에는 대법원규칙으로 정하는 바에 따라 각 등기소를 관할하는 상급법원의 장이 관할 등기소를 지정한다.
▣ 관할등기소의 지정(등기규5), 등기소의 설치와 관할구역(등기소의 설치와 관할구역에 관한 규칙3)

제7조의2 【관련 사건의 관할에 관한 특례】 ① 제7조에도 불구하고 관할 등기소가 다른 여러 개의 부동산과 관련하여 등기목적과 등기원인이 동일하거나 그 밖에 대법원규칙으로 정하는 등기신청이 있는 경우에는 그 중 하나의 관할 등기소에서 해당 신청에 따른 등기사무를 담당할 수 있다.
② 제7조에도 불구하고 제11조제1항에 따른 등기관이 당사자의 신청이나 직권에 의한 등기를 하고 제71조, 제78조제4항(제72조제2항에서 준용하는 경우를 포함한다) 또는 대법원규칙으로 정하는 바에 따라 다른 부동산에 대하여 등기를 하여야 하는 경우에는 그 부동산의 관할 등기소가 다른 때에도 해당 등기를 할 수 있다.
③ 제1항의 등기를 신청하는 경우의 신청정보 제공방법과 같은 항 및 제2항에 따른 등기사무의 처리절차 및 방법 등에 관하여 필요한 사항은 대법원규칙으로 정한다.
(2024.9.20 본조신설)

제7조의3 【상속·유증 사건의 관할에 관한 특례】 ① 제7조에도 불구하고 상속 또는 유증으로 인한 등기신청의 경우에는 부동산의 관할 등기소가 아닌 등기소도 그 신청에 따른 등기사무를 담당할 수 있다.
② 제1항에 따른 등기신청의 유형과 등기사무의 처리 절차 및 방법 등에 관하여 필요한 사항은 대법원규칙으로 정한다.
(2024.9.20. 본조신설)

제8조 【관할의 위임】 대법원장은 어느 등기소의 관할에 속하는 사무를 다른 등기소에 위임하게 할 수 있다.
▣ 대법원장(법조13), 준용(비송71)

제9조 【관할의 변경】 어느 부동산의 소재지가 다른 등기소의 관할로 바뀌었을 때에는 종전의 관할 등기소는 전산정보처리조직을 이용하여 그 부동산에 관한 등기기록의 처리권한을 다른 등기소로 넘겨주는 조치를 하여야 한다.
▣ 관할의 변경(등기규6)

제10조 【등기사무의 정지 등】 ① 대법원장은 다음 각 호의 어느 하나에 해당하는 경우로서 등기소에서 정상적인 등기사무의 처리가 어려운 경우에는 기간을 정하여 등기사무의 정지를 명령하거나 대법원규칙으로 정하는 바에 따라 등기사무의 처리를 위하여 필요한 처분을 명령할 수 있다.
1. 「재난 및 안전관리 기본법」 제3조제1호의 재난이 발생한 경우
2. 정전 또는 정보통신망의 장애가 발생한 경우
3. 그 밖에 제1호 또는 제2호에 준하는 사유가 발생한 경우

② 대법원장은 대법원규칙으로 정하는 바에 따라 제1항의 정지명령에 관한 권한을 법원행정처장에게, 제1항의 처분명령에 관한 권한을 법원행정처장 또는 지방법원장에게 위임할 수 있다.
(2024.9.20. 본조개정)
▣ 대법원장(법조13), 준용(비송71)

제11조 【등기사무의 처리】 ① 등기사무는 등기소에 근무하는 법원서기관·등기사무관·등기주사 또는 등기주사보(법원사무관·법원주사 또는 법원주사보 중 2001년 12월 31일 이전에 시행한 채용시험에 합격하여 임용된 사람을 포함한다) 중에서 지방법원장(등기소의 사무를 지원장이 관장하는 경우에는 지원장을 말한다. 이하 같다)이 지정하는 자[이하 "등기관"(登記官)이라 한다]가 처리한다.
② 등기관은 등기사무를 전산정보처리조직을 이용하여 등기부에 등기사항을 기록하는 방식으로 처리하여야 한다.
③ 등기관은 접수번호의 순서에 따라 등기사무를 처리하여야 한다.
④ 등기관이 등기사무를 처리한 때에는 등기사무를 처리한 등기관이 누구인지 알 수 있는 조치를 하여야 한다.
▣ 등기소(법조36), 준용(비송71)

1. 등기신청 서류의 접수번호의 선후와 등기공무원의 처분에 대한 이의(구법관계) 이미 동일한 부동산소유권에 관하여 후순위등기신청인에게 소유권이전등기가 경료되어 있으면 이 등기를 등기공무원이 직권으로 말소등기 할 수 있는 근거가 없는 현행법 하에서는 선순위등기신청인은 등기신청서류의 접수번호의 순서만을 내세워 이의를 할 수 없다. 위의 후순위신청에 기한 등기가 "사건이 등기할 것이 아닌 때"에 해당하지는 않는다.(대결 1971.3.24, 71마105)

2. 근저당권설정등기의 접수일자의 변경을 구하는 소의 적법 여부(소극) 부동산등기부의 사항란에 기재된 근저당권설정등기의 접수일자는 등기가 접수된 날을 나타내는 하나의 사실기재에 불과하고 권리에 관한 기재가 아니므로, 그 접수일자의 변경을 구하는 것은 구체적인 권리 또는 법률관계에 관한 쟁송이라 할 수 없고, 또 등기의 접수일자는 실체

적 권리관계와 무관한 것으로서 그 변경에 등기권리자와 등기의무자의 관념이 있을 수 없어 이행청구의 대상이 될 수도 없으므로 소의 이익이 없어 부적법하다.(대판 2003.10.24, 2003다13260)

제12조【등기관의 업무처리의 제한】 ① 등기관은 자기, 배우자 또는 4촌 이내의 친족(이하 "배우자등"이라 한다)이 등기신청인인 때에는 그 등기소에서 소유권등기를 한 성년자로서 등기관의 배우자등이 아닌 자 2명 이상의 참여가 없으면 등기를 할 수 없다. 배우자등의 관계가 끝난 후에도 같다.

② 등기관은 제1항의 경우에 조서를 작성하여 참여인과 같이 기명날인 또는 서명을 하여야 한다.

■ 참여조서의 작성방법(등기규8), 준용(비송71)

제13조【재정보증】 법원행정처장은 등기관의 재정보증(財政保證)에 관한 사항을 정하여 운용할 수 있다.

제3장 등기부 등

제14조【등기부의 종류 등】 ① 등기부는 토지등기부(土地登記簿)와 건물등기부(建物登記簿)로 구분한다.

② 등기부는 영구(永久)히 보존하여야 한다.

③ 등기부는 대법원규칙으로 정하는 장소에 보관·관리하여야 하며, 전쟁·천재지변이나 그 밖에 이에 준하는 사태를 피하기 위한 경우 외에는 그 장소 밖으로 옮기지 못한다.

④ 등기부의 부속서류는 전쟁·천재지변이나 그 밖에 이에 준하는 사태를 피하기 위한 경우 외에는 등기소 밖으로 옮기지 못한다. 다만, 신청서나 그 밖의 부속서류에 대해서는 법원의 명령 또는 촉탁(囑託)이 있거나 법관이 발부한 영장에 의하여 압수하는 경우에는 그러하지 아니하다.

■ 신탁원부(81②), 공동담보목록(78③), 등기정보중앙관리소와 전산운영책임관(등기규9), 등기부의 보관·관리(등기규10) 부동산고유번호(등기규12), 등기부부본자료의 보관 등(등기규15), 등기부의 손상과 복구(등기규17), 관할의 변경(등기규6), 인터넷에 의한 등기사항 증명 등(등기규28), 등기관의 식별부호의 기록(등기규7), 준용(비송71)

제15조【물적 편성주의】 ① 등기부를 편성할 때에는 1필의 토지 또는 1개의 건물에 대하여 1개의 등기기록을 둔다. 다만, 1동의 건물을 구분한 건물에 있어서는 1동의 건물에 속하는 전부에 대하여 1개의 등기기록을 사용한다.

② 등기기록에는 부동산의 표시에 관한 사항을 기록하는 표제부와 소유권에 관한 사항을 기록하는 갑구(갑區) 및 소유권 외의 권리에 관한 사항을 기록하는 을구(을區)를 둔다.

■ 등기기록의 양식(등기규13), 구분건물의 등기기록의 양식(등기규14), 대지권의 등기(등기규88)

1. 토지 및 건물의 개수를 정하는 기준 현행 부동산 등기제도는 1부동산 1등기 용지주의를 채택하여 1개의 토지 또는 건물에 대하여는 일등기 용지만을 비치하도록 하였는바 이는 당해 부동산에 관한 법률관계를 가장 정확 명료하게 공시하려는데 그 의도가 있는 것으로서, 토지에 있어서는 지번이 대체로 토지의 개수를 결정할 것이나 건물에 있어서는 동일한 지번상에 수개의 건물이 있을 수도 있기 때문에 왕왕 그의 개수가 문제되는 것이며, 건물의 개수를 판단함에 있어서는 물리적 구조뿐만 아니라 거래 또는 이용의 목적물로서 관찰한 건물의 상태도 그 개수 판단표준의 중요한 자료가 될 것이고, 이러한 상태를 판별하기 위하여는 주위건물과 접근의 정도, 주위의 상태 등 객관적 사정은 물론 건축한 자의 의사와 같은 주관적 사정도 고찰하여야 할 것으로서 단순히 건물의 물리적 구조로서만 그 개수를 판단할 수는 없다.(대판 1961.11.23, 4293민상623, 624)

2. 불법적인 합병 분할에 따라 행하여진 등기부기재의 효력(한정유효) 토지의 병합, 분할이 불법한 방법으로 이루어졌다고 하더라도 합병, 분할된 토지에 관한 등기부상에 합병, 분할 전의 권리관계가 그대로 이기된 범위내에서는 그 등기부의 기재가 무효라고는 볼 수 없다.(대판 1988.4.12, 87다카1810)

3. 지적법상 분필절차를 거치지 아니한 분필등기의 효력(무효)(구법관계) 부동산등기법은 1부동산1등기용지의 원칙을 채택하여 1필의 토지에 대하여는 1등기용지를 비치하도록 규정하고 있는 한편(15조), 부동산등기법과 지적법에 의하면 모든 토지는 지적법이 정하는 바에 따라 필지마다 지번, 지목, 경계 또는 좌표와 면적을 정하여 지적공부에 등록함으로써 비로소 등기의 목적이 될 수 있고(지적법 3조), 지적공부에 등록할 토지의 지번, 지목, 경계 또는 좌표와 면적은 소관청(지적공부를 관리하는 시장, 군수)이 결정하며(지적법 4조 내지 6조), 토지의 분필을 하고자 할 때에는 새로이 지적측량을 하여 소관청이 각 필지의 지번, 지목, 경계 또는 좌표와 면적을 정하도록 되어 있는바(지적법 17조, 19조), 이러한 규정들에 비추어 볼 때 토지의 개수는 지적법에 의한 지적공부상의 토지의 필수를 표준으로 하여 결정되는 것으로 1필의 토지를 수필의 토지로 분할하여 등기하려면 먼저 위와 같이 지적법이 정하는 바에 따라 분할의 절차를 밟아 지적공부에 각 필지마다 등록이 되어야 하고, 지적법상의 분필절차를 거치지 아니하는 한 1개의 토지로서 등기의 목적이 될 수 없는 것이며, 설사 등기부에만 분필의 등기가 실행되었다 하여도 이로써 분필의 효과가 발생할 수는 없는 것이므로 결국 이러한 분필등기는 1부동산1등기용지의 원칙에 반하는 등기로서 무효라고 할 것이다.(대판 1990.12.7, 90다카25208)

4. 기존등기와 동일한 지번의 토지에 별개의 보존등기를 할 수 있는지 여부(소극) 부동산등기법상 토지의 개별성과 동일성은 일응 지번이 그 기준이 되는 것이므로 기존 등기와 동일한 지번의 토지에 관하여는 지적이 다르다고 하더라도 기존등기를 말소하고 등기용지가 폐쇄되지 아니하는 한 별개의 소유권보존등기를 할 수 없다.(대결 1980.9.30, 80마404)

5. 등기부표시와 실제 건물의 동일 여부에 대한 결정 기준 건물에 관한 소유권보존등기가 당해 건물의 객관적, 물리적 현황을 공시하는 등기로서 효력이 있는지는, 등기부에 표시된 소재, 지번, 종류, 구조와 면적 등이 실제 건물과 간에 사회통념상 동일성이 인정될 정도로 합치되는지에 따라 결정되는 것이고, 건물이 증축된 경우에 증축 부분의 기존 건물에 부합 여부는 증축 부분이 기존 건물에 부착된 물리적 구조뿐만 아니라, 그 용도와 기능면에서 기존 건물과 독립한 경제적 효용을 가지고 거래상 별개의 소유권의 객체가 될 수 있는지 및 증축하여 이를 소유하는 자의 의사 등을 종합하여 판단하여야 한다.(대판 1996.6.14, 94다53006)

6. 아파트건물의 각층의 구분 소유권과 중복등기 아파트 건물에 있어서는 각층 또는 각 호실이 각각 독립된 경제적 가치를 지니는 것으로서 구분소유권이 인정되므로 각층의 별도의 등기가 1동의 건물에 대하여 1용지를 사용하도록 규정한 부동산등기법의 규정에 위배되는 중복등기라고 할 수 없다.(대판 1977.9.28, 76다1960)

7. 부동산매수인이 소유권보존등기를 중복하여 하였으나 선등기가 원인무효로 되지 아니한 경우의 후등기의 효력(무효) 동일부동산에 관하여 등기명의인을 달리하여 중복된 소유권보존등기가 경료된 경우에는 먼저 이루어진 소유권보존등기가 원인무효가 되지 아니하는 한 뒤에 된 소유권보존등기는 비록 그 부동산의 매수인에 의하여 이루어진 경우에도 1부동산1용지주의를 채택하고 있는 부동산등기법 아래에서는 무효이다. 원고가 소외 망인으로부터 그 소유인 토지를 매수하고 이미 망인 명의로 소유권이전등기가 경료되어 있던 위 토지에 관하여 원고 명의의 소유권보존등기를 경료한 경우 망인 명의의 소유권이전등기의 토대가 된 소유권보존등기가 원인무효라고 볼 아무런 주장·입증이 없다면 원고가 위 망인으로부터 위 토지를 매수하였다고 하더라도 위 망인 명의의 소유권이전등기에 기하여 소유권이전등기를 경료하지 아니하고 소유권보존등기를 경료한 이상 뒤에 경료된 원고 명의의 소유권보존등기는 이중등기로서 무효라고 할 것이므로 원고는 위 망인의 상속인인 피고들을 상대로 위 부동산에 관하여 위 매매를 원인으로 한 소유권이전등기를 청구할 이익이 있다.(대판(全) 1990.11.27, 87다카2961, 87다453)

8. 동일 부동산에 관하여 등기명의인을 달리하여 소유권보존등기가 중복 경료된 경우 후등기의 효력(한정무효) 동일부동산에 관하여 등기명의인을 달리하여 중복된 소유권보존등기가 경료된 경우에는 먼저 이루어진 소유권보존등기가 원인무효가 되지 아니하는 한 뒤에 된 소유권보존등기는 비록 그 부동산의 매수인에 의하여 이루어진 경우뿐만 아니라 그 명의인이 당해 부동산의 소유권을 원시적으로 취득하였다 하더라도 1부동산 1용지주의를 채택하고 있는 부동산등기법 아래에서는 무효라고 해석하여야 하고, 위 법리가 적용되기 위하여는 동일한 부동산에 관한 등기용지가 두 개 이상 존재하는 것이 전제되어야 한다.(대판 1999.9.21, 99다29084)

9. 중복된 소유권보존등기를 마친 자가 점유취득시효가 완성되었으나 선등기가 원인무효로 되기 아니한 경우 후등기의 효력(무효) 동일 부동산에 관하여 등기명의인을 달리하여 중복된 소유권보존등기가 경료된 경우에는 먼저 이루어진 소유권보존등기가 원인무효가 아닌 한 뒤에 된 소유권보존등기는 실체관계에 부합한다고 하더라도 1부동산 1등기용지주의의 법리에 비추어 무효이고, 이러한 법리는 뒤에 된 소유권보존등기의 명의인이 당해 부동산의 소유권을 원시취득한 경우에도 그대로 적용된다. 동일 부동산에 관하여 이미 소유권이전등기가 경료되어 있음에도 그 후 중복하여 소유권보존등기를 경료한 자가 그 부동산을 20년간 소유의 의사로 평온·공연하게 점유하여 점유취득시효가 완성되었더라도, 선등기인 소유권이전등기의 토대가 된 소유권보존등기가 원인무효라고 볼 아무런 주장·입증이 없는 이상, 뒤에 경료된 소유권보존등기는 실체적 권리관계에 부합하는지에 관계없이 무효이므로, 뒤에 된 소유권보존등기의 말소를 구하는 것이 신의칙위반이나 권리남용에 해당한다고 할 수 없다.(대판 2008.2.14, 2007다63690)

10. 연립주택의 '동'표시만이 뒤바뀐 경우 그 등기의 효력(유효) 연립주택 2동에 관한 등기를 함에 있어서 실제건물표시상의 가동과 나동이 뒤바뀌어 등기부상의 부동산표시가 되었으나 그밖에 건물등기부 표시란의 기재사항인 건물의 소재, 지번, 종류, 구조와 면적 등이 실제건물의 현황과 일치하는 것이라면, 단지 위 두 건물의 '동'표시가 뒤바뀌었다는 이유만으로 그 등기의 표시와 실제건물과의 사이에 동일성을 부정할 수는 없다고 할 것이므로 그 등기를 무효라고 할 수 없다.(대판 1989.11.28, 89다카2735)

11. 등기부 표제부의 부동산에 관한 표시가 유효한 것이 되기 위한 요건 등기의 표제부에 표시된 부동산에 관한 권리관계의 표시가 유효한 것이 되기 위하여는 우선 그 표시가 실제의 부동산과 동일하거나 사회관념상 그 부동산을 표시하는 것이라고 인정될 정도로 유사하여야 하고, 그 동일성 내지 유사성 여부는 토지의 경우에는 지번과 지목, 지적에 의하여 판단하여야 한다.(대판 2001.3.23, 2000다51285)

제16조【등기부부본자료의 작성】 등기관이 등기를 마쳤을 때에는 등기부부본자료를 작성하여야 한다.

제17조【등기부의 손상과 복구】 ① 등기부의 전부 또는 일부가 손상되거나 손상될 염려가 있을 때에는 대법원장은 대법원규칙으로 정하는 바에 따라 등기부의 복구·손상방지 등 필요한 처분을 명령할 수 있다.

② 대법원장은 대법원규칙으로 정하는 바에 따라 제1항의 처분명령에 관한 권한을 법원행정처장 또는 지방법원장에게 위임할 수 있다.

▣ 지방법원장(법조29)

제18조【부속서류의 손상 등 방지처분】 ① 등기부의 부속서류가 손상·멸실(滅失)의 염려가 있을 때에는 대법원장은 그 방지를 위하여 필요한 처분을 명령할 수 있다.

② 제1항에 따른 처분명령에는 제17조제2항을 준용한다.

▣ 등기부 복구 등의 처분명령에 관한 권한 위임(등기규16), 준용(비송71)

제19조【등기사항의 열람과 증명】 ① 누구든지 수수료를 내고 대법원규칙으로 정하는 바에 따라 등기기록에 기록되어 있는 사항의 전부 또는 일부의 열람(閱覽)과 이를 증명하는 등기사항증명서의 발급을 청구할 수 있다. 다만, 등기기록의 부속서류에 대해서는 이해관계 있는 부분만 열람을 청구할 수 있다.

② 제1항에 따른 등기기록의 열람 및 등기사항증명서의 발급 청구는 관할 등기소가 아닌 등기소에 대하여도 할 수 있다.

③ 제1항에 따른 수수료의 금액과 면제의 범위는 대법원규칙으로 정한다.

▣ 등기사항증명 등의 신청(등기규26), 등기사항증명서의 발급방법(등기규30), 준용(비송71)

1. 등기사항전부증명서의 열람일시 부분을 수정 테이프로 지우고 복사한 행위와 공문서변조 여부 피고인이 인터넷을 통하여 열람·출력한 등기사항전부증명서 하단의 열람 일시 부분을 수정 테이프로 지우고 복사해 두었다가 이를 타인에게 교부하여 공문서변조 및 변조공문서행사로 기소된 사안에서, 피고인이 등기사항전부증명서의 열람 일시를 삭제하여 복사한 행위는 등기사항전부증명서가 나타내는 권리·사실관계와 다른 새로운 증명력을 가진 문서를 만든 것에 해당하고 그로 인하여 공공적 신용을 해할 위험성도 발생하였다고 볼 수 있어 공문서변조가 성립할 수 있다.(대판 2021.2.25, 2018도19043)

제20조【등기기록의 폐쇄】 ① 등기관이 등기기록에 등기된 사항을 새로운 등기기록에 옮겨 기록한 때에는 종전 등기기록을 폐쇄(閉鎖)하여야 한다.

② 폐쇄한 등기기록은 영구히 보존하여야 한다.

③ 폐쇄한 등기기록에 관하여는 제19조를 준용한다.

▣ 준용(비송71)

1. 위법한 절차나 방법에 의하여 폐쇄된 부동산등기용지의

회복절차 이행을 소송의 방법으로 청구할 수 있는지 여부(소극) 부동산등기용지가 폐쇄된 경우 설사 그 폐쇄가 위법하게 이루어진 것이라고 하더라도 소송의 방법으로 그 회복절차의 이행을 청구할 수 없고, 폐쇄된 부동산등기용지의 회복은 그 표제부의 주말된 부동산의 표시, 표시번호와 등기번호를 되살리는 절차에 의할 수밖에 없는 것으로서 그 성질상 이를 권리에 관한 등기의 일종이라고 볼 수 없고 등기의무자의 존재 또한 상정할 수 없다 할 것이므로, 설사 법률이 규정하는 폐쇄사유가 없음에도 불구하고 부동산등기용지가 폐쇄되었거나 또는 그 폐쇄가 위법한 절차나 방법에 의하여 이루어진 것이 객관적으로 명백하다고 하더라도 등기공무원이 그 폐쇄사유와 절차 등에 관한 법률 규정을 준용하여 직권으로 이를 회복할 수 있음은 별론으로 하고 소송의 방법으로 그 회복을 청구할 수는 없는 것이다.(대판 1994.12.23, 93다37441)

제21조【중복등기기록의 정리】 ① 등기관이 같은 토지에 관하여 중복하여 마쳐진 등기기록을 발견한 경우에는 대법원규칙으로 정하는 바에 따라 중복등기기록 중 어느 하나의 등기기록을 폐쇄하여야 한다.
② 제1항에 따라 폐쇄된 등기기록의 소유권의 등기명의인 또는 등기상 이해관계인은 대법원규칙으로 정하는 바에 따라 그 토지가 폐쇄된 등기기록의 소유권의 등기명의인의 소유임을 증명하여 폐쇄된 등기기록의 부활을 신청할 수 있다.
▣ 중복등기의 정리(등기규33-41)

제4장 등기절차

제1절 총 칙

제22조【신청주의】 ① 등기는 당사자의 신청 또는 관공서의 촉탁에 따라 한다. 다만, 법률에 다른 규정이 있는 경우에는 그러하지 아니하다.
② 촉탁에 따른 등기절차는 법률에 다른 규정이 없는 경우에는 신청에 따른 등기에 관한 규정을 준용한다.
③ 등기를 하려고 하는 자는 대법원규칙으로 정하는 바에 따라 수수료를 내야 한다.
▣ 수수료(등기사항증명서 등 수수료규칙2-7)

1. 등기부 기입후 등기공무원의 날인이 누락된 경우 등기의 효력(유효) 등기의 완성은 등기부에 등기사항을 기입하고 등기공무원이 날인함으로써 완성되는 것이지만 등기기재의 적정여부를 확인하는 등기공무원의 교합인이 누락되었다 하여 그것만으로 그 등기가 부존재한다고 할 수 없다.(대결 1977.10.31, 77마262)

2. 처분금지가처분 채권자가 채무자를 상대로 법원의 촉탁에 의하여 말소된 가처분기입등기의 회복등기절차의 이행을 소구할 이익이 있는지 여부(소극) 부동산처분금지가처분의 기입등기는 채권자나 채무자가 직접 등기공무원에게 이를 신청하여 행할 수는 없고 반드시 법원의 촉탁에 의하여야 하는바, 이와 같이 당사자가 신청할 수 없는 처분금지가처분의 기입등기가 법원의 촉탁에 의하여 말소된 경우에는 그 회복등기도 법원의 촉탁에 의하여 행하여져야 하므로, 이 경우 처분금지가처분 채권자가 말소된 가처분기입등기의 회복등기절차의 이행을 소구할 이익은 없다.(대판 2000.3.24, 99다27149)

제23조【등기신청인】 ① 등기는 법률에 다른 규정이 없는 경우에는 등기권리자(登記權利者)와 등기의무자(登記義務者)가 공동으로 신청한다.
② 소유권보존등기(所有權保存登記) 또는 소유권보존등기의 말소등기(抹消登記)는 등기명의인으로 될 자 또는 등기명의인이 단독으로 신청한다.
③ 상속, 법인의 합병, 그 밖에 대법원규칙으로 정하는 포괄승계에 따른 등기는 등기권리자가 단독으로 신청한다.
④ 등기절차의 이행 또는 인수를 명하는 판결에 의한 등기는 승소한 등기권리자 또는 등기의무자가 단독으로 신청하고, 공유물을 분할하는 판결에 의한 등기는 등기권리자 또는 등기의무자가 단독으로 신청한다. (2020.2.4 본항개정)
⑤ 부동산표시의 변경이나 경정(更正)의 등기는 소유권의 등기명의인이 단독으로 신청한다.
⑥ 등기명의인표시의 변경이나 경정의 등기는 해당 권리의 등기명의인이 단독으로 신청한다.
⑦ 신탁재산에 속하는 부동산의 신탁등기는 수탁자(受託者)가 단독으로 신청한다. (2013.5.28 본항신설)
⑧ 수탁자가 「신탁법」 제3조제5항에 따라 타인에게 신탁재산에 대하여 신탁을 설정하는 경우 해당 신탁재산에 속하는 부동산에 관한 권리이전등기에 대하여는 새로운 신탁의 수탁자를 등기권리자로 하고 원래 신탁의 수탁자를 등기의무자로 한다. 이 경우 해당 신탁재산에 속하는 부동산의 신탁등기는 제7항에 따라 새로운 신탁의 수탁자가 단독으로 신청한다. (2013.5.28 본항신설)
▣ 법무사(법무사23), 변호사(변호22), 사무원(등기규50), 소유권 이전절차(이전등기특조7), 준용(비송71), 등기완료의 통지(30), 상속의 순위(민1000-1004), 신청의 각하(29)

1. 등기의무자의 의미 부동산에 관한 등기는 법률에 다른 규정이 없는 한 등기권리자와 등기의무자의 신청에 의하는 것인 바 위 등기의무자라 함은 등기부상의 형식상 신청하는 그 등기에 의하여 권리를 상실하거나 기타 불이익을 받은 자(등기명의인이거나 그 포괄승계인)를 말한다.(대판 1979.7.24, 79다345)

2. 쌍방으로부터 등기절차의 위촉을 받은 법무사와의 위임계약을 등기의무자의 일방적 의사표시로 해제할 수 있는지 여부(소극) 등기권리자와 등기의무자 쌍방으로부터 등기절차의 위촉을 받고 그 절차에 필요한 서류를 교부받은 사법서사는 절차가 끝나기 전에 등기의무자로부터 등기신청을 보류해 달라는 요청이 있었다 하여도 등기권리자에 대한 관계에 있어서는 그 사람의 동의가 있는 등 특별한 사정이 없는 한 그 요청을 거부해야 할 위임계약상의 의무가 있는 것이므로 등기의무자와 사법서사와의 간의 위임계약은 계약의 성질상 민 689조 1항의 규정에 관계없이 등기권리자의 동의 등 특별한 사정이 없는 한 해제할 수 없다.(대판 1987.6.23, 85다카2239)

3. 근저당권 설정 후 부동산 소유권이 이전된 경우 근저당권설정자인 종전의 소유자도 피담보채무의 소멸을 이유로 근저당권설정등기의 말소를 청구할 수 있는지 여부(적극) 근저당권이 설정된 후에 그 부동산의 소유권이 제3자에게 이전된 경우에는 현재의 소유자가 자신의 소유권에 기하여 피담보채무의 소멸을 원인으로 그 근저당권설정등기의 말소를 청구할 수 있음은 물론이지만, 근저당권설정자인 종전의 소유

자도 근저당권설정계약의 당사자로서 근저당권소멸에 따른 원상회복으로 근저당권자에게 근저당권설정등기의 말소를 구할 수 있는 계약상 권리가 있으므로 이러한 계약상 권리에 터잡아 근저당권자에게 피담보채무의 소멸을 이유로 하여 그 근저당권설정등기의 말소를 청구할 수 있다고 봄이 상당하고, 목적물의 소유권을 상실하였다는 이유만으로 그러한 권리를 행사할 수 없다고 볼 것은 아니다.(대판 1994.1.25, 93다16338)

4. 등기의무자가 등기권리자를 상대로 등기를 인수받아 갈 것을 구할 수 있는지 여부(적극)(구법관계) 부동산등기법은 등기는 등기권리자와 등기의무자가 공동으로 신청하여야 함을 원칙으로 하면서도, '판결에 의한 등기는 승소한 등기권리자 또는 등기의무자만으로' 신청할 수 있도록 규정하고 있는바, 위 법조에서 승소한 등기권리자 외에 등기의무자도 단독으로 등기를 신청할 수 있게 한 것은, 통상의 채권채무 관계에서는 채권자가 수령을 지체하는 경우 채무자는 공탁 등에 의한 방법으로 채무부담에서 벗어날 수 있으나 등기에 관한 채권채무 관계에 있어서는 이러한 방법을 사용할 수 없으므로, 등기의무자가 자기 명의로 있어서는 안 될 등기가 자기 명의로 있음으로 인하여 사회생활상 또는 법상 불이익을 입을 우려가 있는 경우에는 소의 방법으로 등기권리자를 상대로 등기를 인수받아 갈 것을 구하고 그 판결을 받아 등기를 강제로 실현할 수 있도록 한 것이다.(대판 2001.2.9, 2000다60708)

5. 등기명의인 표시변경등기의 권리변동적 효력의 유무(소극) 등기명의인 표시변경등기는 등기명의인의 동일성이 유지되는 범위 내에서 등기부상의 표시를 실제와 합치시키기 위하여 행하여지는 것에 불과할 뿐 어떠한 권리변동을 가져오는 것은 아니다.(대판 2000.5.12, 99다69983)

6. 위법한 경정등기에 터잡아 경료된 소유권이전등기가 실체관계에 부합하는 경우 그 등기의 효력 등기명의인의 동일성이 인정되는 범위를 벗어나 등기명의인을 다른 사람으로 바꾼 위법한 경정등기에 터잡아 제3자 명의의 소유권이전등기가 마쳐진 경우라도 그 등기가 실체관계에 부합하는 것이라면 그 등기는 유효하다.(대판 1989.9.26, 88다카11930)

7. 권리의 등기에서 등기원인의 경정이 허용되는지 여부(원칙적 적극) **및 그 신청 방법** ① 일반적으로 권리의 등기에서 등기원인의 경정은 허용되고, 등기는 법률에 다른 규정이 없는 경우에는 등기권리자와 등기의무자가 공동으로 신청하여야 한다(부등 23조 1항). 부동산표시의 변경이나 경정의 등기는 23조 5항에 의하여 소유권의 등기명의인이 단독으로 신청할 수 있고, 등기명의인표시의 변경이나 경정등기는 23조 6항에 의하여 해당 권리의 등기명의인이 단독으로 신청할 수 있다. 그러나 등기원인을 경정하는 등기는 위 각 표시의 변경이나 경정에 해당하지 않으므로 단독 신청에 의한 등기의 경우에는 단독 신청으로, 공동 신청에 의한 등기의 경우에는 공동으로 신청하여야 한다. ② 갑이 을을 상대로 소유권이전등기의 등기원인을 증여에서 매매로 경정하는 절차의 이행을 청구한 사안에서, 공동 신청에 의한 소유권이전등기의 경우 쌍방이 공동으로 등기원인을 경정하는 등기를 신청할 수 있고, 상대방이 이를 거부하는 경우에는 그를 상대로 경정등기절차이행을 명하는 판결을 받아 단독으로 신청할 수 있으므로 소의 이익을 부정할 수 없다.(대판 2013.6.27, 2012다118549)

8. 등기명의인 표시경정등기가 가능한 경우 국가를 상대로 토지소유권확인청구를 할 수 있는지 여부(소극) 국가를 상대로 한 토지소유권확인청구는 토지가 미등기이고 토지대장이나 임야대장에 등록명의자가 없거나 등록명의자가 누구인지 알 수 없는 경우, 미등기 토지에 대한 토지대장이나 임야대장의 소유자에 관한 기재에 권리추정력이 인정되지 않는 경우, 그 밖에 국가가 등기 또는 등록된 제3자의 소유를 부인하면서 계속 국가 소유를 주장하는 등 특별한 사정이 있는 경우에 한하여 확인의 이익이 있다. 한편 등기명의인의 표시경정은 등기부에 기재되어 있는 등기명의인의 성명, 주소 또는 주민등록번호 등에 착오나 빠진 부분이 있는 경우에 명의인으로 기재되어 있는 사람의 동일성을 변함이 없이 이를 정정하는 것을 말한다. 따라서 토지에 관하여 등기가 되어 있는 경우에, 등기부상 명의인의 기재가 실제와 일치하지 않더라도 인격의 동일성이 인정된다면 등기명의인의 표시경정등기가 가능하며, 국가를 상대로 실제 소유에 대하여 확인을 구할 이익이 없다.(대판 2016.10.27, 2015다230815)

9. 의사의 표시를 명하는 판결의 확정으로 의사표시 간주의 효과가 생긴 후에 등기권리자의 지위가 승계된 경우, 승계집행문이 부여될 수 있는지 여부(원칙적 소극) 민집 263조 1항은 의사표시의무의 집행에 관하여 '의사의 진술을 명한 판결이 확정된 때에는 그 판결로 의사를 진술한 것으로 본다.'고 정하고 있다. 민집 263조 2항과 같이 반대의무의 이행 등과 같은 조건이 부가된 것이 아니라 단순하게 의사표시를 명하는 경우에 판결 확정 시에 의사표시가 있는 것으로 간주된다. 의사표시 간주의 효과가 생긴 후에 등기권리자의 지위가 승계된 경우에는 부동산등기법 규정에 따라 등기절차를 이행할 수 있을 뿐이고 원칙적으로 승계집행문이 부여될 수 없다.(대결 2017.12.28, 2017그100)

10. 허무인 또는 실체가 없는 단체 명의의 불실등기가 존재하는 경우 등기말소 청구의 상대방 및 등기명의인 표시변경(경정)의 등기에 등기의무자 관념이 존재할 수 있는지 여부(소극)**와 등기의무자가 아닌 자를 상대로 등기의 말소절차 이행을 구하는 소가 적법한지 여부**(소극) ① 등기부상 진실한 소유자의 소유권에 방해가 되는 불실등기가 존재하는 경우에 그 등기명의인이 허무인 또는 실체가 없는 단체인 때에는 소유자는 허무인 또는 실체가 없는 단체 명의로 실제 등기행위를 한 자에 대하여 소유권에 기한 방해배제로서 등기행위자를 표상하는 허무인 또는 실체가 없는 단체 명의 등기의 말소를 구할 수 있다. ② 등기명의인 표시변경(경정)의 등기는 등기명의인의 동일성이 유지되는 범위 내에서 등기부상 표시를 실제와 합치시키기 위하여 행해지는 것에 불과할 뿐 어떠한 권리변동을 가져오는 것이 아니므로 등기가 잘못된 경우에도 등기명의인은 다시 소정의 서면을 갖추어 경정등기를 하면 되고 따라서 거기에는 등기의무자 관념이 있을 수 없다. 한편 등기의무자, 즉 등기부상의 형식상 그 등기에 의하여 권리를 상실하거나 기타 불이익을 받을 자(등기명의인이거나 그 포괄승계인)가 아닌 자를 상대로 한 등기의 말소절차이행을 구하는 소는 당사자적격이 없는 자를 상대로 한 부적법한 소이다.(대판 2019.5.30, 2015다47105)

11. 부동산등기법 23조 4항의 '등기절차의 이행을 명한 판결'의 의미와 확정된 제1심판결이 추후보완항소에서 취소된 경우 그에 따라 마쳐진 등기의 말소방법 ① 본조 4항에 따라 등기절차의 이행 또는 인수를 명한 판결에 의한 등기는 승소한 등기권리자 또는 등기의무자가 단독으로 신청할 수 있다. 여기서 '등기절차의 이행을 명한 판결'은 주문에 반드시 등기절차를 이행하라는 등기의무자의 등기신청 의사를 진술하는 내용 등이 포함되어 있어야 한다. ② 소송서류 등이 공시송달의 방법으로 송달되어 확정된 제1심판결문을 기초로 등기권리자가 소유권이전등기를 마쳤으나 이후 제기된 추후보완항소에서 제1심판결이 취소되고 등기권리자의 청구가 기각되었다면, 등기의무자로서는 이미 등기명의를 이전받은 등기권리자를 상대로 위 추후보완항소 절차에서 반소를 제기하거나 별도로 소를 제기하여 소유권이전등기의 말소등기절차를 구할 수 있다.(대판 2023. 4. 27, 2021다276225, 276232)

제24조 【등기신청의 방법】 ① 등기는 다음 각 호의 어느 하나에 해당하는 방법으로 신청한다. (2024.9.20. 본항개정)

1. 방문신청: 신청인 또는 그 대리인(代理人)이 등기소에 출석하여 신청정보 및 첨부정보를 적은

서면을 제출하는 방법. 다만, 대리인이 변호사[법무법인, 법무법인(유한) 및 법무조합을 포함한다. 이하 같다]나 법무사[법무사법인 및 법무사법인(유한)을 포함한다. 이하 같다]인 경우에는 대법원규칙으로 정하는 사무원을 등기소에 출석하게 하여 그 서면을 제출할 수 있다.

2. 전자신청: 전산정보처리조직을 이용[이동통신단말장치에서 사용되는 애플리케이션(Application)을 통하여 이용하는 경우를 포함한다]하여 신청정보 및 첨부정보를 보내는 방법. 전자신청이 가능한 등기유형에 관한 사항과 전자신청의 방법은 대법원규칙으로 정한다.

② 신청인이 제공하여야 하는 신청정보 및 첨부정보는 대법원규칙으로 정한다.

▣ 전자신청의 방법(등기규67), 사용자등록(등기규68)

제25조【신청정보의 제공방법】 등기의 신청은 1건당 1개의 부동산에 관한 신청정보를 제공하는 방법으로 하여야 한다. 다만, 등기목적과 등기원인이 동일하거나 그 밖에 대법원규칙으로 정하는 경우에는 여러 개의 부동산에 관한 신청정보를 일괄하여 제공하는 방법으로 할 수 있다.
(2024.9.20. 본조개정)

▣ 일괄신청과 동시신청(등기규47②)

제26조【법인 아닌 사단 등의 등기신청】 ① 종중(宗中), 문중(門中), 그 밖에 대표자나 관리인이 있는 법인 아닌 사단(社團)이나 재단(財團)에 속하는 부동산의 등기에 관하여는 그 사단이나 재단을 등기권리자 또는 등기의무자로 한다.

② 제1항의 등기는 그 사단이나 재단의 명의로 그 대표자나 관리인이 신청한다.

▣ 법인이 아닌 사단이나 재단의 등기신청(등기규48), 총유물의 관리(민276①)

1. 종중의 등기능력 문중 또는 종중과 같이 사실상 사회생활상의 하나의 단위를 이루는 경우에는 법률상 특수한 사회적 작용을 담당하는 독자적 존재가 될 수 있다고 할 것이므로, 이러한 법인 아닌 사단이나 재단이 권리능력의 주체는 될 수 없다고 하여도 민사소송상의 당사자능력이나 등기능력은 있다.(대판 1970.2.10, 69다2013)

제27조【포괄승계인에 의한 등기신청】 등기원인이 발생한 후에 등기권리자 또는 등기의무자에 대하여 상속이나 그 밖의 포괄승계가 있는 경우에는 상속인이나 그 밖의 포괄승계인이 그 등기를 신청할 수 있다.

▣ 상속의 순위(민1000), 상속으로 인한 등기(23③)

1. 상속등기를 거침이 없이 처분금지가처분기입등기를 할 수 있는지 여부(적극) 피상속인 소유의 부동산에 관하여 피상속인과의 사이에 매매 등의 원인행위가 있었으나 아직 등기신청을 하지 않고 있는 사이에 상속이 개시된 경우, 상속인은 신분을 증명할 수 있는 서류를 첨부하여 피상속인으로부터 바로 원인행위자인 매수인 등 앞으로 소유권이전등기를 신청할 수 있고, 그러한 경우에는 상속등기를 거칠 필요가 없이 바로 매수인 앞으로 등기명의를 이전할 수 있으며, 이러한 법리는 상속인과 등기권리자의 공동신청에 의한 경우뿐만 아니라 피상속인과의 원인행위에 의한 권리의 이전·설정의 등기청구권을 보전하기 위한 처분금지가처분신청의 인용에 따른 법원의 직권에 의한 가처분기입등기의 촉탁에서도 그대로 적용되므로, 상속관계를 표시한 기입등기의 촉탁이 있을 경우 적법하게 상속등기를 거침이 없이 가처분기입등기를 할 수 있다.(대판 1995.2.28, 94다23999)

제28조【채권자대위권에 의한 등기신청】 ① 채권자는 「민법」 제404조에 따라 채무자를 대위(代位)하여 등기를 신청할 수 있다.

② 등기관이 제1항 또는 다른 법령에 따른 대위신청에 의하여 등기를 할 때에는 대위자의 성명 또는 명칭, 주소 또는 사무소 소재지 및 대위원인을 기록하여야 한다.

▣ 관공서가 등기명의인 등을 갈음하여 촉탁할 수 있는 등기(96), 등기완료의 통지(30, 등기규157), 등기의 경정(32④), 각종 통지부(등기규24), 신탁등기의 신청방법(82)

제29조【신청의 각하】 등기관은 다음 각 호의 어느 하나에 해당하는 경우에만 이유를 적은 결정으로 신청을 각하(却下)하여야 한다. 다만, 신청의 잘못된 부분이 보정(補正)될 수 있는 경우로서 신청인이 등기관이 보정을 명한 날의 다음 날까지 그 잘못된 부분을 보정하였을 때에는 그러하지 아니하다.

1. 사건이 그 등기소의 관할이 아닌 경우
2. 사건이 등기할 것이 아닌 경우
3. 신청할 권한이 없는 자가 신청한 경우
4. 제24조제1항제1호에 따라 등기를 신청할 때에 당사자나 그 대리인이 출석하지 아니한 경우
5. 신청정보의 제공이 대법원규칙으로 정한 방식에 맞지 아니한 경우
6. 신청정보의 부동산 또는 등기의 목적인 권리의 표시가 등기기록과 일치하지 아니한 경우
7. 신청정보의 등기의무자의 표시가 등기기록과 일치하지 아니한 경우. 다만, 다음 각 목의 어느 하나에 해당하는 경우는 제외한다. (2024.9.20. 본호개정)
   가. 제27조에 따라 포괄승계인이 등기신청을 하는 경우
   나. 신청정보와 등기기록의 등기의무자가 동일인임을 대법원규칙으로 정하는 바에 따라 확인할 수 있는 경우
8. 신청정보와 등기원인을 증명하는 정보가 일치하지 아니한 경우
9. 등기에 필요한 첨부정보를 제공하지 아니한 경우
10. 취득세, 등록면허세(등록에 대한 등록면허세만 해당한다) 또는 수수료를 내지 아니하거나 등기신청과 관련하여 다른 법률에 따라 부과된 의무를 이행하지 아니한 경우
11. 신청정보 또는 등기기록의 부동산의 표시가 토지대장·임야대장 또는 건축물대장과 일치하지 아니한 경우

▣ 포괄승계인에 의한 등기신청(27), 등기수수료(22③), 변경등기의 신청(35·41), 멸실등기의 신청(39·43), 소유권보존등기의 신청인(65·66), 적용예외(집합건물61), 보존등기의 신청각하(공저당34), 준용(비송71), 등기부의 종류(14), 물적편성주의(15), 등기신청인(23⑥), 소유권변경 사

실의 통지(62), 각종 통지부(등기규24)

1. 등기공무원의 형식적 심사권과 직권말소 사유(구법관계) 등기신청이 있는 경우 등기공무원은 당해 등기원인의 실질적 요건을 심사함이 없이 다만 그 외의 형식적 요건만을 심사하여 그것이 구비되어 있으면 가사 실질적 등기원인에 하자가 있다 하더라도 등기신청을 받아들여 등재하여야 함은 본조에 의하여 명백하고, 등기원인의 형식적 요건의 흠결이 있었으나 등기공무원의 잘못으로 등기신청을 수리하여 등재한 경우라 하더라도 본조 1호 및 2호 사유에 해당하는 때에는 등기공무원이 직권으로 말소할 수 있을 것이다.(대결 1966.7.25, 66마108)

2. 등기관의 형식적 심사권의 범위(구법관계) 등기공무원은 등기신청이 있는 경우 당해 등기원인의 실질적 요건을 심사함이 없이 신청서 및 그 첨부서류와 등기부에 의하여 등기요건의 충족 여부를 형식적으로 심사할 권한만을 가지고 있어서, 신청인이 그 확정판결에 기하여 소유권이전등기를 신청하고 있는 경우에는 등기관이 부동산실권리자명의등기에 관한 법률 8조 2호의 특례에 해당하는지 여부에 관하여 다시 심사를 하여 명의신탁약정 및 그 명의신탁등기의 유·무효를 가리는 것은 등기관의 형식적 심사권의 범위를 넘어서는 것이어서 허용될 수 없다.(대결 2002.10.28, 2001마1235)

3. '사건이 등기할 것이 아닌 때'의 의미(구법관계) '사건이 등기할 것이 아닌 때'라 함은, 등기신청이 그 신청취지 자체에 의하여 법률상 허용할 수 없음이 명백한 경우를 말하고, 이에 해당하는 경우에는 등기관의 잘못으로 등기가 마쳐졌다 하더라도 그 등기는 그 자체가 어떠한 의미도 가지지 않는 무효의 등기이기 때문에 등기관은 부동산등기법에 의하여 직권으로 그 등기를 말소하게 된다.(대판 2000.9.29, 2000다29240)

4. 부동산실권리자 명의 등기에 관한 법률에 규정된 유예기간 경과 후 명의신탁 해지를 원인으로 한 소유권이전등기신청의 허부(소극)(구법관계) 부동산실명 11조 1항 본문, 12조 1항, 4조의 각 규정에 따르면, 부동산실권리자 명의 등기에 관한 법률 시행 전에 명의신탁 약정에 의하여 부동산에 관한 물권을 명의수탁자 명의로 등기한 명의신탁자는 유예기간 이내에 실명등기 등을 하여야 하고, 유예기간 이내에 실명등기 등을 하지 아니한 경우에는 유예기간이 경과한 날 이후부터 명의신탁 약정은 무효가 되고, 명의신탁 약정에 따라 행하여진 등기에 의한 부동산에 관한 물권변동도 무효가 되므로, 유예기간이 경과한 후 명의신탁 약정의 해지를 원인으로 한 명의신탁자의 소유권이전등기 신청은 그 신청취지 자체에 의하여 법률상 허용될 수 없음이 명백한 경우로서 부동산등기법의 '사건이 등기할 것이 아닌 때'에 해당하여 등기공무원은 이를 각하하여야 한다.(대결 1997.5.1, 97마384)

5. 등기원인을 증명하는 서면과 부합하지 않는 등기신청을 받아들여 등기를 경료한 경우의 조치(구법관계) 등기신청서의 기재사항이 등기원인을 증명하는 서면과 부합하지 아니함에도 신청서대로 등기가 경료되었다면 이는 본조 2호에 해당하는 것이 아니므로 일단 등기가 경료된 후에는 등기관이 이를 직권으로 말소할 수 없고, 등기의무자가 불응하는 경우 그를 상대로 말소등기의 회복등기절차의 이행을 명하는 판결을 받아 부적법하게 말소된 등기를 회복하여야 한다.(대판 2004.5.14, 2004다11896)

6. 상속등기신청시에 법정상속분과 다른 비율의 지분이전등기를 신청하는 경우의 조치 등기신청인이 산정한 상속분이 그 상속재산을 둘러싼 소송에서도 받아들여져 판결로써 확정된 바 있다고 하더라도 상속등기신청에 대하여 등기공무원이 부동산등기법 소정의 서면만에 의하여 형식적 심사를 함에 있어서는 위 확정판결의 기판력이 미칠 여지가 없는 것이고, 또 상속을 증명하는 시, 구, 읍, 면의 장의 서면 또는 이를 증명함에 족한 서면과 관계법령에 기한 상속인의 범위 및 상속지분의 인정은 등기공무원의 형식적 심사권한의 범위 내라고 할 것이므로, 위와 같은 서면과 관계법령에 의하여 인정되는 정당한 상속인의 범위 및 상속지분과 다른 내용으로 상속등기를 신청하였을 경우 등기공무원으로서는 신청 내용이 확정된 판결의 내용과 동일하다고 하더라도 위 등기신청을 각하하여야 한다.(대결 1995.2.22, 94마2116)

7. 법원의 촉탁에 의하여 등기를 하는 경우 등기공무원의 촉탁받은 사실에 대한 심사권의 범위 등기공무원은 등기신청절차의 형식적 요건만을 심사할 수 있는 것이고, 그 등기원인되는 법률관계의 유·무효와 같은 실질적인 심사권은 없다할 것이나, 법원의 촉탁에 의한 등기를 실행하는 경우 촉탁서의 기재내용과 촉탁서의 첨부된 판결의 기재내용이 일치하는지 여부는 심사할 수 있다.(대결 1987.3.6, 87마15)

8. 등기부상의 공동인명부가 착오기재된 경우에서 소유권이전등기를 하기 위한 사전조치 등기부상의 공동인 명부가 착오기재에 불과한 것이라면 소유권이전등기를 경료하고자 하는 자는 등기명의인 표시에 관한 경정등기의 방법으로, 그렇지 않고 공동인 명부가 멸실된 후 회복되지 않은 것이라면 새로운 등기를 거치는 방법으로 공유자 명의를 등기부상에 현출시킨 연후에 그 등기명의인을 등기의무자로 표시하여 이전등기신청을 하여야 한다.(대결 1982.7.27, 82마100)

9. 중복된 등기를 기초로 하여 등기가 경료된 경우와 직권말소의 가부(소극)(구법관계) 동일한 부동산에 관하여 2중으로 등기가 되었을 경우에 후에 된 등기는 부동산등기법 55조 2호에 해당하므로 등기공무원은 그 등기를 직권말소 할 수 있으나 후에 된 등기를 기초로 하여 새로운 등기가 경료되어 현존하는 이상 등기 공무원은 위에서 본 규정에 의하여 후에 된 등기와 그에 터전을 잡아 이루어진 각 현존등기를 직권말소 할 수 없다.(대결 1969.6.10, 68마1302)

10. 본조 3호 이하의 사유와 이의의 가부(소극)(구법관계) 본조 3호 이하의 경우에 있어서 등기공무원이 이를 간과하고 등기신청을 접수하여 그 등기를 완료한 경우에는 이해관계인은 등기공무원의 처분에 대하여 이의의 방법에 의하여 등기의 말소를 청구할 수 없다.(대결 1968.8.23, 68마823)

11. 승소 확정판결을 받은 당사자가 피고의 주소가 등기기록상 주소로 기재된 판결을 받기 위하여 전소의 상대방이나 그 포괄승계인을 상대로 동일한 소유권이전등기청구의 소를 다시 제기하는 것이 적법한지 여부(소극) 판결에 기재된 피고가 등기의무자와 동일인이라면 등기권리자는 등기절차에서 등기의무자의 주소에 관한 자료를 첨부정보로 제공하여 등기신청을 할 수 있고, 등기관이 등기신청을 각하하면 등기관의 처분에 대한 이의신청의 방법으로 불복할 수 있다. 등기신청에 대한 각하결정이나 이의신청에 대한 기각결정에는 기판력이 발생하지 않으므로 각하결정 등을 받더라도 추가 자료를 확보하여 다시 등기신청을 할 수 있다. 그리고 확정된 승소판결에는 기판력이 있으므로, 승소 확정판결을 받은 당사자가 위와 같은 절차를 거치는 대신 피고의 주소가 등기기록상 주소로 기재된 판결을 받기 위하여 전소의 상대방이나 그 포괄승계인을 상대로 동일한 소유권이전등기청구의 소를 다시 제기하는 경우 그 소는 권리보호의 이익이 없어 부적법하다.(대판 2017.12.22, 2015다73753)

12. '유언 내용에 따른 등기신청에 이의가 없다'는 진술을 구하는 소의 적법 여부(부정) **및 유언에 따른 등기방법** ① 유언집행자가 자필 유언증서상 유언자의 자서와 날인의 진정성을 다투는 상속인들에 대하여 '유언 내용에 따른 등기신청에 이의가 없다'는 진술을 구하는 소는, 등기관이 자필 유언증서상 유언자의 자서 및 날인의 진정성에 관하여 심사하는 데 필요한 증명자료를 소로써 구하는 것에 불과하고 민법 389조 2항에서 규정하는 '채무가 법률행위를 목적으로 한 때에 채무자의 의사표시에 갈음할 재판을 청구하는 경우'에 해당한다고 볼 수 없다. 따라서 위와 같은 소는 권리보호의 이익이 없어 부적법하다. 또한, 유언집행자가 제기한 위와

같은 소를 유증을 원인으로 하는 소유권이전등기에 대하여 상속인들의 승낙을 구하는 것으로 본다 하더라도, 포괄유증의 성립이나 효력발생에 상속인들의 승낙은 불필요하고, 부동산등기법 관련 법령에서 유증을 원인으로 하는 소유권이전등기에 대하여 상속인들의 승낙이 필요하다는 규정을 두고 있지도 아니하므로, 이는 부동산등기법 관련 법령에 따라 유증을 원인으로 하는 소유권이전등기를 마치는 데 있어 필요하지 아니한 제3자의 승낙을 소구하는 것에 불과하여 권리보호의 이익이 없어서 역시 부적법하다. ② 유언집행자로서는, 자필 유언증서상 유언자의 자서와 날인의 진정성을 다투는 상속인들이 유언 내용에 따른 등기신청에 관하여 이의가 없다는 진술서의 작성을 거절하는 경우에는 그 진술을 소로써 구할 것이 아니라, 상속인들을 상대로 유언효력확인의 소나 포괄적 수증자 지위 확인의 소 등을 제기하여 승소확정판결을 받은 다음, 이를 부동산등기규칙 46조 1항 1호 및 5호의 첨부정보로 제출하여 유증을 원인으로 하는 소유권이전등기를 신청할 수 있다.(대판 2014.2.13, 2011다74277)

13. 등기신청인이 제출한 허위의 소명자료 등에 의하여 등기가 마쳐진 경우 위계에 의한 공무집행방해죄 성립 여부 (적극) 등기신청은 단순한 '신고'가 아니라 신청에 따른 등기관의 심사 및 처분을 예정하고 있으므로, 등기신청인이 제출한 허위의 소명자료 등에 대하여 등기관이 나름대로 충분히 심사를 하였음에도 이를 발견하지 못하여 등기가 마쳐지게 되었다면 위계에 의한 공무집행방해죄가 성립할 수 있다. 등기관이 등기신청에 대하여 부동산등기법상 등기신청에 필요한 서면이 제출되었는지 및 제출된 서면이 형식적으로 진정한 것인지를 심사할 권한은 갖고 있으나 등기신청이 실체법상의 권리관계와 일치하는지를 심사할 실질적인 심사권한은 없다고 하여 달리 보아야 하는 것은 아니다.(대판 2016.1.28, 2015도17297)

14. 등기관이 갖는 심사의 권한 범위 등기관은 등기신청이 있는 경우 부동산등기법에 정해진 내용과 절차에 따라 신청정보와 첨부정보 그리고 등기기록에 기초하여 등기신청이 적법한지 여부를 심사할 권한이 있다.(대결 2020.1.7, 2017마6419)

제30조【등기완료의 통지】 등기관이 등기를 마쳤을 때에는 대법원규칙으로 정하는 바에 따라 신청인 등에게 그 사실을 알려야 한다.

■ 등기완료통지(등기규53), 각종 통지부(등기규24), 등기필정보가 없는 경우(51)

제31조【행정구역의 변경】 행정구역 또는 그 명칭이 변경되었을 때에는 등기기록에 기록된 행정구역 또는 그 명칭에 대하여 변경등기가 있는 것으로 본다.

■ 행정구역 등 변경의 직권등기(등기규54), 준용(비송71)

제32조【등기의 경정】 ① 등기관이 등기를 마친 후 그 등기에 착오(錯誤)나 빠진 부분이 있음을 발견하였을 때에는 지체 없이 그 사실을 등기권리자와 등기의무자에게 알려야 하고, 등기권리자와 등기의무자가 없는 경우에는 등기명의인에게 알려야 한다. 다만, 등기권리자, 등기의무자 또는 등기명의인이 각 2인 이상인 경우에는 그중 1인에게 통지하면 된다.

② 등기관이 등기의 착오나 빠진 부분이 등기관의 잘못으로 인한 것임을 발견한 경우에는 지체 없이 그 등기를 직권으로 경정하여야 한다. 다만, 등기상 이해관계 있는 제3자가 있는 경우에는 제3자의 승낙이 있어야 한다.

③ 등기관이 제2항에 따라 경정등기를 하였을 때에는 그 사실을 등기권리자, 등기의무자 또는 등기명의인에게 알려야 한다. 이 경우 제1항 단서를 준용한다.

④ 채권자대위권에 의하여 등기가 마쳐진 때에는 제1항 및 제3항의 통지를 그 채권자에게도 하여야 한다. 이 경우 제1항 단서를 준용한다.

■ 각종 통지부(등기규24), 준용(비송71), 채권자대위권에 의한 등기신청(28), 통지의 방법(등기규160 · 165)

1. 부동산에 관한 등기의 지번 표시에 착오 또는 오류가 있는 등기의 경정등기가 허용되는 한계 일반적으로 부동산에 관한 등기의 지번표시에 다소의 착오 또는 오류가 있다 할지라도 적어도 그것이 실질상의 권리관계를 표시함에 족한 정도로 동일 혹은 유사성이 있다고 인정되는 경우에 한하여 그 등기를 유효시하고 그 경정등기도 허용되고, 만일 이 표시상의 착오 또는 오류가 중대하여 그 실질관계와 동일성 혹은 유사성조차 인정할 수 없는 경우에는 그 등기는 마치 없는 것과 같은 외관을 가지므로 그 등기의 공시의 기능도 발휘할 수 없으니 이런 등기의 경정을 무제한으로 인정한다면 제3자에게 뜻밖의 손해를 가져 올 경우도 있을 것이므로 이와 같은 경우에는 경정등기를 허용할 수 없고, 이런 의미에서 이와 같은 취지의 종전 판례는 정당하여 지금도 유효하다고 본다. 그러나 이런 동일성 또는 유사성을 인정할 수 없는 착오 또는 오류가 있는 경우라 할지라도 같은 부동산에 대하여 따로 보존등기가 존재하지 아니하거나 등기의 형식상으로 보아 예측할 수 없는 손해를 미칠 우려가 있는 이해관계인이 없는 경우에는 당해 오류있는 등기의 경정을 허용하여 그 경정된 등기를 유효하다고 보는 것이 경정등기 전후에 각 그 등기가 유효하다고 믿고 등기한 권리를 보호할 수 있는 실효가 있을 뿐 아니라 일단 경정된 등기는 그 때부터는 공시의 기능도 일반등기와 같이 발휘할 수 있는 까닭이다.(대판(全) 1975.4.22, 74다2188)

2. 실제의 건물과 등기부상의 표시건물과의 동일성여부 및 동일성 없는 보존등기의 효력 건물에 관한 보존등기가 어떤 건물을 공시하는 효력이 있는가는 일반 사회관념상 그 등기의 표시로써 당해 실제의 건물의 동일성을 인식할 수 있는가에 따라 결정되는 것으로 그 등기상의 표시와 실제의 건물과의 사이에 건물의 건축시기, 건물 각 부분의 구조, 평수, 소재 지번 등에 관하여 다소의 차이가 있다 할지라도 사회관념상 동일성 혹은 유사성이 있다고 인식될 수 있는 것이면 그 등기는 당해 건물에 관한 등기로서 유효하다고 할 것이나, 만약 그 차이가 중대하여 등기상의 표시와 실제상의 상태와의 사이에 도저히 동일성 또는 유사성조차 인식될 수 없는 것이라면 그 건물에 관한 다른 보존등기나 등기의 형식상 이해관계인이 없어 경정등기가 허용된 경우를 제외하고는 그 등기는 무효라고 할 것이다.(대판 1978.6.27, 78다544)

3. 등기공무원의 착오에 의한 소유권이전등기 누락과 경정등기(구법관계) 소유권이전등기절차이행을 명하는 확정판결에 기하여 소유권이전등기신청을 하였으나 등기공무원의 착오로 인하여 그 일부 토지에 관하여 소유권이전등기가 경료되지 아니하였다면 부동산등기법 72조 소정의 경정등기절차에 의하여 이를 할 수 있다.(대판 1980.10.14, 80다1385)

4. 등기부상의 지번표시가 토지의 합필과 분필로 인하여 토지대장상의 지번표시와 다르게 된 경우와 경정등기 경정등기는 기존등기의 일부에 당초부터 착오 또는 유루가 있어 그 등기가 원시적으로 실체관계와 일치하지 아니하는 경우에 이를 보정하기 위한 방법으로 허용되는 등기절차이므로 적법한 등기가 이루어진 후에 토지의 합필과 분필로 인하여 그 토지에 관한 기존 등기부상의 지번표시가 토지대장 및 지적도상의 지번표시와 다르게 된 경우는 기존등기를 경정

할 경우에 해당되지 아니한다.(대결 1983.7.27, 83마226)

5. 부동산의 표시에 관한 경정등기의 방법과 등기신청권자(구법관계) 부동산의 표시에 관한 경정등기는 등기용지의 표제부에 등기된 부동산의 물리적 현황이 객관적 사항에 합치하지 아니하고 그 등기가 착오 또는 유루로 인하여 생긴 경우에 동일성이 인정되는 범위 내에서 이를 바로 잡는 것을 목적으로 하여 행하여지는 등기로서 그 등기에 의하여 그 부동산에 관한 권리에 어떤 변동을 가져오는 것도 아니며, 또한 부동산등기법 74조에 의하여 경정등기에 있어서 준용되는 동법 63조는 권리변경의 등기에 있어서 그 등기에 이해관계 있는 제3자가 있는 경우에 그 승낙서 또는 이에 대항할 수 있는 재판의 등본을 첨부하도록 한 것이므로, 부동산의 표시에 관한 경정등기에 있어서는 등기상 이해관계 있는 제3자의 승낙의 유무가 문제될 여지가 없다. 또한 부동산의 표시에 관한 경정등기는 그 성질상 등기의무자의 존재를 생각할 수 없는 것으로서 그 등기는 등기명의인이나 대위권자의 단독신청에 의하여 행하여질 것이고 그 대위권자에는 등기명의인에 대한 채권적 청구권을 갖는 자뿐만 아니라 물권적 청구권을 갖는 자도 포함된다. 돌이켜 이 사건에 관하여 보면 원고의 이 사건 청구는 부동산의 표시에 관한 경정등기 청구이고 이는 그 성질상 등기의무자의 존재를 생각할 수 없는 것이므로 미등기 부동산인 의왕시 청계동 824의 2 임야 1521㎡의 소유자인 원고로서는 착오로 오기된 같은 동 824의 2 답 725평의 등기명의인을 대위하여 그 경정등기를 신청하여야 하고 소송의 방법으로 그 절차의 이행을 구할 수는 없다.(대판 1992.2.28, 91다34967)

6. 등기명의인의 동일성이 인정되지 않는 위법한 경정등기의 효력 등기명의인의 경정등기는 명의인의 동일성이 인정되는 범위를 벗어나면 허용되지 아니한다. 그렇지만 등기명의인의 동일성 유무가 명백하지 아니하여 경정등기 신청이 받아들여진 결과 명의인의 동일성이 인정되지 않는 위법한 경정등기가 마쳐졌다 하더라도, 그것이 일단 마쳐져서 경정 후의 명의인의 권리관계를 표상하는 결과에 이르렀고 그 등기가 실체관계에도 부합하는 것이라면 등기는 유효하다. 이러한 경우에 경정등기의 효력은 소급하지 않고 경정 후 명의인의 권리취득을 공시할 뿐이므로, 경정 전의 등기 역시 원인무효의 등기가 아닌 이상 경정 전 당시의 등기명의인의 권리관계를 표상하는 등기로서 유효하고, 경정 전에 실제로 존재하였던 경정 전 등기명의인의 권리관계가 소급적으로 소멸하거나 존재하지 않았던 것으로 되지도 아니한다.(대판(全) 2015.5.21, 2012다952)

7. 경정될 등기와 양립할 수 없는 등기가 된 경우 등기명의자가 이해관계 있는 제3자인지 여부 및 전산이기가 완료된 등기기록에 오류가 있는 경우 경정등기 절차 부등 32조 2항에서 '등기상 이해관계 있는 제3자'는 기존 등기에 존재하는 착오 또는 빠진 부분을 바로잡는 경정등기를 허용함으로써 손해를 입게 될 위험성이 있는 등기상 권리자를 의미한다, 경정될 등기와 등기부상 양립할 수 없는 등기가 된 경우에 등기내용은 단지 경정의 대상이 될 뿐이고, 등기명의자를 승낙청구의 상대방인 등기상 이해관계 있는 제3자로 보아 별도로 승낙까지 받아야 할 필요는 없다.(대결 2017.1.25, 2016마5579)

8. 단독소유를 공유로 또는 공유를 단독소유로 하는 경정등기가 허용되는지 여부(소극) **및 일부말소 의미의 경정등기를 소로써 구하는 것이 허용되는지 여부**(소극) ① 경정등기가 허용되기 위해서는 경정 전후의 등기에 동일성 내지 유사성이 있어야 하는데, 경정 전의 명의인과 경정 후의 명의인이 달라지는 권리자 경정등기는 등기명의인의 동일성이 인정되지 않으므로 허용되지 않는다. 따라서 단독소유를 공유로 또는 공유를 단독소유로 하는 경정등기 역시 소유자가 변경되는 결과로 되어 등기명의인의 동일성을 잃게 되므로 허용될 수 없다. ② 실체관계상 공유인 부동산에 관하여 단독소유로 소유권보존등기가 마쳐졌거나 단독소유인 부동산에 관하여 공유로 소유권보존등기가 마쳐진 경우에 소유권보존등기 중 진정한 권리자의 소유부분에 해당하는 일부 지분에 관한 등기명의인의 소유권보존등기는 무효이므로 이를 말소하고 그 부분에 관한 진정한 권리자의 소유권보존등기를 하여야 한다. 이 경우 진정한 권리자는 소유권보존등기의 일부말소를 소로써 구하고 법원은 그 지분에 한하여만 말소를 명할 수 있으나, 등기기술상 소유권보존등기의 일부말소는 허용되지 않으므로, 그 판결의 집행은 단독소유를 공유로 또는 공유를 단독소유로 하는 경정등기의 방식으로 이루어진다. 이와 같이 일부말소 의미의 경정등기는 등기절차 내에서만 허용될 뿐 소송절차에서는 일부말소를 구하는 외에 경정등기를 소로써 구하는 것은 허용될 수 없다. ③ 합유재산을 합유자 1인의 단독소유로 소유권보존등기를 한 경우에는 소유권보존등기가 실질관계에 부합하지 않는 원인무효의 등기이므로, 다른 합유자는 등기명의인인 합유자를 상대로 소유권보존등기 말소청구의 소를 제기하는 등의 방법으로 원인무효의 등기를 말소시킨 다음 새로이 합유의 소유권보존등기를 신청할 수 있다.(대판 2017.8.18, 2016다6309)

9. 점유취득시효가 완성된 점유자가 토지소유자를 상대로 지적공부 등록사항 정정절차의 이행을 구할 수 있는지(적극) 지적공부상 면적의 표시가 잘못된 등록사항 정정 대상 토지의 일부를 점유함으로써 점유취득시효가 완성된 점유자가 자신의 점유 부분에 관한 소유권이전등기를 위하여 선행절차로 토지분할을 하여야 하는 경우, 점유자는 소유권이전등기청구권을 실행하기 위하여 토지소유자를 상대로 지적공부 등록사항 정정절차의 이행을 구할 수 있다고 보아야 한다. 이와 달리 점유자가 지적공부 등록사항 정정절차 이행을 구할 수 없다고 본다면, 토지소유자가 지적공부 등록사항 정정신청을 하지 않는 이상 점유자는 점유 부분에 관한 소유권을 이전받을 수 없게 되므로 점유취득시효가 완성됨에 따라 소유권이전등기청구권을 갖는 점유자의 법적 지위가 보장받지 못하게 되는 결과가 발생한다.(대판 2023.6.15, 2022다303766)

제33조【새 등기기록에의 이기】 등기기록에 기록된 사항이 많아 취급하기에 불편하게 되는 등 합리적 사유로 등기기록을 옮겨 기록할 필요가 있는 경우에 등기관은 현재 효력이 있는 등기만을 새로운 등기기록에 옮겨 기록할 수 있다.

제2절 표시에 관한 등기

제1관 토지의 표시에 관한 등기

제34조【등기사항】 등기관은 토지 등기기록의 표제부에 다음 각 호의 사항을 기록하여야 한다.

1. 표시번호
2. 접수연월일
3. 소재와 지번(地番)
4. 지목(地目)
5. 면적
6. 등기원인

■ 등기의 신청방식(비송150), 등록번호의 부여(49), 공장재단의 등기(공저당5·6·25), 준용(비송71)

1. 부동산등기부의 표제부에 토지의 면적이 실제와 다르게 등재된 경우, 등기가 해당 토지를 표상하는 등기로서 유효한지 여부(적극) 물권의 객체인 토지 1필지의 공간적 범위를 특정하는 것은 지적도나 임야도의 경계이지 등기부의 표

제부나 임야대장·토지대장에 등재된 면적이 아니므로, 부동산등기부의 표제부에 토지의 면적이 실제와 다르게 등재되어 있어도 이러한 등기는 해당 토지를 표상하는 등기로서 유효하다. 또한 부동산등기부의 표시에 따라 지번과 지적을 표시하고 1필지의 토지를 양도하였으나 양도된 토지의 실측상 지적이 등기부에 표시된 것보다 넓은 경우 등기부상 지적을 넘는 토지 부분은 양도된 지번과 일체를 이루는 것으로서 양수인의 소유에 속한다.(대판 2016.6.28, 2016다1793)

제35조【변경등기의 신청】 토지의 분할, 합병이 있는 경우와 제34조의 등기사항에 변경이 있는 경우에는 그 토지 소유권의 등기명의인은 그 사실이 있는 때부터 1개월 이내에 그 등기를 신청하여야 한다.

1. 토지에 관하여 소유권이전등기가 마쳐져 있다면 그 등기 당시 지적공부가 비치되어 있었다고 볼 수 있는지 여부(적극) **/ 분할된 토지의 지적공부가 멸실한 후 분할 전 토지의 지적공부를 복구한 경우 분할 전 1필지에 대한 소유권 주장 방법** ① 어느 토지에 관하여 소유권이전등기가 마쳐져 있다면 토지의 지적공부가 현재 소관청에 비치되어 있지 않은 경우 등에도 소유권이전등기 당시에는 지적공부가 비치되어 있었다고 보는 것이 타당하고, 또한 토지를 분할하기 위해서는 우선 지적도상에 분할될 토지 부분을 분할하고 새로이 토지대장에 등록을 하여야 하므로, 특별한 사정이 없는 한 분할된 토지에 대한 토지대장과 지적도도 존재하고 있었다고 보는 것이 타당하다. 이는 소유권이전등기가 마쳐져 있던 등기기록이 멸실한 후 멸실회복등기가 마쳐져 있는 경우에도 마찬가지이다. ② 1필지의 토지가 여러 필지로 분할되어 지적공부에 등록되었다가 지적공부가 모두 멸실한 후 지적공부 소관청이 멸실한 지적공부를 복구하면서 종전의 분할된 여러 필지의 토지로 복구하지 못하고 분할 전 1필지의 토지로만 복구한 경우에도, 종전의 분할된 각 토지의 소유자는 지적공부가 복구된 분할 전 1필지의 토지 중 그 소유인 종전의 분할된 토지의 경계를 지적공부상으로 분할할 수 있을 정도로 특정하여, 분할 전 1필지의 토지의 일부분에 대해 소유권 확인 또는 소유권이전등기의 말소를 구하는 소송을 제기하는 등으로 소유권을 주장·행사할 수 있다.(대판 2017.2.21, 2016다225353)

제36조【직권에 의한 표시변경등기】 ① 등기관이 지적(地籍)소관청으로부터 「공간정보의 구축 및 관리 등에 관한 법률」 제88조제3항의 통지를 받은 경우에 제35조의 기간 이내에 등기명의인으로부터 등기신청이 없을 때에는 그 통지서의 기재내용에 따른 변경의 등기를 직권으로 하여야 한다. (2014.6.3 본항개정)

② 제1항의 등기를 하였을 때에는 등기관은 지체 없이 그 사실을 지적소관청과 소유권의 등기명의인에게 알려야 한다. 다만, 등기명의인이 2인 이상인 경우에는 그중 1인에게 통지하면 된다.

■ 등기의 경정(32), 각종 통지부(등기규24), 지적공부(공간정보2·3·23·64)

제37조【합필 제한】 ① 합필(合筆)하려는 토지에 다음 각 호의 등기 외의 권리에 관한 등기가 있는 경우에는 합필의 등기를 할 수 없다. (2020.2.4 본항개정)

1. 소유권·지상권·전세권·임차권 및 승역지(承役地: 편익제공지)에 하는 지역권의 등기
2. 합필하려는 모든 토지에 있는 등기원인 및 그 연월일과 접수번호가 동일한 저당권에 관한 등기
3. 합필하려는 모든 토지에 있는 제81조제1항 각 호의 등기사항이 동일한 신탁등기

② 등기관이 제1항을 위반한 등기의 신청을 각하하면 지체 없이 그 사유를 지적소관청에 알려야 한다.

■ 각종 통지부(등기규24), 소유권변경 사실의 통지(62), 지적공부(공간정보2·3·23·64)

제38조【합필의 특례】 ① 「공간정보의 구축 및 관리 등에 관한 법률」에 따른 토지합병절차를 마친 후 합필등기(合筆登記)를 하기 전에 합병된 토지 중 어느 토지에 관하여 소유권이전등기가 된 경우라 하더라도 이해관계인의 승낙이 있으면 해당 토지의 소유권의 등기명의인들은 합필 후의 토지를 공유(共有)로 하는 합필등기를 신청할 수 있다. (2014.6.3 본항개정)

② 「공간정보의 구축 및 관리 등에 관한 법률」에 따른 토지합병절차를 마친 후 합필등기를 하기 전에 합병된 토지 중 어느 토지에 관하여 제37조제1항에서 정한 합필등기의 제한 사유에 해당하는 권리에 관한 등기가 된 경우라 하더라도 이해관계인의 승낙이 있으면 해당 토지의 소유권의 등기명의인은 그 권리의 목적물을 합필 후의 토지에 관한 지분으로 하는 합필등기를 신청할 수 있다. 다만, 요역지(要役地: 편익필요지)에 하는 지역권의 등기가 있는 경우에는 합필 후의 토지 전체를 위한 지역권으로 하는 합필등기를 신청하여야 한다. (2014.6.3 본항개정)

■ 토지합병(공간정보2·26·80), 합필 제한(37), 지역권의 등기(70·71, 민291)

제39조【멸실등기의 신청】 토지가 멸실된 경우에는 그 토지 소유권의 등기명의인은 그 사실이 있는 때부터 1개월 이내에 그 등기를 신청하여야 한다.

제2관 건물의 표시에 관한 등기

제40조【등기사항】 ① 등기관은 건물 등기기록의 표제부에 다음 각 호의 사항을 기록하여야 한다.

1. 표시번호
2. 접수연월일
3. 소재, 지번, 건물명칭(건축물대장에 건물명칭이 기재되어 있는 경우만 해당한다. 이하 이 조에서 같다) 및 번호. 다만, 같은 지번 위에 1개의 건물만 있는 경우에는 건물번호는 기록하지 아니한다. (2024.9.20. 본호개정)
4. 건물의 종류, 구조와 면적. 부속건물이 있는 경우에는 부속건물의 종류, 구조와 면적도 함께 기록한다.
5. 등기원인
6. 도면의 번호[같은 지번 위에 여러 개의 건물이 있는 경우와 「집합건물의 소유 및 관리에 관한 법률」 제2조제1호의 구분소유권(區分所有權)의 목적이 되는 건물(이하 "구분건물"이라 한다)인 경우로 한정한다]

② 등기할 건물이 구분건물(區分建物)인 경우에 등기관은 1동 건물의 등기기록의 표제부에는 소재와 지번, 건물명칭 및 번호를 기록하고 전유부분의 등기기록의 표제부에는 건물번호를 기록하여야 한다.
③ 구분건물에 「집합건물의 소유 및 관리에 관한 법률」 제2조제6호의 대지사용권(垈地使用權)으로서 건물과 분리하여 처분할 수 없는 것[이하 "대지권"(垈地權)이라 한다]이 있는 경우에는 등기관은 제2항에 따라 기록하여야 할 사항 외에 1동 건물의 등기기록의 표제부에 대지권의 목적인 토지의 표시에 관한 사항을 기록하고 전유부분의 등기기록의 표제부에는 대지권의 표시에 관한 사항을 기록하여야 한다.
④ 등기관이 제3항에 따라 대지권등기를 하였을 때에는 직권으로 대지권의 목적인 토지의 등기기록에 소유권, 지상권, 전세권 또는 임차권이 대지권이라는 뜻을 기록하여야 한다.

▣ 각종 통지부(등기규24), 별도의 등기(등기규90)

1. 실제 존재하지 않는 지번으로 표시된 건물에 관한 등기의 효력 이 사건 건물이 지적공부상의 부산진구 범전동 44의 36 지상에 세워진 것인데 이 지번을 포함한 부근 일대가 행정관서를 비롯하여 주민들간에 실제에 존재하지 않는 같은 동 산의 27이라고 호칭되어 가옥세과세대장에도 위 산의 27로 등재되어 등기부상에도 산의 27로 등기되었으나 실체에 있어서는 바로 이 사건 건물을 표상하고 있는 경우에는 등기상의 동일성이 인정되어 이 건물에 관한 등기가 무효라고 할 수 없다.(대판 1974.10.22, 74다896)

2. 건축물 관리대장에 등재된 건물에 관한 등기가 건축물관리대장의 표시와 다른 경우의 효력 유무(소극)(구법관계) 부동산등기법 56조 1항의 규정에 비추어 보면 건물이 건축허가 되어 준공검사까지 마쳐져 건축물관리대장에 등재되어 있는 경우에는 무허가건물 등, 등기 당시 등기부 외에 그 건물의 지번, 구조, 면적 등을 실제와 맞게 특정할 수 있는 공부가 없는 경우와는 달리 등기부상 그 건물의 지번, 구조, 면적 등의 표시가 그 건축물관리대장의 표시와 동일하게 등기되어 있는 등기만이 그 건물을 공시하는 유효한 등기이다.(대판 1990.12.11, 90다카8630)

제41조 【변경등기의 신청】 ① 건물의 분할, 구분, 합병이 있는 경우와 제40조의 등기사항에 변경이 있는 경우에는 그 건물 소유권의 등기명의인은 그 사실이 있는 때부터 1개월 이내에 그 등기를 신청하여야 한다.
② 구분건물로서 표시등기만 있는 건물에 관하여는 제65조 각 호의 어느 하나에 해당하는 자가 제1항의 등기를 신청하여야 한다.
③ 구분건물로서 그 대지권의 변경이나 소멸이 있는 경우에는 구분건물의 소유권의 등기명의인은 1동의 건물에 속하는 다른 구분건물의 소유권의 등기명의인을 대위하여 그 등기를 신청할 수 있다.
④ 건물이 구분건물인 경우에 그 건물의 등기기록 중 1동 표제부에 기록하는 등기사항에 관한 변경등기는 그 구분건물과 같은 1동의 건물에 속하는 다른 구분건물에 대하여도 변경등기로서의 효력이 있다.

▣ 과태료(112), 대위등기신청(28·46②)

1. 1동건물의 증축부분이 구분건물로 되기 위한 요건 법률상 1개의 부동산으로 등기된 기존 건물이 증축되어 증축 부분이 구분소유의 객체가 될 수 있는 구조상 및 이용상의 독립성을 갖추었다고 하더라도 이로써 곧바로 그 증축 부분이 법률상 기존 건물과 별개인 구분건물로 되는 것은 아니고, 구분건물이 되기 위하여는 증축 부분의 소유자의 구분소유 의사가 객관적으로 표시된 구분행위가 있어야 한다.(대판 1999.7.27, 98다32540)

2. 종전건물의 소유자가 이를 헐어 내고 건물을 신축한 경우 종전건물에 관한 소유권이전등기의 말소를 구할 소의 이익 여부(적극), **종전건물의 등기부에 근저당권설정등기를 하고 후에 그 표제부 표시를 새 건물로 변경등기한 경우 새 건물에 대한 등기의 효력**(소극) ① 소유권보존등기가 되었던 종전건물의 소유자가 이를 헐어 내고 건물을 신축한 경우에 있어 종전건물에 대한 멸실등기를 하고 새 건물에 대한 소유권보존등기를 하기 위하여 종전건물에 대한 소유권보존등기에 터잡아 마쳐진 원인무효의 소유권이전등기 등의 말소를 청구할 소의 이익이 있다. ② 위의 경우 새 건물에 대한 근저당권을 설정할 의사를 가지고 종전건물의 등기부에 근저당권설정등기를 하고, 후에 그 표제부 표시를 새 건물로 변경등기하였다고 하여 새 건물에 대한 등기로서 유효하게 된다고 할 수 없다.(대판 1992.3.31, 91다39184)

제42조 【합병 제한】 ① 합병하려는 건물에 다음 각 호의 등기 외의 권리에 관한 등기가 있는 경우에는 합병의 등기를 할 수 없다. (2020.2.4 본항개정)
1. 소유권·전세권 및 임차권의 등기
2. 합병하려는 모든 건물에 있는 등기원인 및 그 연월일과 접수번호가 동일한 저당권에 관한 등기
3. 합병하려는 모든 건물에 있는 제81조제1항 각 호의 등기사항이 동일한 신탁등기

② 등기관이 제1항을 위반한 등기의 신청을 각하하면 지체 없이 그 사유를 건축물대장 소관청에 알려야 한다.

▣ 각종 통지부(등기규24)

제43조 【멸실등기의 신청】 ① 건물이 멸실된 경우에는 그 건물 소유권의 등기명의인은 그 사실이 있는 때부터 1개월 이내에 그 등기를 신청하여야 한다. 이 경우 제41조제2항을 준용한다.
② 제1항의 경우 그 소유권의 등기명의인이 1개월 이내에 멸실등기를 신청하지 아니하면 그 건물대지의 소유자가 건물 소유권의 등기명의인을 대위하여 그 등기를 신청할 수 있다.
③ 구분건물로서 그 건물이 속하는 1동 전부가 멸실된 경우에는 그 구분건물의 소유권의 등기명의인은 1동의 건물에 속하는 다른 구분건물의 소유권의 등기명의인을 대위하여 1동 전부에 대한 멸실등기를 신청할 수 있다.

제44조 【건물의 부존재】 ① 존재하지 아니하는 건물에 대한 등기가 있을 때에는 그 소유권의 등기명의인은 지체 없이 그 건물의 멸실등기를 신청하여야 한다.
② 그 건물 소유권의 등기명의인이 제1항에 따라 등기를 신청하지 아니하는 경우에는 제43조제2항을 준용한다.

③ 존재하지 아니하는 건물이 구분건물인 경우에는 제43조제3항을 준용한다.

■ 대위등기신청(43②)

제45조【등기상 이해관계인이 있는 건물의 멸실】 ① 소유권 외의 권리가 등기되어 있는 건물에 대한 멸실등기의 신청이 있는 경우에 등기관은 그 권리의 등기명의인에게 1개월 이내의 기간을 정하여 그 기간까지 이의(異議)를 진술하지 아니하면 멸실등기를 한다는 뜻을 알려야 한다. 다만, 건축물대장에 건물멸실의 뜻이 기록되어 있거나 소유권 외의 권리의 등기명의인이 멸실등기에 동의한 경우에는 그러하지 아니하다.

② 제1항 본문의 경우에는 제58조제2항부터 제4항까지를 준용한다.

■ 건물의 표시변경(41①), 건물의 멸실등기(44), 각종 통지부(등기규24), 말소의 통지(58②), 말소에 대한 이의(58③), 직권말소(58④)

제46조【구분건물의 표시에 관한 등기】 ① 1동의 건물에 속하는 구분건물 중 일부만에 관하여 소유권보존등기를 신청하는 경우에는 나머지 구분건물의 표시에 관한 등기를 동시에 신청하여야 한다.

② 제1항의 경우에 구분건물의 소유자는 1동에 속하는 다른 구분건물의 소유자를 대위하여 그 건물의 표시에 관한 등기를 신청할 수 있다.

③ 구분건물이 아닌 건물로 등기된 건물에 접속하여 구분건물을 신축한 경우에 그 신축건물의 소유권보존등기를 신청할 때에는 구분건물이 아닌 건물을 구분건물로 변경하는 건물의 표시변경등기를 동시에 신청하여야 한다. 이 경우 제2항을 준용한다.

■ 대위권에 의한 등기(28)

구분소유의 성립을 인정하기 위하여 반드시 집합건축물대장의 등록이나 구분건물의 표시에 관한 등기가 필요한지 여부(소극) 1동의 건물에 대하여 구분소유가 성립하기 위해서는 객관적·물리적인 측면에서 1동의 건물이 존재하고, 구분된 건물부분이 구조상·이용상 독립성을 갖추어야 할 뿐 아니라, 1동의 건물 중 물리적으로 구획된 건물부분을 각각 구분소유권의 객체로 하려는 구분행위가 있어야 한다. 여기서 구분행위는 건물의 물리적 형질에 변경을 가함이 없이 법률관념상 건물의 특정 부분을 구분하여 별개의 소유권의 객체로 하려는 일종의 법률행위로서, 그 시기나 방식에 특별한 제한이 있는 것은 아니고 처분권자의 구분의사가 객관적으로 외부에 표시되면 인정된다. 따라서 구분건물이 물리적으로 완성되기 전에도 건축허가신청이나 분양계약 등을 통하여 장래 신축되는 건물을 구분건물로 하겠다는 구분의사가 객관적으로 표시되면 구분행위의 존재를 인정할 수 있고, 이후 1동의 건물 및 그 구분행위에 상응하는 구분건물이 객관적·물리적으로 완성되면 아직 그 건물이 집합건축물대장에 등록되거나 구분건물로서 등기부에 등기되지 않았더라도 그 시점에서 구분소유가 성립한다.(대판(全) 2013.1.17, 2010다71578)

집합건물의 공용부분을 구분소유권의 목적으로 할 수 있는지 여부(소극) 집합건물 중 여러 개의 전유부분으로 통하는 복도, 계단, 그 밖에 구조상 구분소유자의 전원 또는 일부의 공용에 제공되는 건물부분은 공용부분으로서 구분소유권의 목적으로 할 수 없다. 이때 건물의 어느 부분이 구분소유자의 전원 또는 일부의 공용에 제공되는지는 소유자들 사이에 특단의 합의가 없는 한 건물의 구조에 따른 객관적인 용도에 의하여 결정된다. 따라서 구분건물에 관하여 구분소유가 성립될 당시 객관적인 용도가 공용부분인 건물부분을 나중에 임의로 개조하는 등으로 이용 상황을 변경하거나 집합건축물대장에 전유부분으로 등록하고 소유권보존등기를 하였더라도 그로써 공용부분이 전유부분이 되어 어느 구분소유자의 전속적인 소유권의 객체가 되지는 않는다.(대판 2016.5.27, 2015다77212)

3. 일반건물로 등기되었던 기존의 건물에 관하여 실제로 건축물대장의 전환등록절차를 거쳐 구분건물로 변경등기까지 마쳐진 경우, 전환등록 시점에는 구분행위가 있었던 것으로 볼 수 있는지 여부(원칙적 적극) 집합건물이 아닌 일반건물로 등기된 기존의 건물이 구분건물로 변경등기되기 전이라도, 구분된 건물부분이 구조상·이용상 독립성을 갖추고 건물을 구분건물로 하겠다는 처분권자의 구분의사가 객관적으로 외부에 표시되는 구분행위가 있으면 구분소유권이 성립한다. 그리고 일반건물로 등기되었던 기존의 건물에 관하여 실제로 건축물대장의 전환등록절차를 거쳐 구분건물로 변경등기까지 마쳐진 경우라면 특별한 사정이 없는 한 전환등록 시점에는 구분행위가 있었던 것으로 봄이 타당하다.(대판 2016.6.28, 2016다1854, 1861)

제47조【규약상 공용부분의 등기와 규약폐지에 따른 등기】 ①「집합건물의 소유 및 관리에 관한 법률」제3조제4항에 따른 공용부분(共用部分)이라는 뜻의 등기는 소유권의 등기명의인이 신청하여야 한다. 이 경우 공용부분인 건물에 소유권 외의 권리에 관한 등기가 있을 때에는 그 권리의 등기명의인의 승낙이 있어야 한다.

② 공용부분이라는 뜻을 정한 규약을 폐지한 경우에 공용부분의 취득자는 지체 없이 소유권보존등기를 신청하여야 한다.

■ 공용부분인 취지의 등기신청(등기규104), 공용부분(집합건물3·10-19)

제3절 권리에 관한 등기

제1관 통 칙

제48조【등기사항】 ① 등기관이 갑구 또는 을구에 권리에 관한 등기를 할 때에는 다음 각 호의 사항을 기록하여야 한다.

1. 순위번호
2. 등기목적
3. 접수연월일 및 접수번호
4. 등기원인 및 그 연월일
5. 권리자

② 제1항제5호의 권리자에 관한 사항을 기록할 때에는 권리자의 성명 또는 명칭 외에 주민등록번호 또는 부동산등기용등록번호와 주소 또는 사무소 소재지를 함께 기록하여야 한다.

③ 제26조에 따라 법인 아닌 사단이나 재단 명의의 등기를 할 때에는 그 대표자나 관리인의 성명, 주소 및 주민등록번호를 함께 기록하여야 한다.

④ 제1항제5호의 권리자가 2인 이상인 경우에는 권리자별 지분을 기록하여야 하고 등기할 권리가 합유(合有)인 때에는 그 뜻을 기록하여야 한다.

■ 합유(민271-274)

제49조【등록번호의 부여 절차】 ① 제48조제2항

에 따른 부동산등기용등록번호(이하 "등록번호"라 한다)는 다음 각 호의 방법에 따라 부여한다.
(2015.7.24 본항개정)

1. 국가·지방자치단체·국제기관 및 외국정부의 등록번호는 국토교통부장관이 지정·고시한다.
2. 주민등록번호가 없는 재외국민의 등록번호는 대법원 소재지 관할 등기소의 등기관이 부여하고, 법인의 등록번호는 주된 사무소(회사의 경우에는 본점, 외국법인의 경우에는 국내에 최초로 설치 등기를 한 영업소나 사무소를 말한다) 소재지 관할 등기소의 등기관이 부여한다.
3. 법인 아닌 사단이나 재단 및 국내에 영업소나 사무소의 설치 등기를 하지 아니한 외국법인의 등록번호는 시장(「제주특별자치도 설치 및 국제자유도시 조성을 위한 특별법」 제10조제2항에 따른 행정시의 시장을 포함하며, 「지방자치법」 제3조제3항에 따라 자치구가 아닌 구를 두는 시의 시장은 제외한다), 군수 또는 구청장(자치구가 아닌 구의 구청장을 포함한다)이 부여한다.
4. 외국인의 등록번호는 체류지(국내에 체류지가 없는 경우에는 대법원 소재지에 체류지가 있는 것으로 본다)를 관할하는 지방출입국·외국인관서의 장이 부여한다.

② 제1항제2호에 따른 등록번호의 부여절차는 대법원규칙으로 정하고, 제1항제3호와 제4호에 따른 등록번호의 부여절차는 대통령령으로 정한다.

▣ 법인 및 재외국민의 부동산등기용 등록번호 부여에 관한 규칙(1991.12.30.대규1187), 법인 아닌 사단·재단 및 외국인의 부동산 등기용 등록번호 부여절차에 관한 규정(1987.2.13.대령12075)

1. 공부상 등록번호를 부여받았다 하여 단체의 실체가 존재한다고 볼 수 있는지 여부(소극)(구법관계) 법인 아닌 사단·재단 및 외국인의 부동산등기용 등록번호부여절차에 관한 규정에 의한 공부에 갑 교회가 신규등록을 하고 을이 그 교회의 대표자로 변경등록까지 하였다 하더라도, 이 등록번호 부여절차에서 단체의 실체나 대표자 자격이 실질적으로 심사되지 않는 점에 비추어 그것만으로 갑 교회가 단체의 실체를 갖추고 있거나 을이 그 교회의 적법한 대표자라고 보기 어렵다.(대판 1994.11.11, 94다14094)

제50조【등기필정보】 ① 등기관이 새로운 권리에 관한 등기를 마쳤을 때에는 등기필정보를 작성하여 등기권리자에게 통지하여야 한다. 다만, 다음 각 호의 어느 하나에 해당하는 경우에는 그러하지 아니하다.

1. 등기권리자가 등기필정보의 통지를 원하지 아니하는 경우
2. 국가 또는 지방자치단체가 등기권리자인 경우
3. 제1호 및 제2호에서 규정한 경우 외에 대법원규칙으로 정하는 경우

② 등기권리자와 등기의무자가 공동으로 권리에 관한 등기를 신청하는 경우에 신청인은 그 신청정보와 함께 제1항에 따라 통지받은 등기의무자의 등기필정보를 등기소에 제공하여야 한다. 승소한 등기의무자가 단독으로 권리에 관한 등기를 신청하는 경우에도 또한 같다.

▣ 등기신청에 필요한 서면(24①), 등기필정보(등기규106·107·110)

제51조【등기필정보가 없는 경우】 제50조제2항의 경우에 등기의무자의 등기필정보가 없을 때에는 등기의무자 또는 그 법정대리인(이하 "등기의무자등"이라 한다)이 등기소에 출석하여 등기관으로부터 등기의무자등임을 확인받아야 한다. 다만, 등기신청인의 대리인(변호사나 법무사만을 말한다)이 등기의무자등으로부터 위임받았음을 확인한 경우 또는 신청서(위임에 의한 대리인이 신청하는 경우에는 그 권한을 증명하는 서면을 말한다) 중 등기의무자등의 작성부분에 관하여 공증(公證)을 받은 경우에는 그러하지 아니하다.

▣ 본인여부의 확인(등기규111①), 등기필정보(등기규43①·111)

1. 등기필증 멸실의 경우, 법무사가 등기신청 위임인이 본인임을 확인하는 데 요구되는 주의의무의 정도(구법관계) 부동산등기법 49조, 법무사법 25조의 각 규정 취지에 의하면, 등기필증 멸실의 경우 법무사와 변호사가 하는 부동산등기법 49조의 본인 확인은 원칙적으로 등기관이 수행하여야 할 확인 업무를 등기관에 갈음하여 행하는 것이므로, 법무사 등은 등기신청을 위임하는 자와 등기부상의 등기의무자로 되어 있는 자가 동일인인지를 그 직무상 요구되는 주의를 다하여 확인하여야 할 의무가 있고, 법무사 등이 위임인이 본인 또는 대리인임을 확인하기 위하여 주민등록증이나 인감증명서를 제출 또는 제시하도록 하여 특별히 의심할 만한 사정이 발견되지 아니하는 경우에는 그 증명서만으로 본인임을 확인할 수 있을 것이나, 그와 같은 확인 과정에서 달리 의심할 만한 정황이 있는 경우에는 가능한 여러 방법을 통하여 본인 여부를 한층 자세히 확인할 의무가 있다.(대판 2007.6.14, 2007다4295)

제52조【부기로 하는 등기】 등기관이 다음 각 호의 등기를 할 때에는 부기로 하여야 한다. 다만, 제5호의 등기는 등기상 이해관계 있는 제3자의 승낙이 없는 경우에는 그러하지 아니하다.

1. 등기명의인표시의 변경이나 경정의 등기
2. 소유권 외의 권리의 이전등기
3. 소유권 외의 권리를 목적으로 하는 권리에 관한 등기
4. 소유권 외의 권리에 대한 처분제한 등기
5. 권리의 변경이나 경정의 등기
6. 제53조의 환매특약등기
7. 제54조의 권리소멸약정등기
8. 제67조제1항 후단의 공유물 분할금지의 약정등기
9. 그 밖에 대법원규칙으로 정하는 등기

▣ 등기신청에 필요한 서면(24②·50②), 이해관계있는 제3자(57), 환매특약의 등기(53), 환매등기(민592), 부기등기(5, 등기규2)

1. 근저당권 이전의 부기등기가 경료된 경우 그 이전이 무효임을 이유로 근저당권 양수인을 상대로 한 근저당권설정등기의 말소의 가부(소극) 근저당권 이전의 부기등기는 기존의 주등기인 근저당권설정등기에 종속되어 주등기와 일체를 이루는 것으로서 기존의 근저당권설정등기에 의한 권리의 승계를 등기부상 명시하는 것일 뿐 그 등기에 의하여 새로운 권리가 생기는 것이 아니므로, 근저당권설정자 또는 그로부터 소유권을 이전받은 제3취득자는 피담보채무가 소멸된 경우 또는 근저당권설정등기가 당초부터 원인무효인 경우

등에 근저당권의 현재의 명의인인 양수인을 상대로 주등기인 근저당권설정등기의 말소를 구할 수 있으나, 근저당권자로부터 양수인 앞으로의 근저당권 이전이 무효라는 사유를 내세워 양수인을 상대로 근저당권설정등기의 말소를 구할 수는 없다.(대판 2003.4.11, 2003다5016)

2. 근저당권설정등기 말소청구 외에 근저당권 이전의 부기등기의 말소를 구할 이익(소극) 근저당권 이전의 부기등기는 기존의 주등기인 근저당권설정등기에 종속되어 주등기와 일체를 이루는 것이어서 피담보채무가 소멸된 경우 또는 근저당권설정등기가 당초 원인무효인 경우 주등기인 근저당권설정등기의 말소만 구하면 되고 그 부기등기는 별도로 말소를 구하지 않더라도 주등기의 말소에 따라 직권으로 말소된다.(대판 1995.5.26, 95다7550)

3. 가등기가 말소되면 그 부기등기도 직권말소되는지 여부 가등기 이전의 부기등기는 기존의 주등기인 가등기에 종속되어 주등기와 일체를 이루는 것이어서 피담보채무가 소멸된 경우에는 주등기인 가등기의 말소만 구하면 되고 위 부기등기는 별도로 말소를 구하지 않더라도 주등기의 말소에 따라 직권으로 말소된다.(대판 1994.10.21, 94다17109)

4. 소유권보존등기경정의 부기등기가 무효인 경우 주등기의 말소와 별도로 부기등기의 말소를 구하는 소의 적법 여부(소극) 토지 소유권보존등기의 일부 지분만을 말소하기 위하여 잔존 지분권자와 말소를 구하는 진정한 권리자와의 공유로 하는 경정등기를 경료한 경우 위 소유권보존등기 경정의 부기등기는 기존의 주등기인 소유권보존등기에 종속되어 주등기와 일체를 이루는 것이고 주등기와 별개의 새로운 등기는 아니라 할 것이므로 소유권보존등기 및 이에 기하여 경료된 경정등기가 원인무효인 경우 위 주등기의 말소만을 구하면 되고 그에 기한 부기등기는 별도로 말소를 구하지 않더라도 주등기가 말소되는 경우에는 직권으로 말소되어야 할 성질의 것이므로, 위 부기등기의 말소청구는 소의 이익이 없는 부적법한 청구이다.(대판 2001.4.13, 2001다4903)

5. 경정등기의 신청에 있어서 '등기상 이해관계 있는 제3자'의 의미 및 판단기준 경정등기의 신청에 있어서 등기상 이해관계가 있는 제3자가 있을 경우에는 신청서에 그 승낙서 또는 그에 대항할 수 있는 재판의 등본을 반드시 첨부하여야 하는바, 이 때 등기상 이해관계 있는 제3자라 함은 기존 등기에 존재하는 착오 또는 유루를 바로 잡는 경정등기를 허용함으로써 손해를 입게 될 위험성이 있는 등기상의 권리자를 의미하고, 그와 같은 손해를 입게 될 위험성은 등기의 형식에 의하여 판단하고 실질적으로 손해를 입을 염려가 있는지 여부는 고려의 대상이 되지 아니한다.(대결 1998.4.9, 98마40)

6. 등기명의인이 아닌 사람이 권리변경등기나 경정등기에 관하여 등기상 이해관계 있는 제3자인지 여부(소극) **및 등기명의인이 아닌 사람을 상대로 권리변경등기나 경정등기에 대한 승낙의 의사표시를 청구하는 소가 적법한지 여부**(소극) 부동산등기법 52조 단서 5호는 "등기상 이해관계 있는 제3자의 승낙이 없는 경우에는 권리의 변경이나 경정의 등기를 부기등기로 할 수 없다."라고 규정하고 있는데, 이때 등기상 이해관계 있는 제3자란 기존 등기에 권리변경등기나 경정등기를 허용함으로써 손해를 입게 될 위험성이 있는 등기명의인을 의미하고, 손해를 입게 될 위험성은 등기의 형식에 의하여 판단하며 실질적으로 손해를 입을 염려가 있는지는 고려의 대상이 되지 아니한다. 따라서 등기명의인이 아닌 사람은 권리변경등기나 경정등기에 관하여 등기상 이해관계 있는 제3자에 해당하지 않음이 명백하고, 권리변경등기나 경정등기를 부기등기로 하기 위하여 등기명의인이 아닌 사람의 승낙을 받아야 할 필요는 없으므로, 등기명의인이 아닌 사람을 상대로 권리변경등기나 경정등기에 대한 승낙의 의사표시를 청구하는 소는 당사자적격이 없는 사람을 상대로 한 부적법한 소이다.(대판 2015.12.10, 2014다87878)

7. 등기명의인의 표시변경 또는 경정의 부기등기와 부기등기의 말소등기절차 이행청구 등기명의인의 표시변경 또는 경정의 부기등기가 등기명의인의 동일성을 해치는 방법으로 행하여져서 부동산등기사항증명서상의 표시가 실지 소유관계를 표상하고 있는 것이 아니라면 진실한 소유자는 그 소유권의 내용인 침해배제청구권의 정당한 행사로써 그 표시상의 소유명의자를 상대로 그 소유권에 장애가 되는 부기등기인 표시변경 또는 경정등기의 말소등기절차의 이행을 청구할 수 있다. 이와 같이 부동산의 등기명의인의 표시변경 또는 경정등기의 말소등기절차의 이행을 청구하려는 자는 자신이 부동산의 원래의 등기명의인에 해당하는 자로서 진실한 소유자라는 사실을 증명하여야 한다.(대판 2021.5.7, 2020다299214)

第53條【환매특약의 등기】 등기관이 환매특약의 등기를 할 때에는 다음 각 호의 사항을 기록하여야 한다. 다만, 제3호는 등기원인에 그 사항이 정하여져 있는 경우에만 기록한다.

1. 매수인이 지급한 대금
2. 매매비용
3. 환매기간

▣ 환매등기(52, 민592), 환매권(공익사업91)

1. 환매기간 내에 환매의사표시를 하였으나 환매에 의한 권리취득등기를 하지 아니한 매도인과 가압류집행을 한 자에 대한 관계(구법관계) 부동산등기법 64조의2에 의하면 환매특약의 등기는 매수인의 권리취득의 등기에 부기하고, 이 등기는 환매에 의한 권리취득의 등기를 한 때에는 이를 말소하도록 되어 있으며 환매에 의한 권리취득의 등기는 이전등기의 방법으로 하여야 할 것인 바, 설사 환매특약부 매매계약의 매도인이 환매기간 내에 매수인에게 환매의 의사표시를 한 바 있다고 하여도 그 환매에 의한 권리취득의 등기를 함이 없이는 부동산에 가압류집행을 한 자에 대하여 이를 주장할 수 없다.(대판 1990.12.26, 90다카16914)

第54條【권리소멸약정의 등기】 등기원인에 권리의 소멸에 관한 약정이 있을 경우 신청인은 그 약정에 관한 등기를 신청할 수 있다.

▣ 등기(민186)

第55條【사망 등으로 인한 권리의 소멸과 말소등기】 등기명의인인 사람의 사망 또는 법인의 해산으로 권리가 소멸한다는 약정이 등기되어 있는 경우에 사람의 사망 또는 법인의 해산으로 그 권리가 소멸하였을 때에는, 등기권리자는 그 사실을 증명하여 단독으로 해당 등기의 말소를 신청할 수 있다.

▣ 등기신청인(23)

第56條【등기의무자의 소재불명과 말소등기】 ① 등기권리자가 등기의무자의 소재불명으로 인하여 공동으로 등기의 말소를 신청할 수 없을 때에는「민사소송법」에 따라 공시최고(公示催告)를 신청할 수 있다.

② 제1항의 경우에 제권판결(除權判決)이 있으면 등기권리자가 그 사실을 증명하여 단독으로 등기의 말소를 신청할 수 있다.

▣ 등기신청인(23), 공시최고의 신청(민소477), 제권판결(민소487)

第57條【이해관계 있는 제3자가 있는 등기의 말소】 ① 등기의 말소를 신청하는 경우에 그 말소에 대하여 등기상 이해관계 있는 제3자가 있을 때에는 제3자의 승낙이 있어야 한다.

② 제1항에 따라 등기를 말소할 때에는 등기상 이

해관계 있는 제3자 명의의 등기는 등기관이 직권으로 말소한다.

▣ 등기신청(24② · 50②), 이해관계 있는 제3자(59)

1. 가압류권자가 근저당권의 말소에 대하여 승낙의 의사표시를 하여야 하는지 여부(적극) 근저당권이 있는 채권이 가압류되는 경우, 근저당권설정등기에 부기등기의 방법으로 그 피담보채권의 가압류사실을 기입등기하는 목적은 근저당권의 피담보채권이 가압류되면 담보물권의 수반성에 의하여 종된 권리인 근저당권에도 가압류의 효력이 미치게 되어 피담보채권의 가압류를 공시하기 위한 것이므로, 만일 근저당권의 피담보채권이 존재하지 않는다면 그 가압류명령은 무효이고, 근저당권을 말소하는 경우에 가압류권자는 등기상 이해관계 있는 제3자로서 근저당권의 말소에 대한 승낙의 의사표시를 하여야 할 의무가 있다.(대판 2004.5.28, 2003다70041)

2. 전세권의 가압류권자에게 전세권설정등기의 말소에 협력할 의무가 있는지 여부(적극) 전세권자가 전세권설정자에 대하여 그 전세권설정등기의 말소의무를 부담하고 있는 경우라면, 그 전세권을 가압류하여 부기등기를 경료한 가압류권자는 등기상 이해관계 있는 제3자로서 등기권리자인 전세권설정자의 말소등기절차에 필요한 승낙을 할 실체법상의 의무가 있다.(대판 1999.2.5, 97다33997)

3. 가압류등기의 말소를 구하는 청구취지를 소유권이전등기의 말소에 대한 승낙을 구하는 것으로 해석할 여지가 있는지 여부(적극) 원인무효인 소유권이전등기 명의인을 채무자로 한 가압류등기와 그에 터잡은 경매신청기입등기가 경료된 경우, 그 부동산의 소유자는 원인무효인 소유권이전등기의 말소를 위하여 이해관계에 있는 제3자인 가압류채권자를 상대로 하여 원인무효 등기의 말소에 대한 승낙을 청구할 수 있고, 그 승낙이나 이에 갈음하는 재판이 있으면 등기공무원은 신청에 따른 원인무효 등기를 말소하면서 직권으로 가압류등기와 경매신청기입등기를 말소하여야 할 것인바, 소유자가 원인무효인 소유권이전등기의 말소와 함께 가압류등기 등의 말소를 구하는 경우, 그 청구의 취지는 소유권이전등기의 말소에 대한 승낙을 구하는 것으로 해석할 여지가 있다.(대판 1998.11.27, 97다41103)

4. 이해관계 있는 제3자의 승낙서를 첨부함이 없이 소유권이전등기를 말소한 경우의 효력(구법관계) 부동산등기법 171조에 의하면 등기의 말소를 신청하는 경우에 그 말소에 대하여 등기상 이해관계 있는 제3자가 있는 때에는 신청서에 그 승낙서 또는 이에 대항할 수 있는 재판의 등본을 첨부하도록 규정하고 있으므로, 이해관계 있는 제3자의 승낙서 등을 첨부하지 아니한 채 말소등기가 이루어진 경우 그 말소등기는 제3자에 대한 관계에 있어서는 무효라고 해석할 것이나, 다만 제3자에게 그 말소등기에 관하여 실체법상의 승낙의무가 있는 때에는 승낙서 등이 첨부되지 아니한 채 말소등기가 경료되었다고 하여도 그 말소등기는 실체적 법률관계에 합치되는 것이어서 제3자에 대한 관계에 있어서도 유효하다.(대판 1996.8.20, 94다58988)

5. 타인에게 명의신탁하여 채권담보를 위한 가등기 및 본등기를 한 자가 이해관계 있는 제3자인지 여부(소극) 채권담보를 위한 가등기 및 본등기 또는 소유권이전등기를 함에 있어서 타인에게 명의를 신탁하여 각 등기를 한 자를 등기에 관한 이해관계 있는 제3자라고 할 수는 없다.(대판 1992.7.28, 92다10173, 10180)

6. 법원의 촉탁에 의하여 등기를 말소하는 경우에도 등기상 이해관계 있는 제3자의 승낙서 첨부가 필요한지 여부(소극)(구법관계) 집행법원의 촉탁에 의하여 등기를 말소하는 경우에는 부동산등기법 171조의 등기상 이해관계 있는 제3자의 승낙서 또는 이에 대항할 수 있는 재판의 등본을 첨부할 필요가 없다.(대결 1984.12.31, 84마473)

7. 가압류나 강제경매채권자와 이해관계 있는 제3자 부동산에 관한 소유권이전등기말소등기의 승소확정판결이 있었다고 하더라도 그 판결전에 실시된 가압류나 강제경매 채권자를 그 판결에 기한 등기말소절차에 있어서의 승낙의무 있는 이해관계인에 해당한다고 할 수 없다.(대판 1979.7.10, 79다847)

8. 등기상 이해관계 있는 제3자가 승낙의무를 부담하는지 여부의 판단 기준(구법관계) 부동산등기법 171조에서 말하는 등기상 이해관계 있는 제3자란 말소등기를 함으로써 손해를 입을 우려가 있는 등기상의 권리자로서 그 손해를 입을 우려가 있다는 것이 등기부 기재에 의하여 형식적으로 인정되는 자이고, 그 제3자가 승낙의무를 부담하는지 여부는 그 제3자가 말소등기권리자에 대한 관계에서 그 승낙을 하여야 할 실체법상의 의무가 있는지 여부에 의하여 결정된다.(대판 2007.4.27, 2005다43753)

제58조 【직권에 의한 등기의 말소】 ① 등기관이 등기를 마친 후 그 등기가 제29조제1호 또는 제2호에 해당된 것임을 발견하였을 때에는 등기권리자, 등기의무자와 등기상 이해관계 있는 제3자에게 1개월 이내의 기간을 정하여 그 기간에 이의를 진술하지 아니하면 등기를 말소한다는 뜻을 통지하여야 한다.

② 제1항의 경우 통지를 받을 자의 주소 또는 거소(居所)를 알 수 없으면 제1항의 통지를 갈음하여 제1항의 기간 동안 등기소 게시장에 이를 게시하거나 대법원규칙으로 정하는 바에 따라 공고하여야 한다.

③ 등기관은 제1항의 말소에 관하여 이의를 진술한 자가 있으면 그 이의에 대한 결정을 하여야 한다.

④ 등기관은 제1항의 기간 이내에 이의를 진술한 자가 없거나 이의를 각하한 경우에는 제1항의 등기를 직권으로 말소하여야 한다.

▣ 신청의 각하(29), 각종 통지부(등기규24), 등기말소통지서(등기규117①), 준용(등기규36③, 비송71), 위법등기의 말소(등기규117), 준용(등기규118③, 비송71)

1. 가등기 후에 한 제3자의 추가근저당권 설정등기를 직권말소할 수 있는지 여부(적극)(구법관계) 소유권이전등기청구권보전을 위한 가등기는 부동산의 물권변동에 있어 순위보전의 효력이 있는 것이므로 가등기에 기한 소유권이전의 본등기를 한 경우에는 가등기 후에 경료된 근저당권설정등기와 경매신청의 기입등기는 가등기권자의 본등기취득으로 인한 등기순위와 물권의 배타성에 의하여 실질적으로 등기의 효력을 상실한다 할 것이니 등기공무원은 부동산등기법 175조 내지 177조 및 55조 2호에 의하여 가등기 후에 한 제3자의 추가근저당권설정등기 및 경매신청의 기입등기를 직권으로 말소할 수 있는 것이고 경매신청의 기입등기가 경매법원의 촉탁에 의하여 하여진 것이라거나 집행법원의 경매시 결정의 취소가 없다 하여도 위 이론에 소장이 없다.(대결 1975.12.27, 74마100)

2. 등기공무원이 직권으로 등기를 말소할 경우와 그 등기의 말소를 구하는 방법(구법관계) 등기공무원은 완료된 등기가 부동산등기법 55조 1, 2호, 175조에 해당하는 경우라면 몰라도 동법 55조 3호 이하에 해당하는 사유로서는 이를 직권으로 말소할 수 없고, 이 등기에 대하여서는 등기공무원의 처분에 대한 이의의 방법으로 그 등기의 말소를 구할 수 없다.(대결 1973.8.29, 73마669)

3. 동일 부동산에 대하여 2중의 소유권보존등기가 되고 후에 된 등기를 기초로 새로운 등기가 경료된 경우 등기공무원에

의한 직권말소의 가부(소극) 동일한 부동산에 관하여 2중으로 소유권보존등기가 되고 후에 된 보존등기를 기초로 피고 명의의 새로운 등기가 경료되어 현존하는 이상 등기공무원은 후에 된 보존등기와 그에 기하여 이루어진 각 현존등기를 직권말소할 수 없고 따라서 등기공무원의 처분에 관하여 이의함으로써 구제를 바랄 수 있는 단계를 지나 피고 명의의 소유권이전등기의 말소청구소송을 제기할 필요성이 있으므로 소의 이익이 있다.(대판 1981.7.7, 80다3042)

4. 소유권이전 청구권 보전의 가등기 이후에 국세·지방세의 체납으로 인한 압류등기가 마쳐지고 위 가등기에 기한 본등기가 이루어지는 경우 압류등기의 직권말소를 위한 등기관의 심사 범위 및 직권말소되는 등기의 범위(구법관계) 소유권이전 청구권 보전의 가등기 이후에 국세·지방세의 체납으로 인한 압류등기가 마쳐지고 위 가등기에 기한 본등기가 이루어지는 경우 등기관은 체납처분권자에게 등기 175조에 따른 직권말소 통지를 하고, 체납처분권자가 당해 가등기가 담보 가등기라는 점 및 그 국세 또는 지방세가 당해 재산에 관하여 부과된 조세라거나 그 국세 또는 지방세의 법정기일이 가등기일보다 앞선다는 점에 관하여 소명자료를 제출하여, 담보 가등기인지 여부 및 국세 또는 지방세의 체납으로 인한 압류등기가 가등기에 우선하는지 여부에 관하여 이해관계인 사이에 실질적으로 다툼이 있으면, 가등기에 기한 본등기권자의 주장 여하에 불구하고 국세 또는 지방세 압류등기를 직권말소할 수 없고, 한편 이와 같은 소명자료가 제출되지 아니한 경우에는 등기관은 가등기 후에 마쳐진 다른 중간 등기들과 마찬가지로 국세 또는 지방세 압류등기를 직권말소하여야 한다. 그러나 등기관이 국세 또는 지방세 압류등기의 말소를 위하여 위와 같은 심사를 한다고 하더라도, 나아가 그 본등기가 가등기담보 등에 관한 법률의 적용을 받는 가등기에 기한 것으로서 청산절차를 거친 유효한 것인지 여부까지 심사하여 그 결과에 따라 국세 또는 지방세 압류등기의 직권말소 여부를 결정하여야 하는 것으로 볼 것은 아니다.(대결(全) 2010.3.18, 2006마571)

5. 등기공무원의 국세압류등기에 대한 직권말소의 가부(소극) 동일 부동산에 관하여 소유권이전청구권보전을 위한 가등기, 국세체납처분에 의한 압류등기, 위 가등기에 기한 소유권이전등기가 순차로 경료되었는데 위 가등기에 대하여 그것이 담보가등기라는 점에 관한 소명자료가 제출되어 담보가등기인지에 관하여 이해관계인 사이에 실질적으로 다투어지고 있는 경우에는 가등기에 기한 본등기권자의 태도 여하에 불구하고 형식적 심사권밖에 없는 등기공무원으로서는 위 가등기를 순위보전의 가등기로 인정하여 국세압류등기를 직권말소할 수 없다.(대결 1992.3.18, 91마675)

6. 가등기 후에 경유된 제3자 명의의 소유권 이전등기의 말소절차(구법관계) 가등기에 기한 소유권이전등기를 마치기 전에 가등기 후에 경료된 제3자 명의의 소유권이전등기를 직권말소하기 위하여 부동산등기법 175조 소정의 절차를 밟은 것은 옳지 못하나 등기공무원이 소유권이전본등기를 소유권이전등기말소등기와 같은 날 마치면 결과적으로 정당하다.(대결 1968.2.6, 67마1223)

7. 가등기 이후의 전세권설정등기에 대한 직권말소(구법관계) 부동산에 대하여 소유권이전등기청구권보전을 위한 가등기가 경료된 후 전세권 설정등기가 경료되었던 것인데 그 후 위 가등기에 기하여 소유권이전의 본등기를 경료하였다면 가등기권자의 본등기 취득으로 인한 등기순위 보전의 효력과 물권의 배타성으로 말미암아 위 전세권 설정등기는 실질적으로 등기의 효력을 상실하게 되는 것이므로, 위와 같은 경우에는 등기공무원은 부동산등기법 175조 1항, 같은 법 55조 2호에 의하여 위 가등기 후에 한 전세권 설정등기를 직권말소할 수 있고, 위 전세권 설정등기가 직권말소된 후에 다시 위 가등기에 기한 본등기가 말소되었다는 등의 사정은 원결정에 영향을 미칠 사유에 해당하지 아니한다.(대결 1979.9.27, 79마222)

제59조 【말소등기의 회복】 말소된 등기의 회복(回復)을 신청하는 경우에 등기상 이해관계 있는 제3자가 있을 때에는 그 제3자의 승낙이 있어야 한다.

▣ 이해관계 있는 제3자(57)

1. 본조 소정의 '등기상 이해관계 있는 제3자'의 의미(구법관계) 말소된 등기의 회복을 신청하는 경우에 등기상 이해관계가 있는 제3자가 있는 때에는 신청서에 그 승낙서 또는 이에 대항할 수 있는 재판의 등본을 첨부하여야 하는 것인데(부동산등기법 75조), 여기서 등기상 이해관계 있는 제3자라 함은 등기 기재의 형식상 말소된 등기가 회복됨으로 인하여 손해를 입을 우려가 있는 제3자를 의미하나 회복될 등기와 등기면상 양립할 수 없는 등기가 된 경우에는 이를 먼저 말소하지 않는 한 회복등기를 할 수 없으므로 이러한 등기는 회복등기에 앞서 말소의 대상이 될 뿐이고 그 등기명의인을 이해관계 있는 제3자로 보아 별도로 그 승낙을 받아야 하는 것은 아니다.(대결 2002.2.27, 2000마7937)

2. 부적법하게 말소된 가등기의 회복등기절차에서의 등기상 이해관계 있는 제3자의 범위(구법관계) 말소회복등기는 어떤 등기의 전부 또는 일부가 부적법하게 말소된 경우에 그 말소된 등기를 회복함으로써 처음부터 그러한 말소가 없었던 것과 같은 효력을 보유하게 할 목적으로 행하여지는 등기이다. 부동산등기법 75조는 말소된 등기의 회복을 신청하는 경우에 등기상 이해관계가 있는 제3자가 있는 때에는 신청서에 그 승낙서 또는 이에 대항할 수 있는 재판의 등본을 첨부하여야 한다고 규정하고 있는바, 여기서 말하는 등기상 이해관계가 있는 제3자란 말소회복등기를 함으로써 손해를 입을 우려가 있는 사람으로서 그 손해를 입을 우려가 있다는 것이 기존의 등기부 기재에 의하여 형식적으로 인정되는 사람을 말하고, 가등기가 가등기권리자의 의사에 의하지 아니하고 말소되어 그 말소등기가 원인 무효인 경우에는 등기상 이해관계 있는 제3자는 그의 선의, 악의를 묻지 아니하고 가등기권리자의 회복등기절차에 필요한 승낙을 할 의무가 있다.(대판 1997.9.30, 95다39526)

3. 본조 소정의 요건을 갖추지 못한 회복등기의 등기상 이해관계 있는 제3자에 대한 효력(무효)(구법관계) 부동산등기법 75조의 규정에 의하면 말소된 등기의 회복을 신청하는 경우에 등기상 이해관계 있는 제3자가 있는 때에는 신청서에 그 승낙서 또는 이에 대항할 수 있는 재판의 등본을 첨부하도록 되어 있으므로 이러한 요건을 갖추지 못한 회복등기는 등기상 이해관계 있는 제3자에 대한 관계에서는 무효이다.(대판 2001.1.16, 2000다49473)

4. 말소등기나 기타 처분이 무효이지만 당사자가 자발적으로 말소등기를 한 경우 말소회복등기의 가부(소극)(구법관계) 부동산등기법 75조 소정의 말소회복등기란 어떤 등기의 전부 또는 일부가 부적법하게 말소된 경우에 그 말소된 등기를 회복하여 말소 당시에 소급하여 말소가 없었던 것과 같은 효과를 생기게 하는 등기를 말하는 것으로서, 여기서 부적법이란 실체적 이유에 기한 것이건 절차적 하자에 기한 것임을 불문하고 말소등기나 기타의 처분이 무효인 경우를 의미하는 것이기 때문에 어떤 이유이건 당사자가 자발적으로 말소등기를 한 경우에는 말소회복등기를 할 수 없다.(대판 2001.2.23, 2000다63974)

5. 부동산가압류의 기입등기가 법원의 촉탁에 의하여 말소된 경우 말소된 가압류기입등기의 회복등기를 소구할 수 있는지 여부(소극) 부동산가압류의 기입등기는 채권자나 채무자가 직접 등기공무원에게 이를 신청하여 행할 수는 없고 반드시 법원의 촉탁에 의하여 행하여지는바, 이와 같이 당사자가 신청할 수 없는 가압류의 기입등기가 법원의 촉탁에 의하여 말소된 경우에는 그 회복등기도 법원의 촉탁에 의하

여 행하여져야 하므로, 이 경우 가압류 채권자가 말소된 가압류기입등기의 회복등기절차의 이행을 소구할 이익은 없고, 다만 그 가압류기입등기가 말소될 당시 그 부동산에 관하여 소유권이전등기를 경료하고 있는 자는 법원이 그 가압류기입등기의 회복을 촉탁함에 있어서 등기상 이해관계가 있는 제3자에 해당하므로, 가압류 채권자로서는 그 자를 상대로 하여 법원의 촉탁에 의한 그 가압류기입등기의 회복절차에 대한 승낙청구의 소를 제기할 수는 있다.(대판 2002.4.12, 2001다84367)

6. 말소된 가처분기입등기의 회복등기절차에서 소유권이전등기를 마친 자의 그 회복등기에 대한 승낙의무(적극) 가처분기입등기가 경료된 후에 등기부상 권리를 취득한 자는 말소된 가처분기입등기의 회복등기에 관하여 이해관계 있는 제3자이고, 또한 가처분권리자가 그 가처분을 하게 된 본안소송에서 승소판결을 받아 그에 기하여 가처분권리자 앞으로 소유권이전등기를 할 수 있게 되면 가처분기입등기 경료 후에 등기부상 권리를 취득한 자는 자신 명의의 소유권이전등기를 말소하여 줄 입장에 놓이게 되므로, 가처분기입등기 경료 후에 등기부상 권리를 취득한 자는 위 가처분권리자에 대하여 가처분기입등기의 회복등기에 승낙할 실체법상의 의무가 있다.(대판 1997.12.9, 97다25521)

7. 등기공무원이 착오로 등기를 잘못 말소한 경우와 그 회복등기 말소등기의 회복에 있어서 말소된 종전의 등기가 공동신청으로 된 것인 때에는 그 회복등기도 공동신청에 의함이 원칙이나, 그 등기가 등기공무원의 직권 또는 법원의 촉탁에 의하여 말소된 경우에는 그 회복등기도 등기공무원의 직권 또는 법원의 촉탁에 의하여 행하여져야 하므로 그 회복등기를 소구할 이익이 없고, 그와 같은 법리는 등기공무원이 착오로 인하여 말소할 수 없는 등기를 잘못 말소한 경우에도 동일하게 적용된다.(대판 1996.5.31, 94다27205)

8. 이해관계있는 제3자의 승낙없이 한 가등기 회복등기의 효력(무효) 피고들이 등기상 이해관계있는 제3자인 원고들의 승낙서나 그 승낙을 인정한 재판의 등본을 첨부하지 아니한 채, 다만 원등기 명의인만을 상대로 한 말소된 가등기의 회복등기절차이행의 승소확정 판결에 의하여 한 가등기의 회복등기는 원고들에 대한 관계에서는 무효의 등기이다.(대판 1983.2.22, 82다529)

9. 원인없이 말소된 소유권이전등기가 회복되기 전에 있어서의 그 등기의 추정력 등기는 물권의 효력발생요건이고 효력존속요건이 아니므로 물권에 관한 등기가 원인없이 말소된 경우에 그 물권의 효력에는 아무런 영향을 미치지 않는다고 봄이 타당한 바, 등기공무원이 관할지방법원의 명령에 의하여 소유권이전등기를 직권으로 말소하였으나 그 후 동 명령이 취소확정된 경우에는 말소등기는 결국 원인없이 경료된 등기와 같이 되어 말소된 소유권이전등기는 회복되어야 하고 회복등기를 마치기 전이라도 말소된 소유권이전등기의 최종 명의인은 적법한 권리자로 추정된다고 하겠으니 동 이전등기가 실체관계에 부합하지 않은 점에 대한 입증책임은 이를 주장하는 자에게 있다.(대판 1982.9.14, 81다카923)

10. 말소등기를 명한 확정판결이 추완항소에 의하여 취소된 경우의 법률관계 소유권이전등기의 말소등기를 명한 확정판결이 추완항소에 의하여 취소 확정된 경우에는 위 확정판결은 소급하여 취소되고 이에 기하여 한 말소등기는 원인없이 이루어진 것이므로 실체적으로는 위 소유권이전등기를 가지고 있던 사람이 그 등기 내용대로 소유권을 가지고 있으며, 그 말소등기를 한 자는 그 회복등기절차를 이행할 의무가 있고, 그로부터 소유권이전등기를 넘겨받은 자는 그 등기의 말소등기절차를 이행할 의무가 있다.(대판 1979.10.10, 79다1447)

11. 폐쇄등기에 대하여 말소회복등기를 마쳐야 할 필요가 있는 경우, 말소된 권리자의 등기와 이를 회복하는데 필요하여 함께 옮겨 기록되어야 하는 등기를 대상으로 말소회복등기절차 등의 이행을 구할 소의 이익이 있는지 여부(적극) ① 등기관이 부동산등기법 33조에 따라 등기기록에 등기된 사항 중 현재 효력이 있는 등기만을 새로운 등기기록에 옮겨 기록한 후 종전 등기기록을 폐쇄하는 경우, 새로운 등기기록에는 옮겨 기록되지 못한 채 폐쇄된 등기기록에만 남게 되는 등기(이하 '폐쇄등기'라 한다)는 현재의 등기로서의 효력이 없고, 폐쇄된 등기기록에는 새로운 등기사항을 기록할 수도 없으므로, 폐쇄등기 자체를 대상으로 하여 말소회복등기절차의 이행을 구할 소의 이익은 없다. ② 그러나 부동산등기법 33조가 등기기록에 등기된 사항 중 현재 효력이 있는 등기만을 새로운 등기기록에 옮겨 기록할 수 있도록 규정하고 있는 것은 등기실무의 편의를 고려한 것이고, 이로 인하여 진정한 권리자의 권리구제가 곤란하게 되어서는 아니 되므로, 등기가 부적법하게 말소된 상태에서 현재 효력이 있다고 보이는 등기만을 새로운 등기기록에 옮겨 기록한 후 종전 등기기록을 폐쇄함으로써 진정한 권리자의 말소된 등기가 폐쇄등기로 남게 되는 경우와 같이, 새로운 등기기록에 옮겨 기록되지는 못하였지만 진정한 권리자의 권리실현을 위하여는 말소회복등기를 마쳐야 할 필요가 있는 때에도 등기가 폐쇄등기로 남아 있다는 이유로 말소회복등기절차의 이행을 구하는 소의 이익을 일률적으로 부정하는 것은 타당하다고 할 수 없다. ③ 따라서 이러한 경우에는 등기가 부적법하게 말소되지 아니하였더라면 현재의 등기기록에 옮겨 기록되었을 말소된 권리자의 등기 및 그 등기를 회복하는 데에 필요하여 함께 옮겨 기록되어야 하는 등기에 관하여 말소회복등기절차 등의 이행을 구하는 소를 제기하고, 그 사건에서 말소회복등기절차 등의 이행을 명하는 판결이 확정되는 한편 현재의 등기기록에 이미 기록되어 있는 등기 중 말소회복등기와 양립할 수 없는 등기가 모두 말소되면, 등기관은 새로운 등기기록에 등기사항을 처음 옮겨 기록할 당시 말소된 권리자의 등기 및 그 등기를 회복하는 데에 필요한 등기도 함께 옮겨 기록하였어야 함에도 이를 누락한 것으로 보아 부동산등기법 32조에 의하여 직권으로 이들 등기를 현재의 등기기록에 옮겨 기록한 다음 그 등기에서 위 확정판결에 기한 말소회복등기 등을 실행할 수 있다. ④ 그렇다면 폐쇄등기 자체를 대상으로 하는 것이 아니라, 부적법하게 말소되지 아니하였더라면 현재의 등기기록에 옮겨 기록되었을 말소된 권리자의 등기 및 그 등기를 회복하는 데에 필요하여 함께 옮겨 기록되어야 하는 등기를 대상으로 말소회복등기절차 등의 이행을 구하는 소는 소의 이익을 인정할 수 있다. 그리고 이러한 법리는 토지분할 과정에서 분할 전 토지의 등기기록에는 남아 있으나 분할 후 새로운 등기기록을 사용하는 토지의 등기기록에는 옮겨 기록되지 못한 등기에 대하여도 마찬가지로 적용할 수 있다.(대판 2016.1.28, 2011다41239)

제60조【대지사용권의 취득】 ① 구분건물을 신축한 자가 「집합건물의 소유 및 관리에 관한 법률」 제2조제6호의 대지사용권을 가지고 있는 경우에 대지권에 관한 등기를 하지 아니하고 구분건물에 관하여만 소유권이전등기를 마쳤을 때에는 현재의 구분건물의 소유명의인과 공동으로 대지사용권에 관한 이전등기를 신청할 수 있다.

② 구분건물을 신축하여 양도한 자가 그 건물의 대지사용권을 나중에 취득하여 이전하기로 약정한 경우에는 제1항을 준용한다.

③ 제1항 및 제2항에 따른 등기는 대지권에 관한 등기와 동시에 신청하여야 한다.

■ 건물의 구분소유(민215, 집합건물1), 대지사용권(집합건물20-22)

1. 대지를 매수하여 집합건물을 건축한 사람이 대지에 관한

소유권이전등기를 경료받지 못한 채 전유부분만에 관하여 소유권보존등기를 경료한 상태에서 전유부분에 관한 경매절차가 진행된 경우 경락인이 그 후 대지에 관한 소유권이전등기를 경료받은 집합건물의 건축자를 상대로 대지권등기와 관련하여 취할 수 있는 조치(구법관계) 집합건물의 건축자가 그 대지를 매수하였으나 지적정리 등의 지연으로 소유권이전등기를 경료받지 못하여 우선 전유부분만에 관하여 소유권보존등기를 경료하였는데, 그 후 대지에 관한 소유권이전등기가 경료되지 아니한 상태에서 전유부분에 관한 경매절차가 진행되어 제3자가 전유부분을 경락받은 경우, 경락인은 전유부분과 함께 건축자가 가지는 대지사용권을 취득한다. 그리고 이 경우 대지사용권을 취득한 경락인들은 그 후 대지에 관한 소유권이전등기를 경료받은 집합건물의 건축자를 상대로 부동산등기법 57조의3 1항에 근거한 대지지분의 이전등기를 청구하는 것은 별론으로 하고, 위 조항의 신설에 따라 삭제된 구 부동산등기법 시행규칙(2006. 5. 30. 대법원규칙 제2025호 부동산등기규칙으로 개정되기 전의 것) 60조의2에 근거하여 대지권변경등기절차의 이행을 구할 수는 없다.(대판 2008.9.11, 2007다45777)

제61조【구분건물의 등기기록에 대지권등기가 되어있는 경우】 ① 대지권을 등기한 후에 한 건물의 권리에 관한 등기는 대지권에 대하여 동일한 등기로서 효력이 있다. 다만, 그 등기에 건물만에 관한 것이라는 뜻의 부기가 되어 있을 때에는 그러하지 아니하다.

② 제1항에 따라 대지권에 대한 등기로서의 효력이 있는 등기와 대지권의 목적인 토지의 등기기록 중 해당 구에 한 등기의 순서는 접수번호에 따른다.

③ 대지권이 등기된 구분건물의 등기기록에는 건물만에 관한 소유권이전등기 또는 저당권설정등기, 그 밖에 이와 관련이 있는 등기를 할 수 없다.

④ 토지의 소유권이 대지권인 경우에 대지권이라는 뜻의 등기가 되어 있는 토지의 등기기록에는 소유권이전등기, 저당권설정등기, 그 밖에 이와 관련이 있는 등기를 할 수 없다.

⑤ 대지권이 지상권, 전세권 또는 임차권인 경우에는 제4항을 준용한다.

▣ 대지사용권(집합건물20·21)

제62조【소유권변경 사실의 통지】 등기관이 다음 각 호의 등기를 하였을 때에는 지체 없이 그 사실을 토지의 경우에는 지적소관청에, 건물의 경우에는 건축물대장 소관청에 각각 알려야 한다.

1. 소유권의 보존 또는 이전
2. 소유권의 등기명의인표시의 변경 또는 경정
3. 소유권의 변경 또는 경정
4. 소유권의 말소 또는 말소회복

▣ 등기필의 통지(등기규120), 지적공부(공간정보2·3·23·64), 건축물대장(건축물대장의 기재 및 관리 등에 관한 규칙7④⑤)

제63조【과세자료의 제공】 등기관이 소유권의 보존 또는 이전의 등기[가등기(假登記)를 포함한다]를 하였을 때에는 대법원규칙으로 정하는 바에 따라 지체 없이 그 사실을 부동산 소재지 관할 세무서장에게 통지하여야 한다.

▣ 과세자료 송부(등기규120)

제2관 소유권에 관한 등기

제64조【소유권보존등기의 등기사항】 등기관이 소유권보존등기를 할 때에는 제48조제1항제4호에도 불구하고 등기원인과 그 연월일을 기록하지 아니한다.

제65조【소유권보존등기의 신청인】 미등기의 토지 또는 건물에 관한 소유권보존등기는 다음 각 호의 어느 하나에 해당하는 자가 신청할 수 있다.

1. 토지대장, 임야대장 또는 건축물대장에 최초의 소유자로 등록되어 있는 자 또는 그 상속인, 그 밖의 포괄승계인
2. 확정판결에 의하여 자기의 소유권을 증명하는 자
3. 수용(收用)으로 인하여 소유권을 취득하였음을 증명하는 자
4. 특별자치도지사, 시장, 군수 또는 구청장(자치구의 구청장을 말한다)의 확인에 의하여 자기의 소유권을 증명하는 자(건물의 경우로 한정한다)

▣ 보존등기신청(등기특조2⑤)

1. 토지대장상 소유자의 성명·주소 등에 오류가 있는 경우 소유권보존등기신청을 위한 첨부 서류(구법관계) 부동산등기법 130조 1호 소정의 토지대장등본에 의하여 자기 또는 피상속인이 토지대장상 소유자로 등록되어 있는 것을 증명하여 소유권보존등기를 신청함에 있어 그 토지대장 등재 당시의 과오로 그 소유자의 성명, 주소 등의 일부누락 또는 착오가 있는 경우, 그 등재 당시의 오류를 증명할 수 있는 권한이 있는 관서는 지적공부의 소관청 뿐이라 할 것이므로, 그 소관청의 조사결정 또는 당사자의 신청에 의하여 경정등록을 한 후 그 등본을 첨부하여 소유권보존등기신청을 하여야 하고, 그 소관청이 아닌 행정청이나 이웃사람 등이 작성한 신청인 또는 그 피상속인이 토지대장상 소유자로 등재된 사람과 동일하다는 취지의 확인서나 증명서를 첨부하는 것만으로는 같은 법 소정의 요건을 갖추었다고 볼 수 없고, 또한 같은 법 46조, 47조에 의하면, 상속인이 등기를 신청함에 있어서는 상속을 증명하는 시·구·읍·면의 장의 서면 또는 이를 증명함에 족한 서면을 첨부하도록 되어 있는데, 피상속인의 최후 주소지의 이장이나 그 이웃사람들의 인우보증서는 상속을 증명하거나 증명함에 족한 서면이라고 보기는 어렵다.(대결 1994.9.8, 94마1373)

2. 소유권보존등기의 절차적 요건 소유권보존등기는 새로이 등기용지를 개설함으로써 그 부동산을 등기부상 확정하고 이후는 그에 대한 권리변동은 모두 보존등기를 시발점으로 하게 되는 까닭에 등기가 실체법상의 권리관계와 합치할 것을 보장하는 관문이며 따라서 그외의 다른 보통등기에 있어서와 같이 당사자간의 상대적 사정만을 기초로 하여 이루어질 수 없고 물권의 존재자체를 확정하는 절차가 필요하다.(대판 1987.5.26, 86다카2518)

3. 임야세명기장 기재의 소유권에 대한 추정력 임야세명기장은 조세부과의 행정목적을 위하여 작성하는 문서에 지나지 아니하고 소유권변동에 따른 사항을 등재하는 대장이 아니므로 그것만으로써는 소유권에 대한 추정력을 인정할 수 없다.(대판 1978.8.22, 78다1033, 1034)

4. 합필로 인하여 말소되어야 할 임야에 관한 소유권보존등기의 효력 합필됨으로써 말소되어야 했을 임야가 임야대장에 그대로 남아 있는 것을 기화로 소유권보존등기가 경료된 것은 합필되어 지번과 지목이 변경된 뒤이어서 분할된 같은 토지에 대하여 소유권보존등기와의 관계에 있어서 결국 동일

토지에 대한 중복등기로서 말소되어야 한다.(대판 1976.5.11, 76다95, 96, 97)

5. 타인명의로 사정된 바 있는 임야에 대한 소유권보존등기의 추정력 지세명기장 및 임야세명기장은 조세부과의 행정목적을 위하여 작성된 문서에 불과하여 소유권 변동을 기재하는 토지대장이나 임야대장과는 달라 이의 기재로써 당연히 권리양도 내지 소유권 추정력이 있다고 할 수 없으므로 임야사정을 받은 "갑"측에서 그로부터 그 부동산을 승계취득하였다는 "을"의 승계취득사실을 부인하는 경우에는 선대인 "을"의 승계취득을 주장하는 "병"이 구체적으로 그 승계사실을 주장 입증하지 아니하면 "병" 명의의 위 부동산에 대한 보존등기의 추정력은 깨어진다고 볼 것이고 동 보존등기는 실체적 권리관계에 부합되지 아니하는 것으로 말소되어야 한다.(대판 1975.11.11, 75다205)

6. 등기부멸실에 따른 회복등기를 하지 못한 부동산의 처리방법 등기부멸실에 따른 회복등기 기간내에 회복등기를 하지 아니한 부동산은 미등기부동산으로 처리하고 이 경우에는 소유권보존등기절차에 의하여 새로운 등기를 신청하여야 한다.(대판 1984.2.28, 83다카994)

7. 본조 2호 소정의 "판결"의 범위(구법관계) 부동산등기법 130조 2호 소정의 판결은 그 내용이 신청인에게 소유권이 있음을 증명하는 확정판결이면 족하고, 그 종류에 관하여 아무런 제한이 없어 반드시 확인판결이어야 할 필요는 없고, 이행판결이든 형성판결이든 관계가 없으며, 또한 화해조서 등 확정판결에 준하는 것도 포함한다.(대판 1994.3.11, 93다57704)

8. 소유권보존등기를 하기 위하여 국가를 상대로 한 소유권 확인소송의 적부(적극)(구법관계) 부동산등기법 130조에 비추어 볼 때 부동산에 관한 소유권보존등기를 함에 있어 토지대장등본 또는 임야대장등본에 의하여 소유자임을 증명할 수 없다면, 판결에 의하여 그 소유권을 증명하여 소유권보존등기를 할 수밖에 없는 것이고, 더욱이 대장소관청인 국가기관이 그 소유를 다투고 있다면, 이와 같은 판결을 얻기 위한 소송은 국가를 상대로 제기할 수 있다.(대판 2001.7.10, 99다34390)

9. 토지대장상 토지소유자의 채권자가 소유권보존등기의 신청을 위하여 토지소유자를 대위하여 국가를 상대로 소유권 확인을 구할 이익이 있는지 여부(적극) 토지대장상의 소유자 표시 중 주소 기재의 일부가 누락된 경우는 등록명의자가 누구인지 알 수 없는 경우에 해당하여 토지대장에 의하여 소유권보존등기를 신청할 수 없고, 토지대장상 토지소유자의 채권자는 토지소유자를 대위하여 토지대장상 등록사항을 정정할 수 없으므로, 토지대장상 토지소유자의 채권자는 소유권보존등기의 신청을 위하여 토지소유자를 대위하여 국가를 상대로 소유권확인을 구할 이익이 있다.(대판 2019.5.16, 2018다242246)

10. 공시송달절차의 판결에 의한 소유권보존등기의 추정력(구법관계) 부동산등기법 130조의 규정과 등기예규 1026호에 의하면 소유권보존등기 명의인을 상대로 한 소유권보존등기 말소청구 소송을 제기하여 승소판결을 받은 원고가 그 판결에 기하여 기존의 소유권보존등기를 말소한 후 자신의 명의로 마친 소유권보존등기는 일단 적법한 절차에 따라 마쳐진 소유권보존등기라고 추정하여야 하고, 위 판결이 공시송달 절차에 의하여 선고되었다고 하여 달리 볼 것이 아니다.(대판 2006.9.8, 2006다17485)

11. 소유권보존등기가 말소되어야 할 무효의 등기이면 그 말소를 구하는 사람에게 말소를 청구할 수 있는 권원이 인정되지 않더라도 말소 청구를 인용할 수 있는지 여부(소극) 소유권보존등기의 말소를 구하려면 먼저 그 말소를 구하는 사람이 말소를 청구할 수 있는 권원이 있음을 적극적으로 주장·입증하여야 하며, 만일 이러한 권원이 있음이 인정되지 않는다면 설사 소유권보존등기가 말소되어야 할 무효의 등기라고 하더라도 그 말소 청구를 인용할 수 없다.(대판 2008.10.9, 2008다35128)

12. 건물에 대한 소유권보존등기의 유효요건 건물에 관한 보존등기가 어떤 건물을 공시하는 효력이 있는 유효한 등기가 되기 위하여는 그 등기상의 표시와 이에 의하여 공시하려는 당해 건물의 실제상의 상태간의 동일성 또는 적어도 유사성이 있다고 인식될 수 있어야 하므로 등기상의 표시건물과 당해 실제 건물간에 그 소재 지번이나 건물의 종류, 구조, 면적 등에 관하여 중대한 차이가 있어 양자간에 도저히 동일성 또는 유사성조차 인식될 수 없는 것이면 그 등기는 무효이다.(대판 1987.6.9, 86다카977)

13. 가공의 건물에 대한 소유권보존등기의 효력 건물에 대한 소유권등기는 건물의 실체와 부합되어야 하는 것이므로 가공적인 건물에 대한 소유권보존등기는 법률상 등기의 효력이 없다.(대판 1967.8.17, 64다1721)

14. 멸실된 건물의 보존등기를 신축건물의 등기로 유용할 수 있는지 여부(소극) 멸실된 건물과 신축된 건물이 위치나 기타 여러가지 면에서 서로 같다고 하더라도 그 두 건물이 동일한 건물이라고는 할 수 없으므로 신축건물의 물권변동에 관한 등기를 멸실건물의 등기부에 등재하여도 그 등기는 무효이고 가사 신축건물의 소유자가 멸실건물의 등기를 신축건물의 등기로 전용할 의사로써 멸실건물의 등기부상 표시를 신축건물의 내용으로 표시 변경 등기를 하였다고 하더라도 그 등기가 무효임에는 변함이 없다.(대판 1980.11.11, 80다441)

15. 등기부표시와 실제 건물의 동일 여부에 대한 결정 기준 건물에 관한 소유권보존등기가 당해 건물의 객관적, 물리적 현황을 공시하는 등기로서 효력이 있는지는, 등기부에 표시된 소재, 지번, 종류, 구조와 면적 등이 실제 건물과 간에 사회통념상 동일성이 인정될 정도로 합치되는지에 따라 결정되는 것이고, 건물이 증축된 경우에 증축 부분의 기존 건물에 부합 여부는 증축 부분이 기존 건물에 부착된 물리적 구조뿐만 아니라, 그 용도와 기능면에서 기존 건물과 독립한 경제적 효용을 가지고 거래상 별개의 소유권의 객체가 될 수 있는지 및 증축하여 이를 소유하는 자의 의사 등을 종합하여 판단하여야 한다.(대판 1996.6.14, 94다53006)

16. 부동산에 관한 등기의 지번 표시에 착오 또는 오류가 있는 등기의 경정등기가 허용되는 한계 일반적으로 부동산에 관한 등기의 지번표시에 실질관계와 동일성 혹은 유사성 조차 인정할 수 없는 착오 또는 오류가 있는 경우에는 그 등기는 무효로서 공시의 기능도 발휘할 수 없고 경정등기도 허용할 수 없는 것이나 이러한 경우에도 같은 부동산에 대하여 따로 보존등기가 존재하지 아니하거나 등기의 형식상으로 보아 예측할 수 없는 손해를 미칠 우려가 있는 이해관계인이 없는 경우에는 당해 오류 있는 등기의 경정을 허용하여 그 경정된 등기를 유효하다고 보아야 한다.(대판(全) 1975.4.22, 74다2188)

17. 건축물에 관하여 건축물대장이 작성되고 그에 기한 소유권보존등기가 경료된 경우 건축물이 가지는 건축관련 법령상의 위법사항이 치유되는지 여부(소극) 건축물대장은 건축허가 또는 신고의 대상이 아닌 건축물에 대하여도 당사자의 기재요청에 의하여 행정사무집행의 편의와 사실증명의 자료로 삼기 위하여 작성되는 것이고, 한편 보존등기는 미등기 부동산에 관하여 최초로 행하여지는 등기로서 단지 그 소유권을 공시하는 것이므로, 어느 건축물에 관하여 건축물대장이 작성되고 아울러 그에 기하여 소유권보존등기가 경료되었다고 하더라도 그로 인하여 당해 건축물이 가지는 건축관련 법령상의 위법사항까지 치유되는 것은 아니다.(대판 1999.3.9, 98두19070)

18. 건축물관리대장상 권리이전사실기재를 본조 1호 소정의 가옥대장상 소유자등록으로 볼 수 있는지 여부(소극)(구법관계) 건물의 소유권보존등기는 그 건물 소유자만이 할 수

있으므로 미등기건물을 매수한 자는 원소유자명의로 소유권보존등기를 거친 후 소유권이전등기를 하여야 하고 직접 자기명의로 소유권보존등기를 신청할 수 없고, 건축물관리대장상의 권리이전사실기재를 부동산등기법 131조 1호 소정의 가옥대장상 소유자등록과 같이 볼 수는 없다.(대결 1985.12.16, 85마798)

19. 본조가 국민에게 소유권증명자료의 발급신청권을 부여하거나 행정청에게 소유권증명서의 발급의무를 부과하였는지 여부(소극)(구법관계) 부동산등기법 131조는 건물에 대한 소유권보존등기는 일정한 증명에 의하여 소유권을 증명하는 자에 한하여 신청할 수 있도록 규정하면서 같은 조 2호에서 그러한 증명이 있는 자의 하나로 "판결 또는 기타 시, 구, 읍, 면의 장의 서면에 의하여 자기의 소유권을 증명하는 자"를 들고 있는바, 여기서 시, 구, 읍, 면의 장의 서면에 의하여 자기의 소유권을 증명한다고 함은 행정청이 사무를 처리하는 과정에서 발급한 증명서가 건물의 소유관계도 증명하는 증명력이 있는 경우에 이를 건물의 소유권증명자료로 인정하여 보존등기를 할 수 있도록 한다는 뜻일 따름이지 위 규정으로써 직접 국민에게 행정청에 대하여 소유권증명자료의 발급을 신청할 권리를 부여하거나 행정청으로 하여금 소유관계를 확인하여 소유권증명서의 발급 여부를 결정하여야 할 의무를 지우는 것은 아니다.(대판 1992.11.27, 92누4239)

20. 사실조회회보 건축허가서 등이 본조 소정의 서면인지 여부(소극)(구법관계) 사실조회회보, 건축허가서, 공사시방서, 도면 등은 부동산등기법 131조 소정의 서면이라고 할 수 없다.(대결 1985.4.1, 85마105)

21. 건물의 구조와 형태가 구분소유권의 객체가 될 수 있을 정도의 미완성건물을 양수받아 나머지 공사를 진행하여 건물을 축조한 경우의 원시취득자 건물이 설계도상 처음부터 여러 층으로 건축할 것으로 예정되어 있고 그 내용으로 건축허가를 받아 건축공사를 진행하던 중에 건축주의 사정으로 공사가 중단되었고 그와 같이 중단될 당시까지 이미 일부 층의 기둥과 지붕 그리고 둘레 벽이 완성되어 그 구조물을 토지의 부합물로 볼 수 없는 상태에 이르렀다고 하더라도, 제3자가 이러한 상태의 미완성 건물을 종전 건축주로부터 양수하여 나머지 공사를 계속 진행한 결과 건물의 구조와 형태 등이 건축허가의 내용과 사회통념상 동일하다고 인정되는 정도로 건물을 축조한 경우에는, 그 구조와 형태가 원래의 설계 및 건축허가의 내용과 동일하다고 인정되는 건물 전체를 하나의 소유권의 객체로 보아 그 제3자가 그 건물 전체의 소유권을 원시취득한다고 보는 것이 옳고, 건축허가를 받은 구조와 형태대로 축조된 전체 건물 중에서 건축공사가 중단될 당시까지 기둥과 지붕 그리고 둘레 벽이 완성되어 있던 층만을 분리해 내어 이 부분만의 소유권을 종전 건축주가 원시취득한다고 볼 것이 아니다. 또한, 구분소유가 성립하는 시점은 원칙적으로 건물 전체가 완성되어 당해 건물에 관한 건축물대장에 구분건물로 등록된 시점이라고 할 것이므로, 건축공사가 중단될 당시까지 종전 건축주에 의하여 축조된 미완성 건물의 구조와 형태가 구분소유권의 객체가 될 수 있을 정도가 되었다고 하더라도 마찬가지이다.(대판 2006.11.9, 2004다67691)

22. 미완성 건물을 인도받아 나머지 공사를 한 경우, 그 건물의 원시취득자 자기의 비용과 노력으로 건물을 신축한 자는 그 건축허가가 타인의 명의로 된 여부에 관계없이 그 소유권을 원시취득하게 되는바, 따라서 건축주의 사정으로 건축공사가 중단된 미완성의 건물을 인도받아 나머지 공사를 하게 된 경우에는 그 공사의 중단 시점에 이미 사회통념상 독립한 건물이라고 볼 수 있는 정도의 형태와 구조를 갖춘 경우가 아닌 한 이를 인도받아 자기의 비용과 노력으로 완공한 자가 그 건물의 원시취득자가 된다.(대판 2006.5.12, 2005다68783)

23. 65조 1호에서 정한 '그 밖의 포괄승계인'에 '포괄적 유증을 받은 자'가 포함되는지 여부(적극) 부동산등기법 65조 1호에서 정한 미등기의 토지 또는 건물에 관한 소유권보존등기를 신청할 수 있는 '그 밖의 포괄승계인'에는 '포괄적 유증을 받은 자'도 포함된다고 보아야 한다.(대결 2013.1.25, 2012마1206)

24. 1975. 12. 31. 지적법 개정 전에 복구된 구 토지대장이나 분배농지부 등에 토지의 사정명의인 아닌 사람이 소유자로 등재되어 있다는 사정만으로 소유자로 추정되는지 여부 1975. 12. 31. 지적법 개정 전에 복구된 구 토지대장상의 소유자란에 이름이 기재되어 있다고 하더라도 그 기재에는 권리추정력을 인정할 수 없다. 또한 구 농지개혁법에 따른 농지분배 과정에서 작성된 서류들에 지주 또는 피보상자로 등재되어 있더라도 그 사람이 분배대상 농지의 소유자로 추정되는 것은 아니다. 따라서 구 토지대장이나 분배농지부 등에 토지의 사정명의인 아닌 사람이 소유자로 등재되어 있더라도 그것만으로 그 명의자가 소유자로 추정된다고 할 수는 없다. 그러나 구 토지대장이나 농지분배 관련 서류들의 기재 내용을 다른 사정들과 종합하여 권리변동에 관한 사실인정의 자료로 삼는 데는 아무런 제약이 없다. 또한 농지소표, 분배농지부 등 분배대상 농지를 확인하는 서류나 상환대장 등 상환에 필요한 사항을 기재하는 서류뿐 아니라 농지를 국가에 매수당한 지주가 보상을 받는 과정에서 작성된 보상신청서, 지주신고서, 지가사정조서, 지가증권 등 보상에 관한 서류에도 소유자 기재가 일치되어 있는 경우라면, 이러한 서류들은 적어도 농지분배 당시에는 그 토지 소유권이 그 명의자에게로 이전되어 있었다는 사실을 인정할 수 있는 유력한 자료가 된다. 그리고 이러한 경우 위와 같은 유력한 자료의 증명력을 배척하려면, 그에 배치되는 합리적인 다른 사정이 있는지를 면밀히 살펴 신중하게 판단하여야 한다.(대판 2022.8.31, 2021다216766)

제66조【미등기부동산의 처분제한의 등기와 직권보존】 ① 등기관이 미등기부동산에 대하여 법원의 촉탁에 따라 소유권의 처분제한의 등기를 할 때에는 직권으로 소유권보존등기를 하고, 처분제한의 등기를 명하는 법원의 재판에 따라 소유권의 등기를 한다는 뜻을 기록하여야 한다.

② 등기관이 제1항에 따라 건물에 대한 소유권보존등기를 하는 경우에는 제65조를 적용하지 아니한다. 다만, 그 건물이「건축법」상 사용승인을 받아야 할 건물임에도 사용승인을 받지 아니하였다면 그 사실을 표제부에 기록하여야 한다.

③ 제2항 단서에 따라 등기된 건물에 대하여「건축법」상 사용승인이 이루어진 경우에는 그 건물 소유권의 등기명의인은 1개월 이내에 제2항 단서의 기록에 대한 말소등기를 신청하여야 한다.

1. 강제경매개시결정등기 촉탁에 따라 구분건물에 관한 소유권보존등기를 하는 등기관은 1동의 건물 중 일부 구분건물뿐만 아니라 표시에 관한 등기를 하여야 하는 그 나머지 구분건물에 대하여도 등기능력이 있는지 여부를 심사하여야 하는지 여부(적극) 등기관은 실체법상의 권리관계와 일치하는지 여부를 심사할 실질적 심사권한은 없으나 신청서 및 그 첨부서류와 등기부에 의하여 등기요건에 합당한지 여부를 심사할 형식적 심사권한이 있으므로, 법원이 집행관에 의한 현황조사를 거쳐 경매 신청이 된 미등기건물이 경매의 대상이 되는 건물이라고 판단하여 강제경매개시결정을 하고 등기관에게 강제경매개시결정등기를 촉탁한 경우라도, 등기관으로서는 그 촉탁서 및 첨부서류에 의하여 등기요건에 합당한지 여부를 심사할 권한이 있고, 그 심사 결과 등기요건

에 합당하지 아니하면 강제경매개시결정등기의 촉탁을 각하하여야 한다. 1동의 건물에 속하는 구분건물 중 일부 구분건물에 관하여만 소유권보존등기를 신청하는 경우에도 그 나머지 구분건물에 관하여 표시에 관한 등기를 동시에 신청하여야 하고, 촉탁에 의한 등기의 절차에 관하여는 법률에 다른 규정이 있는 경우를 제외하고는 신청으로 인한 등기에 관한 규정이 준용되는바, 미등기건물에 대한 강제경매개시결정등기 촉탁을 받아 구분건물에 관한 소유권보존등기를 함에 있어서 등기관은 1동의 건물 중 일부 구분건물뿐만 아니라 표시에 관한 등기를 하여야 하는 그 나머지 구분건물에 관하여도 등기능력이 있는지 여부를 심사하여야 한다.(대결 2008.3.27, 2006마920)

제67조 【소유권의 일부이전】 ① 등기관이 소유권의 일부에 관한 이전등기를 할 때에는 이전되는 지분을 기록하여야 한다. 이 경우 등기원인에 「민법」 제268조제1항 단서의 약정이 있을 때에는 그 약정에 관한 사항도 기록하여야 한다.

② 제1항 후단의 약정의 변경등기는 공유자 전원이 공동으로 신청하여야 한다.

▣ 공유물의 분할청구에 대한 약정(민268①)

1. 공유지분권자의 제3자에 대한 공유지분말소의 청구가 가능한 경우 부동산 지분을 매수하여 지분권이전등기를 하였으나 등기부가 멸실하자 전 소유자가 소유권보존등기를 한 후 제3자에게 매도하여 이전등기를 한 경우에 지분권자는 지분권 한도내에서 제3자에게 지분말소를 청구할 수 있고 지분권자가 특정매수부분의 소유권에 기하여 본래의 소유자에게 분할이전등기를 구하는 청구취지중에는 지분권이전등기를 구하는 취지도 포함되어 있다.(대판 1974.9.24, 73다1874)

제68조 【거래가액의 등기】 등기관이 「부동산 거래신고 등에 관한 법률」 제3조제1항에서 정하는 계약을 등기원인으로 한 소유권이전등기를 하는 경우에는 대법원규칙으로 정하는 바에 따라 거래가액을 기록한다. (2015.7.24, 2016.1.19 본조개정)

1. 부동산 거래당사자가 사실과 다른 내용의 거래가액이 부동산등기부에 등재되도록 한 경우, 공전자기록등불실기재죄 및 동 행사죄의 성립 여부(소극) 부동산등기부에 기재되는 거래가액은 당해 부동산의 권리의무관계에 중요한 의미를 갖는 사항에 해당한다고 볼 수 없다. 따라서 부동산의 거래당사자가 거래가액을 시장 등에게 거짓으로 신고하여 신고필증을 받은 뒤 이를 기초로 사실과 다른 내용의 거래가액이 부동산등기부에 등재되도록 하였다면, '공인중개사의 업무 및 부동산 거래신고에 관한 법률'에 따른 과태료의 제재를 받게 됨은 별론으로 하고, 형법상의 공전자기록등불실기재죄 및 불실기재공전자기록등행사죄가 성립하지는 않는다.(대판 2013.1.24, 2012도12363)

제3관 용익권(用益權)에 관한 등기

제69조 【지상권의 등기사항】 등기관이 지상권설정의 등기를 할 때에는 제48조에서 규정한 사항 외에 다음 각 호의 사항을 기록하여야 한다. 다만, 제3호부터 제5호까지는 등기원인에 그 약정이 있는 경우에만 기록한다.

1. 지상권설정의 목적
2. 범위
3. 존속기간
4. 지료와 지급시기
5. 「민법」 제289조의2제1항 후단의 약정
6. 지상권설정의 범위가 토지의 일부인 경우에는 그 부분을 표시한 도면의 번호

▣ 지상권과 지역권(등기규126·127), 지상권(민279-290)

1. 지상권에서의 지료의 대항요건 지상권에 있어서 유상인 지료에 관하여 지료액 또는 그 지급시기 등의 약정은 이를 등기하여야만 그 뒤에 토지소유권 또는 지상권을 양수한 사람 등 제3자에게 대항할 수 있고, 지료에 관하여 등기되지 않은 경우에는 무상의 지상권으로서 지료증액청구권도 발생할 수 없다.(대판 1999.9.3, 99다24874)

제70조 【지역권의 등기사항】 등기관이 승역지의 등기기록에 지역권설정의 등기를 할 때에는 제48조제1항제1호부터 제4호까지에서 규정한 사항 외에 다음 각 호의 사항을 기록하여야 한다. 다만, 제4호는 등기원인에 그 약정이 있는 경우에만 기록한다.

1. 지역권설정의 목적
2. 범위
3. 요역지
4. 「민법」 제292조제1항 단서, 제297조제1항 단서 또는 제298조의 약정
5. 승역지의 일부에 지역권설정의 등기를 할 때에는 그 부분을 표시한 도면의 번호

▣ 지상권과 지역권(등기규126·127), 지역권(민291-302)

제71조 【요역지지역권의 등기사항】 ① 등기관이 승역지에 지역권설정의 등기를 하였을 때에는 직권으로 요역지의 등기기록에 다음 각 호의 사항을 기록하여야 한다.

1. 순위번호
2. 등기목적
3. 승역지
4. 지역권설정의 목적
5. 범위
6. 등기연월일

② (2024.9.20 본항삭제)

③ (2024.9.20 본항삭제)

④ 등기관이 승역지에 지역권변경 또는 말소의 등기를 하였을 때에는 직권으로 요역지의 등기기록에 변경 또는 말소의 등기를 하여야 한다. (2024.9.20 본항개정)

제72조 【전세권 등의 등기사항】 ① 등기관이 전세권설정이나 전전세(轉傳貰)의 등기를 할 때에는 제48조에서 규정한 사항 외에 다음 각 호의 사항을 기록하여야 한다. 다만, 제3호부터 제5호까지는 등기원인에 그 약정이 있는 경우에만 기록한다.

1. 전세금 또는 전전세금
2. 범위
3. 존속기간
4. 위약금 또는 배상금
5. 「민법」 제306조 단서의 약정
6. 전세권설정이나 전전세의 범위가 부동산의 일부인 경우에는 그 부분을 표시한 도면의 번호

② 여러 개의 부동산에 관한 권리를 목적으로 하는

전세권설정의 등기를 하는 경우에는 제78조를 준용한다.

▣ 전세권(등기규128, 민303-319)

1. 전세권 존속기간이 시작되기 전에 마친 전세권설정등기가 유효한 것으로 추정되는지 여부(원칙적 적극) **및 전세권의 순위를 결정하는 기준** 전세권이 용익물권적인 성격과 담보물권적인 성격을 모두 갖추고 있는 점에 비추어 전세권 존속기간이 시작되기 전에 마친 전세권설정등기도 특별한 사정이 없는 한 유효한 것으로 추정된다. 한편 부등 4조 1항은 "같은 부동산에 관하여 등기한 권리의 순위는 법률에 다른 규정이 없으면 등기한 순서에 따른다."라고 정하고 있으므로, 전세권은 등기부상 기록된 전세권설정등기의 존속기간과 상관없이 등기된 순서에 따라 순위가 정해진다.(대결 2018.1.25, 2017마1093)

2. 전세기간 만료후의 전세권 설정등기 청구권(소극) 전세계약이 그 존속기간의 만료로 종료되면 위 계약을 원인으로 하는 전세권설정등기절차의 이행청구권도 소멸한다.(대판 1974.4.23, 73다1262)

3. 전세권자의 사용 · 수익을 배제하고 채권담보만을 목적으로 설정한 전세권의 효력 전세권설정계약의 당사자가 주로 채권담보 목적으로 전세권을 설정하고 설정과 동시에 목적물을 인도하지 않는다고 하더라도 장차 전세권자가 목적물을 사용 · 수익하는 것을 배제하지 않는다면, 전세권의 효력을 부인할 수는 없다. 그러나 전세권 설정의 동기와 경위, 전세권 설정으로 달성하려는 목적, 채권의 발생 원인과 목적물의 관계, 전세권자의 사용 · 수익 여부와 그 가능성, 당사자의 진정한 의사 등에 비추어 전세권설정계약의 당사자가 전세권의 핵심인 사용 · 수익 권능을 배제하고 채권담보만을 위해 전세권을 설정하였다면, 법률이 정하지 않은 새로운 내용의 전세권을 창설하는 것으로서 물권법정주의에 반하여 허용되지 않고 이러한 전세권설정등기는 무효라고 보아야 한다.(대판 2021.12.30, 2018다40235, 40242)

제73조 【전세금반환채권의 일부양도에 따른 전세권 일부이전등기】 ① 등기관이 전세금반환채권의 일부 양도를 원인으로 한 전세권 일부이전등기를 할 때에는 양도액을 기록한다.

② 제1항의 전세권 일부이전등기의 신청은 전세권의 존속기간의 만료 전에는 할 수 없다. 다만, 존속기간 만료 전이라도 해당 전세권이 소멸하였음을 증명하여 신청하는 경우에는 그러하지 아니하다.

제74조 【임차권 등의 등기사항】 등기관이 임차권 설정 또는 임차물 전대(轉貸)의 등기를 할 때에는 제48조에서 규정한 사항 외에 다음 각 호의 사항을 기록하여야 한다. 다만, 제3호부터 제6호까지는 등기원인에 그 사항이 있는 경우에만 기록한다. (2020.2.4 본조개정)

1. 차임(借賃)
2. 범위
3. 차임지급시기
4. 존속기간. 다만, 처분능력 또는 처분권한 없는 임대인에 의한 「민법」 제619조의 단기임대차인 경우에는 그 뜻도 기록한다.
5. 임차보증금
6. 임차권의 양도 또는 임차물의 전대에 대한 임대인의 동의
7. 임차권설정 또는 임차물전대의 범위가 부동산의 일부인 때에는 그 부분을 표시한 도면의 번호

▣ 임대차의 등기(민621), 주택임대차의 등기(주택임대3의4), 상가임대차의 등기(상가임대7), 임차권의 양도(민629), 전대의 효과(민630), 임대차존속기간(민651)

1. 임대차기간을 영구로 정한 임대차계약이 허용되는지 여부 임대차기간이 영구인 임대차계약을 인정할 실제의 필요성도 있고, 이러한 임대차계약을 인정한다고 하더라도 사정변경에 의한 차임증감청구권이나 계약 해지 등으로 당사자들의 이해관계를 조정할 수 있는 방법이 있을 뿐만 아니라, 임차인에 대한 관계에서만 사용 · 수익권이 제한되는 외에 임대인의 소유권을 전면적으로 제한하는 것도 아닌 점 등에 비추어 보면, 당사자들이 자유로운 의사에 따라 임대차기간을 영구로 정한 약정은 이를 무효로 볼 만한 특별한 사정이 없는 한 계약자유의 원칙에 의하여 허용된다.(대판 2023. 6. 1, 2023다209045)

제4관 담보권에 관한 등기

제75조 【저당권의 등기사항】 ① 등기관이 저당권설정의 등기를 할 때에는 제48조에서 규정한 사항 외에 다음 각 호의 사항을 기록하여야 한다. 다만, 제3호부터 제8호까지는 등기원인에 그 약정이 있는 경우에만 기록한다.

1. 채권액
2. 채무자의 성명 또는 명칭과 주소 또는 사무소 소재지
3. 변제기(辨濟期)
4. 이자 및 그 발생기 · 지급시기
5. 원본(元本) 또는 이자의 지급장소
6. 채무불이행(債務不履行)으로 인한 손해배상에 관한 약정
7. 「민법」 제358조 단서의 약정
8. 채권의 조건

② 등기관은 제1항의 저당권의 내용이 근저당권(根抵當權)인 경우에는 제48조에서 규정한 사항 외에 다음 각 호의 사항을 기록하여야 한다. 다만, 제3호 및 제4호는 등기원인에 그 약정이 있는 경우에만 기록한다.

1. 채권의 최고액
2. 채무자의 성명 또는 명칭과 주소 또는 사무소 소재지
3. 「민법」 제358조 단서의 약정
4. 존속기간

▣ 저당권(민356-372)

1. 근저당권 설정등기의 유용합의와 등기상의 이해관계 있는 제3자 근저당권설정등기의 유용은 그 유용합의 이전에 있어서 등기상의 이해관계가 있는 제3자가 없는 경우에 한하여 가능한 것이므로 유용합의 이전에 가등기권자가 있는 경우에는 근저당권설정등기 유용에 관한 합의는 가등기권자에 대한 관계에 있어서 그 효력이 없으며 그 범위 내에서 위 등기는 실체관계에 부합치 아니하는 무효의 등기다.(대판 1974.9.10, 74다482)

2. 근저당권설정계약상의 채무자 아닌 자를 채무자로 하여 된 근저당권설정 등기의 효력(무효) 근저당권 설정계약상의 채무자 아닌 제3자를 채무자로 하여 된 근저당권 설정등기는 채무자를 달리 한 것이므로 근저당권의 부종성에 비추

어 원인 없는 무효의 등기이다.(대판 1981.9.8, 80다1468)

3. 채무의 범위 또는 채무자 추가나 교체 등으로 근저당권의 피담보채무를 변경할 수 있는지 여부와 이해관계인의 승낙 필요 여부 근저당권은 피담보채무의 최고액만을 정하고 채무의 확정을 장래에 보류하여 설정하는 저당권이다(민 제357조 제1항 본문 참조). 근저당권을 설정한 후에 근저당설정자와 근저당권자의 합의로 채무의 범위 또는 채무자를 추가하거나 교체하는 등으로 피담보채무를 변경할 수 있다. 이러한 경우 위와 같이 변경된 채무가 근저당권에 의하여 담보된다. 후순위저당권자 등 이해관계인은 근저당권의 채권최고액에 해당하는 담보가치가 근저당권에 의하여 이미 파악되어 있는 것을 알고 이해관계를 맺었기 때문에 이러한 변경으로 예측하지 못한 손해를 입었다고 볼 수 없으므로, 피담보채무의 범위 또는 채무자를 변경할 때 이해관계인의 승낙을 받을 필요가 없다. 또한 등기사항의 변경이 있다면 변경등기를 해야 하지만, 등기사항에 속하지 않는 사항은 당사자의 합의만으로 변경의 효력이 발생한다.(대판 2021.12.16, 2021다255648)

제76조【저당권부채권에 대한 질권 등의 등기사항】 ① 등기관이 「민법」 제348조에 따라 저당권부채권(抵當權附債權)에 대한 질권의 등기를 할 때에는 제48조에서 규정한 사항 외에 다음 각 호의 사항을 기록하여야 한다.

1. 채권액 또는 채권최고액
2. 채무자의 성명 또는 명칭과 주소 또는 사무소 소재지
3. 변제기와 이자의 약정이 있는 경우에는 그 내용

② 등기관이 「동산·채권 등의 담보에 관한 법률」 제37조에서 준용하는 「민법」 제348조에 따른 채권담보권의 등기를 할 때에는 제48조에서 정한 사항 외에 다음 각 호의 사항을 기록하여야 한다.

1. 채권액 또는 채권최고액
2. 채무자의 성명 또는 명칭과 주소 또는 사무소 소재지
3. 변제기와 이자의 약정이 있는 경우에는 그 내용

▣ 저당채권에 대한 질권과 부기등기(민348)

1. 지연손해금을 등기부에 기재하지 않은 경우 근저당권부 질권의 피담보채권의 범위가 등기부에 기재된 약정이자에 한정되는지 여부(소극) 채권의 지연손해금을 별도로 등기부에 기재하지 않았더라도 근저당권부 질권의 피담보채권의 범위가 등기부에 기재된 약정이자에 한정된다고 볼 수 없다.(대판 2023.1.12, 2020다296840)

제77조【피담보채권이 금액을 목적으로 하지 아니하는 경우】 등기관이 일정한 금액을 목적으로 하지 아니하는 채권을 담보하기 위한 저당권설정의 등기를 할 때에는 그 채권의 평가액을 기록하여야 한다.

▣ 저당권설정등기(75)

1. 미곡 등 대체물채권의 담보인 저당권의 채권액(구법관계) 미곡 등 대체물채권의 담보인 저당권의 채권액은 당사자 사이에서 정한 채권의 당초 변제기일의 시가로 산정한 가격을 채권액으로 볼 것이고, 그 변제기일에서의 산정가격이 부동산등기법 143조에 따라 기재된 채권의 가격을 초과할 때는 그 초과분에 대하여는 채권자가 다른 채권자에 대하여 우선권을 행사할 수 없을 뿐이다.(대결 1975.2.25, 74마136)

2. 평가액이 저당권의 피담보채권으로 등기된 때 저당채무 범위(구법관계) 부동산등기법 143조에 의하여 일정한 금액을 목적으로 하지 아니한 채권을 금전으로 평가하여 그 평가액을 등기한 경우에는 채권자는 제3자에 대한 관계에 있어서 그 등기된 평가액의 한도에서만 저당권의 효력을 주장할 수 있다.(대결 1980.9.18, 80마75)

제78조【공동저당의 등기】 ① 등기관이 동일한 채권에 관하여 여러 개의 부동산에 관한 권리를 목적으로 하는 저당권설정의 등기를 할 때에는 각 부동산의 등기기록에 그 부동산에 관한 권리가 다른 부동산에 관한 권리와 함께 저당권의 목적으로 제공된 뜻을 기록하여야 한다.

② 등기관은 제1항의 경우에 부동산이 5개 이상일 때에는 공동담보목록을 작성하여야 한다.

③ 제2항의 공동담보목록은 등기기록의 일부로 본다.

④ 등기관이 1개 또는 여러 개의 부동산에 관한 권리를 목적으로 하는 저당권설정의 등기를 한 후 동일한 채권에 대하여 다른 1개 또는 여러 개의 부동산에 관한 권리를 목적으로 하는 저당권설정의 등기를 할 때에는 그 등기와 종전의 등기에 각 부동산에 관한 권리가 함께 저당권의 목적으로 제공된 뜻을 기록하여야 한다. 이 경우 제2항 및 제3항을 준용한다.

⑤ (2024.9.20 본항삭제)

▣ 공동저당(민368), 공동담보인 취지의 기재(등기규135), 공동담보목록(등기규133), 보존기간(등기규20), 공장재단목록(공저당6·13), 각종 통지부(등기규24)

1. 공동근저당관계의 등기가 없는 경우에도 공동근저당관계가 성립할 수 있는지 여부(적극)(구법관계) 부동산등기법에서 공동근저당관계를 등기하도록 한 규정은 공동저당권의 목적물이 수개의 부동산에 관한 권리인 경우에 한하여 적용되는 등기절차에 관한 규정일 뿐만 아니라, 수개의 저당권이 피담보채권의 동일성에 의하여 서로 결속되어 있다는 취지를 공시함으로써 권리관계를 명확히 하기 위한 것에 불과하므로, 이와 같은 공동저당관계의 등기를 공동저당권의 성립요건이나 대항요건이라고 할 수 없다. 따라서 근저당권설정자와 근저당권자 사이에서 동일한 기본계약에 기하여 발생한 채권을 중첩적으로 담보하기 위하여 수개의 근저당권을 설정하기로 합의하고 이에 따라 수개의 근저당권설정등기를 마친 때에는 부동산등기법 149조에 따라 공동근저당관계의 등기를 마쳤는지 여부와 관계없이 그 수개의 근저당권 사이에는 각 채권최고액이 동일한 범위 내에서 공동근저당관계가 성립한다.(대판 2010.12.23, 2008다57746)

제79조【채권일부의 양도 또는 대위변제로 인한 저당권 일부이전등기의 등기사항】 등기관이 채권의 일부에 대한 양도 또는 대위변제(代位辨濟)로 인한 저당권 일부이전등기를 할 때에는 제48조에서 규정한 사항 외에 양도액 또는 변제액을 기록하여야 한다.

▣ 저당권의 처분제한(민361)

1. 경매절차에서의 저당권의 피담보채권 양도의 대항요건에 대한 증명책임 저당권과 함께 피담보채권을 양수한 자는 저당권이전의 부기등기를 마치고 저당권실행의 요건을 갖추고 있는 한 채권양도의 대항요건을 갖추고 있지 않더라도 경매신청을 할 수 있고, 이 경우 경매개시결정을 할 때 피담보채권의 양수인이 채권양도의 대항요건을 갖추었다는 점을 증명할 필요는 없다. 하지만 채무자는 신청채권자가 채권양도의 대항요건을 갖추지 못하였는데도 경매개시결정 또는 매각허가결정이 이루어졌음을 이유로 경매개시결정에 대한

이의신청이나 매각허가결정에 대한 즉시항고를 할 수 있고, 신청채권자는 이에 따른 절차에서 채권양도의 대항요건을 갖추었음을 증명하여야 한다.(대결 2024.8.19, 2024마6339)

제80조【공동저당의 대위등기】 ① 등기관이 「민법」 제368조제2항 후단의 대위등기를 할 때에는 제48조에서 규정한 사항 외에 다음 각 호의 사항을 기록하여야 한다.

1. 매각 부동산(소유권 외의 권리가 저당권의 목적일 때에는 그 권리를 말한다)
2. 매각대금
3. 선순위 저당권자가 변제받은 금액

② 제1항의 등기에는 제75조를 준용한다.

제5관 신탁에 관한 등기

제81조【신탁등기의 등기사항】 ① 등기관이 신탁등기를 할 때에는 다음 각 호의 사항을 기록한 신탁원부(信託原簿)를 작성하고, 등기기록에는 제48조에서 규정한 사항 외에 그 신탁원부의 번호 및 신탁재산에 속하는 부동산의 거래에 관한 주의사항을 기록하여야 한다. (2014.3.18, 2024.9.20 본항개정)

1. 위탁자(委託者), 수탁자 및 수익자(受益者)의 성명 및 주소(법인인 경우에는 그 명칭 및 사무소 소재지를 말한다)
2. 수익자를 지정하거나 변경할 수 있는 권한을 갖는 자를 정한 경우에는 그 자의 성명 및 주소(법인인 경우에는 그 명칭 및 사무소 소재지를 말한다)
3. 수익자를 지정하거나 변경할 방법을 정한 경우에는 그 방법
4. 수익권의 발생 또는 소멸에 관한 조건이 있는 경우에는 그 조건
5. 신탁관리인이 선임된 경우에는 신탁관리인의 성명 및 주소(법인인 경우에는 그 명칭 및 사무소 소재지를 말한다)
6. 수익자가 없는 특정의 목적을 위한 신탁인 경우에는 그 뜻
7. 「신탁법」 제3조제5항에 따라 수탁자가 타인에게 신탁을 설정하는 경우에는 그 뜻
8. 「신탁법」 제59조제1항에 따른 유언대용신탁인 경우에는 그 뜻
9. 「신탁법」 제60조에 따른 수익자연속신탁인 경우에는 그 뜻
10. 「신탁법」 제78조에 따른 수익증권발행신탁인 경우에는 그 뜻
11. 「공익신탁법」에 따른 공익신탁인 경우에는 그 뜻
12. 「신탁법」 제114조제1항에 따른 유한책임신탁인 경우에는 그 뜻
13. 신탁의 목적
14. 신탁재산의 관리, 처분, 운용, 개발, 그 밖에 신탁 목적의 달성을 위하여 필요한 방법
15. 신탁종료의 사유
16. 그 밖의 신탁 조항

② 제1항제5호, 제6호, 제10호 및 제11호의 사항에 관하여 등기를 할 때에는 수익자의 성명 및 주소를 기재하지 아니할 수 있다.

③ 제1항의 신탁원부는 등기기록의 일부로 본다.

④ 제1항 각 호 외의 부분에 따른 주의사항의 내용 및 등기방법 등에 관하여 필요한 사항은 대법원규칙으로 정한다. (2024.9.20 본항신설)

1. 신탁법상의 신탁의 효력 신탁법상의 신탁은 위탁자가 수탁자에게 특정의 재산권을 이전하거나 기타의 처분을 하여 수탁자로 하여금 신탁 목적을 위하여 그 재산권을 관리·처분하게 하는 것이므로(신탁 1조 2항), 부동산의 신탁에 있어서 수탁자 앞으로 소유권이전등기를 마치게 되면 대내외적으로 소유권이 수탁자에게 완전히 이전되고, 위탁자와의 내부관계에 있어서 소유권이 위탁자에게 유보되어 있는 것은 아니라 할 것이며, 이와 같이 신탁의 효력으로서 신탁재산의 소유권이 수탁자에게 이전되는 결과 수탁자는 대내외적으로 신탁재산에 대한 관리권을 갖는 것이고, 다만, 수탁자는 신탁의 목적 범위 내에서 신탁계약에 정하여진 바에 따라 신탁재산을 관리하여야 하는 제한을 부담함에 불과하다.(대판 2002.4.12, 2000다70460)

2. 신탁원부에 기재된 신탁조항의 제3자에 대한 대항력(구법관계) 신탁 3조, 부동산등기법 123조, 124조에 비추어 보면 수탁자가 그의 지위에서 신탁재산의 관리로서 제3자와의 사이에 전세권을 설정하고 위탁자와의 약정으로 "신탁이 종료한 때에는 … 신탁 재산에 부대하는 채무는 수익자가 변제하여야 한다"는 신탁조항이 신탁원부에 기재되어 신탁등기가 경료된 경우에 전세계약의 기간만료로 인한 전세금반환채무는 신탁계약이 종료한 후에 있어서는 신탁자인 수익자에 있어 수탁자에게 대하여 그 반환을 청구할 수 없다.(대판 1975.12.23, 74다736)

제82조【신탁등기의 신청방법】 ① 신탁등기의 신청은 해당 부동산에 관한 권리의 설정등기, 보존등기, 이전등기 또는 변경등기의 신청과 동시에 하여야 한다.

② 수익자나 위탁자는 수탁자를 대위하여 신탁등기를 신청할 수 있다. 이 경우 제1항은 적용하지 아니한다.

③ 제2항에 따른 대위등기의 신청에 관하여는 제28조제2항을 준용한다.

■ 신탁재산(신탁19), 수탁자의 손해배상의무(신탁38), 대위권에 의한 등기(28), 신탁등기의 기재(등기규139⑦·142·144②)

제82조의2【신탁의 합병·분할 등에 따른 신탁등기의 신청】 ① 신탁의 합병 또는 분할로 인하여 하나의 신탁재산에 속하는 부동산에 관한 권리가 다른 신탁의 신탁재산에 귀속되는 경우 신탁등기의 말소등기 및 새로운 신탁등기의 신청은 신탁의 합병 또는 분할로 인한 권리변경등기의 신청과 동시에 하여야 한다.

② 「신탁법」 제34조제1항제3호 및 같은 조 제2항에 따라 여러 개의 신탁을 인수한 수탁자가 하나의 신탁재산에 속하는 부동산에 관한 권리를 다른 신탁의 신탁재산에 귀속시키는 경우 신탁등기의 신청

방법에 관하여는 제1항을 준용한다.
(2013.5.28 본조신설)

제83조【수탁자 경질에 따른 등기】 다음 각 호의 어느 하나에 해당하여 수탁자의 임무가 종료된 경우 신수탁자는 단독으로 신탁재산에 속하는 부동산에 관한 권리이전등기를 신청할 수 있다.
(2014.3.18 본조개정)

1. 「신탁법」 제12조제1항 각 호의 어느 하나에 해당하여 수탁자의 임무가 종료된 경우
2. 「신탁법」 제16조제1항에 따라 수탁자를 해임한 경우
3. 「신탁법」 제16조제3항에 따라 법원이 수탁자를 해임한 경우
4. 「공익신탁법」 제27조에 따라 법무부장관이 직권으로 공익신탁의 수탁자를 해임한 경우

제84조【수탁자가 여러 명인 경우】 ① 수탁자가 여러 명인 경우 등기관은 신탁재산이 합유인 뜻을 기록하여야 한다.
② 여러 명의 수탁자 중 1인이 제83조 각 호의 어느 하나의 사유로 그 임무가 종료된 경우 다른 수탁자는 단독으로 권리변경등기를 신청할 수 있다. 이 경우 다른 수탁자가 여러 명일 때에는 그 전원이 공동으로 신청하여야 한다.

제84조의2【신탁재산에 관한 등기신청의 특례】 다음 각 호의 어느 하나에 해당하는 경우 수탁자는 단독으로 해당 신탁재산에 속하는 부동산에 관한 권리변경등기를 신청할 수 있다.
1. 「신탁법」 제3조제1항제3호에 따라 신탁을 설정하는 경우
2. 「신탁법」 제34조제2항 각 호의 어느 하나에 해당하여 다음 각 목의 어느 하나의 행위를 하는 것이 허용된 경우
   가. 수탁자가 신탁재산에 속하는 부동산에 관한 권리를 고유재산에 귀속시키는 행위
   나. 수탁자가 고유재산에 속하는 부동산에 관한 권리를 신탁재산에 귀속시키는 행위
   다. 여러 개의 신탁을 인수한 수탁자가 하나의 신탁재산에 속하는 부동산에 관한 권리를 다른 신탁의 신탁재산에 귀속시키는 행위
3. 「신탁법」 제90조 또는 제94조에 따라 수탁자가 신탁을 합병, 분할 또는 분할합병하는 경우

(2013.5.28 본조신설)

제85조【촉탁에 의한 신탁변경등기】 ① 법원은 다음 각 호의 어느 하나에 해당하는 재판을 한 경우 지체 없이 신탁원부 기록의 변경등기를 등기소에 촉탁하여야 한다.
1. 수탁자 해임의 재판
2. 신탁관리인의 선임 또는 해임의 재판
3. 신탁 변경의 재판

② 법무부장관은 다음 각 호의 어느 하나에 해당하는 경우 지체 없이 신탁원부 기록의 변경등기를 등기소에 촉탁하여야 한다. (2014.3.18 본항개정)
1. 수탁자를 직권으로 해임한 경우
2. 신탁관리인을 직권으로 선임하거나 해임한 경우
3. 신탁내용의 변경을 명한 경우

③ 등기관이 제1항제1호 및 제2항제1호에 따라 법원 또는 주무관청의 촉탁에 의하여 수탁자 해임에 관한 신탁원부 기록의 변경등기를 하였을 때에는 직권으로 등기기록에 수탁자 해임의 뜻을 부기하여야 한다.

■ 신탁재산의 관리(신탁28-50)

제85조의2【직권에 의한 신탁변경등기】 등기관이 신탁재산에 속하는 부동산에 관한 권리에 대하여 다음 각 호의 어느 하나에 해당하는 등기를 할 경우 직권으로 그 부동산에 관한 신탁원부 기록의 변경등기를 하여야 한다.
1. 수탁자의 변경으로 인한 이전등기
2. 여러 명의 수탁자 중 1인의 임무 종료로 인한 변경등기
3. 수탁자인 등기명의인의 성명 및 주소(법인인 경우에는 그 명칭 및 사무소 소재지를 말한다)에 관한 변경등기 또는 경정등기

(2013.5.28 본조신설)

제86조【신탁변경등기의 신청】 수탁자는 제85조 및 제85조의2에 해당하는 경우를 제외하고 제81조제1항 각 호의 사항이 변경되었을 때에는 지체 없이 신탁원부 기록의 변경등기를 신청하여야 한다.

제87조【신탁등기의 말소】 ① 신탁재산에 속한 권리가 이전, 변경 또는 소멸됨에 따라 신탁재산에 속하지 아니하게 된 경우 신탁등기의 말소신청은 신탁된 권리의 이전등기, 변경등기 또는 말소등기의 신청과 동시에 하여야 한다.
② 신탁종료로 인하여 신탁재산에 속한 권리가 이전 또는 소멸된 경우에는 제1항을 준용한다.
③ 신탁등기의 말소등기는 수탁자가 단독으로 신청할 수 있다.
④ 신탁등기의 말소등기의 신청에 관하여는 제82조제2항 및 제3항을 준용한다.

■ 신탁등기의 말소(등기규144②)

1. 부동산 담보신탁계약에서 신탁계약 해지 시 우선수익자의 서면요청에 따라 신탁부동산의 소유권을 매수인에게 직접 이전할 수 있다는 특약사항에 따른 소유권이전등기의 해석 부동산 담보신탁계약이 해지된 경우에는 '신탁재산 귀속'을 원인으로 위탁자에게 소유권이전등기를 한 다음 '분양계약'을 원인으로 매수인에게 소유권이전등기를 하는 것이 원칙이다. 이 경우에도 우선수익자의 서면요청에 따라 수탁자가 매도인으로서의 책임을 부담하지 않는 조건으로 신탁부동산의 소유권을 매수인에게 직접 이전할 수 있다는 내용을 특약사항으로 정하였다면, 위 특약사항에 따른 소유권이전등기는 수탁자가 신탁계약에 따라 신탁부동산을 처분하여 마쳐준 것이 아니고, 신탁계약 해지에 따른 수탁자의 위탁자에 대한 소유권이전등기와 이를 전제로 한 위탁자의 매수인에 대한 소유권이전등기가 단축되어 이행된 것에 불과하다.
(대판 2022.12.15, 2022다247750)

제87조의2【담보권신탁에 관한 특례】 ① 위탁자가 자기 또는 제3자 소유의 부동산에 채권자가 아닌 수탁자를 저당권자로 하여 설정한 저당권을 신탁재산으로 하고 채권자를 수익자로 지정한 신탁의 경우 등기관은 그 저당권에 의하여 담보되는 피담보채권이 여럿이고 각 피담보채권별로 제75조에 따른 등기사항이 다를 때에는 제75조에 따른 등기사항을 각 채권별로 구분하여 기록하여야 한다.
② 제1항에 따른 신탁의 신탁재산에 속하는 저당권에 의하여 담보되는 피담보채권이 이전되는 경우 수탁자는 신탁원부 기록의 변경등기를 신청하여야 한다.
③ 제1항에 따른 신탁의 신탁재산에 속하는 저당권의 이전등기를 하는 경우에는 제79조를 적용하지 아니한다.
(2013.5.28 본조신설)

제87조의3【신탁재산관리인이 선임된 신탁의 등기】「신탁법」 제17조제1항 또는 제18조제1항에 따라 신탁재산관리인이 선임된 신탁의 경우 제23조제7항·제8항, 제81조, 제82조, 제82조의2, 제84조제1항, 제84조의2, 제85조제1항·제2항, 제85조의2제3호, 제86조, 제87조 및 제87조의2를 적용할 때에는 "수탁자"는 "신탁재산관리인"으로 본다.
(2013.5.28 본조신설)

제6관 가등기

제88조【가등기의 대상】 가등기는 제3조 각 호의 어느 하나에 해당하는 권리의 설정, 이전, 변경 또는 소멸의 청구권(請求權)을 보전(保全)하려는 때에 한다. 그 청구권이 시기부(始期附) 또는 정지조건부(停止條件附)일 경우나 그 밖에 장래에 확정될 것인 경우에도 같다.

▣ 가등기명의인의 인감증명(등기규60 ii), 담보가등기(가담보2iii)

1. 가등기상의 권리의 이전등기를 부기등기의 형식으로 경료할 수 있는지 여부(적극) 가등기는 원래 순위를 확보하는 데에 그 목적이 있으나, 순위 보전의 대상이 되는 물권변동의 청구권은 그 성질상 양도될 수 있는 재산권일 뿐만 아니라 가등기로 인하여 그 권리가 공시되어 결과적으로 공시방법까지 마련된 셈이므로, 이를 양도한 경우에는 양도인과 양수인의 공동신청으로 그 가등기상의 권리의 이전등기를 가등기에 대한 부기등기의 형식으로 경료할 수 있다.(대판(全) 1998.11.19, 98다24105)

2. 가등기의 순위보전의 효력 가등기는 그 성질상 본등기의 순위보전의 효력만이 있고 후일 본등기가 경료된 때에는 본등기의 순위가 가등기한 때로 소급함으로써 가등기후 본등기 전에 이루어진 중간처분이 본등기보다 후순위로 되어 실효될 뿐이고 본등기에 의한 물권변동의 효력이 가등기한 때로 소급하여 발생하는 것은 아니다.(대판 1982.6.22, 81다1298, 1299)

3. 직권으로 말소된 등기의 회복청구의 소의 이익(소극) 가등기에 기한 소유권이전의 본등기가 됨으로써 등기공무원이 직권으로 가등기후에 경료된 제3자의 소유권이전등기를 말소한 경우에 그 후에 가등기나 그 가등기에 기한 본등기가 원인무효의 등기라 하여 말소될 때에는 결국 위 제3자의 소유권이전등기는 말소되지 아니할 것을 말소한 결과가 되므로 이때는 등기공무원이 직권으로 그 말소등기의 회복등기를 하여야 할 것이므로 그 회복등기를 소구할 이익이 없다.(대판 1983.3.8, 82다카1168)

4. 등기유용의 합의 전후에 이루어진 소유권이전등기의 이해관계인의 권리관계 가등기의 등기원인이 실효된 이후에 전소유자와의 무효등기의 유용에 관한 합의에 따라 가등기명의인이던 갑 명의로 마쳐진 소유권이전의 본등기는 그 등기유용의 합의가 이루어지기 전에 이미 소유권이전등기를 한 등기상의 이해관계인인 을에 대한 관계에서는 실질관계를 결한 무효의 등기로 평가되므로, 위 갑 명의의 소유권이전등기나 이 등기를 기초로 하여 마쳐진 병 명의의 소유권이전등기가 원인무효의 등기로 말소될 때에는 직권말소된 을 명의의 소유권이전등기에 관하여 등기공무원이 직권으로 그 말소등기의 회복등기를 하여야 하는 것으로서 그 말소회복등기가 되기 전이라도 을은 등기명의인으로서의 권리를 그대로 보유하고 있기 때문에 소유자로 추정된다.(대판 1989.10.27, 87다카425)

5. 공동명의로 담보가등기를 마친 수인의 채권자 중 1인의 지분에 관한 본등기 가부 공동명의로 담보가등기를 마친 수인의 채권자가 각자의 지분별로 별개의 독립적인 매매예약완결권을 가지는 경우, 채권자 중 1인은 단독으로 자신의 지분에 관하여 가등기담보 등에 관한 법률이 정한 청산절차를 이행한 후 소유권이전의 본등기절차 이행청구를 할 수 있다.(대판(全) 2012.2.16, 2010다82530)

6. 말소될 운명의 가등기에 기한 소유권이전등기의 효력 부동산에 관하여 원고명의로 소유권이전등기청구권 보전을 위한 가등기가 경료되기에 앞서 소외인 명의로 근저당권설정등기가 경료되어 있었고 그 후 소유자의 지방세체납으로 인한 압류처분에 터잡아 공매가 실시되어 그 매수인이 매수대금을 완납하였다면 공매 당시에 위 가등기보다 선순위로서 존재하였던 위 근저당권은 소멸하고 이에 따라 후순위인 위 가등기상의 권리도 소멸한다고 보아야 할 것이므로 위 가등기는 말소촉탁의 대상이 되는 것이고, 위 가등기가 우연한 사정으로 인하여 말소되지 아니하고 있다가 후일 이에 기한 소유권이전등기가 경료되었다 하더라도 위 가등기는 순위보전적 효력이 없다.(대판 1990.7.10, 89다카7443)

7. 가등기와 관계없이 소유권이전등기를 받은 경우 가등기에 기한 본등기 청구의 가부(적극) 부동산에 관한 소유권이전등기청구권 보전을 위한 가등기 경료 이후에 다른 가압류등기가 경료되었다면 그 가등기에 기한 본등기절차에 의하지 아니하고 별도로 가등기권자 명의의 소유권이전등기가 경료되었다고 하여 가등기 권리자와 의무자 사이의 가등기약정상의 채무의 본지에 따른 이행이 완료되었다고 할 수는 없으니 특별한 사정이 없는 한 가등기권자는 가등기의무자에 대하여 그 가등기에 기한 본등기 절차의 이행을 구할 수도 있다.(대판 1995.12.26, 95다29888)

제89조【가등기의 신청방법】 가등기권리자는 제23조제1항에도 불구하고 가등기의무자의 승낙이 있거나 가등기를 명하는 법원의 가처분명령(假處分命令)이 있을 때에는 단독으로 가등기를 신청할 수 있다.

1. 가등기상 권리에 대한 처분금지가처분의 권리자가 가등기말소청구권에 기한 본안소송에서 승소하고 그 판결이 확정된 경우 위 가처분 이후 경료된 각 등기의 말소방법 가등기권자 갑, 을을 상대로 가등기상 권리에 대한 처분금지가처분결정을 받아 그 가처분기입등기가 경료된 이후에 부동산의 2분의 1 지분에 관한 갑의 위 가등기상 권리가 가등기이전의 부기등기의 방법에 의하여, 근저당권이 근저당권이전의 부기등기의 방법에 의하여 을에게 이전되고, 부기등기의 방법으로 이전받은 위 2분의 1 지분에 관한 가등기에 기한

본등기까지 경료된 경우에 있어 위 가처분권리자가 위 가처분의 피보전권리인 갑에 대한 가등기말소청구권 및 근저당권설정등기말소청구권에 기한 본안소송에서 승소하고 그 판결이 확정되었다면 가처분권리자에게 대항할 수 없는 것으로서 가처분권리자가 그 확정판결의 정본을 첨부하여 갑 명의의 가등기 및 근저당권설정등기의 말소신청을 함과 동시에 을 명의의 위 각 등기의 말소신청을 할 경우 위 각 등기는 모두 말소될 운명에 놓이게 되고, 이 경우 부기등기의 방법으로 갑명의의 가등기지분말소 및 을 명의 가등기의 경정등기가 이루어져야 한다.(대판 1992.8.14, 91다45806)

제90조【가등기를 명하는 가처분명령】 ① 제89조의 가등기를 명하는 가처분명령은 부동산의 소재지를 관할하는 지방법원이 가등기권리자의 신청으로 가등기 원인사실의 소명이 있는 경우에 할 수 있다.
② 제1항의 신청을 각하한 결정에 대해서는 즉시항고(卽時抗告)를 할 수 있다.
③ 제2항의 즉시항고에 관하여는 「비송사건절차법」을 준용한다.

▣ 즉시항고(민소444, 비송10 · 23)

1. 부동산등기법상의 가등기가처분의 성질 부동산등기법상의 가등기가처분은 당사자의 이해관계의 대립이 있음을 요건으로 하지 아니하는 보전처분으로서, 그것도 본등기의 순위보전의 효력밖에 없는 것이므로 민사소송법상의 가처분과는 성질이 달라 민사소송법상의 가처분에 관한 규정을 준용할 여지가 없다.(대결 1973.8.29, 73마657)

2. 부동산가등기가처분의 심리절차와 소명방법(구법관계) 부동산등기법의 가등기가처분은 비송사건절차법에 의하여 심판되어야 하는 것이므로 같은 법 11조의 준용에 의하여 법원이 직권으로 사실의 탐지와 필요하다고 인정되는 증거의 조사도 할 수 있고, 그 밖에도 비송 10조, 민소 271조 2항에 의하여 소명의 대용으로서의 보증이나 선서를 인정시킬 수도 있는 것이므로, 관할법원이 그 가운데에서 사안에 따라 선택한 조처는 특별한 사정이 없는 한 부당하다고 할 수는 없다.(대결 1990.3.24, 90마155)

제91조【가등기에 의한 본등기의 순위】 가등기에 의한 본등기(本登記)를 한 경우 본등기의 순위는 가등기의 순위에 따른다.

1. 소유권이전등기청구권을 보전하기 위한 가등기에 기한 본등기를 하는 경우에 매매완결권의 행사를 요하지 않는 경우의 판결주문과 등기신청서의 기재방법 소유권이전등기청구권을 보전하기 위한 가등기가 형식상 매매예약을 등기원인으로 하고 있지만 실제상으로는 가등기권자의 청구가 있으면 별도의 매매완결권의 행사를 요하지 아니하고 언제든지 본등기를 경료하기 위한 것이라면 가등기권자는 언제든지 가등기에 기한 본등기의 이행을 청구할 수 있으며, 그 경우의 판결주문에서는 그 원인인 완결권의 행사나 그 년월일을 표시하지 아니하여도 무방하고, 그 판결이 확정된 경우의 등기신청서에는 등기원인을 그 확정판결로, 년월일을 그 확정판결의 선고년월일로 기재하여야 한다.(대판 1981.3.10, 80다2583)

2. 가등기권리자가 무효인 중복소유권보존등기의 말소를 구할 수 있는지 여부(소극)(구법관계) 가등기는 그 본등기시에 본등기의 순위를 가등기의 순위에 의하도록 하는 순위보전적 효력만이 있을 뿐이고, 가등기만으로는 아무런 실체법상 효력을 갖지 아니하고 그 본등기를 명하는 판결이 확정된 경우라도 본등기를 경료하기까지는 마찬가지이므로, 중복된 소유권보존등기가 무효이더라도 가등기권리자는 그 말소를 청구할 권리가 없다.(대판 2001.3.23, 2000다51285)

3. 담보가등기권리자의 경매청구와 본등기청구 가등기담보법 규정의 문언 형식과 내용 및 체계에 더하여 담보목적부동산에 대한 경매절차가 개시된 경우 그 경매절차에 참가할 수 있을 것이라는 후순위권리자 등의 기대를 보호할 필요가 있는 점 등을 고려하면, 담보가등기권리자가 담보목적부동산의 경매를 청구하는 방법을 선택하여 그 경매절차가 진행 중인 때에는 특별한 사정이 없는 한 가등기담보법 3조에 따른 담보권을 실행할 수 없으므로 그 가등기에 따른 본등기를 청구할 수 없다고 봄이 타당하다.(대판 2022.11.30, 2017다232167, 232174)

제92조【가등기에 의하여 보전되는 권리를 침해하는 가등기 이후 등기의 직권말소】 ① 등기관은 가등기에 의한 본등기를 하였을 때에는 대법원규칙으로 정하는 바에 따라 가등기 이후에 된 등기로서 가등기에 의하여 보전되는 권리를 침해하는 등기를 직권으로 말소하여야 한다.
② 등기관이 제1항에 따라 가등기 이후의 등기를 말소하였을 때에는 지체 없이 그 사실을 말소된 권리의 등기명의인에게 통지하여야 한다.

1. 가등기와 본등기 사이에 경료된 국세압류등기의 말소 여부 가담보 17조 3항은, 담보가등기권리는 국세기본법, 국세징수법, 지방세법, 회사정리법의 적용에 있어서는 이를 저당권으로 본다고 규정하고 있고, 국세기 35조 2항은 납세의무자를 등기의무자로 하고 채무불이행을 정지조건으로 하는 대물변제의 예약에 기하여 권리 이전의 청구권의 보전을 위한 가등기 기타 이와 유사한 담보의 목적으로 된 가등기가 되어 있는 재산을 압류하는 경우에 당해 가등기에 기한 본등기가 압류 후에 행하여진 때에는 그 가등기의 권리자는 그 재산에 대한 체납처분에 대하여 그 가등기에 기한 권리를 주장할 수 없고, 다만 국세 또는 가산금의 법정기일 전에 가등기된 재산에 대하여는 그러하지 아니하다고 규정하고 있다. 따라서 국세 압류등기 이전에 소유권이전청구권 보전의 가등기가 경료되고 그 후 본등기가 이루어진 경우에, 그 가등기가 매매예약에 기한 순위 보전의 가등기라면 그 이후에 경료된 압류등기는 효력을 상실하여 말소되어야 할 것이지만, 그 가등기가 채무담보를 위한 가등기 즉 담보 가등기라면 그 후 본등기가 경료되더라도 가등기는 담보적 효력을 갖는데 그치므로 압류등기는 여전히 유효하므로 말소될 수 없다고 할 것인데, 당해 가등기가 담보 가등기라는 점에 관한 소명자료가 제출되어 담보 가등기인지에 관하여 이해관계인 사이에 실질적으로 다투어지고 있는 경우에는 가등기에 기한 본등기권자의 태도 여하에 불구하고 형식적 심사권밖에 없는 등기공무원으로서는 당해 가등기를 순위 보전의 가등기로 인정하여 국세 압류등기를 직권말소할 수 없고, 또한 당해 가등기가 담보 가등기인지 여부는 당해 가등기가 실제상 채권담보를 목적으로 한 것인지 여부에 의하여 결정되는 것이지 당해 가등기의 등기부상 원인이 매매예약으로 기재되어 있는가 아니면 대물변제예약으로 기재되어 있는가 하는 형식적 기재에 의하여 결정되는 것이 아니다.(대결 1998.10.7, 98마1333)

2. 등기의 직권말소절차에서의 등기공무원의 이의진술에 대한 결정의 시기(구법관계) 부동산등기법 175조 내지 177조 소정의 직권말소절차에 있어서 등기의 말소에 관하여 이의를 진술한 자가 있는 때에는 등기공무원은 바로 그 이의에 대하여 결정을 하고 등기를 말소할 수 있는 것이지, 말소의 통지를 할 당시 정한 이의진술의 기간이 지난 뒤에 그 이의에 대한 결정을 하여야 되는 것은 아니다.(대결 1993.8.6, 93마990)

3. 가등기권리자의 본등기청구권 가등기 후에 가등기권리자 이외의 제3자에 대한 소유권이전의 본등기가 경료되었다 하여도 가등기권리자의 본등기청구권은 이행불능상태에 있다고

할 수 없으므로 제3자의 소유권이전등기의 말소등기 없이 가등기의 본등기를 명할 수 있다.(대판 1966.6.21, 66다699, 700)

4. 가등기권자에 의한 가등기 이후의 본등기 말소 가등기후에 제3자에게 소유권이전의 본등기가 된 경우에 가등기권자는 그 본등기를 경유하지 아니하고는 가등기 이후의 본등기의 말소를 청구할 수 없다. 위의 경우에 가등기권자는 가등기의무자인 전소유자를 상대로 본등기청구권을 행사할 것이고 그 제3자를 상대로 할 것이 아니다. 가등기권자가 그 소유권이전의 본등기를 한 경우에는 등기공무원은 본법 175조 1항, 55조 2호에 의하여 가등기 이후에 한 제3자의 본등기를 직권 말소할 수 있다.(대결(全) 1962.12.24, 4294민재항675)

제93조【가등기의 말소】 ① 가등기명의인은 제23조제1항에도 불구하고 단독으로 가등기의 말소를 신청할 수 있다.

② 가등기의무자 또는 가등기에 관하여 등기상 이해관계 있는 자는 제23조제1항에도 불구하고 가등기명의인의 승낙을 받아 단독으로 가등기의 말소를 신청할 수 있다.

1. 가등기에 기한 소유권이전등기청구권이 시효소멸된 경우 가등기 이후에 부동산을 취득한 제3자의 가등기말소청구의 가부(적극) 가등기에 기한 소유권이전등기청구권이 시효의 완성으로 소멸되었다면 그 가등기 이후에 그 부동산을 취득한 제3자는 그 소유권에 기한 방해배제청구로서 그 가등기권자에 대하여 본등기청구권의 소멸시효를 주장하여 그 등기의 말소를 구할 수 있다.(대판 1991.3.12, 90다카27570)

제7관 가처분에 관한 등기

제94조【가처분등기 이후의 등기 등의 말소】 ① 「민사집행법」 제305조제3항에 따라 권리의 이전, 말소 또는 설정등기청구권을 보전하기 위한 처분금지가처분등기가 된 후 가처분채권자가 가처분채무자를 등기의무자로 하여 권리의 이전, 말소 또는 설정의 등기를 신청하는 경우에는, 대법원규칙으로 정하는 바에 따라 그 가처분등기 이후에 된 등기로서 가처분채권자의 권리를 침해하는 등기의 말소를 단독으로 신청할 수 있다.

② 등기관이 제1항의 신청에 따라 가처분등기 이후의 등기를 말소할 때에는 직권으로 그 가처분등기도 말소하여야 한다. 가처분등기 이후의 등기가 없는 경우로서 가처분채무자를 등기의무자로 하는 권리의 이전, 말소 또는 설정의 등기만을 할 때에도 또한 같다. (2020.2.4 본항개정)

③ 등기관이 제1항의 신청에 따라 가처분등기 이후의 등기를 말소하였을 때에는 지체 없이 그 사실을 말소된 권리의 등기명의인에게 통지하여야 한다. (2020.2.4 본조제목개정)

1. 경매를 통한 공유물분할을 내용으로 하는 화해권고결정과 처분금지가처분에서 금하는 처분행위 해당 여부 공유물을 경매에 붙여 매각대금을 분배할 것을 명하는 판결은 경매를 조건으로 하는 특수한 형성판결로서 공유자 전원에 대하여 획일적으로 공유관계의 해소를 목적으로 한다. 가처분채권자가 가처분채무자의 공유 지분에 관하여 처분금지가처분등기를 마친 후에 가처분채무자가 나머지 공유자와 사이에 위와 같이 경매를 통한 공유물분할을 내용으로 하는 화해권고결정을 받아 이를 확정시켰다면, 다른 특별한 사정이 없는 한 이는 처분금지가처분에서 금하는 처분행위에 해당한다.(대판 2017.5.31, 2017다216981)

2. 가처분채권자가 가처분채무자를 대위하여 가처분 등기 후 가처분채무자로부터 소유권이전등기를 넘겨받은 제3자를 상대로 그 제3자 명의 소유권이전등기의 말소를 청구하는 경우 소의 이익 유무 ① 취득시효 완성 후 제3자 앞으로 경료된 소유권이전등기가 원인무효인 경우 취득시효 완성을 원인으로 한 소유권이전등기청구권을 가진 자는 취득시효 완성 당시의 소유자를 대위하여 제3자 명의의 등기의 말소를 구할 수 있다. ② 취득시효 완성을 원인으로 하는 소유권이전등기청구권을 피보전권리로 하는 부동산처분금지가처분등기가 마쳐진 후에 가처분채권자가 가처분채무자를 상대로 가처분의 피보전권리에 기한 소유권이전등기를 청구함과 아울러 가처분 등기 후 가처분채무자로부터 소유권이전등기를 넘겨받은 제3자를 상대로 가처분채무자와 제3자 사이의 법률행위가 원인무효라는 사유를 들어 가처분채무자를 대위하여 제3자 명의의 소유권이전등기의 말소를 청구하는 경우, 가처분채권자가 채무자를 상대로 본안의 승소판결을 받아 확정되면 가처분에 저촉되는 처분행위의 효력을 부정할 수 있다고 하여, 그러한 사정만으로 위와 같은 제3자에 대한 청구가 소의 이익이 없어 부적법하다고 볼 수는 없다.(대판 2017.12.5, 2017다237339)

3. 저당권설정등기청구권을 보전하기 위한 처분금지가처분의 등기 부동산에 관하여 처분금지가처분의 등기가 된 후에 가처분채권자가 본안소송에서 승소판결을 받아 확정되면 피보전권리의 범위 내에서 가처분 위반행위의 효력을 부정할 수 있다. 따라서 저당권설정등기청구권을 보전하기 위한 처분금지가처분의 등기가 이미 되어 있는 부동산에 관하여 그 후 소유권이전등기나 처분제한의 등기 등이 이루어지고, 그 뒤 가처분채권자가 본안소송의 승소확정으로 피보전권리 실현을 위한 저당권설정등기를 하는 경우에, 가처분등기 후에 이루어진 소유권이전등기나 처분제한의 등기 등 자체가 가처분채권자의 저당권 취득에 장애가 되는 것은 아니어서 등기가 말소되지는 않지만, 가처분채권자의 저당권 취득과 저촉되는 범위에서는 가처분등기 후에 등기된 권리의 취득이나 처분의 제한으로 가처분채권자에게 대항할 수 없게 된다. 저당권 등 소유권 외의 권리의 설정등기청구권을 보전하기 위한 처분금지가처분의 등기 후 피보전권리 실현을 위한 저당권 등의 설정등기를 하는 때에는 가처분등기 후에 등기된 권리의 취득이나 처분의 제한으로 가처분채권자의 저당권 등의 취득에 대항할 수 없다는 점을 표시하기 위하여 그 설정등기가 가처분에 기초한 것이라는 뜻도 함께 등기하게 되어 있고(부등 95조 참조), 가처분의 피보전권리 실현을 위한 등기가 되면 가처분은 목적을 달성하여 효력을 잃고 가처분등기는 존치할 필요가 없는 것에 불과하게 된다. 따라서 저당권설정등기청구권을 보전하기 위한 처분금지가처분의 등기 후 피보전권리 실현을 위한 저당권설정등기가 되면, 그 후 가처분등기가 말소되더라도 여전히 가처분등기 후에 등기된 권리의 취득이나 처분의 제한으로 가처분채권자의 저당권 취득에 대항할 수 없다.(대판 2015.7.9, 2015다202360)

4. 부동산처분금지가처분등기의 효력 / 저당권설정등기청구권을 보전하기 위한 처분금지가처분의 등기와 소유권이전등기나 처분제한의 등기 등의 말소 여부 ① 부동산에 관하여 처분금지가처분의 등기가 된 후에 가처분채권자가 본안소송에서 승소판결을 받아 확정되면 그 피보전권리의 범위 내에서 가처분 위반행위의 효력을 부정할 수 있고, 이때 그 처분행위가 가처분에 저촉되는 것인지는 그 처분행위에 따른 등기와 가처분등기의 선후에 의하여 정해진다. ② 저당권설정등기청구권을 보전하기 위한 처분금지가처분의 등기가 이미 되어 있는 부동산에 관하여 그 후 소유권이전등기나 처분제한의 등기 등이 이루어지고, 그 뒤 가처분채권자가 본안소송

의 승소확정으로 그 피보전권리 실현을 위한 저당권설정등기를 하는 경우에, 가처분등기 후에 이루어진 위와 같은 소유권이전등기나 처분제한의 등기 등 자체가 가처분채권자의 권리 취득에 장애가 되는 것은 아니어서 그 등기가 말소되지는 않지만, 가처분채권자의 권리 취득과 저촉되는 범위에서는 가처분등기 후에 등기된 권리의 취득이나 처분의 제한으로 가처분채권자에게 대항할 수 없게 된다. 이러한 법리는 소유권이전청구권가등기 청구채권을 보전하기 위한 처분금지가처분의 등기가 마쳐진 부동산에 관하여 그 피보전권리 실현을 위한 가등기와 그에 의한 소유권이전의 본등기가 마쳐진 때에도 마찬가지로 적용되어야 한다.(대판 2022.6.30, 2018다276218)

제95조 【가처분에 따른 소유권 외의 권리 설정등기】 등기관이 제94조제1항에 따라 가처분채권자 명의의 소유권 외의 권리 설정등기를 할 때에는 그 등기가 가처분에 기초한 것이라는 뜻을 기록하여야 한다.

제8관 관공서가 촉탁하는 등기 등

제96조 【관공서가 등기명의인 등을 갈음하여 촉탁할 수 있는 등기】 관공서가 체납처분(滯納處分)으로 인한 압류등기(押留登記)를 촉탁하는 경우에는 등기명의인 또는 상속인, 그 밖의 포괄승계인을 갈음하여 부동산의 표시, 등기명의인의 표시의 변경, 경정 또는 상속, 그 밖의 포괄승계로 인한 권리이전(權利移轉)의 등기를 함께 촉탁할 수 있다.

▣ 체납처분(국세징24)

제97조 【공매처분으로 인한 등기의 촉탁】 관공서가 공매처분(公賣處分)을 한 경우에 등기권리자의 청구를 받으면 지체 없이 다음 각 호의 등기를 등기소에 촉탁하여야 한다. (2020.2.4 본조개정)

1. 공매처분으로 인한 권리이전의 등기
2. 공매처분으로 인하여 소멸한 권리등기(權利登記)의 말소
3. 체납처분에 관한 압류등기 및 공매공고등기의 말소

▣ 공매처분(국세징61)

제98조 【관공서의 촉탁에 따른 등기】 ① 국가 또는 지방자치단체가 등기권리자인 경우에는 국가 또는 지방자치단체는 등기의무자의 승낙을 받아 해당 등기를 지체 없이 등기소에 촉탁하여야 한다.

② 국가 또는 지방자치단체가 등기의무자인 경우에는 국가 또는 지방자치단체는 등기권리자의 청구에 따라 지체 없이 해당 등기를 등기소에 촉탁하여야 한다.

제99조 【수용으로 인한 등기】 ① 수용으로 인한 소유권이전등기는 제23조제1항에도 불구하고 등기권리자가 단독으로 신청할 수 있다.

② 등기권리자는 제1항의 신청을 하는 경우에 등기명의인이나 상속인, 그 밖의 포괄승계인을 갈음하여 부동산의 표시 또는 등기명의인의 표시의 변경, 경정 또는 상속, 그 밖의 포괄승계로 인한 소유권이전의 등기를 신청할 수 있다.

③ 국가 또는 지방자치단체가 제1항의 등기권리자인 경우에는 국가 또는 지방자치단체는 지체 없이 제1항과 제2항의 등기를 등기소에 촉탁하여야 한다.

④ 등기관이 제1항과 제3항에 따라 수용으로 인한 소유권이전등기를 하는 경우 그 부동산의 등기기록 중 소유권, 소유권 외의 권리, 그 밖의 처분제한에 관한 등기가 있으면 그 등기를 직권으로 말소하여야 한다. 다만, 그 부동산을 위하여 존재하는 지역권의 등기 또는 토지수용위원회의 재결(裁決)로써 존속(存續)이 인정된 권리의 등기는 그러하지 아니하다.

⑤ 부동산에 관한 소유권 외의 권리의 수용으로 인한 권리이전등기에 관하여는 제1항부터 제4항까지를 준용한다.

▣ 등기말소통지서(등기규157)

제5장 이 의

제100조 【이의신청과 그 관할】 등기관의 결정 또는 처분에 이의가 있는 자는 그 결정 또는 처분을 한 등기관이 속한 지방법원(이하 이 장에서 "관할 지방법원"이라 한다)에 이의신청을 할 수 있다. (2024.9.20 본조개정)

▣ 준용(비송71)

1. 등기명의인 표시경정의 의미(구법관계) 등기명의인의 표시경정이란 등기부에 기재되어 있는 등기명의인의 성명, 주소나 상호, 사무소 등에 착오 또는 유루가 있는 경우에 그 명의인으로 기재되어 있는 자의 동일성을 변함이 없이 이를 정정하는 것을 말한다 할 것인바, 피고 재단의 경정등기신청은 이미 행하여진 2인의 공유등기를 그 뒤에 생긴 원인으로 그중 1인의 지분을 말소하고 나머지 1인의 단독 소유로 경정하여 달라는 것이므로 이러한 등기신청을 받아들인다면 그에 의하여 소유자가 변경되는 결과로 되어서 등기명의인의 동일성을 잃게 되고, 한편 이러한 등기신청은 그 취지 자체에 있어서 이미 법률상 허용될 수 없음이 명백한 경우에 해당한다고 할 것이므로 부동산등기법 55조 2호 소정의 사건이 등기할 것이 아닌 때에 해당하여 등기공무원은 이를 각하하여야 하고, 등기공무원이 이를 간과하고 등기신청을 수리하여 등기가 행하여진 경우에는 등기상 이해관계 있는 자는 부동산등기법 178조 소정의 등기공무원의 처분에 대한 이의신청의 방법으로 그 등기의 시정을 구할 수 있으므로 민사소송의 방법으로 그 시정을 구할 수는 없다.(대판 1996.4.12, 95다33214)

2. 등기공무원의 적극적인 처분에 대하여 본조에 의한 이의의 방법으로 그 말소를 구할 수 있는지 여부(소극)(구법관계) 등기공무원이 등기신청인의 신청에 따라 그 등기절차를 완료한 적극적인 처분을 하였을 때에는 비록 그 처분이 부당한 것이었다 하더라도 부동산등기법 55조 1호, 2호에 해당하지 않는 한 소송으로 그 등기의 효력을 다투는 것은 별론으로 하고 동법 178조에 의한 이의의 방법으로는 그 말소를 구할 수 없다.(대결 1988.2.24, 87마469)

3. 각하하여야 할 등기신청에 따라 경료된 등기의 말소방법(구법관계) 등기신청이 "신청서에 필요한 서면을 첨부하지 아니한 때"에 해당되는 경우에는 등기공무원은 등기신청을 각하하여야 할 것이지만 일단 등기공무원이 그 등기신청에 따라 등기를 마치고 등기부상의 형식상 이해관계인이 생긴 후에는 그 등기에 대하여는 본안소송으로서 그 말소를 청구

할 수 있을 뿐이고 등기공무원의 처분에 관한 이의신청의 방법으로는 그 말소를 구할 수 없다.(대결 1987.3.25, 87마240)

4. 등기공무원의 처분에 대한 이의신청권자(구법관계) 등기공무원의 처분이 부당하다고 하여 이의신청을 할 수 있는 자는 등기상 직접적인 이해관계를 가진 자에 한한다 할 것이므로 등기의 신청인도 아니고 다만 등기공무원의 처분으로 보존등기가 된 토지의 대장상 소유자로 등재되었던 자의 상속인들은 등기상 직접적인 이해관계가 있다고 볼 수 없다.(대결 1987.3.18, 87마206)

5. 유효기간이 경과된 인감증명을 첨부한 경우와 이의신청의 가부(소극)(구법관계) 등기공무원의 처분이 부당한 경우라도 본조에 의한 이의신청으로써 시정을 구할 수 있는 것은 본법 55조 1, 2호의 사유가 있을 경우에만 할 수 있으므로 유효기간이 경과한 인감증명을 첨부한 등기신청을 수리한 처분은 이의신청의 대상이 될 수 없다.(대결 1971.1.26, 70마812)

6. 등기부상 진실한 소유자가 허무인 명의의 부실등기행위를 한 사람을 상대로 허무인 명의 등기의 말소를 구할 수 있는지 여부(적극), **등기관의 결정이나 처분이 관련 규정에 비추어 부당하지만 다른 실체적인 이유로 결과적으로 정당하다고 볼 수 있는 경우에 이에 대한 이의신청을 배척할 수 있는지 여부**(소극)(구법관계) ① 등기부상 진실한 소유자의 소유권에 방해가 되는 불실등기가 존재하는 경우에 그 등기 명의인이 허무인 또는 실체가 없는 단체인 때에는 소유자는 그와 같은 허무인 또는 실체가 없는 단체 명의로 실제 등기행위를 한 사람에 대하여 소유권에 기한 방해배제로서 등기행위자를 표상하는 허무인 또는 실체가 없는 단체 명의 등기의 말소를 구할 수 있다. 또한, 소유자는 이와 같은 말소청구권을 보전하기 위하여 실제 등기행위를 한 사람을 상대로 처분금지가처분을 할 수도 있다. ② 부동산등기법에 의한 이의신청이 있은 경우에 법원은 형식적 심사권을 가지고 있는 등기관의 당해 결정·처분이 부동산등기법의 관련 규정에 비추어 부당한지 여부만을 판단하여야 하는 것이므로, 만약 등기관의 당해 결정·처분이 관련 규정에 비추어 부당한 것으로 인정되는 경우에는 다른 실체적인 이유로 그 결정·처분이 결과적으로 정당하다고 볼 수 있더라도, 이의신청을 함부로 배척하여서는 아니된다.(대결 2008.7.11, 2008마615)

제101조【이의신청의 방법】 제100조에 따른 이의신청(이하 이 장에서 "이의신청"이라 한다)은 대법원규칙으로 정하는 바에 따라 결정 또는 처분을 한 등기관이 속한 등기소에 이의신청서를 제출하거나 전산정보처리조직을 이용하여 이의신청정보를 보내는 방법으로 한다.
(2024.9.20. 본조개정)

■ 관할등기소(7), 이의신청(등기규158), 준용(비송71)

제102조【새로운 사실에 의한 이의 금지】 새로운 사실이나 새로운 증거방법을 근거로 이의신청을 할 수는 없다.

■ 준용(비송71), 이의절차(등기규158)

1. 본조의 규정 취지(구법관계) 부동산등기법에서 "이의는 신사실이나 신증거방법으로써 이를 하지 못한다"고 규정하고 있는 취지는, 등기공무원의 결정 또는 처분시에 주장되거나 제출되지 아니한 새로운 사실이나 증거방법으로써 이의사유를 삼을 수 없다는 취지라고 볼 것이다.(대결 1994.12.30, 94마2124)

제103조【등기관의 조치】 ① 등기관은 이의가 이유 있다고 인정하면 그에 해당하는 처분을 하여야 한다.
② 등기관은 이의가 이유 없다고 인정하면 이의신청일부터 3일 이내에 의견을 붙여 이의신청서 또는 이의신청정보를 관할 지방법원에 보내야 한다.
(2024.9.20. 본항개정)
③ 등기를 마친 후에 이의신청이 있는 경우에는 3일 이내에 의견을 붙여 이의신청서 또는 이의신청정보를 관할 지방법원에 보내고 등기상 이해관계 있는 자에게 이의신청 사실을 알려야 한다.
(2024.9.20. 본항개정)

■ 각종 통지부(등기규24), 준용(비송71)

제104조【집행 부정지】 이의에는 집행정지(執行停止)의 효력이 없다.

■ 준용(비송71), 집행의 정지(민집49·50)

제105조【이의에 대한 결정과 항고】 ① 관할 지방법원은 이의에 대하여 이유를 붙여 결정을 하여야 한다. 이 경우 이의가 이유 있다고 인정하면 등기관에게 그에 해당하는 처분을 명령하고 그 뜻을 이의신청인과 등기상 이해관계 있는 자에게 알려야 한다.
② 제1항의 결정에 대해서는 「비송사건절차법」에 따라 항고할 수 있다.

■ 통지의 방법(등기규160), 항고(비송20-23), 준용(비송71)

1. 등기공무원의 처분에 대한 이의를 인용한 법원의 결정에 따라 등기부에 기입이 마쳐진 경우 그 결정에 대한 항고의 적부(소극) 등기신청을 각하한 등기공무원의 처분에 대하여 이의신청을 한 결과 관할 법원이 이의가 이유 있다고 인정하여 등기공무원에게 그 등기신청에 따른 처분을 명함으로써 등기공무원이 이에 따라 등기부에 기입을 마친 경우, 등기신청에 대한 등기공무원의 각하처분은 이미 존재하지 아니하므로 등기공무원의 등기신청 각하처분의 당부를 판단한 법원의 결정에 대하여는 이를 다툴 항고의 이익은 없게 된다.(대결 1996.12.11, 96마1954)

제106조【처분 전의 가등기 및 부기등기의 명령】 관할 지방법원은 이의신청에 대하여 결정하기 전에 등기관에게 가등기 또는 이의가 있다는 뜻의 부기등기를 명령할 수 있다.

■ 준용(비송71)

제107조【관할법원의 명령에 따른 등기】 등기관이 관할 지방법원의 명령에 따라 등기를 할 때에는 명령을 한 지방법원, 명령의 연월일 및 명령에 따라 등기를 한다는 뜻을 기록하여야 한다. (2020.2.4 본조개정)

■ 준용(비송71)

제108조【송달】 송달에 대해서는 「민사소송법」을 준용하고 이의의 비용에 대해서는 「비송사건절차법」을 준용한다.

■ 송달(민소174-197), 비용의 부담(비송24-30)

제6장 보 칙

제109조【등기사무의 처리에 필요한 전산정보자료의 제공 요청】 법원행정처장은 「전자정부법」 제2조제2호에 따른 행정기관 및 같은 조 제3호에 따른 공공기관(이하 "행정기관등"이라 한다)의 장에게 등기사무의 처리에 필요한 전산정보자료의 제공을 요청할 수 있다.
(2020.2.4 본조개정)

▣ 전산정보처리조직에 의한 등기사무처리(11②), 등기전산정보자료의 이용(등기규163), 준용(비송71)

제109조의2【등기정보자료의 제공 등】 ① 행정기관등의 장은 소관 업무의 처리를 위하여 필요한 경우에 관계 중앙행정기관의 장의 심사를 거치고 법원행정처장의 승인을 받아 등기정보자료의 제공을 요청할 수 있다. 다만, 중앙행정기관의 장은 법원행정처장과 협의를 하여 협의가 성립되는 때에 등기정보자료의 제공을 요청할 수 있다.
② 행정기관등의 장이 아닌 자는 수수료를 내고 대법원규칙으로 정하는 바에 따라 등기정보자료를 제공받을 수 있다. 다만, 등기명의인별로 작성되어 있거나 그 밖에 등기명의인을 알아볼 수 있는 사항을 담고 있는 등기정보자료는 다른 법률에 특별한 규정이 있는 경우를 제외하고는 해당 등기명의인이나 그 포괄승계인만이 제공받을 수 있다.
③ 제1항 및 제2항에 따른 등기정보자료의 제공 절차, 제2항에 따른 수수료의 금액 및 그 면제 범위는 대법원규칙으로 정한다.
(2020.2.4 본조신설)

제110조【등기필정보의 안전확보】 ① 등기관은 취급하는 등기필정보의 누설·멸실 또는 훼손의 방지와 그 밖에 등기필정보의 안전관리를 위하여 필요하고도 적절한 조치를 마련하여야 한다.
② 등기관과 그 밖에 등기소에서 부동산등기사무에 종사하는 사람이나 그 직에 있었던 사람은 그 직무로 인하여 알게 된 등기필정보의 작성이나 관리에 관한 비밀을 누설해서는 아니 된다.
③ 누구든지 부실등기를 하도록 등기의 신청이나 촉탁에 제공할 목적으로 등기필정보를 취득하거나 그 사정을 알면서 등기필정보를 제공해서는 아니 된다.
▣ 등기관(11·12, 법조36)

제111조【벌칙】 다음 각 호의 어느 하나에 해당하는 사람은 2년 이하의 징역 또는 1천만원 이하의 벌금에 처한다.
1. 제110조제2항을 위반하여 등기필정보의 작성이나 관리에 관한 비밀을 누설한 사람
2. 제110조제3항을 위반하여 등기필정보를 취득한 사람 또는 그 사정을 알면서 등기필정보를 제공한 사람
3. 부정하게 취득한 등기필정보를 제2호의 목적으로 보관한 사람

제112조 (2017.10.13 본조삭제)

제113조【대법원규칙에의 위임】 이 법 시행에 필요한 사항은 대법원규칙으로 정한다.
▣ 등기부의 종류(14③), 등기신청(24), 등기필정보(50), 대법원예규(등기규166), 대법원규칙(헌108)

附　則 (1960.1.1)

第188條【經過規定】 本法 施行前에 접수한 登記事件은 종전의 規定에 의하여 처리한다.(이하생략)

附　則 (1970.1.1)

① **【施行日】** 이 法은 公布한 날로부터 施行한다.(이하생략)

附　則 (1978.12.6)

① **【施行日】** 이 法은 1979年 3月 1日부터 施行한다. 다만, 第40條第2項 및 第45條 但書는 大統領令이 정하는 날부터 適用한다.(이하생략)

附　則 (1983.12.31)

① **【施行日】** 이 法은 公布後 6月이 경과한 날로부터 施行한다.(이하생략)

附　則 (1984.4.10)

第1條【施行日】 이 法은 公布後 1年이 경과한 날로부터 施行한다.(이하생략)

附　則 (1985.9.14)

이 法은 公布한 날로부터 施行한다.

附　則 (1986.12.23)

① **【施行日】** 이 法은 1987年 3月 1日부터 施行한다. 다만, 第41條의2第1項第2號의 改正規定(이와 관련되는 第40條第1項第7號·第41條第2項·第57條第2項 後段 및 第134條 後段의 改正規定을 포함한다)은 이 法 施行日로부터 6月을 넘지 아니하는 범위안에서 大法院規則이 정하는 날로부터 施行한다.(이하생략)

附　則 (1990.8.1) (부동산등기특별조치법)

第1條【施行日】 이 法은 公布後 1月이 경과한 날부터 施行한다.(이하생략)

附　則 (1991.12.14)

第1條【施行日】 이 法은 1992年 2月 1日부터 施行한다.(이하생략)

附　則 (1992.12.8) (출입국관리법)

第1條【施行日】 이 法은 1993年 4月 1日부터 施行한다.(이하생략)

附 則 (1993.12.10) (출입국관리법)

① 【施行日】 이 法은 1994年 7月 1日부터 施行한다.(이하생략)

附 則 (1996.12.30)

이 法은 1997年 1月 1日부터 施行한다. 다만, 第27條第3項 및 第55條第9號의 改正規定은 1997年 7月 1日부터 施行한다.

附 則 (1998.12.28)

第1條 【施行日】 이 法은 公布한 날부터 施行한다.(이하생략)

부 칙 (2001.12.19)

제1조 【시행일】 이 법은 2002년 1월 1일부터 시행한다.(이하생략)

부 칙 (2002.1.26)

이 법은 2002년 7월 1일부터 시행한다.

부 칙 (2003.7.18)

이 법은 공포후 6월이 경과한 날부터 시행한다.

부 칙 (2005.1.27) (변호사법)

제1조 【시행일】 이 법은 공포 후 6월이 경과한 날부터 시행한다. (단서 생략)(이하생략)

부 칙 (2005.12.29)

① 【시행일】 이 법은 2006년 6월 1일부터 시행한다.(이하생략)

부 칙 (2006.5.10)

제1조 【시행일】 이 법은 2006년 6월 1일부터 시행한다.(이하생략)

부 칙 (2007.5.17) (가족관계의 등록 등에 관한 법률)

제1조 【시행일】 이 법은 2008년 1월 1일부터 시행한다. (단서 생략)(이하생략)

부 칙 (2008.2.29) (정부조직법)

제1조 【시행일】 이 법은 공포한 날부터 시행한다. 다만, · · · <생략> · · ·, 부칙 제6조에 따라 개정되는 법률 중 이 법의 시행 전에 공포되었으나 시행일이 도래하지 아니한 법률을 개정한 부분은 각각 해당 법률의 시행일부터 시행한다.(이하생략)

부 칙 (2008.3.21)

이 법은 공포한 날부터 시행한다.

부 칙 (2009.1.30) (국유재산법)

제1조 【시행일】 이 법은 공포 후 6개월이 경과한 날부터 시행한다. (단서 생략)(이하생략)

부 칙 (2009.6.9) (측량 · 수로조사 및 지적에 관한 법률)

제1조 【시행일】 이 법은 공포 후 6개월이 경과한 날부터 시행한다.(이하생략)

부 칙 (2010.3.31) (지방세법)

제1조 【시행일】 이 법은 2011년 1월 1일부터 시행한다.(이하생략)

부 칙 (2010.6.10) (동산 · 채권 등의 담보에 관한 법률)

제1조 【시행일】 이 법은 공포 후 2년이 경과한 날부터 시행한다.(이하생략)

부 칙 (2010.12.27) (지방세법)

제1조 【시행일】 이 법은 2011년 1월 1일부터 시행한다.(이하생략)

부 칙 (2011.4.12)

제1조 【시행일】 이 법은 공포 후 6개월이 경과한 날부터 시행한다. 다만, 제3조제7호 및 제76조제2항의 개정규정과 부칙 제4조제17항은 2012년 6월 11일부터 시행한다.(이하생략)

부 칙 (2011.5.19) (주택저당채권유동화회사법)

제1조 【시행일】 이 법은 공포한 날부터 시행한다.(이하생략)

부 칙 (2011.7.25) (신탁법)

제1조 【시행일】 이 법은 공포 후 1년이 경과한 날부터 시행한다.(이하생략)

부 칙 (2013.3.23) (정부조직법)

제1조【시행일】 ① 이 법은 공포한 날부터 시행한다. (이하생략)

부 칙 (2013.5.28)

제1조【시행일】 이 법은 공포 후 3개월이 경과한 날부터 시행한다.
제2조【적용례】 이 법은 이 법 시행 후 접수된 등기사건부터 적용한다.
제3조【경과조치】 ① 이 법 시행 당시 종전의 규정에 따라 한 신탁에 관한 등기는 이 법에 따라 한 것으로 본다.
② 이 법 시행 당시 종전의 규정에 따라 편성한 신탁에 관한 등기부는 이 법 시행 후 그대로 사용한다.

부 칙 (2014.3.18) (공익신탁법)

제1조【시행일】 이 법은 공포 후 1년이 경과한 날부터 시행한다.
(이하생략)

부 칙 (2014.3.18) (출입국관리법)

제1조【시행일】 이 법은 공포 후 3개월이 경과한 날부터 시행한다.

부 칙 (2014.6.3) (공간정보의 구축 및 관리 등에 관한 법률)

제1조【시행일】 이 법은 공포 후 1년이 경과한 날부터 시행한다. (이하생략)

부 칙 (2015.7.24) (제주특별자치도 설치 및 국제자유도시 조성을 위한 특별법)

제1조【시행일】 이 법은 공포 후 6개월이 경과한 날부터 시행한다. (이하생략)

부 칙 (2015.7.24) (주택법)

제1조【시행일】 이 법은 공포한 날부터 시행한다. (이하생략)

부 칙 (2016.1.19) (부동산 거래신고 등에 관한 법률)

제1조【시행일】 이 법은 공포 후 1년이 경과한 날부터 시행한다. (이하생략)

부 칙 (2016.2.3) (법무사법)

제1조【시행일】 이 법은 공포 후 6개월이 경과한 날부터 시행한다. (이하생략)

부 칙 (2017.10.13)

제1조【시행일】 이 법은 공포한 날부터 시행한다.
제2조【과태료에 관한 경과조치】 이 법 시행 전의 행위에 대한 과태료의 적용에 있어서는 종전의 규정에 따른다.

부 칙 (2020.2.4)

제1조【시행일】 이 법은 공포 후 6개월이 경과한 날부터 시행한다.
제2조【임차권 등의 등기사항에 관한 적용례】 제74조의 개정규정은 이 법 시행 이후 접수되는 임차권 등의 등기부터 적용한다.
제3조【법원의 명령에 따른 등기에 관한 적용례】 제107조의 개정규정은 이 법 시행 이후 접수되는 등기부터 적용한다.
제4조【다른 법률의 개정】 ① 공간정보의 구축 및 관리 등에 관한 법률 일부를 다음과 같이 개정한다. (이하생략)

부 칙 (2024.9.20)

제1조【시행일】 이 법은 2025년 1월 31일부터 시행한다. 다만, 제81조제1항 및 제4항의 개정규정은 공포 후 3개월이 경과한 날부터 시행한다. (이하생략)

(舊：不動産登記法施行規則)

부동산등기규칙

(1984년 6월 19일 전개대법원규칙 제880호)

개정

1985. 3.14대규 903호 1985. 9.28대규 913호
1988. 4. 1대규1010호 1988. 9.23대규1028호
1990. 8.21대규1128호(부동산등기특별조치법)
1991.12.30대규1185호 1993. 3. 3대규1250호
1994. 6. 2대규1301호 1996.12.31대규1449호
1997.11.11대규1480호 1999. 1.18대규1583호
2000. 5.26대규1655호 2000.12.30대규1679호
2001.12.27대규1733호 2002. 2. 5대규1741호
2002.12.31대규1805호 2004. 2.23대규1874호
2006. 5.30대규2025호 2007. 6.29대규2090호
2007.12.31대규2146호 2008. 9.26대규2194호
2010. 6. 3대규2291호 2010.12.13.대규2315호
2011. 9.28대규2356호 2013. 8.12.대규2483호
2014.10. 2대규2560호 2014.11.27대규2571호
2016. 6.27대규2668호 2016.12.29대규2706호
2017. 5.25대규2741호 2017.11. 6대규2759호
2018. 8.31대규2801호
2018.12. 4대규2815호(토지개발 등기규칙)
2020. 6.26대규2910호 2020.11.26대규2931호
2021. 5.27대규2986호 2022. 2.25대규3043호
2024.11.29대규3169호 → 2025. 1.31. 시행
2024.11.29대규3169호 → 2025. 8. 1. 시행

제1장 총 칙

제1조【목적】 이 규칙은 「부동산등기법」(이하 "법"이라 한다)에서 위임한 사항과 그 시행에 필요한 사항을 규정함을 목적으로 한다.

제1조의2【정의】 이 규칙에서 사용하는 용어의 뜻은 다음과 같다.

1. "전산정보처리조직"이란 법에 따른 절차에 필요한 전자문서의 작성·제출·통지·관리, 등기부의 보관·관리 및 등기자료의 제공·활용 등 등기사무처리를 지원할 수 있도록 하드웨어·소프트웨어·데이터베이스·네트워크·보안요소 등을 결합시켜 구축·운영하는 정보처리능력을 가진 전자적 장치 또는 체계로서 법원행정처에 둔 등기전산정보시스템을 말한다.
2. "인터넷등기소"란 이 규칙에서 정한 바에 따라 등기사항의 증명과 열람, 전자문서를 이용한 등기신청 등을 할 수 있도록 전산정보처리조직에 의하여 구축된 인터넷 활용공간을 말한다.
3. "등기전자서명"이란 「전자정부법」 제2조제9호의 행정전자서명으로서 등기관이 등기사무의 처리를 위하여 사용하는 것을 말한다.

(2024.11.29 본조신설)
(2025.1.31 시행)

제2조【부기등기의 번호 기록】 등기관이 부기등기를 할 때에는 그 부기등기가 어느 등기에 기초한 것인지 알 수 있도록 주등기 또는 부기등기의 순위번호에 가지번호를 붙여서 하여야 한다.

제3조【등기신청의 접수시기】 ① 법 제6조제1항에서 "대법원규칙으로 정하는 등기신청정보"란 해당 부동산이 다른 부동산과 구별될 수 있게 하는 정보를 말한다.
② 같은 토지 위에 있는 여러 개의 구분건물에 대한 등기를 동시에 신청하는 경우에는 그 건물의 소재 및 지번에 관한 정보가 전산정보처리조직에 저장된 때 등기신청이 접수된 것으로 본다.

제4조【등기관이 등기를 마친 시기】 법 제6조제2항에서 "등기관이 등기를 마친 경우"란 법 제11조제4항에 따라 등기사무를 처리한 등기관이 누구인지 알 수 있는 조치를 하였을 때를 말한다.

제2장 등기소와 등기관

제5조【관할등기소의 지정】 ① 부동산이 여러 등기소의 관할구역에 걸쳐 있는 경우 그 부동산에 대한 최초의 등기신청을 하고자 하는 자는 각 등기소를 관할하는 상급법원의 장에게 관할등기소의 지정

을 신청하여야 한다.
② 제1항의 신청은 해당 부동산의 소재지를 관할하는 등기소 중 어느 한 등기소에 신청서를 제출하는 방법으로 한다.
③ 제2항에 따른 신청서를 받은 등기소는 그 신청서를 지체없이 상급법원의 장에게 송부하여야 하고, 상급법원의 장은 부동산의 소재지를 관할하는 등기소 중 어느 한 등기소를 관할등기소로 지정하여야 한다.
④ 관할등기소의 지정을 신청한 자가 제3항에 따라 지정된 관할등기소에 등기신청을 할 때에는 관할등기소의 지정이 있었음을 증명하는 정보를 첨부정보로서 등기소에 제공하여야 한다.
⑤ 등기관이 제4항에 따라 등기를 하였을 때에는 지체없이 그 사실을 다른 등기소에 통지하여야 한다.
⑥ 제5항에 따른 통지를 받은 등기소는 전산정보처리조직으로 관리되고 있는 관할지정에 의한 등기부목록에 통지받은 사항을 기록하여야 한다.
⑦ 단지를 구성하는 여러 동의 건물 중 일부 건물의 대지가 다른 등기소의 관할에 속하는 경우에는 제1항부터 제6항까지의 규정을 준용한다.

제6조【관할의 변경】 ① 부동산의 소재지가 다른 등기소의 관할로 바뀌었을 때에는 종전의 관할등기소는 전산정보처리조직을 이용하여 그 부동산에 관한 등기기록과 신탁원부, 공동담보(전세)목록, 도면 및 매매목록의 처리권한을 다른 등기소로 넘겨주는 조치를 하여야 한다.
② 제1항에 따라 처리권한을 넘겨받은 등기소는 해당 등기기록의 표제부에 관할이 변경된 뜻을 기록하여야 한다.

제6조의2【등기사무정지명령】 ① 대법원장은 법 제10조제1항 각 호의 어느 하나에 해당하는 경우로서 제6조의3제1항에 따른 처분으로 정상적인 등기사무의 처리가 어려운 때에는 기간을 정하여 등기사무의 정지를 명할 수 있다.
② 대법원장은 법 제10조제2항에 따라 제1항의 등기사무의 정지명령에 관한 권한을 법원행정처장에게 위임한다.
(2024.11.29 본조신설)
(2025.1.31 시행)

제6조의3【등기사무 처리를 위하여 필요한 처분】 ① 대법원장은 법 제10조제1항 각 호의 어느 하나에 해당하는 사유로 등기소에서 전산정보처리조직을 이용한 등기사무의 처리가 어려운 경우에는 그 등기소(이하 "비상등기소"라 한다)에서 정상적인 등기사무의 처리를 위해 필요한 시간 등을 고려하여 다음 각 호의 처분을 명할 수 있다.
1. 법 제8조에 따라 다른 등기소에 비상등기소의 관할에 속하는 사무의 위임
2. 법 제7조에도 불구하고 법원행정처 또는 다른 등기소에 비상등기소의 접수사무 등 등기사무의 일부를 처리할 수 있는 권한의 부여
3. 비상등기소 관할 구역에 임시청사의 설치
4. 전자문서를 이용하여 등기신청을 할 수 있도록 인터넷등기소 운영시간을 연장하는 처분
5. 그 밖에 비상등기소의 정상적인 등기사무의 처리를 위하여 필요한 처분

② 대법원장은 법 제10조제2항에 따라 제1항 각 호의 처분에 관한 권한을 다음 각 호의 구분에 따라 위임한다.
1. 제1항제1호 및 제4호의 처분에 관한 권한: 법원행정처장
2. 제1항제2호 및 제5호의 처분에 관한 권한: 법원행정처장 또는 비상등기소의 사법행정사무를 담당하는 지방법원장(해당 지방법원 관할구역에 속하는 등기소를 대상으로 하는 처분만 해당한다. 이하 이 조에서 같다)
3. 제1항제3호의 처분에 관한 권한: 비상등기소의 사법행정사무를 담당하는 지방법원장

③ 지방법원장은 제2항에 따라 해당 처분을 한 경우에는 지체 없이 그 사실을 법원행정처장에게 보고하여야 한다.
④ 법원행정처장은 제6조의2제1항의 정지명령 및 이 조제1항의 처분이 있을 때에는 지체 없이 그 사실을 공고하여야 한다. 법 제10조제1항 각 호의 사유가 해소되어 정상적인 등기사무가 가능하게 된 경우에도 또한 같다.
⑤ 제1항에 따른 처분, 제2항에 따른 위임의 절차·방법 및 제3항의 공고방법 등에 관하여 필요한 사항은 대법원예규로 정한다.
(2024.11.29 본조신설)
(2025.1.31 시행)

제7조【등기전자서명 등】 ① 등기관이 등기사무를 처리하는 때에는 「법원 행정전자서명 인증업무에 관한 규칙」 제2조제2항에 따라 설치된 '법원 행정전자서명 인증관리센터'에서 발급받은 행정전자서명 인증서에 의한 등기전자서명을 하여야 한다.
② 법 제11조제4항의 등기사무를 처리한 등기관이 누구인지 알 수 있도록 하는 조치는 각 등기관이 제1항의 등기전자서명을 하여 미리 부여받은 식별부호를 기록하는 방법으로 한다.
(2024.11.29 본조개정)
(2025.1.31 시행)

제8조【참여조서의 작성방법】 등기관이 법 제12조제2항의 조서(이하 "참여조서"라 한다)를 작성할 때에는 그 조서에 다음 각 호의 사항을 적어야 한다.
1. 신청인의 성명과 주소
2. 업무처리가 제한되는 사유

3. 등기할 부동산의 표시 및 등기의 목적
4. 신청정보의 접수연월일과 접수번호
5. 참여인의 성명, 주소 및 주민등록번호
6. 참여인이 그 등기소에서 등기를 한 부동산의 표시

제9조【전산정보처리조직의 운영】 ① 전산정보처리조직에 의한 등기사무처리의 지원, 등기부의 보관·관리 및 등기정보의 효율적인 활용을 위하여 법원행정처에 등기정보중앙관리소(이하 "중앙관리소"라 한다)를 둔다.
② 법원행정처장은 중앙관리소에 전산운영책임관을 두어 전산정보처리조직을 종합적으로 관리·운영하여야 한다.
③ 법원행정처장은 중앙관리소의 출입자 및 전산정보처리조직 사용자의 신원을 관리하는 등 필요한 보안조치를 하여야 한다.
④ 법원행정처장은 전산정보처리조직을 점검하기 위하여 필요한 경우에는 전산정보처리조직의 이용시간을 일시적으로 제한할 수 있다. (2024.11.29 본항신설)
(2024.11.29 본조제목개정)
(2025.1.31 시행)

제3장 등기부 등

제1절 등기부 및 부속서류

제10조【등기부의 보관·관리】 ① 법 제14조제3항에서 규정한 등기부의 보관·관리 장소는 중앙관리소로 한다.
② 폐쇄등기부에 대하여도 제1항을 준용한다.

제11조【신청서나 그 밖의 부속서류의 이동 등】 ① 등기관이 전쟁·천재지변 그 밖에 이에 준하는 사태를 피하기 위하여 신청서나 그 밖의 부속서류를 등기소 밖으로 옮긴 경우에는 지체없이 그 사실을 지방법원장(등기소의 사무를 지원장이 관장하는 경우에는 지원장을 말한다. 제58조를 제외하고는 이하 같다)에게 보고하여야 한다.
② 등기관이 법원으로부터 신청서나 그 밖의 부속서류의 송부명령 또는 촉탁을 받았을 때에는 그 명령 또는 촉탁과 관계가 있는 부분만 법원에 송부하여야 한다.
③ 제2항의 서류가 전자문서(제67조의2제1항 각 호의 전자문서를 말한다. 이하 같다)로 작성된 경우에는 해당 문서를 출력한 후 인증하여 송부하거나 전자문서로 송부한다. (2020.11.26, 2024.11.29 본항개정) (2025.1.31 시행)

제12조【부동산고유번호】 ① 등기기록을 개설할 때에는 1필의 토지 또는 1개의 건물마다 부동산고유번호를 부여하고 이를 등기기록에 기록하여야 한다.
② 구분건물에 대하여는 전유부분마다 부동산고유번호를 부여한다.

제13조【등기기록의 양식】 ① 토지등기기록의 표제부에는 표시번호란, 접수란, 소재지번란, 지목란, 면적란, 등기원인 및 기타사항란을 두고, 건물등기기록의 표제부에는 표시번호란, 접수란, 소재지번·건물명칭 및 건물번호란, 건물내역란, 등기원인 및 기타사항란을 둔다. (2024.11.29. 본조개정)
② 갑구와 을구에는 순위번호란, 등기목적란, 접수란, 등기원인란, 권리자 및 기타사항란을 둔다.
③ 토지등기기록은 별지 제1호 양식, 건물등기기록은 별지 제2호 양식에 따른다.
(2025.1.31 시행)

제14조【구분건물등기기록의 양식】 ① 법 제15조제1항 단서에 해당하는 구분건물등기기록에는 1동의 건물에 대한 표제부를 두고 전유부분마다 표제부, 갑구, 을구를 둔다.
② 제1항의 등기기록 중 1동의 건물의 표제부에는 표시번호란, 접수란, 소재지번·건물명칭 및 번호란, 건물내역란, 등기원인 및 기타사항란을 두고, 전유부분의 표제부에는 표시번호란, 접수란, 건물번호란, 건물내역란, 등기원인 및 기타사항란을 둔다. 다만, 구분한 각 건물 중 대지권이 있는 건물이 있는 경우에는 1동의 건물의 표제부에는 대지권의 목적인 토지의 표시를 위한 표시번호란, 소재지번란, 지목란, 면적란, 등기원인 및 기타사항란을 두고, 전유부분의 표제부에는 대지권의 표시를 위한 표시번호란, 대지권종류란, 대지권비율란, 등기원인 및 기타사항란을 둔다.
③ 구분건물등기기록은 별지 제3호 양식에 따른다.

제15조【등기부부본자료의 보관 등】 ① 법 제16조의 등기부부본자료는 전산정보처리조직으로 작성하여야 한다.
② 등기부부본자료는 법원행정처장이 지정하는 장소에 보관하여야 한다.
③ 등기부부본자료는 등기부와 동일하게 관리하여야 한다.

제16조【등기부 복구 등의 처분명령에 관한 권한 위임】 ① 대법원장은 법 제17조에 따라 등기부의 손상방지 또는 손상된 등기부의 복구 등의 처분명령에 관한 권한을 법원행정처장에게 위임한다.
② 대법원장은 법 제18조에 따라 전자문서로 작성된 등기부 부속서류의 멸실방지 등의 처분명령에 관한 권한은 법원행정처장에게, 신청서나 그 밖의 부속서류의 멸실방지 등의 처분명령에 관한 권한은 지방법원장에게 위임한다.

제17조【등기부의 손상과 복구】 ① 등기부의 전부 또는 일부가 손상되거나 손상될 염려가 있을 때

에는 전산운영책임관은 지체없이 그 상황을 조사한 후 처리방법을 법원행정처장에게 보고하여야 한다.
② 등기부의 전부 또는 일부가 손상된 경우에 전산운영책임관은 제15조의 등기부부본자료에 의하여 그 등기부를 복구하여야 한다.
③ 제2항에 따라 등기부를 복구한 경우에 전산운영책임관은 지체없이 그 경과를 법원행정처장에게 보고하여야 한다.

제18조 【신탁원부 등의 보존】 신탁원부, 공동담보(전세)목록, 도면 및 매매목록은 보조기억장치(자기디스크, 자기테이프 그 밖에 이와 유사한 방법으로 일정한 등기사항을 기록·보관할 수 있는 전자적 정보저장매체를 말한다. 이하 같다)에 저장하여 영구적으로 보존하여야 한다. 이 경우 제63조 단서에 따라 서면으로 작성되어 등기소에 제출된 도면은 이를 전자적 이미지정보로 변환하여 보존한다. (2024.11.29. 본조개정)
(2025.1.31 시행)

제19조 【신청정보 등의 보존】 ① 법 제24조제1항제2호에 따라 등기가 이루어진 경우 그 신청정보 및 첨부정보는 보조기억장치에 저장하여 보존하여야 한다.
② 법 제24조제1항제2호에 따른 등기신청이 취하된 경우 그 취하정보는 보조기억장치에 저장하여 보존하여야 한다.
③ 제1항 및 제2항에 따라 보조기억장치에 저장한 정보의 보존기간은 5년으로 하고, 해당 연도의 다음 해부터 기산한다. (2024.11.29. 본항신설)
④ 보존기간이 만료된 제1항 및 제2항의 정보는 법원행정처장의 인가를 받아 보존기간이 만료되는 해의 다음 해 3월 말까지 삭제한다. (2024.11.29. 본항신설)
⑤ 제4항에도 불구하고 전자문서의 특징 및 전자문서의 삭제 방법의 확립, 등기원인정보의 보존 필요성 등을 고려하여 대법원예규로 정하는 바에 따라 보존기간이 만료된 정보의 삭제를 유예할 수 있다. (2024.11.29. 본항신설)
(2025.1.31 시행)

제20조 (2024.11.29 삭제)
(2025.1.31 시행)

제2절 등기에 관한 장부

제21조 【장부의 비치】 ① 등기소에는 다음 각 호의 장부를 갖추어 두어야 한다.
1. 부동산등기신청서 접수장
2. 기타 문서 접수장
3. 결정원본 편철장
4. 이의신청서류 편철장
5. 사용자등록신청서류 등 편철장
6. 신청서 기타 부속서류 편철장
7. 신청서 기타 부속서류 송부부
8. 각종 통지부
9. 열람신청서류 편철장
10. 제증명신청서류 편철장
11. 그 밖에 대법원예규로 정하는 장부

② 제1항의 장부는 매년 별책으로 하여야 한다. 다만, 필요에 따라 분책할 수 있다.
③ 제1항의 장부는 전자적으로 작성할 수 있다.

제22조 【접수장】 ① 부동산등기신청서 접수장에는 다음 각 호의 사항을 적어야 한다. (2024.11.29. 본항개정)
1. 접수연월일과 접수번호
2. 등기의 목적
3. 신청인의 성명 또는 명칭
4. 부동산의 개수
5. 등기신청수수료
6. 취득세 또는 등록면허세와 국민주택채권매입금액
7. 법 제7조의2 및 제7조의3에 따른 신청 해당 여부

② 제1항제1호의 접수번호는 대법원예규에서 정하는 바에 따라 전국 모든 등기소를 통합하여 부여하되, 매년 새로 부여하여야 한다. (2024.11.29. 본항개정)
③ 등기권리자 또는 등기의무자가 여러 명인 경우 부동산등기신청서 접수장에 신청인의 성명 또는 명칭을 적을 때에는 신청인 중 1명의 성명 또는 명칭과 나머지 인원을 적는 방법으로 할 수 있다.
④ 등기신청 외의 등기사무에 관한 문서를 접수할 때에는 기타문서 접수장에 등재한다.
(2025.1.31 시행)

제23조 【신청서 기타 부속서류 편철장】 신청서, 촉탁서, 통지서, 허가서, 참여조서, 확인조서, 취하서 그 밖의 부속서류는 접수번호의 순서에 따라 대법원예규에서 정하는 방식으로 신청서 기타 부속서류 편철장에 편철하여야 한다. (2024.11.29 본조개정)
(2025.1.31 시행)

제24조 【각종 통지부】 각종 통지부에는 법 및 이 규칙에서 정하고 있는 통지사항, 통지를 받을 자 및 통지서를 발송하는 연월일을 적어야 한다.

제25조 【장부의 보존기간】 ① 등기소에 갖추어 두어야 할 장부의 보존기간은 다음 각 호와 같다.
1. 부동산등기신청서 접수장 : 5년
2. 기타 문서 접수장 : 10년
3. 결정원본 편철장 : 10년
4. 이의신청서류 편철장 : 10년
5. 사용자등록신청서류 등 편철장 : 10년
6. 신청서 기타 부속서류 편철장 : 5년

7. 신청서 기타 부속서류 송부부 : 신청서 그 밖의 부속서류가 반환된 날부터 5년
8. 각종 통지부 : 1년
9. 열람신청서류 편철장 : 1년
10. 제증명신청서류 편철장 : 1년

② 장부의 보존기간은 해당 연도의 다음해부터 기산한다.

③ 보존기간이 만료된 장부 또는 서류는 지방법원장의 인가를 받아 보존기간이 만료되는 해의 다음해 3월말까지 폐기한다.

제3절 등기사항의 증명과 열람

제26조【등기사항증명 등의 신청】 ① 등기소를 방문하여 등기사항의 전부 또는 일부에 대한 증명서(이하 "등기사항증명서"라 한다)를 발급받거나 등기기록 또는 신청서나 그 밖의 부속서류를 열람하고자 하는 사람은 신청서를 제출하여야 한다.

② 대리인이 신청서나 그 밖의 부속서류의 열람을 신청할 때에는 신청서에 그 권한을 증명하는 서면을 첨부하여야 한다.

③ 전자문서로 작성된 신청서나 그 밖의 부속서류의 열람 신청은 관할 등기소가 아닌 다른 등기소에서도 할 수 있다.

제27조【무인발급기에 의한 등기사항증명】 ① 법원행정처장은 신청인이 발급에 필요한 정보를 스스로 입력하여 등기사항증명서를 발급받을 수 있게 하는 장치(이하 "무인발급기"라 한다)를 이용하여 등기사항증명서의 발급업무를 처리하게 할 수 있다.

② 무인발급기는 등기소 이외의 장소에도 설치할 수 있다.

③ 제2항에 따른 설치장소는 법원행정처장이 정한다.

④ 법원행정처장의 지정을 받은 국가기관이나 지방자치단체 그 밖의 자는 그가 관리하는 장소에 무인발급기를 설치하여 등기사항증명서를 발급할 수 있다.

⑤ 무인발급기 설치·관리의 절차 및 비용의 부담 등 필요한 사항은 대법원예규로 정한다.

제28조【인터넷에 의한 등기사항증명 등】 ① 등기사항증명서의 발급 또는 등기기록의 열람업무는 법원행정처장이 정하는 바에 따라 인터넷을 이용하여 처리할 수 있다.

② 제1항에 따른 업무는 중앙관리소에서 처리하며, 전산운영책임관이 그 업무를 담당한다.

③ 제1항에 따른 발급과 열람의 범위, 절차 및 방법 등 필요한 사항은 대법원예규로 정한다.

제28조의2【인터넷에 의한 신청서나 그 밖의 부속서류의 열람 등】 ① 신청서나 그 밖의 부속서류의 열람 업무는 법원행정처장이 정하는 바에 따라 인터넷을 이용하여 처리할 수 있다.

② 제1항에 따라 신청서나 그 밖의 부속서류의 열람을 신청할 수 있는 자는 다음 각 호와 같다.

1. 해당 등기신청의 당사자
2. 제1호의 당사자로부터 열람을 위임받은 변호사나 법무사[법무법인·법무법인(유한)·법무조합 또는 법무사법인·법무사법인(유한)을 포함한다. 이하 "자격자대리인"이라 한다]

③ 제1항에 따른 열람의 절차 및 방법 등 그 밖에 필요한 사항은 대법원예규로 정한다.
(2024.11.29 본조신설)
(2025.1.31 시행)

제29조【등기사항증명서의 종류】 등기사항증명서의 종류는 다음 각 호로 한다. 다만, 폐쇄한 등기기록 및 대법원예규로 정하는 등기기록에 대하여는 제1호로 한정한다. (2014.11.27 본조개정)

1. 등기사항전부증명서(말소사항 포함)
2. 등기사항전부증명서(현재 유효사항)
3. 등기사항일부증명서(특정인 지분)
4. 등기사항일부증명서(현재 소유현황)
5. 등기사항일부증명서(지분취득 이력)
6. 그 밖에 대법원예규로 정하는 증명서

제30조【등기사항증명서의 발급방법】 ① 등기사항증명서를 발급할 때에는 등기사항증명서의 종류를 명시하고, 등기기록의 내용과 다름이 없음을 증명하는 내용의 증명문을 기록하며, 발급연월일과 중앙관리소 전산운영책임관의 직명을 적은 후 전자이미지관인을 기록하여야 한다. 이 경우 등기사항증명서가 여러 장으로 이루어진 경우에는 연속성을 확인할 수 있는 조치를 하여 발급하고, 그 등기기록 중 갑구 또는 을구의 기록이 없을 때에는 증명문에 그 뜻을 기록하여야 한다.

② 신탁원부, 공동담보(전세)목록, 도면 또는 매매목록은 그 사항의 증명도 함께 신청하는 뜻의 표시가 있는 경우에만 등기사항증명서에 이를 포함하여 발급한다.

③ 구분건물에 대한 등기사항증명서의 발급에 관하여는 1동의 건물의 표제부와 해당 전유부분에 관한 등기기록을 1개의 등기기록으로 본다.

④ 등기신청이 접수된 부동산에 관하여는 등기관이 그 등기를 마칠 때까지 등기사항증명서를 발급하지 못한다. 다만, 그 부동산에 등기신청사건이 접수되어 처리 중에 있다는 뜻을 등기사항증명서에 표시하여 발급할 수 있다.

제31조【열람의 방법】 ① 등기기록의 열람은 등기기록에 기록된 등기사항을 전자적 방법으로 그 내용을 보게 하거나 그 내용을 기록한 서면을 교부하는 방법으로 한다. 이 경우 제30조제2항 및 제3항을 준용한다.

② 신청서나 그 밖의 부속서류의 열람은 등기관 또는 그가 지정하는 직원이 보는 앞에서 하여야 한다. 다만, 인터넷을 이용하여 열람하는 경우 또는 등기소에 방문하여 전자문서를 열람하는 경우에는 제1항 전단의 방법에 따른다. (2018.8.31, 2024.11.29 본항개정)
(2025.1.31 시행)

제32조【등기사항 등의 공시제한】 ① 등기사항증명서를 발급하거나 등기기록 또는 신청서나 그 밖의 부속서류를 열람하게 할 때에는 등기명의인의 표시에 관한 사항 중 주민등록번호 또는 부동산등기용등록번호의 일부를 공시하지 아니할 수 있으며, 그 범위와 방법 및 절차는 대법원예규로 정한다. (2024.11.29 본항개정)
② 법원행정처장은 등기기록의 분량과 내용에 비추어 무인발급기나 인터넷에 의한 열람 또는 발급이 적합하지 않다고 인정되는 때에는 이를 제한할 수 있다. 신청서나 그 밖의 부속서류의 인터넷에 의한 열람의 경우에도 또한 같다. (2024.11.29 본항개정)
(2025.1.31 시행)

제4절 중복등기기록의 정리

제33조【중복등기기록의 정리】 ① 법 제21조에 따른 중복등기기록의 정리는 제34조부터 제41조까지의 규정에서 정한 절차에 따른다.
② 제1항에 따른 중복등기기록의 정리는 실체의 권리관계에 영향을 미치지 아니한다.

제34조【소유권의 등기명의인이 같은 경우의 정리】 중복등기기록의 최종 소유권의 등기명의인이 같은 경우에는 나중에 개설된 등기기록(이하 "후등기기록"이라 한다)을 폐쇄한다. 다만, 후등기기록에 소유권 외의 권리 등에 관한 등기가 있고 먼저 개설된 등기기록(이하 "선등기기록"이라 한다)에는 그와 같은 등기가 없는 경우에는 선등기기록을 폐쇄한다.

제35조【소유권의 등기명의인이 다른 경우의 정리】 중복등기기록 중 어느 한 등기기록의 최종 소유권의 등기명의인이 다른 등기기록의 최종 소유권의 등기명의인으로부터 직접 또는 전전하여 소유권을 이전받은 경우로서, 다른 등기기록이 후등기기록이거나 소유권 외의 권리 등에 관한 등기가 없는 선등기기록일 때에는 그 다른 등기기록을 폐쇄한다.

제36조【소유권의 등기명의인이 다른 경우의 정리】 ① 중복등기기록의 최종 소유권의 등기명의인이 다른 경우로서 어느 한 등기기록에만 원시취득사유 또는 분배농지의 상환완료를 등기원인으로 한 소유권이전등기가 있을 때에는 그 등기기록을 제외한 나머지 등기기록을 폐쇄한다.
② 소유권보존등기가 원시취득사유 또는 분배농지의 상환완료에 따른 것임을 당사자가 소명하는 경우에도 제1항과 같다.
③ 제1항 및 제2항의 경우에는 법 제58조에 따른 직권에 의한 등기의 말소 절차를 이행한다.

제37조【소유권의 등기명의인이 다른 경우의 정리】 ① 중복등기기록의 최종 소유권의 등기명의인이 다른 경우로서 제35조와 제36조에 해당하지 아니할 때에는 각 등기기록의 최종 소유권의 등기명의인과 등기상 이해관계인에 대하여 1개월 이상의 기간을 정하여 그 기간 내에 이의를 진술하지 아니하면 그 등기기록을 폐쇄할 수 있다는 뜻을 통지하여야 한다.
② 제1항의 통지를 받고 어느 등기기록의 최종 소유권의 등기명의인과 등기상 이해관계인이 이의를 진술하지 아니하였을 때에는 그 등기기록을 폐쇄한다. 다만, 모든 중복등기기록의 최종 소유권의 등기명의인과 등기상 이해관계인이 이의를 진술하지 아니하였을 때에는 그러하지 아니하다.
③ 제1항과 제2항에 따라 등기기록을 정리할 수 있는 경우 외에는 대장과 일치하지 않는 등기기록을 폐쇄한다.
④ 제1항부터 제3항까지 규정에 따른 정리를 한 경우 등기관은 그 뜻을 폐쇄된 등기기록의 최종 소유권의 등기명의인과 등기상 이해관계인에게 통지하여야 한다.

제38조【지방법원장의 허가가 필요한 중복등기기록 정리】 등기관이 제36조와 제37조에 따라 중복등기기록을 정리하려고 하는 경우에는 지방법원장의 허가를 받아야 한다.

제39조【당사자의 신청에 의한 정리】 ① 중복등기기록 중 어느 한 등기기록의 최종 소유권의 등기명의인은 자기 명의의 등기기록을 폐쇄하여 중복등기기록을 정리하도록 신청할 수 있다. 다만, 등기상 이해관계인이 있을 때에는 그 승낙이 있음을 증명하는 정보를 첨부정보로서 등기소에 제공하여야 한다.
② 등기관은 제1항에 따른 중복등기기록의 정리신청이 있는 경우에는 제34조부터 제37조까지의 규정에도 불구하고 그 신청에 따라 등기기록을 폐쇄하여야 한다.

제40조【중복등기기록의 해소를 위한 직권분필】
① 등기된 토지의 일부에 관하여 별개의 등기기록이 개설되어 있는 경우에 등기관은 직권으로 분필등기를 한 후 이 절에서 정하는 절차에 따라 정리를 하여야 한다.
② 제1항에 따른 분필등기를 하는데 필요할 때에는 등기관은 지적소관청에 지적공부의 내용이나 토지의 분할, 합병 과정에 대한 사실조회를 하거나 등기명의인에게 해당 토지에 대한 지적공부 등본 등을 제출하게 할 수 있다.

제41조 【폐쇄된 등기기록의 부활】 ① 이 절에서 정하는 절차에 따라 폐쇄된 등기기록의 소유권의 등기명의인 또는 등기상 이해관계인은 폐쇄되지 아니한 등기기록의 최종 소유권의 등기명의인과 등기상 이해관계인을 상대로 하여 그 토지가 폐쇄된 등기기록의 소유권의 등기명의인의 소유임을 확정하는 판결(판결과 동일한 효력이 있는 조서를 포함한다)이 있음을 증명하는 정보를 등기소에 제공하여 폐쇄된 등기기록의 부활을 신청할 수 있다.
② 제1항에 따른 신청이 있을 때에는 폐쇄된 등기기록을 부활하고 다른 등기기록을 폐쇄하여야 한다.

제4장 등기절차

제1절 총 칙

제1관 통 칙

제42조 【포괄승계에 따른 등기】 법 제23조제3항에서 "그 밖에 대법원규칙으로 정하는 포괄승계"란 다음 각 호의 경우를 말한다.
1. 법인의 분할로 인하여 분할 전 법인이 소멸하는 경우
2. 법령에 따라 법인이나 단체의 권리・의무를 포괄승계하는 경우

제43조 【신청정보의 내용】 ① 등기를 신청하는 경우에는 다음 각 호의 사항을 신청정보의 내용으로 등기소에 제공하여야 한다.
1. 다음 각 목의 구분에 따른 부동산의 표시에 관한 사항
   가. 토지 : 법 제34조제3호부터 제5호까지의 규정에서 정하고 있는 사항
   나. 건물 : 법 제40조제1항제3호와 제4호에서 정하고 있는 사항
   다. 구분건물 : 1동의 건물의 표시로서 소재지번・건물명칭 및 번호・구조・종류・면적, 전유부분의 건물의 표시로서 건물번호・구조・면적, 대지권이 있는 경우 그 권리의 표시. 다만, 1동의 건물의 구조・종류・면적은 건물의 표시에 관한 등기나 소유권보존등기를 신청하는 경우로 한정한다.
2. 신청인의 성명(또는 명칭), 주소(또는 사무소 소재지) 및 주민등록번호(또는 부동산등기용 등록번호)
3. 신청인이 법인인 경우에는 그 대표자의 성명과 주소
4. 대리인에 의하여 등기를 신청하는 경우에는 그 성명과 주소
5. 등기원인과 그 연월일
6. 등기의 목적
7. 등기필정보. 다만, 공동신청 또는 승소한 등기의무자의 단독신청에 의하여 권리에 관한 등기를 신청하는 경우로 한정한다.
8. 등기소의 표시
9. 신청연월일

② 법 제26조의 법인 아닌 사단이나 재단이 신청인인 경우에는 그 대표자나 관리인의 성명, 주소 및 주민등록번호를 신청정보의 내용으로 등기소에 제공하여야 한다.

제44조 【취득세 등을 납부하는 경우의 신청정보】 ① 등기를 신청하는 경우에는 제43조에서 규정하는 사항 외에 취득세나 등록면허세 등 등기와 관련하여 납부하여야 할 세액 및 과세표준액을 신청정보의 내용으로 등기소에 제공하여야 한다.
② 다른 법률에 의하여 부과된 의무사항이 있을 때에도 제1항을 준용한다.

제45조 【여러 개의 부동산에 관한 등록면허세 등의 납부】 ① 「지방세법」 제28조제1항제1호다목 및 라목에 따라 등록면허세를 납부할 경우에 등기원인 및 등기목적이 동일한 것으로서 여러 개의 등기소의 관할에 걸쳐 있는 여러 개의 부동산에 관한 권리의 등기를 신청할 때에는 최초의 등기를 신청하면서 등록면허세의 전액을 납부하여야 한다.
② 제1항에 따른 등기신청을 받은 등기관은 신청인이 등록면허세의 전액을 납부한 사실에 관한 정보를 전산정보처리조직에 의하여 작성하여야 한다.
③ 신청인이 다른 등기소에 등기를 신청할 때에는 최초의 등기를 신청하면서 등록면허세의 전액을 납부한 사실, 최초의 등기를 신청한 등기소의 표시와 그 신청정보의 접수연월일 및 접수번호를 신청정보의 내용으로 등기소에 제공하여야 한다.
④ 제3항에 따른 등기신청을 받은 다른 등기소의 등기관은 전산정보처리조직을 이용하여 신청인이 최초의 등기를 신청하면서 등록면허세의 전액을 납부한 사실을 확인하여야 한다.
⑤ 등록면허세 외의 등기신청과 관련하여 납부하여야 할 세액 및 다른 법률에 의하여 부과된 의무사항에 관하여는 제1항부터 제4항까지의 규정을 준용한다.

제46조 【첨부정보】 ① 등기를 신청하는 경우에는 다음 각 호의 정보를 그 신청정보와 함께 첨부정보로서 등기소에 제공하여야 한다. (2022.2.25, 2024.11.29 본조개정)
1. 등기원인을 증명하는 정보
2. 등기원인에 대하여 제3자의 허가, 동의 또는 승낙이 필요한 경우에는 이를 증명하는 정보
3. 등기상 이해관계 있는 제3자의 승낙이 필요한 경우에는 이를 증명하는 정보 또는 이에 대항할 수 있는 재판이 있음을 증명하는 정보
4. 신청인이 법인인 경우에는 그 대표자의 자격

을 증명하는 정보
5. 대리인에 의하여 등기를 신청하는 경우에는 그 권한을 증명하는 정보
6. 등기권리자(새로 등기명의인이 되는 경우로 한정한다)의 주소(또는 사무소 소재지) 및 주민등록번호(또는 부동산등기용등록번호)를 증명하는 정보. 다만, 소유권이전등기를 신청하는 경우 또는 제52조의2제1항에 따라 등기의무자의 동일성 확인이 필요한 경우에는 등기의무자의 주소(또는 사무소 소재지)를 증명하는 정보도 제공하여야 한다.
7. 소유권이전등기를 신청하는 경우에는 토지대장·임야대장·건축물대장 정보나 그 밖에 부동산의 표시를 증명하는 정보
8. 자격자대리인이 다음 각 목의 등기를 신청하는 경우, 자격자대리인(법인의 경우에는 담당 변호사·법무사를 의미한다)이 주민등록증·인감증명서·본인서명사실확인서 등 법령에 따라 작성된 증명서의 제출이나 제시, 그 밖에 이에 준하는 확실한 방법으로 위임인이 등기의무자인지 여부를 확인하고 대법원예규로 정하는 방법에 따라 자필서명한 정보
가. 공동으로 신청하는 권리에 관한 등기
나. 승소한 등기의무자가 단독으로 신청하는 권리에 관한 등기

② 구분건물에 대하여 대지권의 등기를 신청할 때 다음 각 호의 어느 하나에 해당되는 경우에는 해당 규약이나 공정증서를 첨부정보로서 등기소에 제공하여야 한다.
1. 대지권의 목적인 토지가 「집합건물의 소유 및 관리에 관한 법률」 제4조에 따른 건물의 대지인 경우
2. 각 구분소유자가 가지는 대지권의 비율이 「집합건물의 소유 및 관리에 관한 법률」 제21조제1항 단서 및 제2항에 따른 비율인 경우
3. 건물의 소유자가 그 건물이 속하는 1동의 건물이 있는 「집합건물의 소유 및 관리에 관한 법률」 제2조제5호에 따른 건물의 대지에 대하여 가지는 대지사용권이 대지권이 아닌 경우

③ 등기원인을 증명하는 정보가 집행력 있는 판결인 경우에는 제1항제2호의 정보를 제공할 필요가 없다. 다만, 등기원인에 대하여 행정관청의 허가, 동의 또는 승낙을 받을 것이 요구되는 때에는 그러하지 아니하다.

④ 법 제60조제1항 및 제2항의 등기를 신청할 때에는 제1항제1호 및 제6호를 적용하지 아니한다.

⑤ 첨부정보가 「상업등기법」 제15조(「비송사건절차법」 제66조 및 제67조에 따라 준용되는 경우를 포함한다)에 따른 등기사항증명정보로서 해당 법인의 본점(또는 주사무소) 또는 지점(또는 분사무소) 소재지와 부동산 소재지가 동일한 경우에는 그 제공을 생략할 수 있다. (2024.11.29 본항개정)

⑥ 제1항 및 그 밖의 법령에 따라 등기소에 제공하여야 하는 첨부정보 중 법원행정처장이 지정하는 첨부정보는 「전자정부법」 제36조제1항에 따른 행정정보 공동이용을 통하여 등기관이 직접 확인하고 신청인에게는 해당 첨부정보를 제공한 것으로 본다. 다만, 그 첨부정보가 개인정보를 포함하고 있는 경우에는 그 정보주체의 동의가 있음을 증명하는 정보를 등기소에 제공하여야 한다. (2024.11.29 본항개정)

⑦ 제6항의 경우 등기신청이 접수된 이후에 행정기관의 시스템 장애, 행정정보 공동이용망의 장애 또는 등기소의 전산정보처리조직의 장애 등으로 인하여 등기관이 그 행정정보를 확인할 수 없는 경우에는 대법원예규로 정하는 방법에 따라 신청인에게 그 행정정보를 등기소에 제공할 것을 명할 수 있다. (2024.11.29 본항개정)

⑧ 첨부정보가 외국어로 작성된 경우에는 그 번역문을 붙여야 한다.

⑨ 첨부정보가 외국 공문서이거나 외국 공증인이 공증한 문서(이하 "외국 공문서 등"이라 한다)인 경우에는 「재외공관 공증법」 제30조제1항에 따라 공증담당영사로부터 문서의 확인을 받거나 「외국공문서에 대한 인증의 요구를 폐지하는 협약」에서 정하는 바에 따른 아포스티유(Apostille)를 붙여야 한다. 다만, 외국 공문서 등의 발행국이 대한민국과 수교하지 아니한 국가이면서 위 협약의 가입국이 아닌 경우와 같이 부득이한 사유로 문서의 확인을 받거나 아포스티유를 붙이는 것이 곤란한 경우에는 그러하지 아니하다. (2017.5.25 본항신설)
(2025.1.31 시행)

제47조【일괄신청과 동시신청】 ① 법 제25조 단서에 따라 다음 각 호의 경우에는 1건의 신청정보로 일괄하여 신청하거나 촉탁할 수 있다.
1. 같은 채권의 담보를 위하여 소유자가 다른 여러 개의 부동산에 대한 저당권설정등기를 신청하는 경우
2. 법 제97조 각 호의 등기를 촉탁하는 경우
3. 「민사집행법」 제144조제1항 각 호의 등기를 촉탁하는 경우

② 같은 등기소에 동시에 여러 건의 등기신청을 하는 경우에 첨부정보의 내용이 같은 것이 있을 때에는 먼저 접수되는 신청에만 그 첨부정보를 제공하고, 다른 신청에는 먼저 접수된 신청에 그 첨부정보를 제공하였다는 뜻을 신청정보의 내용으로 등기소에 제공하는 것으로 그 첨부정보의 제공을 갈음할 수 있다.

제48조【법인 아닌 사단이나 재단의 등기신청】 법 제26조의 종중, 문중, 그 밖에 대표자나 관리인

이 있는 법인 아닌 사단이나 재단이 등기를 신청하는 경우에는 다음 각 호의 정보를 첨부정보로서 등기소에 제공하여야 한다.

1. 정관이나 그 밖의 규약
2. 대표자나 관리인임을 증명하는 정보. 다만, 등기되어 있는 대표자나 관리인이 신청하는 경우에는 그러하지 아니하다.
3. 「민법」 제276조제1항의 결의가 있음을 증명하는 정보(법인 아닌 사단이 등기의무자인 경우로 한정한다)
4. 대표자나 관리인의 주소 및 주민등록번호를 증명하는 정보

제49조【포괄승계인에 의한 등기신청】 법 제27조에 따라 상속인 그 밖의 포괄승계인이 등기를 신청하는 경우에는 가족관계등록에 관한 정보 또는 법인등기사항에 관한 정보 등 상속 그 밖의 포괄승계가 있었다는 사실을 증명하는 정보를 첨부정보로서 등기소에 제공하여야 한다.

제50조【대위에 의한 등기신청】 법 제28조에 따라 등기를 신청하는 경우에는 다음 각 호의 사항을 신청정보의 내용으로 등기소에 제공하고, 대위원인을 증명하는 정보를 첨부정보로서 등기소에 제공하여야 한다.

1. 피대위자의 성명(또는 명칭), 주소(또는 사무소 소재지) 및 주민등록번호(또는 부동산등기용등록번호)
2. 신청인이 대위자라는 뜻
3. 대위자의 성명(또는 명칭)과 주소(또는 사무소 소재지)
4. 대위원인

제51조【등기신청의 취하】 ① 등기신청의 취하는 등기관이 등기를 마치기 전까지 할 수 있다.

② 제1항의 취하는 다음 각 호의 구분에 따른 방법으로 하여야 한다. (2024.11.29 본항개정)

1. 방문신청: 신청인 또는 그 대리인이 등기신청을 한 등기소에 출석하여 취하서를 제출하는 방법
2. 전자신청: 전산정보처리조직을 이용하여 취하정보를 전자문서로 등기신청을 한 등기소에 송신하는 방법

(2025.1.31 시행)

제52조【사건이 등기할 것이 아닌 경우】 법 제29조제2호에서 "사건이 등기할 것이 아닌 경우"란 다음 각 호의 어느 하나에 해당하는 경우를 말한다.

1. 등기능력 없는 물건 또는 권리에 대한 등기를 신청한 경우
2. 법령에 근거가 없는 특약사항의 등기를 신청한 경우
3. 구분건물의 전유부분과 대지사용권의 분리처분 금지에 위반한 등기를 신청한 경우
4. 농지를 전세권설정의 목적으로 하는 등기를 신청한 경우
5. 저당권을 피담보채권과 분리하여 양도하거나, 피담보채권과 분리하여 다른 채권의 담보로 하는 등기를 신청한 경우
6. 일부지분에 대한 소유권보존등기를 신청한 경우
7. 공동상속인 중 일부가 자신의 상속지분만에 대한 상속등기를 신청한 경우
8. 관공서 또는 법원의 촉탁으로 실행되어야 할 등기를 신청한 경우
9. 이미 보존등기된 부동산에 대하여 다시 보존등기를 신청한 경우
10. 그 밖에 신청취지 자체에 의하여 법률상 허용될 수 없음이 명백한 등기를 신청한 경우

제52조의2【등기의무자의 동일성 판단 기준】 ① 신청정보의 등기의무자의 표시에 관한 사항 중 주민등록번호(또는 부동산등기용등록번호)는 등기기록과 일치하고 주소(또는 사무소 소재지)가 일치하지 아니하는 경우에도 주소를 증명하는 정보에 의해 등기의무자의 등기기록상 주소가 신청정보상의 주소로 변경된 사실이 확인되어 등기의무자의 동일성이 인정되는 경우에는 법 제29조제7호나목에 따라 신청을 각하하지 아니한다.

② 등기의무자가 외국인, 국내에 영업소나 사무소의 설치 등기를 하지 아니한 외국법인, 법인 아닌 사단이나 재단인 경우에는 제1항을 적용하지 아니한다.

③ 등기의무자의 등기기록상의 주소가 신청에 따른 등기가 마쳐질 당시에 잘못 기록되는 등 등기명의인의 표시에 경정사유가 존재하는 경우에는 제1항을 적용하지 아니한다.

(2024.11.29 본조신설)

(2025.1.31 시행)

제53조【등기완료통지】 ① 법 제30조에 따른 등기완료통지는 신청인 및 다음 각 호의 어느 하나에 해당하는 자에게 하여야 한다. (2024.11.29 본항개정)

1. 법 제23조제4항에 따른 승소한 등기의무자의 등기신청에 있어서 등기권리자
2. 법 제28조에 따른 대위자의 등기신청에서 피대위자
3. 법 제51조에 따른 등기신청에서 등기의무자
4. 법 제66조에 따른 직권 소유권보존등기에서 등기명의인
5. 공유자 중 일부가 「민법」 제265조 단서에 따른 공유물의 보존행위로서 공유자 전원을 등기권리자로 하여 권리에 관한 등기를 신청한 경우 그 나머지 공유자
6. 관공서가 촉탁하는 등기에서 관공서

② 제1항의 통지는 대법원예규로 정하는 방법으로 한다.
(2025.1.31 시행)

제54조【행정구역 등 변경의 직권등기】 행정구역 또는 그 명칭이 변경된 경우에 등기관은 직권으로 부동산의 표시변경등기 또는 등기명의인의 주소변경등기를 할 수 있다.

제55조【새 등기기록에의 이기】 ① 등기관이 법 제33조에 따라 등기를 새로운 등기기록에 옮겨 기록한 경우에는 옮겨 기록한 등기의 끝부분에 같은 규정에 따라 등기를 옮겨 기록한 뜻과 그 연월일을 기록하고, 종전 등기기록을 폐쇄하여야 한다.
② 등기기록을 폐쇄할 때에는 표제부의 등기를 말소하는 표시를 하고, 등기원인 및 기타사항란에 폐쇄의 뜻과 그 연월일을 기록하여야 한다.
③ 이 규칙이나 그 밖의 다른 법령에 따라 등기기록을 폐쇄하는 경우에는 제2항을 준용한다.

제2관 방문신청

제56조【방문신청의 방법】 ① 방문신청을 하는 경우에는 등기신청서에 제43조 및 그 밖의 법령에 따라 신청정보의 내용으로 등기소에 제공하여야 하는 정보를 적고 신청인 또는 그 대리인이 기명날인하거나 서명하여야 한다.
② 신청서가 여러 장일 때에는 신청인 또는 그 대리인이 간인을 하여야 하고, 등기권리자 또는 등기의무자가 여러 명일 때에는 그중 1명이 간인하는 방법으로 한다. 다만, 신청서에 서명을 하였을 때에는 각 장마다 연결되는 서명을 함으로써 간인을 대신한다.
③ 제1항의 경우에는 그 등기신청서에 제46조 및 그 밖의 법령에 따라 첨부정보로서 등기소에 제공하여야 하는 정보를 담고 있는 서면을 첨부하여야 한다.

제57조【신청서 등의 문자】 ① 신청서나 그 밖의 등기에 관한 서면을 작성할 때에는 자획(字劃)을 분명히 하여야 한다.
② 제1항의 서면에 적은 문자의 정정, 삽입 또는 삭제를 한 경우에는 그 글자 수를 난외(欄外)에 적으며 문자의 앞뒤에 괄호를 붙이고 이에 날인 또는 서명하여야 한다. 이 경우 삭제한 문자는 해독할 수 있게 글자체를 남겨두어야 한다.

제58조【등기소에 출석하여 등기신청서를 제출할 수 있는 자격자대리인의 사무원】 ① 법 제24조제1항제1호 단서에 따라 등기소에 출석하여 등기신청서를 제출할 수 있는 자격자대리인의 사무원은 자격자대리인의 사무소 소재지를 관할하는 지방법원장이 허가하는 1명으로 한다. 다만, 법무법인·법무법인(유한)·법무조합 또는 법무사법인·법무사법인(유한)의 경우에는 그 구성원 및 구성원이 아닌 변호사나 법무사 수만큼의 사무원을 허가할 수 있다. (2016.6.27, 2022.2.25 본항개정)
② 자격자대리인이 제1항의 허가를 받으려면 지방법원장에게 허가신청서를 제출하여야 한다.
③ 지방법원장이 제1항의 허가를 하였을 때에는 해당 자격자대리인에게 등기소 출입증을 발급하여야 한다.
④ 지방법원장은 상당하다고 인정되는 경우 제1항의 허가를 취소할 수 있다.

제59조【첨부서면의 원본 환부의 청구】 신청서에 첨부한 서류의 원본의 환부를 청구하는 경우에 신청인은 그 원본과 같다는 뜻을 적은 사본을 첨부하여야 하고, 등기관이 서류의 원본을 환부할 때에는 그 사본에 원본 환부의 뜻을 적고 기명날인하여야 한다. 다만, 다음 각 호의 서류에 대하여는 환부를 청구할 수 없다. (2022.2.25. 본조개정)
1. 등기신청위임장, 제46조제1항제8호, 제111조제2항의 확인정보를 담고 있는 서면 등 해당 등기신청만을 위하여 작성한 서류
2. 인감증명, 법인등기사항증명서, 주민등록표등본·초본, 가족관계등록사항별증명서 및 건축물대장·토지대장·임야대장 등본 등 별도의 방법으로 다시 취득할 수 있는 서류

제60조【인감증명의 제출】 ① 방문신청을 하는 경우에는 다음 각 호의 인감증명을 제출하여야 한다. 이 경우 해당 신청서(위임에 의한 대리인이 신청하는 경우에는 위임장을 말한다)나 첨부서면에는 그 인감을 날인하여야 한다. (2018.8.31 본조개정)
1. 소유권의 등기명의인이 등기의무자로서 등기를 신청하는 경우 등기의무자의 인감증명
2. 소유권에 관한 가등기명의인이 가등기의 말소등기를 신청하는 경우 가등기명의인의 인감증명
3. 소유권 외의 권리의 등기명의인이 등기의무자로서 법 제51조에 따라 등기를 신청하는 경우 등기의무자의 인감증명
4. 제81조제1항에 따라 토지소유자들의 확인서를 첨부하여 토지합필등기를 신청하는 경우 그 토지소유자들의 인감증명
5. 제74조에 따라 권리자의 확인서를 첨부하여 토지분필등기를 신청하는 경우 그 권리자의 인감증명
6. 협의분할에 의한 상속등기를 신청하는 경우 상속인 전원의 인감증명
7. 등기신청서에 제3자의 동의 또는 승낙을 증명하는 서면을 첨부하는 경우 그 제3자의 인감증명
8. 법인 아닌 사단이나 재단의 등기신청에서 대법원예규로 정한 경우

② 제1항제1호부터 제3호까지 및 제6호에 따라 인

감증명을 제출하여야 하는 자가 다른 사람에게 권리의 처분권한을 수여한 경우에는 그 대리인의 인감증명을 함께 제출하여야 한다.
(2018.8.31 본항신설)
③ 제1항에 따라 인감증명을 제출하여야 하는 자가 국가 또는 지방자치단체인 경우에는 인감증명을 제출할 필요가 없다. (2018.8.31 본항신설)
④ 제1항제4호부터 제7호까지의 규정에 해당하는 서면이 공정증서이거나 당사자가 서명 또는 날인하였다는 뜻의 공증인의 인증을 받은 서면인 경우에는 인감증명을 제출할 필요가 없다.
(2018.8.31 본항개정)

제60조의2【본인서명사실확인서 또는 전자본인서명확인서 발급증의 제출】 제60조에 따라 인감증명을 제출하여야 하는 자는 인감증명을 제출하는 대신 신청서 등에 서명을 하고 본인서명사실확인서를 제출하거나 전자본인서명확인서의 발급증을 제출할 수 있다.
(2024.11.29 본조신설)
(2025.1.31 시행)

제61조【법인 등의 인감증명의 제출】 ① 제60조에 따라 인감증명을 제출하여야 하는 자가 법인 또는 국내에 영업소나 사무소의 설치등기를 한 외국법인인 경우에는 등기소의 증명을 얻은 그 대표자의 인감증명을, 법인 아닌 사단이나 재단인 경우에는 그 대표자나 관리인의 인감증명을 제출하여야 한다.
② 법정대리인이 제60조제1항제1호부터 제3호까지의 규정에 해당하는 등기신청을 하거나, 제4호부터 제7호까지의 서류를 작성하는 경우에는 법정대리인의 인감증명을 제출하여야 한다.
③ 제60조에 따라 인감증명을 제출하여야 하는 자가 재외국민인 경우에는 위임장이나 첨부서면에 본인이 서명 또는 날인하였다는 뜻의 「재외공관 공증법」에 따른 인증을 받음으로써 인감증명의 제출을 갈음할 수 있다. (2018.8.31 본항신설)
④ 제60조에 따라 인감증명을 제출하여야 하는 자가 외국인인 경우에는 「인감증명법」에 따른 인감증명 또는 본국의 관공서가 발행한 인감증명을 제출하여야 한다. 다만, 본국에 인감증명제도가 없고 또한 「인감증명법」에 따른 인감증명을 받을 수 없는 자는 신청서나 위임장 또는 첨부서면에 본인이 서명 또는 날인하였다는 뜻의 본국 관공서의 증명이나 본국 또는 대한민국 공증인의 인증(「재외공관 공증법」에 따른 인증을 포함한다)을 받음으로써 인감증명의 제출을 갈음할 수 있다.
(2018.8.31 본항개정)

제61조의2【법인 등의 전자인감발급증의 제출】 제61조제1항에 따라 인감증명을 제출하여야 하는 자가 「상업등기규칙」 제1조의2제5호의 전자인감증명서를 발급받은 경우에는 인감증명을 제출하는 대신 같은 규칙 제42조의3제1항에 따른 전자인감증명서 발급증을 제출할 수 있다.
(2024.11.29. 본조신설)
(2025.1.31 시행)

제62조【인감증명 등의 유효기간】 등기신청서에 첨부하는 인감증명, 법인등기사항증명서, 주민등록표등본·초본, 가족관계등록사항별증명서 및 건축물대장·토지대장·임야대장 등본은 발행일부터 3개월 이내의 것이어야 한다.

제63조【도면의 제출방법】 방문신청을 하는 경우라도 등기소에 제공하여야 하는 도면은 전자문서로 작성하여야 하며, 그 제공은 전산정보처리조직을 이용하여 등기소에 송신하는 방법으로 하여야 한다. 다만, 다음 각 호의 어느 하나에 해당하는 경우에는 그 도면을 서면으로 작성하여 등기소에 제출할 수 있다.
1. 자연인 또는 법인 아닌 사단이나 재단이 직접 등기신청을 하는 경우
2. 자연인 또는 법인 아닌 사단이나 재단이 자격자대리인이 아닌 사람에게 위임하여 등기신청을 하는 경우

제64조【전자표준양식에 의한 신청】 방문신청을 하고자 하는 신청인은 신청서를 등기소에 제출하기 전에 전산정보처리조직에 신청정보를 입력하고, 그 입력한 신청정보를 서면으로 출력하여 등기소에 제출하는 방법으로 할 수 있다.

제65조【등기신청서의 접수】 ① 등기신청서를 받은 등기관은 전산정보처리조직에 접수연월일, 접수번호, 등기의 목적, 신청인의 성명 또는 명칭, 부동산의 표시, 등기신청수수료, 취득세 또는 등록면허세, 국민주택채권매입금액 및 그 밖에 대법원예규로 정하는 사항을 입력한 후 신청서에 접수번호표를 붙여야 한다.
② 같은 부동산에 관하여 동시에 여러 개의 등기신청이 있는 경우에는 같은 접수번호를 부여하여야 한다.
③ 등기관이 신청서를 접수하였을 때에는 신청인의 청구에 따라 그 신청서의 접수증을 발급하여야 한다.

제66조【등기원인증서의 반환】 ① 신청서에 첨부된 제46조제1항제1호의 정보를 담고 있는 서면이 법률행위의 성립을 증명하는 서면이거나 그 밖에 대법원예규로 정하는 서면일 때에는 등기관이 등기를 마친 후에 이를 신청인에게 돌려주어야 한다.
② 신청인이 제1항의 서면을 등기를 마친 때부터 3개월 이내에 수령하지 아니할 경우에는 이를 폐기할 수 있다.

제3관 전자신청

제67조【전자신청의 방법】 ① 전자신청은 당사자가 직접 하거나 자격자대리인이 당사자를 대리하여 한다. 다만, 법인 아닌 사단이나 재단은 전자신청을 할 수 없으며, 외국인의 경우에는 다음 각 호의 어느 하나에 해당하는 요건을 갖추어야 한다.
1. 「출입국관리법」 제31조에 따른 외국인등록
2. 「재외동포의 출입국과 법적 지위에 관한 법률」 제6조, 제7조에 따른 국내거소신고

② 제1항에 따라 전자신청을 하는 경우에는 제43조 및 그 밖의 법령에 따라 신청정보의 내용으로 등기소에 제공하여야 하는 정보를 전자문서로 등기소에 송신하여야 한다. 이 경우 사용자등록번호도 함께 송신하여야 하고, 사용자등록번호 및 제43조제1항제7호의 등기필정보를 제공하지 아니한 때에는 신청정보를 송신할 수 없다. (2024.11.29 본항개정)
③ 제2항의 경우에는 제46조 및 그 밖의 법령에 따라 첨부정보로서 등기소에 제공하여야 하는 정보를 전자문서로 등기소에 송신하거나 대법원예규로 정하는 바에 따라 등기소에 제공하여야 한다.
④ 제2항과 제3항에 따라 전자문서를 송신할 때에는 다음 각 호의 구분에 따른 신청인 또는 문서작성자의 전자서명정보(이하 "인증서등"이라 한다)를 함께 송신하여야 한다. (2020.11.26, 2021.5.27, 2024.11.29 본항개정)
1. 개인: 「전자서명법」 제2조제6호에 따른 인증서(서명자의 실지명의를 확인할 수 있는 것으로서 법원행정처장이 지정·공고하는 인증서를 말한다)
2. 법인: 「상업등기법」의 전자증명서. 이 경우 「상업등기규칙」 제1조의2제7호의 추가인증을 하여야 한다.
3. 관공서 : 대법원예규로 정하는 전자인증서

⑤ 제4항제1호의 공고는 인터넷등기소에 하여야 한다. (2021.5.27 본항신설)
[시행일] 제67조제4항제2호 후단의 개정규정: 2025년 8월 1일부터 시행하되, 그 이전에 보안매체를 발급받은 법인에 대하여는 발급받은 즉시 시행
(2025.1.31 시행)

제67조의2【전자신청이 가능한 등기유형의 기준】 ① 법 제24조제1항제2호에 따라 전자신청이 가능한 등기유형은 제46조 및 그 밖의 법령에 따른 첨부정보를 다음 각 호에 규정된 전자문서로 등기소에 제공할 수 있는 경우로 한다.
1. 컴퓨터 등 정보처리능력을 가진 장치에 의하여 전자적인 형태로 작성되어 송신·수신 또는 저장되는 정보
2. 전자적 형태로 작성되지 아니한 문서를 정보처리능력을 가진 장치가 처리할 수 있는 형태로 변환한 정보. 다만, 행정기관의 적법한 발급 여부를 확인할 필요가 있거나 진위 여부에 대하여 확인할 필요가 있는 문서의 경우에는 그러하지 아니하다.

② 제1항에 따라 전자신청이 가능한 구체적인 등기유형과 제1항제2호 본문에 따른 변환의 구체적인 요건 및 방법 등에 관한 사항은 대법원예규로 정한다.
(2024.11.29 본조신설)
(2025.1.31 시행)

제67조의3【정보주체 본인에 관한 행정정보의 제공요구 절차 등】 ① 정보주체는 「전자정부법」 제2조제2호의 행정기관이 보유하고 있는 본인에 관한 행정정보를 제46조제1항 및 그 밖의 법령에서 정한 첨부정보로 등기소에 제공하기 위하여 「전자정부법」 제43조의2에 따라 본인에 관한 행정정보를 보유하고 있는 행정기관의 장에게 인터넷등기소를 통하여 제공받을 수 있도록 요구할 수 있다.
② 자격자대리인이 다음 각 호의 요건을 모두 갖춘 경우에는 위임사무의 수행을 위하여 제1항의 제공요구를 대리할 수 있다.
1. 제68조에 따라 사용자등록을 하였을 것
2. 정보주체 본인으로부터 등기신청의 위임을 받았을 것
3. 제46조제1항 및 그 밖의 법령에 따라 등기소에 제공하여야 하는 첨부정보의 제공을 위하여 정보주체 본인으로부터 행정정보의 정보제공 요구에 관한 사항 및 이용에 관한 동의를 받았을 것

③ 정보주체 본인으로부터 위임을 받은 자격자대리인이 제2항의 제공요구를 하기 위해서는 인터넷등기소를 통하여 제2항제3호의 정보를 작성하고 정보주체 본인의 인증서등을 함께 전산정보처리조직에 송신하여야 한다.
④ 제1항에 따른 정보주체 본인에 관한 행정정보를 첨부정보로 등기소에 송신하는 경우에는 제67조제4항에도 불구하고 인증서등을 송신하지 아니한다.
⑤ 제2항에 따라 위임사무를 수행하면서 정보주체에 관한 개인정보의 내용을 알게 된 자격자대리인은 「개인정보 보호법」 제19조에 따라 해당 행정정보를 위임사무를 수행하기 위한 목적 외의 용도로 이용하거나 이를 제3자에게 제공하여서는 아니 된다.
⑥ 제1항 및 제2항에 따른 제공요구 절차, 행정정보의 범위·열람 및 이용에 관한 사항 등 그 밖에 필요한 사항은 대법원예규로 정한다.
(2024.11.29 본조신설)
(2025.1.31 시행)

제67조의4【신청인이 다른 여러 건의 신청정보의 송신】 ① 같은 부동산에 관하여 선행 등기신청을 전제로 후행 등기를 신청하는 경우로서 후행 등기

를 신청하는 자격자대리인이 선행 등기신청정보의 송신 권한을 위임받은 경우에 한하여 선행 등기신청정보를 후행 등기신청정보와 함께 송신할 수 있다.
② 제1항에 따라 여러 건의 등기신청정보가 송신된 경우 각 등기신청에는 전산정보처리조직에 의하여 연속하여 생성한 접수번호를 부여한다.
③ 제1항의 선행 등기신청을 전제로 후행 등기를 신청할 수 있는 등기유형의 범위 및 구체적인 절차 등은 대법원예규로 정한다.
(2024.11.29 본조신설)
(2025.1.31 시행)

제68조【사용자등록】 ① 전자신청을 하기 위해서는 그 등기신청을 하는 당사자 또는 등기신청을 대리할 수 있는 자격자대리인이 최초의 등기신청 전에 사용자등록을 하여야 한다.
② 사용자등록을 신청하는 당사자 또는 자격자대리인은 등기소에 출석하여 대법원예규로 정하는 사항을 적은 신청서를 제출하여야 한다.
③ 제2항의 사용자등록 신청서에는 「인감증명법」에 따라 신고한 인감을 날인하고, 그 인감증명과 함께 주소를 증명하는 서면을 첨부하여야 한다.
④ 신청인이 자격자대리인인 경우에는 제3항의 서면 외에 그 자격을 증명하는 서면의 사본도 첨부하여야 한다.
⑤ 법인이 「상업등기규칙」 제46조에 따라 전자증명서의 이용등록을 한 경우에는 사용자등록을 한 것으로 본다. (2014.10.2 본항개정)

제69조【사용자등록의 유효기간】 ① 사용자등록의 유효기간은 3년으로 한다. 다만, 자격자대리인 외의 자의 경우에는 대법원예규로 정하는 바에 따라 그 기간을 단축할 수 있다. (2024.11.29 본항개정)
② 제1항의 유효기간이 지난 경우에는 사용자등록을 다시 하여야 한다.
③ 사용자등록의 유효기간 만료일 3개월 전부터 만료일까지는 그 유효기간의 연장을 신청할 수 있으며, 그 연장기간은 제1항에 따른 기간으로 한다. (2024.11.29 본항개정)
④ 제3항의 유효기간 연장은 전자문서로 신청할 수 있다.
(2025.8.1 시행)

제70조【사용자등록의 효력정지 등】 ① 사용자등록을 한 사람은 사용자등록의 효력정지, 효력회복 또는 해지를 신청할 수 있다.
② 제1항에 따른 사용자등록의 효력정지 및 해지의 신청은 전자문서로 할 수 있다.
③ 등기소를 방문하여 제1항에 따른 사용자등록의 효력정지, 효력회복 또는 해지를 신청하는 경우에는 신청서에 기명날인 또는 서명을 하여야 한다.

제71조【사용자등록정보 변경 등】 ① 사용자등록 후 사용자등록정보가 변경된 경우에는 대법원예규로 정하는 바에 따라 그 변경된 사항을 등록하여야 한다.
② 사용자등록번호를 분실하였을 때에는 제68조에 따라 사용자등록을 다시 하여야 한다.

제2절 표시에 관한 등기

제1관 토지의 표시에 관한 등기

제72조【토지표시변경등기의 신청】 ① 법 제35조에 따라 토지의 표시변경등기를 신청하는 경우에는 그 토지의 변경 전과 변경 후의 표시에 관한 정보를 신청정보의 내용으로 등기소에 제공하여야 한다.
② 제1항의 경우에는 그 변경을 증명하는 토지대장 정보나 임야대장 정보를 첨부정보로서 등기소에 제공하여야 한다.

제73조【토지표시변경등기】 법 제34조의 토지 표시에 관한 사항을 변경하는 등기를 할 때에는 종전의 표시에 관한 등기를 말소하는 표시를 하여야 한다.

제74조【토지분필등기의 신청】 1필의 토지의 일부에 지상권·전세권·임차권이나 승역지(承役地 : 편익제공지)의 일부에 관하여 하는 지역권의 등기가 있는 경우에 분필등기를 신청할 때에는 권리가 존속할 토지의 표시에 관한 정보를 신청정보의 내용으로 등기소에 제공하고, 이에 관한 권리자의 확인이 있음을 증명하는 정보를 첨부정보로서 등기소에 제공하여야 한다. 이 경우 그 권리가 토지의 일부에 존속할 때에는 그 토지부분에 관한 정보도 신청정보의 내용으로 등기소에 제공하고, 그 부분을 표시한 지적도를 첨부정보로서 등기소에 제공하여야 한다.

제75조【토지분필등기】 ① 갑 토지를 분할하여 그 일부를 을 토지로 한 경우에 등기관이 분필등기를 할 때에는 을 토지에 관하여 등기기록을 개설하고, 그 등기기록 중 표제부에 토지의 표시와 분할로 인하여 갑 토지의 등기기록에서 옮겨 기록한 뜻을 기록하여야 한다.
② 제1항의 절차를 마치면 갑 토지의 등기기록 중 표제부에 남은 부분의 표시를 하고, 분할로 인하여 다른 부분을 을 토지의 등기기록에 옮겨 기록한 뜻을 기록하며, 종전의 표시에 관한 등기를 말소하는 표시를 하여야 한다.

제76조【토지분필등기】 ① 제75조제1항의 경우에는 을 토지의 등기기록 중 해당 구에 갑 토지의 등기기록에서 소유권과 그 밖의 권리에 관한 등기를 전사(轉寫)하고, 분할로 인하여 갑 토지의 등기기록에서 전사한 뜻, 신청정보의 접수연월일과 접

수번호를 기록하여야 한다. 이 경우 소유권 외의 권리에 관한 등기에는 갑 토지가 함께 그 권리의 목적이라는 뜻도 기록하여야 한다.
② 갑 토지의 등기기록에서 을 토지의 등기기록에 소유권 외의 권리에 관한 등기를 전사하였을 때에는 갑 토지의 등기기록 중 그 권리에 관한 등기에 을 토지가 함께 그 권리의 목적이라는 뜻을 기록하여야 한다.
③ 소유권 외의 권리의 등기명의인이 을 토지에 관하여 그 권리의 소멸을 승낙한 것을 증명하는 정보 또는 이에 대항할 수 있는 재판이 있음을 증명하는 정보를 첨부정보로서 등기소에 제공한 경우에는 갑 토지의 등기기록 중 그 권리에 관한 등기에 을 토지에 대하여 그 권리가 소멸한 뜻을 기록하여야 한다.
④ 소유권 외의 권리의 등기명의인이 갑 토지에 관하여 그 권리의 소멸을 승낙한 것을 증명하는 정보 또는 이에 대항할 수 있는 재판이 있음을 증명하는 정보를 첨부정보로서 등기소에 제공한 경우에는 을 토지의 등기기록 중 해당 구에 그 권리에 관한 등기를 전사하고, 신청정보의 접수연월일과 접수번호를 기록하여야 한다. 이 경우 갑 토지의 등기기록 중 그 권리에 관한 등기에는 갑 토지에 대하여 그 권리가 소멸한 뜻을 기록하고 그 등기를 말소하는 표시를 하여야 한다.
⑤ 제3항 및 제4항의 권리를 목적으로 하는 제3자의 권리에 관한 등기가 있는 경우에는 그 자의 승낙이 있음을 증명하는 정보 또는 이에 대항할 수 있는 재판이 있음을 증명하는 정보를 첨부정보로서 등기소에 제공하여야 한다.
⑥ 제5항의 정보를 등기소에 제공한 경우 그 제3자의 권리에 관한 등기에 관하여는 제3항 및 제4항을 준용한다.

제77조【토지분필등기】 ① 제74조의 경우에 갑 토지에만 해당 권리가 존속할 때에는 제76조제3항을 준용하고, 을 토지에만 해당 권리가 존속할 때에는 제76조제4항을 준용한다.
② 제74조 후단의 경우 분필등기를 할 때에는 갑 토지 또는 을 토지의 등기기록 중 지상권·지역권·전세권 또는 임차권의 등기에 그 권리가 존속할 부분을 기록하여야 한다.

제78조【토지의 분필·합필등기】 ① 갑 토지의 일부를 분할하여 이를 을 토지에 합병한 경우에 등기관이 분필 및 합필의 등기를 할 때에는 을 토지의 등기기록 중 표제부에 합병 후의 토지의 표시와 일부합병으로 인하여 갑 토지의 등기기록에서 옮겨 기록한 뜻을 기록하고, 종전의 표시에 관한 등기를 말소하는 표시를 하여야 한다.
② 제1항의 경우에는 을 토지의 등기기록 중 갑구에 갑 토지의 등기기록에서 소유권의 등기(법 제37조제1항제3호의 경우에는 신탁등기를 포함한다. 이하 이 조부터 제80조까지에서 같다)를 전사하고, 일부합병으로 인하여 갑 토지의 등기기록에서 전사한 뜻, 신청정보의 접수연월일과 접수번호를 기록하여야 한다. (2020.6.26 본항개정)
③ 갑 토지의 등기기록에 지상권·지역권·전세권 또는 임차권의 등기가 있을 때에는 을 토지의 등기기록 중 을구에 그 권리에 관한 등기를 전사하고, 일부합병으로 인하여 갑 토지의 등기기록에서 전사한 뜻, 합병한 부분만이 갑 토지와 함께 그 권리의 목적이라는 뜻, 신청정보의 접수연월일과 접수번호를 기록하여야 한다.
④ 소유권·지상권·지역권 또는 임차권의 등기를 전사하는 경우에 등기원인과 그 연월일, 등기목적과 접수번호가 같을 때에는 전사를 갈음하여 을 토지의 등기기록에 갑 토지에 대하여 같은 사항의 등기가 있다는 뜻을 기록하여야 한다.
⑤ 제1항의 경우에 모든 토지에 관하여 등기원인과 그 연월일, 등기목적과 접수번호가 같은 저당권이나 전세권의 등기가 있을 때에는 을 토지의 등기기록 중 그 등기에 해당 등기가 합병 후의 토지 전부에 관한 것이라는 뜻을 기록하여야 한다.
⑥ 제1항의 경우에는 제75조제2항, 제76조제2항부터 제6항까지 및 제77조를 준용한다.

제79조【토지합필등기】 ① 갑 토지를 을 토지에 합병한 경우에 등기관이 합필등기를 할 때에는 을 토지의 등기기록 중 표제부에 합병 후의 토지의 표시와 합병으로 인하여 갑 토지의 등기기록에서 옮겨 기록한 뜻을 기록하고 종전의 표시에 관한 등기를 말소하는 표시를 하여야 한다.
② 제1항의 절차를 마치면 갑 토지의 등기기록 중 표제부에 합병으로 인하여 을 토지의 등기기록에 옮겨 기록한 뜻을 기록하고, 갑 토지의 등기기록 중 표제부의 등기를 말소하는 표시를 한 후 그 등기기록을 폐쇄하여야 한다.

제80조【토지합필등기】 ① 제79조의 경우에 을 토지의 등기기록 중 갑구에 갑 토지의 등기기록에서 소유권의 등기를 옮겨 기록하고, 합병으로 인하여 갑 토지의 등기기록에서 옮겨 기록한 뜻, 신청정보의 접수연월일과 접수번호를 기록하여야 한다.
② 갑 토지의 등기기록에 지상권·지역권·전세권 또는 임차권의 등기가 있을 때에는 을 토지의 등기기록 중 을구에 그 권리의 등기를 옮겨 기록하고, 합병으로 인하여 갑 토지의 등기기록에서 옮겨 기록한 뜻, 갑 토지이었던 부분만이 그 권리의 목적이라는 뜻, 신청정보의 접수연월일과 접수번호를 기록하여야 한다.
③ 제1항과 제2항의 경우에는 제78조제4항을 준용하고, 모든 토지에 관하여 등기원인과 그 연월일, 등기목적과 접수번호가 같은 저당권이나 전세권의

등기가 있는 경우에는 제78조제5항을 준용한다.

제81조【토지합필의 특례에 따른 등기신청】 ① 법 제38조에 따른 합필등기를 신청하는 경우에는 종전 토지의 소유권이 합병 후의 토지에서 차지하는 지분을 신청정보의 내용으로 등기소에 제공하고, 이에 관한 토지소유자들의 확인이 있음을 증명하는 정보를 첨부정보로서 등기소에 제공하여야 한다.

② 제1항의 경우에 이해관계인이 있을 때에는 그 이해관계인의 승낙이 있음을 증명하는 정보를 첨부정보로서 등기소에 제공하여야 한다.

제82조【토지합필의 특례에 따른 등기】 ① 법 제38조에 따라 합필의 등기를 할 때에는 제79조 및 제80조에 따른 등기를 마친 후 종전 토지의 소유권의 등기를 공유지분으로 변경하는 등기를 부기로 하여야 하고, 종전 등기의 권리자에 관한 사항을 말소하는 표시를 하여야 한다.

② 제1항의 경우에 이해관계인이 있을 때에는 그 이해관계인 명의의 등기를 제1항의 공유지분 위에 존속하는 것으로 변경하는 등기를 부기로 하여야 한다.

제83조【토지멸실등기의 신청】 법 제39조에 따라 토지멸실등기를 신청하는 경우에는 그 멸실을 증명하는 토지대장 정보나 임야대장 정보를 첨부정보로서 등기소에 제공하여야 한다.

제84조【토지멸실등기】 ① 등기관이 토지의 멸실등기를 할 때에는 등기기록 중 표제부에 멸실의 뜻과 그 원인을 기록하고 표제부의 등기를 말소하는 표시를 한 후 그 등기기록을 폐쇄하여야 한다.

② 제1항의 경우에 멸실등기한 토지가 다른 부동산과 함께 소유권 외의 권리의 목적일 때에는 그 다른 부동산의 등기기록 중 해당 구에 멸실등기한 토지의 표시를 하고, 그 토지가 멸실인 뜻을 기록하며, 그 토지와 함께 소유권 외의 권리의 목적이라는 뜻을 기록한 등기 중 멸실등기한 토지의 표시에 관한 사항을 말소하는 표시를 하여야 한다.

③ 제2항에 따른 등기는 공동전세목록이나 공동담보목록이 있는 경우에는 그 목록에 하여야 한다.

④ (2024.11.29. 삭제)

⑤ (2024.11.29. 삭제)

(2025.1.31 시행)

제85조【토지개발사업에 따른 등기】 (2018.12.4 삭제)

제2관 건물의 표시에 관한 등기

제86조【건물표시변경등기의 신청】 ① 법 제41조에 따라 건물의 표시변경등기를 신청하는 경우에는 그 건물의 변경 전과 변경 후의 표시에 관한 정보를 신청정보의 내용으로 등기소에 제공하여야 한다.

② 대지권의 변경·경정 또는 소멸의 등기를 신청하는 경우에는 그에 관한 규약이나 공정증서 또는 이를 증명하는 정보를 첨부정보로서 등기소에 제공하여야 한다.

③ 제2항의 경우 외에는 그 변경을 증명하는 건축물대장 정보를 첨부정보로서 등기소에 제공하여야 한다.

제87조【건물표시변경등기】 ① 법 제40조의 건물표시에 관한 사항을 변경하는 등기를 할 때에는 종전의 표시에 관한 등기를 말소하는 표시를 하여야 한다.

② 신축건물을 다른 건물의 부속건물로 하는 등기를 할 때에는 주된 건물의 등기기록 중 표제부에 부속건물 신축을 원인으로 한 건물표시변경등기를 하고, 종전의 표시에 관한 등기를 말소하는 표시를 하여야 한다.

제88조【대지권의 등기】 ① 건물의 등기기록에 대지권의 등기를 할 때에는 1동의 건물의 표제부 중 대지권의 목적인 토지의 표시란에 표시번호, 대지권의 목적인 토지의 일련번호·소재지번·지목·면적과 등기연월일을, 전유부분의 표제부 중 대지권의 표시란에 표시번호, 대지권의 목적인 토지의 일련번호, 대지권의 종류, 대지권의 비율, 등기원인 및 그 연월일과 등기연월일을 각각 기록하여야 한다. 다만, 부속건물만이 구분건물인 경우에는 그 부속건물에 대한 대지권의 표시는 표제부 중 건물내역란에 부속건물의 표시에 이어서 하여야 한다.

② 부속건물에 대한 대지권의 표시를 할 때에는 대지권의 표시의 끝부분에 그 대지권이 부속건물에 대한 대지권이라는 뜻을 기록하여야 한다.

제89조【대지권이라는 뜻의 등기】 ① 대지권의 목적인 토지의 등기기록에 법 제40조제4항의 대지권이라는 뜻의 등기를 할 때에는 해당 구에 어느 권리가 대지권이라는 뜻과 그 대지권을 등기한 1동의 건물을 표시할 수 있는 사항 및 그 등기연월일을 기록하여야 한다.

② (2024.11.29 삭제)

③ (2024.11.29 삭제)

(2025.1.31 시행)

제90조【별도의 등기가 있다는 뜻의 기록】 ① 제89조에 따라 대지권의 목적인 토지의 등기기록에 대지권이라는 뜻의 등기를 한 경우로서 그 토지 등기기록에 소유권보존등기나 소유권이전등기 외의 소유권에 관한 등기 또는 소유권 외의 권리에 관한 등기가 있을 때에는 등기관은 그 건물의 등기기록 중 전유부분 표제부에 토지 등기기록에 별도의 등기가 있다는 뜻을 기록하여야 한다. 다만, 그 등기가 소유권 이외의 대지권의 등기인 경우 또는 제92조제2항에 따라 말소하여야 하는 저당권의 등기인 경우에는 그러하지 아니하다.

② 토지 등기기록에 대지권이라는 뜻의 등기를 한 후에 그 토지 등기기록에 관하여만 새로운 등기를 한 경우에는 제1항을 준용한다.
③ 토지 등기기록에 별도의 등기가 있다는 뜻의 기록의 전제가 된 등기가 말소되었을 때에는 등기관은 그 뜻의 기록도 말소하여야 한다.

제91조【대지권의 변경 등】 ① 대지권의 변경, 경정 또는 소멸의 등기를 할 때에는 제87조제1항을 준용한다.
② 대지권의 변경 또는 경정으로 인하여 건물 등기기록에 대지권의 등기를 한 경우에는 그 권리의 목적인 토지의 등기기록 중 해당 구에 대지권이라는 뜻의 등기를 하여야 한다. 이 경우 제89조 및 제90조를 준용한다.
③ 제1항의 등기 중 대지권인 권리가 대지권이 아닌 것으로 변경되거나 대지권인 권리 자체가 소멸하여 대지권 소멸의 등기를 한 경우에는 대지권의 목적인 토지의 등기기록 중 해당 구에 그 뜻을 기록하고 대지권이라는 뜻의 등기를 말소하여야 한다.

제92조【대지권의 변경 등】 ① 제91조제2항의 등기를 하는 경우에 건물에 관하여 소유권보존등기와 소유권이전등기 외의 소유권에 관한 등기 또는 소유권 외의 권리에 관한 등기가 있을 때에는 그 등기에 건물만에 관한 것이라는 뜻을 기록하여야 한다. 다만, 그 등기가 저당권에 관한 등기로서 대지권에 대한 등기와 등기원인, 그 연월일과 접수번호가 같은 것일 때에는 그러하지 아니하다.
② 제1항 단서의 경우에는 대지권에 대한 저당권의 등기를 말소하여야 한다.
③ 제2항에 따라 말소등기를 할 때에는 같은 항에 따라 말소한다는 뜻과 그 등기연월일을 기록하여야 한다.

제93조【대지권의 변경 등】 ① 대지권인 권리가 대지권이 아닌 것으로 변경되어 제91조제3항의 등기를 한 경우에는 그 토지의 등기기록 중 해당 구에 대지권인 권리와 그 권리자를 표시하고, 같은 항의 등기를 함에 따라 등기하였다는 뜻과 그 연월일을 기록하여야 한다.
② 제1항의 등기를 하는 경우에 대지권을 등기한 건물 등기기록에 법 제61조제1항에 따라 대지권에 대한 등기로서의 효력이 있는 등기 중 대지권의 이전등기 외의 등기가 있을 때에는 그 건물의 등기기록으로부터 제1항의 토지 등기기록 중 해당 구에 이를 전사하여야 한다.
③ 제1항의 토지 등기기록 중 해당 구에 제2항에 따라 전사하여야 할 등기보다 나중에 된 등기가 있을 때에는 제2항에 따라 전사할 등기를 전사한 후 그 전사한 등기와 나중에 된 등기에 대하여 권리의 순서에 따라 순위번호를 경정하여야 한다.
④ 제2항 및 제3항의 절차를 취하는 경우에는 제76조를 준용한다.
⑤ (2024.11.29 삭제)
⑥ (2024.11.29 삭제)
(2025.1.31 시행)

제94조【대지권의 변경 등】 ① 대지권이 아닌 것을 대지권으로 한 등기를 경정하여 제91조제3항의 등기를 한 경우에 대지권을 등기한 건물 등기기록에 법 제61조제1항에 따라 대지권의 이전등기로서의 효력이 있는 등기가 있을 때에는 그 건물의 등기기록으로부터 토지의 등기기록 중 해당 구에 그 등기를 전부 전사하여야 한다.
② 제1항의 경우에는 제93조제2항부터 제4항까지의 규정을 준용한다. (2024.11.29 본항개정)
(2025.1.31 시행)

제94조의2【대지권이 있는 구분건물에 대한 직권에 의한 표시변경등기 등】 ① 등기관이 구분건물의 대지권의 목적인 토지의 등기기록에 법 제34조의 등기사항에 관한 변경이나 경정의 등기를 마쳤을 때에는 1동의 건물의 표제부 중 대지권의 목적인 토지의 표시에 관하여 변경 또는 경정된 사항의 등기를 직권으로 하여야 한다.
② 등기관이 구분건물의 대지권의 목적인 토지의 등기기록에 분필, 합필등기를 마치거나 그 등기가 토지대장이나 임야대장과 일치하지 않아 이를 경정하기 위한 등기를 마쳤을 때에는 직권으로 1동의 건물의 표제부 중 대지권의 목적인 토지의 표시와 전유부분의 표제부 중 대지권의 표시에 관하여 변경 또는 경정된 사항의 등기를 하여야 한다.
③ 등기관은 구분건물에 대한 소유권이전등기를 할 때에 구분건물의 등기기록 중 대지권의 목적인 토지의 표시와 토지 등기기록의 부동산의 표시가 일치하지 아니한 경우 먼저 직권으로 제1항 또는 제2항에 따른 표시의 변경 또는 경정등기를 하여야 한다.
④ 제1항부터 제3항까지의 규정에 따라 직권에 의한 표시의 변경이나 경정등기가 되어 있지 않은 건물에 대하여 멸실등기의 신청이 있는 경우 등기관은 먼저 직권으로 제1항부터 제3항까지의 규정에 따른 표시의 변경 또는 경정등기를 하여야 한다.
(2024.11.29 본조신설)
(2025.1.31 시행)

제95조【건물분할 또는 건물구분등기의 신청】 건물의 일부에 전세권이나 임차권의 등기가 있는 경우에 그 건물의 분할이나 구분의 등기를 신청할 때에는 제74조를 준용한다.

제96조【건물분할등기】 ① 갑 건물로부터 그 부속건물을 분할하여 이를 을 건물로 한 경우에 등기관이 분할등기를 할 때에는 을 건물에 관하여 등기기록을 개설하고, 그 등기기록 중 표제부에 건물의 표시와 분할로 인하여 갑 건물의 등기기록에서 옮겨 기록한 뜻을 기록하여야 한다.

② 제1항의 절차를 마치면 갑 건물의 등기기록 중 표제부에 남은 부분의 표시를 하고, 분할로 인하여 다른 부분을 을 건물의 등기기록에 옮겨 기록한 뜻을 기록하며, 종전의 표시에 관한 등기를 말소하는 표시를 하여야 한다.
③ 제1항의 경우에는 제76조 및 제77조를 준용한다.

제97조【건물구분등기】 ① 구분건물이 아닌 갑 건물을 구분하여 갑 건물과 을 건물로 한 경우에 등기관이 구분등기를 할 때에는 구분 후의 갑 건물과 을 건물에 대하여 등기기록을 개설하고, 각 등기기록 중 표제부에 건물의 표시와 구분으로 인하여 종전의 갑 건물의 등기기록에서 옮겨 기록한 뜻을 기록하여야 한다.
② 제1항의 절차를 마치면 종전의 갑 건물의 등기기록 중 표제부에 구분으로 인하여 개설한 갑 건물과 을 건물의 등기기록에 옮겨 기록한 뜻을 기록하고, 표제부의 등기를 말소하는 표시를 한 후 그 등기기록을 폐쇄하여야 한다.
③ 제1항의 경우에는 개설한 갑 건물과 을 건물의 등기기록 중 해당 구에 종전의 갑 건물의 등기기록에서 소유권과 그 밖의 권리에 관한 등기를 옮겨 기록하고, 구분으로 인하여 종전의 갑 건물의 등기기록에서 옮겨 기록한 뜻, 신청정보의 접수연월일과 접수번호를 기록하여야 하며, 소유권 외의 권리에 관한 등기에는 다른 등기기록에 옮겨 기록한 건물이 함께 그 권리의 목적이라는 뜻도 기록하여야 한다. 이 경우 제76조제3항부터 제6항까지의 규정을 준용한다.
④ 구분건물인 갑 건물을 구분하여 갑 건물과 을 건물로 한 경우에는 등기기록 중 을 건물의 표제부에 건물의 표시와 구분으로 인하여 갑 건물의 등기기록에서 옮겨 기록한 뜻을 기록하여야 한다.
⑤ 제4항의 절차를 마치면 갑 건물의 등기기록 중 표제부에 남은 부분의 표시를 하고, 구분으로 인하여 다른 부분을 을 건물의 등기기록에 옮겨 기록한 뜻을 기록하며, 종전의 표시에 관한 등기를 말소하는 표시를 하여야 한다.
⑥ 제4항의 경우에는 제76조 및 제77조를 준용한다.

제98조【건물의 분할합병등기】 ① 갑 건물로부터 그 부속건물을 분할하여 을 건물의 부속건물로 한 경우에 등기관이 분할 및 합병의 등기를 할 때에는 을 건물의 등기기록 중 표제부에 합병 후의 건물의 표시와 일부합병으로 인하여 갑 건물의 등기기록에서 옮겨 기록한 뜻을 기록하고, 종전의 표시에 관한 등기를 말소하는 표시를 하여야 한다.
② 제1항의 경우에는 제96조제2항 및 제78조제2항부터 제6항(제6항 중 제75조제2항을 준용하는 부분은 제외한다)까지의 규정을 준용한다.

제99조【건물의 구분합병등기】 ① 갑 건물을 구분하여 을 건물 또는 그 부속건물에 합병한 경우에 등기관이 구분 및 합병의 등기를 할 때에는 제98조제1항을 준용한다.
② 제1항의 경우에는 제97조제5항 및 제78조제2항부터 제6항(제6항 중 제75조제2항을 준용하는 부분은 제외한다)까지의 규정을 준용한다.

제100조【건물합병등기】 ① 갑 건물을 을 건물 또는 그 부속건물에 합병하거나 을 건물의 부속건물로 한 경우에 등기관이 합병등기를 할 때에는 제79조 및 제80조를 준용한다. 다만, 갑 건물이 구분건물로서 같은 등기기록에 을 건물 외에 다른 건물의 등기가 있을 때에는 그 등기기록을 폐쇄하지 아니한다.
② 합병으로 인하여 을 건물이 구분건물이 아닌 것으로 된 경우에 그 등기를 할 때에는 합병 후의 건물에 대하여 등기기록을 개설하고, 그 등기기록의 표제부에 합병 후의 건물의 표시와 합병으로 인하여 갑 건물과 을 건물의 등기기록에서 옮겨 기록한 뜻을 기록하여야 한다.
③ 제2항의 절차를 마치면 갑 건물과 을 건물의 등기기록 중 표제부에 합병으로 인하여 개설한 등기기록에 옮겨 기록한 뜻을 기록하고, 갑 건물과 을 건물의 등기기록 중 표제부의 등기를 말소하는 표시를 한 후 그 등기기록을 폐쇄하여야 한다.
④ 제2항의 경우에는 제80조를 준용한다.
⑤ 대지권을 등기한 건물이 합병으로 인하여 구분건물이 아닌 것으로 된 경우에 제2항의 등기를 할 때에는 제93조를 준용한다.

제101조【건물구분등기 또는 건물합병등기의 준용】 구분건물이 아닌 건물이 건물구분 외의 사유로 구분건물로 된 경우에는 제97조를 준용하고, 구분건물이 건물합병 외의 사유로 구분건물이 아닌 건물로 된 경우에는 제100조제2항부터 제5항까지의 규정을 준용한다.

제102조【건물멸실등기의 신청】 법 제43조 및 법 제44조에 따라 건물멸실등기를 신청하는 경우에는 그 멸실이나 부존재를 증명하는 건축물대장 정보나 그 밖의 정보를 첨부정보로서 등기소에 제공하여야 한다.

제103조【건물멸실등기】 ① 등기관이 건물의 멸실등기를 할 때에는 등기기록 중 표제부에 멸실의 뜻과 그 원인 또는 부존재의 뜻을 기록하고 표제부의 등기를 말소하는 표시를 한 후 그 등기기록을 폐쇄하여야 한다. 다만, 멸실한 건물이 구분건물인 경우에는 그 등기기록을 폐쇄하지 아니한다.
② 대지권을 등기한 건물의 멸실등기로 인하여 그 등기기록을 폐쇄한 경우에는 제93조를 준용한다.
③ 제1항의 경우에는 제84조제2항부터 제5항까지의 규정을 준용한다.

제104조【공용부분이라는 뜻의 등기】 ① 법 제47조제1항에 따라 소유권의 등기명의인이 공용부

분이라는 뜻의 등기를 신청하는 경우에는 그 뜻을 정한 규약이나 공정증서를 첨부정보로서 등기소에 제공하여야 한다. 이 경우 그 건물에 소유권의 등기 외의 권리에 관한 등기가 있을 때에는 그 등기명의인의 승낙이 있음을 증명하는 정보 또는 이에 대항할 수 있는 재판이 있음을 증명하는 정보를 첨부정보로서 등기소에 제공하여야 한다.
② 제1항의 경우에 그 공용부분이 다른 등기기록에 등기된 건물의 구분소유자가 공용하는 것일 때에는 그 뜻과 그 구분소유자가 소유하는 건물의 번호를 신청정보의 내용으로 등기소에 제공하여야 한다. 다만, 다른 등기기록에 등기된 건물의 구분소유자 전원이 공용하는 것일 때에는 그 1동 건물의 번호만을 신청정보의 내용으로 등기소에 제공한다.
③ 제1항의 등기신청이 있는 경우에 등기관이 그 등기를 할 때에는 그 등기기록 중 표제부에 공용부분이라는 뜻을 기록하고 각 구의 소유권과 그 밖의 권리에 관한 등기를 말소하는 표시를 하여야 한다. 이 경우 제2항에 따른 사항이 신청정보의 내용 중에 포함되어 있을 때에는 그 사항도 기록하여야 한다.
④ 공용부분이라는 뜻을 정한 규약을 폐지함에 따라 공용부분의 취득자가 법 제47조제2항에 따라 소유권보존등기를 신청하는 경우에는 규약의 폐지를 증명하는 정보를 첨부정보로서 등기소에 제공하여야 한다.
⑤ 등기관이 제4항에 따라 소유권보존등기를 하였을 때에는 공용부분이라는 뜻의 등기를 말소하는 표시를 하여야 한다.
⑥ 「집합건물의 소유 및 관리에 관한 법률」 제52조에 따른 단지공용부분이라는 뜻의 등기에는 제1항부터 제5항까지의 규정을 준용한다.

제3절 권리에 관한 등기

제1관 통칙

제105조【등기할 권리자가 2인 이상인 경우】 ① 등기할 권리자가 2인 이상일 때에는 그 지분을 신청정보의 내용으로 등기소에 제공하여야 한다.
② 제1항의 경우에 등기할 권리가 합유일 때에는 합유라는 뜻을 신청정보의 내용으로 등기소에 제공하여야 한다.

제106조【등기필정보의 작성방법】 ① 법 제50조제1항의 등기필정보는 아라비아 숫자와 그 밖의 부호의 조합으로 이루어진 일련번호와 비밀번호로 구성한다.
② 제1항의 등기필정보는 부동산 및 등기명의인별로 작성한다. 다만, 대법원예규로 정하는 바에 따라 등기명의인별로 작성할 수 있다.

제107조【등기필정보의 통지방법】 ① 등기필정보는 다음 각 호의 구분에 따른 방법으로 통지한다.

1. 방문신청의 경우 : 등기필정보를 적은 서면(이하 "등기필정보통지서"라 한다)을 교부하는 방법. 다만, 신청인이 등기신청서와 함께 대법원예규에 따라 등기필정보통지서 송부용 우편봉투를 제출한 경우에는 등기필정보통지서를 우편으로 송부한다.
2. 전자신청의 경우 : 전산정보처리조직을 이용하여 송신하는 방법

② 제1항제2호에도 불구하고, 관공서가 등기권리자를 위하여 등기를 촉탁한 경우 그 관공서의 신청으로 등기필정보통지서를 교부 할 수 있다.
③ 제1항에 따라 등기필정보를 통지할 때에는 그 통지를 받아야 할 사람 외의 사람에게 등기필정보가 알려지지 않도록 하여야 한다.

제108조【등기필정보 통지의 상대방】 ① 등기관은 등기를 마치면 등기필정보를 등기명의인이 된 신청인에게 통지한다. 다만, 관공서가 등기권리자를 위하여 등기를 촉탁한 경우에는 대법원예규로 정하는 바에 따라 그 관공서 또는 등기권리자에게 등기필정보를 통지한다.
② 법정대리인이 등기를 신청한 경우에는 그 법정대리인에게, 법인의 대표자나 지배인이 신청한 경우에는 그 대표자나 지배인에게, 법인 아닌 사단이나 재단의 대표자나 관리인이 신청한 경우에는 그 대표자나 관리인에게 등기필정보를 통지한다.

제109조【등기필정보를 작성 또는 통지할 필요가 없는 경우】 ① 법 제50조제1항제1호의 경우에는 등기신청할 때에 그 뜻을 신청정보의 내용으로 하여야 한다.
② 법 제50조제1항제3호에서 "대법원규칙으로 정하는 경우"란 다음 각 호의 어느 하나에 해당하는 경우를 말한다. (2024.11.29 본항개정)

1. 등기필정보를 전산정보처리조직으로 통지받아야 할 자가 수신이 가능한 때부터 3개월 이내에 전산정보처리조직을 이용하여 수신하지 않은 경우
2. 등기필정보통지서를 수령할 자가 등기를 마친 때부터 3개월 이내에 그 서면을 수령하지 않은 경우
3. 법 제23조제4항에 따라 승소한 등기의무자가 등기신청을 한 경우
4. 법 제28조에 따라 등기권리자를 대위하여 등기신청을 한 경우
5. 법 제66조제1항에 따라 등기관이 직권으로 소유권보존등기를 한 경우
6. 공유자 중 일부가 「민법」 제265조 단서에 따른 공유물의 보존행위로서 공유자 전원을 등기권리자로 하여 권리에 관한 등기를 신청한 경우(등기권리자가 그 나머지 공유자인 경우로 한정한다)

(2025.1.31 시행)

제110조【등기필정보의 실효신고】 ① 등기명의인 또는 그 상속인 그 밖의 포괄승계인은 등기필정보의 실효신고를 할 수 있다.

② 제1항의 신고는 다음 각 호의 방법으로 한다.

1. 전산정보처리조직을 이용하여 신고정보를 제공하는 방법
2. 신고정보를 적은 서면을 제출하는 방법

③ 제2항에 따라 등기필정보의 실효신고를 할 때에는 대법원예규로 정하는 바에 따라 본인확인절차를 거쳐야 한다.

④ 제2항제2호의 신고를 대리인이 하는 경우에는 신고서에 본인의 인감증명을 첨부하여야 한다.

⑤ 등기관은 등기필정보의 실효신고가 있는 경우에 해당 등기필정보를 실효시키는 조치를 하여야 한다.

제111조【등기필정보를 제공할 수 없는 경우】 ① 법 제51조 본문의 경우에 등기관은 주민등록증, 외국인등록증, 국내거소신고증, 여권 또는 운전면허증(이하 "주민등록증등"이라 한다)에 의하여 본인 여부를 확인하고 조서를 작성하여 이에 기명날인하여야 한다. 이 경우 주민등록증등의 사본을 조서에 첨부하여야 한다.

② 법 제51조 단서에 따라 자격자대리인이 등기의무자 또는 그 법정대리인으로부터 위임받았음을 확인한 경우에는 그 확인한 사실을 증명하는 서면(이하 "확인서면"이라 한다)을 첨부서면으로서 등기소에 제공하여야 한다. (2024.11.29 본항개정)

③ 자격자대리인이 제2항의 확인서면을 등기소에 제공하는 경우에는 제1항을 준용한다. (2024.11.29 본항개정)

(2025.1.31 시행)

제112조【권리의 변경 등의 등기】 ① 등기관이 권리의 변경이나 경정의 등기를 할 때에는 변경이나 경정 전의 등기사항을 말소하는 표시를 하여야 한다. 다만, 등기상 이해관계 있는 제3자의 승낙이 없어 변경이나 경정을 주등기로 할 때에는 그러하지 아니하다.

② 등기관이 등기명의인표시의 변경이나 경정의 등기를 할 때에는 제1항 본문을 준용한다.

③ 등기관이 소유권 외의 권리의 이전등기를 할 때에는 종전 권리자의 표시에 관한 사항을 말소하는 표시를 하여야 한다. 다만, 이전되는 지분이 일부일 때에는 그러하지 아니하다.

제113조【환매특약등기의 신청】 환매특약의 등기를 신청하는 경우에는 법 제53조의 등기사항을 신청정보의 내용으로 등기소에 제공하여야 한다.

제114조【환매특약등기 등의 말소】 ① 환매에 따른 권리취득의 등기를 하였을 때에는 법 제53조의 환매특약의 등기를 말소하여야 한다.

② 권리의 소멸에 관한 약정의 등기에 관하여는 제1항을 준용한다.

제115조【토지 일부에 대한 등기의 말소 등을 위한 분필】 ① 제76조제1항의 경우에 토지 중 일부에 대한 등기의 말소 또는 회복을 위하여 분필의 등기를 할 때에는 그 등기의 말소 또는 회복에 필요한 범위에서 해당 부분에 대한 소유권과 그 밖의 권리에 관한 등기를 모두 전사하여야 한다.

② 제1항에 따라 분필된 토지의 등기기록에 해당 등기사항을 전사한 경우에는 분필 전 토지의 등기기록에 있는 그 등기사항에 대하여는 그 뜻을 기록하고 이를 말소하여야 한다.

제116조【등기의 말소】 ① 등기를 말소할 때에는 말소의 등기를 한 후 해당 등기를 말소하는 표시를 하여야 한다.

② 제1항의 경우에 말소할 권리를 목적으로 하는 제3자의 권리에 관한 등기가 있을 때에는 등기기록 중 해당 구에 그 제3자의 권리의 표시를 하고 어느 권리의 등기를 말소함으로 인하여 말소한다는 뜻을 기록하여야 한다.

제117조【직권에 의한 등기의 말소】 ① 법 제58조제1항의 통지는 등기를 마친 사건의 표시와 사건이 등기소의 관할에 속하지 아니한 사실 또는 등기할 것이 아닌 사실을 적은 통지서로 한다.

② 법 제58조제2항에 따른 공고는 대법원 인터넷등기소에 게시하는 방법에 의한다.

③ 법 제58조제4항에 따라 말소등기를 할 때에는 그 사유와 등기연월일을 기록하여야 한다.

제118조【말소회복등기】 법 제59조의 말소된 등기에 대한 회복 신청을 받아 등기관이 등기를 회복할 때에는 회복의 등기를 한 후 다시 말소된 등기와 같은 등기를 하여야 한다. 다만, 등기전체가 아닌 일부 등기사항만 말소된 것일 때에는 부기에 의하여 말소된 등기사항만 다시 등기한다.

제119조【대지권이 있는 건물에 관한 등기】 ① 대지권을 등기한 건물에 관하여 등기를 신청하는 경우에는 대지권의 표시에 관한 사항을 신청정보의 내용으로 등기소에 제공하여야 한다. 다만, 건물만에 관한 등기를 신청하는 경우에는 그러하지 아니하다.

② 제1항 단서에 따라 건물만에 관한 등기를 할 때에는 그 등기에 건물만에 관한 것이라는 뜻을 기록하여야 한다.

제120조【소유권변경사실 통지 및 과세자료의 제공】 법 제62조의 소유권변경사실의 통지나 법 제63조의 과세자료의 제공은 전산정보처리조직을 이용하여 할 수 있다.

제2관 소유권에 관한 등기

제121조【소유권보존등기의 신청】 ① 법 제65조에 따라 소유권보존등기를 신청하는 경우에는 법

제65조 각 호의 어느 하나에 따라 등기를 신청한다는 뜻을 신청정보의 내용으로 등기소에 제공하여야 한다. 이 경우 제43조제1항제5호에도 불구하고 등기원인과 그 연월일은 신청정보의 내용으로 등기소에 제공할 필요가 없다.
② 제1항의 경우에 토지의 표시를 증명하는 토지대장 정보나 임야대장 정보 또는 건물의 표시를 증명하는 건축물대장 정보나 그 밖의 정보를 첨부정보로서 등기소에 제공하여야 한다.
③ 건물의 소유권보존등기를 신청하는 경우에 그 대지 위에 여러 개의 건물이 있을 때에는 그 대지 위에 있는 건물의 소재도를 첨부정보로서 등기소에 제공하여야 한다. 다만, 건물의 표시를 증명하는 정보로서 건축물대장 정보를 등기소에 제공한 경우에는 그러하지 아니하다.
④ 구분건물에 대한 소유권보존등기를 신청하는 경우에는 1동의 건물의 소재도, 각 층의 평면도와 전유부분의 평면도를 첨부정보로서 등기소에 제공하여야 한다. 이 경우 제3항 단서를 준용한다.

제122조 【주소변경의 직권등기】 등기관이 소유권이전등기를 할 때에 등기명의인의 주소변경으로 신청정보 상의 등기의무자의 표시가 등기기록과 일치하지 아니하는 경우라도 첨부정보로서 제공된 주소를 증명하는 정보에 등기의무자의 등기기록 상의 주소가 신청정보 상의 주소로 변경된 사실이 명백히 나타나면 직권으로 등기명의인표시의 변경등기를 하여야 한다. 다만, 제52조의2제1항에 해당하는 경우에는 그러하지 아니하다. (2024.11.29 본조개정)
(2025.1.31 시행)

제123조 【소유권의 일부이전등기 신청】 소유권의 일부에 대한 이전등기를 신청하는 경우에는 이전되는 지분을 신청정보의 내용으로 등기소에 제공하여야 한다. 이 경우 등기원인에 「민법」 제268조제1항 단서의 약정이 있을 때에는 그 약정에 관한 사항도 신청정보의 내용으로 등기소에 제공하여야 한다.

제124조 【거래가액과 매매목록】 ① 법 제68조의 거래가액이란 「부동산 거래신고 등에 관한 법률」 제3조에 따라 신고한 금액을 말한다. (2016.12.29 본항개정)
② 「부동산 거래신고 등에 관한 법률」 제3조제1항에서 정하는 계약을 등기원인으로 하는 소유권이전등기를 신청하는 경우에는 거래가액을 신청정보의 내용으로 등기소에 제공하고, 시장·군수 또는 구청장으로부터 제공받은 거래계약신고필증정보를 첨부정보로서 등기소에 제공하여야 한다. 이 경우 대법원예규로 정하는 바에 따라 거래부동산이 2개 이상인 경우 또는 거래부동산이 1개라 하더라도 여러 명의 매도인과 여러 명의 매수인 사이의 매매계약인 경우에는 매매목록도 첨부정보로서 등기소에 제공하여야 한다. (2016.12.29, 2024.11.29 본항개정)
(2025.1.31 시행)

제125조 【거래가액의 등기방법】 등기관이 거래가액을 등기할 때에는 다음 각 호의 구분에 따른 방법으로 한다.
1. 매매목록의 제공이 필요 없는 경우 : 등기기록 중 갑구의 권리자 및 기타사항란에 거래가액을 기록하는 방법
2. 매매목록이 제공된 경우 : 거래가액과 부동산의 표시를 기록한 매매목록을 전자적으로 작성하여 번호를 부여하고 등기기록 중 갑구의 권리자 및 기타사항란에 그 매매목록의 번호를 기록하는 방법

제3관 용익권에 관한 등기

제126조 【지상권설정등기의 신청】 ① 지상권설정의 등기를 신청하는 경우에는 법 제69조제1호부터 제5호까지의 등기사항을 신청정보의 내용으로 등기소에 제공하여야 한다.
② 지상권설정의 범위가 부동산의 일부인 경우에는 그 부분을 표시한 지적도를 첨부정보로서 등기소에 제공하여야 한다.

제127조 【지역권설정등기의 신청】 ① 지역권설정의 등기를 신청하는 경우에는 법 제70조제1호부터 제4호까지의 등기사항을 신청정보의 내용으로 등기소에 제공하여야 한다.
② 지역권 설정의 범위가 승역지의 일부인 경우에는 제126조제2항을 준용한다.

제128조 【전세권설정등기의 신청】 ① 전세권설정 또는 전전세(轉傳貰)의 등기를 신청하는 경우에는 법 제72조제1항제1호부터 제5호까지의 등기사항을 신청정보의 내용으로 등기소에 제공하여야 한다.
② 전세권설정 또는 전전세의 범위가 부동산의 일부인 경우에는 그 부분을 표시한 지적도나 건물도면을 첨부정보로서 등기소에 제공하여야 한다.
③ 여러 개의 부동산에 관한 전세권의 등기에는 제133조부터 제136조까지의 규정을 준용한다.

제129조 【전세금반환채권의 일부 양도에 따른 등기신청】 ① 전세금반환채권의 일부양도를 원인으로 한 전세권의 일부이전등기를 신청하는 경우에는 양도액을 신청정보의 내용으로 등기소에 제공하여야 한다.
② 전세권의 존속기간 만료 전에 제1항의 등기를 신청하는 경우에는 전세권이 소멸하였음을 증명하는 정보를 첨부정보로서 등기소에 제공하여야 한다.

제130조 【임차권설정등기의 신청】 ① 임차권설정 또는 임차물 전대의 등기를 신청하는 경우에는

법 제74조제1호부터 제6호까지의 등기사항을 신청정보의 내용으로 등기소에 제공하여야 한다.
(2020.6.26. 본항개정)
② 임차권설정 또는 임차물 전대의 범위가 부동산의 일부인 경우에는 제128조제2항을 준용한다.
③ 임차권의 양도 또는 임차물의 전대에 대한 임대인의 동의가 있다는 뜻의 등기가 없는 경우에 임차권의 이전 또는 임차물의 전대의 등기를 신청할 때에는 임대인의 동의가 있음을 증명하는 정보를 첨부정보로서 등기소에 제공하여야 한다.

제4관 담보권에 관한 등기

제131조 【저당권설정등기의 신청】 ① 저당권 또는 근저당권(이하 "저당권"이라 한다) 설정의 등기를 신청하는 경우에는 법 제75조의 등기사항을 신청정보의 내용으로 등기소에 제공하여야 한다.
② 저당권설정의 등기를 신청하는 경우에 그 권리의 목적이 소유권 외의 권리일 때에는 그 권리의 표시에 관한 사항을 신청정보의 내용으로 등기소에 제공하여야 한다.
③ 일정한 금액을 목적으로 하지 않는 채권을 담보하기 위한 저당권설정등기를 신청하는 경우에는 그 채권의 평가액을 신청정보의 내용으로 등기소에 제공하여야 한다.

제132조 【저당권에 대한 권리질권등기 등의 신청】 ① 저당권에 대한 권리질권의 등기를 신청하는 경우에는 질권의 목적인 채권을 담보하는 저당권의 표시에 관한 사항과 법 제76조제1항의 등기사항을 신청정보의 내용으로 등기소에 제공하여야 한다.
② 저당권에 대한 채권담보권의 등기를 신청하는 경우에는 담보권의 목적인 채권을 담보하는 저당권의 표시에 관한 사항과 법 제76조제2항의 등기사항을 신청정보의 내용으로 등기소에 제공하여야 한다.

제133조 【공동담보】 ① 여러 개의 부동산에 관한 권리를 목적으로 하는 저당권설정의 등기를 신청하는 경우에는 각 부동산에 관한 권리의 표시를 신청정보의 내용으로 등기소에 제공하여야 한다.
② 법 제78조제2항의 공동담보목록은 전자적으로 작성하여야 하며, 1년마다 그 번호를 새로 부여하여야 한다.
③ 공동담보목록에는 신청정보의 접수연월일과 접수번호를 기록하여야 한다.

제134조 【추가공동담보】 1개 또는 여러 개의 부동산에 관한 권리를 목적으로 하는 저당권설정의 등기를 한 후 같은 채권에 대하여 다른 1개 또는 여러 개의 부동산에 관한 권리를 목적으로 하는 저당권설정의 등기를 신청하는 경우에는 종전의 등기를 표시하는 사항으로서 공동담보목록의 번호 또는 부동산의 소재지번(건물에 번호가 있는 경우에는 그 번호도 포함한다)을 신청정보의 내용으로 등기소에 제공하여야 한다.

제135조 【공동담보라는 뜻의 기록】 ① 법 제78조제1항에 따른 공동담보라는 뜻의 기록은 각 부동산의 등기기록 중 해당 등기의 끝부분에 하여야 한다.
② 법 제78조제2항의 경우에는 각 부동산의 등기기록에 공동담보목록의 번호를 기록한다.
③ 법 제78조제4항의 경우 공동담보 목적으로 새로 추가되는 부동산의 등기기록에는 그 등기의 끝부분에 공동담보라는 뜻을 기록하고 종전에 등기한 부동산의 등기기록에는 해당 등기에 부기등기로 그 뜻을 기록하여야 한다.

제136조 【공동담보의 일부의 소멸 또는 변경】 ① 여러 개의 부동산에 관한 권리가 저당권의 목적인 경우에 그 중 일부의 부동산에 관한 권리를 목적으로 한 저당권의 등기를 말소할 때에는 다른 부동산에 관한 권리에 대하여 법 제78조제1항 및 제4항에 따라 한 등기에 그 뜻을 기록하고 소멸된 사항을 말소하는 표시를 하여야 한다. 일부의 부동산에 관한 권리의 표시에 대하여 변경의 등기를 한 경우에도 또한 같다.
② (2024.11.29 삭제)
③ 제1항에 따라 등기를 할 때 공동담보목록이 있으면 그 목록에 하여야 한다.
(2025.1.31 시행)

제137조 【저당권 이전등기의 신청】 ① 저당권의 이전등기를 신청하는 경우에는 저당권이 채권과 같이 이전한다는 뜻을 신청정보의 내용으로 등기소에 제공하여야 한다.
② 채권일부의 양도나 대위변제로 인한 저당권의 이전등기를 신청하는 경우에는 양도나 대위변제의 목적인 채권액을 신청정보의 내용으로 등기소에 제공하여야 한다.

제138조 【공동저당 대위등기의 신청】 공동저당 대위등기를 신청하는 경우에는 법 제80조의 등기사항을 신청정보의 내용으로 등기소에 제공하고, 배당표 정보를 첨부정보로서 등기소에 제공하여야 한다.

제5관 신탁에 관한 등기

제139조 【신탁등기】 ① 신탁등기의 신청은 해당 신탁으로 인한 권리의 이전 또는 보존이나 설정등기의 신청과 함께 1건의 신청정보로 일괄하여 하여야 한다.
② 「신탁법」 제27조에 따라 신탁재산에 속하는 부동산 또는 같은 법 제43조에 따라 신탁재산으로 회복 또는 반환되는 부동산의 취득등기와 신탁등기를 동시에 신청하는 경우에는 제1항을 준용한다.
(2013.8.12 본항개정)
③ 신탁등기를 신청하는 경우에는 법 제81조제1항 각 호의 사항을 첨부정보로서 등기소에 제공하여야

한다.
④ 제3항의 첨부정보를 등기소에 제공할 때에는 방문신청을 하는 경우라도 이를 전자문서로 작성하여 전산정보처리조직을 이용하여 등기소에 송신하는 방법으로 하여야 한다. 다만, 제63조 각 호의 어느 하나에 해당하는 경우에는 이를 서면으로 작성하여 등기소에 제출할 수 있다.
⑤ 제4항 본문의 경우에는 신청인 또는 그 대리인의 인증서등을 함께 송신하여야 한다. (2020.11.26. 본항개정)
⑥ 제4항 단서에 따른 서면에는 신청인 또는 그 대리인이 기명날인하거나 서명하여야 한다.
⑦ 등기관이 제1항 및 제2항에 따라 권리의 이전 또는 보존이나 설정등기와 함께 신탁등기를 할 때에는 하나의 순위번호를 사용하여야 한다.

제139조의2【위탁자의 신탁선언에 의한 신탁 등의 등기신청】 ①「신탁법」 제3조제1항제3호에 따른 신탁등기를 신청하는 경우에는 공익신탁을 제외하고는 신탁설정에 관한 공정증서를 첨부정보로서 등기소에 제공하여야 한다.
②「신탁법」 제3조제5항에 따른 신탁등기를 신청하는 경우에는 수익자의 동의가 있음을 증명하는 정보를 첨부정보로서 등기소에 제공하여야 한다.
③「신탁법」 제114조제1항에 따른 유한책임신탁의 목적인 부동산에 대하여 신탁등기를 신청하는 경우에는 유한책임신탁등기가 되었음을 증명하는 정보를 첨부정보로서 등기소에 제공하여야 한다.
(2013.8.12 본조신설)

제139조의3【위탁자의 지위이전에 따른 신탁변경등기의 신청】 위탁자의 지위이전에 따른 신탁원부 기록의 변경등기를 신청하는 경우에 위탁자의 지위이전의 방법이 신탁행위로 정하여진 때에는 이를 증명하는 정보, 신탁행위로 정하여지지 아니한 때에는 수탁자와 수익자의 동의가 있음을 증명하는 정보를 첨부정보로서 등기소에 제공하여야 한다. 이 경우 위탁자가 여럿일 때에는 다른 위탁자의 동의를 증명하는 정보도 첨부정보로서 제공하여야 한다. (2013.8.12 본조신설)

제139조의4【신탁재산에 속하는 부동산의 거래에 관한 주의사항의 등기】 ① 신탁재산이 소유권인 경우 등기관은 법 제81조제1항에 따라 신탁재산에 속하는 부동산의 거래에 관한 주의사항을 신탁등기에 부기등기로 기록하여야 한다.
② 제1항에 따른 부기등기에는 "이 부동산에 관하여 임대차 등의 법률행위를 하는 경우에는 등기사항증명서 뿐만 아니라 등기기록의 일부인 신탁원부를 통하여 신탁의 목적, 수익자, 신탁재산의 관리 및 처분에 관한 신탁 조항 등을 확인할 필요가 있음"이라고 기록하여야 한다.
(2024.11.29 시행)

제140조【신탁원부의 작성】 ① 등기관은 제139조제4항 본문에 따라 등기소에 제공된 전자문서에 번호를 부여하고 이를 신탁원부로서 전산정보처리조직에 등록하여야 한다.
② 등기관은 제139조제4항 단서에 따라 서면이 제출된 경우에는 그 서면을 전자적 이미지정보로 변환하여 그 이미지정보에 번호를 부여하고 이를 신탁원부로서 전산정보처리조직에 등록하여야 한다.
③ 제1항 및 제2항의 신탁원부에는 1년마다 그 번호를 새로 부여하여야 한다.

제140조의2【신탁의 합병·분할 등에 따른 신탁등기의 신청】 ① 신탁의 합병등기를 신청하는 경우에는 위탁자와 수익자로부터 합병계획서의 승인을 받았음을 증명하는 정보(다만, 합병계획서 승인에 관하여 신탁행위로 달리 정한 경우에는 그에 따른 것임을 증명하는 정보), 합병계획서의 공고 및 채권자보호절차를 거쳤음을 증명하는 정보를 첨부정보로서 등기소에 제공하여야 한다.
② 신탁의 분할등기를 신청하는 경우에는 위탁자와 수익자로부터 분할계획서의 승인을 받았음을 증명하는 정보(다만, 분할계획서 승인에 관하여 신탁행위로 달리 정한 경우에는 그에 따른 것임을 증명하는 정보), 분할계획서의 공고 및 채권자보호절차를 거쳤음을 증명하는 정보를 첨부정보로서 등기소에 제공하여야 한다. (2013.8.12 본조신설)

제140조의3【신탁의 합병·분할 등에 따른 등기】 ① 법 제82조의2의 신탁의 합병·분할 등에 따른 신탁등기를 하는 경우에는 합병 또는 분할 전의 신탁등기를 말소하고, 신탁의 합병 또는 분할 등의 신청에 따른 신탁등기를 하여야 한다.
②「신탁법」 제94조제2항에 따른 신탁의 분할합병의 경우에는 제1항을 준용한다. (2013.8.12 본조신설)

제141조【수탁자 해임에 따른 등기】 법 제85조제3항에 따라 등기기록에 수탁자 해임의 뜻을 기록할 때에는 수탁자를 말소하는 표시를 하지 아니한다. 다만, 여러 명의 수탁자 중 일부 수탁자만 해임된 경우에는 종전의 수탁자를 모두 말소하는 표시를 하고 나머지 수탁자만 다시 기록한다.

제142조【신탁재산의 일부 처분 등에 따른 등기】 신탁재산의 일부가 처분되었거나 신탁의 일부가 종료되어 권리이전등기와 함께 신탁등기의 변경등기를 할 때에는 하나의 순위번호를 사용하고, 처분 또는 종료 후의 수탁자의 지분을 기록하여야 한다.

제143조【신탁재산이 수탁자의 고유재산으로 된 경우】 신탁재산이 수탁자의 고유재산이 되었을 때에는 그 뜻의 등기를 주등기로 하여야 한다.

제144조【신탁등기의 말소】 ① 신탁등기의 말소등기신청은 권리의 이전 또는 말소등기나 수탁자의 고유재산으로 된 뜻의 등기신청과 함께 1건의 신청정보로 일괄하여 하여야 한다.

② 등기관이 제1항에 따라 권리의 이전 또는 말소등기나 수탁자의 고유재산으로 된 뜻의 등기와 함께 신탁등기의 말소등기를 할 때에는 하나의 순위번호를 사용하고, 종전의 신탁등기를 말소하는 표시를 하여야 한다.
③ 등기관이 제2항에 따라 신탁등기의 말소등기를 할 때에는 제139조의4에 따라 마쳐진 부기등기를 직권으로 말소하고, 신탁등기를 말소함으로 인하여 말소한다는 뜻을 기록하여야 한다. (2024.11.29. 본항신설)

제144조의2【담보권신탁의 등기】 법 제87조의2에 따라 담보권신탁의 등기를 신청하는 경우에 그 저당권에 의하여 담보되는 피담보채권이 여럿이고 피담보채권별로 등기사항이 다를 때에는 법 제75조에 따른 등기사항을 채권별로 구분하여 신청정보의 내용으로 등기소에 제공하여야 한다. (2013.8.12 본조신설)

제6관 가등기

제145조【가등기의 신청】 ① 가등기를 신청하는 경우에는 그 가등기로 보전하려고 하는 권리를 신청정보의 내용으로 등기소에 제공하여야 한다.
② 법 제89조에 따라 가등기권리자가 단독으로 가등기를 신청하는 경우에는 가등기의무자의 승낙이나 가처분명령이 있음을 증명하는 정보를 첨부정보로서 등기소에 제공하여야 한다.

제146조【가등기에 의한 본등기】 가등기를 한 후 본등기의 신청이 있을 때에는 가등기의 순위번호를 사용하여 본등기를 하여야 한다.

제147조【본등기와 직권말소】 ① 등기관이 소유권이전등기청구권보전 가등기에 의하여 소유권이전의 본등기를 한 경우에는 법 제92조제1항에 따라 가등기 후 본등기 전에 마쳐진 등기 중 다음 각 호의 등기를 제외하고는 모두 직권으로 말소한다.
1. 해당 가등기상 권리를 목적으로 하는 가압류등기나 가처분등기
2. 가등기 전에 마쳐진 가압류에 의한 강제경매개시결정등기
3. 가등기 전에 마쳐진 담보가등기, 전세권 및 저당권에 의한 임의경매개시결정등기
4. 가등기권자에게 대항할 수 있는 주택임차권등기, 주택임차권설정등기, 상가건물임차권등기, 상가건물임차권설정등기(이하 "주택임차권등기등"이라 한다)

② 등기관이 제1항과 같은 본등기를 한 경우 그 가등기 후 본등기 전에 마쳐진 체납처분으로 인한 압류등기에 대하여는 직권말소대상통지를 한 후 이의신청이 있으면 대법원예규로 정하는 바에 따라 직권말소 여부를 결정한다.

제148조【본등기와 직권말소】 ① 등기관이 지상권, 전세권 또는 임차권의 설정등기청구권보전 가등기에 의하여 지상권, 전세권 또는 임차권의 설정의 본등기를 한 경우 가등기 후 본등기 전에 마쳐진 다음 각 호의 등기(동일한 부분에 마쳐진 등기로 한정한다)는 법 제92조제1항에 따라 직권으로 말소한다.
1. 지상권설정등기
2. 지역권설정등기
3. 전세권설정등기
4. 임차권설정등기
5. 주택임차권등기등. 다만, 가등기권자에게 대항할 수 있는 임차인 명의의 등기는 그러하지 아니하다. 이 경우 가등기에 의한 본등기의 신청을 하려면 먼저 대항력 있는 주택임차권등기등을 말소하여야 한다.

② 지상권, 전세권 또는 임차권의 설정등기청구권보전 가등기에 의하여 지상권, 전세권 또는 임차권의 설정의 본등기를 한 경우 가등기 후 본등기 전에 마쳐진 다음 각 호의 등기는 직권말소의 대상이 되지 아니한다.
1. 소유권이전등기 및 소유권이전등기청구권보전 가등기
2. 가압류 및 가처분 등 처분제한의 등기
3. 체납처분으로 인한 압류등기
4. 저당권설정등기
5. 가등기가 되어 있지 않은 부분에 대한 지상권, 지역권, 전세권 또는 임차권의 설정등기와 주택임차권등기등

③ 저당권설정등기청구권보전 가등기에 의하여 저당권설정의 본등기를 한 경우 가등기 후 본등기 전에 마쳐진 등기는 직권말소의 대상이 되지 아니한다.

제149조【직권말소한 뜻의 등기】 가등기에 의한 본등기를 한 다음 가등기 후 본등기 전에 마쳐진 등기를 등기관이 직권으로 말소할 때에는 가등기에 의한 본등기로 인하여 그 등기를 말소한다는 뜻을 기록하여야 한다.

제150조【가등기의 말소등기신청】 법 제93조제2항에 따라 가등기의무자 또는 등기상 이해관계인이 단독으로 가등기의 말소등기를 신청하는 경우에는 가등기명의인의 승낙이나 이에 대항할 수 있는 재판이 있음을 증명하는 정보를 첨부정보로서 등기소에 제공하여야 한다.

제7관 가처분에 관한 등기

제151조【가처분등기】 ① 등기관이 가처분등기를 할 때에는 가처분의 피보전권리와 금지사항을 기록하여야 한다.
② 가처분의 피보전권리가 소유권 이외의 권리설정등기청구권으로서 소유명의인을 가처분채무자로 하는 경우에는 그 가처분등기를 등기기록 중 갑구에

한다.

제152조 【가처분등기 이후의 등기의 말소】 ① 소유권이전등기청구권 또는 소유권이전등기말소등기(소유권보존등기말소등기를 포함한다. 이하 이 조에서 같다)청구권을 보전하기 위한 가처분등기가 마쳐진 후 그 가처분채권자가 가처분채무자를 등기의무자로 하여 소유권이전등기 또는 소유권말소등기를 신청하는 경우에는, 법 제94조제1항에 따라 가처분등기 이후에 마쳐진 제3자 명의의 등기의 말소를 단독으로 신청할 수 있다. 다만, 다음 각 호의 등기는 그러하지 아니하다.

1. 가처분등기 전에 마쳐진 가압류에 의한 강제경매개시결정등기
2. 가처분등기 전에 마쳐진 담보가등기, 전세권 및 저당권에 의한 임의경매개시결정등기
3. 가처분채권자에게 대항할 수 있는 주택임차권등기등

② 가처분채권자가 제1항에 따른 소유권이전등기말소등기를 신청하기 위하여는 제1항 단서 각 호의 권리자의 승낙이나 이에 대항할 수 있는 재판이 있음을 증명하는 정보를 첨부정보로서 등기소에 제공하여야 한다.

제153조 【가처분등기 이후의 등기의 말소】 ① 지상권, 전세권 또는 임차권의 설정등기청구권을 보전하기 위한 가처분등기가 마쳐진 후 그 가처분채권자가 가처분채무자를 등기의무자로 하여 지상권, 전세권 또는 임차권의 설정등기를 신청하는 경우에는, 그 가처분등기 이후에 마쳐진 제3자 명의의 지상권, 지역권, 전세권 또는 임차권의 설정등기(동일한 부분에 마쳐진 등기로 한정한다)의 말소를 단독으로 신청할 수 있다.

② 저당권설정등기청구권을 보전하기 위한 가처분등기가 마쳐진 후 그 가처분채권자가 가처분채무자를 등기의무자로 하여 저당권설정등기를 신청하는 경우에는 그 가처분등기 이후에 마쳐진 제3자 명의의 등기라 하더라도 그 말소를 신청할 수 없다.

제154조 【가처분등기 이후의 등기의 말소신청】 제152조 및 제153조제1항에 따라 가처분등기 이후의 등기의 말소를 신청하는 경우에는 등기원인을 "가처분에 의한 실효"라고 하여야 한다. 이 경우 제43조제1항제5호에도 불구하고 그 연월일은 신청정보의 내용으로 등기소에 제공할 필요가 없다.

제8관 관공서가 촉탁하는 등기

제155조 【등기촉탁서 제출방법】 ① 관공서가 촉탁정보 및 첨부정보를 적은 서면을 제출하는 방법으로 등기촉탁을 하는 경우에는 우편으로 그 촉탁서를 제출할 수 있다.

② 관공서가 등기촉탁을 하는 경우로서 소속 공무원이 직접 등기소에 출석하여 촉탁서를 제출할 때에는 그 소속 공무원임을 확인할 수 있는 신분증명서를 제시하여야 한다.

제156조 【수용으로 인한 등기의 신청】 ① 수용으로 인한 소유권이전등기를 신청하는 경우에 토지수용위원회의 재결로써 존속이 인정된 권리가 있으면 이에 관한 사항을 신청정보의 내용으로 등기소에 제공하여야 한다.

② 수용으로 인한 소유권이전등기를 신청하는 경우에는 보상이나 공탁을 증명하는 정보를 첨부정보로서 등기소에 제공하여야 한다.

제157조 【등기를 말소한 뜻의 통지】 ① 법 제99조제4항에 따라 등기관이 직권으로 등기를 말소하였을 때에는 수용으로 인한 등기말소통지서에 다음 사항을 적어 등기명의인에게 통지하여야 한다.

1. 부동산의 표시
2. 말소한 등기의 표시
3. 등기명의인
4. 수용으로 인하여 말소한 뜻

② 말소의 대상이 되는 등기가 채권자의 대위신청에 따라 이루어진 경우 그 채권자에게도 제1항의 통지를 하여야 한다.

제5장 이 의

제158조 【이의신청서의 제출】 ① 법 제101조에 따라 등기소에 제출하는 이의신청서에는 이의신청인의 성명과 주소, 이의신청의 대상인 등기관의 결정 또는 처분, 이의신청의 취지와 이유, 그 밖에 대법원예규로 정하는 사항을 적고 신청인이 기명날인 또는 서명하여야 한다. (2024.11.29 본항개정)

② 법 제101조에 따라 전산정보처리조직을 이용하여 이의신청을 하는 경우에는 제1항에서 정하는 사항을 작성하고 이의신청인의 인증서등을 함께 송신하여야 한다. (2024.11.29. 본항신설)
(2025.1.31 시행)

제159조 【이미 마쳐진 등기에 대한 이의】 ① 이미 마쳐진 등기에 대하여 법 제29조제1호 및 제2호의 사유로 이의한 경우 등기관은 그 이의가 이유 있다고 인정하면 법 제58조의 절차를 거쳐 그 등기를 직권으로 말소한다.

② 제1항의 경우 등기관은 그 이의가 이유 없다고 인정하면 전산정보처리조직을 이용하여 이의신청서 또는 이의신청정보를 결정 또는 처분을 한 등기관이 속한 지방법원(이하 "관할 지방법원"이라 한다)에 보내야 한다. (2024.11.29 본항개정)

③ 이미 마쳐진 등기에 대하여 법 제29조제1호 및 제2호 외의 사유로 이의한 경우 등기관은 전산정보처리조직을 이용하여 이의신청서 또는 이의신청정보를 관할 지방법원에 보내야 한다. (2024.11.29 본항개정)

④ 제2항 및 제3항에서 이의신청서를 전산정보처리조직을 이용하여 관할 지방법원에 송신하는 절차와 방법은 대법원예규로 정한다. (2024.11.29 본항신설)
(2025.1.31 시행)

제160조【등본에 의한 통지】 법 제105조제1항의 통지는 결정서 등본에 의하여 한다.

제161조【기록명령에 따른 등기를 할 수 없는 경우】 ① 등기신청의 각하결정에 대한 이의신청에 따라 관할 지방법원이 그 등기의 기록명령을 하였더라도 다음 각 호의 어느 하나에 해당하는 경우에는 그 기록명령에 따른 등기를 할 수 없다.

1. 권리이전등기의 기록명령이 있었으나, 그 기록명령에 따른 등기 전에 제3자 명의로 권리이전등기가 되어 있는 경우
2. 지상권, 지역권, 전세권 또는 임차권의 설정등기의 기록명령이 있었으나, 그 기록명령에 따른 등기 전에 동일한 부분에 지상권, 전세권 또는 임차권의 설정등기가 되어 있는 경우
3. 말소등기의 기록명령이 있었으나 그 기록명령에 따른 등기 전에 등기상 이해관계인이 발생한 경우
4. 등기관이 기록명령에 따른 등기를 하기 위하여 신청인에게 첨부정보를 다시 등기소에 제공할 것을 명령하였으나 신청인이 이에 응하지 아니한 경우

② 제1항과 같이 기록명령에 따른 등기를 할 수 없는 경우에는 그 뜻을 관할 지방법원과 이의신청인에게 통지하여야 한다.

제162조【가등기 또는 부기등기의 말소】 법 제106조에 따른 가등기 또는 부기등기는 등기관이 관할 지방법원으로부터 이의신청에 대한 기각결정(각하, 취하를 포함한다)의 통지를 받았을 때에 말소한다.

제6장 관할의 특례에 따른 등기절차
(2024.11.29 본장제목개정)
(2025.1.31 시행)

제163조【관련 신청사건의 범위】 ① 법 제7조의2제1항에 따라 관할 등기소가 다른 여러 개의 부동산과 관련하여 그 중 하나의 관할 등기소에 그 등기를 신청할 수 있는 "등기목적과 등기원인이 동일한 등기신청"은 다음 각 호의 신청으로 한다.

1. 동일한 채권에 관하여 여러 개의 부동산에 관한 권리를 목적으로 하는 저당권설정(이하 "공동저당"이라 한다)등기의 신청
2. 여러 개의 부동산에 관한 전세권설정 또는 전전세 등기의 신청
3. 제1호 및 제2호의 등기에 대한 이전·변경·말소등기의 신청
4. 그 밖에 동일한 등기원인을 증명하는 정보에 따라 등기목적과 등기 원인이 동일한 등기의 신청

② 법 제7조의2제1항에 따라 관할 등기소가 다른 여러 개의 부동산과 관련하여 그 중 하나의 관할 등기소에 그 등기를 신청할 수 있는 "그 밖에 대법원규칙으로 정하는 등기신청"이란 다음 각 호의 신청을 말한다.

1. 소유자가 다른 여러 부동산에 대한 제1항제1호 및 제2호 등기의 신청
2. 제1호의 등기에 대한 이전·변경·말소등기의 신청
3. 공동저당 목적으로 새로 추가되는 부동산이 종전에 등기한 부동산과 다른 등기소의 관할에 속하는 경우에는 종전의 등기소에 추가되는 부동산에 대한 저당권설정등기의 신청

③ 공동저당 일부의 소멸 또는 변경의 신청은 소멸 또는 변경되는 부동산의 관할 등기소 중 한 곳에 신청할 수 있다.
(2024.11.29 본조신설)
(2025.1.31 시행)

제163조의2【관련 신청사건의 신청정보 제공 방법 등】 ① 법 제7조의2제1항에 따라 등기신청을 하는 경우에는 제43조 및 제44조에서 규정하는 사항 외에 법 제7조의2제1항에 관한 등기신청임을 신청정보의 내용으로 등기소에 제공하여야 한다.
② 법 제7조의2제1항에 따라 등기신청을 할 때에는 여러 개의 부동산에 관한 신청정보를 법 제25조 단서에 따른 방법으로 제공하여야 한다.
③ 법 제7조의2제1항에 따라 공동저당의 등기를 신청하는 경우에는 해당 부동산 전부에 관한 사항을 신청정보의 내용으로 등기소에 제공하여야 한다.
(2024.11.29 본조신설)
(2025.1.31 시행)

제163조의3【관련 처리 사건의 범위】 법 제7조의2제2항에 따라 등기관이 다른 부동산에 대하여 처리하여야 하는 등기 사건은 다음 각 호와 같다.

1. 법 제71조제1항 및 제4항에 따른 승역지와 다른 등기소의 관할에 속하는 요역지에 대한 등기
2. 법 제78조제4항(법 제72조제2항에서 준용하는 경우를 포함한다)에 따라 다른 등기소의 관할에 속하는 종전 부동산에 대한 등기
3. 멸실한 토지와 다른 등기소의 관할에 속하는 부동산이 함께 소유권 외의 권리의 목적인 경우로서 제84조제2항 또는 제3항에 따른 등기
4. 대지권의 목적인 토지가 다른 등기소의 관할에 속하는 경우로서 제89조 및 제93조에 따른

등기
5. 공동담보의 일부 소멸 또는 변경의 등기를 하는 부동산과 다른 등기소의 관할에 속하는 종전 부동산에 대한 제136조제1항에 따른 등기
6. 그 밖에 제1호부터 제5호까지와 유사한 경우로서 신청 또는 직권에 의한 등기를 하고 다른 등기소의 관할에 속하는 부동산에 대해서도 하여야 하는 등기

(2024.11.29 본조신설)
(2025.1.31 시행)

제163조의4【관련 사건이라는 뜻의 기록】 ① 등기관이 법 제7조의2에 따라 등기를 한 경우에는 갑구 또는 을구의 권리자 및 기타사항란에 법 제7조의2에 따라 사건을 접수받은 등기소에서 그 등기를 하였다는 뜻을 기록하여야 한다.
② 제1항에도 불구하고 해당 등기를 한 등기소의 관할에 속한 부동산에 대해서는 같은 항을 적용하지 아니한다.
(2024.11.29 본조신설)
(2025.1.31 시행)

제163조의5【관련 사건의 보정 및 취하】 법 제7조의2에 따라 등기신청을 한 경우 등기신청이 잘못된 부분의 보정이나 이 규칙 제51조에 따른 취하는 등기를 신청한 등기소에 하여야 한다.
(2024.11.29 본조신설)
(2025.1.31 시행)

제163조의6【관련 사건에 관한 등기의 경정】 ① 법 제7조의2에 따라 마쳐진 등기에 대한 법 제32조에 따른 경정등기의 신청은 그 등기를 처리한 등기소에 하여야 한다.
② 등기의 착오나 빠진 부분이 법 제7조의2에 따라 등기를 마친 등기관의 잘못으로 인한 경우에는 그 등기소의 등기관이 직권으로 그 등기를 경정하여야 한다.
③ 제2항에도 불구하고 등기기록에 오기나 빠진 부분이 명백한 경우에는 부동산 소재지 관할 등기소의 등기관도 직권으로 경정할 수 있다.
(2024.11.29 본조신설)
(2025.1.31 시행)

제164조【상속 · 유증 사건의 범위】 ① 법 제7조의3제1항에 따라 부동산의 관할 등기소가 아닌 등기소에도 그 등기를 신청할 수 있는 경우는 다음 각 호와 같다.
1. 상속 또는 유증으로 인한 소유권이전등기를 신청하는 경우
2. 상속으로 인한 소유권이전등기가 마쳐진 후 다음 각 목에 해당하는 사유가 있는 경우 그 사유를 원인으로 해당 등기를 신청하는 경우
가. 법정상속분에 따라 상속등기를 마친 후에 상속재산 협의분할(조정분할 · 심판분할을 포함한다)등이 있는 경우
나. 상속재산 협의분할에 따라 상속등기를 마친 후에 그 협의를 해제(다시 새로운 협의분할을 한 경우를 포함한다)한 경우
다. 상속포기신고를 수리하는 심판 또는 상속재산 협의분할계약을 취소하는 재판 등이 있는 경우

② 관공서가 법 제96조 및 제99조제2항에 따른 등기를 촉탁하는 경우에는 법 제7조의3제1항을 적용하지 아니한다.
(2024.11.29 본조신설)
(2025.1.31 시행)

제164조의2【상속 · 유증 사건의 신청정보】 법 제7조의3제1항에 따라 등기신청을 하는 경우에는 제43조 및 제44조에서 규정하는 사항 외에 법 제7조의3제1항에 관한 등기신청임을 신청정보의 내용으로 등기소에 제공하여야 한다.
(2024.11.29 본조신설)
(2025.1.31 시행)

제164조의3【관련 사건에 관한 규정의 준용】 법 제7조의3에 따른 상속 · 유증 사건이라는 뜻의 기록, 보정 및 취하, 상속 · 유증 사건이 마쳐진 등기의 경정에 관하여는 제163조의4부터 제163조의6까지의 규정을 준용한다.
(2024.11.29 본조신설)
(2025.1.31 시행)

제7장 보칙

(2024.11.29 본장신설)
(2025.1.31 시행)

제165조【인터넷등기소】 등기사항의 열람, 전자문서를 이용한 등기신청 등 그 밖에 대법원예규가 정하는 사항은 법원행정처장이 정하는 이동통신단말장치에서 사용되는 애플리케이션(Application)을 통하여서도 할 수 있다.
(2024.11.29. 본조신설)
[종전 제165조는 제166조로 이동(2024.11.29.)]
(2025.1.31 시행)

제166조【통지의 방법】 법 또는 이 규칙에 따른 통지는 우편이나 그 밖의 편리한 방법으로 한다. 다만, 별도의 규정이 있는 경우에는 그러하지 아니하다.
[제165조에서 이동, 종전 제166조는 제167조로 이동(2024.11.29)]
(2025.1.31 시행)

제167조【대법원예규에의 위임】 부동산등기 절차와 관련하여 필요한 사항 중 이 규칙에서 정하고 있지 아니한 사항은 대법원예규로 정할 수 있다.
[제166조에서 이동(2024.11.29)]

(2025.1.31 시행)

부 칙 (2001.12.27)

제1조【시행일】 이 규칙은 2002년 1월 1일부터 시행한다.
제2조【등기관 지정에 관한 경과조치】 법 부칙 제2조제1항의 법원에 재직중인 법원 사무직류의 일반직 공무원 중에는 이 법 시행일 이전 채용시험에 최종합격한 자를 포함한다.

부 칙 (2002.2.5)

이 규칙은 공포한 날부터 시행한다.

부 칙 (2002.12.31)

이 규칙은 2003년 1월 1일부터 시행한다.

부 칙 (2004.2.23)

이 규칙은 공포한 날부터 시행한다.

부 칙 (2006.5.30)

제1조【시행일】 이 규칙은 2006년 6월 1일부터 시행한다. 다만, 제145조의2, 제145조의3 및 제145조의9 내지 제145조의16의 규정은 법원행정처장이 전산정보처리조직에 의하여 등기신청을 할 수 있는 등기소로 지정한 등기소에 한하여 적용한다.(이하 생략)

부 칙 (2007.6.29)

이 규칙은 2007년 7월 1일부터 시행한다.

부 칙 (2007.12.31)

이 규칙은 2008년 1월 28일부터 시행한다.

부 칙 (2008.9.26)

제1조【시행일】 이 규칙은 2008년 10월 1일부터 시행한다.(이하 생략)

부 칙 (2010.6.3)

이 규칙은 공포한 날부터 시행한다.

부 칙 (2010.12.13)

이 규칙은 2011년 1월 1일부터 시행한다. 다만, 제30조의2의 개정규정은 공포한 날부터 시행한다.

부 칙 (2011.9.28)

제1조【시행일】 이 규칙은 2011년 10월 13일부터 시행한다. 다만, 제30조제4항 단서는 2012년 3월 1일부터, 제132조제2항은 2012년 6월 11일부터 시행한다.

부 칙 (2013.8.12)

이 규칙은 2013년 8월 29일부터 시행한다.

부 칙 (2014.10.2) (상업등기규칙)

제1조【시행일】 이 규칙은 2014년 11월 21일부터 시행한다.(이하 생략)

부 칙 (2014.11.27)

이 규칙은 2014년 12월 12일부터 시행한다.

부 칙 (2016.6.27) (법무사규칙)

제1조【시행일】 이 규칙은 2016년 8월 4일부터 시행한다.(이하 생략)

부 칙 (2016.12.29)

이 규칙은 2017년 1월 20일부터 시행한다.

부 칙 (2017.5.25)

제1조【시행일】 이 규칙은 2017년 10월 1일부터 시행한다.
제2조【외국공문서 등에 관한 적용례】 이 규칙은 이 규칙 시행 전에 발행 또는 공증된 외국 공문서 등에 대하여도 적용된다.
제3조【등기사건에 관한 경과조치】 이 규칙 시행 전에 접수한 등기사건은 종전의 규정에 의한다.

부 칙 (2017.11.6)

제1조【시행일】 이 규칙은 공포한 날부터 시행한다.
제2조【과태료 통지에 관한 경과조치】 「부동산등기법」 부칙 제2조에 따라 과태료의 통지를 할 때에는 종전의 규정에 따른다.

부 칙 (2018.8.31)

제1조【시행일】 이 규칙은 2019년 1월 1일부터 시행한다. 다만, 제31조제2항의 개정규정은 공포한 날부터 시행한다.
제2조【등기신청사건에 관한 경과조치】 이 규칙 시행 전에 접수된 등기신청사건은 종전의 규정에

따라 처리한다.

부 칙 (2018.12.4) (토지개발 등기규칙)

제1조 【시행일】 이 규칙은 공포한 날부터 시행한다.
제2조 【다른 규칙의 개정】 부동산등기규칙 일부를 다음과 같이 개정한다.
제85조를 삭제한다.

부 칙 (2020.6.26)

①**(시행일)** 이 규칙은 2020년 8월 5일부터 시행한다.
②**(등기신청사건에 관한 경과조치)** 이 규칙 시행 전에 접수된 등기신청사건은 종전의 규정에 따라 처리한다.

부 칙 (2020.11.26)

제1조 【시행일】 이 규칙은 2020년 12월 10일부터 시행한다.
제2조 【적용례】 이 규칙은 이 규칙 시행 당시 접수되어 계속 중인 사건에 대하여도 적용한다.
제3조 【다른 규칙의 개정】 ① 동산·채권의 담보등기 등에 관한 규칙 일부를 다음과 같이 개정한다.
제50조제3항제1호를 다음과 같이 한다.
1. 개인: 「전자서명법」 제2조제6호에 따른 인증서(서명자의 실지명의를 확인할 수 있는 것을 말한다)

② 등기정보자료의 제공에 관한 규칙 일부를 다음과 같이 개정한다.
제10조제3항제1호를 다음과 같이 한다.
1. 개인: 「전자서명법」 제2조제6호에 따른 인증서(서명자의 실지명의를 확인할 수 있는 것을 말한다)

③ 상업등기규칙 일부를 다음과 같이 개정한다.
제2조 본문 중 "(「전자서명법」 제2조"를 "(「전자서명법」 제2조제1호"로 한다.
제14조제1항 중 "(「전자서명법」 제2조"를 "(「전자서명법」 제2조제1호"로 한다.
제67조제4항 각 호 외의 부분 중 "전자서명정보(이하 "공인인증서"라 한다)"를 "전자서명정보"로 하고, 같은 항 제2호를 다음과 같이 한다.
2. 개인: 「전자서명법」 제2조제6호에 따른 인증서(서명자의 실지명의를 확인할 수 있는 것을 말한다)

④ 주택임대차계약증서의 확정일자 부여 및 정보제공에 관한 규칙 일부를 다음과 같이 개정한다.
제6조제4항제1호를 다음과 같이 한다.
1. 개인: 「전자서명법」 제2조제6호에 따른 인증서(서명자의 실지명의를 확인할 수 있는 것을 말한다)

부 칙 (2021.5.27)

제1조 【시행일】 이 규칙은 2021년 6월 10일부터 시행한다.
제2조 【적용례】 이 규칙은 이 규칙 시행 당시 접수되어 계속 중인 사건에 대하여도 적용한다.
제3조 【다른 규칙의 개정】 ① 동산·채권의 담보등기 등에 관한 규칙 일부를 다음과 같이 개정한다.
제50조제3항제1호 중 "것을"을 "것으로서 법원행정처장이 지정·공고하는 인증서를"로 하고, 같은 조에 제4항을 신설한다.
④ 제3항제1호의 공고는 인터넷등기소에 하여야 한다.

② 등기정보자료의 제공에 관한 규칙 일부를 다음과 같이 개정한다.
제10조제3항제1호 중 "것을"을 "것으로서 법원행정처장이 지정·공고하는 인증서를"로 하고, 같은 조에 제4항을 신설한다.
④ 제3항제1호의 공고는 인터넷등기소에 하여야 한다.

③ 상업등기규칙 일부를 다음과 같이 개정한다.
제67조제4항제2호 중 "것을"을 "것으로서 법원행정처장이 지정·공고하는 인증서를"로 하고, 같은 조에 제5항을 신설한다.
⑤ 제4항제2호의 공고는 인터넷등기소에 하여야 한다.

④ 주택임대차계약증서의 확정일자 부여 및 정보제공에 관한 규칙 일부를 다음과 같이 개정한다.
제6조제4항제1호 중 "것을"을 "것으로서 법원행정처장이 지정·공고하는 인증서를"로 하고, 같은 조에 제5항을 신설한다.
⑤ 제4항제1호의 공고는 인터넷등기소에 하여야 한다.

부 칙 (2022.2.25)

제1조 【시행일】 이 규칙은 2022년 7월 1일부터 시행한다.
제2조 【적용례】 이 규칙은 이 규칙 시행 후 접수된 등기사건부터 적용한다.

부 칙 (2024.11.29)

제1조 【시행일】 이 규칙은 2025년 1월 31일부터 시행한다. 다만, 다음 각 호의 개정규정은 각 호의 구분에 따른 날부터 시행한다.
1. 제139조의4 및 제144조의 개정규정: 2024년 12월 21일

2. 제67조제4항제2호 후단의 개정규정: 2025년 8월 1일부터 시행하되, 그 이전에 보안매체를 발급받은 법인에 대하여는 발급받은 즉시 시행한다.
3. 제69조제1항 단서 및 제3항의 개정규정: 2025년 8월 1일

제2조【종전의 신탁등기에 대한 주의사항의 등기기간】 법률 제20435호 부동산등기법 일부개정법률(이하 "개정부동산등기법"이라 한다) 부칙 제5조제2항에 따른 "대법원규칙으로 정하는 기간"이란 부칙 제1조제1호에 따른 시행일부터 1년이 되는 날까지를 말한다. 다만, 이 기간 내에 종전 신탁등기에 대한 주의사항의 등기가 완료되지 않은 경우에는 대법원예규로 정하는 바에 따라서 6개월 이내에서 그 기간을 한차례 연장할 수 있다.

제3조【등기전자서명에 관한 적용례】 제7조의 개정규정은 이 규칙 시행 전에 접수되어 이 규칙 시행 당시 처리 중인 등기신청에 대해서도 적용된다.

제4조【접수번호 부여에 관한 적용례】 제22조제2항의 개정규정은 이 규칙 시행 이후 접수되는 등기신청부터 적용한다.

제5조【등기완료통지에 관한 적용례】 제53조제1항제5호와 제109조제1항제6호의 개정규정은 이 규칙 시행 전에 접수되어 이 규칙 시행 당시 처리 중인 사건에 대해서도 적용한다.

제6조【사용자등록의 유효기간 단축에 관한 적용례】 제69조제3항의 개정규정은 이 규칙 시행 이후 사용자등록의 유효기간이 만료되어 그 연장을 신청하는 자부터 적용한다.

제7조【공동담보 등기기록 등의 정비에 관한 특례】 ① 이 규칙 시행 전에 종전의 법(개정부동산등기법으로 개정되기 전의 것을 말한다)에 따라 관할 등기소가 다른 여러 부동산에 대하여 각 관할 등기소별로 공동담보의 등기가 마쳐진 경우로서 이 규칙 시행일 이후에 법 제78조제4항 또는 이 규칙 제136조제1항의 등기를 하는 등기관은 먼저 종전 공동담보의 내역이나 공동담보목록을 말소하고 대법원예규로 정하는 바에 따라 그 내역이나 목록을 새로이 작성하여 등기하여야 한다.

② 제1항에 따른 등기는 종전 공동담보 등기에 부기로 하여야 하고, 제1항에 따라 해당 등기관이 속한 등기소에서 그 등기를 하였다는 뜻을 함께 기록하여야 한다.

③ 이 규칙 시행 전에 관할 등기소가 동일한 여러 부동산에 대하여 공동담보의 등기가 마쳐진 경우로서 이 규칙 시행일 이후에 법 제78조제4항에 따라 관할 등기소가 다른 부동산을 공동담보의 목적으로 새로 추가하는 등기를 하는 경우에도 제1항 및 제2항을 준용한다.

제8조【시범사업의 특례】 개정부동산등기법 부칙 제6조에 따라 시범사업을 실시하는 경우, 제7조, 제23조, 제46조제1항제8호, 제67조제4항제2호, 제67조의2부터 제67조의4까지, 제94조의2의 개정규정은 부칙 제1조 본문에도 불구하고 2024년 12월 2일부터 법원행정처장이 지정하는 시범사업 등기소에 한하여 적용한다.

부동산등기 특별조치법

(1990年 8月 1日 法律 第4244號)

改定

1990. 8. 1法4244號　1991.12.14法4423號
1995. 3.30法4944號　1998.12.28法5592號
1999. 3.31法5958號　2000. 1.21法6183號
2009.12.29法9835號　2010. 3.31法10221號
2010.12.27法10416號　2011. 4.12法10580號
2012.12.18法11599號　2014. 1. 1法12153號
2014.11.19法12844號
2017. 7.26法14839號(정부조직법)　2018. 3.20法15491號
2021.12.28.法18655號

제1조【목적】 이 법은 부동산거래에 대한 실체적 권리관계에 부합하는 등기를 신청하도록 하기 위하여 부동산등기에 관한 특례등에 관한 사항을 정함으로써 건전한 부동산 거래질서를 확립함을 목적으로 한다.

제2조【소유권이전등기등 신청의무】 ① 부동산의 소유권이전을 내용으로 하는 계약을 체결한 자는 다음 각호의 1에 정하여진 날부터 60일 이내에 소유권이전등기를 신청하여야 한다. 다만, 그 계약이 취소·해제되거나 무효인 경우에는 그러하지 아니하다.

1. 계약의 당사자가 서로 대가적인 채무를 부담하는 경우에는 반대급부의 이행이 완료된 날
2. 계약당사자의 일방만이 채무를 부담하는 경우에는 그 계약의 효력이 발생한 날

② 제1항의 경우에 부동산의 소유권을 이전받을 것을 내용으로 하는 계약을 체결한 자가 제1항 각호에 정하여진 날 이후 그 부동산에 대하여 다시 제3자와 소유권이전을 내용으로 하는 계약이나 제3자에게 계약당사자의 지위를 이전하는 계약을 체결하고자 할 때에는 그 제3자와 계약을 체결하기 전에 먼저 체결된 계약에 따라 소유권이전등기를 신청하여야 한다.

③ 제1항의 경우에 부동산의 소유권을 이전받을 것을 내용으로 하는 계약을 체결한 자가 제1항 각호에 정하여진 날 전에 그 부동산에 대하여 다시 제3자와 소유권이전을 내용으로 하는 계약을 체결한 때에는 먼저 체결된 계약의 반대급부의 이행이 완료되거나 계약의 효력이 발생한 날부터 60일 이내에 먼저 체결된 계약에 따라 소유권이전등기를 신청하여야 한다.

④ 국가·지방자치단체·한국토지주택공사·한국수자원공사 또는 토지구획정리조합(1999년 5월 1일 전에 조합설립의 인가를 받아 토지구획정리사업의 시행자인 토지구획정리사업법에 의한 토지구획정리조합에 한한다)이 택지개발촉진법에 의한 택지개발사업, 토지구획정리사업법에 의한 토지구획정리사업 또는 산업입지및개발에관한법률에 의한 특수지역개발사업(주거시설용 토지에 한한다)의 시행자인 경우에 당해시행자와 부동산의 소유권을 이전받을 것을 내용으로 하는 계약을 최초로 체결한 자가 파산 기타 이와 유사한 사유로 소유권이전등기를 할 수 없는 때에는 지방자치단체의 조례로 정하는 자에 대하여 제2항 및 제3항의 규정을 적용하지 아니한다.(1999.3.31 본항신설, 2000.1.21, 2012.12.18 본항개정)

⑤ 소유권보존등기가 되어 있지 아니한 부동산에 대하여 소유권이전을 내용으로 하는 계약을 체결한 자는 다음 각호의 1에 정하여진 날부터 60일 이내에 소유권보존등기를 신청하여야 한다. (2011.4.12 본항개정)

1. 「부동산등기법」 제65조에 따라 소유권보존등기를 신청할 수 있음에도 이를 하지 아니한 채 계약을 체결한 경우에는 그 계약을 체결한 날
2. 계약을 체결한 후에 「부동산등기법」 제65조에 따라 소유권보존등기를 신청할 수 있게 된 경우에는 소유권보존등기를 신청할 수 있게 된 날

<법률 제5958호(1999.3.31.) 부칙 제3조의 규정에 의하여 이 조 제4항은 2000년 6월 30일까지 유효함>

제3조【계약서등의 검인에 대한 특례】 ① 계약을 원인으로 소유권이전등기를 신청할 때에는 다음 각호의 사항이 기재된 계약서에 검인신청인을 표시하여 부동산의 소재지를 관할하는 시장(구가 설치되어 있는 시에 있어서는 구청장)·군수(이하 "시장등"이라 한다) 또는 그 권한의 위임을 받은 자의 검인을 받아 관할등기소에 이를 제출하여야 한다.

1. 당사자
2. 목적부동산
3. 계약연월일
4. 대금 및 그 지급일자등 지급에 관한 사항 또는 평가액 및 그 차액의 정산에 관한 사항
5. 부동산중개업자가 있을 때에는 부동산중개업자
6. 계약의 조건이나 기한이 있을 때에는 그 조건 또는 기한

② 제1항의 경우에 등기원인을 증명하는 서면이 집행력 있는 판결서 또는 판결과 같은 효력을 갖는 조서(이하 "판결서등"이라 한다)인 때에는 판결서등에 제1항의 검인을 받아 제출하여야 한다.

③ 시장등 또는 그 권한의 위임을 받은 자가 제1항, 제2항 또는 제4조의 규정에 의한 검인을 한 때에는 그 계약서 또는 판결서등의 사본 2통을 작성하여 1통은 보관하고 1통은 부동산의 소재지를 관할하는 세무서장에게 송부하여야 한다.

④ 계약서등의 검인에 관하여 필요한 사항은 대법원규칙으로 정한다.

제4조【검인신청에 대한 특례】 부동산의 소유권을 이전받을 것을 내용으로 제2조제1항 각호의 계

약을 체결한 자는 그 부동산에 대하여 다시 제3자와 소유권이전을 내용으로 하는 계약이나 제3자에게 계약당사자의 지위를 이전하는 계약을 체결하고자 할 때에는 먼저 체결된 계약의 계약서에 제3조의 규정에 의한 검인을 받아야 한다.

제5조【허가등에 대한 특례】 ① 등기원인에 대하여 행정관청의 허가, 동의 또는 승낙을 받을 것이 요구되는 때에는 소유권이전등기를 신청할 때에 그 허가, 동의 또는 승낙을 증명하는 서면을 제출하여야 한다. (2011.4.12 본항개정)

② 등기원인에 대하여 행정관청에 신고할 것이 요구되는 때에는 소유권이전등기를 신청할 때에 신고를 증명하는 서면을 제출하여야 한다.

제6조【등기원인 허위기재등의 금지】 제2조의 규정에 의하여 소유권이전등기를 신청하여야 할 자는 그 등기를 신청함에 있어서 등기신청서에 등기원인을 허위로 기재하여 신청하거나 소유권이전등기외의 등기를 신청하여서는 아니된다.

제7조 (1995.3.30 본조삭제)

제8조【벌칙】 다음 각호의 1에 해당하는 자는 3년 이하의 징역이나 1억원 이하의 벌금에 처한다.

1. 조세부과를 면하려 하거나 다른 시점간의 가격변동에 따른 이득을 얻으려 하거나 소유권등 권리변동을 규제하는 법령의 제한을 회피할 목적으로 제2조제2항 또는 제3항의 규정에 위반한 때
2. 제6조의 규정에 위반한 때
3. (1995.3.30 본호삭제)

제9조【벌칙】 다음 각호의 1에 해당하는 자는 1년 이하의 징역이나 3천만원 이하의 벌금에 처한다.

1. 제8조제1호에 해당하지 아니한 자로서 제4조의 규정에 위반한 때
2. (1995.3.30 본호삭제)

제10조【양벌규정】 법인의 대표자나 법인 또는 개인의 대리인, 사용인, 그 밖의 종업원이 그 법인 또는 개인의 업무에 관하여 제8조 또는 제9조의 위반행위를 하면 그 행위자를 벌하는 외에 그 법인 또는 개인에게도 해당 조문의 벌금형을 과(科)한다. 다만, 법인 또는 개인이 그 위반행위를 방지하기 위하여 해당 업무에 관하여 상당한 주의와 감독을 게을리하지 아니한 경우에는 그러하지 아니하다.
(2009.12.29 본조개정)

제11조【과태료】 ① 등기권리자가 상당한 사유없이 제2조 각항의 규정에 의한 등기신청을 해태한 때에는 그 해태한 날 당시의 부동산에 대하여 「지방세법」 제10조 및 제10조의2부터 제10조의6까지의 과세표준에 같은 법 제11조제1항의 표준세율(같은 법 제14조에 따라 조례로 세율을 달리 정하는 경우에는 그 세율을 말한다)에서 1천분의 20을 뺀 세율(같은 법 제11조제1항제8호의 경우에는 1천분의 20의 세율)을 적용하여 산출한 금액(같은 법 제13조제2항 · 제3항 · 제6항 또는 제7항에 해당하는 경우에는 그 금액의 100분의 300)의 5배 이하에 상당하는 금액의 과태료에 처한다. 다만, 부동산실권리자명의등기에관한법률 제10조제1항의 규정에 의하여 과징금을 부과한 경우에는 그러하지 아니하다. (2014.1.1., 2021.12.28 본항개정)

② 제1항의 규정에 의한 과태료의 금액을 정함에 있어서 해태기간, 해태사유, 목적부동산의 가액등을 참작하여야 한다.

제12조【과태료의 부과 · 징수】 ① 제11조의 규정에 의한 과태료는 행정안전부령으로 정하는 바에 따라 그 부동산의 소재지를 관할하는 시장등이 부과 · 징수한다. (2018.3.20 본항개정)

② (2018.3.20 삭제)

③ (2018.3.20 삭제)

④ (2018.3.20 삭제)

⑤ (2018.3.20 삭제)

⑥ (2018.3.20 삭제)

⑦ 등기관은 제11조의 규정에 의한 과태료에 처할 사유가 있다고 인정된 때에는 지체없이 목적부동산의 소재지를 관할하는 시장등에게 이를 통지하여야 한다. (1998.12.28 본항개정)

⑧ (2018.3.20 삭제)

부 칙 (1990.8.1)

제1조【시행일】 이 법은 공포후 1월이 경과한 날부터 시행한다.

제2조【소유권이전등기신청에 관한 경과조치】 이 법 시행전에 부동산의 소유권이전을 내용으로 하는 계약을 체결한 자로서 그 소유권이전등기를 신청할 수 있음에도 이를 신청하지 아니한 자에 대하여는 이 법 시행일을 제2조제1항 각호의 1에 정하여진 날로 보아 이 법을 적용한다. 다만, 등기권리자 또는 제3자에게 등기원인 · 등기목적을 불문하고 이에 관한 등기가 경료되어 있는 경우에는 그러하지 아니하다.

제3조【과태료의 부과 · 징수에 관한 경과조치】 제11조 및 제12조의 과태료의 부과 · 징수에 관한 규정은 1991년 1월 1일부터 시행한다. 이 경우 제2조제1항 각호의 1에 정하여진 날을 1991년 1월 1일로 본다.(이하생략)

부 칙 (1991.12.14) (비송사건절차법)

제1조【시행일】 이 법은 1992년 2월 1일부터 시행한다.(이하생략)

부 칙 (1995.3.30) (부동산실권리자명의등기에관한법률)

제1조 【시행일】 이 법은 1995년 7월 1일부터 시행한다.(이하생략)

부 칙 (1998.12.28) (부동산등기법)

제1조 【시행일】 이 법은 공포한 날부터 시행한다.(이하생략)

부 칙 (1999.3.31)

제1조 【시행일】 이 법은 공포후 1월이 경과한 날부터 시행한다.
제2조 【소유권이전등기신청에관한경과조치】 이 법 시행전에 제2조제4항의 개정규정에 의한 사업의 시행자로부터 부동산의 소유권을 이전받을 것을 내용으로 하는 계약을 최초로 체결한 자가 이 법 시행당시 소유권이전등기를 하지 아니한 경우의 등기신청에 대하여는 이 법을 적용한다.
제3조 【유효기간】 제2조제4항의 개정규정은 2000년 6월 30일까지 그 효력을 가진다.(2000.1.21 개정)

부 칙 (2000.1.21)

① **【시행일】** 이 법은 공포한 날부터 시행한다.
② **【소유권이전등기신청에 관한 경과조치】** 이 법 시행전에 제2조제4항의 개정규정에 의한 사업의 시행자로부터 부동산의 소유권을 이전받을 것을 내용으로 하는 계약을 최초로 체결한 자가 이 법 시행 당시 소유권이전등기를 하지 아니한 경우의 등기신청에 대하여는 이 법을 적용한다.

부 칙 (2009.12.29)

이 법은 공포한 날부터 시행한다.

부 칙 (2010.3.31) (지방세법)

제1조 【시행일】 이 법은 2011년 1월 1일부터 시행한다. (이하생략)

부 칙 (2010.12.27) (지방세법)

제1조 【시행일】 이 법은 2011년 1월 1일부터 시행한다.

부 칙 (2011.4.12) (부동산등기법)

제1조 【시행일】 이 법은 공포 후 6개월이 경과한 날부터 시행한다. (이하생략)

부 칙 (2012.12.18) (한국토지주택공사법)

제1조 【시행일】 이 법은 공포한 날부터 시행한다. (이하생략)

부 칙 (2014.1.1) (지방세법)

제1조 【시행일】 이 법은 2014년 1월 1일부터 시행한다. (이하생략)

부 칙 (2014.11.19) (정부조직법)

제1조 【시행일】 이 법은 공포한 날부터 시행한다. 다만, 부칙 제6조에 따라 개정되는 법률 중 이 법 시행 전에 공포되었으나 시행일이 도래하지 아니한 법률을 개정한 부분은 각각 해당 법률의 시행일부터 시행한다. (이하생략)

부 칙 (2017.7.26) (정부조직법)

제1조 【시행일】 ① 이 법은 공포한 날부터 시행한다. 다만, 부칙 제5조에 따라 개정되는 법률 중 이 법 시행 전에 공포되었으나 시행일이 도래하지 아니한 법률을 개정한 부분은 각각 해당 법률의 시행일부터 시행한다.(이하생략)

부 칙 (2018.3.20)

이 법은 공포한 날부터 시행한다.

부 칙 (2021.12.28) (지방세법)

제1조 【시행일】 이 법은 2022년 1월 1일부터 시행한다.(이하생략)

부동산 실권리자명의 등기에 관한 법률

(1995年 3月 30日 法 律 第4944號)

改正
1996.12.30法5193號(상속세)
1997. 8.22法5371號(금융부실)
1997.12.13法5453號(행절)
1998.12.28法5582號(상속세)
1998.12.28法5592號(등기)
1999.12.31法6073號(금융부실)
2002. 3.30法6683號 2007. 5.11法8418號
2007. 8. 3法8635號(자본시장) 2010. 3.31法10203號
2011. 5.19法10682號(금융회사부실자산 등의 효율적 처리 및 한국자산관리공사의 설립에 관한 법률)
2013. 7.12法11884號
2013. 8. 6法11998號(지방세외수입금의 징수 등에 관한 법률)
2016. 1. 6法13713號
2019.11.26法16652號(금융회사부실자산 등의 효율적 처리 및 한국자산관리공사의 설립에 관한 법률)
2020. 3.24法17091號(지방세외수입금의 징수 등에 관한 법률)

(2010.3.31 한글개정)

제1조【목적】 이 법은 부동산에 관한 소유권과 그 밖의 물권을 실체적 권리관계와 일치하도록 실권리자 명의(名義)로 등기하게 함으로써 부동산등기제도를 악용한 투기·탈세·탈법행위 등 반사회적 행위를 방지하고 부동산 거래의 정상화와 부동산 가격의 안정을 도모하여 국민경제의 건전한 발전에 이바지함을 목적으로 한다. (전문개정 2010.3.31)

▣ 부동산(민99), 부동산등기(등기1)

제2조【정의】 이 법에서 사용하는 용어의 뜻은 다음과 같다.

1. “명의신탁약정”(名義信託約定)이란 부동산에 관한 소유권이나 그 밖의 물권(이하 “부동산에 관한 물권”이라 한다)을 보유한 자 또는 사실상 취득하거나 취득하려고 하는 자[이하 “실권리자”(實權利者)라 한다]가 타인과의 사이에서 대내적으로는 실권리자가 부동산에 관한 물권을 보유하거나 보유하기로 하고 그에 관한 등기(가등기를 포함한다. 이하 같다)는 그 타인의 명의로 하기로 하는 약정[위임·위탁매매의 형식에 의하거나 추인(追認)에 의한 경우를 포함한다]을 말한다. 다만, 다음 각 목의 경우는 제외한다.
   가. 채무의 변제를 담보하기 위하여 채권자가 부동산에 관한 물권을 이전(移轉)받거나 가등기하는 경우
   나. 부동산의 위치와 면적을 특정하여 2인 이상이 구분소유하기로 하는 약정을 하고 그 구분소유자의 공유로 등기하는 경우
   다. 「신탁법」 또는 「자본시장과 금융투자업에 관한 법률」에 따른 신탁재산인 사실을 등기한 경우
2. “명의신탁자”(名義信託者)란 명의신탁약정에 따라 자신의 부동산에 관한 물권을 타인의 명의로 등기하게 하는 실권리자를 말한다.
3. “명의수탁자”(名義受託者)란 명의신탁약정에 따라 실권리자의 부동산에 관한 물권을 자신의 명의로 등기하는 자를 말한다.
4. “실명등기”(實名登記)란 법률 제4944호 부동산실권리자명의등기에관한법률 시행 전에 명의신탁약정에 따라 명의수탁자의 명의로 등기된 부동산에 관한 물권을 법률 제4944호 부동산실권리자명의등기에관한법률 시행일 이후 명의신탁자의 명의로 등기하는 것을 말한다. (전문개정 2010.3.31)

▣ 수임인의 취득물등의 인도·이전의무(민684), 위탁매매인(상102), 무효행위의 추인(민139), 가등기(가담보2), 건물의 구분소유(민215)

1. 명의신탁관계에서 신탁 목적물이 신탁자의 자금으로 취득되어야 하는지 여부(소극) 명의신탁 관계는 당사자 사이의 내부관계에서는 신탁자가 소유권을 보유하되 외부관계에서는 수탁자가 완전한 소유자로서 행세하기로 약정함으로써 성립하는 것이지 명의신탁 목적물이 반드시 신탁자의 자금으로 취득되어야만 성립하는 것은 아니다.(대판 2008.2.14, 2007다69148, 69155)

2. 명의수탁자 앞으로 가등기만을 한 경우에도 부동산 실권리자명의 등기에 관한 법률이 적용되는지 여부(적극) 부동산 실권리자명의 등기에 관한 법률은 명의수탁자 앞으로 가등기만이 행하여진 경우에도 적용된다. 또한 설사 신탁자가 원고 등에게 단지 가등기 명의만을 신탁할 의사로 이 사건 가등기를 하였다고 하더라도 그 법률의 취지에 비추어 그러한 명의신탁약정 역시 효력이 없다.(대판 2010.12.23, 2009다97024, 97031)

3. 부모가 자식에게 재산의 명의를 이전하여 준 이후에도 그 재산에 대한 관리·처분권을 계속 행사한 경우 명의신탁이 인정되는지 여부(소극) 부모가 생전에 자신이 일군 재산을 자식에게 물려준 때에는, 그 후에도 자식의 협조 내지 승낙하에 부모가 여전히 당해 재산에 대한 관리·처분권을 행사하는 경우가 흔히 있을 수 있는 모습이므로, 부모가 자식에게 재산의 명의를 이전하여 준 이후에도 그 재산에 대한 관리·처분권을 계속 행사하였다고 해서 곧바로 이를 증여가 아닌 명의신탁이라고 단정할 수는 없다.(대판 2010.12.23, 2007다22859)

4. 신탁부동산의 처분, 강제수용이나 공공용지 협의취득으로 제3취득자 명의로 이전등기가 마쳐진 경우 명의신탁관계 종료 여부 명의수탁자가 신탁부동산을 임의로 처분하거나 강제수용이나 공공용지 협의취득 등을 원인으로 제3취득자 명의로 이전등기가 마쳐진 경우, 특별한 사정이 없는 한 제3취득자는 유효하게 소유권을 취득한다. 그리고 이 경우 명의신탁관계는 당사자의 의사표시 등을 기다릴 필요 없이 당연히 종료되었다고 볼 것이지, 주택재개발정비사업으로 인해 분양받게 될 대지 또는 건축시설물에 대해서도 명의신탁관계가 그대로 존속한다고 볼 수 없다.(대판 2021.7.8, 2021다209225, 209232)

제3조【실권리자명의 등기의무 등】 ① 누구든지 부동산에 관한 물권을 명의신탁약정에 따라 명의수탁자의 명의로 등기하여서는 아니 된다.
② 채무의 변제를 담보하기 위하여 채권자가 부동산에 관한 물권을 이전받는 경우에는 채무자, 채권금액 및 채무변제를 위한 담보라는 뜻이 적힌 서면

을 등기신청서와 함께 등기관에게 제출하여야 한다. (전문개정 2010.3.31)

▣ 담보가등기(가담보1, 등기140)

제4조【명의신탁약정의 효력】 ① 명의신탁약정은 무효로 한다.

② 명의신탁약정에 따른 등기로 이루어진 부동산에 관한 물권변동은 무효로 한다. 다만, 부동산에 관한 물권을 취득하기 위한 계약에서 명의수탁자가 어느 한쪽 당사자가 되고 상대방 당사자는 명의신탁약정이 있다는 사실을 알지 못한 경우에는 그러하지 아니하다.

③ 제1항 및 제2항의 무효는 제3자에게 대항하지 못한다.

▣ 금융실명거래(금융실명3)

▸ **명의신탁의 구별**

1. 3자간 등기명의신탁과 계약명의신탁의 구별 기준(1) ① 명의신탁약정이 3자간 등기명의신탁인지 아니면 계약명의신탁인지의 구별은 계약당사자가 누구인가를 확정하는 문제로 귀결되는데, 계약명의자가 명의수탁자로 되어 있다 하더라도 계약당사자를 명의신탁자로 볼 수 있다면 이는 3자간 등기명의신탁이 된다. 따라서 계약명의자인 명의수탁자가 아니라 명의신탁자에게 계약에 따른 법률효과를 직접 귀속시킬 의도로 계약을 체결한 사정이 인정된다면 명의신탁자가 계약당사자라고 할 것이므로, 이 경우의 명의신탁관계는 3자간 등기명의신탁으로 보아야 한다. ② 갑이 매매계약 당사자로서 계약 상대방으로부터 토지 지분을 매수하면서 그중 1/2 지분에 관한 등기명의만을 을로 하기로 한 것으로, 그 매매계약에 따른 법률효과를 갑에게 직접 귀속시킬 의도였던 사정이 인정되므로 갑과 을의 명의신탁약정은 3자간 등기명의신탁에 해당한다.(대판 2010.10.28, 2010다52799)

2. 3자간 등기명의신탁과 계약명의신탁의 구별 기준(2) 계약의 상대방인 매도인이 그 명의신탁관계를 알고 있었다고 하더라도, 계약명의자인 명의수탁자가 아니라 명의신탁자에게 계약에 따른 법률효과를 직접 귀속시킬 의도로 계약을 체결하였다는 등의 특별한 사정이 인정되지 아니하는 한, 그 명의신탁관계는 계약명의신탁에 해당한다고 보아야 함이 원칙이다.(대결 2013.10.7, 2013스133)

3. 타인을 통하여 부동산을 매수하면서 매수인 명의 및 소유권이전등기 명의를 타인 명의로 하기로 한 경우의 매매당사자 어떤 사람이 타인을 통하여 부동산을 매수하면서 매수인 명의 및 소유권이전등기 명의를 타인 명의로 하기로 한 경우에, 매수인 및 등기 명의의 신탁관계는 그들 사이의 내부적인 관계에 불과하므로, 상대방이 명의신탁자를 매매당사자로 이해하였다는 등의 특별한 사정이 없는 한 대외적으로는 계약명의자인 타인을 매매당사자로 보아야 하며, 설령 상대방이 명의신탁관계를 알고 있었더라도 상대방이 계약명의자인 타인이 아니라 명의신탁자에게 계약에 따른 법률효과를 직접 귀속시킬 의도로 계약을 체결하였다는 등의 특별한 사정이 인정되지 아니하는 한 마찬가지이다.(대판 2016.7.22, 2016다207928)

4. 조합원들이 공동사업을 위하여 매수한 부동산에 관하여 합유등기를 하지 않고 조합원 중 1인 명의로 소유권이전등기를 한 경우 명의신탁 여부 및 조합재산 조합원들이 공동사업을 위하여 매수한 부동산에 관하여 합유등기를 하지 않고 조합원 중 1인 명의로 소유권이전등기를 한 경우 조합체가 조합원에게 명의신탁한 것으로 보아야 한다. 조합체가 조합원에게 명의신탁한 부동산의 소유권은 물권변동이 무효인 경우 매도인에게, 유효인 경우 명의수탁자에게 귀속된다. 이 경우 조합재산은 소유권이전등기청구권 또는 부당이득반환채권이고, 신탁부동산 자체는 조합재산이 될 수 없다.(대판 2019.6.13, 2017다246180)

▸ **무효와 부당이득**

5. 계약명의신탁의 명의수탁자가 매도인과 부동산에 관한 매매계약을 체결하는 경우 계약과 등기의 효력을 판단하는 기준 명의신탁자와 명의수탁자가 계약명의신탁약정을 맺고 명의수탁자가 당사자가 되어 매도인과 부동산에 관한 매매계약을 체결하는 경우 그 계약과 등기의 효력은 매매계약을 체결할 당시 매도인의 인식을 기준으로 판단해야 하고, 매도인이 계약 체결 이후에 명의신탁약정 사실을 알게 되었다고 하더라도 위 계약과 등기의 효력에는 영향이 없다. 매도인이 계약 체결 이후 명의신탁약정 사실을 알게 되었다는 우연한 사정으로 인해서 위와 같이 유효하게 성립한 매매계약이 소급적으로 무효로 된다고 볼 근거가 없다.(대판 2018.4.10, 2017다257715)

6. 계약명의신탁에서 명의신탁자가 명의신탁약정에 따라 부동산을 점유하는 경우 자주점유의 추정 여부 계약명의신탁에서 명의신탁자는 부동산의 소유자가 명의신탁약정을 알았는지 여부와 관계없이 부동산의 소유권을 갖지 못할 뿐만 아니라 매매계약의 당사자도 아니어서 소유자를 상대로 소유권이전등기청구를 할 수 없고, 이는 명의신탁자도 잘 알고 있다고 보아야 한다. 명의신탁자가 명의신탁약정에 따라 부동산을 점유한다면 명의신탁자에게 점유할 다른 권원이 인정되는 등의 특별한 사정이 없는 한 명의신탁자는 소유권 취득의 원인이 되는 법률요건이 없이 그와 같은 사실을 잘 알면서 타인의 부동산을 점유한 것이다. 이러한 명의신탁자는 타인의 소유권을 배척하고 점유할 의사를 가지지 않았다고 할 것이므로 소유의 의사로 점유한다는 추정은 깨어진다.(대판 2022.5.12, 2019다249428)

7. 계약명의신탁약정을 한 명의수탁자가 장차 부동산의 처분대가를 명의신탁자에게 지급하기로 하는 정산약정을 한 경우 그 정산약정의 효력 위와 같은 정산약정을 한 경우, 그러한 약정 이후에 부동산실명법이 시행되었다거나 그 부동산의 처분이 부동산실명법 시행 이후에 이루어졌다고 하더라도 그러한 사정만으로 위 정산약정까지 당연히 무효로 된다고 볼 수 없다.(대판 2021.7.21, 2019다266751)

8. 명의수탁자에 대한 소유권이전등기청구권을 보전하기 위한 가등기의 효력 법상 유예기간이 경과한 후에는 명의신탁약정의 무효로 말미암아 명의신탁자 또는 그 상속인은 명의수탁자에 대하여 명의신탁약정의 해지로 인한 소유권이전등기청구권을 갖지 아니하고, 명의수탁자에 대한 소유권이전등기청구권을 보전하기 위하여 가등기를 경료하여 두었다고 하더라도 그 가등기 또한 원인무효로서 말소되어야 한다. 그러나 수탁자 명의의 소유권이전등기 역시 유예기간이 경과한 후에는 원인무효로서 말소되어야 하므로, 수탁자의 상속인으로서는 수탁된 토지에 대한 소유권자임을 주장할 수 없고, 소유권에 기한 물권적 청구권으로서 신탁자의 상속인 명의의 가등기에 대한 말소등기청구권을 행사할 수도 없다. (대판 1998.12.11, 98다43250)

9. 수탁자에 대한 명의신탁으로 신탁자에 대한 대물변제가 이루어지는지 여부(소극) 대물변제가 채무소멸의 효력을 발생하려면 채무자가 본래의 이행에 갈음하여 행하는 다른 급여가 현실적인 것이어야 하며 그 경우 다른 급여가 부동산소유권의 이전인 때에는 그 부동산에 관한 물권변동의 효력이 발생하는 등기를 경료하여야 하는바, 이른바 3자간 명의신탁의 방법으로는 당초의 약정에 따른 신탁자에 대한 소유권이전등기의무가 이행된 것으로는 볼 수 없다.(대판 2003.5.16, 2001다27470)

10. 명의수탁자가 유예기간 경과 후 자의로 명의신탁자에게 소유권을 이전한 경우 실체관계에 부합하는 등기인지 여부 (적극) 이른바 3자간 등기명의신탁에 있어서, 명의수탁자가

유예기간 경과 후에 자의로 명의신탁자에게 바로 소유권이전등기를 경료해 준 경우 매매계약은 여전히 유효하므로, 명의신탁자는 매도인에 대하여 매매계약에 기한 소유권이전등기를 청구할 수 있고, 그 소유권이전등기청구권을 보전하기 위하여 매도인을 대위하여 명의수탁자에게 무효인 그 명의 등기의 말소를 구할 수도 있으므로, 명의수탁자가 명의신탁자 앞으로 바로 경료해 준 소유권이전등기는 결국 실체관계에 부합하는 등기로서 유효하다.(대판 2004.6.25, 2004다6764)

11. 명의신탁자에게 계약에 따른 법률효과를 직접 귀속시킬 의도로 계약을 체결한 사정이 인정되는 경우 3자간 등기명의신탁인지 여부 명의신탁약정이 3자간 등기명의신탁인지 아니면 계약명의신탁인지의 구별은 계약당사자가 누구인가를 확정하는 문제로 귀결되는데, 계약명의자가 명의수탁자로 되어 있다 하더라도 계약당사자를 명의신탁자로 볼 수 있다면 이는 3자간 등기명의신탁이 된다. 따라서 계약명의자인 명의수탁자가 아니라 명의신탁자에게 계약에 따른 법률효과를 직접 귀속시킬 의도로 계약을 체결한 사정이 인정된다면 명의신탁자가 계약당사자이고, 이 경우의 명의신탁관계는 3자간 등기명의신탁으로 보아야 한다.(대판 2022.4.28, 2019다300422)

12. 무효인 계약명의신탁에서 매도인이 명의수탁자 대신 명의신탁자가 매수인이 되는 것에 동의한 경우 명의신탁자의 소유권이전등기청구 가부(적극) 계약명의신탁이 무효로 되고 이에 따라 매매계약도 무효로 되는 경우에 매매계약상의 매수인의 지위가 당연히 명의신탁자에게 귀속되는 것은 아니지만, 그 무효사실이 밝혀진 후에 계약상대방인 매도인이 계약명의자인 명의수탁자 대신 명의신탁자가 그 계약의 매수인으로 되는 것에 대하여 동의 내지 승낙을 함으로써 부동산을 명의신탁자에게 양도할 의사를 표시하였다면 종전의 매매계약과 같은 내용의 양도약정이 따로 체결된 것으로 봄이 상당하고, 따라서 이 경우 명의신탁자는 당초의 매수인이 아니라고 하더라도 매도인에 대하여 별도의 양도약정을 원인으로 하는 소유권이전등기청구를 할 수 있다.(대판 2003.9.5, 2001다32120)

13. 계약명의신탁에서 법 시행 전의 부당이득반환 대상 법 시행 전에 이른바 계약명의신탁에 따라 명의신탁 약정이 있다는 사실을 알지 못하는 소유자로부터 명의수탁자 앞으로 소유권이전등기가 경료되고 같은 법 소정의 유예기간이 경과하여 명의수탁자가 당해 부동산의 완전한 소유권을 취득한 경우, 명의수탁자가 명의신탁자에게 반환하여야 할 부당이득의 대상은 당해 부동산 자체이다.(대판 2002.12.26, 2000다21123)

14. 계약명의신탁에서 법 시행 후의 부당이득반환 대상 계약명의신탁약정이 부동산실명법 시행 후에 이루어진 경우에는 명의신탁자는 애초부터 당해 부동산의 소유권을 취득할 수 없었으므로 명의수탁자는 당해 부동산 자체가 아니라 명의신탁자로부터 제공받은 매수자금만을 부당이득한다.(대판 2008.2.14, 2007다69148, 69155)

15. 계약명의신탁에서 매매대금 이외의 취득비용이 부당이득반환범위에 포함되는지 여부(적극) 명의수탁자가 소유권이전등기를 위하여 지출하여야 할 취득세, 등록세 등을 명의신탁자로부터 제공받았다면, 이러한 자금 역시 계약명의신탁약정에 따라 명의수탁자가 당해 부동산의 소유권을 취득하기 위하여 매매대금과 함께 지출된 것이므로, 당해 부동산의 매매대금 상당액 이외에 명의신탁자가 명의수탁자에게 지급한 취득세, 등록세 등의 취득비용도 특별한 사정이 없는 한 위 계약명의신탁약정의 무효로 인하여 명의신탁자가 입은 손해에 포함되어 명의수탁자는 이 역시 명의신탁자에게 부당이득으로 반환하여야 한다.(대판 2010.10.14, 2007다90432)

16. 명의수탁자가 부동산 매도나 근저당권 설정 등 처분행위를 한 경우 명의신탁자가 부당이득반환을 청구할 수 있는지 여부 ① 3자간 등기명의신탁에서 명의수탁자의 임의처분 또는 강제수용이나 공공용지 협의취득 등(이러한 소유명의 이전의 원인관계를 통틀어 이하에서는 '명의수탁자의 처분행위 등'이라 한다)을 원인으로 제3자 명의로 소유권이전등기가 마쳐진 경우, 특별한 사정이 없는 한 제3자는 유효하게 소유권을 취득한다. 그 결과 매도인의 명의신탁자에 대한 소유권이전등기의무는 이행불능이 되어 명의신탁자로서는 부동산의 소유권을 이전받을 수 없게 되는 한편, 명의수탁자는 부동산의 처분대금이나 보상금 등을 취득하게 된다. 판례는, 명의수탁자가 그러한 처분대금이나 보상금 등의 이익을 명의신탁자에게 부당이득으로 반환할 의무를 부담한다고 보고 있다. 이러한 판례는 타당하므로 그대로 유지되어야 한다. ② 명의수탁자가 부동산에 관하여 제3자에게 근저당권을 설정하여 준 경우에도 부동산의 소유권이 제3자에게 이전된 경우와 마찬가지로 보아야 한다. 3자간 등기명의신탁에서 명의수탁자가 부동산에 관하여 제3자에게 근저당권을 설정한 경우 명의수탁자는 근저당권의 피담보채무액 상당의 이익을 얻었고 그로 인하여 명의신탁자에게 그에 상응하는 손해를 입혔으므로, 명의수탁자는 명의신탁자에게 이를 부당이득으로 반환할 의무를 부담한다.(대판(全) 2021.9.9, 2018다284233)

17. 명의신탁약정이 무효인지 여부(소극) **및 신탁부동산이 불법원인급여에 해당하는지 여부**(소극) 명의신탁약정은 부동산에 관한 물권의 실권리자가 타인과의 사이에서 대내적으로는 실권리자가 부동산에 관한 물권을 보유하거나 보유하기로 하고 그에 관한 등기는 그 타인의 명의로 하기로 하는 약정을 말하는 것일 뿐이므로, 그 자체로 선량한 풍속 기타 사회질서에 위반하는 경우에 해당한다고 단정할 수 없다. 부동산실명법은 원칙적으로 명의신탁약정과 그 등기에 기한 물권변동만을 무효로 하고 명의신탁자가 다른 법률관계에 기하여 등기회복 등의 권리행사를 하는 것까지 금지하지는 않는 대신, 명의신탁자에 대하여 행정적 제재나 형벌을 부과함으로써 사적자치 및 재산권보장의 본질을 침해하지 않도록 규정하고 있다. 따라서 무효인 명의신탁약정에 기하여 타인 명의의 등기가 마쳐졌다는 이유만으로 그것이 당연히 불법원인급여에 해당한다고 볼 수 없다.(대판 2003.11.27, 2003다41722)

18. 무효인 명의신탁약정에 따라 명의수탁자 명의로 등기를 한 경우 명의신탁자가 명의수탁자를 상대로 그 등기의 말소를 구하는 것이 불법원인급여를 이유로 금지되는지 여부(소극) **및 농지법에 따른 제한을 회피하고자 명의신탁을 한 경우에도 마찬가지인지 여부**(적극) 부동산실명법 규정의 문언, 내용, 체계와 입법 목적 등을 종합하면, 부동산실명법을 위반하여 무효인 명의신탁약정에 따라 명의수탁자 명의로 등기를 하였다는 이유만으로 그것이 당연히 불법원인급여에 해당한다고 단정할 수는 없다. 이는 농지법에 따른 제한을 회피하고자 명의신탁을 한 경우에도 마찬가지이다.(대판(全) 2019.6.20, 2013다218156)

19. 경매절차에서 매수대금을 부담한 자가 타인명의로 소유권을 취득한 경우 부당이득반환 대상 부동산경매절차에서 부동산을 매수하려는 사람이 매수대금을 부담하면서 다른 사람의 명의로 매각허가결정을 받기로 약정함에 따라 매각허가가 이루어진 경우 경매 목적 부동산의 소유권은 매수대금을 실질적으로 부담한 사람이 누구인가와 상관없이 그 명의인이 취득하고, 이 경우 성립하는 명의신탁관계는 4조 1항에 의해 무효이며 대금 부담자는 대금만을 부당이득으로 반환청구할 수 있다. 매수대금의 실질적 부담자의 지시에 따라 부동산의 소유 명의를 이전하거나 그 처분대금을 반환하기로 약정하였다 하더라도, 이는 부동산실명법에 의하여 무효인 명의신탁약정을 전제로 명의신탁 부동산 자체 또는 그 처분대금의 반환을 구하는 범주에 속하는 것이어서 역시 무효이다.(대판 2006.11.9, 2006다35117)

**20. 조합체가 취득한 부동산을 조합원 명의로 공유등기한 경

우 명의신탁 성립, 조합원이 공유지분을 다른 조합원에게 이전한 경우 사해행위인지 여부(소극) 동업 목적의 조합체가 부동산을 취득하고 조합원들 명의로 공유등기를 하였다면 각 지분에 관하여 명의신탁한 것에 불과하다. 따라서 소유권이전등기는 무효이고 그 부동산 지분은 조합원들의 소유가 아니기 때문에 이를 일반채권자들의 공동담보에 공하여지는 책임재산이라고 볼 수 없고, 조합원들 중 1인이 조합에서 탈퇴하면서 나머지 조합원들에게 그 지분에 관한 소유권이전등기를 경료하여 주었다 하더라도 일반채권자를 해하는 사해행위라고 볼 수는 없으며, 그에게 사해의 의사가 있다고 볼 수도 없다.(대판 2002.6.14, 2000다30622)

21. 무효의 등기경료가 사해행위인지 여부(소극) 채무자가 명의신탁약정에 따라 부동산에 관하여 그 명의로 소유권이전등기를 마쳤다면 4조 2항 본문이 적용되어 채무자 명의의 위 등기는 무효이고 채무자의 책임재산에 감소를 초래한 것이라고 할 수 없어 사해행위라고 할 수 없으며, 채무자에게 사해의 의사가 있다고 볼 수도 없다.(대판 2007.12.27, 2005다54104)

22. 3자간 등기명의신탁에서 유예기간이 경과하여 명의신탁약정과 그에 따른 등기가 무효인 경우, 명의신탁자가 매도인을 대위하여 명의수탁자에게 부동산 등기의 말소를 구할 수 있는지 여부(적극) 유예기간 경과 후에도 매도인과 명의신탁자 사이의 매매계약은 여전히 유효하므로, 명의신탁자는 매도인에게 매매계약에 기한 소유권이전등기를 청구할 수 있고, 소유권이전등기청구권을 보전하기 위하여 매도인을 대위하여 명의수탁자에게 무효인 명의 등기의 말소를 구할 수 있다.(대판 2011.9.8, 2009다49193)

23. 유예기간 경과 후 명의수탁자의 제3자에 대한 임의처분 또는 강제수용 시 부당이득반환 대상 이른바 3자간 등기명의신탁에서 유예기간이 경과한 후, 명의수탁자가 신탁부동산을 임의로 처분하거나 강제수용이나 공공용지 협의취득 등을 원인으로 이전등기가 마쳐진 경우, 명의수탁자는 신탁부동산의 처분대금이나 보상금을 취득하는 이익을 얻게 되므로, 명의신탁자에게 그 이익을 부당이득으로 반환할 의무가 있다.(대판 2011.9.8, 2009다49193)

24. 명의수탁자가 명의신탁자와 매수자금반환의무의 이행에 갈음하여 명의신탁된 부동산을 양도하기로 약정하고 소유권이전등기를 마쳐준 경우, 위 등기의 효력(=원칙적 유효) 명의수탁자가 자신의 소유권 취득을 전제로 하여 사후적으로 명의신탁자에게 '매수자금반환의무의 이행에 갈음하여 명의신탁된 부동산 자체'를 양도하기로 합의하고 그에 기하여 명의신탁자 앞으로 소유권이전등기를 마쳐준 경우에는 그 소유권이전등기는 새로운 소유권 이전의 원인인 대물급부의 약정에 기한 것이므로 약정이 무효인 명의신탁약정을 명의신탁자를 위하여 사후에 보완하는 방책에 불과한 등의 다른 특별한 사정이 없는 한 유효하다.(대판 2014.8.20, 2014다30483)

25. 명의수탁자의 처분과 물권적 청구권 양자간 등기명의신탁에서 명의수탁자가 신탁부동산을 처분하여 제3취득자가 유효하게 소유권을 취득하고 이로써 명의신탁자가 신탁부동산에 대한 소유권을 상실하였다면, 명의신탁자의 소유권에 기한 물권적 청구권, 즉 말소등기청구권이나 진정명의회복을 원인으로 한 이전등기청구권도 더 이상 그 존재 자체가 인정되지 않는다. 그 후 명의수탁자가 우연히 신탁부동산의 소유권을 다시 취득하였다고 하더라도 명의신탁자가 신탁부동산의 소유권을 상실한 사실에는 변함이 없으므로, 여전히 물권적 청구권은 그 존재 자체가 인정되지 않는다.(대판 2013.2.28, 2010다89814)

26. 명의수탁자의 처분행위로 인한 법률관계 이른바 계약명의신탁에서 매매계약을 체결한 악의의 매도인이 명의수탁자 앞으로 부동산 소유권이전등기를 마친 경우, 명의수탁자 명의의 소유권이전등기는 무효이므로, 당해 부동산의 소유권은 매매계약을 체결한 소유자에게 그대로 남아 있게 되고, 명의수탁자가 자신의 명의로 소유권이전등기를 마친 부동산을 제3자에게 처분하면 이는 매도인의 소유권 침해행위로서 불법행위가 된다. 그러나 명의수탁자로부터 매매대금을 수령한 상태의 소유자로서는 이른바 계약명의신탁에서 명의수탁자의 제3자에 대한 처분행위가 유효하게 확정되어 소유자에 대한 소유명의 회복이 불가능한 이상, 소유자로서는 그와 동시이행관계에 있는 매매대금 반환채무를 이행할 여지가 없다. 또한 명의신탁자는 소유자와 매매계약관계가 없어 소유자에 대한 소유권이전등기청구도 허용되지 아니하므로, 결국 소유자인 매도인으로서는 특별한 사정이 없는 한 명의수탁자의 처분행위로 인하여 어떠한 손해도 입은 바가 없다.(대판 2013.9.12, 2010다95185)

27. 이른바 계약명의신탁약정에 따라 수탁자가 선의의 매도인과 부동산 매매계약을 체결하여 자신의 명의로 소유권이전등기를 마쳐 수탁자가 소유권을 취득하고 신탁자는 수탁자에 대하여 부당이득반환채권만을 가지는 경우, 신탁자가 실질적인 당사자가 되어 위 부동산을 제3자에게 처분한 행위가 신탁자의 일반채권자들을 해하는 사해행위가 되는지 여부(소극) 신탁자와 수탁자 사이의 명의신탁약정의 무효에도 불구하고 수탁자는 당해 부동산의 완전한 소유권을 취득하게 되고, 다만 수탁자는 신탁자에 대하여 매수대금 상당의 부당이득반환의무를 부담하게 된다. 이와 같이 신탁자가 수탁자에 대하여 부당이득반환채권만을 가지는 경우에는 그 부동산은 신탁자의 일반채권자들의 공동담보에 제공되는 책임재산이라고 볼 수 없으므로, 신탁자가 실질적인 당사자가 되어 처분행위를 하고 소유권이전등기를 마쳐주었다고 하더라도 이를 들어 신탁자의 일반채권자들을 해하는 사해행위라고 할 수 없다.(대판 2013.9.12, 2011다89903)

28. 명의신탁약정과는 별개의 원인에 기한 명의신탁자의 명의수탁자에 대한 소유권이전청구권을 보전하기 위하여 제3자 명의로 마친 가등기의 효력(무효) 명의신탁자가 명의신탁약정과는 별개의 적법한 원인에 기하여 명의수탁자에 대하여 소유권이전등기청구권을 가지게 되었다 하더라도, 이를 보전하기 위하여 자신의 명의가 아닌 제3자 명의로 가등기를 마친 경우 위 가등기는 명의신탁자와 제3자 사이의 명의신탁약정에 기하여 마쳐진 것으로서 약정의 무효로 말미암아 효력이 없다.(대판 2015.2.26, 2014다63315)

29. 명의신탁약정이 무효가 된 경우 명의신탁약정과 함께 이루어진 부동산 매입의 위임 약정의 효력(원칙적 무효) 신탁자와 수탁자가 명의신탁약정을 맺고, 그에 따라 수탁자가 당사자가 되어 명의신탁약정의 존재 사실을 알지 못하는 소유자와 부동산에 관한 매매계약을 체결한 계약명의신탁에서 신탁자와 수탁자 간의 명의신탁약정이 부동산 실권리자명의 등기에 관한 법률이 정한 유예기간의 경과로 무효가 되었다면, 특별한 사정이 없는 한 신탁자와 수탁자 간에 명의신탁약정과 함께 이루어진 부동산 매입의 위임 약정 역시 무효로 되고, 이 경우 신탁자와 수탁자 사이에 신탁자의 요구에 따라 부동산의 소유 명의를 이전하기로 한 약정도 명의신탁약정이 유효함을 전제로 명의신탁 부동산 자체의 반환을 구하는 범주에 속하는 것에 해당하여 역시 무효로 된다.(대판 2015.9.10, 2013다55300)

30. 이른바 중간생략등기형 명의신탁에서 명의수탁자가 재물을 보관하는 자인지 여부(소극) **및 신탁부동산 임의처분 시 횡령죄 성립 여부**(소극) 명의신탁자가 매수한 부동산에 관하여 부동산실명법을 위반하여 명의수탁자와 맺은 명의신탁약정에 따라 매도인에게서 바로 명의수탁자 명의로 소유권이전등기를 마친 이른바 중간생략등기형 명의신탁을 한 경우, 명의신탁자는 신탁부동산의 소유권을 가지지 아니하고, 명의신탁자와 명의수탁자 사이에 위탁신임관계를 인정할 수도 없다. 따라서 명의수탁자가 명의신탁자의 재물을 보관하는 자라고 할 수 없으므로, 명의수탁자가 신탁받은 부동산을 임의로 처분하여도 명의신탁자에 대한 관계에서 횡령

죄가 성립하지 아니한다.(대판(全) 2016.5.19, 2014도6992)

31. 양자간 명의신탁의 경우 명의수탁자가 타인의 재물을 보관하는 자인지 여부 및 신탁받은 부동산 임의 처분시 횡령죄 성립 여부 부동산실명법을 위반한 양자간 명의신탁의 경우 명의수탁자가 신탁받은 부동산을 임의로 처분하여도 명의신탁자에 대한 관계에서 횡령죄가 성립하지 아니한다. 이러한 법리는 부동산 명의신탁이 부동산실명법 시행 전에 이루어졌고 같은 법이 정한 유예기간 이내에 실명등기를 하지 아니함으로써 그 명의신탁약정 및 이에 따라 행하여진 등기에 의한 물권변동이 무효로 된 후에 처분행위가 이루어진 경우에도 마찬가지로 적용된다.(대판(全) 2021.2.18, 2016도18761)

32. 명의수탁자가 부동산을 임의로 처분한 경우 명의신탁자에 대한 불법행위책임 부담 여부 명의수탁자가 3자간 등기명의신탁에 따라 매도인으로부터 소유권이전등기를 넘겨받은 부동산을 자기 마음대로 처분한 행위가 형사상 횡령죄로 처벌되지 않더라도, 이는 명의신탁자의 채권인 소유권이전등기청구권을 침해하는 행위로서 민법 제750조에 따라 불법행위에 해당하여 명의수탁자는 명의신탁자에게 손해배상책임을 질 수 있다.(대판 2022.6.9, 2020다208997)

33. 명의수탁자가 부동산을 임의로 처분한 경우 명의신탁자에 대한 불법행위책임 부담 여부 명의수탁자가 양자간 명의신탁에 따라 명의신탁자로부터 소유권이전등기를 넘겨받은 부동산을 임의로 처분한 행위가 형사상 횡령죄로 처벌되지 않더라도, 위 행위는 명의신탁자의 소유권을 침해하는 행위로서 형사상 횡령죄의 성립 여부와 관계없이 민법상 불법행위에 해당하여 명의수탁자는 명의신탁자에게 손해배상책임을 부담한다.(대판 2021.6.3, 2016다34007)

▶ **보호받는 제3자**

34. 제3자의 의미 제3자라 함은 명의신탁 약정의 당사자 및 포괄승계인 이외의 자로서 명의수탁자가 물권자임을 기초로 그와의 사이에 직접 새로운 이해관계를 맺은 사람을 말한다고 할 것이므로, 명의수탁자의 일반 채권자는 위 조항에서 말하는 제3자에 해당한다고 볼 수 없다.(대판 2007.12.27, 2005다54104)

35. 명의수탁자가 아닌 자와 사이에 이해관계를 맺은 자가 제3자인지 여부(소극) 명의수탁자와 직접 이해관계를 맺은 것이 아니라 부동산실명 4조 3항에 정한 제3자가 아닌 자와 사이에서 무효인 등기를 기초로 다시 이해관계를 맺은 데 불과한 자는 실체관계에 부합하여 유효라고 하는 등의 특별한 사정이 없는 한 위 조항이 규정하는 제3자에 해당하지 않는다.(대판 2005.11.10, 2005다34667, 34674)

36. 명의신탁자와 계약을 맺고 명의수탁자로부터 등기를 경료받은 자가 제3자인지 여부(소극) 오로지 명의신탁자와 부동산에 관한 물권을 취득하기 위한 계약을 맺고 단지 등기명의만을 명의수탁자로부터 경료받은 것 같은 외관을 갖춘 자는 제3자에 해당되지 아니한다고 할 것이므로 이러한 자로서는 자신의 등기가 실체관계에 부합하여 유효라고 주장하는 것은 별론으로 하더라도 4조 3항의 규정을 들어 무효인 명의신탁등기에 터 잡아 경료된 자신의 등기의 유효를 주장할 수는 없다.(대판 2004.8.30, 2002다48771)

37. 학교법인이 명의신탁약정에 기하여 명의수탁자로서 기본재산에 관한 등기를 마침으로써 관할청이 기본재산 처분에 관하여 허가권을 갖게 되는 경우, 관할청이 제3자에 해당하는지 여부(소극) 사립학교법 28조 1항은 사립학교의 설치경영을 위하여 설립된 학교법인이 기본재산을 부당하게 감소시키는 것을 방지함으로써 사립학교의 건전한 발달을 도모하고자 하는 데 목적이 있다. 위 규정상의 관할청의 허가권은 위와 같은 목적 달성을 위하여 관할청에게 주어진 행정상 권한에 불과한 것이어서 위 관할청을 명의수탁자인 학교법인이 물권자임을 기초로 학교법인과 사이에 직접 새로운 이해관계를 맺은 자라고 볼 수 없으므로, 부동산 실권리자명의 등기에 관한 법률 4조 3항에서 규정하는 제3자에 해당한다고 할 수 없다.(대판 2013.8.22, 2013다31403)

38. 분양계약의 당사자가 명의신탁 약정을 한 사실을 상대방이 모른 경우의 법률관계 신규아파트에 관한 분양계약의 상대방으로서 '분양계약에 관한 수분양자 명의의 변경'에 동의 또는 승낙한 재건축조합이 A와 B 사이의 신규아파트 중 A의 투자지분에 상응하는 1/4 지분에 관한 명의신탁 약정사실을 알고 있었다는 점에 대한 증명이 없는 한, 신규아파트에 관하여 소유권보존등기를 마친 B으로서는 A가 명의신탁한 신규아파트 중 1/4 지분에 관하여 완전한 소유권을 취득한다.(대판 2014.2.13, 2011두5056)

39. 아파트 수분양자가 명의신탁약정을 맺으면서 분양계약인수약정을 체결한 경우의 법률관계 아파트의 수분양자가 타인과 대내적으로는 자신이 수분양권을 계속 보유하기로 하되 수분양자 명의만을 타인의 명의로 하는 내용의 명의신탁약정을 맺으면서 분양계약의 수분양자로서의 지위를 포괄적으로 이전하는 내용의 계약인수약정을 체결하고 이에 대하여 명의신탁약정의 존재를 모르는 분양자가 동의 내지 승낙을 한 경우, 이는 계약명의신탁 관계에서 명의수탁자가 당초 명의신탁약정의 존재를 모르는 분양자와 분양계약을 체결한 경우와 다를 바 없으므로, 분양계약인수약정은 유효하다.(대판 2015.12.23, 2012다202932)

40. 제3자의 범위 및 연속된 명의신탁관계에서 최후의 명의수탁자와 새로운 이해관계를 맺은 사람에게 적용 여부 부동산실명법 4조 3항에서 '제3자'는 명의신탁약정의 당사자 및 포괄승계인 이외의 자로서 명의수탁자가 물권자임을 기초로 그와 사이에 직접 새로운 이해관계를 맺은 사람으로서 소유권이나 저당권 등 물권을 취득한 자뿐만 아니라 압류 또는 가압류채권자도 포함하고 그의 선의·악의를 묻지 않는다. 이러한 법리는 특별한 사정이 없는 한 명의신탁약정에 따라 형성된 외관을 토대로 다시 명의신탁이 이루어지는 등 연속된 명의신탁관계에서 최후의 명의수탁자가 물권자임을 기초로 그와 사이에 직접 새로운 이해관계를 맺은 사람에게도 적용된다.(대판 2021.11.11, 2019다272725)

41. 명의수탁자로부터 주택을 임차한 임차인이 등기명의를 회복한 매도인과 명의신탁자에 대하여 임차권을 대항할 수 있는지 여부 매도인이 악의인 계약명의신탁에서 명의수탁자로부터 명의신탁의 목적물인 주택을 임차하여 주택 인도와 주민등록을 마침으로써 주택임대차보호법에 의한 대항요건을 갖춘 임차인은 부동산실명법 4조 3항에 따라 명의신탁약정 및 그에 따른 물권변동의 무효를 대항할 수 없는 제3자에 해당하므로 명의수탁자의 소유권이전등기가 말소됨으로써 등기명의를 회복하게 된 매도인 및 매도인으로부터 다시 소유권이전등기를 마친 명의신탁자에 대해 자신의 임차권을 대항할 수 있다. 이 경우 소유권이전등기를 마친 명의신탁자는 주택임대차보호법 3조 4항에 따라 임대인의 지위를 승계한다.(대판 2022.3.17, 2021다210720)

42. 단지 등기명의만을 명의수탁자로부터 이전받은 것과 같은 외관을 갖춘 자가 '제3자'에 해당하는지 여부(소극) **및 이러한 자가 자신의 등기가 실체관계에 부합하는 등기로서 유효하다는 주장을 할 수 있는지 여부**(적극) 이 조항에서 '제3자'는 명의수탁자가 물권자임을 기초로 그와 새로운 이해관계를 맺은 사람을 말하고, 이와 달리 오로지 명의신탁자와 부동산에 관한 물권을 취득하기 위한 계약을 맺고 단지 등기명의만을 명의수탁자로부터 경료받은 것 같은 외관을 갖춘 자는 위 조항의 제3자에 해당하지 아니하므로, 위 조항에 근거하여 무효인 명의신탁등기에 터 잡아 경료된 자신의 등기의 유효를 주장할 수는 없다. 그러나 이러한 자도 자신의 등기가 실체관계에 부합하는 등기로서 유효하다는 주장은 할 수 있다.(대판 2022.9.29, 2022다228933)

▸명의신탁과 조세

43. 소득세법상 '1세대 3주택 이상에 해당하는 주택'인지 판단하는 경우, 3자 간 등기명의신탁관계에서 명의신탁자가 소유하는 것으로 보아 주택수를 산정하여야 하는지 여부(적극) 구 소득세법에서 말하는 '1세대 3주택 이상에 해당하는 주택'인지 여부를 판단할 때, 3자 간 등기명의신탁관계에서 명의신탁자가 명의신탁한 주택은 명의신탁자가 소유하는 것으로 보아 주택수를 산정하여야 한다.(대판 2016.10.27, 2016두43091)

44. 계약명의신탁과 취득세 납세의무(1) 계약명의신탁에 의하여 부동산의 등기를 매도인으로부터 명의수탁자 앞으로 이전한 경우 명의신탁자는 매매계약의 당사자가 아니고 명의수탁자와 체결한 명의신탁약정도 무효이어서 매도인이나 명의수탁자에게 소유권이전등기를 청구할 수 있는 지위를 갖지 못한다. 따라서 명의신탁자가 매매대금을 부담하였더라도 그 부동산을 사실상 취득한 것으로 볼 수 없으므로, 명의신탁자에게는 취득세 납세의무가 성립하지 않는다.(대판 2017.7.11, 2012두28414)

45. 계약명의신탁과 취득세 납세의무(2) 명의신탁자와 명의수탁자가 계약명의신탁약정을 맺고 명의수탁자가 당사자가 되어 명의신탁약정이 있다는 사실을 알지 못하는 소유자와 부동산에 관한 매매계약을 체결한 경우 그 계약은 일반적인 매매계약과 다를 바 없이 유효하므로, 그에 따라 매매대금을 모두 지급하면 소유권이전등기를 마치지 아니하였더라도 명의수탁자에게 취득세 납세의무가 성립하고, 이후 그 부동산을 제3자에게 전매하고서도 최초의 매도인이 제3자에게 직접 매도한 것처럼 소유권이전등기를 마친 경우에도 마찬가지이다.(대판 2017.9.12, 2015두39026)

46. 매매대금을 모두 지급하여 부동산을 사실상 취득한 자가 3자간 등기명의신탁 약정에 따라 명의수탁자 명의로 소유권이전등기를 마쳤다가 그 후 해당 부동산에 관하여 자신의 명의로 소유권이전등기를 마친 경우 취득세 납세의무 구 지방세법에서 규정한 '사실상 취득'이란 일반적으로 등기와 같은 소유권 취득의 형식적 요건을 갖추지는 못하였으나 대금의 지급과 같은 소유권 취득의 실질적 요건을 갖춘 경우를 말하는 점 등을 종합하여 보면, 매수인이 부동산에 관한 매매계약을 체결하고 소유권이전등기에 앞서 매매대금을 모두 지급한 경우 사실상의 잔금지급일에 구 지방세법 105조 2항에서 규정한 '사실상 취득'에 따른 취득세 납세의무가 성립하고, 그 후 그 사실상의 취득자가 부동산에 관하여 매매를 원인으로 한 소유권이전등기를 마치더라도 이는 잔금지급일에 '사실상 취득'을 한 부동산에 관하여 소유권 취득의 형식적 요건을 추가로 갖춘 것에 불과하므로, 잔금지급일에 성립한 취득세 납세의무와 별도로 등기일에 구 지방세법 105조 1항에서 규정한 '취득'을 원인으로 한 새로운 취득세 납세의무가 성립하는 것은 아니다. 이러한 법리는 매매대금을 모두 지급하여 부동산을 사실상 취득한 자가 3자간 등기명의신탁 약정에 따라 명의수탁자 명의로 소유권이전등기를 마쳤다가 그 후 해당 부동산에 관하여 자신의 명의로 소유권이전등기를 마친 경우에도 마찬가지로 적용된다.(대판(全) 2018.3.22, 2014두43110)

제5조 【과징금】 ① 다음 각 호의 어느 하나에 해당하는 자에게는 해당 부동산 가액(價額)의 100분의 30에 해당하는 금액의 범위에서 과징금을 부과한다.

1. 제3조제1항을 위반한 명의신탁자
2. 제3조제2항을 위반한 채권자 및 같은 항에 따른 서면에 채무자를 거짓으로 적어 제출하게 한 실채무자(實債務者)

② 제1항의 부동산 가액은 과징금을 부과하는 날 현재의 다음 각 호의 가액에 따른다. 다만, 제3조제1항 또는 제11조제1항을 위반한 자가 과징금을 부과받은 날 이미 명의신탁관계를 종료하였거나 실명등기를 하였을 때에는 명의신탁관계 종료 시점 또는 실명등기 시점의 부동산 가액으로 한다.

1. 소유권의 경우에는 「소득세법」 제99조에 따른 기준시가
2. 소유권 외의 물권의 경우에는 「상속세 및 증여세법」 제61조제5항 및 제66조에 따라 대통령령으로 정하는 방법으로 평가한 금액

③ 제1항에 따른 과징금의 부과기준은 제2항에 따른 부동산 가액(이하 "부동산평가액"이라 한다), 제3조를 위반한 기간, 조세를 포탈하거나 법령에 따른 제한을 회피할 목적으로 위반하였는지 여부 등을 고려하여 대통령령으로 정한다.

④ 제1항에 따른 과징금이 대통령령으로 정하는 금액을 초과하는 경우에는 그 초과하는 부분은 대통령령으로 정하는 바에 따라 물납(物納)할 수 있다.

⑤ 제1항에 따른 과징금은 해당 부동산의 소재지를 관할하는 특별자치도지사·특별자치시장·시장·군수 또는 구청장이 부과·징수한다. 이 경우 과징금은 위반사실이 확인된 후 지체 없이 부과하여야 한다. (2016.1.6 본항개정)

⑥ 제1항에 따른 과징금을 납부기한까지 내지 아니하면 「지방행정제재·부과금의 징수 등에 관한 법률」에 따라 징수한다. (2020.3.24 본항개정)

⑦ 제1항에 따른 과징금의 부과 및 징수 등에 필요한 사항은 대통령령으로 정한다.

(전문개정 2010.3.31)

▣ 6항 관련 : 지방세법28

1. 명의신탁관계 종료시점 5조 2항 단서의 명의신탁관계 종료시점은 단지 명의신탁자와 명의수탁자 사이에 대내적으로 명의신탁을 해지한 시점이 아니라, 대외적으로도 명의신탁관계가 종료되어 위반상태가 해소된 시점인 실명등기를 할 필요가 없거나 실명등기를 한 것으로 볼 수 있는 시점으로 보아야 하고, 명의신탁자가 명의수탁자를 상대로 명의신탁의 해지를 원인으로 하여 소를 제기하였다거나 그 소송에서의 승소판결이 확정되었다는 사정만으로는 그때 위 법상의 명의신탁관계가 종료되었다고 할 수 없다.(대판 2008.1.17, 2007두21563)

2. 명의신탁약정이 대리인에 의하여 체결된 경우 과징금 부과대상 부동산실명법 2조 1호, 2호, 3조 1항, 5조 1항 1호의 문언·체계·취지 등을 종합하면, 5조 1항 1호에 따라 과징금 부과대상이 되는 자는 3조 1항의 규정을 위반한 '명의신탁자', 즉 '명의신탁약정에 따라 자신의 부동산에 관한 소유권 기타 물권을 타인의 명의로 등기하게 하는 실권리자'이고, 명의신탁약정이 대리인에 의하여 체결된 경우에도 법률상 대리인에게도 과징금을 부과할 수 있는 특별규정이 없는 한 대리인은 과징금 부과대상이 된다고 볼 수 없다. 그리고 이러한 법리는 법정대리인이 미성년자를 대리하여 명의신탁약정을 체결한 경우에도 마찬가지로 적용된다.(대판 2016. 8. 29, 2012두2719)

제5조의2 【과징금 납부기한의 연장 및 분할 납부】 ① 특별자치도지사·특별자치시장·시장·군

수 또는 구청장은 제5조제1항에 따른 과징금을 부과받은 자(이하 이 조에서 "과징금 납부의무자"라 한다)가 과징금의 금액이 대통령령으로 정하는 기준을 초과하는 경우로서 다음 각 호의 어느 하나에 해당하여 과징금의 전액을 일시에 납부하기가 어렵다고 인정할 때에는 그 납부기한을 연장하거나 분할 납부하게 할 수 있다. 이 경우 필요하다고 인정할 때에는 대통령령으로 정하는 바에 따라 담보를 제공하게 할 수 있다.

1. 재해 또는 도난 등으로 재산에 현저한 손실을 입은 경우
2. 사업 여건의 악화로 사업이 중대한 위기에 처한 경우
3. 과징금을 일시에 내면 자금사정에 현저한 어려움이 예상되는 경우
4. 과징금 납부의무자 또는 동거 가족이 질병이나 중상해(重傷害)로 장기 치료가 필요한 경우
5. 그 밖에 제1호부터 제4호까지의 규정에 준하는 사유가 있는 경우

② 과징금 납부의무자가 제1항에 따른 과징금 납부기한의 연장 또는 분할 납부를 신청하려는 경우에는 과징금 납부를 통지받은 날부터 30일 이내에 특별자치도지사·특별자치시장·시장·군수 또는 구청장에게 신청하여야 한다.

③ 특별자치도지사·특별자치시장·시장·군수 또는 구청장은 제1항에 따라 납부기한이 연장되거나 분할 납부가 허용된 과징금 납부의무자가 다음 각 호의 어느 하나에 해당하게 된 때에는 그 납부기한의 연장 또는 분할 납부 결정을 취소하고 일시에 징수할 수 있다.

1. 납부기한의 연장 또는 분할 납부 결정된 과징금을 그 납부기한 내에 납부하지 아니한 때
2. 담보의 변경, 그 밖에 담보 보전에 필요한 특별자치도지사·특별자치시장·시장·군수 또는 구청장의 요구를 이행하지 아니한 때
3. 강제집행, 경매의 개시, 파산선고, 법인의 해산, 국세 또는 지방세의 체납처분을 받은 때 등 과징금의 전부 또는 잔여분을 징수할 수 없다고 인정되는 때

④ 제1항부터 제3항까지의 규정에 따른 과징금 납부기한의 연장, 분할 납부 또는 담보의 제공 등에 필요한 사항은 대통령령으로 정한다.

(2016.1.6 본조신설)

제6조 【이행강제금】 ① 제5조제1항제1호에 따른 과징금을 부과받은 자는 지체 없이 해당 부동산에 관한 물권을 자신의 명의로 등기하여야 한다. 다만, 제4조제2항 단서에 해당하는 경우에는 그러하지 아니하며, 자신의 명의로 등기할 수 없는 정당한 사유가 있는 경우에는 그 사유가 소멸된 후 지체 없이 자신의 명의로 등기하여야 한다.

② 제1항을 위반한 자에 대하여는 과징금 부과일(제1항 단서 후단의 경우에는 등기할 수 없는 사유가 소멸한 때를 말한다)부터 1년이 지난 때에 부동산평가액의 100분의 10에 해당하는 금액을, 다시 1년이 지난 때에 부동산평가액의 100분의 20에 해당하는 금액을 각각 이행강제금으로 부과한다.

③ 이행강제금에 관하여는 제5조제4항부터 제7항까지의 규정을 준용한다.

(전문개정 2010.3.31)

1. 이행강제금 부과 취지 및 매도인이 악의인 계약명의신탁에서 명의신탁자가 이행강제금 부과대상인지 여부(소극) ① 부동산실명법 3조 1항, 4조 2항 단서, 5조 1항 1호, 6조 1항, 2항의 규정 내용과 체계 등을 종합하면, 부동산실명법이 3조 1항을 위반한 명의신탁자에 대하여 위반행위 자체에 대한 제재로서 과징금을 부과하는 것에 그치지 않고 명의신탁자에게 부동산에 관한 물권을 자신의 명의로 등기할 의무를 부과하고 위반할 경우 이행강제금을 부과하도록 정한 것은, 이를 통하여 명의신탁자에게 심리적 압박을 주어 위반행위로 초래된 등기명의와 실체적 권리관계의 불일치 상태를 해소할 것을 간접적으로 강제함으로써 위법상태를 제거하고 부동산실명법의 실효성을 확보하기 위한 데 취지가 있다. ② 매도인이 악의인 계약명의신탁에서 부동산실명법 4조에 따라 명의신탁약정과 물권변동이 모두 무효인 까닭으로 명의신탁자가 부동산의 소유자를 상대로 이전등기청구권을 가지지 못하는 경우까지 부동산에 관한 물권을 자신의 명의로 등기하지 아니하였다는 이유로 명의신탁자에게 이행강제금을 부과하는 것은 부동산실명법 6조가 정한 이행강제금의 제도적 취지에 부합한다고 보기 어렵다. 매도인이 악의인 계약명의신탁에서 명의신탁자는 부동산실명법 6조가 정한 이행강제금 부과대상에 해당하지 아니한다.(대판 2016.6.28, 2014두6456)

제7조 【벌칙】 ① 다음 각 호의 어느 하나에 해당하는 자는 5년 이하의 징역 또는 2억원 이하의 벌금에 처한다. (2016.1.6 본항개정)

1. 제3조제1항을 위반한 명의신탁자
2. 제3조제2항을 위반한 채권자 및 같은 항에 따른 서면에 채무자를 거짓으로 적어 제출하게 한 실채무자

② 제3조제1항을 위반한 명의수탁자는 3년 이하의 징역 또는 1억원 이하의 벌금에 처한다. (2016.1.6 본항개정)

③ (2016.1.6 본항삭제)

(전문개정 2010.3.31)

제8조 【종중, 배우자 및 종교단체에 대한 특례】 다음 각 호의 어느 하나에 해당하는 경우로서 조세 포탈, 강제집행의 면탈(免脫) 또는 법령상 제한의 회피를 목적으로 하지 아니하는 경우에는 제4조부터 제7조까지 및 제12조제1항부터 제3항까지를 적용하지 아니한다. (2013.7.12 본조개정)

1. 종중(宗中)이 보유한 부동산에 관한 물권을 종중(종중과 그 대표자를 같이 표시하여 등기한 경우를 포함한다) 외의 자의 명의로 등기한 경우
2. 배우자 명의로 부동산에 관한 물권을 등기한 경우
3. 종교단체의 명의로 그 산하 조직이 보유한 부동

산에 관한 물권을 등기한 경우
(전문개정 2010.3.31)
(2013.7.12 본조제목개정)
▣ 종중의 등기능력(등기26), 부부재산관계(민830 · 839조의2)

▶종 중

1. 종중이 위토로 사용하기 위하여 농지를 취득하여 타인명의로 등기한 경우 명의신탁의 유효 구 농지개혁법 시행 당시 종중이 위토로 사용하기 위하여 농지를 취득하여 종중 외의 자의 명의로 등기한 경우, 그 명의신탁은 법령상 제한을 회피하기 위한 것이라고 볼 수 없어 유효하다.(대판 2006.1.27, 2005다59871)

2. 명의신탁자인 종중이 제3자이의의 소를 제기할 수 있는지 여부(소극) 8조 1호에 해당할 경우 종중의 명의신탁약정은 여전히 그 효력을 유지하는 것이지만, 소유권이 대외적으로 수탁자에게 귀속하므로 명의신탁자는 신탁을 이유로 제3자에 대하여 그 소유권을 주장할 수 없고 집행채권자에게 대항할 수 있는 권리가 될 수 없으므로 결국 명의신탁자인 종중은 명의신탁된 부동산에 관하여 제3자이의의 소의 원인이 되는 권리를 가지고 있지 않다고 할 것이다.(대판 2007.5.10, 2007다7409)

3. 종중 유사의 비법인사단의 포함 여부(소극) 부동산실명법의 제정목적, 위 조항에 의한 특례의 인정취지, 다른 비법인 사단과의 형평성 등을 고려할 때 8조 1호에서 말하는 종중은 고유의 의미의 종중만을 가리키고, 종중 유사의 비법인사단은 포함하지 않는 것으로 보아야 한다.(대판 2007.10.25, 2006다14165)

▶배우자

4. 부부간의 명의신탁과 강제집행 면탈의 목적 부동산에 관하여 부부간의 명의신탁 약정에 따른 등기가 있는 경우 그것이 조세 포탈 등을 목적으로 한 것이라는 점은 예외에 속한다. 따라서 이러한 목적이 있다는 이유로 등기가 무효라는 점은 이를 주장하는 자가 증명하여야 한다. '조세 포탈 등의 목적'은 명의신탁약정과 그에 따른 등기의 효력을 가리는 기준이 될 뿐만 아니라 과징금 · 이행강제금의 부과 요건, 형벌조항의 범죄구성요건에 해당한다. 이러한 목적이 있는지는 부부간의 재산관리 관행을 존중하려는 특례규정의 목적과 취지, 부부의 재산관계와 거래의 안전에 미치는 영향, 조세 포탈 등의 행위를 처벌하는 다른 형벌조항과의 체계적 연관성 등을 고려하여 판단하여야 한다. '강제집행의 면탈'을 목적으로 한 명의신탁에 해당하려면 민사집행법에 따른 강제집행 또는 가압류 · 가처분의 집행을 받을 우려가 있는 객관적인 상태, 즉 채권자가 본안 또는 보전소송을 제기하거나 제기할 태세를 보이고 있는 상태에서 한쪽 배우자가 상대방 배우자에게 부동산을 명의신탁함으로써 채권자가 집행할 재산을 발견하기 곤란하게 할 목적이 있다고 인정되어야 한다. 부부간의 명의신탁 당시에 막연한 장래에 채권자가 집행할 가능성을 염두에 두었다는 것만으로 강제집행 면탈의 목적을 섣불리 인정해서는 안 된다.(대판 2017.12.5, 2015다240645)

5. 신탁 이후 혼인한 경우 명의신탁의 유효 명의신탁등기가 부동산실명법에 따라 무효가 된 후 신탁자와 수탁자가 혼인하여 그 등기명의자가 배우자로 된 경우, 혼인한 때로부터 8조 2호의 특례가 적용된다.(대판 2002.10.25, 2002다23840)

6. 신탁 이후 이혼한 경우 명의신탁의 유효 법 시행 이전에 행하여진 명의신탁등기로서 같은 법 시행 당시 신탁자와 수탁자가 배우자 관계에 있었고, 비록 유예기간 중에 제기된 부동산물권에 관한 쟁송의 본안판결 확정일로부터 1년 이내에 재판상 이혼을 하고 그의 명의로 실명등기를 하지 아니하였다고 하더라도 수탁자와 사이의 명의신탁약정 및 이에 따른 부동산물권변동은 유효하다.(대판 2002.9.27, 2001다42592)

7. 부부간 명의신탁에서 명의신탁관계가 종료된 경우, 신탁자의 수탁자에 대한 소유권이전등기청구권이 신탁자의 책임재산이 되는지 여부(적극) 부부간의 명의신탁약정은 특별한 사정이 없는 한 유효하고, 이때 명의신탁자는 명의수탁자에 대하여 신탁해지를 하고 신탁관계의 종료 그것만을 이유로 하여 소유 명의의 이전등기절차의 이행을 청구할 수 있음은 물론, 신탁해지를 원인으로 하고 소유권에 기해서도 그와 같은 청구를 할 수 있는데, 이와 같이 명의신탁관계가 종료된 경우 신탁자의 수탁자에 대한 소유권이전등기청구권은 신탁자의 일반채권자들에게 공동담보로 제공되는 책임재산이 된다. 그런데 신탁자가 유효한 명의신탁약정을 해지함을 전제로 신탁된 부동산을 제3자에게 직접 처분하면서 수탁자 및 제3자와의 합의 아래 중간등기를 생략하고 수탁자에게서 곧바로 제3자 앞으로 소유권이전등기를 마쳐 준 경우 이로 인하여 신탁자의 책임재산인 수탁자에 대한 소유권이전등기청구권이 소멸하게 되므로, 이로써 신탁자의 소극재산이 적극재산을 초과하게 되거나 채무초과상태가 더 나빠지게 되고 신탁자도 그러한 사실을 인식하고 있었다면 이러한 신탁자의 법률행위는 신탁자의 일반채권자들을 해하는 행위로서 사해행위에 해당한다.(대판 2016.7.29, 2015다56086)

제9조 【조사 등】 ① 특별자치도지사 · 특별자치시장 · 시장 · 군수 또는 구청장은 필요하다고 인정하는 경우에는 제3조, 제10조부터 제12조까지 및 제14조를 위반하였는지를 확인하기 위한 조사를 할 수 있다. (2016.1.6 본항개정)
② 국세청장은 탈세 혐의가 있다고 인정하는 경우에는 제3조, 제10조부터 제12조까지 및 제14조를 위반하였는지를 확인하기 위한 조사를 할 수 있다.
③ 공무원이 그 직무를 수행할 때에 제3조, 제10조부터 제12조까지 및 제14조를 위반한 사실을 알게 된 경우에는 국세청장과 해당 부동산의 소재지를 관할하는 특별자치도지사 · 특별자치시장 · 시장 · 군수 또는 구청장에게 그 사실을 통보하여야 한다. (2016.1.6 본항개정)
(전문개정 2010.3.31)

제10조 【장기미등기자에 대한 벌칙 등】 ①「부동산등기 특별조치법」 제2조제1항, 제11조 및 법률 제4244호 부동산등기특별조치법 부칙 제2조를 적용받는 자로서 다음 각 호의 어느 하나에 해당하는 날부터 3년 이내에 소유권이전등기를 신청하지 아니한 등기권리자(이하 "장기미등기자"라 한다)에게는 부동산평가액의 100분의 30의 범위에서 과징금(「부동산등기 특별조치법」 제11조에 따른 과태료가 이미 부과된 경우에는 그 과태료에 상응하는 금액을 뺀 금액을 말한다)을 부과한다. 다만, 제4조제2항 본문 및 제12조제1항에 따라 등기의 효력이 발생하지 아니하여 새로 등기를 신청하여야 할 사유가 발생한 경우와 등기를 신청하지 못할 정당한 사유가 있는 경우에는 그러하지 아니하다.
1. 계약당사자가 서로 대가적(代價的)인 채무를 부담하는 경우에는 반대급부의 이행이 사실상 완료된 날
2. 계약당사자의 어느 한쪽만이 채무를 부담하는 경우에는 그 계약의 효력이 발생한 날

② 제1항에 따른 과징금의 부과기준은 부동산평가

액, 소유권이전등기를 신청하지 아니한 기간, 조세를 포탈하거나 법령에 따른 제한을 회피할 목적으로 하였는지 여부, 「부동산등기 특별조치법」 제11조에 따른 과태료가 부과되었는지 여부 등을 고려하여 대통령령으로 정한다.

③ 제1항의 과징금에 관하여는 제5조제4항부터 제7항까지 및 제5조의2를 준용한다. (개정 2016.1.6 본항개정)

④ 장기미등기자가 제1항에 따라 과징금을 부과받고도 소유권이전등기를 신청하지 아니하면 제6조제2항 및 제3항을 준용하여 이행강제금을 부과한다.

⑤ 장기미등기자(제1항 단서에 해당하는 자는 제외한다)는 5년 이하의 징역 또는 2억원 이하의 벌금에 처한다. (2016.1.6 본항개정)

(전문개정 2010.3.31)

■ 법률규정에 의한 물권변동(민187)

1. 명의신탁등기 과징금 부과처분과 장기미등기 과징금 부과처분의 관계 및 토지거래허가구역 내에 있는 토지를 매수한 사람이 토지거래허가를 받지 않은 경우 과징금을 부과할 수 있는지 여부(소극) ① 명의신탁등기 과징금과 장기미등기 과징금은 위반행위의 태양, 부과 요건, 근거 조항을 달리하므로, 각 과징금 부과처분의 사유는 상호 간에 기본적 사실관계의 동일성이 없다. 그러므로 그중 어느 하나의 처분사유에 의한 과징금 부과처분에 대하여 당해 처분사유가 아닌 다른 처분사유가 존재한다는 이유로 적법하다고 판단하는 것은 특별한 사정이 없는 한 행정소송법상 직권심사주의의 한계를 넘는 것으로서 허용될 수 없다. ② 토지거래허가구역 내의 토지에 관한 거래계약은 관할 행정청으로부터 허가받기 전까지는 채권적 효력도 발생하지 않아 무효이어서 권리의 이전 또는 설정에 관한 어떠한 내용의 이행청구도 할 수 없다. 그러므로 토지거래허가구역 내에 있는 토지를 매수한 사람이 토지거래허가를 받지 않은 이상 부동산실명법 10조 1항이 정하는 기간 내에 소유권이전등기를 신청하지 않았다고 하더라도 과징금을 부과할 수는 없다.(대판 2017.5.17, 2016두53050)

2. 조세포탈이나 법령제한회피 목적이 없다고 본 사례 등기권리자가 10조 1항에서 정한 3년의 유예기간이 경과하기 전에 등기의무자들 및 그 상속인들을 상대로 소유권이전등기소송을 제기하여 승소판결을 받아 그 판결이 확정되었으나, 위 판결 선고 후에야 등기의무자의 공동상속인 중 1명이 제소 전에 사망한 사실을 알게 되어 다시 소송을 제기하는 과정에서 등기의무자들 전부를 상대로 승소판결을 선고받으려고 하였기 때문에 위 유예기간이 경과하도록 등기권리자 명의의 소유권이전등기를 신청하지 못한 경우, 위 유예기간이 경과한 시점을 기준으로 할 때 등기권리자가 그 이전부터 가지고 있던 조세포탈이나 법령에 의한 제한을 회피할 목적이 계속 유지되었다거나 그 후 새로이 그와 같은 목적을 가지고 소유권이전등기를 신청하지 아니한 것으로 볼 수 없다.(대판 2005.9.15, 2005두3257)

3. 장기미등기자가 소정의 기간 경과 후 등기신청의무를 이행한 경우 이행강제금 부과 여부(소극) 부동산실명법 10조 1항, 4항, 6조 2항의 내용, 체계 및 취지 등을 종합하면, 장기미등기자에 대하여 부과되는 이행강제금은 소유권이전등기신청의무 불이행이라는 과거의 사실에 대한 제재인 과징금과 달리, 장기미등기자에게 등기신청의무를 이행하지 아니하면 이행강제금이 부과된다는 심리적 압박을 주어 의무의 이행을 간접적으로 강제하는 행정상의 간접강제 수단에 해당한다. 따라서 장기미등기자가 이행강제금 부과 전에 등기신청의무를 이행하였다면 이행강제금의 부과로써 이행을 확보하고자 하는 목적은 이미 실현된 것이므로 부동산실명법 6조 2항에 규정된 기간이 지나서 등기신청의무를 이행한 경우라 하더라도 이행강제금을 부과할 수 없다.(대판 2016.6.23, 2015두36454)

4. '등기를 신청하지 못할 정당한 사유가 있는 경우'의 의미 장기미등기자에 대하여 과징금을 부과할 수 없는 사유의 하나로 정한 '등기를 신청하지 못할 정당한 사유가 있는 경우'란 장기미등기자의 책임으로 돌릴 수 없는 법령상 또는 사실상의 장애로 인하여 그에게 등기신청의무의 이행을 기대하는 것이 무리라고 볼 만한 사정이 있는 경우를 말한다.(대판 2020.8.20, 2019두63485)

제11조【기존 명의신탁약정에 따른 등기의 실명등기 등】 ① 법률 제4944호 부동산실권리자명의등기에관한법률 시행 전에 명의신탁약정에 따라 부동산에 관한 물권을 명의수탁자의 명의로 등기하거나 등기하도록 한 명의신탁자(이하 "기존 명의신탁자"라 한다)는 법률 제4944호 부동산실권리자명의등기에관한법률 시행일부터 1년의 기간(이하 "유예기간"이라 한다) 이내에 실명등기하여야 한다. 다만, 공용징수, 판결, 경매 또는 그 밖에 법률에 따라 명의수탁자로부터 제3자에게 부동산에 관한 물권이 이전된 경우(상속에 의한 이전은 제외한다)와 종교단체, 향교 등이 조세 포탈, 강제집행의 면탈을 목적으로 하지 아니하고 명의신탁한 부동산으로서 대통령령으로 정하는 경우는 그러하지 아니하다.

② 다음 각 호의 어느 하나에 해당하는 경우에는 제1항에 따라 실명등기를 한 것으로 본다. (2011.5.19; 2016.1.6; 2019.11.26 본항개정)

1. 기존 명의신탁자가 해당 부동산에 관한 물권에 대하여 매매나 그 밖의 처분행위를 하고 유예기간 이내에 그 처분행위로 인한 취득자에게 직접 등기를 이전한 경우
2. 기존 명의신탁자가 유예기간 이내에 다른 법률에 따라 해당 부동산의 소재지를 관할하는 특별자치도지사·특별자치시장·시장·군수 또는 구청장에게 매각을 위탁하거나 대통령령으로 정하는 바에 따라 「한국자산관리공사 설립 등에 관한 법률」에 따라 설립된 한국자산관리공사에 매각을 의뢰한 경우. 다만, 매각위탁 또는 매각의뢰를 철회한 경우에는 그러하지 아니하다.

③ 실권리자의 귀책사유 없이 다른 법률에 따라 제1항 및 제2항에 따른 실명등기 또는 매각처분 등을 할 수 없는 경우에는 그 사유가 소멸한 때부터 1년 이내에 실명등기 또는 매각처분 등을 하여야 한다.

④ 법률 제4944호 부동산실권리자명의등기에관한법률 시행 전 또는 유예기간 중에 부동산물권에 관한 쟁송이 법원에 제기된 경우에는 그 쟁송에 관한 확정판결(이와 동일한 효력이 있는 경우를 포함한다)이 있은 날부터 1년 이내에 제1항 및 제2항에 따른 실명등기 또는 매각처분 등을 하여야 한다.

(전문개정 2010.3.31)

■ 법률규정에 의한 물권변동(민187)

1. 유예기간 경과 후 명의신탁 해지를 원인으로 한 소유권이전등기청구 가부(소극) 유예기간이 경과한 날 이후부터 명의신탁약정과 그에 따라 행하여진 등기에 의한 부동산에 관한 물권변동이 무효가 되므로, 명의신탁자는 더 이상 명의신탁 해지를 원인으로 하는 소유권이전등기를 청구할 수 없다.(대판 2007.6.14, 2005다5140)

2. 유예기간 경과 후 수탁자의 소유권 주장 가부(소극) 수탁자로서는 신탁자는 물론 제3자에 대한 관계에서도 수탁된 부동산에 대한 소유권자임을 주장할 수 없고, 소유권에 기한 물권적 청구권을 행사할 수도 없다.(대판 2006.8.24, 2006다18402, 18419)

3. '부동산물권에 관한 쟁송'의 의미 부동산실명 11조 4항의 '부동산물권에 관한 쟁송'이라 함은 명의신탁자가 당사자로서 해당 부동산에 관하여 자신이 실권리자임을 주장하여 이를 공적으로 확인받기 위한 쟁송이면 족하다.(대판 1998.11.10, 98다30827)

4. 부동산 물권에 관한 쟁송의 의미 쟁송제기 주체가 명의신탁자가 아닌 명의신탁자의 채권자가 명의신탁자를 대위하여 명의수탁자를 상대로 소송을 제기한 경우에도 이에 해당하며, 그 결과에 의하여 곧바로 실명등기를 할 수 있어야 하는 쟁송으로 제한되는 것도 아니지만, 적어도 다툼의 대상인 권리관계가 확정되기 전까지는 실명등기를 할 수 없는 쟁송이어야 한다.(대판 2011.5.26, 2010다21214)

5. 유예기간 후에 제기된 '부동산물권에 관한 쟁송'이 법 시행 전 또는 유예기간 중에 제기된 소와 함께 전체로서 일체가 됨으로써 그와 같은 일련의 소송 계속 중에는 기존 명의신탁관계가 실효되지 않는다고 인정하기 위한 요건 부동산실명법 시행 전 또는 유예기간 중에 '부동산물권에 관한 쟁송'이 제1차로 제기되어 판결이 선고되었으나, 판결 결과만으로는 실명전환을 할 수 없어 유예기간 경과 후 다시 실명전환을 위한 제2차 소송이 제1차 소송 확정 후 상당한 기간 내에 이루어진 경우, 그 같은 일련의 소송 계속 중에는 기존 명의신탁관계가 실효되지 않는다.(대판 2011.5.26, 2010다21214)

6. 명의신탁자가 제소당한 경우도 '부동산물권에 관한 쟁송'에 포함되는지 여부(적극) 법의 실명전환 취지를 고려할 때, 이 쟁송에는 명의신탁자가 기존 명의신탁약정에 기하여 직접 쟁송을 제기한 경우뿐만 아니라 명의신탁자가 명의신탁관계를 부정당하여 제소당한 경우도 포함된다.(대판 1998.6.26, 98다12874)

7. 명의신탁자가 명의수탁자를 상대로 제기한 불법행위 손해배상청구소송이 부동산물권에 관한 쟁송에 포함되는지 여부(소극) 명의신탁자가 동법 시행 전에 명의수탁자를 상대로 제기한 근저당권설정행위라는 불법행위에 따른 손해배상을 구하는 소는 부동산물권에 관한 쟁송'에 해당한다고 보기 어렵다.(대판 2011.5.26, 2010다21214)

8. 착오로 수탁자의 공동상속인 일부를 쟁송의 상대방에서 누락시킨 경우 부동산물권에 관한 쟁송이 제기된 것으로 보아야 하는지 여부(적극) 수탁자의 지위를 승계한 공동상속인들 중 일부를 착오로 쟁송의 상대방에서 누락시켰다고 하더라도 그 쟁송의 취지가 당해 명의신탁관계 전체를 대상으로 삼고 있는 것인 한, 그 누락된 공동상속인에 대하여도 '부동산물권에 관한 쟁송'이 제기된 것으로 보아야 하고, 이 경우 누락된 상속인을 상대로 제기한 제2차 소송이 쟁송의 계속이라고 평가될 수 있다면 이를 일체로 하여 쟁송이 계속되었다고 볼 수 있다. 누락 상대방의 추가가 시행 전 또는 유예기간 중에 이루어진 이상, 위 일련의 소송의 계속중에는 기존의 명의신탁관계가 실효되지 않는다.(대판 1998.11.10, 98다30827)

9. 신탁자를 상대로 한 인도청구소송과 신탁자가 제기한 명의신탁해지를 원인으로 한 소유권이전등기청구소송이 일체로서 부동산물권에 관한 쟁송에 해당한다는 사례 수탁자 또는 전득자가 신탁자를 상대로 부동산 물권에 터잡아 제기한 인도 청구소송 등에서 신탁자가 부동산의 실질적 소유권을 적극 주장하여 수탁자 또는 전득자의 패소가 확정되어 신탁자가 협의에 의한 소유권 회복을 기대하고 있다가 이에 응하지 아니하자 부득이 명의신탁해지를 원인으로 소유권이전등기 청구소송을 제기한 경우, 그 소송이 상당한 기간 내에 이루어진 것으로서 당해 부동산에 관한 쟁송이 계속되고 있다고 평가되는 경우라면 일련의 인도 청구소송과 소유권이전등기 청구소송 등은 그 전체가 일체가 되어 '부동산물권에 관한 쟁송'에 해당된다.(대판 1998.6.26, 98다12874)

제12조【실명등기의무 위반의 효력 등】 ① 제11조에 규정된 기간 이내에 실명등기 또는 매각처분 등을 하지 아니한 경우 그 기간이 지난 날 이후의 명의신탁약정 등의 효력에 관하여는 제4조를 적용한다.
② 제11조를 위반한 자에 대하여는 제3조제1항을 위반한 자에 준하여 제5조, 제5조의2 및 제6조를 적용한다. (2016.1.6 본항개정)
③ 법률 제4944호 부동산실권리자명의등기에관한법률 시행 전에 명의신탁약정에 따른 등기를 한 사실이 없는 자가 제11조에 따른 실명등기를 가장하여 등기한 경우에는 5년 이하의 징역 또는 2억원 이하의 벌금에 처한다.
(전문개정 2010.3.31)

제12조의2【양벌규정】 법인 또는 단체의 대표자나 법인·단체 또는 개인의 대리인·사용인 및 그 밖의 종업원이 그 법인·단체 또는 개인의 업무에 관하여 제7조, 제10조제5항 또는 제12조제3항의 위반행위를 하면 그 행위자를 벌하는 외에 그 법인·단체 또는 개인에게도 해당 조문의 벌금형을 과한다. 다만, 법인·단체 또는 개인이 그 위반행위를 방지하기 위하여 해당 업무에 관하여 상당한 주의와 감독을 게을리하지 아니한 경우에는 그러하지 아니하다.
(2016.1.6 본조신설)

제13조【실명등기에 대한 조세부과의 특례】 ① 제11조에 따라 실명등기를 한 부동산이 1건이고 그 가액이 5천만원 이하인 경우로서 다음 각 호의 어느 하나에 해당하는 경우에는 이미 면제되거나 적게 부과된 조세 또는 부과되지 아니한 조세는 추징(追徵)하지 아니한다. 이 경우 실명등기를 한 부동산의 범위 및 가액의 계산에 대하여는 대통령령으로 정한다.

1. 종전의 「소득세법」(법률 제4803호로 개정되기 전의 법률을 말한다) 제5조제6호에 따라 명의신탁자 및 그와 생계를 같이 하는 1세대(世帶)가 법률 제4944호 부동산실권리자명의등기에관한 법률 시행 전에 1세대1주택 양도에 따른 비과세를 받은 경우로서 실명등기로 인하여 해당 주택을 양도한 날에 비과세에 해당하지 아니하게 되는 경우
2. 종전의 「상속세법」(법률 제5193호로 개정되기 전의 법률을 말한다) 제32조의2에 따라 명의자에게 법률 제4944호 부동산실권리자명의등기에

관한법률 시행 전에 납세의무가 성립된 증여세를 부과하는 경우
② 실명등기를 한 부동산이 비업무용 부동산에 해당하는 경우로서 유예기간(제11조제3항 및 제4항의 경우에는 그 사유가 소멸한 때부터 1년의 기간을 말한다) 종료 시까지 해당 법인의 고유업무에 직접 사용할 때에는 법률 제6312호 지방세법중개정법률 부칙 제10조에도 불구하고 종전의 「지방세법」(법률 제6312호로 개정되기 전의 법률을 말한다) 제112조제2항의 세율을 적용하지 아니한다.
(전문개정 2010.3.31)

제14조【기존 양도담보권자의 서면 제출 의무 등】 ① 법률 제4944호 부동산실권리자명의등기에관한법률 시행 전에 채무의 변제를 담보하기 위하여 채권자가 부동산에 관한 물권을 이전받은 경우에는 법률 제4944호 부동산실권리자명의등기에관한법률 시행일부터 1년 이내에 채무자, 채권금액 및 채무변제를 위한 담보라는 뜻이 적힌 서면을 등기관에게 제출하여야 한다.
② 제1항을 위반한 채권자 및 제1항에 따른 서면에 채무자를 거짓으로 적어 제출하게 한 실채무자에 대하여는 해당 부동산평가액의 100분의 30의 범위에서 과징금을 부과한다.
③ 제2항에 따른 과징금의 부과기준은 부동산평가액, 제1항을 위반한 기간, 조세를 포탈하거나 법령에 따른 제한을 회피할 목적으로 위반하였는지 여부 등을 고려하여 대통령령으로 정한다.
④ 제2항에 따른 과징금에 관하여는 제5조제4항부터 제7항까지 및 제5조의2를 준용한다.
(2016.1.6 본항개정)
(전문개정 2010.3.31)

第15條 (1997.12.13 삭제)

附 則 (2002.3.30)

① **【시행일】** 이 법은 공포한 날부터 시행한다.
② **【적용례】** 제5조제1항·제3항(제12조제2항의 규정에 의하여 적용되는 경우를 포함한다), 제10조제1항·제2항 및 제14조제2항·제3항의 개정규정은 이 법 시행후 최초로 과징금을 부과하는 분부터 적용한다. 다만, 종전의 규정에 의하여 부과된 과징금처분(행정심판 또는 행정소송이 제기된 것에 한한다)에 대하여도 이를 적용한다.

附 則 (2007.5.11)

① **【시행일】** 이 법은 공포한 날부터 시행한다.
② **【적용례】** 제5조제2항(제12조제2항의 규정에 따라 적용되는 경우를 포함한다)의 개정규정은 이 법 시행 후 최초로 과징금을 부과하는 분부터 적용한다. 다만, 종전의 규정에 따라 부과된 과징금처분(행정심판 또는 행정소송이 제기되어 그 절차가 종료되지 아니한 것에 한한다)에 대하여도 이를 적용한다.

附 則 (2007.8.3)

제1조【시행일】 이 법은 공포 후 1년 6개월이 경과한 날부터 시행한다.(이하 생략)

부 칙 (2010.3.31)

이 법은 공포한 날부터 시행한다.

부 칙 (2011.5.19) (금융회사부실자산 등의 효율적 처리 및 한국자산관리공사의 설립에 관한 법률)

제1조【시행일】 이 법은 공포한 날부터 시행한다.

부 칙 (2013.7.12)

제1조【시행일】 이 법은 공포한 날부터 시행한다.
제2조【종교단체에 대한 특례 규정의 적용례】 제8조제3호의 개정규정은 이 법 시행 전에 종교단체의 명의로 그 산하 조직이 보유한 부동산에 관한 물권을 등기한 경우로서 조세 포탈, 강제집행의 면탈 또는 법령상 제한의 회피를 목적으로 하지 아니하는 경우에는 법률 제4944호 부동산실권리자명의등기에관한법률의 시행일로 소급하여 적용한다.

부 칙 (2013.8.6) (지방세외수입금의 징수 등에 관한 법률)

제1조【시행일】 이 법은 공포 후 1년이 경과한 날부터 시행한다. (이하생략)

부 칙 (2016.1.6)

이 법은 공포 후 1년이 경과한 날부터 시행한다. (이하생략)

부 칙 (2019.11.26) (한국자산관리공사 설립 등에 관한 법률)

제1조【시행일】 이 법은 공포한 날부터 시행한다. (이하생략)

부 칙 (2020.3.24) (지방세외수입금의 징수 등에 관한 법률)

제1조【시행일】 이 법은 공포한 날부터 시행한다. (이하생략)

금융실명거래 및 비밀보장에 관한 법률

(1997年 12月 31日 法 律 第5493號)

改正
1998. 9.16法5552號(소득)
1999.12.28法6051號(소득)
1999.12.28法6062號(우체국예금·보험에관한법)
2001. 3.28法6429號(상호신용금고법)
2002. 3.30法6682號
2004. 1.29法7115號
2004. 3.12法7189號(공선거)
2006. 3.24法7886號
2007. 8. 3法8635號(자본시장)
2008. 2.29法8863號(금융감독기구의설치등에관한법률)
2008.12.31法9324號
2010. 5.17法10303號(은행)
2011. 3.31法10522號(농업협동조합법)
2011. 7.14法10854號
2013. 5.28法11845號
2013. 8.13法12098號
2014. 5.28法12711號
2016. 5.29法14242號(수산업협동조합법)
2018.12.11法15929號
2019.11.26法16651號
2020. 3.24法17113號
2020.12.29法17758號
2020.12.29.法17799號
2021. 1.26法17914號

제1조【목적】 이 법은 실지명의(實地名義)에 의한 금융거래를 실시하고 그 비밀을 보장하여 금융거래의 정상화를 꾀함으로써 경제정의를 실현하고 국민경제의 건전한 발전을 도모함을 목적으로 한다.
(2011.7.14 본조개정)

제2조【정의】 이 법에서 사용하는 용어의 뜻은 다음과 같다.
1. "금융회사등"이란 다음 각 목의 것을 말한다.
  가. 「은행법」에 따른 은행
  나. 「중소기업은행법」에 따른 중소기업은행
  다. 「한국산업은행법」에 따른 한국산업은행
  라. 「한국수출입은행법」에 따른 한국수출입은행
  마. 「한국은행법」에 따른 한국은행
  바. 「자본시장과 금융투자업에 관한 법률」에 따른 투자매매업자·투자중개업자·집합투자업자·신탁업자·증권금융회사·종합금융회사 및 명의개서대행회사
  사. 「상호저축은행법」에 따른 상호저축은행 및 상호저축은행중앙회
  아. 「농업협동조합법」에 따른 조합과 그 중앙회 및 농협은행
  자. 「수산업협동조합법」에 따른 조합과 그 중앙회 및 수협은행
  차. 「신용협동조합법」에 따른 신용협동조합 및 신용협동조합중앙회
  카. 「새마을금고법」에 따른 금고 및 중앙회
  타. 「보험업법」에 따른 보험회사
  파. 「우체국예금·보험에 관한 법률」에 따른 체신관서
  하. 그 밖에 대통령령으로 정하는 기관
2. "금융자산"이란 금융회사등이 취급하는 예금·적금·부금(賦金)·계금(契金)·예탁금·출자금·신탁재산·주식·채권·수익증권·출자지분·어음·수표·채무증서 등 금전 및 유가증권과 그 밖에 이와 유사한 것으로서 총리령으로 정하는 것을 말한다.
3. "금융거래"란 금융회사등이 금융자산을 수입(受入)·매매·환매·중개·할인·발행·상환·환급·수탁·등록·교환하거나 그 이자, 할인액 또는 배당을 지급하는 것과 이를 대행하는 것 또는 그 밖에 금융자산을 대상으로 하는 거래로서 총리령으로 정하는 것을 말한다.
4. "실지명의"란 주민등록표상의 명의, 사업자등록증상의 명의, 그 밖에 대통령령으로 정하는 명의를 말한다.

(2011.7.14 전문개정, 2016.5.29 본조개정)

제3조【금융실명거래】 ① 금융회사등은 거래자의 실지명의(이하 "실명"이라 한다)로 금융거래를 하여야 한다.
② 금융회사등은 제1항에도 불구하고 다음 각 호의 어느 하나에 해당하는 경우에는 실명을 확인하지 아니할 수 있다.
1. 실명이 확인된 계좌에 의한 계속거래(繼續去來), 공과금 수납 및 100만원 이하의 송금 등의 거래로서 대통령령으로 정하는 거래
2. 외국통화의 매입, 외국통화로 표시된 예금의 수입(受入) 또는 외국통화로 표시된 채권의 매도 등의 거래로서 대통령령으로 정하는 기간 동안의 거래
3. 다음 각 목의 어느 하나에 해당하는 채권(이하 "특정채권"이라 한다)으로서 법률 제5493호 금융실명거래및비밀보장에관한법률 시행일(1997년 12월 31일) 이후 1998년 12월 31일 사이에 재정경제부장관이 정하는 발행기간·이자율 및 만기 등의 발행조건으로 발행된 채권의 거래
  가. 고용 안정과 근로자의 직업능력 향상 및 생활 안정 등을 위하여 발행되는 대통령령으로 정하는 채권
  나. 「외국환거래법」 제13조에 따른 외국환평형기금 채권으로서 외국통화로 표시된 채권
  다. 중소기업의 구조조정 지원 등을 위하여 발행되는 대통령령으로 정하는 채권
  라. 「자본시장과 금융투자업에 관한 법률」 제329조에 따라 증권금융회사가 발행한 사채
  마. 그 밖에 국민생활 안정과 국민경제의 건전한 발전을 위하여 발행되는 대통령령으로 정하

는 채권

③ 누구든지 「특정 금융거래정보의 보고 및 이용 등에 관한 법률」 제2조제4호에 따른 불법재산의 은닉, 같은 조 제5호에 따른 자금세탁행위 또는 같은 조 제6호에 따른 공중협박자금조달행위 및 강제집행의 면탈, 그 밖에 탈법행위를 목적으로 타인의 실명으로 금융거래를 하여서는 아니 된다. (2014.5.28 본항신설, 2020.3.24 본항개정)

④ 금융회사등에 종사하는 자는 제3항에 따른 금융거래를 알선하거나 중개하여서는 아니 된다. (2014.5.28 본항신설)

⑤ 제1항에 따라 실명이 확인된 계좌 또는 외국의 관계 법령에 따라 이와 유사한 방법으로 실명이 확인된 계좌에 보유하고 있는 금융자산은 명의자의 소유로 추정한다. (2014.5.28 본항신설)

⑥ 금융회사등은 금융위원회가 정하는 방법에 따라 제3항의 주요 내용을 거래자에게 설명하여야 한다. (2014.5.28 본항신설)

⑦ 실명거래의 확인 방법 및 절차, 확인 업무의 위탁과 그 밖에 필요한 사항은 대통령령으로 정한다. (2014.5.28 본항신설)

제4조 【금융거래의 비밀보장】 ① 금융회사등에 종사하는 자는 명의인(신탁의 경우에는 위탁자 또는 수익자를 말한다)의 서면상의 요구나 동의를 받지 아니하고는 그 금융거래의 내용에 대한 정보 또는 자료(이하 "거래정보등"이라 한다)를 타인에게 제공하거나 누설하여서는 아니 되며, 누구든지 금융회사등에 종사하는 자에게 거래정보등의 제공을 요구하여서는 아니 된다. 다만, 다음 각 호의 어느 하나에 해당하는 경우로서 그 사용 목적에 필요한 최소한의 범위에서 거래정보등을 제공하거나 그 제공을 요구하는 경우에는 그러하지 아니하다. (2013.5.28, 2019.11.26, 2020.12.29. 본항개정)

1. 법원의 제출명령 또는 법관이 발부한 영장에 따른 거래정보등의 제공
2. 조세에 관한 법률에 따라 제출의무가 있는 과세자료 등의 제공과 소관 관서의 장이 상속·증여 재산의 확인, 조세탈루의 혐의를 인정할 만한 명백한 자료의 확인, 체납자(체납액 5천만원 이상인 체납자의 경우에는 체납자의 재산을 은닉한 혐의가 있다고 인정되는 다음 각 목에 해당하는 사람을 포함한다)의 재산조회, 「국세징수법」 제9조제1항 각 호의 어느 하나에 해당하는 사유로 조세에 관한 법률에 따른 질문·조사를 위하여 필요로 하는 거래정보등의 제공
   가. 체납자의 배우자(사실상 혼인관계에 있는 사람을 포함한다)
   나. 체납자의 6촌 이내 혈족
   다. 체납자의 4촌 이내 인척
3. 「국정감사 및 조사에 관한 법률」에 따른 국정조사에 필요한 자료로서 해당 조사위원회의 의결에 따른 금융감독원장(「금융위원회의 설치 등에 관한 법률」 제24조에 따른 금융감독원의 원장을 말한다. 이하 같다) 및 예금보험공사사장(「예금자보호법」 제3조에 따른 예금보험공사의 사장을 말한다. 이하 같다)의 거래정보등의 제공
4. 금융위원회(증권시장·파생상품시장의 불공정거래조사의 경우에는 증권선물위원회를 말한다. 이하 이 조에서 같다), 금융감독원장 및 예금보험공사사장이 금융회사등에 대한 감독·검사를 위하여 필요로 하는 거래정보등의 제공으로서 다음 각 목의 어느 하나에 해당하는 경우와 제3호에 따라 해당 조사위원회에 제공하기 위한 경우
   가. 내부자거래 및 불공정거래행위 등의 조사에 필요한 경우
   나. 고객예금 횡령, 무자원(無資源) 입금 기표(記票) 후 현금 인출 등 금융사고의 적발에 필요한 경우
   다. 구속성예금 수입(受入), 자기앞수표 선발행(先發行) 등 불건전 금융거래행위의 조사에 필요한 경우
   라. 금융실명거래 위반, 장부 외 거래, 출자자 대출, 동일인 한도 초과 등 법령 위반행위의 조사에 필요한 경우
   마. 「예금자보호법」에 따른 예금보험업무 및 「금융산업의 구조개선에 관한 법률」에 따라 예금보험공사사장이 예금자표(預金者表)의 작성업무를 수행하기 위하여 필요한 경우
5. 동일한 금융회사등의 내부 또는 금융회사등 상호간에 업무상 필요한 거래정보등의 제공
6. 금융위원회 및 금융감독원장이 그에 상응하는 업무를 수행하는 외국 금융감독기관(국제금융감독기구를 포함한다. 이하 같다)과 다음 각 목의 사항에 대한 업무협조를 위하여 필요로 하는 거래정보등의 제공
   가. 금융회사등 및 금융회사등의 해외지점·현지법인 등에 대한 감독·검사
   나. 「자본시장과 금융투자업에 관한 법률」 제437조에 따른 정보교환 및 조사 등의 협조
7. 「자본시장과 금융투자업에 관한 법률」에 따라 거래소허가를 받은 거래소(이하 "거래소"라 한다)가 다음 각 목의 경우에 필요로 하는 투자매매업자·투자중개업자가 보유한 거래정보등의 제공
   가. 「자본시장과 금융투자업에 관한 법률」 제404조에 따른 이상거래(異常去來)의 심리 또는 회원의 감리를 수행하는 경우
   나. 이상거래의 심리 또는 회원의 감리와 관련하여 거래소에 상응하는 업무를 수행하는 외국

거래소 등과 협조하기 위한 경우. 다만, 금융위원회의 사전 승인을 받은 경우로 한정한다.
8. 그 밖에 법률에 따라 불특정 다수인에게 의무적으로 공개하여야 하는 것으로서 해당 법률에 따른 거래정보등의 제공

② 제1항제1호부터 제4호까지 또는 제6호부터 제8호까지의 규정에 따라 거래정보등의 제공을 요구하는 자는 다음 각 호의 사항이 포함된 금융위원회가 정하는 표준양식에 의하여 금융회사등의 특정 점포에 이를 요구하여야 한다. 다만, 제1항제1호에 따라 거래정보등의 제공을 요구하거나 같은 항 제2호에 따라 거래정보등의 제공을 요구하는 경우로서 부동산(부동산에 관한 권리를 포함한다. 이하 이 항에서 같다)의 보유기간, 보유 수, 거래 규모 및 거래 방법 등 명백한 자료에 의하여 대통령령으로 정하는 부동산거래와 관련한 소득세 또는 법인세의 탈루혐의가 인정되어 그 탈루사실의 확인이 필요한 자(해당 부동산 거래를 알선·중개한 자를 포함한다)에 대한 거래정보등의 제공을 요구하는 경우 또는 체납액 1천만원 이상인 체납자의 재산조회를 위하여 필요한 거래정보등의 제공을 대통령령으로 정하는 바에 따라 요구하는 경우에는 거래정보등을 보관 또는 관리하는 부서에 이를 요구할 수 있다.
1. 명의인의 인적사항
2. 요구 대상 거래기간
3. 요구의 법적 근거
4. 사용 목적
5. 요구하는 거래정보등의 내용
6. 요구하는 기관의 담당자 및 책임자의 성명과 직책 등 인적사항

③ 금융회사등에 종사하는 자는 제1항 또는 제2항을 위반하여 거래정보등의 제공을 요구받은 경우에는 그 요구를 거부하여야 한다.

④ 제1항 각 호[종전의 금융실명거래에관한법률(대통령긴급재정경제명령 제16호로 폐지되기 전의 것을 말한다) 제5조제1항제1호부터 제4호까지 및 금융실명거래및비밀보장에관한긴급재정경제명령(법률 제5493호로 폐지되기 전의 것을 말한다. 이하 같다) 제4조제1항 각 호를 포함한다]에 따라 거래정보등을 알게 된 자는 그 알게 된 거래정보등을 타인에게 제공 또는 누설하거나 그 목적 외의 용도로 이용하여서는 아니 되며, 누구든지 거래정보등을 알게 된 자에게 그 거래정보등의 제공을 요구하여서는 아니 된다. 다만, 금융위원회 또는 금융감독원장이 제1항제4호 및 제6호에 따라 알게 된 거래정보등을 외국 금융감독기관에 제공하거나 거래소가 제1항제7호에 따라 외국거래소 등에 거래정보등을 제공하는 경우에는 그러하지 아니하다.
(2013.5.28 본항개정)

⑤ 제1항 또는 제4항을 위반하여 제공 또는 누설된 거래정보등을 취득한 자(그로부터 거래정보등을 다시 취득한 자를 포함한다)는 그 위반사실을 알게 된 경우 그 거래정보등을 타인에게 제공 또는 누설하여서는 아니 된다.

⑥ 다음 각 호의 법률의 규정에 따라 거래정보등의 제공을 요구하는 경우에는 해당 법률의 규정에도 불구하고 제2항에 따른 금융위원회가 정한 표준양식으로 하여야 한다. (2020.3.24. 본항개정)
1. 「감사원법」 제27조제2항
2. 「정치자금법」 제52조제2항
3. 「공직자윤리법」 제8조제5항
4. (2020.12.29 삭제)
5. 「상속세 및 증여세법」 제83조제1항
6. 「특정 금융거래정보의 보고 및 이용 등에 관한 법률」 제13조제3항
7. 「과세자료의 제출 및 관리에 관한 법률」 제6조제1항

[단순위헌, 2020헌가5, 2022.2.24, 구 금융실명거래 및 비밀보장에 관한 법률(2019. 11. 26. 법률 제16651호로 개정되고, 2020. 12. 29. 법률 제17758호로 개정되기 전의 것) 제4조 제1항 본문 중 '누구든지 금융회사등에 종사하는 자에게 거래정보등의 제공을 요구하여서는 아니 된다' 부분 및 같은 법 제6조 제1항 중 위 해당 부분, 금융실명거래 및 비밀보장에 관한 법률(2020. 12. 29. 법률 제17758호로 개정된 것) 제4조 제1항 본문 중 '누구든지 금융회사등에 종사하는 자에게 거래정보등의 제공을 요구하여서는 아니 된다' 부분 및 같은 법 제6조 제1항 중 위 해당 부분은 헌법에 위반된다.]

제4조의2【거래정보등의 제공사실의 통보】 ① 금융회사등은 명의인의 서면상의 동의를 받아 거래정보등을 제공한 경우나 제4조제1항제1호·제2호(조세에 관한 법률에 따라 제출의무가 있는 과세자료 등의 경우는 제외한다)·제3호 및 제8호에 따라 거래정보등을 제공한 경우에는 제공한 날(제2항 또는 제3항에 따라 통보를 유예한 경우에는 통보유예기간이 끝난 날)부터 10일 이내에 제공한 거래정보등의 주요 내용, 사용 목적, 제공받은 자 및 제공일 등을 명의인에게 서면으로 통보하여야 한다.

② 금융회사등은 통보 대상 거래정보등의 요구자로부터 다음 각 호의 어느 하나에 해당하는 사유로 통보의 유예를 서면으로 요청받은 경우에는 제1항에도 불구하고 유예요청기간(제2호 또는 제3호의 사유로 요청을 받은 경우로서 그 유예요청기간이 6개월 이상인 경우에는 6개월) 동안 통보를 유예하여야 한다.
1. 해당 통보가 사람의 생명이나 신체의 안전을 위협할 우려가 있는 경우
2. 해당 통보가 증거 인멸, 증인 위협 등 공정한 사법절차의 진행을 방해할 우려가 명백한 경우

3. 해당 통보가 질문·조사 등의 행정절차의 진행을 방해하거나 과도하게 지연시킬 우려가 명백한 경우

③ 금융회사등은 거래정보등의 요구자가 제2항 각 호의 어느 하나에 해당하는 사유가 지속되고 있음을 제시하고 통보의 유예를 서면으로 반복하여 요청하는 경우에는 요청받은 날부터 두 차례만(제2항 제1호의 경우는 제외한다) 매 1회 3개월의 범위에서 유예요청기간 동안 통보를 유예하여야 한다. 다만, 제4조제1항제2호(조세에 관한 법률에 따라 제출의무가 있는 과세자료 등의 경우는 제외한다)에 따른 거래정보등의 제공을 요구하는 자가 통보의 유예를 요청하는 경우에는 요청을 받은 때마다 그 날부터 6개월의 범위에서 유예요청기간 동안 통보를 유예하여야 한다.

④ 제1항에 따라 금융회사등이 거래정보등의 제공사실을 명의인에게 통보하는 경우에 드는 비용은 대통령령으로 정하는 바에 따라 제4조제1항에 따라 거래정보등의 제공을 요구하는 자가 부담한다.

⑤ 다음 각 호의 법률의 규정에 따라 거래정보등의 제공을 요구하는 경우에는 제1항부터 제4항까지의 규정을 적용한다.

1. 「감사원법」 제27조제2항
2. 「정치자금법」 제52조제2항
3. 「공직자윤리법」 제8조제5항
4. (2020.12.29 삭제)
5. 「상속세 및 증여세법」 제83조제1항
6. 「과세자료의 제출 및 관리에 관한 법률」 제6조제1항

제4조의3 【거래정보등의 제공내용의 기록·관리】 ① 금융회사등은 명의인의 서면상의 동의를 받아 명의인 외의 자에게 거래정보등을 제공한 경우나 제4조제1항제1호·제2호(조세에 관한 법률에 따라 제출의무가 있는 과세자료 등의 경우는 제외한다)·제3호·제4호·제6호·제7호 또는 제8호에 따라 명의인 외의 자로부터 거래정보등의 제공을 요구받거나 명의인 외의 자에게 거래정보등을 제공한 경우에는 다음 각 호의 사항이 포함된 금융위원회가 정하는 표준양식으로 기록·관리하여야 한다. (2013.8.13, 2018.12.11 본항개정)

1. 요구자(담당자 및 책임자)의 인적사항, 요구하는 내용 및 요구일

1의2. 사용 목적(명의인의 서면상의 동의를 받아 명의인 외의 자에게 거래정보등을 제공한 경우는 제외한다)

2. 제공자(담당자 및 책임자)의 인적사항 및 제공일
3. 제공된 거래정보등의 내용
4. 제공의 법적 근거
5. 명의인에게 통보한 날
6. 통보를 유예한 경우 통보유예를 한 날, 사유, 기간 및 횟수

② 제1항에 따른 기록은 거래정보등을 제공한 날(제공을 거부한 경우에는 그 제공을 요구받은 날)부터 5년간 보관하여야 한다.

③ 다음 각 호의 법률의 규정에 따라 거래정보등의 제공을 요구하는 경우에는 제1항 및 제2항을 적용한다. (2020.3.24 본항개정)

1. 「감사원법」 제27조제2항
2. 「정치자금법」 제52조제2항
3. 「공직자윤리법」 제8조제5항
4. (2020.12.29 삭제)
5. 「상속세 및 증여세법」 제83조제1항
6. 「특정 금융거래정보의 보고 및 이용 등에 관한 법률」 제13조제3항
7. 「과세자료의 제출 및 관리에 관한 법률」 제6조제1항

제4조의4 【금융위원회의 업무】 금융위원회는 이 법 또는 다른 법률에 따른 거래정보등의 요구, 제공, 통보 및 통보유예 현황을 파악하여 분석하고 그 결과를 매년 정기국회에 보고하여야 한다.
(2018.12.11 본조개정)

제5조 【비실명자산소득에 대한 차등과세】 실명에 의하지 아니하고 거래한 금융자산에서 발생하는 이자 및 배당소득에 대하여는 소득세의 원천징수세율을 100분의 90{특정채권에서 발생하는 이자소득의 경우에는 100분의 20(2001년 1월 1일 이후부터는 100분의 15)}으로 하며, 「소득세법」 제14조제2항에 따른 종합소득과세표준의 계산에는 이를 합산하지 아니한다.
(2011.7.14 본조개정)

제5조의2 【행정처분】 ① 금융위원회는 금융회사등이 이 법 또는 이 법에 따른 명령이나 지시를 위반한 사실을 발견하였을 때에는 다음 각 호의 어느 하나에 해당하는 조치를 하거나 해당 금융회사등의 영업에 관한 행정제재처분의 권한을 가진 관계 행정기관의 장에게 그 조치를 요구할 수 있다.

1. 위반행위의 시정명령 또는 중지명령
2. 위법행위로 인한 조치를 받았다는 사실의 공표명령 또는 게시명령
3. 기관경고
4. 기관주의

② 금융위원회는 금융회사등이 다음 각 호의 어느 하나에 해당하는 경우에는 6개월 이내의 범위에서 그 업무의 전부 또는 일부의 정지를 명하거나 해당 금융회사등의 영업에 관한 행정제재처분의 권한을 가진 관계 행정기관의 장에게 그 조치를 요구할 수 있다.

1. 제1항제1호 및 제2호에 따른 명령을 이행하지 아니한 경우
2. 제1항제3호에 따른 기관경고를 3회 이상 받은

경우
3. 그 밖에 이 법 또는 이 법에 따른 명령이나 지시를 위반하여 건전한 금융거래의 질서 또는 거래자의 이익을 크게 해칠 우려가 있는 경우

③ 금융위원회는 금융회사등의 임원 또는 직원이 이 법 또는 이 법에 따른 명령이나 지시를 위반한 사실을 발견하였을 때에는 다음 각 호의 구분에 따른 조치를 하여 줄 것을 해당 금융회사등의 장에게 요구할 수 있다.
1. 임원: 다음 각 목의 어느 하나에 해당하는 조치
   가. 해임
   나. 6개월 이내의 직무정지
   다. 문책경고
   라. 주의적 경고
   마. 주의
2. 직원: 다음 각 목의 어느 하나에 해당하는 조치
   가. 면직
   나. 6개월 이내의 정직
   다. 감봉
   라. 견책
   마. 주의

④ 제1항 또는 제2항에 따른 요구를 받은 관계 행정기관의 장은 정당한 사유가 없으면 그 요구에 따라야 한다.
(2014.5.28 본조신설)

제6조 【벌칙】 ① 제3조제3항 또는 제4항, 제4조제1항 또는 제3항부터 제5항까지의 규정을 위반한 자는 5년 이하의 징역 또는 5천만원 이하의 벌금에 처한다. (2014.5.28 본항개정)
② 제1항의 징역형과 벌금형은 병과(倂科)할 수 있다.
(2011.7.14 전문개정)

제7조 【과태료】 ① 제3조 · 제4조의2제1항 및 제5항(제4조의2제1항을 적용하는 경우로 한정한다) · 제4조의3을 위반한 금융회사등의 임원 또는 직원에게는 3천만원 이하의 과태료를 부과한다.
(2014.5.28 본항개정)
② 제1항에 따른 과태료는 대통령령으로 정하는 바에 따라 금융위원회가 부과 · 징수한다.
(2011.7.14 전문개정)

제8조 【양벌규정】 법인의 대표자나 법인 또는 개인의 대리인, 사용인, 그 밖의 종업원이 그 법인 또는 개인의 업무에 관하여 제6조 또는 제7조의 위반행위를 하면 그 행위자를 벌하는 외에 그 법인 또는 개인에게도 해당 조문의 벌금 또는 과태료를 과(科)한다. 다만, 법인 또는 개인이 그 위반행위를 방지하기 위하여 해당 업무에 관하여 상당한 주의와 감독을 게을리하지 아니한 경우에는 그러하지 아니하다.
(2011.7.14 전문개정)

제9조 【다른 법률과의 관계】 ① 이 법과 다른 법률이 서로 일치하지 아니하는 경우에는 이 법에 따른다.
② 금융실명거래및비밀보장에관한긴급재정경제명령 시행 당시 같은 긴급재정경제명령보다 우선하여 적용하였던 법률은 제1항에도 불구하고 이 법에 우선하여 적용한다.
(2011.7.14 전문개정)

附 則

第1條 【施行日】 이 法은 公布한 날부터 施行한다.

第2條 【緊急命令의廢止】 금융실명거래및비밀보장에관한긴급재정경제명령(이하 "緊急命令"이라 한다)은 이를 廢止한다.

第3條 【一般的 經過措置】 이 法 施行전의 金融去來의 秘密保障 · 金融資産의 實名轉換 및 金融資産에서 발생한 所得에 대한 所得稅의 源泉徵收에 관하여 이 法이 따로 規定하지 아니하는 것에 대하여는 종전의 緊急命令에 의한다.

第4條 【罰則등에 관한 經過措置】 이 法 施行전의 행위에 대한 罰則 및 過怠料의 적용에 있어서는 종전의 緊急命令에 의한다.

第5條 【旣存金融資産에 대한 實名確認】 ① 金融機關은 종전의 緊急命令 施行전에 金融去來計座가 開設된 金融資産(이하 "旣存金融資産"이라 한다)중 이 法 施行전까지 實名確認되지 아니한 金融資産의 名義人에 대하여는 이 法 施行후 최초의 金融去來가 있는 때에 그 名義가 實名인지의 여부를 확인하여야 한다.
② 金融機關은 第1項의 規定에 의한 확인을 하지 아니하였거나 實名이 아닌 것으로 확인된 旣存金融資産에 대한 支給 · 償還 · 還給 · 還買등을 하여서는 아니된다.
③ 第7條 및 第8條의 規定은 金融機關 任員 또는 職員의 第1項 또는 第2項의 위반행위에 대하여 이를 準用한다. 이 경우 第7條第1項중 "第3條"는 "附則 第5條第1項 또는 第2項"으로 본다.

第6條 【實名轉換者에 대한 課徵金賦課】 ① 金融機關은 旣存金融資産의 去來者가 이 法 施行후 그 名義를 實名으로 轉換하는 경우에는 종전의 緊急命令 施行日 현재의 金融資産 價額에 100分의 50을 적용하여 計算한 금액을 課徵金으로 源泉徵收하여 그 徵收日이 속하는 달의 다음달 10日까지 政府에 납부하여야 한다.
② 旣存金融資産의 去來者가 大統領令이 정하는 사유로 인하여 實名轉換을 하는 것이 곤란하다고 인정되는 경우에는 그 사유가 소멸된 날부터 1月내에 實名轉換하는 경우 第1項의 規定에 불구하고 課徵金을 賦課하지 아니한다.

③ 財政經濟院長官은 第1項의 경우 金融機關이 徵收하였거나 徵收하여야 할 課徵金을 期限내에 납부하지 아니하거나 미달하게 납부한 경우에는 그 金融機關으로부터 납부하지 아니한 課徵金 또는 미달한 課徵金외에 그 課徵金의 100分의 10에 해당하는 金額을 加算金으로 徵收한다.

④ 財政經濟院長官은 第1項 및 第3項의 規定에 의한 課徵金 및 加算金의 徵收·납부·滯納處分 및 還給(이하 "徵收등"이라 한다)에 관한 업무를 國稅廳長에게 위임할 수 있다.

⑤ 第1項 및 第3項의 規定에 의한 課徵金 및 加算金의 徵收등에 관하여는 國稅徵收法·國稅基本法 및 所得稅法을 準用한다. 이 경우 "國稅"는 "課徵金"으로 본다.

第7條【實名轉換資産에 대한 所得稅 源泉徵收】 ① 金融機關은 이 法 施行후 實名으로 轉換된 旣存金融資産에서 발생한 利子 및 配當所得에 대하여는 다음 各號의 規定에 의한 所得稅 源泉徵收不足額의 合計額을 源泉徵收하여 實名轉換日이 속하는 달의 다음 달 10일까지 政府에 납부하여야 한다.

1. 이 法 施行日이후 발생한 利子 및 配當所得에 대하여는 第5條에서 規定하는 源泉徵收稅率을 적용하여 計算한 所得稅 源泉徵收額에서 旣源泉徵收한 所得稅額을 차감한 殘額
2. 1993年 10月 13日이후 이 法 施行日전까지 발생한 利子 및 配當所得에 대하여는 종전의 緊急命令 第9條의 規定에 의한 源泉徵收稅率을 적용하여 計算한 所得稅 源泉徵收額에서 旣源泉徵收한 所得稅額을 차감한 殘額
3. 1993年 10月 12日까지 발생한 利子 및 配當所得에 대하여는 종전의 緊急命令 第8條第1項의 規定에 의하여 計算한 所得稅 源泉徵收額

② 第1項의 規定에 의하여 源泉徵收하는 所得稅額은 實名轉換日 현재의 해당 金融資産價額을 한도로 한다.

③ 金融機關이 第1項의 規定에 의하여 所得稅를 源泉徵收하여 납부한 경우에는 所得稅法 第158條第1項의 規定을 적용하지 아니한다.

第8條【實名轉換金融資産에 대한 稅務調査의 特例등】 ① 이 法 施行후 實名으로 轉換된 旣存金融資産에 대하여는 租稅에 관한 法律에 불구하고 實名轉換과 관련하여 資金의 出處등을 調査하지 아니하며, 그 金融資産을 課稅資料로 하여 종전의 緊急命令 施行전에 納稅義務가 성립된 租稅를 賦課하지 아니한다. 다만, 다음 各號의 1에 해당하는 경우에는 그러하지 아니하다.

1. 30歲미만인 者의 名義로 實名轉換된 金融資産으로서 그 金融資産의 價額이 3千萬원을 초과하는 경우
2. 그 金融資産외의 課稅資料에 의하여 租稅를 賦課하는 경우

② 金融機關은 第1項第1號의 規定에 의한 金融資産에 대하여 그 轉換內容을 大統領令이 정하는 바에 의하여 國稅廳長에게 통보하여야 한다.

③ 第1項의 規定은 이 法 施行전에 實名轉換되어 國稅廳長에게 통보된 金融資産에 대하여도 이를 적용한다.

第9條【特定債券의 去來에 대한 稅務調査의 特例등】 特定債券의 所持人에 대하여는 租稅에 관한 法律에 불구하고 資金의 出處등을 調査하지 아니하며, 이를 課稅資料로 하여 그 債券의 買入전에 納稅義務가 성립된 租稅를 부과하지 아니한다. 다만, 그 債券을 買入한 資金외의 課稅資料에 의하여 租稅를 賦課하는 경우에는 그러하지 아니하다.

第10條【中小企業出資金등에 대한 稅務調査의 特例등】 ① 所得稅法 第1條의 規定에 의한 居住者가 大統領令이 정하는 기간동안 다음 各號의 1에 해당하는 경우에는 당해 資金에 대하여는 租稅에 관한 法律에 불구하고 그 出資 또는 投資와 관련하여 資金의 出處등을 調査하지 아니하며, 이를 課稅資料로 하여 그 出資 또는 投資전에 納稅義務가 성립된 租稅를 賦課하지 아니한다. 다만, 그 出資 또는 投資하는 資金외의 課稅資料에 의하여 租稅를 賦課하는 경우에는 그러하지 아니하다.

1. 大統領令이 정하는 中小企業(法人에 한한다)에 出資하는 경우
2. 中小企業創業支援法에 의한 中小企業創業投資會社 및 中小企業創業投資組合 기타 이와 유사한 法人 또는 組合으로서 大統領令이 정하는 것에 出資하는 경우
3. 中小企業에 대하여 資金을 支援하는 金融機關으로서 大統領令이 정하는 것에 出資하는 경우
4. 租稅減免規制法 第13條의3第1項第2號에 규정하는 벤처企業投資信託의 受益證券에 投資하는 경우

② 第1項第3號의 規定을 적용받고자 하는 居住者는 당해 出資에 대한 負擔金(이하 "出資負擔金"이라 한다)을 大統領令이 정하는 信用保證機關에 出捐하여야 한다.

③ 다음 各號의 1에 해당하는 경우에는 第1項 本文의 規定을 적용하지 아니한다.

1. 30歲미만인 者가 出資 또는 投資하는 경우
2. 他人의 出資持分이나 收益證券을 讓受하는 방법으로 出資 또는 投資하는 경우
3. 出資日 또는 投資日부터 5年이 경과하기 전에 다음 各目의 1에 해당하는 경우. 다만, 出資者 또는 投資者의 死亡 기타 大統領令이 정하는 사유로 인한 경우에는 그러하지 아니하다.
   가. 第1項第1號 내지 第3號에 規定하는 出資支

分을 移轉하거나 回收하는 경우
나. 第1項第4號에 規定하는 벤처企業投資信託의 收益證券을 讓渡하거나 證券投資信託業法 第2條第3項의 規定에 의한 委託會社가 당해 受益證券을 還買하는 경우
4. 租稅를 回避할 目的으로 出資 또는 投資하였다고 인정되는 경우로서 大統領令이 정하는 경우
④ 第2項의 規定에 의한 出資負擔金은 件別 出資額에 다음의 負擔率을 적용하여 計算한 금액으로 한다.

<出資額>	<負擔率>
10億원이하	出資額의 100分의 10
10億원초과	1億원+10億원을 초과하는 金額의 100分의 15

⑤ 出資負擔金의 出捐方法 기타 필요한 사항은 大統領令으로 정한다.
第11條【金融實名去來 및 綜合課稅의 推進】 종전의 緊急命令 第11條의 規定에 의하여 설치된 專擔機構는 大統領令이 정하는 때까지 존속한다.
第12條 (1999.12.28 삭제)
第13條【다른 法律의 改正 및 다른 法令과의 관계】 (이하생략)
⑧ 이 法 施行당시 다른 法令에서 종전의 緊急命令 또는 그 規定을 인용한 경우에 이 法중 그에 해당하는 規定이 있는 때에는 이 法 또는 이 法의 해당 條項을 인용한 것으로 본다.
第14條【다른 法律의 改正에 따른 적용례】 ① 附則 第13條第3項의 相續稅및贈與稅法의 改正規定은 이 法 施行후 최초로 相續稅 또는 贈與稅를 決定하는 것부터 적용한다.
② 附則 第13條第7項의 農漁村特別稅法의 改正規定은 1998年 1月 1日이후 최초로 發生하는 所得을 支給하는 것부터 적용한다.

附 則 (2001.3.28)

第1條【시행일】 이 법은 공포한 날부터 2년을 넘지 아니하는 범위내에서 대통령령이 정하는 날부터 시행한다.(이하 생략)

附 則 (2002.3.30)

이 법은 2002년 7월 1일부터 시행한다.

附 則 (2004.1.29)

이 법은 공포후 6월이 경과한 날부터 시행한다.

附 則 (2006.3.24)

이 법은 공포 후 3개월이 경과하는 날부터 시행한다.

附 則 (2007.8.3)

제1조【시행일】 이 법은 공포 후 1년 6개월이 경과한 날부터 시행한다.(이하 생략)

附 則 (2008.2.29)

제1조【시행일】 이 법은 공포한 날부터 시행한다.(이하 생략)

附 則 (2008.12.31)

이 법은 공포한 날부터 시행한다.

附 則 (2010.5.17)

제1조【시행일】 이 법은 공포 후 6개월이 경과한 날부터 시행한다.(이하 생략)

부 칙 (2011.7.14)

제1조【시행일】 이 법은 공포한 날부터 시행한다. 다만, 제2조제1호카목의 개정규정은 2011년 9월 9일부터 시행하고, 제4조제6항제2호, 제4조의2제5항제2호 및 제4조의3제3항제2호의 개정규정은 공포 후 3개월이 경과한 날부터 시행한다.

부 칙 (2011.3.31) (농업협동조합법)

제1조【시행일】 이 법은 2012년 3월 2일부터 시행한다. (단서 생략)

부 칙 (2011.7.14)

제1조【시행일】 이 법은 공포한 날부터 시행한다. 다만, 제2조제1호카목의 개정규정은 2011년 9월 9일부터 시행하고, 제4조제6항제2호, 제4조의2제5항제2호 및 제4조의3제3항제2호의 개정규정은 공포 후 3개월이 경과한 날부터 시행한다. (이하생략)

부 칙 (2013.5.28) (자본시장과 금융투자업에 관한 법률)

제1조【시행일】 이 법은 공포 후 3개월이 경과한 날부터 시행한다. (이하생략)

부 칙 (2013.8.13)

이 법은 공포 후 1개월이 경과한 날부터 시행한다.

부 칙 (2014.5.28)

제1조【시행일】 이 법은 공포 후 6개월이 경과한 날부터 시행한다.
제2조【벌칙이나 과태료에 관한 경과조치】 이 법 시행 전의 행위에 대하여 벌칙이나 과태료 규정을 적용할 때에는 종전의 규정에 따른다.

부 칙 (2016.5.29) (수산업협동조합법)

제1조【시행일】 2016년 12월 1일부터 시행한다. (이하생략)

부 칙 (2018.12.11)

이 법은 공포 후 6개월이 경과한 날부터 시행한다.

부 칙 (2019.11.26)

이 법은 공포 후 1개월이 경과한 날부터 시행한다.

부 칙 (2020.3.24) (특정 금융거래정보의 보고 및 이용 등에 관한 법률)

제1조【시행일】 이 법은 공포 후 1년이 경과한 날부터 시행한다.
제2조 부터 제5조까지 생략
제6조【다른 법률의 개정】 ① 및 ② 생략
③ 금융실명거래 및 비밀보장에 관한 법률 일부를 다음과 같이 개정한다.
제3조제3항 중 "「특정 금융거래정보의 보고 및 이용 등에 관한 법률」 제2조제3호"를 "「특정 금융거래정보의 보고 및 이용 등에 관한 법률」 제2조제4호"로, "제4호"를 "제5호"로, "제5호"를 "제6호"로 한다.
제4조제6항제6호 및 제4조의3제3항제6호 중 "「특정 금융거래정보의 보고 및 이용 등에 관한 법률」 제10조제3항"을 각각 "「특정 금융거래정보의 보고 및 이용 등에 관한 법률」 제13조제3항"으로 한다.
④ 생략

부 칙 (2020.12.29) (국세징수법)

제1조【시행일】 이 법은 2021년 1월 1일부터 시행한다.
제2조 부터 제23조까지 생략
제24조【다른 법률의 개정】 ①부터 ⑨까지 생략
⑩ 금융실명거래 및 비밀보장에 관한 법률 일부를 다음과 같이 개정한다.
제4조제1항제2호 각 목 외의 부분 중 "「국세징수법」 제14조제1항"을 "「국세징수법」 제9조제1항"으로 한다.
⑪부터 ㉒까지 생략
제25조 및 제26조 생략

부 칙 (2020.12.29) (독점규제 및 공정거래에 관한 법률)

제1조【시행일】 이 법은 공포 후 1년이 경과한 날부터 시행한다. (단서생략)
제2조 부터 제24조까지 생략
제25조【다른 법률의 개정】 ①부터 ⑨까지 생략
⑩ 금융실명거래 및 비밀보장에 관한 법률 일부를 다음과 같이 개정한다.
제4조제6항제4호, 제4조의2제5항제4호 및 제4조의3제3항제4호를 각각 삭제한다.
⑪부터 <82>까지 생략
제26조 생략

부 칙 (2021.1.26)

이 법은 공포 후 6개월이 경과한 날부터 시행한다.

집합건물의 소유 및 관리에 관한 법률

(1984年 4月 10日 法 律 第3725號)

改正
1986. 5.12法3826號
1998.12.28法5592號(등기)
2003. 7.18法6925號 2005. 5.26法7502號
2008.12.26法9175號 2009. 5. 8法9647號
2009. 6. 9法9774號(측량·수로조사및지적에관한법률)
2010. 3.31法10204號
2011. 4.12法10580號(부동산등기법)
2012.12.18法11555號
2013. 3.23法11690號
2014. 6. 3法12783號
2015. 8.11法13474號 → 2016.8.12 시행
2016. 1.19法13805號 → 2016.8.12 시행
2020. 2. 4法16919號 → 2021.2. 5 시행
2023. 3.28法19282號 → 2023.9.29 시행

(2010.3.31 한글개정)

제1장 건물의 구분소유

제1절 총 칙

제1조 【건물의 구분소유】 1동의 건물 중 구조상 구분된 여러 개의 부분이 독립한 건물로서 사용될 수 있을 때에는 그 각 부분은 이 법에서 정하는 바에 따라 각각 소유권의 목적으로 할 수 있다.

1. 1동건물의 증축부분이 구분건물로 되기 위한 요건 법률상 1개의 부동산으로 등기된 기존 건물이 증축되어 증축 부분이 구분소유의 객체가 될 수 있는 구조상 및 이용상의 독립성을 갖추었다고 하더라도 이로써 곧바로 그 증축 부분이 법률상 기존 건물과 별개인 구분건물로 되는 것은 아니고, 구분건물이 되기 위하여는 증축 부분의 소유자의 구분소유 의사가 객관적으로 표시된 구분행위가 있어야 한다.(대판 1999.7.27, 98다32540)

2. 구분소유의 성립을 인정하기 위하여 반드시 집합건축물대장의 등록이나 구분건물의 표시에 관한 등기가 필요한지 여부(소극) 1동의 건물에 대하여 구분소유가 성립하기 위해서는 객관적·물리적인 측면에서 1동의 건물이 존재하고, 구분된 건물부분이 구조상·이용상 독립성을 갖추어야 할 뿐 아니라, 1동의 건물 중 물리적으로 구획된 건물부분을 각각 구분소유권의 객체로 하려는 구분행위가 있어야 한다. 여기서 구분행위는 건물의 물리적 형질에 변경을 가함이 없이 법률관념상 건물의 특정 부분을 구분하여 별개의 소유권의 객체로 하려는 일종의 법률행위로서, 그 시기나 방식에 특별한 제한이 있는 것은 아니고 처분권자의 구분의사가 객관적으로 외부에 표시되면 인정된다. 따라서 구분건물이 물리적으로 완성되기 전에도 건축허가신청이나 분양계약 등을 통하여 장래 신축되는 건물을 구분건물로 하겠다는 구분의사가 객관적으로 표시되면 구분행위의 존재를 인정할 수 있고, 이후 1동의 건물 및 그 구분행위에 상응하는 구분건물이 객관적·물리적으로 완성되면 아직 그 건물이 집합건축물대장에 등록되거나 구분건물로서 등기부에 등기되지 않았더라도 그 시점에서 구분소유가 성립한다.(대판(全) 2013.1.17, 2010다71578)

3. 집합건물 중 전유부분 소유자들이 함께 사용하는 것이 일반적인 건물부분에 관하여 구분의사의 표시행위가 있었는지 판단하는 방법 집합건물 중에서 전유부분 소유자들이 함께 사용하는 것이 일반적인 건물부분의 경우 구분소유권의 성립 여부가 전유부분 소유자들의 권리관계나 거래의 안전에 미치는 영향을 고려하여 구분의사의 표시행위가 있었는지를 신중하게 판단해야 한다. 다세대주택의 지하층은 구분소유자들이 공동으로 사용하는 경우가 적지 않은데, 다세대주택인 1동의 건물을 신축하면서 건축허가를 받지 않고 위법하게 지하층을 건축하였다면 처분권자의 구분의사가 명확하게 표시되지 않은 이상 공용부분으로 추정하는 것이 사회관념이나 거래관행에 부합한다.(대판 2018.2.13, 2016다245289)

4. 집합건물의 공용부분을 구분소유권의 목적으로 할 수 있는지 여부(소극) 집합건물 중 여러 개의 전유부분으로 통하는 복도, 계단, 그 밖에 구조상 구분소유자의 전원 또는 일부의 공용에 제공되는 건물부분은 공용부분으로서 구분소유권의 목적으로 할 수 없다. 이때 건물의 어느 부분이 구분소유자의 전원 또는 일부의 공용에 제공되는지는 소유자들 사이에 특단의 합의가 없는 한 건물의 구조에 따른 객관적인 용도에 의하여 결정된다.
따라서 구분건물에 관하여 구분소유가 성립될 당시 객관적인 용도가 공용부분인 건물부분을 나중에 임의로 개조하는 등으로 이용 상황을 변경하거나 집합건축물대장에 전유부분으로 등록하고 소유권보존등기를 하였더라도 그로써 공용부분이 전유부분이 되어 어느 구분소유자의 전속적인 소유권의 객체가 되지는 않는다.(대판 2016.5.27, 2015다77212)

5. 구조상·이용상 독립성을 갖추지 못한 건물 부분을 구분건물로 건축물관리대장에 등재하고 소유권보존등기를 마친 자가 등기가 무효임을 주장하는 경우 신의칙에 위반되는지 여부(적극) 1동의 건물을 신축한 후 그 건물 중 구조상·이용상 독립성을 갖추지 못한 부분을 스스로 구분건물로 건축물관리대장에 등재하고 소유권보존등기를 마친 자가 구조상·이용상 독립성을 갖출 수 있는데도 건물 부분에 관하여 자신과 매매계약을 체결하여 그에 따라 소유권이전등기를 마친 자 또는 자신과 근저당권설정계약을 체결하여 그에 따라 근저당권설정등기를 마친 자 등을 상대로 그러한 등기가 무효임을 주장하며 이에 대한 멸실등기절차의 이행이나 위와 같은 건물 부분의 인도를 청구하는 것은 신의칙에 위반된다고 볼 여지가 있다. 이러한 법리는 위와 같은 근저당권에 기초한 임의경매절차에서 해당 건물 부분을 매수하여 구분건물로서 소유권이전등기를 마친 자를 상대로 등기의 멸실등기절차의 이행 또는 해당 건물 부분의 인도를 청구하는 경우에도 마찬가지로 적용된다.(대판 2018.3.27, 2015다3471)

6. 구분건물들 사이에서 구조상의 구분이 소멸되는 경우 그

소유관계 구분건물로 등기된 1동의 건물 중 일부에 해당하는 구분건물들 사이에서 구조상의 구분이 소멸되는 경우에 그 구분건물에 해당하는 일부 건물 부분은 종전 구분건물 등기명의자의 공유로 된다. 구조상의 독립성이 상실되지 아니한 나머지 구분건물들의 구분소유권은 그대로 유지됨에 따라 그 일부 건물 부분은 나머지 구분건물들과 독립되는 구조를 이룬다고 할 것이고, 또한 집합건물 중 일부 구분건물에 대한 공유도 당연히 허용되므로 그 일부 건물 부분과 나머지 구분건물들로 구성된 1동의 건물 전체는 집합건물의 소유 및 관리에 관한 법률의 적용을 받는다.(대판 2020.9.7, 2017다204810)

7. 구분건물들 사이의 격벽 제거 등의 방법으로 건물로서의 독립성을 상실하여 일체화된 경우 기존 구분건물에 대한 등기의 효력 ① 1동의 건물 중 구조상 구분된 수개의 부분이 독립한 건물로서 구분소유권의 목적이 되었으나 그 구분건물들 사이의 격벽이 제거되는 등의 방법으로 각 구분선물이 건물로서의 독립성을 상실하여 일체화되고 이러한 일체화 후의 구획을 전유부분으로 하는 1개의 건물이 되었다면 기존 구분건물에 대한 등기는 합동으로 인하여 생겨난 새로운 건물 중에서 위 구분건물이 차지하는 비율에 상응하는 공유지분 등기로서의 효력만 인정된다. ② 인접한 구분건물 사이에 설치된 경계벽이 일정한 사유로 제거됨으로써 각 구분건물이 구분건물로서의 구조상 및 이용상의 독립성을 상실하게 되었다고 하더라도, 각 구분건물의 위치와 면적 등을 특정할 수 있고 사회통념상 그것이 구분건물로서의 복원을 전제로 한 일시적인 것일 뿐만 아니라 그 복원이 용이한 것이라면, 각 구분건물은 구분건물로서의 실체를 상실한다고 쉽게 단정할 수는 없고, 아직도 그 등기는 구분건물을 표상하는 등기로서 유효하다. 그러나 구조상의 구분에 의하여 구분소유권의 객체 범위를 확정할 수 없는 경우에는 구조상의 독립성이 있다고 할 수 없고, 구분소유권의 객체로서 적합한 요건을 갖추지 못한 건물의 일부는 그에 관한 구분소유권이 성립할 수 없으므로, 건축물관리대장상 독립한 별개의 구분건물로 등재되고 등기부상에도 구분소유권의 목적으로 등기되어 있더라도, 그 등기는 그 자체로 무효이다.(대판 2020.2.27, 2018다232898)

8. 구분소유와 대장 등록이나 등기의 관계 구분소유가 성립하는 이상 구분행위에 상응하여 객관적·물리적으로 완성된 구분건물이 구분소유권의 객체가 되고, 구분건물에 관하여 집합건축물대장에 등록하거나 등기부에 등재하는 것은 구분소유권의 내용을 공시하는 사후적 절차일 뿐이다.(대판 2019.10.17, 2017다286485)

제1조의2【상가건물의 구분소유】

① 1동의 건물이 다음 각 호에 해당하는 방식으로 여러 개의 건물부분으로 이용상 구분된 경우에 그 건물부분(이하 "구분점포"라 한다)은 이 법에서 정하는 바에 따라 각각 소유권의 목적으로 할 수 있다. (2020.2.4 본항개정)

1. 구분점포의 용도가 「건축법」 제2조제2항제7호의 판매시설 및 같은 항 제8호의 운수시설일 것
2. (2020.2.4 삭제)
3. 경계를 명확하게 알아볼 수 있는 표지를 바닥에 견고하게 설치할 것
4. 구분점포별로 부여된 건물번호표지를 견고하게 붙일 것

② 제1항에 따른 경계표지 및 건물번호표지에 관하여 필요한 사항은 대통령령으로 정한다.

1. 구분소유권의 객체로서 적합한 물리적 요건을 갖추지 못한 건물의 일부를 경매절차에서 매수한 매수인의 소유권 취득 여부(소극) 1동의 건물의 일부분이 구분소유권의 객체가 될 수 있으려면 그 부분이 이용상은 물론 구조상으로도 다른 부분과 구분되는 독립성이 있어야 하고, 그 이용 상황 내지 이용 형태에 따라 구조상의 독립성 판단의 엄격성에 차이가 있을 수 있으나, 구조상의 독립성은 주로 소유권의 목적이 되는 객체에 대한 물적 지배의 범위를 명확히 할 필요성 때문에 요구된다고 할 것이므로, 구조상의 구분에 의하여 구분소유권의 객체 범위를 확정할 수 없는 경우에는 구조상의 독립성이 있다고 할 수 없다. 그리고 구분소유권의 객체로서 적합한 물리적 요건을 갖추지 못한 건물의 일부는 그에 관한 구분소유권이 성립할 수 없는 것이어서, 건축물관리대장상 독립한 별개의 구분건물로 등재되고 등기부상에도 구분소유권의 목적으로 등기되어 있어 이러한 등기에 기초하여 경매절차가 진행되어 매각허가를 받고 매수대금을 납부하였다 하더라도, 그 등기는 그 자체로 무효이므로 매수인은 소유권을 취득할 수 없다.(대결 2010.1.14, 2009마1449)

2. 구조상 독립성을 갖추지 못한 상태에서 구분소유권의 목적으로 등기된 후 구분소유권의 객체가 된 경우 등기의 효력(유효) 신축건물의 보존등기를 건물 완성 전에 하였더라도 그 후 건물이 완성된 이상 등기를 무효라고 볼 수 없다. 이러한 법리는 1동 건물의 일부분이 구분소유권의 객체로서 적합한 구조상 독립성을 갖추지 못한 상태에서 구분소유권의 목적으로 등기되고 이에 기초하여 근저당권설정등기나 소유권이전등기 등이 순차로 마쳐진 다음 집합건물의 소유 및 관리에 관한 법률 1조의2, '집합건물의 소유 및 관리에 관한 법률 1조의2 1항의 경계표지 및 건물번호표지에 관한 규정'에 따라 경계를 명확하게 식별할 수 있는 표지가 바닥에 견고하게 설치되고 구분점포별로 부여된 건물번호표지도 견고하게 부착되는 등으로 구분소유권의 객체가 된 경우에도 마찬가지이다.(대판 2016.1.28, 2013다59876)

3. 구분건물의 소유권 취득을 목적으로 하는 매매계약에서 매도인의 소유권이전의무가 원시적 불능이 되기 위한 요건 / 구분소유권의 대상이 되는 건물부분이 이용상 독립성을 갖추었는지 판단하는 방법 ① 구분건물의 소유권 취득을 목적으로 하는 매매계약에서 매도인의 소유권이전의무가 원시적 불능이어서 계약이 무효라고 하기 위해서는 단지 매매목적물이 '매매계약 당시' 구분건물로서 구조상, 이용상 독립성을 구비하지 못했다는 정도를 넘어서 '그 후로도' 매매 목적물이 당사자 사이에 약정된 내용에 따른 구조상, 이용상 독립성을 갖추는 것이 사회통념상 불가능하다고 평가될 정도에 이르러야 한다. ② 이용상 독립성이란 구분소유권의 대상이 되는 해당 건물부분이 그 자체만으로 독립하여 하나의 건물로서의 기능과 효용을 갖춘 것을 말한다. 이와 같은 의미의 이용상 독립성이 인정되는지는 해당 부분의 효용가치, 외부로 직접 통행할 수 있는지 등을 고려하여 판단하여야 한다. 특히 해당 건물부분이 1조의2의 적용을 받는 '구분점포'인 경우에는 그러한 구분점포의 특성을 고려하여야 한다.(대판 2017.12.22, 2017다225398)

4. 상가집합건물의 구분점포에 대한 매매의 경우 매매의 대상 상가집합건물의 구분점포에 대한 매매는 원칙적으로 실제 이용현황과 관계없이 집합건축물대장 등 공부에 따라 구조, 위치, 면적이 확정된 구분점포를 매매의 대상으로 삼았다고 보아야 할 것이다. 그러나 1동의 상가집합건물의 점포들이 구분소유 등기가 되어 있기는 하나 실제로는 위 상가건물의 각 점포들에 관한 집합건축물대장 등 공부상 호수와 구조, 위치 및 면적이 실제 이용현황과 일치하지 아니할 뿐만 아니라 그 복원조차 용이하지 아니하여 단지 공부가 위 상가건물에서 각 점포들이 차지하는 면적비율에 관하여 공유지분을 표시하는 정도의 역할만을 하고 있고, 위 점포들이 전전매도되면서 매매당사자들이 실제 이용현황대로의 점포를 매매할 의사를 가지고 거래한 경우 등과 같이 특별한 사

정이 있는 경우에는 그 점포의 구조, 위치, 면적은 실제 이용현황에 의할 수밖에 없다.(대판 2021.6.24, 2021다220666)

5. 일반건물로 등기된 건물이 구분건물의 요건들을 갖춘 경우 도시 및 주거환경정비법 시행령상의 동의 요건 충족 여부 공동주택 등에 관하여 구분소유가 성립한 경우에는, 공동주택 등이 구분건물이 아닌 일반건물로 등기되어 있는 관계로 구분소유자들이 구분등기를 마치지 못하고 형식상 공동주택 등에 관하여 공유등기를 마쳤더라도 위 시행령 조항을 적용하여 구분소유자들을 대표하는 1명만을 소유자로 산정하여 동의 요건 충족 여부를 가릴 것은 아니다. 구분소유자들은 구조상·이용상 독립성을 갖춘 별개의 부동산을 각각 소유하고 있기 때문이다.(대판 2019.11.15, 2019두46763)

6. 집합건축물대장의 등록과 구분등기가 마쳐진 구분점포에 대하여 구분소유권의 요건을 갖추고 있었다고 추정되는지 여부(원칙적 적극) 구분점포에 관하여는 반드시 소관청의 현황조사를 거쳐 위 조항에서 규정한 요건을 충족하는지와 건축물의 실제 현황과 건축물대장의 신청 내용이 일치하는지를 확인한 다음 그 규정에 들어맞는다고 인정될 때에만 집합건축물대장에 등록하고, 이러한 절차를 거쳐 작성된 집합건축물대장이 제출되어야 비로소 구분점포에 관한 소유권 보존등기 및 표시변경등기가 마쳐질 수 있다. 그렇다면 집합건물 1조의2가 시행된 2004. 1. 19. 이후 집합건축물대장의 신규 또는 변경등록이 이루어지고 그에 따라 구분등기가 마쳐진 구분점포에 대하여는, 특별한 사정이 없는 한 집합건물법 소정의 절차에 따라 적법하게 대장이 등록되고 이에 기하여 구분등기가 마쳐진 것으로서 그 등록 및 등기가 마쳐질 당시 집합건물 1조의2에서 정한 구분소유권의 요건을 갖추고 있었다고 추정되고, 그와 다른 사실은 이를 다투는 측에서 주장·증명하여야 한다.(대판 2022.12.29, 2019마5500)

제2조【정의】 이 법에서 사용하는 용어의 뜻은 다음과 같다.

1. "구분소유권"이란 제1조 또는 제1조의2에 규정된 건물부분[제3조제2항 및 제3항에 따라 공용부분(共用部分)으로 된 것은 제외한다]을 목적으로 하는 소유권을 말한다.
2. "구분소유자"란 구분소유권을 가지는 자를 말한다.
3. "전유부분"(專有部分)이란 구분소유권의 목적인 건물부분을 말한다.
4. "공용부분"이란 전유부분 외의 건물부분, 전유부분에 속하지 아니하는 건물의 부속물 및 제3조제2항 및 제3항에 따라 공용부분으로 된 부속의 건물을 말한다.
5. "건물의 대지"란 전유부분이 속하는 1동의 건물이 있는 토지 및 제4조에 따라 건물의 대지로 된 토지를 말한다.
6. "대지사용권"이란 구분소유자가 전유부분을 소유하기 위하여 건물의 대지에 대하여 가지는 권리를 말한다.

1. 부동산이 신탁된 경우 대지사용권의 성립 여부 판단 부동산이 신탁된 경우 대지사용권의 성립 여부나 성립된 대지사용권의 법적 성질은, 신탁계약의 체결 경위, 신탁계약의 목적이나 내용에 비추어 신탁재산 독립의 원칙에 반하는 등 특별한 사정이 없는 한, 대내외적으로 수탁자가 신탁 부동산의 소유자임을 전제로 판단하여야 한다.(대판 2021.11.11, 2020다278170)

2. 집합건물 대지의 소유자가 대지사용권 없는 구분소유자에 대하여 전유부분의 철거를 구할 수 있는지 여부 및 권리남용 여부 ① 1동의 집합건물의 구분소유자들은 그 전유부분을 구분소유하면서 건물의 대지 전체를 공동으로 점유·사용하는 것이므로, 대지 소유자는 대지사용권 없이 전유부분을 소유하면서 대지를 무단 점유하는 구분소유자에 대하여 그 전유부분의 철거를 구할 수 있다. ② 집합건물 대지의 소유자는 대지사용권을 갖지 아니한 구분소유자에 대하여 전유부분의 철거를 구할 수 있고, 일부 전유부분만의 철거가 사실상 불가능하다고 하더라도 이는 집행개시의 장애요건에 불과할 뿐이어서 대지 소유자의 건물 철거 청구가 권리남용에 해당한다고 볼 수 없다.(대판 2021.7.8, 2017다204247)

제2조의2【다른 법률과의 관계】 집합주택의 관리 방법과 기준, 하자담보책임에 관한 「주택법」 및 「공동주택관리법」의 특별한 규정은 이 법에 저촉되어 구분소유자의 기본적인 권리를 해치지 아니하는 범위에서 효력이 있다. (본조개정 2015.8.11, 2016.8.12 시행)

제3조【공용부분】 ① 여러 개의 전유부분으로 통하는 복도, 계단, 그 밖에 구조상 구분소유자 전원 또는 일부의 공용(共用)에 제공되는 건물부분은 구분소유권의 목적으로 할 수 없다.

② 제1조 또는 제1조의2에 규정된 건물부분과 부속의 건물은 규약으로써 공용부분으로 정할 수 있다.

③ 제1조 또는 제1조의2에 규정된 건물부분의 전부 또는 부속건물을 소유하는 자는 공정증서(公正證書)로써 제2항의 규약에 상응하는 것을 정할 수 있다.

④ 제2항과 제3항의 경우에는 공용부분이라는 취지를 등기하여야 한다.

1. 구분소유자가 집합건물의 공용부분을 정당한 권원 없이 배타적으로 점유·사용하는 경우 부당이득 성립 여부 ① 구분소유자 중 일부가 정당한 권원 없이 집합건물의 복도, 계단 등과 같은 공용부분을 배타적으로 점유·사용함으로써 이익을 얻고, 그로 인하여 다른 구분소유자들이 해당 공용부분을 사용할 수 없게 되었다면, 공용부분을 무단점유한 구분소유자는 특별한 사정이 없는 한 해당 공용부분을 점유·사용함으로써 얻은 이익을 부당이득으로 반환할 의무가 있다. 해당 공용부분이 구조상 이를 별개 용도로 사용하거나 다른 목적으로 임대할 수 있는 대상이 아니더라도, 무단점유로 인하여 다른 구분소유자들이 해당 공용부분을 사용·수익할 권리가 침해되었고 이는 그 자체로 민법 741조에서 정한 손해로 볼 수 있다. ② 이러한 법리는 구분소유자가 아닌 제3자가 집합건물의 공용부분을 정당한 권원 없이 배타적으로 점유·사용하는 경우에도 마찬가지로 적용된다.(대판(全) 2020.5.21, 2017다220744)

2. 집합건물의 외벽이 공용부분인지 판단하는 기준 및 집합건물 공용부분과 관련한 행정청의 처분에 관하여 구분소유자에게도 취소를 구할 원고적격이 인정되는지 여부 ① 집합건물에서 건물의 안전이나 외관을 유지하기 위하여 필요한 지주, 지붕, 외벽, 기초공작물 등은 구조상 구분소유자의 전원 또는 일부의 공용에 제공되는 부분으로서 구분소유권의 목적이 되지 않으며 건물의 골격을 이루는 외벽이 구분소유권자의 전원 또는 일부의 공용에 제공되는지는 그것이 1동 건물 전체의 안전이나 외관을 유지하기 위하여 필요한 부분인지에 따라 결정되어야 하고 그 외벽의 바깥쪽 면도 외벽과 일체를 이루는 공용부분이다. ② 건축법은 집합건물의 공용부분을 대수선하려는 자로 하여금 구분소유자 전원을 구성원으로 하는 관리단집회에서 구분소유자 2/3 이상

및 의결권 2/3 이상의 결의로써 그 대수선에 동의하였다는 사정을 증명해야 대수선에 관한 허가를 받을 수 있도록 규정하고 있다. 이와 같은 건축법 규정은 구분소유자들이 공유하고 각자 그 용도에 따라 사용할 수 있는 공용부분의 대수선으로 인하여 공용부분의 소유·사용에 제한을 받을 수 있는 구분소유자의 개별적 이익을 구체적이고 직접적으로 보호하는 규정으로 볼 수 있다. 따라서 집합건물 공용부분의 대수선과 관련한 행정청의 허가, 사용승인 등 일련의 처분에 관하여는 처분의 직접 상대방 외에 해당 집합건물의 구분소유자에게도 취소를 구할 원고적격이 인정된다.(대판 2024.3.12, 2021두58998)

제4조【규약에 따른 건물의 대지】 ① 통로, 주차장, 정원, 부속건물의 대지, 그 밖에 전유부분이 속하는 1동의 건물 및 그 건물이 있는 토지와 하나로 관리되거나 사용되는 토지는 규약으로써 건물의 대지로 할 수 있다.

② 제1항의 경우에는 제3조제3항을 준용한다.

③ 건물이 있는 토지가 건물이 일부 멸실함에 따라 건물이 있는 토지가 아닌 토지로 된 경우에는 그 토지는 제1항에 따라 규약으로써 건물의 대지로 정한 것으로 본다. 건물이 있는 토지의 일부가 분할로 인하여 건물이 있는 토지가 아닌 토지로 된 경우에도 같다.

제5조【구분소유자의 권리·의무 등】 ① 구분소유자는 건물의 보존에 해로운 행위나 그 밖에 건물의 관리 및 사용에 관하여 구분소유자 공동의 이익에 어긋나는 행위를 하여서는 아니 된다.

② 전유부분이 주거의 용도로 분양된 것인 경우에는 구분소유자는 정당한 사유 없이 그 부분을 주거 외의 용도로 사용하거나 그 내부 벽을 철거하거나 파손하여 증축·개축하는 행위를 하여서는 아니 된다.

③ 구분소유자는 그 전유부분이나 공용부분을 보존하거나 개량하기 위하여 필요한 범위에서 다른 구분소유자의 전유부분 또는 자기의 공유(共有)에 속하지 아니하는 공용부분의 사용을 청구할 수 있다. 이 경우 다른 구분소유자가 손해를 입었을 때에는 보상하여야 한다.

④ 전유부분을 점유하는 자로서 구분소유자가 아닌 자(이하 "점유자"라 한다)에 대하여는 제1항부터 제3항까지의 규정을 준용한다.

제6조【건물의 설치·보존상의 흠 추정】 전유부분이 속하는 1동의 건물의 설치 또는 보존의 흠으로 인하여 다른 자에게 손해를 입힌 경우에는 그 흠은 공용부분에 존재하는 것으로 추정한다.

제7조【구분소유권 매도청구권】 대지사용권을 가지지 아니한 구분소유자가 있을 때에는 그 전유부분의 철거를 청구할 권리를 가진 자는 그 구분소유자에 대하여 구분소유권을 시가(時價)로 매도할 것을 청구할 수 있다.

제8조【대지공유자의 분할청구 금지】 대지 위에 구분소유권의 목적인 건물이 속하는 1동의 건물이 있을 때에는 그 대지의 공유자는 그 건물 사용에 필요한 범위의 대지에 대하여는 분할을 청구하지 못한다.

1. 집합건물의 대지에 관한 공유물분할 청구가 예외적으로 허용되는 경우 위 규정의 입법 취지는 1동의 건물로서 개개의 구성부분이 독립한 구분소유권의 대상이 되는 집합건물의 존립 기초를 확보하려는 데 있다. 집합건물의 대지는 그 지상의 구분소유권과 일체성 또는 불가분성을 가지는데 일반의 공유와 같이 공유지분권에 기한 공유물분할을 인정한다면 그 집합건물의 대지사용관계는 파탄에 이르게 되므로 집합건물의 공동생활관계의 보호를 위하여 분할청구가 금지된다. 따라서 집합건물 대지의 공유자가 청구한 대지의 분할청구가 허용되는지를 판단할 때 집합건물 8조의 입법 취지가 우선 고려되어야 한다. 집합건물의 대지를 집합건물의 구분소유자인 공유자와 구분소유자가 아닌 공유자가 공유하고 있고, 당해 대지를 집합건물의 구분소유자인 공유자에게 취득시키고 구분소유자가 아닌 나른 공유자에게는 그 지분의 가격을 취득시키는 것이 공유자 간의 실질적인 공평을 해치지 않는다고 인정되는 특별한 사정이 있어 그와 같이 공유물을 분할하는 것이 허용되는 경우에는, 그러한 공유물에 대한 분할청구는 집합건물 8조의 입법 취지에 비추어 허용된다.(대판 2023.9.14, 2022다271753)

제9조【담보책임】 ① 제1조 또는 제1조의2의 건물을 건축하여 분양한 자(이하 "분양자"라 한다)와 분양자와의 계약에 따라 건물을 건축한 자로서 대통령령으로 정하는 자(이하 "시공자"라 한다)는 구분소유자에 대하여 담보책임을 진다. 이 경우 그 담보책임에 관하여는 「민법」 제667조 및 제668조를 준용한다. (2012.12.18 본항개정)

② 제1항에도 불구하고 시공자가 분양자에게 부담하는 담보책임에 관하여 다른 법률에 특별한 규정이 있으면 시공자는 그 법률에서 정하는 담보책임의 범위에서 구분소유자에게 제1항의 담보책임을 진다. (2012.12.18 본항신설)

③ 제1항 및 제2항에 따른 시공자의 담보책임 중 「민법」 제667조제2항에 따른 손해배상책임은 분양자에게 회생절차개시 신청, 파산 신청, 해산, 무자력(無資力) 또는 그 밖에 이에 준하는 사유가 있는 경우에만 지며, 시공자가 이미 분양자에게 손해배상을 한 경우에는 그 범위에서 구분소유자에 대한 책임을 면(免)한다. (2012.12.18 본항신설)

④ 분양자와 시공자의 담보책임에 관하여 이 법과 「민법」에 규정된 것보다 매수인에게 불리한 특약은 효력이 없다. (2012.12.18 본항신설)

1. 집합건물의 수분양자가 집합건물을 양도한 경우 하자담보추급권의 귀속 9조에 따른 하자담보추급권은 집합건물의 수분양자가 집합건물을 양도한 경우 양도 당시 양도인이 이를 행사하기 위하여 유보하였다는 등의 특별한 사정이 없는 한 현재의 집합건물의 구분소유자에게 귀속한다.(대판 2016.7.22, 2013다95070)

2. 시공자의 분양자에 대한 하자보수를 갈음하는 손해배상채무의 소멸시효가 완성된 경우 시공자의 구분소유자에 대한 하자보수를 갈음하는 손해배상채무도 소멸하는지 여부 (소극) 시공자의 구분소유자에 대한 제1 채무와 시공자의 분양자에 대한 제2 채무는 엄연히 별도의 채무이므로 제2 채무의 소멸시효가 완성되었다고 하여 제1 채무가 이를 이유로 당연히 소멸한다고 할 수 없다. 집합건물 9조 2항은 시공자의 구분소유자에 대한 담보책임 범위, 3항은 시공자의 구분소유자에 대한 담보책임 발생요건 및 소멸사유에 관하

여 각각 규정함으로써 양 채무가 서로 일정하게 관련되어 있음을 나타내고 있으나, 그렇다고 이러한 규정들로부터 제2 채무의 시효 소멸로 인하여 제1 채무가 소멸된다는 점을 도출할 수는 없다.(대판 2023.12.7, 2023다246600)

제9조의2【담보책임의 존속기간】 ① 제9조에 따른 담보책임에 관한 구분소유자의 권리는 다음 각 호의 기간 내에 행사하여야 한다.

1. 「건축법」 제2조제1항제7호에 따른 건물의 주요구조부 및 지반공사의 하자: 10년
2. 제1호에 규정된 하자 외의 하자: 하자의 중대성, 내구연한, 교체가능성 등을 고려하여 5년의 범위에서 대통령령으로 정하는 기간

② 제1항의 기간은 다음 각 호의 날부터 기산한다.

1. 전유부분: 구분소유자에게 인도한 날
2. 공용부분: 「주택법」 제49조에 따른 사용검사일(집합건물 전부에 대하여 임시 사용승인을 받은 경우에는 그 임시 사용승인일을 말하고, 「주택법」 제49조제1항 단서에 따라 분할 사용검사나 동별 사용검사를 받은 경우에는 분할 사용검사일 또는 동별 사용검사일을 말한다) 또는 「건축법」 제22조에 따른 사용승인일 (2016.1.19 본호개정)

③ 제1항 및 제2항에도 불구하고 제1항 각 호의 하자로 인하여 건물이 멸실되거나 훼손된 경우에는 그 멸실되거나 훼손된 날부터 1년 이내에 권리를 행사하여야 한다.

(2012.12.18 본조신설)

제9조의3【분양자의 관리의무 등】 ① 분양자는 제24조제3항에 따라 선임(選任)된 관리인이 사무를 개시(開始)할 때까지 선량한 관리자의 주의로 건물과 대지 및 부속시설을 관리하여야 한다. (2020.2.4 본항개정)

② 분양자는 제28조제4항에 따른 표준규약 및 같은 조 제5항에 따른 지역별 표준규약을 참고하여 공정증서로써 규약에 상응하는 것을 정하여 분양계약을 체결하기 전에 분양을 받을 자에게 주어야 한다. (2023.3.28 본항개정)

③ 분양자는 예정된 매수인의 2분의 1 이상이 이전등기를 한 때에는 규약 설정 및 관리인 선임을 위한 관리단집회(제23조에 따른 관리단의 집회를 말한다. 이하 같다)를 소집할 것을 대통령령으로 정하는 바에 따라 구분소유자에게 통지하여야 한다. 이 경우 통지받은 날부터 3개월 이내에 관리단집회를 소집할 것을 명시하여야 한다. (2020.2.4 본항개정)

④ 분양자는 구분소유자가 제3항의 통지를 받은 날부터 3개월 이내에 관리단집회를 소집하지 아니하는 경우에는 지체 없이 관리단집회를 소집하여야 한다. (2020.2.4 본항개정)

(2012.12.18 본조신설)

(2023.9.29 시행)

1. 분양자와 관리위탁계약을 체결한 위탁관리업자가 새롭게 관리를 개시하는 관리단을 상대로 관리위탁계약의 효력을 주장할 수 있는지 여부 ① 관리단의 집합건물에 대한 관리가 개시되면, 구 집합건물법 제9조의3에 따라 집합건물을 관리하던 분양자는 그때에 관리비 징수권한을 포함한 관리권한을 상실하게 되고, 관리단이 집합건물법에서 부여받은 관리권한을 행사할 수 있게 된다. 분양자가 집합건물을 관리하면서 형성된 관리업무에 관한 법률관계는 새롭게 관리를 개시하는 관리단에 당연히 승계되는 것은 아니므로 분양자와 관리위탁계약을 체결한 위탁관리업자는 특별한 사정이 없는 한 그러한 관리위탁계약의 효력을 관리단에 주장할 수 없다. 분양자와 관리위탁계약을 체결한 위탁관리회사는 분양자가 집합건물을 관리하는 기간 동안 위탁받은 관리업무를 수행할 수 있을 뿐이고, 관리단이 관리를 개시한 이후에는 더 이상 관리비 징수 등 집합건물에 관한 관리업무를 수행할 수 없다.(대판 2022.6.30, 2020다229192, 229208)

제2절 공용부분

제10조【공용부분의 귀속 등】 ① 공용부분은 구분소유자 전원의 공유에 속한다. 다만, 일부의 구분소유자만이 공용하도록 제공되는 것임이 명백한 공용부분(이하 "일부공용부분"이라 한다)은 그들 구분소유자의 공유에 속한다.

② 제1항의 공유에 관하여는 제11조부터 제18조까지의 규정에 따른다. 다만, 제12조, 제17조에 규정한 사항에 관하여는 규약으로써 달리 정할 수 있다.

1. 집합건물의 어느 부분이 구분소유자 전원이나 일부의 공용에 제공되는지 판단하는 기준 ① 집합건물의 공용부분은 원칙적으로 구분소유자 전원의 공유에 속하지만, 일부 구분소유자에게만 공용에 제공되는 일부공용부분은 그들 구분소유자의 공유에 속한다. 건물의 어느 부분이 구분소유자 전원이나 일부의 공용에 제공되는지 여부는 일부공용부분이라는 취지가 등기되어 있거나 소유자의 합의가 있다면 그에 따르고, 그렇지 않다면 건물의 구조·용도·이용 상황, 설계도면, 분양계약서나 건축물대장의 공용부분 기재 내용 등을 종합하여 구분소유가 성립될 당시 건물의 구조에 따른 객관적인 용도에 따라 판단하여야 한다. ② 이러한 법리는 여러 동의 집합건물로 이루어진 단지 내 특정 동의 건물부분으로서 구분소유의 대상이 아닌 부분이 해당 단지 구분소유자 전원의 공유에 속하는지, 해당 동 구분소유자 등 일부 구분소유자만이 공유하는 것인지를 판단할 때에도 마찬가지로 적용된다.(대판 2022.1.13, 2020다278156)

2. 집합건물의 어느 부분이 일부공용부분인지 결정하는 기준 건물의 어느 부분이 구분소유자의 전원 또는 일부의 공용에 제공되는지는 소유자들 사이에 특단의 합의가 없는 한 구분소유가 성립될 당시 건물의 구조에 따른 객관적인 용도에 의하여 결정되고, 구분소유가 성립될 당시 건물의 구조에 따른 객관적인 용도에 비추어 일부공용부분인 부분의 구조나 이용 상황을 그 후에 변경하더라도, 그 부분을 공유하는 일부 구분소유자 전원의 승낙을 포함한 소유자들의 특단의 합의가 없는 한, 그러한 사정만으로 일부공용부분이 전체공용부분이 되는 것은 아니다. 그리고 이러한 법리는 여러 동의 집합건물로 이루어진 단지 내의 특정 동의 건물 부분으로서 구분소유의 대상이 아닌 부분이 해당 단지 구분소유자 전원의 공유에 속하는지, 해당 동 구분소유자 등 일부의 구분소유자만이 공유하는 것인지를 판단할 때에도 마찬가지로 적용된다.(대판 2021.1.14, 2019다294947)

3. 구분소유자가 공용부분의 전부 또는 일부를 독점적으로 점유·사용하고 있는 경우, 다른 구분소유자의 인도 청구 및 방해 상태 제거나 방해 행위 금지 등 청구 가능 여부 집합건물의 구분소유자가 집합건물법의 관련 규정에 따라 관리

단집회 결의나 다른 구분소유자의 동의 없이 공용부분의 전부 또는 일부를 독점적으로 점유·사용하고 있는 경우 다른 구분소유자는 공용부분의 보존행위로서 그 인도를 청구할 수는 없고, 특별한 사정이 없는 한 자신의 지분권에 기초하여 공용부분에 대한 방해 상태를 제거하거나 공동 점유를 방해하는 행위의 금지 등을 청구할 수 있다.(대판 2020.10.15, 2019다245822)

제11조【공유자의 사용권】 각 공유자는 공용부분을 그 용도에 따라 사용할 수 있다.

제12조【공유자의 지분권】 ① 각 공유자의 지분은 그가 가지는 전유부분의 면적 비율에 따른다.

② 제1항의 경우 일부공용부분으로서 면적이 있는 것은 그 공용부분을 공용하는 구분소유자의 전유부분의 면적 비율에 따라 배분하여 그 면적을 각 구분소유자의 전유부분 면적에 포함한다.

제13조【전유부분과 공용부분에 대한 지분의 일체성】 ① 공용부분에 대한 공유자의 지분은 그가 가지는 전유부분의 처분에 따른다.

② 공유자는 그가 가지는 전유부분과 분리하여 공용부분에 대한 지분을 처분할 수 없다.

③ 공용부분에 관한 물권의 득실변경(得失變更)은 등기가 필요하지 아니하다.

제14조【일부공용부분의 관리】 일부공용부분의 관리에 관한 사항 중 구분소유자 전원에게 이해관계가 있는 사항과 제29조제2항의 규약으로써 정한 사항은 구분소유자 전원의 집회결의로써 결정하고, 그 밖의 사항은 그것을 공용하는 구분소유자만의 집회결의로써 결정한다.

제15조【공용부분의 변경】 ① 공용부분의 변경에 관한 사항은 관리단집회에서 구분소유자의 3분의 2 이상 및 의결권의 3분의 2 이상의 결의로써 결정한다. 다만, 다음 각 호의 어느 하나에 해당하는 경우에는 제38조제1항에 따른 통상의 집회결의로써 결정할 수 있다. (2020.2.4 본항개정)

1. 공용부분의 개량을 위한 것으로서 지나치게 많은 비용이 드는 것이 아닐 경우
2. 「관광진흥법」 제3조제1항제2호나목에 따른 휴양 콘도미니엄업의 운영을 위한 휴양 콘도미니엄의 공용부분 변경에 관한 사항인 경우

② 제1항의 경우에 공용부분의 변경이 다른 구분소유자의 권리에 특별한 영향을 미칠 때에는 그 구분소유자의 승낙을 받아야 한다.

1. **입주자대표회의가 구분소유자들을 상대로 공용부분 변경에 따른 비용을 청구할 수 있는지 여부** ① 집합건물의 구분소유자 및 의결권의 각 5분의 4 이상이 난방방식의 변경과 같이 공용부분 변경에 해당하는 공사에 동의한다는 내용의 서면동의서를 입주자대표회의 앞으로 제출하고 이에 따라 입주자대표회의가 업무를 처리한 경우에는 특별한 사정이 없는 한 집합건물의 관리단이 집합건물법 41조 1항에서 정한 구분소유자들의 서면동의로써 입주자대표회의에 공용부분 변경에 관한 업무를 포괄적으로 위임한 것으로 보아야 한다. ② 집합건물법 15조 1항에서 정한 특별결의나 집합건물법 41조 1항에서 정한 서면이나 전자적 방법 등에 의한 합의의 방법으로 집합건물의 관리단으로부터 공용부분 변경에 관한 업무를 위임받은 입주자대표회의는 특별한 사정이 없는 한 구분소유자들을 상대로 자기 이름으로 소를 제기하여 공용부분 변경에 따른 비용을 청구할 권한이 있다.(대판 2017.3.16, 2015다3570)

제15조의2【권리변동 있는 공용부분의 변경】 ① 제15조에도 불구하고 건물의 노후화 억제 또는 기능 향상 등을 위한 것으로 구분소유권 및 대지사용권의 범위나 내용에 변동을 일으키는 공용부분의 변경에 관한 사항은 관리단집회에서 구분소유자의 5분의 4 이상 및 의결권의 5분의 4 이상의 결의로써 결정한다. 다만, 「관광진흥법」 제3조제1항제2호나목에 따른 휴양 콘도미니엄업의 운영을 위한 휴양 콘도미니엄의 권리변동 있는 공용부분 변경에 관한 사항은 구분소유자의 3분의 2 이상 및 의결권의 3분의 2 이상의 결의로써 결정한다. (2023.3.28 본항개정)

② 제1항의 결의에서는 다음 각 호의 사항을 정하여야 한다. 이 경우 제3호부터 제7호까지의 사항은 각 구분소유자 사이에 형평이 유지되도록 정하여야 한다.

1. 설계의 개요
2. 예상 공사 기간 및 예상 비용(특별한 손실에 대한 전보 비용을 포함한다)
3. 제2호에 따른 비용의 분담 방법
4. 변경된 부분의 용도
5. 전유부분 수의 증감이 발생하는 경우에는 변경된 부분의 귀속에 관한 사항
6. 전유부분이나 공용부분의 면적에 증감이 발생하는 경우에는 변경된 부분의 귀속에 관한 사항
7. 대지사용권의 변경에 관한 사항
8. 그 밖에 규약으로 정한 사항

③ 제1항의 결의를 위한 관리단집회의 의사록에는 결의에 대한 각 구분소유자의 찬반 의사를 적어야 한다.

④ 제1항의 결의가 있는 경우에는 제48조 및 제49조를 준용한다.

(2020.2.4 본조신설)

(2023.9.29 신실)

제16조【공용부분의 관리】 ① 공용부분의 관리에 관한 사항은 제15조제1항 본문 및 제15조의2의 경우를 제외하고는 제38조제1항에 따른 통상의 집회결의로써 결정한다. 다만, 보존행위는 각 공유자가 할 수 있다. (2020.2.4 본항개정)

② 구분소유자의 승낙을 받아 전유부분을 점유하는 자는 제1항 본문에 따른 집회에 참석하여 그 구분소유자의 의결권을 행사할 수 있다. 다만, 구분소유자와 점유자가 달리 정하여 관리단에 통지한 경우에는 그러하지 아니하며, 구분소유자의 권리·의무에 특별한 영향을 미치는 사항을 결정하기 위한 집회인 경우에는 점유자는 사전에 구분소유자에게 의결권 행사에 대한 동의를 받아야 한다. (2012.12.18

본항신설)
③ 제1항 및 제2항에 규정된 사항은 규약으로써 달리 정할 수 있다. (2012.12.18 본항개정)
④ 제1항 본문의 경우에는 제15조제2항을 준용한다. (2012.12.18 본항개정)

1. 집합건물의 관리단 등 관리주체가 단전조치를 하기 위한 요건 ① 집합건물의 관리단 등 관리주체가 단전조치를 하기 위해서는 법령이나 규약 등에 근거가 있어야 하고, 단전조치의 경위, 동기와 목적, 수단과 방법, 입주자가 입게 된 피해의 정도 등 여러 사정을 종합하여 사회통념상 허용될 만한 정도의 상당성이 있어야 한다. ② 단전조치에 관하여 법령이나 규약 등에 근거가 없거나 규약이 무효로 밝혀진 경우 단전조치는 원칙적으로 위법하다. 다만 관리주체나 구분소유자 등이 규약을 유효한 것으로 믿고 규약에 따라 집합건물을 관리하였는지, 단전조치를 하지 않으면 집합건물의 존립과 운영에 심각한 지장을 초래하는지, 구분소유자 등을 보호할 가치가 있는지 등을 종합하여 사회통념상 허용될 만한 정도의 상당성을 인정할 만한 특별한 사정이 있다면 단전조치가 위법하지 않다.(대판 2021.9.16, 2018다38607)

2. 집합건물의 공용부분과 대지의 관리 업무가 관리단과 관리인에게 있는지 여부 / 구분소유자의 권리 행사가 다른 구분소유자들의 이익에 어긋날 수 있는 경우 관리행위로 보아야 하는지 여부 집합건물의 공용부분과 대지의 관리 업무는 기본적으로 구분소유자들로 구성된 관리단과 이를 대표하는 관리인에게 있다. 구분소유자가 공용부분과 대지에 대해 그 지분권에 기하여 권리를 행사할 때 이것이 다른 구분소유자들의 이익에 어긋날 수 있다면 이는 각 구분소유자가 집합건물법 16조 1항 단서에 의하여 개별적으로 할 수 있는 보존행위라고 볼 수 없고 집합건물법 16조 1항 본문에 따라 관리단집회의 결의를 거쳐야 하는 관리행위라고 보아야 한다.(대판 2019.9.26, 2015다208252)

3. 관리단이 정당한 권원 없이 집합건물의 공용부분이나 대지를 점유하는 사람을 상대로 부당이득반환을 구하는 소를 제기할 수 있는지 여부(적극)**/ 관리단이 타인에게 공용부분 변경에 관한 업무를 위임할 수 있는지 여부**(적극) **등** ① 관리단은 관리단집회의 결의나 규약에서 정한 바에 따라 집합건물의 공용부분이나 대지를 정당한 권원 없이 점유하는 사람에 대하여 부당이득의 반환에 관한 소송을 할 수 있다. ② 집합건물의 관리단은 구분소유자들의 비용 부담 아래 공용부분 변경에 관한 업무를 직접 수행할 수 있음은 물론 타인에게 위임하여 처리할 수도 있다. 이와 같은 법리는 관리단이 집합건물의 공용부분 관리에 관한 업무로서 공용부분이나 대지를 정당한 권원 없이 점유하는 사람에 대하여 부당이득반환을 청구하는 경우에도 마찬가지이다. 한편 위와 같은 공용부분 변경에 관한 사항 등을 제외한 공용부분의 관리에 관한 사항은 통상의 집회결의로써 결정하므로, 관리단은 타인에게 공용부분 관리에 관한 사항을 위임할 수 있다.(대판 2022. 9. 29, 2021다292425)

4. 구분소유자의 권리 행사가 다른 구분소유자의 이악에 어긋날 수 있는 경우 관리행위로 보아야 하는지 여부 집합건물의 공용부분이 적법한 용도 또는 관리방법에 어긋나게 사용되고 있어 일부 구분소유자가 방해배제청구로 원상회복을 구하는 경우라도 이러한 행위가 다른 구분소유자들의 이익에 어긋날 수 있다면 이를 관리행위로 보아서 관리단집회의 결의를 거치도록 하는 것이 집합건물 내 공동생활을 둘러싼 다수 구분소유자들 상호 간의 이해관계 조절을 위하여 제정된 구 집합건물법의 입법 취지에 부합하고 분쟁의 일회적인 해결을 위하여 바람직하다.(대판 2024.3.12, 2023다240879)

제17조 【공용부분의 부담·수익】 각 공유자는 규약에 달리 정한 바가 없으면 그 지분의 비율에 따라 공용부분의 관리비용과 그 밖의 의무를 부담하며 공용부분에서 생기는 이익을 취득한다.

1. 관리단이 구분소유자에게 전유부분이나 공용부분에 대한 관리비를 청구할 수 있는지 여부 ① 집합건물의 공용부분과 달리 전유부분은 구분소유자가 직접 관리하는 것이 원칙이므로 집합건물법은 관리단에게 전유부분 관리비의 징수권한을 부여하고 있지 않다. 그러나 규약에서 관리단이 전유부분 관리비를 구분소유자로부터 징수할 수 있도록 정하였다면 관리단은 규약에 따라 구분소유자에게 전유부분의 관리비를 청구할 수 있다. ② 집합건물법상 관리단은 관리비징수에 관한 유효한 규약이 있으면 그에 따라, 유효한 규약이 없더라도 구 집합건물법 제25조 제1항 등에 따라 적어도 공용부분에 대한 관리비에 대하여는 이를 그 부담의무자인 구분소유자에 대하여 청구할 수 있다. 이러한 법리는 무효인 관리인 선임 결의에 의하여 관리인으로 선임된 자가 집합건물에 관하여 사실상의 관리행위를 한 경우에도 마찬가지로 적용된다.(대판 2021.9.16, 2016다260882)

2. 집합건물의 구분소유자들이 개별적인 계약을 통해 제3자에게 건물관리를 위탁한 경우 관리단 또는 관리인에 관한 규정이 적용되는지 여부 ① 관리규약이나 관리단, 관리인 등이 제대로 갖춰지지 않은 집합건물의 구분소유자들이 개별적인 계약을 통해 제3자에게 건물관리를 위탁한 경우, 구분소유자와 제3자 사이의 법률관계는 당사자가 체결한 계약의 내용에 따라 정해지고, 특별한 사정이 없는 한 집합건물의 소유 및 관리에 관한 법률상 관리단 또는 관리인에 관한 규정이 적용되지 않는다. ② 집합건물법 17조는 집합건물의 구분소유자에게 전유부분의 면적 비율에 따라 공용부분에 대한 관리의무가 귀속된다는 원칙을 규정한 것일 뿐, 구분소유자가 제3자와 개별적인 계약을 통해 관리방식을 선택하고 그에 따른 비용부담과 정산방법 등을 구체적으로 정하는 것을 제한하는 규정이 아니다.(대판 2021.9.30, 2020다295304)

제17조의2 【수선적립금】 ① 제23조에 따른 관리단(이하 "관리단"이라 한다)은 규약에 달리 정한 바가 없으면 관리단집회 결의에 따라 건물이나 대지 또는 부속시설의 교체 및 보수에 관한 수선계획을 수립할 수 있다.
② 관리단은 규약에 달리 정한 바가 없으면 관리단집회의 결의에 따라 수선적립금을 징수하여 적립할 수 있다. 다만, 다른 법률에 따라 장기수선을 위한 계획이 수립되어 충당금 또는 적립금이 징수·적립된 경우에는 그러하지 아니하다.
③ 제2항에 따른 수선적립금(이하 이 조에서 "수선적립금"이라 한다)은 구분소유자로부터 징수하며 관리단에 귀속된다.
④ 관리단은 규약에 달리 정한 바가 없으면 수선적립금을 다음 각 호의 용도로 사용하여야 한다.
1. 제1항의 수선계획에 따른 공사
2. 자연재해 등 예상하지 못한 사유로 인한 수선공사
3. 제1호 및 제2호의 용도로 사용한 금원의 변제
⑤ 제1항에 따른 수선계획의 수립 및 수선적립금의 징수·적립에 필요한 사항은 대통령령으로 정한다.
(2020.2.4 본조신설)

제18조 【공용부분에 관하여 발생한 채권의 효력】 공유자가 공용부분에 관하여 다른 공유자에 대하여 가지는 채권은 그 특별승계인에 대하여도

행사할 수 있다.

1. 아파트의 전 입주자가 체납한 관리비가 아파트 관리규약의 정함에 따라 그 특별승계인에게 승계되는지 여부(=공용부분에 한하여 승계) 아파트의 관리규약에서 체납관리비 채권 전체에 대하여 입주자의 지위를 승계한 자에 대하여도 행사할 수 있도록 규정하고 있다 하더라도, '관리규약이 구분소유자 이외의 자의 권리를 해하지 못한다.'고 규정하고 있는 집합건물의소유및관리에관한법률(이하 '집합건물법'이라 한다) 28조 3항에 비추어 볼 때, 관리규약으로 전 입주자의 체납관리비를 양수인에게 승계시키도록 하는 것은 입주자 이외의 자들과 사이의 권리·의무에 관련된 사항으로서 입주자들의 자치규범인 관리규약 제정의 한계를 벗어나는 것이고, 개인의 기본권을 침해하는 사항은 법률로 특별히 정하지 않는 한 사적 자치의 원칙에 반한다는 점 등을 고려하면, 특별승계인이 그 관리규약을 명시적, 묵시적으로 승인하지 않는 이상 그 효력이 없다고 할 것이며, 집합건물법 42조 1항 및 공동주택관리령 9조 4항의 각 규정은 공동주택의 입주자들이 공동주택의 관리·사용 등의 사항에 관하여 관리규약으로 정한 내용은 그것이 승계 이전에 제정된 것이라고 하더라도 승계인에 대하여 효력이 있다는 뜻으로서, 관리비와 관련하여서는 승계인도 입주자로서 관리규약에 따른 관리비를 납부하여야 한다는 의미일 뿐, 그 규정으로 인하여 승계인이 전 입주자의 체납관리비까지 승계하게 되는 것으로 해석할 수는 없다. 다만, 집합건물의 공용부분은 전체 공유자의 이익에 공여하는 것이어서 공동으로 유지·관리해야 하고 그에 대한 적정한 유지·관리를 도모하기 위하여는 소요되는 경비에 대한 공유자 간의 채권은 이를 특히 보장할 필요가 있어 공유자의 특별승계인에게 그 승계의사의 유무에 관계없이 청구할 수 있도록 집합건물법 18조에서 특별규정을 두고 있는바, 위 관리규약 중 공용부분 관리비에 관한 부분은 위 규정에 터잡은 것으로서 유효하다고 할 것이므로, 아파트의 특별승계인은 전 입주자의 체납관리비 중 공용부분에 관하여는 이를 승계하여야 한다고 봄이 타당하다.(대판(全) 2001.9.20, 2001다8677)

제19조【공용부분에 관한 규정의 준용】 건물의 대지 또는 공용부분 외의 부속시설(이들에 대한 권리를 포함한다)을 구분소유자가 공유하는 경우에는 그 대지 및 부속시설에 관하여 제15조, 제15조의2, 제16조 및 제17조를 준용한다. (2020.2.4 본조신설)

제3절 대지사용권

제20조【전유부분과 대지사용권의 일체성】 ① 구분소유자의 대지사용권은 그가 가지는 전유부분의 처분에 따른다.

② 구분소유자는 그가 가지는 전유부분과 분리하여 대지사용권을 처분할 수 없다. 다만, 규약으로써 달리 정한 경우에는 그러하지 아니하다.

③ 제2항 본문의 분리처분금지는 그 취지를 등기하지 아니하면 선의(善意)로 물권을 취득한 제3자에게 대항하지 못한다.

④ 제2항 단서의 경우에는 제3조제3항을 준용한다.

1. 집합건물 대지지분의 매수인의 지위에서 가지는 대지의 점유·사용권이 '대지사용권'에 해당하는지 여부(적극) 아파트와 같은 대규모 집합건물의 경우, 대지의 분·합필 및 환지절차의 지연, 각 세대당 지분비율 결정의 지연 등으로 인하여 전유부분에 대한 소유권이전등기만 수분양자를 거쳐 양수인 앞으로 경료되고, 대지지분에 대한 소유권이전등기는 상당기간 지체되는 경우가 종종 생기고 있는데, 이러한 경우 집합건물의 건축자로부터 전유부분과 대지지분을 함께 분양의 형식으로 매수하여 그 대금을 모두 지급함으로써 소유권 취득의 실질적 요건은 갖추었지만 전유부분에 대한 소유권이전등기만 경료받고 대지지분에 대하여는 위와 같은 사정으로 아직 소유권이전등기를 경료받지 못한 자는 매매계약의 효력으로써 전유부분의 소유를 위하여 건물의 대지를 점유·사용할 권리가 있는바, 매수인의 지위에서 가지는 이러한 점유·사용권은 단순한 점유권과는 차원을 달리하는 본권으로서 집합건물법 2조 6호 소정의 구분소유자가 전유부분을 소유하기 위하여 건물의 대지에 대하여 가지는 권리인 대지사용권에 해당한다고 할 것이고, 수분양자로부터 전유부분과 대지지분을 다시 매수하거나 증여 등의 방법으로 양수받거나 전전 양수받은 자 역시 당초 수분양자가 가졌던 이러한 대지사용권을 취득한다.(대판(全) 2000.11.16, 98다45652, 45669)

2. 전유부분과 분리하여 대지사용권을 처분한 경우 그 효력(무효) 집합건물법 20조의 규정 내용과 입법 취지 등을 종합하여 볼 때, 경매절차에서 전유부분을 낙찰받은 사람은 대지사용권까지 취득하는 것이고, 규약이나 공정증서로 다르게 정하였다는 특별한 사정이 없는 한 대지사용권을 전유부분과 분리하여 처분할 수는 없으며, 이를 위반한 대지사용권의 처분은 법원의 강제경매절차에 의한 것이라 하더라도 무효이다. 또한, 대지사용권은 구분소유자가 전유부분을 소유하기 위하여 건물의 대지에 대하여 가지는 권리로서(같은 법 2조 6호) 그 성립을 위해서는 집합건물의 존재와 구분소유자가 전유부분 소유를 위하여 당해 대지를 사용할 수 있는 권리를 보유하는 것 이외에 다른 특별한 요건이 필요치 않은 사정도 고려하면, "분리처분금지는 그 취지를 등기하지 아니하면 선의로 물권을 취득한 제3자에 대하여 대항하지 못한다"고 정한 같은 법 20조 3항의 '선의'의 제3자는, 원칙적으로 집합건물의 대지로 되어 있는 사정을 모른 채 대지사용권의 목적이 되는 토지를 취득한 제3자를 의미한다.(대판 2009.6.23, 2009다26145)

3. 구분소유권이 이미 성립한 집합건물이 증축되어 새로운 전유부분이 생긴 경우, 새로운 전유부분을 위한 대지사용권이 인정되는지 여부(원칙적 소극) 구분소유권이 이미 성립한 집합건물이 증축되어 새로운 전유부분이 생긴 경우, 건축자의 대지소유권은 기존 전유부분을 소유하기 위한 대지사용권으로 이미 성립하여 기존 전유부분과 일체불가분성을 가지게 되었으므로 규약 또는 공정증서로써 달리 정하는 등의 특별한 사정이 없는 한 새로운 전유부분을 위한 대지사용권이 될 수 없다.(대판 2017.5.31, 2014다236809)

4. 구분소유자 아닌 자가 집합건물의 건축 전부터 전유부분의 소유와 무관하게 집합건물의 대지로 된 토지에 대하여 가지고 있던 권리가 분리처분금지의 제한을 받는지 여부(소극) **및 구분소유자가 대지사용권을 보유하고 있지 않거나 대지사용권이 소멸한 경우 전유부분과 대지사용권의 일체적 취급이 적용되는지 여부**(원칙적 소극) ① 집합건물법 20조에 의하여 분리처분이 금지되는 대지사용권이란 구분소유자가 전유부분을 소유하기 위하여 건물의 대지에 대하여 가지는 권리이므로, 구분소유자 아닌 자가 집합건물의 건축 전부터 전유부분의 소유와 무관하게 집합건물의 대지로 된 토지에 대하여 가지고 있던 권리는 같은 법 20조에 규정된 분리처분금지의 제한을 받지 않는다. ② 집합건물의 구분소유자가 애초부터 대지사용권을 보유하고 있지 않거나 대지사용권 보유의 원인이 된 계약의 종료 등에 따라 대지사용권이 소멸한 경우에는 특별한 사정이 없는 한 집합건물법 20조가 정하는 전유부분과 대지사용권의 일체적 취급이 적용될 여지가 없다.(대판 2017.9.12, 2015다242849)

5. 등기가 되지 않는 채권적 토지사용권이 대지사용권이 될

수 있는지 여부(적극) **및 사후에 효력을 상실하여 소멸한 토지사용권이 전유부분을 위한 대지사용권이 될 수 있는지 여부**(소극) 대지사용권은 구분소유자가 전유부분을 소유하기 위하여 건물의 대지에 대하여 갖는 권리로서 반드시 대지에 대한 소유권과 같은 물권에 한정되는 것은 아니고 등기가 되지 않는 채권적 토지사용권도 대지사용권이 될 수 있다. 그러나 대지사용권은 권리로서 유효하게 존속하고 있어야 하므로 사후에 효력을 상실하여 소멸한 토지사용권은 더 이상 전유부분을 위한 대지사용권이 될 수 없다.(대판 2017.12.5, 2014다227492)

6. 구분소유가 성립하기 전의 집합건물의 대지에 관하여 대지사용권의 분리처분을 금지되는지 여부(소극) **/ 구분소유 성립 요건 / 1동 건물의 대지에 관하여 구분소유자 외의 다른 공유자가 있는 경우 구분소유자들을 상대로 부당이득반환을 구할 수 있는지 여부**(원칙적 적극) **/ 대지사용권이 없는 전유부분의 소유자의 부당이득 반환의무** ① 집합건물법 20조에 따라 분리처분이 금지되는 대지사용권이란 구분소유자가 전유부분을 소유하기 위하여 건물의 대지에 대하여 가지는 권리로서, 구분소유의 성립을 전제로 한다. 따라서 구분소유가 성립하기 전에는 집합건물의 대지에 관하여 분리처분금지 규정이 적용되지 않는다. ② 구분행위는 건물의 물리적 형질을 변경하지 않고 건물의 특정 부분을 구분하여 별개의 소유권의 객체로 하려는 법률행위로서, 시기나 방식에 특별한 제한이 있는 것은 아니고 처분권자의 구분의사가 객관적으로 외부에 표시되면 충분하다. 구분건물이 물리적으로 완성되기 전에도 건축허가신청이나 분양계약 등을 통하여 장래 신축되는 건물을 구분건물로 하겠다는 구분의사가 객관적으로 표시되면 구분행위의 존재를 인정할 수 있다. 그러나 구조와 형태 등이 1동의 건물로서 완성되고 구분행위에 상응하는 구분건물이 객관적·물리적으로 완성되어야 그 시점에 구분소유가 성립한다. ③ 구분소유자들 사이에서는 대지 공유지분 비율의 차이를 이유로 부당이득반환을 구할 수 없다. 그러나 그 대지에 관하여 구분소유자 외의 다른 공유자가 있는 경우에는 공유물에 관한 일반 법리에 따라 대지를 사용·수익·관리할 수 있다고 보아야 하므로, 특별한 사정이 없으면 구분소유자들이 무상으로 대지를 전부 사용·수익할 수 있는 권원을 가진다고 할 수 없고 다른 공유자는 대지 공유지분권에 기초하여 부당이득의 반환을 청구할 수 있다. ④ 대지사용권이 없는 전유부분의 공유자는 위와 같이 대지 지분 소유자에게 부당이득을 반환할 의무가 있는데, 이 의무는 특별한 사정이 없는 한 불가분채무이므로, 일부 지분만을 공유하고 있더라도 전유부분 전체 면적에 관한 부당이득을 반환할 의무가 있다.(대판 2018.6.28, 2016다219419, 219426)

7. 집합건물 분양자가 전유부분 소유권은 구분소유자들에게 모두 이전하면서 대지 일부 지분을 그 명의로 남겨 둔 경우, 분양자 또는 그 보유지분을 양수한 양수인이 대지에 관한 공유지분권을 주장할 수 있는지 여부(한정 적극) **및 집합건물법 20조 3항의 '선의의 제3자'의 의미** ① 집합건물 분양자가 전유부분 소유권은 구분소유자들에게 모두 이전하면서도 대지는 일부 지분에 관하여만 소유권이전등기를 해주고 나머지 지분을 그 명의로 남겨 둔 경우에 분양자 또는 그 보유지분을 양수한 양수인이 구분소유자들에 대하여 대지에 관한 공유지분권을 주장할 수 있으려면, 규약이나 공정증서로 전유부분과 대지사용권을 분리하여 처분할 수 있도록 정하였다는 등 특별한 사정이 있어야 한다. 그리고 이는 양수인이 체납처분에 의한 공매절차에서 분양자의 대지 지분을 취득한 경우에도 마찬가지이다. ② 집합건물법 20조 3항에서 '선의'의 제3자라 함은 원칙적으로 집합건물의 대지로 되어 있는 사정을 모른 채 대지사용권의 목적이 되는 토지를 취득한 제3자를 뜻한다. 여기에는 토지 위에 집합건물이 존재하는 사실은 알았으나 해당 토지나 그 지분에 관하여 규약이나 공정증서(이하 '공정증서 등'이라 한다)로 전유부분과 대지사용권을 분리하여 처분할 수 있도록 정한 것으로 믿은 제3자도 포함된다. 다만 단지 집합건물 대지에 관하여 대지권등기가 되어 있지 않다거나 일부 지분에 관해서만 대지권등기가 되었다는 사정만으로는 그 대지나 대지권등기가 되지 않은 나머지 대지 지분을 취득한 자를 선의의 제3자로 볼 수는 없다. 그와 같은 경우 대지나 그 지분을 취득한 제3자가 선의인지는 대지 일부에만 집합건물이 자리 잡고 있어 분양자가 나머지 대지 부분을 활용할 필요가 있는 경우 등 집합건물과 대지의 현황 등에 비추어 볼 때 공정증서 등으로 분리처분이 가능하도록 정할 필요성이 있었는지 여부, 분양자에게 유보된 대지 지분이 위와 같은 필요에 상응하는 것인지 여부, 제3자가 경매나 공매 등의 절차에서 대지 지분을 매수한 경우라면 해당 절차에서 공고된 대지의 현황과 권리관계 등 제반 사정까지 종합하여 판단하여야 한다.(대판 2018.12.28, 2018다219727)

8. 구분소유자가 아닌 집합건물 대지의 공유지분권자가 구분소유자를 상대로 대지의 사용·수익에 따른 부당이득반환을 청구할 수 있는지 여부 ① 공유자는 공유물 전부를 지분의 비율로 사용·수익할 수 있으므로 공유토지의 일부를 배타적으로 점유하면서 사용·수익하는 공유자는 그가 보유한 공유지분의 비율에 관계없이 다른 공유자에 대하여 부당이득반환의무를 부담한다. 그런데 일반 건물에서 대지를 사용·수익할 권원이 건물의 소유권과 별개로 존재하는 것과는 달리, 집합건물의 경우에는 대지사용권인 대지지분이 구분소유권의 목적인 전유부분에 종속되어 일체화되는 관계에 있으므로, 집합건물 대지의 공유관계에서는 이와 같은 민법상 공유물에 관한 일반 법리가 그대로 적용될 수 없고, 이는 대지 공유자들 중 구분소유자 아닌 사람이 있더라도 마찬가지이다. ② 집합건물에서 전유부분 면적 비율에 상응하는 적정 대지지분을 가진 구분소유자는 그 대지 전부를 용도에 따라 사용·수익할 수 있는 적법한 권원을 가지므로, 구분소유자 아닌 대지 공유자는 그 대지 공유지분권에 기초하여 적정 대지지분을 가진 구분소유자를 상대로는 대지의 사용·수익에 따른 부당이득반환을 청구할 수 없다.(대판(全) 2022.8.25, 2017다257067)

9. 구분소유가 성립하기 전에 대지사용권의 분리처분이 금지되는지 여부 및 구분소유 성립 전에 대지에 관하여 설정된 근저당권의 실행으로 대지가 매각된 경우 대지사용권 소멸 여부 ① 구분소유가 성립하기 전에는 집합건물의 대지에 관하여 분리처분금지 규정이 적용되지 않는다. 1동의 건물에 대하여 구분소유가 성립하기 위해서는 객관적·물리적인 측면에서 1동의 건물이 존재하고 구분된 건물부분이 구조상·이용상 독립성을 갖추어야 할 뿐 아니라 1동의 건물 중 물리적으로 구획된 건물부분을 각각 구분소유권의 객체로 하려는 구분행위가 있어야 한다. 여기서 구분행위는 건물의 물리적 형질을 변경하지 않고 그 건물의 특정 부분을 구분하여 별개의 소유권의 객체로 하려는 법률행위로서, 그 시기나 방식에 특별한 제한이 있는 것은 아니고 처분권자의 구분의사가 객관적으로 외부에 표시되면 충분하다. 구분건물이 물리적으로 완성되기 전에도 건축허가신청이나 분양계약 등을 통하여 장래 신축되는 건물을 구분건물로 하겠다는 구분의사가 객관적으로 표시되면 구분행위의 존재를 인정할 수 있다. 그러나 그 구조와 형태 등이 1동의 건물로서 완성되고 구분행위에 상응하는 구분건물이 객관적·물리적으로 완성되어야 그 시점에 구분소유가 성립한다. ② 구분소유가 성립하기 전에 대지에 관하여만 근저당권이 설정되었다가 구분소유가 성립하여 대지사용권이 성립되었더라도 이미 설정된 그 근저당권 실행으로 대지가 매각됨으로써 전유부분으로부터 분리처분된 경우에는 그 전유부분을 위한 대지사용권이 소멸하게 된다.(대판 2022.3.31, 2017다9121, 9138)

10. 경매절차에서 전유부분을 매수한 자가 대지사용권도 함

께 취득하는지 여부 및 대지권 성립 전부터 토지만에 관하여 설정되어 있던 근저당권 소멸 여부 ① 구분건물의 전유부분에 대한 경매개시결정과 압류의 효력은 당연히 종물 내지 종된 권리인 대지사용권에까지 미치고, 그에 터 잡아 진행된 경매절차에서 전유부분을 매수한 자는 대지사용권도 함께 취득한다. ② 전유부분과 함께 대지사용권인 토지공유지분이 일체로서 매각되고 대금이 완납되면, 설사 대지권 성립 전부터 토지만에 관하여 설정되어 있던 별도등기로서의 근저당권이라 할지라도 경매과정에서 이를 존속시켜 매수인이 인수하게 한다는 취지의 특별매각조건이 따로 정해지지 않았던 이상 근저당권은 토지공유지분에 대한 범위에서는 매각부동산 위의 저당권에 해당하여 매각으로 소멸한다.(대판 2021.1.14, 2017다291319)

11. 집합건물 대지의 소유자가 대지사용권 없는 구분소유자에 대하여 전유부분의 철거를 구할 수 있는지 여부 및 권리남용 여부 ① 1동의 집합건물의 구분소유자들은 그 전유부분을 구분소유하면서 건물의 대지 전체를 공동으로 점유·사용하는 것이므로, 대지 소유자는 대지사용권 없이 전유부분을 소유하면서 대지를 무단 점유하는 구분소유자에 대하여 그 전유부분의 철거를 구할 수 있다. ② 집합건물 대지의 소유자는 대지사용권을 갖지 아니한 구분소유자에 대하여 전유부분의 철거를 구할 수 있고, 일부 전유부분만의 철거가 사실상 불가능하다고 하더라도 이는 집행개시의 장애요건에 불과할 뿐이어서 대지 소유자의 건물 철거 청구가 권리남용에 해당한다고 볼 수 없다.(대판 2021.7.8, 2017다204247)

12. 분양대금을 완납하였으나 분양자 측의 사정으로 소유권이전등기를 마치지 못한 수분양자도 구분소유자에 준하는 것으로 볼 수 있는지 여부(적극) 구분소유자란 일반적으로 구분소유권을 취득한 사람(등기부상 구분소유권자로 등기되어 있는 사람)을 지칭하는 것이나, 다만 수분양자로서 분양대금을 완납하였음에도 분양자 측의 사정으로 소유권이전등기를 마치지 못한 경우와 같은 특별한 사정이 있는 경우에는 이러한 수분양자도 구분소유자에 준하는 것으로 보아야 한다.(대판 2020.6.4, 2016다245142)

13. 과소 대지지분권자의 부당이득반환의무 및 그 범위 구분소유자가 적정 대지지분을 소유하였는지 여부나 과소 대지지분권자로서 구분소유자 아닌 대지공유자에 대하여 부당이득반환의무를 부담하는지 여부 및 그 범위는 구분소유권별로 판단하여야 하고, 이는 특정 구분소유자가 복수의 구분소유권을 보유한 경우에도 마찬가지이므로 특별한 사정이 없는 한 복수의 구분소유권에 관한 전체 대지지분을 기준으로 이를 판단하여서는 아니 된다.(대판 2023.10.18, 2019다266386)

제21조【전유부분의 처분에 따르는 대지사용권의 비율】

① 구분소유자가 둘 이상의 전유부분을 소유한 경우에는 각 전유부분의 처분에 따르는 대지사용권은 제12조에 규정된 비율에 따른다. 다만, 규약으로써 달리 정할 수 있다.

② 제1항 단서의 경우에는 제3조제3항을 준용한다.

1. 20년간 소유의 의사로 평온, 공연하게 집합건물을 구분소유한 사람은 등기함으로써 대지의 소유권을 취득할 수 있는지 여부(적극) **및 이때 집합건물의 구분소유자들이 취득하는 대지의 소유권의 내용** ① 점유는 물건을 사실상 지배하는 것을 가리키므로, 1개의 물건 중 특정 부분만을 점유할 수는 있지만, 일부 지분만을 사실상 지배하여 점유한다는 것은 상정하기 어렵다. 따라서 1동의 건물의 구분소유자들은 전유부분을 구분소유하면서 공용부분을 공유하므로 특별한 사정이 없는 한 건물의 대지 전체를 공동으로 점유한다. 이는 집합건물의 대지에 관한 점유취득시효에서 말하는 '점유'에도 적용되므로, 20년간 소유의 의사로 평온, 공연하게 집합건물을 구분소유한 사람은 등기함으로써 대지의 소유권을 취득할 수 있다. 이와 같이 점유취득시효가 완성된 경우에 집합건물의 구분소유자들이 취득하는 대지의 소유권은 전유부분을 소유하기 위한 대지사용권에 해당한다. ② 집합건물의 구분소유자들이 대지 전체를 공동점유하여 그에 대한 점유취득시효가 완성된 경우에도 구분소유자들은 대지사용권으로 전유부분의 면적 비율에 따른 대지 지분을 보유한다고 보아야 한다. 집합건물의 대지 일부에 관한 점유취득시효의 완성 당시 구분소유자들 중 일부만 대지권등기나 지분이전등기를 마치고 다른 일부 구분소유자들은 이러한 등기를 마치지 않았다면, 특별한 사정이 없는 한 구분소유자들은 각 전유부분의 면적 비율에 따라 대지권으로 등기되어야 할 지분에서 부족한 지분에 관하여 등기명의인을 상대로 점유취득시효 완성을 원인으로 한 지분이전등기를 청구할 수 있다.(대판 2017.1.25, 2012다72469)

제22조【「민법」 제267조의 적용 배제】

제20조제2항 본문의 경우 대지사용권에 대하여는 「민법」 제267조(같은 법 제278조에서 준용하는 경우를 포함한다)를 적용하지 아니한다.

제4절 관리단 및 관리단의 기관

제23조【관리단의 당연 설립 등】

① 건물에 대하여 구분소유 관계가 성립되면 구분소유자 전원을 구성원으로 하여 건물과 그 대지 및 부속시설의 관리에 관한 사업의 시행을 목적으로 하는 관리단이 설립된다.

② 일부공용부분이 있는 경우 그 일부의 구분소유자는 제28조제2항의 규약에 따라 그 공용부분의 관리에 관한 사업의 시행을 목적으로 하는 관리단을 구성할 수 있다.

1. 집합건물의 관리단으로부터 관리업무를 위임받은 위탁관리회사가 구분소유자 등을 상대로 자기 이름으로 소를 제기하여 관리비를 청구할 당사자적격이 있는지 여부(원칙적 적극) 관리단으로부터 집합건물의 관리업무를 위임받은 위탁관리회사는 특별한 사정이 없는 한 구분소유자 등을 상대로 자기 이름으로 소를 제기하여 관리비를 청구할 당사자적격이 있다.(대판 2016.12.15, 2014다87885, 87892)

2. 정당한 권원 없는 사람이 집합건물의 공용부분이나 대지를 점유·사용하는 경우 관리단의 부당이득반환청구 ① 정당한 권원 없는 사람이 집합건물의 공용부분이나 대지를 점유·사용함으로써 이익을 얻고, 구분소유자들이 해당 부분을 사용할 수 없게 됨에 따라 부당이득의 반환을 구하는 법률관계는 구분소유자의 공유지분권에 기초한 것이어서 그에 대한 소송은 1차적으로 구분소유자가 각각 또는 전원의 이름으로 할 수 있다. 한편 관리단은 관리단집회의 결의나 규약에서 정한 바에 따라 집합건물의 공용부분이나 대지를 정당한 권원 없이 점유하는 사람에 대하여 부당이득의 반환에 관한 소송을 할 수 있다. ② 구분소유자가 부당이득반환청구소송을 제기하였다가 본안에 대한 종국판결이 있은 뒤에 소를 취하하였더라도 관리단이 부당이득반환청구의 소를 제기한 것은 특별한 사정이 없는 한 새로운 권리보호이익이 발생한 것으로 민사소송법의 재소금지 규정에 반하지 않는다.(대판 2022.6.30, 2021다239301)

3. 집합건물의 관리단과 관리인으로부터 관리업무를 위탁받은 위탁관리업자와 체납 관리비 추심을 위한 재판상 청구 관리단이나 관리인으로부터 관리업무를 위탁받은 위탁관리업자가 관리업무를 수행하면서 구분소유자 등의 체납 관리

비를 추심하기 위하여 직접 자기 이름으로 관리비에 관한 재판상 청구를 하는 것은 임의적 소송신탁에 해당하지만, 집합건물 관리업무의 성격과 거래현실 등을 고려하면 이는 특별한 사정이 없는 한 허용되어야 하고, 이때 위탁관리업자는 관리비를 청구할 당사자적격이 있다고 보아야 한다.(대판 2022.5.13, 2019다229516)

제23조의2 【관리단의 의무】 관리단은 건물의 관리 및 사용에 관한 공동이익을 위하여 필요한 구분소유자의 권리와 의무를 선량한 관리자의 주의로 행사하거나 이행하여야 한다.

제24조 【관리인의 선임 등】 ① 구분소유자가 10인 이상일 때에는 관리단을 대표하고 관리단의 사무를 집행할 관리인을 선임하여야 한다. (2012.12.18 본항신설)

② 관리인은 구분소유자일 필요가 없으며, 그 임기는 2년의 범위에서 규약으로 정한다. (2012.12.18 본항신설)

③ 관리인은 관리단집회의 결의로 선임되거나 해임된다. 다만, 규약으로 제26조의3에 따른 관리위원회의 결의로 선임되거나 해임되도록 정한 경우에는 그에 따른다. (2012.12.18, 2020.2.4 본항개정)

④ 구분소유자의 승낙을 받아 전유부분을 점유하는 자는 제3항 본문에 따른 관리단집회에 참석하여 그 구분소유자의 의결권을 행사할 수 있다. 다만, 구분소유자와 점유자가 달리 정하여 관리단에 통지하거나 구분소유자가 집회 이전에 직접 의결권을 행사할 것을 관리단에 통지한 경우에는 그러하지 아니하다. (2012.12.18 본항신설)

⑤ 관리인에게 부정한 행위나 그 밖에 그 직무를 수행하기에 적합하지 아니한 사정이 있을 때에는 각 구분소유자는 관리인의 해임을 법원에 청구할 수 있다. (2012.12.18 본항개정)

⑥ 전유부분이 50개 이상인 건물(「공동주택관리법」에 따른 의무관리대상 공동주택 및 임대주택과 「유통산업발전법」에 따라 신고한 대규모점포등관리자가 있는 대규모점포 및 준대규모점포는 제외한다)의 관리인으로 선임된 자는 대통령령으로 정하는 바에 따라 선임된 사실을 특별자치시장, 특별자치도지사, 시장, 군수 또는 자치구의 구청장(이하 "소관청"이라 한다)에게 신고하여야 한다. (2020.2.4 본항신설)

제24조의2 【임시관리인의 선임 등】 ① 구분소유자, 그의 승낙을 받아 전유부분을 점유하는 자, 분양자 등 이해관계인은 제24조제3항에 따라 선임된 관리인이 없는 경우에는 법원에 임시관리인의 선임을 청구할 수 있다.

② 임시관리인은 선임된 날부터 6개월 이내에 제24조제3항에 따른 관리인 선임을 위하여 관리단집회 또는 관리위원회를 소집하여야 한다.

③ 임시관리인의 임기는 선임된 날부터 제24조제3항에 따라 관리인이 선임될 때까지로 하되, 같은 조 제2항에 따라 규약으로 정한 임기를 초과할 수 없다.
(2020.2.4 본조신설)

1. 임시관리인 선임 청구의 요건 집합건물법의 문언, 입법취지, 임시관리인의 의무 및 임기 등에 비추어 보면, 집합건물 24조 3항에 따라 선임된 관리인이 없는 경우 특별한 사정이 없는 한 구분소유자, 그의 승낙을 받아 전유부분을 점유하는 자, 분양자 등 이해관계인은 집합건물 24조의2 1항에 의하여 법원에 임시관리인의 선임을 청구할 수 있고, 이와 별도로 곧바로 임시관리인을 선임하지 아니하면 손해가 생길 염려가 있다는 사정이 요구되는 것은 아니다.(대판 2024.8.19, 2024마6239)

제25조 【관리인의 권한과 의무】 ① 관리인은 다음 각 호의 행위를 할 권한과 의무를 가진다. (2020.2.4 본항개정)

1. 공용부분의 보존행위

1의2. 공용부분의 관리 및 변경에 관한 관리단집회 결의를 집행하는 행위

2. 공용부분의 관리비용 등 관리단의 사무 집행을 위한 비용과 분담금을 각 구분소유자에게 청구·수령하는 행위 및 그 금원을 관리하는 행위

3. 관리단의 사업 시행과 관련하여 관리단을 대표하여 하는 재판상 또는 재판 외의 행위

3의2. 소음·진동·악취 등을 유발하여 공동생활의 평온을 해치는 행위의 중지 요청 또는 분쟁 조정절차 권고 등 필요한 조치를 하는 행위

4. 그 밖에 규약에 정하여진 행위

② 관리인의 대표권은 제한할 수 있다. 다만, 이로써 선의의 제3자에게 대항할 수 없다.

제26조 【관리인의 보고의무 등】 ① 관리인은 대통령령으로 정하는 바에 따라 매년 1회 이상 구분소유자 및 그의 승낙을 받아 전유부분을 점유하는 자에게 그 사무에 관한 보고를 하여야 한다. (2012.12.18, 2023.3.28 본항개정)

② 전유부분이 50개 이상인 건물의 관리인은 관리단의 사무 집행을 위한 비용과 분담금 등 금원의 징수·보관·사용·관리 등 모든 거래행위에 관하여 장부를 월별로 작성하여 그 증빙서류와 함께 해당 회계연도 종료일부터 5년간 보관하여야 한다. (2023.3.28 본항신설)

③ 이해관계인은 관리인에게 제1항에 따른 보고 자료, 제2항에 따른 장부나 증빙서류의 열람을 청구하거나 자기 비용으로 등본의 교부를 청구할 수 있다. 이 경우 관리인은 다음 각 호의 정보를 제외하고 이에 응하여야 한다. (2023.3.28 본항개정)

1. 「개인정보 보호법」 제24조에 따른 고유식별정보 등 개인의 사생활의 비밀 또는 자유를 침해할 우려가 있는 정보
2. 의사결정 과정 또는 내부검토 과정에 있는 사항 등으로서 공개될 경우 업무의 공정한 수행에 현저한 지장을 초래할 우려가 있는 정보

④ 「공동주택관리법」에 따른 의무관리대상 공동주택 및 임대주택과 「유통산업발전법」에 따라 신고한

대규모점포등관리자가 있는 대규모점포 및 준대규모점포에 대해서는 제1항부터 제3항까지를 적용하지 아니한다. (2023.3.28 본항신설)
⑤ 이 법 또는 규약에서 규정하지 아니한 관리인의 권리의무에 관하여는 「민법」의 위임에 관한 규정을 준용한다. (2012.12.18, 2023.3.28 본항개정)
(2023.9.29 시행)

제26조의2【회계감사】 ① 전유부분이 150개 이상으로서 대통령령으로 정하는 건물의 관리인은 「주식회사 등의 외부감사에 관한 법률」 제2조제7호에 따른 감사인(이하 이 조에서 "감사인"이라 한다)의 회계감사를 매년 1회 이상 받아야 한다. 다만, 관리단집회에서 구분소유자의 3분의 2 이상 및 의결권의 3분의 2 이상이 회계감사를 받지 아니하기로 결의한 연도에는 그러하지 아니하다.
② 구분소유자의 승낙을 받아 전유부분을 점유하는 자는 제1항 단서에 따른 관리단집회에 참석하여 그 구분소유자의 의결권을 행사할 수 있다. 다만, 구분소유자와 점유자가 달리 정하여 관리단에 통지하거나 구분소유자가 집회 이전에 직접 의결권을 행사할 것을 관리단에 통지한 경우에는 그러하지 아니하다.
③ 전유부분이 50개 이상 150개 미만으로서 대통령령으로 정하는 건물의 관리인은 구분소유자의 5분의 1 이상이 연서(連署)하여 요구하는 경우에는 감사인의 회계감사를 받아야 한다. 이 경우 구분소유자의 승낙을 받아 전유부분을 점유하는 자가 구분소유자를 대신하여 연서할 수 있다.
④ 관리인은 제1항 또는 제3항에 따라 회계감사를 받은 경우에는 대통령령으로 정하는 바에 따라 감사보고서 등 회계감사의 결과를 구분소유자 및 그의 승낙을 받아 전유부분을 점유하는 자에게 보고하여야 한다.
⑤ 제1항 또는 제3항에 따른 회계감사의 기준·방법 및 감사인의 선정방법 등에 관하여 필요한 사항은 대통령령으로 정한다.
⑥ 제1항 또는 제3항에 따라 회계감사를 받는 관리인은 다음 각 호의 어느 하나에 해당하는 행위를 하여서는 아니 된다.
1. 정당한 사유 없이 감사인의 자료열람·등사·제출 요구 또는 조사를 거부·방해·기피하는 행위
2. 감사인에게 거짓 자료를 제출하는 등 부정한 방법으로 회계감사를 방해하는 행위

⑦ 「공동주택관리법」에 따른 의무관리대상 공동주택 및 임대주택과 「유통산업발전법」에 따라 신고한 대규모점포등관리자가 있는 대규모점포 및 준대규모점포에는 제1항부터 제6항까지의 규정을 적용하지 아니한다.
(2020.2.4 본조신설)
[종전 제26조의2는 제26조의3으로 이동(2020.2.4)]

제26조의3【관리위원회의 설치 및 기능】 ① 관리단에는 규약으로 정하는 바에 따라 관리위원회를 둘 수 있다.
② 관리위원회는 이 법 또는 규약으로 정한 관리인의 사무 집행을 감독한다.
③ 제1항에 따라 관리위원회를 둔 경우 관리인은 제25조제1항 각 호의 행위를 하려면 관리위원회의 결의를 거쳐야 한다. 다만, 규약으로 달리 정한 사항은 그러하지 아니하다.
(2012.12.18 본조신설)
[제26조의2에서 이동, 종전 제26조의3은 제26조의4로 이동(2020.2.4)]

제26조의4【관리위원회의 구성 및 운영】 ① 관리위원회의 위원은 구분소유자 중에서 관리단집회의 결의에 의하여 선출한다. 다만, 규약으로 관리단집회의 결의에 관하여 달리 정한 경우에는 그에 따른다.
② 관리인은 규약에 달리 정한 바가 없으면 관리위원회의 위원이 될 수 없다. (2020.2.4 본항개정)
③ 관리위원회 위원의 임기는 2년의 범위에서 규약으로 정한다. (2020.2.4 본항신설)
④ 제1항부터 제3항까지에서 규정한 사항 외에 관리위원회의 구성 및 운영에 필요한 사항은 대통령령으로 정한다. (2020.2.4 본항개정)
⑤ 구분소유자의 승낙을 받아 전유부분을 점유하는 자는 제1항 본문에 따른 관리단집회에 참석하여 그 구분소유자의 의결권을 행사할 수 있다. 다만, 구분소유자와 점유자가 달리 정하여 관리단에 통지하거나 구분소유자가 집회 이전에 직접 의결권을 행사할 것을 관리단에 통지한 경우에는 그러하지 아니하다. (2020.2.4 본항신설)
(2012.12.18 본조신설)
[제26조의3에서 이동(2020.2.4.)]

제26조의5【집합건물의 관리에 관한 감독】 ① 특별시장·광역시장·특별자치시장·도지사·특별자치도지사(이하 "시·도지사"라 한다) 또는 시장·군수·구청장(자치구의 구청장을 말하며, 이하 "시장·군수·구청장"이라 한다)은 집합건물의 효율적인 관리와 주민의 복리증진을 위하여 필요하다고 인정하는 경우에는 전유부분이 50개 이상인 건물의 관리인에게 다음 각 호의 사항을 보고하게 하거나 관련 자료의 제출을 명할 수 있다.
1. 제17조의2제2항에 따른 수선적립금의 징수·적립·사용 등에 관한 사항
2. 제24조에 따른 관리인의 선임·해임에 관한 사항
3. 제26조제1항에 따른 보고와 같은 조 제2항에 따른 장부의 작성·보관 및 증빙서류의 보관에 관한 사항

4. 제26조의2제1항 또는 제3항에 따른 회계감사에 관한 사항
5. 제32조에 따른 정기 관리단집회의 소집에 관한 사항
6. 그 밖에 집합건물의 관리에 관한 감독을 위하여 필요한 사항으로서 대통령령으로 정하는 사항

② 제1항에 따른 명령의 절차 등 필요한 사항은 해당 지방자치단체의 조례로 정한다.
(2023.3.28 본조신설)
(2023.9.29 시행)

제27조 【관리단의 채무에 대한 구분소유자의 책임】 ① 관리단이 그의 재산으로 채무를 전부 변제할 수 없는 경우에는 구분소유자는 제12조의 지분비율에 따라 관리단의 채무를 변제할 책임을 진다. 다만, 규약으로써 그 부담비율을 달리 정할 수 있다.
② 구분소유자의 특별승계인은 승계 전에 발생한 관리단의 채무에 관하여도 책임을 진다.

제5절 규약 및 집회

제28조 【규약】 ① 건물과 대지 또는 부속시설의 관리 또는 사용에 관한 구분소유자들 사이의 사항 중 이 법에서 규정하지 아니한 사항은 규약으로써 정할 수 있다.
② 일부공용부분에 관한 사항으로써 구분소유자 전원에게 이해관계가 있지 아니한 사항은 구분소유자 전원의 규약에 따로 정하지 아니하면 일부공용부분을 공용하는 구분소유자의 규약으로써 정할 수 있다.
③ 제1항과 제2항의 경우에 구분소유자 외의 자의 권리를 침해하지 못한다.
④ 법무부장관은 이 법을 적용받는 건물과 대지 및 부속시설의 효율적이고 공정한 관리를 위하여 표준규약을 마련하여야 한다. (2012.12.18, 2023.3.28 본항신설)
⑤ 시·도지사는 제4항에 따른 표준규약을 참고하여 대통령령으로 정하는 바에 따라 지역별 표준규약을 마련하여 보급하여야 한다. (2023.3.28 본항신설)
(2023.9.29 시행)

1. 상가건물의 업종 제한 또는 변경 업무가 '구분소유와 관련된 사항'에 해당하는지 여부(적극) 상가건물의 업종 제한 내지 변경 업무는 이를 대규모점포개설자 내지 대규모점포관리자에게 허용하면 점포소유자들의 소유권 행사와 충돌하거나 구분소유자들의 소유권을 침해할 우려가 있는 '구분소유와 관련된 사항'에 해당하고, 대규모점포 본래의 유지·관리를 위하여 필요한 업무에 포함되지 않는다고 보아야 한다.(대판 2019.12.27, 2018다37857)

제29조 【규약의 설정·변경·폐지】 ① 규약의 설정·변경 및 폐지는 관리단집회에서 구분소유자의 4분의 3 이상 및 의결권의 4분의 3 이상의 찬성을 얻어서 한다. 이 경우 규약의 설정·변경 및 폐지가 일부 구분소유자의 권리에 특별한 영향을 미칠 때에는 그 구분소유자의 승낙을 받아야 한다.
② 제28조제2항에 규정한 사항에 관한 구분소유자 전원의 규약의 설정·변경 또는 폐지는 그 일부공용부분을 공용하는 구분소유자의 4분의 1을 초과하는 자 또는 의결권의 4분의 1을 초과하는 의결권을 가진 자가 반대할 때에는 할 수 없다.

제30조 【규약의 보관 및 열람】 ① 규약은 관리인 또는 구분소유자나 그 대리인으로서 건물을 사용하고 있는 자 중 1인이 보관하여야 한다.
② 제1항에 따라 규약을 보관할 구분소유자나 그 대리인은 규약에 다른 규정이 없으면 관리단집회의 결의로써 정한다.
③ 이해관계인은 제1항에 따라 규약을 보관하는 자에게 규약의 열람을 청구하거나 자기 비용으로 등본의 발급을 청구할 수 있다.

제31조 【집회의 권한】 관리단의 사무는 이 법 또는 규약으로 관리인에게 위임한 사항 외에는 관리단집회의 결의에 따라 수행한다.

제32조 【정기 관리단집회】 관리인은 매년 회계연도 종료 후 3개월 이내에 정기 관리단집회를 소집하여야 한다. (2012.12.18 본조개정)

제33조 【임시 관리단집회】 ① 관리인은 필요하다고 인정할 때에는 관리단집회를 소집할 수 있다.
② 구분소유자의 5분의 1 이상이 회의의 목적 사항을 구체적으로 밝혀 관리단집회의 소집을 청구하면 관리인은 관리단집회를 소집하여야 한다. 이 정수(定數)는 규약으로 감경할 수 있다. (2012.12.18 본항개정)
③ 제2항의 청구가 있은 후 1주일 내에 관리인이 청구일부터 2주일 이내의 날을 관리단집회일로 하는 소집통지 절차를 밟지 아니하면 소집을 청구한 구분소유자는 법원의 허가를 받아 관리단집회를 소집할 수 있다. (2012.12.18 본항개정)
④ 관리인이 없는 경우에는 구분소유자의 5분의 1 이상은 관리단집회를 소집할 수 있다. 이 정수는 규약으로 감경할 수 있다. (2012.12.18 본항개정)

제34조 【집회소집통지】 ① 관리단집회를 소집하려면 관리단집회일 1주일 전에 회의의 목적사항을 구체적으로 밝혀 각 구분소유자에게 통지하여야 한다. 다만, 이 기간은 규약으로 달리 정할 수 있다.
② 전유부분을 여럿이 공유하는 경우에 제1항의 통지는 제37조제2항에 따라 정하여진 의결권을 행사할 자(그가 없을 때에는 공유자 중 1인)에게 통지하여야 한다.
③ 제1항의 통지는 구분소유자가 관리인에게 따로 통지장소를 제출하였으면 그 장소로 발송하고, 제출하지 아니하였으면 구분소유자가 소유하는 전유부분이 있는 장소로 발송한다. 이 경우 제1항의 통지는 통상적으로 도달할 시기에 도달한 것으로 본다.

④ 건물 내에 주소를 가지는 구분소유자 또는 제3항의 통지장소를 제출하지 아니한 구분소유자에 대한 제1항의 통지는 건물 내의 적당한 장소에 게시함으로써 소집통지를 갈음할 수 있음을 규약으로 정할 수 있다. 이 경우 제1항의 통지는 게시한 때에 도달한 것으로 본다.
⑤ 회의의 목적사항이 제15조제1항, 제29조제1항, 제47조제1항 및 제50조제4항인 경우에는 그 통지에 그 의안 및 계획의 내용을 적어야 한다.

제35조【소집절차의 생략】 관리단집회는 구분소유자 전원이 동의하면 소집절차를 거치지 아니하고 소집할 수 있다.

제36조【결의사항】 ① 관리단집회는 제34조에 따라 통지한 사항에 관하여만 결의할 수 있다.
② 제1항의 규정은 이 법에 관리단집회의 결의에 관하여 특별한 정수가 규정된 사항을 제외하고는 규약으로 달리 정할 수 있다.
③ 제1항과 제2항은 제35조에 따른 관리단집회에 관하여는 적용하지 아니한다.

제37조【의결권】 ① 각 구분소유자의 의결권은 규약에 특별한 규정이 없으면 제12조에 규정된 지분비율에 따른다.
② 전유부분을 여럿이 공유하는 경우에는 공유자는 관리단집회에서 의결권을 행사할 1인을 정한다.
③ 구분소유자의 승낙을 받아 동일한 전유부분을 점유하는 자가 여럿인 경우에는 제16조제2항, 제24조제4항, 제26조의2제2항 또는 제26조의4제5항에 따라 해당 구분소유자의 의결권을 행사할 1인을 정하여야 한다. (2012.12.18 본항신설, 2020.2.4 본항개정)

제38조【의결 방법】 ① 관리단집회의 의사는 이 법 또는 규약에 특별한 규정이 없으면 구분소유자의 과반수 및 의결권의 과반수로써 의결한다.
② 의결권은 서면이나 전자적 방법(전자정보처리조직을 사용하거나 그 밖에 정보통신기술을 이용하는 방법으로서 대통령령으로 정하는 방법을 말한다. 이하 같다)으로 또는 대리인을 통하여 행사할 수 있다. (2012.12.18 본항개정)
③ 제34조에 따른 관리단집회의 소집통지나 소집통지를 갈음하는 게시를 할 때에는 제2항에 따라 의결권을 행사할 수 있다는 내용과 구체적인 의결권 행사 방법을 명확히 밝혀야 한다.
(2012.12.18 본항신설)
④ 제1항부터 제3항까지에서 규정한 사항 외에 의결권 행사를 위하여 필요한 사항은 대통령령으로 정한다. (2012.12.18 본항신설)

제39조【집회의 의장과 의사록】 ① 관리단집회의 의장은 관리인 또는 집회를 소집한 구분소유자 중 연장자가 된다. 다만, 규약에 특별한 규정이 있거나 관리단집회에서 다른 결의를 한 경우에는 그러하지 아니하다.
② 관리단집회의 의사에 관하여는 의사록을 작성하여야 한다.
③ 의사록에는 의사의 경과와 그 결과를 적고 의장과 구분소유자 2인 이상이 서명날인하여야 한다.
④ 의사록에 관하여는 제30조를 준용한다.

제40조【점유자의 의견진술권】 ① 구분소유자의 승낙을 받아 전유부분을 점유하는 자는 집회의 목적사항에 관하여 이해관계가 있는 경우에는 집회에 출석하여 의견을 진술할 수 있다.
② 제1항의 경우 집회를 소집하는 자는 제34조에 따라 소집통지를 한 후 지체 없이 집회의 일시, 장소 및 목적사항을 건물 내의 적당한 장소에 게시하여야 한다.

제41조【서면 또는 전자적 방법에 의한 결의 등】
① 이 법 또는 규약에 따라 관리단집회에서 결의할 것으로 정한 사항에 관하여 구분소유자의 4분의 3 이상 및 의결권의 4분의 3 이상이 서면이나 전자적 방법 또는 서면과 전자적 방법으로 합의하면 관리단집회를 소집하여 결의한 것으로 본다.
(2012.12.18, 2023.3.28 본항개정)
② 제1항에도 불구하고 다음 각 호의 경우에는 그 구분에 따른 의결정족수 요건을 갖추어 서면이나 전자적 방법 또는 서면과 전자적 방법으로 합의하면 관리단집회를 소집하여 결의한 것으로 본다.
(2023.3.28 본항신설)

1. 제15조제1항제2호의 경우: 구분소유자의 과반수 및 의결권의 과반수
2. 제15조의2제1항 본문, 제47조제2항 본문 및 제50조제4항의 경우: 구분소유자의 5분의 4 이상 및 의결권의 5분의 4 이상
3. 제15조의2제1항 단서 및 제47조제2항 단서의 경우: 구분소유자의 3분의 2 이상 및 의결권의 3분의 2 이상

③ 구분소유자들은 미리 그들 중 1인을 대리인으로 정하여 관리단에 신고한 경우에는 그 대리인은 그 구분소유자들을 대리하여 관리단집회에 참석하거나 서면 또는 전자적 방법으로 의결권을 행사할 수 있다. (2012.12.18, 2023.3.28 본항개정)
④ 제1항 및 제2항의 서면 또는 전자적 방법으로 기록된 정보에 관하여는 제30조를 준용한다.
(2012.12.18, 2023.3.28 본항개정)
(2012.12.18 본조제목개정)
(2023.9.29 시행)

제42조【규약 및 집회의 결의의 효력】 ① 규약 및 관리단집회의 결의는 구분소유자의 특별승계인에 대하여도 효력이 있다.
② 점유자는 구분소유자가 건물이나 대지 또는 부속시설의 사용과 관련하여 규약 또는 관리단집회의 결의에 따라 부담하는 의무와 동일한 의무를 진다.

제42조의2 【결의취소의 소】 구분소유자는 다음 각 호의 어느 하나에 해당하는 경우에는 집회 결의 사실을 안 날부터 6개월 이내에, 결의한 날부터 1년 이내에 결의취소의 소를 제기할 수 있다.
1. 집회의 소집 절차나 결의 방법이 법령 또는 규약에 위반되거나 현저하게 불공정한 경우
2. 결의 내용이 법령 또는 규약에 위배되는 경우
〈2012.12.18 본조신설〉

1. 관리단집회 결의취소의 소의 대상이 되는 하자의 정도 및 결의취소의 소에 의하여 취소되지 않는 한 유효한지 여부 집합건물법 42조의2가 규정한 취소사유, 즉 '집회의 소집절차나 결의방법이 법령 또는 규약에 위반되거나 현저하게 불공정한 경우' 또는 '결의내용이 법령 또는 규약에 위배되는 경우'라 함은 그와 같은 하자가 결의를 무효로 돌릴 정도의 중대한 하자에 미치지 못하는 정도의 하자를 의미한다. 그와 같은 취소사유로 인해 취소할 수 있는 결의는 집합건물법 42조의2가 정한 제척기간 내에 제기된 결의취소의 소에 의하여 취소되지 않는 한 유효하다.(대판 2021.1.14, 2018다273981)

제6절 의무위반자에 대한 조치

제43조 【공동의 이익에 어긋나는 행위의 정지청구 등】 ① 구분소유자가 제5조제1항의 행위를 한 경우 또는 그 행위를 할 우려가 있는 경우에는 관리인 또는 관리단집회의 결의로 지정된 구분소유자는 구분소유자 공동의 이익을 위하여 그 행위를 정지하거나 그 행위의 결과를 제거하거나 그 행위의 예방에 필요한 조치를 할 것을 청구할 수 있다.
② 제1항에 따른 소송의 제기는 관리단집회의 결의가 있어야 한다.
③ 점유자가 제5조제4항에서 준용하는 같은 조 제1항에 규정된 행위를 한 경우 또는 그 행위를 할 우려가 있는 경우에도 제1항과 제2항을 준용한다.

제44조 【사용금지의 청구】 ① 제43조제1항의 경우에 제5조제1항에 규정된 행위로 구분소유자의 공동생활상의 장해가 현저하여 제43조제1항에 규정된 청구로는 그 장해를 제거하여 공용부분의 이용 확보나 구분소유자의 공동생활 유지를 도모함이 매우 곤란할 때에는 관리인 또는 관리단집회의 결의로 지정된 구분소유자는 소(訴)로써 적당한 기간 동안 해당 구분소유자의 전유부분 사용금지를 청구할 수 있다. 〈2020.2.4 본항개정〉
② 제1항의 청구는 구분소유자의 4분의 3 이상 및 의결권의 4분의 3 이상의 관리단집회 결의가 있어야 한다. 〈2020.2.4 본항개정〉
③ 제1항의 결의를 할 때에는 미리 해당 구분소유자에게 변명할 기회를 주어야 한다.

제45조 【구분소유권의 경매】 ① 구분소유자가 제5조제1항 및 제2항을 위반하거나 규약에서 정한 의무를 현저히 위반한 결과 공동생활을 유지하기 매우 곤란하게 된 경우에는 관리인 또는 관리단집회의 결의로 지정된 구분소유자는 해당 구분소유자의 전유부분 및 대지사용권의 경매를 명할 것을 법원에 청구할 수 있다.
② 제1항의 청구는 구분소유자의 4분의 3 이상 및 의결권의 4분의 3 이상의 관리단집회 결의가 있어야 한다.
③ 제2항의 결의를 할 때에는 미리 해당 구분소유자에게 변명할 기회를 주어야 한다.
④ 제1항의 청구에 따라 경매를 명한 재판이 확정되었을 때에는 그 청구를 한 자는 경매를 신청할 수 있다. 다만, 그 재판확정일부터 6개월이 지나면 그러하지 아니하다.
⑤ 제1항의 해당 구분소유자는 제4항 본문의 신청에 의한 경매에서 경락인이 되지 못한다.

제46조 【전유부분의 점유자에 대한 인도청구】 ① 점유자가 제45조제1항에 따른 의무위반을 한 결과 공동생활을 유지하기 매우 곤란하게 된 경우에는 관리인 또는 관리단집회의 결의로 지정된 구분소유자는 그 전유부분을 목적으로 하는 계약의 해제 및 그 전유부분의 인도를 청구할 수 있다.
② 제1항의 경우에는 제44조제2항 및 제3항을 준용한다.
③ 제1항에 따라 전유부분을 인도받은 자는 지체 없이 그 전유부분을 점유할 권원(權原)이 있는 자에게 인도하여야 한다.

제7절 재건축 및 복구

제47조 【재건축 결의】 ① 건물 건축 후 상당한 기간이 지나 건물이 훼손되거나 일부 멸실되거나 그 밖의 사정으로 건물 가격에 비하여 지나치게 많은 수리비·복구비나 관리비용이 드는 경우 또는 부근 토지의 이용 상황의 변화나 그 밖의 사정으로 건물을 재건축하면 재건축에 드는 비용에 비하여 현저하게 효용이 증가하게 되는 경우에 관리단집회는 그 건물을 철거하여 그 대지를 구분소유권의 목적이 될 새 건물의 대지로 이용할 것을 결의할 수 있다. 다만, 재건축의 내용이 단지 내 다른 건물의 구분소유자에게 특별한 영향을 미칠 때에는 그 구분소유자의 승낙을 받아야 한다.
② 제1항의 결의는 구분소유자의 5분의 4 이상 및 의결권의 5분의 4 이상의 결의에 따른다. 다만, 「관광진흥법」 제3조제1항제2호나목에 따른 휴양 콘도미니엄업의 운영을 위한 휴양 콘도미니엄의 재건축 결의는 구분소유자의 3분의 2 이상 및 의결권의 3분의 2 이상의 결의에 따른다. 〈2023.3.28. 본항개정〉
③ 재건축을 결의할 때에는 다음 각 호의 사항을 정하여야 한다.
1. 새 건물의 설계 개요

2. 건물의 철거 및 새 건물의 건축에 드는 비용을 개략적으로 산정한 금액
3. 제2호에 규정된 비용의 분담에 관한 사항
4. 새 건물의 구분소유권 귀속에 관한 사항

④ 제3항제3호 및 제4호의 사항은 각 구분소유자 사이에 형평이 유지되도록 정하여야 한다.

⑤ 제1항의 결의를 위한 관리단집회의 의사록에는 결의에 대한 각 구분소유자의 찬반 의사를 적어야 한다.

(2023.9.29 시행)

제48조【구분소유권 등의 매도청구 등】 ① 재건축의 결의가 있으면 집회를 소집한 자는 지체 없이 그 결의에 찬성하지 아니한 구분소유자(그의 승계인을 포함한다)에 대하여 그 결의 내용에 따른 재건축에 참가할 것인지 여부를 회답할 것을 서면으로 촉구하여야 한다.

② 제1항의 촉구를 받은 구분소유자는 촉구를 받은 날부터 2개월 이내에 회답하여야 한다.

③ 제2항의 기간 내에 회답하지 아니한 경우 그 구분소유자는 재건축에 참가하지 아니하겠다는 뜻을 회답한 것으로 본다.

④ 제2항의 기간이 지나면 재건축 결의에 찬성한 각 구분소유자, 재건축 결의 내용에 따른 재건축에 참가할 뜻을 회답한 각 구분소유자(그의 승계인을 포함한다) 또는 이들 전원의 합의에 따라 구분소유권과 대지사용권을 매수하도록 지정된 자(이하 “매수지정자”라 한다)는 제2항의 기간 만료일부터 2개월 이내에 재건축에 참가하지 아니하겠다는 뜻을 회답한 구분소유자(그의 승계인을 포함한다)에게 구분소유권과 대지사용권을 시가로 매도할 것을 청구할 수 있다. 재건축 결의가 있은 후에 이 구분소유자로부터 대지사용권만을 취득한 자의 대지사용권에 대하여도 또한 같다.

⑤ 제4항에 따른 청구가 있는 경우에 재건축에 참가하지 아니하겠다는 뜻을 회답한 구분소유자가 건물을 명도(明渡)하면 생활에 현저한 어려움을 겪을 우려가 있고 재건축의 수행에 큰 영향이 없을 때에는 법원은 그 구분소유자의 청구에 의하여 대금 지급일 또는 제공일부터 1년을 초과하지 아니하는 범위에서 건물 명도에 대하여 적당한 기간을 허락할 수 있다.

⑥ 재건축 결의일부터 2년 이내에 건물 철거공사가 착수되지 아니한 경우에는 제4항에 따라 구분소유권이나 대지사용권을 매도한 자는 이 기간이 만료된 날부터 6개월 이내에 매수인이 지급한 대금에 상당하는 금액을 그 구분소유권이나 대지사용권을 가지고 있는 자에게 제공하고 이들의 권리를 매도할 것을 청구할 수 있다. 다만, 건물 철거공사가 착수되지 아니한 타당한 이유가 있을 경우에는 그러하지 아니하다.

⑦ 제6항 단서에 따른 건물 철거공사가 착수되지 아니한 타당한 이유가 없어진 날부터 6개월 이내에 공사에 착수하지 아니하는 경우에는 제6항 본문을 준용한다. 이 경우 같은 항 본문 중 “이 기간이 만료된 날부터 6개월 이내에”는 “건물 철거공사가 착수되지 아니한 타당한 이유가 없어진 것을 안 날부터 6개월 또는 그 이유가 없어진 날부터 2년 중 빠른 날까지”로 본다.

1. 구분소유권 등의 매도청구권은 반드시 매도청구권자 전원이 공동으로 행사하여야 하는지 여부(소극) **및 그에 따른 소유권이전등기절차의 이행 등을 구하는 소가 고유필수적 공동소송인지 여부**(소극) 집합건물 48조 4항에서 정한 매도청구권은 위 규정에서 정하고 있는 매도청구권자 각자에게 귀속되고, 각 매도청구권자들은 이를 단독으로 행사하거나 여러 명 또는 전원이 함께 행사할 수도 있다고 보아야 한다. 따라서 반드시 매도청구권자 모두가 재건축에 참가하지 않는 구분소유자의 구분소유권 등에 관하여 공동으로 매도청구권을 행사하여야 하는 것은 아니고, 그에 따른 소유권이전등기절차의 이행 등을 구하는 소도 매도청구권자 전원이 소를 제기하여야 하는 고유필수적 공동소송이 아니다.(대판 2023.7.27, 2020다263857)

제49조【재건축에 관한 합의】 재건축 결의에 찬성한 각 구분소유자, 재건축 결의 내용에 따른 재건축에 참가할 뜻을 회답한 각 구분소유자 및 구분소유권 또는 대지사용권을 매수한 각 매수지정자(이들의 승계인을 포함한다)는 재건축 결의 내용에 따른 재건축에 합의한 것으로 본다.

제50조【건물이 일부 멸실된 경우의 복구】 ① 건물가격의 2분의 1 이하에 상당하는 건물 부분이 멸실되었을 때에는 각 구분소유자는 멸실한 공용부분과 자기의 전유부분을 복구할 수 있다. 다만, 공용부분의 복구에 착수하기 전에 제47조제1항의 결의나 공용부분의 복구에 대한 결의가 있는 경우에는 그러하지 아니하다.

② 제1항에 따라 공용부분을 복구한 자는 다른 구분소유자에게 제12조의 지분비율에 따라 복구에 든 비용의 상환을 청구할 수 있다.

③ 제1항 및 제2항의 규정은 규약으로 달리 정할 수 있다.

④ 건물이 일부 멸실된 경우로서 제1항 본문의 경우를 제외한 경우에 관리단집회는 구분소유자의 5분의 4 이상 및 의결권의 5분의 4 이상으로 멸실한 공용부분을 복구할 것을 결의할 수 있다.

⑤ 제4항의 결의가 있는 경우에는 제47조제5항을 준용한다.

⑥ 제4항의 결의가 있을 때에는 그 결의에 찬성한 구분소유자(그의 승계인을 포함한다) 외의 구분소유자는 결의에 찬성한 구분소유자(그의 승계인을 포함한다)에게 건물 및 그 대지에 관한 권리를 시가로 매수할 것을 청구할 수 있다.

⑦ 제4항의 경우에 건물 일부가 멸실한 날부터 6개월 이내에 같은 항 또는 제47조제1항의 결의가 없을 때에는 각 구분소유자는 다른 구분소유자에게

건물 및 그 대지에 관한 권리를 시가로 매수할 것을 청구할 수 있다.
⑧ 법원은 제2항, 제6항 및 제7항의 경우에 상환 또는 매수청구를 받은 구분소유자의 청구에 의하여 상환금 또는 대금의 지급에 관하여 적당한 기간을 허락할 수 있다.

제2장 단지

제51조【단지관리단】 ① 한 단지에 여러 동의 건물이 있고 그 단지 내의 토지 또는 부속시설(이들에 관한 권리를 포함한다)이 그 건물 소유자(전유부분이 있는 건물에서는 구분소유자를 말한다)의 공동소유에 속하는 경우에는 이들 소유자는 그 단지 내의 토지 또는 부속시설을 관리하기 위한 단체를 구성하여 이 법에서 정하는 바에 따라 집회를 개최하고 규약을 정하며 관리인을 둘 수 있다.
② 한 단지에 여러 동의 건물이 있고 단지 내의 토지 또는 부속시설(이들에 관한 권리를 포함한다)이 그 건물 소유자(전유부분이 있는 건물에서는 구분소유자를 말한다) 중 일부의 공동소유에 속하는 경우에는 이들 소유자는 그 단지 내의 토지 또는 부속시설을 관리하기 위한 단체를 구성하여 이 법에서 정하는 바에 따라 집회를 개최하고 규약을 정하며 관리인을 둘 수 있다.
③ 제1항의 단지관리단은 단지관리단의 구성원이 속하는 각 관리단의 사업의 전부 또는 일부를 그 사업 목적으로 할 수 있다. 이 경우 각 관리단의 구성원의 4분의 3 이상 및 의결권의 4분의 3 이상에 의한 관리단집회의 결의가 있어야 한다.
제52조【단지에 대한 준용】 제51조의 경우에는 제3조, 제23조의2, 제24조, 제24조의2, 제25조, 제26조, 제26조의2부터 제26조의5까지, 제27조부터 제42조까지 및 제42조의2를 준용한다. 이 경우 전유부분이 없는 건물은 해당 건물의 수를 전유부분의 수로 한다. (2012.12.18, 2020.2.4, 2023.3.28 본항개정)
(2023.9.29 시행)

제2장의2 집합건물분쟁조정위원회

제52조의2【집합건물분쟁조정위원회】 ① 이 법을 적용받는 건물과 관련된 분쟁을 심의·조정하기 위하여 특별시·광역시·특별자치시·도 또는 특별자치도(이하 "시·도"라 한다)에 집합건물분쟁조정위원회(이하 "조정위원회"라 한다)를 둔다.
② 조정위원회는 분쟁 당사자의 신청에 따라 다음 각 호의 분쟁(이하 "집합건물분쟁"이라 한다)을 심의·조정한다. (2015.8.11, 2020.2.4 본항개정)
1. 이 법을 적용받는 건물의 하자에 관한 분쟁. 다만, 「공동주택관리법」 제36조 및 제37조에 따른 공동주택의 담보책임 및 하자보수 등과 관련된 분쟁은 제외한다.
2. 관리인·관리위원의 선임·해임 또는 관리단·관리위원회의 구성·운영에 관한 분쟁
3. 공용부분의 보존·관리 또는 변경에 관한 분쟁
4. 관리비의 징수·관리 및 사용에 관한 분쟁
5. 규약의 제정·개정에 관한 분쟁
6. 재건축과 관련된 철거, 비용분담 및 구분소유권 귀속에 관한 분쟁
6의2. 소음·진동·악취 등 공동생활과 관련된 분쟁
7. 그 밖에 이 법을 적용받는 건물과 관련된 분쟁으로서 대통령령으로 정한 분쟁

(2012.12.18 본조신설)
제52조의3【조정위원회의 구성과 운영】 ① 조정위원회는 위원장 1명과 부위원장 1명을 포함한 10명 이내의 위원으로 구성한다.
② 조정위원회의 위원은 집합건물분쟁에 관한 법률 지식과 경험이 풍부한 사람으로서 다음 각 호의 어느 하나에 해당하는 사람 중에서 시·도지사가 임명하거나 위촉한다. 이 경우 제1호 및 제2호에 해당하는 사람이 각각 2명 이상 포함되어야 한다.
1. 법학 또는 조정·중재 등의 분쟁조정 관련 학문을 전공한 사람으로서 대학에서 조교수 이상으로 3년 이상 재직한 사람
2. 변호사 자격이 있는 사람으로서 3년 이상 법률에 관한 사무에 종사한 사람
3. 건설공사, 하자감정 또는 공동주택관리에 관한 전문적 지식을 갖춘 사람으로서 해당 업무에 3년 이상 종사한 사람
4. 해당 시·도 소속 5급 이상 공무원으로서 관련 업무에 3년 이상 종사한 사람

③ 조정위원회의 위원장은 해당 시·도지사가 위원 중에서 임명하거나 위촉한다.
④ 조정위원회에는 분쟁을 효율적으로 심의·조정하기 위하여 3명 이내의 위원으로 구성되는 소위원회를 둘 수 있다. 이 경우 소위원회에는 제2항제1호 및 제2호에 해당하는 사람이 각각 1명 이상 포함되어야 한다.
⑤ 조정위원회는 재적위원 과반수의 출석과 출석위원 과반수의 찬성으로 의결하며, 소위원회는 재적위원 전원 출석과 출석위원 과반수의 찬성으로 의결한다.
⑥ 제1항부터 제5항까지에서 규정한 사항 외에 조정위원회와 소위원회의 구성 및 운영에 필요한 사항과 조정 절차에 관한 사항은 대통령령으로 정한다.
(2012.12.18 본조신설)

제52조의4【위원의 제척 등】 ① 조정위원회의 위원이 다음 각 호의 어느 하나에 해당하는 경우에는 그 사건의 심의·조정에서 제척(除斥)된다.

1. 위원 또는 그 배우자나 배우자이었던 사람이 해당 집합건물분쟁의 당사자가 되거나 그 집합건물분쟁에 관하여 당사자와 공동권리자 또는 공동의무자의 관계에 있는 경우
2. 위원이 해당 집합건물분쟁의 당사자와 친족이거나 친족이었던 경우
3. 위원이 해당 집합건물분쟁에 관하여 진술이나 감정을 한 경우
4. 위원이 해당 집합건물분쟁에 당사자의 대리인으로서 관여한 경우
5. 위원이 해당 집합건물분쟁의 원인이 된 처분이나 부작위에 관여한 경우

② 조정위원회는 위원에게 제1항의 제척 원인이 있는 경우에는 직권이나 당사자의 신청에 따라 제척의 결정을 한다.
③ 당사자는 위원에게 공정한 직무집행을 기대하기 어려운 사정이 있으면 조정위원회에 해당 위원에 대한 기피신청을 할 수 있다.
④ 위원은 제1항 또는 제3항의 사유에 해당하면 스스로 그 집합건물분쟁의 심의·조정을 회피할 수 있다.
(2012.12.18 본조신설)

제52조의5【분쟁조정신청과 통지 등】 ① 조정위원회는 당사자 일방으로부터 분쟁의 조정신청을 받은 경우에는 지체 없이 그 신청내용을 상대방에게 통지하여야 한다.
② 제1항에 따라 통지를 받은 상대방은 그 통지를 받은 날부터 7일 이내에 조정에 응할 것인지에 관한 의사를 조정위원회에 통지하여야 한다.
③ 제1항에 따라 분쟁의 조정신청을 받은 조정위원회는 분쟁의 성질 등 조정에 적합하지 아니한 사유가 있다고 인정하는 경우에는 해당 조정의 불개시(不開始) 결정을 할 수 있다. 이 경우 조정의 불개시 결정 사실과 그 사유를 당사자에게 통보하여야 한다.
(2012.12.18 본조신설)

제52조의6【조정의 절차】 ① 조정위원회는 제52조의5제1항에 따른 조정신청을 받으면 같은 조 제2항에 따른 조정 불응 또는 같은 조 제3항에 따른 조정의 불개시 결정이 있는 경우를 제외하고는 지체 없이 조정 절차를 개시하여야 하며, 신청을 받은 날부터 60일 이내에 그 절차를 마쳐야 한다.
② 조정위원회는 제1항의 기간 내에 조정을 마칠 수 없는 경우에는 조정위원회의 의결로 그 기간을 30일의 범위에서 한 차례만 연장할 수 있다. 이 경우 그 사유와 기한을 분명히 밝혀 당사자에게 서면으로 통지하여야 한다.
③ 조정위원회는 제1항에 따른 조정의 절차를 개시하기 전에 이해관계인 등의 의견을 들을 수 있다.
④ 조정위원회는 제1항에 따른 절차를 마쳤을 때에는 조정안을 작성하여 지체 없이 각 당사자에게 제시하여야 한다.
⑤ 제4항에 따른 조정안을 제시받은 당사자는 제시받은 날부터 14일 이내에 조정안의 수락 여부를 조정위원회에 통보하여야 한다. 이 경우 당사자가 그 기간 내에 조정안에 대한 수락 여부를 통보하지 아니한 경우에는 조정안을 수락한 것으로 본다.
(2012.12.18 본조신설)

제52조의7【출석 및 자료제출 요구】 ① 조정위원회는 조정을 위하여 필요하다고 인정하는 경우 분쟁당사자, 분쟁 관련 이해관계인 또는 참고인에게 출석하여 진술하게 하거나 조정에 필요한 자료나 물건 등을 제출하도록 요구할 수 있다.
② 조정위원회는 해당 조정업무에 참고하기 위하여 시·도지사 및 관련기관에 해당 분쟁과 관련된 자료를 요청할 수 있다.
(2020.2.4 본조신설)
[종전 제52조의7은 제52조의8로 이동(2020.2.4)]

제52조의8【조정의 중지 등】 ① 조정위원회는 당사자가 제52조의5제2항에 따라 조정에 응하지 아니할 의사를 통지하거나 제52조의6제5항에 따라 조정안을 거부한 경우에는 조정을 중지하고 그 사실을 상대방에게 서면으로 통보하여야 한다.
② 조정위원회는 당사자 중 일방이 소를 제기한 경우에는 조정을 중지하고 그 사실을 상대방에게 통보하여야 한다.
③ 조정위원회는 법원에 소송계속 중인 당사자 중 일방이 조정을 신청한 때에는 해당 조정 신청을 결정으로 각하하여야 한다.
(2012.12.18 본조신설)
[제52조의7에서 이동, 종전 제52조의8은 제52조의9로 이동(2020.2.4)]

제52조의9【조정의 효력】 ① 당사자가 제52조의6제5항에 따라 조정안을 수락하면 조정위원회는 지체 없이 조정서 3부를 작성하여 위원장 및 각 당사자로 하여금 조정서에 서명날인하게 하여야 한다.
② 제1항의 경우 당사자 간에 조정서와 같은 내용의 합의가 성립된 것으로 본다.
(2012.12.18 본조신설)
[제52조의8에서 이동, 종전 제52조의9는 제52조의10으로 이동(2020.2.4)]

제52조의10【하자 등의 감정】 ① 조정위원회는 당사자의 신청으로 또는 당사자와 협의하여 대통령령으로 정하는 안전진단기관, 하자감정전문기관 등에 하자진단 또는 하자감정 등을 요청할 수 있다.
② 조정위원회는 당사자의 신청으로 또는 당사자와 협의하여 「공동주택관리법」 제39조에 따른 하자심

사·분쟁조정위원회에 하자판정을 요청할 수 있다. (2015.8.11 본항개정)
③ 제1항 및 제2항에 따른 비용은 대통령령으로 정하는 바에 따라 당사자가 부담한다.
(2012.12.18 본조신설)
[제52조의9에서 이동(2020.2.4.)]

제3장 구분건물의 건축물대장

제53조【건축물대장의 편성】 ① 소관청은 이 법을 적용받는 건물에 대하여는 이 법에서 정하는 건축물대장과 건물의 도면 및 각 층의 평면도를 갖추어 두어야 한다. (2020.2.4 본항개정)
② 대장은 1동의 건물을 표시할 용지와 그 1동의 건물에 속하는 전유부분의 건물을 표시할 용지로 편성한다.
③ 1동의 건물에 대하여는 각 1용지를 사용하고 전유부분의 건물에 대하여는 구분한 건물마다 1용지를 사용한다.
④ 1동의 건물에 속하는 구분한 건물의 대장은 1책에 편철하고 1동의 건물을 표시할 용지 다음에 구분한 건물을 표시할 용지를 편철한다.
⑤ 제4항의 경우에 편철한 용지가 너무 많을 때에는 여러 책으로 나누어 편철할 수 있다.
제54조【건축물대장의 등록사항】 ① 1동의 건물을 표시할 용지에는 다음 각 호의 사항을 등록하여야 한다. (2013.3.23, 2020.2.4 본항개정)
1. 1동의 건물의 소재지와 지번(地番)
2. 1동의 건물에 번호가 있을 때에는 그 번호
3. 1동의 건물의 구조와 면적
4. 1동의 건물에 속하는 전유부분의 번호
5. 그 밖에 국토교통부령으로 정하는 사항
② 전유부분을 표시할 용지에는 다음 각 호의 사항을 등록하여야 한다. (2013.3.23 본항개정)
1. 전유부분의 번호
2. 전유부분이 속하는 1동의 건물의 번호
3. 전유부분의 종류, 구조와 면적
4. 부속건물이 있을 때에는 부속건물의 종류, 구조, 면적
5. 소유자의 성명 또는 명칭과 주소 또는 사무소. 이 경우 소유자가 둘 이상일 때에는 그 지분
6. 그 밖에 국토교통부령으로 정하는 사항
③ 제2항제4호의 경우에 부속건물이 그 전유부분과 다른 별채의 건물이거나 별채인 1동의 건물을 구분한 것일 때에는 그 1동의 건물의 소재지, 지번, 번호, 종류, 구조 및 면적을 등록하여야 한다.
④ 제3항의 경우에 건물의 표시 및 소유자의 표시에 관한 사항을 등록할 때에는 원인 및 그 연월일과 등록연월일을 적어야 한다.
⑤ 제3조제2항 및 제3항에 따른 공용부분의 등록에 관하여는 제2항과 제4항을 준용한다. 이 경우 그 건물의 표시란에 공용부분이라는 취지를 등록한다.
⑥ 구분점포의 경우에는 전유부분 용지의 구조란에 경계벽이 없다는 뜻을 적어야 한다.
제55조【건축물대장의 등록절차】 건축물대장의 등록은 소유자 등의 신청이나 소관청의 조사결정에 의한다.
제56조【건축물대장의 신규 등록신청】 ① 이 법을 적용받는 건물을 신축한 자는 1개월 이내에 1동의 건물에 속하는 전유부분 전부에 대하여 동시에 건축물대장 등록신청을 하여야 한다.
② 제1항의 신청서에는 제54조에 규정된 사항을 적고 건물의 도면, 각 층의 평면도(구분점포의 경우에는 「건축사법」 제23조에 따라 신고한 건축사 또는 「공간정보의 구축 및 관리 등에 관한 법률」 제39조제2항에서 정한 측량기술자가 구분점포의 경계표지에 관한 측량성과를 적어 작성한 평면도를 말한다)와 신청인의 소유임을 증명하는 서면을 첨부하여야 하며, 신청서에 적은 사항 중 규약이나 규약에 상당하는 공정증서로써 정한 것이 있는 경우에는 그 규약이나 공정증서를 첨부하여야 한다.
(2014.6.3 본항개정)
③ 이 법을 적용받지 아니하던 건물이 구분, 신축 등으로 인하여 이 법을 적용받게 된 경우에는 제1항과 제2항을 준용한다.
④ 제3항의 경우에 건물 소유자는 다른 건물의 소유자를 대위(代位)하여 제1항의 신청을 할 수 있다.
제57조【건축물대장의 변경등록신청】 ① 건축물대장에 등록한 사항이 변경된 경우에는 소유자는 1개월 이내에 변경등록신청을 하여야 한다.
② 1동의 건물을 표시할 사항과 공용부분의 표시에 관한 사항의 변경등록은 전유부분 소유자 중 1인 또는 여럿이 제1항의 기간까지 신청할 수 있다.
③ 제1항 및 제2항의 신청서에는 변경된 사항과 1동의 건물을 표시하기에 충분한 사항을 적고 그 변경을 증명하는 서면을 첨부하여야 하며 건물의 소재지, 구조, 면적이 변경되거나 부속건물을 신축한 경우에는 건물도면 또는 각 층의 평면도도 첨부하여야 한다.
④ 구분점포는 제1조의2제1항제1호의 용도 외의 다른 용도로 변경할 수 없다.
제58조【신청의무의 승계】 소유자가 변경된 경우에는 전 소유자가 하여야 할 제56조와 제57조제1항의 등록신청은 소유자가 변경된 날부터 1개월 이내에 새로운 소유자가 하여야 한다.
제59조【소관청의 직권조사】 ① 소관청은 제56조 또는 제57조의 신청을 받아 또는 직권으로 건축물대장에 등록할 때에는 소속 공무원에게 건물의 표시에 관한 사항을 조사하게 할 수 있다.
② 소관청은 구분점포에 관하여 제56조 또는 제57

조의 신청을 받으면 신청 내용이 제1조의2제1항 각 호의 요건을 충족하는지와 건축물의 실제 현황과 일치하는지를 조사하여야 한다.
③ 제1항 및 제2항의 조사를 하는 경우 해당 공무원은 일출 후 일몰 전까지 그 건물에 출입할 수 있으며, 점유자나 그 밖의 이해관계인에게 질문하거나 문서의 제시를 요구할 수 있다. 이 경우 관계인에게 그 신분을 증명하는 증표를 보여주어야 한다.
제60조【조사 후 처리】 ① 제56조의 경우에 소관청은 관계 공무원의 조사 결과 그 신고 내용이 부당하다고 인정할 때에는 그 취지를 적어 정정할 것을 명하고, 그 신고 내용을 정정하여도 그 건물의 상황이 제1조 또는 제1조의2의 규정에 맞지 아니하다고 인정할 때에는 그 등록을 거부하고 그 건물 전체를 하나의 건물로 하여 일반건축물대장에 등록하여야 한다.
② 제1항의 경우에는 일반건축물대장에 등록한 날부터 7일 이내에 신고인에게 그 등록거부 사유를 서면으로 통지하여야 한다.
제61조 (2011.4.12 본조삭제)
제62조 (2011.4.12 본조삭제)
제63조 (2011.4.12 본조삭제)
제64조 (2011.4.12 본조삭제)

제4장 벌칙

제65조【벌금】 ① 제1조의2제1항에서 정한 경계표지 또는 건물번호표지를 파손, 이동 또는 제거하거나 그 밖의 방법으로 경계를 알아볼 수 없게 한 사람은 3년 이하의 징역 또는 1천만원 이하의 벌금에 처한다.
② 건축사 또는 측량기술자가 제56조제2항에서 정한 평면도에 측량성과를 사실과 다르게 적었을 때에는 2년 이하의 징역 또는 500만원 이하의 벌금에 처한다.
제66조【과태료】 ① 다음 각 호의 어느 하나에 해당하는 자에게는 500만원 이하의 과태료를 부과한다.
1. 제26조의2제1항 또는 제3항(제52조에서 준용하는 경우를 포함한다)에 따른 회계감사를 받지 아니하거나 부정한 방법으로 받은 자
2. 제26조의2제6항(제52조에서 준용하는 경우를 포함한다)을 위반하여 회계감사를 방해하는 등 같은 항 각 호의 어느 하나에 해당하는 행위를 한 자
② 다음 각 호의 어느 하나에 해당하는 자에게는 300만원 이하의 과태료를 부과한다. (2023.3.28 본항개정)
1. 제26조의2제4항(제52조에서 준용하는 경우를 포함한다)을 위반하여 회계감사 결과를 보고하지 아니하거나 거짓으로 보고한 자
1의2. 제26조의5제1항(제52조에서 준용하는 경우를 포함한다)에 따른 보고 또는 자료 제출 명령을 위반한 자
2. 제59조제1항에 따른 조사를 거부·방해 또는 기피한 자
3. 제59조제3항에 따른 질문 및 문서 제시 요구에 응하지 아니하거나 거짓으로 응한 자
③ 다음 각 호의 어느 하나에 해당하는 자에게는 200만원 이하의 과태료를 부과한다. (2023.3.28 본항개정)
1. 제9조의3제3항을 위반하여 통지를 하지 아니한 자
2. 제9조의3제4항을 위반하여 관리단집회를 소집하지 아니한 자
3. 제24조제6항(제52조에서 준용하는 경우를 포함한다)에 따른 신고를 하지 아니한 자
4. 제26조제1항(제52조에서 준용하는 경우를 포함한다)을 위반하여 보고를 하지 아니하거나 거짓으로 보고한 자
4의2. 제26조제2항(제52조에서 준용하는 경우를 포함한다)을 위반하여 장부 또는 증빙서류를 작성·보관하지 아니하거나 거짓으로 작성한 자
4의3. 제26조제3항 각 호 외의 부분 후단(제52조에서 준용하는 경우를 포함한다)을 위반하여 정당한 사유 없이 제26조제1항에 따른 보고 자료 또는 같은 조 제2항에 따른 장부나 증빙서류에 대한 열람 청구 또는 등본의 교부 청구에 응하지 아니하거나 거짓으로 응한 자
5. 제30조제1항, 제39조제4항, 제41조제4항(이들 규정을 제52조에서 준용하는 경우를 포함한다)을 위반하여 규약, 의사록 또는 서면(전자적 방법으로 기록된 정보를 포함한다)을 보관하지 아니한 자
6. 제30조제3항, 제39조제4항, 제41조제4항(이들 규정을 제52조에서 준용하는 경우를 포함한다)을 위반하여 정당한 사유 없이 규약, 의사록 또는 서면(전자적 방법으로 기록된 정보를 포함한다)의 열람이나 등본의 발급청구를 거부한 자
7. 제39조제2항 및 제3항(이들 규정을 제52조에서 준용하는 경우를 포함한다)을 위반하여 의사록을 작성하지 아니하거나 의사록에 적어야 할 사항을 적지 아니하거나 거짓으로 적은 자
8. 제56조제1항, 제57조제1항, 제58조에 따른 등록신청을 게을리 한 자
④ 제1항부터 제3항까지의 규정에 따른 과태료는 대통령령으로 정하는 바에 따라 소관청(제2항제1호의2의 경우에는 시·도지사 또는 시장·군수·구청장을 말한다)이 부과·징수한다. (2023.3.28 본

항개정)
(2023.9.29 시행)

附　則

第1條【施行日】 이 法은 公布후 1年이 경과한 날로부터 施行한다.

第2條【現存 家屋臺帳의 改製 등에 관한 經過措置】 ① 이 法 施行당시 現存하는 區分建物의 家屋臺帳은 이 法 施行후 1年 이내에 이 法의 規定에 의한 樣式의 臺帳으로 改製하여야 한다. 이 경우 家屋臺帳이 備置되지 아니한 때에는 建築法의 規定에 의한 建築物臺帳을 家屋臺帳으로 본다.
② 第1項 後段의 規定에 의하여 改製한 建築物臺帳은 이 法에 의한 家屋臺帳으로 본다.

第3條【共用部分의 持分에 관한 經過措置】 이 法 施行당시 現存하는 共用部分이 區分所有者 全員 또는 그 一部의 共有에 속하는 경우에 각 共有者의 持分이 第12條의 規定에 合當하지 아니할 때에는 그 持分은 第10條第2項 但書의 規定에 의하여 規約으로써 정한 것으로 본다.

第4條【經過措置】 이 法 施行당시 現存하는 專有部分과 이에 대한 垈地使用權에 관한 第20條 내지 第22條의 規定은 이 法의 施行日로부터 2年이 경과한 날로부터 適用한다. 다만, 法律 第3726號 不動産登記法中改正法律 附則 第2條第2項의 規定에 의한 登記를 완료한 建物에 대하여는 그 登記를 완료한 날의 다음날로부터 이 法 第20條 내지 第22條의 規定을 適用한다.(1986.5.12 본조개정)

第5條【共有持分 등의 取得에 관한 經過措置】 ① 이 法 施行당시 區分建物로 登記된 建物이 第1條의 規定에 符合하지 아니하여 그 登記用紙가 閉鎖된 때에는 그 建物의 所有者는 分讓價 또는 分讓價를 알 수 없을 때에는 鑑定業者의 鑑定價의 比率에 따라 그 建物이 속하는 1棟의 建物의 共有持分을 取得한 것으로 본다.
② 第1項의 경우 그 區分建物에 登記된 所有權의 登記외의 權利에 관한 登記의 效力은 그 持分에 당연히 미친다.

第6條【「주택법」과의 관계】 集合住宅의 管理方法과 基準에 관한 「주택법」의 특별한 規定은 그것이 이 法에 抵觸하여 區分所有者의 基本的인 權利를 害하지 않는 한 效力이 있다. 다만, 공동주택의 담보책임 및 하자보수에 관하여는 「주택법」 제46조의 규정이 정하는 바에 따른다.(2005.5.26 본조개정)

附　則 (2003.7.18)

① **【시행일】** 이 법은 공포후 6월이 경과한 날부터 시행한다.
② **【경과조치】** 이 법 시행 당시 구분건물로 등기된 건물이 제1조의 규정에 부합하지 아니하여도 이 법 시행후 2년 이내에 제1조의2제1항에서 정한 구분점포로서의 요건을 갖추고 제56조제2항의 평면도를 첨부하여 제54조제1항제3호와 동조제6항에 관한 건축물대장 변경등록을 마친 경우에는 구분건물로 등기된 때에 구분점포별로 소유권의 목적이 된 것으로 본다.

附　則 (2005.5.26)

이 법은 공포한 날부터 시행한다.

附　則 (2008.12.26)

이 법은 공포한 날부터 시행한다.

附　則 (2009.5.8)

① **【시행일】** 이 법은 공포한 날부터 시행한다.
② **【벌칙 및 과태료에 관한 경과조치】** 이 법 시행 전의 행위에 대하여 벌칙 및 과태료를 적용할 때에는 종전의 규정에 따른다.
③ **【과태료재판에 관한 경과조치】** 이 법 시행 당시 법원에 계속 중인 과태료재판에 대하여는 종전의 규정에 따른다.

附　則 (2009.5.8)

제1조【시행일】 이 법은 공포 후 6개월이 경과한 날부터 시행한다.(이하 생략)

부　칙 (2010.3.31)

이 법은 공포한 날부터 시행한다.

부　칙 (2011.4.12) (부동산등기법)

제1조【시행일】 이 법은 공포 후 6개월이 경과한 날부터 시행한다. (단서 생략)

부　칙 (2012.12.18)

제1조【시행일】 이 법은 공포 후 6개월이 경과한 날부터 시행한다. (이하생략)

부　칙 (2013.3.23) (정부조직법)

제1조【시행일】 ① 이 법은 공포한 날부터 시행한다.
(이하생략)

부　칙 (2014.6.3) (공간정보의 구축 및 관리 등에 관한 법률)

제1조【시행일】 이 법은 공포 후 1년이 경과한

날부터 시행한다. (이하생략)

부 칙 (2015.8.11) (공동주택관리법)

제1조【시행일】 이 법은 공포 후 1년이 경과한 날부터 시행한다. (이하생략)

부 칙 (2016.1.19) (주택법)

제1조【시행일】 이 법은 2016년 8월 12일부터 시행한다. (이하생략)

부 칙 (2020.2.4)

제1조【시행일】 이 법은 공포 후 1년이 경과한 날부터 시행한다.
제2조【분양자의 통지의무 등에 관한 적용례】 제9조의3의 개정규정은 이 법 시행 이후 분양하는 경우부터 적용한다.
제3조【관리인 선임 등 신고에 관한 적용례】 제24조제6항의 개정규정(제52조의 개정규정에서 준용하는 경우를 포함한다)은 이 법 시행 이후 관리인을 선임하는 경우부터 적용한다.
제4조【관리인의 회계감사에 관한 적용례】 제26조의2의 개정규정(제52조의 개정규정에서 준용하는 경우를 포함한다)은 이 법 시행 이후 개시되는 회계연도부터 적용한다.
제5조【관리위원회 구성에 관한 경과조치】 이 법 시행 당시 재직 중인 관리위원회 위원에 대해서는 잔여임기 동안 제26조의4제2항의 개정규정(제52조의 개정규정에서 준용하는 경우를 포함한다)에도 불구하고 종전의 규정에 따른다.

부 칙 (2023.3.28)

제1조【시행일】 이 법은 공포 후 6개월이 경과한 날부터 시행한다.
제2조【관리인의 장부 작성 및 보관 등에 관한 적용례】 제26조제2항 및 제3항(제2항에 관한 부분으로 한정한다)의 개정규정(제52조에서 준용하는 경우를 포함한다)은 이 법 시행일이 속하는 달의 다음 달의 회계부터 적용한다.

가등기담보 등에 관한 법률

(1983년 12월 30일
법 률 제3681호)

改正
1997.12.13법5454호(정부부처명)
2002. 1.26법6627호(민집)
2005. 3.31법7428호(회생파산)
2008. 3.21법8919호
2010. 3.31법10219호(지방세기본법)
2010. 6.10법10366호(동산 · 채권 등의 담보에 관한 법률)
2016.12.27법14474호(지방세기본법) → 2017. 3.28 시행

(2008.3.21 한글개정)
제1조【목적】 이 법은 차용물(借用物)의 반환에 관하여 차주(借主)가 차용물을 갈음하여 다른 재산권을 이전할 것을 예약할 때 그 재산의 예약 당시 가액(價額)이 차용액(借用額)과 이에 붙인 이자를 합산한 액수를 초과하는 경우에 이에 따른 담보계약(擔保契約)과 그 담보의 목적으로 마친 가등기(假登記) 또는 소유권이전등기(所有權移轉登記)의 효력을 정함을 목적으로 한다.
제2조【정의】 이 법에서 사용하는 용어의 뜻은 다음과 같다.
1. "담보계약"이란 「민법」 제608조에 따라 그 효력이 상실되는 대물반환(代物返還)의 예약[환매(還買), 양도담보(讓渡擔保) 등 명목(名目)이 어떠하든 그 모두를 포함한다]에 포함되거나 병존(竝存)하는 채권담보(債權擔保) 계약을 말한다.
2. "채무자등"이란 다음 각 목의 자를 말한다.
 가. 채무자
 나. 담보가등기목적 부동산의 물상보증인(物上保證人)
 다. 담보가등기 후 소유권을 취득한 제삼자
3. "담보가등기(擔保假登記)"란 채권담보의 목적으로 마친 가등기를 말한다.
4. "강제경매등"이란 강제경매(强制競賣)와 담보권의 실행 등을 위한 경매를 말한다.
5. "후순위권리자(後順位權利者)"란 담보가등기 후에 등기된 저당권자 · 전세권자 및 담보가등기권리자를 말한다.

제3조【담보권 실행의 통지와 청산기간】 ① 채권자가 담보계약에 따른 담보권을 실행하여 그 담보목적부동산의 소유권을 취득하기 위하여는 그 채권(債權)의 변제기(辨濟期) 후에 제4조의 청산금(淸算金)의 평가액을 채무자등에게 통지하고, 그 통지가 채무자등에게 도달한 날부터 2개월(이하 "청산기간"이라 한다)이 지나야 한다. 이 경우 청산금이 없다고 인정되는 경우에는 그 뜻을 통지하여야 한다.
② 제1항에 따른 통지에는 통지 당시의 담보목적부동산의 평가액과 「민법」 제360조에 규정된 채권액

을 밝혀야 한다. 이 경우 부동산이 둘 이상인 경우에는 각 부동산의 소유권이전에 의하여 소멸시키려는 채권과 그 비용을 밝혀야 한다.

제4조【청산금의 지급과 소유권의 취득】 ① 채권자는 제3조제1항에 따른 통지 당시의 담보목적부동산의 가액에서 그 채권액을 뺀 금액(이하 "청산금"이라 한다)을 채무자등에게 지급하여야 한다. 이 경우 담보목적부동산에 선순위담보권(先順位擔保權) 등의 권리가 있을 때에는 그 채권액을 계산할 때에 선순위담보 등에 의하여 담보된 채권액을 포함한다.

② 채권자는 담보목적부동산에 관하여 이미 소유권이전등기를 마친 경우에는 청산기간이 지난 후 청산금을 채무자등에게 지급한 때에 담보목적부동산의 소유권을 취득하며, 담보가등기를 마친 경우에는 청산기간이 지나야 그 가등기에 따른 본등기(本登記)를 청구할 수 있다.

③ 청산금의 지급채무와 부동산의 소유권이전등기 및 인도채무(引渡債務)의 이행에 관하여는 동시이행의 항변권(抗辯權)에 관한 「민법」 제536조를 준용한다.

④ 제1항부터 제3항까지의 규정에 어긋나는 특약(特約)으로서 채무자등에게 불리한 것은 그 효력이 없다. 다만, 청산기간이 지난 후에 행하여진 특약으로서 제삼자의 권리를 침해하지 아니하는 것은 그러하지 아니하다.

제5조【후순위권리자의 권리행사】 ① 후순위권리자는 그 순위에 따라 채무자등이 지급받을 청산금에 대하여 제3조제1항에 따라 통지된 평가액의 범위에서 청산금이 지급될 때까지 그 권리를 행사할 수 있고, 채권자는 후순위권리자의 요구가 있는 경우에는 청산금을 지급하여야 한다.

② 후순위권리자는 제1항의 권리를 행사할 때에는 그 피담보채권(被擔保債權)의 범위에서 그 채권의 명세와 증서를 채권자에게 교부하여야 한다.

③ 채권자가 제2항의 명세와 증서를 받고 후순위권리자에게 청산금을 지급한 때에는 그 범위에서 청산금채무는 소멸한다.

④ 제1항의 권리행사를 막으려는 자는 청산금을 압류(押留)하거나 가압류(假押留)하여야 한다.

⑤ 담보가등기 후에 대항력(對抗力) 있는 임차권(賃借權)을 취득한 자에게는 청산금의 범위에서 동시이행의 항변권에 관한 「민법」 제536조를 준용한다.

제6조【채무자등 외의 권리자에 대한 통지】 ① 채권자는 제3조제1항에 따른 통지가 채무자등에게 도달하면 지체 없이 후순위권리자에게 그 통지의 사실과 내용 및 도달일을 통지하여야 한다.

② 제3조제1항에 따른 통지가 채무자등에게 도달한 때에는 담보가등기 후에 등기한 제삼자(제1항에 따라 통지를 받을 자를 제외하고, 대항력 있는 임차권자를 포함한다)가 있으면 채권자는 지체 없이 그 제삼자에게 제3조제1항에 따른 통지를 한 사실과 그 채권액을 통지하여야 한다.

③ 제1항과 제2항에 따른 통지는 통지를 받을 자의 등기부상의 주소로 발송함으로써 그 효력이 있다. 그러나 대항력 있는 임차권자에게는 그 담보목적부동산의 소재지로 발송하여야 한다.

제7조【청산금에 대한 처분 제한】 ① 채무자가 청산기간이 지나기 전에 한 청산금에 관한 권리의 양도나 그 밖의 처분은 이로써 후순위권리자에게 대항하지 못한다.

② 채권자가 청산기간이 지나기 전에 청산금을 지급한 경우 또는 제6조제1항에 따른 통지를 하지 아니하고 청산금을 지급한 경우에도 제1항과 같다.

제8조【청산금의 공탁】 ① 청산금채권이 압류되거나 가압류된 경우에 채권자는 청산기간이 지난 후 이에 해당하는 청산금을 채무이행지(債務履行地)를 관할하는 지방법원이나 지원(支院)에 공탁(供託)하여 그 범위에서 채무를 면(免)할 수 있다.

② 제1항에 따라 공탁이 있는 경우에는 채무자등의 공탁금출급청구권(공탁김출급청구권)이 압류되거나 가압류된 것으로 본다.

③ 채권자는 제14조에 따른 경우 외에는 공탁금의 회수(回收)를 청구할 수 없다.

④ 채권자는 제1항에 따라 공탁을 한 경우에는 채무자등과 압류채권자 또는 가압류채권자에게 지체 없이 공탁의 통지를 하여야 한다.

제9조【통지의 구속력】 채권자는 제3조제1항에 따라 그가 통지한 청산금의 금액에 관하여 다툴 수 없다.

제10조【법정지상권】 토지와 그 위의 건물이 동일한 소유자에게 속하는 경우 그 토지나 건물에 대하여 제4조제2항에 따른 소유권을 취득하거나 담보가등기에 따른 본등기가 행하여진 경우에는 그 건물의 소유를 목적으로 그 토지 위에 지상권(地上權)이 설정된 것으로 본다. 이 경우 그 존속기간과 지료(地料)는 당사자의 청구에 의하여 법원이 정한다.

제11조【채무자등의 말소청구권】 채무자등은 청산금채권을 변제받을 때까지 그 채무액(반환할 때까지의 이자와 손해금을 포함한다)을 채권자에게 지급하고 그 채권담보의 목적으로 마친 소유권이전등기의 말소를 청구할 수 있다. 다만, 그 채무의 변제기가 지난 때부터 10년이 지나거나 선의의 제삼자가 소유권을 취득한 경우에는 그러하지 아니하다.

제12조【경매의 청구】 ① 담보가등기권리자는 그 선택에 따라 제3조에 따른 담보권을 실행하거나 담보목적부동산의 경매를 청구할 수 있다. 이 경우 경매에 관하여는 담보가등기권리를 저당권으로 본다.

② 후순위권리자는 청산기간에 한정하여 그 피담보채권의 변제기 도래 전이라도 담보목적부동산의 경매를 청구할 수 있다.

제13조【우선변제청구권】 담보가등기를 마친 부동산에 대하여 강제경매등이 개시된 경우에 담보가등기권리자는 다른 채권자보다 자기채권을 우선변제 받을 권리가 있다. 이 경우 그 순위에 관하여는 그 담보가등기권리를 저당권으로 보고, 그 담보가등기를 마친 때에 그 저당권의 설정등기(設定登記)가 행하여진 것으로 본다.

제14조【강제경매등의 경우의 담보가등기】 담보가등기를 마친 부동산에 대하여 강세경매등의 개시결정이 있는 경우에 그 경매의 신청이 청산금을 지급하기 전에 행하여진 경우(청산금이 없는 경우에는 청산기간이 지나기 전)에는 담보가등기권리자는 그 가등기에 따른 본등기를 청구할 수 없다.

제15조【담보가등기권리의 소멸】 담보가등기를 마친 부동산에 대하여 강제경매등이 행하여진 경우에는 담보가등기권리는 그 부동산의 매각에 의하여 소멸한다.

제16조【강제경매등에 관한 특칙】 ① 법원은 소유권의 이전에 관한 가등기가 되어 있는 부동산에 대한 강제경매등의 개시결정(開始決定)이 있는 경우에는 가등기권리자에게 다음 각 호의 구분에 따른 사항을 법원에 신고하도록 적당한 기간을 정하여 최고(催告)하여야 한다.

1. 해당 가등기가 담보가등기인 경우: 그 내용과 채권[이자나 그 밖의 부수채권(附隨債權)을 포함한다]의 존부(存否)·원인 및 금액
2. 해당 가등기가 담보가등기가 아닌 경우: 해당 내용

② 압류등기 전에 이루어진 담보가등기권리가 매각에 의하여 소멸되면 제1항의 채권신고를 한 경우에만 그 채권자는 매각대금을 배당받거나 변제금을 받을 수 있다. 이 경우 그 담보가등기의 말소에 관하여는 매수인이 인수하지 아니한 부동산의 부담에 관한 기입을 말소하는 등기의 촉탁에 관한 「민사집행법」 제144조제1항제2호를 준용한다.

③ 소유권의 이전에 관한 가등기권리자는 강제경매등 절차의 이해관계인으로 본다.

제17조【파산 등 경우의 담보가등기】 ① 파산재단(破産財團)에 속하는 부동산에 설정한 담보가등기권리에 대하여는 「채무자 회생 및 파산에 관한 법률」 중 저당권에 관한 규정을 적용한다.

② 파산재단에 속하지 아니하는 파산자의 부동산에 대하여 설정되어 있는 담보가등기권리자에 관하여는 준별제권자(準別除權者)에 관한 「채무자 회생 및 파산에 관한 법률」 제414조를 준용한다.

③ 담보가등기권리는 「국세기본법」, 「국세징수법」, 「지방세기본법」, 「지방세징수법」, 「채무자 회생 및 파산에 관한 법률」을 적용할 때에는 저당권으로 본다. (2016.12.27 본항개정)

제18조【다른 권리를 목적으로 하는 계약에의 준용】 등기 또는 등록할 수 있는 부동산소유권 외의 권리[질권(質權)·저당권 및 전세권은 제외한다]의 취득을 목적으로 하는 담보계약에 관하여는 제3조부터 제17조까지의 규정을 준용한다. 다만, 「동산·채권 등의 담보에 관한 법률」에 따라 담보등기를 마친 경우에는 그러하지 아니하다.(2010.6.10 단서신설 : 2012.6.11 시행)

附　則

① **【施行日】** 이 法은 1984年 1月 1日부터 施行한다.

② **【經過措置】** 이 法 施行전에 成立한 擔保契約에 대하여는 이 法을 適用하지 아니한다.

附　則 (2002.1.26)

第1條【시행일】 이 법은 2002년 7월 1일부터 시행한다.(이하 생략)

附　則 (2005.3.31)

第1條【시행일】 이 법은 공포 후 1년이 경과한 날부터 시행한다.(이하 생략)

附　則 (2008.3.21)

이 법은 공포한 날부터 시행한다.

부　칙 (2010.3.31)

제1조【시행일】 이 법은 2011년 1월 1일부터 시행한다.(이하 생략)

부　칙 (2010.6.10)

제1조【시행일】 이 법은 공포 후 2년이 경과한 날부터 시행한다.(이하 생략)

부　칙 (2016.12.27) (지방세기본법)

제1조【시행일】 이 법은 공포 후 3개월이 경과한 날부터 시행한다.(이하 생략)

동산 · 채권 등의 담보에 관한 법률

(2010년 6월 10일 법 률 제10366호)

개정
2011. 4.12법10580호(부동산등기법)
2011. 5.19법10629호(지식재산 기본법)
2014. 5.20법12592호(상업등기법)
2016. 2. 3법13953호(법무사법) → 2016. 8. 4 시행
2020.10.20법17502호 → 2022. 4.21 시행

제1장 총 칙

제1조 【목적】 이 법은 동산 · 채권 · 지식재산권을 목적으로 하는 담보권과 그 등기 또는 등록에 관한 사항을 규정하여 자금조달을 원활하게 하고 거래의 안전을 도모하며 국민경제의 건전한 발전에 이바지함을 목적으로 한다. (2011.5.19 본조개정)

제2조 【정의】 이 법에서 사용하는 용어의 뜻은 다음과 같다. (2011.5.19, 2020.10.20 본조개정)

1. "담보약정"은 양도담보 등 명목을 묻지 아니하고 이 법에 따라 동산 · 채권 · 지식재산권을 담보로 제공하기로 하는 약정을 말한다.
2. "동산담보권"은 담보약정에 따라 동산(여러 개의 동산 또는 장래에 취득할 동산을 포함한다)을 목적으로 등기한 담보권을 말한다.
3. "채권담보권"은 담보약정에 따라 금전의 지급을 목적으로 하는 지명채권(여러 개의 채권 또는 장래에 발생할 채권을 포함한다)을 목적으로 등기한 담보권을 말한다.
4. "지식재산권담보권"은 담보약정에 따라 특허권, 실용신안권, 디자인권, 상표권, 저작권, 반도체집적회로의 배치설계권 등 지식재산권[법률에 따라 질권(質權)을 설정할 수 있는 경우로 한정한다. 이하 같다]을 목적으로 그 지식재산권을 규율하는 개별 법률에 따라 등록한 담보권을 말한다.
5. "담보권설정자"는 이 법에 따라 동산 · 채권 · 지식재산권에 담보권을 설정한 자를 말한다. 다만, 동산 · 채권을 담보로 제공하는 경우에는 법인(상사법인, 민법법인, 특별법에 따른 법인, 외국법인을 말한다. 이하 같다) 또는 「부가가치세법」에 따라 사업자등록을 한 사람으로 한정한다.
6. "담보권자"는 이 법에 따라 동산 · 채권 · 지식재산권을 목적으로 하는 담보권을 취득한 자를 말한다.
7. "담보등기"는 이 법에 따라 동산 · 채권을 담보로 제공하기 위하여 이루어진 등기를 말한다.
8. "담보등기부"는 전산정보처리조직에 의하여 입력 · 처리된 등기사항에 관한 전산정보자료를 담보권설정자별로 저장한 보조기억장치(자기디스크, 자기테이프, 그 밖에 이와 유사한 방법으로 일정한 등기사항을 기록 · 보존할 수 있는 전자적 정보저장매체를 포함한다. 이하 같다)를 말하고, 동산담보등기부와 채권담보등기부로 구분한다.
9. "채무자 등"은 채무자, 담보목적물의 물상보증인(物上保證人), 담보목적물의 제3취득자를 말한다.
10. "이해관계인"은 채무자 등과 담보목적물에 대한 권리자로서 담보등기부에 기록되어 있거나 그 권리를 증명한 자, 압류 및 가압류 채권자, 집행력 있는 정본(正本)에 의하여 배당을 요구한 채권자를 말한다.
11. "등기필정보"는 담보등기부에 새로운 권리자가 기록되는 경우 그 권리자를 확인하기 위하여 지방법원, 그 지원 또는 등기소에 근무하는 법원서기관, 등기사무관, 등기주사 또는 등기주사보 중에서 지방법원장(등기소의 사무를 지원장이 관장하는 경우에는 지원장을 말한다)이 지정하는 사람(이하 "등기관"이라 한다)이 작성한 정보를 말한다.

제2장 동산담보권

제3조 【동산담보권의 목적물】 ① 법인 또는 「부가가치세법」에 따라 사업자등록을 한 사람(이하 "법인 등"이라 한다)이 담보약정에 따라 동산을 담보로 제공하는 경우에는 담보등기를 할 수 있다. (2020.10.20 본항개정)

② 여러 개의 동산(장래에 취득할 동산을 포함한다)이더라도 목적물의 종류, 보관장소, 수량을 정하거나 그 밖에 이와 유사한 방법으로 특정할 수 있는 경우에는 이를 목적으로 담보등기를 할 수 있다.

③ 제1항 및 제2항에도 불구하고 다음 각 호의 어느 하나에 해당하는 경우에는 이를 목적으로 하여 담보등기를 할 수 없다.

1. 「선박등기법」에 따라 등기된 선박, 「자동차 등 특정동산 저당법」에 따라 등록된 건설기계 · 자동차 · 항공기 · 소형선박, 「공장 및 광업재단 저당법」에 따라 등기된 기업재산, 그 밖에 다른 법률에 따라 등기되거나 등록된 동산
2. 화물상환증, 선하증권, 창고증권이 작성된 동산
3. 무기명채권증서 등 대통령령으로 정하는 증권

제4조 【담보권설정자의 사업자등록 말소와 동산담보권의 효력】 담보권설정자의 사업자등록이 말소된 경우에도 이미 설정된 동산담보권의 효력에는 영향을 미치지 아니한다. (2020.10.20 본항개정)

제5조 【근담보권】 ① 동산담보권은 그 담보할 채무의 최고액만을 정하고 채무의 확정을 장래에 보류하여 설정할 수 있다. 이 경우 그 채무가 확정될

때까지 채무의 소멸 또는 이전은 이미 설정된 동산담보권에 영향을 미치지 아니한다.
② 제1항의 경우 채무의 이자는 최고액 중에 포함된 것으로 본다.

제6조【동산담보권을 설정하려는 자의 명시의무】 동산담보권을 설정하려는 자는 담보약정을 할 때 다음 각 호의 사항을 상대방에게 명시하여야 한다.
1. 담보목적물의 소유 여부
2. 담보목적물에 관한 다른 권리의 존재 유무

제7조【담보등기의 효력】 ① 약정에 따른 동산담보권의 득실변경(得失變更)은 담보등기부에 등기를 하여야 그 효력이 생긴다.
② 동일한 동산에 설정된 동산담보권의 순위는 등기의 순서에 따른다.
③ 동일한 동산에 관하여 담보등기부의 등기와 인도(「민법」에 규정된 간이인도, 점유개정, 목적물반환청구권의 양도를 포함한다)가 행하여진 경우에 그에 따른 권리 사이의 순위는 법률에 다른 규정이 없으면 그 선후(先後)에 따른다.

제8조【동산담보권의 내용】 담보권자는 채무자 또는 제3자가 제공한 담보목적물에 대하여 다른 채권자보다 자기채권을 우선변제받을 권리가 있다.

제9조【동산담보권의 불가분성】 담보권자는 채권 전부를 변제받을 때까지 담보목적물 전부에 대하여 그 권리를 행사할 수 있다.

제10조【동산담보권 효력의 범위】 동산담보권의 효력은 담보목적물에 부합된 물건과 종물(從物)에 미친다. 다만, 법률에 다른 규정이 있거나 설정행위에 다른 약정이 있으면 그러하지 아니하다.

제11조【과실에 대한 효력】 동산담보권의 효력은 담보목적물에 대한 압류 또는 제25조제2항의 인도 청구가 있은 후에 담보권설정자가 그 담보목적물로부터 수취한 과실(果實) 또는 수취할 수 있는 과실에 미친다.

제12조【피담보채권의 범위】 동산담보권은 원본(原本), 이자, 위약금, 담보권실행의 비용, 담보목적물의 보존비용 및 채무불이행 또는 담보목적물의 흠으로 인한 손해배상의 채권을 담보한다. 다만, 설정행위에 다른 약정이 있는 경우에는 그 약정에 따른다.

제13조【동산담보권의 양도】 동산담보권은 피담보채권과 분리하여 타인에게 양도할 수 없다.

제14조【물상대위】 동산담보권은 담보목적물의 매각, 임대, 멸실, 훼손 또는 공용징수 등으로 인하여 담보권설정자가 받을 금전이나 그 밖의 물건에 대하여도 행사할 수 있다. 이 경우 그 지급 또는 인도 전에 압류하여야 한다.

제15조【담보목적물이 아닌 재산으로부터의 변제】 ① 담보권자는 담보목적물로부터 변제를 받지 못한 채권이 있는 경우에만 채무자의 다른 재산으로부터 변제를 받을 수 있다.
② 제1항은 담보목적물보다 먼저 다른 재산을 대상으로 하여 배당이 실시되는 경우에는 적용하지 아니한다. 다만, 다른 채권자는 담보권자에게 그 배당금액의 공탁을 청구할 수 있다.

제16조【물상보증인의 구상권】 타인의 채무를 담보하기 위한 담보권설정자가 그 채무를 변제하거나 동산담보권의 실행으로 인하여 담보목적물의 소유권을 잃은 경우에는 「민법」의 보증채무에 관한 규정에 따라 채무자에 대한 구상권이 있다.

제17조【담보목적물에 대한 현황조사 및 담보목적물의 보충】 ① 담보권설정자는 정당한 사유 없이 담보권자의 담보목적물에 대한 현황조사 요구를 거부할 수 없다. 이 경우 담보목적물의 현황을 조사하기 위하여 약정에 따라 전자적으로 식별할 수 있는 표지를 부착하는 등 필요한 조치를 할 수 있다.
② 담보권설정자에게 책임이 있는 사유로 담보목적물의 가액(價額)이 현저히 감소된 경우에는 담보권자는 담보권설정자에게 그 원상회복 또는 적당한 담보의 제공을 청구할 수 있다.

제18조【제3취득자의 비용상환청구권】 담보목적물의 제3취득자가 그 담보목적물의 보존·개량을 위하여 필요비 또는 유익비를 지출한 경우에는 「민법」 제203조제1항 또는 제2항에 따라 담보권자가 담보목적물을 실행하고 취득한 대가에서 우선하여 상환받을 수 있다.

제19조【담보목적물 반환청구권】 ① 담보권자는 담보목적물을 점유한 자에 대하여 담보권설정자에게 반환할 것을 청구할 수 있다.
② 담보권자가 담보목적물을 점유할 권원(權原)이 있거나 담보권설정자가 담보목적물을 반환받을 수 없는 사정이 있는 경우에 담보권자는 담보목적물을 점유한 자에 대하여 자신에게 담보목적물을 반환할 것을 청구할 수 있다.
③ 제1항 및 제2항에도 불구하고 점유자가 그 물건을 점유할 권리가 있는 경우에는 반환을 거부할 수 있다.

제20조【담보목적물의 방해제거청구권 및 방해예방청구권】 담보권자는 동산담보권을 방해하는 자에게 방해의 제거를 청구할 수 있고, 동산담보권을 방해할 우려가 있는 행위를 하는 자에게 방해의 예방이나 손해배상의 담보를 청구할 수 있다.

제21조【동산담보권의 실행방법】 ① 담보권자는 자기의 채권을 변제받기 위하여 담보목적물의 경매를 청구할 수 있다.
② 정당한 이유가 있는 경우 담보권자는 담보목적물로써 직접 변제에 충당하거나 담보목적물을 매각하여 그 대금을 변제에 충당할 수 있다. 다만, 선순위권리자(담보등기부에 등기되어 있거나 담보권자

가 알고 있는 경우로 한정한다)가 있는 경우에는 그의 동의를 받아야 한다.

제22조【담보권 실행을 위한 경매절차】 ① 제21조제1항에 따른 경매절차는 「민사집행법」 제264조, 제271조 및 제272조를 준용한다.

② 담보권설정자가 담보목적물을 점유하는 경우에 경매절차는 압류에 의하여 개시한다.

제23조【담보목적물의 직접 변제충당 등의 절차】 ① 제21조제2항에 따라 담보권자가 담보목적물로써 직접 변제에 충당하거나 담보목적물을 매각하기 위하여는 그 채권의 변제기 후에 동산담보권 실행의 방법을 채무자 등과 담보권자가 알고 있는 이해관계인에게 통지하고, 그 통지가 채무자 등과 담보권자가 알고 있는 이해관계인에게 도달한 날부터 1개월이 지나야 한다. 다만, 담보목적물이 멸실 또는 훼손될 염려가 있거나 가치가 급속하게 감소될 우려가 있는 경우에는 그러하지 아니하다.

② 제1항의 통지에는 피담보채권의 금액, 담보목적물의 평가액 또는 예상매각대금, 담보목적물로써 직접 변제에 충당하거나 담보목적물을 매각하려는 이유를 명시하여야 한다.

③ 담보권자는 담보목적물의 평가액 또는 매각대금(이하 "매각대금 등"이라 한다)에서 그 채권액을 뺀 금액(이하 "청산금"이라 한다)을 채무자 등에게 지급하여야 한다. 이 경우 담보목적물에 선순위의 동산담보권 등이 있을 때에는 그 채권액을 계산할 때 선순위의 동산담보권 등에 의하여 담보된 채권액을 포함한다.

④ 담보권자가 담보목적물로써 직접 변제에 충당하는 경우 청산금을 채무자 등에게 지급한 때에 담보목적물의 소유권을 취득한다.

⑤ 다음 각 호의 구분에 따라 정한 기간 내에 담보목적물에 대하여 경매가 개시된 경우에는 담보권자는 직접 변제충당 등의 절차를 중지하여야 한다.

1. 담보목적물을 직접 변제에 충당하는 경우: 청산금을 지급하기 전 또는 청산금이 없는 경우 제1항의 기간이 지나기 전
2. 담보목적물을 매각하여 그 대금을 변제에 충당하는 경우: 담보권자가 제3자와 매매계약을 체결하기 전

⑥ 제1항 및 제2항에 따른 통지의 내용과 방식에 관하여는 대통령령으로 정한다.

제24조【담보목적물 취득자 등의 지위】 제21조제2항에 따른 동산담보권의 실행으로 담보권자나 매수인이 담보목적물의 소유권을 취득하면 그 담보권자의 권리와 그에 대항할 수 없는 권리는 소멸한다.

제25조【담보목적물의 점유】 ① 담보권자가 담보목적물을 점유한 경우에는 피담보채권을 전부 변제받을 때까지 담보목적물을 유치할 수 있다. 다만, 선순위권리자에게 대항하지 못한다.

② 담보권자가 담보권을 실행하기 위하여 필요한 경우에는 채무자 등에게 담보목적물의 인도를 청구할 수 있다.

③ 담보권자가 담보목적물을 점유하는 경우에 담보권자는 선량한 관리자의 주의로 담보목적물을 관리하여야 한다.

④ 제3항의 경우에 담보권자는 담보목적물의 과실을 수취하여 다른 채권자보다 먼저 그 채권의 변제에 충당할 수 있다. 다만, 과실이 금전이 아닌 경우에는 제21조에 따라 그 과실을 경매하거나 그 과실로써 직접 변제에 충당하거나 그 과실을 매각하여 그 대금으로 변제에 충당할 수 있다.

제26조【후순위권리자의 권리행사】 ① 후순위권리자는 제23조제3항에 따라 채무자 등이 받을 청산금에 대하여 그 순위에 따라 청산금이 지급될 때까지 그 권리를 행사할 수 있고, 담보권자는 후순위권리자가 요구하는 경우에는 청산금을 지급하여야 한다.

② 제21조제2항에 따른 동산담보권 실행의 경우에 후순위권리자는 제23조제5항 각 호의 구분에 따라 정한 기간 전까지 담보목적물의 경매를 청구할 수 있다. 다만, 그 피담보채권의 변제기가 되기 전에는 제23조제1항의 기간에만 경매를 청구할 수 있다.

③ 후순위권리자는 제1항의 권리를 행사할 때에는 그 피담보채권의 범위에서 그 채권의 명세와 증서를 담보권자에게 건네주어야 한다.

④ 담보권자가 제3항의 채권 명세와 증서를 받고 후순위권리자에게 청산금을 지급한 때에는 그 범위에서 채무자 등에 대한 청산금 지급채무가 소멸한다.

⑤ 제1항의 권리행사를 막으려는 자는 청산금을 압류하거나 가압류하여야 한다.

제27조【매각대금 등의 공탁】 ① 담보목적물의 매각대금 등이 압류되거나 가압류된 경우 또는 담보목적물의 매각대금 등에 관하여 권리를 주장하는 자가 있는 경우에 담보권자는 그 전부 또는 일부를 담보권설정자의 주소(법인인 경우에는 본점 또는 주된 사무소 소재지를 말한다. 이하 같다)를 관할하는 법원에 공탁할 수 있다. 이 경우 담보권자는 공탁사실을 즉시 담보등기부에 등기되어 있거나 담보권자가 알고 있는 이해관계인과 담보목적물의 매각대금 등을 압류 또는 가압류하거나 그에 관하여 권리를 주장하는 자에게 통지하여야 한다.

(2020.10.20 본항개정)

② 담보목적물의 매각대금 등에 대한 압류 또는 가압류가 있은 후에 제1항에 따라 담보목적물의 매각대금 등을 공탁한 경우에는 채무자 등의 공탁금출급청구권이 압류되거나 가압류된 것으로 본다.

③ 담보권자는 공탁금의 회수를 청구할 수 없다.

제28조【변제와 실행 중단】 ① 동산담보권의 실

행의 경우에 채무자 등은 제23조제5항 각 호의 구분에 따라 정한 기간까지 피담보채무액을 담보권자에게 지급하고 담보등기의 말소를 청구할 수 있다. 이 경우 담보권자는 동산담보권의 실행을 즉시 중지하여야 한다.
② 제1항에 따라 동산담보권의 실행을 중지함으로써 담보권자에게 손해가 발생하는 경우에 채무자 등은 그 손해를 배상하여야 한다.

제29조【공동담보와 배당, 후순위자의 대위】 ① 동일한 채권의 담보로 여러 개의 담보목적물에 동산담보권을 설정한 경우에 그 담보목적물의 매각대금을 동시에 배당할 때에는 각 담보목적물의 매각대금에 비례하여 그 채권의 분담을 정한다.
② 제1항의 담보목적물 중 일부의 매각대금을 먼저 배당하는 경우에는 그 대가에서 그 채권 전부를 변제받을 수 있다. 이 경우 경매된 동산의 후순위담보권자는 선순위담보권자가 다른 담보목적물의 동산담보권 실행으로 변제받을 수 있는 금액의 한도에서 선순위담보권자를 대위(代位)하여 담보권을 행사할 수 있다.
③ 담보권자가 제21조제2항에 따라 동산담보권을 실행하는 경우에는 제1항과 제2항을 준용한다. 다만, 제1항에 따라 각 담보목적물의 매각대금을 정할 수 없는 경우에는 제23조제2항에 따른 통지에 명시된 각 담보목적물의 평가액 또는 예상매각대금에 비례하여 그 채권의 분담을 정한다.

제30조【이해관계인의 가처분신청 등】 ① 이해관계인은 담보권자가 위법하게 동산담보권을 실행하는 경우에 담보권설정자의 주소를 관할하는 법원에 제21조제2항에 따른 동산담보권 실행의 중지 등 필요한 조치를 명하는 가처분을 신청할 수 있다. (2020.10.20 본항개정)
② 법원은 제1항의 신청에 대한 결정을 하기 전에 이해관계인에게 담보를 제공하게 하거나 제공하지 아니하고 집행을 일시 정지하도록 명하거나 담보권자에게 담보를 제공하고 그 집행을 계속하도록 명하는 등 잠정처분을 할 수 있다.
③ 담보권 실행을 위한 경매에 대하여 이해관계인은 「민사집행법」에 따라 이의신청을 할 수 있다.

제31조【동산담보권 실행에 관한 약정】 ① 담보권자와 담보권설정자는 이 법에서 정한 실행절차와 다른 내용의 약정을 할 수 있다. 다만, 제23조제1항에 따른 통지가 없거나 통지 후 1개월이 지나지 아니한 경우에도 통지 없이 담보권자가 담보목적물을 처분하거나 직접 변제에 충당하기로 하는 약정은 효력이 없다.
② 제1항 본문의 약정에 의하여 이해관계인의 권리를 침해하지 못한다.

제32조【담보목적물의 선의취득】 이 법에 따라 동산담보권이 설정된 담보목적물의 소유권·질권을 취득하는 경우에는 「민법」 제249조부터 제251조까지의 규정을 준용한다.

제33조【준용규정】 동산담보권에 관하여는 「민법」 제331조 및 제369조를 준용한다.

제3장 채권담보권

제34조【채권담보권의 목적】 ① 법인 등이 담보약정에 따라 금전의 지급을 목적으로 하는 지명채권을 담보로 제공하는 경우에는 담보등기를 할 수 있다.
② 여러 개의 채권(채무자가 특정되었는지 여부를 묻지 아니하고 장래에 발생할 채권을 포함한다)이더라도 채권의 종류, 발생 원인, 발생 연월일을 정하거나 그 밖에 이와 유사한 방법으로 특정할 수 있는 경우에는 이를 목적으로 하여 담보등기를 할 수 있다.

제35조【담보등기의 효력】 ① 약정에 따른 채권담보권의 득실변경은 담보등기부에 등기한 때에 지명채권의 채무자(이하 "제3채무자"라 한다) 외의 제3자에게 대항할 수 있다.
② 담보권자 또는 담보권설정자(채권담보권 양도의 경우에는 그 양도인 또는 양수인을 말한다)는 제3채무자에게 제52조의 등기사항증명서를 건네주는 방법으로 그 사실을 통지하거나 제3채무자가 이를 승낙하지 아니하면 제3채무자에게 대항하지 못한다.
③ 동일한 채권에 관하여 담보등기부의 등기와 「민법」 제349조 또는 제450조제2항에 따른 통지 또는 승낙이 있는 경우에 담보권자 또는 담보의 목적인 채권의 양수인은 법률에 다른 규정이 없으면 제3채무자 외의 제3자에게 등기와 그 통지의 도달 또는 승낙의 선후에 따라 그 권리를 주장할 수 있다.
④ 제2항의 통지, 승낙에 관하여는 「민법」 제451조 및 제452조를 준용한다.

제36조【채권담보권의 실행】 ① 담보권자는 피담보채권의 한도에서 채권담보권의 목적이 된 채권을 직접 청구할 수 있다.
② 채권담보권의 목적이 된 채권이 피담보채권보다 먼저 변제기에 이른 경우에는 담보권자는 제3채무자에게 그 변제금액의 공탁을 청구할 수 있다. 이 경우 제3채무자가 변제금액을 공탁한 후에는 채권담보권은 그 공탁금에 존재한다.
③ 담보권자는 제1항 및 제2항에 따른 채권담보권의 실행방법 외에 「민사집행법」에서 정한 집행방법으로 채권담보권을 실행할 수 있다.

제37조【준용규정】 채권담보권에 관하여는 그 성질에 반하지 아니하는 범위에서 동산담보권에 관한 제2장과 「민법」 제348조 및 제352조를 준용한다.

제4장 담보등기

제38조【등기할 수 있는 권리】 담보등기는 동산담보권이나 채권담보권의 설정, 이전, 변경, 말소 또는 연장에 대하여 한다.

제39조【관할 등기소】 ① 제38조의 등기에 관한 사무(이하 "등기사무"라 한다)는 대법원장이 지정 · 고시하는 지방법원, 그 지원 또는 등기소에서 취급한다.

② 등기사무에 관하여는 제1항에 따라 대법원장이 지정 · 고시한 지방법원, 그 지원 또는 등기소 중 담보권설정자의 주소를 관할하는 지방법원, 그 지원 또는 등기소를 관할 등기소로 한다. (2020.10.20 본항개정)

③ 대법원장은 어느 등기소의 관할에 속하는 사무를 다른 등기소에 위임할 수 있다.

제40조【등기사무의 처리】 ① 등기사무는 등기관이 처리한다.

② 등기관은 접수번호의 순서에 따라 전산정보처리조직에 의하여 담보등기부에 등기사항을 기록하는 방식으로 등기사무를 처리하여야 한다.

③ 등기관이 등기사무를 처리할 때에는 대법원규칙으로 정하는 바에 따라 등기관의 식별부호를 기록하는 등 등기사무를 처리한 등기관을 확인할 수 있는 조치를 하여야 한다.

제41조【등기신청인】 ① 담보등기는 법률에 다른 규정이 없으면 등기권리자와 등기의무자가 공동으로 신청한다.

② 등기명의인 표시의 변경 또는 경정(更正)의 등기는 등기명의인 단독으로 신청할 수 있다.

③ 판결에 의한 등기는 승소한 등기권리자 또는 등기의무자 단독으로 신청할 수 있고, 상속이나 그 밖의 포괄승계로 인한 등기는 등기권리자 단독으로 신청할 수 있다.

제42조【등기신청의 방법】 담보등기는 다음 각 호의 어느 하나에 해당하는 방법으로 신청한다.

1. 방문신청: 신청인 또는 그 대리인이 등기소에 출석하여 서면으로 신청. 다만, 대리인이 변호사 또는 법무사[법무법인, 법무법인(유한), 법무조합, 법무사법인 또는 법무사법인(유한)을 포함한다]인 경우에는 대법원규칙으로 정하는 사무원을 등기소에 출석하게 하여 등기를 신청할 수 있다. (2016.2.3 본호개정)
2. 전자신청: 대법원규칙으로 정하는 바에 따라 전산정보처리조직을 이용하여 신청

제43조【등기신청에 필요한 서면 또는 전자문서 및 신청서의 기재사항 및 방식】 ① 담보등기를 신청할 때에는 다음 각 호의 서면 또는 전자문서(이하 "서면 등"이라 한다)를 제출 또는 송신하여야 한다.

1. 대법원규칙으로 정하는 방식에 따른 신청서
2. 등기원인을 증명하는 서면 등
3. 등기원인에 대하여 제3자의 허가, 동의 또는 승낙이 필요할 때에는 이를 증명하는 서면 등
4. 대리인이 등기를 신청할 때에는 그 권한을 증명하는 서면 등
5. 그 밖에 당사자의 특정 등을 위하여 대법원규칙으로 정하는 서면 등

② 제1항제1호에 따른 신청서에는 다음 각 호의 사항을 기록하고 신청인이 기명날인하거나 서명 또는 「전자서명법」 제2조제2호에 따른 전자서명을 하여야 한다.

1. 제47조제2항제1호부터 제9호까지의 규정에서 정한 사항
2. 대리인이 등기를 신청할 경우 대리인의 성명[대리인이 법무법인, 법무법인(유한), 법무조합, 법무사법인 또는 법무사법인(유한)인 경우에는 그 명칭을 말한다], 주소(법인이나 조합인 경우는 본점 또는 주된 사무소를 말한다) (2016.2.3 본호개정)
3. 등기권리자와 등기의무자가 공동으로 신청하는 경우 및 승소한 등기의무자가 단독으로 등기를 신청하는 경우에 등기의무자의 등기필정보. 다만, 최초 담보권설정등기의 경우에는 기록하지 아니한다.
4. 등기소의 표시
5. 연월일

제44조【신청수수료】 담보등기부에 등기를 하려는 자는 대법원규칙으로 정하는 바에 따라 수수료를 내야 한다.

제45조【등기신청의 접수】 ① 등기신청은 등기의 목적, 신청인의 성명 또는 명칭, 그 밖에 대법원규칙으로 정하는 등기신청정보가 전산정보처리조직에 전자적으로 기록된 때에 접수된 것으로 본다.

② 등기관이 등기를 마친 경우 그 등기는 접수한 때부터 효력을 발생한다.

제46조【신청의 각하】 등기관은 다음 각 호의 어느 하나에 해당하는 경우에만 이유를 적은 결정으로써 신청을 각하하여야 한다. 다만, 신청의 잘못된 부분이 보정(補正)될 수 있는 경우에 신청인이 당일 이를 보정하였을 때에는 그러하지 아니하다.

1. 사건이 그 등기소의 관할이 아닌 경우
2. 사건이 등기할 것이 아닌 경우
3. 권한이 없는 자가 신청한 경우
4. 방문신청의 경우 당사자나 그 대리인이 출석하지 아니한 경우
5. 신청서가 대법원규칙으로 정하는 방식에 맞지 아니한 경우
6. 신청서에 기록된 사항이 첨부서면과 들어맞지 아니한 경우

7. 신청서에 필요한 서면 등을 첨부하지 아니한 경우
8. 신청의 내용이 이미 담보등기부에 기록되어 있던 사항과 일치하지 아니한 경우
9. 제44조에 따른 신청수수료를 내지 아니하거나 등기신청과 관련하여 다른 법률에 따라 부과된 의무를 이행하지 아니한 경우

제47조【등기부의 작성 및 기록사항】 ① 담보등기부는 담보목적물인 동산 또는 채권의 등기사항에 관한 전산정보자료를 전산정보처리조직에 의하여 담보권설정자별로 구분하여 작성한다.

② 담보등기부에 기록할 사항은 다음 각 호와 같다. (2014.5.20, 2020.10.20 본항개정)

1. 담보권설정자의 성명, 주소 및 주민등록번호(법인인 경우에는 상호 또는 명칭, 본점 또는 주된 사무소 및 법인등록번호를 말한다)
2. 채무자의 성명과 주소(법인인 경우에는 상호 또는 명칭 및 본점 또는 주된 사무소를 말한다)
3. 담보권자의 성명, 주소 및 주민등록번호(법인인 경우에는 상호 또는 명칭, 본점 또는 주된 사무소 및 법인등록번호를 말한다)

3의2. 담보권설정자나 담보권자가 주민등록번호가 없는 재외국민이거나 외국인인 경우에는 「부동산등기법」 제49조제1항제2호 또는 제4호에 따라 부여받은 부동산등기용등록번호

4. 담보권설정자나 채무자 또는 담보권자가 외국법인인 경우 국내의 영업소 또는 사무소. 다만, 국내에 영업소 또는 사무소가 없는 경우에는 대법원규칙으로 정하는 사항
5. 담보등기의 등기원인 및 그 연월일
6. 담보등기의 목적물인 동산, 채권을 특정하는 데 필요한 사항으로서 대법원규칙으로 정한 사항
7. 피담보채권액 또는 그 최고액
8. 제10조 단서 또는 제12조 단서의 약정이 있는 경우 그 약정
9. 담보권의 존속기간
10. 접수번호
11. 접수연월일

제48조【등기필정보의 통지】 등기관이 담보권의 설정 또는 이전등기를 마쳤을 때에는 등기필정보를 등기권리자에게 통지하여야 한다. 다만, 최초 담보권설정등기의 경우에는 담보권설정자에게도 등기필정보를 통지하여야 한다.

제49조【담보권의 존속기간 및 연장등기】 ① 이 법에 따른 담보권의 존속기간은 5년을 초과할 수 없다. 다만, 5년을 초과하지 않는 기간으로 이를 갱신할 수 있다.

② 담보권설정자와 담보권자는 제1항의 존속기간을 갱신하려면 그 만료 전에 연장등기를 신청하여야 한다.

③ 제2항의 연장등기를 위하여 담보등기부에 다음 사항을 기록하여야 한다.

1. 존속기간을 연장하는 취지
2. 연장 후의 존속기간
3. 접수번호
4. 접수연월일

제50조【말소등기】 ① 담보권설정자와 담보권자는 다음 각 호의 어느 하나에 해당하는 경우에 말소등기를 신청할 수 있다.

1. 담보약정의 취소, 해제 또는 그 밖의 원인으로 효력이 발생하지 아니하거나 효력을 상실한 경우
2. 담보목적물인 동산이 멸실되거나 채권이 소멸한 경우
3. 그 밖에 담보권이 소멸한 경우

② 제1항의 말소등기를 하기 위하여 담보등기부에 다음 각 호의 사항을 기록하여야 한다.

1. 담보등기를 말소하는 취지. 다만, 담보등기의 일부를 말소하는 경우에는 그 취지와 말소등기의 대상
2. 말소등기의 등기원인 및 그 연월일
3. 접수번호
4. 접수연월일

제51조【등기의 경정 등】 ① 담보등기부에 기록된 사항에 오기(誤記)나 누락(漏落)이 있는 경우 담보권설정자 또는 담보권자는 경정등기를 신청할 수 있다. 다만, 오기나 누락이 등기관의 잘못으로 인한 경우에는 등기관이 직권으로 경정할 수 있다.

② 담보등기부에 기록된 담보권설정자의 법인등기부상 상호, 명칭, 본점 또는 주된 사무소(이하 "상호 등"이라 한다)가 변경된 경우 담보등기를 담당하는 등기관은 담보등기부의 해당 사항을 직권으로 변경할 수 있다. (2020.10.20 본항개정)

③ 제2항의 직권변경을 위하여 담보권설정자의 법인등기를 담당하는 등기관은 담보권설정자의 상호 등에 대한 변경등기를 마친 후 지체 없이 담보등기를 담당하는 등기관에게 이를 통지하여야 한다. (2020.10.20 본항개정)

제52조【담보등기부의 열람 및 증명서의 발급】 ① 누구든지 수수료를 내고 등기사항을 열람하거나 그 전부 또는 일부를 증명하는 서면의 발급을 청구할 수 있다.

② 제1항에 따른 등기부의 열람 또는 발급의 범위 및 방식, 수수료에 관하여는 대법원규칙으로 정한다.

제53조【이의신청 등】 ① 등기관의 결정 또는 처분에 이의가 있는 자는 관할 지방법원에 이의신청을 할 수 있다.

② 제1항에 따른 이의신청서는 등기소에 제출한다.

③ 제1항의 이의신청은 집행정지의 효력이 없다.

제54조【이의신청 사유의 제한】 새로운 사실이나 새로운 증거방법을 근거로 제53조에 따른 이의신청을 할 수 없다.

제55조【등기관의 조치】 ① 등기관은 이의가 이유 있다고 인정하면 그에 해당하는 처분을 하여야 한다.
② 등기관은 이의가 이유 없다고 인정하면 3일 이내에 의견서를 붙여 사건을 관할 지방법원에 송부하여야 한다.
③ 등기를 완료한 후에 이의신청이 있는 경우 등기관은 다음 각 호의 구분에 따른 당사자에게 이의신청 사실을 통지하고, 제2항의 조치를 하여야 한다.
1. 제3자가 이의신청한 경우: 담보권설정자 및 담보권자
2. 담보권설정자 또는 담보권자가 이의신청한 경우: 그 상대방

제56조【이의에 대한 결정과 항고】 ① 관할 지방법원은 이의에 대하여 이유를 붙인 결정을 하여야 한다. 이 경우 이의가 이유 있다고 인정하면 등기관에게 그에 해당하는 처분을 명하고 그 뜻을 이의신청인 및 제55조제3항의 당사자에게 통지하여야 한다.
② 제1항의 결정에 대하여는 「비송사건절차법」에 따라 항고할 수 있다.

제57조【준용규정】 담보등기에 관하여는 이 법에 특별한 규정이 있는 경우를 제외하고는 그 성질에 반하지 아니하는 범위에서 「부동산등기법」을 준용한다.

제5장 지식재산권의 담보에 관한 특례

제58조【지식재산권담보권 등록】 ① 지식재산권자가 약정에 따라 동일한 채권을 담보하기 위하여 2개 이상의 지식재산권을 담보로 제공하는 경우에는 특허원부, 저작권등록부 등 그 지식재산권을 등록하는 공적(公的) 장부(이하 "등록부"라 한다)에 이 법에 따른 담보권을 등록할 수 있다. (2011.5.19 본항개정)
② 제1항의 경우에 담보의 목적이 되는 지식재산권은 그 등록부를 관장하는 기관이 동일하여야 하고, 지식재산권의 종류와 대상을 정하거나 그 밖에 이와 유사한 방법으로 특정할 수 있어야 한다. (2011.5.19 본항개정)
(2011.5.19 본조제목개정)

제59조【등록의 효력】 ① 약정에 따른 지식재산권담보권의 득실변경은 그 등록을 한 때에 그 지식재산권에 대한 질권의 득실변경을 등록한 것과 동일한 효력이 생긴다. (2011.5.19 본항개정)
② 동일한 지식재산권에 관하여 이 법에 따른 담보권 등록과 그 지식재산권을 규율하는 개별 법률에 따른 질권 등록이 이루어진 경우에 그 순위는 법률에 다른 규정이 없으면 그 선후에 따른다.
(2011.5.19 본항개정)

제60조【지식재산권담보권자의 권리행사】 담보권자는 지식재산권을 규율하는 개별 법률에 따라 담보권을 행사할 수 있다. (2011.5.19 본조개정)
(2011.5.19 본조제목개정)

제61조【준용규정】 지식재산권담보권에 관하여는 그 성질에 반하지 아니하는 범위에서 동산담보권에 관한 제2장과 「민법」 제352조를 준용한다. 다만, 제21조제2항과 지식재산권에 관하여 규율하는 개별 법률에서 다르게 정한 경우에는 그러하지 아니하다. (2011.5.19 본조개정)

제6장 보　칙

제62조【등기필정보의 안전 확보】 ① 등기관은 취급하는 등기필정보의 누설, 멸실 또는 훼손의 방지와 그 밖에 등기필정보의 안전관리에 필요한 적절한 조치를 마련하여야 한다.
② 등기관과 그 밖에 등기소에서 등기사무에 종사하는 사람이나 그 직(職)에 있었던 사람은 그 직무로 인하여 알게 된 등기필정보의 작성이나 관리에 관한 비밀을 누설하여서는 아니 된다.
③ 누구든지 등기를 신청하거나 촉탁하여 담보등기부에 불실등기(不實登記)를 하도록 할 목적으로 등기필정보를 취득하거나 그 사정을 알면서 등기필정보를 제공하여서는 아니 된다.

제63조【대법원규칙】 이 법에서 규정한 사항 외에 이 법의 시행에 필요한 사항은 대법원규칙으로 정한다.

제7장 벌　칙

제64조【벌칙】 다음 각 호의 어느 하나에 해당하는 사람은 2년 이하의 징역 또는 1천만원 이하의 벌금에 처한다.
1. 제62조제2항을 위반하여 등기필정보의 작성이나 관리에 관한 비밀을 누설한 사람
2. 제62조제3항을 위반하여 담보등기부에 불실등기를 하도록 할 목적으로 등기필정보를 취득한 사람 또는 그 사정을 알면서 등기필정보를 제공한 사람
3. 부정하게 취득한 등기필정보를 제2호의 목적으로 보관한 사람

부　칙 (2010.6.10)

제1조【시행일】 이 법은 공포 후 2년이 경과한 날부터 시행한다.

제2조【적용례】 이 법은 이 법 시행 후 최초로 체결한 담보약정부터 적용한다.
(이하생략)

부 칙 (2011.4.12) (부동산등기법)

제1조【시행일】 이 법은 공포 후 6개월이 경과한 날부터 시행한다. 다만, … <생략> … 부칙 제4조제17항은 2012년 6월 11일부터 시행한다.

부 칙 (2011.5.19) (지식재산 기본법)

제1조【시행일】 이 법은 공포 후 2개월이 경과한 날부터 시행한다. 다만, 부칙 제2조제9항은 2012년 6월 11일부터 시행한다. (이하생략)

부 칙 (2014.5.20) (상업등기법)

제1조【시행일】 이 법은 공포 후 6개월이 경과한 날부터 시행한다. (이하생략)

부 칙 (2016.2.3) (법무사법)

제1조【시행일】 이 법은 공포 후 6개월이 경과한 날부터 시행한다.(이하생략)

부 칙 (2020.10.20)

제1조【시행일】 이 법은 공포 후 1년 6개월이 경과한 날부터 시행한다.
제2조【계속사건의 관할에 관한 경과조치】 이 법 시행 전에 접수한 사건의 관할에 대해서는 종전의 규정에 따른다.

동산 · 채권 등의 담보에 관한 법률 시행령

(2010년 10월 21일 대통령령 제22457호)

제1조【목적】 이 영은 「동산 · 채권 등의 담보에 관한 법률」에서 위임된 사항과 그 시행에 필요한 사항을 규정함을 목적으로 한다.
제2조【동산담보권의 목적물에서 제외되는 증권】 「동산 · 채권 등의 담보에 관한 법률」(이하 "법"이라 한다) 제3조제3항제3호에서 "무기명채권증서 등 대통령령으로 정하는 증권"이란 다음 각 호와 같다.
1. 무기명채권증서
2. 「자산유동화에 관한 법률」 제2조제4호에 따른 유동화증권
3. 「자본시장과 금융투자업에 관한 법률」 제4조에 따른 증권

제3조【담보목적물의 직접 변제충당 등의 통지】
① 담보권자는 법 제23조제1항 및 제2항에 따른 통지를 할 때 담보목적물의 평가액 또는 예상매각대금에서 그 채권액을 뺀 금액이 없다고 인정되는 경우에는 그 뜻을 밝혀야 한다.
② 담보권자는 법 제23조제1항 및 제2항에 따른 통지를 할 때 담보목적물이 여러 개인 경우에는 각 담보목적물의 평가액 또는 예상매각대금에 비례하여 소멸시키려는 채권과 그 비용을 밝혀야 한다.
③ 법 제23조제1항 및 제2항에 따른 통지는 우편이나 그 밖의 적당한 방식으로 할 수 있다.
④ 담보목적물에 대한 권리자로서 담보등기부에 기록되어 있는 이해관계인에 대한 법 제23조제1항 및 제2항에 따른 통지는 받을 자의 등기부상의 주소로 할 수 있다.
⑤ 담보권자가 과실 없이 채무자 등과 담보권자가 알고 있는 이해관계인의 소재를 알지 못하여 제3항에 따른 방식으로 통지할 수 없는 경우에는 「민사소송법」의 공시송달에 관한 규정에 따라 통지할 수 있다.

부 칙 (2010.10.21)

이 영은 2012년 6월 11일부터 시행한다.

동산 · 채권의 담보등기 등에 관한 규칙

(2011년 11월 17일 대법원규칙 제2560호)

개정
2014. 7. 1대규2544호
2014.10. 2대규2560호(상업등기규칙) → 2014.11.21 시행
2016. 6.27대규2668호(법무사규칙) → 2016.8. 4 시행
2018. 4.27대규2787호 → 2018. 8. 1 시행
2020.11.26대규2931호 → 2020.12.10 시행
2021. 5.27대규2986호 → 2021. 6.10 시행
2022. 2.25대규3041호 → 2022. 4.21 시행
2024.11.29대규3174호 → 2025. 1.31 시행
2024.11.29대규3174호 → 2025. 8. 1 시행

제1장 총 칙

제1조【목적】 이 규칙은 「동산 · 채권 등의 담보에 관한 법률」(이하 "법"이라 한다)에서 위임한 사항과 그 시행에 필요한 사항을 규정함을 목적으로 한다.

제2조【담보등기부 등에 사용할 문자】 ① 등기를 하거나 신청서, 그 밖의 등기에 관한 서면(「전자서명법」 제2조제1호의 전자문서를 포함한다)을 작성할 때에는 한글과 아라비아숫자를 사용하여야 한다.
② 제1항에도 불구하고 담보권설정자의 상호 등 대법원예규로 정하는 사항은 그 정하는 바에 따라 한글 또는 한글과 아라비아숫자로 기록한 다음 괄호 안에 로마자, 한자, 아라비아숫자 또는 부호를 병기할 수 있다.

제3조【등기정보중앙관리소와 전산운영책임관】 ① 전산정보처리조직에 의한 등기사무처리의 지원, 담보등기부의 보관 · 관리 및 등기정보의 효율적인 활용을 위하여 법원행정처에 등기정보중앙관리소(이하 "중앙관리소"라 한다)를 둔다.
② 법원행정처장은 중앙관리소에 전산운영책임관을 두어 전산정보처리조직을 종합적으로 관리 · 운영하여야 한다.
③ 법원행정처장은 중앙관리소의 출입자 및 전산정보처리조직 사용자의 신원을 관리하는 등 필요한 보안조치를 하여야 한다.

제2장 등기소와 등기관

제4조【외국법인의 관할】 담보권설정자가 외국법인인 경우에는 다음 각호의 구분에 따른 등기소를 관할 등기소로 한다.
1. 국내에 영업소나 사무소 설치등기를 한 경우 : 영업소나 사무소 소재지를 관할하는 등기소
2. 국내에 영업소나 사무소 설치등기를 하지 아니한 경우 : 대법원소재지를 관할하는 등기소

제5조【담보권설정자가 법인인 경우의 관할】 ① 법인의 본점 또는 주된 사무소의 이전으로 담보등기의 관할 등기소가 변경된 경우 그 법인의 본점 또는 주된 사무소의 이전등기를 마친 신소재지 관할 등기소는 지체 없이 담보등기의 종전 관할 등기소에 그 사실을 통지하여야 한다. (2014.10.2, 2022.2.25 본항개정)
② 제1항의 통지를 받은 종전의 관할 등기소는 전산정보처리조직을 이용하여 그 담보권설정자에 대한 등기정보자료(이하 "등기기록"이라 한다)의 처리권한을 새로운 관할 등기소로 넘겨주는 조치를 하여야 한다.
(2022.2.25 본조제목개정)

제5조의2【담보권설정자가 자연인인 경우의 관할】 ① 자연인인 담보권설정자의 현재 주소가 변경되어 등기기록에 기재된 주소와 다른 경우 담보권설정자는 등기기록에 기재된 주소를 관할하는 등기소 또는 현재 주소를 관할하는 등기소에 등기신청을 할 수 있다.
② 제1항의 경우 현재 주소를 관할하는 등기소에 등기신청을 하기 위해서는 담보권설정자가 그 주소를 증명하는 서면등을 제출하여야 한다.
③ 제2항의 서면등에 따라 담보권설정자의 현재 주소가 증명된 경우 현재 주소를 관할하는 등기소는 직권으로 다음 각 호의 관할 변경조치를 한 다음, 제1항의 신청 사건을 처리하여야 한다.
1. 주소 변경등기
2. 전산정보처리조직을 이용하여 그 등기기록의 처리권한을 종전 관할 등기소로부터 넘겨받는 조치
④ 법 제52조제1항의 등기사항 열람 · 발급에는 제1항 및 제2항의 취지가 표시되어야 한다.
(2022.2.25 본조신설)

제6조【등기전자서명 등】 ① 등기관이 등기사무를 처리하는 때에는 「법원 행정전자서명 인증업무에 관한 규칙」 제2조제2항에 따라 설치된 '법원 행정전자서명 인증관리센터'에서 발급받은 행정전자서명 인증서에 의해 등기전자서명을 하여야 한다. (2024.11.29 본항신설)
② 법 제40조제3항의 등기사무를 처리한 등기관이 누구인지 알 수 있도록 하는 조치는 각 등기관이 제1항의 등기전자서명을 하여 미리 부여받은 식별부호를 기록하는 방법으로 한다. (2024.11.29 본항신설)
(2024.11.29 본조제목개정)
(2025.1.31 시행)

제7조【등기관 업무처리의 제한】 ① 등기관은 자기, 배우자 또는 4촌 이내의 친족(이하 "배우자등"

이라 한다)이 등기신청인인 때에는 배우자등이 아닌 성년자 2명 이상의 참여가 없으면 등기를 할 수 없다. 배우자등의 관계가 끝난 후에도 같다.
② 제1항의 경우에 등기관은 조서를 작성하여 참여인과 같이 기명날인 또는 서명하여야 한다.
③ 등기관이 제2항의 조서를 작성할 때에는 그 조서에 다음 각 호의 사항을 적어야 한다.
1. 신청인의 성명과 주소
2. 업무처리가 제한되는 사유
3. 등기의 목적
4. 신청정보의 접수연월일과 접수번호
5. 참여인의 성명, 주소와 주민등록번호

제3장 담보등기부 등

제1절 담보등기부와 부속서류

제8조【담보등기부의 보관】 ① 담보등기부는 중앙관리소에서 보관한다.
② 폐쇄담보등기부에 대하여도 제1항을 준용한다.
제9조【등기신청서나 그 밖의 부속서류의 이동 등】 ① 등기관이 전쟁·천재지변 그 밖에 이에 준하는 사태를 피하기 위하여 신청서나 그 밖의 부속서류를 등기소 밖으로 옮긴 경우에는 지체없이 그 사실을 지방법원장(등기소의 사무를 지원장이 관장하는 경우에는 지원장을 말한다. 제44조를 제외하고는 이하 같다)에게 보고하여야 한다.
② 등기관이 법원으로부터 등기신청서나 그 밖의 부속서류의 송부명령 또는 촉탁을 받았을 때에는 그 명령 또는 촉탁과 관계가 있는 부분만 법원에 송부하여야 한다.
③ 제2항의 서류가 전자문서로 작성된 경우에는 해당 문서를 출력한 후 인증하여 송부하거나 전자문서로 송부한다.
제10조【등기고유번호 등】 등기기록을 개설할 때에는 담보권설정자마다 등기고유번호를 부여하고, 담보권설정등기를 할 때에는 담보약정마다 등기일련번호를 부여하여 이를 등기기록에 기록하여야 한다.
제11조【등기기록의 양식】 ① 등기기록에는 담보권설정자에 관한 사항을 기록하는 담보권설정자부를 두고, 담보약정별로 담보권에 관한 사항을 기록하는 담보권부와 담보목적물에 관한 사항을 기록하는 담보목적물부를 둔다.
② 동산담보등기기록은 별지 제1호 및 제2호 양식, 채권담보등기기록은 별지 제3호 및 제4호 양식에 따른다.
제12조【등기부부본자료의 작성과 보관】 ① 등기관이 등기를 마쳤을 때에는 전산정보처리조직을 이용하여 등기부부본자료를 작성하여야 한다.
② 등기부부본자료는 법원행정처장이 지정하는 장소에 보관하여야 한다.
③ 등기부부본자료는 담보등기부와 동일하게 관리하여야 한다.
제13조【담보등기부의 손상과 복구】 ① 담보등기부(폐쇄담보등기부를 포함한다. 이하 이 조에서 같다)의 전부 또는 일부가 손상되거나 손상될 염려가 있을 때에는 전산운영책임관은 지체없이 그 상황을 조사한 후 처리방법을 법원행정처장에게 보고하여야 한다.
② 담보등기부의 전부 또는 일부가 손상된 경우에 전산운영책임관은 제12조의 등기부부본자료에 의하여 그 등기부를 복구하여야 한다.
③ 제2항에 따라 담보등기부를 복구한 경우에 전산운영책임관은 지체없이 그 경과를 법원행정처장에게 보고하여야 한다.
제14조【신청정보 등의 보존】 ① 법 제42조제2호에 따라 등기가 이루어진 경우 그 신청정보 및 첨부정보는 보조기억장치에 저장하여 보존하여야 한다.
② 법 제42조제2호에 따른 등기신청이 취하된 경우 그 취하정보는 보조기억장치에 저장하여 보존하여야 한다.
③ 제1항 및 제2항에 따라 저장된 정보는 중앙관리소에 5년간 보존하여야 한다. 이 경우 보존기간은 해당 연도의 다음해부터 기산한다.
④ 제3항의 보존기간이 종료된 정보는 법원행정처장의 인가를 받아 보존기간이 종료되는 해의 다음 해 3월말까지 삭제한다.
⑤ 제4항에도 불구하고 전자문서의 특징 및 전자문서의 삭제 방법의 확립, 등기원인정보의 보존 필요성 등을 고려하여 대법원예규로 정하는 바에 따라 보존기간이 만료된 정보의 삭제를 유예할 수 있다.
(2024.11.29 본항신설)
(2025.1.31 시행)

제2절 담보등기에 관한 장부

제15조【등기소에 비치할 장부】 ① 등기소에는 다음 각 호의 장부를 갖추어 두어야 한다.
1. 담보등기신청서 접수장
2. 기타 문서 접수장
3. 결정원본 편철장
4. 이의신청서류 편철장
5. 사용자등록신청서류 등 편철장
6. 신청서 기타 부속서류 편철장
7. 신청서 기타 부속서류 송부부
8. 각종 통지부
9. 열람신청서류 편철장

10. 제증명신청서류 편철장
11. 그 밖에 대법원예규로 정하는 장부

② 제1항의 장부는 매년 별책으로 하여야 한다. 다만, 필요에 따라 분책할 수 있다.

③ 제1항의 장부는 전자적으로 작성할 수 있다.

제16조【접수장】 ① 담보등기신청서 접수장에는 다음 각 호의 사항을 적어야 한다.

1. 접수연월일, 접수시각과 접수번호
2. 등기의 목적
3. 신청인의 성명 또는 명칭
4. 등기신청수수료

② 제1항제1호의 접수번호는 1년마다 새로 부여하여야 한다.

③ 등기권리자 또는 등기의무자가 여러 명인 경우 담보등기신청서 접수장에 신청인의 성명 또는 명칭을 적을 때에는 신청인 중 1명의 성명 또는 명칭과 나머지 인원을 적는 방법으로 할 수 있다.

④ 등기신청 외의 등기사무에 관한 문서를 접수할 때에는 기타문서 접수장에 등재한다.

제17조【신청서 기타 부속서류 편철장】 신청서, 촉탁서, 통지서, 참여조서, 확인조서, 취하서 그 밖의 부속서류는 접수번호의 순서에 따라 신청서 기타 부속서류 편철장에 편철하여야 한다.

제18조【각종 통지부】 각종 통지부에는 법 및 이 규칙에서 정하고 있는 통지사항, 통지를 받을 자 및 통지서를 발송하는 연월일을 적어야 한다.

제19조【장부의 보존기간】 ① 등기소에 비치하여야 할 장부의 보존기간은 다음과 같다.

1. 담보등기신청서 접수장 : 5년
2. 기타 문서 접수장 : 10년
3. 결정원본 편철장 : 10년
4. 이의신청서류 편철장 : 10년
5. 사용자등록신청서류 등 편철장 : 10년
6. 신청서 기타 부속서류 편철장 : 5년
7. 신청서 기타 부속서류 송부부 : 신청서 기타 부속서류가 반환된 날부터 5년
8. 각종 통지부 : 1년
9. 열람신청서류 편철장 : 1년
10. 제증명신청서류 편철장 : 1년

② 장부의 보존기간은 해당 연도의 다음해부터 기산한다.

③ 보존기간이 종료된 장부 또는 서류는 지방법원장의 인가를 받아 보존기간이 종료되는 해의 다음해 3월말까지 폐기한다.

제4장 등기사항의 증명과 열람

제20조【등기사항증명 등의 신청】 ① 등기소를 방문하여 등기사항의 전부 또는 일부에 대한 증명서(이하 "등기사항증명서"라 한다)를 발급받거나 등기기록 또는 신청서나 그 밖의 부속서류를 열람하고자 하는 사람은 신청서를 제출하여야 한다.

② 대리인이 신청서나 그 밖의 부속서류의 열람을 신청할 때에는 신청서에 그 권한을 증명하는 서면을 첨부하여야 한다. (2018.4.27 본항개정)

③ 등기기록 또는 전자문서로 작성된 신청서나 그 밖의 부속서류의 열람 및 등기사항증명서의 발급 신청은 관할 등기소가 아닌 다른 등기소에서도 할 수 있다.

제21조【무인발급기에 의한 등기사항증명】 ① 법원행정처장은 신청인이 발급에 필요한 정보를 스스로 입력하여 등기사항증명서를 발급받을 수 있게 하는 장치(이하 "무인발급기"라 한다)를 이용하여 등기사항증명서의 발급업무를 처리하게 할 수 있다.

② 무인발급기는 등기소 이외의 장소에도 설치할 수 있다.

③ 제2항에 따른 설치장소는 법원행정처장이 정한다.

④ 법원행정처장의 지정을 받은 국가기관이나 지방자치단체 그 밖의 자는 그가 관리하는 장소에 무인발급기를 설치하여 등기사항증명서를 발급할 수 있다.

⑤ 무인발급기 설치 · 관리의 절차 및 비용의 부담 등 필요한 사항은 대법원예규로 정한다.

제22조【인터넷에 의한 등기사항증명 등】 ① 등기사항증명서의 발급 또는 등기기록의 열람업무는 법원행정처장이 정하는 바에 따라 인터넷을 이용하여 처리할 수 있다.

② 제1항에 따른 업무는 중앙관리소에서 처리하며, 전산운영책임관이 그 업무를 담당한다.

③ 제1항에 따른 발급과 열람의 범위, 절차 및 방법 등 필요한 사항은 대법원예규로 정한다.

제23조【등기사항증명서의 종류 등】 ① 등기사항증명서의 종류는 동산담보등기 및 채권담보등기별로 다음 각 호로 한다. 다만, 폐쇄한 등기기록에 대하여는 제1호로 한정한다. (2018.4.27, 2022.2.25 본항개정)

1. 하나의 담보약정에 따른 등기사항 전부를 기재한 "등기사항전부증명서(말소사항 포함)"
2. 제1호의 사항 중 현재 유효한 사항만을 기재한 "등기사항전부증명서(현재 유효사항)". 다만, 해당 담보약정에 따른 등기사항 전부가 말소된 경우에는 그러하지 아니하다.
3. 제1호의 사항 중 담보목적물에 관하여는 특정한 담보목적물에 대한 사항만을 기재한 "등기사항일부증명서"
4. 아무런 등기기록이 개설되어 있지 않다는 내용을 기재한 "등기기록미개설증명서"

② (2018.4.27 삭제)

③ (2018.4.27 삭제)

제24조【등기사항증명서의 발급방법】 ① 등기사항증명서를 발급할 때에는 등기사항증명서의 종류를 명시하고, 등기기록의 내용과 다름이 없음을 증명하는 내용의 증명문을 기록하며, 발급연월일과 중앙관리소 전산운영책임관의 직명을 적은 후 전자이미지관인을 기록하여야 한다.
② 등기사항증명서가 여러 장으로 이루어진 경우에는 연속성을 확인할 수 있는 조치를 하여 발급한다.
③ 등기신청이 접수된 경우에는 등기관이 그 등기를 마칠 때까지 등기사항증명서를 발급하지 못한다. 다만, 등기신청사건이 접수되어 처리 중에 있다는 뜻을 등기사항증명서에 표시하여 발급할 수 있다.

제25조【열람의 방법】 ① 등기기록의 열람은 등기기록에 기록된 등기사항을 전자적 방법으로 그 내용을 보게 하거나 그 내용을 기록한 서면을 교부하는 방법으로 한다. 다만, 서면을 교부하는 경우에는 등기사항증명서 양식이 아닌 다른 양식으로 교부할 수 있다.
② 신청서나 그 밖의 부속서류의 열람은 등기관이 보는 앞에서 하여야 한다. 다만, 신청서나 그 밖의 부속서류가 전자문서로 작성된 경우에는 제1항 본문의 방법에 따른다.
③ 신청서나 그 밖의 부속서류에 대해서는 이해관계가 있는 범위 내에서 열람을 신청할 수 있다.
(2018.4.27 본항개정)

제26조【등기사항 등의 일부 공시제한】 등기사항증명서를 발급하거나 등기기록 또는 신청서나 그 밖의 부속서류를 열람하게 할 때에는 담보권설정자 및 등기명의인의 표시에 관한 사항 중 주민등록번호 등 개인정보의 일부를 공시하지 아니할 수 있으며, 그 범위와 방법 및 절차는 대법원예규로 정한다. (2024.11.29 본조개정)
(2024.11.29 본조제목개정)
(2025.1.31 시행)

제5장 등기절차

제1절 통 칙

제27조【등기의 동시신청】 ① 같은 등기소에 동시에 여러 건의 등기신청을 하는 경우에 각 신청서와 함께 제출 또는 송신하여야 할 서면 또는 전자문서(이하 "서면등"이라 한다)의 내용이 같은 것이 있을 때에는 그중 1건의 신청에 이를 제출 또는 송신하면 된다.
② 제1항의 경우에는 다른 각 신청서에 그 뜻을 적어야 한다.

제28조【다른 법률에 따른 의무사항이 있는 경우】 등기신청과 관련하여 다른 법률에 의해 부과된 의무사항이 있을 때에는 그 의무사항을 신청서에 적어야 한다.

제29조【등기신청에 필요한 서면등】 ① 등기를 신청할 때에는 담보권설정자(최초로 담보권설정등기를 하는 경우만을 말한다) 또는 등기권리자(권리취득의 등기를 하는 경우만을 말한다)의 특정을 위하여 다음 각 호의 구분에 따른 서면등을 제출하거나 송신하여야 한다. (2014.10.2, 2022.2.25 본항개정)
1. 담보권설정자나 등기권리자가 자연인인 경우
   가. 담보권설정자나 등기권리자의 성명, 주소 및 주민등록번호(주민등록번호가 없는 재외국민과 외국인의 경우에는 「부동산등기법」 제49조제1항제2호 또는 제4호에 따라 부여받은 부동산등기용등록번호를 말한다)를 증명하는 서면등
   나. 담보권설정자의 「부가가치세법」에 따른 사업자등록을 증명하는 서면등
2. 담보권설정자나 등기권리자가 법인(외국법인은 제외한다)인 경우 : 해당 법인의 상호 또는 명칭, 본점 또는 주된 사무소 및 법인등록번호를 증명하는 「상업등기법」 제15조에 따른 등기사항증명서면등
3. 담보권설정자나 등기권리자가 외국법인인 경우
   가. 국내에 영업소나 사무소 설치등기를 한 경우 : 해당 법인의 상호 또는 명칭, 본점 또는 주된 사무소, 법인등록번호 및 국내의 영업소나 사무소를 증명하는 「상업등기법」 제15조에 따른 등기사항증명서면등
   나. 국내에 영업소나 사무소 설치등기를 하지 아니한 경우
      1) 해당 법인의 상호 또는 명칭, 본점 또는 주된 사무소를 증명하는 서면등
      2) 「부동산등기법」 제49조제1항제3호에 따라 부여받은 부동산등기용등록번호를 증명하는 서면등
      3) 국내에서의 대표자와 그 주소를 증명하는 서면등

② 담보권설정자가 제5조의2제2항에 따라 현재 주소를 관할하는 등기소에 등기신청을 할 때에는 자신의 현재 주소가 해당 등기소의 관할구역에 속하는 곳임을 증명하는 서면등을 제출하거나 송신하여야 한다. (2022.2.25. 본항신설)
③ 등기신청서와 함께 제출하거나 송신하여야 하는 서면등이 외국어로 작성된 경우에는 그 번역문을 함께 제출하거나 송신하여야 한다. (2022.2.25 본항개정)
④ 변호사나 법무사[법무법인 · 법무법인(유한) · 법무조합 또는 법무사법인 · 법무사법인(유한)을 포함한다. 이하 "자격자대리인"이라 한다]가 다음

각 호의 등기를 신청하는 경우, 자격자대리인(법인의 경우에는 담당 변호사 · 법무사를 의미한다)이 주민등록증 · 인감증명서 · 본인서명사실확인서 등 법령에 따라 작성된 증명서의 제출이나 제시, 그 밖에 이에 준하는 확실한 방법으로 위임인이 등기의 무자인지 여부를 확인하고 자필서명한 정보를 제출하거나 송신하여야 한다. (2024.11.29 본항신설)
1. 공동으로 신청하는 권리에 관한 등기
2. 승소한 등기의무자가 단독으로 신청하는 권리에 관한 등기

(2025.1.31 시행)

제30조 【등기신청정보의 기록】 법 제45조제1항에서 "그 밖에 대법원규칙으로 정하는 등기신청정보"란 제10조에 따라 담보약정별로 부여된 등기일련번호를 말한다. 다만, 담보권설정등기와 담보권설정자 표시의 변경 또는 경정의 등기의 경우에는 그러하지 아니하다.

제31조 【등기신청의 취하】 ① 등기신청의 취하는 등기관이 등기를 마치기 전까지 할 수 있다.

② 제1항의 취하는 다음 각 호의 구분에 따른 방법으로 하여야 한다.
1. 법 제42조제1호의 방문신청 : 신청인 또는 그 대리인이 등기소에 출석하여 취하서를 제출하는 방법
2. 법 제42조제2호의 전자신청 : 전산정보처리조직을 이용하여 취하정보를 전자문서로 등기소에 송신하는 방법

제32조 【등기관의 조사】 ① 신청서가 접수된 때에는 등기관은 지체 없이 신청에 관한 모든 사항을 조사하여야 한다.

② 법 제46조 단서의 보정 요구는 신청인에게 말로 하거나, 전화, 팩시밀리 또는 인터넷을 이용하여 할 수 있다.

제33조 【등기의 방법】 ① 담보권설정등기를 하는 때에는 등기일련번호를 기록한 다음 담보권부에 등기목적과 법 제47조제2항 각 호(제1호 및 제6호는 제외한다)의 사항을 기록하고, 담보목적물부에 담보목적물의 표시에 관한 사항을 기록하여야 한다. 다만, 해당 담보권설정자에 대한 등기기록이 개설되어 있지 아니한 경우에는 우선 등기기록을 개설한 후 담보권설정자부에 담보권설정자의 표시에 관한 법 제47조제2항제1호, 제3호의2 및 제4호의 사항도 기록하여야 한다.(2022.2.25, 2024.11.29 본항개정)

② 제1항 본문에 따라 담보권부에 접수연월일을 기록할 때에는 그 접수시각도 함께 기록하여야 한다.

③ 변경, 경정 또는 연장의 등기를 하는 때에는 변경, 경정 또는 연장된 등기사항을 말소하는 표시를 하여야 한다.

④ 말소의 등기를 하는 때에는 등기를 말소하는 표시를 하여야 한다.

(2025.1.31 시행)

제34조 【국내에 영업소나 사무소가 없는 외국법인의 등기사항】 법 제47조제2항제4호 단서에서 "대법원규칙으로 정하는 사항"이란 외국법인의 국내에서의 대표자와 그 주소를 말한다.

제35조 【동산 및 채권의 특정을 위한 등기사항】 ① 등기기록에는 담보목적물인 동산 또는 채권을 특정하는 데 필요한 사항으로서 다음 각 호의 구분에 따른 사항을 기록하여야 한다.
1. 담보목적물이 동산인 경우
   가. 동산의 특성에 따라 특정하는 경우에는 대법원예규로 정하는 동산의 종류 및 동산의 제조번호 또는 제품번호 등 다른 동산과 구별할 수 있는 정보
   나. 동산의 보관장소에 따라 특정하는 경우에는 대법원예규로 정하는 동산의 종류 및 동산의 보관장소의 소재지. 다만, 같은 보관장소에 있는 같은 종류의 동산 전체를 담보목적물로 하는 경우에 한정한다.
2. 담보목적물이 채권인 경우
   가. 대법원예규로 정하는 채권의 종류
   나. 채권의 발생원인 및 발생연월일 또는 그 시기와 종기
   다. 담보목적물인 채권의 채권자의 성명 및 주소(법인의 경우에는 상호 또는 명칭과 본점 또는 주된 사무소를 말한다)
   라. 담보목적물인 채권의 채무자의 성명 및 주소(법인의 경우에는 상호 또는 명칭과 본점 또는 주된 사무소를 말한다). 다만, 장래에 발생할 채권으로서 채무자가 담보권설정 당시 특정되어 있지 않거나, 나목에 의하여 특정할 수 있는 다수의 채권에 대하여 동시에 담보등기를 신청하는 경우에는 대법원예규에 따라 채무자의 성명이나 주소를 기록하지 않을 수 있다.

② 제1항 각 호 이외에도 해당 동산의 명칭이나 채권의 변제기, 채권액의 하한 그 밖에 해당 동산 또는 채권을 특정하는 데 유익한 사항을 기록할 수 있다.

제36조 【행정구역 등 변경의 직권등기】 ① 담보등기부에 기록된 행정구역 또는 그 명칭이 변경된 때에는 등기관은 직권으로 변경사항을 등기할 수 있다.

② 담보등기부에 기록된 담보권설정자의 법인등기부상 상호, 명칭, 본점 또는 주된 사무소나 영업소가 변경되어 법 제51조제3항에 따른 통지를 받은 경우 담보등기를 담당하는 등기관은 담보등기부의 해당 사항을 직권으로 변경하여야 한다. (2022.2.25 본항개정)

제37조【등기필정보의 작성방법】 ① 법 제2조제11호의 등기필정보는 아라비아 숫자와 그 밖의 부호의 조합으로 이루어진 일련번호와 비밀번호로 구성한다.
② 제1항의 등기필정보는 담보권설정자(최초로 담보권설정등기를 하는 경우만을 말한다) 또는 등기명의인별로 정한다.

제38조【등기필정보의 통지방법】 ① 등기필정보는 다음 각 호의 구분에 따른 방법으로 통지한다.
1. 방문신청의 경우 : 등기필정보를 적은 서면(이하 "등기필정보통지서"라 한다)을 교부하는 방법. 다만, 신청인이 등기신청서와 함께 내법원예규에 따라 등기필정보통지서 송부용 우편봉투를 제출한 경우에는 등기필정보통지서를 우편으로 송부한다.
2. 전자신청의 경우 : 전산정보처리조직을 이용하여 송신하는 방법

② 제1항에 따라 등기필정보를 통지할 때에는 그 통지를 받아야 할 사람 외의 사람에게 등기필정보가 알려지지 않도록 하여야 한다.

제39조【등기필정보 통지의 상대방】 ① 등기관은 등기를 마치면 등기필정보를 등기명의인이 된 신청인(최초로 담보권설정등기를 하는 경우에는 담보권설정자를 포함한다)에게 통지한다.
② 법정대리인이 등기를 신청한 경우에는 그 법정대리인에게, 법인의 대표자나 지배인이 신청한 경우에는 그 대표자나 지배인에게 등기필정보를 통지한다.

제40조【등기필정보를 작성 또는 통지할 필요가 없는 경우】 ① 다음 각 호의 어느 하나에 해당하는 경우에는 등기필정보를 통지하지 아니한다.
1. 등기명의인이 된 신청인(최초로 담보권설정등기를 하는 경우에는 담보권설정자를 포함한다)이 등기필정보의 통지를 원하지 아니하는 경우
2. 국가 또는 지방자치단체가 등기권리자인 경우
3. 등기필정보를 전산정보처리조직으로 통지받아야 할 자가 수신이 가능한 때부터 3개월 이내에 전산정보처리조직을 이용하여 수신하지 않은 경우
4. 등기필정보통지서를 수령할 자가 등기를 마친 때부터 3개월 이내에 그 서면을 수령하지 않은 경우
5. 법 제41조제3항에 따라 승소한 등기의무자가 등기신청을 한 경우
6. 채권자가 「민법」 제404조에 따라 등기권리자를 대위하여 등기신청을 한 경우

② 제1항제1호의 경우에는 등기신청서에 그 뜻을 적어야 한다.

제41조【등기필정보의 실효신고】 ① 등기명의인 또는 그 상속인 그 밖의 포괄승계인은 등기필정보의 실효신고를 할 수 있다.
② 제1항의 신고는 다음 각 호의 방법으로 한다.
1. 전산정보처리조직을 이용하여 신고정보를 제공하는 방법
2. 신고정보를 기재한 서면을 제출하는 방법

③ 제2항에 따라 등기필정보의 실효신고를 할 때에는 대법원예규에 따라 본인확인절차를 거쳐야 한다.
④ 제2항제2호의 신고를 대리인이 하는 경우에는 신고서에 본인의 인감증명을 첨부하여야 한다.
⑤ 등기관은 등기필정보의 실효신고가 있는 경우에 해당 등기필정보를 실효시키는 조치를 하여야 한다.

제42조【등기필정보를 제공할 수 없는 경우】 ① 법 제43조제2항제3호 본문의 경우에 등기의무자의 등기필정보가 없을 때에는 등기의무자 또는 그 법정대리인(이하 "등기의무자등"이라 한다)이 등기소에 출석하여 등기관으로부터 등기의무자등임을 확인받아야 한다. 다만, 자격자대리인이 등기의무자등으로부터 위임받았음을 확인한 경우 또는 신청서(위임에 의한 대리인이 신청하는 경우에는 그 권한을 증명하는 서면) 중 등기의무자등의 작성부분에 관하여 공증을 받은 경우에는 그러하지 아니하다. (2016.6.27, 2024.11.29 본항개정)
② 제1항 본문의 경우에 등기관은 주민등록증, 외국인등록증, 국내거소신고증, 여권 또는 운전면허증(이하 "주민등록증등"이라 한다)에 의하여 본인 여부를 확인하고 조서를 작성하여 이에 기명날인하여야 한다. 이 경우 주민등록증등의 사본을 조서에 첨부하여야 한다.
③ 제1항 단서에 따라 자격자대리인이 등기의무자등으로부터 위임받았음을 확인한 경우에는 그 확인한 사실을 증명하는 서면(이하 "확인서면"이라 한다)을 등기소에 제출하여야 한다. (2024.11.29 본항개정)
④ 자격자대리인이 제3항의 확인서면을 작성하는 경우에는 제2항을 준용한다. (2024.11.29 본항개정)
(2025.1.31 시행)

제43조【등기기록의 폐쇄와 부활】 ① 담보권설정등기를 전부 말소하였을 때에는 해당 등기기록을 폐쇄하여야 한다.
② 등기기록을 폐쇄하는 때에는 담보권설정자부에 그 뜻과 연월일을 기록하여야 한다.
③ 폐쇄한 등기기록에 다시 등기할 필요가 있는 때에는 그 등기기록을 부활하여야 한다.
④ 폐쇄한 등기기록을 부활하는 때에는 담보권설정자부에 그 뜻과 연월일을 기록하고, 등기기록을 폐쇄한 뜻과 그 연월일을 말소하는 표시를 하여야 한다.

제2절 방문신청

제44조【등기소에 출석하여 등기신청서를 제출할

수 있는 자격자대리인의 사무원】 ① 법 제42조제1호에 따라 등기소에 출석하여 등기신청서를 제출할 수 있는 사무원은 자격자대리인의 사무소 소재지를 관할하는 지방법원장이 허가하는 1명으로 한다. 다만, 법무법인 · 법무법인(유한) · 법무조합 또는 법무사법인 · 법무사법인(유한)의 경우에는 그 구성원 및 구성원이 아닌 변호사나 법무사 수만큼의 사무원을 허가할 수 있다. (2016.6.27 본항개정)
② 자격자대리인이 제1항의 허가를 받으려면 지방법원장에게 허가신청서를 제출하여야 한다.
③ 지방법원장이 제1항의 허가를 하였을 때에는 해당 자격자대리인에게 등기소 출입증을 발급하여야 한다.
④ 지방법원장은 상당하다고 인정되는 경우 제1항의 허가를 취소할 수 있다.

제45조【인감증명의 제출】 ① 방문신청을 하는 경우에는 다음 각 호의 인감증명을 제출하여야 한다. 이 경우 해당 신청서(위임에 의한 대리인이 신청하는 경우에는 위임장을 말한다. 이하 이 조에서 같다)에는 그 인감을 날인하여야 한다. (2014.10.2, 2022.2.25 본항개정)
1. 담보권설정등기의 경우 담보권설정자의 「인감증명법」 제12조 또는 「상업등기법」 제16조에 따른 인감증명
2. 담보권이전 · 연장 · 말소 · 변경 또는 경정등기의 경우 등기의무자의 「인감증명법」 제12조 또는 「상업등기법」 제16조에 따른 인감증명. 다만, 등기필정보를 제공할 수 없는 경우에 한정한다.

② 제1항에 따라 인감증명을 제출하여야 하는 자가 외국인인 경우에는 「인감증명법」에 따른 인감증명 또는 본국의 관공서가 발행한 인감증명을 제출하여야 한다. 다만, 본국에 인감증명제도가 없고 또한 「인감증명법」에 따른 인감증명을 받을 수 없는 자는 신청서나 위임장 또는 첨부서면에 본인이 서명 또는 날인하였다는 뜻의 본국 관공서의 증명이나 본국 또는 대한민국 공증인의 인증(「재외공관 공증법」에 따른 인증을 포함한다)을 받음으로써 인감증명의 제출을 갈음할 수 있다. (2024.11.29 본항개정)
(2025.1.31 시행)

제46조【인감증명 등의 유효기간】 등기신청서에 첨부하는 인감증명, 법인등기사항증명서, 사업자등록증명, 주민등록표등본 · 초본, 가족관계등록사항별 증명서는 발행일부터 3개월 이내의 것이어야 한다. (2022.2.25 본항개정)

제47조【첨부서면 원본의 환부 청구】 신청서에 첨부한 서류의 원본의 환부를 청구하는 경우에 신청인은 그 원본과 같다는 뜻을 적은 사본을 첨부하여야 하고, 등기관이 서류의 원본을 환부할 때에는 그 사본에 원본 환부의 뜻을 적고 기명날인하여야 한다. 다만, 다음 각 호의 서류에 대하여는 환부를 청구할 수 없다. (2024.11.29 본조개정)
1. 등기신청위임장, 제42조제3항의 확인서면 등 해당 등기신청만을 위하여 작성한 서류
2. 인감증명, 법인등기사항증명서, 주민등록표등본 · 초본, 가족관계등록사항별 증명서 등 별도의 방법으로 다시 취득할 수 있는 서류

(2025.1.31 시행)

제48조【전자표준양식에 의한 신청】 ① 방문신청을 하고자 하는 신청인은 신청서를 등기소에 제출하기 전에 전산정보처리조직에 신청정보를 입력하고, 그 입력한 신청정보를 서면으로 출력하여 등기소에 제출하는 방법으로 할 수 있다.
② 대법원예규로 정하는 개수 이상의 동산 또는 채권을 담보목적물로 하는 담보권설정등기를 방문신청하는 경우 신청인은 등기원인을 증명하는 첨부정보 중 담보목적물에 대한 정보는 대법원예규로 정하는 방법에 따라 작성된 목록을 전산정보처리조직에 저장하는 방법으로 제출하여야 하고, 신청정보는 제1항의 방법에 따라 입력 · 제출하되, 그 신청정보 중 담보목적물에 대한 정보는 따로 서면으로 출력하여 등기소에 제출하지 아니한다.

제49조【신청서의 접수】 ① 등기신청서를 받은 등기관은 전산정보처리조직에 접수연월일과 접수시각, 접수번호, 등기의 목적, 등기일련번호(담보권설정등기와 담보권설정자 표시의 변경 또는 경정의 등기는 제외한다), 신청인의 성명 또는 명칭, 등기신청수수료, 등록면허세액과 그 밖에 대법원예규로 정하는 사항을 입력한 후 신청서에 접수번호표를 붙여야 한다.
② 등기관이 신청서를 접수하였을 때에는 신청인의 청구에 따라 그 신청서의 접수증을 발급하여야 한다.

제3절 전자신청

제50조【전자신청의 방법】 ① 전자신청은 당사자가 직접 하거나 자격자대리인이 당사자를 대리하여 한다. 다만, 외국인의 경우에는 다음 각 호의 어느 하나에 해당하는 요건을 갖추어야 한다.
1. 「출입국관리법」 제31조에 따른 외국인등록
2. 「재외동포의 출입국과 법적 지위에 관한 법률」 제6조, 제7조에 따른 국내거소신고

② 제1항에 따라 전자신청을 하는 경우에는 법 제43조에 따른 전자문서를 송신하거나 대법원예규로 정하는 정보를 등기소에 제공하여야 한다. 이 경우 사용자등록번호도 함께 송신하여야 하고, 사용자등록번호 및 등기필정보를 제공하지 아니한 때에는 신청정보를 송신할 수 없다. (2024.11.29 본항신설)
③ 대법원예규로 정하는 개수 이상의 동산 또는 채

권을 담보목적물로 하는 담보권설정등기를 전자신청하는 경우 신청인은 등기원인을 증명하는 첨부정보 중 담보목적물에 대한 정보는 대법원예규로 정하는 방법에 따라 작성된 목록을 전산정보처리조직에 저장하는 방법으로 제공하여야 하고, 신청정보 중 담보목적물에 대한 정보는 따로 등기소에 송신하지 아니한다. (2024.11.29. 본항개정)
④ 제2항에 따라 전자문서를 송신할 때에는 다음 각 호의 구분에 따른 신청인 또는 문서작성자의 전자서명정보를 함께 송신하여야 한다. (2020.11.26, 2021.5.27, 2024.11.29 본항개정)
1. 개인: 「전자서명법」 제2조제6호에 따른 인증서(서명자의 실지명의를 확인할 수 있는 것으로서 법원행정처장이 지정 · 공고하는 인증서를 말한다)
2. 법인: 「상업등기법」의 전자증명서. 이 경우 「상업등기규칙」 제1조의2제7호의 추가 인증수단에 의한 인증을 하여야 한다.
3. 관공서 : 대법원예규로 정하는 전자인증서
⑤ 제3항제1호의 공고는 인터넷등기소에 하여야 한다. (2021.5.27 본항신설, 2024.11.29 본항개정)
[시행일] 제50조제4항제2호 후단의 개정규정: 2025년 8월 1일부터 시행하되, 그 이전에 보안매체를 발급받은 법인에 대하여는 발급받은 즉시 시행
(2025.1.31 시행)
제51조【사용자등록】 ① 전자신청을 하기 위해서는 그 등기신청을 하는 당사자 또는 등기신청을 대리할 수 있는 자격자대리인이 최초의 등기신청 전에 사용자등록을 하여야 한다.
② 사용자등록을 신청하는 당사자 또는 자격자대리인은 등기소에 출석하여 대법원예규로 정하는 사항을 기재한 신청서를 제출하여야 한다.
③ 제2항의 사용자등록 신청서에는 「인감증명법」에 따라 신고한 인감을 날인하고, 그 인감증명과 함께 주소를 증명하는 서면을 첨부하여야 한다.
④ 신청인이 자격자대리인인 경우에는 제3항의 서면 외에 그 자격을 증명하는 서면의 사본도 첨부하여야 한다.
제52조【사용자등록의 유효기간】 ① 사용자등록의 유효기간은 3년으로 한다. 다만, 자격자대리인 외의 자의 경우에는 대법원예규로 정하는 바에 따라 그 기간을 단축할 수 있다. (2024.11.29 본항개정)
② 제1항의 유효기간이 지난 경우에는 사용자등록을 다시 하여야 한다.
③ 사용자등록의 유효기간 만료일 3개월 전부터 만료일까지는 그 유효기간의 연장을 신청할 수 있으며, 연장기간은 제1항에 따른 기간으로 한다. (2024.11.29 본항개정)
④ 제3항의 유효기간 연장은 전자문서로 신청할 수 있다.
(2025.8.1 시행)
제53조【사용자등록의 효력정지 등】 ① 사용자등록을 한 사람은 사용자등록의 효력정지, 효력회복 또는 해지를 신청할 수 있다.
② 제1항에 따른 사용자등록의 효력정지 및 해지의 신청은 전자문서로 할 수 있다.
③ 등기소를 방문하여 제1항에 따른 사용자등록의 효력정지, 효력회복 또는 해지를 신청하는 경우에는 신청서에 기명날인 또는 서명을 하여야 한다.
제54조【사용자등록정보의 변경 등】 ① 사용자등록 후 사용자등록정보가 변경된 경우에는 대법원예규에 따라 그 변경된 사항을 등록하여야 한다.
② 사용자등록번호를 분실하였을 때에는 제51조에 따라 사용자등록을 다시 하여야 한다.

제6장 담보권의 실행

제55조【민사소송규칙 등의 준용】 이 규칙에서 규정한 것 외에 동산 · 채권담보권의 실행에 관하여 필요한 사항은 그 성질에 반하지 아니하는 범위에서 「민사소송규칙」 및 「민사집행규칙」의 규정을 준용한다.

제7장 보 칙

제56조【준용규정】 담보등기와 관련하여 이 규칙에 특별한 규정이 있는 경우를 제외하고는 그 성질에 반하지 아니하는 범위에서 「부동산등기규칙」을 준용한다.
(2022.2.25 본조신설)
[종전 제56조는 제57조로 이동(2022.2.25)]
제57조【대법원예규에의 위임】 담보등기와 관련하여 필요한 사항 중 이 규칙에서 정하고 있지 아니한 사항은 대법원예규로 정할 수 있다.
[제56조에서 이동(2022.2.25)]

부 칙 (2011.11.17)

이 규칙은 2012년 6월 11일부터 시행한다. 다만, 제14조, 제21조, 제22조, 제31조제2항제2호, 제38조제1항제2호, 제41조제2항제1호 및 제50조부터 제54조까지의 규정은 2013년 7월 1일부터 시행한다.

부 칙 (2014.7.1)

이 규칙은 2014년 9월 1일부터 시행한다.

부 칙 (2014.10.2) (상업등기규칙)

제1조【시행일】 이 규칙은 2014년 11월 21일부터 시행한다.

부 칙 (2016.6.27) (법무사규칙)

제1조【시행일】 이 규칙은 2016년 8월 4일부터 시행한다.

부 칙 (2018.4.27)

제1조【시행일】 이 규칙은 2018년 8월 1일부터 시행한다.
제2조【다른 규칙의 개정】 민사집행규칙 일부를 다음과 같이 개정한다.
제132조의2제1항 중 "등기사항개요증명서"를 각각 "등기기록미개설증명서"로 한다.

부 칙 (2020.11.26) (부동산등기규칙)

제1조(시행일】 이 규칙은 2020년 12월 10일부터 시행한다.

부 칙 (2021.5.27) (부동산등기규칙)

제1조(시행일】 이 규칙은 2021년 6월 10일부터 시행한다.

부 칙 (2022.2.25.)

제1조【시행일】 이 규칙은 2022년 4월 21일부터 시행한다.
제2조【계속사건의 관할에 관한 경과조치】 이 규칙 시행 전에 접수한 사건의 관할에 대해서는 종전의 규정에 따른다.
제3조【담보권설정자가 상호등기를 한 사람인 경우의 관할 및 등기기록에 관한 경과조치】 ① 이 규칙 시행 전에 마쳐진 담보등기로서 담보권설정자가 상호등기를 한 사람인 경우 영업소 소재지 기준의 종전 관할이 유지되고, 상호 및 영업소의 기록사항은 담보권설정자부의 주소란 하단으로 옮겨 표시된다.
② 담보권설정자의 영업소 소재지를 관할하는 등기소와 법 제39조제2항의 현재 주소를 관할하는 등기소가 다른 경우 담보권설정자는 영업소 소재지를 관할하는 등기소 또는 법 제39조제2항의 현재 주소를 관할하는 등기소에 등기신청을 할 수 있다.
③ 제2항의 경우 현재 주소를 관할하는 등기소에 등기신청을 하기 위해서는 담보권설정자가 그 주소를 증명하는 서면등을 제출하여야 한다. 담보권설정자의 등기기록에 기재된 주소와 현재 주소가 동일한 경우에도 같다.
④ 제3항의 서면등에 따라 담보권설정자의 현재 주소가 증명된 경우 현재 주소를 관할하는 등기소는 직권으로 다음 각 호의 관할 변경조치를 한 다음, 제2항의 신청 사건을 처리하여야 한다.
1. 주소 변경등기(제3항 후단의 경우는 제외한다), 상호 · 영업소 말소등기
2. 전산정보처리조직을 이용하여 그 등기기록의 처리권한을 종전 관할 등기소로부터 넘겨받는 조치
⑤ 법 제52조제1항의 등기사항 열람 · 발급에는 제2항 및 제3항의 취지가 표시되어야 한다.
제4조【다른 규칙의 개정】 민사집행규칙 일부를 다음과 같이 개정한다.
제132조의2제1항 중 "법인 · 상호등기를 하지 않아 등기기록미개설증명서"를 "등기기록미개설증명서"로 한다.

부 칙 (2024.11.29.)

제1조【시행일】 이 규칙은 2025년 1월 31일부터 시행한다. 다만, 다음 각 호의 개정규정은 각 호의 구분에 따른 날부터 시행한다.
1. 제50조제4항제2호 후단의 개정규정: 2025년 8월 1일부터 시행하되, 그 이전에 보안매체를 발급받은 법인에 대하여는 발급받은 즉시 시행한다.
2. 제52조제1항 단서 및 제3항의 개정규정: 2025년 8월 1일
제2조【등기전자서명에 관한 적용례】 제6조의 개정규정은 이 규칙 시행 전에 접수되어 이 규칙 시행 당시 처리 중인 등기신청에 대해서도 적용한다.
제3조【사용자등록의 유효기간 단축에 관한 적용례】 제52조제3항의 개정규정은 이 규칙 시행 이후 사용자등록의 유효기간이 만료되어 그 연장을 신청하는 자부터 적용한다.

공장 및 광업재단 저당법

(2009년 3월 25일
전개법률 제9520호)

개정
1991.12.14.법4422호(부동산등기법)
1996.11.23.법5164호
1997.12.13.법5454호(정부부처명칭등의변경에따른건축법등의 정비에관한법률)
1998.12.28.법5592호(부동산등기법)
2002. 1.26법6626호(민사소송법)
2002. 1.26법6627호(민사집행법)
2009. 3.25법9520호
2011. 5.19법10629호(지식재산 기본법)
2012. 2.10법11297호
2013. 3.23법11690호(정부조직법)

제1장 총 칙

제1조【목적】 이 법은 공장재단 또는 광업재단의 구성, 각 재단에 대한 저당권의 설정 및 등기 등의 법률관계를 적절히 규율함으로써 공장 소유자 또는 광업권자가 자금을 확보할 수 있게 하여 기업의 유지와 건전한 발전 및 지하자원의 개발과 산업의 발달을 도모함을 목적으로 한다.

제2조【정의】 이 법에서 사용하는 용어의 뜻은 다음과 같다.

1. "공장"이란 영업을 하기 위하여 물품의 제조·가공, 인쇄, 촬영, 방송 또는 전기나 가스의 공급 목적에 사용하는 장소를 말한다.
2. "공장재단"이란 공장에 속하는 일정한 기업용 재산으로 구성되는 일단(一團)의 기업재산으로서 이 법에 따라 소유권과 저당권의 목적이 되는 것을 말한다.
3. "광업재단"이란 광업권(鑛業權)과 광업권에 기하여 광물(鑛物)을 채굴(採掘)·취득하기 위한 각종 설비 및 이에 부속하는 사업의 설비로 구성되는 일단의 기업재산으로서 이 법에 따라 소유권과 저당권의 목적이 되는 것을 말한다.

제2장 공장재단

제1절 공장 토지와 공장 건물의 저당

제3조【공장 토지의 저당권】 공장 소유자가 공장에 속하는 토지에 설정한 저당권의 효력은 그 토지에 부합된 물건과 그 토지에 설치된 기계, 기구, 그 밖의 공장의 공용물(供用物)에 미친다. 다만, 설정행위에 특별한 약정이 있는 경우와 「민법」 제406조에 따라 채권자가 채무자의 행위를 취소할 수 있는 경우에는 그러하지 아니하다.

제4조【공장 건물의 저당권】 공장 소유자가 공장에 속하는 건물에 설정한 저당권에 관하여는 제3조를 준용한다. 이 경우 "토지"는 "건물"로 본다.

제5조【특약의 등기】 등기관은 저당권설정등기를 할 때에 등기원인에 제3조 단서에 따른 특별한 약정이 있으면 그 사항을 기록하여야 한다.

제6조【저당권 목적물의 목록】 ① 공장에 속하는 토지나 건물에 대한 저당권설정등기를 신청하려면 그 토지나 건물에 설치된 기계, 기구, 그 밖의 공장의 공용물로서 제3조 및 제4조에 따라 저당권의 목적이 되는 것의 목록을 제출하여야 한다.
② 제1항의 목록에 관하여는 제36조, 제42조 및 제43조를 준용한다. (2012.2.10 본항개정)

제7조【저당권의 추급력】 저당권자는 제3조와 제4조에 따라 저당권의 목적이 된 물건이 제3취득자에게 인도된 후에도 그 물건에 대하여 저당권을 행사할 수 있다. 다만, 「민법」 제249조부터 제251조까지의 규정을 적용할 때에는 그러하지 아니하다.

제8조【압류 등이 미치는 범위】 ① 저당권의 목적인 토지나 건물에 대한 압류, 가압류 또는 가처분은 제3조 및 제4조에 따라 저당권의 목적이 되는 물건에 효력이 미친다.
② 제3조 및 제4조에 따라 저당권의 목적이 되는 물건은 토지나 건물과 함께하지 아니하면 압류, 가압류 또는 가처분의 목적으로 하지 못한다.

제9조【저당권 목적물의 분리】 ① 공장 소유자가 저당권자의 동의를 받아 토지나 건물에 부합된 물건을 분리한 경우 그 물건에 관하여는 저당권이 소멸한다.
② 공장 소유자가 저당권자의 동의를 받아 토지나 건물에 설치한 기계, 기구, 그 밖의 공용물을 분리한 경우 그 물건에 관하여는 저당권이 소멸한다.
③ 공장 소유자가 저당권의 목적인 토지, 건물이나 제3조 또는 제4조에 따라 저당권의 목적이 되는 물건에 대한 압류, 가압류 또는 가처분이 있기 전에 저당권자의 이익을 위하여 정당한 사유를 들어 제1항 또는 제2항의 동의를 요구하면 저당권자는 그 동의를 거절하지 못한다.

제2절 공장재단의 저당

제10조【공장재단의 설정】 ① 공장 소유자는 하나 또는 둘 이상의 공장으로 공장재단을 설정하여 저당권의 목적으로 할 수 있다. 공장재단에 속한 공장이 둘 이상일 때 각 공장의 소유자가 다른 경우에도 같다.
② 공장재단의 구성물은 동시에 다른 공장재단에 속하게 하지 못한다.

제11조【공장재단의 소유권보존등기】 ① 공장재단은 공장재단등기부에 소유권보존등기를 함으로

써 설정한다.
② 제1항에 따른 공장재단의 소유권보존등기의 효력은 소유권보존등기를 한 날부터 10개월 내에 저당권설정등기를 하지 아니하면 상실된다.

제12조【공장재단의 단일성 등】 ① 공장재단은 1개의 부동산으로 본다.
② 공장재단은 소유권과 저당권 외의 권리의 목적이 되지 못한다. 다만, 저당권자가 동의한 경우에는 임대차의 목적물로 할 수 있다.

제13조【공장재단의 구성물】 ① 공장재단은 다음 각 호에 열거하는 것의 전부 또는 일부로 구성할 수 있다. (2011.5.19 본항개정)
1. 공장에 속하는 토지, 건물, 그 밖의 공작물
2. 기계, 기구, 전봇대, 전선(電線), 배관(配管), 레일, 그 밖의 부속물
3. 항공기, 선박, 자동차 등 등기나 등록이 가능한 동산
4. 지상권 및 전세권
5. 임대인이 동의한 경우에는 물건의 임차권
6. 지식재산권

② 공장에 속하는 토지나 건물로서 미등기된 것이 있으면 공장재단을 설정하기 전에 그 토지나 건물의 소유권보존등기를 하여야 한다.
③ 다음 각 호의 물건은 공장재단의 구성물이 될 수 없다.
1. 타인의 권리의 목적인 물건
2. 압류, 가압류 또는 가처분의 목적인 물건

제14조【공장재단 구성물의 양도 등 금지】 공장재단의 구성물은 공장재단과 분리하여 양도하거나 소유권 외의 권리, 압류, 가압류 또는 가처분의 목적으로 하지 못한다. 다만, 저당권자가 동의한 경우에는 임대차의 목적물로 할 수 있다.

제15조【공장재단 구성 예정물의 양도 등 금지】 ① 등기 또는 등록되어 있는 것으로서 공장재단의 구성물로 예정된 것은 그 등기부나 등록부에 제32조제1항의 소유권보존등기 신청 사실이 기록된 후에는 양도하거나 소유권 외의 권리의 목적으로 하지 못한다. (2012.2.10 본항개정)
② 공장재단의 구성물로 예정된 동산은 제33조제1항의 권리신고의 공고가 된 후에는 양도하지 못하며 소유권 외의 권리의 목적으로 하지 못한다.

제16조【매각허가결정의 보류】 ① 등기 또는 등록되어 있는 것으로서 공장재단의 구성물로 예정된 것은 그 등기부나 등록부에 제32조제1항의 소유권보존등기 신청 사실이 기록된 후에는 공장재단의 소유권보존등기 신청이 각하되지 아니하는 동안과 그 소유권보존등기가 효력을 상실하지 아니하는 동안은 매각허가결정을 하지 못한다. (2012.2.10 본항개정)
② 공장재단의 구성물로 예정된 동산에 대하여 제33조제1항의 권리신고의 공고가 된 후에 그 동산이 압류된 경우에는 제1항을 준용한다.

제17조【보존등기 신청 후 압류 등의 효력】 ① 등기 또는 등록되어 있는 것으로서 공장재단의 구성물로 예정된 것에 관하여는 그 등기부나 등록부에 제32조제1항의 소유권보존등기 신청 사실이 기록된 후에 한 압류, 가압류 또는 가처분의 등기는 공장재단의 저당권설정등기가 있으면 효력을 상실한다. (2012.2.10 본항개정)
② 제1항에 따라 압류, 가압류 또는 가처분의 등기가 효력을 상실하면 법원은 이해관계인의 신청을 받거나 직권으로 그 압류, 가압류 또는 가처분 명령을 취소하여야 한다.
③ 공장재단의 구성물로 예정된 동산에 관하여 제33조제1항의 권리신고의 공고가 된 후에 한 압류, 가압류 또는 가처분은 공장재단의 저당권설정등기가 있으면 효력을 잃는다.

제18조【공장재단의 분할 · 합병】 ① 공장 소유자는 여러 개의 공장에 설정한 1개의 공장재단을 분할하여 여러 개의 공장재단으로 할 수 있다. 다만, 저당권의 목적인 공장재단은 그 저당권자가 동의한 경우에만 분할할 수 있다.
② 공장 소유자는 여러 개의 공장재단을 합병하여 하나의 공장재단으로 할 수 있다. 다만, 다음 각 호의 어느 하나에 해당하는 경우에는 하나의 공장재단으로 할 수 없다. (2012.2.10 본항개정)
1. 합병하려는 공장재단의 등기기록에 소유권등기와 저당권등기 외의 등기가 있는 경우
2. 합병하려는 여러 개의 공장재단 중 둘 이상의 공장재단에 이미 저당권이 설정되어 있는 경우

③ 제1항의 분할이나 제2항의 합병은 등기함으로써 효력이 생긴다.

제19조【분할 · 합병의 효력】 ① 저당권이 설정된 공장재단을 분할하여 그 일부를 다른 공장재단으로 하는 경우 그 다른 공장재단에 관하여는 저당권이 소멸한다.
② 여러 개의 공장재단을 합병한 경우 합병 전 공장재단의 저당권은 합병 후의 공장재단 전부에 효력이 미친다.

제20조【공장재단 구성물의 분리】 ① 공장 소유자가 저당권자의 동의를 받아 공장재단의 구성물을 공장재단에서 분리한 경우 그 분리된 구성물에 관하여는 저당권이 소멸한다.
② 제1항의 경우에는 제9조제3항을 준용한다.

제21조【공장재단의 소멸】 공장재단은 다음 각 호의 어느 하나에 해당하는 경우에는 소멸한다.
1. 공장재단에 설정된 저당권이 소멸한 후 10개월 내에 새로운 저당권을 설정하지 아니한 경우
2. 제48조에 따른 소멸등기를 한 경우

제22조【공장재단의 압류 등의 관할】 ① 공장재

단의 압류, 가압류 또는 가처분은 공장 소재지의 지방법원이나 그 지원(支院)이 관할한다.
② 공장이 여러 개의 지방법원이나 지원의 관할 구역에 걸쳐 있거나 또는 공장재단을 구성하는 여러 개의 공장이 여러 개의 지방법원이나 지원의 관할 구역에 있는 경우에는 「민사소송법」 제28조를 준용한다.

제23조【공장의 개별적 경매, 입찰】 공장재단이 여러 개의 공장으로 구성되어 있는 경우 법원은 저당권자의 신청을 받아 공장재단을 구성하는 각 공장을 개별적으로 경매나 입찰의 목적물로 할 것을 명할 수 있다.

제24조【준용규정】 ① 저당권이 설정된 공장재단에 토지나 건물이 속하는 경우에는 제3조, 제4조, 「민법」 제359조, 제365조 및 제366조를 준용한다.
② 저당권이 설정된 공장재단에 요역지(要役地)가 속하는 경우에는 「민법」 제292조를 준용한다.
③ 저당권이 설정된 공장재단에 지상권 및 전세권이 속하는 경우에는 「민법」 제371조제2항을 준용한다.

제3절 공장재단의 등기

제25조【관할 등기소】 ① 공장재단의 등기에 관하여는 공장 소재지의 지방법원, 그 지원 또는 등기소(이하 "등기소"라 한다)를 관할 등기소로 한다.
② 공장이 여러 개의 등기소의 관할 구역에 걸쳐 있거나 공장재단을 구성하는 여러 개의 공장이 여러 개의 등기소의 관할 구역에 있는 경우에는 신청을 받아 그 각 등기소를 관할하는 바로 위의 상급법원의 장이 관할 등기소를 지정한다.

제26조【공장재단의 분할에 따른 관할 변경】 공장재단의 분할로 새로 성립한 공장재단으로서 그 등기소의 관할 구역에 공장재단을 구성하는 공장이 없어지게 되는 경우 등기소는 분할등기를 한 후 지체 없이 전산정보처리조직을 이용하여 그 공장재단에 관한 등기기록의 처리권한을 제25조에 따른 공장재단의 관할 등기소로 넘겨주는 조치를 하여야 한다. (2012.2.10 본조개정)
(2012.2.10 본조제목개정)

제27조【공장재단의 합병과 관할 등기소】 ① 합병하려는 공장재단을 관할하는 등기소가 여러 개일 때에는 제25조제2항을 준용한다. 다만, 합병하려는 여러 개의 공장재단 중 이미 저당권이 설정된 것이 있으면 그 공장재단의 등기를 관할하는 등기소를 관할 등기소로 한다.
② 제1항의 경우에 합병등기 신청을 받으면 관할 등기소는 그 취지를 다른 등기소에 통지하여야 한다.
③ 제2항의 통지를 받은 등기소는 지체 없이 전산정보처리조직을 이용하여 합병할 공장재단에 관한 등기기록의 처리권한을 관할 등기소로 넘겨주는 조치를 하여야 한다. 다만, 등기기록에 소유권등기 외의 등기가 있을 때에는 그러하지 아니하되, 지체 없이 그 사실을 관할 등기소에 통지하여야 한다. (2012.2.10 본항개정)

제28조【물적 편성주의】 공장재단등기부를 편성할 때에는 1개의 공장재단에 대하여 1개의 등기기록을 둔다.

제29조【등기기록의 편성】 등기기록에는 공장재단의 표시에 관한 사항을 기록하는 표제부와 소유권에 관한 사항을 기록하는 갑구(갑區) 및 저당권에 관한 사항을 기록하는 을구(을區)를 둔다.

제30조【표제부의 등기사항】 등기관은 공장재단 등기기록의 표제부에 다음 각 호의 사항을 기록하여야 한다.
1. 표시번호
2. 접수연월일
3. 공장의 명칭
4. 공장의 위치
5. 주된 영업소
6. 영업의 종류
7. 공장 소유자의 성명 또는 명칭. 2개 이상의 공장으로 재단을 구성하는 경우로서 각 공장의 소유자가 다른 경우에만 해당한다.
8. 공장재단목록의 번호
9. 공장도면의 번호

제31조 (2012.2.10 삭제)

제32조【소유권보존등기의 신청】 ① 공장재단에 관한 소유권보존등기 신청을 받으면 그 공장재단의 구성물로 예정된 것으로서 등기가 된 것에 관하여 등기관은 직권으로 그 등기기록 중 해당 구(區)에 공장재단에 속하게 될 것으로서 그 재단에 관하여 소유권보존등기가 신청되었다는 사실, 신청서의 접수연월일과 접수번호를 기록하여야 한다.
(2012.2.10 본항개정)
② 제1항에 따라 기록하여야 할 사항이 다른 등기소의 관할에 속할 때에는 지체 없이 그 등기소에 그 사항을 통지하여야 한다. (2012.2.10 본항개정)
③ 제2항에 따른 통지를 받은 등기소는 제1항에 따른 기록을 하고 그 등기사항증명서를 제2항에 따라 통지한 등기소에 송부하여야 한다. 이 경우 그 등기사항증명서에는 말소에 관계되는 사항은 기록하지 아니한다. (2012.2.10 본항개정)
④ 지식재산권이 공장재단에 속하는 경우에는 제1항부터 제3항까지의 규정을 준용한다. 다만, 제2항에 따른 통지는 특허청에 하여야 한다. (2011.5.19 본항개정)

제33조【이해관계인의 권리신고】 ① 공장재단의 소유권보존등기 신청을 받으면 등기관은 공장재단에 속하게 될 동산에 관하여 권리를 가지는 자 또

는 압류·가압류나 가처분의 채권자는 일정기간 내에 그 권리를 신고하라는 공고를 관보에 하여야 한다. 이 경우 권리신고 기간은 1개월 이상 3개월 이하로 하여야 한다.

② 공장재단의 소유권보존등기 신청이 제1항의 권리신고 기간이 끝나기 전에 각하되면 등기관은 제1항의 공고를 지체 없이 취소하여야 한다.

③ 제1항의 권리신고 기간 내에 권리의 신고가 없으면 그 권리는 존재하지 아니하는 것으로 보고, 압류, 가압류 또는 가처분은 그 효력을 상실한다. 다만, 소유권보존등기 신청이 각하되거나 소유권보존등기가 효력을 상실한 경우에는 그러하지 아니하다.

④ 제1항의 권리신고 기간 내에 권리가 있음을 신고한 자가 있으면 등기관은 그 사실을 소유권보존등기 신청인에게 통지하여야 한다.

제34조【소유권보존등기 신청의 각하】 ① 공장재단의 소유권보존등기 신청은 「부동산등기법」 제29조에 규정된 경우 외에 다음 각 호의 어느 하나에 해당하는 경우에도 각하하여야 한다. (2012.2.10 본항개정)

1. 등기기록 또는 그 등기사항증명서나 등록에 관한 원부의 등본에 의하여 공장재단에 속하게 될 것이 타인의 권리의 목적이거나 압류, 가압류 또는 가처분의 목적인 것이 명백한 경우
2. 공장재단 목록 기록 내용이 등기기록 또는 그 등기사항증명서나 등록에 관한 원부의 등본과 일치하지 아니하는 경우
3. 공장재단에 속하게 될 동산에 대하여 권리를 가지는 자 또는 압류, 가압류나 가처분의 채권자가 그 권리를 신고한 경우에 제33조제1항의 권리신고 기간이 끝난 후 1주 내에 권리신고가 취소되지 아니하거나 그 권리신고가 이유 없다는 사실이 증명되지 아니할 경우

② 등기관은 소유권보존등기 신청을 각하하였으면 제32조제1항에 따른 기록을 말소하여야 한다. (2012.2.10 본항개정)

③ 제2항의 경우 다른 등기소나 특허청에 소유권보존등기가 신청되었다는 사실을 통지한 등기소는 그 신청을 각하한 사실을 지체 없이 통지하여야 한다.

④ 제3항의 통지를 받은 등기소나 특허청은 제32조제3항 및 제4항에 따른 기록을 말소하여야 한다. (2012.2.10 본항개정)

제35조【공장재단에 속한 사실의 등기】 ① 등기관은 공장재단에 관하여 소유권보존등기를 하면 그 공장재단 구성물의 등기기록 중 해당 구에 공장재단에 속한다는 사실을 기록하여야 한다. (2012.2.10 본항개정)

② 제1항의 경우에는 제32조제2항부터 제4항까지의 규정을 준용한다. 다만, 등기사항증명서나 등록에 관한 원부의 등본을 송부할 필요는 없다. (2012.2.10 본항개정)

제36조【공장재단 목록의 효력】 공장재단의 소유권보존등기가 있는 경우 공장재단 목록은 등기부의 일부로 보고 기록된 내용은 등기된 것으로 본다. (2012.2.10 본조개정)

제37조 (2012.2.10 삭제)

제38조 (2012.2.10 삭제)

제39조 (2012.2.10 삭제)

제40조【저당권설정등기의 각하】 공장재단의 저당권설정등기 신청은 「부동산등기법」 제29조에 규정된 경우 외에 제11조제2항의 기간이 지나면 각하하여야 한다. (2012.2.10 본조개정)

제41조【저당권설정등기에 따른 조치】 ① 등기관은 공장재단의 저당권설정등기를 하였으면 제17조제1항에 따라 효력을 잃은 등기는 말소하여야 한다.

② 제1항의 경우에는 제32조제2항부터 제4항까지의 규정을 준용한다. 다만, 등기사항증명서나 등록에 관한 원부의 등본을 송부할 필요는 없다. (2012.2.10 본항개정)

제42조【변경등기의 신청】 ① 공장재단 목록에 기록한 사항이 변경되면 소유자는 지체 없이 공장재단 목록의 변경등기를 신청하여야 한다. (2012.2.10 본항개정)

② 제1항에 따라 변경등기를 신청하는 경우에는 저당권자의 동의가 있어야 한다. (2012.2.10 본항개정)

제43조【변경등기와 관할 변경】 제42조제1항의 변경등기를 할 때 공장재단을 구성하는 공장이 그 등기소의 관할 구역에 없게 된 경우에는 제26조를 준용한다.
(2012.2.10 본조제목개정)

제44조 (2012.2.10 삭제)

제45조 (2012.2.10 삭제)

제46조【변경등기와 처분금지 등】 새로운 물건이 재단에 속하게 되어 변경등기 신청을 한 경우에는 제15조부터 제17조까지, 제32조부터 제35조까지 및 제41조를 준용한다.

제47조【변경등기와 공장재단 구성물의 멸실 등】 ① 공장재단의 구성물로서 등기된 것이 멸실하거나 재단에 속하지 아니하게 되어 변경등기 신청을 한 경우 등기관은 그 물건의 등기기록 중 해당 구에 그 사실을 기록하고, 제32조 및 제35조의 기록 사항을 말소하여야 한다. (2012.2.10 본항개정)

② 제1항에 따라 기록하여야 할 사항이 다른 등기소의 관할에 속하는 경우에는 그것이 멸실한 사실 또는 재단에 속하지 아니하게 된 사실을 지체 없이 그 등기소에 통지하여야 한다. (2012.2.10 본항개정)

③ 제2항의 통지를 받은 등기소는 제1항에 따른 기록 및 말소를 하여야 한다. (2012.2.10 본항개정)

④ 공장재단에 속하는 지식재산권이 소멸하거나 재단에 속하지 아니하게 된 경우에는 제1항부터 제3항까지의 규정을 준용한다. 이 경우 제2항에 따른 통지는 특허청에 하여야 한다. (2011.5.19 본항개정)

제48조【공장재단의 소멸등기】 공장재단을 목적으로 설정된 저당권이 소멸하면 소유자는 공장재단의 소멸등기를 신청할 수 있다. 다만, 그 공장재단의 등기기록에 소유권등기 외의 등기가 있는 경우에는 그러하지 아니하다. (2012.2.10 본조개정)

제49조【경매로 인한 소멸등기의 촉탁】 「민사집행법」 제144조에 따라 등기를 촉탁하여야 할 경우에 공장재단의 저당권이 경매로 소멸하면 법원은 동시에 공장재단의 구성물에 관한 제32조 및 제35조의 기록 사항의 말소 및 매수인이 취득한 권리의 등기나 등록을 해당 등기소 또는 특허청에 촉탁하여야 한다. (2012.2.10 본조개정)

제50조【재단등기기록의 폐쇄】 ① 공장재단에 관한 소유권보존등기가 그 효력을 상실한 때 또는 제21조에 따라 공장재단이 소멸한 때에는 그 공장재단의 등기기록을 폐쇄하여야 한다. (2012.2.10 본항개정)

② 제1항의 경우에는 제47조를 준용한다.

(2012.2.10 본조제목개정)

제51조【「부동산등기법」의 준용】 공장재단의 등기에 관하여 이 법에 특별한 규정이 있는 경우와 「부동산등기법」 제24조제1항제2호를 제외하고는 「부동산등기법」을 준용한다. (2012.2.10 본조개정)

제3장 광업재단

제52조【광업재단의 설정】 광업권자는 광업재단을 설정하여 저당권의 목적으로 할 수 있다.

제53조【광업재단의 구성】 광업재단은 광업권과 다음 각 호에 열거하는 것으로서 그 광업에 관하여 동일한 광업권자에 속하는 것의 전부 또는 일부로 구성할 수 있다. (2011.5.19 본조개정)

1. 토지, 건물, 그 밖의 공작물
2. 기계, 기구, 그 밖의 부속물
3. 항공기, 선박, 자동차 등 등기 또는 등록이 가능한 동산
4. 지상권이나 그 밖의 토지사용권
5. 임대인이 동의하는 경우에는 물건의 임차권
6. 지식재산권

제53조의2【표제부의 등기사항】 등기관은 광업재단 등기기록의 표제부에 다음 각 호의 사항을 기록하여야 한다.

1. 표시번호
2. 접수연월일
3. 광구의 위치
4. 광구의 면적
5. 광물의 명칭
6. 광업권의 등록번호
7. 광업사무소의 소재지
8. 광업재단목록의 번호
9. 도면의 번호

(2012.2.10 본조신설)

제54조【공장재단 규정의 준용】 광업재단에 관하여는 이 장에 특별한 규정이 있는 경우를 제외하고는 제2장의 공장재단에 관한 규정을 준용한다. 이 경우 "공장재단"은 "광업재단"으로 본다.

(2012.2.10 본조개정)

제55조【광업권의 취소와 저당권】 ① 산업통상자원부장관은 「광업법」에 따른 광업권 취소의 등록을 하면 지체 없이 저당권자에게 통지하여야 한다. (2013.3.23 본항개정)

② 저당권자는 제1항에 따른 통지를 받으면 즉시 그 권리를 실행할 수 있다. 이 경우 통지를 받은 날부터 6개월 내에 그 절차를 밟아야 한다.

③ 광업권은 다음 각 호의 기한까지 저당권 실행의 목적 범위에서 존속하는 것으로 본다.

1. 제1항의 광업권 취소 등록 통지를 받은 날부터 6개월이 지날 때까지
2. 저당권의 실행이 끝날 때까지

④ 제2항의 권리 실행에 따라 매수인이 취득한 광업권은 광업권 취소 등록일에 취득한 것으로 본다.

⑤ 제1항부터 제4항까지의 규정은 「광업법」 제34조에 따른 공익상의 이유에 따른 광업권 취소에 관하여는 적용하지 아니한다.

제56조【광업권자의 폐업과 저당권】 광업권자가 광업을 폐업한 경우에는 제55조를 준용한다.

제57조【미설립법인의 경매참가】 ① 경매의 목적이 된 광업권을 목적으로 하여 대한민국의 법률에 따라 법인을 설립하려는 자가 그 경매에 참가하는 경우에는 경매 신청과 동시에 그 뜻을 집행법원에 신고하여야 한다.

② 제1항에 따라 경매에 참가하는 자는 경매 신청에 관하여 연대책임을 진다.

제58조【미설립법인이 매수인인 경우의 절차】 ① 제57조제1항의 경매에 참가하여 경매로 광업재단을 매수한 자(이하 "매수인"이라 한다)는 매각허가결정이 확정된 날부터 3개월 내에 법인을 설립하고 이를 집행법원에 신고하여야 한다.

② 매수인은 법인 설립일부터 1주 이내에 매각대금을 집행법원에 지급하여야 한다. 다만, 제1항의 매수인이 채권자인 경우에는 매각대금 중에서 채권액을 공제하고 그 잔액만을 지급한다.

③ 매수인이 설립한 법인은 제2항에 따라 매각대금을 지급한 때에 경매의 목적물인 광업재단의 소유권을 취득한다.

제59조【재경매】 ① 매수인이 제58조제1항의 기간 내에 법인 설립 신고를 하지 아니하거나 같은 조 제2항의 기간 내에 매각대금을 지급하지 아니하면 집행법원은 직권으로 광업재단의 재경매를 명하여야 한다.
② 제1항의 재경매에 관하여는 「민사집행법」 제138조를 준용한다.

제4장 벌 칙

제60조【목적물 처분에 대한 벌칙】 ① 공장 소유자나 광업권자가 이 법에 따라 저당권의 목적이 된 공장재단 또는 광업재단을 구성하는 동산을 양도하거나 질권 설정의 목적으로 제3자에게 인도한 경우에는 3년 이하의 징역 또는 1천만원 이하의 벌금에 처한다.
② 법인의 대표자나 법인 또는 개인의 대리인, 사용인, 그 밖의 종업원이 그 법인 또는 개인의 업무에 관하여 제1항의 위반행위를 하면 그 행위자를 벌하는 외에 그 법인 또는 개인에게도 해당 조문의 벌금형을 과(科)한다. 다만, 법인 또는 개인이 그 위반행위를 방지하기 위하여 해당 업무에 관하여 상당한 주의와 감독을 게을리하지 아니한 경우에는 그러하지 아니하다.

제61조【고소】 제60조의 죄는 고소가 있어야 공소를 제기할 수 있다.

부 칙 (2009.3.25)

제1조【시행일】 이 법은 공포한 날부터 시행한다.

부 칙 (2011.5.19) (지식재산 기본법)

제1조【시행일】 이 법은 공포 후 2개월이 경과한 날부터 시행한다. (단서 생략)

부 칙 (2012.2.10)

이 법은 공포 후 6개월이 경과한 날부터 시행한다.

부 칙 (2013.3.23) (정부조직법)

제1조【시행일】 ① 이 법은 공포한 날부터 시행한다. (이하생략)

자동차 등 특정동산 저당법

(2009년 3월 25일 법 률 제9525호)

개정
2015. 5.18법13287호
2016. 3.29법14116호 → 2017. 3.30 시행
2022. 6.10법18957호 → 2023. 6.11 시행

제1조【목적】 이 법은 건설기계, 「선박등기법」이 적용되지 아니하는 선박, 자동차, 항공기 등 등록의 대상이 되는 동산(動産)의 저당권에 관한 사항을 정하여 그 담보제공에 따른 자금 융통을 쉽게 하고, 저당권자·저당권설정자 및 소유자의 권익을 균형 있게 보호함을 목적으로 한다.

제2조【정의】 이 법에서 사용하는 용어의 뜻은 다음과 같다. (2015.5.18 본조개정)
1. "특정동산"이란 등록의 대상이 되는 건설기계, 소형선박, 자동차, 항공기, 경량항공기를 말한다.
2. "등록관청"이란 특정동산에 대한 저당권의 설정등록·변경등록·이전등록 및 말소등록 업무를 담당하는 관청을 말한다.

제3조【저당권의 목적물】 다음 각 호의 특정동산은 저당권의 목적물로 할 수 있다. (2015.5.18; 2016.3.29, 2022.6.10 본조개정)
1. 「건설기계관리법」에 따라 등록된 건설기계
2. 「선박등기법」이 적용되지 아니하는 다음 각 목의 선박(이하 "소형선박"이라 한다)
   가. 「선박법」 제1조의2제2항의 소형선박 중 같은 법 제26조 각 호의 선박을 제외한 선박
   나. 「어선법」 제2조제1호 각 목의 어선 중 총톤수 20톤 미만의 어선
   다. 「수상레저기구의 등록 및 검사에 관한 법률」 제6조에 따라 등록된 동력수상레저기구
3. 「자동차관리법」에 따라 등록된 자동차
4. 「항공안전법」에 따라 등록된 항공기 및 경량항공기

제4조【저당권의 내용】 저당권자는 채무자나 제3자가 점유를 이전하지 아니하고 채무의 담보로 제공한 특정동산에 대하여 다른 채권자보다 자기채권에 대하여 우선변제를 받을 권리가 있다.

제5조【저당권에 관한 등록의 효력 등】 ① 저당권에 관한 득실변경은 담보목적물별로 다음 각 호에 등록하여야 그 효력이 생긴다. (2015.5.18; 2016.3.29, 2022.6.10 본항개정)
1. 「건설기계관리법」에 따른 건설기계등록원부
2. 「선박법」에 따른 선박원부
3. 「어선법」에 따른 어선원부
4. 「수상레저기구의 등록 및 검사에 관한 법률」에 따른 수상레저기구 등록원부
5. 「자동차관리법」에 따른 자동차등록원부
6. 「항공안전법」 제11조제1항(같은 법 제121조제1

항에서 준용하는 경우를 포함한다)에 따른 항공기 등록원부
② 특정동산의 저당권에 관한 등록은 설정등록, 변경등록, 이전등록 및 말소등록으로 구분한다.
③ 특정동산의 저당권에 관한 등록의 절차 및 방법에 관하여 필요한 사항은 대통령령으로 정한다.

제6조【등록의 말소에 관한 통지】 등록관청은 저당권이 설정된 특정동산이 다음 각 호의 구분에 따른 어느 하나에 해당하는 경우에는 등록말소의 뜻을 미리 저당권자에게 통지하여야 한다. 다만, 저당권자가 그 특정동산에 대한 등록의 말소에 동의한 경우에는 그러하지 아니하다. (2015.5.18, 2022.6.10 본조개정)

1. 건설기계: 「건설기계관리법」 제6조제1항에 따라 등록을 말소하려는 경우
2. 소형선박: 「선박법」 제22조, 「어선법」 제19조 또는 「수상레저기구의 등록 및 검사에 관한 법률」 제10조에 따라 등록을 말소하려는 경우
3. 자동차: 「자동차관리법」 제13조에 따라 등록을 말소하려는 경우
4. 항공기 또는 경량항공기
   가. 「항공안전법」 제15조제1항제3호(같은 법 제121조제1항에서 준용하는 경우를 포함한다)에 해당하게 되어 말소등록의 신청을 수리한 경우
   나. 「항공안전법」 제15조제2항(같은 법 제121조제1항에서 준용하는 경우를 포함한다)에 따른 최고를 한 후 해당 항공기 또는 경량항공기의 소유자가 기간 내에 말소등록의 신청을 하지 아니하여 직권으로 등록을 말소하려는 경우

제7조【저당권의 행사 등】 ① 저당권자는 제6조에 따른 통지를 받으면 그 특정동산에 대하여 즉시 그 권리를 행사할 수 있다.
② 저당권자가 제1항에 따라 저당권을 행사하려는 경우에는 제6조에 따른 통지를 받은 날부터 다음 각 호의 구분에 따른 기간 내에 각각 저당권의 행사 절차를 개시하여야 한다. (2015.5.18 본항개정)

1. 자동차: 1개월
2. 소형선박: 2개월
3. 건설기계: 3개월
4. 항공기 및 경량항공기: 3개월

③ 등록관청은 제2항에 따른 저당권행사의 개시 기한까지 저당권의 행사 절차가 개시되지 아니한 경우에는 특정동산에 대하여 말소의 등록을 할 수 있다. 다만, 저당권자가 그 기간 내에 저당권의 행사 절차를 개시한 경우에는 그 행사 절차가 완료될 때까지 말소등록을 하여서는 아니 된다.
④ 등록관청은 저당권자가 저당권을 행사하여 경매의 매수인이 그 특정동산에 대한 소유권을 취득한 경우에는 특정동산에 대하여 말소등록을 하여서는 아니 된다.
⑤ 매각허가결정이 확정된 경우에는, 건설기계에 관하여는 「건설기계관리법」 제6조제1항에 따른 등록말소신청이 없었던 것으로 보며, 항공기 또는 경량항공기에 관하여는 「항공안전법」 제15조제1항제3호(같은 법 제121조제1항에서 준용하는 경우를 포함한다)의 사유가 발생하지 아니한 것으로 본다. (2015.5.18; 2016.3.29 본항개정)

제8조【양도명령에 따른 환가방법의 특례】 ① 담보목적물(항공기 및 경량항공기를 제외한다. 이하 이 조에서 같다)에 대한 저당권의 실행을 위한 경매절차에서 법원은 상당하다고 인정하는 때에는 저당권자의 매수신청에 따라 경매 또는 입찰에 의하지 아니하고 그 저당권자에게 압류된 담보목적물의 매각을 허가하는 양도명령의 방법으로 환가할 수 있다. (2015.5.18 본항개정)
② 제1항에 따른 양도명령의 절차에 관하여 필요한 사항은 대법원규칙으로 정한다.

제9조【질권설정의 금지】 특정동산은 질권의 목적으로 하지 못한다.

제10조【저당권 말소등록 등의 서류 교부】 저당권자는 채무를 변제하거나 그 밖의 원인으로 저당채무가 소멸되어 특정동산에 대한 저당권의 말소등록 또는 이전등록의 사유가 발생하면 등록권리자에게 그 특정동산에 대한 저당권의 말소등록 또는 이전등록에 필요한 서류를 지체 없이 교부하여야 한다.

제11조【수수료】 ① 저당권에 관한 등록을 하려는 자는 대통령령으로 정하는 바에 따라 등록관청에 수수료를 내야 한다.
② 제1항에 따른 수수료의 부과 및 면제 기준에 관하여 필요한 사항은 대통령령으로 정한다.

제12조【준용규정】 특정동산의 저당권에 관하여는 이 법에 규정한 것을 제외하고는 「민법」 중 저당권에 관한 규정을 준용한다.

부 칙 (2009.3.25)

제1조【시행일】 이 법은 공포 후 6개월이 경과한 날부터 시행한다.

제2조【다른 법률의 폐지】 다음 각 호의 법률은 각각 폐지한다.

1. 건설기계저당법
2. 소형선박저당법
3. 자동차저당법
4. 항공기저당법

제3조【경과조치】 ① 제9조에도 불구하고 법률 제8622호 소형선박저당법 시행 전에 소형선박에 대하여 설정된 질권은 그 질권설정계약의 존속기간

에만 효력이 있는 것으로 본다.
② 법률 제4646호 자동차저당법개정법률 시행 전에 승용자동차에 대하여 설정된 저당권은 그 저당권이 말소등록될 때까지 이 법에 따라 저당권이 설정된 것으로 본다.
제4조 【다른 법률의 개정】 ① 공유수면관리법 일부를 다음과 같이 개정한다.
제13조제3항제1호 단서 중 "「소형선박저당법」"을 "「자동차 등 특정동산 저당법」"으로 한다.
② 민사집행법 일부를 다음과 같이 개정한다.
제187조 및 제270조 중 "「소형선박저당법」 제2조"를 각각 "「자동차 등 특정동산 저당법」 제3조제2호"로 한다.
③ 수상레저안전법 일부를 다음과 같이 개정한다.
제33조의2 중 "「소형선박저당법」 제2조제3호"를 "「자동차 등 특정동산 저당법」 제3조제2호다목에"로 한다.
제5조 【다른 법령과의 관계】 이 법 시행 당시 다른 법령에서 종전의 「건설기계저당법」, 종전의 「소형선박저당법」, 종전의 「자동차저당법」, 종전의 「항공기저당법」 또는 그 규정을 인용한 경우에 이 법 가운데 그에 해당하는 규정이 있으면 종전의 규정을 갈음하여 이 법 또는 이 법의 해당 규정을 인용한 것으로 본다.

부 칙 (2015.5.18)

제1조 【시행일】 이 법은 공포 후 6개월이 경과한 날부터 시행한다.
제2조 【다른 법률의 개정】 수상레저안전법 일부를 다음과 같이 개정한다.
제33조의2의 제목 중 "모터보트"를 "동력수상레저기구"로 하고, 같은 조 중 "모터보트(이하 "모터보트"라 한다)"를 "동력수상레저기구"로 한다.
제33조의3 중 "모터보트"를 각각 "동력수상레저기구"로 한다.

부 칙 (2016.3.29) (항공안전법)

제1조 【시행일】 이 법은 공포 후 1년이 경과한 날부터 시행한다. (이하 생략)

부 칙 (2022.6.10) (수상레저기구의 등록 및 검사에 관한 법률)

제1조 【시행일】 이 법은 공포 후 1년이 경과한 날부터 시행한다. (이하 생략)

주택임대차보호법

(1981年 3月 5日 法 律 第3379號)

改正
1983.12.30法3682號 1989.12.30法4188號
1997.12.13法5454號(정부부처명)
1999. 1.21法5641號 2001.12.29法6541號
2002. 1.26法6627號(민집)
2005. 1.27法7358號(민집)
2007. 8. 3法8583號 2008. 3.21法8923號
2009. 5. 8法9653號
2010. 5.17法10303號(은행)
2011. 4.12法10580號(부동산등기법)
2013. 3.23法11690號(정부조직법)
2013. 8.13法12043號
2015. 1. 6法12989號(주택도시기금법)
2016. 5.29法14175號 → 2017. 5.30 시행
2016. 5.29法14242號(수산업협동조합법)
2018.10.16法15791號(상가건물 임대차보호법)
2020. 2. 4法16912號(부동산등기법) → 2020. 8. 5 시행
2020. 6. 9法17363號 → 2020.12.10 시행
2020. 7.31法17470號 → 2020.11. 1 시행
2023. 4.18法19356號 → 2023. 7.19 시행
2023. 7.11法19520號 → 2023. 7.11 시행

(2008.3.21 한글개정)
제1조 【목적】 이 법은 주거용 건물의 임대차(賃貸借)에 관하여 「민법」에 대한 특례를 규정함으로써 국민 주거생활의 안정을 보장함을 목적으로 한다.
▣ 임대차(민618–654), 상가건물(상가임대1이하)
제2조 【적용 범위】 이 법은 주거용 건물(이하 "주택"이라 한다)의 전부 또는 일부의 임대차에 관하여 적용한다. 그 임차주택(賃借住宅)의 일부가 주거 외의 목적으로 사용되는 경우에도 또한 같다.

1. 주거용 건물에 대한 판단기준 ① 주거용 건물에 해당하는지 여부는 임대차목적물의 공부상의 표시만을 기준으로 할 것이 아니라 그 실지용도에 따라서 정하여야 하고 건물의 일부가 임대차의 목적이 되어 주거용과 비주거용으로 겸용되는 경우에는 구체적인 경우에 따라 그 임대차의 목적, 전체 건물과 임대차목적물의 구조와 형태 및 임차인의 임대차목적물의 이용관계 그리고 임차인이 그 곳에서 일상생활을 영위하는지 여부 등을 아울러 고려하여 합목적적으로 결정하여야 한다. ② 방 2개와 주방이 딸린 다방이 영업용으로서 비주거용 건물이라고 보이고, 설사 그중 방 및 다방의 주방을 주거목적에 사용한다고 하더라도 이는 어디까지나 다방의 영업에 부수적인 것으로서 그러한 주거목적 사용은 비주거용 건물의 일부가 주거목적으로 사용되는 것일 뿐, 주택임대법 2조 후문에서 말하는 '주거용 건물의 일부가 주거 외의 목적으로 사용되는 경우'에 해당한다고 볼 수 없다.(대판 1996.3.12, 95다51953)

2. 공부상 비주거용으로 표시되었으나 주거 목적으로 임차하고 주거용 면적이 상당한 경우 주거용 건물에 해당한다는 사례 건물이 공부상으로는 단층 작업소 및 근린생활시설로 표시되어 있으나 실제로 갑은 주거 및 인쇄소 경영 목적으로, 을은 주거 및 슈퍼마켓 경영 목적으로 임차하여 가족들과 함께 입주하여 그 곳에서 일상생활을 영위하는 한편 인쇄소 또는 슈퍼마켓을 경영하고 있으며, 갑의 경우는 주거용으로 사용되는 부분이 비주거용으로 사용되는 부분보다 넓

고, 을의 경우는 비주거용으로 사용되는 부분이 더 넓기는 하지만 주거용으로 사용되는 부분도 상당한 면적이고, 위 각 부분이 갑·을의 유일한 주거인 경우 주택임대법 2조 후문에서 정한 주거용 건물에 해당한다.(대판 1995.3.10, 94다52522)

3. 기존 채권을 임대차보증금으로 전환하여 체결한 주택임대차계약의 유효 여부(유효) 주택임차인이 대항력을 갖는지 여부는 임대차계약의 성립, 주택의 인도, 주민등록의 요건을 갖추었는지 여부에 의하여 결정되는 것이므로, 당해 임대차계약이 통정허위표시에 의한 계약이어서 무효라는 등의 특별한 사정이 있는 경우는 별론으로 하고 임대차계약 당사자가 기존 채권을 임대차보증금으로 전환하여 임대차계약을 체결하였다는 사정만으로 임차인이 대항력을 갖지 못한다고 볼 수는 없다.(대판 2002.1.8, 2001다47535)

4. 주택을 주거용으로 사용·수익할 목적을 갖지 아니한 주택임대차계약의 무효 여부(무효) 임대차는 임차인으로 하여금 목적물을 사용·수익하게 하는 것이 계약의 기본 내용이므로 채권자가 주택임대법상의 대항력을 취득하는 방법으로 기존 채권을 우선변제 받을 목적으로 주택임대차계약의 형식을 빌려 기존 채권을 임대차보증금으로 하기로 하고 주택의 인도와 주민등록을 마침으로써 주택임대차로서의 대항력을 취득한 것처럼 외관을 만들었을 뿐 실제 주택을 주거용으로 사용·수익할 목적을 갖지 아니한 계약은 주택임대차계약으로서는 통정허위표시에 해당되어 무효라고 할 것이다.(대판 2002.3.12, 2000다24184, 24191)

5. 미등기주택에 대한 주택임대법의 적용 여부(긍정) 주택임대법 1조의 목적을 고려하고, 2조에서 임차주택의 허가 및 등기 여부를 특별히 구별하고 있지 않은 점을 보면, 건물이 국민 주거생활 용도로 사용되는 주택에 해당하는 이상 미등기주택이라 하더라도 다른 특별한 규정이 없는 한 동법의 적용대상이 된다. 또한 우선변제권을 인정하는 3조의2 및 8조가 미등기주택을 달리 취급하는 특별한 규정을 두고 있지 아니하므로, 등기여부에 따라 우선변제권 인정 여부를 달리하는 것은 부당하고, 이러한 법리는 미등기주택의 임차인에게도 그대로 적용하여야 한다. 8조 1항이 '주택에 대한 경매신청의 등기 이전에' 대항요건을 갖추어야 한다고 규정함은 임차인 급조의 폐단을 방지하기 위한 것일 뿐이고 미등기임차인에게 적용을 배제하는 규정이라 볼 수 없다.(대판(全) 2007.6.21, 2004다26133)

6. 적법한 임대권한이 없는 사람과 임대차계약을 체결한 경우, 주택임대차보호법이 적용되는지 여부(소극) 주택임대차보호법이 적용되려면, 적어도 '그 주택에 관하여 적법하게 임대차계약을 체결할 수 있는 권한'을 가진 임대인이 임대차계약을 체결할 것이 요구된다. 따라서 '임의경매절차'에서 아직 매각대금을 납부하지도 아니한 최고가매수신고인'에 불과한 사람과 임대차계약을 체결하고 그로부터 '주택을 인도'받아 '전입신고' 및 '확정일자'를 갖추었다고 하여도, 주택임대차보호법에서 정한 '우선변제권'을 취득하였다고 할 수 없다.(대판 2014.2.27, 2012다93794)

제3조 【대항력 등】 ① 임대차는 그 등기(登記)가 없는 경우에도 임차인(賃借人)이 주택의 인도(引渡)와 주민등록을 마친 때에는 그 다음 날부터 제삼자에 대하여 효력이 생긴다. 이 경우 전입신고를 한 때에 주민등록이 된 것으로 본다.

② 주택도시기금을 재원으로 하여 저소득층 무주택자에게 주거생활 안정을 목적으로 전세임대주택을 지원하는 법인이 주택을 임차한 후 지방자치단체의 장 또는 그 법인이 선정한 입주자가 그 주택을 인도받고 주민등록을 마쳤을 때에는 제1항을 준용한다. 이 경우 대항력이 인정되는 법인은 대통령령으로 정한다. (2015.1.6 본항개정)

③ 「중소기업기본법」 제2조에 따른 중소기업에 해당하는 법인이 소속 직원의 주거용으로 주택을 임차한 후 그 법인이 선정한 직원이 해당 주택을 인도받고 주민등록을 마쳤을 때에는 제1항을 준용한다. 임대차가 끝나기 전에 그 직원이 변경된 경우에는 그 법인이 선정한 새로운 직원이 주택을 인도받고 주민등록을 마친 다음 날부터 제삼자에 대하여 효력이 생긴다. (2013.8.13 본항신설)

④ 임차주택의 양수인(讓受人)(그 밖에 임대할 권리를 승계한 자를 포함한다)은 임대인(賃貸人)의 지위를 승계한 것으로 본다. (2013.8.13 본항개정)

⑤ 이 법에 따라 임대차의 목적이 된 주택이 매매나 경매의 목적물이 된 경우에는 「민법」 제575조제1항·제3항 및 같은 법 제578조를 준용한다. (2013.8.13 본항개정)

■ 주민등록(주민등록령9③, 주민등록13), 전입신고(주민등록16, 출입관리88의2), 인도(민188·189·190), ⑤담보등기후에 대항력 취득한 임차권(가담보5⑤)

▶일 반

1. 주택인도와 주민등록 요건이 대항력 존속요건인지 여부(적극), 재전입시 대항력 취득 시기 ① 주택임차인에게 주택의 인도와 주민등록을 요건으로 명시하여 등기된 물권에 버금가는 강력한 대항력을 부여하고 있는 취지에 비추어 볼 때 달리 공시방법이 없는 주택임대차에 있어서 주택의 인도 및 주민등록이라는 대항요건은 그 대항력 취득시에만 구비하면 족한 것이 아니고 그 대항력을 유지하기 위하여서도 계속 존속하고 있어야 한다. ② 주택의 임차인이 전입신고를 마치고 주택에 입주함으로써 일단 임차권의 대항력을 취득한 후 어떤 이유에서든지 그 가족과 함께 일시적이나마 다른 곳으로 주민등록을 이전하였다면 이는 전체적으로나 종국적으로 주민등록의 이탈이라고 볼 수 있으므로 그 대항력은 전출 당시 이미 대항요건의 상실로 소멸되고, 그 후 그 임차인이 얼마 있지 않아 다시 원래의 주소지로 주민등록을 재전입하였다 하더라도 이로써 소멸되었던 대항력이 당초에 소급하여 회복되는 것이 아니라 그 재전입한 때부터 그와는 동일성이 없는 새로운 대항력이 재차 발생한다.(대판 1998.1.23, 97다43468)

2. 우선변제받기 위하여 주택인도와 주민등록 요건이 배당요구종기까지 존속되어야 하는지 여부(적극) 주택임대법 8조에서 임차인에게 3조 1항 소정의 주택의 인도와 주민등록을 요건으로 명시하여 그 보증금 중 일정액의 한도 내에서는 등기된 담보물권자에게도 우선하여 변제받을 권리를 부여하고 있는 점, 위 임차인은 배당요구의 방법으로 우선변제권을 행사하는 점, 배당요구시까지만 위 요건을 구비하면 족하다고 한다면 동일한 임차주택에 대하여 주택임대법 8조 소정의 임차인 이외에 3조의2 소정의 임차인이 출현하여 배당요구를 하는 등 경매절차상의 다른 이해관계인들에게 피해를 입힐 수도 있는 점 등에 비추어 볼 때, 공시방법이 없는 주택임대차에 있어서 주택의 인도와 주민등록이라는 우선변제의 요건은 그 우선변제권 취득시에만 구비하면 족한 것이 아니고, 민집상 배당요구의 종기까지 계속 존속하고 있어야 한다.(대판 2007.6.14, 2007다17475)

3. 대항력을 갖춘 임차인이 전세권자로서 배당절차에서 전세금 일부를 변제받은 경우 나머지 보증금에 대한 대항력 행사 가부(적극) 대항요건과 확정일자 요건을 갖춘 임차인은 임차주택의 양수인에게 대항하여 보증금의 반환을 받을

때까지 임대차관계의 존속을 주장할 수 있는 권리와 보증금에 관하여 임차주택의 가액으로부터 우선변제를 받을 수 있는 권리를 겸유하고 있다고 해석되고, 이 두 가지 권리 중 하나를 선택하여 행사할 수 있다. 주택임차인으로서의 우선변제를 받을 수 있는 권리와 전세권자로서 우선변제를 받을 수 있는 권리는 근거규정 및 성립요건을 달리하는 별개의 것이므로, 주택임대법상 대항력을 갖춘 임차인이 임차주택에 관하여 전세권설정등기를 경료하였다거나 전세권자로서 배당절차에 참가하여 전세금의 일부에 대하여 우선변제를 받은 사유만으로는 변제받지 못한 나머지 보증금에 기한 대항력 행사에 어떤 장애가 있다고 볼 수 없다.(대판 1993.12.24, 93다39676)

4. 임차인이 전세권설정등기도 마친 경우 주택임대법상 대항요건을 상실하면 주택임대법상 대항력을 상실하는지 여부(적극) 주택임대법상 주택임차인으로서의 우선변제를 받을 수 있는 권리와 전세권자로서 우선변제를 받을 수 있는 권리는 근거 규정 및 성립요건을 달리하는 별개의 것이라는 점, 전세권설정등기에는 확정일자, 점유개시일자, 주민등록 등 대항요건을 공시하는 기능이 없는 점, 임차권등기명령에 대한 규정을 전세권설정등기의 효력에 관하여 준용할 법적 근거가 없는 점을 종합하면, 주택임차인이 그 지위를 강화하고자 별도로 전세권설정등기를 마쳤더라도 주택임차인이 주택임대법 3조 1항의 대항요건을 상실하면 이미 취득한 주택임대법상의 대항력 및 우선변제권을 상실한다.(대판 2007.6.28, 2004다69741)

5. 임차인이 경매절차의 이해관계인이 되기 위하여 우선변제권까지 있어야 하는지 여부(소극) 구 민소 607조 4호 소정의 이해관계인이 되는 임차인은 주택임대법 3조 1항의 규정에 따라 주택의 인도 및 주민등록을 마친 임차인이면 족하고, 여기에 더하여 주택임대법 3조의2 1항 소정의 확정일자를 받은 임차인이거나 8조 소정의 소액임차인에 해당하여 우선변제권까지 있을 필요는 없다.(대결 1995.6.5, 94마2134)

6. 임차인이 경매절차의 이해관계인이 되기 위하여 집행법원에 권리를 신고하여야 하는지 여부(적극) 주택임대법상의 대항요건을 갖춘 임차인이 구 민소 607조 4호 소정의 이해관계인인 경매 목적 부동산 위의 권리자라고 하더라도 그러한 사실만으로 당연히 이해관계인이 되는 것이 아니고 집행법원에 스스로 그 권리를 증명하여 신고하여야 비로소 이해관계인으로 되는 것이다.(대결 2004.2.13, 2003마44)

7. 우선변제권을 가진 임차인으로부터 임차보증금반환채권만을 양수한 채권양수인이 우선변제권을 행사할 수 있는지 여부(소극) 채권양수인이 우선변제권을 행사할 수 있는 주택임차인으로부터 임차보증금반환채권을 양수하였다고 하더라도 임차권과 분리된 임차보증금반환채권만을 양수한 이상 그 채권양수인이 주택임대차보호법상의 우선변제권을 행사할 수 있는 임차인에 해당한다고 볼 수 없다. 따라서 위 채권양수인은 임차주택에 대한 경매절차에서 주택임대차보호법상의 임차보증금 우선변제권자의 지위에서 배당요구를 할 수 없고, 이는 채권양수인이 주택임차인으로부터 다른 채권에 대한 담보 목적으로 임차보증금반환채권을 양수한 경우에도 마찬가지이다. 다만, 이와 같은 경우에도 채권양수인이 일반 금전채권자로서의 요건을 갖추어 배당요구를 할 수 있음은 물론이다.(대판 2010.5.27, 2010다10276)

8. 주택의 소유자는 아니지만 적법한 임대권한을 가진 임대인과 임대차계약을 체결한 경우, 주택임대차보호법의 적용 여부(적극), **주택에 관한 부동산담보신탁계약을 체결한 위탁자가 수탁자의 동의 없이 임대차계약을 체결하였으나 그 후 수탁자로부터 소유권을 회복한 경우, 이 법의 적용 여부**(적극) **및 주민등록이 대항력의 요건을 충족할 수 있는 공시방법이 되기 위한 요건** ① 주택임대차보호법이 적용되는 임대차는 반드시 임차인과 주택의 소유자인 임대인 사이에 임대차계약이 체결된 경우에 한정되지는 않고, 주택의 소유자는 아니지만 주택에 관하여 적법하게 임대차계약을 체결할 수 있는 권한(적법한 임대권한)을 가진 임대인과 사이에 임대차계약이 체결된 경우도 포함된다. ② 주택에 관한 부동산담보신탁계약을 체결한 경우 임대권한은 특별한 약정이 없는 한 수탁자에게 있는 것이 일반적이지만, 위탁자가 수탁자의 동의 없이 임대차계약을 체결한 후 수탁자로부터 소유권을 회복한 때에는 임대차계약에 대하여 위 조항이 적용될 수 있음이 분명하다. ③ 주민등록이 어떤 임대차를 공시하는 효력이 있는지는 주민등록으로 제3자가 임차권의 존재를 인식할 수 있는지에 따라 결정된다. 주민등록이 대항력의 요건을 충족할 수 있는 공시방법이 되려면, 단순히 형식적으로 주민등록이 되어 있는 것만으로 부족하고 주민등록에 따라 표상되는 점유관계가 임차권을 매개로 하는 점유임을 제3자가 인식할 수 있는 정도는 되어야 한다.(대판 2019.3.28, 2018다44879, 44886)

9. 주택임대차보호법상 임차인에게 우선변제권이 인정되기 위하여 계약 당시 임차보증금이 전액 지급되어 있어야 하는지 여부(소극) 주택임대차보호법은 임차인에게 우선변제권이 인정되기 위하여 대항요건과 임대차계약증서상의 확정일자를 갖추는 것 외에 계약 당시 임차보증금이 전액 지급되어 있을 것을 요구하지는 않는다. 따라서 임차인이 임대인에게 임차보증금의 일부만을 지급하고 대항요건과 임대차계약증서상의 확정일자를 갖춘 다음 나머지 보증금을 나중에 지급하였다고 하더라도 특별한 사정이 없는 한 대항요건과 확정일자를 갖춘 때를 기준으로 임차보증금 전액에 대해서 후순위권리자나 그 밖의 채권자보다 우선하여 변제를 받을 권리를 갖는다고 보아야 한다.(대판 2017.8.29, 2017다212194)

10. 공동임차인 중 1인이 갖춘 대항력의 효력범위 및 임대차보증금 지분을 별도로 정한 경우에도 적용되는지 여부(적극) 주택의 공동임차인 중 1인이라도 주택임대 3조 1항에서 정한 대항력 요건을 갖추게 되면 그 대항력은 임대차 전체에 미치므로, 임차 건물이 양도되는 경우 특별한 사정이 없는 한 공동임차인에 대한 보증금반환채무 전부가 임대인 지위를 승계한 양수인에게 이전되고 양도인의 채무는 소멸한다. 계약당사자 사이에 공동임차인의 임대차보증금 지분을 별도로 정한 경우에도 마찬가지이다. 공동임차인으로서 임대차계약을 체결한 것은 기본적으로 임대차계약에 따른 권리·의무를 함께하겠다는 것이고, 임대차보증금에 관한 지분을 정하여 그 지분에 따라 임대차보증금을 지급하거나 반환받기로 약정하였다고 하더라도 임대차계약 자체를 지분에 따라 분리하겠다는 것이라고 볼 수는 없다. 공동임차인 중 1인이 취득한 대항력이 임대차 전체에 미친다고 보더라도 주택임대법에 따른 공시의 목적, 거래관행 등에 비추어 임대차계약을 전제로 법률행위를 하고자 하는 제3자의 권리가 침해된다고 볼 수도 없다.(대판 2021.10.28, 2021다238650)

▶**인 도**

11. 간접점유로 인한 대항력 취득 인정 여부(적극) **및 임대인의 동의가 없다 하더라도 예외적으로 적법·유효한 전대차가 이루어지는 경우 전차인의 점유 및 주민등록으로 임차인이 대항력을 취득하는지 여부**(적극) 주택임대법 3조 1항에 정한 대항요건은 임차인이 당해 주택에 거주하면서 이를 직접 점유하는 경우뿐만 아니라 타인의 점유를 매개로 하여 이를 간접점유하는 경우에도 인정될 수 있는바, 주택임차인이 임대인의 승낙을 받아 적법하게 임차주택을 전대하고 그 전차인이 주택을 인도받아 자신의 주민등록을 마친 때에는, 이로써 당해 주택이 임대차의 목적이 되어 있다는 사실이 충분히 공시될 수 있으므로, 임차인은 위 법에 정한 대항요건을 적법하게 갖추었다고 볼 것이다. 또 임차인이 비록 임대인으로부터 별도의 승낙을 얻지 아니하고 제3자에게 임차물을 사용·수익하도록 한 경우에도 임차인의 당해 행위가 임대인에 대한 배신적 행위라고 할 수 없는 특별한 사정이

인정되는 경우에는 임대인은 자신의 동의 없이 전대차가 이루어졌다는 것만을 이유로 임대차계약을 해지할 수 없으며, 전차인은 그 전대차나 그에 따른 사용·수익을 임대인에게 주장할 수 있으므로 위와 같은 이유로 주택의 전대차가 임대인에 대하여도 주장할 수 있는 적법 유효한 것이라고 평가되는 경우에는 임차인의 대항요건은 전차인의 직접 점유 및 주민등록으로써 적법 유효하게 유지 존속한다.(대판 2007.11.29, 2005다64255)

▶주민등록

12. 점유보조자인 가족의 주민등록으로 대항력 취득 여부(적극) 주택임대법 3조 1항에서 규정하고 있는 주민등록이라는 대항요건은 임차인 본인뿐만 아니라 그 배우자나 자녀 등 가족의 주민등록을 포함하고, 또한 임차인이 그 가족과 함께 그 주택에 대한 점유를 계속하고 있으면서 그 가족의 주민등록을 그대로 둔 채 임차인만 주민등록을 일시 다른 곳으로 옮긴 경우라면 전체적으로나 종국적으로 주민등록의 이탈이라고 볼 수 없는 만큼 임대차의 제3자에 대한 대항력을 상실하지 아니한다.(대판 1996.1.26, 95다30338)

13. 등기부상 '에이(A)동'을 '가동'으로 전입신고한 경우 대항력 취득을 인정한 사례 부동산등기부상 건물의 표제부에 '에이(A)동'이라고 기재되어 있는 연립주택의 임차인이 전입신고를 함에 있어 주소지를 '가동'으로 신고하였으나 주소지 대지 위에는 2개 동의 연립주택 외에는 다른 건물이 전혀 없고, 그 2개 동도 층당 세대수가 한 동은 4세대씩, 다른 동은 6세대씩으로서 크기가 달라서 외관상 혼동의 여지가 없으며, 실제 건물 외벽에는 '가동', '나동'으로 표기되어 사회생활상 그렇게 호칭되어 온 경우, 사회통념상 '가동', '나동', '에이동', '비동'은 표시 순서에 따라 각각 같은 건물을 의미하는 것이라고 인식될 여지가 있고, 더욱이 경매기록에서 경매목적물의 표시가 '에이동'과 '가동'으로 병기되어 있었던 이상, 경매가 진행되면서 낙찰인을 포함하여 입찰에 참가하고자 한 사람들로서도 위 임대차를 대항력 있는 임대차로 인식하는 데에 아무런 어려움이 없었다는 이유로 임차인의 주민등록이 임대차의 공시방법으로 유효하다.(대판 2003.6.10, 2002다59351)

14. 등기부상의 '지하층 01호'를 '별층 101호'로 주민등록한 경우 대항력 취득을 인정한 사례 등기부상 다세대 주택의 건물내역이 '1층, 2층, 3층, 각 72.96㎡, 지층 69.54㎡의 철근콘크리트조 평슬래브지붕 3층 다세대주택'으로 표시되어 있고, 집합건축물대장상에는 구분소유 부분이 '인천 강화군 강화읍 관청리 140-11 나나빌라 라동 B01호'로 표시되어 있으며, 위 관청리 140-11 토지 위에는 지상 3층, 지하 1층의 라동 건물만 존재하고, 각 층이 1개의 구분소유 부분으로 이루어져 있으며, 피고의 최초 주민등록 주소는 '위 관청리 140-11, 나나빌라 라동 별층 101호'로 되어 있는 경우 위와 같은 다세대 주택의 등기부상의 건물내역과 피고의 최초 주민등록 주소를 비교하여 볼 때, 위 주민등록상의 별층에 해당할 만한 건물 부분이 위 건물내역상 지하층 외에는 없고 그 지하층이 1개의 구분소유 부분으로 이루어져 있으므로, 이 사건 다세대 주택에 실제로 옥상층 등 별층에 해당할 만한 부분이 있지 아니하고 위 지하층을 주소지로 한 다른 주민등록자가 없는 한 통상적인 주의력을 가진 사람이라면 어렵지 않게 위 주민등록상의 '별층 101호'가 등기부상의 '지하층 01호'를 의미한다고 인식할 수 있으므로, 일반사회 통념상 피고의 위 주민등록으로 이 사건 구분소유 부분에 피고가 주소 또는 거소를 가진 자로 등록되어 있다고 인식할 수 있다.(대판 2002.6.14, 2002다15467)

15. 다가구용 단독주택의 경우 전입신고시 지번만 기재하는 것으로 대항력을 취득하는지 여부(적극) 다가구용 단독주택의 경우 건축법이나 주택건설촉진법상 이를 공동주택으로 볼 근거가 없어 단독주택으로 보아야 하는 이상 주민등록법 시행령 5조 5항에 따라 임차인이 위 건물의 일부나 전부를 임차하여 전입신고를 하는 경우 지번만 기재하는 것으로 충분하고, 나아가 위 건물 거주자의 편의상 구분하여 놓은 호수까지 기재할 의무나 필요가 있다고 할 수 없으며, 임차인이 실제로 위 건물의 어느 부분을 임차하여 거주하고 있는지 여부의 조사는 단독주택의 경우와 마찬가지로 위 건물에 담보권 등을 설정하려는 이해관계인의 책임하에 이루어져야 하므로, 임차인이 위 건물의 지번으로 전입신고를 한 이상 임대차의 공시방법으로 유효하고, 그 임차인이 위 건물 중 종전에 임차하고 있던 부분에서 다른 부분으로 옮기면서 그 옮긴 부분으로 다시 전입신고를 하였다고 하더라도 이를 달리 볼 것은 아니다.(대판 1998.1.23, 97다47828)

16. 연립주택의 경우 전입신고시 지번만 기재하는 것으로 대항력을 취득하는지 여부(소극) 신축중인 연립주택 중 1세대를 임차한 자가 주민등록 전입신고를 함에 있어서 호수를 기재하지 않은 채 그 연립주택 부지의 지번만으로 전입신고를 하였다가 그 후 위 연립주택에 관하여 준공검사가 이루어지면서 건축물관리대장이 작성되자 호수를 기재하여 주소정정신고를 하였다면 위 주민등록은 임대차의 공시방법으로서 유효한 것이 아니다.(대판 2000.4.7, 99다66212)

17. 전입신고 당시 건물 소재지 지번으로 전입신고하였다가 이후 토지분할로 지번이 변경된 경우 대항력 상실 여부(소극) 피고가 하나빌라 B동 301호를 임차하여 경기 화성군 태안읍 안녕리 37의 86 하나빌라 B동 301호로 전입신고할 당시를 기준으로 하여 보면 비록 건축물관리대장 및 등기부가 작성되기 이전이지만 그 전입신고 내용이 실제 건물의 소재지 지번과 정확히 일치하여 일반 사회통념상 그 주민등록으로 당해 임대차 건물에 임차인이 주소 또는 거소를 가진 자로 등록되어 있다는 것을 충분히 인식할 수 있었으므로 그 무렵 피고는 대항력을 취득하였고, 그 이후 토지 분할 등의 사정으로 지번이 변경되었다고 하여 이미 취득한 대항력을 상실한다고 할 수 없다.(대판 1999.12.7, 99다44762, 44779)

18. 실제 지번이나 등기부상 지번과 일치하지 아니하는 주민등록을 한 경우 임차인 또는 건물양수인의 주관적 사정에 따라 대항력 취득이 가능한지 여부(소극) 건물의 실제 지번인 '파주시 금촌동 산 53의 6'이나 등기부상 지번인 '파주시 금촌동 산 53'과 일치하지 아니한 '파주시 금촌동 53의 6'에 등재된 임차인의 주민등록으로는 임차인이 위 건물 소재지에 주소를 가진 자로 등록되었다고 제3자가 인식할 수 없으므로, 위 주민등록은 임대차의 공시방법으로 유효한 것이라고 볼 수 없고, 위 건물의 양수인이 위 건물의 실제 지번과 등기부상 지번이 다르다는 것을 알고 있었다거나 임차인이 위 건물의 실제 지번을 주소지로 주민등록 전입신고를 하려고 의도하였다는 등의 주관적인 사정은 위와 같은 주민등록이 임대차의 공시방법으로 유효한 것인지 여부를 판단하는 데 아무런 영향이 없다.(대판 2000.6.9, 2000다8069)

19. 주민등록이 임차인의 의사에 의하지 아니하고 이전된 경우 대항력 상실 여부(소극) 주민등록이 대항력의 존속요건이라 하더라도 주민등록이 주택임차인의 의사에 의하지 않고 제3자에 의하여 임의로 이전되었고, 또 기록에 의하면 그와 같이 주민등록이 잘못 이전된 데 대하여 주택임차인에게 책임을 물을 만한 사유도 없다면 주택임차인이 이미 취득한 대항력은 주민등록의 이전에도 불구하고 그대로 유지된다.(대판 2000.9.29, 2000다37012)

20. 주민등록 말소 후 회복 또는 재등록된 경우 대항력 유지 여부 주택임차인의 의사에 의하지 아니하고 주민등록법 및 동법 시행령에 따라 시장 군수 또는 구청장에 의하여 직권조치로 주민등록이 말소된 경우에도 원칙적으로 그 대항력은 상실되지만, 직권말소 후 동법 소정의 이의절차에 따라 그 말소된 주민등록이 회복되거나 재등록이 이루어짐으로써 주택임차인에게 주민등록을 유지할 의사가 있었다는 것이

명백히 드러난 경우에는 소급하여 그 대항력이 유지되고, 다만, 그 직권말소가 주민등록법 소정의 이의절차에 의하여 회복된 것이 아닌 경우에는 직권말소 후 재등록이 이루어지기 이전에 주민등록이 없는 것으로 믿고 임차주택에 관하여 새로운 이해관계를 맺은 선의의 제3자에 대하여는 임차인은 대항력의 유지를 주장할 수 없다.(대판 2002.10.11, 2002다20957)

21. 주택 소유자가 처와 함께 거주하는 주택을 매도하면서 이를 다시 매수인으로부터 처 명의로 임차하여 계속 거주하는 경우 대항력 취득 시기 갑이 주택에 관하여 소유권이전등기를 경료하고 주민등록 전입신고까지 마친 다음 처와 함께 거주하다가 을에게 매도함과 동시에 그로부터 이를 다시 임차하여 계속 거주하기로 약정하고 임차인을 갑의 처로 하는 임대차계약을 체결한 후에야 을 명의의 소유권이전등기가 경료된 경우, 제3자로서는 주택에 관하여 갑으로부터 을 앞으로 소유권이전등기가 경료되기 전에는 갑의 처의 주민등록이 소유권 아닌 임차권을 매개로 하는 점유라는 것을 인식하기 어려웠다 할 것이므로, 갑의 처의 주민등록은 주택에 관하여 을 명의의 소유권이전등기가 경료되기 전에는 주택임대차의 대항력 인정의 요건이 되는 적법한 공시방법으로서의 효력이 없고 을 명의의 소유권이전등기가 경료된 날에야 비로소 갑의 처와 을 사이의 임대차를 공시하는 유효한 공시방법이 된다고 할 것이며, 유효한 공시방법을 갖춘 다음날인 을 명의의 소유권이전등기일 익일부터 임차인으로서 대항력을 갖는다.(대판 2000.2.11, 99다59306)

22. 소유권보존등기 전에 주택의 현황과 일치하여 주민등록을 하였다 하더라도 이후 등기부상 표시가 달라졌다면 대항력을 취득하는지 여부(소극) 건축중인 주택에 대한 소유권보존등기가 경료되기 전에 그 일부를 임차하여 주민등록을 마친 임차인의 주민등록상의 주소 기재가 그 당시의 주택의 현황과 일치한다고 하더라도 그 후 사정변경으로 등기부 등의 주택의 표시가 달라졌다면 특별한 사정이 없는 한 달라진 주택의 표시를 전제로 등기부상 이해관계를 가지게 된 제3자로서는 당초의 주민등록에 의하여 당해 주택에 임차인이 주소 또는 거소를 가진 자로 등록되어 있다고 인식하기 어려우므로 그 주민등록은 그 제3자에 대한 관계에서 유효한 임대차의 공시방법이 될 수 없으며, 이러한 이치는 입찰절차에서의 이해관계인 등이 잘못된 임차인의 주민등록상의 주소가 건축물관리대장 및 등기부상의 주소를 지칭하는 것을 알고 있었다고 하더라도 마찬가지이다.(대판 2003.5.16, 2003다10940)

23. 대항력 요건으로서 주민등록의 유효 여부에 대한 판단 기준, 단독주택의 지번을 기재하여 전입신고한 후 다세대 주택으로 변경된 경우 대항력 상실 여부(소극) ① 주택의 인도와 더불어 대항력의 요건으로 규정하고 있는 주민등록은 거래의 안전을 위하여 임차권의 존재를 제3자가 명백히 인식할 수 있게 하는 공시방법으로서 마련된 것이므로, 주민등록이 어떤 임대차를 공시하는 효력이 있는지 여부는 일반사회 통념상 그 주민등록으로 당해 임대차건물에 임차인이 주소 또는 거소를 가진 자로 등록되어 있다고 인식할 수 있는지 여부에 따라 판단하여야 할 것이다. ② 처음에는 다가구용 단독주택으로 소유권보존등기가 경료되었다가 나중에 다세대 주택으로 변경된 경우 당해 주택에 관해 등기부상 이해관계를 가지려는 제3자는 위와 같이 다가구용 단독주택이 다세대 주택으로 변경되었다는 사정을 등기부상 확인할 수 있고, 따라서 지번의 기재만으로 당해 다세대 주택에 주소 또는 거소를 가진 자로 등록된 자가 존재할 가능성을 인식할 수 있으므로, 처음에 다가구용 단독주택으로 소유권보존등기가 경료된 건물의 일부를 임차한 임차인은 이를 인도받고 임차 건물의 지번을 정확히 기재하여 전입신고를 하면 대항력을 적법하게 취득하고, 나중에 다가구용 단독주택이 다세대 주택으로 변경되었다는 사정만으로 임차인이 이미 취득한 대항력을 상실하게 되는 것은 아니다.(대판 2007.2.8, 2006다70516)

24. 외국국적동포가 한 국내거소신고나 거소이전신고에 주택임대차보호법상 대항력이 인정되는지 여부(적극) ① 외국인 또는 외국국적동포가 구 출입국관리법이나 구 재외동포의 출입국과 법적 지위에 관한 법률에 따라서 한 외국인등록이나 체류지변경신고 또는 국내거소신고나 거소이전신고에 대하여는, 주택임대법 3조 1항에서 주택임대차의 대항력 취득 요건으로 규정하고 있는 주민등록과 동일한 법적 효과가 인정된다. ② 대항력 취득의 요건인 주민등록은 임차인 본인뿐 아니라 배우자나 자녀 등 가족의 주민등록도 포함되고, 이러한 법리는 재외국민이 임차인인 경우에도 마찬가지로 적용된다.(대판 2016.10.13, 2014다218030, 218047)

25. 재외국민이 국내거소신고를 한 경우, 주택임대차의 대항요건인 주민등록과 같은 법적 효과가 인정되는지 여부(적극) 구 재외동포법에 재외국민의 국내거소신고와 거소이전신고가 주민등록과 전입신고를 갈음한다는 명문의 규정은 없지만, 출입국관리법 88조의2 2항을 유추적용하여 재외국민이 구 재외동포법 6조에 따라 마친 국내거소신고와 거소이전신고도 외국국적동포의 그것과 마찬가지로 주민등록과 전입신고를 갈음한다고 보아야 한다. 따라서 재외국민의 국내거소신고는 주택임대차의 대항요건인 주민등록과 같은 법적 효과가 인정되어야 하고, 이 경우 거소이전신고를 한 때에 전입신고가 된 것으로 보아야 한다.(대판 2019.4.11, 2015다254507)

▸임대인 지위의 승계

26. 임차인이 임대차관계 승계를 원하지 아니하는 경우 법률관계 양수인에게 대항할 수 있는 임차권자라도 스스로 임대차관계의 승계를 원하지 아니할 때에는 공평의 원칙 및 신의칙에 따라 승계되는 임대차관계의 구속을 면할 수 있다고 보아야 하므로 임차주택이 임대차기간의 만료 전에 경매되는 경우 임대차계약을 해지함으로써 종료시키고 우선변제를 청구할 수 있다. 이 경우 해지통고 즉시 그 효력이 생긴다. 그리고 임대차의 목적물인 주택이 경매되는 경우에 대항력을 갖춘 임차인이 임대차기간이 종료되지 아니하였음에도 경매법원에 배당요구를 하는 것은 스스로 더 이상 임대차관계의 존속을 원하지 아니함을 명백히 표명하는 것이어서 다른 특별한 사정이 없는 한 이를 임대차해지의 의사표시로 볼 수 있다. 한편 구 민소 606조 1항은 배당요구 사실을 경매법원이 채무자에게 통지하도록 규정하고 있고 728조가 담보권실행을 위한 경매에도 준용하고 있으므로, 경매법원이 위 법조에 정한 바에 따라 임대인에게 배당요구 사실의 통지를 하면 결국 임차인의 해지의사가 경매법원을 통하여 임대인에게 전달되어 이 때 해지통지가 임대인에게 도달된 것으로 볼 것이니, 임대차관계는 위 배당요구 통지의 임대인에 대한 도달 즉시 해지로 종료된다.(대판 1996.7.12, 94다37646)

27. 임차권보다 선순위인 저당권의 경매로 임대주택을 경락받은 경락인인 임대인 지위 승계 여부(소극) 경매목적 부동산이 경락된 경우에는 소멸된 선순위 저당권보다 뒤에 등기되었거나 대항력을 갖춘 임차권은 함께 소멸하는 것이고, 따라서 그 경락인은 주택임대법 3조에서 말하는 임차주택의 양수인 중에 포함된다고 할 수 없을 것이므로 경락인에 대하여 그 임차권의 효력을 주장할 수 없다.(대판 2000.2.11 99다59306)

28. 적법한 임대권한을 가진 명의신탁자가 임대한 경우 명의수탁자가 임대인 지위를 승계하는지 여부(적극) 주택임대법이 적용되는 임대차는 반드시 임차인과 주택의 소유자인 임대인 사이에 임대차계약이 체결된 경우에 한정된다고 할 수는 없고, 주택의 소유자는 아니지만 적법한 임대권한을 가진 명의신탁자 사이에 임대차계약이 체결된 경우도 포함된

다고 할 것이고, 이 경우 임차인은 등기부상 주택의 소유자인 명의수탁자에 대한 관계에서도 적법한 임대차임을 주장할 수 있는 반면 명의수탁자는 임차인에 대하여 그 소유자임을 내세워 명도를 구할 수 없다고 할 것이며, 그 후 명의수탁자가 명의신탁자로부터 주택을 임대할 권리를 포함하여 주택에 대한 처분권한을 종국적으로 이전받는 경우에 임차인이 주택의 인도와 주민등록을 마친 이상 주택임대법 3조 2항의 규정에 의하여 임차인과의 관계에서 그 주택의 양수인으로서 임대인의 지위를 승계하였다고 보아야 한다.(대판 1999.4.23, 98다49753)

29. 신탁법상 임대주택을 신탁받은 수탁자의 임대인 지위 승계 여부(적극) 주택임대법 3조 2항에 의하여 임대인의 지위를 승계한 것으로 보게 되는 임차주택의 양수인이 되려면 주택을 임대할 권리나 이를 수반하는 권리를 종국적·확정적으로 이전받게 되는 경우라야 할 것이고, 신탁법상의 신탁은 위탁자가 수탁자에게 특정의 재산권을 이전하거나 기타의 처분을 하여 수탁자로 하여금 신탁 목적을 위하여 그 재산권을 관리·처분하게 하는 것이므로, 부동산의 신탁에 있어서 수탁자 앞으로 소유권이전등기를 마치게 되면 대내외적으로 소유권이 수탁자에게 완전히 이전되고, 위탁자와의 내부관계에 있어서 소유권이 위탁자에게 유보되어 있는 것은 아니다. 따라서 수탁자는 주택임대법 3조 2항에 의하여 임대인의 지위를 승계한다.(대판 2002.4.12, 2000다70460)

30. 임차인이 보증금을 반환받을 때까지 임대차관계존속이 의제된 상태에서 임차목적물이 양도된 경우 임대인 지위 승계 대항력 있는 주택임대차에 있어 기간만료나 당사자의 합의 등으로 임대차가 종료된 경우에도 주택임대법 4조 2항에 의하여 임차인은 보증금을 반환받을 때까지 임대차관계가 존속하는 것으로 의제되므로 그러한 상태에서 임차목적물인 부동산이 양도되는 경우에는 같은 법 3조 2항에 의하여 양수인에게 임대차가 종료된 상태에서의 임대인으로서의 지위가 당연히 승계된다. 양수인이 임대인의 지위를 승계하는 경우에는 임대차보증금 반환채무도 부동산의 소유권과 결합하여 일체로서 이전한다. 따라서 양도인의 임대인으로서의 지위나 보증금 반환채무는 소멸하는 것이지만, 임차인의 보호를 위한 임대차보호법의 입법 취지에 비추어 임차인이 임대인의 지위승계를 원하지 않는 경우에는 임차인이 임차주택의 양도사실을 안 때로부터 상당한 기간 내에 이의를 제기함으로써 승계되는 임대차관계의 구속으로부터 벗어날 수 있고, 그와 같은 경우에는 양도인의 임차인에 대한 보증금 반환채무는 소멸하지 않는다.(대판 2002.9.4, 2001다64615)

31. 법인에게 주택을 임대한 후 임대인이 임대주택을 양도한 경우 임대인 지위 승계 여부(소극) 법인에게 주택을 임대한 경우에는 법인은 주민등록을 구비할 수 없으므로 임대인이 위 임대주택을 양도하더라도 그 양수인이 주택임대법에 의하여 임대인의 지위를 당연히 승계하는 것이 아니고 따라서 임대인의 임차보증금반환채무를 면책시키기로 하는 당사자들 사이의 특약이 있다는 등의 특별한 사정이 없는 한 임대인의 법인에 대한 임차보증금반환채무는 소멸하지 아니한다.(대판 2003.7.25, 2003다2918)

32. 계약해제로 임대주택의 소유권을 회복한 자가 임대인의 지위를 승계하는지 여부(적극) 소유권을 취득하였다가 계약해제로 인하여 소유권을 상실하게 된 임대인으로부터 그 계약이 해제되기 전에 주택을 임차받아 주택의 인도와 주민등록을 마침으로써 주택임대법 3조 1항에 의한 대항요건을 갖춘 임차인은 민 548조 1항 단서의 규정에 따라 계약해제로 인하여 권리를 침해받지 않는 제3자에 해당하므로 임대인의 임대권원의 바탕이 되는 계약의 해제에도 불구하고 자신의 임차권을 새로운 소유자에게 대항할 수 있고, 이 경우 계약해제로 소유권을 회복한 제3자는 주택임대법 3조 2항에 따라 임대인의 지위를 승계한다.(대판 2003.8.22, 2003다12717)

33. 임대차보증금반환채권이 전부명령에 의하여 이전된 후 임대인이 주택을 매도한 경우 임대인이 전부금지급의무를 부담하는지 여부(소극) 임대차보증금반환채권에 대한 압류 및 전부명령이 확정되어 임차인의 임대차보증금반환채권이 집행채권자에게 이전된 경우 제3채무자인 임대인으로서는 임차인에 대하여 부담하고 있던 채무를 집행채권자에 대하여 부담하게 될 뿐 그가 임대차목적물인 주택의 소유자로서 이를 제3자에게 매도할 권능은 그대로 보유하는 것이며, 위와 같이 소유자인 임대인이 당해 주택을 매도한 경우 (구)주택임대법 3조 2항에 따라 전부채권자에 대한 보증금지급의무를 면하게 되므로, 결국 임대인인 피고는 전부금지급의무를 부담하지 않는다.(대판 2005.9.9, 2005다23773)

34. 주택임대법상 대항력을 갖춘 임차인의 임대차보증금반환채권이 가압류된 상태에서 임대주택이 양도된 경우, 양수인이 채권가압류의 제3채무자 지위를 승계하는지 여부(적극) 임대주택이 양도된 경우에 양수인은 주택의 소유권과 결합하여 임대인의 임대차 계약상의 권리·의무 일체를 그대로 승계하며, 그 결과 양수인이 임대차보증금반환채무를 면책적으로 인수하고, 양도인은 임대차관계에서 탈퇴하여 임차인에 대한 임대차보증금반환채무를 면하게 된다. 나아가 임대차보증금반환채무의 지급금지를 명령받은 제3채무자의 지위는 임대인의 지위와 분리될 수 있는 것이 아니다. 이러한 사정들을 고려하면, 임차인의 임대차보증금반환채권이 가압류된 상태에서 임대주택이 양도되면 양수인이 채권가압류의 제3채무자의 지위도 승계하고, 가압류권자 또한 임대주택의 양도인이 아니라 양수인에 대하여만 위 가압류의 효력을 주장할 수 있다고 보아야 한다.(대판(全) 2013.1.17, 2011다49523)

35. 주택임대법상 대항력과 우선변제권을 모두 가지고 있는 임차인이 보증금반환청구 소송의 확정판결 등 집행권원을 얻어 임차주택에 대하여 강제경매를 신청한 경우, 우선변제권을 인정받기 위하여 배당요구의 종기까지 별도로 배당요구를 하여야 하는지 여부(원칙적 소극) 주택임대법상의 대항력과 우선변제권을 모두 가지고 있는 임차인이 임차주택에 대하여 스스로 강제경매를 신청하였다면 특별한 사정이 없는 한 대항력과 우선변제권 중 우선변제권을 선택하여 행사한 것으로 보아야 하고, 우선변제권을 인정받기 위하여 배당요구의 종기까지 별도로 배당요구를 하여야 하는 것은 아니다. 우선변제권이 있는 임차인이 집행권원을 얻어 스스로 강제경매를 신청하는 방법으로 우선변제권을 행사하고, 그 경매절차에서 임차인의 우선변제권이 확인되고 그러한 내용이 현황조사보고서, 매각물건명세서 등에 기재된 상태에서 경매절차가 진행되어 매각이 이루어졌다면, 특별한 사정이 없는 한 경매신청채권자인 임차인은 배당절차에서 후순위권리자나 일반채권자보다 우선하여 배당받을 수 있다.(대판 2013.11.14, 2013다27831)

36. 임차주택의 양수인에게 대항할 수 있는 임차인이 스스로 임대차관계의 승계를 원하지 않는 경우, 임대차기간 만료 전에 임대인과 합의하여 임대차계약을 해지하고 임대인으로부터 임대차보증금을 반환받을 수 있는지 여부(적극) **및 이 경우 임차주택의 양수인은 임대인의 지위를 승계하는지 여부**(소극) 대항력을 갖춘 임차인이 있는 경우 임차주택의 양수인은 임대인의 지위를 승계한 것으로 본다. 그 결과 임차주택의 양수인은 임대차보증금반환채무를 면책적으로 인수하고, 양도인은 임대차관계에서 탈퇴하여 임차인에 대한 임대차보증금반환채무를 면하게 된다. 그러나 임차주택의 양수인에게 대항할 수 있는 임차권자라도 스스로 임대차관계의 승계를 원하지 아니할 때에는 승계되는 임대차관계의 구속을 면할 수 있다고 보아야 하므로, 임대차기간의 만료 전에 임대인과 합의에 의하여 임대차계약을 해지하고 임대인으로부터 임대차보증금을 반환받을 수 있으며, 이러한 경우 임차주택의 양수인은 임대인의 지위를 승계하지 않는다.(대판 2018.12.27, 2016다265689)

37. 매도인이 악의의 계약명의신탁에서 임차권 대항 및 임대인 지위 승계 매도인이 악의인 계약명의신탁에서 명의수탁자로부터 명의신탁의 목적물인 주택을 임차하여 주택 인도와 주민등록을 마침으로써 주택임대 3조 1항에 의한 대항요건을 갖춘 임차인은 부동산실명 4조 3항의 규정에 따라 명의신탁약정 및 그에 따른 물권변동의 무효를 대항할 수 없는 제3자에 해당하므로 명의수탁자의 소유권이전등기가 말소됨으로써 등기명의를 회복하게 된 매도인 및 매도인으로부터 다시 소유권이전등기를 마친 명의신탁자에 대해 자신의 임차권을 대항할 수 있고, 이 경우 임차인 보호를 위한 주택임대법의 입법 목적 및 임차인이 보증금반환청구권을 행사하는 때의 임차주택 소유자로 하여금 임차보증금반환채무를 부담하게 함으로써 임차인을 두텁게 보호하고자 하는 주택임대 3조 4항의 개정 취지 등을 종합하면 위의 방법으로 소유권이전등기를 마친 명의신탁자는 주택임대차보호법 제3조 제4항에 따라 임대인의 지위를 승계한다.(대판 2022.3.17, 2021다210720)

제3조의2 【보증금의 회수】 ① 임차인(제3조제2항 및 제3항의 법인을 포함한다. 이하 같다)이 임차주택에 대하여 보증금반환청구소송의 확정판결이나 그 밖에 이에 준하는 집행권원(執行權原)에 따라서 경매를 신청하는 경우에는 집행개시(執行開始)요건에 관한 「민사집행법」 제41조에도 불구하고 반대의무(反對義務)의 이행이나 이행의 제공을 집행개시의 요건으로 하지 아니한다. (2013.8.13 본항개정)

② 제3조제1항·제2항 또는 제3항의 대항요건(對抗要件)과 임대차계약증서(제3조제2항 및 제3항의 경우에는 법인과 임대인 사이의 임대차계약증서를 말한다)상의 확정일자(確定日字)를 갖춘 임차인은 「민사집행법」에 따른 경매 또는 「국세징수법」에 따른 공매(公賣)를 할 때에 임차주택(대지를 포함한다)의 환가대금(換價代金)에서 후순위권리자(後順位權利者)나 그 밖의 채권자보다 우선하여 보증금을 변제(辨濟)받을 권리가 있다. (2013.8.13 본항개정)

③ 임차인은 임차주택을 양수인에게 인도하지 아니하면 제2항에 따른 보증금을 받을 수 없다.

④ 제2항 또는 제7항에 따른 우선변제의 순위와 보증금에 대하여 이의가 있는 이해관계인은 경매법원이나 체납처분청에 이의를 신청할 수 있다. (2013.8.13 본항개정)

⑤ 제4항에 따라 경매법원에 이의를 신청하는 경우에는 「민사집행법」 제152조부터 제161조까지의 규정을 준용한다.

⑥ 제4항에 따라 이의신청을 받은 체납처분청은 이해관계인이 이의신청일부터 7일 이내에 임차인 또는 제7항에 따라 우선변제권을 승계한 금융기관 등을 상대로 소(訴)를 제기한 것을 증명하면 해당 소송이 끝날 때까지 이의가 신청된 범위에서 임차인 또는 제7항에 따라 우선변제권을 승계한 금융기관 등에 대한 보증금의 변제를 유보(留保)하고 남은 금액을 배분하여야 한다. 이 경우 유보된 보증금은 소송의 결과에 따라 배분한다. (2013.8.13 본항개정)

⑦ 다음 각 호의 금융기관 등이 제2항, 제3조의3제5항, 제3조의4제1항에 따른 우선변제권을 취득한 임차인의 보증금반환채권을 계약으로 양수한 경우에는 양수한 금액의 범위에서 우선변제권을 승계한다. (본항신설 2013.8.13, 2015.1.6 본항개정)

1. 「은행법」에 따른 은행
2. 「중소기업은행법」에 따른 중소기업은행
3. 「한국산업은행법」에 따른 한국산업은행
4. 「농업협동조합법」에 따른 농협은행
5. 「수산업협동조합법」에 따른 수협은행
6. 「우체국예금·보험에 관한 법률」에 따른 체신관서
7. 「한국주택금융공사법」에 따른 한국주택금융공사
8. 「보험업법」 제4조제1항제2호라목의 보증보험을 보험종목으로 허가받은 보험회사
9. 「주택도시기금법」에 따른 주택도시보증공사
10. 그 밖에 제1호부터 제9호까지에 준하는 것으로서 대통령령으로 정하는 기관

⑧ 제7항에 따라 우선변제권을 승계한 금융기관 등(이하 "금융기관등"이라 한다)은 다음 각 호의 어느 하나에 해당하는 경우에는 우선변제권을 행사할 수 없다. (2013.8.13 본항신설)

1. 임차인이 제3조제1항·제2항 또는 제3항의 대항요건을 상실한 경우
2. 제3조의3제5항에 따른 임차권등기가 말소된 경우
3. 「민법」 제621조에 따른 임대차등기가 말소된 경우

⑨ 금융기관등은 우선변제권을 행사하기 위하여 임차인을 대리하거나 대위하여 임대차를 해지할 수 없다. (2013.8.13 본항신설)

■ 배당받을 채권자(민집148), 부동산인도명령(민집136)

1. 가압류채권자와의 우선순위 및 선순위 가압류채권자가 있는 경우 배당 주택임대법 3조의2 1항은 대항력을 갖춘 임차인에게는 부동산 담보권에 유사한 권리를 인정한다는 취지이므로, 부동산 담보권자보다 선순위의 가압류채권자가 있는 경우에 그 담보권자가 선순위의 가압류채권자와 채권액에 비례한 평등배당을 받을 수 있는 것과 마찬가지로, 선순위의 가압류채권자와는 평등배당의 관계에 있게 되며, 이때 가압류채권자가 주택임차인보다 선순위인지 여부는, 위 법문상 임차인이 확정일자 부여에 의하여 비로소 우선변제권을 가지는 것으로 규정하고 있음에 비추어, 임대차계약증서상의 확정일자 부여일을 기준으로 삼는 것으로 해석함이 타당할 것이어서, 가령 대항요건을 미리 갖추었다고 하더라도 확정일자를 부여받은 날짜가 가압류일자보다 늦은 이 사건의 경우에는 가압류채권자가 선순위라고 볼 수밖에 없으므로, 원고의 가압류채권과 피고의 임차보증금채권은 각 채권액에 비례하여 평등하게 배당되어야 할 것이다.(대판 1992.10.13, 92다30597)

2. 법인이 아파트를 인도받고 확정일자를 구비한 경우 우선변제권 인정 여부(소극) 주택임대법은 법인을 그 보호 대상으로 삼고 있다고는 할 수 없는 점, 법인은 애당초 같은 법 3조 1항 소정의 대항요건의 하나인 주민등록을 구비할 수 없는 점 등에 비추어 보면, 법인인 원고의 직원이 주민등록을 마쳤다 하여 이를 법인의 주민등록으로 볼 수는 없으므로, 법인이 아파트를 인도받고 임대차계약서상의 확정일자를 구비하였다 하더라도 우선변제권을 주장할 수는 없다.(대판 1997.7.11, 96다7236)

3. 확정일자를 입주 및 주민등록일과 같은 날 갖춘 경우 우

선변제적 효력 발생 시기 확정일자를 입주 및 주민등록일과 같은 날 또는 그 이전에 갖춘 경우에는 우선변제적 효력은 대항력과 마찬가지로 인도와 주민등록을 마친 다음날을 기준으로 발생한다.(대판 1997.12.12, 97다22393)

4. 임대차계약서에 확정일자를 받으면서 아파트 동·호수의 기재를 누락한 경우 유효한지 여부(적극) 주택임대법 3조의2 2항에서 임대차계약서상 확정일자의 요건을 규정한 것은 임대인과 임차인 사이의 담합으로 임차보증금의 액수를 사후에 변경하는 것을 방지하고자 하는 취지일 뿐 대항요건으로 규정된 주민등록과 같이 당해 임대차의 존재 사실을 제3자에게 공시하고자 하는 것은 아니므로, 확정일자를 받은 임대차계약서가 당사자 사이에 체결된 당해 임대차계약에 관한 것으로서 진정하게 작성된 이상, 위와 같이 임대차계약서에 임대차 목적물을 표시하면서 아파트의 명칭과 그 전유 부분의 동·호수의 기재를 누락하였다는 사유만으로 위 확정일자의 요건을 갖추지 못하였다고 볼 수는 없다.(대판 1999.6.11, 99다7992)

5. 임차인이 임대차와 동일성을 인정할 수 있는 전세권을 설정한 후 등기필증에 접수인을 찍은 경우 임대차에 관한 증서에 확정일자가 있는 것으로 볼 수 있는지 여부(적극) 주택에 관하여 임대차계약을 체결한 임차인이 자신의 지위를 강화하기 위한 방편으로 따로 전세권설정계약서를 작성하고 전세권설정등기를 한 경우에, 따로 작성된 전세권설정계약서가 원래의 임대차계약서와 계약일자가 다르다고 하여도 계약당사자, 계약목적물 및 보증금액(전세금액) 등에 비추어 동일성을 인정할 수 있다면 그 전세권설정계약서 또한 원래의 임대차계약에 관한 증서로 볼 수 있다. 위와 같은 전세권설정계약서가 첨부된 등기필증에 등기관의 접수인이 찍혀 있다면 그 원래의 임대차에 관한 계약증서에 확정일자가 있는 것으로 보아야 할 것이다. 이 경우 원래의 임대차는 대지 및 건물 전부에 관한 것이나 사정에 의하여 전세권설정계약서는 건물에 관하여만 작성되고 전세권등기도 건물에 관하여만 마쳐졌다고 하더라도 전세금액이 임대차보증금액과 동일한 금액으로 기재된 이상 대지 및 건물 전부에 관한 임대차의 계약증서에 확정일자가 있는 것으로 봄이 상당하다.(대판 2002.11.8, 2001다51725)

6. 주택 공유지분을 명의신탁한 공동소유자가 다른 공유자와 사이에 임대차계약을 체결하고 확정일자를 받은 경우 우선변제권 인정 여부(소극) 주택과 그 대지에 관한 자기의 공유지분을 다른 공유자에게 명의신탁한 공동소유자로서 그 주택의 일부분을 사용·수익해 오던 자가 그 주택 등이 경매되는 경우 자기의 지분을 제3자에게 대항할 수 없게 되는 것에 대비하여 다른 공유자와 사이에 임대차계약서를 작성하고 확정일자를 받아두었을 뿐인 경우에는, 주택임대차로서의 우선변제권을 취득한 것처럼 외관을 만들었을 뿐 실제 주택을 주거용으로 사용·수익할 목적을 갖지 아니한 계약으로서 주택임대법이 정하고 있는 우선변제권을 부여할 수 없다.(대판 2003.7.22, 2003다21445)

7. 주택임대차 성립 후 임대인 소유 토지가 타인에게 양도된 경우 대지의 환가대금에 대한 우선변제권 행사 가부(적극) 대항요건 및 확정일자를 갖춘 임차인과 소액임차인은 임차주택과 그 대지가 함께 경매될 경우뿐만 아니라 임차주택과 별도로 그 대지만이 경매될 경우에도 그 대지의 환가대금에 대하여 우선변제권을 행사할 수 있고, 이와 같은 우선변제권은 이른바 법정담보물권의 성격을 갖는 것으로서 임대차 성립시의 임차 목적물인 임차주택 및 대지의 가액을 기초로 임차인을 보호하고자 인정되는 것이므로, 임대차 성립 당시 임대인의 소유였던 대지가 타인에게 양도되어 임차주택과 대지의 소유자가 서로 달라지게 된 경우에도 마찬가지라 할 것이다.(대판(全) 2007.6.21, 2004다26133)

제3조의3 【임차권등기명령】 ① 임대차가 끝난 후 보증금이 반환되지 아니한 경우 임차인은 임차주택의 소재지를 관할하는 지방법원·지방법원지원 또는 시·군 법원에 임차권등기명령을 신청할 수 있다. (2013.8.13 본항개정)

② 임차권등기명령의 신청서에는 다음 각 호의 사항을 적어야 하며, 신청의 이유와 임차권등기의 원인이 된 사실을 소명(疎明)하여야 한다. (2013.8.13 본항개정)

1. 신청의 취지 및 이유
2. 임대차의 목적인 주택(임대차의 목적이 주택의 일부분인 경우에는 해당 부분의 도면을 첨부한다)
3. 임차권등기의 원인이 된 사실(임차인이 제3조제1항·제2항 또는 제3항에 따른 대항력을 취득하였거나 제3조의2제2항에 따른 우선변제권을 취득한 경우에는 그 사실)
4. 그 밖에 대법원규칙으로 정하는 사항

③ 다음 각 호의 사항 등에 관하여는 「민사집행법」 제280조제1항, 제281조, 제283조, 제285조, 제286조, 제288조제1항, 같은 조 제2항 본문, 제289조, 제290조제2항 중 제288조제1항에 대한 부분, 제291조, 제292조제3항 및 제293조를 준용한다. 이 경우 "가압류"는 "임차권등기"로, "채권자"는 "임차인"으로, "채무자"는 "임대인"으로 본다. (2023.4.18 본항개정)

1. 임차권등기명령의 신청에 대한 재판
2. 임차권등기명령의 결정에 대한 임대인의 이의신청 및 그에 대한 재판
3. 임차권등기명령의 취소신청 및 그에 대한 재판
4. 임차권등기명령의 집행

④ 임차권등기명령의 신청을 기각(棄却)하는 결정에 대하여 임차인은 항고(抗告)할 수 있다.

⑤ 임차인은 임차권등기명령의 집행에 따른 임차권등기를 마치면 제3조제1항·제2항 또는 제3항에 따른 대항력과 제3조의2제2항에 따른 우선변제권을 취득한다. 다만, 임차인이 임차권등기 이전에 이미 대항력이나 우선변제권을 취득한 경우에는 그 대항력이나 우선변제권은 그대로 유지되며, 임차권등기 이후에는 제3조제1항·제2항 또는 제3항의 대항요건을 상실하더라도 이미 취득한 대항력이나 우선변제권을 상실하지 아니한다. (2013.8.13 본항개정)

⑥ 임차권등기명령의 집행에 따른 임차권등기가 끝난 주택(임대차의 목적이 주택의 일부분인 경우에는 해당 부분으로 한정한다)을 그 이후에 임차한 임차인은 제8조에 따른 우선변제를 받을 권리가 없다.

⑦ 임차권등기의 촉탁(囑託), 등기관의 임차권등기 기입(記入) 등 임차권등기명령을 시행하는 데에 필요한 사항은 대법원규칙으로 정한다. (2011.4.12 본

항개정)

⑧ 임차인은 제1항에 따른 임차권등기명령의 신청과 그에 따른 임차권등기와 관련하여 든 비용을 임대인에게 청구할 수 있다.

⑨ 금융기관등은 임차인을 대위하여 제1항의 임차권등기명령을 신청할 수 있다. 이 경우 제3항·제4항 및 제8항의 "임차인"은 "금융기관등"으로 본다. (2013.8.13 본항신설)

▣ 민621·622, 등기52ⅱ, 민집90

1. 임대차보증금반환의무가 임차권등기말소의무보다 선이행하여야 할 의무 임차권등기는 이미 임대차계약이 종료하였음에도 임대인이 그 보증금을 반환하지 않는 상태에서 경료되게 되므로, 이미 사실상 이행지체에 빠진 임대인의 임대차보증금의 반환의무와 그에 대응하는 임차인의 권리를 보전하기 위하여 새로이 경료하는 임차권등기에 대한 임차인의 말소의무를 동시이행관계에 있는 것으로 해석할 것은 아니고, 특히 위 임차권등기는 임차인으로 하여금 기왕의 대항력이나 우선변제권을 유지하도록 해주는 담보적 기능만을 주목적으로 하는 점 등에 비추어 볼 때, 임대인의 임대차보증금의 반환의무가 임차인의 임차권등기 말소의무보다 먼저 이행되어야 할 의무라고 할 것이다.(대판 2005.6.9, 2005다4529)

2. 임차권등기를 한 임차인은 배당요구를 하지 않아도 배당받을 채권자에 해당 임차권등기가 첫 경매개시결정등기 전에 등기된 경우, 배당받을 채권자의 범위에 관하여 규정하고 있는 민집 148조 4호의 "저당권·전세권, 그 밖의 우선변제청구권으로서 첫 경매개시결정 등기 전에 등기되었고 매각으로 소멸하는 것을 가진 채권자"에 준하여, 그 임차인은 별도로 배당요구를 하지 않아도 당연히 배당받을 채권자에 속하는 것으로 보아야 한다.(대판 2005.9.15, 2005다33039)

제3조의4【「민법」에 따른 주택임대차등기의 효력 등】 ① 「민법」 제621조에 따른 주택임대차등기의 효력에 관하여는 제3조의3 제5항 및 제6항을 준용한다.

② 임차인이 대항력이나 우선변제권을 갖추고 「민법」 제621조제1항에 따라 임대인의 협력을 얻어 임대차등기를 신청하는 경우에는 신청서에 「부동산등기법」 제74조 제1호부터 제6호까지의 사항 외에 다음 각 호의 사항을 적어야 하며, 이를 증명할 수 있는 서면(임대차의 목적이 주택의 일부분인 경우에는 해당 부분의 도면을 포함한다)을 첨부하여야 한다.(2011.4.12, 2020.2.4 본항개정)

1. 주민등록을 마친 날
2. 임차주택을 점유(占有)한 날
3. 임대차계약증서상의 확정일자를 받은 날

▣ 건물등기 있는 차지권의 대항력(민622)

제3조의5【경매에 의한 임차권의 소멸】 임차권은 임차주택에 대하여 「민사집행법」에 따른 경매가 행하여진 경우에는 그 임차주택의 경락(競落)에 따라 소멸한다. 다만, 보증금이 모두 변제되지 아니한, 대항력이 있는 임차권은 그러하지 아니하다.

▣ 경락(민집135)

1. 임차인이 제1경매절차에서 보증금 전액을 배당받을 수 없던 경우 제2경매절차에서 다시 우선변제권에 의한 배당을 받을 수 있는지 여부(소극) 주택임대법상의 대항력과 우선변제권의 두 가지 권리를 함께 가지고 있는 임차인이 우선변제권을 선택하여 제1경매절차에서 보증금 전액에 대하여 배당요구를 하였으나 보증금 전액을 배당받을 수 없었던 때에는 경락인에게 대항하여 이를 반환받을 때까지 임대차관계의 존속을 주장할 수 있을 뿐이고, 임차인의 우선변제권은 경락으로 인하여 소멸하는 것이므로 제2경매절차에서 우선변제권에 의한 배당을 받을 수 없다. 이는 임대인을 상대로 보증금반환청구 소송을 제기하여 승소판결을 받은 뒤 그 확정판결에 기하여 1차로 강제경매를 신청한 경우에도 마찬가지이다. 주택임대법 3조의5 단서에서 말하는 경락에 의하여 소멸하지 아니하는 임차권의 내용에 우선변제권도 당연히 포함되는 것으로는 볼 수 없다.(대판 2006.2.10, 2005다21166)

2. 경매절차에서 배당표가 확정될 때까지 임차인이 임차주택을 사용·수익한 경우 부당이득 성립 여부(소극) 주택임대법상의 대항력과 우선변제권의 두 권리를 겸유하고 있는 임차인이 우선변제권을 선택하여 임차주택에 대하여 진행되고 있는 경매절차에서 보증금에 대한 배당요구를 하여 보증금 전액을 배당받을 수 있는 경우에는, 특별한 사정이 없는 한 임차인이 그 배당금을 지급받을 수 있는 때, 즉 임차인에 대한 배당표가 확정될 때까지는 임차권이 소멸하지 않는다고 해석함이 상당하므로, 경락인이 낙찰대금을 납부하여 임차주택에 대한 소유권을 취득한 이후에 임차인이 임차주택을 계속 점유하여 사용·수익하였다고 하더라도 임차인에 대한 배당표가 확정될 때까지의 사용·수익은 소멸하지 아니한 임차권에 기한 것이어서 경락인에 대한 관계에서 부당이득이 성립되지 아니한다.(대판 2004.8.30, 2003다23885)

제3조의6【확정일자 부여 및 임대차 정보제공 등】 ① 제3조의2제2항의 확정일자는 주택 소재지의 읍·면사무소, 동 주민센터 또는 시(특별시·광역시·특별자치시는 제외하고, 특별자치도는 포함한다)·군·구(자치구를 말한다)의 출장소, 지방법원 및 그 지원과 등기소 또는 「공증인법」에 따른 공증인(이하 이 조에서 "확정일자부여기관"이라 한다)이 부여한다.

② 확정일자부여기관은 해당 주택의 소재지, 확정일자 부여일, 차임 및 보증금 등을 기재한 확정일자부를 작성하여야 한다. 이 경우 전산처리정보조직을 이용할 수 있다.

③ 주택의 임대차에 이해관계가 있는 자는 확정일자부여기관에 해당 주택의 확정일자 부여일, 차임 및 보증금 등 정보의 제공을 요청할 수 있다. 이 경우 요청을 받은 확정일자부여기관은 정당한 사유 없이 이를 거부할 수 없다.

④ 임대차계약을 체결하려는 자는 임대인의 동의를 받아 확정일자부여기관에 제3항에 따른 정보제공을 요청할 수 있다.

⑤ 제1항·제3항 또는 제4항에 따라 확정일자를 부여받거나 정보를 제공받으려는 자는 수수료를 내야 한다.

⑥ 확정일자부에 기재하여야 할 사항, 주택의 임대차에 이해관계가 있는 자의 범위, 확정일자부여기관에 요청할 수 있는 정보의 범위 및 수수료, 그 밖에 확정일자부여사무와 정보제공 등에 필요한 사항은 대통령령 또는 대법원규칙으로 정한다.

(2013.8.13 본조신설)

제3조의7【임대인의 정보 제시 의무】 임대차계

약을 체결할 때 임대인은 다음 각 호의 사항을 임차인에게 제시하여야 한다.

1. 제3조의6제3항에 따른 해당 주택의 확정일자 부여일, 차임 및 보증금 등 정보. 다만, 임대인이 임대차계약을 체결하기 전에 제3조의6제4항에 따라 동의함으로써 이를 갈음할 수 있다.
2. 「국세징수법」 제108조에 따른 납세증명서 및 「지방세징수법」 제5조제2항에 따른 납세증명서. 다만, 임대인이 임대차계약을 체결하기 전에 「국세징수법」 제109조제1항에 따른 미납국세와 체납액의 열람 및 「지방세징수법」 제6조제1항에 따른 미납지방세의 열람에 각각 동의함으로써 이를 갈음할 수 있다.

(2023.4.18 본조신설)

제4조【임대차기간 등】 ① 기간을 정하지 아니하거나 2년 미만으로 정한 임대차는 그 기간을 2년으로 본다. 다만, 임차인은 2년 미만으로 정한 기간이 유효함을 주장할 수 있다.

② 임대차기간이 끝난 경우에도 임차인이 보증금을 반환받을 때까지는 임대차관계가 존속되는 것으로 본다.

▣ 민619 · 620 · 651

1. 임차인이 2년 미만의 임대차기간을 주장할 수 있는지 여부(적극) 주택임대법 4조 1항은 임차인의 보호를 위한 규정이므로, 위 규정에 위반되는 당사자의 약정을 모두 무효라고 할 것은 아니고 위 규정에 위반하는 약정이라도 임차인에게 불리하지 아니한 것은 유효한 바, 임대차기간을 2년 미만으로 정한 임대차의 임차인이 스스로 그 약정임대차기간이 만료되었음을 이유로 임차보증금의 반환을 구하는 경우에는 그 약정이 임차인에게 불리하다고 할 수 없으므로, 같은 법 3조 1항 소정의 대항요건과 임대차계약증서상의 확정일자를 갖춘 임차인으로서는 그 주택에 관한 저당권자의 신청에 의한 임의경매절차에서 2년 미만의 임대차기간이 만료되어 임대차가 종료되었음을 이유로 그 임차보증금에 관하여 우선변제를 청구할 수 있다.(대판 1995.5.26, 95다13258)

2. 2년보다 짧은 약정임대차기간 만료 후 묵시의 갱신이 되어 임차인이 2년간 임대차 존속을 주장하는 경우 임대차 기간 임차인이 주택임대법 4조 1항의 적용을 배제하고 2년 미만으로 정한 임대차기간의 만료를 주장할 수 있는 것은 임차인 스스로 그 약정 임대차기간이 만료되어 임대차가 종료되었음을 이유로 그 종료에 터잡은 임차보증금 반환채권 등의 권리를 행사하는 경우에 한정되고, 임차인이 2년 미만의 약정 임대차기간이 만료되고 다시 임대차가 묵시적으로 갱신되었다는 이유로 같은 법 6조 1항, 4조 1항에 따른 새로운 2년간의 임대차의 존속을 주장하는 경우까지 같은 법이 보장하고 있는 기간보다 짧은 약정 임대차기간을 주장할 수는 없다.(대판 1996.4.26, 96다5551, 5568)

3. 주택임대법에 따른 임대차에서 임차인이 임대차 종료 후 동시이행항변권을 근거로 임차목적물을 계속 점유하고 있는 경우, 보증금반환채권에 대한 소멸시효 진행 여부(소극) 소멸시효 제도의 존재 이유와 취지, 임대차기간이 끝난 후 보증금반환채권에 관계되는 당사자 사이의 이익형량, 주택임대법 4조 2항의 입법 취지 등을 종합하면, 주택임대법에 따른 임대차에서 그 기간이 끝난 후 임차인이 보증금을 반환받기 위해 목적물을 점유하고 있는 경우 보증금반환채권에 대한 소멸시효는 진행하지 않는다고 보아야 한다.(대판 2020.7.9, 2016다244224, 244231)

第5條 (1989.12.30 삭제)

제6조【계약의 갱신】 ① 임대인이 임대차기간이 끝나기 6개월 전부터 2개월 전까지의 기간에 임차인에게 갱신거절(更新拒絶)의 통지를 하지 아니하거나 계약조건을 변경하지 아니하면 갱신하지 아니한다는 뜻의 통지를 하지 아니한 경우에는 그 기간이 끝난 때에 전 임대차와 동일한 조건으로 다시 임대차한 것으로 본다. 임차인이 임대차기간이 끝나기 2개월 전까지 통지하지 아니한 경우에도 또한 같다. (2020.6.9. 본항개정)

② 제1항의 경우 임대차의 존속기간은 2년으로 본다. (2009.5.8 본항개정)

③ 2기(期)의 차임액(借賃額)에 달하도록 연체하거나 그 밖에 임차인으로서의 의무를 현저히 위반한 임차인에 대하여는 제1항을 적용하지 아니한다.

▣ 묵시의 갱신(민639), 차임연체(민640), 임차인의 의무(민624 · 629 · 633 · 634)

1. 임차인이 대항력과 확정일자를 갖춘 후에 임대차계약이 갱신된 경우 종전 임대차 내용에 따른 우선변제권을 행사할 수 있는 기준 시점 임차인이 대항력과 확정일자를 갖춘 후에 임대차계약이 갱신되더라도 대항력과 확정일자를 갖춘 때를 기준으로 종전 임대차 내용에 따른 우선변제권을 행사할 수 있다.(대판 2012.7.26, 2012다45689)

2. 임대인에게 임대차계약의 갱신을 거절할 수 있는 권한이 발생한 뒤에라도 임차인이 임대인의 갱신거절 권한을 소멸시킬 수 있는지 여부(적극) 임대인에게 임대차계약의 갱신을 적법하게 거절할 수 있는 사유가 존재하더라도, 임대인이 반드시 임대차계약의 갱신을 거절하여야 하는 것은 아니다. 임대인에게 임대차계약의 갱신을 거절할 수 있는 권한이 발생한 뒤에라도 임차인은 임대인이 실제로 그러한 의사표시를 하기 이전에 갱신거절의 사유를 해소시킴으로써 임대인의 갱신거절 권한을 소멸시킬 수 있다.(대판 2020.7.9, 2020다223781)

제6조의2【묵시적 갱신의 경우 계약의 해지】 ① 제6조제1항에 따라 계약이 갱신된 경우 같은 조 제2항에도 불구하고 임차인은 언제든지 임대인에게 계약해지(契約解止)를 통지할 수 있다.(2009.5.8 본항개정)

② 제1항에 따른 해지는 임대인이 그 통지를 받은 날부터 3개월이 지나면 그 효력이 발생한다.

▣ 기간의 약정없는 임대차 해지(민635)

제6조의3【계약갱신 요구 등】 ① 제6조에도 불구하고 임대인은 임차인이 제6조제1항 전단의 기간 이내에 계약갱신을 요구할 경우 정당한 사유 없이 거절하지 못한다. 다만, 다음 각 호의 어느 하나에 해당하는 경우에는 그러하지 아니하다.

1. 임차인이 2기의 차임액에 해당하는 금액에 이르도록 차임을 연체한 사실이 있는 경우
2. 임차인이 거짓이나 그 밖의 부정한 방법으로 임차한 경우
3. 서로 합의하여 임대인이 임차인에게 상당한 보상을 제공한 경우
4. 임차인이 임대인의 동의 없이 목적 주택의 전부 또는 일부를 전대(轉貸)한 경우

5. 임차인이 임차한 주택의 전부 또는 일부를 고의나 중대한 과실로 파손한 경우
6. 임차한 주택의 전부 또는 일부가 멸실되어 임대차의 목적을 달성하지 못할 경우
7. 임대인이 다음 각 목의 어느 하나에 해당하는 사유로 목적 주택의 전부 또는 대부분을 철거하거나 재건축하기 위하여 목적 주택의 점유를 회복할 필요가 있는 경우
   가. 임대차계약 체결 당시 공사시기 및 소요기간 등을 포함한 철거 또는 재건축 계획을 임차인에게 구체적으로 고지하고 그 계획에 따르는 경우
   나. 건물이 노후·훼손 또는 일부 멸실되는 등 안전사고의 우려가 있는 경우
   다. 다른 법령에 따라 철거 또는 재건축이 이루어지는 경우
8. 임대인(임대인의 직계존속·직계비속을 포함한다)이 목적 주택에 실제 거주하려는 경우
9. 그 밖에 임차인이 임차인으로서의 의무를 현저히 위반하거나 임대차를 계속하기 어려운 중대한 사유가 있는 경우

② 임차인은 제1항에 따른 계약갱신요구권을 1회에 한하여 행사할 수 있다. 이 경우 갱신되는 임대차의 존속기간은 2년으로 본다.

③ 갱신되는 임대차는 전 임대차와 동일한 조건으로 다시 계약된 것으로 본다. 다만, 차임과 보증금은 제7조의 범위에서 증감할 수 있다.

④ 제1항에 따라 갱신되는 임대차의 해지에 관하여는 제6조의2를 준용한다.

⑤ 임대인이 제1항제8호의 사유로 갱신을 거절하였음에도 불구하고 갱신요구가 거절되지 아니하였더라면 갱신되었을 기간이 만료되기 전에 정당한 사유 없이 제3자에게 목적 주택을 임대한 경우 임대인은 갱신거절로 인하여 임차인이 입은 손해를 배상하여야 한다.

⑥ 제5항에 따른 손해배상액은 거절 당시 당사자 간에 손해배상액의 예정에 관한 합의가 이루어지지 않는 한 다음 각 호의 금액 중 큰 금액으로 한다.

1. 갱신거절 당시 월차임(차임 외에 보증금이 있는 경우에는 그 보증금을 제7조의2 각 호 중 낮은 비율에 따라 월 단위의 차임으로 전환한 금액을 포함한다. 이하 "환산월차임"이라 한다)의 3개월분에 해당하는 금액
2. 임대인이 제3자에게 임대하여 얻은 환산월차임과 갱신거절 당시 환산월차임 간 차액의 2년분에 해당하는 금액
3. 제1항제8호의 사유로 인한 갱신거절로 인하여 임차인이 입은 손해액

(2020.7.31 본조신설)

1. 개정 법률 시행 무렵 이루어진 계약갱신요구의 효력 6조의3 1항(개정규정)은 부칙(2020.7.31) 2조 1항에 따라 개정법 시행 당시 존속 중인 임대차에 대하여도 적용되므로 2020.8.15 종료되는 임대차계약에도 개정규정이 적용되나, 개정규정은 6조 1항 전단의 기간, 즉 임대차기간이 끝나기 6개월 전부터 1개월 전까지의 기간 이내에 계약갱신을 요구할 경우 적용되는 것이므로, 위 기간이 지난 후인 2020.7.31 계약갱신을 요구한 것은 효력이 없고, 위 기간 내인 2020.7.9 계약갱신을 요구한 것은 개정규정 시행 전의 사실행위로서 개정규정에 따른 계약갱신 요구로 볼 수 없다.(대판 2021.12.30, 2021다263229)

제7조【차임 등의 증감청구권】 ① 당사자는 약정한 차임이나 보증금이 임차주택에 관한 조세, 공과금, 그 밖의 부담의 증감이나 경제사정의 변동으로 인하여 적절하지 아니하게 된 때에는 장래에 대하여 그 증감을 청구할 수 있다. 이 경우 증액청구는 임대차계약 또는 약정한 차임이나 보증금의 증액이 있은 후 1년 이내에는 하지 못한다. (2020.7.31 본항개정)

② 제1항에 따른 증액청구는 약정한 차임이나 보증금의 20분의 1의 금액을 초과하지 못한다. 다만, 특별시·광역시·특별자치시·도 및 특별자치도는 관할 구역 내의 지역별 임대차 시장 여건 등을 고려하여 본문의 범위에서 증액청구의 상한을 조례로 달리 정할 수 있다. (2020.7.31 본항신설)

▣ 민628

제7조의2【월차임 전환 시 산정률의 제한】 보증금의 전부 또는 일부를 월 단위의 차임으로 전환하는 경우에는 그 전환되는 금액에 다음 각 호 중 낮은 비율을 곱한 월차임(月借賃)의 범위를 초과할 수 없다. (2010.5.17, 2013.8.13, 2016.5.29 본항개정)

1. 「은행법」에 따른 은행에서 적용하는 대출금리와 해당 지역의 경제 여건 등을 고려하여 대통령령으로 정하는 비율
2. 한국은행에서 공시한 기준금리에 대통령령으로 정하는 이율을 더한 비율

제8조【보증금 중 일정액의 보호】 ① 임차인은 보증금 중 일정액을 다른 담보물권자(擔保物權者)보다 우선하여 변제받을 권리가 있다. 이 경우 임차인은 주택에 대한 경매신청의 등기 전에 제3조제1항의 요건을 갖추어야 한다.

② 제1항의 경우에는 제3조의2제4항부터 제6항까지의 규정을 준용한다.

③ 제1항에 따라 우선변제를 받을 임차인 및 보증금 중 일정액의 범위와 기준은 제8조의2에 따른 주택임대차위원회의 심의를 거쳐 대통령령으로 정한다. 다만, 보증금 중 일정액의 범위와 기준은 주택가액(대지의 가액을 포함한다)의 2분의 1을 넘지 못한다.(2009.5.8 본항개정)

1. 채권자가 임대차계약을 체결하고 거주하였다 하더라도 임대차계약 목적이 채권 회수인 경우 소액임차인으로 보호받는지 여부 채권자가 채무자 소유의 주택에 관하여 채무자와 임대차계약을 체결하고 전입신고를 마친 다음 그곳에 거주하였다고 하더라도 실제 임대차계약의 주된 목적이 주택을 사용 수익하려는 것에 있는 것이 아니고, 실제적으로는 소액임차인으로 보호받아 선순위 담보권자에 우선하여 채권을 회수하려는 것에 주된 목적이 있었던 경우에는 그러한

임차인을 주택임대법상 소액임차인으로 보호할 수 없다.(대판 2001.5.8, 2001다14733)

2. 소액임차인이 배당요구가 필요한 채권자인지 여부(적극) 주택임대법에 의하여 우선변제청구권이 인정되는 소액임차인의 소액보증금반환채권은 구 민소 605조 1항에서 규정하는 배당요구가 필요한 배당요구채권에 해당한다.(대판 2002.1.22, 2001다70702)

3. 주택임차인이 대지와 건물로부터 동시에 배당받는 경우 민 368조 유추적용 주택임대법 8조에 규정된 소액보증금반환청구권은 임차목적 주택에 대하여 저당권에 의하여 담보된 채권, 조세 등에 우선하여 변제받을 수 있는 이른바 법정담보물권으로서, 주택임차인이 대지와 건물 모두로부터 배당을 받는 경우에는 마치 그 대지와 건물 전부에 대한 공동저당권자와 유사한 지위에 서게 되므로 대지와 건물이 동시에 매각되어 주택임차인에게 그 경매대가를 동시에 배당하는 때에는 민 368조 1항을 유추적용하여 대지와 건물의 경매대가에 비례하여 그 채권의 분담을 정하여야 할 것이다.(대판 2003.9.5, 2001다66291)

4. 채무자가 채무초과 상태에서 채무자 소유의 유일한 주택을 임대한 행위가 사해행위인지 여부(적극) 주택임대법 8조의 소액보증금 최우선변제권은 임차목적 주택에 대하여 저당권에 의하여 담보된 채권, 조세 등에 우선하여 변제받을 수 있는 일종의 법정담보물권을 부여한 것이므로, 채무자가 채무초과상태에서 채무자 소유의 유일한 주택에 대하여 위 법조 소정의 임차권을 설정해 준 행위는 채무초과상태에서의 담보제공행위로서 채무자의 총재산의 감소를 초래하는 행위가 되는 것이고, 따라서 그 임차권설정행위는 사해행위 취소의 대상이 된다.(대판 2005.5.13, 2003다50771)

5. 임차보증금을 낮춘 경우 소액임차인에 해당하는지 여부(소극) 이미 아파트를 소유하고 있던 자가 공인중개사인 남편의 중개에 따라 근저당권 채권최고액의 합계가 시세를 초과하고 경매가 곧 개시될 것으로 예상되는 아파트를 소액임차인 요건에 맞도록 시세보다 현저히 낮은 임차보증금으로 임차하고, 계약상 잔금지급기일과 목적물인도기일보다 앞당겨 보증금 잔액을 지급하고 전입신고 후 확정일자를 받은 경우, 그는 주택임대법의 보호대상인 소액임차인에 해당하지 않는다.(대판 2013.12.12, 2013다62223)

제8조의2 【주택임대차위원회】 ① 제8조에 따라 우선변제를 받을 임차인 및 보증금 중 일정액의 범위와 기준을 심의하기 위하여 법무부에 주택임대차위원회(이하 "위원회"라 한다)를 둔다.

② 위원회는 위원장 1명을 포함한 9명 이상 15명 이하의 위원으로 성별을 고려하여 구성한다.
(2020.7.31 본항개정)

③ 위원회의 위원장은 법무부차관이 된다.

④ 위원회의 위원은 다음 각 호의 어느 하나에 해당하는 사람 중에서 위원장이 임명하거나 위촉하되, 제1호부터 제5호까지에 해당하는 위원을 각각 1명 이상 임명하거나 위촉하여야 하고, 위원 중 2분의 1 이상은 제1호·제2호 또는 제6호에 해당하는 사람을 위촉하여야 한다. (2013.3.23, 2020.7.31 본항개정)

1. 법학·경제학 또는 부동산학 등을 전공하고 주택임대차 관련 전문지식을 갖춘 사람으로서 공인된 연구기관에서 조교수 이상 또는 이에 상당하는 직에 5년 이상 재직한 사람
2. 변호사·감정평가사·공인회계사·세무사 또는 공인중개사로서 5년 이상 해당 분야에서 종사하고 주택임대차 관련 업무경험이 풍부한 사람
3. 기획재정부에서 물가 관련 업무를 담당하는 고위공무원단에 속하는 공무원
4. 법무부에서 주택임대차 관련 업무를 담당하는 고위공무원단에 속하는 공무원(이에 상당하는 특정직 공무원을 포함한다)
5. 국토교통부에서 주택사업 또는 주거복지 관련 업무를 담당하는 고위공무원단에 속하는 공무원
6. 그 밖에 주택임대차 관련 학식과 경험이 풍부한 사람으로서 대통령령으로 정하는 사람

⑤ 그 밖에 위원회의 구성 및 운영 등에 필요한 사항은 대통령령으로 정한다.
(2009.5.8 본조신설)

제9조 【주택 임차권의 승계】 ① 임차인이 상속인 없이 사망한 경우에는 그 주택에서 가정공동생활을 하던 사실상의 혼인 관계에 있는 자가 임차인의 권리와 의무를 승계한다.

② 임차인이 사망한 때에 사망 당시 상속인이 그 주택에서 가정공동생활을 하고 있지 아니한 경우에는 그 주택에서 가정공동생활을 하던 사실상의 혼인 관계에 있는 자와 2촌 이내의 친족이 공동으로 임차인의 권리와 의무를 승계한다.

③ 제1항과 제2항의 경우에 임차인이 사망한 후 1개월 이내에 임대인에게 제1항과 제2항에 따른 승계 대상자가 반대의사를 표시한 경우에는 그러하지 아니하다.

④ 제1항과 제2항의 경우에 임대차 관계에서 생긴 채권·채무는 임차인의 권리의무를 승계한 자에게 귀속된다.

▣ 민767·768·769

제10조 【강행규정】 이 법에 위반된 약정(約定)으로서 임차인에게 불리한 것은 그 효력이 없다.

▣ 민652

제10조의2 【초과 차임 등의 반환청구】 임차인이 제7조에 따른 증액비율을 초과하여 차임 또는 보증금을 지급하거나 제7조의2에 따른 월차임 산정률을 초과하여 차임을 지급한 경우에는 초과 지급된 차임 또는 보증금 상당금액의 반환을 청구할 수 있다.
(2013.8.13 본조신설)

제11조 【일시사용을 위한 임대차】 이 법은 일시사용하기 위한 임대차임이 명백한 경우에는 적용하지 아니한다.

▣ 민653

제12조 【미등기 전세에의 준용】 주택의 등기를 하지 아니한 전세계약에 관하여는 이 법을 준용한다. 이 경우 "전세금"은 "임대차의 보증금"으로 본다.

제13조 【「소액사건심판법」의 준용】 임차인이 임대인에 대하여 제기하는 보증금반환청구소송에 관하여는 「소액사건심판법」 제6조, 제7조, 제10조 및 제11조의2를 준용한다.

제14조【주택임대차분쟁조정위원회】 ① 이 법의 적용을 받는 주택임대차와 관련된 분쟁을 심의·조정하기 위하여 대통령령으로 정하는 바에 따라 「법률구조법」 제8조에 따른 대한법률구조공단(이하 "공단"이라 한다)의 지부, 「한국토지주택공사법」에 따른 한국토지주택공사(이하 "공사"라 한다)의 지사 또는 사무소 및 「한국감정원법」에 따른 한국감정원(이하 "감정원"이라 한다)의 지사 또는 사무소에 주택임대차분쟁조정위원회(이하 "조정위원회"라 한다)를 둔다. 특별시·광역시·특별자치시·도 및 특별자치도(이하 "시·도"라 한다)는 그 지방자치단체의 실정을 고려하여 조정위원회를 둘 수 있다. (2020.7.31 본항개정)

② 조정위원회는 다음 각 호의 사항을 심의·조정한다.

1. 차임 또는 보증금의 증감에 관한 분쟁
2. 임대차 기간에 관한 분쟁
3. 보증금 또는 임차주택의 반환에 관한 분쟁
4. 임차주택의 유지·수선 의무에 관한 분쟁
5. 그 밖에 대통령령으로 정하는 주택임대차에 관한 분쟁

③ 조정위원회의 사무를 처리하기 위하여 조정위원회에 사무국을 두고, 사무국의 조직 및 인력 등에 필요한 사항은 대통령령으로 정한다.

④ 사무국의 조정위원회 업무담당자는 「상가건물임대차보호법」 제20조에 따른 상가건물임대차분쟁조정위원회 사무국의 업무를 제외하고 다른 직위의 업무를 겸직하여서는 아니 된다. (2018.10.16 본항개정)

(2016.5.29 본조신설)

제15조【예산의 지원】 국가는 조정위원회의 설치·운영에 필요한 예산을 지원할 수 있다.

(2016.5.29 본조신설, 2017.5.30 시행)

제16조【조정위원회의 구성 및 운영】 ① 조정위원회는 위원장 1명을 포함하여 5명 이상 30명 이하의 위원으로 성별을 고려하여 구성한다. (2020.7.31 본항개정)

② 조정위원회의 위원은 조정위원회를 두는 기관에 따라 공단 이사장, 공사 사장, 감정원 원장 또는 조정위원회를 둔 지방자치단체의 장이 각각 임명하거나 위촉한다. (2020.7.31 본항개정)

③ 조정위원회의 위원은 주택임대차에 관한 학식과 경험이 풍부한 사람으로서 다음 각 호의 어느 하나에 해당하는 사람으로 한다. 이 경우 제1호부터 제4호까지에 해당하는 위원을 각 1명 이상 위촉하여야 하고, 위원 중 5분의 2 이상은 제2호에 해당하는 사람이어야 한다.

1. 법학·경제학 또는 부동산학 등을 전공하고 대학이나 공인된 연구기관에서 부교수 이상 또는 이에 상당하는 직에 재직한 사람
2. 판사·검사 또는 변호사로 6년 이상 재직한 사람
3. 감정평가사·공인회계사·법무사 또는 공인중개사로서 주택임대차 관계 업무에 6년 이상 종사한 사람
4. 「사회복지사업법」에 따른 사회복지법인과 그 밖의 비영리법인에서 주택임대차분쟁에 관한 상담에 6년 이상 종사한 경력이 있는 사람
5. 해당 지방자치단체에서 주택임대차 관련 업무를 담당하는 4급 이상의 공무원
6. 그 밖에 주택임대차 관련 학식과 경험이 풍부한 사람으로서 대통령령으로 정하는 사람

④ 조정위원회의 위원장은 제3항제2호에 해당하는 위원 중에서 위원들이 호선한다.

⑤ 조정위원회위원장은 조정위원회를 대표하여 그 직무를 총괄한다.

⑥ 조정위원회위원장이 부득이한 사유로 직무를 수행할 수 없는 경우에는 조정위원회위원장이 미리 지명한 조정위원이 그 직무를 대행한다.

⑦ 조정위원의 임기는 3년으로 하되 연임할 수 있으며, 보궐위원의 임기는 전임자의 남은 임기로 한다.

⑧ 조정위원회는 조정위원회위원장 또는 제3항제2호에 해당하는 조정위원 1명 이상을 포함한 재적위원 과반수의 출석과 출석위원 과반수의 찬성으로 의결한다.

⑨ 그 밖에 조정위원회의 설치, 구성 및 운영 등에 필요한 사항은 대통령령으로 정한다.

(2016.5.29 본조신설)

제17조【조정부의 구성 및 운영】 ① 조정위원회는 분쟁의 효율적 해결을 위하여 3명의 조정위원으로 구성된 조정부를 둘 수 있다.

② 조정부에는 제16조제3항제2호에 해당하는 사람이 1명 이상 포함되어야 하며, 그중에서 조정위원회위원장이 조정부의 장을 지명한다.

③ 조정부는 다음 각 호의 사항을 심의·조정한다.

1. 제14조제2항에 따른 주택임대차분쟁 중 대통령령으로 정하는 금액 이하의 분쟁
2. 조정위원회가 사건을 특정하여 조정부에 심의·조정을 위임한 분쟁

④ 조정부는 조정부의 장을 포함한 재적위원 과반수의 출석과 출석위원 과반수의 찬성으로 의결한다.

⑤ 제4항에 따라 조정부가 내린 결정은 조정위원회가 결정한 것으로 본다.

⑥ 그 밖에 조정부의 설치, 구성 및 운영 등에 필요한 사항은 대통령령으로 정한다.

(2016.5.29 본조신설, 2017.5.30 시행)

제18조【조정위원의 결격사유】 「국가공무원법」 제33조 각 호의 어느 하나에 해당하는 사람은 조정위원이 될 수 없다.

(2016.5.29 본조신설, 2017.5.30 시행)

제19조【조정위원의 신분보장】 ① 조정위원은 자신의 직무를 독립적으로 수행하고 주택임대차분쟁의 심리 및 판단에 관하여 어떠한 지시에도 구속되지 아니한다.

② 조정위원은 다음 각 호의 어느 하나에 해당하는 경우를 제외하고는 그 의사에 반하여 해임 또는 해촉되지 아니한다.

1. 제18조에 해당하는 경우
2. 신체상 또는 정신상의 장애로 직무를 수행할 수 없게 된 경우

(2016.5.29 본조신설, 2017.5.30 시행)

제20조【조정위원의 제척 등】 ① 조정위원이 다음 각 호의 어느 하나에 해당하는 경우 그 직무의 집행에서 제척된다.

1. 조정위원 또는 그 배우자나 배우자이었던 사람이 해당 분쟁사건의 당사자가 되는 경우
2. 조정위원이 해당 분쟁사건의 당사자와 친족관계에 있거나 있었던 경우
3. 조정위원이 해당 분쟁사건에 관하여 진술, 감정 또는 법률자문을 한 경우
4. 조정위원이 해당 분쟁사건에 관하여 당사자의 대리인으로서 관여하거나 관여하였던 경우

② 사건을 담당한 조정위원에게 제척의 원인이 있는 경우에는 조정위원회는 직권 또는 당사자의 신청에 따라 제척의 결정을 한다.

③ 당사자는 사건을 담당한 조정위원에게 공정한 직무집행을 기대하기 어려운 사정이 있는 경우 조정위원회에 기피신청을 할 수 있다.

④ 기피신청에 관한 결정은 조정위원회가 하고, 해당 조정위원 및 당사자 쌍방은 그 결정에 불복하지 못한다.

⑤ 제3항에 따른 기피신청이 있는 때에는 조정위원회는 그 신청에 대한 결정이 있을 때까지 조정절차를 정지하여야 한다.

⑥ 조정위원은 제1항 또는 제3항에 해당하는 경우 조정위원회의 허가를 받지 아니하고 해당 분쟁사건의 직무집행에서 회피할 수 있다.

(2016.5.29 본조신설, 2017.5.30 시행)

제21조【조정의 신청 등】 ① 제14조제2항 각 호의 어느 하나에 해당하는 주택임대차분쟁의 당사자는 해당 주택이 소재하는 지역을 관할하는 조정위원회에 분쟁의 조정을 신청할 수 있다. (2020.7.31 본항개정)

② 조정위원회는 신청인이 조정을 신청할 때 조정절차 및 조정의 효력 등 분쟁조정에 관하여 대통령령으로 정하는 사항을 안내하여야 한다.

③ 조정위원회의 위원장은 다음 각 호의 어느 하나에 해당하는 경우 신청을 각하한다. 이 경우 그 사유를 신청인에게 통지하여야 한다. (2020.6.9 본항개정)

1. 이미 해당 분쟁조정사항에 대하여 법원에 소가 제기되거나 조정 신청이 있은 후 소가 제기된 경우
2. 이미 해당 분쟁조정사항에 대하여 「민사조정법」에 따른 조정이 신청된 경우나 조정신청이 있은 후 같은 법에 따른 조정이 신청된 경우
3. 이미 해당 분쟁조정사항에 대하여 이 법에 따른 조정위원회에 조정이 신청된 경우나 조정신청이 있은 후 조정이 성립된 경우
4. 조정신청 자체로 주택임대차에 관한 분쟁이 아님이 명백한 경우
5. 피신청인이 조정절차에 응하지 아니한다는 의사를 통지한 경우
6. 신청인이 정당한 사유 없이 조사에 응하지 아니하거나 2회 이상 출석요구에 응하지 아니한 경우

(2016.5.29 본조신설)

제22조【조정절차】 ① 조정위원회의 위원장은 신청인으로부터 조정신청을 접수한 때에는 지체 없이 조정절차를 개시하여야 한다. (2020.6.9 본항개정)

② 조정위원회의 위원장은 제1항에 따라 조정신청을 접수하면 피신청인에게 조정신청서를 송달하여야 한다. 이 경우 제21조제2항을 준용한다.

(2020.6.9 본항개정)

③ 조정서류의 송달 등 조정절차에 관하여 필요한 사항은 대통령령으로 정한다.

(2016.5.29 본조신설)

제23조【처리기간】 ① 조정위원회는 분쟁의 조정신청을 받은 날부터 60일 이내에 그 분쟁조정을 마쳐야 한다. 다만, 부득이한 사정이 있는 경우에는 조정위원회의 의결을 거쳐 30일의 범위에서 그 기간을 연장할 수 있다.

② 조정위원회는 제1항 단서에 따라 기간을 연장한 경우에는 기간 연장의 사유와 그 밖에 기간 연장에 관한 사항을 당사자에게 통보하여야 한다.

(2016.5.29 본조신설, 2017.5.30 시행)

제24조【조사 등】 ① 조정위원회는 조정을 위하여 필요하다고 인정하는 경우 신청인, 피신청인, 분쟁 관련 이해관계인 또는 참고인에게 출석하여 진술하게 하거나 조정에 필요한 자료나 물건 등을 제출하도록 요구할 수 있다.

② 조정위원회는 조정을 위하여 필요하다고 인정하는 경우 조정위원 또는 사무국의 직원으로 하여금 조정 대상물 및 관련 자료에 대하여 조사하게 하거나 자료를 수집하게 할 수 있다. 이 경우 조정위원이나 사무국의 직원은 그 권한을 표시하는 증표를 지니고 이를 관계인에게 내보여야 한다.

③ 조정위원회위원장은 특별시장, 광역시장, 특별

자치시장, 도지사 및 특별자치도지사(이하 "시·도지사"라 한다)에게 해당 조정업무에 참고하기 위하여 인근지역의 확정일자 자료, 보증금의 월차임 전환율 등 적정 수준의 임대료 산정을 위한 자료를 요청할 수 있다. 이 경우 시·도지사는 정당한 사유가 없으면 조정위원회위원장의 요청에 따라야 한다.
(2016.5.29 본조신설, 2017.5.30 시행)

제25조【조정을 하지 아니하는 결정】 ① 조정위원회는 해당 분쟁이 그 성질상 조정을 하기에 적당하지 아니하다고 인정하거나 당사자가 부당한 목적으로 조정을 신청한 것으로 인정할 때에는 조정을 하지 아니할 수 있다.
② 조정위원회는 제1항에 따라 조정을 하지 아니하기로 결정하였을 때에는 그 사실을 당사자에게 통지하여야 한다.
(2016.5.29 본조신설, 2017.5.30 시행)

제26조【조정의 성립】 ① 조정위원회가 조정안을 작성한 경우에는 그 조정안을 지체 없이 각 당사자에게 통지하여야 한다.
② 제1항에 따라 조정안을 통지받은 당사자가 통지받은 날부터 14일 이내에 수락의 의사를 서면으로 표시하지 아니한 경우에는 조정을 거부한 것으로 본다. (2020.6.9 본항개정)
③ 제2항에 따라 각 당사자가 조정안을 수락한 경우에는 조정안과 동일한 내용의 합의가 성립된 것으로 본다.
④ 제3항에 따른 합의가 성립한 경우 조정위원회위원장은 조정안의 내용을 조정서로 작성한다. 조정위원회위원장은 각 당사자 간에 금전, 그 밖의 대체물의 지급 또는 부동산의 인도에 관하여 강제집행을 승낙하는 취지의 합의가 있는 경우에는 그 내용을 조정서에 기재하여야 한다.
(2016.5.29 본조신설)

제27조【집행력의 부여】 제26조제4항 후단에 따라 강제집행을 승낙하는 취지의 내용이 기재된 조정서의 정본은 「민사집행법」 제56조에도 불구하고 집행력 있는 집행권원과 같은 효력을 가진다. 다만, 청구에 관한 이의의 주장에 대하여는 같은 법 제44조제2항을 적용하지 아니한다.
(2016.5.29 본조신설, 2017.5.30 시행)

제28조【비밀유지의무】 조정위원, 사무국의 직원 또는 그 직에 있었던 자는 다른 법률에 특별한 규정이 있는 경우를 제외하고는 직무상 알게 된 정보를 타인에게 누설하거나 직무상 목적 외에 사용하여서는 아니 된다.
(2016.5.29 본조신설, 2017.5.30 시행)

제29조【다른 법률의 준용】 조정위원회의 운영 및 조정절차에 관하여 이 법에서 규정하지 아니한 사항에 대하여는 「민사조정법」을 준용한다.
(2016.5.29 본조신설, 2017.5.30 시행)

제30조【주택임대차표준계약서 사용】 주택임대차계약을 서면으로 체결할 때에는 법무부장관이 국토교통부장관과 협의하여 정하는 주택임대차표준계약서를 우선적으로 사용한다. 다만, 당사자가 다른 서식을 사용하기로 합의한 경우에는 그러하지 아니하다. (2020.7.31 본조개정)
(2016.5.29 본조신설)

제31조【벌칙 적용에서 공무원 의제】 공무원이 아닌 주택임대차위원회의 위원 및 주택임대차분쟁조정위원회의 위원은 「형법」 제127조, 제129조부터 제132조까지의 규정을 적용할 때에는 공무원으로 본다.
(2016.5.29 본조신설, 2017.5.30 시행) 제31조(주택임대차분쟁조정위원회에 관한 부분만 해당한다)

附 則 (1999.1.21)

① **【施行日】** 이 法은 1999年 3月 1日부터 施行한다.
② **【存續 중인 賃貸借에 관한 經過措置】** 이 法은 특별한 規定이 있는 경우를 제외하고는 이 法 施行 당시 存續중인 賃貸借에 대하여도 이를 적용한다.
③ **【賃貸借登記에 관한 經過措置】** 第3條의4의 改正規定은 이 法 施行전에 이미 經了된 賃貸借登記에 대하여는 이를 적용하지 아니한다.

附 則 (2002.1.26)

第1條【시행일】 이 법은 2002년 7월 1일부터 시행한다.(이하 생략)

附 則 (2005.1.27)

第1條【시행일】 이 법은 공포 후 6월이 경과한 날부터 시행한다.(이하 생략)

附 則 (2007.8.3)

이 법은 공포 후 3개월이 경과한 날부터 시행한다.

附 則 (2008.3.21)

이 법은 공포한 날부터 시행한다.

附 則 (2009.5.8)

이 법은 공포 후 3개월이 경과한 날부터 시행한다.

부 칙 (2010.5.17)

이 법은 공포 후 6개월이 경과한 날부터 시행한다. (이하생략)

부 칙 (2011.4.12) (부동산등기법)

제1조【시행일】 이 법은 공포 후 6개월이 경과한 날부터 시행한다. (단서 생략)

부 칙 (2013.3.23) (정부조직법)

제1조【시행일】 ① 이 법은 공포한 날부터 시행한다.
② 생략 (이하생략)

부 칙 (2013.8.13)

제1조【시행일】 이 법은 2014년 1월 1일부터 시행한다. 다만, 제3조의2제4항, 제6항부터 제9항까지, 제3조의3제1항 및 제9항, 제10조의2의 개정규정은 공포한 날부터 시행한다.
제2조【일반적 적용례】 이 법은 이 법 시행 후 최초로 체결되거나 갱신되는 임대차부터 적용한다.
제3조【중소기업 법인의 대항력에 관한 적용례 및 경과조치】 ① 제3조제3항의 개정규정은 법인(「중소기업기본법」 제2조에 따른 중소기업인 법인에 한정한다)이 임차인인 이 법 시행 당시 존속 중인 임대차에 대하여도 적용하되, 이 법 시행 전에 물권을 취득한 제3자에 대하여는 그 효력이 없다.
② 제1항에도 불구하고 이 법 시행 당시 존속 중인 임대차의 기간에 대하여는 종전의 규정에 따른다.
제4조【금융기관등의 우선변제권에 관한 적용례】 제3조의2제4항, 제6항부터 제9항까지, 제3조의3제1항 및 제9항의 개정규정은 같은 개정규정 시행 당시 존속 중인 임대차에 대하여도 적용하되, 같은 개정규정 시행 후 최초로 보증금반환채권을 양수한 경우부터 적용한다.
제5조【월차임 전환 시 산정률의 제한에 관한 적용례】 제7조의2의 개정규정은 이 법 시행 당시 존속 중인 임대차에 대하여도 적용하되, 이 법 시행 후 최초로 보증금의 전부 또는 일부를 월 단위 차임으로 전환하는 경우부터 적용한다.

부 칙 (2015.1.6) (주택도시기금법)

제1조【시행일】 이 법은 2015년 7월 1일부터 시행한다.

부 칙 (2016.5.29)

제1조【시행일】 이 법은 공포 후 6개월이 경과한 날부터 시행한다. 다만, 제14조부터 제29조까지 및 제31조(주택임대차분쟁조정위원회에 관한 부분만 해당한다)의 개정규정은 공포 후 1년이 경과한 날부터 시행한다.
제2조【월차임 전환율에 관한 적용례】 제7조의2의 개정규정은 이 법 시행 당시 존속 중인 임대차에 대하여도 적용하되, 이 법 시행 후 최초로 보증금의 전부 또는 일부를 월 단위 차임으로 전환하는 경우부터 적용한다.

부 칙 (2016.5.29) (수산업협동조합법)

제1조【시행일】 이 법은 2016년 12월 1일부터 시행한다. (이하생략)

부 칙 (2018.10.16) (상가건물 임대차보호법)

제1조【시행일】 이 법은 공포한 날부터 시행한다. (이하생략)

부 칙 (2020.2.4) (부동산등기법)

제1조【시행일】 이 법은 공포 후 6개월이 경과한 날부터 시행한다. (이하생략)

부 칙 (2020.6.9)

제1조【시행일】 이 법은 공포 후 6개월이 경과한 날부터 시행한다.

부 칙 (2020.7.31)

제1조【시행일】 이 법은 공포한 날부터 시행한다. 다만, 제8조의2제2항·제4항, 제14조제1항, 제16조제1항·제2항, 제21조제1항 및 제30조의 개정규정은 공포 후 3개월이 경과한 날부터 시행한다.
제2조【계약갱신 요구 등에 관한 적용례】 ① 제6조의3 및 제7조의 개정규정은 이 법 시행 당시 존속 중인 임대차에 대하여도 적용한다.
② 제1항에도 불구하고 이 법 시행 전에 임대인이 갱신을 거절하고 제3자와 임대차계약을 체결한 경우에는 이를 적용하지 아니한다.

부 칙 (2023.4.18)

제1조【시행일】 이 법은 공포 후 3개월이 경과한 날부터 시행한다. 다만, 제3조의7의 개정규정은 공포한 날부터 시행한다. (2023.7.11. 본조개정)
제2조【임차권등기명령의 집행에 관한 적용례】 제3조의3제3항 각 호 외의 부분 전단의 개정규정은 이 법 시행 전에 내려져 이 법 시행 당시 임대인에

게 송달되지 아니한 임차권등기명령에 대해서도 적용한다.

제3조【임대인의 정보 제시 의무에 관한 적용례】 제3조의7의 개정규정은 같은 개정규정 시행 이후 임대차계약을 체결하는 경우부터 적용한다.

부 칙 (2023.7.11)

이 법은 공포한 날부터 시행한다.

상가건물 임대차보호법

(2001년 12월 29일 법 률 제6542호)

개정
2002. 8.26법6718호
2005. 1.27법7358호(민집)
2009. 1.30법9361호 2009. 5. 8법9649호
2010. 5.17법10303호(은행)
2011. 4.12법10580호(부동산등기법)
2013. 6. 7법11873호(부가가치세법)
2013. 8.13법12042호
2015. 5.13법13284호
2016. 5.29법14242호(수산업협동조합법)
2018.10.16법15791호
2020. 2. 4법16912호(부동산등기법)→2020. 8. 5 시행
2020. 7.31법17471호 2020. 9.29법17490호
2022. 1. 4법18675호

(2009.1.30 한글개정)

제1조【목적】 이 법은 상가건물 임대차에 관하여 「민법」에 대한 특례를 규정하여 국민 경제생활의 안정을 보장함을 목적으로 한다.

제2조【적용범위】 ① 이 법은 상가건물(제3조제1항에 따른 사업자등록의 대상이 되는 건물을 말한다)의 임대차(임대차 목적물의 주된 부분을 영업용으로 사용하는 경우를 포함한다)에 대하여 적용한다. 다만, 제14조의2에 따른 상가건물임대차위원회의 심의를 거쳐 대통령령으로 정하는 보증금액을 초과하는 임대차에 대하여는 그러하지 아니하다. (2020.7.31 본항개정)

② 제1항 단서에 따른 보증금액을 정할 때에는 해당 지역의 경제 여건 및 임대차 목적물의 규모 등을 고려하여 지역별로 구분하여 규정하되, 보증금 외에 차임이 있는 경우에는 그 차임액에 「은행법」에 따른 은행의 대출금리 등을 고려하여 대통령령으로 정하는 비율을 곱하여 환산한 금액을 포함하여야 한다. (2010.5.17 본항개정)

③ 제1항 단서에도 불구하고 제3조, 제10조제1항, 제2항, 제3항 본문, 제10조의2부터 제10조의9까지의 규정, 제11조의2 및 제19조는 제1항 단서에 따른 보증금액을 초과하는 임대차에 대하여도 적용한다. (2013.8.13 본항신설, 2015.5.13, 2020.9.29, 2022.1.4 본항개정)

1. 상가건물 임대차의 의미와 상가건물에 해당하는지에 관한 판단 기준 이 법이 적용되는 상가건물 임대차는 사업자등록 대상이 되는 건물로서 임대차 목적물인 건물을 영리를 목적으로 하는 영업용으로 사용하는 임대차를 가리킨다. 그리고 상가건물 임대차보호법이 적용되는 상가건물에 해당하는지는 공부상 표시가 아닌 건물의 현황·용도 등에 비추어 영업용으로 사용하느냐에 따라 실질적으로 판단하여야 한다. 단순히 상품의 보관·제조·가공 등 사실행위만이 이루어지는 공장·창고 등은 영업용으로 사용하는 경우라고 할 수 없으나 그곳에서 그러한 사실행위와 더불어 영리를 목적으로 하는 활동이 함께 이루어진다면 상가건물 임대차보호법 적용대상인 상가건물에 해당한다.(대판 2011.7.28, 2009다

40967)

제3조 【대항력 등】 ① 임대차는 그 등기가 없는 경우에도 임차인이 건물의 인도와 「부가가치세법」 제8조, 「소득세법」 제168조 또는 「법인세법」 제111조에 따른 사업자등록을 신청하면 그 다음 날부터 제3자에 대하여 효력이 생긴다. (2013.6.7 본항개정)

② 임차건물의 양수인(그 밖에 임대할 권리를 승계한 자를 포함한다)은 임대인의 지위를 승계한 것으로 본다.

③ 이 법에 따라 임대차의 목적이 된 건물이 매매 또는 경매의 목적물이 된 경우에는 「민법」 제575조 제1항 · 제3항 및 제578조를 준용한다.

④ 제3항의 경우에는 「민법」 제536조를 준용한다.

1. 상가임대차의 대향력과 우선변제권 임차인이 상가건물 임대차보호법상의 '대항력' 또는 '우선변제권' 등을 취득하고, 목적물의 소유권이 제3자에게 양도되고 난 뒤, 신소유자와 임차인이 구임대차계약의 효력을 소멸시키려는 의사로 '별개의 임대차계약'을 새로이 체결한 경우, 원칙적으로 임차인이 구임대차계약을 기초로 발생하였던 '대항력' 또는 '우선변제권' 등을 신소유자 등에게 주장할 수 없다.(대판 2013.12.12, 2013다211919)

2. 사업자등록이 대항력과 우선변제권의 존속요건인지 여부 (적극) 및 사업자가 사업을 개시하지 않거나 사실상 폐업한 경우, 임차인이 대항력과 우선변제권을 유지하기 위한 방법 ① 사업자등록은 대항력 또는 우선변제권의 취득요건일 뿐만 아니라 존속요건이기도 하므로, 배당요구의 종기까지 존속하고 있어야 한다. ② 상가건물을 임차하고 사업자등록을 마친 사업자가 임차 건물의 전대차 등으로 당해 사업을 개시하지 않거나 사실상 폐업한 경우에는 그 사업자등록은 부가가치세법 및 상가건물 임대차보호법이 상가임대차의 공시방법으로 요구하는 적법한 사업자등록이라고 볼 수 없다. 이 경우 임차인이 상가임대법상의 대항력 및 우선변제권을 유지하기 위해서는 건물을 직접 점유하면서 사업을 운영하는 전차인이 그 명의로 사업자등록을 하여야 한다.(대판 2006.1.13, 2005다64002)

3. 사업자등록이 임대차를 공시하는 효력이 있는지에 관한 판단 기준 및 대항력을 인정받기 위하여 사업자등록이 갖추어야 할 요건 ① 상가임대법 3조 1항의 사업자등록은 거래의 안전을 위하여 임차권의 존재를 제3자가 명백히 인식할 수 있게 하는 공시방법으로서 마련된 것이므로, 사업자등록이 어떤 임대차를 공시하는 효력이 있는지 여부는 일반 사회통념상 그 사업자등록으로 당해 임대차건물에 사업장을 임차한 사업자가 존재하고 있다고 인식할 수 있는지 여부에 따라 판단하여야 한다. ② 사업자등록신청서에 첨부한 임대차계약서상의 임대차목적물 소재지가 당해 상가건물에 대한 등기부상의 표시와 불일치하는 경우에는 특별한 사정이 없는 한 그 사업자등록은 제3자에 대한 관계에서 유효한 임대차의 공시방법이 될 수 없다. 또한 건물의 일부분을 임차한 경우 그 사업자등록이 제3자에 대한 관계에서 유효한 임대차의 공시방법이 되기 위해서는 사업자등록 신청시 그 임차 부분을 표시한 도면을 첨부하여야 한다.(대판 2008.9.25, 2008다44238)

4. 상가건물 일부를 임차한 사업자가 사업자등록 시 임차 부분을 표시한 도면을 첨부하지 않은 경우 유효한 임대차 공시방법으로 볼 수 있는 경우 상가건물의 일부분을 임차한 사업자가 사업자등록시 임차 부분을 표시한 도면을 첨부하지는 않았지만, 예컨대 상가건물의 특정 층 전부 또는 명확하게 구분되어 있는 특정 호실 전부를 임차한 후 이를 제3자가 명백히 인식할 수 있을 정도로 사업자등록사항에 표시한 경우, 또는 그 현황이나 위치, 용도 등의 기재로 말미암아 도면이 첨부된 경우에 준할 정도로 임차 부분이 명백히 구분됨으로써 당해 사업자의 임차 부분이 어디인지를 객관적으로 명백히 인식할 수 있을 정도로 표시한 경우와 같이 일반 사회통념상 그 사업자등록이 도면 없이도 제3자가 해당 임차인이 임차한 부분을 구분하여 인식할 수 있을 정도로 특정이 되어 있다고 볼 수 있는 경우에는 그 사업자등록을 제3자에 대한 관계에서 유효한 임대차의 공시방법으로 볼 수 있다.(대판 2011.11.24, 2010다56678)

5. 가등기에 기한 본등기를 한 경우 상가임대차의 대항력 소유권이전등기청구권을 보전하기 위하여 가등기를 마친 자가 가등기에 기하여 본등기를 한 경우에 가등기의 순위보전의 효력에 의하여 중간처분이 실효되는 효과를 가져 오므로, 가등기가 경료된 후 비로소 상가임대법 소정의 대항력을 취득한 상가건물의 임차인으로서는 그 가등기에 기하여 본등기를 한 자에 대하여 임대차의 효력으로써 대항할 수 없다.(대판 2007.6.28, 2007다25599)

6. 사업자등록신청서에 첨부한 임대차계약서와 등록사항현황서에 기재되어 공시된 임대차보증금 및 차임에 따라 환산된 보증금액이 이 법의 적용대상이 되기 위한 보증금액 한도를 초과하는 경우, 실제 임대차계약의 내용에 따라 환산된 보증금액이 기준을 충족하더라도 임차인이 대항력을 주장할 수 없는지 여부(적극) 사업자등록신청서에 첨부한 임대차계약서와 등록사항현황서에 기재되어 공시된 임대차보증금 및 차임에 따라 환산된 보증금액이 상가건물 임대차보호법의 적용대상이 되기 위한 보증금액 한도를 초과하는 경우에는, 실제 임대차계약의 내용에 따라 환산된 보증금액이 기준을 충족하더라도, 임차인은 위 법에 따른 대항력을 주장할 수 없다. 이러한 법리는 임대차계약이 변경되거나 갱신되었는데 임차인이 사업자등록정정신고를 하지 아니하여 등록사항현황서 등에 기재되어 공시된 내용과 실제 임대차계약의 내용이 불일치하게 된 경우에도 마찬가지이다.(대판 2016.6.9, 2013다215676)

7. 상가건물 임대차에서 임대인 지위 승계와 연체차임의 공제 ① 상가건물의 임차인이 제3자에 대한 대항력을 취득한 다음 임차건물의 양도 등으로 소유자가 변동된 경우에는 양수인 등 새로운 소유자(양수인)가 임대인의 지위를 당연히 승계한다. 소유권 변동의 원인이 매매 등 법률행위든 상속 · 경매 등 법률의 규정이든 상관없다. 따라서 임대를 한 상가건물을 여러 사람이 공유하고 있다가 이를 분할하기 위한 경매절차에서 건물의 소유자가 바뀐 경우에도 양수인이 임대인의 지위를 승계한다. ② 임차건물의 양수인이 임대인의 지위를 승계하면, 양수인은 임차인에게 임대보증금반환의무를 부담하고 임차인은 양수인에게 차임지급의무를 부담한다. 그러나 임차건물의 소유권이 이전되기 전에 이미 발생한 연체차임이나 관리비 등은 별도의 채권양도절차가 없는 한 원칙적으로 양수인에게 이전되지 않고 임대인만이 임차인에게 청구할 수 있다. ③ 임차건물의 양수인이 건물 소유권을 취득한 후 임대차관계가 종료되어 임차인에게 임대차보증금을 반환해야 하는 경우에 임대인의 지위를 승계하기 전까지 발생한 연체차임이나 관리비 등이 있으면 이는 특별한 사정이 없는 한 임대차보증금에서 당연히 공제된다.(대판 2017.3.22, 2016다218874)

8. 상속에 따라 임차건물의 소유권을 취득한 자의 임대인 지위 승계 소유권 변동의 원인이 매매 등 법률행위든 상속 · 경매 등 법률의 규정이든 상관없이 상가임대 3조 2항이 적용되므로, 상속에 따라 임차건물의 소유권을 취득한 자도 위 조항에서 말하는 임차건물의 양수인에 해당한다.(대판 2021.1.28, 2015다59801)

제4조 【확정일자 부여 및 임대차정보의 제공 등】 ① 제5조제2항의 확정일자는 상가건물의 소재지

관할 세무서장이 부여한다.
② 관할 세무서장은 해당 상가건물의 소재지, 확정일자 부여일, 차임 및 보증금 등을 기재한 확정일자부를 작성하여야 한다. 이 경우 전산정보처리조직을 이용할 수 있다.
③ 상가건물의 임대차에 이해관계가 있는 자는 관할 세무서장에게 해당 상가건물의 확정일자 부여일, 차임 및 보증금 등 정보의 제공을 요청할 수 있다. 이 경우 요청을 받은 관할 세무서장은 정당한 사유 없이 이를 거부할 수 없다.
④ 임대차계약을 체결하려는 자는 임대인의 동의를 받아 관할 세무서장에게 제3항에 따른 정보제공을 요청할 수 있다.
⑤ 확정일자부에 기재하여야 할 사항, 상가건물의 임대차에 이해관계가 있는 자의 범위, 관할 세무서장에게 요청할 수 있는 정보의 범위 및 그 밖에 확정일자 부여사무와 정보제공 등에 필요한 사항은 대통령령으로 정한다.
(2015.5.13 본조개정, 2015.11.14 시행)

제5조 【보증금의 회수】 ① 임차인이 임차건물에 대하여 보증금반환청구소송의 확정판결, 그 밖에 이에 준하는 집행권원에 의하여 경매를 신청하는 경우에는 「민사집행법」 제41조에도 불구하고 반대의무의 이행이나 이행의 제공을 집행개시의 요건으로 하지 아니한다.
② 제3조제1항의 대항요건을 갖추고 관할 세무서장으로부터 임대차계약서상의 확정일자를 받은 임차인은 「민사집행법」에 따른 경매 또는 「국세징수법」에 따른 공매 시 임차건물(임대인 소유의 대지를 포함한다)의 환가대금에서 후순위권리자나 그 밖의 채권자보다 우선하여 보증금을 변제받을 권리가 있다.
③ 임차인은 임차건물을 양수인에게 인도하지 아니하면 제2항에 따른 보증금을 받을 수 없다.
④ 제2항 또는 제7항에 따른 우선변제의 순위와 보증금에 대하여 이의가 있는 이해관계인은 경매법원 또는 체납처분청에 이의를 신청할 수 있다.
(2013.8.13 본항개정)
⑤ 제4항에 따라 경매법원에 이의를 신청하는 경우에는 「민사집행법」 제152조부터 제161조까지의 규정을 준용한다.
⑥ 제4항에 따라 이의신청을 받은 체납처분청은 이해관계인이 이의신청일부터 7일 이내에 임차인 또는 제7항에 따라 우선변제권을 승계한 금융기관 등을 상대로 소(訴)를 제기한 것을 증명한 때에는 그 소송이 종결될 때까지 이의가 신청된 범위에서 임차인 또는 제7항에 따라 우선변제권을 승계한 금융기관 등에 대한 보증금의 변제를 유보(留保)하고 남은 금액을 배분하여야 한다. 이 경우 유보된 보증금은 소송 결과에 따라 배분한다. (2013.8.13 본항개정)
⑦ 다음 각 호의 금융기관 등이 제2항, 제6조제5항 또는 제7조제1항에 따른 우선변제권을 취득한 임차인의 보증금반환채권을 계약으로 양수한 경우에는 양수한 금액의 범위에서 우선변제권을 승계한다.
(2013.8.13 본항신설)
1. 「은행법」에 따른 은행
2. 「중소기업은행법」에 따른 중소기업은행
3. 「한국산업은행법」에 따른 한국산업은행
4. 「농업협동조합법」에 따른 농협은행
5. 「수산업협동조합법」에 따른 수협은행
6. 「우체국예금·보험에 관한 법률」에 따른 체신관서
7. 「보험업법」 제4조제1항제2호라목의 보증보험을 보험종목으로 허가받은 보험회사
8. 그 밖에 제1호부터 제7호까지에 준하는 것으로서 대통령령으로 정하는 기관

⑧ 제7항에 따라 우선변제권을 승계한 금융기관 등(이하 "금융기관등"이라 한다)은 다음 각 호의 어느 하나에 해당하는 경우에는 우선변제권을 행사할 수 없다. (2013.8.13 본항신설)
1. 임차인이 제3조제1항의 대항요건을 상실한 경우
2. 제6조제5항에 따른 임차권등기가 말소된 경우
3. 「민법」 제621조에 따른 임대차등기가 말소된 경우

⑨ 금융기관등은 우선변제권을 행사하기 위하여 임차인을 대리하거나 대위하여 임대차를 해지할 수 없다. (2013.8.13 본항신설)

1. 임대차계약서의 확정일자에 기한 주장 임의경매절차에서 '근저당권설정등기 후 다시 임대차계약을 체결하여 확정일자를 받은 최후 임대차계약서'에 기한 배당요구를 하였다가, 배당요구 종기 후 '최초 임대차계약서에 기한 확정일자'를 주장하는 경우, 그 주장은 '배당요구 종기 후 배당순위의 변동을 초래하여 매수인이 인수할 부담에 변동을 가져오는 것'으로서 원칙적으로 허용될 수 없다.(대판 2014.4.30, 2013다58057)

제6조 【임차권등기명령】 ① 임대차가 종료된 후 보증금이 반환되지 아니한 경우 임차인은 임차건물의 소재지를 관할하는 지방법원, 지방법원지원 또는 시·군법원에 임차권등기명령을 신청할 수 있다. (2013.8.13 본항개정)
② 임차권등기명령을 신청할 때에는 다음 각 호의 사항을 기재하여야 하며, 신청 이유 및 임차권등기의 원인이 된 사실을 소명하여야 한다.
1. 신청 취지 및 이유
2. 임대차의 목적인 건물(임대차의 목적이 건물의 일부분인 경우에는 그 부분의 도면을 첨부한다)
3. 임차권등기의 원인이 된 사실(임차인이 제3조제1항에 따른 대항력을 취득하였거나 제5조제2항에 따른 우선변제권을 취득한 경우에는 그 사실)
4. 그 밖에 대법원규칙으로 정하는 사항

③ 임차권등기명령의 신청에 대한 재판, 임차권등기명령의 결정에 대한 임대인의 이의신청 및 그에 대한 재판, 임차권등기명령의 취소신청 및 그에 대한 재판 또는 임차권등기명령의 집행 등에 관하여는 「민사집행법」 제280조제1항, 제281조, 제283조,

제285조, 제286조, 제288조제1항·제2항 본문, 제289조, 제290조제2항 중 제288조제1항에 대한 부분, 제291조, 제293조를 준용한다. 이 경우 "가압류"는 "임차권등기"로, "채권자"는 "임차인"으로, "채무자"는 "임대인"으로 본다.
④ 임차권등기명령신청을 기각하는 결정에 대하여 임차인은 항고할 수 있다.
⑤ 임차권등기명령의 집행에 따른 임차권등기를 마치면 임차인은 제3조제1항에 따른 대항력과 제5조제2항에 따른 우선변제권을 취득한다. 다만, 임차인이 임차권등기 이전에 이미 대항력 또는 우선변제권을 취득한 경우에는 그 대항력 또는 우선변제권이 그대로 유지되며, 임차권등기 이후에는 제3조제1항의 대항요건을 상실하더라도 이미 취득한 대항력 또는 우선변제권을 상실하지 아니한다.
⑥ 임차권등기명령의 집행에 따른 임차권등기를 마친 건물(임대차의 목적이 건물의 일부분인 경우에는 그 부분으로 한정한다)을 그 이후에 임차한 임차인은 제14조에 따른 우선변제를 받을 권리가 없다.
⑦ 임차권등기의 촉탁, 등기관의 임차권등기 기입 등 임차권등기명령의 시행에 관하여 필요한 사항은 대법원규칙으로 정한다.
⑧ 임차인은 제1항에 따른 임차권등기명령의 신청 및 그에 따른 임차권등기와 관련하여 든 비용을 임대인에게 청구할 수 있다.
⑨ 금융기관등은 임차인을 대위하여 제1항의 임차권등기명령을 신청할 수 있다. 이 경우 제3항·제4항 및 제8항의 "임차인"은 "금융기관등"으로 본다. (2013.8.13 본항신설)

제7조【「민법」에 따른 임대차등기의 효력 등】 ① 「민법」 제621조에 따른 건물임대차등기의 효력에 관하여는 제6조제5항 및 제6항을 준용한다.
② 임차인이 대항력 또는 우선변제권을 갖추고 「민법」 제621조제1항에 따라 임대인의 협력을 얻어 임대차등기를 신청하는 경우에는 신청서에 「부동산등기법」 제74조제1호부터 제6호까지의 사항 외에 다음 각 호의 사항을 기재하여야 하며, 이를 증명할 수 있는 서면(임대차의 목적이 건물의 일부분인 경우에는 그 부분의 도면을 포함한다)을 첨부하여야 한다. (2011.4.12, 2020.2.4 본항개정)
1. 사업자등록을 신청한 날
2. 임차건물을 점유한 날
3. 임대차계약서상의 확정일자를 받은 날

제8조【경매에 의한 임차권의 소멸】 임차권은 임차건물에 대하여 「민사집행법」에 따른 경매가 실시된 경우에는 그 임차건물이 매각되면 소멸한다. 다만, 보증금이 전액 변제되지 아니한 대항력이 있는 임차권은 그러하지 아니하다.

제9조【임대차기간 등】 ① 기간을 정하지 아니하거나 기간을 1년 미만으로 정한 임대차는 그 기간을 1년으로 본다. 다만, 임차인은 1년 미만으로 정한 기간이 유효함을 주장할 수 있다.
② 임대차가 종료한 경우에도 임차인이 보증금을 돌려받을 때까지는 임대차 관계는 존속하는 것으로 본다.

제10조【계약갱신 요구 등】 ① 임대인은 임차인이 임대차기간이 만료되기 6개월 전부터 1개월 전까지 사이에 계약갱신을 요구할 경우 정당한 사유 없이 거절하지 못한다. 다만, 다음 각 호의 어느 하나의 경우에는 그러하지 아니하다. (2013.8.13 본항개정)
1. 임차인이 3기의 차임액에 해당하는 금액에 이르도록 차임을 연체한 사실이 있는 경우
2. 임차인이 거짓이나 그 밖의 부정한 방법으로 임차한 경우
3. 서로 합의하여 임대인이 임차인에게 상당한 보상을 제공한 경우
4. 임차인이 임대인의 동의 없이 목적 건물의 전부 또는 일부를 전대(轉貸)한 경우
5. 임차인이 임차한 건물의 전부 또는 일부를 고의나 중대한 과실로 파손한 경우
6. 임차한 건물의 전부 또는 일부가 멸실되어 임대차의 목적을 달성하지 못할 경우
7. 임대인이 다음 각 목의 어느 하나에 해당하는 사유로 목적 건물의 전부 또는 대부분을 철거하거나 재건축하기 위하여 목적 건물의 점유를 회복할 필요가 있는 경우
   가. 임대차계약 체결 당시 공사시기 및 소요기간 등을 포함한 철거 또는 재건축 계획을 임차인에게 구체적으로 고지하고 그 계획에 따르는 경우
   나. 건물이 노후·훼손 또는 일부 멸실되는 등 안전사고의 우려가 있는 경우
   다. 다른 법령에 따라 철거 또는 재건축이 이루어지는 경우
8. 그 밖에 임차인이 임차인으로서의 의무를 현저히 위반하거나 임대차를 계속하기 어려운 중대한 사유가 있는 경우

② 임차인의 계약갱신요구권은 최초의 임대차기간을 포함한 전체 임대차기간이 10년을 초과하지 아니하는 범위에서만 행사할 수 있다.
(2018.10.16 본항개정)
③ 갱신되는 임대차는 전 임대차와 동일한 조건으로 다시 계약된 것으로 본다. 다만, 차임과 보증금은 제11조에 따른 범위에서 증감할 수 있다.
④ 임대인이 제1항의 기간 이내에 임차인에게 갱신 거절의 통지 또는 조건 변경의 통지를 하지 아니한 경우에는 그 기간이 만료된 때에 전 임대차와 동일한 조건으로 다시 임대차한 것으로 본다. 이 경우에 임대차의 존속기간은 1년으로 본다. (2009.5.8 본항개정)

⑤ 제4항의 경우 임차인은 언제든지 임대인에게 계약해지의 통고를 할 수 있고, 임대인이 통고를 받은 날부터 3개월이 지나면 효력이 발생한다.

1. 임대차계약의 갱신과 재계약의 구별 법 10조 4항에 따른 임대인의 갱신 거절의 통지에 법 10조 1항 1호 내지 8호에서 정한 정당한 사유가 없는 한 그 통지의 선후와 관계없이 임차인은 법 10조 1항에 따른 계약갱신요구권을 행사할 수 있고, 종전 임대차는 법 10조 3항에 따라 갱신된다. 따라서 종전 임대차기간이 만료할 무렵 임차인이 '계약갱신요구권을 행사'한 이후 임차인과 임대인이 '신규 임대차계약의 형식'을 취한 경우에도 그것이 임차인의 계약갱신요구권 행사에 따른 갱신의 실질을 갖는다고 평가되는 한 이를 '종전 임대차의 갱신'으로 보아야지, '종전 임대차에 관한 재계약'으로 볼 것은 아니다.(대판 2014.4.30, 2013다35115)

2. 법 10조 1항이 민법 640조의 '특칙'으로서 위 민법 조항은 그 적용이 배제되는지 여부(소극) ① 상가임대법의 적용을 받는 상가건물의 임대차에도 민법 640조가 적용되고, 상가건물의 임대인이라도 임차인의 차임연체액이 2기의 차임액에 이르는 때에는 임대차계약을 해지할 수 있다. 그리고 민법 640조와 동일한 내용을 정한 약정이 상가임대법의 규정에 위반되고 임차인에게 불리한 것으로서 위 법 15조에 의하여 효력이 없다고 할 수 없다. ② 상가건물의 임차인이 갱신 전부터 차임을 연체하기 시작하여 갱신 후에 차임연체액이 2기의 차임액에 이른 경우에도 특별한 사정이 없는 한 임대인은 2기 이상의 차임연체를 이유로 갱신된 임대차계약을 해지할 수 있다.(대판 2014.7.24, 2012다28486)

3. 임대차기간을 5년으로 제한하는 구 법 10조 2항의 규정이 법정갱신에 대하여도 적용되는지 여부(소극) 구 상가건물 임대차보호법(2009. 1. 30. 법률 제9361호로 개정되기 전의 것) 10조 1항에서 정하는 임차인의 계약갱신요구권은 임차인의 주도로 임대차계약의 갱신을 달성하려는 것이다. 이에 비하여 같은 조 4항은 임대인이 위와 같은 기간 내에 갱신 거절의 통지 또는 조건변경의 통지를 하지 아니하면 임대차기간이 만료된 때에 임대차의 갱신을 의제하는 것으로서, 기간의 만료로 인한 임대차관계의 종료에 임대인의 적극적인 조치를 요구한다. 이와 같이 이들 두 법조항상의 각 임대차 갱신제도는 그 취지와 내용을 서로 달리하는 것이므로, 임차인의 갱신요구권에 관하여 전체 임대차기간을 5년으로 제한하는 같은 조 2항의 규정은 같은 조 4항에서 정하는 법정갱신에 대하여는 적용되지 않는다.(대판 2010.6.10, 2009다64307)

4. 상가건물의 공유자인 임대인이 임차인에게 갱신거절의 통지를 하는 것이 공유물의 관리행위인지 여부(적극) 공유자가 공유물을 타인에게 임대하는 행위 및 그 임대차계약을 해지하는 행위는 공유물의 관리행위에 해당하므로 민 265조 본문에 의하여 공유자의 지분의 과반수로써 결정하여야 한다. 상임법이 적용되는 상가건물의 공유자인 임대인이 같은 법 10조 4항에 의하여 임차인에게 갱신 거절의 통지를 하는 행위는 실질적으로 임대차계약의 해지와 같이 공유물의 임대차를 종료시키는 것이므로 공유물의 관리행위에 해당하여 공유자의 지분의 과반수로써 결정하여야 한다.(대판 2010.9.9, 2010다37905)

5. 임대차계약상의 임대인 지위를 승계한 양수인이 승계 이전의 차임연체를 이유로 임대차계약을 해지할 수 있는지 여부(원칙적 소극) 임대인 지위가 양수인에게 승계된 경우 이미 발생한 연체차임채권은 따로 채권양도의 요건을 갖추지 않는 한 승계되지 않고, 따라서 양수인이 연체차임채권을 양수받지 않은 이상 승계 이후의 연체차임액이 3기 이상의 차임액에 달하여야만 비로소 임대차계약을 해지할 수 있다.(대판 2008.10.9, 2008다3022)

6. 전체 임대차기간이 5년을 초과하여 임차인이 계약갱신요구권을 행사할 수 없는 경우에도 임대인이 권리금 회수기회 보호의무를 부담하는지 여부(적극) 구 상가임대차법 10조 2항에 따라 최초의 임대차기간을 포함한 전체 임대차기간이 5년을 초과하여 임차인이 계약갱신요구권을 행사할 수 없는 경우에도 임대인은 10조의4 1항에 따른 권리금 회수기회 보호의무를 부담한다고 보아야 한다.(대판 2019.5.16, 2017다225312, 225329)

7. 권리금 회수 방해로 인한 손해배상책임이 성립하기 위하여 반드시 임차인과 신규임차인이 되려는 자 사이에 권리금 계약이 미리 체결되어 있어야 하는지 여부(소극) 임차인이 구체적인 인적사항을 제시하면서 신규임차인이 되려는 자를 임대인에게 주선하였는데, 임대인이 10조의4 1항에서 정한 기간에 이러한 신규임차인이 되려는 자에게 권리금을 요구하는 등 1항 각호의 어느 하나에 해당하는 행위를 함으로써 임차인이 신규임차인으로부터 권리금을 회수하는 것을 방해한 때에는 임대인은 임차인이 입은 손해를 배상할 책임이 있고, 이때 권리금 회수 방해를 인정하기 위하여 반드시 임차인과 신규임차인이 되려는 자 사이에 권리금 계약이 미리 체결되어 있어야 하는 것은 아니다.(대판 2019.7.10, 2018다239608)

8. 임대차계약 종료에 따른 임차인의 임차목적물 반환의무와 임대인의 권리금 회수 방해로 인한 손해배상의무가 동시이행관계에 있는지 여부(소극) 임차인의 임차목적물 반환의무는 임대차계약의 종료에 의하여 발생하나, 임대인의 권리금 회수 방해로 인한 손해배상의무는 상가건물 임대차보호법에서 정한 권리금 회수기회 보호의무 위반을 원인으로 하고 있으므로 양 채무는 동일한 법률요건이 아닌 별개의 원인에 기하여 발생한 것일 뿐 아니라 공평의 관점에서 보더라도 그 사이에 이행상 견련관계를 인정하기 어렵다.(대판 2019.7.10, 2018다242727)

9. 구 도시주거법상 관리처분계획인가·고시 및 사업시행인가·고시와 상가임대 10조 1항 7호 (다)목 여부 임대차 종료 시 이미 구 도시주거법상 관리처분계획인가·고시가 이루어졌다면, 임대인이 관련 법령에 따라 건물 철거를 위해 건물 점유를 회복할 필요가 있어 10조 1항 7호 (다)목에서 정한 계약갱신 거절사유가 있다고 할 수 있다. 그러나 구 도시주거법상 사업시행인가·고시가 있는 때부터 관리처분계획인가·고시가 이루어질 때까지는 일정한 기간의 정함이 없고 정비구역 내 건물을 사용·수익하는 데 별다른 법률적 제한이 없는 점에 비추어 보면, 정비사업의 진행 경과에 비추어 임대차 종료 시 단기간 내에 관리처분계획인가·고시가 이루어질 것이 객관적으로 예상되는 등의 특별한 사정이 없는 한, 구 도시주거법에 따른 사업시행인가·고시가 이루어졌다는 사정만으로는 임대인이 건물 철거 등을 위하여 건물의 점유를 회복할 필요가 있다고 할 수 없어 10조 1항 7호 (다)목에서 정한 계약갱신 거절사유가 있다고 할 수 없다. 이와 같이 임대차 종료 시 관리처분계획인가·고시가 이루어졌거나 이루어질 것이 객관적으로 예상되는 등으로 10조 1항 7호 (다)목의 사유가 존재한다는 점에 대한 증명책임은 임대인에게 있다.(대판 2020.11.26, 2019다249831)

10. 임대차기간 중 차임연체액이 3기분에 달한 적이 있었다는 이유로 임차인의 계약갱신 요구를 거절할 수 있는지 여부(적극) 상가임대 10조의8은 임대인이 차임연체를 이유로 계약을 해지할 수 있는 요건을 '차임연체액이 3기의 차임액에 달하는 때'라고 규정하였다. 반면 임대인이 임대차기간 만료를 앞두고 임차인의 계약갱신 요구를 거부할 수 있는 사유에 관해서는 '3기의 차임액에 해당하는 금액에 이르도록 차임을 연체한 사실이 있는 경우'라고 문언을 달리하여 규정하고 있다(10조 1항 1호). 그 취지는, 임대차계약 관계는 당사자 사이의 신뢰를 기초로 하므로, 종전 임대차기간에 차임을 3기분에 달하도록 연체한 사실이 있는 경우에까지 임차인의 일방적 의사에 의하여 계약관계가 연장되는 것을 허용하지 아니한다는 것이다. 위 규정들의 문언과 취지에 비

추어 보면, 임대차기간 중 어느 때라도 차임이 3기분에 달하도록 연체된 사실이 있다면 임차인과의 계약관계 연장을 받아들여야 할 만큼의 신뢰가 깨어졌으므로 임대인은 계약갱신 요구를 거절할 수 있고, 반드시 임차인이 계약갱신요구권을 행사할 당시에 3기분에 이르는 차임이 연체되어 있어야 하는 것은 아니다.(대판 2021.5.13, 2020다255429)

11. 기간을 정하지 않은 고액 상가임대차에서 임차인의 계약갱신요구권 행사 가부(소극) 상가임대법에서 기간을 정하지 않은 임대차는 그 기간을 1년으로 간주하지만, 대통령령으로 정한 보증금액을 초과하는 임대차는 위 규정이 적용되지 않으므로, 원래의 상태 그대로 기간을 정하지 않은 것이 되어 민법의 적용을 받는다. 민 635조 1항, 2항 1호에 따라 이러한 임대차는 임대인이 언제든지 해지를 통고할 수 있고 임차인이 통고를 받은 날로부터 6개월이 지남으로써 효력이 생기므로, 임대차기간이 정해져 있음을 전제로 기간 만료 6개월 전부터 1개월 전까지 사이에 행사하도록 규정된 임차인의 계약갱신요구권은 발생할 여지가 없다.(대판 2021.12.30, 2021다233730)

제10조의2【계약갱신의 특례】 제2조제1항 단서에 따른 보증금액을 초과하는 임대차의 계약갱신의 경우에는 당사자는 상가건물에 관한 조세, 공과금, 주변 상가건물의 차임 및 보증금, 그 밖의 부담이나 경제사정의 변동 등을 고려하여 차임과 보증금의 증감을 청구할 수 있다.
(2013.8.13 본조신설)

제10조의3【권리금의 정의 등】 ① 권리금이란 임대차 목적물인 상가건물에서 영업을 하는 자 또는 영업을 하려는 자가 영업시설·비품, 거래처, 신용, 영업상의 노하우, 상가건물의 위치에 따른 영업상의 이점 등 유형·무형의 재산적 가치의 양도 또는 이용대가로서 임대인, 임차인에게 보증금과 차임 이외에 지급하는 금전 등의 대가를 말한다.
② 권리금 계약이란 신규임차인이 되려는 자가 임차인에게 권리금을 지급하기로 하는 계약을 말한다.
(2015.5.13 본조신설)

제10조의4【권리금 회수기회 보호 등】 ① 임대인은 임대차기간이 끝나기 6개월 전부터 임대차 종료 시까지 다음 각 호의 어느 하나에 해당하는 행위를 함으로써 권리금 계약에 따라 임차인이 주선한 신규임차인이 되려는 자로부터 권리금을 지급받는 것을 방해하여서는 아니 된다. 다만, 제10조제1항 각 호의 어느 하나에 해당하는 사유가 있는 경우에는 그러하지 아니하다. (2018.10.16 본항개정)
1. 임차인이 주선한 신규임차인이 되려는 자에게 권리금을 요구하거나 임차인이 주선한 신규임차인이 되려는 자로부터 권리금을 수수하는 행위
2. 임차인이 주선한 신규임차인이 되려는 자로 하여금 임차인에게 권리금을 지급하지 못하게 하는 행위
3. 임차인이 주선한 신규임차인이 되려는 자에게 상가건물에 관한 조세, 공과금, 주변 상가건물의 차임 및 보증금, 그 밖의 부담에 따른 금액에 비추어 현저히 고액의 차임과 보증금을 요구하는 행위
4. 그 밖에 정당한 사유 없이 임대인이 임차인이 주선한 신규임차인이 되려는 자와 임대차계약의 체결을 거절하는 행위

② 다음 각 호의 어느 하나에 해당하는 경우에는 제1항제4호의 정당한 사유가 있는 것으로 본다.
1. 임차인이 주선한 신규임차인이 되려는 자가 보증금 또는 차임을 지급할 자력이 없는 경우
2. 임차인이 주선한 신규임차인이 되려는 자가 임차인으로서의 의무를 위반할 우려가 있거나 그 밖에 임대차를 유지하기 어려운 상당한 사유가 있는 경우
3. 임대차 목적물인 상가건물을 1년 6개월 이상 영리목적으로 사용하지 아니한 경우
4. 임대인이 선택한 신규임차인이 임차인과 권리금 계약을 체결하고 그 권리금을 지급한 경우

③ 임대인이 제1항을 위반하여 임차인에게 손해를 발생하게 한 때에는 그 손해를 배상할 책임이 있다. 이 경우 그 손해배상액은 신규임차인이 임차인에게 지급하기로 한 권리금과 임대차 종료 당시의 권리금 중 낮은 금액을 넘지 못한다.
④ 제3항에 따라 임대인에게 손해배상을 청구할 권리는 임대차가 종료한 날부터 3년 이내에 행사하지 아니하면 시효의 완성으로 소멸한다.
⑤ 임차인은 임대인에게 임차인이 주선한 신규임차인이 되려는 자의 보증금 및 차임을 지급할 자력 또는 그 밖에 임차인으로서의 의무를 이행할 의사 및 능력에 관하여 자신이 알고 있는 정보를 제공하여야 한다.
(2015.5.13 본조신설)

1. 10조의4 2항 3호의 해석 구 상가임대 10조의4의 문언과 체계, 입법 목적과 연혁 등을 종합하면, '임대차 목적물인 상가건물을 1년 6개월 이상 영리목적으로 사용하지 아니한 경우'는 임대인이 임대차 종료 후 임대차 목적물인 상가건물을 1년 6개월 이상 영리목적으로 사용하지 아니하는 경우를 의미하고, 위 조항에 따른 정당한 사유가 있다고 보기 위해서는 임대인이 임대차 종료 시 그러한 사유를 들어 임차인이 주선한 자와 신규 임대차계약 체결을 거절하고, 실제로도 1년 6개월 동안 상가건물을 영리목적으로 사용하지 않아야 한다. 그렇지 않고 임대인이 다른 사유로 신규 임대차계약 체결을 거절한 후 사후적으로 1년 6개월 동안 상가건물을 영리목적으로 사용하지 않았다는 사정만으로는 위 조항에 따른 정당한 사유로 인정할 수 없다.(대판 2021.11.25, 2019다285257) 종전 소유자인 임대인이 임대차 종료 후 상가건물을 영리목적으로 사용하지 아니한 기간이 1년 6개월에 미치지 못하는 사이에 상가건물의 소유권이 변동되었더라도, 임대인이 상가건물을 영리목적으로 사용하지 않는 상태가 새로운 소유자의 소유기간에도 계속하여 그대로 유지될 것을 전제로 처분하고, 실제 새로운 소유자가 그 기간 중에 상가건물을 영리목적으로 사용하지 않으며, 임대인과 새로운 소유자의 비영리 사용기간을 합쳐서 1년 6개월 이상이 되는 경우라면, 임대인에게 임차인의 권리금을 가로챌 의도가 있었다고 보기 어려우므로, 그러한 임대인에 대하여는 위 조항에 의한 정당한 사유를 인정할 수 있다.(대판 2022.1.14, 2021다272346)

2. 임대인이 정당한 사유 없이 임차인이 주선할 신규 임차인

이 되려는 자와 임대차계약을 체결할 의사가 없음을 확정적으로 표시한 경우 상가임대 10조의3, 10조의4의 문언과 내용, 입법 취지 등을 종합하면, 임차인이 구체적인 인적사항을 제시하면서 신규 임차인이 되려는 자를 임대인에게 주선하였음에도 임대인이 상가임대 10조의4 1항에서 정한 기간에 이러한 신규 임차인이 되려는 자에게 권리금을 요구하는 등 위 1항 각호의 어느 하나에 해당하는 행위를 함으로써 임차인이 신규 임차인으로부터 권리금을 회수하는 것을 방해한 때에는 임대인은 임차인이 입은 손해를 배상할 책임이 있다. 특히, 임대차계약이 종료될 무렵 신규 임차인의 주선과 관련해서 임대인과 임차인이 보인 언행과 태도, 이를 둘러싼 구체적 사정 등을 종합적으로 살펴볼 때, 임대인이 정당한 사유 없이 임차인이 신규 임차인이 되려는 자를 주선하더라도 그와 임대차계약을 체결하지 않겠다는 의사를 확정적으로 표시한 경우에는 임차인이 실제로 신규 임차인을 주선하지 않았더라도 위와 같은 손해배상책임을 진다.(대판 2022.8.11, 2022다202498)

3. 임대인의 철거·재건축계획의 고지행위와 권리금 회수 방해 건물 내구연한 등에 따른 철거·재건축의 필요성이 객관적으로 인정되지 않거나 그 계획·단계가 구체화되지 않았음에도 임대인이 신규 임차인이 되려는 사람에게 짧은 임대 가능기간만 확정적으로 제시·고수하는 경우 또는 임대인이 신규 임차인이 되려는 사람에게 고지한 내용과 모순되는 정황이 드러나는 등의 특별한 사정이 없는 한, 임대인이 신규 임차인이 되려는 사람과 임대차계약 체결을 위한 협의 과정에서 철거·재건축 계획 및 그 시점을 고지하였다는 사정만으로는 상가임대 10조의4 1항 4호에서 정한 '권리금 회수 방해행위'에 해당한다고 볼 수 없다. 임대차계약의 갱신에 관한 상가임대 10조 1항과 권리금의 회수에 관한 상가임대 10조의3, 10조의4의 각 규정의 내용·취지가 같지 아니한 이상, 후자의 규정이 적용되는 임대인의 고지 내용에 상가임대 10조 1항 7호 각 목의 요건이 충족되지 않더라도 마찬가지이다.(대판 2022.8.11, 2022다202498)

제10조의5 【권리금 적용 제외】 제10조의4는 다음 각 호의 어느 하나에 해당하는 상가건물 임대차의 경우에는 적용하지 아니한다.
(2018.10.16 본항개정)

1. 임대차 목적물인 상가건물이 「유통산업발전법」 제2조에 따른 대규모점포 또는 준대규모점포의 일부인 경우(다만, 「전통시장 및 상점가 육성을 위한 특별법」 제2조제1호에 따른 전통시장은 제외한다)
2. 임대차 목적물인 상가건물이 「국유재산법」에 따른 국유재산 또는 「공유재산 및 물품 관리법」에 따른 공유재산인 경우

(2015.5.13 본조신설)

제10조의6 【표준권리금계약서의 작성 등】 국토교통부장관은 법무부장관과 협의를 거쳐 임차인과 신규임차인이 되려는 자의 권리금 계약 체결을 위한 표준권리금계약서를 정하여 그 사용을 권장할 수 있다. (2020.7.31 본항개정)
(2015.5.13 본조신설)

제10조의7 【권리금 평가기준의 고시】 국토교통부장관은 권리금에 대한 감정평가의 절차와 방법 등에 관한 기준을 고시할 수 있다.
(2015.5.13 본조신설)

제10조의8 【차임연체와 해지】 임차인의 차임연체액이 3기의 차임액에 달하는 때에는 임대인은 계약을 해지할 수 있다
(2015.5.13 본조신설)

제10조의9 【계약 갱신요구 등에 관한 임시 특례】 임차인이 이 법(법률 제17490호 상가건물 임대차보호법 일부개정법률을 말한다) 시행일부터 6개월까지의 기간 동안 연체한 차임액은 제10조제1항제1호, 제10조의4제1항 단서 및 제10조의8의 적용에 있어서는 차임연체액으로 보지 아니한다. 이 경우 연체한 차임액에 대한 임대인의 그 밖의 권리는 영향을 받지 아니한다. (2020.9.29 본조신설)

제11조 【차임 등의 증감청구권】 ① 차임 또는 보증금이 임차건물에 관한 조세, 공과금, 그 밖의 부담의 증감이나 「감염병의 예방 및 관리에 관한 법률」 제2조제2호에 따른 제1급감염병 등에 의한 경제사정의 변동으로 인하여 상당하지 아니하게 된 경우에는 당사자는 장래의 차임 또는 보증금에 대하여 증감을 청구할 수 있다. 그러나 증액의 경우에는 대통령령으로 정하는 기준에 따른 비율을 초과하지 못한다. (2020.9.29 본항개정)
② 제1항에 따른 증액 청구는 임대차계약 또는 약정한 차임 등의 증액이 있은 후 1년 이내에는 하지 못한다.
③ 「감염병의 예방 및 관리에 관한 법률」 제2조제2호에 따른 제1급감염병에 의한 경제사정의 변동으로 차임 등이 감액된 후 임대인이 제1항에 따라 증액을 청구하는 경우에는 증액된 차임 등이 감액 전 차임 등의 금액에 달할 때까지는 같은 항 단서를 적용하지 아니한다. (2020.9.29 본항신설)

1. 차임증감청구권의 적용범위 법 11조는 '임대차계약의 존속 중 당사자 일방이 약정한 차임 등의 증감을 청구한 경우'에 한하여 적용되고, '임대차계약이 종료한 후 재계약'을 하거나 '임대차계약 종료 전이라도 당사자의 합의로 차임 등을 증액하는 경우'에는 적용되지 않는다.(대판 2014.2.13, 2013다80481)

2. 차임 증액비율을 초과하여 지급된 차임에 대한 부당이득 반환청구 임차인이 '계약갱신요구권'을 행사하여 '종전 임대차가 갱신'된 경우, 법 11조 1항에 따른 증액비율을 초과하여 지급하기로 하는 차임에 관한 새로운 약정은 증액비율을 초과하는 범위 내에서 무효이다. 임차인은 임대인에게 그 초과 지급된 차임에 대하여 부당이득반환을 구할 수 있으며, 위 금원을 불법원인급여라고 볼 것은 아니다.(대판 2014.4.30, 2013다80481)

제11조의2 【폐업으로 인한 임차인의 해지권】 ① 임차인은 「감염병의 예방 및 관리에 관한 법률」 제49조제1항제2호에 따른 집합 제한 또는 금지 조치(같은 항 제2호의2에 따라 운영시간을 제한한 조치를 포함한다)를 총 3개월 이상 받음으로써 발생한 경제사정의 중대한 변동으로 폐업한 경우에는 임대차계약을 해지할 수 있다.
② 제1항에 따른 해지는 임대인이 계약해지의 통고를 받은 날부터 3개월이 지나면 효력이 발생한다.
(2022.1.4 본조신설)

제12조【월 차임 전환 시 산정률의 제한】 보증금의 전부 또는 일부를 월 단위의 차임으로 전환하는 경우에는 그 전환되는 금액에 다음 각 호 중 낮은 비율을 곱한 월 차임의 범위를 초과할 수 없다. (2010.5.17, 2013.8.13 본조개정)

1. 「은행법」에 따른 은행의 대출금리 및 해당 지역의 경제 여건 등을 고려하여 대통령령으로 정하는 비율
2. 한국은행에서 공시한 기준금리에 대통령령으로 정하는 배수를 곱한 비율

제13조【전대차관계에 대한 적용 등】 ① 제10조, 제10조의2, 제10조의8, 제10조의9(제10조 및 제10조의8에 관한 부분으로 한정한다), 제11조 및 제12조는 전대인(轉貸人)과 전차인(轉借人)의 전대차관계에 적용한다. (2015.5.13, 2020.9.29 본항개정)

② 임대인의 동의를 받고 전대차계약을 체결한 전차인은 임차인의 계약갱신요구권 행사기간 이내에 임차인을 대위(代位)하여 임대인에게 계약갱신요구권을 행사할 수 있다.

제14조【보증금 중 일정액의 보호】 ① 임차인은 보증금 중 일정액을 다른 담보물권자보다 우선하여 변제받을 권리가 있다. 이 경우 임차인은 건물에 대한 경매신청의 등기 전에 제3조제1항의 요건을 갖추어야 한다.

② 제1항의 경우에 제5조제4항부터 제6항까지의 규정을 준용한다.

③ 제1항에 따라 우선변제를 받을 임차인 및 보증금 중 일정액의 범위와 기준은 임대건물가액(임대인 소유의 대지가액을 포함한다)의 2분의 1 범위에서 해당 지역의 경제 여건, 보증금 및 차임 등을 고려하여 제14조의2에 따른 상가건물임대차위원회의 심의를 거쳐 대통령령으로 정한다. (2013.8.13, 2020.7.31 본항개정)

1. 구분점포 각각에 대하여 일괄하여 단일한 임대차관계가 성립한 것으로 볼 수 있는 경우 상가임대법 14조에 의하여 우선변제를 받을 임차인의 범위를 판단하는 기준 임차인이 수개의 구분점포를 동일한 임대인에게서 임차하여 하나의 사업장으로 사용하면서 단일한 영업을 하는 경우 등과 같이, 임차인과 임대인 사이에 구분점포 각각에 대하여 별도의 임대차관계가 성립한 것이 아니라 일괄하여 단일한 임대차관계가 성립한 것으로 볼 수 있는 때에는, 비록 구분점포 각각에 대하여 별개의 임대차계약서가 작성되어 있더라도 구분점포 전부에 관하여 상가임대법 2조 2항의 규정에 따라 환산한 보증금액의 합산액을 기준으로 위 법 14조에 의하여 우선변제를 받을 임차인의 범위를 판단하여야 한다.(대판 2015.10.29, 2013다27152)

제14조의2【상가건물임대차위원회】 ① 상가건물 임대차에 관한 다음 각 호의 사항을 심의하기 위하여 법무부에 상가건물임대차위원회(이하 "위원회"라 한다)를 둔다.

1. 제2조제1항 단서에 따른 보증금액
2. 제14조에 따라 우선변제를 받을 임차인 및 보증금 중 일정액의 범위와 기준

② 위원회는 위원장 1명을 포함한 10명 이상 15명 이하의 위원으로 성별을 고려하여 구성한다.

③ 위원회의 위원장은 법무부차관이 된다.

④ 위원회의 위원은 다음 각 호의 어느 하나에 해당하는 사람 중에서 위원장이 임명하거나 위촉하되, 제1호부터 제6호까지에 해당하는 위원을 각각 1명 이상 임명하거나 위촉하여야 하고, 위원 중 2분의 1 이상은 제1호·제2호 또는 제7호에 해당하는 사람을 위촉하여야 한다.

1. 법학·경제학 또는 부동산학 등을 전공하고 상가건물 임대차 관련 전문지식을 갖춘 사람으로서 공인된 연구기관에서 조교수 이상 또는 이에 상당하는 직에 5년 이상 재직한 사람
2. 변호사·감정평가사·공인회계사·세무사 또는 공인중개사로서 5년 이상 해당 분야에서 종사하고 상가건물 임대차 관련 업무경험이 풍부한 사람
3. 기획재정부에서 물가 관련 업무를 담당하는 고위공무원단에 속하는 공무원
4. 법무부에서 상가건물 임대차 관련 업무를 담당하는 고위공무원단에 속하는 공무원(이에 상당하는 특정직공무원을 포함한다)
5. 국토교통부에서 상가건물 임대차 관련 업무를 담당하는 고위공무원단에 속하는 공무원
6. 중소벤처기업부에서 소상공인 관련 업무를 담당하는 고위공무원단에 속하는 공무원
7. 그 밖에 상가건물 임대차 관련 학식과 경험이 풍부한 사람으로서 대통령령으로 정하는 사람

⑤ 그 밖에 위원회의 구성 및 운영 등에 필요한 사항은 대통령령으로 정한다.

(2020.7.31 본조신설)

제15조【강행규정】 이 법의 규정에 위반된 약정으로서 임차인에게 불리한 것은 효력이 없다.

제16조【일시사용을 위한 임대차】 이 법은 일시사용을 위한 임대차임이 명백한 경우에는 적용하지 아니한다.

제17조【미등기전세에의 준용】 목적건물을 등기하지 아니한 전세계약에 관하여 이 법을 준용한다. 이 경우 "전세금"은 "임대차의 보증금"으로 본다.

제18조【「소액사건심판법」의 준용】 임차인이 임대인에게 제기하는 보증금반환청구소송에 관하여는 「소액사건심판법」 제6조·제7조·제10조 및 제11조의2를 준용한다.

제19조【표준계약서의 작성 등】 법무부장관은 국토교통부장관과 협의를 거쳐 보증금, 차임액, 임대차기간, 수선비 분담 등의 내용이 기재된 상가건물임대차표준계약서를 정하여 그 사용을 권장할 수 있다. (2020.7.31 본조개정)

(2015.5.13 본조신설)

제20조【상가건물임대차분쟁조정위원회】 ① 이

법의 적용을 받는 상가건물 임대차와 관련된 분쟁을 심의·조정하기 위하여 대통령령으로 정하는 바에 따라 「법률구조법」 제8조에 따른 대한법률구조공단의 지부, 「한국토지주택공사법」에 따른 한국토지주택공사의 지사 또는 사무소 및 「한국감정원법」에 따른 한국감정원의 지사 또는 사무소에 상가건물임대차분쟁조정위원회(이하 "조정위원회"라 한다)를 둔다. 특별시·광역시·특별자치시·도 및 특별자치도는 그 지방자치단체의 실정을 고려하여 조정위원회를 둘 수 있다. (2020.7.31 본항개정)
② 조정위원회는 다음 각 호의 사항을 심의·조정한다.
1. 차임 또는 보증금의 증감에 관한 분쟁
2. 임대차 기간에 관한 분쟁
3. 보증금 또는 임차상가건물의 반환에 관한 분쟁
4. 임차상가건물의 유지·수선 의무에 관한 분쟁
5. 권리금에 관한 분쟁
6. 그 밖에 대통령령으로 정하는 상가건물 임대차에 관한 분쟁

③ 조정위원회의 사무를 처리하기 위하여 조정위원회에 사무국을 두고, 사무국의 조직 및 인력 등에 필요한 사항은 대통령령으로 정한다.
④ 사무국의 조정위원회 업무담당자는 「주택임대차보호법」 제14조에 따른 주택임대차분쟁조정위원회 사무국의 업무를 제외하고 다른 직위의 업무를 겸직하여서는 아니 된다.
(2018.10.16 본조신설)
제21조【주택임대차분쟁조정위원회 준용】 조정위원회에 대하여는 이 법에 규정한 사항 외에는 주택임대차분쟁조정위원회에 관한 「주택임대차보호법」 제14조부터 제29조까지의 규정을 준용한다. 이 경우 "주택임대차분쟁조정위원회"는 "상가건물임대차분쟁조정위원회"로 본다.
(2018.10.16 본조신설)
제22조【벌칙 적용에서 공무원 의제】 공무원이 아닌 상가건물임대차위원회의 위원 및 상가건물임대차분쟁조정위원회의 위원은 「형법」 제127조, 제129조부터 제132조까지의 규정을 적용할 때에는 공무원으로 본다. (2020.7.31 본조개정)
(2018.10.16 본조신설)

부 칙

① **【시행일】** 이 법은 2002년 11월 1일부터 시행한다.(2002.8.26 본항개정)
② **【적용례】** 이 법은 이 법 시행후 체결되거나 갱신된 임대차부터 적용한다. 다만, 제3조·제5조 및 제14조의 규정은 이 법 시행당시 존속중인 임대차에 대하여도 이를 적용하되, 이 법 시행 전에 물권을 취득한 제3자에 대하여는 그 효력이 없다.
③ **【기존 임차인의 확정일자 신청에 대한 경과조치】** 이 법 시행당시의 임차인으로서 제5조의 규정에 의한 보증금 우선변제의 보호를 받고자 하는 자는 이 법 시행전에 대통령령이 정하는 바에 따라 건물의 소재지 관할 세무서장에게 임대차계약서상의 확정일자를 신청할 수 있다.

부 칙 (2002.8.26)

이 법은 공포한 날부터 시행한다.

부 칙 (2005.1.27)

제1조【시행일】 이 법은 공포 후 6월이 경과한 날부터 시행한다.(이하 생략)

부 칙 (2009.1.30)

이 법은 공포한 날부터 시행한다.

부 칙 (2009.5.8)

이 법은 공포한 날부터 시행한다.

부 칙 (2010.5.17)

이 법은 공포 후 6개월이 경과한 날부터 시행한다.(이하생략)

부 칙 (2011.4.12) (부동산등기법)

제1조【시행일】 이 법은 공포 후 6개월이 경과한 날부터 시행한다. (단서 생략)

부 칙 (2013.6.7) (부가가치세법)

제1조【시행일】 이 법은 2013년 7월 1일부터 시행한다.

부 칙 (2013.8.13)

제1조【시행일】 이 법은 공포한 날부터 시행한다. 다만, 제12조, 제14조제3항의 개정규정은 2014년 1월 1일부터 시행한다.
제2조【일반적 적용례】 이 법은 이 법 시행 후 최초로 체결되거나 갱신되는 임대차부터 적용한다.
제3조【금융기관등의 우선변제권에 관한 적용례】 제5조제4항, 같은 조 제6항부터 제9항까지, 제6조제1항 및 제9항의 개정규정은 이 법 시행 당시 존속 중인 임대차에 대하여도 적용하되, 이 법 시행 후 최초로 보증금반환채권을 양수한 경우부터 적용한다.
**제4조【월 차임 전환 시 산정률의 제한에 관한 적

용례】 제12조의 개정규정은 같은 개정규정 시행 당시 존속 중인 임대차에 대하여도 적용하되, 같은 개정규정 시행 후 최초로 보증금의 전부 또는 일부를 월 단위 차임으로 전환하는 경우부터 적용한다.

제5조【소액보증금 보호에 관한 적용례】 제14조제3항의 개정규정은 같은 개정규정 시행 당시 존속 중인 임대차에 대하여도 이를 적용하되, 같은 개정규정 시행 전에 물권을 취득한 제3자에 대하여는 그 효력이 없다.

부 칙 (2015.5.13)

제1조【시행일】 이 법은 공포한 날부터 시행한다. 다만, 제4조의 개정규정은 공포 후 6개월이 경과한 날부터 시행한다.

제2조【대항력에 관한 적용례】 제2조제3항의 개정규정 중 제3조 대항력에 관한 규정은 이 법 시행 후 최초로 계약이 체결되거나 갱신되는 임대차부터 적용한다.

제3조【권리금 회수기회 보호 등에 관한 적용례】 제10조의4의 개정규정은 이 법 시행 당시 존속 중인 임대차부터 적용한다.

부 칙 (2016.5.29) (수산업협동조합법)

제1조【시행일】 이 법은 2016년 12월 1일부터 시행한다. (이하생략)

부 칙 (2018.10.16) (수산업협동조합법)

제1조【시행일】 이 법은 공포한 날부터 시행한다. 다만, 제20조부터 제22조까지의 개정규정은 공포 후 6개월이 경과한 날부터 시행한다.

제2조【계약갱신요구 기간의 적용례】 제10조제2항의 개정규정은 이 법 시행 후 최초로 체결되거나 갱신되는 임대차부터 적용한다.

1. '이 법 시행 후 최초로 체결되거나 갱신되는 임대차'의 의미 부칙 2조의 '이 법 시행 후 최초로 체결되거나 갱신되는 임대차'는 위 법이 시행되는 2018.10.16 이후 처음으로 체결된 임대차 또는 2018.10.16 이전에 체결되었지만 2018.10.16 이후 그 이전에 인정되던 계약 갱신 사유에 따라 갱신되는 임대차를 가리킨다고 보아야 한다. 따라서 개정 법률 시행 후에 개정 전 법률에 따른 의무임대차기간이 경과하여 임대차가 갱신되지 않고 기간만료 등으로 종료된 경우는 이에 포함되지 않는다.(대판 2020.11.5, 2020다241017)

제3조【권리금 회수기회 보호 등에 관한 적용례】 제10조의4제1항의 개정규정은 이 법 시행 당시 존속 중인 임대차에 대하여도 적용한다.

제4조【권리금 적용 제외에 관한 적용례】 제10조의5제1호의 개정규정은 이 법 시행 당시 존속 중인 임대차에 대하여도 적용한다.

제5조【다른 법률의 개정】 주택임대차보호법 일부를 다음과 같이 개정한다.

제14조제4항 중 "다른 직위의 업무를 겸직하여서는 아니 된다"를 "「상가건물 임대차보호법」 제20조에 따른 상가건물임대차분쟁조정위원회 사무국의 업무를 제외하고 다른 직위의 업무를 겸직하여서는 아니 된다"로 한다.

부 칙 (2020.2.4) (부동산등기법)

제1조【시행일】 이 법은 공포 후 6개월이 경과한 날부터 시행한다. (이하생략)

부 칙 (2020.7.31)

제1조【시행일】 이 법은 공포 후 3개월이 경과한 날부터 시행한다.

부 칙 (2020.9.29)

제1조【시행일】 이 법은 공포한 날부터 시행한다.

부 칙 (2022.1.4.)

제1조【시행일】 이 법은 공포한 날부터 시행한다.

제2조【임차인의 해지권에 관한 적용례】 제11조의2의 개정규정은 이 법 시행 당시 존속 중인 임대차에 대해서도 적용한다.

공탁법

(2007년 3월 29일
법 률 제8319호)

개정
2002. 8.26법6718호
2005. 1.27법7358호(민집) 2008. 3.21법8921호
2009.12.29법9836호 2011. 4. 5법10537호
2014.12.30법12880호 2015.12.15법13565호
2018.12.18법15971호 2020.12. 8법17567호
2021.12.21.법18585호(국가재정법) 2022. 1. 4법18669호
2024.10.16 법20458호 → 2025. 1.17, 시행

(2008.3.21 한글개정)

제1장 총 칙

제1조【목적】 이 법은 법령에 따라 행하는 공탁(供託)의 절차와 공탁물(供託物)을 효율적으로 관리하고 운용하기 위한 사항을 정함을 목적으로 한다.

제2조【공탁사무의 처리】 ① 법령에 따라 행하는 공탁사무는 지방법원장이나 지방법원지원장이 소속 법원서기관 또는 법원사무관 중에서 지정하는 자가 처리한다. 다만, 시·군법원은 지방법원장이나 지방법원지원장이 소속 법원주사 또는 법원주사보 중에서 지정하는 자가 처리할 수 있다. (2011.4.5 본항개정)
② 법원행정처장이 지정·고시하는 공탁소의 공탁사무는 대법원규칙으로 정하는 바에 따라 전산정보처리조직을 이용한 전자문서로 처리할 수 있다. (2011.4.5 본항신설)

제3조【공탁물보관자의 지정】 ① 대법원장은 법령에 따라 공탁하는 금전, 유가증권, 그 밖의 물품을 보관할 은행이나 창고업자를 지정한다.
② 대법원장은 제1항에 따라 공탁금 보관은행을 지정할 때에는 공익성과 지역사회 기여도 등 해당 지역의 특수성이 반영될 수 있도록 해당 지방법원장의 의견을 듣고, 제15조에 따른 공탁금관리위원회의 심사를 거쳐야 한다.
③ 제1항에 따라 지정된 은행이나 창고업자는 그의 영업 부류(部類)에 속하는 것으로서 보관할 수 있는 수량에 한정하여 보관하며 선량한 관리자의 주의(注意)로써 보관하여야 한다.

제2장 공탁 절차

제4조【공탁 절차】 공탁을 하려는 자는 대법원규칙으로 정하는 바에 따라 공탁서를 작성하여 제2조에 따라 공탁사무를 처리하는 자{이하 "공탁관(供託官)"이라 한다)}에게 제출한 후 공탁물을 지정된 은행이나 창고업자에게 납입하여야 한다.

제5조【외국인등을 위한 공탁의 특례】 ① 국내에 주소나 거소(居所)가 없는 외국인이나 재외국민(이하 "외국인등"이라 한다)을 위한 변제공탁(辨濟供託)은 대법원 소재지의 공탁소(供託所)에 할 수 있다.
② 외국인등이 공탁하는 절차나 외국인등을 위하여 공탁하는 절차, 그 밖에 필요한 사항은 대법원규칙으로 정할 수 있다.

제5조의2【형사공탁의 특례】 ① 형사사건의 피고인이 법령 등에 따라 피해자의 인적사항을 알 수 없는 경우에 그 피해자를 위하여 하는 변제공탁(이하 "형사공탁"이라 한다)은 해당 형사사건이 계속 중인 법원 소재지의 공탁소에 할 수 있다.
② 형사공탁의 공탁서에는 공탁물의 수령인(이하 이 조에서 "피공탁자"라 한다)의 인적사항을 대신하여 해당 형사사건의 재판이 계속 중인 법원(이하 이 조에서 "법원"이라 한다)과 사건번호, 사건명, 조서, 진술서, 공소장 등에 기재된 피해자를 특정할 수 있는 명칭을 기재하고, 공탁원인사실을 피해 발생시점과 채무의 성질을 특정하는 방식으로 기재할 수 있다.
③ 피공탁자에 대한 공탁통지는 공탁관이 다음 각 호의 사항을 인터넷 홈페이지 등에 공고하는 방법으로 갈음할 수 있다.
1. 공탁신청 연월일, 공탁소, 공탁번호, 공탁물, 공탁근거 법령조항
2. 공탁물 수령·회수와 관련된 사항
3. 그 밖에 대법원규칙으로 정한 사항
④ 공탁물 수령을 위한 피공탁자 동일인 확인은 다음 각 호의 사항이 기재된 법원이나 검찰이 발급한 증명서에 의한다.
1. 사건번호
2. 공탁소, 공탁번호, 공탁물
3. 피공탁자의 성명·주민등록번호
4. 그 밖에 동일인 확인을 위하여 필요한 사항
⑤ 형사공탁의 공탁서 기재사항, 첨부하여야 할 서면, 공탁신청, 공탁공고 및 공탁물 수령·회수 절차 등 그 밖에 필요한 사항은 대법원규칙으로 정한다. (2020.12.8 본조신설)

제6조【공탁금의 이자】 공탁금에는 대법원규칙으로 정하는 이자를 붙일 수 있다.

제7조【이자 등의 보관】 지정된 은행이나 창고업자는 공탁물을 수령할 자가 청구하는 경우에는 공탁의 목적인 유가증권의 상환금, 이자 또는 배당금을 수령하여 이를 보관한다. 다만, 보증공탁(保證供託)을 할 때에 보증금을 대신하여 유가증권을 공탁한 경우에는 공탁자가 그 이자나 배당금을 청구할 수 있다.

제8조【보관료】 공탁물을 보관하는 은행이나 창고업자는 그 공탁물을 수령하는 자에게 일반적으로 같은 종류의 물건에 청구하는 보관료를 청구할 수 있다.

제9조【공탁물의 수령·회수】 ① 공탁물을 수령하려는 자는 대법원규칙으로 정하는 바에 따라 그 권리를 증명하여야 한다.
② 공탁자는 다음 각 호의 어느 하나에 해당하면

그 사실을 증명하여 공탁물을 회수할 수 있다.
1. 「민법」 제489조에 따르는 경우
2. 착오로 공탁을 한 경우
3. 공탁의 원인이 소멸한 경우
③ 제1항 및 제2항(제9조의2제1항 단서에 따라 공탁물을 회수할 수 있는 경우를 포함한다. 이하 제4항에서 같다)의 공탁물이 금전인 경우(제7조에 따른 유가증권상환금, 배당금과 제11조에 따른 물품을 매각하여 그 대금을 공탁한 경우를 포함한다) 그 원금 또는 이자의 수령, 회수에 대한 권리는 그 권리를 행사할 수 있는 때부터 10년간 행사하지 아니할 때에는 시효로 인하여 소멸한다. (2024.10.16 본항개정)
④ 법원행정처장은 제3항에 따른 시효가 완성되기 전에 대법원규칙으로 정하는 바에 따라 제1항 및 제2항의 공탁금 수령·회수권자에게 공탁금을 수령하거나 회수할 수 있는 권리가 있음을 알릴 수 있다. (2018.12.18 본항신설)

제9조의2【공탁물 회수의 제한】 ① 공탁자가 형사사건 피해자를 위하여 변제공탁을 한 경우에는 제9조제2항제1호 및 제3호의 사유로는 공탁물을 회수하지 못한다. 다만, 다음 각 호의 어느 하나에 해당하는 경우에는 그 사실을 증명하여 공탁물을 회수할 수 있다.
1. 공탁물의 수령인으로 지정된 자가 공탁물의 회수에 동의하거나 공탁물의 수령을 거절하는 의사를 공탁소에 통고한 경우
2. 공탁의 원인이 된 해당 형사사건에서 무죄판결이 확정되거나 불기소 결정(기소유예는 제외한다)이 있는 경우
② 제1항에 따른 공탁물 회수 및 회수 동의의 방법·절차, 수령 거절의사의 통고 방법·절차 등에 필요한 사항은 대법원규칙으로 정한다.
(2024.10.16 본조신설)

제10조【반대급부】 공탁물을 수령할 자가 반대급부(反對給付)를 하여야 하는 경우에는 공탁자의 서면 또는 판결문, 공정증서(公正證書), 그 밖의 관공서에서 작성한 공문서 등에 의하여 그 반대급부가 있었음을 증명하지 아니하면 공탁물을 수령하지 못한다.

제11조【물품공탁의 처리】 공탁물 보관자는 오랫동안 보관하여 공탁된 물품이 그 본래의 기능을 다하지 못하게 되는 등의 특별한 사정이 있으면 공탁 당사자에게 적절한 기간을 정하여 수령을 최고(催告)하고 그 기간에 수령하지 아니하면 대법원규칙으로 정하는 바에 따라 공탁된 물품을 매각하여 그 대금을 공탁하거나 폐기할 수 있다.

제3장 이의신청 등

제12조【처분에 대한 이의신청】 ① 공탁관의 처분에 불복하는 자는 관할 지방법원에 이의신청을 할 수 있다.
② 제1항에 따른 이의신청은 공탁소에 이의신청서를 제출함으로써 하여야 한다.

제13조【공탁관의 조치】 ① 공탁관은 제12조에 따른 이의신청이 이유 있다고 인정하면 신청의 취지에 따르는 처분을 하고 그 내용을 이의신청인에게 알려야 한다.
② 공탁관은 이의신청이 이유 없다고 인정하면 이의신청서를 받은 날부터 5일 이내에 이의신청서에 의견을 첨부하여 관할 지방법원에 송부하여야 한다.

제14조【이의신청에 대한 결정과 항고】 ① 관할 지방법원은 이의신청에 대하여 이유를 붙인 결정(決定)으로써 하며 공탁관과 이의신청인에게 결정문을 송부하여야 한다. 이 경우 이의가 이유 있다고 인정하면 공탁관에게 상당한 처분을 할 것을 명하여야 한다.
② 이의신청인은 제1항의 결정에 대하여 「비송사건절차법」에 따라 항고(抗告)할 수 있다.

제4장 공탁금관리위원회

제15조【공탁금관리위원회의 설립】 ① 공탁금의 보관·관리 등과 관련된 다음 각 호의 사항을 효율적으로 처리하기 위하여 공탁금관리위원회(이하 "위원회"라 한다)를 설립한다. (2015.12.15 본항개정)
1. 공탁금을 보관하는 은행의 지정 심사 및 적격 심사
2. 제19조에 따른 출연금 및 위원회 운영비의 심의·확정
3. 그 밖에 대법원규칙으로 정하는 사항
② 위원회는 법인으로 한다.
③ 위원회의 주된 사무소의 소재지는 정관(定款)으로 정한다.
④ 위원회는 그 주된 사무소의 소재지에서 설립등기를 함으로써 성립한다.
⑤ 위원회는 제1항 각 호의 사항에 관한 업무를 독립하여 수행한다.

제16조【공탁금관리위원회의 구성 등】 ① 위원회는 위원장 1명을 포함하여 9명의 위원으로 구성한다.
② 위원장과 위원은 법원행정처장이 다음 각 호의 기준에 따라 임명하거나 위촉한다.
(2011.4.5, 2014.12.30 본항개정)
1. 법관 또는 3급 이상의 법원공무원 3명
2. 기획재정부장관이 추천하는 3급 이상의 국가공무원 또는 고위공무원단에 속하는 일반직공무원 1명
3. 법무부장관이 추천하는 검사 또는 3급 이상의 국가공무원 또는 고위공무원단에 속하는 일반직공

무원 1명
4. 금융위원회가 추천하는 3급 이상의 국가공무원 또는 고위공무원단에 속하는 일반직공무원 1명
5. 공탁제도에 관하여 학식과 경험이 풍부한 변호사, 공인회계사, 대학교수 중 3명
③ 위원장과 위원의 임기는 2년으로 하되, 연임할 수 있다.
④ 위원이 임기 중 제2항제1호부터 제5호까지에 규정된 직이나 자격을 상실하는 경우에는 위원의 신분을 상실한다.
⑤ 위원장은 위원회를 대표하며 위원회의 사무를 총괄한다.
⑥ 위원회의 업무를 지원하기 위하여 대법원규칙으로 정하는 바에 따라 사무기구(事務機構)를 둘 수 있다.
⑦ 그 밖에 위원회의 운영에 필요한 사항은 정관으로 정한다.

제17조【정관】 ① 위원회의 정관에는 다음 각 호의 사항을 적어야 한다. (2014.12.30 본조개정)
1. 목적
2. 명칭
3. 사무소의 소재지
4. 업무 및 그 집행
5. 재산 및 회계
6. 사무기구의 설치
7. 위원의 임명·위촉과 해임·해촉
8. 정관의 변경
9. 공고의 방법
② 위원회는 정관을 작성하고 변경할 때에는 법원행정처장의 승인을 받아야 한다.

제18조【등기사항】 위원회의 등기사항은 다음 각 호와 같다.
1. 목적
2. 명칭
3. 사무소의 소재지
4. 위원의 성명, 주민등록번호 및 주소

제19조【출연금】 ① 공탁금을 보관하는 은행은 매년 공탁금 운용수익금의 일부를 위원회에 출연(出捐)할 수 있다.
② 공탁금을 보관하는 은행이 제1항에 따라 위원회에 출연하는 경우 수익금의 범위·방법·조건 등에 필요한 사항은 대법원규칙으로 정한다.

제20조 (2015.12.15 삭제)

제21조 (2015.12.15 삭제)

제22조 (2015.12.15 삭제)

제23조 (2015.12.15 삭제)

제24조【공무원의 겸직】 법원행정처장은 위원장의 요청에 따라 그 소속 공무원을 위원회에 겸직근무하게 할 수 있다.

제25조【감독】 ① 법원행정처장은 위원회를 지휘하고 감독하며 필요하다고 인정하면 위원회에 그 사업에 관한 지시나 명령을 할 수 있다.
② 법원행정처장은 필요하다고 인정하면 위원회에 그 업무·회계 및 재산에 관한 사항을 보고하게 하거나 소속 공무원에게 위원회의 장부·서류나 그 밖의 물건을 검사하게 할 수 있다.
③ 제2항에 따라 검사를 하는 공무원은 그 권한을 나타내는 증표를 지니고 이를 관계인에게 내보여야 한다.

제25조의2 (2015.12.15 삭제)

제26조【벌칙 적용 시의 공무원 의제】 위원회의 위원 중 공무원이 아닌 위원은 「형법」이나 그 밖의 법률에 따른 벌칙을 적용할 때에는 공무원으로 본다.

제27조 (2015.12.15 삭제)

제5장 사법서비스진흥기금
(2015.12.15 본장신설)

제28조【기금의 설치】 법원은 사법제도를 개선하고 법률구조 등 국민들에 대한 사법서비스 수준을 향상시키기 위한 자금을 확보·공급하기 위하여 사법서비스진흥기금(이하 "기금"이라 한다)을 설치한다. (2015.12.15 본조신설)

제29조【기금의 조성】 ① 기금은 다음 각 호의 재원(財源)으로 조성한다.
1. 제2항에 따른 위원회의 출연금
2. 다른 회계 또는 기금으로부터의 전입금
3. 위원회 이외의 자가 출연 또는 기부하는 현금, 물품 그 밖의 재산
4. 기금의 운용으로 인하여 생기는 수익금
5. 그 밖에 대법원규칙으로 정하는 수입
② 위원회는 제19조에 따라 위원회에 출연된 출연금 중 위원회의 운영비를 제외한 나머지 자금을 기금에 출연하여야 한다.
③ 제1항제3호에 따라 위원회 외의 자가 출연 또는 기부하는 경우 그 용도를 지정하여 출연 또는 기부할 수 있다. (2015.12.15 본조신설)

제30조【기금의 관리·운용】 ① 기금은 법원행정처장이 관리·운용한다.
② 법원행정처장은 기금에 여유자금이 있을 때에는 다음 각 호의 방법으로 이를 운용할 수 있다.
1. 국가·지방자치단체 또는 금융기관에서 직접 발행하거나 채무이행을 보증하는 유가증권의 매입
2. 「은행법」에 따른 은행 및 「우체국예금·보험에 관한 법률」에 따른 체신관서에 예치(預置) 또는 단기 대여
3. 그 밖에 대법원규칙으로 정하는 자금증식 방법
③ 법원행정처장은 기금의 재무건전성을 유지하기 위하여 노력하여야 한다. (2022.1.4 본항신설)
④ 기금의 관리·운용에 관하여 그 밖에 필요한 사

항은 대법원규칙으로 정한다. (2022.1.4 본항개정)
(2015.12.15 본조신설)

제31조【기금의 용도】 기금은 다음 각 호에 해당하는 용도에 사용한다.
1. 공탁제도 개선 및 공탁전산시스템의 개발과 운용
2. 국선변호인제도 및 소송구조제도의 운용
3. 조정제도의 운용
4. 법률구조사업 및 범죄피해자법률지원사업의 지원
5. 기금의 조성·관리 및 운용
6. 그 밖에 소년보호지원, 민원서비스개선 등 사법제도 개선이나 국민에 대한 사법서비스 향상을 위한 공익사업으로서 제32조에 따른 심의회의 의결을 거쳐 대법원규칙으로 정하는 사업이나 활동

(2015.12.15 본조신설)

제32조【기금운용심의회】 ① 기금의 관리·운용에 관한 다음 각 호의 사항을 심의하기 위하여 법원행정처에 사법서비스진흥기금운용심의회(이하 "심의회"라 한다)를 둔다. (2021.12.21 본항개정)
1. 기금의 관리 및 운용에 관한 주요 정책
2. 「국가재정법」 제66조에 따른 기금운용계획안의 수립
3. 「국가재정법」 제70조제2항에 따른 주요항목 지출금액의 변경
4. 「국가재정법」 제85조의6제1항에 따른 기금 성과보고서 및 같은 법 제73조에 따른 기금 결산보고서의 작성
5. 「국가재정법」 제79조에 따른 자산운용지침의 제정 및 개정
6. 기금의 관리·운용에 관한 중요 사항으로서 대법원규칙으로 정하는 사항과 그 밖에 심의회의 위원장이 필요하다고 인정하여 부의하는 사항

② 심의회 위원은 위원장 1명을 포함하여 10명의 위원으로 구성하되, 다음 각 호의 기준에 따라 법원행정처장이 임명 또는 위촉한다.
1. 법관 또는 3급 이상의 법원공무원 3명
2. 기획재정부장관이 추천하는 3급 이상의 국가공무원 또는 고위공무원단에 속하는 일반직공무원 1명
3. 법무부장관이 추천하는 검사 또는 3급 이상의 국가공무원 또는 고위공무원단에 속하는 일반직공무원 1명
4. 사법서비스에 관하여 학식과 경험이 풍부한 변호사, 공인회계사, 대학교수 중 5명

③ 심의회의 구성 및 운영, 그 밖에 필요한 사항은 대법원규칙으로 정한다.
(2015.12.15 본조신설)

제33조【기금의 회계기관】 법원행정처장은 기금의 수입과 지출에 관한 사무를 처리하게 하기 위하여 소속 공무원 중에서 기금수입징수관, 기금재무관, 기금지출관 및 기금출납공무원을 임명한다.
(2015.12.15 본조신설)

제34조【기금의 회계연도】 기금의 회계연도는 정부의 회계연도에 따른다.
(2015.12.15 본조신설)

제35조【기금의 회계처리】 기금은 기업회계의 원칙에 따라 회계처리한다. (2015.12.15 본조신설)

제36조【기금의 일시차입】 법원행정처장은 기금의 운용상 필요한 때에는 기금의 부담으로 한국은행, 그 밖의 금융기관으로부터 자금을 일시 차입할 수 있다. (2015.12.15 본조신설)

제37조【기금의 목적 외 사용금지 및 반환】 ① 제31조에 따라 지원받은 기금은 지원받은 목적 외의 용도에 사용하지 못한다.
② 법원행정처장은 기금을 지원받은 자가 거짓이나 그 밖의 부정한 방법으로 기금을 지원받거나 지원받은 기금을 목적 외의 용도에 사용하였을 경우에는 지원을 취소하고 기금의 전부 또는 일부를 반환하게 할 수 있다. (2015.12.15 본조신설)

제38조【보고 및 감독】 ① 기금을 지원받는 자는 기금사용계획과 기금사용결과를 대법원규칙으로 정하는 바에 따라 법원행정처장에게 보고하여야 한다.
② 법원행정처장은 필요하다고 인정하면 소속 공무원으로 하여금 기금을 지원받은 자의 장부·서류 등의 물건을 검사하게 할 수 있다.
(2015.12.15 본조신설)

제39조【이익 및 결손의 처리】 ① 기금의 결산상 이익금이 생긴 때에는 이를 전액 적립하여야 한다.
② 기금의 결산상 손실금이 생긴 때에는 제1항에 따른 적립금으로 보전하고, 그 적립금으로 부족한 때에는 정부가 예산의 범위에서 이를 보전할 수 있다.
(2015.12.15 본조신설)

제40조【벌칙 적용에서의 공무원 의제】 심의회의 위원 중 공무원이 아닌 위원은 「형법」 제129조부터 제132조까지의 규정을 적용할 때에는 공무원으로 본다.
(2015.12.15 본조신설)

제41조【대법원규칙】 이 법 시행에 필요한 사항은 대법원규칙으로 정한다.
(2015.12.15 본조신설)

부 칙

제1조【시행일】 이 법은 공포한 날부터 시행한다. 다만, 제3조제2항 및 제15조부터 제26조까지의 개정규정은 2008년 1월 1일부터 시행한다. (이하생략)

부 칙 (2008.3.21)

이 법은 공포한 날부터 시행한다.

부 칙 (2009.12.29)

이 법은 공포한 날부터 시행한다.

부 칙 (2011.4.5)

① 【시행일】 이 법은 공포한 날부터 시행한다.
② 【회계검사 등에 관한 적용례】 제22조 및 제25조의2의 개정규정은 이 법 시행일이 속하는 회계연도의 다음 회계연도부터 적용한다.

부 칙 (2014.12.30)

이 법은 공포한 날부터 시행한다.

부 칙 (2015.12.15)

이 법은 공포한 날부터 시행한다. 다만, 제15조제1항, 제20조부터 제23조까지 및 제25조의2의 개정규정은 2016년 1월 1일부터 시행한다.

부 칙 (2018.12.18)

이 법은 공포 후 6개월이 경과한 날부터 시행한다.

부 칙 (2020.12.8)

이 법은 공포 후 2년이 경과한 날부터 시행한다.

부 칙 (2021.12.21) (국가재정법)

제1조 【시행일】 이 법은 공포한 날부터 시행한다. <단서 생략>
제2조 생략
제3조 【다른 법률의 개정】 ① 공탁법 일부를 다음과 같이 개정한다.
제32조제1항제4호 중 "제8조제3항"을 "제85조의6 제1항"으로 한다.
②부터 ⑦까지 생략

부 칙 (2022.1.4)

이 법은 공포한 날부터 시행한다.

부 칙 (2022.1.4)

제1조 【시행일】 이 법은 공포 후 3개월이 경과한 날부터 시행한다.
제2조 【공탁물 회수의 제한에 관한 적용례】 제9조의2의 개정규정은 이 법 시행 이후 공탁자가 형사사건 피해자를 위하여 변제공탁을 한 경우부터 적용한다.

공탁규칙

(2007년 12월 31일 전개대법원규칙 제2147호)

개정
2010. 2. 1대규2272호
2011. 9.28대규2356호(부동산등기규칙)
2012.10.30대규2429호
2014.12.30대규2578호
2016. 6.27대규2668호(법무사규칙)
2019. 6. 4대규2848호
2019. 9.17대규2859호
2020.11.26대규2929호
2021 5.27대규2982호
2022. 6.30대규3060호
2022.10.27.대규3073호
2023.12.29대규3119호
2024.12.31대규3186호 → 2025.1.17 시행

제1장 총 칙

제1조 【목적】 이 규칙은 「공탁법」(이하 "법"이라 한다)에서 위임한 사항과 그 밖에 공탁사무에 필요한 사항을 정함을 목적으로 한다.
제2조 【시·군법원 공탁관의 직무범위】 시·군법원 공탁관(供託官)의 직무범위는 해당 시·군법원의 사건과 관련된 다음 각 호의 업무에 한한다.
1. 변제공탁(辨濟供託)
해당 시·군법원에 계속 중이거나 시·군법원에서 처리한 「소액사건심판법」의 적용을 받는 민사사건과 화해·독촉·조정사건에 대한 채무의 이행으로서 하는「민법」 제487조, 제488조에 따른 변제공탁
2. 재판상 보증공탁(保證供託)
가. 「민사소송법」 제117조제1항에 따른 소송비용의 담보와 관련된 공탁
나. 「민사소송법」 제213조에 따른 가집행선고와 관련된 공탁
다. 「민사소송법」 제500조제1항에 따른 재심(再審)이나 상소(上訴)의 추후보완신청으로 말미암은 집행정지(執行停止)와 관련된 공탁
라. 「민사소송법」 제501조, 제500조제1항에 따른 상소제기나 변경의 소제기로 말미암은 집행정지와 관련된 공탁
마. 「민사집행법」 제34조제2항, 제16조제2항에 따른 집행문부여 등에 관한 이의신청과 관련된 공탁
바. 「민사집행법」 제46조제2항, 제44조에 따른 청구에 관한 이의의 소의 잠정처분(暫定處分)과 관련된 공탁
사. 「민사집행법」 제46조제2항, 제45조에 따른 집행문부여에 대한 이의의 소의 잠정처분과 관련된 공탁
아. 「민사집행법」 제280조, 제301조에 따른 가압류·가처분명령과 관련된 공탁
자. 「민사집행법」 제286조제5항, 제301조에 따른

가압류·가처분 이의에 대한 재판과 관련된 공탁

차. 「민사집행법」 제288조제1항, 제307조에 따른 가압류·가처분 취소와 관련된 공탁

3. 집행공탁(執行供託)

「민사집행법」 제282조에 따른 가압류 해방금액(解放金額)의 공탁

4. 몰취공탁(沒取供託)

「민사소송법」 제299조제2항에 따른 소명(疏明)에 갈음하는 보증금의 공탁

제3조【공탁관계 장부와 양식】 ① 공탁관은 다음 각 호의 장부(帳簿)를 전산정보처리조직을 이용하여 기록·관리하여야 한다.

1. 공탁물의 종류에 따른 원장(元帳)
2. 공탁물의 종류에 따른 출납부
3. 공탁물의 종류에 따른 사건부
4. 불수리사건 관리부
5. 문서건명부

② 이 규칙의 시행에 필요한 문서의 양식은 대법원 예규로 정한다.

제4조【원장】 ① 공탁관은 원장(각 공탁사건에 관한 주요사항을 전산 등록한 기본장부를 말한다. 이하 같다)을 사건별로 작성하여야 한다.

② 공탁관은 공탁을 수리(受理)하거나 공탁물의 출급·회수를 인가(認可)한 때에는 이를 원장에 등록하여야 한다.

제5조【출납부】 ① 출납부는 공탁물의 종류에 따라 연도별로 작성한다.

② 공탁관은 공탁물보관자가 보내온 공탁물의 납입 및 지급결과에 관한 내용을 일자순으로 등록하여야 한다.

③ 제2항의 공탁물의 납입 및 지급결과에 관한 내용은 원장에도 등록하여야 한다.

제6조【사건부】 ① 사건부는 공탁물의 종류에 따라 연도별로 작성한다.

② 사건부에는 공탁신청사건의 접수사실을 등록하고, 공탁물의 지급 등으로 공탁사건이 완결된 때에는 완결일자를 등록하여야 한다.

③ 사건부에 등록할 공탁번호는 연도, 부호문자와 진행번호에 따라 부여한다. 부호문자는 금전공탁은 "금"으로, 유가증권(「주식·사채 등의 전자등록에 관한 법률」 제63조제1항에 따라 발행된 전자등록증명서를 포함한다. 이하 같다)공탁은 "증"으로, 물품공탁은 "물"로 하고, 진행번호는 접수순서에 따르며 매년 그 번호를 새로 부여한다. (2019.9.17 본항개정)

제7조【불수리사건 관리부】 공탁관은 불수리사건 관리부에 다음 각 호의 사항을 등록하여야 한다.

1. 제48조의 불수리 결정을 한 경우 결정연월일과 고지연월일
2. 불수리 결정에 대한 이의신청이 있는 경우 이의 신청일 및 결과

제8조【문서건명부】 ① 문서건명부에는 공탁신청과 불수리 결정의 고지 이외의 공탁관련 모든 문서의 접수 및 발송사실을 등록 한다.

② 문서건명부의 진행번호는 접수문서와 발송문서를 구분하지 않고 등록순서에 따르며 매년 그 번호를 새로 부여한다.

제9조【일계표】 공탁관은 납입 및 지급된 공탁사건에 관하여 매일 일계표를 전산정보처리조직으로 출력하여 법원장(지방법원 지원에서는 지원장, 시·군법원에서는 시·군법원 판사)의 결재를 받아야 한다.

제10조【공탁기록 및 서류철】 ① 공탁사건을 접수한 공탁관은 사건마다 공탁기록을 만들고, 공탁에 관한 서류를 접수순서에 따라 해당 공탁기록에 편철한다.

② 제1항 이외의 서류는 아래와 같이 구분하여 편철한다.

1. 일계표철
2. 월계대사표철
3. 우편발송부
4. 기타 문서철

제11조【날인에 갈음하는 서명 등】 ① 공탁관에게 제출하는 서면에 날인하여야 할 경우에는 서명으로 갈음할 수 있고, 날인이나 서명을 할 수 없을 때에는 무인으로 할 수 있다.

② 제1항은 제출하는 서면에 인감을 날인하고 인감증명서를 첨부하여야 하는 경우에는 적용하지 아니한다.

제12조【기재문자의 정정 등】 ① 공탁서, 공탁물 출급·회수청구서 그 밖에 공탁에 관한 서면에 적는 문자는 자획(字劃)을 명확히 하여야 한다.

② 공탁서, 공탁물 출급·회수청구서, 지급위탁서·증명서에 적은 금전에 관한 숫자는 정정(訂正), 추가나 삭제하지 못한다. 그러나 공탁서의 공탁원인사실과 청구서의 청구사유에 적은 금전에 관한 숫자는 그러하지 아니하다.

③ 정정, 추가나 삭제를 할 때에는 한 줄을 긋고 그 위쪽이나 아래쪽에 바르게 적거나 추가하고, 그 글자 수를 난외(欄外)에 적은 다음 도장을 찍어야 하며, 정정하거나 삭제한 문자는 읽을 수 있도록 남겨 두어야 한다.

④ 제3항에 따라 정정 등을 한 서류가 공탁서이거나 공탁물 출급·회수청구서인 때에는 공탁관은 작성자가 도장을 찍은 곳 옆에 인감(제55조제2항의 인감을 말한다. 이하 같다)도장을 찍어 확인하여야 한다.

제13조【계속 기재】 ① 공탁관에게 제출하는 서류에 관하여 양식과 용지의 크기가 정하여져 있는

경우에 한 장에다 전부 적을 수 없는 때에는 해당 용지와 같은 크기의 용지로서 적당한 양식으로 계속 적을 수 있다.
② 제1항의 경우에는 계속 용지임을 명확히 표시하여야 한다.

제14조【서류의 간인】 ① 공탁관에게 제출하는 서류가 두 장 이상인 때에는 작성자는 간인을 하여야 한다.
② 서류의 작성자가 여러 사람인 경우에는 그중 한 사람이 간인을 하면 된다.
③ 제1항 및 제2항의 서류가 공탁서이거나 공탁물 출급·회수청구서인 때에는 공탁관이 인감도장으로 간인을 하여 확인하여야 한다.

제15조【원본인 첨부서면의 반환】 ① 공탁서, 공탁서 정정신청서, 대공탁·부속공탁청구서, 공탁물 출급·회수청구서 등에 첨부한 원본인 서면의 반환을 청구하는 경우에 청구인은 그 원본과 같다는 뜻을 적은 사본을 제출하여야 한다.
② 공탁관이 서류의 원본을 반환할 때에는 그 사본에 원본을 반환한 뜻을 적고 도장을 찍어야 한다.

제16조【자격증명서 등의 유효기간】 공탁관에게 제출하는 다음 서면은 발급일로부터 3월 이내의 것이어야 한다.
1. 대표자나 관리인의 자격 또는 대리인의 권한을 증명하는 것으로서 관공서에서 발급받은 서면
2. 제21조제3항의 주소를 소명하는 서면으로서 관공서에서 발급받은 서면
3. 인감증명서

제17조【장부 등의 보존기간】 ① 공탁관은 공탁에 관한 장부와 서류를 다음과 같이 구분하여 보존하여야 한다. 그러나 관계서류를 합철하였을 경우에는 그 서류 중 보존기간이 가장 긴 서류에 따라 보존한다.
1. 제3조제1항 각호의 장부
 사건별 완결연도의 다음해부터 10년
2. 공탁기록
 완결연도의 다음해부터 5년
3. 일계표철, 월계대사표철, 우편발송부, 기타 문서철
 각 해당 연도의 다음해부터 2년
② 제1항의 장부와 서류는 보존기간이 끝난 후에도 보존하여야 할 특별한 사유가 있는 때는 그 사유가 존재하는 동안 보존하여야 한다.

제18조【장부 등의 폐기절차】 공탁관이 보존기간이 끝난 장부나 서류를 폐기하려면 그 목록을 작성하여 소속 지방법원장 또는 지원장의 인가를 받아야 한다.

제19조【완료되지 않은 서류 등의 반출금지】 공탁에 관한 서류로서 지급이 완료되지 않은 것은 천재지변(天災地變) 등 긴급한 상황에서 서류의 보존을 위하여 필요한 경우가 아니면 사무실 밖으로 옮기지 못한다.

제2장 공탁 절차

제20조【공탁서】 ① 공탁을 하려는 사람은 공탁관에게 공탁서 2통을 제출하여야 한다.
② 제1항의 공탁서에는 다음 각 호의 사항을 적고 공탁자가 기명날인(記名捺印)하여야 한다. 그러나 대표자나 관리인 또는 대리인이 공탁하는 때에는 그 사람의 주소를 적고 기명날인하여야 하며, 공무원이 그 직무상 공탁하는 경우에는 소속 관서명과 그 직을 적고 기명날인하여야 한다.
1. 공탁자의 성명(상호, 명칭)·주소(본점, 주사무소)·주민등록번호(법인등록번호)
2. 공탁금액, 공탁유가증권의 명칭·장수·총 액면금(액면금이 없을 때에는 그 뜻)·기호·번호·부속이표·최종상환기, 공탁물품의 명칭·종류·수량
3. 공탁원인사실
4. 공탁을 하게 된 관계법령의 조항
5. 공탁물의 수령인(이하 "피공탁자"라 한다)을 지정해야 할 때에는 피공탁자의 성명(상호, 명칭)·주소(본점, 주사무소)·주민등록번호(법인등록번호)
6. 공탁으로 인하여 질권, 전세권, 저당권이 소멸하는 때는 그 질권, 전세권, 저당권의 표시
7. 반대급부를 받아야 할 경우에는 그 반대급부의 내용
8. 공탁물의 출급·회수에 관하여 관공서의 승인, 확인 또는 증명 등을 필요로 하는 경우에는 해당 관공서의 명칭
9. 재판상의 절차에 따른 공탁의 경우에는 해당 법원의 명칭과 사건명
10. 공탁법원의 표시
11. 공탁신청 연월일

제21조【첨부서면】 ① 공탁자가 법인인 경우에는 대표자 또는 관리인의 자격을 증명하는 서면, 법인 아닌 사단이나 재단일 경우에는 정관 이나 규약과 대표자 또는 관리인의 자격을 증명하는 서면을 공탁서에 첨부하여야 한다.
② 대리인이 공탁하는 경우에는 대리인의 권한을 증명하는 서면을 첨부하여야 한다.
③ 변제공탁을 하는 경우에 피공탁자의 주소를 표시하는 때에는 그 주소를 소명하는 서면을, 피공탁자의 주소가 불명인 경우에는 이를 소명하는 서면을 첨부하여야 한다.

제22조【첨부서면의 생략】 같은 사람이 동시에 같은 공탁법원에 여러 건의 공탁을 하는 경우에 첨

부서면의 내용이 같을 때에는 1건의 공탁서에 1통만을 첨부하면 된다. 이 경우 다른 공탁서에는 그 뜻을 적어야 한다.

제23조【공탁통지서 등 첨부】 ① 공탁자가 피공탁자에게 공탁통지를 하여야 할 경우에는 피공탁자의 수만큼 공탁통지서를 첨부하여야 한다. (2010.2.1 본항개정)
② 제1항의 경우「우편법 시행규칙」 제25조제1항제4호다목에 따른 배달증명을 할 수 있는 우편료를 납입하여야 한다. (2010.2.1, 2012.10.30 본항개정)
③ 공탁관은 제1항의 공탁통지서를 발송하기 위한 봉투 발신인란에 공탁소의 명칭과 그 소재지 및 공탁관의 성명을 적어야 한다. (2010.2.1 본항개정)

제24조【기명식유가증권을 공탁하는 요건】 기명식(記名式)유가증권을 공탁하는 경우에는 공탁물을 수령하는 자가 즉시 권리를 취득할 수 있도록 유가증권에 배서(背書)를 하거나 양도증서를 첨부하여야 한다.

제25조【공탁신청서류 조사】 공탁관이 공탁신청서류를 접수한 때는 상당한 사유가 없는 한 지체없이 모든 사항을 조사하여 신속하게 처리하여야 한다.

제26조【수리절차】 ① 공탁관이 공탁신청을 수리할 때에는 공탁서에 다음 각 호의 사항을 적고 기명날인한 다음 1통을 공탁자에게 내주어 공탁물을 공탁물보관자에게 납입하게 하여야 한다.
1. 공탁을 수리한다는 뜻
2. 공탁번호
3. 공탁물 납입기일
4. 납입기일까지 공탁물을 납입하지 않을 경우에는 수리결정의 효력이 상실된다는 뜻

② 공탁관이 제1항에 따라 공탁신청을 수리한 때에는 주요사항을 전산등록하고, 공탁물보관자에게 그 내용을 전송하여야 한다. 다만, 물품공탁의 경우에는 공탁물보관자에게 전송하는 대신 공탁자에게 공탁물품납입서 1통을 주어야 한다.
③ 공탁자가 제1항제3호의 납입기일까지 공탁물을 납입하지 않을 때는 그 수리결정은 효력을 상실한다.
④ 제3항의 경우에는 원장에 그 뜻을 등록하여야 한다.

제27조【공탁물 납입절차】 공탁물보관자가 공탁물을 납입받은 때에는 공탁서에 공탁물을 납입받았다는 뜻을 적어 공탁자에게 내주고, 그 납입사실을 공탁관에게 전송하여야 한다. 다만, 물품을 납입 받은 경우에는 공탁물품납입통지서를 보내야 한다.

제28조【계좌입금에 의한 공탁금 납입】 ① 공탁관은 금전공탁에서 공탁자가 자기의 비용으로 계좌납입을 신청한 경우 공탁금보관자에게 가상계좌번호를 요청하여 그 계좌로 공탁금을 납입하게 하여야 한다.
② 제1항의 방법으로 공탁금이 납입된 경우 공탁금보관자는 공탁관에게 공탁금이 납입된 사실을 전송하여야 한다.
③ 제2항의 전송을 받은 공탁관은 공탁서에 공탁금이 납입되었다는 뜻을 적어 공탁자에게 내주거나 배달증명 우편으로 보내야 한다.
④ (2012.10.30 삭제)

제29조【공탁통지서의 발송】 ① 공탁관은 제27조의 전송이나 공탁물품납입통지서를 받은 때에는 제23조의 공탁통지서를 피공탁자에게 발송하여야 한다.
② 제1항의 통지서에는 공탁번호, 발송연월일과 공탁관의 성명을 적고 직인을 찍어야 한다.
③ 공탁통지서를 발송한 경우 그 송달정보는 전산정보처리조직에 의하여 관리하여야 한다. (2012.10.30 본항개정)
④ 공탁통지서가 반송된 경우에는 이를 공탁기록에 편철하여야 한다. (2012.10.30 본항개정)

제30조【공탁서 정정】 ① 공탁신청이 수리된 후 공탁서의 착오(錯誤) 기재를 발견한 공탁자는 공탁의 동일성(同一性)을 해하지 아니하는 범위 내에서 공탁서 정정(訂正)신청을 할 수 있다.
② 제1항의 신청을 하려는 사람은 공탁서 정정신청서 2통과 정정사유를 소명하는 서면을 제출하여야 한다.
③ 제21조제1항 및 제2항, 제22조, 제59조제2항은 공탁서 정정신청에 준용한다.
④ 공탁관이 공탁서 정정신청을 수리한 때에는 공탁서 정정신청서에 그 뜻을 적고 기명날인한 후 그 신청서 1통을 신청인에게 내준다. 이 경우 공탁관은 원장의 내용을 정정등록하여야 한다.
⑤ 수리의 뜻이 적힌 공탁서 정정신청서는 공탁서의 일부로 본다.
⑥ 피공탁자의 주소를 정정하는 경우에는 제23조를 준용한다.

제31조【대공탁 또는 부속공탁 청구】 ① 공탁유가증권의 상환금의 대공탁이나 이자 또는 배당금의 부속공탁을 청구하려는 사람은 대공탁·부속공탁 청구서 2통을 제출하여야 한다.
② 유가증권공탁에 관하여 대공탁과 부속공탁을 동시에 청구하는 경우에는 하나의 청구서로 할 수 있다. 이 경우 공탁관은 대공탁과 부속공탁을 별건으로 접수·등록하되 1개의 기록을 만든다.
③ 공탁관이 제1항의 청구를 수리할 때에는 대공탁·부속공탁청구서에 그 뜻과 공탁번호를 적고 기명날인한 다음, 그중 1통을 유가증권·이표출급의뢰서와 함께 청구인에게 내주어야 한다.
④ 제21조제1항 및 제2항과 제22조는 제1항의 경우에 준용한다.

⑤ 공탁유가증권이 기명식인 때에는 청구인은 제1항의 청구서에 공탁물보관자 앞으로 작성한 상환금 추심 위임장을 첨부하여야 한다.
⑥ 대공탁과 부속공탁 청구절차의 추심비용은 청구인이 부담한다.
⑦ 대공탁과 부속공탁은 금전공탁사건으로 접수하고, 대공탁을 수리하는 경우에는 동시에 유가증권 공탁사건부와 원장에 유가증권의 출급 사항을 등록하여야 한다.

제3장 출급 또는 회수절차

제32조【공탁물 출급·회수청구서】 ① 공탁물을 출급·회수하려는 사람은 공탁관에게 공탁물 출급·회수청구서 2통을 제출하여야 한다.
② 제1항의 청구서에는 다음 각 호의 사항을 적고 청구인이 기명날인하여야 한다. 다만, 대표자나 관리인 또는 대리인이 청구하는 때에는 그 사람의 주소를 적고 기명날인하여야 하며, 공무원이 직무상 청구할 때에는 소속 관서명과 그 직을 적고 기명날인하여야 한다.
1. 공탁번호
2. 출급·회수하려는 공탁금액, 유가증권의 명칭·장수·총 액면금·액면금(액면금이 없을 때는 그 뜻)·기호·번호, 공탁물품의 명칭·종류·수량
3. 출급·회수청구사유
4. 이자의 지급을 동시에 받으려는 경우 그 뜻
5. 청구인의 성명(상호, 명칭)·주소(본점, 주사무소)·주민등록번호(사업자등록번호)
6. 청구인이 공탁자나 피공탁자의 권리승계인인 경우 그 뜻
7. 제41조제1항이나 제2항에 따른 출급·회수청구의 경우 그 서류를 첨부한 뜻
8. 공탁법원의 표시
9. 출급·회수청구 연월일

제33조【공탁물 출급청구서의 첨부서류】 공탁물을 출급하려는 사람은 공탁물 출급청구서에 다음 각 호의 서류를 첨부하여야 한다.
1. 제29조에 따라 공탁관이 발송한 공탁통지서 다만, 다음 중 어느 하나의 사유가 있는 경우에는 그러하지 아니하다.
   가. 출급청구하는 공탁금액이 5000만원 이하인 경우(유가증권의 총 액면금액이 5000만원 이하인 경우를 포함한다) 다만, 청구인이 관공서이거나 법인 아닌 사단이나 재단인 때에는 그 금액이 1000만원 이하인 경우
   나. 공탁서나 이해관계인의 승낙서를 첨부한 경우
   다. 강제집행이나 체납처분에 따라 공탁물 출급청구를 하는 경우
   라. 공탁통지서를 발송하지 않았음이 인정되는 경우
2. 출급청구권이 있음을 증명하는 서면 다만, 다음 중 어느 하나의 사유가 있는 경우에는 그러하지 아니하다. (2023.12.29 본호개정)
   가. 공탁서의 내용으로 출급청구권이 있는 사실이 명백한 경우
   나. 제86조제1항에 따른 피공탁자 동일인 확인 증명서가 공탁소에 송부된 경우
3. 공탁물 출급을 위하여 반대급부를 하여야 할 때는 법 제10조에 따른 증명서류

제34조【공탁물 회수청구서의 첨부서류】 공탁물을 회수하려는 사람은 공탁물 회수청구서에 다음 각 호의 서류를 첨부하여야 한다.
1. 공탁서 다만, 다음 중 어느 하나의 사유가 있는 경우에는 그러하지 아니하다.
   가. 회수청구하는 공탁금액이 5000만원 이하인 경우(유가증권의 총 액면금액이 5000만원 이하인 경우를 포함한다) 다만, 청구인이 관공서이거나 법인 아닌 사단이나 재단인 때에는 그 금액이 1000만원 이하인 경우
   나. 이해관계인의 승낙서를 첨부한 경우
   다. 강제집행이나 체납처분에 따라 공탁물 회수청구를 하는 경우
2. 회수청구권이 있음을 증명하는 서면 다만, 공탁서의 내용으로 그 사실이 명백한 경우에는 그러하지 아니하다.

제35조【공탁물 출급·회수의 일괄청구】 같은 사람이 여러 건의 공탁에 관하여 공탁물의 출급·회수를 청구하려는 경우 그 사유가 같은때에는 공탁종류에 따라 하나의 청구서로 할 수 있다.

제36조【각종 부기문의 기재】 ① 공탁서와 청구서 등에 적을 부기문은 그 서면의 여백에 적을 수 있다. 그러나 다른 용지에 적을 때는 직인으로 간인을 하여야 한다.
② 제1항의 서면 중 1통을 제출자나 공탁물보관자에게 내주는 때에는 두 서면에 직인으로 계인(契印)을 찍어야 한다.

제37조【인감증명서의 제출】 ① 공탁물 출급·회수청구를 하는 사람은 공탁물 출급·회수청구서 또는 위임에 따른 대리인의 권한을 증명하는 서면에 찍힌 인감에 관하여 「인감증명법」 제12조와 「상업등기법」 제16조에 따라 발행한 인감증명서를 제출하여야 한다. (2019.6.4 본항개정)
② 제1항은 법정대리인, 지배인, 그 밖의 등기된 대리인, 법인·법인 아닌 사단이나 재단의 대표자 또는 관리인이 공탁물 출급·회수청구를 하는 경우에는 그 법정대리인, 지배인, 그 밖의 등기된 대리인,

대표자나 관리인에 대하여 준용한다.
③ 제1항과 제2항은 다음 각 호의 경우에는 적용하지 아니한다.
1. 본인이나 제2항에서 말하는 사람이 공탁금을 직접 출급·회수청구하는 경우로써, 그 금액이 1000만원 이하(유가증권의 총 액면금액이 1000만원 이하인 경우를 포함한다)이고, 공탁관이 신분에 관한 증명서(주민등록증·여권·운전면허증 등을 말한다. 이하 "신분증"이라 한다)로 본인이나 제2항에서 말하는 사람임을 확인할 수 있는 경우
2. 관공서가 공탁물의 출급·회수청구를 하는 경우
④ 공탁관이 제3항에 따라 공탁금 출급·회수청구를 인가한 때에는 청구인의 신분증 사본을 해당 공탁기록에 편철하여야 한다.

제38조【자격증명서 등의 첨부】 ① 제21조제1항 및 제2항과 제22조는 공탁물 출급·회수청구에 준용한다.
② 출급·회수청구인이 법인 아닌 사단이나 재단인 경우에는 대표자 또는 관리인의 자격을 증명하는 서면에 그 사실을 확인하는데 상당하다고 인정되는 2명 이상의 성년인 사람이 사실과 같다는 뜻과 성명을 적고 자필서명한 다음, 신분증 사본을 첨부하여야 한다. (2010.2.1 본항개정)
③ 변호사나 법무사[법무법인·법무법인(유한)·법무조합·법무사법인·법무사법인(유한)을 포함한다. 이하 "자격자대리인"이라 한다]가 대리하여 청구하는 경우에는 자격자대리인이 제2항의 서면에 사실과 같다는 뜻을 적고 기명날인하는 것으로 갈음할 수 있다. (2016.6.27 본항개정)

제39조【출급·회수의 절차】 ① 공탁관이 공탁물 출급·회수청구서류를 접수한 때에는 상당한 사유가 없는 한 지체 없이 모든 사항을 조사하여 신속하게 처리하여야 한다.
② 공탁관은 제1항의 청구가 이유 있다고 인정할 때에는 청구서에 인가의 뜻을 적어 기명날인하고 전산등록을 한 다음 청구서 1통을 청구인에게 내주고, 공탁물보관자에게는 그 내용을 전송하여야 한다.
③ 제2항의 경우 공탁관은 청구인으로부터 청구서 수령인을 받아야 한다.

제40조【예금계좌 입금신청 등】 ① 공탁금 출급·회수청구인이 공탁금을 자기의 비용으로 자신의 예금계좌에 입금하여 줄 것을 공탁관에게 신청한 경우에는 공탁금을 신고된 예금계좌에 입금하여 지급하여야 한다.
② 제1항의 신청을 하려는 사람은 공탁금계좌입금신청서를 공탁관에게 제출하여야 한다.
③ 제1항의 경우에 공탁관은 그 계좌번호를 전산등록한 후 공탁금 출급·회수 인가와 신청계좌로의 입금지시를 공탁물보관자에게 전송하여야 한다.
④ 공탁관으로부터 계좌입금지시를 받은 공탁물보관자는 그 처리결과를 공탁관에게 즉시 전송하여야 한다.
⑤ (2012.10.30 삭제)

제41조【공탁통지서·공탁서를 첨부할 수 없는 경우】 ① 공탁물 출급·회수청구서에 제33조제1호의 공탁통지서나 제34조제1호의 공탁서를 첨부할 수 없는 때에는, 공탁관이 인정하는 2명 이상이 연대하여 그 사건에 관하여 손해가 생기는 때에는 이를 배상한다는 자필서명한 보증서와 그 재산증명서(등기사항증명서 등) 및 신분증 사본을 제출하여야 한다. (2010.2.1, 2011.9.28 본항개정)
② 제1항의 청구인이 관공서인 경우에는 청구하는 공무원의 공탁물 출급·회수 용도의 재직증명서를 보증서 대신 제출할 수 있다.
③ 출급·회수청구를 자격자대리인이 대리하는 경우에는 제1항의 보증서 대신 손해가 생기는 때에는 이를 배상한다는 자격자대리인 명의의 보증서를 작성하여 제출할 수 있다. 보증서에는 자격자대리인이 기명날인하여야 한다.

제42조【일부 지급】 ① 공탁물의 일부를 지급하는 경우에는 공탁관은 청구인이 제출한 공탁통지서나 공탁서에 지급을 인가한 공탁물의 내용을 적고 기명날인한 후 청구인에게 반환하여야 한다.
② 제1항의 경우에는 출급·회수청구서의 여백에 공탁통지서나 공탁서를 반환한 뜻을 적고 수령인을 받아야 한다.

제43조【배당 등에 따른 지급】 ① 배당이나 그 밖에 관공서 결정에 따라 공탁물을 지급하는 경우 해당 관공서는 공탁관에게 지급위탁서를 보내고 지급을 받을 자에게는 그 자격에 관한 증명서를 주어야 한다.
② 제1항의 경우에 공탁물의 지급을 받고자 하는 때에는 제1항의 증명서를 첨부하여 제32조에 따라 출급·회수청구를 하여야 한다.

제44조【양도통지서 등】 ① 공탁관은 제49조제1항의 서면, 제49조제2항의 판결등본 또는 공탁물 출급·회수청구권에 관한 가처분명령서, 가압류명령서, 압류명령서, 전부(轉付) 또는 추심(推尋)명령서, 압류취소명령서, 그 밖에 이전 또는 처분제한의 서면을 받은 때에는 그 서면에 접수연월일, 시, 분을 적고 기명날인하여야 한다.
② 제1항의 서면을 받은 경우 공탁관은 그 내용을 해당 기록표지에 적은 다음 원장에 등록하여야 한다.

제45조【공탁물보관자의 처리】 공탁물보관자는 출급·회수청구가 있는 때에는 공탁관이 전송한 내용과 대조하여 청구한 공탁물과 그 이자 나 이표를 청구인에게 지급하고 그 청구서에 수령인을

받는다.

제46조【위와 같다】 공탁물보관자는 제45조의 공탁물을 지급한 후에 지급사실을 공탁관에게 전송한다. 다만, 물품공탁의 경우 지급결과통지서에 지급한 내용을 적어 공탁관에게 보낸다.

제47조【공탁물품의 매각·폐기 등】 ①「공탁법」 제11조에 따라 보관중인 공탁물품을 매각하거나 폐기하고자 할 경우에는 공탁물보관자의 신청으로 해당 공탁사건의 공탁소 소재지나 공탁물품의 소재지를 관할하는 법원의 허가를 받아야 한다.
② 법원은 직권 또는 공탁물보관자의 신청으로 제1항의 허가재판을 변경할 수 있다.
③ 공탁물품의 매각은 「민사집행법」에 따른다. 다만, 공탁물보관자는 법원의 허가를 받아 임의매각 등 다른 방법으로 환가(換價)할 수 있다.
④ 법원은 제1항부터 제3항까지의 허가나 변경재판을 하기 전에 공탁물보관자, 공탁자 또는 피공탁자를 심문할 수 있다. 그 밖에 재판절차는「비송사건절차법」에 따른다.
⑤ 제1항부터 제3항까지의 허가나 변경한 재판에 대하여는 불복 신청을 할 수 없다.
⑥ 공탁물보관자가 법원의 허가를 받아 공탁물품을 폐기할 때에는 개인정보가 유출되지 않도록 하여야 한다.

제48조【불수리 결정】 ① 공탁관이 공탁신청이나 공탁물 출급·회수청구를 불수리할 경우에는 이유를 적은 결정으로 하여야 한다.
② 제1항의 불수리 결정에 관하여 필요한 사항은 대법원 예규로 정한다.

제49조【공탁수락서 등의 제출】 ① 공탁소에 대한 민법 제489조제1항의 승인이나 통고는 피공탁자가 공탁을 수락한다는 뜻을 적은 서면을 공탁관에게 제출하는 방법으로 하여야 한다.
② 공탁유효의 확정판결이 있는 경우 공탁자의 회수를 제한하기 위해서는 피공탁자는 그 판결등본을 공탁관에게 제출하여야 한다.

제49조의2【공탁물 회수동의 또는 수령거절의사 통고】 법 제9조의2제2항에 따른 공탁물 회수동의 또는 수령거절의사 통고는 해당 공탁소에 서면으로 하여야 한다. (2024.12.31 본조신설)

제50조【공탁물보관자 장부와의 대조】 ① 공탁관은 출납부를 공탁물보관자 장부와 대조하기 위하여 전월분 월계대사표를 매달 초에 공탁물보관자에게 보내고, 공탁물보관자는 이를 확인한 후 공탁관에게 보내야 한다. 그러나 물품공탁의 경우에는 전년분에 관하여 매년 초에 이를 할 수 있다.
② 공탁관이 제1항의 확인을 마친 때에는 지체 없이 증빙서류와 대조를 하여야 한다.
③ 공탁관은 제2항의 대조 결과를 매달 초 소속 지방법원장에게 보고하여야 한다.

제4장 이자

제51조【공탁금의 이자】 공탁금의 이자에 관하여는「공탁금의 이자에 관한 규칙」에서 정하는 바에 따른다.

제52조【공탁금의 이자지급】 공탁금의 이자는 원금과 함께 지급한다. 그러나 공탁금과 이자의 수령자가 다를 때에는 원금을 지급한 후에 이자를 지급할 수 있다.

제53조【위와 같다】 ① 공탁금의 이자는 공탁금 출급·회수청구서에 의하여 공탁금보관자가 계산하여 지급한다.
② 이자를 별도로 청구하려는 사람은 공탁관에게 공탁금이자청구서 2통을 제출하여야 한다.
③ 제2항의 청구에는 제35조, 제37조부터 제39조까지, 제45조, 제46조를 준용한다.

제54조【이표의 청구】 ① 공탁유가증권의 이표를 받으려는 사람은 공탁관에게 공탁유가증권이표청구서 2통을 제출하여야 한다.
② 제1항의 청구에는 제53조제1항과 제3항을 준용한다.

제5장 보 칙

제55조【대리공탁관 지정 등】 ① 지방법원장이나 지원장은 공탁관이 직무를 수행할 수 없는 경우에 대비하여 대리공탁관을 지정할 수 있다.
② 지방법원장이나 지원장이 공탁관이나 대리공탁관을 지정한 때에는 공탁물보관자에게 그 성명과 인감을 알려 주어야 한다.

제56조【재정보증】 법원행정처장은 공탁관의 재정보증에 관한 사항을 정하여 운용할 수 있다.

제57조【현금 등의 취급 금지】 ① 공탁금은 공탁물 보관은행의 별단예금으로 예탁하고, 공탁관 및 대리공탁관은 공탁금, 공탁유가증권 등을 직접 납부 받거나 보관할 수 없다. (2024.12.31 본항개정)
② (2024.12.31 삭제)

제58조【사유신고】 ① 공탁금 출급·회수청구권에 대한 압류의 경합 등으로 사유신고를 할 사정이 발생한 때에는 공탁관은 지체 없이 사유신고서 2통을 작성하여 그 1통을 집행법원에 보내고 다른 1통은 해당 공탁기록에 편철한다.
② 제1항에 따라 사유신고를 한 때에는 공탁관은 원장에 사유신고한 뜻과 연월일을 등록하여야 한다

제59조【열람 및 증명청구】 ① 공탁당사자 및 이해관계인은 공탁관에게 공탁관계 서류의 열람 및 사실증명을 청구할 수 있다.
② 위임에 따른 대리인이 제1항의 청구를 하는 경우에는 대리인의 권한을 증명하는 서면에 인감도장

을 찍고 인감증명서를 첨부하여야 한다.
③ 제2항은 자격자대리인 본인이 직접 열람 및 사실증명을 청구하는 경우에는 적용하지 아니한다.
④ 제1항의 청구를 하는 사람은 열람신청서나 사실증명청구서를 제출하여야 한다. 사실증명을 청구하는 때에는 증명을 받고자 하는 수에 1통을 더한 사실증명청구서를 제출하여야 한다.
⑤ (2012.10.30 삭제)
⑥ 공탁관은 제1항의 열람신청이나 사실증명청구에 대하여 전산정보처리조직을 이용하여 열람하게 하거나 증명서를 발급해 줄 수 있다.

제60조 【공탁금의 소멸시효 조사】 공탁관은 공탁원금 및 이자의 출급·회수청구권의 소멸시효 완성시기 등을 조사하기 위하여 법원, 그 밖의 관공서에 공탁원인의 소멸여부와 그 시기 등을 조회(照會)할 수 있다.

제60조의2 【소멸시효 완성 전 안내】 ① 법원행정처장은 「공탁법」 제9조에 따른 시효가 완성되기 전에 우편 등으로 공탁금 출급·회수에 관한 안내를 할 수 있다.
② 제1항에 따른 업무는 법원행정처 사법등기국 사법등기심의관이 담당한다.
③ 제2항에 따른 안내를 위하여 필요한 경우에는 해당 정보를 보유하는 공공기관·전기통신사업자 등 단체·개인 또는 외국의 공공기관에 다음 각호의 개인정보가 포함된 자료의 송부를 요구할 수 있다. (2022.6.30 본항신설)
1. 공탁금 출급·회수권자의 성명(상호, 명칭)
2. 공탁금 출급·회수권자의 주민등록번호(법인등록번호)
3. 공탁금 출급·회수권자의 주소(본점, 주사무소)
4. 공탁금 출급·회수권자의 전화번호
④ 제1항에 따른 안내의 절차 및 방법 등 필요한 사항은 대법원예규로 정한다. (2022.6.30 본항개정)
⑤ 제3항에 따른 안내를 위하여 필요한 범위 내에서 「개인정보 보호법」 제24조의 고유식별번호, 제24조의2의 주민등록번호가 포함된 자료를 처리할 수 있고, 제공받은 개인정보는 안내 업무 이외의 목적으로 사용할 수 없다. (2022.6.30 본항신설)
2019.6.4 본조신설)

제61조 【소멸시효 완성 후의 공탁금】 소멸시효가 완성된 공탁금에 대하여 출급·회수청구가 있는 경우 공탁관은 국고수입 납부 전이라도 출급·회수청구를 인가하여서는 안된다.

제62조 【공탁금국고귀속조서의 송부】 ① 공탁관은 출급·회수청구권의 소멸시효가 완성되어 국고귀속되는 공탁원금이나 이자가 있는 때에는 해당 연도분을 정리한 다음 공탁금국고귀속조서를 작성하여 다음해 1월 20일까지 이를 해당 법원의 세입세출외 현금출납공무원(이하 "출납공무원"이라한다)에게 보낸다.
② 출납공무원이 제1항의 조서를 받은 때에는 1월 31일까지 해당 법원의 수입징수관에게 보내야 한다.
③ 공탁관은 제1항 이외의 사유로 국고귀속되는 공탁원금이나 이자가 있는 때에는 그때마다 공탁금국고귀속조서를 작성하여 출납공무원에게 보내고, 출납공무원은 지체 없이 해당 법원의 수입징수관에게 보내야 한다.

제63조 【납부고지와 납부】 ① 수입징수관은 제62조에 따른 조서를 받은 때에는 조사한 후 총액에 대한 납부고지서 2통을 해당 출납공무원에게 보낸다.
② 출납공무원은 제1항의 납부고지서를 받은 때에는 지체 없이 그중 1통을 첨부하여 해당 공탁관에게 하나의 청구서로 한꺼번에 지급청구를 하여야 한다.
③ 공탁관이 제2항의 청구를 받은 때에는 제35조와 제39조에 따라 인가한다.
④ 출납공무원이 제3항의 인가를 받은 때에는 지체 없이 그 금액을 해당 수입징수관 앞으로 납부하여야 한다.

제64조 【착오로 국고 귀속된 공탁금의 반환】 공탁관이 착오로 국고귀속조치를 취한 공탁금의 반환절차와 수입징수관의 사무처리절차에 관하여는「국고금관리법 시행규칙」을 준용한다. 이 경우 공탁관을 과오납부자로 본다.

제64조의2 【대법원예규에의 위임】 공탁절차와 관련하여 필요한 사항 중 이 규칙에서 정하고 있지 아니한 사항은 대법원예규로 정할 수 있다. (2012.10.30 본조신설)

제6장 외국인 등을 위한 공탁사무처리 특례

제65조 【용어의 정의】 이 장에서 외국인과 재외국민은 다음 각 호의 사람을 말한다. (2014.12.30 본조개정)
1. 외국인
   가. 대한민국의 국적을 가지지 않은 사람
   나. 외국법에 따라 설립된 법인 또는 이에 준하는 단체
2. 재외국민 : 대한민국의 국민으로서 외국의 영주권을 취득한 자 또는 영주할 목적으로 외국에 거주하고 있는 자

제66조 【관할의 특례】 국내에 주소나 거소가 없는 외국인이나 재외국민을 위한 변제공탁은 지참채무(持參債務)의 경우에 다른 법령의 규정이나 당사자의 특약이 없는 한 서울중앙지방법원의 공탁관에게 할 수 있다.

제67조 【공탁통지】 ① 공탁자가 피공탁자의 외

국주소로 공탁통지를 하여야 할 경우에는 수신인란에 로마문자(영문)와 아라비아 숫자로 피공탁자의 성명과 주소를 적은 국제특급우편 봉투와 우편요금을 첨부하여야 한다.

② 제1항의 우편요금은 「국제우편규정」 제12조제1항제3호에 의한 배달통지가 가능한 외국에 공탁통지를 할 경우는 배달통지로 할 수 있는 금액이어야 한다.

③ 공탁관은 제1항의 봉투 발신인란과 배달통지서의 반송인란에 로마문자(영문)와 아라비아 숫자로 공탁소의 명칭과 그 소재지 및 공탁관의 성명을 적어야 한다.

제7장 전자신청

제68조【용어의 정의】 이 장에서 사용하는 용어의 뜻은 다음과 같다. (2020.11.26, 2021.5.27 본조개정)

1. "전자문서"란 「전자서명법」 제2조제1호에 따른 정보처리능력을 가진 장치에 의하여 전자적인 형태로 작성되거나 변환되어 송신·수신 또는 저장되는 정보를 말한다.
2. "전자서명"이란「전자서명법」 제2조제2호에 따른 전자서명(서명자의 실지명의를 확인할 수 있는 것으로서 법원행정처장이 지정하는 인증서를 이용한 것을 말한다)을 말한다.
3. "인증서"란「전자서명법」 제2조제6호에 따른 인증서(서명자의 실지명의를 확인할 수 있는 것으로서 법원행정처장이 지정하는 인증서를 말한다)를 말한다.
4. "전자공탁시스템"이란 법원행정처가 법에 따른 공탁·출급·회수 등의 절차에 필요한 전자문서를 작성·제출·송달하거나 관리할 수 있도록 하드웨어·소프트웨어·데이터베이스·네트워크·보안요소 등을 결합시켜 구축·운영하는 전산정보처리조직을 말한다.
5. "전자공탁홈페이지"란 이 규칙에서 정한 바에 따라 전자문서를 이용하여 공탁절차를 진행할 수 있도록 전자공탁시스템에 의하여 구축된 인터넷 활용공간을 말한다.

(2012.10.30 본조신설)

제69조【전자문서에 의한 공탁 등의 수행】 금전공탁사건에 관한 신청 또는 청구는 이 규칙에서 정하는 바에 따라 전자공탁시스템을 이용하여 전자문서로 할 수 있다. 다만, 5천만원을 초과하는 공탁금에 대한 출급 또는 회수 청구의 경우에는 그러하지 아니하다.

(2012.10.30 본조신설)

제70조【사용자등록】 ① 전자공탁시스템을 이용하려는 자는 전자공탁시스템에 접속하여 다음 각 호의 회원 유형별로 전자공탁홈페이지에서 요구하는 정보를 해당란에 입력한 후 인증서를 사용하여 사용자등록을 신청하여야 한다. 이 경우 등록한 사용자 정보는 인증서의 내용과 일치하여야 한다. (2020.11.26 본항개정)

1. 개인회원
2. 법인회원
3. 변호사회원
4. 법무사회원

② 제1항의 신청인(법인인 경우 법인의 대표자)이 외국인인 때에는 다음 각 호의 어느 하나에 해당하는 요건을 갖추어야 한다.

1. 「출입국관리법」 제31조에 따른 외국인등록
2. 「재외동포의 출입국과 법적 지위에 관한 법률」 제6조, 제7조에 따른 국내거소신고

③ 대법원예규로 정하는 법인회원은 공탁소에 출석하여 대법원예규로 정하는 사항을 적은 신청서를 제출하여야 하며, 그 신청서에는 「상업등기법」 제16조에 따라 신고한 인감을 날인하고 그 인감증명과 자격을 증명하는 서면을 첨부하여야 한다. (2019.6.4 본항개정)

④ 사용자등록을 신청하는 변호사회원 또는 법무사회원은 공탁소에 출석하여 그 자격을 증명하는 서면을 제출하여야 한다.

(2012.10.30 본조신설)

제71조【사용자등록의 변경 및 철회】 제70조제1항에 따라 사용자등록을 한 자는 전자공탁시스템에 접속하여 사용자등록의 변경 또는 철회의 취지를 입력함으로써 사용자등록을 변경하거나 철회할 수 있다. 다만, 이미 전자공탁시스템을 이용하여 이루어진 신청이 계속 중인 경우에는 그 신청에 대한 처리가 종료된 이후에만 사용자등록을 철회할 수 있다.

(2012.10.30 본조신설)

제72조【사용자등록의 말소 등】 ① 법원행정처장은 다음 각 호의 어느 하나에 해당하는 사유가 있는 경우에는 등록사용자의 사용을 정지하거나 사용자등록을 말소할 수 있다.

1. 등록사용자의 동일성이 인정되지 아니하는 경우
2. 사용자등록을 신청하거나 사용자정보를 변경할 때 거짓의 내용을 입력한 경우
3. 다른 등록사용자의 사용을 방해하거나 그 정보를 도용하는 등 전자공탁시스템을 이용한 공탁업무의 진행에 지장을 준 경우
4. 고의 또는 중대한 과실로 전자공탁시스템에 장애를 일으킨 경우
5. 그 밖에 위 각 호에 준하는 경우로서 대법원예규로 정하는 사유가 있는 경우

② 법원행정처장은 제1항 각 호 가운데 어느 하나

에 해당하는지 여부를 결정하기 위하여 필요하다고 인정하는 경우에는 당사자·이해관계인의 신청에 따라 또는 직권으로 해당 등록사용자의 사용을 일시적으로 정지할 수 있다. 이 경우 법원행정처장은 등록사용자에게 적당한 방법으로 그 사실을 통지하여야 한다.
③ 법원행정처장은 제1항에 따라 사용자등록을 말소하기 전에 해당 등록사용자에게 미리 그 사유를 통지하고 소명할 기회를 부여하여야 한다.
④ 등록사용자가 전자공탁시스템을 마지막으로 이용한 날부터 5년이 지나면 사용자등록은 효력을 상실한다.
(2012.10.30 본조신설)

제73조【전자문서의 작성·제출】 ① 등록사용자의 전자문서 제출은 전자공탁시스템에서 요구하는 사항을 빈칸 채우기 방식으로 입력한 후 나머지 사항을 해당란에 직접 입력하거나 전자문서를 등재하는 방식으로 하여야 한다.
② 등록사용자가 제출하는 전자문서에는 전자서명을 하여야 한다. (2020.11.26 본항개정)
③ 공동의 이해관계를 가진 여러 당사자나 대리인이 공동으로 공탁·출급·회수 등을 신청하는 경우에는 다음 각 호 가운데 어느 하나의 방법에 따라 공동명의로 된 하나의 전자문서를 제출할 수 있다. (2020.11.26 본항개정)
1. 해당 전자문서에 공동명의자 전원이 전자서명을 하여 제출하는 방법
2. 해당 전자문서를 제출하는 등록사용자가 다른 공동명의자 전원의 서명 또는 날인이 이루어진 확인서를 전자문서로 변환하여 함께 제출하는 방법(공탁금을 출급 또는 회수하는 경우에는 제외한다)
④ 제2항 및 제3항의 전자서명은 공탁에 적용되거나 준용되는 법령에서 정한 서명 또는 기명날인으로 본다.
⑤ 제1항의 경우 제22조 및 제35조는 적용하지 아니한다.
⑥ 제1항의 경우 제20조제1항, 제30조제2항, 제32조제1항, 제53조제2항, 제59조제4항에도 불구하고 하나의 전자문서로 제출할 수 있다.
(2012.10.30 본조신설)

제74조【전자문서의 파일 형식】 ① 법원행정처장은 전자공탁시스템을 이용하여 제출할 수 있는 전자문서의 파일 형식, 구성 방식 그 밖의 사항을 지정하여야 한다. (2021.5.27 본항개정)
② 제1항에 따라 지정된 파일 형식을 사용하지 아니한 전자문서는 부득이한 사정을 소명하지 아니하는 한 전자공탁시스템을 이용하여 제출할 수 없다.
③ 전자문서는 전자공탁시스템에서 요구하는 방식에 따라 각 별도의 파일로 구분하여 제출하여야 하고, 이를 합하여 하나의 파일로 제출하여서는 아니 된다.
(2012.10.30 본조신설)

제75조【전자신청의 접수시기】 전자문서에 의한 신청은 그 신청정보가 전자공탁시스템에 저장된 때에 접수된 것으로 본다.
(2012.10.30 본조신설)

제76조【정정신청 등】 전자공탁시스템에 의한 공탁사건에 대한 정정신청 또는 보정은 전자공탁시스템을 이용하여 하여야 한다.
(2012.10.30 본조신설)

제77조【전자신청사건의 수리 등】 ① 전자공탁시스템에 의한 공탁사건에 대하여 공탁관이 수리, 인가 등의 처분을 하는 경우, 그 전자문서에 수리, 인가 등의 뜻을 기재하고, 「법원 행정전자서명 인증업무에 관한 규칙」 제2조제2항에 따라 설치된 법원 행정전자서명 인증관리센터에서 발급받은 행정전자서명 인증서에 의한 사법전자서명을 하여야 한다.
② 공탁관은 신청인에게 제1항의 처분결과를 대법원예규로 정하는 방법에 따라 고지하여야 한다.
(2012.10.30 본조신설)

제78조【전자신청사건의 공탁금 납입】 ① 전자공탁시스템을 이용하여 공탁을 하는 경우 공탁관은 공탁물보관자에게 가상계좌번호를 요청하여 그 계좌로 공탁금을 납입하게 하여야 한다.
② 제1항의 공탁금이 납입된 경우 공탁물보관자는 공탁관에게 공탁금이 납입된 사실을 전송하여야 한다.
③ 제2항의 전송을 받은 공탁관은 공탁서에 공탁금이 납입되었다는 뜻을 전자적으로 확인하여야 한다.
④ 공탁금을 납입한 공탁자는 전자공탁시스템에 접속하여 공탁서를 출력하여야 한다.
(2012.10.30 본조신설)

제79조【전자문서에 의한 공탁금 출급·회수청구의 특례】 ① 전자문서에 의하여 공탁금의 출급 또는 회수를 청구하는 경우 제37조제1항 및 제2항의 인감증명서는 첨부하지 아니한다.
② 변호사회원 또는 법무사회원이 전자문서에 의하여 공탁금의 출급 또는 회수를 청구하는 경우에는 청구인의 전자서명도 함께 제출하여야 한다.
③ 전자문서에 의한 공탁금의 출급 또는 회수청구에 따라 공탁금을 예금계좌에 입금하여 지급하는 경우 그 예금계좌는 청구인 본인의 예금계좌이어야 한다.
(2012.10.30 본조신설)

제80조【공고】 이 장에서 법원행정처장이 지정하는 사항은 전자공탁홈페이지에 공고하여야 한다.
(2021.5.27 본조신설)

제8장 형사공탁의 특례
(2022.10.27 본장신설)

제81조【용어의 정의】 이 장에서 사용하는 용어의 뜻은 다음과 같다.
1. "형사공탁"이란 법 제5조의2에 따라 이루어지는 변제공탁을 말한다.
2. "법령 등에 따라 피해자의 인적사항을 알 수 없음을 확인할 수 있는 서면"이란 피해자의 개인정보보호를 위하여 법령 등에서 피해자의 인적사항 공개를 금지하고 있거나 형사사건의 피고인이 재판기록·수사기록 중 피해자의 인적사항에 대한 열람·복사를 할 수 없는 등의 사정으로 피해자의 인적사항을 알 수 없음을 확인할 수 있는 서면을 말한다.
3. 법 제5조의2제2항의 "피해자를 특정할 수 있는 명칭"이란 공소장, 조서, 진술서, 판결서에 기재된 피해자의 성명(성·가명을 포함한다)을 말한다.
4. "피공탁자 동일인 확인 증명서(이하, "동일인 증명서"라 한다)"란 법 제5조의2제4항에 따라 공탁서에 기재된 피공탁자가 형사사건의 피해자와 동일인임을 법원 또는 검찰이 증명하는 서면을 말한다. (2023.12.29 본호개정)
5. "비실명 처리"란 공탁관계 서류 및 전자기록에 나타난 정보 중 그대로 공개될 경우 개인의 사생활이 침해될 수 있는 사항에 관하여 비실명으로 표시하거나 그 밖의 적절한 방법으로 제3자가 인식하지 못하도록 처리하는 것을 말한다.

(2022.10.27 본조신설)

제82조【공탁서 기재의 특칙】 제20조제2항제5호에도 불구하고 형사공탁의 공탁서에는 공소장, 조서, 진술서, 판결서에 기재된 피해자의 성명(성·가명을 포함한다)과 해당 형사사건이 계속 중인 법원과 사건번호 및 사건명, 공소장에 기재된 검찰청과 사건번호를 기재하여야 한다. 다만, 피공탁자의 주소와 주민등록번호는 기재하지 아니한다.
(2022.10.27 본조신설)

제83조【첨부서면의 특칙】 공탁서에는 제21조제1항과 제2항에 따른 서면 외에 다음 각 호의 서류를 첨부하여야 한다.
1. 해당 형사사건이 계속 중인 법원을 확인할 수 있는 서면
2. 피해자를 특정할 수 있는 명칭이 기재된 공소장 부본이나 조서·진술서·판결서 사본
3. 법령 등에 따라 피해자의 인적사항을 알 수 없음을 확인할 수 있는 서면

(2022.10.27 본조신설)

제84조【형사공탁의 공고】 ① 피공탁자에 대한 공탁통지는 공탁관이 전자공탁홈페이지에 공고하는 방법으로 할 수 있다.
② 공탁관은 공탁물보관자로부터 공탁물 납입사실의 전송이나 공탁물품납입통지서를 받은 때에는 특별한 사정이 없는 한 다음 날까지 다음 각 호의 사항을 공고하여야 한다.
1. 법 제5조의2제3항에 규정된 사항
2. 해당 형사사건이 계속 중인 법원과 사건번호 및 공소장에 기재된 검찰청과 사건번호
3. 그 밖에 대법원예규로 정한 사항

(2022.10.27 본조신설)

제85조【형사공탁 사실 통지】 ① 공탁관은 제27조에 따라 공탁물보관자로부터 공탁물 납입사실을 전송받거나 공탁물품납입통지서를 받은 때에는 해당 형사사건이 계속 중인 법원과 검찰에 형사공탁에 관한 내용을 통지하여야 한다.
② 피해자에게 변호사가 선임 또는 선정되어 있는 경우 대법원예규에서 정한 바에 따라 법원은 제1항에 의하여 통지받은 내용을 그 변호사에게 고지한다.
(2022.10.27 본조신설)

제86조【피공탁자 동일인 확인 증명서 발급 등】 ① 법 제5조의2제4항에 따른 공탁물 수령 또는 법 제9조의2제1항제1호에 따른 공탁물 회수를 위한 피공탁자 동일인 확인은 형사공탁에 관한 내용을 통지받은 법원 또는 검찰이 특별한 사정이 없는 한 지체 없이 동일인 증명서를 발급하여 공탁소에 송부하는 방식으로 한다. (2023.12.29, 2024.12.31 본항개정)
② 제1항에 따른 동일인 증명서 발급·송부는 공탁의 원인이 된 형사사건이 계속 중인 법원(판결선고 후 기록 송부 전인 경우를 포함한다)이 담당한다. 다만, 「특정범죄신고자 등 보호법」 제7조 및 이를 준용하는 법률 등에 따라 피해자의 인적사항을 범죄신고자등 신원관리카드에 등재·관리하는 사건 및 이미 확정되어 기록이 검찰로 인계된 사건의 경우에는 검찰이 담당한다. (2023.12.29 본항개정)
③ 형사공탁에 관한 내용을 통지받은 법원은 피해자의 인적사항이 기재된 증거서류가 검찰로부터 제출되지 아니하는 등의 사정으로 피해자의 인적사항을 알 수 없는 경우 해당 사건의 재판절차에서 공판검사에게 인적사항의 제공을 요구할 수 있다.
(2023.12.29 본항신설)
④ 제3항의 요구를 받은 검찰은 특별한 사정이 없는 한 지체 없이 법원에 피해자의 인적사항을 제공하여야 한다. 만약 피해자 인적사항이 제공되지 않거나 그 제공이 지체되는 경우 공탁물을 출급하려는 사람은 검찰에 동일인 증명서 발급·송부를 요청할 수 있다. (2023.12.29 본항신설)
⑤ 공탁소에 동일인 증명서가 발급·송부되지 않은 경우 공탁물을 출급하려는 사람은 제2항의 구분에 따라 동일인 증명서 발급·송부를 담당하는 법원 또는 검찰에 동일인 증명서의 발급·송부를 요청할 수 있다. (2023.12.29 본항신설)

⑥ 제4항 후문 및 제5항의 요청을 받은 법원 또는 검찰은 피공탁자 인적사항을 확인할 수 없는 경우가 아닌 한 지체 없이 동일인 증명서를 발급하여 공탁소에 송부하여야 한다. (2023.12.29 본항신설)
(2022.10.27 본조신설)
(2023.12.29 본조제목개정)

제87조 【열람 및 증명청구의 특칙】 피공탁자나 그 포괄승계인 또는 법정대리인(이하, "피공탁자등"이라 한다)의 인적사항이 기재되어 있는 공탁관계 서류 및 전자기록에 대하여 열람 및 사실증명의 청구가 있는 경우 공탁관은 피공탁자나 그 포괄승계인 또는 법정대리인(이하, "피공탁자등"이라 한다)의 인적사항이 공개되지 않도록 개인정보 보호를 위한 비실명 처리 후 이를 열람하게 하거나 증명서를 발급하여야 한다.
(2023.12.29 본조개정)

제88조 【군사법원에 계속 중인 사건】 군사법원에 계속 중인 형사사건에 관하여도 이 장의 규정을 적용한다. 이 경우 법원은 군사법원으로, 검찰은 군검찰로 본다.
(2022.10.27 본조신설)

제89조 【대법원예규에의 위임】 형사공탁 절차와 관련하여 필요한 사항 중 이 장에서 정하고 있지 아니한 사항은 대법원예규로 정할 수 있다.
(2022.10.27 본조신설)

부 칙

이 규칙은 2008. 3. 1.부터 시행한다.

부 칙 (2010.2.1)

이 규칙은 2010년 2월 1일부터 시행한다. 다만, 제23조의 규정은 2010년 5월 1일부터 시행한다.

부 칙 (2011.9.28) (부동산등기규칙)

제1조 【시행일】 이 규칙은 2011년 10월 13일부터 시행한다. (단서 생략)

부 칙 (2012.10.30)

이 규칙은 2012년 12월 17일부터 시행한다.

부 칙 (2014.12.30)

이 규칙은 2015년 1월 22일부터 시행한다.

부 칙 (2016.6.27) (법무사규칙)

제1조 【시행일】 이 규칙은 2016년 8월 4일부터 시행한다.

부 칙 (2019.6.4)

이 규칙은 공포한 날부터 시행한다. 다만, 제60조의2의 개정규정은 2019년 6월 19일부터 시행한다.

부 칙 (2019.9.17)

이 규칙은 공포한 날부터 시행하되, 2019년 9월 16일부터 적용한다.

부 칙 (2020.11.26)

제1조 【시행일】 이 규칙은 2020년 12월 10일부터 시행한다.
제2조 【적용례】 이 규칙은 이 규칙 시행 당시 접수되어 계속 중인 사건에 대하여도 적용한다.

부 칙 (2021.5.27)

제1조 【시행일】 이 규칙은 2021년 6월 10일부터 시행한다.
제2조 【적용례】 이 규칙은 이 규칙 시행 당시 접수되어 계속 중인 사건에 대하여도 적용한다.

부 칙 (2022.6.30)

이 규칙은 2022년 7월 11일부터 시행한다.

부 칙 (2022.10.27)

이 규칙은 2022년 12월 9일부터 시행한다.

부 칙 (2023.12.29)

제1조 【시행일】 이 규칙은 2024년 1월 26일부터 시행한다.
제2조 【계속사건의 적용례】 제33조제2호 및 제86조의 개정규정은 이 규칙 시행 전에 접수되어 공탁당사자에게 지급되지 아니한 형사공탁 사건에 대하여도 적용한다.

부 칙 (2024.12.31)

제1조 【시행일】 이 규칙은 2025년 1월 17일부터 시행한다.
제2조 【적용례】 제49조의2 개정규정은 이 규칙 시행 이후 형사사건 피해자를 위하여 변제공탁을 한 경우부터 적용된다.

채권의 공정한 추심에 관한 법률

(2009년 2월 6일
법 률 제9418호)

2011. 3.29 법10465호(개인정보 보호법)
2012. 1.17 법11164호
2012. 6. 1 법11461호(전자문서 및 전자거래 기본법)
2014. 1.14 법12228호
2014. 5.20 법12594호
2020. 2. 4 법16957호(신용정보의 이용 및 보호에 관한 법률)
→2020. 8. 5 시행

제1조【목적】 이 법은 채권추심자가 권리를 남용하거나 불법적인 방법으로 채권추심을 하는 것을 방지하여 공정한 채권추심 풍토를 조성하고 채권자의 정당한 권리행사를 보장하면서 채무자의 인간다운 삶과 평온한 생활을 보호함을 목적으로 한다.

제2조【정의】 이 법에서 사용하는 용어의 뜻은 다음과 같다. (2011.3.29, 2014.5.20 본조개정)

1. "채권추심자"란 다음 각 목의 어느 하나에 해당하는 자를 말한다.
   가. 「대부업 등의 등록 및 금융이용자 보호에 관한 법률」에 따른 대부업자, 대부중개업자, 대부업의 등록을 하지 아니하고 사실상 대부업을 영위하는 자, 여신금융기관 및 이들로부터 대부계약에 따른 채권을 양도받거나 재양도 받은 자
   나. 가목에 규정된 자 외의 금전대여 채권자 및 그로부터 채권을 양도받거나 재양도 받은 자
   다. 「상법」에 따른 상행위로 생긴 금전채권을 양도받거나 재양도 받은 자
   라. 금전이나 그 밖의 경제적 이익을 대가로 받거나 받기로 약속하고 타인의 채권을 추심하는 자(채권추심을 목적으로 채권의 양수를 가장한 자를 포함한다)
   마. 가목부터 라목까지에 규정된 자들을 위하여 고용, 도급, 위임 등 원인을 불문하고 채권추심을 하는 자
2. "채무자"란 채무를 변제할 의무가 있거나 채권추심자로부터 채무를 변제할 의무가 있는 것으로 주장되는 자연인(보증인을 포함한다)을 말한다.
3. "관계인"이란 채무자와 동거하거나 생계를 같이 하는 자, 채무자의 친족, 채무자가 근무하는 장소에 함께 근무하는 자를 말한다.
4. "채권추심"이란 채무자에 대한 소재파악 및 재산조사, 채권에 대한 변제 요구, 채무자로부터 변제 수령 등 채권의 만족을 얻기 위한 일체의 행위를 말한다.
5. "개인정보"란 「개인정보 보호법」 제2조제1호의 개인정보를 말한다.
6. "신용정보"란 「신용정보의 이용 및 보호에 관한 법률」 제2조제1호의 신용정보를 말한다.

제3조【국가와 지방자치단체의 책무】 ① 국가와 지방자치단체는 공정한 채권추심 풍토가 정착되도록 제도와 여건을 마련하고 이를 위한 시책을 추진하여야 한다.
② 국가와 지방자치단체는 권리를 남용하거나 불법적인 채권추심행위를 하는 채권추심자로부터 채무자 또는 관계인을 보호하기 위하여 노력하여야 한다.

제4조【다른 법률과의 관계】 채권추심에 관하여 다른 법률에 특별한 규정이 있는 경우를 제외하고는 이 법에서 정하는 바에 따른다.

제5조【채무확인서의 교부】 ① 채권추심자(제2조제1호가목에 규정된 자에 한한다. 이하 이 조에서 같다)는 채무자로부터 원금, 이자, 비용, 변제기 등 채무를 증명할 수 있는 서류(이하 "채무확인서"라 한다)의 교부를 요청받은 때에는 정당한 사유가 없는 한 이에 응하여야 한다.
② 채권추심자는 채무확인서 교부에 직접 사용되는 비용 중 대통령령으로 정하는 범위에서 채무자에게 그 비용을 청구할 수 있다. (2012.1.17 본항개정)

제6조【수임사실 통보】 ① 채권추심자(제2조제1호라목에 규정된 자 및 그 자를 위하여 고용, 도급, 위임 등 원인을 불문하고 채권추심을 하는 자를 말한다. 이하 이 조에서 같다)가 채권자로부터 채권추심을 위임받은 경우에는 채권추심에 착수하기 전까지 다음 각 호에 해당하는 사항을 채무자에게 서면(「전자문서 및 전자거래 기본법」 제2조제1호의 전자문서를 포함한다)으로 통지하여야 한다. 다만, 채무자가 통지가 필요 없다고 동의한 경우에는 그러하지 아니하다. (2012.6.1, 2014.5.20 본항개정)

1. 채권추심자의 성명·명칭 또는 연락처(채권추심자가 법인인 경우에는 채권추심담당자의 성명, 연락처를 포함한다)
2. 채권자의 성명·명칭, 채무금액, 채무불이행 기간 등 채무에 관한 사항
3. 입금계좌번호, 계좌명 등 입금계좌 관련 사항

② 제1항에도 불구하고 채무발생의 원인이 된 계약에 기한의 이익에 관한 규정이 있는 경우에는 채무자가 기한의 이익을 상실한 후 즉시 통지하여야 한다.
③ 제1항에도 불구하고 채무발생의 원인이 된 계약이 계속적인 서비스 공급 계약인 경우에는 서비스 이용료 납부지체 등 채무불이행으로 인하여 계약이 해지된 즉시 통지하여야 한다.

제7조【동일 채권에 관한 복수 채권추심 위임 금지】 채권추심자는 동일한 채권에 대하여 동시에 2인 이상의 자에게 채권추심을 위임하여서는 아니 된다.

제8조【채무불이행정보 등록 금지】 채권추심자

(제2조제1호가목 및 라목에 규정된 자 및 그 자를 위하여 고용, 도급, 위임 등 원인을 불문하고 채권추심을 하는 자를 말한다. 이하 이 조에서 같다)는 채무자가 채무의 존재를 다투는 소를 제기하여 그 소송이 진행 중인 경우에 「신용정보의 보호 및 이용에 관한 법률」에 따른 신용정보집중기관이나 신용정보업자의 신용정보전산시스템에 해당 채무자를 채무불이행자로 등록하여서는 아니 된다. 이 경우 채무불이행자로 이미 등록된 때에는 채권추심자는 채무의 존재를 다투는 소가 제기되어 소송이 진행 중임을 안 날부터 30일 이내에 채무불이행자 등록을 삭제하여야 한다. (2014.5.20 본조개정)

제8조의2【대리인 선임 시 채무자에 대한 연락 금지】 다음 각 호를 제외한 채권추심자는 채무자가 「변호사법」에 따른 변호사·법무법인·법무법인(유한) 또는 법무조합을 채권추심에 응하기 위한 대리인으로 선임하고 이를 채권추심자에게 서면으로 통지한 경우 채무와 관련하여 채무자를 방문하거나 채무자에게 말·글·음향·영상 또는 물건을 도달하게 하여서는 아니 된다. 다만, 채무자와 대리인이 동의한 경우 또는 채권추심자가 대리인에게 연락할 수 없는 정당한 사유가 있는 경우에는 그러하지 아니하다. (2020.2.4 본조개정)

1. 「대부업 등의 등록 및 금융이용자 보호에 관한 법률」에 따른 여신금융기관
2. 「신용정보의 이용 및 보호에 관한 법률」에 따른 신용정보회사
3. 「자산유동화에 관한 법률」 제10조에 따른 자산관리자
4. 제2조제1호가목에 규정된 자를 제외한 일반 금전대여 채권자
5. 제1호부터 제4호까지에 규정된 자들을 위하여 고용되거나 같은 자들의 위임을 받아 채권추심을 하는 자(다만, 채권추심을 하는 자가 「대부업 등의 등록 및 금융이용자 보호에 관한 법률」에 따른 대부업자, 대부중개업자, 대부업의 등록을 하지 아니하고 사실상 대부업을 영위하는 자인 경우는 제외한다)

(2014.1.14 본조신설)
(2020.8.5 시행)

제8조의3【관계인에 대한 연락 금지】 ① 채권추심자는 채권추심을 위하여 채무자의 소재, 연락처 또는 소재를 알 수 있는 방법 등을 문의하는 경우를 제외하고는 채무와 관련하여 관계인을 방문하거나 관계인에게 말·글·음향·영상 또는 물건을 도달하게 하여서는 아니 된다.

② 채권추심자는 제1항에 따라 관계인을 방문하거나 관계인에게 말·글·음향·영상 또는 물건을 도달하게 하는 경우 다음 각 호에 해당하는 사항을 관계인에게 밝혀야 하며, 관계인이 채무자의 채무 내용 또는 신용에 관한 사실을 알게 하여서는 아니 된다.

1. 채권추심자의 성명·명칭 및 연락처(채권추심자가 법인인 경우에는 업무담당자의 성명 및 연락처를 포함한다)
2. 채권자의 성명·명칭
3. 방문 또는 말·글·음향·영상·물건을 도달하게 하는 목적

(2014.1.14 본조신설)

제8조의4【소송행위의 금지】 변호사가 아닌 채권추심자(제2조제1호라목에 규정된 자로서 채권추심을 업으로 하는 자 및 그 자를 위하여 고용, 도급, 위임 등 원인을 불문하고 채권추심을 하는 자로 한정한다)는 채권추심과 관련한 소송행위를 하여서는 아니 된다.

(2014.5.20 본조신설)

제9조【폭행·협박 등의 금지】 채권추심자는 채권추심과 관련하여 다음 각 호의 어느 하나에 해당하는 행위를 하여서는 아니 된다. (2014.1.14, 2014.5.20 본조개정)

1. 채무자 또는 관계인을 폭행·협박·체포 또는 감금하거나 그에게 위계나 위력을 사용하는 행위
2. 정당한 사유 없이 반복적으로 또는 야간(오후 9시 이후부터 다음 날 오전 8시까지를 말한다. 이하 같다)에 채무자나 관계인을 방문함으로써 공포심이나 불안감을 유발하여 사생활 또는 업무의 평온을 심하게 해치는 행위
3. 정당한 사유 없이 반복적으로 또는 야간에 전화하는 등 말·글·음향·영상 또는 물건을 채무자나 관계인에게 도달하게 함으로써 공포심이나 불안감을 유발하여 사생활 또는 업무의 평온을 심하게 해치는 행위
4. 채무자 외의 사람(제2조제2호에도 불구하고 보증인을 포함한다)에게 채무에 관한 거짓 사실을 알리는 행위
5. 채무자 또는 관계인에게 금전의 차용이나 그 밖의 이와 유사한 방법으로 채무의 변제자금을 마련할 것을 강요함으로써 공포심이나 불안감을 유발하여 사생활 또는 업무의 평온을 심하게 해치는 행위
6. 채무를 변제할 법률상 의무가 없는 채무자 외의 사람에게 채무자를 대신하여 채무를 변제할 것을 요구함으로써 공포심이나 불안감을 유발하여 사생활 또는 업무의 평온을 심하게 해치는 행위
7. 채무자의 직장이나 거주지 등 채무자의 사생활 또는 업무와 관련된 장소에서 다수인이 모여 있는 가운데 채무자 외의 사람에게 채무자의 채무금액, 채무불이행 기간 등 채무에 관한 사항을 공연히 알리는 행위

제10조【개인정보의 누설 금지 등】 ① 채권추심

자는 채권발생이나 채권추심과 관련하여 알게 된 채무자 또는 관계인의 신용정보나 개인정보를 누설하거나 채권추심의 목적 외로 이용하여서는 아니 된다.
② 채권추심자가 다른 법률에 따라 신용정보나 개인정보를 제공하는 경우는 제1항에 따른 누설 또는 이용으로 보지 아니한다.

제11조【거짓 표시의 금지 등】 채권추심자는 채권추심과 관련하여 채무자 또는 관계인에게 다음 각 호의 어느 하나에 해당하는 행위를 하여서는 아니 된다.

1. 무효이거나 존재하지 아니한 채권을 추심하는 의사를 표시하는 행위
2. 법원, 검찰청, 그 밖의 국가기관에 의한 행위로 오인할 수 있는 말·글·음향·영상·물건, 그 밖의 표지를 사용하는 행위
3. 채권추심에 관한 법률적 권한이나 지위를 거짓으로 표시하는 행위
4. 채권추심에 관한 민사상 또는 형사상 법적인 절차가 진행되고 있지 아니함에도 그러한 절차가 진행되고 있다고 거짓으로 표시하는 행위
5. 채권추심을 위하여 다른 사람이나 단체의 명칭을 무단으로 사용하는 행위

제12조【불공정한 행위의 금지】 채권추심자는 채권추심과 관련하여 다음 각 호의 어느 하나에 해당하는 행위를 하여서는 아니 된다. (2014.5.20 본조개정)

1. 혼인, 장례 등 채무자가 채권추심에 응하기 곤란한 사정을 이용하여 채무자 또는 관계인에게 채권추심의 의사를 공개적으로 표시하는 행위
2. 채무자의 연락두절 등 소재파악이 곤란한 경우가 아님에도 채무자의 관계인에게 채무자의 소재, 연락처 또는 소재를 알 수 있는 방법 등을 문의하는 행위
3. 정당한 사유 없이 수화자부담전화료 등 통신비용을 채무자에게 발생하게 하는 행위

3의2. 「채무자 회생 및 파산에 관한 법률」 제593조제1항제4호 또는 제600조제1항제3호에 따라 개인회생채권에 대한 변제를 받거나 변제를 요구하는 일체의 행위가 중지 또는 금지되었음을 알면서 법령으로 정한 절차 외에서 반복적으로 채무변제를 요구하는 행위

4. 「채무자 회생 및 파산에 관한 법률」에 따른 회생절차, 파산절차 또는 개인회생절차에 따라 전부 또는 일부 면책되었음을 알면서 법령으로 정한 절차 외에서 반복적으로 채무변제를 요구하는 행위
5. 엽서에 의한 채무변제 요구 등 채무자 외의 자가 채무사실을 알 수 있게 하는 행위(제9조제7호에 해당하는 행위는 제외한다)

제13조【부당한 비용 청구 금지】 ① 채권추심자는 채무자 또는 관계인에게 지급할 의무가 없거나 실제로 사용된 금액을 초과한 채권추심비용을 청구하여서는 아니 된다.
② 채권추심자가 채무자 또는 관계인에게 청구할 수 있는 채권추심비용의 범위 등 제1항과 관련하여 필요한 사항은 대통령령으로 정한다. (2014.5.20 본항개정)

제13조의2【비용명세서의 교부】 ① 채무자 또는 관계인은 채권추심자가 사업자(제2조제1호가목 및 라목에 따른 자 및 그 자를 위하여 고용, 도급, 위임 등에 따라 채권추심을 하는 자를 말한다. 이하 같다)인 경우에는 그 사업자에게 채권추심비용을 항목별로 명시한 서류(이하 "비용명세서"라 한다)의 교부를 요청할 수 있다.
② 제1항에 따라 비용명세서의 교부를 요청받은 채권추심자는 정당한 사유가 없으면 지체 없이 이를 교부하여야 하고, 채무자 또는 관계인에게 그 교부에 따른 비용을 청구해서는 아니 된다.
(2014.5.20 본조신설)

제14조【손해배상책임】 채권추심자가 이 법을 위반하여 채무자 또는 관계인에게 손해를 입힌 경우에는 그 손해를 배상하여야 한다. 다만, 채권추심자가 사업자(제2조제1호가목 및 라목에 규정된 자 및 그 자를 위하여 고용, 도급, 위임 등에 따라 채권추심을 하는 자를 말한다. 이하 같다)인 경우에는 사업자가 자신에게 고의 또는 과실이 없음을 입증한 때에는 그러하지 아니하다. (2014.5.20 본조개정)

제15조【벌칙】 ① 제9조제1호를 위반하여 채무자 또는 관계인을 폭행·협박·체포 또는 감금하거나 그에게 위계나 위력을 사용하여 채권추심행위를 한 자는 5년 이하의 징역 또는 5천만원 이하의 벌금에 처한다.
② 다음 각 호의 어느 하나에 해당하는 자는 3년 이하의 징역 또는 3천만원 이하의 벌금에 처한다.
(2014.5.20 본항개정)

1. 제8조의4를 위반하여 변호사가 아니면서 채권추심과 관련하여 소송행위를 한 자
2. 제9조제2호부터 제7호까지를 위반한 자
3. 제10조제1항을 위반하여 채무자 또는 관계인의 신용정보나 개인정보를 누설하거나 채권추심의 목적 외로 이용한 자
4. 제11조제1호를 위반하여 채권을 추심하는 의사를 표시한 자

③ 다음 각 호의 어느 하나에 해당하는 자는 1년 이하의 징역 또는 1천만원 이하의 벌금에 처한다.
(2014.1.14 본항개정)

1. 제8조의3제1항을 위반한 자
2. 제11조제2호를 위반하여 말·글·음향·영상·

물건, 그 밖의 표지를 사용한 자

제16조【양벌규정】 법인의 대표자나 법인 또는 개인의 대리인, 사용인, 그 밖의 종업원이 그 법인 또는 개인의 업무에 관하여 제15조의 위반행위를 하면 그 행위자를 벌하는 외에 그 법인 또는 개인에게도 해당 조문의 벌금형을 과(科)한다. 다만, 법인 또는 개인이 그 위반행위를 방지하기 위하여 해당 업무에 관하여 상당한 주의와 감독을 게을리하지 아니한 경우에는 그러하지 아니하다.

제17조【과태료】 ① 다음 각 호의 어느 하나에 해당하는 자에게는 2천만원 이하의 과태료를 부과한다. (2014.1.14 본항개정)

1. 제5조제1항을 위반하여 채무확인서의 교부요청에 응하지 아니한 자
2. 제8조의2를 위반하여 채무자를 방문하거나 채무자에게 말·글·음향·영상 또는 물건을 도달하게 한 자
3. 제12조제1호 및 제2호를 위반한 자

② 다음 각 호의 어느 하나에 해당하는 자에게는 1천만원 이하의 과태료를 부과한다.
(2012.6.1, 2014.1.14, 2014.5.20 본항개정)

1. 제6조를 위반하여 채권자로부터 채권추심을 위임받은 사실을 서면(「전자문서 및 전자거래 기본법」 제2조제1호의 전자문서를 포함한다)으로 통지하지 아니한 자
2. 제7조를 위반하여 동일 채권에 대하여 2인 이상의 자에게 채권추심을 위임한 자
3. 제8조를 위반하여 채무의 존재를 다투는 소송이 진행 중임에도 채무불이행자로 등록하거나 소송이 진행 중임을 알면서도 30일 이내에 채무불이행자 등록을 삭제하지 아니한 자
4. 제8조의3제2항을 위반한 자
5. 제11조제3호부터 제5호까지를 위반한 자
6. 제13조를 위반하여 채권추심비용을 청구한 자
7. 제13조의2제2항을 위반하여 비용명세서를 교부하지 아니한 자

③ 제12조제3호·제3호의2·제4호 또는 제5호를 위반한 자에게는 500만원 이하의 과태료를 부과한다. (2014.5.20 본항개정)

④ 제1항제3호, 제2항제2호·제5호 및 제6호, 제3항에 해당하는 자가 사업자가 아닌 경우에는 해당 규정이 정하는 과태료를 그 다액의 2분의 1로 감경한다. (2014.1.14 본항개정)

제18조【과태료의 부과·징수 및 권한의 위임】 ① 이 법에 따른 과태료는 대통령령으로 정하는 바에 따라 과태료 대상자에 대하여 다른 법률에 따른 인가·허가·등록 등을 한 감독기관이 있는 경우에는 그 감독기관이, 그 외의 경우에는 특별시장·광역시장·도지사 또는 특별자치도지사가 부과·징수한다.

② 제1항의 감독기관은 과태료의 부과·징수에 관한 권한의 일부를 대통령령으로 정하는 바에 따라 시장·군수 또는 구청장에게 위임할 수 있다.

부 칙 (2009.2.6)

제1조【시행일】 이 법은 공포 후 6개월이 경과한 날부터 시행한다.

부 칙 (2011.3.29) (개인정보 보호법)

제1조【시행일】 이 법은 공포 후 6개월이 경과한 날부터 시행한다. (단서 생략)

부 칙 (2012.1.17)

이 법은 공포 후 6개월이 경과한 날부터 시행한다.

부 칙 (2012.6.1) (전자문서 및 전자거래 기본법)

제1조【시행일】 이 법은 공포 후 3개월이 경과한 날부터 시행한다.

부 칙 (2014.1.14)

이 법은 공포 후 6개월이 경과한 날부터 시행한다.

부 칙 (2014.5.20)

이 법은 공포 후 6개월이 경과한 날부터 시행한다.

부 칙 (2020.2.4) (신용정보의 이용 및 보호에 관한 법률)

제1조【시행일】 이 법은 공포 후 6개월이 경과한 날부터 시행한다. (이하생략)

실화책임에 관한 법률

(2009년 5월 8일 전개법률 제9648호)

제1조【목적】 이 법은 실화(失火)의 특수성을 고려하여 실화자에게 중대한 과실이 없는 경우 그 손해배상액의 경감(輕減)에 관한 「민법」 제765조의 특례를 정함을 목적으로 한다.

제2조【적용범위】 이 법은 실화로 인하여 화재가 발생한 경우 연소(延燒)로 인한 부분에 대한 손해배상청구에 한하여 적용한다.

제3조【손해배상액의 경감】 ① 실화가 중대한 과실로 인한 것이 아닌 경우 그로 인한 손해의 배상의무자(이하 "배상의무자"라 한다)는 법원에 손해배상액의 경감을 청구할 수 있다.

② 법원은 제1항의 청구가 있을 경우에는 다음 각 호의 사정을 고려하여 그 손해배상액을 경감할 수 있다.

1. 화재의 원인과 규모
2. 피해의 대상과 정도
3. 연소(延燒) 및 피해 확대의 원인
4. 피해 확대를 방지하기 위한 실화자의 노력
5. 배상의무자 및 피해자의 경제상태
6. 그 밖에 손해배상액을 결정할 때 고려할 사정

부 칙

① **【시행일】** 이 법은 공포한 날부터 시행한다.

② **【적용례】** 이 법은 2007년 8월 31일 이후 이 법 시행 전에 발생한 실화에 대하여도 적용한다.

국가배상법

(1967年 3月 3日 法 律 第1899號)

改正

1973. 2. 5法2459號 1980. 1. 4法3235號
1981.12.17法3464號 1997.12.13法5433號
2000.12.29法6310號 2005. 7.13法7584號
2008. 3.14法8897號 2009.10.21法9803號
2016. 5.29法14184號 2017.10.31.法14964號
2025. 1. 7法20635號

(2008.3.14 한글개정)

제1조【목적】 이 법은 국가나 지방자치단체의 손해배상(損害賠償)의 책임과 배상절차를 규정함을 목적으로 한다.

제2조【배상책임】 ① 국가나 지방자치단체는 공무원 또는 공무를 위탁받은 사인(이하 "공무원"이라 한다)이 직무를 집행하면서 고의 또는 과실로 법령을 위반하여 타인에게 손해를 입히거나, 「자동차손해배상 보장법」에 따라 손해배상의 책임이 있을 때에는 이 법에 따라 그 손해를 배상하여야 한다. 다만, 군인·군무원·경찰공무원 또는 예비군대원이 전투·훈련 등 직무 집행과 관련하여 전사(戰死)·순직(殉職)하거나 공상(公傷)을 입은 경우에 본인이나 그 유족이 다른 법령에 따라 재해보상금·유족연금·상이연금 등의 보상을 지급받을 수 있을 때에는 이 법 및 「민법」에 따른 손해배상을 청구할 수 없다. (2016.5.29 본항개정)

② 제1항 본문의 경우에 공무원에게 고의 또는 중대한 과실이 있으면 국가나 지방자치단체는 그 공무원에게 구상(求償)할 수 있다.

③ 제1항 단서에도 불구하고 전사하거나 순직한 군인·군무원·경찰공무원 또는 예비군대원의 유족은 자신의 정신적 고통에 대한 위자료를 청구할 수 있다. (2025.1.7 본항신설)

제3조【배상기준】 ① 제2조제1항을 적용할 때 타인을 사망하게 한 경우(타인의 신체에 해를 입혀 그로 인하여 사망하게 한 경우를 포함한다) 피해자의 상속인(이하 "유족"이라 한다)에게 다음 각 호의 기준에 따라 배상한다.

1. 사망 당시(신체에 해를 입고 그로 인하여 사망한 경우에는 신체에 해를 입은 당시를 말한다)의 월급액이나 월실수입액(月實收入額) 또는 평균임금에 장래의 취업가능기간을 곱한 금액의 유족배상(遺族賠償)
2. 대통령령으로 정하는 장례비

② 제2조제1항을 적용할 때 타인의 신체에 해를 입힌 경우에는 피해자에게 다음 각 호의 기준에 따라 배상한다.

1. 필요한 요양을 하거나 이를 대신할 요양비
2. 제1호의 요양으로 인하여 월급액이나 월실수입

액 또는 평균임금의 수입에 손실이 있는 경우에는 요양기간 중 그 손실액의 휴업배상(休業賠償)
3. 피해자가 완치 후 신체에 장해(障害)가 있는 경우에는 그 장해로 인한 노동력 상실 정도에 따라 피해를 입은 당시의 월급액이나 월실수입액 또는 평균임금에 장래의 취업가능기간을 곱한 금액의 장해배상(障害賠償)

③ 제2조제1항을 적용할 때 타인의 물건을 멸실·훼손한 경우에는 피해자에게 다음 각 호의 기준에 따라 배상한다.
1. 피해를 입은 당시의 그 물건의 교환가액 또는 필요한 수리를 하거나 이를 대신할 수리비
2. 제1호의 수리로 인하여 수입에 손실이 있는 경우에는 수리기간 중 그 손실액의 휴업배상

④ 생명·신체에 대한 침해와 물건의 멸실·훼손으로 인한 손해 외의 손해는 불법행위와 상당한 인과관계가 있는 범위에서 배상한다.

⑤ 사망하거나 신체의 해를 입은 피해자의 직계존속(直系尊屬)·직계비속(直系卑屬) 및 배우자, 신체의 해나 그 밖의 해를 입은 피해자에게는 대통령령으로 정하는 기준 내에서 피해자의 사회적 지위, 과실(過失)의 정도, 생계 상태, 손해배상액 등을 고려하여 그 정신적 고통에 대한 위자료를 배상하여야 한다.

⑥ 제1항제1호 및 제2항제3호에 따른 취업가능기간과 장해의 등급 및 노동력 상실률은 대통령령으로 정한다.

⑦ 제1항부터 제3항까지의 규정에 따른 월급액이나 월실수입액 또는 평균임금 등은 피해자의 주소지를 관할하는 세무서장 또는 시장·군수·구청장(자치구의 구청장을 말한다)과 피해자의 근무처의 장의 증명이나 그 밖의 공신력 있는 증명에 의하고, 이를 증명할 수 없을 때에는 대통령령으로 정하는 바에 따른다.

제3조의2【공제액】 ① 제2조제1항을 적용할 때 피해자가 손해를 입은 동시에 이익을 얻은 경우에는 손해배상액에서 그 이익에 상당하는 금액을 빼야 한다.

② 제3조제1항의 유족배상과 같은 조 제2항의 장해배상 및 장래에 필요한 요양비 등을 한꺼번에 신청하는 경우에는 중간이자를 빼야 한다.

③ 제2항의 중간이자를 빼는 방식은 대통령령으로 정한다.

제4조【양도 등 금지】 생명·신체의 침해로 인한 국가배상을 받을 권리는 양도하거나 압류하지 못한다.

제5조【공공시설 등의 하자로 인한 책임】 ① 도로·하천, 그 밖의 공공의 영조물(營造物)의 설치나 관리에 하자(瑕疵)가 있기 때문에 타인에게 손해를 발생하게 하였을 때에는 국가나 지방자치단체는 그 손해를 배상하여야 한다. 이 경우 제2조제1항 단서, 제3조 및 제3조의2를 준용한다.

② 제1항을 적용할 때 손해의 원인에 대하여 책임을 질 자가 따로 있으면 국가나 지방자치단체는 그 자에게 구상할 수 있다.

제6조【비용부담자 등의 책임】 ① 제2조·제3조 및 제5조에 따라 국가나 지방자치단체가 손해를 배상할 책임이 있는 경우에 공무원의 선임·감독 또는 영조물의 설치·관리를 맡은 자와 공무원의 봉급·급여, 그 밖의 비용 또는 영조물의 설치·관리 비용을 부담하는 자가 동일하지 아니하면 그 비용을 부담하는 자도 손해를 배상하여야 한다.

② 제1항의 경우에 손해를 배상한 자는 내부관계에서 그 손해를 배상할 책임이 있는 자에게 구상할 수 있다.

제7조【외국인에 대한 책임】 이 법은 외국인이 피해자인 경우에는 해당 국가와 상호 보증이 있을 때에만 적용한다.

제8조【다른 법률과의 관계】 국가나 지방자치단체의 손해배상 책임에 관하여는 이 법에 규정된 사항 외에는 「민법」에 따른다. 다만, 「민법」 외의 법률에 다른 규정이 있을 때에는 그 규정에 따른다.

제9조【소송과 배상신청의 관계】 이 법에 따른 손해배상의 소송은 배상심의회(이하 "심의회"라 한다)에 배상신청을 하지 아니하고도 제기할 수 있다.

제10조【배상심의회】 ① 국가나 지방자치단체에 대한 배상신청사건을 심의하기 위하여 법무부에 본부심의회를 둔다. 다만, 군인이나 군무원이 타인에게 입힌 손해에 대한 배상신청사건을 심의하기 위하여 국방부에 특별심의회를 둔다.

② 본부심의회와 특별심의회는 대통령령으로 정하는 바에 따라 지구심의회(地區審議會)를 둔다.

③ 본부심의회와 특별심의회와 지구심의회는 법무부장관의 지휘를 받아야 한다.

④ 각 심의회에는 위원장을 두며, 위원장은 심의회의 업무를 총괄하고 심의회를 대표한다.

⑤ 각 심의회의 위원 중 공무원이 아닌 위원은 「형법」 제127조 및 제129조부터 제132조까지의 규정을 적용할 때에는 공무원으로 본다. (2017.10.31 본항신설)

⑥ 각 심의회의 관할·구성·운영과 그 밖에 필요한 사항은 대통령령으로 정한다. (2017.10.31 본항개정)

제11조【각급 심의회의 권한】 ① 본부심의회와 특별심의회는 다음 각 호의 사항을 심의·처리한다.
1. 제13조제6항에 따라 지구심의회로부터 송부받은 사건
2. 제15조의2에 따른 재심신청사건

3. 그 밖에 법령에 따라 그 소관에 속하는 사항
② 각 지구심의회는 그 관할에 속하는 국가나 지방자치단체에 대한 배상신청사건을 심의·처리한다.

제12조【배상신청】 ① 이 법에 따라 배상금을 지급받으려는 자는 그 주소지·소재지 또는 배상원인 발생지를 관할하는 지구심의회에 배상신청을 하여야 한다.
② 손해배상의 원인을 발생하게 한 공무원의 소속 기관의 장은 피해자나 유족을 위하여 제1항의 신청을 권장하여야 한다.
③ 심의회의 위원장은 배상신청이 부적법하지만 보정(補正)할 수 있다고 인정하는 경우에는 상당한 기간을 정하여 보정을 요구하여야 한다.
④ 제3항에 따른 보정을 하였을 때에는 처음부터 적법하게 배상신청을 한 것으로 본다.
⑤ 제3항에 따른 보정기간은 제13조제1항에 따른 배상결정 기간에 산입하지 아니한다.

제13조【심의와 결정】 ① 지구심의회는 배상신청을 받으면 지체 없이 증인신문(證人訊問)·감정(鑑定)·검증(檢證) 등 증거조사를 한 후 그 심의를 거쳐 4주일 이내에 배상금 지급결정, 기각결정 또는 각하결정(이하 "배상결정"이라 한다)을 하여야 한다.
② 지구심의회는 긴급한 사유가 있다고 인정할 때에는 제3조제1항제2호, 같은 조 제2항제1호 및 같은 조 제3항제1호에 따른 장례비·요양비 및 수리비의 일부를 사전에 지급하도록 결정할 수 있다. 사전에 지급을 한 경우에는 배상결정 후 배상금을 지급할 때에 그 금액을 빼야 한다.
③ 제2항 전단에 따른 사전 지급의 기준·방법 및 절차 등에 관하여 필요한 사항은 대통령령으로 정한다.
④ 제2항에도 불구하고 지구심의회의 회의를 소집할 시간적 여유가 없거나 그 밖의 부득이한 사유가 있으면 지구심의회의 위원장은 직권으로 사전 지급을 결정할 수 있다. 이 경우 위원장은 지구심의회에 그 사실을 보고하고 추인(追認)을 받아야 하며, 지구심의회의 추인을 받지 못하면 그 결정은 효력을 잃는다.
⑤ 심의회는 제3조와 제3조의2의 기준에 따라 배상금 지급을 심의·결정하여야 한다.
⑥ 지구심의회는 배상신청사건을 심의한 결과 그 사건이 다음 각 호의 어느 하나에 해당한다고 인정되면 지체 없이 사건기록에 심의 결과를 첨부하여 본부심의회나 특별심의회에 송부하여야 한다.
1. 배상금의 개산액(概算額)이 대통령령으로 정하는 금액 이상인 사건
2. 그 밖에 대통령령으로 본부심의회나 특별심의회에서 심의·결정하도록 한 사건
⑦ 본부심의회나 특별심의회는 제6항에 따라 사건기록을 송부받으면 4주일 이내에 배상결정을 하여야 한다.
⑧ 심의회는 다음 각 호의 어느 하나에 해당하면 배상신청을 각하(却下)한다.
1. 신청인이 이전에 동일한 신청원인으로 배상신청을 하여 배상금 지급(賠償金 支給) 또는 기각(棄却)의 결정을 받은 경우. 다만, 기각결정을 받은 신청인이 중요한 증거가 새로 발견되었음을 소명(疏明)하는 경우에는 그러하지 아니하다.
2. 신청인이 이전에 동일한 청구원인으로 이 법에 따른 손해배상의 소송을 제기하여 배상금지급 또는 기각의 확정판결을 받은 경우
3. 그 밖에 배상신청이 부적법하고 그 잘못된 부분을 보정할 수 없거나 제12조제3항에 따른 보정 요구에 응하지 아니한 경우

제14조【결정서의 송달】 ① 심의회는 배상결정을 하면 그 결정을 한 날부터 1주일 이내에 그 결정정본(決定正本)을 신청인에게 송달하여야 한다.
② 제1항의 송달에 관하여는 「민사소송법」의 송달에 관한 규정을 준용한다.

제15조【신청인의 동의와 배상금 지급】 ① 배상결정을 받은 신청인은 지체 없이 그 결정에 대한 동의서를 첨부하여 국가나 지방자치단체에 배상금 지급을 청구하여야 한다.
② 배상금 지급에 관한 절차, 지급기관, 지급시기, 그 밖에 필요한 사항은 대통령령으로 정한다.
③ 배상결정을 받은 신청인이 배상금 지급을 청구하지 아니하거나 지방자치단체가 대통령령으로 정하는 기간 내에 배상금을 지급하지 아니하면 그 결정에 동의하지 아니한 것으로 본다.

제15조의2【재심신청】 ① 지구심의회에서 배상신청이 기각(일부기각된 경우를 포함한다) 또는 각하된 신청인은 결정정본이 송달된 날부터 2주일 이내에 그 심의회를 거쳐 본부심의회나 특별심의회에 재심(再審)을 신청할 수 있다.
② 재심신청을 받은 지구심의회는 1주일 이내에 배상신청기록 일체를 본부심의회나 특별심의회에 송부하여야 한다.
③ 본부심의회나 특별심의회는 제1항의 신청에 대하여 심의를 거쳐 4주일 이내에 다시 배상결정을 하여야 한다.
④ 본부심의회나 특별심의회는 배상신청을 각하한 지구심의회의 결정이 법령에 위반되면 사건을 그 지구심의회에 환송(還送)할 수 있다.
⑤ 본부심의회나 특별심의회는 배상신청이 각하된 신청인이 잘못된 부분을 보정하여 재심신청을 하면 사건을 해당 지구심의회에 환송할 수 있다.
⑥ 재심신청사건에 대한 본부심의회나 특별심의회의 배상결정에는 제14조와 제15조를 준용한다.

第16條 (1997.12.13 삭제)

第17條 (2008.3.14 삭제)

附　則 (2000.12.29)

① 【시행일】 이 법은 공포한 날부터 시행한다.
② 【경과조치】 이 법 시행당시 심의회에 계속중인 사건과 법원에 계속중인 손해배상의 소송사건에 대하여는 이 법의 개정규정을 적용한다.

附　則 (2005.7.13)

이 법은 공포한 날부터 시행한다.

附　則 (2008.3.14)

이 법은 공포한 날부터 시행한다.

附　則 (2009.10.21)

이 법은 공포한 날부터 시행한다.

附　則 (2016.5.29) (예비군법)

제1조 【시행일】 이 법은 공포 후 6개월이 경과한 날부터 시행한다. (이하생략)

附　則 (2017.10.31)

이 법은 공포한 날부터 시행한다.

附　則 (2025.1.7)

제1조 【시행일】 이 법은 공포한 날부터 시행한다.
제2조 【유족의 위자료에 관한 적용례】 ① 제2조 제3항의 개정규정은 이 법 시행 이후 군인·군무원·경찰공무원 또는 예비군대원이 전투·훈련 등 직무 집행과 관련하여 전사하거나 순직한 것으로 인정되는 경우부터 적용한다.
② 제1항에도 불구하고 이 법 시행 당시 본부심의회, 특별심의회 또는 지구심의회에 계속 중인 사건과 법원에 계속 중인 소송사건에 대해서는 제2조제3항의 개정규정을 적용한다.

제조물 책임법

(2000年 1月 12日 法 律 第6109號)

개정
2013. 5.22 법11813호
2017. 4.18 법14764호

제1조 【목적】 이 법은 제조물의 결함으로 발생한 손해에 대한 제조업자 등의 손해배상책임을 규정함으로써 피해자 보호를 도모하고 국민생활의 안전 향상과 국민경제의 건전한 발전에 이바지함을 목적으로 한다.

제2조 【정의】 이 법에서 사용하는 용어의 뜻은 다음과 같다.
1. "제조물"이란 제조되거나 가공된 동산(다른 동산이나 부동산의 일부를 구성하는 경우를 포함한다)을 말한다.
2. "결함"이란 해당 제조물에 다음 각 목의 어느 하나에 해당하는 제조상·설계상 또는 표시상의 결함이 있거나 그 밖에 통상적으로 기대할 수 있는 안전성이 결여되어 있는 것을 말한다.
   가. "제조상의 결함"이란 제조업자가 제조물에 대하여 제조상·가공상의 주의의무를 이행하였는지에 관계없이 제조물이 원래 의도한 설계와 다르게 제조·가공됨으로써 안전하지 못하게 된 경우를 말한다.
   나. "설계상의 결함"이란 제조업자가 합리적인 대체설계(代替設計)를 채용하였더라면 피해나 위험을 줄이거나 피할 수 있었음에도 대체설계를 채용하지 아니하여 해당 제조물이 안전하지 못하게 된 경우를 말한다.
   다. "표시상의 결함"이란 제조업자가 합리적인 설명·지시·경고 또는 그 밖의 표시를 하였더라면 해당 제조물에 의하여 발생할 수 있는 피해나 위험을 줄이거나 피할 수 있었음에도 이를 하지 아니한 경우를 말한다.
3. "제조업자"란 다음 각 목의 자를 말한다.
   가. 제조물의 제조·가공 또는 수입을 업(業)으로 하는 자
   나. 제조물에 성명·상호·상표 또는 그 밖에 식별(識別) 가능한 기호 등을 사용하여 자신을 가목의 자로 표시한 자 또는 가목의 자로 오인(誤認)하게 할 수 있는 표시를 한 자

제3조 【제조물 책임】 ① 제조업자는 제조물의 결함으로 생명·신체 또는 재산에 손해(그 제조물에 대하여만 발생한 손해는 제외한다)를 입은 자에게 그 손해를 배상하여야 한다.
② 제1항에도 불구하고 제조업자가 제조물의 결함을 알면서도 그 결함에 대하여 필요한 조치를 취하지 아니한 결과로 생명 또는 신체에 중대한 손해를 입은 자가 있는 경우에는 그 자에게 발생한 손해의

3배를 넘지 아니하는 범위에서 배상책임을 진다. 이 경우 법원은 배상액을 정할 때 다음 각 호의 사항을 고려하여야 한다. 〈2017.4.18 본항신설〉
1. 고의성의 정도
2. 해당 제조물의 결함으로 인하여 발생한 손해의 정도
3. 해당 제조물의 공급으로 인하여 제조업자가 취득한 경제적 이익
4. 해당 제조물의 결함으로 인하여 제조업자가 형사처벌 또는 행정처분을 받은 경우 그 형사처벌 또는 행정처분의 정도
5. 해당 제조물의 공급이 지속된 기간 및 공급 규모
6. 제조업자의 재산상태
7. 제조업자가 피해구제를 위하여 노력한 정도

③ 피해자가 제조물의 제조업자를 알 수 없는 경우에 그 제조물을 영리 목적으로 판매·대여 등의 방법으로 공급한 자는 제1항에 따른 손해를 배상하여야 한다. 다만, 피해자 또는 법정대리인의 요청을 받고 상당한 기간 내에 그 제조업자 또는 공급한 자를 그 피해자 또는 법정대리인에게 고지(告知)한 때에는 그러하지 아니하다. 〈2017.4.18 본항개정〉
〈2018.4.19 시행〉

제3조의2【결함 등의 추정】 피해자가 다음 각 호의 사실을 증명한 경우에는 제조물을 공급할 당시 해당 제조물에 결함이 있었고 그 제조물의 결함으로 인하여 손해가 발생한 것으로 추정한다. 다만, 제조업자가 제조물의 결함이 아닌 다른 원인으로 인하여 그 손해가 발생한 사실을 증명한 경우에는 그러하지 아니하다.
1. 해당 제조물이 정상적으로 사용되는 상태에서 피해자의 손해가 발생하였다는 사실
2. 제1호의 손해가 제조업자의 실질적인 지배영역에 속한 원인으로부터 초래되었다는 사실
3. 제1호의 손해가 해당 제조물의 결함 없이는 통상적으로 발생하지 아니한다는 사실

〈2017.4.18 본조신설, 2018.4.19 시행〉

제4조【면책사유】 ① 제3조에 따라 손해배상책임을 지는 자가 다음 각 호의 어느 하나에 해당하는 사실을 입증한 경우에는 이 법에 따른 손해배상책임을 면(免)한다.
1. 제조업자가 해당 제조물을 공급하지 아니하였다는 사실
2. 제조업자가 해당 제조물을 공급한 당시의 과학·기술 수준으로는 결함의 존재를 발견할 수 없었다는 사실
3. 제조물의 결함이 제조업자가 해당 제조물을 공급한 당시의 법령에서 정하는 기준을 준수함으로써 발생하였다는 사실
4. 원재료나 부품의 경우에는 그 원재료나 부품을 사용한 제조물 제조업자의 설계 또는 제작에 관한 지시로 인하여 결함이 발생하였다는 사실

② 제3조에 따라 손해배상책임을 지는 자가 제조물을 공급한 후에 그 제조물에 결함이 존재한다는 사실을 알거나 알 수 있었음에도 그 결함으로 인한 손해의 발생을 방지하기 위한 적절한 조치를 하지 아니한 경우에는 제1항제2호부터 제4호까지의 규정에 따른 면책을 주장할 수 없다.

제5조【연대책임】 동일한 손해에 대하여 배상할 책임이 있는 자가 2인 이상인 경우에는 연대하여 그 손해를 배상할 책임이 있다.

제6조【면책특약의 제한】 이 법에 따른 손해배상책임을 배제하거나 제한하는 특약(特約)은 무효로 한다. 다만, 자신의 영업에 이용하기 위하여 제조물을 공급받은 자가 자신의 영업용 재산에 발생한 손해에 관하여 그와 같은 특약을 체결한 경우에는 그러하지 아니하다.

제7조【소멸시효 등】 ① 이 법에 따른 손해배상의 청구권은 피해자 또는 그 법정대리인이 다음 각 호의 사항을 모두 알게 된 날부터 3년간 행사하지 아니하면 시효의 완성으로 소멸한다.
1. 손해
2. 제3조에 따라 손해배상책임을 지는 자

② 이 법에 따른 손해배상의 청구권은 제조업자가 손해를 발생시킨 제조물을 공급한 날부터 10년 이내에 행사하여야 한다. 다만, 신체에 누적되어 사람의 건강을 해치는 물질에 의하여 발생한 손해 또는 일정한 잠복기간(潛伏期間)이 지난 후에 증상이 나타나는 손해에 대하여는 그 손해가 발생한 날부터 기산(起算)한다.

제8조【「민법」의 적용】 제조물의 결함으로 인한 손해배상책임에 관하여 이 법에 규정된 것을 제외하고는 「민법」에 따른다.

附 則

①【**施行日**】이 法은 2002年 7月 1日부터 施行한다.
②【**적용례**】이 法은 이 法 施行후 製造業者가 최초로 공급한 製造物부터 적용한다.

부 칙 〈2013.5.22〉

이 법은 공포한 날부터 시행한다.

부 칙 〈2017.4.18〉

제1조【시행일】 이 법은 공포 후 1년이 경과한 날부터 시행한다.

제2조【적용례】 제3조제2항·제3항 및 제3조의2의 개정규정은 이 법 시행 후 최초로 공급하는 제조물부터 적용한다.

자동차손해배상 보장법

(2008年 3月 28日 전개법률 제9065호)

改正
2009. 2. 6법9449호(자관리)
2009. 2. 6법9450호 2009. 5.27법9738호
2012. 2.22법11369호 2013. 3.23법11690호(정부조직법)
2013. 8. 6법12021호 2015. 1. 6법12987호
2015. 6.22법13377호 2016. 3.22법14092호
2016.12.20법14450호
2017.10.24법14939호 → 2018. 1. 1 시행
2017.11.28법15118호 → 2018. 5.29 시행
2019.11.26법16635호 → 2020. 2.27 시행
2020. 6. 9법17453호 2020. 4. 7법17236호
2021. 3.16법17948호 2021. 1.26법17911호
2021. 7.27법18347호 2021.12. 7법18560호
2021.12. 7법18560호 2021. 7.27법18347호
2022.11.15법19055호 → 2023. 5.16 시행
2024. 1. 9법19981호 → 2024. 7.10 시행
2024. 1. 9법19986호 → 2024. 7.10 시행
2024. 1.16법20046호 → 2025. 1.17 시행
2024. 2.20법20340호 → 2024. 8.21 시행
2024.12. 3법20555호 → 2025. 6. 4 시행

제1장 총 칙

제1조【목적】 이 법은 자동차의 운행으로 사람이 사망 또는 부상하거나 재물이 멸실 또는 훼손된 경우에 손해배상을 보장하는 제도를 확립하여 피해자를 보호하고, 자동차사고로 인한 사회적 손실을 방지함으로써 자동차운송의 건전한 발전을 촉진함을 목적으로 한다. (2013.8.6 본조개정)

제2조【정의】 이 법에서 사용하는 용어의 뜻은 다음과 같다. (2009.2.6, 2013.8.6, 2016.3.22, 2020.4.7, 2021.1.26 본조개정)

1. "자동차"란 「자동차관리법」의 적용을 받는 자동차와 「건설기계관리법」의 적용을 받는 건설기계 중 대통령령으로 정하는 것을 말한다.

1의2. "자율주행자동차"란 「자동차관리법」 제2조제1호의3에 따른 자율주행자동차를 말한다.

2. "운행"이란 사람 또는 물건의 운송 여부와 관계없이 자동차를 그 용법에 따라 사용하거나 관리하는 것을 말한다.

3. "자동차보유자"란 자동차의 소유자나 자동차를 사용할 권리가 있는 자로서 자기를 위하여 자동차를 운행하는 자를 말한다.

4. "운전자"란 다른 사람을 위하여 자동차를 운전하거나 운전을 보조하는 일에 종사하는 자를 말한다.

5. "책임보험"이란 자동차보유자와 「보험업법」에 따라 허가를 받아 보험업을 영위하는 자(이하 "보험회사"라 한다)가 자동차의 운행으로 다른 사람이 사망하거나 부상한 경우 이 법에 따른 손해배상책임을 보장하는 내용을 약정하는 보험을 말한다.

6. "책임공제(責任共濟)"란 사업용 자동차의 보유자와 「여객자동차 운수사업법」, 「화물자동차 운수사업법」, 「건설기계관리법」 또는 「생활물류서비스산업발전법」에 따라 공제사업을 하는 자(이하 "공제사업자"라 한다)가 자동차의 운행으로 다른 사람이 사망하거나 부상한 경우 이 법에 따른 손해배상책임을 보장하는 내용을 약정하는 공제를 말한다.

7. "자동차보험진료수가(診療酬價)"란 자동차의 운행으로 사고를 당한 자(이하 "교통사고환자"라 한다)가 「의료법」에 따른 의료기관(이하 "의료기관"이라 한다)에서 진료를 받음으로써 발생하는 비용으로서 다음 각 목의 어느 하나의 경우에 적용되는 금액을 말한다.
 가. 보험회사(공제사업자를 포함한다. 이하 "보험회사등"이라 한다)의 보험금(공제금을 포함한다. 이하 "보험금등"이라 한다)으로 해당 비용을 지급하는 경우
 나. 제30조에 따른 자동차손해배상 보장사업의 보상금으로 해당 비용을 지급하는 경우
 다. 교통사고환자에 대한 배상(제30조에 따른 보상을 포함한다)이 종결된 후 해당 교통사고로 발생한 치료비를 교통사고환자가 의료기관에 지급하는 경우

8. "자동차사고 피해지원사업"이란 자동차사고로 인한 피해를 구제하거나 예방하기 위한 사업을 말하며, 다음 각 목과 같이 구분한다.
 가. 자동차손해배상 보장사업: 제30조에 따라 국토교통부장관이 자동차사고 피해를 보상하는 사업
 나. 자동차사고 피해예방사업: 제30조의2에 따라 국토교통부장관이 자동차사고 피해예방을 지원하는 사업
 다. 자동차사고 피해자 가족 등 지원사업: 제30조제2항에 따라 국토교통부장관이 자동차사고 피해자 및 가족을 지원하는 사업
 라. 자동차사고 후유장애인 재활지원사업: 제31조에 따라 국토교통부장관이 자동차사고 후유장애인 등의 재활을 지원하는 사업

9. "자율주행자동차사고"란 자율주행자동차의 운행 중에 그 운행과 관련하여 발생한 자동차사고를 말한다.

제3조【자동차손해배상책임】 자기를 위하여 자동차를 운행하는 자는 그 운행으로 다른 사람을 사망하게 하거나 부상하게 한 경우에는 그 손해를 배상할 책임을 진다. 다만, 다음 각 호의 어느 하나에 해당하면 그러하지 아니하다.

1. 승객이 아닌 자가 사망하거나 부상한 경우에 자

기와 운전자가 자동차의 운행에 주의를 게을리 하지 아니하였고, 피해자 또는 자기 및 운전자 외의 제3자에게 고의 또는 과실이 있으며, 자동차의 구조상의 결함이나 기능상의 장해가 없었다는 것을 증명한 경우
2. 승객이 고의나 자살행위로 사망하거나 부상한 경우

제4조【「민법」의 적용】 자기를 위하여 자동차를 운행하는 자의 손해배상책임에 대하여는 제3조에 따른 경우 외에는 「민법」에 따른다.

제2장 손해배상을 위한 보험 가입 등

제5조【보험 등의 가입 의무】 ① 자동차보유자는 자동차의 운행으로 다른 사람이 사망하거나 부상한 경우에 피해자(피해자가 사망한 경우에는 손해배상을 받을 권리를 가진 자를 말한다. 이하 같다)에게 대통령령으로 정하는 금액을 지급할 책임을 지는 책임보험이나 책임공제(이하 "책임보험등"이라 한다)에 가입하여야 한다.
② 자동차보유자는 책임보험등에 가입하는 것 외에 자동차의 운행으로 다른 사람의 재물이 멸실되거나 훼손된 경우에 피해자에게 대통령령으로 정하는 금액을 지급할 책임을 지는 「보험업법」에 따른 보험이나 「여객자동차 운수사업법」, 「화물자동차 운수사업법」, 「건설기계관리법」 및 「생활물류서비스산업발전법」에 따른 공제에 가입하여야 한다. (2021.1.26 본항개정)
③ 다음 각 호의 어느 하나에 해당하는 자는 책임보험등에 가입하는 것 외에 자동차 운행으로 인하여 다른 사람이 사망하거나 부상한 경우에 피해자에게 책임보험등의 배상책임한도를 초과하여 대통령령으로 정하는 금액을 지급할 책임을 지는 「보험업법」에 따른 보험이나 「여객자동차 운수사업법」, 「화물자동차 운수사업법」, 「건설기계관리법」 및 「생활물류서비스산업발전법」에 따른 공제에 가입하여야 한다. (2021.1.26 본항개정)
1. 「여객자동차 운수사업법」 제4조제1항에 따라 면허를 받거나 등록한 여객자동차 운송사업자
2. 「여객자동차 운수사업법」 제28조제1항에 따라 등록한 자동차 대여사업자
3. 「화물자동차 운수사업법」 제3조 및 제29조에 따라 허가를 받은 화물자동차 운송사업자 및 화물자동차 운송가맹사업자
4. 「건설기계관리법」 제21조제1항에 따라 등록한 건설기계 대여업자
5. 「생활물류서비스산업발전법」 제2조제4호나목에 따른 소화물배송대행서비스인증사업자

④ 제1항 및 제2항은 대통령령으로 정하는 자동차와 도로(「도로교통법」 제2조제1호에 따른 도로를 말한다. 이하 같다)가 아닌 장소에서만 운행하는 자동차에 대하여는 적용하지 아니한다.
⑤ 제1항의 책임보험등과 제2항 및 제3항의 보험 또는 공제에는 각 자동차별로 가입하여야 한다.

제5조의2【보험 등의 가입 의무 면제】 ① 자동차보유자는 보유한 자동차(제5조제3항 각 호의 자가 면허 등을 받은 사업에 사용하는 자동차는 제외한다)를 해외체류 등으로 3개월 이상 2년 이하의 범위에서 일정 기간 운행할 수 없는 경우로서 대통령령으로 정하는 경우에는 그 자동차의 등록업무를 관할하는 특별시장·광역시장·특별자치시장·도지사·특별자치도지사(자동차의 등록업무가 시장·군수·구청장에게 위임된 경우에는 시장·군수·구청장을 말한다. 이하 "시·도지사"라 한다)의 승인을 받아 그 운행중지기간에 한정하여 제5조제1항 및 제2항에 따른 보험 또는 공제에의 가입 의무를 면제받을 수 있다. 이 경우 자동차보유자는 해당 자동차등록증 및 자동차등록번호판을 시·도지사에게 보관하여야 한다. (2020.6.9, 2021.7.27, 2024.1.16 본항개정)
② 제1항에 따라 보험 또는 공제에의 가입 의무를 면제받은 자는 면제기간 중에는 해당 자동차를 도로에서 운행하여서는 아니 된다.
③ 보험회사등은 자기와 제1항에 따라 보험 또는 공제에의 가입 의무를 면제받은 자가 체결한 보험 또는 공제의 계약기간을 국토교통부령으로 정하는 바에 따라 그 운행중지기간 내에서 유예할 수 있다. (2024.1.16. 본항신설)
④ 제1항에 따른 보험 또는 공제에의 가입 의무를 면제받을 수 있는 승인 기준 및 신청 절차 등 필요한 사항은 국토교통부령으로 정한다. (2013.3.23, 2024.1.16 본항개정)
(2012.2.22 본조신설)
(2025.1.17 시행)

제6조【의무보험 미가입자에 대한 조치 등】 ① 보험회사등은 자기와 제5조제1항부터 제3항까지의 규정에 따라 자동차보유자가 가입하여야 하는 보험 또는 공제(이하 "의무보험"이라 한다)의 계약을 체결하고 있는 자동차보유자에게 그 계약 종료일의 75일 전부터 30일 전까지의 기간 및 30일 전부터 10일 전까지의 기간에 각각 그 계약이 끝난다는 사실을 알려야 한다. 다만, 보험회사등은 보험기간이 1개월 이내인 계약인 경우와 자동차보유자가 자기와 다시 계약을 체결하거나 다른 보험회사등과 새로운 계약을 체결한 사실을 안 경우에는 통지를 생략할 수 있다. (2009.2.6 본항개정)
② 보험회사등은 의무보험에 가입하여야 할 자가 다음 각 호의 어느 하나에 해당하면 그 사실을 국토교통부령으로 정하는 기간 내에 특별자치시장·

특별자치도지사 · 시장 · 군수 또는 구청장(자치구의 구청장을 말하며, 이하 "시장 · 군수 · 구청장"이라 한다)에게 알려야 한다. (2013.3.23, 2021.7.27 본항개정)

1. 자기와 의무보험 계약을 체결한 경우
2. 자기와 의무보험 계약을 체결한 후 계약 기간이 끝나기 전에 그 계약을 해지한 경우
3. 자기와 의무보험 계약을 체결한 자가 그 계약 기간이 끝난 후 자기와 다시 계약을 체결하지 아니한 경우

③ 제2항에 따른 통지를 받은 시장 · 군수 · 구청장은 의무보험에 가입하지 아니한 자동차보유자에게 지체 없이 10일 이상 15일 이하의 기간을 정하여 의무보험에 가입하고 그 사실을 증명할 수 있는 서류를 제출할 것을 명하여야 한다.

④ 시장 · 군수 · 구청장은 의무보험에 가입되지 아니한 자동차의 등록번호판(이륜자동차 번호판 및 건설기계의 등록번호표를 포함한다. 이하 같다)을 영치할 수 있다.

⑤ 시장 · 군수 · 구청장은 제4항에 따라 의무보험에 가입되지 아니한 자동차의 등록번호판을 영치하기 위하여 필요하면 경찰서장에게 협조를 요청할 수 있다. 이 경우 협조를 요청받은 경찰서장은 특별한 사유가 없으면 이에 따라야 한다.

⑥ 시장 · 군수 · 구청장은 제4항에 따라 의무보험에 가입되지 아니한 자동차의 등록번호판을 영치하면 「자동차관리법」이나 「건설기계관리법」에 따라 그 자동차의 등록업무를 관할하는 시 · 도지사와 그 자동차보유자에게 그 사실을 통보하여야 한다. (2012.2.22 본항개정)

⑦ 제1항과 제2항에 따른 통지의 방법과 절차에 관하여 필요한 사항, 제4항에 따른 자동차 등록번호판의 영치 및 영치 해제의 방법 · 절차 등에 관하여 필요한 사항은 국토교통부령으로 정한다. (2013.3.23 본항개정)

제7조【의무보험 가입관리전산망의 구성 · 운영 등】 ① 국토교통부장관은 의무보험에 가입하지 아니한 자동차보유자를 효율적으로 관리하기 위하여 「자동차관리법」 제69조제1항에 따른 전산정보처리조직과 「보험업법」 제176조에 따른 보험요율산출기관(이하 "보험요율산출기관"이라 한다)이 관리 · 운영하는 전산정보처리조직을 연계하여 의무보험 가입관리전산망(이하 "가입관리전산망"이라 한다)을 구성하여 운영할 수 있다. (2013.3.23 본항개정)

② 국토교통부장관은 관계 중앙행정기관의 장, 지방자치단체의 장, 「공공기관의 운영에 관한 법률」 제4조에 따른 공공기관의 장, 「유료도로법」에 따른 유료도로관리청 및 유료도로관리권자, 보험회사 및 보험 관련 단체의 장에게 가입관리전산망을 구성 · 운영하기 위하여 대통령령으로 정하는 정보의 제공을 요청할 수 있다. 이 경우 관련 정보의 제공을 요청받은 자는 특별한 사유가 없으면 요청에 따라야 한다. (2009.2.6, 2013.3.23, 2024.1.9 본항개정)

③ (2009.2.6 본항삭제)

④ 가입관리전산망의 운영에 필요한 사항은 대통령령으로 정한다.

제8조【운행의 금지】 의무보험에 가입되어 있지 아니한 자동차는 도로에서 운행하여서는 아니 된다. 다만, 제5조제4항에 따라 대통령령으로 정하는 자동차는 운행할 수 있다.

제9조【의무보험의 가입증명서 발급 청구】 의무보험에 가입한 자와 그 의무보험 계약의 피보험자(이하 "보험가입자등"이라 한다) 및 이해관계인은 권리의무 또는 사실관계를 증명하기 위하여 필요하면 보험회사등에게 의무보험에 가입한 사실을 증명하는 서류의 발급을 청구할 수 있다.

제10조【보험금등의 청구】 ① 보험가입자등에게 제3조에 따른 손해배상책임이 발생하면 그 피해자는 대통령령으로 정하는 바에 따라 보험회사등에게 「상법」 제724조제2항에 따라 보험금등을 자기에게 직접 지급할 것을 청구할 수 있다. 이 경우 피해자는 자동차보험진료수가에 해당하는 금액은 진료한 의료기관에 직접 지급하여 줄 것을 청구할 수 있다.

② 보험가입자등은 보험회사등이 보험금등을 지급하기 전에 피해자에게 손해에 대한 배상금을 지급한 경우에는 보험회사등에게 보험금등의 보상한도에서 그가 피해자에게 지급한 금액의 지급을 청구할 수 있다.

제11조【피해자에 대한 가불금】 ① 보험가입자등이 자동차의 운행으로 다른 사람을 사망하게 하거나 부상하게 한 경우에는 피해자는 대통령령으로 정하는 바에 따라 보험회사등에게 자동차보험진료수가에 대하여는 그 전액을, 그 외의 보험금등에 대하여는 대통령령으로 정한 금액을 제10조에 따른 보험금등을 지급하기 위한 가불금(假拂金)으로 지급할 것을 청구할 수 있다.

② 보험회사등은 제1항에 따른 청구를 받으면 국토교통부령으로 정하는 기간에 그 청구받은 가불금을 지급하여야 한다. (2013.3.23 본항개정)

③ 보험회사등은 제2항에 따라 지급한 가불금이 지급하여야 할 보험금등을 초과하면 가불금을 지급받은 자에게 그 초과액의 반환을 청구할 수 있다.

④ 보험회사등은 제2항에 따라 가불금을 지급한 후 보험가입자등에게 손해배상책임이 없는 것으로 밝혀진 경우에는 가불금을 지급받은 자에게 그 지급액의 반환을 청구할 수 있다. (2020.6.9 본항개정)

⑤ 보험회사등은 제3항 및 제4항에 따른 반환 청구에도 불구하고 가불금을 반환받지 못하는 경우로서 대통령령으로 정하는 요건을 갖추면 반환받지 못한 가불금의 보상을 정부에 청구할 수 있다. (2009.2.6,

2016.12.20 본항개정〉

제12조【자동차보험진료수가의 청구 및 지급】 ① 보험회사등은 보험가입자등 또는 제10조제1항 후단에 따른 피해자가 청구하거나 그 밖의 원인으로 교통사고환자가 발생한 것을 안 경우에는 지체 없이 그 교통사고환자를 진료하는 의료기관에 해당 진료에 따른 자동차보험진료수가의 지급 의사 유무와 지급 한도를 알려야 한다. 〈2009.2.6 본항개정〉

② 제1항에 따라 보험회사등으로부터 자동차보험진료수가의 지급 의사와 지급 한도를 통지받은 의료기관은 그 보험회사등에게 제15조에 따라 국토교통부장관이 고시한 기준에 따라 자동차보험진료수가를 청구할 수 있다. 〈2013.3.23 본항개정〉

③ 의료기관이 제2항에 따라 보험회사등에게 자동차보험진료수가를 청구하는 경우에는 「의료법」 제22조에 따른 진료기록부의 진료기록에 따라 청구하여야 한다.

④ 제2항에 따라 의료기관이 자동차보험진료수가를 청구하면 보험회사등은 30일 이내에 그 청구액을 지급하여야 한다. 다만, 보험회사등이 제12조의2제1항에 따라 위탁한 경우 전문심사기관이 심사결과를 통지한 날부터 14일 이내에 심사결과에 따라 자동차보험진료수가를 지급하여야 한다. 〈2015.6.22 본항개정〉

⑤ 의료기관은 제2항에 따라 보험회사등에게 자동차보험진료수가를 청구할 수 있는 경우에는 교통사고환자(환자의 보호자를 포함한다)에게 이에 해당하는 진료비를 청구하여서는 아니 된다. 다만, 다음 각 호의 어느 하나에 해당하는 경우에는 해당 진료비를 청구할 수 있다. 〈2013.3.23 본항개정〉

1. 보험회사등이 지급 의사가 없다는 사실을 알리거나 지급 의사를 철회한 경우
2. 보험회사등이 보상하여야 할 대상이 아닌 비용의 경우
3. 제1항에 따라 보험회사등이 알린 지급 한도를 초과한 진료비의 경우
4. 제10조제1항 또는 제11조제1항에 따라 피해자가 보험회사등에게 자동차보험진료수가를 자기에게 직접 지급할 것을 청구한 경우
5. 그 밖에 국토교통부령으로 정하는 사유에 해당하는 경우

제12조의2【업무의 위탁】 ① 보험회사등은 제12조제4항에 따라 의료기관이 청구하는 자동차보험진료수가의 심사·조정 업무 등을 대통령령으로 정하는 전문심사기관(이하 "전문심사기관"이라 한다)에 위탁할 수 있다.

② 전문심사기관은 제1항에 따라 의료기관이 청구한 자동차보험진료수가가 제15조에 따른 자동차보험진료수가에 관한 기준에 적합한지를 심사한다.

③ 〈2015.6.22 삭제〉

④ 제1항에 따라 전문심사기관에 위탁한 경우 청구, 심사, 이의제기 등의 방법 및 절차 등은 국토교통부령으로 정한다. 〈2013.3.23, 2015.6.22 본항개정〉

〈2012.2.22 본조신설〉

제12조의3(전문심사기관의 조정 및 정산 등) ① 전문심사기관은 전문심사기관의 심사결과에 따라 자동차보험진료수가가 지급된 이후에도, 다음 각 호의 어느 하나에 해당하는 경우에는 제19조제3항에도 불구하고 지급된 자동차보험진료수가를 확인·조정하여 보험회사등과 의료기관에 통보할 수 있다. 이 경우 보험회사등과 의료기관은 전문심사기관의 조정결과에 따라 자동차보험진료수가를 상호 정산하여야 한다.

1. 거짓이나 부정한 방법으로 자동차보험진료수가를 지급받은 경우
2. 착오 등으로 자동차보험진료수가가 잘못 지급된 경우
3. 그 밖에 자동차보험진료수가가 잘못 지급된 경우로서 대통령령으로 정하는 경우

② 전문심사기관이 제1항에 따라 자동차보험진료수가를 확인·조정할 수 있는 기간은 제12조제2항에 따라 의료기관이 보험회사등에 해당 자동차보험진료수가를 청구한 날부터 5년 이내로 한다.

③ 제1항에 따른 자동차보험진료수가의 확인·조정, 상호 정산 등의 방법 및 절차 등은 국토교통부령으로 정한다.

〈2024.1.9 본조신설〉

제13조【입원환자의 관리 등】 ① 제12조제2항에 따라 보험회사등에 자동차보험진료수가를 청구할 수 있는 의료기관은 교통사고로 입원한 환자(이하 "입원환자"라 한다)의 외출이나 외박에 관한 사항을 기록·관리하여야 한다.

② 입원환자는 외출하거나 외박하려면 의료기관의 허락을 받아야 한다.

③ 제12조제1항에 따라 자동차보험진료수가의 지급 의사 유무 및 지급 한도를 통지한 보험회사등은 입원환자의 외출이나 외박에 관한 기록의 열람을 청구할 수 있다. 이 경우 의료기관은 정당한 사유가 없으면 청구에 따라야 한다.

제13조의2【교통사고환자의 퇴원·전원 지시】 ① 의료기관은 입원 중인 교통사고환자가 수술·처치 등의 진료를 받은 후 상태가 호전되어 더 이상 입원진료가 필요하지 아니한 경우에는 그 환자에게 퇴원하도록 지시할 수 있고, 생활근거지에서 진료할 필요가 있는 경우 등 대통령령으로 정하는 경우에는 대통령령으로 정하는 다른 의료기관으로 전원(轉院)하도록 지시할 수 있다. 이 경우 의료기관은 해당 환자와 제12조제1항에 따라 자동차보험진료수가의 지급 의사를 통지한 해당 보험회사등에게 그 사유와 일자를 지체없이 통보하여야 한다.

② 제1항에 따라 교통사고환자에게 다른 의료기관으로 전원하도록 지시한 의료기관이 다른 의료기관이나 담당의사로부터 진료기록, 임상소견서 및 치료경위서의 열람이나 송부 등 진료에 관한 정보의 제공을 요청받으면 지체 없이 이에 따라야 한다. 〈2009.2.6 본조신설〉

제14조【진료기록의 열람 등】 ① 보험회사등은 의료기관으로부터 제12조제2항에 따라 자동차보험진료수가를 청구받으면 그 의료기관에 대하여 관계 진료기록의 열람을 청구할 수 있다. 〈2012.2.22 본항개정〉

② 제12조의2에 따라 심사 등을 위탁받은 전문심사기관은 심사 등에 필요한 진료기록·주민등록·출입국관리 등의 자료로서 대통령령으로 정하는 자료(이하 "진료기록등"이라 한다)의 제공을 국가, 지방자치단체, 의료기관, 보험회사등, 보험요율산출기관, 「공공기관의 운영에 관한 법률」에 따른 공공기관 및 그 밖의 공공단체 등에 요청할 수 있다. 〈2012.2.22 본항신설, 2021.7.27 본항개정〉

③ 제1항에 따른 청구를 받은 의료기관 및 제2항에 따른 요청을 받은 기관은 정당한 사유가 없으면 이에 따라야 한다. 〈2012.2.22 본항신설, 2020.6.9, 2021.7.27 본항개정〉

④ 보험회사등은 보험금 지급 청구를 받은 경우 대통령령으로 정하는 바에 따라 경찰청 등 교통사고 조사기관에 대하여 교통사고 관련 조사기록의 열람을 청구할 수 있다. 이 경우 경찰청 등 교통사고 조사기관은 특별한 사정이 없으면 열람하게 하여야 한다. 〈2012.2.22 본항신설, 2020.6.9 본항개정〉

⑤ 국토교통부장관은 보험회사등이 의무보험의 보험료(공제계약의 경우에는 공제분담금을 말한다) 산출 및 보험금등의 지급업무에 활용하기 위하여 필요한 경우 음주운전 등 교통법규 위반 또는 운전면허(「건설기계관리법」 제26조제1항 본문에 따른 건설기계조종사면허를 포함한다. 이하 같다)의 효력에 관한 개인정보를 제공하여 줄 것을 보유기관의 장에게 요청할 수 있다. 이 경우 제공 요청을 받은 보유기관의 장은 특별한 사정이 없으면 이에 따라야 한다. 〈2019.11.26 본항신설〉

⑥ 국토교통부장관은 제5항에 따른 교통법규 위반 또는 운전면허의 효력에 관한 개인정보를 제39조의3에 따른 자동차손해배상진흥원을 통하여 보험회사등에게 제공할 수 있다. 이 경우 그 개인정보 제공의 범위·절차 및 방법에 관한 사항은 대통령령으로 정한다. 〈2019.11.26 본항신설〉

⑦ 자동차손해배상진흥원은 제5항 및 제6항에 따라 보험회사등이 의무보험의 보험료 산출 및 보험금등의 지급 업무에 활용하기 위하여 필요한 경우 외에는 제6항에 따라 제공받아 보유하는 개인정보를 타인에게 제공할 수 없다. 〈2019.11.26 본항신설〉

⑧ 보험회사등, 전문심사기관 및 자동차손해배상진흥원에 종사하거나 종사한 자는 제1항부터 제4항까지에 따른 진료기록등 또는 교통사고 관련 조사기록의 열람으로 알게 된 다른 사람의 비밀이나 제6항에 따라 제공받은 개인정보를 누설하거나 직무상 목적 외의 용도로 이용 또는 제3자에게 제공하여서는 아니 된다. 〈2012.2.22, 2019.11.26, 2021.7.27 본항개정〉

⑨ 전문심사기관은 의료기관, 보험회사등 및 보험요율산출기관에 제2항에 따른 자료의 제공을 요청하는 경우 자료 제공 요청 근거 및 사유, 자료 제공 대상자, 대상기간, 자료 제공 기한, 제공 자료 등이 기재된 자료제공요청서를 발송하여야 한다. 〈2021.7.27 본항신설〉

⑩ 제2항에 따른 국가, 지방자치단체, 의료기관, 보험요율산출기관, 공공기관 및 그 밖의 공공단체가 전문심사기관에 제공하는 자료에 대하여는 사용료와 수수료를 면제한다. 〈2021.7.27 본항신설〉

제14조의2【책임보험등의 보상한도를 초과하는 경우에의 준용】 자동차보유자가 책임보험등의 보상한도를 초과하는 손해를 보상하는 보험 또는 공제에 가입한 경우 피해자가 책임보험등의 보상한도 및 이를 초과하는 손해를 보상하는 보험 또는 공제의 보상한도의 범위에서 자동차보험진료수가를 청구할 경우에도 제10조부터 제13조까지, 제13조의2 및 제14조를 준용한다.
〈2009.2.6 본조신설〉

제3장 자동차보험진료수가 기준 및 분쟁 조정

제15조【자동차보험진료수가 등】 ① 국토교통부장관은 교통사고환자에 대한 적절한 진료를 보장하고 보험회사등, 의료기관 및 교통사고환자 간의 진료비에 관한 분쟁을 방지하기 위하여 자동차보험진료수가에 관한 기준(이하 "자동차보험진료수가기준"이라 한다)을 정하여 고시하여야 한다. 〈2009.2.6, 2013.3.23, 2021.7.27 본항개정〉

② 자동차보험진료수가기준에는 자동차보험진료수가의 인정범위·청구절차 및 지급절차, 그 밖에 국토교통부령으로 정하는 사항이 포함되어야 한다. 〈2013.3.23 본항개정〉

③ 국토교통부장관은 자동차보험진료수가기준을 정하거나 변경하는 경우 제17조에 따른 자동차보험진료수가분쟁심의회의 심의를 거쳐 결정한다. 〈2012.2.22, 2013.3.23, 2021.7.27 본항개정〉

제15조의2【자동차보험정비협의회】 ① 보험회사등과 자동차정비업자는 자동차보험 정비요금에 대한 분쟁의 예방·조정 및 상호 간의 협력을 위하

여 다음 각 호의 사항을 협의하는 자동차보험정비협의회(이하 "협의회"라 한다)를 구성하여야 한다.
1. 정비요금(표준 작업시간과 공임 등을 포함한다)의 산정에 관한 사항
2. 제1호에 따른 정비요금의 조사·연구 및 연구결과의 갱신 등에 관한 사항
3. 그 밖에 보험회사등과 자동차정비업자의 상호 협력을 위하여 필요한 사항

② 협의회는 위원장 1명을 포함한 다음 각 호의 위원으로 구성하며, 위원은 국토교통부령으로 정하는 바에 따라 국토교통부장관이 위촉한다.
1. 보험업계를 대표하는 위원 5명
2. 정비업계를 대표하는 위원 5명
3. 공익을 대표하는 위원 5명

③ 협의회의 위원장은 제2항제3호에 해당하는 위원 중에서 위원 과반수의 동의로 선출한다.
④ 협의회 위원의 임기는 3년으로 한다. 다만, 위원의 사임 등으로 인하여 새로 위촉된 위원의 임기는 전임위원의 남은 임기로 한다.
⑤ 협의회는 제1항 각 호의 사항을 협의하기 위하여 매년 1회 이상 회의를 개최하여야 한다.
⑥ 협의회는 매년 9월 30일까지 제1항제1호에 따른 정비요금의 산정에 관한 사항을 정하여야 한다. (2024.2.20. 본항신설)
⑦ 제6항에 따른 기한으로부터 60일을 경과하고서도 정비요금의 산정에 관한 사항이 정하여지지 아니한 경우 협의회의 위원장은 국토교통부령으로 정하는 바에 따라 정비요금에 대한 심의촉진안을 표결에 부칠 수 있다. (2024.2.20. 본항신설)
⑧ 협의회는 제1항 각 호의 사항에 대한 협의를 도출하기 위하여 필요하다고 인정하면 국내외 연구기관, 대학, 전문단체 또는 산업체에 연구용역을 의뢰할 수 있다. (2024.2.20. 본항신설)
⑨ 제1항제1호에 따른 정비요금의 산정에 관한 사항은 보험회사등과 자동차정비업자 간의 정비요금에 대한 계약을 체결하는 데 참고자료로 사용할 수 있다. (2024.2.20. 본항신설)
⑩ 제1항부터 제9항까지에서 규정한 사항 외에 협의회의 구성·운영 및 조사·연구 등에 필요한 사항은 대통령령으로 정한다. (2024.2.20. 본항개정)
(2020.4.7 본조신설)

제16조 (2020.4.7 삭제)

제17조 【자동차보험진료수가분쟁심의회】 ① 보험회사등과 의료기관은 서로 협의하여 자동차보험진료수가와 관련된 분쟁의 예방 및 신속한 해결을 위한 다음 각 호의 업무를 수행하기 위하여 자동차보험진료수가분쟁심의회(이하 "심의회"라 한다)를 구성하여야 한다. (2021.7.27 본항개정)
1. 자동차보험진료수가에 관한 분쟁의 심사·조정
2. 자동차보험진료수가기준의 제정·변경 등에 관한 심의
3. 제1호 및 제2호의 업무와 관련된 조사·연구

② 심의회는 위원장을 포함한 18명의 위원으로 구성한다.
③ 위원은 국토교통부장관이 위촉하되, 6명은 보험회사등의 단체가 추천한 자 중에서, 6명은 의료사업자단체가 추천한 자 중에서, 6명은 대통령령으로 정하는 요건을 갖춘 자 중에서 각각 위촉한다. 이 중 대통령령으로 정하는 요건을 갖추어 국토교통부장관이 위촉한 위원은 보험회사등 및 의료기관의 자문위원 등 심의회 업무의 공정성을 해칠 수 있는 직을 겸하여서는 아니 된다. (2012.2.22, 2013.3.23 본항개정)
④ 위원장은 위원 중에서 호선한다.
⑤ 위원의 임기는 2년으로 하되, 연임할 수 있다. 다만, 보궐위원의 임기는 전임자의 남은 임기로 한다.
⑥ 심의회의 구성·운영 등에 필요한 세부사항은 대통령령으로 정한다.

제18조 【운영비용】 심의회의 운영을 위하여 필요한 운영비용은 보험회사등과 의료기관이 부담한다.

제19조 【자동차보험진료수가의 심사 청구 등】
① 보험회사등과 의료기관은 제12조의2제2항에 따른 심사결과 또는 제12조의3제1항에 따른 조정결과에 이의가 있는 때에는 이의제기 결과를 통보받은 날부터 30일 이내에 심의회에 그 심사를 청구할 수 있다. (2013.8.6, 2020.6.9, 2024.1.9 본항개정)
② (2013.8.6 삭제)
③ 전문심사기관의 심사결과 또는 조정결과를 통지받은 보험회사등 및 의료기관은 제1항의 기간에 심사를 청구하지 아니하면 그 기간이 끝나는 날에 의료기관이 지급 청구한 내용, 심사결과 또는 조정결과에 합의한 것으로 본다. (2013.8.6, 2024.1.9 본항개정)
④ (2013.8.6 삭제)
⑤ (2013.8.6 삭제)
⑥ 제1항에 따른 심사 청구의 대상 및 절차 등은 대통령령으로 정한다. (2013.8.6 본항신설)

제20조 【심사·결정 절차 등】 ① 심의회는 제19조제1항에 따른 심사청구가 있으면 자동차보험진료수가기준에 따라 이를 심사·결정하여야 한다. 다만, 그 심사 청구 사건이 자동차보험진료수가기준에 따라 심사·결정할 수 없는 경우에는 당사자에게 합의를 권고할 수 있다.
② 심의회의 심사·결정 절차 등에 필요한 사항은 심의회가 정하여 국토교통부장관의 승인을 받아야 한다. (2013.3.23 본항개정)

제21조 【심사와 결정의 효력 등】 ① 심의회는 제19조제1항의 심사청구에 대하여 결정한 때에는 지체 없이 그 결과를 당사자에게 알려야 한다.

② 제1항에 따라 통지를 받은 당사자가 심의회의 결정 내용을 받아들인 경우에는 그 수락 의사를 표시한 날에, 통지를 받은 날부터 30일 이내에 소(訴)를 제기하지 아니한 경우에는 그 30일이 지난 날의 다음 날에 당사자 간에 결정내용과 같은 내용의 합의가 성립된 것으로 본다. 이 경우 당사자는 합의가 성립된 것으로 보는 날부터 7일 이내에 심의회의 결정 내용에 따라 상호 정산하여야 한다.
(2015.6.22 본항개정)

제22조【심의회의 권한】 심의회는 제20조제1항에 따른 심사·결정을 위하여 필요하다고 인정하면 보험회사등·의료기관·보험사업자단체 또는 의료사업자단체에 필요한 서류를 제출하게 하거나 의견을 진술 또는 보고하게 하거나 관계 전문가에게 진단 또는 검안 등을 하게 할 수 있다.

제22조의2【자료의 제공】 심의회는 제20조제1항에 따른 심사·결정을 위하여 전문심사기관에 필요한 자료 및 의견서를 제출하게 할 수 있다. 이 경우 요청을 받은 전문심사기관은 특별한 사유가 없으면 이에 협조하여야 한다. (2016.3.22 본조신설)

제23조【위법 사실의 통보 등】 심의회는 심사 청구 사건의 심사나 그 밖의 업무를 처리할 때 당사자 또는 관계인이 법령을 위반한 사실이 확인되면 관계 기관에 이를 통보하여야 한다.

제23조의2【심의회 운영에 대한 점검】 ① 국토교통부장관은 필요한 경우 심의회의 운영 및 심사기준의 운용과 관련한 자료를 제출받아 이를 점검할 수 있다. (2013.3.23 본항개정)
② 심의회는 제1항에 따라 자료의 제출 또는 보고를 요구받은 때에는 특별한 사유가 없으면 그 요구를 따라야 한다. (2020.6.9 본항개정)
(2012.2.22 본조신설)

제3장의2 자동차손해배상보장위원회 (2024.1.9 본장신설)

제23조의3【자동차손해배상보장위원회의 설치】
① 자동차 사고와 관련된 이해관계자의 손해배상 및 사회복귀 지원 등과 관련된 사항을 심의·의결 또는 조정하기 위하여 국토교통부장관 소속으로 자동차손해배상보장위원회를 둔다.
② 자동차손해배상보장위원회는 다음 각 호의 사항을 심의·의결 또는 조정한다.
1. 제31조제1항에 따른 재활시설의 설치 및 재활사업의 운영 등에 관한 다음 각 목의 사항
  가. 재활시설의 설치와 관리에 관한 사항
  나. 재활사업의 운영에 관한 사항
  다. 재활시설운영자의 지정과 지정 취소에 관한 사항
  라. 재활시설운영자의 사업계획과 예산에 관한 사항
  마. 그 밖에 재활시설과 재활사업의 관리·운영에 관한 사항으로서 대통령령으로 정하는 사항
2. 제39조제1항 및 제2항에 따른 채권의 결손처분과 관련된 사항
3. 다음 각 목의 조합 등과 자동차사고 피해자나 그 밖의 이해관계인 사이에서 발생하는 분쟁의 조정에 관한 사항
  가. 「여객자동차 운수사업법」 제60조에 따라 공제사업을 하는 조합 및 연합회
  나. 「여객자동차 운수사업법」 제61조에 따른 공제조합
  다. 「화물자동차 운수사업법」 제51조에 따라 공제사업을 하는 자
  라. 「생활물류서비스산업발전법」 제41조에 따른 공제조합
4. 그 밖에 자동차손해배상보장과 관련하여 국토교통부장관이 필요하다고 인정하는 사항
(2024.1.9 본조신설)

제23조의4【자동차손해배상보장위원회의 구성 등】 ① 자동차손해배상보장위원회는 위원장 1명을 포함한 50명 이내의 위원으로 구성한다.
② 자동차손해배상보장위원회의 업무를 효율적으로 수행하기 위하여 다음 각 호의 분과위원회를 둘 수 있으며, 분과위원회에서 심의·의결 또는 조정한 사항은 자동차손해배상보장위원회에서 심의·의결 또는 조정한 것으로 본다.
1. 공제분쟁조정분과위원회
2. 재활시설운영심의분과위원회
3. 채권정리분과위원회
③ 제2항제1호에 따른 공제분쟁조정분과위원회는 제23조의3제2항제3호에 따른 분쟁 당사자의 조정신청을 받아 조정안을 작성한 경우 각 당사자에게 이를 지체 없이 제시하여야 한다. 이 경우 각 당사자가 조정안을 수락한 경우에는 당사자 간에 조정조서와 동일한 내용의 합의가 성립된 것으로 본다.
④ 국토교통부장관은 대통령령으로 정하는 바에 따라 자동차손해배상보장위원회의 운영 및 사무 처리에 관한 업무(제45조제2항에 따라 한국교통안전공단에 위탁하는 업무에 관한 사항은 제외한다)의 일부를 제39조의3에 따른 자동차손해배상진흥원에 위탁할 수 있다.
⑤ 제1항부터 제4항까지에서 규정한 사항 외에 자동차손해배상위원회·분과위원회의 구성·운영 및 조정의 절차 등에 관하여 필요한 사항은 대통령령으로 정한다.
(2024.1.9 본조신설)

제4장 책임보험등 사업

제24조【계약의 체결 의무】 ① 보험회사등은 자동차보유자가 제5조제1항부터 제3항까지의 규정에 따른 보험 또는 공제에 가입하려는 때에는 대통령령으로 정하는 사유가 있는 경우 외에는 계약의 체결을 거부할 수 없다.
② 자동차보유자가 교통사고를 발생시킬 개연성이 높은 경우 등 국토교통부령으로 정하는 사유에 해당하면 제1항에도 불구하고 다수의 보험회사가 공동으로 제5조제1항부터 제3항까지의 규정에 따른 보험 또는 공제의 계약을 체결할 수 있다. 이 경우 보험회사는 자동차보유자에게 공동계약체결의 절차 및 보험료에 대한 안내를 하여야 한다. (2013.3.23 본항개정)

제25조【보험 계약의 해제 등】 보험가입자와 보험회사등은 다음 각 호의 어느 하나에 해당하는 경우 외에는 의무보험의 계약을 해제하거나 해지하여서는 아니 된다. (2013.3.23., 2017.11.28 본항개정)
1. 「자동차관리법」 제13조 또는 「건설기계관리법」 제6조에 따라 자동차의 말소등록(抹消登錄)을 한 경우
2. 「자동차관리법」 제58조제5항제1호에 따라 자동차해체재활용업자가 해당 자동차·자동차등록증·등록번호판 및 봉인을 인수하고 그 사실을 증명하는 서류를 발급한 경우
3. 「건설기계관리법」 제25조의2에 따라 건설기계해체재활용업자가 해당 건설기계와 등록번호표를 인수하고 그 사실을 증명하는 서류를 발급한 경우
4. 해당 자동차가 제5조제4항의 자동차로 된 경우
5. 해당 자동차가 다른 의무보험에 이중으로 가입되어 하나의 가입 계약을 해제하거나 해지하려는 경우
6. 해당 자동차를 양도한 경우
7. 천재지변·교통사고·화재·도난, 그 밖의 사유로 자동차를 더 이상 운행할 수 없게 된 사실을 증명한 경우
8. 그 밖에 국토교통부령으로 정하는 경우

제26조【의무보험 계약의 승계】 ① 의무보험에 가입된 자동차가 양도된 경우에 그 자동차의 양도일(양수인이 매매대금을 지급하고 현실적으로 자동차의 점유를 이전받은 날을 말한다)부터 「자동차관리법」 제12조에 따른 자동차소유권 이전등록 신청기간이 끝나는 날(자동차소유권 이전등록 신청기간이 끝나기 전에 양수인이 새로운 책임보험등의 계약을 체결한 경우에는 그 계약 체결일)까지의 기간은 「상법」 제726조의4에도 불구하고 자동차의 양수인이 의무보험의 계약에 관한 양도인의 권리의무를 승계한다.
② 제1항의 경우 양도인은 양수인에게 그 승계기간에 해당하는 의무보험의 보험료(공제계약의 경우에는 공제분담금을 말한다. 이하 같다)의 반환을 청구할 수 있다.
③ 제2항에 따라 양수인이 의무보험의 승계기간에 해당하는 보험료를 양도인에게 반환한 경우에는 그 금액의 범위에서 양수인은 보험회사등에게 보험료의 지급의무를 지지 아니한다.

제27조【의무보험 사업의 구분경리】 보험회사등은 의무보험에 따른 사업에 대하여는 다른 보험사업·공제사업이나 그 밖의 다른 사업과 구분하여 경리하여야 한다.

제28조【사전협의】 금융위원회는 「보험업법」 제4조제1항제2호다목에 따른 자동차보험의 보험약관(책임보험이 포함되는 경우에 한정한다)을 작성하거나 변경하려는 경우에는 국토교통부장관과 미리 협의하여야 한다.

제29조【보험금등의 지급 등】 ① 다음 각 호의 어느 하나에 해당하는 사유로 다른 사람이 사망 또는 부상하거나 다른 사람의 재물이 멸실되거나 훼손되어 보험회사등이 피해자에게 보험금등을 지급한 경우에는 보험회사등은 해당 보험금등에 상당하는 금액을 법률상 손해배상책임이 있는 자에게 구상(求償)할 수 있다. (2013.3.23, 2017.11.28, 2021.7.27, 2021.12.7, 2024.2.20 본항개정)
1. 「도로교통법」에 따른 운전면허 또는 「건설기계관리법」에 따른 건설기계조종사면허 등 자동차를 운행할 수 있는 자격을 갖추지 아니한 상태(자격의 효력이 정지된 경우를 포함한다)에서 자동차를 운행하다가 일으킨 사고
2. 「도로교통법」 제44조제1항을 위반하여 술에 취한 상태에서 자동차를 운행하거나 같은 법 제45조를 위반하여 약물의 영향으로 정상적으로 운전하지 못할 우려가 있는 상태에서 자동차를 운행하다가 일으킨 사고(사고 발생 후 「도로교통법」 제44조제2항에 따른 경찰공무원의 호흡조사 측정에 응하지 아니하는 경우를 포함한다)
3. 「도로교통법」 제54조제1항에 따른 조치를 하지 아니한 사고(「도로교통법」 제156조제10호에 해당하는 경우는 제외한다)

② 제5조제1항에 따른 책임보험등의 보험금등을 변경하는 것을 내용으로 하는 대통령령을 개정할 때 그 변경 내용이 보험가입자등에게 유리하게 되는 경우에는 그 변경 전에 체결된 계약 내용에도 불구하고 보험회사등에게 변경된 보험금등을 지급하도록 하는 다음 각 호의 사항을 규정할 수 있다.
1. 종전의 계약을 새로운 계약으로 갱신하지 아니하더라도 이미 계약된 종전의 보험금등을 변경된 보험금등으로 볼 수 있도록 하는 사항
2. 그 밖에 보험금등의 변경에 필요한 사항이나 변경된 보험금등의 지급에 필요한 사항

제29조의2 【자율주행자동차사고 보험금등의 지급 등】 자율주행자동차의 결함으로 인하여 발생한 자율주행자동차사고로 다른 사람이 사망 또는 부상하거나 다른 사람의 재물이 멸실 또는 훼손되어 보험회사등이 피해자에게 보험금등을 지급한 경우에는 보험회사등은 법률상 손해배상책임이 있는 자에게 그 금액을 구상할 수 있다.
(2020.4.7 본조신설)

제5장 자동차사고 피해지원사업

제30조 【자동차손해배상 보장사업】 ① 정부는 다음 각 호의 어느 하나에 해당하는 경우에는 피해자의 청구에 따라 책임보험의 보험금 한도에서 그가 입은 피해를 보상한다. 다만, 정부는 피해자가 청구하지 아니한 경우에도 직권으로 조사하여 책임보험의 보험금 한도에서 그가 입은 피해를 보상할 수 있다. (2012.2.22, 2021.7.27 본항개정)
1. 자동차보유자를 알 수 없는 자동차의 운행으로 사망하거나 부상한 경우
2. 보험가입자등이 아닌 자가 제3조에 따라 손해배상의 책임을 지게 되는 경우. 다만, 제5조제4항에 따른 자동차의 운행으로 인한 경우는 제외한다.
3. 자동차보유자를 알 수 없는 자동차의 운행 중 해당 자동차로부터 낙하된 물체로 인하여 사망하거나 부상한 경우

② 정부는 자동차의 운행으로 인한 사망자나 대통령령으로 정하는 중증 후유장애인(重症 後遺障碍人)의 유자녀(幼子女) 및 피부양가족이 경제적으로 어려워 생계가 곤란하거나 학업을 중단하여야 하는 문제 등을 해결하고 중증 후유장애인이 재활할 수 있도록 지원할 수 있다.
③ 국토교통부장관은 제1항 및 제2항에 따른 업무를 수행하기 위하여 다음 각 호의 기관에 대통령령에 따른 정보의 제공을 요청하고 수집·이용할 수 있으며, 요청받은 기관은 특별한 사유가 없으면 관련 정보를 제공하여야 한다. (2012.2.22 본항신설, 2013.3.23, 2016.3.22, 2021.7.27 본항개정)
1. 행정안전부장관
2. 보건복지부장관
3. 여성가족부장관
4. 경찰청장
5. 특별시장·광역시장·특별자치시장·도지사·특별자치도지사·시장·군수·구청장
6. 보험요율산출기관

④ 정부는 제11조제5항에 따른 보험회사등의 청구에 따라 보상을 실시한다. (2012.2.22 본항개정)
⑤ 제1항·제2항 및 제4항에 따른 정부의 보상 또는 지원의 대상·기준·금액·방법 및 절차 등에 필요한 사항은 대통령령으로 정한다. (2012.2.22 본항개정)
⑥ 제1항·제2항 및 제4항에 따른 정부의 보상사업(이하 "자동차손해배상 보장사업"이라 한다)에 관한 업무는 국토교통부장관이 행한다. (2012.2.22., 2013.3.23 본항개정)

제30조의2 【자동차사고 피해예방사업】 ① 국토교통부장관은 자동차사고로 인한 피해 등을 예방하기 위하여 다음 각 호의 사업을 수행할 수 있다.
1. 자동차사고 피해예방을 위한 교육 및 홍보 또는 이와 관련한 시설 및 장비의 지원
2. 자동차사고 피해예방을 위한 기기 및 장비 등의 개발·보급
3. 그 밖에 자동차사고 피해예방을 위한 연구·개발 등 대통령령으로 정하는 사항

② 제1항에 따른 자동차사고 피해예방사업의 기준·금액·방법 및 절차 등에 관하여 필요한 사항은 대통령령으로 정한다.
(2013.8.6 본조신설)

제31조 【후유장애인 등의 재활 지원】 ① 국토교통부장관은 자동차사고 부상자나 부상으로 인한 후유장애인의 재활을 지원하기 위한 의료재활시설 및 직업재활시설(이하 "재활시설"이라 한다)을 설치하여 그 재활에 필요한 다음 각 호의 사업(이하 "재활사업"이라 한다)을 수행할 수 있다. (2013.3.23, 2016.3.22 본항개정)
1. 의료재활사업 및 그에 딸린 사업으로서 대통령령으로 정하는 사업
2. 직업재활사업(직업재활상담을 포함한다) 및 그에 딸린 사업으로서 대통령령으로 정하는 사업

② (2016.12.20 본항삭제)
③ 재활시설의 용도로 건설되거나 조성되는 건축물, 토지, 그 밖의 시설물 등은 국가에 귀속된다.
④ 국토교통부장관이 재활시설을 설치하는 경우에는 그 규모와 설계 등에 관한 중요 사항에 대하여 자동차사고 후유장애인단체의 의견을 들어야 한다. (2013.3.23 본항개정)
(2016.3.22 본조제목개정)

제32조 【재활시설운영자의 지정】 ① 국토교통부장관은 다음 각 호의 구분에 따라 그 요건을 갖춘 자 중 국토교통부장관의 지정을 받은 자에게 재활시설이나 재활사업의 관리·운영을 위탁할 수 있다. (2009.5.27, 2013.3.23, 2015.6.22 본항개정)
1. 의료재활시설 및 제31조제1항제1호에 따른 재활사업: 「의료법」 제33조에 따라 의료기관의 개설허가를 받고 재활 관련 진료과목을 개설한 자로서 같은 법 제3조제3항에 따른 종합병원을 운영하고 있는 자
2. 직업재활시설 및 제31조제1항제2호에 따른 재활

사업: 다음 각 목의 어느 하나에 해당하는 자
가. 자동차사고 후유장애인단체 중에서 「민법」 제32조에 따라 국토교통부장관의 허가를 받은 법인으로서 대통령령으로 정하는 요건을 갖춘 법인
나. 자동차사고 후유장애인단체 중에서 「협동조합 기본법」에 따라 설립된 사회적협동조합으로서 대통령령으로 정하는 요건을 갖춘 법인
② 제1항에 따라 지정을 받으려는 자는 대통령령으로 정하는 바에 따라 국토교통부장관에게 신청하여야 한다. (2009.5.27, 2013.3.23 본항개정)
③ 제1항에 따라 지정을 받은 자로서 재활시설이나 재활사업의 관리·운영을 위탁받은 자(이하 "재활시설운영자"라 한다)는 재활시설이나 재활사업의 관리·운영에 관한 업무를 수행할 때에는 별도의 회계를 설치하고 다른 사업과 구분하여 경리하여야 한다. (2009.5.27 본항개정)
④ 재활시설운영자의 지정 절차 및 그에 대한 감독 등에 관해 필요한 사항은 대통령령으로 정한다.

제33조【재활시설운영자의 지정 취소】 ① 국토교통부장관은 재활시설운영자가 다음 각 호의 어느 하나에 해당하면 그 지정을 취소할 수 있다. 다만, 제1호 또는 제2호에 해당하면 그 지정을 취소하여야 한다. (2013.3.23 본항개정)
1. 거짓이나 그 밖의 부정한 방법으로 지정을 받은 경우
2. 제32조제1항 각 호의 요건에 맞지 아니하게 된 경우
3. 제32조제3항을 위반하여 다른 사업과 구분하여 경리하지 아니한 경우
4. 정당한 사유 없이 제43조제4항에 따른 시정명령을 3회 이상 이행하지 아니한 경우
5. 법인의 해산 등 사정의 변경으로 재활시설이나 재활사업의 관리·운영에 관한 업무를 계속 수행하는 것이 불가능하게 된 경우
② 국토교통부장관은 제1항에 따라 재활시설운영자의 지정을 취소한 경우로서 다음 각 호에 모두 해당하는 경우에는 새로운 재활시설운영자가 지정될 때까지 그 기간 및 관리·운영조건을 정하여 지정이 취소된 자에게 재활시설이나 재활사업의 관리·운영업무를 계속하게 할 수 있다. 이 경우 지정이 취소된 자는 그 계속하는 업무의 범위에서 재활시설운영자로 본다. (2013.3.23 본항개정)
1. 지정취소일부터 새로운 재활시설운영자를 정할 수 없는 경우
2. 계속하여 재활시설이나 재활사업의 관리·운영이 필요한 경우
③ 제1항에 따라 지정이 취소된 자는 그 지정이 취소된 날(제2항에 따라 업무를 계속한 경우에는 그 계속된 업무가 끝난 날을 말한다)부터 2년 이내에는 재활시설운영자로 다시 지정받을 수 없다.

제34조 (2024.1.9 본조삭제)

제35조【준용】 ① 제30조제1항에 따른 피해자의 보상금 청구에 관하여는 제10조부터 제13조까지, 제13조의2 및 제14조를 준용한다. 이 경우 "보험회사등"은 "자동차손해배상 보장사업을 하는 자"로, "보험금등"은 "보상금"으로 본다. (2009.2.6 본항개정)
② 제30조제1항에 따른 보상금 중 피해자의 진료수가에 대한 심사청구 등에 관하여는 제19조 및 제20조를 준용한다. 이 경우 "보험회사등"은 "자동차손해배상 보장사업을 하는 자"로 본다.

제36조【다른 법률에 따른 배상 등과의 조정】 ① 정부는 피해자가 「국가배상법」, 「산업재해보상보험법」, 그 밖에 대통령령으로 정하는 법률에 따라 제30조제1항의 손해에 대하여 배상 또는 보상을 받으면 그가 배상 또는 보상받는 금액의 범위에서 제30조제1항에 따른 보상 책임을 지지 아니한다.
② 정부는 피해자가 제3조의 손해배상책임이 있는 자로부터 제30조제1항의 손해에 대하여 배상을 받으면 그가 배상받는 금액의 범위에서 제30조제1항에 따른 보상 책임을 지지 아니한다.
③ 정부는 제30조제2항에 따라 지원받을 자가 다른 법률에 따라 같은 사유로 지원을 받으면 그 지원을 받는 범위에서 제30조제2항에 따른 지원을 하지 아니할 수 있다.

제37조【자동차사고 피해지원사업 분담금】 ① 제5조제1항에 따라 책임보험등에 가입하여야 하는 자와 제5조제4항에 따른 자동차 중 대통령령으로 정하는 자동차보유자는 자동차사고 피해지원사업 및 관련 사업을 위한 분담금을 국토교통부장관에게 내야 한다. (2013.8.6, 2016.12.20 본항개정)
② 제1항에 따른 분담금은 책임보험등의 보험료(책임공제의 경우에는 책임공제분담금을 말한다)에 해당하는 금액의 100분의 5를 초과하지 아니하는 범위에서 대통령령으로 정한다. (2022.11.15 본항신설)
③ 제1항에 따라 분담금을 내야 할 자 중 제5조제1항에 따라 책임보험등에 가입하여야 하는 자의 분담금은 책임보험등의 계약을 체결하는 보험회사등이 해당 납부 의무자와 계약을 체결할 때에 징수하여 정부에 내야 한다. (2022.11.15 본항개정)
④ 국토교통부장관은 제30조제1항제1호 및 제2호의 경우에 해당하는 사고를 일으킨 자에게는 제1항에 따른 분담금의 3배의 범위에서 대통령령으로 정하는 바에 따라 분담금을 추가로 징수할 수 있다. (2016.3.22, 2020.6.9, 2022.11.15 본항개정)
⑤ 제1항에 따른 분담금의 납부 방법 및 관리 등에 필요한 사항은 대통령령으로 정한다. (2016.12.20, 2022.11.15 본항개정)

(2013.8.6 본조제목개정)

제38조【분담금의 체납처분】 ① 국토교통부장관은 제37조에 따른 분담금을 납부기간에 내지 아니한 자에 대하여는 10일 이상의 기간을 정하여 분담금을 낼 것을 독촉하여야 한다. (2013.3.23 본항개정)

② 국토교통부장관은 제1항에 따라 분담금 납부를 독촉받은 자가 그 기한까지 분담금을 내지 아니하면 국세 체납처분의 예에 따라 징수한다.

(2013.3.23 본항개정)

제39조【청구권 등의 대위】 ① 정부는 제30조제1항에 따라 피해를 보상한 경우에는 그 보상금액의 한도에서 제3조에 따른 손해배상책임이 있는 자에 대한 피해자의 손해배상 청구권을 대위행사(代位行使)할 수 있다.

② 정부는 제30조제4항에 따라 보험회사등에게 보상을 한 경우에는 제11조제3항 및 제4항에 따른 가불금을 지급받은 자에 대한 보험회사등의 반환청구권을 대위행사할 수 있다. (2012.2.22 본항개정)

③ 정부는 다음 각 호의 어느 하나에 해당하는 때에는 제23조의3에 따른 자동차손해배상보장위원회의 의결에 따라 제1항 및 제2항에 따른 청구권의 대위행사를 중지할 수 있으며, 구상금 또는 미반환 가불금 등의 채권을 결손처분할 수 있다. (2009.2.6 본항신설, 2024.1.9. 본항개정)

1. 해당 권리에 대한 소멸시효가 완성된 때
2. 그 밖에 채권을 회수할 가능성이 없다고 인정되는 경우로서 대통령령으로 정하는 경우

제39조의2 (2024.1.9. 본조삭제)

제6장 자동차손해배상진흥원

제39조의3【자동차손해배상진흥원의 설립】 ① 국토교통부장관은 자동차손해배상 보장사업의 체계적인 지원 및 공제사업자에 대한 검사 업무 등을 수행하기 위하여 자동차손해배상진흥원을 설립할 수 있다.

② 자동차손해배상진흥원은 법인으로 한다.

③ 자동차손해배상진흥원은 주된 사무소의 소재지에서 설립등기를 함으로써 성립한다.

④ 자동차손해배상진흥원의 정관에는 다음 각 호의 사항이 포함되어야 한다.

1. 목적
2. 명칭
3. 사무소에 관한 사항
4. 임직원에 관한 사항
5. 업무와 그 집행에 관한 사항
6. 예산과 회계에 관한 사항
7. 이사회에 관한 사항
8. 정관의 변경에 관한 사항

⑤ 자동차손해배상진흥원은 정관을 작성하고 변경할 때에는 국토교통부장관의 승인을 받아야 한다.

(2015.6.22 본조신설)

제39조의4【업무 등】 ① 자동차손해배상진흥원은 다음 각 호의 업무를 수행한다. (2021.3.16 본항개정)

1. 제2항의 검사 대상 기관의 업무 및 재산 상황 검사
2. 자동차손해배상 및 보상 정책의 수립·추진 지원
3. 자동차손해배상 및 보상 정책 관련 연구
4. 이 법 또는 다른 법령에 따라 위탁받은 업무
5. 그 밖에 국토교통부령으로 정하는 업무

② 자동차손해배상진흥원의 검사를 받는 기관은 다음 각 호와 같다. (2021.3.16 본항개정)

1. 「여객자동차 운수사업법」에 따른 인가·허가를 받아 공제사업을 하는 기관
2. 「화물자동차 운수사업법」에 따른 인가·허가를 받아 공제사업을 하는 기관
3. 그 밖에 국토교통부령으로 정하는 기관

(2015.6.22 본조신설)

제39조의5【임원 등】 ① 자동차손해배상진흥원에 원장 1명, 이사장 1명을 포함한 12명 이내의 이사, 감사 1명을 둔다. (2021.7.27 본항개정)

② 원장은 자동차손해배상진흥원을 대표하고, 그 업무를 총괄하며, 제5항에 따른 이사회에서 추천을 받아 국토교통부장관이 임명한다.

③ 감사는 자동차손해배상진흥원의 업무와 회계를 감사하며, 국토교통부장관이 임명한다.

④ 원장 외의 임원은 비상근으로 한다.

⑤ 자동차손해배상진흥원은 제39조의4제1항의 업무에 관한 사항을 심의·의결하기 위하여 이사회를 둘 수 있다.

⑥ 이사회는 원장, 이사장, 이사로 구성하되, 그 수는 13명 이내로 한다. (2021.7.27 본항개정)

⑦ 이사회의 구성과 운영에 관하여 필요한 사항은 국토교통부령으로 정한다.

(2015.6.22 본조신설)

제39조의6【유사명칭의 사용 금지】 이 법에 따른 자동차손해배상진흥원이 아닌 자는 자동차손해배상진흥원 또는 이와 유사한 명칭을 사용할 수 없다.

(2015.6.22 본조신설)

제39조의7【재원】 ① 자동차손해배상진흥원은 제39조의4제2항 각 호의 기관으로부터 같은 조 제1항제1호의 검사 업무에 따른 소요 비용을 받을 수 있다.

② 자동차손해배상진흥원은 제39조의4제2항 각 호의 기관으로부터 검사 업무 이외에 필요한 운영비

용을 받을 수 있다.
③ 자동차손해배상진흥원은 다음 각 호의 재원으로 그 경비를 충당한다.
1. 제1항에 따른 수입금
2. 제2항에 따른 수입금
3. 그 밖의 수입금
④ 제3항에 따른 수입금의 한도 및 관리 등에 필요한 사항은 대통령령으로 정한다.
(2015.6.22 본조신설)
제39조의8【자료의 제출요구 등】 ① 원장은 업무 수행에 필요하다고 인정할 때에는 제39조의4제2항 각 호의 기관에 대하여 업무 또는 재산에 관한 자료의 제출요구, 검사 및 질문 등을 할 수 있다.
② 제1항에 따라 검사 또는 질문을 하는 자는 그 권한을 표시하는 증표를 지니고 이를 관계인에게 내보여야 한다.
③ 원장은 제1항에 따른 업무 등으로 인한 검사결과를 국토교통부장관에게 지체 없이 보고하여야 한다.
(2015.6.22 본조신설)
제39조의9 (2020.4.7 삭제)
제39조의10【예산과 결산】 ① 자동차손해배상진흥원의 예산은 국토교통부장관의 승인을 받아야 한다.
② 자동차손해배상진흥원의 회계연도는 정부의 회계연도에 따른다.
③ 자동차손해배상진흥원은 회계연도 개시 60일 전까지 국토교통부장관에게 예산서를 제출하여야 한다.
④ 원장은 회계연도 종료 후 2개월 이내에 해당 연도의 결산서를 국토교통부장관에게 제출하여야 한다.
(2015.6.22 본조신설)

제6장의2 자동차사고 피해지원기금
(2016.12.20 본장신설)

제39조의11【자동차사고 피해지원기금의 설치】 국토교통부장관은 자동차사고 피해지원사업 및 관련 사업에 필요한 재원을 확보하기 위하여 자동차사고 피해지원기금(이하 "기금"이라 한다)을 설치한다.
(2016.12.20 본조신설)
제39조의12【기금의 조성 및 용도】 ① 기금은 다음 각 호의 재원으로 조성한다.
1. 제37조에 따른 분담금
2. 기금의 운용으로 생기는 수익금
② 기금은 다음 각 호의 어느 하나에 해당하는 용도에 사용한다. (2020.6.9., 2024,1,9 본항개정)
1. 제7조제1항에 따른 가입관리전산망의 구성·운영
1의2. 제23조의4제2항제3호에 따른 채권정리분과위원회의 운영
2. 제30조제1항에 따른 보상
3. 제30조제2항에 따른 지원
4. 제30조제4항에 따른 미반환 가불금의 보상
5. 제30조의2제1항에 따른 자동차사고 피해예방사업
6. 제31조제1항에 따른 재활시설의 설치
7. 제32조제1항에 따른 재활시설 및 재활사업의 관리·운영
8. 제39조제1항 및 제2항에 따른 청구권의 대위행사
9. (2024.1.9. 본호삭제)
10. 제39조의3제1항에 따른 자동차손해배상진흥원의 운영 및 지원
11. (2021.12.7 삭제)
12. 자동차사고 피해지원사업과 관련된 연구·조사
13. 자동차사고 피해지원사업과 관련된 전문인력 양성을 위한 국내외 교육훈련
14. 분담금의 수납·관리 등 기금의 조성 및 기금 운용을 위하여 필요한 경비
(2016.12.20 본조신설)
제39조의13【기금의 관리·운용】 ① 기금은 국토교통부장관이 관리·운용한다.
② 기금의 관리·운용에 관한 국토교통부장관의 사무는 대통령령으로 정하는 바에 따라 그 일부를 제39조의3에 따라 설립된 자동차손해배상진흥원, 보험회사등 또는 보험 관련 단체에 위탁할 수 있다.
③ 제1항 및 제2항에서 규정한 사항 외에 기금의 관리 및 운용에 필요한 사항은 대통령령으로 정한다.
(2016.12.20 본조신설)

제6장의3 자율주행자동차사고조사위원회
(2020.4.7 본장신설)

제39조의14【자율주행자동차사고조사위원회의 설치 등】 ① 국토교통부장관은 제39조의17제1항에 따른 자율주행정보 기록장치(이하 "자율주행정보 기록장치"라 한다)에 기록된 자율주행정보 기록의 수집·분석을 통하여 사고원인을 규명하고, 자율주행자동차사고 관련 정보를 제공하기 위하여 필요한 경우 자율주행자동차사고조사위원회(이하 "사고조사위원회"라 한다)를 구성·운영할 수 있다.
(2024.1.9 본항개정)
② 국토교통부장관은 사고조사위원회의 구성 목적을 달성하였다고 인정하는 경우에는 사고조사위원회를 해산할 수 있다. (2024.1.9. 본항신설)

③ 사고조사위원회의 구성 및 운영에 필요한 사항은 대통령령으로 정한다. (2024.1.9 본항개정)
(2020.4.7 본조신설)

제39조의15【사고조사위원회의 업무 등】 ① 사고조사위원회는 다음 각 호의 업무를 수행한다.
1. 자율주행자동차사고 조사
2. 그 밖에 자율주행자동차사고 조사에 필요한 업무로서 대통령령으로 정하는 업무

② 사고조사위원회는 제1항의 업무를 수행하기 위하여 사고가 발생한 자율주행자동차에 부착된 자율주행정보 기록장치를 확보하고 기록된 정보를 수집·이용 및 제공할 수 있다.
③ 사고조사위원회는 제1항의 업무를 수행하기 위하여 사고가 발생한 자율주행자동차의 보유자, 운전자, 피해자, 사고 목격자 및 해당 자율주행자동차를 제작·조립 또는 수입한 자(판매를 위탁받은 자를 포함한다. 이하 "제작자등"이라 한다) 등 그 밖에 해당 사고와 관련된 자에게 필요한 사항을 통보하거나 관계 서류를 제출하게 할 수 있다. 이 경우 관계 서류의 제출을 요청받은 자는 정당한 사유가 없으면 요청에 따라야 한다.
④ 제2항에 따른 정보의 수집·이용 및 제공은 「개인정보 보호법」 및 「위치정보의 보호 및 이용 등에 관한 법률」에 따라야 한다.
⑤ 사고조사위원회의 업무를 수행하거나 수행하였던 자는 그 직무상 알게 된 비밀을 누설해서는 아니 된다.
⑥ 사고조사위원회가 자율주행자동차사고의 조사를 위하여 수집한 정보는 사고가 발생한 날부터 3년간 보관한다.
(2020.4.7 본조신설)

제39조의16【관계 행정기관 등의 협조】 사고조사위원회는 신속하고 정확한 조사를 수행하기 위하여 관계 행정기관의 장, 관계 지방자치단체의 장, 그 밖의 단체의 장(이하 "관계기관의 장"이라 한다)에게 해당 자율주행자동차사고와 관련된 자료·정보의 제공 등 그 밖의 필요한 협조를 요청할 수 있다. 이 경우 관계기관의 장은 정당한 사유가 없으면 이에 따라야 한다.
(2020.4.7 본조신설)

제39조의17【이해관계자의 의무 등】 ① 자율주행자동차의 제작자등은 제작·조립·수입·판매하고자 하는 자율주행자동차에 대통령령으로 정하는 자율주행과 관련된 정보를 기록할 수 있는 자율주행정보 기록장치를 부착하여야 한다.
② 자율주행자동차사고의 통보를 받거나 인지한 보험회사등은 사고조사위원회에 사고 사실을 지체 없이 알려야 한다.
③ 자율주행자동차의 보유자는 자율주행정보 기록장치에 기록된 내용을 1년의 범위에서 대통령령으로 정하는 기간 동안 보관하여야 한다. 이 경우 자율주행정보 기록장치 또는 자율주행정보 기록장치에 기록된 내용을 훼손해서는 아니 된다.
④ 자율주행자동차사고로 인한 피해자, 해당 자율주행자동차의 제작자등 또는 자율주행자동차사고로 인하여 피해자에게 보험금등을 지급한 보험회사등은 대통령령으로 정하는 바에 따라 사고조사위원회에 대하여 사고조사위원회가 확보한 자율주행정보 기록장치에 기록된 내용 및 분석·조사 결과의 열람 및 제공을 요구할 수 있다.
⑤ 제4항에 따른 열람 및 제공에 드는 비용은 청구인이 부담하여야 한다.
(2020.4.7 본조신설)

제7장 보 칙

제40조【압류 등의 금지】 ① 제10조제1항, 제11조제1항 또는 제30조제1항에 따른 청구권은 압류하거나 양도할 수 없다. (2021.7.27 본항개정)
② 제30조제2항에 따라 지급된 지원금은 압류하거나 양도할 수 없다. (2021.7.27 본항신설)

제41조【시효】 제10조, 제11조제1항, 제29조제1항 또는 제30조제1항에 따른 청구권은 3년간 행사하지 아니하면 시효로 소멸한다. (2009.2.6 본조개정)

제42조【의무보험 미가입자에 대한 등록 등 처분의 금지】 ① 제5조제1항부터 제3항까지의 규정에 따라 의무보험 가입이 의무화된 자동차가 다음 각 호의 어느 하나에 해당하는 경우에는 관할 관청(해당 업무를 위탁받은 자를 포함한다. 이하 같다)은 그 자동차가 의무보험에 가입하였는지를 확인하여 의무보험에 가입된 경우에만 등록·허가·검사·해제를 하거나 신고를 받아야 한다.
1. 「자동차관리법」 제8조, 제12조, 제27조, 제43조제1항제2호, 제43조의2제1항, 제48조제1항부터 제3항까지 또는 「건설기계관리법」 제3조 및 제13조제1항제2호에 따라 등록·허가·검사의 신청 또는 신고가 있는 경우
2. 「자동차관리법」 제37조제3항 또는 「지방세법」 제131조에 따라 영치(領置)된 자동차등록번호판을 해제하는 경우

② 제1항제1호를 적용하는 경우 「자동차관리법」 제8조에 따라 자동차를 신규로 등록할 때에는 해당 자동차가 같은 법 제27조에 따른 임시운행허가 기간이 만료된 이후에 발생한 손해배상책임을 보장하는 의무보험에 가입된 경우에만 의무보험에 가입된 것으로 본다.
③ 제1항 및 제2항에 따른 의무보험 가입의 확인 방법 및 절차 등에 관하여 필요한 사항은 국토교통부령으로 정한다. (2013.3.23 본항개정)

제43조【검사 · 질문 등】 ① 국토교통부장관은 필요하다고 인정하면 소속 공무원에게 재활시설, 자동차보험진료수가를 청구하는 의료기관 또는 제45조제1항부터 제6항까지의 규정에 따라 권한을 위탁받은 자의 사무소 등에 출입하여 다음 각 호의 행위를 하게 할 수 있다. 다만, 자동차보험진료수가를 청구한 의료기관에 대하여는 제1호 및 제3호의 행위에 한정한다. (2009.5.27, 2013.3.23, 2013.8.6, 2020.4.7, 2020.6.9 본항개정)

1. 이 법에 규정된 업무의 처리 상황에 관한 장부 등 서류의 검사
2. 그 업무 · 회계 및 재산에 관한 사항을 보고받는 행위
3. 관계인에 대한 질문

② 국토교통부장관은 이 법에 규정된 보험사업에 관한 업무의 처리 상황을 파악하거나 자동차손해배상 보장사업을 효율적으로 운영하기 위하여 필요하면 관계 중앙행정기관, 지방자치단체, 금융감독원 등에 필요한 자료의 제출을 요청할 수 있다. 이 경우 자료 제출을 요청받은 중앙행정기관, 지방자치단체, 금융감독원 등은 정당한 사유가 없으면 요청에 따라야 한다. (2013.3.23 본항개정)

③ 제1항에 따라 검사 또는 질문을 하는 공무원은 그 권한을 표시하는 증표를 지니고 이를 관계인에게 내보여야 한다.

④ 국토교통부장관은 제1항에 따라 검사를 하거나 보고를 받은 결과 법령을 위반한 사실이나 부당한 사실이 있으면 재활시설운영자나 권한을 위탁받은 자에게 시정하도록 명할 수 있다. (2013.3.23 본항개정)

제43조의2【포상금】 ① 국토교통부장관은 자동차보유자를 알 수 없는 자동차의 운행으로 다른 사람을 사망하게 하거나 부상하게 한 자동차 또는 운전자를 목격하고 대통령령으로 정하는 관계 행정기관이나 수사기관에 신고 또는 고발한 사람에 대하여 그 신고되거나 고발된 운전자가 검거된 경우 1백만원의 범위에서 포상금을 지급할 수 있다. (2013.3.23 본항개정)

② 제1항의 포상금은 같은 항에 따라 신고되거나 고발된 운전자가 검거됨으로써 제30조제1항제1호에 따라 지급하여야 할 보상금이 절약된 금액의 범위에서 지급할 수 있다. (개정 2016.12.20 본항개정)

③ 제1항에 따른 포상금 지급의 대상 · 기준 · 금액 · 방법 및 절차 등은 대통령령으로 정한다. (2012.2.22 본조신설)

제43조의3【보험료 할인의 권고】 ① 국토교통부장관은 자동차사고의 예방 및 원인파악에 효과적인 자동차 운행 안전장치 및 기록장치를 장착한 자동차의 보험료 할인을 확대하도록 보험회사등에 권고할 수 있다. (2024.12.3 본항개정)

② 제1항에 따른 자동차 운행 안전장치 및 사고원인 파악을 위한 기록장치의 종류에 대해서는 대통령령으로 정한다. (2024.12.3 본항개정) (2016.3.22 본조신설)

제44조【권한의 위임】 국토교통부장관은 이 법에 따른 권한의 일부를 대통령령으로 정하는 바에 따라 특별시장 · 광역시장 · 특별자치시장 · 도지사 · 특별자치도지사 · 시장 · 군수 또는 구청장에게 위임할 수 있다. (2013.3.23, 2021.7.27 본조개정)

제45조【권한의 위탁 등】 ① 국토교통부장관은 대통령령으로 정하는 바에 따라 다음 각 호의 업무를 보험회사등, 보험 관련 단체 또는 자동차손해배상진흥원에 위탁할 수 있다. 이 경우 금융위원회와 협의하여야 한다. (2012.2.22, 2013.3.23, 2016.12.20, 2019.11.26, 2024.1.9 본항개정)

1. 제30조제1항에 따른 보상에 관한 업무
2. 제35조에 따라 자동차손해배상 보장사업을 하는 자를 보험회사등으로 보게 됨으로써 자동차손해배상 보장사업을 하는 자가 가지는 권리와 의무의 이행을 위한 업무
3. 제37조에 따른 분담금의 수납 · 관리에 관한 업무
4. 제39조제1항에 따른 손해배상 청구권의 대위행사에 관한 업무
5. (2024.1.9 삭제)
6. (2021.12.7 삭제)

② 국토교통부장관은 대통령령으로 정하는 바에 따라 제30조제2항에 따른 지원에 관한 업무 및 재활시설의 설치에 관한 업무를 「한국교통안전공단법」에 따라 설립된 한국교통안전공단 또는 자동차손해배상진흥원에 위탁할 수 있다. (2013.3.23, 2017.10.24, 2024.2.20 본항개정)

③ 국토교통부장관은 제7조에 따른 가입관리전산망의 구성 · 운영에 관한 업무를 보험요율산출기관에 위탁할 수 있다. (2013.3.23 본항개정)

④ 국토교통부장관은 제30조제4항에 따른 보상 업무와 제39조제2항에 따른 반환 청구에 관한 업무를 보험 관련 단체 또는 특별법에 따라 설립된 특수법인에 위탁할 수 있다. (2012.2.22, 2013.3.23. 본항개정)

⑤ 국토교통부장관은 제30조의2제1항에 따른 자동차사고 피해예방사업에 관한 업무를 「한국교통안전공단법」에 따라 설립된 한국교통안전공단 및 보험 관련 단체에 위탁할 수 있다. (2013.8.6 본항신설, 2017.10.24 본항개정)

⑥ 국토교통부장관은 제39조의14에 따른 사고조사위원회의 운영 및 사무처리에 관한 사무의 일부를 대통령령으로 정하는 바에 따라 「공공기관의 운영에 관한 법률」에 따른 공공기관에 위탁할 수 있다. (2020.4.7 본항신설)

⑦ 국토교통부장관은 제1항 또는 제2항에 따라 권한을 위탁받은 자에게 그가 지급할 보상금 또는 지원금에 충당하기 위하여 예산의 범위에서 보조금을 지급할 수 있다. (2013.8.6, 2020.4.7 본항개정)
⑧ 제1항부터 제6항까지의 규정에 따라 권한을 위탁받은 자는 「형법」 제129조부터 제132조까지의 규정을 적용할 때에는 공무원으로 본다. (2009.2.6 본항신설, 2013.8.6, 2020.4.7 본항개정)
⑨ (2016.12.20 삭제)

제45조의2 【정보의 제공 및 관리】 ① 제45조제3항에 따라 업무를 위탁받은 보험요율산출기관은 같은 조 제1항에 따라 업무를 위탁받은 자의 요청이 있는 경우 제공할 정보의 내용 등 대통령령으로 정하는 범위에서 가입관리전산망에서 관리되는 정보를 제공할 수 있다.
② 제1항에 따라 정보를 제공하는 경우 제45조제3항에 따라 업무를 위탁받은 보험요율산출기관은 정보제공 대상자, 제공한 정보의 내용, 정보를 요청한 자, 제공 목적을 기록한 자료를 3년간 보관하여야 한다.
(2009.2.6 본조신설)

제45조의3 【정보 이용자의 의무】 제45조제3항에 따라 업무를 위탁받은 보험요율산출기관과 제45조의2제1항에 따라 정보를 제공받은 자는 그 직무상 알게 된 정보를 누설하거나 다른 사람의 이용에 제공하는 등 부당한 목적을 위하여 사용하여서는 아니 된다.
(2009.2.6 본조신설)

제45조의4 【벌칙 적용에서 공무원 의제】 다음 각 호의 어느 하나에 해당하는 사람은 「형법」 제129조부터 제132조까지의 규정을 적용할 때에는 공무원으로 본다. (2024.1.9 본조개정)
1. 제23조의3에 따른 자동차손해배상보장위원회의 위원 중 공무원이 아닌 위원
2. 자동차손해배상진흥원의 임직원
(2020.4.7 본조신설)

제8장 벌 칙

제46조 【벌칙】 ① 제14조제8항을 위반하여 진료기록등 또는 교통사고 관련 조사기록의 열람으로 알게 된 다른 사람의 비밀이나 제공받은 개인정보를 누설하거나 직무상 목적 외의 용도로 이용 또는 제3자에게 제공한 자는 5년 이하의 징역 또는 5천만원 이하의 벌금에 처한다. 이 경우 고소가 있어야 공소를 제기할 수 있다. (2021.7.27 본항개정)
② 다음 각 호의 어느 하나에 해당하는 자는 3년 이하의 징역 또는 3천만원 이하의 벌금에 처한다. (2009.2.6, 2012.2.22, 2015.1.6, 2019.11.26, 2020.4.7, 2021.7.27 본항개정)
1. (2021.7.27 삭제)
2. 제27조를 위반하여 의무보험 사업을 구분 경리하지 아니한 보험회사등
3. 제32조제3항을 위반하여 다른 사업과 구분하여 경리하지 아니한 재활시설운영자
3의2. 제39조의15제5항을 위반하여 직무상 알게 된 비밀을 누설한 자
4. 제45조의3을 위반하여 정보를 누설하거나 다른 사람의 이용에 제공한 자
③ 다음 각 호의 어느 하나에 해당하는 자는 1년 이하의 징역 또는 1천만원 이하의 벌금에 처한다. (2012.2.22, 2015.1.6, 2021.7.27 본항개정)
1. 제5조의2제2항을 위반하여 가입 의무 면제기간 중에 자동차를 운행한 자동차보유자
2. 제8조 본문을 위반하여 의무보험에 가입되어 있지 아니한 자동차를 운행한 자동차보유자
④ 제12조제3항을 위반하여 진료기록부의 진료기록과 다르게 자동차보험진료수가를 청구하거나 이를 청구할 목적으로 거짓의 진료기록을 작성한 의료기관에 대하여는 5천만원 이하의 벌금에 처한다. (2021.7.27 본항개정)

제47조 【양벌규정】 법인의 대표자나 법인 또는 개인의 대리인, 사용인, 그 밖의 종업원이 그 법인 또는 개인의 업무에 관하여 제46조의 위반행위를 하면 그 행위자를 벌하는 외에 그 법인 또는 개인에게도 해당 조문의 벌금형을 과(科)한다. 다만, 법인 또는 개인이 그 위반행위를 방지하기 위하여 해당 업무에 관하여 상당한 주의와 감독을 게을리하지 아니한 경우에는 그러하지 아니하다.

제48조 【과태료】 ① (2013.8.6 삭제)
② 다음 각 호의 어느 하나에 해당하는 자에게는 2천만원 이하의 과태료를 부과한다. (2020.4.7 본항개정)
1. 제11조제2항을 위반하여 피해자가 청구한 가불금의 지급을 거부한 보험회사등
2. 제12조제5항을 위반하여 자동차보험진료수가를 교통사고환자(환자의 보호자를 포함한다)에게 청구한 의료기관의 개설자
3. 제24조제1항을 위반하여 제5조제1항부터 제3항까지의 규정에 따른 보험 또는 공제에 가입하려는 자와의 계약 체결을 거부한 보험회사등
4. 제25조를 위반하여 의무보험의 계약을 해제하거나 해지한 보험회사등
5. 제39조의15제3항을 위반하여 정당한 사유 없이 사고조사위원회의 요청에 따르지 아니한 자
6. 제39조의17제1항을 위반하여 자율주행정보 기록장치를 부착하지 아니한 자율주행자동차를 제작·조립·수입·판매한 자
7. 제39조의17제3항을 위반하여 자율주행정보 기록

장치에 기록된 내용을 정하여진 기간 동안 보관하지 아니하거나 훼손한 자
③ 다음 각 호의 어느 하나에 해당하는 자에게는 300만원 이하의 과태료를 부과한다. (2009.5.27 본항개정)
1. 제5조제1항부터 제3항까지의 규정에 따른 의무보험에 가입하지 아니한 자
2. 제6조제1항 또는 제2항을 위반하여 통지를 하지 아니한 보험회사등
3. 제13조제1항을 위반하여 입원환자의 외출이나 외박에 관한 사항을 기록·관리하지 아니하거나 거짓으로 기록·관리한 의료기관의 개설자
3의2. 제13조제3항을 위반하여 기록의 열람 청구에 따르지 아니한 자
3의3. 제43조제1항에 따른 검사·보고요구·질문에 정당한 사유 없이 따르지 아니하거나 이를 방해 또는 기피한 자
4. 제43조제4항에 따른 시정명령을 이행하지 아니한 자
④ 제39조의6을 위반하여 자동차손해배상진흥원 또는 이와 유사한 명칭을 사용한 자에게는 500만원 이하의 과태료를 부과한다. (2015.6.22 본항신설)
⑤ 제2항(제5호부터 제7호까지는 제외한다) 및 제3항에 따른 과태료는 대통령령으로 정하는 바에 따라 시장·군수·구청장이, 제2항제5호부터 제7호까지 및 제4항에 따른 과태료는 국토교통부장관이 각각 부과·징수한다. (2009.2.6 본항신설, 2015.6.22, 2020.4.7 본항개정)
제49조 (2009.2.6 본조삭제)

제9장 범칙행위에 관한 처리의 특례

제50조【통칙】 ① 이 장에서 "범칙행위"란 제46조제3항의 죄에 해당하는 위반행위(의무보험에 가입되어 있지 아니한 자동차를 운행하다가 교통사고를 일으킨 경우는 제외한다)를 뜻하며, 그 구체적인 범위는 대통령령으로 정한다. (2012.2.22., 2021.7.27 본항개정)
② 이 장에서 "범칙자"란 범칙행위를 한 자로서 다음 각 호의 어느 하나에 해당하지 아니하는 자를 뜻한다.
1. 범칙행위를 상습적으로 하는 자
2. 죄를 범한 동기·수단 및 결과 등을 헤아려 통고처분을 하는 것이 상당하지 아니하다고 인정되는 자
③ 이 장에서 "범칙금"이란 범칙자가 제51조에 따른 통고처분에 의하여 국고 또는 특별자치도·시·군 또는 구(자치구를 말한다)의 금고에 내야 할 금전을 뜻한다. (2012.2.22 본항개정)
④ 국토교통부장관은 사법경찰관 또는 「사법경찰관리의 직무를 수행할 자와 그 직무범위에 관한 법률」 제5조제35호에 따라 지명을 받은 공무원이 범칙행위에 대한 수사를 원활히 수행할 수 있도록 대통령령으로 정하는 범위에서 가입관리전산망에서 관리하는 정보를 시·도지사, 시장·군수·구청장 또는 경찰청장에게 제공할 수 있다. (2012.2.22, 2013.3.23, 2024.1.9. 본항개정)
제51조【통고처분】 ① 시장·군수·구청장 또는 경찰서장은 범칙자로 인정되는 자에게는 그 이유를 분명하게 밝힌 범칙금 납부통고서로 범칙금을 낼 것을 통고할 수 있다. 다만, 다음 각 호의 어느 하나에 해당하는 자에게는 그러하지 아니하다. (2012.2.22 본항개정)
1. 성명이나 주소가 확실하지 아니한 자
2. 범칙금 납부통고서를 받기를 거부한 자
② 제1항에 따라 통고할 범칙금의 액수는 차종과 위반 정도에 따라 제46조제3항에 따른 벌금액의 범위에서 대통령령으로 정한다. (2021.7.27. 본항개정)
제52조【범칙금의 납부】 ① 제51조에 따라 범칙금 납부통고서를 받은 자는 범칙금 납부통고서를 받은 날부터 10일 이내에 시장·군수·구청장 또는 경찰서장이 지정하는 수납기관에 범칙금을 내야 한다. 다만, 천재지변이나 그 밖의 부득이한 사유로 그 기간에 범칙금을 낼 수 없을 때에는 그 사유가 없어진 날부터 5일 이내에 내야 한다. (2012.2.22 본항개정)
② 제1항에 따른 범칙금 납부통고서에 불복하는 자는 그 납부기간에 시장·군수·구청장 또는 경찰서장에게 이의를 제기할 수 있다. (2012.2.22 본항개정)
제53조【통고처분의 효과】 ① 제51조제1항에 따라 범칙금을 낸 자는 그 범칙행위에 대하여 다시 벌 받지 아니한다.
② 특별사법경찰관리(「사법경찰관리의 직무를 수행할 자와 그 직무범위에 관한 법률」 제5조제35호에 따라 지명받은 공무원을 말한다) 또는 사법경찰관은 다음 각 호의 어느 하나에 해당하는 경우에는 지체 없이 관할 지방검찰청 또는 지방검찰청 지청에 사건을 송치하여야 한다. (2012.2.22 본항개정)
1. 제50조제2항 각 호의 어느 하나에 해당하는 경우
2. 제51조제1항 각 호의 어느 하나에 해당하는 경우
3. 제52조제1항에 따른 납부기간에 범칙금을 내지 아니한 경우
4. 제52조제2항에 따라 이의를 제기한 경우

부 칙 (2008.3.28)

제1조【시행일】 이 법은 공포 후 6개월이 경과한 날부터 시행한다.

제2조【처분 등에 관한 일반적 경과조치】 이 법 시행 당시 종전의 규정에 따른 행정기관의 행위나 행정기관에 대한 행위는 그에 해당하는 이 법에 따른 행정기관의 행위나 행정기관에 대한 행위로 본다.
제3조【벌칙이나 과태료에 관한 경과조치】 이 법 시행 전의 행위에 대하여 벌칙이나 과태료 규정을 적용할 때에는 종전의 규정에 따른다.
제4조【다른 법률의 개정】 ※(해당 법령에 가제정리 하였음)
제5조【다른 법령과의 관계】 이 법 시행 당시 다른 법령에서 종전의 「자동차손해배상 보장법」의 규정을 인용한 경우에 이 법 가운데 그에 해당하는 규정이 있으면 종전의 규정을 갈음하여 이 법의 해당 규정을 인용한 것으로 본다.

부 칙 (2009.2.6 : 제9449호)

제1조【시행일】 이 법은 공포 후 1년이 경과한 날부터 시행한다. 다만, … <생략> … 부칙 제6조제2항·제3항의 개정규정 중 자동차종합검사와 관련된 부분은 2009년 3월 29일부터 시행한다.(이하 생략)

부 칙 (2009.2.6 : 제9450호)

제1조【시행일】 이 법은 공포 후 1년이 경과한 날부터 시행한다.
제2조【자동차보험진료수가에 관한 적용례】 제2조제7호다목의 개정규정은 이 법 시행 후 최초로 교통사고환자가 의료기관에 지급하는 분부터 적용한다.
제3조【피해자에게 지급한 가불금에 대한 보험회사등의 보상청구에 관한 적용례】 제11조제5항의 개정규정은 이 법 시행 후 최초로 피해자에게 지급한 가불금에 대한 보상 청구분부터 적용한다.
제4조【보험회사등의 구상권 소멸시효에 관한 적용례】 제41조의 개정규정은 이 법 시행 후 최초로 보험회사등이 피해자에게 보험금등을 지급하는 분부터 적용한다.

부 칙 (2009.5.27)

이 법은 공포 후 3개월이 경과한 날부터 시행한다. 다만, 제32조의 개정규정은 공포한 날부터 시행한다.

부 칙 (2012.2.22)

제1조【시행일】 이 법은 공포 후 6개월이 경과한 날부터 시행한다. 다만, 제17조제3항의 개정규정은 공포 후 3개월이 경과한 날부터 시행한다.
제2조【자동차등록번호판 영치 해제에 관한 적용례】 제42조제1항제2호의 개정규정은 이 법 시행 후 최초로 「자동차관리법」 또는 「지방세법」에 따라 자동차등록번호판을 영치하는 경우부터 적용한다.

부 칙 (2013.3.23) (정부조직법)

제1조【시행일】 ① 이 법은 공포한 날부터 시행한다.
(이하생략)

부 칙 (2013.8.6)

이 법은 공포 후 6개월이 경과한 날부터 시행한다.

부 칙 (2015.1.6)

이 법은 공포한 날부터 시행한다.

부 칙 (2015.6.22)

제1조【시행일】 이 법은 공포 후 6개월이 경과한 날부터 시행한다. 다만, 제32조제1항제2호의 개정규정은 공포한 날부터 시행한다.
제2조【자동차보험진료수가 지급에 관한 적용례】 제12조제4항 단서의 개정규정은 이 법 시행 후 최초로 보험회사등이 제12조의2제1항에 따라 위탁한 경우부터 적용한다.
제3조【상호 정산 기한에 관한 적용례】 제21조제2항 후단의 개정규정은 이 법 시행 후 최초로 보험회사등과 의료기관 간에 심의회의 결정내용과 같은 내용의 합의가 성립된 것으로 보는 경우부터 적용한다.

부 칙 (2016.3.22)

제1조【시행일】 이 법은 공포 후 6개월이 경과한 날부터 시행한다.
제2조【분담금의 추가 징수에 관한 적용례】 제37조제3항의 개정규정은 이 법 시행 이후 제30조제1항제1호 또는 제2호의 경우에 해당하는 사고를 야기한 자부터 적용한다.

부 칙 (2016.12.20)

이 법은 2017년 1월 1일부터 시행한다.

부 칙 (2017.10.24) (한국교통안전공단법)

제1조【시행일】 이 법은 2018년 1월 1일부터 시행한다. (이하생략)

부 칙 (2017.11.28)

제1조【시행일】 이 법은 공포 후 6개월이 경과한 날부터 시행한다.

제2조【보험회사등의 손해배상책임이 있는 자에 대한 구상에 관한 적용례】 제29조제1항제3호의 개정규정은 이 법 시행 후 최초로 「도로교통법」 제54조제1항에 따른 필요한 조치를 하지 아니한 사고로 다른 사람이 사망 또는 부상하거나 다른 사람의 재물이 멸실되거나 훼손된 경우부터 적용한다.

부 칙 (2019.11.26)

이 법은 공포 후 3개월이 경과한 날부터 시행한다.

부 칙 (2020.4.7)

이 법은 공포 후 6개월이 경과한 날부터 시행한다.

부 칙 (2020.6.9) (법률용어 정비를 위한 국토교통위원회 소관 78개 법률 일부개정을 위한 법률)

이 법은 공포한 날부터 시행한다. (단서 생략)

부 칙 (2021.1.26) (생활물류서비스산업발전법)

제1조【시행일】 이 법은 공포 후 6개월이 경과한 날부터 시행한다.

제2조 부터 제5조까지 생략

제6조【다른 법률의 개정】 ① 생략

② 자동차손해배상 보장법 일부를 다음과 같이 개정한다.

제2조제6호 중 "「건설기계관리법」에 따라"를 "「건설기계관리법」 또는 「생활물류서비스산업발전법」에 따라"로 한다.

제5조제2항 중 "「화물자동차 운수사업법」 및 「건설기계관리법」"을 "「화물자동차 운수사업법」, 「건설기계관리법」 및 「생활물류서비스산업발전법」"으로 하고, 같은 조 제3항 각 호 외의 부분 중 "「화물자동차 운수사업법」 및 「건설기계관리법」"을 "「화물자동차 운수사업법」, 「건설기계관리법」 및 「생활물류서비스산업발전법」"으로 하며, 같은 항에 제5호를 다음과 같이 신설한다.

5. 「생활물류서비스산업발전법」 제2조제4호나목에 따른 소화물배송대행서비스인증사업자

③ 생략

부 칙 (2021.3.16)

이 법은 공포 후 3개월이 경과한 날부터 시행한다.

부 칙 (2021.7.27)

제1조【시행일】 이 법은 공포 후 6개월이 경과한 날부터 시행한다. 다만, 제29조제1항의 개정규정은 공포 후 1년이 경과한 날부터 시행한다.

제2조【보험금등의 구상에 관한 적용례】 제29조제1항의 개정규정은 같은 개정규정 시행 이후 발생한 자동차사고로 인하여 보험회사등이 법률상 손해배상책임이 있는 자에게 구상하는 경우부터 적용한다.

제3조【자동차손해배상 보장사업에 관한 적용례】 제30조제1항제3호의 개정규정은 이 법 시행 이후 자동차보유자를 알 수 없는 자동차의 운행 중 해당 자동차로부터 낙하된 물체로 인하여 사망하거나 부상하는 경우부터 적용한다.

부 칙 (2021.12.7)

제1조【시행일】 이 법은 공포 후 3개월이 경과한 날부터 시행한다. 다만, 제29조제1항제2호의 개정규정은 공포 후 6개월이 경과한 날부터 시행한다.

제2조【보험금등의 구상에 관한 적용례】 제29조제1항제2호의 개정규정은 같은 개정규정 시행 이후 발생한 자동차사고부터 적용한다.

부 칙 (2022.11.15)

이 법은 공포 후 6개월이 경과한 날부터 시행한다.

부 칙 (2024.1.9)

제1조【시행일】 이 법은 공포 후 6개월이 경과한 날부터 시행한다.

제2조【전문심사기관의 조정 및 정산 등에 관한 적용례】 제12조의3 및 제19조의 개정규정은 이 법 시행 이후 의료기관이 제12조에 따라 청구한 자동차보험진료수가에 대하여 전문심사기관이 심사하여 지급된 경우부터 적용한다.

부 칙 (2024.1.9) (행정기관 소속 위원회 정비를 위한 공항시설법 등 9개 법률의 일부개정에 관한 법률)

제1조【시행일】 이 법은 공포 후 6개월이 경과한 날부터 시행한다. (이하생략)

부 칙 (2024.1.16)

이 법은 공포 후 1년이 경과한 날부터 시행한다.

부 칙 (2024.2.20)

제1조 【시행일】 이 법은 공포 후 6개월이 경과한 날부터 시행한다. 다만, 제29조제1항제2호의 개정규정은 공포한 날부터 시행한다.
제2조 【보험금등의 구상에 관한 적용례】 제29조제1항제2호의 개정규정은 같은 개정규정 시행 이후 발생한 자동차사고부터 적용한다.

부 칙 (2024.12.3)

이 법은 공포 후 6개월이 경과한 날부터 시행한다.

언론중재 및 피해구제 등에 관한 법률

(2005년 1월 27일 법 률 제7370호)

개정
2005. 1.27법7370호
2008. 2.29법8852호(정부조직법)
2009. 2. 6법9425호
2010. 3.22법10165호(방송통신발전 기본법)
2011. 4.14법10587호
2018.12.24법16060호 → 2019. 3.25 시행
2023. 8. 8법19592호

제1장 총 칙

제1조 【목적】 이 법은 언론사 등의 언론보도 또는 그 매개(媒介)로 인하여 침해되는 명예 또는 권리나 그 밖의 법익(法益)에 관한 다툼이 있는 경우 이를 조정하고 중재하는 등의 실효성 있는 구제제도를 확립함으로써 언론의 자유와 공적(公的) 책임을 조화함을 목적으로 한다.
제2조 【정의】 이 법에서 사용하는 용어의 뜻은 다음과 같다. (2023.8.8. 본조개정)

1. "언론"이란 방송, 신문, 잡지 등 정기간행물, 뉴스통신 및 인터넷신문을 말한다.
2. "방송"이란 「방송법」 제2조제1호에 따른 텔레비전방송, 라디오방송, 데이터방송 및 이동멀티미디어방송을 말한다.
3. "방송사업자"란 「방송법」 제2조제3호에 따른 지상파방송사업자, 종합유선방송사업자, 위성방송사업자 및 방송채널사용사업자를 말한다.
4. "신문"이란 「신문 등의 진흥에 관한 법률」 제2조제1호에 따른 신문을 말한다.
5. "신문사업자"란 「신문 등의 진흥에 관한 법률」 제2조제3호에 따른 신문사업자를 말한다.
6. "잡지 등 정기간행물"이란 「잡지 등 정기간행물의 진흥에 관한 법률」 제2조제1호가목 및 라목에 따른 잡지 및 기타간행물을 말한다.
7. "잡지 등 정기간행물사업자"란 「잡지 등 정기간행물의 진흥에 관한 법률」 제2조제2호에 따른 정기간행물사업자 중 잡지 또는 기타간행물을 발행하는 자를 말한다.
8. "뉴스통신"이란 「뉴스통신 진흥에 관한 법률」 제2조제1호에 따른 뉴스통신을 말한다.
9. "뉴스통신사업자"란 「뉴스통신 진흥에 관한 법률」 제2조제3호에 따른 뉴스통신사업자를 말한다.
10. "인터넷신문"이란 「신문 등의 진흥에 관한 법률」 제2조제2호에 따른 인터넷신문을 말한다.

11. “인터넷신문사업자”란 「신문 등의 진흥에 관한 법률」 제2조제4호에 따른 인터넷신문사업자를 말한다.
12. “언론사”란 방송사업자, 신문사업자, 잡지 등 정기간행물사업자, 뉴스통신사업자 및 인터넷신문사업자를 말한다.
13. “언론사등의 대표자”란 제14조제1항에 따른 언론사등의 경영에 관하여 법률상 대표권이 있는 자 또는 그와 같은 지위에 있는 자를 말한다. 다만, 외국 신문 또는 외국 잡지 등 정기간행물로서 국내에 지사 또는 지국이 있는 경우에는 「신문 등의 진흥에 관한 법률」 제28조에 따라 등록을 한 자 또는 「잡지 등 정기간행물의 진흥에 관한 법률」 제29조에 따라 등록을 한 자를 말한다.
14. “사실적 주장”이란 증거에 의하여 그 존재 여부를 판단할 수 있는 사실관계에 관한 주장을 말한다.
15. “언론보도”란 언론의 사실적 주장에 관한 보도를 말한다.
16. “정정보도”란 언론의 보도 내용의 전부 또는 일부가 진실하지 아니한 경우 이를 진실에 부합되게 고쳐서 보도하는 것을 말한다.
17. “반론보도”란 언론의 보도 내용의 진실 여부와 관계없이 그와 대립되는 반박적 주장을 보도하는 것을 말한다.
18. “인터넷뉴스서비스”란 언론의 기사를 인터넷을 통하여 계속적으로 제공하거나 매개하는 전자간행물을 말한다. 다만, 인터넷신문 및 인터넷 멀티미디어 방송, 그 밖에 대통령령으로 정하는 것은 제외한다.
19. “인터넷뉴스서비스사업자”란 제18호에 따른 전자간행물을 경영하는 자를 말한다.
20. “인터넷 멀티미디어 방송”이란 「인터넷 멀티미디어 방송사업법」 제2조제1호에 따른 인터넷 멀티미디어 방송을 말한다.
21. “인터넷 멀티미디어 방송사업자”란 「인터넷 멀티미디어 방송사업법」 제2조제5호에 따른 인터넷 멀티미디어 방송사업자를 말한다.

제3조 【언론의 자유와 독립】 ① 언론의 자유와 독립은 보장된다.
② 누구든지 언론의 자유와 독립에 관하여 어떠한 규제나 간섭을 할 수 없다.
③ 언론은 정보원(情報源)에 대하여 자유로이 접근할 권리와 그 취재한 정보를 자유로이 공표할 자유를 갖는다.
④ 제1항부터 제3항까지의 자유와 권리는 헌법과 법률에 의하지 아니하고는 제한받지 아니한다.

제4조 【언론의 사회적 책임 등】 ① 언론의 보도는 공정하고 객관적이어야 하고, 국민의 알권리와 표현의 자유를 보호·신장하여야 한다.
② 언론은 인간의 존엄과 가치를 존중하여야 하고, 타인의 명예를 훼손하거나 타인의 권리나 공중도덕 또는 사회윤리를 침해하여서는 아니 된다.
③ 언론은 공적인 관심사에 대하여 공익을 대변하며, 취재·보도·논평 또는 그 밖의 방법으로 민주적 여론형성에 이바지함으로써 그 공적 임무를 수행한다.

제5조 【언론등에 의한 피해구제의 원칙】 ① 언론, 인터넷뉴스서비스 및 인터넷 멀티미디어 방송(이하 “언론등”이라 한다)은 타인의 생명, 자유, 신체, 건강, 명예, 사생활의 비밀과 자유, 초상(肖像), 성명, 음성, 대화, 저작물 및 사적(私的) 문서, 그 밖의 인격적 가치 등에 관한 권리(이하 “인격권”이라 한다)를 침해하여서는 아니 되며, 언론등이 타인의 인격권을 침해한 경우에는 이 법에서 정한 절차에 따라 그 피해를 신속하게 구제하여야 한다.
② 인격권 침해가 사회상규(社會常規)에 반하지 아니하는 한도에서 다음 각 호의 어느 하나에 해당하는 경우에는 법률에 특별한 규정이 없으면 언론등은 그 보도 내용과 관련하여 책임을 지지 아니한다.
1. 피해자의 동의를 받아 이루어진 경우
2. 언론등의 보도가 공공의 이익에 관한 것으로서, 진실한 것이거나 진실하다고 믿는 데에 정당한 사유가 있는 경우

(2011.4.14. 본조개정)

제5조의2 【사망자의 인격권 보호】 ① 제5조제1항의 타인에는 사망한 사람을 포함한다.
② 사망한 사람의 인격권을 침해하였거나 침해할 우려가 있는 경우에는 이에 따른 구제절차를 유족이 수행한다.
③ 제2항의 유족은 다른 법률에 특별한 규정이 없으면 사망한 사람의 배우자와 직계비속으로 한정하되, 배우자와 직계비속이 모두 없는 경우에는 직계존속이, 직계존속도 없는 경우에는 형제자매가 그 유족이 되며, 같은 순위의 유족이 2명 이상 있는 경우에는 각자가 단독으로 청구권을 행사한다.
④ 사망한 사람에 대한 인격권 침해에 대한 동의는 제3항에 따른 같은 순위의 유족 전원이 하여야 한다.
⑤ 다른 법률에 특별한 규정이 없으면 사망 후 30년이 지났을 때에는 제2항에 따른 구제절차를 수행할 수 없다.

제6조 【고충처리인】 ① 종합편성 또는 보도에 관한 전문편성을 하는 방송사업자, 일반일간신문(「신문 등의 진흥에 관한 법률」 제2조제1호가목에 따른 일반일간신문을 말한다)을 발행하는 신문사업자 및 뉴스통신사업자는 사내(社內)에 언론피해의 자율적 예방 및 구제를 위한 고충처리인을 두어야 한다.
② 고충처리인의 권한과 직무는 다음 각 호와 같다.

1. 언론의 침해행위에 대한 조사
2. 사실이 아니거나 타인의 명예, 그 밖의 법익을 침해하는 언론보도에 대한 시정권고
3. 구제가 필요한 피해자의 고충에 대한 정정보도, 반론보도 또는 손해배상의 권고
4. 그 밖에 독자나 시청자의 권익보호와 침해구제에 관한 자문

③ 제1항에 규정된 언론사는 고충처리인의 자율적 활동을 보장하여야 하고, 정당한 사유가 없으면 고충처리인의 권고를 받아들이도록 노력하여야 한다.
④ 제1항에 규정된 언론사는 취재 및 편집 또는 제작 종사자의 의견을 들어 고충처리인의 자격, 지위, 신분, 임기 및 보수 등에 관한 사항을 정하고, 이를 공표하여야 한다. 이를 변경할 때에도 또한 같다.
⑤ 제1항에 규정된 언론사는 고충처리인의 의견을 들어 고충처리인의 활동사항을 매년 공표하여야 한다.

제2장 언론중재위원회

제7조【언론중재위원회의 설치】 ① 언론등의 보도 또는 매개(이하 "언론보도등"이라 한다)로 인한 분쟁의 조정·중재 및 침해사항을 심의하기 위하여 언론중재위원회(이하 "중재위원회"라 한다)를 둔다.
② 중재위원회는 다음 각 호의 사항을 심의한다.

1. 중재부의 구성에 관한 사항
2. 중재위원회규칙의 제정·개정 및 폐지에 관한 사항
3. 제11조제2항에 따른 사무총장의 임명 동의
4. 제32조에 따른 시정권고의 결정 및 그 취소결정
5. 그 밖에 중재위원회 위원장이 회의에 부치는 사항

③ 중재위원회는 40명 이상 90명 이내의 중재위원으로 구성하며, 중재위원은 다음 각 호의 사람 중에서 문화체육관광부장관이 위촉한다. 이 경우 제1호부터 제3호까지의 위원은 각각 중재위원 정수의 5분의 1 이상이 되어야 한다.

1. 법관의 자격이 있는 사람 중에서 법원행정처장이 추천한 사람
2. 변호사의 자격이 있는 사람 중에서 「변호사법」 제78조에 따른 대한변호사협회의 장이 추천한 사람
3. 언론사의 취재·보도 업무에 10년 이상 종사한 사람
4. 그 밖에 언론에 관하여 학식과 경험이 풍부한 사람

④ 중재위원회에 위원장 1명과 2명 이내의 부위원장 및 2명 이내의 감사를 두며, 각각 중재위원 중에서 호선(互選)한다.
⑤ 위원장·부위원장·감사 및 중재위원의 임기는 각각 3년으로 하며, 한 차례만 연임할 수 있다.
⑥ 위원장은 중재위원회를 대표하고 중재위원회의 업무를 총괄한다.
⑦ 부위원장은 위원장을 보좌하며, 위원장이 부득이한 사유로 직무를 수행할 수 없을 때에는 중재위원회규칙으로 정하는 바에 따라 그 직무를 대행한다.
⑧ 감사는 중재위원회의 업무 및 회계를 감사한다.
⑨ 중재위원회의 회의는 재적위원 과반수의 출석과 출석위원 과반수의 찬성으로 의결한다.
⑩ 중재위원은 명예직으로 한다. 다만, 대통령령으로 정하는 바에 따라 수당과 실비보상을 받을 수 있다.
⑪ 중재위원회의 구성·조직 및 운영에 필요한 사항은 중재위원회규칙으로 정한다.

제8조【중재위원의 직무상 독립과 결격사유】 ① 중재위원은 법률과 양심에 따라 독립하여 직무를 수행하며, 직무상 어떠한 지시나 간섭도 받지 아니한다.
② 다음 각 호의 어느 하나에 해당하는 사람은 중재위원이 될 수 없다. (2018.12.24 본항개정)

1. 「국가공무원법」 제2조 및 「지방공무원법」 제2조에 따른 공무원(법관의 자격이 있는 사람과 교육공무원은 제외한다)
2. 「정당법」에 따른 정당의 당원
3. 「공직선거법」에 따라 실시되는 선거에 후보자로 등록한 사람
4. 언론사의 대표자와 그 임직원
5. 「국가공무원법」 제33조 각 호의 어느 하나에 해당하는 사람

③ 중재위원이 제2항 각 호의 어느 하나에 해당하게 된 때에는 당연히 그 직(職)에서 해촉(解囑)된다.

제9조【중재부】 ① 중재는 5명 이내의 중재위원으로 구성된 중재부에서 하며, 중재부의 장은 법관 또는 변호사의 자격이 있는 중재위원 중에서 중재위원회 위원장이 지명한다.
② 중재부는 중재부의 장을 포함한 과반수의 출석과 출석위원 과반수의 찬성으로 의결한다.

제10조【중재위원의 제척 등】 ① 중재위원회의 위원이 다음 각 호의 어느 하나에 해당하는 경우에는 그 직무의 집행에서 제척(除斥)된다.

1. 중재위원 또는 그 배우자나 배우자였던 사람이 해당 분쟁사건(이하 "사건"이라 한다)의 당사자가 되는 경우
2. 중재위원이 해당 사건의 당사자와 친족관계이거나 친족관계였던 경우
3. 중재위원이 해당 사건에 관하여 당사자의 대리인으로서 관여하거나 관여하였던 경우
4. 중재위원이 해당 사건의 원인인 보도 등에 관

여한 경우
② 사건을 담당한 중재위원에게 제척의 원인이 있을 때에는 그 중재위원이 속한 중재부는 직권으로 또는 당사자의 신청을 받아 제척의 결정을 한다.
③ 당사자는 사건을 담당한 중재위원에게 공정한 직무집행을 기대하기 어려운 사정이 있는 경우에는 사건을 담당한 중재부에 기피신청을 할 수 있다.
④ 기피신청에 관한 결정은 중재위원회 위원장이 지명하는 중재부가 하고, 해당 중재위원 및 당사자 양쪽은 그 결정에 불복하지 못한다.
⑤ 중재위원은 제1항 또는 제3항의 사유에 해당하는 경우에는 해당 사건의 직무집행에서 회피하여야 한다. 이 경우 중재부의 허가를 필요로 하지 아니한다.
⑥ 제3항에 따른 기피신청이 있으면 해당 중재위원이 속한 중재부는 그 신청에 대한 결정이 있을 때까지 조정 또는 중재 절차를 중지하여야 한다.
⑦ 조정 또는 중재 절차에 관여하는 직원에 대하여는 제1항부터 제6항까지의 규정을 준용한다.
⑧ 제척·기피 또는 회피에 따라 중재부에 중재위원의 결원이 생긴 경우에는 중재위원회 위원장이 중재위원을 지명하여 그 중재부를 보충한다.

제11조【사무처】 ① 중재위원회의 사무를 지원하고, 피해구제제도에 관한 조사·연구 등을 하기 위하여 중재위원회에 사무처를 둔다. (2011.4.14 본항개정)
② 사무처에 사무총장 1명을 두며, 사무총장은 중재위원회 위원장이 중재위원회의 동의를 받아 임명하고, 그 임기는 3년으로 한다. (2011.4.14 본항개정)
③ (2009.2.6 삭제)
④ 사무처의 조직·운영에 관한 사항과 그 직원의 보수, 그 밖에 필요한 사항은 중재위원회규칙으로 정한다. (2011.4.14 본항개정)

제11조의2【중재위원회의 활동 보고】 중재위원회는 매년 그 활동 결과를 다음 연도 2월 말까지 국회에 보고하여야 하며, 국회는 필요한 경우 중재위원회 위원장 또는 사무총장의 출석을 요구하여 그 의견을 들을 수 있다.

제12조【중재위원회의 운영 재원】 중재위원회의 운영 재원(財源)은 「방송통신발전 기본법」 제24조에 따른 방송통신발전기금으로 하되, 국가는 예산의 범위에서 중재위원회에 보조금을 지급할 수 있다.

제13조【벌칙 적용 시의 공무원 의제】 중재위원 및 직원은 「형법」이나 그 밖의 법률에 따른 벌칙을 적용할 때에는 공무원으로 본다.

제3장 침해에 대한 구제

제1절 언론사등에 대한 정정보도 청구 등

제14조【정정보도 청구의 요건】 ① 사실적 주장에 관한 언론보도등이 진실하지 아니함으로 인하여 피해를 입은 자(이하 "피해자"라 한다)는 해당 언론보도등이 있음을 안 날부터 3개월 이내에 언론사, 인터넷뉴스서비스사업자 및 인터넷 멀티미디어 방송사업자(이하 "언론사등"이라 한다)에게 그 언론보도등의 내용에 관한 정정보도를 청구할 수 있다. 다만, 해당 언론보도등이 있은 후 6개월이 지났을 때에는 그러하지 아니하다.
② 제1항의 청구에는 언론사등의 고의·과실이나 위법성을 필요로 하지 아니한다.
③ 국가·지방자치단체, 기관 또는 단체의 장은 해당 업무에 대하여 그 기관 또는 단체를 대표하여 정정보도를 청구할 수 있다.
④ 「민사소송법」상 당사자능력이 없는 기관 또는 단체라도 하나의 생활단위를 구성하고 보도 내용과 직접적인 이해관계가 있을 때에는 그 대표자가 정정보도를 청구할 수 있다.

제15조【정정보도청구권의 행사】 ① 정정보도 청구는 언론사등의 대표자에게 서면으로 하여야 하며, 청구서에는 피해자의 성명·주소·전화번호 등의 연락처를 적고, 정정의 대상인 언론보도등의 내용 및 정정을 청구하는 이유와 청구하는 정정보도문을 명시하여야 한다. 다만, 인터넷신문 및 인터넷뉴스서비스의 언론보도등의 내용이 해당 인터넷 홈페이지를 통하여 계속 보도 중이거나 매개 중인 경우에는 그 내용의 정정을 함께 청구할 수 있다.
② 제1항의 청구를 받은 언론사등의 대표자는 3일 이내에 그 수용 여부에 대한 통지를 청구인에게 발송하여야 한다. 이 경우 정정의 대상인 언론보도등의 내용이 방송이나 인터넷신문, 인터넷뉴스서비스 및 인터넷 멀티미디어 방송의 보도과정에서 성립한 경우에는 해당 언론사등이 그러한 사실이 없었음을 입증하지 아니하면 그 사실의 존재를 부인하지 못한다.
③ 언론사등이 제1항의 청구를 수용할 때에는 지체 없이 피해자 또는 그 대리인과 정정보도의 내용·크기 등에 관하여 협의한 후, 그 청구를 받은 날부터 7일 내에 정정보도문을 방송하거나 게재(인터넷신문 및 인터넷뉴스서비스의 경우 제1항 단서에 따른 해당 언론보도등 내용의 정정을 포함한다)하여야 한다. 다만, 신문 및 잡지 등 정기간행물의 경우 이미 편집 및 제작이 완료되어 부득이할 때에는 다음 발행 호에 이를 게재하여야 한다.
④ 다음 각 호의 어느 하나에 해당하는 사유가 있는 경우에는 언론사등은 정정보도 청구를 거부할 수 있다.
1. 피해자가 정정보도청구권을 행사할 정당한 이익이 없는 경우
2. 청구된 정정보도의 내용이 명백히 사실과 다른 경우

3. 청구된 정정보도의 내용이 명백히 위법한 내용인 경우
4. 정정보도의 청구가 상업적인 광고만을 목적으로 하는 경우
5. 청구된 정정보도의 내용이 국가·지방자치단체 또는 공공단체의 공개회의와 법원의 공개재판절차의 사실보도에 관한 것인 경우

⑤ 언론사등이 하는 정정보도에는 원래의 보도 내용을 정정하는 사실적 진술, 그 진술의 내용을 대표할 수 있는 제목과 이를 충분히 전달하는 데에 필요한 설명 또는 해명을 포함하되, 위법한 내용은 제외한다.

⑥ 언론사등이 하는 정정보도는 공정한 여론형성이 이루어지도록 그 사실공표 또는 보도가 이루어진 같은 채널, 지면(紙面) 또는 장소에서 같은 효과를 발생시킬 수 있는 방법으로 하여야 하며, 방송의 정정보도문은 자막(라디오방송은 제외한다)과 함께 보통의 속도로 읽을 수 있게 하여야 한다. (2023.8.8. 본항개정)

⑦ 방송사업자, 신문사업자, 잡지 등 정기간행물사업자 및 뉴스통신사업자는 공표된 방송보도(재송신은 제외한다) 및 방송프로그램, 신문, 잡지 등 정기간행물, 뉴스통신 보도의 원본 또는 사본을 공표 후 6개월간 보관하여야 한다.

⑧ 인터넷신문사업자 및 인터넷뉴스서비스사업자는 대통령령으로 정하는 바에 따라 인터넷신문 및 인터넷뉴스서비스 보도의 원본이나 사본 및 그 보도의 배열에 관한 전자기록을 6개월간 보관하여야 한다.

제16조 【반론보도청구권】 ① 사실적 주장에 관한 언론보도등으로 인하여 피해를 입은 자는 그 보도 내용에 관한 반론보도를 언론사등에 청구할 수 있다.

② 제1항의 청구에는 언론사등의 고의·과실이나 위법성을 필요로 하지 아니하며, 보도 내용의 진실 여부와 상관없이 그 청구를 할 수 있다.

③ 반론보도 청구에 관하여는 따로 규정된 것을 제외하고는 정정보도 청구에 관한 이 법의 규정을 준용한다.

제17조 【추후보도청구권】 ① 언론등에 의하여 범죄혐의가 있거나 형사상의 조치를 받았다고 보도 또는 공표된 자는 그에 대한 형사절차가 무죄판결 또는 이와 동등한 형태로 종결되었을 때에는 그 사실을 안 날부터 3개월 이내에 언론사등에 이 사실에 관한 추후보도의 게재를 청구할 수 있다.

② 제1항에 따른 추후보도에는 청구인의 명예나 권리 회복에 필요한 설명 또는 해명이 포함되어야 한다.

③ 추후보도청구권에 관하여는 제1항 및 제2항에 규정된 것을 제외하고는 정정보도청구권에 관한 이 법의 규정을 준용한다.

④ 추후보도청구권은 특별한 사정이 있는 경우를 제외하고는 이 법에 따른 정정보도청구권이나 반론보도청구권의 행사에 영향을 미치지 아니한다.

제17조의2 【인터넷뉴스서비스에 대한 특칙】 ① 인터넷뉴스서비스사업자는 제14조제1항에 따른 정정보도 청구, 제16조제1항에 따른 반론보도 청구 또는 제17조제1항에 따른 추후보도 청구(이하 "정정보도청구등"이라 한다)를 받은 경우 지체 없이 해당 기사에 관하여 정정보도청구등이 있음을 알리는 표시를 하고 해당 기사를 제공한 언론사등(이하 "기사제공언론사"라 한다)에 그 청구 내용을 통보하여야 한다.

② 제1항에 따라 정정보도청구등이 있음을 통보받은 경우에는 기사제공언론사도 같은 내용의 청구를 받은 것으로 본다.

③ 기사제공언론사가 제15조제2항(제16조제3항 및 제17조제3항에 따라 준용되는 경우를 포함한다)에 따라 청구에 대하여 그 청구의 수용 여부를 청구인에게 통지하는 경우에는 해당 기사를 매개한 인터넷뉴스서비스사업자에게도 통지하여야 한다.

제2절 조 정

제18조 【조정신청】 ① 이 법에 따른 정정보도청구등과 관련하여 분쟁이 있는 경우 피해자 또는 언론사등은 중재위원회에 조정을 신청할 수 있다.

② 피해자는 언론보도등에 의한 피해의 배상에 대하여 제14조제1항의 기간 이내에 중재위원회에 조정을 신청할 수 있다. 이 경우 피해자는 손해배상액을 명시하여야 한다.

③ 정정보도청구등과 손해배상의 조정신청은 제14조제1항(제16조제3항에 따라 준용되는 경우를 포함한다) 또는 제17조제1항의 기간 이내에 서면 또는 구술이나 그 밖에 대통령령으로 정하는 바에 따라 전자문서 등으로 하여야 하며, 피해자가 먼저 언론사등에 정정보도청구등을 한 경우에는 피해자와 언론사등 사이에 협의가 불성립된 날부터 14일 이내에 하여야 한다.

④ 제3항에 따른 조정신청을 구술로 하려는 신청인은 중재위원회의 담당 직원에게 조정신청의 내용을 진술하고 이의 대상인 보도 내용과 정정보도청구등을 요청하는 정정보도문 등을 제출하여야 하며, 담당 직원은 신청인의 조정신청 내용을 적은 조정신청조서를 작성하여 신청인에게 이를 확인하게 한 다음, 그 조정신청조서에 신청인 및 담당 직원이 서명 또는 날인하여야 한다.

⑤ 중재위원회는 중재위원회규칙으로 정하는 바에 따라 조정신청에 대하여 수수료를 징수할 수 있다.

⑥ 신청인은 조정절차 계속 중에 정정보도청구등

과 손해배상청구 상호간의 변경을 포함하여 신청 취지를 변경할 수 있고, 이들을 병합하여 청구할 수 있다.

제19조【조정】 ① 조정은 관할 중재부에서 한다. 관할구역을 같이 하는 중재부가 여럿일 경우에는 중재위원회 위원장이 중재부를 지정한다.

② 조정은 신청 접수일부터 14일 이내에 하여야 하며, 중재부의 장은 조정신청을 접수하였을 때에는 지체 없이 조정기일을 정하여 당사자에게 출석을 요구하여야 한다.

③ 제2항의 출석요구를 받은 신청인이 2회에 걸쳐 출석하지 아니한 경우에는 조정신청을 취하한 것으로 보며, 피신청 언론사등이 2회에 걸쳐 출석하지 아니한 경우에는 조정신청 취지에 따라 정정보도등을 이행하기로 합의한 것으로 본다.

④ 제2항의 출석요구를 받은 자가 천재지변이나 그 밖의 정당한 사유로 출석하지 못한 경우에는 그 사유가 소멸한 날부터 3일 이내에 해당 중재부에 이를 소명(疏明)하여 기일 속행신청을 할 수 있다. 중재부는 속행신청이 이유 없다고 인정하는 경우에는 이를 기각(棄却)하고, 이유 있다고 인정하는 경우에는 다시 조정기일을 정하고 절차를 속행하여야 한다.

⑤ 조정기일에 중재위원은 조정 대상인 분쟁에 관한 사실관계와 법률관계를 당사자들에게 설명·조언하거나 절충안을 제시하는 등 합의를 권유할 수 있다.

⑥ 변호사 아닌 자가 신청인이나 피신청인의 대리인이 되려는 경우에는 미리 중재부의 허가를 받아야 한다.

⑦ 신청인의 배우자·직계혈족·형제자매 또는 소속 직원은 신청인의 명시적인 반대의사가 없으면 제6항에 따른 중재부의 허가 없이도 대리인이 될 수 있다. 이 경우 대리인이 신청인과의 신분관계 및 수권관계(授權關係)를 서면으로 증명하거나 신청인이 중재부에 출석하여 대리인을 선임하였음을 확인하여야 한다.

⑧ 조정은 비공개를 원칙으로 하되, 참고인의 진술청취가 필요한 경우 등 필요하다고 인정되는 경우에는 중재위원회규칙으로 정하는 바에 따라 참석이나 방청을 허가할 수 있다.

⑨ 조정절차에 관하여는 이 법에서 규정한 것을 제외하고는 「민사조정법」을 준용한다.

⑩ 조정의 절차와 중재부의 구성방법, 그 관할, 구술신청의 방식과 절차, 그 밖에 필요한 사항은 중재위원회규칙으로 정한다.

제20조【증거조사】 ① 중재부는 정정보도청구등 또는 손해배상 분쟁의 조정에 필요하다고 인정하는 경우 당사자 양쪽에게 조정 대상 표현물이나 그 밖의 관련 자료의 제출을 명하거나 증거조사를 할 수 있다.

② 제1항의 증거조사에 관하여는 조정의 성질에 반하지 아니하는 한도에서 「민사소송법」 제2편제3장을 준용하며, 중재부는 필요한 경우 그 위원이나 사무처 직원으로 하여금 증거자료를 수집·보고하게 하고, 조정기일에 그에 관하여 진술을 하도록 명할 수 있다.

③ 중재부의 장은 신속한 조정을 위하여 필요한 경우 제1회 조정기일 전이라도 제1항 및 제2항에 따른 자료의 제출이나 증거자료의 수집·보고를 명할 수 있다.

④ 중재부는 증거조사에 필요한 비용을 당사자 어느 한쪽이나 양쪽에게 부담하게 할 수 있으며, 이에 관하여는 「민사소송비용법」을 준용한다. 이 경우 「민사소송비용법」의 규정 중 "법원"은 "중재부"로, "법관"은 "중재위원"으로, "법원서기"는 "중재위원회 직원"으로 본다.

제21조【결정】 ① 중재부는 조정신청이 부적법할 때에는 이를 각하(却下)하여야 한다.

② 중재부는 신청인의 주장이 이유 없음이 명백할 때에는 조정신청을 기각할 수 있다.

③ 중재부는 당사자 간 합의 불능 등 조정에 적합하지 아니한 현저한 사유가 있다고 인정될 때에는 조정절차를 종결하고 조정불성립결정을 하여야 한다.

제22조【직권조정결정】 ① 당사자 사이에 합의(제19조제3항에 따라 합의한 것으로 보는 경우를 포함한다)가 이루어지지 아니한 경우 또는 신청인의 주장이 이유 있다고 판단되는 경우 중재부는 당사자들의 이익이나 그 밖의 모든 사정을 고려하여 신청 취지에 반하지 아니하는 한도에서 직권으로 조정을 갈음하는 결정(이하 "직권조정결정"이라 한다)을 할 수 있다. 이 경우 그 결정은 제19조제2항에도 불구하고 조정신청 접수일부터 21일 이내에 하여야 한다.

② 직권조정결정서에는 주문(主文)과 결정 이유를 적고 이에 관여한 중재위원 전원이 서명·날인하여야 하며, 그 정본을 지체 없이 당사자에게 송달하여야 한다.

③ 직권조정결정에 불복하는 자는 결정 정본을 송달받은 날부터 7일 이내에 불복 사유를 명시하여 서면으로 중재부에 이의신청을 할 수 있다. 이 경우 그 결정은 효력을 상실한다.

④ 제3항에 따라 직권조정결정에 관하여 이의신청이 있는 경우에는 그 이의신청이 있은 때에 제26조제1항에 따른 소(訴)가 제기된 것으로 보며, 피해자를 원고로 하고 상대방인 언론사등을 피고로 한다.

제23조【조정에 의한 합의 등의 효력】 다음 각 호의 어느 하나의 경우에는 재판상 화해와 같은 효력이 있다.

1. 조정 결과 당사자 간에 합의가 성립한 경우

2. 제19조제3항에 따라 합의가 이루어진 것으로 보는 경우
3. 제22조제1항에 따른 직권조정결정에 대하여 이의신청이 없는 경우

제3절 중 재

제24조 【중재】 ① 당사자 양쪽은 정정보도청구등 또는 손해배상의 분쟁에 관하여 중재부의 종국적 결정에 따르기로 합의하고 중재를 신청할 수 있다.
② 제1항의 중재신청은 조정절차 계속 중에도 할 수 있다. 이 경우 조정절차에 제출된 서면 또는 주장·입증은 중재절차에서 제출한 것으로 본다.
③ 중재절차에 관하여는 그 성질에 반하지 아니하는 한도에서 조정절차에 관한 이 법의 규정과 「민사소송법」 제34조, 제35조, 제39조 및 제41조부터 제45조까지의 규정을 준용한다.
제25조 【중재결정의 효력 등】 ① 중재결정은 확정판결과 동일한 효력이 있다.
② 중재결정에 대한 불복과 중재결정의 취소에 관하여는 「중재법」 제36조를 준용한다.

제4절 소 송

제26조 【정정보도청구등의 소】 ① 피해자는 법원에 정정보도청구등의 소를 제기할 수 있다.
② 피해자는 정정보도청구등의 소를 병합하여 제기할 수 있고, 소송계속(訴訟繫屬) 중 정정보도청구등의 소 상호간에 이를 변경할 수 있다.
③ 제1항의 소는 제14조제1항(제16조제3항에 따라 준용되는 경우를 포함한다) 및 제17조제1항에 따른 기간 이내에 제기하여야 한다. 피해자는 제1항의 소와 동시에 그 인용(認容)을 조건으로 「민사집행법」 제261조제1항에 따른 간접강제의 신청을 병합하여 제기할 수 있다.
④ 제1항은 「민법」 제764조에 따른 권리의 행사에 영향을 미치지 아니한다.
⑤ 제1항에 따른 소에 대한 제1심 재판은 피고의 보통재판적(普通裁判籍)이 있는 곳의 지방법원 합의부가 관할한다.
⑥ 정정보도 청구의 소에 대하여는 「민사소송법」의 소송절차에 관한 규정에 따라 재판하고, 반론보도 청구 및 추후보도 청구의 소에 대하여는 「민사집행법」의 가처분절차에 관한 규정에 따라 재판한다. 다만, 「민사집행법」 제277조 및 제287조는 적용하지 아니한다.
⑦ 법원은 청구가 이유 있는 경우에는 제15조제3항·제5항·제6항에 따른 방법으로 정정보도·반론보도 또는 추후보도의 방송·게재 또는 공표를 명할 수 있다.
⑧ 정정보도청구등의 소의 재판에 필요한 사항은 대법원규칙으로 정한다.
제27조 【재판】 ① 정정보도청구등의 소는 접수 후 3개월 이내에 판결을 선고하여야 한다.
② 법원은 정정보도청구등이 이유 있다고 인정하여 정정보도·반론보도 또는 추후보도를 명할 때에는 방송·게재 또는 공표할 정정보도·반론보도 또는 추후보도의 내용, 크기, 시기, 횟수, 게재 위치 또는 방송 순서 등을 정하여 명하여야 한다.
③ 법원이 제2항의 정정보도·반론보도 또는 추후보도의 내용 등을 정할 때에는 청구취지에 적힌 정정보도문·반론보도문 또는 추후보도문을 고려하여 청구인의 명예나 권리를 최대한 회복할 수 있도록 정하여야 한다.
제28조 【불복절차】 ① 정정보도청구등을 인용한 재판에 대하여는 항소하는 것 외에는 불복을 신청할 수 없다.
② 제1항의 불복절차에서 심리한 결과 정정보도청구등의 전부 또는 일부가 기각되었어야 함이 밝혀진 경우에는 이를 인용한 재판을 취소하여야 한다. (2023.8.8. 본항개정)
③ 제2항의 경우 언론사등이 이미 정정보도·반론보도 또는 추후보도의 의무를 이행하였을 때에는 언론사등의 청구에 따라 취소재판의 내용을 보도할 수 있음을 선고하고, 언론사등의 청구에 따라 상대방으로 하여금 언론사등이 이미 이행한 정정보도·반론보도 또는 추후보도와 취소재판의 보도를 위하여 필요한 비용 및 일반적인 지면게재 사용료 또는 방송 사용료로서 적정한 손해의 배상을 하도록 명하여야 한다. 이 경우 배상액은 해당된 지면 사용료 또는 방송의 일반적인 광고비를 초과할 수 없다. (2023.8.8. 본항개정)
제29조 【언론보도등 관련 소송의 우선 처리】 법원은 언론보도등에 의하여 피해를 받았음을 이유로 하는 재판은 다른 재판에 우선하여 신속히 하여야 한다.
제30조 【손해의 배상】 ① 언론등의 고의 또는 과실로 인한 위법행위로 인하여 재산상 손해를 입거나 인격권 침해 또는 그 밖의 정신적 고통을 받은 자는 그 손해에 대한 배상을 언론사등에 청구할 수 있다.
② 법원은 제1항에 따른 손해가 발생한 사실은 인정되나 손해액의 구체적인 금액을 산정(算定)하기 곤란한 경우에는 변론의 취지 및 증거조사의 결과를 고려하여 그에 상당하다고 인정되는 손해액을 산정하여야 한다.
③ 제1항에 따른 피해자는 인격권을 침해하는 언론사등에 침해의 정지를 청구할 수 있으며, 그 권리를 명백히 침해할 우려가 있는 언론사등에 침해의 예

방을 청구할 수 있다.
④ 제1항에 따른 피해자는 제3항에 따른 청구를 하는 경우 침해행위에 제공되거나 침해행위에 의하여 만들어진 물건의 폐기나 그 밖에 필요한 조치를 청구할 수 있다.

제31조 【명예훼손의 경우의 특칙】 타인의 명예를 훼손한 자에 대하여는 법원은 피해자의 청구에 의하여 손해배상을 갈음하여 또는 손해배상과 함께, 정정보도의 공표 등 명예회복에 적당한 처분을 명할 수 있다.

제5절 시정권고

제32조 【시정권고】 ① 중재위원회는 언론의 보도 내용에 의한 국가적 법익, 사회적 법익 또는 타인의 법익 침해사항을 심의하여 필요한 경우 해당 언론사에 서면으로 그 시정을 권고할 수 있다.
② 중재위원회는 시정권고의 기준을 정하여 공표하여야 한다.
③ 시정권고는 언론사에 대하여 권고적 효력을 가지는 데에 그친다.
④ 중재위원회는 각 언론사별로 시정권고한 내용을 외부에 공표할 수 있다.
⑤ 시정권고에 불복하는 언론사는 시정권고 통보를 받은 날부터 7일 이내에 중재위원회에 재심을 청구할 수 있다.
⑥ 언론사는 재심절차에 출석하여 발언하고 관련 자료를 제출할 수 있다.
⑦ 중재위원회는 재심 청구가 정당하다고 인정될 때에는 시정권고를 취소하여야 한다.
⑧ 제1항에 따른 시정권고의 방법・절차와 그 밖에 필요한 사항은 대통령령으로 정한다.

제33조 (2009.2.6 삭제)

제4장 벌 칙

제34조 【과태료】 ① 다음 각 호의 어느 하나에 해당하는 자에게는 3천만원 이하의 과태료를 부과한다.

1. 제6조제1항 또는 제4항을 위반하여 고충처리인을 두지 아니하거나 고충처리인에 관한 사항을 제정하지 아니한 자
2. 제15조제3항(다른 규정에 따라 준용되는 경우를 포함한다)을 위반하여 정정보도문 등을 방송 또는 게재하지 아니한 자
3. 제15조제7항을 위반하여 공표된 보도의 원본 또는 사본을 보관하지 아니한 자
4. 제15조제8항을 위반하여 보도의 원본이나 사본 및 그 보도의 배열에 관한 전자기록을 보관하지 아니한 자

② 제1항에 따른 과태료는 대통령령으로 정하는 바에 따라 문화체육관광부장관이 부과・징수한다.

부 칙 (2005.1.27)

제1조 【시행일】 이 법은 공포 후 6월이 경과한 날부터 시행한다.

제2조 【시행 전 언론보도에 관한 경과조치】 이 법은 이 법 시행 전에 행하여진 언론보도에 대하여도 이를 적용한다. 다만, 언론사에 대한 정정보도・반론보도・추후보도의 청구기간, 언론중재위원회에 대한 조정 또는 중재 신청기간에 관한 제14조제1항, 제16조제3항, 제17조제1항 및 제18조제3항의 규정은 적용하지 아니하고 종전의 규정에 의한다. [2005헌마165・314・555・807, 2006헌가3(병합) 2006. 6. 29. 언론중재및피해구제등에관한법률(2005. 1. 27. 법률 제7370호로 제정된 것) 부칙 제2조 중 '제14조 제2항, 제26조 제6항 본문 전단 중 정정보도청구 부분, 제31조 후문' 부분은 각 헌법에 위반된다.]

제3조 【언론중재위원회 및 법원에 계류 중인 사건에 관한 경과조치】 이 법 시행 전종전의 정기간행물의등록등에관한법률의 규정에 따라 언론중재위원회 또는 법원에 계류 중인 사건에 대하여는 종전의 규정에 따른다.

제4조 【중재위원회에 관한 경과조치】 ①이 법 시행 당시 정기간행물의등록등에관한법률의 규정에 의한 언론중재위원회는 이 법에 의하여 설치된 것으로 본다.
②이 법 시행 당시 정기간행물의등록등에관한법률에 의하여 위촉 또는 임명된 중재위원 및 언론중재위원회 사무총장은 그 임기만료시까지 이 법에 의하여 위촉 또는 임명된 것으로 본다.

제5조 【다른 법률의 개정】 방송법중 다음과 같이 개정한다.
제91조를 삭제한다.
제108조제1항제25호를 삭제한다.

제6조 【다른 법령과의 관계】 이 법 시행 당시 다른 법령에서 종전의 정기간행물의등록등에관한법률, 방송법의 규정 중 이 법에서 규정한 내용에 해당하는 규정을 인용한 경우에는 이 법 중 해당하는 규정을 인용한 것으로 본다.

부 칙 (2008.2.29) (정부조직법)

제1조 【시행일】 이 법은 공포한 날부터 시행한다. 다만, …<생략>…, 부칙 제6조에 따라 개정되는 법률 중 이 법의 시행 전에 공포되었으나 시행일이 도래하지 아니한 법률을 개정한 부분은 각각 해당 법률의 시행일부터 시행한다.

(이하생략)

부 칙 (2009.2.6)

① **【시행일】** 이 법은 공포 후 6개월이 경과한 날부터 시행한다.
② **【인터넷멀티미디어방송 및 인터넷뉴스서비스의 보도·매개에 대한 적용례】** 인터넷멀티미디어방송 및 인터넷뉴스서비스에 대한 이 법의 적용은 이 법 시행일 이후 최초로 보도·매개하는 것부터 적용한다.
(이하생략)

부 칙 (2010.3.22) (방송통신발전 기본법)

제1조 【시행일】 이 법은 공포 후 6개월이 경과한 날부터 시행한다. 다만, ···<생략>···, 부칙 제6조제1항, 같은 조 제2항(제36조부터 제40조까지, 제69조제8항 및 제89조제3항의 개정규정에 한한다)부터 제5항까지 및 같은 조 제7항·제8항 및 제10항은 2011년 1월 1일부터 시행한다.
(이하생략)

부 칙 (2011.4.14)

이 법은 공포한 날부터 시행한다.

부 칙 (2018.12.24)

이 법은 공포 후 3개월이 경과한 날부터 시행한다.

부 칙 (2023.8.8.) (법률용어 정비를 위한 문화체육관광위원회 소관 43개 법률 일부개정법률)

이 법은 공포한 날부터 시행한다.

의료사고 피해구제 및 의료분쟁 조정 등에 관한 법률

(2011년 4월 7일 법 률 제10566호)

개정
2011.12.31法11141號(국민건강보험법) → 2012. 9. 1 시행
2016. 5.29法14221號 → 2016.11.30 시행
2017. 3.21法14698號 2018.12.11.法15896號
2020. 4. 7法17212號 2023. 6.13法19458號
2023.12.29法19864號
2024. 9.20法20445號 → 2025. 6.21 시행

제1장 총 칙

제1조 【목적】 이 법은 의료분쟁의 조정 및 중재 등에 관한 사항을 규정함으로써 의료사고로 인한 피해를 신속·공정하게 구제하고 보건의료인의 안정적인 진료환경을 조성함을 목적으로 한다.
제2조 【정의】 이 법에서 사용하는 용어의 뜻은 다음과 같다. (2018.12.11., 2024.9.20 본조개정)
1. "의료사고"란 보건의료인(「의료법」 제27조제1항 단서 또는 「약사법」 제23조제1항 단서에 따라 그 행위가 허용되는 자를 포함한다)이 환자에 대하여 실시하는 진단·검사·치료·의약품의 처방 및 조제 등의 행위(이하 "의료행위등"이라 한다)로 인하여 사람의 생명·신체 및 재산에 대하여 피해가 발생한 경우를 말한다.
2. "의료분쟁"이란 의료사고로 인한 다툼을 말한다.
3. "보건의료인"이란 「의료법」에 따른 의료인, 「간호법」 제6조에 따른 간호조무사, 「의료기사 등에 관한 법률」에 따른 의료기사, 「응급의료에 관한 법률」에 따른 응급구조사 및 「약사법」에 따른 약사·한약사로서 보건의료기관에 종사하는 사람을 말한다.
4. "보건의료기관"이란 「의료법」에 따라 개설된 의료기관, 「약사법」에 따라 등록된 약국, 「약사법」에 따라 설립된 한국희귀·필수의약품센터, 「지역보건법」에 따라 설치된 보건소·보건의료원·보건지소 및 「농어촌 등 보건의료를 위한 특별조치법」에 따라 설치된 보건진료소를 말한다.
5. "보건의료기관개설자"란 「의료법」에 따른 의료기관 개설자, 「약사법」에 따른 약국개설자·한국희귀·필수의약품센터의 장, 「지역보건법」에 따른 보건소·보건의료원·보건지소 및 「농어촌 등 보건의료를 위한 특별조치법」에 따른 보건진료소를 운영하는 시장(「제주특별자치도 설치 및 국제자유도시 조성을 위한 특별법」에 따른 행정시장을 포함한다. 이하 같다)·군수·구청장(자치구의 구청장을 말한다. 이하 같다)을 말한다.
6. "보건의료인단체 및 보건의료기관단체"란 「의료

법」에 따라 설립된 의료인 단체(「간호법」 제18조에 따른 간호사중앙회를 포함한다) 및 의료기관 단체와 「약사법」에 따라 설립된 대한약사회 및 대한한약사회를 말한다.

제3조【적용 대상】 이 법은 대한민국 국민이 아닌 사람이 보건의료기관에 대하여 의료사고로 인한 손해배상을 구하는 경우에도 적용한다.

제4조【신의성실의 원칙】 제6조에 따른 한국의료분쟁조정중재원은 조정 및 중재 절차가 신속·공정하고 효율적으로 진행되도록 노력하여야 하고, 조정 및 중재 절차에 참여하는 분쟁 당사자는 상호 신뢰와 이해를 바탕으로 성실하게 절차에 임하여야 한다.

제5조【국가·보건의료기관개설자 및 보건의료인의 책무 등】 ① 국가는 의료사고를 예방하기 위하여 조사·연구, 통계 작성 및 공표, 교육 및 지침 개발 등 법적·제도적 기반을 마련하여야 한다.
② 보건의료기관개설자 및 보건의료인은 의료사고 예방을 위하여 시설·장비 및 인력에 흠이 없도록 하고, 필요한 관리상의 주의의무를 다하여야 한다.
③ 보건복지부장관이 정하는 보건의료기관개설자는 의료사고의 예방을 위하여 의료사고예방위원회를 설치·운영하는 등 필요한 조치를 하여야 한다.
④ 보건복지부장관은 의료분쟁을 신속·공정하고 효율적으로 해결하기 위하여 조정 참여를 활성화할 수 있는 조치를 강구할 수 있다. (2018.12.11 본항 신설)
⑤ 제3항에 따른 의료사고예방위원회의 구성 및 운영, 그 밖에 필요한 사항은 보건복지부령으로 정한다. (2018.12.11 본항개정)

제2장 한국의료분쟁조정중재원

제1절 설립 등

제6조【한국의료분쟁조정중재원의 설립】 ① 의료분쟁을 신속·공정하고 효율적으로 해결하기 위하여 한국의료분쟁조정중재원(이하 "조정중재원"이라 한다)을 설립한다.
② 조정중재원은 법인으로 한다.
③ 조정중재원은 대통령령으로 정하는 바에 따라 필요한 곳에 그 지부를 설치할 수 있다.
④ 조정중재원은 그 주된 사무소의 소재지에서 설립등기를 함으로써 성립한다.

제7조【정관】 ① 조정중재원의 정관에는 다음 각 호의 사항을 기재하여야 한다.
1. 목적
2. 명칭
3. 주된 사무소 및 지부에 관한 사항
4. 임원 및 직원에 관한 사항
5. 이사회의 운영에 관한 사항
6. 제19조에 따른 의료분쟁조정위원회에 관한 사항
7. 제25조에 따른 의료사고감정단에 관한 사항
8. 제47조에 따른 손해배상금 대불(代拂)에 관한 사항
9. 업무와 그 집행에 관한 사항
10. 재산 및 회계에 관한 사항
11. 정관의 변경에 관한 사항
12. 내부규정의 제정·개정 및 폐지에 관한 사항
13. 그 밖에 보건복지부령으로 정하는 사항

② 조정중재원은 그 정관을 변경하려면 보건복지부장관의 인가를 받아야 한다.

제8조【업무】 조정중재원의 업무는 다음 각 호와 같다.
1. 의료분쟁의 조정·중재 및 상담
2. 의료사고 감정
3. 손해배상금 대불
4. 의료분쟁과 관련된 제도와 정책의 연구, 통계 작성, 교육 및 홍보
5. 그 밖에 의료분쟁과 관련하여 대통령령으로 정하는 업무

제9조【유사명칭의 사용금지】 이 법에 따른 한국의료분쟁조정중재원이 아닌 자는 한국의료분쟁조정중재원 또는 이와 유사한 명칭을 사용하여서는 아니 된다.

제10조【임원 및 임기】 ① 조정중재원에 임원으로서 조정중재원의 원장(이하 "원장"이라 한다), 제19조에 따른 의료분쟁조정위원회의 위원장(이하 "위원장"이라 한다) 및 제25조에 따른 의료사고감정단의 단장(이하 "단장"이라 한다)을 포함한 9명 이내의 이사와 감사 1명을 둔다.
② 원장은 상임으로 하고, 그 밖의 임원은 비상임으로 한다.
③ 원장은 의료분쟁의 조정 등에 관하여 학식과 경험이 풍부한 사람 중에서 보건복지부장관이 임명한다.
④ 이사는 의료분쟁에 관하여 학식과 경험이 풍부한 사람 중에서 원장의 제청으로 보건복지부장관이 위촉한다.
⑤ 감사는 보건복지부장관이 위촉한다.
⑥ 임원의 임기는 3년으로 하고, 중임할 수 없다.

제11조【임원의 직무】 ① 원장은 조정중재원을 대표하고 조정중재원의 업무를 총괄한다.
② 원장이 부득이한 사유로 직무를 수행할 수 없는 경우 위원장이 그 직무를 대행한다.
③ 위원장은 원장의 지휘를 받아 의료분쟁조정위원회의 업무를 총괄하고, 단장은 원장의 지휘를 받아 의료사고감정단의 업무를 총괄한다.
④ 원장·위원장이 모두 부득이한 사유로 직무를

수행할 수 없을 때에는 단장, 그 밖에 정관으로 정하는 이사의 순으로 그 직무를 대행한다.
⑤ 감사는 조정중재원의 업무 및 회계를 감사한다.

제12조 【임원의 결격사유】 다음 각 호의 어느 하나에 해당하는 사람은 조정중재원의 임원이 될 수 없다.
1. 대한민국 국민이 아닌 사람
2. 「국가공무원법」 제33조 각 호의 어느 하나에 해당하는 사람

제13조 【이사회】 ① 조정중재원의 업무와 운영에 관한 중요사항을 심의·의결하기 위하여 조정중재원에 이사회를 둔다.
② 이사회는 원장·위원장·단장, 그 밖의 이사로 구성한다.
③ 원장은 이사회를 소집하고 이사회의 의장이 된다.
④ 감사는 이사회에 출석하여 의견을 진술할 수 있다.
⑤ 이사회는 재적의원 과반수의 출석과 출석위원 과반수의 찬성으로 의결한다.
⑥ 이사회의 구성 및 운영 등에 관하여 필요한 사항은 대통령령으로 정한다.

제14조 【사무국】 조정중재원의 사무를 처리하기 위하여 조정중재원에 사무국을 둔다. (2016.5.29 본항개정)

제15조 【재원】 ① 조정중재원의 설립·운영 및 업무에 필요한 경비는 다음 각 호의 재원으로 충당한다.
1. 정부출연금
2. 조정중재원의 운영에 따른 수입금
② 정부는 조정중재원의 경비를 충당하기 위하여 필요한 출연금을 예산의 범위에서 지급한다.
③ 제2항에 따른 정부출연금의 지급 및 사용 등에 관하여 필요한 사항은 대통령령으로 정한다.

제16조 【감독】 ① 보건복지부장관은 조정중재원을 지도·감독하고, 필요한 경우 조정중재원에 대하여 그 사업에 관한 지시 또는 명령을 할 수 있다.
② 조정중재원은 매년 업무계획서와 예산서를 작성하여 보건복지부장관의 승인을 받아야 하고, 매년 결산보고서와 이에 대한 감사의 의견서를 작성하여 보건복지부장관에게 보고하여야 한다. 이 경우 승인 및 보고절차 등에 관하여 필요한 사항은 보건복지부령으로 정한다.
③ 보건복지부장관은 필요한 경우 조정중재원에 대하여 그 업무·회계 및 재산에 관한 사항을 보고하게 하거나 감사할 수 있다.

제17조 【벌칙 적용에서의 공무원 의제】 조정중재원의 임원 및 직원, 제19조에 따른 의료분쟁조정위원회의 조정위원 및 의료분쟁조정위원회의 업무를 지원하는 자, 제25조에 따른 의료사고감정단의 감정위원 및 조사관은 「형법」 제129조부터 제132조까지의 규정을 적용할 때에는 공무원으로 본다. (2018.12.11 본조개정)

제18조 【「민법」의 준용】 조정중재원에 관하여 이 법에서 규정하지 아니한 사항에 대하여는 「민법」 중 재단법인에 관한 규정을 준용한다.

제2절 의료분쟁조정위원회

제19조 【의료분쟁조정위원회의 설치】 ① 의료분쟁을 조정하거나 중재하기 위하여 조정중재원에 의료분쟁조정위원회(이하 "조정위원회"라 한다)를 둔다.
② 조정위원회는 다음 각 호의 사항을 심의·의결한다.
1. 제23조에 따른 조정부의 구성에 관한 사항
2. 조정위원회의 의사에 관한 규칙의 제정·개정 및 폐지
3. 그 밖에 위원장이 심의에 부치는 사항

제20조 【조정위원회의 구성 및 운영】 ① 조정위원회는 위원장 및 100명 이상 300명 이내의 조정위원으로 구성하고 비상임으로 한다. 다만, 제37조제2항에 따른 조정조서 작성 등을 위하여 상임 조정위원을 둘 수 있다. (2016.5.29 본항개정)
② 원장은 다음 각 호의 어느 하나에 해당하는 사람 중에서 조정위원을 임명 또는 위촉한다. (2020.4.7 본항개정)
1. 판사·검사 또는 변호사의 자격이 있는 사람(외국의 법제에 관한 학식과 경험이 풍부한 사람을 2명 이상 포함하여야 한다)
2. 보건의료에 관한 학식과 경험이 풍부한 사람으로서 보건의료인단체 또는 보건의료기관단체에서 추천한 사람(외국의 보건의료에 관한 학식과 경험이 풍부한 사람을 2명 이상 포함하여야 한다)
3. 소비자권익에 관한 학식과 경험이 풍부한 사람으로서 「비영리민간단체 지원법」 제2조에 따른 비영리민간단체에서 추천한 사람
4. 대학이나 공인된 연구기관에서 부교수급 이상 또는 이에 상당하는 직에 있거나 있었던 사람으로 보건의료인이 아닌 사람
③ 위원장은 제2항 각 호의 어느 하나에 해당하는 자격을 가진 사람 중에서 원장의 제청으로 보건복지부장관이 위촉한다.
④ 위원장이 부득이한 사유로 직무를 수행할 수 없을 때에는 위원장이 지정하는 조정위원이 그 직무를 대행한다.
⑤ 조정위원의 임기는 3년으로 하고, 연임할 수 있다.
⑥ 조정위원회는 재적위원 과반수의 출석과 출석위원 과반수의 찬성으로 의결한다.
⑦ 조정위원회의 구성·운영 등에 관하여 필요한 사항은 대통령령으로 정한다.

제21조 【조정위원의 결격사유】 「국가공무원법」 제33조 각 호의 어느 하나에 해당하는 사람은 조정위원이 될 수 없다.

제22조 【조정위원의 신분보장】 ① 조정위원은 자신의 직무를 독립적으로 수행하고 의료분쟁의 심리 및 판단에 관하여 어떠한 지시에도 구속되지 아니한다.

② 조정위원은 다음 각 호의 어느 하나에 해당하는 경우를 제외하고는 그 의사에 반하여 해임 또는 해촉되지 아니한다.

1. 제21조에 해당하는 경우
2. 신체상 또는 정신상의 장애로 직무를 수행할 수 없게 된 경우

제23조 【조정부】 ① 조정위원회의 업무를 효율적으로 수행하기 위하여 5명의 조정위원으로 구성된 분야별, 대상별 또는 지역별 조정부를 둘 수 있다.

② 조정부의 장은 판사·검사 또는 변호사의 자격이 있는 조정위원 중에서 위원장이 지명한다.

③ 조정부는 제20조제2항제1호에 해당하는 사람은 2명(판사로 재직하고 있거나 10년 이상 재직하였던 사람 1명을 포함하여야 한다), 제2호부터 제4호까지의 어느 하나에 해당하는 사람은 각각 1명으로 구성한다. (2016.5.29 본항개정)

④ 조정부는 조정부의 장을 포함한 조정위원 과반수의 출석과 출석위원 과반수의 찬성으로 의결한다.

⑤ 조정부의 업무는 다음 각 호와 같다.

1. 의료분쟁의 조정결정 및 중재판정
2. 의료사고로 인한 손해액 산정
3. 조정조서 작성
4. 그 밖에 대통령령으로 정하는 사항

⑥ 제4항에 따라 조정부가 내린 결정은 조정위원회가 결정한 것으로 본다.

⑦ 조정위원회의 업무를 지원하기 위하여 변호사 등 대통령령으로 정하는 사람을 둘 수 있다.
(2018.12.11 본항개정)

⑧ 조정부의 구성 및 운영 등에 관하여 필요한 사항은 대통령령으로 정한다.

제24조 【조정위원의 제척 등】 ① 조정위원이 다음 각 호의 어느 하나에 해당하는 경우 그 직무의 집행에서 제척된다. 다만, 제5호부터 제7호까지에 해당하는 경우에는 해당 보건의료기관·법인 또는 단체에 조정신청일로부터 10년 내에 종사하였던 경우로 한정한다. (2016.5.29 본항개정)

1. 조정위원 또는 그 배우자나 배우자이었던 사람이 해당 분쟁사건(이하 이 조에서 "사건"이라 한다)의 당사자가 되는 경우
2. 조정위원이 해당 사건의 당사자와 친족관계에 있거나 있었던 경우
3. 조정위원이 해당 사건에 관하여 진술이나 감정을 한 경우
4. 조정위원이 해당 사건에 관하여 당사자의 대리인으로서 관여하거나 관여하였던 경우
5. 조정위원이 해당 사건이 발생한 보건의료기관에 종사하거나 종사하였던 경우
6. 조정위원이 해당 사건이 발생한 보건의료기관과 동일하거나 사실상 동일한 법인이나 단체에 종사하거나 종사하였던 경우
7. 조정위원이 해당 사건이 발생한 보건의료기관과 동일하거나 사실상 동일한 법인이나 단체에 속하는 보건의료기관에 종사하거나 종사하였던 경우

② 사건을 담당한 조정위원에게 제척의 원인이 있는 때에는 해당 조정위원이 속한 조정부는 직권 또는 당사자의 신청에 따라 제척의 결정을 한다.

③ 당사자는 사건을 담당한 조정위원에게 공정한 직무집행을 기대하기 어려운 사정이 있는 경우 사건을 담당한 조정부에 기피신청을 할 수 있다.

④ 기피신청에 관한 결정은 조정위원회의 위원장이 지명하는 조정부가 하고, 해당 조정위원 및 당사자 쌍방은 그 결정에 불복하지 못한다.

⑤ 조정위원은 제1항 또는 제3항에 해당하는 경우 조정부의 허가를 받지 아니하고 해당 사건의 직무집행에서 회피할 수 있다.

⑥ 제3항에 따른 기피신청이 있는 때에는 해당 조정위원이 속한 조정부는 그 신청에 대한 결정이 있을 때까지 조정절차를 중지하여야 한다.

⑦ 제23조제7항에 따라 조정위원회의 업무를 지원하는 사람, 제26조에 따른 감정위원 및 조사관에 대하여는 제1항부터 제6항까지의 규정을 준용한다.
(2018.12.11 본항개정)

제3절 의료사고감정단

제25조 【의료사고감정단의 설치】 ① 의료분쟁의 신속·공정한 해결을 지원하기 위하여 조정중재원에 의료사고감정단(이하 "감정단"이라 한다)을 둔다.

② 감정단은 단장 및 100명 이상 300명 이내의 감정위원으로 구성하고, 단장은 비상임으로서 보건의료에 관한 학식과 경험이 풍부한 사람 중에서 원장의 제청으로 보건복지부장관이 위촉한다.
(2016.5.29 본항개정)

③ 감정단의 업무는 다음 각 호와 같다.

1. 의료분쟁의 조정 또는 중재에 필요한 사실조사
2. 의료행위등을 둘러싼 과실 유무 및 인과관계의 규명
3. 후유장애 발생 여부 등 확인
4. 다른 기관에서 의뢰한 의료사고에 대한 감정

④ 단장은 감정사건의 공정하고 정확한 감정을 위

한 의견 청취 및 의학적 자문 등을 위하여 필요하다고 인정하는 경우 관계 전문가를 자문위원으로 위촉할 수 있다. (2016.5.29 본항신설)

제26조【감정부】 ① 감정단의 업무를 효율적으로 수행하기 위하여 상임 감정위원 및 비상임 감정위원으로 구성된 분야별, 대상별 또는 지역별 감정부를 둘 수 있다.

② 감정위원은 다음 각 호의 어느 하나에 해당하는 사람 중에서 9명의 추천위원으로 구성된 감정위원추천위원회(이하 "추천위원회"라 한다)의 추천을 받아 원장이 임명 또는 위촉한다. (2016.5.29 본항개정)

1. 의사전문의 자격 취득 후 2년 이상 경과하거나 치과의사 또는 한의사 면허 취득 후 6년 이상 경과한 사람
2. 변호사 자격 취득 후 4년 이상 경과한 사람
3. 보건복지부장관이 제1호 또는 제2호에 상당하다고 인정하는 외국의 자격 또는 면허 취득 후 5년 이상 경과한 사람
4. 「비영리민간단체 지원법」 제2조에 따른 비영리민간단체에서 추천한 사람으로서 소비자권익과 관련된 분야에 3년 이상 종사한 사람

③ 추천위원회의 위원은 다음 각 호의 어느 하나에 해당하는 사람 중에서 원장이 위촉한다. 이 경우 제1호에 해당하는 사람은 3명으로 하고, 제2호부터 제4호까지의 어느 하나에 해당하는 사람은 각각 2명으로 한다.

1. 판사·검사 또는 변호사의 자격이 있는 사람으로서 법원행정처, 법무부 또는 대한변호사협회에서 추천한 사람
2. 보건의료에 관한 학식과 경험이 풍부한 사람으로서 보건의료인단체 또는 보건의료기관단체에서 추천한 사람
3. 소비자권익에 관한 학식과 경험이 풍부한 사람으로서 「비영리민간단체 지원법」 제2조에 따른 비영리민간단체에서 추천한 사람
4. 대학에서 부교수 이상의 직에 있거나 있었던 사람으로서 한국대학교육협의회에서 추천한 사람(보건의료인은 제외한다)

④ 추천위원회의 위원장은 위원 중에서 호선한다.

⑤ 추천위원회의 회의는 재적위원 과반수의 출석과 출석위원 과반수의 찬성으로 의결한다.

⑥ 감정위원의 임기는 3년으로 하고, 연임할 수 있다.

⑦ 각 감정부에 두는 감정위원의 정수는 다음 각 호와 같다. (2016.5.29 본항개정)

1. 제2항제1호 또는 제3호(외국의 의사전문의 자격이나 치과의사 또는 한의사 면허를 취득한 사람에 한정한다)에 해당하는 사람: 2명
2. 제2항제2호 또는 제3호(외국의 변호사 자격을 취득한 사람에 한정한다)에 해당하는 사람: 2명(검사로 재직하고 있거나 4년 이상 재직하였던 사람 1명을 포함하여야 한다)
3. 제2항제4호에 해당하는 사람: 1명

⑧ 감정부 회의는 재적위원 과반수의 출석과 출석위원 전원의 찬성으로 의결한다. 이 경우 제7항 각 호에 따른 위원이 각각 1명 이상 출석하여야 한다. (2018.12.11 본항신설)

⑨ 감정부의 장은 제2항제1호에 해당하는 사람 중에서 단장이 지명한다. (2018.12.11 본항개정)

⑩ 감정부에 1명 이상의 상임 감정위원을 둔다. (2018.12.11 본항개정)

⑪ 감정위원은 자신의 직무를 독립적으로 수행하고 의료사고의 감정에 관하여 어떠한 지시에도 구속되지 아니한다. (2018.12.11 본항개정)

⑫ 제21조 및 제22조제2항은 감정위원에게 준용한다. (2018.12.11 본항개정)

⑬ 감정단의 업무를 지원하기 위하여 의사·치과의사 및 한의사, 약사, 한약사, 간호사 등 대통령령으로 정하는 사람 중에서 조사관을 둘 수 있다. (2018.12.11 본항개정)

⑭ 추천위원회의 구성 및 운영, 감정부의 조직 및 운영 등에 관하여 필요한 사항은 대통령령으로 정한다. (2018.12.11 본항개정)

제3장 의료분쟁의 조정 및 중재

제1절 조 정

제27조【조정의 신청】 ① 의료분쟁(이하 "분쟁"이라 한다)의 당사자 또는 그 대리인은 보건복지부령으로 정하는 바에 따라 조정중재원에 분쟁의 조정을 신청할 수 있다. (2016.5.29 본항개정)

② 당사자는 다음 각 호의 어느 하나에 해당하는 사람을 대리인으로 선임할 수 있다. 다만, 제4호의 경우에는 제1호에 해당하는 사람이 없거나 외국인 등 보건복지부령으로 정하는 경우에 한정한다. (2016.5.29 본항개정)

1. 당사자의 법정대리인, 배우자, 직계존비속 또는 형제자매
2. 당사자인 법인 또는 보건의료기관의 임직원
3. 변호사
4. 당사자로부터 서면으로 대리권을 수여받은 자

③ 원장은 제1항에 따른 조정신청이 다음 각 호의 어느 하나에 해당하는 경우 신청을 각하한다. 다만, 조정신청이 접수되기 전에 제1호의 소(訴) 또는 제2호의 조정신청이 취하되거나 각하된 경우에는 그러하지 아니하다. (2016.5.29 본항개정)

1. 이미 해당 분쟁조정사항에 대하여 법원에 소(訴)

가 제기된 경우
2. 이미 해당 분쟁조정사항에 대하여 「소비자기본법」 제60조에 따른 소비자분쟁조정위원회에 분쟁조정이 신청된 경우
3. 조정신청 자체로서 의료사고가 아닌 것이 명백한 경우

④ 원장은 조정신청을 접수하면 조정위원회와 감정단에 각각 이를 통지하고 조정신청을 한 자(이하 "신청인"이라 한다)의 상대방(이하 "피신청인"이라 한다)에게 조정신청서를 송달하여야 한다. (2016.5.29 본항개정)

⑤ 위원장은 제4항에 따른 조정신청의 통지를 받은 때에는 지체 없이 관할 조정부를 지정하고 해당 사건을 배당하여야 한다.

⑥ 단장은 제4항에 따른 조정신청의 통지를 받은 때에는 지체 없이 관할 감정부를 지정하고 해당 사건을 배당하여야 한다.

⑦ 위원장 또는 단장은 다음 각 호의 어느 하나에 해당하는 경우 지체 없이 그 사실을 원장에게 통지하여야 한다. 이 경우 원장은 조정신청을 각하한다.
1. 신청인이 조사에 응하지 아니하거나 2회 이상 출석요구에 응하지 아니한 때
2. 신청인이 조정신청 후에 의료사고를 이유로 「의료법」 제12조제2항을 위반하는 행위를 한 때 또는 「형법」 제314조제1항에 해당하는 행위를 한 때
3. 조정신청이 있은 후에 소가 제기된 때

⑧ 제4항에 따라 조정신청서를 송달받은 피신청인이 조정에 응하고자 하는 의사를 조정중재원에 통지함으로써 조정절차를 개시한다. 피신청인이 조정신청서를 송달받은 날부터 14일 이내에 조정절차에 응하고자 하는 의사를 통지하지 아니한 경우 원장은 조정신청을 각하한다.

⑨ 원장은 제8항에도 불구하고 제1항에 따른 조정신청의 대상인 의료사고가 사망 또는 다음 각 호에 해당하는 경우에는 지체 없이 조정절차를 개시하여야 한다. 이 경우 피신청인이 조정신청서를 송달받은 날을 조정절차 개시일로 본다. (2016.5.29 본항신설, 2018.12.11 본항개정)
1. 1개월 이상의 의식불명
2. 「장애인복지법」 제2조에 따른 장애인 중 장애 정도가 중증에 해당하는 경우로서 대통령령으로 정하는 경우

⑩ 제9항에 따른 조정절차가 개시된 경우 조정신청서를 송달받은 피신청인은 다음 각 호의 어느 하나에 해당하는 경우 조정절차의 개시에 대하여 송달받은 날부터 14일 이내에 위원장에게 이의신청을 할 수 있다. (2016.5.29 본항신설)
1. 신청인이 조정신청 전에 의료사고를 이유로 「의료법」 제12조제2항을 위반하는 행위 또는 「형법」 제314조제1항에 해당하는 행위를 한 경우
2. 거짓된 사실 또는 사실관계로 조정신청을 한 것이 명백한 경우
3. 그 밖에 보건복지부령으로 정하는 사유에 해당되는 경우

⑪ 위원장은 제10항에 따른 이의신청을 받은 때에는 그 이의신청일부터 7일 이내에 다음 각 호의 구분에 따른 조치를 하여야 한다. (2016.5.29 본항신설)
1. 이의신청이 이유 없다고 인정하는 경우: 이의신청에 대한 기각결정을 하고 지체 없이 이의신청을 한 피신청인에게 그 결과를 통지한다.
2. 이유 있다고 인정하는 경우: 그 사실을 원장에게 통지하고 원장은 그 조정신청을 각하한다.

⑫ 제7항, 제8항 또는 제11항제2호에 따라 조정신청이 각하된 경우 원장은 지체 없이 위원장과 단장에게 이를 알려야 한다. (2016.5.29 본항개정)

⑬ 제1항에 따른 분쟁의 조정신청은 다음 각 호에 해당하는 기간 내에 하여야 한다. (2016.5.29 본항신설)
1. 의료사고의 원인이 된 행위가 종료된 날부터 10년
2. 피해자나 그 법정대리인이 그 손해 및 가해자를 안 날부터 3년

⑭ 신청인이 피신청인을 잘못 지정한 것이 명백한 때에는 조정부는 신청인의 신청에 따라 결정으로 피신청인의 경정을 허가할 수 있다. (2016.5.29 본항신설)

⑮ 제14항에 따른 경정허가결정이 있는 경우 새로운 피신청인에 대한 조정신청은 제14항의 경정신청이 있는 때에 한 것으로 보고, 종전의 피신청인에 대한 조정신청은 신청인의 경정신청이 있는 때에 취하된 것으로 본다. (2016.5.29 본항신설)

제28조 【의료사고의 조사】 ① 감정부는 의료사고의 감정을 위하여 필요하다고 인정하는 경우 신청인, 피신청인, 분쟁 관련 이해관계인 또는 참고인(이하 "조정당사자등"이라 한다)으로 하여금 출석하게 하여 진술하게 하거나 조사에 필요한 자료 및 물건 등의 제출을 요구할 수 있다. (2016.5.29 본항개정)

② 감정부는 의료사고가 발생한 보건의료기관의 보건의료인 또는 보건의료기관개설자에게 사고의 원인이 된 행위 당시 환자의 상태 및 그 행위를 선택하게 된 이유 등을 서면 또는 구두로 소명하도록 요구할 수 있다.

③ 감정위원 또는 조사관은 의료사고가 발생한 보건의료기관에 출입하여 관련 문서 또는 물건을 조사·열람 또는 복사할 수 있다. 이 경우 감정위원 또는 조사관은 그 권한을 표시하는 증표를 지니고 이를 관계인에게 내보여야 한다.

④ 제3항에 따른 조사·열람 또는 복사를 하기 위해서는 7일 전까지 그 사유 및 일시 등을 해당 보건의료기관에 서면으로 통보하여야 한다. 다만, 긴급

한 경우나 사전 통지 시 증거 인멸 등으로 그 목적을 달성할 수 없다고 인정하는 경우에는 그러하지 아니하다. (2016.5.29 본항신설)
⑤ 조정중재원으로부터 제1항부터 제3항까지에 따른 의료사고 조사 관련 요구를 받은 보건의료기관, 보건의료기관의 의료인, 보건의료기관 개설자 및 조정당사자등은 정당한 이유가 없으면 이에 응하여야 한다. (2016.5.29 본항신설)

제28조의2 【감정위원 등의 의견 청취】 감정부는 의료사고의 발생 원인이 2개 이상의 진료과목과 관련이 있는 경우 정확한 감정을 위하여 관련 진료과목을 담당하는 감정위원 또는 자문위원의 의견을 들어야 한다.
(2018.12.11 본조신설)

제29조 【감정서】 ① 감정부는 조정절차가 개시된 날부터 60일 이내에 의료사고의 감정결과를 감정서로 작성하여 조정부에 송부하여야 한다.
(2016.5.29 본항개정)
② 제1항에도 불구하고 감정부가 필요하다고 인정하는 때에는 그 기간을 1회에 한하여 30일까지 연장할 수 있다. 이 경우 그 사유와 기한을 명시하여 조정부에 통지하여야 한다.
③ 제1항의 감정서에는 사실조사의 내용 및 결과, 과실 및 인과관계 유무, 후유장애의 정도 등 대통령령으로 정하는 사항을 기재하고 감정부의 장 및 감정위원이 이에 기명날인 또는 서명하여야 한다.
④ 제26조제8항에 따라 감정결과를 의결함에 있어 감정위원의 감정소견이 일치하지 아니하는 경우에는 감정서에 감정위원의 소수의견도 함께 기재하여야 한다. (2018.12.11 본항신설)

제30조 【의견진술 등】 ① 조정부는 신청인, 피신청인 또는 분쟁 관련 이해관계인으로 하여금 조정부에 출석하여 발언할 수 있게 하여야 한다.
② 감정부에 소속된 감정위원은 조정부의 요청이 있는 경우 조정부에 출석하여 해당 사건에 대한 감정결과를 설명하여야 하고, 조정부는 조정위원 과반수의 찬성이 있는 경우 그 사유와 기한을 명시하여 재감정을 요구할 수 있다. (2018.12.11 본항개정)
③ 조정부가 제2항에 따라 재감정을 요구한 경우 원장은 기존 감정절차에 참여하지 아니한 감정위원으로 새로이 감정부를 구성하여야 한다.
④ 제3항에 따라 새로이 구성된 감정부는 감정을 실시함에 있어서 필요한 경우 조정중재원에 속하지 아니한 보건의료인에게 자문할 수 있다.

제31조 【출석기일】 ① 출석기일은 이를 당사자에게 통지하여야 한다.
② 기일의 통지는 출석요구서를 송달하는 외에 그 밖의 상당한 방법에 따라 이루어져야 한다.

제32조 【조정절차의 비공개】 조정부의 조정절차는 공개하지 아니한다. 다만, 조정부의 조정위원 과반수의 찬성이 있는 경우 이를 공개할 수 있다.

제33조 【조정결정】 ① 조정부는 사건의 조정절차가 개시된 날부터 90일 이내에 조정결정을 하여야 한다. (2016.5.29 본항개정)
② 제1항에도 불구하고 조정부가 필요하다고 인정하는 경우 그 기간을 1회에 한하여 30일까지 연장할 수 있다. 이 경우 그 사유와 기한을 명시하여 신청인에게 통지하여야 한다.
③ 조정부는 해당 사건에 대한 감정부의 감정의견을 고려하여 조정결정을 한다.

제33조의2 【간이조정】 ① 조정부는 조정신청된 사건이 다음 각 호의 어느 하나에 해당하는 경우 의료사고의 감정을 생략하거나 1명의 감정위원이 감정하는 등 대통령령으로 정하는 절차(이하 "간이조정절차"라 한다)에 따라 조정할 수 있다. (2018.12.11 본항개정)

1. 사건의 사실관계 및 과실 유무 등에 대하여 신청인과 피신청인 간에 큰 이견이 없는 경우
2. 과실의 유무가 명백하거나 사건의 사실관계 및 쟁점이 간단한 경우
3. 그 밖에 제1호 및 제2호에 준하는 경우로서 대통령령으로 정하는 경우

② 제1항에 따른 간이조정절차에 따라 조정을 하는 경우에는 제23조제4항에도 불구하고 조정부의 장이 단독으로 조정결정을 할 수 있다. (2018.12.11 본항개정)
③ 조정부는 제1항에 따른 간이조정절차 중에 해당 사건이 제1항 각 호의 어느 하나에 해당하지 않는 것으로 판단되는 경우에는 이 법의 다른 규정에 따른 통상의 조정절차로 전환할 수 있다. (2018.12.11 본항신설, 2020.4.7 본항개정)
④ 조정부는 간이조정절차에 따라 조정하려는 경우에는 해당 의료사고의 내용·성격 및 보건의료인의 과실 여부 등에 대하여 감정부의 의견을 들어야 한다. (2020.4.7 본항신설)
⑤ 조정부는 간이조정절차에 따라 조정하려는 경우나 제3항에 따라 간이조정절차를 통상의 조정절차로 전환하려는 경우에는 미리 신청인과 피신청인의 의견을 들어야 하고, 그 결과를 지체 없이 신청인과 피신청인에게 통지하여야 한다. (2020.4.7 본항신설)
(2016.5.29 본조신설)
(2018.12.11 본조제목개정)

제33조의3 【조정을 하지 아니하는 결정】 조정부는 조정신청이 다음 각 호의 어느 하나에 해당하는 경우 조정을 하지 아니하는 결정으로 사건을 종결시킬 수 있다.

1. 신청인이 정당한 사유 없이 조정을 기피하는 등 그 조정신청이 이유 없다고 인정하는 경우
2. 신청인이 거짓된 사실로 조정신청을 하거나 부

당한 목적으로 조정신청을 한 것으로 인정하는 경우
3. 사건의 성질상 조정을 하기에 적당하지 아니한 경우
(2016.5.29 본조신설)

제34조【조정결정서】 ① 조정부의 조정결정은 다음 각 호의 사항을 기재한 문서로 하고 조정부의 장 및 조정위원이 이에 기명날인 또는 서명하여야 한다.
1. 사건번호와 사건명
2. 당사자 및 대리인의 성명과 주소
3. 결정주문
4. 신청의 취지
5. 결정이유
6. 조정일자

② 제1항제5호의 결정이유에는 주문의 내용이 정당함을 인정할 수 있는 정도의 판단을 표시하여야 한다.

제35조【배상금의 결정】 조정부는 제33조에 따라 조정결정을 하는 경우 의료사고로 인하여 환자에게 발생한 생명·신체 및 재산에 관한 손해, 보건의료기관개설자 또는 보건의료인의 과실 정도, 환자의 귀책사유 등을 고려하여 손해배상액을 결정하여야 한다.

제36조【조정결과의 통지】 ① 원장은 제33조 또는 제33조의3에 따라 조정부가 조정결정 또는 조정을 하지 아니하는 결정을 한 때에는 그 조정결정서 정본을 7일 이내에 신청인과 피신청인에게 송달하여야 한다. (2016.5.29 본항개정)

② 제1항에 따른 조정결정 송달을 받은 신청인과 피신청인은 그 송달을 받은 날부터 15일 이내에 동의 여부를 조정중재원에 통보하여야 한다. 이 경우 15일 이내에 의사표시가 없는 때에는 동의한 것으로 본다. (2018.12.11 본항개정)

③ 조정은 제2항에 따라 당사자 쌍방이 조정결정에 동의하거나 동의한 것으로 보는 때에 성립한다.

④ 제3항에 따라 성립된 조정은 재판상 화해와 동일한 효력이 있다.

⑤ 원장은 분쟁의 조정 결과 의료사고에 대한 의료인의 과실이 인정되지 아니하고 해당 의료사고가 보건의료기관이 사용한 다음 각 호의 어느 하나에 해당하는 물건의 흠으로 인한 것으로 의심되는 경우 신청인에게 그와 같은 취지를 설명하고 피해를 구제받을 수 있는 절차 등을 대통령령으로 정하는 바에 따라 안내하여야 한다.
1. 「약사법」 제2조에 따른 의약품, 한약 및 한약제제
2. 「의료기기법」 제2조에 따른 의료기기
3. 「혈액관리법」 제2조에 따른 혈액

제37조【조정절차 중 합의】 ① 신청인은 제27조제1항에 따른 조정신청을 한 후 조정절차 진행 중에 피신청인과 합의할 수 있다.

② 제1항에 따른 합의가 이루어진 경우 조정부는 조정절차를 중단하고 당사자가 합의한 내용에 따라 조정조서를 작성하여야 한다.

③ 조정부는 제2항에 따른 조정조서를 작성하기 전에 당사자의 의사를 확인하여야 한다.

④ 제2항에 따라 작성된 조정조서는 재판상 화해와 동일한 효력이 있다.

제38조【감정서 등의 열람·복사】 ① 신청인 또는 피신청인은 조정중재원에 감정서, 조정결정서, 조정조서 또는 본인이 제출한 자료의 열람 또는 복사를 신청할 수 있다. (2016.5.29 본항개정)

② 제1항에 따른 열람 또는 복사의 대상·신청방법 및 절차 등에 관하여 필요한 사항은 보건복지부령으로 정한다.

제39조【「민사조정법」의 준용 등】 조정절차에 관하여 이 법에서 규정하지 아니한 사항에 대하여는 「민사조정법」을 준용한다.

제40조【소송과의 관계】 의료분쟁에 관한 소송은 이 법에 따른 조정절차를 거치지 아니하고도 제기할 수 있다.

제41조【비밀누설의 금지】 조정위원, 감정위원, 조사관 및 조정중재원의 임직원으로서 그 업무를 수행하거나 수행하였던 자는 조정 또는 감정 절차의 과정에서 직무상 알게 된 비밀을 누설하여서는 아니 된다.

제42조【시효의 중단】 ① 제27조제1항에 따른 조정의 신청은 시효중단의 효력이 있다. 다만, 그 신청이 취하되거나 각하된 때에는 1개월 이내에 소를 제기하지 아니하면 시효중단의 효력이 없다.
(2018.12.11 본항개정)

② 제1항 본문에 따라 중단된 시효는 다음 각 호의 어느 하나에 해당하는 경우 새로이 진행한다.
(2018.12.11 본항개정)
1. 조정이 성립하였거나 제37조에 따라 조정절차 중 합의가 이루어진 경우
2. 당사자의 일방 또는 쌍방이 조정결정에 동의하지 아니한다는 의사를 표시한 경우
3. 제33조의3에 따라 조정을 하지 아니하는 결정으로 사건이 종결되는 경우

제42조의2【처리기한의 불산입】 다음 각 호의 어느 하나에 해당하는 기간은 제29조제1항 또는 제33조제1항에 따른 감정 또는 조정 처리기한에 산입하지 아니한다. (2018.12.11 본조개정)
1. 조정절차가 개시된 후 당사자가 사망하여 상속인이 수계하는 경우 수계신청서 제출에 필요한 기간
2. 당사자가 감정위원 또는 조정위원에 대하여 기피신청을 한 날부터 그 결정에 이르기까지 소요된 기간

3. 제33조의2제3항에 따라 간이조정절차가 통상의 조정절차로 전환된 경우 간이조정절차에 소요된 기간
4. 그 밖에 후유장해 진단에 소요된 기간 등 보건복지부령으로 정하는 사유가 있는 기간

(2016.5.29 본조신설)

제2절 중 재

제43조【중재】 ① 당사자는 분쟁에 관하여 조정부의 종국적 결정에 따르기로 서면으로 합의하고 중재를 신청할 수 있다.
② 제1항의 중재신청은 조정절차 계속 중에도 할 수 있다. 이 경우 조정절차에 제출된 서면 또는 주장 등은 중재절차에서 제출한 것으로 본다.
③ 당사자는 합의에 따라 대통령령으로 정하는 바에 따라 조정부를 선택할 수 있다.
④ 중재절차에 관하여는 조정절차에 관한 이 법의 규정을 우선 적용하고, 보충적으로 「중재법」을 준용한다.

제44조【중재판정의 효력 등】 ① 중재판정은 확정판결과 동일한 효력이 있다.
② 중재판정에 대한 불복과 중재판정의 취소에 관하여는 「중재법」 제36조를 준용한다.

제4장 의료배상공제조합 및 불가항력 의료사고 보상

제45조【의료배상공제조합의 설립·운영】 ① 보건의료인단체 및 보건의료기관단체는 의료사고에 대한 배상을 목적으로 하는 의료배상공제조합(이하 "공제조합"이라 한다)을 보건복지부장관의 인가를 받아 설립·운영할 수 있다.
② 공제조합은 법인으로 한다.
③ 공제조합은 의료사고에 대한 배상금을 지급하는 공제사업을 운영하여야 한다.
④ 보건의료기관개설자는 자신이 소속되어 있는 보건의료인단체 및 보건의료기관단체가 운영하는 공제조합의 조합원으로 가입할 수 있고, 공제조합에 가입한 경우 공제조합이 정하는 공제료를 납부하여야 한다.
⑤ 공제조합의 설립·운영 등에 관하여 필요한 사항은 보건복지부령으로 정한다.
⑥ 공제조합에 관하여 이 법에서 규정된 사항 외에는 「민법」 중 사단법인에 관한 규정을 준용한다.

제46조【불가항력 의료사고 보상】 ① 조정중재원은 보건의료인이 충분한 주의의무를 다하였음에도 불구하고 불가항력적으로 발생하였다고 의료사고보상심의위원회에서 결정한 분만(分娩)에 따른 의료사고로 인한 피해를 보상하기 위한 사업(이하 "의료사고 보상사업"이라 한다)을 실시한다.
② 보건복지부장관은 의료사고 보상사업에 드는 비용을 부담하여야 한다. (2023.6.13 본항개정)
③ (2023.6.13 삭제)
④ (2023.6.13 삭제)
⑤ 제1항에 따른 의료사고보상심의위원회의 구성 및 운영, 보상의 범위, 보상금의 지급기준 및 절차 등에 관하여 필요한 사항은 대통령령으로 정한다.
(2018.12.11., 2023.6.13 본항개정)

제46조의2【불가항력 의료사고 보상을 위한 자료제공】 조정중재원은 보건의료기관, 「국민건강보험법」에 따른 국민건강보험공단이나 건강보험심사평가원, 지방자치단체 등 관계 기관에 대하여 제46조제1항에 따른 의료사고 보상사업에 드는 비용의 산정 등을 위하여 필요한 자료의 제공을 요청할 수 있다. (2023.6.13 본조개정)
(2016.5.29 본조신설)

제5장 손해배상금 대불

제47조【손해배상금 대불】 ① 의료사고로 인한 피해자가 다음 각 호의 어느 하나에 해당함에도 불구하고 그에 따른 금원을 지급받지 못하였을 경우 미지급금에 대하여 조정중재원에 대불을 청구할 수 있다. 다만, 제3호의 경우 국내 법원에서의 판결이 확정된 경우에 한정한다. (2016.5.29. 본항개정)
1. 조정이 성립되거나 중재판정이 내려진 경우 또는 제37조제1항에 따라 조정절차 중 합의로 조정조서가 작성된 경우
2. 「소비자기본법」 제67조제3항에 따라 조정조서가 작성된 경우
3. 법원이 의료분쟁에 관한 민사절차에서 보건의료기관개설자, 보건의료인, 그 밖의 당사자가 될 수 있는 자에 대하여 금원의 지급을 명하는 집행권원을 작성한 경우

② 제1항에 따른 손해배상금의 대불에 필요한 비용(이하 이 조에서 "대불비용"이라 한다)을 충당하기 위한 재원은 보건의료기관개설자가 부담하여야 한다. (2023.12.29 본항개정)
③ 보건복지부장관은 의료분쟁 발생현황, 대불제도 이용실적, 예상 대불비용 등을 고려하여 보건의료기관개설자별로 부담하여야 하는 대불비용 부담액을 산정·부과·징수하며, 보건의료기관개설자별 대불비용 부담액의 산정과 납부방법 및 관리 등에 필요한 사항은 대통령령으로 정한다. <신설 2023. 12. 29.>
④ 보건복지부장관은 제3항에 따른 보건의료기관개설자별 대불비용 부담액의 산정·부과·징수 업무를 조정중재원에 위탁할 수 있다. 이 경우 조정중

재원은 손해배상금 대불을 위하여 보건복지부령으로 정하는 바에 따라 별도 계정을 설치하여야 한다. (2023.12.29 본항개정)
⑤ 제3항에 따라 보건의료기관개설자가 부담하는 비용은 「국민건강보험법」 제47조제3항에도 불구하고 국민건강보험공단이 요양기관에 지급하여야 할 요양급여비용의 일부를 조정중재원에 지급하는 방법으로 할 수 있다. 이 경우 국민건강보험공단은 요양기관에 지급하여야 할 요양급여비용의 일부를 지급하지 아니하고 이를 조정중재원에 지급하여야 한다. (2011.12.31, 2023.12.29 본항개정)
⑥ 조정중재원은 제1항에 따른 대불청구가 있는 때에는 손해배상 의무가 있는 보건의료기관개설자 또는 보건의료인(이하 이 조에서 "손해배상의무자"라 한다)의 대불금 상환 가능성, 상환 예상액 등 보건복지부령으로 정하는 기준에 따라 심사하고 대불하여야 한다. (2023.12.29 본항개정)
⑦ 조정중재원은 제6항에 따라 손해배상금을 대불한 경우 손해배상의무자에게 그 대불금을 구상할 수 있다. (2023.12.29 본항개정)
⑧ 조정중재원은 제7항에 따라 대불금을 구상함에 있어서 상환이 불가능한 대불금에 대하여 결손처분을 할 수 있다. (2023.12.29 본항개정)
⑨ 제6항에 따른 손해배상금 대불의 대상·범위·절차 및 방법, 제7항에 따른 구상의 절차 및 방법, 제8항에 따른 상환이 불가능한 대불금의 범위 및 결손처분 절차 등에 관하여 필요한 사항은 대통령령으로 정한다. (2023.12.29 본항개정)
[2023.12.29 법률 제19864호에 의하여 2022.7.21 헌법재판소에서 헌법불합치 결정된 이 조 제2항을 개정함.]

제48조【자료의 제공】 ① 원장은 제47조제7항에 따른 구상 및 같은 조 제8항에 따른 결손처분을 위하여 국가·지방자치단체, 「국민건강보험법」에 따른 국민건강보험공단 등 관계 기관에 국세·지방세, 토지·주택·건축물·자동차·선박·항공기, 주민등록·가족관계등록, 국민건강보험·국민연금·고용보험·산업재해보상보험·보훈급여·공무원연금·군인연금·사립학교교직원연금·별정우체국연금·기초연금 등에 관한 자료의 제공을 요청할 수 있다. (2023.12.29 본항개정)
② 제1항에 따른 요청을 받은 기관은 특별한 사유가 없으면 이에 따라야 한다.
(2018.12.11 본조개정)

제6장 보 칙

제49조【송달】 이 법에 따른 문서의 송달에 관하여는 「민사소송법」 중 송달에 관한 규정을 준용한다.

제50조【조정비용 등】 ① 조정중재원은 분쟁의 조정 또는 중재 신청을 하는 자에게 수수료를 납부하게 할 수 있다.
② 조정중재원은 다른 기관 등으로부터 의뢰된 감정에 대하여 그 비용을 징수할 수 있다.
③ 제1항에 따른 수수료 및 제2항에 따른 감정비용의 금액과 납부방법 등에 관하여 필요한 사항은 대통령령으로 정한다.

제51조【조정성립 등에 따른 피해자의 의사】 ① 의료사고로 인하여 「형법」 제268조의 죄 중 업무상과실치상죄를 범한 보건의료인에 대하여는 제36조제3항에 따른 조정이 성립하거나 제37조제2항에 따라 조정절차 중 합의로 조정조서가 작성된 경우 피해자의 명시한 의사에 반하여 공소를 제기할 수 없다. 다만, 피해자가 신체의 상해로 인하여 생명에 대한 위험이 발생하거나 장애 또는 불치나 난치의 질병에 이르게 된 경우에는 그러하지 아니하다.
② 제3장제2절에 따른 중재절차에서 「중재법」 제31조에 따른 화해중재판정서가 작성된 경우에도 제1항과 같다.

제52조【권한의 위임 및 위탁】 ① 보건복지부장관은 이 법에 따른 권한의 일부를 대통령령으로 정하는 바에 따라 시·도지사 또는 시장·군수·구청장에게 위임할 수 있다.
② 보건복지부장관은 이 법에 따른 권한의 일부를 대통령령으로 정하는 바에 따라 조정중재원에 위탁할 수 있다.

제7장 벌 칙

제53조【벌칙】 ① 제41조를 위반하여 직무상 알게 된 비밀을 누설한 사람은 3년 이하의 징역 또는 3천만원 이하의 벌금에 처한다. 다만, 이에 대하여는 피해자 또는 그 대리인의 고소가 있어야 공소를 제기할 수 있다. (2017.3.21 본항개정)
② (2016.5.29 본항삭제)

제54조【과태료】 ① 제28조제5항을 위반하여 조사·열람 또는 복사를 정당한 사유 없이 거부·방해 또는 기피한 사람에게는 1천만원 이하의 과태료를 부과한다. (2016.5.29 본항신설)
② 다음 각 호의 어느 하나에 해당하는 자에게는 500만원 이하의 과태료를 부과한다. (2016.5.29 본항개정)
1. 제9조를 위반하여 동일 또는 유사명칭을 사용한 자
2. (2016.5.29 본호삭제)
3. 제28조제5항에 따른 조사에 필요한 자료 및 물건 등의 제출요구를 받고 정당한 사유 없이 이를

제출하지 아니한 자
4. (2016.5.29 본호삭제)
③ 제1항 및 제2항에 따른 과태료는 대통령령으로 정하는 바에 따라 보건복지부장관, 시·도지사 또는 시장·군수·구청장이 부과·징수한다.
(2016.5.29 본항개정)

부 칙 (2011.4.7)

제1조 【시행일】 이 법은 공포 후 1년이 경과한 날부터 시행한다. 다만, 제46조 및 제51조는 공포 후 2년이 경과한 날부터 시행힌다.
제2조 【위원회의 설립준비】 ① 보건복지부장관은 이 법의 공포일부터 3개월 이내에 조정중재원의 설립에 관한 사무를 처리하게 하기 위하여 설립준비위원회(이하 "준비위원회"라 한다)를 구성한다.
② 준비위원회는 설립준비위원장(이하 "준비위원장"이라 한다)을 포함한 9명 이내의 설립준비위원(이하 "준비위원"이라 한다)으로 구성한다.
③ 준비위원장과 준비위원은 보건의료인단체 및 보건의료기관단체의 장이 추천한 사람, 「비영리민간단체 지원법」 제2조에 따른 비영리민간단체에서 추천한 사람 및 관계 공무원 중에서 보건복지부장관이 임명 또는 위촉한다.
④ 준비위원회는 이 법 시행 전까지 정관을 작성하여 보건복지부장관의 인가를 받아야 한다.
⑤ 준비위원장은 제4항에 따라 인가를 받은 때에는 조정중재원의 설립등기를 한 후 원장에게 사무를 인계하여야 한다.
⑥ 준비위원장 및 준비위원은 제5항에 따른 사무인계가 끝난 때에는 해임 또는 해촉된 것으로 본다.
제3조 【의료분쟁에 관한 적용례】 이 법은 이 법 시행 후 최초로 종료된 의료행위등으로 인하여 발생한 의료사고부터 적용한다.
제4조 【공제조합 인가에 관한 경과조치】 이 법 시행 당시 종전의 「의료법」 제31조제1항에 따라 공제사업의 신고를 한 자는 제45조제1항에 따른 인가를 받은 것으로 본다. 다만, 이 법 시행일부터 1년 이내에 이 법에 따른 요건을 갖추어 제45조제1항에 따라 인가를 받아야 한다.
제5조 【분쟁조정에 관한 경과조치】 이 법 시행 전에 발생한 의료행위등으로 인한 의료사고의 분쟁조정에 관하여는 종전의 규정에 따른다.

부 칙 (2011.12.31) (국민건강보험법)

제1조 【시행일】 이 법은 2012년 9월 1일부터 시행한다. (단서 생략)

부 칙 (2016.5.29)

제1조 【시행일】 이 법은 공포 후 6개월이 경과한 날부터 시행한다.
제2조 【자동조정개시에 관한 적용례】 제27조제9항의 개정규정은 이 법 시행 후 최초로 종료된 의료행위 등으로 인하여 발생한 의료사고부터 적용한다.
제3조 【벌칙 또는 행정처분에 관한 경과조치】 이 법 시행 전의 행위에 대한 벌칙 또는 행정처분을 적용할 때에는 종전의 규정에 따른다.

부 칙 (2017.3.21)

이 법은 공포한 날부터 시행한다.

부 칙 (2018.12.11)

이 법은 공포 후 6개월이 경과한 날부터 시행한다. 다만, 제2조의 개정규정은 공포한 날부터, 제27조제9항제2호의 개정규정은 2019년 7월 1일부터 시행한다.

부 칙 (2020.4.7)

이 법은 공포한 날부터 시행한다. 다만, 제33조의2의 개정규정은 공포 후 6개월이 경과한 날부터 시행한다.

부 칙 (2023.6.13)

제1조 【시행일】 이 법은 공포 후 6개월이 경과한 날부터 시행한다.
제2조 【불가항력 의료사고 보상에 관한 경과조치】 이 법 시행 당시 종전의 제46조제3항에 따라 보건의료기관개설자 등에게 부과된 의료사고 보상사업 비용 분담금은 제46조 및 제46조의2의 개정규정에도 불구하고 종전의 규정에 따른다.

부 칙 (2023.12.29)

이 법은 2024년 1월 1일부터 시행한다.

부 칙 (2024.9.20) (간호법)

제1조 【시행일】 이 법은 공포 후 9개월이 경과한 날부터 시행한다. (이하 생략)

가족관계의 등록 등에 관한 법률

(2007년 5월 17일 법 률 제8435호)

개정
2007. 7.23법8541호(국민연금)
2009.12.29법9832호
2010. 5. 4법10275호(국적)
2010. 5. 4법10279호
2013. 3.23법11690호(정부조직법)
2013. 7.30법11950호 2014. 1. 7법12183호
2014.10.15법12774호 2014.12.30법12878호
2015. 2. 3법13124호 2015. 5.18법13285호
2016. 5.29법14169호 2017.10.31법14963호
2020. 2. 4법16907호 → 2020. 8. 5 시행
2020.12.22법17689호 2021. 3.16법17928호
2021.12.28.법18651호 2023. 7.18법19547호
2023.12.26법19841호 → 2024.12.27 시행

제1장 총 칙

제1조【목적】 이 법은 국민의 출생·혼인·사망 등 가족관계의 발생 및 변동사항에 관한 등록과 그 증명에 관한 사항을 규정함을 목적으로 한다.

제2조【관장】 가족관계의 발생 및 변동사항에 관한 등록과 그 증명에 관한 사무(이하 "등록사무"라 한다)는 대법원이 관장한다.

제3조【권한의 위임】 ① 대법원장은 등록사무의 처리에 관한 권한을 시·읍·면의 장(도농복합형태의 시에 있어서 동지역에 대하여는 시장, 읍·면지역에 대하여는 읍·면장으로 한다. 이하 같다)에게 위임한다.

② 특별시 및 광역시와 구를 둔 시에 있어서는 이 법 중 시, 시장 또는 시의 사무소라 함은 각각 구, 구청장 또는 구의 사무소를 말한다. 다만, 광역시에 있어서 군지역에 대하여는 읍·면, 읍·면의 장 또는 읍·면의 사무소를 말한다.

③ 대법원장은 등록사무의 감독에 관한 권한을 시·읍·면의 사무소 소재지를 관할하는 가정법원장에게 위임한다. 다만, 가정법원지원장은 가정법원장의 명을 받아 그 관할 구역 내의 등록사무를 감독한다.

제4조【등록사무처리】 제3조에 따른 등록사무는 가족관계의 발생 및 변동사항의 등록(이하 "등록"이라 한다)에 관한 신고 등을 접수하거나 수리한 신고지의 시·읍·면의 장이 처리한다.

제4조의2【재외국민 등록사무처리에 관한 특례】 ① 제3조 및 제4조에도 불구하고, 대법원장은 외국에 거주하거나 체류하는 대한민국 국민(이하 "재외국민"이라 한다)에 관한 등록사무를 법원서기관, 법원사무관, 법원주사 또는 법원주사보(이하 "가족관계등록관"이라 한다)로 하여금 처리하게 할 수 있다.

② 재외국민에 관한 등록사무의 처리 및 지원을 위하여 법원행정처에 재외국민 가족관계등록사무소를 두고, 그 구성, 운영 등 필요한 사항은 대법원규칙으로 정한다.

③ 재외국민 가족관계등록사무소 가족관계등록관의 등록사무처리에 관하여는 시·읍·면의 장의 등록사무처리에 관한 규정 중 제3조제3항, 제5조, 제11조, 제14조, 제18조, 제22조, 제23조의3, 제29조, 제31조, 제38조부터 제43조까지, 제109조부터 제111조까지, 제114조부터 제116조까지를 준용한다.

(2015.2.3 본조신설)

제5조【직무의 제한】 ① 시·읍·면의 장은 등록에 관한 증명서 발급사무를 제외하고 자기 또는 자기와 4촌 이내의 친족에 관한 등록사건에 관하여는 그 직무를 행할 수 없다.

② 등록사건 처리에 관하여 시·읍·면의 장을 대리하는 사람도 제1항과 같다.

제6조【수수료 등의 귀속】 ① 이 법의 규정에 따라 납부하는 수수료 및 과태료는 등록사무를 처리하는 해당 지방자치단체의 수입으로 한다. 다만, 다음 각 호의 어느 하나에 해당하는 경우에는 그러하지 아니하다. (2015.2.3 본항개정)

1. 제12조제2항에 따라 전산정보중앙관리소 소속 공무원이 증명서를 발급하는 경우

1의2. 제4조의2에 따른 재외국민 가족관계등록사무소에 수수료를 납부하는 경우

2. 제120조 및 제123조에 따라 가정법원이 과태료를 부과하는 경우
3. 제124조제3항에 따라 가정법원이 「비송사건절차법」에 따른 과태료 재판을 하는 경우

② 제1항의 수수료의 금액은 대법원규칙으로 정한다.

제7조【비용의 부담】 제3조에 따라 시·읍·면의 장에게 위임한 등록사무에 드는 비용은 국가가 부담한다.

제8조【대법원규칙】 이 법 시행에 관하여 필요한 사항은 대법원규칙으로 정한다.

제2장 가족관계등록부의 작성과 등록사무의 처리

제9조【가족관계등록부의 작성 및 기록사항】 ① 가족관계등록부(이하 "등록부"라 한다)는 전산정보처리조직에 의하여 입력·처리된 가족관계 등록사항(이하 "등록사항"이라 한다)에 관한 전산정보자료를 제10조의 등록기준지에 따라 개인별로 구분하

여 작성한다.
② 등록부에는 다음 사항을 기록하여야 한다. (2010.5.4 본항개정)
1. 등록기준지
2. 성명 · 본 · 성별 · 출생연월일 및 주민등록번호
3. 출생 · 혼인 · 사망 등 가족관계의 발생 및 변동에 관한 사항
4. 가족으로 기록할 자가 대한민국 국민이 아닌 사람(이하 "외국인"이라 한다)인 경우에는 성명 · 성별 · 출생연월일 · 국적 및 외국인등록번호(외국인등록을 하지 아니한 외국인의 경우에는 대법원규칙으로 정하는 바에 따른 국내거소신고번호 등을 말한다. 이하 같다)
5. 그 밖에 가족관계에 관한 사항으로서 대법원규칙으로 정하는 사항

제10조【등록기준지의 결정】 ① 출생 또는 그 밖의 사유로 처음으로 등록을 하는 경우에는 등록기준지를 정하여 신고하여야 한다.
② 등록기준지는 대법원규칙으로 정하는 절차에 따라 변경할 수 있다.

제11조【전산정보처리조직에 의한 등록사무의 처리 등】 ①시 · 읍 · 면의 장은 등록사무를 전산정보처리조직에 의하여 처리하여야 한다.
② 본인이 사망하거나 실종선고 · 부재선고를 받은 때, 국적을 이탈하거나 상실한 때 또는 그 밖에 대법원규칙으로 정한 사유가 발생한 때에는 등록부를 폐쇄한다.
③ 등록부와 제2항에 따라 폐쇄한 등록부(이하 "폐쇄등록부"라 한다)는 법원행정처장이 보관 · 관리한다.
④ 법원행정처장은 등록부 또는 폐쇄등록부(이하 "등록부등"이라 한다)에 기록되어 있는 등록사항과 동일한 전산정보자료를 따로 작성하여 관리하여야 한다.
⑤ 등록부등의 전부 또는 일부가 손상되거나 손상될 염려가 있는 때에는 법원행정처장은 대법원규칙으로 정하는 바에 따라 등록부등의 복구 등 필요한 처분을 명할 수 있다.
⑥ 등록부등을 관리하는 사람 또는 등록사무를 처리하는 사람은 이 법이나 그 밖의 법에서 규정하는 사유가 아닌 다른 사유로 등록부등에 기록된 등록사항에 관한 전산정보자료(이하 "등록전산정보자료"라 한다)를 이용하거나 다른 사람(법인을 포함한다)에게 자료를 제공하여서는 아니 된다.

제12조【전산정보중앙관리소의 설치 등】 ① 등록부등의 보관과 관리, 전산정보처리조직에 의한 등록사무처리의 지원 및 등록전산정보자료의 효율적인 활용을 위하여 법원행정처에 전산정보중앙관리소(이하 "중앙관리소"라 한다)를 둔다. 이 경우 국적 관련 통보에 따른 등록사무처리에 관하여는 대법원규칙으로 정하는 바에 따라 법무부와 전산정보처리조직을 연계하여 운영한다.
② 법원행정처장은 필요한 경우 중앙관리소 소속 공무원으로 하여금 제15조에 규정된 증명서의 발급사무를 하게 할 수 있다.

제13조【등록전산정보자료의 이용 등】 ① 등록전산정보자료를 이용 또는 활용하고자 하는 사람은 관계 중앙행정기관의 장의 심사를 거쳐 법원행정처장의 승인을 받아야 한다. 다만, 중앙행정기관의 장이 등록전산정보자료를 이용하거나 활용하고자 하는 경우에는 법원행정처장과 협의하여야 한다.
② 제1항에 따라 등록전산정보자료를 이용 또는 활용하고자 하는 사람은 본래의 목적 외의 용도로 이용하거나 활용하여서는 아니 된다.
③ 제1항에 따른 등록전산정보자료의 이용 또는 활용과 그 사용료 등에 관하여 필요한 사항은 대법원규칙으로 정한다.

제14조【증명서의 교부 등】 ① 본인 또는 배우자, 직계혈족(이하 "본인등"이라 한다)은 제15조에 규정된 등록부등의 기록사항에 관하여 발급할 수 있는 증명서(이하 "등록사항별 증명서"라 한다)의 교부를 청구할 수 있고, 본인등의 대리인이 청구하는 경우에는 본인등의 위임을 받아야 한다. 다만, 다음 각 호의 어느 하나에 해당하는 경우에는 본인등이 아닌 경우에도 교부를 신청할 수 있다. (2017.10.31, 2021.12.28 본항개정)
1. 국가 또는 지방자치단체가 직무상 필요에 따라 문서로 신청하는 경우
2. 소송 · 비송 · 민사집행의 각 절차에서 필요한 경우
3. 다른 법령에서 본인등에 관한 증명서를 제출하도록 요구하는 경우
4. 그 밖에 대법원규칙으로 정하는 정당한 이해관계가 있는 사람이 신청하는 경우

② 제15조제1항제5호의 친양자입양관계증명서는 다음 각 호의 어느 하나에 해당하는 경우에 한하여 교부를 청구할 수 있다.
1. 친양자가 성년이 되어 신청하는 경우
2. 혼인당사자가 「민법」 제809조의 친족관계를 파악하고자 하는 경우
3. 법원의 사실조회촉탁이 있거나 수사기관이 수사상 필요에 따라 문서로 신청하는 경우
4. 그 밖에 대법원규칙으로 정하는 경우

③ 제1항 및 제2항에 따라 증명서의 교부를 청구하는 사람은 수수료를 납부하여야 하며, 증명서의 송부를 신청하는 경우에는 우송료를 따로 납부하여야 한다.
④ 시 · 읍 · 면의 장은 제1항 및 제2항의 청구가 등록부에 기록된 사람에 대한 사생활의 비밀을 침해하는 등 부당한 목적에 의한 것이 분명하다고 인정

되는 때에는 증명서의 교부를 거부할 수 있다.
⑤ 등록사항별 증명서를 제출할 것을 요구하는 자는 사용목적에 필요한 최소한의 등록사항이 기록된 일반증명서 또는 특정증명서를 요구하여야 하며, 상세증명서를 요구하는 경우에는 그 이유를 설명하여야 한다. 제출받은 증명서를 사용목적 외의 용도로 사용하여서는 아니 된다. (2009.12.29 본항신설, 2016.5.29, 2021.12.28 본항개정)
⑥ 제1항부터 제5항까지의 규정은 폐쇄등록부에 관한 증명서 교부의 경우에도 준용한다.
(2009.12.29 본항개정)
⑦ 본인 또는 배우자, 부모, 자녀는 대법원규칙으로 정하는 바에 따라 등록부등의 기록사항의 전부 또는 일부에 대하여 전자적 방법에 의한 열람을 청구할 수 있다. 다만, 친양자입양관계증명서의 기록사항에 대하여는 친양자가 성년이 된 이후에만 청구할 수 있다. (2013.7.30 본항신설)
⑧ 「가정폭력범죄의 처벌 등에 관한 특례법」 제2조제5호에 따른 피해자(이하 "가정폭력피해자"라 한다) 또는 그 대리인은 가정폭력피해자의 배우자 또는 직계혈족을 지정(이하 "교부제한대상자"라 한다)하여 시·읍·면의 장에게 제1항 및 제2항에 따른 가정폭력피해자 본인의 등록사항별 증명서의 교부를 제한하거나 그 제한을 해지하도록 신청할 수 있다. (2021.12.28 본항신설)
⑨ 시·읍·면의 장은 제8항에 따른 신청을 받은 때에는 제1항 및 제2항에도 불구하고 교부제한대상자 또는 그 대리인에게 가정폭력피해자 본인의 등록사항별 증명서를 교부하지 아니할 수 있다. (2021.12.28 본항신설)
⑩ 제9항에 따른 교부제한대상자에게는 제7항에도 불구하고 가정폭력피해자 본인의 등록부등의 기록사항을 열람하게 하지 아니한다. (2021.12.28 본항신설)
⑪ 제8항 및 제9항에 따른 신청·해지 절차, 제출서류 등에 필요한 구체적인 사항은 대법원규칙으로 정한다. (2021.12.28 본항신설)
[2017. 10. 31. 법률 제14963호에 의하여 2016. 6. 30. 헌법재판소에서 위헌 결정된 이 조 제1항을 개정함.]
[2021. 12. 28. 법률 제18651호에 의하여 2020. 8. 28. 헌법재판소에서 헌법불합치 결정된 이 조 제1항을 개정함.]

제14조의2【인터넷에 의한 증명서 발급】 ① 등록사항별 증명서의 발급사무는 인터넷을 이용하여 처리할 수 있다.
② 제1항에 따른 발급은 본인 또는 배우자, 부모, 자녀가 신청할 수 있다.
③ 제1항 및 제2항에도 불구하고 제14조제9항에 따른 교부제한대상자에게는 가정폭력피해자 본인의 등록사항별 증명서를 발급하지 아니한다. (2021.12.28 본항신설)
④ 제1항에 따른 발급의 범위, 절차 및 방법 등 필요한 사항은 대법원규칙으로 정한다. (2021.12.28 본항개정)
(2013.7.30 본조신설)

제14조의3【무인증명서발급기에 의한 증명서 발급】 ① 시·읍·면의 장은 신청인 스스로 입력하여 등록사항별 증명서를 발급받을 수 있는 장치를 이용하여 증명서의 발급사무를 처리할 수 있다.
② 제1항에 따른 발급은 본인에게만 할 수 있다.
③ 제1항에 따른 발급의 범위, 절차 및 방법 등 필요한 사항은 대법원규칙으로 정한다.
(2013.7.30 본조신설)

제15조【증명서의 종류 및 기록사항】 ① 등록부등의 기록사항은 다음 각 호의 증명서별로 제2항에 따른 일반증명서와 제3항에 따른 상세증명서로 발급한다. 다만, 외국인의 기록사항에 관하여는 성명·성별·출생연월일·국적 및 외국인등록번호를 기재하여 증명서를 발급하여야 한다. (2009.12.29, 2010.5.4, 2016.5.29 본항개정)
1. 가족관계증명서
   가. (2016.5.29 삭제)
   나. (2016.5.29 삭제)
   다. (2016.5.29 삭제)
2. 기본증명서
   가. (2016.5.29 삭제)
   나. (2016.5.29 삭제)
3. 혼인관계증명서
   가. (2016.5.29 삭제)
   나. (2016.5.29 삭제)
   다. (2016.5.29 삭제)
4. 입양관계증명서
   가. (2016.5.29 삭제)
   나. (2016.5.29 삭제)
   다. (2016.5.29 삭제)
5. 친양자입양관계증명서
   가. (2016.5.29 삭제)
   나. (2016.5.29 삭제)
   다. (2016.5.29 삭제)

② 제1항 각 호의 증명서에 대한 일반증명서의 기재사항은 다음 각 호와 같다. (2016.5.29 본항개정)
1. 가족관계증명서
   가. 본인의 등록기준지·성명·성별·본·출생연월일 및 주민등록번호
   나. 부모의 성명·성별·본·출생연월일 및 주민등록번호(입양의 경우 양부모를 부모로 기록한다. 다만, 단독입양한 양부가 친생모와 혼인관계에 있는 때에는 양부와 친생모를, 단독입양한 양모가 친생부와 혼인관계에 있는 때

에는 양모와 친생부를 각각 부모로 기록한다)
다. 배우자, 생존한 현재의 혼인 중의 자녀의 성명·성별·본·출생연월일 및 주민등록번호
2. 기본증명서
가. 본인의 등록기준지·성명·성별·본·출생연월일 및 주민등록번호
나. 본인의 출생, 사망, 국적상실에 관한 사항
3. 혼인관계증명서
가. 본인의 등록기준지·성명·성별·본·출생연월일 및 주민등록번호
나. 배우자의 성명·성별·본·출생연월일 및 주민등록번호
다. 현재의 혼인에 관한 사항
4. 입양관계증명서
가. 본인의 등록기준지·성명·성별·본·출생연월일 및 주민등록번호
나. 친생부모·양부모 또는 양자의 성명·성별·본·출생연월일 및 주민등록번호
다. 현재의 입양에 관한 사항
5. 친양자입양관계증명서
가. 본인의 등록기준지·성명·성별·본·출생연월일 및 주민등록번호
나. 친생부모·양부모 또는 친양자의 성명·성별·본·출생연월일 및 주민등록번호
다. 현재의 친양자 입양에 관한 사항

③ 제1항 각 호의 증명서에 대한 상세증명서의 기재사항은 제2항에 따른 일반증명서의 기재사항에 다음 각 호의 사항을 추가한 것으로 한다.
(2016.5.29 본항신설)
1. 가족관계증명서: 모든 자녀의 성명·성별·본·출생연월일 및 주민등록번호
2. 기본증명서: 국적취득 및 회복 등에 관한 사항
3. 혼인관계증명서: 혼인 및 이혼에 관한 사항
4. 입양관계증명서: 입양 및 파양에 관한 사항
5. 친양자입양관계증명서: 친양자 입양 및 파양에 관한 사항

④ 제1항에도 불구하고 같은 항 각 호의 증명서 중 대법원규칙으로 정하는 증명서에 대해서는 해당 증명서의 상세증명서 기재사항 중 신청인이 대법원규칙으로 정하는 바에 따라 선택한 사항을 기재한 특정증명서를 발급한다. (2016.5.29 본항신설)

⑤ 제2항부터 제4항까지의 규정에 따른 일반증명서·상세증명서·특정증명서, 가족관계에 관한 그 밖의 증명서 및 가족관계 기록사항에 관하여 필요한 사항은 대법원규칙으로 정한다.
(2009.12.29, 2016.5.29 본항개정)

〔시행미지정〕 제15조의 개정규정 중 특정증명서에 관한 부분은 이 법 공포 후 5년의 범위에서 대법원규칙으로 정하는 날부터 시행

제15조의2 【가정폭력피해자에 관한 기록사항의 공시 제한】 ① 가정폭력피해자 또는 그 대리인은 가정폭력피해자의 배우자 또는 직계혈족(배우자 또는 직계혈족이었던 사람을 포함한다)을 지정(이하 "공시제한대상자"라 한다)하여 시·읍·면의 장에게 등록부등 중 가정폭력피해자에 관한 기록사항을 가리도록 제한하거나 그 제한을 해지하도록 신청할 수 있다.

② 시·읍·면의 장은 제1항에 따른 신청을 받은 때에는 다음 각 호의 구분에 따른 사람에게 제14조제1항 및 제2항에 따른 등록사항별 증명서를 교부하거나 제14조의3에 따른 등록사항별 증명서를 발급할 때 가정폭력피해자에 관한 기록사항을 가리고 교부하거나 발급할 수 있다. 다만, 제14조제1항 각 호에 해당하여 등록사항별 증명서를 교부할 때에는 해당 사항을 가리지 아니하고 교부할 수 있다.
1. 공시제한대상자의 등록사항별 증명서: 공시제한대상자 본인등 또는 그 대리인
2. 공시제한대상자의 배우자 또는 직계혈족으로서 가정폭력피해자가 아닌 사람의 등록사항별 증명서: 공시제한대상자 또는 그 대리인

③ 제2항 각 호의 구분에 따른 사람에게 제14조제7항에 따라 등록부등의 기록사항을 열람하게 하거나 제14조의2에 따라 등록사항별 증명서를 발급하는 경우에는 가정폭력피해자에 관한 기록사항을 가리고 열람하게 하거나 해당 사항을 가리고 발급한다.

④ 제1항부터 제3항까지의 규정에 따른 공시의 제한·해지 신청, 공시 제한 범위·방법 등에 필요한 구체적인 사항은 대법원규칙으로 정한다.
(2021.12.28 본조신설)

제3장 등록부의 기록

제16조 【등록부의 기록절차】 등록부는 신고, 통보, 신청, 증서의 등본, 항해일지의 등본 또는 재판서에 의하여 기록한다.

제17조 【등록부가 없는 사람】 가족관계등록이 되어 있지 아니한 사람에 대하여 등록사항을 기록하여야 할 때에는 새로 등록부를 작성한다.

제18조 【등록부의 정정】 ① 등록부의 기록이 법률상 무효인 것이거나 그 기록에 착오 또는 누락이 있음을 안 때에는 시·읍·면의 장은 지체 없이 신고인 또는 신고사건의 본인에게 그 사실을 통지하여야 한다. 다만, 그 착오 또는 누락이 시·읍·면의 장의 잘못으로 인한 것인 때에는 그러하지 아니하다.

② 제1항 본문의 통지를 할 수 없을 때 또는 통지를 하였으나 정정신청을 하는 사람이 없는 때 또는 그 기록의 착오 또는 누락이 시·읍·면의 장의 잘못으로 인한 것인 때에는 시·읍·면의 장은 감독법원의 허가를 받아 직권으로 정정할 수 있다. 다만, 대법원규칙으로 정하는 경미한 사항인 경우에

는 시·읍·면의 장이 직권으로 정정하고, 감독법원에 보고하여야 한다. (2013.7.30 본항개정)
③ 국가 또는 지방자치단체의 공무원이 그 직무상 등록부의 기록에 착오 또는 누락이 있음을 안 때에는 지체 없이 신고사건의 본인의 등록기준지의 시·읍·면의 장에게 통지하여야 한다. 이 경우 통지를 받은 시·읍·면의 장은 제1항 및 제2항에 따라 처리한다.
제19조【등록부의 행정구역, 명칭 등의 변경】 ① 행정구역 또는 토지의 명칭이 변경된 때에는 등록부의 기록은 정정된 것으로 본다. 이 경우 시·읍·면의 장은 그 기록사항을 경정하여야 한다.
② 시·읍·면의 장은 지번의 변경이 있을 때에는 등록부의 기록을 경정하여야 한다.

제4장 신 고

제1절 통 칙

제20조【신고의 장소】 ① 이 법에 따른 신고는 신고사건 본인의 등록기준지 또는 신고인의 주소지나 현재지에서 할 수 있다. 다만, 재외국민에 관한 신고는 재외국민 가족관계등록사무소에서도 할 수 있다. (2015.2.3 본항개정)
② 외국인에 관한 신고는 그 거주지 또는 신고인의 주소지나 현재지에서 할 수 있다. (2010.5.4 본항개정)
제21조【출생·사망의 동 경유 신고 등】 ① 시에 있어서 출생·사망의 신고는 그 신고의 장소가 신고사건 본인의 주민등록지 또는 주민등록을 할 지역과 같은 경우에는 신고사건 본인의 주민등록지 또는 주민등록을 할 지역을 관할하는 동을 거쳐 할 수 있다.
② 제1항의 경우 동장은 소속 시장을 대행하여 신고서를 수리하고, 동이 속하는 시의 장에게 신고서를 송부하며, 그 밖에 대법원규칙으로 정하는 등록사무를 처리한다.
제22조【신고 후 등록되어 있음이 판명된 때 등】 등록되어 있는지가 분명하지 아니한 사람 또는 등록되어 있지 아니하거나 등록할 수 없는 사람에 관한 신고가 수리된 후 그 사람에 관하여 등록되어 있음이 판명된 때 또는 등록할 수 있게 된 때에는 신고인 또는 신고사건의 본인은 그 사실을 안 날부터 1개월 이내에 수리된 신고사건을 표시하여 처음 그 신고를 수리한 시·읍·면의 장에게 그 사실을 신고하여야 한다.
제23조【신고방법】 ① 신고는 서면이나 말로 할 수 있다.
② 신고로 인하여 효력이 발생하는 등록사건에 관하여 신고사건 본인이 시·읍·면에 출석하지 아니하는 경우에는 신고사건 본인의 주민등록증(모바일 주민등록증을 포함한다)·운전면허증·여권, 그 밖에 대법원규칙으로 정하는 신분증명서(이하 이 항에서 "신분증명서"라 한다)를 제시하거나 신고서에 신고사건 본인의 인감증명서를 첨부하여야 한다. 이 경우 본인의 신분증명서를 제시하지 아니하거나 본인의 인감증명서를 첨부하지 아니한 때에는 신고서를 수리하여서는 아니 된다. (2023.12.26 본항개정)
제23조의2【전자문서를 이용한 신고】 ① 제23조에도 불구하고 대법원규칙으로 정하는 등록에 관한 신고는 전산정보처리조직을 이용하여 전자문서로 할 수 있다. (2020.2.4 본항개정)
② 제1항에 따른 신고는 신고사건 본인의 등록기준지 시·읍·면의 장이 처리한다. 다만, 신고사건 본인의 등록기준지가 없는 경우에는 신고인의 주소지 시·읍·면의 장이 처리하고, 재외국민에 관한 신고인 경우에는 재외국민 가족관계등록사무소의 가족관계등록관이 처리하며, 외국인에 관한 신고인 경우에는 그 거주지 시·읍·면의 장이 처리한다. (2015.2.3 본항개정)
③ 제2항에도 불구하고 제1항에 따른 신고는 신고처리의 편의를 위하여 대법원규칙으로 정하는 바에 따라 다른 시·읍·면의 장이 처리할 수 있다. (2020.2.4 본항신설)
④ 시에 있어서 제2항 및 제3항에 따른 신고 처리는 대법원규칙으로 정하는 바에 따라 동장이 소속 시장을 대행하여 할 수 있다. (2020.2.4 본항신설)
⑤ 제1항에 따른 신고는 이 법 및 대법원규칙으로 정하는 정보가 전산정보처리조직에 저장된 때에 접수된 것으로 본다. (2020.2.4 본항신설)
⑥ 제1항에 따른 신고의 불수리 통지는 제43조에도 불구하고 전산정보처리조직을 이용하여 전자문서로 할 수 있다. (2020.2.4 본항개정)
(2013.7.30 본조신설)
제23조의3【첨부서류의 전자적 확인】 ① 시·읍·면의 장이 등록사무를 처리하는 전산정보처리조직을 통하여 첨부서류에 대한 정보를 확인할 수 있는 경우에는 그 확인으로 해당 서류의 첨부를 갈음한다.
② 제1항에 따라 확인이 가능한 첨부서류의 종류는 대법원규칙으로 정한다.
(2013.7.30 본조신설)
제24조【신고서 양식】 신고서 양식은 대법원예규로 정한다. 이 경우 가족관계에 관한 등록신고가 다른 법령으로 규정한 신고를 갈음하는 경우에 당해 신고서 양식을 정함에 있어서는 미리 관계부처의 장과 협의하여야 한다.
제25조【신고서 기재사항】 ① 신고서에는 다음

사항을 기재하고 신고인이 서명하거나 기명날인하여야 한다.
1. 신고사건
2. 신고연월일
3. 신고인의 출생연월일·주민등록번호·등록기준지 및 주소
4. 신고인과 신고사건의 본인이 다른 때에는 신고사건의 본인의 등록기준지·주소·성명·출생연월일 및 주민등록번호와 신고인의 자격

② 이 법에 따라 신고서류를 작성한 경우 그 신고서류에 주민등록번호를 기재한 때에는 출생연월일의 기재를 생략할 수 있다.

제26조【신고하여야 할 사람이 미성년자 또는 피성년후견인인 경우】 ① 신고하여야 할 사람이 미성년자 또는 피성년후견인인 경우에는 친권자, 미성년후견인 또는 성년후견인을 신고의무자로 한다. 다만, 미성년자 또는 피성년후견인 본인이 신고를 하여도 된다.

② 제1항 본문에 따라 친권자, 미성년후견인 또는 성년후견인이 신고하는 경우에는 신고서에 다음 각 호의 사항을 적어야 한다.
1. 신고하여야 할 미성년자 또는 피성년후견인의 성명·출생연월일·주민등록번호 및 등록기준지
2. 신고하여야 할 사람이 미성년자 또는 피성년후견인이라는 사실
3. 신고인이 친권자, 미성년후견인 또는 성년후견인이라는 사실

제27조【동의가 불필요한 미성년자 또는 피성년후견인의 신고】 ① 미성년자 또는 피성년후견인이 그 법정대리인의 동의 없이 할 수 있는 행위에 관하여는 미성년자 또는 피성년후견인이 신고하여야 한다.

② 피성년후견인이 신고하는 경우에는 신고서에 신고사건의 성질 및 효과를 이해할 능력이 있음을 증명할 수 있는 진단서를 첨부하여야 한다.

제28조【증인을 필요로 하는 신고】 증인을 필요로 하는 사건의 신고에 있어서는 증인은 신고서에 주민등록번호 및 주소를 기재하고 서명하거나 기명날인하여야 한다.

제29조【부존재 또는 부지의 사항】 신고서에 기재하여야 할 사항으로서 존재하지 아니하거나 알지 못하는 것이 있을 때에는 그 취지를 기재하여야 한다. 다만, 시·읍·면의 장은 법률상 기재하여야 할 사항으로서 특히 중요하다고 인정되는 사항을 기재하지 아니한 신고서는 수리하여서는 아니 된다.

제30조【법령 규정사항 이외의 기재사항】 신고서에는 이 법 또는 다른 법령으로 정하는 사항 외에 등록부에 기록하여야 할 사항을 더욱 분명하게 하기 위하여 필요한 사항이 있으면 이러한 사항도 기재하여야 한다.

제31조【말로 하는 신고 등】 ① 말로 신고하려 할 때에는 신고인은 시·읍·면의 사무소에 출석하여 신고서에 기재하여야 할 사항을 진술하여야 한다.

② 시·읍·면의 장은 신고인의 진술 및 신고연월일을 기록하여 신고인에게 읽어 들려주고 신고인으로 하여금 그 서면에 서명하거나 기명날인하게 하여야 한다.

③ 제1항 및 제2항의 경우에 신고인이 질병 또는 그 밖의 사고로 출석할 수 없는 때에는 대리인으로 하여금 신고하게 할 수 있다. 다만, 제55조, 제56조, 제61조, 제63조, 제71조 및 제74조의 신고는 그러하지 아니하다.

제32조【동의, 승낙 또는 허가를 요하는 사건의 신고】 ① 신고사건에서 부모 또는 다른 사람의 동의나 승낙이 필요한 경우에는 신고서에 그 동의나 승낙을 증명하는 서면을 첨부하여야 한다. 이 경우 동의나 승낙을 한 사람으로 하여금 신고서에 그 사유를 적고 서명 또는 기명날인하게 함으로써 그 서면의 첨부를 갈음할 수 있다. (2013.7.30 본항개정)

② 신고사건, 신고인 또는 신고사항 등에 있어서 재판 또는 관공서의 허가를 요하는 사항이 있는 경우에는 신고서에 그 재판서 또는 허가서의 등본을 첨부하여야 한다.

제33조【신고서에 관한 준용규정】 신고서에 관한 규정은 제31조제2항 및 제32조제1항의 서면에 준용한다.

제34조【외국에서 하는 신고】 재외국민은 이 법에서 정하는 바에 따라 그 지역을 관할하는 대한민국재외공관(이하 "재외공관"이라 한다)의 장에게 신고하거나 신청을 할 수 있다. (2015.2.3 본조개정)

제35조【외국의 방식에 따른 증서의 등본】 ① 재외국민이 그 나라의 방식에 따라 신고사건에 관한 증서를 작성한 경우에는 3개월 이내에 그 지역을 관할하는 재외공관의 장에게 그 증서의 등본을 제출하여야 한다. (2015.2.3 본항개정)

② 대한민국의 국민이 있는 지역이 재외공관의 관할에 속하지 아니하는 경우에는 3개월 이내에 등록기준지의 시·읍·면의 장 또는 재외국민 가족관계등록사무소의 가족관계등록관에게 증서의 등본을 발송하여야 한다. (2015.2.3 본항개정)

제36조【외국에서 수리한 서류의 송부】 ①재외공관의 장은 제34조 및 제35조에 따라 서류를 수리한 때에는 1개월 이내에 외교부장관을 경유하여 재외국민 가족관계등록사무소의 가족관계등록관에게 송부하여야 한다. (2013.3.23, 2015.2.3 본항개정)

② 제1항에 따른 서류의 송부는 대법원규칙으로 정하는 바에 따라 전산정보처리조직을 이용하여 할 수 있다. 이 경우 해당 서류 원본의 보존, 그 밖에 필요한 사항은 대법원규칙으로 정한다. (2015.2.3

본항신설)

제37조【신고기간의 기산점】 ① 신고기간은 신고사건 발생일부터 기산한다.

② 재판의 확정일부터 기간을 기산하여야 할 경우에 재판이 송달 또는 교부 전에 확정된 때에는 그 송달 또는 교부된 날부터 기산한다.

제38조【신고의 최고】 ① 시·읍·면의 장은 신고를 게을리 한 사람을 안 때에는 상당한 기간을 정하여 신고의무자에 대하여 그 기간 내에 신고할 것을 최고(催告)하여야 한다. (2023.7.18. 본항개정)

② 신고의무자가 제1항의 기간 내에 신고를 하지 아니한 때에는 시·읍·면의 장은 다시 상당한 기간을 정하여 최고할 수 있다.

③ 제18조제2항은 제2항의 최고를 할 수 없는 때 및 최고를 하여도 신고를 하지 아니한 때에, 같은 조 제3항은 국가 또는 지방자치단체의 공무원이 신고를 게을리 한 사람이 있음을 안 때에 준용한다.

제39조【신고의 추후 보완】 시·읍·면의 장은 신고를 수리한 경우에 흠이 있어 등록부에 기록을 할 수 없을 때에는 신고인 또는 신고의무자로 하여금 보완하게 하여야 한다. 이 경우 제38조를 준용한다.

제40조【기간경과 후의 신고】 시·읍·면의 장은 신고기간이 경과한 후의 신고라도 수리하여야 한다.

제41조【사망 후에 도달한 신고】 ① 신고인의 생존 중에 우송한 신고서는 그 사망 후라도 시·읍·면의 장은 수리하여야 한다.

② 제1항에 따라 신고서가 수리된 때에는 신고인의 사망시에 신고한 것으로 본다.

제42조【수리, 불수리증명서와 서류의 열람】 ① 신고인은 신고의 수리 또는 불수리의 증명서를 청구할 수 있다.

② 이해관계인은 시·읍·면의 장에게 신고서나 그 밖에 수리한 서류의 열람 또는 그 서류에 기재한 사항에 관하여 증명서를 청구할 수 있다.

③ 증명서를 청구할 때에는 수수료를 납부하여야 한다.

④ 이해관계인은 법원에 보관되어 있는 신고서류에 대한 열람을 청구할 수 있다.

⑤ 제2항 및 제4항의 이해관계인의 자격과 범위 등에 관하여는 제14조제1항부터 제4항까지의 규정을 준용한다.

제43조【신고불수리의 통지】 시·읍·면의 장이 신고를 수리하지 아니한 때에는 그 사유를 지체 없이 신고인에게 서면으로 통지하여야 한다.

제2절 출 생

제44조【출생신고의 기재사항】 ① 출생의 신고는 출생 후 1개월 이내에 하여야 한다.

② 신고서에는 다음 사항을 기재하여야 한다. (2010.5.4 본항개정)

1. 자녀의 성명·본·성별 및 등록기준지
2. 자녀의 혼인 중 또는 혼인 외의 출생자의 구별
3. 출생의 연월일시 및 장소
4. 부모의 성명·본·등록기준지 및 주민등록번호(부 또는 모가 외국인인 때에는 그 성명·출생연월일·국적 및 외국인등록번호)
5. 「민법」 제781조제1항 단서에 따른 협의가 있는 경우 그 사실
6. 자녀가 복수국적자(複數國籍者)인 경우 그 사실 및 취득한 외국 국적

③ 자녀의 이름에는 한글 또는 통상 사용되는 한자를 사용하여야 한다. 통상 사용되는 한자의 범위는 대법원규칙으로 정한다.

④ 출생신고서에는 의사나 조산사가 작성한 출생증명서를 첨부하여야 한다. 다만, 다음 각 호의 어느 하나에 해당하는 서면을 첨부하는 경우에는 그러하지 아니하다. (2016.5.29, 2023.7.18 본항개정)

1. 분만에 직접 관여한 자가 모의 출산사실을 증명할 수 있는 자료 등을 첨부하여 작성한 출생사실을 증명하는 서면
2. 국내 또는 외국의 권한 있는 기관에서 발행한 출생사실을 증명하는 서면
3. 모의 출산사실을 증명할 수 있는 「119구조·구급에 관한 법률」 제22조에 따른 구조·구급활동상황일지

⑤ 제4항 단서에 따라 첨부하는 서면에 관한 구체적인 사항은 대법원규칙으로 정한다. (2016.5.29 본항신설)

제44조의2【출생증명서가 없는 경우의 출생신고】 ① 제44조제4항에 따른 출생증명서 또는 서면을 첨부할 수 없는 경우에는 가정법원의 출생확인을 받고 그 확인서를 받은 날부터 1개월 이내에 출생의 신고를 하여야 한다.

② 가정법원은 제1항의 출생확인을 위하여 필요한 경우에는 직권으로 사실을 조사할 수 있으며, 지방자치단체의 장, 국가경찰관서의 장 등 행정기관이나 그 밖에 상당하다고 인정되는 단체 또는 개인에게 필요한 사항을 보고하게 하거나 자료의 제출을 요청할 수 있다.

③ 가정법원의 출생확인 절차와 신고에 필요한 사항은 대법원규칙으로 정한다.

(2016.5.29 본조신설)

제44조의3【출생사실의 통보】 ①「의료법」 제3조에 따른 의료기관(이하 "의료기관"이라 한다)에 종사하는 의료인은 해당 의료기관에서 출생이 있는 경우 출생사실을 확인하기 위하여 다음 각 호의 사항(이하 "출생정보"라 한다)을 해당 의료기관에서 관리하는 출생자 모의 진료기록부 또는 조산기록부(전자적 형태로 바꾼 문서를 포함한다. 이하 같다)

에 기재하여야 한다.
1. 출생자의 모에 관한 다음 각 목의 사항
  가. 성명
  나. 주민등록번호 또는 외국인등록번호(모가 외국인인 경우로 한정한다). 다만, 주민등록번호 또는 외국인등록번호를 확인할 수 없는 경우에는 「사회보장기본법」 제37조제2항에 따른 사회보장정보시스템에서의 의료급여 자격관리를 위한 번호를 기재하여야 한다.
2. 출생자의 성별, 수(數) 및 출생 연월일시
3. 그 밖에 의료기관의 주소 등 출생사실을 확인하기 위하여 대법원규칙으로 정하는 사항

② 의료기관의 장은 출생일부터 14일 이내에 출생정보를 「국민건강보험법」 제62조에 따른 건강보험심사평가원(이하 "심사평가원"이라 한다)에 제출하여야 한다. 이 경우 보건복지부장관이 출생사실의 통보 및 관리를 목적으로 구축하여 심사평가원에 위탁 운영하는 전산정보시스템을 이용하여 제출하여야 한다.

③ 심사평가원은 제2항에 따라 출생정보를 제출받은 경우 출생자 모의 주소지를 관할하는 시·읍·면의 장(모의 주소지를 확인할 수 없는 경우에는 출생지를 관할하는 시·읍·면의 장을 말한다)에게 해당 출생정보를 포함한 출생사실을 지체 없이 통보하여야 한다. 이 경우 심사평가원은 「전자정부법」 제37조에 따른 행정정보 공동이용센터를 통하여 전자적인 방법으로 출생사실을 통보할 수 있다.

④ 그 밖에 출생정보를 포함한 출생사실의 통보, 제2항에 따른 전산정보시스템의 이용 방법 및 절차 등에 관하여 필요한 사항은 대법원규칙으로 정한다.

(2023.7.18 본조신설)

제44조의4【출생신고의 확인·최고 및 직권 출생기록】 ① 제44조의3제3항에 따른 통보를 받은 시·읍·면의 장은 제44조제1항에 따른 신고기간 내에 출생자에 대한 출생신고가 되었는지를 확인하여야 한다.

② 시·읍·면의 장은 제44조제1항에 따른 신고기간이 지나도록 제44조의3제3항에 따라 통보받은 출생자에 대한 출생신고가 되지 아니한 경우에는 즉시 제46조제1항 및 제2항에 따른 신고의무자에게 7일 이내에 출생신고를 할 것을 최고하여야 한다.

③ 시·읍·면의 장은 다음 각 호의 어느 하나에 해당하는 경우 제44조의3제3항에 따라 통보받은 자료를 첨부하여 감독법원의 허가를 받아 해당 출생자에 대하여 직권으로 등록부에 출생을 기록하여야 한다.
1. 제46조제1항 및 제2항에 따른 신고의무자가 제2항의 최고기간 내에 출생신고를 하지 아니한 경우
2. 제46조제1항 및 제2항에 따른 신고의무자를 특정할 수 없는 등의 이유로 제2항에 따라 신고의무자에게 최고할 수 없는 경우

④ 제1항부터 제3항까지에서 규정한 사항 외에 출생신고 확인, 출생신고 최고, 출생자의 성명·본 및 등록기준지의 결정 방법 등에 관하여 필요한 사항은 대법원규칙으로 정한다.

(2023.7.18 본조신설)

제44조의5【자료제공의 요청】 시·읍·면의 장은 제44조의4에 따른 등록사무처리를 위하여 필요한 경우 대법원규칙으로 정하는 자료를 관계 기관의 장에게 요청할 수 있고, 해당 기관의 장은 특별한 사유가 없으면 요청에 따라야 한다. 다만, 「전자정부법」 제36조제1항에 따른 행정정보 공동이용을 통하여 확인할 수 있는 사항은 예외로 한다.

(2023.7.18 본조신설)

제45조【출생신고의 장소】 ① 출생의 신고는 출생지에서 할 수 있다.

② 기차나 그 밖의 교통기관 안에서 출생한 때에는 모가 교통기관에서 내린 곳, 항해일지가 비치되지 아니한 선박 안에서 출생한 때에는 그 선박이 최초로 입항한 곳에서 신고할 수 있다.

제46조【신고의무자】 ① 혼인 중 출생자의 출생의 신고는 부 또는 모가 하여야 한다.

② 혼인 외 출생자의 신고는 모가 하여야 한다.

③ 제1항 및 제2항에 따라 신고를 하여야 할 사람이 신고를 할 수 없는 경우에는 다음 각 호의 어느 하나에 해당하는 사람이 각 호의 순위에 따라 신고를 하여야 한다.
1. 동거하는 친족
2. 분만에 관여한 의사·조산사 또는 그 밖의 사람

④ 신고의무자가 제44조제1항에 따른 기간 내에 신고를 하지 아니하여 자녀의 복리가 위태롭게 될 우려가 있는 경우에는 검사 또는 지방자치단체의 장이 출생의 신고를 할 수 있다. (2016.5.29 본항신설)

제47조【친생부인의 소를 제기한 때】 친생부인의 소를 제기한 때에도 출생신고를 하여야 한다.

제48조【법원이 부를 정하는 때】 ① 「민법」 제845조에 따라 법원이 부(父)를 정하여야 할 때에는 출생의 신고는 모가 하여야 한다.

② 제46조제3항은 제1항의 경우에 준용한다.

제49조【항해 중의 출생】 ① 항해 중에 출생이 있는 때에는 선장은 24시간 이내에 제44조제2항에서 정한 사항을 항해일지에 기재하고 서명 또는 기명날인하여야 한다.

② 제1항의 절차를 밟은 후 선박이 대한민국의 항구에 도착하였을 때에는 선장은 지체 없이 출생에 관한 항해일지의 등본을 그 곳의 시·읍·면의 장 또는 재외국민 가족관계등록사무소의 가족관계등록관에게 발송하여야 한다. (2015.2.3 본항개정)

③ 선박이 외국의 항구에 도착하였을 때에는 선장은 지체 없이 제2항의 등본을 그 지역을 관할하는 재외공관의 장에게 발송하고 재외공관의 장은 지체 없이 외교부장관을 경유하여 재외국민 가족관계등록사무소의 가족관계등록관에게 발송하여야 한다. (2013.3.23, 2015.2.3 본항개정)
④ 제3항에 따른 서류의 송부는 대법원규칙으로 정하는 바에 따라 전산정보처리조직을 이용하여 할 수 있다. 이 경우 해당 서류 원본의 보존, 그 밖에 필요한 사항은 대법원규칙으로 정한다. (2015.2.3 본항신설)

제50조【공공시설에서의 출생】 병원, 교도소, 그 밖의 시설에서 출생이 있었을 경우에 부모가 신고할 수 없는 때에는 당해 시설의 장 또는 관리인이 신고를 하여야 한다.

제51조【출생신고 전에 사망한 때】 출생의 신고 전에 자녀가 사망한 때에는 출생의 신고와 동시에 사망의 신고를 하여야 한다.

제52조【기아】 ① 기아(棄兒)를 발견한 사람 또는 기아발견의 통지를 받은 경찰공무원은 24시간 이내에 그 사실을 시·읍·면의 장에게 통보하여야 한다. (2020.12.22 본항신설)
② 제1항의 통보를 받은 시·읍·면의 장은 소지품, 발견장소, 발견연월일시, 그 밖의 상황, 성별, 출생의 추정연월일을 조서에 기재하여야 한다. 이 경우 그 조서를 신고서로 본다.
③ 시·읍·면의 장은 「민법」 제781조제4항에 따라 기아의 성과 본을 창설한 후 이름과 등록기준지를 정하여 등록부에 기록하여야 한다.

제53조【부모가 기아를 찾은 때】 ① 부 또는 모가 기아를 찾은 때에는 1개월 이내에 출생의 신고를 하고 등록부의 정정을 신청하여야 한다.
② 제1항의 경우에는 시·읍·면의 장이 확인하여야 한다.

제54조【기아가 사망한 때】 제52조제1항 또는 제53조의 절차를 밟기 전에 기아가 사망하였을 때에는 사망의 신고와 동시에 그 절차를 밟아야 한다.

제3절 인 지

제55조【인지신고의 기재사항】 ① 인지의 신고서에는 다음 사항을 기재하여야 한다. (2010.5.4 본항개정)
1. 자녀의 성명·성별·출생연월일·주민등록번호 및 등록기준지(자가 외국인인 때에는 그 성명·성별·출생연월일·국적 및 외국인등록번호)
2. 사망한 자녀를 인지할 때에는 사망연월일, 그 직계비속의 성명·출생연월일·주민등록번호 및 등록기준지
3. 부가 인지할 때에는 모의 성명·등록기준지 및 주민등록번호
4. 인지 전의 자녀의 성과 본을 유지할 경우 그 취지와 내용
5. 「민법」 제909조제4항 또는 제5항에 따라 친권자가 정하여진 때에는 그 취지와 내용

② 제1항제4호 및 제5호의 경우에는 신고서에 그 내용을 증명하는 서면을 첨부하여야 한다. 다만, 가정법원의 성·본 계속사용허가심판 또는 친권자를 정하는 재판이 확정된 때에는 제58조를 준용한다.

제56조【태아의 인지】 태내에 있는 자녀를 인지할 때에는 신고서에 그 취지, 모의 성명 및 등록기준지를 기재하여야 한다.

제57조【친생자출생의 신고에 의한 인지】 ①부가 혼인 외의 자녀에 대하여 친생자출생의 신고를 한 때에는 그 신고는 인지의 효력이 있다. 다만, 모가 특정됨에도 불구하고 부가 본문에 따른 신고를 함에 있어 모의 소재불명 또는 모가 정당한 사유 없이 출생신고에 필요한 서류 제출에 협조하지 아니하는 등의 장애가 있는 경우에는 부의 등록기준지 또는 주소지를 관할하는 가정법원의 확인을 받아 신고를 할 수 있다. (2015.5.18 본항신설, 2021.3.16 본항개정)
② 모의 성명·등록기준지 및 주민등록번호의 전부 또는 일부를 알 수 없어 모를 특정할 수 없는 경우 또는 모가 공적 서류·증명서·장부 등에 의하여 특정될 수 없는 경우에는 부의 등록기준지 또는 주소지를 관할하는 가정법원의 확인을 받아 제1항에 따른 신고를 할 수 있다. (2015.5.18 본항신설, 2021.3.16 본항개정)
③ 가정법원은 제1항 단서 및 제2항에 따른 확인을 위하여 필요한 사항을 직권으로 조사할 수 있고, 지방자치단체, 국가경찰관서 및 행정기관이나 그 밖의 단체 또는 개인에게 필요한 사항을 보고하게 하거나 자료의 제출을 요구할 수 있다. (2015.5.18 본항신설, 2021.3.16 본항개정)
④ 다음 각 호의 어느 하나에 해당하는 경우에는 신고의무자가 1개월 이내에 출생의 신고를 하고 등록부의 정정을 신청하여야 한다. 이 경우 시·읍·면의 장이 확인하여야 한다. (2015.5.18 본항신설)
1. 출생자가 제3자로부터 「민법」 제844조의 친생자 추정을 받고 있음이 밝혀진 경우
2. 그 밖에 대법원규칙으로 정하는 사유에 해당하는 경우

⑤ 확인절차 및 신고에 필요한 사항은 대법원규칙으로 정한다. (2015.5.18 본항신설)
[헌법불합치, 2021헌마975, 2023.3.23, 가족관계의 등록 등에 관한 법률(2007. 5. 17. 법률 제8435호로 제정된 것) 제46조 제2항, 가족관계의 등록 등에 관한 법률(2021. 3. 16. 법률 제17928호로 개정된 것) 제57조 제1항, 제2항은 모두 헌법에 합치되지 아니

한다. 위 법률조항들은 2025. 5. 31.을 시한으로 입법자가 개정할 때까지 계속 적용된다.]

제58조【재판에 의한 인지】 ① 인지의 재판이 확정된 경우에 소를 제기한 사람은 재판의 확정일부터 1개월 이내에 재판서의 등본 및 확정증명서를 첨부하여 그 취지를 신고하여야 한다.
② 제1항의 신고서에는 재판확정일을 기재하여야 한다.
③ 제1항의 경우에는 그 소의 상대방도 재판서의 등본 및 확정증명서를 첨부하여 인지의 재판이 확정된 취지를 신고할 수 있다. 이 경우 제2항을 준용한다.

제59조【유언에 의한 인지】 유언에 의한 인지의 경우에는 유언집행자는 그 취임일부터 1개월 이내에 인지에 관한 유언서등본 또는 유언녹음을 기재한 서면을 첨부하여 제55조 또는 제56조에 따라 신고를 하여야 한다.

제60조【인지된 태아의 사산】 인지된 태아가 사체로 분만된 경우에 출생의 신고의무자는 그 사실을 안 날부터 1개월 이내에 그 사실을 신고하여야 한다. 다만, 유언집행자가 제59조의 신고를 하였을 경우에는 유언집행자가 그 신고를 하여야 한다.

제4절 입 양

제61조【입양신고의 기재사항】 입양의 신고서에는 다음 사항을 기재하여야 한다. (2010.5.4 본조개정)
1. 당사자의 성명・본・출생연월일・주민등록번호・등록기준지(당사자가 외국인인 때에는 그 성명・출생연월일・국적 및 외국인등록번호) 및 양자의 성별
2. 양자의 친생부모의 성명・주민등록번호 및 등록기준지

제62조【입양의 신고】 ① 양자가 13세 미만인 경우에는 「민법」 제869조제2항에 따라 입양을 승낙한 법정대리인이 신고하여야 한다.
② 「민법」 제867조에 따라 미성년자를 입양하는 경우 또는 같은 법 제873조에 따라 피성년후견인이 입양을 하거나 양자가 되는 경우에는 가정법원의 허가서를 첨부하여야 한다.
③ 「민법」 제871조제2항에 따라 부모의 동의를 갈음하는 심판이 있는 경우에는 가정법원의 심판서를 첨부하여야 한다.

제5절 파 양

제63조【파양신고의 기재사항】 파양의 신고서에는 다음 사항을 기재하여야 한다. (2010.5.4 본조개정)
1. 당사자의 성명・본・출생연월일・주민등록번호 및 등록기준지(당사자가 외국인인 때에는 그 성명・출생연월일・국적 및 외국인등록번호)
2. 양자의 친생부모의 성명・등록기준지 및 주민등록번호

제64조 (2013.7.30 삭제)

제65조【준용규정】 ① 제63조는 입양취소의 신고에 준용한다.
② 제58조는 입양취소의 재판이 확정된 경우에 준용한다.

제66조【준용규정】 제58조는 파양의 재판이 확정된 경우에 준용한다.

제6절 친양자의 입양 및 파양

제67조【친양자의 입양신고】 ① 「민법」 제908조의2에 따라 친양자를 입양하고자 하는 사람은 친양자 입양재판의 확정일부터 1개월 이내에 재판서의 등본 및 확정증명서를 첨부하여 제61조의 신고를 하여야 한다.
② 제1항의 신고서에는 재판확정일을 기재하여야 한다.

제68조【준용규정】 제58조는 친양자의 입양신고에 준용한다.

제69조【친양자의 파양신고】 ① 「민법」 제908조의5에 따라 친양자 파양의 재판이 확정된 경우 소를 제기한 사람은 재판의 확정일부터 1개월 이내에 재판서의 등본 및 확정증명서를 첨부하여 제63조의 신고를 하여야 한다.
② 제1항의 신고서에는 재판확정일을 기재하여야 한다.
③ 제1항의 경우에는 그 소의 상대방도 재판서의 등본 및 확정증명서를 첨부하여 친양자 파양의 재판이 확정된 취지를 신고할 수 있다. 이 경우 제2항을 준용한다.

제70조【준용규정】 제69조는 친양자의 입양취소의 재판이 확정된 경우에 준용한다.

제7절 혼 인

제71조【혼인신고의 기재사항 등】 혼인의 신고서에는 다음 사항을 기재하여야 한다. 다만, 제3호의 경우에는 혼인당사자의 협의서를 첨부하여야 한다. (2010.5.4 본조개정)
1. 당사자의 성명・본・출생연월일・주민등록번호 및 등록기준지(당사자가 외국인인 때에는 그 성명・출생연월일・국적 및 외국인등록번호)
2. 당사자의 부모와 양부모의 성명・등록기준지 및 주민등록번호
3. 「민법」 제781조제1항 단서에 따른 협의가 있는 경우 그 사실
4. 「민법」 제809조제1항에 따른 근친혼에 해당되지

아니한다는 사실

제72조【재판에 의한 혼인】 사실상 혼인관계 존재확인의 재판이 확정된 경우에는 소를 제기한 사람은 재판의 확정일부터 1개월 이내에 재판서의 등본 및 확정증명서를 첨부하여 제71조의 신고를 하여야 한다.

제73조【준용규정】 제58조는 혼인취소의 재판이 확정된 경우에 준용한다.

제8절 이 혼

제74조【이혼신고의 기재사항】 이혼의 신고서에는 다음 사항을 기재하여야 한다. (2010.5.4 본조개정)

1. 당사자의 성명·본·출생연월일·주민등록번호 및 등록기준지(당사자가 외국인인 때에는 그 성명·국적 및 외국인등록번호)
2. 당사자의 부모와 양부모의 성명·등록기준지 및 주민등록번호
3. 「민법」 제909조제4항 또는 제5항에 따라 친권자가 정하여진 때에는 그 내용

제75조【협의상 이혼의 확인】 ① 협의상 이혼을 하고자 하는 사람은 등록기준지 또는 주소지를 관할하는 가정법원의 확인을 받아 신고하여야 한다. 다만, 국내에 거주하지 아니하는 경우에 그 확인은 서울가정법원의 관할로 한다.

② 제1항의 신고는 협의상 이혼을 하고자 하는 사람이 가정법원으로부터 확인서등본을 교부 또는 송달받은 날부터 3개월 이내에 그 등본을 첨부하여 행하여야 한다.

③ 제2항의 기간이 경과한 때에는 그 가정법원의 확인은 효력을 상실한다.

④ 가정법원의 확인 절차와 신고에 관하여 필요한 사항은 대법원규칙으로 정한다.

제76조【간주규정】 협의이혼신고서에 가정법원의 이혼의사확인서등본을 첨부한 경우에는 「민법」 제836조제2항에서 정한 증인 2인의 연서가 있는 것으로 본다.

제77조【준용규정】 제74조는 혼인취소의 신고에 준용한다.

제78조【준용규정】 제58조는 이혼의 재판이 확정된 경우에 준용한다.

제9절 친권 및 미성년후견

제79조【친권자 지정 및 변경 신고 등】 ① 부모가 「민법」 제909조제4항에 따라 친권자를 정한 때에는 1개월 이내에 그 사실을 신고하여야 한다. 부모 중 일방이 신고하는 경우에는 그 사실을 증명하는 서면을 첨부하여야 한다.

② 다음 각 호의 재판이 확정된 경우에는 그 재판을 청구한 사람이나 그 재판으로 친권자 또는 그 임무를 대행할 사람으로 정하여진 사람이 그 내용을 신고하여야 한다. 이 경우 신고기간, 신고서의 첨부서류 등에 관하여는 제58조를 준용한다. (2013.7.30, 2014.10.15 본항개정)

1. 「민법」 제909조제4항부터 제6항까지의 규정에 따라 친권자를 정하거나 변경하는 재판
2. 「민법」 제909조의2(「민법」 제927조의2제1항에 따라 준용되는 경우를 포함한다), 제927조의2제2항 및 제931조제2항에 따라 친권자 또는 그 임무를 대행할 사람을 지정하거나 선임하는 재판
3. 「민법」 제924조, 제924조의2 및 제926조에 따른 친권의 상실, 일시 정지, 일부 제한 및 그 회복에 관한 재판
4. 「민법」 제925조, 제926조 및 제927조에 따른 법률행위의 대리권이나 재산관리권의 상실·사퇴 및 그 회복에 관한 재판

(2013.7.30 본조제목개정)

제80조【미성년후견 개시신고의 기재사항】 ① 미성년후견 개시의 신고는 미성년후견인이 그 취임일부터 1개월 이내에 하여야 한다.

② 신고서에는 다음 각 호의 사항을 적어야 한다.

1. 미성년자와 미성년후견인의 성명·출생연월일·주민등록번호 및 등록기준지(당사자가 외국인인 때에는 그 성명·출생연월일·국적 및 외국인등록번호)
2. 미성년후견 개시의 원인 및 연월일
3. 미성년후견인이 취임한 연월일

제81조【미성년후견인 경질신고 등】 ① 미성년후견인이 경질된 경우에는 후임자는 취임일부터 1개월 이내에 그 취지를 신고하여야 한다. (2013.7.30 본항개정)

② 제1항의 신고에는 제80조제2항을 준용한다.

③ 「민법」 제939조 또는 제940조에 따라 미성년후견인이 사임하거나 변경된 경우 신고인, 신고기간과 신고서의 첨부서류 등에 관하여는 제79조제2항을 준용한다. 이 경우 "친권자 또는 그 임무를 대행할 사람으로 정하여진 사람"은 "선임된 미성년후견인"으로 본다. (2013.7.30 본항개정)

(2013.7.30 본조제목개정)

제82조【유언 또는 재판에 따른 미성년후견인의 선정】 ① 유언에 의하여 미성년후견인을 지정한 경우에는 지정에 관한 유언서 그 등본 또는 유언녹음을 기재한 서면을 신고서에 첨부하여야 한다. (2013.7.30 본항개정)

② 미성년후견인 선임의 재판이 있는 경우에는 재판서의 등본을 신고서에 첨부하여야 한다. (2013.7.30 본항개정)

(2013.7.30 본조제목개정)

제83조【미성년후견 종료신고】 ① 미성년후견 종료의 신고는 미성년후견인이 1개월 이내에 하여야 한다. 다만, 미성년자가 성년이 되어 미성년후견이 종료된 경우에는 그러하지 아니하다.
② 신고서에는 다음 각 호의 사항을 적어야 한다.
1. 미성년자와 미성년후견인의 성명·등록기준지 및 주민등록번호(당사자가 외국인인 때에는 그 성명·국적 및 외국인등록번호)
2. 미성년후견 종료의 원인 및 연월일

제83조의2【미성년후견감독 개시신고】 ① 미성년후견감독 개시의 신고는 미성년후견감독인이 그 취임일부터 1개월 이내에 하여야 한다.
② 신고서에는 다음 각 호의 사항을 적어야 한다.
1. 미성년후견감독인, 미성년후견인 및 미성년자의 성명·출생연월일·주민등록번호 및 등록기준지(당사자가 외국인인 때에는 그 성명·출생연월일·국적 및 외국인등록번호)
2. 미성년후견감독 개시의 원인 및 연월일
3. 미성년후견감독인이 취임한 연월일

(2013.7.30 본조신설)

제83조의3【미성년후견감독인의 경질신고 등】 ① 미성년후견감독인이 경질된 경우에는 후임자는 취임일부터 1개월 이내에 그 취지를 신고하여야 한다.
② 제1항의 신고에 관하여는 제83조의2제2항을 준용한다.
③「민법」제940조의7에 따라 준용되는 같은 법 제939조 또는 제940조에 따라 미성년후견감독인이 사임하거나 변경된 경우 신고인, 신고기간과 신고서의 첨부서류 등에 관하여는 제79조제2항을 준용한다. 이 경우 "친권자 또는 그 임무를 대행할 사람으로 정하여진 사람"은 "선임된 미성년후견감독인"으로 본다.

(2013.7.30 본조신설)

제83조의4【유언 또는 재판에 따른 미성년후견감독인의 선정】 유언으로 미성년후견감독인을 지정한 경우 또는 미성년후견감독인 선임의 재판이 있는 경우에 신고서의 첨부서류에 관하여는 제82조를 준용한다.

(2013.7.30 본조신설)

제83조의5【미성년후견감독 종료신고】 ① 미성년후견감독 종료의 신고는 미성년후견감독인이 1개월 이내에 하여야 한다. 다만, 미성년자가 성년이 되어 미성년후견감독이 종료된 경우에는 그러하지 아니하다.
② 신고서에는 다음 각 호의 사항을 적어야 한다.
1. 미성년후견감독인, 미성년후견인 및 미성년자의 성명·출생연월일·주민등록번호 및 등록기준지(당사자가 외국인인 경우에는 그 성명·출생연월일·국적 및 외국인등록번호)
2. 미성년후견감독 종료의 원인 및 연월일

(2013.7.30 본조신설)

제10절 사망과 실종

제84조【사망신고와 그 기재사항】 ① 사망의 신고는 제85조에 규정한 사람이 사망의 사실을 안 날부터 1개월 이내에 진단서 또는 검안서를 첨부하여 하여야 한다.
② 신고서에는 다음 사항을 기재하여야 한다.
1. 사망자의 성명, 성별, 등록기준지 및 주민등록번호
2. 사망의 연월일시 및 장소
③ 부득이한 사유로 제2항의 신고서에 제1항의 진단서나 검안서를 첨부할 수 없는 때에는 사망의 사실을 증명할 만한 서면으로서 대법원규칙으로 정하는 서면을 첨부하여야 한다. 이 경우 제2항의 신고서에 진단서 또는 검안서를 첨부할 수 없는 사유를 기재하여야 한다. (2016.5.29 본항개정)

제85조【사망신고의무자】 ① 사망의 신고는 동거하는 친족이 하여야 한다.
② 친족·동거자 또는 사망장소를 관리하는 사람, 사망장소의 동장 또는 통·이장도 사망의 신고를 할 수 있다.

제86조【사망신고의 장소】 사망의 신고는 사망지·매장지 또는 화장지에서 할 수 있다. 다만, 사망지가 분명하지 아니한 때에는 사체가 처음 발견된 곳에서, 기차나 그 밖의 교통기관 안에서 사망이 있었을 때에는 그 사체를 교통기관에서 내린 곳에서, 항해일지를 비치하지 아니한 선박 안에서 사망한 때에는 그 선박이 최초로 입항한 곳에서 할 수 있다.

제87조【재난 등으로 인한 사망】 수해, 화재나 그 밖의 재난으로 인하여 사망한 사람이 있는 경우에는 이를 조사한 관공서는 지체 없이 사망지의 시·읍·면의 장에게 통보하여야 한다. 다만, 외국에서 사망한 때에는 사망자의 등록기준지의 시·읍·면의 장 또는 재외국민 가족관계등록사무소의 가족관계등록관에게 통보하여야 한다. (2015.2.3 본조개정)

제88조【사형, 재소 중 사망】 ① 사형의 집행이 있는 때에는 교도소장은 지체 없이 교도소 소재지의 시·읍·면의 장에게 사망의 통보를 하여야 한다.
② 제1항은 재소 중 사망한 사람의 사체를 찾아갈 사람이 없는 경우에 준용한다. 이 경우 통보서에 진단서 또는 검안서를 첨부하여야 한다.

제88조의2【무연고자 등의 사망】「장사 등에 관한 법률」제12조에 따라 시장등이 무연고 사망자 등을 처리한 경우에는 지체 없이 사망지·매장지 또는

화장지의 시·읍·면의 장에게 통보하여야 한다. (2014.12.30 본조신설)

제89조【통보서의 기재사항】 제87조, 제88조 및 제88조의2에서 규정한 통보서에는 제84조제2항에서 정한 사항을 기재하여야 한다. (2014.12.30 본조개정)

제90조【등록불명자 등의 사망】 ① 사망자에 대하여 등록이 되어 있는지 여부가 분명하지 아니하거나 사망자를 인식할 수 없는 때에는 경찰공무원은 검시조서를 작성·첨부하여 지체 없이 사망지의 시·읍·면의 장에게 사망의 통보를 하여야 한다. (2020.12.22 본항개정)

② 사망자가 등록이 되어 있음이 판명되었거나 사망자의 신원을 알 수 있게 된 때에는 경찰공무원은 지체 없이 사망지의 시·읍·면의 장에게 그 취지를 통보하여야 한다. (2020.12.22 본항개정)

③ 제1항의 통보가 있은 후에 제85조에서 정한 사람이 사망자의 신원을 안 때에는 그 날부터 10일 이내에 사망의 신고를 하여야 한다.

제91조【준용규정】 제49조 및 제50조는 사망의 신고에 준용한다.

제92조【실종선고의 신고】 ① 실종선고의 신고는 그 선고를 청구한 사람이 재판확정일부터 1개월 이내에 재판서의 등본 및 확정증명서를 첨부하여 하여야 한다.

② 실종선고의 신고서에는 다음 사항을 기재하여야 한다.

1. 실종자의 성명·성별·등록기준지 및 주민등록번호
2. 「민법」 제27조에서 정한 기간의 만료일

③ 제58조는 실종선고취소의 재판이 확정된 경우에 그 재판을 청구한 사람에게 준용한다.

제11절 국적의 취득과 상실

제93조【인지 등에 따른 국적취득의 통보 등】 ① 법무부장관은 「국적법」 제3조제1항 또는 같은 법 제11조제1항에 따라 대한민국의 국적을 취득한 사람이 있는 경우 지체 없이 국적을 취득한 사람이 정한 등록기준지의 시·읍·면의 장에게 대법원규칙으로 정하는 사항을 통보하여야 한다.

② 제1항의 통보를 받은 시·읍·면의 장은 국적을 취득한 사람의 등록부를 작성한다.

제94조【귀화허가의 통보 등】 ① 법무부장관은 「국적법」 제4조에 따라 외국인을 대한민국 국민으로 귀화허가한 경우 지체 없이 귀화허가를 받은 사람이 정한 등록기준지의 시·읍·면의 장에게 대법원규칙으로 정하는 사항을 통보하여야 한다.

② 제1항의 통보를 받은 시·읍·면의 장은 귀화허가를 받은 사람의 등록부를 작성한다.

제95조【국적회복허가의 통보 등】 ① 법무부장관은 「국적법」 제9조에 따라 대한민국의 국적회복을 허가한 경우 지체 없이 국적회복을 한 사람이 정한 등록기준지의 시·읍·면의 장에게 대법원규칙으로 정하는 사항을 통보하여야 한다.

② 제1항의 통보를 받은 시·읍·면의 장은 국적회복을 한 사람의 등록부를 작성한다. 다만, 국적회복을 한 사람의 등록부등이 있는 경우에는 등록부등에 기재된 등록기준지의 시·읍·면의 장에게 그 사항을 통보하여야 한다.

제96조【국적취득자의 성과 본의 창설 신고】 ① 외국의 성을 쓰는 국적취득자가 그 성을 쓰지 아니하고 새로이 성(姓)·본(本)을 정하고자 하는 경우에는 그 등록기준지·주소지 또는 등록기준지로 하고자 하는 곳을 관할하는 가정법원의 허가를 받고 그 등본을 받은 날부터 1개월 이내에 그 성과 본을 신고하여야 한다.

② 대한민국의 국적을 회복하거나 재취득하는 경우에는 종전에 사용하던 대한민국식 성명으로 국적회복신고 또는 국적재취득신고를 할 수 있다.

③ 제2항의 경우 신고서에는 종전에 사용하던 대한민국식 성명을 소명하여야 한다.

④ 신고서에는 다음 사항을 기재하여야 한다.

1. 종전의 성
2. 창설한 성·본
3. 허가의 연월일

⑤ 제4항의 신고서에는 제1항에 따른 허가의 등본을 첨부하여야 한다.

⑥ 제1항의 경우에 가정법원은 심리(審理)를 위하여 국가경찰관서의 장에게 성·본 창설허가 신청인의 범죄경력 조회를 요청할 수 있고, 그 요청을 받은 국가경찰관서의 장은 지체 없이 그 결과를 회보하여야 한다. (2013.7.30 본항신설)

제97조【국적상실신고의 기재사항】 ① 국적상실의 신고는 배우자 또는 4촌 이내의 친족이 그 사실을 안 날부터 1개월 이내에 하여야 한다.

② 신고서에는 다음 각 호의 사항을 기재하여야 한다.

1. 국적상실자의 성명·주민등록번호 및 등록기준지
2. 국적상실의 원인 및 연월일
3. 새로 외국국적을 취득한 때에는 그 국적

③ 제2항의 신고서에는 국적상실을 증명하는 서면을 첨부하여야 한다.

④ 국적상실자 본인도 국적상실의 신고를 할 수 있다.

제98조【국적선택 등의 통보】 ① 법무부장관은 다음 각 호의 어느 하나에 해당하는 사유가 발생한 경우 그 사람의 등록기준지(등록기준지가 없는 경우에는 그 사람이 정한 등록기준지)의 시·읍·면

의 장에게 대법원규칙으로 정하는 사항을 통보하여야 한다. (2010.5.4 본항개정)

1. 「국적법」 제13조에 따라 복수국적자로부터 대한민국의 국적을 선택한다는 신고를 수리한 때
2. 「국적법」 제14조제1항에 따라 국적이탈신고를 수리한 때
3. 「국적법」 제20조에 따라 대한민국 국민으로 판정한 때

② 대한민국 국민으로 판정받은 사람이 등록되어 있지 아니한 때에는 그 통보를 받은 시·읍·면의 장은 등록부를 작성한다.

제12절 개명 및 성(姓)·본(本) 변경

제99조【개명신고】 ① 개명하고자 하는 사람은 주소지(재외국민의 경우 등록기준지)를 관할하는 가정법원의 허가를 받고 그 허가서의 등본을 받은 날부터 1개월 이내에 신고를 하여야 한다.

② 신고서에는 다음 사항을 기재하여야 한다.

1. 변경 전의 이름
2. 변경한 이름
3. 허가연월일

③ 제2항의 신고서에는 허가서의 등본을 첨부하여야 한다.

④ 제1항의 경우에 가정법원의 심리에 관하여는 제96조제6항을 준용한다. (2013.7.30 본항신설)

제100조【성·본 변경신고】 ① 「민법」 제781조제6항에 따라 자녀의 성(姓)·본(本)을 변경하고자 하는 사람은 재판확정일부터 1개월 이내에 재판서의 등본 및 확정증명서를 첨부하여 신고하여야 한다.

② 신고서에는 다음 사항을 기재하여야 한다.

1. 변경 전의 성·본
2. 변경한 성·본
3. 재판확정일

제13절 가족관계 등록 창설

제101조【가족관계 등록 창설신고】 ① 등록이 되어 있지 아니한 사람은 등록을 하려는 곳을 관할하는 가정법원의 허가를 받고 그 등본을 받은 날부터 1개월 이내에 가족관계 등록 창설(이하 "등록창설"이라 한다)의 신고를 하여야 한다.

② 신고서에는 제9조제2항에 규정된 사항 외에 등록창설허가의 연월일을 기재하여야 한다.

③ 제2항의 신고서에는 등록창설허가의 등본을 첨부하여야 한다.

④ 제1항의 경우에 가정법원의 심리에 관하여는 제96조제6항을 준용한다. (2013.7.30 본항신설)

제102조【직계혈족에 의한 등록창설신고】 등록창설허가의 재판을 얻은 사람이 등록창설의 신고를 하지 아니한 때에는 배우자 또는 직계혈족이 할 수 있다.

제103조【판결에 의한 등록창설의 신고】 ① 확정판결에 의하여 등록창설의 신고를 하여야 할 경우에는 판결확정일부터 1개월 이내에 하여야 한다.

② 신고서에는 제9조제2항에 규정된 사항 외에 판결확정일을 기재하여야 한다.

③ 제2항의 신고서에는 판결의 등본 및 확정증명서를 첨부하여야 한다.

제5장 등록부의 정정

제104조【위법한 가족관계 등록기록의 정정】 ① 등록부의 기록이 법률상 허가될 수 없는 것 또는 그 기재에 착오나 누락이 있다고 인정한 때에는 이해관계인은 사건 본인의 등록기준지를 관할하는 가정법원의 허가를 받아 등록부의 정정을 신청할 수 있다. (2013.7.30 본조개정)

② 제1항의 경우에 가정법원의 심리에 관하여는 제96조제6항을 준용한다. (2013.7.30 본항신설)

제105조【무효인 행위의 가족관계등록기록의 정정】 ①신고로 인하여 효력이 발생하는 행위에 관하여 등록부에 기록하였으나 그 행위가 무효임이 명백한 때에는 신고인 또는 신고사건의 본인은 사건 본인의 등록기준지를 관할하는 가정법원의 허가를 받아 등록부의 정정을 신청할 수 있다. (2013.7.30 본항개정)

② 제1항의 경우에 가정법원의 심리에 관하여는 제96조제6항을 준용한다. (2013.7.30 본항신설)

제106조【정정신청의 의무】 제104조 및 제105조에 따라 허가의 재판이 있었을 때에는 재판서의 등본을 받은 날부터 1개월 이내에 그 등본을 첨부하여 등록부의 정정을 신청하여야 한다.

제107조【판결에 의한 등록부의 정정】 확정판결로 인하여 등록부를 정정하여야 할 때에는 소를 제기한 사람은 판결확정일부터 1개월 이내에 판결의 등본 및 그 확정증명서를 첨부하여 등록부의 정정을 신청하여야 한다.

제108조【준용규정】 제20조제1항, 제22조, 제23조제1항, 제23조의2, 제23조의3, 제25조부터 제27조까지, 제29조부터 제33조까지 및 제37조부터 제42조까지의 규정은 등록부의 정정신청에 준용한다. (2020.2.4 본조개정)

제6장 불복절차

제109조【불복의 신청】 ① 등록사건에 관하여 이해관계인은 시·읍·면의 장의 위법 또는 부당한 처분에 대하여 관할 가정법원에 불복의 신청을

할 수 있다.
② 제1항의 신청을 받은 가정법원은 신청에 관한 서류를 시·읍·면의 장에게 송부하며 그 의견을 구할 수 있다.
제110조【불복신청에 대한 시·읍·면의 조치】 ① 시·읍·면의 장은 그 신청이 이유 있다고 인정하는 때에는 지체 없이 처분을 변경하고 그 취지를 법원과 신청인에게 통지하여야 한다.
② 신청이 이유 없다고 인정하는 때에는 의견을 붙여 지체 없이 그 서류를 법원에 반환하여야 한다.
제111조【불복신청에 대한 법원의 결정】 ① 가정법원은 신청이 이유 없는 때에는 각하하고 이유 있는 때에는 시·읍·면의 장에게 상당한 처분을 명하여야 한다.
② 신청의 각하 또는 처분을 명하는 재판은 결정으로써 하고, 시·읍·면의 장 및 신청인에게 송달하여야 한다.
제112조【항고】 가정법원의 결정에 대하여는 법령을 위반한 재판이라는 이유로만 「비송사건절차법」에 따라 항고할 수 있다.
제113조【불복신청의 비용】 불복신청의 비용에 관하여는 「비송사건절차법」의 규정을 준용한다.

제7장 신고서류의 송부와 법원의 감독

제114조【신고서류 등의 송부】 시·읍·면의 장은 등록부에 기록할 수 없는 등록사건을 제외하고는 대법원규칙으로 정하는 바에 따라 등록부에 기록을 마친 신고서류 등을 관할 법원에 송부하여야 한다.
제115조【신고서류 등의 조사 및 시정지시】 ① 법원은 시·읍·면의 장으로부터 신고서류 등을 송부받은 때에는 지체 없이 등록부의 기록사항과 대조하고 조사하여야 한다.
② 법원은 제1항의 조사결과 그 신고서류 등에 위법·부당한 사실이 발견된 경우에는 시·읍·면의 장에 대하여 시정지시 등 필요한 처분을 명할 수 있다.
③ 신고서류조사 또는 시정지시 및 신고서류 보관절차에 관하여 필요한 사항은 대법원규칙으로 정한다.
제116조【각종 보고의 명령 등】 법원은 시·읍·면의 장에 대하여 등록사무에 관한 각종 보고를 명하는 등 감독상 필요한 조치를 취할 수 있다.

제8장 벌 칙

제117조【벌칙】 다음 각 호의 어느 하나에 해당하는 사람은 3년 이하의 징역 또는 1천만원 이하의 벌금에 처한다. (2013.7.30 본조개정)
1. 제11조제6항을 위반한 사람
2. 제13조제2항을 위반한 사람
3. 제14조제1항·제2항·제7항, 제14조의2 및 제14조의3을 위반하여 거짓이나 그 밖의 부정한 방법으로 다른 사람의 등록부등의 기록사항을 열람하거나 증명서를 교부받은 사람
3의2. 제42조를 위반하여 거짓이나 그 밖의 부정한 방법으로 다른 사람의 신고서류를 열람하거나 신고서류에 기재되어 있는 사항에 관한 증명서를 교부받은 사람
4. 이 법에 따른 등록사무처리의 권한에 관한 승인절차 없이 전산정보처리조직에 가족관계 등록정보를 입력·변경하여 정보처리를 하거나 기술적 수단을 이용하여 가족관계 등록정보를 알아낸 사람

제118조【벌칙】 ① 등록부의 기록을 요하지 아니하는 사항에 관하여 거짓의 신고를 한 사람 및 등록의 신고와 관련된 사항에 관하여 거짓으로 보증을 한 사람은 1년 이하의 징역 또는 1천만원 이하의 벌금에 처한다. (2014.1.7 본항개정)
② 외국인에 대한 사항에 관하여 거짓의 신고를 한 사람도 제1항과 같다.
제119조【양벌규정】 법인의 대표자나 법인 또는 개인의 대리인, 사용인, 그 밖의 종업원이 그 법인 또는 개인의 업무에 관하여 제117조 또는 제118조의 위반행위를 하면 그 행위자를 벌하는 외에 그 법인 또는 개인에게도 해당 조문의 벌금형을 과(科)한다. 다만, 법인 또는 개인이 그 위반행위를 방지하기 위하여 해당 업무에 관하여 상당한 주의와 감독을 게을리하지 아니한 경우에는 그러하지 아니하다.
제120조【과태료】 다음 각 호의 어느 하나에 해당하는 시·읍·면의 장에게는 50만원 이하의 과태료를 부과한다.
1. 제115조제2항에 따른 명령을 위반한 때
2. 제116조에 따른 명령을 위반한 때

제121조【과태료】 시·읍·면의 장이 제38조 또는 제108조에 따라 기간을 정하여 신고 또는 신청의 최고를 한 경우에 정당한 사유 없이 그 기간 내에 신고 또는 신청을 하지 아니한 사람에게는 10만원 이하의 과태료를 부과한다.
제122조【과태료】 이 법에 따른 신고의 의무가 있는 사람이 정당한 사유 없이 기간 내에 하여야 할 신고 또는 신청을 하지 아니한 때에는 5만원 이하의 과태료를 부과한다.
제123조【과태료 재판】 제120조의 과태료 재판은 과태료를 부과할 시·읍·면의 장의 사무소 소재지를 관할하는 가정법원이 「비송사건절차법」에

따라 행한다.

제124조【과태료 부과 · 징수】 ① 제121조 및 제122조에 따른 과태료는 대법원규칙으로 정하는 바에 따라 시 · 읍 · 면의 장(제21조제2항에 해당하는 때에는 출생 · 사망의 신고를 받는 동의 관할 시장 · 구청장을 말한다. 이하 이 조에서 같다)이 부과 · 징수한다. 다만, 재외국민 가족관계등록사무소의 가족관계등록관이 과태료 부과 대상이 있음을 안 때에는 신고의무자의 등록기준지 시 · 읍 · 면의 장에게 그 사실을 통지하고, 통지를 받은 시 · 읍 · 면의 장이 과태료를 부과 · 징수한다. (2015.2.3 본항개정)

② 제1항에 따른 과태료 처분에 불복하는 사람은 30일 이내에 해당 시 · 읍 · 면의 장에게 이의를 제기할 수 있다.

③ 제1항에 따라 시 · 읍 · 면의 장으로부터 과태료 처분을 받은 사람이 제2항에 따라 이의를 제기한 때에는 당해 시 · 읍 · 면의 장은 지체 없이 과태료 처분을 받은 사람의 주소 또는 거소를 관할하는 가정법원에 그 사실을 통보하여야 하며, 그 통보를 받은 가정법원은 「비송사건절차법」에 따른 과태료 재판을 한다.

④ 제2항에 따른 기간 이내에 이의를 제기하지 아니하고 과태료를 납부하지 아니한 때에는 지방세 체납처분의 예에 따라 징수한다.

부 칙

제1조【시행일】 이 법은 2008년 1월 1일부터 시행한다. 다만, 제93조부터 제95조까지 및 제98조의 개정규정은 2008년 9월 1일부터 시행한다.

제2조【폐지법률】 戶籍法은 폐지한다. 다만, 2008년 8월 31일까지 대한민국의 국적을 취득 · 회복하거나 대한민국 국민으로 귀화한 사람의 신고 및 「국적법」 제14조제1항에 따른 국적이탈자에 대한 법무부장관의 통보는 종전의 「호적법」 제109조, 제109조의2, 제110조 및 제112조의2를 적용하되, 위 「호적법」 조항들을 적용할 때 「호적법」 제15조는 이 법 제9조로, 본적은 등록기준지로 본다.

제3조【등록부의 작성 등】 ① 이 법 제9조에 따른 등록부는 종전의 「호적법」 제124조의3에 따라 편제된 전산호적부를 대상으로, 이 법 시행 당시 기록된 사항을 기준으로 하여 그 호적전산자료를 개인별로 구분 · 작성하는 방법에 따른다.

② 종전의 「호적법」 제124조의3에 따라 편제된 전산호적부는 이 법 시행과 동시에 제적된다.

③ 대법원규칙 제1911호 호적법시행규칙중개정규칙 부칙 제2조 및 제3조에 따라 전산 이기된 호적부(이하 "이미지 전산호적부"라 한다)는 제1항의 규정에도 불구하고 이 법 시행과 동시에 제적된다. 다만, 신고사건 등이 발생한 때에는 그 제적자에 대하여 새로 등록부를 작성하여야 한다.

④ 제1항 및 제3항 단서에 따라 등록부를 작성한 경우에 종전 호적에 기재된 본적은 이 법 제10조에 따른 최초의 등록기준지로 본다.

⑤ 종전의 「호적법」 규정에 따른 신고 등이 있었으나 제2항에 따라 제적된 후 이 법 시행 당시 등록부에 그 기록이 누락되었음이 발견된 때에는 제1항에 따라 새로 작성된 등록부를 폐쇄함과 동시에 제2항 및 제3항에 따른 제적을 부활한다.

⑥ 제5항에 따라 부활한 호적에 그 기록을 완료한 때에는 다시 제1항부터 제3항까지의 규정에 따른다.

제4조【제적부등에 관한 경과조치】 종전의 「호적법」 규정에 따른 제적부 또는 부칙 제3조에 따라 제적된 전산호적부 및 이미지 전산호적부(이하 "제적부등"이라 한다)에 관한 등록사무의 처리는 종전의 「호적법」 규정에 따르고, 이에 따른 등록부 정정에 관한 구체적인 절차는 대법원규칙으로 정한다. 다만, 제적부등에 관한 열람 또는 등본 · 초본의 교부청구권자에 관하여는 제14조제1항을 준용한다.

제5조【사실상 혼인관계 존재확인판결에 관한 경과조치】 이 법 시행 전에 사실상 혼인관계 존재확인의 재판이 확정된 경우에 대하여도 제72조를 적용한다. 다만, 종전의 「호적법」의 규정에 따라 발생한 효력에 대하여는 영향을 미치지 아니한다.

제6조【과태료에 관한 경과조치】 이 법 시행 전에 부과된 과태료의 징수와 재판절차는 종전의 「호적법」의 규정에 따른다.

제7조【일반적 경과조치】 이 법 시행 당시 종전의 「호적법」에 따라 행한 처분, 재판, 그 밖의 행위 및 절차는 이 법 중 그에 해당하는 규정이 있는 때에는 이 법의 적용에 관하여는 이 법의 해당 규정에 따라 한 것으로 본다.

제8조【다른 법률의 개정】 ※(해당 법령에 가제정리 하였음)

제9조【다른 법령과의 관계】 이 법 시행 당시 다른 법령에서 종전의 「호적법」 또는 그 규정을 인용한 경우 이 법 중 그에 해당하는 규정이 있는 때에는 종전의 규정에 갈음하여 이 법 또는 이 법의 해당조항을 인용한 것으로 본다.

부 칙 (2007.7.23)

제1조【시행일】 이 법은 공포한 날부터 시행한다. (이하 생략)

부 칙 (2009.12.29)

① **【시행일】** 이 법은 공포 후 6개월이 경과한 날부터 시행한다. 다만, 제15조제2항의 개정규정은 공포 후 2년이 경과한 날부터 시행한다.

② **【적용례】** 제14조 및 제15조의 개정규정은 이 법 시행 전에 기록된 가족관계등록부의 증명서의 종류와 기록사항에 대하여도 적용한다.

부 칙 (2010.5.4)

제1조 【시행일】 이 법은 2011년 1월 1일부터 시행한다. 다만, … <생략> … 부칙 제4조제1항은 공포한 날부터 시행한다. (이하생략)

부 칙 (2010.5.4)

이 법은 공포 후 3개월이 경과한 날부터 시행한다.

부 칙 (2013.3.23) (정부조직법)

제1조 【시행일】 ① 이 법은 공포한 날부터 시행한다. (이하생략)

부 칙 (2013.7.30)

제1조 【시행일】 이 법은 공포한 날부터 시행한다. 다만, 제14조제7항, 제23조의2 및 제23조의3 및 제117조(제14조제7항과 관련한 사항에 한정한다)의 개정규정은 공포 후 1년이 경과한 날부터 시행한다.
제2조 【금치산자 등에 대한 경과조치】 이 법 시행 당시 이미 금치산 또는 한정치산의 선고를 받은 사람에 대하여는 「민법」에 따라 성년후견, 한정후견, 특정후견이 개시되거나 임의후견감독인이 선임되거나 법률 제10429호 민법 일부개정법률 부칙 제1조에 따른 시행일부터 5년이 경과할 때까지는 종전의 규정을 적용한다.

부 칙 (2014.1.7)

이 법은 공포한 날부터 시행한다.

부 칙 (2014.10.15)

이 법은 공포 후 1년이 경과한 날부터 시행한다.

부 칙 (2014.12.30)

제1조 【시행일】 이 법은 공포 후 6개월이 경과한 날부터 시행한다.
제2조 【무연고자 등의 사망 통보에 관한 적용례】 이 법의 개정규정은 이 법 시행 후 최초로 사망한 무연고자 등의 경우부터 적용한다.

부 칙 (2015.2.3)

제1조 【시행일】 이 법은 2015년 7월 1일부터 시행한다.
제2조 【경과조치】 이 법 시행 당시 이미 재외공관에 수리된 재외국민 가족관계등록 사건에 관하여는 종전의 규정을 적용한다.
(이하생략)

부 칙 (2015.5.18)

이 법은 공포 후 6개월이 경과한 날부터 시행한다.

부 칙 (2016.5.29)

이 법은 공포 후 6개월이 경과한 날부터 시행한다. 다만, 제14조제5항 전단 및 제15조의 개정규정 중 특정증명서에 관한 부분은 이 법 공포 후 5년의 범위에서 대법원규칙으로 정하는 날부터 시행한다.

부 칙 (2017.10.31)

이 법은 공포한 날부터 시행한다.

부 칙 (2020.2.4)

이 법은 공포 후 6개월이 경과한 날부터 시행한다.

부 칙 (2020.12.22) (국가경찰과 자치경찰의 조직 및 운영에 관한 법률)

제1조 【시행일】 이 법은 2021년 1월 1일부터 시행한다.
제2조 부터 제6조까지 생략
제7조 【다른 법률의 개정】 ① 가족관계의 등록 등에 관한 법률 일부를 다음과 같이 개정한다.
제52조제1항, 제90조제1항 및 같은 조 제2항 중 "국가경찰공무원"을 각각 "경찰공무원"으로 한다.
②부터 <53>까지 생략
제8조 생략

부 칙 (2021.3.16)

이 법은 공포 후 1개월이 경과한 날부터 시행한다.

부 칙 (2021.12.28)

제1조 【시행일】 이 법은 2022년 1월 1일부터 시행한다.
제2조 【가정폭력피해자의 등록사항별 증명서 교부 제한 등에 관한 적용례】 제14조제8항부터 제11항까지, 제14조의2제3항 및 제15조의2의 개정규정은 이 법 시행 전에 발생한 「가정폭력범죄의 처벌 등에 관한 특례법」 제2조제3호에 따른 가정폭력범죄로 인하여 피해를 입은 경우에 대하여도

적용한다.

부 칙 (2023.7.18)

제1조【시행일】 이 법은 공포 후 1년이 경과한 날부터 시행한다.
제2조【출생사실 통보에 관한 적용례】 제44조의3의 개정규정은 이 법 시행 이후 출생이 있는 경우부터 적용한다.

부 칙 (2023.12.26) (주민등록법)

제1조【시행일】 이 법은 공포 후 1년이 경과한 날부터 시행한다. (단서 생략)
제2조 생략
제3조【다른 법률의 개정】 ① 가족관계의 등록 등에 관한 법률 일부를 다음과 같이 개정한다.
제23조제2항 전단 중 "주민등록증"을 "주민등록증(모바일 주민등록증을 포함한다)"으로 한다.

가족관계의 등록 등에 관한 규칙

(2007년 11월 28일 대법원규칙 제2119호)

개정
2008. 6. 5대규2181호 2008. 7. 7대규2188호
2009. 3.31대규2227호 2009. 6.26대규2242호
2009.12.31대규2263호 2010. 6. 3대규2290호
2010. 7.30대규2299호 2011. 1.31대규2323호
2011.12.12대규2372호 2013. 1. 8대규2446호
2013. 6. 5대규2470호 2014. 5.30대규2539호
2014.10. 2대규2562호 2014.12.30대규2577호
2015. 4.24대규2598호 2015.10. 7대규2620호
2016. 8. 1대규2671호 2016.11.29대규2697호
2018. 4.27대규2788호 2018. 8.31대규2800호
2018.12. 4대규2814호
2019.11. 6대규2862호 → 2019.12.27 시행
2020. 7.27대규2912호 2020.11.26대규2927호
2021. 1.29대규2951호 2021. 3.25대규2970호
2021. 5.27대규2983호 2021. 9.30대규2995호
2021.11.29대규3009호 2021.12.31대규3017호
2022. 1.29대규3030호 2022. 2.25대규3042호
2022. 4.29대규3048호 2022. 6.30대규3062호
2023. 2.24대규3095호 2024. 3.28대규3140호
2024. 5.30대규3151호

제1장 총 칙

제1조【목적】 이 규칙은 「가족관계의 등록 등에 관한 법률」에서 위임된 사항과 그 시행에 관하여 필요한 사항을 규정함을 목적으로 한다.
제2조【정의】 이 규칙에서 사용하는 용어의 뜻은 다음과 같다. (2009.3.31, 2010.7.30, 2015.4.24 본조개정)
1. "가족관계등록부(이하 "등록부"라 한다)에 기록"이란 시(특별시 및 광역시와 구를 둔 시에 있어서 이 규칙 중 시, 시장 또는 시의 사무소란 각각 구, 구청장 또는 구의 사무소를 말한다. 다만, 도농복합형태의 시에 있어서 읍·면지역에 대하여는 읍·면, 읍·면의 장 또는 읍·면의 사무소를 말한다. 이하 같다)·읍·면의 장 또는 「가족관계의 등록 등에 관한 법률」(이하 "법"이라 한다) 제4조의2제1항의 가족관계등록관(이하 "가족관계등록관"이라 한다)이 법과 이 규칙이 정하는 사항을전산정보처리조직에 의하여 등록부에 기록하는 것을 말한다.
2. "등록부 부본자료(이하 "부본자료"라 한다)"란 등록부 또는 폐쇄등록부(이하 "등록부등"이라 한다)에 기록된 등록사항에 관한 전산정보자료(이하 "등록전산정보자료"라 한다)가 사고 등으로 인하여 훼손된 경우(이하 "손상"이라 한다)에 이를 복구하기 위하여 법 제11조와 제12조에

따라 보관·관리하는 장소 이외의 곳에 별도의 보조기억장치(자기디스크·자기테이프 그 밖의 전자적 정보저장매체를 포함한다. 이하 같다)를 이용하여 전산정보처리조직에 기록된 등록전산정보자료를 실시간, 주, 월단위로 복제한 것으로 등록부에 기록된 사항과 동일한 전산자료를 말한다.

3. "가족관계등록부사항"이란 등록기준지의 지정 또는 변경, 정정에 관한 사항, 가족관계등록부작성 또는 폐쇄에 관한 기록사항을 말한다.
4. "특정등록사항"이란 본인·부모(양부모 포함)·배우자·자녀(양자 포함)란에 기록되는 성명, 출생연월일, 주민등록번호, 성별, 본에 관한 기록사항을 말한다. 다만, 가족으로 기록할 자가 외국인인 경우에는 성명, 출생연월일, 국적, 외국인등록번호(외국인등록을 하지 아니한 외국국적동포의 경우에는 국내거소신고번호를 말한다. 이하 같다), 성별에 관한 기록사항을 말한다.
5. "일반등록사항"이란 출생에서부터 사망에 이르기까지 법과 이 규칙에 따라 본인의 등록부에 기록하는 가족관계등록부사항·특정등록사항 이외의 모든 신분변동에 관한 기록사항을 말한다.

제3조【비용의 부담】 법 제7조에 따라 가족관계의 발생과 변동사항의 등록과 그 증명에 관한 사무(이하 "등록사무"라 한다)에 드는 비용은 「보조금 관리에 관한 법률」에 따른 보조금으로 부담한다. (2013.1.8 본조개정)

제4조【등록기준지의 결정】 ① 법 시행과 동시에 최초로 등록부를 작성하는 경우, 종전 호적이 존재하는 사람은 종전 호적의 본적을 등록기준지로 한다.

② 제1항에 해당되지 않는 사람에 대해서 법 제10조제1항에 따라 처음 정하는 등록기준지는 다음 각 호에 따른다.

1. 당사자가 자유롭게 정하는 등록기준지
2. 출생의 경우에 부 또는 모의 특별한 의사표시가 없는 때에는, 자녀가 따르는 성과 본을 가진부 또는 모의 등록기준지
3. 외국인이 국적취득 또는 귀화한 경우에 그 사람이 정한 등록기준지
4. 국적을 회복한 경우에 국적회복자가 정한 등록기준지
5. 가족관계등록창설의 경우에 제1호의 의사표시가 없는 때에는 가족관계등록창설하고자 하는 사람이 신고한 주민등록지
6. 부 또는 모가 외국인인 경우에 제1호의 의사표시가 없는 때에는 대한민국 국민인 부 또는 모의 등록기준지

③ 당사자는 등록기준지를 자유롭게 변경할 수 있다. 이 경우, 새롭게 변경하고자 하는 등록기준지 시·읍·면의 장에게 변경신고를 하여야 한다.

제5조【전산정보중앙관리소의 역할 등】 ① 법 제12조에 따른 전산정보중앙관리소(이하 "중앙관리소"라 한다)의 역할과 기능은 다음 각 호와 같다.

1. 등록부등과 부본자료의 보관·관리
2.등록부등 색인정보 관리
3. 사용자정보관리
4. 각종 코드와 기재례 관리
5. 유관기관과의 정보연계
6. 가족관계등록통계정보관리
7. 시스템 프로그램의 유지·보수
8. 정보처리 요구사항과 장애내용 접수 및 그 대응과 기술지원
9. 가족관계등록정보 보존관리
10. 가족관계등록정보 보안관리
11. 그밖에 법원행정처장이 필요하다고 인정한 사항

② 법원행정처장은 중앙관리소에 전산운영책임관을 두어 전산정보처리조직을 종합적으로 관리·운영하여야 한다.

제6조【전산운영책임관의 업무】 ① 중앙관리소의 전산운영책임관은 법 제11조에 따라 등록부등 및 그 부본자료를 작성·보관·관리하고 전산정보처리조직에 기록되어 있는 사항을 실시간, 주, 월단위로 보존하여야 한다.

② 전산운영책임관은등록전산정보자료의 일부 또는 전부가 손상되었을 때에는 즉시 법원행정처장에게 보고하고 제1항의 부본자료에 의하여 복구하여야 한다. 이 경우 정상적인 전산정보처리조직의 운영이 불가능할 때에는 전산정보처리조직이 복구될 때까지 부본자료에 의하여 운영할 수 있다.

③ 등록전산정보자료와 부본자료의 각 일부 또는 전부가 동시에 손상된 경우에는 가족관계정보자료가 손상된 사람 또는 그 이해관계인에게 제20조의 멸실고시 등의 방법으로 등록 일제신고기간을 정하여 신고하도록 하고, 신고한 자료와 대법원의 등록정보자료, 시·읍·면의 제적 등을 기초로 전산정보처리조직을 복구하여야 한다. 그 밖의 복구절차에 필요한 사항은 대법원예규로 정한다.

④ 중앙관리소 소속 공무원이 법 제12조제2항에 따라 등록사항별 증명서를 발급하는 경우에는 전산운영책임관 명의로 한다.

⑤ 법 제12조제2항에 따른 증명서의 발급절차, 그 밖의 필요한 사항은 대법원예규로 정한다.

⑥ 전산운영책임관은 매년 1월 10일까지 등록전산정보자료의 보존방법과 부본자료의 보관·관리, 복구절차, 중앙관리소 소속직원의 업무배분, 그 밖의 전산정보처리조직의 안정적인 관리와 운영을위한 지침을 마련하여 이를 비치하여야 한다.

제7조【취임보고 등】 ① 시·읍·면의 장이 취임하거나 퇴임 등의 사유로 그 직을 면한 때에는 즉

시 감독법원(지원을 포함한다. 이하 "법원"이라 한다)에 보고하여야 한다.
② 시·읍·면의 장이 사고 등으로 인하여 다른 사람이 그 직무를 대리(「지방자치법」 제124조에 따라 권한을 대행하는 경우를 포함한다. 이하 같다)하는 때에는 대리의 개시 및 종료에 관한 사항을 즉시 법원에 보고하여야 한다. (2022.6.30 본항개정)
③ 등록사무처리에 관해서 시·읍·면의 장을 대리하는 경우에는 법 제5조제1항을 준용한다.

제8조 【등록사무담임자의 임면보고】 시·읍·면의 장이 소속 공무원 중에서 등록사무를 담당하는 사람(이하 "등록사무담임자"라 한다)을 임명하거나 그 직무를 면하게 한 때에는 즉시 법원에 보고하여야 한다.

제9조 【직인의 보고】 ① 시·읍·면의 장 또는 그 직무를 대리하는 사람(이하 "직무대리자"라 한다)이 취임한 때에는 5일 이내에 등록사무에 사용할 직인의 인감을 법원에 보고하여야 한다.
② 제1항은 새로운 인장을 사용하거나 개인(改印)한 때에도 준용한다.

제10조 【시·읍·면장 등의 식별부호】 ① 시·읍·면의 장 또는 그 직무대리자가 제7조에서 정한 취임 또는 직무대리 개시보고를 할 때에는 동시에 식별부호 사용신청을 하여 법원의 승인을 받아야 한다.
② 시·읍·면의 장 또는 그 직무대리자가 제7조에서 정한 퇴임 등 또는 직무대리 종료보고를 할 때에는 동시에 식별부호 사용 해지신청을 하여야 한다.
③ 시·읍·면의 장이 등록사무담임자 또는 그의 업무를 보조하는 사람을 임명하거나 그 직무를 면하게 한 경우에는 제1항과 제2항을 준용한다. 법 제21조제2항의 업무를 처리하는 동의 장과 그의 업무를 보조하는 사람의 경우에도 같다.

제11조 【가족관계등록공무원명부】 법원은 가족관계등록공무원명부를 비치하고 제7조 또는 제8조의 보고가 있거나 법 제21조제2항의 업무를 처리하는 동의 장과 그의 업무를 보조하는 사람에게 식별부호의 사용 승인을 하거나 해지를 한 때에는 그 사유를 기재하여야 한다.

제12조 【출장소 개설 등 보고】 ① 시·읍·면의 출장소에서 등록사무를 처리하려는 때에는 법원에 보고하여야 한다.
② 등록사무를 처리하던 출장소가 그 처리를 종료한 때에는 지체 없이 법원에 보고하여야 한다.
③ 법원이 제1항 또는 제2항의 보고를 받은 때에는 지체 없이 가정법원장을 거쳐 법원행정처장에게 이를 보고하여야 한다.

제13조 【사무소이전의 보고】 시·읍·면의 사무소나 출장소를 이전한 때에는 5일 이내에 법원에 보고하여야 한다.

제14조 【행정구역변경 등의 보고 및 부책 등의 인계】 ① 행정구역, 토지의 명칭, 지번, 도로명 또는 건물번호가 변경된 때에는 그 시행일 15일 전까지 법원에 보고하여야 한다. (2011.12.12 본항개정)
② 시·읍·면 또는 동이 신설·폐지되는 경우에는 신설·폐지되기 전에 그 지역에 소재한 시·읍·면의 장이 제1항의 보고를 한다.
③ 법원이 제1항 또는 제2항의 보고를 받는 경우 제12조제3항을 준용한다.
④ 시·읍·면의 구역변경이 있는 경우에 부책과 서류는 그 목록 2통을 첨부하여 이를 해당 시·읍·면에 인계하여야 한다.
⑤ 시·읍·면의 장은 인수한 부책과 서류를 첨부된 목록과 대조한 후 그 목록 1통에 영수의 뜻을 덧붙여 인계한 시·읍·면의 장에게 송부하여야 한다.
⑥ 인수절차를 마친 시·읍·면의 장은 지체 없이 법원에 보고하여야 한다.
⑦ 종전 「호적법」(2007. 5. 17. 법률 제8435호로 폐지된 것) 제11조에 따라 시·읍·면의 장이 제적부를 반출한 때에는 그 사유를, 반출한 제적부를 원상회복한 때에는 그 일시와 이상 유무를 지체 없이 각각 법원에 보고하여야 한다.

제15조 【보고서의 편철】 법원은 제7조부터 제9조까지, 제12조부터 제14조까지의 보고서를 가족관계등록보고서편철장에 편철하여 보존한다.
(2018.4.27 본조개정)

제16조 【법원관할의 변경】 ① 법원의 관할이 변경된 경우에는 제적부본과 그에 관한 부책 및 서류, 가족관계등록부에 관한 부책과 서류를 새 관할법원에 인계하고, 그 내용을 법원행정처장에게 보고하여야 한다.
② 제1항의 인계절차에 관해서는 제14조제4항과 제5항의 규정을 준용한다.

제2장 등록부 등

제17조 【등록부의 작성과 폐쇄】 ① 법 제9조에 따른 등록부의 작성은 전산정보처리조직에 의하여야 한다.
② 등록부가 법 제11조제2항에 규정된 사유 이외에 다음 각 호의 어느 하나에 해당하는 경우에는 이를 폐쇄한다.
1. 이중으로 작성된 경우
2. 착오 또는 부적법하게 작성된 경우
3. 정정된 등록부가 이해관계인에게 현저히 부당하다고 인정되어 재작성하는 경우

제18조 【가족관계등록에 관한 부책 등의 보존】

가족관계등록에 관한 부책과 서류는 잠금장치가 있는 견고한 서고 또는 창고에 비치하고 철저하게 보존하여야 한다.

제19조【증명서 교부청구 등】 ① 법 제15조의 등록사항별 증명서에 대한 교부신청은 등록부 등의 기록사항 등에 관한 증명신청서(이하 "신청서"라 한다)에 그 사유를 기재하여 제출하여야 한다. 다만, 본인이 청구하는 경우에는 신청서를 작성하지 않을 수 있고, 대리인이 법 제14조제1항의 본인 또는 배우자, 직계혈족(이하 이 조에서는 "본인등"이라 한다)의 위임을 받아 청구하는 때에는 본인등의 위임장과 주민등록증·운전면허증·여권 등의 신분증명서 사본을 제출하여야 한다. (2009.12.31, 2016.8.1, 2016.11.29, 2021.12.31 본항개정)

② 법 제14조제1항제4호의 "정당한 이해관계 있는 사람"이란 다음 각 호의 어느 하나에 해당하는 경우를 말한다. 다만, 법 제14조제9항에 따른 교부제한대상자 또는 법 제15조의2제2항에 따른 공시제한대상자 본인등(이하 "교부제한대상자" 또는 "공시제한대상자 본인등"이라 한다)의 경우에는 법 제111조에 따른 가정법원의 결정으로 교부 등이 허용된 사람에 한정한다. (2021.12.31, 2022.2.25, 2022.6.30 본항개정)

1. 민법상의 법정대리인
2. 채권·채무의 상속과 관련하여 상속인의 범위를 확인하기 위해서 등록사항별 증명서의 교부가 필요한 사람
3. 그 밖에 공익목적상 합리적 이유가 있는 경우로서 대법원예규가 정하는 사람

③ 제1항의 신청서에는 대법원예규가 특별히 규정하고 있는 경우를 제외하고는 대상자의 성명과 등록기준지를 정확하게 반드시 기재하여야 하고 다음 각 호에 해당하는 서류를 제출하여야 한다.

1. 법 제14조제1항제1호의 경우에는 그 근거법령과 사유를 기재한 신청기관의 공문 및 관계공무원의 신분증명서
2. 법 제14조제1항제2호의 경우에는 법원의 보정명령서, 재판서, 촉탁서 등 이를 소명하는 자료
3. 법 제14조제1항제3호의 경우에는 이를 소명하는 자료 및 관계법령에 의한 정당한 권한이 있는 사람임을 확인할 수 있는 자료
4. 법 제14조제1항제4호의 경우에는 그 근거와 사유를 기재한 신청서 및 정당한 이해관계를 소명하는 자료와 신청인의 신분증명서

④ 제1항부터 제3항까지에 관하여 필요한 사항은 대법원예규로 정한다.

(2021.12.31 본조제목개정)

제20조【멸실고시】 법원행정처장은 제6조제2항에 따른 전산운영책임관의 등록전산정보자료의 손상보고가 있는 때에 그 등록전산정보자료의 복구가 불가능한 경우와 제6조제3항에 따른 등록전산정보자료와 등록전산정보부본자료의 각 일부 또는 전부가 동시에 손상된 경우에는 지체 없이 그 사실을 각 고시하여야 한다. 이 경우 법원행정처장은 등록부의 재작성에 관한 필요한 승인과 처분을 하여야 하며, 그 구체적인 내용과 절차는 대법원예규로 정한다.

제21조【증명서 작성방법의 일반사항】 ① 등록사항별 증명서에는 시·읍·면의 장의 직명(직무대리자의 경우에는 대리자격도 표시하여야 한다)과 성명을 기록한 후 그 직인을 찍어야 한다. (2016.11.29 본항개정)

② 증명서에 공란이나 여백이 있는 때에는 그 뜻을 표시하여야 한다. (2016.11.29 본항개정)

③ 증명서가 여러 장으로 이루어지는 때에는 각 장에 장수, 발행번호를 기록하고 각 장에 걸쳐 직인으로 간인하여야 한다. (2016.11.29 본항개정)

④ 제1항 또는 제3항의 경우에는 인증기에 직인을 부착하여 인증할 수 있고, 자동천공방식으로 간인할 수 있다. (2016.11.29 본항개정)

⑤ 본인, 부모(양부모 포함), 배우자, 자녀(양자 포함)의 가족관계등록부에 사망(실종선고·부재선고·국적상실 포함)사실이 기록된 경우에는 등록사항별 증명서의 사망한 사람의 성명란에 "사망(실종선고·부재선고·국적상실은 각 실종선고, 부재선고, 국적상실)"이 표시되어야 한다. (2016.11.29 본항개정)

⑥ 가족관계증명서는 제5항의 경우를 제외하고는 증명서 교부 당시의 유효한 사항만을 모아서 발급한다. 다만, 법 제15조제2항제1호의 가족관계증명서는 성명란에 사망(실종선고·부재선고 포함)이 표시되어 있는 자녀(양자 포함)의 특정등록사항을 제외하고 발급한다. (2016.11.29 본항개정)

⑦ 시·읍·면의 장은 청구인이 등록사항별 증명서 중 두 가지 이상을 동시에 청구하는 경우에 제1항부터 제6항까지에 따라 개별증명서로 발급하여야 한다. (2016.11.29 본항개정)

⑧ 법원행정처장이 등록사항별 증명서의 기재례를 정한 때에는 그에 따라 증명서를 발급하여야 한다. (2016.11.29 본항개정)

⑨ 제1항부터 제8항까지에도 불구하고 교부제한대상자 또는 공시제한대상자 본인등의 경우에는 제25조의3에 따라 교부 등의 범위가 제한될 수 있다. (2021.12.31 본항신설)

⑩ 등록사항별 증명서의 서식 및 그 밖에 필요한 사항은 대법원예규로 정한다. (2016.11.29 본항신설, 2021.12.31 본항개정)

(2021.12.31 본조제목개정)

제21조의2【특정증명서의 발급】 ① 법 제15조제4항에 따라 다음 각 호의 등록사항별 증명서를

특정증명서로 발급한다.
1. 가족관계증명서
2. 기본증명서
3. 혼인관계증명서
② 가족관계증명서에 대한 특정증명서의 기재사항은 다음 각 호와 같다. 다만, 제3호, 제4호는 신청인이 기재사항으로 선택한 경우에 한한다.
1. 본인의 성명·성별·출생연월일 및 주민등록번호
2. 부모, 배우자 및 자녀 중 신청인이 선택한 사람의 성명·성별·출생연월일 및 주민등록번호(사람을 복수로 선택할 수 있다)
3. 본인의 등록기준지
4. 본인 및 제2호에 따라 신청인이 선택한 사람 전부의 본
③ 기본증명서에 대한 특정증명서의 기재사항은 다음 각 호와 같다. 다만, 제3호, 제4호는 신청인이 기재사항으로 선택한 경우에 한한다.
1. 본인의 성명·성별·출생연월일 및 주민등록번호
2. 다음 각 목 중 신청인이 선택한 어느 하나에 관한 사항
  가. 출생, 사망과 실종
  나. 인지와 친생자관계 정정
  다. 친권과 미성년후견(다만, 현재의 사항만을 선택할 수도 있다)
  라. 개명과 성·본 변경
  마. 국적의 취득과 상실
  바. 성별 등의 정정
3. 본인의 등록기준지
4. 본인의 본
④ 혼인관계증명서에 대한 특정증명서의 기재사항은 다음 각 호와 같다. 다만, 제3호, 제4호는 신청인이 기재사항으로 선택한 경우에 한한다.
1. 본인의 성명·성별·출생연월일 및 주민등록번호
2. 신청인이 선택한 과거의 혼인에 관한 사항
3. 본인의 등록기준지
4. 본인의 본
⑤ 제1항부터 제4항까지에도 불구하고 교부제한대상자 또는 공시제한대상자 본인등의 경우에는 제25조의3에 따라 교부 등의 범위가 제한될 수 있다. (2021.12.31 본항신설)
⑥ 특정증명서의 작성과 발급, 그 밖에 필요한 사항은 대법원예규로 정한다. (2021.12.31 본항개정)
(2021.12.31 본조제목개정)

제21조의3【영문증명서의 발급】 ① 법 제15조제5항에 따라 필요한 경우에는 영문으로 작성된 등록사항별 증명서(이하 "영문증명서"라 한다)를 발급할 수 있다. 다만, 교부제한대상자 또는 공시제한대상자 본인등의 경우에는 제25조의3에 따라 교부등의 범위가 제한될 수 있다. (2021.12.31 본항개정)
② 영문증명서의 기록사항은 다음 각 호와 같다.
1. 본인, 부모 및 배우자의 성명·성별·출생연월일 및 주민등록번호
2. 본인의 출생과 현재의 혼인에 관한 사항
③ 영문증명서는 로마자와 아라비아 숫자로 작성한다. 이 경우 제63조는 적용하지 아니한다.
④ 법원행정처장은 영문증명서의 작성에 필요한 경우 외교부장관에게 전산정보처리조직의 연계나 그 밖에 필요한 협조를 요청할 수 있다.
⑤ 영문증명서의 작성과 발급, 그 밖에 필요한 사항은 대법원예규로 정한다.
(2019.11.6 본조신설)

제22조【증명서의 교부청구의 필요이유 제시】 ① 법 제14조제1항제1호와 제3호에 따라 등록사항별 증명서의 교부를 청구하는 경우, 각 대상자 마다 등록사항별 증명서가 필요한 이유를 구체적으로 밝혀야 하며, 한번에 30통 이상을 청구할 때에는 교부청구 기관 또는 단체의 소재지를 관할하는 시·읍·면에 하여야 한다.
② 법 제14조제1항제4호에 해당하는 경우에는 제19조제3항제4호의 요건을 갖추는 것 이외에 각각의 등록사항별 증명서가 필요한 이유를 별도로 밝혀야 한다.
③ 본인·배우자·직계혈족 이외의 사람이 등록사항별 증명서 중 가족관계증명서를 교부받고자 하는 경우에는 가족관계증명서가 필요한 이유를 별도로 밝혀야 한다.
(2021.12.31 본조제목개정)

제23조【증명의 범위 및 친양자입양관계증명서의 교부제한】 ① 시·읍·면의 장은 등록사항별증명서를 교부할 때, 각 증명서의 본인 또는 가족의 주민등록번호란및일반등록사항란에기록된 주민등록번호(외국인인 경우에는 외국인등록번호를 말한다. 이하 같다) 중 그 일부를 공시하지 아니할 수 있다. 등록사항별 증명서의 주민등록번호 일부 공시제한에 관하여 필요한 사항은 대법원예규로 정한다. (2010.7.30., 2016.11.29 본항개정)
② 법 제14조제2항에 따른 친양자입양관계증명서의 교부제한은 교부청구 대상 본인의 친양자입양 여부와 관계없이 적용된다.
③ 법 제14조제2항제4호에 따라 증명서를 청구할 수 있는 경우는 다음 각 호의 어느 하나에 해당하는 경우로 한정한다. 다만, 제1호와 제2호의 구체적인 소명자료는 대법원예규로 정한다. (2013.1.8 본항개정)
1. 「민법」 제908조의4 또는 「입양특례법」 제16조에 따라 입양취소를 하거나 「민법」 제908조의5 또는 「입양특례법」 제17조에 따라 파양을 할 경우

2. 친양자의 복리를 위하여 필요함을 구체적으로 소명하여 신청하는 경우
3. 그 밖의 대법원예규가 정하는 정당한 이유가 있는 경우

④ 친양자입양에 관한 신고서류의 열람 등의 절차에는 제2항과 제3항을 준용한다.
⑤ 법 제14조제2항제3호에 따라 수사기관이 증명서를 교부청구하는 경우, 각 대상자마다 증명서가 필요한 사유를 구체적으로 기재하되, 관련사건명과 사건접수연월일을 밝혀 청구하여야 한다. 이 경우 제22조제3항 후단을 준용한다.

제24조 【재외공관에서의 증명서 교부】 ① 법원행정처장이 정하는 재외공관은 증명서 교부신청의 접수와 교부사무를 처리할 수 있다.
② 제1항의 재외공관을 정하는 기준과 절차, 증명서 발급사무에 관한 업무처리절차 등 그 밖의 필요한 사항은 대법원예규로 정한다.

제25조 【무인증명서발급기에 의한 증명서 발급】
① 시·읍·면의 장은 신청인 스스로 입력하여 등록사항별 증명서를 발급받을 수 있는 장치(이하 "무인증명서발급기"라 한다)를 이용하여 증명서의 발급사무를 처리할 수 있다.
② 제1항에 따른 등록사항별 증명서 발급은 본인에게만 할 수 있으며, 이 경우 그 본인임을 확인하는 절차를 거쳐야 한다. 다만, 교부제한대상자 또는 공시제한대상자 본인등의 경우에는 제25조의3에 따라 발급의 범위가 제한된다. (2021.12.31 본항개정)
③ 제1항의 경우 그 발급기관, 발급절차, 그 밖의 필요한 사항은 대법원예규로 정한다.

제25조의2 【인터넷에 의한 등록부등의 기록사항 열람 및 증명서 발급】 ① 등록부등의 기록사항 열람 및 등록사항별 증명서의 발급사무는 인터넷을 이용하여 처리할 수 있다. (2014.5.30 본항개정)
② 제1항에 따른 사무는 중앙관리소에서 처리하고, 전산운영책임관이 이를 담당한다.
③ 제1항에 따른 열람 및 발급은 본인 또는 배우자, 부모, 자녀가 신청할 수 있다. 이 경우 「전자서명법」 제2조제2호에 따른 전자서명(서명자의 실지명의를 확인할 수 있는 것으로서 법원행정처장이 지정하여 전자가족관계등록시스템에 공고한 인증서를 이용한 것을 말한다) 정보도 함께 송신하여야 한다. 다만, 교부제한대상자 또는 공시제한대상자 본인등의 경우에는 제25조의3에 따라 열람 등의 범위가 제한된다. (2014.5.30, 2021.5.27, 2021.12.31 본항개정)
④ 제1항에 따른 열람 및 발급의 범위, 절차 및 방법 등 필요한 사항은 대법원예규로 정한다.
(2014.5.30 본항개정)
(2013.1.8 본조신설)
(2014.5.30 본조제목개정)

제25조의3 【가정폭력피해자의 교부·공시제한 신청·해지절차 및 범위】 ① 법 제14조제8항의 가정폭력피해자(이하 "가정폭력피해자"라 한다)가 법 제14조제8항 또는 법 제15조의2제1항에 따라 교부제한 또는 공시제한을 신청하거나 그 해지를 신청할 때 제출하여야 할 신청서의 서식, 첨부서류, 그 밖의 신청절차 등에 관한 사항은 대법원예규로 정한다.
② 교부제한대상자에 대하여 교부, 열람 등이 제한되는 범위는 다음 각 호와 같다.
1. 가정폭력피해자를 본인으로 하는 법 제15조의 등록사항별 증명서 전부
2. 가정폭력피해자를 본인으로 하는 등록부등의 기록사항 전부

③ 공시제한대상자 본인등에 대하여 공시가 제한되는 범위는 다음 각 호와 같다.
1. 특정등록사항·일반등록사항 중 가정폭력피해자의 성명, 출생연월일, 주민등록번호, 성별, 본에 관한 사항 등 가정폭력피해자에 대한 기록사항 전부
2. 제적부의 기록사항 중 가정폭력피해자에 관한 기록사항 전부
3. 그 밖에 위 각 호에 준하는 가정폭력피해자의 개인정보

④ 교부제한대상자 또는 공시제한대상자 본인등에게는 영문증명서 및 제적부의 기록사항에 관하여 제25조의 무인증명서발급기 및 제25조의2의 인터넷에 의한 발급사무를 제공하지 아니한다.
(2021.12.31 본조신설)

제26조 【등록전산정보자료의 이용 등】 ① 법 제13조에 따라 등록전산정보자료를 이용 또는 활용하려는 사람은 다음 각 호의 사항을 기재하고 관계중앙행정기관의 장의 심사결과를 첨부해 법원행정처장에게 등록전산정보자료의 제공을 승인하여 줄 것을 신청하여야 한다. (2020.7.27 본항개정)
1. 자료의 이용 또는 활용의 목적과 근거
2. 자료의 범위
3. 자료의 제공방식·보관기관 및 안전관리대책

② 중앙행정기관의 장이 등록전산정보자료를 이용 또는 활용하려는 경우에는 법원행정처장에게 제1항 각 호의 사항을 기재한 서면을 제출하고 협의를 요청하여야 한다. (2020.7.27 본항개정)
③ 법원행정처장이 제1항, 제2항에 따른 승인신청 또는 협의요청을 받은 때에는 다음 각 호의 사항을 심사하여 등록전산정보자료의 제공 여부를 결정하여야 한다. (2020.7.27 본항개정)
1. 신청내용의 타당성·적합성·공익성
2. 개인의 사생활 침해의 가능성 및 위험성 여부
3. 자료의 목적외 사용방지 및 안전관리대책 확보 여부

4. 신청한 사항의 처리가 전산정보처리조직에 의하여 가능한지 여부
5. 신청한 사항의 처리가 등록사무처리에 지장이 없는지 여부

④ 제3항에 따라 심사한 결과 신청을 승인하거나 협의가 이루어진 때에는 법원행정처장은 전산정보자료제공대장에 그 내용을 기록·관리하여야 한다. (2020.7.27 본항개정)

제26조의2【민원접수·처리기관을 통한 등록전산정보자료의 제공 등】 ① 민원인이「민원 처리에 관한 법률」제10조의2제1항에 따라 민원접수·처리기관을 통하여 본인에 관한 등록전산정보자료의 제공을 요구하는 경우 법원행정처장은 해당 정보를 지체 없이 제공하여야 한다.

② 민원인이 요구할 수 있는 등록전산정보자료의 종류는 행정안전부장관이 법원행정처장과 협의하여 공표한 것에 한한다.

③ 법원행정처장이 제2항에 따른 협의요청을 받은 때에는 법 제14조제5항 및 이 규칙 제26조제3항의 사항을 고려하여 제공할 등록전산정보자료의 종류를 결정하여야 한다.

④ 등록전산정보자료 제공절차 등과 관련하여 필요한 사항 중 이 규칙에서 정하고 있지 아니한 사항은 대법원예규로 정할 수 있다.

(2021.9.30 본조신설)

제26조의3【정보주체 본인의 요구에 의한 등록전산정보자료의 제공 등】 ① 정보주체가「전자정부법」제43조의2제1항에 따라 본인에 관한 등록전산정보자료의 제공을 요구하는 경우 법원행정처장은 해당 정보를 정보주체 본인 또는 본인이 지정하는 자로서「전자정부법」제43조의2제1항 각 호의 자에게 지체 없이 제공하여야 한다. 이 경우 정보주체는 정확성 및 최신성이 유지될 수 있도록 정기적인 제공을 요구할 수 있다.

② 제1항의 경우 제26조의2제2항부터 제4항까지를 준용한다.

(2021.11.29 본조신설)

제27조【신고서류의 열람 및 기재사항 증명】 ① 법 제42조제2항의 이해관계인은 법 제16조에서 규정한 서류(이하 "신고서류"라 한다)를 등록사무담임자가 보는 앞에서 열람하여야 한다. 다만, 교부제한대상자 또는 공시제한대상자 본인등이 제25조의3제2항 및 제3항에 따라 열람이 제한되는 사항이 포함된 신고서류를 열람하는 경우에는 법 제111조에 따른 가정법원의 결정으로 열람이 허용된 사람에 한정한다. (2021.12.31 본항개정)

② 신고서류의 기재사항 증명은 별지 제6호 서식에 따른다.

제28조【증명서등의 수수료】 ①호적용지로 작성된 제적부와 시·읍·면에 있는 신고서류의 열람수수료는 건당 200원으로 한다.

② 등록사항별 증명서 및 제적등본의 수수료는 통당 1,000원으로 하고, 제적초본의 수수료는 통당 500원으로 한다. 다만, 무인증명서발급기를 이용하여 발급되는 등록사항별 증명서 및 제적등본의 수수료는 통당 500원, 제적초본의 수수료는 통당 300원으로 하고, 인터넷에 의한 등록부등의 기록사항 열람, 등록사항별 증명서 발급, 제적부의 열람 및 제적등·초본 발급 수수료는 무료로 한다. (2011.12.12, 2013.1.8, 2014.5.30, 2016.11.29 본항개정)

③ 제27조의 기재사항 증명, 또는 제48조의 수리 또는 불수리의 증명 수수료는 건당 200원으로 한다.

④ 청구인이 다음 각 호의 어느 하나에 해당하는 경우에는 제1항부터 제3항까지의 수수료를 면제한다. (2009.6.26, 2019.11.6, 2020.7.27, 2021.9.30, 2021.11.29 본항개정)

1. 국가나 지방자치단체의 공무원으로 직무상 필요에 의하여 청구하는 경우
2. 「국민기초생활보장법」제2조제2호의 수급자가 청구하는 경우
3. 「독립유공자예우에 관한 법률」제6조에 따라 등록된 독립유공자와 그 유족(선순위자만 해당된다)이 청구하는 경우
4. 「국가유공자 등 예우 및 지원에 관한 법률」제6조에 따라 등록된 국가유공자 등과 그 유족(선순위자만 해당된다)이 청구하는 경우
5. 「고엽제후유의증 등 환자지원 및 단체설립에 관한 법률」제4조에 따라 등록된 고엽제후유의증환자 등이 청구하는 경우
6. 「참전유공자예우 및 단체설립에 관한 법률」제5조에 따라 등록된 참전군인 등이 청구하는 경우
7. 「5·18민주유공자 예우에 관한 법률」제7조에 따라 등록 결정된 5·18민주유공자와 그 유족(선순위자만 해당된다)이 청구하는 경우
8. 「특수임무유공자 예우 및 단체설립에 관한 법률」제3조 제3호에 따라 등록된 특수임무공로자와 그 유족(선순위자만 해당된다)이 청구하는 경우
9. 「한부모가족지원법」제5조 또는 제5조의2에 따른 보호대상자가 청구하는 경우
10. 「민원 처리에 관한 법률」제10조의2에 따라 민원인이 민원접수·처리기관을 통하여 등록전산정보자료의 제공을 요구하는 경우
11. 「전자정부법」제43조의2에 따라 정보주체가 등록전산정보자료의 제공을 요구하는 경우
12. 재해의 발생 등 시·읍·면의 장이 필요하다고 인정하는 경우
13. 출생신고인에게 기록일부터 2주일 이내에 출생사건 본인의 기본증명서를 최초 1회 발급하는경우

14. 다른 법률에 수수료를 면제하는 규정이 있는 경우

제3장 신 고

(2018.4.27 본장제목개정)

제29조【신고서의 양식 등】 각종 가족관계등록 신고서의 양식과 이 규칙에서 정하지 않은 서식은 대법원예규로 정한다.

제30조【신고서의 문자】 ① 신고서는 한글과 아라비아숫자로 기재하여야 한다. 다만, 사건본인의 성명은 한자로 표기할 수 없는 경우를 제외하고는 한자를 병기하여야 하고, 사건본인의 본은 한자로 표기할 수 없는 경우를 제외하고는 한자로 기재하여야 한다.

② 신고서의 첨부서류가 외국어로 작성된 것인 때에는 번역문을 첨부하여야 한다.

제31조【신고서의 기재방법】 ① 신고서의 글자는 명확하게 기재하여야 한다.

② 신고서의 기재를 정정한 경우에는 여백에 정정한 글자의 수를 기재하고 신고인이 날인하여야 한다.

제32조【신고인 등의 확인】 ① 시·읍·면·동의 장 또는 재외공관의 장은 신고서류를 접수하는 경우에 출석한 신고인 또는 제출인의 신분증명서에 의하여 반드시 그 신분을 확인하여야 하고, 신고인 또는 제출인이 법 제23조제2항에 따라 불출석 신고사건 본인의 신분증명서를 제시한 때에는 그 신분을 확인한 후 신고서류의 뒤에 그 사본을 첨부하여야 한다.

② 법 제23조제2항의 "그 밖에 대법원규칙으로 정하는 신분증명서"는 국제운전면허증, 외국국가기관 명의의 신분증 그 밖에 대법원예규가 정하는 신분증명서를 말한다. (2018.4.27 본항개정)

③ 법 제23조제2항에도 불구하고, 법 제62조제1항의 법정대리인의 출석 또는 신분증명서의 제시가 있거나 인감증명서의 첨부가 있으면 신고사건본인의 신분증명서의 제시 또는 인감증명서의 첨부가 있는 것으로 본다. (2013.6.5 본항개정)

제33조【서명 또는 기명날인을 갈음하는 방법】 신고인, 증인, 동의자 등은 신고서에 서명하거나 기명날인할 수 있고, 서명 또는 기명날인을 할 수 없을 때에는 무인할 수 있다. 이 경우 담당공무원은 본인의 무인임을 증명한다는 문구를 기재하고 기명날인하여야 한다.

제34조【가족관계등록의 여부가 불분명한 경우 등의 표시】 ① 신고인 그 밖의 사람이 가족관계등록이 되어 있지 않거나 분명하지 않은 경우에는 신고서류에 그 취지를 기재하여야 한다.

② 사건본인이나 그 부 또는 모가 외국인인 경우에는 신고서의 등록기준지란에 그 국적을 기재하여야 한다.

제35조【말로 하는 신고의 처리】 시·읍·면의 장이 법 제31조제2항에 따라 신고서를 작성한 경우에는 신고서 여백에 그 취지를 기재하고 직명과 성명을 기재한 후 직인을 찍어야 한다.

제36조【대리인에 의한 신고】 법 제31조제3항에 따라 대리인이 말로 신고하는 경우에는 대리권한을 증명하는 서면을 제출하여야 한다.

제36조의2【전자문서를 이용한 신고】 ① 법 제23조의2에 따라 전산정보처리조직을 이용하여 전자문서로 할 수 있는 신고는 다음 각 호와 같다. (2018.4.27, 2021.1.29 본항개정)

1. 법 제10조제2항에 따른 등록기준지 변경신고
2. 법 제44조제4항 본문 및 제46조제1항, 제2항에 따른 부 또는 모의 출생신고
3. 법 제96조에 따른 국적취득자의 성과 본의 창설 신고
4. 법 제99조에 따른 개명 신고
5. 법 제101조에 따른 가족관계등록 창설 신고
6. 법 제104조 및 제105조에 따른 등록부정정 신청

② 제1항에 따른 신고는 법과 이 규칙이 정한 신고서 기재사항에 대한 정보와 첨부서류를 전자문서로 송신하거나 대법원예규로 정하는 바에 따라 제공하는 방법으로 하며, 이 경우 「전자서명법」 제2조제2호에 따른 전자서명(서명자의 실지명의를 확인할 수 있는 것으로서 법원행정처장이 지정하여 전자가족관계등록시스템에 공고한 인증서를 이용한 것을 말한다) 정보도 함께 송신하여야 한다. (2020.11.26, 2021.5.27 본항개정)

③ 제2항의 첨부서류 중 다음 각 호에 해당하는 서류는 전산정보처리조직을 통한 확인으로 첨부를 갈음할 수 있다.

1. 제87조제6항에 따른 가정법원의 재판서등본
2. 전산정보처리조직에서 확인할 수 있는 등록사항별 증명서
3. 그 밖에 대법원예규로 정한 서면

④ 제1항제2호의 신고는 법 제23조의2제3항에 따라 다음 각 호의 장이 처리한다. (2020.7.27, 2021.1.29 본항개정)

1. 시에 있어서는 신고사건 본인의 주민등록을 할 지역을 관할하는 동이 속하는 시의 장
2. 읍·면에 있어서는 신고사건 본인의 주민등록을 할 지역을 관할하는 읍·면의 장

⑤ 제4항제1호의 신고는 신고사건 본인의 주민등록을 할 지역을 관할하는 동장이 법 제23조의2제4항에 따라 수리하고, 동이 속하는 시의 장에게 신고서를 송부하며, 그 밖에 이 규칙으로 정하는 등록사무를 처리한다. (2020.7.27 본항신설)

(2014.5.30 본조신설)

제37조【인명용 한자의 범위】 ① 법 제44조제3항에 따른 한자의 범위는 다음과 같이 한다.
(2009.12.31, 2019.11.6 본항개정)
1. 교육부가 정한 한문교육용 기초한자
2. 별표 1에 기재된 한자. 다만, 제1호의 기초한자가 변경된 경우에, 그 기초한자에서 제외된 한자는 별표 1에 추가된 것으로 보고, 그 기초한자에 새로 편입된 한자 중 별표 1의 한자와 중복되는 한자는 별표 1에서 삭제된 것으로 본다.

② 제1항의 한자에 대한 동자(同字)·속자(俗字)·약자(略字)는 별표 2에 기재된 것만 사용할 수 있다.
③ 출생자의 이름에 사용된 한자 중 제1항과 제2항의 범위에 속하지 않는 한자가 포함된 경우에는 등록부에 출생자의 이름을 한글로 기록한다.

제38조【출생증명서의 기재사항】 법 제44조제4항에 따른 출생증명서에 기재할 사항은 다음과 같다.
1. 자녀의 성명 및 성별. 다만, 작명되지 아니한 때에는 그 취지
2. 출생의 연월일 및 장소
3. 자녀가 다태아(多胎兒)인 경우에는 그 취지, 출생의 순위 및 출생시각
4. 모의 성명 및 출생연월일
5. 작성연월일
6. 작성자의 성명, 직업 및 주소

제38조의2【출생증명서를 대신하여 첨부할 수 있는 서면】 ① 법 제44조제4항제1호에 따라 분만에 직접 관여한 자가 작성한 출생사실을 증명하는 서면에는 모의 출산사실을 증명할 수 있는 자료 등으로서 모의 진료기록 사본이나 자의 진료기록 사본 또는 예방접종증명서 등 모의 임신사실 및 자의 출생사실을 증명할 수 있는 자료를 첨부하여야 한다.
② 법 제44조제4항제2호의 국내 또는 외국의 권한 있는 기관에서 발행한 출생사실을 증명하는 서면은 다음 각 호와 같다.
1. 통일부장관이 발행한 북한이탈주민 신원 사실관계 확인서
2. 외국 관공서 등에서 발행한 출생신고사실을 증명하는 서면

③ 제1항 및 제2항에 관하여 필요한 사항은 대법원예규로 정한다.
(2016.11.29 본조신설)

제38조의3【출생사실의 통보】 ① 법 제44조의3제1항제3호에 따라 출생사실을 확인하기 위하여 기재할 사항은 다음 각 호와 같다.
1. 출생자의 출생 순서
2. 출생자가 실제 출생한 의료기관의 명칭

② 의료기관의 장은 출생정보를 건강보험심사평가원(이하 "심사평가원"이라 한다)에 제출하기 전에 출생자가 사망한 경우에도 해당 출생자에 대한 출생정보를 제출하여야 한다.
③ 법 제44조의3제2항에 따라 전산정보시스템 운영 업무를 위탁받은 심사평가원은 선량한 관리자의 주의의무를 다하여 다음 각 호의 업무를 수행하여야 하며 그 밖에 전산정보시스템의 이용 방법과 절차 등에 관하여 필요한 사항은 대법원예규로 정한다.
1. 출생통보에 관한 전산정보시스템의 구축·운영 및 보안
2. 출생정보의 관리 및 보호
3. 출생통보 내역의 현지확인

④ 법 제44조의3제3항을 적용할 때 심사평가원은 출생자의 모가 외국인인 경우에는 출생지를 관할하는 시·읍·면의 장에게 해당 출생정보를 포함한 출생사실을 통보하여야 한다.
(2024.3.28 본조신설)
[종전 제38조의3은 제38조의6으로 이동 (2024.3.28.)]

제38조의4【출생신고의 최고 및 직권 출생 기록】 ① 법 제44조의4제2항에 따라 시·읍·면의 장이 법 제46조제1항에 따른 신고의무자에게 최고할 때에는 부모 모두에게 하여야 한다. 그 밖에 최고 대상자 및 최고의 방법에 관하여 필요한 사항은 대법원예규로 정한다.
② 법 제44조의4제3항 각 호의 어느 하나에 해당하는 경우에는 시·읍·면의 장은 지체 없이 감독법원에 직권기록 허가신청을 하여야 한다. 다만, 신고의무자 등이 시·읍·면의 장에게 다음 각 호에 대하여 소명한 경우에는 그러하지 아니한다.
1. 「민법」제845조에 따른 아버지를 정하는 소가 제기된 경우
2. 「민법」제847조에 따른 친생부인의 소 또는「민법」제865조에 따른 친생자관계존부확인의 소가 제기된 경우
3. 「민법」제854조의2에 따른 친생부인의 허가 청구 또는「민법」제855조의2에 따른 인지의 허가 청구가 제기된 경우
4. 그 밖의 대법원예규가 정하는 정당한 이유가 있는 경우

③ 시·읍·면의 장은 제2항에 따른 직권기록 허가신청을 위하여 출생자의 성·본 및 등록기준지를 다음 각 호에 따라 정하고, 출생자의 이름은 대법원예규에 따라 정한다.
1. 출생자의 성과 본: 「민법」제781조제1항부터 제3항까지의 규정
2. 출생자의 등록기준지: 제4조제2항제2호 및 제6호의 규정

④ 그 밖에 출생신고의 확인 및 직권기록 허가신청 등을 위하여 필요한 사항은 대법원예규로 정한다.
(2024.3.28 본조신설)

제38조의5【자료제공의 요청】 시·읍·면의 장

이 법 제44조의5에 따라 등록사무처리를 위하여 관계 기관의 장에게 요청할 수 있는 자료는 다음 각 호와 같다.
1. 「주민등록법」에 따른 주민등록자료
2. 「출입국관리법」에 따른 외국인등록사실증명
3. 「국민건강보험법」에 따른 국민건강보험공단이 관리하는 가입자 및 피부양자의 자격 정보

(2024.3.28 본조신설)

제38조의6【진단서 등을 대신하여 첨부할 수 있는 서면】 법 제84조제3항의 사망의 사실을 증명할 만한 서면은 다음 각 호와 같다.
1. 국내 또는 외국의 권한 있는 기관에서 발행한 사망사실을 증명하는 서면
2. 군인이 전투 그 밖의 사변으로 사망한 경우에 부대장 등이 사망 사실을 확인하여 그 명의로 작성한 전사확인서
3. 그 밖에 대법원예규로 정하는 사망의 사실을 증명할 만한 서면

(2016.11.29 본조신설)
[제38조의3에서 이동 (2024.3.28)]

제39조【준용규정】 신청·통보·촉탁은 신고에 관한 규정을 준용한다.

제4장 신고서류의 접수

제40조【신고서류의 접수방법】 ① 시·읍·면·동의 장이나 재외공관의 장이 신고서류를 접수하거나 송부받은 때에는 그 첫장 표면의 여백에 접수인을 찍고 접수번호 및 접수연월일을 기재한 후 처리자가 날인하여야 한다.
② 신고서류를 접수하였을 때에 신고인이 청구하는 경우에는 접수증을 교부하여야 한다.
③ 제1항의 경우에 법 제23조제2항과 이 규칙 제32조에 따른 본인, 신고인 또는 제출인의 신분확인절차를 거쳐야 한다.
④ 우편접수의 경우 신고인의 신분증명서 사본이 첨부된 때에는 이에 의하여 신분확인을 할 수 있다. 다만, 신고로 인하여 효력이 발생하는 등록사건에 있어서는 신고사건 본인의 인감증명서 또는 신고서의 서명에 대한 공증서가 첨부되거나 제32조제3항에 따른 법정대리인의 인감증명서가 첨부된 때에 이에 의하여 신분확인을 할 수 있다. (2013.6.5 본항개정)
⑤ 제4항에 따른 신분증명서 사본이나 인감증명서가 첨부되지 않은 경우에는 신고를 수리하여서는 아니 된다.

제41조【접수장】 ① 시·읍·면·동의 장이나 재외공관의 장은 접수장에 접수 또는 송부받은 사건을 접수번호 순서대로 기록하여야 한다.
② 접수번호는 매년 갱신한다.
③ 접수장의 사건명은 신고의 종류에 따르되, 신고의 추후보완의 경우에는 원래의 신고의 접수번호도 부기한다.
④ 제1항의 경우, 제86조에도 불구하고 전산정보처리조직에 의하여 접수업무를 처리한 접수담당자가 매일 업무를 마친 때에 전산입력된 접수기록을 출력하여 비치하여야 한다.

제42조【신고서류의 처리상황표시】 접수된 신고서류에는 첫장 표면의 상부우측 여백에 처리상황란을 만들어 각 해당사항을 기재한 후 처리자가 날인하여야 한다.

제43조【수리 여부의 결정】 ① 시·읍·면·동의 장이나 재외공관의 장이 신고서류를 접수한 때에는 지체 없이 그 수리 여부를 결정하여야 한다.
② 신고를 수리 또는 불수리한 경우에는 접수장의 수리사항란에 그 취지와 일자를 기록하여야 한다. 그러나, 접수 당일 수리한 신고사건에 대하여는 그러하지 아니하다.

제44조【심사자료의 요구】 ① 시·읍·면·동의 장이나 재외공관의 장은 신고서류를 심사하기 위하여 필요한 때에는 등록부의 등록사항별 증명서나 그 밖의 서류를 제출하게 할 수 있다.
② 신고서류에 첨부하여야 할 제적 등·초본이나 등록사항별 증명서를 시·읍·면·동·재외공관에서 전산정보처리조직에 의하여 확인할 수 있는 경우에는 첨부하지 아니한다.

제45조【신고사건 수리 및 기록】 ① 시·읍·면의 장이 신고서류 등을 수리한 때에는 그 신고사건에 무효사유가 없으면, 즉시 등록부에 기록을 하여야 한다.
② 일반등록사항란에는 해당사건을 처리한 시·읍·면을 표시하여야 한다. 다만, 법 시행 이전에 기재된 호적기재사항에 대하여는 그러하지 아니하다.

제46조【신고서류의 송부】 법 제21조제2항과 법 제36조에 따라 송부하는 신고서류에는 첫장 표면의 여백에 발송인과 직인을 찍고 이미 과태료를 부과한 때에는 그 취지를 기재하여야 한다.

제47조【불수리한 경우의 처리】 불수리한 신고서류는 불수리신고서류편철장에 편철하되 신고서 이외의 첨부서류는 신고인의 청구에 따라 되돌려줄 수 있다.

제48조【수리·불수리의 증명】 신고의 수리와 불수리의 증명은 별지 제7호 서식에 의한다.

제49조【사건표】 ① 시·읍·면의 장은 매달 접수한 사건의 건수표를 작성하여 다음 달 10일까지 법원에 보고하여야 한다.
② 시·읍·면의 장은 매년 접수한 사건의 건수표를 제1항에 준하여 작성하여 다음 해 1월 10일까지 법원에 보고하여야 한다.

③ 시·읍·면의 장이 건수표를 전산정보처리조직에 의하여 보고하는 때에는 제1항과 제2항의 보고를 갈음할 수 있다.

제50조【과태료의 부과】 ① 법 제124조제1항에 따른 과태료의 부과는 신고 또는 신청을 수리하거나 이를 최고한 시·읍·면의 장이 한다. 다만, 가족관계등록관이 과태료 부과 대상이 있음을 통지한 경우에는 통지를 받은 시·읍·면의 장이 과태료를 부과한다. (2015.4.24 본항개정)

② 제1항에 따라 과태료를 부과하고자 할 때에는 위반행위를 조사·확인하여야 하고 과태료처분대상자에게 말 또는 서면에 의한 의견진술의 기회를 주어야 한다.

③ 과태료를 부과하는 경우에는 위반사실과 과태료금액을 명시한 과태료납부통지서를 과태료처분 대상자에게 송부하여야 한다. 그러나 신고서 제출과 동시에 자진하여 과태료를 납부하는 경우에는 그러하지 아니하다.

④ 법 제21조 및 법 제23조의2제4항의 신고를 받은 동의 장은 소속시장·구청장을 대행하여 과태료를 부과·징수한다. (2021.1.29 본항개정)

⑤ 시·읍·면의 장은 별표 3의 과태료 부과기준에 의하여 과태료의 금액을 정하여야 한다.

⑥ 시·읍·면의 장은 과태료처분대상자의 위반행위의 동기와 결과를 참작하여 별표 3에 따른 과태료의 2분의 1에 해당하는 금액을 경감할 수 있다. 다만, 이 경우에는 과태료처분대상자가 작성한 위반행위에 대한 사유서를 첨부하여야 한다.

⑦ 제1항에 따라 과태료처분을 받은 사람이 이의를 제기하는 경우에는 과태료처분이의서를 과태료처분을 한 시·읍·면의 장에게 제출하여야 하며, 이를 접수한 시·읍·면의 장은 이의가 이유 없다고 인정되는 경우 통보서를 지체 없이 과태료처분을 받은 사람의 주소 또는 거소를 관할하는 가정법원에 송부하여야 한다.

제5장 등록부의 기록

제1절 기록사항

제51조【기록근거의 기록】 ① 등록부에 기록할 때에는 법 제9조제2항이 규정한 사항 외에 다음 사항도 기록하여야 한다. (2009.6.26 본항개정)

1. 신고 또는 기록의 연월일
2. 신고인 또는 신청인이 사건본인과 다른 때에는 신고인 또는 신청인의 자격과 성명
3. 재외공관의 장이나 관공서로부터 신고서류의 송부가 있는 때에는 송부연월일과 송부자의 직명
4. 통보일자와 통보자의 직명
5. 증서·항해일지 등본 작성자의 직명과 제출 연월일
6. 가족관계등록에 관한 재판·허가·촉탁을 한 법원과 그 연월일
7. 등록사건을 처리한 시·읍·면의 명칭

② 제1항제2호의 신고인 또는 신청인이 사건본인의 부 또는 모인 때에는 그 성명의 기록을 생략할 수 있다. 다만, 다음 각 호의 어느 하나에 해당하는 경우에는 그 성명의 기록을 생략하여야 한다. (2016.11.29 본항개정)

1. 출생신고인이 부 또는 모인 경우
2. 출생신고인이 법 제46조제4항에 따른 검사 또는 지방자치단체의 장인 경우

제52조【군사분계선 이북지역 재적자의 가족관계등록창설】 ① 군사분계선 이북지역에 호적을 가졌던 사람이 가족관계등록창설하는 경우에는 등록부에 원적지를 기록하여야 한다.

② 군사분계선 이북지역에 호적을 가졌던 사람이 가족관계등록창설하는 경우, 군사분계선 이북지역에 거주하는 호주나 가족에 대한 가족관계등록창설허가도 신청할 수 있으며 그 등록부에는 원적지 및 군사분계선 이북지역에 거주한다는 취지를 기록한다.

③ 제1항과 제2항의 경우에 군사분계선 이북지역이 북위 38도선 이북인 경우에는 1945년 8월 15일을, 북위 38도선 이남인 경우에는 1950년 6월 25일을 기준으로 한다.

제53조【친권 등에 관한 사항의 기록】 친권·관리권 또는 미성년후견에 관한 사항은 미성년자의 등록부의 일반등록사항란에 각 기록한다. (2013.6.5 본조개정)

제54조【배우자의 가족관계등록사항 등의 변동사유】 한쪽 배우자에 대하여 다음의 신고가 있는 때에는 다른 배우자의 등록부에도 그 취지를 기록하여야 한다.

1. 사망, 실종선고·부재선고 및 그 취소
2. 국적취득과 그 상실
3. 성명의 정정 또는 개명

제55조【자녀의 등록사항 등】 ① 혼인 중의 출생자에 대한 출생신고 또는 인지의 효력이 있는 출생신고가 있는 때에는 법 제44조제2항의 신고서 기재내용에 따라 출생자에 대한 등록부를 작성하되, 특정등록사항란에 그 부모 또는 인지한 부의 성명을 기록하고 그 부모 또는 인지한 부의 등록부에는 특정등록사항란에 그 출생자의 성명 등을 기록하여야 한다.

② 혼인외의 출생자가 혼인중의 출생자로 된 때 또는 부모의 혼인이 무효로 된 때에는 자녀의 등록부 일반등록사항란에 그 사유를 기록하여야 한다.

③ 시·읍·면의 장은 부 또는 모의 성과 본이 정

정되거나 변경된 경우 그 부 또는 모의 성을 따르는 자녀의 성과 본을 직권으로 정정 또는 변경기록하고 그 사유를 등록부에 기록하여야 한다.

제56조【인지되지 않은 자녀의 등록부】 부가 인지하지 아니한 혼인외의 출생자라도 부의 성과 본을 알 수 있는 경우에는 부의 성과 본을 따를 수 있다. 다만, 부의 성명을 그 자녀의 일반등록사항란 및 특정등록사항란의 부란에 기록하여서는 아니된다.

제2절 기록절차

제57조【신고가 경합된 경우】 ① 동일한 사건에 수개의 신고가 수리된 경우에는 먼저 수리된 신고에 따라 등록부에 기록하여야 한다.

② 제1항의 경우에 뒤에 수리된 신고에 따라 등록부에 기록한 때에는 먼저 수리된 신고에 맞추어 등록부의 기록을 정정하여야 한다.

③ 제2항의 신고가 시·읍·면을 달리하여 수리된 때에는 뒤에 수리한 시·읍·면의 장이 이를 정정하되, 먼저 수리된 신고서류사본을 팩시밀리 등의 방법으로 받아서 직권정정서에 첨부한 후 가족관계등록신고서류편철장에 편철하여야 한다.

제58조【기아의 발견과 가족관계등록】 법 제53조제2항의 경우에 기아발견조서에 의하여 작성된 등록부의 기록과 출생신고의 내용이 동일하다고 인정되는 때에는 등록부정정신청서 여백에 그 취지를 기재하고 날인하여야 한다.

제59조【이중등록부의 정리】 동일한 사람이 성명이나 출생연월일의 일부 또는 전부를 달리하여 2개이상의 등록부가 있음이 명백히 밝혀진 경우에는 시·읍·면의 장은 법 제18조에 따른 감독법원의 허가를 받아 직권으로 그 등록부를 폐쇄할 수 있다.

제60조【등록부의 정정】 ① 법 제18조제3항에 따른 통지를 받은 등록기준지의 시·읍·면의 장은 정정사건을 법 제18조제1항과 제2항에 따라 처리하되, 그 과정에서 정정대상이 된 원래의 신고사건 신고서류를 조사할 필요가 있는 경우에는 해당사건을 처리한 시·읍·면의 장에게 재통지하여야 한다. 이 경우 재통지를 받은 시·읍·면의 장은 법 제18조제1항과 제2항에 따라 정정사건을 처리하여야 한다.

② 시·읍·면의 장이 법 제18조제2항 단서에 따라 감독법원의 허가 없이 직권으로 정정 또는 기록할 수 있는 사항은 다음 각 호와 같다. (2009.6.26 본항개정)

1. 등록부의 기록이 오기되었거나 누락되었음이 법 시행 전의 호적(제적)이나 그 등본에 의하여 명백한 때
2. 제54조 또는 제55조에 의한 기록이 누락되었음이 신고서류 등에 의하여 명백한 때
3. 한쪽 배우자의 등록부에 혼인 또는 이혼의 기록이 있으나 다른 배우자의 등록부에는 혼인 또는 이혼의 기록이 누락된 때
4. 부 또는 모의 본이 정정되거나 변경되었음이 등록사항별 증명서에 의하여 명백함에도 그 자녀의 본란이 정정되거나 변경되지 아니한 때
5. 신고서류에 의하여 이루어진 등록부의 기록에 오기나 누락된 부분이 있음이 해당 신고서류에 비추어 명백한 때
6. 그 밖의 정정 또는 기록할 사유가 있음이 명백하여 대법원예규로 정한 경우

제61조【직권정정·기록서】 제57조, 제60조제2항에 따라 직권으로 정정 또는 기록할 때에는 직권정정·기록서를 작성하여야 한다. 다만, 법원행정처장이 직권정정·기록서 작성이 필요 없음을 명시하여 송부한 등록부 정비목록에 따라 직권 정정·기록하는 경우에는 그러하지 아니하다.

제62조【신고서류에 관한 규정의 준용】 법 제18조제2항, 법 제38조제3항 및 제59조에 따른 직권정정·기록허가서와 제61조에 따른 직권정정·기록서는 이를 신고서류로 본다.

제3절 기록과 정정의 방법

제63조【등록부 기록의 문자】 ① 등록부에 기록할 때에는 약자나 부호를 쓰지 못한다.

② 등록부에는 다음 각 호를제외하고는 한글과 아라비아 숫자로 기록한다.

1. 등록부의 특정등록사항란 중 성명란은 한자로 표기할 수 없는 경우를 제외하고는 한글과 한자를 병기한다. 또한, 개명 또는 이름이 정정되어 본인의 일반등록사항란에 개명 또는 정정내용을 기록하는 경우에 이름을 기록하는 때에도 같다.
2. 등록부의 특정등록사항란 중 본란은 한자로 표기할 수 없는 경우를 제외하고는 한자로 기록한다. 또한, 본이 정정되어 본인의 일반등록사항란에 정정내용을 기록하는 때에도 같다.

제64조【식별부호의 기록】 시·읍·면의 장 또는 그 직무대리자는 등록부에 기록할 때마다 그 식별부호를 기록하여야 한다.

제65조【폐쇄의 방법】 시·읍·면의 장이 제17조제2항에 따라 등록부를 폐쇄하는 때에는 가족관계등록부사항란 및 일반등록사항란에 그 취지와 사유를 기록하고, 등록사항별 증명서를 발급하는 경우에는 증명서의 우측상단에 "폐쇄"라고 표시한다

제66조【등록부의 정정방법】 ① 등록부의 기록사항을 정정하는 경우에는 정정할 부분에 새로운 사항을 기록하고, 정정내용과 사유를 가족관계등록부사항란이나 일반등록사항란에 기록한다.

② 가족관계등록부사항란이나 일반등록사항란의 사건 자체를 말소하는 경우에는 그 기록사항 전체에 하나의 선을 긋고, 말소내용과 사유를 각 해당 사항란에 기록한다.

제66조의2【제적부의 정정방법】 ① 등록부를 정정할 때는 그 사항이 기재된 제적부도 정정한다.

② 제적부를 정정할 때는 제적부를 부활하지 않고 정정하며, 이에 따라 등록부를 정정할 때는 등록부 폐쇄없이 해당사항을 정정한다.

③ 제적부 정정에 관하여 구체적인 절차는 대법원 예규로 정한다.

(2009.6.26 본조신설)

제67조【행정구역 등의 변경에 따른 경정】 ① 행정구역, 토지의 명칭, 지번, 도로명 또는 건물번호가 변경된 때에는 등록기준지란에 기록된 행정구역, 토지의 명칭, 지번, 도로명 또는 건물번호를 경정한다. (2011.12.12 본항개정)

② 법령의 변경 그 밖의 사유로 등록기준지 이외의 등록부의 기록을 경정하는 경우에는 제1항을 준용한다.

③ 제1항과 제2항에 따라 등록부의 기록을 경정하는 경우에는 제66조를 준용한다.

제6장 신고서류의 보존

제68조【신고서류의 정리와 송부】 ① 등록부에 기록을 마친 신고서류는 1개월마다 다음 달 10일까지 접수순서에 따라 편철한 후 각 장마다 장수를 기재하여 그 목록과 함께 사건을 처리한 시·읍·면사무소를 감독하는 법원에 송부하여야 한다.

② 신고서류목록은 2부를 작성하여 그중 1부는 신고서류에 첨부하고 나머지 1부는 신고서류송부목록편철장에 편철하여 보존한다.

③ 신고서류를 송부할 때에는 그 목록의 첫장 표면의 여백에 발송인과 직인을 찍어야 한다.

④ 동사무소 또는 재외공관에서 수리한 신고서류는 그 부본을 접수순서에 따라 편철한 후 각 장마다 장수를 기재하고 1개월마다 목록을 붙여 연도별로 제82조제4항10호의 장부에 편철하여 보존한다. 다만 필요에 따라 분책하거나 합철할 수 있다.

제69조【가족관계등록을 할 수 없는 신고서류의 보존】 ① 가족관계등록이 되어 있지 아니한 사람에 대한 신고서류 그 밖의 가족관계등록을 할 수 없는 신고서류는 시·읍·면의 장이 접수순서에 따라 특종신고서류편철장에 편철하여 보존한다.

② 제1항의 편철장에는 각 장마다 장수를 기재하고 목록을 붙인다.

③ 태아인지신고, 이혼의사 철회신고, 혼인신고수리불가신고 및 혼인신고를 하는 때에 자녀의 성과 본을 모의 성과 본으로 따르기로 한 협의서를 제출하는 경우에는 특종신고서류 등 접수장에도 접수에 관한 기록을 하여야 한다.

제70조【신고서류의 조사】 법원이 법 제114조에 따라 신고서류를 송부받은 때에는 지체 없이 그 신고서류와 해당 등록부를 조사하고, 법규에 위배된 것이 있을 때에는 해당 시·읍·면의 장에게 시정지시 그 밖의 필요한 처분을 명하여야 한다.

제71조【신고서류의 보존】 ① 제70조에 의한 조사를 마친 신고서류는 시·읍·면별 및 연도별로 접수순서에 따라 신고서류편철부에 편철한다. 다만 필요에 따라 분책하거나 합철할 수 있다.

② 신고서류목록은 신고서류와 일치하는지 여부를 확인한 후 신고서류편철부에 신고서류와 함께 송부된 순서에 따라 편철하여 보존한다.

제72조【신고서류의 열람】 ① 법 제42조제4항의 이해관계인은 법원에 보관되어 있는 신고서류와 종전의 호적·제적부본의 열람을 청구할 수 있다. 다만, 교부제한대상자 또는 공시제한대상자 본인등이 제25조의3제2항 및 제3항에 따라 열람이 제한되는 사항이 포함된 신고서류를 열람하는 경우에는 법 제111조에 따른 가정법원의 결정으로 열람이 허용된 사람에 한정한다. (2021.12.31 본항개정)

② 제1항에 따른 열람의 경우 친양자의 입양관계에 관한 신고서류는 제23조제3항을 준용한다.

③ 제1항의 열람은 관계공무원이 보는 앞에서 하여야 한다.

제7장 협의이혼의사의 확인

제73조【이혼의사확인신청】 ① 법 제75조에 따라 협의상 이혼을 하려는 부부는 두 사람이 함께 등록기준지 또는 주소지를 관할하는 가정법원에 출석하여 협의이혼의사확인신청서를 제출하고 이혼에 관한 안내를 받아야 한다. (2008.6.5 본항개정)

② 부부 중 한쪽이 재외국민이거나 수감자로시 출석하기 어려운 경우에는 다른 쪽이 출석하여 협의이혼의사확인신청서를 제출하고 이혼에 관한 안내를 받아야 한다. 재외국민이나 수감자로서 출석이 어려운 자는 서면으로 안내를 받을 수 있다.

(2008.6.5 본항신설)

③ 협의이혼의사확인신청서에는 다음 각 호의 사항을 기재하고 이혼하고자 하는 부부가 공동으로 서명 또는 기명날인하여야 한다. (2008.6.5, 2010.7.30 본항개정)

1. 당사자의 성명·등록기준지(외국인인 경우에는 국적을 말한다)·주소 및 주민등록번호
2. 신청의 취지 및 연월일

④ 협의이혼의사확인신청서에는부부 양쪽의가족관

계증명서와 혼인관계증명서 각 1통을 첨부하여야 한다. 미성년인 자녀(포태중인 자를 포함하되, 이혼에 관한 안내를 받은 날부터 「민법」 제836조의2제2항 또는 제3항에서 정한 기간 이내에 성년에 도달하는 자녀는 제외한다. 다음부터 이 장에서 같다)가 있는 경우 그 자녀의 양육과 친권자결정에 관한 협의서 1통과 그 사본 2통 또는 가정법원의 심판정본 및 확정증명서 각 3통을 제출하여야 한다. (2008.6.5, 2009.3.31, 2009.6.26 본항개정)

⑤ 가정법원은 전문상담인을 상담위원으로 위촉하여 「민법」 제836조의2제1항의 상담을 담당하게 할 수 있고, 상담위원의 일당 및 수당은 매년 대법관회의에서 이를 정하여 국고 등에서 지급할 수 있다. (2008.6.5 본항신설)

⑥ 확인기일, 보정명령, 불확인결과는 전화, 팩시밀리 등 간이한 방법으로 통지할 수 있고, 이혼의사확인 절차에 필요한 송달료에 관하여는 송달료규칙을 준용한다. (2009.6.26 본항개정)

제74조【이혼의사 등의 확인】 ① 제73조의 이혼의사확인신청이 있는 때에는 가정법원은 부부 양쪽이 이혼에 관한 안내를 받은날부터 「민법」 제836조의2제2항 또는 제3항에서 정한 기간이 지난 후에 부부 양쪽을 출석시켜그 진술을 듣고 이혼의사의 유무 및 부부 사이에 미성년인 자녀가 있는지 여부와 미성년인 자녀가 있는 경우 그 자녀에 대한 양육과 친권자결정에 관한 협의서 또는 가정법원의 심판정본 및 확정증명서(다음부터 이 장에서 "이혼의사 등"이라 한다)를 확인하여야 한다. (2009.6.26 본항개정)

② 부부 중 한쪽이 재외국민이거나 수감자로서 출석하기 어려워 다른 한쪽이 출석하여 신청한 경우에는 관할 재외공관이나 교도소(구치소)의 장에게 이혼의사 등의 확인을 촉탁하여 그 회보서의 기재로써 그 당사자의 출석·진술을 갈음할 수 있다. 이 경우 가정법원은 부부 중 한쪽인 재외국민 또는 수감자가 이혼에 관한 안내를 받은 날부터 「민법」 제836조의2제2항 또는 제3항에서 정한 기간이 지난 후에 신청한 사람을 출석시켜 이혼의사 등을 확인하여야 한다. (2009.6.26 본항개정)

③ 제1항의 협의이혼의사확인기일은 공개하지 아니한다. 다만, 법원이 공개함이 적정하다고 인정하는 자에게는 방청을 허가할 수 있다. (2014.10.2 본항개정)

④ 제1항의 협의이혼의사확인기일에 참여한 법원서기관, 법원사무관, 법원주사 또는 법원주사보는 조서를 작성하여야 한다. (2014.10.2 본항신설)

(2009.6.26 본조제목개정)

제75조【재외국민의 이혼의사 확인신청의 특례】

① 부부 양쪽이 재외국민인 경우에는 두사람이 함께 그 거주지를 관할하는 재외공관의 장에게 이혼의사확인신청을 할 수 있다. 다만, 그 지역을 관할하는 재외공관이 없는 때에는 인접하는 지역을 관할하는 재외공관의 장에게 이를 할 수 있다. (2008.6.5 본항개정)

② 부부 중 한쪽이 재외국민인 경우에 재외국민인 당사자는 그 거주지를 관할하는 재외공관의 장에게 협의이혼의사확인신청을 할 수 있다. 다만, 그 거주지를 관할하는 재외공관이 없는 경우에는 제1항 단서를 준용한다.

③ 제2항은 부부 양쪽이 모두 재외국민으로서 서로 다른 국가에 거주하고 있는 경우에 준용한다.

④ 제1항부터 제3항까지의 신청을 받은 재외공관의 장은 당사자(제1항의 경우에는 부부 양쪽이고, 제2항과 제3항의 경우에는 신청서를 제출한 당사자이다. 다음부터 "신청당사자"라 한다)에게 이혼에 관한 안내 서면을 교부한 후, 이혼의사의 유무와 미성년인 자녀가 있는지 여부 및 미성년인 자녀가 있는 경우에 그 자녀에 대한 양육과 친권자결정에 관한 협의서 1통 또는 가정법원의 심판정본 및 확정증명서 3통을 제출받아 확인하고 그 요지를 기재한 서면(다음부터 "진술요지서"라 한다)을 작성하여 기명날인한 후 신청서에 첨부하여 지체 없이 서울가정법원에 송부하여야 한다. (2008.6.5 본항개정)

(2009.6.26 본조제목개정)

제76조【재외국민의 이혼의사의 확인의 특례】

① 제75조제4항에 따라 서류를 송부받은 서울가정법원은 재외공관의 장이 작성한 진술요지서 및 첨부서류에 의하여 신청당사자의 이혼의사 등을 확인할 수 있다.

② 제75조제2항에 따라 서류를 송부받은 서울가정법원은 국내에 거주하는 당사자를 출석하게 하여 이혼에 관한 안내를 한 후에 출석한 당사자의 이혼의사 등을 확인하여야 한다.

③ 제75조제3항에 따라 서류를 송부받은 서울가정법원이 신청당사자가 아닌 상대방의 이혼의사등을 확인하는 경우에는 제74조제2항을 준용한다.

④ 서울가정법원은 제75조제1항부터 제3항까지의 경우에 부부 양쪽이 이혼에 관한 안내를 받은날부터 「민법」 제836조의2제2항 또는 제3항에서 정한 기간이 지난 후에 이혼의사 등을 확인하여야 한다.

⑤ 제75조제2항의 경우에 서울가정법원은 국내에 거주하는 당사자의 신청이 있을 경우 주소지 관할 가정법원에 사건을 이송할 수 있다.

제77조【확인신청의 취하】 ① 이혼의사확인신청인은 제74조에 따른 확인을 받기 전까지 신청을 취하할 수 있다.

② 부부 중 양쪽 또는 한쪽이 제74조제1항에 따른 출석통지를 받고도 2회에 걸쳐 출석하지 아니한 때에는 확인신청을 취하한 것으로 본다.

③ 부부 중 양쪽 또는 한쪽이 제73조에 따라 이혼

의사확인신청을 한 다음날부터 3개월 안에 이혼에 관한 안내를 받지 아니한 때에는 확인신청을 취하한 것으로 본다. (2009.3.31 본항신설)

제78조【확인서 등의 작성·교부】 ① 가정법원은 부부 양쪽의 이혼의사 등을 확인하면 확인서를 작성하여야 하고, 미성년인 자녀의 양육과 친권자 결정에 관한 협의를 확인하면 그 양육비부담조서도 함께 작성하여야 한다. 다만, 그 협의가 자녀의 복리에 반함에도 가정법원의 보정명령에 불응하는 경우 가정법원은 확인서 및 양육비부담조서를 작성하지 아니한다.

② 제1항의 확인서에는 다음 각 호의 사항을 기재하고 확인을 한 판사 또는 사법보좌관이 기명날인하여야 한다. (2018.4.27 본항개정)

1. 법원 및 사건의 표시
2. 당사자의 성명·주소 및 주민등록번호
3. 확인연월일
4. 이혼의사가 확인되었다는 취지

③ 제1항의 양육비부담조서에는 다음 각 호의 사항을 적고 확인을 한 판사 및 가정법원의 서기관·사무관·주사 또는 주사보(다음부터 "법원사무관등"이라 한다)가 기명날인하여야 한다.

1. 법원 및 사건의 표시
2. 부모의 성명·주소 및 주민등록번호
3. 미성년인 자녀의 성명 및 주민등록번호
4. 확인일시와 장소
5. 판사가 확인한 양육비 부담에 관한 협의 내용

④ 법원사무관등은 제2항의 확인서가 작성된 경우에 지체 없이 확인서등본과 미성년인 자녀가 있는 경우 협의서등본 및 양육비부담조서정본 또는 심판정본 및 확정증명서를 부부 양쪽에게 교부하거나 송달하여야한다. 다만, 당사자가 제74조제2항과 제75조에 따른 재외국민인 경우 재외공관의 장에게 이를 송부하고, 재외공관의 장은 당사자에게 교부 또는 송달한 후 양육비부담조서 정본에 관하여는 영수증등본을 가정법원에 송부하여야 한다. 당사자가 제74조제2항에 따른 수감자인 경우에는 교도소(구치소)의 장에게 송부하고, 교도소(구치소)의 장은 당사자에게 교부한 후 양육비부담조서정본에 관하여는 영수증등본을 가정법원에 송부하여야 한다.

⑤ 양육비부담조서의 집행문은 그 양육비부담조서가 작성된 협의이혼의사확인사건의 확인서에 따라 이혼신고를 하였음을 소명한 때에만 내어준다.

제79조【이혼신고서의 제출】 가정법원의 확인서가 첨부된 협의이혼신고서는 부부 중 한쪽이 제출할 수 있다.

제80조【이혼의사의 철회】 ① 이혼의사의 확인을 받은 당사자가 이혼의사를 철회하고자 하는 경우에는 이혼신고가 접수되기 전에 자신의 등록기준지, 주소지 또는 현재지 시·읍·면의 장에게 이혼의사확인서등본을 첨부한 이혼의사철회서를 제출하여야 한다. 다만, 재외국민의 경우 등록기준지 시·읍·면의 장 또는 가족관계등록관에게 제출하여야 한다. (2015.4.24 본항개정)

② 제1항의 경우에 이혼의사의 확인을 받은 다른 쪽 당사자가 이혼신고를 먼저 접수한 경우에는 그 이혼신고를 수리하여야 한다.

제8장 국적관련 통보

제80조의2【국적취득의 통보사항 등】 ① 법무부장관이 법 제93조, 제94조, 제95조에 따라 대한민국의 국적을 취득한 사람이 정한 등록기준지의 시·읍·면의 장에게 통보할 사항은 다음 각 호와 같다.

1. 국적취득자의 성명, 생년월일, 성별, 주소, 국적취득자가 정한 등록기준지, 국적취득 전에 가졌던 국적, 국적취득 연월일 및 원인, 혼인관계·입양 등 기타 신분변동에 관한 사항, 국적회복자의 경우에는 한국국적상실 연월일 및 원인
2. 부, 모, 배우자의 성명, 국적, 생년월일
3. 국적취득자의 가족관계등록부 또는 구 호적이 있는 경우 국적취득자의 등록기준지(본적), 주민등록번호, 본(한자)
4. 자녀의 가족관계등록부 또는 구 호적이 있는 경우 자녀의 성명, 등록기준지(본적), 주민등록번호
5. 부, 모, 배우자의 가족관계등록부 또는 구 호적이 있는 경우 부, 모, 배우자의 등록기준지(본적), 주민등록번호

② 법무부장관이 제1항의 통보와 함께 첨부할 서류는 다음 각 호와 같다. 가족관계등록부 또는 전산제적부로 통보사항을 소명할 수 있는 경우에는 가족관계등록사항별 증명서 또는 제적등본을 첨부하지 아니할 수 있다. (2023.2.24 본항개정)

1. 국적취득사실을 증명하는 법무부장관 명의의 통지서 또는 관보 등 1부
2. 국적취득자의 부모, 배우자, 자녀, 혼인 또는 미혼, 입양 등의 신분사항을 기재하는 경우에는 그에 관한 소명자료 각 1부
3. 국적취득자가 조선족인 경우(국적취득자의 부모 또는 배우자가 조선족인 경우를 포함한다) 성명을 원지음(原地音)이 아닌 한국식 발음으로 기재할 때 조선족임을 소명하는 중화인민공화국 발행의 공문서

③ 수반(隨伴)국적취득자가 있는 경우 법무부장관이 대한민국의 국적을 취득한 사람이 정한 등록기준지의 시·읍·면의 장에게 통보할 사항은 다음 각 호와 같고, 수반(隨伴)국적취득자에 관한 첨부서류는 제2항을 준용한다.

1. 수반(隨伴)국적취득자의 성명, 생년월일, 성별, 주소, 국적취득자가 정한 등록기준지, 국적취득 전에 가졌던 국적, 국적취득 연월일 및 원인, 입양 등 기타 신분변동에 관한 사항
2. 수반(隨伴)국적취득자의 부, 모의 성명, 국적, 생년월일
3. 수반(隨伴)국적취득자의 가족관계등록부 또는 구 호적이 있는 경우 수반(隨伴)국적취득자의 등록기준지(본적), 주민등록번호, 본(한자)
4. 수반(隨伴)국적취득자의 부, 모의 가족관계등록부 또는 구 호적이 있는 경우 부, 모의 등록기준지(본적), 주민등록번호

④ 국적취득자(수반국적취득자 포함)의 성명은 외국어로 표기하되, 외국어의 원지음(原地音)을 한글로 표기한다. 부, 모, 배우자의 성명이 외국어인 경우에는 원지음(原地音)을 한글로 표기한다.
(2008.7.7 본조신설)

제80조의3 【국적선택 등의 통보사항 등】 ① 법무부장관이 법 제98조제1항제1호에 따라 복수국적자로부터 대한민국의 국적을 선택한다는 신고를 수리한 경우 그 사람의 등록기준지의 시·읍·면의 장에게 통보할 사항은 다음 각 호와 같고, 국적선택신고수리통지서를 첨부한다. (2010.7.30 본항개정)
1. 국적선택자의 성명, 주민등록번호, 등록기준지
2. 국적선택신고수리의 연월일
3. 포기하거나 행사하지 아니하겠다는 뜻을 서약한 외국 국적

② 법무부장관이 법 제98조제1항제2호에 따라 국적이탈신고를 수리한 경우 그 사람의 등록기준지의 시·읍·면의 장에게 통보할 사항은 다음 각 호와 같고, 국적이탈신고수리통지서 또는 관보를 첨부한다.
1. 국적상실자의 성명, 주민등록번호, 등록기준지
2. 국적이탈신고수리의 원인 및 연월일
3. 취득한 외국 국적

③ 법무부장관이 법 제98조제1항제3호에 따라 대한민국 국민으로 판정한 경우 그 사람의 등록기준지의 시·읍·면의 장에게 통보할 사항은 다음 각 호와 같고, 국적판정통지서 또는 관보를 첨부한다.
1. 국적판정자의 성명, 주민등록번호, 등록기준지
2. 국적판정의 연월일

④ 대한민국 국민으로 판정받은 사람이 가족관계등록부가 없는 경우 법무부장관이 통보할 사항은 제80조의2를 준용한다.
(2008.7.7 본조신설)

제80조의4 【국적관련 통보에 관한 업무】 ① 법무부장관의 국적관련 통보는 법 제12조제1항에 따라 전산정보처리조직에 의하여 처리한다.
② 등록기준지의 시·읍·면의 장은 법무부장관의 국적관련 통보로 가족관계등록부를 작성할 수 없는 경우 법무부장관에게 재통보를 요청하고, 국적관련 통보 대상자의 추후보완신고를 받아 가족관계등록부를 작성할 수 있다.
③ 등록기준지의 시·읍·면의 장은 제2항의 절차를 통해 가족관계등록부를 작성할 수 없는 경우 접수를 거부하고 국적관련 통보를 반송한다.
④ 법무부장관의 통보서는 보존과 관련하여 신고서류로 본다.
(2008.7.7 본조신설)

제9장 각종 부책과 서류

제81조 【중앙관리소의 가족관계등록전산정보】 중앙관리소에서 보관 또는 관리하는 가족관계등록전산정보의 보존기간은 다음과 같다. (2022.4.29 본조개정)
1. 영구
   가. 가족관계등록부
   나. 폐쇄등록부
2. 80년
   가족관계등록공무원명부
3. 30년
   가. 가족관계등록사건접수장
   나. 특종신고서류 등 접수장
4. 3년
   열람 및 증명청구접수부

제82조 【시·읍·면의 부책과 서류】 ① 시·읍·면에 비치할 부책·서류 및 그 보존 기간은 다음과 같다. (2022.4.29 본항개정)
1. 영구
   가. 호적용지로 작성된 제적부
   나. 호적용지로 작성된 제적 색출장
   다. 특종신고서류편철장
   라. 가족관계등록부책보존부
   마. 예규문서편철장
2. 30년
   가. 가족관계등록사건접수장
   나. 신고서류송부목록편철장
   다. 특종신고서류 등 접수장
3. 10년
   불수리신고서류편철장
4. 5년
   가. 고지부
   나. 과태료징수부
   다. 가족관계등록사건표편철장
   라. 왕복문서편철장
   마. 가정법원으로부터의 통지서편철장
   바. 식별부호 사용(해지)신청에 관한 기록
5. 3년

가. 가족관계등록문서건명부
나. 가족관계등록민원청구서편철장
다. 열람 및 증명청구접수부
라. 직권정정에 관한 서류편철장
마. 가족관계등록예규집관리대장
바. 협의이혼의사철회서편철장
사. 혼인신고수리불가신고서편철장

② 장부에는 표지를 붙여 매년 별책으로 하고 진행번호는 매년 이를 갱신한다. 그러나 필요에 따라 계속 사용하거나 분책 또는 합책할 수 있다.

③ 편철장에는 목록을 붙여야 한다.

④ 재외공관 및 동사무소에는 다음과 같은 장부를 비치하여야 하고, 그 보존기간에 관하여는 제1항을 준용한다. 다만, 제10호 장부의 보존기간은 3년으로 하고, 제8호의 장부는 동사무소에 비치하지 아니한다. (2022.4.29 본항개정)

1. 가족관계등록사건접수장
2. 고지부
3. 가족관계등록문서건명부
4. 왕복문서편철장
5. 불수리신고서류편철장
6. 가족관계등록민원청구서편철장
7. 가족관계등록부책보존부
8. 가족관계등록예규집관리대장
9. 열람 및 증명청구접수부
10. 가족관계등록신고서류편철장

제82조의2【재외국민 가족관계등록사무소의 부책과 서류】 법 제4조의2 제2항의 재외국민 가족관계등록사무소(이하"재외국민 가족관계등록사무소"라 한다)에 비치할 부책·서류 및 그 보존 기간은 다음과 같다.

1. 영구
   가. 특종신고서류편철장
   나. 가족관계등록부책보존부
   다. 예규문서편철장
2. 30년
   가. 가족관계등록사건접수장
   나. 신고서류송부목록편철장
   다. 특종신고서류 등 접수장
3. 10년
불수리신고서류편철장
4. 5년
   가. 고지부
   나. 과태료부과대상통지부
   다. 가족관계등록사건표편철장
   라. 왕복문서편철장
5. 3년
   가. 가족관계등록문서건명부
   나. 가족관계등록민원청구서편철장
   다. 열람 및 증명청구접수부
   라. 직권정정에 관한 서류편철장
   마. 가족관계등록예규집관리대장
   바. 협의이혼의사철회서편철장
   사. 혼인신고수리불가신고서편철장

(2023.2.24 본조개정)

제83조【법원의 부책과 서류】 ① 법원에 비치할 부책, 서류 및 그 보존기간은 다음과 같다. (2022.4.29 본항개정)

1. 80년
   가족관계등록공무원명부
2. 30년
   가족관계등록신고서류편철부
3. 10년
   이혼의사확인 사건부
4. 5년
   가. 가족관계등록보고서편철장
   나. 가족관계등록사무감독서류편철장
   다. 직권정정, 기록허가에 관한서류편철장
   라. 등록부 재작성에 관한 기록
   마. 통계에 관한 기록
   바. 문서건명부
   사. 식별부호사용승인(해지)에 관한 기록
5. 3년
   가. 가족관계등록민원청구서편철장
   나. 잡사에 관한 기록

② 제1항의 부책 및 서류는 별도 규정이 없으면 매년 별책으로 하고 진행번호는 매년 갱신한다. 그러나 필요에 따라 계속 사용하거나 분책 또는 합책할 수 있다.

제84조【보존기간의 기산점】 제82조부터 제83조까지의 규정에 따른 부책·서류의 보존기간은 그 연도의 다음 해부터 기산한다. (2019.11.6 본조개정)

제85조【보존기간이 지난 후의 조치】 ① 시·읍·면의 장은 부책 또는 서류의 보존기간이 경과한 때에는 보존기간 경과일로부터 1년 이내에 「공공기록물 관리에 관한 법률」에 따른 소관 기록물관리기관을 통해 같은 법 제27조의 절차를 거친 후 폐기서류 목록을 작성하고, 폐기인가신청을 제출하여 법원의 인가를 받아 폐기하여야 한다. (2019.11.6., 2022.4.29 본항개정)

② 법원 및 재외국민 가족관계등록사무소에서 비치하는 부책 또는 서류의 보존기간이 경과한 때에는 「법원기록물 관리규칙」 제27조의 절차를 거친 후 각 소속기관의 장의 인가를 받아 보존기간이 종료되는 연도의 다음 연도 3월말까지 폐기하여야 한다. (2019.11.6 본항신설)

제86조【전산정보처리조직으로 작성한 부책 등의 보존】 이 장의 부책과 서류를 전산정보처리조직에 의하여 작성한 경우에는 그 전산기록을 보존하

는 것으로 부책과 서류의 보존을 갈음할 수 있다.

제10장 비송사건 처리절차

제87조【허가사건의 처리절차】 ① 다음 각 호의 사건의 처리절차에 관하여는 비송사건절차법을 준용한다. (2018.4.27 본항개정)
1. 법 제96조에 따른 국적취득자의 성과 본의 창설허가
2. 법 제99조에 따른 개명허가
3. 법 제101조에 따른 가족관계등록창설허가
4. 법 제104조 및 제105조에 따른 등록기록정정허가

② 제1항제1호부터 제3호까지의 허가신청은 미성년자도 할 수 있다.
③ 제1항 각 호의 허가신청서에는 사건본인의 성명·출생연월일·등록기준지 및 주소를 기재하여야 한다.
④ 주소지가 없는 사람은 법 제99조에 따른 개명허가 신청을 등록기준지를 관할하는 가정법원에 할 수 있다.
⑤ 제1항 각 호의 신청을 허가한 재판이 효력을 발생한 때에는 가정법원의 법원사무관등은 지체 없이 사건본인의 등록기준지의 시·읍·면의 장에게 그 뜻을 통지하여야 한다. (2011.12.12 본항신설)
⑥ 제5항의 통지서에는 다음 각 호의 사항을 기재하여 법원사무관등이 기명날인하고, 그 통지서에 재판서의 등본을 첨부하여야 한다. 다만, 이 통지는 전산정보처리조직을 이용하여「민사소송 등에서의 전자문서 이용 등에 관한 법률」제2조제1호의 전자문서로 할 수 있다. (2011.12.12 본항신설)
1. 신청인 및 사건본인의 성명, 등록기준지, 주소
2. 통지의 원인 및 그 원인일자
3. 통지 연월일
4. 법원사무관등의 관직과 성명 및 소속법원의 표시

제87조의2【확인사건의 처리절차】 ① 다음 각 호의 사건의 처리절차에 관하여는 비송사건절차법을 준용한다. (2016.11.29, 2021.3.25 본항개정)
1. 법 제44조의2제1항에 따른 가정법원의 확인
2. 법 제57조제1항 단서 및 같은 조 제2항에 따른 가정법원의 확인

② 전항의 확인을 받아 출생신고를 할 때에는 가정법원의 확인서등본을 첨부하여야 한다. (2016.11.29 본항개정)
③ 법 제57조제4항제2호의 "그 밖에 대법원규칙으로 정하는 사유에 해당하는 경우"란 출생자가 대한민국 국적이 아니었음이 밝혀진 경우를 말한다.
④ 제1항제1호의 확인이 효력을 발생한 때에는 가정법원의 법원사무관등은 지체 없이 부 또는 모의 등록기준지의 시·읍·면의 장에게 그 뜻을 통지하여야 한다. (2016.11.29 본항신설)
⑤ 제4항의 통지에 관하여는 제87조제6항을 준용한다. (2016.11.29 본항신설)
⑥ 제1항의 확인절차에 관하여는 제87조제2항과 제3항의 규정을 준용한다. (2016.11.29 본항개정)
⑦ 제1항의 확인절차 및 제2항의 신고 등에 관하여 그 밖에 필요한 사항은 대법원예규로 정한다. (2016.11.29 본항개정)
(2015.10.7 본조신설)

제11장 재외국민 가족관계등록사무소

제88조【재외국민 가족관계등록사무소의 구성 및 운영】 ① 법 제4조의2에 따른 재외국민에 관한 등록사무는 재외국민 가족관계등록사무소에서 근무하거나, 법원공무원규칙 제49조에 따라 재외공관에 파견된 법원서기관, 법원사무관, 법원주사 또는 법원주사보 중에서 법원행정처장이 지정하는 가족관계등록관이 처리한다.
② 재외국민 가족관계등록사무소에는 가족관계등록관인 소장을 둔다.
③ 소장은 재외국민에 관한 등록사무를 총괄하고, 재외국민 가족관계등록사무소의 소속 직원을 지휘·감독한다.
④ 법원공무원규칙 제49조에 따라 재외공관에 파견된 법원공무원 중 가족관계등록관으로 지정된 자는 재외국민 가족관계등록사무소 소속으로 하고, 그 등록사무처리의 범위에 관해서는 대법원예규로 정한다.
⑤ 재외국민 가족관계등록사무소의 구성 및 운영 등에 관하여 그 밖에 필요한 사항은 대법원예규로 정한다.
(2015.4.24 본조개정)

제89조【서류 원본의 보존 등】 법 제36조제2항, 제49조제4항 및「재외국민의 가족관계등록 창설, 가족관계등록부 정정 및 가족관계등록부 정리에 관한 특례법」제5조제6항에 따른 서류의 송부는 외교부와 전산정보처리조직을 연계하여 운영한다. 이 경우 전산정보처리조직을 이용한 서류의 송부, 서류 원본의 보존 및 그 밖에 필요한 사항에 대해서는 대법원예규로 정한다.
(2015.4.24 본조신설)

제90조【등록사무처리】 ① 재외국민 가족관계등록사무소 및 가족관계등록관의 등록사무처리에 관하여는 시·읍·면 및 시·읍·면의 장의 등록사무처리에 관한 규정 중 제13조, 제21조, 제23조, 제28조, 제32조, 제35조, 제40조, 제41조, 제43조부터 제45조까지, 제49조, 제51조, 제55조, 제57조, 제60

조, 제64조, 제65조, 제69조부터 제71조까지를 준용한다. (2018.8.31, 2019.11.6 본항개정)
② 제89조에 따라 송부받은 서류는 대법원예규로 정하는 바에 따라 전자적 방법으로 관리할 수 있다.
(2018.8.31 본항신설)
(2015.4.24 본조신설)
(2018.8.31 본조제목개정)

제12장 시행예규

제91조 【대법원예규】 등록사무처리절차 등에 관하여 이 규칙에서 정하지 않은 필요한 사항은 대법원예규로 정한다.
(2015.4.24 본조신설)

부 칙

제1조 【시행일】 이 규칙은 2008년 1월 1일부터 시행한다.
제2조 【폐지 대법원규칙】 호적법 시행규칙은 이를 폐지한다.
제3조 【경과조치】 ① 이 규칙이 시행되기 전에 접수된 사건의 처리에 관하여는 종전의 호적법 시행규칙(이하 "종전규칙"이라 한다)에 따른다.
② 종전규칙에 따라 법원 및 시·읍·면에 비치·보관하는 부책과 서류 등에 관한 인계절차 및 그 보존기간은 이 규칙에 달리 정하지 않은 경우에는 종전규칙에 따른다.
③ (2009.6.26 삭제)
④ 신고에 관계없이 효력이 발생하는 법률관계 또는 사실에 관한 신고에 있어서 법 시행 이전에 이미 그 효력이 발생하였으나 법 시행 이후에 신고가 접수된 경우에는 신고 내용대로 바로 가족관계등록부에 기록하여야 한다.
⑤ (2009.6.26 삭제)
⑥ 호적용지로 작성된 무연고호적 및 이기보류호적에 대하여 등·초본교부신청이 접수된 때에는종전규칙에 의한 등·초본을 교부하고 그 즉시 대법원규칙 제1911호 구 호적법시행규칙중개정규칙 부칙 제2조 및 제3조에 따라 이미지 전산이기완료한 후 법 부칙 제3조제3항에 따라 제적처리를 하여야 한다. 등록신고사건이 접수된 때에는 호적용지로 작성된 호적을 이미지전산제적부로 전환한 후 전산제적부로 이기하고 법 및 이 규칙에 따라 가족관계등록부를 작성하여 신고사건을 처리하여야 한다. 본인의 가족관계등록부 작성신청을 접수한 때에도 이와 같다. 다만, 호적용지로 작성된 호적에 관한 열람 또는 등·초본의 교부청구권자에 관하여는 법 제14조제1항을 준용하고 신고사건 본인 또는 신고인 등의 확인에 관하여는 규칙 제40조제3항에 따른다.(2009.6.26 본항개정)
제4조 【개인별 가족관계등록부의 작성 범위와 방법】 ① 종전 호적을 개인별로 구분하여 등록부를 작성할 경우에 본인의 등록부에 기록하는 범위는, 이 규칙 시행 당시 종전호적에 기재된 유효한 사항을 기준으로 하되, 부모(양부모 포함), 자녀(양자녀 포함), 배우자에 관한 사항 중 사망, 분가, 전적, 그 밖의 사유로 종전호적에 그 기재사항이 없는 경우에는 제적부 또는 이해관계인의 소명에 의하여 기록하는 방법에 의할 수 있다.
② 제1항에 따라 개인별 등록부를 작성한 때에는 등록부의 가족관계등록부사항란에 법 부칙 제3조제1항에 따라 개인별 등록부를 작성한 뜻과 그 연월일을 기록하여야 한다.
③ 제1항에 따라 등록부에 기록을 마친 때에는 종전 호적의 호적사항란에 법률 제8435호에 따라 제적한 뜻과 그 연월일을 기록한 후 그 호적을 종전규칙 제76조제2항에 따라 제적으로 처리한다.

[별표] (생략)

부 칙 (2008.6.5)

이 규칙은 2008년 6월 22일부터 시행한다. 다만, 별표 1과 별표2는 공포한 날부터 시행한다.

[별표] (생략)

부 칙 (2008.7.7)

이 규칙은 공포한 날부터 시행한다.

부 칙 (2009.3.31)

제1조 【시행일】 이 규칙은 4월 14일부터 시행한다. 다만, 제2조제4호 단서의 개정규정은 공포 후 6개월이 경과한 날부터 시행한다.
제2조 【경과조치】 제77조제3항의 개정규정은 이 규칙 시행 당시 법원에 계속 중인 협의이혼의사확인신청사건에 적용한다.

부 칙 (2009.6.26)

이 규칙은 2009년 7월 1일부터 시행한다. 다만, 제74조, 제75조, 제76조, 제78조의 개정규정은 2009년 8월 9일부터 시행한다.

부 칙 (2009.12.31)

이 규칙은 2010년 1월 1일부터 시행한다. 다만, 별표1과 별표2의 개정규정은 2010년 3월 1일부터 시행한다.

〔별표〕(생략)

부 칙 (2010.6.3)

제1조【시행일】 이 규칙은 2010년 6월 30일부터 시행한다.
제2조【경과조치】 별지 제1호 서식 및 제3호 서식은 이 규칙 시행 전에 기록된 가족관계등록부의 증명서의 종류 및 기록사항에 대하여도 적용한다.

부 칙 (2010.7.30)

이 규칙은 2010년 8월 5일부터 시행한다. 다만, 제80조의3의 개정규정은 공포한 날부터 시행한다.

부 칙 (2011.1.31)

제1조【시행일】 이 규칙은 2011년 12월 30일부터 시행한다. 다만, 제66조의 개정규정은 2011년 12월 26일부터 시행한다.(2011.12.12 개정)

부 칙 (2011.12.12)

제1조【시행일】 이 규칙은 2011년 12월 30일부터 시행한다. 다만, 규칙 제2323호 가족관계의 등록 등에 관한 규칙 부칙 제1조 단서의 개정규정은 공포한 날부터 시행한다.

부 칙 (2013.1.8)

제1조【시행일】 이 규칙은 공포한 날부터 시행한다. 다만, 제25조의2 및 제28조제2항 단서의 개정규정은 2013년 3월 4일부터 시행한다.
제2조【제적 등 · 초본의 발급에 관한 적용례】 제25조의2의 개정규정은 제적 등 · 초본의 발급에 대하여도 적용한다. 다만, 그 발급은 본인에 한하여 신청할 수 있다.

부 칙 (2013.6.5)

제1조【시행일】 이 규칙은 2013년 7월 1일부터 시행한다.
제2조【금치산자 등에 관한 경과조치】 이 규칙 시행 당시 이미 금치산 또는 한정치산의 선고를 받은 사람에 대하여는 「민법」에 따라 성년후견, 한정후견, 특정후견이 개시되거나 임의후견감독인이 선임되거나 법률 제10429호 민법 부칙 제1조에 따른 시행일부터 5년이 경과할 때까지는 종전의 규정을 적용한다.

부 칙 (2014.5.30)

제1조【시행일】 이 규칙은 2014년 7월 31일부터 시행한다.
제2조【제적부의 열람에 관한 적용례】 제25조의2의 개정규정은 제적부의 열람에 대하여도 적용한다. 다만, 그 열람은 본인에 한하여 신청할 수 있다.

부 칙 (2014.10.2)

이 규칙은 공포한 날부터 시행한다.

부 칙 (2014.12.30)

이 규칙은 2015년 1월 1일부터 시행한다.

부 칙 (2015.4.24)

제1조【시행일】 이 규칙은 2015년 7월 1일부터 시행한다.
제2조【다른 규칙의 개정】 ① 법원사무기구에 관한 규칙 일부를 다음과 같이 개정한다.
제2조에 제10항을 다음과 같이 신설한다.
⑩ 법원행정처에 재외국민 가족관계등록사무소를 두며, 그 관장부서 및 담당사무는 별표 1의11과 같이 한다.
별표 1의11을 다음과 같이 신설한다.

〔별표〕(생략)

② 법원사무관리규칙 일부를 다음과 같이 개정한다.
제35조제1항에 제7호를 다음과 같이 신설한다.
7. 법원행정처 재외국민 가족관계등록사무소 가족관계등록관
별표 1을 다음과 같이 한다.

〔별표〕(생략)

부 칙 (2015.10.7)

이 규칙은 2015년 11월 19일부터 시행한다.

부 칙 (2016.8.1)

이 규칙은 공포한 날부터 시행한다.

부 칙 (2016.11.29)

이 규칙은 2016년 11월 30일부터 시행한다.

부 칙 (2018.4.27)

이 규칙은 2018년 5월 8일부터 시행한다. 다만, 제

78조제2항의 개정규정은 2018년 7월 1일부터 시행한다.

부 칙 (2018.8.31)

이 규칙은 2018년 9월 14일부터 시행한다.

부 칙 (2018.12.4)

이 규칙은 2018년 12월 28일부터 시행한다.

〔**별표 1**〕 (생략)
〔**별표 2**〕 (생략)

부 칙 (2019.11.6)

이 규칙은 공포한 날부터 시행한다. 다만, 제21조의3의 개정규정은 2019년 12월 27일부터 시행한다.

부 칙 (2020.7.27.)

이 규칙은 공포한 날부터 시행한다. 다만, 제36조의2의 개정규정은 2020년 8월 5일부터 시행한다.

부 칙 (2020.11.26)

제1조 【시행일】 이 규칙은 2020년 12월 10일부터 시행한다. 다만, 제21조의2의 개정규정은 2020년 12월 28일부터 시행한다.
제2조 【적용례】 제36조의2의 개정규정은 이 규칙 시행 당시 접수되어 계속 중인 사건에 대하여도 적용한다.

부 칙 (2021.1.29)

이 규칙은 공포한 날부터 시행한다. 다만, 제36조의2의 개정규정은 2021년 7월 1일부터 시행한다.

부 칙 (2021.3.25)

이 규칙은 2021년 4월 17일부터 시행한다.

부 칙 (2021.5.27)

제1조 【시행일】 이 규칙은 2021년 6월 10일부터 시행한다.
제2조 【적용례】 이 규칙은 이 규칙 시행 당시 접수되어 계속 중인 사건에 대하여도 적용한다.

부 칙 (2021.9.30)

이 규칙은 2021년 10월 21일부터 시행한다.

부 칙 (2021.11.29)

이 규칙은 2021년 12월 9일부터 시행한다.

부 칙 (2021.12.31)

제1조 【시행일】 이 규칙은 2022년 1월 1일부터 시행한다. 다만, 「가정폭력범죄의 처벌 등에 관한 특례법」 제2조제5호에 따른 가정폭력피해자가 외국인으로서 가족으로 기록된 경우에는 전산화 정도를 고려하여 대법원예규로 정하는 바에 따라 개정규칙을 적용하지 아니할 수 있다.
제2조 【가정폭력행위자의 증명서의 교부 제한 등에 관한 적용례】 이 규칙은 이 규칙 시행 전에 발생한 「가정폭력범죄의 처벌 등에 관한 특례법」 제2조제3호에 따른 가정폭력범죄로 인하여 피해를 입은 경우에 대하여도 적용한다.

부 칙 (2022.1.28)

이 규칙은 2022년 2월 14일부터 시행한다.

부 칙 (2022.2.25)

이 규칙은 2022년 3월 2일부터 시행한다.

부 칙 (2022.4.29)

제1조 【시행일】 이 규칙은 2022년 5월 1일부터 시행한다.
제2조 【경과조치】 부칙 제2119호 제3조제2항에 따라 대법원규칙 제2069호 호적법 시행규칙 제92조의2 내지 제94조의 적용을 받는 부책·서류 등의 보존기간 27년은 30년으로 한다.

부 칙 (2022.6.30)

이 규칙은 공포한 날부터 시행한다.

부 칙 (2023.2.24)

이 규칙은 2023년 3월 2일부터 시행한다.

부 칙 (2024.3.28)

이 규칙은 2024년 7월 19일부터 시행한다.

부 칙 (2024.5.30)

이 규칙은 2024년 6월 11일부터 시행한다.

할부거래에 관한 법률

(2010년 3월 17일
전개법률 제10141호)

개정
2010. 3.17法10141號 2010. 5.17法10303號(은행)
2012. 6. 1法11461號(전자문서 및 전자거래 기본법)
2015. 7.24法13452號 → 2016. 1.25 시행
2016. 3.29法14144號
2017.11.28法15143號 → 2018. 5.29 시행
2017.10.31法15022號 → 2018.11. 1 시행
2018.12.31法16180號 → 2019. 7. 1 시행
2020.12.29法17799號(독점규제 및 공정거래에 관한 법률)
2023. 3.21法19256호 2024. 2. 6法20239號

제1장 총 칙

제1조【목적】 이 법은 할부계약 및 선불식 할부계약에 의한 거래를 공정하게 함으로써 소비자의 권익을 보호하고 시장의 신뢰도를 높여 국민경제의 건전한 발전에 이바지함을 목적으로 한다.

제2조【정의】 이 법에서 사용하는 용어의 뜻은 다음과 같다. (2015.7.24 본조개정)

1. "할부계약"이란 계약의 명칭·형식이 어떠하든 재화나 용역(일정한 시설을 이용하거나 용역을 제공받을 수 있는 권리를 포함한다)(이하 "재화등"이라 한다)에 관한 다음 각 목의 계약(제2호에 따른 선불식 할부계약에 해당하는 경우는 제외한다)을 말한다.
   가. 소비자가 사업자에게 재화의 대금(代金)이나 용역의 대가(이하 "재화등의 대금"이라 한다)를 2개월 이상의 기간에 걸쳐 3회 이상 나누어 지급하고, 재화등의 대금을 완납하기 전에 재화의 공급이나 용역의 제공(이하 "재화등의 공급"이라 한다)을 받기로 하는 계약(이하 "직접할부계약"이라 한다)
   나. 소비자가 신용제공자에게 재화등의 대금을 2개월 이상의 기간에 걸쳐 3회 이상 나누어 지급하고, 재화등의 대금을 완납하기 전에 사업자로부터 재화등의 공급을 받기로 하는 계약(이하 "간접할부계약"이라 한다)
2. "선불식 할부계약"이란 계약의 명칭·형식이 어떠하든 소비자가 사업자로부터 다음 각 목의 어느 하나에 해당하는 재화등의 대금을 2개월 이상의 기간에 걸쳐 2회 이상 나누어 지급하고 재화등의 공급은 대금의 전부 또는 일부를 지급한 후에 받기로 하는 계약을 말한다.
   가. 장례 또는 혼례를 위한 용역(제공시기가 확정된 경우는 제외한다) 및 이에 부수한 재화
   나. 가목에 준하는 소비자피해가 발생하는 재화등으로서 소비자의 피해를 방지하기 위하여 대통령령으로 정하는 재화등
3. "할부거래"란 할부계약에 의한 거래를 말하며, "할부거래업자"란 할부계약에 의한 재화등의 공급을 업으로 하는 자를 말한다.
4. "선불식 할부거래"란 선불식 할부계약에 의한 거래를 말하며, "선불식 할부거래업자"란 선불식 할부계약에 의한 재화등의 공급을 업으로 하는 자를 말한다.
5. "소비자"란 다음 각 목의 어느 하나에 해당하는 자를 말한다.
   가. 할부계약 또는 선불식 할부계약에 의하여 제공되는 재화등을 소비생활을 위하여 사용하거나 이용하는 자
   나. 가목 외의 자로서 사실상 가목의 자와 동일한 지위 및 거래조건으로 거래하는 자 등 대통령령으로 정하는 자
6. "신용제공자"란 소비자·할부거래업자와의 약정에 따라 재화등의 대금에 충당하기 위하여 신용을 제공하는 자를 말한다.
7. "지배주주"란 다음 각 목의 어느 하나에 해당하는 자를 말한다.
   가. 대통령령으로 정하는 특수관계인과 함께 소유하고 있는 주식 또는 출자액의 합계가 해당 법인의 발행주식총수 또는 출자총액의 100분의 30 이상인 경우로서 그 합계가 가장 많은 주주 또는 출자자
   나. 해당 법인의 경영을 사실상 지배하는 자. 이 경우 사실상 지배의 구체적인 내용은 대통령령으로 정한다.
8. "선불식 할부계약의 이전"이란 명칭·형식이 어떠하든 선불식 할부거래업자가 합병, 분할 또는 사업의 전부 양도 이외의 방식으로 소비자와 체결한 선불식 할부계약에 대한 권리·의무를 다른 선불식 할부거래업자에게 이전(移轉)하는 것을 말한다.
9. "모집인"이란 선불식 할부거래업자를 위하여 선불식 할부계약의 체결을 중개(仲介)하는 자를 말한다.

제3조【적용제외】 이 법은 다음 각 호의 거래에는 적용하지 아니한다.

1. 사업자가 상행위(商行爲)를 위하여 재화등의 공급을 받는 거래. 다만, 사업자가 사실상 소비자와 같은 지위에서 다른 소비자와 같은 거래조건

으로 거래하는 경우는 적용한다.
2. 성질상 이 법을 적용하는 것이 적합하지 아니한 것으로서 대통령령으로 정하는 재화등의 거래

제4조【다른 법률과의 관계】 할부거래 및 선불식 할부거래에서의 소비자보호와 관련하여 이 법과 다른 법률이 경합하여 적용되는 경우에는 이 법을 우선하여 적용한다. 다만, 다른 법률을 적용하는 것이 소비자에게 유리한 경우에는 그 법률을 적용한다.

제2장 할부거래

제5조【계약체결 전의 정보제공】 할부거래업자는 할부계약을 체결하기 전에 소비자가 할부계약의 내용을 이해할 수 있도록 총리령으로 정하는 바에 따라 다음 각 호의 사항을 표시하여야 한다. 다만, 「여신전문금융업법」에 따른 신용카드회원과 신용카드가맹점 간의 간접할부계약의 경우에는 제3호, 제4호, 제6호 및 제7호의 사항을 표시하지 아니할 수 있다.
1. 재화등의 종류 및 내용
2. 현금가격(할부계약에 의하지 아니하고 소비자가 재화등의 공급을 받은 때에 할부거래업자에게 지급하여야 할 대금 전액을 말한다. 이하 같다)
3. 할부가격(소비자가 할부거래업자나 신용제공자에게 지급하여야 할 계약금과 할부금의 총합계액을 말한다. 이하 같다)
4. 각 할부금의 금액·지급횟수 및 지급시기
5. 할부수수료의 실제연간요율
6. 계약금(최초지급금·선수금 등 명칭이 무엇이든 할부계약을 체결할 때에 소비자가 할부거래업자에게 지급하는 금액을 말한다. 이하 같다)
7. 제12조제1항에 따른 지연손해금 산정 시 적용하는 비율

제6조【할부계약의 서면주의】 ① 할부거래업자는 총리령으로 정하는 바에 따라 다음 각 호의 사항을 적은 서면(「전자문서 및 전자거래 기본법」 제2조제1호에 따른 전자문서를 포함한다. 이하 같다)으로 할부계약을 체결하여야 한다. 다만, 「여신전문금융업법」에 따른 신용카드회원과 신용카드가맹점 간의 간접할부계약의 경우 제4호, 제5호 중 지급시기 및 제11호의 사항을 적지 아니할 수 있다. (2012.6.1 본항개정)
1. 할부거래업자·소비자 및 신용제공자의 성명 및 주소
2. 재화등의 종류·내용 및 재화등의 공급 시기
3. 현금가격
4. 할부가격
5. 각 할부금의 금액·지급횟수·지급기간 및 지급시기
6. 할부수수료의 실제연간요율
7. 계약금
8. 재화의 소유권 유보에 관한 사항
9. 제8조에 따른 청약철회의 기한·행사방법·효과에 관한 사항
10. 제11조제1항에 따른 할부거래업자의 할부계약의 해제에 관한 사항
11. 제12조제1항에 따른 지연손해금 산정 시 적용하는 비율
12. 제13조에 따른 소비자의 기한의 이익 상실에 관한 사항
13. 제16조에 따른 소비자의 항변권과 행사방법에 관한 사항

② 할부거래업자는 할부계약을 체결할 경우에는 제1항에 따른 계약서를 소비자에게 발급하여야 한다. 다만, 「여신전문금융업법」에 따른 신용카드회원과 신용카드가맹점 간의 간접할부계약의 경우 소비자의 동의를 받아 해당 계약의 내용을 팩스나 「전자문서 및 전자거래 기본법」 제2조제1호에 따른 전자문서(이하 이 조에서 "전자문서"라 한다)로 보내는 것으로 대신할 수 있으며, 팩스나 전자문서로 보낸 계약서의 내용이나 도달에 다툼이 있으면 할부거래업자가 이를 증명하여야 한다. (2012.6.1 본항개정)

③ 신용제공자는 제1항제4호부터 제6호까지, 제9호, 제11호부터 제13호까지의 사항을 적은 서면을 소비자에게 발급하여야 한다.

④ 할부계약이 제1항 각 호의 요건을 갖추지 못하거나 그 내용이 불확실한 경우에는 소비자와 할부거래업자 간의 특약이 없으면 그 계약내용은 어떠한 경우에도 소비자에게 불리하게 해석되어서는 아니 된다.

제7조【할부수수료의 실제연간요율】 제5조제5호 및 제6조제1항제6호에 따른 할부수수료의 실제연간요율의 계산방법과 최고한도는 「이자제한법」에서 정한 이자의 최고한도의 범위에서 대통령령으로 정한다.

제8조【청약의 철회】 ① 소비자는 다음 각 호의 기간(거래당사자가 그 보다 긴 기간을 약정한 경우에는 그 기간을 말한다) 이내에 할부계약에 관한 청약을 철회할 수 있다.
1. 제6조제1항에 따른 계약서를 받은 날부터 7일. 다만, 그 계약서를 받은 날보다 재화등의 공급이 늦게 이루어진 경우에는 재화등을 공급받은 날부터 7일
2. 다음 각 목의 어느 하나에 해당하는 경우에는 그 주소를 안 날 또는 알 수 있었던 날 등 청약을 철회할 수 있는 날부터 7일
   가. 제6조제1항에 따른 계약서를 받지 아니한 경우
   나. 할부거래업자의 주소 등이 적혀 있지 아니한 계약서를 받은 경우

다. 할부거래업자의 주소 변경 등의 사유로 제1호의 기간 이내에 청약을 철회할 수 없는 경우
3. 제6조제1항에 따른 계약서에 청약의 철회에 관한 사항이 적혀 있지 아니한 경우에는 청약을 철회할 수 있음을 안 날 또는 알 수 있었던 날부터 7일
4. 할부거래업자가 청약의 철회를 방해한 경우에는 그 방해 행위가 종료한 날부터 7일

② 소비자는 다음 각 호의 어느 하나에 해당하는 경우에는 제1항에 따른 청약의 철회를 할 수 없다. 다만, 할부거래업자가 청약의 철회를 승낙하거나 제6항에 따른 조치를 하지 아니한 경우에는 제2호부터 제4호까지에 해당하는 경우에도 청약을 철회할 수 있다.
1. 소비자에게 책임있는 사유로 재화등이 멸실되거나 훼손된 경우. 다만, 재화등의 내용을 확인하기 위하여 포장 등을 훼손한 경우는 제외한다.
2. 사용 또는 소비에 의하여 그 가치가 현저히 낮아질 우려가 있는 것으로서 대통령령으로 정하는 재화등을 사용 또는 소비한 경우
3. 시간이 지남으로써 다시 판매하기 어려울 정도로 재화등의 가치가 현저히 낮아진 경우
4. 복제할 수 있는 재화등의 포장을 훼손한 경우
5. 그 밖에 거래의 안전을 위하여 대통령령으로 정하는 경우

③ 소비자가 제1항에 따라 청약을 철회할 경우 제1항에 따른 기간 이내에 할부거래업자에게 청약을 철회하는 의사표시가 적힌 서면을 발송하여야 한다.

④ 제1항에 따른 청약의 철회는 제3항에 따라 서면을 발송한 날에 그 효력이 발생한다.

⑤ 제1항 또는 제2항을 적용함에 있어서 계약서의 발급사실과 그 시기, 재화등의 공급 사실과 그 시기 및 제2항 각 호 중 어느 하나에 해당하는지 여부에 관하여 다툼이 있는 경우에는 할부거래업자가 이를 입증하여야 한다.

⑥ 할부거래업자는 제2항제2호부터 제4호까지의 규정에 따라 청약을 철회할 수 없는 재화등에 대하여는 그 사실을 재화등의 포장이나 그 밖에 소비자가 쉽게 알 수 있는 곳에 분명하게 표시하거나 시용(試用) 상품을 제공하는 등의 방법으로 소비자가 청약을 철회하는 것이 방해받지 아니하도록 조치하여야 한다.

제9조 【간접할부계약에서의 청약의 철회 통보】 ① 소비자가 할부거래업자에게 간접할부계약에 관한 청약을 철회한 경우 제8조제1항에 따른 기간 이내에 신용제공자에게 청약을 철회하는 의사표시가 적힌 서면을 발송하여야 한다.

② 소비자가 신용제공자에게 제1항에 따른 서면을 발송하지 아니한 경우 신용제공자의 할부금지급청구를 거절할 수 없다. 다만, 다음 각 호의 어느 하나에 해당하는 경우에는 소비자가 그 서면을 발송하지 아니한 경우라도 신용제공자의 할부금지급청구를 거절할 수 있다.
1. 신용제공자가 제8조제1항의 기간 이내에 할부거래업자에게 재화등의 대금을 지급한 경우
2. 신용제공자가 할부거래업자로부터 제10조제4항에 따른 할부금청구의 중지 또는 취소를 요청받은 경우

제10조 【청약의 철회 효과】 ① 소비자는 제8조에 따라 청약을 철회한 경우 이미 공급받은 재화등을 반환하여야 한다.

② 소비자가 제8조에 따라 청약을 철회한 경우 할부거래업자(소비자로부터 재화등의 계약금 또는 할부금을 지급받은 자 또는 소비자와 할부계약을 체결한 자를 포함한다. 이하 이 조에서 같다)는 다음 각 호의 어느 하나에 해당하는 영업일 이내에 이미 지급받은 계약금 및 할부금을 환급하여야 한다. 이 경우 할부거래업자가 소비자에게 재화등의 계약금 및 할부금의 환급을 지연한 때에는 그 지연기간에 따라 「이자제한법」에서 정한 이자의 최고한도의 범위에서 대통령령으로 정하는 이율을 곱하여 산정한 지연이자(이하 “지연배상금”이라 한다)를 함께 환급하여야 한다.
1. 재화를 공급한 경우에는 제1항에 따라 재화를 반환받은 날부터 3영업일
2. 용역을 제공한 경우에는 제8조제3항에 따른 청약을 철회하는 서면을 수령한 날부터 3영업일

③ 할부거래업자는 제1항의 경우에 이미 용역(일정한 시설을 이용하거나 용역을 제공받을 권리는 제외한다)이 제공된 때에는 이미 제공된 용역과 동일한 용역의 반환을 청구할 수 없다.

④ 할부거래업자는 간접할부계약의 경우 제8조제3항에 따른 청약을 철회하는 서면을 수령한 때에는 지체 없이 해당 신용제공자에게 재화등에 대한 할부금의 청구를 중지 또는 취소하도록 요청하여야 한다. 이 경우 할부거래업자가 신용제공자로부터 해당 재화등의 대금을 이미 지급받은 때에는 지체 없이 이를 신용제공자에게 환급하여야 한다.

⑤ 신용제공자는 제4항에 따라 할부거래업자로부터 할부금의 청구를 중지 또는 취소하도록 요청받은 경우 지체 없이 이에 필요한 조치를 취하여야 한다. 이 경우 소비자가 이미 지불한 할부금이 있는 때에는 지체 없이 이를 환급하여야 한다.

⑥ 할부거래업자가 제4항에 따른 요청을 지연하여 소비자로 하여금 신용제공자에게 할부금을 지불하게 한 경우 소비자가 지불한 금액에 대하여 소비자가 환급받는 날까지의 기간에 대한 지연배상금을 소비자에게 지급하여야 한다.

⑦ 신용제공자가 제5항에 따른 환급을 지연한 경우

그 지연기간에 따른 지연배상금을 소비자에게 지급하여야 한다. 다만, 할부거래업자가 제4항에 따른 요청을 지연하여 신용제공자로 하여금 소비자에 대한 할부금의 환급을 지연하게 한 경우에는 그 할부거래업자가 지연배상금을 지급하여야 한다.

⑧ 할부거래업자 또는 신용제공자는 소비자가 청약을 철회함에 따라 소비자와 분쟁이 발생한 경우 분쟁이 해결될 때까지 할부금 지급거절을 이유로 해당 소비자를 약정한 기일 이내에 채무를 변제하지 아니한 자로 처리하는 등 소비자에게 불이익을 주는 행위를 하여서는 아니 된다.

⑨ 할부거래업자는 소비자가 제8조에 따라 청약을 철회한 경우 이미 재화등이 사용되었거나 일부 소비된 경우에는 그 재화등을 사용하거나 일부 소비하여 소비자가 얻은 이익 또는 그 재화등의 공급에 든 비용에 상당하는 금액으로서 대통령령으로 정하는 범위의 금액을 초과하여 소비자에게 청구할 수 없다.

⑩ 할부거래업자는 소비자가 제8조에 따라 청약을 철회한 경우 공급받은 재화등의 반환에 필요한 비용을 부담하며, 소비자에게 청약의 철회를 이유로 위약금 또는 손해배상을 청구할 수 없다.

제11조【할부거래업자의 할부계약 해제】 ① 할부거래업자는 소비자가 할부금 지급의무를 이행하지 아니하면 할부계약을 해제할 수 있다. 이 경우 할부거래업자는 그 계약을 해제하기 전에 14일 이상의 기간을 정하여 소비자에게 이행할 것을 서면으로 최고(催告)하여야 한다.

② 할부거래업자 또는 소비자는 제1항에 따라 할부계약이 해제된 경우에는 상대방에게 원상회복(原狀回復)하여 줄 의무를 진다. 이 경우 상대방이 원상회복할 때까지 자기의 의무이행을 거절할 수 있다.

③ 할부거래업자는 재화등의 소유권이 할부거래업자에게 유보된 경우 그 할부계약을 해제하지 아니하고는 그 반환을 청구할 수 없다.

제12조【할부거래업자 등의 손해배상 청구금액의 제한】 ① 할부거래업자 또는 신용제공자가 할부금 지급의무를 이행하지 아니한 것을 이유로 소비자에게 청구하는 손해배상액은 지연된 할부금에 「이자제한법」에서 정한 이자의 최고한도의 범위에서 대통령령으로 정하는 이율을 곱하여 산정한 금액에 상당하는 지연손해금을 초과하지 못한다.

② 할부거래업자가 제11조제1항에 따라 할부계약을 해제한 경우에 소비자에게 청구하는 손해배상액은 다음 각 호의 어느 하나에 해당하는 금액과 제1항에 따른 지연손해금의 합계액을 초과하지 못한다.

1. 재화등의 반환 등 원상회복이 된 경우에는 통상적인 사용료와 계약 체결 및 그 이행을 위하여 통상 필요한 비용의 합계액. 다만, 할부가격에서 재화등이 반환된 당시의 가액을 공제한 금액이 그 사용료와 비용의 합계액을 초과하는 경우에는 그 공제한 금액
2. 재화등의 반환 등 원상회복이 되지 아니한 경우에는 할부가격에 상당한 금액. 다만, 용역이 제공된 경우에는 이미 제공된 용역의 대가 또는 그 용역에 의하여 얻어진 이익에 상당하는 금액
3. 재화등의 공급이 되기 전인 경우에는 계약체결 및 그 이행을 위하여 통상 필요한 금액

③ 할부거래업자 또는 신용제공자는 손해배상액의 예정, 위약금, 그 밖에 명칭・형식이 어떠하든 제1항 또는 제2항에 따른 금액을 초과하여 손해배상을 청구할 수 없다.

④ 할부거래업자 또는 신용제공자는 손해배상을 청구하는 경우 소비자의 손해가 최소화되도록 신의에 따라 성실히 하여야 한다.

제13조【소비자의 기한의 이익 상실】 ① 소비자는 다음 각 호의 어느 하나에 해당하는 경우에는 할부금의 지급에 대한 기한의 이익을 주장하지 못한다.

1. 할부금을 다음 지급기일까지 연속하여 2회 이상 지급하지 아니하고 그 지급하지 아니한 금액이 할부가격의 100분의 10을 초과하는 경우
2. 국내에서 할부금 채무이행 보증이 어려운 경우로서 대통령령으로 정하는 경우

② 할부거래업자 또는 신용제공자가 제1항에 따라 소비자로부터 한꺼번에 지급받을 금액은 나머지 할부금에서 나머지 기간에 대한 할부수수료를 공제한 금액으로 한다. 이 경우 할부수수료는 일단위로 계산한다.

제14조【소비자의 기한 전 지급】 ① 소비자는 기한이 되기 전이라도 나머지 할부금을 한꺼번에 지급할 수 있다.

② 소비자가 제1항에 따라 할부거래업자 또는 신용제공자에게 지급하는 금액은 제13조제2항에 따른 금액으로 한다.

제15조【할부대금채권의 소멸시효】 할부계약에 의한 할부대금채권은 3년간 행사하지 아니하면 소멸시효가 완성한다.

제16조【소비자의 항변권】 ① 소비자는 다음 각 호의 어느 하나에 해당하는 사유가 있는 경우에는 할부거래업자에게 그 할부금의 지급을 거절할 수 있다.

1. 할부계약이 불성립・무효인 경우
2. 할부계약이 취소・해제 또는 해지된 경우
3. 재화등의 전부 또는 일부가 제6조제1항제2호에 따른 재화등의 공급 시기까지 소비자에게 공급되지 아니한 경우
4. 할부거래업자가 하자담보책임을 이행하지 아니

한 경우
5. 그 밖에 할부거래업자의 채무불이행으로 인하여 할부계약의 목적을 달성할 수 없는 경우
6. 다른 법률에 따라 정당하게 청약을 철회한 경우
② 소비자는 간접할부계약인 경우 제1항 각 호의 어느 하나에 해당하는 사유가 있으면 할부가격이 대통령령으로 정한 금액 이상인 경우에만 신용제공자에게 할부금의 지급을 거절하는 의사를 통지한 후 할부금의 지급을 거절할 수 있다.
③ 소비자가 제2항에 따라 신용제공자에게 지급을 거절할 수 있는 금액은 할부금의 지급을 거절한 당시에 소비자가 신용제공자에게 지급하지 아니한 나머지 할부금으로 한다.
④ 소비자가 제1항에 따른 항변권의 행사를 서면으로 하는 경우 그 효력은 서면을 발송한 날에 발생한다.
⑤ 할부거래업자 또는 신용제공자는 소비자의 항변을 서면으로 수령한 경우 지체 없이 그 항변권의 행사가 제1항에 해당하는지를 확인하여야 한다. 제1항에 해당하지 아니하는 경우 소비자의 항변을 수령한 날부터 다음 각 호의 어느 하나에 해당하는 영업일 이내에 서면으로 소비자의 항변을 수용할 수 없다는 의사(意思)와 항변권의 행사가 제1항 각 호의 어느 하나에 해당하지 아니한다는 사실을 소비자에게 서면으로 통지하여야 한다.
1. 할부거래업자는 5영업일
2. 신용제공자는 7영업일
⑥ 할부거래업자 또는 신용제공자가 제5항에 따른 통지를 하지 아니한 경우에는 소비자의 할부금 지급 거절의사를 수용한 것으로 본다.
⑦ 할부거래업자 또는 신용제공자는 제1항부터 제6항까지의 규정에 따라 소비자가 할부금의 지급을 거절한 경우 소비자와 분쟁이 발생하면 분쟁이 해결될 때까지 할부금 지급 거절을 이유로 해당 소비자를 약정한 기일 이내에 채무를 변제하지 아니한 자로 처리하는 등 소비자에게 불이익을 주는 행위를 하여서는 아니 된다.

제17조【휴업기간 등에서의 청약의 철회에 관한 업무처리】 할부거래업자 또는 신용제공자는 그 휴업기간 또는 영업정지기간 중에도 제10조에 따른 청약의 철회에 관한 업무를 계속하여야 한다.

제3장 선불식 할부거래

제1절 영업의 등록 등

제18조【영업의 등록 등】 ① 선불식 할부거래업자는 대통령령으로 정하는 바에 따라 다음 각 호의 서류를 갖추어 특별시장·광역시장·특별자치시장·도지사 또는 특별자치도지사(이하 "시·도지사"라 한다)에게 등록하여야 한다. (2015.7.24 본항개정)
1. 상호·주소·전화번호·전자우편주소(영업소 및 대리점을 포함한다)·대표자의 이름·주민등록번호·주소 등을 적은 신청서
2. 자본금이 15억원 이상임을 증명하는 서류
3. 제27조에 따른 소비자피해보상보험계약등의 체결 증명 서류
4. 그 밖에 선불식 할부거래업자의 신원을 확인하기 위하여 필요한 사항으로서 총리령으로 정하는 서류
② 제1항에 따라 선불식 할부거래업의 등록을 한 경우 시·도지사는 지체 없이 선불식 할부거래업 등록증을 교부하여야 한다.
③ 선불식 할부거래업자는 제1항에 따라 등록한 사항 중 같은 항 제1호부터 제3호까지의 사항이 변경된 경우에는 대통령령으로 정하는 바에 따라 시·도지사에게 신고하여야 한다.
④ 시·도지사는 제3항에 따른 변경신고를 받은 날부터 7일 이내에 신고수리 여부 또는 민원 처리 관련 법령에 따른 처리기간의 연장을 신고인에게 통지하여야 한다. (2023.3.21 본항신설)
⑤ 선불식 할부거래업자는 휴업 또는 폐업을 하거나 휴업 후 영업을 다시 시작할 때에는 대통령령으로 정하는 바에 따라 시·도지사에게 신고하여야 한다. 이 경우 시·도지사는 폐업신고를 받은 때에는 그 등록을 말소하여야 한다. 다만, 폐업신고 전 등록취소 요건에 해당되는 경우에는 폐업신고일에 등록이 취소된 것으로 본다. (2023.3.21 본항개정)
⑥ 공정거래위원회는 선불식 할부거래업자에 대한 다음 각 호의 사항을 대통령령으로 정하는 바에 따라 공개하여야 한다. 다만, 선불식 할부거래업자의 경영·영업상 비밀에 관한 사항으로서 공개될 경우 선불식 할부거래업자의 정당한 이익을 현저히 해칠 우려가 있다고 인정되는 사항과 개인에 관한 사항으로서 사생활의 비밀 또는 자유를 침해할 우려가 있다고 인정되는 사항에 대하여는 공개하지 아니한다. (2023.3.21 본항개정)
1. 제1항에 따라 등록한 사항 및 제3항에 따라 신고한 사항
2. 그 밖에 공정거래위원회가 공정거래질서 확립 및 소비자보호를 위하여 필요하다고 인정하여 총리령으로 정하는 사항
⑦ 공정거래위원회는 제6항에 따른 공개를 위하여 필요한 경우에는 선불식 할부거래업자에게 관련 자료의 제출을 요구할 수 있다. 이 경우 선불식 할부거래업자는 정당한 사유가 없으면 관련 자료를 제출하여야 한다. (2023.3.21 본항개정)

제18조의2【회계감사 보고서의 제출 및 공개】

① 선불식 할부거래업자는 매 회계연도가 종료한 후 3개월 이내에 대통령령으로 정하는 절차 및 방법에 따라 「주식회사 등의 외부감사에 관한 법률」 제2조제7호 및 제9조에 따른 감사인이 작성한 회계감사 보고서를 공정거래위원회에 제출하여야 한다. (2017.10.31 본항개정, 2018.11.1 시행)
② 공정거래위원회와 선불식 할부거래업자는 제1항에 따른 회계감사 보고서를 대통령령으로 정하는 절차 및 방법에 따라 공시하여야 한다.
(2015.7.24 본조신설)

제19조【자본금】 제18조에 따라 등록하려는 자는 「상법」상 회사로서 자본금이 15억원 이상이어야 한다. (2015.7.24 본조개정)

제20조【결격사유】 다음 각 호의 어느 하나에 해당하는 자는 제18조에 따른 등록을 할 수 없다. (2015.7.24 본조개정)
1. 다음 각 목의 어느 하나에 해당하는 사람이 임원인 회사
  가. 미성년자
  나. 피한정후견인 또는 피성년후견인
  다. 파산선고를 받고 복권되지 아니한 사람
  라. 금고 이상의 실형을 선고받고 그 집행이 끝나거나(집행이 끝난 것으로 보는 경우를 포함한다) 집행이 면제된 날부터 5년이 지나지 아니한 사람
  마. 금고 이상의 형의 집행유예를 선고받고 그 유예기간 중에 있는 사람
  바. 이 법을 위반하여 벌금형을 선고받고 3년이 지나지 아니한 사람
2. 다음 각 목의 어느 하나에 해당하는 사람이 지배주주인 회사
  가. 금고 이상의 실형을 선고받고 그 집행이 끝나거나(집행이 끝난 것으로 보는 경우를 포함한다) 집행이 면제된 날부터 5년이 지나지 아니한 사람
  나. 금고 이상의 형의 집행유예를 선고받고 그 유예기간 중에 있는 사람
3. 제40조에 따라 등록이 취소된 후 5년이 지나지 아니한 회사
4. 제40조에 따른 등록취소 당시 임원 또는 지배주주였던 사람이 임원 또는 지배주주인 회사

제21조【등록의 직권말소】 제18조에 따라 등록한 선불식 할부거래업자가 파산선고를 받거나 관할 세무서에 폐업신고를 한 경우 또는 6개월을 초과하여 영업을 하지 아니하는 등 실질적으로 영업을 할 수 없다고 판단되는 경우에는 시·도지사는 그 등록을 직권으로 말소할 수 있다.

제22조【지위의 승계】 ① 선불식 할부거래업자가 사업의 전부를 양도한 경우 또는 다른 회사와 합병하거나 회사를 분할한 경우 해당 사업의 전부를 양수한 회사, 합병 후 존속하는 회사, 합병에 따라 설립된 회사 또는 분할에 따라 해당 사업의 전부를 승계한 회사는 그 양도일, 합병일 또는 분할일부터 15일 이내에 대통령령으로 정하는 바에 따라 시·도지사에게 신고하여야 한다. (2015.7.24, 2023.3.21 본항개정)
② 합병, 분할 또는 사업의 전부를 양도하는 선불식 할부거래업자는 대통령령으로 정하는 날부터 14일 이내에 총리령으로 정하는 방법에 따라 다음 각 호의 사항을 공고하여야 한다. (2015.7.24 본항신설, 2023.3.21 본항개정)
1. 다음 각 목의 어느 하나에 해당하는 회사의 상호, 주소 등 제18조제6항에 따른 정보공개 사항
  가. 합병하는 회사, 합병 후 존속하는 회사 및 합병에 의하여 설립된 회사
  나. 분할하는 회사 및 분할에 의하여 해당 사업의 전부를 승계한 회사
  다. 사업의 전부를 양도하는 회사 및 양수하는 회사
2. 합병, 분할 또는 사업의 전부 양도를 통하여 이전되는 선불식 할부계약의 회원수 및 선수금 규모
3. 합병, 분할 또는 사업의 전부 양도의 내용 및 절차
4. 그 밖에 소비자의 권리를 보호하기 위하여 필요한 사항으로서 총리령으로 정하는 사항
③ 시·도지사는 제1항에 따른 신고를 한 회사가 제20조에 따른 결격사유에 해당하면 그 신고를 수리해서는 아니 된다. (개정 2023. 3. 21)
④ 시·도지사는 제1항에 따른 신고를 받은 날부터 7일 이내에 신고수리 여부 또는 민원 처리 관련 법령에 따른 처리기간의 연장을 신고인에게 통지하여야 한다. (2023.3.21 본항신설)
⑤ 제1항에 따른 신고를 한 회사는 그 신고가 수리된 경우 그 양도일, 합병일 또는 분할일부터 종전의 선불식 할부거래업자의 지위를 승계한다.
(2023.3.21 본항신설)

제22조의2【선불식 할부계약의 이전】 ① 선불식 할부계약을 이전하는 선불식 할부거래업자(이하 "이전하는 선불식 할부거래업자"라 한다)는 선불식 할부계약의 이전계약(이하 "이전계약"이라 한다)을 체결한 날부터 14일 이내에 총리령으로 정하는 방법에 따라 다음 각 호의 사항을 공고하여야 한다. (2023.3.21 본항개정)
1. 이전하는 선불식 할부거래업자 및 선불식 할부계약을 이전받은 선불식 할부거래업자(이하 "이전받은 선불식 할부거래업자"라 한다)의 상호·주소 등 제18조제6항에 따른 정보공개 사항
2. 이전하는 선불식 할부계약의 회원수 및 선수금 규모

3. 이전계약의 내용 및 절차
4. 그 밖에 소비자의 권리를 보호하기 위하여 필요한 사항으로서 총리령으로 정하는 사항

② 이전하는 선불식 할부거래업자는 이전계약을 체결한 날부터 30일 이내에 선불식 할부계약을 체결한 소비자가 이전계약의 내용을 이해할 수 있도록 총리령으로 정하는 방법에 따라 다음 각 호의 사항을 설명하고, 설명한 날부터 7일 이내에 소비자로부터 이전계약에 대한 동의를 받아야 한다. 다만, 해당 기간 내에 이전계약에 부동의 의사를 표시하지 아니한 소비자는 이전계약에 동의를 한 것으로 본다.

1. 제1항 각 호의 사항
2. 소비자가 7일 이내에 이전계약에 부동의 의사표시가 없는 경우 이전계약에 동의한 것으로 본다는 내용

③ 이전하는 선불식 할부거래업자는 소비자로부터 제2항 본문에 따라 설명한 내용을 이해하고 동의하였다는 사실을 서명, 기명날인, 녹취 또는 그 밖에 대통령령으로 정하는 방법으로 확인받아야 한다. 다만, 제2항 단서에 해당하는 경우에는 연락시간, 연락방법, 연락횟수 등을 기재하는 등 총리령으로 정하는 방법에 따라 해당 소비자에게 제2항 본문에 따른 설명 등을 이행하였다는 사실을 확인할 수 있도록 하여야 한다.

④ 이전하는 선불식 할부거래업자가 가진 선불식 할부계약에 관한 권리와 의무는 그 계약을 이전받은 선불식 할부거래업자가 승계한다. 이전계약에서 이전하기로 한 자산에 관하여도 또한 같다.

⑤ 이전계약을 체결하는 경우 대통령령으로 정하는 선불식 할부계약과 관련된 자산은 이전하는 선불식 할부거래업자와 이전받은 선불식 할부거래업자에게 다음 각 호의 기준에 따라 배분하여 귀속한다.

1. 이전하는 선불식 할부거래업자: 선불식 할부계약을 체결한 소비자가 납입한 총선수금에서 선불식 할부계약의 이전에 동의하지 아니하는 소비자가 납입한 선수금이 차지하는 비율로 배분한 금액
2. 이전받은 선불식 할부거래업자: 선불식 할부계약을 체결한 소비자가 납입한 총선수금에서 선불식 할부계약 이전에 동의하는 소비자가 납입한 선수금이 차지하는 비율로 배분한 금액

⑥ 이전하는 선불식 할부거래업자와 이전받은 선불식 할부거래업자는 제3항에 따라 확인받은 자료를 소비자에게 설명하고 동의를 받도록 한 제2항 본문의 기간이 경과한 날(이하 "동의기간 경과일"이라 한다)부터 5년간 보존하여야 한다.

⑦ 이전받은 선불식 할부거래업자는 동의기간 경과일부터 2개월 이내에 대통령령으로 정하는 방법에 따라 이전계약을 증명하는 서류를 첨부하여 시・도지사에게 신고하여야 한다.

⑧ 시・도지사는 제7항에 따른 이전계약 신고를 받은 날부터 5일 이내에 신고수리 여부 또는 민원 처리 관련 법령에 따른 처리기간의 연장을 신고인에게 통지하여야 한다. (2023.3.21 본항신설)

(2015.7.24 본조신설)

(2023.9.22 시행)

제2절 소비자 권익의 보호

제23조【계약체결 전의 정보 제공 및 계약체결에 따른 계약서 발급】 ① 선불식 할부거래업자 또는 모집인(이하 "선불식 할부거래업자등"이라 한다)은 선불식 할부계약을 체결하기 전에 소비자가 계약의 내용을 이해할 수 있도록 다음 각 호의 사항을 설명하여야 한다. (2015.7.24 본항개정)

1. 선불식 할부거래업자 및 모집인의 상호(모집인이 자연인인 경우는 성명을 말한다)・주소・전화번호・전자우편주소・대표자의 이름
2. 재화등의 종류 및 내용
3. 재화등의 가격과 그 지급의 방법 및 시기
4. 재화등을 공급하는 방법 및 시기
5. 계약금
6. 청약의 철회 및 계약 해제의 기한・행사방법・효과에 관한 사항 및 청약의 철회 및 계약 해제의 권리 행사에 필요한 서식으로서 총리령으로 정하는 것
7. 재화등에 대한 불만 및 소비자와 사업자 사이의 분쟁 처리에 관한 사항
8. 소비자피해보상에 관한 사항으로 제27조제1항에 따른 소비자피해보상보험계약등의 계약기간, 소비자피해보상금 및 같은 조 제4항에 따른 지급의무자 등 대통령령으로 정하는 사항
9. 선불식 할부계약을 체결한 날이 속하는 달의 전월 말일까지 선불식 할부거래업자가 받은 총선수금 중 제27조제2항에 따라 보전하고 있는 총보전금액 비율
10. 선불식 할부거래에 관한 약관
11. 그 밖에 소비자의 구매 여부 판단에 영향을 주는 거래조건 또는 소비자의 피해구제에 필요한 사항으로서 대통령령으로 정하는 사항

② 선불식 할부거래업자등은 제1항에 따라 설명한 내용을 소비자가 이해하였다는 사실을 서명, 기명날인, 녹취 또는 그 밖에 대통령령으로 정하는 방법으로 소비자에게 확인받아야 한다. (2015.7.24 본항신설)

③ 선불식 할부거래업자는 선불식 할부계약을 체결할 경우에는 제1항 각 호의 사항을 적은 계약서를 소비자에게 발급하여야 한다. (2015.7.24 본항개정)

④ 제1항, 제2항 및 제3항은 제22조의2에 따라 이

전받은 선불식 할부거래업자에게도 적용한다. 이 경우 이전받은 선불식 할부거래업자는 동의기간 경과일부터 30일 이내에 소비자에게 제1항 각 호의 사항을 설명하고, 계약서를 발급하여야 한다. (2015.7.24 본항신설)

⑤ 선불식 할부거래업자는 제1항 각 호의 사항 중 소비자보호를 위하여 필요한 사항으로서 대통령령으로 정하는 사항이 변경되는 경우에는 그 변경된 내용을 소비자에게 서면 또는 그 밖에 대통령령으로 정하는 방법에 따라 알려야 한다. (2015.7.24 본항신설)

제24조【소비자의 청약의 철회】 ① 소비자는 다음 각 호의 기간(거래당사자가 다음 각 호의 기간보다 긴 기간으로 약정한 경우에는 그 기간을 말한다) 이내에 선불식 할부계약에 관한 청약을 철회할 수 있다. (2015.7.24 본항개정)

1. 제23조제3항에 따른 계약서를 받은 날부터 14일
2. 다음 각 목의 어느 하나에 해당하는 경우에는 그 주소를 안 날 또는 알 수 있었던 날 등 청약을 철회할 수 있는 날부터 14일
   가. 선불식 할부거래업자의 주소 등이 적혀 있지 아니한 계약서를 받은 경우
   나. 선불식 할부거래업자의 주소 변경 등의 사유로 제1호의 기간 이내에 청약을 철회할 수 없는 경우
3. 제23조제3항에 따른 계약서에 청약의 철회에 관한 사항이 적혀 있지 아니한 경우에는 청약을 철회할 수 있음을 안 날 또는 알 수 있었던 날부터 14일
4. 선불식 할부거래업자가 청약의 철회를 방해한 경우에는 그 방해행위가 종료한 날부터 14일
5. 제23조제3항에 따른 계약서를 받지 아니한 경우에는 계약일부터 3개월

② 소비자가 제1항에 따라 청약을 철회할 경우 제1항에 따른 기간 이내에 선불식 할부거래업자에게 청약을 철회하는 의사표시가 적힌 서면을 발송하여야 한다.

③ 제1항에 따른 청약의 철회는 제2항에 따라 서면을 발송한 날에 그 효력이 발생한다.

④ 제1항을 적용함에 있어서 계약서의 발급사실과 그 시기 등에 관하여 다툼이 있는 경우에는 선불식 할부거래업자가 이를 입증하여야 한다.

⑤ 소비자가 제1항에 따라 청약을 철회한 경우 선불식 할부거래업자는 제2항에 따른 청약철회의 서면을 접수한 날부터 3영업일 이내에 이미 지급받은 계약금 및 할부금을 환급하여야 한다. 이 경우 선불식 할부거래업자가 환급을 지연한 때에는 그 지연기간에 따라 지연배상금을 함께 환급하여야 한다.

제25조【소비자의 선불식 할부계약 해제】 ① 소비자가 선불식 할부계약을 체결하고, 그 계약에 의한 재화등의 공급을 받지 아니한 경우에는 그 계약을 해제할 수 있다.

② 선불식 할부거래업자는 제1항에 따라 계약이 해제된 경우 소비자에게 해제로 인한 손실을 초과하는 위약금을 청구하여서는 아니 된다.

③ 선불식 할부거래업자는 소비자가 다음 각 호의 어느 하나에 해당하는 사유로 계약을 해제하는 경우에는 위약금을 청구하여서는 아니 된다. (2010.5.17, 2015.7.24 본항개정)

1. 휴업 또는 폐업신고를 한 때
2. 영업정지 처분을 받은 때
3. 등록이 취소되거나 말소된 때
4. 「은행법」에 따른 은행으로부터 당좌거래의 정지처분을 받은 때
5. 파산 또는 화의(和議) 개시의 신청이 있는 때
6. 소비자가 선불식 할부계약의 이전계약에 동의하지 아니한 때

④ 선불식 할부거래업자는 선불식 할부계약이 해제된 경우에는 해제된 날부터 3영업일 이내에 이미 지급받은 대금에서 위약금을 뺀 금액을 소비자에게 환급하여야 한다. 이 경우 선불식 할부거래업자가 환급을 지연한 때에는 그 지연기간에 따라 지연배상금을 함께 환급하여야 한다.

⑤ 공정거래위원회는 총리령으로 정하는 바에 따라 위약금 및 대금의 환급에 관한 산정기준을 정하여 고시할 수 있다.

제26조【선불식 할부거래업자의 선불식 할부계약 해제】 선불식 할부거래업자는 소비자가 대금 지급의무를 이행하지 아니하면 선불식 할부계약을 해제할 수 있다. 이 경우 선불식 할부거래업자는 그 계약을 해제하기 전에 14일 이상의 기간을 정하여 소비자에게 이행할 것을 서면으로 최고(催告)하여야 한다.

제27조【소비자피해보상보험계약등】 ① 선불식 할부거래업자가 제18조에 따라 등록할 경우 소비자로부터 선불식 할부계약과 관련되는 재화등의 대금으로서 미리 수령한 금액(이하 "선수금"이라 한다)을 보전하기 위하여 다음 각 호의 어느 하나에 해당하는 계약(이하 "소비자피해보상보험계약등"이라 한다)을 체결하여야 한다. (2010.5.17 본항개정)

1. 소비자피해보상을 위한 보험계약
2. 소비자피해보상금의 지급을 확보하기 위한 「은행법」에 따른 은행과의 채무지급보증계약
3. 소비자피해보상금의 지급을 확보하기 위한 대통령령으로 정하는 기관(이하 "예치기관"이라 한다)과의 예치계약
4. 제28조에 따라 설립된 공제조합과의 공제계약

② 제1항에 따라 선불식 할부거래업자가 소비자피해보상보험계약등에 따라 보전하여야 할 금액(제1항 각 호 중 둘 이상의 계약을 체결한 경우에는 각

계약에 따라 보전되는 금액을 합산한다) 및 그 산정기준은 선수금 합계액의 100분의 50을 초과하지 아니하는 범위에서 대통령령으로 정한다.
③ 누구든지 제1항제3호에 따른 예치금을 상계·압류(가압류를 포함한다)하지 못하며, 선불식 할부거래업자는 대통령령으로 정하는 경우 외에는 예치금을 양도하거나 담보로 제공하여서는 아니 된다.
④ 소비자피해보상보험계약등에 따라 소비자피해보상금을 지급할 의무가 있는 자(이하 "지급의무자"라 한다)는 다음 각 호의 어느 하나에 해당하는 지급사유가 발생한 경우에는 지체 없이 이를 지급하여야 한다. 정당한 사유 없이 이를 지연한 경우에는 지연배상금을 지급하여야 한다. (2010.5.17 본항개정)
1. 선불식 할부거래업자가 폐업한 경우
2. 선불식 할부거래업자가 「은행법」에 따른 은행으로부터 당좌거래의 정지처분을 받은 경우
3. 제21조에 따라 등록이 말소된 경우 및 제40조에 따라 등록이 취소된 경우
4. 그 밖에 선불식 할부거래업자의 채무불이행 등으로 인한 소비자피해보상을 위하여 대통령령으로 정하는 경우

⑤ 예치기관은 제4항에 따른 지급사유가 발생한 경우에는 예치금을 인출하여 해당 선불식 할부거래업자와 선불식 할부계약을 체결한 소비자에게 우선하여 지급하여야 하며, 예치 및 예치금의 지급 등에 대한 구체적인 절차 및 방법에 대하여는 총리령으로 정한다.
⑥ 선불식 할부거래업자는 소비자와 선불식 할부계약을 체결한 경우 계약체결일부터 7일 이내에 계약체결 사실 및 내용을 지급의무자에게 통지하여야 한다. (2015.7.24 본항신설)
⑦ 제6항에 따라 선불식 할부거래업자로부터 계약사실 등을 통지 받은 지급의무자는 통지받은 날부터 30일 이내에 소비자에게 소비자피해보상 증서를 발급하여야 하며, 그 구체적인 절차·발급방법 및 내용 등에 대하여는 총리령으로 정한다. (2015.7.24 본항개정)
⑧ 공정거래위원회는 소비자피해보상업무의 감독을 위하여 필요한 경우 지급의무자에게 선수금 보전과 관련된 자료의 제출을 요구할 수 있다.
(2015.7.24 본항개정)
⑨ 공정거래위원회는 지급의무자의 업무집행 등이 법령에 적합하지 아니한 경우 이의 시정을 명할 수 있고, 그 밖에 소비자의 피해구제 등과 관련하여 필요한 경우에는 적합한 조치를 요구할 수 있다.
(2015.7.24 본항개정)
⑩ 선불식 할부거래업자는 소비자피해보상보험계약등을 체결 또는 유지하는 경우 선수금 등의 자료를 제출함에 있어 거짓의 자료를 제출하여서는 아니 된다. (2015.7.24 본항개정)
⑪ 그 밖에 소비자피해보상보험계약등의 운영에 관하여 필요한 사항은 대통령령으로 정한다.
(2015.7.24 본항개정)
⑫ 선불식 할부거래업자는 예치기관에 예치금을 입금하거나 예치금의 반환을 요청하는 경우에는 총리령으로 정하는 바에 따라 선수금의 증가 또는 감소를 증명하는 서류를 예치기관에 제출하여야 하며, 예치기관은 해당 서류를 확인한 후에 예치금을 반환하여야 한다. (2015.7.24 본항신설)

제27조의2 【선불식 할부거래업자의 선수금 관련 통지의무】 ① 선불식 할부거래업자는 선수금을 받은 경우에는 선수금액, 납입횟수 등 총리령으로 정하는 내용을 소비자에게 통지하여야 한다.
② 제1항에 따른 통지의 절차 및 방법 등에 관하여 필요한 사항은 총리령으로 정한다.
(2023.3.21 본조신설)
[종전 제27조의2는 제27조의3으로 이동(2023.3.21)]

제27조의3 【선불식 할부거래에서의 소비자보호 지침의 제정】 공정거래위원회는 선불식 할부거래에서의 건전한 거래질서의 확립과 소비자보호를 위하여 사업자의 자율적 준수를 유도하기 위한 지침을 관련 분야의 거래당사자, 기관 및 단체의 의견을 들어 정할 수 있다.
(2016.3.29 본조신설)
[제27조의2에서 이동(2023.3.21)]

제28조 【공제조합의 설립】 ① 선불식 할부거래업자는 제27조제1항제4호에 따른 공제사업을 운영하기 위하여 공정거래위원회의 인가를 받아 공제조합을 설립할 수 있다.
② 공제조합은 법인으로 하며, 주된 사무소의 소재지에서 설립등기를 함으로써 성립한다.
③ 공제조합에 가입한 자는 공제사업의 수행에 필요한 출자금 등을 공제조합에 내야 한다.
④ 공제조합의 기본재산은 조합원의 출자금 등으로 조성하되 출자금은 200억원 이상으로서 대통령령으로 정하는 규모 이상이어야 한다. 다만, 정부는 예산의 범위에서 출연(出捐)하거나 보조할 수 있다.
⑤ 공제조합의 설립인가 기준 및 절차, 운영 및 감독 등에 관하여 필요한 사항은 대통령령으로 정한다.
⑥ 공제조합에 관하여 이 법에 규정된 것을 제외하고는 「민법」 중 사단법인에 관한 규정을 준용한다.

제29조 【공제조합의 사업】 ① 공제조합은 다음 각 호의 사업을 수행한다.
1. 소비자피해보상을 위한 공제사업 및 소비자의 권익보호를 위한 공익사업
2. 소비자피해예방과 홍보를 위한 출판 및 교육사업
3. 시장의 건전한 발전을 위한 자율정화사업
4. 공정거래위원회로부터 위탁받은 사업

② 이 법에 따른 공제조합의 사업에 대하여는 「보험업법」을 적용하지 아니한다.

제30조【공제조합의 정관 및 공제규정】 ① 공제조합은 다음 각 호의 사항을 적은 정관을 정하여 공정거래위원회의 인가를 받아야 한다. 정관을 변경하는 경우에도 또한 같다.

1. 조합원의 자격과 가입·탈퇴에 관한 사항
2. 임원에 관한 사항
3. 출자금의 부담기준에 관한 사항
4. 이사회에 관한 사항
5. 이사장 선임에 관한 사항
6. 그 밖에 대통령령으로 정하는 사항

② 공제조합은 공제사업의 범위와 방식에 관한 공제규정을 정하여 공정거래위원회의 인가를 받아야 한다. 공제규정을 변경하는 경우에도 또한 같다.

제31조【공제조합의 감독】 ① 공정거래위원회는 필요하다고 인정하면 공제조합에 대하여 업무 및 회계에 관한 보고서의 제출 또는 그 밖에 필요한 조치를 명하거나 소속 공무원으로 하여금 공제조합의 업무 및 회계 상황을 조사하거나 장부 또는 그 밖의 서류를 검사하게 할 수 있다.

② 공정거래위원회는 공제조합의 운영 및 업무 집행 등이 법령이나 정관 등에 적합하지 아니한 경우 그 시정을 명할 수 있고, 그 밖에 소비자의 피해구제 등과 관련하여 필요한 경우에는 적합한 조치를 요구할 수 있다.

③ 공정거래위원회는 공제조합의 임직원이 다음 각 호의 어느 하나에 해당하는 경우에는 관련 임직원에 대한 징계·해임을 요구하거나 해당 위반행위를 시정하도록 명할 수 있다.

1. 제30조제2항에 따른 공제규정을 위반하여 업무를 처리한 경우
2. 제2항에 따른 시정명령이나 조치를 이행하지 아니한 경우

④ 제1항에 따라 조사 또는 검사를 하는 공무원은 그 권한을 표시하는 증표를 지니고 이를 관계인에게 보여 주어야 한다.

제32조【휴업기간 등에서의 청약의 철회 등에 관한 업무처리 등】 ① 선불식 할부거래업자는 그 휴업기간 또는 영업정지기간 중에도 제24조에 따른 청약의 철회나 제25조에 따른 계약의 해제 업무를 계속하여야 한다. (2015.7.24 본항개정)

② 선불식 할부거래업자는 그 영업을 휴업하거나 영업정지 처분을 받은 경우에는 그 휴업기간 또는 영업정지기간을 소비자에게 서면 또는 그 밖에 대통령령으로 정하는 방법에 따라 알려야 한다. (2015.7.24 본항신설)

(2015.7.24 본조제목개정)

제33조【거래기록 등의 열람】 선불식 할부거래업자는 대통령령으로 정하는 바에 따라 재화등의 거래기록·소비자피해보상보험계약등의 체결내용을 언제든지 소비자가 열람할 수 있게 하여야 한다.

제34조【금지행위】 선불식 할부거래업자등은 다음 각 호의 어느 하나에 해당하는 행위를 하여서는 아니 된다. 다만, 제7호, 제9호, 제13호 및 제14호는 모집인에게는 적용되지 아니한다. (2015.7.24 본조개정)

1. 계약의 체결을 강요하거나 청약의 철회 또는 계약의 해제를 방해할 목적으로 상대방을 위협하는 행위
2. 거짓·과장된 사실을 알리거나 기만적 방법을 사용하여 상대방과의 거래를 유도하거나 청약의 철회 또는 계약의 해제를 방해하는 행위
3. 청약의 철회 또는 계약의 해제를 방해할 목적으로 주소·전화번호 등을 변경하는 행위
4. 분쟁이나 불만처리에 필요한 인력 또는 설비가 부족한 상태를 상당 기간 방치하여 상대방에게 피해를 주는 행위
5. 상대방의 청약이 없음에도 재화등의 대금을 청구하는 행위
6. 소비자가 계약을 체결할 의사가 없음을 밝혔음에도 전화, 팩스, 컴퓨터통신 등을 통하여 계약체결을 강요하는 행위
7. 소비자피해보상보험계약등을 체결하지 아니하고 영업하는 행위
8. 소비자피해보상보험계약등을 체결하지 아니하였음에도 소비자피해보상보험계약등을 체결한 사실을 나타내는 표지나 이와 유사한 표지를 제작 또는 사용하는 행위
9. 소비자피해보상보험계약등에 따라 보전하여야 할 금액을 보전하지 아니하고 영업하는 행위
10. 본인의 허락을 받지 아니하거나 허락받은 범위를 넘어 소비자에 관한 정보를 이용(제3자에게 제공하는 경우를 포함한다)하는 행위. 다만, 다음 각 목의 어느 하나에 해당하는 경우는 제외한다.
    가. 재화등의 배송 등 소비자와의 계약이행에 불가피한 경우로서 대통령령으로 정하는 경우
    나. 재화등의 거래에 따른 대금을 정산하기 위하여 필요한 경우
    다. 도용을 방지하기 위하여 본인임을 확인할 때 필요한 경우로서 대통령령으로 정하는 경우
    라. 다른 법률에 따라 불가피한 사유가 있는 경우
11. 소비자가 계약을 해제하였음에도 불구하고 정당한 사유 없이 이에 따른 조치를 지연하거나 거부하는 행위
12. 청약의 철회 또는 계약의 해제와 관련하여 분쟁이 발생한 경우 대금을 지급받기 위하여 소비자에게 위계를 사용하거나 위력을 가하는 행위
13. 자신이 공급하는 재화등을 소비자가 양도·양수

하는 것을 상당한 이유 없이 제한하거나 양도·양수함에 있어 과다한 비용을 부과하는 행위
14. 다른 사람에게 자기의 명의 또는 상호를 사용하여 선불식 할부거래업을 하게 하거나 선불식 할부거래업 등록증을 대여하는 행위
15. 「방문판매 등에 관한 법률」 제2조제5호에 따른 다단계판매 방식으로 선불식 할부계약을 체결하거나 선불식 할부계약의 체결을 대리 또는 중개하는 행위
16. 금전대차 관계를 이용하여 선불식 할부계약의 체결을 요구하는 행위
17. 소비자와 체결한 선불식 할부계약 중 일부에 대하여 이전계약을 체결하는 행위
18. 이전계약을 체결한 선불식 할부거래업자가 해당 이전계약에 대한 소비자의 동의를 받지 아니하고 소비자의 예금 등에서 금원을 인출하는 행위

제3절 조사 및 감독

제35조【위반행위의 조사】 ① 공정거래위원회, 시·도지사 또는 시장·군수·구청장(자치구의 구청장을 말한다. 이하 같다)은 선불식 할부거래업자가 이 법을 위반한 사실이 있다고 인정할 때에는 직권으로 필요한 조사를 할 수 있다.
② 시·도지사 또는 시장·군수·구청장이 제1항에 따른 조사를 하려는 경우에는 공정거래위원회에 통보하여야 하며, 공정거래위원회는 조사 등이 중복될 우려가 있는 경우에는 시·도지사 또는 시장·군수·구청장에게 조사의 중지를 요청할 수 있다. 이 경우 요청을 받은 시·도지사 또는 시장·군수·구청장은 상당한 이유가 없으면 그 조사를 중지하여야 한다.
③ 공정거래위원회, 시·도지사 또는 시장·군수·구청장은 제1항에 따라 조사를 한 경우에는 그 결과(조사 결과 시정조치명령 등의 처분을 하려는 경우에는 그 처분의 내용을 포함한다)를 해당 사건의 당사자에게 문서로 알려야 한다.
④ 누구든지 선불식 할부거래업자가 이 법을 위반한 사실이 있다고 인정할 때에는 그 사실을 공정거래위원회, 시·도지사 또는 시장·군수·구청장에게 신고할 수 있다.
⑤ 공정거래위원회는 선불식 할부거래업자의 이 법 위반행위가 끝난 날부터 5년이 지난 경우 그 위반행위에 대하여는 이 법에 따른 시정조치를 명하지 아니하거나 과징금을 부과하지 아니한다. 다만, 시정조치 또는 과징금 부과처분이 판결의 취지에 따라 취소된 경우로서 그 판결이유에 따라 새로운 처분을 하는 경우에는 그러하지 아니하다.
⑥ 공정거래위원회는 제1항의 조사를 위하여 「소비자기본법」 제33조에 따른 한국소비자원(이하 이 조에서 "한국소비자원"이라 한다)과 합동으로 조사반을 구성할 수 있다. 이 경우 조사반의 구성과 조사에 관한 구체적 방법과 절차, 그 밖에 필요한 사항은 대통령령으로 정한다.
⑦ 제6항에 따라 해당 업무를 담당하는 한국소비자원의 임직원은 「형법」 제129조부터 제132조까지의 규정에 따른 벌칙을 적용할 때에는 공무원으로 본다.

제36조【부당행위에 대한 정보의 공개】 공정거래위원회는 선불식 할부거래에서의 공정거래질서 확립과 소비자 피해예방을 위하여 필요한 경우에는 대통령령으로 정하는 바에 따라 선불식 할부거래업자의 이 법 위반행위에 대한 조사 결과 등 부당행위에 대한 정보를 공개할 수 있다.

제37조【보고 및 감독】 ① 시·도지사 또는 시장·군수·구청장은 제38조에 따른 시정권고를 하는 경우에는 대통령령으로 정하는 바에 따라 공정거래위원회에 보고하여야 한다.
② 공정거래위원회는 이 법의 효율적인 시행을 위하여 필요하다고 인정할 때에는 그 소관 사항에 관하여 시·도지사 또는 시장·군수·구청장에게 조사·확인 또는 자료의 제출을 요구하거나 그 밖에 시정에 필요한 조치를 하도록 요구할 수 있다. 이 경우 시·도지사 또는 시장·군수·구청장은 특별한 사유가 없으면 이에 따라야 한다.

제4절 시정조치 및 과징금 부과

제38조【위반행위의 시정권고】 ① 공정거래위원회, 시·도지사 또는 시장·군수·구청장(이하 이 조에서 "행정청"이라 한다)은 선불식 할부거래업자가 이 법에 위반되는 행위를 하거나 이 법에 따른 의무를 이행하지 아니하는 경우 제39조에 따른 시정조치를 하기 전에 그 선불식 할부거래업자가 해당 행위의 중지, 이 법에 따른 의무의 이행, 그 밖에 소비자 피해예방 및 구제에 필요한 조치를 하도록 시정 방안을 정하여 그 선불식 할부거래업자에게 이에 따를 것을 권고할 수 있다. 이 경우 해당 선불식 할부거래업자가 그 권고를 수락한 경우에는 제3항에 따라 시정조치가 내려진 것으로 본다는 뜻을 함께 통지하여야 한다.
② 제1항에 따라 시정권고를 받은 선불식 할부거래업자는 그 통지를 받은 날부터 10일 이내에 그 권고의 수락 여부를 시정권고를 한 행정청에 통지하여야 한다.
③ 제1항에 따라 시정권고를 받은 선불식 할부거래업자가 이를 수락한 때에는 제39조에 따른 시정조치가 내려진 것으로 본다.

제39조【시정조치】 ① 공정거래위원회는 선불식

할부거래업자가 다음 각 호의 어느 하나에 해당하는 행위를 하거나 이 법에 따른 의무를 이행하지 아니한 경우 해당 선불식 할부거래업자에게 그 시정을 위한 조치를 명할 수 있다. (2015.7.24, 2023.3.21 본항개정)

1. 제18조제1항 · 제3항 · 제5항 · 제7항, 제19조, 제20조, 제22조, 제22조의2, 제23조부터 제26조까지, 제27조제1항 · 제3항부터 제7항까지 · 제10항, 제27조의2, 제32조, 제33조를 위반하는 경우
2. 제34조 각 호의 어느 하나에 해당하는 금지행위를 한 경우

② 제1항에 따른 시정을 위한 조치에는 다음 각 호의 어느 하나에 해당하는 조치를 포함한다.

1. 해당 위반행위의 중지
2. 이 법에 규정된 의무의 이행
3. 시정조치를 받은 사실의 공표
4. 소비자피해 예방 및 구제에 필요한 조치
5. 그 밖에 시정을 위하여 필요한 조치

③ 제2항제3호에 따른 시정조치를 받은 사실의 공표에 관하여 필요한 사항은 대통령령으로 정한다.
(2023.9.22 시행)

제39조의2【관계 기관의 협조】 ① 공정거래위원회는 지급의무자가 이 법을 위반한 혐의가 있다고 인정되는 때에는 금융위원회 등 해당 지급의무자를 감독하는 중앙행정기관의 장에게 해당 지급의무자에 대한 조사, 제재 등 그 시정을 위하여 필요한 조치를 요청할 수 있다.

② 제1항에 따라 요청을 받은 자는 특별한 사유가 없으면 이에 응하여야 한다.
(2015.7.24 본조신설)

제40조【영업정지 등】 ① 공정거래위원회는 선불식 할부거래업자가 다음 각 호의 어느 하나에 해당하는 경우에는 대통령령으로 정하는 바에 따라 1년 이내의 기간을 정하여 그 영업의 전부 또는 일부의 정지를 명할 수 있다. (2015.7.24, 2023.3.21 본항개정)

1. 다음 각 목의 어느 하나에 해당하는 경우로서 제39조에 따른 시정조치명령에도 불구하고 위반행위를 대통령령으로 정하는 기준 이상으로 반복하거나 시정조치를 이행하지 아니하는 경우
   가. 제18조제3항 또는 제5항에 따른 신고를 하지 아니하거나 거짓으로 신고한 경우
   나. 제34조제1호부터 제3호까지, 제7호부터 제9호까지 또는 제12호에 해당하는 금지행위를 한 경우
2. 제1호 각 목의 어느 하나에 해당하는 경우로서 시정조치만으로는 소비자의 피해를 방지하기 어렵거나 소비자에 대한 피해보상이 불가능하다고 판단되는 경우

② 시 · 도지사는 선불식 할부거래업자가 다음 각 호의 어느 하나에 해당하는 경우 그 등록을 취소할 수 있다. 다만, 제1호 및 제2호에 해당하는 경우에는 그 등록을 취소하여야 한다. (2015.7.24, 2023.3.21 본항개정)

1. 거짓이나 그 밖의 부정한 방법으로 제18조제1항에 따른 등록을 한 경우

1의2. 제19조의 요건을 갖추지 못하게 된 경우

2. 제20조 각 호의 결격사유에 해당하게 된 경우
3. 소비자피해보상보험계약등이 해지된 경우
4. 영업정지기간 중에 영업을 하는 경우
5. 최근 5년간 제1항에 따른 영업정지 명령을 3회 이상 받은 경우(제42조에 따라 영업정지에 갈음하여 과징금을 부과받은 경우도 포함한다)

③ 시 · 도지사가 제2항에 따라 선불식 할부거래업자의 등록을 취소하려면 청문을 하여야 한다.
(2023.9.22 시행)

제41조【소비자피해분쟁조정의 요청】 ① 공정거래위원회, 시 · 도지사 또는 시장 · 군수 · 구청장은 이 법 위반행위와 관련하여 소비자의 피해구제신청이 있으면 제38조에 따른 시정권고 또는 제39조에 따른 시정조치를 하기 전에 선불식 할부거래에 관한 소비자보호 관련 업무를 수행하는 기관 또는 단체 등 대통령령으로 정하는 소비자피해분쟁조정기구에 그 조정을 의뢰할 수 있다. 이 경우 공정거래위원회, 시 · 도지사 또는 시장 · 군수 · 구청장은 조정안을 당사자가 수락하고 이행하는 경우에는 제39조에 따른 시정조치를 하지 아니한다는 뜻을 당사자에게 알려야 한다.

② 제1항에 따른 소비자피해분쟁조정기구의 조정안에 대하여 당사자가 수락하고 이행한 경우에는 대통령령으로 정하는 바에 따라 제39조에 따른 시정조치를 하지 아니한다.

③ 공정거래위원회는 제1항에 따라 분쟁의 조정을 요청하는 경우 예산의 범위에서 해당 분쟁의 조정에 필요한 예산을 지원할 수 있다.

제42조【과징금】 ① 공정거래위원회는 제40조제1항에 따라 영업정지를 명하여야 할 경우로서 영업정지가 소비자에게 심한 불편을 주거나 공익을 해할 우려가 있으면 영업정지를 갈음하여 해당 선불식 할부거래업자에 대하여 대통령령으로 정하는 위반행위 관련 매출액을 초과하지 아니하는 범위에서 과징금을 부과할 수 있다. 이 경우 관련 매출액이 없거나 이를 산정할 수 없는 경우 등에는 5천만원을 초과하지 아니하는 범위에서 과징금을 부과할 수 있다.

② 공정거래위원회는 제1항에 따른 과징금을 부과할 때 다음 각 호의 사항을 고려하여야 한다.

1. 위반행위로 인한 소비자 피해정도
2. 소비자피해에 대한 선불식 할부거래업자의 보상노력 정도

3. 위반행위로 인하여 취득한 이익의 규모
4. 위반행위의 내용·기간 및 횟수 등
③ 공정거래위원회는 이 법을 위반한 선불식 할부거래업자인 회사의 합병이 있는 경우에는 그 회사가 행한 위반행위를 합병 후 존속하거나 합병으로 새로 설립된 회사가 한 행위로 보아 과징금을 부과·징수할 수 있다.
④ (2023.3.21 시행)
⑤ 제1항에 따른 과징금의 부과기준은 대통령령으로 정한다.

제4장 보 칙

제42조의2 【준용규정】 선불식 할부거래에 관하여는 이 법에서 다르게 정하거나 성질에 반하지 아니하면 할부거래에 관한 제12조부터 제16조까지의 규정을 준용한다.
(2015.7.24 본조신설)

제43조 【소비자에게 불리한 계약의 금지】 제6조부터 제13조까지, 제15조, 제16조, 제22조의2, 제23조부터 제26조까지의 규정을 위반한 약정으로서 소비자에게 불리한 것은 효력이 없다. (2015.7.24 본조개정)

제44조 【전속관할】 할부거래 및 선불식 할부거래와 관련된 소(訴)는 제소 당시 소비자의 주소를, 주소가 없는 경우에는 거소를 관할하는 지방법원의 전속관할로 한다. 다만, 제소 당시 소비자의 주소 및 거소가 분명하지 아니한 경우에는 「민사소송법」의 관련 규정을 준용한다.

제45조 【사업자단체의 등록】 ① 할부거래 및 선불식 할부거래의 건전한 발전과 소비자의 신뢰도 제고, 그 밖에 공동이익의 증진을 목적으로 설립된 사업자단체는 대통령령으로 정하는 바에 따라 공정거래위원회에 등록할 수 있다.
② 제1항에 따른 등록의 요건, 방법 및 절차 등에 관하여 필요한 사항은 대통령령으로 정한다.

제46조 【사무의 위탁】 ① 공정거래위원회는 이 법을 효율적으로 집행하기 위하여 제18조제6항에 따른 선불식 할부거래업자에 관한 정보의 공개 등 대통령령으로 정하는 사무의 일부를 제45조에 따라 등록한 사업자단체에 위탁할 수 있다. (2018.12.31, 2023.3.21 본항개정)
② 제1항에 따라 위탁한 사무에 대한 감독, 처리·보고, 조사·확인, 자료의 제출 또는 시정에 필요한 조치의 요구 등에 관하여 필요한 사항은 대통령령으로 정한다.
③ 제1항에 따라 사무를 위탁받은 사업자단체의 임직원은 「형법」 제129조부터 제132조까지의 규정에 따른 벌칙을 적용할 때에는 공무원으로 본다.
(2023.9.22 시행)

제47조 【「독점규제 및 공정거래에 관한 법률」의 준용】 ① 이 법에 따른 공정거래위원회의 심의·의결에 관하여는 「독점규제 및 공정거래에 관한 법률」 제64조부터 제68조까지 및 제93조를 준용한다.
(2020.12.29 본항개정)
② 이 법 시행을 위한 공정거래위원회, 시·도지사 또는 시장·군수·구청장의 조사 등에 관하여는 「독점규제 및 공정거래에 관한 법률」 제81조제1항부터 제3항까지, 제6항 및 제9항을 준용한다
(2020.12.29, 2023.3.21 본항개정)
③ 이 법에 따른 공정거래위원회의 처분 및 시·도지사의 처분에 대한 이의신청, 시정조치명령의 집행정지, 소의 제기 및 불복의 소의 전속관할에 관하여는 「독점규제 및 공정거래에 관한 법률」 제96조, 제97조, 제99조부터 제101조까지의 규정을 준용한다. (2020.12.29 본항개정)
④ 이 법에 따른 과징금의 부과·징수에 관하여는 「독점규제 및 공정거래에 관한 법률」 제103조부터 제107조까지의 규정을 준용한다. (2023.3.21 본항신설)
⑤ 이 법에 따른 직무에 종사하거나 종사하였던 공정거래위원회의 위원 또는 공무원에 대하여는 「독점규제 및 공정거래에 관한 법률」 제119조를 준용한다. (2020.12.29, 2023.3.21 본항개정)

제5장 벌 칙

제48조 【벌칙】 ① 다음 각 호의 어느 하나에 해당하는 자는 3년 이하의 징역 또는 1억원 이하의 벌금에 처한다. 이 경우 다음 각 호의 어느 하나에 해당하는 자가 해당 법 위반행위와 관련하여 판매 또는 거래한 대금 총액의 3배에 상당하는 금액이 1억원을 초과하는 때에는 3년 이하의 징역 또는 판매하거나 거래한 대금 총액의 3배에 상당하는 금액 이하의 벌금에 처한다. (2015.7.24 본항개정)
1. 제18조제1항을 위반하여 등록을 하지 아니하고(제40조제2항에 따라 등록이 취소된 경우를 포함한다) 선불식 할부거래업을 하는 자
2. 거짓이나 그 밖의 부정한 방법으로 제18조제1항에 따른 등록을 하고 선불식 할부거래업을 하는 자(제34조제7호의 금지행위를 한 자를 포함한다)
3. 제34조제17호 또는 제18호의 금지행위를 한 자
4. 제39조제1항에 따른 시정조치 명령에 응하지 아니한 자
5. 제40조제1항에 따른 영업정지 명령을 위반하여 영업을 한 자

② 제1항의 징역형과 벌금형은 병과(倂科)할 수

있다.

제49조 【벌칙】 제47조제5항에 따라 준용되는 「독점규제 및 공정거래에 관한 법률」 제119조를 위반한 자는 2년 이하의 징역 또는 200만원 이하의 벌금에 처한다. (2020.12.29, 2023.3.21 본항개정)

제50조 【벌칙】 ① 다음 각 호의 어느 하나에 해당하는 자는 1년 이하의 징역 또는 3천만원 이하의 벌금에 처한다. (2015.7.24 본항개정)

1. 제27조제10항을 위반하여 소비자피해보상보험계약등을 체결 또는 유지함에 있어 거짓으로 선수금 등의 자료를 제출한 자
2. 제34조제1호부터 제3호까지, 제8호·제9호·제12호 및 제14호부터 제16호까지에 해당하는 금지행위를 한 자

② 제1항의 징역형과 벌금형은 병과할 수 있다.

제51조 【벌칙】 다음 각 호의 어느 하나에 해당하는 자는 1천만원 이하의 벌금에 처한다. (2015.7.24 본조개정)

1. 제34조제5호의 금지행위를 한 자
2. 제34조제11호의 금지행위를 한 자

제52조 【양벌규정】 법인의 대표자나 법인 또는 개인의 대리인, 사용인, 그 밖의 종업원이 그 법인 또는 개인의 업무에 관하여 제48조, 제50조 또는 제51조의 위반행위를 하면 그 행위자를 벌하는 외에 그 법인 또는 개인에게도 해당 조문의 벌금형을 과(科)한다. 다만, 법인 또는 개인이 그 위반행위를 방지하기 위하여 해당 업무에 관하여 상당한 주의와 감독을 게을리하지 아니한 경우에는 그러하지 아니하다.

제53조 【과태료】 ① 다음 각 호의 어느 하나에 해당하는 자에게는 5천만원 이하의 과태료를 부과한다. (2015.7.24, 2023.3.21 본항개정)

1. 제18조제3항 또는 제5항에 따른 신고를 거짓으로 한 자

1의2. 제18조의2제1항을 위반하여 감사인이 작성하지 아니한 회계감사 보고서를 제출한 자

2. 제22조제1항 또는 제22조의2제7항에 따른 신고를 거짓으로 한 자
3. 제47조제2항에 따라 준용되는 「독점규제 및 공정거래에 관한 법률」 제81조제2항에 따른 조사를 거부·방해하거나 기피한 자

② 다음 각 호의 어느 하나에 해당하는 자에게는 3천만원 이하의 과태료를 부과한다. (2015.7.24, 2023.3.21 본항개정)

1. 제18조제3항 또는 제5항에 따른 신고를 하지 아니한 자
2. 제18조제7항을 위반하여 자료를 제출하지 아니하거나 거짓 자료를 제출한 자
3. 제18조의2제1항에 따른 회계감사 보고서를 제출하지 아니한 자

3의2. 제18조의2제2항을 위반하여 감사인이 작성하지 아니한 회계감사 보고서를 공시한 자

4. 제22조제1항 또는 제22조의2제7항에 따른 신고를 하지 아니한 자
5. 거짓이나 그 밖의 부정한 방법으로 제22조의2제2항에 따른 설명을 하거나 동의를 받은 자
6. 모집인이 제23조제1항 또는 제2항을 위반한 경우 해당 선불식 할부거래업자. 다만, 선불식 할부거래업자가 그 위반행위를 막기 위하여 해당 업무에 관하여 상당한 주의와 감독을 게을리하지 아니한 경우에는 그러하지 아니하다.
7. 거짓이나 그 밖의 부정한 방법으로 제23조제1항, 제2항 또는 제4항에 따른 설명을 하거나 확인을 받은 자
8. 거짓이나 그 밖의 부정한 방법으로 제23조제3항·제4항에 따른 계약서를 발급한 자
9. 제27조제12항에 따른 서류를 제출하지 아니한 자
10. 제33조에 따른 소비자의 열람에 제공하는 재화등의 거래기록·소비자피해보상보험계약등의 체결내용을 거짓으로 작성한 자
11. 제47조제2항에 따라 준용되는 「독점규제 및 공정거래에 관한 법률」 제81조제1항제1호를 위반하여 정당한 사유 없이 출석하지 아니한 자
12. 제47조제2항에 따라 준용되는 「독점규제 및 공정거래에 관한 법률」 제81조제1항제3호 또는 같은 조 제6항에 따른 보고 또는 제출을 하지 아니하거나 거짓으로 보고 또는 제출을 한 자

③ 다음 각 호의 어느 하나에 해당하는 자에게는 1천만원 이하의 과태료를 부과한다. (2015.7.24, 2020.12.29, 2023.3.21 본항개정)

1. 제18조의2제2항에 따라 회계감사 보고서를 공시하지 아니한 자
2. 제22조제2항 및 제22조의2제1항에 따른 공고를 하지 아니하거나 거짓으로 공고한 자
3. 제22조의2제2항 또는 제3항을 위반한 자
4. 제22조의2제6항을 위반하여 자료를 보존하지 아니한 자
5. 제23조제1항 또는 제2항을 위반하여 설명 또는 확인을 받지 아니한 자
6. 제23조제3항 또는 제4항에 따른 계약서를 발급하지 아니한 자
7. 제23조제5항 및 제32조제2항을 위반하여 대통령령으로 정하는 사항을 소비자에게 알리지 아니한 자
8. 제24조제5항을 위반하여 계약금, 할부금 또는 지연배상금을 환급하지 아니한 자
9. 제25조를 위반하여 대금 또는 지연배상금을 환급하지 아니하거나 과다한 위약금을 청구한 자

9의2. 제27조의2제1항을 위반하여 총리령으로 정하는 내용을 소비자에게 통지하지 아니하거나 거

짓으로 통지한 자
10. 제32조제1항을 위반하여 휴업기간 또는 영업정지기간 중에 청약의 철회 등에 관한 업무를 계속하지 아니한 자
11. 제33조에 따른 재화등의 거래기록 · 소비자피해보상보험계약등의 체결내용을 소비자가 열람할 수 있도록 하지 아니한 자
12. (2023.3.21 삭제)
13. (2023.3.21 삭제)
14. (2023.3.21 삭제)

④ 다음 각 호의 어느 하나에 해당하는 자(간접할부계약의 경우 신용제공자를 포함한다)에게는 500만원 이하의 과태료를 부과한다.
1. 제5조를 위반하여 표시를 하지 아니하거나 거짓 표시를 한 자
2. 제6조제2항에 따른 계약서를 발급하지 아니하거나 거짓으로 적은 계약서를 발급한 자
3. 제6조제3항에 따른 서면을 발급하지 아니한 자
4. 제7조에 따른 할부수수료의 실제연간요율의 최고한도를 위반하여 할부수수료를 받은 자
5. 제10조를 위반하여 계약금, 할부금 또는 지연배상금을 환급하지 아니하거나 환급에 필요한 조치를 취하지 아니한 자
6. 제10조제8항 또는 제16조제7항을 위반하여 소비자에게 불이익을 주는 행위를 한 자
7. 제12조제1항에 따른 지연손해금 산정 시 적용하는 이율의 최고한도를 위반하여 지연손해금을 받은 자
8. 제17조를 위반하여 휴업기간 또는 영업정지기간 중에 청약의 철회에 관한 업무를 계속하지 아니한 자

⑤ 제47조제1항에 따라 준용되는 「독점규제 및 공정거래에 관한 법률」 제66조에 따른 질서유지명령에 따르지 아니한 자에게는 100만원 이하의 과태료를 부과한다. (2020.12.29 본항개정)

⑥ 제1항부터 제3항까지 및 제5항에 따른 과태료는 공정거래위원회, 시 · 도지사 또는 시장 · 군수 · 구청장이 부과 · 징수한다.

⑦ 제4항에 따른 과태료는 특별자치도지사 · 특별자치시장 또는 시장 · 군수 · 구청장이 부과 · 징수한다. (2023.3.21 본항개정)

⑧ 제1항부터 제5항까지의 규정에 따른 과태료의 부과기준은 대통령령으로 정한다.

(2023.9.22 시행)

제54조【과태료에 관한 규정 적용의 특례】 제53조의 과태료에 관한 규정을 적용할 때 제42조에 따라 과징금을 부과한 행위에 대해서는 과태료를 부과할 수 없다. (2017.11.28 본조신설)

附 則 (1999.5.24)

第1條【施行日】 이 法은 公布한 날부터 施行한다.(이하 생략)

附 則 (2005.3.31)

이 법은 공포 후 6월이 경과한 날부터 시행한다.

附 則 (2005.12.29)

① **【시행일】** 이 법은 공포 후 6월이 경과한 날부터 시행한다.

② **【지연손해금 등에 관한 적용례】** 제3조제7호 · 제4조제1항제12호 및 제14조제5호의 개정규정은 이 법 시행 후 체결되는 할부거래부터 적용한다.

附 則 (2008.3.28)

① **【시행일】** 이 법은 공포 후 6개월이 경과한 날부터 시행한다. 다만, 제5조제1항의 개정규정은 공포한 날부터 시행한다.

② **【과태료 부과 · 징수권자의 변경에 관한 경과조치】** 이 법 시행 당시 종전의 제15조에 따라 과태료 부과 · 징수 절차가 진행 중인 사건에 대하여는 제15조의 개정규정에도 불구하고 종전의 규정에 따른다.

附 則 (2010.3.17)

제1조【시행일】 이 법은 공포 후 6개월이 경과한 날부터 시행한다.

제2조【청약의 철회에 관한 경과조치】 ① 이 법 시행 전에 체결된 할부계약의 청약의 철회에 대하여는 제8조부터 제10조까지의 개정규정에도 불구하고 종전의 규정에 따른다.

② 이 법 시행 전에 체결된 선불식 할부계약의 청약의 철회에 대하여는 제24조의 개정규정을 적용한다.

제3조【선불식 할부거래업자의 등록에 관한 경과조치】 이 법 시행 당시 선불식 할부거래업자에 해당되는 자는 이 법 시행일부터 6개월 이내에 제18조의 개정규정에 따라 등록하여야 한다.

제4조【계약 해제에 대한 적용례】 이 법 시행 전에 체결된 선불식 할부계약의 해제에 대하여는 제25조의 개정규정을 적용한다.

제5조【소비자피해보상보험계약등에 대한 적용례】 ① 이 법 시행 전에 체결된 선불식 할부계약에 따라 선불식 할부거래업자가 수령한 선수금에 대하여는 제27조의 개정규정을 적용한다.

② 이 법 시행 당시 선불식 할부거래업자에 해당된 자가 소비자피해보상보험계약등에 의하여 보전하여야 할 금액은 제27조제2항의 개정규정에도 불구하고 다음 각 호의 비율로 한다.
1. 이 법 공포일부터 1년까지는 대통령령으로 정하는 금액의 100분의 20
2. 이 법 공포일부터 1년이 경과한 날부터 2년까지는 대통령령으로 정하는 금액의 100분의 40
3. 이 법 공포일부터 2년이 경과한 날부터 3년까지는 대통령령으로 정하는 금액의 100분의 60
4. 이 법 공포일부터 3년이 경과한 날부터 4년까지는 대통령령으로 정하는 금액의 100분의 80

제6조【벌칙 및 과태료에 관한 경과조치】 이 법 시행 전의 행위에 대한 벌칙 및 과태료의 적용에 있어서는 종전의 규정에 따른다.

제7조【다른 법령과의 관계】 이 법 시행 당시 다른 법령에서 종전의 「할부거래에 관한 법률」의 규정을 인용하고 있는 경우 이 법 중 그에 해당하는 규정이 있는 때에는 종전의 규정을 갈음하여 이 법의 해당 규정을 인용한 것으로 본다.

附 則 (2010.5.17)

제1조【시행일】 이 법은 공포 후 6개월이 경과한 날부터 시행한다.(이하생략)

부 칙 (2012.6.1) (전자문서 및 전자거래 기본법)

제1조【시행일】 이 법은 공포 후 3개월이 경과한 날부터 시행한다.(이하생략)

부 칙 (2015.7.24)

제1조【시행일】 이 법은 공포 후 6개월이 경과한 날부터 시행한다.(이하생략)

부 칙 (2016.3.29)

이 법은 공포한 날부터 시행한다.

부 칙 (2017.10.31) (주식회사 등의 외부감사에 관한 법률)

제1조【시행일】 이 법은 공포 후 1년이 경과한 날부터 시행한다.(이하생략)

부 칙 (2017.11.28)

이 법은 공포 후 6개월이 경과한 날부터 시행한다.

부 칙 (2018.12.31)

이 법은 공포 후 6개월이 경과한 날부터 시행한다.

부 칙 (2020.12.29) (독점규제 및 공정거래에 관한 법률)

제1조【시행일】 이 법은 공포 후 1년이 경과한 날부터 시행한다. (단서 생략)
제2조 부터 제24조까지 생략
제25조【다른 법률의 개정】 ①부터 <77>까지 생략
<78> 할부거래에 관한 법률 일부를 다음과 같이 개정한다.
제42조제4항 중 "「독점규제 및 공정거래에 관한 법률」 제55조의4, 제55조의6 및 제55조의7을"을 "「독점규제 및 공정거래에 관한 법률」 제103조, 제105조 및 제106조를"로 한다.
제47조제1항 중 "「독점규제 및 공정거래에 관한 법률」 제42조, 제43조, 제43조의2, 제44조, 제45조 및 제52조"를 "「독점규제 및 공정거래에 관한 법률」 제64조부터 제68조까지 및 제93조"로 하고, 같은 조 제2항 중 "「독점규제 및 공정거래에 관한 법률」 제50조제1항부터 제4항까지"를 "제81조제1항 · 제2항 · 제3항 · 제6항 및 제9항"으로 하며, 같은 조 제3항 중 "「독점규제 및 공정거래에 관한 법률」 제53조, 제53조의2, 제54조, 제55조 및 제55조의2를"을 "「독점규제 및 공정거래에 관한 법률」 제96조, 제97조, 제99조부터 제101조까지의 규정을"로 하고, 같은 조 제4항 중 "「독점규제 및 공정거래에 관한 법률」 제62조"를 "「독점규제 및 공정거래에 관한 법률」 제119조"로 한다.
제49조 중 "「독점규제 및 공정거래에 관한 법률」 제62조"를 "「독점규제 및 공정거래에 관한 법률」 제119조"로 한다.
제53조제3항제12호 중 "「독점규제 및 공정거래에 관한 법률」 제50조제1항제1호"를 "「독점규제 및 공정거래에 관한 법률」 제81조제1항제1호"로 하고, 같은 항 제13호 중 "「독점규제 및 공정거래에 관한 법률」 제50조제1항제3호 또는 제3항"을 "「독점규제 및 공정거래에 관한 법률」 제81조제1항제3호 또는 같은 조 제6항"으로 하며, 같은 항 제14호 중 "「독점규제 및 공정거래에 관한 법률」 제50조제2항"을 "「독점규제 및 공정거래에 관한 법률」 제81조제2항 및 제3항"으로 하고, 같은 조 제5항 중 "「독점규제 및 공정거래에 관한 법률」 제43조의2"를 "「독점규제 및 공정거래에 관한 법률」 제66조"로 한다.
<79>부터 <82>까지 생략
제26조 생략

부 칙 (2023.3.21)

제1조【시행일】 이 법은 공포 후 6개월이 경과한 날부터 시행한다. 다만, 제27조의2의 개정규정은 공포 후 1년이 경과한 날부터 시행하고, 제42조제4항 및 제47조제4항의 개정규정은 공포한 날부터 시행한다.

제2조【선불식 할부거래업자 변경신고의 신고수리 여부 통지기간 등에 관한 적용례】 ① 제18조제4항의 개정규정은 이 법 시행 이후 선불식 할부거래업자가 등록사항 변경신고를 하는 경우부터 적용한다.

② 제22조제1항 및 제3항부터 제5항까지의 개정규정은 이 법 시행 이후 선불식 할부거래업자가 지위승계 신고를 하는 경우부터 적용한다.

③ 제22조의2제8항의 개정규정은 이 법 시행 이후 선불식 할부거래업자가 선불식 할부계약의 이전계약 신고를 하는 경우부터 적용한다.

제3조【과징금의 연대납부 등에 관한 적용례】 ① 제47조제4항의 개정규정에 따라 준용되는 「독점규제 및 공정거래에 관한 법률」 제104조제1항은 부칙 제1조 단서에 따른 같은 개정규정의 시행일부터 6개월이 경과한 날 이후 회사가 분할 또는 분할합병되는 경우부터 적용한다.

② 제47조제4항의 개정규정에 따라 준용되는 「독점규제 및 공정거래에 관한 법률」 제104조제2항은 부칙 제1조 단서에 따른 같은 개정규정의 시행일부터 6개월이 경과한 날 이후 회사가 분할 또는 분할합병으로 해산되는 경우부터 적용한다.

제4조【선수금 관련 통지에 관한 경과조치】 이 법 시행 전에 선불식 할부계약을 체결한 선불식 할부거래업자는 부칙 제1조 단서에 따른 제27조의2의 개정규정의 시행일부터 6개월 이내에 소비자에게 같은 개정규정에 따른 통지를 하여야 한다. 다만, 부칙 제1조 단서에 따른 제27조의2의 개정규정의 시행일부터 6개월 이내에 선불식 할부계약이 취소·해지 또는 해제되는 경우는 제외한다.

부 칙 (2023.3.21) (독점규제 및 공정거래에 관한 법률)

제1조【시행일】 이 법은 공포 후 6개월이 경과한 날부터 시행한다. (이하생략)

방문판매 등에 관한 법률

(2002년 3월 30일 전개법률 제6688호)

개정

2004.12.31법7315호(독점규제)
2005. 1.27법7344호(신용정보)
2005. 3.31법7490호 2005.12.29법7795호
2007. 1.19법8259호 2007. 7.19법8537호
2010. 3.22법10171호
2010. 5.17법10303호(은행)
2012. 1.26법10303호(고등교육) 2013. 5.28법11839호
2014. 1.28법12379호 2016. 3.29법14138호
2017.11.28법15140호 2018. 6.12법15695호
2020.12.29법17799호(독점규제및공정거래에관한법률)
2021. 4.20법18112호 2021.12. 7법18571호
2022. 1. 4법18711호 2023. 3.21법19254호
2023. 7.11법19531호 2024. 2. 6법20239호

제1장 총 칙

제1조【목적】 이 법은 방문판매, 전화권유판매, 다단계판매, 후원방문판매, 계속거래 및 사업권유거래 등에 의한 재화 또는 용역의 공정한 거래에 관한 사항을 규정함으로써 소비자의 권익을 보호하고 시장의 신뢰도를 높여 국민경제의 건전한 발전에 이바지함을 목적으로 한다.

제2조【정의】 이 법에서 사용하는 용어의 뜻은 다음과 같다. (2023.3.21. 본조개정)

1. "방문판매"란 재화 또는 용역(일정한 시설을 이용하거나 용역을 제공받을 수 있는 권리를 포함한다. 이하 같다)의 판매(위탁 및 중개를 포함한다. 이하 같다)를 업(業)으로 하는 자(이하 "판매업자"라 한다)가 방문을 하는 방법으로 그의 영업소, 대리점, 그 밖에 총리령으로 정하는 영업장소(이하 "사업장"이라 한다) 외의 장소에서 소비자에게 권유하여 계약의 청약을 받거나 계약을 체결(사업장 외의 장소에서 권유 등 총리령으로 정하는 방법으로 소비자를 유인하여 사업장에서 계약의 청약을 받거나 계약을 체결하는 경우를 포함한다)하여 재화 또는 용역(이하 "재화등"이라 한다)을 판매하는 것을 말한다.
2. "방문판매자"란 방문판매를 업으로 하기 위하여 방문판매조직을 개설하거나 관리·운영하는 자(이하 "방문판매업자"라 한다)와 방문판매업자를 대신하여 방문판매업무를 수행하는 자(이하 "방문판매원"이라 한다)를 말한다.
3. "전화권유판매"란 전화를 이용하여 소비자에게 권유를 하거나 전화회신을 유도하는 방법으로 재화등을 판매하는 것을 말한다.
4. "전화권유판매자"란 전화권유판매를 업으로 하기 위하여 전화권유판매조직을 개설하거나 관리·운영하는 자(이하 "전화권유판매업자"라 한

다)와 전화권유판매업자를 대신하여 전화권유판매업무를 수행하는 자(이하 "전화권유판매원"이라 한다)를 말한다.

5. "다단계판매"란 다음 각 목의 요건을 모두 충족하는 판매조직(이하 "다단계판매조직"이라 한다)을 통하여 재화등을 판매하는 것을 말한다.
   가. 판매업자에 속한 판매원이 특정인을 해당 판매원의 하위 판매원으로 가입하도록 권유하는 모집방식이 있을 것
   나. 가목에 따른 판매원의 가입이 3단계(다른 판매원의 권유를 통하지 아니하고 가입한 판매원을 1단계 판매원으로 한다. 이하 같다) 이상 단계적으로 이루어질 것. 다만, 판매원의 단계가 2단계 이하라고 하더라도 사실상 3단계 이상으로 관리·운영되는 경우로서 대통령령으로 정하는 경우를 포함한다.
   다. 판매업자가 판매원에게 제9호나목 또는 다목에 해당하는 후원수당을 지급하는 방식을 가지고 있을 것
6. "다단계판매자"란 다단계판매를 업으로 하기 위하여 다단계판매조직을 개설하거나 관리·운영하는 자(이하 "다단계판매업자"라 한다)와 다단계판매조직에 판매원으로 가입한 자(이하 "다단계판매원"이라 한다)를 말한다.
7. "후원방문판매"란 제1호(다음 각 목의 어느 하나에 해당하는 자가 개설·운영하는 사이버몰에서 「전자문서 및 전자거래 기본법」 제2조제5호에 따른 전자거래의 방법으로 소비자에게 판매하는 경우를 포함한다) 및 제5호의 요건에 해당하되, 대통령령으로 정하는 바에 따라 특정 판매원의 구매·판매 등의 실적이 그 직근 상위판매원 1인의 후원수당에만 영향을 미치는 후원수당 지급방식을 가진 경우를 말한다. 이 경우 제1호의 방문판매 및 제5호의 다단계판매에는 해당하지 아니하는 것으로 한다.
   가. 재화등을 생산하는 제8호에 따른 후원방문판매업자
   나. 제8호에 따른 후원방문판매업자가 판매하는 재화등의 주된 공급자
8. "후원방문판매자"란 후원방문판매를 업으로 하기 위한 조직(이하 "후원방문판매조직"이라 한다)을 개설하거나 관리·운영하는 자(이하 "후원방문판매업자"라 한다)와 후원방문판매조직에 판매원으로 가입한 자(이하 "후원방문판매원"이라 한다)를 말한다.
9. "후원수당"이란 판매수당, 알선 수수료, 장려금, 후원금 등 그 명칭 및 지급 형태와 상관없이 판매업자가 다음 각 목의 사항과 관련하여 소속 판매원에게 지급하는 경제적 이익을 말한다.
   가. 판매원 자신의 재화등의 거래실적
   나. 판매원의 수당에 영향을 미치는 다른 판매원들의 재화등의 거래실적
   다. 판매원의 수당에 영향을 미치는 다른 판매원들의 조직관리 및 교육훈련 실적
   라. 그 밖에 가목부터 다목까지의 규정 외에 판매원들의 판매활동을 장려하거나 보상하기 위하여 지급되는 일체의 경제적 이익
10. "계속거래"란 1개월 이상에 걸쳐 계속적으로 또는 부정기적으로 재화등을 공급하는 계약으로서 중도에 해지할 경우 대금 환급의 제한 또는 위약금에 관한 약정이 있는 거래를 말한다.
11. "사업권유거래"란 사업자가 소득 기회를 알선·제공하는 방법으로 거래 상대방을 유인하여 금품을 수수하거나 재화등을 구입하게 하는 거래를 말한다.
12. "소비자"란 사업자가 제공하는 재화등을 소비생활을 위하여 사용하거나 이용하는 자 또는 대통령령으로 정하는 자를 말한다.
13. "지배주주"란 다음 각 목의 어느 하나에 해당하는 자를 말한다.
   가. 대통령령으로 정하는 특수관계인과 함께 소유하고 있는 주식 또는 출자액의 합계가 해당 법인의 발행주식총수 또는 출자총액의 100분의 30 이상인 경우로서 그 합계가 가장 많은 주주 또는 출자자
   나. 해당 법인의 경영을 사실상 지배하는 자. 이 경우 사실상 지배의 구체적인 내용은 대통령령으로 정한다.

제3조【적용 범위】 이 법은 다음 각 호의 거래에는 적용하지 아니한다. (2021.12.7 본조개정)
1. 사업자(다단계판매원, 후원방문판매원 또는 사업권유거래의 상대방은 제외한다. 이하 이 호에서 같다)가 상행위를 목적으로 재화등을 구입하는 거래. 다만, 사업자가 사실상 소비자와 같은 지위에서 다른 소비자와 같은 거래조건으로 거래하는 경우는 제외한다.
2. 「금융소비자 보호에 관한 법률」 제2조제3호에 따른 금융상품판매업자와 같은 법 제3조에 따른 예금성 상품, 대출성 상품, 투자성 상품 및 보장성 상품에 관한 계약을 체결하기 위한 거래
3. 개인이 독립된 자격으로 공급하는 재화등의 거래로서 대통령령으로 정하는 거래

제4조【다른 법률과의 관계】 ① 방문판매, 전화권유판매, 다단계판매, 후원방문판매, 계속거래 및 사업권유거래(이하 "특수판매"라 한다)에서의 소비자보호와 관련하여 이 법과 다른 법률이 경합하여 적용되는 경우에는 이 법을 우선 적용한다. 다만, 다른 법률을 적용하는 것이 소비자에게 유리한 경우에는 그 법률을 적용한다.
② 다른 법률에 이 법과는 다른 방법에 따른 계약

서 발급의무 등이 규정되어 있는 거래에 대하여는 제7조·제16조 및 제30조에 따른 계약서 발급 의무에 관한 규정을 적용하지 아니한다.
③ 계속거래에 관하여 이 법에서 규정하고 있는 사항을 다른 법률에서 따로 정하고 있는 경우에는 그 법률을 적용한다.
④ 「할부거래에 관한 법률」 제2조제4호에 따른 선불식 할부거래 및 선불식 할부거래업자에 대하여는 제8조, 제9조, 제17조, 제18조 및 제37조를 적용하지 아니한다.

제2장 방문판매 및 전화권유판매

제5조【방문판매업자등의 신고 등】 ① 방문판매업자 또는 전화권유판매업자(이하 "방문판매업자등"이라 한다)는 상호, 주소, 전화번호, 전자우편주소(법인인 경우에는 대표자의 성명, 주민등록번호 및 주소를 포함한다), 그 밖에 대통령령으로 정하는 사항을 대통령령으로 정하는 바에 따라 공정거래위원회 또는 특별자치시장·특별자치도지사·시장·군수·구청장(자치구의 구청장을 말한다. 이하 같다)에게 신고하여야 한다. 다만, 다음 각 호의 자는 그러하지 아니하다.
1. 방문판매원 또는 전화권유판매원(이하 "방문판매원등"이라 한다)을 두지 아니하는 소규모 방문판매업자등 대통령령으로 정하는 방문판매업자등
2. 제13조제1항에 따라 등록한 다단계판매업자
3. 제29조제3항에 따라 등록한 후원방문판매업자

② 제1항에 따라 신고한 사항이 변경된 경우에는 대통령령으로 정하는 바에 따라 이를 신고하여야 한다.
③ 제1항에 따라 신고한 방문판매업자등은 휴업 또는 폐업을 하거나 휴업한 후 영업을 다시 시작할 때에는 대통령령으로 정하는 바에 따라 이를 신고하여야 한다.
④ 공정거래위원회는 제1항에 따라 방문판매업자등이 신고한 사항을 대통령령으로 정하는 바에 따라 공개할 수 있다.

제6조【방문판매원등의 명부 작성 등】 ① 방문판매업자등은 총리령으로 정하는 바에 따라 방문판매원등의 명부를 작성하여야 한다.
② 방문판매업자등은 소비자피해를 방지하거나 구제하기 위하여 소비자가 요청하면 언제든지 소비자로 하여금 방문판매원등의 신원을 확인할 수 있도록 하여야 한다.
③ 방문판매자 또는 전화권유판매자(이하 "방문판매자등"이라 한다)가 재화등을 판매하려는 경우에는 소비자에게 미리 해당 방문 또는 전화가 판매를 권유하기 위한 것이라는 점과 방문판매자등의 성명 또는 명칭, 판매하는 재화등의 종류 및 내용을 밝혀야 한다.

제7조【방문판매자등의 소비자에 대한 정보제공 의무 등】 ① 방문판매자등은 재화등의 판매에 관한 계약을 체결하기 전에 소비자가 계약의 내용을 이해할 수 있도록 다음 각 호의 사항을 설명하여야 한다.
1. 방문판매업자등의 성명(법인인 경우에는 대표자의 성명을 말한다), 상호, 주소, 전화번호 및 전자우편주소
2. 방문판매원등의 성명, 주소, 전화번호 및 전자우편주소. 다만, 방문판매업자등이 소비자와 직접 계약을 체결하는 경우는 제외한다.
3. 재화등의 명칭, 종류 및 내용
4. 재화등의 가격과 그 지급의 방법 및 시기
5. 재화등을 공급하는 방법 및 시기
6. 청약의 철회 및 계약의 해제(이하 "청약철회등"이라 한다)의 기한·행사방법·효과에 관한 사항 및 청약철회등의 권리 행사에 필요한 서식으로서 총리령으로 정하는 것
7. 재화등의 교환·반품·수리보증 및 그 대금 환불의 조건과 절차
8. 전자매체로 공급할 수 있는 재화등의 설치·전송 등과 관련하여 요구되는 기술적 사항
9. 소비자피해 보상, 재화등에 대한 불만 및 소비자와 사업자 사이의 분쟁 처리에 관한 사항
10. 거래에 관한 약관
11. 그 밖에 소비자의 구매 여부 판단에 영향을 주는 거래조건 또는 소비자피해 구제에 필요한 사항으로서 대통령령으로 정하는 사항

② 방문판매자등은 재화등의 판매에 관한 계약을 체결할 때에는 제1항 각 호의 사항을 적은 계약서를 소비자에게 발급하여야 한다.
③ 방문판매자등은 재화등의 계약을 미성년자와 체결하려는 경우에는 법정대리인의 동의를 받아야 한다. 이 경우 법정대리인의 동의를 받지 못하면 미성년자 본인 또는 법정대리인이 계약을 취소할 수 있음을 알려야 한다.
④ 제2항에 따른 계약서 중 전화권유판매에 관한 계약서의 경우에는 소비자의 동의를 받아 그 계약의 내용을 팩스나 전자문서(「전자문서 및 전자거래 기본법」 제2조제1호에 따른 전자문서를 말한다. 이하 같다)로 송부하는 것으로써 갈음할 수 있다. 이 경우 팩스나 전자문서로 송부한 계약서의 내용이나 도달에 관하여 다툼이 있으면 전화권유판매자가 이를 증명하여야 한다. (2012.6.1 본항개정)
⑤ 방문판매업자등은 제1항 및 제2항에 따라 소비자에게 설명하거나 표시한 거래조건을 신의에 좇아 성실하게 이행하여야 한다.

제7조의2【전화권유판매업자의 통화내용 보존 의무】 ① 제7조제1항에 따른 계약 중 전화권유판매에 관한 계약의 경우 전화권유판매업자는 소비자의 동의를 받아 통화내용 중 계약에 관한 사항을 계약일부터 3개월 이상 보존하여야 한다.

② 소비자는 전화권유판매업자가 제1항에 따라 보존하는 통화내용에 대하여 방문·전화·팩스 또는 전자우편 등의 방법으로 열람을 요청할 수 있으며, 전화권유판매업자는 그 요청에 따라야 한다.

(2018.6.12 본조신설)

제8조【청약철회등】 ① 방문판매 또는 전화권유판매(이하 "방문판매등"이라 한다)의 방법으로 재화등의 구매에 관한 계약을 체결한 소비자는 다음 각 호의 기간(거래 당사자 사이에 다음 각 호의 기간보다 긴 기간으로 약정한 경우에는 그 기간) 이내에 그 계약에 관한 청약철회등을 할 수 있다.

1. 제7조제2항에 따른 계약서를 받은 날부터 14일. 다만, 그 계약서를 받은 날보다 재화등이 늦게 공급된 경우에는 재화등을 공급받거나 공급이 시작된 날부터 14일
2. 다음 각 목의 어느 하나의 경우에는 방문판매자등의 주소를 안 날 또는 알 수 있었던 날부터 14일
  가. 제7조제2항에 따른 계약서를 받지 아니한 경우
  나. 방문판매자등의 주소 등이 적혀 있지 아니한 계약서를 받은 경우
  다. 방문판매자등의 주소 변경 등의 사유로 제1호에 따른 기간 이내에 청약철회등을 할 수 없는 경우
3. 제7조제2항에 따른 계약서에 청약철회등에 관한 사항이 적혀 있지 아니한 경우에는 청약철회등을 할 수 있음을 안 날 또는 알 수 있었던 날부터 14일
4. 방문판매업자등이 청약철회등을 방해한 경우에는 그 방해 행위가 종료한 날부터 14일

② 소비자는 다음 각 호의 어느 하나에 해당하는 경우에는 방문판매자등의 의사와 다르게 제1항에 따른 청약철회등을 할 수 없다. 다만, 방문판매자등이 제5항에 따른 조치를 하지 아니한 경우에는 제2호부터 제4호까지의 규정에 해당하더라도 청약철회등을 할 수 있다.

1. 소비자에게 책임이 있는 사유로 재화등이 멸실되거나 훼손된 경우. 다만, 재화등의 내용을 확인하기 위하여 포장 등을 훼손한 경우는 제외한다.
2. 소비자가 재화등을 사용하거나 일부 소비하여 그 가치가 현저히 낮아진 경우
3. 시간이 지남으로써 다시 판매하기 어려울 정도로 재화등의 가치가 현저히 낮아진 경우
4. 복제할 수 있는 재화등의 포장을 훼손한 경우
5. 그 밖에 거래의 안전을 위하여 대통령령으로 정하는 경우

③ 소비자는 제1항 또는 제2항에도 불구하고 재화등의 내용이 표시·광고의 내용과 다르거나 계약내용과 다르게 이행된 경우에는 그 재화등을 공급받은 날부터 3개월 이내에, 그 사실을 안 날 또는 알 수 있었던 날부터 30일 이내에 청약철회등을 할 수 있다.

④ 제1항 또는 제3항에 따른 청약철회등을 서면으로 하는 경우에는 청약철회등의 의사를 표시한 서면을 발송한 날에 그 효력이 발생한다.

⑤ 방문판매자등은 제2항제2호부터 제4호까지의 규정에 따라 청약철회등을 할 수 없는 재화등의 경우에는 그 사실을 재화등의 포장이나 그 밖에 소비자가 쉽게 알 수 있는 곳에 분명하게 표시하거나 시용(試用) 상품을 제공하는 등의 방법으로 청약철회등의 권리행사가 방해받지 아니하도록 조치하여야 한다.

제9조【청약철회등의 효과】 ① 소비자는 제8조제1항 또는 제3항에 따라 청약철회등을 한 경우에는 이미 공급받은 재화등을 반환하여야 한다.

② 방문판매자등(소비자로부터 재화등의 대금을 지급받은 자 및 소비자와 방문판매등에 관한 계약을 체결한 자를 포함한다. 이하 제2항부터 제8항까지의 규정에서 같다)은 재화등을 반환받은 날부터 3영업일 이내에 이미 지급받은 재화등의 대금을 환급하여야 한다. 이 경우 방문판매자등이 소비자에게 재화등의 대금의 환급을 지연하면 그 지연기간에 따라 연 100분의 40 이내의 범위에서 「은행법」에 따른 은행이 적용하는 연체금리 등 경제 사정을 고려하여 대통령령으로 정하는 이율을 곱하여 산정한 지연이자(이하 "지연배상금"이라 한다)를 지급하여야 한다.

③ 방문판매자등은 제1항 및 제2항에 따라 재화등의 대금을 환급할 때 소비자가 「여신전문금융업법」 제2조제3호에 따른 신용카드나 그 밖에 대통령령으로 정하는 결제수단(이하 "신용카드등"이라 한다)으로 재화등의 대금을 지급한 경우에는 지체 없이 그 신용카드등의 대금 결제수단을 제공한 사업자(이하 "결제업자"라 한다)로 하여금 재화등의 대금 청구를 정지하거나 취소하도록 요청하여야 한다. 다만, 방문판매자등이 결제업자로부터 그 재화등의 대금을 이미 지급받은 경우에는 지체 없이 이를 결제업자에게 환급하고 그 사실을 소비자에게 알려야 한다.

④ 제3항 단서에 따라 방문판매자등으로부터 재화등의 대금을 환급받은 결제업자는 지체 없이 소비자에게 이를 환급하거나 환급에 필요한 조치를 하여야 한다.

⑤ 제3항 단서에 해당하는 방문판매자등 중 환급을 지연하여 소비자로 하여금 대금을 결제하게 한 방문판매자등은 그 지연기간에 대한 지연배상금을 소비자에게 지급하여야 한다.

⑥ 소비자는 방문판매자등이 정당한 사유 없이 결제업자에게 대금을 환급하지 아니하는 경우에는 환급받을 금액에 대하여 결제업자에게 그 방문판매자등에 대한 다른 채무와 상계(相計)할 것을 요청할 수 있다. 이 경우 결제업자는 대통령령으로 정하는 바에 따라 그 방문판매자등에 대한 다른 채무와 상계할 수 있다.

⑦ 소비자는 결제업자가 제6항에 따른 상계를 정당한 사유 없이 게을리한 경우 결제업자에 대하여 대금 결제를 거부할 수 있다. 이 경우 방문판매자등과 결제업자는 그 결제의 거부를 이유로 해당 소비자를 약정한 날짜 이내에 채무를 변제하지 아니한 자로 처리하는 등 소비자에게 불이익을 주는 행위를 하여서는 아니 된다.

⑧ 제1항의 경우 방문판매자등은 이미 재화등이 사용되거나 일부 소비된 경우에는 그 재화등을 사용하거나 일부 소비하여 소비자가 얻은 이익 또는 그 재화등의 공급에 든 비용에 상당하는 금액으로서 대통령령으로 정하는 범위의 금액을 지급할 것을 소비자에게 청구할 수 있다.

⑨ 제8조제1항 및 제3항에 따른 청약철회등의 경우 공급받은 재화등의 반환에 필요한 비용은 방문판매자등이 부담하며, 방문판매자등은 소비자에게 청약철회등을 이유로 위약금 또는 손해배상을 청구할 수 없다.

⑩ 방문판매자등, 재화등의 대금을 지급받은 자 또는 소비자와 방문판매등에 관한 계약을 체결한 자가 동일인이 아닌 경우 각자는 제8조제1항 및 제3항에서의 청약철회등에 따른 제1항부터 제9항까지의 규정에 따른 재화등의 대금 환급과 관련한 의무의 이행에 있어 연대하여 책임을 진다.

제10조【손해배상청구금액의 제한 등】 ① 소비자에게 책임이 있는 사유로 재화등의 판매에 관한 계약이 해제된 경우 방문판매자등이 소비자에게 청구하는 손해배상액은 다음 각 호에서 정한 금액에 대금 미납에 따른 지연배상금을 더한 금액을 초과할 수 없다.

1. 공급한 재화등이 반환된 경우에는 다음 각 목의 금액 중 큰 금액
   가. 반환된 재화등의 통상 사용료액 또는 그 사용으로 통상 얻을 수 있는 이익에 상당하는 금액
   나. 반환된 재화등의 판매가액에서 그 재화등이 반환된 당시의 가액을 뺀 금액
2. 공급한 재화등이 반환되지 아니한 경우에는 그 재화등의 판매가액에 상당하는 금액

② 공정거래위원회는 방문판매자등과 소비자 간의 손해배상청구에 따른 분쟁을 원활하게 해결하기 위하여 필요한 경우 제1항에 따른 손해배상액의 산정기준을 정하여 고시할 수 있다.

제11조【금지행위】 ① 방문판매자등은 다음 각 호의 어느 하나에 해당하는 행위를 하여서는 아니 된다.

1. 재화등의 판매에 관한 계약의 체결을 강요하거나 청약철회등 또는 계약 해지를 방해할 목적으로 소비자를 위협하는 행위
2. 거짓 또는 과장된 사실을 알리거나 기만적 방법을 사용하여 소비자를 유인 또는 거래하거나 청약철회등 또는 계약 해지를 방해하는 행위
3. 방문판매원등이 되기 위한 조건 또는 방문판매원등의 자격을 유지하기 위한 조건으로서 방문판매원등 또는 방문판매원등이 되려는 자에게 가입비, 판매 보조 물품, 개인 할당 판매액, 교육비 등 그 명칭이나 형태와 상관없이 대통령령으로 정하는 수준을 초과한 비용 또는 그 밖의 금품을 징수하거나 재화 등을 구매하게 하는 등 의무를 지게 하는 행위
4. 방문판매원등에게 다른 방문판매원등을 모집할 의무를 지게 하는 행위
5. 청약철회등이나 계약 해지를 방해할 목적으로 주소·전화번호 등을 변경하는 행위
6. 분쟁이나 불만 처리에 필요한 인력 또는 설비가 부족한 상태를 상당 기간 방치하여 소비자에게 피해를 주는 행위
7. 소비자의 청약 없이 일방적으로 재화등을 공급하고 재화등의 대금을 청구하는 행위
8. 소비자가 재화를 구매하거나 용역을 제공받을 의사가 없음을 밝혔음에도 불구하고 전화, 팩스, 컴퓨터통신 등을 통하여 재화를 구매하거나 용역을 제공받도록 강요하는 행위
9. 본인의 허락을 받지 아니하거나 허락받은 범위를 넘어 소비자에 관한 정보를 이용(제3자에게 제공하는 경우를 포함한다. 이하 같다)하는 행위. 다만, 다음 각 목의 어느 하나에 해당하는 경우는 제외한다.
   가. 재화등의 배송 등 소비자와의 계약을 이행하기 위하여 불가피한 경우로서 대통령령으로 정하는 경우
   나. 재화등의 거래에 따른 대금을 정산하기 위하여 필요한 경우
   다. 도용을 방지하기 위하여 본인임을 확인할 때 필요한 경우로서 대통령령으로 정하는 경우
   라. 법률의 규정 또는 법률에 따라 필요한 불가피한 사유가 있는 경우

② 공정거래위원회는 이 법 위반행위의 방지 및 소비자피해의 예방을 위하여 방문판매자등이 지켜야

할 기준을 정하여 고시할 수 있다.

제12조【방문판매자등의 휴업기간 중 업무처리 등】 ① 방문판매자등은 그 휴업기간 또는 영업정지기간 중에도 제8조제1항 및 제3항에 따른 청약철회등의 업무와 제9조제1항부터 제9항까지의 규정에 따른 청약철회등에 따른 업무를 계속하여야 한다.

② 방문판매업자등이 파산선고를 받거나 관할 세무서에 폐업신고를 한 경우 또는 6개월을 초과하여 영업을 하지 아니하는 등 실질적으로 영업을 할 수 없다고 판단되는 경우에는 공정거래위원회 또는 특별자치시장·특별자치도지사·시장·군수·구청장은 직권으로 해당 방문판매업등의 신고 사항을 말소할 수 있다.

제3장 다단계판매 및 후원방문판매

제13조【다단계판매업자의 등록 등】 ① 다단계판매업자는 대통령령으로 정하는 바에 따라 다음 각 호의 서류를 갖추어 공정거래위원회 또는 특별시장·광역시장·특별자치시장·도지사·특별자치도지사(이하 "시·도지사"라 한다)에게 등록하여야 한다.

1. 상호·주소, 전화번호 및 전자우편주소(법인인 경우에는 대표자의 성명, 주민등록번호 및 주소를 포함한다) 등을 적은 신청서
2. 자본금이 3억원 이상으로서 대통령령으로 정하는 규모 이상임을 증명하는 서류
3. 제37조에 따른 소비자피해보상보험계약등의 체결 증명서류
4. 후원수당의 산정 및 지급 기준에 관한 서류
5. 재고관리, 후원수당 지급 등 판매의 방법에 관한 사항을 적은 서류
6. 그 밖에 다단계판매자의 신원을 확인하기 위하여 필요한 사항으로서 총리령으로 정하는 서류

② 다단계판매업자는 제1항에 따라 등록한 사항 중 같은 항 제1호부터 제4호까지의 사항이 변경된 경우에는 대통령령으로 정하는 바에 따라 신고하여야 한다.

③ 다단계판매업자는 휴업 또는 폐업을 하거나 휴업 후 영업을 다시 시작할 때에는 대통령령으로 정하는 바에 따라 이를 신고하여야 하며, 폐업을 신고하면 제1항에 따른 등록은 그 효력을 잃는다. 다만, 폐업신고 전 등록취소 요건에 해당되는 경우에는 폐업신고일에 등록이 취소된 것으로 본다.

④ 공정거래위원회 또는 시·도지사는 제2항에 따른 변경신고를 받은 날부터 10일 이내에 신고수리 여부를 신고인에게 통지하여야 한다. (2021.4.20 본항신설)

⑤ 공정거래위원회 또는 시·도지사가 제4항에서 정한 기간 내에 신고수리 여부 또는 민원 처리 관련 법령에 따른 처리기간의 연장을 신고인에게 통지하지 아니하면 그 기간(민원 처리 관련 법령에 따라 처리기간이 연장 또는 재연장된 경우에는 해당 처리기간을 말한다)이 끝난 날의 다음 날에 신고를 수리한 것으로 본다. (2021.4.20 본항신설)

⑥ 공정거래위원회는 다단계판매업자에 대한 다음 각 호의 정보를 대통령령으로 정하는 바에 따라 공개하여야 한다. 다만, 다단계판매업자의 경영상·영업상 비밀에 관한 사항으로서 공개될 경우 다단계판매업자의 정당한 이익을 현저히 해칠 우려가 있다고 인정되는 정보 및 개인에 관한 사항으로서 공개될 경우 사생활의 비밀 또는 자유를 침해할 우려가 있다고 인정되는 정보의 경우에는 그러하지 아니하다. (2021.4.20 본항개정)

1. 제1항에 따라 등록한 사항
2. 그 밖에 공정거래위원회가 공정거래질서 확립 및 소비자보호를 위하여 필요하다고 인정하는 사항

⑦ 공정거래위원회는 제6항에 따른 정보 공개를 위하여 필요한 경우에는 다단계판매업자에게 관련 자료의 제출을 요구할 수 있다. 이 경우 다단계판매업자는 정당한 사유가 없으면 이에 따라야 한다. (2021.4.20 본항개정)

제14조【결격사유】 다음 각 호의 어느 하나에 해당하는 개인 또는 법인은 제13조에 따른 등록을 할 수 없다. (2016.3.29, 2023.7.11 본조개정)

1. 다음 각 목의 어느 하나에 해당하는 개인 또는 그 개인이 임원으로 있는 법인
   가. 미성년자·피한정후견인 또는 피성년후견인
   나. 파산선고를 받고 복권되지 아니한 자
   다. 이 법을 위반하여 징역형을 선고받고 그 집행이 끝나거나(집행이 끝난 것으로 보는 경우를 포함한다) 집행이 면제된 날부터 5년이 지나지 아니한 자
   라. 이 법을 위반하여 징역형의 집행유예를 선고받고 그 유예기간 중에 있는 자
2. 다음 각 목의 어느 하나에 해당하는 자가 지배주주로 있는 법인
   가. 이 법을 위반하여 징역의 실형을 선고받고 그 집행이 끝나거나(집행이 끝난 것으로 보는 경우를 포함한다) 집행이 면제된 날부터 5년이 지나지 아니한 자
   나. 이 법을 위반하여 징역형의 집행유예를 선고받고 그 유예기간 중에 있는 자
3. 제49조제5항에 따라 등록이 취소된 후 5년이 지나지 아니한 개인 또는 법인
4. 제3호에 따른 개인 또는 법인의 등록취소 당시 임원 또는 지배주주였던 자가 임원 또는 지배주

주로 있는 법인

제15조【다단계판매원】 ① 다단계판매조직에 다단계판매원으로 가입하려는 사람은 그 조직을 관리·운영하는 다단계판매업자에게 총리령으로 정하는 바에 따라 등록하여야 한다.

② 다음 각 호의 어느 하나에 해당하는 자는 다단계판매원으로 등록할 수 없다. (2016.3.29, 2023.7.11 본항개정)

1. 국가공무원, 지방공무원, 교육공무원 및 「사립학교법」에 따른 교원
2. 미성년자. 다만, 제4호 또는 제5호에 해당하지 아니하는 법정대리인의 동의를 받은 경우는 제외한다.
3. 법인
4. 다단계판매업자의 지배주주 또는 임직원
5. 제49조에 따른 시정조치를 2회 이상 받은 자. 다만, 마지막 시정조치에 대한 이행을 완료한 날부터 3년이 지난 자는 제외한다.
6. 이 법을 위반하여 징역의 실형을 선고받고 그 집행이 종료되거나(집행이 종료된 것으로 보는 경우를 포함한다) 집행이 면제된 날부터 5년이 지나지 아니한 자
7. 이 법을 위반하여 징역형의 집행유예를 선고받고 그 유예기간 중에 있는 자

③ 다단계판매업자는 그가 관리·운영하는 다단계판매조직에 가입한 다단계판매원에게 총리령으로 정하는 바에 따라 다단계판매원 등록증(다단계판매원이 사전에 서면으로 동의한 경우 전자문서와 전자기기로 된 것을 포함한다)을 발급하여야 한다. (2018.6.12 본항개정)

④ 다단계판매업자는 총리령으로 정하는 바에 따라 다단계판매원 등록부를 작성하고, 소비자피해의 방지 또는 구제를 위하여 소비자가 요청하는 경우에는 소비자로 하여금 등록된 다단계판매원의 신원을 확인할 수 있도록 하여야 한다.

⑤ 다단계판매업자는 제1항에 따라 등록한 다단계판매원에게 다음 각 호의 사항을 확인할 수 있는 다단계판매원 수첩(다단계판매원이 사전에 서면으로 동의한 경우 전자문서와 전자기기로 된 것을 포함한다)을 발급하여야 한다. (2018.6.12 본항개정)

1. 후원수당의 산정 및 지급 기준
2. 하위판매원의 모집 및 후원에 관한 사항
3. 재화등의 반환 및 다단계판매원의 탈퇴에 관한 사항
4. 다단계판매원이 지켜야 할 사항
5. 그 밖에 총리령으로 정하는 사항

제16조【다단계판매자의 소비자에 대한 정보제공 의무 등】 다단계판매의 방법으로 재화등의 판매에 관한 계약을 체결하는 경우에는 제7조를 준용한다. 이 경우 "방문판매자등"은 "다단계판매자"로, "방문판매업자등"은 "다단계판매업자"로, "방문판매원등"은 "다단계판매원"으로 본다.

제17조【청약철회등】 ① 다단계판매의 방법으로 재화등의 구매에 관한 계약을 체결한 소비자가 청약철회등을 하는 경우에는 제8조를 준용하며, 이 경우 "방문판매자등"은 "다단계판매자"로 본다. 다만, 소비자가 다단계판매원과 재화등의 구매에 관한 계약을 체결한 경우 그 소비자는 다단계판매원에 대하여 우선적으로 청약철회등을 하고, 다단계판매원의 소재 불명 등 대통령령으로 정하는 사유로 다단계판매원에 대하여 청약철회등을 하는 것이 어려운 경우에만 그 재화등을 공급한 다단계판매업자에 대하여 청약철회등을 할 수 있다.

② 다단계판매의 방법으로 재화등의 구매에 관한 계약을 체결한 다단계판매원은 다음 각 호의 어느 하나에 해당하는 경우를 제외하고는 계약을 체결한 날부터 3개월 이내에 서면(전자문서를 포함한다)으로 그 계약에 관한 청약철회등을 할 수 있다. (2016.3.29 본항개정)

1. 재고 보유에 관하여 다단계판매업자에게 거짓으로 보고하는 등의 방법으로 과다하게 재화등의 재고를 보유한 경우
2. 다시 판매하기 어려울 정도로 재화등을 훼손한 경우
3. 그 밖에 대통령령으로 정하는 경우

제18조【청약철회등의 효과】 ① 다단계판매의 상대방(다단계판매자가 다단계판매원 또는 소비자에게 판매한 경우에는 다단계판매원 또는 소비자를 말하고, 다단계판매원이 소비자에게 판매한 경우에는 소비자를 말한다. 이하 이 장에서 같다)은 제17조에 따라 청약철회등을 한 경우에는 이미 공급받은 재화등을 반환하여야 한다.

② 다단계판매자(상대방으로부터 재화등의 대금을 지급받은 자 또는 상대방과 다단계판매에 관한 계약을 체결한 자를 포함한다. 이하 제2항부터 제8항까지의 규정에서 같다)는 재화등을 반환받은 날부터 3영업일 이내에 이미 지급받은 재화등의 대금을 환급하여야 한다. 다만, 다단계판매업자가 다단계판매원에게 재화등의 대금을 환급할 때에는 대통령령으로 정하는 범위의 비용을 공제할 수 있으며, 다단계판매자가 상대방에게 재화등의 대금 환급을 지연하였을 때에는 그 지연기간에 대한 지연배상금을 지급하여야 한다.

③ 상대방이 신용카드등으로 대금을 지급한 계약에 대하여 청약철회등을 한 경우에는 다단계판매자는 지체 없이 그 결제업자에게 재화등의 대금 청구를 정지하거나 취소할 것을 요청하여야 한다. 다만, 다단계판매자가 결제업자로부터 해당 재화등의 대금을 이미 지급받은 경우에는 지체 없이 이를 결제업자에게 환급하고 그 사실을 상대방에게 알려야 하

며, 환급이 지연되어 상대방이 대금을 결제한 경우에는 결제한 날 이후의 지연기간에 대한 지연배상금을 상대방에게 지급하여야 한다.
④ 제3항 단서에 따라 다단계판매자로부터 재화등의 대금을 환급받은 결제업자는 지체 없이 상대방에게 이를 환급하거나 환급에 필요한 조치를 하여야 하며, 다단계판매자가 정당한 사유 없이 결제업자에게 대금을 환급하지 아니하는 경우 상대방은 환급받을 금액에 대하여 결제업자에게 그 다단계판매자에 대한 다른 채무와 상계할 것을 요청할 수 있고, 결제업자는 대통령령으로 정하는 바에 따라 그 다단계판매자에 대한 다른 채무와 상계할 수 있다.
⑤ 결제업자가 제4항에 따른 상계를 정당한 사유 없이 게을리한 경우 상대방은 결제업자에 대하여 대금 결제를 거부할 수 있다. 이 경우 다단계판매자와 결제업자는 그 결제 거부를 이유로 그 상대방을 약정한 날짜 이내에 채무를 변제하지 아니한 자로 처리하는 등 상대방에게 불이익을 주는 행위를 하여서는 아니 된다.
⑥ 다단계판매자는 제17조에 따른 청약철회등에 따라 재화등의 대금을 환급한 경우 그 환급한 금액이 자신이 다단계판매원에게 공급한 금액을 초과할 때에는 그 차액을 다단계판매원에게 청구할 수 있다.
⑦ 제1항의 경우 다단계판매자는 재화등의 일부가 이미 사용되거나 소비된 경우에는 그 재화등을 사용하거나 일부 소비하여 상대방이 얻은 이익 또는 그 재화등의 공급에 든 비용에 상당하는 금액의 지급을 그 상대방에게 청구할 수 있다.
⑧ 제17조제1항에 따라 준용되는 제8조제1항 또는 제3항에 따른 청약철회등의 경우 공급받은 재화등의 반환에 필요한 비용은 다단계판매자가 부담하며, 다단계판매자는 상대방에게 위약금 또는 손해배상을 청구할 수 없다.
⑨ 다단계판매자, 상대방으로부터 재화등의 대금을 지급받은 자 또는 상대방과 다단계판매에 관한 계약을 체결한 자가 동일인이 아닌 경우 각자는 제1항부터 제5항까지 및 제8항에 따른 재화등의 대금 환급과 관련한 의무의 이행에 있어 연대하여 책임을 진다.

제19조【손해배상청구금액의 제한 등】 소비자에게 책임이 있는 사유로 다단계판매자와의 재화등의 판매계약이 해제된 경우에는 제10조를 준용한다. 이 경우 "방문판매자등"은 "다단계판매자"로, "소비자"는 "상대방"으로 본다.

제20조【후원수당의 지급기준 등】 ① 다단계판매업자는 다단계판매원에게 고지한 후원수당의 산정 및 지급 기준과 다르게 후원수당을 산정·지급하거나 그 밖의 부당한 방법으로 다단계판매원을 차별하여 대우하여서는 아니 된다.
② 다단계판매업자는 후원수당의 산정 및 지급 기준을 객관적이고 명확하게 정하여야 하며, 후원수당의 산정 및 지급 기준을 변경하려는 경우에는 대통령령으로 정한 절차에 따라야 한다.
③ 다단계판매업자가 다단계판매원에게 후원수당으로 지급할 수 있는 총액은 다단계판매업자가 다단계판매원에게 공급한 재화등의 가격(부가가치세를 포함한다) 합계액(이하 이 조에서 "가격합계액"이라 한다)의 100분의 35에 해당하는 금액을 초과하여서는 아니 되며, 가격합계액 및 후원수당 등의 구체적인 산정 방법은 다음과 같다.
1. 가격합계액은 출고 또는 제공 시점을 기준으로 할 것
2. 후원수당 지급액은 그 후원수당의 지급 사유가 발생한 시점을 기준으로 할 것
3. 가격합계액 및 후원수당은 1년을 단위로 산정할 것. 다만, 다단계판매 영업기간이 1년 미만인 경우에는 다단계판매업자의 실제 영업기간을 기준으로 한다.
4. 가격합계액을 산정할 때 위탁의 방법으로 재화등을 공급하는 경우에는 위탁을 받은 다단계판매업자가 다단계판매원에게 판매한 가격을 기준으로 하고, 중개의 방법으로 재화등을 공급하는 경우에는 다단계판매자가 중개를 의뢰한 사업자로부터 받은 수수료를 기준으로 한다.

④ 다단계판매업자는 다단계판매원이 요구하는 경우 후원수당의 산정·지급 명세 등의 열람을 허용하여야 한다.
⑤ 다단계판매업자는 일정 수의 하위판매원을 모집하거나 후원하는 것을 조건으로 하위판매원 또는 그 하위판매원의 판매 실적에 관계없이 후원수당을 차등하여 지급하여서는 아니 된다.

제21조【후원수당 관련 표시·광고 등】 ① 다단계판매업자는 다단계판매원이 되려는 사람 또는 다단계판매원에게 다단계판매원이 받게 될 후원수당이나 소매이익(다단계판매원이 재화등을 판매하여 얻는 이익을 말한다)에 관하여 거짓 또는 과장된 정보를 제공하여서는 아니 된다.
② 다단계판매업자는 다단계판매원이 되려는 사람 또는 다단계판매원에게 전체 다단계판매원에 대한 평균 후원수당 등 후원수당의 지급 현황에 관한 정보를 총리령으로 정하는 기준에 따라 고지하여야 한다.
③ 다단계판매업자는 다단계조직의 운영 방식 또는 활동 내용에 관하여 거짓 또는 과장된 사실을 유포하여서는 아니 된다.

제22조【다단계판매원의 등록 및 탈퇴 등】 ① 다단계판매업자는 다단계판매원이 되려는 사람 또는 다단계판매원에게 등록, 자격 유지 또는 유리한 후

원수당 지급기준의 적용을 조건으로 과다한 재화등의 구입 등 대통령령으로 정하는 수준을 초과한 부담을 지게 하여서는 아니 된다.
② 다단계판매자는 다단계판매원에게 일정 수의 하위판매원을 모집하도록 의무를 지게 하거나 특정인을 그의 동의 없이 자신의 하위판매원으로 등록하여서는 아니 된다.
③ 다단계판매업자는 다단계판매원이 제15조제2항 각 호의 어느 하나에 해당하는 경우에는 그 다단계판매원을 탈퇴시켜야 한다.
④ 다단계판매원은 언제든지 다단계판매업자에게 탈퇴 의사를 표시하고 탈퇴할 수 있으며, 다단계판매업자는 다단계판매원의 탈퇴에 조건을 붙여서는 아니 된다.
⑤ 다단계판매업자는 탈퇴한 다단계판매원의 판매행위 등으로 소비자피해가 발생하지 아니하도록 다단계판매원 수첩을 회수하는 등 필요한 조치를 하여야 한다.

제23조【금지행위】 ① 다단계판매자는 다음 각 호의 어느 하나에 해당하는 행위를 하여서는 아니 된다.
1. 재화등의 판매에 관한 계약의 체결을 강요하거나 청약철회등 또는 계약 해지를 방해할 목적으로 상대방을 위협하는 행위
2. 거짓 또는 과장된 사실을 알리거나 기만적 방법을 사용하여 상대방과의 거래를 유도하거나 청약철회등 또는 계약 해지를 방해하는 행위 또는 재화등의 가격·품질 등에 대하여 거짓 사실을 알리거나 실제보다도 현저히 우량하거나 유리한 것으로 오인시킬 수 있는 행위
3. 청약철회등이나 계약 해지를 방해할 목적으로 주소·전화번호 등을 변경하는 행위
4. 분쟁이나 불만 처리에 필요한 인력 또는 설비가 부족한 상태를 상당 기간 방치하여 상대방에게 피해를 주는 행위
5. 상대방의 청약이 없는데도 일방적으로 재화등을 공급하고 재화등의 대금을 청구하는 등 상대방에게 재화등을 강제로 판매하거나 하위판매원에게 재화등을 판매하는 행위
6. 소비자가 재화를 구매하거나 용역을 제공받을 의사가 없음을 밝혔는데도 전화, 팩스, 컴퓨터통신 등을 통하여 재화를 구매하거나 용역을 제공받도록 강요하는 행위
7. 다단계판매업자에게 고용되지 아니한 다단계판매원을 다단계판매업자에게 고용된 사람으로 오인하게 하거나 다단계판매원으로 등록하지 아니한 사람을 다단계판매원으로 활동하게 하는 행위
8. 제37조에 따른 소비자피해보상보험계약등을 체결하지 아니하고 영업하는 행위
9. 상대방에게 판매하는 개별 재화등의 가격을 대통령령으로 정하는 금액을 초과하도록 정하여 판매하는 행위
10. 본인의 허락을 받지 아니하거나 허락받은 범위를 넘어 소비자에 관한 정보를 이용하는 행위. 다만, 다음 각 목의 어느 하나에 해당하는 경우는 제외한다.
    가. 재화등의 배송 등 소비자와의 계약을 이행하기 위하여 불가피한 경우로서 대통령령으로 정하는 경우
    나. 재화등의 거래에 따른 대금을 정산하기 위하여 필요한 경우
    다. 도용을 방지하기 위하여 본인임을 확인할 때 필요한 경우로서 대통령령으로 정하는 경우
    라. 법률의 규정 또는 법률에 따라 필요한 불가피한 사유가 있는 경우
11. 다단계판매조직 및 다단계판매원의 지위를 양도·양수하는 행위. 다만, 다단계판매원의 지위를 상속하는 경우 또는 사업의 양도·양수·합병의 경우에는 그러하지 아니하다.

② 다단계판매업자는 다단계판매원으로 하여금 제1항의 금지행위를 하도록 교사(教唆)하거나 방조(幇助)하여서는 아니 된다.
③ 공정거래위원회는 이 법 위반행위의 방지 및 소비자피해의 예방을 위하여 다단계판매자가 지켜야 할 기준을 정하여 고시할 수 있다.

제24조【사행적 판매원 확장행위 등의 금지】 ① 누구든지 다단계판매조직 또는 이와 비슷하게 단계적으로 가입한 자로 구성된 조직을 이용하여 다음 각 호의 어느 하나에 해당하는 행위를 하여서는 아니 된다. (2013.5.28 본항개정)
1. 재화등의 거래 없이 금전거래를 하거나 재화등의 거래를 가장하여 사실상 금전거래만을 하는 행위로서 다음 각 목의 어느 하나에 해당하는 행위
    가. 판매원에게 재화등을 그 취득가격이나 시장가격보다 10배 이상과 같이 현저히 높은 가격으로 판매하면서 후원수당을 지급하는 행위
    나. 판매원과 재화등의 판매계약을 체결한 후 그에 상당하는 재화등을 정당한 사유 없이 공급하지 아니하면서 후원수당을 지급하는 행위
    다. 그 밖에 판매업자의 재화등의 공급능력, 소비자에 대한 재화등의 공급실적, 판매업자와 소비자 사이의 재화등의 공급계약이나 판매계약, 후원수당의 지급조건 등에 비추어 그 거래의 실질이 사실상 금전거래인 행위
2. 판매원 또는 판매원이 되려는 자에게 하위판매원 모집 자체에 대하여 경제적 이익을 지급하거

나 정당한 사유 없이 후원수당 외의 경제적 이익을 지급하는 행위
3. 제20조제3항(제29조제3항에 따라 준용되는 경우를 포함한다)에 위반되는 후원수당의 지급을 약속하여 판매원을 모집하거나 가입을 권유하는 행위
4. 판매원 또는 판매원이 되려는 자에게 가입비, 판매 보조 물품, 개인 할당 판매액, 교육비 등 그 명칭이나 형태와 상관없이 10만원 이하로서 대통령령으로 정하는 수준을 초과한 비용 또는 그 밖의 금품을 징수하는 등 의무를 부과하는 행위
5. 판매원에 대하여 상품권[그 명칭이나 형태와 상관없이 발행자가 일정한 금액이나 재화등의 수량이 기재된 무기명증표를 발행하고 그 소지자가 발행자 또는 발행자가 지정하는 자(이하 이 조에서 "발행자등"이라 한다)에게 이를 제시 또는 교부하거나 그 밖의 방법으로 사용함으로써 그 증표에 기재된 내용에 따라 발행자등으로부터 재화등을 제공받을 수 있는 유가증권을 말한다. 이하 이 조에서 같다]을 판매하는 행위로서 다음 각 목의 어느 하나에 해당하는 행위
   가. 판매업자가 소비자에게 판매한 상품권을 다시 매입하거나 다른 자로 하여금 매입하도록 하는 행위
   나. 발행자등의 재화등의 공급능력, 소비자에 대한 재화등의 공급실적, 상품권의 발행규모 등에 비추어 그 실질이 재화등의 거래를 위한 것으로 볼 수 없는 수준의 후원수당을 지급하는 행위
6. 사회적인 관계 등을 이용하여 다른 사람에게 판매원으로 등록하도록 강요하거나 재화등을 구매하도록 강요하는 행위
7. 판매원 또는 판매원이 되려는 사람에게 본인의 의사에 반하여 교육·합숙 등을 강요하는 행위
8. 판매원을 모집하기 위한 것이라는 목적을 명확하게 밝히지 아니하고 취업·부업 알선, 설명회, 교육회 등을 거짓 명목으로 내세워 유인하는 행위

② 다단계판매업자는 다단계판매원으로 하여금 제1항의 금지행위를 하도록 교사하거나 방조하여서는 아니 된다.

제25조【소비자 등의 침해정지 요청】 제23조 또는 제24조를 위반한 다단계판매자의 행위로 이익을 침해받거나 침해받을 우려가 있는 자 또는 대통령령으로 정하는 소비자단체 등은 그 행위가 현저한 손해를 주거나 줄 우려가 있는 경우에는 그 행위에 대하여 대통령령으로 정하는 바에 따라 공정거래위원회에 침해의 정지에 필요한 조치를 요청할 수 있다.

제26조【다단계판매업자의 휴업기간 중 업무처리 등】 ① 다단계판매업자는 그 휴업기간 또는 영업정지기간 중에도 제17조제1항에 따라 준용되는 제8조제1항 및 제3항에 따른 청약철회등의 업무와 제18조제1항부터 제8항까지의 규정에 따른 청약철회등에 따른 업무를 계속하여야 한다.

② 다단계판매원은 다단계판매업자가 폐업하거나 그 등록이 취소된 경우 그 폐업 또는 등록취소 당시 판매하지 못한 재화등을 다른 사람에게 판매한 때에는 그 다단계판매원이 청약철회등에 따라 반환되는 재화등을 반환받고, 재화등을 반환받은 날부터 3영업일 이내에 재화등의 대금을 환급하여야 한다.

③ 제13조제1항에 따라 공정거래위원회에 등록하거나 시·도지사에게 등록한 다단계판매업자가 파산선고를 받거나 관할 세무서에 폐업신고를 한 경우 또는 6개월을 초과하여 영업을 하지 아니하는 등 실질적으로 영업을 할 수 없다고 판단되는 경우에는 등록을 받은 행정기관의 장은 그 등록을 직권으로 말소할 수 있다.

제27조【주소 변경 등의 공고】 다단계판매업자가 다음 각 호의 어느 하나에 해당하는 경우 공정거래위원회 또는 시·도지사는 총리령으로 정하는 바에 따라 그 사실을 공고하여야 한다.
1. 상호 또는 주된 사업장의 주소·전화번호를 변경한 경우
2. 제13조제3항에 따른 휴업신고 또는 폐업신고를 한 경우
3. 제49조제4항 또는 제5항에 따라 영업정지처분을 받거나 등록이 취소된 경우

제28조【다단계판매업자의 책임】 ① 다단계판매업자는 다단계판매원이 자신의 하위판매원을 모집하거나 다단계판매업자의 재화등을 소비자에게 판매할 때 제23조 또는 제24조를 위반하지 아니하도록 다단계판매원에게 해당 규정의 내용을 서면이나 전자우편으로 고지하여야 한다.

② 다단계판매업자가 제1항에 따른 고지의무를 게을리한 경우에 다단계판매원이 제23조 또는 제24조를 위반하여 다른 다단계판매원 또는 소비자에게 입힌 재산상 손해는 대통령령으로 정하는 바에 따라 다단계판매업자가 배상 책임을 진다. 이 경우 다단계판매업자는 다단계판매원에게 구상권을 행사할 수 있다.

제29조【후원방문판매자의 의무】 ① 후원방문판매자는 후원방문판매원에게 판매원 자신의 직근 하위판매원이 아닌 다른 후원방문판매원의 구매·판매 등의 실적과 관련하여 후원수당을 지급하거나 이러한 지급을 약속하여 후원방문판매원을 모집하는 행위를 하여서는 아니 된다.

② 제3항에도 불구하고 후원방문판매업자가 후원방문판매원에게 공급한 재화등의 100분의 70 이상

을 판매원이 아닌 소비자에게 판매한 경우에는 대통령령으로 정하는 바에 따라 제20조제3항, 제23조제1항제8호・제9호 및 제37조를 적용하지 아니한다. 다만, 전자거래의 방법으로 판매하는 경우에는 해당 규정을 적용한다. (2023.3.21 본항개정)
③ 후원방문판매자에게 다음 각 호의 규정을 준용한다. 이 경우 "다단계판매"는 "후원방문판매"로, "방문판매자등"과 "다단계판매자"는 "후원방문판매자"로, "방문판매업자등"과 "다단계판매업자"는 "후원방문판매업자"로, "방문판매원등"과 "다단계판매원"은 "후원방문판매원"으로, "다단계판매조직"은 "후원방문판매조직"으로 본다.
1. 제6조, 제13조, 제14조 및 제15조제2항. 다만, 제13조제1항제2호는 준용하지 아니하며, 제13조제1항제3호는 "제37조에 따른 소비자피해보상보험계약등의 체결 증명서류 또는 제29조제2항에 해당함을 증명하는 서류"로 본다.
2. 제16조부터 제28조까지의 규정. 이 경우 제20조제3항 각 호 외의 부분 중 "100분의 35"는 "100분의 38"로 본다.

제4장 계속거래 및 사업권유거래

제30조【계속거래업자등의 소비자에 대한 정보제공의무 등】 ① 계속거래 또는 사업권유거래(이하 "계속거래등"이라 한다)를 업으로 하는 자(이하 "계속거래업자등"이라 한다)는 대통령령으로 정하는 금액 및 기간 이상을 거래조건으로 하는 계속거래등에 관한 계약을 체결하는 경우에는 계약을 체결하기 전에 소비자(사업권유거래에서 재화등을 구매하는 자를 포함한다. 이하 이 장에서 같다)가 계약 내용을 이해할 수 있도록 다음 각 호의 사항을 설명하여야 한다.
1. 계속거래업자등의 성명(법인인 경우에는 대표자의 성명을 말한다), 상호, 주소, 전화번호 및 전자우편주소
2. 계속거래를 통하여 판매하는 재화등(계속거래와 관련하여 따로 구입할 필요가 있는 다른 재화등이 있는 경우에는 그 재화등을 포함한다)이나 사업권유거래를 통하여 판매하는 재화등의 명칭, 종류 및 내용
3. 재화등의 대금(가입비, 설치비 등 명칭에 상관없이 재화등의 거래와 관련하여 지급하는 모든 금액을 포함한다. 이하 이 장에서 같다)과 그 지급 시기 및 방법
4. 재화등의 거래방법과 거래 기간 및 시기
5. 사업권유거래의 경우에는 제공되는 사업에 관한 거래조건으로 대통령령으로 정하는 사항
6. 제31조에 따른 계약 해지와 그 행사방법・효과에 관한 사항 및 해지권의 행사에 필요한 서식
7. 소비자피해 보상, 재화등에 대한 불만 및 소비자와 사업자 사이의 분쟁 처리에 관한 사항
8. 거래에 관한 약관
9. 그 밖에 거래 여부 판단에 영향을 주는 거래조건 또는 소비자피해 구제에 필요한 사항으로서 대통령령으로 정하는 사항

② 계속거래업자등은 재화등의 판매에 관한 계약을 체결할 때에는 제1항 각 호의 사항을 적은 계약서를 소비자에게 발급하여야 한다.
③ 계속거래를 업으로 하는 자는 소비자에게 용역을 공급하는 계약으로서 소비자의 별도 의사표시가 없는 한 자동으로 갱신되는 계약을 체결한 경우에는 그 계약 종료일의 50일 전부터 20일 전까지의 기간에 소비자에게 종료일이 다가오고 있음을 서면이나 전자우편으로 통지하여야 한다. 다만, 거래기간이 2개월 이내의 계약인 경우나 소비자가 재계약 체결 또는 계약 갱신의 의사를 표시한 경우에는 그 통지를 생략할 수 있다.
④ 계속거래업자등이 미성년자와 제1항에 따른 계약을 체결하는 경우에는 제7조제3항을 준용한다.
⑤ 계속거래업자등은 제1항 및 제2항에 따라 소비자에게 설명하거나 표시한 거래조건을 신의에 좇아 성실하게 이행하여야 한다.

제31조【계약의 해지】 계속거래업자등과 계속거래등의 계약을 체결한 소비자는 계약기간 중 언제든지 계약을 해지할 수 있다. 다만, 다른 법률에 별도의 규정이 있거나 거래의 안전 등을 위하여 대통령령으로 정하는 경우에는 그러하지 아니하다.

제32조【계약 해지 또는 해제의 효과와 위약금 등】 ① 계속거래업자등은 자신의 책임이 없는 사유로 계속거래등의 계약이 해지 또는 해제된 경우 소비자에게 해지 또는 해제로 발생하는 손실을 현저하게 초과하는 위약금을 청구하여서는 아니 되고, 가입비나 그 밖에 명칭에 상관없이 실제 공급된 재화등의 대가를 초과하여 수령한 대금의 환급을 부당하게 거부하여서는 아니 된다.
② 계속거래등의 계약이 해지 또는 해제된 경우 소비자는 반환할 수 있는 재화등을 계속거래업자등에게 반환할 수 있으며, 계속거래업자등은 대통령령으로 정하는 바에 따라 대금 환급 또는 위약금 경감 등의 조치를 하여야 한다.
③ 계속거래업자등은 자신의 책임이 없는 사유로 계약이 해지 또는 해제된 경우 소비자로부터 받은 재화등의 대금(재화등이 반환된 경우 환급하여야 할 금액을 포함한다)이 이미 공급한 재화등의 대금에 위약금을 더한 금액보다 많으면 그 차액을 소비자에게 환급하여야 한다. 이 경우 환급이 지연되는 경우에는 총리령으로 정하는 지연기간에 대한 지연배상금을 함께 환급하여야 한다.

④ 공정거래위원회는 제1항에 따른 위약금 청구와 제2항에 따른 대금 환급 또는 위약금 경감과 관련된 분쟁을 방지하기 위하여 필요한 경우 위약금 및 대금의 환급에 관한 산정기준을 정하여 고시할 수 있다.

제33조【거래기록 등의 열람】 계속거래업자등은 대통령령으로 정하는 바에 따라 재화등의 거래기록 등을 언제든지 소비자가 열람할 수 있게 하여야 한다.

제34조【금지행위 등】 ① 계속거래업자등은 다음 각 호의 어느 하나에 해당하는 행위를 하여서는 아니 된다.

1. 계속거래등의 계약을 체결하게 하거나 계약의 해지 또는 해제를 방해하기 위하여 소비자를 위협하는 행위
2. 거짓 또는 과장된 사실을 알리거나 기만적 방법을 사용하여 소비자를 유인 또는 거래하거나 계약의 해지 또는 해제를 방해하는 행위
3. 계속거래등에 필요한 재화등을 통상적인 거래가격보다 현저히 비싼 가격으로 구입하게 하는 행위
4. 소비자가 계속거래등의 계약을 해지 또는 해제하였는데도 정당한 사유 없이 이에 따른 조치를 지연하거나 거부하는 행위
5. 계약의 해지 또는 해제를 방해할 목적으로 주소·전화번호 등을 변경하는 행위
6. 분쟁이나 불만 처리에 필요한 인력 또는 설비가 부족한 상태를 상당 기간 방치하여 소비자에게 피해를 주는 행위
7. 소비자의 청약이 없는데도 일방적으로 재화등을 공급하고 재화등의 대금을 청구하는 행위
8. 소비자가 재화를 구매하거나 용역을 제공받을 의사가 없음을 밝혔는데도 전화, 팩스, 전자우편 등을 통하여 재화를 구매하거나 용역을 제공받도록 강요하는 행위

② 공정거래위원회는 이 법 위반행위의 방지 및 소비자피해의 예방을 위하여 계속거래업자등이 지켜야 할 기준을 정하여 고시할 수 있다.

제5장 소비자권익의 보호

제35조【소비자보호지침의 제정 등】 ① 공정거래위원회는 특수판매에서의 건전한 거래질서 확립 및 소비자(다단계판매원, 후원방문판매원 및 사업권유거래의 상대방을 포함한다. 이하 이 장에서 같다)의 보호를 위하여 사업자의 자율적 준수를 유도하기 위한 지침(이하 "소비자보호지침"이라 한다)을 관련 분야의 거래당사자, 기관 및 단체의 의견을 들어 정할 수 있다.

② 특수판매를 업으로 하는 자(이하 "특수판매업자"라 한다)는 그가 사용하는 약관 등 계약의 내용이 소비자보호지침의 내용보다 소비자에게 불리한 경우 소비자보호지침과 다르게 정한 그 계약의 내용을 소비자가 알기 쉽게 표시하거나 고지하여야 한다.

제36조【특수판매업자의 입증책임】 ① 다음 각 호의 사항에 관하여 계약 상대방과 다툼이 있는 경우에는 특수판매업자가 이를 증명하여야 한다. 이 경우 특수판매업자는 증명에 필요한 통화 내용 등에 대한 거래기록을 대통령령으로 정하는 바에 따라 보관할 수 있다.

1. 재화등의 훼손에 대한 소비자의 책임 유무
2. 계약이 체결된 사실 및 그 시기
3. 재화등의 공급 사실 및 그 시기
4. 계약서의 발급 사실 및 그 시기
5. 입증책임에 관한 별도의 약정이 없는 그 밖의 거래 사실

② 특수판매업자는 제1항에 따른 증명에 필요한 통화내용 등 거래기록을 미리 보존할 수 있다. 이 경우 특수판매업자는 거래기록을 그 대상·범위·기간 및 열람 방법 등에 관하여 대통령령으로 정하는 바에 따라 보존하여야 한다.

제37조【소비자피해보상보험계약등】 ① 제13조제1항 및 제29조제3항에 따라 등록하려는 다단계판매업자 및 후원방문판매업자는 다음 각 호의 어느 하나에 해당하는 계약(이하 "소비자피해보상보험계약등"이라 한다)을 체결하여야 한다.

1. 소비자피해 보상을 위한 보험계약
2. 소비자피해 보상금의 지급을 확보하기 위한 채무지급보증계약
3. 제38조에 따라 설립된 공제조합과의 공제계약

② 공정거래위원회는 방문판매등 및 계속거래등에서의 소비자보호를 위하여 소비자피해보상보험계약등을 체결하도록 권장할 수 있다.

③ 소비자피해보상보험계약등의 내용은 이 법 위반행위로 인한 소비자피해를 보상하기에 적절한 수준이어야 하며, 그 구체적인 기준은 대통령령으로 정한다.

④ 소비자피해보상보험계약등에 따라 소비자피해보상금을 지급할 의무가 있는 자는 그 지급 사유가 발생한 경우에는 지체 없이 이를 지급하여야 하고, 이를 지연한 경우에는 지연배상금을 지급하여야 한다.

⑤ 소비자피해보상보험계약등을 체결 또는 유지하는 다단계판매업자와 후원방문판매업자는 매출액 등의 자료를 제출할 때 거짓 자료를 제출하여서는 아니 된다.

⑥ 소비자피해보상보험계약등을 체결한 자는 그 사실을 나타내는 표지를 사용할 수 있다.

⑦ 소비자피해보상보험계약등을 체결하지 아니한 자는 제6항에 따른 표지를 사용하거나 이와 비슷한 표지를 제작 또는 사용하여서는 아니 된다.

제38조【공제조합의 설립】 ① 제5조제1항에 따라 신고하거나 제13조제1항 또는 제29조제3항에 따라 등록한 사업자는 소비자피해보상에 대한 보상금 지급을 책임지는 보험사업 등 제37조제1항제3호에 따른 공제사업을 운영하기 위하여 공정거래위원회의 인가를 받아 공제조합(이하 "공제조합"이라 한다)을 설립할 수 있으며, 인가의 기준은 대통령령으로 정한다.

② 공제조합은 법인으로 하며, 주된 사무소의 소재지에서 설립등기를 함으로써 성립한다.

③ 공제조합에 가입한 자는 공제사업의 수행에 필요한 출자금 등을 조합에 내야 한다.

④ 공제조합의 기본재산은 대통령령으로 정하는 바에 따라 가입한 자의 출자금 등으로 조성하되, 공제조합의 기본재산의 운영에 관한 사항은 공정거래위원회의 인가를 받아야 한다. 다만, 정부는 예산의 범위에서 출연(出捐)하거나 보조할 수 있다.

⑤ 공제조합의 가입자격, 임원에 관한 사항 및 출자금의 부담기준에 관한 사항은 정관으로 정한다.

⑥ 공제조합의 설립인가 절차, 정관 기재 사항, 운영, 이사회의 구성 및 권한, 임원의 선임, 감독 등에 관하여 필요한 사항은 대통령령으로 정한다.

⑦ 공제조합이 제1항에 따른 공제사업을 하려는 경우에는 공제규정을 정하여 공정거래위원회의 인가를 받아야 한다. 공제규정을 변경하려는 경우에도 또한 같다.

⑧ 제7항의 공제규정에는 공제사업의 범위, 공제료, 공제사업에 충당하기 위한 책임준비금 등 공제사업의 운영에 필요한 사항을 정하여야 한다.

⑨ 공제조합에 관하여 이 법에 규정된 것을 제외하고는 「민법」 중 사단법인에 관한 규정을 준용한다.

⑩ 이 법에 따른 공제조합의 사업에 대하여는 「보험업법」을 적용하지 아니한다.

제39조【공제조합의 감독】 ① 공정거래위원회는 필요하다고 인정하면 공제조합에 대하여 업무 및 회계에 관한 보고서 제출 또는 그 밖에 필요한 조치를 명하거나 소속 공무원으로 하여금 공제조합의 업무 및 회계 상황을 조사하거나 장부 또는 그 밖의 서류를 검사하게 할 수 있다.

② 공정거래위원회는 공제조합의 운영 및 업무 집행 등이 법령이나 정관 등에 적합하지 아니한 경우 그 시정을 명할 수 있고, 그 밖에 소비자의 피해 구제 등과 관련하여 필요한 경우에는 적합한 조치를 요구할 수 있다.

③ 공정거래위원회는 공제조합의 임직원이 다음 각 호의 어느 하나에 해당하는 경우에는 관련 임직원에 대한 징계·해임을 요구하거나 해당 위반행위를 시정하도록 명할 수 있다.

1. 제38조제7항에 따른 공제규정을 위반하여 업무를 처리한 경우
2. 제2항에 따른 시정명령이나 조치를 이행하지 아니한 경우

④ 제1항에 따라 조사 또는 검사를 하는 공무원은 그 권한을 표시하는 증표를 지니고 이를 관계인에게 보여주어야 한다.

제40조【공제조합의 사업】 공제조합은 다음 각 호의 사업을 시행한다.

1. 소비자피해 보상을 위한 공제사업 및 소비자의 권익보호를 위한 공익사업
2. 소비자피해 예방과 홍보를 위한 출판 및 교육사업
3. 시장의 건전한 발전을 위한 자율정화사업
4. 공정거래위원회로부터 위탁받은 사업
5. 그 밖에 정관으로 정하는 사업

제41조【특수판매 소비자단체 등의 지원】 공정거래위원회는 특수판매에서의 공정거래질서 확립 및 소비자권익 보호를 위한 사업을 시행하는 기관 또는 단체에 대하여 예산의 범위에서 필요한 지원을 할 수 있다.

제42조【전화권유판매 수신거부의사 등록시스템 등】 ① 공정거래위원회는 전화권유판매자의 행위로부터 소비자를 보호하기 위하여 소비자가 수신거부의사를 명시적으로 표시하여 등록할 수 있는 수신거부의사 등록시스템(이하 이 조에서 "등록시스템"이라 한다)을 구축할 수 있다.

② 전화권유판매자는 전화권유판매를 하려는 경우에는 대통령령으로 정하는 바에 따라 등록시스템에서 소비자의 수신거부의사 등록 여부를 확인하여야 하며, 전화권유판매 수신거부의사를 등록한 소비자에게 전화권유판매를 하여서는 아니 된다. 다만, 전화권유판매업자가 총리령으로 정하는 바에 따라 소비자로부터 개별적인 동의를 받은 경우에는 그러하지 아니하다.

③ 공정거래위원회는 등록시스템의 운용을 다음 각 호의 어느 하나에 해당하는 기관 또는 단체에 위탁할 수 있으며, 해당 기관 또는 단체에 그 원활한 운용에 필요한 비용의 전부 또는 일부를 지원할 수 있다.

1. 「소비자기본법」에 따라 설립된 기관 또는 등록된 소비자단체
2. 그 밖에 제54조에 따라 등록된 사업자단체 또는 다른 법률에 따라 소비자보호를 위하여 설립된 기관 또는 단체

④ 제3항에 따라 운용을 위탁받을 수 있는 대상 기관 또는 단체의 선정 절차 및 기준은 대통령령으로 정한다.

⑤ 공정거래위원회는 제3항에 따른 위탁사무의 적

정한 운용 및 관리를 위하여 필요하다고 인정하는 경우에는 자료의 제출을 요구하거나 소속 공무원으로 하여금 해당 위탁사무를 조사하게 할 수 있다. 이 경우 조사의 방법·절차 등에 관하여는 대통령령으로 정한다.
⑥ 공정거래위원회는 제3항에 따라 위탁사업자로 선정된 자가 제1호 또는 제2호에 해당하게 된 경우에는 그 선정을 취소하여야 하며, 제3호 또는 제4호에 해당하게 된 경우에는 그 선정을 취소할 수 있다.
1. 거짓 또는 부정한 방법으로 위탁사업자로 선정된 경우
2. 등록시스템을 제1항에 따른 목적 외의 목적으로 이용하거나 제3자로 하여금 이용하게 한 경우
3. 제4항에 따른 선정기준을 충족하지 못하게 된 경우
4. 제5항에 따른 조사 결과 원래의 선정 목적을 달성하기 어렵다고 인정되는 경우
⑦ 제1항부터 제6항까지에서 규정한 사항 외에 등록시스템의 구축 및 운영에 관하여 필요한 사항은 총리령으로 정한다.

제6장 조사 및 감독

제43조【위반행위의 조사 등】 ① 공정거래위원회, 시·도지사 또는 시장·군수·구청장(이하 "행정청"이라 한다)은 이 법을 위반한 사실이 있다고 인정할 때에는 직권으로 필요한 조사를 할 수 있다. 다만, 다단계판매 및 후원방문판매와 관련된 규정의 위반 사실에 대하여는 공정거래위원회 또는 시·도지사가 조사를 할 수 있다.
② 시·도지사 또는 시장·군수·구청장이 제1항에 따른 조사를 하려는 경우에는 공정거래위원회에 통보하여야 하며, 공정거래위원회는 조사 등이 중복될 우려가 있는 경우에는 시·도지사 또는 시장·군수·구청장에게 조사의 중지를 요청할 수 있다. 이 경우 요청을 받은 시·도지사 또는 시장·군수·구청장은 상당한 이유가 없으면 그 조사를 중지하여야 한다.
③ 행정청은 제1항에 따라 조사를 한 경우에는 그 결과(조사 결과 시정조치명령 등의 처분을 하려는 경우에는 그 처분의 내용을 포함한다)를 해당 사건의 당사자에게 문서로 알려야 한다.
④ 공정거래위원회는 제1항의 조사를 위하여 「소비자기본법」 제33조에 따른 한국소비자원(이하 이 조에서 "한국소비자원"이라 한다)과 합동으로 조사반을 구성할 수 있다. 이 경우 조사반의 구성과 조사에 관한 구체적 방법과 절차, 그 밖에 필요한 사항은 대통령령으로 정한다.
⑤ 공정거래위원회는 합동조사반의 구성원이 되는 한국소비자원 임직원에 대하여 예산의 범위에서 수당이나 여비를 지급할 수 있다.
⑥ 제4항에 따라 해당 업무를 담당하는 한국소비자원의 임직원은 「형법」 제127조와 제129조부터 제132조까지의 규정에 따른 벌칙을 적용할 때에는 공무원으로 본다.
⑦ 누구든지 이 법의 규정에 위반되는 사실이 있다고 인정할 때에는 그 사실을 행정청에 신고할 수 있다. 다만, 다단계판매 및 후원방문판매와 관련된 규정에 위반되는 사실에 대하여는 공정거래위원회 또는 시·도지사에게 신고할 수 있다.
⑧ 공정거래위원회는 이 법을 위반하는 행위가 끝난 날부터 5년이 지난 경우 그 위반행위에 대하여는 제49조에 따른 시정조치를 명하거나 제51조에 따른 과징금을 부과하지 아니한다. 다만, 시정조치 또는 과징금 부과처분이 판결의 취지에 따라 취소된 경우로서 그 판결 이유에 따라 새로운 처분을 하는 경우에는 그러하지 아니하다.

제43조의2【실태조사 등】 ① 공정거래위원회는 특수판매에서의 건전한 거래질서 확립 및 소비자 보호를 위하여 특수판매에 대한 실태조사와 교육을 실시할 수 있다.
② 제1항에 따른 실태조사의 방법, 절차 등에 필요한 사항은 대통령령으로 정한다.
(2014.1.28 본조신설)

제44조【포상금의 지급】 ① 공정거래위원회는 다음 각 호의 어느 하나에 해당하는 위반행위를 신고 또는 제보하고 이를 입증할 수 있는 증거자료를 제출한 자에 대하여 예산의 범위에서 포상금을 지급할 수 있다.
1. 제13조제1항 또는 제29조제3항을 위반하여 등록을 하지 아니하고 다단계판매조직 또는 후원방문판매조직을 개설·관리 또는 운영하는 행위
2. 제24조를 위반한 행위
② 제1항에 따른 포상금의 지급대상이 되는 이 법 위반행위 및 포상금 지급대상자의 범위, 포상금 지급의 기준·절차 등에 관하여 필요한 사항은 대통령령으로 정한다.

제44조의2【포상금의 환수 등】 ① 공정거래위원회는 제44조제1항에 따라 포상금을 지급한 후 다음 각 호의 어느 하나에 해당하는 사실이 발견된 경우에는 해당 포상금을 지급받은 자에게 반환할 금액을 통지하여야 하고, 해당 포상금을 지급받은 자는 그 통지를 받은 날부터 30일 이내에 이를 납부하여야 한다.
1. 위법 또는 부당한 방법의 증거수집, 허위신고, 거짓진술, 증거위조 등 부정한 방법으로 포상금을 지급받은 경우
2. 동일한 원인으로 다른 법령에 따라 포상금 등을

지급받은 경우
3. 그 밖에 착오 등의 사유로 포상금이 잘못 지급된 경우
② 공정거래위원회는 제1항에 따라 포상금을 반환하여야 할 자가 납부 기한까지 그 금액을 납부하지 아니한 때에는 국세 체납처분의 예에 따라 징수할 수 있다.
(2018.6.12 본조신설)

제45조【부당행위에 대한 정보의 공개】 공정거래위원회는 특수판매의 공정거래질서 확립과 소비자피해 예방을 위하여 필요한 경우에는 대통령령으로 정하는 바에 따라 특수판매업자의 이 법 위반행위에 대한 조사 결과 등 부당행위에 대한 정보를 공개할 수 있다.

제46조【평가·인증 사업의 공정화】 ① 특수판매의 공정거래질서 확립 및 소비자보호를 위하여 관련 특수판매업자의 평가·인증 등의 업무를 하는 자(이하 "평가·인증사업자"라 한다)는 그 명칭에 상관없이 대통령령으로 정하는 바에 따라 그 평가·인증에 관한 기준·방법 등을 공시하고, 그에 따라 공정하게 평가·인증하여야 한다.
② 제1항에 따른 평가·인증의 기준 및 방법은 특수판매업자가 거래의 공정화 및 소비자보호를 위하여 기울인 노력과 그 성과에 관한 정보를 전달하는 데에 적절한 것이어야 한다.
③ 공정거래위원회는 평가·인증사업자에게 운용상황 등에 관한 자료를 제출하도록 할 수 있다.

제47조【보고 및 감독】 ① 시·도지사 또는 시장·군수·구청장은 제48조에 따른 시정권고를 하는 경우에는 대통령령으로 정하는 바에 따라 공정거래위원회에 보고하여야 한다.
② 공정거래위원회는 이 법의 효율적인 시행을 위하여 필요하다고 인정할 때에는 그 소관 사항에 관하여 시·도지사 또는 시장·군수·구청장 등에게 조사·확인 또는 자료의 제출을 요구하거나 그 밖에 시정에 필요한 조치를 하도록 요구할 수 있다. 이 경우 시·도지사 또는 시장·군수·구청장은 특별한 사유가 없으면 이에 따라야 한다.

제7장 시정조치 및 과징금 부과

제48조【위반행위의 시정권고】 ① 행정청은 사업자가 이 법에 위반되는 행위를 하거나 이 법에 따른 의무를 이행하지 아니하는 경우 제49조에 따른 시정조치를 하기 전에 그 사업자가 해당 행위의 중지, 이 법에 따른 의무의 이행, 그 밖에 소비자피해 예방 및 구제에 필요한 조치를 하도록 시정 방안을 정하여 그 사업자에게 이에 따를 것을 권고할 수 있다. 이 경우 해당 사업자가 그 권고를 수락한 경우에는 제3항에 따라 시정조치가 내려진 것으로 본다는 뜻을 함께 통지하여야 한다.
② 제1항에 따라 시정권고를 받은 사업자는 그 통지를 받은 날부터 10일 이내에 그 권고의 수락 여부를 시정권고를 한 행정청에 통지하여야 한다.
③ 제1항에 따라 시정권고를 받은 사업자가 이를 수락한 때에는 제49조에 따른 시정조치가 내려진 것으로 본다.

제49조【시정조치 등】 ① 공정거래위원회는 사업자가 다음 각 호의 어느 하나(제29조제3항에 따라 준용되는 경우를 포함한다)에 해당하는 행위를 하거나 이 법에 따른 의무를 이행하지 아니하는 경우 해당 사업자 등에 대하여 그 시정을 위한 조치를 명할 수 있다. (2018.6.12, 2021.4.20 본항개정)
1. 제5조제1항부터 제3항까지, 제6조, 제7조제1항부터 제3항까지 및 제5항, 제7조의2, 제8조제5항, 제9조, 제10조제1항, 제12조제1항, 제13조제1항부터 제3항까지 및 제7항, 제14조부터 제24조까지, 제26조제1항 및 제2항, 제28조, 제29조제1항 및 제2항, 제30조, 제32조제1항부터 제3항까지, 제33조, 제35조제2항, 제37조제1항·제4항·제5항 및 제7항, 제42조제2항, 제46조제1항 및 제2항, 제55조를 위반하는 경우
2. 제11조제1항 각 호의 어느 하나, 제23조제1항 각 호의 어느 하나, 제24조제1항 각 호의 어느 하나 또는 제34조제1항 각 호의 어느 하나에 해당하는 금지행위를 한 경우
3. 제36조제2항 후단에 따라 거래기록을 보존하는 특수판매업자가 거래기록의 대상·범위·기간 및 열람 방법 등에 관하여 대통령령으로 정하는 바에 따라 보존하지 아니한 경우
② 제1항에 따른 시정을 위한 조치는 다음 각 호의 어느 하나에 해당하는 조치를 포함한다.
1. 해당 위반행위의 중지
2. 이 법에 규정된 의무의 이행
3. 시정조치를 받은 사실의 공표
4. 소비자피해 예방 및 구제에 필요한 조치
5. 그 밖에 시정을 위하여 필요한 조치
③ 제2항제3호에 따른 시정조치를 받은 사실의 공표에 필요한 사항은 대통령령으로 정한다.
④ 공정거래위원회는 사업자가 다음 각 호의 어느 하나에 해당하는 경우에는 대통령령으로 정하는 바에 따라 1년 이내의 기간을 정하여 그 영업의 전부 또는 일부의 정지를 명할 수 있다.
1. 제1항의 시정조치에도 불구하고 최근 3년간 같은 위반행위가 2회 이상 반복되는 경우(행위의 기준은 처분일로 한다)
2. 시정조치를 이행하지 아니한 경우
3. 시정조치만으로는 소비자피해를 방지하기 어렵거나 소비자에 대한 피해보상이 불가능하다고

판단되는 경우
⑤ 공정거래위원회 또는 시·도지사는 사업자가 제1호에 해당하는 경우(제29조제3항에 따라 준용되는 경우를 포함한다)에는 그 등록을 취소하여야 하고, 제2호부터 제4호까지의 규정에 해당하는 경우(제29조제3항에 따라 준용되는 경우를 포함한다)에는 대통령령으로 정하는 바에 따라 그 등록을 취소할 수 있다.
1. 속임수나 그 밖의 부정한 방법으로 제13조제1항에 따른 등록을 한 경우
2. 제14조 각 호의 결격사유에 해당하게 된 경우
3. 소비자피해보상보험계약등이 해지된 경우
4. 영업정지기간 중에 영업을 하는 경우

제50조【소비자피해분쟁조정의 요청】 ① 행정청은 이 법 위반행위와 관련하여 소비자의 피해 구제 신청이 있으면 제48조에 따른 시정권고 또는 제49조에 따른 시정조치를 하기 전에 특수판매에 관한 소비자보호 관련 업무를 수행하는 기관 또는 단체 가운데 대통령령으로 정하는 소비자피해분쟁조정기구에 그 조정을 의뢰할 수 있다.
② 행정청은 제1항에 따라 의뢰된 조정안을 당사자가 수락하고 이행하는 경우에는 제49조에 따른 시정조치를 하지 아니한다는 뜻을 당사자에게 알려야 한다.
③ 공정거래위원회는 제1항에 따라 의뢰된 조정안을 당사자가 수락하고 이행한 경우에는 대통령령으로 정하는 바에 따라 제49조에 따른 시정조치를 하지 아니한다. 이 경우 제43조제8항은 적용하지 아니한다.
④ 공정거래위원회는 제1항에 따라 분쟁의 조정을 의뢰하는 경우 예산의 범위에서 해당 분쟁의 조정에 필요한 예산을 지원할 수 있다.

제50조의2【동의의결】 ① 공정거래위원회의 조사나 심의를 받고 있는 사업자 또는 사업자단체(이하 이 조부터 제50조의4까지의 규정에서 "신청인"이라 한다)는 해당 조사나 심의의 대상이 되는 행위(이하 이 조부터 제50조의4까지의 규정에서 "해당 행위"라 한다)로 인한 불공정한 거래내용 등의 자발적 해결, 소비자의 피해구제 및 거래질서의 개선 등을 위하여 제3항에 따른 동의의결을 하여 줄 것을 공정거래위원회에 신청할 수 있다. 다만, 동의의결이 있기 전 신청인이 신청을 취소하는 경우 공정거래위원회는 동의의결을 하지 아니하고 이 법에 따른 심의 절차를 진행하여야 한다.
② 신청인이 제1항에 따른 신청을 하는 경우 다음 각 호의 사항을 기재한 서면으로 하여야 한다.
1. 해당 행위를 특정할 수 있는 사실관계
2. 해당 행위의 중지, 원상회복 등 경쟁질서의 회복이나 거래질서의 적극적 개선을 위하여 필요한 시정방안
3. 그 밖에 소비자, 다른 사업자 등의 피해를 구제하거나 예방하기 위하여 필요한 시정방안
③ 공정거래위원회는 해당 행위의 사실관계에 대한 조사를 마친 후 제2항제2호 및 제3호에 따른 시정방안(이하 "시정방안"이라 한다)이 다음 각 호의 요건을 모두 충족한다고 판단되는 경우에는 해당 행위 관련 심의 절차를 중단하고 시정방안과 같은 취지의 의결(이하 "동의의결"이라 한다)을 할 수 있다. 이 경우 신청인과의 협의를 거쳐 시정방안을 수정할 수 있다.
1. 해당 행위가 이 법을 위반한 것으로 판단될 경우에 예상되는 시정조치 및 그 밖의 제재와 균형을 이룰 것
2. 공정하고 자유로운 경쟁질서나 거래질서를 회복시키거나 소비자, 다른 사업자 등을 보호하기에 적절하다고 인정될 것
④ 공정거래위원회의 동의의결은 해당 행위가 이 법에 위반된다고 인정한 것을 의미하지 아니하며, 누구든지 신청인이 동의의결을 받은 사실을 들어 해당 행위가 이 법에 위반된다고 주장할 수 없다. (2022.1.4 본조신설)

제50조의3【동의의결 절차】 ① 공정거래위원회는 신속한 조치의 필요성, 소비자 피해의 직접 보상 필요성 등을 종합적으로 고려하여 동의의결 절차의 개시 여부를 결정하여야 한다.
② 공정거래위원회는 동의의결을 하기 전에 30일 이상의 기간을 정하여 다음 각 호의 사항을 신고인 등 이해관계인에게 통지하거나, 관보 또는 공정거래위원회의 인터넷 홈페이지에 공고하는 등의 방법으로 의견을 제출할 기회를 주어야 한다.
1. 해당 행위의 개요
2. 관계 법령 조항
3. 시정방안(제50조의2제3항 후단에 따라 시정방안이 수정된 경우에는 그 수정된 시정방안을 말한다)
4. 해당 행위와 관련하여 신고인 등 이해관계인의 이해를 돕는 그 밖의 정보. 다만, 사업상 또는 사생활의 비밀 보호나 그 밖에 공익상 공개하기에 적절하지 아니한 것은 제외한다.
③ 공정거래위원회는 제2항 각 호의 사항을 관계 행정기관의 장에게 통보하고 그 의견을 들어야 한다. 다만, 제58조부터 제64조까지의 규정이 적용되는 행위에 대해서는 검찰총장과 협의하여야 한다.
④ 공정거래위원회는 동의의결을 하거나 이를 취소하는 경우에는 「독점규제 및 공정거래에 관한 법률」 제59조의 구분에 따른 회의의 심의·의결을 거쳐야 한다.
⑤ 동의의결을 받은 신청인은 제4항의 의결에 따라 동의의결의 이행계획과 이행결과를 공정거래위원회에 제출하여야 한다.

⑥ 공정거래위원회는 제5항에 따라 제출된 이행계획의 이행 여부를 점검할 수 있고, 동의의결을 받은 신청인에게 그 이행에 관련된 자료의 제출을 요청할 수 있다.
⑦ 공정거래위원회는 제6항에 따른 이행계획의 이행 여부 점검 등 동의의결의 이행관리에 관한 업무를 대통령령으로 정하는 바에 따라 조정원 또는 「소비자기본법」 제33조에 따른 한국소비자원(이하 "소비자원"이라 한다)에 위탁할 수 있다.
⑧ 제7항에 따른 위탁을 받은 기관의 장은 제5항에 따라 신청인이 제출한 동의의결의 이행계획과 이행결과에 대한 이행관리 현황을 분기별로 공정거래위원회에 보고하여야 한다. 다만, 공정거래위원회의 현황 보고 요구가 있는 경우 즉시 이에 따라야 한다.
⑨ 제7항에 따른 위탁을 받은 기관의 장은 동의의결을 받은 신청인이 그 이행을 게을리하거나 이행하지 아니하는 경우에는 지체 없이 그 사실을 공정거래위원회에 통보하여야 한다.
⑩ 제50조의2제2항에 따른 서면의 신청 방법, 의견 조회 방법, 심의·의결 절차, 조정원 또는 소비자원에 대한 이행관리 업무의 위탁 절차 등 그 밖의 세부 사항은 공정거래위원회가 정하여 고시할 수 있다.
(2022.1.4 본조신설)

제50조의4【동의의결의 취소】 ① 공정거래위원회는 다음 각 호의 어느 하나에 해당하는 경우에는 동의의결을 취소할 수 있다.
1. 동의의결의 기초가 된 시장상황 등 사실관계의 현저한 변경 등으로 인하여 시정방안이 적정하지 아니하게 된 경우
2. 신청인이 제공한 불완전하거나 부정확한 정보로 인하여 동의의결을 하게 되었거나, 신청인이 거짓 또는 그 밖의 부정한 방법으로 동의의결을 받은 경우
3. 신청인이 정당한 이유 없이 동의의결을 이행하지 아니하는 경우

② 제1항제1호에 따라 동의의결을 취소하는 경우 신청인이 제50조의2제1항에 따라 동의의결을 하여 줄 것을 신청하면 공정거래위원회는 다시 동의의결을 할 수 있다. 이 경우 제50조의2부터 제50조의5까지의 규정을 적용한다.
③ 제1항제2호 또는 제3호에 따라 동의의결을 취소하는 경우 공정거래위원회는 제50조의2제3항에 따라 중단된 해당 행위 관련 심의절차를 계속하여 진행할 수 있다.
(2022.1.4 본조신설)

제50조의5【이행강제금】 ① 공정거래위원회는 정당한 이유 없이 동의의결 시 정한 이행기한까지 동의의결을 이행하지 아니한 자에게 동의의결이 이행되거나 취소되기 전까지 이행기한이 지난 날부터 1일당 200만원 이하의 이행강제금을 부과할 수 있다.
② 이행강제금의 부과·납부·징수 및 환급 등에 관하여는 「독점규제 및 공정거래에 관한 법률」 제16조제2항 및 제3항을 준용한다.
(2022.1.4 본조신설)

제51조【과징금】 ① 공정거래위원회는 제49조제4항에 따른 영업정지를 갈음하여 해당 사업자에 대하여 대통령령으로 정하는 위반행위 관련 매출액을 초과하지 아니하는 범위에서 과징금을 부과할 수 있다. 이 경우 관련 매출액이 없거나 이를 산정할 수 없는 등의 경우에는 5천만원을 초과하지 아니하는 범위에서 과징금을 부과할 수 있다.
② 공정거래위원회는 제1항에 따른 과징금을 부과할 때 다음 각 호의 사항을 고려하여야 한다.
1. 위반행위로 인한 소비자피해 정도
2. 소비자피해에 대한 사업자의 보상노력 정도
3. 위반행위로 취득한 이익의 규모
4. 위반행위의 내용·기간 및 횟수 등

③ 공정거래위원회는 이 법을 위반한 사업자인 회사의 합병이 있는 경우에는 그 회사가 한 위반행위를 합병 후 존속하거나 합병으로 새로 설립된 회사가 한 행위로 보아 과징금을 부과·징수할 수 있다.
④ (2018.6.12 본항삭제)
⑤ 제1항에 따른 과징금의 부과기준은 대통령령으로 정한다.

제8장 보　칙

제52조【소비자 등에게 불리한 계약의 금지】 제7조, 제7조의2, 제8조부터 제10조까지, 제16조부터 제19조까지, 제30조부터 제32조까지의 규정 중 어느 하나를 위반한 계약으로서 소비자에게 불리한 것은 효력이 없다. (2018.6.12 본조개정)

제53조【전속관할】 특수판매와 관련된 소(訴)는 제소 당시 소비자 주소를, 주소가 없는 경우에는 거소를 관할하는 지방법원의 전속관할로 한다. 다만, 제소 당시 소비자의 주소 또는 거소가 분명하지 아니한 경우에는 「민사소송법」의 관계 규정을 준용한다.

제54조【사업자단체의 등록】 ① 특수판매의 건전한 발전과 소비자의 신뢰도 제고, 그 밖에 공동이익의 증진을 위한 목적으로 설립된 사업자단체는 대통령령으로 정하는 바에 따라 공정거래위원회에 등록할 수 있다.
② 제1항에 따른 등록의 요건, 방법 및 절차 등에 관하여 필요한 사항은 대통령령으로 정한다.

제55조【소비자에 관한 정보의 오용·남용 및 도

용 방지 등】 특수판매업자가 소비자에 관한 정보를 수집·이용하는 경우에는 「전자상거래 등에서의 소비자보호에 관한 법률」 제11조를 준용한다. 이 경우 "전자상거래 또는 통신판매"는 "특수판매"로 본다.

제56조【권한의 위임·위탁】 ① 이 법에 따른 공정거래위원회의 권한은 그 일부를 대통령령으로 정하는 바에 따라 소속 기관의 장 또는 시·도지사에게 위임하거나 다른 행정기관의 장에게 위탁할 수 있다.
② 이 법에 따른 시·도지사의 권한은 그 일부를 대통령령으로 정하는 바에 따라 시장·군수·구청장에게 위임할 수 있다.
③ 공정거래위원회는 이 법을 효율적으로 집행하기 위하여 필요한 경우 사무의 일부를 제54조에 따라 등록한 사업자단체에 위탁할 수 있다.
④ 제1항부터 제3항까지의 규정에 따라 위임하거나 위탁한 사무에 대한 감독, 처리·보고, 조사·확인, 자료의 제출 또는 시정에 필요한 조치의 요구 등에 관하여 필요한 사항은 대통령령으로 정한다.
⑤ 제3항 또는 제42조제3항에 따라 사무를 위탁받은 자의 임직원은 「형법」 제129조부터 제132조까지의 규정에 따른 벌칙을 적용할 때에는 공무원으로 본다.

제57조【「독점규제 및 공정거래에 관한 법률」의 준용】 ① 이 법에 따른 공정거래위원회의 심의·의결에 관하여는 「독점규제 및 공정거래에 관한 법률」 제64조부터 제68조까지 및 제93조를 준용한다. (2020.12.29 본항개정)
② 이 법 위반행위에 대한 행정청의 조사 등에 관하여는 「독점규제 및 공정거래에 관한 법률」 제81조제1항·제2항·제3항·제6항 및 제9항을 준용한다. (2020.12.29 본항개정)
③ 이 법에 따른 공정거래위원회의 처분 및 제56조에 따라 위임된 시·도지사의 처분에 대한 이의신청, 시정조치명령의 집행정지, 소의 제기 및 불복의 소의 전속관할에 관하여는 「독점규제 및 공정거래에 관한 법률」 제96조부터 제98조까지, 제98조의2, 제98조의3 및 제99조부터 제101조까지를 준용한다. (2020.12.29, 2024.2.6 본항개정)
④ 이 법에 따른 과징금의 부과·징수에 관하여는 「독점규제 및 공정거래에 관한 법률」 제103조부터 제107조까지의 규정을 준용한다. (2018.6.12 본항신설, 2020.12.29 본항개정)
⑤ 이 법에 따른 직무에 종사하거나 종사하였던 공정거래위원회의 위원 또는 공무원 및 제50조의3에 따른 이행관리 업무를 담당하거나 담당하였던 사람에 대하여는 「독점규제 및 공정거래에 관한 법률」 제119조를 준용한다. (2018.6.12, 2020.12.29, 2022.1.4 본항개정)
⑥ 제50조의3에 따른 이행관리 업무를 담당하거나 담당하였던 사람에 대하여는 「독점규제 및 공정거래에 관한 법률」 제123조제2항을 준용한다. (2022.1.4 본항신설)

제9장 벌　칙

제58조【벌칙】 ① 다음 각 호의 어느 하나에 해당하는 자(제29조제3항에 따라 준용되는 경우를 포함한다)는 7년 이하의 징역 또는 2억원 이하의 벌금에 처한다. 이 경우 다음 각 호의 어느 하나에 해당하는 자가 이 법 위반행위와 관련하여 판매하거나 거래한 대금 총액의 3배에 해당하는 금액이 2억원을 초과할 때에는 7년 이하의 징역 또는 판매하거나 거래한 대금 총액의 3배에 해당하는 금액 이하의 벌금에 처한다.
1. 제13조제1항에 따른 등록을 하지 아니하고(제49조제5항에 따라 등록이 취소된 경우를 포함한다) 다단계판매조직이나 후원방문판매조직을 개설·관리 또는 운영한 자
2. 거짓이나 그 밖의 부정한 방법으로 제13조제1항에 따른 등록을 하고 다단계판매조직이나 후원방문판매조직을 개설·관리 또는 운영한 자
3. 제23조제1항제8호에 따른 금지행위를 한 자
4. 제24조제1항 또는 제2항에 따른 금지행위를 한 자
② 제1항의 징역형과 벌금형은 병과(倂科)할 수 있다.

제59조【벌칙】 ① 다음 각 호의 어느 하나에 해당하는 자는 5년 이하의 징역 또는 1억 5천만원 이하의 벌금에 처한다. 다만, 제29조제3항에 따라 준용되는 경우에는 3년 이하의 징역 또는 1억원 이하의 벌금에 처한다.
1. 제22조제2항을 위반한 자
2. 제23조제1항제1호 또는 제2호에 따른 금지행위를 한 자
3. 제29조제1항에 따른 금지행위를 한 자
② 제1항의 징역형과 벌금형은 병과할 수 있다.

제60조【벌칙】 ① 다음 각 호의 어느 하나에 해당하는 자는 3년 이하의 징역 또는 1억원 이하의 벌금에 처한다. 다만, 제29조제3항에 따라 준용되는 경우에는 2년 이하의 징역 또는 5천만원 이하의 벌금에 처한다.
1. 제13조제2항 또는 제3항을 위반하여 거짓으로 신고한 자
2. 제15조제5항에 따른 다단계판매원 수첩에 거짓 사실을 기재한 자
3. 제18조제2항을 위반하여 재화등의 대금을 환급하지 아니한 자
4. 제20조제3항 또는 제5항을 위반한 자
5. 제21조제1항 또는 제3항을 위반한 자

6. 제22조제1항 또는 제4항을 위반한 자
7. 제23조제1항제3호·제5호·제7호 또는 제11호에 따른 금지행위를 한 자
8. 제37조제5항을 위반하여 소비자피해보상보험계약등의 체결 또는 유지에 관하여 거짓 자료를 제출한 사업자
9. 제37조제7항을 위반하여 같은 조 제6항에 따른 표지를 사용하거나 이와 비슷한 표지를 제작 또는 사용한 자
10. 제49조제1항에 따른 시정조치명령을 따르지 아니한 자
11. 제49조제4항에 따른 영업정지명령을 위반하여 영업을 한 자

② 제1항의 징역형과 벌금형은 병과할 수 있다.

제61조【벌칙】 ① 다음 각 호의 어느 하나에 해당하는 자는 2년 이하의 징역 또는 5천만원 이하의 벌금에 처한다.
1. 제11조제1항제1호·제2호 또는 제5호에 해당하는 금지행위를 한 자
2. 제34조제1항제1호·제2호 또는 제5호에 해당하는 금지행위를 한 자

② 제1항의 징역형과 벌금형은 병과할 수 있다.

제62조【벌칙】 다음 각 호의 어느 하나에 해당하는 자(제29조제3항에 따라 준용되는 경우를 포함한다)는 1년 이하의 징역 또는 3천만원 이하의 벌금에 처한다. (2013.5.28, 2016.3.29, 2021.4.20 본항개정)
1. 제5조제1항을 위반하여 신고를 하지 아니하거나 거짓으로 신고한 자
2. 제11조제1항제3호에 따른 금지행위를 한 자
3. 제12조제1항 또는 제26조제1항을 위반하여 휴업기간 또는 영업정지기간 중에 계속하여야 할 업무를 계속하지 아니한 자
4. 제13조제7항을 위반하여 자료를 제출하지 아니하거나 거짓 자료를 제출한 자
5. 제15조제1항에 따른 등록을 하지 아니하고 실질적으로 다단계판매원으로 활동한 자
6. 제15조제2항제1호 또는 제3호부터 제7호까지의 규정에 따라 다단계판매원으로 등록할 수 없는 자임에도 불구하고 다단계판매원으로 등록한 자
7. 제15조제2항제2호를 위반하여 미성년자를 다단계판매원으로 가입시킨 다단계판매자
8. 제15조제3항에 따른 다단계판매원 등록증에 거짓 사실을 적은 자
9. 제15조제4항을 위반하여 다단계판매원 등록부를 거짓으로 작성한 자
10. 제23조제1항제9호에 따른 금지행위를 한 자
11. 제33조에 따른 재화등의 거래기록 등을 거짓으로 작성한 자

제63조【벌칙】 다음 각 호의 어느 하나에 해당하는 자(제29조제3항에 따라 준용되는 경우를 포함한다)는 1천만원 이하의 벌금에 처한다.
1. 제6조제3항을 위반하여 성명 등을 거짓으로 밝힌 자
2. 제7조제2항, 제16조 또는 제30조제2항에 따른 계약서를 발급할 때 거짓 내용이 적힌 계약서를 발급한 자
3. 제11조제1항제4호 또는 제7호에 따른 금지행위를 한 자
4. 제34조제1항제3호·제4호 또는 제7호에 따른 금지행위를 한 자

제64조【벌칙】 제57조제5항에 따라 준용되는 「독점규제 및 공정거래에 관한 법률」 제119조를 위반한 자는 2년 이하의 징역 또는 200만원 이하의 벌금에 처한다. (2018.6.12, 2020.12.29 본조개정)

제65조【양벌규정 등】 ① 법인의 대표자나 법인 또는 개인의 대리인, 사용인, 그 밖의 종업원이 그 법인 또는 개인의 업무에 관하여 제58조부터 제63조까지의 어느 하나에 해당하는 위반행위를 하면 그 행위자를 벌하는 외에 그 법인 또는 개인에게도 해당 조문의 벌금형을 과(科)한다. 다만, 법인 또는 개인이 그 위반행위를 방지하기 위하여 해당 업무에 관하여 상당한 주의와 감독을 게을리하지 아니한 경우에는 그러하지 아니하다.

② 제58조부터 제63조까지의 어느 하나에 해당하는 위반행위를 한 자 또는 제1항에 따라 벌금형이 부과되는 법인 또는 개인이 이미 공정거래위원회 또는 시·도지사의 처분을 받거나 소비자의 피해를 보상한 경우에는 제58조부터 제63조까지의 규정에 따른 형을 감경하거나 면제할 수 있다.

제66조【과태료】 ① 사업자 또는 사업자단체가 제1호 또는 제2호에 해당하는 경우에는 3천만원 이하, 제3호에 해당하는 경우에는 5천만원 이하의 과태료를 부과하고, 사업자 또는 사업자단체의 임원 또는 종업원, 그 밖의 이해관계인이 제1호 또는 제2호에 해당하는 경우에는 500만원 이하, 제3호에 해당하는 경우에는 1천만원 이하의 과태료를 부과한다. (2018.6.12 본항신설, 2020.12.29 본항개정)
1. 제57조제2항에 따라 준용되는 「독점규제 및 공정거래에 관한 법률」 제81조제1항제1호에 따른 출석처분을 받은 당사자 중 정당한 사유 없이 출석하지 아니한 자
2. 제57조제2항에 따라 준용되는 「독점규제 및 공정거래에 관한 법률」 제81조제1항제3호 또는 같은 조 제6항에 따른 보고 또는 필요한 자료나 물건을 제출하지 아니하거나 거짓으로 보고하거나 거짓 자료나 물건을 제출한 자
3. 제57조제2항에 따라 준용되는 「독점규제 및 공정거래에 관한 법률」 제81조제2항 및 제3항에

따른 조사를 거부·방해 또는 기피한 자
② 다음 각 호의 어느 하나에 해당하는 자(제29조제3항에 따라 준용되는 경우를 포함한다)에게는 1천만원 이하의 과태료를 부과한다. (2018.6.12 본항개정)
1. 제9조를 위반하여 재화등의 대금을 환급하지 아니하거나 환급에 필요한 조치를 하지 아니한 자
2. 제11조제1항제6호, 제23조제1항제4호 또는 제34조제1항제6호에 따른 금지행위를 한 자
3. 제11조제1항제8호, 제23조제1항제6호 또는 제34조제1항제8호에 따른 금지행위를 한 자
4. 제13조제2항 또는 제3항을 위반하여 신고를 하지 아니한 자
5. 제15조제3항에 따른 다단계판매원 등록증 또는 같은 조 제5항에 따른 다단계판매원 수첩을 발급하지 아니한 자
6. 제15조제4항을 위반하여 다단계판매원 등록부를 작성하지 아니한 자 또는 다단계판매원의 신원을 확인할 수 있도록 하지 아니한 자
7. 제23조제1항제10호에 따른 금지행위를 한 자
8. 제32조를 위반하여 위약금을 과다하게 청구하거나 대금 환급을 거부한 자
9. 제42조제2항을 위반하여 소비자에게 전화권유판매를 한 자
10. (2018.6.12 삭제)
11. (2018.6.12 삭제)
12. (2018.6.12 삭제)
③ 다음 각 호의 어느 하나에 해당하는 자(제29조제3항에 따라 준용되는 경우를 포함한다)에게는 500만원 이하의 과태료를 부과한다. (2018.6.12 본항개정)
1. 제5조제2항 및 제3항에 따른 신고를 하지 아니하거나 거짓으로 신고한 자
2. 제6조제1항을 위반하여 방문판매원등의 명부를 작성하지 아니하거나 같은 조 제2항을 위반하여 방문판매원의 신원을 확인할 수 있도록 하지 아니한 자 또는 같은 조 제3항을 위반하여 성명 등을 밝히지 아니한 자
3. 제7조제2항, 제16조 또는 제30조제2항에 따른 계약서를 발급하지 아니한 자
3의2. 제7조의2제1항을 위반하여 소비자의 동의를 받아 통화내용 중 계약에 관한 사항을 계약일부터 3개월 이상 보존하지 아니하거나 같은 조 제2항을 위반하여 소비자의 통화내용 열람 요청을 따르지 아니한 자
4. 제20조제2항을 위반하여 후원수당의 산정 및 지급 기준을 변경한 자
5. 제20조제4항을 위반하여 후원수당의 산정·지급 명세 등의 열람을 허용하지 아니한 자
6. 제30조제3항을 위반하여 소비자에게 계약 종료일을 통지하지 아니한 자
7. 제33조에 따른 재화등의 거래기록 등을 소비자가 열람할 수 있도록 하지 아니한 자
④ 제57조제1항에 따라 준용되는 「독점규제 및 공정거래에 관한 법률」 제66조를 위반하여 질서유지의 명령을 따르지 아니한 자에게는 100만원 이하의 과태료를 부과한다. (2018.6.12, 2020.12.29 본항개정)
⑤ 제1항부터 제4항까지에 따른 과태료는 행정청이 부과·징수한다. 다만, 다단계판매 및 후원방문판매와 관련된 규정에 따른 과태료는 공정거래위원회 또는 시·도지사가 부과·징수한다. (2018.6.12 본항개정)
⑥ 제1항부터 제4항까지에 따른 과태료의 부과기준은 대통령령으로 정한다. (2018.6.12 본항개정)

제67조 【과태료에 관한 규정 적용의 특례】 제66조의 과태료에 관한 규정을 적용할 때 제51조에 따라 과징금을 부과한 행위에 대해서는 과태료를 부과할 수 없다. (2017.11.28 본조신설)

부 칙

제1조 【시행일】 이 법은 2002년 7월 1일부터 시행한다.

제2조 【신고·등록에 관한 경과조치】 ① 이 법 시행 당시 종전의 제4조의 규정에 의하여 방문판매업으로 신고를 한 자는 제5조의 규정에 의하여 시·도지사에게 신고한 것으로 본다. 다만, 계속하여 이 법에 의한 방문판매업을 영위하고자 하는 자는 이 법 시행 후 2월 이내에 제5조의 규정에 의한 신고사항을 보완하여야 한다.
② 이 법 시행 당시 종전의 제28조의 규정에 의하여 다단계판매업의 등록을 한 자는 이 법에 의하여 등록한 것으로 본다. 다만, 계속하여 이 법에 의한 다단계판매업을 영위하고자 하는 자는 이 법 시행 후 6월 이내에 제13조의 규정에 의하여 시·도지사에게 등록사항을 보완하여야 한다.
③ 이 법 시행 당시 종전의 제37조의 규정에 의하여 다단계판매업자가 환불보증금으로 공탁한 금액 또는 유가증권은 당해 다단계판매업자가 이 법 제34조의 규정에 의한 소비자피해보상보험계약등을 체결하고 제2항의 규정에 따라 등록사항을 보완한 날의 다음날부터 이를 반환 받을 수 있다.
④ 이 법 시행 당시 종전의 제13조 또는 제42조의 규정에 의하여 영업의 폐지나 휴업을 신고한 방문판매업자 또는 다단계판매업자는 제5조 또는 제13조의 규정에 의하여 신고한 것으로 본다.

제3조 【청약철회에 관한 경과조치】 이 법 시행 당시 종전의 방문판매등에관한법률의 규정에 의하여 이루어진 거래에 대한 청약의 철회 및 그 효과 등

에 관하여는 종전의 규정에 의한다.

제4조【영업의 정지처분에 관한 경과조치】 이 법 시행전에 종전의 방문판매등에관한법률의 규정에 의하여 시·도지사가 행한 영업정지처분에 관하여는 종전의 규정에 의한다.

제5조【벌칙 및 과태료에 관한 경과조치】 이 법 시행전의 행위에 대한 벌칙 및 과태료의 적용에 있어서는 종전의 규정에 의한다.

제6조【다른 법령과의 관계】 이 법 시행 당시 다른 법령에서 종전의 방문판매등에관한법률 또는 그 규정을 인용하고 있는 경우, 이 법 중 그에 해당하는 규정이 있는 때에는 종전의 규정에 갈음하여 이 법 또는 이 법의 해당 규정을 인용한 것으로 본다.

부　칙 (2005.3.31)

이 법은 공포 후 1월이 경과한 날부터 시행한다.

부　칙 (2005.12.29)

이 법은 공포한 날부터 시행한다.

부　칙 (2007.1.19)

① **【시행일】** 이 법은 공포 후 6개월이 경과한 날부터 시행한다. 다만, 제8조제2항 및 제6항의 개정규정은 공포 후 3개월이 경과한 날부터 시행한다.

② **【청약철회등에 관한 적용례】** 제8조제2항 및 제6항의 개정규정은 이 법 시행 후 최초로 체결한 재화등의 구매에 관한 계약의 청약철회등을 하는 것부터 적용한다.

③ **【벌칙에 관한 경과조치】** 이 법 시행 전의 행위에 대한 벌칙의 적용에 있어서는 종전의 규정에 따른다.

부　칙 (2007.7.19)

① **【시행일】** 이 법은 공포 후 3개월이 경과한 날부터 시행한다.

② **【적용례】** 제2조제11호, 제14조제1호의2 및 제3호의 개정규정은 이 법 시행 후 최초로 다단계판매업자가 등록을 하는 때부터 적용한다.

부　칙 (2010.3.22)

이 법은 공포한 날부터 시행한다.

부　칙 (2010.5.17)

제1조【시행일】 이 법은 공포 후 6개월이 경과한 날부터 시행한다.(이하생략)

부　칙 (2012.1.26)

제1조【시행일】 이 법은 공포한 날부터 시행한다. 다만, … <생략> … 부칙 제3조는 2013년 1월 1일부터 시행한다.

부　칙 (2012.2.17)

제1조【시행일】 이 법은 공포 후 6개월이 경과한 날부터 시행한다.

제2조【청약철회등에 관한 적용례】 제8조제1항 제3호 및 제4호의 개정규정은 이 법 시행 후 최초로 체결한 재화등 구매계약의 청약철회등을 하는 분부터 적용한다.

제3조【다단계판매업자의 변경신고에 관한 적용례】 제13조제2항의 개정규정은 이 법 시행 후 제13조제1항 각 호의 최초 변경분부터 적용한다.

제4조【다단계판매업자 폐업신고에 관한 적용례】 제13조제3항의 개정규정은 이 법 시행 후 최초의 신고부터 적용한다.

제5조【후원방문판매자에 대한 적용례】 제29조제3항제2호의 개정규정 중 제20조제3항, 제23조제1항제8호·제9호 및 제37조에 관한 부분은 이 법 시행 후 1년이 경과한 날부터 후원방문판매자에게 적용한다.

제6조【후원방문판매업자에 대한 경과조치】 이 법 시행 당시 후원방문판매업자에 해당되는 자는 이 법 시행일부터 1년 이내에 제29조의 개정규정에 따라 등록하고 제37조의 개정규정에 따라 소비자피해보상보험계약등을 체결하여야 한다.

제7조【소비자피해보상보험계약등에 관한 경과조치】 이 법 시행 전에 체결된 소비자피해보상보험계약등은 제37조의 개정규정에 따라 체결된 것으로 본다.

제8조【공제조합에 대한 경과조치】 이 법 시행 당시 공정거래위원회로부터 인가된 공제조합은 제38조의 개정규정에 따른 인가를 받은 것으로 본다. 다만, 이 법 시행 후 30일 이내에 인가를 다시 받아야 한다.

제9조【벌칙 및 과태료에 관한 경과조치】 이 법 시행 전의 행위에 관한 벌칙 및 과태료의 적용은 종전의 규정에 따른다.

제10조【다른 법령과의 관계】 이 법 시행 당시 다른 법령에서 종전의 「방문판매 등에 관한 법률」의 규정을 인용하고 있는 경우 이 법 중 그에 해당하는 규정이 있는 때에는 종전의 규정을 갈음하여 이 법의 해당 규정을 인용한 것으로 본다.

부 칙 (2012.6.1) (전자문서 및 전자거래 기본법)

제1조【시행일】 이 법은 공포 후 3개월이 경과한 날부터 시행한다. (이하생략)

부 칙 (2013.5.28)

이 법은 공포한 날부터 시행한다.

부 칙 (2014.1.28)

이 법은 공포 후 6개월이 경과한 날부터 시행한다.

부 칙 (2016.3.29)

제1조【시행일】 이 법은 공포 후 6개월이 경과한 날부터 시행한다. 다만, 제14조제1호가목의 개정규정은 공포한 날부터 시행한다.

제2조【금치산자 등에 대한 경과조치】 제14조제1호가목의 개정규정에 따른 피한정후견인 또는 피성년후견인에는 법률 제10429호 민법 일부개정법률 부칙 제2조에 따라 금치산 또는 한정치산 선고의 효력이 유지되는 자를 포함하는 것으로 본다.

부 칙 (2017.11.28)

이 법은 공포 후 6개월이 경과한 날부터 시행한다.

부 칙 (2018.6.12)

제1조【시행일】 이 법은 공포 후 6개월이 경과한 날부터 시행한다. 다만, 제51조제4항, 제57조제4항(「독점규제 및 공정거래에 관한 법률」 제55조의5를 준용하는 부분은 제외한다)ㆍ제5항 및 제64조의 개정규정은 공포한 날부터 시행한다.

제2조【전화권유판매자의 소비자 보호에 관한 적용례】 제7조의2의 개정규정은 이 법 시행 후 최초로 전화권유판매 계약을 체결하는 경우부터 적용한다.

제3조【다단계판매원 등록증 및 수첩의 발급에 관한 적용례】 제15조제3항 및 제5항의 개정규정은 이 법 시행 후 최초로 다단계판매원 등록증 및 수첩을 발급하는 경우부터 적용한다.

제4조【포상금 환수에 관한 적용례】 제44조의2의 개정규정은 이 법 시행 이후 지급하는 포상금을 환수하는 경우부터 적용한다.

제5조【과징금의 연대납부에 관한 적용례】 ① 제57조제4항의 개정규정에 따라 준용되는 「독점규제 및 공정거래에 관한 법률」 제55조의5제1항은 이 법 시행 후 최초로 회사가 분할 또는 분할합병되는 경우부터 적용한다.

② 제57조제4항의 개정규정에 따라 준용되는 「독점규제 및 공정거래에 관한 법률」 제55조의5제2항은 이 법 시행 후 최초로 회사가 분할 또는 분할합병으로 해산되는 경우부터 적용한다.

제6조【출석처분을 받고 출석하지 아니한 당사자에 대한 과태료에 관한 경과조치】 이 법 시행 전에 출석처분을 받은 당사자에 대하여 과태료를 적용할 때에는 제66조제1항제1호의 개정규정에도 불구하고 종전의 규정에 따른다.

부 칙 (2020.12.29) (독점규제 및 공정거래에 관한 법률)

제1조【시행일】 이 법은 공포 후 1년이 경과한 날부터 시행한다. (단서 생략)

제2조 부터 제24조까지 생략

제25조【다른 법률의 개정】 ①부터 ㉓까지 생략

㉔ 방문판매 등에 관한 법률 일부를 다음과 같이 개정한다.

제57조제1항 중 "「독점규제 및 공정거래에 관한 법률」 제42조ㆍ제43조ㆍ제43조의2ㆍ제44조ㆍ제45조 및 제52조"를 "「독점규제 및 공정거래에 관한 법률」 제64조부터 제68조까지 및 제93조"로 하고, 같은 조 제2항 중 "「독점규제 및 공정거래에 관한 법률」 제50조제1항부터 제4항까지의 규정"을 "「독점규제 및 공정거래에 관한 법률」 제81조제1항ㆍ제2항ㆍ제3항ㆍ제6항 및 제9항"으로 하며, 같은 조 제3항 중 "「독점규제 및 공정거래에 관한 법률」 제53조, 제53조의2, 제54조, 제55조 및 제55조의2를"을 "「독점규제 및 공정거래에 관한 법률」 제96조부터 제101조까지의 규정을"로 하고, 같은 조 제4항 중 "「독점규제 및 공정거래에 관한 법률」 제55조의4부터 제55조의8까지"를 "「독점규제 및 공정거래에 관한 법률」 제103조부터 제107조까지"로 하며, 같은 조 제5항 중 "「독점규제 및 공정거래에 관한 법률」 제62조"를 "「독점규제 및 공정거래에 관한 법률」 제119조"로 한다.

제64조 중 "「독점규제 및 공정거래에 관한 법률」 제62조"를 "「독점규제 및 공정거래에 관한 법률」 제119조"로 한다.

제66조제1항제1호 중 "「독점규제 및 공정거래에 관한 법률」 제50조제1항제1호"를 "「독점규제 및 공정거래에 관한 법률」 제81조제1항제1호"로 하고, 같은 항 제2호 중 "「독점규제 및 공정거래에 관한 법률」 제50조제1항제3호 또는 같은 조 제3항"을 "「독점규제 및 공정거래에 관한 법률」 제81조제1항제3호 또는 같은 조 제6항"으로 하며, 같은 항 제3호 중 "「독점규제 및 공정거래에 관한 법률」 제50조제2항"을 "「독점규제 및 공정거래에 관한 법률」 제81조제2항 및 제3항"으로 하고, 같은 조 제4항 중 "「독점규제 및 공정거래에 관한 법률」 제43조의2"를 "「독점규제 및 공정거래에 관한 법률」 제66

조"로 한다.
㉕부터 <82>까지 생략
제26조 생략

부 칙 (2021.4.20)

제1조 【시행일】 이 법은 공포 후 1개월이 경과한 날부터 시행한다.
제2조 【다단계판매업자의 등록사항 변경신고에 관한 적용례】 제13조제4항 및 제5항의 개정규정은 이 법 시행 이후 신고를 하는 경우부터 적용한다.

부 칙 (2021.12.7)

이 법은 공포 후 1년이 경과한 날부터 시행한다.

부 칙 (2022.1.4)

이 법은 공포 후 6개월이 경과한 날부터 시행한다.

부 칙 (2023.3.21)

이 법은 공포한 날부터 시행한다.

부 칙 (2023.7.11)

이 법은 공포한 날부터 시행한다.

부 칙 (2024.2.6) (독점규제 및 공정거래에 관한 법률)

제1조 【시행일】 이 법은 공포 후 6개월이 경과한 날부터 시행한다. (이하생략)

약관의 규제에 관한 법률

(1986年 12月 31日 法 律 第3922號)

改正
1992.12. 8法4515號
1997.12.31法5491號(한국은행법)
2001. 3.28法6459號 2004. 1.20法7108號
2005. 3.31法7491號
2006. 9.27法7988號(소비자)
2007. 8. 3法8632號
2008. 2.29法8863號(금융감독기구의 설치 등에 관한 법률)
2010. 3.22법10169호
2010. 5.17법10303호(은행)
2011. 3.29법10474호 2012. 2.17법11325호
2013. 5.28법11840호 2016. 3.29법14141호
2018. 6.12법15697호 → 2018.12.13. 시행
2020.12.29법17799호 → 2021.12.30. 시행
2023. 6.20법19512호 2023. 8. 8법19618호
2024. 2. 6법20239호 → 2024. 8. 7 시행
2024. 2. 6법20240호 → 2024. 2. 9 시행

제1장 총 칙

(2010.3.22 본장개정)

제1조 【목적】 이 법은 사업자가 그 거래상의 지위를 남용하여 불공정한 내용의 약관(約款)을 작성하여 거래에 사용하는 것을 방지하고 불공정한 내용의 약관을 규제함으로써 건전한 거래질서를 확립하고, 이를 통하여 소비자를 보호하고 국민생활을 균형 있게 향상시키는 것을 목적으로 한다.
제2조 【정의】 이 법에서 사용하는 용어의 정의는 다음과 같다.
1. "약관"이란 그 명칭이나 형태 또는 범위에 상관없이 계약의 한쪽 당사자가 여러 명의 상대방과 계약을 체결하기 위하여 일정한 형식으로 미리 마련한 계약의 내용을 말한다.
2. "사업자"란 계약의 한쪽 당사자로서 상대 당사자에게 약관을 계약의 내용으로 할 것을 제안하는 자를 말한다.
3. "고객"이란 계약의 한쪽 당사자로서 사업자로부터 약관을 계약의 내용으로 할 것을 제안받은 자를 말한다.

제3조 【약관의 작성 및 설명의무 등】 ① 사업자는 고객이 약관의 내용을 쉽게 알 수 있도록 한글로 작성하고, 표준화·체계화된 용어를 사용하며, 약관의 중요한 내용을 부호, 색채, 굵고 큰 문자 등으로 명확하게 표시하여 알아보기 쉽게 약관을 작성하여야 한다. (2011.3.29 본항개정)
② 사업자는 계약을 체결할 때에는 고객에게 약관의 내용을 계약의 종류에 따라 일반적으로 예상되는 방법으로 분명하게 밝히고, 고객이 요구할 경우 그 약관의 사본을 고객에게 내주어 고객이 약관의 내용을 알 수 있게 하여야 한다. 다만, 다음 각 호의

어느 하나에 해당하는 업종의 약관에 대하여는 그러하지 아니하다. (2011.3.29 본항개정)
1. 여객운송업
2. 전기·가스 및 수도사업
3. 우편업
4. 공중전화 서비스 제공 통신업

③ 사업자는 약관에 정하여져 있는 중요한 내용을 고객이 이해할 수 있도록 설명하여야 한다. 다만, 계약의 성질상 설명하는 것이 현저하게 곤란한 경우에는 그러하지 아니하다.

④ 사업자가 제2항 및 제3항을 위반하여 계약을 체결한 경우에는 해당 약관을 계약의 내용으로 주장할 수 없다.

제4조【개별 약정의 우선】 약관에서 정하고 있는 사항에 관하여 사업자와 고객이 약관의 내용과 다르게 합의한 사항이 있을 때에는 그 합의 사항은 약관보다 우선한다.

제5조【약관의 해석】 ① 약관은 신의성실의 원칙에 따라 공정하게 해석되어야 하며 고객에 따라 다르게 해석되어서는 아니 된다.

② 약관의 뜻이 명백하지 아니한 경우에는 고객에게 유리하게 해석되어야 한다.

제2장 불공정약관조항
(2010.3.22 본장개정)

제6조【일반원칙】 ① 신의성실의 원칙을 위반하여 공정성을 잃은 약관 조항은 무효이다.

② 약관의 내용 중 다음 각 호의 어느 하나에 해당하는 내용을 정하고 있는 조항은 공정성을 잃은 것으로 추정된다.
1. 고객에게 부당하게 불리한 조항
2. 고객이 계약의 거래형태 등 관련된 모든 사정에 비추어 예상하기 어려운 조항
3. 계약의 목적을 달성할 수 없을 정도로 계약에 따르는 본질적 권리를 제한하는 조항

제7조【면책조항의 금지】 계약 당사자의 책임에 관하여 정하고 있는 약관의 내용 중 다음 각 호의 어느 하나에 해당하는 내용을 정하고 있는 조항은 무효로 한다.
1. 사업자, 이행 보조자 또는 피고용자의 고의 또는 중대한 과실로 인한 법률상의 책임을 배제하는 조항
2. 상당한 이유 없이 사업자의 손해배상 범위를 제한하거나 사업자가 부담하여야 할 위험을 고객에게 떠넘기는 조항
3. 상당한 이유 없이 사업자의 담보책임을 배제 또는 제한하거나 그 담보책임에 따르는 고객의 권리행사의 요건을 가중하는 조항
4. 상당한 이유 없이 계약목적물에 관하여 견본이 제시되거나 품질·성능 등에 관한 표시가 있는 경우 그 보장된 내용에 대한 책임을 배제 또는 제한하는 조항

제8조【손해배상액의 예정】 고객에게 부당하게 과중한 지연 손해금 등의 손해배상 의무를 부담시키는 약관 조항은 무효로 한다.

제9조【계약의 해제·해지】 계약의 해제·해지에 관하여 정하고 있는 약관의 내용 중 다음 각 호의 어느 하나에 해당되는 내용을 정하고 있는 조항은 무효로 한다.
1. 법률에 따른 고객의 해제권 또는 해지권을 배제하거나 그 행사를 제한하는 조항
2. 사업자에게 법률에서 규정하고 있지 아니하는 해제권 또는 해지권을 부여하여 고객에게 부당하게 불이익을 줄 우려가 있는 조항
3. 법률에 따른 사업자의 해제권 또는 해지권의 행사 요건을 완화하여 고객에게 부당하게 불이익을 줄 우려가 있는 조항
4. 계약의 해제 또는 해지로 인한 원상회복의무를 상당한 이유 없이 고객에게 과중하게 부담시키거나 고객의 원상회복 청구권을 부당하게 포기하도록 하는 조항
5. 계약의 해제 또는 해지로 인한 사업자의 원상회복의무나 손해배상의무를 부당하게 경감하는 조항
6. 계속적인 채권관계의 발생을 목적으로 하는 계약에서 그 존속기간을 부당하게 단기 또는 장기로 하거나 묵시적인 기간의 연장 또는 갱신이 가능하도록 정하여 고객에게 부당하게 불이익을 줄 우려가 있는 조항

제10조【채무의 이행】 채무의 이행에 관하여 정하고 있는 약관의 내용 중 다음 각 호의 어느 하나에 해당하는 내용을 정하고 있는 조항은 무효로 한다.
1. 상당한 이유 없이 급부(給付)의 내용을 사업자가 일방적으로 결정하거나 변경할 수 있도록 권한을 부여하는 조항
2. 상당한 이유 없이 사업자가 이행하여야 할 급부를 일방적으로 중지할 수 있게 하거나 제3자에게 대행할 수 있게 하는 조항

제11조【고객의 권익 보호】 고객의 권익에 관하여 정하고 있는 약관의 내용 중 다음 각 호의 어느 하나에 해당하는 내용을 정하고 있는 조항은 무효로 한다.
1. 법률에 따른 고객의 항변권(抗辯權), 상계권(相計權) 등의 권리를 상당한 이유 없이 배제하거나 제한하는 조항
2. 고객에게 주어진 기한의 이익을 상당한 이유 없이 박탈하는 조항
3. 고객이 제3자와 계약을 체결하는 것을 부당하게

제한하는 조항
4. 사업자가 업무상 알게 된 고객의 비밀을 정당한 이유 없이 누설하는 것을 허용하는 조항

제12조【의사표시의 의제】 의사표시에 관하여 정하고 있는 약관의 내용 중 다음 각 호의 어느 하나에 해당하는 내용을 정하고 있는 조항은 무효로 한다.
1. 일정한 작위(作爲) 또는 부작위(不作爲)가 있을 경우 고객의 의사표시가 표명되거나 표명되지 아니한 것으로 보는 조항. 다만, 고객에게 상당한 기한 내에 의사표시를 하지 아니하면 의사표시가 표명되거나 표명되지 아니한 것으로 본다는 뜻을 명확하게 따로 고지한 경우이거나 부득이한 사유로 그러한 고지를 할 수 없는 경우에는 그러하지 아니하다.
2. 고객의 의사표시의 형식이나 요건에 대하여 부당하게 엄격한 제한을 두는 조항
3. 고객의 이익에 중대한 영향을 미치는 사업자의 의사표시가 상당한 이유 없이 고객에게 도달된 것으로 보는 조항
4. 고객의 이익에 중대한 영향을 미치는 사업자의 의사표시 기한을 부당하게 길게 정하거나 불확정하게 정하는 조항

제13조【대리인의 책임 가중】 고객의 대리인에 의하여 계약이 체결된 경우 고객이 그 의무를 이행하지 아니하는 경우에는 대리인에게 그 의무의 전부 또는 일부를 이행할 책임을 지우는 내용의 약관 조항은 무효로 한다.

제14조【소송 제기의 금지 등】 소송 제기 등과 관련된 약관의 내용 중 다음 각 호의 어느 하나에 해당하는 조항은 무효로 한다.
1. 고객에게 부당하게 불리한 소송 제기 금지 조항 또는 재판관할의 합의 조항
2. 상당한 이유 없이 고객에게 입증책임을 부담시키는 약관 조항

제15조【적용의 제한】 국제적으로 통용되는 약관이나 그 밖에 특별한 사정이 있는 약관으로서 대통령령으로 정하는 경우에는 제7조부터 제14조까지의 규정을 적용하는 것을 조항별·업종별로 제한할 수 있다.

제16조【일부 무효의 특칙】 약관의 전부 또는 일부의 조항이 제3조제4항에 따라 계약의 내용이 되지 못하는 경우나 제6조부터 제14조까지의 규정에 따라 무효인 경우 계약은 나머지 부분만으로 유효하게 존속한다. 다만, 유효한 부분만으로는 계약의 목적 달성이 불가능하거나 그 유효한 부분이 한쪽 당사자에게 부당하게 불리한 경우에는 그 계약은 무효로 한다.

제3장 약관의 규제
(2010.3.22 본장개정)

제17조【불공정약관조항의 사용금지】 사업자는 제6조부터 제14조까지의 규정에 해당하는 불공정한 약관 조항(이하 "불공정약관조항"이라 한다)을 계약의 내용으로 하여서는 아니 된다.

제17조의2【시정 조치】 ① 공정거래위원회는 사업자가 제17조를 위반한 경우에는 사업자에게 해당 불공정약관조항의 삭제·수정 등 시정에 필요한 조치를 권고할 수 있다.
② 공정거래위원회는 제17조를 위반한 사업자가 다음 각 호의 어느 하나에 해당하는 경우에는 사업자에게 해당 불공정약관조항의 삭제·수정, 시정명령을 받은 사실의 공표, 그 밖에 약관을 시정하기 위하여 필요한 조치를 명할 수 있다. (2013.5.28., 2020.12.29 본항개정)
1. 사업자가 「독점규제 및 공정거래에 관한 법률」 제2조제3호의 시장지배적사업자인 경우
2. 사업자가 자기의 거래상의 지위를 부당하게 이용하여 계약을 체결하는 경우
3. 사업자가 일반 공중에게 물품·용역을 공급하는 계약으로서 계약 체결의 긴급성·신속성으로 인하여 고객이 계약을 체결할 때에 약관 조항의 내용을 변경하기 곤란한 경우
4. 사업자의 계약 당사자로서의 지위가 현저하게 우월하거나 고객이 다른 사업자를 선택할 범위가 제한되어 있어 약관을 계약의 내용으로 하는 것이 사실상 강제되는 경우
5. 계약의 성질상 또는 목적상 계약의 취소·해제 또는 해지가 불가능하거나 계약을 취소·해제 또는 해지하면 고객에게 현저한 재산상의 손해가 발생하는 경우
6. 사업자가 제1항에 따른 권고를 정당한 사유 없이 따르지 아니하여 여러 고객에게 피해가 발생하거나 발생할 우려가 현저한 경우

③ 공정거래위원회는 제1항 및 제2항에 따른 시정권고 또는 시정명령을 할 때 필요하면 해당 사업자와 같은 종류의 사업을 하는 다른 사업자에게 같은 내용의 불공정약관조항을 사용하지 말 것을 권고할 수 있다.

제18조【관청 인가 약관 등】 ① 공정거래위원회는 행정관청이 작성한 약관이나 다른 법률에 따라 행정관청의 인가를 받은 약관이 제6조부터 제14조까지의 규정에 해당된다고 인정할 때에는 해당 행정관청에 그 사실을 통보하고 이를 시정하기 위하여 필요한 조치를 하도록 요청할 수 있다.
② 공정거래위원회는 「은행법」에 따른 은행의 약관이 제6조부터 제14조까지의 규정에 해당된다고 인정할 때에는 「금융위원회의 설치 등에 관한 법

률」에 따라 설립된 금융감독원에 그 사실을 통보하고 이를 시정하기 위하여 필요한 조치를 권고할 수 있다. (2010.5.17 본항개정)

③ 제1항에 따라 행정관청에 시정을 요청한 경우 공정거래위원회는 제17조의2제1항 및 제2항에 따른 시정권고 또는 시정명령은 하지 아니한다.

제19조 【약관의 심사청구】 ① 다음 각 호의 자는 약관 조항이 이 법에 위반되는지 여부에 관한 심사를 공정거래위원회에 청구할 수 있다.

1. 약관의 조항과 관련하여 법률상의 이익이 있는 자
2. 「소비자기본법」 제29조에 따라 등록된 소비자단체
3. 「소비자기본법」 제33조에 따라 설립된 한국소비자원
4. 사업자단체

② 제1항에 따른 약관의 심사청구는 공정거래위원회에 서면이나 전자문서로 제출하여야 한다.

제19조의2 【약관변경으로 인한 심사대상의 변경】 공정거래위원회는 심사대상인 약관 조항이 변경된 때에는 직권으로 또는 심사청구인의 신청에 의하여 심사대상을 변경할 수 있다.
(2012.2.17 본조신설)

제19조의3 【표준약관】 ① 사업자 및 사업자단체는 건전한 거래질서를 확립하고 불공정한 내용의 약관이 통용되는 것을 방지하기 위하여 일정한 거래 분야에서 표준이 될 약관의 제정·개정안을 마련하여 그 내용이 이 법에 위반되는지 여부에 관하여 공정거래위원회에 심사를 청구할 수 있다.
(2016.3.29 본항개정)

② 「소비자기본법」 제29조에 따라 등록된 소비자단체 또는 같은 법 제33조에 따라 설립된 한국소비자원(이하 "소비자단체등"이라 한다)은 소비자 피해가 자주 일어나는 거래 분야에서 표준이 될 약관을 제정 또는 개정할 것을 공정거래위원회에 요청할 수 있다. (2016.3.29 본항개정)

③ 공정거래위원회는 다음 각 호의 어느 하나에 해당하는 경우에 사업자 및 사업자단체에 대하여 표준이 될 약관의 제정·개정안을 마련하여 심사 청구할 것을 권고할 수 있다. (2016.3.29 본항개정)

1. 소비자단체등의 요청이 있는 경우
2. 일정한 거래 분야에서 여러 고객에게 피해가 발생하거나 발생할 우려가 있는 경우에 관련 상황을 조사하여 약관이 없거나 불공정약관조항이 있는 경우
3. 법률의 제정·개정·폐지 등으로 약관을 정비할 필요가 발생한 경우

④ 공정거래위원회는 사업자 및 사업자단체가 제3항의 권고를 받은 날부터 4개월 이내에 필요한 조치를 하지 아니하면 관련 분야의 거래 당사자 및 소비자단체등의 의견을 듣고 관계 부처의 협의를 거쳐 표준이 될 약관을 제정 또는 개정할 수 있다.
(2016.3.29 본항개정)

⑤ 공정거래위원회는 제1항 또는 제4항에 따라 심사하거나 제정·개정한 약관(이하 "표준약관"이라 한다)을 공시(公示)하고 사업자 및 사업자단체에 표준약관을 사용할 것을 권장할 수 있다.
(2016.3.29 본항개정)

⑥ 공정거래위원회로부터 표준약관의 사용을 권장받은 사업자 및 사업자단체는 표준약관과 다른 약관을 사용하는 경우 표준약관과 다르게 정한 주요 내용을 고객이 알기 쉽게 표시하여야 한다.

⑦ 공정거래위원회는 표준약관의 사용을 활성화하기 위하여 표준약관 표지(標識)를 정할 수 있고, 사업자 및 사업자단체는 표준약관을 사용하는 경우 공정거래위원회가 고시하는 바에 따라 표준약관 표지를 사용할 수 있다.

⑧ 사업자 및 사업자단체는 표준약관과 다른 내용을 약관으로 사용하는 경우 표준약관 표지를 사용하여서는 아니 된다.

⑨ 사업자 및 사업자단체가 제8항을 위반하여 표준약관 표지를 사용하는 경우 표준약관의 내용보다 고객에게 더 불리한 약관의 내용은 무효로 한다.

제20조 【조사】 ① 공정거래위원회는 다음 각 호의 어느 하나의 경우 약관이 이 법에 위반된 사실이 있는지 여부를 확인하기 위하여 필요한 조사를 할 수 있다.

1. 제17조의2제1항 또는 제2항에 따른 시정권고 또는 시정명령을 하기 위하여 필요하다고 인정되는 경우
2. 제19조에 따라 약관의 심사청구를 받은 경우

② 제1항에 따라 조사를 하는 공무원은 그 권한을 표시하는 증표를 지니고 이를 관계인에게 내보여야 한다.

제21조 (2010.3.22 본조삭제)

제22조 【의견 진술】 ① 공정거래위원회는 약관의 내용이 이 법에 위반되는지 여부에 대하여 심의하기 전에 그 약관에 따라 거래를 한 사업자 또는 이해관계인에게 그 약관이 심사 대상이 되었다는 사실을 알려야 한다.

② 제1항에 따라 통지를 받은 당사자 또는 이해관계인은 공정거래위원회의 회의에 출석하여 의견을 진술하거나 필요한 자료를 제출할 수 있다.

③ 공정거래위원회는 심사 대상이 된 약관이 다른 법률에 따라 행정관청의 인가를 받았거나 받아야 할 것인 경우에는 심의에 앞서 그 행정관청에 의견을 제출하도록 요구할 수 있다.

제23조 【불공정약관조항의 공개】 공정거래위원회는 이 법에 위반된다고 심의·의결한 약관 조항의 목록을 인터넷 홈페이지에 공개하여야 한다.

(2011.3.29 본조개정)

제4장 분쟁의 조정 등
(2012.2.17 본장신설)

제24조 【약관 분쟁조정협의회의 설치 및 구성】 ① 제17조를 위반한 약관 또는 이와 비슷한 유형의 약관으로서 대통령령으로 정하는 약관과 관련된 분쟁을 조정하기 위하여 「독점규제 및 공정거래에 관한 법률」 제72조제1항에 따른 한국공정거래조정원(이하 "조정원"이라 한다)에 약관 분쟁조정협의회(이하 "협의회"라 한다)를 둔다. (2020.12.29 본항개정)

② 협의회는 위원장 1명을 포함한 9명의 위원으로 구성하며, 위원장은 상임으로 한다. (2023.8.8 본항개정)

③ 협의회 위원장은 조정원의 장의 제청으로 공정거래위원회 위원장이 위촉한다.

④ 협의회 위원장이 사고로 직무를 수행할 수 없을 때에는 협의회의 위원장이 지명하는 협의회 위원이 그 직무를 대행한다.

⑤ 협의회 위원은 약관규제·소비자 분야에 경험 또는 전문지식이 있는 사람으로서 다음 각 호의 어느 하나에 해당하는 사람 중에서 조정원의 장의 제청으로 공정거래위원회 위원장이 임명하거나 위촉한다. (2023.8.8 본항개정)

1. 공정거래 및 소비자보호 업무에 관한 경험이 있는 4급 이상 공무원(고위공무원단에 속하는 일반직공무원을 포함한다)의 직에 있거나 있었던 사람
2. 판사·검사 직에 있거나 있었던 사람 또는 변호사의 자격이 있는 사람
3. 대학에서 법률학·경제학·경영학 또는 소비자 관련 분야 학문을 전공한 사람으로서 「고등교육법」 제2조제1호·제2호·제4호 또는 제5호에 따른 학교나 공인된 연구기관에서 부교수 이상의 직 또는 이에 상당하는 직에 있거나 있었던 사람
4. 그 밖에 기업경영, 소비자권익 및 분쟁조정과 관련된 업무에 관한 학식과 경험이 풍부한 사람

⑥ 협의회 위원의 임기는 3년으로 하되, 연임할 수 있다.

⑦ 협의회 위원 중 결원이 생긴 때에는 제5항에 따라 보궐위원을 위촉하여야 하며, 그 보궐위원의 임기는 전임자의 남은 임기로 한다.

⑧ 협의회의 회의 등 업무지원을 위하여 별도 사무지원 조직을 조정원 내에 둔다.

⑨ 협의회 위원장은 그 직무 외에 영리를 목적으로 하는 업무에 종사하지 못한다. (2024.2.6. 본항신설)

⑩ 제9항에 따른 영리를 목적으로 하는 업무의 범위에 관하여는 「공공기관의 운영에 관한 법률」 제37조제3항을 준용한다. (2024.2.6. 본항신설)

⑪ 협의회 위원장은 제10항에 따른 영리를 목적으로 하는 업무에 해당하는지에 대한 공정거래위원회 위원장의 심사를 거쳐 비영리 목적의 업무를 겸할 수 있다. (2024.2.6. 본항신설)

(2012.2.17. 본조신설)

제25조 【협의회의 회의】 ① 협의회의 회의는 위원 전원으로 구성되는 회의(이하 "전체회의"라 한다)와 위원장이 지명하는 3명의 위원(위원장을 포함할 수 있다)으로 구성되는 회의(이하 "분과회의"라 한다)로 구분된다. (2023.8.8 본항개정)

② 분과회의는 전체회의로부터 위임받은 사항에 관하여 심의·의결한다.

③ 전체회의는 위원장이 주재하며, 재적위원 과반수의 출석으로 개의하고, 출석위원 과반수의 찬성으로 의결한다.

④ 분과회의는 위원장 또는 위원장이 지명하는 위원이 주재하며, 구성위원 전원의 출석과 출석위원 전원의 찬성으로 의결한다. 이 경우 분과회의의 의결은 협의회의 의결로 보되, 회의의 결과를 전체회의에 보고하여야 한다. (2023.8.8 본항개정)

⑤ 조정의 대상이 된 분쟁의 당사자인 고객(「소비자기본법」 제2조제1호에 따른 소비자는 제외한다. 이하 이 장에서 같다)과 사업자(이하 "분쟁당사자"라 한다)는 협의회의 회의에 출석하여 의견을 진술하거나 관계 자료를 제출할 수 있다.

(2012.2.17. 본조신설)

제26조 【협의회 위원의 제척·기피·회피】 ① 협의회 위원은 다음 각 호의 어느 하나에 해당하는 경우에는 해당 분쟁조정사항의 조정에서 제척된다.

1. 협의회 위원 또는 그 배우자나 배우자였던 사람이 해당 분쟁조정사항의 분쟁당사자가 되거나 공동권리자 또는 의무자의 관계에 있는 경우
2. 협의회 위원이 해당 분쟁조정사항의 분쟁당사자와 친족관계에 있거나 있었던 경우
3. 협의회 위원 또는 협의회 위원이 속한 법인이 분쟁당사자의 법률·경영 등에 대하여 자문이나 고문의 역할을 하고 있는 경우
4. 협의회 위원 또는 협의회 위원이 속한 법인이 해당 분쟁조정사항에 대하여 분쟁당사자의 대리인으로 관여하거나 관여하였던 경우 및 증언 또는 감정을 한 경우

② 분쟁당사자는 협의회 위원에게 협의회의 조정에 공정을 기하기 어려운 사정이 있는 때에 협의회에 해당 협의회 위원에 대한 기피신청을 할 수 있다.

③ 협의회 위원이 제1항 또는 제2항의 사유에 해당하는 경우에는 스스로 해당 분쟁조정사항의 조정에서 회피할 수 있다.

(2012.2.17 본조신설)

제27조【분쟁조정의 신청 등】 ① 제17조를 위반한 약관 또는 이와 비슷한 유형의 약관으로서 대통령령으로 정하는 약관으로 인하여 피해를 입은 고객은 대통령령으로 정하는 사항을 기재한 서면(이하 "분쟁조정 신청서"라 한다)을 협의회에 제출함으로써 분쟁조정을 신청할 수 있다. 다만, 다음 각 호의 어느 하나에 해당하는 경우에는 그러하지 아니하다.
1. 분쟁조정 신청이 있기 이전에 공정거래위원회가 조사 중인 사건
2. 분쟁조정 신청의 내용이 약관의 해석이나 그 이행을 요구하는 사건
3. 약관의 무효판정을 요구하는 사건
4. (2023.6.20 삭제)
5. 그 밖에 분쟁조정에 적합하지 아니한 것으로 대통령령으로 정하는 사건

② 공정거래위원회는 제1항에 따른 분쟁조정을 협의회에 의뢰할 수 있다.
③ 협의회는 제1항에 따라 분쟁조정 신청서를 접수하거나 제2항에 따라 분쟁조정을 의뢰받은 경우에는 즉시 분쟁당사자에게 통지하여야 한다.
(2012.2.17 본조신설)

제27조의2【조정 등】 ① 협의회는 분쟁당사자에게 분쟁조정사항을 스스로 조정하도록 권고하거나 조정안을 작성하여 이를 제시할 수 있다.
② 협의회는 해당 분쟁조정사항에 관한 사실을 확인하기 위하여 필요한 경우 조사를 하거나 분쟁당사자에게 관련 자료의 제출이나 출석을 요구할 수 있다.
③ 협의회는 제27조제1항 각 호의 어느 하나에 해당하는 사건에 대하여는 조정신청을 각하하여야 한다.
④ 협의회는 다음 각 호의 어느 하나에 해당하는 경우에는 조정절차를 종료하여야 한다. (2023.6.20 본항개정)
1. 분쟁당사자가 협의회의 권고 또는 조정안을 수락하거나 스스로 조정하는 등 조정이 성립된 경우
2. 조정을 신청 또는 의뢰받은 날부터 60일(분쟁당사자 쌍방이 기간연장에 동의한 경우에는 90일로 한다)이 경과하여도 조정이 성립되지 아니한 경우
3. 분쟁당사자의 일방이 조정을 거부하는 등 조정절차를 진행할 실익이 없는 경우

⑤ 협의회는 제3항에 따라 조정신청을 각하하거나 제4항에 따라 조정절차를 종료한 경우에는 대통령령으로 정하는 바에 따라 공정거래위원회에 조정신청 각하 또는 조정절차 종료의 사유 등과 관계 서류를 서면으로 지체 없이 보고하여야 하고 분쟁당사자에게 그 사실을 통보하여야 한다.
(2012.2.17 본조신설)

제27조의3【소송과의 관계】 ① 제27조제1항에 따라 분쟁조정이 신청된 사건에 대하여 신청 전 또는 신청 후 소가 제기되어 소송이 진행 중일 때에는 수소법원(受訴法院)은 조정이 있을 때까지 소송절차를 중지할 수 있다.
② 협의회는 제1항에 따라 소송절차가 중지되지 아니하는 경우에는 해당 사건의 조정절차를 중지하여야 한다.
③ 협의회는 조정이 신청된 사건과 동일한 원인으로 다수인이 관련되는 동종·유사 사건에 대한 소송이 진행 중인 경우에는 협의회의 결정으로 조정절차를 중지할 수 있다.
(2023.6.20 본조신설)

제28조【조정조서의 작성과 그 효력】 ① 협의회는 분쟁조정사항의 조정이 성립된 경우 조정에 참가한 위원과 분쟁당사자가 기명날인하거나 서명한 조정조서를 작성한다. 이 경우 분쟁당사자 간에 조정조서와 동일한 내용의 합의가 성립된 것으로 본다. (2018.6.12. 본항개정)
② 협의회는 조정절차를 개시하기 전에 분쟁당사자가 분쟁조정사항을 스스로 조정하고 조정조서의 작성을 요청하는 경우에는 그 조정조서를 작성한다.
(2012.2.17. 본조신설)

제28조의2【분쟁조정의 특례】 ① 제27조제1항에도 불구하고 공정거래위원회, 고객 또는 사업자는 제28조에 따라 조정이 성립된 사항과 같거나 비슷한 유형의 피해가 다수 고객에게 발생할 가능성이 크다고 판단한 경우로서 대통령령으로 정하는 사건에 대하여는 협의회에 일괄적인 분쟁조정(이하 "집단분쟁조정"이라 한다)을 의뢰하거나 신청할 수 있다.
② 제1항에 따라 집단분쟁조정을 의뢰받거나 신청받은 협의회는 협의회의 의결로서 제3항부터 제7항까지의 규정에 따른 집단분쟁조정의 절차를 개시할 수 있다. 이 경우 협의회는 분쟁조정된 사안 중 집단분쟁조정신청에 필요한 사항에 대하여 대통령령으로 정하는 방법에 따라 공표하고, 대통령령으로 정하는 기간 동안 그 절차의 개시를 공고하여야 한다.
③ 협의회는 집단분쟁조정의 당사자가 아닌 고객으로부터 그 분쟁조정의 당사자에 추가로 포함될 수 있도록 하는 신청을 받을 수 있다.
④ 협의회는 협의회의 의결로써 제1항 및 제3항에 따른 집단분쟁조정의 당사자 중에서 공동의 이익을 대표하기에 가장 적합한 1인 또는 수인을 대표당사자로 선임할 수 있다.
⑤ 협의회는 사업자가 협의회의 집단분쟁조정의 내용을 수락한 경우에는 집단분쟁조정의 당사자가 아닌 자로서 피해를 입은 고객에 대한 보상계획서를

작성하여 협의회에 제출하도록 권고할 수 있다.
⑥ 협의회는 집단분쟁조정의 당사자인 다수의 고객 중 일부의 고객이 법원에 소를 제기한 경우에는 그 절차를 중지하지 아니하고 소를 제기한 일부의 고객은 그 절차에서 제외한다.
⑦ 집단분쟁조정의 기간은 제2항에 따른 공고가 종료된 날의 다음 날부터 기산한다.
⑧ 집단분쟁조정의 절차 등에 관하여 필요한 사항은 대통령령으로 정한다.
⑨ 조정원은 집단분쟁조정 대상 발굴, 조정에 의한 피해구제 사례 연구 등 집단분쟁조정 활성화에 필요한 연구를 하며, 연구결과를 인터넷 홈페이지에 공개한다.
(2012.2.17 본조신설)

제29조【협의회의 조직·운영 등】 제24조부터 제27조까지, 제27조의2, 제27조의3, 제28조 및 제28조의2 외에 협의회의 조직·운영·조정절차 등에 필요한 사항은 대통령령으로 정한다.
(2023.6.20 본조개정)

제29조의2【협의회의 재원】 정부는 협의회의 운영, 업무 및 관련 연구에 필요한 경비를 조정원에 출연한다.
(2012.2.17 본조신설)

제5장 보 칙
(2010.3.22 본장개정)

제30조【적용 범위】 ① 약관이 「상법」 제3편, 「근로기준법」 또는 그 밖에 대통령령으로 정하는 비영리사업의 분야에 속하는 계약에 관한 것일 경우에는 이 법을 적용하지 아니한다.
② 특정한 거래 분야의 약관에 대하여 다른 법률에 특별한 규정이 있는 경우를 제외하고는 이 법에 따른다.

제30조의2【「독점규제 및 공정거래에 관한 법률」의 준용】 ① 이 법에 따른 공정거래위원회의 심의·의결에 관하여는 「독점규제 및 공정거래에 관한 법률」 제64조부터 제68조까지의 규정을 준용한다.
② 이 법에 따른 공정거래위원회의 처분에 대한 이의신청, 소송 제기 및 불복 소송의 전속관할(專屬管轄)에 대하여는 「독점규제 및 공정거래에 관한 법률」 제96조부터 제98조까지, 제98조의2, 제98조의3 및 제99조부터 제101조까지를 준용한다.
(2020.12.29., 2024.2.6 본항개정)

제31조【인가·심사의 기준】 행정관청이 다른 법률에 따라 약관을 인가하거나 다른 법률에 따라 특정한 거래 분야에 대하여 설치된 심사기구에서 약관을 심사하는 경우에는 제6조부터 제14조까지의 규정을 그 인가·심사의 기준으로 하여야 한다.

제31조의2【자문위원】 ① 공정거래위원회는 이 법에 따른 약관 심사 업무를 수행하기 위하여 필요하다고 인정하면 자문위원을 위촉할 수 있다.
② 제1항에 따른 자문위원의 위촉과 그 밖에 필요한 사항은 대통령령으로 정한다.

제6장 벌 칙
(2010.3.22 본장개정)

제32조【벌칙】 제17조의2제2항에 따른 명령을 이행하지 아니한 자는 2년 이하의 징역 또는 1억원 이하의 벌금에 처한다.

제33조【양벌규정】 법인의 대표자나 법인 또는 개인의 대리인, 사용인, 그 밖의 종업원이 그 법인 또는 개인의 업무에 관하여 제32조의 위반행위를 하면 그 행위자를 벌하는 외에 그 법인 또는 개인에게도 해당 조문의 벌금형을 과(科)한다. 다만, 법인 또는 개인이 그 위반행위를 방지하기 위하여 해당 업무에 관하여 상당한 주의와 감독을 게을리하지 아니한 경우에는 그러하지 아니하다.

제34조【과태료】 ① 다음 각 호의 어느 하나에 해당하는 자에게는 5천만원 이하의 과태료를 부과한다. (2012.2.17., 2018.6.12. 본조개정)
1. 제19조의3제8항을 위반하여 표준약관과 다른 내용을 약관으로 사용하면서 표준약관 표지를 사용한 자
2. 제20조제1항에 따른 조사를 거부·방해 또는 기피한 사업자 또는 사업자단체
② 사업자 또는 사업자단체의 임원 또는 종업원, 그 밖의 이해관계인이 제20조제1항에 따른 조사를 거부·방해 또는 기피한 경우에는 1천만원 이하의 과태료를 부과한다. (2018.6.12. 본항신설)
③ 다음 각 호의 어느 하나에 해당하는 자에게는 500만원 이하의 과태료를 부과한다.
(개정 2012.2.17., 2018.6.12. 본항개정)
1. 제3조제2항을 위반하여 고객에게 약관의 내용을 밝히지 아니하거나 그 약관의 사본을 내주지 아니한 자
2. 제3조제3항을 위반하여 고객에게 약관의 중요한 내용을 설명하지 아니한 자
3. 제19조의3제6항을 위반하여 표준약관과 다르게 정한 주요 내용을 고객이 알기 쉽게 표시하지 아니한 자
④ 제30조의2제1항에 따라 준용되는 「독점규제 및 공정거래에 관한 법률」 제66조를 위반하여 질서유지의 명령을 따르지 아니한 자에게는 100만원 이하의 과태료를 부과한다. (2018.6.12. 본항신설, 2020.12.29 본항개정)
⑤ 제1항부터 제4항까지의 규정에 따른 과태료는

대통령령으로 정하는 바에 따라 공정거래위원회가 부과·징수한다. (2018.6.12. 본항개정)

附 則 (2001.3.28)

① **【施行日】** 이 법은 공포한 날부터 시행한다.
② **【적용례】** 제17조의2제2항제6호의 개정규정은 이 법 시행후 최초로 체결된 계약부터 적용한다.

附 則 (2004.1.20)

① **【시행일】** 이 법은 공포한 날부터 시행한다.
② **【표준약관에 관한 경과조치】** 이 법 시행 당시 종전의 규정에 의하여 공정거래위원회의 심사를 받은 표준약관은 이 법에 의한 표준약관으로 본다.

附 則 (2005.3.31)

이 법은 공포한 날부터 시행한다.

附 則 (2006.9.27)

第1條 【시행일】 이 법은 공포후 6개월이 경과한 날부터 시행한다.(이하 생략)

附 則 (2007.8.3)

이 법은 공포한 날부터 시행한다.

附 則 (2008.2.29)

第1條 【시행일】 이 법은 공포한 날부터 시행한다.(이하 생략)

부 칙 (2010.3.22)

이 법은 공포한 날부터 시행한다.

부 칙 (2010.5.17)

제1조 【시행일】 이 법은 공포 후 6개월이 경과한 날부터 시행한다.(이하생략)

부 칙 (2011.3.29)

이 법은 공포 후 3개월이 경과한 날부터 시행한다.

부 칙 (2012.2.17)

이 법은 공포 후 6개월이 경과한 날부터 시행한다.

부 칙 (2013.5.28)

이 법은 공포한 날부터 시행한다.

부 칙 (2016.3.29)

이 법은 공포한 날부터 시행한다.

부 칙 (2018.6.12)

제1조 【시행일】 이 법은 공포 후 6개월이 경과한 날부터 시행한다. 다만, 제28조제1항 전단의 개정규정은 공포한 날부터 시행한다.
제2조 【조사 거부·방해행위에 대한 과태료 부과에 관한 적용례】 제34조제1항제2호 및 제2항의 개정규정은 이 법 시행 후 최초로 제20조에 따라 실시하는 공정거래위원회의 조사부터 적용한다.

부 칙 (2020.12.29) (독점규제 및 공정거래에 관한 법률)

제1조 【시행일】 이 법은 공포 후 1년이 경과한 날부터 시행한다. <단서 생략>
제2조 부터 제24조까지 생략
제25조 【다른 법률의 개정】 ①부터 ㊹까지 생략
㊺ 약관의 규제에 관한 법률 일부를 다음과 같이 개정한다.
제17조의2제2항제1호 중 "「독점규제 및 공정거래에 관한 법률」 제2조제7호"를 "「독점규제 및 공정거래에 관한 법률」 제2조제3호"로 한다.
제24조제1항 중 "「독점규제 및 공정거래에 관한 법률」 제48조의2제1항"을 "「독점규제 및 공정거래에 관한 법률」 제72조제1항"으로 한다.
제30조의2제1항 중 "「독점규제 및 공정거래에 관한 법률」 제42조, 제43조, 제43조의2, 제44조 및 제45조를"을 "「독점규제 및 공정거래에 관한 법률」 제64조부터 제68조까지의 규정을"로 하고, 같은 조 제2항 중 "「독점규제 및 공정거래에 관한 법률」 제53조, 제53조의2, 제53조의3, 제54조, 제55조 및 제55조의2를"을 "「독점규제 및 공정거래에 관한 법률」 제96조부터 제101조까지의 규정을"로 한다.
제34조제4항 중 "「독점규제 및 공정거래에 관한 법률」 제43조의2"를 "「독점규제 및 공정거래에 관한 법률」 제66조"로 한다.
㊻부터 <82>까지 생략
제26조 생략

부 칙 (2023.6.20)

제1조 【시행일】 이 법은 공포 후 6개월이 경과한 날부터 시행한다.
제2조 【소송·조정절차 중지에 관한 적용례】 제27조의3의 개정규정은 이 법 시행 이후 조정을 신청한 경우부터 적용한다.

부 칙 (2023.8.8)

제1조 【시행일】 이 법은 공포 후 6개월이 경과한 날부터 시행한다.
제2조 【협의회에 관한 적용례】 이 법은 이 법 시행 이후 새로 구성되는 협의회부터 적용한다.

부 칙 (2024.2.6)

제1조 【시행일】 이 법은 공포 후 6개월이 경과한 날부터 시행한다. <단서 생략>
제2조 부터 제5조까지 생략
제6조 【다른 법률의 개정】 ①부터 ④까지 생략
⑤ 약관의 규제에 관한 법률 일부를 다음과 같이 개정한다.
제30조의2제2항 중 "「독점규제 및 공정거래에 관한 법률」 제96조부터 제101조까지의 규정을"을 "「독점규제 및 공정거래에 관한 법률」 제96조부터 제98조까지, 제98조의2, 제98조의3 및 제99조부터 제101조까지를"로 한다.
⑥부터 ⑨까지 생략

부 칙 (2024.2.6)

제1조 【시행일】 이 법은 2024년 2월 9일부터 시행한다.
제2조 【적용례】 이 법은 이 법 시행 이후 새로 구성되는 협의회의 위원장부터 적용한다.

국제물품매매계약에 관한 국제연합 협약

(2005년 2월 28일
조 약 제1711호)

이 협약의 당사국은, 신국제경제질서의 수립에 관하여 국제연합총회의 제6차 특별회의에서 채택된 결의의 광범한 목적에 유념하고, 평등과 상호이익을 기초로 한 국제거래의 발전이 국가간의 우호관계를 증진하는 중요한 요소임을 고려하며, 국제물품매매계약을 규율하고 상이한 사회적·경제적 및 법적 제도를 고려한 통일규칙을 채택하는 것이 국제거래상의 법적 장애를 제거하는데 기여하고 국제거래의 발전을 증진하는 것이라는 견해하에, 다음과 같이 합의하였다.

제1편 적용범위와 총칙

제1장 적용범위

제1조
(1) 이 협약은 다음의 경우에, 영업소가 서로 다른 국가에 있는 당사자간의 물품매매계약에 적용된다.
(가) 해당 국가가 모두 체약국인 경우, 또는
(나) 국제사법 규칙에 의하여 체약국법이 적용되는 경우
(2) 당사자가 서로 다른 국가에 영업소를 가지고 있다는 사실은, 계약으로부터 또는 계약체결 전이나 그 체결시에 당사자간의 거래나 당사자에 의하여 밝혀진 정보로부터 드러나지 아니하는 경우에는 고려되지 아니한다.
(3) 당사자의 국적 또는 당사자나 계약의 민사적·상사적 성격은 이 협약의 적용 여부를 결정하는 데에 고려되지 아니한다.

제2조
이 협약은 다음의 매매에는 적용되지 아니한다.
(가) 개인용·가족용 또는 가정용으로 구입된 물품의 매매
다만, 매도인이 계약체결 전이나 그 체결시에 물품이 그와 같은 용도로 구입된 사실을 알지 못하였고, 알았어야 했던 것도 아닌 경우에는 그러하지 아니하다.
(나) 경매에 의한 매매
(다) 강제집행 그 밖의 법령에 의한 매매
(라) 주식, 지분, 투자증권, 유통증권 또는 통화의 매매
(마) 선박, 소선(小船), 부선(浮船), 또는 항공기의 매매
(바) 전기의 매매

제3조
(1) 물품을 제조 또는 생산하여 공급하는 계약은 이를 매매로 본다. 다만, 물품을 주문한 당사자가 그 제조 또는 생산에 필요한 재료의 중요한 부분을 공급하는 경우에는 그러하지 아니하다.
(2) 이 협약은 물품을 공급하는 당사자의 의무의 주된 부분이 노무 그 밖의 서비스의 공급에 있는 계약에는 적용되지 아니한다.

제4조
이 협약은 매매계약의 성립 및 그 계약으로부터 발생하는 매도인과 매수인의 권리의무만을 규율한다. 이 협약에 별도의 명시규정이 있는 경우를 제외하고, 이 협약은 특히 다음과 관련이 없다.
(가) 계약이나 그 조항 또는 관행의 유효성
(나) 매매된 물품의 소유권에 관하여 계약이 미치는 효력

제5조
이 협약은 물품으로 인하여 발생한 사람의 사망 또는 상해에 대한 매도인의 책임에는 적용되지 아니한다.

제6조
당사자는 이 협약의 적용을 배제할 수 있고, 제12조에 따를 것을 조건으로 하여 이 협약의 어떠한 규정에 대하여도 그 적용을 배제하거나 효과를 변경할 수 있다.

제2장 총 칙

제7조
(1) 이 협약의 해석에는 그 국제적 성격 및 적용상의 통일과 국제거래상의 신의 준수를 증진할 필요성을 고려하여야 한다.
(2) 이 협약에 의하여 규율되는 사항으로서 협약에서 명시적으로 해결되지 아니하는 문제는, 이 협약이 기초하고 있는 일반원칙, 그 원칙이 없는 경우에는 국제사법 규칙에 의하여 적용되는 법에 따라 해결되어야 한다.

제8조
(1) 이 협약의 적용상, 당사자의 진술 그 밖의 행위는 상대방이 그 당사자의 의도를 알았거나 모를 수 없었던 경우에는 그 의도에 따라 해석되어야 한다.
(2) 제1항이 적용되지 아니하는 경우에 당사자의 진술 그 밖의 행위는, 상대방과 동일한 부류의 합리적인 사람이 동일한 상황에서 이해하였을 바에 따라 해석되어야 한다.
(3) 당사자의 의도 또는 합리적인 사람이 이해하였을 바를 결정함에 있어서는 교섭, 당사자간에 확립된 관례, 관행 및 당사자의 후속 행위를 포함하여 관련된 모든 사항을 적절히 고려하여야 한다.

제9조
(1) 당사자는 합의한 관행과 당사자간에 확립된 관례에 구속된다.
(2) 별도의 합의가 없는 한, 당사자가 알았거나 알 수 있었던 관행으로서 국제거래에서 당해 거래와 동종의 계약을 하는 사람에게 널리 알려져 있고 통상적으로 준수되고 있는 관행은 당사자의 계약 또는 그 성립에 묵시적으로 적용되는 것으로 본다.

제10조
이 협약의 적용상,
(가) 당사자 일방이 둘 이상의 영업소를 가지고 있는 경우에는, 계약체결 전이나 그 체결시에 당사자 쌍방에 알려지거나 예기된 상황을 고려하여 계약 및 그 이행과 가장 밀접한 관련이 있는 곳이 영업소로 된다.
(나) 당사자 일방이 영업소를 가지고 있지 아니한 경우에는 그의 상거소를 영업소로 본다.

제11조
매매계약은 서면에 의하여 체결되거나 입증될 필요가 없고, 방식에 관한 그 밖의 어떠한 요건도 요구되지 아니한다. 매매계약은 증인을 포함하여 어떠한 방법에 의하여도 입증될 수 있다.

제12조
매매계약, 합의에 의한 매매계약의 변경이나 종료, 청약·승낙 그 밖의 의사표시를 서면 이외의 방법으로 할 수 있도록 허용하는 이 협약 제11조, 제29조 또는 제2편은 당사자가 이 협약 제96조에 따라 유보선언을 한 체약국에 영업소를 가지고 있는 경우에는 적용되지 아니한다. 당사자는 이 조를 배제하거나 그 효과를 변경할 수 없다.

제13조
이 협약의 적용상 「서면」에는 전보와 텔렉스가 포함된다.

제2편 계약의 성립

제14조
(1) 1인 또는 그 이상의 특정인에 대한 계약체결의 제안은 충분히 확정적이고, 승낙시 그에 구속된다는 청약자의 의사가 표시되어 있는 경우에 청약이 된다. 제안이 물품을 표시하고, 명시적 또는 묵시적으로 수량과 대금을 지정하거나 그 결정을 위한 조항을 두고 있는 경우에, 그 제안은 충분히 확정적인 것으로 한다.
(2) 불특정 다수인에 대한 제안은 제안자가 반대의사를 명확히 표시하지 아니하는 한, 단지 청약의 유인으로 본다.

제15조
(1) 청약은 상대방에게 도달한 때에 효력이 발생

한다.
(2) 청약은 철회될 수 없는 것이더라도, 회수의 의사표시가 청약의 도달 전 또는 그와 동시에 상대방에게 도달하는 경우에는 회수될 수 있다.

제16조

(1) 청약은 계약이 체결되기까지는 철회될 수 있다. 다만, 상대방이 승낙의 통지를 발송하기 전에 철회의 의사표시가 상대방에게 도달되어야 한다.
(2) 그러나 다음의 경우에는 청약은 철회될 수 없다.
(가) 승낙기간의 지정 그 밖의 방법으로 청약이 철회될 수 없음이 청약에 표시되어 있는 경우, 또는
(나) 상대방이 청약이 철회될 수 없음을 신뢰하는 것이 합리적이고, 상대방이 그 청약을 신뢰하여 행동한 경우

제17조

청약은 철회될 수 없는 것이더라도, 거절의 의사표시가 청약자에게 도달한 때에는 효력을 상실한다.

제18조

(1) 청약에 대한 동의를 표시하는 상대방의 진술 그 밖의 행위는 승낙이 된다. 침묵 또는 부작위는 그 자체만으로 승낙이 되지 아니한다.
(2) 청약에 대한 승낙은 동의의 의사표시가 청약자에게 도달하는 시점에 효력이 발생한다. 동의의 의사표시가 청약자가 지정한 기간 내에, 기간의 지정이 없는 경우에는 청약자가 사용한 통신수단의 신속성 등 거래의 상황을 적절히 고려하여 합리적인 기간 내에 도달하지 아니하는 때에는, 승낙은 효력이 발생하지 아니한다. 구두의 청약은 특별한 사정이 없는 한 즉시 승낙되어야 한다.
(3) 청약에 의하여 또는 당사자간에 확립된 관례나 관행의 결과로 상대방이 청약자에 대한 통지없이, 물품의 발송이나 대금지급과 같은 행위를 함으로써 동의를 표시할 수 있는 경우에는, 승낙은 그 행위가 이루어진 시점에 효력이 발생한다. 다만, 그 행위는 제2항에서 정한 기간 내에 이루어져야 한다.

제19조

(1) 승낙을 의도하고 있으나, 부가, 제한 그 밖의 변경을 포함하는 청약에 대한 응답은 청약에 대한 거절이면서 또한 새로운 청약이 된다.
(2) 승낙을 의도하고 있고, 청약의 조건을 실질적으로 변경하지 아니하는 부가적 조건 또는 상이한 조건을 포함하는 청약에 대한 응답은 승낙이 된다. 다만, 청약자가 부당한 지체없이 그 상위(相違)에 구두로 이의를 제기하거나 그러한 취지의 통지를 발송하는 경우에는 그러하지 아니하다. 청약자가 이의를 제기하지 아니하는 경우에는 승낙에 포함된 변경이 가하여진 청약 조건이 계약조건이 된다.
(3) 특히 대금, 대금지급, 물품의 품질과 수량, 인도의 장소와 시기, 당사자 일방의 상대방에 대한 책임범위 또는 분쟁해결에 관한 부가적 조건 또는 상이한 조건은 청약 조건을 실질적으로 변경하는 것으로 본다.

제20조

(1) 청약자가 전보 또는 서신에서 지정한 승낙기간은 전보가 발송을 위하여 교부된 시점 또는 서신에 표시되어 있는 일자, 서신에 일자가 표시되지 아니한 경우에는 봉투에 표시된 일자로부터 기산한다. 청약자가 전화, 텔렉스 그 밖의 同時的 통신수단에 의하여 지정한 승낙기간은 청약이 상대방에게 도달한 시점으로부터 기산한다.
(2) 승낙기간중의 공휴일 또는 비영업일은 기간의 계산에 산입한다. 다만, 기간의 말일이 청약자의 영업소 소재지의 공휴일 또는 비영업일에 해당하여 승낙의 통지가 기간의 말일에 청약자에게 도달될 수 없는 경우에는, 기간은 그 다음의 최초 영업일까지 연장된다.

제21조

(1) 연착된 승낙은 청약자가 상대방에게 지체 없이 승낙으로서 효력을 가진다는 취지를 구두로 통고하거나 그러한 취지의 통지를 발송하는 경우에는 승낙으로서의 효력이 있다.
(2) 연착된 승낙이 포함된 서신 그 밖의 서면에 의하여, 전달이 정상적이었다면 기간 내에 청약자에게 도달되었을 상황에서 승낙이 발송되었다고 인정되는 경우에는, 그 연착된 승낙은 승낙으로서의 효력이 있다. 다만, 청약자가 상대방에게 지체 없이 청약이 실효되었다는 취지를 구두로 통고하거나 그러한 취지의 통지를 발송하는 경우에는 그러하지 아니하다.

제22조

승낙은 그 효력이 발생하기 전 또는 그와 동시에 회수의 의사표시가 청약자에게 도달하는 경우에는 회수될 수 있다.

제23조

계약은 청약에 대한 승낙이 이 협약에 따라 효력을 발생하는 시점에 성립된다.

제24조

이 협약 제2편의 적용상, 청약, 승낙 그 밖의 의사표시는 상대방에게 구두로 통고된 때 또는 그 밖의 방법으로 상대방 본인, 상대방의 영업소나 우편주소에 전달된 때, 상대방이 영업소나 우편주소를 가지지 아니한 경우에는 그의 상거소에 전달된 때에 상대방에게 "도달"된다.

제3편 물품의 매매

제1장 총 칙

제25조
당사자 일방의 계약위반은, 그 계약에서 상대방이 기대할 수 있는 바를 실질적으로 박탈할 정도의 손실을 상대방에게 주는 경우에 본질적인 것으로 한다. 다만, 위반 당사자가 그러한 결과를 예견하지 못하였고, 동일한 부류의 합리적인 사람도 동일한 상황에서 그러한 결과를 예견하지 못하였을 경우에는 그러하지 아니하다.

제26조
계약해제의 의사표시는 상대방에 대한 통지로 행하여진 경우에만 효력이 있다.

제27조
이 협약 제3편에 별도의 명시규정이 있는 경우를 제외하고, 당사자가 이 협약 제3편에 따라 상황에 맞는 적절한 방법으로 통지, 청구 그 밖의 통신을 한 경우에, 당사자는 통신의 전달 중에 지연이나 오류가 있거나 또는 통신이 도달되지 아니하더라도 그 통신을 주장할 권리를 상실하지 아니한다.

제28조
당사자 일방이 이 협약에 따라 상대방의 의무이행을 요구할 수 있는 경우에도, 법원은 이 협약이 적용되지 아니하는 유사한 매매계약에 관하여 자국법에 따라 특정이행을 명하는 판결을 하여야 하는 경우가 아닌 한, 특정이행을 명하는 판결을 할 의무가 없다.

제29조
(1) 계약은 당사자의 합의만으로 변경 또는 종료될 수 있다.
(2) 서면에 의한 계약에 합의에 의한 변경 또는 종료는 서면에 의하여야 한다는 규정이 있는 경우에, 다른 방법으로 합의 변경 또는 합의 종료될 수 없다. 다만, 당사자는 상대방이 자신의 행동을 신뢰한 한도까지는 그러한 규정을 원용할 수 없다.

제2장 매도인의 의무

제30조
매도인은 계약과 이 협약에 따라 물품을 인도하고, 관련 서류를 교부하며 물품의 소유권을 이전하여야 한다.

제1절 물품의 인도와 서류의 교부

제31조
매도인이 물품을 다른 특정한 장소에서 인도할 의무가 없는 경우에, 매도인의 인도의무는 다음과 같다.
(가) 매매계약에 물품의 운송이 포함된 경우에는, 매수인에게 전달하기 위하여 물품을 제1운송인에게 교부하는 것.
(나) (가)호에 해당되지 아니하는 경우로서 계약이 특정물에 관련되거나 또는 특정한 재고품에서 인출되는 불특정물이나 제조 또는 생산되는 불특정물에 관련되어 있고, 당사자 쌍방이 계약 체결시에 그 물품이 특정한 장소에 있거나 그 장소에서 제조 또는 생산되는 것을 알고 있었던 경우에는, 그 장소에서 물품을 매수인의 처분 하에 두는 것.
(다) 그 밖의 경우에는, 계약 체결시에 매도인이 영업소를 가지고 있던 장소에서 물품을 매수인의 처분 하에 두는 것.

제32조
(1) 매도인이 계약 또는 이 협약에 따라 물품을 운송인에게 교부한 경우에, 물품이 하인(荷印), 선적서류 그 밖의 방법에 의하여 그 계약의 목적물로서 명확히 특정되어 있지 아니한 때에는, 매도인은 매수인에게 물품을 특정하는 탁송통지를 하여야 한다.
(2) 매도인이 물품의 운송을 주선하여야 하는 경우에, 매도인은 상황에 맞는 적절한 운송수단 및 그 운송에서의 통상의 조건으로, 지정된 장소까지 운송하는 데 필요한 계약을 체결하여야 한다.
(3) 매도인이 물품의 운송에 관하여 부보(附保)할 의무가 없는 경우에도, 매도인은 매수인의 요구가 있으면 매수인이 부보하는데 필요한 모든 가능한 정보를 매수인에게 제공하여야 한다.

제33조
매도인은 다음의 시기에 물품을 인도하여야 한다.
(가) 인도기일이 계약에 의하여 지정되어 있거나 확정될 수 있는 경우에는 그 기일
(나) 인도기간이 계약에 의하여 지정되어 있거나 확정될 수 있는 경우에는 그 기간 내의 어느 시기. 다만, 매수인이 기일을 선택하여야 할 사정이 있는 경우에는 그러하지 아니하다.
(다) 그 밖의 경우에는 계약 체결후 합리적인 기간 내.

제34조
매도인이 물품에 관한 서류를 교부하여야 하는 경우에, 매도인은 계약에서 정한 시기, 장소 및 방식에 따라 이를 교부하여야 한다. 매도인이 교부하여야 할 시기 전에 서류를 교부한 경우에는, 매도인은 매수인에게 불합리한 불편 또는 비용을 초래하지 아니하는 한, 계약에서 정한 시기까지 서류상의 부적합을 치유할 수 있다. 다만, 매수인은 이 협약에서 정한 손해배상을 청구할 권리를 보유한다.

제2절 물품의 적합성과 제3자의 권리주장

第35조

(1) 매도인은 계약에서 정한 수량, 품질 및 종류에 적합하고, 계약에서 정한 방법으로 용기에 담겨지거나 포장된 물품을 인도하여야 한다.
(2) 당사자가 달리 합의한 경우를 제외하고, 물품은 다음의 경우에 계약에 적합하지 아니한 것으로 한다.
 (가) 동종 물품의 통상 사용목적에 맞지 아니한 경우,
 (나) 계약 체결시 매도인에게 명시적 또는 묵시적으로 알려진 특별한 목적에 맞지 아니한 경우. 다만, 그 상황에서 매수인이 매도인의 기술과 판단을 신뢰하지 아니하였거나 또는 신뢰하는 것이 불합리하였다고 인정되는 경우에는 그러하지 아니하다.
 (다) 매도인이 견본 또는 모형으로 매수인에게 제시한 물품의 품질을 가지고 있지 아니한 경우.
 (라) 그러한 물품에 대하여 통상의 방법으로, 통상의 방법이 없는 경우에는 그 물품을 보존하고 보호하는 데 적절한 방법으로 용기에 담겨지거나 포장되어 있지 아니한 경우.
(3) 매수인이 계약 체결시에 물품의 부적합을 알았거나 또는 모를 수 없었던 경우에는, 매도인은 그 부적합에 대하여 제2항의 (가)호 내지 (라)호에 따른 책임을 지지 아니한다.

第36조

(1) 매도인은 위험이 매수인에게 이전하는 때에 존재하는 물품의 부적합에 대하여, 그 부적합이 위험 이전 후에 판명된 경우라도, 계약과 이 협약에 따라 책임을 진다.
(2) 매도인은 제1항에서 정한 때보다 후에 발생한 부적합이라도 매도인의 의무위반에 기인하는 경우에는 그 부적합에 대하여 책임을 진다. 이 의무위반에는 물품이 일정기간 통상의 목적이나 특별한 목적에 맞는 상태를 유지한다는 보증 또는 특정한 품질이나 특성을 유지한다는 보증에 위반한 경우도 포함된다.

第37조

매도인이 인도기일 전에 물품을 인도한 경우에는, 매수인에게 불합리한 불편 또는 비용을 초래하지 아니하는 한, 매도인은 그 기일까지 누락분을 인도하거나 부족한 수량을 보충하거나 부적합한 물품에 갈음하여 물품을 인도하거나 또는 물품의 부적합을 치유할 수 있다. 다만, 매수인은 이 협약에서 정한 손해배상을 청구할 권리를 보유한다.

第38조

(1) 매수인은 그 상황에서 실행가능한 단기간 내에 물품을 검사하거나 검사하게 하여야 한다.
(2) 계약에 물품의 운송이 포함되는 경우에는, 검사는 물품이 목적지에 도착한 후까지 연기될 수 있다.
(3) 매수인이 검사할 합리적인 기회를 가지지 못한 채 운송중에 물품의 목적지를 변경하거나 물품을 전송(轉送)하고, 매도인이 계약 체결시에 그 변경 또는 전송의 가능성을 알았거나 알 수 있었던 경우에는, 검사는 물품이 새로운 목적지에 도착한 후까지 연기될 수 있다.

第39조

(1) 매수인이 물품의 부적합을 발견하였거나 발견할 수 있었던 때로부터 합리적인 기간 내에 매도인에게 그 부적합한 성질을 특정하여 통지하지 아니한 경우에는, 매수인은 물품의 부적합을 주장할 권리를 상실한다.
(2) 매수인은 물품이 매수인에게 현실로 교부된 날부터 늦어도 2년 내에 매도인에게 제1항의 통지를 하지 아니한 경우에는, 물품의 부적합을 주장할 권리를 상실한다. 다만, 이 기간제한이 계약상의 보증기간과 양립하지 아니하는 경우에는 그러하지 아니하다.

第40조

물품의 부적합이 매도인이 알았거나 모를 수 없었던 사실에 관한 것이고, 매도인이 매수인에게 이를 밝히지 아니한 경우에는, 매도인은 제38조와 제39조를 원용할 수 없다.

第41조

매수인이 제3자의 권리나 권리주장의 대상이 된 물품을 수령하는 데 동의한 경우를 제외하고, 매도인은 제3자의 권리나 권리주장의 대상이 아닌 물품을 인도하여야 한다. 다만, 그러한 제3자의 권리나 권리주장이 공업소유권 그 밖의 지적재산권에 기초하는 경우에는, 매도인의 의무는 제42조에 의하여 규율된다.

第42조

(1) 매도인은, 계약 체결시에 자신이 알았거나 모를 수 없었던 공업소유권 그 밖의 지적재산권에 기초한 제3자의 권리나 권리주장의 대상이 아닌 물품을 인도하여야 한다. 다만, 제3자의 권리나 권리주장이 다음 국가의 법에 의한 공업소유권 그 밖의 지적재산권에 기초한 경우에 한한다.
 (가) 당사자 쌍방이 계약 체결시에 물품이 어느 국가에서 전매되거나 그 밖의 방법으로 사용될 것을 예상하였던 경우에는, 물품이 전매되거나 그 밖의 방법으로 사용될 국가의 법
 (나) 그 밖의 경우에는 매수인이 영업소를 가지는 국가의 법
(2) 제1항의 매도인의 의무는 다음의 경우에는 적용되지 아니한다.

(가) 매수인이 계약 체결시에 그 권리나 권리주장을 알았거나 모를 수 없었던 경우
(나) 그 권리나 권리주장이 매수인에 의하여 제공된 기술설계, 디자인, 방식 그 밖의 지정에 매도인이 따른 결과로 발생한 경우

제43조

(1) 매수인이 제3자의 권리나 권리주장을 알았거나 알았어야 했던 때로부터 합리적인 기간 내에 매도인에게 제3자의 권리나 권리주장의 성질을 특정하여 통지하지 아니한 경우에는, 매수인은 제41조 또는 제42조를 원용할 권리를 상실한다.
(2) 매도인이 제3자의 권리나 권리주장 및 그 성질을 알고 있었던 경우에는 제1항을 원용할 수 없다.

제44조

제39조 제1항과 제43조 제1항에도 불구하고, 매수인은 정하여진 통지를 하지 못한 데에 합리적인 이유가 있는 경우에는 제50조에 따라 대금을 감액하거나 이익의 상실을 제외한 손해배상을 청구할 수 있다.

제3절 매도인의 계약위반에 대한 구제

제45조

(1) 매도인이 계약 또는 이 협약상의 의무를 이행하지 아니하는 경우에 매수인은 다음을 할 수 있다.
(가) 제46조 내지 제52조에서 정한 권리의 행사
(나) 제74조 내지 제77조에서 정한 손해배상의 청구
(2) 매수인이 손해배상을 청구하는 권리는 다른 구제를 구하는 권리를 행사함으로써 상실되지 아니한다.
(3) 매수인이 계약위반에 대한 구제를 구하는 경우에, 법원 또는 중재판정부는 매도인에게 유예기간을 부여할 수 없다.

제46조

(1) 매수인은 매도인에게 의무의 이행을 청구할 수 있다. 다만, 매수인이 그 청구와 양립하지 아니하는 구제를 구한 경우에는 그러하지 아니하다.
(2) 물품이 계약에 부적합한 경우에, 매수인은 대체물의 인도를 청구할 수 있다. 다만, 그 부적합이 본질적 계약위반을 구성하고, 그 청구가 제39조의 통지와 동시에 또는 그 후 합리적인 기간 내에 행하여진 경우에 한한다.
(3) 물품이 계약에 부적합한 경우에, 매수인은 모든 상황을 고려하여 불합리한 경우를 제외하고, 매도인에게 수리에 의한 부적합의 치유를 청구할 수 있다. 수리 청구는 제39조의 통지와 동시에 또는 그 후 합리적인 기간 내에 행하여져야 한다.

제47조

(1) 매수인은 매도인의 의무이행을 위하여 합리적인 부가기간을 정할 수 있다.
(2) 매도인으로부터 그 부가기간 내에 이행을 하지 아니하겠다는 통지를 수령한 경우를 제외하고, 매수인은 그 기간중 계약위반에 대한 구제를 구할 수 없다. 다만, 매수인은 이행지체에 대한 손해배상을 청구할 권리를 상실하지 아니한다.

제48조

(1) 제49조를 따를 것을 조건으로, 매도인은 인도기일 후에도 불합리하게 지체하지 아니하고 매수인에게 불합리한 불편 또는 매수인의 선급 비용을 매도인으로부터 상환받는 데 대한 불안을 초래하지 아니하는 경우에는, 자신의 비용으로 의무의 불이행을 치유할 수 있다. 다만, 매수인은 이 협약에서 정한 손해배상을 청구할 권리를 보유한다.
(2) 매도인이 매수인에게 이행의 수령 여부를 알려달라고 요구하였으나 매수인이 합리적인 기간 내에 그 요구에 응하지 아니한 경우에는, 매도인은 그 요구에서 정한 기간 내에 이행을 할 수 있다. 매수인은 그 기간중에는 매도인의 이행과 양립하지 아니하는 구제를 구할 수 없다.
(3) 특정한 기간 내에 이행을 하겠다는 매도인의 통지는 매수인이 그 결정을 알려야 한다는 제2항의 요구를 포함하는 것으로 추정한다.
(4) 이 조 제2항 또는 제3항의 매도인의 요구 또는 통지는 매수인에 의하여 수령되지 아니하는 한 그 효력이 발생하지 아니한다.

제49조

(1) 매수인은 다음의 경우에 계약을 해제할 수 있다.
(가) 계약 또는 이 협약상 매도인의 의무 불이행이 본질적 계약위반으로 되는 경우
(나) 인도 불이행의 경우에는, 매도인이 제47조 제1항에 따라 매수인이 정한 부가기간 내에 물품을 인도하지 아니하거나 그 기간 내에 인도하지 아니하겠다고 선언한 경우.
(2) 그러나 매도인이 물품을 인도한 경우에는, 매수인은 다음의 기간 내에 계약을 해제하지 아니하는 한 계약해제권을 상실한다.
(가) 인도지체의 경우, 매수인이 인도가 이루어진 것을 안 후 합리적인 기간 내
(나) 인도지체 이외의 위반의 경우, 다음의 시기로부터 합리적인 기간 내
(1) 매수인이 그 위반을 알았거나 또는 알 수 있었던 때
(2) 매수인이 제47조 제1항에 따라 정한 부가기간이 경과한 때 또는 매도인이 그 부가기간 내에 의무를 이행하지 아니하겠다고 선언한 때.
(3) 매도인이 제48조 제2항에 따라 정한 부가기

간이 경과한 때 또는 매수인이 이행을 수령하지 아니하겠다고 선언한 때

제50조

물품이 계약에 부적합한 경우에, 대금의 지급 여부에 관계없이 매수인은 현실로 인도된 물품이 인도시에 가지고 있던 가액이 계약에 적합한 물품이 그때에 가지고 있었을 가액에 대하여 가지는 비율에 따라 대금을 감액할 수 있다. 다만, 매도인이 제37조나 제48조에 따라 의무의 불이행을 치유하거나 매수인이 동 조항에 따라 매도인의 이행 수령을 거절한 경우에는 대금을 감액할 수 없다.

제51조

(1) 매도인이 물품의 일부만을 인도하거나 인도된 물품의 일부만이 계약에 적합한 경우에, 제46조 내지 제50조는 부족 또는 부적합한 부분에 적용된다.

(2) 매수인은 인도가 완전하게 또는 계약에 적합하게 이루어지지 아니한 것이 본질적 계약위반으로 되는 경우에 한하여 계약 전체를 해제할 수 있다.

제52조

(1) 매도인이 이행기 전에 물품을 인도한 경우에, 매수인은 이를 수령하거나 거절할 수 있다.

(2) 매도인이 계약에서 정한 것보다 다량의 물품을 인도한 경우에, 매수인은 초과분을 수령하거나 이를 거절할 수 있다. 매수인이 초과분의 전부 또는 일부를 수령한 경우에는 계약대금의 비율에 따라 그 대금을 지급하여야 한다.

제3장 매수인의 의무

제53조

매수인은 계약과 이 협약에 따라, 물품의 대금을 지급하고 물품의 인도를 수령하여야 한다.

제1절 대금의 지급

제54조

매수인의 대금지급의무에는 그 지급을 위하여 계약 또는 법령에서 정한 조치를 취하고 절차를 따르는 것이 포함된다.

제55조

계약이 유효하게 성립되었으나 그 대금을 명시적 또는 묵시적으로 정하고 있지 아니하거나 이를 정하기 위한 조항을 두지 아니한 경우에는, 당사자는 반대의 표시가 없는 한, 계약 체결시에 당해 거래와 유사한 상황에서 매도되는 그러한 종류의 물품에 대하여 일반적으로 청구되는 대금을 묵시적으로 정한 것으로 본다.

제56조

대금이 물품의 중량에 따라 정하여지는 경우에, 의심이 있는 때에는 순중량에 의하여 대금을 결정하는 것으로 한다.

제57조

(1) 매수인이 다른 특정한 장소에서 대금을 지급할 의무가 없는 경우에는, 다음의 장소에서 매도인에게 이를 지급하여야 한다.

(가) 매도인의 영업소, 또는

(나) 대금이 물품 또는 서류의 교부와 상환하여 지급되어야 하는 경우에는 그 교부가 이루어지는 장소

(2) 매도인은 계약 체결후에 자신의 영업소를 변경함으로써 발생하는 대금지급에 대한 부수비용의 증가액을 부담하여야 한다.

제58조

(1) 매수인이 다른 특정한 시기에 대금을 지급할 의무가 없는 경우에는, 매수인은 매도인이 계약과 이 협약에 따라 물품 또는 그 처분을 지배하는 서류를 매수인의 처분하에 두는 때에 대금을 지급하여야 한다. 매도인은 그 지급을 물품 또는 서류의 교부를 위한 조건으로 할 수 있다.

(2) 계약에 물품의 운송이 포함되는 경우에는, 매도인은 대금의 지급과 상환하여서만 물품 또는 그 처분을 지배하는 서류를 매수인에게 교부한다는 조건으로 물품을 발송할 수 있다.

(3) 매수인은 물품을 검사할 기회를 가질 때까지는 대금을 지급할 의무가 없다. 다만, 당사자간에 합의된 인도 또는 지급절차가 매수인이 검사 기회를 가지는 것과 양립하지 아니하는 경우에는 그러하지 아니하다.

제59조

매수인은 계약 또는 이 협약에서 지정되거나 확정될 수 있는 기일에 대금을 지급하여야 하며, 이 경우 매도인의 입장에서는 어떠한 요구를 하거나 절차를 따를 필요가 없다.

제2절 인도의 수령

제60조

매수인의 수령의무는 다음과 같다.

(가) 매도인의 인도를 가능하게 하기 위하여 매수인에게 합리적으로 기대될 수 있는 모든 행위를 하는 것, 및

(나) 물품을 수령하는 것

제3절 매수인의 계약위반에 대한 구제

제61조

(1) 매수인이 계약 또는 이 협약상의 의무를 이행하지 아니하는 경우에 매도인은 다음을 할 수 있다.

(가) 제62조 내지 제65조에서 정한 권리의 행사
(나) 제74조 내지 제77조에서 정한 손해배상의 청구
(2) 매도인이 손해배상을 청구하는 권리는 다른 구제를 구하는 권리를 행사함으로써 상실되지 아니한다.
(3) 매도인이 계약위반에 대한 구제를 구하는 경우에, 법원 또는 중재판정부는 매수인에게 유예기간을 부여할 수 없다.

제62조

매도인은 매수인에게 대금의 지급, 인도의 수령 또는 그 밖의 의무의 이행을 청구할 수 있다. 다만, 매도인이 그 청구와 양립하지 아니하는 구제를 구한 경우에는 그러하지 아니하다.

제63조

(1) 매도인은 매수인의 의무이행을 위하여 합리적인 부가기간을 정할 수 있다.
(2) 매수인으로부터 그 부가기간 내에 이행을 하지 아니하겠다는 통지를 수령한 경우를 제외하고, 매도인은 그 기간중 계약위반에 대한 구제를 구할 수 없다. 다만, 매도인은 이행지체에 대한 손해배상을 청구할 권리를 상실하지 아니한다.

제64조

(1) 매도인은 다음의 경우에 계약을 해제할 수 있다.
(가) 계약 또는 이 협약상 매수인의 의무 불이행이 본질적 계약위반으로 되는 경우
(나) 매수인이 제63조 제1항에 따라 매도인이 정한 부가기간 내에 대금지급 또는 물품수령 의무를 이행하지 아니하거나 그 기간 내에 그러한 의무를 이행하지 아니하겠다고 선언한 경우.
(2) 그러나 매수인이 대금을 지급한 경우에는, 매도인은 다음의 기간 내에 계약을 해제하지 아니하는 한 계약해제권을 상실한다.
(가) 매수인의 이행지체의 경우, 매도인이 이행이 이루어진 것을 알기 전
(나) 매수인의 이행지체 이외의 위반의 경우, 다음의 시기로부터 합리적인 기간 내
(1) 매도인이 그 위반을 알았거나 또는 알 수 있었던 때
(2) 매도인이 제63조 제1항에 따라 정한 부가기간이 경과한 때 또는 매수인이 그 부가기간 내에 의무를 이행하지 아니하겠다고 선언한 때.

제65조

(1) 계약상 매수인이 물품의 형태, 규격 그 밖의 특징을 지정하여야 하는 경우에, 매수인이 합의된 기일 또는 매도인으로부터 요구를 수령한 후 합리적인 기간 내에 그 지정을 하지 아니한 경우에는, 매도인은 자신이 보유하는 다른 권리를 해함이 없이, 자신이 알고 있는 매수인의 필요에 따라 스스로 지정할 수 있다.
(2) 매도인은 스스로 지정하는 경우에 매수인에게 그 상세한 사정을 통고하고, 매수인이 그와 다른 지정을 할 수 있도록 합리적인 기간을 정하여야 한다. 매수인이 그 통지를 수령한 후 정하여진 기간 내에 다른 지정을 하지 아니하는 경우에는, 매도인의 지정이 구속력을 가진다.

제4장 위험의 이전

제66조

위험이 매수인에게 이전된 후에 물품이 멸실 또는 훼손되더라도 매수인은 대금지급의무를 면하지 못한다. 다만, 그 멸실 또는 훼손이 매도인의 작위 또는 부작위로 인한 경우에는 그러하지 아니하다.

제67조

(1) 매매계약에 물품의 운송이 포함되어 있고, 매도인이 특정한 장소에서 이를 교부할 의무가 없는 경우에, 위험은 매매계약에 따라 매수인에게 전달하기 위하여 물품이 제1운송인에게 교부된 때에 매수인에게 이전한다. 매도인이 특정한 장소에서 물품을 운송인에게 교부하여야 하는 경우에는, 위험은 그 장소에서 물품이 운송인에게 교부될 때까지 매수인에게 이전하지 아니한다. 매도인이 물품의 처분을 지배하는 서류를 보유할 권한이 있다는 사실은 위험의 이전에 영향을 미치지 아니한다.
(2) 제1항에도 불구하고 위험은 물품이 하인(荷印), 선적서류, 매수인에 대한 통지 그 밖의 방법에 의하여 계약상 명확히 특정될 때까지 매수인에게 이전하지 아니한다.

제68조

운송중에 매도된 물품에 관한 위험은 계약 체결시에 매수인에게 이전한다. 다만, 특별한 사정이 있는 경우에는, 위험은 운송계약을 표창하는 서류를 발행한 운송인에게 물품이 교부된 때부터 매수인이 부담한다. 그럼에도 불구하고, 매도인이 매매계약의 체결시에 물품이 멸실 또는 훼손된 것을 알았거나 알았어야 했고, 매수인에게 이를 밝히지 아니한 경우에는, 그 멸실 또는 훼손은 매도인의 위험으로 한다.

제69조

(1) 제67조와 제68조가 적용되지 아니하는 경우에, 위험은 매수인이 물품을 수령한 때, 매수인이 적시에 이를 수령하지 아니한 경우에는 물품이 매수인의 처분 하에 놓여지고 매수인이 이를 수령하지 아니하여 계약을 위반하는 때에 매수인에게 이전한다.
(2) 매수인이 매도인의 영업소 이외의 장소에서 물

품을 수령하여야 하는 경우에는, 위험은 인도기일이 도래하고 물품이 그 장소에서 매수인의 처분 하에 놓여진 것을 매수인이 안 때에 이전한다.

(3) 불특정물에 관한 계약의 경우에, 물품은 계약상 명확히 특정될 때까지 매수인의 처분하에 놓여지지 아니한 것으로 본다.

제70조

매도인이 본질적 계약위반을 한 경우에는, 제67조, 제68조 및 제69조는 매수인이 그 위반을 이유로 구할 수 있는 구제를 방해하지 아니한다.

제5장 매도인과 매수인의 의무에 공통되는 규정

제1절 이행이전의 계약위반과 분할인도계약

제71조

(1) 당사자는 계약체결 후 다음의 사유로 상대방이 의무의 실질적 부분을 이행하지 아니할 것이 판명된 경우에는, 자신의 의무 이행을 정지할 수 있다.

(가) 상대방의 이행능력 또는 신용도의 중대한 결함

(나) 계약의 이행 준비 또는 이행에 관한 상대방의 행위

(2) 제1항의 사유가 명백하게 되기 전에 매도인이 물품을 발송한 경우에는, 매수인이 물품을 취득할 수 있는 증권을 소지하고 있더라도 매도인은 물품이 매수인에게 교부되는 것을 저지할 수 있다. 이 항은 매도인과 매수인간의 물품에 관한 권리에 대하여만 적용된다.

(3) 이행을 정지한 당사자는 물품의 발송 전후에 관계없이 즉시 상대방에게 그 정지를 통지하여야 하고, 상대방이 그 이행에 관하여 적절한 보장을 제공한 경우에는 이행을 계속하여야 한다.

제72조

(1) 계약의 이행기일 전에 당사자 일방이 본질적 계약위반을 할 것이 명백한 경우에는, 상대방은 계약을 해제할 수 있다.

(2) 시간이 허용하는 경우에는, 계약을 해제하려고 하는 당사자는 상대방이 이행에 관하여 적절한 보장을 제공할 수 있도록 상대방에게 합리적인 통지를 하여야 한다.

(3) 제2항의 요건은 상대방이 그 의무를 이행하지 아니하겠다고 선언한 경우에는 적용되지 아니한다.

제73조

(1) 물품을 분할하여 인도하는 계약에서 어느 분할부분에 관한 당사자 일방의 의무 불이행이 그 분할부분에 관하여 본질적 계약위반이 되는 경우에는, 상대방은 그 분할부분에 관하여 계약을 해제할 수 있다.

(2) 어느 분할부분에 관한 당사자 일방의 의무 불이행이 장래의 분할부분에 대한 본질적 계약위반의 발생을 추단하는 데에 충분한 근거가 되는 경우에는, 상대방은 장래에 향하여 계약을 해제할 수 있다. 다만, 그 해제는 합리적인 기간 내에 이루어져야 한다.

(3) 어느 인도에 대하여 계약을 해제하는 매수인은, 이미 행하여진 인도 또는 장래의 인도가 그 인도와의 상호 의존관계로 인하여 계약 체결시에 당사자 쌍방이 예상했던 목적으로 사용될 수 없는 경우에는, 이미 행하여진 인도 또는 장래의 인도에 대하여도 동시에 계약을 해제할 수 있다.

제2절 손해배상액

제74조

당사자 일방의 계약위반으로 인한 손해배상액은 이익의 상실을 포함하여 그 위반의 결과 상대방이 입은 손실과 동등한 금액으로 한다. 그 손해배상액은 위반 당사자가 계약 체결시에 알았거나 알 수 있었던 사실과 사정에 비추어, 계약위반의 가능한 결과로서 발생할 것을 예견하였거나 예견할 수 있었던 손실을 초과할 수 없다.

제75조

계약이 해제되고 계약해제 후 합리적인 방법으로, 합리적인 기간 내에 매수인이 대체물을 매수하거나 매도인이 물품을 재매각한 경우에, 손해배상을 청구하는 당사자는 계약대금과 대체거래대금과의 차액 및 그 외에 제74조에 따른 손해액을 배상받을 수 있다.

제76조

(1) 계약이 해제되고 물품에 시가가 있는 경우에, 손해배상을 청구하는 당사자는 제75조에 따라 구입 또는 재매각하지 아니하였다면 계약대금과 계약해제시의 시가와의 차액 및 그 외에 제74조에 따른 손해액을 배상받을 수 있다. 다만, 손해배상을 청구하는 당사자가 물품을 수령한 후에 계약을 해제한 경우에는, 해제시의 시가에 갈음하여 물품 수령시의 시가를 적용한다.

(2) 제1항의 적용상, 시가는 물품이 인도되었어야 했던 장소에서의 지배적인 가격, 그 장소에 시가가 없는 경우에는 물품 운송비용의 차액을 적절히 고려하여 합리적으로 대체할 수 있는 다른 장소에서의 가격을 말한다.

제77조

계약위반을 주장하는 당사자는 이익의 상실을 포함하여 그 위반으로 인한 손실을 경감하기 위하여 그 상황에서 합리적인 조치를 취하여야 한다. 계약위

반을 주장하는 당사자가 그 조치를 취하지 아니한 경우에는, 위반 당사자는 경감되었어야 했던 손실액만큼 손해배상액의 감액을 청구할 수 있다.

제3절 이 자

제78조

당사자가 대금 그 밖의 연체된 금액을 지급하지 아니하는 경우에, 상대방은 제74조에 따른 손해배상청구권을 해함이 없이, 그 금액에 대한 이자를 청구할 수 있다.

제4절 면 책

제79조

(1) 당사자는 그 의무의 불이행이 자신이 통제할 수 없는 장애에 기인하였다는 것과 계약 체결시에 그 장애를 고려하거나 또는 그 장애나 그로 인한 결과를 회피하거나 극복하는 것이 합리적으로 기대될 수 없었다는 것을 증명하는 경우에는, 그 의무불이행에 대하여 책임이 없다.

(2) 당사자의 불이행이 계약의 전부 또는 일부의 이행을 위하여 사용한 제3자의 불이행으로 인한 경우에는, 그 당사자는 다음의 경우에 한하여 그 책임을 면한다.

(가) 당사자가 제1항의 규정에 의하여 면책되고, 또한

(나) 당사자가 사용한 제3자도 그에게 제1항이 적용된다면 면책되는 경우

(3) 이 조에 규정된 면책은 장애가 존재하는 기간 동안에 효력을 가진다.

(4) 불이행 당사자는 장애가 존재한다는 것과 그 장애가 자신의 이행능력에 미치는 영향을 상대방에게 통지하여야 한다. 불이행 당사자가 장애를 알았거나 알았어야 했던 때로부터 합리적인 기간 내에 상대방이 그 통지를 수령하지 못한 경우에는, 불이행 당사자는 불수령으로 인한 손해에 대하여 책임이 있다.

(5) 이 조는 어느 당사자가 이 협약에 따라 손해배상 청구권 이외의 권리를 행사하는 것을 방해하지 아니한다.

제80조

당사자는 상대방의 불이행이 자신의 작위 또는 부작위에 기인하는 한, 상대방의 불이행을 주장할 수 없다.

제5절 해제의 효력

제81조

(1) 계약의 해제는 손해배상의무를 제외하고 당사자 쌍방을 계약상의 의무로부터 면하게 한다. 해제는 계약상의 분쟁해결조항 또는 해제의 결과 발생하는 당사자의 권리의무를 규율하는 그 밖의 계약조항에 영향을 미치지 아니한다.

(2) 계약의 전부 또는 일부를 이행한 당사자는 상대방에게 자신이 계약상 공급 또는 지급한 것의 반환을 청구할 수 있다. 당사자 쌍방이 반환하여야 하는 경우에는 동시에 반환하여야 한다.

제82조

(1) 매수인이 물품을 수령한 상태와 실질적으로 동일한 상태로 그 물품을 반환할 수 없는 경우에는, 매수인은 계약을 해제하거나 매도인에게 대체물을 청구할 권리를 상실한다.

(2) 제1항은 다음의 경우에는 적용되지 아니한다.

(가) 물품을 반환할 수 없거나 수령한 상태와 실질적으로 동일한 상태로 반환할 수 없는 것이 매수인의 작위 또는 부작위에 기인하지 아니한 경우

(나) 물품의 전부 또는 일부가 제38조에 따른 검사의 결과로 멸실 또는 훼손된 경우

(다) 매수인이 부적합을 발견하였거나 발견하였어야 했던 시점 전에, 물품의 전부 또는 일부가 정상적인 거래과정에서 매각되거나 통상의 용법에 따라 소비 또는 변형된 경우

제83조

매수인은, 제82조에 따라 계약해제권 또는 대체물 인도청구권을 상실한 경우에도, 계약과 이 협약에 따른 그 밖의 모든 구제권을 보유한다.

제84조

(1) 매도인은 대금을 반환하여야 하는 경우에, 대금이 지급된 날부터 그에 대한 이자도 지급하여야 한다.

(2) 매수인은 다음의 경우에는 물품의 전부 또는 일부로부터 발생된 모든 이익을 매도인에게 지급하여야 한다.

(가) 매수인이 물품의 전부 또는 일부를 반환하여야 하는 경우

(나) 물품의 전부 또는 일부를 반환할 수 없거나 수령한 상태와 실질적으로 동일한 상태로 전부 또는 일부를 반환할 수 없음에도 불구하고, 매수인이 계약을 해제하거나 매도인에게 대체물의 인도를 청구한 경우

제6절 물품의 보관

제85조

매수인이 물품 인도의 수령을 지체하거나 또는 대금지급과 물품 인도가 동시에 이루어져야 함에도 매수인이 대금을 지급하지 아니한 경우로서, 매도인이 물품을 점유하거나 그 밖의 방법으로 그 처분

을 지배할 수 있는 경우에는, 매도인은 물품을 보관하기 위하여 그 상황에서 합리적인 조치를 취하여야 한다. 매도인은 매수인으로부터 합리적인 비용을 상환 받을 때까지 그 물품을 보유할 수 있다.

제86조

(1) 매수인이 물품을 수령한 후 그 물품을 거절하기 위하여 계약 또는 이 협약에 따른 권리를 행사하려고 하는 경우에는, 매수인은 물품을 보관하기 위하여 그 상황에서 합리적인 조치를 취하여야 한다. 매수인은 매도인으로부터 합리적인 비용을 상환받을 때까지 그 물품을 보유할 수 있다.

(2) 매수인에게 발송된 물품이 목적지에서 매수인의 처분하에 놓여지고, 매수인이 그 물품을 거절하는 권리를 행사하는 경우에, 매수인은 매도인을 위하여 그 물품을 점유하여야 한다. 다만, 대금 지급 및 불합리한 불편이나 경비소요없이 점유할 수 있는 경우에 한한다. 이 항은 매도인이나 그를 위하여 물품을 관리하는 자가 목적지에 있는 경우에는 적용되지 아니한다. 매수인이 이 항에 따라 물품을 점유하는 경우에는, 매수인의 권리와 의무에 대하여는 제1항이 적용된다.

제87조

물품을 보관하기 위한 조치를 취하여야 하는 당사자는 그 비용이 불합리하지 아니하는 한, 상대방의 비용으로 물품을 제3자의 창고에 임치할 수 있다.

제88조

(1) 제85조 또는 제86조에 따라 물품을 보관하여야 하는 당사자는 상대방이 물품을 점유하거나 반환받거나 또는 대금이나 보관비용을 지급하는 데 불합리하게 지체하는 경우에는, 상대방에게 매각의사를 합리적으로 통지하는 한, 적절한 방법으로 물품을 매각할 수 있다.

(2) 물품이 급속히 훼손되기 쉽거나 그 보관에 불합리한 경비를 요하는 경우에는, 제85조 또는 제86조에 따라 물품을 보관하여야 하는 당사자는 물품을 매각하기 위하여 합리적인 조치를 취하여야 한다. 이 경우에 가능한 한도에서 상대방에게 매각의사가 통지되어야 한다.

(3) 물품을 매각한 당사자는 매각대금에서 물품을 보관하고 매각하는 데 소요된 합리적인 비용과 동일한 금액을 보유할 권리가 있다. 그 차액은 상대방에게 반환되어야 한다.

제4편 최종규정

제89조

국제연합 사무총장은 이 협약의 수탁자가 된다.

제90조

이미 발효하였거나 또는 앞으로 발효하게 될 국제협정이 이 협약이 규율하는 사항에 관하여 규정을 두고 있는 경우에, 이 협약은 그러한 국제협정에 우선하지 아니한다. 다만, 당사자가 그 협정의 당사국에 영업소를 가지고 있는 경우에 한한다.

제91조

(1) 이 협약은 국제물품매매계약에 관한 국제연합회의의 최종일에 서명을 위하여 개방되고, 뉴욕의 국제연합 본부에서 1981년 9월 30일까지 모든 국가에 의한 서명을 위하여 개방된다.

(2) 이 협약은 서명국에 의하여 비준, 수락 또는 승인되어야 한다.

(3) 이 협약은 서명을 위하여 개방된 날부터 서명하지 아니한 모든 국가의 가입을 위하여 개방된다.

(4) 비준서, 수락서, 승인서 또는 가입서는 국제연합 사무총장에게 기탁되어야 한다.

제92조

(1) 체약국은 서명, 비준, 수락, 승인 또는 가입시에 이 협약 제2편 또는 제3편에 구속되지 아니한다는 취지의 선언을 할 수 있다.

(2) 제1항에 따라 이 협약 제2편 또는 제3편에 관하여 유보선언을 한 체약국은, 그 선언이 적용되는 편에 의하여 규율되는 사항에 관하여는 이 협약 제1조 제1항에서 말하는 체약국으로 보지 아니한다.

제93조

(1) 체약국이 그 헌법상 이 협약이 다루고 있는 사항에 관하여 각 영역마다 다른 법체계가 적용되는 2개 이상의 영역을 가지고 있는 경우에, 그 국가는 서명, 비준, 수락, 승인 또는 가입시에 이 협약을 전체 영역 또는 일부영역에만 적용한다는 취지의 선언을 할 수 있으며, 언제든지 새로운 선언을 함으로써 전의 선언을 수정할 수 있다.

(2) 제1항의 선언은 수탁자에게 통고하여야 하며, 이 협약이 적용되는 영역을 명시하여야 한다.

(3) 이 조의 선언에 의하여 이 협약이 체약국의 전체영역에 적용되지 아니하고 하나 또는 둘 이상의 영역에만 적용되며 또한 당사자의 영업소가 그 국가에 있는 경우에는, 그 영업소는 이 협약의 적용상 체약국에 있지 아니한 것으로 본다. 다만, 그 영업소가 이 협약이 적용되는 영역에 있는 경우에는 그러하지 아니하다.

(4) 체약국이 제1항의 선언을 하지 아니한 경우에 이 협약은 그 국가의 전체영역에 적용된다.

제94조

(1) 이 협약이 규율하는 사항에 관하여 동일하거나 또는 밀접하게 관련된 법규를 가지는 둘 이상의 체약국은, 양당사자의 영업소가 그러한 국가에 있는 경우에 이 협약을 매매계약과 그 성립에 관하여 적용하지 아니한다는 취지의 선언을 언제든

지 행할 수 있다. 그러한 선언은 공동으로 또는 상호간에 단독으로 할 수 있다.

(2) 이 협약이 규율하는 사항에 관하여 하나 또는 둘 이상의 비체약국과 동일하거나 또는 밀접하게 관련된 법규를 가지는 체약국은 양 당사자의 영업소가 그러한 국가에 있는 경우에 이 협약을 매매계약과 그 성립에 대하여 적용하지 아니한다는 취지의 선언을 언제든지 행할 수 있다.

(3) 제2항에 의한 선언의 대상이 된 국가가 그 후 체약국이 된 경우에, 그 선언은 이 협약이 새로운 체약국에 대하여 효력이 발생하는 날부터 제1항의 선언으로서 효력을 가진다. 다만, 새로운 체약국이 그 선언에 가담하거나 또는 상호간에 단독으로 선언하는 경우에 한한다.

제95조

어떤 국가든지 비준서, 수락서, 승인서 또는 가입서를 기탁할 때, 이 협약 제1조 제1항 (나)호에 구속되지 아니한다는 취지의 선언을 행할 수 있다.

제96조

그 국가의 법률상 매매계약의 체결 또는 입증에 서면을 요구하는 체약국은 제12조에 따라 매매계약, 합의에 의한 매매계약의 변경이나 종료, 청약, 승낙 기타의 의사표시를 서면 이외의 방법으로 하는 것을 허용하는 이 협약 제11조, 제29조 또는 제2편의 어떠한 규정도 당사자 일방이 그 국가에 영업소를 가지고 있는 경우에는 적용하지 아니한다는 취지의 선언을 언제든지 행할 수 있다.

제97조

(1) 서명시에 이 협약에 따라 행한 선언은 비준, 수락 또는 승인시 다시 확인되어야 한다.

(2) 선언 및 선언의 확인은 서면으로 하여야 하고, 또한 정식으로 수탁자에게 통고하여야 한다.

(3) 선언은 이를 행한 국가에 대하여 이 협약이 발효함과 동시에 효력이 생긴다. 다만, 협약의 발효 후 수탁자가 정식으로 통고를 수령한 선언은 수탁자가 이를 수령한 날부터 6월이 경과된 다음달의 1일에 효력이 발생한다. 제94조에 따른 상호간의 단독선언은 수탁자가 최후의 선언을 수령한 후 6월이 경과한 다음달의 1일에 효력이 발생한다.

(4) 이 협약에 따라 선언을 행한 국가는 수탁자에게 서면에 의한 정식의 통고를 함으로써 언제든지 그 선언을 철회할 수 있다. 그러한 철회는 수탁자가 통고를 수령한 날부터 6월이 경과된 다음달의 1일에 효력이 발생한다.

(5) 제94조에 따라 선언이 철회된 경우에는 그 철회의 효력이 발생하는 날부터 제94조에 따라 다른 국가가 행한 상호간의 선언의 효력이 상실된다.

제98조

이 협약에 의하여 명시적으로 인정된 경우를 제외하고는 어떠한 유보도 허용되지 아니한다.

제99조

(1) 이 협약은 제6항의 규정에 따를 것을 조건으로, 제92조의 선언을 포함하고 있는 문서를 포함하여 10번째의 비준서, 수락서, 승인서 또는 가입서가 기탁된 날부터 12월이 경과된 다음달의 1일에 효력이 발생한다.

(2) 10번째의 비준서, 수락서, 승인서 또는 가입서가 기탁된 후에 어느 국가가 이 협약을 비준, 수락, 승인 또는 가입하는 경우에, 이 협약은 적용이 배제된 편을 제외하고 제6항에 따를 것을 조건으로 하여 그 국가의 비준서, 수락서, 승인서 또는 가입서가 기탁된 날부터 12월이 경과된 다음달의 1일에 그 국가에 대하여 효력이 발생한다.

(3) 1964년 7월 1일 헤이그에서 작성된 「국제물품매매계약의 성립에 관한 통일법」(1964년 헤이그성립협약)과 「국제물품매매계약에 관한 통일법」(1964년 헤이그매매협약)중의 하나 또는 모두의 당사국이 이 협약을 비준, 수락, 승인 또는 이에 가입하는 경우에는 네덜란드 정부에 통고함으로써 1964년 헤이그매매협약 및/또는 1964년 헤이그성립협약을 동시에 폐기하여야 한다.

(4) 1964년 헤이그매매협약의 당사국으로서 이 협약을 비준, 수락, 승인 또는 가입하는 국가가 제92조에 따라 이 협약 제2편에 구속되지 아니한다는 뜻을 선언하거나 또는 선언한 경우에, 그 국가는 이 협약의 비준, 수락, 승인 또는 가입시에 네덜란드 정부에 통고함으로써 1964년 헤이그매매협약을 폐기하여야 한다.

(5) 1964년 헤이그성립협약의 당사국으로서 이 협약을 비준, 수락, 승인 또는 가입하는 국가가 제92조에 따라 이 협약 제3편에 구속되지 아니한다는 뜻을 선언하거나 또는 선언한 경우에, 그 국가는 이 협약의 비준, 수락, 승인 또는 가입시 네덜란드정부에 통고함으로서 1964년 헤이그성립협약을 폐기하여야 한다.

(6) 이 조의 적용상, 1964년 헤이그성립협약 또는 1964년 헤이그매매협약의 당사국에 의한 이 협약의 비준, 수락, 승인 또는 가입은 이들 두 협약에 관하여 당사국에게 요구되는 폐기의 통고가 효력을 발생하기까지 그 효력이 발생하지 아니한다. 이 협약의 수탁자는 이에 관한 필요한 상호조정을 확실히 하기 위하여 1964년 협약들의 수탁자인 네덜란드 정부와 협의하여야 한다.

제100조

(1) 이 협약은 제1조 제1항 (가)호 또는 (나)호의 체약국에게 협약의 효력이 발생한 날 이후에 계약체결을 위한 제안이 이루어진 경우에 한하여

계약의 성립에 대하여 적용된다.

(2) 이 협약은 제1조 제1항 (가)호 또는 (나)호의 체약국에게 협약의 효력이 발생한 날 이후에 체결된 계약에 대하여만 적용된다.

제101조

(1) 체약국은 수탁자에게 서면에 의한 정식의 통고를 함으로써 이 협약 또는 이 협약 제2편 또는 제3편을 폐기할 수 있다.

(2) 폐기는 수탁자가 통고를 수령한 후 12월이 경과한 다음달의 1일에 효력이 발생한다. 통고에 폐기의 발효에 대하여 보다 장기간이 명시된 경우에 폐기는 수탁자가 통고를 수령한 후 그 기간이 경과되어야 효력이 발생한다.

1980년 4월 11일에 비엔나에서 동등하게 정본인 아랍어, 중국어, 영어, 프랑스어, 러시아어 및 스페인어로 각 1부가 작성되었다.

그 증거로서 각국의 전권대표들은 각국의 정부로부터 정당하게 위임을 받아 이 협약에 서명하였다.

신탁법

(2011년 7월 25일 전개법률 제10924호)

改正
1997.12.13法5454號(정부부처명)
2002. 1.26法6627號(민집)
2005. 3.31法7428號(회생파산)
2011. 7.25法10924號 2014. 1. 7法12193號
2014. 3.18法12420號(공익신탁법) → 2015. 3.19 시행
2014. 5.20法12592號(상업등기법)
2017.10.31法15022號(주식회사의 외부감사에 관한 법률)
→ 2018. 11. 1 시행

제1장 총 칙

제1조【목적】 이 법은 신탁에 관한 사법적 법률관계를 규정함을 목적으로 한다.

제2조【신탁의 정의】 이 법에서 "신탁"이란 신탁을 설정하는 자(이하 "위탁자"라 한다)와 신탁을 인수하는 자(이하 "수탁자"라 한다) 간의 신임관계에 기하여 위탁자가 수탁자에게 특정의 재산(영업이나 저작재산권의 일부를 포함한다)을 이전하거나 담보권의 설정 또는 그 밖의 처분을 하고 수탁자로 하여금 일정한 자(이하 "수익자"라 한다)의 이익 또는 특정의 목적을 위하여 그 재산의 관리, 처분, 운용, 개발, 그 밖에 신탁 목적의 달성을 위하여 필요한 행위를 하게 하는 법률관계를 말한다.

제3조【신탁의 설정】 ① 신탁은 다음 각 호의 어느 하나에 해당하는 방법으로 설정할 수 있다. 다만, 수익자가 없는 특정의 목적을 위한 신탁(이하 "목적신탁"이라 한다)은 「공익신탁법」에 따른 공익신탁을 제외하고는 제3호의 방법으로 설정할 수 없다. (2014.3.18 본항개정)

1. 위탁자와 수탁자 간의 계약
2. 위탁자의 유언
3. 신탁의 목적, 신탁재산, 수익자(「공익신탁법」에 따른 공익신탁의 경우에는 제67조제1항의 신탁관리인을 말한다) 등을 특정하고 자신을 수탁자로 정한 위탁자의 선언

② 제1항제3호에 따른 신탁의 설정은 「공익신탁법」에 따른 공익신탁을 제외하고는 공정증서(公正證書)를 작성하는 방법으로 하여야 하며, 신탁을 해지할 수 있는 권한을 유보(留保)할 수 없다.
(2014.3.18 본항개정)

③ 위탁자가 집행의 면탈이나 그 밖의 부정한 목적으로 제1항제3호에 따라 신탁을 설정한 경우 이해관계인은 법원에 신탁의 종료를 청구할 수 있다.

④ 위탁자는 신탁행위로 수탁자나 수익자에게 신탁재산을 지정할 수 있는 권한을 부여하는 방법으로 신탁재산을 특정할 수 있다.

⑤ 수탁자는 신탁행위로 달리 정한 바가 없으면 신

탁 목적의 달성을 위하여 필요한 경우에는 수익자의 동의를 받아 타인에게 신탁재산에 대하여 신탁을 설정할 수 있다.

제4조【신탁의 공시와 대항】 ① 등기 또는 등록할 수 있는 재산권에 관하여는 신탁의 등기 또는 등록을 함으로써 그 재산이 신탁재산에 속한 것임을 제3자에게 대항할 수 있다.

② 등기 또는 등록할 수 없는 재산권에 관하여는 다른 재산과 분별하여 관리하는 등의 방법으로 신탁재산임을 표시함으로써 그 재산이 신탁재산에 속한 것임을 제3자에게 대항할 수 있다.

③ 제1항의 재산권에 대한 등기부 또는 등록부가 아직 없을 때에는 그 재산권은 등기 또는 등록할 수 없는 재산권으로 본다.

④ 제2항에 따라 신탁재산임을 표시할 때에는 대통령령으로 정하는 장부에 신탁재산임을 표시하는 방법으로도 할 수 있다.

제5조【목적의 제한】 ① 선량한 풍속이나 그 밖의 사회질서에 위반하는 사항을 목적으로 하는 신탁은 무효로 한다.

② 목적이 위법하거나 불능인 신탁은 무효로 한다.

③ 신탁 목적의 일부가 제1항 또는 제2항에 해당하는 경우 그 신탁은 제1항 또는 제2항에 해당하지 아니한 나머지 목적을 위하여 유효하게 성립한다. 다만, 제1항 또는 제2항에 해당하는 목적과 그렇지 아니한 목적을 분리하는 것이 불가능하거나 분리할 수 있더라도 제1항 또는 제2항에 해당하지 아니한 나머지 목적만을 위하여 신탁을 유지하는 것이 위탁자의 의사에 명백히 반하는 경우에는 그 전부를 무효로 한다.

제6조【소송을 목적으로 하는 신탁의 금지】 수탁자로 하여금 소송행위를 하게 하는 것을 주된 목적으로 하는 신탁은 무효로 한다.

제7조【탈법을 목적으로 하는 신탁의 금지】 법령에 따라 일정한 재산권을 향유할 수 없는 자는 수익자로서 그 권리를 가지는 것과 동일한 이익을 누릴 수 없다.

제8조【사해신탁】 ① 채무자가 채권자를 해함을 알면서 신탁을 설정한 경우 채권자는 수탁자가 선의일지라도 수탁자나 수익자에게 「민법」 제406조제1항의 취소 및 원상회복을 청구할 수 있다. 다만, 수익자가 수익권을 취득할 당시 채권자를 해함을 알지 못한 경우에는 그러하지 아니하다.

② 제1항 단서의 경우에 여러 명의 수익자 중 일부가 수익권을 취득할 당시 채권자를 해함을 알지 못한 경우에는 악의의 수익자만을 상대로 제1항 본문의 취소 및 원상회복을 청구할 수 있다.

③ 제1항 본문의 경우에 채권자는 선의의 수탁자에게 현존하는 신탁재산의 범위 내에서 원상회복을 청구할 수 있다.

④ 신탁이 취소되어 신탁재산이 원상회복된 경우 위탁자는 취소된 신탁과 관련하여 그 신탁의 수탁자와 거래한 선의의 제3자에 대하여 원상회복된 신탁재산의 한도 내에서 책임을 진다.

⑤ 채권자는 악의의 수익자에게 그가 취득한 수익권을 위탁자에게 양도할 것을 청구할 수 있다. 이때 「민법」 제406조제2항을 준용한다.

⑥ 제1항의 경우 위탁자와 사해신탁(詐害信託)의 설정을 공모하거나 위탁자에게 사해신탁의 설정을 교사·방조한 수익자 또는 수탁자는 위탁자와 연대하여 이로 인하여 채권자가 받은 손해를 배상할 책임을 진다.

제2장 신탁관계인

제9조【위탁자의 권리】 ① 신탁행위로 위탁자의 전부 또는 일부가 이 법에 따른 위탁자의 권리의 전부 또는 일부를 갖지 아니한다는 뜻을 정할 수 있다.

② 제1항에도 불구하고 목적신탁의 경우에는 신탁행위로 이 법에 따른 위탁자의 권리를 제한할 수 없다.

제10조【위탁자 지위의 이전】 ① 위탁자의 지위는 신탁행위로 정한 방법에 따라 제3자에게 이전할 수 있다.

② 제1항에 따른 이전 방법이 정하여지지 아니한 경우 위탁자의 지위는 수탁자와 수익자의 동의를 받아 제3자에게 이전할 수 있다. 이 경우 위탁자가 여럿일 때에는 다른 위탁자의 동의도 받아야 한다.

③ 제3조제1항제2호에 따라 신탁이 설정된 경우 위탁자의 상속인은 위탁자의 지위를 승계하지 아니한다. 다만, 신탁행위로 달리 정한 경우에는 그에 따른다.

제11조【수탁능력】 미성년자, 금치산자, 한정치산자 및 파산선고를 받은 자는 수탁자가 될 수 없다.

제12조【수탁자의 임무 종료】 ① 다음 각 호의 어느 하나에 해당하는 경우 수탁자의 임무는 종료된다.

1. 수탁자가 사망한 경우
2. 수탁자가 금치산선고 또는 한정치산선고를 받은 경우
3. 수탁자가 파산선고를 받은 경우
4. 법인인 수탁자가 합병 외의 사유로 해산한 경우

② 제1항제1호, 제2호 또는 제4호에 따라 수탁자의 임무가 종료된 경우 수탁자의 상속인, 법정대리인 또는 청산인은 즉시 수익자에게 그 사실을 통지하여야 한다.

③ 제1항제3호에 따라 수탁자의 임무가 종료된 경

우 수탁자는 다음 각 호의 구분에 따라 해당 사실을 통지하여야 한다.
1. 수익자에게 수탁자의 임무가 종료된 사실
2. 파산관재인에게 신탁재산에 관한 사항
④ 제1항제1호, 제2호 또는 제4호에 따라 수탁자의 임무가 종료된 경우 수탁자의 상속인, 법정대리인 또는 청산인은 신수탁자(新受託者)나 신탁재산관리인이 신탁사무를 처리할 수 있을 때까지 신탁재산을 보관하고 신탁사무 인계에 필요한 행위를 하여야 하며, 즉시 수익자에게 그 사실을 통지하여야 한다.
⑤ 수탁자인 법인이 합병하는 경우 합병으로 설립된 법인이나 합병 후 존속하는 법인은 계속 수탁자로서의 권리·의무를 가진다. 수탁자인 법인이 분할하는 경우 분할에 의하여 수탁자로 정하여진 법인도 또한 같다.

제13조【신탁행위로 정한 수탁자의 임무 종료】 ① 신탁행위로 정한 수탁자의 임무 종료 사유가 발생하거나 수탁자가 신탁행위로 정한 특정한 자격을 상실한 경우 수탁자의 임무는 종료된다.
② 제1항에 따라 임무가 종료된 수탁자는 즉시 수익자에게 그 사실을 통지하여야 한다.

제14조【수탁자의 사임에 의한 임무 종료】 ① 수탁자는 신탁행위로 달리 정한 바가 없으면 수익자와 위탁자의 승낙 없이 사임할 수 없다.
② 제1항에도 불구하고 수탁자는 정당한 이유가 있는 경우 법원의 허가를 받아 사임할 수 있다.
③ 사임한 수탁자는 즉시 수익자에게 그 사실을 통지하여야 한다.

제15조【임무가 종료된 수탁자의 지위】 제13조제1항 또는 제14조제1항에 따라 임무가 종료된 수탁자는 신수탁자나 신탁재산관리인이 신탁사무를 처리할 수 있을 때까지 수탁자의 권리·의무를 가진다.

제16조【수탁자의 해임에 의한 임무 종료】 ① 위탁자와 수익자는 합의하여 또는 위탁자가 없으면 수익자 단독으로 언제든지 수탁자를 해임할 수 있다. 다만, 신탁행위로 달리 정한 경우에는 그에 따른다.
② 정당한 이유 없이 수탁자에게 불리한 시기에 제1항에 따라 수탁자를 해임한 자는 그 손해를 배상하여야 한다.
③ 수탁자가 그 임무에 위반된 행위를 하거나 그 밖에 중요한 사유가 있는 경우 위탁자나 수익자는 법원에 수탁자의 해임을 청구할 수 있다.
④ 제3항의 청구에 의하여 해임된 수탁자는 즉시 수익자에게 그 사실을 통지하여야 한다.
⑤ 해임된 수탁자는 신수탁자나 신탁재산관리인이 신탁사무를 처리할 수 있을 때까지 신탁재산을 보관하고 신탁사무 인계에 필요한 행위를 하여야 한다. 다만, 임무 위반으로 해임된 수탁자는 그러하지 아니하다.

제17조【신탁재산관리인 선임 등의 처분】 ① 수탁자의 임무가 종료되거나 수탁자와 수익자 간의 이해가 상반되어 수탁자가 신탁사무를 수행하는 것이 적절하지 아니한 경우 법원은 이해관계인의 청구에 의하여 신탁재산관리인의 선임이나 그 밖의 필요한 처분을 명할 수 있다. 다른 수탁자가 있는 경우에도 또한 같다.
② 제1항에 따라 신탁재산관리인을 선임하는 경우 법원은 신탁재산관리인이 법원의 허가를 받아야 하는 사항을 정할 수 있다.
③ 제1항에 따라 선임된 신탁재산관리인은 즉시 수익자에게 그 사실을 통지하여야 한다.
④ 신탁재산관리인은 선임된 목적범위 내에서 수탁자와 동일한 권리·의무가 있다. 다만, 제2항에 따라 법원의 허가를 받아야 하는 사항에 대하여는 그러하지 아니하다.
⑤ 제1항에 따라 신탁재산관리인이 선임된 경우 신탁재산에 관한 소송에서는 신탁재산관리인이 당사자가 된다.
⑥ 법원은 제1항에 따라 선임한 신탁재산관리인에게 필요한 경우 신탁재산에서 적당한 보수를 줄 수 있다.

제18조【필수적 신탁재산관리인의 선임】 ① 법원은 다음 각 호의 어느 하나에 해당하는 경우로서 신수탁자가 선임되지 아니하거나 다른 수탁자가 존재하지 아니할 때에는 신탁재산을 보관하고 신탁사무 인계에 필요한 행위를 하여야 할 신탁재산관리인을 선임한다.
1. 수탁자가 사망하여 「민법」 제1053조제1항에 따라 상속재산관리인이 선임되는 경우
2. 수탁자가 파산선고를 받은 경우
3. 수탁자가 법원의 허가를 받아 사임하거나 임무 위반으로 법원에 의하여 해임된 경우
② 법원은 제1항 각 호의 어느 하나에 해당하여 수탁자에 대하여 상속재산관리인의 선임결정, 파산선고, 수탁자의 사임허가결정 또는 해임결정을 하는 경우 그 결정과 동시에 신탁재산관리인을 선임하여야 한다.
③ 선임된 신탁재산관리인의 통지의무, 당사자 적격 및 보수에 관하여는 제17조제3항, 제5항 및 제6항을 준용한다.

제19조【신탁재산관리인의 임무 종료】 ① 신수탁자가 선임되거나 더 이상 수탁자와 수익자 간의 이해가 상반되지 아니하는 경우 신탁재산관리인의 임무는 종료된다.
② 신탁재산관리인은 법원의 허가를 받아 사임할 수 있다.
③ 법원은 이해관계인의 청구에 의하여 신탁재산관

리인을 해임할 수 있다.
④ 법원은 제2항 또는 제3항의 결정을 함과 동시에 새로운 신탁재산관리인을 선임하여야 한다.

제20조【신탁재산관리인의 공고, 등기 또는 등록】 ① 법원은 다음 각 호의 어느 하나에 해당하는 경우 그 취지를 공고하고, 등기 또는 등록된 신탁재산에 대하여 직권으로 지체 없이 그 취지의 등기 또는 등록을 촉탁하여야 한다.
1. 제17조제1항에 따라 신탁재산관리인을 선임하거나 그 밖의 필요한 처분을 명한 경우
2. 제18조제1항에 따라 신탁재산관리인을 선임한 경우
3. 제19조제2항에 따라 신탁재산관리인의 사임결정을 한 경우
4. 제19조제3항에 따라 신탁재산관리인의 해임결정을 한 경우

② 제19조제1항에 따라 신탁재산관리인의 임무가 종료된 경우 법원은 신수탁자 또는 이해가 상반되지 아니하게 된 수탁자의 신청에 의하여 제1항에 따른 등기 또는 등록의 말소를 촉탁하여야 한다.
③ 신탁재산관리인이나 수탁자는 고의나 과실로 제1항 또는 제2항에 따른 등기 또는 등록이 사실과 다르게 된 경우 그 등기 또는 등록과 다른 사실로써 선의의 제3자에게 대항하지 못한다.

제21조【신수탁자의 선임】 ① 수탁자의 임무가 종료된 경우 위탁자와 수익자는 합의하여 또는 위탁자가 없으면 수익자 단독으로 신수탁자를 선임할 수 있다. 다만, 신탁행위로 달리 정한 경우에는 그에 따른다.
② 위탁자와 수익자 간에 신수탁자 선임에 대한 합의가 이루어지지 아니한 경우 이해관계인은 법원에 신수탁자의 선임을 청구할 수 있다.
③ 유언에 의하여 수탁자로 지정된 자가 신탁을 인수하지 아니하거나 인수할 수 없는 경우에는 제1항 및 제2항을 준용한다.
④ 법원은 제2항(제3항에 따라 준용되는 경우를 포함한다)에 따라 선임한 수탁자에게 필요한 경우 신탁재산에서 적당한 보수를 줄 수 있다.

제3장 신탁재산

제22조【강제집행 등의 금지】 ① 신탁재산에 대하여는 강제집행, 담보권 실행 등을 위한 경매, 보전처분(이하 "강제집행등"이라 한다) 또는 국세 등 체납처분을 할 수 없다. 다만, 신탁 전의 원인으로 발생한 권리 또는 신탁사무의 처리상 발생한 권리에 기한 경우에는 그러하지 아니하다.
② 위탁자, 수익자나 수탁자는 제1항을 위반한 강제집행등에 대하여 이의를 제기할 수 있다. 이 경우 「민사집행법」 제48조를 준용한다.
③ 위탁자, 수익자나 수탁자는 제1항을 위반한 국세 등 체납처분에 대하여 이의를 제기할 수 있다. 이 경우 국세 등 체납처분에 대한 불복절차를 준용한다.

제23조【수탁자의 사망 등과 신탁재산】 신탁재산은 수탁자의 상속재산에 속하지 아니하며, 수탁자의 이혼에 따른 재산분할의 대상이 되지 아니한다.

제24조【수탁자의 파산 등과 신탁재산】 신탁재산은 수탁자의 파산재단, 회생절차의 관리인이 관리 및 처분 권한을 갖고 있는 채무자의 재산이나 개인회생재단을 구성하지 아니한다.

제25조【상계 금지】 ① 신탁재산에 속하는 채권과 신탁재산에 속하지 아니하는 채무는 상계(相計)하지 못한다. 다만, 양 채권·채무가 동일한 재산에 속하지 아니함에 대하여 제3자가 선의이며 과실이 없을 때에는 그러하지 아니하다.
② 신탁재산에 속하는 채무에 대한 책임이 신탁재산만으로 한정되는 경우에는 신탁재산에 속하지 아니하는 채권과 신탁재산에 속하는 채무는 상계하지 못한다. 다만, 양 채권·채무가 동일한 재산에 속하지 아니함에 대하여 제3자가 선의이며 과실이 없을 때에는 그러하지 아니하다.

제26조【신탁재산에 대한 혼동의 특칙】 다음 각 호의 경우 혼동(混同)으로 인하여 권리가 소멸하지 아니한다.
1. 동일한 물건에 대한 소유권과 그 밖의 물권이 각각 신탁재산과 고유재산 또는 서로 다른 신탁재산에 귀속하는 경우
2. 소유권 외의 물권과 이를 목적으로 하는 권리가 각각 신탁재산과 고유재산 또는 서로 다른 신탁재산에 귀속하는 경우
3. 신탁재산에 대한 채무가 수탁자에게 귀속하거나 수탁자에 대한 채권이 신탁재산에 귀속하는 경우

제27조【신탁재산의 범위】 신닥새산의 관리, 처분, 운용, 개발, 멸실, 훼손, 그 밖의 사유로 수탁자가 얻은 재산은 신탁재산에 속한다.

제28조【신탁재산의 첨부】 신탁재산과 고유재산 또는 서로 다른 신탁재산에 속한 물건 간의 부합(附合), 혼화(混和) 또는 가공(加工)에 관하여는 각각 다른 소유자에게 속하는 것으로 보아 「민법」 제256조부터 제261조까지의 규정을 준용한다. 다만, 가공자가 악의인 경우에는 가공으로 인한 가액의 증가가 원재료의 가액보다 많을 때에도 법원은 가공으로 인하여 생긴 물건을 원재료 소유자에게 귀속시킬 수 있다.

제29조【신탁재산의 귀속 추정】 ① 신탁재산과 고유재산 간에 귀속관계를 구분할 수 없는 경우 그

재산은 신탁재산에 속한 것으로 추정한다.
② 서로 다른 신탁재산 간에 귀속관계를 구분할 수 없는 경우 그 재산은 각 신탁재산 간에 균등하게 귀속된 것으로 추정한다.
제30조【점유하자의 승계】 수탁자는 신탁재산의 점유에 관하여 위탁자의 점유의 하자를 승계한다.

제4장 수탁자의 권리 · 의무

제31조【수탁자의 권한】 수탁자는 신탁재산에 대한 권리와 의무의 귀속주체로서 신탁재산의 관리, 처분 등을 하고 신탁 목적의 달성을 위하여 필요한 모든 행위를 할 권한이 있다. 다만, 신탁행위로 이를 제한할 수 있다.
제32조【수탁자의 선관의무】 수탁자는 선량한 관리자의 주의(注意)로 신탁사무를 처리하여야 한다. 다만, 신탁행위로 달리 정한 경우에는 그에 따른다.
제33조【충실의무】 수탁자는 수익자의 이익을 위하여 신탁사무를 처리하여야 한다.
제34조【이익에 반하는 행위의 금지】 ① 수탁자는 누구의 명의(名義)로도 다음 각 호의 행위를 하지 못한다.
1. 신탁재산을 고유재산으로 하거나 신탁재산에 관한 권리를 고유재산에 귀속시키는 행위
2. 고유재산을 신탁재산으로 하거나 고유재산에 관한 권리를 신탁재산에 귀속시키는 행위
3. 여러 개의 신탁을 인수한 경우 하나의 신탁재산 또는 그에 관한 권리를 다른 신탁의 신탁재산에 귀속시키는 행위
4. 제3자의 신탁재산에 대한 행위에서 제3자를 대리하는 행위
5. 그 밖에 수익자의 이익에 반하는 행위

② 제1항에도 불구하고 수탁자는 다음 각 호의 어느 하나에 해당하는 경우 제1항 각 호의 행위를 할 수 있다. 다만, 제3호의 경우 수탁자는 법원에 허가를 신청함과 동시에 수익자에게 그 사실을 통지하여야 한다.
1. 신탁행위로 허용한 경우
2. 수익자에게 그 행위에 관련된 사실을 고지하고 수익자의 승인을 받은 경우
3. 법원의 허가를 받은 경우

③ 제1항에도 불구하고 수탁자는 상속 등 수탁자의 의사에 기하지 아니한 경우에는 신탁재산에 관한 권리를 포괄적으로 승계할 수 있다. 이 경우 해당 재산의 혼동에 관하여는 제26조를 준용한다.
제35조【공평의무】 수익자가 여럿인 경우 수탁자는 각 수익자를 위하여 공평하게 신탁사무를 처리하여야 한다. 다만, 신탁행위로 달리 정한 경우에는 그에 따른다.
제36조【수탁자의 이익향수금지】 수탁자는 누구의 명의로도 신탁의 이익을 누리지 못한다. 다만, 수탁자가 공동수익자의 1인인 경우에는 그러하지 아니하다.
제37조【수탁자의 분별관리의무】 ① 수탁자는 신탁재산을 수탁자의 고유재산과 분별하여 관리하고 신탁재산임을 표시하여야 한다.
② 여러 개의 신탁을 인수한 수탁자는 각 신탁재산을 분별하여 관리하고 서로 다른 신탁재산임을 표시하여야 한다.
③ 제1항 및 제2항의 신탁재산이 금전이나 그 밖의 대체물인 경우에는 그 계산을 명확히 하는 방법으로 분별하여 관리할 수 있다.
제38조【유한책임】 수탁자는 신탁행위로 인하여 수익자에게 부담하는 채무에 대하여는 신탁재산만으로 책임을 진다.
제39조【장부 등 서류의 작성 · 보존 및 비치 의무】 ① 수탁자는 신탁사무와 관련된 장부 및 그 밖의 서류를 갖추어 두고 각 신탁에 관하여 그 사무의 처리와 계산을 명백히 하여야 한다.
② 수탁자는 신탁을 인수한 때와 매년 1회 일정한 시기에 각 신탁의 재산목록을 작성하여야 한다. 다만, 재산목록의 작성 시기에 관하여 신탁행위로 달리 정한 경우에는 그에 따른다.
③ 수탁자는 제1항 및 제2항의 장부, 재산목록 및 그 밖의 서류를 대통령령으로 정하는 기간 동안 보존하여야 한다.
④ 제3항에 따라 장부, 재산목록 및 그 밖의 서류를 보존하는 경우 그 보존방법과 그 밖에 필요한 사항은 대통령령으로 정한다.
제40조【서류의 열람 등】 ① 위탁자나 수익자는 수탁자나 신탁재산관리인에게 신탁사무의 처리와 계산에 관한 장부 및 그 밖의 서류의 열람 또는 복사를 청구하거나 신탁사무의 처리와 계산에 관하여 설명을 요구할 수 있다.
② 위탁자와 수익자를 제외한 이해관계인은 수탁자나 신탁재산관리인에게 신탁의 재산목록 등 신탁사무의 계산에 관한 장부 및 그 밖의 서류의 열람 또는 복사를 청구할 수 있다.
제41조【금전의 관리방법】 신탁재산에 속하는 금전의 관리는 신탁행위로 달리 정한 바가 없으면 다음 각 호의 방법으로 하여야 한다.
1. 국채, 지방채 및 특별법에 따라 설립된 법인의 사채의 응모 · 인수 또는 매입
2. 국채나 그 밖에 제1호의 유가증권을 담보로 하는 대부
3. 은행예금 또는 우체국예금

제42조【신탁사무의 위임】 ① 수탁자는 정당한 사유가 있으면 수익자의 동의를 받아 타인으로 하

여금 자기를 갈음하여 신탁사무를 처리하게 할 수 있다. 다만, 신탁행위로 달리 정한 경우에는 그에 따른다.
② 제1항 본문의 경우 수탁자는 그 선임·감독에 관하여만 책임을 진다. 신탁행위로 타인으로 하여금 신탁사무를 처리하게 한 경우에도 또한 같다.
③ 수탁자를 갈음하여 신탁사무를 처리하는 자는 수탁자와 동일한 책임을 진다.

제43조 【수탁자의 원상회복의무 등】 ① 수탁자가 그 의무를 위반하여 신탁재산에 손해가 생긴 경우 위탁자, 수익자 또는 수탁자가 여럿인 경우의 다른 수탁자는 그 수탁자에게 신탁재산의 원상회복을 청구할 수 있다. 다만, 원상회복이 불가능하거나 현저하게 곤란한 경우, 원상회복에 과다한 비용이 드는 경우, 그 밖에 원상회복이 적절하지 아니한 특별한 사정이 있는 경우에는 손해배상을 청구할 수 있다.
② 수탁자가 그 의무를 위반하여 신탁재산이 변경된 경우에도 제1항과 같다.
③ 수탁자가 제33조부터 제37조까지의 규정에서 정한 의무를 위반한 경우에는 신탁재산에 손해가 생기지 아니하였더라도 수탁자는 그로 인하여 수탁자나 제3자가 얻은 이득 전부를 신탁재산에 반환하여야 한다.

제44조 【분별관리의무 위반에 관한 특례】 수탁자가 제37조에 따른 분별관리의무를 위반하여 신탁재산에 손실이 생긴 경우 수탁자는 분별하여 관리하였더라도 손실이 생겼으리라는 것을 증명하지 아니하면 그 책임을 면하지 못한다.

제45조 【수탁법인의 이사의 책임】 수탁자인 법인이 제43조 및 제44조에 따라 책임을 지는 경우 그 책임의 원인이 된 의무위반행위에 관여한 이사와 그에 준하는 자는 법인과 연대하여 책임을 진다.

제46조 【비용상환청구권】 ① 수탁자는 신탁사무의 처리에 관하여 필요한 비용을 신탁재산에서 지출할 수 있다.
② 수탁자가 신탁사무의 처리에 관하여 필요한 비용을 고유재산에서 지출한 경우에는 지출한 비용과 지출한 날 이후의 이자를 신탁재산에서 상환(償還)받을 수 있다.
③ 수탁자가 신탁사무의 처리를 위하여 자기의 과실 없이 채무를 부담하거나 손해를 입은 경우에도 제1항 및 제2항과 같다.
④ 수탁자는 신탁재산이 신탁사무의 처리에 관하여 필요한 비용을 충당하기에 부족하게 될 우려가 있을 때에는 수익자에게 그가 얻은 이익의 범위에서 그 비용을 청구하거나 그에 상당하는 담보의 제공을 요구할 수 있다. 다만, 수익자가 특정되어 있지 아니하거나 존재하지 아니하는 경우 또는 수익자가 수익권을 포기한 경우에는 그러하지 아니하다.
⑤ 수탁자가 신탁사무의 처리를 위하여 자기의 과실 없이 입은 손해를 전보(塡補)하기에 신탁재산이 부족할 때에도 제4항과 같다.
⑥ 제1항부터 제5항까지의 규정에서 정한 사항에 대하여 신탁행위로 달리 정한 사항이 있으면 그에 따른다.

제47조 【보수청구권】 ① 수탁자는 신탁행위에 정함이 있는 경우에만 보수를 받을 수 있다. 다만, 신탁을 영업으로 하는 수탁자의 경우에는 신탁행위에 정함이 없는 경우에도 보수를 받을 수 있다.
② 보수의 금액 또는 산정방법을 정하지 아니한 경우 수탁자는 신탁사무의 성질과 내용에 비추어 적당한 금액의 보수를 지급받을 수 있다.
③ 제1항의 보수가 사정의 변경으로 신탁사무의 성질 및 내용에 비추어 적당하지 아니하게 된 경우 법원은 위탁자, 수익자 또는 수탁자의 청구에 의하여 수탁자의 보수를 증액하거나 감액할 수 있다.
④ 수탁자의 보수에 관하여는 제46조제4항을 준용한다. 다만, 신탁행위로 달리 정한 사항이 있으면 그에 따른다.

제48조 【비용상환청구권의 우선변제권 등】 ① 수탁자는 신탁재산에 대한 민사집행절차 또는 「국세징수법」에 따른 공매절차에서 수익자나 그 밖의 채권자보다 우선하여 신탁의 목적에 따라 신탁재산의 보존, 개량을 위하여 지출한 필요비 또는 유익비(有益費)의 우선변제를 받을 권리가 있다.
② 수탁자는 신탁재산을 매각하여 제46조에 따른 비용상환청구권 또는 제47조에 따른 보수청구권에 기한 채권의 변제에 충당할 수 있다. 다만, 그 신탁재산의 매각으로 신탁의 목적을 달성할 수 없게 되거나 그 밖의 상당한 이유가 있는 경우에는 그러하지 아니하다.

제49조 【권리행사요건】 수탁자는 제43조 및 제44조에 따른 원상회복의무 등을 이행한 후가 아니면 제46조 또는 제47조에 따른 권리를 행사할 수 없다.

제50조 【공동수탁자】 ① 수탁자가 여럿인 경우 신탁재산은 수탁자들의 합유(合有)로 한다.
② 제1항의 경우 수탁자 중 1인의 임무가 종료하면 신탁재산은 당연히 다른 수탁자에게 귀속된다.
③ 제1항의 경우 신탁행위로 달리 정한 바가 없으면 신탁사무의 처리는 수탁자가 공동으로 하여야 한다. 다만, 보존행위는 각자 할 수 있다.
④ 수탁자가 여럿인 경우 수탁자 1인에 대한 의사표시는 다른 수탁자에게도 효력이 있다.
⑤ 수탁자가 여럿인 경우 신탁행위로 다른 수탁자의 업무집행을 대리할 업무집행수탁자를 정할 수 있다.

제51조 【공동수탁자의 연대책임】 ① 수탁자가 여럿인 경우 수탁자들은 신탁사무의 처리에 관하여 제3자에게 부담한 채무에 대하여 연대하여 변제할

책임이 있다.
② 수탁자가 여럿인 경우 그중 일부가 수탁자로서의 의무를 위반하여 부담한 채무에 대하여 그 행위에 관여하지 아니한 다른 수탁자는 책임이 없다. 다만, 다른 수탁자의 의무위반행위를 저지하기 위하여 합리적인 조치를 취하지 아니한 경우에는 그러하지 아니하다.
제52조【신수탁자 등의 원상회복청구권 등】 신수탁자나 신탁재산관리인도 제43조에 따른 권리를 행사할 수 있다.
제53조【신수탁자의 의무의 승계】 ① 수탁자가 변경된 경우 신수탁자는 전수탁자(前受託者)가 신탁행위로 인하여 수익자에게 부담하는 채무를 승계한다. 수탁자가 여럿인 경우 일부의 수탁자가 변경된 경우에도 또한 같다.
② 신탁사무의 처리에 관하여 발생한 채권은 신탁재산의 한도 내에서 신수탁자에게도 행사할 수 있다.
③ 제22조제1항 단서에 따른 신탁재산에 대한 강제집행등의 절차 또는 국세 등 체납처분의 절차는 신수탁자에 대하여 속행(續行)할 수 있다.
제54조【전수탁자의 우선변제권 등】 ① 전수탁자의 비용상환청구권에 관하여는 제48조제1항 및 제49조를 준용한다.
② 전수탁자는 제46조의 청구권에 기한 채권을 변제받을 때까지 신탁재산을 유치(留置)할 수 있다.
제55조【사무의 인계】 ① 수탁자가 변경된 경우 전수탁자와 그 밖의 관계자는 신탁사무의 계산을 하고, 수익자의 입회하에 신수탁자에게 사무를 인계하여야 한다.
② 수익자가 제1항의 계산을 승인한 경우에는 전수탁자나 그 밖의 관계자의 수익자에 대한 인계에 관한 책임은 면제된 것으로 본다. 다만, 부정행위가 있었던 경우에는 그러하지 아니하다.

제5장 수익자의 권리 · 의무

제1절 수익권의 취득과 포기

제56조【수익권의 취득】 ① 신탁행위로 정한 바에 따라 수익자로 지정된 자(제58조제1항 및 제2항에 따라 수익자로 지정된 자를 포함한다)는 당연히 수익권을 취득한다. 다만, 신탁행위로 달리 정한 경우에는 그에 따른다.
② 수탁자는 지체 없이 제1항에 따라 수익자로 지정된 자에게 그 사실을 통지하여야 한다. 다만, 수익권에 부담이 있는 경우를 제외하고는 신탁행위로 통지시기를 달리 정할 수 있다.
제57조【수익권의 포기】 ① 수익자는 수탁자에게 수익권을 포기하는 취지의 의사표시를 할 수 있다.
② 수익자가 제1항에 따른 포기의 의사표시를 한 경우에는 처음부터 수익권을 가지지 아니하였던 것으로 본다. 다만, 제3자의 권리를 해치지 못한다.
제58조【수익자지정권등】 ① 신탁행위로 수익자를 지정하거나 변경할 수 있는 권한(이하 "수익자지정권등"이라 한다)을 갖는 자를 정할 수 있다.
② 수익자지정권등을 갖는 자는 수탁자에 대한 의사표시 또는 유언으로 그 권한을 행사할 수 있다.
③ 수익자지정권등이 유언으로 행사되어 수탁자가 그 사실을 알지 못한 경우 이로 인하여 수익자로 된 자는 그 사실로써 수탁자에게 대항하지 못한다.
④ 수익자를 변경하는 권한이 행사되어 수익자가 그 수익권을 상실한 경우 수탁자는 지체 없이 수익권을 상실한 자에게 그 사실을 통지하여야 한다. 다만, 신탁행위로 달리 정한 경우에는 그에 따른다.
⑤ 수익자지정권등은 신탁행위로 달리 정한 바가 없으면 상속되지 아니한다.
제59조【유언대용신탁】 ① 다음 각 호의 어느 하나에 해당하는 신탁의 경우에는 위탁자가 수익자를 변경할 권리를 갖는다. 다만, 신탁행위로 달리 정한 경우에는 그에 따른다.
1. 수익자가 될 자로 지정된 자가 위탁자의 사망 시에 수익권을 취득하는 신탁
2. 수익자가 위탁자의 사망 이후에 신탁재산에 기한 급부를 받는 신탁
② 제1항제2호의 수익자는 위탁자가 사망할 때까지 수익자로서의 권리를 행사하지 못한다. 다만, 신탁행위로 달리 정한 경우에는 그에 따른다.
제60조【수익자연속신탁】 신탁행위로 수익자가 사망한 경우 그 수익자가 갖는 수익권이 소멸하고 타인이 새로 수익권을 취득하도록 하는 뜻을 정할 수 있다. 이 경우 수익자의 사망에 의하여 차례로 타인이 수익권을 취득하는 경우를 포함한다.

제2절 수익권의 행사

제61조【수익권의 제한 금지】 다음 각 호에 해당하는 수익자의 권리는 신탁행위로도 제한할 수 없다.
1. 이 법에 따라 법원에 청구할 수 있는 권리
2. 제22조제2항 또는 제3항에 따라 강제집행등 또는 국세 등 체납처분에 대하여 이의를 제기할 수 있는 권리
3. 제40조제1항에 따라 장부 등의 열람 또는 복사를 청구할 수 있는 권리
4. 제43조 및 제45조에 따라 원상회복 또는 손해배상 등을 청구할 수 있는 권리
5. 제57조제1항에 따라 수익권을 포기할 수 있는

권리
6. 제75조제1항에 따라 신탁위반의 법률행위를 취소할 수 있는 권리
7. 제77조에 따라 유지를 청구할 수 있는 권리
8. 제89조, 제91조제3항 및 제95조제3항에 따라 수익권의 매수를 청구할 수 있는 권리
9. 그 밖에 신탁의 본질에 비추어 수익자 보호를 위하여 필요하다고 대통령령으로 정하는 권리

제62조【수익채권과 신탁채권의 관계】 신탁채권은 수익자가 수탁자에게 신탁재산에 속한 재산의 인도와 그 밖에 신탁재산에 기한 급부를 요구하는 청구권(이하 "수익채권"이라 한다)보다 우선한다.

제63조【수익채권의 소멸시효】 ① 수익채권의 소멸시효는 채권의 예에 따른다.
② 제1항에도 불구하고 수익채권의 소멸시효는 수익자가 수익자로 된 사실을 알게 된 때부터 진행한다.
③ 제1항에도 불구하고 신탁이 종료한 때부터 6개월 내에는 수익채권의 소멸시효가 완성되지 아니한다.

제3절 수익권의 양도

제64조【수익권의 양도성】 ① 수익자는 수익권을 양도할 수 있다. 다만, 수익권의 성질이 양도를 허용하지 아니하는 경우에는 그러하지 아니하다.
② 제1항에도 불구하고 수익권의 양도에 대하여 신탁행위로 달리 정한 경우에는 그에 따른다. 다만, 그 정함으로써 선의의 제3자에게 대항하지 못한다.

제65조【수익권 양도의 대항요건과 수탁자의 항변】 ① 수익권의 양도는 다음 각 호의 어느 하나에 해당하는 경우에만 수탁자와 제3자에게 대항할 수 있다.
1. 양도인이 수탁자에게 통지한 경우
2. 수탁자가 승낙한 경우

② 제1항 각 호의 통지 및 승낙은 확정일자가 있는 증서로 하지 아니하면 수탁자 외의 제3자에게 대항할 수 없다.
③ 수탁자는 제1항 각 호의 통지 또는 승낙이 있는 때까지 양도인에 대하여 발생한 사유로 양수인에게 대항할 수 있다.
④ 수탁자가 이의를 보류하지 아니하고 제1항제2호의 승낙을 한 경우에는 양도인에게 대항할 수 있는 사유로써 양수인에게 대항하지 못한다. 다만, 수탁자가 채무를 소멸하게 하기 위하여 양도인에게 급여한 것이 있으면 이를 회수할 수 있고, 양도인에 대하여 부담한 채무가 있으면 그 성립되지 아니함을 주장할 수 있다.

제66조【수익권에 대한 질권】 ① 수익자는 수익권을 질권의 목적으로 할 수 있다. 다만, 수익권의 성질이 질권의 설정을 허용하지 아니하는 경우에는 그러하지 아니하다.
② 제1항에도 불구하고 수익권을 목적으로 하는 질권의 설정에 대하여 신탁행위로 달리 정한 경우에는 그에 따른다. 다만, 그 정함으로써 선의의 제3자에게 대항하지 못한다.
③ 수익권을 목적으로 하는 질권의 설정에 관하여는 수익권 양도의 대항요건과 수탁자의 항변사유에 관한 제65조를 준용한다. 이 경우 제65조 중 "양도인"은 "수익자"로, "양수인"은 "질권자"로 보고, 같은 조 제1항 중 "수익권의 양수 사실"은 "수익권에 대하여 질권이 설정된 사실"로 본다.
④ 수익권을 목적으로 하는 질권은 그 수익권에 기한 수익채권과 이 법 또는 신탁행위에 따라 그 수익권을 갈음하여 수익자가 받을 금전이나 그 밖의 재산에도 존재한다.
⑤ 수익권의 질권자는 직접 수탁자로부터 금전을 지급받아 다른 채권자에 우선하여 자기 채권의 변제에 충당할 수 있다.
⑥ 질권자의 채권이 변제기에 이르지 아니한 경우 질권자는 수탁자에게 그 변제금액의 공탁을 청구할 수 있다. 이 경우 질권은 그 공탁금에 존재한다.

제4절 신탁관리인

제67조【신탁관리인의 선임】 ① 수익자가 특정되어 있지 아니하거나 존재하지 아니하는 경우 법원은 위탁자나 그 밖의 이해관계인의 청구에 의하여 또는 직권으로 신탁관리인을 선임할 수 있다. 다만, 신탁행위로 신탁관리인을 지정한 경우에는 그에 따른다.
② 수익자가 미성년자, 한정치산자 또는 금치산자이거나 그 밖의 사유로 수탁자에 대한 감독을 적절히 할 수 없는 경우 법원은 이해관계인의 청구에 의하여 또는 직권으로 신탁관리인을 선임할 수 있다. 다만, 신탁행위로 달리 정한 경우에는 그에 따른다.
③ 수익자가 여럿인 경우 수익자는 제71조의 방법에 따른 의사결정으로 신탁관리인을 선임할 수 있다. 수익권의 내용이 다른 여러 종류의 수익권이 있고 같은 종류의 수익권을 가진 수익자(이하 "종류수익자"라 한다)가 여럿인 경우에도 또한 같다.
④ 법원은 제1항 또는 제2항에 따라 선임한 신탁관리인에게 필요한 경우 신탁재산에서 적당한 보수를 줄 수 있다.

제68조【신탁관리인의 권한】 ① 신탁관리인은 수익자의 이익이나 목적신탁의 목적 달성을 위하여 자기의 명의로 수익자의 권리에 관한 재판상 또는 재판 외의 모든 행위를 할 권한이 있다. 다만, 신탁관리인의 선임을 수탁자에게 통지하지 아니한 경우

에는 수탁자에게 대항하지 못한다.
② 신탁관리인은 신탁에 관하여 수익자와 동일한 지위를 가지는 것으로 본다.
③ 제67조제1항에 따라 선임된 신탁관리인이 여럿인 경우 신탁행위로 달리 정한 바가 없으면 공동으로 사무를 처리한다.
④ 신탁관리인이 개별 수익자를 위하여 제67조제2항에 따라 각각 선임된 경우에는 각 신탁관리인은 해당 수익자를 위하여 단독으로 사무를 처리한다. 이 경우 개별 수익자를 위하여 선임된 여럿의 신탁관리인들은 해당 수익자를 위하여 공동으로 사무를 처리한다.
⑤ 제67조제3항 전단에 따라 선임된 신탁관리인이 여럿인 경우에는 선임 시 달리 정하지 아니하면 공동으로 사무를 처리한다.
⑥ 제67조제3항 후단에 따라 선임된 신탁관리인은 자신을 선임한 종류수익자만을 위하여 단독으로 사무를 처리한다. 이 경우 하나의 종류수익자를 위하여 선임된 여럿의 신탁관리인들은 그 종류수익자를 위하여 공동으로 사무를 처리한다.
⑦ 제67조제3항에 따라 신탁관리인을 선임한 경우에도 수익자는 제71조의 방법에 따른 의사결정으로 사무를 처리할 수 있다.

제69조【신탁관리인의 임무 종료】 ① 제67조제1항에 따라 선임된 신탁관리인은 수익자가 특정되거나 존재하게 되면 임무가 종료된다.
② 제67조제2항에 따라 선임된 신탁관리인은 다음 각 호의 어느 하나에 해당하는 경우 임무가 종료된다.
1. 미성년자인 수익자가 성년에 도달한 경우
2. 수익자가 한정치산선고·금치산선고의 취소심판을 받은 경우
3. 그 밖에 수익자가 수탁자에 대한 감독능력을 회복한 경우

③ 제1항 또는 제2항에 따라 신탁관리인의 임무가 종료된 경우 수익자 또는 신탁관리인은 수탁자에게 신탁관리인의 임무 종료 사실을 통지하지 아니하면 수탁자에게 대항하지 못한다.

제70조【신탁관리인의 사임 또는 해임에 의한 임무 종료】 ① 신탁관리인은 선임 시에 달리 정하지 아니하면 신탁관리인을 선임한 법원 또는 수익자의 승낙 없이 사임하지 못한다.
② 제1항에도 불구하고 신탁관리인은 정당한 이유가 있는 경우 법원의 허가를 받아 사임할 수 있다.
③ 사임한 신탁관리인의 통지의무 및 계속적 사무의 관리에 관하여는 제14조제3항 및 제15조를 준용한다.
④ 신탁관리인을 선임한 법원 또는 수익자는 언제든지 그 신탁관리인을 해임할 수 있다. 다만, 수익자가 정당한 이유 없이 신탁관리인에게 불리한 시기에 해임한 경우 수익자는 그 손해를 배상하여야 한다.
⑤ 해임된 신탁관리인의 통지의무 및 계속적 사무의 관리에 관하여는 제16조제4항 및 제5항을 준용한다.
⑥ 법원은 신탁관리인의 사임허가결정이나 임무 위반을 이유로 해임결정을 함과 동시에 새로운 신탁관리인을 선임하여야 한다. 이 경우 새로 선임된 신탁관리인은 즉시 수익자에게 그 사실을 통지하여야 한다.
⑦ 제1항, 제2항, 제4항 및 제6항의 경우 수익자, 신탁관리인, 그 밖의 이해관계인은 기존 신탁관리인의 사임 또는 해임, 새로운 신탁관리인의 선임 사실을 수탁자에게 통지하지 아니하면 그 사실로써 수탁자에게 대항하지 못한다.

제5절 수익자가 여럿인 경우 의사결정

제71조【수익자가 여럿인 경우 의사결정 방법】
① 수익자가 여럿인 신탁에서 수익자의 의사는 수익자 전원의 동의로 결정한다. 다만, 제61조 각 호의 권리는 각 수익자가 개별적으로 행사할 수 있다.
② 신탁행위로 수익자집회를 두기로 정한 경우에는 제72조부터 제74조까지의 규정에 따른다.
③ 제1항 본문 및 제2항에도 불구하고 신탁행위로 달리 정한 경우에는 그에 따른다.

제72조【수익자집회의 소집】 ① 수익자집회는 필요가 있을 때 수시로 개최할 수 있다.
② 수익자집회는 수탁자가 소집한다.
③ 수익자는 수탁자에게 수익자집회의 목적사항과 소집이유를 적은 서면 또는 전자문서로 수익자집회의 소집을 청구할 수 있다.
④ 제3항의 청구를 받은 후 수탁자가 지체 없이 수익자집회의 소집절차를 밟지 아니하는 경우 수익자집회의 소집을 청구한 수익자는 법원의 허가를 받아 수익자집회를 소집할 수 있다.
⑤ 수익자집회를 소집하는 자(이하 "소집자"라 한다)는 집회일 2주 전에 알고 있는 수익자 및 수탁자에게 서면이나 전자문서(수익자의 경우 전자문서로 통지를 받는 것에 동의한 자만 해당한다)로 회의의 일시·장소 및 목적사항을 통지하여야 한다.
⑥ 소집자는 의결권 행사에 참고할 수 있도록 수익자에게 대통령령으로 정하는 서류를 서면이나 전자문서(전자문서로 제공받는 것에 동의한 수익자의 경우만 해당한다)로 제공하여야 한다.

제73조【수익자집회의 의결권 등】 ① 수익자는 수익자집회에서 다음 각 호의 구분에 따른 의결권을 갖는다.
1. 각 수익권의 내용이 동일한 경우: 수익권의 수
2. 각 수익권의 내용이 동일하지 아니한 경우: 수익

자집회의 소집이 결정된 때의 수익권 가액
② 수익권이 그 수익권에 관한 신탁의 신탁재산에 속한 경우 수탁자는 그 수익권에 대하여 의결권을 행사하지 못한다.
③ 수익자는 수익자집회에 출석하지 아니하고 서면이나 전자문서(소집자가 전자문서로 행사하는 것을 승낙한 경우만 해당한다)로 의결권을 행사할 수 있다. 이 경우 수익자 확인절차 등 전자문서에 의한 의결권행사의 절차와 그 밖에 필요한 사항은 대통령령으로 정한다.
④ 수익자가 둘 이상의 의결권을 가지고 있을 때에는 이를 통일하지 아니하고 행사할 수 있다. 이 경우 수익자집회일 3일 전에 소집자에게 서면 또는 전자문서로 그 뜻과 이유를 통지하여야 한다.
⑤ 의결권을 통일하지 아니하고 행사하는 수익자가 타인을 위하여 수익권을 가지고 있는 경우가 아니면 소집자는 수익자의 의결권 불통일행사를 거부할 수 있다.
⑥ 수익자는 대리인으로 하여금 의결권을 행사하게 할 수 있다. 이 경우 해당 수익자나 대리인은 대리권을 증명하는 서면을 소집자에게 제출하여야 한다.
⑦ 수탁자는 수익자집회에 출석하거나 서면으로 의견을 진술할 수 있고, 수익자집회는 필요하다고 인정하는 경우 수익자집회의 결의로 수탁자에게 출석을 요구할 수 있다.
⑧ 수익자집회의 의장은 수익자 중에서 수익자집회의 결의로 선임한다.

제74조 【수익자집회의 결의】 ① 수익자집회의 결의는 행사할 수 있는 의결권의 과반수에 해당하는 수익자가 출석하고 출석한 수익자의 의결권의 과반수로써 하여야 한다.
② 제1항에도 불구하고 다음 각 호의 사항에 관한 수익자집회의 결의는 의결권의 과반수에 해당하는 수익자가 출석하고 출석한 수익자의 의결권의 3분의 2 이상으로써 하여야 한다.
1. 제16조제1항에 따른 수탁자 해임의 합의
2. 제88조제1항에 따른 신탁의 변경 중 신닥목적의 변경, 수익채권 내용의 변경, 그 밖에 중요한 신탁의 변경의 합의
3. 제91조제2항 및 제95조제2항에 따른 신탁의 합병·분할·분할합병 계획서의 승인
4. 제99조제1항에 따른 신탁의 종료 합의
5. 제103조제1항에 따른 신탁의 종료 시 계산의 승인

③ 수익자집회의 소집자는 의사의 경과에 관한 주요한 내용과 그 결과를 적은 의사록을 작성하고 기명날인 또는 서명하여야 한다.
④ 수익자집회의 결의는 해당 신탁의 모든 수익자에 대하여 효력이 있다.
⑤ 수익자집회와 관련하여 필요한 비용을 지출한 자는 수탁자에게 상환을 청구할 수 있다. 이 경우 수탁자는 신탁재산만으로 책임을 진다.

제6절 수익자의 취소권 및 유지청구권

제75조 【신탁위반 법률행위의 취소】 ① 수탁자가 신탁의 목적을 위반하여 신탁재산에 관한 법률행위를 한 경우 수익자는 상대방이나 전득자(轉得者)가 그 법률행위 당시 수탁자의 신탁목적의 위반 사실을 알았거나 중대한 과실로 알지 못하였을 때에만 그 법률행위를 취소할 수 있다.
② 수익자가 여럿인 경우 그 1인이 제1항에 따라 한 취소는 다른 수익자를 위하여도 효력이 있다.

제76조 【취소권의 제척기간】 제75조제1항에 따른 취소권은 수익자가 취소의 원인이 있음을 안 날부터 3개월, 법률행위가 있은 날부터 1년 내에 행사하여야 한다.

제77조 【수탁자에 대한 유지청구권】 ① 수탁자가 법령 또는 신탁행위로 정한 사항을 위반하거나 위반할 우려가 있고 해당 행위로 신탁재산에 회복할 수 없는 손해가 발생할 우려가 있는 경우 수익자는 그 수탁자에게 그 행위를 유지(留止)할 것을 청구할 수 있다.
② 수익자가 여럿인 신탁에서 수탁자가 법령 또는 신탁행위로 정한 사항을 위반하거나 위반할 우려가 있고 해당 행위로 일부 수익자에게 회복할 수 없는 손해가 발생할 우려가 있는 경우에도 제1항과 같다.

제7절 수익증권

제78조 【수익증권의 발행】 ① 신탁행위로 수익권을 표시하는 수익증권을 발행하는 뜻을 정할 수 있다. 이 경우 각 수익권의 내용이 동일하지 아니할 때에는 특정 내용의 수익권에 대하여 수익증권을 발행하지 아니한다는 뜻을 정할 수 있다.
② 제1항의 정함이 있는 신탁(이하 "수익증권발행신탁"이라 한다)의 수탁자는 신탁행위로 정한 바에 따라 지체 없이 해당 수익권에 관한 수익증권을 발행하여야 한다.
③ 수익증권은 기명식(記名式) 또는 무기명식(無記名式)으로 한다. 다만, 담보권을 신탁재산으로 하여 설정된 신탁의 경우에는 기명식으로만 하여야 한다.
④ 신탁행위로 달리 정한 바가 없으면 수익증권이 발행된 수익권의 수익자는 수탁자에게 기명수익증권을 무기명식으로 하거나 무기명수익증권을 기명식으로 할 것을 청구할 수 있다.
⑤ 수익증권에는 다음 각 호의 사항과 번호를 적고 수탁자(수탁자가 법인인 경우에는 그 대표자를 말

한다)가 기명날인 또는 서명하여야 한다.
1. 수익증권발행신탁의 수익증권이라는 뜻
2. 위탁자 및 수탁자의 성명 또는 명칭 및 주소
3. 기명수익증권의 경우에는 해당 수익자의 성명 또는 명칭
4. 각 수익권에 관한 수익채권의 내용 및 그 밖의 다른 수익권의 내용
5. 제46조제6항 및 제47조제4항에 따라 수익자의 수탁자에 대한 보수지급의무 또는 비용 등의 상환의무 및 손해배상의무에 관하여 신탁행위의 정함이 있는 경우에는 그 뜻 및 내용
6. 수익자의 권리행사에 관하여 신탁행위의 정함(신탁관리인에 관한 사항을 포함한다)이 있는 경우에는 그 뜻 및 내용
7. 제114조제1항에 따른 유한책임신탁인 경우에는 그 뜻 및 신탁의 명칭
8. 제87조에 따라 신탁사채 발행에 관하여 신탁행위의 정함이 있는 경우에는 그 뜻 및 내용
9. 그 밖에 수익권에 관한 중요한 사항으로서 대통령령으로 정하는 사항

⑥ 수탁자는 신탁행위로 정한 바에 따라 수익증권을 발행하는 대신 전자등록기관(유가증권 등의 전자등록 업무를 취급하는 것으로 지정된 기관을 말한다)의 전자등록부에 수익증권을 등록할 수 있다. 이 경우 전자등록의 절차·방법 및 효과, 전자등록기관의 지정·감독 등 수익증권의 전자등록 등에 관하여 필요한 사항은 따로 법률로 정한다.
⑦ 제88조제1항에도 불구하고 수익증권발행신탁에서 수익증권발행신탁이 아닌 신탁으로, 수익증권발행신탁이 아닌 신탁에서 수익증권발행신탁으로 변경할 수 없다.

제79조【수익자명부】 ① 수익증권발행신탁의 수탁자는 지체 없이 수익자명부를 작성하고 다음 각 호의 사항을 적어야 한다.
1. 각 수익권에 관한 수익채권의 내용과 그 밖의 수익권의 내용
2. 각 수익권에 관한 수익증권의 번호 및 발행일
3. 각 수익권에 관한 수익증권이 기명식인지 무기명식인지의 구별
4. 기명수익증권의 경우에는 해당 수익자의 성명 또는 명칭 및 주소
5. 무기명수익증권의 경우에는 수익증권의 수
6. 기명수익증권의 수익자의 각 수익권 취득일
7. 그 밖에 대통령령으로 정하는 사항

② 수익증권발행신탁의 수탁자가 수익자나 질권자에게 하는 통지 또는 최고(催告)는 수익자명부에 적혀 있는 주소나 그 자로부터 수탁자에게 통지된 주소로 하면 된다. 다만, 무기명수익증권의 수익자나 그 질권자에게는 다음 각 호의 방법 모두를 이행하여 통지하거나 최고하여야 한다.
1. 「신문 등의 진흥에 관한 법률」에 따른 일반일간신문 중 전국을 보급지역으로 하는 신문(이하 "일반일간신문"이라 한다)에의 공고(수탁자가 법인인 경우에는 그 법인의 공고방법에 따른 공고를 말한다)
2. 수탁자가 알고 있는 자에 대한 개별적인 통지 또는 최고

③ 제2항 본문에 따른 통지 또는 최고는 보통 그 도달할 시기에 도달한 것으로 본다.
④ 수익증권발행신탁의 수탁자는 신탁행위로 정한 바에 따라 수익자명부관리인을 정하여 수익자명부의 작성, 비치 및 그 밖에 수익자명부에 관한 사무를 위탁할 수 있다.
⑤ 수익증권발행신탁의 수탁자는 수익자명부를 그 주된 사무소(제4항의 수익자명부관리인이 있는 경우에는 그 사무소를 말한다)에 갖추어 두어야 한다.
⑥ 수익증권발행신탁의 위탁자, 수익자 또는 그 밖의 이해관계인은 영업시간 내에 언제든지 수익자명부의 열람 또는 복사를 청구할 수 있다. 이 경우 수탁자나 수익자명부관리인은 정당한 사유가 없다면 청구에 따라야 한다.

제80조【수익증권의 불소지】 ① 수익권에 대하여 기명수익증권을 발행하기로 한 경우 해당 수익자는 그 기명수익증권에 대하여 증권을 소지하지 아니하겠다는 뜻을 수탁자에게 신고할 수 있다. 다만, 신탁행위로 달리 정한 경우에는 그에 따른다.
② 제1항의 신고가 있는 경우 수탁자는 지체 없이 수익증권을 발행하지 아니한다는 뜻을 수익자명부에 적고, 수익자에게 그 사실을 통지하여야 한다. 이 경우 수탁자는 수익증권을 발행할 수 없다.
③ 제1항의 경우 이미 발행된 수익증권이 있으면 수탁자에게 제출하여야 하고, 수탁자에게 제출된 수익증권은 제2항의 기재를 한 때에 무효가 된다.
④ 제1항의 신고를 한 수익자라도 언제든지 수탁자에게 수익증권의 발행을 청구할 수 있다.

제81조【수익증권발행신탁 수익권의 양도】 ① 수익증권발행신탁의 경우 수익권을 표시하는 수익증권을 발행하는 정함이 있는 수익권을 양도할 때에는 해당 수익권을 표시하는 수익증권을 교부하여야 한다.
② 기명수익증권으로 표시되는 수익권의 이전은 취득자의 성명 또는 명칭과 주소를 수익자명부에 적지 아니하면 수탁자에게 대항하지 못한다.
③ 제78조제1항 후단에 따라 특정 수익권에 대하여 수익증권을 발행하지 아니한다는 뜻을 정한 수익증권발행신탁의 경우 해당 수익권의 이전은 취득자의 성명 또는 명칭과 주소를 수익자명부에 적지 아니하면 수탁자 및 제3자에게 대항하지 못한다.
④ 수익증권발행신탁에서 수익권을 표시하는 수익증권을 발행하는 정함이 있는 수익권의 경우 수익

증권의 발행 전에 한 수익권의 양도는 수탁자에 대하여 효력이 없다. 다만, 수익증권을 발행하여야 하는 날부터 6개월이 경과한 경우에는 그러하지 아니하다.

제82조【수익증권의 권리추정력 및 선의취득】 ① 수익증권의 점유자는 적법한 소지인으로 추정한다.

② 수익증권에 관하여는 「수표법」 제21조를 준용한다.

제83조【수익증권발행신탁 수익권에 대한 질권】 ① 수익증권발행신탁의 경우 수익권을 질권의 목적으로 할 때에는 그 수익권을 표시하는 수익증권을 질권자에게 교부하여야 한다.

② 제1항에 따라 수익증권을 교부받은 질권자는 계속하여 수익증권을 점유하지 아니하면 그 질권으로써 수탁자 및 제3자에게 대항하지 못한다.

③ 제78조제1항 후단에 따라 특정 수익권에 대하여 수익증권을 발행하지 아니한다는 뜻을 정한 수익증권발행신탁의 경우 해당 수익권에 대한 질권은 그 질권자의 성명 또는 명칭과 주소를 수익자명부에 적지 아니하면 수탁자 및 제3자에게 대항하지 못한다.

④ 수익증권발행신탁에서 수익권을 표시하는 수익증권을 발행하는 정함이 있는 수익권의 경우 수익증권 발행 전에 한 수익권에 대한 질권의 설정은 수탁자에 대하여 효력이 없다. 다만, 수익증권을 발행하여야 하는 날부터 6개월이 경과한 경우에는 그러하지 아니하다.

제84조【기준일】 ① 수익증권발행신탁의 수탁자는 기명수익증권에 대한 수익자로서 일정한 권리를 행사할 자를 정하기 위하여 일정한 날(이하 "기준일"이라 한다)에 수익자명부에 적혀 있는 수익자를 그 권리를 행사할 수익자로 볼 수 있다.

② 기준일은 수익자로서 권리를 행사할 날에 앞선 3개월 내의 날로 정하여야 한다.

③ 기준일을 정한 수탁자는 그 날의 2주 전에 이를 일반일간신문에 공고하여야 한다. 다만, 수탁자가 법인인 경우에는 그 법인의 공고방법에 따른다.

④ 신탁행위로 달리 정한 경우에는 제1항부터 제3항까지의 규정을 적용하지 아니한다.

제85조【수익증권 발행 시 권리행사 등】 ① 무기명수익증권을 가진 자는 그 수익증권을 제시하지 아니하면 수탁자 및 제3자에게 수익자의 권리를 행사하지 못한다.

② 수익증권발행신탁의 수익권을 여러 명이 공유하는 경우 공유자는 그 수익권에 대하여 권리(수탁자로부터 통지 또는 최고를 받을 권한을 포함한다)를 행사할 1인을 정하여 수탁자에게 통지하여야 한다.

③ 제2항의 통지가 없는 경우 공유자는 수탁자가 동의하지 아니하면 해당 수익권에 대한 권리를 행사할 수 없고, 공유자에 대한 수탁자의 통지나 최고는 공유자 중 1인에게 하면 된다.

④ 수익증권발행신탁의 수익자가 여럿인 경우 수익자의 의사결정(제61조 각 호에 따른 권리의 행사에 관한 사항은 제외한다)은 제72조부터 제74조까지의 규정에 따른 수익자집회에서 결정한다. 다만, 신탁행위로 달리 정한 경우에는 그에 따른다.

⑤ 수익증권발행신탁의 경우 위탁자는 다음 각 호의 권리를 행사할 수 없다.

1. 제16조제1항 및 제21조제1항에 따른 해임권 또는 선임권
2. 제16조제3항, 제67조제1항, 제88조제3항 및 제100조에 따른 청구권
3. 제40조제1항에 따른 열람·복사 청구권 또는 설명요구권
4. 제79조제6항에 따른 열람 또는 복사 청구권

⑥ 제71조제1항 단서에도 불구하고 수익증권발행신탁의 경우 신탁행위로 다음 각 호의 어느 하나에 해당하는 뜻을 정할 수 있다.

1. 다음 각 목의 권리의 전부 또는 일부에 대하여 총수익자 의결권의 100분의 3(신탁행위로 100분의 3보다 낮은 비율을 정한 경우에는 그 비율을 말한다) 이상 비율의 수익권을 가진 수익자만 해당 권리를 행사할 수 있다는 뜻
   가. 제40조제1항에 따른 열람·복사 청구권 또는 설명요구권
   나. 제75조제1항에 따른 취소권
   다. 제88조제3항에 따른 신탁의 변경청구권
   라. 제100조에 따른 신탁의 종료명령청구권
2. 6개월(신탁행위로 이보다 짧은 기간을 정한 경우에는 그 기간을 말한다) 전부터 계속하여 수익권을 가진 수익자만 제77조제1항에 따른 유지청구권을 행사할 수 있다는 뜻

⑦ 수익증권발행신탁의 경우 제46조제4항부터 제6항까지 및 제47조제4항을 적용하지 아니한다. 다만, 신탁행위로 달리 정한 경우에는 그에 따른다.

제86조【수익증권의 상실】 ① 수익증권은 공시최고(公示催告)의 절차를 거쳐 무효로 할 수 있다.

② 수익증권을 상실한 자는 제권판결(除權判決)을 받지 아니하면 수탁자에게 수익증권의 재발행을 청구하지 못한다.

제6장 신탁사채

제87조【신탁사채】 ① 다음 각 호의 요건을 모두 충족하는 경우 신탁행위로 수탁자가 신탁을 위하여 사채(社債)를 발행할 수 있도록 정할 수 있다.

1. 수익증권발행신탁일 것
2. 제114조제1항에 따른 유한책임신탁일 것

3. 수탁자가 「상법」상 주식회사나 그 밖의 법률에 따라 사채를 발행할 수 있는 자일 것

② 제1항에 따라 사채를 발행하는 수탁자는 사채청약서, 채권(債券) 및 사채원부에 다음 각 호의 사항을 적어야 한다.

1. 해당 사채가 신탁을 위하여 발행되는 것이라는 뜻
2. 제1호의 신탁을 특정하는 데에 필요한 사항
3. 해당 사채에 대하여는 신탁재산만으로 이행책임을 진다는 뜻

③ 사채 총액 한도에 관하여는 대통령령으로 정한다.

④ 제1항에 따른 사채의 발행에 관하여 이 법에서 달리 정하지 아니하는 사항에 대하여는 「상법」 제396조 및 제3편제4장제8절(「상법」 제469조는 제외한다)을 준용한다.

제7장 신탁의 변경

제88조 【신탁당사자의 합의 등에 의한 신탁변경】 ① 신탁은 위탁자, 수탁자 및 수익자의 합의로 변경할 수 있다. 다만, 신탁행위로 달리 정한 경우에는 그에 따른다.

② 제1항에 따른 신탁의 변경은 제3자의 정당한 이익을 해치지 못한다.

③ 신탁행위 당시에 예견하지 못한 특별한 사정이 발생한 경우 위탁자, 수익자 또는 수탁자는 신탁의 변경을 법원에 청구할 수 있다.

④ 목적신탁에서 수익자의 이익을 위한 신탁으로, 수익자의 이익을 위한 신탁에서 목적신탁으로 변경할 수 없다.

제89조 【반대수익자의 수익권매수청구권】 ① 다음 각 호의 어느 하나에 해당하는 사항에 관한 변경에 반대하는 수익자는 신탁변경이 있은 날부터 20일 내에 수탁자에게 수익권의 매수를 서면으로 청구할 수 있다.

1. 신탁의 목적
2. 수익채권의 내용
3. 신탁행위로 수익권매수청구권을 인정한 사항

② 수탁자는 제1항의 청구를 받은 날부터 2개월 내에 매수한 수익권의 대금을 지급하여야 한다.

③ 제2항에 따른 수익권의 매수가액은 수탁자와 수익자 간의 협의로 결정한다.

④ 제1항의 청구를 받은 날부터 30일 내에 제3항에 따른 협의가 이루어지지 아니한 경우 수탁자나 수익권의 매수를 청구한 수익자는 법원에 매수가액의 결정을 청구할 수 있다.

⑤ 법원이 제4항에 따라 수익권의 매수가액을 결정하는 경우에는 신탁의 재산상태나 그 밖의 사정을 고려하여 공정한 가액으로 산정하여야 한다.

⑥ 수탁자는 법원이 결정한 매수가액에 대한 이자를 제2항의 기간만료일 다음 날부터 지급하여야 한다.

⑦ 수탁자는 수익권매수청구에 대한 채무의 경우 신탁재산만으로 책임을 진다. 다만, 신탁행위 또는 신탁변경의 합의로 달리 정한 경우에는 그에 따른다.

⑧ 제1항의 청구에 의하여 수탁자가 수익권을 취득한 경우 그 수익권은 소멸한다. 다만, 신탁행위 또는 신탁변경의 합의로 달리 정한 경우에는 그에 따른다.

제90조 【신탁의 합병】 수탁자가 동일한 여러 개의 신탁은 1개의 신탁으로 할 수 있다.

제91조 【신탁의 합병계획서】 ① 신탁을 합병하려는 경우 수탁자는 다음 각 호의 사항을 적은 합병계획서를 작성하여야 한다.

1. 신탁합병의 취지
2. 신탁합병 후의 신탁행위의 내용
3. 신탁행위로 정한 수익권의 내용에 변경이 있는 경우에는 그 내용 및 변경이유
4. 신탁합병 시 수익자에게 금전과 그 밖의 재산을 교부하는 경우에는 그 재산의 내용과 가액
5. 신탁합병의 효력발생일
6. 그 밖에 대통령령으로 정하는 사항

② 수탁자는 각 신탁별로 위탁자와 수익자로부터 제1항의 합병계획서의 승인을 받아야 한다. 다만, 신탁행위로 달리 정한 경우에는 그에 따른다.

③ 제1항의 합병계획서를 승인하지 아니하는 수익자는 합병계획서의 승인이 있은 날부터 20일 내에 수탁자에게 수익권의 매수를 서면으로 청구할 수 있다. 이 경우 제89조제2항부터 제8항까지의 규정을 준용한다.

제92조 【합병계획서의 공고 및 채권자보호】 ① 수탁자는 신탁의 합병계획서의 승인을 받은 날부터 2주 내에 다음 각 호의 사항을 일반일간신문에 공고하고(수탁자가 법인인 경우에는 해당 법인의 공고방법에 따른다) 알고 있는 신탁재산의 채권자에게는 개별적으로 이를 최고하여야 한다. 제2호의 경우 일정한 기간은 1개월 이상이어야 한다.

1. 합병계획서
2. 채권자가 일정한 기간 내에 이의를 제출할 수 있다는 취지
3. 그 밖에 대통령령으로 정하는 사항

② 채권자가 제1항의 기간 내에 이의를 제출하지 아니한 경우에는 합병을 승인한 것으로 본다.

③ 이의를 제출한 채권자가 있는 경우 수탁자는 그 채권자에게 변제하거나 적당한 담보를 제공하거나 이를 목적으로 하여 적당한 담보를 신탁회사에 신탁하여야 한다. 다만, 신탁의 합병으로 채권자를 해칠 우려가 없는 경우에는 그러하지 아니하다.

제93조【합병의 효과】 합병 전의 신탁재산에 속한 권리·의무는 합병 후의 신탁재산에 존속한다.

제94조【신탁의 분할 및 분할합병】 ① 신탁재산 중 일부를 분할하여 수탁자가 동일한 새로운 신탁의 신탁재산으로 할 수 있다.

② 신탁재산 중 일부를 분할하여 수탁자가 동일한 다른 신탁과 합병(이하 "분할합병"이라 한다)할 수 있다.

제95조【신탁의 분할계획서 및 분할합병계획서】 ① 제94조에 따라 신탁을 분할하거나 분할합병하려는 경우 수탁자는 다음 각 호의 사항을 적은 분할계획서 또는 분할합병계획서를 작성하여야 한다.

1. 신탁을 분할하거나 분할합병한다는 취지
2. 분할하거나 분할합병한 후의 신탁행위의 내용
3. 신탁행위로 정한 수익권의 내용에 변경이 있는 경우에는 그 내용 및 변경이유
4. 분할하거나 분할합병할 때 수익자에게 금전과 그 밖의 재산을 교부하는 경우에는 그 재산의 내용과 가액
5. 분할 또는 분할합병의 효력발생일
6. 분할되는 신탁재산 및 신탁채무의 내용과 그 가액
7. 제123조에 따라 유한책임신탁의 채무를 승계하는 분할 후 신설신탁 또는 분할합병신탁이 있는 경우 그러한 취지와 특정된 채무의 내용
8. 그 밖에 대통령령으로 정하는 사항

② 수탁자는 각 신탁별로 위탁자와 수익자로부터 제1항의 분할계획서 또는 분할합병계획서의 승인을 받아야 한다. 다만, 신탁행위로 달리 정한 경우에는 그에 따른다.

③ 제1항의 분할계획서 또는 분할합병계획서를 승인하지 아니한 수익자는 분할계획서 또는 분할합병계획서의 승인이 있은 날부터 20일 내에 수탁자에게 수익권의 매수를 서면으로 청구할 수 있다. 이 경우 제89조제2항부터 제8항까지의 규정을 준용한다.

제96조【분할계획서 등의 공고 및 채권자보호】 ① 수탁자는 신탁의 분할계획서 또는 분할합병계획서의 승인을 받은 날부터 2주 내에 다음 각 호의 사항을 일반일간신문에 공고하고(수탁자가 법인인 경우에는 그 법인의 공고방법에 따른다) 알고 있는 신탁재산의 채권자에게는 개별적으로 최고하여야 한다. 제2호의 경우 일정한 기간은 1개월 이상이어야 한다.

1. 분할계획서 또는 분할합병계획서
2. 채권자가 일정한 기간 내에 이의를 제출할 수 있다는 취지
3. 그 밖에 대통령령으로 정하는 사항

② 채권자가 제1항의 기간 내에 이의를 제출하지 아니한 경우에는 신탁의 분할 또는 분할합병을 승인한 것으로 본다.

③ 이의를 제출한 채권자가 있는 경우 수탁자는 그 채권자에게 변제하거나 적당한 담보를 제공하거나 이를 목적으로 하여 적당한 담보를 신탁회사에 신탁하여야 한다. 다만, 신탁을 분할하거나 분할합병하는 것이 채권자를 해칠 우려가 없는 경우에는 그러하지 아니하다.

제97조【분할의 효과】 ① 제94조에 따라 분할되는 신탁재산에 속한 권리·의무는 분할계획서 또는 분할합병계획서가 정하는 바에 따라 분할 후 신설신탁 또는 분할합병신탁에 존속한다.

② 수탁자는 분할하는 신탁재산의 채권자에게 분할된 신탁과 분할 후의 신설신탁 또는 분할합병신탁의 신탁재산으로 변제할 책임이 있다.

제8장 신탁의 종료

제98조【신탁의 종료사유】 신탁은 다음 각 호의 어느 하나에 해당하는 경우 종료한다.

1. 신탁의 목적을 달성하였거나 달성할 수 없게 된 경우
2. 신탁이 합병된 경우
3. 제138조에 따라 유한책임신탁에서 신탁재산에 대한 파산선고가 있은 경우
4. 수탁자의 임무가 종료된 후 신수탁자가 취임하지 아니한 상태가 1년간 계속된 경우
5. 목적신탁에서 신탁관리인이 취임하지 아니한 상태가 1년간 계속된 경우
6. 신탁행위로 정한 종료사유가 발생한 경우

제99조【합의에 의한 신탁의 종료】 ① 위탁자와 수익자는 합의하여 언제든지 신탁을 종료할 수 있다. 다만, 위탁자가 존재하지 아니하는 경우에는 그러하지 아니하다.

② 위탁자가 신탁이익의 전부를 누리는 신탁은 위탁자나 그 상속인이 언제든지 종료할 수 있다.

③ 위탁자, 수익자 또는 위탁자의 상속인이 정당한 이유 없이 수탁자에게 불리한 시기에 신탁을 종료한 경우 위탁자, 수익자 또는 위탁자의 상속인은 그 손해를 배상하여야 한다.

④ 제1항부터 제3항까지의 규정에도 불구하고 신탁행위로 달리 정한 경우에는 그에 따른다.

제100조【법원의 명령에 의한 신탁의 종료】 신탁행위 당시에 예측하지 못한 특별한 사정으로 신탁을 종료하는 것이 수익자의 이익에 적합함이 명백한 경우에는 위탁자, 수탁자 또는 수익자는 법원에 신탁의 종료를 청구할 수 있다.

제101조【신탁종료 후의 신탁재산의 귀속】 ① 제98조제1호, 제4호부터 제6호까지, 제99조 또는 제100조에 따라 신탁이 종료된 경우 신탁재산은 수

익자(잔여재산수익자를 정한 경우에는 그 잔여재산 수익자를 말한다)에게 귀속한다. 다만, 신탁행위로 신탁재산의 잔여재산이 귀속될 자(이하 "귀속권리자"라 한다)를 정한 경우에는 그 귀속권리자에게 귀속한다.
② 수익자와 귀속권리자로 지정된 자가 신탁의 잔여재산에 대한 권리를 포기한 경우 잔여재산은 위탁자와 그 상속인에게 귀속한다.
③ 제3조제3항에 따라 신탁이 종료된 경우 신탁재산은 위탁자에게 귀속한다.
④ 신탁이 종료된 경우 신탁재산이 제1항부터 제3항까지의 규정에 따라 귀속될 자에게 이전될 때까지 그 신탁은 존속하는 것으로 본다. 이 경우 신탁재산이 귀속될 자를 수익자로 본다.
⑤ 제1항 및 제2항에 따라 잔여재산의 귀속이 정하여지지 아니하는 경우 잔여재산은 국가에 귀속된다.

제102조【준용규정】 신탁의 종료로 인하여 신탁재산이 수익자나 그 밖의 자에게 귀속한 경우에는 제53조제3항 및 제54조를 준용한다.

제103조【신탁종료에 의한 계산】 ① 신탁이 종료한 경우 수탁자는 지체 없이 신탁사무에 관한 최종의 계산을 하고, 수익자 및 귀속권리자의 승인을 받아야 한다.
② 수익자와 귀속권리자가 제1항의 계산을 승인한 경우 수탁자의 수익자와 귀속권리자에 대한 책임은 면제된 것으로 본다. 다만, 수탁자의 직무수행에 부정행위가 있었던 경우에는 그러하지 아니하다.
③ 수익자와 귀속권리자가 수탁자로부터 제1항의 계산승인을 요구받은 때부터 1개월 내에 이의를 제기하지 아니한 경우 수익자와 귀속권리자는 제1항의 계산을 승인한 것으로 본다.

제104조【신탁의 청산】 신탁행위 또는 위탁자와 수익자의 합의로 청산절차에 따라 신탁을 종료하기로 한 경우의 청산절차에 관하여는 제132조제2항, 제133조제1항부터 제6항까지 및 제134조부터 제137조까지의 규정을 준용한다.

제9장 신탁의 감독

제105조【법원의 감독】 ① 신탁사무는 법원이 감독한다. 다만, 신탁의 인수를 업으로 하는 경우는 그러하지 아니하다.
② 법원은 이해관계인의 청구에 의하여 또는 직권으로 신탁사무 처리의 검사, 검사인의 선임, 그 밖에 필요한 처분을 명할 수 있다.

제10장
(2014.3.18 삭제)

제106조 (2014.3.18 삭제)
제107조 (2014.3.18 삭제)
제108조 (2014.3.18 삭제)
제109조 (2014.3.18 삭제)
제110조 (2014.3.18 삭제)
제111조 (2014.3.18 삭제)
제112조 (2014.3.18 삭제)
제113조 (2014.3.18 삭제)

제11장 유한책임신탁

제1절 유한책임신탁의 설정

제114조【유한책임신탁의 설정】 ① 신탁행위로 수탁자가 신탁재산에 속하는 채무에 대하여 신탁재산만으로 책임지는 신탁(이하 "유한책임신탁"이라 한다)을 설정할 수 있다. 이 경우 제126조에 따라 유한책임신탁의 등기를 하여야 그 효력이 발생한다.
② 유한책임신탁을 설정하려는 경우에는 신탁행위로 다음 각 호의 사항을 정하여야 한다.
1. 유한책임신탁의 목적
2. 유한책임신탁의 명칭
3. 위탁자 및 수탁자의 성명 또는 명칭 및 주소
4. 유한책임신탁의 신탁사무를 처리하는 주된 사무소(이하 "신탁사무처리지"라 한다)
5. 신탁재산의 관리 또는 처분 등의 방법
6. 그 밖에 필요한 사항으로서 대통령령으로 정하는 사항

제115조【유한책임신탁의 명칭】 ① 유한책임신탁의 명칭에는 "유한책임신탁"이라는 문자를 사용하여야 한다.
② 유한책임신탁이 아닌 신탁은 명칭에 유한책임신탁 및 그 밖에 이와 유사한 문자를 사용하지 못한다.
③ 누구든지 부정한 목적으로 다른 유한책임신탁으로 오인(誤認)할 수 있는 명칭을 사용하지 못한다.
④ 제3항을 위반하여 명칭을 사용하는 자가 있는 경우 그로 인하여 이익이 침해되거나 침해될 우려가 있는 유한책임신탁의 수탁자는 그 명칭 사용의 정지 또는 예방을 청구할 수 있다.

제116조【명시 · 교부 의무】 ① 수탁자는 거래상대방에게 유한책임신탁이라는 뜻을 명시하고 그 내용을 서면으로 교부하여야 한다.
② 수탁자가 제1항을 위반한 경우 거래상대방은 그 법률행위를 한 날부터 3개월 내에 이를 취소할 수

있다.

제117조【회계서류 작성의무】 ① 유한책임신탁의 경우 수탁자는 다음 각 호의 서류를 작성하여야 한다.

1. 대차대조표
2. 손익계산서
3. 이익잉여금처분계산서나 결손금처리계산서
4. 그 밖에 대통령령으로 정하는 회계서류

② 다음 각 호의 요건을 모두 갖춘 유한책임신탁은 「주식회사 등의 외부감사에 관한 법률」의 예에 따라 감사를 받아야 한다. (2017.10.31 본항개정, 2018.11.1 시행)

1. 수익증권발행신탁일 것
2. 직전 사업연도 말의 신탁재산의 자산총액 또는 부채규모가 대통령령으로 정하는 기준 이상일 것

제118조【수탁자의 제3자에 대한 책임】 ① 유한책임신탁의 수탁자가 다음 각 호의 어느 하나에 해당하는 행위를 한 경우 그 수탁자는 유한책임신탁임에도 불구하고 제3자에게 그로 인하여 입은 손해를 배상할 책임이 있다. 다만, 제3호 및 제4호의 경우 수탁자가 주의를 게을리하지 아니하였음을 증명하였을 때에는 그러하지 아니하다.

1. 고의 또는 중대한 과실로 그 임무를 게을리한 경우
2. 고의 또는 과실로 위법행위를 한 경우
3. 대차대조표 등 회계서류에 기재 또는 기록하여야 할 중요한 사항에 관한 사실과 다른 기재 또는 기록을 한 경우
4. 사실과 다른 등기 또는 공고를 한 경우

② 제1항에 따라 제3자에게 손해를 배상할 책임이 있는 수탁자가 여럿인 경우 연대하여 그 책임을 진다.

제119조【고유재산에 대한 강제집행 등의 금지】 ① 유한책임신탁의 경우 신탁채권에 기하여 수탁자의 고유재산에 대하여 강제집행등이나 국세 등 체납처분을 할 수 없다. 다만, 제118조에 따른 수탁자의 손해배상채무에 대하여는 그러하지 아니하다.

② 수탁자는 제1항을 위반한 강제집행등에 대하여 이의를 제기할 수 있다. 이 경우 「민사집행법」 제48조를 준용한다.

③ 수탁자는 제1항을 위반한 국세 등 체납처분에 대하여 이의를 제기할 수 있다. 이 경우 국세 등 체납처분에 대한 불복절차를 준용한다.

제120조【수익자에 대한 급부의 제한】 ① 유한책임신탁의 수탁자는 수익자에게 신탁재산에서 급부가 가능한 한도를 초과하여 급부할 수 없다.

② 제1항에 따른 급부가 가능한 한도는 순자산액의 한도 내에서 대통령령으로 정하는 방법에 따라 산정한다.

제121조【초과급부에 대한 전보책임】 ① 수탁자가 수익자에게 제120조제1항의 급부가 가능한 한도를 초과하여 급부한 경우 수탁자와 이를 받은 수익자는 연대하여 초과된 부분을 신탁재산에 전보할 책임이 있다. 다만, 수탁자가 주의를 게을리하지 아니하였음을 증명한 경우에는 그러하지 아니하다.

② 제1항의 초과부분을 전보한 수탁자는 선의의 수익자에게 구상권(求償權)을 행사할 수 없다.

제122조【합병의 효과에 대한 특칙】 유한책임신탁에 속하는 채무에 대하여는 합병 후에도 합병 후 신탁의 신탁재산만으로 책임을 진다.

제123조【분할의 효과에 대한 특칙】 유한책임신탁에 속하는 채무에 대하여 분할 후의 신실신탁 또는 분할합병신탁에 이전하는 것으로 정한 경우 그 채무에 대하여는 분할 후의 신설신탁 또는 분할합병신탁의 신탁재산만으로 책임을 진다.

제2절 유한책임신탁의 등기

제124조【관할 등기소】 ① 유한책임신탁의 등기에 관한 사무는 신탁사무처리지를 관할하는 지방법원, 그 지원 또는 등기소를 관할 등기소로 한다.

② 등기소는 유한책임신탁등기부를 편성하여 관리한다.

제125조【등기의 신청】 ① 등기는 법령에 다른 규정이 있는 경우를 제외하고는 수탁자의 신청 또는 관공서의 촉탁이 없으면 하지 못한다.

② 제17조제1항 및 제18조제1항에 따라 신탁재산관리인이 선임되면 법령에 다른 규정이 있는 경우를 제외하고는 신탁재산관리인이 등기를 신청하여야 한다.

제126조【유한책임신탁등기】 ① 유한책임신탁등기는 다음 각 호의 사항을 등기하여야 한다.

1. 유한책임신탁의 목적
2. 유한책임신탁의 명칭
3. 수탁자의 성명 또는 명칭 및 주소
4. 신탁재산관리인이 있는 경우 신탁재산관리인의 성명 또는 명칭 및 주소
5. 신탁사무처리지
6. 그 밖에 대통령령으로 정하는 사항

② 제1항의 등기는 유한책임신탁을 설정한 때부터 2주 내에 하여야 한다.

③ 유한책임신탁의 등기를 신청하기 위한 서면(전자문서를 포함한다. 이하 "신청서"라 한다)에는 다음 각 호의 서면을 첨부하여야 한다. (2014.5.20 본항개정)

1. 유한책임신탁을 설정한 신탁행위를 증명하는 서면
2. 수탁자가 법인인 경우에는 그 법인의 「상업등기법」 제15조에 따른 등기사항증명서
3. 제117조제2항에 따라 외부의 감사인을 두어야

하는 경우에는 그 선임 및 취임승낙을 증명하는 서면
4. 제3호의 감사인이 법인인 경우에는 그 법인의 「상업등기법」 제15조에 따른 등기사항증명서

제127조【유한책임신탁의 변경등기】 ① 제126조제1항 각 호의 사항(제5호는 제외한다)에 변경이 있는 경우에는 2주 내에 변경등기를 하여야 한다.
② 신탁사무처리지에 변경이 있는 경우에는 2주 내에 종전 신탁사무처리지에서는 변경등기를 하고 새로운 신탁사무처리지에서는 제126조제1항 각 호의 사항을 등기하여야 한다. 다만, 같은 등기소의 관할구역 내에서 신탁사무처리지를 변경한 경우에는 신탁사무처리지의 변경등기만 하면 된다.
③ 제126조제1항 각 호의 사항의 변경은 제1항 또는 제2항에 따라 등기하지 아니하면 선의의 제3자에게 대항하지 못한다. 등기한 후라도 제3자가 정당한 사유로 이를 알지 못한 경우에도 또한 같다.
④ 제1항 또는 제2항에 따라 변경등기를 신청할 때에는 신청서에 해당 등기사항의 변경을 증명하는 서면을 첨부하여야 한다.

제128조【유한책임신탁의 종료등기】 ① 유한책임신탁이 종료되거나 제114조제1항의 취지를 폐지하는 변경이 있는 경우에는 2주 내에 종료등기를 하여야 한다.
② 제1항에 따라 유한책임신탁의 종료등기를 신청할 때에는 신청서에 종료 사유의 발생을 증명하는 서면을 첨부하여야 한다.

제129조【유한책임신탁의 합병등기 또는 분할등기】 유한책임신탁이 합병하거나 분할한 후에도 유한책임신탁을 유지하는 경우 그 등기에 관하여는 제126조부터 제128조까지의 규정을 준용한다.

제130조【부실의 등기】 수탁자는 고의나 과실로 유한책임신탁의 등기가 사실과 다르게 된 경우 그 등기와 다른 사실로 선의의 제3자에게 대항하지 못한다.

제131조【등기절차 및 사무】 이 장에 규정된 등기의 등기절차 및 사무에 관하여는 이 법 및 다른 법령에서 규정한 것을 제외하고 「상업등기법」의 예에 따른다.

제3절 유한책임신탁의 청산

제132조【유한책임신탁의 청산】 ① 유한책임신탁이 종료한 경우에는 신탁을 청산하여야 한다. 다만, 제98조제2호 및 제3호의 사유로 종료한 경우에는 그러하지 아니하다.
② 제1항에 따른 청산이 완료될 때까지 유한책임신탁은 청산의 목적범위 내에서 존속하는 것으로 본다.

제133조【청산수탁자】 ① 유한책임신탁이 종료된 경우에는 신탁행위로 달리 정한 바가 없으면 종료 당시의 수탁자 또는 신탁재산관리인이 청산인(이하 "청산수탁자"라 한다)이 된다. 다만, 제3조제3항에 따라 유한책임신탁이 종료된 경우에는 법원이 수익자, 신탁채권자 또는 검사의 청구에 의하거나 직권으로 해당 신탁의 청산을 위하여 청산수탁자를 선임하여야 한다.
② 제1항 단서에 따라 청산수탁자가 선임된 경우 전수탁자의 임무는 종료한다.
③ 제1항 단서에 따라 선임된 청산수탁자에 대한 보수에 관하여는 제21조제4항을 준용한다.
④ 청산수탁자는 다음 각 호의 직무를 수행한다.
1. 현존사무의 종결
2. 신탁재산에 속한 채권의 추심 및 신탁채권에 대한 변제
3. 수익채권(잔여재산의 급부를 내용으로 한 것은 제외한다)에 대한 변제
4. 잔여재산의 급부
5. 재산의 환가처분(換價處分)

⑤ 청산수탁자는 제4항제2호 및 제3호의 채무를 변제하지 아니하면 제4항제4호의 직무를 수행할 수 없다.
⑥ 청산수탁자는 제4항 각 호의 직무를 수행하기 위하여 필요한 모든 행위를 할 수 있다. 다만, 신탁행위로 달리 정한 경우에는 그에 따른다.
⑦ 청산수탁자는 청산수탁자가 된 때부터 2주 내에 청산수탁자의 성명 또는 명칭 및 주소를 등기하여야 한다.

제134조【채권자의 보호】 ① 청산수탁자는 취임한 후 지체 없이 신탁채권자에게 일정한 기간 내에 그 채권을 신고할 것과 그 기간 내에 신고하지 아니하면 청산에서 제외된다는 뜻을 일반일간신문에 공고하는 방법(수탁자가 법인인 경우에는 그 법인의 공고방법을 말한다)으로 최고하여야 한다. 이 경우 그 기간은 2개월 이상이어야 한다.
② 청산수탁자는 그가 알고 있는 채권자에게는 개별적으로 그 채권의 신고를 최고하여야 하며, 그 채권자가 신고하지 아니한 경우에도 청산에서 제외하지 못한다.

제135조【채권신고기간 내의 변제】 ① 청산수탁자는 제134조제1항의 신고기간 내에는 신탁채권자에게 변제하지 못한다. 다만, 변제의 지연으로 인한 손해배상의 책임을 면하지 못한다.
② 청산수탁자는 제1항에도 불구하고 소액의 채권, 담보가 있는 신탁채권, 그 밖에 변제로 인하여 다른 채권자를 해칠 우려가 없는 채권의 경우 법원의 허가를 받아 변제할 수 있다.
③ 제2항에 따른 허가신청을 각하하는 재판에는 반드시 이유를 붙여야 한다.
④ 변제를 허가하는 재판에 대하여는 불복할 수

없다.

제136조 【청산절차에서 채무의 변제】 ① 청산수탁자는 변제기에 이르지 아니한 신탁채권에 대하여도 변제할 수 있다.

② 제1항에 따라 신탁채권에 대한 변제를 하는 경우 이자 없는 채권에 대하여는 변제기에 이르기까지의 법정이자를 가산하여 그 채권액이 될 금액을 변제하여야 한다.

③ 이자 있는 채권으로서 그 이율이 법정이율에 이르지 못하는 경우에는 제2항을 준용한다.

④ 제1항의 경우 조건부채권, 존속기간이 불확정한 채권, 그 밖에 가액이 불확정한 채권에 대하여는 법원이 선임한 감정인의 평가에 따라 변제하여야 한다.

제137조 【제외된 채권자에 대한 변제】 청산 중인 유한책임신탁의 신탁채권자가 제134조제1항의 신고기간 내에 그 채권을 신고하지 아니한 경우에는 그 채권은 청산에서 제외된다. 이 경우 청산에서 제외된 채권자는 분배되지 아니한 잔여재산에 대하여만 변제를 청구할 수 있다.

제138조 【청산 중의 파산신청】 청산 중인 유한책임신탁의 신탁재산이 그 채무를 모두 변제하기에 부족한 것이 분명하게 된 경우 청산수탁자는 즉시 신탁재산에 대하여 파산신청을 하여야 한다.

제139조 【청산종결의 등기】 유한책임신탁의 청산이 종결된 경우 청산수탁자는 제103조에 따라 최종의 계산을 하여 수익자 및 귀속권리자의 승인을 받아야 하며, 승인을 받은 때부터 2주 내에 종결의 등기를 하여야 한다.

제12장 벌 칙

제140조 【신탁사채권자집회의 대표자 등의 특별배임죄】 신탁사채권자집회의 대표자 또는 그 결의를 집행하는 사람이 그 임무에 위배한 행위로써 재산상의 이익을 취하거나 제3자로 하여금 이를 취득하게 하여 신탁사채권자에게 손해를 가한 경우에는 7년 이하의 징역 또는 2천만원 이하의 벌금에 처한다.

제141조 【특별배임죄의 미수】 제140조의 미수범은 처벌한다.

제142조 【부실문서행사죄】 ① 수익증권을 발행하는 자가 수익증권을 발행하거나 신탁사채의 모집의 위탁을 받은 자가 신탁사채를 모집할 때 중요한 사항에 관하여 부실한 기재가 있는 수익증권 또는 사채청약서, 수익증권 또는 신탁사채의 모집에 관한 광고, 그 밖의 문서를 행사한 경우에는 5년 이하의 징역 또는 1천500만원 이하의 벌금에 처한다.

② 수익증권 또는 신탁사채를 매출하는 자가 그 매출에 관한 문서로서 중요한 사항에 관하여 부실한 기재가 있는 것을 행사한 경우에도 제1항과 같다.

제143조 【권리행사방해 등에 관한 증뢰·수뢰죄】 ① 신탁사채권자집회에서의 발언 또는 의결권의 행사에 관하여 부정한 청탁을 받고 재산상의 이익을 수수(收受), 요구 또는 약속한 사람은 1년 이하의 징역 또는 1천만원 이하의 벌금에 처한다. (2014.1.7 본항개정)

② 제1항의 이익을 약속, 공여 또는 공여의 의사를 표시한 사람도 제1항과 같다.

제144조 【징역과 벌금의 병과】 제140조부터 제143조까지의 징역과 벌금은 병과할 수 있다.

제145조 【몰수·추징】 제143조제1항의 경우 범인이 수수한 이익은 몰수한다. 그 전부 또는 일부를 몰수하기 불가능한 경우에는 그 가액을 추징한다.

제146조 【과태료】 ① 다음 각 호의 어느 하나에 해당하는 자 또는 그 대표자에게는 500만원 이하의 과태료를 부과한다.

1. 제12조제2항·제3항 및 제13조제2항을 위반하여 수익자에게 임무 종료 사실을 통지하지 아니한 수탁자, 수탁자의 상속인, 법정대리인 또는 청산인
2. 제12조제3항을 위반하여 파산관재인에게 신탁재산에 관한 사항을 통지하지 아니한 수탁자
3. 제12조제4항을 위반하여 수익자에게 신탁재산의 보관 및 신탁사무 인계에 관한 사실을 통지하지 아니한 수탁자의 상속인, 법정대리인 또는 청산인
4. 제14조제3항을 위반하여 수익자에게 사임한 사실을 통지하지 아니한 수탁자
5. 제16조제4항을 위반하여 수익자에게 해임된 사실을 통지하지 아니한 수탁자
6. 제17조제3항 및 제18조제3항을 위반하여 수익자에게 선임된 사실을 통지하지 아니한 신탁재산관리인
7. 제34조제2항 단서를 위반하여 수익자에게 법원의 허가를 신청한 사실을 통지하지 아니한 수탁자
8. 제39조에 따른 장부, 재산목록, 그 밖의 서류의 작성·보존 및 비치 의무를 게을리한 수탁자
9. 이 법을 위반하여 정당한 사유 없이 장부 등 서류, 수익자명부, 신탁사채권자집회 의사록 또는 재무제표 등의 열람·복사를 거부한 수탁자, 수익자명부관리인 또는 신탁사채를 발행한 자
10. 제40조제1항에 따른 설명요구를 정당한 사유 없이 거부한 수탁자
11. 제78조제2항을 위반하여 정당한 사유 없이 수익증권 발행을 지체한 수탁자
12. 제78조제5항 또는 제87조제2항을 위반하여 수익증권 또는 채권에 적어야 할 사항을 적지 아니

하거나 부실한 기재를 한 수탁자
13. 이 법에 따른 수익자명부 또는 신탁사채권자집회 의사록을 작성하지 아니하거나 이를 갖추어 두지 아니한 수익증권발행신탁의 수탁자, 수익자명부관리인 또는 신탁사채를 발행한 자
14. 제79조제5항을 위반하여 수익자명부를 갖추어 두지 아니한 수탁자
15. 제80조제2항을 위반하여 수익자에게 신고를 받은 사실을 통지하지 아니한 수탁자
16. 제81조제2항에 따른 수익자명부에 기명수익증권으로 표시된 수익권을 취득한 자의 성명 또는 명칭과 주소의 기재를 거부한 수탁자
17. 제87조제2항을 위반하여 사채청약서를 작성하지 아니하거나 이에 적어야 할 사항을 적지 아니하거나 또는 부실한 기재를 한 수탁자
18. 수익자명부·신탁사채원부 또는 그 복본, 이 법에 따라 작성하여야 하는 신탁사채권자집회 의사록, 재산목록, 대차대조표, 손익계산서, 이익잉여금처분계산서, 결손금처리계산서, 그 밖의 회계서류에 적어야 할 사항을 적지 아니하거나 또는 부실한 기재를 한 수탁자
19. 제87조제4항에서 준용하는 「상법」 제396조제1항을 위반하여 신탁사채원부를 갖추어 두지 아니한 수탁자
20. 제87조제4항에서 준용하는 「상법」 제478조제1항을 위반하여 사채전액의 납입이 완료하지 아니한 채 사채를 발행한 수탁자 또는 사채모집의 위탁을 받은 회사
21. 제87조제4항에서 준용하는 「상법」 제484조제2항을 위반하여 사채의 변제를 받고 지체 없이 그 뜻을 공고하지 아니한 사채모집의 위탁을 받은 회사
22. 제87조제4항에서 준용하는 「상법」 제499조를 위반하여 사채권자집회의 결의에 대하여 인가 또는 불인가의 결정이 있다는 사실을 지체 없이 공고하지 아니한 수탁자
23. 사채권자집회에 부실한 보고를 하거나 사실을 은폐한 수탁자 또는 사채모집의 위탁을 받은 회사
24. 제92조제1항을 위반하여 합병에 대한 이의를 제출할 수 있다는 사실을 공고하지 아니한 수탁자
25. 제92조 또는 제96조를 위반하여 신탁을 합병하거나 분할하거나 분할합병한 경우 수탁자
26. 이 법에 따른 유한책임신탁의 설정, 변경, 종결 또는 청산의 등기를 게을리한 수탁자
27. 제133조제5항을 위반하여(제104조에 따라 준용되는 경우를 포함한다) 잔여재산을 급부한 청산수탁자
28. 제138조를 위반하여 파산신청을 게을리한 청산수탁자

② 제115조제1항을 위반하여 유한책임신탁의 명칭 중에 "유한책임신탁"이라는 문자를 사용하지 아니한 자에게는 300만원 이하의 과태료를 부과한다.

③ 다음 각 호의 어느 하나에 해당하는 자에게는 100만원 이하의 과태료를 부과한다.
1. 제115조제2항을 위반하여 유한책임신탁 및 그 밖에 이와 유사한 명칭을 사용한 자
2. 제115조제3항을 위반하여 다른 유한책임신탁으로 오인할 수 있는 명칭을 사용한 자

④ 제1항부터 제3항까지의 규정에 따른 과태료(제1항제26호에 따른 과태료는 제외한다)는 대통령령으로 정하는 바에 따라 법무부장관이 부과·징수한다.

제147조 【외부의 감사인 등의 의무위반행위】 제117조제2항에 따라 외부의 감사인을 선임한 경우 감사인 등의 의무위반행위에 대한 벌칙 및 과태료에 관하여는 「주식회사 등의 외부감사에 관한 법률」을 준용한다. 이 경우 "회사"는 "신탁"으로 본다. (2017.10.31 본조개정)

부 칙 (2011.7.25)

제1조 【시행일】 이 법은 공포 후 1년이 경과한 날부터 시행한다.

부 칙 (2014.1.7)

이 법은 공포한 날부터 시행한다.

부 칙 (2014.3.18) (공익신탁법)

제1조 【시행일】 이 법은 공포 후 1년이 경과한 날부터 시행한다. (이하생략)

부 칙 (2014.5.20) (상업등기법)

제1조 【시행일】 이 법은 공포 후 6개월이 경과한 날부터 시행한다. (이하생략)

부 칙 (2017.10.31) (주식회사 등의 외부감사에 관한 법률)

제1조 【시행일】 이 법은 공포 후 1년이 경과한 날부터 시행한다. (이하생략)

국제사법

개정 (2022년 1월 4일 전개법률 제18670호)
2022. 1. 4법18670호

제1장 총 칙

제1절 목 적

제1조【목적】 이 법은 외국과 관련된 요소가 있는 법률관계에 관하여 국제재판관할과 준거법(準據法)을 정함을 목적으로 한다.

제2절 국제재판관할

제2조【일반원칙】 ① 대한민국 법원(이하 "법원"이라 한다)은 당사자 또는 분쟁이 된 사안이 대한민국과 실질적 관련이 있는 경우에 국제재판관할권을 가진다. 이 경우 법원은 실질적 관련의 유무를 판단할 때에 당사자 간의 공평, 재판의 적정, 신속 및 경제를 꾀한다는 국제재판관할 배분의 이념에 부합하는 합리적인 원칙에 따라야 한다.
② 이 법이나 그 밖의 대한민국 법령 또는 조약에 국제재판관할에 관한 규정이 없는 경우 법원은 국내법의 관할 규정을 참작하여 국제재판관할권의 유무를 판단하되, 제1항의 취지에 비추어 국제재판관할의 특수성을 충분히 고려하여야 한다.
제3조【일반관할】 ① 대한민국에 일상거소(habitual residence)가 있는 사람에 대한 소(訴)에 관하여는 법원에 국제재판관할이 있다. 일상거소가 어느 국가에도 없거나 일상거소를 알 수 없는 사람의 거소가 대한민국에 있는 경우에도 또한 같다.
② 제1항에도 불구하고 대사(大使)·공사(公使), 그 밖에 외국의 재판권 행사대상에서 제외되는 대한민국 국민에 대한 소에 관하여는 법원에 국제재판관할이 있다.
③ 주된 사무소·영업소 또는 정관상의 본거지나 경영의 중심지가 대한민국에 있는 법인 또는 단체와 대한민국 법에 따라 설립된 법인 또는 단체에 대한 소에 관하여는 법원에 국제재판관할이 있다.
제4조【사무소·영업소 소재지 등의 특별관할】 ① 대한민국에 사무소·영업소가 있는 사람·법인 또는 단체에 대한 대한민국에 있는 사무소 또는 영업소의 업무와 관련된 소는 법원에 제기할 수 있다.
② 대한민국에서 또는 대한민국을 향하여 계속적이고 조직적인 사업 또는 영업활동을 하는 사람·법인 또는 단체에 대하여 그 사업 또는 영업활동과 관련이 있는 소는 법원에 제기할 수 있다.
제5조【재산소재지의 특별관할】 재산권에 관한 소는 다음 각 호의 어느 하나에 해당하는 경우 법원에 제기할 수 있다.
1. 청구의 목적 또는 담보의 목적인 재산이 대한민국에 있는 경우
2. 압류할 수 있는 피고의 재산이 대한민국에 있는 경우. 다만, 분쟁이 된 사안이 대한민국과 아무런 관련이 없거나 근소한 관련만 있는 경우 또는 그 재산의 가액이 현저하게 적은 경우는 제외한다.

제6조【관련사건의 관할】 ① 상호 밀접한 관련이 있는 여러 개의 청구 가운데 하나에 대하여 법원에 국제재판관할이 있으면 그 여러 개의 청구를 하나의 소로 법원에 제기할 수 있다.
② 공동피고 가운데 1인의 피고에 대하여 법원이 제3조에 따른 일반관할을 가지는 때에는 그 피고에 대한 청구와 다른 공동피고에 대한 청구 사이에 밀접한 관련이 있어서 모순된 재판의 위험을 피할 필요가 있는 경우에만 공동피고에 대한 소를 하나의 소로 법원에 제기할 수 있다.
③ 다음 각 호의 사건의 주된 청구에 대하여 제56조부터 제61조까지의 규정에 따라 법원에 국제재판관할이 있는 경우에는 친권자·양육자 지정, 부양료 지급 등 해당 주된 청구에 부수되는 부수적 청구에 대해서도 법원에 소를 제기할 수 있다.
1. 혼인관계 사건
2. 친생자관계 사건
3. 입양관계 사건
4. 부모·자녀 간 관계 사건
5. 부양관계 사건
6. 후견관계 사건

④ 제3항 각 호에 따른 사건의 주된 청구에 부수되는 부수적 청구에 대해서만 법원에 국제재판관할이 있는 경우에는 그 주된 청구에 대한 소를 법원에 제기할 수 없다.
제7조【반소관할】 본소(本訴)에 대하여 법원에 국제재판관할이 있고 소송절차를 현저히 지연시키지 아니하는 경우 피고는 본소의 청구 또는 방어방법과 밀접한 관련이 있는 청구를 목적으로 하는 반소(反訴)를 본소가 계속(係屬)된 법원에 제기할 수 있다.
제8조【합의관할】 ① 당사자는 일정한 법률관계로 말미암은 소에 관하여 국제재판관할의 합의(이하 이 조에서 "합의"라 한다)를 할 수 있다. 다만, 합의가 다음 각 호의 어느 하나에 해당하는 경우에는 효력이 없다.
1. 합의에 따라 국제재판관할을 가지는 국가의 법(준거법의 지정에 관한 법규를 포함한다)에 따를 때 그 합의가 효력이 없는 경우
2. 합의를 한 당사자가 합의를 할 능력이 없었던 경우
3. 대한민국의 법령 또는 조약에 따를 때 합의의 대

상이 된 소가 합의로 정한 국가가 아닌 다른 국가의 국제재판관할에 전속하는 경우
4. 합의의 효력을 인정하면 소가 계속된 국가의 선량한 풍속이나 그 밖의 사회질서에 명백히 위반되는 경우

② 합의는 서면[전보(電報), 전신(電信), 팩스, 전자우편 또는 그 밖의 통신수단에 의하여 교환된 전자적(電子的) 의사표시를 포함한다]으로 하여야 한다.

③ 합의로 정해진 관할은 전속적인 것으로 추정한다.

④ 합의가 당사자 간의 계약 조항의 형식으로 되어 있는 경우 계약 중 다른 조항의 효력은 합의 조항의 효력에 영향을 미치지 아니한다.

⑤ 당사자 간에 일정한 법률관계로 말미암은 소에 관하여 외국법원을 선택하는 전속적 합의가 있는 경우 법원에 그 소가 제기된 때에는 법원은 해당 소를 각하하여야 한다. 다만, 다음 각 호의 어느 하나에 해당하는 경우에는 그러하지 아니하다.
1. 합의가 제1항 각 호의 사유로 효력이 없는 경우
2. 제9조에 따라 변론관할이 발생하는 경우
3. 합의에 따라 국제재판관할을 가지는 국가의 법원이 사건을 심리하지 아니하기로 하는 경우
4. 합의가 제대로 이행될 수 없는 명백한 사정이 있는 경우

제9조 【변론관할】 피고가 국제재판관할이 없음을 주장하지 아니하고 본안에 대하여 변론하거나 변론준비기일에서 진술하면 법원에 그 사건에 대한 국제재판관할이 있다.

제10조 【전속관할】 ① 다음 각 호의 소는 법원에만 제기할 수 있다.
1. 대한민국의 공적 장부의 등기 또는 등록에 관한 소. 다만, 당사자 간의 계약에 따른 이전이나 그 밖의 처분에 관한 소로서 등기 또는 등록의 이행을 청구하는 경우는 제외한다.
2. 대한민국 법령에 따라 설립된 법인 또는 단체의 설립 무효, 해산 또는 그 기관의 결의의 유효 또는 무효에 관한 소
3. 대한민국에 있는 부동산의 물권에 관한 소 또는 부동산의 사용을 목적으로 하는 권리로서 공적 장부에 등기나 등록이 된 것에 관한 소
4. 등록 또는 기탁에 의하여 창설되는 지식재산권이 대한민국에 등록되어 있거나 등록이 신청된 경우 그 지식재산권의 성립, 유효성 또는 소멸에 관한 소
5. 대한민국에서 재판의 집행을 하려는 경우 그 집행에 관한 소

② 대한민국의 법령 또는 조약에 따른 국제재판관할의 원칙상 외국법원의 국제재판관할에 전속하는 소에 대해서는 제3조부터 제7조까지 및 제9조를 적용하지 아니한다.

③ 제1항 각 호에 따라 법원의 전속관할에 속하는 사항이 다른 소의 선결문제가 되는 경우에는 제1항을 적용하지 아니한다.

제11조 【국제적 소송경합】 ① 같은 당사자 간에 외국법원에 계속 중인 사건과 동일한 소가 법원에 다시 제기된 경우에 외국법원의 재판이 대한민국에서 승인될 것으로 예상되는 때에는 법원은 직권 또는 당사자의 신청에 의하여 결정으로 소송절차를 중지할 수 있다. 다만, 다음 각 호의 어느 하나에 해당하는 경우에는 그러하지 아니하다.
1. 전속적 국제재판관할의 합의에 따라 법원에 국제재판관할이 있는 경우
2. 법원에서 해당 사건을 재판하는 것이 외국법원에서 재판하는 것보다 더 적절함이 명백한 경우

② 당사자는 제1항에 따른 법원의 중지 결정에 대해서는 즉시항고를 할 수 있다.

③ 법원은 대한민국 법령 또는 조약에 따른 승인 요건을 갖춘 외국의 재판이 있는 경우 같은 당사자 간에 그 재판과 동일한 소가 법원에 제기된 때에는 그 소를 각하하여야 한다.

④ 외국법원이 본안에 대한 재판을 하기 위하여 필요한 조치를 하지 아니하는 경우 또는 외국법원이 합리적인 기간 내에 본안에 관하여 재판을 선고하지 아니하거나 선고하지 아니할 것으로 예상되는 경우에 당사자의 신청이 있으면 법원은 제1항에 따라 중지된 사건의 심리를 계속할 수 있다.

⑤ 제1항에 따라 소송절차의 중지 여부를 결정하는 경우 소의 선후(先後)는 소를 제기한 때를 기준으로 한다.

제12조 【국제재판관할권의 불행사】 ① 이 법에 따라 법원에 국제재판관할이 있는 경우에도 법원이 국제재판관할권을 행사하기에 부적절하고 국제재판관할이 있는 외국법원이 분쟁을 해결하기에 더 적절하다는 예외적인 사정이 명백히 존재할 때에는 피고의 신청에 의하여 법원은 본안에 관한 최초의 변론기일 또는 변론준비기일까지 소송절차를 결정으로 중지하거나 소를 각하할 수 있다. 다만, 당사자가 합의한 국제재판관할이 법원에 있는 경우에는 그러하지 아니하다.

② 제1항 본문의 경우 법원은 소송절차를 중지하거나 소를 각하하기 전에 원고에게 진술할 기회를 주어야 한다.

③ 당사자는 제1항에 따른 법원의 중지 결정에 대해서는 즉시항고를 할 수 있다.

제13조 【적용 제외】 제24조, 제56조부터 제59조까지, 제61조, 제62조, 제76조제4항 및 제89조에 따라 국제재판관할이 정하여지는 사건에는 제8조 및 제9조를 적용하지 아니한다.

제14조 【보전처분의 관할】 ① 보전처분에 대해서는 다음 각 호의 어느 하나에 해당하는 경우 법

원에 국제재판관할이 있다.
1. 법원에 본안에 관한 국제재판관할이 있는 경우
2. 보전처분의 대상이 되는 재산이 대한민국에 있는 경우

② 제1항에도 불구하고 당사자는 긴급히 필요한 경우에는 대한민국에서만 효력을 가지는 보전처분을 법원에 신청할 수 있다.

제15조【비송사건의 관할】 ① 비송사건의 국제재판관할에 관하여는 성질에 반하지 아니하는 범위에서 제2조부터 제14조까지의 규정을 준용한다.

② 비송사건의 국제재판관할은 다음 각 호의 구분에 따라 해당 규정에서 정한 바에 따른다.
1. 실종선고 등에 관한 사건: 제24조
2. 친족관계에 관한 사건: 제56조부터 제61조까지
3. 상속 및 유언에 관한 사건: 제76조
4. 선박소유자 등의 책임제한에 관한 사건: 제89조

③ 제2항 각 호에서 규정하는 경우 외에 개별 비송사건의 관할에 관하여 이 법에 다른 규정이 없는 경우에는 제2조에 따른다.

제3절 준거법

제16조【본국법】 ① 당사자의 본국법에 따라야 하는 경우에 당사자가 둘 이상의 국적을 가질 때에는 그와 가장 밀접한 관련이 있는 국가의 법을 그 본국법으로 정한다. 다만, 국적 중 하나가 대한민국일 경우에는 대한민국 법을 본국법으로 한다.

② 당사자가 국적을 가지지 아니하거나 당사자의 국적을 알 수 없는 경우에는 그의 일상거소가 있는 국가의 법[이하 "일상거소지법"(日常居所地法)이라 한다]에 따르고, 일상거소를 알 수 없는 경우에는 그의 거소가 있는 국가의 법에 따른다.

③ 당사자가 지역에 따라 법을 달리하는 국가의 국적을 가질 경우에는 그 국가의 법 선택규정에 따라 지정되는 법에 따르고, 그러한 규정이 없는 경우에는 당사자와 가장 밀접한 관련이 있는 지역의 법에 따른다.

제17조【일상거소지법】 당사자의 일상거소지법에 따라야 하는 경우에 당사자의 일상거소를 알 수 없는 경우에는 그의 거소가 있는 국가의 법에 따른다.

제18조【외국법의 적용】 법원은 이 법에 따라 준거법으로 정해진 외국법의 내용을 직권으로 조사·적용하여야 하며, 이를 위하여 당사자에게 협력을 요구할 수 있다.

제19조【준거법의 범위】 이 법에 따라 준거법으로 지정되는 외국법의 규정은 공법적 성격이 있다는 이유만으로 적용이 배제되지 아니한다.

제20조【대한민국 법의 강행적 적용】 입법목적에 비추어 준거법에 관계없이 해당 법률관계에 적용되어야 하는 대한민국의 강행규정은 이 법에 따라 외국법이 준거법으로 지정되는 경우에도 적용한다.

제21조【준거법 지정의 예외】 ① 이 법에 따라 지정된 준거법이 해당 법률관계와 근소한 관련이 있을 뿐이고, 그 법률관계와 가장 밀접한 관련이 있는 다른 국가의 법이 명백히 존재하는 경우에는 그 다른 국가의 법에 따른다.

② 당사자가 합의에 따라 준거법을 선택하는 경우에는 제1항을 적용하지 아니한다.

제22조【외국법에 따른 대한민국 법의 적용】 ① 이 법에 따라 외국법이 준거법으로 지정된 경우에 그 국가의 법에 따라 대한민국 법이 적용되어야 할 때에는 대한민국의 법(준거법의 지정에 관한 법규는 제외한다)에 따른다.

② 다음 각 호의 어느 하나에 해당하는 경우에는 제1항을 적용하지 아니한다.
1. 당사자가 합의로 준거법을 선택하는 경우
2. 이 법에 따라 계약의 준거법이 지정되는 경우
3. 제73조에 따라 부양의 준거법이 지정되는 경우
4. 제78조제3항에 따라 유언의 방식의 준거법이 지정되는 경우
5. 제94조에 따라 선적국법이 지정되는 경우
6. 그 밖에 제1항을 적용하는 것이 이 법의 준거법 지정 취지에 반하는 경우

제23조【사회질서에 반하는 외국법의 규정】 외국법에 따라야 하는 경우에 그 규정의 적용이 대한민국의 선량한 풍속이나 그 밖의 사회질서에 명백히 위반될 때에는 그 규정을 적용하지 아니한다.

제2장 사 람

제1절 국제재판관할

제24조【실종선고 등 사건의 특별관할】 ① 실종선고에 관한 사건에 대해서는 다음 각 호의 어느 하나에 해당하는 경우 법원에 국제재판관할이 있다.
1. 부재자가 대한민국 국민인 경우
2. 부재자의 마지막 일상거소가 대한민국에 있는 경우
3. 부재자의 재산이 대한민국에 있거나 대한민국 법에 따라야 하는 법률관계가 있는 경우. 다만, 그 재산 및 법률관계에 관한 부분으로 한정한다.
4. 그 밖에 정당한 사유가 있는 경우

② 부재자 재산관리에 관한 사건에 대해서는 부재자의 마지막 일상거소 또는 재산이 대한민국에 있는 경우 법원에 국제재판관할이 있다.

제25조【사원 등에 대한 소의 특별관할】 법원이 제3조제3항에 따른 국제재판관할을 가지는 경우 다

음 각 호의 소는 법원에 제기할 수 있다.

1. 법인 또는 단체가 그 사원 또는 사원이었던 사람에 대하여 소를 제기하는 경우로서 그 소가 사원의 자격으로 말미암은 것인 경우
2. 법인 또는 단체의 사원이 다른 사원 또는 사원이었던 사람에 대하여 소를 제기하는 경우로서 그 소가 사원의 자격으로 말미암은 것인 경우
3. 법인 또는 단체의 사원이었던 사람이 법인·단체의 사원에 대하여 소를 제기하는 경우로서 그 소가 사원의 자격으로 말미암은 것인 경우

제2절 준거법

제26조【권리능력】 사람의 권리능력은 그의 본국법에 따른다.

제27조【실종과 부재】 ① 실종선고 및 부재자 재산관리는 실종자 또는 부재자의 본국법에 따른다.

② 제1항에도 불구하고 외국인에 대하여 법원이 실종선고나 그 취소 또는 부재자 재산관리의 재판을 하는 경우에는 대한민국 법에 따른다.

제28조【행위능력】 ① 사람의 행위능력은 그의 본국법에 따른다. 행위능력이 혼인에 의하여 확대되는 경우에도 또한 같다.

② 이미 취득한 행위능력은 국적의 변경에 의하여 상실되거나 제한되지 아니한다.

제29조【거래보호】 ① 법률행위를 한 사람과 상대방이 법률행위의 성립 당시 동일한 국가에 있는 경우에 그 행위자가 그의 본국법에 따르면 무능력자이더라도 법률행위가 있었던 국가의 법에 따라 능력자인 때에는 그의 무능력을 주장할 수 없다. 다만, 상대방이 법률행위 당시 그의 무능력을 알았거나 알 수 있었을 경우에는 그러하지 아니하다.

② 제1항은 친족법 또는 상속법의 규정에 따른 법률행위 및 행위지 외의 국가에 있는 부동산에 관한 법률행위에는 이를 적용하지 아니한다.

제30조【법인 및 단체】 법인 또는 단체는 그 설립의 준거법에 따른다. 다만, 외국에서 설립된 법인 또는 단체가 대한민국에 주된 사무소가 있거나 대한민국에서 주된 사업을 하는 경우에는 대한민국 법에 따른다.

제3장 법률행위

제31조【법률행위의 방식】 ① 법률행위의 방식은 그 행위의 준거법에 따른다.

② 행위지법에 따라 한 법률행위의 방식은 제1항에도 불구하고 유효하다.

③ 당사자가 계약체결 시 서로 다른 국가에 있을 때에는 그 국가 중 어느 한 국가의 법에서 정한 법률행위의 방식에 따를 수 있다.

④ 대리인에 의한 법률행위의 경우에는 대리인이 있는 국가를 기준으로 행위지법을 정한다.

⑤ 제2항부터 제4항까지의 규정은 물권이나 그 밖에 등기하여야 하는 권리를 설정하거나 처분하는 법률행위의 방식에는 적용하지 아니한다.

제32조【임의대리】 ① 본인과 대리인 간의 관계는 당사자 간의 법률관계의 준거법에 따른다.

② 대리인의 행위로 인하여 본인이 제3자에 대하여 의무를 부담하는지 여부는 대리인의 영업소가 있는 국가의 법에 따르며, 대리인의 영업소가 없거나 영업소가 있더라도 제3자가 알 수 없는 경우에는 대리인이 실제로 대리행위를 한 국가의 법에 따른다.

③ 대리인이 본인과 근로계약 관계에 있고, 그의 영업소가 없는 경우에는 본인의 주된 영업소를 그의 영업소로 본다.

④ 본인은 제2항 및 제3항에도 불구하고 대리의 준거법을 선택할 수 있다. 다만, 준거법의 선택은 대리권을 증명하는 서면에 명시되거나 본인 또는 대리인이 제3자에게 서면으로 통지한 경우에만 그 효력이 있다.

⑤ 대리권이 없는 대리인과 제3자 간의 관계에 관하여는 제2항을 준용한다.

제4장 물권

제33조【물권】 ① 동산 및 부동산에 관한 물권 또는 등기하여야 하는 권리는 그 동산·부동산의 소재지법에 따른다.

② 제1항에 규정된 권리의 취득·상실·변경은 그 원인된 행위 또는 사실의 완성 당시 그 동산·부동산의 소재지법에 따른다.

제34조【운송수단】 항공기에 관한 물권은 그 항공기의 국적이 소속된 국가의 법에 따르고, 철도차량에 관한 물권은 그 철도차량의 운행을 허가한 국가의 법에 따른다.

제35조【무기명증권】 무기명증권에 관한 권리의 취득·상실·변경은 그 원인된 행위 또는 사실의 완성 당시 그 무기명증권의 소재지법에 따른다.

제36조【이동 중인 물건】 이동 중인 물건에 관한 물권의 취득·상실·변경은 그 목적지가 속하는 국가의 법에 따른다.

제37조【채권 등에 대한 약정담보물권】 채권·주식, 그 밖의 권리 또는 이를 표창하는 유가증권을 대상으로 하는 약정담보물권은 담보대상인 권리의 준거법에 따른다. 다만, 무기명증권을 대상으로 하는 약정담보물권은 제35조에 따른다.

제5장 지식재산권

제1절 국제재판관할

제38조【지식재산권 계약에 관한 소의 특별관할】 ① 지식재산권의 양도, 담보권 설정, 사용허락 등의 계약에 관한 소는 다음 각 호의 어느 하나에 해당하는 경우 법원에 제기할 수 있다.
1. 지식재산권이 대한민국에서 보호되거나 사용 또는 행사되는 경우
2. 지식재산권에 관한 권리가 대한민국에서 등록되는 경우

② 제1항에 따른 국제재판관할이 적용되는 소에는 제41조를 적용하지 아니한다.

제39조【지식재산권 침해에 관한 소의 특별관할】 ① 지식재산권 침해에 관한 소는 다음 각 호의 어느 하나에 해당하는 경우 법원에 제기할 수 있다. 다만, 이 경우 대한민국에서 발생한 결과에 한정한다.
1. 침해행위를 대한민국에서 한 경우
2. 침해의 결과가 대한민국에서 발생한 경우
3. 침해행위를 대한민국을 향하여 한 경우

② 제1항에 따라 소를 제기하는 경우 제6조제1항을 적용하지 아니한다.
③ 제1항 및 제2항에도 불구하고 지식재산권에 대한 주된 침해행위가 대한민국에서 일어난 경우에는 외국에서 발생하는 결과를 포함하여 침해행위로 인한 모든 결과에 관한 소를 법원에 제기할 수 있다.
④ 제1항 및 제3항에 따라 소를 제기하는 경우 제44조를 적용하지 아니한다.

제2절 준거법

제40조【지식재산권의 보호】 지식재산권의 보호는 그 침해지법에 따른다.

제6장 채 권

제1절 국제재판관할

제41조【계약에 관한 소의 특별관할】 ① 계약에 관한 소는 다음 각 호의 어느 하나에 해당하는 곳이 대한민국에 있는 경우 법원에 제기할 수 있다.
1. 물품공급계약의 경우에는 물품인도지
2. 용역제공계약의 경우에는 용역제공지
3. 물품인도지와 용역제공지가 복수이거나 물품공급과 용역제공을 함께 목적으로 하는 계약의 경우에는 의무의 주된 부분의 이행지

② 제1항에서 정한 계약 외의 계약에 관한 소는 청구의 근거인 의무가 이행된 곳 또는 그 의무가 이행되어야 할 곳으로 계약당사자가 합의한 곳이 대한민국에 있는 경우 법원에 제기할 수 있다.

제42조【소비자계약의 관할】 ① 소비자가 자신의 직업 또는 영업활동 외의 목적으로 체결하는 계약으로서 다음 각 호의 어느 하나에 해당하는 경우 대한민국에 일상거소가 있는 소비자는 계약의 상대방(직업 또는 영업활동으로 계약을 체결하는 자를 말한다. 이하 "사업자"라 한다)에 대하여 법원에 소를 제기할 수 있다.
1. 사업자가 계약체결에 앞서 소비자의 일상거소가 있는 국가(이하 "일상거소지국"이라 한다)에서 광고에 의한 거래 권유 등 직업 또는 영업활동을 행하거나 소비자의 일상거소지국 외의 지역에서 소비자의 일상거소지국을 향하여 광고에 의한 거래의 권유 등 직업 또는 영업활동을 행하고 그 계약이 사업자의 직업 또는 영업활동의 범위에 속하는 경우
2. 사업자가 소비자의 일상거소지국에서 소비자의 주문을 받은 경우
3. 사업자가 소비자로 하여금 소비자의 일상거소지국이 아닌 국가에 가서 주문을 하도록 유도한 경우

② 제1항에 따른 계약(이하 "소비자계약"이라 한다)의 경우에 소비자의 일상거소가 대한민국에 있는 경우에는 사업자가 소비자에 대하여 제기하는 소는 법원에만 제기할 수 있다.
③ 소비자계약의 당사자 간에 제8조에 따른 국제재판관할의 합의가 있을 때 그 합의는 다음 각 호의 어느 하나에 해당하는 경우에만 효력이 있다.
1. 분쟁이 이미 발생한 후 국제재판관할의 합의를 한 경우
2. 국제재판관할의 합의에서 법원 외에 외국법원에도 소비자가 소를 제기할 수 있도록 한 경우

제43조【근로계약의 관할】 ① 근로자가 대한민국에서 일상적으로 노무를 제공하거나 최후로 일상적 노무를 제공한 경우에는 사용자에 대한 근로계약에 관한 소를 법원에 제기할 수 있다. 근로자가 일상적으로 대한민국에서 노무를 제공하지 아니하거나 아니하였던 경우에 사용자가 그를 고용한 영업소가 대한민국에 있거나 있었을 때에도 또한 같다.
② 사용자가 근로자에 대하여 제기하는 근로계약에 관한 소는 근로자의 일상거소가 대한민국에 있거나 근로자가 대한민국에서 일상적으로 노무를 제공하는 경우에는 법원에만 제기할 수 있다.
③ 근로계약의 당사자 간에 제8조에 따른 국제재판관할의 합의가 있을 때 그 합의는 다음 각 호의 어느 하나에 해당하는 경우에만 효력이 있다.
1. 분쟁이 이미 발생한 경우
2. 국제재판관할의 합의에서 법원 외에 외국법원에

도 근로자가 소를 제기할 수 있도록 한 경우

제44조【불법행위에 관한 소의 특별관할】 불법행위에 관한 소는 그 행위가 대한민국에서 행하여지거나 대한민국을 향하여 행하여지는 경우 또는 대한민국에서 그 결과가 발생하는 경우 법원에 제기할 수 있다. 다만, 불법행위의 결과가 대한민국에서 발생할 것을 예견할 수 없었던 경우에는 그러하지 아니하다.

제2절 준거법

제45조【당사자 자치】 ① 계약은 당사자가 명시적 또는 묵시적으로 선택한 법에 따른다. 다만, 묵시적인 선택은 계약내용이나 그 밖의 모든 사정으로부터 합리적으로 인정할 수 있는 경우로 한정한다.

② 당사자는 계약의 일부에 관하여도 준거법을 선택할 수 있다.

③ 당사자는 합의에 의하여 이 조 또는 제46조에 따른 준거법을 변경할 수 있다. 다만, 계약체결 후 이루어진 준거법의 변경은 계약 방식의 유효 여부와 제3자의 권리에 영향을 미치지 아니한다.

④ 모든 요소가 오로지 한 국가와 관련이 있음에도 불구하고 당사자가 그 외의 다른 국가의 법을 선택한 경우에 관련된 국가의 강행규정은 적용이 배제되지 아니한다.

⑤ 준거법 선택에 관한 당사자 간 합의의 성립 및 유효성에 관하여는 제49조를 준용한다.

제46조【준거법 결정 시의 객관적 연결】 ① 당사자가 준거법을 선택하지 아니한 경우에 계약은 그 계약과 가장 밀접한 관련이 있는 국가의 법에 따른다.

② 당사자가 계약에 따라 다음 각 호의 어느 하나에 해당하는 이행을 하여야 하는 경우에는 계약체결 당시 그의 일상거소가 있는 국가의 법(당사자가 법인 또는 단체인 경우에는 주된 사무소가 있는 국가의 법을 말한다)이 가장 밀접한 관련이 있는 것으로 추정한다. 다만, 계약이 당사자의 직업 또는 영업활동으로 체결된 경우에는 당사자의 영업소가 있는 국가의 법이 가장 밀접한 관련이 있는 것으로 추정한다.

1. 양도계약의 경우에는 양도인의 이행
2. 이용계약의 경우에는 물건 또는 권리를 이용하도록 하는 당사자의 이행
3. 위임・도급계약 및 이와 유사한 용역제공계약의 경우에는 용역의 이행

③ 부동산에 대한 권리를 대상으로 하는 계약의 경우에는 부동산이 있는 국가의 법이 가장 밀접한 관련이 있는 것으로 추정한다.

제47조【소비자계약】 ① 소비자계약의 당사자가 준거법을 선택하더라도 소비자의 일상거소가 있는 국가의 강행규정에 따라 소비자에게 부여되는 보호를 박탈할 수 없다.

② 소비자계약의 당사자가 준거법을 선택하지 아니한 경우에는 제46조에도 불구하고 소비자의 일상거소지법에 따른다.

③ 소비자계약의 방식은 제31조제1항부터 제3항까지의 규정에도 불구하고 소비자의 일상거소지법에 따른다.

제48조【근로계약】 ① 근로계약의 당사자가 준거법을 선택하더라도 제2항에 따라 지정되는 준거법 소속 국가의 강행규정에 따라 근로자에게 부여되는 보호를 박탈할 수 없다.

② 근로계약의 당사자가 준거법을 선택하지 아니한 경우 근로계약은 제46조에도 불구하고 근로자가 일상적으로 노무를 제공하는 국가의 법에 따르며, 근로자가 일상적으로 어느 한 국가 안에서 노무를 제공하지 아니하는 경우에는 사용자가 근로자를 고용한 영업소가 있는 국가의 법에 따른다.

제49조【계약의 성립 및 유효성】 ① 계약의 성립 및 유효성은 그 계약이 유효하게 성립하였을 경우 이 법에 따라 적용되어야 하는 준거법에 따라 판단한다.

② 제1항에 따른 준거법에 따라 당사자의 행위의 효력을 판단하는 것이 모든 사정에 비추어 명백히 부당한 경우에는 그 당사자는 계약에 동의하지 아니하였음을 주장하기 위하여 그의 일상거소지법을 원용할 수 있다.

제50조【사무관리】 ① 사무관리는 그 관리가 행하여진 곳의 법에 따른다. 다만, 사무관리가 당사자 간의 법률관계에 근거하여 행하여진 경우에는 그 법률관계의 준거법에 따른다.

② 다른 사람의 채무를 변제함으로써 발생하는 청구권은 그 채무의 준거법에 따른다.

제51조【부당이득】 부당이득은 그 이득이 발생한 곳의 법에 따른다. 다만, 부당이득이 당사자 간의 법률관계에 근거한 이행으로부터 발생한 경우에는 그 법률관계의 준거법에 따른다.

제52조【불법행위】 ① 불법행위는 그 행위를 하거나 그 결과가 발생하는 곳의 법에 따른다.

② 불법행위를 한 당시 동일한 국가 안에 가해자와 피해자의 일상거소가 있는 경우에는 제1항에도 불구하고 그 국가의 법에 따른다.

③ 가해자와 피해자 간에 존재하는 법률관계가 불법행위에 의하여 침해되는 경우에는 제1항 및 제2항에도 불구하고 그 법률관계의 준거법에 따른다.

④ 제1항부터 제3항까지의 규정에 따라 외국법이 적용되는 경우에 불법행위로 인한 손해배상청구권은 그 성질이 명백히 피해자의 적절한 배상을 위한 것이 아니거나 그 범위가 본질적으로 피해자의 적

절한 배상을 위하여 필요한 정도를 넘을 때에는 인정하지 아니한다.

제53조【준거법에 관한 사후적 합의】 당사자는 제50조부터 제52조까지의 규정에도 불구하고 사무관리·부당이득·불법행위가 발생한 후 합의에 의하여 대한민국 법을 그 준거법으로 선택할 수 있다. 다만, 그로 인하여 제3자의 권리에 영향을 미치지 아니한다.

제54조【채권의 양도 및 채무의 인수】 ① 채권의 양도인과 양수인 간의 법률관계는 당사자 간의 계약의 준거법에 따른다. 다만, 채권의 양도가능성, 채무자 및 제3자에 대한 채권양도의 효력은 양도되는 채권의 준거법에 따른다.

② 채무인수에 관하여는 제1항을 준용한다.

제55조【법률에 따른 채권의 이전】 ① 법률에 따른 채권의 이전은 그 이전의 원인이 된 구(舊)채권자와 신(新)채권자 간의 법률관계의 준거법에 따른다. 다만, 이전되는 채권의 준거법에 채무자 보호를 위한 규정이 있는 경우에는 그 규정이 적용된다.

② 제1항과 같은 법률관계가 존재하지 아니하는 경우에는 이전되는 채권의 준거법에 따른다.

제7장 친 족

제1절 국제재판관할

제56조【혼인관계에 관한 사건의 특별관할】 ① 혼인관계에 관한 사건에 대해서는 다음 각 호의 어느 하나에 해당하는 경우 법원에 국제재판관할이 있다.

1. 부부 중 한쪽의 일상거소가 대한민국에 있고 부부의 마지막 공동 일상거소가 대한민국에 있었던 경우
2. 원고와 미성년 자녀 전부 또는 일부의 일상거소가 대한민국에 있는 경우
3. 부부 모두가 대한민국 국민인 경우
4. 대한민국 국민으로서 대한민국에 일상거소를 둔 원고가 혼인관계 해소만을 목적으로 제기하는 사건의 경우

② 부부 모두를 상대로 하는 혼인관계에 관한 사건에 대해서는 다음 각 호의 어느 하나에 해당하는 경우 법원에 국제재판관할이 있다.

1. 부부 중 한쪽의 일상거소가 대한민국에 있는 경우
2. 부부 중 한쪽이 사망한 때에는 생존한 다른 한쪽의 일상거소가 대한민국에 있는 경우
3. 부부 모두가 사망한 때에는 부부 중 한쪽의 마지막 일상거소가 대한민국에 있었던 경우
4. 부부 모두가 대한민국 국민인 경우

제57조【친생자관계에 관한 사건의 특별관할】 친생자관계의 성립 및 해소에 관한 사건에 대해서는 다음 각 호의 어느 하나에 해당하는 경우 법원에 국제재판관할이 있다.

1. 자녀의 일상거소가 대한민국에 있는 경우
2. 자녀와 피고가 되는 부모 중 한쪽이 대한민국 국민인 경우

제58조【입양관계에 관한 사건의 특별관할】 ① 입양의 성립에 관한 사건에 대해서는 양자가 되려는 사람 또는 양친이 되려는 사람의 일상거소가 대한민국에 있는 경우 법원에 국제재판관할이 있다.

② 양친자관계의 존부확인, 입양의 취소 또는 파양(罷養)에 관한 사건에 관하여는 제57조를 준용한다.

제59조【부모·자녀 간의 법률관계 등에 관한 사건의 특별관할】 미성년인 자녀 등에 대한 친권, 양육권 및 면접교섭권에 관한 사건에 대해서는 다음 각 호의 어느 하나에 해당하는 경우 법원에 국제재판관할이 있다.

1. 자녀의 일상거소가 대한민국에 있는 경우
2. 부모 중 한쪽과 자녀가 대한민국 국민인 경우

제60조【부양에 관한 사건의 관할】 ① 부양에 관한 사건에 대해서는 부양권리자의 일상거소가 대한민국에 있는 경우 법원에 국제재판관할이 있다.

② 당사자가 부양에 관한 사건에 대하여 제8조에 따라 국제재판관할의 합의를 하는 경우 다음 각 호의 어느 하나에 해당하면 합의의 효력이 없다.

1. 부양권리자가 미성년자이거나 피후견인인 경우. 다만, 해당 합의에서 미성년자이거나 피후견인인 부양권리자에게 법원 외에 외국법원에도 소를 제기할 수 있도록 한 경우는 제외한다.
2. 합의로 지정된 국가가 사안과 아무런 관련이 없거나 근소한 관련만 있는 경우

③ 부양에 관한 사건이 다음 각 호의 어느 하나에 해당하는 경우에는 제9조를 적용하지 아니한다.

1. 부양권리자가 미성년자이거나 피후견인인 경우
2. 대한민국이 사안과 아무런 관련이 없거나 근소한 관련만 있는 경우

제61조【후견에 관한 사건의 특별관할】 ① 성년인 사람의 후견에 관한 사건에 대해서는 다음 각 호의 어느 하나에 해당하는 경우 법원에 국제재판관할이 있다.

1. 피후견인(피후견인이 될 사람을 포함한다. 이하 같다)의 일상거소가 대한민국에 있는 경우
2. 피후견인이 대한민국 국민인 경우
3. 피후견인의 재산이 대한민국에 있고 피후견인을 보호하여야 할 필요가 있는 경우

② 미성년자의 후견에 관한 사건에 대해서는 다음 각 호의 어느 하나에 해당하는 경우 법원에 국제재판관할이 있다.

1. 미성년자의 일상거소가 대한민국에 있는 경우
2. 미성년자의 재산이 대한민국에 있고 미성년자를 보호하여야 할 필요가 있는 경우

第62조【가사조정사건의 관할】 제56조부터 제61조까지의 규정에 따라 법원에 국제재판관할이 있는 사건의 경우에는 그 조정사건에 대해서도 법원에 국제재판관할이 있다.

제2절 준거법

第63조【혼인의 성립】 ① 혼인의 성립요건은 각 당사자에 관하여 그 본국법에 따른다.
② 혼인의 방식은 혼인을 한 곳의 법 또는 당사자 중 한쪽의 본국법에 따른다. 다만, 대한민국에서 혼인을 하는 경우에 당사자 중 한쪽이 대한민국 국민인 때에는 대한민국 법에 따른다.

第64조【혼인의 일반적 효력】 혼인의 일반적 효력은 다음 각 호의 법의 순위에 따른다.
1. 부부의 동일한 본국법
2. 부부의 동일한 일상거소지법
3. 부부와 가장 밀접한 관련이 있는 곳의 법

第65조【부부재산제】 ① 부부재산제에 관하여는 제64조를 준용한다.
② 부부가 합의에 의하여 다음 각 호의 어느 하나에 해당하는 법을 선택한 경우 부부재산제는 제1항에도 불구하고 그 법에 따른다. 다만, 그 합의는 날짜와 부부의 기명날인 또는 서명이 있는 서면으로 작성된 경우에만 그 효력이 있다.
1. 부부 중 한쪽이 국적을 가지는 법
2. 부부 중 한쪽의 일상거소지법
3. 부동산에 관한 부부재산제에 대해서는 그 부동산의 소재지법
③ 대한민국에서 행한 법률행위 및 대한민국에 있는 재산에 관하여는 외국법에 따른 부부재산제로써 선의의 제3자에게 대항할 수 없다. 이 경우 외국법에 따를 수 없을 때에 제3자와의 관계에서 부부재산제는 대한민국 법에 따른다.
④ 제3항에도 불구하고 외국법에 따라 체결된 부부재산계약을 대한민국에서 등기한 경우에는 제3자에게 대항할 수 있다.

第66조【이혼】 이혼에 관하여는 제64조를 준용한다. 다만, 부부 중 한쪽이 대한민국에 일상거소가 있는 대한민국 국민인 경우 이혼은 대한민국 법에 따른다.

第67조【혼인 중의 부모·자녀관계】 ① 혼인 중의 부모·자녀관계의 성립은 자녀의 출생 당시 부부 중 한쪽의 본국법에 따른다.
② 제1항의 경우에 남편이 자녀의 출생 전에 사망한 때에는 남편의 사망 당시 본국법을 그의 본국법으로 본다.

第68조【혼인 외의 부모·자녀관계】 ① 혼인 외의 부모·자녀관계의 성립은 자녀의 출생 당시 어머니의 본국법에 따른다. 다만, 아버지와 자녀 간의 관계의 성립은 자녀의 출생 당시 아버지의 본국법 또는 현재 자녀의 일상거소지법에 따를 수 있다.
② 인지는 제1항에서 정하는 법 외에 인지 당시 인지자의 본국법에 따를 수 있다.
③ 제1항의 경우에 아버지가 자녀의 출생 전에 사망한 때에는 사망 당시 본국법을 그의 본국법으로 보고, 제2항의 경우에 인지자가 인지 전에 사망한 때에는 사망 당시 본국법을 그의 본국법으로 본다.

第69조【혼인 외의 출생자】 ① 혼인 외의 출생자가 혼인 중의 출생자로 그 지위가 변동되는 경우에 관하여는 그 요건인 사실의 완성 당시 아버지 또는 어머니의 본국법 또는 자녀의 일상거소지법에 따른다.
② 제1항의 경우에 아버지 또는 어머니가 그 요건인 사실이 완성되기 전에 사망한 때에는 아버지 또는 어머니의 사망 당시 본국법을 그의 본국법으로 본다.

第70조【입양 및 파양】 입양 및 파양은 입양 당시 양부모의 본국법에 따른다.

第71조【동의】 제68조부터 제70조까지의 규정에 따른 부모·자녀관계의 성립에 관하여 자녀의 본국법이 자녀 또는 제3자의 승낙이나 동의 등을 요건으로 할 때에는 그 요건도 갖추어야 한다.

第72조【부모·자녀 간의 법률관계】 부모·자녀 간의 법률관계는 부모와 자녀의 본국법이 모두 동일한 경우에는 그 법에 따르고, 그 외의 경우에는 자녀의 일상거소지법에 따른다.

第73조【부양】 ① 부양의 의무는 부양권리자의 일상거소지법에 따른다. 다만, 그 법에 따르면 부양권리자가 부양의무자로부터 부양을 받을 수 없을 때에는 당사자의 공통 본국법에 따른다.
② 대한민국에서 이혼이 이루어지거나 승인된 경우에 이혼한 당사자 간의 부양의무는 제1항에도 불구하고 그 이혼에 관하여 적용된 법에 따른다.
③ 방계혈족 간 또는 인척 간의 부양의무와 관련하여 부양의무자는 부양권리자의 청구에 대하여 당사자의 공통 본국법에 따라 부양의무가 없다는 주장을 할 수 있으며, 그러한 법이 없을 때에는 부양의무자의 일상거소지법에 따라 부양의무가 없다는 주장을 할 수 있다.
④ 부양권리자와 부양의무자가 모두 대한민국 국민이고, 부양의무자가 대한민국에 일상거소가 있는 경우에는 대한민국 법에 따른다.

第74조【그 밖의 친족관계】 친족관계의 성립 및 친족관계에서 발생하는 권리의무에 관하여 이 법에 특별한 규정이 없는 경우에는 각 당사자의 본국법에 따른다.

제75조【후견】 ① 후견은 피후견인의 본국법에 따른다.
② 법원이 제61조에 따라 성년 또는 미성년자인 외국인의 후견사건에 관한 재판을 하는 때에는 제1항에도 불구하고 다음 각 호의 어느 하나에 해당하는 경우 대한민국 법에 따른다.
1. 피후견인의 본국법에 따른 후견개시의 원인이 있더라도 그 후견사무를 수행할 사람이 없거나, 후견사무를 수행할 사람이 있더라도 후견사무를 수행할 수 없는 경우
2. 대한민국에서 후견개시의 심판(임의후견감독인 선임 심판을 포함한다)을 하였거나 하는 경우
3. 피후견인의 재산이 대한민국에 있고 피후견인을 보호하여야 할 필요가 있는 경우

제8장 상 속

제1절 국제재판관할

제76조【상속 및 유언에 관한 사건의 관할】 ① 상속에 관한 사건에 대해서는 다음 각 호의 어느 하나에 해당하는 경우 법원에 국제재판관할이 있다.
1. 피상속인의 사망 당시 일상거소가 대한민국에 있는 경우. 피상속인의 일상거소가 어느 국가에도 없거나 이를 알 수 없고 그의 마지막 일상거소가 대한민국에 있었던 경우에도 또한 같다.
2. 대한민국에 상속재산이 있는 경우. 다만, 그 상속재산의 가액이 현저하게 적은 경우에는 그러하지 아니하다.
② 당사자가 상속에 관한 사건에 대하여 제8조에 따라 국제재판관할의 합의를 하는 경우에 다음 각 호의 어느 하나에 해당하면 합의의 효력이 없다.
1. 당사자가 미성년자이거나 피후견인인 경우. 다만, 해당 합의에서 미성년자이거나 피후견인인 당사자에게 법원 외에 외국법원에도 소를 제기하는 것을 허용하는 경우는 제외한다.
2. 합의로 지정된 국가가 사안과 아무런 관련이 없거나 근소한 관련만 있는 경우
③ 상속에 관한 사건이 다음 각 호의 어느 하나에 해당하는 경우에는 제9조를 적용하지 아니한다.
1. 당사자가 미성년자이거나 피후견인인 경우
2. 대한민국이 사안과 아무런 관련이 없거나 근소한 관련만 있는 경우
④ 유언에 관한 사건은 유언자의 유언 당시 일상거소가 대한민국에 있거나 유언의 대상이 되는 재산이 대한민국에 있는 경우 법원에 국제재판관할이 있다.
⑤ 제1항에 따라 법원에 국제재판관할이 있는 사건의 경우에는 그 조정사건에 관하여도 법원에 국제재판관할이 있다.

제2절 준거법

제77조【상속】 ① 상속은 사망 당시 피상속인의 본국법에 따른다.
② 피상속인이 유언에 적용되는 방식에 의하여 명시적으로 다음 각 호의 어느 하나에 해당하는 법을 지정할 때에는 상속은 제1항에도 불구하고 그 법에 따른다.
1. 지정 당시 피상속인의 일상거소지법. 다만, 그 지정은 피상속인이 사망 시까지 그 국가에 일상거소를 유지한 경우에만 효력이 있다.
2. 부동산에 관한 상속에 대해서는 그 부동산의 소재지법

제78조【유언】 ① 유언은 유언 당시 유언자의 본국법에 따른다.
② 유언의 변경 또는 철회는 그 당시 유언자의 본국법에 따른다.
③ 유언의 방식은 다음 각 호의 어느 하나의 법에 따른다.
1. 유언자가 유언 당시 또는 사망 당시 국적을 가지는 국가의 법
2. 유언자의 유언 당시 또는 사망 당시 일상거소지법
3. 유언 당시 행위지법
4. 부동산에 관한 유언의 방식에 대해서는 그 부동산의 소재지법

제9장 어음 · 수표

제1절 국제재판관할

제79조【어음·수표에 관한 소의 특별관할】 어음·수표에 관한 소는 어음·수표의 지급지가 대한민국에 있는 경우 법원에 제기할 수 있다.

제2절 준거법

제80조【행위능력】 ① 환어음, 약속어음 및 수표에 의하여 채무를 부담하는 자의 능력은 그의 본국법에 따른다. 다만, 그 국가의 법이 다른 국가의 법에 따르도록 정한 경우에는 그 다른 국가의 법에 따른다.
② 제1항에 따르면 능력이 없는 자라 할지라도 다른 국가에서 서명을 하고 그 국가의 법에 따라 능력이 있을 때에는 그 채무를 부담할 수 있는 능력이 있는 것으로 본다.

제81조【수표지급인의 자격】 ① 수표지급인이 될 수 있는 자의 자격은 지급지법에 따른다.
② 지급지법에 따르면 지급인이 될 수 없는 자를 지급인으로 하여 수표가 무효인 경우에도 동일한 규정이 없는 다른 국가에서 한 서명으로부터 생긴 채무의 효력에는 영향을 미치지 아니한다.

제82조【방식】 ① 환어음·약속어음의 어음행위 및 수표행위의 방식은 서명지법에 따른다. 다만, 수표행위의 방식은 지급지법에 따를 수 있다.
② 제1항에서 정한 법에 따를 때 행위가 무효인 경우에도 그 후 행위지법에 따라 행위가 적법한 때에는 그 전 행위의 무효는 그 후 행위의 효력에 영향을 미치지 아니한다.
③ 대한민국 국민이 외국에서 한 환어음·약속어음의 어음행위 및 수표행위의 방식이 행위지법에 따르면 무효인 경우에도 대한민국 법에 따라 적법한 때에는 다른 대한민국 국민에 대하여 효력이 있다.

제83조【효력】 ① 환어음의 인수인과 약속어음의 발행인의 채무는 지급지법에 따르고, 수표로부터 생긴 채무는 서명지법에 따른다.
② 제1항에 규정된 자 외의 자의 환어음·약속어음에 의한 채무는 서명지법에 따른다.
③ 환어음, 약속어음 및 수표의 상환청구권을 행사하는 기간은 모든 서명자에 대하여 발행지법에 따른다.

제84조【원인채권의 취득】 어음의 소지인이 그 발행의 원인이 되는 채권을 취득하는지 여부는 어음의 발행지법에 따른다.

제85조【일부인수 및 일부지급】 ① 환어음의 인수를 어음 금액의 일부로 제한할 수 있는지 여부 및 소지인이 일부지급을 수락할 의무가 있는지 여부는 지급지법에 따른다.
② 약속어음의 지급에 관하여는 제1항을 준용한다.

제86조【권리의 행사·보전을 위한 행위의 방식】 환어음, 약속어음 및 수표에 관한 거절증서의 방식, 그 작성기간 및 환어음, 약속어음 및 수표상의 권리의 행사 또는 보전에 필요한 그 밖의 행위의 방식은 거절증서를 작성하여야 하는 곳 또는 그 밖의 행위를 행하여야 하는 곳의 법에 따른다.

제87조【상실·도난】 환어음, 약속어음 및 수표의 상실 또는 도난의 경우에 수행하여야 하는 절차는 지급지법에 따른다.

제88조【수표의 지급지법】 수표에 관한 다음 각 호의 사항은 수표의 지급지법에 따른다.
1. 수표가 일람출급(一覽出給)이 필요한지 여부, 일람 후 정기출급으로 발행할 수 있는지 여부 및 선일자수표(先日字手標)의 효력
2. 제시기간
3. 수표에 인수, 지급보증, 확인 또는 사증을 할 수 있는지 여부 및 그 기재의 효력
4. 소지인이 일부지급을 청구할 수 있는지 여부 및 일부지급을 수락할 의무가 있는지 여부
5. 수표에 횡선을 표시할 수 있는지 여부 및 수표에 "계산을 위하여"라는 문구 또는 이와 동일한 뜻이 있는 문구의 기재의 효력. 다만, 수표의 발행인 또는 소지인이 수표면에 "계산을 위하여"라는 문구 또는 이와 동일한 뜻이 있는 문구를 기재하여 현금의 지급을 금지한 경우에 그 수표가 외국에서 발행되고 대한민국에서 지급하여야 하는 것은 일반횡선수표의 효력이 있다.
6. 소지인이 수표자금에 대하여 특별한 권리를 가지는지 여부 및 그 권리의 성질
7. 발행인이 수표의 지급위탁을 취소할 수 있는지 여부 및 지급정지를 위한 절차를 수행할 수 있는지 여부
8. 배서인, 발행인, 그 밖의 채무자에 대한 상환청구권 보전을 위하여 거절증서 또는 이와 동일한 효력을 가지는 선언이 필요한지 여부

제10장 해 상

제1절 국제재판관할

제89조【선박소유자등의 책임제한사건의 관할】 선박소유자·용선자(傭船者)·선박관리인·선박운항자, 그 밖의 선박사용인(이하 "선박소유자등"이라 한다)의 책임제한사건에 대해서는 다음 각 호의 어느 하나에 해당하는 곳이 대한민국에 있는 경우에만 법원에 국제재판관할이 있다.
1. 선박소유자등의 책임제한을 할 수 있는 채권(이하 "제한채권"이라 한다)이 발생한 선박의 선적(船籍)이 있는 곳
2. 신청인인 선박소유자등에 대하여 제3조에 따른 일반관할이 인정되는 곳
3. 사고발생지(사고로 인한 결과 발생지를 포함한다)
4. 사고 후 사고선박이 최초로 도착한 곳
5. 제한채권에 의하여 선박소유자등의 재산이 압류 또는 가압류된 곳(압류에 갈음하여 담보가 제공된 곳을 포함한다. 이하 "압류등이 된 곳"이라 한다)
6. 선박소유자등에 대하여 제한채권에 근거한 소가 제기된 곳

제90조【선박 또는 항해에 관한 소의 특별관할】 선박소유자등에 대한 선박 또는 항해에 관한 소는 선박이 압류등이 된 곳이 대한민국에 있는 경우 법원에 제기할 수 있다.

제91조【공동해손에 관한 소의 특별관할】 공동

해손(共同海損)에 관한 소는 다음 각 호의 어느 하나에 해당하는 곳이 대한민국에 있는 경우 법원에 제기할 수 있다.
1. 선박의 소재지
2. 사고 후 선박이 최초로 도착한 곳
3. 선박이 압류등이 된 곳

제92조【선박충돌에 관한 소의 특별관할】 선박의 충돌이나 그 밖의 사고에 관한 소는 다음 각 호의 어느 하나에 해당하는 곳이 대한민국에 있는 경우 법원에 제기할 수 있다.
1. 가해 선박의 선적지 또는 소재지
2. 사고 발생지
3. 피해 선박이 사고 후 최초로 도착한 곳
4. 가해 선박이 압류등이 된 곳

제93조【해난구조에 관한 소의 특별관할】 해난구조에 관한 소는 다음 각 호의 어느 하나에 해당하는 곳이 대한민국에 있는 경우 법원에 제기할 수 있다
1. 해난구조가 있었던 곳
2. 구조된 선박이 최초로 도착한 곳
3. 구조된 선박이 압류등이 된 곳

제2절 준거법

제94조【해상】 해상에 관한 다음 각 호의 사항은 선적국법에 따른다.
1. 선박의 소유권 및 저당권, 선박우선특권, 그 밖의 선박에 관한 물권
2. 선박에 관한 담보물권의 우선순위
3. 선장과 해원(海員)의 행위에 대한 선박소유자의 책임범위
4. 선박소유자등이 책임제한을 주장할 수 있는지 여부 및 그 책임제한의 범위
5. 공동해손
6. 선장의 대리권

제95조【선박충돌】 ① 개항(開港)·하천 또는 영해에서의 선박충돌에 관한 책임은 그 충돌지법에 따른다.

② 공해에서의 선박충돌에 관한 책임은 각 선박이 동일한 선적국에 속하는 경우에는 그 선적국법에 따르고, 각 선박이 선적국을 달리하는 경우에는 가해선박의 선적국법에 따른다.

제96조【해난구조】 해난구조로 인한 보수청구권은 그 구조행위가 영해에서 있는 경우에는 행위지법에 따르고, 공해에서 있는 때에는 구조한 선박의 선적국법에 따른다.

부 칙 (2022.1.4)

제1조【시행일】 이 법은 공포 후 6개월이 경과한 날부터 시행한다.

제2조【계속 중인 사건의 관할에 관한 경과조치】 이 법 시행 당시 법원에 계속 중인 사건의 관할에 대해서는 종전의 규정에 따른다.

제3조【준거법 적용에 관한 경과조치】 이 법 시행 전에 생긴 사항에 적용되는 준거법에 대해서는 종전의 규정에 따른다. 다만, 이 법 시행 전후에 계속(繼續)되는 법률관계에 대해서는 이 법 시행 이후의 법률관계에 대해서만 이 법의 규정을 적용한다.

편집위원 등 명단

Ⅰ. 판례 민법전(2016년/2018년/2020년/2023년/2025년)

판례 민법전 편저자

김재형　서울대학교 법학전문대학원 교수 (민법)

편집보조원

고석범/구연모/김동호/김민주/신주희/안해연/이무룡/임재혁/정우채/정중원/조정용

Ⅱ. 판례 법전·판례 소법전(2008~2013년)

대표편집위원

박우동　변호사, 前 대법관 (민사소송법)

편집위원

김재형　서울대학교 법과대학·법학대학원 교수 (민법)
남형두　연세대학교 법과대학·법학대학원 교수 (저작권법)
박　준　서울대학교 법과대학·법학대학원 교수 (상법)
박정훈　서울대학교 법과대학·법학대학원 교수 (행정법)
송석윤　서울대학교 법과대학·법학대학원 교수 (헌법)
이용식　서울대학교 법과대학·법학대학원 교수 (형법)
이철수　서울대학교 법과대학·법학대학원 교수 (노동법)

편집보조원

강혜아/구자형/권민영/권주연/김다연/김동호/김봉수/김성민/김이슬/김종수/김현정/김혜성/박주영/박중휘/윤민/윤진성/위수현/이기홍/이문주/이새롬/이재창/이진/이진수/이혜민/임정윤/정윤주/정현희/조서영/조영은/조재륜/한대웅/한민오/홍성균/황지섭

편저자 약력

서울대학교 법과대학 졸업
법학박사(서울대학교)
서울지방법원 판사 등 역임
대법관
한국신문윤리위원회 위원장
서울대학교 법학전문대학원 교수

주요 저서·역서
근저당권연구(2000)
민법론 Ⅰ·Ⅱ(2004)·Ⅲ(2007)·Ⅳ(2011)·Ⅴ(2015)
언론과 인격권(제 2 판)(2023)
민법판례분석(2015)
계약법[민법 Ⅰ](제 4 판 2024)(공저)
민법총칙〔민법강의 Ⅰ〕(제 9 판 2013)(공저)
물권법〔민법강의Ⅱ〕(제 9 판 2024)(공저)
채권총론〔민법강의Ⅲ〕(제 7 판 전면개정 2023)(공저)
민법주해(XVI)(1997)(분담집필)
주석민법 물권(4)(제 4 판 2011)(분담집필)
주석민법 채권각칙(6)(제 4 판 2016)(분담집필)
기업회생을 위한 제도개선방향(2001)
채무불이행과 부당이득의 최근 동향(2013)(공편)
금융거래법강의 Ⅱ(2001)(공편)
도산법강의(2005)(공편)
통합도산법(2006)(공편)
한국법과 세계화(2006)(공편)
민법개정안연구(2019)(공편)
판례 소법전(1993·2008·2012)(공편)
기사 속 윤리, 언론이 놓친 것(2024)(편집대표)
Lando·Beale 편, 유럽계약법원칙 제1·2부(2013)(번역)

2025
판례 민법전

2016년판 발행 2016년 3월 15일
2018년판 발행 2018년 8월 10일
2020년판 발행 2020년 3월 30일
2023년판 발행 2023년 4월 20일
2025년판 발행 2025년 1월 20일

편저자 김재형
펴낸이 안종만 · 안상준

편 집 이승현
기획/마케팅 조성호
표지디자인 Benstory
제 작 고철민 · 김원표

펴낸곳 (주) 박영사
서울특별시 금천구 가산디지털2로 53, 210호(가산동, 한라시그마밸리)
등록 1959. 3. 11. 제300-1959-1호(倫)
전 화 02)733-6771
f a x 02)736-4818
e-mail pys@pybook.co.kr
homepage www.pybook.co.kr
ISBN 979-11-303-4873-5 11360

정 가 38,000원

법령명 약어표

ㄱ

가담	가등기담보 등에 관한 법률
가소	가사소송법
가소규	가사소송규칙
가정폭력	가정폭력범죄의 처벌 등에 관한 특례법
가족등록	가족관계의 등록 등에 관한 법률
각급법원	각급 법원의 설치와 관할구역에 관한 법률
감사	감사원법
개발이익	개발이익환수에 관한 법률
개발제한	개발제한구역의 지정 및 관리에 관한 특별조치법
개인정보	개인정보 보호법
개항	개항질서법
거절	거절증서령
건강증진	국민건강증진법
건축	건축법
건축사	건축사법
검징	검사징계법
검찰	검찰청법
경범	경범죄처벌법
경범령	경범죄처벌법 시행령
경비	경비업법
경찰	경찰법
경찰공	경찰공무원법
경찰임령	경찰공무원임용령
경찰직무	경찰관직무집행법
계엄	계엄법
고등교육	고등교육법
고령자	고령자고용촉진법
고용보험	고용보험법
고용정책	고용정책기본법
공노조	공무원의 노동조합설립 및 운영 등에 관한 법률
공범죄몰수	공무원범죄에관한몰수특례법
공선거	공직선거법
공연	공연법
공연금	공무원연금법
공유관리	공유수면관리법
공유매립	공유수면매립법
공윤리	공직자윤리법
공익법인	공익법인의 설립·운영에 관한 법률
공익사업	공익사업을 위한 토지 등의 취득 및 보상에 관한 법률
공인노무	공인노무사법
공인중개	공인중개사의 업무 및 부동산 거래신고에 관한 법률
공임령	공무원임용령
공임시령	공무원임용시험령
공저당	공장 및 광업재단 저당법
공중위생	공중위생관리법
공증	공증인법
공징령	공무원징계령
공탁	공탁법
공탁규	공탁규칙
과학기술	과학기술기본법
관광	관광진흥법
광업	광업법
교원지위	교원지위 향상을 위한 특별법
교육공	교육공무원법
교육기	교육기본법
교육자치	지방교육자치에 관한 법률
교육징	교육공무원 징계령
교통안전	교통안전법
교통특례	교통사고처리특례법
국가균형	국가균형발전특별법
국가보훈	국가보훈기본법
국가소송	국가를 당사자로 하는 소송에 관한 법률
국가유공	국가유공자 등 예우 및 지원에 관한 법률
국가인권	국가인권위원회법
국경일	국경일에 관한 법률
국공무	국가공무원법
국군	국군조직법
국민건강	국민건강보험법
국민고충	국민고충처리위원회의 설치 및 운영에 관한 법률
국민기초	국민기초생활보장법
국민연금	국민연금법
국민체육	국민체육진흥법
국민투표	국민투표법
국배	국가배상법
국보	국가보안법
국사	국제사법
국세기	국세기본법
국세징	국세징수법
국유재	국유재산법
국적	국적법
국정감사	국정감사 및 조사에 관한 법률
국정원	국가정보원법
국제민사	국제민사사법공조법
국제형사	국제형사사법공조법
국채	국채법
국토계획	국토의 계획 및 이용에 관한 법률
국토기본	국토기본법
국회	국회법
국회증언	국회에서의 증언·감정 등에 관한 법률
군법무관	군법무관 임용 등에 관한 법률
군법원	군사법원법
군법원규	군사법원의 소송절차에 관한 규칙
군사기밀	군사기밀보호법
군인사	군인사법
군인연금	군인연금법
군형	군형법
근로	근로기준법
근로규	근로기준법 시행규칙
근로령	근로기준법 시행령
근로자참여	근로자참여 및 협력증진에 관한 법률
금융실명	금융실명거래 및 비밀보장에 관한 법률
기상	기상법
기술개발	기술개발촉진법
기술사	기술사법

ㄴ

남녀고용	남녀고용평등과 일·가정양립 지원에 관한 법률
노동위	노동위원회법
노동조합	노동조합 및 노동관계 조정법
노인복지	노인복지법
농지	농지법
농협	농업협동조합법

ㄷ

담보부사채	담보부사채신탁법
대기환경	대기환경보전법
대외무역	대외무역법
대중교통	대중교통의 육성 및 이용촉진에 관한 법률
대중문화	대중문화예술산업발전법
대집행	행정대집행법
도로교통	도로교통법
도로교통규	도로교통법 시행규칙
도로교통령	도로교통법 시행령
도로	도로법
도선	도선법
도시가스	도시가스사업법
도시개발	도시개발법
도시공원	도시공원 및 녹지 등에 관한 법률
도시주거	도시 및 주거환경정비법
도시철도	도시철도법
독점규제	독점규제 및 공정거래에 관한 법률
동산담보	동산·채권 등의 담보에 관한 법률
동산담보규	동산·채권의 담보등기에 관한 규칙
동산담보령	동산·채권 등의 담보에 관한 법률 시행령
등기	부동산등기법
등기규	부동산등기규칙
등기특조	부동산등기특별조치법
디자인	디자인보호법

ㅁ

마약관리	마약류관리에 관한 법률
마약방지	마약류불법거래방지에 관한 특례법
먹는물	먹는물관리법
모자	모자보건법
문화산업	문화산업진흥 기본법
문화예술	문화예술진흥법
문화재	문화재보호법
물가안정	물가안정에 관한 법률
물류정책	물류정책기본법
민	민법
민간임대	민간임대주택에 관한 특별법
민방위	민방위기본법
민비용	민사소송비용법
민소	민사소송법
민소규	민사소송규칙
민인지	민사소송 등 인지법
민조정	민사조정법
민조정규	민사조정규칙
민주화운동	민주화운동관련자 명예회복 및

	보상 등에 관한 법률
민집	민사집행법
민집규	민사집행규칙
민집령	민사집행법 시행령

ㅂ

방문판매	방문판매 등에 관한 법률
방송	방송법
방위사업	방위사업법
배타수역	배타적 경제수역법
벌금임시	벌금 등 임시조치법
범죄수익은닉	범죄수익은닉의 규제 및 처벌 등에 관한 법률
범죄인도	범죄인 인도법
법공포	법령 등 공포에 관한 법률
법구조	법률구조법
법무사	법무사법
법인세	법인세법
법조	법원조직법
법징계	법관징계법
변리	변리사법
변호	변호사법
병역	병역법
병역령	병역법 시행령
보건범죄	보건범죄단속에 관한 특별조치법
보안관찰	보안관찰법
보험	보험업법
보호관찰	보호관찰 등에 관한 법률
부가세	부가가치세법
부재선고	부재선고 등에 관한 특별조치법
부정경쟁	부정경쟁방지 및 영업비밀 보호에 관한 법률
부정수표	부정수표단속법
부패방지	부패방지법
비송	비송사건절차법

ㅅ

사도	사도법
사면	사면법
사물관할규	민사 및 가사소송의 사물관할에 관한 규칙
사법관리	사법경찰관리의 직무를 행할 자와 그 직무범위에 관한 법률
사보규	사법보좌관규칙
사시령	사법시험법 시행령
사시	사법시험법
사집규	사법경찰관리 집무규칙
사학	사립학교법
사행규제	사행행위 등 규제 및 처벌특례법
사회보장	사회보장기본법
사회복지	사회복지사업법
삭도	삭도·궤도법
산업안전	산업안전보건법
산재보상령	산업재해보상보험법 시행령
산재보상	산업재해보상보험법
상	상법
상가임대령	상가건물 임대차보호법 시행령
상가임대	상가건물 임대차보호법
상고특례	상고심절차에 관한 특례법
상공	상공회의소법
상등기규	상업등기규칙
상속	상속세 및 증여세법
상시행	상법시행법
상표	상표법
상표령	상표등록령
상훈	상훈법
새마을	새마을금고법
생명윤리	생명윤리 및 안전에 관한 법률
석유	석유 및 석유대체연료 사업법
석탄	석탄산업법
선물	선물거래법
선박	선박법
선박안전	선박안전법
선박책임	선박소유자 등의 책임제한절차에 관한 법률
선원	선원법
성매매	성매매알선 및 행위의 처벌에 관한 법률
성폭력	성폭력범죄의 처벌 및 피해자 보호 등에 관한 법률
세무사	세무사법
소년규	소년심판규칙
소년	소년법
소득	소득세법
소방	소방기본법
소비기	소비자기본법
소송촉진	소송촉진 등에 관한 특례법
소송촉진규	소송촉진 등에 관한 특례규칙
소액	소액사건심판법
소액규	소액사건심판법 시행규칙
소음진동	소음·진동규제법
수	수표법
수도	수도법
수도권	수도권정비계획법
수산	수산업법
수질	수질 및 수생태계 보전에 관한 법률
수협	수산업협동조합법
식품	식품위생법
식품령	식품위생법 시행령
신고보호	특정범죄신고자 등 보호법
신문진흥	신문 등의 진흥에 관한 법률
신용정보	신용정보의 이용 및 보호에 관한 법률
신원	신원보증법
신탁	신탁법
신협	신용협동조합법
실권리자등기	부동산실권리자명의등기에 관한 법률
실용	실용신안법
실화	실화책임에 관한 법률

ㅇ

아동	아동복지법
야생	야생동·식물 보호법
약관	약관의 규제에 관한 법률
약사	약사법
어	어음법
어업	어업자원보호법
언론	언론중재 및 피해구제 등에 관한 법률
에너지	에너지이용 합리화법
여객	여객자동차 운수사업법
여권	여권법
여권령	여권법 시행령
여성	여성발전기본법
연호	연호에 관한 법률
영해	영해 및 접속수역법
영화	영화진흥법 영화 및 비디오물의 진흥에 관한 법률
예금	예금자보호법
외토지	외국인토지법
외투	외국인투자촉진법
외환	외국환거래법
우편	우편법
원손배	원자력손해배상법
원자력	원자력법
위치정보	위치정보의 보호 및 이용 등에 관한 법률
위험물	위험물 안전관리법
유류오염	유류오염손해배상보장법
유실	유실물법
유통	유통산업발전법
유해	유해화학물질관리법
은행	은행법
응급	응급의료에 관한 법률
의료	의료법
의료령	의료법 시행령
의문사	의문사진상규명에 관한 특별법
이전등기특조	부동산소유권 이전등기 등에 관한 특별조치법
인감	인감증명법
인사청문	인사청문회법
일제강점	일제강점하반민족행위진상규명에 관한 특별법
임금	임금채권보장법
입목	입목에 관한 법률

ㅈ

자관리	자동차관리법
자배	자동차손해배상보장법
자배령	자동차손해배상보장법 시행령
자산유동	자산유동화에 관한 법률
자연공원	자연공원법
자연재해	자연재해대책법
자연환경	자연환경보전법
자원절약	자원의 절약과 재활용촉진에 관한 법률
자저당	자동차 등 특정동산 저당법
장기이식	장기 등 이식에 관한 법률
장사	장사 등에 관한 법률
재난	재난 및 안전관리기본법
재산조회	재산조회규칙
재외동포	재외동포의 출입국과 법적지위에 관한 법률
저작	저작권법
전기사업	전기사업법
전기용품	전기용품안전 관리법
전기통신	전기통신기본법
전염병	전염병예방법
전자거래	전자거래기본법
전자금융	전자금융거래법
전자상거래	전자상거래 등에서의 소비자보호에 관한 법률

전자서명	전자서명법
전자어음	전자어음의 발행 및 유통에 관한 법률
전통사찰	전통사찰보존법
전파	전파법
정당	정당법
정보공개	공공기관의 정보공개에 관한 법률
정보기반	정보통신기반보호법
정보통신망	정보통신망 이용촉진 및 정보보호 등에 관한 법률
정보화	정보화촉진기본법
정부출연	정부출연연구기관 등의 설치설립·운영 및 육성에 관한 법률
정부평가	정부업무 등의 평가에 관한 기본법
정조	정부조직법
정치자금	정치자금법
제대군인	제대군인지원에 관한 법률
제조책	제조물 책임법
조달사업	조달사업에 관한 법률
조세범	조세범처벌법
종부세	종합부동산세법
주민등록령	주민등록법 시행령
주민등록	주민등록법
주민투표	주민투표법
주식외부감사	주식회사의 외부감사에 관한 법률
주차장	주차장법
주택임대	주택임대차보호법
주택임대령	주택임대차보호법 시행령
주택	주택법
중소기업	중소기업기본법
중소협동	중소기업협동조합법
중재규	중재규칙
중재	중재법
즉결	즉결심판에 관한 절차법
증권	증권거래법
증권령	증권거래법 시행령
증권집단	증권관련 집단소송법
증권집단규	증권관련집단소송규칙
지공무	지방공무원법
지공무령	지방공무원 임용령
지방기업	지방공기업법
지방분권	지방분권특별법
지방자치	지방자치법
지방자치령	지방자치법 시행령
지방재정	지방재정법
지적	지적법
진실화해	진실·화해를 위한 과거사정리 기본법
집시	집회 및 시위에 관한 법률
집시령	집회 및 시위에 관한 법률 시행령
집합건물	집합건물의 소유 및 관리에 관한 법률
집행관	집행관법
징발	징발법
	ㅊ
철도안전	철도안전법
청보호	청소년보호법
청소년	청소년기본법
청원	청원법
청원경	청원경찰법
체육시설	체육시설의 설치·이용에 관한 법률
초중교	초·중등교육법
총포	총포·도검·화약류 등의 안전관리에 관한 법률
최저임금	최저임금법
최저임금령	최저임금법 시행령
출입관리	출입국관리법
출판	출판 및 인쇄진흥법
친일재산	친일반민족행위자 재산의 국가귀속에 관한 특별법
	ㅋ
컴퓨터	컴퓨터프로그램보호법
	ㅌ
택지개발	택지개발촉진법
토양환경	토양환경보전법
통계	통계법
통신비밀	통신비밀보호법
퇴직급여	근로자퇴직급여 보장법
특정강력	특정강력범죄의 처벌에 관한 특례법
특정경제	특정경제범죄가중처벌 등에 관한 법률
특정경제령	특정경제범죄가중처벌 등에 관한 법률 시행령
특정범죄	특정범죄가중처벌 등에 관한 법률
특허규	특허법 시행규칙
특허등	특허등록령
특허령	특허법 시행령
특허	특허법
	ㅍ
파견근로	파견근로자보호 등에 관한 법률
페기물	폐기물관리법
폭력	폭력행위 등 처벌에 관한 법률
풍속영업	풍속영업의 규제에 관한 법률
피해구조	범죄피해자구조법
피해보호	범죄피해자보호법
	ㅎ
하도급	하도급거래 공정화에 관한 법률
하수	하수도법
하천	하천법
학원설립	학원의 설립·운영 및 과외교습에 관한 법률
할부거래	할부거래에 관한 법률
항공안전	항공안전 및 보안에 관한 법률
항공	항공법
항만	항만법
항운	항만운송사업법
해상교통	해상교통안전법
해양사고	해양사고의 조사 및 심판에 관한 법률
해양오염	해양오염방지법
해운	해운법
행소	행정소송법
행심	행정심판법
행심령	행정심판법 시행령
행절	행정절차법
행절령	행정절차법 시행령
행정규제	행정규제기본법
행정사	행정사법
행정수도	신행정수도 후속대책을 위한 연기·공주지역 행정중심복합도시 건설을 위한 특별법
행형	행형법
행형령	행형법 시행령
헌	헌법
헌재	헌법재판소법
형	형법
형보	형사보상법
형소	형사소송법
형소규	형사소송규칙
형실효	형의 실효 등에 관한 법률
호	호적법
호규	호적법 시행규칙
화염병	화염병사용 등의 처벌에 관한 법률
화장품	화장품법
환경분쟁	환경분쟁조정법
환경정책	환경정책기본법
회생파산	채무자 회생 및 파산에 관한 법률
회생파산규	채무자 회생 및 파산에 관한 규칙
회생파산령	채무자 회생 및 파산에 관한 법률 시행령